LA DESTRUCCIÓN DEL ESTADO DE DERECHO, LA RUINA DE LA DEMOCRACIA Y LA DICTADURA JUDICIAL

TRATADO DE DERECHO CONSTITUCIONAL - TOMO XVI

Colección Tratado de Derecho Constitucional

I. *Historia constitucional de Venezuela*, Caracas 2013, 1096 páginas.
II. *Orígenes del constitucionalismo moderno en Hispanoamérica*, Caracas 2014, 980 páginas
III. *Cambio político y consolidación del Estado de derecho (1958-1998)*, Caracas 2015, 1162 páginas
IV. *Instituciones del Estado democrático de derecho. Constitución de 1961*, Caracas 2015, 1180 páginas
V. *Derechos y garantías constitucionales en la Constitución de 1961 (La Justicia Constitucional)*, Caracas 2015, 1022 páginas
VI. *Asamblea Constituyente y Proceso Constituyente (1999)*, Caracas 2013, 1198 páginas
VII. *La Constitución de 1999: El Estado Democrático y Social de Derecho*, Caracas 2014, 1190 páginas
VIII. *Golpe de Estado Constituyente, Estado Constitucional y Democracia,* Caracas 2015, 1018 páginas
IX. *Concentración y centralización del poder y régimen autoritario,* Caracas 2015, 1198 páginas
X. *Derechos y garantías constitucionales y la acción de amparo,* Caracas 2017, 1196 páginas.
XI. *El derecho y la acción de amparo en el derecho constitucional comparado,* Caracas 2017, 1150 páginas.
XII. *La justicia constitucional y Jurisdicción Constitucional,* Caracas 2017, 1198 páginas.
XIII. *Práctica y distorsión de la justicia constitucional,* Caracas 2017, 954 páginas.
XIV. *El juez legislador y la patología de la justicia constitucional,* Caracas 2017, 1060 páginas.
XV. *El desmantelamiento de la democracia y el Estado Totalitario,* Caracas 2017, 1050 páginas.
XVI. *La Destrucción del Estado de derecho, la ruina de la democracia y la dictadura judicial,* Caracas 2017, 1176 páginas

Allan R. Brewer-Carías

Profesor de la Universidad Central de Venezuela (desde 1963)
Simón Bolívar Professor, University of Cambridge (1985–1986)
Professeur Associé, Université de Paris II (1989–1990)
Adjunct Professor of Law, Columbia Law School, New York (2006–2008)

LA DESTRUCCIÓN DEL ESTADO DE DERECHO, LA RUINA DE LA DEMOCRACIA Y LA DICTADURA JUDICIAL

COLECCIÓN

TRATADO DE DERECHO CONSTITUCIONAL

TOMO XVI

Fundación de Derecho Público
Editorial Jurídica Venezolana

Caracas, 2017

http://www.allanbrewercarias.com
Email: allan@brewercarias.com

Hecho el Depósito de Ley
ISBN: 978-980-365-367-5
Depósito Legal: DC2016001513

Editado por: Editorial Jurídica Venezolana
Avda. Francisco Solano López, Torre Oasis, P.B., Local 4, Sabana Grande,
Apartado 17.598 – Caracas, 1015, Venezuela
Teléfono 762.25.53, 762.38.42. Fax. 763.5239
http://www.editorialjuridicavenezolana.com.ve
Email fejv@cantv.net

Impreso por: Lightning Source, an INGRAM Content company
para Editorial Jurídica Venezolana International Inc.
Panamá, República de Panamá.
Email: editorialjuridicainternational@gmail.com

Diagramación, composición y montaje
por: Francis Gil, en letra Times New Roman, 10,5
Interlineado 11, Mancha 19 x 12.5 cm

CONTENIDO GENERAL

SEGUNDA PARTE:
LA RUINA DE LA DEMOCRACIA

TERCERA PARTE

DICTADURA JUDICIAL Y PERVERSIÓN DEL ESTADO DE DERECHO. LA SALA CONSTITUCIONAL Y LA DESTRUCCIÓN DE LA DEMOCRACIA EN VENEZUELA

PRESENTACIÓN

En este Tomo XVI de la Colección *Tratado de Derecho Constitucional* recogo el texto de mis tres últimos libros publicados en 2015 y 2016, titulados: *La mentira como política de Estado. Crónica de una crisis política permanente. Venezuela 1999-2015* (Prólogo de Manuel Rachadell), Colección Estudios Políticos, N° 10, Editorial Jurídica Venezolana, Caracas 2015, 478 pp.; *La ruina de la democracia. Algunas consecuencias. Venezuela 2015*, (Prólogo de Asdrúbal Aguiar), Colección Estudios Políticos, N° 12, Editorial Jurídica Venezolana, Caracas 2015, 694 pp.; y *La dictadura judicial y la perversión del Estado de derecho. El Juez Constitucional y la destrucción de la democracia en Venezuela* (Con presentaciones de Asdrúbal Aguiar, José Ignacio Hernández y Jesús maría Alvarado Andrade), Colección Estudios Políticos, N° 12, Editorial Jurídica Venezolana, Caracas 2016, primera edición 474 pp., segunda edición 488 pp.; en los cuales he estudiado la evolución y situación constitucional del país en los últimos años, con la lamentable actuación de la Sala Constitucional del Tribunal Supremo.

En efecto, si algo ha caracterizado al gobierno de Venezuela desde 1999, como se aprecia del primero de los libros mencionados, que forma el *Primera Parte* de este Tomo XVI: *La mentira como política de Estado. Crónica constitucional de una crisis política permanente. Venezuela 1999-2015,* ha sido, por una parte, la crisis política permanente en la que ha estado sumido; y por la otra, la distorsión constante del régimen legal y constitucional de la República, mediante interpretaciones y violaciones acomodaticias y permanentes producto de una gran mentira constitucional. Se alegó siempre que se actuaba conforme a sus normas, pero para violarlas abiertamente utilizando sus propios instrumentos y muchas veces en fraude a la voluntad popular.

Es decir, a la Constitución se la ha violado en Venezuela cotidianamente, en cada crisis, y en cada momento, en la medida en que el régimen se fue tornando cada vez más autoritario; pero paralelamente, siempre invocándola, en cada caso, como escudo o justificación, pretendiendo que la misma 'ha estado vigente y se la cumple, es decir, que tiene algún valor, cuando lo cotidiano ha sido el desprecio a la misma a medida que se fue consolidando el Estado Totalitario. Por todo ello, paradójicamente, quizás la imagen más característica del mandato de Hugo Chávez fue la de aparecer con un librito azul en la mano, contentiva de la edición pequeña de la Constitución, blandiéndola al público o a la audiencia, para que se la viera bien, pero sin saberse si realmente se trataba de una amenaza, de un escudo, o de una burla, pues la misma se la violó tantas veces como se la mostró, en cada crisis, es decir, permanentemente, con absoluto desprecio por el derecho.

El libro que forma la Primera parte de este Tomo XVI del Tratado, recoge las Crónicas constitucionales que fui escribiendo durante los años pasados, a medida que los hechos que se estudian se iban desarrollando en Venezuela entre 1999 y 2014, las cuales apreciadas de conjunto muestran la realidad de un régimen que no solo ha estado en crisis política permanente, sino que se puede caracterizar por el uso de la mentira, del engaño, de la falsedad y del fraude aplicado como política de Estado; pues entre otros factores, como lo destaca el Prólogo del profesor Manuel Rachadell a dicha obra, "no puede permitir que se conozcan los elementos que evidencian el fracaso de sus políticas en lo económico y lo social: oculta las estadísticas; persigue a quienes lo critican, a los que acusan de incitar al odio y a la violencia y de traicionar a la patria."

Por ello, incluso, la gran mentira adicional del gobierno desparramada con posterioridad a la muerte de Chávez – porque si algo heredó el desgobierno que ilegítimamente se instaló a partir de entonces fue la política de la mentira como política de Estado –, fue achacar el colapso económico del país a una imaginaria y falsa "guerra económica," cuando ello ha sido producto de la propia ineficiencia gubernamental, el despilfarro criminal de recursos y la corrupción rampante, todo lo cual ya marca el momento en que la crisis política del gobierno se está tornando en una crisis política terminal.

La *Segundo parte* de este Tomo XVI es el texto del mencionado libro, *La ruina de la democracia. Algunas consecuencias. Venezuela 2015*, en el cual se recogieron las diversas crónicas constitucionales elaboradas sobre los más importantes acontecimientos políticos e institucionales ocurridos en Venezuela durante 2015, producto del régimen de desgobierno que estuvo a cargo durante los últimos dieciséis años, del grupo de militares con sus serviles civiles que asaltaron el poder en 1999 y que usando los instrumentos de la democracia, la destruyeron como régimen político representativo. Se trata del mismo gobierno que, además, en desprecio de la ley, vandalizó y saqueó la riqueza más grande que gobierno alguno haya podido haber recibido en tan corto tiempo, relegando las políticas de desarrollo social, convirtiendo al pueblo en una masa aún más miserable y sin derechos, desprovista incluso del elemental valor humano al trabajo, reduciéndola solo a la ilusa esperanza de recibir dádivas de un aparato burocrático corrupto e incompetente.

Se recogen, así, en esta Segunda parte, precedidos de un estudio introductorio sobre la necesidad de restablecer la democracia a través de la resistencia popular y la desobediencia civil manifestada por la vía del sufragio, los estudios sobre (i) el desquiciamiento de la Administración Pública, que de ser instrumento al servicio del ciudadano ha pasado a estar al servicio del Estado y de su insaciable burocracia;(ii) el desprecio a la Constitución con la creación del Estado Comunal; (iii) la destrucción de la institución municipal como política pública; (iv) el cuestionamiento del Poder Judicial venezolano hecho por las Cortes Supremas de Justicia de Costa Rica, de Brasil y de Chile, al considerarlo no confiable para juzgar a una persona cuya extradición se le había solicitado; (v) el secreto y la mentira como política de Estado y el fin de la obligación de transparencia al relevar, el Juez Constitucional, al Banco Central de su obliga-

ción de publicar los indicadores económicos del país; (vi) la masacre de la Constitución con motivo de los decretos de estado de excepción dictados en los municipios fronterizos con Colombia; (vii) la formalidad y frustración con motivo de la ausencia de efectivo control judicial sobre la Administración Pública; (viii) la condena a Leopoldo López por ejercer su libertad de expresión y opinión por los jueces y fiscales del horror; (ixi) el desprecio a la libertad de los estudiantes y su condena penal por haber manifestado ejercido su derecho a manifestar; y en fin, (x) sobre el Estado irresponsable.

Lo importante de todos estos estudios es que fueron testimonio del proceso de devastación de la democracia que se produjo en el país, en el cual ya casi no quedaba nada más por demoler, poniendo en evidencia que la reconstrucción de la misma, después de tanta insensata destrucción, será una inmensa empresa que ineludiblemente, y ahora más temprano que tarde, los venezolanos tendremos que acometer en el futuro.

La *Tercera parte* de este Tomo XVI, se ha integrado con el texto del libro sobre *La dictadura judicial y la perversión del Estado de derecho. El Juez Constitucional y la destrucción de la democracia en Venezuela,* publicado a mitades de 2016, sobre lo que Venezuela presenció durante el primer semestre de 2016, donde la Sala Constitucional del Tribunal Supremo, en lugar de haber actuado como garante de la supremacía de la Constitución y sus valores, fungió como el instrumento para, al contrario, garantizar la violación impune de la Constitución por parte de los otros órganos del Estado, para asegurar la destrucción del Estado de derecho o el desmantelamiento de la democracia, o incluso para convertirse en el instrumento para implementar y sostener un régimen autoritario.

Todo ello se analiza con todo detalle en esa obra, en particular respecto de todo lo ocurrido durante los primeros meses de 2016 luego del triunfo de la oposición política en las elecciones parlamentarias de diciembre de 2015, tiempo durante el cual en particular, el Juez Constitucional asumió la misión de impedir que la representación popular encarnada en la nueva Asamblea Nacional pudiera ejercer sus funciones constitucionales. Y así, sucesivamente mediante sentencias "constitucionales," fue impidiéndole incluso hasta ejercer su poder de legislar sin el visto bueno previo del Poder Ejecutivo; desojándola de sus poderes de control político sobre el gobierno y la Administración Pública; impidiéndole revisar sus propios actos, e incluso condenando y prohibiendo a la Asamblea el poder manifestar públicamente su voluntad política mediante acuerdos.

Ello ha sido obra de un Juez Constitucional sometido al control político por parte del Poder Ejecutivo, que ha convertido a Sala Constitucional del Tribunal Supremo en el agente más artero al servicio del autoritarismo, distorsionando la propia Jurisdicción Constitucional que ha quedado convertida en el principal instrumento para destruir la democracia, dando origen a un perverso sistema de *dictadura judicial*, que funciona en el marco de la fachada de un "Estado de derecho," ahora ya totalmente vacío de contenido democrático.

El contenido de esta Tercera parte de este Tomo, sin duda puede considerarse como el mejor soporte a lo que expresó el Secretario General de la Organización de Estados Americanos Luis Almagro, en el *Informe* sobre las "*alteraciones graves del orden constitucional y democrático*" que experimentaba Vene-

zuela, presentado y considerado por el Consejo Permanente de la misma con el respaldo de la gran mayoría de los países del Continente en la sesión del 23 de junio de 2016, en el cual constató que existe "*un Gobierno que ya no es democrático*," refiriéndose al "*esfuerzo constante por parte de los poderes ejecutivo y judicial para impedir e incluso invalidar el funcionamiento normal de la Asamblea Nacional:*" y al empleo repetido por parte del Ejecutivo de "*intervenciones inconstitucionales en contra de la legislatura, con la connivencia de la Sala Constitucional del Tribunal Supremo de Justicia,*" lo que "*demuestran claramente la falta de independencia del poder judicial,*" siendo ello "*uno de los casos más claros de cooptación del Poder Judicial por el Poder Ejecutivo,*" con un Tribunal Supremo cuya integración está "completamente viciada tanto en el procedimiento de designación como por la parcialidad política de prácticamente todos sus integrantes." Esa obra da testimonio de toda esa calamidad.

Por último, en la Cuarta Parte de este tomo se recogen cuatro reflexiones finales sobre lo que ha ocurrido en el país en los últimos años sobre la supremacía de la Constitución y el poder de la Asamblea Nacional de hacerla prevalecer, apelando a la voluntad popular; a la traición a la Constitución y el desmontaje del Estado de derecho por el Juez Constitucional; a la ausencia de seriedad en la protección de los derechos humanos; y a la Constitución como promesa incumplida.

Ahora, ya habiendo concluido, con este Tomo XVI, la ciclópea labor que significó la recopilación, ordenación y sistematización de toda -o de casi todami obra en materia de derecho constitucional, escrita y publicada durante los últimos cuarenta años, que se integra en las más de diecisiete mil páginas que conforman los dieciséis Tomos que han aparecido publicados, es tiempo, sin duda, de agradecer de nuevo a todas aquellas personas que me han apoyado en este trabajo, que he acometido en solitario durante los últimos años de exilio en Nueva York.

Durante este tiempo, gracias a Dios, he tenido el privilegio de haber contado con la compañía de mi muy querida Beatriz, quien una vez más, como siempre lo ha hecho durante el pasado medio siglo, ha aceptado y soportado todas las horas imaginables de trabajo que tuve que invertir en la conformación de las páginas de estos Tomos. Su amor, compañía y constante atención, sin duda, no sólo permitieron que pudiera desarrollar mi trabajo, sino que han hecho posible que, a pesar del exilio, hayamos podido desarrollar y llevar una vida normal en Nueva York, donde con frecuencia hemos podido recibir a los hijos y nietos, e incluso, tratar a los nuevos y a los viejos amigos, quienes siempre pasan por esta gran ciudad.

Por mi parte, y sobre el exilio, debo decir que supe asimilar rápidamente las enseñanzas de Séneca, cuando explicaba, hace veinte siglos, en su carta de "Consolación a Helvia,"[1] dirigida a su madre, precisamente escrita desde el exilio para consolarla por su ausencia, que le creyera que él no se sentía desgraciado –aún cuando ello podía ser normal en la situación del exiliado-, pues consideraba, en definitiva: *primero*, que cada hombre siempre "lleva al exilio sus propias virtudes," las cuales no se quedan en su país de origen; *segundo*, que en

1 Véase Seneca, *On the Shortness of Life*, Traslated by C.D.N Costa, Penguin Books, 1997, pp. 34 ss.

el mundo y para el hombre, "no puede haber lugar de exilio, pues nada en el mundo es extraño al hombre" –y eso dicho al inicio de nuestra era ¡! – ; *tercero*, que teniendo siempre la mente dirigida hacia arriba –decía Séneca–, hacia lo trascendente, como es precisamente el trabajo intelectual, "qué importa cuál es el terreno donde uno está parado"; y *cuarto,* que "para un hombre inteligente, cada lugar es su país."

Y a todo ello agregaría, que si los amigos y la familia permanecen fieles, menos importa la lejanía, sobre todo actualmente con los medios de comunicación de los cuales disponemos. Todo ello, por supuesto le impone al exiliado el deber de reinventarse a sí mismo, de reinventar su actividad y su tiempo, y ello, precisamente, es lo que me ha permitido desde Nueva York continuar vinculado a la distancia con el país, y continuar desarrollando mis actividades permanentes como las tenía en Caracas, como han sido las relativas a mi Escritorio de abogados *Baumeister & Brewer*, a la *Revista de Derecho Público*, a la *Fundación Editorial Jurídica Venezolana* y a la *Fundación de Derecho Público.* Gracias a Arelis Torres, Francis Gil, Mary Ramos, Gabriela Oquendo y Mirna Pinto, mis muy apreciadas y fieles colaboradoras inmediatas en esas instituciones, he podido seguir mis actividades en las mismas, casi en la misma forma como si hubiese permanecido y estuviese en Caracas.

La estructuración de estos Tomos, por otra parte, exigió una atención y trabajo adicionales de escaneo y composición que ciertamente no hubiese podido haber completado sin la dedicación de Francis, Arelis y Mirna, quienes tuvieron que invertir muchas horas en ello, lo que adicionalmente quiero agradecer de nuevo, muy especialmente a Francis, quien asumió la conducción del proyecto de Caracas, por todo su apoyo y estímulo para la conclusión de la obra.

Durante estos últimos años, mis hijos Allan, Michelle y Eric, y mis nietos, Allan, Mark, Kevin y Alana, Andrés Eduardo, Nicolás y Federica, y Lucas y Mateo, cada uno con su propia perspectiva, con ocasión de sus visitas a Nueva York, fueron testigos del avance de esta obra, y más de una vez seguramente debieron haberse preguntado qué tanto hacía su *nonno* trabajando incesantemente en su Estudio. Bueno aparte de todas las múltiples ocupaciones académicas y profesionales que he tenido la fortuna de realizar durante estos años, la respuesta está aquí, por lo que a ellos, junto a Beatriz, va dedicado esta sin duda monumental obra que conforma la Colección *Tratado de Derecho Constitucional*.

Estoy seguro que en el futuro, cuando ya no esté circulando físicamente por las avenidas de la vida, todos aprecien el esfuerzo que he hecho de rescatar una obra extensísima y dispersa, escrita durante décadas, que de no haberla compilado y sistematizado en estos tomos, es muy probable que hubiera quedado diluida en el tiempo y en el mundo.

New York, noviembre de 2016

PRIMERA PARTE:

LA MENTIRA COMO POLÍTICA DE ESTADO. CRÓNICA DE UNA CRISIS POLÍTICA PERMANENTE: 1999-2015

Esta Primera parte de este Tomo XVI de la Colección *Tratado de Derecho Constitucional*, recoge, el texto del libro *La mentira como política de Estado. Crónica de una crisis política permanente. Venezuela 1999-2015*, publicado en la Colección Estudios Políticos N° 10, Editorial Jurídica Venezolana, Caracas 2015, 477 pp. Aún cuando en el texto se recogen algunos trabajos ya publicados dispersos en los Tomos precedentes, me ha parecido que procede conservar el texto del libro en su integralidad.

El libro estuvo precedido de la siguiente NOTA EXPLICATIVA:

Si algo caracterizó el gobierno de Hugo Chávez entre 1998 y 2012, como se aprecia de este libro fue, por una parte, la crisis política permanente en la que estuvo sumido; y por la otra, la distorsión constante del régimen legal y constitucional de la República, mediante interpretaciones y violaciones acomodaticias y permanentes a la Constitución, de manera que a la crisis política permanente lo acompañó siempre una gran mentira constitucional. Se alegó siempre que se actuaba conforme a sus normas, pero para violarlas abiertamente utilizando sus propios instrumentos y muchas veces en fraude a la voluntad popular.

Es decir, a la Constitución se la violó cotidianamente, en cada crisis, y en cada momento en la medida en que el régimen se fue tornando cada vez más autoritario; pero paralelamente, siempre invocándola, en cada caso, como escudo o justificación, pretendiendo que la misma estaba vigente y se la cumplía, es decir, que tenía algún valor, cuando era cotidiano el desprecio a la misma a medida que se fue consolidando el Estado Totalitario.

Por todo ello, paradójicamente, quizás la imagen más característica del mandato de Hugo Chávez fue la de aparecer con un librito azul en la mano, contentiva de la edición pequeña de la Constitución, blandiéndola al público o a la audiencia, para que se la viera bien, pero sin saberse a ciencia cierta si realmente se trataba de una amenaza, de un escudo, o de una burla, pues la misma se la violó tantas veces como se la mostró, en cada crisis, es decir, permanentemente, con absoluto desprecio por el derecho.

Por supuesto, para un profesor de derecho público, esta paradoja de un gobierno que invocaba a cada instante la Constitución para justificar sus arbitra-

riedades, pero que la violaba permanentemente, era absolutamente incomprensible, y a todos los que nos ocupamos del tema, nos planteó retos permanentes para tratar de entender y de explicar lo que iba sucediendo.

Ello nos obligó a muchos, desde el inicio del gobierno, a analizar cada acción gubernamental, y tratar de enmarcarla en los canales constitucionales, que son los que manejamos, partiendo de los dos paradigmas jurídicos elementales del Estado de derecho y que son, por una parte, que existía una Constitución, que supuestamente como ley suprema debía ser respetada y aplicada por todos los órganos del Estado y por los ciudadanos, y por la otra, que toda violación constitucional debía ser controlada por un juez constitucional autónomo e independiente, que supuestamente existía, que tenía poderes para anular los actos que las cometieran. El resultado fue constatar, por una parte, que el Estado que se había construido, a pesar de todas las manifestaciones de que estaba basado en la legalidad, en realidad, demoliendo las instituciones democráticas,[2] había resultado ser un Estado Totalitario que actuaba en desprecio a la Ley; [3] y el juez constitucional, a pesar de todos los poderes que le atribuye la Constitución, resultó en ser el guardián del gobierno y el instrumento para afianzar el autoritarismo. [4]

Lo cierto de todo ese proceso fue, en todo caso, que el gobierno de Hugo Chávez no realizó ni ejecutó revolución alguna verdadera, que de haber ocurrido, hubiera implicado suprimir de raíz todas las instituciones jurídicas y con ellas, la noción misma de "legalidad" como orden jurídico; abriendo un campo, espacio o tiempo de ilegalidad de hecho, mientras se estructuraba un supuesto nuevo orden jurídico. Eso, que es lo que ha ocurrido en las revoluciones, no ocurrió en el caso del gobierno de Chávez, y más bien lo que sucedió durante su régimen, fue que trató de adelantar la transformación del Estado pero no basada en la "ilegalidad de hecho" que acompaña a las revoluciones como producto del barrido del orden anterior, sino absurdamente violándose el nuevo ordenamiento jurídico, en una especie de "ilegalidad de derecho," como la calificó Piero Calamandrei, el gran procesalista por cuyos libros todos estudiamos alguna vez, al analizar la situación en el régimen fascista en Italia. De ello Calamandrei concluyó afirmando en definitiva, que de lo que se trató jurídicamente durante el fascismo, fue de una gran mentira o falsedad.

En efecto, en un libro póstumo, recién publicado, y que Asdrúbal Aguiar ha tenido la amabilidad de referirme, *titulado Il fascismo, come regime della menzogna*, Laterza, 2014, Calamandrei recordó lo que bien podía aplicarse a todos los profesores de derecho en situación similar, como fue mi caso, al tener que escribir por formación académica, sucesivamente, diversas Crónicas constitu-

---

2 Véase nuestro libro: *Dismantling Democracy. The Chávez Authoritarian Experiment*, Cambridge University Press, New York, 2010.

3 Véase nuestro libro: *Estado Totalitario y desprecio a la Ley. La desconstitucionalización, desjuridificación, desjudicialización y des-democratización de Venezuela*, Editorial Jurídica Venezolana, 2014.

4 Véase nuestro libro: *Golpe a la democracia dado por la Sala Constitucional, (De cómo la Sala Constitucional del Tribunal Supremo de Justicia de Venezuela impuso un gobierno sin legitimidad democrática, revocó mandatos populares de diputada y alcaldes, impidió el derecho a ser electo, restringió el derecho a manifestar, y eliminó el derecho a la participación política, todo en contra de la Constitución)*, Colección Estudios Políticos N° 8, Editorial Jurídica venezolana, Caracas 2014.

cionales analizando y advirtiendo sobre las inconstitucionalidades e ilegalidades del régimen. Calamandrei, en efecto constató al referirse a Italia, cuán admirable había sido:

> "el empeño con el cual los profesores de derecho constitucional buscaban resolver las miles de adivinanzas que provocaba el régimen fascista: ¿Era revolución o no lo era? ¿Había sido o no eliminada la monarquía representativa? ¿La Constitución estaba en vigor o había sido suprimida? ¿Existía igualdad entre todos los ciudadanos ante la ley, o acaso se había introducido una distinción entre los inscritos (en el partido fascista) que tenían todos los derechos, y los no inscritos, que tenían todos los deberes?"

Mutatis mutandi, cuánta verdad y similitud con nuestro caso, setenta años después!!

De ello, Calamandrei constató sobre el régimen fascista, lo que es enteramente aplicable al régimen de Hugo Chávez, que el mismo

> "fue algo más profundo y complicado que una oscura ilegalidad: Fue la simulación de la ilegalidad, el fraude, legalmente organizado, a la legalidad. A la tradicional clasificación de las formas de gobierno cabía agregar, ahora, una palabra que lograse darle significado a este nuevo y distinto régimen: *El gobierno de la indisciplina autoritaria, de la legalidad adulterada, de la ilegalidad legalizada, del fraude constitucional.*"

En un régimen como fue fascismo italiano, lo que se aplica totalmente al régimen que Venezuela ha padecido desde 1999, simplemente, en palabras de Calamandrei:

> "las instituciones se entienden no por aquello que está escrito en las leyes, sino por lo que se lee entre líneas dentro de éstas: Las palabras no tienen más el significado registrado en el vocabulario, sino un significado diverso y de ordinario opuesto al vocabulario común, inteligible solamente para los "iniciados" [del régimen].

De lo anterior concluía Calamandrei, con razón, que lo que caracterizó al fascismo, es decir, lo que fue su común denominador, tal y como también ocurrió con el régimen de Hugo Chávez, fue la utilización de la mentira, de la falsedad, y del doblez, lo que:

> "Resulta de la combinación de dos ordenamientos, uno dentro del otro: Hay un ordenamiento oficial, que se expresa en las leyes, y otro oficioso, que se concreta en la práctica política sistemáticamente contraria a las leyes. Y a dicha duplicidad de ordenamientos corresponde otro doble nivel de órganos: una burocracia de Estado y una burocracia de partido, pagadas ambas por los mismos contribuyentes y unidas en el vértice, alrededor de una sola persona que es, a la vez, Jefe del Gobierno y Duce del fascismo (cabeza del partido). De modo que, entre la burocracia de la legalidad y la burocracia de la ilegalidad no existe ningún antagonismo, sino un alianza secreta, una especie de *recíproca vicariedad*: tanto que para comprender lo que es exactamente ese régimen, mal se le debe pedir explicación a una sola

de esas burocracias, sino que hay que buscarla en el punto donde ellas se encuentran, es decir, a mitad de camino entre la legalidad y la ilegalidad."

Al leer estas reflexiones de Calamandrei, que me llegan cuando estaba revisando los materiales escritos durante los años pasados, como Crónicas constitucionales ,a medida que los hechos que se estudian se iban desarrollando en Venezuela entre 1999 y 2013, me surgió claramente la convicción de que los textos que aquí se recogen, como he dicho, no son sólo las Crónicas constitucionales de un régimen que estuvo en crisis política permanente, sino de un régimen caracterizado por la mentira, el engaño, la falsedad y el fraude aplicado como política de Estado.

El mismo Tribunal Supremo de Justicia, ya en 2000, definió el fraude constitucional, cuando se pretende realizar "la creación de un nuevo régimen político, de un nuevo ordenamiento constitucional, sin alterar el sistema de legalidad establecido,"[5] tal como sucedió en febrero de 1999, mediante la convocatoria de un referendo consultivo sobre la Asamblea Nacional Constituyente que no estaba entonces prevista en la Constitución vigente de 1961[6]; y como luego volvió a ocurrir con la emisión por dicha Asamblea Constituyente, después de que la nueva Constitución de 1999 se había aprobado por referendo popular, un "Decreto del Régimen Transitorio de los Poderes Públicos" que suspendía la efectividad de la Constitución y que obviamente no fue sometido a aprobación popular[7]; y posteriormente continuó ocurriendo con la destrucción progresiva y sistemática de la democracia y de las instituciones del Estado de derecho, utilizándose sus instituciones desde el ejercicio del poder, secuestrando de los derechos y libertades públicas.[8]

El fraude, la mentira y el engaño, en todo caso, por lo que se refiere a las diversas partes de este libro, ocurrió además en muchas otras ocasiones como fue cuando Hugo Chávez renunció a la Presidencia en 1999 ante la Asamblea Nacional Constituyente, lo que fue una farsa; cuando la renuncia de Hugo Chávez fue anunciada en 2002 por sus militares, que luego el mismo explicó que había sido una farsa, y que en todo caso fue un engaño; con la petición popular para un referendo consultivo sobre la renuncia de Chávez, en 2003 que fue secuestrado por quienes asaltaron el Poder; con la iniciativa popular para un referendo revocatorio del mandato de Chávez en 2003, que fue confiscado por

5 Véase la sentencia Nº 74 de 25-01-2006 de la Sala Constitucional del Tribunal Supremo de Justicia en *Revista de Derecho Público,* Nº 105, Editorial Jurídica Venezolana, Caracas 2006, pp. 76 ss.

6 Véase Allan R. Brewer-Carías, *Asamblea Constituyente y Ordenamiento Constitucional*, Academia de Ciencias Políticas y Sociales, Caracas 1999.

7 Véase Allan R. Brewer-Carías, *Golpe de Estado y proceso constituyente en Venezuela*, Universidad Nacional Autónoma de México, México 2002.

8 Véase Allan R. Brewer-Carías, "El autoritarismo establecido en fraude a la Constitución y a la democracia y su formalización en "Venezuela mediante la reforma constitucional. (De cómo en un país democrático se ha utilizado el sistema eleccionario para minar la democracia y establecer un régimen autoritario de supuesta "dictadura de la democracia" que se pretende regularizar mediante la reforma constitucional)" en el libro *Temas constitucionales. Planteamientos ante una Reforma*, Fundación de Estudios de Derecho Administrativo, FUNEDA, Caracas 2007, pp. 13-74. Véase también, "Constitution Making in Defraudation of the Constitution and Authoritarian Government in Defraudation of Democracy. The Recent Venezuelan Experience", en *Lateinamerika Analysen*, 19, 1/2008, GIGA, Germa Institute of Global and Area Studies, Institute of latin American Studies, Hamburg 2008, pp. 119-142.

quienes controlaban el Poder; con el referendo revocatorio de 2004 contra Chávez, que fue trastocado y convertido fraudulentamente en un referendo "ratificatorio"; con el fracaso político de Hugo Chávez en la aprobación de la reforma constitucional de 2007, que fue abiertamente ignorado, y la misma fue implementada en fraude a la voluntad popular y en violación de la Constitución, conduciendo al establecimiento de un Estado paralelo al Estado constitucional; con la falta temporal de Hugo Chávez para someterse a tratamiento médico en el exterior entre 2011 y 2012, que se quiso ignorar, y con base en el engaño se hizo creer que continuaba gobernando desde La Habana; con la misma enfermedad de Hugo Chávez, la cual además fue ocultada en 2012, para permitir la reelección de un Presidente enfermo, quien sin embargo al poco tiempo desapareció de la vista del público, y nunca pudo tomar posesión de su cargo como debió haber ocurrido en enero de 2013; con la falta temporal definitiva de Hugo Chávez, que fue de nuevo ocultada para hacer creer que gobernaba y que incluso firmaba decretos, cuando se sabía que estaba inhabilitado, y todo para justificar, en enero de 2013, la imposición de un gobierno de continuación administrativa sin legitimidad democrática, conducido por un funcionario no electo; con el deliberado ocultamiento y la mentira que rodeó el fallecimiento de Hugo Chávez, hasta que el mismo fue anunciado ex post facto, en marzo de 2013; con la imposición a los venezolanos, ante la anunciada falta absoluta del Presidente Chávez, en marzo de 2013, de un gobierno inconstitucional a cargo de un funcionario no electo, violando la Constitución; y finalmente, con la realización de una nueva elección presidencial en 2013, con un candidato oficial que ejercía ilegítimamente la Presidencia de la República, asegurándose paralelamente que el Juez Constitucional no impartiría justicia constitucional alguna ni sobre la "ilegitimidad" democrática del gobernante impuesto, ni sobre su ciudadanía, si sobre las demandas de fraude electoral en su elección.[9]

En Venezuela, en fin, al igual que lo que sucedió en la Italia fascista, la mentira y la falsedad fueron el signo permanente del régimen de Hugo Chávez, y así continúa siendo a través de sus sucesores, pero más allá de lo jurídico, en todos los órdenes, pues el régimen, como lo destaca el profesor Manuel Rachadell en el excelente Prólogo que ha escrito para este libro, que me honra, quienes gobiernan:

> **"*no puede permitir que se conozcan los elementos que evidencian el fracaso de sus políticas* en lo económico y lo social: oculta las estadísticas; persigue a quienes lo critican, a los que acusan de incitar al odio y a la violencia y de traicionar a la patria."**

Por ello, incluso, la gran mentira adicional del gobierno desparramada con posterioridad a la muerte de Chávez – porque si algo heredó el desgobierno que ilegítimamente se instaló a partir de entonces fue *la política de la mentira como política de Estado* –, ha sido achacar el colapso económico del país a una imaginaria y falsa "guerra económica," cuando ello ha sido producto de la propia ineficiencia gubernamental, el despilfarro criminal de recursos y la corrupción

9 Véase, sobre la mentira política que ha seguido posteriormente en el marco de la ilegitimidad a partir de 2013, lo expuesto el libro de Asdrúbal Aguiar, *Memoria de la Venezuela enferma 2013-2014*, Editorial Jurídica Venezolana, Caracas 2015.

rampante, marca el momento en que la crisis política del gobierno se tornó en una crisis política terminal.[10]

A la mentira como política de Estado en todos los órdenes, se refirió con toda claridad el joven Gerardo Carrero, estudiante tachirense privado de libertad dese 2014 en los calabozos de Servicio de Inteligencia estatal, conocido como "la tumba," en una carta pública, al afirmar que la élite que gobierna:

> **"habla de democracia, y con sus iguales practica la dictadura; habla de amor, y en ella reina el odio; habla de libertad, y es esclava de su soberbia; habla de igualdad, y no hace las colas; habla de justicia, y es quien inclina la balanza a su conveniencia; habla de derechos humanos, y es quien persigue y maltrata; habla de vida, y todos los días muere en venezolano; habla de paz, y es quien perturba; habla de Bolívar, y se contradice en sus acciones; *hablan de verdad, y quien la sostiene es la mentira*; habla de reconciliación, y promueve en su discurso la idea de dos pueblos."**[11]

La última gran mentira que el gobierno ha esgrimido en julio de 2015, como sustituto de la anterior y fracasada mentira de la imaginaria "guerra económica" que nadie le creyó, pues ha sido obvio para toda la población que el único provocador y causante de dicha "guerra" ha sido el propio gobierno y sus políticas, ha sido el anuncio de quien ejerce la Presidencia de la República formulado el 6 de julio de 2015, buscando incluso apoyos internos –clamando por la necesidad de una "unidad nacional" –, de la generación, así sea verbal, de un conflicto internacional mediante la muy tardía revivencia de la reclamación frente a Guyana por el territorio Esequibo,[12] **después que la misma fue deliberadamente marginada a partir de 2005, como política de Estado, por el propio Presidente Chávez y Maduro como su Ministro de Relaciones Exteriores.**[13]

---

10 Heintz Dietrich, quien fue uno de los ideólogos del llamado "socialismo del Siglo XXI," lamentándose que el gobierno actual lleno de "ineptos y prepotentes" haya "desprestigiado" dicha alternativa, ya para enero de 2015 expresó que la crisis económica de Venezuela "se ha convertido en una crisis política terminal para el gobierno de Maduro," que es "prácticamente imposible" que la revierta, en particular porque con "el 75% de la población en contra del gobierno" éste " ha perdido todo poder de negociación para salvarse." El gobierno –afirmó Dietrich– "*se mantiene sobre mentiras* y bayonetas. Pero, *las mentiras ("guerra económica") ya sólo convencen al 20% de la población* y el tiempo de las bayonetas se acaba." Véase Heintz Dietrich, "Venezuela: Último Año de Gobierno Chavista. La troika y su sumisa nomenclatura entran ahora a la batalla decisiva por el poder" en *Analitica.com,* 20 de enero de 2015," en http://analitica.com/opinion/venezuela-ultimo-ano-de-gobierno-chavista/

11 La carta que fue leída en la misa dominical celebrada por el padre venezolano Alexis Bastidas, por los presos políticos de Venezuela, el 17 de mayo de 2015 en la Iglesia *Blessed Sacrament* de Manhattan. Véase además en: "Contundente carta del estudiante Gerardo Carrero, al cumplir 11 meses tras las rejas," "Al Pueblo Venezolano, Cárcel del Helicoide Sebin", Caracas 05/04/2015, en http://www.lapatilla.com/site/2015/04/07/contundente-carta-del-estudiante-gerardo-carrero-al-cumplir-11-meses-tras-las-rejas/

12 Véase "Nicolás Maduro reivindica el Esequibo en la Asamblea Nacional de Venezuela," discurso en Sesión de la Asamblea Nacional, Caracas 6 de julio de 2015, en https://www.youtube.com/watch?v=qQGI4Pgy3WQ.

13 Después de la visita de Chávez a Guyana en 2005, quedó claro para el gobierno de Guyana que Venezuela no plantearía objeción alguna en relación con inversiones extranjeras que Guyana requiriera realizar al oeste del río Esequibo. Así lo afirmó por ejemplo el Embajador de Guyana en Venezuela, Sr. Odeen Ishmael al expresar que: "Nowadays, Venezuela has no objections against investments in the western part of Guyana." Véase en Jeroen Kuiper, "Relations between Guyana and Venezuela have improved

Lamentablemente, más importante para Chávez y Maduro fue "ceder" la reclamación a cambio de apoyo internacional de los países del Caribe, comenzando por Guyana, mediante sus votos en los más variados foros internacionales, que haber continuado con los esfuerzos tan exitosamente iniciados hace medio siglo para continuar la reclamación de la soberanía nacional respecto de la Zona en Reclamación.[14] Como lo advirtió un año antes, en julio de 2014, el Embajador Emilio Figueredo: "La complaciente actitud del régimen con respecto a la Comunidad del Caribe se debe a la necesidad de asegurar el apoyo político de estos en la OEA; sin embargo, es inaceptable que esto prime sobre el bien superior que es la defensa de nuestra soberanía e integridad territorial." [15] La realidad entonces fue que lamentablemente, el gobierno de Venezuela no objetó durante la pasada década y más bien permitió abiertamente, a pesar de las protestad de diversos sectores del país,[16] las inversiones extranjeras promovidas por Guyana en dicha Zona en Reclamación, de manera que es difícil que se le pueda ahora creer al gobierno que real y efectivamente pretende continuar con la abandonada Reclamación, precisamente cuando parece que dichas inversio-

---

tremendously under Chávez" en *Venezuelanalysis.com*, July 3rd 2005, en http://venezuelanalysis.com/analysis/1227.

14 Después de la visita de Chávez a Guyana en 2005, quedó claro para el gobierno de Guyana que Venezuela no plantearía objeción alguna en relación con inversiones extranjeras que Guyana requiriera realizar al oeste del río Esequibo. Así lo afirmó por ejemplo el Embajador de Guyana en Venezuela, Sr. Odeen Ishmael al expresar que: "Nowadays, Venezuela has no objections against investments in the western part of Guyana." Véase en Jeroen Kuiper, "Relations between Guyana and Venezuela have improved tremendously under Chávez" en *Venezuelanalysis.com*, July 3rd 2005, en http://venezuelanalysis.com/analysis/1227. Por eso, cuando sale la noticia del anuncio de Nicolás Maduro de que Venezuela reavivará la disputa del diferendo con Guyana, Ewald Scharfenbergel, escribió: "El comandante Hugo Chávez -del que el hoy presidente Maduro fue Canciller- veló siempre por dispensar un trato político y comercial privilegiado a las naciones insulares y ribereñas del Caribe franco y angloparlante, que, a cambio de petróleo subsidiado, pagaban el favor con cuantiosos votos de respaldo para las mociones del chavismo en foros multinacionales. En particular, frente a Guyana –también un tradicional aliado de Cuba en la región- optó por congelar de hecho la reclamación territorial y hacerse de la vista gorda frente a los constantes casos de concesiones mineras y madereras autorizadas por Georgetown. Al mismo tiempo, Venezuela se convirtió en un importante cliente de las exportaciones agrícolas guyanesas, principalmente, de arroz." Véase Ewald Scharfenberg, "Venezuela impone sanciones diplomáticas a Guyana. La disputa territorial, de una zona altamente petrolera, tensa las relaciones entre Caracas y Georgetown, *El País*, 7 de julio de 2015, en http://internacional.elpais.com/internacional/2015/07/07/actualidad/1436238555_401097.html.

15 Véase "Inadmisible intromisión de CARICOM. Es inadmisible la reciente declaración de CARICOM sobre la delimitación de áreas marinas y submarinas entre Guyana y Venezuela (...)" en Analítica, 18 de julio de 2014, en http://anali-tica.com/opinion/inadmisible-intromision-de-caricom/

16 Véase el pronunciamiento de la *Academia de Ciencias Políticas y Sociales* "Sobre la controversia limítrofe entre Venezuela y la República Cooperativa de Guyana,", en el cual expresó: "la inacción del Estado venezolano ante los atropellos a la soberanía nacional por parte del Gobierno de Guyana pueden acarrear consecuencias negativas bajo los principios que rigen el Derecho Internacional Público, razón por la cual esta Academia una vez más insta al Gobierno venezolano a elevar su más rotunda protesta ante el Gobierno de la República Cooperativa de Guyana por las violaciones a nuestra soberanía nacional por las concesiones otorgadas, contrariando los irrenunciables derechos de Venezuela en todos los espacios geográficos de su fachada atlántica. // En reiteradas ocasiones hemos advertido sobre la equívoca conducta del Gobierno de Venezuela al mantener una política de cooperación y ayuda económica al Gobierno de Guyana, que está permitiendo la consolidación de actos de ocupación del Territorio en Reclamación, sin que se haga expresamente la salvedad de que ninguno de esos actos menoscaban los derechos sujetos a reclamación por Venezuela con base en el Acuerdo de Ginebra." Caracas, 21 de abril de 2015.

nes, lamentablemente toleradas por Venezuela, han comenzado a dar frutos para Guyana.[17]

El problema del régimen, en todo caso, que ha estado envenenando una y otra vez al pueblo con "una mentira, otra mentira, una mentira, otra mentira,"[18] **incluso controlando ya materialmente casi todos los medios de comunicación, es que en definitiva, ya casi nadie le cree – esa es la verdad –,**[19] **y menos quienes hacen colas o buscan desesperadamente productos básicos en diversos establecimientos, invirtiendo horas y horas, para poder adquirir bienes de la cesta básica, que en definitiva es todo el pueblo consumidor (que sí tiene que hacer las colas).**

---

17 Y el recurso mediático del gobierno, ante su errática política frente a Guyana, ha sido justificar la decisión de revisar las relaciones con Guyana –que debió haber hecho hace lustros-, achacándole a la empresa Exxon y al Pentágono la culpa por la política desarrollada por Guyana, acusando incluso al Presidente de ese país, David Granger, de haber sido postulado gracias a la trasnacional petrolera, "para promover sus intereses." Véase en: http://www.lapatilla.com/site/2015/07/06/maduro-hay-una-operacion-montada-por-exxon-mobil-desde-el-pentagono-contra-venezuela/

18 Como lo ha reflejado tan certeramente la destacada caricaturista Rayma Suprani, en la caricatura que con su autorización se incluye en la portada de este libro, lo que le agradecemos enormemente.

19 En la línea de la mentira como política de Estado, lo que los venezolanos sí deseamos efectivamente que sea falso es lo anunciado a comienzos de junio de 2015 por quien ejerce la presidencia de la República, Nicolás Maduro, cuando nos advirtió a todos por televisión, que nos preparáramos "*para un tiempo de masacre y muerte*" para el caso de que el gobierno perdiera las elecciones parlamentarias de diciembre de 2015 y "fracasara la revolución bolivariana." Frente a ese anuncio, al menos ya había una mentira, pues dicha revolución ya había fracasado, y quizás, por eso, la mortal amenaza; y además, ya era casi imposible que en el país pudiera haber más masacre y muerte de la que ha habido en los últimos lustros de desgobierno. Como lo resumió Tamara Sujú Roa en un artículo publicado el 15 de junio de 2015, titulado "¿Prepararse para más masacre y muerte?": "en Venezuela, en 2014, fallecieron 24.980 personas de forma violenta, siendo el país el segundo más violento del mundo; y en el mes de mayo de 2015, fallecieron 468 en esa forma, en medio de una impunidad total (solo 6 de 100 crímenes se investigan (datos de "Observatorio Venezolano Contra la Violencia") (Solo en contraste, piénsese que en Nueva York en 2014, hubo 121 personas fallecidas en forma violenta; y en mayo de 2015 solo fallecieron 22 personas en esa forma (Estadísticas oficiales de Nueva York en http://www.nyc.gov/html/nypd/downloads/pdf/crimesta-tistics/cscity.pdf). Por ello, Tamara Sujú, con razón, se preguntó entonces sobre "cuál es el significado exacto de las palabras pronunciadas por Maduro" pues "Masacre y muerte es lo que ha padecido el pueblo venezolano, entre el hampa y la persecución política," salvo que sea "*alertar a sus radicales para un enfrentamiento civil, donde sólo un lado está armado y es justamente el gobierno nacional y sus bandas identificadas, a las que se suman los grupos criminales que han hecho del delito una fuente fácil para obtener ganancia, gracias a la impunidad. ¿Podríamos entonces presumir que la impunidad y la permisividad de grupos civiles armados es política de Estado*? (destacado en el original). Véase Tamara Sujú Roa, "¿Prepararse para más masacre y muerte?, en *La Patilla.com*, 15 de junio de 2015, en http://www.lapatilla.com/si-te/2015/06/15/tamara-suju-roa-prepararse-para-mas-masacre-y-muerte/. La respuesta, a la última pregunta, quizás la puede encontrar la periodista en lo afirmado por Carlos Sánchez en un artículo titulado "¿Quién está protegiendo al hampa desde el Estado?, publicado el día anterior en *Aporrea*, donde afirmó, con razón, que "Uno de los mayores problemas que sufre el venezolano es el de la delincuencia; y pareciera ser que es el que menos importa al gobierno. Pero, *analizando la inacción por parte del Estado, y viendo algunos detalles, da la impresión que alguien de las altas esferas del gobierno se encarga de proteger a los delincuentes,*" para concluir diciendo que "cada día estoy más convencido que *alguien del Estado negocia y protege a los delincuentes* y por eso el problema no se acaba. Pero la libertad con la que actúan los capos de las bandas, el que salgan de las cárceles cuando quieren, el que se les permite que desde allí dirijan las acciones hamponiles, eso *sólo se explica con un Estado incapaz o con un Estado que apoya*, una de dos." Véase Carlos Sánchez, "¿Quién está protegiendo al hampa desde el Estado?, en *Aporrea*, 14 de junio de 2015, en http://www.aporrea.org/ddhh/a209192.html.

Y esa desconfianza que ha generado, sin duda, al final, será su propia perdición, porque por más que repita mentiras, la misma nunca llegará a ser verdad,[20] y menos cuando ni siquiera fueron capaces de haberla dicho o repetido mil veces "adecuadamente."[21]

New York, 7 de julio de 2015

PRÓLOGO de *Manuel Rachadell:*

El libro contó además con el siguiente PRÓLOGO del profesor *Manuel Rachadell:*

Allan Randolph Brewer-Carías es el abogado venezolano que ha realizado el mejor y el más estrecho seguimiento a las actuaciones jurídicas –generalmente antijurídicas- del régimen fundado por Hugo Chávez y, por lo tanto, es quien ha formulado las críticas más sólidas y contundentes sobre la superestructura jurídica creada por ese régimen y, sobre todo, sobre la forma como la ha aplicado.

Y ha sido así porque Brewer ha estado especialmente equipado para acometer esa tarea por sus estudios y por su experiencia de vida. Abogado summa cum laude de la Universidad Central de Venezuela, con estudios de postgrado de la Universidad de París, ha ejercido la docencia en Derecho Público en su Alma Mater y en otras del país, así como en Universidades del exterior como Cambridge, en Inglaterra, Paris II, en Francia, y Columbia, en los Estados Unidos. Ha dirigido el Instituto de Derecho Público en la Universidad Central de Venezuela, ha ejercido intensamente la profesión de abogado, creó y ha dirigido la Revista de Derecho Público, ha sido Miembro de la Junta Directiva y es miembro de la Asamblea General del Instituto Interamericano de Derechos Humanos (Costa Rica); fue Vicepresidente de la Academia Internacional de Derecho Comparado (La Haya), y Miembro de la Academia de Ciencias Políticas y Sociales de Venezuela, de la cual ha sido Presidente; ha ocupado cargos públicos como el de Consultor Jurídico del Consejo Supremo Electoral, Presidente de la Comisión de Administración

---

20 O como lo dijo Sófocles, "una mentira nunca vive hasta hacerse vieja." Véase en http://es.wikiquote.org/wiki/S%C3%B3focles

21 De manera que si siquiera se pueden basar en la conocida e insensata frase generalmente atribuida a Joseph Goebbels, Ministro de propaganda del Tercer Reicht de que: "Una mentira repetida *adecuadamente* mil veces se convierte en una verdad." Por ello, Heinz Dietrich ya en enero de 2015, destacaba cómo el gobierno, al "no entender *que su mentira de "guerra económica" tenía un ciclo de manipulación efectiva limitado,* como toda propaganda," ya había sentenciado su propio colapso, como resultaba de "la evaluación de su gestión en las últimas encuestas nacionales: El 84% de la población considera la situación del país mala o muy mala; el 74% piensa que la gestión de Maduro es mala; el 72% *no creen "nada" de las declaraciones del Presidente sobre la economía*; el 70% no quiere que siga más allá del 2016; el 86% lo considera responsable de las colas; la presencia de los militares en el gobierno es considerado malo por un 70% y el 75% cree que la situación económica es ahora peor o mucho peor que hace un año;" a lo que se agregaba que "el 80% de los encuestados está en contra de una devaluación del bolívar; el 70% en contra del aumento de la gasolina; el 85% rechaza las expropiaciones como mecanismo para resolver la crisis y más del 90% considera indispensable un acuerdo entre el sector público y el privado para enfrentar la crisis." Véase Heintz Dietrich, "Venezuela: Último Año de Gobierno Chavista. La troika y su sumisa nomenclatura entran ahora a la batalla decisiva por el poder" en *Analitica.com,* 20 de enero de 2015," en http://analitica.com/opinion/vene-zuela-ultimo-ano-de-gobierno-chavista/.

Pública y Ministro de Estado para la Descentralización, ha sido Senador de la República en la etapa democrática y miembro de la Asamblea Nacional Constituyente de 1999. Pero sobre todo, Brewer ha estudiado el Derecho, tanto el venezolano como el extranjero, ha profundizado en el conocimiento de la Historia y de la Política, ha reflexionado sobre el Derecho Público en todas ramas y ha publicado densos libros y tratados, artículos, ensayos, ponencias, discursos y prólogos, sobre el Derecho Constitucional, Administrativo y Financiero, sobre Historia, sobre Derecho Comparado y sobre Urbanismo, en un número cuya cuenta es difícil de llevar.

La violación creciente y descarada del ordenamiento jurídico en que ha incurrido el régimen gobernante en Venezuela desde comienzos de 1999, ha suministrado a Brewer material de primera mano para la denuncia oportuna y descarnada. Brewer devino, por esa circunstancia, en una persona incómoda, incluso insoportable para los gobernantes y personeros públicos, y por ello ha sido sujeto de persecuciones ilícitas y potencialmente violentas hasta lograr que se mantuviera fuera del país. Actualmente instalado en Nueva York, sus compromisos académicos y profesionales en diversas partes del planeta no han impedido que mantenga una mirada acuciosa sobre el acontecer nacional y que produzca con frecuencia nuevos y actualizados estudios sobre la situación jurídica y política de Venezuela que, en las actuales circunstancias, no pueden ser –lamentablemente- sino obras de denuncia.

En el libro que tengo el honor de presentar, La mentira como política de Estado y la crisis política permanente. Venezuela 1999-2015, Brewer estudia el marco constitucional de trece momentos del régimen chavista y en cada caso demuestra, en forma plenamente documentada y con una lógica implacable, que en Venezuela, durante el período objeto de análisis, la Ley Fundamental que nos rige no ha cumplido su función de disciplinar las actuaciones de los órganos del Poder Público. A esas trece partes las precede una Nota Introductoria en la que se extiende sobre las crisis políticas en la Historia de Venezuela, y las sigue un Epílogo sobre "La elecciones presidenciales de abril de 2013 y el monumental desorden institucional dejado como legado político por Hugo Chávez".

Para una persona ajena al mundo jurídico puede resultar extraño el empeño de Brewer en evidenciar que en nuestro país la Constitución no se cumple y podría considerar que más importante que la intangibilidad de la pirámide jurídica de Kelsen es la satisfacción de las necesidades materiales de la población. Quien así discurriera revelaría una ignorancia de tal magnitud, que le impediría establecer la relación de causalidad entre el irrespeto al orden jurídico y la escasez de papel sanitario o las colas que hay que hacer para comprar los abastecimientos de la familia o los cortes de luz que le dañan los electrodomésticos o la inseguridad de los bienes y las personas que impulsa a muchos venezolanos a emigrar del país.

Para aclarar este aspecto debemos señalar que la Constitución de 1999, si bien contiene elementos que sería conveniente revisar en su momento porque han dado base para conductas centralistas y personalistas del régimen, en términos generales consagra el diseño de un Estado social de Derecho y de Justicia, democrático y descentralizado, con separación de poderes y controles recíprocos entre los órganos que ejercen el Poder Público, que regula conjuntos orgánicos administrativos y judiciales fundados en el mérito y que propugna el respeto a los derechos humanos y su protección por las instancias nacionales e internacionales, declarados estos derechos en forma generosa en el texto de la Carta Magna. En Venezuela, pues, el problema no es el texto de la Constitución sino el irrespeto a sus disposiciones, y esto es precisamente lo que más destaca Brewer en sus estudios y particularmente en el que comentamos.

En efecto, ni el caudillo ni su causahabiente, ni la élite prebendaría que los ha rodeado, creen ni han creído nunca en que el marco constitucional debe ser acatado para logar la convivencia y el progreso del país, porque ni la una ni el otro son objetivos importantes en el accionar del gobierno. La Ley Fundamental sancionada en 1999, y que es blandida frecuentemente en su formato de librito azul por los personeros del régimen, no consagra el tipo de Estado que interesa instaurar y mantener a quienes han tenido la conducción del país en los últimos lustros, ni el cumplimiento del orden jurídico es un valor que, según ellos, deba ser respetado. En su lugar, durante los primeros años de vigencia de la nueva Carta se mantuvo latente, no expresado por los gobernantes, un modelo de Estado muy diferente, incluso opuesto, al consagrado en el texto constitucional, lo que revelaba la existencia de lo que los franceses llaman "une arrière pensée" (un pensamiento oculto). El orden constitucional formal, por su parte, habría cumplido su función de legitimar políticamente a las nuevas autoridades, porque esa Constitución había sido formulada por una Asamblea Nacional Constituyente, legalmente electa, y había sido ratificado por los electores en un referendo popular.

Pero llegó un momento en que el régimen sintió la necesidad de hacer explícito ese modelo oculto y planteó una reforma de la Constitución, en la que quedó evidenciada la regulación fundamental del Estado y la definición de los derechos de los ciudadanos como realmente aspiraban a consagrar. Ese modelo expresado en el proyecto de reforma establecía un Estado centralista, personalista, militarista y autoritario, en el que aparecían suprimidas o enervadas las autonomías consagradas en el texto de 1999 (de cada uno de los Poderes Públicos nacionales, de los Estados, de los Municipios, de las Universidades, del Banco Central de Venezuela, de las empresas, de las familias, de las personas), modificaba las garantías constitucionales para liberarse de la obligación de respetar la propiedad privada y un conjunto de libertades como las de industria y comercio, de expresión y de enseñanza; unía las funciones de los servidores públicos, incluso de los militares, con las actuaciones de los activistas del partido oficial, y brindaba la base necesaria para confundir el patrimonio del Estado con el patrimonio particular de los gobernantes.

Negada esa reforma por el pueblo en el referendo constitucional de diciembre de 2007, el régimen se propuso reeditar la fallida propuesta de modificación constitucional mediante leyes, decretos leyes, sentencias del máximo tribunal y vías de hecho, a partir de lo cual hemos considerado que, desde ese momento, Venezuela careció de Constitución y que la voluntad del líder determinaba la actuación de los poderes públicos sin sujetarse a ninguna norma superior, ni jurídica ni ética.

El régimen de gobierno resultante ha sido calificado de diferentes maneras: desde una democracia limitada e imperfecta hasta un Estado totalitario, pasando por la de gobierno autoritario, dictadura o tiranía postmoderna. Diversas objeciones pueden hacerse a cada uno de esos calificativos y, en busca de una caracterización que se amoldara mejor al sistema político instaurado en el país, encontré

que, por encima de aspectos formales, el ideal que estaba en la base del régimen era el del Estado neopatrimonialista, de acuerdo a los análisis de destacados sociólogos y politólogos del exterior, que habían hecho su descripción incluso con anterioridad al fenómenos que nos afecta.

El prominente sociólogo alemán Max Weber, en su famosa obra Economía y Sociedad, había estudiado las formas políticas del tránsito del medioevo a la modernidad y al analizar el tipo de dominación tradicional había encontrado que, bajo determinadas circunstancias, un sistema político patriarcal se transforma en patrimonial cuando el imperante logra formar un cuadro administrativo y militar personal (patrimonial), por derecho propio, lo que le permite manejar los bienes del régimen político como patrimonio personal, en cuyo caso los "compañeros" se transforman en "súbditos".[22]

Muchas décadas después, investigadores de las ciencias sociales y políticas como Giulio Sapelli[23] ***en Italia y Oscar Oszlak***[24] ***en Argentina, han considerado que una evolución similar puede producirse bajo un régimen de dominación racional normativo, donde se llega al poder por vía de elecciones, lo que da origen a lo que llaman el neopatrimonialismo. Estos conceptos han sido desarrollados y aplicados a diversas experiencias concretas por las investigadoras argentinas María Gloria Trocello y Amelia Marchisone, quienes al referirse a los regímenes patrimonialistas contemporáneos expresan que:***

> ***"Se trata de regímenes políticos formalmente representativos y republicanos en los que un líder -que controla el partido dominante en el campo político- logra permanecer en el gobierno por un tiempo prolongado apropiándose de los recursos materiales y simbólicos del Estado. El líder y su entorno -donde se destaca su familia- concentran importantes recursos de dominación, que les permiten ser dominantes en el 'campo del poder' llegando a condicionar estructuralmente el funcionamiento de los otros campos sociales",***

y agregan que:

> ***"La diferencia central con los tipos de patrimonialismos weberianos -que justifica el uso del prefijo neo- es que son formalmente democráticos, lo que conforme a una definición mínima, significa cumplir con elecciones y que además estén institucionalizados, es decir que se da por sentado que se seguirán realizando por tiempo indeterminado"***[25]

---

22 Max Weber: Economía y Sociedad, Fondo de Cultura Económica, 1977, Tomo I, pp. 184 y 185.

23 Giulio Sapelli, *Cleptocracia. El mecanismo único de la corrupción entre economía y política.* Editorial Losada, 1998, Buenos Aires.

24 Oscar Oszlak: "Políticas Públicas y Regímenes Políticos- Reflexiones a partir de algunas experiencias latinoamericanas". *Estudios Cedes.* Vol. 3. N° 2, 1980, Buenos Aires.

25 María Gloria Trocello y Amelia Marchisone: "La dominación partidaria y la concentración de poder político. El caso de la Provincia de San Luis" (2009), en *historiapolitica.com/datos/biblioteca/ppterritoriales_trocello.*

En el estudio que citamos se afirma que:

> *"Al acceder por medio del voto, ese ciudadano cuenta ya con algún capital político previo, al que suma el recurso 'simbólico' que servirá de soporte para la acumulación de los restantes: se trata de un líder o al menos de 'un ganador' elegido por su pueblo. Cuenta, además, con un recurso político fundamental: legitimidad de mando; y en consecuencia, será quien está autorizado para administrar los recursos del Estado. La forma en que ejerza la administración viabilizará la posible concentración de recursos de dominación (económicos, políticos, de información, de fuerza física, ideológicos, etc.), pudiendo así llegar a patrimonializar el Estado".*

En estos casos es necesario llegar primero al poder para luego establecer el régimen neopatrimonialista, y el medio para lograrlo es el discurso populista, cuyos elementos principales son los siguientes: división de la sociedad en dos grupos irreconciliables para promover la polarización, como por ejemplo, los burgueses y los patriotas, pueblo y antipueblo (en todo caso, los "buenos" y "los malos"); apropiación de los símbolos de la Nación[26]: el escudo, la bandera, el rostro y la espada del héroe en el caso nuestro; se modifica la historia a conveniencia y se identifica a los gobernantes con los próceres de la nacionalidad; se introduce un argot diseñado para los fines que se persiguen, que incluye la denominación de períodos anteriores: la "Cuarta República" para mostrar la época de oscuridad y la "Quinta República" para exaltar la nueva etapa, donde todo es luz, bondad y felicidad. Esta periodización, por lo demás, no tiene ningún asidero en la historia ni en la lógica, pero eso no importa porque el mensaje no se dirige a la razón sino al sentimiento. Se popularizan palabras como "escuálidos", "majunches", "apátridas", para descalificar a los opositores, o "gigante", "comandante supremo y eterno" para ensalzar a su líder.

El discurso populista utiliza la técnica totalitaria de cambiar el sentido de las palabras, hasta el punto de crear un lenguaje nuevo, apropiado a sus intereses, la llamada neolengua. Este fenómeno ha sido estudiado entre nosotros en el libro La neolengua del poder en Venezuela, dominación política y destrucción de la democracia[27] que contiene excelentes artículos de Antonio Canova González, Carlos Leáñez Aristimuño, Giuseppe Graterol Steganelli, Luis A. Herrera Orellana y Marjuli Matheus Hidalgo, en el cual se plantea:

> *"un problema del que muchos venezolanos no están conscientes: la desmesurada pretensión de la clase gobernante de crear, en el marco del ejercicio de un poder ilimitado y sin control, una lengua nueva, llena de sentidos que en sí mismos ofrezcan un espontáneo apoyo al propósito de dirigir indefinidamente y determinar la totalidad de nuestras vidas".*

Los autores parten de la constatación de que:

> *"Esta nueva lengua, que vacía numerosas palabras de su significado original y les adjudica otro a conveniencia, presenta lo que ocurre como parte de*

---

26 Véase: Enrique Viloria Vera: *Neopopulismo y neopatrimonialismo: Chávez y los mitos americanos*, consultable en Internet.

27 Editorial Galipán, Caracas, 2015.

un destino histórico inexorable, justo y benéfico; a la vez que convierte en absurdo o deshonesto cualquier intento de resistencia al proyecto hegemónico".

El discurso populista se resume en una novedosa, eficiente y macabra manipulación de las mentes de las personas, no muy diferente a la que describía George Orwell en su novela 1984; busca establecer una hegemonía cultural, sobre todo en lo comunicacional y lo educativo, conforme a las recomendaciones de Antonio Gramsci, proclama su objetivo de crear "un hombre nuevo", siguiendo las enseñanzas del Che Guevara, y destierra la posibilidad de que el régimen pueda perder unas elecciones de las que dependa su permanencia en el poder, porque ello implicaría la negación de su supuesta infalibilidad y permitiría airear informaciones sobre el manejo deshonesto de los fondos públicos, de allí la consagración de la reelección sucesiva ilimitada, el uso de la consigna "no volverán" y el control del gobierno sobre los procesos electorales.

Ese discurso se identifica con la "antipolítica" que es una manera de descalificar a las agrupaciones políticas que no se les pliegan y con el comunitarismo, que es el disfraz más eficiente de la antipolítica[28]*; utiliza ampliamente recursos del pensamiento utópico para sembrar la idea de un mundo de solidaridad, cooperación y protección del ambiente, como son la promoción de gallineros verticales, de cultivos organopónicos en las ciudades, de las monedas locales, del trueque, de las comunas autosustentables, copiando en este último aspecto ideas expresadas por Charles Fourier en el siglo XIX al proponer los "falansterios" como formas de organización social, los cuales, en el siglo siguiente, inspiraron la formación de comunidades "hippies".*

El discurso populista se expresa de muy diversas formas, las cuales no pueden ser objeto de estudio en este prólogo, pero no debemos olvidar que su función es instrumental: el objetivo no es establecer un régimen socialista ni un Estado comunal, sino el de permitir que un caudillo y su entorno manejen los recursos públicos y las propiedades particulares como si fueran patrimonio personal del gobernante, lo cual en nuestro país se ha dado plenamente, con la complicidad de funcionarios civiles y militares y de pseudo empresarios. Para esos fines, se libera de obstáculos la disposición por el gobernante de los dineros públicos, mediante la creación de fondos paralelos puestos a su libre decisión y no sometidos a control alguno, la sumisión de diputados, jueces y contralores para que el caudillo utilice los recursos presupuestarios y los bienes de la Nación a su antojo, la discrecionalidad en la asignación de las divisas, la libertad de contratar empréstitos sin formalidad ni control, el manejo discrecional de las reservas internacionales del país, la impunidad a favor de sus seguidores que cometen delitos contra la cosa pública, la posibilidad de dictar decretos-leyes por delegación del parlamento, incluso para crear tributos y tipificar delitos, y el apoyo de gobernantes extranjeros, seducidos por las jugosas propinas que se les otorgan con la petrochequera.

El régimen neopatrimonialista no puede permitir que se conozcan los elementos que evidencian el fracaso de sus políticas en lo económico y lo social: oculta las estadísticas; persigue a quienes lo critican, a los que acusan de incitar al odio y a la violencia y de traicionar a la patria; cierra o compra medios de comunicación; establece la censura y promueve la autocensura; impide u obstaculiza la

---

28 María Gloria Trocello: ***Neopatrimonialismo, populismo y comunitarismo, consultable en Internet.***

circulación de diarios; prohíbe el ingreso al país de representantes de organismos internacionales de defensa de los derechos humanos, de veedores y de testigos, y desconoce las garantías sobre el debido proceso de los opositores que encarcela, a los que priva, sin fundamento alguno, de apoyo jurídico y familiar e incluso de la luz del sol.

En las relaciones del discurso populista con el ordenamiento jurídico, dice Trocello que

> *"se deben tener en cuenta dos premisas centrales a la construcción del polo de lo popular, y que tomo de una propuesta de Jean Leca: 1) la voluntad del pueblo, identificada con la justicia y la moral, prevalece sobre la norma institucional elaborada por los hombres, 2) los gobernantes sólo son buenos si están directamente vinculados al pueblo por sobre las élites intermedias (intelectuales, expertos, tecnócratas)".*[29]

Con fundamento en la primera premisa, el régimen se considera autorizado para violar el ordenamiento constitucional y desconocer las estructuras formales del Estado, y para ello cuenta con el aplauso del "pueblo". En efecto, en el neopatrimonialismo venezolano, su fundador, Hugo Chávez, entendía que estaba realizando "una revolución" y los procesos revolucionarios son difíciles de compatibilizar con el respeto al ordenamiento jurídico, así este emane del mismo régimen. El modelo inmediato ha sido el proceso cubano y el original el régimen instalado en la Unión Soviética. En este último, de acuerdo al análisis que hace Maurice Duverger, a diferencia de los Estados de Derecho que se fundan a partir de la Revolución Inglesa, de la Revolución de Independencia de los Estados Unidos y de la Revolución Francesa, en los que se consagra un principio de legalidad para disciplinar la actuación de los poderes públicos ("el Estado sólo puede hacer lo que le permite la ley") y, en contrapartida, un principio de libertad para los particulares ("los particulares pueden hacer todo lo que la ley no prohíba"), en la Unión Soviética no había legalidad ni libertad, lo que existía era un principio de legitimidad política que se expresaba así: "el Estado puede y debe hacer todo lo que sea necesario para el triunfo y la consolidación de la dictadura del proletariado".[30]

Imbuido de estas ideas y siguiendo el modelo cubano ("el mar de la felicidad"), Chávez actuaba como si el golpe de Estado de 1992 hubiera triunfado y tuviera un poder absoluto (de absolutus, suelto de la ley). Esa acción se vio facilitada por los inmensos ingresos que produjo la venta del petróleo, bien que en Venezuela pertenece exclusivamente al Estado, cuyo precio por barril estuvo consistentemente elevado a partir de 2004 y, durante varios años, por encima de la cota de 100 dólares norteamericanos. Chávez sabía que el socialismo, o en su defecto el personalismo del régimen, por su naturaleza, genera ineficiencia en el manejo del Estado y de la economía pero también que en el caso venezolano la renta petrolera podría ser aplicada para mantener el sistema funcionado. De allí su tesis política y económica: "Estamos empeñados en construir un modelo socialista muy diferente del que imaginó Carlos Marx en el siglo XIX. Ese es nuestro modelo, contar con

---

29 María Gloria Trocello: *Neopatrimonialismo, populismo y comunitarismo, cit.*

30 Maurice Duverger: *Institutions politiques et Droit Constitutionnel*, Editorial Themis, París, 1970.

esta riqueza petrolera", dijo Chávez en su programa Aló Presidente Nº 288, del 29 de julio de 2007, cuando se preparaba para presentar ante la Asamblea Nacional su proyecto de reforma constitucional. Y agregaba que "el Socialismo petrolero no se puede concebir sin la actividad petrolera", y que este recurso "le da una configuración peculiar a nuestro modelo económico". Para ese momento, la economía mostraba ya signos de decaimiento y los servicios públicos funcionaban cada vez peor, a pesar de la abundancia de dinero, de modo que el rechazo por el pueblo a la propuesta de reforma presentada por el Presidente fue una suerte para él y su proyecto, pues la crisis estructural y la ruina del país se habrían acelerado.

Lo demás es historia reciente: los servicios públicos no sirven, lo que se expresa en cortes de electricidad y suspensión del suministro de agua, hospitales incapaces de atender a los pacientes, la educación está en la indigencia, el nivel de inseguridad ha impuesto un toque de queda en el país mientras la calle ha quedado en manos de delincuentes comunes y de grupos violentos partidizados; las empresas públicas (entre ellas, ¡las empresas de Guayana!) dan pérdidas; las haciendas confiscadas dejaron de ser productivas y están llenas de monte; el país es un cementerio de primeras piedras para obras que nunca se construyeron; una parte muy importante de las divisas de los venezolanos están colocadas en bancos extranjeros a nombre de funcionarios públicos, de sus familiares, de sus testaferros o de la élite prebendaria; la vida cotidiana se ha vuelto insufrible: los sueldos no alcanzan para las necesidades elementales de la familia por la inflación que azota al país; las colas para comprar alimentos, medicinas y artículos de higiene son interminables; la gente da gracias cuando la asaltan pero no la matan; las elecciones se siguen realizando pero los ciudadanos no confían en el órgano responsable de organizar los procesos comiciales y los resultados electorales carecen de credibilidad; las personas deben tener cuidado al criticar al gobierno, porque el vecino puede ser un "patriota cooperante", en la terminología oficial, o "sapo" en el vocabulario coloquial, y se forman enormes colas para la legalización de documentos de estudiantes y profesionales que se disponen a abandonar el país.

Pues bien, la relación entre el incumplimiento de la Constitución y el irrespeto a la ley, por una parte, y la ruina del país y el deterioro de la calidad de vida de sus habitantes, por la otra, es obvia. Para demostrarlo bastan tres ejemplos:

1. Si no se cumplen las normas constitucionales que consagran la autonomía del Banco Central de Venezuela (art. 318) y que disponen que "en el ejercicio de sus funciones, el Banco Central de Venezuela no estará subordinado a directivas del Poder Ejecutivo y no podrá convalidar o financiar políticas fiscales deficitarias" (art. 320), se permite al gobierno imponer al ente emisor la obligación de imprimir moneda inorgánica, como lo ha hecho repetidamente, con lo cual incumple el objetivo fundamental del Banco Central que es "lograr la estabilidad de precios y preservar el valor interno y externo de la unidad monetaria" (art. 318). Pero esa violación no es puramente formal, de ella se deriva la causa principal de la inflación que acogota a la familia venezolana.

2. Si no se aplican las nomas constitucionales que garantizan el libre ejercicio de actividades lucrativas (art. 112) el derecho de propiedad y que "Sólo por causa de utilidad pública o interés social, mediante sentencia firme y pago oportuno de justa indemnización, podrá ser declarada la expropiación de cualquier clase de bienes" (art. 115), y la prohibición de confiscaciones, salvo los casos permitidos por la Constitución (art. 116), los empresarios no invierten, se cierran empresas, se genera el desempleo, el país no produce los bienes que requiere para el consumo de las familias y el gobierno se ve cada vez más limitado para importarlos por la falta de divisas, todo lo cual se traduce en desabastecimiento y escasez, en racionamiento y en deterioro de la calidad de vida de las personas.

3. Si se prescinde de la norma constitucional según la cual "Los funcionarios públicos y funcionarias públicas están al servicio del Estado y no de parcialidad alguna. Su nombramiento o remoción no podrán estar determinados por la afiliación u orientación política" (art. 145), no puede establecerse un sistema de mérito en la conformación del aparato público, el cual se partidiza, como ha ocurrido, y el resultado de la actividad administrativa es deficiente, se producen discriminaciones políticas en la gestión de los servicios públicos y se abren las puertas para la corrupción administrativa. En fin, en un Estado en que los gerentes públicos actúan a su antojo sin someterse a norma jurídica alguna, el resultado es el que hemos comentado en alguna oportunidad y que hemos expresado con esta fórmula: "cuando la discrecionalidad de los funcionarios públicos tiende al infinito, la eficiencia tiende a cero".

En los actuales momentos, Venezuela está a la expectativa de grandes cambios políticos, porque tantos y tan graves desajustes en la situación económica y social han afectado al extremo la vida de los habitantes del país, hasta el punto de que un analista que en una época fue muy apreciado por el régimen, el sociólogo alemán-mexicano Heinz Dieterich, ha afirmado en su artículo publicado en Aporrea: "2015: ¿Último año de gobierno chavista?", que "La crisis económica de Venezuela se ha convertido en una crisis política terminal para el gobierno de Maduro".[31]

Sea el desenlace tan inminente o se produzca más tarde, debemos tener presente que, en la nueva etapa que deberá abrirse necesariamente para el país, la corrección de los entuertos no se logrará solamente con la modificación de las políticas económicas sino que es necesario comenzar por dotar al país de un orden jurídico que permita la libre expresión de la creatividad de los venezolanos, la seguridad jurídica y la garantía de los derechos humanos. Esa tarea será difícil y compleja y estamos seguros de que, cuando se emprenda, contaremos con la presencia en primera línea de Allan Randolph Brewer-Carías, quien no tendrá que ocupar su tiempo en denunciar violaciones a la Ley Fundamental sino que podrá hacer lo que más le gusta: contribuir a crear una nueva institucionalidad y un orden jurídico que permita el progreso sustentable del país en libertad, justicia, democracia y cordialidad.

---

31 http://www.aporrea.org/actualidad/a201309.html

A MANERA DE PRESENTACIÓN: "HISTORIA Y CRISIS POLÍTICA

Por mi parte, y A MANERA DE PRESENTACIÓN del libro, incluí el siguiente trabajo: "HISTORIA Y CRISIS POLÍTICA": recordando lo escrito para una conferencia dictada en 2001.

Hugo Chávez fue el gobernante que en toda la historia política de Venezuela permaneció más tiempo en forma continua en ejercicio del cargo de Presidente de la República, durante catorce (14) años, entre 1999 y 2012. En tiempo sólo lo superó Juan Vicente Gómez, quien ejerció el cargo intermitentemente durante dieciocho (18) años (entre 1908 y 1915; 1922 y 1929; y 1931 y 1935), e igualó a Antonio Guzmán Blanco, quien ejerció el cargo durante catorce (14) años (entre 1870 y 1877; 1879 y 1884; y 1986 y 1987).

Ese dato temporal, sin duda bastaría para que Hugo Chávez hubiera entrado en los anales de la historia política del país, a lo que sin duda se suman otras muchas ejecutorias, como por ejemplo, el que haya hecho de la atención por los pobres una expresión de política gubernamental, lo que por supuesto no significa que los gobiernos anteriores y específicamente los de la democracia desde 1958 hasta 1999 no hubieran tenido una política social bien definida de atención a los pobres, ni que la ejecutada durante su gobierno haya sido efectivamente una política pública, y no una propaganda como lo demuestra el nivel de miseria que dejó al terminar su gestión.

La verdad es que ninguna política pública de justicia social, en ninguna parte de mundo, puede estar basada exclusivamente en el aumento de la burocracia estatal y en el reparto de dinero por el Estado y su burocracia privilegiada en forma de subsidios directos a las clases populares, todo ello apoyado en el aumento súbito del ingreso petrolero fiscal de un Estado petrolero, sin que paralelamente se hubieran procurado crear las condiciones sociales, laborales y económicas necesarias, para la generación permanente y sostenible de riqueza y empleo mediante la inversión privada. Ningún país, en el mediano y largo plazo, puede sobrevivir basado en la existencia de una burocracia y de un Estado que se cree poderoso y eterno, porque quienes lo manejan creen que todo lo tiene, y que es quien todo lo puede dar y, a la vez, que todo lo puede quitar; y que ello sea así, impunemente para siempre.

Ninguna política pública de atención a los pobres puede pretender desarrollarse destruyendo toda inversión privada, y haciendo que todos dependan del Estado, sin generar las condiciones necesaria para que los ciudadanos puedan desarrollar sus propias iniciativas y capacidades productivas, y mucho menos, destruyendo tales condiciones mediante expropiaciones y nacionalizaciones indiscriminadas que a lo que ha conducido es a que las industrias y fincas productivas estatizadas hayan pasado a ser manejadas por burocracias ineficientes que las han destruido en tiempo record.

Lo de la atención a los pobres fue más bien una orquestada propaganda gubernamental, montada en el casi absoluto control de los medios de comunicación nacionales y en el despliegue de propaganda internacional muy bien pagada, que sirvió para tratar de ocultar lo que fue un cúmulo de errores gubernamentales que durante largos catorce años llevaron a Venezuela, de ser una de las democracias más admiradas en el mundo de los países en desarrollo, a ocupar los primeros lugares, si no el primer lugar, entre los países con mayor índice de violencia, de ausencia de seguridad ciudadana, de inflación, de burocracia gubernamental, de corrupción, de ineficiencia pública, de destrucción de la infraestructura, de gasto militar, de violaciones a los derechos humanos, de impunidad, de participación del Estado en la economía, de despilfarro de los fondos públicos, de endeudamiento interno y externo, de descenso de las reservas, de menor libertad económica, de mayor cantidad de bienes de consumo importados, de control de cambios, de devaluación de la moneda, de mayor control estatal de los medios de comunicación, de menor libertad de expresión, de mayor polarización política inducida, de destrucción institucional, de militarismo gubernamental, de ausencia de efectiva separación de poderes, de control político sobre el poder judicial, de ausencia de control fiscal, de falta de participación, y de falta de transparencia gubernamental. Por todas esas ejecutorias, entre otras, sin duda, también se recordará a Hugo Chávez, quien además entró en la historia como un gobernante autoritario y militar, precisamente en el mismo grupo de gobiernos longevos como los de los ya mencionados de Antonio Guzmán Blanco y Juan Vicente Gómez.

Pero adicionalmente a esas ejecutorias que harán recordar a Chávez por mucho tiempo, también se lo recordará por haber sido el Presidente de la República cuyo cargo, durante los años que lo ejerció, estuvo tan sometido permanentemente a prueba, o estuvo en entredicho, no sólo porque después de haber sido electo en 1998, se sometió sucesivamente a tres procesos electorales (2000, 2006, 2012) de los cuales resultó reelecto, con grandes dudas sobre el nivel de apoyo popular realmente recibido y sobre el grado de trasparecía electoral, sino porque además, fue el Presidente que estuvo más veces en situación de falta temporal en el ejercicio de su cargo, o en situaciones en la cuales se anunció su posible falta absoluta, por poner su cargo a la orden de una Asamblea Constituyente (1999), por haber su Alto mando Militar anunciado públicamente su renuncia al cargo (2002), por el desarrollo de iniciativas populares tendientes a revocarle el mandato (2003, 2004), hasta que desapareció del ojo púbico a comienzos de diciembre de 2012, y tres meses después, el día 5 de marzo de 2013, se anunció oficialmente su falta absoluta, por fallecimiento.[32]

Todas esas vicisitudes políticas por las cuales también se recordará al Presidente Chávez, provocaron que su gobierno haya sido el que en la historia política haya sido el que funcionó en forma seguida, en situación de crisis política permanente, lo que precisamente provocó que haya sido el gobernante que mayor número de veces estuvo en situación de "falta temporal" o de ofrecimiento, procura o anuncio de "falta absoluta" en el ejercicio del cargo; lo que sin duda reflejó en hechos lo que fue también su política permanente de mantener al país en zozobra, angustia, expectativa y desconcierto.

Este proceso de crisis política, y en particular, de anuncios de falta presidencial durante los catorce años que ejerció la Presidencia, en efecto, puede decirse que comenzó a los pocos meses de haber tomado posesión de su cargo de Presidente de

32 Sobre este hecho, el propio Tribunal Supremo de Justicia en Sala Constitucional, en la sentencia N° 141 dictada tres días después, el 8 de marzo de 2013, fue muy cuidadosa en no afirmar que el 5 de marzo había fallecido el Presidente Chávez, limitándose a indicar lo que era indubitable, que "el 5 de marzo de 2013, el Vicepresidente Ejecutivo ciudadano Nicolás Maduro Moros anunció, desde la sede del Hospital Militar de Caracas 'Dr. Carlos Arvelo,' el lamentable fallecimiento del Presidente de la República ciudadano Hugo Chávez Frías."Véase el texto de la sentencia de interpretación del artículo 233 de la Constitución en http://www.tsj.gov.ve.deci-siones/scon/Marzo/141-9313-2013-13-0196.html. El Tribunal Supremo, por tanto, sólo recogió el anuncio de que había ocurrido la falta absoluta del Presidente, pero sin indicar las circunstancias de tiempo o lugar de tal acaecimiento.

la República, lo que ocurrió el 2 de febrero de 1999, al jurar cumplir y hacer cumplir la Constitución que en el mismo acto calificó de "moribunda," lo que ya hizo precario el inicio de su mandato; cuando el 8 de agosto de 1999, recién instalada la Asamblea Nacional Constituyente, puso su cargo de Presidente de la República a la disposición de la dicha Asamblea, lo que no fue otra cosa que una renuncia sujeta a aceptación, la cual la Asamblea no aceptó, quedando entonces "ratificado" en el cargo.

Luego vino el requerimiento popular de su renuncia con protestas que se generalizaron en todo el país desde fines de 2001, y su anunciada renuncia a la Presidencia comunicada públicamente por televisión al país y al mundo por su Jefe del Alto Mando Militar, acompañado de todos los oficiales del mismo, lo que ocurrió en horas de la madrugada del 12 de abril de 2002, "la cual aceptó," tal como se informó públicamente.

A ello lo siguieron los intentos de desarrollo de iniciativas populares para revocarle el mandato al Presidente Chávez, que se materializaron entre fines de 2002 hasta 2004, primero, mediante la solicitud popular para un referendo consultivo sobre su renuncia, y segundo, mediante sendas solicitudes para la realización de referendos revocatorios de su mandato (el "Firmazo" y "Reafirmazo"), respaldadas por millones de firmas, hasta que un referendo revocatorio del mandato se realizó finalmente, sorteadas toda suerte de dificultades y obstáculos, y que se realizó en 2004. El resultado del mismo, conforme a la Constitución, fue que el mandato del Presidente quedó revocado. Sin embargo, en virtud de una conveniente interpretación (o mutación) constitucional adoptada por la Sala Constitucional del Tribunal Supremo de Justicia, el referendo fue ilegítimamente trastocado y pasó de ser un referendo "revocatorio" del mandato, a convertirse en un "ratificatorio" del mismo, que constitucionalmente no existe.

Después de ello, los partidos de oposición al gobierno del Presidente Chávez se abstuvieron de participar en las elecciones parlamentarias de 2005, con lo cual la Asamblea Nacional quedó totalmente controlada por los partidos de gobierno (2005-2010). Ello sin embargo, no fue motivo de estabilidad política alguna. A pesar de que al año siguiente, en 2006, se produjo la segunda reelección del Presidente Chávez en el cargo, en 2007 se produjo su más grande fracaso político al no haber logrado el apoyo popular que creía tener para la aprobación mediante referendo de su propuesta de reforma de la Constitución para establecer formalmente, en el texto constitucional, el marco de un Estado Socialista, Centralizado, Militarista y Policial, llamado como Estado Comunal o del Poder Popular. El pueblo simplemente rechazó su propuesta.

A pesar de ello, sin embargo, violando la Constitución y en fraude y desprecio a esa voluntad popular, contra toda lógica política Chávez implementó dichas reformas entre 2007 y 2010, mediante leyes, decretos leyes y leyes orgánicas, tendientes a la creación del Estado Comunal o del Poder Popular que el pueblo había rechazado; y ello, impunemente, sin que la Sala Constitucional del Tribunal Supremo de Justicia siquiera haya admitido las acciones de inconstitucionalidad intentadas contra dichos instrumentos.

Posteriormente, y en particular a partir de junio de 2011, se sucedieron múltiples faltas temporales del Presidente en el ejercicio de su cargo que se originaron con motivo de múltiples ausencia del territorio nacional, para ser sometido a tratamiento médico en La Habana, Cuba, donde fue operado de cáncer. Ello, como era de esperarse, afectó gravemente su estado de salud, a pesar de las negativas oficiales

En dichas condiciones de deterioro, también contra toda lógica política, sin embargo, participó en el proceso de elección presidencial de 2012, en el cual, sin trasparencia alguna que garantizara la rectitud del resultado, logró su tercera reelección en la Presidencia, en octubre de 2012. Sin dejar de viajar sucesivamente a La Habana, en faltas temporales intermitentes, a partir de diciembre de 2012, al empeorarse su salud, entró en una especie de situación de falta temporal permanente, luego de otra operación en La Habana el 10 de diciembre de 2012, de la cual nunca más se lo volvió a ver en público. ha debido haber fallecido en los días siguientes a dicha operación, pero lo cierto fue que no regresó vivo a Caracas ni, por supuesto, se pudo juramentar ante la Asamblea Nacional el 10 de enero de 2013 como lo exigía la Constitución, y así haber tomado posesión de su cargo para el período constitucional 2013-2017, a los efectos de haber podido comenzar a ejercerlo efectivamente. Para ese entonces, en cambio, lo que se anunció oficialmente fue que permanecía hospitalizado en La Habana desde cuando había llegado el 9 de diciembre de 2012.

Esa situación de falta temporal permanente e indefinida se prolongó con posterioridad, sin que ello supuestamente llegara a afectar constitucionalmente el inicio del nuevo período constitucional. En ese momento, también, de nuevo, en virtud de una conveniente interpretación constitucional adoptada por el Tribunal Supremo de Justicia mediante sentencia Nº 2 de 9 de enero de 2013, materialmente se convirtió la conocida falta temporal, la cual por lo demás nunca había sido reconocida formalmente por el gobierno, en una ausencia indefinida, pero considerando que, sin embargo, el Presidente – ya creíblemente fallecido – supuestamente estaba y continuaba en ejercicio de funciones, por supuesto sin estarlo efectivamente, permitiendo ilegítimamente mediante una llamada "continuidad administrativa" que el tren ejecutivo del período constitucional anterior que había terminado el 10 de enero de 2013, continuara gobernando el país.

En todo caso, los catorce años del mandato prolongado del Presidente Chávez, como se dijo, fueron por sobre todo catorce años de crisis política la cual no cesó durante su prolongado gobierno, lo que puede decirse que, incluso, desde el inicio de su mandato era previsible que así ocurriría, convirtiéndose en política de Estado.

El gobierno del Presidente Chávez, efectivamente, desde el inicio, no podía verse como el inicio del final de la crisis política del régimen político de Estado centralizado de democracia de partidos establecido desde 1961, que tanto criticó, sino en realidad como parte esencial de esa crisis, como ha sido efectivamente lo que ha ocurrido. Ello, además, y por mi parte, fue lo que vi claramente en 2001, cuando se me pidió reflexionar sobre el tema de *Historia y Crisis Política* en nuestro país, en una conferencia que dicté en Caracas el 4 de diciembre de 2001 con motivo del inicio del año académico 2001-2002 de la Universitaria Monteávila, y cuyo texto, sin embargo, fue poco conocido.[33]

Por ello, y recordando lo que expresé hace quince años, he querido incluir dicho texto "A manera de Presentación" de este libro, en su versión original, con muy

33 El texto de la conferencia fue publicado bajo el título: "Venezuela: Historia y crisis política," en *Derecho y Sociedad. Revista de Estudiantes de Derecho de la Universidad Monteávila*, Nº 3, Caracas, Abril 2002, pp. 217-244.

escasas precisiones, pues considero que puede ser ilustrativo para poder contribuir a ubicarnos en la temática de la crisis permanente que acompañó al régimen de Hugo Chávez, cuya crónica constitucional conforma este libro.

En todo caso, para entender bien el planteamiento, al leerse el texto escrito en 2001, que sigue, ruego al lector que con la perspectiva contemporánea, trate sin embargo de situarse mental y temporalmente en la situación del país en diciembre de ese año, cuando se escribió. Ese texto escrito en 2001 es el siguiente:

Desde hace más de 10 años, Venezuela transita por una grave crisis política que no logra superar; y que más bien se agrava. A pesar, incluso, del proceso constituyente de 1999 y de los cambios de gobierno ocurridos en los últimos tres años [1999-2001], los venezolanos aún estamos sin percibir salidas viables para la gobernabilidad del país. Se trata de una crisis del sistema político en su conjunto, que en su momento no se lo dejó evolucionar, y cuyas fallas, lejos de solucionarse, se han exacerbado con el actual régimen político.

Se trata de la crisis que sigue siendo de carácter terminal, que afecta al sistema de Estado Democrático Centralizado de Partidos que se instauró en nuestro país a partir de los años cuarenta del siglo pasado, precisamente para desarrollar el proyecto político de implantación de la democracia en el país de América Latina que, para entonces, era el que menor tradición democrática tenía. El objetivo se logro, al punto de que hasta hace pocos años, a pesar de sus fallas, podía decirse que Venezuela tenía una de las democracias más viejas de América Latina, pero ante el asombro de otros países latinoamericanos que nos la envidiaban, tenía muy poco prestigio en nuestro propio país.

En consecuencia, todas las esperanzas estaban puestas en el cambio político de la democracia que los venezolanos querían, y que a partir de 1998 se prometió, dando origen al proceso constituyente de 1999. Sin embargo, tres años después [2001] podemos constatar que nada ha ocurrido para permitir la profundización de la democracia. Ésta sigue siendo exclusivamente representativa de unos pocos partidos políticos, ahora en menor número que antes, y a pesar del discurso oficialista, no es nada participativa. La excepcional oportunidad histórica que tuvo el Presidente Hugo Chávez en sus manos para realizar los cambios que la democracia requería, se perdió, y ya es irrecuperable bajo su conducción.

Pero a pesar de todos estos inconvenientes, y con todos sus problemas, los venezolanos nos hemos habituado a la democracia; es parte de la vida social, al punto de que la gran mayoría de los votantes en las últimas elecciones, nació en democracia. Nos parece natural el disfrute de la libertad, siendo sólo recientemente cuando, con preocupación, hemos comenzado a sentir el riesgo de perderla.

Sabíamos, sin embargo, desde hace años, que la democracia tenía que cambiar, pero el liderazgo político de los últimos lustros, encargado de orientar, no comprendió que para continuar y sobrevivir la democracia tenía que perfeccionarse y hacerse más representativa y más participativa.

Esa incomprensión del liderazgo, entonces, condujo al propio desprestigio partidista y de la democracia, y al tremendo vacío político que se produjo en 1998, el cual fue rápidamente copado por la figura del actual Presidente de la República, quien de fracasado golpista, irrumpió en la escena política prometiendo todos los cambios soñados e imaginables. El pueblo lo siguió, pero han bastado sólo tres años para que demostrara la más absoluta incomprensión de la realidad venezolana, y haya pasado, con su gobierno, a un nivel de fantasías que sólo él imagina, y a un nivel de incompetencia, degradación y corrupción nunca antes visto. Esta incomprensión, de entonces y de ahora, ha sido, precisamente la que nos tiene inmersos en esta crisis histórica, más que terminal, donde un cambio inevitable, queramoslo o no, sigue estando visible en nuestro horizonte político.

En estos últimos tres años [1999-2001], en realidad, lo que hemos vivido, antes que cambio político alguno, es el agotamiento definitivo del proyecto político y del liderazgo que implementó el sistema de Estado Democrático Centralizado en Partidos del cual, con suerte y quizás, su último representante podría ser Hugo Chávez Frías; pues su gobierno hoy resulta ser el producto más acabado de todos los vicios del sistema: partidismo a ultranza; centralismo avasallante; ausencia de control del poder; sumisión del Poder Legislativo al Ejecutivo; avasallamiento del Tribunal Supremo de Justicia; inexistencia del Poder Ciudadano; e impunidad y corrupción rampantes.

Lamentablemente, entonces, a pesar de todo lo ocurrido, prometido y hablado, en estos últimos tres años [1999-2001] la crisis política se ha agravado, constituyendo la destrucción institucional el principal objetivo de la política gubernamental, al punto que hoy [2001], definitivamente, nadie cree ni confía en la Asamblea Nacional, ni en el Poder Judicial, ni en el Poder Ciudadano, ni en el Poder Electoral, ni en la Administración Pública.

Y ello ocurre en medio de una de las crisis económicas más agudas del Estado petrolero, cuyos conductores, sin conciencia alguna de lo que significa, no sólo han literalmente malversado los recursos adicionales provenientes de los altos precios del petróleo, sino que han continuado deseducando a la población, que pide más, como si la riqueza petrolera fuera inagotable, y todo ello como si no se hubiera comprobado que el modelo de repartir dadivosamente esa riqueza ha sido no sólo una fuente de corrupción, sino una de las causas de la propia crisis por la que atravesamos.

Lo lamentable es que todo este desprestigio institucional del aparato del Estado, de las nuevas organizaciones políticas y de la forma autoritaria de gobernar, está originando un desconcierto colectivo sin que se entienda por qué tanta corrupción e ineficiencia. Los cantos de sirena autoritarios que se habían apoderado hasta del nombre de Bolívar, opacando incluso las propias virtudes de la democracia, han provocado de nuevo, la situación de vacío político que hoy también sentimos, donde sin instituciones que sirvan de contrapeso al Poder, el Presidente de la República, con una máscara popular, se da el lujo de decir públicamente, como lo recoge la prensa de hoy: "la ley soy yo. El Estado soy yo" (El Universal, Caracas 4-12-01, pp. 1-1; 2-1). Ante esta situación y contrariamente a lo que ocurría en tiempos de Luís XIV, la opinión pública es la única que puede controlar el Poder. Por ello, hoy, la lucha por la preservación de la democracia comienza por la sobrevivencia de la libertad de manifestación y de expresión.

La mayoría de nuestro país, sin duda, quería cambios radicales, pero no para que un Presidente pretendiera encarnar, el sólo, la Ley y el Estado. Queríamos un cambio en libertad y sin autoritarismos. Por ello preocupa el discurso oficialista de la supuesta "revolución pacífica," lo que es contradictorio con la historia, que enseña que las revoluciones son siempre violentas, y con la práctica de las ejecuto-

rias públicas del gobierno, que han sido más bien violentas. Por ello los venezolanos comienzan a tomar conciencia de que la libertad puede quedar perdida, por haber quedado el país en manos de un liderazgo antidemocrático. Por ello, el dilema que continuamos teniendo los venezolanos es cómo lograr los cambios inevitables, indispensables y necesarios que requiere el país y la sociedad en libertad y sin perder la democracia, la cual no es, precisamente, la culpable del deterioro, ni está en su destrucción el camino para la reconstrucción de la Nación.

Lo que dijo el Presidente de la Federación Rusa en 1998 al poner fin al tiempo de la que se creía que era la Revolución más definitiva que ha conocido la historia moderna, con ocasión del sepelio de los restos de los Romanov, es una advertencia que tenemos que repetirle al aprendiz de revolucionario que por desgracia está conduciendo nuestro Estado; se trata de una de las más amargas lecciones de la historia de la humanidad; simplemente: "Que los intentos de cambiar la vida mediante la violencia están condenados al fracaso".

El Presidente de la República en cambio, con su ignorancia de la historia y de sus propias circunstancias, nos anuncia no sólo la mencionada "revolución pacífica", sino que agrega que es "armada" con todos los instrumentos de guerra y de violencia imaginables: mísiles, tanques, obuses y quién sabe cuántas otras armas que los civiles no tenemos.

En todo caso, no es la primera vez en los dos Siglos que han transcurrido desde que en estas tierras se comenzó a configurar nuestro país, que nos encontramos en una situación crítica como la que hoy vivimos. La tragedia política de hoy ya la hemos vivido; por lo que no es su superfluo reflexionar sobre lo que nos ha ocurrido, precisamente para intentar entender lo que nos está ocurriendo y lo que vendrá.

Por supuesto, meter dos siglos de historia en un discurso inaugural de un curso universitario es tarea imposible, por lo que me limitaré a precisar, rápidamente, sólo algunos aspectos de los que han caracterizado nuestro devenir histórico en esos dos últimos siglos, para insistir en el presente y el futuro inmediato.

Todo comenzó a finales del Siglo XVIII, siglo durante el cual, en estas tierras, si bien se manifestaron muchas rebeliones autonomistas que anticiparon cambios revolucionarios, también se produjeron reacciones centralistas, no sólo económicas como la que originó la instauración de la Compañía Guipuzcoana, sino de carácter institucional, con las grandes reformas realizadas por Carlos III. Con estas se produjo la integración territorial de las Provincias coloniales que conformaban estas tierras, y se modificó el cuadro territorial que existía en 1777. Aquí existían unas Provincias que se habían ido estableciendo y consolidando durante dos siglos y medio con un alto grado de autonomía, disgregadas y sin vínculo alguno entre ellas, y más bien con antagonismos. Esas Provincias estaban conducidas por Cabildos situados muy lejos de los centros de poder político a los que estaban sometidos, ubicados, para unos en Santa Fe de Bogotá, y para otros en la isla de Santo Domingo. La respuesta borbónica a la autonomía local y provincial que tantos signos de rebeldía había originado, fue en realidad la que detonó el inicio de la configuración territorial de Venezuela, al juntarse las Provincias mediante la centralización militar, al crearse la Capitanía General de Venezuela; la centralización económica, con el establecimiento de la Real Intendencia; la centralización legislativa y gubernamental, con la creación de la Real Audiencia de Caracas, y la centralización judicial, con el establecimiento del Real Consulado. Todo ello había ocurrido en un lapso de 16 años, entre 1777 y 1793.

Al concluir los tres siglos de dominación española, por tanto, todo estaba preparado para que con la Revolución de Independencia, el país entrara al Siglo XIX, que fue el Siglo del nacimiento del Estado bajo el signo del militarismo, del federalismo y de las guerras sociales.

Los "trescientos años de calma" -como los calificó Bolívar- que habían transcurrido desde el descubrimiento, habían terminado con una revolución -la de Gual y España-, en 1797, que había sido de carácter político, no precisamente de los desposeídos y de los esclavos negros, sino de las élites intelectuales, administrativas y militares, por la libertad política. El insumo teórico adicional del proceso lo suministraría Francisco de Miranda y provendría además del bagaje escrito que penetró en nuestras tierras desde los Estados Unidos de Norteamérica y desde Francia, producto de las dos grandes Revoluciones de finales del Siglo XVIII.

En ese momento sólo faltaba una causa inmediata para la Revolución Municipal y esa fue, además de la crisis de la Monarquía, la guerra de independencia que a partir de 1808 se desarrolló en España, contra la invasión napoleónica, y que dejó a estas Provincias efectivamente huérfanas, desde el punto de vista político; orfandad para la cual nadie estaba preparado por el vacío de poder que se había producido por la pérdida de legitimidad de la Corona. La máscara de Fernando VII ciertamente fue la excusa para que se diera el golpe de Estado del 19 de abril de 1810, precisamente por quien sólo podía darlo, el Cabildo de Caracas, en el cual estaban representados los que dominaban social y económicamente la Provincia, los criollos blancos, y algunos nuevos y efímeros representantes del gremio de los pardos.

La Revolución, por tanto, la inició el Cabildo de la Capital de la entonces llamada Provincia de Caracas; la cual sólo era una de las Provincias existentes en el territorio de la recién creada Capitanía General de Venezuela que estaba integrada, además, por las Provincias de Margarita, Mérida, Cumaná, Barcelona, Barinas, Trujillo, Maracaibo, Coro y Guayana. Estas, sin duda, tenían que sumarse al movimiento, de lo contrario fracasaba; y la mayoría -no todas- lo hizo, dictando sus propias Constituciones provinciales. Habían pasado sólo 34 años, menos de lo que nos separa actualmente [2001] del 23 de enero de 1958, desde que se había creado la Capitanía General de Venezuela, la cual, por supuesto, no había logrado centralizar a estas Provincias, que siguieron autónomas y separadas unas de otras, con sus Cabildos gobernando.

El nuevo Estado independiente que se comenzó a construir en 1810, por tanto, sólo podía responder a una forma federal que uniera lo que nunca había estado unido, y ese modelo nos lo suministró la experiencia norteamericana recién iniciada. En 1810, en toda la historia del constitucionalismo no había otro modelo al cual pudieran haber recurrido nuestros próceres civiles constitucionalistas, para solucionar el problema que surgía cuando unas Provincias Coloniales aisladas se independizaban de un imperio y pretendían constituirse en un Estado independiente; la experiencia había sido inédita hasta el proceso de Norteamérica. No había, por tanto, salvo las ideas monárquicas, otras que hubieran podido inspirar a nuestros conspiradores de 1810 y hacedores del Estado de 1811, que no fueran las republicanas y federales.

En todo caso, trescientos años de aislamiento y separación interprovincial no podían simplemente eliminarse de un plumazo, ni podía pretenderse establecer en estas tierras, mediante un cañonazo, un Estado Unitario Centralizado. Ese y no otro, sin embargo, fue el fracaso del Libertador, quien con los mejores deseos y optimismo quiso crearlo en todo el territorio de las Provincias que conformaban no sólo Venezuela, sino incluso los territorios de Ecuador y Colombia. Tremenda ilusión e incomprensión, precisamente de los "trescientos años de calma" autonómica que los Cabildos de nuestras Provincias habían construido.

El Siglo XIX en todo caso, después del fracaso de las ideas bolivarianas de panamericanismo político, estuvo signado por los intentos fallidos de establecer y consolidar en estas tierras un Estado Nacional independiente y autónomo, que abarcara todas las Provincias que habían sido incorporadas a la Capitanía General de Venezuela, con una forma de organización centralizada.

El primer acontecimiento que signó el proceso fue la declaración de independencia de 1811 y la subsiguiente guerra de liberación; la única de carácter social de todas las que se originaron con la independencia de América Latina. No todos la querían ni la entendían, particularmente después que la máscara de Fernando VII se fue retirando de la cara republicana. Con ella estalló toda la relación estamental de la sociedad colonial, de manera que en las primeras de cambio los pardos se alinearon con el Rey contra los blancos terratenientes y cabildantes que declararon la Independencia; y lo mismo hicieron los negros y libertos para luchar contra sus amos, en procura de su libertad.

La Revolución la habían iniciado los blancos criollos mediante la toma del poder de los Cabildos que venían controlando; y contra ellos se rebelaron los otros estamentos de la sociedad colonial. No es de extrañar, por tanto, que Boves, al inicio de las guerras de liberación lideradas por Bolívar, después de la invasión de Monteverde en 1812, aprovechando el resentimiento de castas, atrajese a unirse a sus bandos realistas, a los esclavos y libertos para luchar contra los amos, con promesas de reparto de las tierras que se les confiscarían a los patriotas.

De guerra política se pasó rápidamente a una guerra social, con motivo de la cual, para cambiar el curso de la misma, en 1813 Bolívar tuvo que acudir hasta al recurso extremo de la guerra a muerte; la cual fue, así, de exterminio, extremadamente cruel y brutal; una guerra en la cual el símbolo de nuestros liberadores era nada menos que un pañuelo negro en el cuello y una bandera, también negra, con una calavera blanca en la lanza.

Después de la guerra vinieron varias tareas urgentes: por una parte, el repartimiento de la tierra y de los bienes confiscados a españoles, canarios y criollos opuestos a la Independencia, proceso del cual aparecerían los nuevos ricos y terratenientes, quienes pasaron, además, a ser los nuevos propietarios de los esclavos que servían la tierra.

Pero por otra parte, estaba la tarea de tratar de construir un Estado, ya no sólo en Venezuela sino conforme a la Constitución de Cúcuta de 1821, en todo el norte de Suramérica con la unión de los pueblos de Colombia. Los nuevos propietarios y terratenientes de las Provincias de Venezuela, que además habían sido los militares que habían luchado y ganado la guerra de liberación, todo lo cual les había dado el poder real en cada Provincia, difícilmente iban a aceptar sumisión política alguna respecto de quienes gobernaban desde Bogotá. Por ello el maravilloso e ilusorio intento de Bolívar fracasó el mismo año de su muerte, y a partir 1830, el poder local, esta vez de los caudillos que había salido de la guerra, se entronizó en las Provincias de Venezuela.

El militarismo, así, marcó a nuestro país desde la Independencia, durante todo el Siglo XIX y ha estado presente hasta nuestros días; de manera que, incluso, fue precisamente a través del militarismo que se aseguró la participación de todas las castas y grupos sociales en el proceso político. El pueblo uniformado venezolano recorrió todas las provincias y buena parte de América. La Independencia de los otros países la hicieron estas milicias confederadas que luego, con la Federación, se entronizaron en cada Provincia; milicias, que no eran otra cosa que el peonaje rural armado bajo el comando de los terratenientes locales, y que sólo fueron sustituidas por un Ejército Nacional, un siglo después, cuando Juan Vicente Gómez lo construyó a fuerza de guerras a comienzos del siglo pasado. El llamado Ejército Nacional, por tanto, no tiene todavía cien años de estructurado.

En esta forma, todo el Siglo XIX, desde el punto de vista político fue el siglo del federalismo y de las Provincias convertidas luego en Estados soberanos; siglo que puede dividirse en dos períodos políticos claramente identificados: primero, el de la formación del Estado autónomo semi-centralizado que trataron de construir los líderes de la Independencia en 1811 y luego a partir de 1830 y que duró hasta 1863; y segundo, el del Estado Federal, que duró hasta 1901.

Después de tres lustros de la carnicería civil que fue la guerra de liberación de Venezuela, los regionalismos políticos que venían desde la Colonia salieron fortalecidos. Por tanto, el problema de construir un Estado ya separado de la Gran Colombia, estaba en la necesidad de conciliar esos regionalismos políticos con las fuerzas centrípetas del Poder. Para ello, en medio de la confrontación de poderes, la Asamblea Constituyente de 1830 optó por un modelo de organización política centro-federal, como un equilibrio entre los dos sectores de las clases dominantes que se habían ido formando: por una parte, el del Partido Liberal representante de los nuevos hacendados y nuevos ricos regionales militares que surgieron de las Leyes de Repartos de los antiguos latifundios; y por la otra, el del Partido Conservador, representante de la nueva burguesía comercial que se había consolidado, incluso con el abastecimiento de la guerra, con influencia en el gobierno central.

El primero seguía la idea federal para estructurar un gobierno que permitiera a los caudillos militares hacendados regionales mantener el control sobre las Provincias; tras la cual estaba la gran masa de la población no privilegiada ni con capacidad política que venía del trabajo agrícola, y cuyo origen remoto estaba mezclado a la esclavitud; el segundo, buscaba la consolidación de un poder central y la estructuración de un Estado Nacional.

Por la confrontación de esos partidos, el Siglo XIX también fue un siglo de revueltas, insurgencias y revoluciones, todas bajo la bandera federal, entre las cuales se destaca la propia Guerra Federal desarrollada entre 1858 y 1863, que por supuesto no fue la única. Entre 1830 y 1858, cada cuatro o cinco años hubo una revolución o revuelta, hasta que entraron en escena las masas rurales, los bandoleros del llano y los campesinos rebeldes, pero sin la conducción que habían tenido en la época de las guerras de liberación luego de la Independencia; todo en preparación de la próxima guerra civil, social y política que se desarrollaría durante cinco años a partir de 1858, es decir, de las guerras federales.

Con este proceso puede decirse que terminó abruptamente el primer período histórico de la República, que abarcó la primera mitad del Siglo XIX, desde 1811 hasta las guerras federales y que duró algo más de cuatro décadas, la última de las cuales transcurrió en medio de una tremenda crisis política, económica y social que el liderazgo de los antiguos próceres y luchadores de la Independencia no pudo superar.

Es cierto que en 1858 se había reunido una Convención Constituyente en Valencia para traducir en una nueva Constitución los principios de la Revolución de Marzo. Pero como sucede tantas veces en política y ha sucedido tantas veces en nuestra historia, la respuesta necesaria para solventar lo que había sido una larga crisis, lamentablemente había llegado demasiado tarde, y ni siquiera José Antonio Páez ya la podía atajar. Los jefes liberales expulsados por Castro, con Falcón, Zamora y Guzmán a la cabeza, preparaban su invasión con un Programa de la Federación, ayudados por las rebeliones locales de campesinos armados que se generalizaron en todo el país. Fue de nuevo una guerra de destrucción y exterminio, la segunda que tuvimos en menos de medio Siglo, que involucró materialmente a todo el territorio nacional mediante un proceso de movilización social, horizontal y vertical, que también empujó el proceso igualador entre los blancos ya mezclados de la oligarquía dirigente y las otras razas mezcladas, en una continuidad que se había iniciado en la guerra social de la liberación luego de la Independencia. De allí el igualitarismo venezolano.

En todo caso, con el triunfo de la Revolución Federal se inició el segundo período histórico de la República que duró la segunda mitad del siglo XIX. En ese momento, Zamora tenía 46 años, Falcón 43 y Guzmán Blanco 34. Una nueva generación había llegado al poder en medio de una brutal crisis, con la tarea de implantar un nuevo esquema de organización política del Estado por el que se había estado luchando desde la propia Independencia: la forma federal que situaba la base del poder en las Provincias, ahora llamadas Estados y en sus jefes políticos y militares. Desapareció con ella todo vestigio de lo que podía configurarse como un Ejército Nacional, y se consolidó el esquema de milicias que organizaban los Estados bajo el mando de los caudillos regionales, ahora Presidentes de Estados. De nuevo apareció el esquema del pueblo en armas como una forma de participación política.

Lo que se ha dicho sobre la supuesta Federación de papel que tuvimos durante el siglo XIX, en mi criterio, no es más que el producto de la deformación provocada por la literatura centralista del siglo XX. Al contrario, la Federación del Siglo XIX fue una realidad política, legislativa, militar y administrativa. Ciertamente que fue pobre desde el punto de vista fiscal, pero porque todo el país era paupérrimo, y lo poco que había de ingresos se había ido acaparando por el gobierno nacional. El país continuaba siendo un país agrícola y pastoril, donde los hatos de ganado, las haciendas y plantaciones de cacao y de café dominaban la economía, incluso de las ciudades. La fuerza fundamental de trabajo en las faenas agrícolas, hasta mitades del siglo XIX, había continuado siendo esclava, cambiándose luego a estos, con su liberación, por peones enfeudados.

La Federación, sin embargo, no trajo estabilidad política, por lo que las últimas décadas del siglo XIX también fueron de revoluciones y rebeliones realizadas por los propios caudillos liberales, con sus huestes populares de peones armados. La guerra larga no había acabado con el hábito de rebelión que la había originado.

Por ello vino la Revolución Azul de 1868; seguida por la Revolución de Abril de 1870 comandada por Antonio Guzmán Blanco, quien de abogado devenido en guerrillero federal, se convertiría en el primus inter pares en el esquema federal dominado por los caudillos regionales. En una forma u otra, la alianza entre ellos lo mantuvo en el poder hasta 1888.

Al salir Guzmán del poder, de nuevo se generó otro gran vacío político en el país que había dominado durante casi dos décadas. La sucesión presidencial condujo al deterioro progresivo del Partido Liberal y la crisis se abrió francamente. De nuevo, como en 1858, se pensó que su solución estaba en una reforma constitucional que apuntaba a la eliminación del Consejo Federal, a la elección de los representantes mediante sufragio universal, directo y secreto, y al restablecimiento de los 20 Estados que habían sido reducidos por Guzmán. De nuevo, el remedio que se quiso dar a la crisis del sistema, fue demasiado tarde.

En 1891, efectivamente, se sancionó una reforma constitucional promulgada por Andueza Palacios sin ajustarse a la Constitución, lo que motivó la Revolución Legalista de Joaquín Crespo, con la cual tomó el poder al año siguiente, en 1892, con la bandera del restablecimiento de la legalidad constitucional violada. Terminó, sin embargo, haciendo las mismas reformas constitucionales con una Asamblea Constituyente, la de 1893.

El país estaba, de nuevo, en medio de una tremenda crisis económica por la baja de los precios de exportación del café y del cacao, por el endeudamiento externo e interno que venía arrastrándose desde la época de Guzmán Blanco; y de una crisis política que no concluía, que era efectivamente total, de nuevo, por el vacío de poder que existía, al no haber comprendido el liderazgo la necesidad de un cambio inevitable en el proyecto político liberal federal, que ya se había desdibujado.

No hay que olvidar que en la campaña para la elección presidencial de 1897 había participado como candidato liberal de oposición el general José Manuel Hernández, El Mocho, cuya popularidad hacía prever su triunfo. No había encuestas, pero se sabía que era el favorito; y también había formas de coaccionar el voto. Un manejo fraudulento de los comicios, o al menos eso se alegó, condujo a la llamada Revolución de Queipa que se extendió a los llanos de Cojedes. El Mocho fue vencido en tierras falconianas y reducido a prisión, pero posteriormente participaría, aun cuando efímeramente, en el gobierno de Cipriano Castro.

Con el gobierno de Ignacio Andrade culminó la extrema descomposición del liberalismo tradicional y del sistema de partidos que se había comenzado a estructurar seis décadas antes, derrumbándose el sistema político iniciado con la Revolución Federal, que se cayó por su propio peso.

Pero para que concluyera este segundo período histórico republicano que abarcó la segunda mitad del Siglo XIX, también era necesario un motivo. Un exiliado político desde los tiempos de la Revolución Legalista, el otrora diputado Cipriano Castro, el 23 de mayo de 1899 invadió el país desde Cúcuta al frente de la Revolución Liberal Restauradora, con la bandera de que la designación de los Presidentes de Estado por el Presidente de la República que había dispuesto el Congreso, violaba la soberanía y autonomía de los 20 Estados de la República recién reconstituidos. En nombre del federalismo venció sucesivamente las tropas gubernamentales, y entró en Caracas el 23 de octubre de 1899. Sólo seis meses fueron necesarios para que dominara a un país que estaba como huérfano, sin conducción política y con partidos deteriorados.

Allí terminó el segundo período de nuestra vida republicana, y se inició el del Siglo XX, el siglo de la consolidación del Estado Nacional, del centralismo político, de la economía petrolera y de la democracia.

Pero durante el siglo anterior, los venezolanos nos habíamos quedado atrás en la historia. El Siglo XIX había sido, en el mundo occidental, el de la revolución industrial y urbana, el del inicio de la democracia y del surgimiento de un nuevo sentimiento de identidad nacional en los países europeos. En contraste, aquí no habíamos logrado realmente hacer un país ni construir un Estado Nacional. Lo que teníamos eran entidades políticas disgregadas, con centros urbanos paralizados, analfabetismo generalizado, industrias inexistentes, desocupación incluso en el campo y un esquema de gobierno central endeble, con una deuda externa que lo agobiaba y sin un liderazgo que lo condujera, entre otros factores, por el deterioro terminal de los partidos políticos. En definitiva, lo que teníamos, realmente, era un país de montoneras rurales y caudillos terratenientes que formaban el Partido Liberal; un país de hacendados de cosechas pobres, que no producían más de lo que un Siglo atrás, a finales de la época colonial, ya se producía. En fin, la caricatura de una sociedad feudal.

Ese fue el país que recorrió Cipriano Castro al invadir con los andinos la capital, como medio Siglo antes lo había hecho Monagas con orientales. Castro, con experiencia política, tenía 41 años y Gómez, sin ella, 42 años. Ambos condujeron al país con mano dura; fue el período de la consolidación del Estado Nacional mediante un proceso progresivo de centralización política, militar, fiscal, administrativa y legislativa, que terminaron con los cien años precedentes de federalismo.

Pero Castro había llegado al poder sin programa alguno, salvo el de "nuevos hombres, nuevos ideales y nuevos procedimientos", es decir, el de la promesa de cambio, pura y simplemente, que además para ese momento era inevitable, como antes lo había sido en la víspera de la guerra federal, y después, lo fue en la víspera de la Revolución de Octubre del Siglo pasado, y está ocurriendo precisamente en estos mismos tiempos presentes; cambio que, por supuesto, no se produjo de la noche a la mañana, como ningún cambio político se ha producido en la historia. Tomó varios lustros de crisis y de luchas.

La crisis económica agravada por la negativa de los banqueros locales a otorgar nuevos préstamos al Gobierno, que estaba quebrado, y la reacción de Castro, provocaron la rebeldía de los líderes liberales tradicionales, que por temor a lo que significaba el Mocho Hernández, habían permitido que Castro tomara el Poder. Entraron en guerra contra el gobierno, por lo que, de nuevo, a partir de 1900, el país recomenzó a estar infectado de guerrillas. Para luchar contra ellas había que permitir que el gobierno pudiera transformar el aluvional Ejército Restaurador triunfante en un verdadero Ejército Nacional, y eso fue lo que permitió la Asamblea Constituyente de 1901, otra de las grandes Asambleas Constituyentes de nuestra historia, al comenzar la modificación de la distribución del poder territorial y empezar a poner fin al federalismo. La reforma constitucional de 1901, en efecto, eliminó la norma que desde 1864 prohibía al Poder Central situar fuerzas y Jefes militares con mando en los Estados, sin el acuerdo de los jefes políticos locales;

nacionalizando además todos los pertrechos y las armas de guerra que existían en la República.

Por primera vez en nuestra historia se nacionalizaron las armas y la guerra. Con esos instrumentos, el Vicepresidente Gómez recorrió toda la geografía nacional en una nueva guerra, esta vez central, pero contra los caudillos regionales a quienes venció una y otra vez, incluyendo los de la Revolución Libertadora de Manuel Antonio Matos. Con el triunfo militar de Ciudad Bolívar de 1903 no sólo concluyeron cuatro años de guerra, sino que se procedió a otra reforma constitucional, la de 1904, que eliminó definitivamente toda posibilidad para los Estados de tener fuerzas o milicias propias. Con ello, los caudillos regionales no pudieron jamás volver a congregar ejércitos personales para asaltar el poder, abriéndose la vía para la consolidación de un Ejército Nacional, concluyendo así cien años de guerras civiles y de montoneras.

Con el enjuiciamiento de Castro en 1908, como autor intelectual del asesinato de Antonio Paredes, Gómez dio un golpe de Estado apoderándose del Poder, lo que legalizó con una nueva reforma constitucional en 1909, donde reapareció un Consejo de Gobierno en el cual ubicó a todos los caudillos liberales desocupados que quedaban y que aún campeaban sin milicias en el país, incluyendo al mismo Mocho Hernández.

Con la elite que lo rodeó, deslastrada de tanto guerrillero rural, inició el proceso de centralización política del país que en definitiva se configuró como un proyecto político de consolidación del Estado Nacional. Gómez, como Comandante en Jefe del Ejército Nacional, quedó convertido en el amo del Poder y de la guerra hasta su muerte, con lo que impuso la estabilidad política, muchas veces en la paz de los sepulcros.

Consolidado su poder político y militar procedió a centralizar el aparato del Estado a partir de 1918, con las importantes reformas comandadas por el Ministro Román Cárdenas, culminando el proceso con la reforma constitucional de 1925, que concluyó el diseño del Estado Centralizado Autocrático que caracterizó el período gomecista, y cuyos principios rigieron hasta la Revolución de Octubre de 1945, continuando luego los principios centralistas hasta nuestros días.

Para 1925, además, lo que en los primeros lustros del Siglo XX aparecía como borroso, en el presupuesto de ese año ya estaba claro: la renta petrolera había llegado a ser el renglón más importante de ingresos, significando un tercio de la renta interna, lo que al final del período gomecista haría que la renta minera llegara a proporcionar más de la mitad de la renta global, y Venezuela sería entonces el segundo país productor y exportador de petróleo del mundo. Con el petróleo, el país de los hacendados y de la agricultura que nos había sostenido durante más de cuatro siglos, quedaría relegado totalmente; los viejos caudillos rurales habían sido definitivamente expulsados o desplazados, y con ellos las penurias de las pobres cosechas.

Se inició así, el modelo de Estado petrolero y de la sociedad dependiente del ingreso petrolero del Estado, en la cual materialmente nadie contribuye pero todos piden y esperan del Estado, porque los contribuyentes esenciales antes eran las empresas concesionarias de hidrocarburos, y ahora son las empresas de la industria petrolera nacionalizada.

Con la muerte de Gómez, a partir de 1936 puede decirse que indudablemente comenzó el surgimiento de una nueva Venezuela, no sólo desde el punto de vista político sino también desde el punto de vista económico y social, precisamente en virtud de los efectos de la explotación petrolera. En esos años la movilidad social se había acentuado; el antiguo campesino se había convertido en obrero petrolero y las ciudades comenzaron a ser progresivamente invadidas por todo tipo de buscadores de oportunidades que el campo no daba, iniciándose el proceso de marginalización de nuestras ciudades tan característico de la Venezuela contemporánea. La riqueza fue más fácil y a veces gratuita, quedando desvinculada del trabajo productivo. El petróleo así, enriqueció, pero también impidió que se llegara a implantar al trabajo como valor productivo de la sociedad, precisamente cuando el mundo vivía la más extraordinaria de las revoluciones industriales y se hubiera podido construir la etapa de despegue del desarrollo de nuestro país.

Ciertamente, luego de la muerte de Gómez, a partir de 1936 resurgió paulatinamente el ejercicio de los derechos políticos y de las libertades públicas inexistentes cuando Gómez, y se inició la marcha del país en el campo demográfico, social y cultural que se había paralizado durante un cuarto de Siglo; pero ello ocurrió en un país que continuaba atrasado, ignorante de lo que sucedía en el mundo y abiertamente saqueado por inversionistas extranjeros con sus aliados criollos.

Con la reforma constitucional de 1936, promulgada por Eleazar López Contreras, se inició el lento proceso de transición de la autocracia a la democracia, siendo el período de López testigo del nacimiento de los movimientos obreros y de masas y de las organizaciones que desembocaron en los partidos políticos contemporáneos y cuyo inicio estuvo en los movimientos estudiantiles de 1928. En 1941, en plena II Guerra Mundial, a López lo sucedió Isaías Medina Angarita, su Ministro de Guerra y Marina, como López antes lo había sido de Gómez, hecho que si bien significó en cierta medida la repetición dinástica del gomecísmo, no detuvo, sino más bien alentó, la continuación de la apertura democrática.

Pero ya en la Venezuela de 1945 esa tímida apertura no era suficiente. A pesar de las importantísimas reformas legales que Medina realizó para ordenar la explotación petrolera y minera y hacer que las concesionarias pagasen impuestos; y a pesar de existir ya un país más abierto al mundo en la víspera del inicio de la democratización contemporánea provocada por el fin de la II Guerra Mundial, el liderazgo medinísta no supo interpretar la necesidad de una sucesión presidencial mediante sufragio universal y directo. Lamentablemente, de nuevo, aquí también como tantas veces antes en la historia, la incomprensión del momento político encegueció al liderazgo perdido en tratar de imponer un candidato de origen andino para su elección por el Congreso, ante la sombra de López Contreras que amenazaba con su propia candidatura.

La Revolución de Octubre de 1945, provocada por la confusión candidatural generada por el liderazgo andino, de nuevo llevó a los militares al poder con una mediatización temporal, sin embargo, por el apoyo que le dio el partido Acción Democrática a la Revolución, que hizo gobierno a sus líderes. En ese momento, Pérez Jiménez, tenía 31 años; Rómulo Betancourt, 37 años; Raúl Leoni, 40 años y Gonzalo Barrios y Luis Beltrán Prieto Figueroa, 43 años.

No es el momento de juzgar a la Revolución de Octubre; en realidad tenemos mas de 50 años juzgándola y en todo caso, ya quedó en la historia. Lo importante a destacar es que seguramente se habría evitado si no es por la miopía política del liderazgo del lopecísmo y del medicinísmo, es decir, de los sucesores del régimen de Gómez, en entender lo que habían hecho y logrado en sólo una década entre 1935 y 1945.

Para esta fecha, fin de la II Guerra Mundial, ciertamente que ya estaban en otro país totalmente distinto al que había dejado el dictador a su muerte, tanto desde el punto de vista político como social y económico. Ellos lo habían cambiado todo al comenzar e impulsar la apertura democrática; pero a la hora en que esta podía conducirlos a perder el control del poder, se cegaron en cuanto a la senda que debían continuar. Fueron incapaces de comprender y reconocer desde el punto de vista democrático, que la extraordinaria obra que habían realizado de abrir el país a la democracia, requería de un paso más que permitiera la abierta participación electoral de los partidos de masas que bajo su ala se habían constituido, con el riesgo, por supuesto, de que estos pudieran ganar la elección. Ese era quizás el precio que tenían que pagar por la continuación del proceso democrático. Reformaron la Constitución en abril de 1945, pero no fueron capaces de establecer la elección directa para la elección presidencial, ni el voto femenino salvo para las elecciones municipales, y seis meses después de la flameante reforma constitucional, les salió el lobo materializado en la Revolución de Octubre, con la bandera de establecer el sufragio universal y directo, enarbolada por el partido Acción Democrática.

La incomprensión del liderazgo de lo ocurrido en la década que siguió a la muerte de Gómez, puede decirse que hizo inevitable el golpe de Estado para hacer lo que aquél no había entendido como indispensable: terminar de implantar la democracia mediante el sufragio universal, directo y secreto. Ello, por supuesto, podía acabar democráticamente con la hegemonía del liderazgo andino, lo que en efecto ocurrió en el mediano plazo pero mediante un golpe militar, con todas las arbitrariedades, injusticias y abusos que acompañarían a un gobierno originado en un hecho de fuerza.

Las generaciones y el liderazgo político tienen la obligación de entender, en momentos de crisis, cual es el precio que hay que pagar para el mantenimiento de la paz, y en nuestro caso actual [2001], para el perfeccionamiento de la democracia. Ese es el reto que tuvieron en 1945; y es el que ahora mismo tenemos los venezolanos.

En 1945 no quisimos identificarlo y se inició en Venezuela el cuarto de los grandes ciclos políticos de la época republicana. El Estado Centralizado Autocrático de la primera mitad del Siglo XX comenzó a ser sustituido por el Estado Centralizado Democrático que encontró su marco constitucional en la Asamblea Constituyente de 1946, otra de nuestras grandes Constituyentes, que sancionó la Constitución de 1947. Su texto fue, básicamente, el mismo del de la Constitución de 1961 la cual, sin embargo, se dictó sobre una base política democrática que no existía en 1946: la del pluralismo. La diferencia abismal que existió entre una y otra, por tanto, no radicó en el texto mismo de la Constitución que fue casi igual, sino en su base política: en la Asamblea Constituyente de 1946 no estaban presentes todos los actores políticos, pues el medinísmo estuvo ausente; en el Congreso de 1961, en cambio, sí estaban todos los actores políticos de manera que la Constitución respondió a un consenso o pacto para la democracia, sin exclusiones.

Lamentablemente fue necesaria una década de dictadura militar para que los venezolanos que en 1945 se habían definido como proyecto político implantar a juro la democracia en Venezuela, con Rómulo Betancourt a la cabeza, se dieran cuenta de que la democracia no podía ni puede funcionar sobre la base de la hegemonía de un partido único o casi único sobre todos los otros, ni con exclusiones, sino que tiene que tener como soporte el pluralismo partidista y de ideas, donde el diálogo, la tolerancia, la negociación y la conciliación sean instrumentos de acción. El Pacto de Punto Fijo de 1958, firmado por los líderes políticos de los tres partidos fundamentales, Acción Democrática, Copei y Unión Republicana Democrática, y que pronto comenzará a ser revalorizado, lo veremos; fue el producto más depurado de la dolorosa experiencia del militarismo de los años cincuenta, precisamente con el objeto de implantar la democracia, dando sus frutos plenos en las décadas posteriores.

En esa tarea los partidos políticos asumieron el papel protagónico; por eso el Estado que comenzó a desarrollarse en 1958 fue un Estado Democrático Centralizado de Partidos; y tuvieron un extraordinario éxito: la democracia se implantó en Venezuela; pero lamentablemente, de Estado de Partidos se pasó a partidocracia, pues los partidos se olvidaron que eran instrumentos para la democracia y no su finalidad.

Asumieron el monopolio de la participación y de la representatividad en todos los niveles del Estado y de las sociedades intermedias, lo que sin duda había sido necesario en el propio inicio del proceso. Pero con el transcurrir de los años se olvidaron abrir el cerco que tendieron para controlarlo y permitir que la democracia corriera más libremente. Y al final del último período constitucional de la década de los ochenta del siglo pasado, la crisis del sistema se nos vino encima cuando el centro del poder político definitivamente se ubicó afuera del Gobierno y del aparato del Estado, en la cúpula del Partido que en ese momento dominaba el Ejecutivo Nacional, el Congreso y todos los cuerpos deliberantes representativos; que había nombrado como Gobernadores de Estado incluso a sus Secretarios Generales regionales, y que designaba hasta los Presidentes de cada uno de los Concejos Municipales del país. El gobierno del Partido Acción Democrática durante la presidencia de Jaime Lusinchi (1984-1989), hizo todo lo contrario de lo que reclamaban las más de dos décadas de democracia que teníamos cuando se instaló, que era la apertura frente a la autocracia partidista que se había desarrollado y la previsión de nuevos canales de participación y representatividad. Fue el Gobierno donde más se habló de "reforma del Estado" para precisamente no hacer nada en ese campo, sino todo lo contrario, pues en ese período de gobierno fue cuando apareció la partidocracia con todo su espanto autocrático. Afortunadamente al menos, de esa época quedaron los estudios de la Comisión Presidencial para la Reforma del Estado.

El Caracazo de febrero de 1989, a escasos quince días de la toma de posesión del nuevo Presidente electo por segunda vez, Carlos Andrés Pérez, fue el primer signo trágico de lo que sería el comienzo de la crisis del sistema de Estado de Partidos, que todavía padecemos, seguido de otros dos avisos que fueron los dos intentos militaristas de golpe de Estado, de febrero y noviembre de 1992, los cuales, además de atentatorios contra la Constitución, costaron centenares de vidas. Sin embargo, asombrosamente algunos de los partidos políticos que apoyaron el segundo gobierno del Presidente Caldera y han apoyado al Presidente Chávez los califi-

caron como una "conducta democrática" de los militares para expresar su descontento, lo cual es un exabrupto, sobre todo si se releen los proyectos de Decretos que planeaban dictar.

En la historia, todos los acontecimientos tienen sus raíces en un proceso que siempre viene germinando desde mucho antes y finalmente brotan, a veces en la forma violenta, trágica o dramática de una revolución o de una guerra.

La crisis del sistema político establecido en 1958 para operar la democracia que aun hoy tenemos [2001], y que desde hace años nos angustia, precisamente tiene sus raíces en las décadas anteriores de democratización. Y si todavía hoy tenemos democracia, más de diez años después del afloramiento de la crisis, sólo se debe a los remedios inmediatos de terapia intensiva, pero incompletos, que se le suministraron al sistema al inicio del segundo gobierno de Carlos Andrés Pérez, con el comienzo del proceso de descentralización política, mediante la revisión constitucional que se hizo con la elección directa de Gobernadores y el inicio de la transferencia de competencias nacionales a los Estados, reformándose el viejo y dormido esquema federal; proceso ahora abandonado.

Pero sin duda, aquí, a pesar de todas las advertencias, las reformas en tal sentido las iniciamos demasiado tarde, sin anticiparnos a la crisis como hay que hacerlo, y más bien en medio de ella, reformas que además fueron preteridas en el proceso constituyente de 1999, en el cual se centralizó aún más el Estado. Hoy por hoy, por tanto, la crisis de la democracia, de su consolidación y afianzamiento, está visto que no se puede solucionar con una simple reforma constitucional, como la de 1999, sino abriendo efectivamente nuevos canales de representatividad y participación democrática para llenar el vacío que nos dejó el deterioro de los partidos políticos tradicionales, el cual no han logrado llenar los nuevos y aluvionables partidos que han asaltado el poder, y que de nuevo han colocado al país en una orfandad política; participación que, por supuesto, ya no puede ser la del pueblo armado en milicias que originó el caudillismo del siglo XIX, y sobre lo cual aparentemente sueña el actual Presidente de la República, al anunciarnos su "Revolución pacífica armada", y quererla, además, extender a la América andina, pensando quizás en la guerrilla colombiana. Al contrario, el reto que aún tenemos los venezolanos es el de formular un nuevo proyecto político democrático que sustituya el Estado Centralizado de Partidos por un Estado Descentralizado Participativo.

En 1998, y así lo sostuvimos repetidamente, para resolver la crisis en la cual aún nos encontramos, no teníamos otra salida que no fuera la de convocar democráticamente a una Asamblea Constituyente; y no porque la hubiera descubierto y propusiera el candidato Chávez, sino porque en la historia constitucional, en un momento de crisis terminal de gobernabilidad y de perdida de legitimación del Poder, no ha habido ni hay otra forma de reconstituir al Estado y al sistema político que no sea mediante una convocatoria al pueblo. La idea de la Asamblea Constituyente, por tanto, no debió ser una propuesta partidaria de un candidato presidencial, pues pertenecía a todos.

Esa Asamblea Constituyente, en 1999, en momentos de crisis política generalizada, por otra parte, debió haber sido un mecanismo democrático para formular un proyecto de país, como lo habían sido las grandes Constituyentes de 1811, 1830, 1864, 1901 y 1947, pero con la diferencia de que aquéllas habían sido el resultado de una ruptura política y no el mecanismo para evitarla. En 1999, y en tiempos de crisis de la democracia, la Constituyente debió haber sido, como lo propusimos, un instrumento para que las fuerzas políticas pudieran llegar democráticamente a un consenso sobre ese proyecto de país. Para ello, la propia democracia debió haberla asumido como cosa propia, por supuesto, con el riesgo para el liderazgo existente de perder el control del poder que los partidos tradicionales habían monopolizado durante 40 años. Ese, quizás, era el precio que había que pagar para que la democracia continuara. Identificarlo era la tarea histórica que teníamos por delante en ese momento. Pero los partidos políticos, en 1998, no entendieron lo que ocurría en el país, y dejaron la bandera de la Constituyente en manos de quien menos se debía y en cuyas manos más peligro representaba para la democracia.

Así fue, por tanto, como el candidato Chávez le arrancó a los demócratas la salida constituyente, dándose inició al proceso de violaciones constitucionales, desde el mismo momento en el que asumió el poder; violaciones que no han cesado hasta nuestros días.

Primero fue la convocatoria a la Asamblea Nacional Constituyente no prevista en la Constitución de 1961, buscando imponer el principio de la soberanía popular manifestada en un referendo consultivo, por encima del principio de la supremacía constitucional. El aval para ello se lo dio la Sala Político Administrativa de la antigua Corte Suprema de Justicia en una muy confusa y ambigua sentencia de enero 1999, de la cual podía deducirse cualquier cosa menos la respuesta clara a la consulta que se le había formulado de si para convocar el referendo sobre la Asamblea Constituyente era o no necesario reformar previamente la Constitución. La carencia de la sentencia, sin embargo, como ocurre frecuentemente en política, la suplió la opinión pública y, particularmente, el titular de un diario capitalino que fue el que efectivamente "sentenció" que si era posible el referendo sobre la Constituyente y convocarla sin reforma constitucional, cuando eso no estaba dicho en la sentencia.

Con este hecho, más que acto, se inicio el proceso constituyente en el país, fundamentado en la interpretación de la Constitución de 1961 y de los alcances del derecho a la participación política que no estaba expresamente enumerado en el texto, como en cambio, ahora sí lo está, pero con violaciones más cotidianas. La Sala Político Administrativa, en sentencias posteriores del primer semestre de 1999 pretendió recoger los vientos que había sembrado en enero de 1999, y afirmó sucesivamente que el proceso constituyente se debía realizar en el marco de la Constitución de 1961, que la Asamblea Nacional Constituyente a la que se refería el referendo del 25 de abril de 1999 no podía tener carácter originario y que, mientras duraba su funcionamiento, debía respetar los poderes constituidos conforme a la Constitución de 1961.

Por supuesto, ello fue una ilusión manifestada además, demasiado tarde. Aún habiendo sido electa en el marco del referendo consultivo del 25 de abril, que la limitaba, desde el día de su instalación el 3 de agosto de 1999, la Asamblea Nacional Constituyente asumió el carácter de poder constituyente originario, y ello, además, con una composición totalmente exclusionista y exclusivista. Con tales poderes que se fue auto atribuyendo progresivamente en cada acto que dictó: en su Estatuto de funcionamiento, en la intervención del Poder Judicial, en la intervención del Congreso, en la intervención de las Asambleas Legislativas y Concejos Municipales, y en la suspensión de las elecciones municipales; la Asamblea Nacio-

nal Constituyente dio un golpe de Estado en este país, hecho que se produce, precisamente, cuando un órgano constitucional electo irrumpe contra la Constitución.

Posteriormente, cuando la Sala Político Administrativa de la antigua Corte Suprema, en octubre de 1999 conoció de la impugnación del Decreto constituyente de intervención del Poder Legislativo, dictó su sentencia de extinción, pensando que complaciendo al Poder se escaparía de la represalia; e, incluso, algunos magistrados disidentes en sus votos salvados trataron de explicar que era lo que habían querido decir, exactamente, en la sentencia inicial de enero de 1999. Demasiado tarde, por supuesto, tan tarde que a los pocos días de la intervención del Poder Judicial, la propia Corte Suprema, en un penoso Acuerdo, pretendió, a la vez, aprobar y desaprobar la intervención, permitiendo, sin embargo, que uno de sus Magistrados formara parte de la Comisión de intervención judicial. Ello constituyó, por supuesto, la auto ejecución de la sentencia de desaparición ya dictada, pues en diciembre casi todos los magistrados fueron removidos, salvo aquéllos que, después de la honrosa renuncia de la Presidenta de la Corte, más se habían sometido al Poder.

La Constitución de 1961 fue pisoteada por la Asamblea Nacional Constituyente, la cual produjo un nuevo texto constitucional donde no sólo se cambiaron cosas para dejarlas igual, sino lo más grave, para que los defectos políticos del sistema se agudizaran. La Constitución de 1999, en efecto, preservó la partidocracia como sistema de control del poder aun cuando con nuevos partidos menos estructurados y más aluvionales que los tradicionales, agravada por el insólito hecho, primero, de pretender denominar a la República misma con el nombre de un partido político usando el nombre de Bolívar; y segundo, de que, sin pudor, el presidente del partido de gobierno es el Presidente de la República y sus más destacados Ministros son los coordinadores del partido. Recuerden que la Constitución, en vano, dice que los funcionarios públicos están al servicio del Estado y no de parcialidad política, ¡qué ironía!

La Constitución de 1999, además, acentúo el centralismo de Estado, reduciendo las autonomías de los Estados y Municipios y minimizando su protagonismo político; exacerbó el presidencialismo, eliminando las atenuaciones tradicionales del constitucionalismo y estableciendo incluso hasta la delegación legislativa sin límites expresos, cuyo ejercicio, entre otras causas, tiene actualmente [2001] al país en la grave crisis de gobernabilidad que a todos nos está afectando. La Constitución de 1999, además, desdibujó la separación y balance de los poderes del Estado, propiciando su concentración inusitada en el Presidente y en la Asamblea, con grave peligro para el juego democrático; acentuó el paternalismo del Estado y el estatismo, lo que resulta inviable con la crisis del Estado Petrolero; y constitucionalizó el militarismo en una forma que ni siquiera se consigue en las Constituciones gomecistas. Por ello hemos dicho desde el inicio, que la Constitución de 1999 es una Constitución autoritaria.

Pero además, todos los aspectos positivos de la Constitución, que los tiene, fueron secuestrados por la propia Asamblea Nacional Constituyente a la semana de haber sido aprobada por el pueblo, mediante la emisión del famoso Decreto sobre Régimen de Transición del Poder Público de 22 de diciembre de 1999, con el cual se dio origen a un régimen constitucional paralelo, no aprobado por el pueblo. La Asamblea continúo, así, con el golpe de Estado, pero esta vez contra la nueva Consti-

tución, hecho que fue lamentablemente avalado por el nuevo Tribunal Supremo cuyos Magistrados fueron, precisamente, producto del mismo régimen transitorio por ella diseñado.

Ello podía esperarse pero, ciertamente, no en la forma tan servil como lo hicieron. Este Tribunal Supremo, así, ha dicho que en Venezuela hay dos Constituciones: una, la aprobada por el pueblo y otra dictada por la Asamblea Constituyente con la cual no sólo se suspendió la vigencia de la anterior, sino que es proteica, amoldada al gusto de los magistrados y de los requerimientos del Poder. Por ello, cuando en el país se trató de actualizar los excelentes mecanismos de participación política que regula la Constitución, con el régimen transitorio en la mano, la Asamblea Nacional, con el inefable aval del Tribunal Supremo, ignoró la Constitución al designar a los titulares de los órganos del Poder Ciudadano y del Poder Electoral sin participación alguna de la sociedad civil, y en cuanto a la designación de los propios Magistrados del Tribunal Supremo, estos tuvieron la desfachatez, en su afán de ser ratificados, de llegar a decir que la Constitución no se les aplicaba a ellos mismos. Ignoraron, entre otras cosas, el principal de los derechos y garantías constitucionales del mundo moderno: ¡que nadie puede ser juez en su propia causa!

La participación política y la democracia participativa, que son las expresiones más usadas en la Constitución y las más expuestas verbalmente por quienes asaltaron el Poder en 1999, han sido totalmente secuestradas. El último ejemplo de ello ha sido el olvido de realizar la consulta popular establecida en forma obligatoria en la Constitución, como vía de participación política, en la elaboración de los decretos leyes habilitados [2001], lo que incluso los hace nulos de nulidad absoluta, como lo dispone la recién dictada Ley Orgánica de la Administración Pública de octubre de 2001. Pero qué importa que eso lo diga la Ley, si como se puede constatar de las ejecutorias del gobierno ¡ésta no tiene valor alguno ante la arrogancia del Poder!

Venezuela vive, actualmente, por tanto, una tragedia política. Lo que podía haber sido un gobierno de cambio para profundizar la democracia que permitiera iniciar, con el propio Siglo XXI, un nuevo ciclo histórico político de democracia descentralizada y participativa, no ha resultado otra cosa que una deformación y caricatura de todos los vicios del ciclo iniciado en 1945, el cual, por tanto, no ha concluido. En el cuadro de la historia, ese será el mayor castigo que tendrá el Presidente Chávez y sus tropas de asalto, haberse constituido en lo peor del ciclo del partidismo centralista, con todos los problemas económicos y sociales agravados. Además, imposible constatar mayor ineficiencia en la Administración Pública, cuyos jefes, muchos de ellos militares, como "concejales hambrientos" según el viejo dicho castizo, han llegado al poder para saciarse en un marco de corrupción nunca antes visto. Al punto, incluso, de que se confiesan públicamente delitos de salvaguarda del patrimonio público, como ha ocurrido hace pocos días con lo dicho en la prensa por un General sobre la forma del manejo, en dinero efectivo, del llamado plan Bolívar 2000, aceptando la comisión de los delitos de peculado culposo y malversación genérica; y frente a esto, nadie sabe por dónde anda el Controlar General de la República, o si realmente tal funcionario existe.

La crisis política que después del signo de 1989, estalló a partir de 1993, por tanto, continúa agravada. Nada hemos superado y, al contrario, hemos complicado aún más las cosas. Pero no nos extrañemos; históricamente estas crisis han durado siempre en promedio de algo más de dos décadas y ¡de la historia debemos aprender! Recordemos: la crisis y cambio político entre el primero y segundo período de nuestra historia republicana puede decirse que duró 26 años, desde 1848, el día del fusilamiento del Congreso con las Revoluciones de Marzo, la Azul y la de Abril y las guerras federales incluidas, hasta 1874 cuando Guzmán Blanco se consolidó en el Poder; el tránsito entre el segundo y tercer período de nuestra historia, que también duro 26 años, se inicio en 1888 al dejar Guzmán Blanco el vacío de poder, con las Revoluciones Legalistas, Liberal Restauradora y Libertadora incluidas, la sustitución de Cipriano Casto en 1908 hasta la consolidación de Juan Vicente Gómez en el Poder en 1914; y el tránsito del tercero al cuarto periodo político de nuestra historia, que igualmente duro 26 años, se inició con la muerte de Gómez en 1935, con la Revolución de Octubre y la década militar incluida, hasta la consolidación de la democracia, consecuencia del Pacto de Punto Fijo de 1958 al sancionarse la Constitución de 1961.

La crisis política que está marcando al fin del cuarto período de nuestra historia como señalé, que puede decirse que después del anuncio del Caracazo en 1989 y de los intentos de golpes militares de 1992, afloró a partir de 1993 con el enjuiciamiento del Presidente Carlos Andrés Pérez por su propio partido y la segunda elección de Rafael Caldera contra su propio partido, y en medio de la cual estamos; no ha concluido. Si le hacemos caso a las enseñanzas de nuestra historia, todavía tendremos bastante más de una década de crisis política severa por delante, para solucionarla. Ello, además, es muy probable que así sea, dado el grado de destrucción institucional que hemos tenido en estos últimos tres años.

Sólo reconstruir lo destruido, sin mayores mejoras, nos tomará más de un lustro, y siempre que la tarea la emprenda el país lo más pronto posible.

En todo caso, como hace tres años, la actual crisis política [2001], como siempre ha sucedido en la historia, sólo puede enfrentarse con un acuerdo que garantice la gobernabilidad.

De eso precisamente se trata la democracia; lo cual no ha entendido el ex-militar que tenemos en la Presidencia de la República: de acuerdos, de consenso, de disidencias, de discusiones y de soluciones concertadas o votadas. Espanta leer, sin embargo, todos los epítetos inimaginables que aún salen de las cuevas y trincheras políticas, cuando para enfrentar el problema de gobernabilidad que tenemos se plantea la necesidad de un nuevo acuerdo político para asegurar la gobernabilidad democrática. Lo insólito es que si no lo hay, lo que vamos a perder es la propia democracia y quizás a ello está apuntando el Presidente de la República.

Un acuerdo que asegure la gobernabilidad, por supuesto insisto, exige identificar el precio que hay que pagar por la paz y la democracia por parte de cada uno de los que quieran que éstas continúen.

La democracia venezolana se mantuvo por cuarenta años [1958-1998] gracias a que los partidos políticos abandonaron el exclusivismo sectario de los años cuarenta del siglo pasado, y tuvieron que comprender por la represión de la dictadura militar, que en estas tierras no se podía pretender gobernar ni con exclusiones ni con un partido único o mayoritario que impusiere su voluntad; y que había que llegar a un acuerdo de gobernabilidad democrática con los partidos existentes, así fueran minoritarios. Ese fue el Pacto de Punto Fijo, y ese acuerdo hizo posible la sobrevivencia de la democracia.

Pero ahora, con el vacío de poder que se nos avecina, el acuerdo que se necesita para asegurar la gobernabilidad futura, por tanto, es mucho más complejo que el de 1958. Requiere de la participación de muchos nuevos actores y, por sobre todo, requiere de un mecanismo que les garantice su representatividad democrática, sin exclusiones, con el objeto de reconstituir el sistema político. Para ello hay que tratar de llegar a establecer unas reglas mínimas de juego político que permitan enfrentar de inmediato la crisis política, económica y social, que es de verdad, y que exige comenzar a adoptar medidas de mediano y largo plazo. Toda la imaginación creadora tiene que ser desplegada, pues lo que no podemos hacer ahora, es no hacer nada.

La historia también nos enseña que estas oportunidades creadoras, muy lamentablemente, muchas veces se han perdido. Sucedió con la crisis que comenzó a aflorar en los años que precedieron a la Revolución Federal, con dos reformas constitucionales y una Constituyente tardía, la de 1858; sucedió con la crisis de fin del Siglo XIX, también con dos reformas constitucionales y otra Constituyente tardía y mal convocada, la de 1891; y sucedió con la crisis de los cuarenta del siglo pasado, con una reforma constitucional y una Constituyente exclusionista, la de 1946. En ninguna de esas ocasiones el liderazgo pudo inventar nada nuevo para cambiar lo que era indispensable e inevitable cambiar, y lamentablemente fue inevitable la Guerra Federal para llegar a la Constituyente de 1863; fue inevitable la otra guerra de Gómez contra los caudillos federales para llegar a las Constituyentes de 1901 y 1904; fue inevitable el golpe de Estado del 18 de octubre para llegar a la Constituyente de 1946; y también fue inevitable el militarismo de los años cincuenta para llegar al Congreso reconstituyente de 1958.

En el actual proceso ya llevamos varios signos que tenemos que fijar para afrontar la crisis: después del Caracazo de 1989, los dos intentos de golpe de Estado militarista de 1992; el fracaso del intento de reforma constitucional del mismo año 1992; el enjuiciamiento del Presidente Carlos Andrés Pérez, por mucho menos de lo que hoy leemos confesado por altos jerarcas militares; el gobierno de transición del Presidente Ramón J. Velásquez; la elección del entonces candidato antipartido Rafael Caldera en 1993, y la Asamblea Nacional Constituyente de 1999, exclusionista y exclusivista.

Lo cierto, en todo caso, es que no tenemos ni podemos tener fórmulas prefabricadas para el futuro; y en todo caso, ya es demasiado tarde para ello. Además, un gobernante como el que tenemos (H. Chávez), que gobierna basado en el arte del desconcierto, a veces impide fijar la atención sobre los problemas graves del país. Pero todo indica que por su fracaso, cuando tome realmente conciencia del mismo, terminará desconcertándose a su mismo. Aquí no habrá golpe de Estado, el gobierno se desmoronará a si mismo, por lo que no hay otra actitud actual que no sea la de estar avisados y preparados para reconstruir; es todo lo que hoy podemos decir. [2001]

Catorce años después de formular aquellas reflexiones, y una vez ocurrida la falta absoluta del Presidente Chávez por su fallecimiento, constatamos que la situación de crisis política que él encontró al iniciar su mandato presidencial en 1999 no sólo permaneció, sino que se agravó.

Ya en marzo de 2013, por tanto, cuando se anunció el fallecimiento de Chávez, podíamos repetir lo indicado en 2001, pero ahora en el sentido de que en estos últimos quince años, "en realidad, lo que hemos vivido, antes que cambio político alguno, es el agotamiento definitivo del proyecto político y del liderazgo que implementó el sistema de Estado Democrático Centralizado en Partidos del cual, con suerte y quizás, su último representante podría ser Hugo Chávez Frías; pues su gobierno hoy resulta ser el producto más acabado de todos los vicios del sistema: partidismo a ultranza; centralismo avasallante; ausencia de control del poder; sumisión del Poder Legislativo al Ejecutivo; avasallamiento del Tribunal Supremo de Justicia; inexistencia del Poder Ciudadano; e impunidad y corrupción rampantes."

Por todo ello, el largo período del gobierno de Chávez se puede caracterizar como un período en el cual se definió y ejecutó una persistente política pública realizada desde dentro del aparato del Estado, es decir, utilizando los mecanismos de la democracia, para llevar adelante la demolición de los principios cardinales de la misma y del propio andamiaje del Estado de Derecho, tal como ocurrió, por ejemplo, con el principio de la separación de poderes y con la libertad de expresión.[34]

Por ello digo que la crisis política del sistema centralizado de democracia de partidos que afloró definitivamente a partir de 1993, cuando los propios partidos se suicidaron al deponer al Presidente Pérez, terminando con la forma de funcionamiento del sistema democrático de partidos, lo que desembocó luego con la elección de un candidato "antipartido" como en ese momento y paradójicamente fue el Presidente Rafael Caldera (recuérdese que ambos, Pérez y Caldera, habían sido en los años sesenta parte del grupo de los fundadores de la democracia); no sólo no concluyó, sino que al terminar el ciclo de Chávez, en 2013, más bien se había agravado,[35] entre otros factores, por un ingrediente nuevo como fue el militarismo de Estado que Chávez impuso durante sus años de gobierno. Y todo ello, en medio de un interminable elenco de sucesivas actuaciones estatales contrarias a la Constitución, conducidas por un gobierno que ha desarrollado una política constante de violencia institucional, y que han sido cometidas durante los últimos quince años por todos los Poderes Públicos,[36] lamentablemente avaladas con la participación del Tribunal

34 Véase Allan R. Brewer-Carías, *Dismantling Democracy. The Chávez Authoritaran Experiment*, Cambridge University Prewss, New York, 2010; "La demolición de las instituciones judiciales y la destrucción de la democracia: La experiencia venezolana," en *Instituciones Judiciales y Democracia. Reflexiones con ocasión del Bicentenario de la Independencia y del Centenario del Acto Legislativo 3 de 1910*, Consejo de Estado, Sala de Consulta y Servicio Civil, Bogotá 2012, pp. 230-254; y "La demolición del Estado de derecho y la destrucción de la democracia en Venezuela," en *Revista Trimestral de Direito Público (RTDP)*, N° 54, Instituto Paulista de Direito Administrativo (IDAP), Malheiros Editores, Sao Paulo, 2011, pp. 5-34.

35 Como lo resumió el Editorial de *Analítica.com*, 8-3-2013, "Nadie en su sano juicio puede negar la evidencia del control absoluto que dispone el gobierno sobre todos los órganos del Estado. El CNE se ha convertido prácticamente en un ministerio electoral al servicio del PSUV, no se ha cumplido con lo dispuesto en la Constitución para designar el cargo vacante de Contralor General de la República, la Fiscalía se activa sólo cuando recibe órdenes precisas provenientes de Miraflores, la Asamblea no refleja el resultado del voto popular ya que los que perdieron las elecciones legislativas son, por unas maniobras arteras para alterar la representación popular, mayoría. La Fuerza Armada se confiesa chavista e interviene descaradamente en el debate político y por último el Tribunal Supremo interpreta la Constitución de manera atropellada para asegurar la perpetuación en el poder del chavismo sin Chávez." Véase en http://www.analitica.com/va/editorial/9569426.asp.

36 Véase Asdrúbal Aguiar, *Historia Inconstitucional de Venezuela*, Editorial Jurídica Venezolana, Caracas 2012.

Supremo de Justicia, el cual, de garante de la Constitución pasó a ser el instrumento activo para la consolidación del régimen autoritario.[37]

En ese marco, otro factor que también caracterizó el régimen del Presidente Chávez desde que se inició en 1998 hasta su anunciada falta absoluta en 2013, fue la conducción de su gobierno guiado por lo que puede calificarse como la técnica del "desconcierto" conforme a la cual, sin dejar de anunciar en alguna forma lo que iba a hacer, sin embargo, de acuerdo con su entrenamiento militar, nadie nunca pudo saber ni predecir cuándo ni cómo iba a actuar, de manera que los venezolanos estuvieron catorce años amaneciendo sin poder saber qué iba a ocurrir durante el día, en y desde el gobierno, e igualmente se acostaban en forma similar respecto de lo que podía ocurrir al amanecer del día siguiente. Ello, incluso, afectó a sus propios colaboradores, quienes en más de una ocasión se enteraron de su remoción, de sus cargos o de sus roles políticos, a través de interminables monólogos en televisión, en los cuales además, también se anunciaban nombramientos, y se adoptaban decisiones de gobierno que luego los propios Ministros y el país entero se enteraba que habían sido adoptadas en "consejo de ministros" que nunca se realizaron formalmente

Lo único que no pudo programar el Presidente Chávez, por supuesto, como le ocurre a cualquier mortal particularmente aferrado a la vida y a su propia acción, fue el término de su propia vida, es decir, cuándo ocurriría su falta absoluta por fallecimiento luego del inicio de su complicada enfermedad en 2011. Nadie sabrá qué pensó Hugo Chávez durante los 84 días que estuvo fuera de la vista de los hombres, recluido en instalaciones de hospital en La Habana y supuestamente en Caracas, inmerso en sí mismo, seguramente en la más grande de las soledades y del desconcierto que le ha debido haber producido aquella situación, particularmente a una persona como él, quien durante su mandato debe haber pensado que en realidad nunca dejaría el poder, y menos a causa de una enfermedad !!; desconcierto que

37 Véase Allan R. Brewer-Carías, "El principio de la separación de poderes como elemento esencial de la democracia y de la libertad, y su demolición en Venezuela mediante la sujeción política del Tribunal Supremo de Justicia," en *Revista Iberoamericana de Derecho Administrativo, Homenaje a Luciano Parejo Alfonso,* Año 12, N° 12, Asociación e Instituto Iberoamericano de Derecho Administrativo Prof. Jesús González Pérez, San José, Costa Rica 2012, pp. 31-43; "Los problemas del control del poder y el autoritarismo en Venezuela", en Peter Häberle y Diego García Belaúnde (Coordinadores), *El control del poder. Homenaje a Diego Valadés,* Instituto de Investigaciones Jurídicas, Universidad Nacional Autónoma de México, Tomo I, México 2011, pp. 159-188; "El rol del Tribunal Supremo de Justicia en Venezuela, en el marco de la ausencia de separación de poderes, producto del régimen autoritario," en *Segundo Congreso Colombiano de Derecho Procesal Constitucional, Bogotá D.C., 16 de marzo de 2011*, Centro Colombiano de Derecho Procesal Constitucional, Universidad Católica de Colombia, 2011, pp. 85-111; "El juez constitucional al servicio del autoritarismo y la ilegítima mutación de la Constitución: el caso de la Sala Constitucional del Tribunal Supremo de Justicia de Venezuela (1999-2009)", en *Revista de Administración Pública*, N° 180, Madrid 2009, pp. 383-418; "El juez constitucional al servicio del autoritarismo y la ilegítima mutación de la Constitución: el caso de la Sala Constitucional del Tribunal Supremo de Justicia de Venezuela (1999-2009)", en *IUSTEL, Revista General de Derecho Administrativo*, N° 21, junio 2009, Madrid, ISSN-1696-9650; "El principio de la separación de poderes como elemento esencial de la democracia y de la libertad, y su demolición en Venezuela mediante la sujeción política del Tribunal Supremo de Justicia," en *Revista Iberoamericana de Derecho Administrativo, Homenaje a Luciano Parejo Alfonso,* Año 12, N° 12, Asociación e Instituto Iberoamericano de Derecho Administrativo Prof. Jesús González Pérez, San José, Costa Rica 2012, pp. 31-43. Véase además, Allan R. Brewer-Carías, *Crónica sobre la "In" Justicia Constitucional. La Sala Constitucional y el autoritarismo en Venezuela,* Colección Instituto de Derecho Público. Universidad Central de Venezuela, N° 2, Editorial Jurídica Venezolana, Caracas 2007.

además lo sintió todo el mundo. Ello se evidenció particularmente por la forma cómo se sucedieron los hechos en torno al 10 de enero de 2013, que fue el momento en el cual terminó el período constitucional 2007-2013 y cuando comenzó el nuevo período 2013-2019 para el cual Chávez había sido electo; con un Presidente enfermo y ausente, y fallecido.

Esta crónica constitucional de la crisis política permanente que acompañó el gobierno de Hugo Chávez desde su inicio en 1999 hasta su muerte en diciembre de 2012 anunciada en marzo de 2013, sólo tiene por objeto dar cuenta histórica de unos aspectos del gobierno del Presidente Chávez en medio de la crisis política inacabada en la cual se desenvolvió, entre los muchos que lo signaron, y es, por una parte, el que se manifestó en la persistente oferta y amenaza, o el recurrente intento o anuncio de que se produciría una falta del Presidente, tanto temporal como absoluta, tal como se exteriorizó durante los catorce años de su gobierno; y por otra parte, su estruendoso fracaso político en querer imponer una reforma constitucional en 2007, que fue rechazada por el voto mayoritario del pueblo, habiendo tenido que patear la Constitución para imponerla a la fuerza mediante leyes.

En concreto, en cuanto al primer aspecto, ello se manifestó, *primero*, en agosto de 1999, cuando el mismo Presidente Chávez puso su cargo de Presidente de la República para el cual había sido electo en diciembre de 1998, a la orden de la Asamblea Nacional Constituyente; *segundo*, en abril de 2002, cuando después de reguladas en la Constitución de 1999 los diversos supuestos de falta absoluta del Presidente, sus militares anunciaron oficialmente que se le había pedido su renuncia, "la cual aceptó"; *tercero*, entre 2002 y 2003, cuando se intentó consultar la opinión del pueblo mediante un referendo consultivo sobre la renuncia del Presidente; *cuarto*, en 2003, cuando se intentó realizar un primer referendo revocatorio de su mandado; *quinto*, en 2004, cuando efectivamente se realizó otro referendo revocatorio del mandato presidencial, que fue trastocado en un "referendo ratificatorio" que no existe en la Constitución; *sexto*, entre 2010 y 2012, cuando tuvo que viajar intermitentemente a La Habana, por razones de salud, produciéndose sucesivas faltas temporales que fueron todas ignoradas por el propio gobierno; y finalmente, *séptimo*, el 5 de marzo de 2013, cuando se anunció oficialmente el fallecimiento o falta absoluta del Presidente Chávez, luego de que el 10 de enero de 2013, no pudo tomar posesión del cargo para el cual había sido electo en octubre de 2012 para período constitucional 2013-2019.

Ese aspecto de las vicisitudes de las faltas temporales y de los intentos y anuncios de faltas absolutas del Presidente Chávez, en medio de la crisis política inconclusa que signó todos los años de su gobierno, sin duda, configura una parte importante de la historia constitucional contemporánea de Venezuela, que es a la cual nos referimos en este libro.

Creemos que para realmente entender el significado de dichos hechos, y comprender en su globalidad el decurso y eventual término del ciclo histórico iniciado en 1961, dentro de la crisis en la cual hemos estado inmersos en los últimos lustros, no hay duda que debemos recurrir a la historia de la cual mucho tenemos que aprender, particularmente si se tiene en cuenta las características de otros procesos de crisis política que marcaron los grandes períodos de crisis y transición entre cada uno de los cuatro grandes los cambios de los período políticos que hemos tenido en nuestra historia política y constitucional.

Recordemos así, que luego de reconstituida la República con la Constitución de Valencia de 1830, el primer período de crisis política ocurrió entre 1848 y 1874, como resultado de la cual se pasó del ciclo histórico del "Estado autónomo centro federal" regulado en 1830, al del "Estado Federal" regulado en la Constitución de 1864. El segundo período de crisis política ocurrió entre 1888 y 1914, como resultado de la cual se pasó del ciclo histórico de ese "Estado Federal" regulado en 1864, al del "Estado autocrático centralizado" regulado a partir de la Constitución de 1901. Y el tercer período de crisis política ocurrió entre 1935 y 1961, como resultado de la cual se pasó del ciclo histórico de ese "Estado autocrático centralizado" regulado en 1901 al del "Estado centralizado de democracia de partidos" establecido a partir de 1958 y regulado en la Constitución de 1961.

Después del estallido de la crisis política del ciclo histórico del Estado centralizado de democracia de partidos que se concretó en 1993, y luego de su desarrollo durante las dos últimas décadas, si atendemos a las enseñanzas de la historia, parecería que los venezolanos, a pesar del funesto ingrediente militarista como única innovación que el Presidente Chávez le imprimió a dicho Estado, podríamos estar acercándonos al final de dicho período de crisis política, con lo cual quizás estamos en la víspera de que definitivamente se abra un nuevo esperado ciclo histórico político en el país, que si nos atenemos a la globalización del mundo actual, mereceríamos que fuera el propio de una democracia más representativa y efectivamente participativa, basada en la descentralización y control del poder, acorde con los valores democráticos del siglo XXI, lo que implicaría no sólo distribuir el poder, sobre todo territorialmente, sino además, controlarlo, sujetando a los militares al control del poder civil; proceso todo ese que por supuesto, tendría que estar conducido por una nueva generación, como siempre ocurrió en la historia en los inicios de los grandes ciclos políticos.

Solo recordemos, por ejemplo, que cuando comenzó el primer ciclo histórico del "Estado autónomo centro federal" en 1830, José Antonio Páez tenía 40 años; que cuando se sucedieron las guerras federales que condujeron al segundo ciclo histórico del "Estado Federal" en 1863, Ezequiel Zamora y Juan Crisóstomo Falcón tenían 42 y 43 años; que cuando ocurrió la Revolución Liberal Restauradora que condujo al tercer ciclo histórico del "Estado autocrático centralizado" en 1899, Cipriano Castro y Juan Vicente Gómez tenían 41 y 42 años; y que cuando se produjo la Revolución de Octubre que condujo al cuarto ciclo histórico del "Estado centralizado de democracia de partidos" en 1945, Rómulo Betancourt y Raúl Leoni tenían 37 y 42 años.

La historia, quiérase o no, enseña. Los mortales no sólo estamos obligados a conocerla, sino que estamos compelidos a no olvidarla, pues la misma, en definitiva, luego reclama, y no sólo a quienes la ignoran, manipulan o distorsionan, sino también a quienes no aprenden de ella, condenándolos inmisericordemente a repetir los mismos errores alguna vez cometidos por otros.[38]

New York, junio de 2015

---

38 La frases "Aquéllos que no recuerdan el pasado están condenados a repetirlo," es de Jorge Ruiz de Santayana (1863-1952), en su trabajo *La razón en el sentido común*.

SECCIÓN PRIMERA: LA MENTIRA INICIAL: LA FALSA RENUNCIA Y EL RÉGIMEN DE LAS FALTAS ABSOLUTAS (1999)

I. SOBRE LAS FALSA RENUNCIA DEL PRESIDENTE ANTE LA ASAMBLEA CONSTITUYENTE

Las vicisitudes políticas por las que pasó el Presidente Hugo Chávez Frías y que rodearon su permanencia en el cargo de Presidente, por los anuncios o amenazas de la ocurrencia de su falta, puede decirse que comenzaron en el mismo año en el cual fue electo por primera vez como Presidente de la República; elección que ocurrió en diciembre de 1998, conforme a las previsiones de la Constitución de 1961, la cual en febrero de 1999, al tomar posesión de su cargo, juró cumplir fielmente, pero cuestionándola al punto de calificarla como una Constitución "moribunda."

Pero fue precisamente en el marco de esa Constitución de 1961, que era la vigente, que por primera vez durante su larga vigencia reguladora de diversos mandatos presidenciales, se anunció la primera eventual ocurrencia de una falta absoluta del Presidente Chávez. Ese hecho ocurrió a los seis meses de haber tomado posesión de su cargo, en agosto de 1999, al ponerlo "a la orden de la Asamblea Nacional Constituyente." Te trataba, por supuesto, de un juego político que nadie realmente se tomó en serio, pues bien sabía Chávez que una Asamblea Constituyente que controlaba totalmente, nunca iba a aceptarle su renuncia o su gesto de "desprendimiento" político, y más bien, lo iba a ratificar con aplausos en su cargo.

Sin embargo, a pesar de haber sido un juego, el mismo, como todo juego, tenía un mensaje claro, y era el aviso dirigido a todos los órganos electos o no de los poderes públicos constituidos, de que debían prepararse para ser barridos de sus cargos por una Asamblea Constituyente que había asumido un poder constituyente originario, como efectivamente ocurrió con todos, excepto precisamente con el cargo del Presidente que fue el único que obtuvo una "ratificación."[39]

Para el momento en que se formuló dicha falsa oferta de una eventual falta absoluta (para el caso de que la Asamblea Constituyente hubiese aceptado la renuncia), en agosto de 1999, los supuestos que se regulaban en la "moribunda" Constitución de 1961 que era la que se le aplicaba al comenzar la gestión del Presidente Chávez, eran las siguientes: Primera, la previsión de la falta absoluta del Presidente, sin que la Constitución definiera las posibles diversas causas que la podían originar, estableciéndose sólo que si se producía luego de la toma de posesión del Presidente, la misma provocaba que las Cámaras Legislativas eligieran un nuevo Presidente por el resto del período constitucional, de manera que mientras ello ocurriera, asumía la Presidencia de la República, en orden de sucesión, el Presidente del Congreso, el Vicepresidente del mismo, o el Presidente de la Corte Suprema de Justicia (art. 187); y la segundo, la previsión de que cuando se produjera una falta absoluta, ello exigía que el Presidente designara un Ministro para suplirlas (art. 188). El primer supuesto,

---

39 Véase el análisis detallado de las ejecutorias de la Asamblea Constituyente en Allan R. Brewer-Carías, *Asamblea Constituyente y Proceso Constituyente 1999*, Colección Tratado de Derecho Constitucional, Tomo VI, Fundación de Derecho Público, Editorial Jurídica Venezolana, Caracas 2013, 1198 pp.

en todo el período democrático desde 1961 sólo se había producido con la remoción del Presidente Carlos Andrés Pérez en 1993, para su enjuiciamiento.

En todo caso, fue en ese marco constitucional que en agosto de 1999, el Presidente Chávez puso su cargo a la orden o a la disposición de la Asamblea Nacional Constituyente, es decir, técnicamente renunció y dejó en manos de dicho órgano la decisión de que se produjera su falta absoluta, pues teóricamente, la Asamblea podía haber aceptado su renuncia a la Presidencia. Por supuesto, nada de ello ocurrió ni se pretendía que se aplicase la Constitución de 1999 que se despreciaba, por lo que tratándose de una chanza, el Presidente estaba seguro que la Asamblea Nacional Constituyente, dominada totalmente por él y sus seguidores, lo "ratificaría" en su cargo. El objetivo de la farsa, como se dijo, sin embargo, no era otro que anunciar indirectamente y ratificarlo" oficialmente en forma general, que como la Asamblea Constituyente se había arrogado el ejercicio de un "poder constituyente originario," como tal tenía en sus manos la libre decisión de remover a todos los titulares de los órganos de los Poderes Públicos constituidos, incluso de los electos unos meses antes, como en definitiva así sucedió.

Debe recordarse que después de que la Corte Suprema de Justicia en Sala Político Administrativa, mediante sentencias de 19 de enero de 1999,[40] abrió el camino para la estructuración de una tercera vía para reformar la Constitución de 1961, distinta a la Reforma General y la Enmienda previstas en sus artículos 245 y 246, el Presidente Hugo Chávez, el día 2 de febrero de 1999, el mismo día que tomó posesión de su cargo, dictó el Decreto N° 3 mediante el cual decretó "la realización de un referendo para que el pueblo se pronunciase sobre la convocatoria de una Asamblea Nacional Constituyente" (art. 1).[41] Dicha decisión de convocar una Constituyente había sido la médula de su única oferta política durante la campaña electoral presidencial de 1998,[42] de manera que luego de múltiples debates jurídicos y judiciales, y de decisiones de la Corte Suprema de Justicia que fijaron el marco general del estatuto constitucional de la Asamblea Constituyente,[43] la misma fue electa en julio de 1999, luego que se efectuara el prometido Referéndum Consultivo en abril de 1999.

Ese proceso constituyente, al contrario de lo que había sucedido con todas las experiencias constituyentes del pasado en la historia política de Venezuela, no fue, por tanto, producto de una ruptura constitucional con ocasión de una guerra, de un golpe de Estado o de una Revolución, sino de una ambigua interpretación dada por el máximo Tribunal de la República a la Constitución que estaba vigente de 1961, y de la voluntad popular expresada por el pueblo como Poder Constituyente Origina-

---

40 Véase los textos de las sentencias en Allan R. Brewer-Carías, *Poder Constituyente Originario y Asamblea Nacional Constituyente, (Comentarios sobre la interpretación jurisprudencial relativa a la naturaleza, la misión y los límites de la Asamblea Nacional Constituyente)*, Colección Estudios Jurídicos N° 72, Editorial Jurídica Venezolana, Caracas 1999, pp. 25 y ss.

41 Véase en *Gaceta Oficial* N° 36.634 de 02-02-99. Véase los comentarios en Allan R. Brewer-Carías, *Golpe de Estado y Proceso Constituyente*, UNAM, México 2002, pp. 113 ss.

42 Véase Allan R. Brewer-Carías, *Asamblea Constituyente y Ordenamiento Constitucional*, Academia de Ciencias Políticas y Sociales, Caracas 1998.

43 Véase Allan R. Brewer-Carías, *Poder Constituyente Originario y Asamblea Nacional Constituyente*, Caracas 1999.

rio, en el Referéndum Consultivo del 25 de abril de 1999.[44] De allí lo indicado por la Corte Suprema de Justicia en la sentencia del 21 de julio de 1999, con ocasión de resolver un recurso de interpretación intentado por varios Candidatos Nacionales a la Asamblea Nacional Constituyente, acerca del régimen jurídico que regía el proceso electoral de la misma; en el sentido de que:

> "Lo novedoso -y por ello extraordinario- del proceso constituyente venezolano actual, es que el mismo no surgió como consecuencia de un suceso fáctico (guerra civil, golpe de estado, revolución, etc.), sino que, por el contrario, fue concebido como un "Proceso Constituyente *de Iure*" esto es, que se trata de un proceso enmarcado dentro del actual sistema jurídico venezolano".[45]

La consecuencia de lo anterior era que la Asamblea Nacional Constituyente no sólo derivaba "de un proceso que se ha desarrollado dentro del actual marco del ordenamiento constitucional y legal," sino que en su actuación estaba sometida al orden jurídico establecido por la voluntad popular en el Referéndum del 25 de abril de 1999, expresada en el conjunto de normas que derivaban de las preguntas del Referéndum y de las "Bases Comiciales" aprobadas en el mismo, las cuales la misma antigua Corte Suprema de Justicia en la sentencia antes mencionada, "por su peculiaridad e importancia," catalogó "como normas de un rango especial"; y en anterior sentencia del 3 de junio de 1999 (caso *Celia María Colón de González*) las había considerado como una "expresión popular" que "se tradujo en una *decisión de obligatorio cumplimiento, pues posee, validez suprema,*" es decir, de rango supra constitucional.

La Asamblea Nacional Constituyente que se eligió el 25 de julio de 1999, en consecuencia, estaba sometida a las normas aprobadas en el Referéndum Consultivo del 25 de abril de 1999, que eran de obligatorio cumplimiento y de rango y validez suprema, como manifestación del Poder Constituyente Originario que es el pueblo, conforme a las cuales no sólo se precisaba la misión de la Asamblea, sino sus límites; y ello, además, dentro de los límites que a la vez le había impuesto la Corte Suprema de Justicia al descartar, previo a la realización del Referéndum de abril de 1999, que dicha Asamblea *no podía tener un carácter de poder constituyente originario*, que sólo el pueblo tiene.

En efecto, el Consejo Nacional Electoral, como consecuencia de la anulación parcial de su Resolución N° 990217-32 decidida por la Corte Suprema de Justicia en sentencia de 18 de marzo de 1999,[46] dictó una nueva Resolución N° 990323-70 de 23 de marzo de 1999, en la cual, materialmente, reprodujo las mismas bases fijadas por el Presidente de la República para la realización del referendo, tal como se habían inicialmente publicado.[47] Con tal motivo, el recurrente en el juicio donde se dictó

---

44 El golpe de Estado lo daría la propia Asamblea Nacional Constituyente una vez electa e instalada al asumir un poder constituyente originario que el pueblo no le había dado. Véase Allan R. Brewer-Carías, *Golpe de Estado y Proceso Constituyente*, UNAM, México 2002.

45 Véase la referencia en *Golpe de Estado y Proceso Constituyente*, UNAM, México, pp. 164 y ss.

46 Véase el texto de la sentencia en Allan R. Brewer-Carías, *Poder Constituyente Originario y Asamblea Nacional Constituyente*, Caracas 1999, pp. 169 a 185.

47 El texto publicado de la Base Comicial Décima fue el siguiente: "**Décimo:** Una vez instalada la Asamblea Nacional Constituyente, ***como poder originario que recoge la soberanía popular***, deberá dictar sus propios estatutos de funcionamiento, teniendo como límites los valores y principios de nuestra historia

la sentencia anulatoria, solicitó ante la Sala Político Administrativa la ejecución de la misma con fundamento, entre otros aspectos, en que la base comicial *décima* propuesta por el Ejecutivo, y reproducida por el Consejo Nacional Electoral, desacataba el fallo de la Corte del 18 de marzo de 1999, al atribuirle "carácter originario" a la futura Asamblea Nacional Constituyente.

La Sala Político Administrativa, en respuesta a este requerimiento, dictó la sentencia de 13 de abril de 1999,[48] en la cual observó que ciertamente el Consejo Nacional Electoral había omitido pronunciamiento expreso acerca del examen que debió haber efectuado, de acuerdo a la orden contenida en la citada sentencia, y que originó la Resolución Nº 990323-70 del 23 de marzo de 1999, tanto de la mencionada base, como de la establecida en el literal undécimo, de la referida "propuesta" del Ejecutivo Nacional.

Sobre el tema de la Base Comicial cuestionada, la Sala indicó que:

> "en la sentencia dictada por esta Sala el 18 de marzo de 1999 se expresó con meridiana claridad que la Asamblea Constituyente a ser convocada, "... no significa, en modo alguno, por estar precisamente vinculada su estructuración al propio espíritu de la Constitución vigente, bajo cuyos términos se producirá su celebración, la alteración de los principios fundamentales del Estado democrático de derecho...", y que "...En consecuencia, es la Constitución vigente la que permite la preservación del Estado de derecho y la actuación de la Asamblea Nacional Constituyente, en caso de que la voluntad popular sea expresada en tal sentido en la respectiva consulta...."

A su vez, en el fallo aclaratorio del 23 de marzo de 1999, emanado de la Sala, se ratificó claramente la naturaleza vinculante de tal criterio interpretativo, referido a la primera pregunta del referendo consultivo nacional 1999, y cuyo contenido debía fijar el marco referencial y alcance de la segunda pregunta del mismo.

Por todo lo anterior, la Corte Suprema consideró que resultaba incontestable que el contenido de la Base Comicial mencionada incorporada en la Resolución del Consejo Nacional Electoral-, y específicamente, en lo referente a calificar la Asamblea Nacional Constituyente *"como poder originario que recoge la soberanía popular,"* estaba en franca "contradicción con los principios y criterios" vertidos en la sentencia pronunciada por la Sala el 18 de marzo de 1999, y su aclaratoria del 23 de marzo de 1999, "induciendo a error al electorado y a los propios integrantes de la Asamblea Nacional Constituyente, si el soberano se manifestase afirmativamente acerca de su celebración, en lo atinente a su alcance y límites."

En consecuencia de lo anterior, la Sala Político-Administrativa concluyó su sentencia del 13 de abril de 1999, resolviendo, en ejecución de su precedente sentencia fechada 18 de marzo de 1999, que la frase *"como poder originario que recoge la soberanía popular"* debía ser eliminada de la Base Comicial Octava, y por tanto, el texto de la misma, debía ser corregido en la forma siguiente:

---

republicana, así como el cumplimiento de los tratados internacionales acuerdos y compromisos válidamente suscritos por la República, el carácter progresivo de los derechos fundamentales del hombre y las garantías democráticas dentro del más absoluto respeto de los compromisos asumidos."

48 Véase el texto en Allan R. Brewer-Carías, *Poder Constituyente Originario y Asamblea Nacional Constituyente*, Caracas 1999, pp. 190 a 198.

"Se reformula la base comicial octava para el referendo consultivo sobre la convocatoria de la Asamblea Nacional Constituyente a realizarse el 25 de abril de 1999, en los términos siguientes:

Octavo: Una vez instalada la Asamblea Nacional Constituyente, ésta deberá dictar sus propios estatutos de funcionamiento, teniendo como límites los valores y principios de nuestra historia republicana, así como el cumplimiento de los tratados internacionales, acuerdos y compromisos válidamente suscritos por la República, el carácter progresivo de los derechos fundamentales del hombre y las garantías democráticas dentro del más absoluto respeto de los compromisos asumidos."

Quedó en esta forma abierto y conforme a esta orientación el proceso constituyente en el país, mediante la celebración del referendo consultivo que se efectuó el 25 de abril de 1999, en el cual se consultó al pueblo sobre la convocatoria de una Asamblea Nacional Constituyente, con una misión y unos límites específicos y que no tenía carácter de poder constituyente originario (que sólo el pueblo tenía) fijados por el mismo pueblo al responder afirmativamente a las preguntas y las Bases Comiciales que conforman su Estatuto.

La Asamblea Nacional Constituyente fue electa el 25 de julio de 1999 y estaba sometida a las normas supra constitucionales que derivaban del *poder constituyente originario* que reposaba exclusivamente en el pueblo que se había expresado en el referendo consultivo del 25 de abril de 1999, conforme a las cuales, durante su funcionamiento debía respetar la vigencia de la Constitución de 1961, la cual sólo podía perder dicha vigencia cuando el pueblo soberano, es decir, el poder constituyente originario se pronunciara aprobando, mediante posterior referendo aprobatorio, la nueva Constitución que elaborase la Asamblea, tal como se precisó en la Base Comicial novena del referendo de 25 de abril de 1999.

La Asamblea Nacional Constituyente, por tanto, teniendo como límites los que le impuso el pueblo soberano en las preguntas y Bases Comiciales que fueron sometidas a consulta popular en el Referéndum Consultivo del 25 de abril de 1999, y la interpretación vinculante establecida por la Corte Suprema de Justicia, no podía asumir carácter "originario" alguno, pues ello significaba, al contrario de lo dispuesto por la voluntad popular, *suspender la vigencia de la Constitución de 1961* y pretender actuar fuera de los límites supra constitucionales que debían guiar su actuación.

Por ello, en comunicación que enviamos el 8 de agosto de 1999 al Presidente de la Asamblea Nacional Constituyente, la indicamos que no era "posible que la Asamblea Nacional Constituyente pueda disponer, durante su funcionamiento que está limitado a un lapso de 6 meses, la disolución del Congreso o de la Corte Suprema de Justicia, o de cualesquiera de los Poderes Constituidos que si bien no pueden limitar la actuación de la Asamblea, continúan rigiéndose por lo dispuesto en la Constitución de 1961 hasta tanto esta sea sustituida por la nueva Constitución."[49] En la *Pregunta Nº 1* del Referéndum Consultivo del 25 de abril de 1999 se había fijado con

49 Allan R. Brewer-Carías, "Comunicación dirigida a los miembros de la Comisión redactora del Proyecto del Estatuto de la Asamblea Nacional Constituyente aprobado en la sesión del el 08-08-99," en *Debate Constituyente*, Tomo I, (Agosto-Septiembre), Fundación de derecho Público, Editorial Jurídica Venezolana, caracas 1999, pp. 17 ss.

precisión la *misión constitucional de la Asamblea Nacional Constituyente* electa el 25 de julio de 1999, indicando la voluntad popular, manifestada a través del Referéndum, que la misma tenía como propósito transformar el Estado y crear un nuevo ordenamiento jurídico que permitiera el funcionamiento efectivo de una Democracia Social y Participativa. Ello, por supuesto, implicaba modificar la organización del Poder Público que regulaba la Constitución de 1961, la cual de acuerdo con la Base Comicial Décima que también fue manifestación de la voluntad popular en el mencionado Referéndum del 25 de abril de 1999, sólo podía ser sustituida por una nueva que debía entrar en vigencia cuando se aprobara mediante posterior Referéndum aprobatorio.

En consecuencia, mientras la Asamblea Nacional Constituyente cumpliera su tarea de elaborar un nuevo texto constitucional que reflejase su misión de transformar el Estado y crear un nuevo ordenamiento jurídico que asegurase la efectiva realización de la democracia social y participativa durante los seis meses de su funcionamiento, necesariamente, debía continuar vigente la Constitución de 1961, la cual no podía ser violada ni siquiera por la propia Asamblea Constituyente.

Ello implicaba que durante su funcionamiento, la Asamblea Nacional Constituyente debía respetar y observar la Constitución de 1961, pero no en el sentido de que la misma podía regir su funcionamiento -lo que no era así, pues la Asamblea Nacional Constituyente como instrumento político no estaba prevista en la Constitución-, sino en el sentido de que nada la autorizaba para derogarla, modificarla o suspender su vigencia. Y de las Bases Comiciales aprobadas en el Referéndum de 25 de abril de 1999, nada podía deducirse en el sentido de poder interpretar que la Asamblea Nacional Constituyente podía arrogarse un "poder constituyente originario" que le pudiera permitir disolver al Congreso, a la Corte Suprema de Justicia o a otros órganos constitucionales del Estado, ni aceptar o no la renuncia del Presidente de la república, y menos para "ratificarlo" en su cargo. Una disolución del Congreso y de la Corte Suprema de Justicia, en el sentido de terminación anticipada del mandato de dichos órganos constitucionales, sólo podía ocurrir después de que la nueva Constitución fuera aprobada, mediante Referéndum, sí así se disponía, por ejemplo, en sus Disposiciones Transitorias aprobadas popularmente y resultase necesaria del diseño de transformación del Estado que proyectaba la Asamblea.

Fue basado en los razonamientos anteriores, que en la sesión de la Comisión redactora del Proyecto del *Estatuto de Funcionamiento de la Asamblea Nacional Constituyente* que se realizó el día 7 de agosto de 1999 me opuse a la redacción propuesta para el artículo 1 del Estatuto de la Asamblea mediante el cual se pretendía otorgarle, contrariando las Bases Comiciales y lo resuelto por la Corte Suprema, carácter de *poder constituyente originario*. A pesar de las observaciones formuladas, ello fue aprobado por la Asamblea, disponiéndose en el primer artículo del Estatuto que:

> "Artículo 1. Naturaleza y Misión. La Asamblea Nacional Constituyente es la depositaria de la voluntad popular y expresión de su Soberanía *con las atribuciones del Poder Originario* para reorganizar el Estado Venezolano y crear un nuevo ordenamiento jurídico democrático. La Asamblea, en uso de las atribuciones que le son inherentes, *podrá limitar o decidir la cesación de las actividades de las autoridades que conforman el Poder Público.*

Su objetivo será transformar el Estado y crear un nuevo ordenamiento jurídico que garantice la existencia efectiva de la democracia social y participativa.

PARÁGRAFO PRIMERO: *Todos los organismos del Poder Público quedan subordinados a la Asamblea Nacional Constituyente, y están en la obligación de cumplir y hacer cumplir los actos jurídicos estatales que emita dicha Asamblea Nacional.*

PARÁGRAFO SEGUNDO: La Constitución de 1961 y el resto del ordenamiento jurídico imperante, mantendrán su vigencia en todo aquello que no colida o sea contradictorio con los actos jurídicos y demás decisiones de la Asamblea Nacional Constituyente." [50]

Con esta decisión inicial adoptada por la propia Asamblea, con mi Voto Salvado, había quedado clara cuál era la política definida por el Presidente Chávez, quien desde el inicio monitoreó la conformación y funcionamiento de la Asamblea, sobre la naturaleza de la Asamblea Constituyente como poder constituyente originario con la mira de intervenir y sustituir todos los Poderes Públicos constituidos.[51] La consecuencia inmediata fue que la Asamblea decretó el día 12 de agosto de 1999, la reorganización de todos los órganos del Poder Público[52]; el 19 de agosto de 1999, decretó la reorganización del Poder Judicial, creando una Comisión de Emergencia Judicial que suplantaba los órganos regulares de la Justicia[53]; el 25 de agosto de 1999, dictó el Decreto de regulación de las funciones del Poder Legislativo, mediante la cual materialmente se declaró la cesación de las Cámaras Legislativas (Senado y Cámara de Diputados),[54] situación que luego fue mitigada políticamente[55]; y el 26

---

50 Véase en *Gaceta Constituyente (Diario de Debates), Agosto-Septiembre 1999*, Sesión de 07-08-99, N° 4, p. 144. Véase el texto, además, en *Gaceta Oficial* N° 36.786 de 14-09-99. Véase lo que expresé en la Comunicación de 8 de agosto de 1999 a los miembros de la Comisión, que solicité se repartiera a todos los miembros de la Asamblea; así como el texto de mi intervención en la sesión de la Asamblea del 8 de agosto de 1999 oponiéndome a dicha norma.

51 Ese fue precisamente el punto respecto del cual en 1998 no hubo consenso entre quienes representaban a Chávez y quienes, opuestos a su candidatura, consideramos sin embargo que era necesaria la convocatoria de una Asamblea Constituyente, por supuesto, en el marco de la Constitución de 1961. Véase por ejemplo la reseña de Yaneiza Delgado Mijares "Habrá consenso para la Asamblea Constituyente," en *El Nacional*, Caracas 3-11-1998, p. D-7. Al contrario del título de la reseña allí lo que se informaba era "del obstáculo que significaba la disparidad de criterios acerca de la naturaleza de la Constituyente que requiere el país."

52 Véase en Allan R. Brewer-Carías, *Debate Constituyente*, Tomo I, *op. cit.*, pp. 43 a 56; y en *Gaceta Constituyente (Diario de Debates), Agosto-Septiembre de 1999, cit.*, Sesión de 12-08-99, N° 8, pp. 2 a 4. Véase el texto del Decreto en *Gaceta Oficial* N° 36.764 de 13-08-99.

53 Véase en Allan R. Brewer-Carías, *Debate Constituyente*, Tomo I, *op. cit.*, p. 57 a 73; y en *Gaceta Constituyente (Diario de Debates), Agosto-Septiembre de 1999, cit*, Sesión de 18-08-99, N° 10, pp. 17 a 22. Véase el texto del Decreto en *Gaceta Oficial* N° 36.782 de 08-09-99.

54 Véase en Allan R. Brewer-Carías, *Debate Constituyente*, Tomo I, *op. cit.*, pp. 75 a 113; y en *Gaceta Constituyente (Diario de Debates), Agosto-Septiembre 1999, cit.*, Sesión de 25-08-99, N° 13, pp. 12 a 13 y 27 a 30 y Sesión de 30-08-99, N° 16, pp. 16 a 19. Véase el texto del Decreto en *Gaceta Oficial* N° 36.772 de 26-08-99.

55 Véase el texto del Acuerdo en *El Nacional*, Caracas 10-9-99, p. D-4.

de agosto de 1999, la Asamblea suspendió las elecciones municipales que debían convocarse en el segundo semestre de 1999.[56]

En cuanto al Poder Ejecutivo, sin embargo, no hubo "intervención" por parte de la Asamblea Constituyente, sino que lo que se produjo fue la oferta del Presidente Hugo Chávez de "poner su cargo a la orden" de la misma, materialmente el mismo día de su instalación, y la subsecuente decisión de la ratificación en su cargo. Era, sin duda, una oferta para que se produjese una falta absoluta del Presidente similar a una renuncia, pero que en realidad no era más que una burla dado el dominio que ejercía sobre la Asamblea Constituyente.

Por ello, en la sesión del día 9 de agosto de 1999, al considerarse la comunicación del Presidente a la Asamblea poniendo su cargo a la orden, expresé sobre dicho "gesto" que el mismo:

> "hubiera tenido algún sentido lógico, si el título del Presidente fuese ilegítimo o hubiese alguna duda sobre su legitimidad. Pero no, el Presidente fue electo democráticamente el 6 de diciembre pasado, con una muy apreciable mayoría que no deja lugar a duda alguna sobre la legitimidad de su título como Jefe de Estado."[57]

Por ello agregué que "El Presidente no necesita, para gobernar, que esta Asamblea lo ratifique," señalando que había que recordar que gestos como ese, y lamentablemente los reseñaba la historia, se producían "sólo cuando algún líder ha querido legitimarse, por la carencia de títulos adecuados, ante una Asamblea propia. No quisiera que así se recordara el gesto del Presidente."

Y cité en tal sentido el caso Hernán Cortés, en el inicio de la conquista de México en 1519, hace casi cinco siglos, sobre lo que ocurrió al desembarcar en las costas de México, sin licencia para descubrir y poblar pues la que tenía del gobernador de la Isla de Cuba, Diego de Velázquez, éste se la había revocado. Ante la carencia de títulos, para legitimarse en la conquista fundó la ciudad denominada la *Villa Rica de la Vera Cruz,* y aun cuando no tenía licencia para ello, nombró sus regidores y alcaldes, como era la costumbre fundacional, y al día siguiente renunció al mando ante ellos, y les dijo:

> "Bien sabéis que yo gobierno el ejército sin otro título que un nombramiento de Diego Velásquez, que fue con poca intermisión escrito y revocado.
>
> Dejo aparte la sin razón de su desconfianza, por ser de otro propósito, pero no puedo negar que la jurisdicción militar, de que tanto necesitamos, se conserva hoy en mí, contra la voluntad de su dueño, y se funda en un título violento, que trae consigo mal disimulada la flaqueza de su origen...
>
> A vosotros, señores, toca el remedio de este inconveniente, y el Ayuntamiento, en quien reside hoy la representación de nuestro Rey, puede en su real

---

56 Véase en Allan R. Brewer-Carías, *Debate Constituyente,* Tomo I, *op. cit.,* pp. 115 a 122; y en *Gaceta Constituyente (Diario de Debates), Agosto-Septiembre 1999, cit.,* Sesión de 26-08-99, Nº 14, pp. 7 a 8, 11, 13 y 14. Véase el texto del Decreto en *Gaceta Oficial* Nº 36.776 de 31-08-99.

57 Véase Allan R. Brewer-Carías, *Debate Constituyente, (Aportes a la Asamblea Nacional Constituyente),* Tomo I (8 agosto-8 septiembre 1999), Fundación de Derecho Público-Editorial Jurídica Venezolana, Caracas 1999, pp. 41-42.

nombre proveer el gobierno de sus armas, eligiendo persona en quien no concurran estas nulidades. Muchos sujetos hay en el Ejército capaces de esta ocupación, y en cualquiera que tenga otro género de autoridad, o que lo reciba de vuestra mano, estará mejor empleado. Yo desisto desde luego del derecho que pudo comunicarme la posesión, y renuncio en vuestras manos el título que me puso en ella, para que discurráis con todo el arbitrio en vuestra elección, y puedo aseguraros que toda mi ambición se reduce al acierto de nuestra empresa, y que sabré sin violentarme acomodar la pica en la mano que deja el bastón, que si en la guerra se aprende el mandar obedeciendo, también hay casos en que el haber mandado enseña a obedecer."

Dicho esto, Cortés arrojó sobre la mesa el título de Diego Velásquez, y entregó el bastón de mando a los Alcaldes, retirándose. Los Alcaldes aceptaron la renuncia de Cortés y de seguidas, como sin duda estaba previsto, lo nombraron "Capitán General y Justicia Mayor, es decir, Gobernador del ejército de Nueva España."[58]

No había duda, por supuesto, que cuando Cortéz, consciente de la ilegitimidad de su título para emprender la conquista de México, puso su cargo a la orden o disposición de los Alcaldes de la Villa Rica de la Veracruz, que él mismo había recién nombrado al fundar la ciudad, para que dispusieran nombrar a alguien en su lugar como Capitán General de los ejércitos de la nueva ciudad, ello no era más que una burla pues bien sabía que lo ratificarían en su cargo, como efectivamente ocurrió.

Por eso terminé aquella exposición ante la Asamblea Constituyente, diciendo que ese no era "el caso del Sr. Presidente, pues él tenía "toda la legitimidad necesaria como Presidente de la República, por elección popular, para ejercer su función de gobierno, que tanto necesitamos en el país," concluyendo mi exposición afirmando que "esta Asamblea no tiene pronunciamiento alguno que hacer en este caso, salvo agradecerle al Presidente su gesto."[59]

En todo caso, la acción del Presidente no era más que un gesto, pero que evidenciaba un mensaje directo de acción futura, que era la intervención de todos los Poderes Públicos constituidos, electos o no, como luego efectivamente ocurrió. En cuanto a la presidencia de la República, fue la primera manifestación –aun cuando burlona– de una "falta" anunciada por el Presidente; anuncios de faltas que acompañarían toda la gestión del Presidente Chávez a lo largo de toda su mandato. La burla que contenía su formulación, sin embargo, algún constituyente como que se la tomó en serio, al punto de que en la sesión siguiente de la Asamblea, se tomó el trabajo de proceder a "responder" mi comentario.

La Asamblea Nacional Constituyente, después de haber rechazado "magnánimamente" el gesto del Presidente Chávez de "poner su cargo a la orden" de la misma, durante los primeros meses de su funcionamiento se dedicó a ejecutar la política de intervención de todos los poderes públicos constituidos, mediante la intervención del Poder legislativo y del Poder Judicial, para luego dedicar los últimos meses de su funcionamiento a la elaboración de la Constitución de 1999, en la cual en contraste

---

58 Véase Allan R. Brewer-Carías, *La Ciudad Ordenada*, Caracas 2005.

59 Véase Allan R. Brewer-Carías, *Debate Constituyente, (Aportes a la Asamblea Nacional Constituyente)*, Tomo I (8 agosto-8 septiembre 1999), Fundación de Derecho Público-Editorial Jurídica Venezolana, Caracas 1999, pp. 41-42.

con las anteriores Constituciones, se desarrollaron ampliamente las previsiones que regularon las situaciones de faltas temporales y de falta absoluta del Presidente de la República.[60]

A continuación el resumen de las previsiones constitucionales en la materia.

II. SOBRE LAS FALTAS TEMPORALES EN EL TEXTO CONSTITUCIONAL

Así, en relación con las faltas temporales, las cuales se producen de hecho, cuando por cualquier circunstancia el Presidente no pueda estar en ejercicio de sus funciones en la sede de los Poderes Públicos nacionales, la Constitución se limitó a establecer en el artículo 234 que las mismas deben ser suplidas por el Vicepresidente Ejecutivo hasta por 90 días, prorrogables por decisión de la Asamblea Nacional por 90 días más. El artículo 239 de la Constitución reitera que está dentro de las atribuciones del Vicepresidente Ejecutivo, "8. Suplir las faltas temporales del Presidente de la República." Se sustituyó, así la forma de suplir al Presidente mediante la designación de un Ministro para tal efecto, como lo preveía la Constitución de 1961, lo cual dejaba sin regular aquellos casos de situaciones de hecho que no dieran tiempo para designar un Ministro suplente (una operación quirúrgica o enfermedad súbita, por ejemplo). La Constitución agregó que si la falta temporal se prolonga por más de 90 días consecutivos, la Asamblea Nacional debe entonces decidir, si no la prorroga por 90 días mas, por mayoría de sus integrantes si debe considerarse que hay falta absoluta.

En los casos de faltas temporales por ausencia del territorio nacional por parte del Presidente de la República por más de cinco días consecutivos, la Constitución estableció la necesidad de que se obtenga la autorización de la Asamblea Nacional o de la Comisión Delegada (art. 235).

III. SOBRE LAS FALTAS ABSOLUTAS EN EL TEXTO CONSTITUCIONAL

El artículo 233 de la Constitución enumera como causas de falta absoluta del Presidente de la República: la muerte, su renuncia, la destitución decretada por sentencia del Tribunal Supremo de Justicia, la incapacidad física o mental permanente, certificada por una junta médica designada por el Tribunal Supremo de Justicia y con aprobación de la Asamblea Nacional, el abandono del cargo, declarado éste por la Asamblea Nacional, así como la revocatoria popular de su mandato.

En los casos en los cuales se produzca la falta absoluta del Presidente electo o antes de tomar posesión, se debe proceder a realizar una nueva elección universal, directa y secreta dentro de los 30 días consecutivos siguientes, en cuyo caso el nuevo Presidente debe completar el período constitucional correspondiente. Mientras se elige y toma posesión el nuevo Presidente se debe encargar de la Presidencia de la República, el Presidente de la Asamblea Nacional.

---

60 Véase en Allan R. Brewer-Carías, *La Constitución de 1999*, Editorial Jurídica Venezolana, Caracas 2000; y Allan R. Brewer-Carías, *La Constitución de 1999. Derecho Constitucional Venezolano*, Tomo I, Editorial Jurídica Venezolana, Caracas 2004.

Cuando la falta absoluta del Presidente de la República se produzca durante los primeros cuatro años del período constitucional, se debe proceder a una nueva elección universal y directa dentro de los 30 días consecutivos siguientes, en cuyo caso el nuevo Presidente debe completar el período constitucional correspondiente. Mientras se elige y toma posesión el nuevo Presidente, se debe encargar de la Presidencia de la República el Vicepresidente Ejecutivo.

En todo caso, si la falta absoluta se produce durante los últimos 2 años del período constitucional, el Vicepresidente Ejecutivo debe asumir la Presidencia de la República hasta completar el mismo.

A estos supuestos de falta absoluta, por supuesto hay que agregar el vencimiento del período constitucional, que es de seis años (art. 230), lo que se produce el día 10 de enero siguiente a la elección presidencial (art. 231);[61] así como la decisión de una Asamblea Constituyente conformada de acuerdo con lo dispuesto en el artículo 347 de la Constitución. De acuerdo con el artículo 349 del mismo texto, una vez electa y constituida una Asamblea Constituyente, "los poderes constituidos no podrán en forma alguna impedir las decisiones de la Asamblea Nacional Constituyente" (art. 349), lo que podría implicar la posibilidad de que pudiera decidir la cesación del mandato y ejercicio de su cargo del Presidente de la República y de todos los otros titulares de los poderes constituidos, como ocurrió de facto, con la Asamblea Nacional Constituyente de 1999.

Precisaremos, en todo caso, los diversos supuestos de falta absoluta que regula la Constitución, que en todo caso son causas de terminación del mandato del Presidente de la República.

1. *El sometimiento a enjuiciamiento penal*

El Presidente de la República puede ser enjuiciado penalmente por los delitos que cometa, como cualquier ciudadano, para lo cual, sin embargo, deben cumplirse una serie de condiciones que se configuran como prerrogativas del Jefe de Estado.

Conforme al artículo 266 de la Constitución, corresponde al Tribunal Suprema de Justicia en Sala Plena, declarar si hay o no méritos para el enjuiciamiento del Presidente de la República. La solicitud ante el Tribunal Supremo corresponde formularla al Ministerio Público (art. 285,5), y así lo establece también el artículo 377 del Código Orgánico Procesal Penal (COPP).

Si el Tribunal Supremo de Justicia decide que hay méritos para enjuiciar al Presidente, el asunto debe pasar a la Asamblea Nacional para que autorice el enjuiciamiento (art. 266,2). En la Constitución de 1961, esta autorización correspondía ser adoptada por al Senado; pero eliminando este en la Constitución de 1999, corresponde ahora a la Asamblea Nacional, y una vez que la Asamblea autorice el enjuiciamiento, entonces el Tribunal Supremo debe continuar conociendo de la causa hasta sentencia definitiva (art. 266,2).

---

61 Sobre las diversas formas de terminación del mandato del Presidente de la República nos ocupamos en Allan R. Brewer-Carías, "Formas constitucionales de terminación del mandato del Presidente de la República" (Especial para el Grupo Santa Lucía, oct. 2001), encartado. *Revista Primicia*, N° 199. Caracas, 2001, 8 pp.; y en *Reflexiones sobre el constitucionalismo en América*, Editorial Jurídica Venezolana, Caracas, 2001, pp. 243 y ss. Véase también nuestro libro: *La Constitución de 1999. Derecho Constitucional Venezolano*, Tomo I, Editorial Jurídica Venezolana, Caracas, 2004, pp. 496 ss.

La Constitución de 1999, sin embargo, nada dispuso sobre los efectos del enjuiciamiento del Presidente de la República en relación con el ejercicio de su cargo. La Constitución de 1961, en la norma que atribuía la autorización de enjuiciamiento al Senado, expresamente señalaba que "autorizado el enjuiciamiento, el Presidente quedará suspendido en el ejercicio de sus funciones" (art. 150,8). Esta suspensión daba origen a una falta temporal forzosa del Presidente de la República.

Como se dijo, la Constitución de 1999 nada dispone sobre la necesaria separación temporal del ejercicio de su cargo por el Presidente de la República una vez autorizado su enjuiciamiento y durante el lapso que dure el juicio. Este vacío lo suple, sin embargo, el Código Orgánico Procesal Penal, el cual regula expresamente la situación al señalar que "Cumplidos los trámites necesarios para el enjuiciamiento, el funcionario quedará suspendido e inhabilitado para ejercer cualquier cargo público durante el proceso" (art. 380).

En consecuencia, autorizado por la Asamblea Nacional el enjuiciamiento, el Presidente de la República queda suspendido del cargo, configurándose dicha situación jurídica como una falta temporal.

La Constitución dispone que estas faltas temporales del Presidente de la República deben ser suplidas por el Vicepresidente hasta por 90 días, prorrogables por decisión de la Asamblea Nacional hasta por 90 días más (art. 234). Por tanto, si el proceso penal se prolonga por más de 90 días consecutivos, al término de dicho lapso la Asamblea Nacional debe decidir prorrogarlo, o decidir por mayoría de sus integrantes si debe considerarse la falta como una falta absoluta (art. 234). Esta falta absoluta también se produce en forma automática al vencimiento de la prórroga de los 90 días de la falta temporal, de haber sido acordada.

Si la situación de falta absoluta, derivada del enjuiciamiento del Presidente de la República, se produce durante los primeros cuatros años del período constitucional, se debe proceder a una nueva elección universal, directa y secreta dentro de los 30 días consecutivos subsiguientes. Mientras se elige y toma posesión el nuevo Presidente, el Vicepresidente Ejecutivo (art. 233) se debe encargar de la Presidencia. En este caso, el nuevo Presidente una vez que tome posesión del cargo, debe sólo completar el período constitucional correspondiente. En cambio, si la falta absoluta se produce durante los dos últimos años del período constitucional, el Vicepresidente Ejecutivo debe asumir la Presidencia de la República hasta complementar dicho período.

2. *El abandono del cargo: la conversión de una falta temporal en falta absoluta*

La Constitución establece que el Presidente de la República puede separarse temporalmente del ejercicio de su cargo, en cuyos supuestos, las faltas temporales las suple el Vicepresidente Ejecutivo (art. 234).

Una falta temporal puede consistir, por ejemplo, en ausencia por enfermedad o por un viaje dentro o fuera del territorio nacional. En el caso de ausencias del territorio nacional cuando se prolongue por un lapso superior a cinco días consecutivos, entonces se requiere de la autorización de la Asamblea Nacional o de la Comisión Delegada (art. 235; 187, 17; 196,2).

Las faltas temporales, como se dijo, sólo pueden tener un lapso de 90 días, al término del cual, la Asamblea Nacional tiene el poder de decidir prorrogarlo por 90 días más, o decidir por mayoría de sus integrantes si debe considerarse que hay falta absoluta (art. 234). En este caso se da el supuesto de abandono del cargo declarado por la Asamblea Nacional (art. 233).

También se produce la situación de falta absoluta en forma automática, cuando concluya la prórroga de 90 días, es decir, cuando la falta absoluta sea de 180 días.

En caso de falta absoluta, como se dijo anteriormente, asume el Vicepresidente y debe o no realizarse una elección, según que la falta absoluta se produzca dentro de los 4 primeros años del período constitucional, o con posterioridad.

3. *La revocación popular del mandato*

En virtud de declararse en el artículo 6 de la Constitución que el gobierno de la República es y debe ser "democrático, participativo, electivo, descentralizado, alternativo, responsable, pluralista y de *mandatos revocables*," el artículo 72 de la misma dispone que "todos los cargos y magistraturas de elección popular son revocables," Dicha revocatoria se constituye, además, como uno de los "medios (en lo político) de participación y protagonismo del pueblo en ejercicio de su soberanía" (art. 70).

Ahora bien, la revocatoria del mandato de los funcionarios electos, entre ellos del Presidente de la República, sólo puede producirse mediante la realización de un referendo revocatorio, que conforme al artículo 72 de la Constitución, el cual se rige por las siguientes reglas:

Primero, la realización de un referendo revocatorio sólo puede efectuarse una vez transcurrido la mitad del período presidencial.

Segundo, la solicitud de la convocatoria de un referendo para revocar el mandato del Presidente de la República sólo puede tener su origen en una iniciativa popular, respaldada por un número no menor del 20% de electores inscritos en el Registro Civil y Electoral en la Circunscripción Nacional para el momento de presentación de la solicitud. Debe señalarse, además, que en ningún caso se puede hacer más de una solicitud de revocación del mandato durante el período presidencial o para el cual fue elegido el funcionario.

Tercero, la solicitud se formula ante el Consejo Nacional Electoral, a quien compete la organización, administración, dirección y vigilancia de los referendos (art. 293, 5).

Cuarto, al referendo revocatorio convocado deben concurrir, como votantes, un número de electores igual o superior al 25% de los electores inscritos en el Registro Electoral para el momento de la votación.

Quinto, para que se produzca la revocatoria del mandato de un funcionario público, incluido el Presidente de la República, deben votar a favor de la revocación, un número igual o mayor al número de electores que lo eligieron. En este caso, dice el artículo 72 de la Constitución, que "cuando igual o mayor número de electores o electoras que eligieron al funcionario o funcionaria hubieren votado a favor de la revocación [...] se considerará revocado su mandato y se procederá de inmediato a cubrir la falta absoluta de acuerdo con lo dispuesto en la Constitución" (art. 233). Esta norma tan absolutamente clara, sin embargo, fue mutada ilegítimamente por la Sala Constitucional del Tribunal Supremo, en 2002, apenas se comenzó a plantear la alternativa de que se solicitara popularmente la revocatoria del mandato del Presidente Chávez, cuando al "interpretar" el mencionado artículo 72 de la Constitución, en la sentencia N° 1139 de 5 de junio de 2002 (Caso: *Sergio Omar Calderón y Wi-*

lliam Dávila) señaló que la revocación, "es un mecanismo de remoción o separación categórica del funcionario electo por votación popular," pero agregando algo que no está en la norma constitucional, al afirmar que "si el referéndum arroja un resultado favorable al representante, *en principio, éste tiene derecho a seguir ejerciendo su magisterio por el resto del período*," lo que no está así establecido en la Constitución, reduciendo la revocación del mandato a sólo los casos en los cuales cuando "proclamado el resultado de la consulta al cuerpo electoral," la misma resulta "favorable a la revocación del mandato," considerando que sólo en este caso es que se aplica el artículo 72 de la Constitución vigente cuando establece expresamente que "se procederá de inmediato a cubrir la falta absoluta conforme a lo dispuesto en la Constitución y las Leyes".[62] Nada de esto, por supuesto, lo dice la Constitución: esta sólo dice que se considera revocado el mandato cuando voten a favor de la revocación un número igual o mayor al número de electores que eligieron al funcionario, independientemente de los votos que se hayan expresado por la no revocación, que pueden ser más.

En todo caso, en esta forma, la Sala Constitucional abrió el camino para que ocurrida la revocación del mandato del Presidente en los términos de la norma constitucional, como sucedió en 2004, no se produjera la revocación sino la ratificación del mandato.

4. *La destitución del Presidente de la República*

Dentro de los supuestos de faltas absolutas del Presidente de la República, está la destitución decretada por sentencia del Tribunal Supremo de Justicia (art. 233), constituyendo esta posibilidad una innovación de la Constitución de 1999, ya que fue sólo en la Constitución de 1858 cuando se previó la figura de la "destitución" del Presidente de la República (art. 92), pero sin indicar el órgano que tenía el poder de decidir la destitución a algún órgano del Poder Público.

La Constitución de 1999, sin embargo, no indica ni las causales de destitución, ni la iniciativa para iniciar un proceso tendiente a la que se produzca. Sin embargo, tratándose de una sanción, para que el Tribunal Supremo pudiera imponer esta pena, sería necesario que previamente y mediante Ley, se estableciera el delito, la falta o la infracción que la origine (art. 49,6), debiendo garantizarse al Presidente de la República el debido proceso (art. 49).

5. *La incapacidad del Presidente de la República*

El artículo 233 de la Constitución también considera que habría una falta absoluta del Presidente de la República, cuanto la Asamblea Nacional apruebe la certificación que emita una junta médica designada por el Tribunal Supremo de Justicia, en la cual se determine que el Presidente de la República tiene incapacidad física o mental permanente para ejercer el cargo.

Para que pueda darse este supuesto de falta absoluta, por tanto, se requiere:

Primero, que exista una iniciativa ante la Corte Suprema de Justicia para que ésta designe una junta médica para que certifique sobre la incapacidad. Nada se indica en la Constitución sobre el número de médicos que deben formar la Junta; ni sobre

---

62 Véase en http://www.tsj.gov.ve/decisiones/scon/Junio/1139-050602-02-0429.htm.

quien tiene la iniciativa, ni si el Tribunal Supremo puede ejercer de oficio esta facultad de designación.

Segundo, luego de que la junta médica certifique la incapacidad del Presidente de la República, ello debe ser aprobado por la Asamblea Nacional. La Constitución nada indica sobre el quórum para esta aprobación ni dispone votación calificada alguna.

6. *La renuncia del Presidente de la República*

Otra causal que originaría una falta absoluta del Presidente de la República es su renuncia al cargo, es decir, la separación voluntaria del cargo de Presidente de la República. Nada indica la Constitución sobre la forma de dicha renuncia, y por supuesto, sobre la necesidad de aceptación. Habiendo sido electo, la renuncia del Presidente es un acto unilateral que nadie tiene que aceptar.

7. *La muerte del Presidente de la República*

El artículo 233 de la Constitución también considera que se produciría una falta absoluta con la muerte del Presidente de la República.

SECCIÓN SEGUNDA:

LA SUPUESTA FALSA RENUNCIA DE HUGO CHÁVEZ, ANUNCIADA POR SUS MILITARES (ABRIL 2002)

En horas de la madrugada del día 12 de abril de 2002 se anunció en forma pública por los militares de más alto rango del Estado, la renuncia del Presidente de la República, Hugo Chávez, lo cual por lo demás, se había venido exigiendo en múltiples y multitudinarias manifestaciones populares, lo que originó una crisis política sin precedentes en el país.

Ya para ese entonces, en efecto, las violaciones cometidas por parte del gobierno de los principios establecidos en la Carta Democrática Interamericana que se había suscrito unos meses antes en septiembre de 2011 se habían multiplicado, y el descontento se había apoderado de las calles. Se achacaba en efecto al gobierno:

1. Haber contrariado los principios de la democracia representativa, mediante el ejercicio por parte del Presidente de la República de la presidencia del partido de gobierno, en violación del artículo 145 de la Constitución que prohibía a los funcionarios públicos estar al servicio de alguna parcialidad política.

2. Haber contrariado los principios de la democracia participativa al haber propugnado la elección de los magistrados del Tribunal Supremo de Justicia, de los miembros del Consejo Nacional Electoral, del Fiscal General de la República, del Defensor del Pueblo, del Contralor General de la República sin la debida postulación por sendos comités de postulaciones integrados exclusivamente por representantes de los diversos sectores de la sociedad, en violación a lo establecido en los artículos 270, 279 y 295 de la Constitución.

3. Haber propugnando, en consecuencia, el acceso al poder y su ejercicio en violación del Estado de Derecho y del principio de la separación e independencia de los poderes públicos consagrados en los artículos 136, 254, 273 y 294 de la Constitución.

4. Haber vulnerado la institucionalidad, la misión, la dignidad y el papel de las Fuerzas Armadas Nacionales contrariando el artículo 328 de la Constitución, al imponerle a la misma el ejercicio de funciones contrarias a su naturaleza, exigiéndole lealtad a una sola parcialidad política.

5. Haber menoscabado sistemáticamente los derechos humanos garantizados en la Constitución y en los tratados internacionales, en particular los derechos a la vida, al debido proceso, a la libertad de expresión y a la información, lo que había provocado la presentación de numerosas denuncias de violación de los mismos, ante la Comisión Interamericana de Derechos Humanos.

6. Haber obstaculizado la investigación y sanción de delitos contra la cosa pública en contra de los principios de transparencia de las actividades gubernamentales, de la probidad y de responsabilidad que debían caracterizar la gestión pública.

7. Haber mediatizando la autonomía del poder electoral, en violación al artículo 294 de la Constitución, desconociendo a las legítimas autoridades sindicales del país.

8. Haber dictado 48 decretos leyes o de delegación legislativa, violando la Constitución sin haber realizado el proceso de consulta pública obligatoria que exigen los artículos: 204 y 211 de dicha Constitución.

9. Haber puesto a la administración pública al servicio de una parcialidad política, en contra de lo dispuesto en el artículo 141 de la Constitución, estableciendo grupos paralelos al Estado (círculos bolivarianos) para intimidar a las personas opuestas a las políticas gubernamentales, en contra de los derechos garantizados en los artículos 43, 57, 58, 68 de la Constitución.[63]

En ese clima, a lo que se sumó las muertes ocurridas por los hechos violentos acaecidos en Caracas en la tarde del 11 de abril, contra manifestantes en los alrededores del Palacio de Miraflores, fue que se produjo el anuncio público y televisado de la renuncia del Presidente de la República que hizo el Jefe de su propio Alto Mando Militar, informándose así el país y el mundo, que había ocurrido una situación de falta absoluta del Presidente. La misma, conforme al artículo 233 de la Constitución, en virtud de que se habría producido durante los primeros cuatro años del mandato presidencial, debía ser suplida por el Vicepresidente Ejecutivo quien debía encargarse de la Presidencia. Éste, sin embargo, no estuvo visible en los días subsiguientes

Como lo observó la ex Magistrada de la Corte Suprema de Justicia, Hildegard Rondón de Sansó, la crisis política derivada de la anunciada renuncia del Presidente se produjo "no por razones de fuerza, sino por las imprecisiones de la Carta Magna frente a la forma de suplir la falta absoluta derivada de la renuncia tanto del Presidente como del Vicepresidente Ejecutivo de la República. El vacío de la Constitución se cubriría a través

---

63 Véase sobre las violaciones por parte del gobierno de los principios de la Carta Democrática Interamericana en Allan R. Brewer-Carías, *La democracia venezolana a la luz de la Carta Democrática Interamericana*, Aide Memoire, Caracas, febrero 2002. Véase en http://www.allanbrewercarias.com/Content/449725d9-f1cb-474b-8ab2-41efb849fea3/Content/I,%202,%2021.%20La%20democracia%20venezolana%20a%20la%20luz%20de%20la%20Carta%20Democratica%20Interamericana%20_02-02-_SIN%20PIE%20DE%20PAGINA.pdf.

de decretos leyes de *facto*, de modo que el nuevo régimen busque y encuentre su propia juridicidad."[64]

Solo fue días después, cuando en Vicepresidente, en lugar de suplir al Presidente, lo que ocurre en forma automática en caso de falta absoluta, se "juramentó" ante la Asamblea Nacional, lo que constitucionalmente no tenía sentido.

En todo caso, esta fue la primera falta anunciada del Presidente Chávez a su cargo, la cual se produjo en medio de la mayor crisis política de sus años de gobierno, agravada en la noche de ese día jueves 11 de abril de 2002, luego de la jornada de paro nacional de ese día y de los trágicos sucesos que ocurrieron en la tarde de ese mismo día.[65]

Entre los antecedentes inmediatos de la anunciada renuncia presidencial se pueden identificar, por una parte, la actitud de desobediencia militar que se evidenció ante las órdenes presidenciales dadas en la tarde del 11 de abril, de ejecución de un plan bélico represivo contra una manifestación pacífica,[66] y por la otra, el desconocimiento de la autoridad del Presidente de la República y del Alto Mando Militar que se produjo en la noche del mismo día 11 de abril, al concluir la marcha cívica con muchos muertos y heridos, cuando los diversos oficiales de alta jerarquía en nombre de los diversos componentes de la Fuerza Armada Nacional, reaccionaron contra tales hechos.[67] Entre las consignas de la marcha había estado la solicitud de renuncia del Presidente de la República, lo que motivó que en la tarde de ese mismo día, el General en Jefe Lucas Rincón, Jefe del Alto Mando Militar en compañía de numerosos oficiales y en cadena de radio y televisión, emitiera un mensaje señalando que:

> "Se ha comentado que el Sr. Presidente de la República se encuentra detenido en Fuerte Tiuna o en Miraflores, lo desmiento categóricamente. El Sr. Presidente se encuentra en su Despacho. Desmiento categóricamente la renuncia del Alto Mando Militar."

Durante la noche del 11 de abril se produjeron toda suerte de hechos políticos de gran relevancia. Luis Miquilena, quien había sido Presidente de la Asamblea Nacional Constituyente, Ministro, Coordinador del partido de gobierno y soporte civil fundamental del Presidente Chávez, declaró en televisión esa noche que el gobierno se había llenado las manos de sangre, y que:

> "El Presidente es el principal responsable de lo que ha ocurrido en la tarde de hoy. De esa responsabilidad no lo salvará nadie. Ahora las instituciones tie-

64 Véase en *El Nacional*, Caracas 13-04-02, p. D-10.

65 Véase sobre estos hechos y sus consecuencias jurídico constitucionales, Allan R. Brewer-Carías, *La crisis de la democracia venezolana. La Carta Democrática Interamericana y los sucesos de abril de 2002*, Los Libros de El Nacional, Colección Ares, Caracas 2002.

66 Como lo señaló el Coronel Julio Rodríguez Salas, quien afirmó ser el autor del decreto de renuncia del Presidente de la República (*El Nacional*, 19-04-02, p. D-1), "los oficiales se opusieron a la aplicación de un plan de guerra para reprimir a la población civil indefensa" (*El Universal*, 29-07-02, p. 1-6).

67 Como lo señaló el Contralmirante Daniel Comisso Urdaneta ante la Comisión Especial de la Asamblea Nacional "El aspecto común de todos los pronunciamientos es el apego a la Constitución, no uso de las armas, no salen las unidades, rechazo a los hechos violatorios de la Constitución y, por supuesto, que también hubo allí un factor común, un desconocimiento del Alto Mando Militar en todos los pronunciamientos", en Albor Rodríguez, *Verdades, Mentiras y Videos...*, *op. cit.*, p. 23.

nen que funcionar. La Fiscalía, el Poder Judicial y creo que hay posibilidad de que la Asamblea Nacional empiece a funcionar."

Y agregó, al marcar su deslinde con el gobierno del cual había formado parte, lo siguiente:

> "Durante esos años hice lo posible y hasta lo imposible con el propósito de que se entendiera que el manejo de la democracia no es una gallera, no es la confrontación con la confrontación misma.
>
> Quiero manifestar este sentimiento de dolor a los familiares y amigos, víctimas de esta criminal agresión sin precedentes en la historia de nuestra Nación.
>
> Este es el resultado, el producto de la siembra del odio que se ha venido predicando en nuestro país y que al final no tiene otro resultado que el que hoy existe. El llamado a Uds. es porque quería públicamente marcar distancia de lo que es ese gobierno, que constituyó parte de nuestra experiencia al que aporté en los términos de mi vida todo lo que era posible aportar."[68]

Durante la noche del día jueves 11 de abril de 2002, y como consecuencia de los hechos ocurridos durante la tarde, como se dijo, se produjeron diversas manifestaciones de desobediencia de militares, sin uso de las armas, contra la autoridad presidencial y del Alto Mando Militar,[69] todas trasmitidas por televisión, de parte de altos oficiales de los diversos componentes de la Fuerza Armada (Ejército, Aviación, Armada y Guardia Nacional).[70]

Así, el Vicealmirante Héctor Ramírez Pérez, junto con otros oficiales, en mensaje al país "para evitar un derramamiento de sangre" señaló:

> "Hemos decidido dirigirnos al pueblo para desconocer al actual régimen de gobierno y la autoridad del Presidente Chávez y del Alto Mando Militar por contrariar los principios y garantías democráticas y menoscabar los derechos humanos venezolanos."[71]

---

68 Véase en *El Universal,* 12-04-02, p. 1-6.

69 La reseña de la secuencia de las manifestaciones de desobediencia militar por parte de los diversos componentes de la Fuerza Aérea puede verse en Cleodovaldo Hernández, "Historia caliente. Cuatro días que fueron como una año", *El Universal,* 20-04-02, p. 1-2.

70 Debe señalarse, que durante el mes de febrero había habido varios pronunciamientos públicos de oficiales activos, solicitándole la renuncia al Presidente de la República, entre ellos, del Coronel Pedro V. Soto, *El Universal,* 13-02-02, p. 1-2; del Teniente Coronel Hugo Sánchez, *El Nacional,* 15-02-02, p. D-2; del Contralmirante C. Molina Tamayo (*El Universal,* 19-02-02, p. 1-2; *El Nacional,* 19-02-02, p. D-1); y del General Gómez Ruiz, quien "pidió al Presidente entregar el poder pacíficamente" (*El Nacional,* 26-02-02, p. D-2). El Presidente H. Chávez desestimó los pronunciamientos en lo que llamó en ese momento el "goteo militar" (*El Universal,* 27-02-02, p. 1-4; *El Nacional,* 27-02-02, p. D-2).

71 Véase en el libro de la Cadena Capriles, *Objetivo: Miraflores, Retratos de un país herido*, Caracas 2002, p. 16. La última frase coincide con lo que indica el artículo 350 de la Constitución. *Cfr. El Nacional,* 13-04-02, p. D-4. El Tribunal Supremo de Justicia en Sala Plena Accidental en su sentencia de 14-08-02, señaló en relación con esta intervención del Vicealmirante Héctor Ramírez Pérez acompañado de otros oficiales, que "hicieron un pronunciamiento ante los medios de comunicación, en el cual desconocieron al gobierno, porque consideraron, riesgo manifiesto de agravamiento de la conflictividad social y con fundamento en los artículos 57 y 350 de la Constitución de la República Bolivariana de Venezuela, por-

Luego vino la manifestación del Viceministro de Seguridad Ciudadana, General Luis A. Camacho Kairuz, también por televisión, haciendo un "llamado al gobierno nacional para que renuncie ya".

El Inspector General de la Guardia Nacional, General Carlos Alfonso Martínez, acompañado, entre otros, de los generales Rafael Damiani y Luis Camacho Kairuz que ya habían hecho manifestaciones públicas en contra del gobierno, también en mensaje televisivo, habló del uso indebido de la Guardia Nacional que enfrentaron la manifestación. Dijo el General Martínez:

> "Esta tarde, lamentándolo, en una acción del Comando General 5, utilizando al Regional como escudos, otros entes dispararon, contra una marcha pacífica que no llevaba armas, que no tenía intenciones sino simplemente ir al Palacio a manifestar su criterio."[72]

El General Efraín Vázquez Velasco, Comandante General del Ejército, acompañado de Altos Oficiales de ese componente, también en mensaje televisivo aclaró sobre el proceso de desconocimiento de la autoridad presidencial, que no se trataba de un golpe de estado o de una insurrección, sino de una posición de solidaridad con todo el pueblo venezolano, al cual pidió "perdón" por el atropello cometido. Dijo el General Vázquez Velasco:

> "Hoy se violaron todos los derechos consagrados en nuestra Constitución. Murieron venezolanos por incapacidad de diálogo del Gobierno Nacional. Todo esto se advirtió al Alto Mando Militar hoy, con tiempo, y no se tomaron las medidas pertinentes. Existen grupos armados llamados Bolivarianos que ofenden el nombre del Libertador, que se dedican a pregonar la maldad y utilizar armas, lo que constituye un delito en nuestra Constitución. Se ha utilizado oficiales de la Fuerza Armada Nacional con fines políticos dentro de los cuarteles. Se ha mancillado el honor de las Fuerzas Armadas Nacionales y hemos perdido la identidad de nuestro uniforme."[73]

Posteriormente, oficiales de la Fuerza Aérea Venezolana se comprometieron a no reprimir al pueblo con las armas de la República, solicitando la búsqueda de conciliación y el diálogo. Además, en la madrugada del día 12 de abril se pronunció la Armada en un comunicado en el cual respaldaban las declaraciones de los demás componentes de la Fuerza Armada.[74]

Adicionalmente, entre las manifestaciones de altos oficiales, se destaca la efectuada también por televisión, por el General Francisco Uzón, Ministro de Finanzas

---

que presuntamente se lesionaron derechos humanos, debido a que el artículo 328 de la Carta Magna, le imponía a la Fuerza Armada nacional, mantener el orden interno y evitar derramamiento de sangre".

72 Véase en *El Universal,* 12-04-02, p. 1-2.

73 Véase en *El Universal,* 11-04-02, p. 1-2.

74 En la sentencia del Tribunal Supremo de Justicia en Sala Plena Accidental de fecha 14-08-02, en relación con este pronunciamiento señaló: "El 12-04-2002 a las 3:15 a.m., es decir, casi una hora después de la alocución del General Lucas Rincón anunciando la renuncia del Presidente de la República , el Almirante Vicente Quevedo (Inspector General de la Armada) se pronunció lamentando profundamente los hechos violentos y trágicos acaecidos ese día y se sumó al profundo sentimiento de tristeza que embarga al pueblo venezolano, respaldó las declaraciones de los demás componentes y su apoyo a la sociedad civil. Hizo un llamado a la calma".

del Gobierno, anunciando su renuncia "para facilitar el desenvolvimiento del nuevo gobierno" con lo que el propio Ministro de Finanzas del gobierno del Presidente Chávez, reconocía que habría un nuevo gobierno. En relación con el Presidente de la República señaló que había hablado con él:

> "Para que se retire de la Presidencia sin ningún tipo de contratiempos. Le hablé como un amigo de muchos años, a los fines que su salida se haga sin traumas y sin sangre. Aseguró que el Alto Mando Militar le había solicitado la renuncia."

Ese era el cúmulo de informaciones oficiales emitidas por televisión, de lo que estaba ocurriendo en el gobierno y de las cuales disponían los ciudadanos en Venezuela y el resto del mundo.

Como lo confirmó luego el propio Jefe del Alto Mando Militar, General en Jefe, Lucas Rincón, Inspector General de la Fuerza Armada Nacional:

> "Eran pronunciamientos en contra pues del Presidente y del gobierno, incluso, algunos conocidos por todos nosotros, desconociendo la autoridad del señor Presidente y desconociendo también la autoridad del comandante natural, el comandante del componente, el comandante de la Fuerza."

Había, sin duda, una grave crisis política y militar que tenía como común denominador el desconocimiento de la autoridad presidencial, y cuyo toque final lo dio en la misma madrugada del día viernes 12 de abril de 2002, a las 3:00 a.m., también en mensaje transmitido por televisión, el General en Jefe, Lucas Rincón, Inspector General de la Fuerza Armada y Jefe del Alto Mando Militar del Presidente H. Chávez, quien horas antes había anunciado al país que el Presidente no había renunciado, acompañado de otros integrantes de éste, al anunciar lo contrario al país y al mundo, en la forma siguiente:

> "Pueblo venezolano, muy buenos días, los miembros del Alto Mando Militar deploran los lamentables acontecimientos sucedidos en la ciudad capital el día de ayer. Ante tales hechos se le solicitó al señor Presidente de la República la renuncia a su cargo, la cual aceptó. Los miembros del Alto Mando Militar ponemos, a partir de este momento, nuestros cargos a la orden, los cuales entregaremos a los oficiales que sean designados por las nuevas autoridades."[75]

El mismo General Lucas Rincón, en la interpelación parlamentaria que le hizo la Comisión Especial designada por la Asamblea Nacional para investigar los sucesos de abril, el 4 de mayo de 2002, explicó la situación de la manera siguiente:

> "Entonces le manifesté: mire Presidente, yo me voy a permitir hacer una anuncio acerca de la solicitud que le está haciendo el personal de oficiales generales, almirantes insurgentes para evitar un enfrentamiento entre nosotros y un posible enfrentamiento entre la población y por supuesto, insisto en esto, evitar un derramamiento de sangre."[76]

---

75 *Cfr.* en Albor Rodríguez, (ed), *Verdades, Mentiras y Videos... op. cit.*, pp. 13 y 14.

76 *Idem*, p. 9.

Posteriormente, ante una pregunta del Diputado Alfonso Marquina, dio la siguiente respuesta:

> "Cuando yo anuncié lo de la renuncia, porque esa era la información que yo tenía en ese momento, por supuesto que el Alto Mando y mi persona, el Alto Mando de ese entonces, pusimos el cargo a la orden ¿Por qué? Porque es obvio que quien está siendo interpelado en el día de hoy, no iba a trabajar con un gobierno de facto."[77].

Luego, ante una pregunta de la diputada Vestalia Araujo, dio la siguiente respuesta: "

> "Cuando el Presidente me dice eso (que el Presidente había aceptado que estos señores le estaban solicitando la renuncia y que habían aceptado unas garantías y consideraciones que el Presidente exigía), yo le dije, bueno entonces nosotros también ponemos el cargo a la orden. A quién? Bueno, de las nuevas autoridades que iban a existir, no se quienes iban a existir, pero al final aquí como que no hubo, no se pusieron de acuerdo."

El General Rincón, en esa misma interpelación, ante la pregunta de si consideraba "que la situación del país el 11 de abril era de una total ingobernabilidad" respondió "En la medida que fueron sucediéndose los acontecimientos, pues la situación se fue poniendo bastante difícil, indiscutiblemente que es así, sobre todo ya en altas horas de la noche y comienzo de la madrugada."

Agregó, además, el General Rincón que no se pudo comunicar con el Vicepresidente Ejecutivo Diosdado Cabello. El general Vásquez Velasco también declaró ante la Comisión Especial de la Asamblea Nacional que intentó ponerse en contacto con el Vicepresidente Diosdado Cabello, y no lo localizó pues "él mismo ha dicho aquí que no estaba"[78].

Todo lo anterior ocurría en Fuerte Tiuna, sede del Alto Mando Militar y de la Comandancia del Ejército. El General Rincón, en la interpelación que le hizo la Comisión Especial de la Asamblea Nacional, diría que:

> "La situación no era fácil: cierre de alcabalas, cierre de la Avenida Los Ilustres, la Carlota tomada, informes de la Armada y el pronunciamiento de generales y almirantes…."

Sobre la anunciada renuncia del Presidente de la República, el General Rincón agregó en esa interpelación, al destacar la actitud de insubordinación militar y el desconocimiento de su condición de General en Jefe, que llamó al Presidente:

> "Eso era para ver si se tranquilizaba la situación. El Presidente me dijo que estudiaría esa solicitud siempre y cuando estuviera apegada a la Constitución y se cumplieran ciertas garantías. Después volví a llamar. La situación está peor. Los oficiales me manoteaban y me preguntaban ¿cuándo va a hablar? Entonces le dije que me tomaría la libertad de anunciar la solicitud… En ese momento, los golpistas habían aceptado las condiciones de Chávez. Me permití redactar a

---

77 *Ibídem*, p. 10.

78 Véase en *El Nacional*, 18-05-02, p. D-1.

mano el texto que anuncié con toda responsabilidad para evitar enfrentamiento [...] Fue un planteamiento moral. Posteriormente a mi conversación, los golpistas negaron las condiciones y el señor Presidente se negó a renunciar."[79]

Agregó, finalmente, que "Estoy convencido de que fui factor fundamental para evitar el derramamiento de sangre y a lo mejor, una guerra civil."

Sobre la situación referida por el General Rincón, el General Baduel, uno de los oficiales que aseguró el regreso del Presidente Chávez a la Presidencia de la República el día 15 de abril de 2002, señaló:

> "Más tarde, ya en la madrugada, al Presidente se lo llevan a Fuerte Tiuna... Allí es cuando mi General Rincón sale diciendo que había renunciado. Estábamos ya en la madrugada del 12. Varias veces intenté hablar de nuevo con el Presidente y no lo logré. Fue cuando me di cuenta de que estaba incomunicado y de que algo raro estaba ocurriendo. Yo no se qué razones habría tenido el General en Jefe para formular ese anuncio. Pero entiendo que era un momento de mucha confusión. En todo caso, son los órganos jurisdiccionales los que determinarán si procedió de mala fe o si su actitud fue producto de toda esa confusión."[80]

Días después aparecerían publicados en *El Nacional,* sendas copias facsimilares, primero de un borrador de documento fechado el sábado 13 de abril de 2002 supuestamente redactado por el Presidente de la República y sin firma, en el cual señalaba que "consciente de que he sido depuesto de la Presidencia de la República declaro que abandono el cargo" y "declaro que he removido de su cargo ante la evidencia de los acontecimientos, al Vicepresidente Ejecutivo Ing. Diosdado Cabello"; y segundo, de un texto dirigido "al pueblo venezolano (o a quien pueda interesar), indicando que "No he renunciado al Poder Legítimo que el pueblo me dio", con fecha 13 de abril de 2002, a las 14:45 p.m., debidamente firmado.[81]

En todo caso, el propio General en Jefe Lucas Rincón, en la interpelación parlamentaria que se le hizo, afirmó que él mismo sólo supo que el Presidente de la República no había renunciado, casi dos días después de que él mismo había anunciado dicha renuncia al país; "al día siguiente, ya en la noche", es decir, en la noche del día 13 de abril de 2002. Dijo:

> "Posteriormente a mi conversación, los oficiales golpistas negaron al Presidente las exigencias anteriormente aceptadas por ellos mismos, por lo tanto el señor Presidente no aceptó. Por supuesto que esto que estoy afirmando en este momento, lo supe yo al día siguiente, ya en la noche."

---

79 Véase en Albor Rodríguez, (ed) *Verdades, Mentiras y Videos, op. cit.,* p. 10. Sobre el anuncio público de la renuncia del Presidente de la República como "planteamiento moral", véase la reseña de la interpelación al General Lucas Rincón, en *El Nacional,* 05-05-02, p. 18. La información de la renuncia presidencial la hizo el General Lucas Rincón, también a los generales de la Fuerza Armada; así lo señaló el Vicealmirante H. Ramírez Pérez, al indicar que el General Lucas Rincón les dijo "Nosotros los del Alto Mando vamos a renunciar y ya el Presidente va a renunciar, *El Nacional,* 05-05-02, p. H-7.

80 Véase entrevista con la periodista Argelia Ríos, *El Universal,* 06-05-02, p. 1-8.

81 Véase en *El Nacional,* 18-04-02, p. D-1.

Si el General en Jefe, Jefe del Alto Mando Militar, pasó casi dos días convencido de que el Presidente Chávez había renunciado, después que él mismo había hecho el anuncio al país, nada distinto podía esperarse que pensaran el resto de los venezolanos y el mundo.

La alternativa que planteó el General Baduel respecto del anuncio que había hecho el General Rincón de la renuncia del Presidente de la República, era entre si el mismo había actuado "de mala fe" o producto "de toda esa confusión," y dicha alternativa, incluso no necesariamente era exacta; sino que según las propias expresiones del General Rincón, su conducta había sido el producto del convencimiento de que la renuncia efectivamente se había producido y que había sido aceptada por el Presidente, a quien se le habían aceptado sus condiciones.

Ese convencimiento, formulado además, como un "planteamiento moral" como él mismo lo calificó, convenció al país, y a sus ciudadanos. Y no podría ser de otro modo. No puede pretenderse que el anuncio público de un funcionario de tan elevado rango dentro del Estado y con el más elevado rango dentro de la Fuerza Armada, formulado en medio de una tremenda crisis de gobernabilidad, por radio televisión, no tuviera efectos en esa misma madrugada. No podía sino ser creíble.

La consecuencia de esa anunciada renuncia del Presidente, pública y televisada que hizo el General Lucas Rincón, Jefe del Alto Mando Militar, acompañado por sus integrantes, fue que en la madrugada del 12 de abril de 2002, en el país se produjo una crisis de gobierno. Algún efecto tuvieron por supuesto las palabras de Rincón: "ante los lamentables acontecimientos sucedidos en la ciudad capital...se solicitó al Señor Presidente de la República la renuncia a su cargo, la cual aceptó," y de que "los miembros del Alto Mando Militar ponemos a partir de ese momento nuestros cargos a la orden, los cuales entregaremos a los oficiales que sean designados por las nuevas autoridades".

Por ello, el General Belisario Landis, Comandante de la Guardia Nacional dijo: "La noche del 11 de abril, el General Rincón nos ordenó que colocáramos nuestros cargos a la orden."[82]

Sobre el sentido del anuncio del General Lucas Rincón en el ámbito militar, el General Efraín Vásquez Velasco, señaló "La renuncia del Presidente para el ámbito militar no es lo mismo que para el ámbito civil. Esa es una orden y tiene que cumplirse"[83].

El anuncio del General en Jefe Lucas Rincón, por tanto, produjo, sin duda, consecuencias jurídicas y políticas graves,[84] pues con el mismo se le dijo al país y al

---

82 Véase en *El Nacional*, 18-04-02, p. D-6.

83 Véase en *El Universal*, 18-05-02, p. 1-4. *Cfr.* en Albor Rodríguez (ed) *Verdades, Mentiras y Videos, op. cit.*, p. 12. En igual sentido se refirió la esposa del general, Gladis de Vásquez, señalando "El pronunciamiento lo hizo el General en Jefe Lucas Rincón. Si los civiles aceptamos el anuncio de renuncia de boca del Inspector, imagínate para un militar que su General en Jefe diga que renunció. Eso se convierte en una orden y a partir de allí ellos tienen que actuar en base a lo que dijo el General Lucas", *El Universal*, 18-06-02, p. 1-8.

84 Véase lo que expusimos sobre la crisis de gobierno que se originó en *El Universal*, 18-05-02, p. D-4.

mundo entero, simplemente que en Venezuela no había gobierno, es decir, no había Poder Ejecutivo y que, incluso habría unas nuevas autoridades[85].

En efecto, la renuncia de un Presidente de la República constituye una falta absoluta, y la misma, conforme al artículo 233 de la Constitución, la suple temporalmente el Vicepresidente Ejecutivo. El General Lucas Rincón, al anunciar la renuncia del Presidente, no le indicó al país como lo mandaba la Constitución, que en consecuencia el Vicepresidente Ejecutivo Diosdado Cabello estaba en ejercicio del Poder Ejecutivo, lo que hubiera implicado que el Alto Mando Militar habría permanecido inalterado. Al contrario, afirmó que sus integrantes ponían sus cargos a la orden de "nuevas autoridades", lo que implicaba, jurídicamente, también el anuncio de que en Venezuela no había "autoridades" en ejercicio del Poder Ejecutivo, y que supuestamente habría "nuevas autoridades".

La Constitución de 1999 no regula una solución jurídica en los casos en los cuales se produce a la vez la falta absoluta del Presidente y del Vicepresidente, en el sentido de que no establece quién asume, en ese caso, el Poder Ejecutivo. Al contrario, en la Constitución de 1961 si se regulaban los supuestos de sucesión presidencial transitoria, al disponer que en caso de falta absoluta del Presidente, mientras el Congreso elegía un nuevo Presidente, se encargaba de la Presidencia el Presidente del Congreso, a falta de éste, el Vicepresidente del mismo (Presidente de la Cámara de Diputados) y, en su defecto, el Presidente de la Corte Suprema de Justicia (art. 187). Nada de eso se previó en la Constitución de 1999.

Con el anuncio al país y al mundo hecho por el General Lucas Rincón, por tanto, se produjo una crisis de gobierno que la Constitución no resolvía,[86] y además, no había ninguna razón para que alguien pudiera poner en duda el anuncio de la renuncia del Presidente y de la propia renuncia del Alto Mando Militar, y de que habría "nuevas autoridades". El anuncio, se insiste, no lo había hecho cualquier ciudadano ni cualquier funcionario; lo hizo el más alto General de la República con el más alto rango en la jerarquía militar, que había sido designado, además, por el propio Presidente de la República cuya renuncia anunciaba.

Como lo dijo con extrema claridad el Tribunal Supremo de Justicia en Sala Plena Accidental en su sentencia de 14 de agosto de 2002, (Caso: *Antejuicio de mérito a*

---

85 Incluso, el Ministro de la Defensa, José Vicente Rangel comentó el mismo día 12-04-02, sobre el tema de la ruptura del hilo constitucional, que habría "*un nuevo gobierno*"; dijo no saber donde estaba el Vicepresidente Ejecutivo e indicó que "no hemos presentado renuncia puesto que a nosotros nos reemplazan", *El Nacional,* 13-04-02, p. D-9. El Tribunal Supremo de Justicia en Sala Plena Accidental en sentencia de 14-08-02, al reseñar está entrevista hecha a Rangel, en la cual no contestó las preguntas de la periodista Gioconda Scoto sobre si había habido o no golpe de estado, dejó sentado lo siguiente: "Llama la atención a la Sala que el entonces Ministro de la Defensa no haya sido tajante al calificar los acontecimientos que se acababan de producir y más bien prefirió decir que se trataba de un problema semántico y que dijo no ser poder para reconocer a alguien, ¡precisamente el Ministro de la Defensa!"

86 El Dr. René Buroz Arismendi, abogado de los oficiales generales y almirantes a quienes se le siguió un antejuicio de mérito en el Tribunal Supremo, expresó su criterio sobre los efectos del anuncio del General Rincón: "El vacío de poder se generó cuando el General Lucas Rincón en presencia del Alto Mando militar afirmó que el Presidente había renunciado junto a su gabinete. En ese momento no había visiblemente ninguna autoridad que asumiera el cargo de Presidente", *El Universal,* 11-07-02, p. 1-8. Como lo afirmó el periodista Cleodobaldo Hernández, "la confirmación oficial (de la renuncia) se produjo con la alocución de Lucas Rincón ", *El Universal,* 20-04-02, p. 1-2. Por ello, lo afirmado por Pedro Carmona: "acepté la Presidencia porque Lucas Rincón proclamó la renuncia de Chávez", en entrevista con Milagros Socorro, *El Nacional,* 18-04-02, p. E-1.

oficiales de la Fuerza Armada Nacional), a partir del momento en el cual el General en Jefe Lucas Rincón, leyó su comunicado, como antes se indicó, "... todo el país tenía el derecho y la obligación de considerar como cierta tal afirmación al punto de que inclusive rebasó las fronteras de nuestro país", agregando que

> "A partir de ese momento, todos los ciudadanos del país tenían el derecho y, más aún, la obligación de considerar como cierta tal afirmación al punto de que inclusive rebasó las fronteras de nuestro país..."

Por otra parte, debe destacarse que en esos momentos de crisis no hubo, además, ningún pronunciamiento oficial por parte de los otros Poderes Públicos, particularmente del Tribunal Supremo de Justicia o de su Sala Constitucional, la cual era la única que podía dar una interpelación constitucional que llenara el vacío normativo de la Constitución. El Tribunal Supremo sólo se pronunció en ese momento en la reunión que tuvieron sus Magistrados el día 12 de abril de 2002, sobre la condena a los graves acontecimientos ocurridos en el país que motivaron los pronunciamientos militares; y al contrario de resolver la crisis constitucional, el Presidente de dicho Tribunal, Iván Rincón lo que hizo fue renunciar a su cargo para facilitar la "transitoriedad" es decir, la labor del nuevo gobierno.[87]

---

87 El periodista Edgar López reseñó la renuncia de Iván Rincón a su cargo de Presidente del Tribunal Supremo de Justicia, con ocasión de la reunión del Tribunal el día 12-04-02 en horas del mediodía, antes de la instalación del llamado gobierno de transición. Señaló que Iván Rincón renunció en estos términos: "A objeto de facilitar la transitoriedad, la continuidad de las instituciones y el respeto al Estado de derecho y la seguridad jurídica, pongo a la orden el cargo de Magistrado de la Sala Constitucional y Presidente del Tribunal Supremo de Justicia", *El Nacional,* 2002, p. D-6. La ex Presidenta de la Corte Suprema de Justicia, Cecilia Sosa, sobre la renuncia del Presidente del Tribunal Supremo de Justicia señaló que ello "hizo que el Tribunal Supremo de Justicia en pleno mantuviera un silencio cómplice con respecto a los hechos del 11 de abril de 2002", *El Universal,* 03-05-02, p. 1-9; agregando que el Presidente del Tribunal Supremo: "era el garante, el que debía evitar que nadie violara la Constitución, pero no lo hizo. El debía alertar a todos los venezolanos sobre la ruptura del hilo democrático, pero no lo hizo. Tenemos a la cabeza del Poder Judicial a un hombre que violó su juramento de cumplir y hacer cumplir las leyes. Tenemos al frente del TSJ a un presidente indigno de su cargo. No tiene condiciones morales ni éticas. Ese señor no puede dictar más sentencias en este tribunal y mucho menos puede juzgar a los generales y almirantes que estarían implicados en la transitoriedad a la que él se plegó". La ex-Magistrado Sosa acudió al Tribunal Supremo de Justicia a requerir se le "aceptara" la renuncia al Presidente del mismo, y cuando fue consultada sobre por qué sólo requirió la renuncia a Rincón, respondió: "El fue el único que nos puso la renuncia por escrito, así que yo espero que los demás magistrados también le acepten esa renuncia (*El Universal,* 03-05-02, p. 1-9). Es decir, ni el Tribunal Supremo ni su Presidente se pronunciaron en forma alguna sobre la crisis de gobierno que existía, originada por el anuncio de la renuncia del Presidente de la República. La Magistrado Blanca Rosa Mármol de León, en cambio, "denunció la posición genuflexa del máximo Tribunal ante el entonces Presidente H. Chávez. Lamentó que el Tribunal Supremo de Justicia no hubiera condenado de manera específica los delitos cometidos en los alrededores de Miraflores. Véase la reseña del periodista Edgar López. *El Nacional,* 2002, p. D-6. En otra reseña periodística de Edgar López, se ponen en evidencia las mutuas acusaciones y recusaciones entre sí, de los Magistrados del Tribunal Supremo, particularmente entre su Presidente Rincón y el Vicepresidente Arriechi, en relación con la actitud asumida por los Magistrados el 12 de abril de 2002. Se menciona el acta de la reunión del Tribunal Supremo del 12 de abril y la decisión de "los Magistrados de continuar en sus cargos", *El Nacional,* 15-06-02, p. D-1; *El Universal,* 04-07-02, p. 1-8. Confróntese con la información contenida en los reportajes de los periodistas Irma Álvarez, *El Universal,* Caracas, 23-06-02, p. 1-9; y 08-07-02, p. 1-8; y Alejandra Hernández, *El Universal,* 14-06-02, p. 1-4. Véase además las informaciones en *El Nacional,* 19-06-02, p. D-1; 27-06-02, p. D-1; *El Universal,* 19-06-02, p. 1-10; 04-07-02, p. 1-8; 05-07-02, p. 1-7.

En todo caso, frente al anuncio de la renuncia del Presidente de la República, los ciudadanos debían tener confianza legítima en lo que había dicho el Jefe del Alto Mando Militar. Como lo ha decidido, incluso, el Tribunal Supremo de Justicia al desarrollar el principio de la confianza legítima,

> "Dicha confianza se basa en signos externos producidos por la Administración lo suficientemente concluyentes para que induzcan racionalmente (al ciudadano) a confiar en la apariencia de legalidad de una actuación administrativa concreta, moviendo su voluntad a realizar determinados actos... que después no concuerdan con las verdaderas consecuencias de los actos que realmente y en definitiva son producidos con posterioridad por la Administración."[88]

Precisamente por ello, luego de anunciar la renuncia del Jefe del Estado, por esa confianza legítima que deben tener los ciudadanos en lo expresado por tan alto funcionario militar, éste no podría en ningún caso excusarse jurídicamente[89]. Nadie puede alegar su propia torpeza, dice un viejo principio del derecho romano, o como sucede con la figura del *estoppel* en el ámbito del derecho internacional, cuando un funcionario con sus palabras o con su conducta, produce voluntariamente a otra persona la creencia de la existencia de un determinado estado de cosas y la induce a actuar de manera que altere su previa posición jurídica, el primero no puede alegar frente a la segunda que en realidad existía un estado de cosas diferente. Por ello, en el ámbito internacional tan produjo efectos jurídicos la anunciada renuncia del Presidente Chávez por el Jefe de su Alto Mando Militar que, conforme lo indicó el Secretario General de la OEA, en su Informe del 18 de abril de 2002,

> "El Grupo de Río consideró la renuncia del Presidente Chávez como un hecho cumplido, así como también la destitución del vicepresidente y de su gabinete, por lo cual no se solicitó su restitución como parte de las acciones necesarias para defender el orden constitucional."

---

88 Sentencia N° 098 de 01-08-2001. En dicha sentencia se sigue el criterio del Tribunal Supremo de España en sentencia del 08-06-89. Sobre este tema, en otra sentencia del tribunal Supremo de España de fecha 1 de febrero de 1990, citada en la conferencia sobre "El Principio de la Confianza Legítima en el Derecho Venezolano" de la entonces Magistrado de la Sala Político Administrativa de la Corte Suprema de Justicia, Hildegard Rondón de Sansó en las III Jornadas Internacionales de Derecho Administrativo "Allan Randolph Brewer-Carías" en 1998, se estableció lo siguiente: "En el conflicto que suscita entre la legalidad de la actuación administrativa y la seguridad jurídica derivada de la misma, *tiene primacía ésta última* por aplicación de un principio, que aunque no extraño a los que informan nuestro ordenamiento jurídico, ya ha sido recogido implícitamente, por esta Sala, que ahora enjuicia, en su Sentencia de 28 de febrero de 1989 (R. 1458) y reproducida después en su última de 1990, y cuyo principio si bien fue acuñado en el ordenamiento jurídico de la República Federal de Alemania, ha sido asumido por la jurisprudencia del Tribunal de Justicia de las Comunidades Europeas de las que forma parte España, y que consiste en el "principio de protección de la confianza legítima" que ha de ser aplicado, no tan sólo cuando se produzca cualquier tipo de convicción psicológica en el particular beneficiado, *sino más bien cuando se base en signos externos producidos por la Administración lo suficientemente concluyentes para que le induzcan razonablemente a confiar en la legalidad de la actuación administrativa,* unido a que, dada la ponderación de los intereses en juego -interés individual e interés general- la revocación o la dejación sin efectos del acto, hace crecer en el patrimonio del beneficiado que confió razonablemente en dicha situación administrativa unos perjuicios que no tiene por qué soportar derivados de unos gastos o inversiones...".

89 Véase estos planteamientos sobre la crisis de gobierno y la confianza legítima en *El Nacional*, 16-05-02, p. D-4.

Es decir, incluso en el ámbito internacional los Presidentes representantes de los Estados americanos del Grupo de Río, que en esa misma fecha 11 de abril estaban reunidos en San José, Costa Rica, consideraron la renuncia del Presidente *como un hecho cumplido*, por lo que no podría, en forma alguna el Estado venezolano, reclamar a los Estados que consideraron como un hecho cumplido la renuncia del Presidente de la República, por causa del anuncio del Jefe del Alto Mando Militar[90].

Por otra parte, no podría alegarse que habría habido una "equivocación" en la expresión utilizada por el Jefe del Alto Mando Militar, pues la inducción a errar resultaría la misma. Y menos aún podría afirmarse que, en realidad, no habría habido renuncia del Presidente sino un supuesto abandono del cargo, como lo sugirió el mismo Presidente de la República, pues ello podía haber implicado la imputación al propio Presidente de un delito que castiga el Código Penal (abandono del cargo de funcionarios públicos)[91].

El Presidente de la República, en la Rueda de Prensa que dio al reasumir la Presidencia, el día 15 de abril de 2002, ante los corresponsales extranjeros, dio la siguiente versión de su anunciada renuncia:

> "Vamos a ver qué es lo que quiere este grupo de generales. Comenzamos a pedirles información y entonces mandaron redactada la renuncia para que yo la firmara. Un fax. La leo. Buscamos la Constitución y es cuando digo el artículo 233, creo que es, si mal no recuerdo, si aquí está ¿ve?: 'Serán faltas absolutas del Presidente de la República su muerte, su renuncia o su destitución decretada por sentencia del Tribunal Supremo de Justicia'. Yo les respondo con una serie de condiciones. El abandono -y aquí entonces me empecé a fijar mucho-, al 'abandono del cargo, declarado como tal por la Asamblea Nacional, así como la revocación popular de su mandato'... Entonces comenzamos nosotros a discutir dos posibilidades: una renuncia o abandono del cargo. Entonces le digo a William Lara: 'Me gusta más abandono del cargo, porque tiene que ser ratificado por la Asamblea Nacional'. Claro, aún yo aceptando mi sacrificio, pero cuidando la Constitución y se lo dije a todo ese grupo de militares que estaban allá reunidos: 'Miren, yo estoy dispuesto a irme si la situación llegó a este extremo, sí, pero exijo que se respete la Constitución'.
>
> Ellos habían respondido que sí, que estaba bien, que iban a asumir que abandoné el cargo. Le dije a William Lara: 'Vayan preparándose en la Asamblea Nacional, llámate a los partidos de oposición y al MVR para que busquen una figura de consenso y no se rompa el hilo constitucional. Sólo en esas condiciones yo estoy dispuesto a irme', y entonces Lucas me llama desde allá, y me pregunta: 'Mire Presidente, están esperando que usted responda, que firme el papel o cuál es su respuesta'.
>
> He aceptado abandonar el cargo, pero si se cumplen las condiciones que estoy exigiendo. ¿Cuáles son?: el respeto a la vida y la integridad física y los derechos humanos de todos los que me acompañaron en este gobierno; de todos

---

90 Por ello, sin duda, el Presidente de El Salvador, Sr. Flores, justificó el voto de confianza que dio al gobierno provisional señalando que "la información que nosotros teníamos es que el Presidente Chávez había renunciado. Habiendo renunciado el Presidente Chávez había que darle un voto de confianza al nuevo". *El Nacional*, 18-04-02, p. A-3.

91 Art. 209.

mis soldados y oficiales que aquí están leales conmigo y, en última instancia, la de mi familia y de mí mismo. Puse la condición de que tiene que ser firmado con garantes, y empecé a llamar a la Iglesia, embajadores, etc.

Yo estaba dispuesto, ante la contundencia de los hechos que amenazaban con ser más graves y sangrientos, a abandonar el cargo, pero estaba agarrado a la Constitución. Pero, por supuesto, yo jamás tuve la intención de renunciar a mi cargo por presiones. Sólo pensé en abandonar el cargo, y en La Orchila, antenoche, también llegó una comisión en la que estaba el cardenal Ignacio Velasco. Él es testigo excepcional de todo esto, así como un señor general, un general que es fiscal y un coronel que era del equipo. Pusieron un avión allá en La Orchila y me dijeron, 'Bueno, Presidente, aquí está la renuncia. Estaban tratando de enderezar las cosas, yo no sabía lo que aquí estaba pasando en verdad, nada, estaba totalmente incomunicado, pues, y entonces yo digo: 'Mira, cómo me vas a pedir que yo firme un decreto con fecha atrasada', porque me llevaron un decreto como si yo fuera un niño con fecha de 11 de abril. Dije: 'No, yo no voy a firmar esto'. Primero, porque no voy a renunciar; segundo, porque el decreto tiene fecha atrasada; tercero, no estoy informado para nada de lo que está ocurriendo allá; cuarto, hay una serie de condiciones que yo pondría, y ustedes saben cuáles."[92]

Sobre la supuesta confusión entre "renuncia" y "abandono del cargo" por parte del General Lucas Rincón que mencionó el Presidente Chávez el 15 de abril de 2002 al recuperar el ejercicio de la Presidencia[93], el Coronel Rodríguez Salas, quien dijo haber elaborado el decreto de la renuncia del Presidente, y habérselo llevado y negociado con él, señaló:

"El General Rincón no confundió abandono del cargo con renuncia, es que en ese momento era renuncia y no abandono lo que Chávez había aceptado. Jamás se habló de abandono del cargo allí cuando Lucas entrega el mando". El Coronel Rodríguez también indicó que fue el 13-04-02 cuando Chávez le propuso lo de abandono del cargo"[94].

El General Néstor González, quien había sido uno de los generales que se había pronunciado públicamente contra la autoridad del Presidente de la República el 10 de abril de 2002[95] en relación con esta versión de los hechos dada por el Presidente en la interpelación que le hizo la Comisión Especial de la Asamblea Nacional sobre los hechos de abril, el día 14 de mayo de 2002, señaló lo siguiente, según lo reseñó la periodista Cenovia Casas:

"González González también se refirió a la renuncia del primer mandatario y al vacío de poder que hubo por su decisión. Señaló que Chávez se dirigió directa y voluntariamente a la Comandancia General del Ejército, donde manifestó como única condición que le garantizaran su seguridad física y le permitieran irse a Cuba en compañía de algunos miembros de su familia y colabora-

---

92 Véase en *El Nacional,* 18-04-02, p. D-1.

93 Véase en *Tal cual,* 16-04-02, p. 13.

94 Véase en *El Nacional,* 19-04-02, p. D-1.

95 Véase *El Nacional,* 11-04-02, p. D-1

dores. "Es importante entender que Chávez pretendía abandonar al país, a sus seguidores y dejar una estela de muertos que con sólo escuchar la recomendación del general de división Rosendo y de Rojas Pérez se hubiese evitado", explicó.

Afirmó que no era veraz la narración de los hechos que hizo el Presidente al pueblo venezolano y a la comunidad internacional: "Él nunca fue hecho preso por ningún profesional militar. Se presentó directamente a la Comandancia General del Ejército, solicitó que lo dejarán irse a Cuba en repetidas oportunidades y pidió perdón por no haber podido cumplirle a todos los venezolanos. Dijo que su salida aliviaría la crisis, con lo cual trató de dejar a la Nación envuelta en un caos y con decenas de muertos".

Según González González, esa fue su única condición y no que su salida se apegase a la Constitución, tal y como lo manifestó en el Parlamento Rincón Romero.

Ante los hechos de sangre ocurridos, el Alto Mando decidió dejarlo en el país por razones éticas y legales, y no políticas. Expresó que Chávez quedó en custodia, a la orden la FAN, para que respondiera por los sucesos".[96]

Un testigo de excepción de la posición del Presidente Chávez respecto de su renuncia, fue Monseñor Baltasar Porras, Presidente de la Conferencia Episcopal quien fue llamado por el propio Presidente, para que le sirviera de garantía de su integridad. El Tribunal Supremo de Justicia en Sala Plena Accidental en sentencia de 14-08-02, (Caso: *Antejuicio de mérito a los oficiales de la Fuerza Armada Nacional*), citó el acta de entrevista a Monseñor Porras con Fiscales ante el Tribunal Supremo, en la sede de la Conferencia Episcopal, el 05 de mayo de 2002 en la cual manifestó:

> "... Me llamó el Ministro Rodríguez Chacín y me pasó al Presidente, quien me preguntó si yo estaba dispuesto a garantizarle la vida a él, sus familiares, a los civiles y militares que se encontraban en el Palacio de Miraflores, porque él había decidido abandonar la Presidencia y además dijo el Presidente que esta decisión la había tomado luego de consultar con sus asesores y a las nueve de la noche los reunió para comunicarles su decisión y que por tal motivo requería mi presencia para que le garantizara la vida y lo acompañara hasta la escalerilla del avión que lo conduciría al exterior del país."

---

96 Véase en *El Nacional,* 15-05-02, p. D-1. En la interpelación que la Comisión Especial de la Asamblea Nacional le hizo al General Néstor González González, este expresó lo siguiente: "El presidente Chávez no es veraz en cuanto a su narración de los hechos al pueblo venezolano y a la comunidad internacional. El nunca fue hecho preso por ningún profesional militar para conducirlo a la Comandancia General del Ejército; él se presentó directamente a la Comandancia, él pidió que lo dejasen ir a Cuba en repetidas oportunidades, y pidió perdón por no haber podido cumplir con todos los venezolanos, y (dijo) que su salida aliviaría la crisis que vivíamos. Trató así de dejar a la Nación envuelta en un caos y con decenas de muertos, esa fue su única condición, no que su salida se apegase a la Constitución, tal como él quiere hacer creer o como lo ha manifestado abiertamente el general Lucas Rincón Romero en esta misma sala; su objetivo era Cuba. El Alto Mando en ejercicio acepta la renuncia del Presidente, pero delibera en cuanto a su salida del país en función de los hechos de sangre ocurridos durante el día y la posible responsabilidad directa del Presidente en la situación política, social, económica y militar el país (...) El Alto Mando en ejercicio decide dejarlo en el país en términos éticos y legales y no con visión política, por cuanto considera que han ocurrido hechos de sangre graves, por lo cual el Presidente queda en calidad de custodia a la orden de la Fuerza Armada Nacional". Véase en Albor Rodríguez (ed), *Verdades, Mentiras y Videos, op. cit.*, p. 13.

Además, Monseñor Porras en entrevista con la periodista Cenovia Casas, señaló que el Presidente había dicho:

> "Les dije que yo destituía a Diosdado (Diosdado Cabello, el Vicepresidente) porque sé que no podía quedar al frente, porque no sería aceptado por todos, y para facilitarles el camino les propuse que pusieran allí (en el documento de renuncia) la destitución de Diosdado y de todo el gabinete y mi renuncia"."

Monseñor Porras indicó, además, que el Presidente le expresó a los generales su condición de salir del país, en estos términos: "Pienso que son menos problemas para ustedes si me dejan ir del país, y que seré mayor problema para ustedes, si permanezco en el país. "[97].

Sobre estos hechos, en el escrito presentado por el Fiscal General de la República solicitando antejuicio de merito por el delito de rebelión militar a varios generales por los sucesos del 12 de abril de 2002, se reseñó la versión dada por el Presidente Chávez sobre su renuncia ante los fiscales del Ministerio Público, así:

> "Lucas -el Inspector General de la Fuerza Armada Nacional, General de División del Ejército Lucas Rincón Romero, actualmente, ministro de la Defensa-me llama por teléfono y me dice: Mire Presidente, aquí, bueno, me están presionando. Aquí todos estos oficiales están alzados. Aquí está el Alto Mando Militar que se mantiene con usted, a excepción del general Vásquez Velazco. Entonces él me pregunta: ¿A usted por fin le llegó el decreto? Sí, lo tengo aquí, le dije. Pero usted acepta entonces la renuncia. Que me están presionando para que nosotros también renunciemos (...) Yo le digo a Lucas: Bueno, si en el marco de las condiciones que han aceptado, en el marco de esas condiciones, yo acepto la renuncia (...) diles allá, Lucas, que para evitar enfrentamientos y pasar a una situación más grave, yo, en el marco de esas condiciones que ellos ya conocen, yo acepto esa renuncia. Bueno, luego sale él, que seguía bajo presión; sale el Alto Mando Militar y dijo lo que dijo: El Presidente ha aceptado la renuncia."

De acuerdo con el comentario del periodista Edgar López en el diario *El Nacional,* donde se refiere al documento del Fiscal General de la República:

> "El registro textual de la declaración de Chávez ante los representantes del Ministerio Público permite identificar que una de las condiciones exigidas por el Presidente de la República era que le permitieran salir del país. Sin embargo, también exigía que se acelerara un acuerdo político para asegurar el más inmediato retorno a la normalidad institucional, habida cuenta de que los oficiales alzados rechazaban la posibilidad de que el vicepresidente Diosdado Cabello lo sustituyera: "Yo no puedo irme del país así como si nada, tengo una serie de condiciones...", habría insistido Chávez en cuanto a su eventual renuncia al cargo.
>
> Según el relato, cuando el mandatario se encontraba detenido en Fuerte Tiuna se le volvió a conminar para que renunciara, esta vez con mayor contundencia: "... entonces tomó la palabra un general de la Guardia Nacional, no me

97 Véase en *El Nacional,* 20-04-02, p. D-1.

acuerdo cómo se llama este hombre, uno de los generales de división de la Guardia Nacional. Entonces, él hace un razonamiento, Dice: Nosotros no podemos aceptar que él se vaya del país, porque cómo vamos a explicarle al pueblo después por permitirnos que se fuera un asesino o quien produjo todas estas muertes, todas estas cosas (...) tiene que ir preso por este genocidio, por toda esta sangre...”[98].

En todo caso, haya habido renuncia o abandono del cargo, el General en Jefe, Lucas Rincón, con su anuncio en nombre de todo el Alto Mando Militar, produjo política y jurídicamente una crisis de gobierno, induciendo a los ciudadanos y al mundo entero a creer que el país carecía de órganos que ejercieran el Poder Ejecutivo. Ello, además, como se ha dicho, planteaba el grave problema constitucional derivado del vacío normativo de la Constitución que no resuelve expresamente la sucesión presidencial en caso de ausencia del Presidente y del Vicepresidente. Quien podía resolverlo era el Tribunal Supremo de Justicia, el cual se reunió el día 12 de abril en horas de mediodía, pero lejos de pronunciarse sobre los acontecimientos, lo único que se supo es que su Presidente renunció para facilitar la labor de las nuevas autoridades, es decir, en definitiva también reconocía que habría nuevas autoridades.

Pero los acontecimientos del 12 de abril de 2002 con motivo del anuncio del General en Jefe Lucas Rincón, también produjeron otra serie de consecuencias jurídicas. El Vicepresidente Ejecutivo se juramentó con posterioridad ante el Presidente de la Asamblea Nacional, lo que podría interpretarse como la confirmación de que efectivamente se había producido una falta absoluta, por renuncia, del Presidente de la República[99]. Ese hecho, sin duda, produjo efectos jurídicos que se incorporaron al cuadro de confusión derivado de la crisis de gobierno mencionada.

Por otra parte, como antes señalamos, el mismo Presidente del Tribunal Supremo de Justicia decidió renunciar a su cargo para facilitar las labores de las “nuevas autoridades” anunciadas por el General en Jefe, Lucas Rincón. La renuncia de un funcionario pone fin a su relación funcionarial, por lo que una vez formulada, sobre todo cuando la misma no tiene que ser aceptada por otro funcionario, como es el caso de los Magistrados del Tribunal Supremo, produce efectos inmediatos. Ello implica que luego de renunciar, el funcionario renunciante no podría volver a asumir su cargo, y lo que tendría sería sólo una acción para exigirle responsabilidad al funcionario que por el principio de la confianza legítima, lo indujo a tomar una decisión partiendo de una situación creada con el anuncio público.

Incluso, como se señaló, el Comandante General de la Guardia Nacional, Belisario Landis también renunció a su cargo. Así lo dijo en la interpelación que le hizo la Comisión Especial de la Asamblea Nacional que investigó los sucesos de abril de 2002:

> “No conozco los detalles de ese proceso de renuncia o no renuncia... En la noche del 11 de abril o en la madrugada del 12 de abril, el General Lucas

98 Véase en *El Nacional*, 29-05-02, p. D-1

99 Sobre el efecto de la “juramentación” del Vicepresidente Diosdado Cabello, el abogado Tulio Álvarez señaló: “Chávez se separó del cargo en forma definitiva el 12 de abril. La prueba de su decisión está en boca del General Lucas Rincón y el Alto Mando. Como reconocimiento de tal acto, el Presidente de la Asamblea Nacional juramentó a Diosdado Cabello, como Jefe de Estado provisorio”. Véase “Qué pasó con Diosdado?”, *Así es la Noticia*, 03-05-02, p. 9.

Rincón informó al país que el Alto Mando había puesto sus cargos a la orden de las nuevas autoridades... Yo le cumplí a cabalidad las instrucciones al General Rincón y al otro día esa misma madrugada redacté mi renuncia...".

Como se puede apreciar, muchas fueron las consecuencias jurídicas producidas por el anuncio del Jefe del Alto Mando Militar sobre la renuncia del Presidente de la República, sobre la propia renuncia de los integrantes del mismo y sobre que habría nuevas autoridades en el país, que motivó que incluso funcionarios públicos actuaran en consecuencia.[100] Lo que es claro es que conforme al principio de la confianza legítima, los hechos mencionados produjeron consecuencias jurídicas por la primacía del principio de la seguridad jurídica; y quien indujo a la adopción de determinados actos debía responder por los efectos producidos con su conducta.

En todo caso, lo que es cierto es que la situación de crisis de gobierno que se había producido con el anuncio de la renuncia del Presidente de la República, H. Chávez había sido real y efectiva, lo cual fue luego confirmado por el propio Presidente en la mañana del día domingo 14 de abril de 2002, ya reinstalado en el Palacio de Miraflores, luego de dictar un Decreto mediante el cual "reasumió" la Presidente de la República, luego de una "falta temporal" la cual supuestamente habría sido suplida por el Vicepresidente Ejecutivo. Confirmó el Presidente que efectivamente, oficiales de la Fuerza Armada le habían solicitado su renuncia y que, con tal motivo, había discutido dos posibilidades con sus colaboradores: o renunciar a su cargo o abandonar el cargo, informándole al Presidente de la Asamblea Nacional, que: "Me gusta más abandono del cargo porque tiene que ser ratificado por la Asamblea Nacional".

El Presidente de la República, después de haber acusado de "cobardes" a todo el Alto Mando Militar por haberlo traicionado[101] al reincorporarse a su cargo, sin embargo anunció la ratificación del General Lucas Rincón en su cargo, y luego lo designó luego Ministro de la Defensa, excusando "la confusión" que éste había tenido al anunciar su renuncia, diciendo lo siguiente:

---

100 Por ejemplo, se recuerda que el Fiscal general de la República el 09-07-02, presentó en el antejuicio de mérito que se seguía contra varios oficiales generales y almirantes por el delito de rebelión militar, una recusación contra la Magistrada María Cristina Parra de la Sala de Casación Penal, por considerar que la imparcialidad de dicha Magistrada había quedado comprometida por el hecho de que "el día 12 de abril del presente año, se encontraba presente en el acto de auto-juramentación como Presidente provisorio de la República, del ciudadano Pedro Carmona Estanga, el cual se llevó a cabo en el Palacio de Miraflores, y quien fue presentado por los oficiales objeto del antejuicio de mérito como Presidente de la Junta Provisional de gobierno en horas de la madrugada de ese mismo día". Ante tal recusación, en su respuesta, la Magistrada Parra de Rojas alegó que "decidí asistir a dicho acto luego de la declaración que diera a través de los medios de comunicación social, el General en Jefe Lucas Rincón Romero, en ese momento Inspector General de la Fuerza Armada Nacional y posteriormente designado Ministro de la Defensa por el Presidente Hugo Chávez Frías, según la cual el referido Presidente Chávez habría renunciado al cargo". En consecuencia, mi presencia en el mencionado acto no constituyó en forma alguna reconocimiento de las actuaciones realizadas por los generales y almirantes objeto del presente antejuicio de mérito, actuaciones que desconocía para ese momento y que en la actualidad no conozco en detalle, pues no he accedido al expediente respectivo".

101 Sobre la actitud del Alto Mando Militar presidido por el General Lucas Rincón, el Presidente de la República había señalado un día antes que "Todo el Alto Mando me traicionó. Cobardes y desleales!", *El Nacional*, 02-05-02, p. D-4 y 03-05-02, p. 1-4; *El País*, Madrid, 03-05-02, p. 10.

> "He designado, he ratificado al General en Jefe Rincón, Lucas Rincón, como Inspector de la Fuerza Armada y pido para él, sé, ciertamente Lucas anunció al país que yo había renunciado, pero él estaba totalmente confundido y presionado además allá en Fuerte Tiuna y en un estado de presión y de confusión lo dijo, esa es la verdad; ¿Qué él estaba comprometido? No, pues jamás yo lo hubiera ratificado, no, no, y está trabajando duro y viajando y hablando con los militares, llamándoles pues a todos a la reflexión.."[102]

En todo caso, aún cuando el General Rincón se hubiera podido haber confundido en su mensaje al país, y en lugar de anunciar que el Presidente de la República había abandonado su cargo, hubiera anunciado que había renunciado, en ambos casos se evidenciaba una crisis de gobernabilidad, pues no anunció que el Vicepresidente Ejecutivo hubiera estado en ejercicio de las funciones de Presidente, lo que implicaba la continuación del Alto Mando Militar; sino más bien, como se ha dicho, que los miembros del mismo ponían "a partir de ese momento" sus cargos a la orden, los cuales entregarían "a los oficiales que sean designados por las nuevas autoridades".

De lo anterior sólo se podía deducir que el país carecía de gobierno civil, por renuncia o abandono del cargo de las altas autoridades del Poder Ejecutivo. Y eso fue lo que entendieron, no sólo los ciudadanos venezolano y el mundo entero, sino los propios funcionarios y oficiales de la Fuerza Armada. Así, sobre ese hecho de la anunciada renuncia se hicieron múltiples afirmaciones en las interpelaciones efectuadas por la Comisión Especial de la Asamblea Nacional que investigó los hechos de abril de 2002, destacándose las siguientes:

> *General Manuel Rosendo*: (Jefe del Comando Unificado de la Fuerza Armada Nacional): "...con relación a la **renuncia** del señor Presidente, Comandante en Jefe de la Fuerza Armada yo quiero decirles lo siguiente, por fax el General Hurtado recibió la propuesta de la **renuncia** y en forma personal se le entregó al señor Presidente, posteriormente el General Damiani, el General Camacho Kairuz y el General Vargas Herrera le llevaron el original del documento que había recibido el General Hurtado por fax..."
>
> *José Vicente Rangel*: (Ministro de la Defensa): "...La única comunicación que hubo entre el Presidente de la República y el General en Jefe, fue estando ya el General en Jefe en Fuerte Tiuna, el Presidente le expresó que si se garantizaba la vida de todas las personas que estaban en Miraflores, si se le permitía dirigirse en una alocución al país y si se le garantizaba poder abandonar el país en condiciones de seguridad, él podía considerar la **renuncia**...En base a esta afirmación es que se produce la declaración del General Rincón..."
>
> *General Efraín Vásquez Velazco* (Comandante General del Ejército): "...General Manuel Rosendo, quien me informó que el Presidente había decidido **renunciar** si le daban un avión para irse al exterior...Al segundo, el Ministro de la Defensa José Vicente Rangel, quien me dio el mismo mensaje y que enviara dos Generales al canal 8, que el Presidente iba a ratificar su **renuncia** allí...A las 3 de la mañana el General en Jefe Lucas Rincón Romero, participó al país que el Presidente había **renunciado** y minutos más tarde, el Presidente llegó a la Comandancia del Ejército con su Jefe de Casa Militar, escolta, los

---

102 Rueda de Prensa ante los medios de comunicación extranjeros, *El Nacional*, 16-05-02, p. D-1.

Generales Hurtado y Rosendo… el ciudadano Ministro de la Defensa me llamó y me dijo, que el Presidente había decidido **renunciar** y que se iba para Cuba, y que le enviara a los Generales para el Canal 8, se le enviaron a los Generales para el Canal 8, no es que, a obligar al Presidente a que **renunciara**, ni a que dijeran otra cosa, sino que fuera allá a esperar la **renuncia**. Estos oficiales se devolvieron al Fuerte, porque el Presidente nunca fue allí….el General Lucas nunca me dijo a mí que él tenía la **renuncia** escrita del Presidente, sí me dijo que el Presidente había **renunciado**…"

General Pedro Pereira Olivares (Jefe del Estado Mayor del Comando Unificado de la Fuerza Armada Nacional): "…en la Inspectoría General se encontraban reunidos varios Generales y almirantes comentando la situación, esperábamos la llegada del General en Jefe Lucas Rincón, cuando éste llegó acompañado de varios miembros del Alto Mando, el General en Jefe nos invitó a su oficina informándonos que el Presidente había **renunciado** y que él se preparaba para realizar este anuncio acompañado del Alto Mando Militar y que el Alto Mando iba a poner sus cargos a la orden…. Cuando estos oficiales, altos oficiales de la Fuerza Armada Nacional, anuncian la **renuncia** de un Presidente y es un hecho, ese hecho conmueve al país y crea una incertidumbre en las Fuerzas Armadas, por favor, o a menos que haya estado planificado así, a menos que haya estado planificado así, repito, por qué más del 25%, porque a mí me dice el General en Jefe, General en Jefe de 3 soles, le dice al país que el Presidente **renunció**, aceptó la **renuncia**, y el país tiene que creerle a su General en Jefe que es uno solo, por favor Diputado, usted le creería? ¿Por qué más del 95% de los militares activos entendieron que el Presidente había **renunciado**, generando tranquilidad en las 36 guarniciones?..."

General Camacho Kairuz (Viceministro de Seguridad Ciudadana): "…el General Lucas Rincón anunció la **renuncia** del Presidente y la **renuncia** del Alto Mando, yo llegué a Fuerte Tiuna y salió una comisión de Generales y yo fui con ellos, yo dije, bueno, mira vamos allá a llevarle la **renuncia** al Presidente… llegaron a Fuerte Tiuna, yo no le solicité la **renuncia**, ya el Presidente había acordado **renunciar**, él no firmó efectivamente la **renuncia**, sí estaba en el salón en donde nuevamente le presentaron la misma **renuncia**, el mismo documento, que yo le llevé inicialmente, se lo volvieron a presentar y él se negó a firmarlo y eso fue todo, pero ya él había aceptado que había abandonado el cargo, que iba a **renunciar**, lo que no hubo fue el acuerdo de bajo qué condiciones, él quería irse a Cuba y hubo una decisión de los altos mandos militares que no se iba a Cuba, sino que se quedaba en Venezuela, así que eso es todo lo que sucedió. Así que yo no le he solicitado la **renuncia** al Presidente, ya el General Lucas Rincón había anunciado que el Presidente había **renunciado**, y por eso hice mi señalamiento al principio…"

Contralmirante Daniel Comisso Urdaneta: "…Luego al enterarme de que el Presidente se trasladaría a la Sede del Comando General del Ejercito me dirigí hacía allí, y estuve presente junto a más o menos 30 o 40 Generales, Monseñor Baltazar Porras, Monseñor Azuaje, en la reunión en la cual el Presidente manifiesta las condiciones bajo las cuales había **renunciado**, recordando que eran las salida del país con garantía de seguridad física para él y para su familia, y garantía de integridad física para sus ministros…Cuando el Presidente, fíjese usted, el Presidente negoció su **renuncia** en Miraflores y él llega a la Comandancia General del Ejército diciendo, "yo **renuncié** bajo estos términos..."

General Carlos Alfonso Martínez (Inspector General de la Guardia Nacional): "...Estando en esto observo en la televisión al General en Jefe Lucas Enrique Rincón Romero, Inspector General de la Fuerza Armada Nacional, anunciando al país la **renuncia** del ciudadano Presidente y del Alto Mando, quedando ellos a las órdenes de las nuevas autoridades a ser nombradas, para proceder de inmediato a la entrega de sus cargos, El Presidente tomó la palabra y explicó que él estaba de acuerdo en firmar el documento si se le daban las garantías de cumplirse con sus exigencias, de lo contrario él no firmaba la **renuncia.**"[103].

Renuncia o no renuncia, o una anunciada renuncia, todo ello ocurrió en abril de 2002, como parte de la saga de la anunciada falta absoluta del Presidente Hugo Chávez y de la crisis política que caracterizó todo su mandato.

Como parte de la misma, y en la búsqueda de símbolos para apuntalar la idea de una "revolución," el día 12 de abril de 2003 se convertiría en un fantástico día del "regreso" de Chávez a la Presidencia, luego de su "temporal" falta absoluta, gracias a los propios militares que la produjeron, y particularmente, al general Raúl Isaías Baduel, quien luego sería encarcelado por el propio Chávez por haberse atrevido, el día que cesó como Ministro de la Defensa, a expresar sus dudas sobre el proyecto de reforma constitucional propuesto por el Presidente en 2007, y aun cuando solo se había limitado a señalar que era necesario que se precisara, de acuerdo con el contexto histórico, social, político y cultural del país, en qué consistía el llamado "Socialismo del Siglo XXI," considerando que hasta ese momento, "este modelo teórico no existe y no ha sido formulado." [104] Esta duda, sin embargo le costó su propia libertad a pesar incluso de que

---

103 Véase en la recopilación efectuada por Albor Rodríguez, *Verdades, Mentiras y Videos, op. cit.*

104 Ello ocurrió solo un mes antes de que el Presidente Chávez presentara su proyecto de reforma constitucional ante la Asamblea Nacional, el 15 de agosto de 2007, para crear un Estado socialista, centralizado, policial y militarista. De lo expuesto por el Ministro de la Defensa de Chávez, era difícil imaginar que el modelo se hubiera podido haber formulado sólo un mes después; habiéndole costado la duda que dejó sembrada al respecto, su propia libertad. Esa "duda" en resumen, como lo reseñó la nota oficial de "Prensa Presidencial (18.07.07)," consistió en que Baduel "brindó algunas recomendaciones acerca del proceso cívico militar de construcción de una nueva Patria socialista y bolivariana, " [...] "alertó que debe concebirse con visiones netamente venezolanas y no debe copiar los errores que llevaron al fracaso a algunos países que tomaron esta visión de futuro como bandera," [...] "el caso de la extinta Unión de Repúblicas Socialistas Soviéticas (URSS, 1917-1991), la cual trató de implantar un modelo científico del socialismo que terminó transformándose en un capitalismo de Estado, hecho que consideró como un error que no puede copiarse; " [...] "No queremos repetir estos errores tampoco. No podemos permitir que nuestro sistema se transforme en un capitalismo de Estado: un país no puede cometer el error de llamarse socialista y ser un capitalismo de Estado." [...] "nuestro socialismo debe ser profundamente democrático", y consideró que debería marcar distancia de la ortodoxia marxista, donde se expresa que "la democracia con división de poderes es solamente un instrumento de dominación burguesa". [...] "uno de los atractivos de un sistema socialista es el reparto más "equitativo de la riqueza de un país y sus postulados reivindican la justa e igualitaria redistribución de la riqueza y los medios de producción", cosa que no fue eficazmente realizada en la URSS. Invitó a focalizar estos errores y tratar de, antes de redistribuir entre el pueblo la riqueza, generarla. " [...] "Antes de repartir la riqueza hay que generarla. No se puede repartir algo que no existe. Esa fórmula no se ha inventado. El modelo de socialismo que desarrollemos debe ser tal, que nos muestre el camino socialista hacia la producción y generación de riqueza primero y luego permita un reparto equitativo de la misma entre quienes la generaron." [...] "Para que el modelo socialista que nos planteemos tenga éxito, este debe encontrar las maneras de hacernos a los ve-

meses después, el proyecto de reforma constitucional presentado por Chávez fue rechazado por el pueblo en el referendo de diciembre de ese año, en lo que fue su gran fracaso político.

SECCIÓN TERCERA:

EL REFERENDO CONSULTIVO SOBRE LA RENUNCIA DE CHÁVEZ, Y EL SECUESTRO DEL PODER ELECTORAL (2002 - 2003)

Meses después de la anunciada renuncia del Presidente de la República en abril de 2002 y de la crisis política que ello provocó, desde octubre de ese mismo año se comenzó a plantear en Venezuela la posibilidad de provocar la falta absoluta del Presidente mediante la iniciativa popular para la convocatoria de un referendo consultivo sobre la renuncia del Presidente de la República, sobre lo cual ese mismo año señalé que ante la crisis política que existía y persistía, y ante el derrumbamiento progresivo de las instituciones que se estaba produciendo y seguía ocurriendo, en democracia no había otra salida que no fuera la de consultar la voluntad del pueblo, agregando:

> "Una consulta, por supuesto, podría ser sobre la renuncia del Presidente de la República o sobre la terminación de su mandato. Ello, en todo caso, en definitiva significaría un pronunciamiento popular sobre el fracaso de su gestión presidencial, para en consecuencia pedirle su renuncia o para desalojarlo de su cargo. Creemos que es difícil que en una negociación política para superar la crisis, incluso con la intermediación internacional del Secretario General de Estados Americanos, César Gaviria, el Presidente de la República acepte fácilmente que se realice un referéndum consultivo para que el pueblo se pronuncie sobre si quiere o no que renuncie, o un referéndum revocatorio para pedirle al pueblo que se pronuncie sobre si quiere o no revocarle su mandato. Ello significaría someter a la voluntad popular un juicio abierto sobre su fracaso, lo que creemos muy difícil que acepte."[105]

---

nezolanos más productivos." [...] "Baduel pidió igualmente que no se repitan los errores de gobiernos anteriores de ayudas económicas y subsidios excesivos." [...] "Numerosos venezolanos llegaron a depender enteramente de la ayuda oficial. En vez de enseñarle a los venezolanos cómo generar riqueza a través del trabajo y el esfuerzo, se les enseñó a pedirle ayuda al gobierno de turno. Cuando el boom petrolero terminó, el Estado se encontró súbitamente sin los fondos para continuar subsidiando la economía nacional. Fue entonces cuando el país se sumergió en la crisis, la peor en toda la historia venezolana." Véase el reportaje: "No podemos permitir que nuestro sistema se transforme en un capitalismo de Estado. Baduel llamó a construir socialismo profundamente democrático y evitando errores del pasado." Por: Prensa Presidencial / Aporrea.org / Jueves, 19/07/2007 08:00 AM, en http://www.aporrea.org/ideologia/n98237.html.

105 Además agregué: "Por ello estimamos que la salida democrática que debería buscarse para resolver la crisis política que nos agobia, por supuesto que tiene que ser de carácter electoral, pero mediante un proceso de elecciones generales para la renovación y legitimación de todos los poderes públicos incluyendo la Presidencia de la República, y que incluso pueda permitir que el propio Chávez intervenga como candidato. Para ello la decisión a negociar, en definitiva, sería la de la reducción del término del mandato de los poderes públicos, mediante la aprobación de una enmienda constitucional". Véase, Allan R. Brewer-Carías, *La crisis de la democracia venezolana. La Carta Democrática Interamericana y los sucesos de abril de 2002*, Libros El Nacional, Caracas, 2002, p. 17. Esa posibilidad, sin embargo, se perdió.

El Presidente Chávez, por supuesto, como efectivamente ocurrió, no aceptó esa salida democrática a la crisis, de manera que para impedir la realización de toda consulta popular que pudiera significar la evaluación de su mandato, sus seguidores tuvieron que apartarse de la Constitución, secuestrando tanto al Poder Electoral como a la Sala Electoral del Tribunal Supremo para impedirles ser garantes del derecho de los ciudadanos a la participación política mediante la convocatoria de referendos; y también confiscándoles a estos dicho derecho a la participación política (art. 72, Constitución).

Y ello fue precisamente lo que sucedió entre 2002 y 2004, bajo la conducción de la Sala Constitucional del Tribunal Supremo de Justicia, la cual sirvió de instrumento para tales propósitos, como palanca del poder político controlado desde el Poder Ejecutivo para someter a los Poderes Públicos y desmantelar el Estado democrático de derecho.[106]

Específicamente, para evitar que se realizara el referendo revocatorio que se había planteado para salir de la crisis política, en 2003 y 2004 se produjo el secuestro del Poder Electoral, lo que ocurrió, primero, por la Sala Electoral del Tribunal Supremo de Justicia que bloqueó su actividad, y segundo, por la Sala Constitucional del mismo Tribunal Supremo de Justicia al designar sus miembros.

Luego, en 2004, se produjo el secuestro de la Sala Electoral del Tribunal Supremo de Justicia por la Sala Constitucional del mismo, impidiéndole a aquella ejercer la justicia contencioso electoral y así, controlando los actos del Consejo Nacional Electoral, permitir que se realizara el referendo revocatorio del mandato del Presidente de la República.

I. EL PRIMER SECUESTRO DEL PODER ELECTORAL, EJECUTADO POR LA SALA CONSTITUCIONAL DEL TRIBUNAL SUPREMO DE JUSTICIA

Dada la material imposibilidad política, por la correlación de fuerzas entre los partidos que apoyaban al gobierno y los que eran de oposición que todavía existía en 2003, que impedía que en la Asamblea Nacional se pudiera reunir la mayoría requerida de las 2/3 partes de sus integrantes (art. 296) para designar a los miembros del

---

106 Al estudio de dicho proceso dedicamos el libro Allan R. Brewer-Carías, *la Sala Constitucional vs. El Estado de Derecho,* Libros El Nacional, Caracas, 2004. Véase igualmente sobre el tema los trabajos: "El secuestro del Poder Electoral y de la Sala Electoral del Tribunal Supremo y la confiscación del derecho a la participación política mediante el referendo revocatorio presidencial: Venezuela: 2000-2004," en *Revista Costarricense de Derecho Constitucional*, Tomo V, Instituto Costarricense de Derecho Constitucional, Editorial Investigaciones Jurídicas S.A. San José, 2004. pp. 167-312; "El secuestro del Poder Electoral y la confiscación del derecho a la participación política mediante el referendo revocatorio presidencial: Venezuela 2000-2004," en *Boletín Mexicano de Derecho Comparado*, Instituto de Investigaciones Jurídicas, Universidad Nacional Autónoma de México, Nº 112. México, enero-abril 2005. pp. 11-73; "El secuestro del poder electoral y la confiscación del derecho a la participación política mediante el referendo revocatorio presidencial: Venezuela 2000-2004". en *Stvdi Vrbinati, Rivista tgrimestrale di Scienze Giuridiche*, Politiche ed Economiche, Año LXXI – 2003/04 Nuova Serie A – N. 55,3, Università degli studi di Urbino. Urbino, Italia, 2004. pp. 379-436, en *Revista Jurídica del Perú*, Año LIV Nº 55. Lima, marzo-abril 2004, pp. 353-396; en el libro: Juan Pérez Royo, Joaquín Pablo Urías Martínez, Manuel Carrasco Durán, Editores), *Derecho Constitucional para el Siglo XXI. Actas del Congreso Iberoameriacno de Derecho Constitucional*, Tomo I, Thomson-Aranzadi. Madrid, 2006, pp. 1081-1128; "El secuestro de la Sala Electoral por la Sala Constitucional del Tribunal Supremo de Justicia" en *La Guerra de las Salas del TSJ frente al Referéndum Revocatorio*, Editorial Aequitas. Caracas, 2004. pp. 13-58.

Consejo Nacional Electoral; y ante las manifestaciones de autonomía respecto del poder político que había evidenciado el viejo Consejo Nacional Electoral nombrado por la Comisión Legislativa Nacional[107] que había designado la Asamblea Nacional Constituyente, que podía implicar que se diera curso a la solicitud para un referendo revocatorio, la manera de evitarlo era controlando al Poder Electoral.

Tal propósito se hizo mediante el secuestro de la autonomía del mismo, por parte de la Sala Constitucional del Tribunal Supremo que había sido creada en el Decreto sobre Régimen de Transición del Poder Público de la Asamblea Nacional Constituyente de 22 de diciembre de 1999 y cuyos Magistrados, en su mayoría, también habían sido designados por decisión de dicha Asamblea Nacional Constituyente.

La ocasión para tal secuestro fue una solicitud de pronunciamiento presentada ante la Sala Constitucional del Tribunal Supremo por el propio Presidente de la República, Hugo Chávez, sobre la constitucionalidad de la Disposición Transitoria Séptima de la Ley Orgánica del Poder Electoral promulgada el 19 de noviembre de 2002,[108] en la cual se disponía que:

> "Los integrantes de la Junta Directiva del actual Consejo Nacional Electoral continuarán en el ejercicio de las funciones inherentes al cargo que desempeñan hasta tanto se designen y tomen posesión de sus cargos las nuevas autoridades de ese organismo, *y sus decisiones se harán de conformidad con esta Ley.*"

Esta disposición disponía que el Consejo Nacional Electoral podía adoptar sus decisiones por mayoría de sus miembros (3 de 5, art. 15), y no por la mayoría calificada que había dispuesto transitoriamente el Estatuto Electoral dictado por la Asamblea Constituyente para regir las elecciones de ese año de 2000 (4 de 5, art. 19). Este cambio legal de la mayoría requerida para las decisiones, sin duda, le impedía al gobierno dominar el Consejo Nacional Electoral y permitía su funcionamiento con independencia. La solicitud del Presidente tenía precisamente por objeto impedir que ello pudiera suceder, buscando restablecer la mayoría calificada que la Ley había eliminado, para impedir que el órgano electoral pudiera tomar decisiones como precisamente la de darle curso al referendo revocatorio.

La Sala Constitucional decidió el recurso presidencial mediante sentencia N° 2.747 de 7 de noviembre de 2002 (Exp. 02-2736), declarando "sin lugar" la solicitud de nulidad formulada por el Presidente, pero sentando de oficio, *extrapetita* y *contra legem*, el criterio de que si bien la Ley Orgánica a la que se refería el artículo 292 de la Constitución era precisamente la Ley Orgánica del Poder Electoral, sin embargo, mientras se elegían los nuevos miembros del Consejo Nacional Electoral por la Asamblea Nacional,

> "el régimen transitorio sobre los organismos del Poder Electoral, creado por el Decreto emanado de la Asamblea Nacional Constituyente que contiene el Régimen de Transición del Poder Público (Gaceta Oficial de la República Bolivariana de Venezuela N° 36.920 del 28 de marzo de 2000), sigue vigente y con él no colide la Disposición Transitoria Séptima de la Ley Orgánica del Poder Electoral, el cual más bien lo complementa, y así se declara.

---

107 Resolución N° 000204-25 de 04-02-2000, *G.O.* N° 36.892 de 15-02-2000.

108 Véase en *G.O.* N° 37.573 de 19-11-2002.

> Una vez en vigencia la Ley Orgánica del Poder Electoral, y mientras se designen los miembros del Consejo Nacional Electoral, quienes ostenten los cargos de dicho Consejo, en razón de la Disposición Transitoria impugnada, aplicarán la Ley Orgánica del Poder Electoral."

Es decir, a pesar de que la nueva Ley Orgánica del Poder Electoral se aplicaba evidentemente al Consejo Nacional Electoral existente, y de que dicha Ley de noviembre de 2002 expresamente había dispuesto que hasta tanto no se nombraran por la Asamblea Nacional los nuevos miembros del Consejo Nacional Electoral, en sustitución de los anteriores, seguían ejerciendo sus funciones conforme a la nueva Ley, lo que reconocía la sentencia; la Sala Constitucional, en la misma sentencia, anunció contradictoriamente que, sin embargo, el Régimen de Transición del Poder Público que había dictado la Asamblea Nacional Constituyente en diciembre de 1999, seguía vigente, y que sólo cuando se eligieran los nuevos miembros es que debía aplicar la nueva Ley. Ello, sin duda, era una decisión *contra legem*.

Adicionalmente, en la mencionada sentencia N° 2747, la Sala Constitucional en respuesta a las razones alegadas por el Presidente de la República en su carácter de impugnante, presagiado que por la correlación de fuerzas políticas en la Asamblea se pudiera llegarse a producir un "vacío" institucional en el Poder Electoral, anunciando que de producirse tal situación, la misma Sala establecería los "correctivos" necesarios, así:

> "El impugnante señala razones de hecho sobre el actual funcionamiento del Consejo Nacional Electoral, con la indicación de la existencia de un posible vacío institucional. Ello no es materia que regule el artículo 214 constitucional, y no es objeto de esta decisión. La Sala ha tratado el punto en fallo del 23 de septiembre de 2002 (Exp. 02-2050, Caso: *Fiscal General de la República*), por lo que de darse efectivamente el vacío, una vez que las instituciones incumplan los mandatos legítimos constitucionales, la Sala, a petición de cualquier interesado, tomará los correctivos necesarios."

Ahora bien, en cuanto a la contradicción que contenía la sentencia sobre la aplicabilidad de la Ley Orgánica del Poder Electoral una vez que entrara en vigencia al Consejo Nacional Electoral existente, el sentido de la decisión sólo apareció clarificado 10 días después, cuando la misma Sala Constitucional, al decidir un recurso de interpretación que había sido introducido por el propio Consejo Nacional Electoral el 9 de julio de 2002, para "determinar la vigencia del artículo 29 del Estatuto Electoral del Poder Público, relativo al quórum para la toma de decisiones del Directorio del Consejo Nacional Electoral, en aquellos asuntos distintos al ámbito de aplicación de ese Decreto", mediante la sentencia N° 2816 de 18 de noviembre de 2002 (Caso: *Consejo Nacional Electoral*) concluyó señalado que si estaba vigente.

Al contrario de lo resuelto por la Sala, era evidente que no lo estaba pues el Estatuto Electoral se había dictado para regir sólo en las primeras elecciones post constitucionales de 2000, por lo que una vez que estas se realizaron, sus normas habrían decaído. La verdad es que dada la integración del Consejo Nacional Electoral que había designado la Comisión Legislativa Nacional, que por estar conformado por una mayoría de independientes (3/2) que no seguían la línea política del gobierno, en el seno del cuerpo se había planteado la duda sobre el quórum, pues si la mayoría necesaria para decidir era la calificada entonces no se podrían, por ejemplo, convocar el referendo revocatorio planteado.

La Sala Constitucional, sin embargo, para llegar a su absurda conclusión, revivió el régimen transitorio que la Asamblea Nacional había expresamente sustituido con la Ley Orgánica del Poder Electoral "estratégicamente" publicada en *Gaceta Oficial* el 19 de noviembre de 2002. Para hacer esto, en la sentencia Nº 2816 del día anterior, 18 de noviembre de 2002 (Caso: *Consejo Nacional Electoral*), la Sala aparte de reconocer que el Estatuto Electoral del Poder Público había integrado el régimen constitucional nacido del proceso constituyente ("dado el carácter constitucional que esta Sala le ha reconocido... tienen un valor superior a cualquier normativa preconstitucional), concluyó que sólo perdería "validez en tanto en cuanto los órganos transitorios se adapten, en su organización y funcionamiento, a las leyes que dicte la Asamblea Nacional, de tal forma que, mientras ello no suceda, dicha transitoriedad sigue en vigor, en lo que no haya sido derogado".

Constatado esto, en virtud de que "uno de los aspectos regulados por el Estatuto Electoral del Poder Público se refiere al mínimo requerido (*quórum*) para la toma de decisiones por parte de la Junta Directa del Consejo Nacional Electoral" (art. 29)," la Sala consideró que "resulta desatinado pretender que el *quórum* especial a que hace referencia la norma antes transcrita, solamente se refiera a los primeros procesos comiciales". La Sala consideró además, que el artículo 25 de la Ley Orgánica del Sufragio y Participación Política de 1998, al prever un *quórum* de mayoría simple para la toma de decisiones por parte del Directorio del Consejo Nacional Electoral, había quedado necesariamente derogada, "no sólo porque el Régimen de Transición del Poder Público y, particularmente, el Estatuto Electoral del Poder Público señaló una mayoría calificada y no una mayoría simple, sino que cuando dicha norma legal establece el último *quórum* mencionado, lo hace con fundamento en el artículo 50 de la misma Ley Orgánica, que prevé una conformación del Consejo Nacional Electoral (siete miembros) que no concuerda con la nueva estructura del referido ente comicial, prevista en el artículo 296 de la Constitución de la República Bolivariana de Venezuela".

En definitiva, luego de toda esta argumentación, la Sala, a pesar de que ya tenía conocimiento de que la Ley Orgánica del Poder Electoral había sido sancionada (pues había dictado sobre ella, diez días antes la sentencia Nº 2747 antes citada), concluyó que el Estatuto Electoral del Poder Público, regiría:

> "los venideros procesos comiciales, especialmente en cuanto al mínimo requerido (*quórum*) de, por lo menos, cuatro de los cinco integrantes del Consejo Nacional Electoral, para la decisiones relativas a su organización, hasta tanto finalice la transición una vez promulgada la Ley Orgánica del Poder Electoral, que regulará su organización y funcionamiento, y sean designados por la Asamblea Nacional, conforme a la Constitución vigente, los nuevos integrantes del Consejo Nacional Electoral".

Ello significaba, en definitiva, que a pesar de que al día siguiente (19-11-2002) entraría en vigencia la nueva Ley Orgánica del Poder Electoral, en cuanto al quórum de decisión del Consejo Nacional Electoral, hasta tanto se nombrasen los nuevos miembros del Cuerpo conforme a esa Ley, no regiría el artículo 14 de dicha Ley

Orgánica (que establecía una mayoría simple de 3/5) sino el artículo 29 del mencionado Estatuto transitorio y ya decaído, que requería una mayoría calificada (4/5).

La razón política de esta decisión era clara, y no era otra que impedir que el Consejo Nacional Electoral pudiera funcionar con la mayoría simple de tres votos de cinco pues los miembros afectos al gobierno eran minoría, y sólo eran dos. Pero con el correr del tiempo, y ante la imposibilidad que se encontraba el oficialismo en la Asamblea Nacional de poder designar a su antojo a los nuevos miembros del Consejo Nacional Electoral, la correlación de fuerzas internas en el Consejo existente habrían variado aún más, contando el gobierno sólo con uno de los cinco votos del cuerpo. La única forma de impedir que el Consejo Nacional Electoral pudiera decidir, y por ejemplo, convocara un referendo revocatorio como se había planteado en la opinión pública, era impedir materialmente que pudiera tomar decisiones, eliminando a uno de los miembros del Cuerpo no afecto al gobierno, de manera que sólo quedaran cuatro votos, en cuyo caso el Consejo sólo podría funcionar con decisiones unánimes, lo que era lo mismo que congelarlo.

II. EL SEGUNDO SECUESTRO DEL PODER ELECTORAL, EJECUTADO POR LA SALA ELECTORAL DEL TRIBUNAL SUPREMO DE JUSTICIA, PARA IMPEDIR LA CONVOCATORIA DE UN REFERENDO CONSULTIVO SOBRE LA RENUNCIA DEL PRESIDENTE

El Consejo Nacional Electoral, en efecto, en fecha 3 de diciembre de 2002, en una votación 4/1, mediante Resolución N° 021203-457 del 3 de diciembre de 2002[109] había resuelto aceptar la solicitud que le habían formulado un grupo de más de dos millones de electores para la convocatoria de un referendo consultivo (art. 71) con el objeto de preguntarle a los ciudadanos si estaban o no "de acuerdo con solicitar al Presidente de la República Ciudadano Hugo Rafael Chávez Frías la renuncia voluntaria a su cargo"; fijando la fecha de realización del referendo para el 2 de febrero de 2003.

Un grupo de diputados a la Asamblea Nacional impugnó por ilegalidad la referida Resolución así como los actos dictados por el Consejo Nacional Electoral "...contenidos en el acta de la sesión del Directorio (...) de fecha 18 de noviembre de 2002, por el cual se acordó la incorporación del ciudadano Leonardo Pizani como miembro Suplente". Esta fue, en definitiva la excusa, para congelar el funcionamiento del órgano del Poder Electoral.

El turno para proceder al nuevo secuestro del Poder Electoral, esta vez correspondió a una Sala Electoral Accidental del Tribunal Supremo de Justicia, que al igual que la Sala Constitucional, había sido creada en el Decreto sobre Régimen de Transición del Poder Público de la Asamblea Nacional Constituyente de 22 de diciembre de 1999 y cuyos Magistrados, en su mayoría, también habían sido designados a dedo por dicha Asamblea Nacional Constituyente en el asalto al poder perpetrado con dicho Decreto.

Ahora bien, con ocasión del mencionado recurso de nulidad, se alegó que el 5 de junio de 2000, la Comisión Legislativa Nacional había designado a Leonardo Pizani como miembro Suplente del Consejo Nacional Electoral, y que sin embargo, éste había renunciado a su cargo por escrito ante el Presidente de la Asamblea Nacional

---

109 Gaceta Electoral N° 168 del 5 de diciembre de 2002.

en octubre del mismo año; renuncia que no había sido tramitada ni aceptada. No obstante, luego de transcurridos más de dos (2) años de la consignación de la renuncia, el día 11 de noviembre de 2002 el Presidente de la Asamblea Nacional recibió comunicación mediante la cual Leonardo Pizani manifestó su voluntad de *"retirar"* su renuncia, bajo la justificación de la *"necesidad imperiosa de conformar un Consejo Nacional Electoral"*. El Directorio del Consejo Nacional Electoral, mediante la decisión impugnada del 18 de noviembre de 2002, procedió a admitir la incorporación del mencionado ciudadano en su condición de Suplente, conformándose la mayoría de miembros y adoptando una serie de decisiones que los recurrentes también procedieron "a impugnar toda vez que no fueron dictadas por el órgano competente, al no estar debidamente integrado", interponiendo además un amparo constitucional en representación de los intereses difusos y colectivos de los electores.

La Sala Electoral Accidental, entonces, mediante sentencia Nº 3 de 22 de enero de 2003 (Caso: *Darío Vivas y otros*) luego de analizar los efectos de las renuncias de funcionarios públicos concluyó señalando que en el caso del Sr. Pizani no había razón que justificara "la exigencia adicional de la aceptación por parte del órgano competente, para que pueda considerarse válida y eficaz la renuncia," de lo cual, para acordar el amparo cautelar que se le había solicitado, la Sala Electoral consideró "procedente presumir que en la actualidad la integración del Directorio del Consejo Nacional Electoral no resulta apegada a la legalidad, al haberse procedido a incorporar como miembro Principal de éste a un ciudadano que no ostentaba el cargo de Suplente, condición *sine qua non* para que exista la posibilidad de su incorporación como Principal".

Por ello, la Sala Electoral Accidental decidió, entonces, ordenar "a la actual Directiva del Consejo Nacional Electoral abstenerse de sesionar con la presencia y participación como Miembro Principal, del ciudadano Leonardo Pizani", suspendiendo a la vez "los efectos de la Resolución emanada del Consejo Nacional Electoral distinguida con el Nº 021203-457 del 3 de diciembre de 2002, publicada en la *Gaceta Electoral* Nº 168 del 5 de diciembre de 2002" mediante la cual se había convocado al referendo consultivo sobre la renuncia del Presidente de la República. En esta forma, el Poder Electoral, con sólo cuatro miembros, fue compelido ilegítimamente a actuar con la mayoría calificada de cuatro miembros derivada de la interpretación del régimen constitucional transitorio que había hecho la Sala Constitucional en sentencia antes comentada, es decir, por unanimidad. Ello fue lo mismo que haber decretado el secuestro del Poder Electoral, el cual no pudo adoptar ninguna nueva decisión, dada la correlación de fuerzas en su seno. Y en cuanto a la decisión de convocar al referendo consultivo sobre la renuncia presidencial, la misma fue suspendida en sus efectos.

Por ello lo más destacado e insólito de esta decisión de la Sala Electoral Accidental, fue la parte en la cual:

> "1) Se ordena a la actual Junta Directiva del Consejo Nacional Electoral, abstenerse de realizar aquellos actos que no resulten indispensables para garantizar el normal funcionamiento administrativo del referido órgano, y especialmente, abstenerse de iniciar la organización de procesos electorales, referendarios, u otros mecanismos de participación ciudadana en los asuntos públicos, así como suspender los ya iniciados de ser el caso, hasta tanto se resuelva la presente controversia."

En esta forma, de manera *extrapetita* pero expedita, la Sala Electoral en una sentencia de carácter cautelar redujo al Consejo Nacional Electoral a ser un simple conserje o guardián de sus bienes. Dos meses después, al dictar sentencia definitiva en el recurso de nulidad que había sido interpuesto, mediante sentencia Nº 32 de 19 de marzo de 2003 (Caso: *Darío Vivas y otros*) pero publicada el 26 de marzo de 2003, la Sala Electoral declaró la nulidad "de los actos del Consejo Nacional Electoral atinentes a la realización del referendo consultivo cuya celebración estaba prevista para el 2 de febrero del presente año" (2003)... actos en cuya formación intervino el ciudadano Leonardo Pizani como miembro principal de la Directiva del referido órgano rector del Poder Electoral.".Adicionalmente, la Sala además de ordenar "la desincorporación del ciudadano Leonardo Pizani de la actual Junta Directiva del Consejo Nacional Electoral" estableció:

> "que la aludida Junta Directiva podrá, a partir de la publicación del presente fallo, sesionar y adoptar válidamente decisiones vinculadas con el ejercicio de las competencias atribuidas por el artículo 293 constitucional, siempre y cuando cumpla con el quórum exigido por el contenido del artículo 29 del Estatuto Electoral del Poder Público conforme a lo establecido por las sentencia Nº 2816 del 18 de noviembre de 2003 emanada de la Sala Constitucional de este Tribunal Supremo de Justicia".

En consecuencia, las decisiones de la referida Directiva del Consejo Nacional Electoral deberán ser adoptadas de manera unánime por cuatro (4) de sus integrantes actuales, hasta tanto la Asamblea Nacional, de conformidad con lo establecido en la Constitución y desarrollado en la Disposición Transitoria Primera de la Ley Orgánica del Poder Electoral, designe a los nuevos integrantes, principales y suplentes, de la Junta Directiva del referido órgano rector del Poder Electoral. Así se decide."

Quedó así el Consejo Nacional Electoral completamente paralizado, y el Poder Electoral secuestrado por la Sala Electoral del Tribunal Supremo, impidiendo que pudiera adoptar decisión alguna sobre las iniciativas populares para un referendo consultivo o revocatorio de mandato del Presidente.

Pero, en cuanto a la designación de los nuevos miembros del Consejo Nacional Electoral, la situación de extrema polarización política del país impedía toda posibilidad de que pudieran ser designados por la Asamblea Nacional dada la pretensión de la precaria mayoría parlamentaria que tenían los partidos que apoyaban al Presidente de la República, para designar a los miembros del Consejo Nacional Electoral asegurando en él una mayoría controlada.

No era posible, por tanto, que se produjera la designación de los miembros del Consejo Nacional Electoral; no había un Consejo Nacional Electoral que pudiera tomar decisiones y la crisis política sólo podía tener una solución electoral, particularmente mediante un referendo revocatorio del mandato del Presidente de la República conforme a lo dispuesto en el artículo 72 de la Constitución.

En efecto, con motivo del ya fallido intento de realizar un referendo consultivo para requerir la opinión del electorado sobre si estaba o no de acuerdo con solicitarle la renuncia al Presidente de la República, la Sala Constitucional del Tribunal Supremo se había encargado de descartar esa vía de participación política para tal efecto. Así, en sentencia dictada coincidencialmente el mismo día 22 de enero de 2003 en el cual la Sala Electoral del Tribunal Supremo había dictado la medida cautelar

(Sentencia Nº 3) en el juicio de nulidad contra la Resolución del Consejo Nacional Electoral, suspendiendo la realización del referendo consultivo convocado (Caso: *Darío Vivas y otros*), la Sala Constitucional del Tribunal Supremo dictó la sentencia Nº 23 (de 22 de enero de 2003) (caso: *Harry Gutiérrez Benavides y Johbing Richard Álvarez Andrade*), en la cual interpretó el artículo 71 de la Constitución en relación con el referendo consultivo que había sido convocado por el Consejo Nacional Electoral señalando que el mismo no tiene carácter vinculante, así:

> "Ahora bien, el referendo consultivo es un mecanismo inspirado en el principio de participación, que otorga mayor legitimidad a las decisiones de especial trascendencia -las cuales competen a determinados órganos del Estado- y permite la realización -a posteriori- de una prueba de legitimidad a dichas decisiones asumidas por la elite política, de mandato revocable en nuestro ordenamiento constitucional, sea conforme a lo establecido en el artículo 72 de la Constitución de la República Bolivariana de Venezuela, o mediante su no reelección y, en ese sentido, el referendo consultivo legitima -directamente- la asunción de determinadas decisiones y, consecuentemente, a quienes ejercen las funciones de dirección política.

En consecuencia, con fundamento en los razonamientos precedentes, esta Sala considera que el resultado del referéndum consultivo previsto en el artículo 71 de la Constitución de la República Bolivariana de Venezuela no tiene carácter vinculante en términos jurídicos, respecto de las autoridades legítima y legalmente constituidas, por ser éste un mecanismo de democracia participativa cuya finalidad no es la toma de decisiones por parte del electorado en materias de especial trascendencia nacional, sino su participación en el dictamen destinado a quienes han de decidir lo relacionado con tales materias."

Descartada por tanto, la vía del referendo consultivo como una decisión que pudiera tener algún efecto en relación con la renuncia del Presidente de la República, se planteó entonces la vía del referendo revocatorio de su mandato; y así quedó plasmado luego de arduas negociaciones en una Mesa de Negociación y Acuerdos que se estableció como consecuencia de la crisis de de abril de 2002[110], en el Acuerdo suscrito entre el gobierno y la oposición que firmaron el 23 de mayo de 2003, denominado "Acuerdo entre la representación del Gobierno de la República Bolivariana de Venezuela y los Factores Políticos y Sociales que lo apoyan y la Coordinadora Democrática y las Organizaciones Políticas y de la Sociedad Civil que la conforman", en el cual entre, otros asuntos, se expresó lo siguiente:

> "12.- Las partes, en cumplimiento del objetivo establecido en la Síntesis Operativa para buscar acuerdos con el fin de contribuir a la *solución de la crisis del país por la vía electoral*, coincidimos en que dicha solución se logra con la aplicación del Artículo 72 de la Constitución de la República Bolivariana de Venezuela, en el que se prevé la eventual celebración de referendos revocatorios del mandato de todos los cargos y magistraturas de elección popular que han arribado a la mitad del período para el cual fueron elegidos (Gobernadores, Alcaldes, Legisladores Regionales y Diputados a la Asamblea Nacional), o arribarán a dicha mitad en el transcurso de este año, como es el caso del Presi-

110 Véase Allan R. Brewer-Carías, *La Crisis de la democracia en Venezuela*, Caracas 2002.

dente de la República conforme a la sentencia del Tribunal Supremo de Justicia del 13 de febrero del 2003. Tales referendos, incluyendo los ya solicitados y los que se solicitaren en adelante, serán posibles si son formalmente requeridos por el número exigido de electores y se aprueban por el nuevo Consejo Nacional Electoral, una vez que se establezca que se han cumplido los requisitos constitucionales y legales."

III. EL TERCER SECUESTRO DEL PODER ELECTORAL, REALIZADO POR LA SALA CONSTITUCIONAL DEL TRIBUNAL SUPREMO DE JUSTICIA, PARA IMPEDIR LA CONVOCATORIA DE UN REFERENDO REVOCATORIO DEL MANDATO DEL PRESIDENTE

En esa forma, quedaba entonces fijada posibilidad de una la salida constitucional a la crisis política con la realización de un referendo revocatorio del mandato del Presidente de la República. Para ello, sin embargo, era necesario que se designara el nuevo Consejo Nacional Electoral, lo que también se había plasmado en el Acuerdo antes mencionado suscrito en la Mesa de Negociación y Acuerdos entre el gobierno y la oposición, al declarar:

> "Coincidimos en que resulta indispensable contar a la brevedad posible con un árbitro electoral confiable, transparente e imparcial, a ser designado en la forma prevista en la Constitución. En este sentido, se considera muy importante el trabajo que se está adelantando en la Asamblea Nacional. Las dos partes manifestamos su disposición a coadyuvar como factor de entendimiento en todo lo referente a la conformación y operatividad del Árbitro Electoral, sin interferir en el proceso normal que se está llevando a cabo por el Poder Legislativo Nacional."

La Asamblea Nacional había cumplido los pasos previos para la designación de los miembros del Consejo Nacional Electoral mediante la recepción y selección de postulaciones conforme a lo que la Ley Orgánica del Poder Electoral establecía; sin embargo, dada la imposibilidad de lograr una decisión política de la Asamblea Nacional para la designación del nuevo Consejo Nacional Electoral que pudiera tomar decisiones, y dado que judicialmente se había prohibido al Consejo Nacional Electoral existente el poder tomar decisiones como la que se había acordado en la Mesa de Negociación y Acuerdos, ello condujo a que la Sala Constitucional del Tribunal Supremo, a tratar de remendar las consecuencias del secuestro anterior que junto con la Sala Electoral había realizado respecto del Poder Electoral, procedió, de nuevo, a ejecutar un nuevo secuestro del Poder Electoral, esta vez con motivo de conocer de un recurso de inconstitucionalidad por omisión que se había intentado contra la Asamblea Nacional, por no haber designado a los miembros del Consejo Nacional Electoral.

En efecto, la Sala Constitucional del Tribunal Supremo en la sentencia Nº 2073 de 4 de agosto de 2003 (Caso: *Hermánn Escarrá Malaver y otros*), para resolver sobre la omisión del órgano legislativo, comenzó por reconocer la realidad del funcionamiento político de los cuerpos deliberantes, descartando toda inconstitucionalidad en la situación, al señalar que:

> "el régimen parlamentario, en muchas oportunidades, exige la toma de decisiones por mayorías calificadas y no por mayorías absolutas o simples; y cuan-

do ello sucede (lo que incluso puede ocurrir en el caso de la mayoría simple), si los integrantes de la Asamblea no logran el acuerdo necesario para llegar a la mayoría requerida, la elección no puede realizarse, sin que ello, en puridad de principios, pueda considerarse una omisión legislativa, ya que es de la naturaleza de este tipo de órganos y de sus votaciones, que puede existir disenso entre los miembros de los órganos legislativos nacionales, estadales o municipales, y que no puede lograrse el número de votos necesarios, sin que pueda obligarse a quienes disienten, a lograr un acuerdo que iría contra la conciencia de los votantes. Desde este ángulo no puede considerarse que existe una omisión constitucional que involucra la responsabilidad de los órganos aludidos en el artículo 336.7 constitucional."

Ahora bien, la falta de acuerdo parlamentario, si bien en algunas materias podría no producir efecto inmediato alguno, en lo concerniente a la designación del Poder Electoral respecto del cual la propia Constitución y la Ley Orgánica del Poder Electoral ordenaban a la Asamblea Nacional su designación, la Sala Constitucional consideró que la omisión en esta materia -aun sin ser ilegítima- podía conducir a que la propia Sala con base en el artículo 336,7 de la Constitución declarase la inconstitucionalidad de la omisión, y estableciera el plazo para corregirla y, de ser necesario, los lineamientos de esa concreción. Y eso fue lo que ocurrió, por lo que la Sala Constitucional le otorgó a la Asamblea Nacional omisa, un plazo de 10 días para que cumpliera con su obligación y, si no lo hacía dentro de dicho término, anunciaba que corregiría en lo que fuese posible la situación que naciera de la omisión concreta, que no era otra que "Si transcurrido el lapso aquí señalado, la Asamblea Nacional no ha procedido a nombrarlos, la Sala lo hará dentro de un término de diez (10) días continuos". En la sentencia, a todo evento, la Sala hizo los siguientes razonamientos y dejó sentado los siguientes criterios, que enmarcaron la forma conforme a la cual se operaría el secuestro del Poder Electoral:

En *primer lugar*, que en caso de omisión de nombramientos, las designaciones que pudiera hacer la Sala no podían ser sino provisorias, pero "acompañadas o no de los lineamientos que según este sentenciador se consideren necesarios para el cumplimiento de la función". Siendo provisorios los nombramientos, los nombrados cesarían en sus funciones cuando el órgano competente asumiera su competencia e hiciera los nombramientos, "en el tiempo que lo crea conveniente; o cuando la propia Sala -por motivos justificados- les revoca el cargo conferido". La Sala Constitucional, así, anunciaba desde ya que como consecuencia de la omisión legislativa en hacer los nombramientos, para el caso de que la propia Sala lo hiciera, se arrogaba la potestad también de revocarlos.

En *segundo lugar*, la Sala consideró que para realizar los nombramientos provisorios, debía "adaptarse a las condiciones que la Ley exige al funcionario", pero aclarando sin embargo, que "debido a la naturaleza provisoria y a la necesidad de que el órgano funcione", la Sala no requería "cumplir paso a paso las formalidades legales que exige la Ley al elector competente, ya que lo importante es llenar el vacío institucional, hasta cuando se formalice lo definitivo". Se desligaba así la Sala, de las exigencias legales que en cambio sí debía cumplir el elector omiso, para llenar el "vacío institucional" que ella misma había contribuido a crear. Para ello dejó sentado el criterio de que "de corresponder a esta Sala llenar los vacíos, ella puede hacerlo con personas de la lista de postulados admitidos como aspirantes a rectores, o puede hacerlo con personas fuera de la lista, o combinando ambos grupos. Con respecto a las personas, a tomarse en cuenta, que no hayan sido presentadas por el Comité de Postulaciones, éstas deberán reunir los mismos requisitos legales que los postulados".

La Sala insistió sobre su desvinculación con la Ley para hacer las designaciones provisorias señalando que al ser "urgente y necesario el funcionamiento del Poder Electoral y por ello, y por ser provisorio, no aplica en todo su alcance la Ley Orgánica del Poder Electoral, sino lo establecido en el artículo 296 constitucional en cuanto a la procedencia de los rectores electorales, los cuales no deben tener vinculación con organizaciones políticas, lo que significa que no tienen militancia política pública, ni se hayan manifestado públicamente a favor de partidos políticos o grupos electorales favorables al gobierno, a la oposición, o a cualquier otra tendencia política". La Sala Constitucional, sin embargo, consideró que los rectores que pudiere nombrar debían cumplir los requisitos del artículo 9 de la Ley Orgánica del Poder Electoral.

En *tercer lugar*, la Sala Constitucional constató la existencia del "vacío institucional", a pesar de que existiera un Consejo Nacional Electoral, el cual conforme al Decreto sobre Régimen de Transición del Poder Público, consideró que tenía "carácter provisorio". Consideró la Sala que "la falta de designación de los rectores, en el lapso legal, constituye un vacío que debe esta Sala llenar, si no lo hace la Asamblea Nacional".

En *cuarto lugar*, la Sala Constitucional decidió que en virtud de que "el nombramiento de los rectores -así sean provisorios- se trata de un hecho que trasciende lo jurídico"..."a partir de esta fecha, podrá oír a los Presidentes o Secretarios Generales de las organizaciones políticas representadas en la Asamblea, así como a los representantes de la sociedad civil que ella escoja, utilizando para determinar quienes conforman a la sociedad civil, el criterio expuesto por la Sala en fallos del 23 de agosto de 2000 y 21 de noviembre de 2000 (Casos: *Ruth Capriles Méndez y William Dávila Barrios y otros)*; e, igualmente, podrá consultar al Poder Ciudadano y a los representantes de las facultades de Ciencias Jurídicas y Políticas que considere necesarios, a fin de cumplir con lo dispuesto en el artículo 296 constitucional". En esta forma, la Sala anunciaba que si suplía la omisión del Legislador, no sólo lo haría con criterio jurídico sino político. Se apartaba así, la Sala, de lo que había expresado en sentencia N° 457 de 5 de abril de 2001 (Caso: *Francisco Encinas Verde y otros*) en la cual había clarificado que si bien "la Jurisdicción Constitucional es *eo ipso*, jurisdicción sobre lo político...no es equiparable a jurisdicción política". La Sala, en la sentencia N° 2073 que comentamos, al contrario, anunciaba que actuaría como jurisdicción política.

En *quinto lugar*, en forma congruente con el anuncio de ingerencia en lo político, la Sala Constitucional anunció no sólo que "si la Asamblea no hace los nombramientos, los hará la Sala", sino que podía "señalar a los rectores algunas disposiciones -que sin alterar su independencia- sean por ellos cumplidas, y pudiendo, igualmente, proveer la integración de alguno o todos de los órganos subordinados, señalando quien los dirigirá, y decretando un cronograma de actuaciones para que el ente cumpla sus cometidos". Es decir, la Sala Constitucional anunciaba que iría mucho más allá que a suplir la omisión legislativa, y prescribiría lineamientos que los nombrados debían cumplir y haría nombramientos adicionales, quitándole tal potestad a los miembros del consejo nacional Electoral que nombrara. La salvedad respecto de la independencia del Poder Electoral, por tanto, no era más que un simple saludo a la bandera.

En *sexto lugar*, la Sala Constitucional, al reconocer el derecho de los ciudadanos a solicitar referendos consultivos y revocatorios, y constatar que para la fecha no existía una legislación sobre los mismos que garantizaran si ejercicio, prescribió que "a fin que no se haga nugatorio tal derecho, y para lograr la primacía de las normas constitucionales, la Sala estima que el Consejo Nacional Electoral puede dictar normas dirigidas al ejercicio de esos derechos políticos, los cuales perderán vigencia cuando se dicten las normas respectivas por la Asamblea Nacional; a objeto de garantizar el carácter normativo de la Constitución". Es decir, la Sala Constitucional, al constatar ahora de oficio la omisión legislativa en dictar las leyes reguladoras de ese derecho ciudadano, también de oficio se pronunciaba sobre tal omisión, "autorizando" al Consejo Nacional Electoral nada menos que para suplir al Legislador y dictar "leyes orgánicas" que son las que pueden regular los derechos políticos conforme al artículo 203 de la Constitución, agregando en su decisión que "para lograr la consulta electoral, el Consejo Nacional Electoral provisorio, deberá regular los referendos, la autenticidad de quienes los solicitan, etc., a fin de dar cumplimiento a la Disposición Transitoria Tercera citada, que es del tenor siguiente: 'Tercera: El Consejo Nacional Electoral dentro del primer año siguiente a su instalación elaborará el Proyecto de Ley de Registro del Estado Civil de las Personas, el Proyecto de Ley de los Procesos Electorales y de Referendos, y lo presentará ante la Asamblea Nacional' ". Una cosa ciertamente era la competencia del Consejo Nacional Electoral para elaborar los proyectos de ley, y otra cosa era "regular" esas materias como lo "autorizaba" la Sala, al insistir que "La Sala estima que el Consejo Nacional Electoral puede dictar normas dirigidas al ejercicio de esos derechos políticos, los cuales perderán vigencia cuando se dicten las normas respectivas por la Asamblea Nacional".

La Sala Constitucional, transcurridos los 10 días que le había otorgado a la Asamblea Nacional para cumplir su obligación, al no haber logrado la mayoría de la Asamblea poder imponer su criterio y obtener el apoyo de las 3/4 partes de sus integrantes en el nombramiento de los miembros del Consejo Nacional Electoral, procedió a suplir la omisión de la Asamblea Nacional pero no sólo desde el punto de vista jurídico sino político, por lo que lo que no pudo lograr la mayoría de la Asamblea en su propio seno, lo lograría a través de la Sala Constitucional del Tribunal Supremo: el control del Consejo Nacional Electoral. No en balde la propia Sala Constitucional había anunciado en su sentencia previa Nº 2073 de 4 de agosto de 2003, que dichos nombramientos "trasciende lo jurídico".

El la sentencia Nº 2341 del 25 de agosto de 2003 (Caso: *Hermánn Escarrá M. y otros*), la Sala Constitucional, en efecto, para adoptar las decisiones respecto de la omisión constatada, señaló lo siguiente:

En *primer lugar*, reiteró el criterio de que como se trataba de un nombramiento provisional no previsto en la Ley Orgánica del Poder Electoral, pero, producto de la omisión del nombramiento de los rectores electorales, la Sala, "en lo posible, aplicará la Ley Orgánica del Poder Electoral con las variables necesarias derivadas de la naturaleza de las medidas provisorias". Es decir, la Sala reiteraba que se desvinculaba de los términos de la Ley Orgánica, la cual aplicaría sólo "en lo posible". Por ello precisó que "en las designaciones, la Sala nombrará rectores principales o suplentes a las personas que postuló la sociedad civil, el Poder Ciudadano y las Universidades Nacionales que podían hacerlo; ello sin menoscabo de su poder para la elección de personas fuera de los que fueron candidateados". En tal sentido la Sala nombró a los miembros del Consejo Nacional Electoral y a sus suplentes "de acuerdo con el artículo 13 de la Ley Orgánica del Poder Electoral".

En *segundo lugar*, la Sala declaró que garantizaría "al Poder Electoral que ella nombre en forma provisoria, la mayor autonomía, tal como corresponde a uno de los Poderes Públicos"; pero en la propia sentencia procedió "con el fin de facilitar la integración del Consejo Nacional Electoral y sus órganos subordinados", a designarlos estableciendo "su composición, así como la del Consejo de Participación Política, el cual de manera provisoria y ante el vacío constitucional, funcionará como un ente consultivo del Poder Electoral. Para este último nombramiento, la Sala tomó en cuenta las consultas que se hicieron a los partidos políticos representados en la Asamblea Nacional y que se llevaron a cabo en el Tribunal". En esta forma, en la sentencia, la Sala Constitucional procedió a limitar la autonomía del Cuerpo que nombraba, designando ella misma quién sería su Presidente y su Vicepresidente, violando lo establecido en el artículo 296 de la Constitución que expresamente establece que: "Los o las integrantes del Consejo Nacional Electoral escogerán de su seno a su Presidente o Presidenta, de conformidad con la Ley". La Sala Constitucional, además, volvió a secuestrar y violar la autonomía del Poder Electoral al cercenarle al Consejo Nacional Electoral su potestad conforme a la Ley Orgánica del Poder Electoral, para designar a los titulares de los órganos del Poder Electoral; designando en la propia sentencia al Secretario y al Consultor Jurídico del Consejo Nacional Electoral; a los integrantes de los órganos subordinados (Junta Nacional Electoral; Comisión de Registro Civil y Electoral; Comisión de Participación Política y Financiamiento), integrándolos con miembros principales y suplentes del organismo, en la forma como la propia Sala lo determinó; y a los miembros de un Consejo de Participación Política.

En *tercer lugar,* la Sala reiteró el criterio de que "podrá desarrollar la normativa que le asigna la Ley Orgánica del Poder Electoral". El Consejo Nacional Electoral debía "elaborar los proyectos de leyes que le corresponden con exclusividad conforme a las Disposición Transitoria Tercera de la citada Ley, y presentarlas ante la Asamblea Nacional" así como dictar "la normativa tendente a la reglamentación de los procesos electorales y los referendos, en desarrollo de la Ley Orgánica del Poder Electoral, en particular la que regula las peticiones sobre los procesos electorales y referendos, así como las condiciones para ellos, la autenticidad de los peticionarios, la propaganda electoral, etc., así como resolver las dudas y vacíos que susciten las leyes electorales".

Los miembros del Consejo Nacional Electoral y todos los otros funcionarios nombrados por la Sala Constitucional, fueron juramentados por ella el día 27 de agosto de 2003; y a partir de entonces, ese Consejo Nacional Electoral, secuestrado por la Sala Constitucional, comenzó a confiscarle a los ciudadanos el derecho a la participación política mediante la convocatoria en un referendo revocatorio del mandato del Presidente de la República. Todo lo anterior ya había demorado el proceso lo suficiente como para que el Estado pudiera intervenir en la conformación del registro electoral, y se regulara en tal forma el procedimiento para realizar un referendo revocatorio, que resultara en tarea casi imposible realizarlo, excepto mediante una manifestación de voluntad popular indetenible.

SECCIÓN CUARTA:

EL REFERENDO REVOCATORIO DEL MANDATO DE HUGO CHÁVEZ Y LA CONFISCACIÓN DE LA PARTICIPACIÓN POLÍTICA (2003 – 2004)

Con el marco institucional antes mencionado de funcionamiento del Consejo Nacional Electoral, a partir de fines de 2003, se planteó entonces la posibilidad política de desarrollar la iniciativa popular para un referendo revocatorio del mandato del Presidente Chávez, el cual sólo podía ocurrir durante la segunda mitad del mandato del Presidente iniciado en 2000, para lo cual ya la Sala Constitucional había establecido desde 2001 que habiendo sido electo el Presidente de la República el 19 de agosto de 2000 (en realidad "reelecto," pues la primera elección fue en diciembre de 1998), la mitad del período constitucional se cumplía el 18 de agosto de 2003[111], pudiendo por tanto, a partir del 19 de agosto de 2003, presentarse la solicitud de revocatoria de su mandato; solicitud que siempre es de iniciativa popular.

Y hacia tal fin se dirigieron los esfuerzos de la oposición, comenzando por el proceso de recolección de firmas para poder completar la iniciativa popular requerida para tal proceso, no exento de dificultades, que condujeron a que el derecho a la participación ciudadana mediante referendos fuera materialmente confiscado.

I. LA CONFISCACIÓN DEL DERECHO A LA PARTICIPACIÓN POLÍTICA MEDIANTE LA SOLICITUD DE REFERENDO REVOCATORIO: LA DISCUSIÓN SOBRE EL MOMENTO PARA RECOLECTAR LAS FIRMAS: EL "FIRMAZO"

Si bien era cierto que la Constitución de 1999, como lo dijo la Sala Constitucional, "nada menciona respecto del momento en el cual puede iniciarse la recolección de firmas al objeto de solicitar la realización del referendo revocatorio,"[112] era evidente que si el derecho para presentar la solicitud nacía una vez transcurrida la mitad del período constitucional, entonces las firmas, que son la expresión concreta de la manifestación de voluntad popular, debían recogerse con posterioridad a esa fecha.

Se trataba, en todo caso, de un tema de reserva legal, en el sentido de que el legislador es quien puede regular la materia. La Sala Constitucional así lo había reconocido en la sentencia Nº 137 de fecha 13 de febrero de 2003 (caso: *Freddy Lepage y otros)*, pero agregando lo que era obvio, es decir, que "las firmas deben preceder a una solicitud". La Sala en efecto, dijo que el artículo 72 se limitaba a señalar la oportunidad a partir de la cual podía efectuarse la solicitud de referendo revocatorio ante el Consejo Nacional Electoral, esto es, una vez transcurrida la mitad del período, pero "nada señala respecto de la oportunidad para recolectar las firmas, las cuales, lógicamente deben preceder a la solicitud, sólo podrían recolectarse en el término establecido en dicho precepto constitucional." En todo caso, señaló también la

---

111 Sentencias de la Sala Constitucional Nº 457 de 05-04-2001 (Caso: *Francisco Encinas Verde*); y Nº 759 de 16-05-2001 (Caso: *Asamblea Nacional*).

112 Sentencia Nº 137 de fecha 13 de febrero de 2003 (Caso*: Freddy Lepage y otros).*

Sala que "establecer un requisito temporal para la recolección de las mencionadas firmas conllevaría menoscabar dicho principio de técnica fundamental."

La expresión de esta sentencia en el sentido de que las firmas "lógicamente deben preceder a la solicitud", condujo a que se llegase a interpretar que ese proceso podía ejecutarse aún antes de transcurrida la mitad del período del mandato del Presidente Chávez, para presentar la solicitud posteriormente, una vez transcurrido ese lapso. Y fue en tal sentido que la oposición al Presidente de la República convocó a un proceso de recolección de firmas para respaldar una declaración sobre la revocación del mandato del Presidente[113], denominado el "Firmazo", el cual se realizó el 2 de febrero de 2003, es decir, más de seis meses antes de que hubiera transcurrido la mitad del período constitucional del Presidente.[114] Las firmas fueron presentadas ante el Consejo Nacional Electoral el día 20 de agosto de 2003 por un grupo de partidos políticos y organizaciones con fines políticos, pero la presentación estuvo signada por la discusión sobre la oportunidad para recoger las firmas en respaldo de la solicitud de referendo y la forma cómo debió haberse formulado la petición, solicitud pregunta.

La discusión y la interpretación que se había hecho de la frase antes mencionada de que las firmas lógicamente debían preceder a la solicitud contenida en la sentencia de la Sala Constitucional N° 137 de fecha 13 de febrero de 2003 (caso: *Freddy Lepage y otros)*, había llegado al mismo Tribunal Supremo, por lo que la Sala Constitucional una semana antes de la consignación de las firmas ante el Consejo Nacional Electoral, se vio en la necesidad de publicar una "nota de prensa", el 14 de agosto de 2003, en la cual informaba que la Sala no se había pronunciado sobre el tema de la oportunidad para la recolección de las firmas, ni tampoco sobre "lo relacionado con la validez de dichas firmas, todo lo cual es competencia del Consejo Nacional Electoral, según las normas que rigen su funcionamiento".

En respuesta a la documentación y firmas sobre la revocatoria del mandato del Presidente de la República que se habían consignado ante el Consejo Nacional Electoral el 20 de agosto de 2003, dicho organismo, mediante Resolución N° 030912-461 de fecha 12 de septiembre de 2003, después de constatar la incertidumbre que originaba la ausencia de regulación legal sobre la materia,[115] declaró inadmisible la

---

113 El texto del encabezamiento de las planillas rezaba así: "Iniciativa de Convocatoria a un Referendo Revocatorio del Mandato del Presidente de la República." "Nosotros, los firmantes de esta Planilla, inscritos en el registro Electoral, tomamos la iniciativa de convocar a un referendo revocatorio del mandato del Presidente de la República, ciudadano Hugo Rafael Chávez Frías, de conformidad con lo establecido en el artículo 72 de la Constitución. A tal efecto, sugerimos la siguiente pregunta: ¿De conformidad con lo previsto en el artículo 72 de la Constitución de la República Bolivariana de Venezuela, está usted de acuerdo con revocar el mandato al Presidente de la República Hugo Rafael Chávez Frías?".

114 En esa oportunidad se informó que se habían recogido en respaldo de la solicitud, 3.236.320 firmas de electores inscritos en el registro electoral.

115 El Consejo expuso en la Resolución lo siguiente: "estos medios de participación política como derechos constitucionales que son, pueden ser ejercitados desde su sola regulación constitucional, pero la ausencia de desarrollo legislativo de los mismos hace que su ejercicio esté sujeto a un contexto de altísima incertidumbre. Por consiguiente, a los fines de completar el régimen del derecho constitucional, se harán necesarias la intervención del legislador por vía general o bien la intervención pretoriana del juez, caso por caso, como fuentes de desarrollo y complementación del derecho tal y como aparece regulado en la Constitución".

solicitud presentada al considerar, entre otros aspectos,[116] que las firmas que respaldaban las solicitudes "fueron suscritas de manera extemporánea por anticipada, esto es, antes de que naciera la titularidad del derecho del referendo revocatorio". El Consejo Nacional Electoral señaló, en efecto, que:

> "no es un ejercicio legítimo del derecho previsto en el artículo 72 de la Constitución solicitar el referendo revocatorio de un funcionario electivo mediante peticiones que sean anteriores al momento en que nace o se origina el derecho. Así como no se puede cursar solicitud ante el Poder Electoral antes de que se cumpla el momento constitucional fijado, en el cual se consolida la titularidad del derecho y puede ejercer el derecho de solicitarlo; de esa misma manera no pueden recabarse las firmas para acompañar una solicitud para cuyo objeto el firmante no tiene derecho todavía."

Ello se reguló luego en forma expresa en las Normas de Referendos Revocatorios que el Consejo Nacional Electoral dictó en septiembre de 2003, estableciéndose que la recolección de firmas para la solicitud de los referendos revocatorios, sólo puede tener lugar una vez que haya trascurrido la mitad del período del funcionario electo.

Se frustró, en esa forma el primer intento de plantear una iniciativa para un referendo revocatorio del mandato presidencial que había sido respaldada por más de tres millones doscientos mil firmas.

II. LA CONFISCACIÓN DEL DERECHO DE PETICIÓN PARA SOLICITAR LA CONVOCATORIA DE REFERENDO REVOCATORIO POR EL CONSEJO NACIONAL ELECTORAL

Como antes se ha dicho, la Sala Constitucional del Tribunal Supremo de Justicia, mediante sentencia Nº 2341 del 25 de agosto de 2003 (Caso: *Hermánn Escarrá M. y otros*) designó por la inconstitucional omisión legislativa en hacerlo, a los miembros del Consejo Nacional Electoral, quienes fueron juramentados el 27 de agosto de 2003.

Al mes de esta decisión, el nuevo el Consejo Nacional Electoral, mediante Resolución Nº 030925-465 de 25 de septiembre de 2003, dictó las "Normas para regular los procesos de referendos revocatorios de mandatos de cargos de elección popular,"[117]con las cuales puede decirse que el Poder Electoral, cuya autonomía había sido secuestrada por los Poderes del estado, a su vez inició el proceso de confiscación del derecho ciudadano a la participación política mediante la iniciativa popular

---

116 La Resolución expresó sobre la forma de la solicitud, lo siguiente: "En estricto sentido, pues, el texto firmado por quienes participaron el "Firmazo" no es expresión de una solicitud o petición dirigida a este Organismo Electoral del que se prescinde totalmente y, de otro lado, se omiten datos formales, estimados por la Sala Constitucional como formas esenciales que las solicitudes deben cumplir inexorablemente, tales como la indicación de la "fecha de toma de posesión efectiva " del cargo del funcionario cuestionado y la mención del Poder Electoral como destinatario de la solicitud". Por ello, el Consejo Nacional Electoral la declaró "inadmisible...porque las planillas cuyas firmas respaldarían la solicitud de los presentantes no contienen una manifestación de voluntad que llene los requisitos del artículo 72 de la Constitución, según la jurisprudencia citada de la Sala Constitucional del Tribunal Supremo de Justicia y, en todo caso, tales planillas no contienen una solicitud o petición dirigida a este Poder Electoral".

117 La Resolución fue modificada en cuanto al artículo 24 mediante Resolución Nº 031030-717 de 30-10-2003.

de solicitud de convocatoria de referendos revocatorios, al encasillar de tal manera el ejercicio del derecho, que lo ha hecho de casi imposible ejercicio, en contradicción incluso con las declaraciones iniciales de la misma Resolución (art. 3) en el sentido de las mismas supuestamente tenían como propósito "garantizar el derecho del elector a solicitar la convocatoria de referendo revocatorio de mandato de los funcionarios electos popularmente" y "garantizar el respeto de la voluntad de los electores expresada a través del ejercicio del voto." Sin embargo, al contrario, con las normas dictadas, no se garantizó tal derecho de los electores.

La Sala Constitucional del Tribunal Supremo, en la citada sentencia N° 1139 de 5 de junio de 2002 (Caso: *Sergio Omar Calderón y William Dávila*), había establecido el criterio de que el referendo revocatorio "se encuentra sometido a las reglas previstas en el artículo 72 de la Constitución, sin que deje ningún margen de discrecionalidad que autorice al Consejo Nacional Electoral a emitir pronunciamiento alguno sobre el mérito o conveniencia de la solicitud formulada, *ni a establecer -en las normativas de carácter sub legal que dicte-, nuevas condiciones para la procedencia de la revocación del mandato, no contempladas en el marco constitucional vigente"*. El Consejo Nacional Electoral en las normas antes citadas, que son de carácter sub legal, precisamente estableció nuevas condiciones para la procedencia de la revocación del mandato no contempladas en el marco constitucional vigente. Estimamos que no es posible que se pueda sostener que estas normas puedan tener carácter y rango de Ley, y menos de ley orgánica que son las únicas que pueden regular los derechos constitucionales, especialmente los derechos políticos (art. 203). En todo caso, los requisitos y formalidades establecidos en las citadas normas para ejercer el derecho ciudadano de peticionar o solicitar la convocatoria de un referendo revocatorio son de tal naturaleza, que casi se confunden con el derecho mismo de revocar el mandato del funcionario electo, pues en las mismas se estableció un control total del derecho de petición a los efectos de solicitar la convocatoria de un referendo revocatorio, regulándose un complejo procedimiento para admitir la solicitud de iniciar el proceso de recolección de firmas, con indicación de los *lugares y la fechas* en los cuales proyectan hacer la recolección de firmas (en un lapso exclusivo de 4 días), conformándose un apoderamiento estatal del proceso de recolección de firmas y además de huellas dactilares que se convirtió en un acto público a ser realizado en unos lugares predeterminados, en unas planillas preestablecidas *numeradas y foliadas*, en unos días fijos y bajo la vigilancia del Estado con *observadores* designados por el Consejo. El Consejo Nacional Electoral en realidad, confundió ilegalmente el ejercicio del derecho de petición con el derecho al sufragio o acto de votación en si mismo.

En las normas además, se reguló un engorroso procedimiento de verificación de los requisitos confrontando los datos de los solicitantes con los Registro Electoral, clasificándose las firmas solicitantes validados, aceptados y rechazados, procediéndose luego a verificar si las firmas y datos que contienen las planillas son fidedignos. Para este proceso, además, el 20 de noviembre de 2003, el Consejo Nacional Electoral mediante Resolución N° 031120-794 dictó las "Normas sobre los criterios de validación de las firmas y de las planillas de recolección de firmas para los procesos de referendo revocatorio de mandatos de cargos de elección popular" estableciendo los múltiples casos en los cuales las firmas no se consideran válidas, con criterios formales casi imposible de superar. De todo ello se debe elaborar un Informe que Consejo Nacional Electoral debe aprobar, indicándose "si el porcentaje de los solicitantes aceptados es mayor o igual al porcentaje de los electores previsto en el artículo 72 de la Constitución." El Informe debe ser publicado, dándose a los afectados la posibilidad de a los electores firmante rechazado, de acudir ante el Consejo Nacional Electoral, a los fines de subsanar cualquier error material en que haya incurrido la Administración Electoral durante la verificación de sus datos.

III. LAS VICISITUDES DE LA PETICIÓN DE CONVOCATORIA A REFERENDO REVOCATORIO DEL MANDATO DEL PRESIDENTE DE LA REPÚBLICA, O "EL REAFIRMAZO"

Con esta camisa de fuerza reglamentaria, sin embargo, y a pesar de su carácter extremadamente limitante para el ejercicio del derecho de petición, diversas organizaciones políticas de oposición formularon ante el Consejo Nacional Electoral la participación correspondiente sobre el inicio del procedimiento para la solicitud de revocatoria del mandato del Presidente de la República, conocida como *El Reafirmazo*; habiendo el Consejo fijado los días entre el 28 de noviembre y el 1° de diciembre de 2003, como las fecha para efectuar la recolección de firmas (Resolución N° 031015-529 de fecha 15 de octubre de 2003).[118]

Después de cumplirse todas las formalidades y los muy engorrosos requisitos que conforman el procedimiento para la obtención de firmas, antes de que terminara el plazo para ello, ya el Presidente de la República calificaba el proceso como un "megafraude;"[119] lo que no impidió que las organizaciones promotoras de la solicitud, anunciaran haber consignado el 19 de diciembre de 2003 ante el Consejo Nacional Electoral un total de planillas con 3.467.050 firmas.[120] Sin embargo, antes de la consignación de las firmas, en el Consejo Nacional Electoral se había iniciado una polémica sobre los criterios para anularlas firmas o las planillas (con todas sus firmas),[121] habiendo sido en la segunda semana de enero de 2004 cuando se comenzó a realizar la verificación de las firmas, mediante un instructivo relativo a la validación de planillas y actas[122]. El excesivo formalismo que comenzó a aplicarse en la revisión fue advertido por los observadores internacionales[123]; y el 7 de febrero de 2004 uno de los Ministros del Poder Ejecutivo ya indicaba la necesidad de invalidar muchas firmas, lo que fue protestado por miembros del Poder Electoral considerando las declaraciones como irrespeto a la autonomía de dicho Poder.[124]

En todo caso, en materia de validación de las firmas y planillas, para el 9 de febrero de 2004, la discusión en el propio Consejo Nacional Electoral comenzó a centrarse sobre las objeciones que se habían formulado respecto de las planillas con

---

118 Véase por ejemplo, *El Nacional*, Caracas 27-11-200, p. A-7; *El Nacional*, Caracas 30-11-200, p. A-9.

119 Véase *El Nacional*, Caracas 01-12-2003, p. A-4, y en particular, las declaraciones sobre ello de Cesar Gaviria, Secretario General de la OEA. Miembros del Consejo Nacional Electoral, en respuesta, solicitaban que cualquier denuncia se presentara ante el organismo. *Ídem.* Véase la declaración del Presidente del Consejo Nacional Electoral en *El Nacional*, Caracas 01-12-2003, p. A-4,

120 Véase *El Nacional*, Caracas 17-12-2003, p. A-1 y A-4. Véase también *El Nacional*, Caracas 19-12-2003, p. A-2.

121 Véase *El Nacional*, Caracas 13-12-2003, p. A-1; *El Nacional*, Caracas 16-12-2003, p. A-2

122 Véase *El Nacional*, Caracas 09-01-2004, p. A-3; *El Nacional*, Caracas 13-01-2004, p. A-2.

123 Véase las observaciones de los representantes del Centro Carter y de la OEA en *El Nacional*, Caracas 03-02-2004, p. A-1

124 Véase en *El Nacional*, Caracas 08-01-2004, p. A-2

firmas en las cuales los nombres y apellidos de las personas firmantes y sus números de cédulas de identidad, se habían escrito en caligrafía similar por personas distinta. En las Normas que regían el procedimiento de verificación y validación nada se decía al respecto, y más bien lo único que se exigía fuera manuscrita era la firma (art. 29,3) pero no los datos de identificación (nombre, apellido y número de cédula de identidad), respecto de los cuales no se exigía que fueran de puño y letra de los peticionantes[125]. Por ello, en medio de denuncias varias[126], los observadores internacionales en el proceso advertían, con razón, que el Consejo Nacional Electoral en el proceso de verificación de las firmas, debía privilegiar la voluntad del firmante sobre los tecnicismos[127]. Ello por lo demás es lo que derivaba del principio del Estado de Justicia, que conforme al artículo 26 de la Constitución debe ser "sin formalismos."

Pero para el 17 de febrero de 2004, ya la prensa anunciaba que de las casi 3 millones y medio de firmas entregadas respaldando la petición de convocatoria de un referendo revocatorio del mandato del Presidente de la República, sólo algo más de un millón de firmas no tendían observaciones[128]; y a la vez, que se había intentado ante la Sala Electoral del Tribunal Supremo de Justicia una acción de amparo para proteger el derecho a la participación política contra el supuesto criterio de validación sobrevenido que se anunciaba respecto de las planillas de firmas donde los datos de identificación de los firmantes se habían escrito con la misma caligrafía[129]. El 20 de febrero de 2004 ya el Presidente del Consejo Nacional Electoral anunciaba sobre la objeción que se habían formulado a 213.190 planillas, de las cuales 148.190 era por presentar similar caligrafía.[130]

Entre el 21 y 23 de febrero de 2004 se discutió en el Consejo Nacional Electoral sobre un "instructivo" que debía guiar el trabajo del Comité Técnico Superior mediante el cual se formalizaría el rechazo de las planillas con similar caligrafía (planillas planas) que afectaba 148.000 planillas, pero el mismo no pudo ser aprobado[131]

---

125 Solamente en unas "Normas para Regular las Actividades de los Observadores del Consejo Nacional Electoral en la Recolección de Firmas y de los Agentes de Recolección de Firmas de los Presentantes de las solicitudes de Convocatorias de Referendos Revocatorios de Mandatos de Cargos de Elección Popular" (Resolución Nº 031030-74 de 30-10-2003) se disponía que los observadores debían "Entregar a los firmantes formato en el cual estos mismos plasmarán, con base a la información que le suministre el Agente de Recolección de Firmas, los datos de la Planilla de Recolección de Firmas en la cual han manifestado su voluntad" (Art. 4). Véase el reportaje de Alfredo Meza, *El Nacional*, Caracas 09-02-2004.

126 Véase las declaraciones del Diputado Carlos Berrisbeitia, denunciando que "se está gestando un fraude con la anulación de las planillas tipo planas" en *El Nacional*, Caracas 09-02-2004, p. A-2.

127 Véase las declaraciones de los representantes del Centro Carter y de la OEA, en *El Nacional*, Caracas 14-02-2004, p. A-2.

128 Véase *El Nacional*, Caracas 17-02-2004, p. A-1 y A-2.

129 Véase las declaraciones Enrique Ochoa Antich, accionante del amparo, en *El Nacional*, Caracas 17-02-2004, p. A-2. Véase la información sobre el criterio de la Consultoría Jurídica del Consejo Nacional Electoral en *El Nacional*, Caracas 19-02-2004, p. A-1.

130 Reconocía, además, que si bien el tema de las "planillas planas" no estaba contemplado en las Normas, se trataba de "hechos sobrevenidos que provocan duda que debe resolver el directorio". Véase reportaje de Marianela Palacios, *El Nacional*, Caracas 20-02-2004, p. A-2.

131 Véase *El Universal*, Caracas 21-02-2004, p. 1-1; *El Universal*, Caracas 22-02-2004, p. 11-1; *El Nacional*, Caracas 24-02-2004, p. 1-3.

hasta el día 24 de febrero de 2004[132] en una votación de tres a dos. Al día siguiente, el Vicepresidente de la República se apresuró a señalar que la decisión adoptada era "impecable desde el punto de vista jurídico y procedimental", y el Ministro de la Defensa diría que la haría respetar[133]

Los dos miembros del Consejo Nacional Electoral que habían salvado su voto en la decisión adoptada, destacaron la crisis institucional que se había abierto en el Cuerpo con la decisión. Uno de ellos expresó que "Aquí no se están respetando las normas establecidas. El nuevo criterio de planillas planas no estaba en las normas. Choca contra todo lo que estaba establecido. Es un grave golpe el que se ha dado al referendo revocatorio"[134]; la otra rectora miembro del Consejo "consideró la decisión como una abierta violación de la Constitución y de las normas del referéndum revocatorio aprobadas por el directorio". Se ha confundido el acto personalísimo que establecen las normas con la transcripción de datos. La normativa decía que sólo la firma y la huella. La manifestación de la voluntad debe respetarse"[135].

En todo caso, con la decisión tomada se terminaba de confiscar el derecho ciudadano a la participación política mediante la solicitud de convocatoria de un referendo revocatorio. El día 28 de febrero ya se leía en la prensa un "aviso" del Consejo Nacional Electoral donde informaba en relación a las solicitudes del referéndum revocatorio en qué casos sería reconocida la firma,[136] formulándose normas de invalidación de firmas que no estaban en vigencia para cuando se inició el procedimiento, aplicándoselas, además, retroactivamente.

El proceso confiscatorio del derecho ciudadano concluyó con la adopción de la Resolución Nº 040302-131 del Consejo Nacional Electoral de 2 de marzo de 2004[137], en la cual el organismo hizo "del conocimiento público que en el procedimiento revocatorio iniciado en relación con el ciudadano Hugo Rafael Chávez Frías, Presidente de la República, la actividad de verificación de las solicitudes y firmas adelantada por este Poder Electoral", había arrojado los siguientes "resultados preliminares": a) 388.108 planillas procesadas sometidas a la verificación física por el Organismo; b) 7.297 planillas vacías y/o inutilizadas en la jornada de recolección de firmas; c) 39.060 planillas invalidadas en razón del incumplimiento de las "Normas

---

132 Según lo informó el periodista Alfredo Meza, había triunfado la propuesta "que sostenía que era una violación de la norma que los agentes que recogieron las firmas transcribieran el nombre y el número de cédula de los participantes, por lo que había que colocar en observación todas aquellas rúbricas que se derivaron de esa mecánica". *El Nacional,* Caracas 25-02-2004, p. A-2. La "norma" sin embargo, no aparece en Resolución alguna del Poder Electoral y sólo se adoptaría *ex post facto* en un "Instructivo" el día 24-02-2004, denominado "Instructivo sobre el tratamiento por el Comité Técnico Superior de las Firmas de Caligrafía Similar o Renglones de Planillas Llenadas por la misma Persona", el cual tampoco fue publicado ni en Gaceta Oficial ni siquiera en la página web del Consejo Nacional Electoral. Véase las referencias al "Instructivo" en la sentencia de la Sala Electoral Nº 24 del 15-032994, en la cual suspendió los efectos de dicho Instructivo.

133 Véase *El Nacional*, Caracas 26-02-2004, p. A-6.

134 Véase lo expresado por Ezequiel Zamora al periodista Alfredo Meza en *El Nacional*, Caracas 25-02-2004, p. A-2.

135 Véase lo expresado por Sobella Mejías, en *El Nacional*, Caracas 25-02-2004, p. A-2.

136 Véase en *El Nacional*, Caracas 28-02-2004, p. A-9; *El Nacional*, Caracas 29-02-2004, p. A-11.

137 Véase en *El Nacional*, Caracas 03-02-2004, p. A-2. La Resolución se publicó en la página web del Consejo Nacional Electoral, indicándose erradamente como fecha de la misma el "8 de enero de 2004", cuando al final del texto se afirma que fue aprobada el 02-03-2004.

sobre los Criterios de Validación de las Firmas y de las Planillas de recolección de firmas para los proceso de Referendo Revocatorio de Mandatos de Cargos de Elección Popular." Además, se informaba que había: "d) 3.086.013 solicitudes procesadas del universo de planillas validadas según actas. e) 1.832.493 solicitudes validadas para la convocatoria del referendo revocatorio. f) 143.930 solicitudes rechazadas en razón del Registro Electoral (no inscritos; menores de edad; extranjeros; fallecidos; inhabilitación electoral e incongruencia de datos de la solicitud con el registro). Y g) 233.573 solicitudes rechazadas en razón del artículo 3 y los numerales 1, 6 y 7 de las Normas sobre los Criterios de Validación."" h) 876.017 solicitudes se colocaron "bajo observación, calificadas por la opinión unánime de los cinco supervisores del Comité Técnico Superior, susceptibles de ser ratificadas por la vía del reparo, en razón de constituir solicitudes o firmas de similar caligrafía," sin que se indicara la base legal para ello, ya que tal requisito no está en norma alguna reguladora de los procesos de referendo revocatorio.

La Resolución, por tanto, estaba viciada de inmotivación por ausencia de fundamentos de derecho y, por tanto, de ausencia de base legal. Por supuesto, además la Resolución era inconstitucional por violar el derecho constitucional a la participación política y violar el derecho constitucional al debido proceso que rige también para los procedimientos administrativos, al violentar el principio de la presunción de inocencia e invertir la carga de la prueba. Los propios observadores internacionales que estuvieron presentes en el transcurso de todo el procedimiento, sobre este último literal de la Resolución expresaron que "no compartimos el criterio de separar esas firmas para que sean ratificadas por el ciudadano; esta decisión podría cambiar el resultado final del procesos.[138]

Y en efecto, así fue, pues la Resolución adoptada lo cambió todo, al terminar de confiscar el derecho ciudadano a formular una petición para la convocatoria de un referendo revocatorio del mandato del Presidente de la República.

Los solicitantes de la convocatoria del referendo informaron habían consignado 3.467.050 firmas; el Consejo Nacional Electoral admitió en su Resolución que después del proceso de validación, existían 1.832.493 solicitudes validadas para la convocatoria del referendo revocatorio. Si a esa cifra se le sumaban las 876.017 firmas que se colocaron bajo observación, el total era de 2.708.510 firmas, y para solicitar el referendo revocatorio en el caso del Presidente de la República[139] bastaban 2.405.856 de firmas. La Resolución del Poder Electoral secuestrado, por tanto, había cambiado todo: con ella se le había confiscado a los ciudadanos su derecho ciudadano a solicitar o formular una petición para convocar un referendo revocatorio del mandato del Presidente de la República. Nada menos se podía esperar de un Poder Electoral secuestrado por el poder político, a través de decisiones de la Sala Constitucional del Tribunal Supremo de Justicia.

Efectivamente, la Resolución había cambiado todo: llevó al país a una situación de violencia política generalizada nunca antes conocida, precisamente porque el ciudadano sintió que le había sido impunemente arrebatado su derecho.

---

138 Véase en *El Nacional*, Caracas, 02-03-2004, p. A-2.

139 El Presidente de la República, fue electo en 2000 con 3.757.774 votos.

IV. LA CONFISCACIÓN DE LAS SOLICITUDES DE "EL REAFIRMAZO" AL EXIGIRSE LA "RATIFICACIÓN" DE PARTE DE LAS PETICIONES EN UN IMPRECISO PROCEDIMIENTO DE "REPARO"

Debe mencionare que el Consejo Nacional Electoral, en la indicada Resolución Nº 040302-131 del 2 de marzo de 2004, había informado que había recibido de las organizaciones promotoras del referendo revocatorio presidencial, 388.108 planillas las cuales fueron "procesadas sometidas a la verificación física por el Organismo". Si estas planillas hubieran tenido 10 firmas cada una, el número de solicitudes para la convocatoria del referendo revocatorio del mandato del Presidente de la República hubiera sido de 3.881.080 peticiones. Pero la Asociación Civil Súmate que coordinó el proceso de la obtención de las firmas y todos los aspectos técnicos que rodearon su procesamiento, informó que se habían entregado al Consejo Nacional Electoral, 388.400 planillas, en las cuales, como antes se ha dicho, había 3.448.747 solicitudes, de las cuales la propia Asociación Súmate reconocía que 407.310 no cumplían con los criterios originales que habían sido establecidos para la validación de las firmas. Ello significa que los promotores de la convocatoria del referendo revocatorio presidencial habrían consignado ante el Consejo Nacional Electoral, 3.041.437 solicitudes[140]. El Consejo Nacional Electoral, en cambio, en su Resolución estimó que de las solicitudes presentadas, 740.237 eran las que no cumplían con los mencionados criterios originales; y adicionalmente, sin apegarse a los criterios originales establecidos para la validación, determinó que 876.017 solicitudes "pasaban a observación," es decir, no se aceptaban, por presentar los datos sobre identidad de los solicitantes "caligrafía similar," exigiendo sobre las mismas que fueran "reparadas," es decir, que los firmantes acudieran ante los centros que se establecerían, en los días precisos para ello, a ratificar sus firmas o a objetarlas.

Esto, en efecto, desde el 28 de febrero de 2004, es decir, varios días antes de que la Resolución fuera aprobada por el Consejo Nacional Electoral, era lo que el mismo organismo ya anunciaba en "Avisos" publicados en la prensa. En ellos, como se ha dicho antes, se afirmaba que *sólo serían reconocidas las firmas* de los solicitantes, cuando éstos hubieran llenado "legalmente los datos de identidad con tu puño y letra, firmaste y colocaste tu huella dactilar", o cuando las personas hubieran sido "asistidos para llenar la planilla con tus datos, debido a algún impedimento y quedó constancia de ello". El no "reconocimiento" de las firmas conforme a esos criterios, significaba que las mismas entonces pasarían a "observación"[141], luego de lo cual el Consejo "decidió" o ratificó en su Resolución, que participaría a la colectividad a través de los medios masivos de comunicación, "el total de números de cédula de identidad de los firmantes participantes en el presente procedimiento revocatorio, con indicación de su condición a los fines de que los ciudadanos expresen su voluntad en la siguiente fase del procedimiento."

Esta decisión del organismo electoral, adoptada después de que una gran marcha de protesta organizada por la oposición el día 27 de febrero de 2004 precisamente en defensa de las firmas y solicitudes consignadas, fuera brutalmente reprimida por las fuerzas de seguridad del Estado, aún antes de que se pretendiera entregar un docu-

140 Véase "Comunicado" de la Asociación Civil Súmate, en *El Nacional*, Caracas 05-03-2004, p. A-17

141 Véase en *El Nacional*, Caracas 28-02-2004, p. A-9.

mento en la reunión de Presidentes del "Grupo de los 15" en Caracas[142]; fue precisamente la que originó una ola de protestas cívicas generalizadas en todo el país,[143] la mayoría de ellas de carácter espontáneo. Estas fueron de nuevo y en forma continuada, brutalmente reprimidas por la Guardia Nacional, en una forma nunca antes vista en el país (por la nueva tecnología de represión existente y por el odio demostrado por la fuerza pública en la represión), originando detenciones ilegales y violaciones generalizadas a los derechos a la vida, libertad, seguridad e integridad personales.[144] La protesta contra la brutal represión fue nacional[145] y mundialmente[146] expresada, y el 6 de marzo de 2004 se efectuó en Caracas una extraordinaria y multitudinaria manifestación de rechazo contra la represión del gobierno.[147]

Sin embargo, el secuestro del Poder Judicial por el poder político que ha ocurrido en Venezuela desde 1999[148], llevó con razón a Pedro Nikken, ex Presidente de la Corte Interamericana de Derechos Humanos y Consejero Permanente del Instituto Interamericano de Derechos Humanos, a dudar que el Estado venezolano cumpliera con su "deber de investigar, juzgar y sancionar los excesos en la represión de las más recientes manifestaciones públicas contra la obstaculización del referéndum revocatorio del mandato del presidente Hugo Chávez, los cuales han generado homicidios, torturas y detenciones arbitrarias"[149]. El secuestro del Poder Judicial en Venezuela había sido de tal naturaleza, que cuando dos juezas penales dieron libertad a algunos detenidos en las manifestaciones de protesta (el principio procesal penal vigente en el país es el derecho a ser juzgado en libertad, siendo la excepción la privación de la libertad del procesado) fueron inmediatamente destituidas por el Tribunal Supremo de Justicia, sin respetarse, por supuesto el derecho al debido proceso, lo que originó nuevas protestas públicas[150] y jurídicas.[151]

La decisión del Consejo Nacional Electoral, en todo caso, era un acto administrativo definitivo, cuya revisión, si bien lo plantearon en una u otra forma diversos sectores de la oposición[152], parecía difícil que fuera el propio Consejo Nacional

---

142 Véase *El Nacional*, Caracas 28-02-2004, p. A-1 y A-2. Dos semanas antes, otra multitudinaria marca de la oposición con el mismo fin se había realizado en Caracas, véase *El Universal*, Caracas, 15-02-2004, p. 1-1; *El Nacional*, Caracas 1-02-2004, p. A-1.

143 Véase por ejemplo, *El Universal*, Caracas 28-02-2004, p. 1-1; *El Nacional*, Caracas 01-03-2004, p. A-1; *El Nacional*, Caracas 02-03-2004, p. A-1.

144 Véase *El Nacional*, Caracas 04-03-2004, p. A-1; *El Nacional*, Caracas 06-03-2004, p. A-1.

145 Véase por ejemplo la declaración de los decanos de las facultades de derecho y miembros de la Academia de Ciencias Políticas y Sociales, en *El Nacional*, Caracas 06-03-2004, p. A-4.

146 Véase por ejemplo la manifestación de la Sociedad Internacional para los Derechos Humanos, firmada entre otros por los Presidentes de Polonia, Lituania y República Checa, Lech Walesa, Vitautas Landsbergis y Vaclav Havel. Véase en *El Nacional*, Caracas 06-03-2004, p. A-2.

147 Véase *El Nacional*, Caracas, 07-03-2004, pp. A-1; A-2; A-3.

148 Véase Allan R. Brewer-Carías, *Golpe de Estado y Proceso Constituyente en Venezuela*, UNAM, México 2002, pp. 224 y ss. y 395 y ss.

149 Véase en *El Nacional*, Caracas 05-03-2004, p. A-2.

150 Véase sobre la manifestación ante la Dirección Ejecutiva de la Magistratura del Tribunal Supremo de Justicia, en *El Nacional*, Caracas, 05-03-2004, p. A-4.

151 Véase la declaración de los decanos de las facultades de derecho y miembros de la Academia de Ciencias Políticas y Sociales, en *El Nacional*, Caracas 06-03-2004, p. A-4.

152 Véase la posición de la Coordinadora Democrática en; *El Nacional*, Caracas, 04-03-2004, p. A-4; *El Universal*, Caracas, 04-03-2004, p. 1-2.

Electoral el que fuera a reformarlo, salvo por lo que se refería a la "flexibilización" del procedimiento de "reparo" de las firmas que habían sido colocadas en "observación,"[153] con el objeto, entre otros factores, de que el referido procedimiento de "reparo" no se convirtiera en un "tercer firmazo con menos posibilidades y con menos días."[154]

Ahora bien, siendo la decisión del Consejo Nacional Electoral un acto administrativo definitivo, el mismo estaba sujeto a impugnación por ante la Jurisdicción contencioso electoral, es decir, por ante la Sala Electoral del Tribunal Supremo de Justicia, por lo que un nuevo frente de lucha se abría por el control de la decisión judicial por parte del poder político. La Sala Electoral, en efecto, conocería de un recurso de nulidad con pretensión de amparo contra dicha decisión, suspendiendo sus efectos en medida cautelar de amparo dictada mediante sentencia Nº 24 del 15 de marzo de 2004; pero dicha sentencia, una semana después, sería anulada a su vez por la Sala Constitucional del Tribunal Supremo mediante sentencia Nº 442 del 23 de marzo de 2004, produciéndose en este caso, el secuestro de la Sala Electoral del Tribunal Supremo por parte de la Sala Constitucional del mismo Tribunal Supremo.

La Sala Electoral, a pesar de los intentos de la Sala Constitucional por impedir que llegara a tomar decisión definitiva sobre el asunto en virtud de estar estudiando una solicitud de avocamiento que se le había formulada a esta última, rechazó las pretensiones de la Sala Constitucional mediante sentencia Nº 27 del 29 de marzo de 2004, en la cual no sólo afirmó su competencia para ejercer la Jurisdicción contencioso electoral, reiterando el principio de la igualdad de todas Salas del Tribunal Supremo", sino que rechazando toda posibilidad de avocamiento por parte de la Sala Constitucional, resolvió elevar al conocimiento de la Sala Plena la resolución del "conflicto de funcionamiento" que se estaba planteando entre las dos Salas. Posteriormente, además, resistiendo las presiones de la Sala Constitucional, la Sala Electoral dictó sin embargo su decisión definitiva en el juicio de nulidad mediante sentencia Nº 37 de 12 de abril de 2004, anulando los actos del Consejo Nacional Electoral.

El mismo día, sin embargo, la Sala Constitucional mediante sentencia Nº 566 de 12 de abril de 2004 (la cual había sido supuestamente anunciada el día 31 de marzo de 2004), decidiría avocarse al conocimiento de la causa, y posteriormente, al resolver una solicitud de aclaratoria de dicha sentencia Nº 566, mediante sentencia Nº 628 de 23 de abril de 2004, declararía la sentencia Nº 37 de la Sala Electoral como nula de nulidad absoluta. Con ello, de nuevo y por segunda vez se produciría el secuestro de la Sala Electoral del Tribunal Supremo por parte de la Sala Constitucional del mismo Tribunal Supremo.

Con esta decisión de la Sala Constitucional, quedaba entonces confirmada la confiscación del derecho a la participación política mediante la solicitud de convocatoria del referendo revocatorio del mandato del Presidente de la República, que había quedado consolidada con la Resolución Nº 040302-131 del 2 de marzo de 2004 del Consejo Nacional Electoral. En ella se había resuelto que de las, 3.041.437 de solicitudes consignadas ante el organismo electoral, 740.237 no cumplían con los

153 Véase las declaraciones de los representantes de dos partidos políticos de la oposición (La Causa R y Primero Justicia) en *El Nacional*, Caracas, 2004, p. A-6.

154 Véase en *El Nacional*, Caracas, 03-03-2004, p. A-3.

criterios originales establecidos para la validación, y que además, 876.017 solicitudes "pasaban a observación", es decir, no se aceptaban, por presentar los datos sobre identidad de los solicitantes en "caligrafía similar", exigiendo sobre las mismas que fueran "reparadas", es decir, que los firmantes acudieran ante los centros que se establecerían, en los días precisos para ello, a ratificar sus firmas o a objetarlas.

Paralelamente a la adopción de las decisiones judiciales que consolidaron el secuestro de la Sala Electoral, el Consejo Nacional Electoral había estado elaborando en discusiones con los "actores" de las solicitudes de referendos revocatorios[155], las *Normas que tienen por objeto regular la fase de reparo* las cuales fueron aprobadas el 20 de abril de 2004, con los votos salvados de dos de los cinco rectores del organismo, Ezequiel Zamora y Sobilla Mejías.[156].

En dichas normas se estableció un procedimiento de reparo no sólo para subsanar las solicitudes o firmas que hubieran sido rechazadas (susceptibles de subsanación), sino las validadas, a los efectos de subsanar la razón del reparo o excluirse de los listados de firmantes publicados por el Consejo Nacional Electoral, a cuyo efecto después de la publicación con los datos de los mismos, los interesados debían en un término de cinco días acudir personalmente a los "Centros de Reparo" integrados por funcionarios del órgano electoral para manifestar su voluntad atendiendo al tipo de reparo. Este mecanismo, en todo caso, desvirtuaba una vez más el derecho ciudadano de peticionar, convirtiendo una solicitud para convocar un referendo revocatorio en un procedimiento más complejo que el de una propia votación.

---

155 La Coordinadora Democrática, en comunicado de 05-04-2004 y en representación de la oposición, señaló que a pesar de que estaba convencida de que la razón le asistía, sin embargo, estaba dispuesta a hacer pública una propuesta de reparos que consideró haría factible la realización del Referendo Revocatorio Presidencial en el corto plazo, que contempló los siguientes 4 puntos: / "1. Garantizar la transparencia de los resultados. Ello comienza por convocar a los ciudadanos que participarán en el proceso de reparos para que acudan al Centro de Votación Electoral más cercano al sitio donde firmaron. De esa forma los funcionarios del CNE, los testigos y los observadores nacionales e internacionales acreditados podrán efectuar su labor en establecimientos debidamente acondicionados. Igualmente los procesos deben ser auditables previo al evento y los observadores podrán realizar sus conteos muestrales para emitir sus resultados al finalizar cada jornada de los 5 días fijados en las normas para efectuar los reparos. / 2. Garantizar un procedimiento eficaz de reparo. Esto parte por establecer un mecanismo sencillo según el cual los firmantes que acudan a su Centro de Reparo puedan confirmar su voluntad o demostrar que no firmaron, con solo presentar su Cédula de Identidad laminada y firmar en el cuaderno electoral correspondiente preimpreso con los datos del firmante y subdividido en 10 tomos separados por el último dígito de su cédula, para que de esta forma las colas puedan fluir adecuadamente. Igualmente, una totalización diaria basada en los cuadernos de firmas que permita tener la cifra de firmas al final de cada jornada (muerte súbita). En este sentido, es vital que los actores del proceso puedan colocar en la parte externa del Centro de Votación, los mecanismos de información al elector sin restricciones. (afiches, computadoras, teléfonos, etc.). / 3. Garantizar un punto de partida adecuado. Ello implica partir de una cifra de firmantes válidos y de firmas a reparo suficientes para hacer viable el proceso de reparos. Es de destacar que pueden ser reparadas firmas pertenecientes al conjunto de solicitudes objetadas como planas más las firmas válidas encontradas en planillas que según el CNE no estaban debidamente relacionadas en las actas. / 4. Las fechas pare el mecanismo de reparos y la celebración del Referendo Revocatorio debería establecerse de manera tal que el RR estuviera convocado a más tardar en los primeros días de agosto. En este sentido, nos oponemos a la celebración del RR de los diputados de oposición, antes de que se efectúe el RR presidencial. Ese cronograma no tiene lógica, dado las importancias relativas de ambos eventos y la fecha tope del 19 de agosto 2004, que afecta el RR Presidencial y no, al de los diputados". Véase la posición de la Coordinadora Democrática en *El Nacio*nal, Caracas, 04-03-2004, p. A-4; *El Universal*, Caracas, 04-03-2004, p. 12-; y en *Globovisión.com* (Documentos).

156 Véase el texto en *Globovisión.com* (Documentos).

V. EL NUEVO FRENTE JUDICIAL DEL CONFLICTO POLÍTICO EN TORNO AL REFERENDO REVOCATORIO Y LOS INTENTOS DE SECUESTRO DE LA SALA ELECTORAL DEL TRIBUNAL SUPREMO POR LA SALA CONSTITUCIONAL DEL MISMO TRIBUNAL

Ahora bien, como antes se dijo, varios diputados a la Asamblea Nacional actuando además como representantes de varios partidos de oposición, con fecha 8 de marzo de 2004 intentaron un recurso de nulidad por legalidad e inconstitucionalidad con pretensión de amparo cautelar tanto contra la Resolución del Consejo Nacional Electoral N° 131 del 2 de marzo de 2004 como del "Instructivo" de fecha 24 de febrero de 2004 mediante los cuales se había colocado las solicitudes de convocatoria de referendo revocatorio presidencial "en observación".

La Sala Electoral del Tribunal Supremo de Justicia, contrariamente a lo que había sucedido en años anteriores, puede decirse que en marzo de 2004 no estaba controlada por el poder político gubernamental, como lo había estado en el pasado. Por ello, la acción del gobierno se dirigió, a través de sus dirigentes político partidistas, a recusar a los dos de los tres Magistrados de la Sala Electoral que consideraban podían votar en contra de la posición oficialista[157] y a su vez, la de la oposición, se dirigió a recusar el tercer Magistrado. Además, adicionalmente, y en forma totalmente incomprensible en el ámbito de la jurisdicción contencioso electoral, el propio Consultor Jurídico del Consejo Nacional Electoral, cuyos actos eran precisamente los impugnados ante la Sala, también recusaría a los mismos Magistrados[158].

Por su parte, los representantes de los partidos de gobierno, y a todo evento, también acudieron ante la Sala Constitucional del Tribunal Supremo solicitándole, que aún no teniendo competencia específica en la materia, se avocara al conocimiento de los recursos que habían sido intentados por ante la Sala Electoral, e impedir, así, que ésta pudiera decidir dichos recursos[159]. Por su parte, un diputado de la oposición había, a su vez, recusado a dos Magistrados de esta Sala Constitucional en la solicitud de avocamiento de los juicios sobre el referendo revocatorio[160].

La Sala Constitucional había sido la que había secuestrado al Poder Electoral al haber designado a los miembros (rectores) del Consejo Nacional Electoral, con toda la lesión a la autonomía de dicho organismo, como antes se ha analizado. En consecuencia, en fecha 11 de marzo de 2004, declararía inadmisible la recusación intentada contra sus Magistrados, por haberse formulado antes de que la solicitud de avocamiento fuera admitida[161]; y además, en una decisión que según anunciaba la pren-

157 Véase las informaciones sobre las recusaciones interpuestas por Ismael García del Comando Ayacucho, de las fuerzas políticas del gobierno, y por William Dávila, Diputado del partido de gobierno contra los Magistrados Alberto Martini Urdaneta y Rafael Hernández Uzcátegui, en *El Universal*, Caracas, 04-03-2004, p. 1-5; *El Nacional*, Caracas, 04-03-2004, p. A-7; y *El Nacional*, Caracas, 05-03-2004, p. 1-4.

158 Véase la referencia en Juan M. Raffalli, "Portazos en la cara", en *El Universal*, Caracas 14-03-2004.

159 Véase la información, corroborada por el Magistrado Iván Rincón, Presidente de la Sala Constitucional, en el reportaje de Edgar López, en *El Nacional*, Caracas, 04-03-2004, p. A-7; 1-5; y la información publicada en *El Nacional*, Caracas, 06-03-2004, p. A-2.

160 La recusación fue presentada por el diputado Gerardo Blyde. Véase la referencia en Sentencia de la Sala Constitucional N° 347 de 11-03-2004, Exp. 04-0475.

161 Sentencia N° 347 de 11-03-2004, Exp. 04-0475. La Sala Electoral, a su vez, también habría declarado inadmisible la recusación intentada contra sus Magistrados. Véase la información en *El Universal*, Caracas 12-03-2004. Dicha decisión, a su vez, fue objeto de un recurso de revisión por ante la Sala Constitu-

sa se habría adoptado por tres de los cinco Magistrados de la Sala y sin el quórum necesario para constituirse (de cuatro magistrados) requerido en el artículo 54 de la Ley Orgánica de la Corte Suprema de Justicia, habría ordenado a la Sala Electoral que se inhibiera de tomar decisiones en los casos relacionados con el referendo revocatorio, hasta tanto la Sala Constitucional se pronunciara sobre si se avocaba o no a conocer de dichos asuntos[162]. En un "comunicado" público inusitado, el presidente de la Sala Constitucional, días después, el 15 de marzo de 2004, "explicaría" sus argumentos sobre la "legalidad" de la forma como se habría tomado la decisión[163], y sólo el 16 de marzo de 2004 se ordenaría publicar la decisión adoptada por los tres Magistrados[164].

Con esta decisión de impedir que la Sala Electoral pudiera dictar las decisiones en materias de su exclusiva competencia (contencioso-electoral), se intentaba un nuevo secuestro institucional por parte de la Sala Constitucional, pero esta vez respecto de otra Sala del Tribunal Supremo de Justicia, de igual jerarquía en el orden judicial, lo que por supuesto no podría tener otra explicación que no fuera la de orden político. La figura del "avocamiento", mediante el cual la Sala Constitucional del Tribunal Supremo podría asumir (se podría avocar) al conocimiento de una cau-

---

cional, ante la cual los representantes de los sectores oficiales insistieron en recusar a los Magistrados de dicha Sala Electoral. Véase la información en *Globovisión.com*, Caracas 12-03-2004.

162 Véase la información en *El Universal*, Caracas 12-03-2004; y *Globovisión.com*, Caracas 12-03-2004. Esta irregular situación la constataría posteriormente el Magistrado Rondón Haaz de la Sala Constitucional en su Voto Salvado a la sentencia Nº 566 de la Sala Constitucional de 12-04-2004 en la cual se avocaría al conocimiento de las causas que cursaban ante la Sala Electoral, señalando que el 11-03-2004 "tres Magistrados habrían llamado a otro para informarle que habían tomado una decisión ("se le explico -*sic*- y se le advirtió que quedaba aprobada con el voto de los tres magistrados")..".

163 En efecto en el "Comunicado" hecho público el 15-03-2004 "donde ratifica la validez de la decisión de la Sala Constitucional que impide a la Sala Electoral pronunciarse sobre el referéndum revocatorio", el Presidente de la Sala Constitucional señaló que vista la diligencia que habían formulado los dos Magistrados quienes no participaron en la decisión, que en una reunión convocada el 11-03-2004 aclarando dicho hecho, que "Presentes los cuatro magistrados Iván Rincón, José Manuel Delgado Ocando, Jesús Eduardo Cabrera (ponente) y Antonio García García se le explicó la grave situación que se estaba presentando en la Sala Electoral, el avocamiento que cursaba ante la Sala Constitucional y además el contenido de la ponencia del magistrado Jesús Eduardo Cabrera con la urgencia de la decisión que el caso ameritaba y se le explicó que el Poder Electoral había actuado con la potestad normativa que le delegó la Sala Constitucional y la que esta misma Sala dictó por excepción para el funcionamiento del Poder Electoral y que a fin de resolver sobre la procedencia o no del avocamiento se le estaba ordenando a la Sala Electoral paralizar cualquier acción de nulidad, amparo o cualquier otro recurso incoados contra los actos del Poder Electoral referidos a los procedimientos de referéndum revocatorio de cargos de elección popular e igualmente se le ordenaba abstenerse de decidir los mismos, paralizarlos y remitirlos a la Sala Constitucional al igual que todas las acciones que incoasen en este sentido. Los magistrados Iván Rincón Urdaneta, Jesús Eduardo Cabrera y José Manuel Delgado Ocando manifestaron estar de acuerdo con la sentencia y se le advirtió al magistrado Antonio García García que quedaba aprobada; *el cual exigió el texto escrito; se le entregó firmado ya por los tres magistrados que lo aprobaron* y se retiró del despacho" (cursivas agregadas). No es difícil deducir de este "comunicado" cómo el Presidente de la Sala Constitucional lo que hizo en él fue confesar que la decisión la tomaron tres Magistrados y así se la presentaron firmada al cuarto, el cual por tanto no pudo haber "participado" en la toma de la misma. Véase el texto en *Globovisión.com.* Caracas 15-03-2004.

164 En una "diligencia" que se estampó en el expediente por la propia Sala, se dejaría constancia que "en el día de hoy, 16 de marzo de 2004, siendo las 4:50 de la tarde, se recibió del despacho del Magistrado Antonio García García ... la sentencia aprobada en la sesión del 11 de marzo de 2004 a las 2:30 p.m. en el expediente Nº 04-0475, la cual fue devuelta sin la firma del mencionado Magistrado" por lo que entonces, la Sala lo remitía a la Secretaría para su publicación.

sa que curse ante un tribunal inferior, respecto de lo cual la Sala Constitucional, en su propia jurisprudencia se había "auto creado" su propia competencia, en ningún caso podría proceder en relación con causas que se pudieran estar ventilando en otras Salas del propio Tribunal Supremo de Justicia conforme a sus propias competencias constitucionales, sino eventualmente ante tribunales inferiores en materias en las cuales la Sala Constitucional pudiera tener competencia[165]; y además, el solicitante del avocamiento al menos debía ser parte en el proceso judicial respecto del cual se requería que la Sala asumiera el conocimiento.

En todo caso, con esta solicitud, de nuevo se planteaba el reto institucional que con frecuencia debe enfrentar toda jurisdicción constitucional, y que simplemente es el del deber-poder de actuar ante el hecho político, como juez constitucional imparcial ante el poder político, enfrentando las presiones que este ejerce y apartándose de sus tentaciones. Lo contrario, es decir, actuar con una máscara de juez, pero como diabólico instrumento al servicio de dicho poder político, como lamentablemente ya había ocurrido antes en la historia reciente venezolana, parecía que se repetía.

Pero la Sala Electoral del Tribunal Supremo, sin embargo, reaccionó contra la pretensión de la Sala Constitucional como lo hace un órgano judicial al servicio de la justicia, rebelándose ante el intento de secuestro. Fue la primera vez que una Sala del mismo Tribunal Supremo pondría en duda el rol de la Sala Constitucional, la cual lejos de haber sido el pilar de la construcción del Estado de Derecho, en muchas de sus actuaciones había sido un instrumento del autoritarismo.

Así, el 15 de marzo de 2004 el Presidente de la Sala Electoral respondió el "memorando" que le había remitido la Sala Constitucional acusando a dicha Sala de haber intentado "violentar el Estado de Derecho" al querer impedir que la Sala Electoral decidiera en las causas de su propia competencia,[166] anunciando que ejercería sus competencias constitucionales en la decisión del recurso de nulidad y amparo que se había intentado contra la Resolución del Consejo Nacional Electoral.

Y así lo hizo, además, declarando con lugar el amparo cautelar que se le había solicitado en protección del derecho constitucional a la participación política en el juicio de nulidad contra la Resolución del Consejo Nacional Electoral, mediante sentencia Nº 24 del 15 de marzo de 2004[167] (Caso: *Julio Borges, César Pérez Vivas,*

---

165 El profesor José Peña Solís, ex Magistrado de la Sala Electoral y quien había sido Presidente de la misma sobre esto recordó, en declaraciones dadas a María Lilibeth da Corte, que la figura del avocamiento está prevista "sólo para tribunales inferiores. Una Sala no es un tribunal, todas constituyen el TSJ. No se puede pretender que una Sala pueda avocarse a lo de otra Sala, porque eso crea una crisis institucional de incalculables dimensiones", en *El Universal*, Caracas 13-03-2004.

166 En un inusitado "Comunicado" leído por el Presidente de la Sala Electoral y dirigido a los Magistrados de la Sala Constitucional, según el resumen hecho por la periodista Irma Álvarez, aquél cuestionó las comunicaciones que los días 11-03-2004 y 12-03-1004 se habían recibido de ésta, a través de las cuales le participaba a la Sala Electoral que estaba impedida de actuar en los casos relacionados con el referendo, en virtud de la solicitud de avocamiento formulada ante la Sala Constitucional; manifestándoles que "las referidas comunicaciones pretenden constituirse en una orden dictada, sin estar respaldada por sentencia alguna, razón por la cual la Sala Electoral ostenta todo el poder necesario para sustanciar y pronunciarse, de acuerdo a lo previsto en el artículo 297 de la Constitución y la jurisprudencia". Además dijo no entender cuál es la motivación que tuvieron estos magistrados "al pretender sustraer de su juez natural los recursos" o "al participar que hubo una sesión de Sala que no se efectuó, como lo hacen constar los magistrados Antonio García y Pedro Rondón". Sus preguntas fueron pues: ¿qué pretenden? ¿Violentar el Estado de Derecho?. Véase en *El Universal*, caracas 16-03-2004.

167 Exp. AA70-E 2004-000021 (Exp. x-04-00006).

Henry Ramos Allup, Jorge Sucre Castillo, Ramón José Medina y Gerardo Blyde vs. Consejo Nacional Electoral). En esta decisión, el Tribunal Supremo estimó que los efectos de la Resolución N° 040302-131 de fecha 2 de marzo de 2004, dictada con fundamento en el *Instructivo sobre el tratamiento por el comité técnico superior de las firmas de caligrafía similar o renglones de planillas llenadas por la misma persona*, colocando "bajo observación", la cantidad de 876.017 firmas o solicitudes de revocatoria de mandato presidencial, sometiéndolas, al denominado "procedimiento de reparo", por considerar que los datos de identificación habían sido escritos con "caligrafía similar", debían suspenderse considerando que existía una "presunción grave de violación" del derecho constitucional consagrado en el artículo 62 de la Constitución y garantizado en el artículo 70; ordenando al Consejo Nacional Electoral que *desaplicara* a las 876.017 firmas colocadas "bajo observación" en la Resolución impugnada el criterio contenido en el Instructivo antes mencionado, que también había sido impugnado, que imponía la exigencia de ratificación de la manifestación de voluntad de los titulares de esas firmas (denominado reparo negativo). La Sala Electoral, además, con el mismo fin restablecedor de la situación jurídica infringida, *acordó incluir o sumar* a las solicitudes validadas por el Consejo Nacional Electoral para la convocatoria del referendo revocatorio que alcanzaba a 1.832.493 de solicitudes las 876.017 firmas o solicitudes antes indicadas, operación ésta que arrojaba "la cifra total de *2.708.510* de solicitudes o firmas."

Como consecuencia de dicha operación aritmética la Sala Electoral ordenó al Consejo Nacional Electoral *aplicar*, a tales solicitudes, el procedimiento de reparo de conformidad con lo establecido en el artículo 31 de las "Normas para regular los procesos de referendos revocatorios de mandatos de cargos de elección popular", a los fines de que los ciudadanos que manifiesten no haber firmado soliciten su exclusión.

En cuanto a las planillas que habían sido invalidadas por el Consejo Nacional Electoral, y que alcanzaba la suma de 39.060, la Sala Electoral *ordenó* al Consejo Nacional Electoral "permitir a los electores firmantes contenidos en ellas acudir al procedimiento de reparo establecido en el artículo 31 de las mencionadas Normas."

Por último, la Sala, en su sentencia, ordenó al Consejo Nacional Electoral procediera a *efectuar el procedimiento de reparo* en el lapso establecido en el artículo 31 de las Normas citadas y luego de realizado éste procedimiento, y de existir al menos el veinte por ciento (20%) de solicitudes válidas, "proceda a convocar el referéndum revocatorio a que se refiere el presente fallo, en el lapso establecido en el artículo 33 de dichas Normas."

Con esta importante decisión,[168] la solicitud popular del referendo revocatorio del mandato del Presidente de la República, se encontraba entonces con un camino libre de obstáculos, pero no exento de consecuencias políticas ni de que en el mismo se colocaran nuevos obstáculos políticos, los cuales se anunciaron el mismo día de la decisión.

---

168 En un inusitado "comunicado" público de fecha 16-03-2004, sin embargo, el Magistrado Luis Martínez de la Sala Electoral, quien no había firmado la decisión, pondría en entredicho "la honorabilidad de sus colegas Martini y Hernández, quienes con su decisión -dijo- "ponen en duda, no sólo su falta de objetividad e imparcialidad para conocer y decidir del presente recurso, sino su idoneidad ética para desempeñarse como jueces de la República". Véase *Globovisión.com*, Caracas 16-03-2004.

En cuanto a las consecuencias políticas, en un sistema constitucional donde la separación de poderes no garantiza totalmente su independencia, dado que la Asamblea Nacional tiene la potestad de remover a los titulares de los Poderes Públicos no electos (Poder Judicial, Poder Electoral, Poder Ciudadano: arts. 265, 279, 296) las reacciones y amenazas no se hicieron esperar, tanto de parte del Poder Legislativo como del Poder Ejecutivo, e incluso, de órganos del Poder Ciudadano[169]. En cuanto al Poder Legislativo, fue primero la Junta directiva de la Asamblea Nacional, y después, la plenaria de la misma, el 16 de marzo de 2004, las que adoptarían un "acuerdo" donde se "condena enfáticamente" el fallo por considerarlo "absolutamente irrito y nulo", y lo más grave, exhortaban al Poder Ciudadano para que calificara la conducta de los magistrados como "falta grave" a los efectos de poder ser removidos por la propia Asamblea Nacional.[170]

La sugerencia de la Asamblea Nacional, por supuesto, surtió efectos de inmediato, y en mismo día 16 de marzo de 2004, por una parte, representantes del partido de gobierno solicitarían ante el Tribunal Supremo de Justicia en Pleno, el inicio de un antejuicio de mérito para enjuiciar a los Magistrados Alberto Martini Urdaneta, Rafael Hernández Uzcátegui y Orlando Gravina Alvarado de la Sala Electoral[171], seguramente por el "delito" de haber sido independientes y autónomos como jueces; y por la otra, el Consejo Moral Republicano (Poder Ciudadano), como consecuencia de la solicitud de la Asamblea Nacional, acordaría con base en el artículo 275 de la Constitución y el artículo 32 de la Ley Orgánica del Poder Ciudadano, iniciar el procedimiento de calificación de las presuntas faltas atribuidas a los mismos Magistrados de la Sala Electoral del Tribunal Supremo, en relación con la decisión anunciada por esa instancia del máximo Tribunal sobre el proceso refrendario[172].

Pero también se produciría la reacción del Poder Ejecutivo contra una Sala del Tribunal Supremo, a través del Vice Presidente Ejecutivo de la República, quién calificaría a la sentencia como inconstitucional, subversiva, mafiosa e inmoral, reivindicando además un supuesto tutelaje de la Sala Constitucional del Tribunal Supremo de Justicia sobre el Consejo Nacional Electoral y en general sobre la materia electoral, en razón que haber sido esa Sala la que había nombrado al Consejo Nacional Electoral por la omisión de la Asamblea Nacional, lo que en criterio del representante Poder Ejecutivo "significa que todo lo relativo a la cuestión electoral corresponde estrictamente al CNE, y vía recurso a la Sala Constitucional", a cuyas

169 La decisión fue públicamente cuestionada por el Fiscal General de la República, Isaías Rodríguez, quien estimó que más que una medida cautelar lo que había dictado la Sala Electoral había sido una decisión de fondo. Señaló que el contenido de la decisión: " hace de la cautelar una decisión de fondo y no una medida provisoria, y se corre el riesgo de que cause en sí misma el agravio o el daño que pretende evitar, desnaturalizándose el contenido de ella. Es decir, pasa a ser una decisión de fondo mas no provisoria"...Por lo demás, la cautelar adelanta opinión sobre la nulidad y pudiéramos estar ante una extralimitación de atribuciones. La decisión de la Sala Electoral ha incurrido en un evidente desorden procesal, puesto que pareciera que con una medida provisional se pretende anular un acto administrativo que para los promotores del amparo constituye el verdadero fondo de la acción. Véase en *El Universal*, Caracas 16-03-2004.

170 Véase en *Globovisión.com*, Caracas 16-03-2004.

171 *Ídem.*

172 *Ibídem.* En dicho procedimiento, con fecha 18-03-2004, el Consejo Moral Republicano requeriría de la Sala Constitucional del Tribunal Supremo de Justicia copia del Expediente de la solicitud de avocamiento que cursaba ante la misma. Véase *El Universal*, Caracas 19-03-2004.

decisiones se acogerían por supuestamente ser la única con "jurisdicción en esta materia, y que es la que resguarda precisamente a la Constitución de 1999"[173].

En efecto, como hemos analizado, la Sala Constitucional había secuestrado al Poder Electoral, cuyo órgano, entonces, se pretendía que quedara sometido sólo al control de dicha Sala y no al de su juez natural que era la Sala Electoral.

En todo caso, todas las manifestaciones de los Poderes Legislativo, Ciudadano y Ejecutivo en contra de la decisión adoptada por la Sala Electoral al suspender los efectos de la decisión del Consejo Nacional Electoral, lo que evidenciaban una vez más, en general, era la reacción del poder político contra un órgano del Poder Judicial, cuando se sintió que podía actuar con autonomía e independencia, es decir, que escapaba de su control y que no lo tenían totalmente a su servicio. Así estaba, en marzo de 2004, la flamante "penta separación" del Poder Público en Venezuela.

VI. EL SECUESTRO DE LA SALA ELECTORAL POR LA SALA CONSTITUCIONAL DEL TRIBUNAL SUPREMO CON OCASIÓN DE LA ANULACIÓN DE LA DECISIÓN CAUTELAR DE LA PRIMERA, Y EL "AVOCAMIENTO" DE LA CAUSA POR LA SEGUNDA

No había, por tanto, otra forma de callar a la Sala Electoral del Tribunal Supremo y de impedirle que siguiera ejerciendo sus competencias constitucionales y siguiera decidiendo sobre ellas, permitiendo que el referendo revocatorio presidencial se pudiera realizar, que no fuera inhabilitándola para ello, en definitiva, secuestrándola. Y a ese objetivo se dirigieron todas las acciones imaginables, siendo la Sala Constitucional el instrumento para el secuestro y, por tanto, para de nuevo obstaculizar el camino del referendo revocatorio.

En esta forma, el mismo día de la decisión de la Sala Electoral, el Alcalde del Municipio Libertador del Distrito Capital en nombre del partido de gobierno intentaría por ante la Sala Constitucional, según se informaba en nota de prensa emitida por el propio Tribunal Supremo de Justicia, un supuesto "recurso de protección" contra la referida decisión de la Sala Electoral, alegando que la misma era supuestamente ilegal "por violatoria del artículo 135 (*sic*) de la Constitución... en cuanto a que la decisión de la Sala Constitucional del viernes pasado es vinculante o sea es de uso obligatorio por el resto de las Sala. Es así que la Sala Electoral no podía, en el día de hoy, emitir ninguna decisión con respecto al recurso de amparo porque la Sala Constitucional se había avocado al respecto".

La inconstitucional tesis de que la Sala Constitucional supuestamente sería la única que podía resolver sobre la materia, se concretaba así en un recurso que, en definitiva sería un recurso de revisión de sentencias (art. 336,10 de la Constitución), en el cual se solicitaba se suspendieran "los efectos del fallo de la Sala Electoral hasta tanto se produzca una decisión firme de la Sala Constitucional"[174].

173 Véase en *El Universal*, Caracas, 17-03-2004. Incluso, en un inusitado "Comunicado" emitido por la Embajada de Venezuela en Washington el día anterior, 15-03-2004, su afirmaba tajantemente que: "La decisión de la Sala Electoral es contraria a los artículos 335 y 336 de la Constitución de la República Bolivariana de Venezuela. Bajo la Constitución, esta Sala no tiene la competencia para tomar decisiones en materia constitucional. En cambio, el árbitro final de la interpretación constitucional es la Sala Constitucional de la Corte Suprema. Por lo tanto, la decisión de la Sala Electoral está en contra de los principios del debido proceso y en contra de la Ley". Véase también en *Globovisión.com*, Caracas 16-03-2004.

174 Véase la información en *El Universal*, Caracas 16-03-2004.

En esta forma, de nuevo, la Sala Constitucional del Tribunal Supremo de Justicia volvía a tener en sus manos el destino del referendo revocatorio del mandato presidencial, y la posibilidad de reaccionar, a través de una decisión judicial, contra la Sala Electoral del mismo Tribunal Supremo de Justicia que había "osado" cuestionar públicamente sus pretensiones hegemónicas y la había acusado, incluso, de haber querido "violentar el Estado de Derecho"; y que además, había tenido el "atrevimiento" de asumir las competencias que tenía conforme a la Constitución y había decidido el recurso que se había interpuesto ante ella.

El primer paso para asumir el control político sobre la materia que daría la Sala Constitucional, se produjo el 16 de marzo de 2004, cuando la Sala consignó un auto en el expediente de la solicitud de avocamiento que para impedir que la Sala Electoral decidiera en el recurso de nulidad contra la decisión del Consejo Nacional Electoral había formulado por el Sr. Ismael García, como representante del denominado Comando Nacional de Campaña Ayacucho, de los partidos que apoyaban al gobierno (aún no siendo "parte" en proceso judicial alguno que cursara ante la Sala Electoral para poder "solicitar" el avocamiento de una causa por parte de la Sala Constitucional), paralizando toda actividad judicial de la Sala Electoral en la materia "a fin de resolver si es procedente o no el avocamiento solicitado", ordenándole, "que envíe todos los expedientes contentivos de las acciones de nulidad, amparo o cualquier otro recurso incoado contra los actos del Poder Electoral, relativos a los procesos de referendos revocatorios de mandatos de cargos de elección popular", resolviendo que:

> "En consecuencia, desde el momento en que la Sala Electoral de este Tribunal Supremo reciba la comunicación respectiva, deberá paralizar todos los procesos y se abstendrá de decidir los mismo, debiendo remitir - de inmediato- a esta Sala, hasta que se resuelva el avocamiento, cualquier acción que se incoase en dicho sentido."[175]

Debe destacarse que este auto en su motivación hizo referencia a que había sido la Sala Constitucional la que había dictado "la normativa para el funcionamiento del Poder Electoral" y que había sido la que había "delegado" en el Consejo Nacional Electoral "la potestad normativa para garantizar a los ciudadanos el ejercicio de los derechos políticos", de lo cual se podía vislumbrar el argumento de que la Sala Constitucional que al considerarse como una especie de "tutor" del Poder Electoral al cual le había secuestrado y limitado su autonomía, entonces podía asumir en exclusividad el control jurisdiccional sobre sus actos (durante el régimen transitorio *sine die*, por supuesto!), quitándole sus competencias en la materia a la Sala Electo-

175 Véase en *El Universal*, Caracas 17-03-2004. Para el día 18-03-2004, el Presidente de la Sala Electoral seguía argumentando que se trataba de una decisión inexistente, como lo reseña la periodista Irma Álvarez: "Por otra parte, el presidente de la Sala Electoral cuestionó el hecho de que le estén solicitando remitir, a la mayor brevedad posible, los expedientes en curso y las acciones que sean ejercidas con relación a los referendos revocatorios, partiendo para ello de una "sentencia inexistente." En este sentido recordó que los magistrados Antonio García García y Pedro Rondón Haaz estamparon una diligencia, en el expediente en el cual el Comando Ayacucho requirió el avocamiento presto de la Sala Constitucional. En dicha diligencia denunciaron que no estuvieron presentes en sesión alguna en la que se hubiera publicado una sentencia sobre el revocatorio. Por ello acotó que según el art. 246 del Código de Procedimiento Civil: "no se considerará como sentencia, ni se ejecutará, la decisión a cuyo pronunciamiento aparezca que no han concurrido todos los jueces llamados por ley ni la que no esté firmada por todos". Véase en *El Universal*, 19-03-2004.

ral. Y ello fue precisamente lo que ocurrió, el 31 de marzo de 2004, cuando la Sala Constitucional finalmente anunciaría que se avocaría al conocimiento de la causa.

En esta forma, el secuestro de la Sala Electoral por la Sala Constitucional se comenzaba a consolidar, aún cuando *ex post facto*, pues como se ha dicho, ya para el 16 de marzo de 2004 la Sala Electoral había adoptado la decisión cautelar de suspender los efectos de la Resolución del Consejo Nacional Electoral en las materias del referendo revocatorio presidencial. El paso siguiente para impedir el referendo revocatorio, por tanto, no podía ser otro que no fuera anular dicha decisión de la Sala Electoral del Tribunal Supremo e impedirle que siguiera conociendo del asunto.

Pero algo imprevisto surgiría en el proceso de secuestro, y fue que la referida decisión de la Sala Constitucional sería públicamente rechazada por la Sala Electoral, de nuevo, a través de un inusitado "comunicado" de su Presidente, Martini Urdaneta, de fecha 18 de marzo de 2004, en el cual aseguraba que no remitiría a la Sala Constitucional el expediente contentivo de los casos relacionados con el referendo revocatorio presidencial, tal como lo habría solicitado esta última el día anterior, 17 de marzo de 2004, agregando que "Esta Sala Electoral ratifica su competencia para el conocimiento de la causa que se ventila en esta Sala accidental, y declara no a lugar los requerimientos en el oficio antes identificado, por cuanto los mismos son inaccesibles en derecho y así se declara."[176]

Pero a la polémica por el control de los juicios, también se agregaría el propio Consejo Nacional Electoral al intentar ante la Sala Constitucional, como lo informara su presidente Francisco Carrasquero, "en protección y defensa de los derechos e intereses del CNE", un "recurso de controversia constitucional por conflicto de poderes" entre la Sala Electoral y el Consejo Nacional Electoral con el objeto, primero, de "preservar la autonomía del Poder Electoral como el competente para resolver toda la controversia y actos relacionados con la materia electoral"; segundo, de solicitar se decretase "una medida cautelar innominada de suspensión de los efectos de la sentencia del 15 de marzo de 2004" que había dictado la Sala Electoral; tercero, solicitar que se acumulasen "a la causa constitucional todos los procesos que se encuentren en curso y, en especial, el proceso contencioso electoral que cursa ante la Sala Electoral"; y, cuarto, que una vez dirimida "la controversia entre la Sala Electoral y el organismo comicial, la Sala Constitucional declare la nulidad de la sentencia

---

176 La periodista Irma Álvarez reseñó lo expuesto por el Magistrado Martini Urdaneta así: En el oficio de tres páginas indicó que estas medidas las está tomando ante la existencia de un fallo emitido por la misma Sala Constitucional, el 4 de abril del 2003, según el cual el avocamiento de las causas que cursaban en la Sala Electoral sobre el referendo consultivo era "inaccedible en derecho", porque tanto la Sala Electoral como la Constitucional "cuentan con igual rango, siendo ambas en su orden las cúspides de la jurisdicción constitucional y electoral." Con esto intentó salirle al paso a las afirmaciones según las cuales la Sala Constitucional puede avocarse y conocer los expedientes sobre el revocatorio, alegando para ello el riesgo de violación de derechos constitucionales o que el Instructivo sobre el Tratamiento de las Firmas de Caligrafía Similar tiene "efectos generales" o "colectivos." Acto seguido, destacó Martini Urdaneta que la Sala Electoral recurrió a dicha jurisprudencia y se declaró competente para conocer los casos del revocatorio, no sólo por ser "la cúspide de la jurisdicción electoral, sino por mandato del artículo 297 de la Constitución." De acuerdo con esta norma, "la jurisdicción contencioso electoral será ejercida por la Sala Electoral del TSJ". Véase en *El Universal*, Caracas 20-03-2004.

de fecha 15 de marzo de 2004 y se ratifique la competencia del CNE como rector del Poder Electoral"[177].

Demás está decir que tal "recurso de controversia constitucional" entre un órgano del Poder Electoral (Consejo Nacional Electoral) y el órgano del Poder Judicial (Sala Electoral) llamado constitucionalmente a controlar los actos del primero, es una imposibilidad lógica y constitucional, pues de proceder no habría posibilidad alguna de control judicial de los actos del Poder Público, pues siempre se podría alegar tal "conflicto constitucional".

En todo caso, y por más ausencia de fundamento jurídico que pudieran tener las solicitudes y "recursos" que se habían intentado por ante la Sala Constitucional, lo cierto es que la misma disponía de instrumentos, así fueran inadmisibles, para poder perpetrar el secuestro final de la Sala Electoral del mismo Tribunal Supremo y consolidar la confiscación del derecho a la participación política que había hecho el Consejo Nacional Electoral. En efecto, en primer lugar, se le había formulado una solicitud de avocamiento para impedir que la Sala Electoral decidiera sobre la nulidad de la decisión del Consejo Nacional Electoral, formulada por el representante del Comando de campaña de los partidos políticos que apoyaban al gobierno, que no tenía la condición de parte en el proceso ante aquélla Sala; en segundo lugar, se había interpuesto un supuesto "recurso de protección" que no existe en el ordenamiento procesal constitucional y que más bien podía ser un recurso de revisión constitucional, que había intentado el Alcalde del Municipio Libertador en representación del partido de gobierno, contra la sentencia que ya había dictado la Sala Electoral; y en tercer lugar, también se había intentado un inexistente y absurdo "recurso de controversia constitucional por conflicto de poderes" que había intentado el Consejo Nacional Electoral que también buscaba la anulación de dicha sentencia.

No era difícil imaginarse lo que con ese cuadro podía ocurrir: por una parte, que la Sala Constitucional podía acordar el avocamiento (lo que anunció el 30 de marzo de 2004 y efectivamente hizo el 12 de abril de 2004), para lo cual el mismo día 16 de marzo la Sala, formalmente, había ordenado publicar la sentencia firmada por sólo tres Magistrados que habían ordenado a la Sala Electoral abstenerse de dictar sentencia y, en consecuencia, anular la sentencia de la Sala Electoral por haberse dictado contra lo ordenado en su decisión por la Sala Constitucional; y en segundo lugar, que la Sala también revisara la sentencia de la Sala Electoral, y la anulara por considerarla inconstitucional al haber vulnerado su "doctrina" (Lo que efectivamente también ocurrió el 23 de marzo de 2004). Es decir, ambas cosas sucedieron, y así, por lo demás, lo vaticinaba el titular de la primera página del diario *El Universal* de Caracas del día 18 de marzo de 2004 al anunciar que: "Anularán fallo del Sala Electoral", sobre lo cual la periodista Irma Álvarez reportó lo siguiente:

> "Como nula será declarada la sentencia que le ordenó al Consejo Nacional Electoral convocar a referendo revocatorio del mandato presidencial, después de que ejerzan su derecho a reparo las personas que no firmaron; y validar las 876 mil 017 rúbricas que fueron pasadas a observación...

---

177 Véase la información en *El Universal*, Caracas 17-03-2004. El día 19-03-2004, dos de los miembros del Consejo Nacional Electoral expresaban su desacuerdo con tal solicitud. Véase en *El Universal*, Caracas, 20-03-2004.

Los argumentos para emitir el fallo ya están claros. Según aseveró una fuente oficial, en primer lugar reiterarán que la Sala Constitucional es la competente para actuar, de acuerdo a lo previsto en el artículo 334 de la Constitución, el cual establece que les corresponde "exclusivamente" a los miembros de esta instancia "declarar la nulidad de las leyes y demás actos de los órganos que ejercen el Poder Público dictados en ejecución directa e inmediata de la Constitución o que tengan rango de ley"...

Igualmente indicarán, por otra parte, que están capacitados para analizar el Instructivo sobre el tratamiento de las firmas de caligrafía similar o renglones de planillas llenadas por la misma persona que objetó la oposición, porque el mismo es considerado como "un acto administrativo de efectos generales".

En consecuencia, y puesto que la aplicación de dicho instructivo afecta al colectivo, el cuestionado sólo sería un acto electoral en la medida en que fue dictado por el CNE y su revisión escaparía de las manos de la Sala Electoral."

La periodista destacaba además, en su información, como "Camino al avocamiento," lo siguiente:

> "Toda esta información fue dada a conocer por fuentes oficiales, después de que el presidente del Tribunal Supremo, Iván Rincón, y los magistrados José Delgado y Jesús Eduardo Cabrera (ponente)3, ordenaron publicar con tan sólo tres firmas una sentencia y la diligencia que inhabilitaban a la Sala Electoral para actuar en los casos sobre el referendo, desde el 11 de marzo.
>
> La referencia es relevante tomando en consideración que dichos actos les permitirían a los tres jueces insistir en la paralización de los procesos y la entrega de todos los expedientes vinculados con el mismo tema, por parte de la Sala Electoral, para luego determinar si procede el avocamiento."[178]

Y en efecto, la muerte anunciada de la sentencia de la Sala Electoral ocurrió una semana después, cuando la Sala Constitucional mediante sentencia N° 442 de 23 de marzo de 2004 (Caso: *Ismael García vs. Sentencia N° 24 de la Sala Electoral*), al conocer el recurso de revisión que un diputado en nombre del Comando Ayacucho de los partidos de gobierno había interpuesto contra la sentencia, lo declaró con lugar, anulándola.[179]

Esta decisión de la Sala Constitucional fue rechazada por la Sala Electoral en su mencionada sentencia N° 27 de 29 de marzo de 2004, en la cual señaló que la misma no podía:

> "menos que causar asombro, por decir lo menos, pues además de manifestar desconocimiento de las actuaciones cursantes en el cuaderno separado en el cual se dictó la sentencia de naturaleza interlocutoria por ella revisada –y en el que consta que si hubo oposición a la medida de amparo cautelar por distintos

---

178 Véase en *El Universal*, Caracas 18-03-2004

179 Véase el detalle del contenido de esta sentencia en Allan R. Brewer-Carías, *La Sala Constitucional versus el Estado Democrático de Derecho. El secuestro del poder electoral y de la Sala Electoral del Tribunal Supremo y la confiscación del derecho a la participación política*, Los Libros de El Nacional, Colección Ares, Caracas 2004, pp 101 ss.

interesados- constituye un pronunciamiento que la vicia de falso supuesto, de hecho y de derecho..."

La decisión de la Sala Constitucional dictada al "revisar" una sentencia de la Sala Electoral, sin duda constituía un pronunciamiento de fondo sobre la causa que cursaba ante la Sala Electoral, como si la Sala Constitucional estuviera conociendo de una "apelación". Un pronunciamiento de tal naturaleza era totalmente improcedente, por lo que la Sala Electoral en su sentencia Nº 27 de 29 de marzo de 2004 lo rechazó señalando que con el mismo:

> "La Sala Constitucional Accidental se aparta abiertamente de las competencias que le han sido atribuidas por la Constitución... y delineadas por su propia jurisprudencia, para hacer pronunciamientos acerca del mérito de la causa, que la sentencia revisada se abstiene de proferir por tratarse de una sentencia de amparo cautelar en la que, como bien sabe, le esta prohibido hacer pronunciamientos que impliquen un examen del fondo del asunto debatido, lo cual, sin duda, esta circunscrito a determinar si los actos impugnados violan o contradicen la normativa aplicable al caso de autos."

En esta forma ocurrió lo que estaba anunciado: la Sala Constitucional había concluido el secuestro de la Sala Electoral del mismo Tribunal Supremo, pretendiendo someterla a su autoridad y a la obligación de acatar "su doctrina" jurisprudencial, desconociendo que la Sala Electoral tenía y tiene la misma competencia que la Sala Constitucional de ser el máximo y último interprete de la Constitución cuando decide los asuntos de su competencia (art. 335). Al consumar dicho secuestro, la Sala Constitucional también pretendía confirmar la confiscación que el Consejo Nacional Electoral ya había decretado del derecho a la participación política de los ciudadanos mediante la petición del referendo revocatorio presidencial. Ello, sin embargo, tampoco era de extrañar pues, en definitiva, se había dictado por un órgano del Poder Público (Poder Electoral) que ya había sido previamente secuestrado por la misma Sala Constitucional.

Pero la Sala Electoral, como se ha analizado, resistió al ataque de la Sala Constitucional, y en la antes analizada sentencia Nº 27 del 29 de marzo de 2004, no sólo afirmó su competencia para ejercer la Jurisdicción contencioso electoral, constatando que las distintas Salas del Tribunal Supremo "tienen la misma jerarquía en sus respectivas competencias y atribuciones", y rechazando "la intimación" que le había hecho la Sala Constitucional con base en el principio de "la igualdad que existe entre todas y cada una de las Salas que conforman el Tribunal Supremo"; sino que resolvió elevar "a la Sala Plena la resolución de un conflicto de funcionamiento derivado de una 'intimación' u 'orden' a fin de que sea analizado, por esa Sala Plena, lo perjudicial que resulta para el normal funcionamiento y administración de justicia el uso de términos imperativos de una Sala a otra de igual jerarquía".

Como ya se ha señalado, todas las antes mencionadas y analizadas ejecutorias de la Sala Constitucional del Tribunal Supremo de Justicia en Venezuela, lo que harían sería poner en evidencia cómo un instrumento tan importante para afianzar el Estado de derecho como lo es la Jurisdicción Constitucional, podía también ser un instrumento al servicio del autoritarismo, particularmente cuando sus decisiones, como ninguna de las decisiones de cualesquiera de las otras Salas, en principio son irrevisables. Con decisiones como la reseñada y con procesos como los descritos en relación con el Poder Electoral y con la Jurisdicción contencioso electoral, puede decirse que a comienzos de 2004, del Estado de derecho en Venezuela sólo había quedado la expresión verbal del artículo 2 de la Constitución, y muy poco más.

En esta situación de conflicto entre las Salas, la fórmula para despojar a la Sala Electoral de toda posibilidad de decidir en la causa contencioso electoral en la que era juez natural (Caso: *Julio Borges, César Pérez Vivas, Henry Ramos Allup, Jorge Sucre Castillo, Ramón José Medina Y Gerardo Blyde vs. Consejo Nacional Electoral*), sin duda, era que la Sala Constitucional se avocara al conocimiento de la misma, tal como se le había solicitado, lo cual por supuesto no era procedente. Y sobre ello, ya la misma Sala Electoral, en su sentencia N° 27 del 29 de marzo de 2004, antes comentada, había sido enfática en considerar que el mencionado avocamiento era "a todas luces, inadmisible o en todo caso improcedente de conformidad con la pertinente jurisprudencia (*Vid.* Sentencia N° 806 de fecha 24 de abril de 2002, Caso: *Sintracemento*), además de la circunstancia de haber sido solicitado por una persona que no es parte en los procesos judiciales involucrados cuyo avocamiento solicita y haber pretendido, la Sala Constitucional Accidental hacer valer los efectos de tal avocamiento mediante una sentencia evidentemente inexistente...". El mismo Magistrado Presidente del Tribunal Supremo Iván Rincón Urdaneta, actuando como Juez de Sustanciación de la Sala Constitucional del Tribunal Supremo, en sentencia N° 94 de 2 de diciembre de 2003 (Caso: *Robert Osuna y otros vs. Consejo Nacional Electoral*), ya había incluso sido expreso y enfático en declarar incompetente a la Sala Constitucional para conocer de la impugnación de la Resolución N° 030925-465 de fecha 25 de septiembre de 2003, emanada del Consejo Nacional Electoral, mediante la cual dictó Normas para Regular los Procesos de Referendos Revocatorios de Mandatos de Cargos de Elección Popular, por considerar que era de naturaleza electoral.[180]

En consecuencia, el avocamiento por la Sala Constitucional del juicio de nulidad de actos administrativos de efectos externos (Resolución) y de efectos internos (Instructivo) del Consejo Nacional Electoral, jurídicamente no era posible, pues la competencia exclusiva para controlar la constitucionalidad y legalidad de dichos actos corresponde a la Sala Electoral (Jurisdicción contencioso electoral). La Sala Constitucional en forma alguna podía llegar a tener competencia para controlar la constitucionalidad de dichos actos administrativos, dado su rango sublegal y dado que sus atribuciones como Jurisdicción constitucional, en cuanto a juicios de nulidad, estaban limitadas al conocimiento de la inconstitucionalidad de los actos de rango legal, es decir, de las leyes, de los actos con valor de ley y de los actos dictados en ejecución directa e inmediata de la Constitución que tienen, por tanto, rango de ley. Los actos impugnados ante la Sala Electoral, sin duda alguna, no encajaban en dichas categorías, por lo que no teniendo competencia la Sala Constitucional para conocer de su nulidad, no tenía posibilidad alguna de avocarse al conocimiento de la causa.

Sin embargo, en solo tres meses el Magistrado Iván Rincón Urdaneta cambiaría se opinión, y la Sala Constitucional con su voto, mediante una sentencia anunciada en su página web el 31 de marzo de 2004, que después resultó que no existía[181],

180 Exp. N° AA50-T-2003-002900

181 La Sala Constitucional en un inusitado "Comunicado" difundido el 16-04-2004 "frente al uso político del derecho, ante la pretendida judicialización de la política, y ante las falsas, temerarias y tendenciosas declaraciones en los diversos medios de comunicación social" del Magistrado de la propia Sala Pedro

anunciaría que había decidido avocarse al conocimiento de la causa contencioso electoral antes mencionada que se había iniciado con la impugnación de la Resolución del Consejo Nacional Electoral N° 040302-131 de 2 de marzo de 2004, lo cual haría a costa de la irresponsable destrucción, de un sólo plumazo, de uno de los principios fundamentales del ordenamiento constitucional formal venezolano, como lo es el de la formación del derecho por grados partiendo de la Constitución, conforme al llamado principio de la "pirámide de Kelsen.".[182] De manera que para llegar a la absurda mutación de unos actos administrativos de rango sub legal dictados en ejecución directa e inmediata de la legislación e indirecta y mediata de la Constitución, en actos estatales de rango legal supuestamente dictados en ejecución directa e inmediata de la Constitución, la Sala Constitucional en la anunciada "sentencia,"[183] que luego resultó no existir o ser sólo el proyecto de la sentencia N° 566 de 12 de abril de 2004, se avocó al conocimiento de la causa, con lo cual quedaba consolidado el secuestro de la Sala Electoral al pretenderse imposibilitarla para decidir en cualquier caso vinculado a los referendos revocatorios, quedando confiscado el derecho ciudadano a la participación política. En todo caso, la sentencia de avocamiento que había sido anunciada públicamente por la Sala Constitucional el 31 de marzo de 2004, resultó que no existía o que sólo era un proyecto de una decisión que se adoptaría el 12 de abril de 2004 cuando la Sala publicó la sentencia N° 566, sin el Voto Salvado de un de sus Magistrados, avocándose al conocimiento de la causa[184]. El avocamiento entre Salas del Tribunal Supremo evidentemente que no era procedente, pues ninguna Sala es superior a las otras; por tanto, sólo violando la Constitución podía la Sala Constitucional avocarse al conocimiento de una causa cursante ante otra Sala del Tribunal Supremo, como lo hizo en la sentencia N° 566[185], en la

---

Rondón Haaz, señalaría que el proyecto de sentencia N° 566 de 12-04-2004 habría sido aprobado el 31-04-2004. Esto fue nuevamente señalado en el texto de la sentencia N° 628 de 23-04-2004 mediante la cual se declararon improcedentes las aclaratorias a la sentencia N° 566 de 12-04-2004.

182 Véase los comentarios críticos a la sentencia en Allan R. Brewer-Carías, *La Sala Constitucional versus el Estado Democrático de Derecho. El secuestro del poder electoral y de la Sala Electoral del Tribunal Supremo y la confiscación del derecho a la participación política*, Los Libros de El Nacional, Colección Ares, Caracas 2004, pp. 107 ss.

183 Así se anunció en la página web del Tribunal Supremo de Justicia, el 01-04-04. El Magistrado Rondón Haaz de la Sala Constitucional en su Voto Salvado a la sentencia N° 566 de 12-04-2004 diría que "La nota de prensa que apareció en el sitio web del Tribunal el 31 de marzo de 2004 es violatoria del artículo 59 de la Ley Orgánica de la Corte Suprema de Justicia y, por tanto, es inaceptable... la nota de prensa en cuestión informó sobre el contenido de la sentencia, antes de su publicación y, por tanto, de su existencia misma como actuación judicial, en evidente esguince evasivo del cumplimiento de la norma que se precitó". Dicho Voto Salvado, aun cuando no fue publicado junto con la sentencia, se incorporó al Voto Salvado presentado por el mismo Magistrado a la sentencia N° 628 de 23-04-2004 que declaró improcedentes las aclaratorias respecto de la sentencia N° 566. La sentencia, con el N° 566, en todo caso, sólo sería publicada el día 12-04-04, coincidencialmente el mismo día en el cual la Sala Electoral, mediante sentencia N° 37, decidiría el recurso de nulidad intentado contra de los actos del Consejo Nacional Electoral referidos a las llamadas solicitudes (del referendo revocatorio presidencial) con caligrafía similar, declarándolo con lugar, juicio cuyo conocimiento pretendía avocarse la Sala Constitucional.

184 El Magistrado Rondón Haaz de la Sala Constitucional, calificaría la sentencia de nula, por haber sido publicada sin su voto salvado, para cuya consignación disponía de cinco días. Véase *Globovisión. Com*, Caracas 15-04-2004.

185 El Magistrado Rondón Haaz, en su Voto Salvado a la sentencia, en efecto señaló con razón que: "Determina así, la Ley, que, para la procedencia del avocamiento, debe ser otro Tribunal en donde curse el expediente que será solicitado, lo cual excluye, como es evidente, a las otras Salas del Tribunal Supremo de Justicia; y no podría ser de otra forma, tanto por la igualdad de jerarquía entre las Salas como por el

cual, además, indicó que ello supuestamente ya tenía como precedente una decisión de la Sala Político Administrativa de la antigua Corte Suprema de Justicia respecto de una causa que cursaba ante la Sala de Casación Civil en 1999[186], lo cual era completamente falso.

La consecuencia del avocamiento fue la orden a la Sala Electoral de remitirle de inmediato los expedientes respectivos "así como todos los expedientes contentivos de las acciones de nulidad, amparo o cualquier otro recurso incoado contra los actos del Poder Electoral, relativos a los procesos de referendos revocatorios de mandatos de cargos de elección popular". Además, declaró nula cualquier decisión que en dichos expedientes se hubiera podido haber tomado por la Sala Electoral "a partir de la fecha de recepción de la orden de remisión de los expedientes, comunicada según oficio N° 04-0570 de esta Sala. Además, de lo ya anulado según sentencia de esta Sala N° 442 del 23 de marzo de 2004". Concluyó la Sala informándole al Consejo Nacional Electoral "que sólo debe acatar las decisiones de esta Sala Constitucional en la materia de que se trata este fallo", declarando que "la doctrina contenida en el presente fallo tiene carácter vinculante".

Sobre esto último, por supuesto, salvo para tratar de imponer "a la fuerza" lo resuelto en la sentencia, no se entiende cual es la doctrina vinculante que establece, pues la Sala no "interpretó" en su sentencia norma o principio constitucional alguno, respecto de la cual se pueda identificar su carácter vinculante[187].

En definitiva, la sentencia N° 566 de la Sala Constitucional, al subvertir principios fundamentales del ordenamiento constitucional como el de la formación del derecho por grado; al subvertir el orden procesal al pretender despojar a la Jurisdicción electoral de sus competencias, pretendiendo convertir a la Sala Electoral en un órgano judicial subordinado, creó un desorden procesal inaceptable y, como lo destacó el Voto Salvado del Magistrado Rondón Haaz, las "evidentes contradicciones de dicho fallo y las groseras incongruencias del mismo con los criterios conformantes de la jurisprudencia de la Sala, la divorcian y distancian abismalmente del propósito de uniformidad en la interpretación y aplicación de la Constitución de la República Bolivariana de Venezuela que preceptúa el artículo 335 *eiusdem*".

---

caos que supondría, para el proceso y los justiciables, que unas Salas pudiesen avocar las causas de las otras". Véase el texto del Voto salvado en el Voto salvado que presentó a la sentencia N° 628 de 23-04-2004.

186 El Magistrado Rondón Haaz, en su Voto Salvado a la sentencia, calificó de "mendaz la declaratoria de la mayoría sentenciadora", calificándola como una "violación al Código de Ética del Abogado en que incurrieron los Magistrados que suscribieron la sentencia", pues la Sala Político Administrativa nunca había decidido avocarse al conocimiento de causa alguna que cursaba ante la Sala de Casación Civil, habiéndose limitado en decisión de 11-11-1999 a solicitarle a la Sala de Casación Civil un expediente sólo para estudiar una solicitud de avocamiento que había formulado el Procurador General de la República en unos juicios (Caso *Capriles*), solicitud que luego fue desistida por el Procurador.

187 Como lo advirtió el Magistrado Rondón Haaz en su Voto Salvado: "El fallo del que se difiere solucionó -en forma por demás desacertada- un caso concreto y analizó la potestad de avocamiento que la Ley Orgánica de la Corte Suprema de Justicia otorga al Tribunal Supremo de Justicia, pero no interpretó el contenido o alcance de norma, principio o valor alguno de rango constitucional, de modo que sus razonamientos para la resolución del caso de autos no gozan del carácter vinculante a que se refiere el artículo 335 de la Constitución de la República Bolivariana de Venezuela, cuya finalidad, como revela el título y capítulo de la Constitución en donde se inserta la norma, es la protección y garantía de la Carta Magna"

Ahora bien, el mismo día en el cual la Sala Constitucional publicaba la sentencia Nº 566 de 12 de abril de 2004 avocándose al conocimiento de la causa en el juicio de nulidad que había sido intentado por Julio Borges, César Pérez Vivas, Henry Ramos Allup, Jorge Sucre Castillo, Ramón José Medina y Gerardo Blyde contra el "Instructivo sobre el tratamiento por el Comité Técnico Superior de las firmas de caligrafía similar o renglones de planillas llenadas por la misma persona" del 24 de febrero de 2004 y, la Resolución Nº 040302-131 del 2 de marzo de 2004 del Consejo Nacional Electoral, la Sala Electoral del Tribunal Supremo dictó la sentencia Nº 37 de 12 de abril de 2004 en la cual, no sólo anuló dichos actos administrativos, sino que planteó "ante la Sala Plena del Tribunal Supremo de Justicia, de conformidad con lo dispuesto en el artículo 42, numeral 21 de la Ley Orgánica de la Corte Suprema de Justicia, el conflicto de competencia entre esta Sala Electoral Accidental y la Sala Constitucional Accidental". Esa sentencia Nº 37 de la Sala Electoral, se publicó a las 9:45 a.m. del día 12 de abril de 2004, el mismo día cuando la Sala Constitucional mediante sentencia Nº 566 (publicada irregularmente sin el Voto Salvado del Magistrado Rondón Haaz)[188] resolvía avocarse al conocimiento de la causa. En ese estado cabía preguntarse: ¿Cuál causa? ¿Una donde ya existía sentencia definitivamente firme como la antes comentada de la Sala Electoral? La Sala Constitucional, por ello, también decidiría en su sentencia de avocamiento, que "Se declara **NULA** cualquier decisión que en dichos expedientes se haya tomado por la Sala Electoral Accidental o Principal, a partir de la fecha de recepción de la orden de remisión de los expedientes, comunicada según oficio N° 04-0570 de esta Sala". La Sala Constitucional, además, en su sentencia de avocamiento reiteraría "lo ya anulado según sentencia de esta Sala N° 442 del 23 de marzo de 2004", es decir, la nulidad de la sentencia de la Sala Electoral dictada al decidir la medida cautelar de amparo en la misma causa; decisión que, por lo demás, se podía considerar que había cesado en sus efectos ese mismo día, al haber la Sala Electoral dictado la sentencia definitiva en la causa.

Lo cierto, en todo caso, es que, por una parte, el Consejo Nacional Electoral había continuado el proceso de elaboración del reglamento destinado a regular los procedimientos de "reparos" de las firmas o solicitudes del referendo revocatorio, cuyo texto había venido discutiendo con los diversos "actores" de los diversos procedimientos de referendos revocatorios, tanto del oficialismo como de la oposición[189], a pesar de la anulación judicial por la Sala Electoral de los actos del Consejo Nacional Electoral que exigían los reparos de las firmas rechazadas en el referendo revocatorio presidencial[190]; y por la otra, para el día 15 de abril de 2004, ya se anunciaba en la prensa que la Sala Constitucional anularía la sentencia definitiva de la Sala Elec-

188 Véase el reportaje de Juan Francisco Alonso en *El Universal*, Caracas 15-04-2004.

189 En la prensa del día 20-04-2004, el Presidente de la Junta Electoral Nacional, Jorge Rodríguez anunciaba que el proceso de consultas había concluido y que el Reglamento sería aprobado ese día. Véase *El Universal*, Caracas 20-04-2004.

190 Por ello, con razón, Hermán Escarrá advertía sobre la incongruencia que resultaba que se estuviese discutiendo y negociando sobre los reparos cuando había una sentencia definitiva que había anulado los actos del Consejo Nacional Electoral. Esto, dijo, "nos puede colocar a nosotros en contumacia frente a una sentencia que ha ordenado que las más de 800 mil firmas sean sumadas aritméticamente, cuya consecuencia inmediata no es otra que la convocatoria del referendo revocatorio presidencial". Véase en *El Universal*, Caracas 16-04-2004.

toral[191] con motivo de decidir sobre las solicitudes de "aclaratoria" de la sentencia N° 566 de 12 de abril de 2004, que habían sido formuladas por el Consejo Nacional Electoral y el denominado Comando Ayacucho. El viernes 16 de abril de 2004, desde la Secretaría de la Sala Constitucional se informaría a la prensa que "la invalidación había sido acordada" y uno de los conjueces "había confirmado el anuncio a los representantes de los medios de comunicación"[192]; y el martes 20, diputados de la oposición solicitarían a la Sala Electoral procediera a la ejecución forzosa de su sentencia[193].

El dilema que se plantaba en esa situación y en ese momento era diabólico para la oposición: si hubiera aceptado ir al procedimiento de reparos de solicitudes del referendo presidencial, conforme al Reglamento que aprobara el Consejo Nacional Electoral, ello hubiera podido significar no sólo el desconocimiento por la propia oposición de la sentencia de la Sala Electoral que había anulado tal exigencia de ir a reparos de firmas o solicitudes, en cuyo caso, la Sala Constitucional no tendría apremio alguno en hacer efectiva la anunciada anulación de dicha sentencia, sino la aceptación de la confiscación que se había producido del derecho ciudadano a solicitar la realización de un referendo revocatorio presidencial. Si la oposición, en cambio, se negaba a ir al procedimiento de reparos de solicitudes, alegando que la sentencia de la Sala Electoral surtía plenos efectos ya que no había sido anulada por la Sala Constitucional, entonces la propia oposición hubiera sido la que habría renunciando a ejercer tales derechos de reparos en la "oportunidad" que fijare el Reglamento. Una vez que ello ocurriera, quedaba siempre la posibilidad de que la Sala Constitucional anularía con efectos *ex tunc* la sentencia de la Sala Electoral, con lo que confirmaría que las decisiones del Consejo Nacional Electoral nunca habrían perdido vigencia, y habiendo la oposición entonces renunciado a ejercer los reparos, el referendo revocatorio presencial no se llegaría a realizar.

---

191 En el reportaje de Juan Francisco Alonso, se indicaba que "La invalidación se producirá bajo el argumento de que la instancia que interpreta la Carta Magna es la única competente para conocer los casos relacionados con los referendos, debido a la ausencia de un instrumento legal que los regule y que los magistrados Alberto Martini, Rafael Hernández y Orlando Gravina (suplente de Luis Martínez) desacataron a la Constitucional cuando se pronunciaron sobre la validez de las llamadas rúbricas asistidas, aun cuando se lo habían prohibido", *El Universal*, Caracas 15-04-2004

192 Sin embargo, como lo reseñó el periodista Juan Francisco Alonso: "Pero a las 2:30 p.m. De La Hoz corrigió la versión: "Cuenta con la aprobación de cuatro magistrados, pero no ha sido aprobada". Aseguró que todo se debió "a una confusión" y ofreció disculpas a los periodistas... Por su parte, el conjuez Vadell afirmó que el fallo había contado con su respaldo y con el de los magistrados Rincón y Cabrera. Del mismo modo aseguró que el magistrado Pedro Rondón Haaz había participado en la reunión y que había salvado su voto". Véase en El Universal, Caracas 17-04-2004.

193 El Diputado Gerardo Blyde informaría que: "una vez vencido el plazo de cinco días -que la propia decisión establecía como lapso para cumplir con el dictamen-, el TSJ debe emplazar al ente comicial a decir cuáles han sido sus gestiones para acatar la medida. "Una vez que sea recibido el informe o si no es recibido en el CNE, entonces solicitaremos la ejecución forzosa y los siguientes pasos que, en este proceso de ejecución de sentencia, vamos a continuar ante la Sala Electoral", dijo el dirigente de la tolda amarilla." El diputado también solicitó formalmente ante la Sala Constitucional que -hasta no decidirse el conflicto de competencias planteado ante la Sala Plena- se abstenga de producir nuevas decisiones respecto al avocamiento del caso de las firmas. Tras una visita a la secretaría de la Sala Plena, Blyde pudo confirmar que el caso del conflicto de competencias está siendo enviado del Juzgado de Sustanciación a la cuenta de la Sala para nombrar ponentes, de modo que ya se estaría aproximando una decisión al respecto". Véase en *El Universal.com*, Caracas, 20-04-2004.

El dilema, sin embrago, no llegaría a plantearse efectivamente en esos términos, y sería simplificado por la Sala Constitucional el 23 de abril de 2004, mediante la sentencia N° 628 dictada con ocasión de decidir las solicitudes de aclaratoria (declarándolas improcedentes) que se le habían formulado respecto de la sentencia N° 566 de 12 de abril de 2004 mediante la cual se había avocado al conocimiento de la causa; con la cual volvió a secuestrar a la Sala Electoral, negándole sus competencias y declarando nulas de nulidad absoluta sus decisiones, y negando, además, de antemano, las posibles competencias de la Sala Plena del mismo Tribunal Supremo. En su sentencia, en efecto, la Sala Constitucional concluyó señalando que no tenía nada que aclarar, ya que supuestamente no existían puntos dudosos u oscuros en la sentencia N° 566 del 12 de abril de 2004, lo que no le impidió cambiar la fecha de dicha sentencia al señalar que no era del 12 de abril de 2004 sino del "31 de marzo de 2004 y publicada el 12 de abril de 2004", y además, decidir sobre una materia que no se le había solicitado declarando que la sentencia de la Sala Electoral N° 38 de esa misma fecha de 12 de abril de 2004, era una "sentencia nula de nulidad absoluta"; y además, de paso, sentando el criterio de que las sentencias de la Sala Plena también serían revisables por la Sala Constitucional si se apartaban de sus "interpretaciones vinculantes", lo cual sería un disparate, pues los Magistrados de la Sala Constitucional son también miembros de la Sala Plena.[194]

En esta forma, la posibilidad de realización del referendo revocatorio del mandato del Presidente de la República, conforme a las solicitudes que se habían formulado ante el Consejo Nacional Electoral, quedaba sometida a lo que había resuelto el Consejo Nacional Electoral mediante Resolución N° 040302-131 del Consejo Nacional Electoral de 2 de marzo de 2004, antes comentada, complementada con las *Normas que tienen por objeto regular la fase de reparo* aprobadas el 20 de abril de 2004, que también hemos comentado.

Con ello, el referido procedimiento de "reparo" se había convertido en un "tercer firmazo" con menos posibilidades y con menos días, sometiéndose a los ciudadanos a intensas presiones políticas y gubernamentales, pues en definitiva, lo que constitucionalmente era el simple ejercicio de un derecho ciudadano de peticionar, a los ojos y oídos del poder político y del Gobierno se había convertido en una afrenta contra el Presidente de la República y contra todos los órganos del Estado, dispuestos a vengarla contra más de tres millones de venezolanos, que quedaban marginados de toda posible relación con el Estado, incluso para el ejercicio de sus más elementales derechos

---

194 El Magistrado Rondón Haaz salvó su voto en relación con dicha decisión, advirtiendo con razón, que la "sentencia aclaratoria, a pesar de que declara la improcedencia de las solicitudes de aclaración, innovó respecto del fallo a que se refiere, en violación del artículo 252 del Código de Procedimiento Civil", señalando entre otros aspectos, lo siguiente: "Es incomprensible que se desestimen las solicitudes de "aclaratorias" que fueron examinadas, y, a la vez, la Sala Constitucional declare la nulidad de la sentencia n° 37 de la Sala Electoral, que fue pronunciada después del fallo n° 566 de aquélla, a pesar de que la nulidad "declarada" se refirió, con absoluta indeterminación, a cualquier decisión que "*se haya tomado por la Sala Electoral Accidental...*", es decir, incluso las que ya habían sido pronunciadas el 12 de abril de 2004, cuando se dictó el pronunciamiento n° 566. Ni siquiera mediante una solicitud de ampliación era procedente la nulidad de la sentencia n° 37 de la Sala Electoral, porque no formó parte del *thema decidendum* respecto de la petición de avocamiento y, por ende, del dispositivo del fallo n° 566 de la Sala Constitucional."

SECCIÓN QUINTA: LA ILEGÍTIMA CONVERSIÓN DEL REFERENDO REVOCATORIO DEL MANDATO DE CHÁVEZ, EN UNA "RATIFICACIÓN" EN SU CARGO (2004)

Después de todas las vicisitudes políticas imaginables, y reparadas las firmas en la solicitud del refrendo revocatorio del mandato del Presidente de la República, el 15 de agosto de 2004 se efectuó en Venezuela el referendo revocatorio del mandato del Presidente de la República, Hugo Chávez Frías. Este había sido electo en agosto de 2000 con una votación de 3.757.774 electores, por lo que bastaba al menos ese número de votos por la revocatoria de su mandato para que esta quedara consumada *ex constitutione*.

En dicho referendo votaron a favor de la revocatoria de su mandato 3.989.008 electores, es decir, un número mayor que aquellos que lo eligieron, por lo que conforme al artículo 72 de la Constitución, se produjo la falta absoluta del Presidente al considerarse revocado su mandato, y se debía proceder de inmediato a realizar una elección para cubrir la falta absoluta que se había producido.

Dicho referendo revocatorio del mandato presidencial, sin embargo, por una interpretación del Consejo Nacional Electoral, evidentemente contraria a la Constitución, contenida en una norma de un acto administrativo, y luego, por una frase inserta en una sentencia de la Sala Constitucional del Tribunal Supremo de Justicia, fue convertido, de golpe, en un "referendo ratificatorio" del mandato del Presidente de la República, sin asidero constitucional alguno, frustrándose una vez más la voluntad popular.

En efecto, debe recordarse que el artículo 72 de la Constitución dispone:

> "*Artículo 72*. Todos los cargos y magistraturas de elección popular son revocables.
>
> "Transcurrida la mitad del período para el cual fue elegido el funcionario o funcionaria, un número no menor del veinte por ciento de los electores o electoras inscritos en la correspondiente circunscripción podrá solicitar la convocatoria de un referendo para revocar su mandato.
>
> ***Cuando igual o mayor número de electores o electoras que eligieron al funcionario o funcionaria hubieren votado a favor de la revocación,*** siempre que haya concurrido al referendo un número de electores o electoras igual o superior al veinticinco por ciento de los electores o electoras inscritos, ***se considerará revocado su mandato y se procederá de inmediato a cubrir la falta absoluta conforme a lo dispuesto en esta Constitución y en la ley.***
>
> La revocación del mandato para los cuerpos colegiados se realizará de acuerdo con lo que establezca la ley."

Durante el período para el cual fue elegido el funcionario o funcionaria no podrá hacerse más de una solicitud de revocación de su mandato"[195].

Como se observa, esta norma regula con cierta precisión el mecanismo para hacer efectivo el sistema de gobierno de mandatos revocables que establece la Cons-

---

195 Destacados del autor. Sobre la Constitución de 1999 *V.*: Allan R. Brewer-Carías, *La Constitución de 1999. Derecho Constitucional Venezolano*, 2 tomos, Editorial Jurídica venezolana, Caracas 2004.

titución; pero dadas las interpretaciones de la Sala Constitucional, su texto ha resultado inocuo y trastocado.[196]

I. EL SENTIDO DE UN GOBIERNO DE MANDATOS REVOCABLES

El artículo 6 de la Constitución de 1999 establece que el gobierno de la República y de las entidades políticas que la componen, es decir, básicamente, de los Estados y de los Municipios, "es y será siempre democrático, participativo, electivo, descentralizado, alternativo, responsable, pluralista y *de mandatos revocables*".

Debe recordarse que el calificativo del gobierno como "representativo", que siempre había estado en todas las Constituciones de los Siglos XIX y XX, fue deliberadamente eliminado de la Constitución en 1999 con base en un discurso político supuestamente de carácter "participativo"[197]; y, en cambio, se estableció la revocación de los mandatos de elección popular como de la esencia del sistema de gobierno de Venezuela y, además, como un derecho ciudadano. Por ello, el artículo 62 de la Constitución establece el derecho de los ciudadanos a participar libremente en los asuntos públicos, directamente o por medio de sus representantes elegidos; el artículo 70 de la Constitución enumera los "medios de participación y protagonismo del pueblo en ejercicio de su soberanía, en lo político: la elección de cargos públicos, el referendo, la consulta popular, *la revocación del mandato*, las iniciativas legislativa, constitucional y constituyente, el cabildo abierto y la asamblea de ciudadanos cuyas decisiones serán de carácter vinculante, entre otros"; y el artículo 72 antes citado, regula específicamente el referendo revocatorio de mandatos de iniciativa popular.

Adicionalmente, el artículo 198 de la Constitución establece cuáles son los efectos de la revocatoria del mandato de los diputados a la Asamblea Nacional, disponiendo que aquellos cuyo mandato fuese revocado no pueden optar a cargos de elección popular en el siguiente período; y el artículo 233 enumera como causa de falta absoluta del Presidente de la República "la revocación popular de su mandato".

La revocatoria del mandato de los representantes electos, por tanto, conforme lo ha establecido la sala Electoral del tribunal Supremo de Justicia, es un mecanismo constitucional de "participación política del soberano en los asuntos que le conciernen", que exige al juez interpretar el ordenamiento jurídico, adaptando sus normas "a los valores, principios y reglas que pauta el nuevo Texto Fundamental, que resulta ser la guía orientadora en toda labor hermenéutica progresiva y ajustada a los nuevos valores de nuestro ordenamiento"[198].

---

196 Véase sobre esta parte, Allan R. Brewer-Carías, *Crónica sobre la "In" Justicia Constitucional. La Sala Constitucional y el autoritarismo en Venezuela*, Colección Instituto de Derecho Público, Universidad Central de Venezuela, N° 2, Caracas 2007, pp. 337 ss.

197 Véase nuestro voto salvado en relación con esta norma en Allan R. Brewer-Carías, *Debate Constituyente, (Aportes a la Asamblea Nacional Constituyente)*, Tomo III, Caracas 1999, pp. 237 y 252.

198 Véase la sentencia de la Sala Electoral del Tribunal Supremo de Justicia, N° 170 de 22 de diciembre de 2000 (Caso: *Club Social Layalina)*, en *Revista de Derecho Público*, N° 84 (octubre-diciembre), Editorial Jurídica Venezolana, Caracas, 2000, pp. 49 y ss.

II. LA PETICIÓN POPULAR PARA LA REALIZACIÓN DEL REFERENDO REVOCATORIO DEL MANDATO DEL PRESIDENTE CHÁVEZ

En coincidencia con lo dispuesto en el artículo 70 de la Constitución, que identifica como uno de los medios de participación en lo político a "la revocación del mandato"; el artículo 72 de la Constitución regula el mecanismo del referendo revocatorio de mandatos de elección popular, disponiendo que en virtud de que todos los cargos y magistraturas de elección popular son revocables (art. 6), transcurrida la mitad del período para el cual fue elegido un funcionario, un número no menor del 20% de los electores inscritos en la correspondiente circunscripción electoral al momento de formular la solicitud, puede solicitar la convocatoria de un referendo para revocar dicho mandato.

En ausencia de una normativa legal que desarrollara el texto del artículo 72 de la Constitución, el Consejo Nacional Electoral en septiembre de 2003, con motivo de rechazar una solicitud de referendo revocatorio del mandato del Presidente de la República ("El Firmazo"), mediante Resolución nº 030912-461 de fecha 12 de septiembre de 2003, resumió lo que consideró era la doctrina de la Sala Constitucional[199] sobre los requisitos mínimos de orden formal que se requerían para ejercer el *derecho constitucional al referendo revocatorio*, los cuales pueden ser resumidos como sigue:

a) Está sujeto a un límite de naturaleza temporal como es, sin duda, que el derecho al referendo revocatorio sólo puede ejercerse una vez que haya transcurrido la mitad del período del funcionario cuya revocación se persigue;

b) Entre los requisitos formales de la solicitud, como formas esenciales que se deben cumplir inexorablemente, como "imprescindibles", está la exigencia de que la petición o solicitud de revocación exprese con precisión "el nombre y apellido del funcionario cuestionado y el cargo para el cual fue elegido popularmente, con indicación de la fecha de toma de posesión efectiva del mismo";

c) Teniendo el referendo revocatorio como único origen la *iniciativa popular,* el derecho al referendo revocatorio tiene como titulares a los ciudadanos integrantes del cuerpo electoral, por lo que la solicitud debe ir acompañada, "de los nombres y apellidos, números de cédula de identidad y las firmas respectivas", para que sean verificadas por el Consejo Nacional Electoral, el cual debe constatar, a través de la Comisión de Registro Civil y Electoral, "la debida inscripción de los electores y electoras que figuran como solicitantes de la revocación del mandato en el Registro Electoral de la correspondiente circunscripción, pues, es éste el único organismo autorizado para verificar tales datos";

d) La solicitud debe formularse ante el Consejo Nacional Electoral;

e) La actividad del Consejo Nacional Electoral se ciñe a verificar las reglas del artículo 72 de la Constitución, con lo cual tiene prohibido cualquier "margen de discrecionalidad que autorice al Consejo Nacional Electoral a emitir pronunciamiento alguno sobre el mérito o conveniencia de la solicitud"; y

---

199 Sentada en la sentencia Nº 1139 de 05-06-2002 (Caso: *Sergio Omar Calderón y William Dávila*), *Revista de Derecho Público*, Nº 89-92, Editorial Jurídica Venezolana, Caracas 2002, pp. 164 y ss.

f) El Consejo Nacional Electoral no puede "establecer -en las normativas de carácter sub legal que dicte- nuevas condiciones para la procedencia de la revocación del mandato, no contempladas en el marco constitucional vigente."

La materia, sin embargo, fue regulada días después por el mismo Consejo Nacional Electoral en la Resolución nº 030925-465 de 25 de septiembre de 2003, mediante la cual se dictaron las "Normas para Regular los Procesos de Referendos Revocatorios de Mandatos de Cargos de Elección Popular"[200], en las cuales, en nuestro criterio, se vulneró el derecho a la participación política consagrado en la Constitución, pues antes que facilitar su ejercicio, establecieron trabas y requisitos que afectaron su ejercicio y lo limitaron más allá de lo permitido en la Constitución.

Estas limitaciones afectaron el ejercicio del derecho de petición de los electores en relación con la revocación del mandato del Presidente Chávez, pues sin fundamento constitucional alguno, establecieron entre otras cosas, que las firmas en respaldo de la petición de los referendos sólo podían estamparse en un formulario preestablecido en papel especial diseñado por el Consejo Nacional Electoral; que las dichas firmas sólo se podían estampar en unos lugares precisos y en un plazo de sólo unos días preestablecidos, eliminándose además, el derecho de aquellos ciudadanos que estuviesen fuera del país de poder respaldar con su firma la petición.

Posteriormente, en forma sobrevenida, con motivo de la presentación de la solicitud de revocatoria de mandato del Presidente de la República ("*El Reafirmazo*"), el Consejo Nacional Electoral estableció en una nueva Resolución[201], requisitos formales adicionales, como el que la inscripción de los datos de los solicitantes debían ser escritos de puño y letra de cada uno de ellos, lo que llevó al cuestionamiento de un número considerable de peticiones ("*Los Reparos*")[202].

Es de advertir que la manifestación de voluntad de respaldo a una solicitud de referendo revocatorio es un derecho constitucional que todos los ciudadanos tienen a la participación política, el cual no puede restringirse ni siquiera por ley, por lo que menos aún puede restringirse mediante actos reglamentarios, como el contenido en la mencionada Resolución. Así lo había afirmado la Sala Constitucional del Tribunal Supremo de Justicia en sentencia nº 321 de 22-02-2002, en la cual señaló que las limitaciones a los derechos constitucionales "derivan por sí mismas del texto constitucional, y si el legislador amplía el espectro de tales limitaciones, las mismas devienen en ilegítimas". Por tanto, la condición de ciudadano y el ejercicio de los derechos políticos de los mismos no pueden restringirse a sólo unos días; y esa condición no se pierde, en forma alguna, por encontrarse la persona fuera del país.

---

200 *G.O.* Nº 37.784 del 26 de septiembre de 2003.

201 Resolución Nº 040302-131 del Consejo Nacional Electoral de 2 de marzo de 2004.

202 Del total de 3.467.050 firmas o peticiones presentadas, fueron objetadas 876.017 firmas aproximadamente. La antes indicada, que estableció en forma sobrevenida los señalados requisitos, fue impugnada ante la Sala Electoral del Tribunal Supremo, la cual la anuló; pero la Sala Constitucional del mismo Tribunal Supremo, a su vez, al conocer de un recurso de revisión y de una posterior solicitud de avocamiento al conocimiento de la causa, la admitió y anuló la sentencia de la Sala Electoral. Se produjo, así, el secuestro de la Sala Electoral y la confiscación del derecho a la participación política de los ciudadanos. Véase Allan R. Brewer-Carías, *La Sala Electoral vs. El Estado democrático de derecho (El secuestro del Poder Electoral y de la Sala Electoral del Tribunal Supremo y la confiscación del derecho a la participación política)*, Ediciones El Nacional, Caracas, 2004.

III. LA ILEGÍTIMA TRANSFORMACIÓN POR LA SALA CONSTITUCIONAL, DEL REFERENDO REVOCATORIO DEL MANDATO DEL PRESIDENTE CHÁVEZ EN UN REFERENDO DE "RATIFICACIÓN" DE SU MANDATO

Como antes se ha señalado, en el artículo 72 de la Constitución se establece que para que un referendo revocatorio sea válido, no sólo se requiere que al menos el 20% de los electores inscritos en la circunscripción de que se trate solicite la convocatoria a referendo; sino que, al menos, participe en el referendo un 25% de los electores inscritos.

Como lo ha dicho la Sala Constitucional del Tribunal Supremo de Justicia, en sentencia N° 2750 de 21 de octubre de 2003, con estos porcentajes mínimos para solicitar el referendo y para que pueda tomarse en cuenta el resultado del mismo, un referendo revocatorio "aunque hubiera sido convocado correctamente, no tendrá valor alguno si existe escasa participación"; lo que tiene por objeto "evitar que pueda ser revocado el mandato de un funcionario electo con base en el resultado de un referendo con alta abstención".

En cuanto a los votos necesarios para que se produzca la revocatoria del mandato, la Sala Constitucional en la misma sentencia señaló:

> "El artículo 72 también dispone que sólo se revocará el mandato del funcionario *si votan a favor* de ello al menos una cantidad de personas igual al número de quienes lo eligieron en su momento, como una manera de impedir que funcionarios que alcanzaron su puesto con altos porcentajes de apoyo popular puedan perderlo por simple mayoría"[203].

En consecuencia, a los efectos de que se produzca la revocatoria del mandato, se requiere, en *primer lugar,* que se produzca un quórum de asistencia consistente en que concurran al referendo un número de electores igual o superior al 25% de aquellos que estén inscritos en el registro civil y electoral. Sobre esto, la Sala Constitucional en la antes referida sentencia n° 1139 de 5 de junio de 2002 (Caso: *Sergio Omar Calderón Duque y William Dávila Barrios)* ha interpretado:

> "Que el quórum mínimo de participación efectiva en el referéndum revocatorio, debe estar representado necesariamente –por lo menos-, por el 25% de los electores inscritos en el Registro Electoral de la circunscripción correspondiente para el momento de la celebración de los comicios referendarios"[204].

En *segundo lugar,* se requiere que voten a favor de tal revocatoria un número de electores inscritos en el Registro Electoral para el momento de la celebración del referendo, igual o mayor de los que eligieron al funcionario. En el caso del referendo revocatorio del mandato del Presidente de la República ocurrido el 15 de agosto de 2004 bastaba, para la revocatoria del mismo, que votaran a favor de tal revocatoria

---

203 Caso: *Carlos E. Herrera Mendoza, Interpretación del artículo 72 de la Constitución,* en *Revista de Derecho Público,* N° 93-96, Editorial Jurídica Venezolana, Caracas 2003.

204 En *Revista de Derecho Público,* N° 89-92, Editorial Jurídica Venezolana, Caracas 2002, pp. 165 y ss. Este criterio fue rectificado en la sentencia N° 137 de 13-02-2003 (Caso: *Freddy Lepage y otros*), en *Revista de Derecho Público,* N° 93-96, Editorial Jurídica Venezolana, Caracas 2003.

un número de electores igual o mayor a 3.757.774, que había sido el número de votantes que lo habían elegido en agosto de 2000.

Sobre ello, la Sala Constitucional precisó en la misma sentencia nº 1139 de 5 de junio de 2002 (Caso: *Sergio Omar Calderón y William Dávila*) que:

> "La revocación del mandato no es producto de la arbitrariedad, sino una consecuencia lógica que se deriva del principio de soberanía popular, pues, por ser el pueblo soberano, puede ejercer el poder con la finalidad de dejar sin efecto el mandato de sus representantes elegidos popularmente, que han dejado de merecerles confianza, por haberse desempañado en el ejercicio de sus funciones de forma inconveniente o contraria a los intereses populares o del Estado en general, quienes quedan entonces sometidos a la decisión del cuerpo electoral.

Siendo así las cosas, considera la Sala que el requerimiento del constituyente de 1999, cuando estableció en el segundo aparte del artículo 72, determinadas condiciones cuantitativas para que se considere revocado el mandato del funcionario electo, tiene como propósito demostrar fehacientemente la veracidad de los resultados obtenidos en el referéndum revocatorio ejecutado, de manera que no haya duda sobre la pérdida tan grave de popularidad del funcionario que deviene en ilegítimo, y la desaprobación de su gestión, por lo que resulta lógico que se exija que su revocación se produzca en virtud de la misma cantidad de votos, e incluso uno más, de los que previamente lo favorecieron cuando quedó investido del cargo público que ejercía, siempre que un quórum mínimo considerable de electores inscritos en el Registro Electoral hayan concurrido a desaprobar la gestión del mandatario cuestionado.

Según los planteamientos anteriores, interpreta la Sala que el quórum mínimo de participación efectiva en el referéndum revocatorio, debe estar representado necesariamente -por lo menos-, por el 25% de los electores inscritos en el Registro Electoral de la circunscripción correspondiente para el momento de la celebración de los comicios referendarios, y además, que la votación favorable a la revocación debe ser igual o mayor que la que el funcionario obtuvo cuando fue electo, sin que puedan someterse tales condiciones numéricas a procesos de ajuste o de proporción alguno."

En consecuencia, conforme a esta doctrina jurisprudencial de la Sala Constitucional y a la expresa disposición constitucional, se produce la revocación de un mandato de elección popular como consecuencia de un referendo revocatorio, cuando "la votación favorable a la revocación [sea] igual o mayor que la que el funcionario obtuvo cuando fue electo". Y nada más.

Se trata de un referendo revocatorio de mandatos de elección popular y no de un referendo "ratificatorio" de tales mandatos, el cual no existe en el texto constitucional. Este no regula plebiscito alguno, sino un referendo revocatorio de mandatos; y precisamente por ello, nada indica la Constitución para el caso de que si bien voten a favor de la revocatoria de un mandato un número de electores superior al número de votos que obtuvo el funcionario cuando fue electo, paralelamente, en dicha votación refrendaria se pronunciaren por la no revocación, un número mayor de votos. Ello podría ocurrir, pero la Constitución no le atribuye a ese hecho efecto jurídico constitucional alguno, limitándose a regular los efectos revocatorios del referendo, y nada más.: basta que la votación a favor de la revocación del mandato sea igual o mayor que la que el funcionario obtuvo cuando fue electo, para que quede el mandato revocado. Y ello es así, incluso a pesar de que el Registro Electoral haya variado con el transcurso del tiempo.

Sin embargo, de manera evidentemente inconstitucional, en las *Normas para regular los procesos de Referendos Revocatorias de mandatos de Elección Popular* dictadas por el Consejo Nacional Electoral mediante acto administrativo de 25 de septiembre de 2003[205], si bien se estableció que se considera revocado el mandato "si el número de votos a favor de la revocatoria es igual o superior al número de los electores que eligieron al funcionario", se agregó la frase: "***y no resulte inferior al número de electores que votaron en contra de la revocatoria***" (Art. 60).

Con este agregado, en una norma contenida en un acto administrativo que por tanto es de rango sublegal, se restringió el derecho ciudadano a la revocatoria de mandatos populares, al establecerse un elemento que no está en la Constitución relativo al los efectos del voto por la "no revocación". Con ello se pretendió trastocar la naturaleza "revocatoria" del referendo que regula el artículo 72 de la Constitución, y se lo quiso convertir en un referendo "ratificatorio" de mandatos de elección popular.

Lo inaudito de este fraude constitucional, es que dicho criterio luego sería avalado por la propia Sala Constitucional del Tribunal Supremo en una frase contenida en la sentencia nº 2750 de 21 de octubre de 2003 (Caso: *Carlos E. Herrera Mendoza, Interpretación del artículo 72 de la Constitución*), en la cual señaló que:

> "Se trata de una especie de relegitimación del funcionario y en ese proceso democrático de mayorías, incluso, si en el referendo obtuviese más votos la opción de su permanencia, debería seguir en él, aunque voten en su contra el número suficiente de personas para revocarle el mandato."[206]

Se trataba, en efecto, de una simple "apreciación" de la Sala Constitucional, sobre un criterio de que el funcionario revocado constitucionalmente, sin embargo, en esa circunstancia "debería" permanecer en el cargo. En el texto de la sentencia, además, nada se dijo de que se tratara de una "interpretación vinculante" de la Constitución.

En un referendo revocatorio no puede haber votos "por la permanencia" del funcionario en el cargo; lo que hay son votos por la revocatoria o por la no revocatoria del mandato; es decir, hay votos SI o votos NO. Los votos por la no revocatoria del mandato son votos negativos (NO); y un voto negativo "por la no revocatoria" del mandato no puede ser convertido en un voto positivo (SI) "por la permanencia" del funcionario en su cargo o por la "ratificación del mandato". Ello sería cambiar la naturaleza del referendo revocatorio, lo que efectivamente ocurrió en Venezuela en agosto de 2004.

En efecto, en esa frase de la sentencia antes citada, la Sala Constitucional cambió la naturaleza de la revocación del mandato, y lo convirtió en un mecanismo para "relegitimar" o para "ratificar" mandatos de elección popular, cuando ello no fue la intención del Constituyente. Lo que la Constitución regula es la revocatoria popular de mandatos, y para ello, lo único que exige en materia de votación es que un núme-

---

205 Resolución Nº 030925-465 de 25-09-2003.

206 En *Revista de Derecho Público*, Nº 93-96, Editorial Jurídica Venezolana, Caracas 2003 (en prensa).

ro "igual o mayor de electores que eligieron al funcionario hubieren votado a favor de la revocación".

Es tan evidente que la citada sentencia modificó la Constitución, que con ocasión de la realización del referendo revocatorio del mandato del Presidente de la República que se efectuó el 15 de agosto de 2004, e independientemente de las denuncias que se formularon en relación a los manejos fraudulentos que acompañaron el proceso de votación, y que se formularon ante el Consejo Nacional Electoral, este órgano, mediante Resolución nº 040826-1118 de 26 de agosto de 2004, no sólo dio los datos definitivos de la votación efectuada en el referendo revocatorio, sino que acordó "ratificar" al Presidente de la República en su cargo en "acto solemne", hasta la terminación del período constitucional en enero de 2007.

En efecto, en la *página web* del Consejo Nacional Electoral del día 27 de agosto de 2004, apareció la siguiente nota en la cual se informaba que:

> "El Presidente del Consejo Nacional Electoral, Francisco Carrasquero López, se dirigió al país en cadena nacional para anunciar las cifras definitivas y oficiales del evento electoral celebrado el pasado 15 de agosto, ***las cuales dan como ratificado en su cargo al Presidente de la República,*** Hugo Rafael Chávez Frías, con un total de 5 millones 800 mil 629 votos a favor de la opción "No"

En la contienda electoral participaron 9 millones 815 mil 631 electores, de los cuales 3.989.008 se inclinaron por la opción "Sí" para revocar el mandato del Presidente Chávez. La totalización arrojó que la opción "No" alcanzó el 59,25% de los votos, mientras el "Sí" logró el 40,74% del total general, y la abstención fue del 30,02%.

Vale destacar que para estos comicios el Registro Electoral se incrementó significativamente, alcanzando un universo de 14.027.607 de electores con derecho a sufragar en el RR.

Con base en la expresión de la voluntad popular, el Consejo Nacional Electoral, este viernes 27 de agosto, ratificará en la Presidencia de la República Bolivariana de Venezuela a Hugo Chávez Frías, quien culminará su período constitucional en el año 2006."

De la información contenida en dicha nota, resultaba claro que los electores que votaron por la revocatoria del mandato del Presidente, que fueron 3.989.008, constituían un número mayor que el de los electores que en su momento habían elegido al Presidente, que fueron 3.757.774, lo que conforme al texto expreso del artículo 72 de la Constitución bastaba para que se considerara revocado el mandato. Sin embargo, en la misma nota, y al contrario de lo que se establecía en la Constitución, se consideraba que con la referida votación el Presidente de la República habría sido "ratificado" en su cargo.

Además, siguiendo la orientación de esta nota, el Consejo Nacional Electoral en la mencionada Resolución nº 040826-1118 de 26 de agosto de 2004, resolvió "publicar los resultados de la totalización de actas de escrutinio correspondiente al referendo revocatorio presidencial, celebrado el 15 de agosto de 2004"; siendo su texto leído en el acto solemne efectuado en la sede de dicho organismo el día 27 de agosto de 2004. En dicha Resolución, que sólo fue publicada días después en *Gaceta Electoral* del 30 de agosto de 2004[207], el Consejo Nacional Electoral publicó "los resultados de la totalización de Actas de Escrutinio correspondientes al referendo revocatorio presidencial celebrado el 15 de agosto de 2004", indicando que los votos por la opción SI, es decir, por la revocatoria del mandato del Presidente de la República fueron de 3.989.008 votos; y que los votos por la opción NO fueron de 5.800.629 votos. El Presidente de la República, como se dijo, había sido electo en agosto de 2000 con 3.757.774 votos, por lo que conforme al artículo 72 de la Constitución su mandato había quedado revocado.

Sin embargo, el Consejo Nacional Electoral en la mencionada Resolución de 26 de agosto de 2004, señaló que vistos los resultados de la votación señalados,

> "[Con] con fundamento en el artículo 20 de las Normas para la Totalización y Proclamación de los Resultados del Referendo Revocatorio Presidencial del 15 de agosto de 2004 y *especialmente,* ***con atención a lo dispuesto en la doctrina vinculante con el artículo 72 de la Constitución*** *de la República establecida por la Sala Constitucional del Tribunal Supremo de Justicia en su sentencia de fecha 21 de octubre de 2001,* el Consejo Nacional Electoral *hace constar que el mandato* popular del ciudadano Hugo Rafael Chávez Frías, titular de la cédula de identidad nº 4.258.228, como Presidente de la República de la República, ***ha sido ratificado*** *por el pueblo venezolano en la jornada electoral del 15 de agosto pasado y, por consiguiente, el mencionado ciudadano tiene derecho a ocupar y ejercer el señalado cargo público, hasta la culminación del actual período constitucional".*

Con esta Resolución, puede decirse que se consolidó el fraude constitucional que había ido configurándose, al trastocarse una "revocación de mandato" en una supuesta "ratificación de mandato" de un funcionario que había quedado constitucionalmente revocado.

Además, la propia Asamblea Nacional participó en la configuración del fraude constitucional, y en la misma fecha 27 de agosto de 2004 realizó una sesión solemne para entregarle al Presidente de la República, un "Acuerdo de la Asamblea Nacional *sobre ratificación* del Presidente de la República", en uno de cuyos Considerandos se afirmó:

> "Que el resultado del proceso refrendario ha expresado de manera clara e inequívoca *la ratificación del mandato* del Presidente Constitucional Hugo Chávez Frías, representando una incuestionable victoria democrática de la voluntad mayoritaria del pueblo heroico del Libertador Simón Bolívar, en el esfuerzo colectivo para consolidar y profundizar la revolución democrática, pacífica, la justicia social y la autodeterminación nacional, proceso y proyecto político comprometido con el logro de los fines y propósitos contenidos en la Constitución de la Republica Bolivariana de Venezuela".

---

207 *Gaceta Electoral* Nº 210 de 30-08-2004.

IV. LOS EFECTOS DE LA REVOCATORIA DEL MANDATO Y SU TRASTOCAMIENTO POR EL JUEZ CONSTITUCIONAL

Pero el trastrocamiento del sentido de la revocación de mandatos en la Constitución, tanto por la Sala Constitucional del Tribunal Supremo como por el Consejo Nacional Electoral, no sólo ocurrió al cambiarse la naturaleza "revocatoria" del referendo por una supuesta "ratificación" de mandatos; sino que además se evidenció por las imprecisiones interpretativas adoptadas por la mencionada Sala Constitucional del Tribunal Supremo.

En efecto, en caso de que se produzca la revocatoria del mandato de un funcionario electo, los efectos de tal revocatoria es que debe procederse de inmediato a cubrir la falta absoluta conforme a lo dispuesto en la Constitución y en la Ley. Si se trata de un Diputado a la Asamblea Nacional, debería realizarse una nueva elección, pero la Sala Constitucional ha determinado que lo sustituye su suplente por el resto del período[208]. En caso de que no existan suplentes, por supuesto que debería efectuarse una nueva elección.

En relación con el Presidente de la República, la forma de proceder para cubrir la falta absoluta que se produciría con la revocación del mandato, conforme al artículo 233, varía según que ésta ocurra durante los primeros cuatro años de los seis del período constitucional o durante los dos últimos: En el primer caso, debe procederse a una nueva elección presidencial para que quien resulte electo *complete* el período constitucional por los dos años restantes; y en el segundo caso, el Vicepresidente Ejecutivo es quien debe asumir la Presidencia hasta completar dicho período.

Ahora bien, la revocación del mandato de cargos de elección popular, sin duda, confronta claramente dos derechos constitucionales. Por una parte, el derecho individual de cada ciudadano a ser postulado como candidato y ser electo popularmente para cargos o mandatos representativos; y por la otra, el derecho colectivo de los ciudadanos a revocar el mandato de aquellos a quienes el pueblo eligió.

El juez constitucional y, en general, el interprete, por tanto, al momento de considerar los efectos de la revocatoria del mandato, tiene que poner en la balanza judicial ambos derechos, y determinar cuál tiene mayor valor en caso de conflicto o duda. En una democracia puramente representativa, quizás el derecho del representante podría privar; pero en una democracia que además de ser representativa, la participación popular como derecho constitucional tiene un valor preponderante, sin duda que el derecho colectivo del pueblo soberano de revocar el mandato de los elegidos tiene que tener un mayor valor.

Esto tiene particular importancia en cuanto a los efectos de la revocación del mandato. Este es un acto político del pueblo a rechazo de un funcionario, desalojándolo del ejercicio de su cargo; razón por la cual, como sanción popular que es, ello tendría que impedir que el funcionario revocado pueda presentarse de nuevo como candidato al mismo cargo en las elecciones subsiguientes para completar el período constitucional que le habría sido truncado por el pueblo.

Ahora bien, en cuanto a los efectos de la revocatoria de los mandatos, en lo que se refiere a la revocación del mandato de los diputados a la Asamblea Nacional, la Constitución es explícita en cuanto a la determinación de los efectos de la revocato-

---

208 Sentencia de 05-06-2003 (Caso: *Sergio Omar Calderón Duque y William Dávila*).

ria, al señalar expresamente que el diputado revocado "no podrá optar a cargos de elección popular en el siguiente período" (art. 198). Sin embargo, nada indica la Constitución sobre los efectos de la revocación del mandato en el caso del Presidente de la República y de los otros funcionarios electos, como son los Legisladores miembros de los Consejos Legislativos estadales, los Concejales miembros de Concejos Municipales, o los Gobernadores y Alcaldes. En estos casos, sin embargo, lo cierto es que el intérprete tiene que considerar la existencia de los dos derechos constitucionales antes señalados y que se encontrarían confrontados. Por una parte, el derecho político colectivo de los ciudadanos a revocarle el mandato a los funcionarios de elección popular, incluido el Presidente de la República; y por la otra, el derecho político individual de éste a ser electo; conflicto en el cual la balanza se tendría que inclinar, sin duda, a favor del derecho político colectivo de los ciudadanos a revocarle el mandato, lo que acarrearía lógicamente que el funcionario revocado no podría presentarse como candidato en la elección que resultara necesario hacer para que un "nuevo Presidente" complete el período constitucional correspondiente[209]. De lo contrario se estaría configurando otro fraude a la Constitución.

V. LA INCERTIDUMBRE CONSTRUIDA POR LA SALA CONSTITUCIONAL PARA ELIMINAR EL CARÁCTER DEL GOBIERNO COMO DE MANDATOS REVOCABLES

La Sala Constitucional del Tribunal Supremo de Justicia, sin duda, es la llamada a resolver el conflicto entre los dos derechos antes indicados; y acorde con los valores y principios constitucionales, descartar la posibilidad de que un Presidente de la República cuyo mandato haya sido revocado, pudiera ser candidato en la elección que debiera realizarse como consecuencia de la revocatoria de su mandato. Estas nuevas votaciones deberían tener por objeto elegir a un nuevo Presidente para completar el mandato del revocado, dándole primacía al derecho político colectivo de los ciudadanos a la revocación del mismo, como manifestación de la democracia de participación consagrada en la Constitución, y del gobierno de mandatos revocables que ella establece[210].

Lamentablemente, sin embargo, la Sala Constitucional, en esta materia, no sólo no ha sido el máxime interprete de la Constitución acorde con sus valores y principios, sino que más bien ha sido complaciente con el Poder, lo que ha quedado en clara evidencia a través de sus sucesivas decisiones en la materia.

En efecto, dado el silencio de la Constitución, la Sala Constitucional comenzó estableciendo en su sentencia nº 2404 de 28 de agosto de 2003 (Caso: *Exssel Alí Betancourt Orozco, Interpretación del artículo 72 de la Constitución*), que en el supuesto de la revocatoria del mandato del Presidente de la República, en la elección del nuevo Presidente:

---

209 Véase las declaraciones de Allan R. Brewer-Carías, "El derecho de los ciudadanos a revocar priva sobre la candidatura de Chávez", dadas al periodista Edgar López, *El Nacional*, Caracas 11-06-2004, pp. A-1 y A-4.

210 Nótese que la Constitución de 1999 sustituyó el calificativo de "gobierno representativo" que contenía el artículo 3 de la Constitución de 1961 por el de "gobierno de mandatos revocables" que contiene el artículo 6, equivalente, en la Constitución de 1999.

> "Evidentemente no podría participar dicho funcionario (revocado), pues cualquier falta absoluta del Presidente implica la separación del cargo y la consecuente sustitución del mismo. Lo contrario supondría una amenaza de fraude a la soberanía popular"[211].

El texto de esta sentencia, sin embargo, fue desconocido posteriormente por la propia Sala Constitucional del Tribunal Supremo, de manera por demás insólita: Su contenido fue publicado por el Tribunal Supremo incluso hacia los medios de comunicación, pero no llegó a ser publicada en la *página web* del Tribunal Supremo. La Sala Constitucional, en una inusual "Aclaratoria" emitida de oficio en fecha 1° de septiembre de 2003, *desconoció lo expresado en el fallo*, considerando el tema como no decidido. El texto de la "Aclaratoria", sin embargo, luego da haber sido incorporada en la *página web* del Tribunal Supremo, fue posteriormente eliminado de la misma, y tiene el tenor siguiente:

> *"ACLARATORIA*; El 28 de agosto de 2003 esta Sala Constitucional, en el expediente 03-0763, pronunció sentencia nº 2404, en la que declaró inadmisible el recurso de interpretación que interpuso el ciudadano EXSSEL ALÍ BETANCOURT OROZCO, en relación con el artículo 72 de la Constitución de la República Bolivariana de Venezuela.
>
> Como se observa que en el texto de dicha decisión aparecen expresiones que erróneamente pudieran entenderse como una definitiva interpretación de la norma constitucional que se mencionó (art. 72) en el punto que requirió el solicitante, la Sala de oficio aclara y decide que, por cuanto la pretensión del actor fue declarada inadmisible, los alcances de dicho fallo nº 2404 quedan estrictamente limitados y sujetos al pronunciamiento de inadmisibilidad, sin que, en consecuencia, puedan extenderse a otros aspectos de cualquier naturaleza que pudieran extraerse de la redacción del mismo, máxime cuando, equivocadamente, se invocan pronunciamientos precedentes que la Sala no ha hecho. Por otra parte, ante esta misma Sala cursa expediente número 02-3215 (solicitud hecha por el ciudadano Estaban Gerbasi), cuyo ponente es el Magistrado Dr. José Manuel Delgado Ocando, en el que corresponderá a la Sala Constitucional la decisión sobre si un funcionario de elección popular, a quien le sea revocado el mandato, podrá participar o no en un inmediato y nuevo comicio. Sépase, pues, que sólo en la oportunidad cuando recaiga sentencia que expresamente decida la interpretación del asunto que se refirió habrá certeza sobre el punto."[212]

En las actas procesales del expediente, en todo caso, la única referencia que quedó relativa a este espinoso asunto, es un "Auto" de la Sala Constitucional del mismo día, 1° de septiembre de 2003, ordenando abrir una averiguación penal para establecer responsabilidades sobre el contenido de la sentencia que supuestamente no se correspondía con el texto del fallo que habían aprobado los Magistrados. Todo este incidente, que originó la apertura de una investigación criminal inusitada, la

---

211 Véase la reseña del periodista Edgar López, *El Nacional*, Caracas, 04-01-2004, p. A-2.

212 El texto ha sido tomado de la cita que hizo el Magistrado Antonio J. García García en su *voto salvado* a la sentencia nº 1173 de 15-06-2004 (Caso: *Esteban Gerbasi*).

cual por supuesto, no ha concluido y seguramente concluirá en nada, fue calificado, con razón, como una polémica "con características escandalosas."[213]

Con el desconocimiento de su decisión por la propia Sala Constitucional, quedó abierta entonces la cuestión jurídica aún por resolver, sobre si un Presidente de la República revocado podría presentarse como candidato en la elección subsiguiente: No sólo la que debía efectuarse para completar el período constitucional si es revocado después de cumplir tres años de mandato pero antes de que se cumplan cuatro del período presidencial; sino en la elección para el período constitucional subsiguiente. El asunto, como se dijo, no está resuelto expresamente en la Constitución, como sí lo está respecto de la revocación de los mandatos de los diputados a la Asamblea Nacional.[214]

Posteriormente, el 10 de junio de 2004 ya se reseñaba sobre la existencia de una ponencia de sentencia que circulaba en la Sala Constitucional, de interpretación del artículo 72 de la Constitución, y que aparentemente no resolvía la duda que había quedado con el texto de la sentencia nº 2042 de 28-08-2003, (Caso *Exssel Alí Bentancourt Orozco*), que había sido desconocido por la propia Sala Constitucional.[215]

Y así, conforme a ese anuncio, días después, la Sala Constitucional dictaría la sentencia nº 1173 de 15 de junio de 2004 (Caso: *Esteban Grebasi*) con motivo de la solicitud de interpretación del artículo 72 de la Constitución, en virtud de la duda razonable que el recurrente había alegado "consistente en saber si un funcionario cuyo mandato le fuere revocado con base en el citado artículo 72 puede optar a algún cargo de elección popular durante el siguiente período correspondiente". El recurrente también había argumentado que la "prohibición de postulación a cargos de elección popular prevista en el artículo 198 de la Carta Magna" debía "entenderse comprendida dentro del alcance del artículo ... ya que resulta contrario a la razón y, en consecuencia, a toda regla lógica, que un funcionario cuyo mandato ha sido revocado por el propio pueblo que lo eligió opte inmediatamente a un cargo (al) que debe ser también elegido"; considerando que un funcionario, al serle revocado su mandato con fundamento en el mecanismo previsto en el artículo 72 de la Carta Magna, "pierde el derecho a ser elegido al mismo cargo del cual le ha sido revocado por mandato popular."

La Sala Constitucional, para decidir, delimitó el ámbito de la solicitud en relación a "la duda existente en el ánimo del solicitante al interponer la presente acción de interpretación constitucional ...en saber si el Presidente de la República, dado el caso que se le revocara su mandato de conformidad con el mecanismo de participación política previsto en el artículo 72 de la Constitución de la República Bolivariana de Venezuela, le sería aplicable la inhabilitación prevista en el artículo 198 *eiusdem*, respecto de los Diputados a la Asamblea Nacional"; pasando entonces a decidir

---

213 Véase la reseña de Edgar López, *El Nacional*, Caracas, 04-01-2004, p. A-2.

214 El artículo 198 dispone que los diputados cuyo mandato fuera revocado no pueden optar a cargos de elección popular en el siguiente período.

215 Véase la reseña de Edgard López en El Nacional, Caracas 10-06-2004; Véanse los comentarios en Allan R. Brewer-Carías, *La Sala Constitucional vs. El Estado democrático de derecho (El secuestro del Poder Electoral y de la sala Electoral del Tribunal Supremo y la confiscación del derecho a la participación política)*, Caracas 2004, pp. 58-59.

interpretando "las disposiciones constitucionales en concordancia con el resto de la Carta Magna, considerada ésta *in totum."*

La Sala Constitucional, después de argumentar sobre las técnicas de interpretación constitucional, recordó la "restricción para el empleo de la interpretación modificativa, contenida en el aforismo romano *favorabilia amplianda, odiosa restringenda*, según el cual las disposiciones de carácter prohibitivo deben ser interpretadas restrictivamente y aquéllas favorables a las libertades consagradas en el ordenamiento deben serlo extensivamente", concluyendo que la interpretación en materia de derechos humanos debe "siempre hacerse conforme al principio de preeminencia de los derechos humanos, el cual, junto con los pactos internacionales suscritos y ratificados por Venezuela relativos a la materia, forma parte del bloque de la constitucionalidad."

A continuación la Sala Constitucional analizó el artículo 233 de la Constitución, y estableció que la revocatoria del mandato otorgado al Presidente de la República, conforme al mecanismo previsto en el artículo 72 de la Carta Magna, generaría una falta absoluta de dicho funcionario, la cual debía ser cubierta de los modos siguientes:

> "a.- Si la revocatoria del mandato opera antes de concluido el cuarto año de su período constitucional (en el caso del corriente, de conformidad con lo señalado por esta Sala en sus sentencias núms. 457/2001 y 759/2001, del 5 de abril y 16 de mayo de 2001, respectivamente, casos: Francisco Encinas Verde y otros, y Willian Lara, en su orden; antes del 19 de agosto de 2004), tal falta sería cubierta por un nuevo Presidente de la República, resultante de una nueva elección universal, directa y secreta a realizarse dentro de los treinta (30) días consecutivos siguientes a la revocatoria, al cual correspondería concluir el período en curso; y
>
> b.- En el caso de que la revocatoria se produzca durante los últimos dos años del período constitucional (en el caso del presente período presidencial, si se produjera con posterioridad al 19 de agosto de 2004), la falta sería cubierta por el Vicepresidente Ejecutivo o Vicepresidenta Ejecutiva, quien asumiría la Presidencia de la República hasta completar dicho período".

Luego de estos razonamientos, la Sala fue concluyente al afirmar que:

> "Visto lo anterior, esta Sala observa que la revocatoria popular del mandato del Presidente de la República, de conformidad con los artículos 72 y 233 de la Constitución de la República Bolivariana de Venezuela, acarrea su falta absoluta en el *cargo y, por ende, su separación definitiva del mismo por el período correspondiente* (subrayado nuestro)".

Pero en relación con los alegatos del solicitante en cuanto a la aplicación al Presidente de la República del artículo 198 de la Carta Magna, relativo a la restricción a los Diputados de la Asamblea Nacional para postularse a cargos de elección popular en el período siguiente a la revocatoria popular de su mandato, la Sala Constitucional juzgó "que de ser cierta tal afirmación constituiría una limitación al ejercicio de un derecho fundamental, cual es, el derecho a la participación del Presidente de la República (*cfr.* sentencia de la Sala Plena de la extinta Corte Suprema de Justicia del 5 de diciembre de 1996, Caso: *Ley de División Político-Territorial del Estado Ama-*

zonas), en una de sus vertientes, el derecho de postulación, consagrado en el último párrafo del artículo 67 de la Carta Magna"; estimando además, que "dicha restricción no se encuentra en la Constitución ni en ley alguna, y pertinente es señalar que la Convención Americana sobre Derechos Humanos, suscrita y ratificada por Venezuela (*Gaceta Oficial* N° 31.256 del 14 de junio de 1977), la cual, de conformidad con el artículo 23 de la Constitución, es de aplicación preferente cuando contenga disposiciones sobre el goce y ejercicio de los derechos humanos más favorables a las establecidas en el ordenamiento interno, y son de aplicación inmediata y directa por los tribunales y demás órganos del Poder Público". Por todo ello, la Sala concluyó su sentencia resolviendo que:

> "Sobre la base de la anterior motivación y en atención al principio constitucional de preeminencia de los derechos fundamentales establecido en el artículo 2 de la Carta Magna, esta Sala Constitucional del Tribunal Supremo de Justicia declara que la restricción contenida en el artículo 198 de la Constitución de la República Bolivariana de Venezuela, según la cual los Diputados a la Asamblea Nacional, cuyo mandato fuere revocado de conformidad con el mecanismo previsto en el artículo 72 *eiusdem*, no podrán optar a cargos de elección popular en el siguiente período, no es aplicable al Presidente de la República, y así se decide."

Olvidó la Sala, sin embargo, que en el caso concreto de la revocatoria del mandato del Presidente de la República estaban en juego dos derechos constitucionales y no sólo uno de ellos: la Sala razonó con base en el solo derecho político individual del Presidente de la República a ser postulado y a ser electo; pero para ello se había olvidado que existía otro derecho constitucional en juego, el derecho político colectivo de los ciudadanos a revocarle el mandato al Presidente de la República, el cual debía privar sobre el primero.

Además, la Sala olvidó analizar el artículo 230 de la Constitución que establece que el período presidencial es de seis años, pudiendo el Presidente "ser reelegido, *de inmediato* y por una sola vez, *para un nuevo período*". Olvidó la Sala considerar que para que un Presidente de la República pueda ser reelecto, tiene que haber completado su período presidencial para poder ser electo "de inmediato y por una sola vez, para un nuevo período". Si un Presidente no termina su mandato, porque renunció o porque fue revocado, tendría entonces una imposibilidad de ser reelecto "de inmediato". Por lo que en caso de revocarse el mandato del Presidente de la República, en forma alguna podría ser candidato en la elección para el próximo período presidencial.

Mucho menos, por supuesto, podría ser candidato un Presidente revocado antes de cumplirse los cuatro primeros años de su mandato, en la elección subsiguiente para elegir un "nuevo Presidente" para completar el resto del período del Presidente revocado. Como lo dijo la propia Sala Constitucional en su sentencia: La revocatoria del mandato "acarrea su falta absoluta en el cargo y, por ende, su separación definitiva del mismo por el período correspondiente", por lo cual no puede pretender ser electo por el resto de dicho período en el cual fue revocado.

Pero ello no había sido resuelto expresamente, por lo que una vez se prolongó la incertidumbre sobre la posibilidad –absurda- que podía deducirse en forma indirecta, de que un Presidente revocado al no aplicársele la restricción del artículo 198 de la Constitución, pudiera ser candidato y electo en las elecciones presidenciales para el próximo período constitucional. Continuó existiendo la supuesta "duda" sobre si el Presidente revocado antes de cumplirse los primeros cuatro años de su mandato, podía presentarse a la elección para elegir un "nuevo Presidente" que completara el resto del período presidencial.

La antes mencionada sentencia nº 1173 de la Sala Constitucional tuvo dos votos salvados de los Magistrados Antonio J. García García y Rondón Haaz.

El Magistrado Antonio J. García García consideró que los planteamientos de la sentencia de la Sala "confunden los efectos de la revocatoria de mandato de los Diputados a la Asamblea Nacional y del Presidente de la República, en virtud del error en que se incurrió en la elaboración de una de sus premisas", considerando que:

> "[la] Sala, en ejercicio de una interpretación sistemática de la Constitución, debió pronunciarse con claridad sobre cada uno de los supuestos que la solicitud de interpretación encierra. Particularmente, frente a la actual realidad política y electoral que vive el país, se estima importante la definitiva posición de la Sala respecto a la posibilidad de que el Presidente de la República que sea revocado por vía de referendo, intervenga pasivamente en el proceso electoral convocado tanto para proveer –por el resto del período- la vacante producida por la revocatoria del mandato, como para escoger a un nuevo Presidente por el período constitucional siguiente, pues, si bien expresamente se resolvió, como ya se indicó, el último escenario mencionado, quien suscribe observa que, aún cuando resultara obvia la consecuencia lógica de la revocatoria del mandato, nada se dice sobre el impedimento que tendría dicho funcionario para ser candidato en el otro escenario planteado, esto es, en las elecciones a realizarse dentro de los treinta (30) días consecutivos siguientes a la eventual remoción del Presidente por vía de referendo revocatorio, cuando la mayoría sentenciadora señaló que "la revocatoria popular del mandato del Presidente de la República, de conformidad con los artículos 72 y 233 de la Constitución de la República Bolivariana de Venezuela, acarrea su falta absoluta en el cargo y, por ende, su separación definitiva del mismo por el período correspondiente".

En caso de revocatoria del mandato, como falta absoluta del Presidente de la República, el Magistrado García consideró que:

> "[una] interpretación armónica de la Constitución y de la institución de la figura del revocatorio, nos permitiría decir que el constituyente exige la elección de un nuevo Presidente, sin la posibilidad de que el funcionario revocado pueda medirse en ese proceso electoral convocado para suplir la falta absoluta, de manera que, lógicamente, debe entenderse que la afirmación que se ha hecho en el fallo que antecede con respecto a que la restricción contenida en el artículo 198 eiusdem no es aplicable al Presidente de la República, sólo conduce a concluir que quien haya sido revocado en el cargo de Presidente de la República podrá optar para ser nuevamente elegido por un período constitucional distinto al que no concluyó por la voluntad popular expresada en el referendo revocatorio.

Resultaría un contrasentido que un funcionario al que se le revocó el mandato pueda presentarse como candidato en la elección que se convoque para proveer la vacante causada por la sanción que los electores le propinaron, improbando su gestión, dado que la propia Constitución, en su artículo 233, determina que 'el nuevo

Presidente' asumirá sus funciones para completar el período, lo que indica claramente que se trata de otro Presidente, pues cualquier falta absoluta implica la separación categórica del funcionario y la consiguiente sustitución personal del mismo. Pretender un efecto contrario significaría una amenaza de fraude a la soberanía de la voluntad popular que, expresada por vía de referendo revocatorio, ha interrumpido el desempeño de un cargo de elección popular, bien por motivos de legitimidad, cuando ha dejado de merecerles su confianza, o bien por resultar inconveniente o inoportuna para los intereses del país la gestión que en el ejercicio del mismo realiza su titular.

Siendo ello así, la inhabilitación natural producida por la revocatoria popular que excluye la aspiración del Presidente removido para culminar el período correspondiente, no podría asimilarse a la inhabilitación a que se refiere el artículo 198 de la Constitución, ya que, según dispone el propio texto constitucional, la forma de cubrir la falta absoluta de los Diputados a la Asamblea Nacional cuyo mandato sea revocado es distinta a la que se preceptúa para proveer la vacante al cargo de Presidente de la República, dada la ausencia en este último caso de un suplente que, junto con el principal, haya sido también elegido popularmente".

Concluyó el Magistrado García su voto salvado señalando que:

> "[una] interpretación integrada de las normas constitucionales lleva a concluir que, independientemente de la falta de prohibición expresa que inhabilite al Presidente de la República removido, para optar a cargos de elección popular, el efecto práctico del referendo revocatorio no puede ser otro que una nueva elección para completar el período presidencial, en la cual no puede participar quien ha sido revocado. Sostener un criterio distinto, bajo el argumento del derecho a ser elegido y el consecuente derecho a postularse que tiene toda persona en cabeza del revocado, dejaría completamente sin efecto la finalidad esencial de todo proceso revocatorio, cual es la sanción política de separarlo del ejercicio del cargo e inhabilitarlo para ello por el período por el cual fue elegido. En definitiva, se irrespetaría con ello la voluntad popular manifestada en el referendo correspondiente".

Por su parte, el Magistrado Rondón Haaz, en particular destacó que la sentencia no daba respuesta a la duda que expresó el solicitante de la interpretación en cuanto a la posibilidad de participación del Presidente de la República, a quien se le hubiere revocado el mandato, en la elección *inmediata* a que se refiere el artículo 233 de la Constitución de la República Bolivariana de Venezuela como fórmula para la cobertura de falta absoluta que tal revocatoria produce. Agregó el Magistrado que:

> "Más allá del error del solicitante respecto a la posibilidad, que la Sala descartó, de extensión de la inhabilitación a que se contrae el artículo 198 de la Constitución a funcionarios distintos a los que éste se refiere, la Sala ha debido agotar la interpretación que se le requirió para la resolución, de una vez y en forma integral, de las dudas interpretativas que han generado las disposiciones constitucionales en cuestión y que se reflejan en un grueso número de solicitudes de interpretación de las mismas que cursan en sus archivos".

Pero lamentablemente, la línea de acción de la mayoría de la Sala Constitucional en esta materia parecía ser más bien no agotar la interpretación de las normas constitucionales sino, al contrario, mantener siempre alguna incertidumbre para tener un hilo de poder permanente. Ello se evidenció de la sentencia nº 1378 del 22 de julio de 2004 (Caso: *Braulio Jatar Alonso y otros*), dictada días después, con motivo de un recurso de interpretación interpuesto precisamente sobre el artículo 233 de la Constitución, el cual fue declarado sin lugar[216], perdiéndose la oportunidad que tenía la Sala de interpretar definitivamente su contenido.

Ahora bien, en cuanto a la sentencia nº 1173, y por lo que respecta al Voto Salvado del Magistrado Rondón Haaz, luego de concordar con la opinión del Magistrado García García, señaló que:

> "[Cuando] la Carta Magna exige la elección de un nuevo Presidente, impide la posibilidad de que el funcionario cuyo mandato hubiere sido revocado pueda participar como candidato en el proceso electoral que se convoque para que supla su propia falta absoluta. Y es que, además de que la simple lógica repudia que un funcionario al que se le hubiere revocado el mandato pudiera presentarse como candidato en la elección que se convocase para la provisión de la vacante que habría causado la improbación de su gestión por el electorado, la propia norma constitucional determina que, en esto oportunidad (elección inmediata) deberá elegirse a un nuevo Presidente que completará el período del Presidente saliente.

Por otra parte, la pretensión de lo contrario, con cualquier fundamento (como podría ser el derecho al sufragio pasivo y a postulación de aquel cuyo mandato hubiere sido revocado), enervaría la finalidad de todo proceso revocatorio, cual es, como apuntó el Magistrado García García, la sanción política al funcionario en cuestión, que comporta, además de la separación del ejercicio del cargo, la inhabilitación para su ejercicio por el período por el cual fue elegido, en abierto fraude a la voluntad popular".

En todo caso, las dudas que habían quedado de la interpretación constitucional que había efectuado la Sala Constitucional, hechas incluso antes de que la sentencia se conociera, dada la divulgación del contenido de la ponencia respectiva[217] fueron inmediatamente advertidas[218]; razón por la cual el solicitante de la interpretación anunció que solicitaría la aclaratoria de la sentencia[219]. La sentencia, en realidad, se había limitado a señalar que el texto del artículo 198 de la Constitución que contiene

216 La Sala Constitucional, en efecto, se limitó a interpretar el término de los dos últimos años del período presidencial iniciado en 2000, así: "Así las cosas, es claro que en la decisión parcialmente transcrita, la Sala sentenció que el actual período presidencial, cuya duración es de seis (6) años de acuerdo con el artículo 230 constitucional, culmina el 19 de agosto de 2006, pero que el actual Presidente de la República –o quien desempeñe conforme a la Constitución dicho cargo en caso de falta absoluta de aquél- seguirá ocupando dicho cargo hasta la fecha de inicio del primer año del siguiente período constitucional, esto es, hasta el 10 de enero de 2007, para ajustar la realidad electoral del órgano Presidencia de la República a la exigencia del Texto Constitucional sin que sea menester para ello efectuar una enmienda del artículo 231 de la vigente Constitución; en tal sentido, del contenido de la sentencia examinada se desprende de manera indubitable que los (2) dos últimos años del actual período presidencial, iniciado el día 19 de agosto de 2000, comienzan el día 19 de agosto de 2004, sin que para declarar tal situación cronológica sea necesario realizar una interpretación de la norma contenida en el artículo 233 de la Norma Fundamental, o efectuar una interpretación de las normas incluidas en los artículos 230 y 231 *eiusdem*, adicional o complementaria a la hecha en la decisión N° 457/2001, del 5 de abril, caso*: Francisco Encinas Verde y otros"*.

217 Véase la reseña de Edgar López, en *El Nacional*, Caracas 10-06-2004, p. A-6.

218 Véase la opinión de Hermánn Escarrá en *El Nacional*, Caracas, 10-06-2004, p. A-6.

219 Véase en *El Nacional*, Caracas 16-06-2004, p. A-2; *El Nacional*, Caracas 17-06-2004, p. A-2; 4.

una restricción respecto de los diputados revocados, no se podía aplicar al Presidente de la República, lo que era de lógica interpretativa constitucional elemental; pero dejaba sin resolver lo esencial: *Primero*, si el Presidente revocado podía presentarse como candidato en la elección que dentro del mes siguiente debía efectuarse para elegir un "nuevo Presidente" que concluyera el período constitucional para el cual había sido electo el Presidente revocado; y *segundo*, si el Presidente revocado, quien por ello no habría completado su período presidencial, podía presentarse como candidato a la nueva elección presidencial para el próximo período presidencial, una vez completado por un nuevo Presidente el período del cual hubiera sido revocado.

En cuanto a la elección presidencial para elegir a un nuevo Presidente para completar el período constitucional del Presidente revocado, la sentencia sí dijo que la revocación del mandato del Presidente de la república "acarrea su falta absoluta en el cargo y, por ende, su separación definitiva del mismo por el período correspondiente", lo que significa que no podría el Presidente pretender presentarse como candidato para ser electo y terminar el período constitucional del cual habría sido popularmente revocado.

Pero el propio Presidente de la República, cuyo mandato se había solicitado fuera revocado en la votación que se efectuó el día 15 de agosto de 2004, antes de esa fecha, el día 8 de julio de 2004 desde Puerto Iguazú, donde había asistido como invitado a la XXVI Cumbre del Mercado Común del Sur, se encargaría de "aclararle" a quien quisiera oír o leer, que si llegaba a perder el referendo revocatorio, entregaría la Presidencia "porque al mes siguiente estaré peleando nuevamente por la Presidencia"[220]. Lamentablemente, esta "aclaratoria" afectaba la que se había solicitado a la Sala Constitucional, particularmente por las simultáneas declaraciones del Presidente del Tribunal Supremo y de la Sala Constitucional, Iván Rincón, dadas con toda diligencia, y que aparecieron publicadas en la prensa al día siguiente, cuyo contenido permitía pensar que el mandado ya estaba hecho.

En efecto, por encima de cualquier duda que pudiera existir, el Presidente del Tribunal Supremo de Justicia y de la Sala Constitucional, en declaraciones publicadas en la prensa el 10 de julio de 2004, ratificaría lo que el Presidente de la República había anunciado la víspera. Dicho Magistrado declaró que ya existía una ponencia de sentencia de "aclaratoria" de la sentencia nº 1173 de la Sala Constitucional, elaborada por el Magistrado Delgado Ocando, cuyo texto dijo que ya conocía, pero había que esperar que la vieran los otros Magistrados, y sin rubor alguno y sin recordar que los jueces no pueden adelantar opinión sobre fallos no publicados, indicó que la confusión que existía en la materia se debía a:

> "Las declaraciones encontradas de los famosos juristas que siempre están desglosando sentencias y leyes, olvidándose de lo que aprendieron en las Universidades, de las investigaciones que han hecho y de lo que saben… juristas que pertenecen a las famosas Academias de Caracas…"[221]

---

220 Véase *El Nacional*, Caracas 9-06-2004.

221 Pedro Llorens, sobre esta frase del Magistrado, señaló que "no es capaz de redactar una sentencia medianamente correcta y se limita a leer las que elaboran los otros", en "El hacedor de sentencias", *El Nacional*, Caracas 11-07-2004, p. A-9. Por su parte, el profesor José Muci Abraham, ex Presidente de la Academia de Ciencias Políticas y Sociales, dijo: "Los vendedores de sentencias despotrican de los juristas que orgullosamente pertenecemos 'a las famosas academias de Caracas'. El complejo de provincia-

Agregando que:

> "La sentencia es muy clara y tiene solo una lectura...La sentencia dice: Señores, los derechos consagrados en la Constitución son iguales para todos, salvo en casos de excepciones establecidas en la misma Carta Magna, en las leyes o en los Tratados Internacionales.
>
> En materia de derechos constitucionales, las restricciones tienen que estar expresamente establecidas en leyes formales, como se desprende de la Convención Americana sobre Derechos Humanos y de la resolución de la Comisión Interamericana de Derechos Humanos, con las cuales se nos amenaza constantemente.
>
> Nosotros, lo que decimos es que la Constitución establece expresamente la imposibilidad de que un diputado al que se le haya revocado su mandato, opte a cargos de elección popular en el siguiente período, pero no indica nada respecto de los alcaldes, los gobernadores y el Presidente de la República. Terminamos diciendo que no puede haber restricciones si no están en ley o en la Constitución
>
> La gente lo que pregunta es: pero ¿Chávez puede participar? Señores, no hay restricciones si no están en la Constitución o en la ley y ahora nosotros tenemos que responder en la aclaratoria si Hugo Chávez Frías puede participar o no en caso de que le sea revocado el mandato."[222]

El Magistrado, al dar dichas declaraciones, no sólo olvidó su condición de tal Magistrado, sino que olvidó de nuevo que lo que estaba en juego en este caso judicial, no solo era el ejercicio de un derecho político individual del Presidente revocado de postularse y ser electo; sino el derecho político colectivo de los ciudadanos a revocarle el mandato a los representantes electos. La Sala Constitucional no podía resolver la cuestión tomando en cuenta el sólo derecho individual del Presidente e ignorando el derecho político colectivo de los ciudadanos. Al hacer tal afirmación, en todo caso, el Magistrado había ignorado que el gobierno en Venezuela "es de mandatos revocables" (Art. 6 de la Constitución); y había olvidado que al menos tenía que ponderar ambos derechos en la balanza de la justicia, y establecer por qué uno privaría sobre el otro.

El abogado Gerbasi, quien había sido el recurrente en el recurso de interpretación, el día 13 de julio de 2004 no tuvo otra alternativa que recusar al Magistrado Presidente de la Sala Constitucional, por haber adelantado opinión sobre la anunciada "aclaratoria" de la sentencia[223]; pero al día siguiente, el 14 de julio de 2004, el propio Magistrado Iván Rincón, Presidente del Juzgado de Sustanciación (además

---

lismo le sale por los poros. Los punza el dolor de sentirse inferiores y de haberse destacado sólo a expensas de servir los intereses de los poderosos, por una dádiva compensatoria de su servilismo. ¿Han pensado esos bufones del foro, que con su torcida interpretación exponen al país a una contienda de impredecibles consecuencias? ¿Han meditado sobre los efectos de constreñir insensatamente a un pueblo a que vuelva a los comicios para enfrentar de nuevo al gobernante proscrito 30 días antes?, en "Supina ignorancia del supremo", *El Nacional*, Caracas, 14-07-22004, p. A-9.

222 Véase en la entrevista con Edgard López, *El Nacional*, Caracas 10-07-2004, p. A-2.

223 Gerbasi dijo a la prensa: "Después de un año y seis meses que no contestaron el recurso de interpretación, solicitamos una aclaratoria. Chávez le dejó una orden expresa a Rincón desde Argentina", *El Nacional*, Caracas, 11-07-2004, p. A-7. Véase además, *El Nacional*, 14-07-2004, p. A-6.

de ser Presidente de la Sala Constitucional y del propio Tribunal Supremo), declararía sin lugar la recusación por considerarla extemporánea, ya que después de dictarse sentencia definitiva no habría recusación, y en el caso concreto se trataba de una aclaratoria de una sentencia. Argumentó además el Magistrado que las declaraciones que aparecieron en la nota del periodista Edgar López en el diario *El Nacional*, supuestamente eran "el producto de interpretación que realizó el periodista y no una trascripción exacta" de lo que había expresado en la entrevista; a lo cual respondió el periodista Edgar López, en la "Nota del redactor" que publicó, que "Es inútil aclarar que en el texto publicado no hay interpretación ni inexactitud que pudiera alterar el sentido de lo dicho por el presidente del TSJ... La grabación no permitirá a nadie mentir"[224].

En definitiva, la Sala Constitucional del Tribunal Supremo, a pesar de haber tenido en sus manos la posibilidad de resolver la interpretación constitucional de los artículos 72, 230 y 233 de la Constitución antes de la realización del referendo revocatorio del mandato del Presidente de la República, el cual finalmente se efectuó el 15 de agosto de 2004 a solicitud popular conforme al artículo 72 de la Constitución[225]; sin embargo, no lo hizo y continuaron las dudas que existían sobre dos aspectos esenciales en esta materia de los efectos de un referendo revocatorio de mandato presidencial: Primero, si el Presidente cuyo mandato era revocado podía presentarse como candidato y ser electo como "nuevo Presidente", en las elecciones que debían convocarse dentro del mes siguiente a su revocación para completar los dos años restantes (2004-2006) del período constitucional presidencial (que había iniciado en 2000 y culminaba en 2006) del cual había sido revocado; y segundo, si un Presidente revocado podía presentarse como candidato a la "reelección", en las elecciones presidenciales que debían realizarse a finales de 2006, para el período constitucional presidencial subsiguiente (2007-2013).

La duda interpretativa continuó, y el órgano constitucional llamado a interpretar la Constitución y a aclarar las dudas, lo que había hecho era prolongar la incertidumbre, con el objeto, sin duda, de seguir ejerciendo el poder último de decisión en la materia.

El Presidente de la República, antes de que se realizara el acto de votación del referendo sobre la revocatoria de su mandato el 15 de agosto de 2004, en todo caso, sobre el primer aspecto que había quedado constitucionalmente sin resolver, ya se había anticipado a los posibles acontecimientos y había anunciado públicamente que en caso de ser revocado su mandato, el Vicepresidente Ejecutivo quedaría encargado de la Presidencia de la República y él, "al mes siguiente ya sería candidato a la Presidencia de la República otra vez"[226].

Sin embargo, no tuvo oportunidad de violentar la Constitución, pues se le había adelantado el Consejo Nacional Electoral, el cual, como se ha dicho, el 26

---

224 Véase en *El Nacional*, Caracas 15-07-2004, p. A-4.

225 Sobre las vicisitudes para dicha convocatoria véase Allan R. Brewer-Carías, *La Sala Constitucional vs. El Estado democrático de derecho (El secuestro del Poder Electoral y de la sala Electoral del Tribunal Supremo y la confiscación del derecho a la participación política)*, Ediciones El Nacional, Caracas, 2004.

226 Véase *El Nacional*, Caracas 06-08-2004, p. A-6. La misma declaración la formuló ante los corresponsales extranjeros el 12-08-2004. Véase *El Nacional*, Caracas, 13-08-2004, p. A-4.

de agosto de 2004, sin competencia constitucional alguna, decidiría "ratificar" al Presidente de la República en su cargo, dado que según las cifras de votación que anunció, a pesar de que había suficientes votos para que constitucionalmente hubiera quedado revocado el mandato (más de los que había sacado cuando fue electo), sin embargo, habría habido más votos por la no revocación de su mandato

SECCIÓN SEXTA:
EL GRAN FRACASO POLÍTICO DE HUGO CHÁVEZ: LA FALLIDA REFORMA CONSTITUCIONAL (2007)

Después haber ganado tres elecciones presidenciales (1999, 2000 y 2006), y después de haber obtenido mayoría en tres referendos (1999, 1999 y 2004), el gran fracaso político del Presidente Hugo Chávez fue el rechazo popular a la reforma constitucional que anunció iba a presentar al tomar posesión de la Presidencia de la República en enero de 2007, la cual luego de sometida ante la Asamblea Nacional el 15 de agosto de 2007, y de sancionada por ésta el 2 de noviembre de 2007,[227] fue rechazada popular mediante referendo realizado el 2 de diciembre de 2007.[228]

I. LA INCONSTITUCIONAL "REFORMA CONSTITUCIONAL" PROPUESTA POR EL PRESIDENTE CHÁVEZ EN 2007, LA RENUNCIA DEL TRIBUNAL SUPREMO A CONTROLAR SU INCONSTITUCIONALIDAD, Y SU RECHAZO POR EL PUEBLO

En efecto, al tomar posesión de su segundo mandato presidencial (2007-2013), el Presidente Chávez anunció al país que propondría una serie de reformas a la Constitución de 1999, para cuya elaboración designó un Consejo Presidencial para la Reforma de la Constitución[229]. Este estuvo presidido por la Presidenta de la Asamblea Nacional e integrado por altos funcionarios del Estado como fueron el Segundo Vicepresidente de la Asamblea Nacional y otros cuatro diputados; la Presidenta del Tribunal Supremo de Justicia; el Defensor del Pueblo; el Ministro del Trabajo; la

---

227 Véase sobre la propuesta de reforma constitucional de 2007: Allan R. Brewer-Carías, *Hacia la consolidación de un Estado Socialista, Centralizado, Policial y Militarista, Comentarios sobre el sentido y alcance de las propuestas de reforma constitucional 2007,* Colección Textos Legislativos N° 42, EJV, Caracas 2007, 157 pp.; y *La Reforma Constitucional de 2007 (Comentarios al proyecto inconstitucionalmente sancionado por la Asamblea Nacional el 2 de noviembre de 2007)*, Colección Textos Legislativos, N° 43, Editorial Jurídica Venezolana, Caracas 2007, 224 pp.

228 Tomando en cuenta los resultados anunciados por el Consejo Nacional Electoral en día 2 de diciembre en la noche, del un universo de más de 16.109.664 de electores inscritos, sólo acudieron a votar 9.002.439 votantes, lo que significó un 44,11 % de abstención; y de los electores que votaron, **votaron por rechazar la reforma** (voto NO) por el Bloque de artículos marcado A, 4.504.354 de votantes, con 50.70% y por el Bloque de artículos marcado B, 4.522.332 de votantes, con 51.05%. Es decir, sólo votaron **por aprobar** la reforma (voto SI), por el bloque A 4.379.392 de votantes, con 49.29%; y por el bloque B 4.335.136 de votantes con 48.94%. Ello equivale que sólo al 28 % del universo de los electores inscritos en el Registro Electoral votaron por aprobar la reforma constitucional. En dicho referendo, por tanto, en realidad, **no fue que "triunfó" el voto NO** por poco margen como lo aludió el Presidente de la República, sino que lo que ocurrió fue que su propuesta de reforma **fue rechazada por el 72% de los electores inscritos**, quienes o votaron por el NO (50,70%) o simplemente **no acudieron a votar para pronunciarse por la reforma**. Véase en general sobre esto Allan R. Brewer-Carías.

229 Véase Decreto N° 5138 de 17-01-2007, *Gaceta Oficial* N° 38.607 de 18-01-2007.

Procuradora General de la República y el Fiscal General de la Republica. En esta forma, el Presidente de la República comprometió de antemano en su proyecto a los titulares de materialmente todos los Poderes Públicos, indicando en forma expresa en el Decreto que el trabajo de dicho Consejo se debía realizar "*de conformidad con los lineamientos del Jefe de Estado en estricta confidencialidad*" (art. 2)[230]. Es decir, el Consejo no tenía libertad alguna de pensamiento, y su trabajo debía desarrollarse en estricta confidencialidad, lo que de por si es contrario a los principios que deben guiar cualquier reforma constitucional en un país democrático.

Las pautas para la reforma constitucional que en diversos discursos y alocuciones fue dando el Presidente de la República, apuntaron, por una parte, a la conformación de un Estado del Poder Popular o del Poder Comunal, o Estado Comunal, estructurado desde los Consejos Comunales que ya habían sido creados al margen de la Constitución en 2006[231], como unidades u organizaciones sociales no electas mediante sufragio universal, directo y secreto y sin autonomía territorial, supuestamente dispuestos para canalizar la participación ciudadana, pero conforme a un sistema de conducción centralizado desde la cúspide del Poder Ejecutivo Nacional; y por la otra, a la estructuración de un Estado socialista, con una doctrina socialista y "bolivariana" como doctrina oficial, sustituyendo al sistema plural de libertad de pensamiento y acción que siempre ha existido en el país y, en particular, sustituyendo la libertad económica y el Estado de economía mixta que siempre ha existido, por un sistema de economía estatista y colectivista, de capitalismo de Estado, sometido a una planificación centralizada, minimizando el rol del individuo y eliminando todo vestigio de libertad económica y de propiedad privada.

Dicho proyecto de reforma, como se dijo, fue rechazado por el pueblo en el referendo realizado el 2 de diciembre de 2007, lo que en cualquier país democrático, como manifestación de voluntad del poder constituyente originario, hubiera implicado que la misma tenía que ser respetada por todos los poderes constituidos, los cuales no hubieran podido pretender, en forma alguna, adelantar la rechazada reforma mediante otros mecanismos, por prohibirlo la Constitución. En cualquier país democrático, la decisión del pueblo, en definitiva, no hubiera podido ser ignorada, desconocida y mucho menos anulada por algún poder constituido del Estado, so riesgo de ser sometidos tales actos a control de constitucionalidad por la Jurisdicción Constitucional.

Lamentablemente, nada de ello ocurrió en Venezuela a partir de 2007, habiendo dado el Tribunal Supremo de Justicia la pauta para la violación impune de la Constitución, al haberse abstenido incluso de controlar la constitucionalidad del procedimiento de reforma constitucional irregularmente utilizado en 2007, y haber declarado "improponibles" las demandas de nulidad contra los actos del procedimiento de reforma constitucional.[232]

---

230 Ello también lo declaró públicamente, además, la Presidenta de la Asamblea Nacional al instalarse el Consejo. Véase en *El Universal*, 20-02-2007.

231 Ley de Consejos Comunales *Gaceta Oficial*, N° 5.806 *Extraordinario*, 10-04-2006.

232 Véase el estudio de dichas sentencias en Allan R. Brewer-Carías, *El juez constitucional vs. la supremacía constitucional. O de cómo la Jurisdicción Constitucional en Venezuela renunció a controlar la constitucionalidad del procedimiento seguido para la "reforma constitucional" sancionada por la Asamblea Nacional el 2 de noviembre de 2007, antes de que fuera rechazada por el pueblo en el referendo del 2 de*

En efecto, mediante el proyecto de reforma constitucional de 2007, con el cual sin duda era uno de los más sustanciales que se hubiera propuesto en toda la historia constitucional del país, se buscaba transformar aspectos esenciales y fundamentales del Estado, cambiando radicalmente el modelo de Estado descentralizado, democrático, pluralista y social de derecho que se había venido construyendo y consolidando desde la segunda guerra mundial, por el de un Estado Socialista, centralizado, policial y militarista, con una doctrina oficial "bolivariana", que se identificó como "el Socialismo del Siglo XXI", y un sistema económico de capitalismo de Estado. Una reforma de tal naturaleza no podía realizarse ni por el procedimiento de "reforma constitucional" ni de "enmienda constitucional," y sólo mediante la convocatoria de una Asamblea nacional Constituyente.[233], Por ello, se trataba de una reforma fraudulenta o que se pretendía realizar en fraude a la Constitución, para cuyo funcionamiento la Constitución estableció la participación del pueblo como poder constituyente originario, de dos maneras, primero, manifestado mediante referendo, y segundo para la elección de los miembros de la Asamblea Constituyente.

Desde el momento en que la Constitución estableció detalladamente los procedimientos para la revisión de la Constitución, los mismos son obligatorios y debían ser respetados por los órganos constituidos del Estado. Ello, sin embargo, fue desconocido por la Jurisdicción Constitucional, en particular, al decidir varias acciones de amparo constitucional que se ejercieron contra los actos estatales adoptados en sus diversas fases durante el procedimiento de reforma constitucional inconstitucionalmente desarrollado: por el Presidente de la República, por la Asamblea Nacional y por el Consejo Nacional Electoral. En todas y cada una de las sentencias que resolvieron las acciones intentadas, la Sala Constitucional desconoció el derecho ciudadano a la supremacía constitucional y a la tutela judicial efectiva, y fue declarando inadmisibles o que no había lugar a ellas, considerando, por una parte, que no había legitimación alguna de parte de los recurrentes para intentar las acciones,[234] y por la otra, con el absurdo argumento de que los actos estatales dictados en el procedimiento de reforma constitucional (la presentación del proyecto y la sanción de la Asamblea Nacional) no eran actos que producían efectos jurídicos externos, ni podían causar gravamen a los derechos de los ciudadanos, concluyendo que solamente hubieran podido ser impugnados cuando concluyera el procedimiento con el referendo aprobatorio de la reforma, y la reforma hubiera sido aprobada.[235] Con estas

---

diciembre de 2007, New York, 4 de diciembre de 2007, en www.allanbrewer-carias.com, Parte I,2 (Documentos, 2007).

233 Ello incluso fue advertido de inmediato por el Rector del Consejo Nacional Electoral, Sr. Vicente Díaz, quien el día 16-08-2007 indicó "que la propuesta presidencial para reformar el texto constitucional modifica las disposiciones fundamentales y por ello sería necesario convocar una Asamblea Constituyente para su aprobación". Véase en Unión Radio, 16 de agosto de 2007, http://www.unionradio.com.ve/Noticias/Noticia.aspx?noticiaid=212503.

234 Véase por ejemplo, las sentencias del Tribunal Supremo de Justicia en Sala Constitucional N° 1974 de 23-10-2007, *Caso José Ignacio Guedez Yépez en* http://www.tsj.gov.ve/decisiones/scon/Octubre/1974-231007-07-1055.htm; N° 2042 del 2 de Noviembre de 2007, *Caso Néstor Luis Romero Méndez* en http://www.tsj.gov.ve/decisiones/scon/Noviembre/2042-021107-07-1374.htm

235 Véase por ejemplo, sentencia del Tribunal Supremo de Justicia en Sala Constitucional N° 2191 del 22 de Noviembre de 2007, *Caso Yvett Lugo Urbaéz* enhttp://www.tsj.gov.ve/decisiones/scon/Noviembre/2191-221107-07-1605.htm. Criterio reiterado también en las sentencias 2108/2007; 2147/2007 y 2189/2007 de esta misma sala.

decisiones, lo que hizo la sala Constitucional fue negar el derecho ciudadano de acceso a la justicia y a la tutela judicial efectiva consagrados en la Constitución (art. 26), al "inventar" un tipo de "decisión" no prevista en la Ley que rige sus funciones, de que "no ha lugar a la acción" lo que equivale a decidir, que el ciudadano en ese caso, no tiene derecho de acceder a la justicia. Ello es la negación misma del Estado de derecho.

El Presidente de la República, en todo, sin duda estaba consciente de la inconstitucionalidad de la reforma constitucional, tal como había sido presentada ante la Asamblea nacional, pero también estaba seguro que no habría posibilidad de que se ejerciera control de constitucionalidad alguno. Basta constatar que dos días después de que sometiera el proyecto de reforma a la Asamblea el 15 de agosto de 2007, [236], el días 17 de agosto de 2007, adelantándose a cualquier impugnación y emitiendo opinión pública impunemente y prejuzgando cualquier asunto, la Presidenta del Tribunal Supremo de Justicia, Luisa Estella Morales Lamuño, Presidenta además de la Sala Constitucional (es decir de la Jurisdicción Constitucional) y quien además, como se dijo, había sido miembro del Consejo Presidencial para la Reforma Constitucional (para lo cual era evidentemente tenía situación de incompatibilidad), declaró públicamente que "la Sala Constitucional *no tramitará* ninguna acción relacionada con las modificaciones al texto fundamental, hasta tanto éstas no hayan sido aprobadas por los ciudadanos en el referendo" agregando que "Cualquier acción debe ser presentada después del referendo cuando la reforma ya sea norma, porque no podemos interpretar una tentativa de norma. Después de que el proyecto sea una norma podríamos entrar a interpretarla y a conocer las acciones de nulidad."[237]

---

236 Véase el *Proyecto de Exposición de Motivos para la Reforma Constitucional, Presidencia de la República, Proyecto Reforma Constitucional. Propuesta del Presidente Hugo Chávez Agosto 2007.* El texto completo fue publicado como *Proyecto de Reforma Constitucional. Versión atribuida al Consejo Presidencial para la reforma de la Constitución de la república Bolivariana de Venezuela*, Editorial Atenea, Caracas 01 de julio de 2007,

237 Véase la reseña del periodista Juan Francisco Alonso, en *El Universal*, Caracas 18-08-07. Esto, por lo demás, fue lo que decidió la Sala Constitucional en su sentencia Nº de 22-11-07 (Expediente Nº 07-1596) al declarar "inproponible" una acción de inconstitucionalidad contra el acto de la Asamblea nacional sancionando la reforma constitucional, con la participación y firma de la misma Presidente de la Sala, quien no se inhibió a pesar de haber adelantado públicamente opinión sobre lo decidido. Por otra parte, luego de varias solicitudes de recursos de interpretación sobre el artículo 342 de la Constitución, y de nulidad del acto sancionatorio de la reforma por la Asamblea Nacional, con motivo de la recusación que efectuaron los peticionantes contra la Presidenta de la Sala por estar comprometida su imparcialidad en la materia al haber formado parte de la Comisión Presidencial para la Reforma Constitucional, en decisión de 01-11-07, el magistrado J.E. Cabrera de la misma Sala, decidió que de la lectura del Decreto de creación del Consejo de Reforma (art. 5), "se desprende que la Secretaria Ejecutiva, cumplía funciones administrativas y no de redacción, corredacción, o ponencia sobre el contenido de un anteproyecto de reforma constitucional; por lo que la Dra. Luisa Estella Morales Lamuño no es –necesariamente- promovente del "Proyecto de Reforma Constitucional" que ha presentado el Presidente de la República, y los recusantes no señalan cuál aporte de la Secretaria Ejecutiva fue incorporado al Proyecto de Reforma, ni siquiera alguno que haga presumir la intervención de la Dra. Morales"; agregando que "Además, por ser parte del Consejo Presidencial, la Secretaria Ejecutiva no está dando ninguna recomendación sobre el juicio de nulidad de que trata esta causa, ya que nada ha manifestado en ese sentido, ni se le imputa declaración alguna de su parte que adelante opinión sobre la inconstitucionalidad denunciada en esta causa". Véase también, la Reseña periodística de JFA, *El Universal*, Caracas 2-11-07. Posteriormente, en sentencia de 22-11-07, el mismo Magistrado Cabrera declaró sin lugar otra recusación contra la Presidenta de la Sala por motivos similares (Exp. 07-1597).

La consecuencia de este anuncio público anticipado, fueron las referidas declaraciones como inadmisibles e "improponibles" por la Sala Constitucional, con la participación de su Presidenta quien había adelantado opinión pública en la materia, de numerosos recursos de amparo y nulidad que se habían interpuesto contra los actos de los órganos de los poderes constituidos que habían intervenido en el procedimiento de "reforma constitucional."[238]

Con base en estas erradas premisas, confundiendo el proceso de reforma constitucional con el procedimiento de formación de las leyes, la Sala Constitucional renunció, en contra del principio de la universalidad del control, a ejercer el control de constitucionalidad respecto del acto definitivo de iniciativa presidencial al presentar el proyecto de reforma ante la Asamblea Nacional; del acto definitivo de la Asamblea Nacional al sancionar el proyecto de reforma constitucional y del acto definitivo del Consejo Nacional Electoral que lo sometió a referendo, considerando que "mientras el proyecto de reforma esté en proceso de trámite no es susceptible de control jurisdiccional, salvo que el proceso de reforma *"aborte"* en alguna de esas etapas sucesivas y no se perfeccione el acto normativo (Vid. sentencia Nº 2147 del 13 de noviembre de 2007, caso: *Rafael Ángel Briceño*)"; y concluyendo que "el proyecto de reforma constitucional sancionado por la Asamblea Nacional el día 2 de noviembre de 2007, al tratarse de un acto normativo no perfeccionado, no puede producir efectos jurídicos externos y, por lo tanto, no es posible controlar jurisdiccionalmente a *priori* su contenido". De todo estos ilógicos argumentos, como se dijo, la Sala concluyó declarando "improponible en derecho la presente acción popular de inconstitucionalidad."

Sin embargo, ello lo que mostró fue la connivencia entre los Poderes del Estado para adelantar una reforma fraudulenta, en contra de la Constitución, o realizada en fraude a la Constitución, utilizado para ello un procedimiento previsto para otros fines, engañando al pueblo,[239].con la seguridad de que no sería objeto de control de constitucionalidad.

---

238 Véase Allan R. Brewer-Carías, "El juez constitucional vs. la supremacía constitucional O de cómo la jurisdicción constitucional en Venezuela renunció a controlar la constitucionalidad del procedimiento seguido para la 'reforma constitucional' sancionada por la Asamblea Nacional el 2 de noviembre de 2007, antes de que fuera rechazada por el pueblo en el referendo del 2 de diciembre de 2007," en Eduardo Ferrer Mac Gregor y César de Jesús Molina Suárez (Coordinadores), *El juez constitucional en el Siglo XXI,* Universidad nacional Autónoma de México, Suprema Corte de Justicia de la Nación, México 2009, Tomo I, pp. 385-435; y en *Revista de Derecho Público*, Nº 112, Editorial Jurídica Venezolana, Caracas 2007, pp. 661-694.

239 La Sala Constitucional del Tribunal Supremo de Justicia en la sentencia Nº 74 de 25-01-2006 señaló que un *fraude a la Constitución* ocurre cuando se destruyen las teorías democráticas "mediante el procedimiento de cambio en las instituciones existentes aparentando respetar las formas y procedimientos constitucionales", o cuando se utiliza "del procedimiento de reforma constitucional para proceder a la creación de un nuevo régimen político, de un nuevo ordenamiento constitucional, sin alterar el sistema de legalidad establecido, como ocurrió con el *uso fraudulento de los poderes* conferidos por la ley marcial en la Alemania de la Constitución de *Weimar*, forzando al Parlamento a conceder a los líderes fascistas, en términos de dudosa legitimidad, la plenitud del poder constituyente, otorgando un poder legislativo ilimitado"; y que un *falseamiento de la Constitución* ocurre cuando se otorga "a las normas constitucionales una interpretación y un sentido distinto del que realmente tienen, que es en realidad una modificación no formal de la Constitución misma", concluyendo con la afirmación de que "*Una reforma constitucional sin ningún tipo de límites, constituiría un fraude constitucional*". Véase en *Revista de Derecho Público,* Editorial Jurídica Venezolana, Nº 105, Caracas 2006, pp. 76 ss.

En efecto, la rechazada reforma era una propuesta de modificación constitucional que buscaba transformar aspectos esenciales y fundamentales del Estado, por lo que sin duda, de haber sido aprobada, hubiera sido una de las más sustanciales de toda la historia constitucional de Venezuela. Con ella, en efecto, se buscaba cambiar radicalmente el modelo de Estado descentralizado, democrático, pluralista y social de derecho que con todos sus problemas está regulado en la Constitución de 1999, por el de un Estado Socialista, centralizado, policial y militarista, con una doctrina oficial "bolivariana", que se identificaba como "el Socialismo del Siglo XXI"[240] y un sistema económico comunista y de de capitalismo de Estado. La consecuencia de esta propuesta de reforma a la Constitución en relación con los ciudadanos, era que con la misma, de haber sido aprobada, se hubiera establecido en Venezuela, formalmente, una ideología y doctrina de Estado, de corte socialista y supuestamente "bolivariana", la cual en consecuencia, a pesar de su imprecisión – y he allí lo más peligroso-, se pretendía que fuera una doctrina "oficial", y por tanto, no hubiera admitido disidencia alguna.

En resumen, con el proyecto de reforma constitucional sancionado por la Asamblea Nacional en Noviembre de 2007, en Venezuela se pretendía efectuar una radical transformación del Estado y se buscaba sentar las bases para la creación de un nuevo ordenamiento jurídico, para:

Primero, transformar el Estado en un Estado Socialista, con una doctrina política oficial de carácter socialista, que se denominaba además como "doctrina bolivariana", con lo cual se eliminaba toda posibilidad de pensamiento distinto al oficial y, por tanto, toda disidencia, pues la doctrina política oficial se quería incorporar en la Constitución, como política y doctrina del Estado y la Sociedad, hubiera constituido un deber constitucional de todos los ciudadanos cumplir y hacerla cumplir. Con ello, se buscaba sentar las bases para la criminalización de la disidencia.

Segundo, transformar el Estado en un Estado Centralizado, de poder concentrado bajo la ilusión del Poder Popular, lo que implicaba la eliminación definitiva de la forma federal del Estado, imposibilitando la participación política y degradando la democracia representativa; todo ello, mediante la supuesta organización de la población para la participación en los Consejos del Poder Popular, como los Comunales, que son instituciones sin autonomía política alguna, cuyos miembros se pretendía declarar en la propia Constitución, que no fueran electos. Dichos Consejos, creados por Ley en 2006, están controlados desde la Jefatura del gobierno y para cuyo funcionamiento, el instrumento preciso es el partido único que el Estado ha tratado de crear durante 2007.

Tercero, transformar el Estado en un Estado de economía estatista, socialista y centralizada, propia de un capitalismo de Estado, con lo que se buscaba eliminar la libertad económica y la iniciativa privada, y desaparecía la propiedad privada, que con la reforma dejaban de ser derechos constitucionales, buscándose darle al Estado la propiedad de los medios de producción, la planificación centralizada y la posibilidad de confiscar bienes de las personas materialmente sin límites, configurándolo como un Estado del cual todo dependía, y a cuya burocracia quedaba sujeta la totalidad de la población. Ello choca, sin embargo, con las ideas de libertad y solidaridad

240 Véase el *Proyecto de Exposición de Motivos para la Reforma Constitucional, Presidencia de la República, Proyecto Reforma Constitucional. Propuesta del presidente Hugo Chávez Agosto 2007*, p. 19.

social que se proclaman en la propia Constitución, y lo que se buscaba era sentar las bases para que el Estado sustituyera a la propia sociedad y a las iniciativas particulares, minimizándoselas.

Cuarto, transformar el Estado en un Estado Policial (represivo), con la tarea fundamental de someter a toda la población a la doctrina oficial socialista y "bolivariana" que se pretendía constitucionalizar, y velar por que la misma se cumpliera en todos los órdenes, lo que se buscaba asegurar mediante la regulación, con acentuado carácter regresivo y represivo, del ejercicio de los derechos civiles en situaciones de excepción, para lo cual se preveían amplios márgenes de restricción y suspensión.

Quinto, transformar el Estado en un Estado Militarista, dado el rol que se le pretendía dar a la "Fuerza Armada Bolivariana" en su configuración y funcionamiento, toda sometida al Jefe de Estado, y con la propuesta de creación en la Constitución de la Milicia Popular Bolivariana como nuevo componente.

En esta forma, siete años después de la sanción de la Constitución de 1999, el mismo Presidente de la República que en aquél momento había motorizado la concepción y sanción de aquella, a través de sus seguidores, quienes controlaban totalmente la Asamblea Constituyente; en 2007 condujo el fraudulento proceso de cambiar de nuevo la Constitución, esta vez por una Asamblea Nacional también totalmente controlada por sus seguidores, pero con el objeto, en esta ocasión sí, de transformar radicalmente el sistema político constitucional venezolano, buscando establecer un Estado Centralizado del Poder Popular, como Estado Socialista, de economía estatal y centralizada, y como Estado Militarista y Policial de ideología única oficial, lo que se apartaba radicalmente de la concepción del Estado descentralizado, civil, social, democrático y pluralista de derecho y de justicia, y de economía mixta que regula la Constitución de 1999.

Lo importante a destacar ahora es que el Presidente de la República, durante todo el año 2007, y en particular en su "Discurso de Presentación del Anteproyecto de reforma a la Constitución ante la Asamblea Nacional" en agosto de 2007[241], señaló con toda claridad que el objetivo central de la reforma que estaba proponiendo era "la construcción de la Venezuela bolivariana y socialista"[242]; es decir, como lo expresó, se trataba de una propuesta para sembrar "el socialismo en lo político y económico"[243], lo que –dijo- no se había hecho en la Constitución de 1999. Cuando ésta se sancionó –dijo el Jefe de Estado- "no proyectábamos el socialismo como camino", agregando, que "así como el candidato Hugo Chávez repitió un millón de veces en 1998, "Vamos a Constituyente", el candidato Presidente Hugo Chávez dijo: "Vamos al Socialismo", y todo el que votó por el candidato Chávez, votó por ir al socialismo."[244]

---

241 Véase *Discurso de Orden pronunciado por el ciudadano Comandante Hugo Chávez Frías, Presidente Constitucional de la República Bolivariana de Venezuela en la conmemoración del Ducentécimo Segundo Aniversario del Juramento del Libertador Simón Bolívar en el Monte Sacro y el Tercer Aniversario del Referendo Aprobatorio de su mandato constitucional*, Sesión especial del día Miércoles 15 de agosto de 2007, Asamblea Nacional, División de Servicio y Atención legislativa, Sección de Edición, Caracas 2007.

242 *Idem*, p. 4

243 *Idem*, p. 33.

244 *Idem*, p. 4. Es decir, se pretendía imponer al 56% de los votantes que no votaron por la reelección presidencial, la voluntad expresada por sólo el 46% de los votantes inscritos en el Registro Electoral que vo-

Por ello, el Anteproyecto de Constitución que presentó ante la Asamblea Nacional, era para "la construcción del Socialismo Bolivariano, el Socialismo venezolano, nuestro Socialismo, nuestro modelo socialista"[245], cuyo "núcleo básico e indivisible" era "la comunidad", "donde los ciudadanos y las ciudadanas comunes, tendrán el poder de construir su propia geografía y su propia historia"[246]. Y todo ello bajo la premisa de que "sólo en el socialismo será posible la verdadera democracia"[247], pero por supuesto, una "democracia" sin representación que, como lo propuso el Presidente y fue sancionado por la Asamblea Nacional en la rechazada reforma del artículo 136 de la Constitución, que decía que "no nace del sufragio ni de elección alguna, sino que nace de la condición de los grupos humanos organizados como base de la población". Es decir, se buscaba establecer una "democracia" que no era democracia, pues en el mundo moderno no hay ni ha habido democracia sin elección de representantes.

Todas estas propuestas que fueron rechazadas por el pueblo en diciembre de 2007, las resumió el Presidente en su Discurso del 15 agosto de 2007, así:

> "en el terreno político, profundizar la democracia popular bolivariana; en el terreno económico, preparar las mejores condiciones y sembrarlas para la construcción de un modelo económico productivo socialista, nuestro modelo, lo mismo en lo político la democracia socialista; en lo económico, el modelo productivo socialista; en el campo de la Administración Pública incorporar novedosas figuras para aligerar la carga, para dejar atrás el burocratismo, la corrupción, la ineficiencia administrativa, cargas pesadas del pasado, que todavía tenemos encima como rémoras, como fardos en lo político, en lo económico, en lo social" [248].

Y todas estas propuestas de construcción del socialismo, además, el Presidente las vinculó al proyecto que Simón Bolívar había elaborado en plena guerra de independencia en 1819, el cual -dijo- "es perfectamente aplicable a un proyecto socialista: perfectamente se puede tomar la ideología bolivariana originaria, como elemento básico de un proyecto socialista"[249]. Sin embargo, basta leer el "Discurso de Angostura" del Libertador Simón Bolívar, al presentar el proyecto de Constitución de 1819

---

taron por la reelección del Presidente. Según las cifras oficiales del CNE, en las elecciones de 2006, de un universo de 15.784.777 votantes inscritos en el Registro Electoral, sólo 7.309.080 votaron por el Presidente.

245 Véase *Discurso*... p. 34.

246 *Idem*, p. 32.

247 *Idem*, p. 35. Estos conceptos se recogen igualmente en la *Exposición de Motivos* para la Reforma Constitucional, Agosto 2007, donde se expresa la necesidad de "ruptura del modelo capitalista burgués" (p. 1), de desmontar la superestructura que le da soporte a la producción capitalista"(p. 2); de "dejar atrás la democracia representativa para consolidad la democracia participativa y protagónica"(p. 2); de "crear un enfoque socialista nuevo" (p. 2) y "construir la vía venezolana al socialismo"(p. 3); de producir "el reordenamiento socialista de la geopolítica de la Nación" (p. 8); de la "construcción de un modelo de sociedad colectivista" y "el Estado sometido al poder popular"(p. 11); de "extender la revolución para que Venezuela sea una República socialista, bolivariana", y para "construir la vía venezolana al socialismo; construir el socialismo venezolano como único camino a la redención de nuestro pueblo"(p. 19).

248 *Idem*, p. 74.

249 *Idem*, p. 42.

en Congreso reunido en aquella ciudad (Angostura), para captar que nada de lo que allí expresó tiene que ver con proyecto socialista alguno.[250]

En todo caso, la reforma constitucional sancionada y rechazada popularmente, tocaba las bases fundamentales del Estado, en particular, en relación con la ampliación constitucional de la llamada "doctrina bolivariana"; con la sustitución del Estado democrático y social de derecho por el Estado Socialista; con la eliminación de la descentralización como política de Estado supuestamente en aras de la participación política, la cual por otra parte se limitaba. Y todo ello fue lo que precisamente rechazó el pueblo en el referendo de diciembre de 2007.[251]

II. EL RECHAZO POPULAR AL ESTABLECIMIENTO DE UNA "DOCTRINA BOLIVARIANA" COMO DOCTRINA DEL ESTADO SOCIALISTA

En efecto, una de las innovaciones de la Constitución de 1999, fue sin duda el cambio de la denominación de la República de Venezuela por el de "República Bolivariana de Venezuela" (art. 1), que nada tenía que ver con Simón Bolívar y su pensamiento, y ni siquiera con la idea de construcción del socialismo –pues incluso, como lo dijo el Presidente en su discurso del 15 de agosto de 2007, en ese momento no estaba planteado-[252], habiendo obedecido en su momento a una motivación político partidaria, partisana o partidista[253], vinculada al partido "bolivariano" que no se podía utilizar.[254]

En 2007, todo ello cambió, de manera que al formular su propuesta de reforma constitucional, el Presidente de la República buscó identificar la doctrina bolivariana con otra cosa distinta al pensamiento del Libertador, como fue el modelo socialista de sociedad y Estado, y el "bolivarianismo" como su ideología política. Por ello se propuso denominar a todos los componentes de la Fuerza Armada como "bolivariana" (art. 156,8; 236,6; 328 y 329), a la cual se le asignaba el cumplimiento de su misión de defensa que debía realizar "mediante el estudio, planificación y ejecución de la doctrina militar bolivariana".

Además, en la reforma al artículo 103 de la Constitución, se buscaba completar el concepto de vinculación de lo bolivariano con el socialismo, al disponerse que la inversión prioritaria que debe realizar el Estado en materia educativa, debía ser "de

---

250 Véase Simón Bolívar, *Escritos Fundamentales*, Caracas, 1982. Véase también, Pedro Grases (Ed), *El Libertador y la Constitución de Angostura de 1819,* Caracas, 1969; y José Rodríguez Iturbe (Ed.), *Actas del Congreso de Angostura,* Caracas, 1969.

251 Véase Allan R. Brewer-Carías, "La proyectada reforma constitucional de 2007, rechazada por el poder constituyente originario", en *Anuario de Derecho Público 2007,* Año 1, Instituto de Estudios de Derecho Público de la Universidad Monteávila, Caracas 2008, pp. 17-65.

252 Véase *Discurso...*, citado *supra*, nota 16, p. 4.

253 Véase lo que expusimos en Allan R. Brewer-Carías, *La Constitución de 1999*, Editorial Arte, Caracas 1999, pp. 44 ss.

254 De acuerdo con la Ley de Partidos Políticos, *Gaceta Oficial* N° 27.725, de 30-04-1965, los partidos políticos no pueden usar los nombres de los próceres ni los símbolos de la patria. La organización política que el Presidente había formado antes de la campaña presidencial de 1998, se llamó el Movimiento Bolivariano 2000, nombre que no podía ser usado. Por ello, el partido político que fundó se denominó Movimiento V Republica.

acuerdo a los principios humanísticos del socialismo bolivariano, y tomando en cuenta las recomendaciones de la Organización de las Naciones Unidas".

De nada valió el rechazo popular, pues en fraude a la voluntad popular, se comenzó a calificar mediante leyes diversas instituciones como "Bolivarianas" como por ejemplo sucedió con la Fuerza Armada Bolivariana, la Policía nacional Bolivariana, y la Milicia Bolivariana.

III. EL RECHAZO POPULAR A LA SUSTITUCIÓN DEL ESTADO DEMOCRÁTICO Y SOCIAL DE DERECHO Y DE JUSTICIA POR UN ESTADO SOCIALISTA

El artículo 2 de la Constitución de 1999 define a Venezuela como un Estado democrático y social de derecho y de justicia, precisamente para diseñar un Estado no socialista, es decir, contrario al Estado Socialista que se pretendió crear con la rechazada reforma constitucional.

Ello resultaba de la propuesta de reforma que se pretendía respecto del artículo 16, donde se buscaba crean las comunas y comunidades como "el núcleo territorial básico e indivisible del Estado Socialista Venezolano"; del artículo 70, donde al definirse los medios de participación y protagonismo del pueblo en ejercicio directo de su soberanía mediante todo tipo de consejos, se pretendía indicar que era "para la construcción del socialismo", haciéndose mención a las diversas asociaciones "constituidas para desarrollar los valores de la mutua cooperación y la solidaridad socialista"; del artículo 112 donde se proponía indicar, en relación con el modelo económico del Estado, que era para crear "las mejores condiciones para la construcción colectiva y cooperativa de una economía socialista"; del artículo 113 en el cual se buscaba indicar la necesidad de la constitución de "empresas mixtas o unidades de producción socialistas"; del artículo 158, del que se buscaba eliminar toda mención a la descentralización como política nacional, y definir como política nacional, "la participación protagónica del pueblo, restituyéndole el poder y creando las mejores condiciones para la construcción de una democracia socialista"; del artículo 168 relativo al Municipio, en el que se buscaba precisar la necesidad de incorporar "la participación ciudadana a través de los Consejos del Poder Popular y de los medios de producción socialista"; del artículo 184 en el que se buscaba orientar la descentralización de Estados y Municipios para permitir "la construcción de la economía socialista"; del artículo 299, relativo al régimen socioeconómico de la República, en el que se pretendía indicar que se debía fundamentar "en los principios socialistas"; del artículo 300 relativo a la creación de empresas públicas, que se pretendía orientar sólo "para la promoción y realización de los fines de la economía socialista"; del artículo 318, sobre el sistema monetario nacional en el cual se pretendía indicar que debía "propender al logro de los fines esenciales del Estado Socialista", todo de acuerdo con el Plan de Desarrollo Integral de la Nación cuyo objetivo, se pretendía indicar que era "para alcanzar los objetivos superiores del Estado Socialista"; y del artículo 321 sobre el régimen de las reservas internacionales, respecto de las cuales los fondos que se pretendía regular, se buscaba declarar que fueran sólo para "el desarrollo integral, endógeno, humanista y socialista de la Nación".

De nada valió el rechazo popular a la propuesta de establecer un Estado Socialista, pues el mismo se estableció formalmente mediante las leyes Orgánicas del Poder Popular en fraude a la voluntad popular y en paralelo al Estado constitucional.

IV. EL RECHAZO POPULAR A LA PRETENSIÓN DE HACER DESAPARECER A VENEZUELA INTEGRÁNDOLO EN UN "ESTADO GRANNACIONAL" O "NACIÓN DE REPÚBLICAS."

Entre las bases constitucionales que se establecieron en la Constitución de 1999, como una importante novedad, para que la República pudiera participar con seguridad jurídica en los procesos de integración económica latinoamericana, en el artículo 153 se le dio solución a las exigencias constitucionales para poder ingresar en dichos procesos, permitiendo que el derecho comunitario resultante tuviese aplicación inmediata y directa en el país.

Dicha norma, y los principios que en la misma se incorporaron se buscó que fueran eliminadas en la reforma constitucional de 2007, y en su lugar se buscó establecer un conjunto de principios de política exterior, en el sentido de que "La República promoverá la integración, la Confederación y la unión de América Latina y del Caribe a objeto de configurar un gran bloque regional de poder político, económico y social".

La norma propuesta agregó, que "para el logro de este objetivo el Estado privilegiará la estructuración de nuevos modelos de integración y unión en nuestro continente, que permitan la creación de un espacio geopolítico, dentro del cual los pueblos y gobiernos de nuestra América vayan construyendo un solo proyecto Grannacional, al que Simón Bolívar llamó 'Una Nación de Repúblicas'."

Para ello, se estableció en la reforma que la República podía "suscribir tratados y convenios internacionales basados en la más amplia cooperación política, social, económica, cultural, la complementariedad productiva Grannacional, la solidaridad y el comercio justo".

Con lo anterior, se buscaba establecer en la Constitución normas que dieran apoyo a la entrega de soberanía que venía siendo diseñada y establecida en multitud de convenios internacionales suscritos por ejemplo con Cuba.

De nada valió el rechazo popular a la propuesta de establecer un Estado dependiente de Cuba, pues en fraude a la Constitución y a la propia voluntad popular eso lo logró de hecho, mediante infinidad de convenios internacionales.

V. EL RECHAZO POPULAR A LA ELIMINACIÓN DE LA DESCENTRALIZACIÓN COMO POLÍTICA DE ESTADO

La Constitución de 1999 en su artículo 4 no sólo precisó que "La República Bolivariana de Venezuela es un Estado federal descentralizado en los términos consagrados por esta Constitución"; sino que definió a la descentralización como política de Estado (arts. 16, 84, 166, 184, 185, 269, 272, 285, 300) para "profundizar la democracia, acercando el poder a la población y creando las mejores condiciones, tanto para el ejercicio de la democracia como para la prestación eficaz y eficiente de los cometidos estatales" (art. 158).

Todo esto se buscaba eliminar con la rechazada reforma constitucional de 2007, en la cual siguiendo la orientación de la práctica política centralista de los últimos años, definitivamente se buscaba centralizar completamente el Estado, eliminándose todo vestigio de descentralización como organización y política pública, de autonomía territorial y de democracia representativa a nivel local, es decir, de la unidad política primaria en el territorio, lo que tocaba otro aspecto fundamental y medular del Estado venezolano, que es la forma federal. Con la rechazada reforma constitucional, en efecto, se buscaba formular una supuesta "nueva geometría del poder" donde no había ni podía haber autonomías, con la propuesta de creación de nuevas instancias territoriales, todas sometidas al poder central, mediante las cuales el Poder Popular supuestamente iba a desarrollar "formas de agregación comunitaria política territorial" que constituían formas de autogobierno, pero sin democracia representativa alguna, sino sólo como "expresión de democracia directa" (art. 16). Con ello se buscaba, como lo dijo el Presidente de la república, "el desarrollo de lo que nosotros entendemos por descentralización, porque el concepto cuartorepublicano de descentralización es muy distinto al concepto que nosotros debemos manejar. Por eso, incluimos aquí la participación protagónica, la transferencia del poder y crear las mejores condiciones para la construcción de la democracia socialista"[255].

De nada valió el rechazo popular a la propuesta de desmantelar el principio de descentralización política, pues progresivamente ello es lo que ha perseguido la política pública del gobierno, no sólo estableciendo el Estado del Poder Popular para ahogar a los Estados y Municipios, sino obligando a los Municipios a vaciar sus competencias en entidades sin gobiernos democráticos representativo.

VI. EL RECHAZO POPULAR A LA ELIMINACIÓN DE LA DEMOCRACIA REPRESENTATIVA A NIVEL LOCAL

De acuerdo con el artículo 5° de la Constitución de 1999, se definió a la democracia conforme a la representatividad política, es decir, la democracia indirecta (democracia representativa) conforme a la cual todos los órganos del Poder Público tienen que tener su origen en elección popular, la cual se complementó con la posibilidad de su ejercicio directo. La democracia, por tanto, para ser tal, tiene que ser representativa, mediante la elección de cargos públicos (art. 70), a través de votaciones libres, universales, directas y secretas (art. 63). Por ello, en la Constitución no existe ni puede existir democracia que no sea representativa, siendo de la esencia del régimen político democrático la idea de que el pueblo, titular de la soberanía, no la ejerce directamente, sino a través de representantes.

Esa democracia representativa, por supuesto, no se opone a democracia participativa; pero en forma laguna esta puede pretender sustituir a aquella. La democracia, para que sea participativa, además de esencialmente representativa, lo que tiene es que permitir al ciudadano participar en los asuntos públicos, teniendo acceso al poder lo que puede ocurrir sólo cuando lo tiene cerca. Ello implica necesariamente un bien arraigado y desarrollado sistema de gobierno local, en cada lugar, asentamiento urbano o rural, que goce de autonomía política, lo que sólo puede estar basado en la descentralización política, es decir, en la creación de entidades políticas autónomas que permitan el autogobierno local. En ese sentido, participar es sólo posible cuando mediante la descentralización, se crean autoridades locales en los niveles territoriales más pequeños, lo que implica desparramar el poder.

Este sistema democrático es contrario a la concentración del Poder y al centralismo que es lo que se buscaba encubrir con el rechazad proyecto de reforma constitucional, que estaba destinado a la construcción del socialismo, de una sociedad

255 Véase *Discurso….*, citado *supa*, nota 16.

colectivista y de supuesta "participación protagónica"[256], eliminando de la Constitución toda referencia a la descentralización política, y por tanto, de efectiva posibilidad de participación, y además, la sustitución de la democracia representativa por una supuesta "democracia participativa". Para ello, lo que se buscaba era acabar con la propia democracia como régimen político, tratando de sustituirla por un régimen autoritario, centralizador y concentrador del Poder que hubiera impedido la real participación política, al no existir entidades locales autónomas, y depender los consejos comunales de la cúspide del poder ejecutivo nacional. Ello se pretendía lograr con la eliminación de los entes territoriales descentralizados políticamente, sin las cuales no puede haber efectivamente democracia participativa, y la creación en su lugar de consejos del poder popular que no pasan de ser una simple manifestación de movilización controlada desde el Poder Central. Ello es lo que ha ocurrido, precisamente, con los Consejos Comunales creados por Ley en 2006[257], cuyos miembros no son electos mediante sufragio sino designados por Asambleas de ciudadanos controladas por el propio Poder Ejecutivo Nacional. Ello era lo que con la rechazada reforma constitucional, se pretendía consolidar en el texto fundamental, al proponerse una "nueva geometría del poder" en la cual se sustituía a los Municipios, por las comunidades, como el "núcleo territorial básico e indivisible del Estado Socialista Venezolano", que debían agrupar a las comunas (socialistas)[258] como "células sociales del territorio", las cuales se debían agrupar en ciudades que eran las que se pretendía concebir como "la unidad política primaria de la organización territorial nacional". En la rechazada reforma constitucional se buscaba establecer en forma expresa que los integrantes de los diversos Consejos del Poder Popular no nacían "del sufragio ni de elección alguna, sino que nace de la condición de los grupos humanos organizados como base de la población".

Con ello, en definitiva, en nombre de una "democracia participativa y protagónica", lo que se buscaba era poner fin en Venezuela a la democracia representativa a nivel local, y con ello, de todo vestigio de autonomía política territorial que es la esencia de la descentralización.

De nada valió el rechazo popular a la propuesta de eliminar la representatividad democrática, pues en fraude a la Constitución y a la voluntad popular se organizó a

---

256 En la *Exposición de Motivos del Proyecto de Reforma Constitucional* presentado por el Presidente de la República en agosto 2007, se lee que el Poder Popular "es la más alta expresión del pueblo para la toma de decisiones en todos sus ámbitos (político, económico, social, ambiental, organizativo, internacional y otros) para el ejercicio pleno de su soberanía. Es el poder constituyente en movimiento y acción permanente en la construcción de un modelo de sociedad colectivista de equidad y de justicia. Es el poder del pueblo organizado, en las más diversas y disímiles formas de participación, al cual está sometido el poder constituido. No se trata del poder del Estado, es el Estado sometido al poder popular. Es el pueblo organizado y organizando las instancias de poder que decide las pautas del orden y metabolismo social y no el pueblo sometido a los partido políticos, a los grupos de intereses económicos o a una particularidad determinada", *cit.*, p 11.

257 Véase los comentarios sobre ello en Allan R. Brewer-Carías et al, *Ley Orgánica del Poder Público Municipa*l, Editorial Jurídica Venezolana, Caracas 2007, pp. 75 y ss.

258 En la *Exposición de Motivos* del Proyecto de Reforma Constitucional presentado por el Presidente de la República en agosto 2007, a las comunas se las califica como "comunas socialistas", y se la define como "Es un conglomerado social de varias comunidades que poseen una memoria histórica compartida, usos, costumbres y rasgos culturales que los identifican, con intereses comunes, agrupadas entre sí con fines político-administrativos, que persiguen un modelo de sociedad colectiva de equidad y de justicia", *cit.*, p. 12

los Consejos Comunales y a las organizaciones del Poder Popular sin representación democrática, e incluso se eliminó la elección de las Juntas Parroquiales.

VII. EL RECHAZO POPULAR A LA REDUCCIÓN DEL DERECHO A LA PARTICIPACIÓN POLÍTICA SÓLO PARA LA EJECUCIÓN DE LA IDEOLOGÍA SOCIALISTA

Conforme al artículo 62 de la Constitución de 1999 todos tienen el derecho "de *participar libremente* en los asuntos públicos, directamente o por medio de sus representantes elegidos o elegidas", refiriéndose a "la participación del pueblo en la formación, ejecución y control de la gestión pública" como "el medio necesario para lograr el protagonismo que garantice su completo desarrollo, tanto individual como colectivo", a través de los mecanismos de participación enumerados en el artículo 70.

Con la rechazada reforma constitucional, dichos medios de participación política, entre los cuales se proponía incluir a los Consejos del Poder Popular, perdían su carácter libre y se buscaba que quedaran reducidos al único propósito de "la construcción del socialismo", de manera que quien no quisiera construir socialismo alguno, hubiera quedado excluido del derecho a la participación política, que sólo estaba destinado a desarrollar los valores de "la solidaridad socialista" y no era libre como indica el artículo 62.

Por otra parte, en sustitución del concepto amplio de participación ciudadana que establece el artículo 168 de la Constitución y que deben desarrollar los Municipios, con la rechazada reforma constitucional se pretendía establecer la obligación de los Municipios de "incorporar, dentro del ámbito de sus competencias, la participación ciudadana a través de los Consejos del Poder Popular y de los medios de producción socialista", eliminándose toda posibilidad de otras formas de participación, la cual dejaba de ser libre.

De nada valió el rechazo popular a la propuesta de establecer la participación local sólo para el establecimiento del socialismo, al haberse establecido el Estado Comunal o del Poder Popular, reduciendo los mecanismos de participación política local, incluso a nivel municipal, solo para la consecución del socialismo.

VIII. EL RECHAZO POPULAR A LA ELIMINACIÓN DE LA PARTICIPACIÓN DE LOS REPRESENTANTES DE LA SOCIEDAD CIVIL EN LA POSTULACIÓN DE ALTOS FUNCIONARIOS DEL ESTADO

El proyecto de reforma constitucional de 2007, por otra parte, buscaba eliminar las formas de participación política de la sociedad civil en los asuntos públicos que directamente establece la Constitución de 1999, para la postulación de los candidatos a los cargos de Magistrados del Tribunal Supremo de Justicia, de Miembros del Consejo Nacional Electoral, del Defensor del Pueblo, del Contralor General de la República y del Fiscal General de la República. Esa postulación debe hacerse ante la Asamblea Nacional por sendos Comités de Postulaciones que necesariamente debían estar integrados por "representantes de los diferentes sectores de la sociedad" (arts. 264, 279, 295).

Estas previsiones de la Constitución de 1999 han sido distorsionadas por la práctica política y legislativa desarrollada desde que se sancionó la propia Constitución, tanto por parte de la entonces Asamblea Nacional Constituyente (1999) como luego por la Asamblea Nacional (2000), que fueron convirtiendo dichos Comités de Postulaciones en violación de la Constitución, en simples Comisiones parlamentarias ampliadas (2002-2007), limitando el derecho a la participación política de la sociedad civil[259]. Esa tendencia es la que se buscaba constitucionalizar con el rechazado proyecto de reforma constitucional, al buscarse regular los Comités de Postulaciones para la elección de los Magistrados del Tribunal Supremo de Justicia y de los titulares de los órganos del Poder Electoral y del Poder Ciudadano, en los cuales se pretendía eliminar su integración exclusiva por representantes de los diversos sectores de la sociedad, y pasando a estar integrados mayoritariamente por diputados, representantes del Poder Popular, en fin, por funcionarios del Estado (arts. 264, 295, 279).

De nada valió el rechazo popular a la propuesta para eliminar la participación de los diversos sectores de la sociedad civil en la designación de los altos funcionarios de los Poderes Públicos del Poder Ciudadano, del Poder Electoral y del Poder Judicial, pues en fraude a la Constitución, desde 2000, y en leyes sucesivas, los Comités de Postulaciones del Poder Judicial, del Poder Electoral y del Poder Judicial, se han convertido legalmente en comisiones parlamentarias ampliadas, dominadas por una mayoría de diputados, que por esencia no constituyen la sociedad civil.

IX. EL RECHAZO POPULAR A LA LIMITACIÓN DEL DERECHO A LA PARTICIPACIÓN POLÍTICA MEDIANTE REFERENDOS

Con la rechazada propuesta constitucional, por otra parte, se buscaba restringir los mecanismos de democracia directa establecidos en la Constitución, particularmente en relación con los referendos consultivo, el referendo revocatorio, el referendo aprobatorio, y el referendo abrogatorio (art. 71 a 74). Respecto de todos ellos, en efecto, la rechazada propuesta de reforma constitucional pretendía elevar el porcentaje de firmas necesarias para que pudieran ser iniciados por iniciativa popular, es decir, hacer más dificultosa dicha iniciativa; y además, buscaba aumentar el porcentaje de votos necesarios para que los referendos pudieran tener efectos. En particular, respecto del referendo revocatorio, con el rechazad proyecto de reforma constitucional se buscaba hacerlo menos participativo y más dificultoso, al buscarse establecer, en primer lugar, en vez de que la solicitud de convocatoria del mismo correspondiera directamente, como un derecho popular, a un número no menor del 20 % de los electores inscritos en la correspondiente circunscripción, que lo que hubiera podido hacerse era "solicitar al Consejo Nacional Electoral la activación del mecanismo para que los electores y electoras inscritos e inscritas en la correspondiente circunscripción del Registro Electoral, en un número no menor del treinta por ciento, soliciten la convocatoria de un referendo para revocar su mandato", distorsionado la iniciativa popular; en segundo lugar, en lugar de exigirse que sólo concurran al referendo un número de electores igual o superior al 25% de los electores inscritos para que se considere válido el referendo, con la rechazada reforma constitucional se buscaba que concurrieran al referendo el 40% de los electores inscritos; y en tercer lugar, adicionalmente a la exigencia de que se considerase revocado el

---

259 Véase Allan R. Brewer-Carías, "La participación ciudadana en la designación de los titulares de los órganos no electos de los Poderes Públicos en Venezuela y sus vicisitudes políticas", en *Revista Iberoamericana de Derecho Público y Administrativo*, Año 5, N° 5-2005, San José, Costa Rica 2005, pp. 76-95.

mandato cuando voten a favor de la revocatoria "igual o mayor número de electores que eligieron al funcionario", con la reforma constitucional que h sido rechazada popularmente, se buscaba exigir que "sea mayor el total de votos a favor que el total de votos en contra", así hubieran votado por la revocatoria más electores que los que eligieron al funcionario, con lo cual se perseguía distorsionar el referendo revocatorio y transformarlo en un "referendo ratificatorio".

Por otra parte, en la Constitución de 1999 se establecen tres mecanismos institucionales para la revisión constitucional que se distinguen según la intensidad de las transformaciones que se proponen, y que son las Enmiendas constitucionales, las Reformas Constitucionales y la Asamblea Nacional Constituyente. En todos los caso, la Constitución ha previsto la iniciativa popular de las propuestas de cambios constitucionales, mediante la fijación de un porcentaje de ciudadanos que oscila entre el 15 y el 30% de los inscritos en el registro Electoral.

En la rechazada reforma constitucional, se hacía más difícil la iniciativa popular al proponerse en todos los casos, aumentar el porcentaje de ciudadanos que podían presentarla, y además, se buscaba hacer más dificultoso el proceso de modificación constitucional, al buscarse también aumentar el porcentaje de electores que debían concurrir a los referendos y de votos que se necesitan para aprobar los proyectos en los referendos (arts. 341 y ss).

En todo caso, de nada valió el rechazo popular a la propuesta de establecer limitaciones excesivas para la realización de referendos, pues las mismas se han establecido reglamentariamente por el Poder Electoral, de manera que la materialización de la iniciativa popular en esos casos se ha tornado en una acción materialmente imposible.

X. EL RECHAZO POPULAR AL ESTABLECIMIENTO UNA NUEVA ORGANIZACIÓN TERRITORIAL: LA "NUEVA GEOMETRÍA DEL PODER"

La forma del Estado venezolano ha sido siempre formalmente la de una Federación, en la cual el Poder Público está distribuido en el territorio entre entidades políticas territoriales autónomas en tres niveles: el nivel nacional (República), el nivel estadal (Estados) y el nivel municipal (Municipios), cuyas respectivas autonomías garantiza la propia Constitución. Con la rechazada reforma constitucional de 2007, si bien no se eliminaba expresamente la palabra "federación", o la forma "federal" del Estado, la misma se vaciaba totalmente de contenido.

En particular, en cuanto a los Estados y Municipios sobre cuya concepción se monta el sistema federal, con la reforma que se pretendía hacer al artículo 16, desaparecía la garantía constitucional de la autonomía municipal y el principio de la descentralización político administrativa que establece la Constitución de 1999 como condición esencial de la división territorial.

En particular, en relación con los Municipios, con la rechazada reforma constitucional se buscaba quitarles el carácter de unidad política primaria que el artículo 168 de la Constitución de 1999 les garantiza, y en su lugar se proponía establecer a "la ciudad" como la unidad política primaria de la organización territorial nacional, entendida como "todo asentamiento poblacional dentro del municipio, e integrada por áreas o extensiones geográficas denominadas comunas". Además, se buscaba definir a estas comunas, como las células sociales del territorio conformadas por las "comunidades", cada una de las cuales se proponía que constituyera "el núcleo territorial básico e indivisible del Estado Socialista Venezolano, donde los ciudadanos y las ciudadanas tendrán el poder para construir su propia geografía y su propia historia". En la rechazada propuesta de reforma constitucional, también se proponía crear la figura de la Ciudad Comunal que debía constituirse cuando en la totalidad de su perímetro, se hubieran establecido las comunidades organizadas, las comunas y el autogobierno comunal, pero asignándose su creación al Presidente de la República en Consejo de Ministros.

A partir de este esquema inicial, en el artículo 16 del proyecto de la rechazado de reforma constitucional, se buscaba cambiar radicalmente la división política del territorio nacional en "entidades políticas" (Estados, Distrito Capital, dependencias federales, territorios federales y Municipios y otras entidades locales) que conforme a la Constitución gozan esencialmente de autonomía política territorial, y deben tener un gobierno "electivo" (art. 6); por una "conformación" del territorio nacional a los fines político-territoriales y de acuerdo con una "nueva geometría del poder", por un Distrito Federal, por los estados, las regiones marítimas, los territorios federales, los municipios federales y los distritos insulares". En ese esquema, se proponía eliminar la exigencia constitucional de que todo el territorio se nacional se debe organizar en municipios, por la previsión de que sólo "los Estados se organizan en municipios" (art. 16), los que por tanto se buscaba que desaparecieran, si una parte del territorio se convertía en alguna de las "nuevas" entidades. Por ello es que precisamente, se buscaba que el Municipio desapareciera como unidad política primaria en la organización nacional.

Lo más notorio de la rechazada reforma constitucional es que mediante la misma, se buscaba autorizar al Presidente de la República, en Consejo de Ministros, para que "previo acuerdo aprobado por la mayoría simple de los diputados y diputadas de la Asamblea Nacional", pudiera "decretar regiones marítimas, territorios federales, municipios federales, distritos insulares, provincias federales, ciudades federales y distritos funcionales, así como cualquier otra entidad que establezca esta Constitución y la Ley", con lo que materialmente, la totalidad de la división político territorial de la República se pretendía que dejara de ser una materia de rango constitucional y pasara a ser una materia ni siquiera de regulación legislativa, sino solamente ejecutiva. En fin, lo que se pretendía con la rechazada reforma constitucional era la total centralización del poder, lo que se confirma mediante la asignación que se pretendía hacer al Presidente de la República para designar y remover "las autoridades respectivas" de dichas entidades que hubieran quedado sujetas completamente al Poder Central.

De nada valió el rechazo popular a la propuesta de establecer una nueva organización territorial que ahogara a las entidades político territoriales, pues mediante diversas leyes, en fraude a la voluntad popular y a la Constitución se han establecido espacios de regiones con subdivisiones, a cargo de jefes de gobierno delegados designados por el Poder Ejecutivo, para ahogar y buscar sustituir a las entidades políticas como los Estados y sus gobiernos.

XI. EL RECHAZO POPULAR AL ESTABLECIMIENTO DEL DISTRITO FEDERAL SIN AUTONOMÍA POLÍTICA NI GOBIERNO DEMOCRÁTICO LOCAL

En cuanto al régimen político de la ciudad capital, Caracas, La Constitución de 1999 aseguró definitivamente un régimen de gobierno local descentralizado y democrático, en el cual se debe garantizar la autonomía municipal y la participación política de las diversas entidades que componen la ciudad. De allí el esfuerzo por establecer un gobierno metropolitano a dos niveles, para asegurar por una parte, el gobierno global (metropolitano) de la ciudad y por la otra, asegurar el gobierno local. En esta forma en 1999 se eliminó la figura territorial del "Distrito Federal" que había quedado como vestigio decimonónico del esquema tradicional de las federaciones, en el cual la ciudad capital carece de autogobierno.

Con la rechazada reforma constitucional de 2007, lo que se pretendía era volver al mismo esquema del siglo XIX, ya superado en todas las capitales de todas las Federaciones del mundo, de restablecer un Distrito Federal sin garantía alguna de la autonomía municipal o territorial, ni del carácter democrático y participativo de su gobierno, cuyas autoridades se pretendía que quedaran totalmente sujetas y controladas por el Poder Nacional, y en particular, por el Presidente de la república a quien se buscaba atribuir la designación y remoción de sus autoridades.

Además, en la propuesta de reforma constitucional rechazada por el pueblo, se pretendía "nacionalizar" totalmente las competencias públicas respecto de todos los asuntos que concernieran a la ciudad capital, mediante la propuesta de asignar al "Poder Nacional por intermedio del Poder Ejecutivo" (con la colaboración y participación de todos los entes del Poder Público Nacional, Estadal y Municipal, así como del Poder Popular) disponer "todo lo necesario para el reordenamiento urbano, reestructuración vial, recuperación ambiental, logros de niveles óptimos de seguridad personal y pública, fortalecimiento integral de la infraestructura del hábitat de las comunidades, sistemas de salud, educación, cultura, deporte y recreación, recuperación total de su casco y sitios históricos, construcción de un sistema de pequeñas y medianas ciudades a lo largo de sus ejes territoriales de expansión". Es decir, todo lo que es propio de los gobiernos locales, se pretendía asignar al Ejecutivo Nacional.

De nada valió el rechazo popular a la propuesta de restablecer al Distrito federal y ahogar al gobierno democrático representativo del área metropolitana de caracas, pues en fraude a la voluntad popular y a la Constitución, desde 2008 se creó a la región Capital en la misma área territorial, con un sistema de gobierno especial totalmente dependiente del Ejecutivo Nacional.

XII. EL RECHAZO POPULAR AL ESTABLECIMIENTO DEL "PODER POPULAR" EN PARALELO AL PODER PÚBLICO

Con la rechazada propuesta de reforma constitucional, se buscaba agregar a la distribución vertical del Poder Público entre el Poder Municipal, el Poder Estadal y el Poder Nacional (art. 136), a un denominado Poder Popular, que se pretendía concebir como el medio para que supuestamente "el pueblo" como el depositario de la soberanía, la ejerciera "directamente", pero con la advertencia expresa de que dicho Poder Popular" "no nace del sufragio ni de elección alguna, sino que nace de la condición de los grupos humanos organizados como base de la población", sino mediante la constitución de comunidades, comunas y el autogobierno de las ciudades, a través de toda suerte de consejos comunales y de otra índole.

Se pretendía, así, agregar como un Poder Público más en el territorio, al Poder Popular, cuyos voceros, por ejemplo, con la rechazada reforma constitucional se pretendía que también formaran parte de los Comités de Postulaciones y Evaluaciones para la escogencia de los magistrados del Tribunal Supremo de Justicia, los titulares del Poder Ciudadano y los miembros del Consejo Nacional Electoral (arts. 264, 279 y 295).

De nada valió el rechazo popular a la propuesta de establecer al Poder Popular en paralelo al Poder nacional, lo que se manifestó en la sanción, en 2010, en fraude a la voluntad popular y en violación de la Constitución con el establecimiento del Estado Comunal o Estado del Poder Popular, con las leyes Orgánicas del Poder Popular.

XIII. EL RECHAZO POPULAR A LA "NACIONALIZACIÓN" DE LAS COMPETENCIAS EN EL PODER PÚBLICO

Con la rechazada reforma constitucional, además, se buscaba trastocar la distribución de competencias públicas prevista en la Constitución entre los tres niveles territoriales de gobierno (nacional, estadal y municipal), de manera de centralizar materialmente todas las competencias del Poder Público en el nivel nacional (arts. 156, 164), vaciándose de competencias a los Estados y obligándose a los Municipios a transferir sus competencias a los Consejos Comunales, con lo que en definitiva hubieran quedado como entelequias vacías.

Pero entre las materias que con el rechazad proyecto de reforma constitucional se pretendía asignar al Poder Nacional, estaba la que se pretendía incorporar al artículo 156,10, para "la ordenación y gestión del territorio y el régimen territorial del Distrito Federal, los Estados, los Municipios, las Dependencias Federales y demás entidades regionales"; y en el Artículo 156,11, para "la creación, supresión, ordenación y gestión de provincias federales, regiones estratégicas de defensa, territorios federales, municipios federales, ciudades federales y comunales, distritos funcionales, regiones marítimas y distritos insulares". En esta forma, se pretendía con la reforma rechazada que los Estados y Municipios dejaran de ser "entidades políticas" perdiendo efectiva autonomía, y pasaran a depender totalmente del Poder Nacional, como órganos sin autonomía alguna, es decir, como administraciones periféricas del Poder Central sometidas a la ordenación y gestión que establezca el Poder Nacional. Por ello también se buscaba reformar el artículo 164,2 de la Constitución, para establecer que los Estados tuvieran competencia para ejercer "la coordinación de sus municipios y demás entidades locales", lo que también hubiera implicado la eliminación de la autonomía municipal.

La centralización de todas las competencias del Poder Público en el nivel nacional llegaba a tal extremo en la rechazada reforma constitucional que con la misma se pretendía eliminar formalmente la tradicional competencia residual de los Estados (art. 164,11) –que existe en todas las federaciones del mundo-, respecto de toda otra competencia no asignada expresamente a los otros niveles de gobierno (nacional y municipal), y en cambio, establecer dicha competencia residual a favor del Poder nacional (art. 156,36), dejando a los Estados, sólo y exclusivamente, competencia en "todo lo que le atribuya esta Constitución o ley nacional" (art. 164,10).

De nada valió el rechazo popular a la propuesta de establecer la nacionalización por ejemplo de las competencias de los Estados para administrar las autopistas, puertos y aeropuertos nacionales, pues las mismas fueron "nacionalizadas" en virtud de una mutación constitucional establecida con motivo de una interpretación constitucional adoptada por la Sala Constitucional a solicitud del Poder Ejecutivo.

XIV. EL RECHAZO POPULAR A LA LIMITACIÓN DE LA AUTONOMÍA MUNICIPAL Y A LA ELIMINACIÓN DE LAS PARROQUIAS COMO ENTIDADES LOCALES

De acuerdo con el artículo 168 de la Constitución de 1999, la autonomía municipal respecto de los otros niveles de gobierno (nacional y estadal), está garantizada al disponer que sus actos "no pueden ser impugnados sino ante los tribunales competentes, de conformidad con la Constitución y la ley"; lo que implica que pueden ser revisados, en forma alguna, por los órganos del Poder Nacional ni de los Estados. Con el rechazada proyecto de reforma constitucional de 2007, se buscaba eliminar de este artículo no sólo la característica del Municipio de ser la unidad política primaria de la organización nacional, lo que se pretendía atribuir a la ciudad (art. 16), sino la mencionada autonomía jurídica e institucional de los Municipios, lo que hubiera permitido que sus actos hubieran podido ser impugnados y revisados por los otros órganos administrativos de los Estados, o del poder ejecutivo u otro ente

El rechazado proyecto de reforma constitucional, además, pretendía eliminar del artículo 173 de la Constitución toda referencia a la existencia de las "parroquias" como entidades locales.

De nada valió el rechazo popular a la propuesta de minimizar al Municipio, pues en violación a la Constitución y en fraude a la voluntad popular ello se logró con la reforma de la ley Orgánica del Poder Público Municipal de 2010 y la aprobación de las Leyes Orgánicas del Poder Popular ese mismo año, eliminándose las Juntas Parroquiales electas, que pasaron a ser órganos consultivos de los Consejos Comunales cuyos órganos no son electos democráticamente.

XV. EL RECHAZO POPULAR A LA ACENTUACIÓN DEL PRESIDENCIALISMO

Con la rechazada reforma constitucional se pretendía acentual el presidencialismo y la concentración del poder, por una parte, mediante el establecimiento de la posibilidad de reelección indefinida del Presidente de la República y el aumento del período constitucional del Presidente de 6 a 7 años (art. 230); y por la otra, mediante la ampliación de las competencias asignadas al Presidente de la República (art. 236).

En este último aspecto, lo que ha sido rechazado en el referéndum del 2 de diciembre de 2007 por voluntad del poder constituyente originario, fueron las propuestas de atribuir al Presidente de la República diversas nuevas competencias, entre las cuales destacan:

1. Para resolver en materia de "la ordenación y gestión del territorio", y el "régimen territorial del Distrito Federal, los estados, los municipios, dependencias federales y demás entidades regionales, de acuerdo con la ley nacional" (art. 236,3), con lo que hubiera desaparecido todo vestigio de autonomía y división territorial, ya que dicha materia ni siquiera hubiera sido competencia del legislador, sino del Poder Ejecutivo.

3. Para "crear o suprimir las provincias federales, territorios federales, ciudades federales, distritos funcionales, municipios federales, regiones marítimas y distritos insulares, según lo establecido en esta Constitución, designar y remover sus autoridades, conforme a la ley, asimismo podrá crear ciudades comunales de acuerdo con esta Constitución" (art. 236,4), con lo cual se buscaba dejar en todo lo que concernía al territorio y su división en manos del Jefe de Estado.

4. Para "formular el Plan Nacional de Desarrollo y dirigir su ejecución" (art. 236,20), eliminándose la necesaria aprobación por parte de la Asamblea Nacional en relación con la formulación y ejecución del Plan Nacional de desarrollo que dispone la Constitución (art. 236, 18).

5. Para "decretar la suspensión o restricción de garantías" en casos de que declare estados de excepción (art. 236,9), cuando en el artículo 236,7 de la Constitución sólo se autoriza al Presidente a "restringir" garantías, perno nunca a "suspenderlas". Esta atribución se buscaba ratificar, además, en la reforma propuesta y rechazada respecto del artículo 337 de la Constitución, con la que se buscaba ampliar los poderes presidenciales en los estados de excepción (art. 338 y 339).

6. Para administrar "las reservas internacionales, así como el establecimiento y regulación de la política monetaria, en coordinación con el Banco Central de Venezuela" (236,13).

7. Para "decretar Regiones Estratégicas de Defensa a fin de garantizar la soberanía, la seguridad y defensa en cualquier parte del territorio y espacios geográficos de la República"; para "decretar autoridades especiales en situaciones de contingencia, desastres o cualquier otra que requiera la intervención inmediata y estratégica del Estado" (art. 11); para crear por decreto las ciudades comunales (art. 16); para "decretar regiones marítimas, territorios federales, municipios federales, distritos insulares, provincias federales, ciudades federales y distritos funcionales, así como cualquier otra entidad que establezca esta Constitución y la ley"(art. 16); y para designar y remover las autoridades respectivas de las regiones marítimas, territorios federales, Distrito Federal, municipios federales, distritos insulares, provincias federales, ciudades federales y distritos funcionales, así como cualquier otra entidad que establezca esta Constitución y la ley"(art. 16).

De nada valió el rechazo popular a la propuesta de acentuar el presidencialismo, para lo cal en 2009, por ejemplo, se sometió a referendo aprobatorio una Enmienda Constitucional para establecer la reelección inmediata indefinida del Presidente de la república y de todos los cargos de elección popular.

XVI. EL RECHAZO POPULAR A LA CONCENTRACIÓN DEL PODER

Con la rechazada reforma constitucional de 2007, además de haberse pretendido acentuar el centralismo y el presidencialismo, también se pretendía acentuar la concentración del poder, particularmente en la Asamblea Nacional, y mediante el dominio que sobre la misma ejerce el Presidente de la República, en definitiva en manos de este.

En tal sentido en la rechazada propuesta de reforma constitucional se pretendía reformar el sistema tanto para la selección de los titulares de los Poderes Judicial, Ciudadano y Electoral como para su remoción por la Asamblea Nacional.

A tal efecto, como se destacó anteriormente, con la rechazada reforma constitucional se pretendía cambiar radicalmente la conformación de los Comité de Postulaciones Judiciales (arts. 264, 279, 292), para convertirlos materialmente en Comisiones parlamentarias eliminando la exigencia de la Constitución de que deben estar integrados solamente por representantes de los diversos sectores de la sociedad, precisamente para neutralizar las componendas políticas de la Asamblea en dichas designaciones; y se buscaba además, eliminar el principio de la mayoría calificada de dos terceras partes para la designación de dichos altos funcionarios (art. 279).

Pero además, con la rechazada reforma constitucional se pretendía establecer en general, la posibilidad de que los titulares de los Poderes Judicial (Magistrados del Tribunal Supremo de Justicia), Ciudadano (Contralor General de la República, Fiscal General de la República, Defensor del Pueblo) y Electoral (rectores del Consejo Nacional Electoral) pudieran ser removidos de sus cargos por la Asamblea Nacional mediante la mayoría de votos de los diputados, eliminándose la mayoría calificada de las dos terceras partes que establece la Constitución (art. 265, 279, 292).

De nada valió el rechazo popular a la propuesta de establecer consolidar la concentración del poder, pues lo mismo se ha logrado mediante sentencias interpretativas de la Sala Constitucional, mutando la Constitución para permitir la elección por mayoría simple de los órganos del Poder Ciudadano; mediante la Ley Orgánica del Tribunal Supremo de Justicia, para la elección por mayoría absoluta de sus magistrados; y mediante un pretendido recurso por abstención constitucional, para permitir la elección de los rectores del Consejo Nacional Electoral por la propia Sala Constitucional.

XVII. EL RECHAZO POPULAR A LA ACENTUACIÓN DEL MILITARISMO

En la rechazada reforma constitucional, se buscaba cambiar la denominación de la Fuerza Armada y de sus componentes para calificarlas de "bolivarianas" (art. 156,8; 236,6; 328 y 329) y, además, se buscaba eliminar la previsión constitucional de que la Fuerza Armada es una "institución esencialmente profesional, sin militancia política", y en su lugar se pretendía establecer que la misma constituía "un cuerpo esencialmente patriótico, popular y antiimperialista". Con ello, hubiera desaparecido la institución militar como institución profesional y la prohibición de que la misma no tuviera militancia política, buscándosela definir en cambio como "patriótico popular y antiimperialista", lo que hubiera abierto el camino constitucional para la integración de la Fuerza Armada Bolivariana en el partido político de su Comandante en Jefe, quien ejerce la Suprema Autoridad Jerárquica en todos sus Cuerpos, Componentes y Unidades, tal como se buscaba disponer en la reforma del artículo 236,6 de la Constitución.

Por otra parte, con la reforma constitucional que ha sido rechazada popularmente, en lugar de establecerse que los objetivos de las Fuerzas Armadas deben lograrse "mediante la defensa militar, la cooperación en el mantenimiento del orden interno y la participación activa en el desarrollo nacional", se pretendía establecer que se debían lograr "mediante el estudio, planificación y ejecución de la doctrina militar bolivariana, la aplicación de los principios de la defensa integral y la guerra popular de resistencia, la cooperación en tareas de mantenimiento de la seguridad ciudadana y del orden interno, así como la participación activa en planes para el desarrollo económico, social, científico y tecnológico de la Nación". Se buscaba así incorporar, la "doctrina militar bolivariana", como elemento esencial de la actuación de la Fuerza Armada, que era lo mismo que doctrina militar socialista, dada la vinculación que la rechazada reforma constitucional hacía entre "socialismo" y "bolivarianismo"; y se buscaba incorporar en la Constitución elementos de guerrilla como "la guerra popular de resistencia", convirtiéndose a la Fuerza Armada en una organización de policía nacional, al buscar atribuirle competencia en materia de mantenimiento de la seguridad ciudadana y del orden interno.

Adicionalmente, con la rechazada reforma constitucional, en lugar de establecerse como lo prevé la Constitución, que en el cumplimiento de sus funciones, la Fuerza Armada "está al servicio exclusivo de la Nación y en ningún caso al de persona o parcialidad política alguna", esta previsión se buscaba sustituirla por otra donde se pretendía indicar que en "el cumplimiento de su función, estará siempre al servicio del pueblo venezolano en defensa de sus sagrados intereses y en ningún caso al de oligarquía alguna o poder imperial extranjero", eliminándose la prohibición de que la Fuerza Armada pueda estar al servicio de persona o parcialidad política alguna. Con ello se buscaba abrir el camino constitucional para la integración de la Fuerza Armada en el partido político de su Comandante en Jefe, quien ejerce la Suprema Autoridad Jerárquica en todos sus Cuerpos, Componentes y Unidades (art. 236,6), quien la podía poner a su servicio o al servicio del partido del gobierno.

Con estas rechazadas reformas, se buscaba acentúa el carácter político de la Fuerza Armada y el militarismo del Estado, que la propia Constitución de 1999 ya había iniciado, al desaparecer del texto constitucional "el carácter apolítico y no deliberante" de la Fuerza Armada que establecía el artículo 132 de la Constitución de 1961; la obligación esencial que tenía la Fuerza Armada Nacional conforme a ese mismo artículo, de asegurar "la estabilidad de las instituciones democráticas y el respeto a la Constitución y las leyes, cuyo acatamiento estará siempre por encima de cualquier otra obligación"; la tradicional prohibición de que la autoridad militar y la civil no podían ejercerse simultáneamente que establecía el artículo 131 de la Constitución de 1961; y el control por parte de la Asamblea Nacional respecto de los ascensos de los militares de alta graduación (art. 331, C. 1961).

De nada valió el rechazo popular a la propuesta de fortalecer el militarismo, pues ello en fraude a la voluntad popular y en contra de la Constitución, se logró con las múltiples reformas de la Ley Orgánica de las Fuerza Armada Bolivariana, y la invasión de los altos cargos de la Administración Pública por todo tipo de militares.

XVIII. EL RECHAZO POPULAR A LA ELIMINACIÓN DE LA LIBERTAD ECONÓMICA

Uno de los componentes normativos esenciales de toda Constitución contemporánea, es la llamada *Constitución Económica* que deriva de los principios constitucionales que guían el régimen de las relaciones económicas y el papel que, en las mismas, corresponde a la iniciativa privada y al propio Estado, y que conforme al constitucionalismo desarrollado desde mitades del siglo pasado, está montada sobre un modelo económico de economía mixta, basado en el principio de la libertad como opuesto al de economía dirigida, similar al que existe en todos los países occidentales. Este sistema económico, por tanto, se fundamenta en la libertad económica, la iniciativa privada y la libre competencia, pero con la participación del Estado como promotor del desarrollo económico, regulador de la actividad económica, y planificador con la participación de la sociedad civil.

Conforme a esa orientación, la Constitución de 1999 establece un sistema económico de economía mixta, es decir, de economía social de mercado que se fundamenta en la libertad económica, pero que debe desenvolverse conforme a principios de justicia social, que requiere de la intervención del Estado. Ese régimen socioeconómico, conforme al artículo 299 de la Constitución de 1999, se fundamenta en los siguientes principios: justicia social, democratización, eficiencia, libre competencia, protección del ambiente, productividad y solidaridad, a los fines de asegurar el desarrollo humano integral y una existencia digna y provechosa para la colectividad. Por ello, el mismo artículo constitucional dispone expresamente que el Estado, "conjuntamente con la iniciativa privada", debe promover "el desarrollo armónico de la economía nacional con el fin de generar fuentes de trabajo, alto valor agregado nacional, elevar el nivel de vida de la población y fortalecer la soberanía económica del país, garantizando la seguridad jurídica, solidez, dinamismo, sustentabilidad, permanencia, equidad del crecimiento de la economía, para garantizar una justa distribución de la riqueza mediante una planificación estratégica democrática, participativa y de consulta abierta".

Como lo precisó la Sala Constitucional del Tribunal Supremo de Justicia en sentencia N° 117 de 6 de febrero de 2001, se trata de "un sistema socioeconómico intermedio entre la economía de libre mercado (en el que el Estado funge como simple programador de la economía, dependiendo ésta de la oferta y la demanda de bienes y servicios) y la economía interventora (en la que el Estado interviene activamente como el "empresario mayor")", conforme al cual, el texto constitucional promueve "expresamente la actividad económica conjunta del Estado y de la iniciativa privada en la persecución y concreción de los valores supremos consagrados en la Constitución"; persiguiendo "el equilibrio de todas las fuerzas del mercado y la actividad conjunta del Estado e iniciativa privada". Conforme a este sistema, dijo además la Sala Constitucional en esa sentencia, la Constitución: "propugna una serie de valores normativos superiores del régimen económico, consagrando como tales la libertad de empresa en el marco de una economía de mercado y fundamentalmente el del Estado Social de Derecho (*Welfare State*, Estado de Bienestar o Estado Socialdemócrata), esto es un Estado social opuesto al autoritarismo"[260].

La aplicación práctica de ese modelo constitucional, en todo caso, ha provocado el desarrollo de una economía basada en la libertad económica y la iniciativa privada, pero con una intervención importante y necesaria del Estado para asegurar los principios de justicia social que constitucionalmente deben orientar el régimen económico; lo que se ha acrecentado por el hecho de ser el Estado, el titular desde siempre del dominio público sobre el subsuelo.

---

260 Esos valores aludidos conforme a la doctrina de la Sala Constitucional "se desarrollan mediante el concepto de libertad de empresa, que encierra, tanto la noción de un derecho subjetivo "a dedicarse libremente a la actividad económica de su preferencia", como un principio de ordenación económica dentro del cual se manifiesta la voluntad de la empresa de decidir sobre sus objetivos. En este contexto, los Poderes Públicos, cumplen un rol de intervención, la cual puede ser directa (a través de empresas) o indirecta (como ente regulador del mercado)". Véase en *Revista de Derecho Público,* N° 85-88, Editorial Jurídica Venezolana, Caracas, 2001, pp. 212-218.

Con el rechazado proyecto de reforma constitucional de 2007, se pretendía cambiar radicalmente este modelo, acentuando el desequilibrio existente entre lo público y lo privado, buscando transformarlo en un sistema de economía estatal, de planificación centralizada, propia de un Estado y economía socialista, donde desaparecía la libertad económica y el derecho de propiedad como derechos constitucionales.

En artículo 112 de la Constitución establece como uno de los principios fundamentales del sistema constitucional, el derecho de todas las personas de poder dedicarse libremente a la actividad económica de su preferencia, sin más limitaciones que las previstas en la Constitución y las que establezcan las leyes, por razones de desarrollo humano, seguridad, sanidad, protección del ambiente u otras de interés social, a cuyo efecto, el Estado está obligado a promover "la iniciativa privada, garantizando la creación y justa distribución de la riqueza, así como la producción de bienes y servicios que satisfagan las necesidades de la población, la libertad de trabajo, empresa, comercio, industria, sin perjuicio de su facultad para dictar medidas para planificar, racionalizar y regular la economía e impulsar el desarrollo integral del país".

Con la rechazada propuesta de reforma constitucional de 2007, en cambio, se buscaba eliminar este derecho y la libertad económica, es decir, se pretendía quitarle rango constitucional, buscándose sustituir esta norma por otra en la cual lo que se establecía era la definición de una política estatal para promover "el desarrollo de un modelo económico productivo, intermedio, diversificado e independiente, fundado en los valores humanísticos de la cooperación y la preponderancia de los intereses comunes sobre los individuales, que garantice la satisfacción de las necesidades sociales y materiales del pueblo, la mayor suma de estabilidad política y social y la mayor suma de felicidad posible"; proponiéndose agregar que el Estado, asimismo, "fomentará y desarrollará distintas formas de empresas y unidades económicas de propiedad social, tanto directa o comunal como indirecta o estatal, así como empresas y unidades económicas de producción o distribución social, pudiendo ser estas de propiedad mixta entre el Estado, el sector privado y el poder comunal, creando las mejores condiciones para la construcción colectiva y cooperativa de una economía socialista".

Es decir, en un artículo como el 112 ubicado en el Capítulo constitucional sobre los derechos económicos, simplemente se buscaba eliminar el derecho al libre ejercicio de las actividades económicas y la propia libertad económica, lo que era contrario al principio de la progresividad en materia de derechos humanos y constitucionales que garantiza el artículo 19 de la Constitución.

Con la eliminación de esta derecho, como derecho constitucional, lo que en definitiva se pretendía era desaparecer las garantías constitucionales al mismo y en particular la desaparición de la garantía de la reserva legal, es decir, que las limitaciones o restricciones al derecho sólo pueden establecerse mediante ley formal emanada de la Asamblea Nacional, y no mediante decretos reglamentarios del Ejecutivo.

Además, con la rechazada reforma constitucional respecto del artículo 299, se buscaba eliminar de la Constitución, como fundamentos del sistema económico, los principios de justicia social, libre competencia, democracia y productividad y en su lugar se buscaba establecer, entre otros, los principios socialistas, antiimperialistas, humanistas, a los fines asegurar el desarrollo humano integral y una existencia digna y provechosa para la colectividad. Por otra parte, la garantía del desarrollo armónico de la economía no se asignaba "al Estado conjuntamente con la iniciativa privada" como dispone la Constitución de 1999, sino "al Estado conjuntamente con la iniciativa comunitaria, social y personal".

Por otra parte, con la rechazada reforma constitucional, se buscaba cambiar radicalmente el régimen de la actividad económica, buscándose establecer en el artículo 113 una serie de limitaciones a la misma que iban mucho más allá de la restricción de los monopolios y la posición dominante de empresas, privilegiándose la economía estatal y los medios de producción socialista, proponiéndose agregar a la norma, que en general, "no se permitirán actividades, acuerdos, prácticas, conductas y omisiones de los y las particulares que vulneren los métodos y sistemas de producción social y colectiva con los cuales se afecte la propiedad social y colectiva o impidan o dificulten la justa y equitativa concurrencia de bienes y servicios", con lo cual hubiera quedado en manos del Estado la suerte de cualquier actividad económica particular.

De nada valió el rechazo popular a la propuesta de eliminar la libertad económica, pues en fraude a la voluntad popular y en violación a la Constitución, mediante decretos leyes dictados desde 2008, la intervención del Estado en la economía ha sido total, habiéndose desmantelado el aparato productivo del país mediante confiscaciones y expropiaciones sin compensación; pasando a estar la economía totalmente controlada por la burocracia estatal.

XIX. EL RECHAZO A LA ELIMINACIÓN DE LA PROPIEDAD PRIVADA

Por otra parte, otro de los pilares fundamentales de la Constitución de 1999, además de la libertad económica, es la garantía del derecho de propiedad privada, que conforme al artículo 115 de la Constitución de 1999, se la concibe como el derecho que tiene toda persona "al uso, goce, disfrute y disposición de sus bienes", aún cuando sometida a "las contribuciones, restricciones y obligaciones que establezca la ley con fines de utilidad pública o de interés general". Dicha garantía implica que "sólo por causa de utilidad pública o interés social, mediante sentencia firme y pago oportuno de justa indemnización, podrá ser declarada la expropiación de cualquier clase de bienes".

Con el rechazado proyecto de reforma constitucional de 2007 se buscaba cambiar radicalmente el régimen de la propiedad privada, la cual se eliminaba como derecho constitucional, y quedaba materialmente reducida a la que pudiera existir sobre los bienes de uso, consumo y medios de producción legítimamente adquiridos, quedando por tanto minimizada y marginalizada en relación con la propiedad pública[261].

261 Sobre esto, el magistrado Jesús Eduardo Cabrera en el Voto salvado a la sentencia N° 2042 de la Sala Constitucional de 2 de noviembre de 2007 en la cual se declaró inadmisible un amparo constitucional ejercido contra el Presidente de la República y la Asamblea Nacional, con motivo de la inconstitucional "reforma constitucional", sostuvo lo siguiente:"El artículo 113 del Proyecto, plantea un concepto de propiedad, que se adapta a la propiedad socialista, y que es válido, incluso dentro del Estado Social; pero al limitar la propiedad privada solo sobre bienes de uso, es decir aquellos que una persona utiliza (sin especificarse en cual forma); o de consumo, que no es otra cosa que los fungibles, surge un cambio en la estructura de este derecho que dada su importancia, conduce a una transformación de la estructura del Estado. Los alcances del Derecho de propiedad dentro del Estado Social, ya fueron reconocidos en fallo de esta Sala de 20 de noviembre de 2002, con ponencia del Magistrado Antonio García García".

Además, se pretendía eliminar con la rechazada reforma constitucional la garantía de la propiedad al proponerse eliminar la exigencia de que "sólo" mediante expropiación podía extinguirse la propiedad como se ha establecido siempre en el ordenamiento constitucional, lo que abría la vía para que por ley se pudiera establecer otras formas de extinción de la propiedad.

En este caso, de nuevo, de nada valió el rechazo popular a la propuesta de eliminar el derecho de propiedad, pues en fraude a la voluntad popular y en violación a la Constitución, mediante decretos leyes dictados desde 2008, se le ha otorgado a los entes públicos amplias potestades expropiatorias, que han sido ejecutadas, acrecentando la propiedad pública además, mediante nacionalizaciones y confiscaciones, sin control judicial posible.

XX. EL RECHAZO POPULAR A LA ELIMINACIÓN DE LA AUTONOMÍA DEL BANCO CENTRAL DE VENEZUELA

En materia del régimen fiscal, por primera vez en el constitucionalismo venezolano en la Constitución de 1999 se incorporaron un conjunto de normas relativas al Banco Central de Venezuela y a la política macroeconómica del Estado (arts. 318 a 321), atribuyéndosele en particular, al Banco Central de Venezuela, dotado de autonomía, el ejercicio de las competencias monetarias del Poder Nacional para formular y ejecutar la política monetaria, participar en el diseño y ejecutar la política cambiaria, regular la moneda, el crédito y las tasas de interés, administrar las reservas internacionales, y todas aquellas que establezca la ley.

Con el rechazado proyecto de reforma constitucional sancionado en noviembre de 2007 se buscaba cambiar total y radicalmente el régimen de la política monetaria y del Banco Central de Venezuela, eliminándosele sus competencias y su autonomía, y estableciendo su total dependencia directa respecto del Ejecutivo Nacional. A tal efecto, en el artículo 318 se buscaba precisar que "El sistema monetario nacional debe propender al logro de los fines esenciales del Estado Socialista y el bienestar del pueblo, por encima de cualquier otra consideración", y las competencias para fijar las políticas monetarias del Poder Nacional y ejercer las competencias monetarias del Poder nacional que la Constitución de 1999 asigna "exclusivamente" al Banco Central de Venezuela, se proponía que se atribuyeran al "Ejecutivo Nacional, a través del Banco Central de Venezuela en estricta y obligatoria coordinación". Como consecuencia de esas propuestas de reforma, rechazadas popularmente, también se propuso establecer la naturaleza totalmente dependiente, jerárquicamente, del Banco Central de Venezuela, como "ente del Poder Ejecutivo Nacional", eliminándose formalmente la autonomía del Banco Central, a proponer que la norma constitucional dijera que "es persona de derecho público sin autonomía para la formulación y el ejercicio de las políticas correspondientes", agregándose que "sus funciones estarán supeditadas a la política económica general y al Plan Nacional de Desarrollo de la Nación para alcanzar los objetivos superiores del Estado Socialista y la mayor suma de felicidad posible para todo el pueblo".

Además, en la rechazada reforma constitucional, se buscaba quitarle al Banco Central de Venezuela la competencia de "administrar las reservas internacionales" y en su lugar se pretendía establecer, que "las reservas internacionales de la República serán manejadas por el Banco Central de Venezuela, bajo la administración y dirección del Presidente o Presidenta de la República, como administrador o administradora de la Hacienda Pública Nacional".

Por último, en la rechazada reforma constitucional se buscaba eliminar del artículo 320 de la Constitución la previsión de que "en el ejercicio de sus funciones, el Banco Central de Venezuela no estará subordinado a directivas del Poder Ejecutivo y no podrá convalidar o financiar políticas fiscales deficitarias", eliminándose la necesidad de que la actuación coordinada del Poder Ejecutivo y del Banco Central de Venezuela se debe realizar "mediante un acuerdo anual de políticas", en el cual se debe establecer "los objetivos finales de crecimiento y sus repercusiones sociales, balance externo e inflación, concernientes a las políticas fiscal, cambiaria y monetaria; así como los niveles de las variables intermedias e instrumentales requeridos para alcanzar dichos objetivos finales", buscándose eliminar todo principio de coordinación entre el Ejecutivo Nacional y el Banco Central, el cual, como se dijo, ha quedado sin autonomía, como un brazo ejecutor dependiente del Ejecutivo y de lo que este disponga.

En la rechazada reforma constitucional, además, se buscaba eliminar la existencia del Fondo de Estabilización Macroeconómica, y en su lugar, lo que se proponía era la atribución del Presidente de la república de establecer "en coordinación con el Banco Central de Venezuela y al final de cada año, el nivel de las reservas necesarias para la economía nacional, así como el monto de las reservas excedentarias" con la propuesta de indicar que las mismas se debían destinar "a fondos que disponga el Ejecutivo Nacional para inversión productiva, desarrollo e infraestructura, financiamiento de las misiones y, en definitiva, el desarrollo integral, endógeno, humanista y socialista de la Nación".

De nada valió el rechazo popular a la propuesta de eliminar la autonomía del Banco Central de Venezuela, pues la misma, en fraude a la voluntad popular y en violación a la Constitución, ha sido totalmente eliminada mediante reformas de la Ley del Banco Central, que lo han convertido en un apéndice del Poder Ejecutivo.

XXI. EL RECHAZO POPULAR A LA REGRESIÓN EN EL RÉGIMEN DE LOS DERECHOS HUMANOS

En materia de derechos constitucionales, dejando aparte las propuestas de reforma sobre derechos sociales las cuales pueden implementarse mediante ley y no requerían reforma constitucional alguna, respecto de los derechos individuales, en cambio, la rechazada propuesta de reforma constitucional tenía un notable carácter regresivo, completamente contrario a dicho principio de la progresividad, por lo que de haber sido aprobadas se hubiera configurado al Estado como un Estado Policial y represivo.

En particular, en cuanto al régimen de los estados de excepción derivados de circunstancias excepcionales que pueden originar situaciones que afecten gravemente la seguridad de la Nación, de las instituciones y de las personas, y que pueden ameritar la adopción de medidas político-constitucionales para afrontarlas (art. 337), la rechazada reforma constitucional buscaba cambiar radicalmente las previsiones sobre los mismos, ampliándose incluso sus categorías (art. 338), al buscar eliminar los límites temporales que pueden tener los estados de excepción y que conforme a la Constitución no pueden ser superiores a 90 días. En su lugar, en la rechazada reforma constitucional se buscaba disponer que los estados de excepción debían durar "mientras se mantengan las causas que los motivaron", lo que de haberse aprobada, los hubiera podido convertir en estados de excepción de duración ilimitada, y en todo caso, de duración sujeta a la sola discreción del Presidente de la República, con lo cual además, la Asamblea Nacional hubiera perdido la potestad que le daba el artículo 338 de la Constitución de 1999, de aprobar o negar la prórroga de los estados de excepción.

En esta materia de los Estados de excepción, una de las reformas de mayor interés de la Constitución de 1999 fue la eliminación de la posibilidad de que en los casos de estados de excepción, se pudieran "suspender" las garantías constitucionales como lo había autorizado la Constitución de 1961, habiendo dado origen a muchos abusos institucionales, quedando la potestad de excepción reducida a la sola posibilidad de "restringir" (art. 236,7) temporalmente las garantías constitucionales. Mediante la rechazada reforma constitucional, en una forma asombrosamente regresiva, en cambio se buscaba establecer la posibilidad de que por decisión del Presidente de la República, no sólo se pudiera "restringir" las garantías constitucionales, sino más grave aún, que se pudieran "suspender" dichas garantías (art. 337), lo cual es inadmisible en una sociedad democrática por lo que fue expresamente eliminado cuando se sancionó la Constitución de 1999.

Por otra parte, en la Constitución de 1999, entre las garantías consagradas en la Constitución que no pueden ser afectadas en los estados de excepción por decisión ejecutiva, están las referidas a los derechos a la vida, prohibición de incomunicación o tortura, el derecho al debido proceso, el derecho a la información y los demás derechos humanos intangibles". En cambio, en la rechazada reforma constitucional, en franca violación del principio de progresividad en materia de derechos humanos, se buscaba reducir los derechos y garantías que no podían ser suspendidos mediante una enumeración engañosa con el siguiente texto: "las referidas al derecho a la vida, la prohibición de tortura, la incomunicación, la desaparición forzosa, el derecho a la defensa, a la integridad personal, a ser juzgado o juzgada por sus jueces naturales y no ser condenado o condenada a penas que excedan los treinta años."

De nada valió el rechazo popular a la propuesta de minimizar los derechos humanos en el país, pues en fraude a la voluntad popular y en violación a la Constitución, por la acción del gobierno, con el aval de la Sala Constitucional del Tribunal Supremo, Venezuela incluso denunció la Convención Americana de Derechos Humanos.

XXII. LA IMPLEMENTACIÓN DE LA RECHAZADA REFORMA CONSTITUCIONAL MEDIANTE LEYES Y DECRETOS LEYES EN DESPRECIO A LA CONSTITUCIÓN, Y LA RENUNCIA DE LA JURISDICCIÓN CONSTITUCIONAL A CONTROLAR SU INCONSTITUCIONALIDAD

El rechazo popular a todas las reformas promovidas por el Presidente Chávez, y que quedaron englobadas en la reforma constitucional de 2007, sin duda fue su más grande fracaso político, y por ello, fue también, durante sus catorce años de gobierno, el punto de arranque del comienzo de su más absoluto y abierto desprecio por la Constitución a la cual, sin embargo, tanto se refería, al mostrar siempre en sus manos en sus mensajes televisivos, el pequeño librito azul con su texto.

Ese desprecio y la violación abierta a la Constitución por todos los órganos del Estado, en efecto se comenzó a producir en el mismo año 2007, en paralelo con el rechazo popular de la reforma constitucional, al comenzarse su inconstitucional implementación mediante leyes y decretos leyes, y mediante acuerdos internacionales, tanto en fraude a la propia Constitución como a la misma voluntad del pueblo. A Chávez, en realidad, a partir de allí, nada le importó ni la Constitución ni que el pueblo se hubiese manifestado contra su proyecto de reforma, procediendo a implementarla impunemente.

Ello lo comenzó a hacer, como se ha dicho, incluso paralelamente a la discusión de la reforma constitucional habiendo aprobar por la Asamblea Nacional la Ley de los Consejos Comunales,[262] y la Ley de la Comisión de Planificación Centralizada,[263] con lo que comenzó a implementar la rechazada reforma económica y la rechazada reforma política, lo que se continuó después del referendo de diciembre de 2007, mediante la emisión de un conjunto de decretos leyes,[264] como el Decreto Ley Nº 6.130 de 2008, contentivo de la Ley para el Fomento y Desarrollo de la Economía Popular,[265] o el relativo a la Fuerza Armada Bolivariana,[266] así como mediante la ejecución de una política masiva de estatización de empresas, de ocupación de otras,

262 Véase en *Gaceta Oficial* N° 5.806 Extra. de 10-04-2006. Véase Allan R. Brewer-Carías, "El inicio de la desmunicipalización en Venezuela: La organización del Poder Popular para eliminar la descentralización, la democracia representativa y la participación a nivel local", en *AIDA, Opera Prima de Derecho Administrativo. Revista de la Asociación Internacional de Derecho Administrativo*, Universidad Nacional Autónoma de México, Facultad de Estudios Superiores de Acatlán, Coordinación de Postgrado, Instituto Internacional de Derecho Administrativo "Agustín Gordillo", Asociación Internacional de Derecho Administrativo, México, 2007, pp. 49 a 67.

263 Véase en *Gaceta Oficial* N° 5.841, Extra. de 22 de junio de 2007. Véase Allan R. Brewer-Carías, "Comentarios sobre la inconstitucional creación de la Comisión Central de Planificación, centralizada y obligatoria", *Revista de Derecho Público*", N° 110, (abril-junio 2007), Editorial Jurídica Venezolana, Caracas 2007, pp. 79-89.

264 Véase Lolymar Hernández Camargo, "Límites del poder ejecutivo en el ejercicio de la habilitación legislativa: Imposibilidad de establecer el contenido de la reforma constitucional rechazada vía habilitación legislativa," en *Revista de Derecho Público* 115 *(Estudios sobre los Decretos Leyes)*, Editorial Jurídica Venezolana, Caracas 2008, pp. 51 ff.; Jorge Kiriakidis, "Breves reflexiones en torno a los 26 Decretos-Ley de julio-agosto de 2008, y la consulta popular refrendaría de diciembre de 2007," *id.*, pp. 57 ff.; José Vicente Haro García, "Los recientes intentos de reforma constitucional o de cómo se está tratando de establecer una dictadura socialista con apariencia de legalidad (A propósito del proyecto de reforma constitucional de 2007 y los 26 decretos leyes del 31 de julio de 2008 que tratan de imponerla)," *id.*, pp. 63 ss; Ana Cristina Nuñez Machado, "Los 26 nuevos Decretos-Leyes y los principios que regulan la intervención del Estado en la actividad económica de los particulares," *id.*, pp. 215-20; Aurilivi Linares Martínez, "Notas sobre el uso del poder de legislar por decreto por parte del Presidente venezolano," *id.*, pp. 79-89; Carlos Luis Carrillo Artiles, "La paradójica situación de los Decretos Leyes Orgánicos frente a la Ingeniería Constitucional de 1999," *id.*, pp. 93-100; Freddy J. Orlando S., "El "paquetazo," un conjunto de leyes que conculcan derechos y amparan injusticias," *iid.*, pp. 101-104.

265 Véase en *Gaceta Oficial* N° 5.890 Extra. de 31 de julio de 2008.

266 Véase Decreto Ley N° 6.239, de ley Orgánica de la Fuerza Armada Bolivariana, en *Gaceta Oficial* N° 5.933, Extra., de 21 de Octubre de 2009. Véase en general, Alfredo Arismendi A., "Fuerza Armada Nacional: Antecedentes, evolución y régimen actual, " in *Revista de Derecho Público*, N° 115 (Estudios sobre los Decretos Leyes), Editorial Jurídica Venezolana, Caracas 2008, pp. 187-206; Jesús María Alvarado Andrade, "La nueva Fuerza Armada Bolivariana (Comentarios a raíz del Decreto N° 6.239, con rango, valor y fuerza de Ley Orgánica de la Fuerza Armada Nacional Bolivariana), " *id.*, pp. 207-14.

de expropiación y confiscación de toda clase de bienes.[267] Incluso mediante Ley se reguló la organización del Distrito Capital, eliminándosele el carácter de entidad local autónoma que regula la Constitución,[268] todo conforme a la rechazada reforma constitucional.

La secuela de todo esto, fue el definitivo golpe a la Constitución, el cual es parte, técnicamente, del golpe de Estado continuado que institucionalmente se produjo en el país desde 1999,[269] y que se produjo en diciembre de 2010, cuando la Asamblea Nacional aprobó un conjunto de leyes destinadas a implementar definitivamente la rechazada reforma constitucional, pero esta vez con un preciso signo marxista, tal como resultó de la declaración del Presidente de la República a comienzos de dicho año, de asumir el marxismo como doctrina oficial,[270] lo cual fue incorporado también ese mismo año 2010, en la Declaración de Principios del partido de gobierno.[271]

Ello ocurrió luego de la pérdida de la mayoría de la votación popular en las elecciones parlamentarias de septiembre de 2010 por parte del partido de gobierno, donde la oposición llegó a obtener un número de votos suficiente que le impidió a la bancada oficialista, a partir de enero de 2011, poder controlar la mayoría calificada de la votación en la Asamblea.

La pérdida de esas elecciones legislativas fue el segundo más importante fracaso político del Presidente Chávez, sobre todo cuando las mismas se plantearon por él mismo y por el partido de gobierno, como una suerte de "plebiscito" respecto de su actuación así como respecto de las políticas socialistas que venían siendo inconstitucionalmente implementadas, a pesar de que habían sido previamente rechazadas por el pueblo en 2007; "plebiscito" que el Presidente de la República y su partido perdieron pues la mayoría del país que votó en contra de las mismas.

Al haber perdido el Presidente y su partido el control absoluto que habían ejercido desde 2005 sobre la Asamblea Nacional, ello en el futuro les impedía imponer a su antojo la legislación que quisieran. La respuesta antidemocrática a ese cambio político fue que antes de que los nuevos diputados electos a la Asamblea pudieran tomar posesión de sus cargos en enero de 2011, en diciembre de 2010, atropelladamente y de nuevo en fraude a la voluntad popular y a la Constitución, la ya deslegitimada Asamblea Nacional precedente procedió a sancionar un conjunto de leyes orgánicas mediante las cuales se terminó de definir, al margen de la Constitución, el marco normativo de la rechazada reforma constitucional creando un nuevo Estado *paralelo al Estado*

---

267 Véase en general, Antonio Canova González, Luis Alfonso Herrera Orellana, and Karina Anzola Spadaro, *¿Expropiaciones o vías de hecho? (La degradación continuada del derecho fundamental de propiedad en la Venezuela actual*," Funeda, Universidad Católica Andrés Bello, Caracas 2009.

268 Véase en *Gaceta Oficial* N° 39.156, de 13 de abril de 2009. Véase en general, Allan R. Brewer-Carías et al., *Leyes sobre el Distrito Capital y el Área Metropolitana de Caracas*, Editorial Jurídica Venezolana, Caracas 2009.

269 Véase en general, Allan R. Brewer-Carías, *Golpe de estado y proceso constituyente en Venezuela*, Universidad Nacional Autónoma de México, México 2002.

270 En su Mensaje anual ante la Asamblea Nacional, el 15 de enero de 2010, el Presidente Chávez declaró, que ""asumía el marxismo" aunque confesó que nunca había leído los trabajos de Marx. Véase María Lilibeth Da Corte, "Por primera vez asumo el marxismo," en *El Universal*, Caracas Jan. 16, 2010, http://www.eluniver-sal.com/2010/01/16/pol_art_por-primera-vez-asu_1726209.shtml.

271 Véase la "Declaración de Principios, I Congreso Extraordinario del Partido Socialista Unido de Venezuela," Apr. 23, 2010, at http://psuv.org.ve/fi-les/tcdocumentos/Declaracion-de-principios-PSUV.pdf.

Constitucional, denominado "Estado Comunal, que no es otro que el Estado Socialista, Centralizado, Militarista y Policial que el pueblo había rechazado en 2007.

Dichas Leyes Orgánicas fueron las Leyes Orgánicas del Poder Popular, de las Comunas, del Sistema Económico Comunal, de Planificación Pública y Comunal y de Contraloría Social.[272] Además, en el mismo marco de estructuración del rechazado Estado Comunal montado sobre el Poder Popular, se destaca la reforma de la Ley Orgánica del Poder Público Municipal, y de las Leyes de los Consejos Estadales de Planificación y Coordinación de Políticas Públicas, y de los Consejos Locales de Planificación Pública.[273]

La Asamblea Nacional, además, sancionó una Ley habilitante autorizando al Presidente de la República para por vía de legislación delegada, dictar leyes en todas las materias imaginables, incluso de carácter orgánico, vaciando así por un período de 18 meses, hasta 2012, a la nueva Asamblea Nacional de materias sobre las cuales poder legislar.

Con estas leyes, con el desprecio más absoluto y abierto a la Constitución, se decretó la transformación radical del Estado venezolano, estableciendo un Estado Socialista por el cual nadie había votado, y más bien había sido rechazado por el pueblo; con el agravante de que ello se hizo sin reformarse la Constitución, sino mediante leyes estableciendo un Estado paralelo al Estado Constitucional, denominado Estado Comunal o del Poder Popular.

Este Estado paralelo tiene a la Comuna como a su célula fundamental, suplantando inconstitucionalmente al Municipio en el carácter que tiene de "unidad política primaria de la organización nacional" (art. 168 de la Constitución). A través de esas Comunas y de los Consejos Comunales, conforme a dichas leyes, ese Estado ejerce el Poder Popular, el cual se concreta en el ejercicio de la soberanía popular *sólo directamente* por el pueblo, y no mediante representantes. Se trata por tanto, de un sistema político estatal en el cual se ignora la democracia representativa violándose así abiertamente la Constitución de la República.

Ese Estado Comunal, supuestamente como producto del ejercicio de una democracia directa, sin sufragio ni representación, irá vaciando progresivamente de competencias al Estado Constitucional, pero organizado bajo el control de un Ministerio del Ejecutivo Nacional, de manera que lejos de ser un instrumento de descentralización es un sistema de centralización y control férreo de las comunidades por el Poder Central. Ello implica que el principio esencial del régimen político democrático, basado en la igualdad, la no discriminación y el pluralismo se rompe desde que el sistema de Estado Comunal, paralelo al Estado Constitucional, se monta sobre una concepción única, que es el Socialismo, de manera que quien no sea socialista está automáticamente discriminado.

---

272 Véase en *Gaceta Oficial* N° 6.011 Extra. de 21-12-2010. Véase en general sobre estas leyes, Allan R. Brewer-Carías, Claudia Nikken, Luis A. Herrera Orellana, Jesús María Alvarado Andrade, José Ignacio Hernández y Adriana Vigilanza, *Leyes Orgánicas sobre el Poder Popular y el Estado Comunal (Los consejos comunales, las comunas, la sociedad socialista y el sistema económico comunal*) Colección Textos Legislativos N° 50, Editorial Jurídica Venezolana, Caracas 2011; Allan R. Brewer-Carías, "La Ley Orgánica del Poder Popular y la desconstitucionalización del Estado de derecho en Venezuela," en *Revista de Derecho Público*, N° 124, Editorial Jurídica Venezolana, Caracas 2010, pp. 81-101.

273 Véase en *Gaceta Oficial* N° 6.015 Extra. de 30-12-2010.

No es posible, por tanto, en el marco de esta ley poder conciliar el pluralismo que garantiza la Constitución y el principio de la no discriminación por razón de "opinión política" con sus disposiciones que persiguen todo lo contrario, es decir, el establecimiento de un Estado Comunal, cuyas instancias sólo pueden actuar en función del Socialismo y en las cuales todo ciudadano que tenga otra opinión queda excluido.

Pero además de la reforma política para la estructuración del Estado Comunal del Poder Popular, en la Ley Orgánica del Sistema Económico Comunal,[274] se estableció el mismo definiéndolo como "el conjunto de relaciones sociales de producción, distribución, intercambio y consumo de bienes y servicios, así como de saberes y conocimientos, desarrolladas por las instancias del Poder Popular, el Poder Público o por acuerdo entre ambos, a través de organizaciones socio-productivas bajo formas de propiedad social comunal" (art. 2).

Se trata de un sistema económico que se desarrolla exclusivamente "a través de organizaciones socio-productivas bajo formas de propiedad social comunal" las cuales conforme a la Ley son solamente las empresas del Estado Comunal creadas por las instancias del Poder Público; las empresas públicas creadas por los órganos que ejercen del Poder Público; las unidades productivas familiares; o los grupos de trueque, donde está excluida toda iniciativa privada y la propiedad privada de los medios de producción y comercialización de bienes y servicios, y está excluida la idea misma de la empresa privada.

Este Sistema Económico Comunal, cuyo establecimiento por supuesto también requería de una Asamblea Nacional Constituyente, se configura en paralelo y para sustituir el sistema de economía mixta que garantiza la Constitución de 1999, como un sistema económico estatista o controlado por el Estado, mezclado con previsiones propias de sociedades primitivas y lugareñas que en el mundo globalizado de hoy ya simplemente no existen. En ese sistema, por lo demás, la propiedad privada queda reducida a la mínima expresión, sustituyéndosela en la Ley por la "propiedad social" como dominio del Estado, lo que significa que en la práctica, no se trata de ningún derecho que sea "de la sociedad," sino del aparato Estatal, cuyo desarrollo, regido por un sistema de planificación centralizada, elimina toda posibilidad de libertad económica e iniciativa privada, y convierte a las "organizaciones socio-productivas" en meros apéndices del aparato estatal.

Ese sistema económico, como lo precisa textualmente la Ley, está basado en los siguientes tres pilares fundamentales: la propiedad social de los medios de producción, la eliminación de la división social del trabajo y la reinversión social del excedente; para lo cual los redactores de la norma, sin duda, se basaron quizás en algún vetusto *Manual* de alguna revolución comunista fracasada, parafraseado en la Ley lo que Carlos Marx y Federico Engels escribieron sobre la sociedad comunista hace más de 150 años, en su conocido libro *La Ideología Alemana* (1845–1846),[275] como contraria al sistema capitalista.

---

274 Véase en *Gaceta Oficial* N° 6.011 Extra. de 21 de diciembre de 2010.

275 Véase en Karl Marx y Frederich Engels,"The German Ideology," en *Collective Works*, Vol. 5, International Publishers, New York 1976, p. 47. Véanse además los textos pertinentes en http://www.educa.madrid.org/cms_tools/files/0a24636f-764c-4e03-9c1d-6722e2ee60d7/Texto%20Marx%20y%20Engels.pdf.

Todo este Estado Comunal y el Sistema Económico Comunal que se regulan e estas leyes de 2001, en todo caso, se han establecido como formando un "Estado paralelo" al Estado Constitucional, pero con previsiones que permiten al Estado Comunal ahogar y secar al Estado Constitucional, como en botánica lo hace el árbol *Ficus benjamina L.*, originario de la India, Java y Bali, muy conocido en nuestros países de América Latina como "matapalo," que puede crecer como "estrangulado-ra," rodeando al árbol huésped hasta formar un tronco hueco, destruyéndolo.

Por ello, en la Ley Orgánica del Poder Popular se establecen una serie de previsiones para regular las relaciones entre el Estado o el Poder Público y el Poder Popular, y que son las siguientes:

En *primer lugar*, se establece como obligación legal para los órganos, entes e instancias del Poder Público el promover, apoyar y acompañar las iniciativas populares para la constitución, desarrollo y consolidación de las diversas formas organizativas y de autogobierno del pueblo (art. 23). En particular, incluso, la Ley Orgánica de Comunas dispone que "los órganos integrantes del Poder Ciudadano apoyarán a los consejos de contraloría comunal a los fines de contribuir con el cumplimiento de sus funciones" (art. 48).

En *segundo lugar*, se sujeta a todos los órganos del Estado Constitucional que ejercen el Poder Público, a los mandatos de las organizaciones del Poder Popular, al instaurarse un nuevo principio de gobierno, consistente en "gobernar obedeciendo" (art. 24). Como las organizaciones del Poder Popular no tienen autonomía política pues sus "voceros" no son electos democráticamente mediante sufragio universal, directo y secreto, sino designados por asambleas de ciudadanos controladas e intervenidas por el partido oficial y el Ejecutivo Nacional que controla y guía todo el proceso organizativo del Estado Comunal, en el ámbito exclusivo de la ideología socialista, sin que tenga cabida vocero alguno que no sea socialista, en definitiva esto de "gobernar obedeciendo" es una limitación a la autonomía política de los órganos del Estado Constitucional electos, como la Asamblea Nacional, los Gobernadores y Consejos Legislativos de los Estados y los Alcaldes y Concejos Municipales, a quienes se le impone en definitiva la obligación de obedecer lo que disponga el Ejecutivo Nacional y el partido oficial enmarcado en el ámbito exclusivo del socialismo como doctrina política. La voluntad popular expresada en la elección de representantes del Estado Constitucional, por tanto, no tiene valor alguno, y al pueblo se le confisca su soberanía trasladándola de hecho a unas asambleas que no lo representan.

En *tercer lugar*, en particular, se establece la obligación para el Poder Ejecutivo Nacional, para que "conforme a las iniciativas de desarrollo y consolidación originadas desde el Poder Popular," planifique, articule y coordine "acciones conjuntas con las organizaciones sociales, las comunidades organizadas, las comunas y los sistemas de agregación y articulación que surjan entre ellas, con la finalidad de mantener la coherencia con las estrategias y políticas de carácter nacional, regional, local, comunal y comunitaria"(art. 25).

En *cuarto lugar*, se establece la obligación para los órganos y entes del Poder Público en sus relaciones con el Poder Popular, de dar "preferencia a las comunidades organizadas, a las comunas y a los sistemas de agregación y articulación que surjan entre ellas, en atención a los requerimientos que las mismas formulen para la satisfacción de sus necesidades y el ejercicio de sus derechos, en los términos y lapsos que establece la ley" (art. 29). Igualmente se prevé que los órganos, entes e instancias del Poder Público, en sus diferentes niveles político-territoriales, deben adoptar "medidas para que las organizaciones socio-productivas de propiedad social comunal, gocen de prioridad y preferencia en los procesos de contrataciones públicas para la adquisición de bienes, prestación de servicios y ejecución de obras" (art. 30).[276]

En *quinto lugar*, se establece la obligación para la República, los estados y municipios, de acuerdo con la ley que rige el proceso de transferencia y descentralización de competencias y atribuciones, la obligación de trasferir "a las comunidades organizadas, a las comunas y a los sistemas de agregación que de éstas surjan; funciones de gestión, administración, control de servicios y ejecución de obras atribuidos a aquéllos por la Constitución de la República, para mejorar la eficiencia y los resultados en beneficio del colectivo" (art. 27).[277]

Con ello, se dispone legalmente un proceso de centralización desde las entidades formalmente descentralizadas, mediante el vaciamiento de competencias de los Estados y Municipios, de manera que queden como estructuras vacías, con gobiernos representativos electos por el pueblo pero que no tienen materias sobre las cuales gobernar.

Con esta Ley Orgánica marco del Poder Popular, no cabe duda de la decisión política adoptada en diciembre de 2010 por la completamente deslegitimada Asamblea Nacional que había sido electa en 2005, pues ya no representaba a la mayoría de la voluntad popular que se expresó el 26 de septiembre de 2010 en contra del Presidente de la República, de la propia Asamblea Nacional y de la política socialista que habían adelantado; en imponerle a los venezolanos en contra de la voluntad popular y en fraude a la Constitución, un modelo de Estado Socialista, denominado "Estado Comunal," basado en el ejercicio del Poder Popular por el pueblo, como supuesta forma de ejercicio de la soberanía en forma directa (lo que no es cierto pues se ejerce mediante "voceros" que lo "representan" y que no son electos en votaciones universales, directas y secretas); modelo de Estado Socialista establecido en forma paralela al Estado Constitucional (el Estado federal descentralizado, democrático y social, de derecho, y de justicia previsto en la Constitución de 1999) establecido para el ejercicio del Poder Público por el pueblo tanto en forma indirecta mediante representantes electos en votaciones universales, directas y secretas, como en forma directa mediante los mecanismos autorizados en la Constitución, donde se incluye a las Asambleas de Ciudadanos.

Esta regulación, en paralelo, de dos Estados y dos formas de ejercicio de la soberanía, uno, el Estado Constitucional regulado en la Constitución y el otro, el Estado Comunal o Estado Socialista regulado en leyes orgánicas inconstitucionales, se ha

---

276 En particular, conforme al artículo 61 de la Ley Orgánica de las Comunas, se dispone que "todos los órganos y entes del Poder Público comprometidos con el financiamiento de proyectos de las comunas y sus sistemas de agregación, priorizarán aquéllos que impulsen la atención a las comunidades de menor desarrollo relativo, a fin de garantizar el desarrollo territorial equilibrado.

277 Esta misma norma se repite en la Ley Orgánica de las Comunas (art. 64). El 31 de diciembre de 2010, quedó pendiente en la Asamblea Nacional la segunda discusión del proyecto de Ley Orgánica del Sistema de Transferencia de Competencias y atribuciones de los Estados y Municipios a las organizaciones del Poder Popular.

dispuesto en forma tal que como se ha dicho, el segundo puede ir estrangulando al primero, rodeándolo hasta formar un tronco hueco, destruyéndolo.

En esta forma, al fraude a la Constitución, que fue la técnica constantemente aplicada por el gobierno autoritario de Chávez desde 1999 para imponer sus decisiones a los venezolanos al margen de la Constitución,[278] se sumó en 2010 el fraude a la voluntad popular, al imponérsele a los venezolanos mediante leyes orgánicas, un modelo de Estado por el cual nadie ha votado, y que cambió radical e inconstitucionalmente el texto de la Constitución de 1999, que no fue reformada conforme a sus previsiones, en abierta contradicción al rechazo popular mayoritario que se expresó en diciembre de 2007 a la reforma constitucional que se intentó realizar, incluso violando la propia Constitución, y al rechazo popular mayoritario del pueblo expresado respecto de la política del Presidente de la República y de su Asamblea Nacional con ocasión de las elecciones parlamentarias del 26 de septiembre de 2010.

Y frente a ello, el sumiso Juez Constitucional, ante la impugnación de las mencionadas Leyes del Poder Popular, ni siquiera llegó a pronunciarse sobre su admisibilidad.[279]

SECCIÓN SÉPTIMA: LAS FALTAS TEMPORALES DE CHÁVEZ Y EL BIZARRO FALSO GOBIERNO DESDE LA HABANA (2011 – 2012)

Toda persona enterada del funcionamiento del Estado en Venezuela, sin duda debe haberse escandalizado al leer el mensaje, vía Twitter, que circuló en las redes sociales el día 22 de abril de 2012, en el cual se informó que "Chávez aprobó reforma a la Ley del Seguro Social, desde La Habana;" o al leer los comentarios que aparecieron en la prensa el día 23 de abril de 2012 sobre el hecho de que "el mandatario Hugo Chávez se dedique a gobernar por Twitter desde La Habana, donde permanece desde el 14 de abril para someterse a la última fase de su tratamiento de radioterapia;"[280] y el día 24 de abril de 2012, indicando que:

> "Por más de una semana, mientras ha estado sometido a terapia de radiación, el único signo del usualmente muy visible Presidente fueron una serie de mensajes en su cuenta oficial de Twitter."[281]

El Presidente Hugo Chávez, en efecto, se encontraba en ese momento hospitalizado en esa ciudad, sometido a tratamiento médico por la enfermedad que lo aquejó

---

278 Véase Allan R. Brewer-Carías, *Reforma constitucional y fraude a la Constitución (1999-2009)*, Academia de Ciencias Políticas y Sociales, Caracas 2009; *Dismantling Democracy. The Chávez Authoritarian Experiment*, Cambridge University Press, New York 2010.

279 Véase el texto de la acción de inconstitucionalidad ejercida contra las Leyes en el libro Allan R. Brewer-Carías, Claudia Nikken, Luis A. Herrera Orellana, Jesús María Alvarado Andrade, José Ignacio Hernández y Adriana Vigilanza, *Leyes Orgánicas Sobre El Poder Popular y El Estado Comunal. (Los Consejos Comunales, Las Comunas, La Sociedad Socialista y El Sistema Económico Comunal*, Colección Textos Legislativos N° 50, Editorial Jurídica Venezolana, Caracas 2011, pp. 507-593.

280 Véase la reseña de EFE, Caracas, "Capriles: Gobernar un país por Twitter es una burla," en *El Diario/La Prensa*, Nueva York, Lunes 23 de abril de 2012, p. 11.

281 Véase William Neuman, "Chavez Out of Sight but Big as Life on Twetter," en *The New York Times*, New York April 24, 2012, p. A-7.

desde 2011. Desde el punto de vista institucional, se trataba de otra falta temporal por ausencia del Presidente de la República del territorio nacional para someterse a tratamiento médico fuera del país, ya que por lo visto los servicios médicos en el Venezuela no eran los apropiados. Ese hecho, en sí mismo, se configuraba jurídicamente como una falta temporal del Presidente en cuanto al ejercicio de su cargo, conforme a la cual, de acuerdo con la Constitución, sin que fuera necesario algún acto formal adicional, el Vicepresidente Ejecutivo lo suplía en ejercicio de la Presidencia.

Por tanto, cualquiera podía preguntarse con razón cómo podía ser entonces, que con un Vicepresidente supliendo al Presidente enfermo, éste desde una cama de hospital en La Habana pudiera estar tratando de gobernar, y llegar pretender ponerle el ejecútese a una Ley, y ello anunciarlo por Twitter. Esto no sólo era para escandalizar a cualquier persona enterada, sino que estoy seguro que con razón hubiera dicho que se trataba, ni más ni menos, que de un disparate gubernamental más.

Lo cierto fue, en todo caso, que la situación constitucional durante esas ausencias presidenciales del territorio nacional por enfermedad, produjeron una serie de desaguisados jurídicos cometidos por los subalternos del Presidente, quienes tratando de ignorar que una ausencia del territorio es precisamente eso, y nada más, es decir, una ausencia física, que implica una falta temporal, la misma no se podía ocultar ni desdibujar, pues estando alguien ausente no podía estar presente.

Y ello, en el caso del Presidente de la República, implicaba que estando fuera del país, ausente del territorio nacional, alguien tenía que estar supliendo su falta temporal, es decir, alguien tenía que estar gobernando en el país. No podía estar fuera y no estarlo; y no podía gobernar vía twitter o estampando firmas electrónicas en documentos fijos.

Lo anterior, durante 2011 y 2012, originó una extravagante situación constitucional en el país, específicamente con la ausencia del Presidente Chávez del territorio nacional, primero durante un mes, entre el 5 de junio y el 4 de julio de 2011, cuando después de pasar breves días entre Brasil y Ecuador, tuvo que someterse súbitamente a tratamiento médico en La Habana, Cuba;[282] y luego, en la misma ciudad de La Habana, durante varias semanas de los meses de julio a septiembre de 2011, para someterse a un tratamiento de quimioterapia; y posteriormente en abril de 2012, para someterse a un tratamiento de radioterapia; y luego finalmente en noviembre y diciembre de 2012, a tratamientos médicos finales.

Toda esas ausencias del territorio nacional constituyeron, sin duda, faltas temporales en los términos del artículo 234 de la Constitución, independientemente de la razón o motivo que hubiera tenido el Presidente para viajar y permanecer en el exterior, de su justificación para el cumplimiento de sus funciones, del tratamiento de una enfermedad, o de si para ello, en su momento, obtuvo o no autorización de la

---

282 Véase la información en http://internacional.eluniversal.com/ 2011/06/08/chavez-llega-a-cuba-para-repasar-los-vinculos-bilaterales.shtml Véase En general, Allan R. Brewer-Carías, "La extraña situación constitucional respecto del funcionamiento del gobierno en Venezuela, durante la falta temporal del Presidente de la República, por su ausencia del territorio nacional entre el 5 de junio y el 4 de julio de 2011," *Revista de Derecho Público*, N° 126, (abril-junio 2011), Editorial Jurídica Venezolana, Caracas 2011, pp. 59-75.

Asamblea Nacional (art. 235) para viajar al exterior, si es que preveía permanecer ausente del territorio nacional por más de cinco días.

Como en los países normalmente la acción de un gobierno no se puede paralizar; como los seres humanos se enferman, incluso los Jefes de Estado y de Gobierno; y como ningún ser humano tiene, que se sepa, el don de la ubicuidad; a los efectos de que el gobierno continúe funcionando aún en los casos de falta temporal del Presidente de la República por ausentarse del territorio nacional, estas situaciones se prevén generalmente en las Constituciones, como precisamente se establece en la Constitución venezolana, al disponer que el Vicepresidente Ejecutivo suple las faltas temporales del Presidente de la República, lo que siempre ocurre cuando se ausenta del país por el tiempo que sea.

Por tanto, el hecho que desde el 5 de junio de 2011 y por todo el resto de dicho mes de junio y hasta el 4 de julio de 2011, como el mismo Presidente de la República lo expresó en alocución televisiva desde La Habana el día 30 de junio de 2011,[283] él hubiese estado sometido a un fuerte tratamiento post operatorio después de dos operaciones para extirparle un tumor cancerígeno, la primera realizada el 10 de junio de 2011,[284] y la segunda, diez días después, el 20 de junio de 2011, incluso habiendo pasado cuatro días en Terapia Intensiva, como lo informó el propio Presidente el 4 de julio de 2011 al llegar a Caracas;[285] todo ello por más lamentable y grave que fuera, no podía paralizar la acción del gobierno del Estado. Igualmente ocurrió con las faltas temporales para el tratamiento de quimioterapia en La Habana en julio, agosto y septiembre del mismo año 2011. Posteriormente, ocurrió también en oportunidades sucesivas desde febrero de 2012, y finalmente desde el de abril de 2012, mediante una autorización sin límite de días, dada por la Asamblea Nacional; y luego en noviembre y diciembre de 2012.

En una lamentable situación como esa, había que dejar que el Presidente se ocupase de su salud, y se recuperase, por lo que para ello, constitucionalmente estaba dispuesto que el Vicepresidente Ejecutivo se debía encontrar en el país supliendo la ausencia temporal del Presidente de la República (arts. 234 y 239.8). Esa es la solución, como se dijo, que establece la Constitución para garantizar la continuidad del gobierno.

Frente a ello, por supuesto, debía esperarse que el Vicepresidente Ejecutivo asumiera la responsabilidad de su cargo, siendo totalmente inaceptable y, además, inconstitucional, que pudiera llegar a decir que él no estaba a cargo del Poder Ejecutivo, ni estaba supliendo la ausencia o falta temporal del Presidente de la República; es decir, que dijera que en Venezuela simplemente no había gobierno. En ese caso, sin embargo no ocurrió así, y al Vicepresidente Ejecutivo le pasó algo similar a aquello que se atribuye a un personaje de Molière en "El burgués gentilhombre," quién descubrió tardíamente que se había pasado casi toda su vida hablando en pro-

283 Véase la alocución por televisión del Presidente de la República del 30 de junio de 2011, desde La Habana, en http://www.eluniver-sal.com/2011/06/30/presidente-chavez-informo-que-le-fue-extirpado-un-tumor-cancerigeno.shtml.

284 Véase la información del Ministro de Relaciones Exteriores, el 10 de junio de 2011, http://www.eluniversal.com/2011/06/10/operan-al-presidente-chavez-en-cuba.shtmlléase.

285 Véase en *El Universal*, Caracas 5 de Julio de 2011, http://www.eluniver-salcom/2011/07/05/chavez-advierte-que-batalla-contra-el-cancer-no-esta-ganada.shtml ; *The Wall Street Journal*, New York, Tuesday , July 5, 3011, p. A8.

sa, sin saberlo. Lo grave en este caso, es que aún descubriendo el Vicepresidente que efectivamente debía suplir la falta temporal del Presidente de la República durante su ausencia del territorio, ignorado la situación, se negó a actuar en consecuencia. Al menos el personaje de Molière tomo conciencia de su situación.

Para entender cuál es el curso que debía seguir el gobierno en Venezuela en la situación constitucional que se produjo en junio de 2011 de ausencia del Presidente del territorio nacional –que es la misma que luego ocurrió en abril y luego en noviembre y diciembre de 2012 -, y de la existencia de una falta temporal del mismo por su permanencia en un país extranjero, recuperando su salud, intentaré precisar y analizar el tema de la situación constitucional de las faltas temporales del Presidente; el de las atribuciones constitucionales tanto del Presidente de la República como del Vicepresidente Ejecutivo, y cuál es su forma de ejercicio; el del sentido de la suplencia que correspondía asumir al Vicepresidente en aquella falta temporal del Presidente; para destacar la extravagante, extraña y bizarra situación que se dio en el país en 2011 y 2012 con motivo de la ausencia del Presidente del territorio nacional y de la consecuente ausencia de gobierno.

I. LA FALTA TEMPORAL DEL PRESIDENTE DE LA REPÚBLICA POR SU AUSENCIA DEL TERRITORIO NACIONAL

1. *Las faltas temporales del Presidente de la República*

La Constitución establece que el Presidente de la República puede separarse temporalmente del ejercicio de su cargo, lo que ocurre en todas aquellas circunstancias de hecho, de la naturaleza que sean, en las cuales el Presidente se encuentre en la situación de no poder ejercer efectivamente el cargo. Es lo que la Constitución denomina como "falta temporal" al referirse a esas situaciones de hecho en las cuales el Presidente se encuentra separado del ejercicio del cargo por un tiempo. Como lo he expresado desde hace años "Una falta temporal puede consistir, por ejemplo, en ausencia por enfermedad o por un viaje dentro o fuera del territorio nacional."[286]

Los Presidentes, como cualquier persona humana, se enferman, y por ello, deben permanecer a resguardo, curándose, lejos de la carga del ejercicio del sus funciones como Jefe de Estado y del Ejecutivo Nacional; y en el mundo contemporáneo, con frecuencia viajan y se alejan efectivamente del centro del ejercicio de sus funciones. En todos esos casos, se está en presencia de faltas temporales, que como tantos acaecimientos propios de la persona humana, son en general situaciones de hecho, sucesos, que obligan a una persona a separarse de sus tareas ordinarias, que ocurren, y que, con frecuencia no se programan con anterioridad, es decir, no siempre se pueden planificar, ni se pueden "autorizar" previamente, como sucede precisamente con las enfermedades. Simplemente, en general, acaecen, y en muchos casos no pueden ser controlados por la persona. Por supuesto, en muchos otros casos, la situación de hecho que produce la falta temporal sí podría efectivamente controlarse por la persona, casos en los cuales si se podría anticipadamente programar su conducta.

Un Presidente de la República previsivo, por ejemplo, si bien no puede como cualquier humano anticiparse a su estado de salud y programar cuándo se va a en-

---

286 Véase en Allan R. Brewer-Carías, *La Constitución de 1999. Derecho Constitucional Venezolano*, Editorial Jurídica Venezolana, Caracas 2004, p. 497.

fermar, en muchos otros casos si puede programar su separación temporal del ejercicio del cargo, como sucede por ejemplo, cuando decide someterse a una operación quirúrgica o a un tratamiento médico, o decide realizar un viaje. Ello, sin embargo, no siempre puede ocurrir programadamente, porque la situación de hecho y la separación del ejercicio del cargo pueden producirse de manera súbita, sin posibilidad de programación previa alguna, como sucede por ejemplo con un accidente o una operación quirúrgica de urgencia o de emergencia, o con un viaje imprevisto.

Lo cierto, en todo caso, es que hay falta temporal, cuando una enfermedad, una situación cualquiera de salud, o un viaje al exterior, imposibilitan al Presidente poder estar en ejercicio efectivo de su cargo, en el lugar donde tienen su sede los órganos del Poder Nacional, que es la capital de la República, Caracas, y poder acudir efectivamente al lugar donde está el centro de sus operaciones como Jefe del Estado y del Ejecutivo Nacional.

2. *Los viajes fuera del asiento de los órganos del Poder Nacional como faltas temporales del Presidente de la República*

Como se dijo, en particular, hay falta temporal del Presidente de la República en todo caso cuando se produce un viaje del mismo, cuando desde el punto de vista fáctico ello le impida ejercer efectivamente sus funciones, particularmente como Jefe del Ejecutivo Nacional, sea que el viaje se realice hacia el interior del país, o hacia al exterior del país, en este caso originando ausencia del territorio nacional.

En cuanto a los viajes al interior del país, conforme al artículo 18 de la Constitución, si bien la ciudad de Caracas es el asiento de los órganos del Poder Nacional, conforme a dicha norma ello "no impide el ejercicio del Poder Nacional en otros lugares de la República". Por ello, el Presidente de la República al viajar por el territorio nacional no se considera separado del ejercicio de las funciones de su cargo, las que puede continuar ejerciendo en otros lugares del territorio nacional. Una falta temporal con ocasión de un viaje en el país, sin embargo, sólo se produciría si por alguna razón fáctica, natural, accidental o de emergencia, el Presidente se encontrase aislado sin poder por ejemplo, comunicarse.

En cuanto a los viajes al exterior, en cambio, todos constituyen una "ausencia" del Presidente del territorio nacional y del ejercicio de su cargo, es decir, todos constituyen faltas temporales del Presidente de la República. El ejercicio del Poder Nacional conforme a la Constitución, incluyendo el Poder Ejecutivo, no se puede ejercer sino en el territorio de la República, en principio, en el asiento de los órganos del Poder Nacional, que es la ciudad de Caracas, o en otros lugares de la República (art. 18, Constitución), pero nunca en el exterior. Un Presidente de la República como Jefe del Ejecutivo Nacional nunca puede gobernar desde el exterior.

El Presidente de la República, por tanto, cuando viaja al exterior, es decir, fuera del territorio nacional, necesaria y obligatoriamente se separa temporalmente del ejercicio de su cargo en cuanto a Jefe del Ejecutivo Nacional. Ello por otra parte, constituye una situación respecto de la cual el Presidente no tiene entera libertad de decidir, en el sentido de que no es libre de ausentarse en viajes al exterior, cuando y como quiera y, por tanto, colocarse en situación de falta temporal en el ejercicio de sus funciones. De acuerdo con la Constitución, si el viaje al exterior, es decir, la ausencia del territorio nacional por el Presidente se prolonga por un lapso superior a cinco días consecutivos, los artículos 187.17 y 235 le imponen la necesidad de obtener la autorización de la Asamblea Nacional. Como toda autorización, que es un acto distinto en derecho a una "aprobación," cuando emana de la Asamblea Nacional tiene que por supuesto emitirse antes de que ocurra la ausencia, nunca *ex post facto*. Las aprobaciones son las que en derecho, en general, se dan con posterioridad a la realización de un acto.

Lo importante a destacar en esto, sin embargo, es que la autorización de la Asamblea Nacional en esos casos de viajes al exterior, no es un condicionante, en forma alguna, para que la falta temporal se produzca. La autorización de la Asamblea no es una autorización para que se de la situación de falta temporal del Presidente. Esta se produce tácticamente, en forma automática, independientemente de que haya o no la autorización de la Asamblea Nacional para un viaje fuera del territorio nacional.

La autorización legislativa es simplemente una de las tantas funciones de control político que ejerce la Asamblea Nacional respecto del Poder Ejecutivo. Otras autorizaciones de este tipo son, por ejemplo, la relativa al nombramiento de funcionarios diplomáticos (art. 187.14), al empleo de misiones militares (art. 187.16) y al enjuiciamiento del Presidente de la República (art. 266.2). La importancia de la autorización legislativa para la ausencia del territorio nacional resulta, además, del hecho de que en caso de receso de la Asamblea, la misma debe darla la Comisión Delegada (art. 196.2).

Por tanto, en todo caso de viaje al exterior, es decir, de ausencia del Presidente del territorio nacional, independientemente del tiempo de ausencia y de que se haya o no obtenido autorización de la Asamblea Nacional, hay siempre una falta temporal del Presidente. Es decir, independientemente de si el viaje es por un día, o por cinco días, o por un lapso superior a cinco días, siempre la ausencia del territorio nacional produce la situación de falta temporal del Presidente. Como se dijo, se trata de una situación fáctica que en estos casos de viajes fuera del territorio nacional se produce con el viaje en sí mismo, es decir, con la ausencia del territorio.

3. *La forma de suplir las faltas temporales del Presidente de la República*

De acuerdo con lo dispuesto en el artículo 234 de la Constitución, las faltas temporales del Presidente de la República son suplidas automáticamente por el Vicepresidente Ejecutivo, sin necesidad de "acto" oficial, formal o protocolar alguno, y sin necesidad de que se "juramente" ante órgano alguno, o que órgano alguno "declare" o "disponga" que hay "falta temporal."

Este cargo de Vicepresidente Ejecutivo fue establecido en la Constitución, entre otras razones, precisamente para resolver las situaciones de falta temporal del Presidente de la República, como el "órgano directo y colaborador inmediato del Presidente de la República en su condición de Jefe del Ejecutivo Nacional" (art. 238), por lo cual expresamente se le atribuyó, entre sus competencias específicas, la de "suplir las faltas temporales del Presidente de la República (art. 239.5), lo que ocurre en forma automática cuando las mismas se produzcan.

Ello llevó al Constituyente, incluso, a ser particularmente cuidadoso y disponer en su normativa lo que es la única causal de incompatibilidad de rango constitucional para el desempeño de cargos públicos basada en relaciones de parentesco, por consanguinidad o por afinidad con algún otro funcionario público, específicamente, con el Presidente de la República. Así, en el artículo 238 de la Constitución, luego de establecerse el cargo de Vicepresidente Ejecutivo, como se dijo, como órgano directo y colaborador inmediato del Presidente de la República en su condición de Jefe del Ejecutivo Nacional, la misma norma precisa que el mismo "no podrá tener ningún parentesco de consanguinidad ni de afinidad con éste."

Se trata por tanto, de una disposición absolutamente excepcional y clara, lo que por ejemplo impide que el padre, un hermano, un primo, o un cuñado del Presidente de la República o cualquier otra persona con cualquier grado de parentesco de consanguinidad o afinidad con el mismo, pueda llegar a ser designado constitucionalmente como Vicepresidente Ejecutivo, por prohibirlo expresamente la Constitución.

Ahora bien, como hemos dicho, suplir las faltas temporales del Presidente es, precisamente, una de las atribuciones del Vicepresidente Ejecutivo, como lo indica el artículo 239.8 de la misma Constitución; atribución que la "Exposición de Motivos" de la Constitución explicó, al decir que el Vicepresidente es "el suplente formal del Presidente de la República en las diferentes hipótesis de faltas tanto absolutas como temporales que contempla el texto constitucional;" aclarando sin embargo que la figura del Vicepresidente en la Constitución no fue concebida como "el típico cargo que tiene la función de resolver la sucesión presidencial por la ausencia temporal o absoluta del Presidente de la República. Más que ello, el Vicepresidente es una institución que comparte con el Presidente el ejercicio de su jefatura de gobierno y responde políticamente por la gestión general del gobierno frente al Parlamento." La Exposición de Motivos concluyó indicando que las funciones que le otorga la Constitución al Vicepresidente "son esenciales para el normal desenvolvimiento del Ejecutivo Nacional."

En consecuencia, producida una falta temporal del Presidente de la República, de cualquier naturaleza que sea, el Vicepresidente la suple automáticamente, siendo ello su atribución constitucional directa, sin necesidad de que nadie lo autorice a ello, o que algún órgano la declare, y sin necesidad de que se juramente para ello ante nadie. Desde cuando un funcionario comienza a ocupar el cargo de Vicepresidente, éste presta el juramento de ley de cumplir fielmente sus atribuciones, entre las cuales está, expresamente, suplir las faltas temporales del Presidente de la República. En consecuencia, producida una situación de falta temporal del Presidente, como la que se produjo por la ausencia del Presidente de la República del territorio nacional durante casi todo el mes de junio de 2012, y durante el mes de abril de 2012, nadie tenía que decirle al Vicepresidente que supliera la falta temporal, y a nadie tenía que notificárselo.

Debe señalarse, por otra parte, que si bien esta es le atribución constitucional del Vicepresidente, la de suplir las faltas temporales del Presidente de la República, ello tiene un límite constitucional, y es que sólo puede extenderse por un lapso de "hasta por 90 días." Es decir, el Vicepresidente sólo puede estar en ejercicio de la Presidencia supliendo la falta temporal del Presidente por ese lapso de 90 días. Al vencerse dicho lapso, la Asamblea Nacional es entonces llamada por la Constitución (art. 234) para ejercer el control político sobre el Poder Ejecutivo, y la misma debe decidir en alguna de estas dos formas:

En primer lugar, la Asamblea Nacional puede decidir prorrogar el lapso inicial de 90 días de falta temporal del Presidente, "por 90 días más." Y nada más, de manera que en este caso, al concluir la prórroga de 90 días, es decir, cuando la falta temporal se extienda hasta los 180 días, automáticamente se produce la situación de falta absoluta del Presidente de la República.

En segundo lugar, "si una falta temporal se prolonga por más de 90 días consecutivos, la Asamblea Nacional debe decidir por mayoría de sus integrantes si debe considerarse que hay falta absoluta," en cuyo caso se daría el supuesto de abandono del cargo declarado por la Asamblea Nacional (art. 233).

II. LAS ATRIBUCIONES DEL PRESIDENTE Y DEL VICEPRESIDENTE EJECUTIVO, Y LA FORMA DE SU EJERCICIO, PARTICULARMENTE EN LOS CASOS DE FALTA TEMPORAL DEL PRIMERO

1. *Las atribuciones del Presidente de la República y la forma de su ejercicio*

Conforme al sistema presidencial de gobierno que regula la Constitución, y de acuerdo con el artículo 226 de la misma, el Presidente de la República es a la vez el Jefe del Estado y el Jefe del Ejecutivo Nacional, en cuya condición dirige la acción del Gobierno. Como Jefe de Estado, fundamentalmente hacia el exterior, el Presidente actúa y representa a la República ante la Comunidad Internacional, y dirige las relaciones internacionales y diplomáticas del país. Como Jefe del Ejecutivo Nacional, fundamentalmente en el orden interno, conduce la acción de gobierno.

Así, de todas las atribuciones enumeradas en el artículo 236 de la Constitución que más adelante se detallan, se pueden considerar como propias del carácter de Jefe de Estado del Presidente, las siguientes:

1. El nombramiento y remoción del Vicepresidente Ejecutivo, quien está llamado a suplirlo en sus faltas temporales, y en quien puede delegar las funciones de Jefe de Estado (art. 236.3; y art. 239.9);

2. Dirigir las relaciones exteriores de la República y celebrar y ratificar los tratados, convenios o acuerdos internacionales (art. 236.4);

3. Declarar los estados de excepción y decretar la restricción de garantías en los casos previstos en la Constitución (art. 236.7); y

4. Designar, previa autorización de la Asamblea Nacional o de la Comisión Delegada, a los jefes de las misiones diplomáticas permanentes (art. 236.15).

Todas estas atribuciones son propias del carácter de Presidente como Jefe de Estado, y si bien en general deben ejercerse en el territorio nacional, algunas de ellas, como la dirección de las relaciones exteriores se pueden ejercer en el exterior, precisamente cuando el Presidente viaja representando a la República.

Las otras atribuciones del Presidente, y en particular aquellas que ejerce como Jefe del Ejecutivo Nacional, las debe ejercer en principio estando en el territorio nacional, y, en particular, en la sede de los órganos del Poder Nacional que es la ciudad de Caracas, lo que sin embargo no impide que el Poder Nacional se pueda ejercer en otros lugares de la República (art. 18), lo que debe decidirse así formalmente por el órgano respectivo.

En el ejercicio de sus funciones, el Presidente está asistido por el Vicepresidente de la República y por los Ministros, quienes son sus órganos directos (arts. 238 y 242), razón por la cual la Constitución dispone que en general sus decisiones deben estar refrendadas para su validez tanto por el Vicepresidente Ejecutivo como por el Ministro o los Ministros respectivos (art. 236), según la materia.

Es decir, los decretos y actos del Presidente además de su firma, deben llevar la firma del Vicepresidente Ejecutivo y del Ministro o los Ministros respectivos, excepto en dos casos expresamente previstos en los ordinales 3 y 5 del artículo 236, y que son las decisiones consistente en:

1. El nombramiento y remoción del Vicepresidente Ejecutivo y de los Ministros (art. 236.3), los que obviamente, no requieren del refrendo del o de los nombrados; y

2. La dirección de la Fuerza Armada Nacional en su carácter de Comandante en Jefe, el ejercicio de la suprema autoridad jerárquica de ella y la fijación de su contingente (art. 236.5). Esta es una atribución respecto de la cual expresamente la Constitución excluye la necesidad de que esté refrendada por el Vicepresidente Ejecutivo y el Ministro de la Defensa, y que el Presidente ejerce sólo, como Comandante en Jefe.

Por otra parte, las decisiones del Presidente de la República pueden adoptarse actuando solo o como decisión colectiva tomada en Consejo de Ministros, siendo este último órgano definido en la Constitución, como la reunión de los Ministros con el Presidente y con el Vicepresidente (art. 242).

En efecto, además de las atribuciones antes indicadas que se regulan en los ordinales 3 y 5 del artículo 236 (el nombramiento y remoción del Vicepresidente y de los Ministros; y la dirección de la Fuerza Armada Nacional como Comandante en Jefe), el Presidente también adopta sólo, es decir, por sí mismo sin necesidad de reunir al Consejo de Ministros, aún cuando con el refrendo del ministro respectivo, las atribuciones establecidas en los siguientes ordinales:

1. Cumplir y hacer cumplir la Constitución y la ley (art. 236.);
2. Dirigir la acción del Gobierno (art. 236.2);
3. Dirigir las relaciones exteriores de la República y celebrar y ratificar los tratados, convenios o acuerdos internacionales (art. 236.4);
4. Ejercer el mando supremo de la Fuerza Armada Nacional, promover sus oficiales a partir del grado de coronel o capitán de navío, y nombrarlos para los cargos que les son privativos (art. 236.6);
5. Administrar la Hacienda Pública Nacional (art. 236.11);
6. Designar, previa autorización de la Asamblea Nacional o de la Comisión Delegada, al Procurador General de la República y a los jefes de las misiones diplomáticas permanentes (art. 236.15);
7. Nombrar y remover a aquellos funcionarios cuya designación le atribuyen la Constitución y la ley (art. 236.16);
8. Dirigir a la Asamblea Nacional, personalmente o por intermedio del Vicepresidente Ejecutivo, informes o mensajes especiales (art. 236.17);
9. Conceder indultos (art. 236.19);
10. Convocar y presidir el Consejo de Defensa de la Nación (art. 236.23); y
11. Las demás atribuciones señaladas en la Constitución y en las leyes (art. 236.24).

En cambio, las siguientes atribuciones enumeradas en el artículo 236, las debe ejercer el Presidente de la República siempre en Consejo de Ministros:

1. Declarar los estados de excepción y decretar la restricción de garantías en los casos previstos en la Constitución (art. 236.7)
2. Dictar, previa autorización por una ley habilitante, decretos con fuerza de ley (art. 236.8);
3. Convocar la Asamblea Nacional a sesiones extraordinarias (art. 236.9);
4. Reglamentar total o parcialmente las leyes, sin alterar su espíritu, propósito y razón (art. 236.10);
5. Negociar los empréstitos nacionales (art. 236.12);
6. Decretar créditos adicionales al Presupuesto, previa autorización de la Asamblea Nacional o de la Comisión Delegada (art. 236.13);
7. Celebrar los contratos de interés nacional conforme a la Constitución y a la ley (art. 236.14));
8. Formular el Plan Nacional de Desarrollo y dirigir su ejecución previa aprobación de la Asamblea Nacional (art. 236.18);
9. Fijar el número, organización y competencia de los ministerios y otros organismos de la Administración Pública Nacional, así como también la organización y funcionamiento del Consejo de Ministros, dentro de los principios y lineamientos señalados por la correspondiente ley orgánica (art. 236.20);
10. Disolver la Asamblea Nacional en el supuesto establecido en esta Constitución (art. 236.21); y
11. Convocar referendos en los casos previstos en la Constitución (art. 236.22).

Además de estas atribuciones, debe indicarse que el Legislador, con frecuencia, ha dispuesto que determinadas decisiones reguladas en las respectivas leyes, se adopten también el Consejo de Ministros.

2. *El rol del Vicepresidente Ejecutivo y la suplencia de las faltas temporales del Presidente de la República*

Ahora bien, en toda situación en la cual el Presidente se encuentre ausente del territorio nacional, independientemente de que para ello haya recibido o no autorización de la Asamblea Nacional (art. 235), lo que por lo demás nada incide en el efecto de la ausencia como falta temporal; ello constituye precisamente una falta temporal del Presidente de la República derivada de dicha ausencia. Ello significa que el Presidente de la República, constitucionalmente, por la falta temporal, se encuentra fácticamente imposibilitado de ejercer las antes mencionadas atribuciones de Jefe del Ejecutivo Nacional en la sede de los órganos del Poder Nacional, las cuales, en esa situación, corresponden ser ejercidas por Vicepresidente Ejecutivo supliendo la falta temporal del Presidente.

Para resolver las situaciones de falta temporal del Presidente de la República, como hemos dicho, la Constitución de 1999 le atribuyó al Vicepresidente Ejecutivo, entre sus competencias específicas, la de "suplir las faltas temporales del Presidente de la República, (art. 239.5), lo que ocurre en forma automática cuando se produce la falta temporal. Tal atribución, sin embargo, no puede considerarse como de ámbito universal, aplicable a todas las atribuciones constitucionalmente asignadas al

Presidente. Debe más bien entenderse como circunscrita, en principio, a las atribuciones que corresponden al Presidente como "Jefe del Ejecutivo Nacional," que son en relación con las cuales, de acuerdo con las expresas previsiones de la Constitución, el Vicepresidente es "órgano directo y colaborador inmediato" del Presidente.

Este rol de suplir las faltas temporales del Presidente, por tanto, en principio no se extiende en la Constitución respecto de las atribuciones del Presidente como Jefe de Estado, salvo cuando el Presidente expresamente se las delegue al Vicepresidente (art. 239,9).

Ahora bien, conforme al artículo 239 de la Constitución, el Vicepresidente tiene otras funciones adicionales a la de suplir las faltas temporales del Presidente, y que son las siguientes:

1. Colaborar con el Presidente de la República en la dirección de la acción del Gobierno.
2. Coordinar la Administración Pública Nacional de conformidad con las instrucciones del Presidente de la República.
3. Proponer al Presidente de la República el nombramiento y la remoción de los Ministros.
4. Presidir, previa autorización del Presidente de la República, el Consejo de Ministros.
5. Coordinar las relaciones del Ejecutivo Nacional con la Asamblea Nacional.
6. Presidir el Consejo Federal de Gobierno
7. Nombrar y remover, de conformidad con la ley, los funcionarios nacionales cuya designación no esté atribuida a otra autoridad; y
9. Ejercer las atribuciones que le delegue el Presidente de la República.

Ahora bien, en caso de falta temporal del Presidente de la República, el Vicepresidente Ejecutivo no sólo debe seguir ejerciendo sus propias atribuciones constitucionales, sino las que corresponden al Presidente al suplir su falta, por lo que conforme al artículo 239:

1. Asume la dirección de la acción del Gobierno.
2. Coordina la Administración Pública Nacional, sin tener que recibir instrucciones del Presidente de la República.
3. Nombra y remueve los Ministros.
4. Preside el Consejo de Ministros, sin necesidad de previa autorización alguna del Presidente de la República.
5. Coordina las relaciones del Ejecutivo Nacional con la Asamblea Nacional.
6. Preside el Consejo Federal de Gobierno
7. Nombra y remueve, de conformidad con la ley, los funcionarios nacionales cuya designación no esté atribuida a otra autoridad; y
9. Ejerce todas las otras atribuciones que le delegue el Presidente de la República.

En particular en relación con el funcionamiento de las reuniones del Consejo de Ministros, al no poder asistir el Presidente por su falta temporal, por ejemplo, por su ausencia del territorio nacional, el mismo no las puede presidir y no se necesita de su autorización para que el Vicepresidente Ejecutivo las presida. Supliendo la falta temporal del Presidente, el Vicepresidente, como se dijo, es entonces quien preside las reuniones del Consejo de Ministros, en cuyo caso, las decisiones tomadas en el mismo, en caso de ausencia temporal del Presidente, no necesitan ser ratificadas por el Presidente de la República. De lo contrario, si no hubiese una situación de falta temporal ni el Vicepresidente estuviese supliendo al Presidente de la República, toda decisión adoptada en Consejo de Ministros sin la presencia del Presidente no tendría efectos hasta ser ratificada por el Presidente.

III. DE LA IRREGULAR E INCONSTITUCIONAL ACTUACIÓN DE LOS ÓRGANOS DEL ESTADO CON MOTIVO DE LA FALTA TEMPORAL DEL PRESIDENTE DE LA REPÚBLICA EN JUNIO DE 2011

Teniendo la anterior normativa como el marco de su actuación constitucional, el Presidente Hugo Chávez anunció en su Programa de televisión *Aló Presidente* del 5 de junio de 2011 que después de haber sufrido una operación de rodilla que lo tuvo alejado de la actividad pública, retomaba su agenda internacional y que ese día saldría del territorio nacional rumbo a Brasil, a Ecuador y a Cuba, en misión oficial.

Debe entenderse que el viaje al exterior del Presidente no estaba previsto para prolongarse por más de 5 días, como lo anunció el Ministro de Información del Gobierno,[287] y lo había señalado el propio Presidente días antes al afirmar que "En Brasil estaremos día y medio, en Ecuador pueden ser dos y luego a Cuba."[288] Precisamente por ello, habiendo salido de Caracas el 5 de junio, llegó a Cuba el 8 de junio de 2011.[289] De lo contrario, como lo impone la Constitución, debía haber obtenido una autorización previa mediante Acuerdo de la Asamblea Nacional, la cual por lo demás, se publica en la *Gaceta Oficial*. Sin embargo, ni con anterioridad al viaje, ni después de su salida del territorio nacional, se publicó en la *Gaceta Oficial* Acuerdo alguno de la Asamblea Nacional en el cual se hubiese autorizando la permanencia del Presidente en el exterior, es decir, fuera del territorio nacional por un lapso mayor a los 5 días.

Sólo fue en 14 de junio, diez días después de la salida del Presidente del país, y una vez ya hospitalizado en La Habana, Cuba, cuando la Asamblea Nacional, indudablemente *ex post facto*, emitió la autorización que hasta ese momento había estado faltante.

Los medios de comunicación informaron que el Presidente de la República, después de haber estado en Brasil y en Ecuador, había viajado a La Habana, Cuba, donde llegó el día 8 de junio de 2011,[290] y donde debió ser atendido por quebrantos de

---

287 Véase la información del Ministro de Información dada el 5 de junio de 2011, al afirmar que "El presidente de la República Bolivariana de Venezuela, Hugo Chávez, realizará durante cinco días una gira presidencial por Brasil, Ecuador y Cuba," en http://www.eluniversal.com/2011/06/05/este-domingo-si-se-transmi-tira-alo-presidente.shtml.

288 El anuncio lo hizo en reunión del Consejo de Ministros transmitida por televisión el 1 de junio de 2011. Véase en http://www.diariocola-ino.com/es/20110601/inter-nacionales/93026/Ch%C3%A1vezvisi-tar%C3%A1-Brasil-Ecuador-y-Cuba-la-pr%C3%B3xima-semana.htm.

289 Véase la información en http://internacional.eluniversal.com/ 2011/06/08/chavez-llega-a-cuba-para-repasar-los-vinculos-bilaterales.shtml.

290 *Ídem*.

salud, al punto de haber sido operado inmediatamente según se anunció, de un "absceso pélvico," el 10 de junio de 2011.[291] Luego, como el propio Presidente lo informara en alocución de televisión del día 30 de junio de 2011 desde La Habana,[292] la situación fue que después de haberse sometido a una primera intervención quirúrgica, fue sometida a una segunda operación mediante la cual se le extirpó un tumor cancerígeno. Ello lo confirmó a su llegada a Caracas el 4 de julio de 2011, al señalar que por causa de esta otra operación realizada el 20 de junio de 2011, estuvo en La Habana, Cuba, en Terapia Intensiva hasta el 24 de junio de 2011.[293]

De todo ello resultó que durante todo el mes de junio de 2011 y hasta el 4 de julio de 2011, el Presidente de la República permaneció en La Habana, Cuba, recluido en un centro hospitalario bajo estricto tratamiento médico.

Es obvio, por tanto, que el Presidente de la República, a partir del día 5 de junio de 2011 y hasta el 4 de julio de 2011 no estuvo en Caracas. Ello fue confirmado formalmente por la propia Asamblea Nacional, al aprobar un Acuerdo el día 14 de junio de 2011[294] en el cual declaró que el 31 de mayo de 2011, la mayoría de la misma ya había autorizado al Presidente para ausentarse del país a partir del 5 de junio de 2011, lo que en esta nueva ocasión se ratificó para que pudiera permanecer en el exterior por el tiempo que fuera necesario para recuperarse de la operación quirúrgica que se confirmó se había realizado en La Habana el 10 de junio de 2011.[295] El Presidente, luego, regresó al país el 4 de julio de 2011,[296] concluyendo así su falta temporal, al menos la motivada por la ausencia del territorio nacional.[297]

Debe destacarse que la Asamblea Nacional en el Acuerdo mencionado, formuló una denuncia de lo que consideró "interpretaciones tendenciosas" de las normas contenidas en la Constitución que supuestamente se habían formulado "con la intención de plantear la falta temporal del Presidente de la República," lo que, sin duda, evidenció la ignorancia total que los señores Diputados tenían sobre las previsiones

---

291 Véase la información del Ministro de Relaciones Exteriores, el 10 de junio de 2011, http://www.eluniversal.com/2011/06/10/operan-al-presidente-chavez-en-cuba.shtml.

292 Véase la alocución por televisión del Presidente de la República del 30 de junio de 2011, desde La Habana, en la cual sin embargo, informó que la primera operación tuvo lugar el día 11 de junio de 2011 desde La Habana, en http://www.eluni-versal.com/2011/06/30/presidente-chavez-informo-que-le-fue-extirpado-un-tumor-cancerigeno.shtml.

293 Véase en *El Universal*, Caracas 5 de Julio de 2011, http://www.eluniver-sal.com/2011/07/05/chavez-advierte-que-batalla-contra-el-cancer-no-esta-ganada.shtml ; *The Wall Street Journal*, New York, Tuesday, July 5, 3011, p. A8.

294 Véase en *Gaceta Oficial* N° 39695 de 14-6-2011.

295 Véase la alocución por televisión del Presidente de la República del 30 de junio de 2011, desde La Habana, en la cual sin embargo, informó que la primera operación tuvo lugar el día 11 de junio de 2011 desde La Habana, en http://www.eluniver-sal.com/2011/06/30/presidente-chavez-informo-que-le-fue-extirpado-un-tumor-cancerigeno.shtml

296 Véase en *El Universal*, Caracas 5 de Julio de 2011, http://www.eluniver-sal.com/2011/07/05/chavez-advierte-que-batalla-contra-el-cancer-no-esta-ganada.shtml; *The Wall Street Journal*, New York, Tuesday, July 5, 3011, p. A8.

297 Véase en general, Allan R. Brewer-Carías, "La extraña situación constitucional respecto del funcionamiento del gobierno en Venezuela, durante la falta temporal del Presidente de la República, por su ausencia del territorio nacional entre el 5 de junio y el 4 de julio de 2011," *Revista de Derecho Público*, N° 126, (abril-junio 2011), Editorial Jurídica Venezolana, Caracas 2011, pp. 59-75.

constitucionales y de lo que significan las faltas temporales del Presidente de la República.

Estas, las faltas temporales, ni se decretan ni se declaran, ni se inventan, sino que constituyen situaciones de hecho, de manera que si el Presidente no está en el territorio nacional, simplemente no está, y ello no significa otra cosa sino una falta temporal, y nada lo puede remediar; porque el Presidente, como cualquier ser humano, carece del don de la ubicuidad, que le podría permitir, por ejemplo, estar a la vez en La Habana, Cuba, recluido en un hospital, y al mismo tiempo, en el Palacio de Miraflores en Caracas, presidiendo el Consejo de Ministros y dictando decretos. No hay, por tanto, nada extraño, ni maligno ni tendencioso en decir, que como el Presidente de la República estaba ausente del territorio nacional, había una falta temporal. Era, simplemente, la realidad de los hechos.

1. *Las falsedades en la Gaceta Oficial*

Por tanto, no es sino una tremenda falsedad lo que puede apreciarse en la *Gaceta Oficial* de casi todo aquél mes de junio de 2011, donde apareció que el Presidente de la República, Hugo Chávez Frías, el mismo que se encontraba en Brasil, Ecuador y La Habana, sin embargo, firmó decretos y le puso el ejecútese a leyes en Caracas ("Dado en Caracas," dicen los textos) cuando ello era y es completamente falso, pues el Presidente estaba en Brasil, en Ecuador o básicamente en La Habana.

En efecto, si se analiza la *Gaceta Oficial* en los números publicados después de la salida del Presidente de la República del país el 5 de junio de 2011, y se identifican los actos adoptados durante su falta temporal por ausencia del territorio nacional hasta el 4 de julio de 2011, se aprecia lo siguiente:

1. En la *Gaceta Oficial* N° 39.689 de 6 de junio de 2011, aparecieron los decretos Nos. 8.262 y 8.263 de esa misma fecha, en los cuales el Presidente nombró al Presidente de un Fundación del Estado, y encargó a un funcionario de la Presidencia de una empresa del Estado. Ambos decretos fueron "dados en Caracas" en esa misma fecha, cuando sin embargo, el Presidente estaba en Brasil y, además, los refrendó el Vicepresidente de la República, que era el único que al refrendarlos dejó constancia de que supuestamente se reunió con el Presidente en Caracas, habiendo el Presidente además, delegado en él la juramentación de uno de dichos funcionarios. Todo ello, por supuesto, es falso: el Presidente no pudo haber dado en Caracas decreto alguno, cuando estaba en Brasil.

2. En la *Gaceta Oficial* N° 39.692 de 9 de junio de 2011, apareció el decreto N° 8.265 de fecha 8 de junio de 2011, en el cual el Presidente encargó un funcionario del Ministerio del Poder Popular de Planificación y Finanzas desde el 8 al 12 de junio de 2011. Este decreto también apareció "dado en Caracas," cuando sin embargo, el Presidente estaba en viaje desde Ecuador a Cuba. El decreto no estuvo refrendado por el Vicepresidente ni por Ministro alguno, de manera que nadie dejó constancia de haber estado con el Presidente por allí. A pesar de ello, sin embargo, lo afirmado es por supuesto falso, pues el Presidente no pudo haber "dado en Caracas" decreto alguno cuando estaba en un avión en viaje entre desde Ecuador hacia Cuba.

3. En la *Gaceta Oficial* N° 39.694 de 13 de junio de 2011, apareció el decreto N° 8264 de fecha 7 de junio de 2011, en el cual el Presidente nombró a uno de sus hermanos como Viceministro de Desarrollo Eléctrico del Ministerio del Poder Popular para la Energía Eléctrica. Este decreto también apareció "dado en Caracas" en esa

fecha del 8 de junio, cuando sin embargo el Presidente estaba en Ecuador. El decreto está refrendado por el Vicepresidente y por el Ministro del Poder Popular para la Energía Eléctrica, los únicos que por ello dejan constancia de que supuestamente estuvieron reunidos con él en Caracas. Todo ello, por supuesto, es falso: el Presidente no pudo haber dado en Caracas decreto alguno cuando estaba en Ecuador.

4. En la misma *Gaceta Oficial* N° 39.694 de 13 de junio de 2011, apareció publicada la Ley Especial de Endeudamiento Complementaria para el Ejercicio Fiscal 2011. El Ejecútese a esta Ley lo firmó el Presidente de la República el 12 de junio de 2011, sólo dos días después de una operación severa y traumática efectuada en La Habana; y la firma está supuestamente dada, no sólo en Caracas, sino precisamente "en el Palacio de Miraflores," sede del Poder Ejecutivo, cuando sin embargo, es evidente que el Presidente se encontraba postrado en una cama de hospital en La Habana. El Ejecútese de la Ley está refrendado por el Vicepresidente y por todos los Ministros, habiéndose aprobado "en Consejo de Ministros," por lo que todos ellos supuestamente habían estado con el Presidente en el Palacio presidencial en Caracas. Todo ello, por supuesto, es completamente falso: el Presidente no pudo haberle puesto el Ejecútese a esa Ley en Caracas cuando estaba en La Habana, y recluido en un hospital; y el Ministro de Relaciones Exteriores menos pudo haberlo refrendado en Caracas, pues continuaba en La Habana con el Presidente.

5. En la *Gaceta Oficial* N° 39.695 de 14 de junio de 2011, aparecieron publicados los decretos Nos. 8264 y 8268 de esa misma fecha, transfiriendo a una empresa del Estado las acciones de otra empresa del Estado, así como disponiendo la liquidación de otra empresa del Estado; los decretos Nos. 8269, 8270, 8271, 8272, 8275, 8276 y 8277, mediante los cuales el Presidente acordó traspasos de créditos adicionales al Presupuesto; los decretos Nos 8273 y 8274 de la misma fecha sobre rectificaciones al Presupuesto; el decreto N° 8278 sobre exoneración de IVA a una empresa del Estado; el decreto N° 8281 sobre traspaso de crédito presupuestario; y el decreto N° 8280 sobre adquisición forzosa de diversos bienes de propiedad privada. Todos estos decretos, también aparecieron como "dados en Caracas" en esa fecha 14 de junio de 2011 por el Presidente de la República, cuatro días después de una operación severa y traumática efectuada en La Habana, cuando sin embargo, es evidente que el Presidente aún se encontraba postrado en una cama de hospital en La Habana. Los decretos todos están refrendados por el Vicepresidente y por todos los Ministros, habiéndose supuestamente aprobado en Consejo de Ministros, dejando así constancia todos ellos de haber estado con el Presidente por Caracas. Todo ello, por supuesto, es completamente falso: el Presidente no pudo haber firmado esos decretos en Caracas cuando estaba en La Habana, y recluido en un hospital; y al menos el Ministro de Relaciones Exteriores no pudo haberlos refrendado, pues continuaba en La Habana con el Presidente

6. En *Gaceta Oficial* N° 39721 de 26 de julio de 2011, apareció publicado el Decreto N° 8266 de fecha 14 de junio de 2011, es decir, supuestamente dictado más de un mes antes, pero estando el Presidente en La Habana, creando el Ministerio de Poder Popular para el Servicio Penitenciario. Este Decreto también apareció como "dado en Caracas" por el Presidente de la República, pero es obvio que ello tampoco ocurrió, pues el Presidente, cuatro días antes había sido sometido a una operación severa y traumática efectuada en La Habana, donde permanecía. El Decreto, sin embargo está refrendado por el Vicepresidente y por todos los Ministros, dejando

así, todos ellos, constancia de que supuestamente estuvieron con el Presidente en Caracas. Todo ello, por supuesto, también es completamente falso: el Presidente no pudo haber dado este decreto en Caracas cuando estaba en La Habana en ese mismo día.

7. En la *Gaceta Oficial* N° 39.700 de 21 de junio de 2011, aparecieron publicados los decretos Nos. 8283, 8284, 8285, 8286, 8287, 8288, 8389, 8290, 8291, 8292 y 8293 de esa misma fecha, mediante los cuales el Presidente acordó créditos adicionales al Presupuesto. Todos estos decretos, también fueron supuestamente "dados en Caracas" por el Presidente de la República, once días después de una operación severa y traumática efectuada en La Habana, cuando sin embargo, era evidente que el Presidente aún se encontraba en tratamiento en un hospital en La Habana; y no sólo eso, sino que estaba en Terapia Intensiva, como él mismo lo informó a su regreso a Caracas el 4 de julio de 2011.[298] Todos esos decretos están refrendados por el Vicepresidente y por todos los Ministros, habiéndose supuestamente aprobado en Consejo de Ministros, dejando así "constancia," todos ellos, de supuestamente haber estado con el Presidente por Caracas. Todo ello, por supuesto, también es completamente falso, pues el Presidente no pudo haber dado esos decretos en Caracas cuando estaba en La Habana, y recluido en un hospital; y menos pudo haberlos refrendado el Ministro de Relaciones Exteriores, que continuaba en La Habana con el Presidente.

8. En la *Gaceta Oficial* N° 39.701 de 22 de junio de 2011, apareció publicado el decreto N° 8294 de esa misma fecha, mediante el cual el Presidente acordó créditos adicionales al Presupuesto; y el decreto N° 8295 de la misma fecha, mediante el cual el Presidente declaró un duelo de tres días por el fallecimiento del Contralor General de la República, lo que acaeció precisamente en la misma ciudad de La Habana, donde estaba el Presidente de la República. Todos estos decretos, sin embargo, también fueron "dados en Caracas" por el Presidente, doce días después de una operación severa y traumática efectuada en La Habana, cuando sin embargo, era evidente que el Presidente aún se encontraba en tratamiento en un hospital en la misma ciudad de La Habana; y no sólo eso, sino en Terapia Intensiva, como él mismo lo informó a su regreso a Caracas el 4 de julio de 2011.[299] Es muy posible, incluso, que por esa circunstancia de estar en Terapia Intensiva, el Presidente lógicamente ni se hubiera enterado siquiera del fallecimiento del Contralor General en La Habana, posiblemente en el mismo hospital donde estaba. Los decretos, todos, están refrendados por el Vicepresidente y por todos los Ministros, habiéndose aprobado en Consejo de Ministros, dejando así "constancia," todos ellos, de supuestamente haber estado con el Presidente por Caracas. Todo ello, por supuesto, de nuevo, era completamente falso, pues el Presidente no pudo haber dado esos decretos en Caracas cuando estaba en La Habana, y recluido en un hospital; y al menos el Ministro de relaciones Exteriores no pudo haberlos refrendado, pues continuaba en La Habana con el Presidente.

---

298 Véase en *El Universal*, Caracas 5 de Julio de 2011, http://www.eluniver-sal.com/2011/07/05/chavez-advierte-que-batalla-contra-el-cancer-no-esta-ganada.shtml; *The Wall Street Journal*, New York, Tuesday, July 5, 3011, p. A8.

299 Véase en *El Universal*, Caracas 5 de Julio de 2011, http://www.eluniver-sal.com/2011/07/05/chavez-advierte-que-batalla-contra-el-cancer-no-esta-ganada.shtml; *The Wall Street Journal*, New York, Tuesday, July 5, 3011, p. A8.

9. En la *Gaceta Oficial* N° 39.703 de 28 de junio de 2011, aparecieron publicados los decretos N° 8296 y 8297 de esa misma fecha, mediante los cuales el Presidente autorizó la constitución de una empresa del Estado y acordó el traspaso de créditos adicionales; y el decreto N° 8298 de la misma fecha de reforma de un decreto previo N° 8054 de 15 de febrero de 2011, sobre una empresa del Estado. Todos estos decretos, también fueron "dados en Caracas" por el Presidente de la República, dieciocho días después de una operación severa y traumática efectuada en La Habana, cuando sin embargo, era evidente que el Presidente aún se encontraba en tratamiento en un hospital en la misma ciudad de La Habana, y venía de salir de Terapia Intensiva. Los decretos, todos, están refrendados por el Vicepresidente y por todos los Ministros, habiéndose aprobado en Consejo de Ministros, dejando así "constancia," todos ellos, de supuestamente haber estado con el Presidente por Caracas. Todo ello, por supuesto, de nuevo, es completamente falso: el Presidente no pudo haber dado esos decretos en Caracas cuando estaba en La Habana, y recluido en un hospital; y al menos el Ministro de Relaciones Exteriores no pudo haberlo refrendado, pues continuaba en La Habana con el Presidente.

10. En la *Gaceta Oficial* N° 39.705 de 30 de junio de 2011, apareció publicado el decreto N° 8299 de esa misma fecha, mediante el cual el Presidente nombró un funcionario como encargado de la presidencia de un Instituto Autónomo. Este decreto, sin embargo, es obvio que tampoco fue "dado en Caracas" por el Presidente de la República, el mismo día que desde La Habana, en programa de televisión, el mismo anunciaba al país sobre la operación que se le había practicado. El decreto, sin embargo, está refrendado por el Vicepresidente y por el Ministro de Relaciones Interiores y Justicia, dejando así, ellos, constancia de que supuestamente estuvieron con el Presidente en Caracas. Todo ello, por supuesto, también es completamente falso: el Presidente no pudo haber dado esos decretos en Caracas cuando estaba en La Habana, en ese mismo día, además, anunciando al país desde allá, que allí estaba y había permanecido todo el tiempo en Cuba desde el 9 de junio de 2011.

11. Por último, en la *Gaceta Oficial* N° 6029 de 1 de julio de 2011, apareció publicado el decreto N° 8300 de esa misma fecha, mediante el cual se declaró día no laborable el 4 de julio de 2011. Este Decreto también apareció como "dado en Caracas" por el Presidente de la República, pero es obvio que ello tampoco ocurrió, pues el Presidente continuaba en La Habana. El decreto, sin embargo, está refrendado por el Vicepresidente y por los Ministro, dejando así, todos ellos, constancia de que supuestamente estuvieron con el Presidente en Caracas. Todo ello, por supuesto, también es completamente falso: el Presidente no pudo haber dado este decreto en Caracas cuando estaba en La Habana en ese mismo día.

Es difícil, con esta insólita forma de gobernar, que alguien pueda realmente creer lo que se afirmó en los actos estatales que se publicaron en la *Gaceta Oficial,* en forma totalmente contraria a la realidad y a la seguridad jurídica.

2. *La situación constitucional en Venezuela en junio de 2011*

De todo lo antes expuesto, se puede indicar, sobre la situación constitucional del gobierno en Venezuela, desde el 5 de junio de 2011 al 4 de julio del mismo año, lo siguiente:

a. El Presidente de la República se ausentó del territorio nacional el día 5 de junio de 2011 en un viaje oficial hacia Brasil, Ecuador y Cuba; de donde solo regresó al país el 4 de julio de 2011.

b. Ni antes ni después de iniciarse dicho viaje, se publicó en *Gaceta Oficial* Acuerdo legislativo alguno autorizando al Presidente para ausentarse del país por más de cinco días. El Presidente, el mismo día que salió de viaje, anunció un periplo internacional de breves días; lo que sin duda se complicó al tener que ser sometido a una operación quirúrgica en La Habana, Cuba, el 10 de junio de 2011,[300] lo que lo retuvo en esa ciudad durante todo el mes de junio de 2011. Ello lo reconoció *ex post facto* la Asamblea Nacional en el Acuerdo del 14 de junio de 2011, autorizando la permanencia del Presidente en el exterior por el tiempo que fuera necesario; y el propio Presiente de la República quien incluso indicó a su llegada a Caracas el 4 de julio de 2011, que había estado en Terapia Intensiva durante cuatro días del 20 al 24 de junio de 2011.[301]

c. Cualquiera que hubiera sido el motivo del viaje, e independiente del tiempo de permanencia en el exterior, y de si se obtuvo o no autorización previa o posterior de la Asamblea Nacional para permanecer en el exterior, y de los quebrantos de salud del Presidente, con ocasión de ese viaje, como con cualquier otro viaje que lo ausente del territorio nacional, se produjo una falta temporal del Presidente de la República a partir del 5 de junio de 2011 hasta el 4 de julio de 2011, correspondiendo en ese lapso al Vicepresidente Ejecutivo suplir la falta o ausencia temporal del Presidente en el ejercicio de sus funciones.

d. En esa situación de ausencia del territorio nacional y de falta temporal, el Presidente de la República estuvo impedido, desde el exterior, de ejercer sus funciones de Jefe del Ejecutivo Nacional, porque ausente del territorio nacional, estuvo separado de su cargo. Si hubiese estado en misión oficial en el exterior, como efectivamente ocurrió durante los primeros 5 días de su viaje, pudo en cambio y, por supuesto, ejercer sólo sus funciones de Jefe de Estado al representar a la República ante la comunidad internacional. Esto significó, que el Presidente de la República no pudo como jefe del Ejecutivo Nacional despachar desde el exterior. En esa función lo suplía el Vicepresidente Ejecutivo.

e. Por tanto, desde el día 5 de junio de 2011 y hasta el 4 de julio de 2011, el Vicepresidente Ejecutivo, aún cuando lo desconoció o lo negó, se encontraba supliendo la falta temporal del Presidente de la República, lo que podía durar hasta por un lapso de 90 días. El Vicepresidente Ejecutivo no podía negarse a ejercer la suplencia de la falta temporal del Presidente. Es una obligación constitucional que no podía ni debía eludir. De lo contrario, lo que resultó fue el desaguisado constitucional que se evidencia de la gaceta Oficial, diciendo falsedades, constituyendo eso una falta en el ejercicio de las atribuciones de su cargo.

---

300 Véase la alocución por televisión del Presidente de la República del 30 de junio de 2011, desde La Habana, en la cual sin embargo, informó que la primera operación tuvo lugar el día 11 de junio de 2011 desde La Habana, en http://www.eluniver-sal.com/2011/06/30/presidente-chavez-informo-que-le-fue-extirpado-un-tumor-cancerigeno.shtml.

301 Véase en *El Universal*, Caracas 5 de Julio de 2011, http://www.eluniver-sal.com/2011/07/05/chavez-advierte-que-batalla-contra-el-cancer-no-esta-ganada.shtml; *The Wall Street Journal*, New York, Tuesday, July 5, 3011, p. A8.

f. Todos los decretos y actos que aparecieron en la *Gaceta Oficial* del mes de junio hasta el 1 de julio de 2011, supuestamente "dados" y firmados por el Presidente de la República, en Caracas, y en el "Palacio de Miraflores," por supuesto, están viciados de nulidad por falso supuesto, ya que el Presidente de la República no estuvo en Caracas en las fechas cuando supuestamente se dictaron, ni se reunió allí con el Vicepresidente y sus Ministros, pues salió del país el 5 de junio de 2011, y luego de haber visitado Brasil y Ecuador, permaneció desde el 8 de junio hasta el día 4 de julio de 2011 en La Habana, Cuba, habiéndole sido imposible firmar nada en Caracas.

IV. LA BIZARRA E INCONSTITUCIONAL ACTUACIÓN DE LOS ÓRGANOS DEL ESTADO CON MOTIVO DE LAS FALTAS TEMPORALES DEL PRESIDENTE DE LA REPÚBLICA ENTRE JULIO Y SEPTIEMBRE DE 2011

Con motivo del tratamiento de quimioterapia al cual el Presidente de la República debió comenzar a someterse contra el cáncer, luego de que se le extirpó el tumor, en lugar de seguirlo en Caracas, decidió seguirlo en La Habana, Cuba, hacia donde, con tal motivo, comenzó a ausentarse regularmente del territorio nacional, con lo que, de nuevo, se produjo sucesivamente una situación de falta temporal del Presidente en el ejercicio de sus funciones.[302]

1. *Falta temporal del Presidente para someterse a la primera sesión de quimioterapia en La Habana entre el 17 y el 23 de julio de 2011*

La primera falta temporal por ausencia del territorio ocurrió entre los días 17 al 24 de julio de 2011, cuando permaneció en La Habana para someterse al mencionado tratamiento de quimioterapia.

En este caso, sin embargo, como el Presidente estimó que su ausencia del territorio nacional y del ejercicio de la Presidencia tendría lugar por un lapso mayor de 5 días, conforme lo prescribe el artículo 235 de la Constitución, requirió de la Asamblea Nacional la autorización correspondiente. Ahora bien, lo que podía haberse desarrollado conforme al ordenamiento jurídico constitucional, y luego de la experiencia de la situación confusa ocurrida durante casi todo el mes de junio de 2011 cuando el Presidente tuvo que ser operado de urgencia en dos oportunidades en Cuba, se convirtió en una "bizarra" situación constitucional y administrativa derivada de la falta temporal del Presidente en el ejercicio de su cargo, que se quiso ignorar.

A. *Medidas administrativa previas y preparatoria al viaje al exterior del Presidente de la República.*

Durante los días previos a su proyectado viaje al exterior de julio de 2011, para recibir tratamiento médico, el Presidente de la República tomó varias decisiones administrativas de importancia que deben destacarse.

302 Véase Allan R. Brewer-Carías, "Comentario sobre la bizarra situación constitucional y administrativa derivada de la ausencia temporal del Presidente de la República entre el 17 y 24 de julio de 2011 por encontrarse en tratamiento médico en La Habana, Cuba," en *Revista de Derecho Público* N° 127, julio-septiembre 2011, Editorial Jurídica Venezolana, Caracas 2011 p. 47-54.

a. *Nombramiento anticipado de un hermano como Ministro Encargado de Energía Eléctrica*

En primer lugar, mediante Decreto N° 8307 de fecha 11 de julio de 2011, el Presidente de la República nombró a uno de sus hermanos (Argenis Chávez Frías) como encargado del Ministerio del Poder Popular para la Energía Eléctrica y Presidente de Corporación Eléctrica en una forma completamente inusual en la practica administrativa y política del país, particularmente por su forma anticipada, para un período fijo entre el 23 y el 30 de julio de 2011.

El Decreto anticipado, sin embargo, no se publicó de inmediato, como es lo usual, sino diez días después de dictado, el 21 de julio de 2011,[303] una vez el que el Presidente ya estaba ausente del país.

b. *Delegación de atribuciones presidenciales en el Vicepresidente*

Como hemos señalado, de acuerdo con el artículo 239 de la Constitución, el Vicepresidente de la República tiene, entre sus atribuciones, la de ejercer aquellas que le delegue el Presidente de la República. Se consagra así, en la Constitución, una figura clásica del derecho administrativo regulada legalmente en el artículo 34 de la Ley Orgánica de la Administración Pública, conforme a la cual el Presidente de la República puede delegar el ejercicio de las atribuciones que le asigne la Constitución o la ley, en el Vicepresidente Ejecutivo, quien precisamente, por la delegación, puede tomar dichas decisiones, asumiendo por supuesto, plenamente la responsabilidad de las mismas cuando las adopte en ejecución de la atribución delegada.

Es el principio que está en el artículo 37 de la referida Ley Orgánica al indicar que "los funcionarios del órgano al cual se haya delegado una atribución serán responsables por su ejecución." Ello no impide, sin embargo, que a los efectos del ejercicio de acciones contencioso administrativas contra los actos administrativos dictados por el Vicepresidente en ejercicio de las atribuciones delegadas por el Presidente, se tengan siempre como dictados por el propio Presidente, como autoridad delegante (art. 37); esto, básicamente con efectos adjetivos, para determinar el órgano judicial competente para conocer de la acción de nulidad. La delegación de atribuciones se distingue, por otra parte, de la delegación de firma, también prevista en el artículo 34 de la misma Ley Orgánica, conforme a la cual, el Presidente también puede delegar en el Vicepresidente "la firma de documentos" lo que significa que la responsabilidad administrativa como órgano decisor queda en el Presidente.

Ahora bien, teniendo este marco normativo, el Presidente de la República, en la víspera de su viaje al exterior, emitió el Decreto No. 8328 de 14 de julio de 2011,[304] mediante el cual delegó en el Vicepresidente Ejecutivo "el ejercicio de las atribuciones y la firma de los actos" que enumeró en el artículo 1, y que se refieren a: (i) los decretos de traspasos presupuestarios; de rectificación de los presupuestos; de prórroga para la supresión o liquidación de órganos y entes de la Administración Pública; de nombramientos de Vice Ministros y Presidentes y directivos de entes descentralizados; de expropiación o adquisición forzosa; de modificación, supresión, modificación o liquidación de entes descentralizados (así como el conocimiento,

---

303 *Gaceta Oficial* N° 39.718 de 21-7-2011.

304 *Gaceta Oficial* N° 39715 de 18-07-2011.

aprobación, diferimiento o negación de puntos de cuenta de los Ministros del Despacho sobre los decretos antes mencionados); y los decretos autorizados previamente por el Presidente y el Consejo de Ministros; (ii) la actuación del Presidente como miembro de órganos colegiados; (iii) la aprobación y firma de actos de otorgamiento de jubilaciones; y (iv) la aprobación, diferimiento o negativa de puntos de cuenta de los Ministros sobre la adquisición de divisas, y los presupuestos de enes descentralizados.

En el artículo 2, el Presidente de la República también delegó en el Ministro del Poder Popular para la Planificación y las Finanzas, la emisión de decretos sobre insubsistencias presupuestarias, sobre exoneración del Impuesto al Valor Agregado (IVA) y sobre exoneración del Impuesto sobre la Renta.

En todos estos casos, se trató, sin duda de una delegación de atribuciones, y no solo de la firma de unos documentos, por lo que la responsabilidad administrativa que derivó de la emisión de los actos respectivos, corresponde al funcionario delegado y no al Presidente delegante.

Debe observarse que en el artículo 3 del Decreto, en forma totalmente innecesaria, pues la delegación por esencia es modificable y revocable, el Presidente precisó que se reservaba el ejercicio de las atribuciones y la firma de los actos delegados "en el momento que lo considere conveniente." Ello era y es así, sin necesidad de esta aclaratoria.

Sin embargo, lo que si aparecía como evidente de los Decretos dictados a partir de esa fecha por el Vicepresidente Ejecutivo "por delegación," fue que en sí mismos, como se verá más adelante, desconocieron la propia naturaleza de la delegación, pues si bien estuvieron firmados por el Vicepresidente delegado y, por supuesto, no los firmó el Presidente delegante, estuvieron sin embargo absurda y extrañamente encabezados por el propio Presidente de la República, cuando precisamente había delegado la atribución. Se destaca, además, que si la emisión del decreto por el Vicepresidente coincidía con la falta temporal del Presidente por viaje al exterior, físicamente era imposible que siquiera pudiese haber visto el texto del Decreto respectivo.

No parece que en el Gobierno se hubiese entendido realmente de qué se trataba la delegación administrativa.

c. *La solicitud de autorización a la Asamblea para viajar fuera del país más de 5 días.*

Previendo el Presidente de la República que con el viaje que tenía programado para una sesión de quimioterapia en Cuba iba a tener una duración superior a cinco días, en fecha 15 de julio de 2011 se dirigió a la Asamblea Nacional solicitándole, conforme al artículo 187 de la Constitución, le fuera:

> "otorgada autorización legislativa para ausentarme del territorio nacional a partir del próximo sábado 16 de julio del año en curso, con el fin de continuar en La Habana, República de Cuba, el plan de tratamientos necesarios para la recuperación plena de mi salud."

El Presidente de la República, con razón, no solicitó de la Asamblea Nacional le autorizase a estar en la situación constitucional de falta temporal en el ejercicio de sus funciones, sino que lo que solicitó fue una autorización para viajar al exterior y ausentarse del territorio nacional, lo que obviamente, como consecuencia, originó una falta temporal. Es decir, constitucionalmente hablando la autorización que corresponde dar a la Asamblea es sólo para viajar al exterior por más de cinco días, no para separarse del cargo por más de 5 días, lo que puede ocurrir aun estando en el territorio nacional, sin salir al exterior.

De acuerdo con lo que se informó en los medios de comunicación, el asunto fue debatido el día sábado 16 de julio de 2011 en una sesión extraordinaria de la Asamblea Nacional,[305] en la cual esta autorizó al Presidente "para viajar a la República de Cuba, donde cumplirá con la segunda fase del tratamiento médico al cual es sometido, tras haber sido operado de un tumor abscesado con células cancerígenas en la hermana nación, el pasado mes de junio." "Minutos después," según esas informaciones de los medios, el Presidente de la República quien habría visto el debate de la Asamblea por televisión, declaró que:

> "*La autorización se me ha dado conservando mi condición de Presidente de la República* (…) Gracias a la Asamblea Nacional por esta autorización, yo espero que no sea un plazo muy largo, debo regresar muy pronto, quizá más pronto de lo que ellos (opositores) quieren", apuntó." (destacado nuestro)

Realmente es incomprensible que el Presidente de la República pueda haber declarado esto, pues constitucionalmente, su "condición de Presidente" no la perdía porque se le diera una autorización para ausentarse del país ni por producirse una falta temporal. La condición de Presidente sólo la pierde en casos de falta absoluta.

En la reseña del debate de la Asamblea Nacional, otro medio de comunicación electrónico, sin embargo, pareció ofrecer la clave de lo que afirmó el Presidente, al resumirse el debate como sigue:

> "La bancada parlamentaria de oposición votó a favor de otorgar el permiso, aunque solicitó que el vicepresidente, Elías Jaua, asuma la jefatura de Estado porque Chávez no debe ejercer la presidencia desde Cuba.
>
> "Autorizamos el viaje del presidente para Cuba y esperamos que se recupere (…) pero mientras dure la ausencia, todos los actos deben hacerse desde Venezuela y no desde Cuba", dijo el diputado opositor Hiram Gaviria.
>
> Gaviria reiteró: "A partir de hoy la jefatura del Gobierno recae en el Vicepresidente".
>
> Por su parte, el también opositor Miguel Rodríguez acusó a la bancada oficialista de "traficar" con la salud del presidente."

Y luego se recogió en los medios lo que se atribuyó al Presidente:

> "Estos voceros de la derecha perdieron la conciencia del límite del absurdo", dijo Chávez mientras escuchaba el debate y calificó de "estupidez" los argu-

305 Véase por ejemplo la información en *El Correo del Orinoco*, 16-7-2011, en http://www.correodelorinoco.gob.ve/nacionales/asamblea-nacional-autorizo-al-presidente-chavez-para-viajar-a-cuba/.

mentos que señalan que su partida implica que hay una ausencia de jefe de Estado en el país."[306]

Sin embargo, así el Presidente hubiera considerado que ello era una "estupidez," esa era la realidad: la partida del Presidente hacia el exterior y su permanencia fuera del territorio nacional, implicaba una falta temporal del Presidente; tan sencillo como eso, y ello implicaba que el Jefe de Estado y del Ejecutivo Nacional no estaba "en el país," y que por tanto, había una ausencia temporal. Todo ello, no es estúpido, es normal en las funciones de gobierno al punto de estar regulado en la propia Constitución, la cual en su artículo 239.8 dispone que el Vicepresidente debe suplir automáticamente las faltas temporales del Presidente, así se produzcan en el país y por horas, o días. Para ello, precisamente fue que se creó tal figura del Vicepresidente.

Pensar o decir lo contrario, sí rebasaba "los límites del absurdo," pues hubiera implicado afirmar que una persona estando en el exterior, sometido a un tratamiento médico, así fuera el Jefe del Estado, podía a la vez considerarse que seguía "en el país." No hay nada de extraño que si alguien está ausente de un sitio, pues está ausente, y nada se puede hacer. No se puede estar ausente y a la vez no estarlo. Las leyes de la física lo impiden, y que se sepa, como lo hemos comentado, ningún ser viviente, así sea un Presidente de la República, tiene el don de la omnipresencia.

En todo caso, el Presidente fue autorizado el 16 de julio de 2011 para ausentarse del país por más de cinco días, pero el Acuerdo de la Asamblea Nacional nunca se publicó en la *Gaceta Oficial*. Como consecuencia de ello, el Presidente estuvo ausente del territorio nacional entre el 17 de julio de 2011 y el 23 de julio de 2011, fecha esta última cuando regresó al país, y cesó su falta temporal provocada por el viaje al exterior, produciéndose entonces una escena francamente repulsiva para la civilidad, al ser recibido en el Aeropuerto Internacional de Maiquetía por unos Cadetes de la Armada, como lo mostró la televisión, todos en posición de "rodilla en tierra" (o medio "arrodillados") ante el Presidente."[307]

d. *La firma autógrafa de los actos del Jefe de Estado y Jefe del Ejecutivo y el tema de la "firma electrónica*

Los actos del Presidente de la República adoptados como Jefe de Estado y Jefe del Ejecutivo Nacional, en principio deben estar firmados con firma autógrafa. En las normas que rigen el funcionamiento de la Administración Pública, en general, desde cuando se sancionó la Ley Orgánica de Procedimientos Administrativos de 1981,[308] se ha regulado la posibilidad de utilización de firmas electrónicas, pero mediante previsiones que no son aplicables respecto de los actos presidenciales, como

306 Véase la información en *La República* del mismo día 16 de julio de 2011, en http://www.larepublica.ec/blog/internacional/2011/07/16/venezuela-asamblea-debate-si-autoriza-que-chavez-viaje-a-cuba-a-recibir-quimioterapia/.

307 La imagen, en el lenguaje civil, mostró a unos militares "arrodillados" ante el Presidente, y en castellano, para usar los sinónimos, ello significa que todos estaban "postrados, inclinados, de hinojos, acuclillados, agachados, humillados" o con posición de "adorar o venerar." Véase la información en Noticiero Digital del 23-07-2011, 11.39 pm: "(foto) Cadetes arrodillados a la llegada del presidente Chávez." "La siguiente imagen muestra a cadetes de la Armada Venezolana arrodillados ante el presidente Chávez, a su llegada al aeropuerto de Maiquetía este sábado en la noche. La imagen es del sitio GPNoticias." Véase en http://www.noticierodigi-tal.com:80/fo-rum/viewtopic.php?t=788612.

308 Véase en *Gaceta Oficial* N° 2.818 Extraordinario de 01-07-1981.

el acto de Ejecútese de una Ley por ejemplo, estando realmente destinadas a facilitar la firma en caso de "actos administrativos repetitivos y frecuentes," para cuya emisión se puede recurrir a la firma electrónica, pero incluso, siempre que se haya emitido un Decreto previo del Presidente de la República autorizando dicho uso.

En efecto, en la legislación general sobre el funcionamiento de la Administración Pública se destaca, incluso con carácter orgánico, la disposición del artículo 18.8 de la mencionada Ley Orgánica de Procedimientos Administrativos de 1981, en la cual se dispuso el principio general de que "el original del respectivo instrumento contendrá la firma autógrafa del o de los funcionarios que lo suscriban," estableciéndose sin embargo, una excepción respecto de "aquellos actos cuya frecuencia lo justifique," en cuyo caso "se podrá disponer mediante decreto, que la firma de los funcionarios sea estampada por medios mecánicos que ofrezcan garantías de seguridad." Como se dijo, esta disposición se aplica respecto de actos administrativos iguales, repetitivos y frecuentes, pero no respecto de decisiones administrativas y políticas del Presidente de la República como jefe del Estado o jefe del Ejecutivo nacional como puede ser ponerle el Ejecútese a una ley, nombrar un Ministro o suscribir un Convenio Internacional.

Sin embargo, en la víspera de su viaje a Cuba el 16 de julio de 2011, se anunció en los medios de comunicación que el Presidente de la República había recibido un "Certificado para generar firma electrónica" en un acto realizado "en Consejo de Ministros, desde el Palacio de Miraflores, en presencia del Ministro del Poder Popular para Ciencia, Tecnología e Industrias Intermedias, Ricardo Menéndez y demás integrantes del gabinete ministerial." Sobre "la legalidad del proceso" dijo el mencionado Ministro. "Ya está lista lo que es la tarjeta con la Firma Electrónica donde va encriptada la información y está avalada por una Ley que fue promulgada en revolución," con lo que hacía referencia a la Ley de Mensaje de Datos y Firmas Electrónicas de 2001;[309] a lo que agregó la Superintendente de Servicios de Certificación Electrónica, Niurka Hernández González, que "A partir de hoy el presidente Chávez podrá firmar electrónicamente sus documentos, entiéndase mensaje de datos: correos electrónicos, acuerdos de cooperación memorandos, puntos de cuenta, oficios, contratos digitales, etc.; apalancando el proceso de cambio de revolución tecnológica." El Presidente, a su vez, recalcó sobre la garantía de seguridad del servicio y la pertinencia de su uso que "Estando en La Habana, en Moscú, en Washington, en Buenos Aires, uno firma electrónicamente y además está totalmente blindado (existe) la seguridad, que no haya firma falsa, ni nada."[310]

Sin embargo, a pesar de la fanfarria publicitaria con dicho acto sobre certificado de firma electrónica, la Ley de Mensaje de Datos y Firmas Electrónicas de 2001, aparte de que como ley ordinaria no puede derogar la Ley Orgánica de Procedimientos Administrativos, no puede servir para sustituir la firma autógrafa de decretos presidenciales ni de actos del Jefe de Estado y Jefe del Ejecutivo Nacional establecidos en la Constitución. Como lo advirtió la propia Superintendente de Servicios de

309 Véase Ley de Mensaje de Datos y Firmas Electrónicas, Decreto-Ley N° 1.204, en *Gaceta Oficial* N° 37.148 de 28-02-2001.

310 El sistema, se agregó en la información "se pondrá en funcionamiento a través de la Autoridad Excepcional de Seguridad para Altos Funcionarios de la República Bolivariana de Venezuela, proyecto de interés nacional que otorgará a Suscerte- ente regulador en la materia- el resguardo de toda la información." Véase en http://www.suscerte.gob.ve/index.php/es/noticias-mppctii/982-nota.

Certificación Electrónica, en la forma antes indicada, con la mencionada Certificación, lo que se puede "firmar electrónicamente" son, "*entiéndase mensaje de datos*, citando algunos documentos electrónicos como "correos electrónicos, acuerdos de cooperación, memorandos, puntos de cuenta, oficios, contratos digitales." La Ley de Mensaje de Datos y Firmas Electrónicas, en efecto, es muy precisa en definir el ámbito de su aplicación respecto de "Mensaje de Datos" (art. 1), definiéndolo con precisión como "*toda información inteligible en formato electrónico o similar* que pueda ser almacenada o intercambiada por cualquier medio;" y por "Firma Electrónica" la "información creada o utilizada por el Signatario, *asociada al Mensaje de Datos*, que permite atribuirle su autoría bajo el contexto en el cual ha sido empleado."

Definitivamente, un Decreto presidencial no es, en los términos de esta Ley, un "Mensaje de Datos," pues no puede tener formato electrónico, al igual que por ejemplo, la decisión presidencial de ponerle el Ejecútese en Consejo de Ministros a una Ley para su publicación, tampoco puede considerarse como "Mensaje de Datos" pues tampoco puede tener forma electrónica. Esos actos jurídicos, por otra parte, no se "firman" por el Presidente como mera formalidad, que pueda sustituirse por una "Firma Electrónica" pues son actos jurídicos que requieren deliberación, incluso en Consejo de Ministros.

Por lo demás, en caso de que ilegalmente se pretendiera utilizar esa figura de la "Firma Electrónica" para estampar la firma de un Presidente de la República en un decreto presidencial u otro acto reservado al Poder Ejecutivo, lo menos que desde el punto de vista formal debería acreditarse en el texto mismo del acto, es que la firma ha sido estampada como producto de agregar al documento una "Firma Electrónica," con indicación expresa de esa circunstancia en la publicación que se haga de la decisión, decreto o acto jurídico administrativo en la *Gaceta Oficial*.

B. *La situación constitucional y administrativa durante la falta temporal del Presidente durante la primera sesión de quimioterapia en La Habana*

El Presidente, como se dijo, después de adoptar los mencionados actos previos a su partida, salió de Venezuela el 16 de julio de 2011, de manera que el 17 de julio de 2011 ya estaba en La Habana para someterse al tratamiento médico que tenía prescrito;[311] ausencia temporal que se prolongó hasta el 24 de julio de 2011 cuando regresó a Caracas.

Durante su ausencia temporal tal como resulta de la lectura de la *Gaceta Oficial*, se adoptaron una serie de actos ejecutivos, unos dictados y firmados por el Presidente de la República, en el Palacio de Miraflores, en Caracas, cuando en realidad, estaba en Cuba; y otros dictados por el Vicepresidente supuestamente por delegación de atribuciones, pero comprometiendo la responsabilidad del Presidente.

a. *La supuesta decisión del Presidente de la República adoptada en Caracas de promulgar varias Leyes aprobatoria de convenios o acuerdos internacionales, pero sin estar en el territorio nacional*

Durante la ausencia del Presidente de la República del territorio nacional, encontrándose en La Habana, según la *Gaceta Oficial* N° 39.719 de 22 de julio de

311 Así se anunció, por ejemplo, en *El Universal*, 17-7-2011, en http://www.eluniversal.com/2011/07/17/chavez-llega-a-cuba-para-iniciar-tratamiento-de-quimioterapia.shtml.

2011, el mismo Presidente "apareció" en el Palacio de Miraflores, en Caracas, promulgando, es decir, poniéndole el "Ejecútese," a las siguientes Leyes: Ley Aprobatoria del Protocolo Adicional al Acuerdo Complementario en el Ámbito del Desarrollo del Programa Venesat-1 (Sistema Satelital Simón Bolívar) para el uso Conjunto de la Posición Orbital 78° Solicitada por la República Oriental del Uruguay para el Programa Urusat-3 entre la República Bolivariana de Venezuela y la República Oriental del Uruguay; Ley Aprobatoria del Acuerdo de Cooperación entre el Gobierno de la República Bolivariana de Venezuela y el Gobierno del estado Plurinacional de Bolivia para la Producción de Tecnologías Agrícolas; Ley Aprobatoria del Acuerdo Marco entre el Gobierno de la República Bolivariana de Venezuela y el Gobierno del estado Plurinacional de Bolivia para la Constitución de la Gran Nacional de Producción de Alimentos; Ley Aprobatoria del Protocolo al Acuerdo Marco de Cooperación entre el Gobierno de la República Bolivariana de Venezuela y el Gobierno de la República del Ecuador para Profundizar los Lazos de Comercio y Desarrollo; Ley Aprobatoria del Acuerdo de Comercio de los Pueblos para la Complementariedad Económica, Productiva entre el Gobierno de la República Bolivariana de Venezuela y el estado Plurinacional de Bolivia; Ley Aprobatoria del Memorando de Entendimiento entre el Gobierno de la República Bolivariana de Venezuela y el Gobierno del estado Plurinacional de Bolivia para el Desarrollo de Actividades de Intercambio y Capacitación en Ciencia y Tecnología para la Exploración y Utilización del Espacio Ultraterrestre con Fines Pacíficos; y Ley Aprobatoria del Memorando de Entendimiento sobre el Plan de Trabajo de Factibilidad de un Proyecto Productivo Conjunto en el Sector Cemento en el Marco de la Gran Nacional de Manufactura, Ciencia y Tecnología entre el Gobierno de la República Bolivariana de Venezuela y el Gobierno del estado Plurinacional de Bolivia.

Por supuesto, todo ello fue completamente falso. El Presidente de la República el día 22 de julio de 2011 estaba en La Habana, Cuba, de donde regreso dos días después, el 24 de julio de 2011. Y es también falso que los Ministros, con sus refrendos, supuestamente pudieran haber dado fe de haber estado en el Palacio de Miraflores junto con el Presidente, y haber firmado junto con él, ese mismo día, el ejecútese a esas leyes, las cuales además, salieron publicadas en la *Gaceta Oficial* del mismo día, sin que en su texto se indicara nada de cómo apareció firmando el Presidente ese día en el Palacio de Miraflores. Los gobiernos extranjeros que firmaron los acuerdos o convenios internacionales antes mencionados, en todo caso, podrían razonablemente plantearse dudas sobre la validez de la firma del Jefe de Estado en ponerle el Ejecútese a los mismos, sin haber estado en Caracas.

b. *Decretos dictados por el Vicepresidente supuestamente por delegación del Presidente durante su falta temporal, pero encabezados por el Presidente delegante comprometiendo ilegítimamente su responsabilidad*

Por otra parte, durante la falta temporal del Presidente por su ausencia del territorio nacional, el Vicepresidente Ejecutivo comenzó a dar ejecución a la delegación de atribuciones presidenciales que había recibido. Sin embargo, la forma como ello ocurrió, fue totalmente irregular y en contra de la situación jurídica administrativa del Presidente como funcionario delegante.

En efecto, en la *Gaceta Oficial* N° 39.717 de 20 de julio de 2011, aparecieron publicados una serie de Decretos ejecutivos, específicamente los Nos. 8334 a 8340, todos de fecha 19 de julio de 2011, relativos a aprobaciones de traspasos de créditos adicionales y de créditos adicionales al presupuesto de diversos Ministerios; materias que caían dentro de ámbito de la delegación presidencial de atribuciones que se había hecho al Vicepresidente Ejecutivo. Esto significa, que tales Decretos, estando el Presidente ausente del territorio nacional, y en una situación de falta temporal, pura y simplemente debían ser adoptados y firmados por el Vicepresidente Ejecutivo, por delegación del Presidente, y nada más.

Sin embargo, no fue así, y en todos ellos, al contrario, aparece el siguiente encabezamiento que tomamos como ejemplo del primero de dichos Decretos, el N° 8334 de 19 de julio de 2011, sobre un traspaso de créditos presupuestarios, que dice:

> HUGO CHÁVEZ FRÍAS
>
> Presidente de la República
>
> Con el supremo compromiso y voluntad de lograr la mayor eficacia y calidad revolucionaria en la construcción del socialismo y engrandecimiento del País, basado en los principios humanistas y en las condiciones morales y éticas Bolivarianas, por mandato del pueblo y en ejercicio de la atribución que le confiere el numeral 11 del artículo 236 de la Constitución de la República Bolivariana de Venezuela y el numeral 4 del artículo 84 del Reglamento N° 1 de la Ley Orgánica de la Administración Financiera del sector Público, sobre el Sistema Presupuestario, en Consejo de Ministros.
>
> ELÍAS JAUA MILANO,
>
> Vicepresidente Ejecutivo de la República
>
> Por delegación del Presidente de la república Hugo Chávez Frías, según Decreto N° 8328 de fecha 14 de julio de 2011, Publicado en la Gaceta Oficial de la república Bolivariana de Venezuela, N° 39.715 de 18 de julio de 2011,
>
> DECRETA
>
> Artículo 1. Un traspaso de Créditos Presupuestarios entre acciones específicas de diversos proyectos, [...].

De la lectura de los encabezamientos de estos Decretos, por supuesto no se podía saber quién era el que "decretaba" y adoptaba la decisión respectiva, si el Presidente de la República, en este caso, funcionario delegante y, además, ausente del territorio nacional; o el Vicepresidente Ejecutivo, en este caso, funcionario delegado y en ejercicio de las funciones presidenciales supliendo su falta temporal. Ambos encabezaban el Decreto, como si lo hubieran estado dictando los dos a la vez, aun cuando sin la firma del Presidente y solo la del Vicepresidente.

Este encabezamiento, formalmente, no sólo fue un disparate jurídico engañoso, sino que con el mismo se compromete innecesariamente la responsabilidad del Presidente de la República como funcionario delegante, en decisiones que conforme a lo dispuesto en la Ley Orgánica de la Administración Pública, la responsabilidad sólo comprometía al Vicepresidente como funcionario delegado. Aparte de que era falso lo que se decía en los mismos, pues el Presidente no estaba en Venezuela para ese momento, sino en La Habana, sometido a un tratamiento de quimioterapia, de manera que no podía estar en ejercicio de ninguna atribución.

C. *La continuación de la irregular práctica de involucrar al Presidente en los decretos ejecutivos adoptados por el Vicepresidente por delegación*

El Presidente de la República, como se dijo, luego de concluido el primer tratamiento médico de quimioterapia que lo alejó del país durante diez días, regresó a Venezuela desde Cuba, el día 24 de julio de 2011.[312]

En principio, habiendo cesado la falta temporal, debía presumirse que el Presidente reasumió sus funciones de Jefe de Estado y del Ejecutivo Nacional, aún cuando hubiera seguido vigente el Decreto de delegación de atribuciones y firma en el Vicepresidente que había dictado el 14 de julio de 2011, con independencia de las posibles faltas temporales del Presidente.

A partir del 26 de julio de 2011, en consecuencia, comenzaron a aparecer publicados en la *Gaceta Oficial*, Decretos presidenciales varios, unos emitidos y firmados por el Presidente de la República y otros por el Vicepresidente de la República, pero con el mismo encabezamiento general antes mencionado, involucrando al Presidente en decisiones que no tomó, pues las tomó el funcionario delegado que era el Vicepresidente.

1. Así por ejemplo, en la mencionada *Gaceta Oficial* N° 39.721 del 26 de julio de 2011, apareció publicado el Decreto N° 8341 de fecha 24 de julio de 2011, es decir, del mismo día cuando había regresado de La Habana, Cuba, sobre dedicación conmemorativa de la Casa Natal del Libertador, y el Decreto N° 8342 de 26 de julio de 2011, de nombramiento de la Ministra del Servicio Penitenciario, ambos firmados por el mismo Presidente de la República. La Ministra, sin embargo, solo fue juramentada diez días después, el día 6 de agosto de 2011, lo que no impidió que actuara como tal y tomara decisiones.[313]

2. En paralelo, en la misma *Gaceta Oficial* N° 39.721 del 26 de julio de 2011, aparecieron publicados, los siguientes Decretos: N° 8343, de nombramiento de un Viceministro de Fomento Económico Cultural; Nos. 8344 a 8352, de aprobación de traspasos de créditos presupuestarios y de créditos adicionales; y N° 8353, sobre aumento de salarios en el Sistema Nacional de Salud Pública, todos de fecha 26 de julio de 2011, y todos firmados por el Vicepresidente, por delegación del Presidente.

3. En igual forma, en la *Gaceta Oficial* N° 39726 de 2 de agosto de 2011, aparecieron publicados los decretos 8357 a 8375 de fecha 2 de agosto de 2011, todos relativos a aprobación de Créditos Adicionales en diversos despachos ministeriales, igualmente suscritos por el Vicepresidente Ejecutivo, pero involucrando al Presidente en el encabezamiento, lo que compromete su responsabilidad innecesariamente; y de lo cual hicieron coro todos los Ministros del Ejecutivo que refrendaron dichos Decretos.

---

312 Véase por ejemplo, http://noticias.terra.com.ar/internacionales/chavez-regresa-tras-quimioterapia-y-sin-celulas-malignas,43bded05bec51310VgnVCM10000098f154d0RCRD.html.

313 Véase el texto de la Circular de la Ministra a todos los Centros Penitenciarios de 3 de agosto de 2011, en http://www.globovision.com/news.php? nid=197912.

4. En la *Gaceta Oficial* N° 39729 de 5 de agosto de 2011, también apareció el decreto N° 8377 de la misma fecha, de nombramiento de un Presidente de un Instituto público (Instituto Nacional de Aeronáutica) firmado por el Vicepresidente, pero con la irregular inclusión en el encabezamiento del Presidente de la República, como si él estuviese ejerciendo atribuciones que delegó.

Es decir, en todos estos decretos, se siguió la misma viciada práctica de poner en el "encabezamiento" al Presidente delegante – que a los efectos jurídicos ya había decidido la delegación previamente en el mencionado Decreto N° 8328 de 14 de julio de 2011 –, en una forma y con un texto como si él hubiese estando ejerciendo una facultad que había delegado, es decir, como si el Presidente de la República mismo lo estuviese dictando "en uso de sus atribuciones." Ello, además de que era falso, pues quien los dictó efectivamente fue el Vicepresidente Ejecutivo, por delegación, lo que originó fue que el Vicepresidente y los demás Ministros refrendantes hubieran comprometido innecesaria e ilegítimamente la responsabilidad del Presidente de la República en unos actos administrativos que no dictó. Como funcionario delegante respecto de dichos actos administrativos que dictó el Vicepresidente, como funcionario delegado, éste y los Ministros que lo refrendaron eran los únicos funcionarios responsables.

Si la delegación se efectuó, como ocurrió efectivamente en estos casos, el funcionario delegado, es decir, el Vicepresidente Ejecutivo debió ejercer la atribución plenamente, con entera responsabilidad, pues de los actos que dictó por delegación, él fue el único responsable, sin que pudiera "escudarse" en el nombre y atribuciones del Presidente de la Republica, involucrándolo en una decisión que él no adoptó.

De eso se trata la delegación.

V. FALTA TEMPORAL DEL PRESIDENTE PARA SOMETERSE A LA SEGUNDA SESIÓN DE QUIMIOTERAPIA EN LA HABANA, EN AGOSTO Y SEPTIEMBRE DE 2011

1. *Anuncios previos y preparativos para el viaje del Presidente*

El 3 de agosto de 2011 el Presidente anunció la creación del territorio insular Miranda integrado por algunas de la Dependencias Federales, como las "islas La Orchila, Los Roques, las Aves y los islotes de Paraguaná."[314] Se presume que la intención fue la creación de un territorio federal mediante ley habilitante. El Vicepresidente Ejecutivo "recordó que la creación de la dependencia insular está amparada en los artículos 10, 11, 16 y 17 de la Constitución, en respuesta a cuestionamientos de sectores de la oposición que intentan manipular el tema."[315] En todo caso, la ley habilitante de diciembre de 2010 no autorizaba al Presidente para crear un territorio federal.[316]

Dos días después, el viernes 5 de agosto de 2011 se reportó en la prensa que el Presidente de la República había anunciado, "en un contacto telefónico con el canal

---

314 Véase en http://www.telesurtv.net/secciones/noticias/96011-NN/presi-dente-chavez-anuncia-creacion-de-nueva-territorio-federal-insular-en-venezuela/.

315 Véase en *Prensa Latina*, 6-8-2011, en http://www.prensalatina.cu/index.php?option=com_content&task=view&id=313017&Itemid=1.

316 Véase Gerardo Fernández, "Territorio Insular, un fraude más," en *El Universal*, 3 de agosto de 2011 en http://playball.eluniversal.com/2011/08/03/te-rritorio-insular-un-fraude-mas.shtml.

[de TV] del Estado," que había firmado la carta en la que solicitó a la Asamblea Nacional "el permiso para ausentarse del país y viajar a La Habana, Cuba, este sábado a continuar la segunda fase del tratamiento de quimioterapia;" solicitud que hizo pues pensaba que su ausencia del territorio nacional iba a ser mayor de cinco días.[317]

A tal efecto, la Asamblea Nacional convocó una sesión extraordinaria para la discusión de la autorización parlamentaria para la ausencia temporal del Presidente del territorio nacional, la cual se realizó en la tarde del día 6 de agosto de 2011, autorizando dicha ausencia por unanimidad,[318] a cuyo efecto el Presidente viajó a Cuba ese mismo día en horas de la tarde.

2. *La juramentación tardía de la Ministro de Asuntos Penitenciarios y sus extravagantes o bizarras decisiones*

Antes de viajar, sin embargo, el Presidente el mismo día juramentó como Ministra de Asuntos Penitenciarios a la ex parlamentaria Iris Valera, quién sin embargo, desde días antes de ser juramentada, ilegalmente ya estaba en ejercicio del cargo, al punto de haber emitido como tal Ministra, una Circular de 3 de agosto de 2011 en la cual participó a los Directores de los Centros Penitenciarios e Internados Judiciales de la República que "queda *suspendido* el ingreso de nuevos Privados de libertad provenientes tanto del Poder Judicial, como de los distintos organismos policiales del territorio nacional, hasta tanto sean debidamente autorizados por este Despacho."[319] O sea, que la Ministra, sin siquiera estar en ejercicio del cargo por no haber sido juramentada, dictaba un acto administrativo que además interfería abiertamente con las funciones judiciales, pues implicaba que la ejecución de cualquier sentencia penal condenatoria privativa de libertad de algún condenado, no podía ser ejecutada por orden de un Ministro no autorizado para ejercer su cargo, imponiéndole a los jueces que la ejecución de sus sentencias debía ser previamente "autorizada" por el Poder Ejecutivo; y peor aún, cuando la Ministra no juramentada no estaba habilitada para dictar tal inconstitucional decisión.

Pero eso nada le importó al Presidente enfermo, en la víspera de su viaje para seguir el tratamiento médico prescrito, procediendo a juramentar a la Ministra,[320] pretendiendo así, *ex post facto* no solo sanear sus ilegales actos administrativos, sino peor aún, avalarlos.

3. *La continuación de la irregular práctica de involucrar al Presidente en los decretos ejecutivos adoptados por el Vicepresidente por delegación*

Durante la falta temporal del Presidente de la República debido a su ausencia del territorio nacional, en la *Gaceta Oficial* N° 39.731 del 9 de agosto de 2011, aparecieron publicados los Decretos: N° 8378 y 8379 de la misma fecha 9 de agosto de 2011 sobre traspasos de Créditos presupuestarios y N° 8380 a 8390 de la misma fecha 9

---

317 Véase en *Globovisión*, 5-8-2011, en http://www.globovision.com/news.php? id-=197862; en http://www.el-universal.com/2011/08/05/chavez-solicita-permiso-para-ausentarse-del-pais-desde-maana.shtml; y en http://www.flickr.com/photos/globovision/6014704897/

318 Véase en http://www.globovision.com/news.php?nid=197931

319 Véase el texto de la Circular en http://www.globovision.com/news.-php?nid=197912

320 Véase en http://primicias24.com/nacionales/iris-valera-juramentada-como-ministra-para-servicios-penitenciarios/la

de agosto de 2011, sobre aprobación de Créditos Adicionales, todos firmados por el Vicepresidente, por delegación del Presidente, pero con la irregular inclusión del nombre del Presidente e indicación de sus atribuciones para emitirlo en el encabezamiento de los mismos, como si "en uso de sus atribuciones" estuviese dictando los decretos. Debe llamarse la atención, sin embargo, que en *Gaceta Oficial* N° 39.733 del 11 de agosto de 2011, se volvió a publicar el mismo decreto N° 8379 de 9 de agosto de 2011, de traspaso de Créditos presupuestarios, sin explicación alguna del porqué de la republicación, igualmente firmado por el Vicepresidente Ejecutivo, por delegación del Presidente, pero con la irregular inclusión del nombre del Presidente e indicación de sus atribuciones para emitirlo en el encabezamiento, como si "en uso de sus atribuciones" estuviese dictando los decretos.

Lo mismo ocurrió con los decretos N° 8391, 8392 y 8393, de la misma fecha 9 de agosto de 2011, publicados en la misma *Gaceta Oficial*, sobre decisiones organizativas (transferencia de un órgano a un Ministerio, adscripción ministerial de una empresa pública, y modificación del objeto de otra empresa pública, respectivamente) todos firmados por el Vicepresidente Ejecutivo, por delegación del Presidente, igualmente con la irregular inclusión del nombre del Presidente e indicación de sus atribuciones para emitirlo en su encabezamiento como si "en uso de sus atribuciones" estuviese dictando los decretos.

En la *Gaceta Oficial* de 10 de agosto de 2011, también se publicó el Decreto N° 8394 de esa misma fecha 10 de agosto de 2011, designando miembros de una junta directiva de un Banco del Estado, igualmente firmado por el Vicepresidente Ejecutivo y refrendado por el Ministro de Planificación y Finanzas, por delegación del Presidente, igualmente con la irregular inclusión del nombre del Presidente e indicación de sus atribuciones para emitirlo en su encabezamiento, como si "en uso de sus atribuciones" estuviese dictando el decreto.

4. *El regreso del Presidente de la República al territorio nacional el 13 de agosto de 2011, y las subsecuentes faltas temporales para los tratamientos de quimioterapia*

El Presidente de la República después de seguir su tratamiento de quimioterapia en La Habana, regreso al país el 13 de agosto de 2011,[321] continuando en todo caso, la irregular práctica de que fuera involucrado en los decretos ejecutivos adoptados por el Vicepresidente por delegación.

En cuanto a la Tercera sesión de quimioterapia, el domingo 21 agosto apareció una noticia indicando que la Directiva de la Asamblea Nacional habría convocado a una Sesión Extraordinaria para el lunes 22 de agosto de 2011, a las 3:00 pm, "a fin de autorizar el viaje del presidente Hugo Chávez a La Habana, Cuba, donde se aplicará una tercera sesión de quimioterapia por el cáncer que le aqueja." Dicha información se dio a conocer a través de la página web del Parlamento[322]

Sin embargo, a través del sitio web de la Fundación Televisora de la Asamblea Nacional (ANTV), se desmintió dicha convocatoria a una sesión extraordinaria de la Asamblea, indicándose lo siguiente:

---

321 Véase en *El Universal*, 14-8-2011 http://www.eluniver-sal.com/2011/08/14/cha-vez-regresa-al-pais-tras-terminar-sesiones-de-quimioterapia.shtml

322 Véase http://www.globovision.com/news.php?nid=199692:

> "Pedimos disculpas por este grave error, al divulgar por esta vía una información distorsionada que además involucra al Jefe de Estado; rogamos que dispensen las molestias que esto haya podido ocasionar y detallamos la propuesta del orden del día corroborado oficialmente en otra nota a publicarse", dice la nota publicada en la página de ANTV."

La situación confusa se aclaró unos días después al anunciar el Presidente Chávez el 27 de agosto de 2011[323], que:

> "Estoy listo para iniciar en las próximas horas el tercer ciclo de quimioterapia, estoy preparando todo con Elías (Jaua, vicepresidente), los ministros para continuar con este ritmo del tratamiento como convaleciente que soy de la enfermedad que tuve", señaló el presidente.
>
> El jueves pasado el jefe de Estado dijo que aún no se sabía en qué lugar se aplicaría el tercer ciclo y adelantó que podría ser en Cuba o en Venezuela."

Lo cierto en todo caso, fue que el 28 de agosto de 2011 el Presidente ingresó en el Hospital Militar de Caracas para someterse al tercer ciclo de quimioterapia,[324] de donde salió el 5 de septiembre.

La cuarta y última sesión de quimioterapia tuvo lugar de nuevo en La Habana, Cuba, para lo cual se ausentó del país el 17 septiembre de 2011,[325] regresando a Venezuela el 22 de septiembre de 2011, con lo cual, dijo, "se ha cerrado la fase de quimioterapia y ahora vamos a dedicarnos a la recuperación plena". Señaló que su salud está "muy bien" y llamó a desestimar los rumores que señalan lo contrario." [326]

VI. EL RECOMIENZO DEL "FALSO GOBIERNO" INTERMITENTE DE HUGO CHÁVEZ A PARTIR DE FEBRERO DE 2012

Pero no todo lo que concernía a la salud presidencial estaba resuelto, por lo que el día viernes 24 de febrero de 2012, el Presidente de la República Hugo Chávez viajó a Cuba, para someterse a una nueva operación, anunciando que allí estaría por unos días.

A tal efecto, la Asamblea Nacional había aprobado el día anterior, el jueves 23 de febrero de 2012, la salida del Presidente para ausentarse del territorio nacional conforme al artículo 235 de la Constitución, ya que se trataba de una ausencia anunciada que se prolongaría por más de cinco días.

Durante dicha ausencia temporal, sin embargo, el Vicepresidente Ejecutivo de nuevo se negó inconstitucionalmente a suplir la falta temporal del Presidente de la República como se lo imponía la Constitución (arts. 234 y 239.8); y no sólo ello, sino que como consecuencia llegó a formar y firmar actos estatales falsos.

Así, el lunes 27 de febrero de 2012, apareció publicado en la *Gaceta Oficial* N° 39.871 el Decreto N° 2.815 de la misma fecha 27 de febrero de 2012, mediante el cual se afirmó que el Presidente Hugo Chávez Frías habría designado a los miem-

---

323 Véase en *El Universal*, 27-8-2011, en http://www.eluniversal.com/2011/08/27/chavez-en-proximas-horas-iniciare-ciclo-de-quimioterapia.shtml

324 http://www.globovision.com/news.php?nid=200435

325 http://www.globovision.com/news.php?nid=202866

326 http://www.globovision.com/news.php?nid=203415.

bros Principales y Suplentes del Directorio del Instituto Nacional de Tierras, haciendo precisión de cuál entre ellos ejercería la presidencia de dicho Directorio. El Presidente de la República, además, se afirmó en el decreto, habría delegado en el Ministro del Poder Popular para la Agricultura y Tierras la juramentación de dichos funcionarios.

Este Decreto apareció como "**Dado en Caracas, a los veintisiete días del mes de febrero de dos mil doce**." No se dijo en el texto, sin embargo, como era usual en los decretos presidenciales, que hubiese sido dado en el "Palacio de Miraflores." Ello por supuesto era imposible decirlo, pues lo cierto es que no fue dado ni firmado en parte alguna de la ciudad de Caracas por el Presidente, siendo absolutamente falsa la afirmación hecha en el texto del decreto, pues el Presidente de la República no estaba en Caracas en esa fecha, ni pudo, por tanto, haberlo dado y firmado allí. Estaba en La Habana sometido a una nueva operación quirúrgica. Es más, como lo anunció el Vicepresidente de la Republica el día siguiente, 28 de febrero de 2012, el día anterior, precisamente el 27 de febrero, el Presidente de la República habría estado en una mesa de operaciones, de la cual habría salido satisfactoriamente y se encontraba en recuperación.[327]

La falsa afirmación de su presencia en Caracas cuando en realidad estaba en La Habana, en realidad la hizo el Sr. Elías Jaua, quien refrendó doblemente el Decreto que la contiene, al firmarlo en su carácter de Vicepresidente Ejecutivo y, además, en su carácter de Ministro del Poder Popular para la Agricultura y Tierras. Por otra parte, el acto de nombramiento de los funcionarios del Instituto Nacional de Tierras que contiene el Decreto además, puede considerarse que quedó viciado de falsedad, pues como no pudo haber sido dado ni firmado por el Presidente de la República, pues no estaba en Caracas en esa fecha 27 de febrero de 2012, el acto de juramentación de los mismos que pudo haber hecho el Vicepresidente, y los actos administrativos que pudieran haber adoptado dichos Miembros del Directorio del Instituto Nacional de Tierras, carecerían de validez.

Pero además, el mismo día 28 de febrero de 2012, cuando Chávez estaba en recuperación de una operación en La Habana, aparecieron en la *Gaceta Oficial* N° 39.172, los siguientes decretos emitidos por el mismo Hugo Chávez Frías, con la indicación de que habrían sido todos "**Dados en Caracas, a los veintiocho días del mes de febrero de dos mil doce**."

1. Decreto N° 8817, 8818 y 8819 de 28 de febrero de 2012, mediante el cual se autorizó al Instituto Nacional de desarrollo Rural para crear empresas del Estado, denominadas Empresa Integral de producción Agraria Socialista José Ignacio de Abreu e Lima S.A.; Empresa Integral de producción Agraria Socialista Valle de Quibore S.A.; y Empresa Nacional de proyectos Agrarios S.A.

2. Decreto N° 8820 de 28 de febrero de 2012, mediante el cual se dictó el reglamento N° 1 de la Ley Orgánica de deporte, Actividad Física y Educación Física.

Tampoco se dijo en el texto de los decretos, sin embargo, como había sido usual en los decretos presidenciales (que se firman o son dados normalmente en el "Palacio de Miraflores)," dónde en Caracas fue que los mismos habrían sido supuesta-

---

327 Véase en http://eltiempo.com.ve/venezuela/gobierno/jaua-chavez-esta-en-buena-condicion-fisica-tras-cirugia/45850.

mente dados y, por supuesto, dónde es que habrían sido firmados por el Presidente quién lo emitió. Lo cierto, sin embargo, es que no fueron dados ni firmados en parte alguna de la ciudad de Caracas por el Presidente, siendo absolutamente falsa la afirmación hecha en el texto de los decretos, pues el Presidente de la República no estaba en Caracas en esa fecha, ni pudo, por tanto, haberlo dado y firmado allí. Estaba según información oficial en proceso de recuperación de una operación en un hospital en La Habana

La falsa afirmación, en realidad la hicieron en este caso, no sólo el Sr. Elías Jaua, quien refrendó doblemente los decretos al firmarlos en su carácter de Vicepresidente Ejecutivo y, además, en su carácter de Ministro del Poder Popular para la Agricultura y Tierras, sino todos los Ministros que lo refrendaron y con ello, cohonestaron la falsedad.

Lo mismo ocurrió después del 14 de abril de 2012, con motivo del nuevo traslado a La Habana del Presidente de la República, para someterse a tratamiento de radioterapia. En efecto, en la *Gaceta Oficial* N° 39.904 de 17 de abril de 2012, apareció publicado el Decreto N° 8917 de la misma fecha mediante el cual se creó la Comisión Nacional Presidencial para la televisión Digital Terrestre (TDT), como órgano consultivo y asesor, multidisciplinario e interinstitucional de alto nivel, en materia de ciencia, tecnología e innovación, orientada especialmente a la investigación, transferencia tecnológica, desarrollo e implementación de la Televisión Digital Terrestre (TDT), a escala nacional e internacional. Dicho decreto, firmado por todos los ministros, pues se indicó que fue adoptado "en Consejo de Ministros," dice su texto que fue "**Dado en Caracas**, a los diecisiete días del mes de abril de dos mil doce. Año 2012," lo cual por supuesto también era falso, pues el Presidente no estaba en Caracas. Estaba en La Habana sometido a tratamiento de radioterapia para el tratamiento de la enfermedad que lo aquejaba.

En todas esas ocasiones de ausencia del Presidente de la República del territorio nacional, es decir, de falta temporal, simplemente no podía haber un decreto que se publicase en la *Gaceta Oficial*, con indicación de que había sido "dado en Caracas" con la firma de Hugo Chávez Frías. Él no estaba en Caracas, por lo que la afirmación contenida en los decretos así emitidos era falsa, configurándose como una manifestación de un falso gobierno. En este caso también, debe decirse que en realidad, la afirmación falsa la hicieron el Sr. Elías Jaua, todos los Ministros quienes supuestamente estuvieron en un Consejo de Ministros desarrollado en Caracas, al cual evidentemente no asistió el Presidente, con lo cual cohonestaron la falsedad

> Quedaba por determinar, no sólo el vicio de todos esos actos administrativos, sino si dichos funcionarios que cohonestan la falsedad que contenían habrían incurrido en el delito previsto en el artículo 317 del Código Penal (Falsedad material cometida por funcionario público en acto público) donde se dispone que el "funcionario público que, en el ejercicio de sus funciones haya formado, en todo o en parte, algún acto falso o que haya alterado alguno verdadero, de suerte que por él pueda resultar perjuicio al público o a los particulares, será castigado con presidio de tres a seis años.".

SECCIÓN OCTAVA:

LA REELECCIÓN DE HUGO CHÁVEZ ENFERMO, Y LA AUSENCIA DE GOBIERNO (2012-2013)

La enfermedad que aquejaba al Presidente de la República, que todo el país conocía, era sin duda de una gravedad que en cualquier país del mundo hubiera impedido a la persona aquejada poder pretender a ser candidato en una elección presidencial, y ningún órgano de control electoral hubiese aceptado dicha candidatura, y además, permitir que dicha persona participara en una campaña electoral.

Pero en Venezuela pasó eso, y tantas otras cosas ocurrieron, de manera que el Presidente de la República Hugo Chávez Frías se lanzó a la reelección en 2012, después de haber logrado en 2009 una Enmienda Constitucional que había permitido la reelección indefinida de todos los cargos electivos, por lo cual el Consejo Nacional Electoral aceptó su candidatura.

Dejando de lado todas las dudas reales y existenciales que quedaron de la elección presidencial, luego de una sin duda agotadora campaña política que ninguna persona enferma debía haber soportado, lo cierto fue que el Consejo Nacional Electoral lo declaró a Hugo Chávez reelecto en el cargo el 7 de octubre de 2012.

Días después, ya se comenzaron a evidenciar las consecuencias del agotamiento, de manera que el día 20 de octubre de 2012, el mismo Chávez admitió públicamente que su salud afectó su desempeño en la campaña para lograr su reelección para un tercer mandato. Y un mes después, el 27 de noviembre de 2012, a través de una comunicación dirigida a la Asamblea Nacional solicitó autorización para salir del territorio nacional por más de 5 días, y viajar a Cuba para iniciar un "tratamiento especial" de "varias sesiones de oxigenación hiperbárica", sin detallar su fecha de retorno. Se trataba materialmente de un viaje sin retorno fijo.

Sin embargo, tras pasar nueve días en Cuba, para sorpresa general, el día 7 de diciembre de 2012, el Presidente Chávez regresó a Caracas, pero solo para anunciar el día siguiente, 8 de diciembre de 2012 una nueva recurrencia del cáncer que lo aquejaba, explicando al país por televisión que debía ser sometido a una nueva operación en Cuba, y señalando que en caso de que quedase inhabilitado para gobernar, estimada que Nicolás Maduro debía ser el candidato en las elección respectiva que en tal caso debía realizarse. El anuncio y la alocución televisada fue lo suficientemente grave como para que quedara claro que estaba ya en peligro de muerte. Fue su última alocución pública, y al día siguiente, el día 10 de diciembre de 2012, obtuvo una nueva autorización de la Asamblea Nacional y viajo a Cuba; y el 11 de diciembre fue sometido a una nueva operación quirúrgica contra el cáncer que lo aquejaba, en un Hospital en La Habana, de la cual nunca más saldría.

Desde esa fecha, en efecto, nada más se supo del Presidente, salvo los anuncios de los Ministros, pero definitivamente sin soporte o anuncio de ningún parte médico sobre su salud, que era lo que procedía en esa situación. Así, por ejemplo, el 13 de diciembre de 2012, el nuevo Vicepresidente Nicolás Maduro afirmó que el proceso postoperatorio de Chávez sería "complejo y duro" y pedía a los venezolanos estar "preparados" y "unidos" en estos días "difíciles;" y el 30 de diciembre de 2012, tras visitar supuestamente a Chávez en La Habana, el mismo Vicepresidente Maduro informó que el estado de salud del mandatario presentaba "nuevas complicaciones", cuyo tratamiento no estaba "exento de riesgos".[328]

En virtud de haber sido reelecto Presidente para el nuevo período 2013-2017, a los efectos de poder iniciar el nuevo período constitucional, el Presidente debía comparecer ante la Asamblea Nacional el 10 de enero de 2013 a prestar juramento y tomar posesión del cargo, lo que dado lo secreto de su estado de salud, generaba dudas y expectativas de si podía efectivamente ocurrir a dicho acto, si es que estaba aún con vida.

En medio de esa incertidumbre, conforme iban transcurriendo los días, y en medio de la secretud, todo el país sin duda estuvo atento a los acontecimiento, tal como ocurrió en mi caso, lo que me llevó a escribir a partir del 28 de diciembre de 2012 y hasta marzo de 2013, una serie de Crónicas Constitucionales sobre la situación constitucional del país, que conforman buena parte de las páginas que siguen.[329]

I. EL RÉGIMEN CONSTITUCIONAL DEL INICIO DEL PERÍODO CONSTITUCIONAL DEL PRESIDENTE DE LA REPÚBLICA EN ENERO DE 2013 (28-12-2012)

A finales de diciembre de 2012, en efecto, existía una generalizada situación de incertidumbre derivada de las noticias o de la desinformación sobre la salud del Presidente de la República, quién se encontraba ausente del país, y sobre la situación constitucional que se podía presentar con motivo del inicio del período constitucional presidencial 2013-2017 que comenzaría el mismo día 10 de enero de 2013, en el cual terminaba el período 2007-2012, y sobre la eventual posibilidad que había de que el Presidente saliente y electo, no compareciera ante la Asambleas. Esa situación era en general la siguiente:[330]

La intención del artículo 231 de la Constitución había sido la de establecer una fecha fija para el comienzo y el término del período constitucional para el cual se elige a un Presidente, que es de 6 años (art. 230), el cual se inicia el 10 de enero del año siguiente a la elección, cuando debe tomar posesión del cargo mediante juramentación ante la Asamblea Nacional (art. 231); y el cual termina precisamente el día 10 de enero del año en el cual se completa el año sexto del período; período que

---

328 Véase "Cronología de los problemas de salud del presidente Hugo Chávez," *El Universal*, Caracas 31 de diciembre de 2012 (05:36 PM), en http://www.eluniver-sal.com/nacional-y-politica/salud-presiden-cial/121231/cronologia-de-los-problemas-de-salud-del-presidente-hugo-chavez

329 Véase Allan R. Brewer-Carías, "Crónicas Constitucionales sobre el régimen constitucional en Venezuela con motivo de la ausencia del territorio nacional del Presidente (re-electo) de la República, a partir del 9 de diciembre de 2012 (Crónicas I-IX: 29-1-2012/12-1-2013)," en la *Revista digital "Elementos de juicio. Temas Constitucionales"* (http://www.elementosdejuicio.com.co/), Bogotá, 19 de enero de 2013, en http://www.elementosdejuicio.com.co/in-dex.php?op-tion=com_content&view=article&id=1583:cronicas-constitucionales-sobre-el-regimen-constitucional-en-venezuela-con-motivo-de-la-ausencia-del-territorio-nacional-del-presidente-re-electo-de-la-republica-a-partir-del-9-de-diciembre-de-2012&catid=47:columnista-1&Itemid=285. para este libro el texto se ha corregido, particularmente en cuanto al tiempo de los verbos.

330 Esta parte fue redactado entre el 27 y el 28 de diciembre de 2012, como respuestas a preguntas formuladas por el periodista Edgar López, del diario *El Nacional* de Caracas, para una entrevista que no fue publicada. Sólo aparecieron referencias en el reportaje: "Opinión sobre faltas temporales y absolutas del Presidente," en Edgard López, "Enero, lo más pronto posible", en *El Nacional*, Siete Díaz, Caracas 6 de enero de 2013, p. 3. Caracas, 6 de enero 2013. p. 3. Véase en http://impresodigital.el-nacional.com/edicio-nes/2013/01/06/print-PV.asp?pageview=pS_3_p...

en ningún caso es "prorrogable." Se trata de un período que tiene un término fijo, con una fecha precisa de comienzo y de terminación.

El Presidente Hugo Chávez quién estaba en ejercicio del cargo, fue reelecto, por lo que en su caso, al terminar el 10 de enero su período anterior (2007-2013), ese mismo día y no otro, comenzaba el nuevo período (2013-2019). Por eso es que debía juramentarse ese día y no otro, ante la Asamblea o excepcionalmente ante el Tribunal Supremo de Justicia, en el lugar donde dichos órganos tienen su asiento, que es la capital de la República (sede de los Poderes Públicos) (art. 18).

En la situación de ese fin de año de 2012 y comienzo del nuevo año 2013, el día 10 de enero de 2013 terminaba el período constitucional del Presidente Chávez que se había iniciado el 10 de enero de 2007; y en ese mismo día debía comenzar un nuevo período constitucional para el cual había sido electo en octubre, para lo cual debía tomar posesión mediante juramentación en la forma indicada.

Incluso, la Sala Constitucional al decidir una solicitud de interpretación constitucional que le formuló el Presidente de la Asamblea Nacional el día 28 de febrero de 2001, mediante sentencia de 16 de mayo de 2001 (Exp. N° 01-0401), en relación con los artículos 230 y 231 de la Constitución, había decidido que los mismos "no requieren aclaración alguna, pues sus textos son explícitos. La duración del mandato del Presidente de la República es de seis años y la toma de posesión, mediante juramento ante la Asamblea Nacional, es el 10 de enero del primer año del período constitucional."

Por tanto, así como el Tribunal Supremo lo había resuelto claramente en esa sentencia, en relación con al primer período constitucional del Presidente Chávez que se había iniciado el 10 de enero de 2001, el mismo concluía el 10 de enero de 2013, término en el cual comenzaba el próximo período presidencial, conforme lo dispone el artículo 231 de la Constitución de la República Bolivariana de Venezuela. Por tanto, si el Tribunal Supremo hubiese tenido que decidir en enero de 2013, sobre dicha situación, no podría decir nada distinto a que "el período constitucional del Presidente Hugo Chávez Frías concluía el 10 de enero de 2013, término en el cual comenzaba el próximo período presidencial, conforme lo dispone el artículo 231 de la Constitución de la República Bolivariana de Venezuela."

Pero el Presidente de la República, para esas fechas no estaba en Caracas, y había sospechas de que no regresaría. Frente a ello, como toda ausencia del Presidente de la República del territorio nacional constituye siempre una falta temporal, ello significaba que en ese estado, el Vicepresidente Ejecutivo, en esos casos, la suplía automáticamente, asumiendo el ejercicio de la Presidencia hasta por noventa días, prorrogables por decisión de la Asamblea Nacional hasta por noventa días más (art. 234).

Como se ha dicho, la falta temporal, es una situación de hecho, que se produce, entre otros acaecimientos, precisamente por ausentarse del país. La falta temporal no se decreta ni se declara; sucede, de manera que toda ausencia del territorio nacional constituye siempre una falta temporal. Siendo una situación de hecho, en particular cuando se trata de una ausencia del territorio nacional que se produzca sin cumplir por ejemplo funciones oficiales, de acuerdo con la Constitución, si la falta temporal se prolonga por más de noventa días consecutivos, la Asamblea Nacional debe decidir por mayoría de sus integrantes si debe considerarse que hay falta absoluta (art. 234). Por otra parte, si la falta temporal del Presidente por viaje al exterior se prevé que es por menos de 5 días, la decisión de ausentarse no requiere de la autorización de la Asamblea Nacional. En cambio, esa autorización sí se requiere, conforme al artículo 231 de la Constitución, en los casos de ausencia del territorio nacional por más de 5 días. Pero en estos casos, la autorización no es para que pueda tener lugar la falta temporal. Esta, que es una situación de hecho, como se dijo, se produce siempre cuando hay ausencia del territorio nacional, independientemente del tiempo. Por otra parte, y por supuesto, la falta temporal puede ocurrir también aun estando en Presidente en el territorio nacional, en caso de hospitalización, por ejemplo.

En la situación que existía en el país al final del mes de diciembre de 2012, la perspectiva era que el 10 de enero de 2013 terminaba el período constitucional que se había iniciado el 10 de enero de 2007, y debía comenzar uno nuevo. En esa fecha, Hugo Chávez Presidente, cesaba como Presidente por el período 2007-2013, condición que en ningún caso podía prorrogarse; y debía comenzar el nuevo período para el cual había sido electo (2013-2019) para lo cual debía juramentarse ante la Asamblea Nacional o excepcionalmente ante el Tribunal Supremo de Justicia. Si tal juramento no se producía, el Presidente electo no podía iniciar el ejercicio del cargo.

La Constitución, en relación con el Presidente electo, sólo regulaba expresamente el supuesto de que se produjera su "falta absoluta antes de tomar posesión" del cargo, en cuyo caso, mientras se elegía y tomaba posesión un nuevo Presidente que debía ser electo dentro de los 30 días consecutivos siguientes al 10 de enero, el Presidente de la Asamblea Nacional se debía encargar de la Presidencia. De acuerdo con la Constitución, la falta absoluta que por ejemplo en la situación de ese momento se podía producir antes de la toma de posesión el próximo 10 de enero, era por muerte, renuncia, o incapacidad física o mental permanente certificada por una junta médica designada por el Tribunal Supremo de Justicia y con aprobación de la Asamblea Nacional (art. 233). En esos casos, el Presidente de la Asamblea Nacional estaba obligado constitucionalmente a encargarse el 10 de enero de la Presidencia de la República, y no podía negarse a ello.

Situación distinta era que antes de la toma de posesión no se hubiera producido falta absoluta del Presidente electo, pero sin embargo, el 10 de enero, por cualquier circunstancia no se pudiera presentar a juramentarse para tomar posesión del cargo y a comenzar a ejercer como Presidente. La Constitución no regula esta situación que se podía producir cuando un Presidente electo, que no hubiera incurrido en una causal de falta absoluta, no tomase posesión de su cargo el día 10 de enero del año de inicio del período constitucional, que es el mismo día en el cual termina el período anterior. En estos casos no podía hablarse estrictamente de "falta temporal" pues como el Presidente electo no habría tomado posesión del cargo, no podía haber falta temporal alguna en el ejercicio de un cargo que no ejercía. En este supuesto, era necesaria una interpretación constitucional, y lo cierto, de ella, es que en ningún caso podía concluirse que el Presidente anterior quien terminaba el 10 de enero o su Vicepresidente en ejercicio temporal de la Presidencia quien también terminaba su cargo el mismo día 10 de enero de 2013, pudieran continuar ejerciendo el cargo después de terminado el periodo constitucional, en una especie de "prórroga" no establecida constitucionalmente.

Por ello, en esa excepcional situación, la interpretación más acorde con la Constitución en nuestro criterio, era la que deriva de apreciar el texto fundamental en su integralidad, conforme a la intención del Constituyente, teniendo en cuenta la regulación relativa a la situación de falta absoluta del "Presidente" electo, y a la "falta temporal" del Presidente. De estas regulaciones, la conclusión debía ser que quien suplía la "falta temporal" del Presidente electo que no se presentase a tomar posesión de su cargo, era el Presidente de la Asamblea Nacional, mientras se resolvía la situación del Presidente electo cuando éste no se hubiera presentado a juramentarse.

Esa situación se tenía que resolver en dos formas: primero, con la toma de posesión del Presidente electo de su cargo, en la forma prescrita en la Constitución con posterioridad al 10 de enero, mediante su juramentación ante la Asamblea Nacional, o excepcionalmente ante el Tribunal Supremo, lo que en ningún caso podía ocurrir después de transcurridos 90 días contados a partir del 10 de enero, cuando debía procederse a convocar una nueva elección.

Y en cuanto a esa posibilidad de juramentación ante el Tribunal Supremo para la toma de posesión del cargo por el Presidente, la misma es una medida excepcional, que sólo puede aplicarse cuando por alguna causa justificada y justificable, la juramentación no se pueda hacer ante la Asamblea Nacional, por ejemplo, cuando ésta no se ha podido instalar o no puede sesionar.

La otra forma de resolución, es mediante la declaración formal (en principio por la Asamblea Nacional) de que después del 10 de enero lo que se habría producido era una falta absoluta del Presidente electo, lo que podía ocurrir si después de esa fecha el mismo fallecía; renunciaba; era destituido por sentencia del Tribunal Supremo de Justicia; era declarado incapaz permanente, física o mental, certificado por una junta médica designada por el Tribunal Supremo de Justicia y con aprobación de la Asamblea Nacional; o había abandonado el cargo, declarado tal abandono por la Asamblea Nacional (art. 233 de la Constitución). En este caso, declarada la ausencia absoluta, mientras se elegía y tomaba posesión un nuevo Presidente que debía ser electo dentro de los 30 días consecutivos siguientes a tal declaratoria, se debía encargar de la Presidencia el Presidente de la Asamblea Nacional.

En todos los casos en los cuales el Presidente de la Asamblea estaba llamado a encargarse de la Presidencia de la República, se trataba de una obligación constitucional que no podía eludir ni negarse a cumplir.

En la situación a finales de 2012, había una situación de falta temporal del Presidente, como situación de hecho que se había producido por la ausencia del Presidente del territorio nacional. En esa situación, desde el 9 diciembre de 2012, cuando el Presidente salió para Cuba con autorización de la Asamblea, esa falta temporal debía haberse suplido automáticamente por el Vicepresidente Ejecutivo sin que nadie la tuviera que haber "declarado." Estando el Presidente fuera del país, el que debía suplirlo en el ejercicio de la Presidencia en Venezuela por mandato constitucional era el Vicepresidente, por lo que no tenía sentido ni fundamento constitucional alguno el tardíamente anunciado Decreto presidencial del 9 de diciembre de 2012, de delegación de funciones al Vicepresidente. Este ejercía de pleno derecho las funciones del Presidente cuando suplía su falta temporal, por lo que delegarle además, funciones, era innecesario y redundante.

Por otra parte, el hecho de que el Presidente hubiese sido reelecto no cambiaba la necesidad de que tuviera que juramentarse en la forma antes indicada ante la Asamblea Nacional. La reelección presidencial no equivalía a la continuación de un mismo mandato, como erradamente lo apreció la Presidenta del Tribunal Supremo adelantado opinión en la materia constitucional.[331] Esa afirmación no tiene sentido alguno en el régimen constitucional venezolano. La reelección no es continuación de mandato alguno. En el caso del mandato presidencial 2007-2013, el mismo cesó el 10 de enero de 2013, y ese día se inició un nuevo mandato, y nada cambiaba esa situación constitucional el hecho de que fuera la misma persona quien cesaba en un mandato y debía iniciar otro. El Tribunal Supremo, en todo caso, podía interpretar las respectivas normas constitucionales, en caso de duda, de ambigüedad o de laguna, lo que por supuesto debía hacer con independencia e imparcialidad, como supremo intérprete y garante de la Constitución y no como actor político.[332]

II. SOBRE LA SITUACIÓN DE FALTA DE GOBIERNO, A PARTIR DEL 28 DE DICIEMBRE DE 2012, POR LA AUSENCIA DEL TERRITORIO NACIONAL DEL PRESIDENTE Y DEL VICE-PRESIDENTE EJECUTIVO (30-12-2012)

Para fines de diciembre de 2012, a la situación anteriormente indicada de incertidumbre constitucional, adicionalmente en el país ocurría una situación inédita y extraordinaria de carencia o falta de gobierno, por la falta temporal, por estar ausentes del territorio nacional, a la vez, tanto del Presidente Chávez como del Vicepresidente N. Maduro.

Se recuerda, que con motivo de la ausencia del Presidente de la República del territorio nacional a partir del 9 de diciembre de 2013, se había producido su falta temporal, la cual en virtud de la Constitución, comenzó a ser suplida por el Vicepresidente Ejecutivo, en quien, además, el Presidente delegó un conjunto de atribuciones mediante Decreto N° 9315 de la misma fecha, publicado semanas después, y

---

331 La Presidenta del Tribunal Supremo, Luisa Estela Morales, ya el 20 de diciembre de 2012 había expresado según apareció en el reportaje: "TSJ atento a consultas sobre asunción de Chávez, pero hasta ahora no hay "nada que interpretar", en *Noticias24,* lo siguiente: "Para este momento sencillamente el presidente (Chávez) ha cumplido, de acuerdo con lo que establece la Constitución con solicitar un permiso a la Asamblea Nacional para asuntarse del país por más de cinco días. Hasta allí las otras circunstancias ya las conoce el país, pero no tiene por qué ser objeto de interpretación constitucional"... La magistrada Morales además matizó el tema al asegurar que en todo caso no se trataba de un nuevo presidente, sino de la continuidad de mandato de un jefe de Estado reelecto, como lo fue Chávez el pasado 7 de octubre en los comicios generales. "No es nuevo, es el mismo presidente, ¿verdad? y aquí hay un hecho muy importante que es la continuidad por la reelección del presidente", dijo Morales. La Constitución no menciona a presidentes reelectos y sólo especifica cuándo debe asumir el cargo el presidente electo." Véase en http://www.noti-cias24.com/venezuela/noti-cia/142468/tsj-sobre-la-fecha-de-asuncion-de-chavez-esperaremos-que-nos-hagan-la-consulta/. Como se expresa más adelante, precisamente al día siguiente, el 21 de diciembre de 2012 se conoció que se había formulado ante la Sala Constitucional la esperada "consulta."

332 En la situación constitucional de la terminación del mandato del Presidente Chávez en enero de 2013, el Vicepresidente Ejecutivo N. Maduro, desde el día 10 de diciembre de 2012, al ausentarse el Presidente Chávez del país, ya había declarado a la prensa que: "Cualquier asunto que tenga que dirimirse, tenemos nuestra muy prestigiosa Sala Constitucional del Tribunal Supremo de Justicia, que ha demostrado gran capacidad para interpretar cualquier tema que sea necesario de la Constitución." Véase en http://www.el-nacional.com/politica/Maduro-manos-TSJ-decision-pro-rroga_0_102592472.html. Días después, al día siguiente de las declaraciones antes mencionadas de la Presidenta del Tribunal Supremo de Justicia, el 21 de diciembre de 2012, se conoció que había sido presentado ante la Sala Constitucional del TSJ un recurso de interpretación sobre el artículo 231 de la Constitución (Expediente es 2012-1358). Ese recurso fue precisamente el decidido mediante sentencia N° 2 de 9 de enero de 2013. Véase en http://www.tsj.gov.ve/decisiones/scon/Enero/02-9113-2013-12-1358.html

luego republicado en *Gaceta Oficial* N° 40.076 del 26 de diciembre de 2013. La consecuencia de la falta temporal del Presidente por estar ausente del territorio nacional fue la puesta en funcionamiento del artículo 234 de la Constitución, conforme al cual, el Vicepresidente Ejecutivo suple al Presidente en sus funciones.

Es decir, estando el Presidente hospitalizado por grave enfermedad en La Habana, en una actividad evidentemente de carácter no oficial, en Venezuela, el Vicepresidente y solo el Vicepresidente Nicolás Maduro suplía las funciones del Presidente, tanto como Jefe de Estado como Jefe del Ejecutivo Nacional, dirigiendo la acción de gobierno. Sin embargo, ocurrió que el Vicepresidente Maduro también salió del país el día 28 de diciembre de 2013, rumbo a La Habana, anunciando que el Ministro de Energía Eléctrica, Héctor Navarro, sería "encargado" de la Vicepresidencia "por el tiempo que estemos visitando a nuestro comandante Chávez."[333] Esa ausencia, sin embargo y a pesar de lo indefinido de su término anunciado, se presume que debió haber sido prevista por un lapso de menos de 5 días, pues de lo contrario el Vicepresidente encargado de la Presidencia hubiera tenido que solicitar autorización de la Asamblea Nacional, en los mismos términos en los cuales la hubiera debido solicitar el Presidente en esos casos (art. 235).

Pero en cuanto a la posibilidad misma de la ausencia y falta temporal del Vicepresidente por ausentarse del país, lo cierto es que la Constitución no prevé en forma alguna tal posibilidad de que el Vicepresidente Ejecutivo, cuando esté supliendo las funciones del Presidente por su falta temporal, pueda también ausentarse del país y provocar la situación de falta total de Presidente. Tampoco prevé la Constitución que el Vicepresidente, supliendo al Presidente por su ausencia temporal, nombre a otra persona como Vicepresidente "encargado."

El "nombramiento" de un Ministro, como el anunciado respecto del Ministro de Energía (Navarro) como "encargado" de la Vicepresidencia, por tanto, no tenía validez constitucional alguna, pues con ello en definitiva dicho Ministro estaría supliendo las funciones del Presidente, quién, sin embargo, no lo había nombrado Vicepresidente Ejecutivo. Sólo el Presidente de la República puede nombrar un Vicepresidente Ejecutivo (art. 236.3), y el Vicepresidente Ejecutivo no puede, a su vez, nombrar otro Vicepresidente (ni siquiera "encargado"), salvo en caso de que se produzca una falta absoluta del Presidente, en cuyo caso el Vicepresidente al asumir en pleno la Presidencia (cuando le corresponda) podría entonces designar un Vicepresidente.

Por todo ello, y quizás por la inconstitucionalidad esencial de la bizarra situación creada por el Vicepresidente Ejecutivo al abandonar el país y nombrar un "encargado" de la Vicepresidencia, el texto del "decreto" de designación de tal "encargado" de la Vicepresidencia, al 31-12-2013, no se conocía, ni había sido publicado en la *Gaceta Oficial*. Por tanto, al 31 de diciembre de 2012, Venezuela simplemente carecía de gobierno, sin que nadie en el territorio nacional cumpliera las funciones de Jefe de Estado ni de Jefe del Ejecutivo Nacional.

333 Véase en http://www.el-nacional.com/politica/Designacion-Navarro-vicepresidente-genero-dudas_0_10-8591083.html.

III. SOBRE LA INÚTIL, SUPERFLUA Y ABSOLUTAMENTE LIMITANTE DELEGACIÓN DE ATRIBUCIONES EN EL VICEPRESIDENTE EJECUTIVO PUBLICADA EL 26 DE DICIEMBRE DE 2012 (1-1-2013)

Hemos hecho referencia a que mediante Decreto Nº 9.215 de fecha 9 de noviembre de 2012 supuestamente dictado por el Presidente Chávez en la víspera de su definitiva ausencia del país, pero publicado 12 días después, el 21 de diciembre de 2012,[334] el Presidente habría delegado un conjunto de atribuciones en el Vicepresidente Ejecutivo.

La delegación de atribuciones por parte del Presidente de la República en otros órganos del Ejecutivo Nacional, en general, y parafraseando uno de los considerandos de dicho Decreto Nº 9.315, sin duda puede considerarse como "una figura jurídica, constitucional y legalmente establecida," específicamente en la Ley Orgánica de la Administración Pública, que puede contribuir a "agilizar el trámite de materias sujetas a la decisión del Primer Mandatario Nacional." Sin embargo, ello constituye una inútil y redundante decisión, cuando el funcionario en quien se delegan tales atribuciones ya las tiene en virtud de previsiones constitucionales.

Y ello fue precisamente lo que ocurrió con el mencionado Decreto Nº 9.315 de 9 de diciembre de 2012, que supuestamente dictó el Presidente Chávez el mismo día cuando se ausentó del país para ser sometido a una operación quirúrgica en La Habana, para lo cual fue autorizado por el Asamblea Nacional, habiendo sido supuestamente, ese decreto, en realidad su último decreto presidencial dictado en Caracas. Por esa ausencia del territorio nacional, a partir del 9 de diciembre de 2012, que fue la fecha del Decreto, se produjo la situación constitucional de falta temporal del Presidente, la cual debió ser automáticamente suplida por el Vicepresidente Ejecutivo, quien por ello debió pasar a ejercer todas las funciones del Presidente de la República.

En consecuencia, si ello era así, ningún sentido tenía entonces proceder a "delegarle" unas funciones que el Vicepresidente Ejecutivo comenzaba ejercer automáticamente, de pleno derecho, ese mismo día, sobre todo porque en contrario a lo afirmado en otro de los "Considerandos" del mismo Decreto, el "tratamiento médico" al cual el Presidente anunciaba que debía "ser sometido," lo limitaba en forma total "en el desempeño del cargo," al punto de no poder volver a ejercer las funciones inherentes al mismo.

El Decreto de delegación Nº 9.315 de 9 de diciembre de 2012, en todo caso, sólo fue publicado diecisiete días después de que se iniciara la ausencia temporal del Presidente y de que fuera operado en La Habana, en la *Gaceta Oficial* Nº 40. 077 el 21 de diciembre de 2012, lapso durante el cual, postrado como estaba el Presidente en un hospital en el extranjero pasando por un complejo proceso postoperatorio, había estado y estaba total y absolutamente incapacitado para gobernar. En esa circunstancia, fue a partir de la publicación del Decreto de delegación el 26 de diciembre, cuando el mismo comenzó a surtir efectos. Nada se sabe sobre el porqué la publicación no coincidió con la salida del Presidente del territorio nacional, por lo que

334 Originalmente publicado en *Gaceta Oficial* Nº 40.077 de 21 de diciembre de 2012, y luego republicado en *Gaceta Oficial* Nº 40.078 de 26 de diciembre de 2012.

es posible pensar que la misma, o el mismo texto del decreto, se haya realizado cuando otras circunstancias parece que lo exigieron.

El Decreto de delegación, según se anunció oficialmente, era referido básicamente a medidas de tipo económico-financiero del sector público, y "delegaba" en el Vicepresidente Ejecutivo las siguientes atribuciones (que si se hubiera aplicado la previsión constitucional del artículo 239.8 que le asigna el deber de suplir las faltas temporales del Presidente de la República, ya hubiera tenido): 1. Créditos adicionales; 2. Traspasos de partidas presupuestarias; 3. Rectificaciones al presupuesto; 4. Operaciones de crédito público; 5. Prórroga para la liquidación de órganos o entes públicos; 6. Nombramiento de algunos altos funcionarios públicos; 7. Afectación para expropiación; 8. Reforma organizacional de entes descentralizados; 9. Puntos de cuenta ministeriales sobre las anteriores materias; 11. Las actuaciones presidenciales como parte de cuerpos colegiados; 12. Jubilaciones especiales a funcionarios; 13. Puntos de cuenta ministeriales sobre adquisición de divisas; 14. Puntos de cuentas sobre presupuestos de los entes descentralizados; 15. Insubsistencias presupuestarias; 16. Exoneraciones del Impuesto al Valor Agregado; 17 Exoneraciones del Impuesto sobre la renta; así como 18. Todas las decisiones administrativas previstas en la Constitución y las leyes (art. 1). Toda esta enumeración de atribuciones, en la cual no estaba en forma alguna delegación posible al Vicepresidente para designar un "Vicepresidente encargado," por supuesto, era redundante e inútil, pues toda ellas no sólo las podía, sino las debía ejercer el Vicepresidente Ejecutivo supliendo la falta temporal del Presidente como lo indica la Constitución.

Sin embargo, así no lo entendió el gobierno desde cuando en 2011 comenzó el tratamiento médico al Presidente de la República en el exterior, ignorándose el hecho de que el Vicepresidente suple automáticamente las faltas temporales del Presidente como las que en ese caso ocurrieron por los viajes al exterior por razones médicas. Ello, sin embargo, lo obviaron tanto el Presidente como los Vicepresidentes Ejecutivos en funciones, razón por la cual se acudió a la, en este caso, redundante figura de delegación de facultades al Vicepresidente para que las ejerciera, precisa y básicamente, durante las faltas temporales del Presidente.

Fue en esa orientación que se dictó entonces el Decreto N° 9315 del 9 de diciembre de 2012, que derogó el previo N° 9222 de 16 de octubre de 2012,[335] en el cual, tal como apareció en su versión supuestamente firmada por el Presidente (se habría tratado en efecto del último decreto que el Presidente de la República habría firmado estando en Caracas) publicada en *Gaceta Oficial* N° 40.077 del 21 de diciembre de 2012, se estableció una muy importante limitante para el ejercicio de sus competencias (incluyendo algunas de las delegadas) por parte el Vicepresidente, y quizás esa era la intención de no considerar aplicable el artículo 239.8 de la Constitución, y es que *todos sus decretos y actos debía someterlos a "previa consulta con el Presidente,"* y a dictarlos siempre, todos, en Consejo de Ministros,

El numeral 10 del artículo 1° del Decreto N° 9315 de 9 de diciembre de 2012 publicado en la *Gaceta Oficial* N° 40.077 de 21 de diciembre de 2012,[336] en efecto estableció la facultad delegada de:

---

335 *Gaceta Oficial* N° 40.031 de 18-10-2012.

336 En la reimpresión por "fallas en los originales" aparecida en la *Gaceta Oficial* N° 40.078 de 26 de diciembre de 2012, el numeral conservó el mismo texto.

> 10. "Dictar los decretos y actos **previa consulta al Presidente de la República, y aprobados en Consejo de Ministros** distintos a los señalados en los numerales 1, 2, 3, 4, 5, 6, 7 y 8 del presente artículo, sin perjuicio de lo dispuesto en el artículo 35 y 38 del Decreto con rango, valor y fuerza de Ley Orgánica de la Administración Pública."

Habría sido la voluntad del Presidente de la República, por tanto, al ausentarse del país, considerar (aún cuando inconstitucionalmente), que el Vicepresidente no lo suplía automáticamente durante su ausencia temporal, por lo que habría procedido a delegarle atribuciones, y además, a someter absolutamente todos los actos que dictase el Vicepresidente distintos a los expresamente delegados en los 8 primeros numerales del artículo 1° del decreto referidos a temas de finanzas públicas, a consulta previa al Presidente y a su aprobación en Consejo de Ministros.

Con base en tal decreto de delegación, por tanto, era evidente que el Vicepresidente Ejecutivo: primero no podía dictar ningún acto en ejercicio de sus funciones (distinto a los referidos a las materias financieras indicadas) sin la consulta previa al Presidente, lo que sin duda era difícil si no imposible por la naturaleza de su postración; y que en ningún caso podía dictar actos ejecutivos sólo, sino en Consejo de Ministros.

Tal Decreto, por tanto, en las circunstancias en las cuales se dictó el 9 de diciembre de 2012 y en particular, en las que existían para el momento en el cual se publicó (21-12-2012) y se republicó (26-12-2012), momento en el cual por la gravedad postoperatoria el Presidente ausente éste estaba totalmente incapacitado para gobernar, la previsión del artículo 1.10 del Decreto le impedía al Vicepresidente materialmente dictar decisión alguna, al imponerle la obligación de someter a una "previa consulta al Presidente de la República" todos sus actos.

El decreto de delegación, como se dijo, se republicó en la *Gaceta Oficial* N° 40.078 del 26 de diciembre de 2012, por supuestas "fallas en los originales" que no se especificaron, supuestamente referidas "únicamente en un inconveniente en la enumeración de los artículos", quedando sin embargo la limitante impuesta al Vicepresidente (art. 1.10) sin modificación, en el sentido de que en todo caso, salvo las materias económicas delegadas (numerales 1 a 8 del art. 1) debía consultar previamente al Presidente, y en ningún caso podía dictar actos ejecutivos sólo, sino siempre en Consejo de Ministros. La primera limitante, por lo demás, como se dijo, a partir del 10 de diciembre ya era de imposible superación por la imposibilidad fáctica que había de que al Presidente se le pudiera consultar algo sobre el gobierno, dada su postración postoperatoria. La segunda limitante obligaba al Vicepresidente Ejecutivo a gobernar siempre en Consejo de Ministros.

Era jurídicamente imposible, por tanto, conforme a tal Decreto de delegación, que el Vicepresidente Ejecutivo, sin consultar previamente al Presidente de la República y sin aprobación en Consejo de Ministros pudiera por ejemplo nombrar, él solo, a un "Vicepresidente Encargado" para suplirlo a él mismo, y así ausentarse del país, originando su propia falta temporal, por carecer totalmente de competencia para ello. Ello hubiera sido una especie de delegación de facultades delegadas en cuyo caso se hubiera violado no sólo el propio texto del artículo 1.10 del Decreto de delegación sino el artículo 35 de la Ley Orgánica de la Administración Pública al cual remitía, que establece que la delegación no procede "3. Cuando se trate de competencias o atribuciones ejercidas por delegación"

A pesar de todo ello, sin embargo, al día siguiente de "reimprimirse" el Decreto de delegación presidencial, el Vicepresidente Maduro procedió a designar un funcionario para suplirlo a él mismo, como "Vicepresidente Encargado" y ejercer incluso las facultades que le había delegado el Presidente, lo que era evidentemente inconstitucional.

IV. SOBRE LA DESIGNACIÓN DE UN "VICEPRESIDENTE ENCARGADO" POR TRES DÍAS, POR UN VICEPRESIDENTE EJECUTIVO "POR DELEGACIÓN DEL PRESIDENTE" QUIEN NO LE DELEGÓ TAL ATRIBUCIÓN, IMPIDIÉNDOLE SUPLIR SU FALTA TEMPORAL (3-1-2013)

El día 2 de enero de 2013, circuló la *Gaceta Oficial* N° 40.080 de fecha 28 de diciembre de 2012, y con ella, se pudo conocer el contenido de un Decreto N° 9333 de fecha 27 de diciembre de 2012 que se había anunciado en la prensa, mediante el cual supuestamente el Presidente Hugo Chávez Frías, él mismo, y a la vez, el Vicepresidente Ejecutivo, Nicolás Maduro, por delegación del primero, habría nombrado a Héctor Navarro como:

> "Vicepresidente Ejecutivo de la República Bolivariana de Venezuela, en calidad de Encargado, a partir del 28 de diciembre de 2012 y hasta el 31 de diciembre de 2012, ambas fechas inclusive."

Ello significó que para cuando dicha *Gaceta Oficial* estuvo disponible a la lectura de los ciudadanos, no sólo la condición de "Vicepresidente Encargado" del Sr. Navarro ya había cesado, al haber tenido su nombramiento una fecha fija de terminación el 31 de diciembre de 2012, sino que se estaba produciendo la confirmación en forma auténtica de que a partir del 1 de enero de 2013, definitivamente nadie ejercía en Venezuela la Presidencia de la República, ya que el Presidente estaba fuera del territorio nacional, quizás postrado en una cama de hospital en La Habana pero totalmente inhabilitado para ejercer el cargo; el Vicepresidente Ejecutivo también estaba fuera del territorio nacional, de visita al enfermo o inhabilitado en La Habana, aún cuando había anunciado su regreso para el día 2 de enero; y el supuesto "Vicepresidente Encargado" por sólo tres días (28 al 31 de diciembre), ya para el 2 de enero cuando se conoció el texto del decreto que lo nombraba, había cesado en sus funciones.

Pero además, independientemente de la temporalmente inefectiva designación de un Vicepresidente Encargado por tres días mediante un decreto que nadie conoció sino cuando ya había cesado la encargaduría, interesa ahora destacar desde el punto de vista constitucional, es la figura del "Vicepresidente Ejecutivo Encargado."

Era evidente que la designación de un funcionario público sólo puede realizarse por el funcionario competente, siendo una condición de validez del acto de designación, la competencia de que quien lo dicte, que debe ser expresa, en el sentido de que no se presume, debiendo estar establecida en la Constitución o en la ley.

En cuanto al Vicepresidente Ejecutivo, la Constitución es absolutamente clara y precisa al indicar que dicho funcionario sólo puede ser designado, única y exclusivamente, por el Presidente de la República (art. 236.3), pudiendo considerarse dicho acto como un acto de gobierno dictado en ejecución directa de atribuciones constitucionales, siendo dicho funcionario su órgano directo y colaborador inmediato (art. 238), de su libre nombramiento y remoción (art. 236.3).

Siendo el nombramiento del Vicepresidente Ejecutivo de la competencia exclusiva del Presidente, éste es el único que también podría resolver designar a un funcionario como "encargado" de la Vicepresidencia Ejecutiva (principio del paralelismo de la competencia), por ejemplo, en caso de falta temporal del Vicepresidente titular. En ningún caso, un funcionario que ha sido designado por otro puede, a su vez, encargar de su propio cargo, a su propio arbitrio, a otro funcionario. Por tanto, no puede el Vicepresidente Ejecutivo, "encargar" por su propia decisión, a otro funcionario como encargado de su propio cargo. Ello sería, por ejemplo, como admitir que un Ministro designado por el Presidente de la República pueda, él mismo, a su voluntad, designar a un funcionario distinto como "encargado" de su propio cargo ministerial; o que un Director de un Ministerio designado por el Ministro respectivo pudiera, él mismo, a su propia voluntad, designar como encargado de su propio cargo de director a un funcionario distinto.

En consecuencia, es esencialmente inconstitucional que el Vicepresidente Ejecutivo designe a un "Vicepresidente Encargado", nombramiento que sólo podría efectuar quien nombró al Vicepresidente Ejecutivo, que es el Presidente de la Republica.

Sin embargo, lo contrario fue precisamente lo que ocurrió en el caso del Decreto Nº 9.333 de 27 de diciembre de 2012, el cual apareció en su encabezamiento como supuestamente dictado por "Hugo Chávez Frías" Presidente de la República," lo cual era falso, "en ejercicio de la atribución **que me confiere** el numeral 3 del artículo 236 de la Constitución," y a renglón seguido procedió el Sr. Nicolás Maduro Moros, Vicepresidente Ejecutivo de la República, sin indicar que hubiera consultado previamente al Presidente (lo que evidentemente era imposible), "por delegación del Presidente de la República Hugo Chávez Frías, según Decreto N° 9.315 de fecha 09 de diciembre de 2012, publicado en la *Gaceta Oficial* de la República Bolivariana de Venezuela N° 40.077 de fecha 21 de diciembre de 2012, reimpreso en la *Gaceta Oficial* N° 40.078, de fecha 26 de diciembre de 2012" a emitir un decreto mediante el cual resolvió:

> "Artículo 1°. Nombro Vicepresidente Ejecutivo de la República Bolivariana de Venezuela, en calidad de Encargado, a partir del 28 de diciembre de 2012 y hasta el 31 de diciembre de 2012, ambas fechas inclusive, al ciudadano Héctor Augusto Navarro Díaz, titular de la cédula de identidad N° V-3.714.184."

El Decreto, por otra parte, está firmado en Caracas el 27 de diciembre de 2012, obviamente, solo por el Vicepresidente Encargado, sin haberse aprobado el texto en Consejo de Ministros como lo exigía el decreto de delegación.

El texto del decreto, por supuesto, era ambiguo, pues se decía que supuestamente lo dictó Chávez "en ejercicio de la atribución *que me confiere* el numeral 3 del artículo 236 de la Constitución," pero en realidad lo dictó Nicolás Maduro como Vicepresidente Ejecutivo, "por delegación del Presidente" citando el Decreto N° 9.315 de fecha 09 de diciembre de 2012 (publicado el 21 de diciembre y reimpreso el 26 de diciembre de 2012). Sin embargo, basta leer dicho decreto para constatar que en el mismo no hay delegación alguna al Vicepresidente para que pueda nombrar un "Encargado" de su propio cargo, y precisamente por ello el Decreto de nombramiento del "Vicepresidente Encargado" no se basa en ningún numeral del artículo 1 del

Decreto de delegación, precisamente porque ninguno prevé tal posibilidad o atribución.

En realidad, la única atribución "delegada" por el Presidente en el Vicepresidente Ejecutivo conforme a ese Decreto de delegación, que podía haber tenido relación con el nombramiento de funcionarios públicos, era la establecida en el ordinal 6 del artículo 1, que se refiere a "Dictar los Decretos mediante los cuales se nombran a Viceministros, así como a los Presidentes y miembros de las Juntas Directivas de los entes descentralizados funcionalmente cuyo nombramiento corresponde al Presidente de la República conforme a su instrumento de creación," lo cual no se refiere en forma alguna supuesta potestad de nombrar un Vicepresidente Ejecutivo, así fuera como "encargado."

Por otra parte, dicha decisión de nombrar un Vicepresidente nunca podía haberse considerado como una decisión "de carácter administrativo que me son atribuidas (al Presidente) por la Constitución y la Ley" como reza el numeral 18 del artículo 1 del Decreto de delegación, pues el nombramiento de un Vicepresidente, así sea como "Encargado," es un acto de gobierno en el sentido de que lo dicta el Presidente en ejecución directa e inmediata de la Constitución.

Por último es de observar que el Vicepresidente Ejecutivo, al nombrar un "Vicepresidente Encargado" de su propio cargo, en definitiva lo que hizo, en la práctica, fue delegar en el "Vicepresidente Encargado" las atribuciones que el Presidente le había supuestamente delegado en el Decreto de delegación, lo cual como se dijo, es contrario a la previsión del artículo 35.3 de la Ley Orgánica de la Administración Pública.

Todo este embrollo, por supuesto tuvo un solo origen, que fue la inconstitucional negativa del Presidente a considerar que en sus faltas temporales lo suplía el Vicepresidente, y la inconstitucional negativa del Vicepresidente Ejecutivo de cumplir sus atribuciones constitucionales, entre las cuales está, ante todo, la de suplir al Presidente de la República (art. 239.8).

En todo caso, hasta el 3 de enero de 2013, no había en Venezuela nadie que condujera la acción de gobierno: había falta temporal del Presidente, quien estaba inhabilitado por complicaciones postoperatorias en un hospital de La Habana; también había falta temporal del Vicepresidente Ejecutivo quien no estaba en el país, por estar también en La Habana; y el Vicepresidente Ejecutivo "Encargado" había cesado en tal supuesto carácter el 31 de diciembre de 2012.

El 3 de enero, sin embargo el Vicepresidente Ejecutivo Nicolás Maduro regresó a Venezuela, seis días después de haber abandonado el territorio nacional. Estando el Vicepresidente supliendo al Presidente, su ausencia del país por viaje al exterior por más de 5 días, siendo a la vez una "falta temporal" debió haberse sometido al mismo régimen previsto en el artículo 235 para los viajes del Presidente, en virtud de estar constitucionalmente supliendo al Presidente de la República, en cuanto a la necesidad de solicitar la autorización de la Asamblea Nacional. En este caso, eso no ocurrió, violándose de nuevo la Constitución. Suplir al Presidente, sin duda equivale a estar encargado de la Presidencia, por lo que el Vicepresidente no sólo tiene y ejerce las atribuciones del Presidente sino también sus obligaciones.

Bajo ese ángulo debe aclararse que no era "desatino" alguno el que pudiera decirse que en los casos de ausencia del Presidente del territorio nacional, el Vicepresidente estaba encargado de la Presidencia durante la falta temporal. Ello no significaba que se desconociera la titularidad del Presidente sobre su cargo, aún cuando el ejercicio del mismo estuviese temporalmente en manos de quien lo suplía constitucionalmente que era el Vicepresidente.[337]

V. SOBRE LAS VICISITUDES CONSTITUCIONALES CON OCASIÓN DE LA INSTALACIÓN DE LA ASAMBLEA NACIONAL EL 5 DE ENERO DE 2013, Y LAS PERSPECTIVAS SUBSIGUIENTES (5-1-2013)

La Asamblea Nacional está compuesta por diputados electos por el pueblo, en votación universal, directa y secreta con representación proporcional (art. 186), que duran cinco años en sus funciones (art. 192). Conforme al artículo 197 de la Constitución, los diputados están obligados a cumplir sus labores a dedicación exclusiva, "en beneficio de los intereses del pueblo y a mantener una vinculación permanente con sus electores, atendiendo sus opiniones y sugerencias y manteniéndolos informados acerca de su gestión y la de la Asamblea." A tal efecto deben "dar cuenta anualmente de su gestión a los electores de la circunscripción por la cual fueron elegidos" y pueden ser sometidos a referendo revocatorio del mandato en los términos previstos en la Constitución y en la ley sobre la materia.

En todo caso, dice el artículo 201 de la Constitución, "los diputados son representantes del pueblo y de los Estados en su conjunto, no sujetos a mandatos ni instrucciones, sino sólo a su conciencia" de manera que "su voto en la Asamblea Nacional es personal." Esto implica, constitucionalmente hablando, que conforme al texto de la Constitución en Venezuela, no debe haber línea de partido o de grupo o fracción parlamentaria que comprometa el voto de los diputados.

Con este marco constitucional, que en la práctica ha sido completamente ignorado desde que se sancionó la Constitución, la Asamblea Nacional debe funcionar en sesiones ordinarias o extraordinarias. En cuanto a las primeras, el artículo 219 de la Constitución dispone que anualmente hay dos: Hay un primer período de sesiones ordinarias que comienza, sin convocatoria previa, el día cinco de enero de cada año o el día posterior más inmediato posible y dura hasta el quince de agosto; y un segundo período que comienza el día quince de septiembre o el día posterior más inmediato posible y terminar el quince de diciembre.

En cuanto a los requisitos y procedimientos para la instalación y demás sesiones de la Asamblea Nacional, el artículo 221 remite para su regulación al reglamento interno, disponiendo sin embargo, que el quórum no puede ser en ningún caso inferior a la mayoría absoluta de los integrantes de la Asamblea Nacional.

En el primer año de inicio del período constitucional del Presidente de la República, como era el caso del período constitucional 2013-2019, luego de la elección

---

337 Es un error del Ministro de Ministro del Poder Popular para la Comunicación e Información, Ernesto Villegas Poljak, afirmar en carta dirigida a Globovisión de fecha 3 de enero de 2013, que el Presidente Chávez era el único Presidente en ejercicio del cargo, cuando era evidente y elemental que un era cierto porque no lo estaba, por estar postrado en una cama de hospital en La Habana, y en todo caso completamente inhabilitado para gobernar. Una cosa es la titularidad del cargo y otra cosa su ejercicio. El 3 de enero, una vez que el Vicepresidente regresó al país, éste comenzó de nuevo a suplir al Presidente en el ejercicio del cargo, sin que ello implique negarle la titularidad del cargo al enfermo o quizás ya fallecido. Véase la carta en: http://www.lapatilla.com/site/2013/01/03/villegas-a-globovision-el-unico-presidente-de-venezuela-se-llama-hugo-chavez-carta/.

presidencial de octubre de 2012, la instalación de la Asamblea Nacional el 5 de enero de 2013, la elección en esa fecha de su directiva era de enorme importancia, pues era ante la misma, el día 10 de enero de 2013 que el Presidente electo en 2012 debía tomar posesión de su cargo mediante juramento ante la misma.

Sólo "si por cualquier motivo sobrevenido el Presidente de la República no podía tomar posesión ante la Asamblea Nacional," el artículo 231 de la Constitución disponía que "lo hará ante el Tribunal Supremo de Justicia." La elección de la directiva de la Asamblea nacional, según lo anunció el Presidente de la misma a la prensa el día 4 de enero de 2013, no sería de carácter plural, por lo que en la misma no se preveía que hubiera representación de la oposición a pesar de tener ésta el 40% de los diputados[338]. Y efectivamente, el día 5 de enero de 2013, la directiva designada de la Asamblea, presidida por el mismo Diosdado Cabello, resultó integrada toda, por otros diputados oficialistas.

En todo caso, una vez instalada la Asamblea Nacional y designada su nueva directiva el 5 de enero de 2013, la toma de posesión de su cargo ante la misma por parte del Presidente electo era una condición formal de carácter esencial para que pudiera iniciar su período constitucional. No se trataba de un "formalismo" insustancial. Al contrario, tan sustancial era, que si el Presidente no tomaba posesión ante la Asamblea Nacional no podía comenzar a ejercer su cargo, y sólo continuaría siendo "Presidente electo" pero sin poder ejercer el cargo. Por ser un requisito formal sustancial, la norma constitucional permite que "si por cualquier motivo sobrevenido" el Presidente de la República no pudiera tomar posesión de su cargo el día 10 de enero ante la Asamblea Nacional, entonces lo puede hacer "ante el Tribunal Supremo de Justicia."

La "flexibilidad dinámica" que abría dicho artículo, según expresión del Vicepresidente Ejecutivo de la República Nicolás Maduro,[339] quien desde el 10 de diciembre de 2012 suplía al Presidente Chávez en el ejercicio de la Presidencia (aun cuando se negaba a hacerlo), implicaba la necesidad de que existiera un "motivo sobrevenido" para que el Presidente no compareciera a tomar posesión de su cargo ante la Asamblea Nacional el día 10 de enero de 2013 (fecha hasta la cual el Vicepresidente Maduro podía suplir la falta temporal del Presidente Chávez); motivo que además, tendría que ser justificado y justificable. Un accidente de tránsito, por ejemplo, o un quebranto súbito de salud, sin duda, pueden ser hechos sobrevenidos que pueden impedirle a un Presidente electo presentarse ante la Asamblea Nacional el día de la toma de posesión. Igualmente puede decirse del impedimento que puede causar algún hecho natural como un movimiento telúrico, o una inundación.

---

338 "Cabello enfatizó el jueves la imposibilidad de alcanzar un acuerdo con el sector opositor en el Parlamento, aseverando que *"con esta oposición (...) no hay conciliación posible"*, en http://www.noticierovenevision.net/politica/2013/ene-ro/4/50616=diosdado-cabello-llama-a-manifestar-ante-parlamento-para-impedir-a-la-oposicion-

339 N. Maduro: "La Constitución establece que en todo caso como formalismo debe presentar su juramento ante la AN el 10 de enero, pero ya el 10 de enero comienza el nuevo periodo constitucional y el continúa en sus funciones y se establecerá (...) el momento que pueda prestar juramento ante el TSJ", indicó. Según el vicepresidente, el artículo 231 de la Constitución "abre una flexibilidad dinámica." "Es un formalismo presentar juramento ante la AN el 10 de enero. *El Universal*, Caracas 5-1-2013, en http://www.eluniversal.com/nacional-y-politica/salud-presiden-cial/130104/maduro-es-un-formalismo-presentar-juramento-ante-la-an-el-10-de-enero.

En todo caso, el hecho que puede válidamente impedir la comparecencia ante la Asamblea Nacional debe ser "sobrevenido" en el sentido de que su ocurrencia debe producirse con posterioridad a otro hecho esencial en relación con el cual se considera "sobrevenido," que en este caso no parece ser otro que el hecho que originó la condición de "Presidente electo," que sin duda es el acto de su elección. En ese caso, se trataba de la toma de posesión del cargo de Presidente para el cual la persona había sido electa, por lo que se entiende que el hecho sobrevenido a que se refería la norma era el que podía ocurrir después de que la persona fue electa. Un hecho anterior a la elección, en tal sentido, no podría considerarse como "sobrevenido."

En el caso del Presidente Chávez (Presidente por el período 2007-2013), el hecho sobrevenido que le podía impedir tomar posesión ante la Asamblea Nacional del cargo de Presidente para el cual había sido electo en octubre de 2012 (período 2013-2019), por tanto, tenía que haber ocurrido después de su elección como Presidente el 7 de octubre de 2012. Y ese fue el caso.

Independientemente de la gravedad de la enfermedad de la que padecía H. Chávez, que era anterior a octubre de 2012 y que fue ocultada al electorado,[340] en el caso del "hecho sobrevenido" para poder invocar la norma constitucional, era sin duda la operación a la cual había sido sometido el Presidente de la República en La Habana el 11 de diciembre de 2012, y los efectos que tuvo físicamente tal hecho en relación con la salud del Presidente, que lo postró definitivamente en una cama de hospital, imposibilitándolo totalmente para gobernar, por estar además ausente del territorio nacional. Ese hecho, sin duda, podía constituir un "hecho sobrevenido," de acaecimiento posterior a su elección (7 de octubre de 2012), el cual con toda lógica y razonabilidad le podría impedir acudir a la Asamblea Nacional el día 10 de enero de 2013 y tomar posesión del cargo para el cual fue electo. Eso, al menos, es lo que se infería razonablemente de la cronología de los hechos acaecidos después del 7 de octubre de 2012, según se fueron informado por la prensa unos días después, desde el 20 de octubre de 2012 hasta el 30 de diciembre de 2012,[341] y ya, a comienzos de 2013 cuando se informó - como si se tratara de parte de un "programa" predefinido de informaciones que luego se constató que se cumplió hasta el 5 de marzo de 2013-, lo siguiente:

- 4 de enero de 2013: "El Ministro de Comunicación e Información, Ernesto Villegas, anunció al país en cadena de radio y televisión que el Presidente de la República, Hugo Chávez, presenta una insuficiencia respiratoria producto de una "severa infección pulmonar" a raíz de la intervención quirúrgica a la que fue sometido el pasado 11 de diciembre."[342]

---

340 Por ejemplo, el 9 de julio de 2012, Chávez aseguró estar "totalmente libre" del cáncer y negó que su salud pudiera incidir en la campaña para las presidenciales del 7 de octubre. Véase en la reseña publicada en http://www.eluniver-sal.com/nacional-y-politica/salud-presidencial/121231/cronologia-de-los-problemas-de-salud-del-presidente-hugo-chavez.

341 Véase "Cronología de los problemas de salud del presidente Hugo Chávez," *El Universal*, Caracas 31 de diciembre de 2012 (05:36 PM), en http://www.eluni-versal.com/nacional-y-politica/salud-presidencial/121231/cronologia-de-los-problemas-de-salud-del-presidente-hugo-chavez.

342 Maduro: "Après la délicate opération du 11 décembre dernier, le commandant Chavez a souffert de complications suite à un grave infection pulmonaire. Cette infection a provoqué une insuffiance respiratoire qui implique un suivi strict de traitment," en "Chavez: des 'complications' après une 'grave infection pulmonaire'", en *Le Monde*, Paris 5-1-2013, p. 6.

- 7 de enero de 2013: "El ministro de Comunicación e Información, Ernesto Villegas, informó este lunes en cadena nacional que el presidente Chávez se encuentra en un estado "estacionario", luego de que se le diagnosticara una insuficiencia respiratoria. Dijo además que recibe el tratamiento adecuado y que el paciente responde de forma positiva a los medicamentos."[343]

Lo cierto de todo esto es que para el día 5 de enero de 2013, cuando se instaló la Asamblea Nacional en su primer período de 2013, y se eligió su nueva Directiva, existía, con toda certeza, al menos un cuadro de gravedad en la salud del Presidente, lo que permitía considerar con toda razonabilidad, que el mismo no iba a poder acudir ante la Asamblea Nacional a tomar posesión de su cargo el día 10 de enero de 2013, e incluso, que no iba a poder regresar a Venezuela antes de esa fecha desde La Habana, de manera que tampoco iba a poder juramentarse ante el Tribunal Supremo de Justicia en Caracas, que es la sede de los Poderes Públicos nacionales.

Se planteaba por tanto, claramente, el tema de la falta del Presidente Chávez, para lo cual la Constitución, en la situación de ese día, sólo regulaba dos supuestos:

Primero, su falta temporal por estar ausente del país, la cual desde el 10 de diciembre de 2012 había suplido el Vicepresidente Ejecutivo Nicolás Maduro (a pesar de que se negaba a ello), lo que solo podía hacer hasta el 10 de enero de 2013, cuando terminaba el mandato para el cual había sido electo en 2006 (período 2007-2013) (art. 239.8). Ese día concluyó el período constitucional 2007-2013, y con ello el mandato del gobierno, es decir, del Presidente Chávez, del Vicepresidente Maduro y de los Ministros.

Segundo, su falta absoluta, sólo si se llegaba a producir antes del 10 de enero de 2013, por su muerte – si es que no se había producido desde antes–, su renuncia, o su incapacidad física o mental permanente certificada por una junta médica designada por el Tribunal Supremo de Justicia y con aprobación de la Asamblea Nacional (art. 233), en cuyo caso debía procederse a una nueva elección universal, directa y secreta dentro de los treinta días consecutivos siguientes a dicha falta. En ese caso, mientras se elegía y tomase posesión el nuevo Presidente, se debía encargar de la Presidencia de la República el Presidente de la Asamblea Nacional designado el 5 de enero de 2013 (art. 233).

Pero como hemos dicho, la Constitución no regula expresamente la situación de falta de toma de posesión de un Presidente electo, y en ese caso –si es que Chávez seguía vivo-, las secuelas que pudieran presentarse después del 10 de enero de 2013, en cuyo caso, la interpretación constitucional que consideramos más acorde con las regulaciones de la Constitución sobre faltas del Presidente, era que debía encargarse de la Presidencia de la República el Presidente de la Asamblea, quien debía nombrar un nuevo Vicepresidente y un nuevo Gabinete ejecutivo, hasta que se resolviera la situación del Presidente electo. En ningún caso, en ese supuesto, el Vicepresidente Nicolás Maduro podía seguir en ejercicio del cargo de Vicepresidente Ejecutivo que terminaba el 10 de enero con el mandato de quien lo había nombrado, y menos podr-

343 Villegas: "Chávez se encuentra en estado estacionario," Caracas 7-1-2013, en http://www.lapatilla.com/site/2013/01/07/villegas-en-cadena-nacional-2/.

ía "suplir" a un Presidente electo que no hubiese comenzado a ejercer su cargo por falta de toma de posesión.[344]

En este caso, de la situación de un Presidente electo que no tomaba posesión del cargo en la fecha y forma prescrita en la Constitución, constitucionalmente sólo podían darse dos soluciones: la primera, de acuerdo con los motivos sobrevenidos, que el Presidente electo – si es que estaba vivo - se juramentase posteriormente, lo que en todo caso debía ocurrir en un lapso de 90 días, después de lo cual la Asamblea resolviese sobre su falta absoluta; y la segunda, que por las circunstancias del caso, la Asamblea Nacional decidiera que se había producido una falta absoluta del Presidente en los casos establecidos en el artículo 233 de la Constitución, y que pudieran ser aplicables (su muerte, su renuncia, su incapacidad física o mental permanente certificada por una junta médica designada por el Tribunal Supremo de Justicia y con aprobación de la Asamblea Nacional). En todo caso de falta absoluta, se tenía que proceder a una nueva elección universal, directa y secreta dentro de los treinta días consecutivos siguientes a la declaración de tal falta absoluta.

Ahora bien, en el caso de la situación existente en el país para el 5 de enero de 2013, y asumiendo que estaba aún con vida, era legítimo prever que el Presidente no iba a concurrir a la toma de posesión ante la Asamblea Nacional el 10 de enero de 2013, como en efecto ocurrió, y ello, además, por el motivo sobrevenido ya bien conocido que era la enfermedad y quebranto de salud del Presidente Chávez, tal como había sido anunciado oficialmente. En esa situación, era evidente que el único camino constitucional del cual disponía el Presidente de la Asamblea Nacional al posesionarse temporalmente del cargo de Presidente el 10 de enero de 2013, era requerir del Tribunal Supremo que designase la junta médica que prevé el artículo 233 de la Constitución con aprobación de la Asamblea Nacional, para certificar – en caso de que continuara con vida - la capacidad o la incapacidad física o mental permanente de H. Chávez para ejercer el cargo para el cual había sido electo, de manera que en el segundo caso, el Presidente de la Asamblea pudiera proceder a convocar y que se realizase una nueva elección universal, directa y secreta dentro de los treinta días consecutivos siguientes a la declaración de tal falta absoluta por la certificación mencionada. Nada de ello, sin embargo, ocurrió.

---

344 Carece de todo fundamento constitucional lo afirmado el día 5-1-2013 por Herman Escarrá, en el sentido de que durante este período 2013-2019 "el Vicepresidente (Nicolás Maduro) queda en ejercicio de sus funciones," destacando que esto sucederá "así el Presidente no esté juramentado, porque se trata de un régimen especial de carácter temporal." Ello no tiene sustento en norma constitucional alguna, y ante la "situación sobrevenida" de que el Presidente electo no concurra a tomar posesión del cargo el día 10 de enero, no es cierto que esa sea la solución "en el marco de la Constitución." En este supuesto de motivo sobrevenido para la no concurrencia del Presidente electo ante la Asamblea a tomar posesión del cargo, la Constitución, en realidad, no provee "su propia ingeniería para resolver", la cual, por el contrario, es necesario integrar mediante la interpretación de sus normas. Véase Herman Escarrá, "En Venezuela no cabe el análisis de falta temporal o falta absoluta," en http://www.lapati-lla.com/site/2013/01/05/hermann-escarra-en-venezuela-no-cabe-el-analisis-de-falta-temporal-o-falta-absoluta/.

VI. SOBRE EL SIGNIFICADO CONSTITUCIONAL DEL FIN Y DEL INICIO. EL 10 DE ENERO DE 2013, DE LOS PERÍODOS CONSTITUCIONALES 2007-2013 Y 2013-2019, LA NECESARIA TOMA DE POSESIÓN EN ESA FECHA DEL PRESIDENTE ELECTO MEDIANTE SU JURAMENTO ANTE LA ASAMBLEA, Y LOS EFECTOS DE SU NO COMPARECENCIA (7-1-2013)

La Constitución establece sólo en dos casos específicos, una fecha fija para la realización de actos estatales: primero, para determinar el inicio (5 de enero y 15 de septiembre) y la terminación (15 de agosto y 15 de diciembre) de las sesiones ordinarias de la Asamblea Nacional (art. 219); y segundo, para determinar el inicio del período constitucional de seis años del Presidente de la República (art. 230), lo que se produce el 10 de enero del primer año de su período constitucional, mediante la toma de posesión de su cargo, juramentándose ante la Asamblea nacional (art. 231). En ambos casos, se trata de establecer fechas fijas con efectos jurídicos constitucionales específicos, que no pueden ignorarse ni cambiarse ni prorrogarse, pues son de rango constitucional.

En cuanto al inicio del período constitucional del Presidente de la República, ello ocurre ineludiblemente el 10 de enero del año siguiente a la elección, que es el primer año de dicho período constitucional presidencial; fecha que no se puede cambiar, pues en esa misma fecha, en el sexto año, termina dicho período constitucional. Es decir, el día 10 de enero de inicio del período constitucional de un Presidente, coincide siempre con el día de terminación del período presidencial del Presidente anterior, ocurriendo ambos términos de inicio y terminación, el mismo día. No se trata, por tanto, de cualquier fecha ni la misma puede modificarse en forma alguna.

Ahora bien, es precisamente en esa fecha 10 de enero del primer año del período constitucional, que conforme a la Constitución el "candidato elegido" debe tomar "posesión del cargo" de Presidente de la República "mediante juramento ante la Asamblea Nacional" (art. 231), con lo que inicia su período constitucional. Ello significa que un Presidente electo para iniciar su período constitucional, es decir, para ejercer el cargo para el cual fue electo, tiene ineludiblemente que juramentarse ante la Asamblea Nacional (art. 231), y sólo "si por cualquier motivo sobrevenido" el Presidente "no pudiese tomar posesión ante la Asamblea Nacional, lo hará ante el Tribunal Supremo de Justicia." (art. 231). La toma de posesión del cargo, por tanto, es la condición esencial para que pueda ejercerse el mismo, para lo cual la Constitución establece una formalidad sustancial que es el juramento.

La Constitución, en efecto, establece dicho juramento como condición para ejercer un cargo público y tomar posesión del mismo, sólo en dos casos: en el caso de los jueces (art. 255) y en el caso del Presidente de la República (art. 231); teniendo dicho requisito rango constitucional. En cuanto al juramento en relación con todos los otros funcionarios públicos, el mismo está regulado en la Ley de Juramento de 1945, en la cual se indica ante quién debe ser prestado; Ley que en todo caso dispone que "Ningún empleado podrá entrar en ejercicio de sus funciones sin prestar antes juramento de sostener y defender la Constitución y las leyes de la república y de cumplir fiel y exactamente los deberes de su empleo" (art. 1).[345]

345 *Gaceta Oficial* N° 21.799 de fecha 30 de agosto de 1945.

El juramento, por tanto, es la condición esencial para que un funcionario público pueda tomar posesión de su cargo o pueda entrar en ejercicio del mismo, condición que como se dijo, sólo en dos casos tiene rango constitucional, en el caso de los jueces y en el caso del Presidente de la República. En los otros casos es un requisito de rango legal. En consecuencia, no se trata de un formalismo insustancial que pueda soslayarse o evitarse, y menos cuando tiene rango constitucional como es el caso del Presidente de la República o de los jueces. Sin juramento, sencillamente, el funcionario designado o electo no puede entrar en ejercicio de sus funciones, no puede tomar posesión de su cargo.

Y ello es lo que ocurre, por ejemplo, con el Presidente electo de la República, quien para tomar posesión de su cargo tiene que juramentarse ante la Asamblea Nacional, pero no en cualquier día después de su elección, sino precisamente el 10 de enero del año siguiente a su elección, en la sesión correspondiente de la Asamblea Nacional, que es cuando comienza su período constitucional.

Entre el momento de la elección de un Presidente y el momento de su juramentación para tomar posesión del cargo, por tanto, se produce un período de transición en el cual coinciden, por una parte, un Presidente en ejercicio del cargo, en los últimos meses de su período constitucional; y por la otra, un Presidente electo, quién aun siendo titular del cargo por elección, no puede ejercerlo sino a partir del 10 de enero siguiente una vez que se juramente ante la Asamblea Nacional.

Durante ese período de transición, la Constitución regula la situación de las posibles faltas de ambos Presidentes: el que está en ejercicio de sus funciones, y el que solo es Presidente electo.

En cuanto al Presidente en ejercicio del cargo, la Constitución regula el régimen de la posible falta temporal y falta absoluta del mismo. En cuanto a la primera, la falta temporal, se regula en los artículos 234 y 239.4 de la Constitución donde se dispone que la suple el Vicepresidente Ejecutivo, quien es designado por el propio Presidente, de quien es su "órgano directo y colaborador inmediato" (art. 238). Esta fue la situación constitucional que por ejemplo existió en el país desde el 10 de diciembre de 2012, cuando el Presidente de la República viajó a Cuba para someterse a una delicada operación que desde entonces lo mantuvo hospitalizado e inhabilitado para gobernar, cuando la falta temporal debió haber sido suplida por el Vicepresidente Nicolás Maduro.

En cuanto a los casos de falta absoluta del Presidente de la República en funciones, en particular en el período de transición entre períodos constitucionales cuando coincide con el Presidente electo, si la misma llegare a ocurrir, estando al final del período constitucional (durante los últimos dos años del mismo), el Vicepresidente Ejecutivo es quien asume la Presidencia de la República "hasta completar dicho período," es decir, hasta el 10 de enero del año en el cual termina. Ello implica que en esos casos, constitucionalmente, el Vicepresidente Ejecutivo encargado de la Presidencia por falta absoluta del Presidente en funciones, no puede ejercer el gobierno sino hasta completar el periodo del Presidente que estaba en funciones, debiendo transferir el Poder Ejecutivo al Presidente electo en ese día 10 de enero.

En cuanto al Presidente electo, como se dijo, la Constitución exige que tome posesión del cargo el 10 de enero del primer año de su período constitucional. Con anterioridad a esa fecha, su status es de "Presidente electo," pero sin estar y sin poder estar en ejercicio del cargo, que sólo puede asumir al juramentarse ante la

Asamblea Nacional el 10 de enero. Por tanto, mientras es Presidente electo, no se le puede aplicar en forma alguna las causales de "falta temporal" pues no está en ejercicio de cargo alguno. El régimen de las faltas temporales sólo se puede concebir respecto del Presidente en ejercicio del cargo, una vez que ha tomado posesión del mismo.

Por ello, respecto del Presidente electo, la Constitución sólo regula el supuesto de falta absoluta del mismo (art. 233) precisamente durante el período de transición, a cuyo efecto establece que en esos casos de falta absoluta del Presidente electo antes de tomar posesión del cargo, es decir, después de su elección y antes de 10 de enero siguiente, una vez que el Presidente en ejercicio completa su período y ejerce el cargo hasta esa misma fecha 10 de enero, a partir de la misma el Presidente de la Asamblea Nacional se debe encargar de la Presidencia de la República mientras se elige y toma de posesión el nuevo Presidente que debe elegirse; y ello en virtud del principio democrático de la Constitución que exige que quien ejerza el cargo de Presidente tiene que ser una persona electa popularmente.

Distinta era la situación que existía desde el 10 de diciembre de 2012, cuando por la falta temporal del Presidente Chávez, por estar sometido a cuidados médicos postoperatorios en Cuba, lo suplía (aun cuando no lo quisiera reconocer) en la Presidencia de la República el Vicepresidente Ejecutivo, que era un funcionario no electo popularmente. En esa situación, había un Presidente titular que a la vez era Presidente electo, de manera que si se hubiese producido en ese período de transición entre los dos períodos constitucionales, una falta absoluta del Presidente Chávez, el Vicepresidente Ejecutivo Maduro que lo suplía temporalmente en el cargo, debía completar el período hasta el 10 de enero, y a partir de ese día, por imposibilidad de que el Presidente electo pudiera asumir el cargo, la interpretación constitucional más elemental imponía que se siguiese el mismo régimen de la falta absoluta del Presidente electo antes de la toma de posesión, es decir, que aparte de que el Vicepresidente Ejecutivo en ejercicio del cargo completase el período constitucional hasta esa misma fecha 10 de enero, a partir de la misma sólo el Presidente de la Asamblea Nacional (que tenía legitimidad democrática pues había sido electo popularmente) hubiese podido encargarse de la Presidencia de la República mientras se elegía y tomaba posesión el nuevo Presidente que debía elegirse.

Pero esa situación no era la que previsiblemente podía darse en los días previos al 10 de enero de 2013, cuando en el período de transición entre los dos períodos constitucionales (2007-2013 y 2013-2019), el Presidente Chávez, titular del cargo del período 2007-2013, se decía que estaba hospitalizado en La Habana, y su falta temporal la suplía el Vicepresidente Ejecutivo, situación que se tenía que prolongar hasta el 10 de enero de 2013, cuando le correspondía al propio Presidente Chávez, como Presidente electo (o reelecto), tomar posesión del cargo y juramentarse para el nuevo período constitucional 2013-2019 para el cual había sido electo el 7 de octubre de 2012.

Sin embargo, por las informaciones oficiales de las cuales se disponía, dadas por los voceros gubernamentales desde el 11 de diciembre de 2012, en realidad, lo que era previsible era que el Presidente Chávez no iba a acudir ante la Asamblea Nacional a tomar posesión del cargo de Presidente de la República para el período 2013-2019, mediante su juramento ante la Asamblea. En esa situación, lo cierto es que, por una parte, el Vicepresidente Ejecutivo que lo suplía temporalmente en el ejercicio del cargo por los problemas de salud que lo aquejaban, sólo podía y debía completar el período constitucional correspondiente, es decir, el que terminaba el 10 de enero de 2013, en su carácter de Vicepresidente Ejecutivo de un Presidente que terminaba en sus funciones esa fecha al concluir su período constitucional; y por la otra, que a partir del 10 de enero, cuando comenzaba un nuevo período constitucional para el cual había sido electo el mismo Presidente Chávez, al no poder este tomar posesión del cargo por no poder juramentarse en la Asamblea ese día, y en ausencia de normas constitucionales expresas, debía interpretarse la Constitución para determinar quien debía en tal situación encargarse de la Presidencia y cuales debían ser sus tareas inmediatas. En ningún caso podía interpretarse que el Vicepresidente Ejecutivo que suplía la falta temporal del Presidente Chávez, aún cuando él se hubiera negado a ello, pudiera seguir en ejercicio de la Presidencia "supliendo" a un Presidente que no podía tomar posesión del cargo y que él, además, se negaba a "suplir." Además, si el Presidente Chávez no acudía ante la Asamblea a juramentarse el 10 de enero de 2012, no entraba en ejercicio del cargo, por lo que mal podría pretenderse "suplir" a alguien en el ejercicio de un cargo cuyo ejercicio no se había asumido por no haber tomado posesión del mismo.

Como se dijo, en esta materia de régimen de la no comparecencia del Presidente electo a tomar posesión de su cargo mediante juramento ante la Asamblea Nacional el 10 de enero, la Constitución sólo regula expresamente la hipótesis de que "si por cualquier motivo sobrevenido" el Presidente de la República electo "no pudiese tomar posesión ante la Asamblea Nacional," en ese caso, dispone la norma, "lo hará ante el Tribunal Supremo de Justicia" (art. 231). Esta regulación, por una parte, confirma la importancia de la fecha del 10 de enero que es la única en la cual el Presidente puede juramentarse ante la Asamblea Nacional, de manera que si por cualquier "motivo sobrevenido" no pudiese tomar posesión ante la Asamblea Nacional," entonces sólo puede hacerlo posteriormente "ante el Tribunal Supremo de Justicia."

No regula la norma expresamente quien debe encargarse de la Presidencia el 10 de enero en caso de incomparecencia del Presidente electo a tomar posesión de su cargo para el cual fue electo el año anterior. Evidentemente que no puede ser el Presidente de la República saliente, que termina su período ese día, ni puede ejercer dicha Presidencia el Vicepresidente Ejecutivo del Presidente saliente en caso de que para esa fecha hubiese estado supliéndolo temporalmente. El 10 de enero termina un período constitucional y comienza otro, y no podrían las autoridades ejecutivas en ejercicio en el período constitucional anterior, asumir el gobierno del período subsiguiente, simplemente porque es un nuevo período. Y poco importa que se trate de una misma persona que sea el Presidente titular del período constitucional anterior y el Presidente electo para el período siguiente, quien para asumir el cargo en este siguiente período debe juramentarse ante la Asamblea. Sin ese juramento no puede ejercer la Presidencia para ese siguiente período.

Por tanto, a la no comparecencia del Presidente electo para asumir el cargo ante la Asamblea, como puede tener el mismo efecto que una falta absoluta del Presidente electo antes de tomar posesión del cargo que es lo que esta regulado constitucionalmente, desde el punto de vista interpretativo, y ante la carencia de norma expresa que regule la situación, debe aplicársele analógicamente la misma regulación que la Constitución prevé para este último caso, conforme al principio democrático, que es que el 10 de enero se debe encargar de la Presidencia de la República el Presidente de la Asamblea Nacional, quien entre sus funciones inmediatas tiene la de determinar la situación constitucional derivada de la no comparecencia del Presidente electo, es decir, los "motivos sobrevenidos" que le impidieron presentarse ante la Asamblea, y que podrían dar lugar a un caso de falta absoluta, y con esto, a la convocatoria de una nueva elección.

Se destaca, en todo caso, que sea cual sea el motivo sobrevenido que le impide al Presidente electo comparecer a la sesión respectiva de la Asamblea Nacional el 10 de enero para tomar posesión del cargo mediante juramento, la Constitución dispone que este juramento para la toma de posesión del cargo "lo hará ante el Tribunal Supremo de Justicia," se entiende que posteriormente, dependiendo de la naturaleza y determinación que se haga sobre el "motivo sobrevenido," lo que ocurre siempre que el mismo no resulte finalmente en una falta absoluta (como la muerte). En todo caso y para el caso de que se pueda prestar el juramento con posterioridad al 10 de enero ante el Tribunal Supremo de Justicia, debe advertirse que el período constitucional del nuevo Presidente terminaría siempre el 10 de enero del año sexto del período constitucional y no en fecha posterior.

Ahora bien, en el contexto de la falta de comparecencia del Presidente electo a la juramentación ante la Asamblea el 10 de enero, en todo caso queda claro que el elemento esencial a considerar, y que es el que tiene que asumir el Presidente de la Asamblea Nacional al encargarse de la Presidencia de la República, es determinar en qué consistió el "motivo sobrevenido" que impidió la comparecencia del Presidente electo ante la Asamblea el 10 de enero.

Muchos ejemplos podrían darse para ilustrar la situación y fundamentar la lógica de la interpretación constitucional mencionada que exige que el Presidente de la Asamblea se encargue de la Presidencia mientras se determina la situación del Presidente electo no juramentado el 10 de enero. Podría tratarse por ejemplo, de un accidente aéreo, de un secuestro o en fin, de una desaparición, en cuyo caso el Presidente de la Asamblea Nacional como encargado de la Presidencia debe asegurar que se realice el proceso de constatación para determinar si dicho accidente, el secuestro o la desaparición produjeron o no una falta absoluta del Presidente electo. En el caso de un accidente aéreo la determinación podría ser más rápida que en los otros casos, en los cuales puede imponerse que transcurra más tiempo, aún cuando con un límite. De nuevo, en estos casos, hay que acudir a la interpretación constitucional y aplicar analógicamente previsiones que regulen situaciones similares, que en este caso sería la del artículo 234 de la Constitución que dispone que la Asamblea Nacional debe decidir por mayoría de sus integrantes si se considera que la prolongación de una falta temporal por más de 90 días debe considerarse como falta absoluta.

En todo caso en el que se considere que hay falta absoluta, también habría que aplicar analógicamente lo que prescribe la Constitución en los casos de falta absoluta del Presidente electo antes de tomar posesión de su cargo (art. 233), en el sentido de que el Presidente de la Asamblea como encargado de la Presidencia, debe velar porque se realice la elección correspondiente y tome posesión el nuevo Presidente. Siendo esta falta absoluta producida al inicio del período constitucional, esa elección debería realizarse dentro de los treinta días consecutivos siguientes, tal como se prescribe respecto de las faltas absolutas del Presidente que se produzcan durante los cuatro primeros años del período constitucional (art. 233). De esa norma, sin embargo, no puede aplicarse el régimen de encargaduría por parte del Vicepresidente Ejecutivo que sólo se prevé para casos de falta temporal de un Presidente en ejercicio, pues en la hipótesis de falta absoluta del Presidente electo como motivo de su no comparecencia el día 10 de enero, no podría haber Vicepresidente como "órgano directo y colaborador inmediato" del Presidente electo (art. 238), pues si este no pudo tomar posesión de su cargo el 10 de enero, mal podría haber nombrado a su Vicepresidente Ejecutivo para el período constitucional que se inicia ese día.

Pero sin duda, la falta de comparecencia del Presidente electo a la sesión de la Asamblea Nacional del 10 de enero del primer año del período constitucional, podría tener otras causas o "motivos sobrevenidos" que también podrían derivar en una falta absoluta del Presidente electo, y que en todo caso, habría que dilucidar a partir de esa fecha. Este era precisamente la situación que se podía presentar el 10 de enero de 2013, como ocurrió, particularmente por lo que se derivaba de los propios anuncios gubernamentales sobre la salud del Presidente Chávez.

En efecto después de haber sido sometido a una operación delicada en La Habana el 11 de diciembre de 2012, en los primeros días de enero, específicamente el 4 de enero de 2013, el Ministro de Comunicación e Información anunció al país en cadena de radio y televisión que el Presidente de la República, Hugo Chávez, presentaba "una insuficiencia respiratoria producto de una 'severa infección pulmonar' a raíz de la intervención quirúrgica a la que fue sometido el pasado 11 de diciembre"[346]; y el 7 de enero de 2013, el mismo Ministro de Comunicación e Información, Ernesto Villegas, informó igualmente en cadena nacional que el presidente Chávez "se encuentra en un estado 'estacionario', luego de que se le diagnosticara una insuficiencia respiratoria."[347]

De lo anterior era más que previsible que el Presidente Chávez, como Presidente electo – si es que seguía con vida - no se presentaría ante la Asamblea Nacional a prestar juramento y posesionarse del cargo de Presidente para el período 2013-2019 por estar gravemente enfermo y en una situación postoperatoria igualmente grave y delicada. En este caso, en la víspera del 10 de enero de 2013, por tanto, y de acuerdo a los anuncios oficiales, se estaba ya en presencia de un "motivo sobrevenido" que conforme al artículo 231 de la Constitución razonablemente le iba era a impedir al Presidente regresar a Venezuela y tomar posesión ante la Asamblea. En ese supuesto, como antes se ha argumentado, ante la incomparecencia del Presidente electo, a partir del mismo 10 de enero, el Presidente de la Asamblea Nacional era el que debe encargarse de la Presidencia de la República.

De la Presidencia de la República, evidentemente que no podría encargarse el Vicepresidente Ejecutivo Nicolás Maduro designado para el período constitucional que terminaba el mismo día 10 de enero, y menos aún cuando para esa fecha estaba supliendo la falta temporal del propio Presidente Chávez en el final de su período constitucional 2007-2013, que terminaba precisamente ese día. El 10 de enero de

---

346 Maduro: "Après la délicate opération du 11 décembre dernier, le commandant Chavez a souffert de complications suite à un grave infection pulmonaire. Cette infection a provoqué une insufficance respiratoire qui implique un suivi strict de traitment," en "Chavez: des 'complications' après une 'grave infection pulmonaire'", en *Le Monde*, Paris 5-1-2013, p. 6.

347 Villegas: "Chávez se encuentra en estado estacionario," Caracas 7-1-2013, en http://www.lapatilla.com/site/2013/01/07/villegas-en-cadena-nacional-2/

2013, como se ha dicho, terminó un período constitucional y comenzó otro, y no podían las autoridades ejecutivas en ejercicio en el período anterior, asumir el gobierno del período subsiguiente, simplemente porque era un nuevo período. Y poco importaba que en este caso se tratase de una misma persona que fuera el Presidente titular del período constitucional anterior (2007-2013) y el Presidente electo para el período siguiente (2013-2019), quien para asumir el cargo en este siguiente período debía juramentarse ante la Asamblea. Sin ese juramento, como se ha dicho, no podía ejercer la Presidencia para ese segundo período, y su no comparecencia ante la Asamblea para asumir el cargo, por razones de salud, como podía tener el mismo efecto que una falta absoluta del Presidente electo antes de tomar posesión del cargo que era lo que estaba regulado constitucionalmente, desde el punto de vista interpretativo, y ante la carencia de norma expresa que regule la situación, debía aplicársele analógicamente la misma regulación que la Constitución prevé para este último caso, que era que el 10 de enero se debía encargar de la Presidencia de la República el Presidente de la Asamblea Nacional, quien entre sus funciones inmediatas tiene la de determinar el "motivo sobrevenido" derivado de los problemas de salud anunciados oficialmente que afectaban al Presidente electo, y que con seguridad le iban a impedir presentarse ante la Asamblea, y que podían dar lugar a un caso de falta absoluta, y con esto a la necesidad de la convocatoria de una nueva elección.

En esta situación, de eventual falta de comparecencia del Presidente electo a la juramentación ante la Asamblea el 10 de enero por razones de salud, quedaba claro que el elemento esencial a considerar era el que tenía que asumir el Presidente de la Asamblea Nacional al encargarse de la Presidencia de la República, de determinar en qué habría consistido el "motivo sobrevenido" que había impedido la comparecencia del Presidente electo ante la Asamblea el 10 de enero. En este caso, como se había anunciado oficialmente que se trataba de una enfermedad grave que aqueja la salud del Presidente Chávez, el Presidente de la Asamblea Nacional como encargado de la Presidencia era quien debía asegurar que se realizase el proceso de constatación para determinar si dichos problemas de salud afectaban la capacidad del Presidente para ejercer sus funciones, lo que podía desembocar incluso en la declaración de falta absoluta del Presidente electo.

En estos casos, ante la ausencia de regulación expresa constitucional para el supuesto de enfermedad como "motivo sobrevenido" que impidiera la comparecencia del Presidente electo ante la Asamblea Nacional para tomar posesión del cargo el día 10 de enero de 2013, y que podía dar origen a una falta absoluta, debía aplicarse analógicamente la regulación constitucional establecida para las faltas absolutas del Presidente de la República (art. 233), a los efectos de determinar la naturaleza de la situación de su salud, lo que tratándose de un tema médico, debía encomendarse a la junta médica prevista en la norma que el Tribunal Supremo debía designar con aprobación de la Asamblea Nacional, para determinar y certificar sobre la capacidad o la "incapacidad física o mental permanente" del Presidente, si es que continuaba con vida. Mientras ese procedimiento se desarrollaba, como se ha dicho, el Presidente de la Asamblea debía encargarse de la Presidencia de la República por aplicación analógica de la previsión que regula la falta absoluta del Presidente electo (art. 233)

Si dicha junta médica certificaba que el Presidente de la República, por su situación de salud, estaba incapacitado para ejercer la Presidencia para el período 2013-2019, se debía proceder a declarar la falta absoluta del Presidente electo no juramentado y procederse a realizar una elección universal, directa y secreta dentro de los treinta días consecutivos siguientes a la declaratoria de tal incapacidad por la falta absoluta que ello implicaba, quedando el Presidente de la Asamblea Nacional encargado de la Presidencia mientras se elegía y tomaba posesión el nuevo Presidente (art. 233).

Si dicha junta médica, por el contrario, certificaba que el Presidente de la República, a pesar de la gravedad de su cuadro de salud, tal como había sido anunciado oficialmente, sí estaba en capacidad física y mental para asumir y ejercer el cargo de Presidente de la República, el Presidente de la Asamblea Nacional debía continuar como encargado de la Presidencia hasta que el enfermo Presidente electo se pudiera juramentar ante el Tribunal Supremo de Justicia, conforme se disponía en el artículo 231 de la Constitución. En este caso, tampoco existía previsión constitucional expresa sobre el tiempo que puede transcurrir entre la declaratoria de capacidad por una junta médica y la toma de posesión mediante juramento ante el Tribunal Supremo, pero lo cierto es que no podía ser indefinido por atentar ello contra la gobernabilidad democrática. Ante la ausencia de norma expresa, en este caso, también hay que acudir a la interpretación constitucional y aplicarse analógicamente la previsión del artículo 234 que regula situaciones similares, conforme a la cual es la Asamblea Nacional la llamada a decidir por mayoría de sus integrantes si se considera que la prolongación de la enfermedad por más de 90 días debía considerarse como falta absoluta, en cuyo caso, como antes se ha dicho, quedaba el Presidente de la Asamblea encargado de la Presidencia mientras se elegía y tomaba posesión el nuevo Presidente (art. 233).

La anterior era la situación constitucional para el comienzo del día 7 de enero de 2013, cuando ya se venían anunciando en declaraciones diversas del Vicepresidente Nicolás Maduro,[348] de la Procuradora General de la República[349] y de otros altos funcionarios públicos, que el Presidente Chávez no iba a concurrir a la Asamblea y que no era necesaria su juramentación para considerar que seguía ejerciendo el cargo de Presidente para el cual había sido electo; todo lo cual mostraba un cuadro de absoluta inconstitucionalidad.

SECCIÓN NOVENA:

LA "FALTA ABSOLUTA" OCULTA DE HUGO CHÁVEZ, Y EL SINGULAR GOBIERNO SIN PRESIDENTE (Enero - Marzo 2013

El día 8 de enero de 2013, el Grupo de Profesores de Derecho Público de las Universidades de Venezuela, emitió una "Declaración sobre la no comparecencia del Presidente electo a la toma de posesión de su cargo y la irregular pretensión de

---

348 El día 4 de enero de 2013, Globovisión informaba que "El vicepresidente Nicolás Maduro reiteró que en este momento Hugo Chávez "es Presidente en funciones" de Venezuela, pues la Asamblea Nacional aprobó "por unanimidad" que atendiera asuntos relacionados con su salud en Cuba. Aseguró que si el 10 de enero Chávez no pudiese estar presente en la Asamblea Nacional para tomar posesión de su cargo, el período constitucional arrancaría igualmente ese día y "el formalismo de su juramentación podrá resolverse ante el Tribunal Supremo de Justicia" cuando éste lo estipule." Globovisión.com, 4-1-2013.

349 La Procuradora general de la república, Cilia Flores declaró que el Presidente "estaba en pleno ejercicio de su cargo" y que desde que se lo proclamó electo en octubre de 2012, ya tenía los símbolos del poder. Declaraciones a VTV, Caracas 6 de enero de 2013, véase en http://www.youtube.com/watch?v=prAZvXE93zQ.

prorrogar las funciones de los integrantes del actual gobierno sin fundamento jurídico alguno,"[350] en la cual puntualizaron los aspectos jurídicos más relevantes de la situación constitucional derivada de la ausencia del Presidente de la República del territorio nacional, precisamente en el momento en el cual como Presidente electo, debía juramentarse ante la Asamblea Nacional el 10 de enero de 2013 para tomar posesión del cargo.

En tal sentido entre otros conceptos indicaron que como el período presidencial era de seis años, que comenzaba el día 10 de enero del primer año, para poder tomar posesión del cargo para el nuevo período que se iniciaba el 10 de enero de 2013, el Presidente electo debía prestar juramento ante la Asamblea Nacional; juramento que no era una mera formalidad, sino una condición exigida por la Constitución para que el candidato electo pudiera tomar posesión del cargo. Por ello, la falta de juramento imposibilitaba al Presidente electo el convertirse en Presidente en ejercicio.

Precisaron además los Profesores, que en relación con dichos principios constitucionales, la reelección presidencial no alteraba su estricta aplicación, por lo que el Presidente, habiendo sido reelecto, también debía prestar juramento para tomar posesión del cargo para el nuevo período, sin que pudiera admitirse considerar la "continuidad" o "extensión" del período anterior, supuesto que no permitía, de ningún modo, la Constitución ya que los períodos presidenciales son fijos e improrrogables. Precisaron los Profesores en la Declaración, además, que

> "al no prestar juramento ante la Asamblea Nacional el próximo 10 de enero y al no tomar posesión del cargo para el cual fue electo el ciudadano Hugo Chávez Frías, debe entenderse –por aplicación analógica del artículo 233– que el Presidente de la Asamblea Nacional – única autoridad legitimada constitucional y popularmente para ello- debe asumir temporalmente el cargo de Presidente de la República."

En la Declaración, los Profesores de Derecho Público advirtieron que aún sin la juramentación del Presidente electo:

> "funcionarios del Gobierno correspondiente al período presidencial que está por culminar el 10 de enero pretenden mantenerse en ejercicio de sus cargos, incluido el Vicepresidente de la República, ciudadano Nicolás Maduro, sin fundamento jurídico alguno válido," a cuyo efecto, "se ha pretendido explicar que hay una continuación del período y que, por lo tanto, el ciudadano Hugo Chávez Frías mantiene su condición de Presidente, hasta que pueda tomar posesión del cargo mediante juramento."

I. SOBRE LA ANUNCIADA USURPACIÓN DEL PODER POR LA FALTA DE JURAMENTACIÓN DEL PRESIDENTE ELECTO ANTE LA ASAMBLEA NACIONAL EL 10 DE ENERO DE 2013, Y LA FALTA DE DECISIÓN AL RESPECTO POR PARTE DE LA ASAMBLEA NACIONAL EL 8 DE ENERO DE 2013 (8-1-2013)

Y tenían razón los Profesores de Derecho Público en expresar su preocupación y, además, en advertir sobre el cuadro de usurpación de poder que se anunciaba, total-

350 Véase el texto en http://www.notirapida.com/ver_noticia.php?id=26651.

mente inconstitucional, el cual comenzó a concretarse ese mismo día 8 de enero de 2013, en horas de la tarde, con el texto de la comunicación que el Vicepresidente Ejecutivo Nicolás Maduro remitió al Presidente de la Asamblea Nacional, Diosdado Cabello, en el cual le indicó que el Presidente Chávez (quién por las informaciones oficiales se sabía que al menos estaba totalmente incapacitado) le había:

> "pedido informar que, de acuerdo con las recomendaciones del equipo médico que vela por el restablecimiento de su salud, el proceso de recuperación postquirúrgica deberá extenderse más allá del 10 de enero del año en curso, motivo por el cual no podrá comparecer en esa fecha ante la Asamblea Nacional, constituyendo un irrebatible hecho sobrevenido, por lo cual se invoca el artículo 231 de la Constitución de la República Bolivariana de Venezuela a objeto de formalizar, en fecha posterior, la juramentación correspondiente ante el Tribunal Supremo de Justicia."[351]

Sobre esta comunicación deben destacarse varios aspectos:

En primer lugar, que el Vicepresidente se dirigió al Presidente de la Asamblea "en nombre" del Presidente de la República, para agradecerle "la autorización constitucional que la Asamblea le otorgó en fecha 9 de diciembre de 2012" [...] "gracias a la cual se encuentra en La Habana." Ante esta afirmación, lo primero que debe observarse es que el Vicepresidente Ejecutivo, si bien constitucionalmente es el órgano directo y colaborador inmediato del Presidente de la República (art. 238), ello no lo convierte en su "representante" ni en su "mandatario."[352] Lo que sí corresponde en cambio al Vicepresidente era "suplir las faltas temporales del Presidente" (art. 239.8), lo que sin embargo no había cumplido cabalmente a pesar de que desde el 10 de diciembre el Presidente estaba ausente del país, en situación de falta temporal.

La otra observación que debe formularse respecto de la comunicación del Vicepresidente es que en realidad, conforme al artículo 235 de la Constitución, la Asamblea Nacional sólo autorizó al Presidente para ausentase del país por un lapso superior a cinco días, y nada mas. Se trata de una autorización que sólo se necesita cuando un Presidente se ausenta del territorio nacional por más de 5 días, sea cual fuere el motivo que la justifique y que evalúe la Asamblea. En este caso, por supuesto, se trataba además de una autorización que caducaba al concluir el periodo constitucional el 10 de enero de 2013, pues se le había otorgado al Presidente en ejercicio que concluyó su mandato en esa fecha. Habiendo sido reelecto, el Presidente Chávez, si tomaba posesión de su cargo para el nuevo período es que podía entonces solicitar un nuevo permiso para ausentarse del país por más de cinco días.

En segundo lugar, el Vicepresidente Ejecutivo en el tercer párrafo de la comunicación, cambió el sentido de la misma, abandonando el supuesto carácter de "representante" del Presidente, y en general expresó que el Presidente enfermo la había "pedido informar" (sin indicar cómo, cuando, en qué forma y a quién) a la Asamblea sobre su estado de salud, y sobre la imposibilidad de su comparecencia ante la misma el día 10 de enero de 2013. Aparte de ser difícil de entender cómo una persona

351 Véase en http://www.lapatilla.com/site/2013/01/08/esta-es-la-famosa-carta-que-envio-maduro-anunciando-que-chavez-no-viene-foto/

352 Véase lo expuesto por Manuel Rachadell, en "Tres observaciones a la carta de Maduro sobre la imposibilidad de juramentarse el Presidente electo ante la Asamblea Nacional." 9-1-2013, en: http://t.co/Sd5R2EwX.

hospitalizada con un cuadro crítico de "insuficiencia respiratoria producto de una 'severa infección pulmonar' a raíz de una intervención quirúrgica" como lo informó oficialmente días antes el Ministro de Información,[353] quien además, el día anterior también había informado que esa situación se mantenía en "estado 'estacionario', luego de que se le diagnosticara una insuficiencia respiratoria"[354]; es difícil entender, -repito- cómo una persona en ese estado –si era que estaba vivo– podía haber tenido la posibilidad de pedir a alguien, que no se nombraba (pero presumiblemente en La Habana, donde se encontraba), para que se informara a la Asamblea que de acuerdo con las recomendaciones del equipo médico que lo atendía (que no se conocían ni identificaban), no iba poder comparecer ante la misma el 10 de enero de 2012. En una situación como esa, lo menos que podía requerirse del Vicepresidente Ejecutivo era que hubiese acompañado a su comunicación el informe médico del equipo que supuestamente velaba por el restablecimiento de la salud del Presidente, donde se explicara porqué el proceso de recuperación postquirúrgica debía extenderse más allá del día 10 de enero de 2013, es decir, más allá del término del período constitucional 2007-2013.

Sin embargo, nada de eso se hizo, y sólo se formuló una vaga afirmación de que dicho proceso de recuperación postoperatoria constituía un "irrebatible motivo sobrevenido" para no comparecer ante la Asamblea, invocándose el artículo 231 de la Constitución para indicar que en fecha posterior se formalizaría el juramento ante el Tribunal Supremo de Justicia.

Lo importante a destacar de la comunicación, sin embargo, es que no concluyó con petición o solicitud alguna formal del Presidente, y menos con una solicitud de que se otorgara permiso alguno para permanecer indefinidamente en el exterior recuperando su salud. Como se dijo, el término de su período constitucional ocurriría dos días después, y la Asamblea no podía dar permiso alguno para una falta temporal de un Presidente que no estaba en ejercicio. El Presidente había sido autorizado para ausentarse del país el 9 de diciembre de 2013, y en su condición de Presidente en ejercicio, esa autorización por supuesto cesaba en sus efectos el día 10 de enero de 2013, cuando terminaba su período constitucional. Luego de esa fecha, y si el Presidente entraba en posesión del cargo para el cual había sido reelecto, sin duda hubiera podido solicitar una nueva autorización para ausentarse del país por un lapso superior a cinco días para tratamiento médico. Por eso, en la comunicación, el Vicepresidente Ejecutivo se cuidó de no formular petición alguna a la Asamblea.

La comunicación del Vicepresidente Ejecutivo ni siquiera era una solicitud de prórroga del acto de toma de posesión y juramentación del Presidente para el nuevo período 2013-2019, lo cual la Asamblea no estaba autorizada a otorgar, limitándose su contenido a informar, que el Presidente por su enfermedad "no podrá comparecer" el 10 de enero ante la Asamblea Nacional, constituyendo eso un "hecho sobrevenido," limitándose la comunicación a "invocar" el artículo 231 de la Constitución

353 Maduro: "Après la délicate opération du 11 décembre dernier, le commandant Chavez a souffert de complications suite à un grave infection pulmonaire. Cette infection a provoqué une insufficance respiratoire qui implique un suivi strict de traitment," en "Chavez: des 'complications' après une 'grave infection pulmonaire'", en *Le Monde*, Paris 5-1-2013, p. 6.

354 Villegas: "Chávez e encuentra en estado estacionario," Caracas 7-1-2013, en http://www.lapatilla.com/site/2013/01/07/villegas-en-cadena-nacional-2/.

"a objeto de formalizar, en fecha posterior, la juramentación correspondiente ante el Tribunal Supremo de Justicia."[355]

A pesar de la ausencia de petición alguna, lo que en realidad se perseguía con esta comunicación enviada por el Vicepresidente Ejecutivo a la Asamblea, era formalizar lo que ya se había venido sospechando y anunciando extraoficialmente, que no era otra cosa que hacer saber a la Asamblea que el Presidente de la República supuestamente estaba con vida, y que definitivamente no podía comparecer ante la misma el 10 de enero de 2013 a tomar posesión del cargo para el cual había sido electo o reelecto, fecha en la que concluía su período constitucional 2007-2013.

La recepción de esta comunicación por la Asamblea, a pesar de que era simplemente informativa y nada peticionaba, en cambio si producía efectos jurídicos que la Asamblea estaba en la obligación de considerar y debatir, y que concernían a la situación constitucional del gobierno a partir del 10 de enero de 2013 cuando se iniciaba el nuevo período constitucional presidencial (2013-2019). Se informaba formalmente que el Presidente electo no tomaría posesión de su cargo, con lo que no podía iniciar el ejercicio del mismo, lo que implicaba la necesidad de debatir sobre quién se encargaría en esa fecha del cargo de Presidente de la República, no pudiendo ser otro que no fuera el Presidente de la propia Asamblea Nacional, lo que implicaba plantear ante la Asamblea que se separaría del cargo de Presidente de la misma a partir de esa fecha.

Pero no. La Asamblea Nacional, el 8 de enero de 2013, se limitó a "decidir" que debía aplicarse el artículo 231 de la Constitución, lo que por supuesto en ningún caso era necesario pues aún sin decidirlo, la norma constitucional siempre es imperativa. En definitiva, la Asamblea se abstuvo de resolver la cuestión constitucional que derivaba de aplicar precisamente dicha norma, y que era determinar quién debía quedar encargado de la Presidencia el 10 de enero de 2013, al término del período constitucional 2007-2013, al iniciarse el nuevo período constitucional (2013-2019) de un Presidente que no iba a poder tomar posesión de su cargo. Sobre esto nada se decidió.

En efecto, basta leer el texto del Acuerdo adoptado el 8 de enero de 2013 por la Asamblea Nacional, como consecuencia de la comunicación del Vicepresidente Ejecutivo, para constatar:

Primero, que se trató de un "pronunciamiento en respaldo a la decisión soberana del pueblo venezolano que reeligió al Comandante Presidente Hugo Chávez,"[356] decisión soberana que en realidad nadie estaba desconociendo, pues sin duda, el Consejo Nacional Electoral había anunciado su elección en octubre de 2012.

Segundo, el Acuerdo de la Asamblea reconoció el derecho del Presidente de la República que presumía estaba vivo, a la recuperación de su salud," como dicho sea de paso lo tenía o debía tener toda persona; derecho que nadie le estaba negando.

355 Véase en http://www.lapatilla.com/site/2013/01/08/esta-es-la-famosa-carta-que-envio-maduro-anunciando-que-chavez-no-viene-foto/.

356 Véase el texto en *Gaceta Oficial* N° 40.085 de 09-01-2013. Igualmente en: http://www.noticias24.com/venezuela/noticia/144813/la-imagen-oficialistas-respaldaron-mediante-documento-ausencia-de-chavez-el-10-e/

Y tercero, el Acuerdo de la Asamblea se limitó a "decidir" que

> "en virtud de la comunicación del Vicepresidente Ejecutivo de la República que informa sobre el hecho sobrevenido, convoca a las instituciones del Estado venezolano actuar de conformidad con lo previsto en lo establecido en el artículo 231 de la Constitución de la República."

Para llegar a esta decisión absolutamente inútil, pues las normas constitucionales se aplican sin mismas sin que nadie tenga que decidir convocar a que se acaten, en los "Considerandos" del "Pronunciamiento," se afirmó, entre otros aspectos, que el Vicepresidente había informado a la Asamblea que el Presidente Chávez "se encuentra en pleno proceso de recuperación," lo cual no era cierto pues nada de eso dijo el Vicepresidente (basta leer la Comunicación del Vicepresidente para constatarlo); y además, se afirmó que la reelección del Presidente Chávez el 7 de octubre constituyó una decisión del "Poder Constituyente originario" [...] "que según el artículo 5 de la Constitución de la República es preponderante sobre cualquier otra formalidad," pero sin indicar de qué formalidad se trata. Lo que es cierto, en todo caso, es que primero, no correspondía a la Asamblea Nacional establecer preponderancias entre derechos constitucionales siendo ello competencia de los jueces; y segundo, conforme a esa misma norma, lo que podía ser preponderante era el derecho de la ciudadanía en general, del pueblo, a conocer de la salud del Presidente de la República, y a ser gobernada democráticamente por funcionarios electos mediante sufragio, no pudiendo ser "preponderante" sobre ello el derecho de una persona a ser reelecto para un cargo que no podía ejercer e imponerle al pueblo unos gobernantes por los cuales no había votado.

De todo ello resulta que, en definitiva, la "decisión" adoptada por la Asamblea Nacional fue "convocar" a los órganos del Estado para que actuaran conforme a lo previsto en el mencionado artículo 231 de la Constitución, que es el que prevé que el Presidente electo debe tomar posesión de su cargo de Presidente el día 10 de enero "del primer año de su período constitucional, mediante juramento ante la Asamblea Nacional," y que "si por cualquier motivo sobrevenido" no lo pudiese hacer ante la Asamblea, "lo hará ante el Tribunal Supremo de Justicia."

Es decir, la Asamblea Nacional, en realidad, en su "Proclamación" no decidió nada más, y menos, como se resumió en las informaciones periodísticas derivadas del debate parlamentario, de haberle otorgado "un permiso" al Presidente Chávez "por el tiempo que necesite"[357]; o un "permiso" para "que no se juramente el 10 de enero en la Asamblea Nacional"; o que se le habría otorgado un permiso "hasta que pueda volver de la situación sobrevenida" que presenta por su enfermedad,"[358] ni

357 Véase "AN otorga permiso al Presidente Chávez por el tiempo que necesite," en *El Universal*, Caracas 8-1-2013. En esa reseña se informa que "El presidente de la Asamblea Nacional, Diosdado Cabello, informó se aprobó conceder al presidente Hugo Chávez, quien se encuentra en Cuba de reposo tras haber sido sometido a una cirugía, "todo el tiempo que necesite para recuperarse y volver a Venezuela, cuando la causa sobrevenida haya desaparecido". El presidente de la Asamblea Nacional, Diosdado Cabello, informó se aprobó conceder al presidente Hugo Chávez, quien se encuentra en Cuba de reposo tras haber sido sometido a una cirugía, "todo el tiempo que necesite para recuperarse y volver a Venezuela, cuando la causa sobrevenida haya desaparecido." Véase en http://www.eluniversal.com/nacional-y-politica/salud-presidencial/130108/an-otorga-a-chavez-permiso-por-el-tiempo-que-necesite.

358 Véase el texto en: http://www.lapatilla.com/site/2013/01/08/asamblea-nacional-otorga-permiso-a-chavez-hasta-que-pueda-volver/

para que el Presidente electo pudiera "tomarse el tiempo que necesite para su recuperación plena" como también se informó.[359] Esta deformación y desinformación de lo contenido del texto del Acuerdo de la Asamblea Nacional, también se evidenció en algunas de las reseñas de opiniones de diputados que votaron a favor del "Pronunciamiento" y que se refirieron a un supuesto "permiso indefinido otorgado al Presidente."[360]

Al contrario de todo ello, basta leer el texto del Pronunciamiento para constatar que nada de eso fue lo "decidido" por la Asamblea Nacional, la cual, en realidad, no hubiera podido adoptar esas decisiones, por carecer de competencia para ello. Por ello es asombroso, por decir lo menos, lo expresado por la Fiscal General de la República, Sra. Ortega Díaz, en el sentido de que "es 'correcta' la decisión de la Asamblea Nacional de concederle al primer mandatario 'el tiempo que necesite' para reincorporarse a sus funciones, pues 'él está en posesión de su cargo,'"[361] cuando nada de eso fue lo que decidió la Asamblea. Se insiste, del texto del Pronunciamiento, en realidad, lo que resulta es que la Asamblea, simplemente, decidió que se aplicara el artículo 231 de la Constitución, y nada más, lo que por supuesto, como se dijo, era absolutamente innecesario, pues la imperatividad de la norma constitucional exige su cumplimiento sin que nadie tenga que "declararlo."

Lo anterior lo que puso en evidencia fue que el "Pronunciamiento" de la Asamblea Nacional a lo que dio origen fue a la "tesis oficial" de que la no comparecencia del Presidente de la República al acto de toma de posesión y juramentación el día 10 de enero de 2013, que fue lo que se informó oficialmente ante la Asamblea por el Vicepresidente Ejecutivo, y por tanto, el hecho de que no pudiese iniciar su nuevo período constitucional (2013-2019), supuestamente no tenía importancia ni efectos constitucionales algunos, pues como el Presidente había sido "reelecto" en octubre de 2012, y ya había sido "juramentado" en enero de 2007 al inicio del período que terminaba el 10 de enero, y "estaba en posesión de su cargo" (lo cual no era cierto pues de estar vivo estaba inhabilitado en una cama de hospital) entonces no había necesidad de una nueva juramentación.

Por ello con razón, el profesor Ricardo Antela expresó que:

> "La redacción del Acuerdo finalmente aprobado por la mayoría oficialista en el Parlamento es confusa y deliberadamente indescifrable, para ocultar las consecuencias reales de esta fallida interpretación del artículo 231 de la Constitución, pero confesadas por el presidente de la Asamblea al terminar la sesión: Prorrogar **indefinidamente** el período constitucional del Poder Ejecutivo y el permiso que en ese contexto se le otorgó al presidente Chávez para curarse en el exterior; postergar **indefinidamente** la toma de posesión del presidente Chávez;

---

359 Véase la reseña "La imagen: Este es el acuerdo aprobado hoy en la AN," en Noticias 24, 8 de enero, 2013, en http://www.noticias24.com/venezuela/noticia/144813/la-imagen-oficialistas-respaldaron-mediante-documento-ausencia-de-chavez-el-10-e/

360 Véase la reseña: "Pedro Carreño: el Presidente, el Vicepresidente y los ministros tienen continuidad administrativa," en http://globovision.com/articulo/pedro-carreno-el-presidente-el-vicepresidente-y-los-ministros-tienen-continuidad-administrativa

361 Véase "Ortega: No asume Cabello porque la falta del Presidente es temporal, no absoluta," en *El Nacional*, Caracas 8-1-2013, en http://www.el-nacional.com/politica/Ortega-Cabello-Presidente-temporal-absoluta.

y, entretanto, habilitar a Nicolás Maduro para asumir **indefinidamente** la condición de Presidente encargado, sin tener legitimidad electoral y constitucional para ejercer la presidencia de la República después del 10 de enero. Esta claro que no es lo mismo un Presidente reelecto (que lo hay) que un Vicepresidente "reelecto" (que no lo hay ni podría haberlo)."[362]

El tema, en efecto, lo planteó en una forma evidentemente contraía a la Constitución, la profesora Hildegard Rondón de Sansó quien en un trabajo difundido el mismo día 8 de enero, a raíz del "Pronunciamiento" de la Asamblea,[363] señaló que "existe continuidad en el país porque el jefe de Estado venezolano fue reelecto y en ese caso Hugo Chávez continúa en posesión de su mandato y no tendría que volver a juramentarse." Agregó que debían saberse dos cosas:

> "una de ella es la condición de Presidente electo por primera vez y otra muy diferente es un Presidente reelecto, la condición de la toma de posesión es en un día específico ante la Asamblea Nacional, y en el caso de que no pudiese producirse ante la Asamblea Nacional por una causa sobrevenida, lo haría ante el Tribunal Supremo de Justicia, pero en el caso del presidente Chávez, nos encontramos que él fue reelecto, él sigue en posesión de su mandato y decir que tiene que juramentar su cargo no tiene lógica."[364]

La reseña de la entrevista a la profesora Sansó, terminó indicando su opinión de que en este momento lo que "está es transcurriendo el lapso para la fijación de un nuevo mandato", pero el Presidente venezolano "sigue en posesión de su cargo."[365]

Este criterio era básicamente inconstitucional en cuanto a indicar que el Presidente no tenía que juramentarse para iniciar su período constitucional (2013-2019), producto de su reelección. Su juramentación en 2007 fue para el período constitucional 2007-2013, y nada más. Para el período constitucional 2013-2019 debía volver a tomar posesión de cargo mediante juramento porque su cargo anterior cesaba al concluir su período constitucional el 10 de enero de 2013, y nada cambiaba eso por el hecho de que el Presidente hubiera sido "reelecto." Debía comenzar a ejercer su nuevo período constitucional el día que se juramentase ante el Tribunal Supremo de Justicia, pero mientras esto no ocurriera, no podía estar en posesión del cargo de Presidente para el período 2013-2019. Y por supuesto, si se hubiera llegado a juramentar posteriormente ante el Tribunal Supremo, hubiera sido desde ese momento que hubiera podido comenzar a estar en posesión de su cargo sin que se pudiera producir ningún "efecto retroactivo con fecha del 10 de enero" como erradamente lo afirmó la propia profesora Sansó.[366]

---

362 Véase Ricardo Antela, "Donde está el Presidente", en Globovisión, Caracas 9-1-2013. Véase en http://globovision.com/articulo/donde-esta-el-presidente.

363 Véase "La ex magistrada del TSJ, Hildegard Rondón de Sansó confirma que en Venezuela no existe vacío de poder," (8-1-2013), en http://www.aporrea.org/im-prime/n221068.html Véase el texto en http://www.vtv.gob.ve/articu-los/2013/01/08/hildegard-rondon-de-sanso-en-venezuela-no-e...

364 Véase igualmente en http://impresodigital.el-nacional.com/edicio-nes/2013/01/09/default.asp?cfg=577-FZHC163&iu=757

365 Véase "La exmagistrada del TSJ, Hildegard Rondón de Sansó confirma que en Venezuela no existe vacío de poder," (8-1-2013), en http://www.aporrea.org/im-prime/n221068.html Véase el texto en http://www.vtv.gob.ve/ar-ticulos/2013/01/08/hildegard-rondon-de-sanso-en-venezuela-no-e...

366 *Ídem.*

Al final del día 8 de enero de 2013, por tanto, el país entero seguía desinformado y en la incertidumbre, no solo sobre la verdadera condición y situación vital de H. Chávez, sino sobre la situación constitucional que se iba a producir dos días después, a partir del 10 de enero; aún cuando por supuesto, ya había demasiados elementos que apuntaban hacia una usurpación de autoridad, la autoridad del Presidente electo para el período constitucional 2013-2019 por parte de un Vicepresidente Ejecutivo como órgano directo de un Presidente que iba a concluir sus funciones el mismo día 10 de enero de 2013.

La sospecha de la preparación general que se planeaba para que se produjera la usurpación de autoridad a partir del 10 de enero de 2013, por lo demás, contó con el aval de la opinión de la Fiscal General de la República, quien en un programa de televisión del día 8 de enero de 2013, expresó el mismo criterio de que el Presidente Chávez, si es que vivía y estaba postrado en una cama de hospital lejos de Venezuela, era "un presidente reelecto, pues ya está en posesión del cargo y fue juramentado en su momento", por lo que con motivo de la reelección, "de acuerdo con lo establecido en el artículo 230 de la Constitución," "actualmente existe una continuidad en el cargo porque sigue siendo el mismo Presidente y el mismo gabinete Ejecutivo." De ello, sin embargo, concluyó la Fiscal General expresando que "así el presidente Chávez no asista el próximo 10 de enero a la Asamblea Nacional, pues ya se informó que no estará presente, se debe convocar una sesión para dar inicio al período constitucional."[367]

Después de estas manifestaciones públicas de altos funcionarios del Estado, al comenzar el día 9 de enero de 2013, por tanto, la incertidumbre política y constitucional seguía campeando en Venezuela, pues ante la ausencia de información veraz sobre la situación vital del Presidente Chávez, y de decisión alguna por parte de la Asamblea Nacional, nadie sabía quién asumiría la Presidencia de la República el día 10 de enero de 2013, luego de la ya anunciada no comparecencia del Presidente electo a la sesión de la Asamblea Nacional que según la Fiscal General de la República debía ser en todo caso convocada, "para dar inicio al período constitucional."[368] Quedaba sólo esperar la sentencia anunciada de la Sala Constitucional del Tribunal Supremo de Justicia, resolviendo el recurso de interpretación que se había introducido el 21 de diciembre de 2012 respecto del sentido y alcance del artículo 231 de la Constitución.

II. SOBRE LA ANUNCIADA SENTENCIA DE LA SALA CONSTITUCIONAL DEL TRIBUNAL SUPREMO DE 9 DE ENERO DE 2013 MEDIANTE LA CUAL SE CONCULCÓ EL DERECHO CIUDADANO A LA DEMOCRACIA Y SE LEGITIMÓ LA USURPACIÓN DE LA AUTORIDAD EN GOLPE A LA CONSTITUCIÓN (9-1-2013)

En un Estado constitucional democrático de derecho, además de los clásicos derechos civiles, políticos, sociales, económicos y ambientales, los ciudadanos tienen un conjunto de derechos que derivan de la propia concepción de dicho Estado de

---

367 Véase en Programa Contragolpe: "Fiscal General: Chávez es un presidente reelecto y está en posesión de su cargo," VTV, 8 de enero de 2013, en http://www.noticias24.com/venezuela/noticia/144829/fiscal-ortega-diaz-habla-sobre-el-10-e-y-la-ausencia-confirmada-de-chavez-para-la-fecha/

368 *Ídem*.

derecho, como son por ejemplo, el derecho ciudadano a la supremacía constitucional y el *derecho a la democracia*, de manera que los derechos políticos no se reducen a los que desde antaño generalmente se han establecido expresamente en las Constituciones, como son los clásicos derecho a elegir y a ser electo, el derecho de asociarse en partidos políticos, el derecho a ocupar cargos públicos o el derecho a la participación política.

Además de éstos, en la Constitución también se puede identificar igualmente como derecho político, el derecho a la democracia como un derecho ciudadano a la existencia de un régimen político en el cual se garanticen los siguientes *elementos esenciales* que precisamente enumera la *Carta Democrática Interamericana*: 1) el respeto a los derechos humanos y las libertades fundamentales; 2) el acceso al poder y su ejercicio con sujeción al Estado de derecho; 3) la celebración de elecciones periódicas, libres, justas y basadas en el sufragio universal y secreto, como expresión de la soberanía del pueblo; 4) el régimen plural de partidos y organizaciones políticas y 5) la separación e independencia de los poderes públicos (art. 3)[369]. Este derecho a la democracia, por supuesto, sólo puede configurarse en Estados democráticos de derecho, y es inconcebible en los Estados autoritarios donde esos elementos esenciales no se pueden garantizar, por la ausencia de controles en el ejercicio del poder, aun cuando se trate de Estados en los cuales, en fraude a la Constitución y a la propia democracia, los gobiernos puedan haber tenido su origen en algún ejercicio electoral. No debe olvidarse que "Es una experiencia eterna – como lo advirtió hace varias centurias Charles Louis de Secondat, Barón de Montesquieu – que todo hombre que tiene poder tiende a abusar de él; y lo hace hasta que encuentra límites" de lo que dedujo su famoso postulado de que "para que no se pueda abusar del poder es necesario que por la disposición de las cosas, el poder limite al poder."[370]

Fue precisamente este derecho a la democracia, como derecho de los ciudadanos a ser gobernados por funcionarios electos democráticamente en elecciones libres y que deben acceder al poder en la forma prescrita en la Constitución, el que se violó abierta y flagrantemente en Venezuela por la Sala Constitucional del Tribunal Supremo de Justicia en sentencia N° 02 del día 9 de enero de 2013, al resolver un recurso de interpretación[371] intentado el 21 de diciembre de 2012, para determinar el contenido y alcance del artículo 231 de la Constitución, en particular, "en cuanto a si, la formalidad de la Juramentación prevista para el 10 de enero de 2013 constituye o no una formalidad sine qua non para que un Presidente Reelecto, continúe ejer-

---

369 Véase Allan R. Brewer-Carías, "Sobre las nuevas tendencias del derecho constitucional: del reconocimiento del derecho a la Constitución y del derecho a la democracia", en *VNIVERSITAS, Revista de Ciencias Jurídicas (Homenaje a Luis Carlos Galán Sarmiento)*, Pontificia Universidad Javeriana, facultad de Ciencias Jurídicas, N° 119, Bogotá 2009, pp. 93-111; "Algo sobre las nuevas tendencias del derecho constitucional: el reconocimiento del derecho a la constitución y del derecho a la democracia," en Sergio J. Cuarezma Terán y Rafael Luciano Pichardo (Directores), *Nuevas tendencias del derecho constitucional y el derecho procesal constitucional*, Instituto de Estudios e Investigación Jurídica (INEJ), Managua 2011, pp. 73-94; "El derecho a la democracia entre las nuevas tendencias del Derecho Administrativo como punto de equilibrio entre los Poderes de la Administración y los derecho del administrado," en Víctor Hernández Mendible (Coordinador), *Desafíos del Derecho Administrativo Contemporáneo (Conmemoración Internacional del Centenario de la Cátedra de Derecho Administrativo en Venezuela*, Tomo II, Ediciones Paredes, Caracas 2009, pp. 1417-1439.

370 *De l'Espirit des Lois* (ed. G. Tunc), Paris 1949, Vol. I, Libro XI, Cáp. IV, pp. 162-163.

371 Expediente N° 12-1358, Solicitante: Marelys D'Arpino.

ciendo sus funciones y si tal formalidad puede ser suspendida y/o fijada para una fecha posterior."[372]

Sobre el recurso intentado que dio origen a la sentencia, lo interesante que debe advertirse fue la fecha en la cual se ejerció, que fue el 21 de diciembre de 2012, a los diez días de haber sido operado el Presidente en La Habana. La recurrente, sin duda, parece que tenía alguna información privilegiada que la hacía sospechar que el Presidente nunca regresaría al país, o al menos que no comparecería a juramentarse ante la Asamblea Nacional el 10 de enero de 2013.

En todo caso, en esta sentencia, en definitiva, la Sala Constitucional resolvió que el *derecho que tenía un solo ciudadano* como era el caso de H. Chávez, electo o reelecto como Presidente de la República, a ejercer el cargo para el cual había sido electo, pero que al momento de tomar posesión del mismo mediante su juramentación ante la Asamblea Nacional conforme al artículo 231 de la Constitución, no pudiera hacerlo, ni pudiera, por tanto, iniciar su acción de gobierno por un motivo sobrevenido como fue la operación quirúrgica y complicaciones postoperatorias; prevalecía sobre el *derecho de todos los ciudadanos* a estar gobernaos por gobernantes electos popularmente. Se violó así, con la sentencia, la Constitución, se violó el derecho ciudadano a la democracia, y se le impuso a los venezolanos la carga antidemocrática de comenzar el 10 de enero de 2013 a estar gobernados por funcionarios que no tenían legitimidad democrática pues no habían sido electos.

Como se ha señalado, el artículo 231 de la Constitución cuya interpretación fue lo que la recurrente buscó ante el Tribunal Supremo de Justicia, establece que:

> "El candidato elegido o candidata elegida tomará posesión del cargo de Presidente o Presidenta de la República el diez de enero del primer año de su período constitucional, mediante juramento ante la Asamblea Nacional. Si por cualquier motivo sobrevenido el Presidente o Presidenta de la República no pudiese tomar posesión ante la Asamblea Nacional, lo hará ante el Tribunal Supremo de Justicia."

La primera parte de la norma, en realidad, no requería de interpretación alguna, pues concatenada con el artículo anterior que establece que el período constitucional del Presidente "es de seis años" (art. 230), dispone con toda claridad que el Presidente electo (o reelecto) debe tomar ("tomará") posesión del cargo "el diez de enero del primer año de su período constitucional, mediante juramento ante la Asamblea Nacional."

Era la segunda parte de la norma la que sin duda requería de interpretación, por no regular con precisión quién debía encargarse de la Presidencia de la República en el nuevo periodo que se iniciaba cuando por motivos sobrevenidos el Presidente electo no compareciese a tomar posesión de su cargo mediante juramento ante la Asamblea.

Por ello, en relación con la primera parte de la norma (que no requería interpretación), la Sala Constitucional precisó, desmintiendo afirmaciones que se habían hecho con anterioridad por altos funcionarios del Estado, que el juramento previsto en la norma constitucional del artículo 231, "no puede ser entendido como una mera

---

372 Véase el texto de la sentencia en http://www.tsj.gov.ve/decisiones/scon/Enero/02-9113-2013-12-1358.html.

formalidad carente de sustrato y, por tanto, prescindible sin mayor consideración" sino que más bien se trata de una "solemnidad para el ejercicio de las delicadas funciones públicas" con "amplio arraigo en nuestra historia republicana," que "procura la ratificación, frente a una autoridad constituida y de manera pública, del compromiso de velar por el recto acatamiento de la ley, en el cumplimiento de los deberes de los que ha sido investida una determinada persona."

Partiendo de esta afirmación que rechazaba el absurdo criterio de que la juramentación era un mero formalismo,[373] la Sala Constitucional se refirió al juramento en el caso del Presidente de la República, indicando que el mismo "debe tener lugar ante la Asamblea Nacional, como órgano representativo de las distintas fuerzas sociales que integran al pueblo, el 10 de enero del primer año de su período constitucional." Precisó además, la Sala, que "si por '*cualquier motivo sobrevenido*', a tenor de la citada norma, la misma no se produce ante ***dicho órgano*** y en la ***mencionada oportunidad***, deberá prestarse el juramento ante el Tribunal Supremo de Justicia, sin señalarse una oportunidad específica para ello" (Cursiva y negritas de la Sala).

Esto significaba, en criterio de la Sala Constitucional, que el acto de juramentación no era ni es una "formalidad prescindible, sino que al contrario "debe tener lugar, aunque por la fuerza de las circunstancias ("*cualquier motivo sobrevenido*") sea efectuado en otras condiciones de modo y lugar."

En todo caso, luego de estas aclaratorias, la Sala Constitucional precisó que el objetivo de la interpretación de la norma constitucional que se le requería, no era el determinar el carácter imprescindible del acto de la juramentación, que no lo era, sino a determinar "con certeza los efectos jurídicos de la asistencia o inasistencia al acto de "*toma de posesión y juramentación ante la Asamblea Nacional*", el 10 de enero próximo [de 2013], por parte del ***Presidente reelecto***."

Para ello, la Sala Constitucional consideró "imprescindible tomar en consideración el derecho humano a la salud y los principios de justicia, de preservación de la voluntad popular –representada en el proceso comicial del 7 de octubre de 2012- y de continuidad de los Poderes Públicos," refiriéndose además, a la tradición constitucional en la materia, particularmente conforme se consagraba en la Constitución de 1961.

De este último análisis, y contrariamente a lo que se establecía en el artículo 186 de la Constitución de 1961 que regulaba la consecuencia jurídica de la no comparecencia del Presidente entrante al acto de juramentación, al precisar que "*Cuando el Presidente electo no tomare posesión dentro del término previsto en este artículo, el Presidente saliente resignará sus poderes ante la persona llamada a suplirlo provi-*

---

373 Al contrario, el día anterior a la sentencia, en la reseña de un programa de televisión, se informó que la Fiscal General de la República, Sra. Ortega, afirmaba que "Estamos en presencia de un presidente reelecto y el requisito que exige el 231 es la toma de posesión, y toma posesión del cargo a través del juramento, pero como es reelecto él está en posesión de cargo y él está en el cargo por el juramento", puntualizó. Por ello señaló que las posibles circunstancias planteadas en el 231 de la Constitución "no se hacen necesarias" porque el presidente Chávez sigue en la posición del cargo. Precisó que dicha formalidad no puede poner "en riesgo la estabilidad de un país, la institucionalidad, el estado de derecho, social, sencillamente porque el Presidente que está en posesión del cargo, se encuentra debidamente autorizado por la Asamblea Nacional para recuperarse de su estado de salud". En "Fiscal Ortega Díaz: Presidente Chávez y tren ministerial están en posesión de su cargo," en http://www.patriagrande.com.ve/temas/venezuela/fiscal-ortega-diaz-presidente-chavez-tren-ministerial-posesion-cargo/.

sionalmente en caso de falta absoluta, según el artículo siguiente, quién los ejercerá con el carácter de Encargado de la Presidencia de la República hasta que el primero asuma el cargo"; ante la ausencia de una norma similar en la Constitución de 1999, la Sala Constitucional concluyó que ello "impide considerar la posibilidad de que, una vez concluido el mandato presidencial, deba procederse como si se tratara de una falta absoluta, a los efectos de la suplencia provisional que cubriría el Presidente de la Asamblea Nacional."

Por supuesto, era evidente que la falta de comparecencia al acto de juramentación, en si misma conforme a la Constitución de 1999, no podía ser considerada como una "falta absoluta," pues no encuadraba en ninguno de los supuestos establecidos en el artículo 233 de la Constitución, que por lo demás se aplicaban al Presidente electo en virtud de la misma norma, sólo cuando se producían "antes de tomar posesión";[374] pero nada autorizaba a señalar (incluso habiéndose incorporado la reelección inmediata a la Constitución de 1999) que para la solución constitucional del hecho de la no comparecencia y determinar en esos casos quién se debía encargarse de la Presidencia de la República, no debía procederse "como si se tratara de una falta absoluta" del Presidente electo y que conforme al artículo 233 de la Constitución conllevaba a que fuera el Presidente de la Asamblea Nacional en que se encargase de la Presidencia.

Así como podía considerarse correcta la apreciación de la Sala de que la falta de comparecencia del Presidente electo al acto de toma de posesión no podía *per se* considerarse como una "falta absoluta,"[375] sin embargo no podía considerarse correcta la apreciación de la misma Sala de negar que en esos casos, para determinar quién se debía encargar de la Presidencia hubiera que rechazar a esos solos efectos, que se procediera "como si se tratara de una falta absoluta" encargándose el Presidente de la Asamblea de la Presidencia mientras el Presidente electo se juramentaba ante el Tribunal Supremo, quién en definitiva era el único que tenía legitimidad democrática, pues había sido a su vez electo popularmente, y asegurar así el derecho a la democracia.

Por otra parte, la Sala argumentó que "la falta de juramentación ante la Asamblea Nacional, el 10 de enero, tampoco produce tal suerte de ausencia, pues la misma norma admite que dicha solemnidad sea efectuada ante este Máximo Tribunal, en una fecha que no puede ser sino posterior a aquella." Ello era correcto en cuanto al hecho de que se permitiera en la norma que la juramentación pudiera hacerse en una

---

374 La Sala, en la sentencia agregó sobre esto que "considerar que la solemnidad del juramento, en la oportunidad prefijada del 10 de enero y ante la Asamblea Nacional, suponga una especie de falta absoluta que, no sólo no recoge expresamente la Constitución, sino que antagoniza con la libre elección efectuada por el soberano, en franco desconocimiento de los principios de soberanía popular y democracia protagónica y participativa que postulan los artículos 2, 3, 5 y 6 del Texto Fundamental." Dijo además la Sala en este aspecto que "al no evidenciarse del citado artículo 231 y del artículo 233 *eiusdem* que se trate de una ausencia absoluta, debe concluirse que la eventual inasistencia a la juramentación prevista para el 10 de enero de 2013 no extingue ni anula el nuevo mandato para ejercer la Presidencia de la República, ni invalida el que se venía ejerciendo."

375 Esto lo reitera la sala en otro párrafo de la sentencia al señalar que "las vacantes absolutas no son automáticas ni deben presumirse. Estas están expresamente contempladas en el artículo 233 constitucional y, al contrario de lo que disponían los artículos 186 y 187 de la Constitución de 1961, la imposibilidad de juramentarse (por motivos sobrevenidos) el 10 de enero de 2013, no está expresamente prevista como causal de falta absoluta."

fecha posterior, pero era innegable que si el Presidente electo no acudía a juramentarse el 10 de enero por estar postrado en una cama de hospital, fuera de Venezuela, gravemente enfermo, en ese caso su "ausencia" era patente, como cuestión de hecho, que el Presidente del Congreso se encargase de la Presidencia, hasta que cesase la ausencia.

La Sala Constitucional luego pasó a argumentar que "en el caso de una autoridad reelecta y, por tanto, relegitimada por la voluntad del soberano," sería un "contrasentido mayúsculo considerar que, en tal supuesto, existe una indebida prórroga de un mandato en perjuicio del sucesor, pues la persona en la que recae el mandato por fenecer coincide con la persona que habrá de asumir el cargo." Esta afirmación no tenía sentido alguno, pues en ningún caso en que se pospusiera el acto de toma de posesión de un Presidente se podía operar una "prorroga" del mandato del período constitucional que termina; por lo que la afirmación era contradicha en la misma sentencia al afirmarse de seguidas que "tampoco existe alteración alguna del período constitucional pues el Texto Fundamental señala una oportunidad precisa para su comienzo y fin: el 10 de enero siguiente a las elecciones presidenciales, por una duración de seis años (artículo 230 *eiusdem*)." Por ello, era que al no presentarse al acto de toma de posesión, el nuevo mandato se iniciaba indefectiblemente el 10 de enero y para ello era que mientras comparecía el Presidente electo para tomar posesión del nuevo mandato, se debía encargar el Presidente de la Asamblea Nacional. Nada cambiaba esta solución constitucional el hecho de que el Presidente electo fuera a la vez "reelecto."

La Sala Constitucional, a renglón seguido pasó luego a referirse a otro aspecto jurídico en el ejercicio de cargos públicos, que nada tenía que ver con la norma constitucional que se buscaba interpretar, y era el referido al "*Principio de Continuidad Administrativa*", como técnica que impide la paralización en la prestación del servicio público," según el cual, "la persona designada para el ejercicio de alguna función pública no debe cesar en el ejercicio de sus atribuciones y competencias, hasta tanto no haya sido designada la correspondiente a sucederle (*vid.* sentencia n° 1300/2005)." Ciertamente se trata de un principio elemental del derecho administrativo de la función pública, pero que no se puede aplicar a la terminación de un período constitucional y al inicio del otro.[376] La Sala Constitucional, en efecto, erradamente resolvió que"

> "En relación con el señalado principio de continuidad, en el caso que ahora ocupa a la Sala, resultaría inadmisible que ante la existencia de un desfase cronológico entre el inicio del período constitucional (10 de enero de 2013) y la juramentación de un Presidente reelecto, se considere (sin que el texto fundamental así lo paute) que el gobierno (saliente) queda *ipso facto* inexistente. No es concebible que por el hecho de que no exista una oportuna "*juramentación*" an-

---

376 Como lo expresó el profesor Ricardo Combellas en declaraciones a BBC Mundo: "Ese es un principio muy sano del derecho administrativo: que independientemente de los cambios en la dirección administrativa de los asuntos del estado, las funciones del gobierno continúan. Lo que está planteado es que ha terminado un período constitucional y que eso no es un supuesto de continuidad administrativa sino es un supuesto de renovación de los poderes públicos que tienen un plazo limitado en la Constitución." En Carlos Chirinos, "El limbo de consecuencias impredecibles", BBC Mundo, 11 de enero de 2013. En : http://www.bbc.co.uk/mundo/movil/noticias/2013/01/130110_venezuela_constityente_combellas_opinion_cch.shtml

te la Asamblea Nacional quede vacío el Poder Ejecutivo y cada uno de sus órganos, menos aún si la propia Constitución admite que tal acto puede ser diferido para una oportunidad ulterior ante este Supremo Tribunal."

Por supuesto, esta afirmación, absolutamente errada, ignora primero que como la misma sentencia lo afirmó antes, que el Texto Fundamental señala para el período constitucional "una oportunidad precisa para su comienzo y fin: el 10 de enero siguiente a las elecciones presidenciales, por una duración de seis años (artículo 230)." Y por supuesto, en esa fecha, en ningún caso se produce "vacío del Poder Ejecutivo" alguno pues al terminar su período el Presidente en ejercicio, en esa fecha 10 de enero, el Presidente electo toma posesión de su cargo iniciando el nuevo período, y si por algún motivo sobrevenido no lo puede hacer, se encarga de la Presidencia el Presidente de la Asamblea Nacional.[377] No hay, en caso alguno, tal vacío, debiendo corresponder al Presidente encargado designar el nuevo tren ejecutivo de Vicepresidente y Ministros, estando por supuesto obligados los anteriores a permanecer en sus cargos hasta ser reemplazados en virtud del señalado principio de continuidad administrativa.

Luego pasó la Sala Constitucional a considerar la situación específica del caso del Presidente Chávez, a pesar de que la sentencia interpretativa debía ser abstracta, notando,

> "por si aún quedaran dudas, que en el caso del Presidente Hugo Rafael Chávez Frías, no se trata de un candidato que asume un cargo por vez primera, sino de un Jefe de Estado y de Gobierno que no ha dejado de desempeñar sus funciones y, como tal, seguirá en el ejercicio de las mismas hasta tanto proceda a juramentarse ante el Máximo Tribunal, en el supuesto de que no pudiese acudir al acto pautado para el 10 de enero de 2013 en la sede del Poder Legislativo.
>
> De esta manera, a pesar de que el 10 de enero se inicia un nuevo periodo constitucional, la falta de juramentación en tal fecha no supone la pérdida de la condición del Presidente Hugo Rafael Chávez Frías, ni como Presidente en funciones, ni como candidato reelecto, en virtud de existir continuidad en el ejercicio del cargo."

En estas afirmaciones, la Sala Constitucional sin duda incurrió en varios errores fácticos y jurídicos:

El primero, fue afirmar que el Presidente Chávez, en las circunstancias de su enfermedad e inhabilitación desde la operación quirúrgica efectuada en La Habana el 11 de diciembre de 2012, si es que permanecía vivo, pudiera considerarse que era "un Jefe de Estado y de Gobierno que no ha dejado de desempeñar sus funciones." Por supuesto que de haber sido tal la situación, no había perdido la titularidad de su cargo, pero al contrario de lo afirmado por la Sala, desde el 11 de diciembre de 2012 –según las noticias oficiales– el Presidente Chávez había estado postrado en una

---

377 Es en este contexto que debe leerse lo reiterado por la misma Sala en la sentencia, "tal como señaló esta Sala en los antes referidos fallos números 457/2001 y 759/2001, que no debe confundirse "*la iniciación del mandato del Presidente con la toma de posesión, términos que es necesario distinguir cabalmente*". Efectivamente, el nuevo periodo constitucional presidencial se inicia el 10 de enero de 2013, pero el constituyente previó la posibilidad de que "*cualquier motivo sobrevenido*" impida al Presidente la juramentación ante la Asamblea Nacional, para lo cual determina que en tal caso lo haría ante el Tribunal Supremo de Justicia, lo cual necesariamente tiene que ser *a posteriori*."

cama de hospital totalmente imposibilitado de ejercer sus funciones de Jefe de Estado y Jefe de Gobierno, situación constitucional que se configuraba como de falta temporal por estar ausente del país. El mismo Presidente Chávez previó que su ausencia del país sería por más de 5 días y por ello él mismo solicitó la autorización correspondiente a la Asamblea Nacional (art. 235).

Su falta temporal, en consecuencia, era un hecho evidente, que imponía la obligación en el Vicepresidente Ejecutivo de suplirla conforme a la Constitución, no siendo posible afirmar que durante su enfermedad y postración en La Habana "no ha dejado de desempeñar sus funciones," pues al contrario, claro que había dejado de desempeñarlas. Por otra parte, en esta materia de falta temporal, menos sentido y fundamento constitucional tenía la errada afirmación de la Sala Constitucional de que la solicitud de autorización a la Asamblea Nacional que pudiera formular el Presidente para ausentarse del territorio nacional *por un lapso superior a cinco días,* se refería "exclusivamente a la autorización para salir del territorio nacional, no para declarar formalmente la ausencia temporal en el cargo." De nuevo, la Sala Constitución ignoró la Constitución, conforme a la cual las faltas temporales en el ejercicio de la Presidencia constituyen una cuestión de hecho, que no se declara. Si el Presidente en gira por el interior del país, sufre un accidente de tránsito que lo mantiene inconsciente y hospitalizado por un tiempo, sin duda, origina una falta temporal que suple el Vicepresidente Ejecutivo así el Presidente no la haya "decretado" anunciando que iba a tener el accidente con sus consecuencias.

Por lo demás, toda ausencia del territorio nacional se configura como una falta temporal (en el sentido de que temporalmente el Presidente no está en ejercicio de sus funciones por imposibilidad física), por lo que no es más que un gran disparate la afirmación que hizo la Sala Constitucional en su sentencia, en el sentido de que: "*(ii)* No debe considerarse que la ausencia del territorio de la República configure automáticamente una falta temporal en los términos del artículo 234 de la Constitución de la República Bolivariana de Venezuela, sin que así lo dispusiere expresamente el Jefe de Estado mediante decreto especialmente redactado para tal fin." Esto no tenía ni tiene lógica, y mucho menos asidero constitucional.[378]

Pero además, también carece de toda base constitucional la afirmación infundada de la Sala Constitucional de que con posterioridad al 10 de enero de 2013 "conserva su plena vigencia el permiso otorgado por la Asamblea Nacional, por razones de salud, para ausentarse del país por más de cinco (5) días," lo cual no era cierto pues había sido otorgada para un Presidente en funciones cuyo período constitucional terminó el 10 de enero de 2013, con lo cual caducaron todos los actos temporales en relación con el mismo.[379]

---

378 Sobre ello, el profesor Ricardo Combellas en declaraciones a BBC Mundo: "eso me parece un planteamiento absurdo, porque se le solicita al sujeto sobre el cual actúa la falta temporal que se pronuncie. Imagínese, no es el caso del presidente Chávez, sino de un presidente que esté incapacitado en una clínica recibiendo cuidado especial, incapaz de tomar voluntariamente una decisión. Entonces quedamos en un limbo jurídico si el presidente no se pronuncia. Poner ese requisito, que no establece la Constitución, me parece un exabrupto." En Carlos Chirinos, "El limbo de consecuencias impredecibles", BBC Mundo, 11-1-2013, en http://www.bbc.co.uk/mun-do/movil/noticias/2013/01/130110_venezuela_constituyente_combellas_opinion_cch.shtml.

379 Como lo ha hincado el profesor Manuel Rachadell, "Chávez tiene el permiso de la Asamblea Nacional, otorgado por unanimidad del 9 de diciembre pasado, para ausentarse del país "por un lapso superior a los cinco días consecutivos" (art. 235), el cual mantiene su vigencia hasta el vencimiento del período consti-

Y más infundada fue la afirmación de que con motivo de la ausencia del Presidente Chávez del territorio nacional desde el 10 de diciembre de 2012, en la situación que resultó de la operación a la cual fue sometido el 11 de diciembre de 2012, "no se configura la vacante temporal del mismo al no haber convocado expresamente al Vicepresidente Ejecutivo para que lo supla por imposibilidad o incapacidad de desempeñar sus funciones." No causa sino asombro leer esta afirmación, ante normas tan precisas como las de los artículos 234 y 239.8 de la Constitución, donde afirma, clara, pura y simplemente, que "las faltas temporales del Presidente serán suplidas por el Vicepresidente" y que entre las atribuciones del Vicepresidente está la de "suplir las faltas temporales del Presidente," lo que opera automáticamente, resultado de una situación de hecho, sin que nadie lo decrete o lo decida, y sin que el Presidente deba "convocar al Vicepresidente" para que cumpla su obligación constitucional.

Sin embargo, como es sabido y lo apuntó el profesor Manuel Rachadell, lo que ocurrió en esos últimos tiempos en Venezuela fue que el Vicepresidente no estuvo cumpliendo con su obligación constitucional de suplir las frecuentes ausencias temporales del Presidente, limitándose:

> "a ejecutar acciones en el estrecho ámbito de la delegación que le hizo el Presidente, dada la ficción de que Chávez no ha incurrido en falta temporal ni absoluta. De esta forma, Chávez sigue siendo, para el oficialismo, el Presidente en funciones, aún cuando se encuentre sumido, frecuente o esporádicamente (no se sabe), en períodos de inconsciencia por anestesia o por otros motivos. Durante esos períodos, Venezuela no tiene Presidente."[380]

La segunda observación que debe formularse respecto de lo afirmado en la sentencia de la Sala Constitucional, y que causa mayor asombro, es la aseveración de que el Presidente Chávez, una vez concluido su mandato del período constitucional 2007-2013, como jefe de Estado y de Gobierno "seguirá en el ejercicio de las mismas hasta tanto proceda a juramentarse ante el Máximo Tribunal, en el supuesto de que no pudiese acudir al acto pautado para el 10 de enero de 2013 en la sede del Poder Legislativo." Al contrario, si el Presidente ya electo, o reelecto, al concluir su período constitucional 2007-2013, no se presentaba al acto de la toma de posesión y juramentación ante la Asamblea Nacional, simplemente no podía comenzar en su período constitucional 2013-2019 al no poder entrar en ejercicio del cargo ni poder cumplir sus funciones. Sus funciones del período 2007-2013 concluían el 10 de enero, por lo que era una imposibilidad constitucional que a partir del 10 de enero pudiera seguir "en el ejercicio de las mismas;" y como no se juramentase el 10 de enero ante la Asamblea no podía asumir el ejercicio del cargo de Presidente para el

---

tucional el 10 de enero próximo, porque la Asamblea Nacional no puede dar permisos para el período siguiente. Llegados a esta fecha, si el Presidente electo no toma posesión del cargo, la Asamblea Nacional no tiene competencia para darle permiso ni prórroga para la juramentación de cumplir la Constitución." Véase Manuel Rachadell, "Tres observaciones a la carta de Maduro sobre la imposibilidad de juramentarse el Presidente electo ante la Asamblea Nacional." 9-1-2013, en: http://t.co/Sd5R2EwX.

380 *Ídem*.

período 2013-2019. [381] En consecuencia, es un gran disparate y no tiene asidero constitucional alguno la afirmación de la Sala Constitucional de que:

> "*(iv)* A pesar de que el 10 de enero próximo se inicia un nuevo período constitucional, no es necesaria una nueva toma de posesión en relación al Presidente Hugo Rafael Chávez Frías, en su condición de Presidente reelecto, en virtud de no existir interrupción en el ejercicio del cargo."

Al contrario, precisamente porque el 10 de enero de 2013 se iniciaba un nuevo período constitucional, era absolutamente necesaria una nueva toma de posesión del Presidente Chávez Frías, en su condición de Presidente reelecto, en virtud de que el período constitucional 2007-2013 terminaba y de que el período 2013-2019, para él, no podía iniciar sin tal juramento, produciéndose en ese caso, inevitablemente, una interrupción en el ejercicio del cargo.[382]

La Sala Constitucional al hacer esta afirmación infundada, contradijo lo expresado en su propia sentencia en el sentido de que el juramento previsto en el artículo 231 de la Constitución, "no puede ser entendido como una mera formalidad carente de sustrato y, por tanto, prescindible sin mayor consideración" sino que más bien se trata de una "solemnidad para el ejercicio de las delicadas funciones públicas" con "amplio arraigo en nuestra historia republicana," que "procura la ratificación, frente a una autoridad constituida y de manera pública, del compromiso de velar por el recto acatamiento de la ley, en el cumplimiento de los deberes de los que ha sido investida una determinada persona." Ese juramento debe hacerse ante la Asamblea Nacional que está compuesta por los representantes del pueblo, y es precisamente a través del mismo que el pueblo puede tomar conocimiento de quién es quien va a gobernarlo. Es una especie de acto constitutivo de "fe de vida" del Presidente, de su propia existencia física, y de su capacidad para gobernar, realizado ante los representantes del pueblo. Y ello no puede eliminarse porque el electo hubiera sido reelecto, y menos aún cuando había permanecido ausente del país durante un mes, sin que la Nación tuviera conocimiento claro de su estado físico y de su propia existencia.

---

381 Como también lo ha indicado Manuel Rachadell, "La interpretación que le ha dado la fracción gubernamental en la Asamblea Nacional de que Chávez sigue siendo Presidente en ejercicio, cuya ausencia del acto de juramentación no tendría ninguna incidencia porque es una simple formalidad, que no es necesario que el Presidente de la Asamblea Nacional se juramente para cubrir la ausencia (que ni es temporal ni absoluta) del Presidente, porque tal función la ejerce, parcialmente, el Vicepresidente Ejecutivo de la República, carece de toda fundamentación en la Ley Suprema. No hay continuidad administrativa al concluir el período constitucional y comenzar el otro, ni siquiera en el supuesto de la reelección, y el nombramiento del Vicepresidente Ejecutivo caduca, como el del Presidente que lo ha designado, al vencimiento del período constitucional, el 10 de enero próximo". *Ídem*.

382 Por ello, el profesor Román José Duque Corredor considera esta afirmación "falsa de toda falsedad" agregando que "La reelección no es un mecanismo del ejercicio del cargo o para el ejercicio del cargo, sino un derecho del funcionario que ejerce un cargo electivo de poderse postular como candidato para un nuevo período para ese cargo y no de continuar en el mismo cargo. De modo que por tratarse de una nueva elección, si existe interrupción en su ejercicio. Si no fuera así, entonces, se trataría de un plebiscito y no de una elección, que es lo que parece piensan los Magistrados de la referida Sala que ha ocurrido con el candidato Hugo Chávez que se postuló para las elecciones del 7 de octubre de 20102 para ser Presidente para el nuevo período 2013-2019." Véase Román José Duque Corredor, Observaciones a la sentencia de la Sala Constitucional de 9 de enero de 2013. Véase en http://www.uma.edu.ve/interna/424/0/novedades_del_derecho_publico.

Después de todas las anteriores comentadas "consideraciones para decidir," la Sala Constitucional puntualizó lo que debió ser el objeto de la interpretación solicitada, en el sentido de que "la Constitución establece un término para la juramentación ante la Asamblea Nacional, pero no estatuye consecuencia para el caso de que por "*motivo sobrevenido*" no pueda cumplirse con ella de manera oportuna y, por el contrario, admite expresamente esa posibilidad, señalando que pueda efectuarse la juramentación ante el Tribunal Supremo de Justicia," resumen que implicaba precisamente pasar a determinar quien debía en esa situación encargarse de la Presidencia de la República mientras el Presidente electo por las causas sobrevenidas alegadas procedí a tomar posesión del cargo.

La Sala Constitucional, sin embargo, en lugar de cumplir su función interpretativa de la segunda parte de la norma del artículo 231 de la Constitución, se limitó a reafirmar lo que la propia norma constitucional dispone en el sentido de que la juramentación del Presidente reelecto podía ser efectuada en una oportunidad posterior al 10 de enero de 2013 ante el Tribunal Supremo de Justicia, de no poderse realizar dicho día ante la Asamblea Nacional; agregando sólo su apreciación de que le correspondía al propio Tribunal fijar dicho acto "una vez que exista constancia del cese de los motivos sobrevenidos que hayan impedido la juramentación."

Y de allí, sin resolver la consecuencia jurídica derivada del hecho de que por un "motivo sobrevenido" el Presidente electo no podía tomar posesión del cargo con su juramentación ante la Asamblea Nacional el día fijado constitucionalmente, la Sala concluyó su sentencia, afirmando como por arte de magia, sin que las "consideraciones para decidir" en realidad fundamentaran y condujeran a ello, que:

> "*(vi)* En atención al principio de continuidad de los Poderes Públicos y al de preservación de la voluntad popular, no es admisible que ante la existencia de un desfase cronológico entre el inicio del período constitucional y la juramentación de un Presidente reelecto, se considere (sin que el texto fundamental así lo paute) que el gobierno queda *ipso facto* inexistente. En consecuencia, el Poder Ejecutivo (constituido por el Presidente, el Vicepresidente, los Ministros y demás órganos y funcionarios de la Administración) seguirá ejerciendo cabalmente sus funciones con fundamento en el principio de la continuidad administrativa."

Sobre esto, que fue en definitiva la parte resolutiva de la sentencia y que pretendió legitimar una usurpación de autoridad,[383] deben formularse las siguientes observaciones:

---

383 Con razón la diputada María Corina Machado expresó el 11 de enero de 2013: "que el acto que vimos ayer no tiene precedentes. Dijo que Venezuela amaneció con un gobierno usurpado y el Vicepresidente, los ministros y la Procuradora General pretenden seguir ejerciendo sus cargos. "Todos los cargos de gobierno cesaron el pasado jueves y ante esa pretensión, todos su actos son nulos, como lo establece el artículo 138 de la Constitución", recalcó. Reiteró que Diosdado Cabello ha violado su juramento, porque debió llamar a la sesión solemne de toma de posesión del nuevo período presidencial y agregó que "no reconocemos a Maduro como Vicepresidente, porque hay una situación de ilegitimidad profunda". Aseguró que en Venezuela no existe separación de poderes, "tenemos un TSJ sumiso, nuestra soberanía está siendo pisoteada". Véase reseña de Programa Primera página de Globovisión, 11-1-2013, en http://www.lapa-tilla.com/site/2013/01/11/maria-corina-nuestra-soberania-esta-siendo-pisoteada/

Primero, fue una apreciación errada y sin fundamento considerar que "ante la existencia de un desfase cronológico entre el inicio del período constitucional y la juramentación de un Presidente reelecto, se considere (sin que el texto fundamental así lo paute) que el gobierno queda *ipso facto* inexistente." Ello no tiene posibilidad de ocurrencia. Si el Presidente electo por un motivo sobrevenido no puede prestar su juramento ante la Asamblea Nacional, e, incluso, tampoco ante el Tribunal Supremo, el hecho de que el período constitucional anterior concluya no implica "que el gobierno queda *ipso facto* inexistente."

Esta no fue más que una lucubración llevada al absurdo que no tiene asidero alguno en el derecho constitucional, salvo en la visión distorsionada de la Sala Constitucional, al negarse a interpretar la norma constitucional que se le solicitó, y que precisamente era con el objeto de determinar, como el gobierno no podía dejar de existir, quién en esa situación se debía encargar de la Presidencia de la República. Así como el Presidente de la Asamblea se debía encargar de la Presidencia en caso de falta absoluta del Presidente electo antes de la toma de posesión de su cargo, con la misma lógica de que ejerciera interinamente la Presidencia un funcionario con legitimidad democrática electiva, en caso de que por motivo sobrevenido el Presidente electo no pudiera tomar posesión de su cargo y juramentarse, quien debía encargarse de la Presidencia para iniciar el nuevo período constitucional era el Presidente de la Asamblea Nacional.[384]

Segundo, luego de la errada apreciación anterior, y sin resolver el tema central de la interpretación solicitada sobre quién se debía encargar de la Presidencia de la República a partir del 10 de enero de 2013, la Sala se limitó a afirmar que "En consecuencia, el Poder Ejecutivo (constituido por el Presidente, el Vicepresidente, los Ministros y demás órganos y funcionarios de la Administración) seguirá ejerciendo cabalmente sus funciones con fundamento en el principio de la continuidad administrativa."

En cuanto al Presidente, no sólo ello era inconstitucional porque no se había juramentado para tomar posesión de su cargo y entrar en ejercicio de sus funciones para el nuevo período constitucional, sino porque por lo que se había informado oficialmente, - si es que aún vivía - su estado de salud lo imposibilita e inhabilita totalmente para ejercer el cargo y las funciones inherentes al mismo. Respecto del Presidente de la República no tenía sentido alguno invocar el principio de continui-

---

384 El profesor Román José Duque Corredor expuso sobre la errada conclusión de la sentencia su apreciación de que:"La continuidad de los poderes públicos no se afecta, ni tampoco el gobierno queda *ipso facto* inexistente, cuando de pleno derecho se establece un régimen transitorio precisamente para el caso que los funcionarios que deban ejercer sus funciones no lo puedan hacer, como ocurre cuando por su falta absoluta el candidato electo o reelecto Presidente no pueda asumir su cargo en la fecha programada, en cuyo caso el gobierno sigue existiendo en forma transitoria pero en manos del Presidente de la Asamblea Nacional. Y precisamente para garantizar la voluntad popular, ante la falta absoluta del candidato electo o reelecto para el inicio del nuevo período, la Constitución prevé que se realicen nuevas elecciones y que la Presidencia, transitoriamente hasta la nueva elección, la ejerza un funcionario elegido mediante sufragio directo y universal y no el Vicepresidente que no fue elegido ni designado para el nuevo período. Así como si dicha falta ocurre después del inicio del período y con posterioridad a la toma de posesión, el gobierno lo ejerza el Vicepresidente que si fue designado por el Presidente electo, que tomo posesión del cargo, pero que dejó su cargo por alguna falta absoluta, y ello solo mientras se llevan a cabo nuevas elecciones para que la voluntad popular se pueda manifestar." Véase Román José Duque Corredor, Observaciones a la sentencia de la Sala Constitucional de 9 de enero de 2013. Véase en http://www.uma.edu.ve/interna/424/0/nove-dades_del_derecho_publico

dad administrativa, pues como Jefe del Estado y del Gobierno, lo que le correspondía prioritariamente era dirigir la acción de gobierno (art. 226).

Lo resuelto por la Sala Constitucional, en realidad, fue la decisión que sus Magistrados adoptaron de poner el gobierno de Venezuela para el inicio del período 2013-2019, en manos de funcionarios que no habían sido electos popularmente, contrariando el principio democrático. No es que con fundamento en el principio de la continuidad administrativa, la Sala Constitucional hubiera resuelto que mientras eran reemplazados en sus cargos, el Vicepresidente Ejecutivo, los Ministros y demás órganos y funcionarios de la Administración estaban obligados a ejercer cabalmente sus funciones; sino que lo que resolvió la Sala Constitucional violando la Constitución y el derecho ciudadano a la democracia, fue que en el nuevo período constitucional 2013-2019 que se inició el 10 de enero de 2013, sin Presidente en ejercicio por estar, en el mejor de los casos, confinado a una cama de hospital en La Habana con graves problemas de salud, el gobierno de la República pasó a cargo de funcionarios no electos, sin legitimidad democrática, como eran el Vicepresidente Ejecutivo y los Ministros que habían sido nombrados en el período constitucional anterior, eventualmente hasta cuando el propio Tribunal Supremo fijase la oportunidad de que el Presidente electo enfermo se juramentase ante el mismo, si era el caso.

Ni más ni menos, con ello se dió un golpe contra la Constitución,[385] dado por un Juez Constitucional que estaba llamado a defender su supremacía e integridad, vulnerando el derecho ciudadano a ser gobernados por gobernantes electos.

La decisión de la Sala Constitucional, por lo demás, fue totalmente inconveniente para la gobernabilidad de la República. El Vicepresidente Ejecutivo Maduro a quien se dejaba gobernando el país, conforme a lo decidido en la misma sentencia, supuestamente no estaba supliendo una falta temporal del Presidente Chávez pues éste según la Sala ni la había decretado ni la invocado, de manera que supuestamente sólo podría actuar como Vicepresidente Ejecutivo, con las atribuciones que tenía en la Constitución (art. 239) y las que el Presidente Chávez supuestamente le delegó mediante Decreto N° 9315 de 9 de diciembre de 2012,[386] de contenido además de redundante, absolutamente limitativo.

De resultas, a partir del 10 de enero de 2013, por voluntad la Sala Constitucional del Tribunal Supremo de Justicia en Venezuela, comenzó a gobernar en Venezuela, un funcionario que supuestamente no estaba supliendo al Presidente de la República electo y enfermo, que sólo podía ejercer sus atribuciones establecidas en la Constitución (art. 239) y las enumeradas en el decreto de delegación de diciembre de 2013, y quién entre otras atribuciones que sólo al Presidente en ejercicio podría ejercer, por ejemplo, no podía nombrar y remover los Ministros; no podía dirigir las relaciones exteriores de la República y celebrar y ratificar los tratados, convenios o acuerdos internacionales; no podía dirigir las Fuerza Armada Nacional ni tener el carácter de Comandante en Jefe de la misma, no pudiendo ejercer la suprema autoridad jerárquica de ella y fijar su contingente; no podía ejercer el mando supremo de la

385 También puede calificarse la situación como golpe de Estado, pues en definitiva, todo golpe contra la Constitución es un golpe de Estado. Véase Claudio J. Sandoval, ¿Golpe de Estado en Venezuela?, en *El Universal*, Caracas 10 de enero de 2013, en http://www.eluniversal.com/opinion/130110/oea-golpe-de-estado-en-venezuela.

386 Véase en *Gaceta Oficial* N° 40.078 del 26 de diciembre de 2012

Fuerza Armada Nacional, promover sus oficiales a partir del grado de coronel o capitán de navío, y nombrarlos para los cargos que les son privativos; no podía declarar los estados de excepción y decretar la restricción de garantías en los casos previstos en esta Constitución; no podía convocar a la Asamblea Nacional a sesiones extraordinarias; no podía reglamentar total o parcialmente las leyes sin alterar su espíritu, propósito y razón; no podía negociar los empréstitos nacionales; no podía celebrar los contratos de interés nacional conforme a la Constitución y la ley; no podía designar, previa autorización de la Asamblea Nacional o de la Comisión Delegada, al Procurador General de la República y a los jefes o jefas de las misiones diplomáticas permanentes; no podía formular el Plan Nacional de desarrollo y dirigir su ejecución previa aprobación de la Asamblea Nacional, no podrá conceder indultos; no podía fijar el número, organización y competencia de los ministerios y otros organismos de la Administración Pública Nacional, así como tampoco la organización y funcionamiento del Consejo de Ministros, dentro de los principios y lineamientos señalados por la correspondiente ley orgánica; no podía disolver la Asamblea Nacional en el supuesto establecido en la Constitución; no podía convocar referendos; ni podía convocar y presidir el Consejo de Defensa de la Nación.[387]

A esta absurda ingobernabilidad fue a lo que condujo la sentencia de la Sala Constitucional; a raíz de la cual el gobierno comenzó incluso a perseguir a quienes argumentaron o informaron sobre la correcta interpretación que debía darse a las normas constitucionales y sobre la inconstitucional decisión del Tribunal Supremo y sus efectos;[388] de manera que hasta los estudiantes universitarios que comenzaron a protestar contra la sentencia de la Sala Constitucional, fueron por ello amenazados con cárcel.[389]

---

387 Véase sobre esta situación, Manuel Rachadell, "Continuidad de la presidencia compartida o un país presidencialista sin Presidente," Caracas, 10 de enero de 2013, en http://manuelrachadell@blogspot.com.

388 El 9 de enero de 2013, el consultor jurídico de Globovisión, Ricardo Antela, explicó sobre el nuevo procedimiento administrativo sancionatorio abierto por la Comisión Nacional de Telecomunicaciones (CONATEL) contra la estación de TV, "por la difusión de cuatro micros informativos sobre el articulado de la Constitución", que a juicio del ente regulador, "incitan al odio, la zozobra y la alteración del orden público", prohibiendo de entrada "a la televisora retransmitir dichos mensajes o algunos similares." En horas de la tarde de ese mismo día el "presidente de la Asamblea Nacional, Diosdado Cabello; y el ministro Rafael Ramírez, habían sugerido al ente regulador "iniciar una investigación contra el canal por difundir el artículo 231 de la Constitución.". Véase la información en http://globovision.com/articulo/conatel-notifica-a-globovision-de-nuevo-procedimiento-administrativo-sancionatorio

389 El Gobernador del Estado Táchira, José Gregorio Vielma Mora, afirmó a la prensa "que los estudiantes de las universidades Católica y de Los Andes de esa entidad, que manifestaron en contra del fallo del Tribunal Supremo de Justicia, estaban ebrios y otros consumieron drogas para "valentonarse en contra de la autoridad". "Son delincuentes", aseveró. Advirtió al rector académico de la ULA, Omar Pérez Díaz y demás profesores, que irá a la Fiscalía a denunciarlos. "No mienta (Pérez Díaz), usted está promoviendo la violencia en Táchira. Les están pagando desde el extranjero. "Tienen armamento y municiones dentro de la universidad", acusó. De seguir protestando "van a ser tratados como bandas criminales e irán a la cárcel de Santa Ana". Véase en http://m.notitarde.com/nota.aspx?id=159398.

III. SOBRE EL "GOLPE A LA CONSTITUCIÓN" PERPETRADO POR TODOS LOS PODERES PÚBLICOS (LEGISLATIVO, EJECUTIVO Y JUDICIAL) (12-1-2012)

"El tema ha sido ya resuelto por los tres poderes del Estado de Venezuela: lo planteó el Ejecutivo, lo consideró el Legislativo, y lo resolvió el Judicial."

***José Miguel Insulsa**, 11-1-2013.*

La Fiscal General de la República había dicho públicamente en los primeros días de enero de 2013, con razón, y con motivo de la sesión de la Asamblea Nacional del 8 de enero cuando se hizo del conocimiento de la misma que el Presidente Chávez, reelecto en octubre de 2013, no se presentaría el 10 de enero de 2013 a tomar posesión de su cargo mediante su juramento ante la Asamblea como lo exige el artículo 231 de la Constitución; que aún en ese caso, "la Asamblea Nacional debía celebrar la sesión prevista para ese acto para dar inicio al período constitucional 2013-2019."[390] Ese período se inició ese día, como fecha fija, conforme a la Constitución, así no compareciera el Presidente electo a tomar posesión de su cargo, y como lo indicó la Fiscal General, la Asamblea debía realizar la sesión y tomar formalmente conocimiento de esa circunstancia.

Si embargo, nada de eso ocurrió el día 10 de enero; fecha en la cual la Asamblea Nacional simplemente no sesionó. Ese día, en Caracas, lo que hubo fue un acto público de calle, con la participación de altos funcionarios del Estado, entre ellos el Vicepresidente Ejecutivo N. Maduro y el Presidente de la Asamblea Nacional D. Cabello, y algunos invitados extranjeros, dedicados a recordar al Presidente ausente.

Para resolver la anunciada ausencia del Presidente electo Chávez en el acto que debió realizarse en la Asamblea Nacional, precisamente el día anterior la Sala Constitucional del Tribunal Supremo de Justicia dictó la mencionada sentencia N° 02 de 9 de enero de 2013,[391] mediante la cual pretendió resolver, sin éxito, una solicitud de interpretación del artículo 231 de la Constitución que se le había requerido el 21 de diciembre de 2012, y en la cual, sin interpretar realmente nada, y menos aún declarar la supuesta "interpretación" como "vinculante," concluyó disponiendo que como consecuencia de la ya anunciada no comparecencia del "Presidente reelecto" el día 10 de enero de 2013 ante la Asamblea Nacional a tomar posesión de su cargo, y ante la posibilidad que supuestamente podía haber de que tomara posesión del cargo y prestar dicho juramento posteriormente, no se podía considerar en ese día de terminación del período constitucional 2007-2013 "que el gobierno queda *ipso facto* inexistente," por lo que entonces resolvió que:

> "el Poder Ejecutivo (constituido por el Presidente, el Vicepresidente, los Ministros y demás órganos y funcionarios de la Administración) seguirá ejer-

---

390 Ortega Díaz: "Así el presidente Chávez no asista el próximo 10 de enero a la Asamblea Nacional, pues ya se informó que no estará presente, se debe convocar una sesión para dar inicio al período constitucional." Véase en Programa Contragolpe: "Fiscal General: Chávez es un presidente reelecto y está en posesión de su cargo," VTV, 8 de enero de 2013, en http://www.noti-cias24.com/venezuela/noticia/144829/fiscal-ortega-diaz-habla-sobre-el-10-e-y-la-ausencia-confirmada-de-chavez-para-la-fecha/

391 Expediente N° 12-1358, Solicitante: Marelys D'Arpino. Véase el texto de la sentencia en: http://www.tsj.gov.ve/decisiones/scon/Enero/02-9113-2013-12-1358.html.

ciendo cabalmente sus funciones con fundamento en el principio de la continuidad administrativa."

Con esta decisión, cuyo contenido es materialmente imposible que pueda decirse que fue resultado de una "interpretación" del artículo 231 de la Constitución (basta volver a leer la sentencia confrontándola con el texto del artículo "interpretado"), la Sala Constitucional, en realidad, formalizó el golpe a la Constitución[392] que luego de venir anunciándose, se estaba dando, y que concluyó el día 10 de enero, con la participación de los otros poderes públicos. Primero, con la participación del Poder Ejecutivo al no comparecer el Presidente de la República a tomar posesión de su cargo, y al haber el Vicepresidente Ejecutivo usurpado la autoridad de este a partir de esa fecha; segundo, con la participación de la Asamblea Nacional, al abstenerse de decidir nada ante el anuncio de la no comparecencia del Presidente ante ella y sobre la necesidad de verificar la realidad del "motivo sobrevenido" que se alegaba para ello; y tercero con la participación del Tribunal Supremo de Justicia, con la sentencia de 9 de enero de 2013, dictada en el sistema de justicia constitucional "a la carta" a que nos ha acostumbrado la Sala Constitucional.

La consecuencia de esa participación colectiva en el golpe a la Constitución, verdadera conspiración, fue que el Vicepresidente Maduro, quien venía ejerciendo el cargo de Vicepresidente Ejecutivo en el período constitucional anterior, comenzó a ejercer el Poder Ejecutivo, y quien aún sin quererlo ni reconocerlo, hasta esa fecha suplía la ausencia temporal del Presidente enfermo saliente y reelecto, produciéndose así, por decisión del Juez Constitucional, una "continuidad" en el ejercicio de sus cargos de todos los funcionarios ejecutivos nombrados en el período constitucional que fenecía, hacia el nuevo período constitucional presidencial; todo ello en medio de una gran informalidad.

Comenzó así, de hecho, a conducir la acción del Poder Ejecutivo un funcionario que no había sido electo por votación directa, universal y secreta, es decir que no tenía legitimidad democrática, violándose el derecho ciudadano a la democracia y a ser gobernados sólo por funcionarios electos.

Era evidente que constitucionalmente, como lo expresó el profesor Román José Duque Corredor,

> "4. Al no haber comparecido a prestar juramento ante la Asamblea Nacional hoy 10 de enero y no tomar posesión para el cargo para el cual fue electo el candidato ciudadano Hugo Chávez, por aplicación analógica del artículo 233, de la misma Constitución, el Presidente de la Asamblea Nacional, es la única

---

392 Para calificar lo ocurrido en Venezuela se ha utilizado la expresión de "golpe de Estado". Y ciertamente, un golpe de estado ocurre, no sólo cuando se usurpa el poder y autoridad por las fuerzas armadas, sino como lo ha señalado el profesor Diego Valadés, ocurre cuando se produce "el desconocimiento de la Constitución por parte de un órgano constitucionalmente electo"; agregando, incluso, como ejemplo que "un presidente elegido conforme a la Constitución no puede invocar una votación, así sea abrumadoramente mayoritaria, para desconocer el orden constitucional. Si lo hace habrá dado un golpe de Estado." Véase Diego Valadés, *Constitución y democracia,* UNAM, México 2000, p. 35; y "La Constitución y el Poder" en Diego Valadés y Miguel Carbonell (Coordinadores), *Constitucionalismo Iberoamericano del siglo XXI*, Cámara de Diputados, UNAM, México 2000, p. 145. Preferimos sin embargo utilizar en este caso la expresión de golpe a la Constitución, pues ha sido concebido, dado y conducido desde el propio Estado por los órganos de los Poderes Públicos nacionales, en particular, del Poder Legislativo, del Poder Judicial y del Poder Ejecutivo.

autoridad legítima que puede asumir en forma temporal el cargo de Presidente de la República, hasta por un máximo de noventa días, prorrogables por el mismo tiempo, por decisión de la Asamblea Nacional.

5. La autorización que se otorgó al Presidente Hugo Chávez para ausentarse del país, por más de cinco días, se le concedió como Presidente en funciones y no como Presidente electo y por ello no se extiende el período presidencial, que vence hoy 10 de enero, por lo que tal autorización termina también en esa fecha."[393]

De lo expresado por el profesor Duque, por tanto, quedaba claro que "la extensión del período constitucional vencido, significa una gran inseguridad jurídica y un irrespeto a la institucionalidad democrática."[394]

Un preciso resumen de lo ocurrido en Venezuela, como pocas veces se encuentra en la prensa escrita extranjera sobre el país, lo encontré en el trabajo de Paulo A. Paranagua publicado en *Le Monde*, Paris, 10 de enero de 2013, titulado: "La crisis en Venezuela y el caso de Paraguay: dos pesos, dos medidas," en la siguiente forma:

> "Hugo Chávez no estuvo en Caracas este 10 de enero para la investidura de su nuevo mandato presidencial. Ha desaparecido de la circulación desde hace un mes. Según quienes lo rodean, está hospitalizado en Cuba, donde ha sido operado cuatro veces por un cáncer cuya naturaleza permanece como un "secreto de defensa" celosamente guardado.
>
> El Vicepresidente Nicolás Maduro podía suplirlo siempre que el mandato del Sr. Chávez estuviera en vigencia. Ese mandato ha terminado el 10 de enero. En Venezuela, el Vicepresidente no es elegido, es nombrado por el Presidente en ejercicio, que puede removerlo tantas veces quiera, como un ministro. No se trata de un "ticket" de candidatos a la presidencia y vicepresidencia que se presente ante los electores.
>
> Eso equivale a decir que el Vicepresidente no tiene legitimidad alguna proveniente de sufragio universal. Cuando comienza un nuevo mandato presidenta, el jefe de Estado debe designar su Vicepresidente. Con la condición, bien entendido, de haber sido él mismo investido en buena y debida forma.
>
> En Venezuela, a partir del 10 de enero, la falta de la Presidencia debía ser suplida por el Presidente de la Asamblea Nacional, Diosdado Cabello, quien

---

393 Román José Duque Corredor, Presidente de la Fundación Alberto Adriani, "Extensión del periodo vencido Genera inseguridad jurídica e irrespeta la institucionalidad democrática," Caracas 10 de enero de 2013.

394 *Ídem*. En sentido coincidente, la Presidente del Colegio de Abogados de Caracas consideró que "el alargamiento del período presidencial "por una continuidad administrativa" no prevista en el texto constitucional, configura una interpretación arbitraria y acomodaticia a la conveniencia política del partido de gobierno y en fraude a la Constitución posibilita que asuma el Poder Ejecutivo Nacional una autoridad manifiestamente ilegítima, que no ha sido electa sino nombrada a dedo, gracias a la inobservancia de la Constitución con la consecuente aplicación de los Artículos 138 Constitucional: "Toda autoridad usurpada es ineficaz y sus actos son nulos" y 333: "Esta Constitución no perderá su vigencia si dejare de observarse por acto de fuerza o porque fuere derogada por cualquier otro medio distinto al previsto en ella." Véase Yvett Lugo Urbaez, Presidente del Colegio de Abogados de Caracas, "Sobre la interpretación del artículo 231 Constitucional realizada por la Sala Constitucional del Tribunal Supremo de Justicia," 10-1-2013. Véase en http://xa.yimg.com/kq/groups/ 22886415/2000842813/name/Pronunciamiento%20articulo%20231.pdf y en http://www.ilustrecolegiodeabogadosdeca-racas.com/.

tiene, él mismo, legitimidad que viene de las urnas. En caso de falta temporal del Presidente de la República, puede reemplazarlo por 90 días, renovables una sola vez. En caso de falta absoluta, el Presidente de la Asamblea asume la suprema magistratura y debe convocar elecciones en un lapso de 30 días.

Pretender que la investidura presidencial del 10 de enero es una formalidad porque Chávez, reelegido en octubre de 2012, se sucedería a si mismo, es una engañifa que sigue poco a la Constitución escrita y adoptada por los chavistas. Igualmente, pretender "prolongar" el mandato presidencial hasta una hipotética mejoría del Sr. Chávez y entregar la responsabilidad del Estado a Nicolás Maduro, cuyo cargo concluyó el 10 de enero, es una distorsión de la ley fundamental."[395]

Lo ocurrido, en todo caso, no fue otra cosa que una manifestación más, y sin duda extrema, del desmantelamiento total del principio de la separación de poderes que se había venido produciendo en los 14 años precedentes,[396] particularmente con la destrucción total de la independencia y autonomía del Poder Judicial, [397] y con ello,

395 "Hugo Chavez n'était pas à Caracas, ce 10 janvier, pour l'investiture de son nouveau mandat présidentiel. Il a disparu de la circulation depuis un mois. Selon son entourage, il est hospitalisé à Cuba, où il a été opéré quatre fois pour un cancer dont la nature reste un "secret défense "jalousement gardé. / Le vice-président Nicolas Maduro pouvait le remplacer tant que le mandat de M.Chavez était en vigueur. Il s'est achevé le 10 janvier. Au Venezuela, le vice-président n'est pas élu, il est désigné par le président en exercice, qui peut le changer autant de fois qu'il le veut, comme un ministre. Ce n'est pas un "ticket" de candidats à la présidence et à la vice-présidence qui se présente devant les électeurs. / Autant dire que le vice-président n'a aucune légitimité provenant du suffrage universel. Lorsqu'un nouveau mandat présidentiel commence, le chef de l'Etat doit désigner son vice-président. A condition bien entendu d'avoir été lui-même investi en bonne et due forme. / Au Venezuela, à compter du 10 janvier, la vacance de la présidence devait être palliée par le président de l'Assemblée nationale, Diosdado Cabello, qui dispose, lui, de la légitimité qui vient des urnes. En cas de vacance temporaire du président de la République, il peut le remplacer pendant 90 jours, renouvelables une fois. En cas de vacance définitive, le président de l'Assemblée assume la magistrature suprême et convoque des élections dans un délai de 30 jours. / Prétendre que l'investiture présidentielle du 10 janvier est une formalité parce que M.Chavez réélu en octobre 2012 se succéderait à lui-même est une entourloupe qui fait peu de cas de la Constitution écrite et adoptée par les chavistes. De même, prétendre "prolonger" le mandat présidentiel jusqu'à une hypothétique remise en forme de M.Chavez et remettre donc la responsabilité de l'Etat à Nicolas Maduro, dont la charge s'achevait le 10 janvier, est une entorse à la loi fondamentale." Véase Paulo A. Paranagua, "La crise au Venezuela et le cas du Paraguay: deux poids, deux mesures," en http://americalatina.blog.lemonde.fr/2013/01/10/la-crise-au-venezuela-et-le-cas-du-paraguay-deux-poids-deux-mesures/?utm_source=dlvr.it&utm_medium=twitter#xtor=RSS-3208001.

396 Véase Allan R. Brewer-Carías, "El principio de la separación de poderes como elemento esencial de la democracia y de la libertad, y su demolición en Venezuela mediante la sujeción política del Tribunal Supremo de Justicia," en *Revista Iberoamericana de Derecho Administrativo, Homenaje a Luciano Parejo Alfonso,* Año 12, Nº 12, Asociación e Instituto Iberoamericano de Derecho Administrativo Prof. Jesús González Pérez, San José, Costa Rica 2012, pp. 31-43; "Los problemas del control del poder y el autoritarismo en Venezuela", en Peter Häberle y Diego García Belaúnde (Coordinadores), *El control del poder. Homenaje a Diego Valadés,* Instituto de Investigaciones Jurídicas, Universidad Nacional Autónoma de México, Tomo I, México 2011, pp. 159-188.

397 Véase Allan R. Brewer-Carías, "Sobre la ausencia de independencia y autonomía judicial en Venezuela, a los doce años de vigencia de la constitución de 1999 (O sobre la interminable transitoriedad que en fraude continuado a la voluntad popular y a las normas de la Constitución, ha impedido la vigencia de la garantía de la estabilidad de los jueces y el funcionamiento efectivo de una "jurisdicción disciplinaria judicial"), en *Independencia Judicial*, Colección Estado de Derecho, Tomo I, Academia de Ciencias Políticas y Sociales, Acceso a la Justicia org., Fundación de Estudios de Derecho Administrativo (Funeda), Universidad Metropolitana (Unimet), Caracas 2012, 9-103; "La demolición de las instituciones judiciales y la destrucción de la democracia: La experiencia venezolana," en *Instituciones Judiciales y Demo-*

de la base fundamental de la democracia como sistema político,[398] lo que llevó al sometimiento total de los diversos poderes del Estado a un control férreo, unipersonal, que incluso funcionó en enero de 2013, en nombre de un Presidente enfermo e inhabilitado, siendo el de haber armado un Estado Totalitario, uno de sus principales legados luego de catorce años de autoritarismo.[399]

Por ello, Sr. José Miguel Insulza, Secretario General de la Organización de Estados Americanos, ante el requerimiento de entidades de Venezuela de que la institución confrontara lo ocurrido en el país con los principios de la Carta Democrática Interamericana, según se informó públicamente, se limitó a indicar que la OEA "respeta la decisión de los poderes constitucionales de Venezuela de aplazar indefinidamente la toma de posesión del Presidente Hugo Chávez," precisando simplemente que "El tema ha sido ya resuelto por los tres poderes del Estado de Venezuela: *lo planteó el Ejecutivo, lo consideró el Legislativo, y lo resolvió el Judicial"*, de lo que concluyó afirmando que "Las instancias están agotadas y por lo tanto el proceso que se llevará a cabo en ese país es el que han decidido los tres poderes."[400]

Tan simple y elemental como eso, y cualquier consideración de si esos tres poderes eran efectivamente independientes y autónomos, por lo visto no tenía importancia alguna, particularmente de cara a la *Carta Democrática Interamericana* adoptada por la propia OEA en la cual se determina con precisión, como "componentes esenciales" de la democracia, tanto "la separación e independencia de los poderes públicos" como "el acceso al poder y su ejercicio con sujeción al Estado de derecho," y un "régimen plural de partidos y organizaciones políticas," en adición al "respeto a los derechos humanos y las libertades fundamentales," y "a la celebración de elecciones periódicas, libres, justas y basadas en el sufragio universal y secreto, como expresión de la soberanía del pueblo" (art. 3). Eso, para el Secretario General de la OEA, por lo visto no tenía ni tiene interés ni importancia.

---

cracia. Reflexiones con ocasión del Bicentenario de la Independencia y del Centenario del Acto Legislativo 3 de 1910, Consejo de Estado, Sala de Consulta y Servicio Civil, Bogotá 2012, pp. 230-254 "La justicia sometida al poder [La ausencia de independencia y autonomía de los jueces en Venezuela por la interminable emergencia del Poder Judicial (1999-2006)]" en *Cuestiones Internacionales. Anuario Jurídico Villanueva 2007*, Centro Universitario Villanueva, Marcial Pons, Madrid 2007, pp. 25-57, y en *Derecho y democracia. Cuadernos Universitarios*, Órgano de Divulgación Académica, Vicerrectorado Académico, Universidad Metropolitana, Año II, N° 11, Caracas, septiembre 2007, pp. 122-138; "La progresiva y sistemática demolición institucional de la autonomía e independencia del Poder Judicial en Venezuela 1999-2004", en *XXX Jornadas J.M Domínguez Escovar, Estado de derecho, Administración de justicia y derechos humanos*, Instituto de Estudios Jurídicos del Estado Lara, Barquisimeto, 2005, pp. 33-174.

398 Véase Allan R. Brewer-Carías, *Dismantling Democracy. The Chávez Au-thoritarian Experiment*, Cambridge University Press, New York, 2010; "La demolición del Estado de derecho y la destrucción de la democracia en Venezuela," en *Revista Trimestral de Direito Público (RTDP),* N° 54, Instituto Paulista de Direito Administrativo (IDAP), Malheiros Editores, Sao Paulo, 2011, pp. 5-34.

399 Véase Allan R. Brewer-Carías, *Estado Totalitario y desprecio a la Ley. La desconstitucionalización, desjuridificación, desjudicialización y desdemocra-tización de Venezuela,* Editorial Jurídica Venezolana, Caracas 2014.

400 J. M. Insulza: "OEA respeta decisión de los poderes constitucionales sobre la toma de posesión del presidente Chávez" 11-1-2013, en http://www.no-ticierovenevision.net/politica/2013/enero/11/51-405=oea-respeta-decision-de-los-poderes-constitucionales-sobre-la-toma-de-posesion-del-presidente-chavez; y en http://globovision.com/articulo/oea-respeta-cabalmente-decision-del-tsj-sobre-toma-de-posesion-de-chavez.

En ese proceso ocurrido en Venezuela de sometimiento progresivo de los poderes del Estado a control político férreo, en todo caso, el rol más importante y trágico lo ha tenido el Tribunal Supremo de Justicia, el cual lejos de ser el supremo garante de la Constitución, por el control político ejercido sobre el mismo, particularmente sobre su Sala Constitucional, lamentablemente se ha convertido en el instrumento más certero para asegurar el autoritarismo en el país,[401] impartiendo una justicia constitucional distorsionada,[402] muchas veces "a la carta" conforme a las peticiones siempre "oportunas" del abogado del Estado o de ciudadanos "interesados," por la vía de un inventado[403] y absolutamente endémico recurso autónomo de interpretación abstracta de la Constitución;[404] con todo lo cual ha sido el principal instrumento del Estado Totalitario para dar el golpe a la democracia.[405]

Ello, en definitiva, es lo único que puede explicar la emisión de sentencias como la N° 2 del día 9 de enero de 2013, para resolver un recurso de interpretación abstracta sobre el contenido y alcance del artículo 231 de la Constitución,[406] en la cual, como se ha dicho, la Sala Constitucional aplicando un principio del derecho administrativo propio de la función pública como es el de la "continuidad administrativa," resolvió poner el gobierno de Venezuela para el inicio del período constitucional 2013-2019 en manos de funcionarios que no habían sido electos popularmente, y que, por tanto, carecían de legitimidad democrática (como son el Vicepresidente Ejecutivo y de los Ministros que habían sido nombrados en el período constitucional anterior 2007-2013), hasta cuando el propio Tribunal Supremo fijase la oportunidad

---

401 Véase Allan R. Brewer-Carías, "El juez constitucional al servicio del autoritarismo y la ilegítima mutación de la Constitución: el caso de la Sala Constitucional del Tribunal Supremo de Justicia de Venezuela (1999-2009)", en *Revista de Administración Pública*, N° 180, Madrid 2009, pp. 383-418, y en *IUSTEL, Revista General de Derecho Administrativo*, N° 21, junio 2009, Madrid, ISSN-1696-9650.

402 Véase Allan R. Brewer-Carías, *Crónica sobre la "in" justicia constitucional. La Sala Constitucional y el autoritarismo en Venezuela*, Colección Instituto de Derecho Público, Universidad Central de Venezuela, N° 2, Caracas 2007, 702 pp; *Práctica y distorsión de la justicia constitucional en Venezuela (2008-2012)*, Colección Justicia N° 3, Acceso a la Justicia, Academia de Ciencias Políticas y Sociales, Universidad Metropolitana, Editorial Jurídica Venezolana, Caracas 2012, 520 pp.; *La patología de la justicia constitucional*, Editorial Investigaciones Jurídicas/ Editorial Jurídica Venezolana, San José, Costa Rica 2012, 596 pp.

403 Véase Allan R. Brewer-Carías, "La ilegítima mutación de la constitución por el juez constitucional: la inconstitucional ampliación y modificación de su propia competencia en materia de control de constitucionalidad. Trabajo elaborado para el *Libro Homenaje a Josefina Calcaño de Temeltas*. Fundación de Estudios de Derecho Administrativo (FUNEDA), Caracas 2009, pp. 319-362.

404 Recurso que hemos criticado desde el inicio. Véase Allan R. Brewer-Carías, "*Quis Custodiet Ipsos Custodes*: De la interpretación constitucional a la inconstitucionalidad de la interpretación", en *VIII Congreso Nacional de derecho Constitucional, Perú*, Fondo Editorial 2005, Colegio de Abogados de Arequipa, Arequipa, septiembre 2005, pp. 463-489; y en *Revista de Derecho Público*, N° 105, Editorial Jurídica Venezolana, Caracas 2006, pp. 7-27; "Le recours d'interprétation abstrait de la Constitution au Venezuela", en *Le renouveau du droit constitutionnel, Mélanges en l'honneur de Louis Favoreu*, Dalloz, Paris 2007, pp. 61-70.

405 Véase Allan R. Brewer-Carías, *Golpe a la democracia dado por la Sala Constitucional. (De cómo la Sala Constitucional del Tribunal Supremo de Justicia de Venezuela impuso un gobierno sin legitimidad democrática, revocó mandatos populares de diputada y alcaldes, impidió el derecho a ser electo, restringió el derecho a manifestar, y eliminó el derecho a la participación política, todo en contra de la Constitución)*, Colección Estudios Políticos N° 8, Editorial Jurídica Venezolana, Caracas 2014.

406 Véase el texto de la sentencia en http://www.tsj.gov.ve/decisiones/scon/Enero/02-9113-2013-12-1358.html.

para que el Presidente electo enfermo – si es que efectivamente vivía – se juramentase ante el mismo, cuando pudiera, sin haberse molestado siquiera a tener a la vista prueba alguna de la situación de salud del Presidente, lo que por lo demás podía requerir de oficio.

Como se ha dicho, basta releer la norma "interpretada" para constatar que la misma sólo indica que el candidato elegido debe tomar posesión del cargo de Presidente de la República "el diez de enero del primer año de su período constitucional, mediante juramento ante la Asamblea Nacional," y que "si por cualquier motivo sobrevenido" no pudiere "tomar posesión ante la Asamblea Nacional, lo hará ante el Tribunal Supremo de Justicia." Y nada más. En forma alguna puede ser interpretada dicha norma violando el principio democrático que está a la base de la propia Constitución (art. 5), y que impone que el cargo de Presidente de la República debe ejercerse por una persona elegida por el pueblo.

Mediante este tipo de sentencias, lamentablemente, en este caso, y progresivamente, en Venezuela se ha ido mutando la Constitución, cambiándole el sentido a sus normas[407] conforme a lo requerido por el gobierno, incluso para implementar reformas constitucionales que han sido rechazadas por el pueblo, como ocurrió con la Reforma Constitucional de 2007,[408] muchas de cuyas previsiones popularmente rechazadas se implementaron por la Sala Constitucional,[409] o mediante leyes inconstitucionales respecto de las cuales la Sala Constitucional se ha negado a ejercer el control de constitucionalidad.[410]

---

407 Véase Allan R. Brewer-Carías, "La fraudulenta mutación de la Constitución en Venezuela, o de cómo el juez constitucional usurpa el poder constituyente originario,", en *Anuario de Derecho Público*, Centro de Estudios de Derecho Público de la Universidad Monteávila, Año 2, Caracas 2009, pp. 23-65; y "La ilegítima mutación de la Constitución por el juez constitucional y la demolición del Estado de derecho en Venezuela.," *Revista de Derecho Político*, N° 75-76, *Homenaje a Manuel García Pelayo*, Universidad Nacional de Educación a Distancia, Madrid, 2009, pp. 291-325.

408 Véase sobre ese proyecto de reforma constitucional Allan R. Brewer-Carías, *La reforma constitucional de 2007 (Comentarios al Proyecto inconstitucionalmente sancionado por la Asamblea Nacional el 2 de noviembre de 2007),* Colección Textos Legislativos, N° 43, Editorial Jurídica Venezolana, Caracas 2007.

409 Véase en general Allan R. Brewer-Carías, *Reforma constitucional y fraude a la Constitución (1999-2009)*, Academia de Ciencias Políticas y Sociales, Caracas 2009; y por ejemplo en materia de forma del Estado, "La Ilegítima mutación de la Constitución y la Legitimidad de la Jurisdicción Constitucional: La "Reforma" de la forma federal del Estado en Venezuela mediante interpretación constitucional," en *Anuario No. 4, Diciembre 2010,* Instituto de Investigación Jurídicas, Facultad de Jurisprudencia y Ciencias Sociales, Universidad Dr. José Matías Delgado de El Salvador, El Salvador 2010, pp. 111-143 (ISSN 2071-2472; "La ilegitima mutación de la Constitución y la legitimidad de la jurisdicción constitucional: la "reforma" de la forma federal del Estado en Venezuela mediante interpretación constitucional," en *Memoria del X Congreso Iberoamericano de Derecho Constitucional,* Instituto Iberoamericano de Derecho Constitucional, Asociación Peruana de Derecho Constitucional, Instituto de Investigaciones Jurídicas-UNAM y Maestría en Derecho Constitucional-PUCP, IDEMSA, Lima 2009, tomo 1 , pp. 29-51; "La Sala Constitucional como poder constituyente: la modificación de la forma federal del estado y del sistema constitucional de división territorial del poder público, en *Revista de Derecho Público*, N° 114, (abril-junio 2008), Editorial Jurídica Venezolana, Caracas 2008, pp. 247-262.

410 Véase en Allan R. Brewer-Carías, "La desconstitucionalización del Estado de derecho en Venezuela: del Estado Democrático y Social de derecho al Estado Comunal Socialista, sin reformar la Constitución," *en Libro Homenaje al profesor Alfredo Morles Hernández, Diversas Disciplinas Jurídicas,* (Coordinación y Compilación Astrid Uzcátegui Angulo y Julio Rodríguez Berrizbeitia), Universidad Católica Andrés Bello, Universidad de Los Andes, Universidad Monteávila, Universidad Central de Venezuela, Academia de Ciencias Políticas y Sociales, Vol. V, Caracas 2012, pp. 51-82; en Carlos Tablante y Mariela Morales Antonorzzi (Coord.), *Descentralización, autonomía e inclusión social. El desafío actual de la democra-*

Por supuesto, con un Juez Constitucional sometido al poder no es fácil que pueda haber control del poder, que es lo esencial en un Estado de Derecho.

En todo caso, como consecuencia de lo anterior, por imposición del Tribunal Supremo de Justicia mediante la mencionada sentencia No. 02 de 9 de enero de 2013,[411] a partir del día 10 de enero de 2013, se inició en Venezuela el nuevo período constitucional presidencial 2013-2019, sin que el Presidente de la República, quién había sido electo en octubre de 2012, hubiese tomado posesión de su cargo como lo exigía el artículo 231 de la Constitución, lo que debió haber ocurrido mediante juramento ante la Asamblea Nacional ese mismo día 10 de enero de 2013.

Como consecuencia de la ausencia del Presidente de la República de dicho acto que marcaba el inicio del período constitucional 2013-2019, y sin que se supiera a ciencia cierta de su suerte, de su salud y de su vida, el pueblo de Venezuela a través de sus representantes, que eran precisamente los diputados electos y que conforman la Asamblea Nacional, no pudo constatar que el Presidente, quien había sido electo tres meses antes, dada su seria condición de salud como fue informado ante la Asamblea el 8 de enero de 2013, pero que se sabía desde que fue diagnosticada el junio de 2011, estaba o no en condiciones de gobernar.

IV. SOBRE EL FUNCIONAMIENTO DEL GOBIERNO CONSTITUCIONAL CON UN PRESIDENTE SUPUESTAMENTE ENFERMO EN LA HABANA, PERO QUE SIN EMBARGO FIRMA DECRETOS EN CARACAS, CONDUCIDO EN VENEZUELA POR UN VICEPRESIDENTE EJECUTIVO CON ATRIBUCIONES LIMITADAS (17-1-2013)

El juramento de un Presidente para iniciar su período constitucional, en efecto, es un acto solemne mediante el cual comparece ante el pueblo a expresar su voluntad de comenzar a ejercer sus funciones de gobierno, jurando cumplir cabalmente con sus obligaciones; y para el pueblo, es la forma de constatar que quien fue electo no sólo está vivo sino en condiciones plenas para ejercer su cargo.

Por ello, ese acto de juramento ante el pueblo, como resulta de la doctrina sentada años atrás por el mismo Tribunal Supremo de Justicia en sentencia N° 780 del 8 de mayo de 2008 (Caso *Gobernador del Estado Carabobo*), constituye "una solemnidad imprescindible," para la "toma de posesión" de la cual depende "el inicio de la acción de gobierno" y, por tanto, "condiciona la producción de los efectos jurídicos" de la "función ejecutiva" del Presidente electo y, el consiguiente, "desarrollo de las facultades de dirección y gobierno" de Estado, "así como la gestión del interés

---

cia, Anuario 2010-2012, Observatorio Internacional para la democracia y descentralización, En Cambio, Caracas 2011, pp. 37-84; en *Estado Constitucional,* Año 1, N° 2, Editorial Adrus, Lima, junio 2011, pp. 217-236; en Revista *Aequitas,* Facultad de Ciencias Jurídicas, Universidad de El Salvador, Tercera Etapa, Año V, Número 5, Buenos Aires 2011, pp. 105-138; y en *Revista Aequitas Virtual*, Número 15 - Año V - Facultad de Ciencias Jurídicas, Universidad de El Salvador, Buenos Aires, Mayo 2011 (Sección "Derecho Constitucional"), en http://www.salvador.edu.ar/juri/ae-quitasNE/nroquince/Derecho%20constitucional%20Allan%20R.Brewer-Carias.pdf.

411 Expediente N° 12-1358, Solicitante: Marelys D'Arpino. Véase el texto de la sentencia en: http://www.tsj.gov.ve/decisiones/scon/Enero/02-9113-2013-12-1358.html.

público que satisface real y efectivamente las necesidades colectivas," considerando, en fin que "de ello depende el funcionamiento de uno de los poderes del Estado."[412]

Pero como se ha dicho, a pesar de lo esencial de esa solemnidad, y aún reconociendo su carácter "imprescindible," el Tribunal Supremo de Justicia en la sentencia N° 2 del 9 de enero de 2013[413] dispuso que la no comparecencia anunciada del Presidente de la República para su toma de posesión el día siguiente 10 de enero de 2013, por encontrarse totalmente incapacitado para ello por supuestamente yacer, como se informaba, en una cama de hospital en La Habana después de haber sido operado un mes antes (11 de diciembre de 2012), por el hecho de que había sido "reelecto" terminando ese mismo día su período anterior (2007-2013), en virtud de que como eventualmente y supuestamente podría prestar dicho juramento posteriormente, no pudiendo considerarse en ese día de terminación del período constitucional 2007-2013, por su ausencia, "que el gobierno queda *ipso facto* inexistente," resolvió que:

> "el Poder Ejecutivo (constituido por el Presidente, el Vicepresidente, los Ministros y demás órganos y funcionarios de la Administración) seguirá ejerciendo cabalmente sus funciones con fundamento en el principio de la continuidad administrativa."[414]

A partir de ese día, por tanto, y por lo que respecta a nuevo período constitucional, a pesar de que existía una falta efectiva del Presidente de la República por su ausencia del territorio nacional, el Tribunal Supremo de Venezuela le impuso a los venezolanos un gobierno no electo, violando el principio democrático. Con ello, simplemente los que detectaban el poder "se robaron el gobierno."

Es cierto, como lo precisó el profesor Hérman Escarrá, que la no realización del acto de juramentación el 10 de enero de 2013 "no significa que no es Presidente de

---

412 En la parte pertinente relativa al inicio del período constitucional del Gobernador como jefe del Ejecutivo en un Estado (Estado Carabobo), la Sala Constitucional del Tribunal Supremo decidió como sigue: "Ciertamente y tal como señaló esta Sala en la decisión N° 780 del 8 de mayo de 2008, la eficacia tangible del principio democrático constituye un parámetro esencial en la determinación de la finalidad humanista del Estado y como quiera que el inicio de la acción de gobierno depende de la correspondiente toma de posesión, resulta patente que el acto de juramentación del jefe del ejecutivo estadal constituye una solemnidad imprescindible para la asunción de la magistratura estadal y, por tanto, condiciona la producción de los efectos jurídicos de una de las funciones esenciales de los entes político territoriales, a saber, la función ejecutiva del gobernador electo y, el consiguiente, desarrollo de las facultades de dirección y gobierno de la entidad, así como la gestión del interés público que satisface real y efectivamente las necesidades colectivas, resulta patente la difusividad del asunto planteado ya que de ello depende el funcionamiento de uno de los poderes del Estado Carabobo". Véase la sentencia N° 780 del 8 de mayo de 2008 (Caso Gobernador del Estado Carabobo).

413 Expediente N° 12-1358, Solicitante: Marelys D'Arpino. Véase el texto de la sentencia en: http://www.tsj.gov.ve/decisiones/scon/Enero/02-9113-2013-12-1358.html.

414 Sobre esta sentencia, lejos de considerar que con la misma se dio un "golpe a la Constitución, el profesor Héctor Faúndez Ledezma, lo que estimó es que "No hay nada de qué sorprenderse. El error está en asumir que un tribunal en el que no hay una sola persona con sólida trayectoria jurídica pueda interpretar correctamente la Constitución. Lo absurdo es pretender que un tribunal, integrado personas elegidas en función de su compromiso con un proyecto político y de su lealtad a un caudillo, pueda actuar con independencia e imparcialidad. Lo extravagante es pensar que un tribunal presidido por quien ha afirmado que "la división de poderes debilita al Estado" pueda decidir con independencia en un asunto que concierne, precisamente, a este Gobierno." Véase Héctor Faúndez Ledezma, "Santa palabra", *El Nacional*, 18-1-2013. en http://www.el-nacional.com/hec-tor_faundez/Santa-pala-bra_0_119989466.html.

la República el Presidente," es decir, no significaba que el Presidente Chávez cuya falta absoluta no había sido informada como ocurrida, tenía la titularidad del cargo de Presidente de la República, condición que sin duda tenía después de haber sido electo; sin embargo, como también lo precisó el profesor Jesús María Casal, "si el Jefe del Estado no hace acto de presencia en ese momento confirmaría en principio que está incapacitado para asumir el próximo mandato," o como lo expresó el profesor Jesús María Alvarado Andrade, "Si [el Presidente] no se juramenta en esa fecha no puede ejercer constitucionalmente. Estaríamos en un desempeño del cargo de facto."[415]

Una cosa es la titularidad del cargo, y otra, por tanto, es su ejercicio. Nadie le negaba al Presidente, porque se informaba oficialmente que supuestamente estaba vivo pero enfermo, la titularidad de su cargo, sin embargo, constitucionalmente, a partir del 10 de enero de 2013, cuando cesó como Presidente en el período constitucional 2007-2013, por su falta de juramentación para el período constitucional 2013-2019 no podía ejercer su cargo, pues no había tomado posesión del mismo. Sin embargo, sin ninguna base constitucional, como se ha argumentado, el Tribunal Supremo le impuso a los venezolanos a partir del 10 de enero de 2013, un gobierno conformado por el "Poder Ejecutivo (constituido por el Presidente, el Vicepresidente Ejecutivo, los Ministros y demás órganos y funcionarios de la Administración)" que existía antes del 10 de enero de 2013, el cual dispuso que "seguirá ejerciendo cabalmente sus funciones con fundamento en el principio de la continuidad administrativa."

En cuanto al Presidente de la República que supuestamente continuaba, según la Sala, "ejerciendo cabalmente sus funciones" ello no pasaba de ser un buen deseo o un buen pensamiento, pues por las informaciones oficiales suministradas desde el gobierno, desde el 11 de diciembre de 2012 el Presidente no sólo estaba ausente del territorio nacional, sino que – si es que estaba vivo – desde donde permanecía, estaba totalmente incapacitado para gobernar.[416]

De manera que no era cierto, como lo afirmo la Sala Constitucional, que el Poder Ejecutivo estaba conducido por el Presidente de la República, ni que éste pudiera ejercer su cargo, y menos "continuar" ejerciéndolo en forma alguna. En el cuadro informado de gravedad del Presidente, en realidad, a esa fecha, lo único que se sabía como supuesto signo de su condición, era que en algún momento había "apretado" la mano del Vicepresidente Ejecutivo, según información suministrada por él mismo.[417] Al contrario de lo que afirmó la Sala, había una evidente falta efectiva del

---

415 Véase lo que expusieron en el programa reseñado en; "Toma de posesión. Visiones jurídicas sobre el 10 de enero," en *El Universal,* 10 de enero de 2013, en http://www.eluniversal.com/nacional-y-politica/salud-presidencial/130110/visiones-juridicas-sobre-el-10-de-enero.

416 El 13 de enero de 2013, el Ministro de Información Villegas, informaba: "El presidente de Venezuela, Hugo Chávez, evoluciona favorablemente de la cirugía a la que fue sometido el pasado 11 de diciembre, aunque aún necesita "medidas específicas" para la solución de la "insuficiencia respiratoria" que se le originó como consecuencia de una infección. "A pesar de su delicado estado de salud después de la compleja intervención quirúrgica del 11 de diciembre pasado en los últimos días la evolución clínica general ha sido favorable", véase en http://www.lapa-tilla.com/site/2013/01/13/villegas-en-minutos-comunicado-oficial-sobre-salud-de-chavez/.

417 "Maduro: "Chávez me apretó la mano con una fuerza gigantesca," indicando que "En uno de los saludos lo saludé (a Chávez) con la mano izquierda y me apretó con una fuerza gigantesca mientras hablábamos", comentó Maduro durante una entrevista exclusiva que ofreció al canal interestatal Telesur desde

Presidente de la República del país y del ejercicio del cargo para el cual había sido electo.

Según la información oficial no se trataba constitucionalmente de una "falta absoluta," pero sí podía considerarse como una falta equivalente a una "falta temporal" producida por el hecho de estar ausente del territorio nacional. Sin embargo, esa realidad de los hechos la negó el Tribunal Supremo y más bien le dijo a los venezolanos que "no debe considerarse que la ausencia del territorio de la República configure automáticamente una falta temporal en los términos del artículo 234 de la Constitución de la República Bolivariana de Venezuela, sin que así lo dispusiere expresamente el Jefe de Estado *mediante decreto especialmente redactado para tal fin.*" O sea que quien va a quedar incapacitado temporalmente para ejercer un cargo por un hecho futuro que está fuera de su control (una intervención quirúrgica de urgencia, por ejemplo), está en la obligación de saberlo anticipadamente (es decir, ser clarividente), de anunciarlo, y es más, en este caso, de disponerlo y decretarlo personalmente. De lo contrario, puede estar postrado en una cama de hospital lejos de la sede del gobierno, y sin embargo, estar y continuar en ejercicio de su cargo.

No se necesita mucha lógica para entender lo absurdo, ilógico, irracional, inadmisible, irrazonable, desatinado, en fin, falso, de esta afirmación de la Sala Constitucional.[418] Desde el 10 de diciembre de 2012 y luego desde el 10 de enero de 2013, el Presidente Chávez efectivamente estaba y continuaba ausente, y si vivía, no estaba en capacidad de gobernar. En definitiva, estaba en una falta efectiva del ejercicio del cargo, por imposibilidad física de ejercerlo.[419]

Cuba, donde se encuentra desde el pasado 29 de diciembre acompañando al gobernante y a sus familiares."Véase en Larazón.com, 2 de enero de 2013, en http://www.larazon.es/de-talle_normal/noticias/554672/maduro-chavez-me-apreto-la-mano-con-una-fuerz

418 Por ello Pablo Aure explicaba: "En Venezuela se votó por Hugo Chávez, pero debido a una "interpretación" que jamás se podrá entender, el Tribunal Supremo de Justicia en Sala Constitucional, nos dijo que Hugo Chávez tiene permiso para estar ausente del país hasta que se cure o regrese a Venezuela, pero sigue estando en pleno ejercicio de sus funciones. La triste razón que esgrimió la Sala fue la siguiente: "No debe considerarse que la ausencia del territorio de la República configure automáticamente una falta temporal en los términos del artículo 234 de la Constitución de la República Bolivariana de Venezuela, sin que así lo dispusiere expresamente el Jefe de Estado mediante decreto especialmente redactado para tal fin..."(sic) Es decir, que si Chávez muere o queda incapacitado para ejercer sus funciones seguirá mandando desde el más allá, o nos seguiremos calando a los usurpadores que el TSJ imponga." Véase Pablo Aure, "Hasta Cuando. Pueblo humillado" *El Carabobeño*, 14-1-2013, en http://www.el-carabobeno.com/impreso/articulo/45785/pueblo-humillado.

419 En relación con esta falta efectiva, debe indicarse que el profesor Hermán Escarrá, llegó a negar su existencia que en este caso diciendo que "No hay falta temporal ni hay falta absoluta. No existe la figura de la falta en este momento, porque hay un hecho sobrevenido y hay un permiso otorgado por la Asamblea Nacional. En el orden jurídico, está permisado el Presidente reelecto para hacerse la operación y continuar con los cuidados que sean necesarios." El razonamiento, por supuesto no tiene asidero constitucional alguno: Ciertamente no habría "falta absoluta" en los términos constitucionales pues se informaba que el Presidente permanecía con vida, y no habría "falta temporal" en los términos constitucionales a partir del 10 de enero de 2013, porque el Presidente no había tomado posesión de su cargo, pero evidentemente que hasta el 10 de enero de 2013 había una "falta temporal" en los términos constitucionales, por la ausencia del Presidente del territorio nacional desde el 10 de diciembre de 2012, yaciendo en una cama de hospital recuperando su salud. Esa falta efectiva del Presidente continuo a partir del 10 de enero de 2013, y ello le impidió tomar posesión de su cargo. Por lo demás, no es cierto que, como dijo Escarrá, haya habido "un permiso otorgado por la Asamblea Nacional" al "Presidente reelecto para hacerse la operación y continuar con los cuidados que sean necesarios," agregando que "el permiso fue otorgado para una operación" que "hay que esperar el restablecimiento del Presidente de la República,"

Ello lo que implicaba era que en razón de la imposición del Tribunal Supremo y del mencionado e inaplicable "principio de continuidad administrativa" en el cual la Sala Constitucional fundamentó su decisión, a partir del 10 de enero de 2013, el Poder Ejecutivo en Venezuela, de hecho, estaba constituido sólo por "el Vicepresidente, los Ministros y demás órganos y funcionarios de la Administración," funcionarios todos nombrados en el período constitucional anterior que efectivamente eran los que podían, en los términos de la sentencia de la Sala, seguir realmente "ejerciendo cabalmente sus funciones con fundamento en el principio de la continuidad administrativa."

Dejando aparte el caso de los Ministros y demás funcionarios, interesa precisar sobre todo, en ausencia del Presidente de la República, las funciones del Vicepresidente Ejecutivo, pues si se hubiese aplicado la Constitución, la "falta temporal" del Presidente de la República en este caso de ausencia del territorio nacional, por viaje al exterior y sometimiento a una operación quirúrgica que lo imposibilita para ejercer sus funciones, el Vicepresidente Ejecutivo, para el 10 de enero de 2015 habría estado supliendo al Presidente en el ejercicio de sus funciones. La imposición de la continuidad en el ejercicio del cargo resuelta por la Sala Constitucional hubiera significado, en ese caso, que el Vicepresidente Ejecutivo hubiera continuado supliendo la falta temporal del Presidente y hubiera podido ejercer todas sus funciones constitucionales. Esa es precisamente una de sus atribuciones esenciales previstas en el artículo 239.8 de la Constitución "suplir las faltas temporales del Presidente de la República" (además, art. 234), que se quiso ignorar.

En efecto, tanto el Presidente Chávez, cuando todavía tenía conciencia, como el Vicepresidente Maduro se negaron a aplicar estas normas constitucionales, rehusando a considerar la ausencia del primero del territorio nacional como "falta temporal," y lo mismo hizo la Sala Constitucional, al disponer que sólo si el Presidente la hubiese "decretado" al abandonar el territorio nacional la misma hubiera podido materializarse.

El absurdo que resulta de todo esto, es que el gobierno no electo que le impuso la Sala Constitucional a los venezolanos a partir del 10 de enero de 2013, estaba conducido por un funcionario quién como Vicepresidente Ejecutivo, ni siquiera suplía la falta temporal del Presidente, es decir, no podía ejercer las funciones del Presidente, teniendo en cambio sólo sus funciones establecidas en el artículo 239 de la Constitución, y las escasas y limitadas funciones que el Presidente le había supuestamente

---

y que es por "el tiempo de la gravedad de la enfermedad, el tiempo que requiera el Presidente porque ese fue el permiso que se le dio." Véase lo expuesto por Hermann Escarrá, en "Escarrá sostiene que "no hay vacío de poder" y que "el Ejecutivo Nacional es legítimo" en *Yaesnoticia.com* 13-1-2013, en http://yaesnoticia.com/nacionales/escarra-sostiene-que-no-hay-vacio-de-poder-y-que-el-ejecutivo-nacional-es-legitimo/. Ello simplemente no es cierto, pues la Asamblea el 9 de diciembre de 2012, lo que otorgó fue una autorización al Presidente de la República para ausentarse del país por un período de más de cinco días, que es a lo único a lo que se refiere el control político que ejerce el Parlamento frente a las ausencias del territorio nacional conforme al artículo 235 de la Constitución: ausencias del territorio que se prolonguen por más de 5 días. Y si el tiempo de permanencia fuera del territorio nacional, por la razón o motivo que fuera, es por más de 90 días, entonces entra en aplicación el artículo 234 de la Constitución. Lo expuesto por Escarrá equivale a considerar como lo ha observado atinadamente Antonio Sánchez García que el presidente Chávez: "continuaría al mando imaginario de una presidencia virtual, bajo un permiso indeterminado, tanto tiempo como su sobrevivencia asimismo virtual lo hiciera posible."Véase en ***Antonio Sánchez García,*** "La rambolesca y triste historia de una satrapía anunciada" 11-1-2013, en http://m.notitarde.com/nota.aspx?Id=159364.

delegado en la víspera de su viaje al exterior en diciembre de 2012. Situación más bizarra no podía uno imaginarse, al punto de que el profesor Escarrá al afirmar que "nadie ha sustituido al Presidente reelecto," agregó que "el Presidente reelecto ha delegado en el Vicepresidente atribuciones adicionales a las que ya la Constitución prevé."[420]

Y efectivamente, como se ha dicho, por una parte, el Vicepresidente Ejecutivo conforme al artículo 239 de la Constitución tiene las siguientes atribuciones: 1. Colaborar con el Presidente de la República en la dirección de la acción del Gobierno; 2. Coordinar la Administración Pública Nacional de conformidad con las instrucciones del Presidente de la República; 3. Proponer al residente de la República el nombramiento y la remoción de los Ministros; 4. Presidir, previa autorización del Presidente o Presidenta de la República, el Consejo de Ministros. 5. Coordinar las relaciones del Ejecutivo Nacional con la Asamblea Nacional; 6. Presidir el Consejo Federal de Gobierno; 7. Nombrar y remover, de conformidad con la ley, los funcionarios nacionales cuya designación no esté atribuida a otra autoridad; 8. Suplir las faltas temporales del Presidente de la República; 9. Ejercer las atribuciones que le delegue el Presidente o Presidenta de la República; y 10. Las demás que le señalen esta Constitución y la ley.

Y por la otra, conforme a la delegación que decretó el Presidente de la República mediante Decreto N° 9.315 de 9 de diciembre de 2012,[421] le delegó al Vicepresidente Ejecutivo, las siguientes y limitadas atribuciones relativas a decretos sobre 1. Créditos adicionales; 2. Traspasos de partidas presupuestarias; 3. Rectificaciones al presupuesto; 4. Operaciones de crédito público; 5. Prórroga para la liquidación de órganos o entes públicos; 6. Nombramiento de algunos altos funcionarios públicos; 7. Afectación para expropiación; 8. Reforma organizacional de entes descentralizados; 9. Puntos de cuenta ministeriales sobre las anteriores materias; 11. Las actuaciones presidenciales como parte de cuerpos colegiados; 12. Jubilaciones especiales a funcionarios; 13. Puntos de cuenta ministeriales sobre adquisición de divisas; 14. Puntos de cuentas sobre presupuestos de los entes descentralizados; 15. Insubsistencias presupuestarias; 16. Exoneraciones del Impuesto al Valor Agregado; 17 Exoneraciones del Impuesto sobre la renta; así como 18. Todas las decisiones administrativas previstas en la Constitución y las leyes (art. 1).

El Presidente habría dispuesto, además, en el Decreto de delegación, al considerar que el Vicepresidente Ejecutivo no lo suplía automáticamente durante su falta temporal, que todos los actos que éste dictase distintos a los expresamente delegados en los ocho primeros numerales del artículo 1 del Decreto referidos a temas de finanzas públicas, para poder ser dictados debían ser sometidos "a consulta previa al Presidente" y a su aprobación en Consejo de Ministros.

Era evidente que el mencionado decreto de delegación cesó en sus efectos, por caducar, a partir del 10 de enero de 2013, al terminar el período constitucional para el cual fue dictado. Sin embargo, y asumiendo que con la decisión de la Sala Consti-

420 Véase en "Escarrá sostiene que "no hay vacío de poder" y que "el Ejecutivo Nacional es legítimo" en *Yaesnoticia.com* 13-1-2013, en http://yaesnoti-cia.com/nacionales/escarra-sostiene-que-no-hay-vacio-de-poder-y-que-el-ejecutivo-nacional-es-legitimo/.

421 Originalmente publicado en *Gaceta Oficial* N° 40.077 de 21 de diciembre de 2012, y republicado en *Gaceta Oficial* N° 40.078 de 26 de diciembre de 2012.

tucional el mismo también fue "prorrogado" en sus efectos, el resultado de todo lo anterior, fue que al no estar el Vicepresidente Ejecutivo supliendo la "falta temporal" del Presidente, por haberlo así resuelto el Presidente y el propio Tribunal Supremo, en su ausencia, el Vicepresidente Ejecutivo comenzó a conducir el Poder Ejecutivo con facultades muy limitadas, entre las cuales no estaban las enumeradas en el artículo 236 de la Constitución asignadas al Presidente de la República.

Ello, sin embargo, no fue impedimento para que el Vicepresidente Ejecutivo, de nuevo, pero esta vez en virtud de la "continuidad administrativa" decretada por la Sala Constitucional, procediera a designar mediante Decreto N° 9350 de 11 de enero de 2013, "por delegación del Presidente," a un "Vicepresidente Encargado" para suplir su ausencia del territorio nacional para ir a Cuba,[422] designando a tal efecto al ministro de Energía Eléctrica, Héctor Navarro.[423] El Vicepresidente Ejecutivo no tenía entre sus atribuciones la de nombrar Vicepresidentes Encargados, facultad que sólo podía ejercer quien lo nombró a él, que fue el Presidente de la República. Ningún funcionario público está facultado en el ordenamiento jurídico venezolano para designar a nadie para que se encargue de su propio cargo. La designación, por lo tanto, también carecía de toda lógica y legalidad administrativa

Posteriormente, a pesar de que la atribución del Presidente de la República de rendir cuenta de su gestión anualmente ante la Asamblea Nacional es de carácter personalísima, el Vicepresidente Ejecutivo Nicolás Maduro lo hizo supuestamente "en su nombre" el día 15 de enero de 2013, sin tener competencia alguna para ello, ya que supuestamente no suplía la "falta temporal" del Presidente, ni esa atribución estaba dentro de las funciones delegadas. El artículo 237 de la Constitución dispone que "dentro de los diez primeros días siguientes a la instalación de la Asamblea Nacional, en sesiones ordinarias, el Presidente de la República presentará, cada año, *personalmente* a la Asamblea un mensaje en que dará cuenta de los aspectos políticos, económicos, sociales y administrativos de su gestión durante el año inmediatamente anterior." Se trata, de la única norma constitucional en la cual se exige la *actuación personal* del Presidente, y en este caso, se trataba de dar cuenta de la gestión del último año del periodo constitucional 2007-2013. Pues haciendo caso omiso de esta previsión constitucional el Vicepresidente Ejecutivo presentó la memoria y cuenta presidencial el 15 de enero de 2013, "por orden" del Presidente ausente sin indicar cómo y cuando fue dada la misma.[424] Luego aclararía que no presentó tal Memoria y Cuenta sino que lo que hizo, "por orden" del Presidente, fue entregar por escrito los documentos correspondientes a la misma en virtud de que el artículo 236.17 le atribuye al Presidente facultad para dirigir a la Asamblea Nacional, por

---

422 Véase en http://globovision.com/articulo/raul-castro-se-reunio-con-nicolas-maduro-diosdado-cabello-y-rafael-ramirez y en http://www.lapatilla.com/site/2013/01/11/ma-duro-viaja-hoy-a-cuba/.

423 Decreto N° 9.350, de fecha 11 de enero de 2013 en *Gaceta Oficial* N° 40.088, de fecha 11 de enero de 2013

424 Maduro: "Estamos cumpliendo por orden del Presidente la entrega por escrito del informe del Gobierno que él preside. Bajo sus órdenes estamos actuando y cumpliendo de manera impecable esta Constitución". "El 10 de enero comenzó el período 2013-2019 del único Presidente que tenemos: Hugo Chávez Frías." Véase la nota de Globovisión: "Maduro: Actuamos por orden del Presidente al entregar por escrito el informe de su Gobierno", en http://globovision.com/articulo/ni-colas-maduro-presentara-memoria-y-cuenta-del-2012 Algunos de los diputados de la oposición se retiraron de la sesión respectiva. Véase en http://www.noticias24.com/interna-cionales/noticia/51294/video-de-brewer-carias-hablando-sobre-lo-que-dice-la-constitucion-del-10-e/

intermedio del Vicepresidente Ejecutivo "informe y mensajes especiales" lo cual por supuesto no era el caso.[425]

En todo caso, en la oportunidad de consignar la Memoria y Cuenta del Presidente ante la Asamblea Nacional, el Vicepresidente Maduro anunció que "El presidente Chávez acaba de designar ministro de Relaciones Exteriores al compañero Elías Jaua Milano y además Vicepresidente político de gobierno. Elías Jaua queda a la orden de esta soberana Asamblea Nacional."[426]

Nada informó sin embargo sobre cuándo o cómo el Presidente ausente y enfermo, si es que estaba vivo, había hecho tal nombramiento, y sobre lo cual los venezolanos tuvieron conocimiento formal sólo cuando se publicó en la *Gaceta Oficial* N° 40.090 de 15 de enero de 2013, el Decreto N° 9.351 de esa misma fecha, mediante el cual el mismo Presidente Hugo Chávez, supuestamente, pues no se sabe cómo, nombró a "Elías Jaua Milano, como Ministro del Poder Popular para Relaciones Exteriores;" y el Decreto N° 9.352, de la misma fecha, mediante el cual el mismo Presidente Hugo Chávez, tampoco se sabe cómo, nombró a Elías Jaua Milano, Ministro del Poder Popular para Relaciones Exteriores, como "Sexto Vicepresidente del Consejo de Ministros Revolucionarios del Gobierno Bolivariano para el Área Política," tal como se lee en la *Gaceta*, "con el propósito de fortalecer la democracia protagónica revolucionaria, consolidando la base sociopolítica del Socialismo, conformando espacios de participación política que garanticen la consolidación del Poder Popular, así como realizar un efectivo seguimiento a la ejecución e implementación de las medidas y decisiones adoptadas en el Consejo de Ministros Revolucionarios del Gobierno Bolivariano, coadyuvando en el desempeño institucional de las órganos a quienes corresponda la ejecución de dichas medidas, promoviendo la coordinación y cooperación interorgánica de la Administración Pública a todos los niveles;" texto que es como decir nada y decir todo, a la vez.

Lo que se destaca de estos dos decretos, es que con ellos el gobierno impuesto a los venezolanos por el Tribunal Supremo de Justicia a partir del 10 de enero de 2013, comenzó a actuar sobre la base de una falsedad congénita, porque los dos Decretos aparecieron como firmados por Chávez en Caracas ("**Dado en Cara-**

---

425 En la reseña de declaraciones dadas por el Vicepresidente Maduro en el acto de entrega de las Propuestas de la Fuerza Armada Nacional al Plan de la Patria 2013-2019, se informó que: "Maduro declaró que desde siempre el gobierno y su persona tuvieron "claro" que no podía ser él, en su carácter de vicepresidente, el que presentara la Memoria y Cuenta a manera de discurso ante la Asamblea Nacional porque eso sí hubiese sido una violación de la Constitución. "El Presidente me dio la orden de dirigirme a la Asamblea a entregar su Memoria y Cuenta por escrito porque como vicepresidente no podía rendir la memoria y cuenta ahí, eso lo tuvimos absolutamente claro desde siempre." Detalló que la forma en que entregó los libros están acorde con el cumplimiento de los artículos 236 y 237 de la Constitución... Maduro parafraseó la orden que le dio el presidente Hugo Chávez para entregar por escrito la Memoria y Cuenta. "El Presidente dijo: '15 de enero estoy citado por la Asamblea, no podemos fallar. A pesar de que estoy de permiso por el 235 por voto unánime de la Asamblea Nacional para los asuntos que solicité por esta operación no podemos fallar, asiste a la Asamblea y entrega por escrito el mensaje, y dales un saludo breve de mi parte". Véase "Maduro no presentó la Memoria y Cuenta para no violar Constitución," *El Universal*, 16-1-2013, en http://www.eluniversal.com/nacional-y-politica/130116/maduro-no-presento-la-memoria-y-cuenta-para-no-violar-constitucion.

426 Véase en la nota de Globovisión, "Elías Jaua es el nuevo canciller de la república por orden de Chávez," en http://globovision.com/articulo/elias-jaua-es-el-nuevo-canciller-de-la-republica

cas")[427] el día 15 de enero de 2013, cuando era conocido y notorio que Chávez no estaba ni estuvo en Caracas, sino que estaba ausente del territorio nacional, por yacer en una cama de hospital en La Habana, Cuba, supuestamente "recuperándose," según informó el Vicepresidente Maduro de los "estragos" de unas complicaciones postoperatorias.[428] Esos estragos, sin duda, si es que estaba vivo, en todo también fueron los que le habrían impedido estampar su firma en la comunicación enviada a la Asamblea Nacional el 8 de enero de 2013 anunciando que no comparecería a la sesión prevista para la toma de posesión del cargo.

Sin embargo, en cambio, ahora la firma de Hugo Chávez si aparecía en estos dos decretos, "**dados en Caracas**" sobre lo cual el Vicepresidente Ejecutivo Maduro afirmó que:

> "El presidente Chávez ha dado una orden y *ha firmado un decreto* y el decreto ha salido como salen centenares de decretos durante el año [...] El presidente Chávez como jefe de Estado dio la orden de designar a Elías Jaua, firmó el punto de cuenta, *firmó el decreto* y el decreto fue publicado, sencillo como eso, como siempre ha sido."[429]

Es decir, el Vicepresidente Maduro afirmó oficialmente, y falsamente sin duda, que el Presidente Chávez efectivamente había firmado el decreto, afirmación que se entiende sólo podría hacer por tener conocimiento de causa, es decir, por ejemplo, por haber sido testigo del hecho. Tendría en tal caso que tener la explicación del don de la ubicuidad del Presidente Chávez de haber estado a la vez, el mismo día 15 de enero, en La Habana y en Caracas, o del propio Vicepresidente Maduro para haber estado igualmente en esos dos lugares, el mismo día 15 de enero

Es evidente, en todo caso, que permaneciendo el Presidente Chávez fuera de Venezuela, en La Habana, esa firma que apareció estampada en unos Decreto de fecha 15 de enero de 2013, definitivamente no se estampó en Caracas como falsamente se indicó en los textos, sino que si efectivamente los hubiera firmado debió haber estampado la firma en La Habana, tal como se deducía de lo afirmado por el propio Ministro Jaua, nombrado en los mismos al Decretos, al decir que "desde La Habana el presidente Hugo Chávez está 'ejerciendo el poder'" [...] "Chávez está mandando y por eso fui nombrado canciller."[430]

---

427 Como lo expresa el profesor José Ignacio Hernández, "La referencia a Caracas no es general. No se menciona a esa ciudad por ser la capital de la República. No. Se menciona a Caracas pues fue el lugar en el cual los Decretos fueron emitidos por el Presidente de la República. Y el acto se emite en el sitio en el cual está el Presidente al momento de dictar el acto." Véase en José Ignacio Hernández, "Sobre la firma del Presidente Chávez", *Prodavinci. com*, 17 de enero de 2013, en http://prodavinci.com/2013/01/17/actualidad/sobre-la-firma-del-presidente-hugo-chavez-por-jose-ignacio-hernandez-g/.

428 Véase Entrevista a Nicolás Maduro, "Tratamiento del presidente Chávez es para superar "estragos" de infección respiratoria," *Globovisión* 17 de enero de 2013, en http://globovision.com/articulo/maduro-ahora-tratamiento-de-chavez-es-para-superar-estragos-de-insuficiencia-respiratoria.

429 Véase William Neuman, "Critics Question Chávez Signature on an Official Decree," *The New York Times*, New York January 18, 2013, p. A3; y "Tratamiento del presidente Chávez es para superar "estragos" de infección respiratoria," *Globovisión* 17 de enero de 2013, en http://globovision.com/articulo/maduro-ahora-tratamiento-de-chavez-es-para-superar-estragos-de-insuficiencia-respiratoria.

430 Véase la nota de prensa "Jaua: Chávez está mandando y por eso fui nombrado canciller," donde se recoge su afirmación de que "desde La Habana el presidente Hugo Chávez está "ejerciendo el poder", por lo que pidió a la oposición que respete "la legitimidad del Gobierno y que abandone el camino de

Como lo advirtió el profesor José Ignacio Hernández: "Aquí tenemos una contradicción sin solución aparente: si los Decretos fueron firmados en Caracas, como se afirma en su texto, entonces el Presidente tuvo que firmarlos en Caracas, lo que probaría que no está ausente del país, a pesar de lo que se afirma en el discurso oficial. Pero si los Decretos no fueron firmados en Caracas, como en efecto sucedió, entonces dichos decretos declaran un hecho falso. Y si esos hechos son falsos, ¿no podrían plantearse dudas sobre la veracidad de los otros elementos de los Decretos, incluida la firma del Presidente?"[431]

Con todos ello, de toda esa contradicción, lo cierto es que con estos decretos se inició en Venezuela una especie de gobierno falso pero virtual, donde el Vicepresidente Ejecutivo no suplía al Presidente, y sólo tenía competencia para ejercer sus atribuciones constitucionales y las que le fueron delegadas, con las limitaciones impuestas por el Presidente Chávez, de manera que cada vez que fuera necesario emitir un decreto de los que no podía dictar el Vicepresidente Ejecutivo, en las circunstancias del momento en cuales el Presidente supuestamente permanecía en La Habana, seguramente seguirían apareciendo decretos debidamente "firmados" por el Presidente Chávez, "dados en Caracas," es decir, en la ciudad asiento de los órganos de los Poderes Públicos. Por supuesto, para ese momento no se sabía que se haría para que esa firma en solitario y virtual, pudiera, por ejemplo, estamparse en actos ejecutivos que contuvieran decisiones que requerían ser adoptadas por ejemplo en reunión de Consejo de Ministros.

Ante esta modalidad de "firmas virtuales," en todo caso, debe recordarse que en relación con los actos ejecutivos, la firma de los documentos como principio esencial debe estar estampada en forma autógrafa. La firma no puede ser una firma "fotocopiada" o "escaneada" y luego copiada en forma superpuesta en un documento. Por ello, entre las condiciones de validez de los actos administrativos que establece la Ley Orgánica de Procedimientos Administrativos de 1981,[432] está que se estampe el "sello de la oficina," y además, que "el original del respectivo instrumento contendrá la firma autógrafa del o de los funcionarios que lo suscriban" (art. 18.7). La Ley Orgánica establece, además, la posibilidad de que mediante decreto específicamente dictado para tal efecto se pueda estampar la firma por "medios mecánicos" que ofrezcan garantías de seguridad, en actos "cuya frecuencia lo justifique" (art. 18.7), lo que por supuesto no es aplicable respecto de los actos presidenciales, como

---

generar zozobra e incertidumbre." Véase en *El Universal* 17 de enero de 2013, en http://www.eluniversal.com/nacional-y-politica/130117/jaua-chavez-esta-mandando-y-por-eso-fui-nombrado-canciller.

431 Véase en José Ignacio Hernández, "Sobre la firma del Presidente Chávez", Prodavinci, 17 de enero de 2013, en http://prodavinci.com/2013/01/17/actualidad/sobre-la-firma-del-presidente-hugo-chavez-por-jose-ignacio-hernandez-g/ Un exmagistrados de la Corte Primera de lo Contencioso Administrativo, el mismo día, demandó ante el Tribunal Supremo la tacha de falsedad conforme al numeral 6 del artículo 1.380 del Código Civil, que le permite "tachar de falso los documentos públicos firmados por un funcionario que haga constar falsamente que el documento se firmó en una fecha y sitio diferente al de su verdadera realización." Dijo a la prensa: "Se debe presumir que esa firma es fidedigna", de puño y letra del Jefe de Estado. Sin embargo el documento expresa que el decreto ha sido firmado en Caracas el 15 de enero de 2013. "Eso es un testimonio falso del Presidente". Véase "Demandan ante el TSJ falsedad del decreto que designó a Elías Jaua como canciller," en Microiuris.com, 17 de enero de 2013, en http://aldiavenezuela.microjuris.com/2013/01/17/demandan-ante-el-tsj-falsedad-del-decreto-que-designo-a-elias-jaua-como-canciller/.

432 Véase en *Gaceta Oficial* N° 2.818 Extraordinario de 01-07-1981.

el acto de nombramiento de un Ministro, la reglamentación de una Ley o la puesta del Ejecútese de una Ley.

Por otra parte, debe recordarse que en la víspera de uno de los viajes del Presidente Chávez a Cuba el 16 de julio de 2011, se anunció en los medios de comunicación que el Presidente de la República había recibido un "Certificado para generar firma electrónica" conforme a la Ley de Mensaje de Datos y Firmas Electrónicas de 2001.[433] Fue sin duda un avance administrativo para las comunicaciones, pero por supuesto no para que la "firma electrónica" pudiera en forma alguna servir para sustituir la "firma autógrafa" de decretos presidenciales ni de actos del Jefe de Estado y Jefe del Ejecutivo Nacional establecidos en la Constitución.

Con la firma electrónica prevista en dicha Ley, como se ha dicho, lo que se pueden firmar son *mensajes de datos* y nada más;[434] y en los términos precisos de la Ley, esos mensajes de datos son "*toda información inteligible en formato electrónico o similar* que pueda ser almacenada o intercambiada por cualquier medio," como por ejemplo los correos electrónicos, memorandos, puntos de cuenta, oficios, contratos digitales. Por ello la Ley de Mensaje de Datos y Firmas Electrónicas es precisa al definir la "Firma Electrónica" como la "información creada o utilizada por el Signatario, *asociada al Mensaje de Datos*, que permite atribuirle su autoría bajo el contexto en el cual ha sido empleado."

No hay firma electrónica, por tanto, sin mensaje de datos, por lo que definitivamente, un Decreto presidencial como es por ejemplo la decisión presidencial de nombrar un Ministro, o el acto de ponerle el "Ejecútese" a una Ley, que no son "mensaje de datos" en los términos de esa Ley, ni pueden tener "formato electrónico," ni puede legalmente estar firmado con "firma electrónica," aparte de que ello es imposible.[435]

Por último, no debe dejar de mencionarse en relación con los decretos presidenciales de nombramiento de Ministros, que estos, una vez debidamente nombrados

433 Véase Ley de Mensaje de Datos y Firmas Electrónicas, Decreto-Ley N° 1.204, en *Gaceta Oficial* N° 37.148 de 28-02-2001. El sistema, se informó entonces "se pondrá en funcionamiento a través de la Autoridad Excepcional de Seguridad para Altos Funcionarios de la República Bolivariana de Venezuela, proyecto de interés nacional que otorgará a Suscerte- ente regulador en la materia- el resguardo de toda la información." Véase en http://www.suscerte.gob.ve/index.php/es/noticias-mppctii/982-nota.

434 En 2011, la Superintendente de Servicios de Certificación Electrónica, Niurka Hernández González, fue enfática al informar que "A partir de hoy el presidente Chávez podrá firmar electrónicamente *sus documentos, entiéndase mensaje de datos*: *correos electrónicos, acuerdos de cooperación memorandos, puntos de cuenta, oficios, contratos digitales*, etc; apalancando el proceso de cambio de revolución tecnológica." El Presidente, a su vez, recalcó sobre la garantía de Seguridad del servicio y la pertinencia de su uso que "Estando en la Habana, en Moscú, en Washington, en Buenos Aires, uno firma electrónicamente y además está totalmente blindado (existe) la seguridad, que no haya firma falsa, ni nada." Véase en http://www.suscerte.gob.ve/index.php/es/noticias-mppctii/982-nota.

435 Por lo demás, como lo ha precisado el profesor José Ignacio Hernández al preguntarse "¿la firma que vimos en los Decretos es una firma electrónica?", indicando claramente que "No lo es: más bien es una firma que en apariencia es autógrafa, o como se dice, a "puño y letra", y que debe entenderse que así consta en el original. Quisiera insistir que la firma electrónica, primero, aplica sólo para mensajes de datos –no un Decreto, ciertamente- y además, esa firma siempre es digital, pues se crea y se expresa en medios electrónicos. No es, ciertamente, la firma escaneada que se coloca en un Decreto que consta en un medio físico." Véase en José Ignacio Hernández, "Sobre la firma del Presidente Chávez", Prodavinci, 17 de enero de 2013, en http://prodavinci.com/2013/01/17/actua-lidad/sobre-la-firma-del-presidente-hugo-chavez-por-jose-ignacio-hernandez-g/

por el Presidente de la República, para poder ejercer su cargo después de nombrados, como todos los funcionarios, deben prestar juramento "de sostener y defender la Constitución y Leyes de la República y de cumplir fiel y exactamente los deberes de su empleo" ante quien lo nombró. Así lo establece la Ley de Juramento de 1945, aún vigente, al disponer que "ningún empleado podrá entrar en ejercicio de sus funciones sin prestar antes juramento de sostener y defender la Constitución y Leyes de la República y de cumplir fiel y exactamente los deberes de su empleo (art. 1), debiendo los Ministros prestar dicho juramento ante el Presidente de la República (art. 4).[436]

Es decir, el señor Elías Jaua, "nombrado" Ministro de Relaciones Exteriores supuestamente por el Presidente Chávez desde La Habana, como él mismo lo informó, aún cuando el decreto estaba "dado en Caracas," tenía necesariamente que prestar juramento ante el Presidente quien supuestamente lo había nombrado para poder "entrar en ejercicio del cargo," lo que debía haber hecho mediante acto solemne que, de nuevo, no podía tener lugar sino en el asiento de los órganos que ejercen el Poder Público que es la ciudad de Caracas (art. 18, Constitución).[437] Mientras no prestase juramento, sus actos simplemente no eran ni fueron válidos, pues no estaba legalmente en ejercicio del cargo.

V. SOBRE LA AUSENCIA ABSOLUTA DE GOBIERNO DURANTE EL PRIMER MES DE LA INCONSTITUCIONAL "CONTINUIDAD ADMINISTRATIVA" DECRETADA POR EL TRIBUNAL SUPREMO DE JUSTICIA, Y LA CONTINUACIÓN DE LA "FALTA TEMPORAL" "ABSOLUTA" DEL PRESIDENTE ELECTO Y NO JURAMENTADO, A PESAR DE SU ANUNCIADO REGRESO AL PAÍS, EL 18 FEBRERO DE 2013 (21-2-2013)

Después del nombramiento del Canciller Jaua, mediante Decreto supuestamente firmado por Chávez en Caracas ("Dado en Caracas"), el 15 de enero de 2013, continuaron pasando varias semanas de incertidumbre sobre la situación de salud y vida del Presidente Chávez, en un país gobernado por funcionarios no electos impuestos por el Tribunal Supremo; hasta que el día 18 de febrero de 2013 se anunció oficialmente que el Presidente electo Hugo Chávez Frías supuestamente había regresado en horas de la madrugada a Venezuela, y que había sido trasladado desde un Hospital en La Habana hasta el Hospital Militar en Caracas,[438] sin que nunca se diera evi-

---

436 Véase en *Gaceta Oficial* Nº 21.799 del 30 de agosto de 1945.

437 Como lo reafirma el profesor José Ignacio Hernández, "el Ministro designado debe prestar juramento ante el Presidente antes de comenzar a ejercer las funciones de su cargo. Pero el Presidente reelecto está ausente en el extranjero, con lo cual el requisito de la juramentación no puede ser llevado a cabo en Venezuela ¿Puede el Ministro designado juramentarse en el extranjero? Ya analizamos antes que el juramento es un acto territorial: si el Presidente no puede juramentarse en el extranjero, entonces, el Ministro designado tampoco podría juramentarse en el extranjero, con lo cual, no puede ejercer el cargo para el cual fue designado." Véase en José Ignacio Hernández, "Sobre la firma del Presidente Chávez", Prodavinci, 17 de enero de 2013, en http://prodavin-ci.com/2013/01/17/actualidad/sobre-la-firma-del-presidente-hugo-chavez-por-jose-ignacio-hernandez-g/.

438 Véase la reseña en *El Universal*, Caracas 18-2-2013, "Chávez vuelve a Venezuela. El presidente de Venezuela, Hugo Chávez, regresó a Caracas procedente de La Habana, más de dos meses después de que viajara a Cuba para someterse a la cuarta operación de un cáncer que le fue diagnosticado en junio de 2011, y se encuentra en el hospital militar de Caracas," en http://www.eluniver-sal.com/nacional-y-

dencia alguna de dicho regreso, ni en qué forma o condiciones se habría producido, salvo los anuncios oficiales[439] formulados por quienes conducían la inconstitucional "continuidad administrativa" decretada por el Tribunal Supremo a partir del 10 de enero de 2013.

En todo caso, antes de esa fecha y durante los casi 40 días de gobierno bajo el régimen de la mencionada "continuidad administrativa" contados desde el 10 de enero de 2013 hasta el 18 de febrero de 2013, Venezuela simplemente no sólo careció de gobierno constitucional, sino que careció de gobernantes que pudieran desarrollar acción alguna de gobierno, limitándose el Vicepresidente a dictar decretos, mediante delegación, habiendo incluso llegado a dictar decretos inconstitucionales en materias que no fueron ni podían haber sido delegadas, como fueron los de reglamentación de las leyes, en particular, de las leyes que regulaban las relaciones laborales y las telecomunicaciones. Basta revisar la *Gaceta Oficial*, donde se publican los actos de gobierno en Venezuela, para constatar esa ausencia absoluta de "acción de gobierno," salvo algún nombramiento defectuoso, y las inconstitucionalidades en las cuales se incurrió.

En efecto, entre los escasos actos de gobierno dictados en ese período hay que volver a destacar la mencionada designación directamente por el Presidente Chávez, en Caracas, de Elías Jaua Milano como Ministro del Poder Popular para Relaciones Exteriores, y además como "Sexto Vicepresidente del Consejo de Ministros Revolucionarios del Gobierno Bolivariano para el Área Política."[440] Los dos decretos de tales nombramientos, tal como se anunció oficialmente en la *Gaceta Oficial*, fueron "dados," es decir, emitidos y firmados, por el Presidente H. Chávez en Caracas ("**Dado en Caracas**') el día 15 de enero de 2013, lo que por supuesto era completamente falso pues estaba ausente del territorio nacional, quizás yaciendo en una cama de hospital en La Habana, en un estado de incapacidad tal, que una semana antes, el 8 de enero de 2013, no había podido siquiera firmar la comunicación enviada a la Asamblea Nacional anunciando que no iba a comparecer a la sesión prevista para la toma de posesión de su cargo, la cual fue firmada en su nombre por el Vicepresidente Maduro.

En el caso de la anunciada designación del Ministro, además de ser completamente falsa al menos en cuanto a que había sido "dada en Caracas," por lo que se refiere a la firma estampada en el Decreto tal como se publicó en la *Gaceta Oficial*, la misma aparentemente también era falsa, indicándose que era un montaje gráfico,[441] que lo menos que podía provocar era que cualquier representante de un go-

---

politica/salud-presidencial/130218/chavez-vuelve-a-venezuela. A través de la cuenta Twitter @chavezcandanga, el Presidente habría mandado un mensaje a las 2.30 de la madrigada con el siguiente texto: "Hemos llegado de nuevo a la Patria venezolana. ¡¡Gracias Dios mío!! Gracias ¡¡Pueblo amado!! Aquí continuaremos el tratamiento."

439 El día 20 de febrero de 2013, el presidente Evo Morales informaba en New York, en la sede de las Naciones Unidas, que él mismo no había podido ver al Presidente Chávez el día 19 de febrero cuando estuvo en Caracas para tal fin: Dijo "Yesterday I tried to visit, we spoke with his doctors, he's resting, he's still in treatment." Véase en Rick Gladstone, "Chávez Family 'Encouraged,' Bolivia Lider Says at U.N." en *The New York Times*, Nueva York, 21-2-2013, p. A10.

440 Véase Decretos Nº 9.351 y Decreto Nº 9.352 de 15 de enero de 2013, *Gaceta Oficial* Nº 40.090 de la misma fecha.

441 Véase la "Experticia realizada por el Laboratorio Grafotécnico Orta Poleo sobre firmas del Presidente en la gaceta Oficial del 15 de diciembre de 2013 designado a Elías Jaua // @RaymondOrta," de 17 de enero

bierno extranjero que entrara en relación con Venezuela procediera a hacer estudiar la situación constitucional formal de la autenticidad del nombramiento del Ministro que estaba precisamente a cargo de los asuntos exteriores.

En todo caso, y salvo por lo que se refiere a esos "actos de gobierno" dictados en los días anteriores y en la semana que siguió a tal nombramiento, hasta el 21 de enero de 2013, la *Gaceta Oficial* dio cuenta de que el único y solo acto de gobierno dictado por el Vicepresidente Ejecutivo, supuestamente por delegación del Presidente según el Decreto N° 9.315 de fecha 09 de diciembre de 2012, fue el Decreto N° 9.350 de 11 de enero de 2013, mediante el cual, sin tener competencia alguna para ello conforme a la citada delegación presidencial, nombró un "Vicepresidente Ejecutivo de la República en calidad de Encargado" por dos días, entre el 11 y el 13 de enero de 2013, que fue el Ministro Héctor Navarro.[442] Ello lo que originó fue que durante esos dos días, cuando el Vicepresidente se ausentó del territorio nacional, el país careció en forma absoluta de cualquier tipo de gobierno.[443]

En todo caso, después del 13 de enero y hasta el 21 de enero de 2113, ningún otro decreto presidencial se adoptó,[444] y sólo fue el 22 de enero de 2013 cuando aparecieron publicados en *Gaceta Oficial* los siguientes decretos: N° 9.357 sobre reforma del decreto de supresión y liquidación de la empresa Centro Simón Bolívar, C.A.; N° 9.358 sobre reforma del decreto de creación de la Fundación "Fondo Administrativo de Salud para el Ministerio del Poder Popular para Relaciones Interiores y Justicia, de sus órganos y Entes Adscritos" (FASMIJ); N° 9.359, sobre reforma del decreto de creación del Fondo Nacional Antidrogas; Decretos N° 9.360 y N° 9.361, acordando Créditos Adicionales al Presupuesto de Gastos; y Decreto N° 9.362, acordando una rectificación al Presupuesto de Gastos.

El mismo día 22 de enero de 2013, y ante la persistente ausencia del Presidente electo, la Presidenta del Tribunal Supremo de Justicia declaraba en la prensa que "será el Presidente de la República que nos dirá 'estoy en condiciones de comparecer ante el tribunal para mi juramentación;'" y que los Magistrados del Tribunal

---

de 2013, en la cual se concluye sobre dichas firmas que "son reproducciones tomadas de otra firma presente en otro soporte o documento." Véase en http://www.tuabogado.com/vene-zuela/podium-juridico/249-criminalistica/3083-experticia-sobre-firmas-de-gaceta-oficial-del-15-de-enero-2013.

442 Véase en *Gaceta Oficial* N° 40.088 de 11-1-2013.

443 En esos días, y en relación con el gobierno de Venezuela, sólo se destaca la lamentable y forzada separación del embajador de Panamá ante la OEA, Cochéz, por haber criticado la situación institucional en Venezuela, de carencia de gobierno legítimo, y haber exigido la discusión en ese organismo interamericano sobre la situación de la democracia en Venezuela. Ello le valió la destitución por el Presidente de Panamá. Véase las reseñas en *El Universal*, 17-1-2013, sobre la discrepancia del presidente de Panamá con la opinión de Cochéz, en http://www.eluniver-sal.com/nacional-y-politica/130117/martinelli-estado-panameno-no-comparte-opiniones-de-cochez; y el texto de la carta de Cochéz al Presidente de Panamá de 18 de enero de 2013 en http://www.noticiasvene-zolanas.com.ve/index.php/161919/es-ta-es-la-explosiva-carta-que-cochez-le-envio-a-martinelli/.

444 Véanse las *Gacetas Oficiales* N° 40.091 de 16-1-2013; N° 40.092 de 17-1-2013; N° 40.093 de 18-1-2013; N° 40.094 de 21-1-2013, y N° 40.095 de 22-1- 2013. En dichas Gacetas no se publicó decreto presidencial alguno.

estaban seguros que "el presidente en algún momento se presentará al país y realizará su juramentación."[445]

El mismo día 22 de enero el Vicepresidente Maduro anunciaba que junto con el ministro Ramírez, estaba saliendo para La Habana, donde supuestamente habrían sido esperados "en el aeropuerto de La Habana por dirigentes venezolanos que se encuentran en la isla como el canciller Elías Jaua, la Procuradora General Cilia Flores y la ministra de la presidencia, almirante Carmen Meléndez."[446] El día 24 de enero se anunció que el Vicepresidente Maduro había regresado de La Habana, declarando a la prensa "que el retorno al país del presidente Chávez no tiene fecha definida" aun cuando "el estado clínico de primer mandatario nacional, Hugo Chávez, está en el mejor momento del postoperatorio, después de las complicaciones que sufrió luego tras su última intervención quirúrgica en La Habana, Cuba," recordando "lo difícil que ha sido el proceso de recuperación del mandatario venezolano." Sobre el regreso del Presidente indicó que no tenía fecha definida ya que dependía de varios factores, agregando que "***Hay que coordinar con el equipo médico, con el propio presidente Chávez, y hacerlo en el momento exacto, que esté en las mejores condiciones […] El objetivo fundamental en este momento es que su tratamiento lo culmine, se recupere.***"[447]

Entre el 23 y el 28 de enero de 2013 sólo se dictaron unos decretos de orden administrativo, todos "por delegación" presidencial por el Vicepresidente Maduro, que fueron los siguientes: Decreto N° 9.356, sobre la supresión y liquidación de los Fondos Mixtos de Promoción y Capacitación Turística de los Estados, Territorios Federales, Dependencias Federales; y del Distrito Capital; Decreto N° 9.363, designando una Viceministra de Gestión Comunicacional del Ministerio del Poder Popular para la Comunicación y la Información[448]; Decreto N° 9.359, 22 de enero de 2013 sobre reforma del decreto de creación del Fondo Nacional Antidrogas;[449] Decreto N° 9.364, 24-1-2013 designando un Viceministro de Comercio Exterior del Ministerio del Poder Popular para el Comercio, y Decreto N° 9.365, de 24-1-2013 designando una Viceministra del Agua del Ministerio del Poder Popular para el Ambiente.[450]

El 28 de enero de 2013, el Vicepresidente Maduro viajó a Santiago de Chile, sin que nadie se hubiese quedado en Venezuela supuestamente encargado del Poder Ejecutivo (es decir, durante esos días el país quedó sin jefe del Ejecutivo Nacional), para asistir a la cumbre de la Comunidad de Estados Latinoamericanos y Caribeños (Celac) con la Unión Europea, y allí dio lectura a una carta que según informó, su-

---

445 Véase "Luisa Estella Morales.: TSJ espera a que Chávez diga que está "en condiciones," en *Últimas Noticias*. 22-1-2013, en http://www.ultimasnoti-cias.com.ve/noticias/actualidad/politica/tsj-espera-a-que-chavez-diga-que-esta-en-condicion.aspx.

446 Véase la reseña en *El Universal*, 23-1-2013, en http://www.eluniversal.com/nacional-y-politica/130123/maduro-anuncia-que-saldra-en-los-proximos-minutos-a-la-habana.

447 Véase la reseña en *Noticiero Venevisión* 24-1-2013, en http://www.noticierovene-vision.net/politica/2013/enero/24/52595=nicolas-maduro-afirma-que-retorno-al-pais-del-presidente-chavez-no-tiene-fecha-definida.

448 Véase *Gaceta Oficial* N° 40.096 de 23-1- 2013.

449 Véase *Gaceta Oficial* N° 40.097, de 24-1-2013. En la *Gaceta Oficial* N° 40.098 de 25-1-2013 sólo re reimprimió por errores un decreto presidencial firmado por el Vicepresidente por delegación.

450 Véase *Gaceta Oficial* N° 40.099, de 28-1-2013.

puestamente estaba firmada "de puño y letra y con tinta roja" por el Presidente Chávez, la cual dado que la firma era materialmente un calco de la estampada en el decreto "dado en Caracas," una semana antes nombrando al Ministro de Relaciones Exteriores, también generó dudas sobre la su autenticidad, entre otros factores, por las características de la misma que no denotaba signo alguno del agotamiento inevitable de quien si estaba vivo, tenía dos meses en terapia intensiva.[451] Sin embargo, el Ministro de Información declaró que se trataba de una carta "firmada por el presidente en el *ejercicio cotidiano que tiene de la jefatura del Estado*,"[452] lo cual no sólo era incierto pues la jefatura de un Estado, cualquiera que sea, no se puede ejercer desde la cama de terapia intensiva de un hospital ubicado en otro Estado, sino difícilmente creíble dado el estado de salud que los mismos voceros oficiales del gobierno atribuían al presidente Chávez..

Las informaciones referenciales, sin embargo, continuaron, y al día siguiente 29 de enero de 2013, el Ministro Jorge Arreaza informaba a la prensa que supuestamente habría estado "reunido con el presidente Hugo Chávez en La Habana," asegurando que había aprobado recursos "para financiar proyectos en distintas áreas" así como la adquisición de un inmueble (Sambil Candelaria).[453]

De ello resultaba una nueva versión oficial que abandonaba la anterior del estado de salud del Presidente, al punto de que un diputado del partido de gobierno llegó a calificar la petición de un diputado de la oposición solicitando una junta médica para verificar el estado de salud del presidente, como "una traición."[454] En los días subsiguientes continuó el cambio de la matriz oficial de opinión sobre la salud del presidente, de manera que a comienzos de febrero ya el Vicepresidente Maduro afirmaba que el presidente Chávez supuestamente se había reunido con el Presidente de la Asamblea Nacional y el Ministro de Defensa, con quienes habría abordado varios temas, indicando que "el ciclo postoperatorio se cerró y el presidente entró en una nueva fase de tratamientos para su enfermedad, recuperándose paulatinamente, tomando fuerza."[455]

Entretanto, en Caracas, la "acción de gobierno" continuó siendo absolutamente inexistente, y basta para darse cuenta de ello, constatar cuáles fueron los decretos dictados por el Vicepresidente Ejecutivo por delegación del Presidente: Decreto N° 9.366, mediante el cual se nombró al Presidente de una Corporación de Desarrollo regional, en calidad de Encargado;[456] Decreto N° 9.367 30-1-2013, mediante el cual se prorrogó el lapso decretado de emergencia en materia de Infraestructura peniten-

---

451 Véase la explicación sobre el montaje de las firmas en *Noticiero Digital.com*, 4 de febrero de 2013, en http://www.noticierodigital.com/forum/viewtopic.php?t=938712.

452 Véase la reseña de *La Nación*, 28 de enero de 2013, http://www.lana-cion.com.ar/1549565-maduro-llevo-una-carta-de-chavez-a-los-presidentes-de-la-region.

453 Véase la reseña: "Arreaza: Chávez está cada día más incorporado en sus funciones", en *El Universal* 29 enero 2013 http://www.eluniversal.com/nacional-y-politica/salud-presidencial/130129/arreaza-chavez-esta-cada-dia-mas-incorporado-en-sus-funciones.

454 Véase la reseña en *El Universal* 30-1-2013 en http://www.eluni-versal.com/na-cional-y-politica/salud-presidencial/130130/abp-gobierno-confunde-al-pais-con-declaraciones-sobre-salud-de-chavez.

455 "Nicolás Maduro dice que pronto habrá noticias Presidente se reunió con Cabello y Ministro de Defensa" en *El Universal*, 2-1-2013, en http://www.eluniver-sal.com/nacional-y-politica/130201/presidente-se-reunio-con-diosdado-cabello-y-ministro-de-defensa.

456 Véase *Gaceta Oficial* N° 40.100, 29-1-2013.

ciaria;[457] Decreto N° 9.369 declarando una insubsistencia al Presupuesto de Gastos; Decreto N° 9.370 acordando un Crédito Adicional al Presupuesto de Gastos de un Ministerio; Decreto N° 9.371 de nombramiento de la Viceministra de Articulación Social del Ministerio del Poder Popular del Despacho de la Presidencia y Seguimiento de la Gestión de Gobierno; [458] Decreto N° 9.372 de nombramiento de la Viceministra de la Juventud para la Patria Buena del Ministerio del Poder Popular para la Juventud; [459] y Decretos N° 9.373, N° 9.374 y 9.375 acordando créditos adicionales al Presupuesto de Ingresos y Gastos de varios Ministerios; [460] Decreto 9376 de nombramiento del Presidente de la Agencia Bolivariana de Actividades Especiales;[461] Decreto N° 9.377, de Reforma Parcial del Decreto N° 1.295 de fecha 22 de noviembre de 1990, de creación de la Unidad Naval Coordinadora de los Servicios de Carenado, Reparaciones de Casco, Reparaciones y Mantenimiento de Equipos y Sistemas de Buques; Decreto N° 9.378, de 8-2-2013 mediante el cual se acuerda una rectificación al Presupuesto de Gastos; Decreto N° 9.379 mediante el cual se declara finalizado el proceso de supresión y consecuente liquidación del suprimido Instituto Nacional de Obras Sanitarias; Decreto N° 9.380, autorizando la creación de una Empresa del Estado (Laboratorios Miranda, C.A.); Decreto N° 9.381, de creación del Órgano Superior para la Optimización del Sistema Cambiario; [462] Decreto N° 9.368, de transferencia a Petróleos de Venezuela, S.A., del derecho a desarrollar las actividades reguladas de Exploración y Explotación del Oro, reservadas al Estado; Decretos N° 9.382, N° 9.383 y N° 9.384, autorizando la constitución de empresas del Estado, (Conglomerado Productivo S.A, y Venezuela Productiva, C.A., Venezolana de Metalmecánica, S.A.); [463] Decreto N° 9.385, nombrando la Junta Directiva de la Fundación Musical Simón Bolívar; [464] Decreto N° 9.386 dictando la reforma parcial del Reglamento de la Ley de Alimentación para los Trabajadores y las Trabajadoras; Decreto N° 9.387, acordando una rectificación al Presupuesto de Gastos 2013 de la Vicepresidencia de la República; y Decreto N° 9.388, de exoneración del pago del Impuesto al Valor Agregado, para la ejecución del Proyecto "Consolidación de la Capacidad Industrial del Sector Público de Envases Diversos para el Pueblo Venezolano";[465] y Decreto N° 9.389, mediante el cual se adoptó el Estándar de Televisión Digital Japonés ISDB-T (Integrated Services Digital Broadcasting - Terrestrial, por sus siglas en inglés), con las innovaciones tecnológicas desarrolladas por Brasil y las que hubieren al momento de su implementación definitiva, para el establecimiento de la Televisión Digital Abierta (TDA); Decretos Nos. 9.390, mediante el cual se aprueba un Traspaso de Créditos Presupuestarios; Decretos Nos.

457 Véase *Gaceta Oficial* N° 40.101 de 30-1-2013. Ningún decreto se publicó en la *Gaceta Oficial* N° 40.102 de 30-1-2013.

458 Véase *Gaceta Oficial* N° 40.103 de 31-1-2013.

459 Véase *Gaceta Oficial* N° 40.104 de 4-2-2013.

460 Véase *Gaceta Oficial* N° 40.105, de 5-2-2013.

461 Véase *Gaceta Oficial* N° 40106 de 6-2-2013. Ningún decreto se publicó en la *Gaceta Oficial* N° 40.107 de 7-2-2013.

462 Véase *Gaceta Oficial* N° 40.108, de 8-2-2013.

463 Véase *Gaceta Oficial* N° 40.109. de 13-2-2013.

464 Véase *Gaceta Oficial* N° 40110 de 14-2-2013. Ningún decreto se publicó en la *Gaceta Oficial* N° 40.111 de 15-2-2013.

465 Véase *Gaceta Oficial* N° 40.112 de 18-2-2013.

9.391, 9.392, 9.393, 9.394, 9.395 y 9.397, mediante el cual se acuerdan Créditos Adicionales al Presupuesto de Gastos para el Ejercicio Fiscal 2013; y Decreto N° 9.396, mediante el cual se declara una Insubsistencia al Presupuesto de Gastos para el Ejercicio Fiscal 2013.[466]

Todos los decretos dictados por el Vicepresidente de la República en el período de delegación presidencial durante la permanencia del Presidente Chávez en La Habana, hasta que, como se dijo, se anunció su regreso al país el 18 de febrero de 2013, fueron en general de índole administrativa, pudiendo sin embargo identificarse solo dos como manifestación efectiva de acción de gobierno, el Decreto N° 9.386 de 18-2-2013 mediante el cual se reformó el Reglamento de la Ley de Alimentación para los Trabajadores y las Trabajadoras, y el Decreto N° 9.389, adoptando el Estándar de Televisión Digital Japonés ISDB-T, los cuales puede considerarse que eran completamente inconstitucionales pues en el decreto de delegación de atribuciones al Vicepresidente de diciembre de 2012,[467] el Presidente de la República no le delegó la reglamentación de las leyes que le atribuye el artículo 236.10 de la Constitución, lo cual por lo demás está excluido expresamente de las materias delegables (art. 35.1, Ley Orgánica de la Administración Pública).

Durante todo ese tiempo, y con esa acción de gobierno, tal como se reflejó en los actos publicados en *Gaceta Oficial*, lo cierto fue que hasta el 18 de febrero de 2013, según se anunció oficialmente, el Presidente Chávez había permanecido ausente, supuestamente recluido por 68 días (desde el 10 de diciembre de 2012) en un hospital en La Habana, lo que le impidió que el día 10 de enero de 2013, fecha que era la prescrita en el artículo 231 de la Constitución, pudiera tomar posesión del cargo para el cual había sido reelecto en octubre de 2012, mediante juramento, por estar absolutamente impedido de hacerlo en ese momento, ya que sin saberse a ciencia cierta su estado de salud o si vivía o no, en todo caso estaba ausente del país. Para resolver la cuestión constitucional planteada de un Presidente electo, ausente del país que no pudo tomar posesión de su cargo, fue que el Tribunal Supremo de Justicia mediante la mencionada sentencia N° 2 de 9 de enero de 2013,[468] resolvió decretar inconstitucionalmente y *sine die*, la existencia de la antes mencionada "continuidad administrativa" para el nuevo período constitucional presidencial 2013-2019, comenzara a partir de dicho día 10 de enero de 2013.

Después de esa fecha y como consecuencia de la no comparecencia del Presidente electo ante la Asamblea Nacional, según se informó oficialmente, el mismo supuestamente permaneció algo más de otro mes en La Habana, sin que se tuviese certeza de si estaba o no con vida, y en todo caso, impedido de comunicarse, salvo por "apretones de mano," como lo informaron voceros oficiales; ello, hasta el 18 de

---

466 Véase *Gaceta Oficial* N° 40.113 de 19-2-2013. Ningún decreto se publicó en la *Gaceta Oficial* N° 40.114 de 20-2-2013, ni en la *Gaceta Oficial* N° 40.115 de 21-2-2013.

467 Véase Decreto N° 9.315 de fecha 09 de diciembre de 2012 publicado en la *Gaceta Oficial* N° 40.077 de fecha 21 de diciembre de 2012, reimpreso en la *Gaceta Oficial* N° 40.078, de fecha 26 de diciembre de 2012 *Gaceta Oficial* N° 40.113 de 19-2-2013.

468 Expediente N° 12-1358, Solicitante: Marelys D'Arpino. Véase el texto de la sentencia en: http://www.tsj.gov.ve/decisiones/scon/Enero/02-9113-2013-12-1358.html. Véase, entre otros, la crítica a la sentencia formulada por Enrique Sánchez Falcón, "La Constitución y el "Vacío De Poder," en http://www.uma.edu.ve/admini/ck-finder/userfiles/files/La%20Constitución%20y%20el%20vacío%20de%20poder.pdf.

febrero de 2013, cuando se informó que supuestamente Chávez pasó a estar recluido en un Hospital en Caracas.

Durante todo ese tiempo, hasta la fecha del anunciado regreso y después, quienes estuvieron a cargo de asegurar la supuesta "continuidad administrativa" no informaron verazmente al país sobre la situación de salud del Presidente enfermo y electo en octubre de 2012. Sólo se difundieron vagas noticias de que luchaba contra una enfermedad, de la cual sólo se había informado que había sido operado varias veces, o las más concretas informaciones de que había tenido graves complicaciones post-operatorias, incluyendo unas de tipo respiratorio,[469] indicándose oficialmente el 16 de febrero de 2013, es decir, dos días antes de su anunciado regreso, que debido a una traqueotomía "respiraba por una cánula traqueal," lo que le impedía hablar.[470] Ello no impidió, sin embargo, que unas semanas antes, el Ministro de Relaciones Exteriores Elías Jaua, nombrado "en Caracas" por el Presidente electo, ausente del país y quién no había tomado posesión de su cargo, luego de un viaje a La Habana, hubiera afirmado el 22 de enero de 2013 a su regreso a Caracas, que supuestamente había "conversado con Chávez en La Habana,"[471] y que una semana después, el 29 de enero de 2013, el Ministro Jorge Arreaza informara que se había "reunido" con Hugo Chávez quien estaba cada vez más incorporado a sus funciones.[472]

---

469 Véase Entrevista a Nicolás Maduro, "Tratamiento del presidente Chávez es para superar "estragos" de infección respiratoria," *Globovisión* 17 de enero de 2013, en http://globovision.com/articulo/maduro-ahora-tratamiento-de-chavez-es-para-superar-estragos-de-insuficiencia-respiratoria. El 21 de Febrero de 2013, en Cadena de Radio y Televisión el Ministro de Comunicación e Información, Ernesto Villegas, afirmó que dicha "insuficiencia respiratoria surgida en el curso del postoperatorio, persiste y su tendencia no ha sido favorable por lo cual continúa siendo tratada. Véase en *El Universal*, 21-2-2013 en http://www.eluniversal.com/nacional-y-politica/130221/insuficiencia-respiratoria-de-chavez-persiste.

470 El ministro de Comunicación e Información, Ernesto Villegas, informó ese día en cadena de radio y televisión que al Presidente le persistía "un cierto grado de insuficiencia" y "presenta respiración a través de cánula traqueal que le dificulta temporalmente el habla," sometido a un "tratamiento enérgico para la enfermedad de base, que no está exento de complicaciones," oportunidad en la cual se publicitó una fotografía que se dijo era de 14 de febrero de 2013 del Presidente con sus hijas, que sin embargo, no mostraban en forma alguna lo que se anunciaba, ni por la vestimenta de los que posaron en la fotografía ni por la asepsia que una situación como la escrita requería. Continuó el Ministro informando que "después de dos meses de un complicado proceso postoperatorio, el paciente se mantiene consciente, con integridad de las funciones intelectuales, en estrecha comunicación con su equipo de gobierno y al frente de las tareas fundamentales inherentes a su cargo." Sin embargo, el Ministro de Ciencia y tecnología Arreaza, informaba en el canal multiestatal Telesur, que Chávez "tiene dificultad para comunicarse verbalmente (...) Uno lo que tiene es que poner atención y él comunica perfectamente sus decisiones, cuando no las escribe (...) Pero perfectamente se comunica y se da a entender. No tiene la voz que lo caracteriza, pero esto es un proceso que es reversible y esperamos volverlo a escuchar." Véase la reseña de María Lilibeth Da Corte, "Chávez respira por cánula traqueal que le dificulta hablar. Arreaza: Él comunica perfectamente sus decisiones, cuando no las escribe," en *El Universal*, Caracas 16-2-2013, en http://www.eluniversal.com/nacional-y-politica/130216/chavez-respira-por-canula-traqueal-que-le-dificulta-hablar Véase igualmente en http://globovi-sion.com/articulo/ministro-villegas-en-breve-comunicado-y-fotografias-del-presidente-chavez.

471 Véase la reseña de Ender Ramírez Padrino, "Jaua informó que se reunió con el presidente en La Habana," *El Nacional*, 21 de enero de 2013, en http://www.el-nacional.com/politica/Jaua-asegura-converso-Chavez-Habana_0_122390427.html.

472 Véase la reseña: "Arreaza: Chávez está cada día más incorporado en sus funciones ", *en El Universal* 29 enero 2013 http://www.eluniversal.com/nacional-y-politica/salud-presidencial/130129/arreaza-chavez-esta-cada-dia-mas-incorporado-en-sus-funciones.

En todo caso, dos semanas después, para el 18 de febrero de 2013, fecha en la cual se anunciaba que había regresado al país, según se informaba oficialmente, la situación del paciente si estaba realmente vivo, debía ser absolutamente delicada, lo que imponía la necesidad de replantear la cuestión constitucional de la ausencia de titular del Poder Ejecutivo electo popularmente para el período constitucional que inició el 10 de enero de 2013, por la "falta temporal" del mismo, pero en ese momento no por su ausencia del país (pues se anunció su regreso, sin que nadie diera fe de ello), sino por el hecho de estar supuestamente recluido en un Hospital en Caracas, sin poder tomar posesión de su cargo por los quebrantos de salud que padecía, mientras el gobierno del país por imposición del Tribunal Supremo mediante una "continuidad administrativa," estaba en manos de unos funcionarios nombrados en el período presidencial anterior que había concluido el 10 de enero de 2013.

Tal como se informó en la prensa por un periodista luego de entrevistas efectuadas en el Tribunal Supremo de Justicia, "el anuncio del regreso del presidente Hugo Chávez al país [...] en la práctica no tendrá ningún impacto en la manera como el Gobierno ha venido funcionando en las última semanas," afirmándose que así lo aseguraron "fuentes del Tribunal Supremo de Justicia", las cuales aclararon que "no han cesado los motivos sobrevenidos (las consecuencias de la operación a la que fue sometido el mandatario en diciembre en Cuba) que motivaron la sentencia número 2 de la Sala Constitucional del 9 de enero pasado, gracias a la cual el Jefe del Estado y sus ministros siguieron en sus funciones, pese a que el primero no cumplió con el requisito de tomar posesión el 10 de enero;" agregando que "Los magistrados consultados indicaron que el vicepresidente Nicolás Maduro podrá seguir al frente del Ejecutivo, tomando las decisiones económicas y administrativas en el marco de la delegación que le otorgó el presidente Chávez en diciembre pasado, tal y como ha ocurrido en las últimas semanas."[473]

En todo caso, como se ha dicho, el día 18 de febrero de 2013, se anunció que el Presidente de la República había regresado al país, lo que originó que ese mismo día, según informó la prensa, la Presidenta del Tribunal Supremo de Justicia hubiera indicado que el Tribunal Supremo entonces estaba listo para juramentar al Presidente "en cualquier momento", agregando la información que "'lo único que se espera es la decisión del presidente y su equipo médico', quienes también determinarían si la ceremonia sería pública o privada y dónde podría realizarse, precisó la fuente"[474]

Por supuesto, si la Presidenta del Tribunal Supremo llegó a decir lo antes indicado, incurrió en un gravísimo error, desconociendo el sentido de la ceremonia de juramentación del Presidente de la República al tomar posesión de su cargo. El hecho de que la Constitución exija que dicho juramento y toma de posesión se haga ante la Asamblea Nacional (art. 231), es en el sentido de que se trata de un acto público que se realiza ante los representantes del pueblo, reunidos en sesión de la Asamblea, siendo esa la forma que tiene el pueblo de constatar que quien los va a

473 Véase la reseña de Juan Francisco Alonso, "TSJ: Vuelta del Presidente no debe alterar al Gobierno. Nicolás Maduro podrá seguir dirigiendo el país como hasta ahora," en *El Universal*, 19-2-2013, en http://www.eluniversal.com/nacional-y-politica/130219/tsj-vuelta-del-presidente-no-debe-alterar-al-gobierno.

474 Véase la reseña "TSJ listo para juramentar a Chávez "en cualquier momento" La presidenta del Tribunal Supremo de Justicia, Luisa Estella Morales / AVN, *El Nacional* 18-2-2013, en http://www.el-nacional.com/politica/TSJ-juramentar-Chavez-cualquier-momento_0_139187505.html.

gobernar está en capacidad de hacerlo. Se trata, como se indicó, de una especie de constatación, o de "fe de vida" y de las condiciones del Presidente electo para comenzar a ejercer sus funciones, que el pueblo hace mediante ese acto público. Por ello, el propio Tribunal Supremo estableció en la citada sentencia N° 2 de 9 de enero de 2013 que el acto de juramentación es una "solemnidad para el ejercicio de las delicadas funciones públicas" que se configura como "una tradición con amplio arraigo en nuestra historia republicana y procura la ratificación, frente a una autoridad constituida y *de manera pública*, del compromiso de velar por el recto acatamiento de la ley, en el cumplimiento de los deberes de los que ha sido investida una determinada persona."[475] Y además de público, el juramento debe realizarse de viva voz, con el presidente electo diciendo en forma audible, que jura cumplir la Constitución y las leyes de la República, de manera que ello no puede hacerse por gestos ni por escrito.[476]

Excepcionalmente, sin embargo, si por causa sobrevenida la juramentación no puede tener lugar en el día prescrito constitucionalmente ante la Asamblea Nacional, la Constitución dispone que podrá hacerse ante el Tribunal Supremo de Justicia (art. 231), se entiende, ante el Tribunal en su sede, en Sala Plena, es decir ante el pleno de todos los Magistrados, en un acto que igualmente tiene que ser público y publicitado para que surta el mismo efecto del juramento ante el pueblo, a través de los Magistrados del Tribunal Supremo de Justicia. Sólo en caso de fuerza mayor, por ejemplo, como podría ser un terremoto que hubiera destruido la sede del Tribunal, éste podría fijar otro lugar para el juramento; situación que afecta y concierne al Tribunal Supremo, y no a quien debe juramentarse.

Por tanto, hubiera sido absolutamente contrario al espíritu de la Constitución que se pudiera hacer una juramentación y toma de posesión del Presidente electo por ejemplo, ante la directiva o anta una Sala del Tribunal Supremo, y no ante el pleno de sus Magistrados; que se hiciese en otra parte que no fuera la sede del Tribunal Supremo, como en un hospital, y más contrario a la Constitución hubiera sido que ese acto se hiciese en forma privada, en secreto, fuera de la mirada del público.

Por otra parte, para que un Presidente electo pueda tomar posesión de su cargo y juramentarse, tiene que estar en condiciones físicas y de salud para hacerlo, y por lo que declaraban el 19 de febrero de 2013, dos días después del anunciado regreso del Presidente electo, los funcionarios gubernamentales, parecía que el presidente Chávez no estaba en condición de hacerlo, ni de gobernar. Así, por ejemplo, el gobernador del Estado Aragua, Tareck El Aissami, aseguró ese día en declaraciones a la empresa estatal de televisión (VTV), que en la reunión que sostuvieron los mandatarios regionales oficialistas con el vicepresidente Nicolás Maduro, éste les informó "en detalle" del tratamiento del presidente Hugo Chávez, habiendo "conocido en detalle el nuevo ciclo de tratamiento de cara a la recuperación del presidente Chávez que ha venido superando poco a poco toda esta adversidad y tiene que cum-

475 Véase el texto de la sentencia en: http://www.tsj.gov.ve/decisiones/scon/Ene-ro/02-9113-2013-12-1358.html.

476 Es totalmente incorrecto lo expresado por el profesor Herman Escarrá en el sentido de que "No existe una norma en particular que señala que el presidente debe dar un discurso o decir 'sí juro', bastaría con una expresión escrita o un gesto". Véase la reseña: "Bastaría con una expresión escrita o un gesto' para que Chávez jure el cargo," en *El Mundo.es*, 19-2-2013, en http://www.elmun-do.es/america/2013/02/20/venezuela/1361318829.html.

plir su tratamiento," aclarando que "al presidente Chávez no le podemos exigir más nada..." [477]

En el mismo sentido resultó de lo que declaró el diputado al Parlatino, Rodrigo Cabezas, al criticar las declaraciones ofrecidas por el cardenal Jorge Urosa Savino en torno a la llegada del presidente Hugo Chávez e invitarlo a juramentarse, expresando: "Vi la declaración de un máximo representante de la Iglesia Católica, invitando a que el Presidente se juramente ya, y asuma el mandato. Lo digo desde mi alma, es una declaración cínica, raya con lo inhumano. Hugo Chávez ha *regresado para continuar el tratamiento, sigue siendo un paciente*;"[478] lo que no es otra cosa que decir que no regresó al país para juramentarse y tomar posesión de su cargo.

De ello resultaba, por tanto, que el presidente Chávez, al anunciarse su llegada a Venezuela, no sólo no estaba en condiciones de juramentarse ni de tomar posesión de su cargo, en definitiva de gobernar, sino que había regresado a continuar su tratamiento, y no a juramentarse.

Ello, por supuesto, no era constitucionalmente posible. No puede existir la figura de un Presidente electo que no se juramente ni tome posesión de su cargo, sin que nadie lo viera, y que en su lugar pudiera existir un gobierno sin legitimidad democrática impuesto por un Tribunal que tampoco ha sido electo. En medio de la "continuidad administrativa" que había impuesto el Tribunal Supremo en su sentencia de enero de 2013, luego del anunciado regreso del Presidente electo, y su no juramentación, lo que implicó fue que "continuó" la situación de "falta temporal" que comenzó a producirse desde el 10 de diciembre de 2012, cuando el Presidente de la República se ausentó del país para viajar a La Habana, y que los poderes públicos en Venezuela no aceptaron como tal, y que debió haber cesado al terminar su mandato del período constitucional 2007-2013.

En efecto, dado el inconstitucional régimen de "continuidad administrativa" decretado por el Tribunal Supremo de Justicia a partir del 10 de enero de 2013, la mencionada "falta temporal" iniciada el 10 de diciembre de 2012 continuó, no habiendo cambiado nada con el anunciado regreso del Presidente electo a Caracas, pues como se anunció, continuaba yaciendo en una cama de Hospital, como "paciente," en tratamiento, por lo que seguía estando en situación de "falta temporal" para el ejercicio del cargo. Hemos dicho que la falta temporal es siempre una situación de hecho que no se decreta, simplemente acaece, y estar hospitalizado y más en terapia intensiva, siempre origina una falta temporal.

Esto significó, que en virtud de la ausencia de regulación de la situación de "falta temporal" de un Presidente electo cuando no toma posesión de su cargo, y luego de la sentencia del Tribunal Supremo, como consecuencia de la "continuidad administrativa" que impuso, la falta temporal que comenzó el 10 de diciembre de 2013 había continuado, y la misma en cualquier caso, exigía que el Tribunal Supremo procediera a iniciar la designación de una Junta médica para determinar si dicha falta, por la enfermedad, debía convertirse en una falta absoluta del Presidente (art. 233). Pero

---

477 Véase en *El Nacional*, 20-2-2013, en http://www.elnacional.com/poli-tica/Aissa-mi-Conocimos-detalle-tratamiento-Presidente_0_139787949.html.

478 Véase la reseña "Cabezas califica de "cínico e inhumano" que Urosa pida juramentación de Chávez", en *Noticias 24/Venezuela*, 19-2-2013, en http://www.noticias24.com/venezuela/noticia/151785/cabezas-califica-de-cinico-e-inhumano-que-urosa-pida-juramentacion-de-chavez/

en todo caso, lo cierto es que si el Tribunal Supremo no tomaba esa iniciativa, esa falta temporal iniciada el 10 de diciembre de 2012, sólo podía llegar a tener un lapso de duración de noventa días, al término del cual la Asamblea Nacional, o renovaba dicho lapso por otro igual, o resolvía declarar la falta absoluta (art. 234).

No debe olvidarse que la Asamblea Nacional, al autorizar el 9 de diciembre de 2012 la salida del Presidente de la República del territorio nacional, no le dio ningún "permiso" para permanecer fuera del territorio nacional por un tiempo específico y tampoco por el tiempo impreciso que requiriera su curación; ni mucho menos un supuesto "permiso para curarse." El artículo 235 de la Constitución es muy claro al indicar que la ausencia del territorio nacional por parte del Presidente lo que requiere es "autorización de la Asamblea Nacional o de la Comisión Delegada, cuando se prolongue por un lapso superior a cinco días consecutivos," y nada más. Por lo que esa autorización no se otorga por ningún término específico, y sólo es necesaria si la ausencia del territorio nacional, que se configura como una falta temporal del Presidente, es por más de cinco días. No tenía sentido alguno, en consecuencia, y más bien fue un soberano disparate, que en febrero de 2013 se dijera que el Presidente, en diciembre de 2012, había solicitado a la Asamblea Nacional un "permiso" "para curarse" y que como no estaba sano, supuestamente dicho "permiso" no habría vencido, por lo que entonces, tomaría juramento "cuando esté bueno y sano."[479]

Al contrario, de acuerdo con la Constitución y con la interpretación efectuada de su artículo 231 en la sentencia mencionada Nº 2 de la Sala Constitucional del 9 de enero de 2013, el acto de juramentación "será fijado por el Tribunal Supremo de Justicia, una vez que exista constancia del cese de los motivos sobrevenidos que hayan impedido la juramentación," por lo que siendo tal juramentación la condición indispensable para que el Presidente electo comenzara a ejercer su cargo para el período 2013-2017, el Tribunal Supremo de Justicia en Sala Plena (no una de sus Salas ni la directiva), tenía ante el país la obligación de determinar y dejar constancia si los motivos sobrevenidos (enfermedad) que impidieron la juramentación el 10 de enero de 2013 habían cesado, o si por el contrario, por los problemas de salud que aquejaban al Presidente, no tenía las condiciones físicas y mentales necesarias y permanentes para desempeñar el cargo para el cual había sido electo en octubre de 2012.

Para ello, el Tribunal Supremo de justicia en Sala Plena no podía hacer otra cosa que no fuera establecer la prueba fehaciente, mediante la designación de una Junta médica, que determinase: (i) que el Presidente estaba en condiciones físicas o mentales permanentes de poder desempeñar el cargo y juramentarse, y en consecuencia proceder a fijar la fecha para la juramentación pública del Presidente electo ante el pleno de los magistrados del propio Tribunal,[480] o (ii) que el Presidente electo no

479 Dijo Aristóbulo Istúriz, dirigente del partido de gobierno: "El presidente pidió un permiso para demorar su juramentación. Cuando cesen las causas que originaron ese permiso, podrá jurarse." Véase la reseña de la declaración de Istúriz, en la cual llegó a afirmar que "El Presidente se va a juramentar cuando se vaya a juramentar", en "Istúriz dice que permiso de Chávez no ha vencido," en *El Tiempo.com.ve,* 19-2-2013, en http://eltiempo.com.ve/venezuela/politica/isturiz-dice-que-permiso-de-chavez-no-ha-vencido/80288; y en *ElMundo.es,* 19-2-2013, en http://www.elmun-do.es/america/2013/02/20/venezuela/1361318829.html Véase igualmente el texto de las declaraciones de Istúriz, en *La Prensa. El diario libre de Panamá*, Panamá, 19-2-2013, p. 33A.

480 A tal efecto, el día 21 de enero de 2013, los profesores Cecilia Sosa Gómez y José Vicente Haro "actuando en nombre propio y en defensa de la Constitución," solicitaron formalmente ante la Sala Plena

tenía la capacidad física o mental permanente para ejercer y tomar posesión de su cargo, dando entonces inicio al procedimiento para que la Asamblea Nacional declarase la falta absoluta del Presidente. Y ello estaba obligada a hacerlo, particularmente luego de que el 22 de febrero de 2013 se emitiera el primer comunicado oficial sobre la salud del presidente Chávez desde el anuncio de su regreso a Venezuela el lunes 18 de febrero, en el cual el Ministro de Comunicación e Información, Ernesto Villegas, anunció que persistía "la insuficiencia respiratoria que afectó al presidente Chávez durante el postoperatorio de sus intervenciones quirúrgicas contra el cáncer que padece"; y que dicha "insuficiencia respiratoria surgida en el curso del postoperatorio persiste y su tendencia *no ha sido favorable*, por lo cual continúa siendo tratada,"[481] lo más probable mediante respiración asistida.

VI. LA "FALTA TEMPORAL ABSOLUTA" O "FALTA INDEFINIDA" DEL PRESIDENTE ELECTO, NO JURAMENTADO E INTERNADO EN UN HOSPITAL EN CARACAS, QUIEN SIN EMBARGO FIRMABA EL EJECÚTESE DE LEYES "EN EL PALACIO DE MIRAFLORES." ALGO SOBRE LA FALTA ABSOLUTA DE GOBIERNO Y EL ARTE DEL DESCONCIERTO (3-3-2013)

Si algo caracterizó el gobierno del Presidente Chávez desde sus inicios, fue el uso de la arte o técnica del desconcierto como política gubernamental,[482] la cual se siguió aplicando por quienes usurparon el gobierno, manifestada en el tratamiento informativo de la "falta temporal absoluta" que había originado una falta absoluta de gobierno. Como lo puntualizaron las Academias Nacionales en el Pronunciamiento que hicieron el 22 de febrero de 2013:

> "El Acuerdo de la Asamblea Nacional del 8 de enero de 2013 y la posterior sentencia de la Sala Constitucional del día 9 del mismo mes y año, relativos a la juramentación del Presidente de la República, ya ampliamente divulgados, han afectado la credibilidad de los poderes públicos y la institucionalidad del Estado de Derecho, y ello ha agravado la incertidumbre sobre su seguridad jurídica y sobre la conservación del orden democrático y republicano.

---

del Tribunal Supremo de Justicia "el cumplimiento de la juramentación diferida" del Presidente electo Hugo Chávez "ordenada por la sentencia de la Sala Constitucional de este Tribunal de 9 de enero de 2013," y que por tanto, dicha Sala Plena procediera urgentemente a designar la referida Junta Médica "que certifique sobre el diagnóstico y pronóstico de la enfermedad del Presidente de la República Hugo Chávez Frías y si está en condiciones físicas y mentales permanentes de desempeñar el cargo de Presidente [...] como lo exige el artículo 233 de la Constitución. En caso de que la Certificación Médica permita la juramentación, porque las condiciones físicas y mentales del Presidente le permitan el desempeño de sus funciones constitucionales, solicitamos que esa Sala Plena proceda a la juramentación pública del ciudadano Hugo Chávez Frías lo antes posible, para asegurar la estabilidad institucional de la nación y el cumplimiento efectivo de la Constitución."

481 Véase en Globovisión, 21-2-2013, en http://globovision.com/articulo/hoy-sera-emitido-un-comunicado-oficial-sobre-la-salud-del-presidente-chavez ; William Neuman, "Venezuela: Chávez Continues Treatment," en *The New York Times*, New York, 22-2-2013, p. A6; Ezequiel Minaya, "Downcast on Chávez's Condition," en *The Wall Street, Journal*, New York, 22-2-2013, p. A12.

482 Véase lo que expusimos en 2001 en Allan R. Brewer-Carías, "Venezuela: Historia y crisis política" en *Derecho y Sociedad. Revista de Estudiantes de Derecho de la Universidad Monteávila*, N° 3, Caracas, Abril 2002, pp. 217-244.

Actualmente, la sociedad venezolana se mantiene bajo una gran indefinición respecto del funcionamiento del Poder Ejecutivo, por cuanto es un hecho notorio que el Presidente reelecto no se encuentra en ejercicio de sus funciones y no se sabe, según informaciones de voceros oficiales, cuándo podría asumirlas. No hay que repetir lo poco revelado. Aunque es incuestionable y totalmente respetable el derecho del Presidente a la salud, ello debe conformarse a las regulaciones constitucionales, pues de no corregirse de inmediato la situación antes mencionada ella dejará profundas heridas en las instituciones democráticas y republicanas del país.

Respecto a la aplicación del régimen de faltas temporales y absolutas de quien ejerce la Presidencia, o de quien ha sido elegido para este cargo, en atención a lo escuetamente revelado hasta ahora hay un tema clínico que requiere una explicación clara y directa por médicos venezolanos designados según la normativa aplicable y de manera inmediata e impostergable. En una sociedad democrática, la información sobre una enfermedad grave y el estado de la salud del Presidente de la República son asuntos de interés público que incumben a la ciudadanía y, además, son asuntos que afectan a la transparencia democrática. El orden democrático y republicano se caracteriza, además del respeto por las reglas de selección, asunción y funcionamiento de los órganos de los poderes públicos, por la garantía del derecho ciudadano de acceso a una información veraz, seria y objetiva. Toda versión que no informe de manera efectiva o la deforme debe ser irrestrictamente inaceptada."

Concluían las Academias Nacionales afirmando también con razón que:

"La actual situación de inseguridad jurídica e incertidumbre debe ser superada de manera tal que permita la toma de las medidas políticas, sociales y económicas indispensables para el gobierno de la República, que ya se hacen impostergables. Es un legítimo reclamo de la soberanía nacional exigir que las supremas decisiones de la República sean tomadas e informadas a la Nación directamente por quien detenta el mandato popular, sin intermediarios y dentro del territorio nacional. Cada funcionario electo es responsable personalmente ante el electorado y ante el ordenamiento jurídico del Estado."[483]

Por ello, el diario *El Universal* concluyó su Editorial del 1° de marzo de 2013, titulado "Nuestra Tribuna. La voluntad popular," afirmando que "Sin duda, la situación actual, con el Presidente ausente y sin señales convincentes de su capacidad para ejercer el cargo para el que fue electo, no es sostenible y requiere especial atención a la brevedad. La voluntad popular está de por medio." No sin antes argumentarse en el Editorial que:

"El Vicepresidente Ejecutivo de la República no es un funcionario de elección popular. Nicolás Maduro fue designado por el presidente, Hugo Chávez Frías, quien está ausente del país desde el 11 de diciembre del año pasado sin ofrecer declaraciones a los medios o encabezar actos oficiales. Solo dos poderes públicos son escogidos en elecciones por los ciudadanos: el Poder Ejecutivo y

483 Véase el texto en http://www.acienpol.org.ve/cmacienpol/Resources/Pronunciamientos/Pronunciamiento%20de%20las%20Academias%20Continuidad%20del%20ejercicio%20de%20la%20presidencia-%2022%20de%20febrero.pdf.

el Poder Legislativo. De allí la lógica Constitucional en cuanto a que si se produce una ausencia temporal o absoluta, quien suple al jefe del Estado, es el presidente de la Asamblea Nacional, Diosdado Cabello. No Nicolás Maduro, Vicepresidente Ejecutivo."

Constatándose además que:

> "Es verdad que el Tribunal Supremo encontró una fórmula para mantener la continuidad de Gobierno en manos del propio Chávez, pero en la práctica, debido a la enfermedad y a la real ausencia de Chávez, es Maduro quien ejerce las funciones del Presidente, cuando las mismas están reservadas constitucionalmente al funcionario electo, no al designado."

En el Editorial además, se precisó, con razón, al analizar las atribuciones del Presidente de la República en la Constitución que "en la mayoría de las materias de su competencia no existe delegación. Son funciones para un Presidente electo. No para un vicepresidente designado burocráticamente."[484]

Estas dos expresiones de opinión de las Academias Nacionales y de uno de los diarios de mayor circulación del país evidenciaban que para comienzos de marzo de 2013, efectivamente ya era tiempo de poner término al desconcierto, pues la situación de secreto y falsedad ya no era sostenible.

Pero nada ocurrió. Había, al contrario, un hecho cierto, y era que de la lectura de la *Gaceta Oficial*, se evidenciaba la ausencia absoluta de Decretos presidenciales que son la manifestación de voluntad esencial de la acción de gobierno (no de la Administración que se maneja mediante Resoluciones Ministeriales), En efecto, para el 1 de marzo de 2013, el último acto presidencial que había sido publicado era el Decreto N° 9.396, dictado por el Vicepresidente Maduro por delegación, mediante el cual se declaró una Insubsistencia al Presupuesto de Gastos para el Ejercicio Fiscal 2013 (recién aprobado, por lo demás), y ningún decreto más.[485]

Sin embargo, en la *Gaceta Oficial* N° 41.114 de 20 de febrero de 2013, se había publicado la Ley de Reforma Parcial del Decreto N° 8.807, con Rango, Valor y Fuerza de Ley que crea una Contribución Especial por Precios Extraordinarios y Precios exorbitantes en el Mercado Internacional de Hidrocarburos, la cual sancionada por la Asamblea Nacional el mismo día 20 de febrero, apareció con la firma del Presidente Hugo Chávez Frías, dando el ejecútese, en el "Palacio de Miraflores, en **Caracas**, a los veinte días del mes de febrero de dos mil trece" lo cual era completamente falso pues el Presidente, según se informaba, permanecía recluido en el Hospital Militar, y no pudo haber firmado el Ejecútese de la Ley en el Palacio de Miraflores. Todos los ministros que supuestamente estuvieron en Consejo de Ministros con el Presidente de la República en el Palacio de Miraflores, para darle el Ejecútese a esta Ley junto con el Presidente, sin duda mintieron, y ello en documento público, atentando contra la fe pública.

---

484 Véase "Nuestra Tribuna, La voluntad popular," *El Universal*, Caracas 1-3-2013, en http://www.eluniversal.com/opinion/130301/la-voluntad-popular.

485 Véase *Gaceta Oficial* N° 40.113 de 19-2-2013. Ningún otro decreto presidencial se publicó en las *Gacetas Oficiales* Nos. 40.114 de 20-2-2013; 40.115 de 21-2-2013; 40.116 de 22-2-2013; 40.117 de 25-2-2013; 40.118 de 26-2-2013; 40.119 de 27-2-2013, y 40.120 de 28-2-2013.

Lo mismo ocurrió con las Leyes Aprobatorias del Acuerdo de Cooperación en Materia de Comunicación e Información entre la República Bolivariana de Venezuela y el Estado de Palestina; del Acuerdo Complementario en Materia Energética al Acuerdo Marco para la Cooperación y el Establecimiento de una Comisión de Alto Nivel entre el Gobierno de la República Bolivariana de Venezuela y el Gobierno de la República Francesa; del Acuerdo entre el Gobierno de la República Bolivariana de Venezuela y el Consejo Monetario Regional del Sucre Relativos a su Sede, Inmunidades y Privilegios; del Convenio de Extradición entre el Gobierno de la República Bolivariana de Venezuela y el Gobierno de la República Francesa; del Convenio de Cooperación entre el Gobierno de la República Bolivariana de Venezuela y el Gobierno de la República Oriental del Uruguay para la Colaboración, el Intercambio y la Complementación de Experiencias entre el Plan Uruguayo «Ceibal» y el Proyecto Venezolano «Canaima Educativo»; del Acuerdo Complementario al Acuerdo Marco de Cooperación entre la República Bolivariana de Venezuela y el Estado de Palestina en Materia de Salud; y del Acuerdo Complementario al Acuerdo Marco de Cooperación en Materia Cultural entre la República Bolivariana de Venezuela y el Estado de Palestina, todos los cuales habrían sido sancionados el 5 de febrero de 2013, y los cuales, también en Consejo de Ministros celebrado en el Palacio de Miraflores el día -26 de febrero de 2013, el Presidente Chávez supuestamente le puso el Ejecútese estampando su firma (que es exacta en todas las leyes) junto con todos los Ministros, lo cual era falso pues estaba, según se informaba, yaciendo en una cama de hospital en el Hospital Militar de Caracas.

O sea que los únicos actos de gobierno "adoptados" por el Presidente de la República desde el 21 de febrero hasta el 1 de marzo de 2013, como es el ponerle el Ejecútese de las leyes para su publicación y vigencia, estaban viciados de falsedad. O simplemente se trataba de una burla cruel, y un irrespeto con el Presidente enfermo, haciéndolo aparecer en el Palacio de Miraflores, reunido con sus Ministros en Consejo de Ministros, firmando el ejecútese de leyes, cuando ello evidentemente no era cierto.

Ni el 20 de febrero, ni el 26 de febrero de 2013 el Presidente estuvo en el Palacio de Miraflores en sesión alguna del Consejo de Ministros, ni firmó el Ejecútese de las leyes mencionadas. Más bien, el 22 de febrero, el Vicepresidente Maduro informaba a la prensa pasadas las 11.30 pm., desde la sede del Hospital Militar que "el presidente de la República, Hugo Chávez, "está recibiendo sus tratamientos" y que "sigue con la asistencia de una cánula para su respiración," agregando, par asombro del país, que "el mandatario se comunica por escrito, y que logró sostener con el equipo de Gobierno una reunión que se extendió cerca de cinco horas," y que "dio instrucciones económicas y comunicó sobre otros temas a su equipo de gobierno utilizando "vías escritas" y "distintas vías de entendimiento".[486] Precisó adicionalmente que "estuvieron "reunidos desde horas de la tarde, hasta esta hora, cinco horas y media en tres sesiones de trabajo".[487] La información la dio también el Presidente de la

486 "Maduro asegura que se reunió con Chávez por más de cinco horas," en *El Universal*, 23 de febrero de 2013, en http://www.eluniversal.com/nacional-y-politica/salud-presidencial/130223/maduro-asegura-que-se-reunio-con-chavez-por-mas-de-cinco-horas.

487 Véase "Maduro asegura que se reunió con Chávez por más de cinco horas," en *El Universal*, 23 de febrero de 2013, en http://www.eluniversal.com/nacional-y-politica/salud-presidencial/130223/maduro-asegura-que-se-reunio-con-chavez-por-mas-de-cinco-horas; y En "Maduro: Chávez continúa con cánula

Asamblea Nacional, Diosdado Cabello, quien sin embargo precisó que "el encuentro duró 5 horas, aunque advirtió que eso no implica que el primer mandatario nacional esté totalmente recuperado, pero sí aseguró que éste "está atendiendo las labores del Gobierno".[488] El Vicepresidente Maduro, el 27 de febrero de 2013, reiteraba públicamente que "el Jefe de Estado ha dado órdenes a pesar de su reposo, y explicó que la cánula traqueal que lleva no le impide comunicarse."[489]

Aparte de lo insensato que habría sido someter a un enfermo de la gravedad que según se informaba aquejaba al Presidente, a unas sesiones de trabajo gubernamental por largas horas durante la noche, como lo anunciaron sus subalternos, todo lo expuesto no generaba sino rumores y desinformación, lo que se confirmaba con lo expuesto por Alberto Barrera Tyszka, al expresar el 24 de febrero de 2013 que "Los silencios oficiales suelen multiplicar las teorías de las conspiraciones. Ante el vacío de información, resulta muy tentador imaginar que existe un orden oculto y enemigo, perfectamente orquestado para ocultarnos la realidad."[490]

Y es que el mismo día 22 de febrero, horas antes de la anunciada "reunión de gobierno" del Presidente Chávez con varios de sus Ministros por largas horas, el propio Ministro de Relaciones Exteriores, Elías Jaua, informaba desde Guinea Ecuatorial que la "deficiencia respiratoria de Chávez se ha incrementado en las últimas horas," y que "sigue aplicándose tratamiento para la enfermedad de base y ese ha

---

traqueal y usa distintas vías de entendimiento," Publicado por Caracas en Febrero 23, 2013 , en http://venezuelaaldia.com/2013/02/maduro-chavez-continua-con-la-canula-traqueal-y-usa-distintas-vias-de-entendimiento/.

488 Véase Gabriela Turzi Vegas, "Cabello: Chávez no está totalmente recuperado pero atiende sus labores," en *El Universal*, lunes 25 de febrero de 2013, en http://www.eluniversal.com/nacional-y-politica/130225/cabello-chavez-no-esta-totalmente-recuperado-pero-atiende-sus-labores.

489 Véase "Maduro afirma que cánula no le impide al Presidente comunicarse," *El Universal*, 27 de febrero de 2013, en http://www.eluniversal.com/nacional-y-politica/130227/maduro-afirma-que-canula-no-le-impide-al-presidente-comunicarse.

490 Véase Alberto Barrera Tyszka: "Un paciente más", 24 de febrero, 2013, publicado en: http://www.lapatilla.com/site/2013/02/24/alberto-barrera-tyszka-un-paciente-mas/ Por ello, por ejemplo, sobre la cadena del Vicepresidente Maduro del 22 de febrero, Elides Rojas observaba que "Desde las últimas horas de la tarde comenzó una de las más fuertes olas de rumores que se recuerde desde que arrancó la historia del cáncer y los ciclos de hospitalización-quimio, hospitalización-radio, hospitalización-silencio, hospitalización-desaparición. La cosa fue más o menos así. El hombre está muy grave. Nuevamente en coma. Más adelante la gravedad cambió de tono y se convirtió en fatal noticia. Extrema cautela en los medios y guardia permanente. Nada de concretarse la información. [...] Nada anormal. Un Chávez con muy poca capacidad respiratoria, asistido y con una cánula instalada, posiblemente sedado, justo en plena lucha contra el terrible cáncer que lo aqueja, estaba trabajando con Maduro y otros próceres de lo más tranquilo, "comunicándose por diferentes vías"."En Elides Rojas, "La extraña cadena del viernes a medianoche," en *El Universal*, Caracas, 24.02.2013, en http://www.eluniversal.com/blogs/sobre-la-marcha/130224/la-extrana-cadena-del-viernes-a-medianoche#.USpHNOK-XfI.twitter Por ello también, el coordinador nacional del partido Primero Justicia afirmó que "es "falso" que Nicolás Maduro haya estado cinco horas con el Presidente, según pudo constatarlo con pacientes del Hospital Militar. "Digan la verdad al país" pues "no se puede seguir tolerando a un presidente encargado que le miente todos los días a los venezolanos". Véase "Falso lo de las 5 horas: Para Julio Borges, el Gobierno "miente y está lleno de contradicciones" *El Universal*, domingo 24 de febrero de 2013, en http://www.eluniversal.com/nacional-y-politica/salud-presiden-cial/130224/para-julio-borges-el-gobierno-miente-y-esta-lleno-de-contradicciones.

sido tolerado positivamente por el paciente."[491] Dos días después diría a la prensa que era un "chantaje," una "crueldad" y una "falta de humanidad" exigirle al presidente Hugo Chávez, que "aparezca y juramente el cargo," sosteniendo que "el Presidente tiene el derecho a tomarse el tiempo para recuperarse."[492]

En todo caso, en ese tiempo parecía que el Secretario General de la Organización de Estados Americanos tenía más conocimiento de la situación que los desinformados ciudadanos venezolanos, al afirmar desde Paris luego de dictar una conferencia sobre la democracia en América del Sur en la casa de América Latina, el mismo día 22 de febrero de 2013, que "el tema será resuelto la próxima semana, ya sabremos cuál será la situación del presidente y si va a poder gobernar o no."[493]

Para la resolución del "tema," por ejemplo, la ex magistrada Blanca Rosa de Mármol de la Sala de Casación Penal del Tribunal Supremo de Justicia, el 28 de febrero de 2013 anunciaba que se había adherido a la solicitud que el 21 de enero habían formulado los profesores Cecilia Sosa y José Vicente Haro requiriendo del Tribunal Supremo que se designase "una junta médica que determine el verdadero estado de salud del presidente Hugo Chávez, antes de que pueda ser juramentado," lo que debió requerirse por el Tribunal, antes de dictar su sentencia del 9 de enero, indicando que "debió proceder a la juramentación de una junta médica, para que se establezca si la ausencia del mandatario es temporal o permanente."[494]

Pero nada ocurría en el gobierno. Por una parte, se hacía aparecer al Presidente enfermo como firmando el Ejecútese de leyes en el Palacio de Miraflores, y por la otra, se decía que estaba gobernando desde su cama de hospital, donde se comunicaba por señas, incluso escritas, y además el Vicepresidente Maduro, quién se negó siempre a suplir al Presidente, usurpaba sus funciones, por ejemplo, compareciendo ante la Asamblea Nacional a rendir cuenta de la gestión de gobierno de un Presidente enfermo que sólo él, personalmente, podía hacer conforme al artículo 237 de la Constitución, dando cuenta "de los aspectos políticos, económicos, sociales y administrativos de su gestión durante el año inmediatamente anterior."[495] Se recuerda que el 15 de enero de 2013, Maduro había consignado dicha Memoria y Cuenta ante el Parlamento, declarando que él estaba "claro que no podía ser él, en su carácter de vicepresidente, el que presentara la Memoria y Cuenta a manera de discurso ante la

491 Véase Jaua: "Deficiencia respiratoria de Chávez se ha incrementado," en *El Universal*, 22 de febrero de 2013, http://www.eluniversal.com/nacional-y-politica/salud-presidencial/130222/jaua-deficiencia-respiratoria-de-chavez-se-ha-incrementado.

492 Véase en "Jaua acusa a la oposición de crueldad por exigir que Chávez aparezca," en *El Universal*, 26-2-2013,http://www.eluniversal.com/nacional-y-politica/salud-presidencial/130226/jaua-acusa-a-la-oposicion-de-crueldad-por-exigir-que-chavez-aparezca.

493 Véase "Insulza: "la próxima semana se sabrá si Chávez puede gobernar o no," en *El Universal*, Caracas, 22 de febrero de 2013, en http://www.eluniversal.com/na-cional-y-politica/salud-presidencial/130222/insulza-la-proxima-semana-se-sabra-si-chavez-puede-gobernar-o-no.

494 Véase "Ex magistrada Mármol pidió al TSJ que se designe junta médica para Chávez ,"*El Universal*, 28 de febrero de 2013, en http://www.eluniversal.com/nacional-y-politica/salud-presidencial/130228/ex-magistrada-marmol-pidio-al-tsj-que-se-designe-junta-medica-para-chav

495 En el mismo acto, los Ministros presentaron sus cuentas anuales conforme al artículo 244 de la Constitución. Véase "Ender Ramírez Padrino, *El Nacional*, 28-2-2013, "Maduro: El 2012 fue un año de retos y avances," en http://www.el-nacional.com/politica/Maduro-consigna-Memoria-Cuenta-AN_0_14-5187725.html.

Asamblea Nacional porque eso sí hubiese sido una violación de la Constitución."[496] Sin embargo, más de un mes después, el 28 de febrero de 2013, aparentemente ya no estaba tan claro y lo que hizo fue aprovechar la presentación de Memoria y Cuenta por los Ministros, para formular él, verbalmente, la Memoria y Cuenta que el Presidente no había presentado personalmente.

El 2 de marzo de 2013 para completar la desinformación, el Vicepresidente Maduro explicaba sobre la salud del Presidente que entonces decía estaba sometido a tratamiento de quimioterapia y radioterapia, calificándolos de tratamientos complementarios para el tratamiento del cáncer del cual había sido operado cuatro veces.[497]

En todo caso, ya para esa fecha, como se expresó en el Editorial de *El Universal* del 1 de marzo de 2013, antes citado, "la situación actual, con el Presidente ausente y sin señales convincentes de su capacidad para ejercer el cargo para el que fue electo, no es sostenible y requiere especial atención a la brevedad."[498] El mismo diario *El Universal* agregaba en otro Editorial, del 3 de marzo de 2013, que luego de que el Tribunal Supremo de Justicia había decidido "continuar el mandato de Hugo Chávez, manteniendo un precario hilo constitucional," "alargar esta extraña figura pudiera llevar a otra situación más polémica todavía: la ausencia indefinida, a todas luces un estado anormal y definitivamente inconstitucional que no es sostenible en el tiempo y, a la larga, con profundo impacto internacional."[499]

Es decir, ya no era posible seguir engañando o burlándose de la gente, y menos de la voluntad popular. Recordemos la frase atribuida a Abraham Lincoln, "Puedes engañar a todo el mundo algún tiempo. Puedes engañar a algunos todo el tiempo. Pero no puedes engañar a todo el mundo todo el tiempo."[500] Por ello, ya era tiempo de que el gobierno robado fuera devuelto al pueblo, de manera que este lo asumiera votando democráticamente por un nuevo Presidente.

---

496 Véase "Maduro no presentó la Memoria y Cuenta para no violar Constitución," *El Universal*, 16-1-2013, en http://www.eluniversal.com/nacional-y-politica/130116/maduro-no-presento-la-memoria-y-cuenta-para-no-violar-constitucion Sin embargo, parece que esa claridad ya no la tenía el 18 de febrero de 2013 cuando hizo lo que un mes antes juzgó como inconstitucional.

497 Dijo Maduro: "A mediados de enero fue mejorando, se pudo controlar la infección, pero siguió con los problemas de insuficiencia respiratoria, después hubo un mejoramiento general, como lo informamos, de todo el cuadro clínico, de sus órganos vitales, de su fortaleza, y los médicos con el presidente Chávez decidieron iniciar los tratamientos complementarios ¿Ustedes saben qué son los tratamientos complementarios, verdad? Son las quimioterapias que se le aplican a los pacientes después de las operaciones". Véase "Maduro informó que Chávez recibe tratamientos complementarios," en *El Universal*, 1-3-2013, en http://www.eluniversal.com/nacional-y-politica/salud-presidencial/130301/maduro-informo-que-chavez-recibe-tratamientos-complementarios Véase igualmente, William Newman, "Chávez Back On Treatment For cancer," *The New York Times*, New York, 2-3-2013, p. A8.

498 Véase "Nuestra Tribuna. La voluntad popular," en *El Universal*, Caracas, 1-3-2013, en http://www.eluniversal.com/opinion/130301/la-voluntad-popular

499 Véase "Nuestra Tribuna, La ausencia indefinida," *El Universal*, Caracas 3-3-2013, en http://www.eluniversal.com/opinion/130303/la-ausencia-indefinida

500 "You may fool all the people some of the time, you can even fool some of the people all of the time, but you cannot fool all of the people all the time." Es una frase atribuida a Lincoln que se dice expreso en un discurso en Clinton (Illlinois), el 2 de septiembre de 1858, aún cuando no se ha conseguido en los documentos que lo sobrevivieron. Véase en James H. Billington, *Respectfully Quoted: A Dictionary of Quotations*, Compiled by the Library of Congress, Parágrafo N° 609.

SECCIÓN DÉCIMA:

EL INICIO DE UN GOBIERNO INCONSTITUCIONAL (MARZO 2013)

Tal como venía siendo anunciado por los voceros oficiales del gobierno desde principios del mes de marzo de 2013, después de haber participado al país que el Vicepresidente Ejecutivo y otros Ministros habían estado con el Presidente Hugo Chávez Frías en una reunión de gabinete de 5 horas unos días antes durante la noche el día 23 de febrero,[501] y luego de diversos anuncios sobre el agravamiento de la salud del Presidente, tal y como se afirmó en la sentencia Nº 141 de 8 de marzo de 2013, de la Sala Constitucional del Tribunal Supremo de Justicia:

> "el 5 de marzo de 2013, el Vicepresidente Ejecutivo ciudadano Nicolás Maduro Moros anunció, desde la sede del Hospital Militar de Caracas 'Dr. Carlos Arvelo,' el lamentable fallecimiento del Presidente de la República ciudadano Hugo Chávez Frías."[502]

Dicho hecho que ocurrió según dicho anuncio del Vicepresidente Maduro, a las 4.25 pm.,[503] sesenta años después del fallecimiento de Joseph Stalin, hecho éste que ocurrió el día 5 de marzo de 1953.

El día anterior, 4 de marzo de 2013, el Ministro de Comunicaciones ya había anunciado al país que Chávez había tenido "un empeoramiento de la función respiratoria relacionado con el estado de inmunodepresión propio de su situación clínica," presentando "una nueva y severa infección" siendo su estado de salud "muy delicado,"[504] lo que presagiaba ya un desenlace final, o según las palabras del Secretario General de la OEA, la resolución del "tema" pendiente."[505] Ello fue confirmado el mismo día 5 de marzo en horas de mediodía en una extraña y sombría rueda de prensa o reunión de gabinete presidida por el Vicepresidente Ejecutivo Nicolás Maduro, convocada "luego de que se informara oficialmente de un deterioro en la salud del presidente Hugo Chávez"[506] donde ya se anunció, sin anunciarlo, lo que eviden-

---

501 Véase "Maduro asegura que se reunió con Chávez por más de cinco horas," en *El Universal*, 23 de febrero de 2013, en http://www.eluniversal.com/nacional-y-politica/salud-presidencial/130223/maduro-asegura-que-se-reunio-con-chavez-por-mas-de-cinco-horas; y En "Maduro: Chávez continúa con cánula traqueal y usa distintas vías de entendimiento," Publicado por Caracas en Febrero 23, 2013, en http://venezuelaaldia.com/2013/02/maduro-chavez-continua-con-la-canula-traqueal-y-usa-distintas-vias-de-entendimiento/.

502 Véase el texto de la sentencia de interpretación del artículo 233 de la Constitución en http://www.tsj.gov.ve.decisioes/scon/Marzo/141-9313-2013-13-0196.html

503 Afirmando incluso que no descartaba "que la enfermedad del presidente Chávez haya sido inducida." Véase "Muere el presidente Hugo Chávez," en *ElTiempo.com*, 5-3-2013, en http://www.eltiempo.com/mundo/latinoamerica/ARTICULO-WEB-NEW_NOTA_INTERIOR-12639963.html

504 "Villegas, "El estado general sigue siendo delicado," en Kikiriki, 4-3-2023, en http://www.kikiriki.org.ve/villegas-el-estado-general-sigue-siendo-delicado/

505 El 22 de febrero de 2013, habría dicho que "el tema será resuelto la próxima semana, ya sabremos cuál será la situación del presidente y si va a poder gobernar o no." Véase "Insulza: "la próxima semana se sabrá si Chávez puede gobernar o no," en *El Universal*, Caracas, 22 de febrero de 2013, en http://www.eluniversal.com/nacional-y-politica/salud-presidencial/130222/insulza-la-proxima-semana-se-sabra-si-chavez-puede-gobernar-o-no.

506 Véase "Venezuela transmitirá reunión entre Maduro, Gabinete y militares: oficial," en Reuters, 5-3-2013, en http://ar.reuters.com/arti-cle/topNews/idARL1N0BX9-B220130305

temente había ocurrido o estaba ocurriendo, y que era el fallecimiento del Presidente Chávez. De allí, lo que siguió fue el anuncio formal del hecho del fallecimiento unas pocas horas después, en exposiciones separadas y televisadas del Vicepresidente Nicolás Maduro,[507] del Presidente de la Asamblea Nacional, Diosdado Cabello[508] y del Ministro de la Defensa, general Diego Molero Bellavía.[509] Se trató, en todo caso, de un hecho singular en la vida política del país, pues desde que el presidente Juan Vicente Gómez falleció en diciembre de 1935, estando en ejercicio del cargo, no había ocurrido en Venezuela que un Presidente de la República falleciera siendo titular del cargo, y nunca con la popularidad que había tenido el Presidente Chávez.

Como hecho relevante en la vida política del país, el mismo, sin duda, produjo una serie de consecuencias jurídicas que deben identificarse claramente. El derecho precisamente regula las consecuencias jurídicas que ciertos hechos o actos adoptados por los sujetos de derecho producen en determinados momentos, así como las relaciones jurídicas que se establecen entre esos sujetos de derecho. Normas, actos y sujetos de derecho configuran, en definitiva, el mundo en el cual opera el derecho, de manera que el hecho del fallecimiento de una persona titular del cargo de Presidente de República, quién incluso no se posesionó del mismo, amerita ser analizado para tratar de establecer sus consecuencias jurídicas. Ese hecho del fallecimiento del Presidente de la República Hugo Chávez Frías, se produjo además en medio de una serie de otros hechos y actos jurídicos que condicionaban sus efectos jurídicos y que era necesario tener también presente para determinar dichas consecuencias jurídicas.

Esos hechos son, en líneas generales, los siguientes:

Primero, que el Presidente Chávez había sido reelecto Presidente de la República el 7 de octubre de 2012, para el período constitucional 2013-2019, cuando ya estaba en ejercicio del cargo de Presidente para el cual había sido reelecto en 2006 para el período constitucional 2007-2013; período este que terminaba el 10 de enero de 2013.

Segundo, que el Presidente Chávez, desde el día 10 de diciembre de 2012 había viajado a La Habana, luego de haber obtenido autorización de la Asamblea Nacional pues se ausentaría del territorio nacional por más de 5 días (art. 234, Constitución), para someterse a una operación quirúrgica, después de la cual nunca más se lo vio en público ni se supo de él fehacientemente.

---

507 Véase en "Muere el presidente Hugo Chávez,", en *ElTiempo.com*, 5-3-2013, en http://www.eltiempo.com/mundo/latinoamerica/ARTICULO-WEB-NEW_NOTA_INTERIOR-12639963.html

508 Véase en http://cnnespanol.cnn.com/2013/03/05/diosdado-cabello-nuestros-hijos-tendran-patria-gracias-a-lo-que-hizo-chavez/

509 Véase lo expresado por Diego Molero Bellavía, Ministro de la Defensa, al comprometerse en que las Fuerzas Armadas respetarían la Constitución, expresando, "Vicepresidente Nicolás Maduro, señor Diosdado Cabello, presidente de la Asamblea Nacional, y todos los poderes, cuenten con la Fuerza Armada, que es del pueblo y para el pueblo," en "Ministro de la defensa venezolano hace un llamado a la unidad," CNN, 5-3-2013, en CNN es la Noticia, 5-3-2013, en http://cnnespa-nol.cnn.com/2013/03/05/ministro-de-la-defensa-venezolano-hace-un-llamado-a-la-unidad/ Posteriormente llegó a afirmar que las Fuerzas Armadas no iban a "fallaler" al fallecido Presidente, y le pedían a los votantes que "cumplieran con la voluntad del comandante Chávez y todos votaran por Nicolás Maduro." Véase la referencia en Ezequiel Minaya, "Military Poses Risk for Next Venezuelan Leader," in *The Wall Street Journal*, April 12, 2013, p. A22.

Tercero, que la ausencia del Presidente del territorio nacional constituyó una falta temporal (art. 234, Constitución) que constitucionalmente el Vicepresidente Ejecutivo estaba obligado a suplir, a lo que en ese caso, el Vicepresidente que era Nicolás Maduro se negó a hacer, habiendo permanecido en Caracas, con viajes frecuentes a La Habana, conduciendo la acción de gobierno sólo mediante una delegación de atribuciones que el Presidente Chávez había decretado el 9 de diciembre de 2012.

Cuarto, que para tomar posesión del cargo de Presidente para el nuevo período constitucional 2013-2019, el Presidente Chávez debía juramentarse ante la Asamblea Nacional el día 10 de enero de 2013 (art. 231, Constitución).

Quinto, que si ese día 10 de enero de 2013, el Presidente electo, por alguna causa sobrevenida, no podía prestar juramento ante la Asamblea Nacional, lo podía hacer posteriormente ante el Tribunal Supremo de Justicia (art. 231, Constitución).

Sexto, que en esa fecha 10 de enero de 2013, en todo caso, comenzó el nuevo período constitucional 2013-2019 (art. 231, Constitución), así no se hubiese producido el acto formal de juramentación del Presidente electo, y éste pudiera juramentase posteriormente ante el Tribunal Supremo.

Séptimo, que el Vicepresidente Nicolás Maduro informó a la Asamblea Nacional el 8 de enero de 2013, que el Presidente de la República, dado su estado de salud, no iba a comparecer ante la misma el día 10 de enero de 2013 para juramentarse en su cargo, permaneciendo en La Habana.

Octavo, que el Presidente Chávez, efectivamente no compareció ante la Asamblea Nacional a tomar posesión del cargo para el período constitucional 2013-2019, de manera que su fallecimiento ocurrió sin haberse juramentado ni haber tomado posesionado de su cargo.

Noveno, que antes de que se iniciara el nuevo periodo constitucional el 10 de enero de 2013, sin embargo, el Tribunal Supremo de Justicia, el día 9 de enero de 2013, decidió mediante una sentencia interpretativa, que en virtud de que el Presidente Chávez había sido reelecto y había estado en ejercicio de la Presidencia de la República, su no comparecencia ante la Asamblea Nacional no significaba que no continuara en ejercicio de sus funciones junto con todo su gabinete (Vicepresidente y Ministros), todos ellos nombrados en el período constitucional que concluía el 10 de enero de 2013; para lo cual la Sala Constitucional del Tribunal Supremo aplicó a la cuestión constitucional planteada, el "principio de la continuidad administrativa."[510]

Décimo, que luego de que se informara que el Presidente Chávez había sido trasladado desde un Hospital en La Habana al Hospital Militar de Caracas el día 18 de febrero de 2013, donde supuestamente permaneció recluido sin ser visto en público, al anunciarse su fallecimiento el día 5 de marzo de 2013, puede decirse que cesó el

510 La Sala dijo en la sentencia, en cuanto al Presidente Chávez, que se trataba "de un Jefe de Estado y de Gobierno que no ha dejado de desempeñar sus funciones y, como tal, seguirá en el ejercicio de las mismas hasta tanto proceda a juramentarse ante el Máximo Tribunal." Agregó además, que " la falta de juramentación en tal fecha no supone la pérdida de la condición del Presidente Hugo Rafael Chávez Frías, ni como Presidente en funciones, ni como candidato reelecto, en virtud de existir continuidad en el ejercicio del cargo". Véase, Expediente Nº 12-1358, Solicitante: Marelys D'Arpino. Véase el texto de la sentencia en: http://www.tsj.gov.ve/decisio-nes/scon/Enero/02-9113-2013-12-1358.html.

régimen de "continuidad administrativa" del Presidente electo, de su Vicepresidente y del tren ministerial anterior, que el Tribunal Supremo había dispuesto que continuaban en sus funciones, fundamentándose en el hecho de que para el 9 de enero de 2013 el Presidente reelecto estaba en ejercicio de su cargo, por lo que hasta que se juramentase, todos debían continuar en el desempeño de sus funciones o en el ejercicio de sus cargos, y entre ellos el Vicepresidente y sus Ministros, hasta que el Presidente se juramentase; y

Decimoprimero, que tal juramento y la toma de posesión del cargo por el Presidente electo nunca pudo tener lugar, a causa del anunciado fallecimiento del Presidente.

Para entender bien las consecuencias jurídicas de éste último hecho, por tanto, es bueno recordar con precisión lo que decidió la Sala Constitucional del Tribunal Supremo de Justicia, en la sentencia No. 02 del 9 de enero de 2013 sobre la no comparecencia anunciada del Presidente de la República para su toma de posesión el día siguiente 10 de enero de 2013, por encontrarse totalmente incapacitado para ello por yacer en una cama de hospital en La Habana después de haber sido operado un mes antes (11 de diciembre de 2012).

La Sala Constitucional consideró que en virtud de que el Presidente Hugo Chávez había sido "reelecto" Presidente para el período 2013-2019 terminando ese mismo día su período constitucional anterior (2007-2013), y que como eventualmente podría prestar dicho juramento posteriormente ante el propio Tribunal Supremo, entonces no podía considerarse que en ese día de terminación del período constitucional 2007-2013, por su ausencia, "que el gobierno queda *ipso facto* inexistente," resolviendo entonces que: "el Poder Ejecutivo (constituido por el Presidente, el Vicepresidente, los Ministros y demás órganos y funcionarios de la Administración) seguirá ejerciendo cabalmente sus funciones con fundamento en el principio de la continuidad administrativa," por supuesto, hasta que se juramentase y tomase posesión de su cargo ante el propio Tribunal.

Fue conforme a esa sentencia, entonces, que el Tribunal, por una parte, decidió que el Presidente de la Asamblea Nacional, Diosdado Cabello no debía encargarse de la Presidencia de la República, tal como le correspondía conforme al principio democrático y que exigía la aplicación analógica de la norma que regula la falta absoluta del Presidente antes de su toma de posesión (art. 233); y por la otra, aseguró la continuidad en el ejercicio de su cargo del Presidente de la República reelecto a pesar de estar postrado en una cama de hospital; y finalmente, decidió que el Vicepresidente Maduro a partir del 10 de enero de 2013 continuaría en ejercicio del cargo de Vicepresidente Ejecutivo. Consolidó así el Tribunal Supremo la usurpación de la voluntad popular, imponiéndole a los venezolanos un gobierno de hecho a cargo de funcionarios no electos, el Vicepresidente y los Ministros, que habían sido designados por el Presidente Chávez en el período constitucional anterior (2007-2013), y quienes continuaron ejerciendo sus cargos, situación que conforme a la sentencia de la Sala Constitucional debía permanecer hasta que el Presidente se juramentara. Esto último, ya evidentemente era una falacia pues, sin duda, para ese momento, todo el gobierno ya debía haber sabido sobre la condición de salud del Presidente y la imposibilidad que ya habría de que efectivamente se pudiera juramentar y tomar posesión de su cargo.

Hasta el 5 de marzo de 2013, por tanto, en virtud de la mencionada sentencia del Tribunal Supremo, el Vicepresidente Maduro continuó ejerciendo atribuciones del Poder Ejecutivo, pero sin siquiera haberse encargado de la Presidencia y sin siquiera suplir al Presidente en su falta temporal como se lo imponía el artículo 234 de la Constitución, no habiéndose dictado actos de gobierno algunos ni decretos presidenciales en los últimos días antes del 5 de marzo de 2013.[511]

El anuncio del fallecimiento del Presidente electo, quién según estableció la sentencia Nº 2 del Tribunal Supremo de enero de 2013, como había sido reelecto, a pesar de no haberse juramentado en cargo, sin embargo, había continuado en ejercicio de sus funciones del Poder Ejecutivo (aun cuando, de hecho, ello era imposible por su situación de salud), y con él, el Vicepresidente Ejecutivo y los Ministros; en todo caso, originaba una serie de cuestiones jurídicas inmediatas que requerían solución urgente, las cuales giraban en determinar, jurídica y constitucionalmente, quién, a partir del 5 de marzo de 2013, debía encargarse de la Presidencia de la República en ese supuesto de efectiva falta absoluta de un Presidente electo, no juramentado, mientras se procedía a una nueva elección presidencial. En virtud de que el Presidente electo ya no podía tomar posesión de su cargo, el régimen de la "continuidad administrativa" impuesto por el Tribunal Supremo, al producirse la falta absoluta del Presidente con su anunciado fallecimiento, sin duda cesaba. Todo cambió, por tanto, cuando se anunció el fallecimiento del Presidente y se materializó su efectiva falta absoluta.

La norma constitucional que rige los supuestos de falta absoluta del Presidente de la República es el artículo 233, el cual dispone los tres supuestos generales en los cuales ese hecho puede ocurrir, con sus consecuencias jurídicas inmediatas,[512] que son:

Primero, que la falta absoluta se produzca ***antes de que el Presidente electo tome posesión del cargo***, en cuyo caso, dice la norma, el Presidente de la Asamblea Nacional ***se encarga*** de la Presidencia de la República mientras se realiza una nueva elección y toma posesión el nuevo Presidente. En este caso, el Presidente de la Asamblea no pierde su investidura parlamentaria, ni asume la Presidencia de la República, sino que solo se "encarga" temporalmente de la misma.

Segundo, que la falta absoluta se produzca ***dentro de los primeros cuatro años del periodo constitucional,*** se entiende por supuesto después de que ya el Presidente electo hubiese tomado posesión de su cargo mediante su juramentación, en cuyo caso, dice la norma, el Vicepresidente Ejecutivo ***se encarga*** de la Presidencia mientras se realiza una nueva elección y toma posesión el nuevo Presidente. Dicho Vice-

---

511 Véase *Gacetas Oficiales* Nº 40.121 de 1-3-2013; Nº 40.122 de 4-3-2013; Nº 40.123 de 5-3-2013; Nos 40.124 de 6-3-2013.

512 El artículo 233 dispone en la materia", lo siguiente,, "Cuando se produzca la falta absoluta del Presidente electo o Presidenta electa **antes de tomar posesión**, se procederá a una nueva elección universal, directa y secreta dentro de los treinta días consecutivos siguientes. Mientras se elige y toma posesión el nuevo Presidente o la nueva Presidenta, se encargará de la Presidencia de la República el Presidente o Presidenta de la Asamblea Nacional. // Si la falta absoluta del Presidente o Presidenta de la República se produce **durante los primeros cuatro años del período constitucional**, se procederá a una nueva elección universal, directa y secreta dentro de los treinta días consecutivos siguientes. Mientras se elige y toma posesión el nuevo Presidente o la nueva Presidenta, se encargará de la Presidencia de la República el Vicepresidente Ejecutivo o la Vicepresidenta Ejecutiva".

presidente, por supuesto, debe haber sido nombrado por el propio Presidente de la República antes de su falta absoluta, durante el ejercicio de su cargo. En este caso, el Vicepresidente Ejecutivo tampoco pierde su investidura, ni asume la Presidencia de la República, sino que solo se "encarga" temporalmente de la misma.

Tercero, que la falta absoluta se produzca ***durante los últimos dos años del período constitucional***, en cuyo caso, el Vicepresidente Ejecutivo ***asume*** la Presidencia de la República hasta completar el período. En este caso, el Vicepresidente Ejecutivo sí pierde su investidura y asume en forma permanente el cargo de Presidente de la República, hasta completar el período constitucional, debiendo nombrar un nuevo Vicepresidente Ejecutivo. En es el único caso en la Constitución, en el cual el Vicepresidente podría considerarse como "Presidente encargado de la República."

El anuncio del fallecimiento del Presidente de la República Hugo Chávez Frías el 5 de marzo de 2013, ya iniciado el nuevo período constitucional sin haberse juramentado ni haber tomado posesión de su cargo, ni ante la Asamblea Nacional ni ante el Tribunal Supremo de Justicia, exigía precisar, por tanto, cuál de los dos primeros supuestos antes mencionados (ya que el tercero estaba descartado) debía aplicarse para determinar la sucesión presidencial.

Como el régimen de la "continuidad administrativa" decretada ilegítimamente por el Tribunal Supremo concluyó evidentemente el mismo día cuando se anunció que se produjo la falta absoluta del Presidente Chávez, quien por su estado de salud para el momento del anuncio de su muerte no pudo juramentarse ni pudo tomar posesión de su cargo, es claro que se aplicaba el primer supuesto previsto en el artículo 233 de la Constitución, ya que la falta absoluta del Presidente electo se produjo en todo caso "***antes de tomar posesión***" de su cargo. La primera parte de la norma se aplica en los dos supuestos que conforme a sus previsiones podrían darse: primero, que el fallecimiento del Presidente ocurra sin tomar posesión de su cargo antes del inicio del período constitucional el 10 de enero; o segundo, que el fallecimiento del Presidente ocurra sin tomar posesión de su cargo por alguna causa sobrevenida después de haberse iniciado el período constitucional el 10 de enero. Este último habría sido, precisamente, el supuesto que ocurrió con e anuncio del 5 de marzo de 2013, de manera que conforme a la norma del artículo 233 de la Constitución, el Presidente de la Asamblea Nacional, Diosdado Cabello debió de inmediato encargarse de la Presidencia de la República, *ex constitutione*.[513]

Por ello, con razón, el profesor José Ignacio Hernández, explicó que:

> "interpretando de manera concordada los artículos 231 y 233 de la Constitución, puede concluirse que ante la falta absoluta del Presidente electo antes de tomar posesión (mediante juramento), deberá encargarse de la Presidencia el Presidente de la Asamblea Nacional. Es ésa la conclusión que aplica al caso concreto, pues el Presidente Hugo Chávez falleció sin haber prestado juramento, que es el único mecanismo constitucional previsto para tomar posesión del

---

513 Así por ejemplo lo consideró el diputado Soto Rojas, al señalar tras el fallecimiento del Presidente Chávez que "Diosdado Cabello debe juramentarse y nuestro candidato es Nicolás Maduro", en referencia a las próximas elecciones que deben realizarse," en *6to.Poder*, 5-3-2013, en http://www.6topoder.com/vene-zuela/politica/diputado-soto-rojas-diosdado-cabello-debe-juramentarse-y-nuestro-candidato-es-nicolas-maduro/

cargo, con lo cual debería asumir la Presidencia quien fue designado como Presidente de la Asamblea Nacional."[514]

Por tanto, en ese mismo momento en que se anunció la falta absoluta del Presidente Chávez, de inmediato, el Vice-Presidente Maduro dejó de ejercer las funciones del Presidente, por haber cesado la llamada "continuidad administrativa" impuesta por la Sala Constitucional, la cual dependía de que el Presidente electo pudiera llegar a tomar posesión efectiva de su cargo; y el Presidente de la Asamblea, sin necesidad de acto alguno, se debía, *ex constitutione*, encargar de la Presidencia de la República.

Sin embargo, debe mencionarse que una primera lectura del artículo 233 de la Constitución, también podía conducir a considerar, (i) que como la falta absoluta se produjo después de iniciado el periodo constitucional, el cual comenzó el 10 de enero, así no se hubiera juramentado el Presidente electo; (ii) que entonces, como la falta absoluta se produjo "durante los primeros cuatro años del periodo constitucional"; y (iii) que como ya existía una interpretación constitucional, aunque errada, dispuesta por la Sala Constitucional, de que desde el 10 de enero de 2013 había una "continuidad administrativa", haciendo que los titulares del Poder Ejecutivo anterior siguieran en funciones (Presidente, Vicepresidente y ministros); entonces se podía aplicar el segundo supuesto de falta absoluta previsto en el artículo 233 (la que ocurría durante los primeros cuatro años del período constitucional que comenzó el 10 de enero de 2013), lo que podía conducir a considerar que el Vicepresidente Ejecutivo debía encargarse de la Presidencia quien ya estaba en funciones por la mencionada "continuidad administrativa" decretada por el Tribunal Supremo.

Esta aproximación que podía derivarse de una primera lectura de la norma, sin embargo, debía descartarse, porque la denominada "continuidad administrativa" que se había fundamentado en el hecho de que había un Presidente electo, que era Hugo Chávez, quien por causas conocidas, pero sobrevenidas, no había podido tomar posesión de su cargo, pero supuestamente lo haría; había cesado totalmente con el anuncio del fallecimiento del Presidente. En realidad, a partir de entonces ya la "continuidad administrativa" no podía sobrevivirle, pues la misma estaba ligada a su propia existencia, razón por la cual, como la falta absoluta se producía entonces sin que el Presidente Chávez hubiese llegado a tomar posesión efectiva de su cargo mediante su juramento, entonces el Presidente de la Asamblea Nacional era quien debía encargarse de la Presidencia.

Sin embargo, ello no ocurrió así, incumpliendo el Presidente de la Asamblea el mandato de la Constitución, y fue la segunda opción a la cual hemos hecho referencia, la que de hecho se impuso en el ámbito del gobierno, de manera que el mismo día 5 de marzo de 2013, la Procuradora General de la República, afirmaba a la prensa que con la muerte del Presidente Hugo Chávez, "inmediatamente se pone en vigencia el artículo 233, que establece que se encarga el Vicepresidente Nicolás Maduro (...) Ya la falta absoluta determina que el que se encarga es el Vicepresidente,

---

514 Véase José Ignacio Hernández, "A propósito de la ausencia absoluta del Presidente,", en PRODAVINCI, 5-3-2013, en http://prodavinci.com/blogs/a-proposito-de-la-ausencia-absoluta-del-presidente-de-la-republica-por-jose-ignacio-hernandez-g/

Nicolás Maduro."[515] Y ello ocurrió efectivamente así, evidenciado en *Gaceta Oficial* del mismo día, mediante la publicación del Decreto N° 9.399 declarando Duelo Nacional, dado y firmado por Nicolás Maduro, ni siquiera como "Vicepresidente encargado de la Presidencia," sino como "Presidente Encargado de la República."[516] Nada se supo, ese día, por lo demás, de la posición del Presidente de la Asamblea Nacional Diosdado Cabello sobre el porqué no había dado cumplimiento a la norma constitucional que lo obligaba a encargarse de la Presidencia.

Sobre el tema de la sucesión presidencial en este caso, el profesor Herman Escarrá, en una entrevista de televisión ese mismo día 5 de marzo, afirmaba que ante el anuncio de la muerte de Hugo Chávez se abrían dos ámbitos de actuación, de manera que (i), "si era el caso de "un Presidente electo que no ha tomado posesión; en este caso [...] debe sustituir la falta el Presidente de la Asamblea Nacional, Diosdado Cabello"; y que (ii), si era el caso de "un Presidente en ejercicio de sus funciones," entonces en ese caso "le corresponde al Vicepresidente sustituir por el periodo en el que debe convocarse a elecciones para que al final sea el pueblo el que decida quién será su Presidente." De estas opciones, según sus propias palabras, el primer supuesto era el que aparentemente se aplicaba. Pero no; fue la segunda opción, la que consideró aplicable el profesor Escarrá, argumentando que la sentencia del Tribunal Supremo de 9 de enero de 2013 había dicho que "Chávez era un Presidente reelecto que nunca estuvo ausente, 'por lo que debía entonces aplicarse el Artículo 233 de la Constitución.' [...] El Vicepresidente queda encargado, puesto que aunque el Presidente no se juramentó, de conformidad a la sentencia, estaba en el cargo cumpliendo sus funciones." O sea que la realidad, no era la realidad, sino lo que había dicho una sentencia, así no fuera conforme con la realidad, agregando además, el profesor Escarrá, que "Maduro dejó de ser vicepresidente en el momento en que se supo de la muerte del presidente Chávez y se decretó la falta absoluta. Una vez que opera la falta absoluta asume el poder el vicepresidente."[517]

Aparte de la errada apreciación de Escarrá de que en ese supuesto el Vicepresidente Maduro habría dejado de ser Vicepresidente, lo cual no es correcto en nuestro criterio, ya que la norma lo que dice es que el Vicepresidente se "encargará de la Presidencia" mientras toma posesión el nuevo Presidente que se elija; Escarrá olvidó la situación fáctica de que el régimen de la llamada "continuidad administrativa" había cesado, pues había sido impuesta por el Tribunal Supremo para permitirle al Presidente Chávez que se pudiera juramentar posteriormente en su cargo una vez recuperada su salud, a lo cual tenía derecho, como lo indico el Tribunal Supremo, y pudiera en ese caso tomar posesión de su cargo. Esa posibilidad fue, precisamente, la que se disipó con el anuncio del fallecimiento del Presidente, concluyendo allí tal régimen de la "continuidad administrativa," entrando en aplicación, precisamente, el primer supuesto del artículo 233 de una falta absoluta del Presidente ocurrida ***antes***

---

515 Véase "Muerte de Chávez," 06/03/2013, 03:16:00 pm.: Aseguró la Procuradora General de la República Cilia Flores: La falta absoluta determina que se encargará el Vicepresidente Maduro," en *Notitarde.com*, 7-3-2013, en http://www.notitar-de.com/Muerte-de-Chavez/Cilia-Flores-La-falta-absoluta-determina-que-se-encargara-el-Vicepresidente-Maduro/2013/03/06/169847.

516 *Gaceta Oficial* 40.123 de 5 de marzo de 2013.

517 Véase "Hermann Escarrá: Maduro es Presidente encargado desde que se anunció la muerte de Chávez," en Globovisión.com, 6-3-2013, en http://globovision.com/ar-ticulo/hermann-escarra-maduro-es-presidente-encargado-desde-que-se-anuncio-la-muerte-de-chavez.

de que tomara posesión de su cargo, lo que nunca ocurrió, en cuyo caso debía encargarse de la Presidencia el Presidente de la Asamblea Nacional.

Sin embargo, el gobierno que conducía el Vicepresidente Maduro, quien venía ejerciendo el Poder Ejecutivo desde el 10 de enero de 2013 gracias a la sentencia del Tribunal Supremo, y que conforme a la misma solo se sostenía en la esperanza de que el Presidente Chávez se pudiera llegar a juramentar y tomar posesión de su cargo; continuó ilegítimamente ejerciéndolo a pesar del anuncio del fallecimiento del Presidente Chávez, y de que, por ese solo hecho, ya esa toma de posesión no podría ocurrir, y así, el mismo día 5 de marzo, ya el Vicepresidente Maduro emitía el mencionado Decreto No 9.399 declarando Duelo Nacional,[518] como se dijo, ni siquiera como tal "Vicepresidente encarado de la Presidencia," sino como "Presidente encargado de la República"

Con relación a este Decreto, que fue refrendado por todos los Ministros y publicado en *Gaceta Oficial*, Juan Manuel Raffalli apreció que "no hay duda de que Nicolás Maduro es el Presidente encargado de la República," llamando la atención respecto a que "Maduro no ha designado un Vicepresidente y si ostenta la doble condición de Presidente y Vicepresidente, no puede ser candidato," e indicando que "para que pueda ser candidato, tendría que designar a un Vicepresidente."[519] Sin dejar de considerar que con ese Decreto, efectivamente y de hecho, el Vicepresidente Maduro asumió sin título alguno la Presidencia de la República, es decir, ilegítimamente; sin embargo consideramos que debe puntualizarse que de acuerdo con el texto de la Constitución, en cualquier caso en el cual se produzca una falta absoluta del Presidente en los términos del artículo 233 de la Constitución, tanto el Presidente de la Asamblea Nacional como del Vicepresidente, es sus respectivos casos, lo que deben y pueden hacer es "encargarse" de la Presidencia, pero nunca pasan a ser "Presidentes encargados de la República."

Salvo que se trate de falta absoluta ocurrida en los dos últimos años del período constitucional en cuyo caso, el Vicepresidente ***asume*** el cargo de Presidente, es decir, es Presidente, en ningún otro caso, sea en caso del Presidente de la Asamblea Nacional o del Vicepresidente Ejecutivo, en los supuestos respectivos previstos en la Constitución, puede decirse que se convierten en "Presidentes encargados" ya que en ningún caso pierden su investidura. Al contrario, siguen siendo titulares de sus respectivos cargos de Presidente de la Asamblea y de Vicepresidente, y es en ese carácter que se pueden "encargar" de la Presidencia. En el caso del Vicepresidente Ejecutivo, cuando se "encarga" de la Presidencia, no puede auto considerarse ni ser calificado como "Presidente encargado de la República" como erradamente se indicó en el Decreto Nº 9399 declarando Duelo Nacional. Y esta no es una cuestión de redacción, es una cuestión sustantiva, pues el Vicepresidente, cuando se encarga de la Presidencia, no deja de ser Vicepresidente; es más, es porque es Vicepresidente que se encarga de la Presidencia.

---

518 *Gaceta Oficial* 40.123 de 5 de marzo de 2013.

519 Véase en "Raffalli: Maduro no puede ser candidato mientras también ostente la Vicepresidencia," en *6to. Poder*, Caracas 7-3-2013, en http://www.6topo-der.com/venezuela/politica/raffalli-maduro-no-puede-ser-candidato-mientras-tambien-ostente-la-vicepresidencia/; y en "Dudas Constitucionales. ¿Maduro es Vicepresidente y encargado de la Presidencia, o es Presidente encargado a secas?, en *El Universal*, 8=3-2013, en http://www.eluniversal.com/opinion/130308/dudas-constitucionales.

Por tanto, no es correcto afirmar que el Vicepresidente, en esos supuestos, se transforme en "Presidente encargado de la República," ni que el mismo pueda designar un Vicepresidente. Esto sólo lo puede hacer un Presidente electo una vez en funciones, pero no un Vicepresidente encargado de la Presidencia. El Vicepresidente, en la Constitución, además de tener atribuciones, tiene cargas o deberes, y uno de ellos es precisamente "encargarse" de la Presidencia en esos casos, por lo que debe asumir todas sus consecuencias. Por ello es que, por ejemplo, no puede en ningún caso ser candidato a Presidente en las elecciones a las que debe proceder a convocar en el breve lapso de 30 días.

Precisamente, conforme a artículo 229 de la Constitución, quien esté en ejercicio del cargo de Vicepresidente en el día de su postulación o en cualquier momento entre esta fecha y la de la elección, no puede ser elegido Presidente. Y como el Vicepresidente no puede abandonar su cargo de Vicepresidente al encargarse de la Presidencia, simplemente no puede ser candidato a Presidente.

Esa debió haber comenzado a ser la situación constitucional del Vicepresidente Maduro después de haberse encargado de la Presidencia el día 5 de marzo de 2013. Sin embargo, no fue así, y el anuncio antes mencionado de la Procuradora General de la República, de que el Vicepresidente Maduro había pasado a ser "Presidente encargado de la República," mostraba otra realidad, inconstitucional, a lo que se agregaba la situación inconstitucional derivada de la declaración dada por el Ministro de la Defensa al afirmar pocas horas después de darse a conocer oficialmente la muerte del Presidente Chávez, que "Ahora más que nunca, la FAN debe estar unida para llevar a Maduro a ser el próximo presidente electo de todos los venezolanos."[520] Para una institución como la Fuerza Armada, "sin militancia política" y que "está al servicio exclusivo de la Nación y en ningún caso al de persona o parcialidad política alguna" (art. 328, Constitución), esa manifestación violaba abiertamente el texto fundamental. Luego le correspondería a la Sala Constitucional del Tribunal Supremo de Justicia, en sentencia N° 141 de 8 de marzo de 2013, que se comenta más adelante, consolidar todo este fraude constitucional.

Pero volvamos a la situación el día 5 de marzo. Nicolás Maduro, como Vicepresidente encargado de hecho de la Presidencia (porque ello correspondía al Presidente de la Asamblea Nacional), y como "Presidente encargado de la República" como se autodenominó, en todo caso, tenía entre sus atribuciones inmediatas velar por que se procediera "a una nueva elección universal, directa y secreta dentro de los treinta días consecutivos siguientes" contados a partir del anuncio de la falta absoluta del Presidente, es decir, contados a partir del 5 de marzo de 2013.[521]

---

520 En "Ministro de la Defensa venezolano: "La Fuerza Armada Nacional debe estar unida para llevar a Maduro a ser presidente", en Vínculocrítico.com. Diario de América, España y Europa, en http://www.vinculocritico.com/politica/vene-zuela/elecciones-venezuela/fuerzas-militares-venezolanas/muere-chavez/muerte-chavez/anuncio-muerte-chavez/ministro-defensa/vtv-/apoyo-de-militares-maduro-/294618 . En la nota publicada en ese diario se concluía con la siguiente reflexión "La clara posición expresada por el Ministro de la Defensa resulta preocupante para muchos ciudadanos, toda vez que bajo sus órdenes se encuentra la Fuerza Armada Nacional que debe velar por la seguridad de Venezuela, pero no obedecer a la voluntad de una sola persona y menos aún en materia electoral. Su posición no presagia una situación de imparcialidad, con la gravedad que ello conlleva para el futuro en democracia de dicha nación latinoamericana."

521 No es correcta la afirmación del diputado Calixto Ortega en el sentido de afirmar que "tras los actos fúnebres, la Asamblea Nacional debe reunirse y declarar formalmente "la ausencia de derecho del presi-

Esto significaba que la elección presidencial conforme a la Constitución, debía necesariamente efectuarse en ese lapso, para lo cual el Consejo Nacional Electoral debía adoptar todos los actos y realizar todas diligencias necesarias, como la convocatoria, postulación, y organización electoral.[522] Y en ese proceso electoral, en ningún caso el Vicepresidente podía ser candidato a la Presidencia, primero, porque la Constitución expresamente establece que quien esté en ejercicio del cargo de Vicepresidente para el momento de la postulación, es inelegible (art. 229); y segundo, porque el Vicepresidente, en este caso de haberse encargado de la Presidencia, así ello hubiera sido ilegítimo, no podía separarse de su cargo, pues era en tal carácter de Vicepresidente que se encargó de la Presidencia. Si lo hacía crearía un vacío en el Poder Ejecutivo al dejar acéfala la jefatura del Estado. Quizás por ello, en vez de encargarse de la Presidencia, Nicolás Maduro procedió el 5 de marzo de 2013 a autonombrarse "Presidente encargado de la República," para así, seguramente, proceder en el futuro a nombrar un Ministro como "encargado" de la Vicepresidencia, como lo había hecho a finales de diciembre de 2012.

En todo caso, y aún en el supuesto que se pretendiera que el Vicepresidente no era tal "Vicepresidente encargado de la Presidencia" sino que era "Presidente encargado de la República," tampoco podía ser candidato a la Presidencia en las elecciones a realizarse en breve, ya que el único funcionario en la Constitución que puede participar en un proceso electoral sin separarse de su cargo es el Presidente de la República una vez ya electo, cuando acude a la reelección, es decir, cuando ya ha sido previamente electo en una elección anterior. Ningún otro funcionario, ni siquiera cuando se autodenomine "Presidente encargado de la República" podría ser considerado Presidente a tales efectos de reelección sin separarse de su cargo, pues no ha sido electo popularmente.

Pero el tema de la sucesión presidencial por la anunciada falta absoluta del Presidente Chávez, a pesar de todo lo que disponía la Constitución, para el mismo día 5 de marzo de 2013, al anunciarse su fallecimiento, ya estaba de hecho resuelto al haberse encargado de la Presidencia de la República el Vicepresidente Nicolás Maduro, bien en contra de lo previsto en la Constitución, y ante el silencio del Presidente de la Asamblea Nacional, quien debió hacerlo; y haberlo hecho ni siquiera como "Vicepresidente encargado de la Presidencia," sino como consta del Decreto antes mencionado que dictó ese mismo día como "Presidente encargado de la República," carácter que no tenía pues sólo era "Vicepresidente encargado de la Presidencia."

Por ello, al inicio causó extrañeza el anuncio que hizo Presidente de la Asamblea Nacional, Diosdado Cabello, en horas de la noche del día 7 de marzo, en el sentido de que "el vicepresidente Nicolás Maduro será juramentado este viernes a las 7:00

---

dente", tras lo cual el CNE pasa a organizar y convocar las elecciones dentro de un plazo estimado de 30 días que pudiera extenderse." Ello es contrario a la Constitución, no sólo porque en la misma la falta absoluta del Presidente por muerte no requiere de declaración formal alguna, sino porque los treinta días consecutivos para que se proceda a realzar la elección deben contarse a partir de dicha falta absoluta. Véase la reseña de la declaración en "Oposición venezolana trabaja en escenario electoral", ABC color, 7-3-2013, en http://www.abc.com.py/internacionales/oposicion-venezolana-trabaja-en-escenario-electoral-546632.html

522 Sin embargo, el día 8 de marzo se anunciaba en la prensa que el Consejo Nacional Electoral estaría listo para las elecciones presidenciales a partir del día 14 de abril de 2013. Véase en *El Universal*, Caracas 8-3-2013, en http://www.eluniver-sal.com/nacional-y-politica/130307/cne-listo-para-presidenciales-a-partir-del-14-de-abril.

de la noche como Presidente de la República encargado," indicando además, que "una vez juramentado, corresponderá a Maduro convocar a nuevas elecciones para elegir al próximo jefe de Estado."[523] Era extraño porque quien ya se había encargado de hecho de la Presidencia, y ya había dictado un decreto presidencial en uso de la atribución presidencial de "dirigir la acción de gobierno," (arts. 226 y 236.2 de la Constitución que son los que se citan en el decreto) como Presidente encargado de la República, iba a juramentarse *ex post facto*, para el cargo que ya había comenzado a ejercer.

Ello lo que puso en evidencia fue la tremenda inseguridad que debía existir en las esferas de gobierno sobre la "encargaduría" de la Presidencia al anunciarse la muerte del Presidente Chávez. El arte del desconcierto que tanto aplicó, siguió guiando el comportamiento del gobierno en su "continuidad administrativa" de tiempo indefinido. Sin embargo, con el anuncio, al menos ya quedaba expresada por primera vez la opinión de quien constitucionalmente debió encargarse de la Presidencia.[524]

Ese anuncio ponía fin, momentáneamente, a las "interpretaciones" de las normas constitucionales a conveniencia, quedando acordada la situación políticamente en el seno del gobierno, pues lo que había pasado en el país respecto de la situación constitucional originada con motivo del inicio del período constitucional presidencial 2013-2017, dada la situación de ausencia del territorio nacional del Presidente electo a partir del 10 de diciembre de 2012, su reclusión hospitalaria en Caracas a partir del 18 de febrero de 2013; y el anuncio de su fallecimiento el 5 de marzo de 2013, no fue lo que debió pasar,[525] tal y como se ha explicado anteriormente.

---

523 Véase Alejandra M. Hernández, "Maduro será juramentado mañana como Presidente encargado," *El Universal*, 7-3-2013, en http://www.eluniver-sal.com/nacional-y-politica/hugo-chavez-1954-2013/130307/maduro-sera-juramentado-manana-como-presidente-encargado; y "Nicolás Maduro asumirá hoy como Presidente," en http://www.eluniversal.com/nacional-y-poli-tica/130308/nicolas-maduro-asumira-hoy-como-presidente.

524 Diosdado Cabello destacó "que la juramentación se efectuará de conformidad con lo establecido en el artículo 233 de la Constitución, el cual establece que cuando "la falta absoluta del Presidente de la República se produce durante los primeros cuatro años del período constitucional (...) mientras se elige y toma posesión el nuevo Presidente, se encargará de la Presidencia de la República el Vicepresidente Ejecutivo." "Cabello aclaró que no le corresponde a él como presidente de la AN, sino a Maduro como vicepresidente asumir la jefatura de Estado, ya que se produjo la falta absoluta del presidente de la República." "Recordó que Hugo Chávez, quien falleció el pasado martes, era un mandatario en posesión de su cargo y no un Jefe de Estado electo que por primera vez iba a cumplir funciones." "Agregó que se cumplirán las órdenes dadas por Chávez." Véase Alejandra M. Hernández, "Nicolás Maduro asumirá hoy como Presidente," en http://www.eluniversal.com/nacional-y-poli-tica/130308/nicolas-maduro-asumira-hoy-como-presidente.

525 Como lo resumió con toda precisión Gerardo Blyde al responder la pregunta ¿Qué debió ocurrir?: "Cuando el Presidente solicitó ausentarse del país para tratarse en Cuba *debió declararse la ausencia temporal y encargarse el Vicepresidente hasta el fin de ese período constitucional.* / Al no regresar para el 10 de enero, fecha constitucional para la juramentación, *debió encargarse de la Presidencia el presidente de la Asamblea Nacional para el nuevo período hasta tanto el Presidente electo pudiera juramentarse y asumir.* / Al regresar, el Presidente electo *debió ser juramentado por el TSJ.* Si no era posible, el TSJ *ha debido nombrar una junta médica* que determinara si había causas que le impedían asumir la Presidencia y si éstas serían permanentes o temporales. En caso de haberse determinado que eran permanentes, el TSJ *debió enviar el informe a la Asamblea Nacional para que se declarara la falta absoluta.* / Una vez declarada la falta absoluta, el CNE *debía convocar a nuevas elecciones presidenciales* y, una vez elegido el nuevo Presidente, el presidente de la AN debía entregarle para que éste culminara el período presidencial en curso." Véase en Gerardo Blyde, "Lo que pasó y no debió pasar. El Vicepresidente

En realidad, lo que pasó desde el 10 de diciembre de 2012, al margen de la Constitución, fue que el Vicepresidente Maduro se negó a suplir la falta temporal del Presidente ausente; el Presidente ausente no pudo comparecer el 10 de enero de 2013 ante la Asamblea Nacional para jurar el cargo y tomar posesión del mismo para el período 2013-2013, situación en la cual, en lugar de que el Presidente de la Asamblea Nacional se encargara de la Presidencia, el Tribunal Supremo en la sentencia N° 2 de 9 de enero de 2013 dispuso que el Presidente reelecto, ausente y enfermo, su Vicepresidente y sus Ministros, seguían en ejercicio de sus funciones, hasta que el Presidente se juramentase ante el propio Tribunal; que una vez anunciado el fallecimiento del Presidente Chávez, y materializada su falta absoluta antes de tomar posesión efectiva y formalmente de su cargo, a pesar de haber cesado el régimen de "continuidad administrativa" impuesto por el Tribunal Supremo, en lugar de que el Presidente de la Asamblea Nacional se encargara de la Presidencia, el Vicepresidente Maduro asumió el cargo de "Presidente encargado de la República."

Contrastado lo que pasó[526] con lo que debía haber pasado, constitucionalmente hablando, la situación de incertidumbre sólo podía quedar resuelta, de hecho, razón por la cual se anunció el acto mediante el cual el Presidente de la Asamblea Nacional, quien era quien debía estar encargado de la Presidencia, iba a tomar el juramento del Vicepresidente, pero no sólo como encargado de la Presidencia, sino como "Presidente encargado de Venezuela," cuando ya desde el 5 de marzo éste ya estaba "ejerciendo" dicho cargo

Todo lo anterior se consolidó luego, mediante decisión de la Sala Constitucional del Tribunal Supremo de Justicia, dictada al resolver un recurso de interpretación que se había interpuesto (por Otoniel Pautt Andrade) el día 6 de marzo de 2013 sobre la aplicación del artículo 233 de la Constitución a la situación concreta derivada de la anunciada falta absoluta del Presidente Chávez. La decisión fue adoptada en la sentencia N° 141 de 8 de marzo de 2013,[527] en la cual hay que destacar que la Sala comenzó con un error de interpretación de la norma del artículo 233 de la Constitución, al concluir, después de transcribirla íntegramente, que "De la lectura de dicho precepto se observa que cuando se produce la falta absoluta del Presidente de la República se habrá de realizar una nueva elección y *se encargará de la Presidencia de la República el Vicepresidente Ejecutivo o la Vicepresidenta Ejecutiva*", cuando ello no es correcto, porque en el primer supuesto de falta absoluta regulado en la norma (de los tres que regula), quien se encarga de la Presidencia es el Presidente de la Asamblea Nacional. Esa parte de la norma fue completamente obviada en la sentencia.[528]

---

encargado de la Presidencia no puede nombrar a otro Vicepresidente," en *El Universal*, 8-3-2013, en http://www.eluniversal.com/opinion/130308/lo-que-paso-y-no-debio-pasar.

526 Véase igualmente los comentarios de Gerardo Blyde en *Idem*, "Lo que pasó y no debió pasar. El Vicepresidente encargado de la Presidencia no puede nombrar a otro Vicepresidente," en *El Universal*, 8-3-2013, en http://www.eluniversal.com/opi-nion/130308/lo-que-paso-y-no-debio-pasar.

527 Véase el texto de la sentencia en http://www.tsj.gov.ve.decisioes/scon/Marzo/141-9313-2013-13-0196.html.

528 Días después de dictada la sentencia, el 12 de marzo de 2013, en un programa de televisión, la Presidente del Tribunal Supremo diría lo siguiente según la reseña : "La Constitución debemos leerla muy claramente, a mi una de las cosas que más me preocupa es la falta de lectura por parte de algunas personas, o no diría falta de lectura (...) sino la falta gravísima y el engaño que hacen al pueblo cuando se refieren al texto constitucional saltándose párrafos para que se malinterprete el resultado," detalló durante el pro-

Aparte de este error, la sentencia de 8 de marzo de 2013, en definitiva, resolvió que como en la sentencia anterior de la misma Sala Constitucional Nº 2 de 9 de enero de 2013, ya se había dispuesto que a pesar de que el período constitucional 2013-2019 comenzó el 10 de enero de 2013, en virtud de que el Presidente Chávez había sido reelecto y que en relación con el mismo "no era necesaria una nueva toma de posesión [...] en virtud de no existir interrupción en ejercicio del cargo," entonces dijo la Sala:

> "se desprende que el Presidente reelecto inició su nuevo mandato el 10 de enero de 2013, que se configuró una continuidad entre el período constitucional que finalizaba y el que habría de comenzar y que por lo tanto, se entendía que el Presidente reelecto, a pesar de no juramentarse dicho día, continuaba en funciones."

Ello, por supuesto, fue una falacia, pues el Presidente Chávez, desde el 10 de diciembre de 2013 nunca salió de un Hospital. Sin embargo, de allí la Sala concluyó que al momento de anunciarse la falta absoluta del Presidente Chávez el 5 de marzo de 2013, en virtud de que el mismo "se encontraba en el ejercicio del cargo de Presidente de la República, es decir, había comenzado a ejercer un nuevo período constitucional" sin siquiera haberse juramentado, entonces como la falta absoluta se habría producido dentro de los primeros cuatro años del período constitucional:

> "es aplicable a dicha situación lo previsto en el segundo aparte del artículo 233 de la Constitución, esto es, debe convocarse a una elección universal, directa y secreta, y se encarga de la Presidencia de la República el ciudadano Nicolás Maduro Moros, quien para ese entonces ejercía el cargo de Vicepresidente Ejecutivo."

Estableció la Sala Constitucional, adicionalmente que "dicha encargaduría comenzó inmediatamente después de que se produjo el supuesto de hecho que dio lugar a la falta absoluta," consolidando así lo que efectivamente había ocurrido el 5

---

grama Contragolpe que transmite Venezolana de Televisión. / La magistrada cuestionó que hay quienes pretenden irrespetar la Constitución, al afirmar que debe ser el presidente de la Asamblea Nacional, en este caso Diosdado Cabello, quien debió asumir la Presidencia Encargada. / Refirió que el artículo 233 expresa que "mientras se elige y toma posesión el nuevo Presidente o nueva Presidenta se encargará de la Presidencia de la República el Vicepresidente Ejecutivo o la Vicepresidenta Ejecutiva. Yo estoy leyendo la Constitución, no estoy diciendo algo que a mí se me ocurre." Véase la reseña en http://www.vive.gob.ve/ac-tualidad/noticias/designaci%C3%B3n-de-nicol%C3%A1s-maduro-como-presidente-e-es-constitucional; y en http://www.el-nacional.com/politica/Luisa-Estella-Morales-Maduro-Constitucion_0_152387380.html Por lo visto no se percató la magistrada que quien analizó la Constitución "saltándose párrafos para que se malinterprete el resultado," fue ella misma y la Sala Constitucional que dictó la sentencia bajo su Ponencia, al ignorar (o saltarse) el primer párrafo sobre la falta absoluta del Presidente del artículo 233 que dispone que "Cuando se produzca la falta absoluta del Presidente electo o Presidenta electa antes de tomar posesión, se procederá a una nueva elección universal, directa y secreta dentro de los treinta días consecutivos siguientes. **Mientras se elige y toma posesión el nuevo Presidente o la nueva Presidenta, se encargará de la Presidencia de la República el Presidente o Presidenta de la Asamblea Nacional**." Tan esa parte fue "saltada" por la Sala que luego de copiar el texto íntegro del artículo la sentencia expresa, pura y simplemente que: "De la lectura de dicho precepto se observa **que cuando se produce la falta absoluta del Presidente de la República se habrá de realizar una nueva elección y** ***se encargará de la Presidencia de la República el Vicepresidente Ejecutivo o la Vicepresidenta Ejecutiva***." Basta comparar los dos textos para saber quién se saltó un párrafo de la norma para malinterpretarla.

de marzo de 2013. Agregó además la Sala que "El Presidente Encargado debe juramentarse ante la Asamblea Nacional," ratificando así, también, lo que de hecho había sido anunciado, a pesar de que la misma Sala antes había dicho que el Vicepresidente ya se había encargado desde el 5 de marzo de 2013 de la Presidencia.

Quedaron así muy convenientemente resueltas por el Poder Judicial todas las dudas e incertidumbres pasadas, que ya habían sido resueltas políticamente entre los órganos del Poder Ejecutivo y del Poder Legislativo. La Sala Constitucional, una vez más, interpretó la Constitución a la medida del régimen autoritario, distorsionándola.

Sobre el futuro cercano, la Sala Constitucional también pasó a resolver de antemano todas las dudas que podían presentarse en el funcionamiento del nuevo gobierno de transición, declarando que al encargarse el Vicepresidente Ejecutivo Nicolás Maduro "de la Presidencia de la República [...] deja de ejercer dicho cargo para asumir la tarea que el referido precepto le encomienda." Es decir, ni más ni menos, dejaba de ser Vicepresidente encargado de la Presidencia y pasó a ser "Presidente encargado"

De ello derivó la Sala Constitucional, que en cuanto a la previsión de la condición de inelegibilidad establecida en el artículo 229 de la Constitución, según el cual no puede ser elegido Presidente de la República quien esté en ejercicio del cargo de Vicepresidente Ejecutivo en el día de su postulación o en cualquier momento entre esta fecha y la de la elección; la misma sólo se aplica "mientras el Vicepresidente Ejecutivo o la Vicepresidenta Ejecutiva esté en el ejercicio de dicho cargo," considerando que en dicho "supuesto de incompatibilidad" previsto en la norma, "no está comprendido el Presidente Encargado de la República."

Por tanto, estableció la Sala, que como "el ahora Presidente Encargado no sigue ejerciendo el cargo de Vicepresidente, el órgano electoral competente, una vez verificado el cumplimiento de los requisitos establecidos por la ley, puede admitir su postulación para participar en el proceso que lleve a la elección del Presidente de la República, sin separarse de su cargo," de manera que "durante dicho proceso electoral, el Presidente Encargado está facultado para realizar las altas funciones que dicha investidura trae aparejadas como Jefe del Estado, Jefe de Gobierno y Comandante en Jefe de la Fuerza Armada Nacional Bolivariana, de acuerdo con la Constitución y las leyes."

Y nada más.[529] El Tribunal Supremo de Justicia, de nuevo, mutó ilegítimamente la Constitución, cambiando materialmente la condición de inelegibilidad establecida en la Constitución para la elección del cargo de Presidente de la República, y

---

529 La Sala Constitucional, en su sentencia, procedió a "sistematizar las conclusiones vertidas a lo largo de esta decisión," de manera resumida, así: a) Ocurrido el supuesto de hecho de la muerte del Presidente de la República en funciones, el Vicepresidente Ejecutivo deviene Presidente Encargado y cesa en el ejercicio de su cargo anterior. En su condición de Presidente Encargado, ejerce todas las atribuciones constitucionales y legales como Jefe del Estado, Jefe de Gobierno y Comandante en Jefe de la Fuerza Armada Nacional Bolivariana; / b) Verificada la falta absoluta indicada debe convocarse a una elección universal, directa y secreta; / c) El órgano electoral competente, siempre que se cumpla con los requisitos establecidos en la normativa electoral, puede admitir la postulación del Presidente Encargado para participar en el proceso para elegir al Presidente de la República por no estar comprendido en los supuestos de incompatibilidad previstos en el artículo 229 constitucional; / d) Durante el proceso electoral para la elección del Presidente de la República, el Presidente Encargado no está obligado a separarse del cargo." Véase en http://www.tsj.gov.ve.decisio-nes/scon/Marzo/141-9313-2013-13-0196.html.

además, permitiendo de antemano, también ilegítimamente, que el "Presidente encargado de la República" en el período de sucesión presidencial, pudiera participar en la campaña electoral sin separarse del cargo, lo que estaba reservado a los Presientes electos que buscan la reelección, pudiendo ser electo Presidente sin haber sido elegido previamente.

La decisión de la Sala Constitucional, como lo expresó el profesor Jesús María Casal, "se construyó a partir de la ficción de que Chávez ejercía su cargo, lo cual sabemos que es falso,"[530] y como lo consideró el profesor Enrique Sánchez Falcón, "atenta contra la Constitución, el Estado de Derecho, la Democracia y la paz ciudadana, [...] porque ella dice que el Vicepresidente no puede participar en las elecciones presidenciales, a menos que se separe de ese cargo; y no se puede decir que puede participar porque ya no es Vicepresidente, porque él es el encargado de la Presidencia precisamente porque estaba en la Vicepresidencia." Consideró Sánchez Falcón que la decisión violaba, además, la democracia, en lo que coincidió el profesor Jesús María Casal, al expresar que "enrarecía" el clima político, pues "parece ir destinada a favorecer o reforzar el ventajismo electoral del que venía haciendo gala el Gobierno Nacional en los últimos años y eso obviamente genera desconfianza en el proceso electoral."[531]

Lo que era cierto, de la polémica, inconstitucional, distorsionante y mutante decisión de la Sala Constitucional fue que entonces, sin duda, el Secretario General de la Organización de Estados Americanos habría tenido de nuevo ocasión para decir que *"El tema ha sido ya resuelto por los tres poderes del Estado de Venezuela: lo planteó el Ejecutivo, lo consideró el Legislativo, y lo resolvió el Judicial";* y podía concluir de nuevo con que "las instancias están agotadas y por lo tanto, el proceso que se llevará a cabo en ese país es el que han decidido los tres poderes,"[532] así esos tres poderes no fueran independientes ni autónomos entre sí, lo que es indispensable para el funcionamiento de un régimen democrático. Eso, por lo visto, no importaba.

---

530 No es cierto, por tanto, como lo expresó la profesora Hildegard Rondón de Sansó, que "el presidente Chávez al momento de fallecer era un Presidente reelecto y no electo por primera vez, pero además estaba en posesión del cargo. Era un Presidente electo que estaba en posesión del cargo para ser precisos, pero por esa condición de la posesión del cargo no era esencial la juramentación." Véase en Juan Francisco Alonso, "Acusan al TSJ de alentar la desobediencia ciudadana," en *El Universal*, 10-3-2013, en http://www.eluniversal.com/nacional-y-politica/130310/acusan-al-tsj-de-alentar-la-desobediencia-ciudadana. El Presidente Chávez estaba en posesión del cargo para el cual fue electo en 2007 y que duraba hasta el 10 de enero de 2013. En esta fecha, para tomar posesión del cargo de Presidente para el período constitucional 2013-2019, tenía que juramentarse ante la Asamblea nacional o ante el Tribunal Supremo, y no lo hizo. No se puede afirmar seriamente que porque hubiera sido electo, estaba "en posesión de su cargo." Eso, por lo demás, no fue lo que decidió la sala Constitucional, que lo que hizo fue declarar que estaba en ejercicio de sus funciones desde el período anterior, ratificando, por lo demás el acto de juramentación como un requisito esencial para la toma de posesión el cargo.

531 Véase Juan Francisco Alonso, "Acusan al TSJ de alentar la desobediencia ciudadana," en *El Universal*, 10-3-2013, en http://www.eluniversal.com/nacional-y-politica/130310/acusan-al-tsj-de-alentar-la-desobediencia-ciudadana.

532 Véase en "J. M. Insulza: OEA respeta decisión de los poderes constitucionales sobre la toma de posesión del presidente Chávez," 11-1-2013, en http://www.noti-cierovenevision.net/politica/2013/enero/11/51405=oea-respeta-decision-de-los-poderes-constitucionales-sobre-la-toma-de-posesion-del-presidente-chavez ; y en http://globovision.com/articulo/oea-respeta-cabalmente-decision-del-tsj-sobre-toma-de-posesion-de-chavez.

Lo que siguió, en todo caso, se ajustó al "libreto" ya escrito, de manera que una vez juramentado ante la Asamblea Nacional como Presidente encargado de la República el día 8 de marzo de 2013, incluso mediante la colocación de la banda presidencial;[533] el mismo día, el Presidente encargado dictó su segundo Decreto Nº 9.401, nombrando como Vicepresidente Ejecutivo a quien hasta ese momento había sido Ministro de Ciencia Tecnología, Jorge Arreaza, yerno del fallecido Presidente;[534] el día 9 de marzo de 2013, la Presidenta del Consejo Nacional Electoral convocó las elecciones presidenciales fijando el 14 de abril para su realización;[535] el 11 de marzo de 2013, el "Presidente encarado" inscribió su candidatura para dichas elecciones;[536] y el mismo día dictó el Decreto Nº 9.402 delegando en el Vicepresidente recién nombrado un conjunto de atribuciones presidenciales,[537] con lo cual quedaba más libre para participar en la campaña presidencial.

En uso de tal delegación, varias semanas después apareció publicado el primer decreto firmado por Jorge Alberto Arreaza Montserrat, Vicepresidente Ejecutivo de la República, Nº 9466 de 8-4-2013, encabezado en la misma forma legalmente incorrecta de los emitidos por el Vicepresidente Maduro cuando el Presidente Chávez estaba enfermo en La Habana, así:

NICOLÁS MADURO MOROS

Presidente Encargado de la República

Con el supremo compromiso y voluntad de lograr la mayor eficacia política y calidad revolucionaria en la construcción del socialismo y engrandecimiento del país, basado en los principios humanistas y en las condiciones morales y éticas bolivarianas, por mandato del pueblo y de conformidad con lo estableci-

---

533 En esa oportunidad, el Presidente de la Asamblea Nacional, que "a pesar de ser un acto necesario, el Gobierno hubiera preferido no tener que celebrarlo" Luego de leer el artículo 233 de la Constitución sobre las faltas absolutas del Presidente, "Añadió que el vicepresidente de la República debe tomar el cargo cuando la falta absoluta se produzca mientras el primer mandatario está e funciones. En ese sentido, dijo que Chávez "tenía 14 años mandando", por lo que se justifica la continuidad del período presidencial." Véase en *El Universal*, 9-3-2013, en http://www.eluniver-sal.com/nacional-y-politica/hugo-chavez-1954-2013/130308/maduro-se-juramento-como-presidente-encargado.

534 Véase en *El Universal*, 9-3-2013, en http://www.eluniversal.com/nacional-y-politica/hugo-chavez-1954-2013/130308/juramentado-jorge-arreaza-como-vicepresidente-de-la-republica. Véase Decreto Nº 9401 de 8-3-2013 en *Gaceta Oficial* Nº 40.126 de 11-3-2013.

535 Véase la reseña de Alicia de la Rosa, "CNE convoca elecciones presidenciales para el 14 de abril," en *El Universal*, Caracas 9-3-2013, en http://www.eluniver-sal.com/nacional-y-politica/130309/cne-convoca-elecciones-presidenciales-para-el-14-de-abril.

536 Véase en http://www.eluniversal.com/nacional-y-politica/elecciones/2013/130311/ nicolas-maduro-formaliza-inscripcion-de-su-candidatura-ante-el-cne.

537 En el artículo 1 de dicho decreto se enumeraron las siguientes atribuciones que se delegaron: 1. Traspasos de partidas presupuestarias; 2. Rectificaciones al presupuesto; 3. Prórroga para la liquidación de órganos o entes públicos; 4. Nombramiento de algunos altos funcionarios públicos; 5. Afectación para expropiación; 6. Reforma organizacional de entes descentralizados; 7. Puntos de cuenta ministeriales sobre las anteriores materias; 8. Dictar decretos y actos autorizados por el Presidente de la República y el Consejo de Ministros; 9. Las actuaciones presidenciales como parte de cuerpos colegiados; 10. Jubilaciones especiales a funcionarios; 11. Puntos de cuenta ministeriales sobre adquisición de divisas; 12. Puntos de cuentas sobre presupuestos de los entes descentralizados; 13. Insubsistencias presupuestarias; 14. Exoneraciones del Impuesto al Valor Agregado; 15 Exoneraciones del Impuesto sobre la renta. Véase en *Gaceta Oficial* Nº 40.126 de 11-3-2013.

do en el artículo 233 de la Constitución de la República Bolivariana de Venezuela ; y en ejercicio de la atribución que le confiere el numeral 11 del artículo 236 *ejusdem* y el segundo aparte del artículo 83 del reglamento N° 1 de la Ley Orgánica de la Administración Financiera del sector Público, sobre el Sistema Presupuestario [...] previa autorización concedida por la Asamblea nacional en fecha 02 de abril de 2013, en Consejo de Ministros.

JORGE ALBERTO ARREAZA MONTSERRAT,
Vicepresidente Ejecutivo de la República

Por delegación del Presidente Encargado de la República
Nicolás Maduro Moros, según Decreto N° 9.402 de fecha 11 de marzo de 2013, publicado en la Gaceta Oficial de la República Bolivariana de Venezuela, N° 40.126 de 11 de marzo de 2013,

DECRETA [...][538]

En este caso, quien había sido ilegítimamente designado Presidente Encargado de la República por el Tribunal Supremo, delegó en el Vicepresidente que él mismo nombró sin competencia alguna para ello, una serie de atribuciones presidenciales, pero sin en realidad delegarlas, pues como supuesto funcionario delegante seguía apareciendo encabezando el texto de los decretos dictados por el funcionario delegado. Esos actos, por tanto, no fueron dictados en ejercicio de una real delegación de atribuciones.

SECCIÓN DÉCIMA PRIMERA:

LA DENEGACIÓN DE JUSTICIA PARA JUZGAR EL FRAUDE ELECTORAL (JULIO 2013)

Como anunciado, el día 14 de abril de 2013, en medio del legado de odio y resentimiento políticos que dejó el fallecido Presidente Higo Chávez, y con un candidato del Estado que desarrolló la campaña electoral alegando ser "su hijo," se desarrolló en Venezuela el proceso electoral para elegir a la persona que debía completar el período constitucional 2013-2019 que aquél no pudo iniciar, por imposibilidad física, no sólo porque como se informó, estaba ausente del país postrado en una cama de hospital el La Habana, sino porque como también se informó, estaba totalmente incapacitado para juramentarse el 10 de enero.

El Consejo Nacional Electoral luego de una larga espera ya casi a la media noche del mismo día 14 de abril, anunció un boletín informativo los resultados obtenidos después de escrutados el 92 % (14,775,741) de los votos emitidos en el país, en el cual dio como ganador al candidato del Estado y del gobierno, quien además estaba en ejercicio de la Presidencia, Nicolás Maduro por un margen del 1.59 %, en relación a la votación obtenida por el candidato de la oposición, Henrique Capriles Radonski. Los resultados ofrecidos fueron los siguientes: Henrique Capriles: 7,270,403 con 49.20%; Nicolás Maduro: 7,505,338 con 50.80%.

538 Véase en *Gaceta Oficial* N° 40.143 del 9 de abril de 2013.

Este resultado, y las dudas existentes sobre la limpieza del proceso electoral en su conjunto, incluido su manejo electrónico luego de saberse antes de las elecciones que miembros del partido de gobierno tenían las claves de acceso al mismo, llevó al candidato de la oposición, como era lo esperado, a cuestionar el resultado ofrecido, razón por la cual a los pocos días de las elecciones se presentaron diversos recursos contencioso electorales con el propósito de impugnar los resultados del proceso comicial celebrado el 14 de abril de 2013 ante la Sala Electoral del Tribunal Supremo de Justicia, que es la competente conforme a la Constitución para conocer de los mismo, no sin antes haberse producido varios pronunciamientos públicos de la Presidenta del Tribunal Supremo, adelantando opinión, negado la posibilidad de revisiones, auditorias o cuestionamiento de las elecciones. [539]

Con fecha 20 de junio de 2013, la Sala Constitucional mediante sentencia N° 795,[540] de oficio, y sólo por notoriedad judicial, constató que ante la Sala Electoral se encontraban en sustanciación siete procesos contencioso electorales, en los expedientes identificados con los números AA70-E-2013-000025, AA70-E-2013-000026, AA70-E-2013-000027, AA70-E-2013-000028, AA70-E-2013-000029, AA70-E-2013-000031 y AA70-E-2013-000033, en los cuales se habían impugnado las referidas elecciones de 14 de abril de 2013. La Sala, en atención a dichas impugnaciones, procedió, de oficio, a avocarse al conocimiento de dichas causas, fundamentándolo, conforme se analizó en el capítulo "Único" de la sentencia, en el artículo 25.16 de la Ley Orgánica del Tribunal Supremo de Justicia de 2010, en el cual se definió dijo, como "competencia privativa de esta Sala Constitucional, la de:

> "avocar las causas en las que se presuma violación al orden público constitucional, tanto de las otras Salas como de los demás tribunales de la República, siempre que no haya recaído sentencia definitivamente firme."

Se trata, el avocamiento, como lo identificó la Sala en la sentencia, de una "extraordinaria potestad, consecuente con las altas funciones que como máximo garante de la constitucionalidad y último intérprete del Texto Fundamental" que se han asignado a esta Sala Constitucional, para quitarle a los tribunales el ejercicio de su competencia ordinaria en los casos que deban conocer, y así asumirlo el Tribunal Supremo, reconociendo que

> "el avocamiento es una figura de superlativo carácter extraordinario, toda vez que afecta las garantías del juez natural y, por ello, debe ser ejercida con suma prudencia y sólo en aquellos casos en los que pueda verse comprometido el orden público constitucional (*vid.* sentencias números 845/2005 y 1350/2006)."

La doctrina y la norma que autoriza el avocamiento es, sin duda clara, y de aplicación estricta por la excepcionalidad de la potestad, al exigir como motivo para la avocación que "se presuma violación al orden público constitucional" para lo cual, lo mínimo que se requería era que la Sala hubiera tenido previamente conocimiento del expediente de la causa para poder deducir una presunción de violación del orden

539 Véase por ejemplo en http://www.eluniversal.com/nacional-y-politica/elecciones-2013/130417/para-la-presidenta-del-tsj-no-existe-el-conteo-manual; y en http://globovision.com/articulo/presidenta-del-tsj-en-venezuela-el-sistema-manual-no-existe-se-ha-enganado-a-la-poblacion.

540 Véase en http://www.tsj.gov.ve/decisiones/scon/Junio/795-20613-2013-13-0538.html.

público constitucional. Por lo demás, efectivamente tiene que tratarse de que del estudio de los expedientes resulte dicha presunción de "violación al orden público constitucional" y no de cualquier otro motivo, ni siquiera que el tema debatido tenga importancia nacional

Pero por lo visto del texto de la sentencia, esta limitación legal no tuvo importancia alguna para la Sala Constitucional al avocarse al conocimiento de todas las causas de impugnación de las elecciones que estaban bajo el conocimiento de la Sala Electoral, anunciando simplemente que":

> "no sólo hará uso de esta facultad en los casos de posible transgresión del orden público constitucional, ante la ocurrencia de acciones de diversa índole en las cuales se podría estar haciendo uso indebido de los medios jurisdiccionales para la resolución de conflictos o con el fin de evitar el posible desorden procesal que se podría generar en los correspondientes juicios, sino también cuando el asunto que subyace al caso particular tenga especial trascendencia nacional, esté vinculado con los valores superiores del ordenamiento jurídico, guarde relación con los intereses públicos y el funcionamiento de las instituciones o que las pretensiones que han generado dichos procesos incidan sobre la institucionalidad democrática o el ejercicio de los derechos fundamentales de los ciudadanos, particularmente sus derechos políticos."

Es decir, para la Sala, su poder de avocación podría ejercerse ilimitadamente, por cualquier motivo de interés general, como (i) la "posible transgresión del orden público constitucional," (ii) "la ocurrencia de acciones de diversa índole en las cuales se podría estar haciendo uso indebido de los medios jurisdiccionales para la resolución de conflictos," (iii) "con el fin de evitar el posible desorden procesal que se podría generar en los correspondientes juicios," (iv) "cuando el asunto que subyace al caso particular tenga especial trascendencia nacional," (v) cuando dicho asunto "esté vinculado con los valores superiores del ordenamiento jurídico, guarde relación con los intereses públicos y el funcionamiento de las instituciones" o (vi) "que las pretensiones que han generado dichos procesos incidan sobre la institucionalidad democrática o el ejercicio de los derechos fundamentales de los ciudadanos, particularmente sus derechos políticos."

Todo ello es esencialmente contrario a lo que dispone la norma atributiva de competencia, la cual no autoriza en forma alguna a que mediante avocamiento, la Sala pretenda fundamentar una potestad universal para "aclarar las dudas y agenciar los procesos previstos para darle respuesta a los planteamientos de los ciudadanos y garantizar el ejercicio de sus derechos." Ello no está autorizado en norma alguna, por lo que los párrafos siguientes de la sentencia no pasan de ser pura retórica vacía, que:

> "Así pues, la jurisdicción constitucional en la oportunidad respectiva debe atender al caso concreto y realizar un análisis en cuanto al contrapeso de los intereses involucrados y a la posible afectación de los requisitos de procedencia establecidos para la avocación, en los términos expuestos, con la finalidad de atender prontamente a las posibles vulneraciones de los principios jurídicos y los derechos constitucionales de los justiciables.
>
> De esta manera, la competencia de la Sala establecida en la referida disposición viene determinada, como se expuso, en función de la situación de especial

relevancia que afecte de una manera grave al colectivo, en cuyo caso, la Sala podría uniformar un criterio jurisprudencial, en aras de salvaguardar la supremacía del Texto Fundamental y, así, el interés general.

Luego la Sala, para seguir buscando cómo justificar un avocamiento que era a todas luces improcedente apeló a un supuesto "criterio consolidado" citando las sentencias números 373/2012 y 451/2012, supuestamente relativo especialmente a "los asuntos litigiosos relacionados con los derechos de participación y postulación, se encuentra vinculado el orden público constitucional," razón por la cual, al decir de la Sala, "en el caso de autos," es decir de la impugnación de las elecciones del 14 de abril de 2013:

> "con mayor razón, existen méritos suficientes para que esta Sala estime justificado el ejercicio de la señalada potestad, pues ha sido cuestionada la trasparencia de un proceso comicial de la mayor envergadura, como el destinado a la elección del máximo representante del Poder Ejecutivo, así como la actuación de órganos del Poder Público en el ejercicio de sus atribuciones constitucionales, de lo que se deduce la altísima trascendencia para la preservación de la paz pública que reviste cualquier juzgamiento que pueda emitirse en esta causa."

O sea que la Sala Electoral podrá ser despojada de su competencia por la Sala Constitucional, a su arbitrio, cada vez que se impugne unas elecciones.

Con base en lo antes indicado, y sólo con base en ello, mediante la sentencia Nº 795 de 20 de junio de 2013, la Sala Constitucional "de oficio, en tutela de los derechos políticos de los ciudadanos y ciudadanas, del interés público, la paz institucional y el orden público constitucional, así como por la trascendencia nacional e internacional de las resultas del proceso instaurado," se avocó al conocimiento de las siete antes identificadas causas contencioso electorales,

> "así como cualquier otra que curse ante la Sala Electoral de este Máximo Juzgado y cuyo objeto sea la impugnación de los actos, actuaciones u omisiones del Consejo Nacional Electoral como máximo órgano del Poder Electoral, así como sus organismos subordinados, relacionados con el proceso comicial celebrado el 14 de abril de 2013."

De todo ello, la Sala Constitucional entonces ordenó a la Sala Electoral, que le remitiera todas y cada de las actuaciones correspondientes, no antes de avocarse como lo exige la Ley Orgánica, sino después de ello.

Esta decisión de la Sala Constitucional, implicó, entre otros aspectos, lo siguiente:

En primer lugar, que la Sala Constitucional, materialmente vació de competencias a la Sala Electoral, violando la Constitución, al avocarse en este caso para conocer de impugnaciones a un proceso electoral presidencial. Cualquiera impugnación que se haga en el futuro, implicará el mismo interés general alegado por la Sala, y podrá ser avocado por esta.[541]

---

541 Como lo ha dicho la profesora Cecilia Sosa Gómez, ex Presidenta de la antigua Corte Suprema de Justicia: "La Sala Constitucional por sentencia de 20 de junio de 2013 borró el artículo constitucional 297 al resolver que esa Sala no estaba en condiciones para sentenciar las demandas de nulidad de las elecciones celebradas el 14 de abril de 2013," en "La auto implosión de un Tribunal," publicado en *Panorama.com.ve*, 28 de junio de 2013, en http://m.panora-ma.com.ve/not.php?id=72067.

En segundo lugar, la Sala Constitucional tenía que comenzar decidiendo sobre la admisibilidad de los recursos contenciosos electorales, ninguno de los cuales había llegado a ser admitido judicialmente.

En tercer lugar, para ello, los Magistrados de la Sala Constitucional que participaron en las decisiones Nº 2 del 9 de enero de 2013 y Nº 141 del 8 de marzo de 2013 mediante las cuales ante la ausencia del Presidente Chávez del país, y su posterior fallecimiento, se instaló en el ejercicio de la Presidencia de la República a Nicolás Maduro, a quien además se autorizó a ser candidato a la Presidencia sin separarse del cargo de Vicepresidente; debían inhibirse de decidir sobre el proceso pues los recursos cuestionaban la forma cómo se había instalado a Nicolás Maduro en la Presidencia y ésta se había ejercido desde el 8 de diciembre de 2012 hasta el 14 de abril de 2013.[542] Por ello, los magistrados fueron recusados por los apoderados de Henrique Capriles Radonski, uno de los impugnantes del proceso electoral, porque consideraron que los Magistrados evidentemente tenían "comprometida su imparcialidad y su capacidad subjetiva de resolver el asunto conforme a derecho" pues habían "manifestaron su opinión al suscribir y publicar" las sentencias Nº 2 de enero de 2013 y Nº 141 de marzo de 2013, mediante las cuales la Sala Constitucional había establecido el régimen constitucional de transición ilegítimamente la falta del Presidente Electo Hugo Chávez.

Pero como era previsible, nada de ello ocurrió: los recursos de nulidad ni siquiera fueron admitidos, no hubo inhibición alguna, y las recusaciones fueron declaradas "inadmisibles," [543] de manera que desde que se decidió el avocamiento ya se sabía cómo se decidirían las causas.[544]

Por ello, en realidad, la sentencia de avocamiento de la Sala Constitucional no fue sino una muestra más de la actuación de un órgano del Estado, no sujeto a control alguno, que se ha colocado por encima de la Constitución y la ley, que muta y reforma la Constitución a su antojo y libremente; que reforma las leyes sin límite; que las interpreta *contra legem*; que se inventa poderes por encima de la propia Constitución, como el de controlar ilimitadamente a las otras Salas del Tribunal Supremo; que confisca bienes; que impone Presidentes sin legitimidad democrática; y que hasta controla la actuación de los tribunales internacionales declarando sus

---

542 Véase José Ignacio Hernández G., "¿Por qué la Sala Constitucional le quitó a la Sala Electoral las impugnaciones?," en http://www.venetubo.com/noti-cias/%BFPor-qu%E9-la-Sala-Constitucional-le-quit%F3-a-la-Sala-Electoral-las-impugnaciones-R34977.html.

543 La Presidente de la Sala declaró "inadmisible" las recusaciones contra todos los Magistrados de la misma porque supuestamente carecían de fundamentación, ya que "las sentencias que pronunció la Sala Constitucional a las que hacen referencia los recusantes, tuvieron como objeto, la resolución de circunstancias claramente distintas a las planteadas por los recusantes en la causa instaurada originalmente ante la Sala Electoral de este Supremo Tribunal, la cual esta Sala Constitucional resolvió avocar mediante la decisión Nº 795 del 20 de junio de 2013." La Presidente incluso consideró que resultaba "patente la inverosimilitud de que se suponga un adelanto de opinión por parte de la Magistrada Presidenta de la Sala Constitucional, en unos fallos en los que se examinaron supuestos de hecho y de derecho disímiles de las pretensiones esgrimidas por los recusantes en el recurso contencioso electoral intentado contra la elección presidencial efectuada el 14 de abril de 2013." Véase sentencia Nº 1000 de 17 de julio de 2013. Véase en http://www.tsj.gov.ve/deci-siones/scon/julio/1000-17713-2013-13-0565.html.

544 Como también lo dijo la profesora Cecilia Sosa G., ex Presidenta de la antigua Corte Suprema de Justicia: "Estos expedientes ya están sentenciados, y no hay nada que esperar de la Sala Constitucional," en "La auto implosión de un Tribunal," publicado en *Panorama.com.ve*, 28 de junio de 2013, en http://m.panora-ma.com.ve/not.php?id=72067.

sentencias inejecutables y hasta "inconstitucionales."[545] Con esta sentencia de avocamiento, se podía decir abiertamente, que todo en Venezuela dependía de la Sala Constitucional, y que todo ella lo controla, y además, dirige.

Lo antes dicho, en todo caso, quedó confirmado con las sentencias dictadas por la Sala Constitucional en 7 de agosto de 2012, todas las cuales declararon inadmisibles los recursos contencioso electorales respecto de los cuales se había avocado; y además, con la "decisión" contenida en la "Nota de prensa" difundida por el Tribunal Supremo el mismo día, que fue realmente la "decisión de fondo" en todos los casos, proclamando la "legitimidad" de la elección del Sr. Maduro.

En efecto, mediante la sentencia Nº 1.111 de 7 de agosto de 2013,[546] la Sala Constitucional declaró inadmisible un recursos contencioso electoral de anulación intentado contra el Acto de Votación, de Escrutinio, de Totalización y de Proclamación del ganador de las elecciones celebradas el 14 de abril de 2013, (Caso: *María Soledad Sarría Pietri y otros*) en el cual se alegó que estaban "viciados de nulidad absoluta, en virtud de que según se denunció, fueron producto de actuaciones y omisiones imputables al Consejo Nacional Electoral, y que en su conjunto constituían un fraude estructural y masivo que afectaba al sistema electoral venezolano." Entre los argumentos esgrimidos se indicó que el candidato Nicolás Maduro no había sido seleccionado en elecciones internas como lo exige la Constitución; que como la condición para ser Presidente era tener la nacionalidad venezolana por nacimiento se solicitó de la Sala que instara al Consejo Supremo Electoral para que se pronunciara sobre ello; y que la elección había sido nula por fraude en la formación del Registro Electoral y por el control que el poder central ejercía sobre el sistema electoral.

Para declarar la inadmisibilidad del recurso, la Sala consideró que en demandas de ese tipo era necesario que las denuncias fueran "debidamente planteadas," particularmente por la preeminencia del principio de "*conservación de la voluntad expresada del Cuerpo Electoral, o, más brevemente, principio de conservación del acto electoral*;" afirmando que para desvirtuar la presunción de validez del acto electoral, los vicios denunciados no sólo debían estar fundados sino que debían suponer "una modificación de los resultados comiciales."

Así, a pesar de que supuestamente se trataba de una sentencia de inadmisibilidad, la base del argumento de la Sala fue que lo alegado debía estar "soportado por las pruebas necesarias y pertinentes para lograr convencer al juez de lo que la parte actora afirmó en su escrito," razonamiento que era más propiamente de una decisión de fondo. Por ello, la Sala, sin más, consideró que el juzgador también podía "examinar lo sostenido por la parte demandante, en la fase de examinar los requisitos de admisibilidad." Y fue así, por ejemplo, que en relación con el alegato de que el candidato Maduro no había sido seleccionado en elecciones internas, simplemente dijo la Sala que ya se había decidido en otros casos electorales que "ello no excluye otras formas de participación distintas a las elecciones abiertas o primarias;" agregando, sin embargo, que en el caso concreto no se habían acompañado los documentos indispensables para verificar la admisibilidad. En relación con el alegato de que el

545 Véase Allan R Brewer-Carías, *Golpe a la democracia dado por la Sala Constitucional*, Editorial Jurídica Venezolana, Caracas 2014; *La patología de la justicia constitucional*, Editorial Jurídica Venezolana, Caracas 2014.

546 Véase http://www.tsj.gov.ve/decisiones/scon/agosto/1111-7813-2013-13-0561.html.

Consejo Nacional Electoral no se había pronunciado sobre el tema de la nacionalidad del candidato Maduro, la Sala lo que decidió fue que los "demandantes no impugnan ningún un acto, ni señalan ninguna actuación, abstención u omisión imputables al Consejo Nacional Electoral." En relación con la denuncia del fraude masivo en el proceso electoral, la Sala recurrió a lo previsto en el artículo 206 de la Ley Orgánica de Procesos Electorales, según el cual "si se impugnan las actuaciones materiales o vías de hecho, deberán narrarse los hechos e indicarse los elementos de prueba que serán evacuados en el procedimiento administrativo," lo que a pesar de ser un tema de fondo, juzgó que sin embargo, debía examinarse en la fase de admisión de la acción, concluyendo que las denuncias sobre fraude "no son claras, ni precisas, ni completas, y no han sido enmarcadas en una narración circunstanciada de las mismas, ni enlazadas racionalmente con el resultado que se supone provocaron." Y todo ello para, en definitiva, después de analizar el tema de fondo al considerar que la causal de nulidad de las elecciones por comisión de un fraude en la formación del Registro Electoral, en las votaciones o en los escrutinios (art. 215.2 Ley Orgánica de los procesos Electorales), "debe ser interpretada en un sentido que garantice el principio de mínima afectación del resultado a que dio lugar la expresión de la voluntad del Cuerpo Electoral, al cual se ha llamado en este fallo *principio de conservación del acto electoral;*" terminar declarando inadmisible la acción.

Repitiendo básicamente los mismos argumentos, la Sala Constitucional mediante sentencia 1.113 también de 7 de agosto de 2013,[547] igualmente declaró inadmisible el recurso contencioso electoral contra el Acto de Votación, de Escrutinio, de Totalización y de Proclamación del ganador de las elecciones celebradas el 14 de abril del año en curso (Caso: *Adriana Vigilanza García y otros*).

Mediante la sentencia Nº 1.112 igualmente de 7 de agosto de 2013,[548] la Sala Constitucional también decidió declarar inadmisible el recurso contencioso electoral interpuesto un grupo de personas (Caso: *Iván Rogelio Ramos Barnola y otros*), contra el Acto de proclamación de Nicolás Maduro como Presidente Electo, alegando fraude, en particular, por no haberse abierto mesas de votación en la ciudad de Miami; por haberse permitido indiscriminadamente el "voto asistido," y haberse expulsado a testigos de mesa durante el proceso electoral. En esta la sentencia la Sala lo que hizo fue ratificar la decisión de inadmisibilidad que ya había resuelto el Juzgado de Sustanciación de la Sala Electoral en el caso, antes de que se decidiera el avocamiento, por considerar que en el caso, en relación con los hechos que dieron lugar a la infracción alegada, no hubo "la indicación de los vicios de que padece el acto recurrido, en orden a plantear los elementos objetivos necesarios para un pronunciamiento sobre la admisibilidad o no de los recursos para la cual es competente la jurisdicción contencioso electoral."

En la misma línea de inadmisibilidad se dictó la sentencia Nº 1.114 de 7 de agosto de 2013[549] en el recurso contencioso electoral contra el acto de votación que tuvo lugar el 14 de abril de 2013 (Caso: *Adolfo Márquez López*), en el cual el recurrente había cuestionado el Registro Electoral Permanente utilizado por haber sido elaborado con fraude; la asignación de votos del partido "Podemos" al candidato

547 Véase http://www.tsj.gov.ve/decisiones/scon/agosto/1113-7813-2013-13-0563.html.

548 Véase http://www.tsj.gov.ve/decisiones/scon/agosto/1112-7813-2013-13-0562.html.

549 Véase en http://www.tsj.gov.ve/decisiones/scon/agosto/1114-7813-2013-13-0564.html.

Maduro; y la nacionalidad misma de dicho candidato por no ostentar las condiciones de elegibilidad para ser Presidente de la República. La Sala, para decidir la inadmisibilidad, sobre el primer alegato, consideró que el mismo no constituía "un recurso por fraude, sino relativas a la inscripción o actualización del referido Registro Electoral" cuya impugnación estimó ya era extemporánea; sobre el segundo alegato, consideró que se trataba de un tema de impugnación del acto de postulación, lo cual también consideró extemporáneo; y sobre el tercer alegato, consideró que en la demanda basada en el cuestionamiento de la nacionalidad de Nicolás Maduro, no había elementos de convicción, "hechos o vicios mas allá de opiniones particulares y la exposición de posiciones políticas del recurrente."

En otro caso, la Sala Constitucional mediante sentencia Nº 1.116 de 7 de agosto de 2013, también declaró inadmisible un recurso contencioso electoral mediante el cual se solicitó la nulidad de "las "Elecciones 7 de Octubre de 2012" (sic); b) el "acto Proclamación Presidente Ejecutivo de la República Sr Nicolás Maduro Moros en fecha 14 de Abril 2013" (sic); y c) las "Elecciones 14 de Abril 2013" (sic)," (Caso: *Gilberto Rúa*), para lo cual la Sala argumentó que en relación al primer acto, el lapso de impugnación de dicha elección ya había caducado; y en relación con los otros dos actos objeto del recurso, eran inadmisibles pues el recurrente no señaló los vicios concretos ni contra "el acto de proclamación y el evento electoral del 14 de abril de 2013," considerando que se había omitido "un requisito esencial para la tramitación de la demanda, lo cual acarrea su inadmisibilidad." La Sala consideró, además, que el recurrente había desconocido "el contenido de la sentencia de esta Sala Constitucional signada con el N° 141 de 8 de marzo de 2013, en la cual *se dirimió cuál era el régimen constitucional de la transición presidencial* con ocasión de la muerte del Presidente Hugo Rafael Chávez Frías." Finalmente, en este caso, el recurrente fue multado por haber afirmado que la acción de amparo constitucional que había interpuesto desde 6 de marzo de 2013 en contra del Consejo Nacional Electoral, había sido "aguantado" por la Sala Constitucional," expresión que ésta consideró "como irrespetuosa [...] pues sugiere que los criterios decisorios y la gerencia judicial de este órgano jurisdiccional no obedecen a parámetros objetivos."

La Sala Constitucional en otra sentencia Nº 1.118 de 7 de agosto de 2013[550] también declaró inadmisible el recurso contencioso electoral interpuesto contra la negativa tácita del Consejo Nacional Electoral en dar respuesta a un recurso jerárquico que se había intentado el 15 de mayo de 2013, contra una decisión de una Comisión del Consejo en relación con una denuncia de violaciones de los artículos 75, 76, 85 y 86 de la Ley Orgánica de Procesos Electorales solicitando se ordenase a dicho Consejo que iniciara la correspondiente "averiguación administrativa para establecer las responsabilidades relativas a la colocación de propaganda indebida y uso de recursos públicos para beneficio de una parcialidad política en las instituciones mencionadas." (Caso: *Transparencia Venezuela*) La Sala Constitucional declaró inadmisible la acción por considerar que conforme a los estatutos de la Asociación Civil recurrente, solo el Directorio de la misma podía otorgar poder para ser representada, no pudiendo hacerlo la Directora Ejecutiva, como había ocurrido en ese caso.

---

550 Véase en http://www.tsj.gov.ve/decisiones/scon/agosto/1118-7813-2013-13-0568.html.

La Sala Constitucional, igualmente, mediante sentencia N° 1.119 de 7 de agosto de 2013[551] también declaró inadmisible la acción popular de inconstitucionalidad contra la "aceptación por parte del Consejo Nacional Electoral de las postulaciones de candidatos a los cargos de elección popular correspondiente a las elecciones presidenciales del 14 de abril de 2013" (Caso: *Antonio José Varela*), en el cual se alegó que los postulados no habían sido electos mediante el mecanismo de elecciones internas, y en especial, en relación con el candidato Nicolás Maduro, que no había presentado programa electoral propio, además de no poder postularse por ser inelegible por estar en ejercicio del cargo de Presidente de la República. Para decidir la inadmisibilidad del recurso en este caso, la Sala argumentó que el recurso de nulidad fue "planteado en términos genéricos e indeterminados, con la inclusión de apreciaciones particulares o valorativas de orden personal del recurrente, sin que, al menos, se hayan señalado con precisión los datos que permitan identificar con exactitud el acto emanado del Consejo Nacional Electoral cuya nulidad peticionó, así como tampoco se acompañó copia del mismo, ni fueron revelados los supuestos vicios concretos de que adolecería este acto del Poder Electoral atinente a las elecciones presidenciales celebradas en abril del presente año." La Sala para concluir, recordó que había sido ella misma la que mediante la sentencia N° 141 de marzo de 2013, había resuelto que la candidatura de Nicolás Maduro como Presidente Encargado sí se podía admitir "para participar en las elecciones presidenciales, por no estar comprendido en los supuestos de incompatibilidad del artículo 229 Constitucional." Y sobre el tema de la falta de selección de los candidatos en "elecciones internas con la participación de los integrantes de los partidos políticos" que exige la Constitución, la Sala ratificó su criterio de que "ello no excluye otras formas de participación de elecciones distintas a las elecciones abiertas o primarias." La Sala, finalmente, consideró que nada de lo dicho en el escrito del recurso sobre las infracciones denunciadas, evidencia "ni tan siquiera los datos que permitan identificar con fidelidad o exactitud, el acto del Poder Electoral cuya nulidad pretende, menos aún acompañó copia del mismo, así como tampoco relató los vicios que estarían presentes en aquel, ni su fundamentación argumentativa," declarando inadmisible la acción.

En otra sentencia N° 1.117 de 7 de agosto de 2013,[552] la Sala Constitucional declaró inadmisible una acción de inconstitucionalidad por omisión que había intentado Henrique Capriles Radonski contra el Consejo Nacional Electoral por no haberse pronunciado sobre las solicitudes que le fueron formuladas los días 17 y 22 de abril de 2013 respecto a la auditoría del proceso electoral, (Caso: *Henrique Capriles Radonski*) porque el petitorio del mismo, según consideró la Sala, era contradictorio "pues constituye un absurdo pretender a través del recurso por abstención, una respuesta; y por medio del mismo recurso, indicar el desacuerdo con los términos de la respuesta recibida." La Sala consideró que se trataba de "pretensiones evidentemente excluyentes, por lo que conforme al marco normativo señalado es procedente declarar inadmisible el recurso contencioso electoral ejercido."

La Sala Constitucional mediante sentencia N° 1.120 de 7 de agosto de 2013,[553] también declaró inadmisible el recurso contencioso electoral de nulidad intentado

551 Véase en http://www.tsj.gov.ve/decisiones/scon/agosto/1119-7813-2013-13-0569.html.

552 Véase en http://www.tsj.gov.ve/decisiones/scon/agosto/1117-7813-2013-13-0567.html.

553 Véase http://www.tsj.gov.ve/decisiones/scon/agosto/1120-7813-2013-13-0570.html.

contra "(*i*) las votaciones" efectuadas en 5.729 mesas electorales; (*ii*) 21.562 Actas de Escrutinio automatizadas y Acta de Escrutinio de Contingencia, y (*iii*) los Actos de Totalización, Adjudicación y Proclamación, con ocasión del proceso comicial celebrado el 14 de abril de 2013," (Caso: *Mesa de la Unidad Democrática*) considerando la recurrente que dichos hechos tenían incidencia en los resultados de las votaciones. Para declarar la inadmisibilidad del recurso en este caso, la Sala también partió del principio de la necesaria *conservación del acto electoral*, que exigen del recurrente que: "(*i*) desvirtúe la presunción de validez y legitimidad del acto electoral; (*ii*) demuestre la gravedad de un vicio que altere la esencia del acto electoral, no de una mera irregularidad no invalidante; y (*iii*) ponga en evidencia, además, que el vicio altera de tal modo los resultados electorales que resulte imposible su convalidación." Y con base en ello consideró la Sala que en el recurso hubo "falta de especificidad," de manera que en el mismo no se "puso en evidencia, como le correspondía, no sólo suponer la ocurrencia de una supuesta irregularidad, sino dejar claro que su magnitud influyó definitivamente en los resultados comiciales." Agregó además la Sala que en estos casos "No basta, entonces, que exista una anomalía: ella debe ser decisiva para comprometer la voluntad del cuerpo electoral y ninguna razón se blandió en ese sentido," lo cual sin duda, era un razonamiento de una decisión de fondo, y no de inadmisibilidad.

Por último, mediante sentencia N° 1.115 de 7 de agosto de 2013[554] la Sala Constitucional también declaró inadmisible el recurso contencioso electoral de nulidad del proceso electoral para la elección presidencial del 14 de abril de 2013, que había intentado el candidato de la oposición democrática a dicha elección, Henrique Capriles Radonski, y en la cual como lo resumió la Sala, éste había denunciado contra el mismo una serie de vicios que se "produjeron: (*i*) previas a los comicios, (*ii*) durante la jornada electoral propiamente dicha y (*iii*) una vez concluida la participación de los electores en las urnas" (Caso: *Henrique Capriles Radonski*). La Sala, para decidir, destacó en cuanto a los vicios de la primera categoría, en particular:

> "las acusaciones dirigidas contra esta Sala Constitucional como integrante del Máximo Tribunal de la República, cuya actuación fue calificada sin soslayo como parcializada en favor de la candidatura del ciudadano Nicolás Maduro Moros. En este sentido, el escrito libelar pretendió delatar, desde el principio, que el ejercicio de la Vicepresidencia por parte de dicho ciudadano fue producto de una sesgada interpretación efectuada por esta Máxima Juzgadora a través de sus sentencias n^ros.^ 02/2013 (caso: *Marelys D'Arpino*) y 141/2013 (caso: *Otoniel Pautt*)."

La declaración de inadmisibilidad de la demanda lo fundamentó la Sala en el hecho de que la misma contenía "conceptos ofensivos e irrespetuosos en contra de esta Sala y otros órganos del Poder Público;" es decir, como se afirmó en la sentencia, porque la Sala consideró que los representantes del actor en el libelo de la demanda incurrieron en supuestas "falta a la majestad del Poder Judicial" al haber "en diversas oportunidades y a través de distintos medios ha acusado expresa y radicalmente a la judicatura y, en particular, a esta Sala Constitucional, como un órgano completamente parcializado y llegó incluso a afirmar que este Máximo Juzgado obedecía la línea del partido de gobierno."

---

554 Véase en http://www.tsj.gov.ve/decisiones/scon/agosto/1115-7813-2013-13-0565.html

Con esta decisión, la Sala, evidentemente decidió en causa propia, pues la inadmisibilidad fue motivada por los conceptos que había emitido el accionante o sus representantes contra ella misma, motivo por el cual, precisamente, en el proceso se había recusado a todos sus Magistrados por haber firmado las mencionadas sentencias Nº 2 y Nº 141 de enero y marzo de 2013. Pero en lugar de inhibirse los magistrados, como correspondía, o de haber declarado con lugar la recusación como era obligado, la Presidenta de la Sala lo que hizo fue declararla sin lugar mediante la sentencia Nº 1000 de 17 de julio de 2013, para proceder luego todos los Magistrados "ofendidos" a decidir la inadmisibilidad de la acción, no por razones sustanciales del proceso, sino por los conceptos críticos emitidos contra la Sala, que ésta consideró ofensivos e irrespetuosos, a tal punto que multó al accionante y remitió al Ministerio Público, copia del fallo y del escrito del libelo "con el objeto de que realice un análisis detallado de dichos documentos e inicie las investigaciones que estime necesarias a fin de determinar la responsabilidad penal a que haya lugar;" iniciándose así una nueva línea de persecución en contra de Capriles.[555]

Luego pasó la Sala, después de haber resuelto la inadmisibilidad de la acción, en un *Orbiter dictum*, a referirse a lo que denominó "otras falencias del escrito" del recurso, que a su juicio impedían "que la causa sea abierta a trámite," como que el libelo "se limitó a narrar supuestos abusos cometidos por los órganos del Poder Público, pero en modo alguno señala con certeza el impacto que lo que ella caracteriza como mera "*corrupción electoral*" afectó la voluntad del electorado manifestada el día de los comicios, o llanamente acusa la colusión de los órganos del Poder Público para favorecer la candidatura del ciudadano Nicolás Maduro Moros en supuesto perjuicio del actor, especialmente de esta Máxima Juzgadora Constitucional," cuando la Sala supuestamente había actuado "de conformidad con las atribuciones que la propia Carta Magna le encomienda y en total consonancia con los precedentes jurisprudenciales que ha instituido."

La Sala, al decidir el fondo de algunas denuncias, como la relativa al cuestionamiento de la postulación de Nicolás Maduro efectuada por el partido "Podemos," a pesar de que hubiera aclarado que lo hizo "sin entrar a analizar el mérito del asunto," afirmó, sin duda refiriéndose al fondo, que "-en una elección unipersonal como la celebrada- los supuestos vicios formales mal podrían conducir a la anulación arbitraria de los votos obtenidos por el representante electo."

Además, otra "falencia" que destacó la Sala en su sentencia fue que el actor refirió que su Comando de Campaña había recibido "más de cinco mil denuncias" de irregularidades "sin relatar con amplitud suficiente en qué consistieron las irregularidades y su concatenación con los vicios electorales contenidos en los artículos 215 del 220 de la Ley Orgánica de Procesos Electorales." Todos estos argumentos adicionales, por supuesto, no correspondían a cuestión alguna de admisibilidad, sino de fondo o mérito que debieron ser decididos en la sentencia definitiva que la Sala sin embargo se negó a dictar.

De todas las anteriores sentencias se informó oficialmente por el Tribunal Supremo de Justicia en una "Nota de Prensa" del mismo día 7 de agosto de 2013,[556] en

---

555 Véase por ejemplo, José de Córdova and Ezequiel Minaya, "Venezuelan Opposition Comes Under Siege," *The Wall Street Journal*, New York, Sunday, August 10-11, 2013, p. A6.

556 Véase en http://www.tsj.gov.ve/informacion/notasdeprensa/notasdepren-sa.asp?codigo=11423.

la cual puede decirse que el Tribunal Supremo, utilizando una vía irregular de "decidir mediante notas de prensa"[557] resolvió el fondo de todas las demandas que cuestionaban el proceso electoral del 14 de abril de 2013 y sus resultados.

En dicha Nota de Prensa, en efecto, se comenzó informando que el Tribunal Supremo de Justicia, en Sala Constitucional, con ponencia conjunta, había declarado

> "inadmisibles los recursos contencioso electorales contra la elección presidencial realizada el pasado 14 de abril de 2013, los cuales fueron incoados por los ciudadanos María Soledad Sarría Pietri, Sonia Hercilia Guanipa Rodríguez y otros; Iván Rogelio Ramos Barnola, Oscar Eduardo Ganem Arenas y otros; Adriana Vigilanza García, Theresly Malavé y otros; Adolfo Márquez López; Henrique Capriles Radonski; Gilberto Rúa; María de las Mercedes de Freitas Sánchez, representante de la Asociación Civil Transparencia Venezuela; Antonio José Varela; así como Carlos Guillermo Arocha y Fernando Alberto Alban, representantes de la organización política "Mesa de la Unidad Democrática (MUD)".

Aclaró la Sala Constitucional, que todos los mencionados recursos contencioso electorales habían sido originalmente intentados ante la Sala Electoral del Máximo Tribunal, a cuyo conocimiento se avocó la Sala Constitucional mediante la sentencia N° 795 de 20 de junio de 2013,

> "en tutela de los derechos políticos de la ciudadanía, del interés público, la paz institucional y el orden público constitucional, así como por la trascendencia nacional e internacional de las resultas del proceso instaurado, sustentando que había sido cuestionada la transparencia de un proceso comicial de la mayor envergadura, como el destinado a la elección del máximo representante del Poder Ejecutivo, así como la actuación de órganos del Poder Público en el ejercicio de sus atribuciones constitucionales, de lo que se deducía la altísima trascendencia para la preservación de la paz pública que revestía cualquier juzgamiento relativo a estas causas."

Según la Nota de Prensa, la Sala procedió a examinar que los recursos intentados cumplieran con los requisitos de admisibilidad que ordenan los artículos 133 y 180 de la Ley Orgánica del Tribunal Supremo de Justicia, al igual que el artículo 206 de la Ley Orgánica de Procesos Electorales, y constató "que los mismos no observaron tales requisitos, los cuales son indispensables para la tramitación de las demandas contra actos de naturaleza electoral," pasando así a hacer el siguiente resumen de las sentencias:

> "Refieren las sentencias que en el proceso contencioso electoral corresponde realizar un acucioso examen para estimar la procedencia de esta clase de demandas y, por ello, se exige a los reclamantes la carga de exponer de manera clara, precisa y completa las circunstancias cuyo acaecimiento encuadre en los supuestos específicos de nulidad que prevé la ley; no sólo con el propósito de

557 Véase por ejemplo, Allan R. Brewer-Carías, "Comentarios sobre el 'Caso: Consolidación de la inmunidad de jurisdicción del Estado frente a tribunales extranjeros,' o de cómo el Tribunal Supremo adopta decisiones interpretativas de sus sentencias, de oficio, sin proceso ni partes, mediante 'Boletines de Prensa,'" en *Revista de Derecho Público*, N° 118, (abril-junio 2009), Editorial Jurídica Venezolana, Caracas 2009, pp. 319-330.

que el órgano administrativo o judicial establezca sin ambages los límites de la controversia, sino porque resulta indispensable la preservación de la voluntad del pueblo expresada en comicios libres, conjugada con la necesidad de brindar garantías institucionales de paz, estabilidad y seguridad, al evitar el cuestionamiento ligero y trivial de la función pública ejercida por un representante elegido por el pueblo.

Los demandantes acaso indicaron la comisión de supuestas irregularidades en diversos centros electorales, sin identificar en forma precisa el cómo los eventos puntuales a los que aludieron produjeron vicios apreciables, capaces de alterar los resultados definitivos que se produjeron en los comicios celebrados el 14 de abril de este año para la elección del Presidente de la República.

De esta manera, queda en evidencia que no fueron alegados motivos suficientes que pongan en duda la voluntad popular expresada en las pasadas elecciones presidenciales."

Adicionalmente, narra la Nota de Prensa que

"determinados recursos esgrimieron alegatos contra la majestad del Tribunal Supremo de Justicia, lo que mereció algunos apuntes en las respectivas sentencias, entre los que destacan que ello no puede ser tenido a la ligera, no sólo porque revela el desconocimiento sobre las competencias de la Sala sino porque se pretende empañar el ejercicio de una garantía como el derecho de acceso a la justicia. Estos cuestionamientos contra las autoridades judiciales, no sólo deben ser desechados porque desconocen la función garantista de la Sala Constitucional, sino porque con su afrenta trivializa el debate democrático. Se evidencia, por tanto, que no se acude a los tribunales con el ánimo de resolver una disputa, sino para acusar al árbitro por no someterse a sus designios y voluntades. Así, por lo que respecta a tales señalamientos, se impuso la inadmisibilidad según el artículo 133, numeral 5, de la Ley Orgánica del Tribunal Supremo de Justicia."

En general, concluyó la "Nota de Prensa" que "las decisiones estatuyen que los alegatos esgrimidos por las partes recurrentes, son argumentos genéricos e imprecisos que conducen también a declarar inadmisibles las pretensiones, según el artículo 181 de la Ley Orgánica del Tribunal Supremo de Justicia, en concatenación del artículo 180 *eiusdem*."

Como se puede colegir de la reseña que hemos efectuado al analizar las sentencias del 7 de agosto de 2013, **todas las demandas que fueron intentadas contra el proceso electoral del 14 de abril de 2013 y sus resultados tuvieron por objeto buscar del Tribunal Supremo que en definitiva se pronunciara definitivamente sobre la legitimidad o ilegitimidad de dicho proceso de votación y, más que todo, sobre la legitimidad o la ilegitimidad de la postulación y la elección declarada del candidato Nicolás Maduro**. Eso fue lo que los recurrentes persiguieron al acudir ante el "máximo y último garante de la Constitución" como suele autocalificarse la Sala Constitucional del Tribunal Supremo. Como sentencias formales dictadas en sus recursos, sin embargo, los recurrentes no obtuvieron la decisión en justicia que esperaban, y más bien, lo que obtuvieron fue la decisión de que sus peticiones eran inadmisibles, es decir, que no reunían los requisitos legales para ser siquiera consideradas y juzgadas, por lo que formalmente en ninguno de los casos se produjo pronunciamiento de fondo alguno – salvo veladamente, como antes se ha advertido – y en ningún caso sobre el tema de la legitimidad electoral que se buscaba, y que sin duda necesitaba el país.

La decisión de fondo, en realidad, se dictó en la "Nota de Prensa" del Tribunal Supremo de Justicia del 7 de agosto de 2013, en la cual, desechadas las impugnaciones por inadmisibles, en definitiva se "decidió" que el proceso electoral de abril de 2013 fue legítimo y que el Presidente Electo Maduro está amparado por una legitimidad "plena y de derecho." Ello lo "decidió" el Tribunal Supremo de Justicia en la "Nota de Prensa" antes mencionada en la cual concluyó afirmando:

Primero, sobre las impugnaciones incoadas ante el Supremo Tribunal, que:

> "no consiguieron alegar ninguna irregularidad que significase una diferencia con los resultados que emanaron del Poder Electoral, se evidencia que los mismos **fueron completamente legítimos**."

Y segundo, que en ese sentido, para el Tribunal Supremo también fue posible colegir de los fallos que:

> "**la legitimidad** del Presidente de la República Bolivariana de Venezuela Nicolás Maduro Moros, quien obtuvo la mayoría de los votos escrutados en ese proceso, **es plena y de derecho a tenor de las leyes**."

Quizás era a esa "justicia," dada a través de "Notas de Prensa," a lo que el Tribunal Supremo de Justicia se refería al final de su "Nota de Prensa," cuando en la misma quiso reiterar a la ciudadanía que podía contar "con un Poder Judicial fortalecido, que aplica en cada una de sus actuaciones, los mandatos que el Texto Fundamental señala," pidiéndole además al pueblo "puede confiar en la solidez del elenco institucional que impera en nuestro país.

A MANERA DE EPÍLOGO:

EL MONUMENTAL DESORDEN INSTITUCIONAL: EL LEGADO DE HUGO CHÁVEZ

As we all know, the Venezuelan Presidential Elections that are going to be held next Sunday April 14, 2013, are due to the death of Hugo Chávez Frías, who after being President of the Republic for two terms since 1999, and after being reelected on October 2012, never managed to take his oath of office, missing the Inauguration ceremony that was scheduled for January 10th, 2013. The fact is that since December 10th, 2012, he was confined to a bed in a Hospital in Habana, Cuba where he was operated upon, not being seen alive in public since then.

This means that since December 2012, it was absolutely clear that the late President was already unable to govern, a situation that nonetheless was deliberately hidden by government officials in Caracas, even by making believe that he was ruling the country from Havana, a fact that was completely false. To this day nobody really knows exactly when he died. Even the Supreme Tribunal of Justice, in his last decision of March 8, 2013 through which it allowed Vice President Nicolás Maduro to continue ruling the country as acting President, in a very careful way did not affirm that the former President actually died on March 5th, 2013, as it was officially announced, it only said that was the day that the Vice President announced.[558]

The result of all the secrecy surrounding the condition of the former President and of the manipulation of the information regarding his incapacity to govern, were two "custom made" judicial decisions issued by the Supreme Tribunal of Justice, in January 9th, 2013[559] and in March 8th, 2013, in which, contrary to express constitutional provisions, the Tribunal ruled to ensure, first, the continuity on the tenure of Vice President Maduro who was in charge of the Executive Power, affirming that the late President was supposedly in charge of the government, which was absolutely impossible; and second, that the same Vice President Maduro, after he announced the death of the former President, was the one to assume the Presidency with the possibility of running as a candidate in the Presidential Elections that were to follow, without stepping down from such official position.

Thanks to those unconstitutional rulings, Nicolás Maduro, as acting President, is one of the candidates, illegally using all sort of public resources and funds and without any control by the National Electoral Council.[560] Consequently, we can say without hesitation, that Maduro es currently running in the presidential election as *the official candidate of the State*. Yes, I repeat, as the official candidate of the Venezuelan State, and not of a particular political party, facing the candidate of the opposition, the Governor of the Miranda State Henrique Capriles, who is confronting the most vulgar abuse of power[561] ever seen before in an electoral campaign in the country. Even the Ministry of Defense has openly endorsed Maduro in the name

558 See the text of the decision N° 141 of March 5, 2013 in http://www.tsj.gov.ve.decisiones/scon/Marzo/141-9313-2013-13-0196.html.

559 See the text of the decision N° 2 of January 9, 2013 in http://www.tsj.gov.ve/decisio-nes/scon/Enero/02-9113-2013-12-1358.html.

560 See for instante, the *Comunicado* issued by my University, the Central University of Venezuela, on April 3, 2013, in which the University Council expressed that "*Procupa al Consejo Universitario las osetnsibles violaciones por parte de organismos oficiales a las reglas de juego, propias de un proceso electoral democrático, y a la ausencia de vigilancia efectiva del CNE ante las reiteradas denuncias formuladas por los sectores afectados*." Available at: ucvnoticias.ucv.ve/wordpress/?p=17069.

561 Even the brother of the current Minister of Information of the Government, in an article with the title published on April 7, 2013, has said: "*Masivo, grotesco y desvergonzado es el uso de los recursos públicos en la campaña electoral oficialista. Las evidencias abundan y atropellan diariamente la vista y la impotencia ciudadanas. Miles de millones de bolívares que nos pertenecen a todos salen del torrente institucional para ser dilapidados en el proselitismo electoral y el activismo del partido de gobierno. Oficinas públicas disfrazadas de sedes partidistas. Decenas de miles de funcionarios públicos dejan los puestos de trabajo y cumplen su jornada laboral en tareas político partidistas bajo la más absoluta impunidad. Televisoras, radios, periódicos, revistas y panfletos que se proclaman "de todos los venezolanos" pero que operan como órganos oficiosos del Partido Socialista Unido de Venezuela o como megáfonos de éste. Edificios, auditorios, mobiliario, imprentas, computadoras, papel y tinta, equipos de sonido, alimentos y bebidas, aviones, avionetas, helicópteros, autobuses, gandolas, camiones, camionetas, carros y motos oficiales puestos al servicio del calendario y propósitos partidistas y no del calendario y propósitos institucionales, menos aun al servicio de las necesidades populares. Es incalculable la cantidad de horas-hombre de nuestros funcionarios, la cantidad de unidades tributarias de nuestros impuestos y la cantidad de barriles de nuestro petróleo desviados y despilfarrados en esta borrachera roja rojita, unas veces encubierta y las más descarada y retadoramente abiertas*." See Mario Villegas, Muchos recursos y cero escrúpulos," in *Diario 2001*, Caracas, April 7, 2013.

of the Armed Forces,[562] as well as all the Government Ministries have taken part in the campaign,[563] including the Ministry of Foreign Affairs and the Venezuelan Embassies.[564]

Perhaps that is why Nicolás Maduro, a few days ago, affirmed, threatening in the most typical style of the former President, that if for any "historical accident" Capriles won the election, in no more that two months there will be a "popular up rise" against his policies.[565]

But in spite of the efforts to try to copy the rude style of the late President, this election is conditioned, above all, by the fact that for the first time in fourteen years of elections, the former President, having being the President with the longest tenure and political presence in all of Venezuelan political history, is not physically participating in it.[566]

In addition, as any authoritarian leader of his kind, and in his case, after having mastered the use of the media, like nobody else, the former President cannot really be imitated. Nobody can really claim to be him or similar to him. Nobody can effectively claim to inherit his political legacy.

Nonetheless, as we all know, the candidate Maduro is openly trying to imitate him, to sell himself as his "son," and to hide himself in his shadow. The last sign of such attempt has been his announcement a few days ago, that the dead President appeared before him, flying, and transfigured into a little bird, giving him his benediction for the Presidential campaign.[567] This sort of expressions made by any other

---

562 See the expressions of Diego Molero Bellavía, Minister of Defense, in *CNN es la Noticia*, 5-3-2013, available at http://cnnespanol.cnn.com/2013/03/05/ministro-de-la-defensa-venezolano-hace-un-llamado-a-la-unidad/.

563 As was reported today in *The New York Times*, Maduro's party "taps nearly unlimited government resources. Government workers are required to attend rallies. Government television stations broadcast every event, and government ministries openly take part in the campaign." See William Neuman, "Even in death, Chávez Is a Powerful Presence ," in *The New York Times*, New York, April 9, 2013, pp. A4 and A7.

564 See the Circular I.DVM Europa 000-189 of April 4, 2013, sent by the Vice Minister for Europe Ayerim Flores R. to all the Venezuelan Embassies and Consulates informing that "en el marco de las elecciones presidenciales a realizarse el 14 de abril de 2013, se llevará a cabo un plan de acción que articule una estrategia de campaña electoral en Europa a través de nuestras Misiones Diplomáticas [...] orientada a reafirmar la continuidad de la revolución Bolivariana con el triunfo de Nicolás maduro y la ejecución del 'Plan de la patria para la gestión Bolivariana Socialista 2013-2019', tal como lo diseñó el Comandante y líder de la Revolución Hugo Chávez."

565 See in "Maduro: habrá un "alzamiento popular" si triunfa Capriles," ANSA, Caracas March, 28, 2013, available at http://redigitaltv.com/?p=97014&utm_cam-paign=nacional-y-politica&utm_medium=twitter&utm_source=twitter.

566 Chavez ruled the country more years than any of the other well known authoritarian rulers, more that Antonio Guzmán Blanco in the XIX century, and Juan Vicente Gómez in the XX century. See Allan R. Brewer-Carías, *Historia Constitucional de Venezuela*, Editorial Alfa, Caracas 2008, Vol. II.

567 See "Maduro dice que Chávez se apareció en forma de "pajarito chiquitico" y lo bendijo," in *Noticias 24*, April 2, 2013, available at http://www.noti-cias24.com/venezuela/noticia/159655/maduro-dice-chavez-se-aparecio-en-forma-de-pajarito-chiquitico-y-lo-bendijo/ This fact was reported in *The New York Times*, as follows: "In what rounds as the most surreal moment of Venezuela's preesidencial campaign – a race whose central personality is the deceased president – Mr. maduro told the nation that Mr. Chávez's spirit came to him as a tiny bird that flew into a chapel where he was praying. / [...] / Mr. Maduro said that he whistled back and that the bird responded / 'I felt his spirit,'Mr. Maduro said. 'I felt him there as if he was blessing us, telling us: 'Today the battle begins. Go to victory.' [...] / So now at

than Chávez, only generates sorrow or laugh, but for sure evidences the dangerous risk that one of the possible outcomes of this election could result in a tragic comedy with a phantom directing the policies of the country.

In this context, any way, the current situation of the presidential campaign is that if it is true that who is actually running against Henrique Capriles is not the former President, the constant use by Maduro of the Chávez's legacy, has placed Capriles in the situation of really being running against all the apparatus of the State, the same State that through the Supreme Tribunal and the National Electoral Council has admitted the candidacy of Maduro in violation of the Constitution, particularly because as Vice President he was forbidden to be a candidate.

Now, despite this situation and independently from the result of the elections, in which both candidates currently have real chances of winning, the fact is that both, Capriles and Maduro as well as all Venezuelans, in the near future, will have to face the reality of the institutional monumental mess that we all are inheriting from the former President long government.[568] This is precisely the aspect that I want to address today, related to the "beyond" the election.

We must not forget that with all of its defects, just two decades ago, Venezuela was still one of the most envied democracies in Latin America, with a steady economic growth and permanent social policies led by Social Democratic and Social Christian parties; a situation that is in sharp contrasts with the current situation of the country that has the record of being among the countries with the highest index of violence and lack of security; of governmental inefficiency; of greater number of public employees compared to its population; of militarization of the Public Administration; of infrastructure destruction; of military expenses; of human rights violations; of impunity; of lack of economic liberty; of participation of the State in economic activities; of imports' dependency; of public internal and external debt; of lowest international reserves; of oldest currency exchange control; of inflation and currency devaluation; of dependency on oil production; of greater State control on the media and of less freedom of expression; of the biggest political polarization; of institutional destruction; of absence of separation of powers and check and balances;

---

campaign rallies he whistles like a bird." See William Neuman, "Even in death, Chávez Is a Powerful Presence," in *The New York Times*, New York, April 9, 2013, pp. A4 and A7.

568 See for instance a summary of consitutional violations denounced many times by the Professor's Association of the Central University of Venezuela, expressed in a *Comunicado* on April 10, 2013: "El desacato al carácter federal y descentralizado del Estado como principio fundamental constitucional, al incrementarse el poder del Ejecutivo Nacional (Violación del artículo 4). / Desconocimiento de la separación de poderes, cuando el ejecutivo imparte órdenes a otros poderes del estado y estos la acatan... (Violación del artículo 136). / El desconocimiento de resoluciones de organismos internacionales en defensa de los derechos humanos...(Violación de los artículos 23 y 65). / Incumplimiento de la obligación de las instituciones del Estado respecto a garantizar la seguridad de los ciudadanos y dar respuesta oportuna a las demandas introducidas ante los organismos competentes... (Violación de los artículos 26,43 y 51). / El desconocimiento a la pluralidad del pensamiento y la libre expresión de las ideas... (Violación del Artículo 58). / La pretensión de convertir las Fuerzas Armadas en un actor político al servicio del partido de gobierno... (Violación del Artículo 328). / El irrespeto a la diversidad racial, política, religiosa, de género y de preferencia sexual ... (Violación del artículo 21). / El uso de recursos del Estado para favorecer la candidatura promovida por el partido de gobierno... (Violación del artículo 145) ante la mirada cómplice del Consejo Nacional Electoral. / La evidente parcialización del Consejo Nacional Electoral..." See in *APUCV Informa,* N° 287, Caracas, 10-4-2013. See in addition, Asdrúbal Aguiar, *Historia Inconstitucional de Veneszuela*, Editorial Jurídica Venezolana, Caracas 2013.

of absence of government accountability and fiscal control; of corruption; and of absence of transparency in government. And the gravest of all, a country were the value of work has almost disappeared from society as a consequence of the policies that have been applied by the government supposedly to take care of the poor, which are based on direct subsidies and distribution of money and goods that eventually have worsened the situation of the poor with the mirage of pocket money.[569]

The most recent record derived from the Chávez's legacy, has been the formal exclusion of the country from the international community having lost its voting rights in the bodies of the United Nations Organization because of lack of payment of the required contributions.[570]

So for the next election, the position of the two running candidates appears to be clear: In the case of Maduro, having been in the government since 1999, and purporting to be the heir of Chávez, he is proposing to continue with the policies that have lead to the current catastrophic situation of the country,[571] to the point that any other different political offer he could make, for instance, to improve the grave situation of lack of security and lower the extremely high rate of crime in the country, will necessarily fall into a vacuum. In the case of Capriles, on the contrary, he is proposing to change all those failed policies that have lead the country to the current situation, and to reestablish the rule of law in the country.

Within this situation that all Venezuelans will face in the near future, I want to specifically comment on the situation of the State that the new President will encounter, specifically from the standpoint of the Constitution, which in spite of all the propaganda, seems to have lost all its value as a fundamental law of the country.

In this regard, the first problem that the next President will have to manage, is the catastrophic consequences of the so called "Bolivarian Revolution," the result of which has been, on the one hand, what I have called the process of de-constitutionalization of the Constitutional State, and on the other hand, the result of the conduction of the Constitutional State permanently ignoring the Constitution.

---

569 As Luis Ugalde, the former Rector of the Andrés Bello Catholic University of Caracas said regarding the Chávez's legacy: *"Con 1 billón (1 millón de millones) de dólares en las manos, su pésima gestión ha llevado a Venezuela a los primeros lugares de endeudamiento interno y externo, de inflación (el triple del promedio latinoamericano), corrupción, creación de multimillonarios ineptos y parásitos a la sombra del poder político, récord en las importaciones de productos agropecuarios e industriales y ruina de la productividad con atrofia de las exportaciones. Nos ha puesto en los primeros lugares del mundo en el crimen en las calles y en las cárceles y nuestra sociedad enferma prolonga la agonía gracias al suero petrolero" [...] "Con ilimitada demagogia se le inculca a la población que para salir de la pobreza no son necesarios el esfuerzo propio y la productividad; basta la ayuda de un presidente compasivo y generoso con el reparto del ingreso petrolero. Al contrario decimos, lo que el pobre necesita para dejar de serlo es apoyo decidido a su educación y formación productora, a su organización social y la creación de millones de puestos de trabajo con inversión y enorme creatividad empresarial exitosa de decenas de miles de emprendedores."* See in Luis Ugalde, "Salud y Compasión," *El Nacional*, Caracas, April 4, 2013, available at http://www.el-nacional.com/luis_ugal-de/Salud-compasion_0_165583664.html.

570 See "Venezuela pierde temporalmente su derecho a votar en la ONU por impago de cuotas," in *Globovisión*, Caracas April 3, 2013, available in http://globo-vision.com/articulo/venezuela-pierde-temporalmente-su-derecho-a-votar-en-onu-por-impago-de-cuotas.

571 As was reported today in *The New York Times*, "Mr. Maduro drives home the point by telling crowds that his only mission, if he wins, will be to carry out the socialist revolution that Mr. ZChávez left unfinished. He call himself 'the son of Chávez.'" See William Neuman, "Even in death, Chávez Is a Powerful Presence," in *The New York Times*, New York, April 9, 2013, pp. A4 and A7.

The common aspect of these two situations is that all the political changes that have been introduced in the country during the tenure of the late President, have been made in contempt of the Constitution and of its supremacy. This means, first, that all the changes introduced in all the basic principles of the organization of the State, and of the political system of the country set forth in the Constitution, have been made without following its formal review procedure; and second, that the functioning of the organs of State even when they were not changed, have been gravely distorted, in contempt of the Constitution.

The first of these situations, that is, the changes introduced on the State organization without formally changing the Constitution, can be considered as the basic trend of the government policies during the past decade.[572]

The 1999 Constitution defines the Venezuelan State as a Democratic and Social State of Law and Justice (Article 2), organized as "a decentralized federal State" (Article 4),[573] theoretically based, among other well known principles, on the principle of separation or powers, with five and not only three different powers, each of them with their supposed autonomy and independence.

In the Constitution, in addition, the State power is also divided in a vertical way in three territorial levels of government (National, States and the Municipal) according to the federal principle (Art. 136), each of them with a government that according to the Constitution must be of an "elective, decentralized, alternative, responsible, plural, and of revocable mandate" character (Article 6).

On the other hand, the political system of the country is arranged in the Constitution based on the principles of representative democracy, political decentralization, participation, human rights protection, and political pluralism, according to which no political institution of the State can be created without ensuring its representative character by means of universal, direct and secret suffrage; without guaranteeing its political autonomy, and without guaranteeing its plural character in the sense that it cannot be linked to a particular ideology.

Regarding the economic system, it is conceived in the Constitution as a mixed one, guaranteeing economic freedom and free private initiative and enterprise, altogether with private property rights, and allowing the State to participate in the economy in order to satisfy social justice.

All these principles are the ones embodied in a rigid way in the Constitution, in the sense that they cannot be changed without formally reviewing its text.

Nonetheless, and without any constitutional review procedure, the fact is that what the country has inherited from the late President, is that all those basic principles have been changed in the name of the so-called "Bolivarian Revolution," in order to progressively implement a new so-called 21st century "Communist State," without reviewing the Constitution

---

572 See Allan R. Brewer-Carías, "The process of "deconstitutionalization"of the Venezuelan Constitutional State as the Most Important Current Constitutional Issue in Venezuela," in *Duquesne Law Review*, Vol 51, N° 2, Spring 2013, Duquesne University School of Law, Pittsburgh, pp. 349-386.

573 See the study of the constitution regarding the regulation of this State Constitutional Model, in Allan R. Brewer-Carías, *La Constitución de 1999. Derecho Constitucional venezolano*, 2 vols., Editorial Jurídica Venezolana, Caracas 2004; and *La Constitución de 1999 y la Enmienda Constitucional de 2009*, Editorial Jurídica Venezolana, Caracas 2011.

That is why, this process of de-constitutionalization of the Constitutional State, is the most important current constitutional feature in the country[574] that the next President will have to face; and that has been progressively implemented using the name of Bolívar to serve as the support of a political socialist doctrine, that of course was completely unknown in Bolivar's times. [575]

We have to recognize that the initial intention of the late President was to have implemented his "Bolivarian Revolution" by formally reforming the Constitution. For such purpose, in 2007 he proposed before the National Assembly[576] a Constitutional Reform Draft in order to incorporate in the same text of the Constitution, not only the "Bolivarian socialist doctrine"[577] as the official doctrine of the country, but the framework of the new Socialist State that he intended to establish. That 2007 Constitutional Reform Draft,[578] in effect, formally sought to substitute the Constitutional State by a new "Communal State" or State of the "popular power" (*Estado del poder popular o del poder communal, o Estado comunal*) organized based on the creation of communes and communal councils (*consejos comunales*) as the primary political units of social organization, trying to resuscitate the one hundred year old soviets of the Russian Revolution.

Considered globally, the proposed reform sought to establish a socialist, centralized, militaristic, and police State,[579] for which purpose all the most essential and

---

574 See Allan R. Brewer-Carías, "The process of "deconstitutionalization"of the Venezuelan Constitutional State as the Most Important Current Constitutional Issue in Venezuela," in *Duquesne Law Review*, Vol. 51, N° 2, Spring 2013, Duquesne University School of Law, Pittsburgh, pp. 349-386.

575 One of the last attempt to completely appropriate Simón Bolívar for the "Bolivarian Revolution," was the televised exhumation of his remains that took place at the National Pantheon in Caracas on July 26, 2010, conducted by the late President Chávez himself and other high officials, including the Prosecutor General, among other things, for the purpose of determining if Bolivar died of arsenic poisoning in Santa Marta in 1830, instead of from tuberculosis. See Simon Romero, "Building a New History By Exhuming Bolívar," *The New York Times,* August 4, 2010, p. A7.

576 See on the constitutional reforms proposals, Allan R. Brewer-Carías, *Hacia la consolidación de un Estado socialista, centralizado, policial y militarista. Comentarios sobre el sentido y alcance de las propuestas de reforma constitucional 2007,* Editorial Jurídica Venezolana, Caracas 2007; *La reforma constitucional de 2007 (Comentarios al proyecto inconstitucionalmente sancionado por la Asamblea Nacional el 2 de noviembre de 2007)*, Editorial Jurídica Venezolana, Caracas 2007.

577 All his proposals to construct socialism were linked by Chávez to Simón Bolívar's 1819 *Discurso de Angostura*, which he considered "perfectly applicable to a socialist project" in the sense of considering that it was possible to "take the original Bolivarian ideology as a basic element of a socialist project." Of course, this assertion has no serious foundations: it is enough to read Bolívar's 1819 Angostura discourse on presenting the draft constitution to realize that it has nothing to do with a "socialist project" of any kind. See Simón Bolívar, *Escritos fundamentales*, Caracas 1982. See also Pedro Grases ed., *El Libertador y la Constitución de Angostura de 1819,* Caracas 1969; José Rodríguez Iturbe, ed., *Actas del Congreso de Angostura,* Caracas 1969.

578 The first Draft circulated in June 2007 under the title *Consejo Presidencial para la Reforma de la Constitución de la República Bolivariana de Venezuela, "Modificaciones propuestas."* The complete text was published as *Proyecto de reforma constitucional. Versión atribuida al Consejo Presidencial para la reforma de la Constitución de la República Bolivariana de Venezuela*, Editorial Atenea, Caracas 2007, 146. The presidencial proposals were published as *Proyecto de Reforma Constitucional. Elaborado por el ciudadano Presidente de la República Bolivariana de Venezuela, Hugo Chávez Frías,* Editorial Atenea, Caracas 2007

579 See Allan R. Brewer-Carías, *Hacia la Consolidación de un Estado Socialista, Centralizado, Policial y Militarista. Comentarios sobre el sentido y alcance de las propuestas de reforma constitucional 2007,* Colección Textos Legislativos, No. 42, Editorial Jurídica Venezolana, Caracas 2007.

fundamental principles and aspects of the political organization of the Democratic and Social State of rule of law and justice were proposed to be modified.[580]

That is, ***First,*** the reforms proposed to convert the democratic and decentralized State regulated in the Constitution into a centralized state of concentrated power that under the illusory guise of a popular power, sought to definitively replace the federal form of the state,[581] as well as any form of political decentralization; thus, rendering political participation impossible, and progressively eliminating representative democracy.[582] The main aspect of the reforms as was expressly affirmed in its text was that the popular power "does not arise from suffrage or from any election, but arises from the condition of the organized human groups that form the base of the population." That is to say that representative democracy and territorial political autonomy was to disappear, substituted with a supposed "participatory democracy" that, in fact, in a very undemocratic way, was to be controlled by the National Executive.[583] In this respect, it must be mentioned that anticipating to the expected results of the proposed constitutional reforms, perhaps being sure of its approval – which did not occur -, the previous year, in 2006, the National Assembly sanctioned the Law on the Communal Councils (*Consejos Comunales*)[584] along the same undemocratic and

---

580 See Rogelio Pérez Perdomo, "La Constitución de papel y su reforma," in *Revista de Derecho Público* 112 *(Estudios sobre la reforma constitucional)*, Editorial Jurídica Venezolana, Caracas 2007, p. 14; G. Fernández, "Aspectos esenciales de la modificación constitucional propuesta por el Presidente de la República. La modificación constitucional como un fraude a la democracia," *Id*, p. 22; Alfredo Arismendi, "Utopía Constitucional," in id., p. 31; Manuel Rachadell, "El personalismo político en el Siglo XXI," in id., p. 66; Allan R. Brewer-Carías, "El sello socialista que se pretendía imponer al Estado," in id., p. 71-75; Alfredo Morles Hernández, "El nuevo modelo económico para el Socialismo del Siglo XXI," in id., p. 233-36.

581 See Manuel Rachadell, "El personalismo político en el Siglo XXI," in *Revista de Derecho Público* 112 *(Estudios sobre la reforma constitucional)*, Editorial Jurídica Venezolana, Caracas 2007, 67; Ana Elvira Araujo, "Proyecto de reforma constitucional (agosto a noviembre 2007). Principios fundamentales y descentralización política," in id., 77-81; José Luis Villegas, "Impacto de la reforma constitucional sobre las entidades locales," in id., 119-23.

582 For such purpose, the reform established a new "popular power" (*poder popular*) (art. 16), composed by communities (*comunidades*), each of which were to constitute "a basic and indivisible territorial nucleus of the Venezuelan Socialist State, where ordinary citizens will have the power to construct their own geography and their own history;" which were to be grouped into communes (*comunas*). The communes were later created in the Law on the Federal Council of Government. See *Ley Orgánica del Consejo Federal de Gobierno*, *Gaceta Oficial* N° 5.963 Extra. of Feb. 22, 2010).

583 This fundamental change, as the president stated on August 15, 2007, constituted "the development of what we understand by decentralization, because the Fourth Republic concept of decentralization is very different from the concept we must work with. For this reason, we have here stated 'the protagonist participation of the people, transferring power to them, and creating the best conditions for the construction of social democracy.'" See *Discurso de orden pronunciado por el ciudadano Comandante Hugo Chávez Frías*, *op. cit.*, 50.

584 See Giancarlo Henríquez Maionica, "Los Consejos Comunales (una breve aproximación a su realidad y a su proyección ante la propuesta presidencial de reforma constitucional)," in *Revista de Derecho Público* 112 *(Estudios sobre la reforma constitucional)*, Editorial Jurídica Venezolana, Caracas 2007, pp. 89-99; Allan R. Brewer-Carías, "El inicio de la desmunicipalización en Venezuela: La organización del poder popular para eliminar la descentralización, la democracia representativa y la participación a nivel local," in *AIDA, Opera Prima de Derecho Administrativo. Revista de la Asociación Internacional de Derecho Administrativo*, Universidad Nacional Autónoma de México, Asociación Internacional de Derecho Administrativo, Mexico City 2007, pp. 49-67. The 2006 law was replaced by *Ley Orgánica de los Consejos Comunales*, *Gaceta Oficial* N° 39.335, Dec. 28, 2009. See the comments on this Law in Allan R. Brewer-Carías, *Ley de los Consejos Comunales*, Editorial Jurídica Venezolana, Caracas 2010.

unconstitutional trends, seeking since then, the dismantling the traditional local governments or municipalities of the country.

The ***second*** global change proposed in the 2007 Constitutional Reforms Draft, was to convert the Constitutional Democratic and Social State into a Socialist State for the purpose of the "construction of a Socialist democracy" (art. 158); thus establishing a political official doctrine of socialist character – the supposed "Bolivarian doctrine" – denying pluralism and allowing the possible formal official criminalization of all dissidence, legalizing political persecution.

The ***third*** main change proposed in the same 2007 Constitutional Reforms Draft, along with the Socialist doctrine, tended to convert the mixed economic system of the country into a wholly state-owned, socialist and centralized economy by means of eliminating economic freedom and private initiative as constitutional rights, as well as the constitutional right to private property; conferring all the means of production to the State, to be centrally managed; and configuring the State as an institution on which all economic activity was to depend.[585]

And finally, the ***fourth*** constitutional reform proposal of 2007, was to convert the State into a repressive or police state, given the regressive character of the proposed reforms on matters of human rights, and also into a militarist state, based on the role assigned to the "Bolivarian Armed Force" (*Fuerza Armada Bolivariana*), configured to function wholly under the direct control of the President of the Republic, creating a new very dangerous and phantasmagorical "Bolivarian National Militia" (*Milicia Nacional Bolivariana*), as a political military force.

As the late President himself explained, the motivation for the drafting of the constitutional reforms in 2007, was to construct –in his own words- a "Bolivarian Socialism, Venezuelan Socialism, our Socialism, and our socialist model," having "the community" (*la comunidad*), as its "basic and indivisible nucleus," and considering that "real democracy is only possible in socialism."[586]

That is why I have said that the proposed constitutional reform tended to formally alter the basic foundations of the Democratic Constitutional State,[587] and the economic system of the country, [588] the consequence being that they needed to approve only by convening a National Constituent Assembly and not by means of a

---

585 See Gerardo Fernández, "Aspectos esenciales de la modificación constitucional propuesta por el Presidente de la República. La modificación constitucional como un fraude a la democracia," in *Revista de Derecho Público* N° 112 *(Estudios sobre la reforma constitucional)*, Editorial Jurídica Venezolana, Caracas 2007, p. 24; Alfredo Arismendi, "Utopía Constitucional," in id., p. 31; José Antonio Muci Borjas, "La suerte de la libertad económica en el proyecto de Reforma de la Constitución de 2007," in id., pp. 203-208; Tamara Adrián, "Actividad económica y sistemas alternativos de producción," in id., pp. 209-14; Víctor Hernández Mendible, "Réquiem por la libertad de empresa y derecho de propiedad," in id., pp. 215-18; Alfredo Morles Hernández, "El nuevo modelo económico para el Socialismo del Siglo XXI," in id., pp. 233-236.

586 See *Discurso de orden pronunciado por el ciudadano Comandante Hugo Chávez Frías,* op cit., 32, 34, 35.

587 See Eugenio Hernández Bretón, "Cuando no hay miedo (ante la Reforma Constitucional)," in *Revista de Derecho Público* 112 *(Estudios sobre la reforma constitucional)*, Editorial Jurídica Venezolana, Caracas 2007, pp. 17-20; Manuel Rachadell, "El personalismo político en el Siglo XXI," in id., pp. 65-70.

588 See on these reforms, Allan R. Brewer-Carías, *Dismantling Democracy. The Chávez Authoritarian Experiment*, Cambridge University Press, 2010.

"constitutional reform procedure" which was the one chosen by the President and the National Assembly.

Notwithstanding, the authoritarian way to govern imposed the use of a wrong constitutional review procedure,[589] as one additional sign of the "permanent coup d'état" that since 1999 characterized the political situation in Venezuela.[590] The consequence was that the chosen procedure was challenged multiple times before the Supreme Tribunal on grounds of its unconstitutionality, but being the Tribunal completely controlled by the Executive, the result was also the issuing of multiple decisions by the Tribunal refusing to exercise judicial review on these matters, even declaring that the actions were not able to be filed ("*improponible*").[591]

But apart from the adopted unconstitutional procedure, the most important aspect of the 2007 constitutional reforms proposals is that eventually they were submitted to popular approval in a referendum that took place on December 2, 2007,[592] resulting in an overwhelming popular rejection of the reforms.

This was, without doubt, the most important political failure for Chávez, and of course the most important political fact – the expression of the will of the people – regarding his policies; the same expression that could manifest itself in the April 14th 2013 election, in which, due to the absence of Chávez, and the sort of campaign Maduro has made, the vote could be clearly for the continuation or not of the Bolivarian revolution, but without Chávez.

But the fact is that in 2007, the result of the referendum rejecting the reforms, had no importance whatsoever for the authoritarian government that refused to listen or to follow the peoples' decision. The popular rejection of the reforms was in fact mocked by the Government, and not only did not prevent it to begin the implemen-

---

589 See Rogelio Pérez Perdomo, "La Constitución de papel y su reforma," in *Revista de Derecho Público* 112 *(Estudios sobre la reforma constitucional)*, Editorial Jurídica Venezolana, Caracas 2007, 14; Gerardo Fernández, "Aspectos esenciales de la modificación constitucional propuesta por el Presidente de la república. La modificación constitucional en fraude a la democracia," in *idem.*, 21-25; Fortunato González, "Constitución histórica y poder constituyente," in *idem.*, pp. 33-36; Lolymar Hernández Camargo, "Los límites del cambio constitucional como garantía de pervivencia del Estado de derecho," in *idem.*, 37-45; Claudia Nikken, "La soberanía popular y el trámite de la reforma constitucional promovida por iniciativa presidencial el 15 de agosto de 2007," in *idem.*, 51-58.

590 See José Amando Mejía Betancourt, "La ruptura del hilo constitucional," in *Revista de Derecho Público* 112 *(Estudios sobre la reforma constitucional)*, Editorial Jurídica Venezolana, Caracas 2007, p. 47. The term was first used by Francois Mitterand, *Le coup d'État permanent*, Éditions 10/18, Paris 1993.

591 See Allan R. Brewer-Carías, "El juez constitucional vs. la supremacía constitucional O de cómo la jurisdicción constitucional en Venezuela renunció a controlar la constitucionalidad del procedimiento seguido para la 'reforma constitucional' sancionada por la Asamblea Nacional el 2 de noviembre de 2007, antes de que fuera rechazada por el pueblo en el referendo del 2 de diciembre de 2007," in Eduardo Ferrer Mac Gregor y César de Jesús Molina Suárez (Coordinadores), *El juez constitucional en el Siglo XXI,* Universidad nacional Autónoma de México, Suprema Corte de Justicia de la Nación, México 2009, Tomo I, pp. 385-435..

592 See Allan R. Brewer-Carías, "La proyectada reforma constitucional de 2007, rechazada por el poder constituyente originario", in *Anuario de Derecho Público 2007,* Año 1, Instituto de Estudios de Derecho Público de la Universidad Monteávila, Caracas 2008, pp. 17-65. According to information from the National Electoral Council on Dec. 2, 2007, of 16,109,664 registered voters, only 9,002,439 voted (44.11% abstention); of voters, 4,504,354 rejected the proposal (50.70%). This means that there were only 4,379,392 votes to approve the proposal (49.29%), so only 28% of registered voters voted for the approval.

tation of the reforms without even bothering to try again to change the Constitution, but encouraged the Government to impose its decision over the people without any hesitation.

And this is precisely what has occurred since 2008, having the country experienced and endured the following: ***First,*** a progressive political process of concentrating and controlling all public powers at the National Executive, which has been assured through the politically controlled National Assembly, and the political submission of the Judiciary to the Executive, having the latter been converted into one of its appendixes.[593] ***Second,*** a permanent process of enactment of the basic legislation of the country by means of laws issued by Decree-Laws of the President of the Republic, as delegated legislation, by-passing the process of sanctioning ordinary legislation.[594] ***Third,*** an indiscriminate process of nationalization, expropriation and confiscation of private industries, private assets and private properties, that have been implemented without guaranteeing the right to just compensation.[595] And ***Fourth,*** a constant process of constitutional "mutations" made through decisions issued by the Constitutional Chamber of the Supreme Tribunal of Justice, by means of constitutional interpretations, following the government's will.[596]

The result of such processes have been that absolutely all the previous mentioned general trends and basic purposes of the rejected 2007 Constitutional Reform Draft were in fact implemented in the country, in open contempt of the Constitution and of the popular will, originating the current de-constitucionalization process of the State.

---

593 See Allan R. Brewer-Carías, "La justicia sometida al poder [La ausencia de independencia y autonomía de los jueces en Venezuela por la interminable emergencia del Poder Judicial (1999-2006)]" en *Cuestiones Internacionales. Anuario Jurídico Villanueva 2007,* Centro Universitario Villanueva, Marcial Pons, Madrid 2007, pp. 25-57.

594 See Lolymar Hernández Camargo, "Límites del poder ejecutivo en el ejercicio de la habilitación legislativa: Imposibilidad de establecer el contenido de la reforma constitucional rechazada vía habilitación legislativa," in *Revista de Derecho Público* 115 *(Estudios sobre los Decretos Leyes),* Editorial Jurídica Venezolana, Caracas 2008, pp. 51 ff.; Jorge Kiriakidis, "Breves reflexiones en torno a los 26 Decretos-Ley de julio-agosto de 2008, y la consulta popular refrendaría de diciembre de 2007," in id., pp. 57 ff.; José Vicente Haro García, "Los recientes intentos de reforma constitucional o de cómo se está tratando de establecer una dictadura socialista con apariencia de legalidad (A propósito del proyecto de reforma constitucional de 2007 y los 26 decretos leyes del 31 de julio de 2008 que tratan de imponerla)," in id., pp. 63 ff.; Ana Cristina Nuñez Machado, "Los 26 nuevos Decretos-Leyes y los principios que regulan la intervención del Estado en la actividad económica de los particulares," in id., pp. 215-20; Aurilivi Linares Martínez, "Notas sobre el uso del poder de legislar por decreto por parte del Presidente venezolano," in id., pp. 79-89; Carlos Luis Carrillo Artiles, "La paradójica situación de los Decretos Leyes Orgánicos frente a la Ingeniería Constitucional de 1999," in id., pp. 93-100; Freddy J. Orlando S., "El "paquetazo," un conjunto de leyes que conculcan derechos y amparan injusticias," in id., pp. 101-104.

595 See Antonio Canova González, Luis Alfonso Herrera Orellana, and Karina Anzola Spadaro, *¿Expropiaciones o vías de hecho? (La degradación continuada del derecho fundamental de propiedad en la Venezuela actual,*" Funeda, Universidad Católica Andrés Bello, Caracas 2009.

596 See Allan R. Brewer-Carías, "El juez constitucional al servicio del autoritarismo y la ilegítima mutación de la Constitución: el caso de la Sala Constitucional del Tribunal Supremo de Justicia de Venezuela (1999-2009)", en *Revista de Administración Pública,* No. 180, Madrid 2009, pp. 383-418; "La fraudulenta mutación de la Constitución en Venezuela, o de cómo el juez constitucional usurpa el poder constituyente originario,", en *Anuario de Derecho Público*, Centro de Estudios de Derecho Público de la Universidad Monteávila, Año 2, Caracas 2009, pp. 23-65; José Vicente Haro, "La mutación de la Constitución 'Bolivariana'," in Gonzalo Pérez Salazar and Luis Petit Guerra, *Los retos del derecho procesal constitucional en Latinoamérica, I Congreso Internacional de Derecho Procesal Constitucional, 19 y 20 Octubre de 2011*, Vol I, Universidad Monteávila Funeda, Caracas 2011, pp. 93-141.

That process, as already mentioned, began in 2006 with the creation of the Communal Councils,[597] and particularly since 2007, with the creation of the Central Planning Commission in violation of the economic freedom established in the Constitution,[598] leading to the approval of the 2007–13 Economic and Social Development National Plan, in which it is expressly provided, contrary to the pluralistic foundation of the Constitution, that the "planning, production and distribution system [must be] oriented towards socialism," being "the relevant matter" of the economic system the progressive development of "social property of the production means."

Subsequently, since 2008, by means of other Laws and Decree Laws, the State assumed all powers in order to control farming, livestock, fishing, and aquaculture, and in particular, the production of food,[599] allowing the State to directly assume the distribution and commercialization of all goods, and the occupation of private industries without compensation.[600] The same year 2008, the Law regulating the Promotion and Development of the Popular Economic System was sanctioned following the "socialist model,"[601] establishing a "socio-productive communal model," with

597 *Ley de Consejos Comunales*, *Gaceta Oficial, Extra.* 5.806, of Apr. 10, 2006. This statute was replaced by Ley Orgánica de los Consejos Comunales. See *Gaceta Oficial* N° 39.335, Dec. 28, 2009. See Allan R. Brewer-Carías, "El inicio de la desmunicipalización en Venezuela: La organización del poder popular para eliminar la descentralización, la democracia representativa y la participación a nivel local," in *AIDA, Revista de la Asociación Internacional de Derecho Administrativo,* Universidad Nacional Autónoma de México, Asociación Internacional de Derecho Administrativo, Mexico City 2007, 49-67.

598 Decree Law N° 5,841 was enacted on June 12, 2007, *Gaceta Oficial* N° 5.841, Extra., of June 22, 2007. See Allan R. Brewer-Carías, "Comentarios sobre la inconstitucional creación de la Comisión Central de Planificación, centralizada y obligatoria," in *Revista de Derecho Público* 110, Editorial Jurídica Venezolana, Caracas 2007, pp. 79-89; Luis A. Herrera Orellana, "Los Decretos-Leyes de 30 de julio de 2008 y la Comisión Central de Planificación: Instrumentos para la progresiva abolición del sistema político y del sistema económico previstos en la Constitución de 1999," in *Revista de Derecho Público* 115, *(Estudios sobre los Decretos Leyes)*, Editorial Jurídica Venezolana, Caracas 2008, pp. 221-32.

599 Decree Law on the Organic Law on Farming and Food Security and Sovereignty. *Gaceta Oficial* N° 5.889, Extra., July 31, 2008. See José Ignacio Hernández G., "Planificación y soberanía alimentaria," in *Revista de Derecho Público* 115, *(Estudios sobre los Decretos Leyes),* Editorial Jurídica Venezolana, Caracas 2008, pp. 389-94; Juan Domingo Alfonso Paradisi, "La constitución económica establecida en la Constitución de 1999, el sistema de economía social de mercado y el decreto 6.071 con rango, valor y fuerza de Ley Orgánica de seguridad y soberanía agroalimentaria," in id., pp. 395-415; Gustavo A. Grau Fortoul, "La participación del sector privado en la producción de alimentos, como elemento esencial para poder alcanzar la seguridad alimentaria (Aproximación al tratamiento de la cuestión, tanto en la Constitución de 1999 como en la novísima Ley Orgánica de soberanía y seguridad alimentaria)," in id., pp. 417-24.

600 See Carlos García Soto, "Notas sobre la expansión del ámbito de la declaratoria de utilidad pública o interés social en la expropiación," in *Revista de Derecho Público* 115, *(Estudios sobre los Decretos Leyes),* Editorial Jurídica Venezolana, Caracas 2008, pp. 149-51; Antonio Canova González, Luis Alfonso Herrera Orellana, and Karina Anzola Spadaro, *¿Expropiaciones o vías de hecho? (La degradación continuada del derecho fundamental de propiedad en la Venezuela actual,*" Funeda, Universidad Católica Andrés Bello, Caracas 2009.

601 Decree Law, N° 6,130 of June 3, 2008,. *Gaceta Oficial* N° 5.890, Extra., July 31, 2008. See Jesús María Alvarado Andrade, "La desaparición del bolívar como moneda de curso legal (Notas críticas al inconstitucional Decreto N° 6.130, con rango, valor y fuerza de la ley para el fomento y desarrollo de la economía comunal, de fecha 3 de junio de 2008," in *Revista de Derecho Público* 115, *(Estudios sobre los Decretos Leyes),* Editorial Jurídica Venezolana, Caracas 2008, pp. 313-20.

different socio-productive organizations; and the general law on matters of Consumer and User Protection was reformed with the same openly socialist orientation.[602]

These Laws extended the state control powers to the point of establishing the possibility of confiscating private industries and services by means of their takeover and occupation only through administrative decisions, [603] also violating the Constitution that on the contrary requires for such actions judicial participation. Accordingly, since 2008, the process of State appropriation of private assets has been systematically applied in the country, with no possibility at all for any judicial surveillance.

All of these "constitutional reforms" adopted by means of ordinary legislation, have also distorted and dislocated the federal form of government by centralizing the power assigned to the states, in some cases creating national administrative entities in order to assume such attributions, and authorizing the President of the Republic to interfere in regional and local affairs; and also, by voiding the states and municipal entities of powers forcing them to compulsory transfer their competencies to the newly created communal councils as local non representative institutions controlled by the central power.[604] These reforms were complemented with the approval in 2010 of the Law on the Federal Council of Government, [605] providing the means to force the states and municipalities to such transfers of their constitutional attributions.

The last set of legislation implementing the rejected Constitutional Reform Draft of 2007, was approved two years ago, in December 2010, by formally creating the "Communal State" framework as a Socialist or Communist State, not in substitution of the Constitutional Decentralized State as was intended in 2007, but parallel to it, and to its existing National, State, Municipal levels of government. [606]

---

602 Decree Law N° 6,092 enacting the Access to Goods and Services Persons Defense Law. *Gaceta Oficial* N° 5,889 Extra of July 31, 2008; José Gregorio Silva, "Disposiciones sobre el Decreto-Ley para la defensa de las personas en el acceso a bienes y servicios," in id., pp. 277-79; Carlos Simón Bello Rengifo, "Decreto N° 6.092 con rango, valor y fuerza de la ley para la defensa de las personas en el acceso a los bienes y servicios (Referencias a problemas de imputación)," in id., pp. 281-305; Alfredo Morles Hernández, "El nuevo modelo económico del socialismo del siglo XXI y su reflejo en el contrato de adhesión," in id., pp. 229-32.

603 See Juan Domingo Alfonso Paradisi, "Comentarios en cuanto a los procedimientos administrativos establecidos en el Decreto N° 6.092 con rango, valor y fuerza de Ley para la defensa de las personas en el acceso a los bienes y servicios," in *Revista de Derecho Público* 115, *(Estudios sobre los Decretos Leyes)*, Editorial Jurídica Venezolana, Caracas 2008, pp. 245-60; Karina Anzola Spadaro, "El carácter autónomo de las 'medidas preventivas' contempladas en el artículo 111 del Decreto-Ley para la defensa de las personas en el acceso a los bienes y servicios," in id., pp. 271-76. See, in general, Antonio Canova González, Luis Alfonso Herrera Orellana, and Karina Anzola Spadaro, *¿Expropiaciones o vías de hecho? (La degradación continuada del derecho fundamental de propiedad en la Venezuela actual*," Funeda, Universidad Católica Andrés Bello, Caracas 2009

604 See Manuel Rachadell, "*La centralización del poder en el Estado federal descentralizado,*" in Revista de Derecho Público, 115, *(Estudios sobre los Decretos Leyes)*, Editorial Jurídica Venezolana, Caracas 2008, pp. 111-131.

605 See *Ley Orgánica del Consejo Federal de Gobierno*, *Gaceta Oficial* N° 5.963 Extra. of Feb. 22, 2010.

606 See Gustavo Linares Benzo, "Sólo un Poder Público más. El Poder Popular en la reforma del 2007," in *Revista de Derecho Público* 112 *(Estudios sobre la reforma constitucional)*, Editorial Jurídica Venezolana, Caracas 2007, pp. 102-105; Arturo Peraza, "Reforma, Democracia participativa y Poder Popular," in id., pp. 107-13.

For such purposes, five important and very unconstitutional Organic Laws were sanctioned, referred to "the Popular Power;" "the Communes;" "the Communal Economic System;" "the Public and Communal Planning;" and "the Social Comptrollership; [607] and three important statutes were reformed in the same framework of organizing the Communal State:[608] the Organic Law of Municipal Public Power, the Law on State Councils for Public Policy Planning and Coordination, and of the Law on Local Council Public Planning. [609]

The main purpose of these Laws on the Communal State, is to organized it, based in the "Communes" as its fundamental unit, seeking to supplant in a unconstitutional way the municipalities that are the ones conceived in the Constitution as the "primary autonomous political units of the national organization" (Art. 168). These new Communes, on the contrary, are conceived without any autonomy, being directly controlled by a Ministry of the National Executive, so instead of being instruments for participation and decentralization, its organization in a centralized system of entities tightly controlled by the National Executive, is conceived to be the instrument for the imposition of a unique official socialist doctrine of the government, contrary to any sort of pluralism, so that all those that are not socialist are automatically discriminated and excluded.

These Laws on the Communal State are particularly important regarding the economic communal system created, ignoring the mixed economic system established in the Constitution, and establishing in parallel a system based only on "socialist productive model"[610] only based as it is expressly defined in the Law (art. 3.2) - I quote - , as a "production model based on *social property*, oriented towards the *elimination of the social division of work* that appertains to the capitalist model," and based on the principle of the *reinvestment of social surplus*" (art. 6.12).

It is enough to read carefully this legal definition to understand that what has been legally imposed in Venezuela, is simply a "communist system," [611] being such legal definition nothing else than the copying of isolated phrases of a perhaps forgotten old manual of a failed communist revolution using the same words that Karl Marx and Friedrich Engels wrote 150 years ago (1845-1846) in their book on *The German Ideology*.[612] In that book they used perhaps for the first time, the word "communism," and they defined the "communist society"[613] precisely by using the three

607 See *Gaceta Oficial* N° 6.011 Extra. Dec. 21, 2010.

608 See on all these organic laws, Allan R. Brewer-Carías (Coord.) *et al.*, *Leyes Orgánicas sobre el Poder Popular y el Estado Comunal*, Editorial Jurídica Venezolana, Caracas 2011, 719 pp.

609 See *Gaceta Oficial* N° 6.015 Extra. Of Dec. 28, 2010.

610 Organic Law of the Communal Economic System .See G*aceta Oficial* N° 6.011 Extra. Dec 21, 2010.

611 See Allan R Brewer-Carías, "Sobre la Ley Orgánica del Sistema Económico Comunal o de cómo se implanta en Venezuela un sistema económico comunista sin reformar la Constitución," in *Revista de Derecho Público*, N° 124, (octubre-diciembre 2010), Editorial Jurídica Venezolana, Caracas 2010, pp. 102-109

612 See in Karl Marx and Frederich Engels, "The German Ideology," in *Collective Works*, Vol. 5, International Publishers, New York 1976, p. 47. Véanse además los textos pertinentes en http://www.educa.madrid.org/cms_tools/files/0a24636f-764c-4e03-9c1d-6722e2ee60d7/Texto%20Marx%20y%20Engels.pdf

613 The book was written between 1845 and 1846. The "Communist Manifest" was published in February 1848.

phrases copied in the aforementioned article of the Law: *social property of production means, elimination of social division of work*, and *social reinvestment of surplus*.

All these statutes were approved in just one session of the Legislative Assembly after the late President, himself, confessed a few months earlier, that his supposedly "Bolivarian revolution," in fact was not other than the historically failed "Marxist revolution," but in this case led by a president who – he said - never even read Marx's writings.[614] Three months after this presidential announcement, the governmental United Socialist Party of which the former President used to preside, adopted in its First Extraordinary Congress a "Declaration of Principles" in which it officially declared itself as a "Marxist," "Anti-imperialist" and "Anti-capitalist" party; establishing that its actions are based on "scientific socialism" and on the "inputs of Marxism as a philosophy of praxis," in order to substitute the "Capitalist Bourgeois State" with a "Socialist State" based on the Popular Power and the socialization of the means of production.[615]

This is, my friends, the government and the State that the former President Chávez left as his most valuable institutional legacy when he died,[616] with which the next President will have to deal with; a State and a political system that were imposed in an authoritarian way upon the Venezuelan people without reforming their Constitution, only through ordinary legislation, defrauding the popular will expressed in the December 2, 2007 referendum,[617] and, above all, for which nobody in the country have ever voted for, nor approved.

This means that being the "Communal State" created and organized in parallel to the Constitutional State, we Venezuelans, including the next President to be elected, are going to deal not only with one State organization, but with two State organizations that are functioning in parallel in the same national territory: On the one hand, a Socialist State based on the supposed direct exercise of sovereignty by the people through Citizens Assemblies, Communes and non elected Communal Councils; and on the other hand, the Constitutional State, based on representative democratic prin-

---

614 In his annual speech before the National Assembly on Jan. 15, 2010, in which Chávez declared to have "assumed Marxism," he also confessed that he had never read Marx's works. See María Lilibeth Da Corte, "Por primera vez asumo el marxismo," in *El Universal*, Caracas Jan. 16, 2010, http://www.eluniversal.com/2010/01/16/pol_art_por-primera-vez-asu_1726209.shtml.

615 See "Declaración de Principios, I Congreso Extraordinario del Partido Socialista Unido de Venezuela," Apr. 23, 2010, at http://psuv.org.ve/files/tcdocu-mentos/Declaracion-de-principios-PSUV.pdf.

616 See, in particular, the Report issued by Human Rights Watch, regarding the institutional aspects and the situation of human rights the day when the death of Chávez was announced, in Human Rights Watch, "Venezuela: El legado autoritario de Chávez. Notable concentración de poder y abierta indiferencia por los derechos humanos fundamentales," New York, March 5, 2013, available at http://www.hrw.org/es/news/2013/03/05/venezuela-el-legado-autoritario-de-chavez.

617 The definitive voting figures in such referendum have never been informed to the country by the government controlled National Electoral Council. See Allan R. Brewer-Carías, "Estudio sobre la propuesta de Reforma Constitucional para establecer un estado socialista, centralizado y militarista (Análisis del anteproyecto presidencial, Agosto de 2007)," *Cadernos da Escola de Direito e Relações Internacionais da UniBrasil* 7, Curitiba 2007, pp. 265-308. See on the 2007 constitutional reforms proposals, Allan R. Brewer-Carías, *Hacia la consolidación de un Estado socialista, centralizado, policial y militarista. Comentarios sobre el sentido y alcance de las propuestas de reforma constitucional 2007,* Editorial Jurídica Venezolana, Caracas 2007; *La reforma constitucional de 2007 (Comentarios al proyecto inconstitucionalmente sancionado por la Asamblea Nacional el 2 de noviembre de 2007)*, Editorial Jurídica Venezolana, Caracas 2007.

ciples exercised through elected representatives by universal suffrage, but with a very distorted system of separation of powers.

These parallel systems of two States have been conceived, not only in a way contrary to the provisions of the Constitution, but in a way designed to allow for the Socialist or Communal State to take control and gradually strangle the Constitutional State, by progressively emptying its powers and competencies. For such purpose the Organic Law of the Popular Power simply provides that all organs of the Constitutional State are subjected to the mandates of the organizations of Communal State, establishing for such purpose a "new" principle of government, the so-called in the Law as the principle of "govern obeying" (*gobernar obedeciendo*), which is no other than obeying the wishes of the central government[618] through the controlled organization of the Communal State. This is, of course, again, an unconstitutional limitation to the political autonomy of the elected bodies of the Constitutional State such as the National Assembly itself, the States' Governors and the Legislative Councils, as well as the Mayors and the Municipal Councils, upon which ultimately is imposed an obligation to obey any provision made to enforce the socialist doctrine, through the organization of a non elected Communes and Communal Council currently controlled by the Government and the ruling party.

This is the entire framework of the "Communal State" created in parallel to the Constitutional State that the new government will face,[619] that was imposed by the government having the assurance that no judicial review would ever be exercised regarding the statutes creating it, due to the very strict and tight political control exercised by the Executive upon the Supreme Tribunal.

And it has been, because of this absence of an autonomous and independent Supreme Tribunal that in parallel to the de-constitutionalization of the Constitutional State, during the past decade the government has openly distorted the must essential pillar of democracy and of the Constitutional State, which is the principle of separation of powers that has lost all value in Venezuela.

That means that the new President will also have to face a system of government where there is no separation of powers, having that principle been completely demolished,[620] with the result that all the powers of the State have been entirely controlled by the former President, within a grid of loyalties that he personally constructed – which again, in my opinion, nobody can really inherit -, including the Legislative and the Judicial Power, as well as the Public Prosecutor Office, the General Comptrollership Office, the People's Defendant and the National Electoral Council (Citizens and Electoral Powers). This, of course, is another of the most complicated political problem and situation that all Venezuelans have inherited from the late President.

---

618 Article 24 of the Law establishes the following principle: "Proceedings of the bodies and entities of Public Power. All organs, entities and agencies of Public Power will govern their actions by the principle of "govern obeying", in relation to the mandates of the people and organizations of Popular Power, according to the provisions in the Constitution of the Republic and the laws."

619 See Allan R. Brewer-Carías, *Reforma constitucional y fraude a la Constitución (1999-2009)*, Academia de Ciencias Políticas y Sociales, Caracas 2009; *Dismantling Democracy. The Chávez Authoritarian Experiment*, Cambridge University Press, New York 2010.

620 See Allan R. Brewer-Carías, "The Principle of separation of Powers and the Authoritarian Government in Venezuela", en *Duquesne Law Review*, Volume 47, Spring 2009, Pittsburgh, pp. 813-838.

The problem was highlighted by the Inter American Commission on Human Rights in its 2009 *Annual Report*, when after analyzing the situation of human rights in Venezuela and the institutional deterioration of the country, said that it "reveals the absence of due separation of and independence between the branches of government in Venezuela."[621] This situation, on the other hand, is the one that explains why the President of the Supreme Tribunal of Justice, simply exclaimed in a Press Conference, the same year, that "the separation of powers weakens the State" and that such principle "has to be reformed."[622]

Perhaps the assertion of the President of the Supreme Tribunal was made in order to support what in August 2008 the late President Chávez when he affirmed: "*I am the Law ... I am the State*,"[623] (*Yo soy la Ley... Yo soy el Estado*) when he announced that despite the general opposition against his abusive use of delegate legislation, he was going to enforce forty statutes through Decree Laws, threatening to persecute all those that could oppose him. And this was not the first time he used such expression; also in 2001, when he approved the first forty eight executive Decree Laws, he affirmed, although in a different way: "*La Ley soy yo... El Estado soy yo.*"[624]

I am sure that to hear these expressions that as we know were attributed to Louis XIV although he never expressed them in such a way, is enough to realize and understand the tragic institutional legacy left by the former President, which the country is currently facing, precisely characterized by a complete lack of separation of powers and, consequently, of a democratic regime, a situation that has been achieved through a permanent and subsequent process of defrauding or perverting the Constitution, and the rule of law.

Consequently, whoever results elected President of the Republic in the next election, will have to face this institutional situation that for sure will prolong itself well beyond the next electoral exercise, altogether with the extremely grave economic situation of the country.[625]

---

621 See IACHR, *2009 Annual Report*, para. 472, available at http://www.cidh.oas.org/annualrep/2009-eng/Chap.IV.f.eng.htm

622 See in Juan Francisco Alonso, "La división de poderes debilita al estado. La presidenta del TSJ [Luisa Estela Morales] afirma que la Constitución hay que reformarla," *El Universal*, Caracas December 5, 2009, available at -http://www.eluniver-sal.com/2009/12/05/pol_art_morales:-la-divisio_1683109.shtml. The complete text is available at http://www.tsj.gov.ve/informacion/notasde prensa/notasde-prensa.asp?codigo=7342

623 "*Yo soy la Ley..., Yo soy el Estado!!*" See the quotation in the Blog of Gustavo Coronel, *Las Armas de Coronel*, October 15, 2008, available at: http://lasarmasdecoronel.blogspot.com/2008/10/yo-soy-la-leyyo-soy-el-estado.html

624 "*La ley soy yo. El Estado soy yo*". See in *El Universal*, Caracas December 4, 2001, pp. 1,1 and 2,1.

625 For instance, just to mention one only aspect, although being a major oil exporter, Venezuela has a budget deficit worse that those that are affecting the worst eurozone economies, having the cheapest price of gasoline in the world (1.5 US dollar cents a gallon), a subsidy that is equivalent to the 8.6 % of the gross domestic product, limiting the State to possible spending in basic services. In addition, although being the country with the largest crude oil reserves in the world, due to the lack of investments in the oil industry during the past years, the rise of gasoline consumption has forced the government to import it, just in order to give it away. See for instance Ángel González, "Almost-Free Gas Comes at a High Cost," in *The Wall Street Journal*, April 12, 2013, pp. A1and A22.

POST SCRIPTUM:

*LA ÚLTIMA GRAN MENTIRA: EL GOLPE DE ESTADO EN LA ELECCIÓN DE LOS ÓRGANOS DEL PODER PÚBLICO (Diciembre-2014)**

Un golpe de Estado no sólo ocurre cuando un grupo de militares, o de civiles apoyados por militares, asaltan y toman por la fuerza el poder en un Estado, tal como lo recuerda el imaginario político latinoamericano; sino también ocurre, como lo ha destacado el profesor Diego Valadés, cuando "el desconocimiento de la Constitución [se produce] por parte de un órgano constitucionalmente electo;" agregando incluso, como un ejemplo de esa situación, que "un presidente elegido conforme a la Constitución no puede invocar una votación, así sea abrumadoramente mayoritaria, para desconocer el orden constitucional. Si lo hace habrá dado un golpe de Estado"[626].

Y esto fue precisamente lo que sucedió una vez más en Venezuela, en diciembre de 2014, con la inconstitucional "designación" de los titulares de los Poderes Ciudadano, Electoral y Judicial, efectuada en abierta violación del principio democrático que impone su elección por voto popular indirecto. Con esas designaciones, se usurpó la soberanía popular, quedando sellada la ilegitimidad de origen de dichas "designaciones" y de las actuaciones de dichos Poderes Públicos.

Dicha violación de la Constitución y la consecuente usurpación de la voluntad popular, en efecto, fue cometida en la siguiente forma:

Primero, por la Asamblea Nacional actuando como cuerpo legislador y no como cuerpo elector en segundo grado, como consecuencia de una conspiración en la cual participaron el Presidente de la propia Asamblea Nacional y un grupo de parlamentarios, la Presidenta del Consejo Moral Republicano (Fiscal General de la República) y los magistrados de la Sala Constitucional del Tribunal Supremo de Justicia, para lograr efectuar la "designación" de los titulares del Poder Ciudadano (Contralor General de la República, Fiscal General de la República y Defensor del Pueblo) por una mayoría simple de votos de diputados, ignorando la mayoría calificada que el principio democrático imponía.

Segundo, por la Asamblea Nacional también actuando como cuerpo legislador y no como cuerpo elector en segundo grado, en la "designación" de los Magistrados del Tribunal Supremo de Justicia, como cabeza del Poder Judicial, también por una mayoría simple de votos de diputados igualmente ignorando la mayoría calificada que el principio democrático imponía.

Y *tercero*, por la Sala Constitucional del Tribunal Supremo de Justicia, como consecuencia de una conspiración en la cual participó el Presidente de la Asamblea

* Texto ampliado de la Videoconferencia dictada en el *Foro sobre el desacato de la Constitución de 1999 por los órganos del Poder Público*," Facultad de Derecho, Universidad Católica Andrés Bello, Caracas 12 de marzo de 2015. Una versión abreviada de este texto, escrito en diciembre de 2014, se publicó en: Allan R. Brewer-Carías, "El golpe de Estado dado en diciembre de 2014 en Venezuela con la inconstitucional designación de las altas autoridades del Poder Público," en *El Cronista del Estado Social y Democrático de Derecho,* Nº 52, Iustel, Madrid, abril 2015, pp. 18-33

626 Véase Diego Valadés, *Constitución y democracia,* Universidad Nacional Autónoma de México, México 2000, p. 35; y Diego Valadés, "La Constitución y el Poder," en Diego Valadés y Miguel Carbonell (Coordinadores), *Constitucionalismo Iberoamericano del siglo XXI*, Cámara de Diputados, Universidad Nacional Autónoma de México, México 2000, p. 145

Nacional, en la "designación los titulares del Poder Electoral (Rectores del Consejo Nacional Electoral), usurpando las funciones de la Asamblea Nacional como cuerpo elector en segundo grado, y por tanto, igualmente violando el principio democrático que imponía una elección de dichos funcionarios por mayoría calificada de los diputados a la Asamblea nacional.

Lo ocurrido en diciembre de 2014, no fue otra cosa que un golpe de Estado, dado en este caso pues los propios órganos del Estado, al haber designado sin competencia alguna para ello y violando la Constitución, a los más altos funcionaros del Estado del Poder Ciudadano (Contralor General de la República, Fiscal General de la República y Defensor del Pueblo), quienes solo pueden ser "electos" por la Asamblea Nacional actuando como cuerpo elector de segundo grado, con el voto de una mayoría calificada de los 2/3 de sus integrantes como lo impone la Constitución, en un proceso que exige la activa participación ciudadana, de los diversos sectores de la sociedad, en la nominación de los respectivos candidatos ser considerados por la Asamblea Nacional.

Con estas inconstitucionales designaciones, los órganos de los Poderes Públicos involucrados en ello no hicieron otra cosa que no sea haber seguido la misma línea inconstitucional de golpe de Estado sistemático y continuo que se ha producido en Venezuela desde cuando el Presidente Hugo Chávez, al tomar posesión por primera vez de su cargo el 2 de febrero de 1999, convocó una Asamblea Nacional Constituyente no prevista en la Constitución que entonces estaba vigente.[627]

I. LA PENTA DIVISIÓN DEL PODER PÚBLICO Y LA ELECCIÓN POPULAR (DIRECTA E INDIRECTA) DE TODOS LOS TITULARES DE LOS ÓRGANOS DE LOS PODERES DEL ESTADO

Para entender adecuadamente la naturaleza del golpe de Estado que han dado los órganos del Poder Público, debe recordarse el sistema de separación de poderes adoptado en la Constitución de 1999, y el sentido de la previsión del principio democrático establecido en la misma, y que impone, en todos los casos, la necesaria elección popular de los titulares de todos los Poderes Públicos, en algunos casos en primer grado, y en otros en segundo grado; pero siempre elección popular como manifestación de la soberanía del pueblo.

1. *La penta división del Poder Público y la elección popular de los altos funcionarios del Estado*

Una de las innovaciones de la Constitución venezolana de 1999 fue, sin duda, el establecimiento de una penta división del Poder Público, que quedó dividido en cinco poderes, siendo en tal sentido la única Constitución del mundo en la cual, además de los tres clásicos poderes (Poder Legislativo, Poder Ejecutivo y Poder Judicial), consagra otros dos poderes adicionales: el Poder Ciudadano integrado por el Contralor General de la República, el Fiscal General de la República y el Defensor del Pueblo, y el Poder Electoral.

Todos los cinco poderes están regulados en la Constitución en plano de igualdad, con autonomía e independencia entre unos de otros, previéndose, para asegurarla, la

627 Véase Allan R, Brewer-Carías, *Golpe de Estado y proceso constituyente en Venezuela,* Universidad Nacional Autónoma de México, México 2002.

legitimidad democrática de origen de los mismos siguiendo el principio democrático establecido en el artículo 6, conforme al cual el gobierno de Venezuela "es y será siempre democrático, participativo y electivo," lo que exige, precisamente, que todos los titulares de todos los órganos de los poderes públicos deben ser electos popularmente en forma democrática y participativa.

De allí la específica forma de elección prevista en la Constitución para la elección de absolutamente todos los titulares de los poderes públicos, consistente en su elección popular, es decir, por el pueblo, en forma directa en algunos casos, y en forma indirecta en otros, es decir, mediante elecciones de primer y de segundo grado; y todo con el objeto de asegurar que ningún Poder dependa de otro, y pueda haber contrapesos entre ellos.

En el primer caso de elección popular de primer grado, se trata de la elección popular directa por el pueblo, mediante sufragio universal y secreto, prevista para la elección del Presidente de la República (art. 228) y de los diputados a la Asamblea Nacional (art. 186); y en el segundo caso, de elección popular indirecta, en segundo grado, es la que se realiza en nombre del pueblo, por los diputados a la Asamblea Nacional que son sus representantes electos en forma directa, prevista para la elección de los titulares de los otros Poderes Públicos: de los Magistrados del Tribunal Supremo de Justicia (Poder Judicial) (art. 264, 265); del Contralor General de la República, del Fiscal General de la República y del Defensor del Pueblo (Poder Ciudadano) (art. 279), y de los miembros del Consejo Nacional Electoral (Poder Electoral) (art. 296).

Ello implica, conforme a las previsiones constitucionales, que todos los titulares de los órganos de los poderes públicos tienen que ser electos popularmente, sea en forma directa o sea indirectamente; de manera que nadie que no sea electo en forma directa por el pueblo puede ejercer el cargo de Presidente de la República o de diputado a la Asamblea Nacional; y nadie que no sea electo indirectamente por el pueblo a través de una mayoría calificada de diputados a la Asamblea Nacional, puede ejercer los altos cargos de los Poderes Ciudadano, Electoral y Judicial.

En el segundo caso de elección popular indirecta, por tanto, solo la Asamblea Nacional actuando como cuerpo elector, de segundo grado puede elegir a los titulares de los órganos de los Poderes Ciudadano, Electoral y Judicial, y ello exclusivamente por la mayoría calificada de las 2/3 partes de los diputados a la misma como representantes del pueblo que son.

Entre estas dos formas de elección popular, por supuesto, lo que difiere es la técnica de la elección. En el caso de la elección directa por el pueblo, cada persona o elector vota por el candidato de su preferencia; en cambio que en la elección indirecta, el cuerpo electoral de segundo grado que es el integrado por los diputados a la Asamblea Nacional, tiene que llegar a un acuerdo para elegir, lo que es propio de la lógica democrática de funcionamiento cuando un grupo político no controla la mayoría calificada de los diputados. En estos casos, por más mayoritario que sea un partido político en la Asamblea, tiene que renunciar a pretensiones hegemónicas y necesariamente tiene que llegar a acuerdos, compromisos o consensos con las diversas fuerzas políticas, de manera que se pueda asegurar la mayoría calificada de los votos para la elección. En democracia, no hay otra forma de realizar una elección indirecta, y en ningún caso, la fuerza política que sea mayoritaria, pero que no controla la mayoría calificada de votos, puede pretender imponer su voluntad individualmente, pues ello sería antidemocrático.

En todo caso, en los supuestos de elección popular indirecta de los titulares de los Poderes Públicos Electoral, Judicial y Ciudadano, los principios constitucionales son precisos para hacer que responda tanto al principio democrático representativo como al principio democrático participativo que derivan del mencionado artículo 6 de la Constitución al exigir que "el gobierno es y será siempre democrático, participativo, electivo."

2. *La lógica democrática representativa en la elección indirecta*

En cuanto a la lógica democrático representativa que deriva de dicha norma, a los efectos de garantizar la mayor representatividad democrática en la elección popular indirecta de los Magistrados del Tribunal Supremo de Justicia, del Contralor General de la República, del Fiscal General de la República, del Defensor del Pueblo y de los miembros del Consejo Nacional Electoral, la Constitución dispone que la misma sólo puede hacerse con el voto de una mayoría calificada de las 2/3 de los diputados que integran la Asamblea Nacional.

Ello está establecido en forma expresa respecto de la elección del Contralor General de la República, del Fiscal General de la República y del Defensor del Pueblo (art. 279), y de los miembros del Consejo Nacional Electoral (art. 296); y en forma implícita respecto de la elección de los Magistrados del Tribunal Supremo de Justicia al exigirse dicha votación calificada para su remoción (art. 264, 265). Con ello, el Constituyente, en lugar de establecer la elección popular directa de dichos altos funcionarios, al regular la elección indirecta sin embargo aseguró una representatividad democrática calificada.

En todo caso, lo importante a destacar de la lógica representativa del principio democrático en estos casos de elección indirecta de los altos funcionarios del Estado, es que la Asamblea Nacional, al efectuar la elección indirecta, no actúa constitucionalmente como cuerpo legislador ordinario o general, sino como cuerpo electoral, al punto que las competencias que le corresponden como tal cuerpo electoral ni siquiera están incluidas entre las competencias generales de la Asamblea Nacional enumeradas en el artículo 187 de la Constitución. Por ello, en el ejercicio de las competencias como cuerpo elector, para la elección en segundo grado de los titulares de los órganos del Poder Público, la Asamblea Nacional no puede actuar sujeta al régimen general de mayorías que se aplican y rigen para su funcionamiento general de la misma actuando como cuerpo legislador, estando en cambio sometida única y exclusivamente al régimen de mayoría calificada que regulan los artículos 264, 265, 279 y 296 de la propia Constitución.

Ahora bien, en cuanto al logro de la mayoría calificada votos de los diputados exigida para la elección indirecta, en una sociedad democrática, cuando un partido político no cuenta con dicha mayoría calificada, la elección de dichos funcionarios tiene que hacerse mediante acuerdos democráticos, para lograr un consenso. Y nada inconstitucional tiene el que dichas mayorías calificadas no se logren de inmediato. Ello lo señaló expresamente la Sala Constitucional del Tribunal Supremo en la sentencia Nº 2073 de 4 de agosto de 2003 (Caso: *Hermánn Escarrá Malaver y otros*) dictada para precisamente resolver sobre la omisión de la Asamblea Nacional en la elección de los miembros del Consejo Nacional Electoral, descartando toda situación de inconstitucionalidad cuando no se logran los acuerdos políticos necesarios, al señalar que:

> "el régimen parlamentario, en muchas oportunidades, exige la toma de decisiones por mayorías calificadas y no por mayorías absolutas o simples; y cuando ello sucede (lo que incluso puede ocurrir en el caso de la mayoría simple), si los integrantes de la Asamblea no logran el acuerdo necesario para llegar a la mayoría requerida, la elección no puede realizarse, sin que ello, en puridad de principios, pueda considerarse una omisión legislativa, ya que es de la naturaleza de este tipo de órganos y de sus votaciones, que puede existir disenso entre los miembros de los órganos legislativos nacionales, estadales o municipales, y que no puede lograrse el número de votos necesarios, sin que pueda obligarse a quienes disienten, a lograr un acuerdo que iría contra la conciencia de los votantes. Desde este ángulo no puede considerarse que existe una omisión constitucional que involucra la responsabilidad de los órganos aludidos en el artículo 336.7 constitucional."[628]

3. *La lógica democrática participativa en la elección indirecta*

Por su parte, en cuanto a la lógica democrático participativa en los casos de elección popular indirecta, ello implica, también para garantizar la mayor participación democrática, que la elección popular indirecta de los Magistrados del Tribunal Supremo de Justicia, del Contralor General de la República, del Fiscal General de la República, del Defensor del Pueblo y de los miembros del Consejo Nacional Electoral, no puede hacerse mediante la sola voluntad de los diputados de la Asamblea Nacional ni siquiera con la mayoría calificada exigida, sino que sólo puede hacerse mediante un procedimiento en el cual se debe asegurar la participación ciudadana, antes de que se efectúe la elección mediante dicha mayoría calificada.

Ello implica que la potestad de elección popular indirecta por parte la Asamblea Nacional está limitada, en el sentido de que sólo puede efectuarse respecto de los candidatos que sean nominados por sendos Comités de Postulaciones, que conforme a la Constitución son: el Comité de Postulaciones Judiciales (arts. 264, 270),[629] el Comité de Evaluación de Postulaciones del Poder Ciudadano (art. 279)[630] y Comité de Postulaciones Electorales (art. 295),[631] todos los cuales deben estar integrados exclusivamente con "representantes de los diversos sectores de la sociedad;" es decir, con personas provenientes de la sociedad civil, lo que implica que en los mismos no pueden tener cabida personas que sean funcionarios públicos. Por tanto, los dipu-

---

628 Véase en http://historico.tsj.gov.ve/decisiones/scon/agosto/2073-040803-03-1254%20Y%201308.HTM. Véanse los comentarios en Allan R. Brewer-Carías, "El control de la constitucionalidad de la omisión legislativa y la sustitución del Legislador por el Juez Constitucional: el caso del nombramiento de los titulares del Poder Electoral en Venezuela," en *Revista Iberoamericana de Derecho Procesal Constitucional,* N° 10 Julio-Diciembre 2008, Editorial Porrúa, Instituto Iberoamericano de Derecho Procesal Constitucional, México 2008, pp. 271-286

629 De acuerdo con el artículo 270, el Comité de Postulaciones Judiciales "estará integrado por representantes de los diferentes sectores de la sociedad."

630 De acuerdo con el artículo 279, el Comité de Evaluación de Postulaciones del Poder Ciudadano, "estará integrado por representantes de diversos sectores de la sociedad."

631 De acuerdo con el artículo 295, el Comité de Postulaciones Electorales "estará integrado por representantes de los diferentes sectores de la sociedad."

tados a la Asamblea Nacional no podrían formar parte de dichos Comités, siendo inconstitucional su inclusión en los mismos.[632]

Ahora bien, la lógica democrática tanto representativa como participativa en la elección popular indirecta de los titulares de los Poderes Públicos es de tal naturaleza en la Constitución[633] que, por ejemplo, en cuanto a la elección de los titulares de los órganos del Poder Ciudadano, el artículo 279 dispone que si de la terna de candidatos para cada cargo que presente el Comité de Evaluación de Postulaciones del Poder Ciudadano ante la Asamblea Nacional, ésta, en un lapso no mayor de treinta días continuos, no logra concertar un acuerdo para elegir con el voto favorable de las dos terceras partes de sus integrantes al titular del órgano del Poder Ciudadano que esté en consideración, entonces, dispone la norma, "el Poder Electoral someterá la terna a consulta popular."

Es decir, que si en el funcionamiento democrático del proceso de selección de los titulares del Poder Ciudadano en la Asamblea Nacional no se logran los acuerdos y consensos para lograr la mayoría calificada necesaria para la elección popular indirecta, en un lapso de 30 días, entonces la elección del titular del órgano del Poder Ciudadano de que se trate, solo puede hacerse por elección directa del pueblo.

Nada de lo anteriormente expuesto, sin embargo, se cumplió en diciembre de 2014, y los titulares de los órganos del Poder Ciudadano, es decir, el Contralor General de la República, el Fiscal General de la República y el Defensor del Pueblo; los Rectores del Consejo Nacional Electoral y los Magistrados del Tribunal Supremo de Justicia, fueron designados inconstitucionalmente, en unos casos, por una mayoría simple de votos de los diputados presentes en la sesión de la Asamblea Nacional; y en otro caso, por la Sala Constitucional del Tribunal Supremo de Justicia, violándose la Constitución, configurándose con ello un golpe de Estado. Para darlo, el Presidente de la Asamblea Nacional y un conjunto de diputados, conspiraron con la Fiscal General de la República, los otros miembros del Consejo Moral Republicano, y con los magistrados de la Sala Constitucional del Tribunal Supremo, en un caso, cometiendo un fraude a la Constitución, y en otro, mutando ilegítimamente su texto.

---

632 Véase los comentarios sobre la inconstitucional práctica legislativa reguladora de los Comités de Postulaciones integradas, cada uno, con una mayoría de diputados, convirtiéndolas en simples "comisiones parlamentarias ampliadas," en Allan R. Brewer-Carías, "La participación ciudadana en la designación de los titulares de los órganos no electos de los Poderes Públicos en Venezuela y sus vicisitudes políticas", en *Revista Iberoamericana de Derecho Público y Administrativo*, Año 5, Nº 5-2005, San José, Costa Rica 2005, pp. 76-95

633 A ello se agrega, como lo indica María Amparo Grau: la importancia de las funciones de dichos órganos del Poder Ciudadano, que requieren el mayor consenso en su selección, a estos competen atribuciones de control de la legalidad y actuación ética de los funcionarios públicos, control del uso legal y ético del dinero y de los bienes del Estado, la protección de los derechos humanos, la buena marcha de la justicia y la investigación y acción penal. Debe evitarse su dependencia política, de allí el necesario consenso para garantizar que este Poder sea un muro de contención a la arbitrariedad, a la corrupción y a la delincuencia." Véase en María Amparo Grau, "**Golpe a la Constitución ¡de nuevo!**," en *El Nacional*, Caracas, 24 de diciembre 2014.

II. LA INCONSTITUCIONAL ELECCIÓN DE LOS TITULARES DEL PODER CIUDADANO Y LA ILEGÍTIMA MUTACIÓN DEL ARTÍCULO 297 DE LA CONSTITUCIÓN.

En efecto, con fecha 22 de diciembre de 2014, la Asamblea Nacional, por mayoría simple de voto de diputados, como si estuviese actuado como órgano legislador general, ignorando el status de cuerpo electoral que para ello tenía conforme a la Constitución, designó a los titulares de los órganos del Poder Ciudadano, es decir, al Contralor General de la República, al Fiscal General de la República y al Defensor del Pueblo, en franca violación al artículo 279 de la Constitución, y contra toda la lógica principio democrático representativo y participativo que establece el artículo 6 de la misma.

Dicho artículo 279 de la Constitución, que desarrolla dicho principio democrático, en efecto, dispone que:

> ***Artículo 279.*** El Consejo Moral Republicano convocará un Comité de Evaluación de Postulaciones del Poder Ciudadano, el cual estará integrado por representantes de diversos sectores de la sociedad; adelantará un proceso público de cuyo resultado se obtendrá una terna por cada órgano del Poder Ciudadano, la cual será sometida a la consideración de la Asamblea Nacional. Esta, mediante el voto favorable de las dos terceras partes de sus integrantes, escogerá en un lapso no mayor de treinta días continuos, al o a la titular del órgano del Poder Ciudadano que esté en consideración. Si concluido este lapso no hay acuerdo en la Asamblea Nacional, el Poder Electoral someterá la terna a consulta popular.
>
> En caso de no haber sido convocado el Comité de Evaluación de Postulaciones del Poder Ciudadano, la Asamblea Nacional procederá, dentro del plazo que determine la ley, a la designación del titular o la titular del órgano del Poder Ciudadano correspondiente.
>
> Los o las integrantes del Poder Ciudadano serán removidos o removidas por la Asamblea Nacional, previo pronunciamiento del Tribunal Supremo de Justicia, de acuerdo con lo establecido en la ley.

Para cualquier lector ligeramente informado, en cuanto a la elección indirecta de los titulares del Poder Ciudadano, la norma dice esencialmente lo que expresan las palabras de su propio texto, sin que sea necesaria interpretación alguna. Lo que dice la norma es que la elección de dichos altos funcionarios la hace la Asamblea Nacional "*mediante el voto favorable de las dos terceras partes de sus integrantes*," lo que responde a la lógica constitucional representativa y participativa de la configuración de la Asamblea como cuerpo elector.

Ello implica, *primero*, que para garantizar la máxima representatividad de la elección a que debe realizar en segundo grado, en representación del pueblo, la Asamblea Nacional debe elegir a los titulares del Poder Ciudadano mediante el voto favorable de las dos terceras partes de los integrantes de la misma; y *segundo*, que para garantizar la máxima participación ciudadana en la elección, la Asamblea Nacional, para tal efecto, no puede elegir a quien sólo escoja y decida dicha mayoría calificada de diputados, sino sólo puede elegir entre los candidatos que se le propongan en una terna que le debe presentar el Comité de Evaluación de Postulaciones del

Poder Ciudadano, el cual debe estar integrado por "representantes de diversos sectores de la sociedad."

La única excepción a esta lógica constitucional democrática representativa y participativa que el texto fundamental le impone a la Asamblea Nacional actuando como tal órgano elector, no se refiere al principio democrático representativo del mismo, sino sólo al principio democrático participativo, al disponer que en caso de no que no se haya podido convocar el Comité de Evaluación de Postulaciones del Poder Ciudadano y, por tanto, aún en ausencia del mecanismo de participación popular que regula la Constitución, la Asamblea Nacional debe proceder como tal órgano elector, "a la designación del titular o la titular del órgano del Poder Ciudadano correspondiente," por supuesto, únicamente en la forma indicada con el voto favorable de las dos terceras partes de sus integrantes, pues dicha lógica democrática representativa no está sujeta a excepción alguna.

Por tanto, no es necesario siquiera ser curioso en leyes, para leer y entender bien lo que la norma dice.

Sin embargo, en un evidente fraude a la Constitución,[634] y mutando su contenido, todo ejecutado como parte de una conspiración para violarla y cambiarla con violencia institucional; conspiración en la cual participaron el Presidente de la Asamblea Nacional y un grupo de diputados, la Presidenta del Consejo Moral Republicano y sus otros miembros, y los magistrados de la Sala Constitucional del Tribunal Supremo de Justicia, el 22 de diciembre de 2014 la Asamblea Nacional procedió a "designar" al Contralor General de la República, al Fiscal General de la República y al Defensor del Pueblo sin sujetarse a la mayoría calificada con la cual sólo puede actuar como órgano elector, procediendo a hacerlo con el voto de una mayoría simple de los diputados como si se tratase de una actuación más del órgano legislativo general, violando el principio democrático representativo de la elección popular indirecta de dichos altos funcionarios de los Poderes Públicos establecido den la Constitución.[635]

---

634 Lo que no ha sido infrecuente en la conducta de los Poderes Públicos en los últimos tres lustros. Véase por ejemplo, lo indicado en Allan R. Brewer-Carías: *Reforma constitucional y fraude a la constitución (1999-2009)*, Academia de Ciencias Políticas y Sociales, Caracas 2009; "Reforma Constitucional y fraude a la Constitución: el caso de Venezuela 1999-2009," en Pedro Rubén Torres Estrada y Michael Núñez Torres (Coordinadores), La reforma constitucional. Sus implicaciones jurídicas y políticas en el contexto comparado, Cátedra Estado de Derecho, Editorial Porrúa, México 2010, pp. 421-533; "La demolición del Estado de Derecho en Venezuela Reforma Constitucional y fraude a la Constitución (1999-2009)," en El Cronista del Estado Social y Democrático de Derecho, Nº 6, Editorial Iustel, Madrid 2009, pp. 52-61; "El autoritarismo establecido en fraude a la Constitución y a la democracia, y su formalización en "Venezuela mediante la reforma constitucional. (De cómo en un país democrático se ha utilizado el sistema eleccionario para minar la democracia y establecer un régimen autoritario de supuesta "dictadura de la democracia" que se pretende regularizar mediante la reforma constitucional)" en el libro: Temas constitucionales. Planteamientos ante una Reforma, Fundación de Estudios de Derecho Administrativo, FUNEDA, Caracas 2007, pp. 13-74.

635 Como lo observó Sergio Sáez, apenas se adoptó la decisión de la Asamblea Nacional:" Queda en el ambiente el sabor amargo de complicidad entre los poderes. Unos por no cumplir con sus obligaciones ante la evidencia de haber estado acéfala la Contraloría General de la República por tanto tiempo; otros ante la proximidad del vencimiento de los restantes titulares del Consejo Moral Republicano, y haber planteado la imposibilidad que de cumplir con el proceso contemplado en la Constitución, para salvaguardar la reelección de sus miembros; otro poder al buscar los vericuetos de la Ley para desprenderse de la responsabilidad de verse obligado a escoger los titulares en cumplimiento estricto de la Ley; y, el último, al hacer uso de su capacidad discrecional nuevamente para mutar la Constitución en lugar de in-

Este fraude constitucional, como lo destacó José Ignacio Hernández, se cometió en "seis actos,"[636] que en esencia fueron los siguientes:

Primer acto: El Consejo Moral Republicano, integrado por los titulares de los tres órganos que lo forman (Contraloría General de la República, Fiscalía General de la República y Defensor del Pueblo), en septiembre de 2014, y bajo la presidencia de la Fiscal General de la República, elaboró, conforme al artículo 279 de la Constitución, unas **Normas Relativas para la convocatoria y conformación del Comité de Evaluación de Postulaciones del Poder Ciudadano, que debía ser integrado** "por representantes de diversos sectores de la sociedad," y cuyos miembros debían haber sido designados por dicho Consejo Moral Republicano. A tal efecto, sus miembros se declararon en sesión permanente.[637]

Segundo acto: A finales de noviembre de 2014, la Presidenta del Consejo Moral Republicana informó públicamente que no había habido "consenso" para designar a los miembros del Comité de Evaluaciones, sin dar explicación de naturaleza alguna, sobre todo cuando en ese momento todos los titulares de dichos órganos eran funcionarios que seguían la línea política del gobierno y de su partido. Nadie, por supuesto, podrá creer jamás que esos altos funcionarios gubernamentales no pudieron ponerse de acuerdo en designar unos miembros de dicho Comité de Evaluaciones.

Tercer acto: La "razón" de no haber llegado a un consenso en el Poder Ciudadano para nombrar los miembros del Comité de Evaluación, fue para dar curso al tercer acto, que consistió en que días después, la Asamblea Nacional, sin competencia alguna para ello, el 2 de diciembre de 2014 designo a los miembros del referido Comité de Evaluación de Postulaciones del Poder Ciudadano. Sin embargo, ningún órgano del Estado que no sea el Consejo Moral Republicano, tiene competencia constitucional alguna para designar dichos miembros del Comité de Postulaciones, por lo que al haber efectuado la Asamblea Nacional la designación de dicho Comité, violó el artículo 279 de la Constitución. Si el Consejo Moral Republicano incumple su obligación constitucional de designar a los miembros del Comité, lo que puede hacer la Asamblea es proceder a la elección popular indirecta del titular del órgano, con la mayoría calificada exigida constitucionalmente, y nada más.

Cuarto acto: El Presidente de la Asamblea Nacional, el viernes 19 de diciembre de 2014, declaró públicamente que la Asamblea procedería a designar a los titulares de los órganos del Poder Ciudadano, aun cuando sabía que no tendría posibilidad de reunir los votos de las 2/3 partes de los diputados como lo exigía la Constitución. Para superar ese escollo, sin embargo, lo que hizo el mismo día de su anuncio, fue solicitar a la Sala Constitucional del Tribunal Supremo de Justicia la "interpretación constitucional" del artículo 279 de la Constitución, el cual como se dijo no requiere interpretación, para que ésta "avalara" la posibilidad de la elección de los titulares de

terpretarla ajustada al legítimo canon del Derecho Constitucional." Véase en Sergio Sáez, "Bochorno y desgracia en la Asamblea Nacional," 23 de diciembre de 2014, en http://www.academia.edu/9879823/Venezuela_Bochorno_y_desgracia_en_la_Asamblea._de_Ing._Sergio_Saez y en http://www.frentepatriotico.com/ini-cio/2014/12/24/bochorno-y-desgracia-en-la-asamblea-nacional/

636 Véase José Ignacio Hernández, "La designación del Poder Ciudadano: fraude a la Constitución en 6 actos;" en *Prodavinci*, 22 de diciembre, 2014, en http://prodavinci.com/blogs/la-designacion-del-poder-ciudadano-fraude-a-la-constitucion-en-6-actos-por-jose-i-hernandez/ .

637 Véase la nota: "Consejo Moral activa conformación del Comité que evaluará postulaciones de aspirantes al Poder Ciudadano," en http://www.cmr.gob.ve/in-dex.php/noticia/84-cmr-aspirante

los órganos del Poder Ciudadano por parte de la Asamblea con el voto de solo una mayoría simple, ignorando su status, en esos casos, de órgano elector que sólo puede decidir con una mayoría calificada de las 2/3 partes de sus miembros.

Paralelamente, el Presidente de la Asamblea Nacional procedió a convocar a una sesión de la Asamblea a realizarse al día siguiente sábado 20 de diciembre de 2014. Sin embargo, como seguramente habría constatado que la Sala Constitucional no podía sacar de un día para otro la sentencia que él mismo había solicitada se dictara, dicha sesión convocada para el sábado 20 de diciembre fue entonces estratégicamente diferida para el lunes 22 de diciembre de 2014. Así se le dejaba el tiempo del fin de semana a la Sala Constitucional para que dictara sentencia interpretativa solicitada.

Quinto acto: La Sala Constitucional, entonces, muy diligentemente y con ponencia conjunta, pudo elaborar la sentencia solicitada entre los días sábado 20 y domingo 21 de diciembre de 2014, la cual fue publicada el lunes 22 de diciembre de 2014, justo antes de que tuviera lugar la sesión de la Asamblea Nacional que se había convocado para "elegir" los titulares de los poderes públicos.

La Sala Constitucional, en dicha sentencia, concluyó en esencia, y por supuesto en forma inconstitucional, que como el segundo párrafo del artículo 279 de la Constitución supuestamente no especificaba cuál debía ser la mayoría que se requería para designar a los representantes del Poder Ciudadano – lo que por supuesto no era necesario pues ya estaba indicado en el primer párrafo de la norma –, entendiendo entonces que esa designación era por la "mitad más uno de los diputados y diputadas presentes en la sesión parlamentaria que corresponda," ignorando el carácter de órgano elector de segundo grado de la Asamblea Nacional que tiene en esos casos, para poder realizar, en representación del pueblo, una elección popular indirecta.

Sexto acto: En esa forma, la Asamblea Nacional procedió a "designar" a los titulares de los órganos del Poder Ciudadano, y entre ellos, ratificando en la Fiscalía General de la República, a la misma Fiscal General de la República quien como Presidenta del Consejo Moral Republicano "no había logrado" un consenso para designar a los miembros del Comité de Evaluación de Postulaciones del Poder Ciudadano, y quien había conspirado con los otros mencionados funcionarios para cambiar con violencia institucional la Constitución. Su nombramiento ilegítimo, fue reincidente, pues también había sido nombrada ilegítimamente en 2007.[638]

La Asamblea Nacional, además, "designó" como Contralor General de la República que el órgano constitucional con la función de controlar en particular a los funcionarios del Poder Ejecutivo, a un funcionario del propio Poder Ejecutivo que en ese momento estaba ejerciendo el cargo de Procurador General de la República, es decir, "designó" Contralor General nada menos que al "abogado del Estado" sujeto a las instrucciones del Poder Ejecutivo. Y como Defensor del Pueblo "designó" a un conocido militante del partido de gobierno, ex Gobernador del uno de los Estados de la República[639]

638 Véase el comentario en Allan R. Brewer-Carías, "Sobre el nombramiento irregular por la Asamblea Nacional de los titulares de los órganos del poder ciudadano en 2007", en Revista *de Derecho Público*, N° 113, Editorial Jurídica Venezolana, Caracas 2008, pp. 85-88.

639 Véase el Acuerdo de la Asamblea Nacional en *Gaceta Oficial* N° 40.567 de 22 de diciembre de 2014. Así resumió el periodista Alex Velázquez lo ocurrido en la Asamblea Nacional para justificar la inconstitucional decisión de elegir con mayoría simple de diputados presentes a los titulares del Poder Ciudada-

Como bien lo intuyó José Ignacio Hernández en su análisis del caso, el primer acto de la conspiración estuvo a cargo de la Fiscal General de la República, como Presidenta del Consejo Moral Republicano, al supuestamente "no haber podido" llegar a un "acuerdo" o "consenso" con los otros titulares del Poder Ciudadano (Contralor General y Defensor del Pueblo) para designar los miembros del Comité de Evaluación de Postulaciones del Poder Ciudadano. Con ello, permitió que se abriera la posibilidad del fraude constitucional en la designación de los titulares del Poder Ciudadano por la Asamblea Nacional, sin la mayoría calificada que exigía su condición de órgano elector, recurriéndose en forma aislada al segundo párrafo del Artículo 279 de la Constitución, y mediante una interpretación constitucional" a la medida, proceder así a su elección por mayoría simple. Por ello, el tercer acto de la conspiración estuvo a cargo del Presidente de la Asamblea Nacional al diferir la sesión de la misma prevista para la designación mencionada, y solicitar a la Sala Constitucional dicha "interpretación constitucional" de la norma, con lo que tuvo lugar el quinto acto de la conspiración, esta vez a cargo de los magistrados de la Sala Constitucional, al pronunciarse en sentencia de 22 de diciembre de 2014 en el sentido solicitado, desconocer el status de cuerpo elector de la Asamblea Nacional en estos casos, y materializar el fraude constitucional, permitiendo la elección de los titulares del Poder Ciudadano por mayoría simple de votos de los diputados presentes, como si se tratase de un acto más de un órgano legislador.

De todo esto, José Ignacio Hernández concluyó indicando, con razón, que:

> "con esa designación, se materializó el fraude a la Constitución: una mayoría de las 2/3 partes pasó a ser una mayoría "simple" o "absoluta". La designación de los representantes del Poder Ciudadano por la mayoría simple o absoluta de los integrantes de la Asamblea puede ser calificado técnicamente de "fraude a la Constitución", pues la violación de la Constitución resulta de una serie de actos que en apariencia son válidos, pero en el fondo implican una clara violación al Artículo 279 de la Constitución, de acuerdo con el cual la designa-

no: "El chavismo jugó sus cartas. En las cuatro horas que duró la sesión extraordinaria de ayer, la bancada oficialista de la Asamblea Nacional se garantizó –en contra de lo que señala la Constitución, pero con el visto bueno del TSJ– el control del Poder Ciudadano.[…]. ¿Cómo lo hicieron? Con una explicación engorrosa, el diputado Pedro Carreño dijo que los 110 votos que ordena el artículo 279 de la Constitución solo son necesarios si la selección se hace luego de que el Consejo Moral Republicano instala el Comité de Postulaciones del Poder Ciudadano. Pero como eso no ocurrió, la carta magna señala que le corresponde a la Asamblea la designación y "no menciona cuántos votos son necesarios" en ese caso. Como le toca al Parlamento, dijo el diputado, se aplica el Reglamento Interior y de Debate, que indica que las decisiones de la Asamblea serán por mayoría absoluta –la mitad más uno de los presentes–, "salvo las que la Constitución o este reglamento especifiquen". En caso de que quedara alguna duda, el presidente del Parlamento, Diosdado Cabello, sorprendió con un anuncio: acudió el 19 de diciembre al TSJ a pedir "de urgencia" que la Sala Constitucional aclarara cuántos votos son necesarios. "Como no soy abogado, y para que no vengan a decir que soy bruto, fui al TSJ para que explique el proceso de selección del Poder Ciudadano", dijo. La respuesta fue publicada ayer mismo en la página del máximo tribunal. Reafirmó, exacta, la tesis de Carreño: que como el dictamen recae en la Asamblea porque el Consejo Moral no realizó el proceso, las decisiones "se toman por mayoría absoluta, salvo las que la Constitución o el reglamento especifiquen". El diputado Stalin González (UNT) aclaró que no son dos procedimientos distintos y que en ambos casos se necesitan las dos terceras partes de los diputados. Se preguntó si el comité nunca se instaló, precisamente, para cometer fraude a la Constitución.". Véase Alex Vásquez, "Imponen al Poder Ciudadano al margen de la Constitución," en *El Nacional*, 23 de diciembre de 2014, en http://www.el-nacional.com/politica/Imponen-Poder-Ciudadano-margen-Constitucion_0_54234-5921.html

ción de los representantes del Poder Ciudadano debe hacerse por la mayoría de las 2/3 partes de los integrantes de la Asamblea Nacional. De hecho, el Artículo 279 constitucional fue modificado, para avalar la designación de los representantes del Poder Ciudadano por mayoría "simple" o "absoluta".[640]

El artífice del fraude constitucional, en todo caso, finalmente fue la Sala Constitucional del Tribunal Supremo, al dictar la mencionada sentencia que fue la N°. 1864 de 22 de diciembre de 2014,[641] en respuesta a la solicitud que le formuló "el ciudadano General de División[642] Diosdado Cabello Rondón, en su condición de Presidente de la Asamblea Nacional" "de interpretación acerca del contenido y alcance del artículo 279 de la Constitución," alegando dicho peticionante, incorrecta y falsamente, que la:

"Constitución establece claramente dos procedimientos para la designación y cada uno con su metodología. En la primera acepción cuando la Asamblea recibe la terna del comité de postulaciones del Poder Ciudadano, se establecen tres condiciones: a) el lapso para la designación (30 días), b) votación por las (2/3) dos terceras partes y c) de no tenerse dicha votación procede el Poder Electoral al sometimiento de la terna a consulta pública.

Para el segundo procedimiento cuando el Poder Ciudadano no logra conformar el comité de evaluación de postulaciones del Poder Ciudadano, el constituyente impone a la Asamblea Nacional la responsabilidad directa de dicha designación, sin otro requerimiento que el lapso de 30 días. En ese sentido se asume que al no estar expresamente establecida la votación calificada, el procedimiento de designación es por mayoría absoluta, a tenor de lo establecido en el artículo 89 del Reglamento de Interior y Debates de la Asamblea Nacional."

La premisa de la cual partió el mencionado "general de división" para formular su recurso de interpretación es falsa, pues la norma constitucional cuya "interpretación" se buscaba no establece sino un solo procedimiento para que la Asamblea Nacional actuando como cuerpo elector y con un mecanismo de participación ciudadana, elija a los titulares de los mencionados Poderes Públicos, con el voto de las 2/3 partes de sus miembros, siendo la segunda parte del artículo una excepción exclusivamente referida al mecanismo de participación ciudadana previsto, que no afecta el

---

640 Véase José Ignacio Hernández, "La designación del Poder Ciudadano: fraude a la Constitución en 6 actos;" en *Prodavinci,* 22 de diciembre, 2014, en http://prodavinci.com/blogs/la-designacion-del-poder-ciudadano-fraude-a-la-constitucion-en-6-actos-por-jose-i-hernandez/

641 La sentencia se publicó inicialmente el 22 de diciembre de 2014 en http://www.tsj.gob.ve/decisiones/scon/diciembre/173494-1864-221214-2014-14-1341.HTML. A los pocos días se montó en: http://historico.tsj.gov.ve/decisio-nes/scon/diciembre/173494-1864-221214-2014-14-1341.HTML

642 Así apareció en la página web del Tribunal Supremo de Justicia cuando personalmente la consulté el mismo día 22 de diciembre de 2014 (en http://www.tsj.gob.ve/decisiones/scon/diciembre/173494-1864-221214-2014-14-1341.HTML). Posteriormente el texto de la sentencia fue modificado en dicha página web, eliminándose el grado militar de esa persona, y por supuesto, sin que el lector pueda saber en qué otros aspectos el texto de la sentencia pudo haber sido ilegítimamente modificado. Véase en http://historico.tsj.gov.ve/decisio-nes/scon/diciembre/173494-1864-221214-2014-14-1341.HTML Véase sobre esto, lo indicado en la Nota: "Sala Constitucional forjó sentencia que autoriza nombrar autoridades con mayoría simple," en https://cloud-1416351791-cache.cdn-cachefront.net/sala-constitucional-forjo-sentencia-que-autoriza-nombrar-autoridades-con-mayoria-simple/#.VJ2Y5U9KGAE.twitter

sistema de votación. Por tanto, en realidad, la norma no da origen a "duda compleja" alguna, siendo sencillamente falso el argumento del Presidente de la Asamblea de que primero, "las dos terceras partes solamente son requeridas para el caso, en que se haya convocado al Comité de Evaluación de Postulaciones del Poder Ciudadano," y segundo de que en caso de que "no se haya convocado al Comité de Evaluación de Postulaciones del Poder Ciudadano, entonces procedería la designación de los titulares del mismo por la mayoría absoluta o simple."

Con estas premisas falsas, y conforme se adujo, se solicitó "con urgencia" a la "docta Sala Constitucional del Tribunal Supremo de Justicia, última y máxima intérprete de nuestra Carta Magna," la interpretación del artículo 279 de la Constitución.

Y efectivamente, la Sala Constitucional, sin mayor argumentación, y sin referirse a la supuesta "duda razonable en cuanto al contenido, alcance y aplicabilidad de las normas constitucionales, respecto del supuesto fáctico" en que se encontraba el militar accionante, actuando además como Presidente de la Asamblea Nacional, muy diligente y sumisamente, durante un fin de semana, hizo lo que aquél le pidió (¿ordenó?). Para ello, consideró que el asunto era de mero derecho, eliminó el derecho de los diputados que tuvieran otra opinión distinta sobre la "interpretación" solicitada y sobre su actuación en el cuerpo elector, a ser oídos y a formular alegatos, en violación del artículo 49 de la Constitución, procediendo a decidir "sin más trámites," sin tomar en cuenta "los valores y principios axiológicos en los cuales se asienta el Estado Constitucional venezolano" como Estado democrático, que exige que los titulares del Poder Ciudadano sean designados mediante elección popular de segundo grado por la Asamblea Nacional con el voto de las 2/3 partes de los diputados, que son los términos establecidos en la Constitución.

Al contrario, la Sala lo que decidió fue que ese carácter de cuerpo elector de la Asamblea Nacional actuando con mayoría calificada, sólo existiría cuando el Consejo Moran Republicano "haya convocado un Comité de Evaluación de Postulaciones del Poder Ciudadano," de manera que supuestamente, si el mismo no se convoca, la Asamblea deja de ser cuerpo elector, y pasa a ser el órgano legislativo general, pudiendo entonces proceder a realizar la elección de dichos altos funcionarios, con mayoría simple, conforme al Reglamento Interior y de Debates de la Asamblea Nacional (art. 89), entendiendo por ello la "mayoría absoluta, que es aquella consistente en la manifestación afirmativa de la mitad más uno de los diputados y diputadas presentes."[643] Es decir, ni siquiera la mitad más uno de los diputados electos que

643 Como se informó en *El Carabobeño* sobre lo dicho por Pablo Aure: "El Gobierno nacional utiliza al Tribunal Supremo de Justicia para violar la Constitución nacional y permanecer en el poder, afirmó Pablo Aure, coordinador del movimiento Valencia se Respeta. Puso como ejemplo "la confabulación de la Asamblea Nacional con la Sala Constitucional del Tribunal Supremo de Justicia para "con un grosero ardid" interpretar el artículo 279 de la Constitución que establece que, para nombrar el Poder Ciudadano, se requiere la aprobación de las dos terceras partes de los integrantes de la Asamblea Nacional. Sin embargo, la Sala Constitucional de manera fraudulenta interpretó que dicho porcentaje solo se requiere en el caso de que los candidatos a conformar el Poder Ciudadano sean propuestos por el Comité de Evaluación de Postulaciones del Poder Ciudadano. Pero, como de allí no partió la propuesta, bastaba con una mayoría simple, señaló Aure. Eso es una barbaridad, porque es ilógico pensar que la Constitución sea menos exigente para nombrar a esos funcionarios, en el caso de que los mismos hubiesen sido previamente preseleccionados por un comité de evaluación de postulaciones, pues la calificación para tales nombramientos, no viene dada por la forma de su preselección sino por la importancia de los cargos del

componen la Asamblea, sino sólo de los presentes en la sesión, lo que por supuesto es contrario a "los valores y principios axiológicos en los cuales se asienta el Estado Constitucional" que en este caso son los principios democráticos que derivan del carácter de cuerpo elector de segundo grado que la norma le asigna a la Asamblea Nacional.

Como lo ha destacado María Amparo Grau, a la Sala Constitucional "no le está dado dictar sentencias contrarias al requisito que el texto, claro, diáfano y meridiano de la Constitución expresa, aunque el partido de gobierno confío que la solución del tema saldría de la sabia decisión de este órgano judicial."[644] Pero en lugar de haber sido una sabia decisión, la interpretación dada por la Sala es tan absurda que de una elección popular en segundo grado atribuida a un cuerpo elector como la Asamblea nacional asegurando una máxima representatividad democrática con el voto de las 2/3 partes de los diputados electos, pasó a permitir la elección de los altos funcionarios de los Podres Públicos con la mayoría simple (la mitad más uno) de los diputados presentes en la sesión respectiva, lo que es una distorsión total del sentido democrático de la elección de segundo grado regulada.

De manera que al contrario de lo decidido por la Sala, la no especificación en el segundo párrafo del artículo 279 Constitucional de un régimen de mayoría específico para la adopción del nombramiento por la Asamblea Nacional, de los titulares del Consejo Moral Republicano, lo que tiene que entenderse es que ello no cambia el régimen de mayoría calificada previsto en la norma, no teniendo ningún asidero constitucional indicar que se aplica la mayoría absoluta propia del funcionamiento ordinario del órgano legislador.

Con lo decidido por la Sala, por tanto, lo que se produjo fue una mutación constitucional totalmente ilegitima, pues conservando el mismo texto del artículo 279 de la Constitución, la Sala Constitucional cambió su propósito y sentido, desnaturalizando el carácter de cuerpo elector de segundo grado de la Asamblea Nacional que sólo puede actuar con el voto de las 2/3 partes de los diputados electos, permitiendo en cambio que con una mayoría simple de los diputados presentes en una sesión se pueda "elegir" a los titulares del Poder Ciudadano; todo ello, para materializar la conspiración para cambiar con violencia institucional la Constitución, que desarrollaron junto con la Sala, la Fiscal General de la República y los otros miembros del Consejo Moral Republicano, y el Presidente y algunos diputados de la Asamblea Nacional.

Sobre ello, Román José Duque Corredor observó con razón que:

> "La anterior interpretación resulta acomodaticia y forzada porque al no poder obtener el partido oficial las dos terceras partes requeridas, en el lapso constitucionalmente establecido, se debía someter a una consulta popular las designaciones, por lo que por esta Sentencia se sustituyó la soberanía popular por una mayoría simple, dado que estando bajo discusión en la Asamblea Nacional la designación de los miembros del Poder Ciudadano, mediante los debates pertinentes, y puesto que el Consejo Moral Republicano había enviado las respec-

---

Poder Ciudadano, explicó la autoridad universitaria" Véase en Alfredo Fermín, "Aure: El Gobierno utiliza al TSJ para violar la Constitución," en *El Carabobeño,* Valencia, 24 de diciembre de 2014.

644 Véase en María Amparo Grau, "**Golpe a la Constitución ¡de nuevo!,**" en *El Nacional*, Caracas, 24 de diciembre 2014.

tivas ternas, subrepticiamente éste participa que no se había cumplido con la designación del Comité de Postulaciones por falta de acuerdo entre ellos para que así se designara al Poder Ciudadano por la Asamblea Nacional y no por la voluntad popular. En todo caso, en el supuesto negado que pudiera hacerlo la Asamblea Nacional, el principio intangible para la designación del Poder Ciudadano, conforme se desprende del artículo 279, constitucional, es el de la votación una mayoría calificada de dos terceras partes y no por una mayoría simple. Con esta Sentencia se violaron normas de la Constitución relativas a la legitimidad de los miembros del Poder Ciudadano y de respeto a la soberanía popular por la interpretación torticera que efectúo la Sala Constitucional."[645]

III. LA INCONSTITUCIONAL ELECCIÓN DE LOS MIEMBROS DEL CONSEJO NACIONAL ELECTORAL POR LA SALA CONSTITUCIONAL DEL TRIBUNAL SUPREMO DE JUSTICIA.

Pero el golpe de Estado de diciembre de 2014 no concluyó con la "designación" de los titulares del Poder Ciudadano, sino con la de los rectores del Consejo Nacional Electoral.

En efecto, el mismo día 22 de diciembre de 2014, al no poder la fracción parlamentaria del partido de gobierno designar por su cuenta, sin acuerdo alguno con los otros grupos parlamentarios, a los miembros del Poder Electoral, específicamente del Consejo Nacional Electoral, por no reunir la mayoría calificada de las 2/3 partes de los diputados, el mismo Presidente de la Asamblea Nacional, Sr. Diosdado Cabello, anunció públicamente "que el Tribunal Supremo de Justicia *se encargará de designar a los rectores y suplentes del Consejo Nacional Electoral (CNE),* pues no se lograron las dos terceras partes necesarias en el Parlamento para la designación," [646] como si dicho órgano judicial tuviese competencia alguna para hacer esa "designación" en sustitución de la Asamblea Nacional.

La decisión inconstitucional de la Asamblea Nacional se reportó en otra noticia de prensa, indicándose que:

> "La designación de los nuevos rectores del Consejo Nacional Electoral (CNE) fue enviada por la Asamblea Nacional al Tribunal Supremo de Justicia (TSJ) por no contar con la mayoría requerida por la Constitución de la República Bolivariana de Venezuela y por ello corresponde a la sala Constitucional del TSJ designar a los rectores del Poder Electoral." [647]

En consecuencia se informó en la prensa que: "Cabello leyó y firmó la comunicación que fue enviada "de inmediato" al máximo órgano de justicia del país,"[648]

---

645 Véase Carta de Román Duque Corredor por designación del Defensor del Pueblo ,al Presidente del Instituto Latinoamericano del Ombudsman, 27 de diciembre de 2014, en http://cronicasvenezuela.com/2014/12/27/carta-de-romn-duque-corredor-por-designacin-del-defensor-del-pueblo/

646 Véase "TSJ decidirá cargos de rectores del CNE", Noticias "Globovisión, Caracas, 22 diciembre de 2014, en http://globovision.com/tsj-decidira-cargos-de-rectores-del-cne/

647 Véase "Designación de rectores y suplentes del CNE pasa al TSJ," en *Informe21.com*, Caracas, 22 de diciembre de 2014, en http://informe21.com/cne/designacion-de-rectores-y-suplentes-del-cne-pasa-al-tsj.

648 Véase "TSJ decidirá cargos de rectores del CNE", Caracas Noticias "Globovisión, 22 diciembre de 2014 en http://globovision.com/tsj-decidira-cargos-de-rectores-del-cne/.

Esta decisión del Presidente de la Asamblea Nacional, por supuesto, fue esencialmente inconstitucional, pues la misma, como cuerpo elector en segundo grado, y menos su Presidente, no puede delegar sus funciones constitucionales en órgano alguno del Estado, y menos en el Tribunal Supremo de Justicia.

Por lo demás, es falso que cuando no se logre la mayoría calificada requerida de votos de diputados para la elección de los miembros del Consejo Nacional Electoral, por falta de acuerdos entre los partidos, ello pueda considerarse como una "omisión inconstitucional" (como lo decidió la Sala Constitucional en 2003); y también es falso que en esos casos "corresponda" al Tribunal Supremo de Justicia, realizar tal elección. Al contrario, el Tribunal Supremo carece de competencia para realizar dicha elección; y mucho menos competencia tiene con el argumento de que en la Asamblea Nacional "no se pudo contar con la mayoría requerida por la Constitución."

La Sala Constitucional, en efecto, es ningún caso puede suplir la voluntad popular expresada en segundo grado que solo puede emanar de la Asamblea Nacional, como cuerpo elector, por lo que al hacer la "elección" de dichos funcionarios, como en efecto lo hizo en diciembre de 2014, incurrió en usurpación de autoridad que conforme al artículo 138 de la Constitución "es ineficaz y sus actos son nulos."

1. *El inconstitucional antecedente de 2003 con ocasión del control de constitucionalidad de la omisión legislativa*

Es muy probable que el Presidente de la Asamblea Nacional, para haber tomado la inconstitucional decisión de transferir a la Sala Constitucional el ejercicio de las funciones de la Asamblea, haya recordado la inconstitucional actuación de la Sala Constitucional del Tribunal Supremo en 2003, al haber designado a los miembros del Consejo Nacional Electoral, en forma provisoria, al ejercer el control de constitucionalidad de la omisión legislativa en haber hecho la elección, que en ese entonces fue requerido por un ciudadano en ejercicio de la competencia establecida en el artículo 336.7 de la Constitución que dispone que la Sala puede:

> "Declarar la inconstitucionalidad de las omisiones del poder legislativo municipal, estadal o nacional cuando haya dejado de dictar las normas o medidas indispensables para garantizar el cumplimiento de esta Constitución, o las haya dictado en forma incompleta; y establecer el plazo y, de ser necesario, los lineamientos de su corrección."

En relación con esta competencia de la Sala Constitucional de controlar la inconstitucionalidad de la omisión legislativa, hemos considerado que la misma no puede conducir a la sustitución del legislador y a dictar la ley o medida respectiva, obviando la función de deliberación de la representación popular, como la misma Sala lo ha decidido. En efecto, en sentencia N° 1043 de 31 de mayo de 2004 (Caso: *Consejo Legislativo del Estado Zulia*), la Sala sostuvo que a pesar de la complejidad de la materia la Jurisdicción Constitucional, difícilmente la misma podría llegar a suplir la omisión del Legislador en su totalidad, señalando que:

> "es constitucionalmente imposible incluso para esta Sala, pese a su amplia competencia constitucional, transformarse en legislador y proporcionar a la colectividad las normas que exige", sin embargo ha considerado que si está facultada para proporcionar soluciones a aspectos concretos, incluso por medio de la

adopción de reglas generales que ocupen temporalmente el lugar de las normas ausentes, pero no para corregir por completo la inactividad del legislador y dictar las normas que se requieran."[649]

En esta línea, en un caso específico, precisamente el ocurrido en 2003, con motivo del recurso por omisión legislativa de la Asamblea Nacional en haber efectuado la elección de los miembros del Consejo Nacional Electoral (Rectores) como correspondía, por la peculiaridad de la situación de entonces, la Sala Constitucional declaró como inconstitucional la omisión legislativa, y se sustituyó en el ejercicio de tal atribución, aunque con carácter provisional, particularmente porque había sido la propia Sala la que había provocado la inmovilidad del Consejo Nacional Electoral nombrado en 2000, con graves consecuencias políticas, que se agravaban si no se elegían los nuevos miembros.[650]

En dicho caso, que fue resuelto por la ya mencionada sentencia Nº 2073 de 4 de agosto de 2003 (Caso: *Hermánn Escarrá Malaver y otros*)[651] la Sala Constitucional, si bien consideró como se ha dicho que la falta de acuerdos parlamentarios, es algo normal en la actuación de los órganos democrático representativos, en ese caso, consideró que la omisión en la designación de los miembros del Consejo Nacional Electoral -aun sin ser ilegítima- podía conducir a ejercer la competencia prevista en el artículo 336.7 de la Constitución y declararla inconstitucionalidad de la omisión, estableciendo un plazo para corregirla y, de ser necesario, los lineamientos de esa concreción. Y eso fue lo que ocurrió, por lo que la Sala Constitucional en esa sentencia conminó a la Asamblea Nacional omisa, para cumplir su obligación, otorgándole para ello un plazo de 10 días, expresándole que si no lo hacía dentro de dicho término, la Sala entonces procedería a corregir en lo que fuese posible la situación que naciera de la omisión concreta, que no era otra, en ese caso, que proceder a hacer la designación "dentro de un término de diez (10) días continuos."

En la sentencia, a todo evento, la Sala hizo los siguientes razonamientos y dejó sentado los siguientes criterios que enmarcaron la forma conforme a la cual se operaría lo que en definitiva fue un secuestro del Poder Electoral:[652]

En *primer lugar*, que en caso de omisión de la elección, las designaciones que pudiera hacer la Sala no podían ser sino provisorias, de manera que los nombramientos cesarían cuando el órgano competente asumiera su competencia y realizara la elección.

---

649 Véase sentencia Nº 1043 de 31–5–2004 (Caso: Consejo Legislativo del Estado Zulia), en *Revista de Derecho Público*, Nº 97–98, Editorial Jurídica Venezolana, Caracas 2004, p. 408.

650 Véase Allan R. Brewer-Carías, *La Justicia Constitucional. Procesos y procedimientos constitucionales*, México, 2007, pp. 392 ss.

651 Véase en http://historico.tsj.gov.ve/decisiones/scon/agosto/2073-040803-03-1254%20Y%201308.HTM. Véanse los comentarios en Allan R. Brewer-Carías, "El control de la constitucionalidad de la omisión legislativa y la sustitución del Legislador por el Juez Constitucional: el caso del nombramiento de los titulares del Poder Electoral en Venezuela," en *Revista Iberoamericana de Derecho Procesal Constitucional*, Nº 10 Julio-Diciembre 2008, Editorial Porrúa, Instituto Iberoamericano de Derecho Procesal Constitucional, México 2008, pp. 271-286

652 Véase en general sobre estas decisiones Allan R. Brewer-Carías, La sala Constitucional vs. El Estado democrático de derecho, *(El secuestro del Poder Electoral y de la Sala Electoral del Tribunal Supremo y la confiscación del derecho a la participación política)*. Ediciones El nacional, Caracas 2004.

En *segundo lugar*, la Sala consideró que para realizar los nombramientos provisorios, debía "adaptarse a las condiciones que la Ley exige al funcionario," pero aclarando, sin embargo, que "debido a la naturaleza provisoria y a la necesidad de que el órgano funcione," la Sala no requería "cumplir paso a paso las formalidades legales que exige la Ley al elector competente, ya que lo importante es llenar el vacío institucional, hasta cuando se formalice lo definitivo," desligándose así la Sala de las exigencias legales que en cambio sí debía cumplir el elector omiso, para la elección popular de segundo grado.

En *tercer lugar*, la Sala Constitucional en ese caso específico, constató la existencia del "vacío institucional," considerando que "la falta de designación de los rectores, en el lapso legal, constituye un vacío que debe esta Sala llenar, si no lo hace la Asamblea Nacional" pues la propia Sala Constitucional en sentencia precedente Nº 2816 de 18 de noviembre de 2002 (Caso: *Consejo Nacional Electoral*),[653] había materialmente paralizado, por supuesto inconstitucionalmente, el funcionamiento del Consejo Nacional Electoral que había sido designado por la Asamblea Constituyente en 2000. Por esta parálisis de funcionamiento, era imperioso para el funcionamiento del sistema político la elección de los nuevos miembros del Consejo Nacional Electoral.

Luego de la sentencia, la Sala Constitucional, transcurridos los 10 días que le había otorgado a la Asamblea Nacional para cumplir su obligación, al no haber logrado el partido de gobierno la mayoría de las 2/3 partes de los diputados de la Asamblea para imponer su criterio y elegir a los miembros del Consejo Nacional Electoral, procedió entonces, en ese caso, a suplir la omisión de la Asamblea Nacional, y a decidir conforme lo había querido el partido de gobierno, lo que hizo mediante sentencia Nº 2341 del 25 de agosto de 2003 (Caso: *Hermánn Escarrá M. y otros*),[654] en la cual procedió a designar a los miembros del Consejo Nacional Electoral y a sus suplentes "de acuerdo con el artículo 13 de la Ley Orgánica del Poder Electoral," sin duda, usurpando una competencia que es exclusiva de la Asamblea Nacional,[655] y por tanto, como en su momento lo expresamos en otro lugar: "extralimitándose en sus funciones y limitando injustificada e ilegítimamente la propia

---

653 Véase en http://historico.tsj.gov.ve/decisiones/scon/noviembre/2816-181102-02-1662.HTM

654 Véase en http://historico.tsj.gov.ve/decisiones/scon/agosto/PODER%20ELEC-TORAL.HTM Véanse los comentarios en Allan R. Brewer-Carías, "El control de la constitucionalidad de la omisión legislativa y la sustitución del Legislador por el Juez Constitucional: el caso del nombramiento de los titulares del Poder Electoral en Venezuela," en *Revista Iberoamericana de Derecho Procesal Constitucional,* Nº 10 Julio-Diciembre 2008, Editorial Porrúa, Instituto Iberoamericano de Derecho Procesal Constitucional, México 2008, pp. 271-286

655 Véase Allan R. Brewer-Carías, Allan R. Brewer–Carías, "El secuestro del Poder Electoral y la confiscación del derecho a la participación política mediante el referendo revocatorio presidencial: Venezuela 2000–2004", en *Boletín Mexicano de Derecho Comparado*, Instituto de Investigaciones Jurídicas, Universidad Nacional Autónoma de México, Nº 112. México, enero–abril 2005 pp. 11–73; y "La autonomía e independencia del Poder Electoral y de la Jurisdicción Electoral en Venezuela, y su secuestro y sometimiento por la Jurisdicción Constitucional," Ponencia presentada al *III Congreso Iberoamericano de Derecho Electoral*, Facultad de Estudios Superiores de Aragón de la Universidad Nacional Autónoma de México, Estado de México, 27-29 Septiembre de 2012.

autonomía del Consejo Nacional Electoral como órgano rector de dicho Poder Público."[656].

El caso, a pesar de sus peculiaridades y sus propias inconstitucionalidades, era sin duda un antecedente, en la materia de la "elección" de los miembros del Consejo Nacional Electoral por parte de la Sala Constitucional, pero al cual no se hizo siquiera alusión en diciembre de 2014, ni en la solicitud del Presidente de la Asamblea Nacional ante la sala Constitucional, ni en la sentencia de la misma.[657]

2. *La nueva usurpación de las funciones de la Asamblea Nacional, como cuerpo elector, por la Sala Constitucional del Tribunal Supremo.*

En efecto, el Presidente de la Asamblea Nacional, por su cuenta y sin que ello por supuesto hubiese sido decidido por la Asamblea Nacional como cuerpo colegiado, considerando erradamente que al no haberse logrado la mayoría calificada para designar a los rectores del Consejo Nacional Electoral, supuestamente, en forma automática, le "correspondía" a la Sala Constitucional proceder a hacer los nombramientos, se dirigió a la misma en fecha 22 de diciembre de 2014, solicitando se procediese a materializar esa usurpación de autoridad, lo que la Sala Constitucional ejecutó, muy diligentemente, mediante sentencia N° 1865 de 26 de diciembre de 2014.[658]

La solicitud del Presidente de la Asamblea, como lo resume la sentencia, en efecto, se limitó a señalar que en la Asamblea "no se logró alcanzar la mayoría requerida por la Constitución en su artículo 296, de las dos terceras partes de sus integrantes, para la designación de los Rectores y Rectoras del Consejo Nacional Electoral postulados o postuladas por la Sociedad Civil," razón por la cual decidió remitir "a ese máximo Tribunal, la presente información, para su consideración y fines correspondientes, según lo establecido en la Constitución de la República Bolivariana de Venezuela, en su artículo 336, numeral 7." De ello, la Sala Constitucional fue la que "dedujo" que se trataba de una solicitud de declaratoria de inconstitucionalidad de una omisión, para lo cual argumentó sobre su competencia en la materia prevista en el mencionado artículo 336.7 de la Constitución, haciendo referencia a su jurisprudencia, desde su sentencia N° 1.556 del 9 de julio de 2002.

Sin embargo, dicha norma, como resulta de su propio texto, sólo autoriza a la Sala Constitucional a declarar que la Asamblea Nacional por ejemplo, no ha dictado una decisión prevista en la Constitución, como una ley o una medida indispensable para garantizar el cumplimiento de la Constitución, como es la elección de altos funcionarios del Estado, ordenando a la Asamblea a dictar la norma o medida, y

---

656 Véase Allan R. Brewer-Carías, *La Justicia Constitucional. Procesos y procedimientos constitucionales*, México, 2007, p. 392.

657 Solo fue ex post facto, mediante declaraciones públicas que la Presidenta del Tribunal Supremo el día 29 de diciembre de 2014, la misma "recordó" que "la Sala "ya actuó de la misma forma en 2003 y 2005, cuando asimismo se registraron casos de la "omisión legislativa" Véase en "Gladys Gutiérrez: En elección de rectores del CNE se siguió estrictamente el procedimiento,: Caracas 29 de diciembre de 2014, en http://www.lapatilla.com/site/2014/12/29/gladys-gutierrez-en-eleccion-de-rectores-del-cne-se-siguio-estrictamente-el-procedimiento/

658 La sentencia inicialmente la consulté en http://www.tsj.gob.ve/decisio-nes/scon/diciembre/173497-1865-261214-2014-14-1343.HTML Posteriormente sólo está disponible en http://historico.tsj.gov.ve/decisiones/scon/diciem-bre/173497-1865-261214-2014-14-1343.HTML.

eventualmente fijar los lineamientos para la corrección de la omisión, pero nunca puede la Sala Constitucional sustituir la voluntad de la Asamblea Nacional como órgano legislativo ni como cuerpo electoral de segundo grado, ni por tanto, dictar por si misma ni la ley ni la medida de la específica competencia de la Asamblea.

Ahora bien, la Sala, en este caso de 2014, al analizar la legitimación activa del Presidente de la Asamblea para remitir al máximo Tribunal, "la presente información, para su consideración y fines correspondientes," dado el carácter de acción popular de la acción por omisión, expresó falsamente que ejercía – como se indica en la sentencia - "la representación del órgano parlamentario y en ejercicio de la cual declaró la imposibilidad de ese cuerpo deliberante de designar a los Rectores y Rectoras del Consejo Nacional Electoral," supuestamente habiendo solicitado a la Sala "*supla la aludida omisión*," lo cual no era cierto.

Eso no lo dijo en su solicitud el mencionado funcionario. Una cosa es controlar la inconstitucionalidad de la omisión que es lo que dispone el artículo 336.7 de la Constitución, norma que fue a lo única a lo cual hizo referencia indirecta el solicitante, y otra cosa es pedirle a la Sala que "supliera" a la Asamblea, es decir, que hiciera la "elección" en lugar del cuerpo elector, lo cual no podía hacer por ser ello inconstitucional. Pero ello fue lo que en definitiva hizo la Sala Constitucional, en un "proceso" que discrecionalmente consideró como de mero derecho, decidiéndolo "sin necesidad de abrir procedimiento alguno," para negarle a los interesados, como por ejemplo, a los propios diputados de la Asamblea Nacional que no estuviesen conformes con la petición, su derecho a ser oídos, violándose así el artículo 49 de la Constitución.

Por otra parte, como bien lo observó José Ignacio Hernández,

> "en este caso, quien ejerció la omisión fue, precisamente, el Presidente de la Asamblea Nacional, que es el órgano controlado por la acción de omisión.
>
> Al hacer ello, se llegó a una situación paradójica: la Asamblea Nacional se demandó a sí misma. En efecto, quien demandó la omisión legislativa fue el Presidente de la Asamblea, órgano que según la demanda habría incurrido en esa omisión. Una especie de "auto-demanda", tan incoherente, que devela la inconstitucionalidad de la sentencia comentada."[659]

Para decidir el caso, la Sala Constitucional, además de narrar lugares comunes sobre la penta división del Poder Público, e indicar que todos los cinco poderes nacionales, entre ellos el Poder Electoral deben contar con titulares electos conforme a los términos establecidos en la Constitución, se refirió a la información dada a la Sala por el propio Presidente de la Asamblea Nacional, lo que además consideró que era un "hecho notorio comunicacional," en el sentido de que no se había logrado "acuerdo de la mayoría respectiva de los integrantes de ese órgano al que le compete la designación de los rectores del Consejo Nacional Electoral," de lo cual la Sala evidenció inconstitucionalmente y contrariando el principio democrático representativo que rige los órganos deliberantes, "la ocurrencia de una omisión por parte del órgano parlamentario nacional," además de constatar que se habían agotado los

659 Véase José Ignacio Hernández, "La inconstitucional designación de los rectores del CNE," en *Prodavinci*, Caracas 27 de diciembre de 2014, en http://proda-vinci.com/blogs/la-inscostitucional-designacion-de-los-rectores-del-cne-por-jose-ignacio-hernandez/

procedimientos previstos en el artículo 296 del Texto Fundamental y en el artículo 30 de la Ley Orgánica del Poder Electoral, todo lo cual, a juicio de la Sala Constitucional, había sido reconocido por el Presidente de la Asamblea Nacional.

Precisó la Sala, que "la omisión de designación es un hecho objetivo que se constata de la solicitud que efectuó el Presidente de la Asamblea Nacional, y que obedece a que no existe en el órgano parlamentario la mayoría calificada, consistente en el voto favorable de las dos terceras partes de sus integrantes, tal como lo exige el artículo 296 del Texto Fundamental," de lo cual entonces dedujo la Sala Constitucional," que había "la existencia de la omisión por parte de la Asamblea Nacional de designar a los Rectores y Rectoras del Consejo Nacional Electoral conforme a las postulaciones realizadas por la sociedad civil."

Bastó este simple e infundado razonamiento para que entonces, la Sala Constitucional "en atención al mandato estatuido en los artículos 296, 335 y 336, numeral 7, de la Constitución," resolviese, no conminar a la Asamblea a que cumpliera sus funciones fijándole por ejemplo un plazo para ello como había ocurrido en el antecedente jurisprudencial de 2003, sino pasar directamente a "designar" a los miembros del Consejo Nacional Electoral, así: "como primera rectora principal a la ciudadana Tibisay Lucena, y como sus suplentes a los ciudadanos Abdón Rodolfo Hernández y Alí Ernesto Padrón Paredes; como segunda rectora principal a la ciudadana Sandra Oblitas, y como sus suplentes a los ciudadanos Carlos Enrique Quintero Cuevas y Pablo José Durán; y como tercer rector principal al ciudadano Luis Emilio Rondón, y como sus suplentes a los ciudadanos Marcos Octavio Méndez y Andrés Eloy Brito." Luego de ello, la Sala convocó a los Rectores y Rectoras designados como principales y suplentes para su juramentación, la cual se llevó a cabo en la propia Sala el día lunes 29 de diciembre de 2014.

La designación de estos rectores del Consejo Nacional Electoral por la Sala Constitucional, por otra parte, fue hecha en forma definitiva para el período constitucional correspondiente, abandonándose la idea de la "provisionalidad" en la designación que había prevalecido en el antecedente jurisprudencial mencionado de 2003.

Todo ello, por supuesto, fue absolutamente inconstitucional, pues en la Asamblea Nacional, en diciembre de 2014, en realidad, no hubo omisión inconstitucional alguna por parte de la Asamblea Nacional en la elección, al punto de que el propio Presidente de la misma ni siquiera usó la palabra "omisión" en su solicitud. Es falso, por tanto lo afirmado por la Sala Constitucional en el sentido de que la referida "omisión de designación" haya sido un "hecho objetivo que se constata de la solicitud que efectuó el Presidente de la Asamblea Nacional," pues éste nada dijo al respecto.[660] Lo único que expresó el solicitante fue que no se logró la mayoría calificada de las 2/3 partes de sus integrantes para que se pudiera materializar la elección de los miembros del Consejo Nacional Electoral, y ello como la misma Sala Constitucional lo decidió en otra sentencia de 2003 antes citada, no es ni puede ser inconstitucional en sí mismo. De ello, sin embargo, fue la Sala Constitucional la que falsamente dedujo que dicha mayoría calificada no existía ("no existe en el órgano par-

---

660 Por ello José Ignacio Hernández indicó, con razón, que "se declaró una omisión que en realidad no existía." Véase José Ignacio Hernández, "La inconstitucional designación de los rectores del CNE," en *Prodavinci*, Caracas 27 de diciembre de 2014, en http://prodavinci.com/blogs/la-inscostitucional-designacion-de-los-rectores-del-cne-por-jose-ignacio-hernandez/,

lamentario"), y que había "la imposibilidad" de hacer la elección, diciendo entonces, como consecuencia, una supuesta "existencia de la omisión por parte de la Asamblea Nacional."

En un órgano deliberante como la Asamblea Nacional, se insiste, el que no se lleguen a acuerdos parlamentarios mediante discusión y consensos, en ocasiones determinadas, no significa que haya "omisión" y menos inconstitucional. De ello se trata la democracia, precisamente de acuerdos y consensos cuando una sola fuerza política no controla la mayoría requerida para decidir. En esos casos, tiene que llegar a un acuerdo con las otras fuerzas políticas. Como lo expresó la propia Sala Constitucional en 2003, en la antes mencionada sentencia N° 2073 de 4 de agosto de 2003 (Caso: *Hermánn Escarrá Malaver y otros*), [661] cuando "los integrantes de la Asamblea no logran el acuerdo necesario para llegar a la mayoría requerida, la elección no puede realizarse, sin que ello, en puridad de principios, pueda considerarse una omisión legislativa, ya que es de la naturaleza de este tipo de órganos y de sus votaciones, que puede existir disenso entre los miembros de los órganos legislativos, y que no puede lograrse el número de votos necesarios, sin que pueda obligarse a quienes disienten, a lograr un acuerdo que iría contra la conciencia de los votantes." En esos casos, por tanto no hay inconstitucionalidad alguna sino necesidad de que las fuerzas políticas lleguen a un acuerdo, cediendo y acordándose mutuamente, que es lo propio en la democracia.

Como lo observó Román José Duque Corredor, la Sala Constitucional:

> "consideró como una omisión inconstitucional la falta del acuerdo político entre los integrantes de la Asamblea Nacional para alcanzar la mayoría de las 2/3 partes necesarias para designar los Rectores del CNE, cuando no se trata de falta alguna para dictar una ley o alguna medida jurídica indispensable para que se cumpla la Constitución, sino de la falta del consenso, en las discusiones parlamentarias, para lograr la decisión política requerida para la legitimidad democrática de origen de un órgano del Poder Público. Ese desacuerdo político no es propiamente una inactividad de la Asamblea Nacional, como lo quiere hacer ver la Sala Constitucional." [662]

Por tanto, al decidir la Sala Constitucional, de oficio, que por no haberse logrado una determinada mayoría en la Asamblea, como la quería el partido de gobierno, ya ello implicaba que "no existía" la posibilidad de lograr dicha mayoría, que por tanto había "la imposibilidad" de hacer la elección, y había una "omisión inconstitucional," lo que estableció en definitiva es que la democracia parlamentaria en sí misma es inconstitucional, siendo al contrario, "constitucional," la situación en la cual un

---

661 Véase en http://historico.tsj.gov.ve/decisiones/scon/agosto/2073-040803-03-1254%20Y%201308.HTM. Véanse los comentarios en Allan R. Brewer-Carías, "El control de la constitucionalidad de la omisión legislativa y la sustitución del Legislador por el Juez Constitucional: el caso del nombramiento de los titulares del Poder Electoral en Venezuela," en *Revista Iberoamericana de Derecho Procesal Constitucional,* No. 10 Julio-Diciembre 2008, Editorial Porrúa, Instituto Iberoamericano de Derecho Procesal Constitucional, México 2008, pp. 271-286

662 Véase Román José Duque Corredor, "El logaritmo inconstitucional: 7 Magistrados de la Sala Constitucional son iguales a 2/3 partes de la representación popular de la Asamblea Nacional,: Caracas 29 de diciembre de 2014, en http://www.frentepa-triotico.com/inicio/2014/12/29/logaritmo-inconstitucional/.

partido imponga su voluntad sin necesidad de llegar a acuerdos con los otros partidos o grupos políticos representados en la Asamblea.

Se trata, en definitiva, de una decisión que legitima el autoritarismo, considerándose en ella como "constitucional" que el partido de gobierno adopte decisiones sin oposición alguna, y al contrario, como "inconstitucional" que entre en juego la democracia parlamentaria representativa, y que en alguna sesión de la Asamblea el partido de gobierno no logre imponer su voluntad por no disponer de la mayoría calificada de las 2/3 partes de los diputados, y tenga que llegar a acuerdos o consensos con otros grupos.[663]

Y en medio de este absurdo, es todavía más absurdo que en forma muy antidemocrática, la Sala Constitucional no sólo haya usurpado la voluntad popular que debía expresar en segundo grado la Asamblea Nacional como órgano elector en estos casos para decidir con mayoría calificada de votos de las 2/3 partes de sus miembros, sino que haya considerado "constitucional" el hecho de que sus siete magistrados, que son personas no electas por voto directo, usurpando dicha condición de órgano elector que solo corresponde a la Asamblea nacional, sustituyan la voluntad de los 2/3 de sus diputados, y hayan "elegido" sin cumplir los requisitos constitucionales, a los miembros del Consejo Supremo Electoral.

Toda esta aberrante situación la resumió Román José Duque Corredor, al analizar lo que llamó el "logaritmo inconstitucional":

> "La Sala In-Constitucional , o mejor dicho , la Sala Celestina, del Tribunal Supremo de Justicia, manipula torticeramente los artículos 336.7 y 296, de la Constitución, para designar para el Consejo Nacional Electoral, en lugar de las 2/3 partes de los integrantes de la Asamblea Nacional, los postulados por el PSUV que no obtuvieron el acuerdo de esa mayoría calificada. Para ello dicha Sala declaró como inconstitucional el que en las sesiones parlamentarias los diputados no hubieren alcanzado esa mayoría de las 2/3 partes y consideró competente a sus 7 Magistrados para sustituir esa mayoría calificada en un nuevo logaritmo. Es decir, que exponencialmente 7 Magistrados equivalen a 110 diputados. Con esta fórmula la Sala Celestina designó los Rectores del CNE que 99 oficialistas no pudieron designar. La base de este logaritmo inconstitucional es la tergiversación de normas constitucionales que para que esa designación tenga la legitimidad democrática de una elección de segundo grado, exigen un con-

663 Como lo ha destacado José Ignacio Hernández, "La existencia de mayorías calificadas para designar a ciertos funcionarios, como es el caso de las dos terceras partes de los integrantes de la Asamblea necesarias para designar a los Rectores del CNE, tiene un claro propósito: forzar al acuerdo de voluntades entre los distintos partidos políticos, evitando que el partido de la mayoría simple (o absoluta) dicte todas las decisiones. Esto es así, pues si un solo partido político en la Asamblea puede dictar todas las decisiones, sin tener que pactar con otros partidos, estaríamos ante lo que Alexis de Tocqueville llamó la "tiranía de la mayoría". [...] Por eso es que la Constitución de 1999 no permite a la Sala Constitucional asumir la designación de los Rectores del CNE, pues esa designación solo podía ser efectuada por la voluntad de las dos terceras partes de los diputados de la Asamblea. Es decir, no basta –no debe bastar– la voluntad de uno solo para efectuar esa designación. La Sala Constitucional asumió, así, de manera unilateral, una designación que por Constitución debía ser plural. Lo hizo, además, ignorando a esas dos terceras partes de la Asamblea –que es una entidad distinta a quien preside la Asamblea– pues ni siquiera siguió previo juicio." Véase José Ignacio Hernández, "La inconstitucional designación de los rectores del CNE," en *Prodavinci*, Caracas 27 de diciembre de 2014, en http://prodavinci.com/blogs/la-inscostitucional-designacion-de-los-rectores-del-cne-por-jose-ignacio-hernandez/.

senso o una gran mayoría de la representación popular por la que sufragó el pueblo al elegir la Asamblea Nacional. Con esas 2/3 partes lo que la Constitución pretende es garantizar la autenticidad de la base popular de dicha designación. En otras palabras, que la exigencia de esa mayoría calificada es una manera de que la soberanía popular indirectamente intervenga en la conformación del Poder Electoral, cuya titularidad le corresponde en los términos del artículo 5° de la Constitución [...]

En base, pues, a su torticera interpretación, la Sala Constitucional, de nuevo en su función de Sala Celestina del gobierno y de ejecutora de ordenes cuartelarías, mediante un logaritmo inconstitucional sustituyó a las 2/3 partes de la representación popular de la Asamblea Nacional, es decir, a 110 de sus diputados, por sus 7 Magistrados, con lo que una vez más contribuye con la perdida de vigencia y con la desinstitucionalización del Estado de Derecho democrático en Venezuela."[664]

IV. LA INCONSTITUCIONAL ELECCIÓN DE LOS MAGISTRADOS DEL TRIBUNAL SUPREMO DE JUSTICIA POR LA ASAMBLEA NACIONAL

El último paso de la conspiración para consolidar en diciembre de 2014 el total acaparamiento y control de los Poderes Públicos por parte del partido de gobierno, ocurrió el 28 de diciembre de 2014 con la elección, por parte de la Asamblea Nacional, de doce de los magistrados del Tribunal Supremo de Justicia

Conforme a lo establecido en los artículos 264 y 265 de la Constitución, en efecto, como hemos señalado, también se dispone la elección popular en segundo grado de los magistrados del Tribunal Supremo de Justicia por la Asamblea Nacional, como cuerpo elector, y si bien en dichas normas no se precisa como en los otros casos de funcionamiento del cuerpo elector que la elección debe hacerse con el voto de las 2/3 partes de los diputados que integran la Asamblea, al preverse sin embargo que la remoción de los mismos sólo puede realizarse con el voto de dichas 2/3 partes, se debe entender dentro de la lógica constitucional democrática que rige la elección popular de segundo grado, que la elección también tiene que realizarse mediante dicha mayoría calificada.

Ello se estableció como principio en el artículo 38 de la Ley Orgánica del Tribunal Supremo de Justicia, pero con una lamentable e incongruente previsión, al regularse la designación de los Magistrados del Tribunal Supremo de Justicia por la Asamblea Nacional por un período único de 12 años, conforme al siguiente procedimiento:

> "Cuando sea recibida la segunda preselección que consigne el Poder Ciudadano, de conformidad con el artículo 264 de la Constitución y la presente Ley, en sesión plenaria que sea convocada, por lo menos, con tres días hábiles de anticipación, la Asamblea Nacional hará la selección definitiva con el voto favorable de las dos terceras (2/3) partes de sus miembros. En caso de que no se logre el voto favorable de la mayoría calificada que se requiere, se convocará a una segunda sesión plenaria, de conformidad con este artículo; y si tampoco se

664 Véase Román José Duque Corredor, "El logaritmo inconstitucional: 7 Magistrados de la Sala Constitucional son iguales a 2/3 partes de la representación popular de la Asamblea Nacional,: Caracas 29 de diciembre de 2014, en http://www.frentepa-triotico.com/inicio/2014/12/29/logaritmo-inconstitucional/

obtuviese el voto favorable de las dos terceras (2/3) partes, se convocará a una tercera sesión y, si en ésta tampoco se consiguiera el voto favorable de las dos terceras (2/3) partes de los miembros de la Asamblea Nacional, se convocará a una cuarta sesión plenaria, en la cual se harán las designaciones con el voto favorable de la mayoría simple de los miembros de la Asamblea Nacional".

Mediante la previsión de la última parte de este artículo 38 de la Ley Orgánica, en definitiva, si no se logra reunir la mayoría calificada de los diputados de la Asamblea para la elección de los Magistrados, los mismos se podrían elegir con una mayoría simple de los diputados presentes, lo cual como hemos expresado en otro lugar, "es completamente incongruente" con la mayoría requerida para su remoción conforme al artículo 265 de la Constitución. [665]

Ahora bien, precisamente conforme a esa incongruencia legislativa, el 27 de diciembre de 2014 se informó en la prensa por el Presidente de la Asamblea Nacional, que en virtud de que en la sesión de ese día, "no hubo *mayoría calificada*, dos terceras partes con 110 diputados, para la designación de magistrados para el Tribunal Supremo de Justicia,[...] *convocó a una cuarta sesión extraordinaria para este domingo* 28 de diciembre a las 10:00 am," anunciando simplemente que "**Vamos a designarlos con el voto favorable de la mayoría simple (99 diputados**)."[666]

Y efectivamente eso fue lo que ocurrió en la sesión de la Asamblea Nacional del 28 de diciembre de 2014, en la cual, con una votación de mayoría simple,[667] los diputados oficialistas designaron a doce magistrados del Tribunal Supremo de Justicia,[668] sin que además se hubiera garantizado efectivamente la participación de los diversos sectores de la sociedad en el Comité de Postulaciones Judiciales, el cual, en la Ley Orgánica del Tribunal Supremo de Justicia, se configuró como una comisión parlamentaria "ampliada," controlada por la Asamblea Nacional.

V. EL RESTABLECIMIENTO DE LA CONSTITUCIÓN Y EL DERECHO A LA RESISTENCIA FRENTE A AUTORIDADES ILEGÍTIMAS

En esta forma, en apenas una semana, y como producto de una conspiración para cambiar con violencia institucional la Constitución, en la cual participaron activamente la Presidenta del Consejo Moral Republicano y los otros órganos del Poder Ciudadano, el Presidente de la Asamblea Nacional y el grupo de diputados oficialistas, y los magistrados de la Sala Constitucional del Tribunal Supremo de Justicia, en Venezuela se dio un golpe de Estado y se mutó ilegítimamente la Constitución para elegir inconstitucionalmente a los titulares de los órganos del Poder Ciudadano, del Poder Electoral y del Tribunal Supremo de Justicia, por un órgano que carecía de competencia para ello, como es la Asamblea Nacional actuando como órgano legis-

---

665 Véase Allan R. Brewer-Carías y Víctor Hernández Mendible, *Ley Orgánica del Tribunal Supremo de Justicia 2010*, Editorial Jurídica Venezolana, Caracas 2010, p. 34.

666 Véase en: "AN convoca a cuarta sesión para designar a magistrados del TSJ," en Globovisión.com, Caracas 27 de diciembre de 2014, en http://globovision.com/an-convoca-a-cuarta-sesion-para-designar-a-magistrados-del-tsj-2/

667 Véase en: "AN designa a los magistrados del TSJ," en Globovisión.com, 28 diciembre de 2014, en http://globovision.com/an-designa-a-los-magistrados-del-tsj/

668 Véase el Acuerdo de la Asamblea Nacional con los nombramientos, en *Gaceta Oficial* N° 40.570, 29 de diciembre de 2014, y N° 6.165 Extra., 28 de diciembre de 2014.

lativo ordinario, cuando ello le corresponde a la Asamblea Nacional actuando cuerpo elector de segundo grado, que sólo puede proceder con la mayoría de las 2/3 partes de sus integrantes; o como es la Sala Constitucional del Tribunal Supremo de Justicia. En ambos casos ha habido una usurpación de funciones que hace nulos los actos dictados, quedando las designaciones efectuadas como ilegitimas de origen, de manera que como lo expresó María Amparo Grau, "independientemente del desempeño, tales funcionarios lo serán de hecho, nunca de derecho," pero con el agravante de que en este caso no se aplicaría la doctrina del "funcionario de hecho" puesto que en este caso:

> "no existe buena fe en el proceder de una Asamblea que violenta de forma flagrante el procedimiento de selección de estas autoridades para imponer a los candidatos de su preferencia, sin pasar por el necesario acuerdo parlamentario con los representantes de otras tendencias políticas y sin someterse si quiera a la voluntad popular, que es la que en última instancia ha debido resolver, a falta de acuerdo sobre quienes han debido pasar a ocupar las principales posiciones de los órganos del Poder que integran el Consejo Moral Republicano. A unos días de haber celebrado oficialmente los 15 años de la Constitución, vuelven a violarla con descaro, pero esta vez pasando por encima incluso de la competencia atribuida por esta al propio soberano. Los cargos así designados están viciados por una ilegitimidad de origen que los convierte en funcionarios de facto. Estamos en un régimen caracterizado por la hipernormatividad y el discurso, pero en el que el valor de la norma, incluida la constitucional, no existe."[669]

En todo caso, con el golpe de Estado dado en diciembre por los Poderes Públicos, y aun cuando la Constitución haya sido violada, sin embargo, como lo precisa su artículo 333, por el hecho de haberse dejado de observarse por el acto de fuerza institucional antes mencionado, la misma no ha perdido vigencia, estando todo ciudadano obligado, esté investido o no de autoridad, de colaborar con los medios de los cuales dispone al restablecimiento de su efectiva vigencia.

Y en cuanto a las autoridades ilegitimas designadas mediante el golpe de Estado de diciembre de 2015, conforme al artículo 350 de la misma Constitución, el pueblo de Venezuela, fiel a su tradición republicana, a su lucha por la independencia, la paz y la libertad, está en la obligación de desconocerlas, por contrariar los valores, principios y garantías democráticos, y por menoscabar al menos el derecho ciudadano a la democracia y a la supremacía constitucional.

Este derecho de resistencia a la opresión o a la tiranía, como lo señaló la propia Sala Constitucional en sentencia N° 24 de 22 de enero de 2003 (Caso: *Interpretación del artículo 350 de la Constitución*), es precisamente el que "está reconocido en el artículo 333 de la Constitución, cuya redacción es casi idéntica al artículo 250 de la Carta de 1961" agregando la Sala que:

> "Esta disposición está vinculada, asimismo, con el artículo 138 *eiusdem*, que declara que 'Toda autoridad usurpada es ineficaz y sus actos son nulos.'
>
> El derecho a la restauración democrática (defensa del régimen constitucional) contemplado en el artículo 333, es un mecanismo legítimo de desobedien-

669 Véase en María Amparo Grau, "**Golpe a la Constitución ¡de nuevo!,**" en *El Nacional*, Caracas, 24 de diciembre 2014.

cia civil que comporta la resistencia a un régimen usurpador y no constitucional."[670]

Sin embargo, la misma Sala Constitucional conspiradora, al "interpretar" dicho artículo 350 de la Constitución, en la misma sentencia N° 24 de 22 de enero de 2003 argumentó, restrictivamente, que el derecho del pueblo de desconocer las autoridades ilegítimas en él previsto, sólo:

> "puede manifestarse constitucionalmente mediante los diversos mecanismos para la participación ciudadana contenidos en la Carta Fundamental, en particular los de naturaleza política, preceptuados en el artículo 70, a saber: "la elección de cargos públicos, el referendo, la consulta popular, la revocación del mandato, las iniciativas legislativa, constitucional y constituyente, el cabildo abierto y la asamblea de ciudadanos y ciudadanas."[671]

Es decir, en general, la Sala Constitucional, materialmente redujo las formas de ejercer dicho derecho a la resistencia a los mecanismos de sufragio (de elección o de votación), cuyo ejercicio esta precisamente controlado por uno de los órganos ilegítimos que el pueblo tiene derecho a desconocer, como es el Consejo Nacional Electoral cuyos titulares fueron recién electos por la propia Sala Constitucional usurpando la función de la Asamblea Nacional como cuerpo elector de segundo grado.

Ello, al hacer imposible que se pueda ejercer dicho derecho a la resistencia, tanto por la actuación de la Sala Constitucional usurpadora como contra el Consejo Nacional Electoral ilegítimo, necesariamente tendrá que abrir otras alternativas democráticas para su manifestación.[672]

---

670 Véase en *Revista de Derecho Público*, N° 93-96, Editorial Jurídica Venezolana, Caracas 2003, pp. 126-127.

671 *Idem*.

672 Véase sobre ello Allan R. Brewer-Carías, "El derecho a la desobediencia y a la resistencia contra la opresión, a la luz de la *Declaración de Santiago*" en Carlos Villán Durán y Carmelo Faleh Pérez (directores), *El derecho humano a la paz: de la teoría a la práctica,* CIDEAL/AEDIDH, Madrid 2013, pp. 167-189. Véase igualmente: "El Juez Constitucional vs. El derecho a la desobediencia civil, y de cómo dicho derecho fue ejercido contra el Juez Constitucional desacatando una decisión ilegítima (El caso de los Cuadernos de Votación de las elecciones primarias de la oposición democrática de febrero de 2012)", en *Revista de Derecho Público*, N° 129 (enero-marzo 2012), Editorial Jurídica Venezolana, Caracas 2012, pp. 241-249.

SEGUNDA PARTE:

LA RUINA DE LA DEMOCRACIA

EL texto de esta *Segunda parte* de este Tomo XVI de la Colección *Tratado de Derecho Constitucional* está conformado básicamente por el del libro *La ruina de la democracia (Algunas consecuencias: Venezuela 2015)*, publicado en la Colección de Estudios Políticos Nº 12, Editorial Jurídica Venezolana, Caracas 2015. Las partes de dicho libro que no se incluyen en este Tomo XVI, y que se refieren a sentencias dictadas contra el principio democrático por la Sala Constitucional, se publicaron en el Tomo XIV de la Colección sobre *El Juez Legislador y la Patología de la Justicia Constitucional.*

El referido libro *La ruina de la democracia* fue precedido de la siguiente NOTA del Autor y el prólogo del profesor Asdrúbal Aguiar:

NOTA DEL AUTOR:

I

La democracia en Venezuela está en ruinas, consecuencia del desgobierno que durante quince años condujo al país en nombre de una supuesta revolución que comenzó desde cuando Hugo Chávez y su hueste militar (hueste en la cual se colaron algunos civiles serviles) asaltaron el poder en 1999, usando los instrumentos de la democracia pero para precisamente destruirla como régimen político representativo. Como lo destacó Luis Ugalde SJ:

> **"El equívoco en Venezuela es que el Régimen llegó por vía democrática y logró hacer creer al mundo que actuaba democráticamente con el maravilloso objetivo de acabar con la pobreza. A mitad de camino trató de cambiar la Constitución por otra a la medida de sus propósitos dictatoriales y, aunque en 2007 fue derrotado con los votos, continúa anticonstitucionalmente."** [673]

La consecuencia de ello es que ninguno de los elementos ni componentes esenciales de la democracia definidos en la Carta Democrática Interamericana tiene ya aplicación ni vigencia en nuestro país; ese mismo país que otrora fue ejemplo de funcionamiento de un sistema democrático representativo, que además de haber defendido a la democracia en el Continente, tanto acogió y

---

673 Véase Luis Ugalde, "Leopoldo, dictadura, elecciones," en *El Nacional*, Caracas, 24 de septiembre de 2015, en http://www.el-nacional.com/sj-_luis_ugalde/Leopoldo-dictadura-elecciones_0_707329426.html

protegió a los perseguidos políticos de las dictaduras militares de otros países, entre ellas las de Argentina, Chile y Uruguay. Ello, al menos, debió haber generado un mínimo de solidaridad de los gobiernos de los países latinoamericanos en relación con lo que le ocurre a un pueblo que ahora está inerme, vandalizado por un gobierno despilfarrador de la riqueza más grande que gobierno alguno haya podido haber recibido en corto tiempo, y que en lugar de haber logrado con ella el desarrollo social, ha convertido al pueblo en una masa más miserable y sin derechos, desprovista incluso del elemental valor humano al trabajo, reducida a la ilusa esperanza de recibir dádivas de un aparato burocrático corrupto e incompetente.

En el país, en definitiva, los valores de la democracia desaparecieron para el gobierno, y con ello, los derechos ciudadanos, al punto de que quien ejercía la Presidencia de la República no tuvo otra cosa que decirle a los venezolanos, ante la posibilidad que el gobierno pudiera perder la mayoría parlamentaria en la Asamblea Nacional en las elecciones de diciembre de 2015, que no fuera la amenaza de que "Venezuela entraría en una de las más turbias y conmovedoras etapas de su vida política" en la cual "no entregaríamos la revolución y la revolución pasaría a una nueva etapa," consistente en que gobernaría "con el pueblo, en unión cívico militar," y "con la Constitución en la mano" echaría adelante "la independencia de Venezuela cueste lo que cueste, como sea;" agregando que: "quien tenga oídos que entienda, el que tenga ojos que vea clara la historia, la revolución no va a ser entregada jamás, escuchen."[674]

Por ello, seguramente, ante la misma perspectiva de la perdida de las elecciones parlamentarias, semanas antes les dijo a los venezolanos:

> **"Prepárense para un tiempo de masacre y de muerte si fracasara la revolución bolivariana, prepárense..."[675]**

Con esto, para el que pudiera tener dudas, quedó claro que se trataba de un gobierno que no creía en la alternabilidad republicana ni en los derechos de las minorías, y para el cual la pérdida del control del poder lo único que podía provocar era "masacre y muerte."

Una expresión más bárbara de parte de un Jefe de Estado ante la perspectiva de poder perder la mayoría parlamentaria en unas elecciones, es ciertamente muy difícil de encontrar, siendo lo dicho, la verdad, la negación más absoluta de la democracia. Si alguien quería pruebas de la barbarie, ésta ciertamente es una prueba más, irrefutable, pública y notoria.

Quizás por ello, el Secretario General de la Organización de Estados Americanos, Luis Almagro, le recordó a uno de los responsables de la destrucción de la democracia en Venezuela, en carta abierta de 17 de septiembre de 2015, refiriéndose sin duda a la "revolución bolivariana" en nombre de la cual se niega la

---

674 Véase "Maduro amenaza con "alianza cívico-militar" en caso de perder las elecciones," en *Noticias Caracol*, 30 de octubre de 2015, en http://www.noticiascara-col.com/mundo/maduro-amenaza-con-alianza-civico-militar-en-caso-de-perder-las-elecciones.Véase igualmente en "Maduro amenaza con "alianza cívico-militar" en caso de perder las elecciones," *El Espectador*, 31 de octubre de 2015, en http://www.elespectador.com/noticias/elmundo/maduro-amenaza-alianza-civico-militar-caso-de-perder-el-video-596184.

675 Véase en https://www.facebook.com/jorge.l.a.1/videos/10207363989478447/.

alternabilidad y lo que se promete es "masacre y muerte," y respondiéndole a quien "parece no comprender la importancia del respeto a las minorías y lo importante que es que un gobierno le dé garantías a esas minorías," que:

> **"ninguna revolución puede dejar a la gente con menos derechos de los que tenía, más pobre en valores y en principios, más desiguales en las instancias de la justicia y la representación, más discriminada dependiendo de dónde está su pensamiento o su norte político. Toda revolución significa más derechos para más gente, para más personas.**
>
> **La Democracia es el gobierno de las mayorías, pero también lo es garantizar los derechos de las minorías. No hay democracia sin garantías para las minorías. [...] Hay algo que está por encima de cualquier comunidad ideológica, son los valores republicanos esenciales, de los cuales no podemos prescindir en ningún pensamiento, porque hacen al derecho de los pueblos y hacen a las garantías que les debemos a cada uno de los ciudadanos y ciudadanas."**
>
> **[...] La justicia que debemos construir tiene que sostenerse en la ley, y debemos sostener las leyes en la dimensión ética de los principios que surgen de la acción moral. "Todos los que están agobiados por la injusticia deben ser nuestros protegidos". Y no habrá ninguna razón para que nos callemos ante eso, cuando falten garantías del debido proceso, cuando haya denegación de justicia o cuando existan condiciones infamantes."[676]**

II

Este libro contiene precisamente diversos trabajos redactados hasta octubre de 2015, antes de la realización de las elecciones parlamentarias de diciembre de este año, en los cuales analizo algunos hechos y actos políticos e institucionales de mayor relevancia ocurridos en Venezuela, producto precisamente de la ruina de la democracia, de la ausencia de justicia, de la destrucción de los valores del debido proceso, de la persecución y discriminación ideológica y de la política de aniquilamiento de las minorías.

Todos estos trabajos no son solo el reflejo del deterioro o del desmantelamiento de la democracia y del desprecio sistemático a la ley, a lo cual me he referido en otras obras,[677] sino de la ruina que ha quedado de dicha devastación

676 Véase el texto de la carta dirigida a Elías Jaua, quien después de haber sido Constituyente en 1999, ha ocupado la Vicepresidencia de la República, ha sido Ministro de Relaciones Exteriores, Ministro de Tierras y Desarrollo Agrícola, Ministro para las Comunas, y titular de otra serie de carteras ministeriales, en https://www.face-book.com/jorge.l.a.1/videos/10207363989478447/. Véase además la reseña en *El Nacional*, Caracas 18 de septiembre de 2015, en http://www.el-nacio-nal.com/mundo/Luis-Almagro-respondio-Elias-Jaua_0_703729818.html La carta de Almagro fue la respuesta a una desafortunada carta que en fecha 9 de septiembre le había enviado el Sr. Jaua, en la cual, entre otras cosas, al "recordarle" que fue electo Secretario General de la OEA con el voto de Venezuela como si ello originara compromisos ciegos, lo acusó de haber asumido "el papel esperado de procónsul que le exige el Departamento de Estado, dedicando toda su gestión a atacar a la patria libre y digna de Bolívar." Véase el texto de esta carta en twitdoc.com/4QFN. Véase la oficial del gobierno de Venezuela sobre la misma en: http://www.rnv.gov.ve/imper-dible-lee-la-carta-que-escribio-elias-jaua-al-secretario-general-de-la-oea-luis-almagro-tuit/

677 Véase Allan R. Brewer-Carías, *Dismantling Democracy. The Chávez Authoritarian Experiment*, Cambridge University Press, New York 2010; *Authoritarian Government v. The Rule of Law. Lectures and*

después de quince años de golpes a la democracia dados por el Poder Ejecutivo y el Poder Legislativo, a los que se suman los dados por el Juez Constitucional,[678] basados todos en mentiras sobre mentiras definidas como política de Estado,[679] que ha conducido a la consolidación, sobre dicha ruina, de un Estado Totalitario[680] como el que padecemos.

Se recogen, así en este libro, precedidos, de un estudio *A manera de Introducción*, sobre "La destrucción de la democracia y la necesidad de restablecerla a través de la resistencia popular y la desobediencia civil, incluso mediante el sufragio," otros estudios que conforman las diecinueve partes del libro, así:

***Primera parte*: El estudio sobre "El desquiciamiento de la Administración Pública: un esfuerzo sostenido: 2000-2015," que recoge diversos análisis sobre los condicionantes políticos de la Administración Pública durante los últimos quince años, preparados como texto de base para las Videoconferencias que dicté a los alumnos del *Curso sobre Fundamentos de la Administración Pública*, Escuela de Estudios Políticos y Administrativos, Facultad de Ciencias Jurídicas y Políticas, Universidad Central de Venezuela, Caracas, 20 de noviembre de 2014 y 5 de mayo de 2015; y de la a *Cátedra de Administración Pública*, Escuela de Estudios Internacionales, Universidad Santa María, Caracas, 2 de junio de 2015; y para la presentación en las *XIV Jornadas de Derecho Público*, Facultad de Ciencias Jurídicas y Políticas, Universidad Monteávila, Caracas 5 de marzo de 2015.**

***Segunda parte*: El estudio sobre "Del Estado democrático al servicio de los ciudadanos al Estado Totalitario al servicio de la burocracia," que recoge el texto de la Ponencia en la cual traté el tema "Del derecho administrativo al servicio de los ciudadanos en el Estado democrático de derecho, al derecho administrativo al servicio de la burocracia en el Estado totalitario: la mutación en el caso de Venezuela," presentada en el *XIV Congreso Internacional de Derecho Administrativo, Puntos de encuentro: una mirada comparada al desarrollo y futuro del Derecho Administrativo al servicio de la ciudadanía,* organizado por el**

Essays (1999-2014) on the Venezuelan Authoritarian Regime Established in Contempt of the Constitution, Fundación de Derecho Público, Editorial Jurídica Venezolana, Caracas 2014.

678 Allan R. Brewer-Carías, *El golpe a la democracia dado por la Sala Constitucional (De cómo la Sala Constitucional del Tribunal Supremo de Justicia de Venezuela impuso un gobierno sin legitimidad democrática, revocó mandatos populares de diputada y alcaldes, impidió el derecho a ser electo, restringió el derecho a manifestar, y eliminó el derecho a la participación política, todo en contra de la Constitución),* Colección Estudios Políticos Nº 8, segunda edición, (Con prólogo de Francisco Fernández Segado), Editorial Jurídica venezolana, Caracas 2015. Véase también Allan R. Brewer-Carías, *Crónica sobre la "In" Justicia Constitucional. La Sala Constitucional y el autoritarismo en Venezuela*, Colección Instituto de Derecho Público, Universidad Central de Venezuela, Nº 2, Caracas 2007; y *Práctica y distorsión de la Justicia Constitucional en Venezuela (2008-2012)*, Colección Justicia Nº 3, Acceso a la Justicia, Academia de Ciencias Políticas y Sociales, Universidad Metropolitana, Editorial Jurídica Venezolana, Caracas, 2012.

679 Allan R. Brewer-Carías, *La mentira como política de Estado. Crónica de una crisis política permanente. Venezuela 1999-2015* (Prólogo de Manuel Rachadell), Colección Estudios Políticos, Nº 10, Editorial Jurídica Venezolana, Caracas, 2015.

680 Allan R. Brewer-Carías, *Estado totalitario y desprecio a la ley. La desconstitucionalización, desjuridificación, desjudicialización y desdemocratización de Venezuela*, Fundación de Derecho Público, Editorial Jurídica Venezolana, segunda edición (Con prólogo de José Ignacio Hernández), Caracas, 2015.

XV Foro Iberoamericano de Derecho Administrativo, Facultad de Derecho, Universidad de Puerto Rico, octubre 2015.

Tercera parte: **El estudio sobre "La confiscación de la autonomía de los partidos políticos," que es el comentario jurisprudencial sobre el nuevo golpe a la democracia dado por la Sala Constitucional del Tribunal Supremo mediante la sentencia Nº 1.023 de 30 de julio de 2015, dictada en el caso del partido Copei, para ser publicado en la *Revista de Derecho Público,* Nº 143 (Tercer Trimestre 2015, Editorial Jurídica Venezolana, Caracas 2015.**

Cuarta parte: **El estudio sobre "El fin de la autonomía universitaria," que es el Comentario Jurisprudencial sobre la sentencia Jurisprudencial a la sentencia Nº 831 de 7 de julio de 2015 de la Sala Constitucional que llevó a las universidades nacionales en el cadalso, poniendo su autonomía en manos del verdugo judicial, al imponerles la obligación de violar la Ley de Universidades y abdicar a su autonomía garantizada en la propia Constitución, redactado para ser publicado en la *Revista de Derecho Público,* Nº 143 (Tercer Trimestre 2015, Editorial Jurídica Venezolana, Caracas 2015.**

Quinta parte: **El estudio sobre "El desprecio a la Constitución con la creación del Estado Comunal," que recoge el trabajo que preparé sobre el tema de la reforma constitucional y la organización del Estado en Venezuela con la creación del Estado Comunal y la desconstitucionalización del Estado Constitucional, como una muestra más del desprecio a la supremacía y rigidez constitucional, para su publicación en la obra: *Libro Homenaje a Santiago Muñoz Machado, Reforma Constitucional y Organización del Estado*, Madrid 2015.**

Sexta parte: **El estudio sobre "La destrucción de la institución municipal como política pública," que es el texto de base de la Videoconferencia dictada en las *XIX Jornadas Internacionales sobre Federalismo, Descentralización y Municipio*, organizadas por el Centro Iberoamericano de Estudios Provinciales y Locales, Universidad de Los Andes, Mérida, 13 de marzo de 2015.**

***Séptima parte*: El estudio sobre "La inversión del rol del Juez Constitucional en el Estado Totalitario actuando como 'consultor jurídico' del Poder Ejecutivo," que es el texto del Comentario Jurisprudencial sobre la sentencia de la Sala Constitucional Nº 100 de 20 de febrero de 2015, en la cual la misma lo que hizo fue emitir un "dictamen" sobre la "Ley del 2014 para la Defensa de los Derechos Humanos y la Sociedad Civil de Venezuela," (*Venezuela Defense of Human Rights and Civil Society Act of 2014),* emanada del Senado de los Estados Unidos de América el 8 de diciembre de 2014, para ser publicado en la *Revista de Derecho Público,* Nº 141 (Primer Trimestre 2015, Editorial Jurídica Venezolana, Caracas 2015.**

***Octava parte*: El estudio sobre "El cuestionamiento del Poder Judicial venezolano hasta por un tribunal extranjero," que es el análisis de la sentencia de 31 de julio de 2015 de la Sala IV (Sala Constitucional) de la Corte Suprema de Justicia de Costa Rica mediante la cual se liberó a un presunto estafador cuya extradición había sido solicitada por el Estado de Venezuela, basándose no solo en los errores inexcusables cometidos en la petición de extradición formulada, sino en el hecho de que la ausencia de autonomía e independencia del Poder Judicial en Venezuela no le puede garantizar a nadie la posibilidad de debido**

proceso, para ser publicado en la *Revista de Derecho Público,* Nº 143 (Tercer Trimestre 2015, Editorial Jurídica Venezolana, Caracas 2015.

Novena parte: El estudio sobre "El amparo constitucional dictado en Venezuela contra un Estado extranjero," que es el texto del Comentario Jurisprudencial a la sentencia Nº 973 de 25 de julio de 2014 de la Sala Constitucional dictada contra el Estado de Aruba, en la cual además se creó un fuero privilegiado de su competencia a favor de los altos funcionarios públicos," para ser publicado en la *Revista de Derecho Público,* Nº 139 (Tercer Trimestre 2014, Editorial Jurídica Venezolana, Caracas 2014, pp. 162-173.

Décima parte: El estudio sobre "El secreto y la mentira como política de Estado y el fin de la obligación de transparencia," que es el texto del Comentario Jurisprudencial sobre la sentencia de la Sala Político Administrativa del Tribunal Supremo de Justicia Nº 935 de 4 de agosto de 2015, mediante la cual se liberó inconstitucionalmente al Banco Central de Venezuela de cumplir su obligación legal de informar al país sobre los indicadores económicos, arrebatándole a los ciudadanos sus derechos a la trasparencia gubernamental, de acceso a la justicia y de acceso a la información administrativa, para ser publicado en la *Revista de Derecho Público,* Nº 143 (Tercer Trimestre 2015, Editorial Jurídica Venezolana, Caracas 2015.

Décima primera parte: El estudio sobre "La desconstitucionalización de la garantía del debido proceso en las actuaciones administrativas," que es el texto del Comentario Jurisprudencial sobre la sentencia de la Sala Político Administrativa del Tribunal Supremo Nº 1.604 de 25 de noviembre de 2014, para ser publicado en la *Revista de Derecho Público,* Nº 141 (Primer Trimestre 2015, Editorial Jurídica Venezolana, Caracas 2015.

Décima segunda parte: El estudio sobre "Transparencia y acceso a la justicia: Progresión y regresión," que fue el texto de base redactado para la conferencia dictada en el *II Congreso Jurídico de la Hacienda Pública*, Contraloría General de la República, San José Costa Rica, 8 y 9 septiembre 2015.

Décima tercera parte: el estudio sobre "La masacre de la Constitución con los decretos de estado de excepción en los municipios fronterizos con Colombia," que es el texto del Comentario Legislativo a los Decretos Ley Nos. 1.950, 1.969, 1.989, 2.013, 2.014, 2.015 y 2.016 dictados en agosto y septiembre de 2015, mediante los cuales se aniquiló de una manera anómala, inefectiva e irregular la garantía de los derechos fundamentales en la zona, que el Juez Constitucional se abstuvo de controlar, para ser publicado en la *Revista de Derecho Público,* Nº 143 (Tercer Trimestre 2015, Editorial Jurídica Venezolana, Caracas 2015.

Décima cuarta parte: El estudio sobre "La constitucionalización del control judicial de la Administración: formalidad y frustración," que es el texto de la Ponencia sobre el régimen constitucional de la jurisdicción contencioso administrativa en Venezuela, y su inoperancia en la práctica, presentada al *XIV reunión del Foro Iberoamericano de Derecho Administrativo*, Facultad de Derecho, Universidad de Puerto Rico, San Juan de Puerto Rico, 26-30 de octubre de 2015.

Décima quinta parte: El estudio sobre "Presiones políticas contra la Corte Interamericana de Derechos Humanos: denegación de justicia y desprecio a la Ley," que es el análisis de los efectos de las presiones políticas ejercidas por el Estado de Venezuela en contra de dicha Corte, con comentarios sobre las circunstancias que rodearon la sentencia de la Corte Interamericana en el caso *Allan Brewer Carías vs. Venezuela* de 22 de junio de 2014, como un caso de denegación de justicia internacional y de desprecio al derecho, que fue el texto de la Ponencia presentada al *XII Congreso Iberoamericano de Derecho Constitucional. El Diseño institucional del Estado Democrático,* en la sección: *Eje temático: Funciones públicas y nueva relación entre el derecho constitucional, el derecho internacional y los escenarios jurídico-globales,* organizado por el Instituto Iberoamericano de Derecho Constitucional, Universidad Externado de Colombia, Bogotá, 16-17 septiembre de 2015.

Décima sexta parte: El estudio sobre "La violación de la libertad de expresión en el caso RCTV: la responsabilidad del Estado y la 'inejecutabilidad' de la sentencia internacional de condena," que es el Comentario Jurisprudencial sobre la sentencia de la Corte Interamericana de Derechos Humanos de 22 de junio de 2015 que condenó al Estado venezolano en el caso *Granier y otros (Radio Caracas Televisión), vs. Venezuela,* por violación a la libertad de expresión y de diversas garantías judiciales, y sobre cómo el Estado, ejerciendo una bizarra "acción de control de convencionalidad" ante su propio Tribunal Supremo, logró que el mismo mediante sentencia Nº 1.175 de 10 de septiembre de 2015 de la Sala Constitucional, declarase inejecutable la sentencia en su contra en Venezuela, para ser publicado en la *Revista de Derecho Público,* Nº 142 (Segundo Trimestre 2015, Editorial Jurídica Venezolana, Caracas 2015.

Décima séptima parte: el estudio sobre "La condena a Leopoldo López o de cómo los jueces del horror están obligando al pueblo a la rebelión popular," redactado con ocasión de la sentencia penal dictada en su contra el 10 de septiembre de 2015, con referencias a las confesiones del Fiscal del caso, reconociendo cómo el juicio fue una farsa en el cual alegó pruebas falsas. Noviembre 2015.

Décima octava parte: el estudio sobre "La criminalización del derecho a manifestar y el desprecio a la libertad de los estudiantes. O de cómo los jueces del horror, en el juicio contra Leopoldo López, condenaron arbitrariamente al estudiante Ángel González Suárez por haber manifestado," donde también se hacer referencias a las confesiones del Fiscal acusador que construyó las pruebas falsas en las que se basó la condena. Octubre 2015.

Y *décima novena parte*: El estudio sobre "El Estado irresponsable," que es el texto de la Nota redactada para la Presentación en el *XIII Foro Iberoamericano de Derecho Administrativo*, sobre "Responsabilidad patrimonial del Estado," organizado por el Foro Iberoamericano de Derecho Administrativo, Universidad Panamericana, Ciudad de México, 13 de octubre de 2014.

Por la importancia y la relación que tienen con todas las crónicas y estudios que conforman este libro, publicamos además, como *Apéndices*, primero, el Informe de la Comisión Internacional de Juristas titulado *Venezuela El Ocaso del Estado de Derecho (Informe Misión, Octubre 2015)*; y segundo, la *Carta de respuesta del Secretario General de la Organización de Estados Americanos Luis*

Almagro a la presidenta del Consejo Nacional Electoral, Tibisay Lucena, sobre garantías en las elecciones del 6 de diciembre de 2015, de 10 de noviembre de 2015.

III

Lo importante a destacar de todos los estudios que conforman este libro, y que son testimonio del proceso de devastación de la democracia que se produjo en el país, es que ya casi no queda nada más por demoler de la misma ni de sus principios, por lo que la reconstrucción de la misma, después de tanta insensata destrucción, será una inmensa empresa que ineludiblemente, y ahora más temprano que tarde, los venezolanos tendremos de acometer en el futuro.

El ya largo ciclo histórico de la crisis del período político de la democracia de partidos instaurado a partir de 1958, crisis que comenzó a manifestarse con el suicidio de los partidos políticos a partir de 1993, puede decirse que ya está por terminar, siendo sin duda una oportunidad histórica que los venezolanos tenemos por delante para comenzar a montar el futuro período histórico político, la realización de las próximas elecciones parlamentarias de diciembre de 2015; para lo cual las mismas tendrían efectivamente que convertirse en la manifestación más contundente de fuerza, de rebelión y de resistencia popular frente al régimen autoritario, con el propósito de desplazarlo del poder, utilizando para ello uno de los medios que le reconoce al pueblo la propia Constitución.

Como lo dijo el Secretario Ejecutivo de la alianza opositora Mesa de la Unidad Democrática (MUD) a fines de octubre de 2015, ante las declaraciones de Maduro de que de perder el gobierno las elecciones parlamentarias "no entregarían la revolución: "Maduro por fin pegó una, Maduro tiene razón, él no va a entregar el poder, se lo vamos a quitar con los votos del pueblo, con los mecanismos y procedimientos que establece la Constitución."[681]

IV

El régimen que se desarrolló en el país desde 1999, en efecto, como resulta evidente de los trabajos aquí publicados y de las otras obras citadas, provocó el establecimiento de un Estado totalitario conducido por autoridades ilegítimas que han sometido a la sociedad a un terrorismo de Estado, guiadas por una ideología de odio y exterminio, con asesinatos, confiscaciones, caos económico, desabastecimiento, hambre y corrupción, definida ésta, junto con la mentira, incluso, como política de Estado. Ese régimen, en la víspera de las elecciones parlamentarias de 2015, es el que tiene que ser cambiado, y ya parece claro que solo podrá serlo por un acto de fuerza o de rebelión popular que ahora tiene que manifestarse a través de la votación popular.

Para tal fin, la sociedad civil y política debería convertir en la práctica a las elecciones parlamentarias de diciembre de 2015, en una manifestación de fuerza popular, de rebelión y resistencia frente al régimen autoritario, para despla-

---

681 Véase "Oposición venezolana confiada en que votos "arrebatarán" poder a Maduro," en *El nuevodía.com,* 30 de octubre de 2015, en http://www.elnuevodia.com/noticias/internacionales/nota/oposicionvenezolanaconfiadaenquevotosarrebataranpoderamaduro-2119643/

zarlo del poder con el propósito de reconstruir la democracia. y desmontar el autoritarismo.

Así como el régimen autoritario se impuso por la fuerza de una votación en 1999, ahora también por la fuerza de otra votación el pueblo podría iniciar el desalojo de esos dirigentes del poder, ejerciendo su soberanía a través de la elección de una nueva Asamblea Nacional, como acto político tendiente a desconocer el régimen ilegítimo que gobierna al país desde 1999, que ha contrariado los valores, principios y garantías democráticos establecidos en la Constitución, y ha menoscabado los derechos humanos. Ese régimen, como lo observó Luis Ugalde SJ., tiene su fuerza en "las armas, la policía, los poderes (Ejecutivo, Legislativo, Judicial, Electoral, Moral...), el control de los medios de comunicación, de la economía en ruinas y de los dólares, de las importaciones y su distribución" en el cual "nada funciona bien, pero todo se impone con la bota militar," frente al cual, sin embargo, el gran potencial de la sociedad democrática "está en la frustración e indignación, combinado con la esperanza decidida de que es posible una Venezuela digna, democrática, justa y próspera." En esa situación, dijo con razón Luis Ugalde S.J.:

> **"La sociedad tiene que ver con claridad que al gobierno en un año se le ha volteado la población: se fueron el líder inspirador y el dinero para regalar; la inseguridad y la muerte están desatadas; arruinaron la economía; carecen de eficiencia y honestidad para gobernar y aplacar la indignación de los venezolanos de todos los colores [...] Quedan un par de meses para concentrar todas las fuerzas en la votación multitudinaria y en defenderla de las mil inhabilitaciones, trampas, coacciones...; lograr una victoria rotunda el 6 de diciembre y obligar a reconocerla. Al mismo tiempo se trabaja articulando equipos para un cambio de régimen y de modelo económico-político, sin lo cual es imposible salir de esta miseria. Con las dos cosas combinadas, tendremos transición democrática con nuevo Ejecutivo mucho antes de 2019."** [682]

V

Por ello, no hay ahora otra alternativa para lograr desalojar dicho régimen del poder, que no sea por esa fuerza que sólo puede manifestarla el pueblo, como titular de la soberanía, mediante una votación. Se trata, en definitiva, de enfocar a la elección parlamentaria como una forma de manifestación de fuerza popular en ejercicio del derecho ciudadano de resistencia a la opresión que se garantiza en el artículo 350 de la Constitución, que dispone que:

> ***Artículo 350.* El pueblo de Venezuela, fiel a su tradición republicana, a su lucha por la independencia, la paz y la libertad, desconocerá cualquier régimen, legislación o autoridad que contraríe los valores, principios y garantías democráticos o menoscabe los derechos humanos.**

---

682 Véase Luis Ugalde, "Leopoldo, dictadura, elecciones," en *El Nacional*, Caracas, 24 de septiembre de 2015, en http://www.el-nacional.com/sj-_luis_ugalde/Leopoldo-dictadura-elecciones_0_707329-426.html.

Como el Tribunal Supremo interpretó en 2003 que el ejercicio de este derecho a la desobediencia civil y a la resistencia a la opresión debía realizarse como manifestación del ejercicio de la soberanía mediante el sufragio popular conforme a lo dispuesto en el artículo 70 de la Constitución ("elección de cargos públicos, el referendo, la consulta popular, la revocación del mandato, las iniciativas legislativa, constitucional y constituyente, el cabildo abierto y la asamblea de ciudadanos y ciudadanas"),[683] el ejercicio del derecho a la resistencia y a la desobediencia civil frente a un régimen ilegítimo como el actual, contrario a los valores, principios y garantías democráticos y que ha menoscabado los derechos humanos, debe entonces ejercerse, por ahora, utilizando la vía del sufragio.

Para tal efecto es que precisamente las organizaciones civiles y políticas democráticas deben plantear la votación para la elección de los diputados a la Asamblea Nacional de diciembre de 2015, no como el ejercicio de elegir en determinados circuitos electorales uno que otro o muchos diputados, sino como un acto de manifestación de fuerza que sea la expresión de la voluntad popular de resistir al régimen autoritario y de desobedecer sus ejecutorias, de manera que cambiando la composición de la Asamblea Nacional, y controlando su mayoría calificada, se lo pueda barrer del ejercicio del poder.

En el período de transición que necesariamente tiene que abrirse, y en el cual sin duda tiene que haber consensos negociados,[684] pero forzados por la manifestación de fuerza de la voluntad popular,[685] para la reconstrucción democrática, por lo demás, las Fuerzas Armadas deberán cumplir su rol de velar por la estabilidad de las instituciones democráticas, acatando la Constitución por encima de cualquier otra obligación. Ello, incluso, deben garantizarlo si en el país se diera inicio a un proceso constituyente para consolidar el Estado democrático y social de derecho, federal y descentralizado políticamente, basado en la distribución vertical del Poder Público, que en 1999 quedó pendiente de estructurar.

New York, 12 de noviembre de 2015

---

683 Sentencia de la Sala Constitucional N° 24 de 22 de enero de 2003 (Caso: *Interpretación del artículo 350 de la Constitución*), en *Revista de Derecho Público*, N° 93-96, Editorial Jurídica Venezolana, Caracas 2003, pp. 126-127. Véase los comentarios al derecho a la resistencia y desobediencia civil en Allan R. Brewer-Carías, *La Constitución de 1999. Derecho Constitucional Venezolano*. Editorial Jurídica Venezolana, Caracas 2004, Tomo I, pp. 133 ss.; y "El derecho a la desobediencia y a la resistencia contra la opresión, a la luz de la *Declaración de Santiago*" en Carlos Villán Durán y Carmelo Faleh Pérez (directores), *El derecho humano a la paz: de la teoría a la práctica,* CIDEAL/AEDIDH, Madrid, 2013, pp. 167-189.

684 Por supuesto, una vez que sean debidamente fumigados los órganos del Poder para desalojar las sabandijas que los han minado. Véase sólo la noticia que sale hoy, 12 de noviembre de 2015, en primera página de la prensa mundial: "U.S. Arrests Two Relatives Of Venezuelan President," en *The Wall Street Journal*, New York, November 12, 2015, pp. A1 y A12; "U.S. Is Holding Relatives Of Venezuelan Leader," *The New York Times*, November 12, 2015, p. A6; "Escándalo en Venezuela. EE UU detiene por tráfico de drogas a dos familiares de Maduro," *El País*, 12 de noviembre de 2015, en http://elpais.com/elpais/portada_america.html

685 Véase en "Luis Ugalde: Es necesario un consenso para la transición en Venezuela," *analitica.com*, 22 de junio de 2015, en http://www.analitica.com/actualidad/actua-lidad-nacional/ugalde-es-necesario-un-consenso-para-la-transicion-en-venezuela/

PRÓLOGO:

EL PESO DEL PRESENTE Y LA ENSEÑANZA DE LA HISTORIA

Asdrúbal Aguiar

Miembro de la Real Academia Hispanoamericana de Ciencias, Artes y Letras

Ex ministro de Relaciones Interiores de Venezuela

Una vez más, nuestro dilecto y admirado amigo Allan R. Brewer Carías, eje intelectual de la escuela de derecho público venezolana y punto de referencia para los juristas de Iberoamérica, nos reclama un prólogo para éste, su libro más reciente, La ruina de la democracia.

No puedo menos que ocuparme al efecto, sin hacer reservas. Se trata de acompañar –lo que es obligante e importa– una obra de estudio e investigación sostenida, cotidiana y de verdadera significación para la memoria nacional. De suyo impone su consideración colectiva.

Ella tiene para Brewer Carías un propósito y destinatarios precisos. Busca, como en otras obras suyas, de igual tramado y períodos próximos pero distintos, fijar el deshacer de nuestra república contemporánea, Venezuela, por ahíta de la cultura del olvido. Y se trata de esa misma Venezuela cuyo régimen purga y lleva al ostracismo al propio autor en el momento mismo en que la república sufre de muerte moral, por acusar la pérdida de los lazos de identidad que lograran sedimentarla a tropezones a lo largo de los siglos XIX y XX.

¡Y es que al concluir el último siglo y alejársenos a los venezolanos nuestro ingreso al siglo XXI, se repite, además, el sino de esos dos siglos precedentes y ocurre una suerte de vuelta atrás y la prórroga de nuestra historia traumática durante el siglo XIX; hijo que es de la violencia y el desenfreno, procuradora del caudillismo rural, legítimo heredero del Decreto bolivariano de Guerra a Muerte; pero esta vez aderezada por la colusión de los gobernantes de nuestro Estado con la criminalidad trasnacional y el terrorismo.

En contra de la primera fenomenología –justificativa del cesarismo democrático y razonada por el positivismo de inicios del '900– combaten con denuedo y sin mayor éxito inmediato los menos, es decir, nuestra Ilustración doméstica y de espíritu liberal: la de los Padres Fundadores de 1811, la de 1830 que dibuja nuestra república conservadora desde la Sociedad Económica de Amigos del País, y las generaciones de 1928 y 1936; todos a uno hombres de levita, armados de ideas fecundas.

En línea con esa ilustración, este libro hace memoria con insistencia y sin miedo a repetirse en los conceptos. Busca machacarlos y hacernos entender que la ciudadanía que hasta ayer ostentáramos ha sido secuestrada en el presente y que, si no hay memoria, a pesar de ello la cultura de presente que nos ha sido consustancial sigue arraigándose. Nos prohíbe avanzar hacia el futuro. De modo que, si no hacemos memoria estaremos condenados a repetir nuestra tragedia, nuestra fatalidad huérfana de toda alternativa dramática; peor aún, nos hará incapaces "de reconstruir la democracia... revalorizando la democracia".

Alguna vez le escuche decir a un fraterno amigo y escritor, que el poeta Andrés Eloy Blanco y sus compañeros de cárcel durante la dictadura gomera incurrieron en un error al arrojar al mar los grillos que les mordieran sus carnes en el Castillo de Puerto Cabello, el 1º de febrero de 1936. "Hemos echado al mar los grillos de los pies. Ahora vayamos a las escuelas a quitarle a nuestro pueblo los grillos de la cabeza, porque la ignorancia es el camino de la tiranía". Y lo cierto es que la memoria –y los museos de nuestros padecimientos– se nos ha ido de la memoria y las generaciones del porvenir atribuyen el recuerdo accidental de tales padecimientos a desvaríos de nuestro romanticismo tropical o a mudanzas de la realidad propia a la vejez.

No obstante, conviniendo con la enseñanza última o el desiderátum del poeta cumanés como lo es la educación, parece llegada la hora de sostener sin desmayo el recuerdo de nuestra historia lacerante a fin de darle sustento real a la pedagogía; para que de ella surja otra historia de civilidad permanente y nos sirva de permanente alerta. Para que no se limite la reconstrucción democrática deseada a otro fogonazo o intersticio, como el de la experiencia de la república civil que construyeran los universitarios de la FEV y la UNE sobre las dictaduras gomera y de Pérez Jiménez, y que enterraran con saña cainita los felones del 4 de febrero de 1992, privilegiando las espadas por sobre la razón.

No por azar, más allá de las aguas negras del neocolonialismo cubano y marxista que hoy hace presa de nuestra enferma nación venezolana, Hugo Chávez Frías esgrime con ardor, en 2004, al inaugurar la sede del Comando Regional Nro. 5 de la Guardia Nacional, la razón de fondo de su empresa: Reivindicar los fueros perdidos por la Fuerza Armada a manos de civiles.

El profesor Brewer Carías hace de nuevo crónica jurídica del deslave de impudicia que ocurre en el centro del poder fáctico venezolano, ésta vez a lo largo del año corriente y que ha de decantar, Dios mediante, en un ejercicio de resistencia civil a través de la fuerza del voto indignado el venidero 6 de diciembre, con motivo de las elecciones parlamentarias; sólo posible – esa reconstrucción - si media memoria, si ella se afinca en la verdad, y si su propósito final es establecer la paz, el espíritu de la convivencia a través de la Justicia. Si acaso se destierra, en consecuencia, toda forma de olvido, todo intento de impunidad. Hacer Justicia, no huelga recordarlo, nada hace con la venganza y menos implica la resurrección de la ley del talión. El autor lo dice y vuelvo a repetirlo: "Reconstruir la democracia exige revalorizar la democracia", practicándola a toda costa y afirmándola en su ejemplaridad.

De modo que, el desafío, antes que implicar el silencio de las metrallas o la resignación que sugiere dentro de nuestra historia doméstica la paz de Pozo Salado[686]*, apunta al ejercicio de una racionalidad crítica y ética, sustantivamente humana y humanista, del camino hacia la convivencia pacífica en una verdadera democracia.*

---

686 Relata Rafael Caldera (*Los causahabientes, de Carabobo a Puntofijo*, Panapo, Caracas, 1999) la anécdota de don Egidio Montesinos, quien para explicar a sus discípulos la tragedia venezolana del siglo XIX y la necesidad de la paz bajo la larga dictadura que inaugura el siglo XX, les habla de Paz, una señora del pueblo Pozo Salado, situado en el Estado Lara, quien era fea, tuerta y coja: "Muchachos, no lo olviden, paz, aunque sea la de Pozo Salado".

La cohabitación, el llamado salto de talanquera justificado en la idea del diálogo necesario manipulándola, es experiencia que se ha hecho constante entre nosotros y de allí la advertencia sobre los límites que a la misma impone la "democracia moral" en esta hora dilemática: "Las defecciones... deben más alegrarnos que sumirnos en la tristeza. Los impacientes [en la tarea de la reconquista de la democracia] están de sobra en nuestras filas, porque la impaciencia es la condición previa al entreguismo. Cuando el ideal se siente de veras, la capacidad de resistencia es ilimitada frente a la corrupción y al deshonor", escribe el joven Luis Herrera Campíns –luego Presidente de Venezuela– en 1953, desde su exilio de Santiago de Compostela.

Los trabajos que se insertan en este libro pueden servir, dentro de sus límites temporales y temáticos, para una mejor comprensión del contexto del período político 1999-2015, cuando se instala la perfidia revolucionaria en Venezuela –que nada tiene que ver con las revoluciones personalistas y en demasía que nutren a nuestra historia magra– y cuando la mentira de Estado se hace sustantiva al comportamiento social. Se trata, no obstante y según lo dicho, de ensayos producidos a lo largo de 2015. Es el tiempo o el año en el que adquiere síntesis ominosa y se sale de madre el río envenenado en cuyas aguas se bañan los distintos titulares del poder público venezolano y que, feliz y aparentemente, busca su término de un modo agonal y por la inédita vía electoral. Esas aguas, contaminadas en su fuente, desde 1999, prometen diluirse al caer sobre el océano de libertad que forman las distintas generaciones de venezolanos que actualmente concurren con tesón y valentía a la empresa democrática refundacional.

En el informe que presento recién, en calidad de Vicepresidente regional ante la Asamblea General de la Sociedad Interamericana de Prensa, en Charleston – escala histórica del largo periplo que realiza el Precursor de nuestra libertad, Francisco de Miranda - hago síntesis cabal y emblemática del muy amplio y variado panorama que ocupan las páginas del presente libro.

Dije, entonces, que el tiempo de la simulación democrática ha quedado atrás. Todavía más, instaurada la dictadura abiertamente y en lo inmediato durante 2015, se desplaza hacia los predios de la tiranía que ya ejercen sin miramientos, sin cuidado siquiera de las formas republicanas, la diarquía gobernante: Nicolás Maduro Moros y el Capitán Diosdado Cabello, presidente de la Asamblea Nacional.

Se trata, incluso así, de una historia larga y compleja, taimada al principio y en avance por etapas, que se inicia y es constatable en la actualidad desde cuando el finado presidente militar Hugo Chávez Frías decide pactar un modus vivendi con el narcotráfico colombiano, con las Fuerzas Armadas Revolucionarias de Colombia, durante el primer año de su ejercicio presidencial, en el mes de agosto.

Por lo visto Colombia se pacifica y la violencia de su narcotráfico ahora es nuestra, por decisión del gobierno venezolano. Y Cuba dice abandonar su largo aislamiento totalitario y nos lo deja como herencia gravosa y aceptada por el gobierno de Maduro y Cabello, quienes desde ahora y progresivamente militarizan nuestras fronteras, negándoles derechos y garantías constitucionales a sus habitantes.

En 2015, el Capitán Cabello es quien ordena la persecución judicial y la prohibición de salida del país de 22 directivos del diario El Nacional, el Semanario Tal Cual, y el portal web La Patilla, para silenciarlos. Como se sabe, dichos medios reproducen la información publicada en Madrid por el periódico español ABC, dada por el ex edecán del mismo Chávez –Capitán de Corbeta Leamsy Salazar– y luego hombre de seguridad del indicado Cabello, afirmando que éste dirigiría el llamado Cartel de los Soles. En pocas palabras, desde Venezuela –según lo declarado– operaría el tráfico internacional de drogas y el lavado de sus dineros criminales. La jueza venezolana María Eugenia Núñez es la encargada, a pedido del presidente de la Asamblea Nacional, de dictar la orden de restricción que impide salir de Venezuela a los dueños y directivos de los medios señalados.

Sucesivamente, tras la mencionada suspensión de garantías a lo largo de la frontera con Colombia –tema que aborda el libro de Brewer Carías– arguyéndose la lucha contra el contrabando y ejecuta por fuerzas militares, ocurre la realización de un crimen de lesa humanidad que tipifica el artículo 7 del Estatuto de Roma de la Corte Penal Internacional. Es expulsada masivamente y obligada a emigrar, mediando actos de tortura que denuncian las propias víctimas desde la prensa internacional y colombiana, una población civil integrada por casi 15.000 neogranadinos. Son discriminados por razones de nacionalidad, a pesar de que viven integrados desde hace más de 200 años en la frontera viva occidental de Venezuela. Y ese crimen de trascendencia internacional ha lugar ante el silencio cómplice o la tolerancia de la mayoría de los gobiernos miembros de la OEA y del mismo Secretario de la UNASUR, el ex presidente colombiano Ernesto Samper.

Si no basta lo anterior, el régimen y su Tribunal Supremo, violando la Constitución y el Derecho internacional, luego disponen no acatar la decisión de la Corte Interamericana de Derechos Humanos que recién declara a Venezuela como responsable de haber violado la Convención Americana de Derechos Humanos, y le ordena restablecer la señal y bienes que le fueran confiscados a Radio Caracas Televisión, la más antigua del país y para igualmente silenciarla.

A renglón seguido, Naciones Unidas, a través del Alto Comisionado para Derechos Humanos se manifiesta "consternada". Y es que mediando recomendaciones de su Comité contra la Tortura, dada "la falta de independencia del Poder Judicial respecto del Poder Ejecutivo"; de su Relator contra la Tortura, quien confirma que han sido víctimas de tratos crueles y degradantes distintos presos políticos venezolanos, por opinar; y de su Grupo de Trabajo sobre Detenciones Arbitrarias, constatando que el líder opositor Leopoldo López ha sido arbitrariamente encarcelado; ocurre, a pesar de todo ello, la condena de éste a 13 años de prisión sin pruebas ni derecho a la defensa. La juez Susana Barreiro, operadora del citado Capitán Cabello, quien ahora busca refugio como pretendida funcionaria consular, es la autora del fallo que le redacta la Fiscalía. Considera que el discurso político de López, sometido a peritaje lexicográfico, es instigador de violencia que paradójicamente y antes bien propulsan asesinatos de Estado que ejecutan esbirros del régimen de Maduro en febrero de 2014. La cuestión es abordada con detalles en el libro, tanto como la sentencia de la Corte Interamericana sobre RCTV desacatada.

En fin, se han profundizado, además, las persecuciones y/o confiscaciones en el menguado sector privado, comercial e industrial, de sus dirigentes gremiales, acusándoles del actual desabastecimiento y el racionamiento oficial de alimentos y productos médicos que afecta a toda la población; obviándose, con el cinismo de quienes cultivan la mentira como fisiología del Estado, que se trata de una econom-

ía de importación cabalmente estatizada y afectada por la inflación más alta del mundo: La canasta alimentaria ha alcanzado un costo de 6 salarios básicos.

Treinta y seis (36) ex Jefes de Estado y de Gobierno iberoamericanos, bajo los auspicios de IDEA –Iniciativa Democrática de España y las Américas – han endosado las Declaraciones de Panamá y de Bogotá de 9 de abril y 23 de septiembre pasados, respectivamente, para confirmar la gravedad que acusa el contexto venezolano actual, descrito por Brewer Carías; y en la última piden de la comunidad internacional y su opinión pública, "otorguen su decidido apoyo y escrutinio a fin de que cuenten los venezolanos con un cuadro de garantías y justa competitividad como de transparencia que les permita realizar su compromiso de acudir a las urnas electorales" el venidero 6 de diciembre. Ello, para que la suspensión de garantías y la militarización no obstaculice el normal desarrollo de unas elecciones democráticas, y para que la ONU, la OEA y la Unión Europea luchen por alcanzar una observación técnicamente calificada sobre el riguroso andamiaje tecnológico-electoral impuesto por la dictadura. A fin de que tenga lugar, en suma, "el acceso por los partidos políticos al registro electoral y su auditoría, la apertura y el cierre legal y oportuno de las mesas de votación, en lo particular la posibilidad de que sean contados todos los votos sufragados y contrastados con los resultados electrónicos ofrecidos, asegurándose la transparencia del acto comicial y sobre todo ganar la confianza en el mismo de los electores".

Sin prensa libre, negado el Poder Electoral venezolano que conforman militantes del régimen a ser observado técnica e internacionalmente; e inhabilitados o encarcelados como han sido los líderes democráticos fundamentales como Leopoldo López; Antonio Ledezma, Alcalde Metropolitano de Caracas; el ex alcalde Daniel Ceballos; o inhabilitados políticamente, sin juicio, la diputado María Corina Machado y el dirigente político Carlos Vecchio, las elecciones parlamentarias del próximo 6 de diciembre pueden transformarse en una mascarada que intente relegitimar a los dos victimarios de las libertades, de la democracia y del Estado de Derecho en Venezuela, Maduro y el Capitán Cabello.

De allí el petitorio expreso que hace en su libro el profesor Brewer Carías:

> *"Así como el régimen autoritario se impuso por la fuerza de una votación en 1999, ahora también por la fuerza de otra votación el pueblo podría iniciar el desalojo de esos dirigentes del poder, ejerciendo su soberanía a través de la elección de una nueva Asamblea Nacional, como acto político tendiente a desconocer el régimen ilegítimo que gobierna al país desde 1999, que ha contrariado los valores, principios y garantías democráticos establecidos en la Constitución, y ha menoscabado los derechos humanos".*

También la SIP –lo que sólo se entiende en la actualidad y fue difícil comprenderlo a lo largo de los últimos 15 años– conoce por nuestra voz y reconoce algo que en nuestros escritos hemos compartido con el profesor Brewer Carías, a saber, la citada naturaleza engañosa del llamado Socialismo del siglo XXI, denominación que sucede a la primaria y anunciada revolución bolivariana.

En Venezuela, tanto como ocurre en Ecuador, Bolivia y Argentina, se ha instaurado un régimen de la mentira, pariente del fascismo de mediados del siglo XX. Y en él ocurre "algo más profundo y complicado que una torva ilegalidad". Es "simulación de la legalidad, es el fraude legalmente organizado de la ilegalidad".

"Bajo tal sistema –lo recuerda un eximio jurista italiano, Piero Calamandrei– las palabras de la ley no tienen más el significado registrado en el vocabulario jurídico, sino un significado diverso,... Hay un ordenamiento oficial que se expresa en las leyes, y otro oficioso, que se concreta en la práctica política sistemáticamente contraria a las leyes... La mentira política, en suma, como la corrupción o su degeneración, en el caso... se asume como el instrumento normal y fisiológico del gobierno".

El desiderátum, ante la ruina de la democracia bajo el peso de la mentira de Estado es la construcción ex novo de la democracia, sobre sus ruinas actuales, como lo plantea Brewer Carías. Y cabe decirlo con claridad y es la única manera de justificar los libros que como éste ha escrito el autor sobre argumentos convergentes acerca de lo que acontece en Venezuela; pues demanda encontrar una respuesta adecuada y práctica a las distintas interrogantes que pueden dificultar e incluso impedir su transición hacia la democracia: ¿Qué hacer con los responsables de violaciones graves de derechos humanos y hechos de corrupción, detentadores del poder que debería cederse por vías democráticas o de diálogo y no de la guerra? ¿Cómo reconstruir los lazos de afecto social, sobre todo en quienes han sido víctimas directas o las indirectas –como sus familias– de violaciones de derechos?

Se plantea, en otras palabras, lograr el paso de una a otra etapa y seguidamente la reconciliación nacional, pero a la vez atender y no morigerar a los reclamos de la Justicia, en modo de impedir las regresiones al cuadro de violencia institucional que se intenta superar y frustrar el anidamiento de tendencias hacia el ajusticiamiento popular, como ocurriera en 1958 con los esbirros de la Seguridad Nacional.

En la tradición latinoamericana, luego de férreas dictaduras o situaciones de violencia interna durante el siglo XX, al plantearse el camino de la reconstitución de la democracia –hoy lo vemos en Colombia y ayer en El Salvador, Argentina, Chile, Uruguay– la cuestión de mayor complejidad a resolverse es, justamente, la de la llamada Justicia transicional.

La experiencia demuestra, al efecto, lo pertinente de crear mecanismos susceptibles de fijar la verdad histórica de los hechos ocurridos en sus reales alcances y jerarquizaciones, junto a la identificación de los presuntos responsables, bajo una doble perspectiva: anclar la memoria a fin de que la ominosa experiencia vivida no se repita, y ofrecerle a la Justicia el material de trabajo que le permita determinar la "verdad judicial", previamente digerida por la opinión pública y para que los fallos de aquélla ayuden al restablecimiento de la paz y el goce de las libertades. Así lo advierto en mi libro Memoria, verdad y justicia: derechos humanos transversales de la democracia, publicado en 2014.

Cabe tener presente, no obstante, los riesgos –no solo en cuanto a la objetividad e imparcialidad debidas– que implican la investigación y sustanciación de los casos respectivos, en un cuadro dominante de falta de acceso a la información pública y huérfano de transparencia, cuando los acontecimientos son próximos, y sus responsables aún detentan poder.

Durante el período 1999-2015 han ocurrido en Venezuela muy graves hechos de corrupción y violaciones sistemáticas y generalizadas de derechos humanos al amparo de más de un centenar y medio de golpes al orden constitucional, purificados luego por el sirviente Tribunal Supremo de Justicia; lo que explica el reconocimiento por distintos órganos internacionales de protección de derechos humanos (ONU,

CIDH) de la ausencia de independencia de la judicatura y su uso para la persecución política sistemática.

La ausencia de sentencias condenatorias del Estado dentro de las 45.474 sentencias dictadas por la Salas Político Administrativa y Constitucional del TSJ venezolano, es un emblema y habla por sí misma. Otro libro de Brewer, Dismantling democracy in Venezuela (Cambridge UP, 2010), el nuestro sobre Historia inconstitucional de Venezuela: 1999-2012 (EJV, Caracas, 2012) y la de Antonio Canova y otros, El TSJ al servicio de la revolución (Galipán, 2014), son ilustrativas al respecto.

Vayamos a los ejemplos.

Entre 2004 y 2012 han sido estatizadas más de 2.150 empresas y 1.168 intervenidas, sin mediar compensaciones ni reparaciones a sus propietarios, quienes han sido perseguidos judicialmente por razones ideológicas, tachados por capitalistas, y ocurriendo así los efectos devastadores de orden económico y social que ahora se aprecian y tienen por víctimas a miles de trabajadores y la población venezolana en general, hoy al borde de una crisis humanitaria.

La lista de hechos relevantes y atentatorios de la democracia y el Estado de Derecho, a todo evento, es muy extensa y destaca por su esencia criminal y por la activa colusión del Estado para sus ejecutorias, que se traducen en violaciones masivas y sistemáticas de derechos humanos; e indica lo complejo de la tarea memoriosa y su sentido final, hacer Justicia e impedir, instalándolos en la memoria pública, que tales hechos se repitan en lo sucesivo, afincando la reconstrucción de la democracia sobre su eje vertebral, el servicio a la verdad.

Casos relevantes 1999-2015

- *Pacto del gobierno con las FARC, que incide en la conformación de un narco-gobierno y se traduce en el incremento demencial de las muertes por homicidio y los hechos de corrupción en el mundo militar y policial (1999)*
- *Confiscación de fundos agrícolas y pecuarios (2001)*
- *Escándalo de la financiación electoral española: BBVA (2002)*
- *Masacre del 11 de abril, llamada Masacre de Miraflores (2002)*
- *Listas Tascón y Maisanta, que provocan la "muerte civil" de millones de venezolanos (2003-2004)*
- *Despido de 20.000 trabajadores de PDVSA y expulsión por la fuerza de sus familias de las casas que habitan en los campos petroleros (2003)*
- *Represión popular por las firmas que peticionan el referendo revocatorio (2004)*
- *Caso soldados calcinados en Fuerte Mara (2004)*
- *Caso FONDEN: 116.716.349 US$ (2005-2013)*
- *Masacre de Turumbán, Estado Bolívar (2006)*
- *Inhabilitaciones políticas por la Contraloría (2007, 2008)*
- *Condena arbitraria e ilegal de los comisarios de la PM, entre ellos Iván Simonovis (2010)*
- *Masacre de El Rodeo y pacto de Cabello con los "pranes" (2011)*
- *Extradición de Makled y descubrimiento del Cartel de los Soles (2011)*

- *Declaraciones de los magistrados Eladio Aponte Aponte y Luis Velásquez Alvaray, señalando la colusión del Ejecutivo con el narcotráfico y el manejo político de la Justicia penal para castigar a los opositores (2012)*
- *Tragedia de Amuay (2012)*
- *Caso de las narco-maletas de Air France (2013)*
- *Masacre de Febrero o del Día de la Juventud (2014)*
- *Expulsión masiva y discriminatoria por razones de nacionalidad de la población civil colombiana, mediante una inconstitucional suspensión de garantías (2015)*

a. *Desacato de sentencias de la Corte Interamericana de Derechos Humanos*

- *Caso Apitz y otros, 2008*
- *Caso Perozo y Rios –Globovisión y RCTV, 2009*
- *Caso Reverón Trujillo, 2009*
- *Caso Barreto Leiva, 2009*
- *Caso Usón Ramírez, 2009*
- *Caso Chocrón Chocrón, 2011*
- *Caso López Mendoza, 2011*
- *Caso Familia Barrios, 2011*
- *Caso Díaz Peña, 2012*
- *Caso Uzcátegui, 2012*
- *Caso Marcel Granier (2015)*

b. *Peculado y corrupción*

- *Caso Cavendes (2000)*
- *Caso Plan Bolívar 2000/Cruz Weffer: 150.000.000 US$ (2000-2001)*
- *Caso Sobornos Siemens: 18.782.000 US$ (2001-2007)*
- *Caso Coimas-De Vido-Argentina (2002-2005)*
- *Caso Nóbrega – Notas estructuradas: 300.000.000 US$ (2003)*
- *Caso Bonos de Bandagro – Nóbrega – Plaza: 1.000.000.000 US$ (2003)*
- *Caso Smarmatic – CNE (2004)*
- *Caso Juan Barreto / Alcaldía Metropolitana: 320.487.000.000 BsF (2004-2008)*
- *Caso Alvaray – Ciudad Judicial Lebrún: 6.857.000 US$ (2005)*
- *Caso Meléndez-Tesorería Nacional-Notas Estructuradas: 9.000.000.000 US$ (2006)*
- *Caso Diosdado Cabello – Puente Nigale: 57.000.000 US$ (2006)*
- *Caso Antonini Wilson: 800.000 US$ (2007)*
- *Caso nacionalizaciones de la Faja Petrolífera del Orinoco (2007)*
- *Caso Bonos Argentinos (2007)*

- *Caso Diosdado Cabello – Miranda: 480.000.000 BsF (2009)*
- *Caso PDVAL: 4.000 contenedores/122.000 toneladas de alimentos (2010)*
- *Caso Fideicomiso-BANDES-Argentina: 13.000.000 US$ (2010)*
- *Caso FONDEN: 29.000.000 US$ (2011)*
- *Caso Fondo Pensiones PDVSA (2011)*
- *Caso Derwick: 1.000.000.000 US$ (2011)*
- *Caso PDVSA y Desfalco Fondo Chino: 84.000.000 US $ (2011-2012)*
- *Caso Ferrominera: 1.200.000.000 US$ (2013)*
- *Caso SITME: 25.000.000.000 US$ (2013)*
- *Caso Bioart-Arroz Argentino: 39.000.000 US$ (2013)*
- *Caso Andrade y Tesorería Nacional/HSBC: 700.000.000 US $ (2015);*
- *Caso Aguilera/Banco Madrid: 90.000.000 US$ (2015)*
- *Caso Rafael Ramírez-BPAndorra: 4.200.000.000 US$ (2015).*

c. *Crímenes de Estado y narcotráfico*

- *Asesinatos del fiscal Danilo Anderson, de Antonio López Castillo y Juan Carlos Sánchez (2004)*
- *Asesinato del ex fiscal nacional de aduanas, Gamal Richani, quien investiga al chavista Walid Makled, cabeza visible del narcotráfico endógeno (2005)*
- *Asesinatos de Arturo Erlich y Freddy Farfán, tras "extravío" de 45 millones de dólares pertenecientes a FOGADE (2006 y 2009)*
- *Asesinados los sindicalistas del oficialismo Richard Gallardo y Luis Hernández (2008)*
- *Asesinatos del periodista Orel Zambrano y el veterinario Francisco Larrazábal, testigos en contra de Walid Makled (2009)*
- *Muerte del gobernador de Guárico, William Lara (2010)*
- *Caso de Lina Ron (2011)*
- *Asesinato de Nelly Calles Rivas, jefe del PSUV en el Estado Sucre (2011)*
- *Asesinato del ex gobernador apureño y capitán Jesús Aguilarte (2012)*
- *Asesinato de la embajadora Olga Fonseca (2012)*
- *Asesinato del General Wilmer Moreno, sub director de inteligencia militar (2012)*
- *Masacre de la familia Pérez Pacheco, en Falcón (2013)*
- *Asesinato del diputado Omar Guararima, jefe del PSUV en el Estado Anzoátegui (2013)*
- *Asesinato de Juan Montoya, jefe del colectivo Secretariado Revolucionario (2014)*
- *Asesinato del estudiante Bassil Da Costa (2014)*
- *Asesinato del Capitán Eliecer Otaiza, ex jefe de la policía política (2014)*

- *Asesinato del diputado Robert Serra (2014)*
- *Asesinato de José Miguel Odremán, líder del colectivo 5 de marzo (2014)*
- *Investigación de Diosdado Cabello y otros generales por la DEA (2015)*

Desbordan, por lo visto, los hechos ominosos que tiñen de luto y vergüenza a nuestra historia patria, acaso azarosa y con trazas de vileza suma, pero cuyo denominador común ha sido siempre la aspiración de libertad y el anhelo de un orden civil y democrático estable. En su momento anegarán, como ya se observa, las reclamaciones de Justicia y la demanda de las sanciones ejemplarizantes e indemnizaciones que se correspondan con lo ocurrido durante los tres últimos lustros y en el cuadro de una transición hacia la democracia que será muy exigente. Nada distinto se plantea en 1935, al término de la larga dictadura con la que arranca nuestro siglo XX y, en 1958, al alcanzarse el milagro del 23 de enero y derrocarse al régimen militar imperante hasta entonces.

Lo anterior obliga, por lo señalado, a valorizar la memoria histórica en la que trabaja con tesón Allan R. Brewer Carías y cuya zaga seguimos otros juristas y analistas políticos venezolanos; tanto como se impone, desde ya, prever mecanismos que de una manera preventiva y responsable asuman el conocimiento, la sustanciación y la sucesiva denuncia de los casos más representativos de la violencia de Estado impuesta, para que sirvan al cometido de frustrar la impunidad y para darle a las víctimas y a la sociedad la satisfacción a la que tiene derecho.

Reconstruir la democracia estimándola en sus exigencias fundamentales y finalidades pide, no cabe duda, lo anterior. Pero el mismo autor se encarga de prevenirnos sobre lo vertebral y de fondo, al recordarnos que más allá de lo instrumental y reparador el desafío democratizador transita por contener al poder; cuyo ejercicio sin trabas es la fuente y explica sin justificarlos sus muchos crímenes, como los arriba mencionados y obra de quienes lo secuestraran, en nuestro caso, en nombre de un fraude "revolucionario".

"Por todo ello es que – según Brewer Carías – el principio de la separación de poderes es tan importante para la democracia, pues en definitiva, del mismo dependen todos los demás elementos y componentes esenciales de la misma". Y no le falta razón. De allí la significación que adquieren las elecciones parlamentarias planteadas para el venidero 6 de diciembre, en procura de los equilibrios perdidos en Venezuela y de otro destierro más del autoritarismo secular.

Sabemos bien, en efecto, sobre la íntima relación que existe entre el mundo del Derecho y la política, justamente, por apuntar al tema crucial de la autoridad dentro de toda sociedad y su adecuada comprensión. No por azar C.J. Friedrich (Filosofía del Derecho, FCE de España, 1982) recuerda los problemas que se suscitan cuando una nación tiene una visión errónea de la democracia, por entenderla como oclocracia o "utopía anárquica" o por reducirla a la proclama que hacen las mayorías mediante el voto: como si acaso el mero consenso de los opinantes mudase las realidades objetivas.

De allí que, lo esencial, más allá de las formas necesarias e imprescindibles de la experiencia democrática, entre éstas el Estado de Derecho, desde el que se forja la supremacía de la ley y la sujeción a ésta de los titulares de los poderes públicos; junto a la importancia de la legitimidad de esas leyes rectoras dentro de un Estado, miradas desde el ángulo de su justicia y apuntaladas por la convicción social; al final, para que la autoridad de la misma ley y su acatamiento no llegue a confundirse ni degenere en dictaduras o despotismos ilustrados, cabe tener presente que la autoridad democrática es obra de un escrutinio crítico y un ejercicio estricto de la razón a la luz de los valores fundacionales de la misma democracia y su teleología. El respeto a la dignidad inmanente de la persona humana y su identidad cultural e histórica exige, tanto como contener el poder y escapar del frío formalismo de las leyes, realizar una obra cotidiana que demanda equilibrios – no sincretismos de laboratorio, menos pactos espurios – y que a diario vuelve sobre las raíces de la naturaleza perfectible del hombre como individuo y ser social, por ser individuo transcendente. Cabe tensionarlo en el presente con vistas a sus mismas raíces y como punto de anclaje para conquistar con seguridad el porvenir.

Al saludar y darle la bienvenida al libro del profesor Brewer Carías e invitar a su cuidadosa lectura, me sirvo de sus propias palabras para el mejor acabado de este proemio y la mejor comprensión del mensaje que envuelven las páginas que siguen. En su obra Historia Constitucional de Venezuela (Editorial Alfa, Caracas, 2008, Tomo II), recuerda oportuno dos enseñanzas que pesan al momento de escarbar en búsqueda del camino democrático perdido, en un momento de crispación social y su explotación utilitaria por los déspotas de siempre: Los fundadores de nuestra república civil moderna, firmantes del Pacto de Punto Fijo, "no sólo aprendieron la dura lección del despotismo que se mantuvo durante 10 años encarnado por la dictadura de Pérez Jiménez, sino que, realmente, quizás lo que más aprendieron fue que la discordia interpartidista al extremo, desarrollada en el trienio 45/48, no podía ser un sistema político que podía funcionar, porque –más allá de sus aspiraciones democratizadoras– no estaba fundado en reglas de juego claras que permitieran la participación política".

"Los partidos políticos venezolanos, obligados por el despotismo a laborar en la clandestinidad, convinieron en una acción concertada y unida para abrirle a Venezuela caminos hacia el orden democrático", explica Rómulo Betancourt al revelar el propósito y las razones del hoy maltratado "puntofijismo", modelo de diálogo entre demócratas para alcanzar los predios de la democracia.

Caracas, 19 de octubre de 2015

A MANERA DE INTRODUCCIÓN:

LA DESTRUCCIÓN DE LA DEMOCRACIA Y LA NECESIDAD DE RESTABLECERLA POR UN ACTO DE FUERZA A TRAVÉS DE LA RESISTENCIA POPULAR Y LA DESOBEDIENCIA CIVIL, MANIFESTADO MEDIANTE EL SUFRAGIO

Durante los últimos quince años, la democracia en Venezuela ha sido progresivamente demolida por quienes desde 1999 asaltaron el poder y se apoderaron de la conducción del Estado,[687] trastocando el régimen de Estado democrático y social de derecho y de justicia que tanto había costado establecer desde 1958, en el de un

687 Véase Allan R. Brewer-Carías, *Dismantling Democracy. The Chávez Authoritarian Experiment*, Cambridge University Press, New York, 2010.

Estado Totalitario,[688] manejado por una burocracia que ha destruidos sus valores y principios.

Pero la democracia, por más destrucción que haya ocurrido en el país, sin duda será reconstruida en un futuro, para lo cual el país tendrá que pasar por un período y proceso de transición que desmonte el autoritarismo, con consensos forzados por la manifestación de la voluntad popular, a los efectos de rescatar el primero de los elementos fundamentales de la democracia que es el de asegurar la legitimidad democrática de los gobernantes, mediante su elección popular en el marco de los principios de la democracia representativa. Ello implica la libre y trasparente posibilidad de elección popular de todos los altos titulares de los poderes públicos.

Por más elemental que ello sea, hay que recordarlo, para poder sentar las bases de la transición hacia la democracia, esa elección popular debe efectuarse, *primero*, por lo que se refiere a los titulares de los Poderes Ejecutivo y Legislativo, mediante una elección popular directa, en elecciones "periódicas, libres, justas y basadas en el sufragio universal y secreto," como expresión de la soberanía del pueblo; y *segundo*, por lo que se refiere a titulares de los otros poderes públicos (Poder Judicial, Poder Ciudadano y Poder Electoral), mediante una elección popular indirecta, por el Cuerpo elector de segundo grado que es la Asamblea Nacional, con las garantías de participación política que establece la Constitución.

No hay otra forma de reconstruir la democracia que no sea revalorizando la democracia representativa, y enterrando definitivamente las pretensiones autoritarias de sustituirla por una supuesta "democracia participativa."[689] El vano intento de hacerlo mediante el mal llamado "nuevo constitucionalismo,"[690] aplicado en Venezuela desde 1999 y seguido en Ecuador y Bolivia, a lo que ha conducido es a la destrucción de la democracia en sí misma, mediante la consolidación de un régimen autoritario sin control,[691] apelando a demagogias plebiscitarias sin legitimidad electoral alguna.

---

688 Allan R. Brewer-Carías, *Estado totalitario y desprecio a la ley. La desconstitucionalización, desjuridificación, desjudicialización y desdemocratización de Venezuela*, Fundación de Derecho Público, Editorial Jurídica Venezolana, segunda edición (Con prólogo de José Ignacio Hernández), Caracas 2015.

689 Véase Allan R. Brewer-Carías, "La necesaria revalorización de la democracia representativa ante los peligros del discurso autoritario sobre una supuesta "democracia participativa" sin representación," en *Derecho Electoral de Latinoamérica. Memoria del II Congreso Iberoamericano de Derecho*, Bogotá, 31 agosto-1 septiembre 2011, Consejo Superior de la Judicatura, ISBN 978-958-8331-93-5, Bogotá 2013, pp. 457-482.

690 Como bien lo ha expresado Roberto Gargarella, el llamado "nuevo constitucionalismo latinoamericano" lo que ha hecho es reproducir "las viejas estructuras autoritarias que recibimos en legado de los siglos XVIII y XIX," no habiendo en forma alguna "proyecto democrático y de avanzada bajo organizaciones de poder concentradas en Ejecutivos o monarcas, que representan la negación política de la democracia que declaman." Por ello, respecto de dicho "nuevo constitucionalismo," ha denunciado acertadamente "un modo errado de pensar el constitucionalismo, que después de más de doscientos años de práctica no ha aprendido a reconocer lo obvio, esto es, que el poder concentrado (político, económico) no puede sino resistir la puesta en práctica de los derechos nuevos, porque ella promete socavar también el poder de quienes hoy gobiernan discrecionalmente, bajo el control de nadie." Véase Roberto Gargarella, "El "nuevo constitucionalismo latinoamericano. Los recientes textos fundamentales tienen elementos autoritarios propios del siglo XIX," en *El País. Opinión*, 20 de agosto de 2014, en http://elpais.com/elpais/2014/07/31/opinion/14068-16088_091940.html.

691 Véase Allan R. Brewer-Carías, "Los problemas del control del poder y el autoritarismo en Venezuela", en Peter Häberle y Diego García Belaúnde (Coordinadores), *El control del poder. Homenaje a Diego*

La elección democrática representativa de los gobernantes es lo que puede garantizar la efectiva vigencia de todos los otros elementos esenciales de la democracia, que además de la elección, conforme a la *Carta Democrática Interamericana*, son el respeto a los derechos humanos y las libertades fundamentales; al acceso al poder y su ejercicio con sujeción al Estado de derecho; la existencia de un régimen plural de partidos y organizaciones políticas, y la separación e independencia de los poderes públicos (art. 3).

De ello resulta además, en todo caso, que la democracia no se agota en el primer elemento esencial de la misma, es decir, en la necesaria elección popular de los representantes, pues dicho elemento está imbricada con los otros, siendo todos ellos interdependientes, de manera que las fallas, carencias, o ausencia de cualquiera de ellos, afecta directamente la propia vigencia de los demás, y de la propia democracia.

Tan ello es así que en definitiva, todos los elementos de la democracia dependen, por una parte, del primero de los mencionados que es la efectiva elección popular de los gobernantes, y a la vez, del último de ellos que es la efectiva existencia y operatividad de un sistema de separación e independencia de los órganos que ejercen los poderes públicos. Ambos elementos, elección popular y separación de poderes, son los que puede permitir controlar al poder del Estado mediante el aseguramiento efectivo del acceso a una justicia independiente y autónoma; y su reconstrucción es el único camino para poder construir la transición hacia la democracia.

Y ello es así, porque en definitiva, sin la efectiva vigencia de un sistema de órganos del Estado con titulares electos, montado sobre un sistema de separación e independencia de los poderes públicos, y entre ellos, del poder judicial que pueda permitir el control del ejercicio del poder, en la práctica no podría haber elecciones libres y justas, ni efectiva representatividad democrática; no podría haber pluralismo político, ni efectiva participación democrática en la gestión de los asuntos públicos; no podría haber real y efectiva garantía del respeto de los derechos humanos y de las libertades fundamentales; y no podría asegurarse que el acceso al poder y su ejercicio se hagan con sujeción al Estado de derecho, es decir, que realmente exista y funciones un gobierno sometido a la Constitución y a las leyes.[692]

Igualmente, sin la efectiva vigencia de un sistema de separación e independencia de los poderes públicos que permita el control de los mismos, ninguno de los componentes esenciales de la democracia a los que alude la misma *Carta Democrática Interamericana* podría llegar a tener efectiva aplicación, es decir, no podría haber posibilidad real de exigir la transparencia y probidad de las actividades gubernamentales, y la responsabilidad de los gobernantes en la gestión pública; no habría forma de garantizar el efectivo respeto de los derechos sociales, ni la libertad de expresión y de prensa; no se podría asegurar la subordinación de todas las autoridades del Estado, incluyendo la militar, a las instituciones civiles del Estado; en definitiva, no se podría asegurar el respeto al Estado de derecho.

Valadés, Instituto de Investigaciones Jurídicas, Universidad Nacional Autónoma de México, Tomo I, México 2011, pp. 159-188.

692 Véase Allan R. Brewer-Carías, *Constitución, democracia y control del poder*, (Prólogo de Fortunato González Cruz), Centro Iberoamericano de Estudios Provinciales y Locales (CIEPROL), Consejo de Publicaciones/Universidad de Los Andes/Editorial Jurídica Venezolana. Mérida, octubre 2004.

De lo anterior resulta, por tanto, que sólo cuando en un Estado exista un sistema de efectiva elección popular de sus gobernantes, y un efectivo sistema de separación de poderes que permita la posibilidad real de que el poder pueda ser controlado, es que puede haber democracia, y sólo en esta es que los ciudadanos pueden encontrar asegurados sus derechos. Ello es precisamente lo que en Venezuela es necesario reconstruir.

En efecto, en Venezuela, a pesar de todas las declaraciones contenidas en el texto de la Constitución vigente de 1999, la práctica política del gobierno durante todo el tiempo de su vigencia ha conducido a la situación actual de deterioro político de la democracia precisamente caracterizada, por una parte, por la ausencia de una efectiva representatividad electoral y popular de los gobernantes; y por la otra, por la ausencia de un efectivo sistema de separación de poderes entre los órganos del Estado, y con ello, a la destrucción del Estado de derecho y de la democracia misma.[693] Ello, en la práctica, ha convertido a la Constitución en una gran mentira, por su inaplicación, deformación y mutación en fraude a su texto,[694] dando pie a la consolidación de un Estado totalitario que desprecia al derecho y a la ley, y que permite a los gobernantes conducir al país mediante la mentira como política de Estado; [695] en decir, dando lugar a la existencia de un Estado sin Constitución. [696]

I. SOBRE LA AUSENCIA DE UNA EFECTIVA ELECCIÓN POPULAR LIBRE Y TRASPARENTE DE LOS GOBERNANTES Y SU NECESARIO RESTABLECIMIENTO

En efecto, para asegurar la democracia, y en ella, un sistema de separación de poderes montado sobre la independencia y autonomía de los mismos, la Constitución de Venezuela de 1999 establece el principio de que todos los titulares de los poderes públicos deben ser electos popularmente, y eso es lo que hay que comenzar a aplicar a partir del necesario proceso de transición que se operará en el futuro.

Para ello no hay que reformar la Constitución, sino aplicar su texto, pues ello deriva del principio declarado en el mismo de que el pueblo ejerce la soberanía "indirectamente" mediante el sufragio por los órganos que ejercen el Poder Público (art. 5), que es como se puede asegurar el derecho de los ciudadanos de participar libre-

---

693 Véase Allan R. Brewer-Carías, "La demolición del Estado de derecho y la destrucción de la democracia en Venezuela (1999-2009)," en José Reynoso Núñez y Herminio Sánchez de la Barquera y Arroyo (Coordinadores), *La democracia en su contexto. Estudios en homenaje a Dieter Nohlen en su septuagésimo aniversario,* Instituto de Investigaciones Jurídicas, Universidad Nacional Autónoma de México, México 2009, pp. 477-517

694 Véase Allan R. Brewer-Carías, *Reforma constitucional y fraude a la Constitución (1999-2009)*, Academia de Ciencias Políticas y Sociales, Caracas 2009; "¿Reforma constitucional o mutación constitucional?: La experiencia venezolana." en *Revista de Derecho Público,* N° 137 (Primer Trimestre 2014, Editorial Jurídica Venezolana, Caracas 2014, pp. 19-65; Jesús María Alvarado Andrade, quien considera que el problema es que no hay Constitución en el país, y la mentira es precisamente sostener que existe una, en "Aproximación a la tensión Constitución y libertad en Venezuela" en *Revista de Derecho Público,* N° 123, Editorial Jurídica Venezolana, Caracas, 2010, pp. 17-43.

695 Véase Allan R. Brewer-Carías, *La mentira como política de estado. Crónica de una crisis política permanente. Venezuela 1999-2015* (Prólogo de Manuel Rachadell), Colección Estudios Políticos, N° 10, Editorial Jurídica Venezolana, Caracas 2015.

696 Tal como lo ha analizado Manuel Rachadell, *Evolución del Estado venezolano 1958-2015. De la conciliación de intereses al populismo autoritario*, Colección Estudios Políticos, N° 11, Editorial Jurídica Venezolana, Caracas 2015, pp. 237 ss.

mente en los asuntos públicos por medio de representantes elegidos (art. 62), en unos casos, a través de votaciones libres, universales, directas y secretas (art. 63); y en otros, a través de elecciones indirectas, de segundo grado.

La *elección popular directa* por el pueblo de sus representantes, con voto universal y secreto, está establecida, primero, en el artículo 228 de la Constitución respecto de la elección mediante "votación universal, directa y secreta" del titular del Poder Ejecutivo, es decir, del Presidente de la República; y segundo, en el artículo 186 de la Constitución respecto de la elección de los titulares del Poder Legislativo, es decir, los diputados a la Asamblea Nacional, al exigir una "votación universal, directa, personificada y secreta con representación proporcional."

Ello implica que nadie que no haya sido electo por votación popular directa y secreta puede ejercer el cargo de Presidente de la República o el cargo de diputado, de cuya titularidad quienes hayan sido electos democráticamente solo pueden ser despojados mediante revocación popular del mandato por iniciativa popular (art. 72). En una democracia, por tanto, no puede ocurrir que se revoque el mandato de un funcionario, como ocurrió en 2004, respecto del mandato del Presidente H. Chávez, y que siga ejerciendo el cargo porque un Consejo Nacional Electoral, sometido al Poder Ejecutivo, con el auxilio de la Sala Constitucional del Tribunal Supremo, también sometida al mismo, hayan transformado inconstitucionalmente el referendo revocatorio en un "referendo ratificatorio."[697] En una democracia tampoco puede ocurrir, como sucedió en 2014, que violando la soberanía popular sea la Sala Constitucional la que revoque el mandato de una diputada, usurpando la voluntad popular, violando abiertamente la Constitución.[698]

Tampoco puede ocurrir en una democracia que se "designe" para ejercer la titularidad del Poder Ejecutivo a un funcionario sin legitimidad democrática producto de la elección popular directa, tal como ocurrió en enero de 2013, cuando la Sala Constitucional del Tribunal Supremo de Justicia invistió como Presidente de la República al Sr. Nicolás Maduro, quien no había sido electo popularmente en forma directa para ningún cargo, pues era Vicepresidente designado por nombramiento, quien ejerció ilegítimamente dicho cargo.[699]

Todo ello tiene su origen en el control total que ha ejercido el Poder Ejecutivo sobre el Poder Electoral. Este último, como una rama más del Poder Público, conforme a la Constitución, tiene la competencia para organizar, administrar, dirigir y vigilar todos los actos relativos a la elección de los cargos de representación popular

697 Véase Allan R. Brewer-Carías, "La Sala Constitucional vs. el derecho ciudadano a la revocatoria de mandatos populares: de cómo un referendo revocatorio fue inconstitucionalmente convertido en un "referendo ratificatorio," en el libro *Crónica sobre la "in" justicia constitucional. La Sala Constitucional y el autoritarismo en Venezuela*, Colección Instituto de Derecho Público, Universidad Central de Venezuela, N° 2, Caracas, 2007, pp. 349-378.

698 Véase Allan R. Brewer-Carías, "La revocación del mandato popular de una diputada a la Asamblea Nacional por la Sala Constitucional del Tribunal Supremo de oficio, sin juicio ni proceso alguno (El caso de la Diputada María Corina Machado)," en *Revista de Derecho Público,* N° 137 (Primer Trimestre 2014, Editorial Jurídica Venezolana, Caracas, 2014, pp. 165-189.

699 Véase Allan R. Brewer-Carías, "Crónica sobre la anunciada sentencia de la Sala Constitucional del Tribunal Supremo de 9 de enero de 2013 mediante la cual se conculcó el derecho ciudadano a la democracia y se legitimó la usurpación de la autoridad en golpe a la Constitución," en Asdrúbal Aguiar (Compilador), *El Golpe de Enero en Venezuela (Documentos y testimonios para la historia),* Editorial Jurídica Venezolana, Caracas, 2013, pp. 133-148.

de los poderes públicos (art. 136); para lo cual sus órganos deberían regirse por el principio de independencia orgánica y autonomía funcional (art. 294), que es lo único que podría permitir garantizar "la igualdad, confiablidad, imparcialidad, transparencia y eficiencia de los procesos electorales, así como la aplicación de la personificación del sufragio y la representación proporcional"(art. 293, in fine).

Todo ello, sin embargo, ha sido sistemáticamente burlado en la Venezuela de los últimos tres lustros, con el secuestro progresivo del Poder Electoral por parte del Poder Ejecutivo,[700] usando el control político que ha ejercicio a través del partido oficial de gobierno sobre la Asamblea Nacional y sobre la Sala Constitucional del Tribunal Supremo de Justicia.[701] En efecto, esa acción se ha logrado eliminando totalmente la posibilidad efectiva de participación ciudadana en la elección de sus titulares,[702] lo que ha originado un Poder Electoral totalmente carente de independencia, y que ha funcionado como una especie de "agencia electoral" del partido oficial de gobierno. Ese Poder Electoral ha sido el que durante los últimos quince años ha conducido los "procesos electorales" que se han efectuado, pero sin que en los mismos haya habido garantía alguna de igualdad, de confiablidad, de imparcialidad, de transparencia y de eficiencia de los procesos electorales, ni efectiva aplicación, ni de la personificación del sufragio, y mucho menos de la representación proporcional;[703] sino muy por el contrario, procesos electorales cuestionados y cuestionables, pero a la vez sin posibilidad de ser controlados debido a la sumisión del Tribunal Supremo de Justicia al poder político, como ocurrió en 2014.[704]

---

700 Véase Allan R. Brewer-Carías, "El secuestro del Poder Electoral y la confiscación del derecho a la participación política mediante el referendo revocatorio presidencial: Venezuela 2000-2004," en Juan Pérez Royo, Joaquín Pablo Urías Martínez, Manuel Carrasco Durán, Editores), *Derecho Constitucional para el Siglo XXI. Actas del Congreso Iberoamericano de Derecho Constitucional,* Tomo I, Thomson-Aranzadi, Madrid, 2006, pp. 1081-1126.

701 Véase Allan R. Brewer-Carías, "La Sala Constitucional vs. el Estado Democrático de derecho: el secuestro del Poder Electoral, *Crónica sobre la "in" justicia constitucional. La Sala Constitucional y el autoritarismo en Venezuela,* Colección Instituto de Derecho Público, Universidad Central de Venezuela, N° 2, Caracas, 2007, pp. 197-230.

702 Véase Allan R. Brewer-Carías, "La participación ciudadana en la designación de los titulares de los órganos no electos de los Poderes Públicos en Venezuela y sus vicisitudes políticas", en *Revista Iberoamericana de Derecho Público y Administrativo,* Año 5, N° 5-2005, San José, Costa Rica 2005, pp. 76-95.

703 Véase Allan R. Brewer-Carías, "El juez constitucional vs. el derecho al sufragio mediante la representación proporcional," *Crónica sobre la "in" justicia constitucional. La Sala Constitucional y el autoritarismo en Venezuela,* Colección Instituto de Derecho Público, Universidad Central de Venezuela, N° 2, Caracas 2007, pp. 337-348.

704 La última manifestación fue la sistemática declaratoria de inadmisibilidad de todas las demandas de impugnación de la supuesta elección de Nicolás Maduro como Presidente de la República en 2013. Véase Allan R. Brewer-Carías, "Crónica sobre las vicisitudes de la impugnación de la elección presidencial de 14 de abril de 2013 ante la Sala Electoral, el avocamiento de las causas por la Sala Constitucional, y la ilegítima declaratoria de la "legitimidad" de la elección de Nicolás Maduro mediante una "Nota de prensa" del Tribunal Supremo," en Asdrúbal Aguiar (Compilador), *El Golpe de Enero en Venezuela (Documentos y testimonios para la historia),* Editorial Jurídica Venezolana, Caracas 2013, pp. 297-314; y "El Juez Constitucional y la ilegítima declaración, mediante una "nota de prensa," de la "legitimidad" de la elección presidencial del 14 de abril de 2013," en *Revista de Derecho Público,* N° 135 (julio-septiembre 2013), Editorial Jurídica Venezolana, Caracas 2013, pp. 205-216. Véase además en Allan R. Brewer-Carías, *El golpe a la democracia dado por la Sala Constitucional (De cómo la Sala Constitucional del Tribunal Supremo de Justicia de Venezuela impuso un gobierno sin legitimidad democrática, revocó mandatos populares de diputada y alcaldes, impidió el derecho a ser electo, restringió el derecho a*

Por otra parte, en cuanto a la *elección popular indirecta que* se establece en la Constitución, como elección popular de *segundo grado*, la misma debería regir para la elección de todos los titulares de los otros órganos del Poder Público: *primero*, del Poder Judicial, es decir, de los Magistrados del Tribunal Supremo de Justicia (art. 264, 265); *segundo*, del Poder Ciudadano, es decir, del Contralor General de la República, del Fiscal General de la República y del Defensor del Pueblo (art. 279); y *tercero*, del Poder Electoral, es decir, de los Rectores del Consejo Nacional Electoral (art. 296); correspondiendo dicha elección popular única y exclusivamente a una mayoría calificada de los diputados a la Asamblea Nacional, que en esos casos no actúa como cuerpo legislador sino como "cuerpo elector" o "cuerpo electoral" de segundo grado

En estos casos de elección popular indirecta, la Constitución buscó asegurar una máxima representatividad democrática al exigir el voto de una mayoría calificada de las 2/3 partes de los diputados para la elección; y a la vez, una máxima participación democrática, al exigir que los candidatos a los Poderes Públicos a ser electos por la Asamblea Nacional actuando como cuerpo elector, solo pueden ser postulados o nominados por sendos Comités de Postulaciones regulados constitucionalmente, todos los cuales deberían estar integrados únicamente y exclusivamente "por representantes de los diversos sectores de la sociedad" (Comité de Postulaciones Judiciales, art. 270; Comité de Evaluación de Postulaciones del Poder Ciudadano, art. 279; y Comité de Postulaciones Electorales art. 295).

Todo ello implica que nadie que no haya sido electo por votación popular indirecta por la mayoría calificada de diputados con la participación ciudadana en esa forma establecida en la Constitución, puede ejercer el cargo de Rector del Consejo Nacional Electoral, de Contralor General de la República, de Fiscal General de la República, de Defensor del Pueblo y de Magistrado del Tribunal Supremo de Justicia, quienes solo pueden perder su investidura por decisión del cuerpo elector de diputados con la misma mayoría calificada.

En franco contraste con todas esas previsiones constitucionales, las mismas sin embargo, han sido sistemáticamente ignoradas y violadas en la práctica política y legislativa en los últimos quince años, de manera que en cuanto a la legitimidad democrática de la elección popular indirecta, desde 2000, la exigencia constitucional de la máxima participación ciudadana ha sido sistemáticamente violada, al haberse integrado por la Asamblea Nacional a los Comités de Postulaciones para la nominación de los candidatos, por una mayoría de diputados, los cuales por esencia no son "representantes" de los diversos sectores de la sociedad civil, que es lo que exige la Constitución.[705] Ello se estableció así inconstitucionalmente en la Ley Especial para

---

manifestar, y eliminó el derecho a la participación política, todo en contra de la Constitución), Colección Estudios Políticos N° 8, Editorial Jurídica Venezolana, segunda edición, (Con prólogo de Francisco Fernández Segado), Caracas 2015, pp. 55 a 132.

705 Véase los comentarios sobre la inconstitucional práctica legislativa reguladora de los Comités de Postulaciones integradas, cada uno, con una mayoría de diputados, convirtiéndolas en simples "comisiones parlamentarias ampliadas," en Allan R. Brewer-Carías, "La participación ciudadana en la designación de los titulares de los órganos no electos de los Poderes Públicos en Venezuela y sus vicisitudes políticas", en *Revista Iberoamericana de Derecho Público y Administrativo*, Año 5, N° 5-2005, San José, Costa Rica 2005, pp. 76-95.

la Designación de los Titulares de los Poderes Públicos de 2000,[706] y se repitió en las Leyes Orgánicas del Poder Electoral,[707] del Poder Ciudadano[708] y del Tribunal Supremo de Justicia sancionadas a partir de 2004, donde quedaron configurados los mencionados Comités como simples "comisiones parlamentarias ampliadas," totalmente controladas por la fracción mayoritaria de la Asamblea Nacional. La consecuencia fue que todas las elecciones o designaciones de los titulares de los Poderes Electoral, Ciudadano y Judicial durante los últimos quince años, han sido hechas sin que se haya respetado la garantía constitucional de la participación ciudadana mediante unos Comités de Postulaciones integrados únicamente por representantes de los diversos sectores de la sociedad.

Adicionalmente, en cuanto a la misma legitimidad democrática de la elección popular indirecta, la exigencia constitucional de la máxima representatividad democrática también ha sido sistemáticamente violada.

En primer lugar, mediante la designación, en 2014, de los magistrados del Tribunal Supremo de Justicia, del Contralor General de la República, del Fiscal General de la República y del Defensor del Pueblo, por una simple mayoría de votos de los diputados de la Asamblea Nacional (actuando como órgano legislativo), usurpando el carácter de cuerpo electoral de segundo grado que sólo puede ejercer una mayoría calificada de las 2/3 partes de los diputados.[709]

Y en segundo lugar, mediante la designación de los miembros del Consejo Nacional Electoral, tanto en 2004[710] como en 2014,[711] por la Sala Constitucional del Tribunal Supremo, usurpando el carácter de cuerpo electoral que solo pueden tener

---

706 *Gaceta Oficial* Nº 37.077 de 14 de noviembre de 2000. La impugnación por inconstitucional de dicha Ley en 2000, hay que recordarlo, le costó el cargo a la primera Defensora del Pueblo que había electo la Asamblea Constituyente en 1999.

707 *Gaceta Oficial* Nº 37.573 de 19 de noviembre de 2002.

708 *Gaceta Oficial* Nº 37.310 de 25 de octubre de 2001.

709 Véase Allan R. Brewer-Carías, "El golpe de Estado dado en diciembre de 2014 en Venezuela con la inconstitucional designación de las altas autoridades del Poder Público," en *El Cronista del Estado Social y Democrático de Derecho*, Nº 52, Madrid 2015, pp. 18-33; José Ignacio Hernández, "La designación del Poder Ciudadano: fraude a la Constitución en 6 actos;" en *Prodavinci*, 22 de diciembre, 2014, en http://prodavinci.com/blogs/la-designacion-del-poder-ciudadano-fraude-a-la-constitucion-en-6-actos-por-jose-i-hernandez/.

710 Véase sentencia de la Sala Constitucional del Tribunal Supremo Nº 2073 de 4 de agosto de 2003 (Caso: *Hermánn Escarrá Malaver y otros*), en http://histo-rico.tsj.gov.ve/decisiones/scon/agosto/2073-040803-03-1254%20Y%201308.HTM; y sentencia Nº 2341 del 25 de agosto de 2003 (Caso: *Hermánn Escarrá M. y otros)* en Véase en http://historico.tsj.gov.ve/deci-siones/scon/agosto/PODER%20ELECTORAL.HTM. Véanse los comentarios en Allan R. Brewer-Carías, "El control de la constitucionalidad de la omisión legislativa y la sustitución del Legislador por el Juez Constitucional: el caso del nombramiento de los titulares del Poder Electoral en Venezuela," en *Revista Iberoamericana de Derecho Procesal Constitucional*, Nº 10 Julio-Diciembre 2008, Editorial Porrúa, Instituto Iberoamericano de Derecho Procesal Constitucional, México 2008, pp. 271-286.

711 Véase sentencia de la Sala Constitucional del Tribunal Supremo Nº 1865 de 26 de diciembre de 2014, en La sentencia inicialmente la consulté en http://www.tsj.gob.ve/decisiones/scon/diciembre/173497-1865-261214-2014-14-1343.HTML Posteriormente sólo estuvo disponible en http://historico.tsj.gov.ve/decisiones/scon/diciembre/173497-1865-261214-2014-14-1343.HTML. Véase Allan R. Brewer-Carías, "El golpe de Estado dado en diciembre de 2014 en Venezuela con la inconstitucional designación de las altas autoridades del Poder Público," en *El Cronista del Estado Social y Democrático de Derecho,* Nº 52, Madrid 2015, pp. 18-33.

los diputados de la Asamblea Nacional actuando mediante el voto de las 2/3 partes de los mismos .

En esta forma, durante los últimos quince años se han violado sistemáticamente las previsiones constitucionales establecidas para garantizar la elección popular democrática de los titulares de los Poderes Públicos, en este caso, de los Poderes Electoral, Ciudadano y Judicial, y poder así garantizar su independencia y autonomía, que solo puede lograrse asegurándose la elección popular indirecta de segundo grado con máxima representatividad y máxima participación democráticas. Lo contrario es lo que ha ocurrido, de lo que ha resultado la conformación de unos Poderes Públicos totalmente controlados por el Poder político que ejerce el gobierno mediante el control partidista de una mayoría simple de diputados de la Asamblea Nacional, habiendo quedado integrados los Poderes Electoral, Ciudadano y Judicial con militantes y seguidores del partido de gobierno.

De lo anterior resulta, por tanto, que la única posibilidad que existe de restituir la democracia en Venezuela, tiene que pasar por el restablecimiento del elemento esencial de la democracia que es el de la elección popular de los gobernantes mediante elecciones libres y trasparentes, controladas por órganos independientes y autónomos, lo que exige el respeto de las garantías democráticas representativa y participativa establecidas en la Constitución, para asegurar su independencia y autonomía, comenzando por el Poder Electoral de modo que pueda asegurarse con imparcialidad, el desarrollo de elecciones libres y justas.

La transición hacia la democracia, por tanto, tiene que comenzar por el control democrático de la mayoría de la Asamblea Nacional, que es el órgano político de mayor importancia en el marco de la Constitución, a los efectos, *primero*, de rescatar la función legislativa, la cual durante los últimos quince años ha sido inconvenientemente delegada en el Poder Ejecutivo; *segundo*, de controlar política y administrativamente al Poder Ejecutivo; y *tercero* de funcionar conforme a la Constitución en la elección y remoción popular de los titulares de los Poderes Públicos Judicial, Ciudadano y Electoral, garantizando la participación ciudadano conforme a la Constitución.

Por lo anterior, es claro, por tanto, que por ahora, solo cuando las fuerzas democráticas controlen políticamente mediante elección popular la mayoría calificada de la Asamblea Nacional, es que se podrá originar un proceso de transición hacia la democracia, y comenzar a desmantelarse el Estado totalitario que la ha destruido.

II. SOBRE LA DEMOLICIÓN DEL PRINCIPIO DE LA SEPARACIÓN DE PODERES

Esa elección popular democrática, por otra parte, es la única que puede garantizar el restablecimiento del principio de la separación de poderes, que también ha sido progresivamente demolido en Venezuela, abandonándose incluso el largo tratamiento jurisprudencial que siempre tuvo el principio como fundamento del ordenamiento constitucional.[712]

712 Véase Allan R. Brewer-Carías, *Los Principios fundamentales del derecho público (Constitucional y Administrativo)*, Editorial Jurídica venezolana, Caracas 2005, pp. 67 ss. Véase por ejemplo, la Sala Constitucional del Tribunal Supremo en la sentencia N° 1368 de 13 de agosto de 2008, en http://www.tsj.gov.ve/decisio-nes/scon/Agosto/1368-130808-01-2503.htm.

En efecto, puede decirse que no puede haber democracia sin separación de poderes, habiendo sido dicho principio el fundamento ideológico del Estado liberal inserto el todas las Constituciones desde 1811, incluida la Constitución de 1999,[713] el cual debe originar en los términos de la misma, unos órganos independientes y autónomos entre sí, que ejercen las diversas ramas del Poder Público: Legislativa, Ejecutiva, Judicial, Ciudadana y Electoral.

Recordemos además, que la Constitución de 1999 adoptó ese novedoso sistema de una *penta* separación orgánica del Poder Público Nacional, al hacerlo no entre tres, sino entre cinco Poderes, agregando a los tradicionales Poderes Legislativo, Ejecutivo y Judicial, dos nuevos, los Poderes Ciudadano y Electoral, correspondiendo entonces su ejercicio a cinco complejos orgánicos diferenciados y separados. Estos son, respectivamente, la Asamblea Nacional; el Presidente, sus Ministros y el resto de los órganos del denominado "Ejecutivo Nacional"; el Tribunal Supremo de Justicia y los demás tribunales de la República, así como la Dirección Ejecutiva de la Magistratura y los otros órganos de gobierno y administración del Poder Judicial (Art. 267); el Ministerio Público o Fiscalía General de la República (Art. 284), la Contraloría General de la República (Art. 267) y la Defensoría del Pueblo (Art. 280); y el Consejo Nacional Electoral, sus Comisiones y Juntas (Art. 293). Estos cinco conjuntos orgánicos conforme a la Constitución se deberían encontrar separados, autónomos e independientes entre sí, y cada uno de ellos con sus competencias constitucionales y legales específicas.[714]

Por tanto, de acuerdo con lo establecido en el artículo 136 de la Constitución, la separación de poderes y la asignación de funciones propias a los órganos que ejercen los Poderes Públicos,[715] se establece como lo dijo el Tribunal Supremo en alguna ocasión, a los efectos de garantizar el "control del ejercicio del Poder Público entre sus órganos, para asegurar la sujeción del obrar público a reglas y principios del derecho y, evidencia que el referido principio tiene carácter instrumental, en tanto está destinado a hacer efectiva la sujeción de los órganos del Poder Público al bloque de la constitucionalidad."[716]

---

713 Véase en general, Manuel García Pelayo, "La división de poderes y la Constitución Venezolana de 1961," en *Libro Homenaje a Rafael Caldera: Estudios sobre la Constitución*, Tomo III, Facultad de Ciencias Jurídicas y Políticas, Universidad Central de Venezuela, Caracas 1979, pp. 1403 y 1420; Hildegard Rondón de Sansó, "La separación de los poderes en Venezuela," en *Libro Homenaje a Rafael Caldera: Estudios sobre la Constitución*, Tomo III, Facultad de Ciencias Jurídicas y Políticas, Universidad Central de Venezuela, Caracas 1979, pp. 1369-1403.

714 Conforme lo ha señalado la sentencia Nº 3098 de la Sala Constitucional (Caso: *nulidad artículos Ley Orgánica de la Justicia de Paz*) de 13-12-2004, la "redistribución orgánica del Poder Público" que establece la Constitución obedece, "según la Exposición de Motivos de la Constitución de 1999, a la necesidad de otorgar independencia y autonomía funcional a los órganos que están encargados de desarrollar determinadas competencias, especialmente las de ejecución de "*procesos electorales, así como el de la función contralora y la defensa de los derechos humanos*". Véase en *Gaceta Oficial* Nº 38.120 de 02-02-2005.

715 Véase Allan R. Brewer-Carías, *Los Principios fundamentales del derecho público (Constitucional y Administrativo)*, Editorial Jurídica Venezolana, Caracas 2005, pp. 67 ss.

716 Véase sentencia Nº 2208 de 28 de noviembre de 2007 (Caso *Antonio José Varela y Elaine Antonieta Calatrava Armas vs. Proyecto de Reforma de la Constitución de la República Bolivariana de Venezuela*), citada en la sentencia, en *Revista de Derecho Público*, Nº 112, Editorial Jurídica Venezolana, Caracas 2007, pp. 601-606.

De ello deriva que el principio, por tanto, no sea un simple principio de organización al que se le pueda quitar su base garantista de la libertad, de los derechos fundamentales y de la democracia, que es el objetivo del sistema de control. Sin embargo, en su afán de "desideologizar" el principio, desde 2004 la Sala Constitucional como órgano sometido al poder, ha afirmado que el mismo "no es un principio ideológico, propio de la democracia liberal, sino un principio técnico del cual depende la vigencia de la seguridad jurídica como valor fundante del derecho,"[717] pretendiendo ignorar su valor esencial, precisamente como principio de la ideología de la democracia liberal, que lo considera esencial para la existencia de la propia democracia y la libertad.

Esa afirmación de la Sala Constitucional, en todo caso, no fue una afirmación inocente, sino que fue el comienzo de un viraje anti democrático de la jurisprudencia constitucional que llevó a la Sala, cinco años después, a afirmar despectivamente en sentencia N° 1049 de 23 de julio de 2009,[718] que "*la llamada* división, distinción o separación de poderes fue, al igual que la teoría de los derechos fundamentales de libertad, un instrumento de la doctrina liberal del Estado mínimo," concebido no como "un mero instrumento de organización de los órganos del Poder Público, sino un modo mediante el cual se pretendía asegurar que el Estado se mantuviera limitado a la protección de los intereses individualistas de la clase dirigente."

Descubrió así la Sala Constitucional, aun cuando distorsionándolo, el verdadero sentido de la separación de poderes, no sólo como mero instrumento de organización del Estado, sino como principio esencial de la democracia, la propia del Estado de derecho, para garantizar los derechos y libertades fundamentales, aun cuando por supuesto no sólo de "intereses individualistas de la clase dirigente" como con sesgo ideológico la confina el Tribunal Supremo.

Con este elemento "desideologizante" inserto en la jurisprudencia, en la cual incluso se calificó al principio como un principio "conservador,"[719] la Sala Constitucional luego comenzó a referirse al mismo con mero carácter instrumental argumentando que ciertamente "no supone una distribución homogénea, exclusiva o excluyente, o no en todos los casos, de tareas, potestades o técnicas entre los conglomerados de órganos del Poder Público," en el sentido de que "la Constitución de 1999 no refleja una estructura organizativa en la que la distribución de tareas entre los distintos Poderes corra paralela a una asignación de potestades homogéneas, exclusivas o excluyentes entre los mismos."[720]

Lo cierto, en todo caso, es que a pesar de la instrumentalidad mencionada el principio de la separación para la organización de los poderes del Estado, es por sobre todo el fundamento para el control del poder, y particularmente, para el control judicial de la constitucionalidad y legalidad de los actos del Estado, a los efectos de que el magistrado que tiene poder no pueda abusar de él, para lo cual deben im-

717 *Idem*: Sentencia N° 3098 de la Sala Constitucional (Caso: *Nulidad artículos Ley Orgánica de la Justicia de Paz*) de 14-12-2004, en *Gaceta Oficial* N° 38.120 de 02-02-2005.

718 Véase en http://www.tsj.gov.ve/decisiones/scon/Julio/1049-23709-2009-04-2233.html.

719 Véase sentencia de la Sala Constitucional N° 1683 de 4 de noviembre de 2008 (Caso: *Defensoría del Pueblo*), en *Revista de Derecho Público*, N° 116, Editorial Jurídica Venezolana, Caracas 2008, pp. 222 ss.

720 Véase en http://www.tsj.gov.ve/decisiones/scon/Julio/1049-23709-2009-04-2233.html

ponérsele límites, de manera que mediante la distribución del poder, "el poder limite al poder "y se evite que "se pueda abusar del poder;" en definitiva, como uno de los elementos esenciales de la democracia que garantiza el control del poder.[721]

Por todo ello es que el principio de la separación de poderes es tan importante para la democracia pues, en definitiva, del mismo dependen todos los demás elementos y componentes esenciales de la misma. En efecto, en definitiva, sólo controlando al Poder es que puede haber elecciones libres y justas, así como efectiva representatividad; sólo controlando al Poder es que puede haber pluralismo político; sólo controlando al Poder es que podría haber efectiva participación democrática en la gestión de los asuntos públicos; sólo controlando al Poder es que puede haber transparencia administrativa en el ejercicio del gobierno, así como rendición de cuentas por parte de los gobernantes; sólo controlando el Poder es que se puede asegurar un gobierno sometido a la Constitución y las leyes, es decir, un Estado de derecho y la garantía del principio de legalidad; sólo controlando el Poder es que puede haber un efectivo acceso a la justicia de manera que ésta pueda funcionar con efectiva autonomía e independencia; y en fin, sólo controlando al Poder es que puede haber real y efectiva garantía de respeto a los derechos humanos. De lo anterior resulta, por tanto, que sólo cuando existe un sistema de control efectivo del Poder es que puede haber democracia, y sólo en esta es que los ciudadanos pueden encontrar asegurados sus derechos debidamente equilibrados con los Poderes Públicos.

No es difícil, por tanto, entender que ha sido precisamente por la ausencia de una efectiva separación de poderes que en Venezuela la democracia haya sido tan afectada en los tres últimos lustros, período en el cual se ha producido un proceso continuo y sistemático de desmantelamiento de la misma, en paralelo con un proceso de concentración del poder, y que ha conducido, entre otro aspectos graves, al desmantelamiento de la autonomía e independencia del Poder Judicial en su conjunto,[722] y

---

721 Véase Allan R. Brewer-Carías, "Los problemas del control del poder y el autoritarismo en Venezuela," en Peter Häberle y Diego García Belaúnde (Coordinadores), *El control del poder. Homenaje a Diego Valadés,* Instituto de Investigaciones Jurídicas, Universidad Nacional Autónoma de México, Tomo I, México 2011, pp. 159-188; "Sobre los elementos de la democracia como régimen político: representación y control del poder," en *Revista Jurídica Digital IUREced*, Edición 01, Trimestre 1, 2010-2011, en http://www.megaupload.com/?d=ZN9Y2W1R; "Democracia: sus elementos y componentes esenciales y el control del poder," en *Grandes temas para un observatorio electoral ciudadano, Tomo I, Democracia: retos y fundamentos, (Compiladora Nuria González Martín),* Instituto Electoral del Distrito Federal, México 2007, pp. 171-220; "Los problemas de la gobernabilidad democrática en Venezuela: el autoritarismo constitucional y la concentración y centralización del poder," en Diego Valadés (Coord.), *Gobernabilidad y constitucionalismo en América Latina,* Universidad Nacional Autónoma de México, México 2005, pp. 73-96.

722 Véase, *en general,* Allan R. Brewer-Carías, "La progresiva y sistemática demolición de la autonomía e independencia del Poder Judicial en Venezuela (1999-2004)," en *XXX Jornadas J.M Domínguez Escovar, Estado de Derecho, Administración de Justicia y Derechos Humanos*, Instituto de Estudios Jurídicos del Estado Lara, Barquisimeto 2005, pp. 33-174; Allan R. Brewer-Carías, "El constitucionalismo y la emergencia en Venezuela: entre la emergencia formal y la emergencia anormal del Poder Judicial," en Allan R. Brewer-Carías, *Estudios Sobre el Estado Constitucional (2005-2006)*, Editorial Jurídica Venezolana, Caracas 2007, pp. 245-269; y Allan R. Brewer-Carías "La justicia sometida al poder. La ausencia de independencia y autonomía de los jueces en Venezuela por la interminable emergencia del Poder Judicial (1999-2006),"en *Cuestiones Internacionales. Anuario Jurídico Villanueva 2007,* Centro Universitario Villanueva, Marcial Pons, Madrid 2007, pp. 25-57, *disponible en* www.allanbrewercarias.com, (Biblioteca Virtual, II.4. Artículos y Estudios N° 550, 2007) pp. 1-37. Véase también Allan R. Brewer-Carías, *Historia Constitucional de Venezuela*, Editorial Alfa, Tomo II, Caracas 2008, pp. 402-454.

en particular, al control político por parte del Ejecutivo Nacional del Tribunal Supremo y de su Sala Constitucional, los cuales han sido puestos al servicio del autoritarismo,[723] afectando su rol de garantes de la Constitución y de los derecho humanos.[724]

Por ello, incluso, la Comisión Interamericana de Derechos Humanos en su *Informe Anual de 2009*, al indicar, después de analizar la situación de los derechos humanos y la situación de deterioro institucional en el país, que ello "indica la ausencia de la debida separación e independencia entre las ramas del gobierno en Venezuela;"[725] situación que explica la absurda afirmación ese mismo año de 2009, de la Presidenta del Tribunal Supremo de Venezuela, en el sentido de que "la división de poderes debilita al Estado,' y que "hay que reformarla."[726]

En ese contexto, por supuesto, la Sala Constitucional del Tribunal Supremo de Justicia, como Jurisdicción Constitucional, durante los tres últimos lustros dejó de ser el garante último de la supremacía constitucional, dado el sometimiento al poder que ha sufrido, convirtiéndose en un mero agente ejecutor de las políticas públicas. Ello se confirmó, por ejemplo, con lo expresado en el discurso de "apertura del Año Judicial" pronunciado el 5 de febrero de 2011 por un Magistrado de la Sala Electoral del Tribunal Supremo, en el cual destacó que "el Poder Judicial venezolano está en el deber de dar su aporte para la eficaz ejecución, en el ámbito de su competencia, de la Política de Estado que adelanta el gobierno nacional" en el sentido de desarrollar "una acción deliberada y planificada para conducir un socialismo bolivariano y democrático," y que "la materialización del aporte que debe dar el Poder Judicial para colaborar con el desarrollo de una política socialista, conforme a la Constitución y la

---

723 Véase Allan R. Brewer-Carías, "El rol del Tribunal Supremo de Justicia en Venezuela, en el marco de la ausencia de separación de poderes, producto del régimen autoritario," en *Segundo Congreso Colombiano de Derecho Procesal Constitucional, Bogotá D.C., 16 de marzo de 2011*, Centro Colombiano de Derecho Procesal Constitucional, Universidad Católica de Colombia, Bogotá de Bogotá 2011, pp. 85-111; "El juez constitucional al servicio del autoritarismo y la ilegítima mutación de la Constitución: el caso de la Sala Constitucional del Tribunal Supremo de Justicia de Venezuela (1999-2009)," en *Revista de Administración Pública*, N° 180, Madrid 2009, pp. 383-418, y en *IUSTEL, Revista General de Derecho Administrativo*, N° 21, junio 2009, Madrid, ISSN-1696-9650; y "Los problemas del control del poder y el autoritarismo en Venezuela," en Peter Häberle y Diego García Belaúnde (Coordinadores), *El control del poder. Homenaje a Diego Valadés,* Instituto de Investigaciones Jurídicas, Universidad Nacional Autónoma de México, Tomo I, México 2011, pp. 159-188.

724 Véase Allan R. Brewer-Carías, "El proceso constitucional de amparo en Venezuela: su universalidad y su inefectividad en el régimen autoritario," en *Horizontes Contemporáneos del Derecho Procesal Constitucional. Liber Amicorum Néstor Pedro Sagüés,* Centro de Estudios Constitucionales del Tribunal Constitucional, Lima 2011, Tomo II, pp. 219-261.

725 Véase IACHR, *2009 Annual Report*, para. 472, en http://www.cidh.oas.org/annual-rep/2009eng/Chap.IV.f.eng.htm. El Presidente de la Comisión, Felipe González, dijo en abril de 2010: "Venezuela es una democracia que tiene graves limitaciones, porque la democracia implica el funcionamiento del principio de separación de poderes, y un Poder Judicial libre de factores políticos." Véase en Juan Francisco Alonso, "Últimas medidas judiciales certifican informe de la CIDH," en *El Universal*, Apr. 4, 2010. Available at http://universo.eluniver-sal.com/2010/04/04/pol_art_ultimas-medidas-jud_181-5569.shtml.

726 Véase en Juan Francisco Alonso, "La división de poderes debilita al estado. La presidenta del TSJ [Luisa Estela Morales] afirma que la Constitución hay que reformarla," *El Universal*, Caracas 5 de diciembre de 2009, en http://www.eluni-versal.com/2009/12/05/pol_art_morales:-la-divisio_1683109.shtml. Véase la exposición completa de la presidenta del Tribunal Supremo en http://www.tsj.gov.ve/informacion/notasdeprensa/notasde-prensa.asp?codigo=7342.

leyes, viene dado por la conducta profesional de jueces, secretarios, alguaciles y personal auxiliar."[727]

Con ello quedó claro cuál ha sido la razón del rol asumido por el Tribunal Supremo de Justicia, y que como se anunció en dicha apertura del Año Judicial de 2011, no es otro que la destrucción del "llamado estado de derecho" y "de las estructuras liberales-democráticas," con el objeto de la "construcción del Socialismo Bolivariano y Democrático."

En esta forma la Jurisdicción Constitucional controlada por el poder, no sólo ha dejado de ser la garante suprema de la Constitución, sino que se ha convertido en agente activo de mutaciones constitucionales ilegítimas, por ejemplo, para cambiar la forma federal del Estado,[728] o para desmontar el bloque de la constitucionalidad, al reservarse la decisión sobre la aplicación preferente de los tratados internacionales en materia de derechos humanos[729] e, incluso, para implementar las reformas constitucionales que fueron rechazadas por el pueblo mediante referendo en 2007 mediante interpretaciones constitucionales vinculantes.[730] Y además, ha sido precisamente la Sala Constitucional del Tribunal Supremo, el vehículo utilizado por los otros poderes del Estado para secuestrar y tomar control directo de otras ramas del Poder Público.

Así sucedió con el Poder Electoral, en 2002, después de la sanción de la Ley Orgánica del Poder Electoral,[731] cuando la Sala Constitucional, al declarar sin lugar un recurso de inconstitucionalidad que había ejercido el propio Presidente de la

---

727 El Magistrado Fernando Vargas, quien fue el Orador de Orden, además agregó que "Así como en el pasado, bajo el imperio de las constituciones liberales que rigieron el llamado estado de derecho, la Corte de Casación, la Corte Federal y de Casación o la Corte Suprema de Justicia y demás tribunales, se consagraban a la defensa de las estructuras liberal-democráticas y combatían con sus sentencias a quienes pretendían subvertir ese orden en cualquiera de las competencias ya fuese penal, laboral o civil, de la misma manera este Tribunal Supremo de Justicia y el resto de los tribunales de la República, deben aplicar severamente las leyes para sancionar conductas o reconducir causas que vayan en desmedro de la construcción del Socialismo Bolivariano y Democrático." Véase la Nota de Prensa oficial difundida por el Tribunal Supremo. Véase en http://www.tsj.gov.ve/informacion/no-tasdeprensa/notasdeprensa.asp?codigo=8239.

728 Véase Allan R. Brewer-Carías, "La Sala Constitucional como poder constituyente: la modificación de la forma federal del estado y del sistema constitucional de división territorial del poder público, en *Revista de Derecho Público*, N° 114, Editorial Jurídica Venezolana, Caracas 2008, pp. 247-262.

729 Véase Allan R. Brewer-Carías, "El juez constitucional vs. La justicia internacional en materia de derechos humanos," en *Revista de Derecho Público*, N° 116, (julio-septiembre 2008), Editorial Jurídica Venezolana, Caracas 2008, pp. 249-26.

730 Véase en general sobre estas mutaciones constitucionales lo que hemos expresado en Allan R. Brewer-Carías, "El juez constitucional al servicio del autoritarismo y la ilegítima mutación de la Constitución: el caso de la Sala Constitucional del Tribunal Supremo de Justicia de Venezuela (1999-2009)", en *Revista de Administración Pública*, N° 180, Madrid 2009, pp. 383-418; "La fraudulenta mutación de la Constitución en Venezuela, o de cómo el juez constitucional usurpa el poder constituyente originario," en *Anuario de Derecho Público*, Centro de Estudios de Derecho Público de la Universidad Monteávila, Año 2, Caracas, 2009, pp. 23-65; "La ilegítima mutación de la Constitución por el juez constitucional y la demolición del Estado de derecho en Venezuela.," *Revista de Derecho Político*, N° 75-76, Homenaje a Manuel García Pelayo, Universidad Nacional de Educación a Distancia, Madrid, 2009, pp. 291-325; "El juez constitucional al servicio del autoritarismo y la ilegítima mutación de la Constitución: el caso de la Sala Constitucional del Tribunal Supremo de Justicia de Venezuela (1999-2009)", en *IUSTEL, Revista General de Derecho Administrativo*, N° 21, junio 2009, Madrid, ISSN-1696-9650.

731 Véase en *Gaceta Oficial* N° 37.573 de 19-11-2002.

República contra una Disposición Transitoria de dicha Ley Orgánica, en un *obiter dictum* consideró que dicha Ley era "inaplicable" al entonces en funciones Consejo Nacional Electoral en materia de quórum para decidir, impidiéndosele entonces a dicho órgano poder tomar decisión alguna, al considerar que debía hacerlo con una mayoría calificada de 4/5 que no estaba prevista en la Ley (la cual disponía la mayoría de 3/5). Para ello, la Sala "revivió" una previsión que estaba en el derogado Estatuto Electoral transitorio que se había dictado en 2000 sólo para regir las elecciones de ese año, y que ya estaba inefectivo.[732] Con ello, por la composición de entonces del Consejo Nacional Electoral, la Sala Constitucional impidió que dicho órgano funcionara y entre otras tareas, que pudiera, por ejemplo, darle curso a la iniciativa popular de más de tres millones de firmas de convocar un referendo consultivo sobre la revocación del mandato del Presidente de la República.

En todo caso, ello significó, en la práctica, la parálisis total y absoluta del Poder Electoral, lo que se consolidó por decisión de otra Sala del Tribunal Supremo, la Sala Electoral, primero, impidiendo que uno de los miembros del Consejo pudiese votar,[733] y segundo, anulando la convocatoria que había hecho el Consejo para un referendo consultivo sobre la revocación del mandato del Presidente.[734]

La respuesta popular a estas decisiones, sin embargo, fue una nueva iniciativa popular respaldada por tres millones y medio de firmas para la convocatoria de un nuevo referendo revocatorio del mandato del Presidente de la República, para cuya realización resultaba indispensable designar los nuevos miembros del Consejo Nacional Electoral. La bancada oficialista en la Asamblea Nacional no pudo hacer por si sola dichas designaciones, pues en aquél entonces no controlaba la mayoría de los 2/3 de los diputados que se requerían para ello, por lo que ante la imposibilidad o negativa de llegar a acuerdos con la oposición, y ante la perspectiva de que no se nombraran los miembros del Consejo Nacional Electoral, la vía que se utilizó para lograrlo, bajo el total control del gobierno, fue que la Sala Constitucional lo hiciera.

Para ello, se utilizó la vía de decidir un recurso de inconstitucionalidad contra la omisión legislativa en hacer las designaciones, que se había intentado, de manera que al decidir el recurso, la Sala, en lugar de exhortar a la Asamblea Nacional para que hiciera los nombramientos como correspondía, como antes se ha indicado, procedió a hacerlo directamente, usurpando la función del Cuerpo Electoral de segundo grado del Parlamento, y peor aún, sin cumplir con las condiciones constitucionales requeridas para hacer las elecciones.[735] Con esta decisión, la Sala Constitucional le

732 Véase Sentencia N° 2747 de 7 de noviembre de 2002 (Exp. 02-2736).

733 Véase Sentencia N° 3 de 22 de enero de 2003 (Caso: *Darío Vivas y otros*). Véase en Allan R. Brewer-Carías, "El secuestro del Poder Electoral y de la Sala Electoral del Tribunal Supremo y la confiscación del derecho a la participación política mediante el referendo revocatorio presidencial: Venezuela: 2000-2004," en *Revista Cos-tarricense de Derecho Constitucional,* Tomo V, Instituto Costarricense de Derecho Constitucional, Editorial Investigaciones Jurídicas S.A., San José 2004, pp. 167-312.

734 Véase Sentencia N° 32 de 19 de marzo de 2003 (Caso: *Darío Vivas y otros*). Véase Allan R. Brewer-Carías, en "El secuestro del Poder Electoral y la confiscación del derecho a la participación política mediante el referendo revocatorio presidencial: Venezuela 2000-2004," en *Revista Jurídica del Perú,* Año LIV N° 55, Lima, marzo-abril 2004, pp. 353-396.

735 Véase sentencia N° 2073 de 4 de agosto de 2003 (Caso: *Hermánn Escarrá Malaver y otros*); y sentencia N° 2341 del 25 de agosto de 2003 (Caso: *Hermánn Escarrá y otros*). Véase en Allan R. Brewer-Carías, "El secuestro del poder electoral y la confiscación del derecho a la participación política mediante el referendo revocatorio presidencial: Venezuela 2000-2004," en *Stvdi Vrbinati, Rivista trimestrale di Scien-*

aseguró al gobierno el completo control del Consejo Nacional Electoral, secuestrando a la vez el derecho ciudadano a la participación política, y permitiendo al partido de gobierno manipular los resultados electorales.

La consecuencia de todo ello ha sido, como se ha indicado anteriormente, que las elecciones que se han celebrado en Venezuela durante la última década, han sido organizadas por una rama del Poder Público supuestamente independiente pero tácticamente controlada por el gobierno, totalmente parcializada. Esa es la única explicación que se puede dar, por ejemplo, al hecho de que siempre se haya desconocido cuál fue el resultado oficial de la votación efectuada en el referendo que rechazó la reforma propuesta por el Presidente de la República en 2007. Ello es igualmente lo que explica que se pudiera sancionar la Ley Orgánica de los Procesos Electorales en 2008, para materialmente, en fraude a la Constitución, al eliminarse la representación proporcional en la elección de los diputados a la Asamblea Nacional, al punto de que en las elecciones legislativas de septiembre de 2010, con una votación inferior al cincuenta por ciento de los votos, el partido oficial obtuvo casi los 2/3 de diputados a la Asamblea Nacional.

En definitiva, el principio de la separación de poderes, como principio fundamental del ordenamiento constitucional, no es ni puede ser considerado solamente como un principio técnico de organización del Estado, para solamente asegurar el adecuado ejercicio de las diversas funciones estatales por parte de los diversos órganos que ejercen el Poder Público. Al contrario, tiene que ser considerado como un principio esencial de la configuración del Estado constitucional y democrático de derecho, el cual sin duda tiene un carácter ideológico vinculado al liberalismo democrático, concebido para asegurar el sistema de control y limitación del poder que le es esencial. Su justificación, precisamente es esa: asegurar la libertad y la vigencia de los derechos fundamentales mediante la limitación y control del poder.

De todo lo anterior también resulta por tanto, que la única posibilidad que existe de restablecer la democracia en Venezuela, tiene que pasar también por el restablecimiento del otro elemento esencial de la democracia, que además de la elección popular de los gobernantes, es la efectiva existencia del principio de separación de los poderes públicos que como órganos independientes y autónomos se puedan controlar entre sí.

Para ello, es decir, para restablecer la separación de poderes, la transición hacia la democracia, como antes dijimos, también tiene que comenzar por ahora, por el control democrático de la mayoría de la Asamblea Nacional, para asegurar la elección y remoción popular de los titulares de los Poderes Públicos Judicial, Ciudadano y Electoral, garantizando la participación ciudadano conforme a la Constitución; y además, controle políticamente al gobierno. Ello confirma que solo cuando las fuerzas democráticas controlen políticamente mediante elección popular la mayoría calificada de la Asamblea Nacional es que se podrá originar un proceso de transición hacia la democracia, y comenzar a desmantelarse el Estado totalitario que la ha destruido.

---

ze Giuridiche, Politiche ed Economiche, Año LXXI – 2003/04 Nuova Serie A – N. 55,3, Università degli studi di Urbino, pp.379-436.

III. SOBRE EL DERECHO CIUDADANO A LA RESISTENCIA Y DESOBEDIENCIA CIVIL FRENTE A AUTORIDADES ILEGÍTIMAS Y LA ALTERNATIVA DE SU MANIFESTACIÓN A TRAVÉS DE LAS VOTACIONES POPULARES

El desmantelamiento de la democracia, y en particular, de sus pilares fundamentales, es decir, la elección popular de los gobernantes y la separación de poderes, como se ha dicho, lo que ha producido en el país es un Estado totalitario conducido por autoridades ilegítimas, que no tienen legitimidad democrática, por lo que frente a ello, el pueblo tiene derecho a rebelarse utilizando los medios que para ello le reconoce la propia Constitución.

En efecto, el gobierno de fuerza que desde 1999 se apoderó de Venezuela, y que ha edificado el Estado totalitario demoliendo las instituciones democráticas, conculcando las libertades y negando los derechos de las personas, sometiendo a la sociedad a un terrorismo de Estado guiado por una ideología de odio y exterminio, con asesinatos, confiscaciones, caos económico, desabastecimiento, hambre y corrupción, definida ésta incluso como política de Estado, parece claro que ya no podrá ser cambiado sino por un acto de fuerza popular que debe ser manifestado con el ejercicio de la soberanía popular a través de la votación. Es decir, por ejemplo, frente a unas elecciones parlamentarias, la sociedad civil y política tienen que convertirlas en la práctica, en una manifestación de fuerza popular, de resistencia frente al régimen autoritario, para desplazarlo del poder.

Así como el régimen autoritario se impuso con la fuerza de una votación en 1999, y por ello ha prevalecido sobre todos; por ahora, solo por la fuerza de otra votación es que el pueblo puede desalojar a esos dirigentes del poder, ejerciendo su soberanía y manifestándola por ejemplo mediante la elección de una nueva Asamblea Nacional, como acto tendiente a desconocer el régimen ilegítimo que gobierna desde 1999, que ha contrariado los valores, principios y garantías democráticos establecidos en la Constitución, y ha menoscabado los derechos humanos.

No hay otra alternativa para lograr desalojar dicho régimen del poder, que no sea por esa fuerza que sólo puede manifestarla el pueblo, como titular de la soberanía, mediante una votación. Es decir, esa fuerza no debería derivar de algún pronunciamiento aislado de cúpulas militares, ni de pactos o negociaciones entre personas, ni de un ejercicio electoral aislado como si se tratase de designar algunos representantes más en una contienda democrática normal, sino de un proceso electoral producto del ejercicio directo de la soberanía expresado como un rechazo absoluto al régimen autoritario de manera que todos los demócratas, del gobierno y la oposición, oigan el clamor popular y divisen definitivamente el abismo al cual se está precipitando al país. En definitiva, solo el pueblo es quien puede manifestarse para evitar la confrontación entre hermanos a la cual el régimen quiere llevar al país, y que de llegar a darse, tendría efectos aún más devastadores. Con el control de la Asamblea Nacional hay que obligar a quienes han destruido al Estado y minado a la sociedad a llegar a un pacto o acuerdo, para prevenir una guerra, evitando a toda costa que se llegue al mismo pacto pero como una forma de armisticio, para poner fin a la misma.

En definitiva, es el pueblo, como depositario de la soberanía y del poder constituyente originario, el único que a través de sus representantes electos en una Asamblea Nacional puede articular la necesaria reconciliación nacional de todos los venezolanos, y reflejarla en la reconstrucción del Estado social y democrático de derecho, descentralizado y de justicia por el que ha estado clamando el país, en sustitución del Estado totalitario actual, devolviéndole a los venezolanos su derecho a vivir en paz, y superar la aberrante situación de miedo y terror a la cual nos ha sometido el régimen, al definir como política de Estado, incluso el uso de la violencia física e institucional.

Por otra parte, solo el pueblo, manifestando su voluntad a través de la elección de la nueva Asamblea Nacional puede exigir y lograr que se desmonte el monopolio de la esperanza que ilegítimamente ha asumido y controlado el Estado, materializado en las dádivas y subsidios degradantes con los cuales el gobierno ha engañado al pueblo, obligando a las personas a ser más pobres y en todo caso dependiente de una burocracia ineficiente, arrebatándole a los ciudadanos su propia esperanza para que basadas en el trabajo y los valores esenciales de una sociedad democrática, puedan ser artífices de su propio destino.

Además, solo el pueblo, mediante una iniciativa popular de esta naturaleza, es el que además podrá desmontar la situación de miedo y terror, a la cual, también como política del régimen totalitario se ha sometido a la población, para lo cual al amparo de la impunidad, definida también como política de Estado, éste incluso ha renunciado al monopolio de las armas, permitiendo que grupos de sectores de la población, aterroricen, amedrenten y asesinen impunemente a otros.

Se trata en definitiva, por ejemplo de tratar adelante la elección parlamentaria como una forma de manifestación de fuerza popular en ejercicio del derecho ciudadano de resistencia a la opresión que se garantiza en el último de los artículos de la Constitución de Venezuela de 1999, que dispone que:

> *Artículo 350.* El pueblo de Venezuela, fiel a su tradición republicana, a su lucha por la independencia, la paz y la libertad, desconocerá cualquier régimen, legislación o autoridad que contraríe los valores, principios y garantías democráticos o menoscabe los derechos humanos.

Esta norma, en efecto, consagra el derecho constitucional a la desobediencia civil y a la resistencia contra regímenes políticos ilegítimos, la legislación que se sancione y cualquier autoridad que sea inconstitucional o que actúen en contra de la Constitución o que menoscabe los derechos humanos que la misma declara. Es el derecho ciudadano a que no se vulnere la Constitución que establece los valores, principios y garantías democráticos, y a que se asegure le supremacía de la misma, particularmente cuando la Jurisdicción Constitucional no la garantiza, como es el caso de Venezuela, por estar controlada políticamente; en definitiva, es el derecho a procurar que se restablezca el orden constitucional violado.

El derecho a la resistencia a la opresión, por tanto, deriva del derecho ciudadano a la supremacía constitucional, y su ejercicio encuentra justificación cuando los mecanismos institucionales del Estado dispuestos para garantizar dicha supremacía no funcionan. Es en ese contexto, en nuestro criterio, que los ciudadanos deben ejercer su derecho a desobedecer y resistir todo régimen que contraríe el valor fundamental de vivir en paz, los valores democráticos y el respeto a los derechos humanos.[736].

---

736 En efecto, a pesar de que los ciudadanos de cualquier Estado, como integrantes de una sociedad regulada por leyes, tienen el deber de obediencia a las mismas, ello no excluye que el Estado tenga, a la vez, la

Por tanto, ante la violación de la Constitución por las autoridades constituidas, en un Estado como en Venezuela en la actualidad, donde no hay garantía de que los órganos del Poder Público que ejercen sus funciones constitucionales de balance, contrapeso y control, y en particular, donde el sistema de justicia constitucional no funciona por habérselo puesto al servicio del autoritarismo; particularmente cuando el régimen autoritario ha tenido su origen en elecciones, así hayan sido fraudulentas, sin duda se plantea el dilema o conflicto democrático y constitucional que tiene que condicionar la conducta de los ciudadano, entre rechazar, desobedecer o resistir frente a leyes y autoridades ilegítimas, inconstitucionales e injustas; u obedecerlas de acuerdo con la obligación constitucional, acatándolas y cumpliéndolas. Este es el meollo del ejercicio del derecho a la desobediencia civil y a la resistencia frente a la opresión, que deriva del artículo 350 de la Constitución y que corresponde con razón a toda persona, individualmente o en grupo, para garantizar la resistencia a cumplir y acatar leyes que son ilegítimas, inconstitucionales e injustas.[737]

La norma tiene su origen remoto en los planteamientos de John Locke (derecho a la insurrección),[738] que incluso tuvieron consagración en el último de los artículos de la Declaración de los Derechos del Hombre y del Ciudadano de la Constitución Francesa de 1793,[739] y que ha conducido incluso a la inclusión del derecho a la rebelión contra los gobiernos de fuerza en el artículo 333 de la Constitución de 1999, cuando establece el deber de "todo ciudadano investido o no de autoridad, de colaborar en el restablecimiento de la efectiva vigencia de la Constitución," si la misma perdiera "su vigencia o dejare de observarse por acto de fuerza o porque fuere derogada por cualquier otro medio distinto al previsto en ella."[740]

---

obligación de garantizar el goce y ejercicio irrenunciable, indivisible e interdependiente de los derechos de las personas, conforme al principio de la progresividad y sin discriminación, por lo que el respeto y garantía de los derechos humanos son obligatorios para los órganos que ejercen el Poder Público. Además, la Constitución de 1999 declara expresamente como nulos todos los actos dictados en ejercicio del Poder Público que violen o menoscaben los derechos que la misma garantiza (art. 25), haciendo responsables en lo penal, civil y administrativo a los funcionarios públicos que ordenen o ejecuten esos actos violatorios.

737 Sobre la desobediencia civil y el artículo 350 de la Constitución, véase: María L. Álvarez Chamosa y Paola A. A. Yrady, "La desobediencia civil como mecanismo de participación ciudadana", en *Revista de Derecho Constitucional,* N° 7 (Enero-Junio). Editorial Sherwood, Caracas, 2003, pp. 7-21; Andrés A. Mezgravis, "¿Qué es la desobediencia civil?", en *Revista de Derecho Constitucional,* N° 7 (enero-junio), Editorial Sherwood,Caracas, 2003, pp. 189-191; Marie Picard de Orsini, "Consideraciones acerca de la desobediencia civil como instrumento de la democracia", en *El Derecho Público a comienzos del siglo XXI. Estudios homenaje al Profesor Allan R. Brewer-Carías,* Tomo I, Instituto de Derecho Público, UCV, Civitas Ediciones, Madrid, 2003, pp. 535-551; y Eloisa Avellaneda y Luis Salamanca, "El artículo 350 de la Constitución: derecho de rebelión, derecho resistencia o derecho a la desobediencia civil", en *El Derecho Público a comienzos del siglo XXI. Estudios homenaje al Profesor Allan R. Brewer-Carías,* Tomo I, Instituto de Derecho Público, UCV, Civitas Ediciones, Madrid, 2003, pp. 553-583. Véase además, lo que hemos expuesto en Allan R. Brewer-Carías, *La Constitución de 1999. Derecho Constitucional Venezolano.* Editorial Jurídica Venezolana, Caracas 2004, Tomo I, pp. 133 ss.

738 Véase John Locke, *Two Treaties of Government* (ed. P. Laslett), Cambridge 1967, p. 211.

739 *Art. 35.* Cuando el gobierno viole los derechos del pueblo, la insurrección es, para el pueblo y para cada porción del pueblo, el más sagrado de los derechos y el más indispensable de los deberes.

740 Es el único caso en el cual una Constitución pacifista como la de Venezuela de 1999, admite que pueda haber un acto de fuerza para reaccionar contra un régimen que por la fuerza haya irrumpido contra la Constitución. Sobre ello, ha señalado la Sala Constitucional en sentencia N° 24 de 22 de enero de 2003 (Caso: *Interpretación del artículo 350 de la Constitución*) que: "El derecho de resistencia a la opresión o

Pero frente a leyes inconstitucionales, ilegítimas e injustas dictadas por los órganos del Poder Público, que a la vez son considerados ilegítimos, en realidad, no se está en presencia de este deber-derecho a la rebelión, sino del derecho a la resistencia y del derecho a la desobediencia civil, en particular por la ausencia de efectivo control judicial de la constitucionalidad o de la garantía de la justicia constitucional por estar la Jurisdicción Constitucional controlada por el Poder, que tiene que colocarse en la balanza de la conducta ciudadana junto con el deber constitucional de la obediencia a las leyes.

El tema central en esta materia, por supuesto, es la determinación de cuándo desaparece la obligación de la obediencia a las leyes y cuándo se reemplaza por la también obligación-derecho de desobedecerlas, y esto ocurre, en general, cuando la ley es injusta; cuando es ilegítima, porque por ejemplo emana de un órgano que tiene un origen ilegítimo o que no tiene poder para legislar, o cuando es nula, por violar la Constitución; y no hay un sistema de justicia constitucional que funcione.

La actitud del ciudadano en esta situación de derecho a la desobediencia de la ley, como manifestación del derecho a resistencia, puede expresarse de diversas formas y entre ellas, individualmente mediante la objeción de conciencia,[741] y también individual o colectivamente mediante la desobediencia civil, y la resistencia pasiva o activa, todas como manifestaciones cívicas no violentas,[742] aun cuando las últimas se diferencian de la desobediencia civil en cuanto a que esta es fundamentalmente una manifestación colectiva, que lo que persigue de inmediato es demostrar

---

a la tiranía, como es el caso de los regímenes de fuerza surgidos del pronunciamiento militar, que nacen y actúan con absoluta arbitrariedad, está reconocido en el artículo 333 de la Constitución, cuya redacción es casi idéntica al artículo 250 de la Carta de 1961. Esta disposición está vinculada, asimismo, con el artículo 138 *eiusdem*, que declara que "Toda autoridad usurpada es ineficaz y sus actos son nulos." El derecho a la restauración democrática (defensa del régimen constitucional) contemplado en el artículo 333, es un mecanismo legítimo de desobediencia civil que comporta la resistencia a un régimen usurpador y no constitucional." Véase en *Revista de Derecho Público*, N° 93-96, Editorial Jurídica Venezolana, Caracas 2003, pp. 126-127.

741 La objeción de conciencia es una conducta individual; de carácter omisivo, en el sentido que consiste en no hacer lo que se ordena; en forma pública; pacífica; parcial, porque está dirigida al cambio de una norma; y de orden pasivo, porque la resistencia a la norma y el derecho de incumplirla se hace con conciencia de aceptar las consecuencias o sanciones que se imponen por la violación. El derecho a la objeción de conciencia está regulado –mal regulado– en el artículo 61 de la Constitución de Venezuela, que establece que "la objeción de conciencia no puede invocarse para eludir el cumplimiento de la ley o impedir a otros su cumplimiento o el ejercicio de sus derechos," cuando en realidad, lo que debió decir es que no puede invocarse para eludir la aplicación de las sanciones derivadas del incumplimiento de la ley. De lo contrario, no sería tal derecho.

742 Por otra parte, en cuanto a la resistencia pasiva, como la definió el propio Mahatma Gandhi "es un método que consiste en salvaguardar los derechos mediante la aceptación del sufrimiento" lo que es "lo contrario de la resistencia mediante las armas" (M. K. Gandhi, *La Civilización occidental y nuestra Independencia*, Buenos Aires, 1959, p. 84 y ss.). Consiste en la negativa a obedecer los dictados de la ley, aceptando la sanción punitiva que resulta de la desobediencia, pero con la certidumbre de no estar obligado a obedecer la ley que desaprueba la conciencia (*Idem*, pp. 85-86). En la misma línea se ubica la resistencia activa, la cual también es una conducta no sólo contra la parte perceptiva de una Ley sino contra su parte punitiva; y no sólo de carácter individual sino muchas veces colectiva, como por ejemplo, la conducta comisiva de *hacer lo que la ley prohíbe* y, además, buscando eludir la pena. En todo caso, es de carácter público y parcial. La resistencia activa se materializó, por ejemplo, en los movimientos por la integración racial que liderizó Martín Luther King en la década de los cincuenta.(El movimiento por los derechos civiles liderado, entre otros, por M. L. King, se desarrolló a partir de la sentencia de la Corte Suprema de los Estados Unidos, *Brown vs. Topeka Bord of Education,* 1954).

públicamente la injusticia, la ilegitimidad o la inconstitucionalidad de la ley o de un régimen o una autoridad, con el fin de inducir, por ejemplo, al legislador a reformarla o al régimen o a la autoridad a transformarse.[743]

La desobediencia civil, por ello, es una acción que se justifica o que debe considerarse licita, debida e incluso, tolerada, a diferencia de cualquier otra trasgresión o violación de la ley, pues lo que persigue es el restablecimiento de la justicia, de la legitimidad o de la constitucionalidad, mediante una reforma legal o una trasformación política. Por ello, la desobediencia civil no se considera destructiva sino innovativa, y quienes la asumen no consideran que realizan un acto de trasgresión del deber ciudadano de cumplir la ley, sino que lo que cumplen es con el deber ciudadano de velar porque los regímenes políticos sean democráticos o porque las leyes sean justas, legítimas y acorde con la Constitución.[744] La desobediencia civil, por tanto, es una actitud propia de los buenos ciudadanos.

El efecto demostrativo de la desobediencia civil exige, en todo caso, su carácter colectivo y publicitado al máximo;[745] de lo contrario, sería una desobediencia común, que por lo general es secreta, como la que hace el evasor de impuestos. La desobediencia civil, por tanto, tiene que ser expuesta al público, evidenciando que el deber que tiene todo ciudadano de cumplir la ley, sólo puede existir cuando el legislador respete la obligación de sancionar leyes justas y constitucionales.

La desobediencia civil, así, a pesar de que pueda ser considerada formalmente como una acción que se aparta de la ley, es sin embargo legítima, colectiva, pública y pacífica, es decir, no violenta, que tiene su fundamento, precisamente, como decía Norberto Bobbio[746] en "principios éticos superiores para obtener un cambio de las leyes" o en los valores que establece el artículo 350 de la Constitución, cuando se considere que el régimen, la legislación o la autoridad contraríe los valores, principios y garantías democráticos o menoscabe los derechos humanos; y el conflicto no pueda ser resuelto por la Jurisdicción Constitucional.[747]

---

743 La expresión desobediencia civil comenzó a difundirse en los Estados Unidos luego del clásico ensayo de Henry David Thoreau, *Civil Disobedience,* 1849. Véase las referencias en Norberto Bobbio, "Desobediencia Civil" en Norberto Bobbio y Nicola Matteucci (directores). *Diccionario de Política,* 1982, Vol. I, p. 535.

744 A finales de 2001, en Venezuela se dieron dos manifestaciones colectivas que puede considerarse que encuadran en la desobediencia civil: en primer lugar, con la realización del proceso electoral del directorio de la Conferencia de Trabajadores de Venezuela, a pesar de que el Consejo Nacional Electoral había ordenado que no se realizaron dichas elecciones y había dicho que desconocería a la directiva electa; *El Universal,* Caracas, 17-08-01, p. 1-6; en segundo lugar, con la realización de la elección de los jueces de paz en diversos Municipios, entre ellos Chacao, organizada por las autoridades municipales a pesar de la posición en contra del Consejo Nacional Electoral que reclamaba para sí la organización de esas elecciones y desconociendo la medida cautelar en contra adoptada por el Tribunal Supremo de Justicia.

745 Un típico ejemplo en Venezuela del carácter demostrativo de ruptura contra un ordenamiento, fue la ruptura en público de la *Gaceta Oficial* que contenía la Ley de Tierras y Desarrollo Rural, por el Presidente de la Federación de Ganaderos, Dr. José Luis Vetancourt, noviembre 2001; y la ruptura de la boleta electoral en el referendo sindical de diciembre de 2000 por Carlos Melo, *El Universal,* Caracas, 04-12-00, p. 1-8.

746 Véase Norberto Bobbio, "Desobediencia Civil" en Norberto Bobbio y Nicola Matteucci (directores). *Diccionario de Política,* 1982, Vol. I, pp. 533 ss.

747 Como lo ha resumido Juan Ignacio Ugartemedia Eceizabarrena en la primera frase de su libro sobre el tema, la desobediencia civil "es un fenómeno que se configura como una forma peculiar de protesta contra determinadas actuaciones del poder público llevada a cabo por motivos de justicia." Véase Juan Igna-

Por ello, en Venezuela, la desobediencia civil no sólo es un tema de filosofía política, sino de derecho constitucional, pues es la propia Constitución la que consagra expresamente el derecho ciudadano a la desobediencia civil, incluso más allá de la sola resistencia a la ley. Las condiciones para el ejercicio del derecho a la desobediencia civil y resistencia a la opresión en aplicación, por ejemplo, del antes mencionado artículo 350 de la Constitución, en nuestro criterio,[748] serían las siguientes:

En *primer lugar*, se establece como un derecho constitucional del "pueblo de Venezuela", es decir, se trata de un derecho de ejercicio colectivo y, consecuencialmente, público. No se puede justificar en esta norma, cualquier violación individual de una ley.

En *segundo lugar*, es un derecho basado en la tradición republicana del pueblo, su lucha por la independencia, la paz y la libertad. Se trata, por tanto, de un derecho ciudadano democrático, de carácter pacífico y no violento. No se pueden justificar en esta norma, acciones violentas que son incompatibles con los principios constitucionales que rigen al Estado, a la sociedad y al ordenamiento jurídico.

En *tercer lugar*, el derecho colectivo a la desobediencia civil ("desconocerá", dice la norma) surge cuando el régimen, la legislación o la autoridad, primero, "contraríe los valores, principios y garantías democráticas"; y segundo, "menoscabe los derechos humanos".

En *cuarto lugar,* la desobediencia civil que tiene su fundamento en el artículo 350 de la Constitución, como derecho ciudadano colectivo, de ejercicio público y pacífico, se puede plantear no sólo respecto de la legislación, sino de "cualquier régimen... o autoridad" que, como se dijo, contraríe los valores, principios y garantías democráticos o menoscabe los derechos humanos.

Este derecho constitucional del pueblo, se establece, por tanto, no sólo frente a las leyes (legislación), sino frente a cualquier régimen o autoridad que contraríe los valores, principios y garantías democráticas o menoscabe los derechos humanos, lo que lo amplía considerablemente respecto del tradicional ámbito político institucional de la misma conocido en la ciencia política, que la reduce a la desobediencia de las leyes para lograr su reforma.

La desobediencia civil en la Constitución, por tanto, no sólo tiene el efecto demostrativo de buscar la reforma de leyes injustas, ilegítimas o inconstitucionales,

---

cio Ugartemedia Eceizabarrena, *La desobediencia civil en el Estado constitucional democrático*, Marcial Pons, Madrid 1999, p. 15.

748 Así lo expresamos a comienzos de 2002, en la conferencia sobre "Democracia y desobediencia civil (La democracia venezolana a la luz de la Carta Democrática Interamericana)"dictada en las "Jornadas Día de los Derechos Civiles. El ABC de la No violencia activa y de la desobediencia civil," organizada por la Asociación Civil Queremos Elegir, en la Cámara de Industriales de Venezuela. Caracas, 26 de enero 2002, disponible en http://allanbrewercarias.com/Con-tent/449725d9-f1cb-474b-8ab2-41efb849fea2/Content/I.1.844.pdf; y en el documento "*Aide Memoire, febrero 2002. La democracia venezolana a la luz de la Carta Democrática Interamericana*," disponible en http://allanbrewer-carias.com/Content/449725d9-f1cb-474b-8ab2-41efb849fea3/Content/I,%202,%2021.%20La%20democracia%20venezolana%20a%20la%20luz%20de%20la%20Carta%20Democratica%20Interamericana%20_02-02-_SIN%20PIE%20DE%20PAGINA.pdf Véase igualmente, Allan R. Brewer-Carías, *La Crisis de la democracia venezolana (la carta democrática Inter-americana y los sucesos de abril de 2002)*, Ediciones El Nacional, Caracas 2002, pp. 39 ss.; y *La Constitución de 1999. Derecho Constitucional Venezolano*. Editorial Jurídica Venezolana, Caracas 2004, Tomo I, pp. 133 ss.

sino de buscar cambiar el régimen o la autoridad que contraríe los valores, principios y garantías democráticos establecidos en la Constitución o los definidos en la *Carta Democrática Interamericana*; o que menosprecie los derechos humanos enumerados en la Constitución y en los tratados, pactos y convenciones relativas a derechos humanos suscritos y ratificados por Venezuela, los cuales tienen jerarquía constitucional y prevalecen en el orden interno en la medida en que contengan normas sobre su goce y ejercicio más favorables a las establecidas en la Constitución y en las leyes (art. 23).

En todo caso, tratándose de un derecho constitucional colectivo, del pueblo de Venezuela, la desobediencia civil tiene que ser motorizada por las organizaciones sociales, por los organismos de la sociedad civil, por los sectores de la sociedad, y por los partidos políticos, es decir, por toda organización que sea de carácter no estatal. He aquí el gran valor y poder de la sociedad civil organizada, esa que está fuera del alcance del Estado.[749] La sociedad civil así, es la esfera de las relaciones entre individuos, entre grupos y entre sectores de la sociedad, que en todo caso se desarrollan fuera de las relaciones de poder que caracterizan a las instituciones estatales. En este ámbito de la sociedad civil, en consecuencia, entre otras están las organizaciones con fines políticos (partidos políticos); las organizaciones religiosas; las organizaciones sociales; las organizaciones ambientales; las organizaciones comunitarias y vecinales; las organizaciones educativas y culturales; las organizaciones para la información (medios de comunicación) y las organizaciones económicas y cooperativas que el Estado, por otra parte, tiene la obligación constitucional de respetar y proteger e, incluso, de estimular, facilitar y promover (arts. 52, 57, 59, 67, 100, 106, 108, 112, 118, 127, 184 y 308). En definitiva, conforme a la sentencia de la Sala Electoral del Tribunal Supremo de Justicia N° 30 del 28 de marzo de 2001 (Caso: *Víctor Maldonado vs. Ministerio de la Familia*) la llamada 'sociedad civil', debe ser entendida "como la organización democrática de la sociedad, *no estatal*, política, religiosa o militar, que busca fines públicos coincidentes con los del Estado."[750] Sin embargo, no debe dejar de mencionarse que la doctrina autoritaria de la

---

749 El pueblo organizado es la sociedad civil y esta es la organización que se contrapone al Estado. Como lo ha dicho la Sala Constitucional en sentencia N° 1395 de 21 de noviembre de 2000 (Caso: *Gobernación del Estado Mérida y otras vs. Ministerio de Finanzas*), "la sociedad civil es diferente al Estado y a los entes que lo componen (Estados, Municipios, Institutos Autónomos, Fundaciones Públicas, Sociedades con capital de los Poderes Públicos, etc.). En consecuencia, el Estado no puede formar parte, bajo ninguna forma directa o indirecta, de la sociedad civil. Fundaciones, Asociaciones, Sociedades o grupos, totalmente financiados por el Estado, así sean de carácter privado, no pueden representarla, a menos que demuestren que en su dirección y actividades no tiene ninguna influencia el Estado." Véase en *Revista de Derecho Público*, N° 84, Editorial Jurídica Venezolana, Caracas 2000, p. 315 ss.

750 Véase en *Revista de Derecho Público*, N° 85-88, Editorial Jurídica Venezolana, Caracas 2001, pp. 338-343. Sin embargo, respecto de las organizaciones de la sociedad civil, la Sala Constitucional en Venezuela le ha dado una interpretación restrictiva al término, expresando en la sentencia N° 1050 de 23 de agosto de 2000 (Caso: *Ruth Capriles y otros vs. Consejo Nacional Electoral*), que "mientras la ley no cree los mecanismos para determinar quiénes pueden representar a la sociedad civil en general o a sectores de ella en particular, y en cuáles condiciones ejercer tal representación, no puede admitirse como legítimos representantes de la sociedad civil, de la ciudadanía, etc., a grupos de personas que por iniciativa propia se adjudiquen tal representación, sin que se conozca cuál es su respaldo en la sociedad ni sus intereses; y sin que pueda controlarse a qué intereses responden: económicos, políticos, supranacionales, nacionales o internacionales." (Véase en *Revista de Derecho Público*, N° 83, Editorial Jurídica Venezolana, Caracas 2000, pp. 182-184). La Sala, por tanto, a pesar de que reiteró el principio de que las normas constitucionales sobre participación ciudadana tienen aplicación inmediata, a pesar de que no tengan

Sala Constitucional ha llegado al absurdo de negarle a los partidos políticos ser parte de la sociedad civil,[751] y aún más, a la negación de la diferenciación entre sociedad civil y el Estado, llegando a considerar alguno de sus magistrados que "todos los ciudadanos y demás integrantes del cuerpo social están dentro del Estado."[752]

Aparte, de estas afirmaciones y tendencias restrictivas, lo cierto es que frente al derecho a la desobediencia civil y a la resistencia a la opresión, son las organizacio-

---

desarrollo legislativo, "ello no se extiende a cualquier grupo que se auto-proclame representante de la sociedad civil, y que sin llenar requisito legal alguno, pretenda, sin proporcionar prueba de su legitimidad, más allá del uso de los medios de comunicación para proyectarse públicamente, obrar por ante la Sala Constitucional, sin ni siquiera poder demostrar su legitimación en ese sentido;" concluyendo con la siguiente afirmación reductiva del derecho a la participación: "La función pública se haría caótica, si cualquier asociación o grupo de personas, arrogándose la representación de la ciudadanía o de la sociedad civil, pretendiere fuese consultada antes de la toma de cualquier decisión; o exigiere de los poderes del Poder Público la entrega de documentos, datos o informaciones sin que la ley los faculte para ello; o quisiera ingresar a dependencias del Estado a indagar sobre lo que allá acontece sin que ninguna disposición legal se lo permita. Tal situación caótica se acentuaría si estos entes mediante el uso de los medios de comunicación tratasen de formar matrices de opinión pública favorables a sus pretensiones cuando ellas carecen de fundamento legal. De allí, que se hace impretermitible, para el desarrollo de los derechos de tales organizaciones ciudadanas, que la ley establezca los requisitos y condiciones a cumplir para que puedan ser considerados representantes de la sociedad civil y de la ciudadanía." (Véase en *Revista de Derecho Público*, N° 83, Editorial Jurídica Venezolana, Caracas 2000, p. 182 ss.).

751 En efecto, en forma contradictoria, en la mencionada sentencia N° 1395 de 21 de noviembre de 2000 (Caso: *Gobernación del Estado Mérida y otras vs. Ministerio de Finanzas*), la Sala Constitucional le negó a los partidos políticos el ser parte de la sociedad civil, indicando: "Que estando el Estado conformado por ciudadanos que pertenecen a fuerzas políticas, la sociedad civil tiene que ser diferente a esas fuerzas, cuyos exponentes son los partidos o grupos políticos. Consecuencia de ello, es que las organizaciones políticas no conforman la sociedad civil, sino la sociedad política cuyos espacios están delimitados por la Constitución y las leyes. Por lo tanto, todo tipo de participación partidista en personas jurídicas, desnaturaliza su condición de organizaciones representativas de la sociedad civil. La sociedad civil la forman los organismos e instituciones netamente privados, mientras que la sociedad política es el dominio directo que se expresa en el Estado y en el gobierno jurídico, en el cual contribuyen los partidos en un régimen democrático." Véase en *Revista de Derecho Público*, N° 84, Editorial Jurídica Venezolana, Caracas 2000, p. 315 ss.

752 En efecto en la Sala Constitucional del Tribunal Supremo de Justicia, en 2012, los criterios apuntaban hacia otra dirección completamente autoritaria. Eso es lo que se desprende, al menos, de lo que expuso el magistrado Arcadio Delgado Rosales en el acto de apertura del Año Judicial en enero de 2012. Allí expuso, basándose nada menos que en Carl Schmitt, que: "... debemos advertir desde el inicio que la sociedad como condición existencial del Estado es una sola y la insistencia en pretender excluir o distinguir de la globalidad a "ciudadanos" integrantes de la "sociedad civil" es una construcción ideológica liberal, en la cual hay reminiscencias censitarias, de desprecio a las clases populares y de odio al Estado como unidad política que, como veremos más adelante, es concebido como una amenaza latente contra la concepción individualista. Por tanto, rechazamos la escisión de la totalidad social (sociedad civil/sociedad militar; sociedad civil/sociedad política) y, en consecuencia, la pretendida división entre actores e interacciones sociales al interior del sistema político y los actores e interacciones al "exterior" del mismo. Todos los ciudadanos y demás integrantes del cuerpo social están dentro del Estado y, como tales, son actores sociales y, potencialmente, políticos". Esta afirmación no sólo demuestra el desconocimiento de la Constitución en donde se evidencia y describe precisamente la separación entre relaciones entre sectores de la sociedad y relaciones de la sociedad para con el Estado, sino además evidencia el desconocimiento de sentencias antes referidas, proponiendo una fórmula clásica de los movimientos totalitarios, en los cuales el individuo se instrumentaliza al servicio del Estado, eliminando la distinción Estado /sociedad, lo cual es violatorio de los derechos humanos . *Cfr.* Arcadio Delgado Rosales, "Reflexiones sobre el sistema político y el Estado Social" en Sesión solemne. Apertura Actividades Judiciales. Discurso de Orden, Tribunal Supremo de Justicia, Caracas, 2012. http://www.tsj.gov.ve/informacion/miscela-neas/DiscursoMagADR.pdf.

nes de la sociedad civil, incluyendo los partidos políticos,[753] las que precisamente en nombre del pueblo pueden motorizar la reacción contra las leyes injustas o inconstitucionales y, en última instancia, ejercer el derecho a la desobediencia civil que regula la Constitución, también, contra el régimen o la autoridad que contraríe los valores, principios y garantías democráticas o menoscabe los derechos humanos.

Y lo cierto es que a pesar de los diversos esfuerzos restrictivos del juez constitucional en Venezuela de reducir y restringir el ejercicio del derecho a la desobediencia civil y a la resistencia frente a la opresión, el mismo ha adquirido cada vez más importancia, porque en ausencia de una justicia constitucional efectiva[754] que asegure la tutela judicial efectiva de los derechos, dichos derechos no sólo se puede ejercer constitucionalmente ante leyes inconstitucionales como muchas de las que han sido dictadas en Venezuela en la última década mediante decretos leyes,[755] sino ante el régimen y autoridad que tenemos, que cada vez más contradice los valores, principios y garantías democráticas y menoscaba los derechos humanos. Por ello, incluso, más que un derecho a la desobediencia civil, comenzamos a estar en presencia de un deber ciudadano que debe cumplirse para salvaguardar nuestra democracia y proteger nuestros derechos.

Y ello debe ocurrir incluso conforme a la interpretación constitucional vinculante y restrictiva del artículo 350 de la Constitución adoptada por la Sala Constitucional del Tribunal Supremo de Justicia, al decidir un recurso de interpretación ejercido a

---

753 Por ejemplo, la sociedad civil organizada, por ejemplo, realizó una muy importante movilización contra el Decreto 1011 de 04-10-00 que contiene el Reglamento del Ejercicio de la Profesión Docente (*G.O.* Nº 5496 *Extra.* de 31-10-00), en el cual se reguló a los Supervisores Itinerantes Nacionales, a los efectos de realizar "supervisiones integrales en todos los planteles establecidos a nivel nacional". Como consecuencia de esas supervisiones de cada plantel, esos supervisores podían recomendar la intervención del plantel y la suspensión de los miembros de sus cueros directivos (art. 32,6). La movilización fue contra la posibilidad de aplicación de esta norma respecto de los planteles privados. Véase, en particular, *El Universal,* Caracas, 07-12-00, p. 1-9; 12-12-00, p. 1-12; 13-12-00, p. 1-9; 14-12-00, pp. 1-6, 1-10; 15-12-00, p. 1-2; 17-12-00, p. 1-8; 18-12-00, p. 1-6; 19-12-00, p. 1-10 y 20-12-00, p. 1-2. El Ministro de Educación, a pesar de haber señalado que el Decreto si se aplicaba a la educación privada, *El Universal,* Caracas, 12-12-00, p. 1-12, luego señaló que no se aplicaba, *El Universal,* Caracas, 18-12-00, p. 1-6. Pretendió el Ministro "aclarar" esto en un "reglamento del reglamento", totalmente improcedente, *El Universal,* Caracas, 12-12-00, p. 1-8. El Decreto fue impugnado ante el Tribunal Supremo, *El Universal,* Caracas, 22-12-00, p. 1-2, cuya Sala Constitucional un año después (19-12-01) decidió sin lugar la acción aclarando el contenido del Decreto, *El Nacional,* Caracas, 20-12-01, p. C-2, en virtud de la "reglamentación" realizada por el Ministerio mediante Resolución, en el cual subsanó las fallas del Decreto, *El Nacional,* Caracas, 27-12-01, p. 1-4. Otra movilización de la sociedad civil organizada que debe destacarse fue la realizada en caracas, el 11 de abril de 2002 exigiendo la renuncia del Presidente de la República. Véase sobre la misma y los sucesos políticos derivados en Allan R. Brewer-Carías, *La Crisis de la democracia venezolana (La Carta Democrática Interamericana y los sucesos de abril de 2002)*, Ediciones El Nacional, Caracas 2002.

754 Véase Allan R. Brewer-Carías, *Crónica sobre la "In" Justicia Constitucional. La Sala Constitucional y el autoritarismo en Venezuela.* Colección Instituto de Derecho Público, Universidad Central de Venezuela, Nº 2, Caracas, 2007, 702 pp.

755 Véase por ejemplo, sobre los dictados en 2000, en Allan R. Brewer-Carías, "Apreciación general sobre los vicios de inconstitucionalidad que afectan los Decretos Leyes Habilitados," en *Ley Habilitante del 13-11-2000 y sus Decretos Leyes*, Academia de Ciencias Políticas y Sociales, Serie Eventos Nº 17. Caracas 2002, pp. 63-103; y sobre los dictados en 2008, los trabajos publicados en *Revista de Derecho Público*, Nº 115 *(Estudios sobre los Decretos Leyes)*, Editorial Jurídica Venezolana. Caracas, 2009.

conveniencia del poder,[756] mediante sentencia Nº 24 de 22 de enero de 2003 (Caso: *Interpretación del artículo 350 de la Constitución*),[757] enmarcando y restringiendo el ejercicio del derecho ciudadano a la desobediencia civil y a la resistencia a la opresión, vaciando materialmente de contenido la norma del artículo 350 de la Constitución, y reduciéndolo a su ejercicio solo mediante votaciones populares. Lo importante es precisamente que la sociedad civil y los partidos políticos conviertan la elección, así sea de los miembros de la Asamblea Nacional, en un acto de resistencia colectiva frente a la opresión.

La Sala Constitucional, en efecto, en relación con la expresión "pueblo" contenida en la norma, como titular del derecho a la resistencia y a la desobediencia civil, que es de ejercicio colectivo, ha interpretado que "debe vincularse al principio de la soberanía popular que el Constituyente ha incorporado al artículo 5 del texto fundamental," agregando que "el sentido que debe asignarse al pueblo de Venezuela es el conjunto de las personas del país y no una parcialidad de la población, una clase social o un pequeño poblado, y menos individualidades." De allí, la Sala concluyó señalando que "en la medida en que la soberanía reside de manera fraccionada en todos los individuos que componen la comunidad política general que sirve de condición existencial del Estado Nacional, siendo cada uno de ellos titular de una porción o alícuota de esta soberanía, tienen el derecho y el deber de oponerse al régimen, legislación o autoridad que resulte del ejercicio del poder constituyente originario que contraríe principios y garantías democráticos o menoscabe los derechos humanos; y así se decide."

De ello, resultó, en definitiva, que la Sala Constitucional redujo el ejercicio del derecho a la desobediencia civil y a la resistencia a la opresión en un ejercicio de la soberanía por el pueblo, lo que apunta a que en general sólo podría ejercerse mediante el sufragio popular, indicando en la misma sentencia Nº 24 de 22 de enero de 2003 que el desconocimiento al cual alude la norma del artículo 350, sólo "puede manifestarse constitucionalmente mediante los diversos mecanismos para la participación ciudadana contenidos en la Carta Fundamental, en particular los de naturaleza política, preceptuados en el artículo 70, a saber: "la elección de cargos públicos, el referendo, la consulta popular, la revocación del mandato, las iniciativas legislativa, constitucional y constituyente, el cabildo abierto y la asamblea de ciudadanos y ciudadanas.""[758]

---

756 Véase sobre este recurso de interpretación, que con frecuencia se ha ejercido con objeto completamente desligado de algún caso concreto o controversia constitucional, el cual fue "creado" por la propia Sala Constitucional sin fundamento en la Constitución, lo que hemos expuesto en Allan R. Brewer-Carías, "*Quis Custodiet Ipsos Custodes*: De la interpretación constitucional a la inconstitucionalidad de la interpretación," en *VIII Congreso Nacional de derecho Constitucional, Perú*, Fondo Editorial 2005, Colegio de Abogados de Arequipa, Arequipa, septiembre 2005, pp. 463-489; y en *Revista de Derecho Público*, Nº 105, Editorial Jurídica Venezolana, Caracas 2006, pp. 7-27.; y en "Le recours d'interprétation abstrait de la Constitution au Vénézuéla", en *Le renouveau du droit constitutionnel, Mélanges en l'honneur de Louis Favoreu*, Dalloz, Paris, 2007, pp. 61-70.

757 Véase en *Revista de Derecho Público*, Nº 93-96, Editorial Jurídica Venezolana, Caracas 2003, pp. 126-127.

758 Por ello, la Sala Constitucional, en la citada sentencia Nº 24 de 22 de enero de 2003, al interpretar la norma del mencionado artículo 350, primero, aclaró, que la misma al ser aislada no debía conducir "a conclusiones peligrosas para la estabilidad política e institucional del país, ni para propiciar la anarquía;" y luego, contra el "argumento del artículo 350 para justificar el 'desconocimiento' a los órganos del poder público democráticamente electos," ello lo consideró "impertinente" "de conformidad con el orde-

Pues bien, y precisamente por esa interpretación restrictiva del derecho a la resistencia y a la desobediencia civil frente a un régimen como el actual, junto con la legislación que ha dictado y la autoridad que ejerce, contraria a los valores, principios y garantías democráticos y que ha menoscabado los derechos humanos; dicho derecho debe ejercerse como tal, utilizando por ahora la vía del sufragio, es decir, de las elecciones que se realicen en el país, como por ejemplo debe ocurrir en la votación para la elección de los diputados a la Asamblea Nacional, en cuya campaña las organizaciones civiles y políticas democráticas deben participar pero planteando la elección, no para votar en determinados circuitos electorales uno que otro o muchos diputados, sino como un acto de manifestación de fuerza que sea la expresión de la voluntad popular,[759] tanto para resistir al régimen autoritario y desobedecer sus ejecutorias, como para barrerlo del ejercicio del poder, mediante el control que se debería lograr de la mayoría calificada de la Asamblea Nacional.[760] Para ello, por supuesto, es esencial la unidad de la oposición, pues como lo ha demostrado Beatriz Magaloni, la "unidad de la oposición y la amenaza creíble de masiva desobediencia civil, hace más difícil a los autócratas poder robar las elecciones," pues además, "si hay una masiva revolución contra el fraude, los militares puede que en cambio se cambien de lado, permitiendo que la democracia emerja."[761]

Y así poder entrar definitivamente en un proceso de transición a la democracia montado sobre los dos principios fundamentales antes mencionados: la elección popular directa o indirecta de todos los titulares de los Poderes Públicos, y la separación y autonomía e independencia de todos los poderes públicos, sin lo cual no puede haber democracia. En esa tarea, sin duda, para garantizar esa transición, en la cual tendrá que haber consensos forzados por la manifestación de fuerza de la voluntad

---

namiento constitucional vigente," advirtiendo que: "se ha pretendido utilizar esta disposición como justificación del 'derecho de resistencia' o 'derecho de rebelión' contra un gobierno violatorio de los derechos humanos o del régimen democrático, cuando su sola ubicación en el texto Constitucional indica que ese no es el sentido que el constituyente asigna a esta disposición." Véase en *Revista de Derecho Público*, Nº 93-96, Editorial Jurídica Venezolana, Caracas 2003, pp. 128-130.

759 Como lo indicó Oswaldo Álvarez Paz, al referirse a las elecciones parlamentarias de diciembre de 2015, "Ellas forman parte de lo que está por venir, pero es útil recordar que la verdadera naturaleza del problema de Venezuela no es electoral sino existencial, de valores y principios muy erosionados por los bárbaros que controlan al régimen. Cada día crece el descontento, el rechazo profundo de una población hastiada de tanta ineficiencia y corrupción. Está en el ambiente. El cambio no puede esperar más. Se trata de algo más que obtener unas cuantas diputaciones adicionales en diciembre. Hablamos de la reconstrucción democrática de un país en ruinas. Los caminos están a la vista," en Oswaldo Álvarez Paz, "El final está próximo," en *El Nacional*, 22 de septiembre de 2015, en http://alvarezpaz.blogspot.com/.

760 Como lo planteó Leopoldo López en la carta que dirigió a los venezolanos al ser condenado injustamente a prisión el 10 de septiembre de 2015: "Para que Venezuela salga adelante debemos cambiar el sistema. Pero para que eso suceda debemos quitarle el poder a la élite corrupta que nos gobierna. El próximo 6 de diciembre tenemos una excelente oportunidad para avanzar en esa dirección. Ese día, con irreverencia, con revire democrático, salgamos con toda nuestra fuerza a votar y a defender en todos y cada uno de los centros electorales y en la propia calle, la voluntad de cambio que de manera arrolladora la inmensa mayoría de los venezolanos vamos a expresar en las urnas." Véase el texto en "Lea aquí la carta de Leopoldo López a los venezolanos emitida desde Ramo Verde," Caracas 11 de septiembre de 2015, en http://prodavinci.com/2015/09/11/actualidad/lea-aqui-la-carta-de-leopoldo-lopez-a-los-venezolanos-emitida-desde-ramo-verde/ Véase igual-mente en: http://www.el-nacional.com/politica/Lee-Leopoldo-Lopez-publicada-sentencia_0_700130144.html; y en *The New York Times*, New York, September 25, 2015, p. A35.

761 Véase Beatriz Magaloni, Stanford University, "The Game f Electoral Fraud and the ousting of Authoritarian Rule," en *American Journal of Political Science*, Vol. 54, Nº 3, July 2010, p. 763.

popular,[762] las Fuerzas Armadas ineludiblemente deben comprometerse a cumplir con su rol fundamental en una sociedad democrática que como institución no deliberante y apolítica es el velar por la estabilidad de las instituciones democráticas, respetando la Constitución y las leyes cuyo acatamiento debe estar siempre por encima de cualquier otra obligación.

Luego, como parte del forzado consenso para la transición democrática, se podrá iniciar un proceso constituyente por la misma iniciativa popular, como manifestación de fuerza soberana, para realizar la tarea institucional que quedó pendiente en 1999,[763] que fue la de establecer efectivamente un Estado democrático y social de derecho, federal y descentralizado políticamente, basado en la distribución vertical del Poder Público en los tres niveles territoriales de gobierno, con representantes electos mediante sufragio universal directo y secreto, para asegurar la participación política de los ciudadanos en los asuntos públicos.

New York, 6 de octubre de 2015.

SECCIÓN PRIMERA: EL DESQUICIAMIENTO DE LA ADMINISTRACIÓN PÚBLICA: UN ESFUERZO SOSTENIDO 2000-2015

La Administración Pública es ante todo un instrumento esencial del Estado establecido para gerenciar, en su nombre y por su cuenta, la satisfacción de las necesidades colectivas de la sociedad que constitucional y legalmente esté obligado a asumir, por lo que como tal instrumento, su misión esencial es estar al servicio de los ciudadanos o administrados.

Por ello, siendo un instrumento del Estado, por su carácter vicarial o servicial, es evidente que la misma está necesariamente condicionada, en su concepción, organi-

---

762 Como lo observó Luis Ugalde S.J., "para que se dé el proceso de la transición hacia la democracia en Venezuela es necesario llegar a un consenso entre el Gobierno y la oposición." Como el país va a seguir empeorando, agregó: "No hay ninguna otra fórmula ni externa ni interna, sino crear un consenso más amplio con aquellos que, hasta hoy, yo he considerado bandidos. A eso se llega porque cada día estamos peor y se va a sentir la presión por todos lados. Va a haber un clamor. Aquí estamos cerca del clamor y, por su parte, la oposición tiene que aceptar lo mismo."[…] "Tiene que haber una visión de transición y que ambas partes se sacrifiquen por algo que vale la pena", puntualizó. […] "El problema no es si la oposición acepta, sino si el Gobierno acepta y para eso hay que obligar", aseveró. Las afirmaciones fueron expresadas en La mesa del editor de Analítica.com, 22 de junio de 2015, concluyendo la reseña del evento indicando que "Los panelistas señalaron que el Gobierno no va a dialogar porque le guste dialogar, ya que va contra todos sus principios, pero la realidad del día a día, la desesperación de la gente y las elecciones van a obligar a que se dé este paso hacia un consenso y un Gobierno de transición, sin embargo, Ugalde señaló que la transición no será ninguna estrella del Gobierno, ni de la oposición porque las negociaciones son odiosas." Véase en "Luis Ugalde: Es necesario un consenso para la transición en Venezuela," *analitica.com*, 22 de junio de 2015, en http://www.ana-litica.com/actualidad/actualidad-nacional/ugalde-es-necesario-un-consenso-para-la-transicion-en-venezuela/

763 Véase Allan R. Brewer-Carías, "Propuesta sobre la forma federal del Estado en la nueva Constitución: Nuevo federalismo y nuevo municipalismo," (6-9-1999) y "Propuesta sobre la regulación del principio democrático representativo y participativo," en *Debate Constituyente, (Aportes a la Asamblea Nacional Constituyente),* Tomo I (8 agosto-8 septiembre), Fundación de Derecho Público, Editorial Jurídica Venezolana, Caracas 1999, pp. 183-199; y "Razones del voto NO en el referéndum sobre la Constitución" (30-11-1999) en *Debate Constituyente, (Aportes a la Asamblea Nacional Constituyente),* Tomo III (18 octubre-30 Noviembre), Fundación de Derecho Público, Editorial Jurídica Venezolana, Caracas 1999, pp. 313-340.

zación y funcionamiento, por la propia concepción del Estado de la cual forme parte en un momento dado y en un país determinado, conforme al régimen político existente, y a la práctica política del gobierno que lo conduzca.[764]

Bajo este ángulo, por tanto, al referirnos a la Administración Pública contemporánea en Venezuela, conforme a sus condicionamientos políticos, trataremos de identificar en primer lugar, cuál es la concepción del Estado que existe en la actualidad en el país, partiendo del que define la Constitución como Estado democrático y social de derecho y de justicia y de economía mixta, pero que en realidad se ha configurado como un Estado totalitario; en segundo lugar, cuáles han sido las consecuencias de la configuración de ese Estado Totalitario sobre la Administración Pública, en particular, el proceso de una inflación de la organización administrativa que se ha producido, tanto en la Administración Central como en la Administración descentralizada, y la creación de una Administración paralela, con organizaciones denominadas "Misiones" que sin embargo no están sometidas al régimen de la Ley Orgánica de la Administración Pública; en tercer lugar, cuál es la forma del Estado en el país, partiendo de la fórmula constitucional del Estado federal descentralizado, pero que en realidad se ha configurado como un Estado centralizado con membrete federal, y el impacto que ello ha tenido en la centralización progresiva de la Administración Pública; y en cuarto lugar, cuál es el impacto de la creación de un Estado Comunal o del Poder Popular, en paralelo al Estado Constitucional, sobre éste último y la Administración Pública, en particular, por el ahogamiento progresivo de la Administración Pública Municipal.

I. LA ADMINISTRACIÓN PÚBLICA Y LA CONCEPCIÓN DEL ESTADO: EL PASO DEL ESTADO DEMOCRÁTICO Y SOCIAL DE DERECHO Y DE JUSTICIA, Y DESCENTRALIZADO PREVISTO EN LA CONSTITUCIÓN, AL ESTADO TOTALITARIO DESARROLLADO AL MARGEN DE LA MISMA

En cuanto al primer aspecto a considerar, sobre la concepción política del Estado, como hay que hacer respecto de cualquier Estado, para precisarla lo primero que debe hacerse es acudir a la fuente suprema del ordenamiento que lo regula, que no es otra que la Constitución, en la cual, además, en el mundo contemporáneo, en casi todos los países se ha progresivamente constitucionalizado no sólo a la propia Administración Pública, sino al derecho que la regula, es decir, al propio derecho administrativo, que ahora encuentra en ella, como ley suprema, la principal de sus fuentes.[765]

764 Sobre el tema de los condicionantes políticos de la Administración, ya nos ocupamos desde hace unos buenos años, en Allan R. Brewer-Carías, "Les conditionnements politiques de l'administration publique dans les pays d'Amérique Latine", en *Revue Internationale des Sciences Administratives*, Vol. XLV, N° 3, Institut International des Sciences Administratives, Bruselas 1979, pp. 213-233; y "Los condicionamientos políticos de la Administración Pública en los países latinoamericanos" en *Revista de la Escuela Empresarial Andina*, Convenio Andrés Bello, N° 8, Año 5, Lima 1980, pp. 239-258. Igualmente en nuestro libro *Fundamentos de la Administración Pública*, Tomo I, Colección Estudios Administrativos, N° 1, Editorial Jurídica Venezolana, Caracas 1980, 386 pp.; 2ª edición, 1984.

765 Sobre el proceso de constitucionalización del derecho administrativo en Colombia y en Venezuela, véase Allan R. Brewer-Carías, "El proceso de constitucionalización del Derecho Administrativo en Colombia" en Juan Carlos Cassagne (Director), *Derecho Administrativo. Obra Colectiva en Homenaje al Prof. Miguel S. Marienhoff*, Buenos Aires 1998, pp. 157-172, y en *Revista de Derecho Público*, N° 55-56, Edito-

Por ello, es un signo de las Constituciones contemporáneas, del cual no se escapa la Constitución venezolana de 1999, encontrar en sus normas previsiones, por ejemplo, sobre el régimen sobre la organización, funcionamiento y actividad de la Administración Pública como complejo orgánico integrada en los órganos del Poder Ejecutivo; sobre el ejercicio de la función administrativa, realizada aún por otros órganos del Estado distintos a la Administración; sobre las relaciones jurídicas que se establecen cotidianamente entre las personas jurídicas estatales, cuyos órganos son los que expresan la voluntad de la Administración, y los administrados; sobre los fines públicos y colectivos que estas persiguen, situados por encima de los intereses particulares; sobre los poderes y prerrogativas de los cuales disponen para hacer prevalecer los intereses generales y colectivos frente a los intereses individuales, y además, de los límites impuestos por normas garantizadoras de los derechos y garantías de los administrados, incluso frente a la propia Administración.

Por tanto, en nuestro caso, para identificar la concepción del Estado que deberíamos tener en Venezuela, y consecuentemente, las características de la Administración Pública que debería existir, lo primero que hay que hacer es acudir al texto mismo de la Constitución de 1999, en particular, sus artículos 2, 3, 4 y 299, que disponen que:

Primero, que "Venezuela se constituye en un Estado democrático y social de Derecho y de Justicia, que propugna como valores superiores de su ordenamiento jurídico y de su actuación, la vida, la libertad, la justicia, la igualdad, la solidaridad, la democracia, la responsabilidad social y, en general, la preeminencia de los derechos humanos, la ética y el pluralismo político" (Artículo 2)

Segundo, que la República "es un Estado federal descentralizado en los términos consagrados en la Constitución, y se rige por los principios de integridad territorial, cooperación, solidaridad, concurrencia y corresponsabilidad (Artículo 4).

Tercero, que los "fines esenciales" del Estado son: "la defensa y el desarrollo de la persona y el respeto a su dignidad, el ejercicio democrático de la voluntad popular, la construcción de una sociedad justa y amante de la paz, la promoción de la prosperidad y bienestar del pueblo y la garantía del cumplimiento de los principios, derechos y deberes reconocidos y consagrados en la Constitución," siendo "la educación y el trabajo" los procesos fundamentales para alcanzar dichos fines (Artículo 3).

Y *cuarto*, que "el régimen socioeconómico" de la República, "se fundamenta en los principios de justicia social, democracia, eficiencia, libre competencia, protección del ambiente, productividad y solidaridad, a los fines de asegurar el desarrollo humano integral y una existencia digna y provechosa para la colectividad," a cuyo efecto, "el Estado, conjuntamente con la iniciativa privada, promoverá el desarrollo armónico de la economía nacional con el fin de generar fuentes de trabajo, alto valor agregado nacional, elevar el nivel de vida de la población y fortalecer la soberanía económica del país, garantizando la seguridad jurídica, solidez, dinamismo, susten-

---

rial Jurídica Venezolana, Caracas, julio-diciembre 1993, pp. 47-59; y "Algunos aspectos de proceso de constitucionalización del derecho administrativo en la Constitución de 1999" en *Los requisitos y vicios de los actos administrativos. V Jornadas Internacionales de Derecho Administrativo Allan Randolph Brewer-Carías, Caracas 1996,* Fundación Estudios de Derecho Administrativo (FUNEDA), Caracas 2000, pp. 23-37.

tabilidad, permanencia y equidad del crecimiento de la economía, para lograr una justa distribución de la riqueza mediante una planificación estratégica democrática, participativa y de consulta abierta" (Artículo 299)

Mejor y más completa definición formal del Estado democrático y social de derecho y de justicia, de economía mixta, y descentralizado en el texto de una Constitución, ciertamente es casi imposible encontrar.

Si esa definición constitucional del Estado se ajustara a la realidad, en Venezuela tendríamos entonces un Estado Constitucional de derecho, y además, democrático, descentralizado, social, de economía mixta y de justicia, que tendría entonces que responder a los principios democráticos del pluralismo y alternabilidad republicana que tendrían que estar garantizados mediante un sistema de democracia representativa y participativa; donde la Administración Pública tendía que ser una Administración democrática, garante del pluralismo y de la participación de todos; y la misma y todos los órganos del Estado tendrían que estar sometidos al derecho y a la justicia, a través de un riguroso sistema de control judicial contencioso administrativo de la actividad administrativa; en el cual privase la primacía de los derechos y garantías constitucionales de los ciudadanos, y que estuviese montado sobre un sistema económico de economía mixta con la participación conjunta, en un marco de libertad económica, tanto del Estado como de la iniciativa privada, en el cual el derecho que lo regule debería asegurar el punto de equilibrio entre las prerrogativas estatales y los derechos ciudadanos.[766]

En ese Estado que regula la Constitución con lenguaje florido, la Administración Pública tendría además que ser una Administración social, a cargo de políticas sociales, en la búsqueda, junto con la iniciativa privada, de la justicia social, y una Administración Pública descentralizada, compuesta por diversos niveles administrativos territoriales, dotados de autonomía. Además, dicha Administración Pública debería funcionar, en su tarea de gestionar el interés general y asegurar la satisfacción de las necesidades colectivas, sobre la base de los principios de seguridad jurídica, trasparencia, igualdad e imparcialidad, dando con ello, plena garantía a los derechos de los administrados, en un marco de transparencia gubernamental y de pulcro manejo de los recursos financieros sometidos a escrupulosos controles fiscales. Es decir, un en esa concepción constitucional, estaríamos frente a un Estado donde se debería asegurar que los recursos públicos sean invertidos conforme a los principios de buena administración, con la erradicación o persecución de la corrupción administrativa; con una Administración conducida por un servicio civil basado en la meritocracia, que tendría que estar al servicio exclusivo del Estado y no de una determinada parcialidad política; a la cual los ciudadanos puedan controlar en su funcionamiento mediante mecanismos efectivos de participación y mediante el ejercicio de las acciones judiciales necesarias ante un Poder Judicial independiente que pueda efectivamente asegurar su sometimiento al derecho.

Frente a todo ello, sin embargo, lo que primero corresponde es determinar si realmente, en la práctica política del gobierno del Estado de Venezuela, el Estado que

766 Véase Allan R. Brewer-Carías, "El derecho a la democracia entre las nuevas tendencias del Derecho Administrativo como punto de equilibrio entre los Poderes de la Administración y los derecho del administrado," en Víctor Hernández Mendible (Coordinador), *Desafíos del Derecho Administrativo Contemporáneo (Conmemoración Internacional del Centenario de la Cátedra de Derecho Administrativo en Venezuela*, Tomo II, Ediciones Paredes, Caracas 2009, pp. 1417-1439.

tenemos responde a esa concepción y a esos principios, o si realmente solo se trata de enunciados floridos de lo que debería ser, y nada más; pues es claro que a estas alturas del conocimiento de las ciencias políticas, es evidente que para analizar un régimen político y la estructura de un Estado, no sólo debemos basarnos en las solas denominaciones y definiciones oficiales de los Estado insertas en las Constituciones.

Y efectivamente al confrontar ese Estado descrito en la Constitución con la realidad, lo que resulta es que el Estado que se ha desarrollado en los últimos quince años no es para nada ni un Estado de derecho, ni es democrático, ni es social, ni es de economía mixta, ni es de justicia, ni es descentralizado, pues más bien, en contra de lo que dice la Constitución, lo que se ha desarrollado al amparo del autoritarismo político ha sido un Estado totalitario

No hay que olvidar que lo que dice la Constitución no sólo no existe en la realidad, sino que incluso realidad, ni siquiera fue la intención de implementarlo de quienes asaltaron el poder en 1999, mediante una Asamblea Constituyente que controlaron totalmente, luego del intento de golpe de Estado que procuraron dar en 1992.[767] El texto constitucional, por lo demás, ante los oídos sordos de quienes obnubilados por el deseo y las promesas de cambio del momento no se percataron de lo que se estaba aprobando, como lo denuncié en su momento, tenía ya el germen para el establecimiento de un Estado autoritario,[768] que más pronto que tarde derivó en el Estado totalitario y populista de la actualidad;[769] con el cual lo que se ha hecho

---

767 Así se puede apreciar de los papeles del golpe de Estado de 1992 en los cuales la intención era establecer un Estado totalitario y comunista, publicados en: Kléber Ramírez Rojas, *Historial documental de 4 de febrero*, Colección Alfredo Maneiro, Ministerio de la Cultura, Fundación Editorial El Perro y la Rana, Caracas 2006.

768 En 1999, al propugnar el voto NO por la Constitución de 1999 elaborada por la Asamblea Constituyente y sometida a aprobación popular, advertí que si la Constitución se aprobaba, ello iba a implicar la implantación en Venezuela, de "un esquema institucional concebido para el autoritarismo derivado de la combinación del centralismo del Estado, el presidencialismo exacerbado, la democracia de partidos, la concentración de poder en la Asamblea y el militarismo, que constituye el elemento central diseñado para la organización del poder del Estado." En mi opinión –agregué–, esto no era lo que en 1999 se requería para el perfeccionamiento de la democracia; la cual al contrario, se debió basar "en la descentralización del poder, en un presidencialismo controlado y moderado, en la participación política para balancear el poder del Estado y en la sujeción de la autoridad militar a la autoridad civil" Documento de 30 de noviembre de 1999. *V.* en Allan R. Brewer–Carías, *Debate Constituyente (Aportes a la Asamblea Nacional Constituyente)*, Tomo III, Fundación de Derecho Público, Editorial Jurídica Venezolana, Caracas, 1999, p. 339.

769 Aun cuando no se trata ahora de entrar en la definición del Estado totalitario o del totalitarismo como sistema político de dominación total de la sociedad, estimo que basta recurrir a lo expresado por Raymond Aron en su obra *Démocratie et totalitarisme,* donde destaca los caracteres del totalitarismo, como un régimen político donde la concentración del poder es total; existe un partido único que se fusiona al Estado y que posee el monopolio de la actividad política "legítima" y de la aplicación de la ideología del Estado, que se convierte en verdad oficial del Estado; el Estado asume el monopolio de los medios de persuasión y coacción, y de los medios de comunicación; la economía es totalmente controlada por el Estado y se convierte en parte del mismo; se produce la politización de toda actividad, originándose una confusión entre sociedad civil y Estado, de manera que las faltas cometidas por los individuos en el marco de la actividad política, económica o profesional se conforman simultáneamente como faltas ideológicas, originando un terror ideológico y policial. Véase la edición en castellano: *Democracia y totalitarismo,* Seix Barral, Madrid 1968, La diferencia con el *autoritarismo, es que en éste* la concentración del poder sin aceptación de oposición, no excluye la admisión de un cierto pluralismo en sus apoyos y la carencia de una intención o capacidad de homogeneización total de la sociedad. Véase por ejemplo, José Linz, *Totalitarian and Authoritarian Regimes*, Rienner, 2000. Por ello, en los últimos lustros se podía calificar el régimen político venezolano como autoritario. Ya, sin embargo, comienza a aparecer el totali-

es desmantelar la democracia,[770] violándose y moldeándose el orden jurídico tal como los gobernantes han querido, sin control alguno entre los poderes públicos ya que todos responden al unísono a un solo mando, empobreciendo y haciendo miserable a un país otrora próspero,[771] y donde simplemente se ha eliminado la justicia.

La realidad es entonces que a pesar de que la Constitución nos diga que Venezuela se constituye en un Estado democrático y social de derecho y de justicia, y además, Federal descentralizado, lo que tenemos, luego de un despiadado proceso de desinstitucionalización, de desjuridificación, de desjudicialización, de desdemocratización, de desconstitucionalización y de desadministración,[772] es un Estado Totalitario caracterizado por una concentración total del poder; donde no hay control ni balance entre los poderes del Estado; donde existe un partido político estatal y militar único, fusionado al propio Estado, que actúa como instrumento facilitador, con una ideología única que se califica como "socialismo," concebida como la actividad política "legítima" u "oficial," contraria al pluralismo; que rechaza la democracia representativa y el parlamentarismo; y en el cual, además, se niegan los derechos individuales y la libertad como valor máximo de la democracia, siendo sustituidos por derechos colectivos respecto de los cuales el Estado supuestamente sería el único presuntamente depositario, desconociéndose con ello, además, la solidaridad social y la primacía de la dignidad de la persona humana; un Estado que si bien desde 1975 controlaba con exclusividad la producción del petróleo, ahora ha asumido el monopolio total de todos los medios de producción, de manera que la economía es ahora totalmente controlada por el Estado y se ha convertido en parte del mismo, dando origen a un extraordinario sistema de Capitalismo de Estado, que ha oprimido a las iniciativas privadas, entre otros medios, además de con limitaciones

---

tarismo con toda su faz. Por ejemplo, la Conferencia Episcopal de Venezuela ha advertido la situación al expresar, sobre lo grave de la situación el panorama político actual, sobre "la pretensión de imponer un modelo político totalitario y un sistema educativo fuertemente ideologizado y centralizado" así como "la criminalización de las protestas y la politización del poder judicial, que se manifiesta, entre otras cosas, en la existencia de presos políticos y en la situación de tantos jóvenes privados de libertad por haber participado en manifestaciones" Véase reportaje de Sergio Mora: "Los obispos de Venezuela: Pretenden imponer un modelo totalitario", en Zenit. El mundo visto desde *Roma*, Roma, 12 julio 2014, en http://www.zenit.org/es/articles/los-obispos-de-venezuela-pretenden-imponer-un-modelo-totalitario.

770 Véase Allan R. Brewer-Carías, *Dismantling Democracy. The Chávez Authoritarian Experiment*, New York, 2010; y "La demolición del Estado de derecho y la destrucción de la democracia en Venezuela (1999-2009)," en José Reynoso Núñez y Herminio Sánchez de la Barquera y Arroyo (Coordinadores), *La democracia en su contexto. Estudios en homenaje a Dieter Nohlen en su septuagésimo aniversario,* Instituto de Investigaciones Jurídicas, Universidad Nacional Autónoma de México, México 2009, pp. 477-517.

771 Por eso Nelson Castellanos con razón anotó recientemente sobre "la gran mentira bolivariana, esa que prometió un proyecto social y terminó instalando el sistema comunista de los Castro. La que ofreció trabajar para los pobres, cuando su intención era seguir manteniéndolos abajo, para poder manipularlos.// Una banda que se preocupó por enriquecerse rápidamente y por tomar el control de todos los poderes del Estado, afín de no tener que irse nunca. Aunque para ello violara leyes y derechos, reprimiera o persiguiera a los ciudadanos que pretendieron oponerse a sus planes de perennidad." En "La mentira Bolivariana", en Noticiero Digital.com, julio 13, 2014, en http://www.noti-cierodigital.com/2014/07/la-mentira-bolivariana/.

772 Véase Jesús María Alvarado Andrade, "Sobre Constitución y Administración Pública ¿Es realmente el Derecho Administrativo en Venezuela un Derecho Constitucional Concretizado?" en HERNÁNDEZ G, José Ignacio (Coord.), *100 Años de Enseñanza del Derecho Administrativo en Venezuela 1909-2009,* Centro de Estudios de Derecho Público de la Universidad Monteávila, Fundación de Estudios de Derecho Administrativo (FUNEDA), Caracas, 2011, pp. 165-263.

de toda índole, mediante confiscaciones y requisiciones al margen de la Constitución. Un Estado; además, que ha asumido el control total de los medios de persuasión y coacción, incluso mediante la intervención de las policías locales, y la creación de milicias desordenadas que ahora atentan contra el propio Estado; que, además, ha asumido el monopolio de los medios de comunicación, con cuya actividad se ha producido la politización de toda actividad particular, originándose una confusión entre sociedad civil y Estado, de manera que las faltas cometidas por los individuos en el marco de su actividad individual se conforman simultáneamente como faltas ideológicas, procurándose la eliminación de cualquier tipo de opinión disidente a la oficial, sirviéndose para ello de la policía y de los militares.

Por todo ello, lamentablemente, es que se puede afirmar que el Estado que hoy tenemos en Venezuela no ya un Estado democrático y social de derecho y de justicia, descentralizado, sino que es un Estado Totalitario, desvinculado a la democracia y que ha configurado una Administración Pública que pasó de servir al ciudadano a servir al propio Estado, y colocada, por tanto, al margen su misión de garantizar el equilibrio entre los poderes del Estado y los derechos de las personas, atendiendo ahora sólo a velar por la imposición a la población inerme, de políticas autoritarias, incluso violando la Constitución y las leyes.

Ese Estado Totalitario de la actualidad, en efecto:

En *primer lugar*, ha hecho desaparecer todo vestigio del Estado de derecho que prevé la Constitución, lo que ha resultado, primero, de la violación sistemática de la Constitución que ha perdido su carácter de ley suprema y su rigidez; segundo, del sistemático proceso de maleabilidad, mutabilidad y desrigidización constitucional conducido, entre otros, por el Tribunal Supremo,[773] todo lo cual ha producido una completa desjuridificación del propio Estado; y tercero, de la creación, incluso fuera de la Constitución, de un Estado paralelo al Estado Constitucional, denominado Estado Comunal o Estado del Poder Popular, [774] lo que ha provocado la completa desconstitucionalización del mismo.

En *segundo lugar*, el Estado totalitario ha hecho desaparecer, igualmente, todo vestigio del Estado democrático que regula la Constitución, lo que ha resultado primero, de la distorsión de la representatividad política en la legislación electoral, de

---

773 Véase por ejemplo, lo expuesto en Allan R. Brewer-Carías, *Crónica sobre la "in" justicia constitucional. La Sala Constitucional y el autoritarismo en Venezuela*, Colección Instituto de Derecho Público, Universidad Central de Venezuela, N° 2, Caracas 2007; *Práctica y distorsión de la justicia constitucional en Venezuela (2008-2012)*, Colección Justicia N° 3, Acceso a la Justicia, Academia de Ciencias Políticas y Sociales, Universidad Metropolitana, Editorial Jurídica Venezolana, Caracas 2012.

774 Véase lo expuesto en Allan R. Brewer-Carías, "La desconstitucionalización del Estado de derecho en Venezuela: del Estado Democrático y Social de derecho al Estado Comunal Socialista, sin reformar la Constitución," *en Libro Homenaje al profesor Alfredo Morles Hernández, Diversas Disciplinas Jurídicas,* (Coordinación y Compilación Astrid Uzcátegui Angulo y Julio Rodríguez Berrizbeitia), Universidad Católica Andrés Bello, Universidad de Los Andes, Universidad Monteávila, Universidad Central de Venezuela, Academia de Ciencias Políticas y Sociales, Vol. V, Caracas 2012, pp. 51-82; en Carlos Tablante y Mariela Morales Antoniazzi (Coord.), *Descentralización, autonomía e inclusión social. El desafío actual de la democracia*, Anuario 2010-2012, Observatorio Internacional para la democracia y descentralización, En Cambio, Caracas 2011, pp. 37-84; y en *Estado Constitucional,* Año 1, N° 2, Editorial Adrus, Lima, junio 2011, pp. 217-236.

manera que con minoría de votos se obtenga mayoría de representantes; [775] segundo, de las fallas en la implementación de la democracia participativa, que ha resultado ser un esquema de movilización popular basada en repartos controlados por el Poder central; [776] tercero, de la ausencia de separación de poderes en la organización del Estado, en particular, de la ausencia de autonomía e independencia del Poder Judicial; [777] cuarto, de la distorsión de la Administración Pública que dejó de estar al servicio del ciudadano; quinto, de la militarización avasallante de la sociedad y del Estado; sexto, de la eliminación de la libertad de expresión y comunicación; y séptimo, de la eliminación y violación del principio democrático, al hacer imposible la iniciativa popular de revocación de mandatos, pero permitiendo la revocación de mandaos populares por parte del Tribunal Supremo, en contra de la Constitución.[778]

En *tercer lugar*, el Estado totalitario también ha hecho desaparecer todo vestigio del Estado Social y de Economía Mixta que regula la Constitución, primero, mediante la eliminación de la libertad económica, el ahogamiento de la iniciativa privada y la eliminación de la garantía del derecho de propiedad; segundo, por la política que ha castigado toda generación de riqueza, resultando la configuración de un Estado montado sobre una política de subsidios y repartos directos; tercero, mediante la formulación de un esquema de economía comunista donde el Estado ha acaparado la totalidad de la actividad económica, basado en sistema de Capitalismo de Estado;[779] cuarto, mediante la total burocratización del Estado, que se ha convertido en el principal empleador, a costa de haber hecho desaparecer el servicio civil basado en la meritocracia; y quinto, mediante el desarrollo de un Estado Populista, con la forma ahora de Estado Comunal y del Poder Popular, que lo conforme, en todo caso, como un Estado Clientelar.

En *cuarto lugar*, el Estado totalitario adicionalmente ha hecho desaparecer todo vestigio del Estado de Justicia que regula la Constitución, lo que ha resultado prime-

---

775 Véase Allan R. Brewer-Carías, *El golpe a la democracia dado por la Sala Constitucional*, Colección Estudios Políticos N° 8, Editorial Jurídica venezolana, Caracas 2014.

776 Véase Allan R. Brewer-Carías, "La necesaria revalorización de la democracia representativa ante los peligros del discurso autoritario sobre una supuesta "democracia participativa" sin representación," en *Derecho Electoral de Latinoamérica. Memoria del II Congreso Iberoamericano de Derecho*, Bogotá, 31 agosto-1 septiembre 2011, Consejo Superior de la Judicatura, ISBN 978-958-8331-93-5, Bogotá 2013, pp. 425-449.

777 Véase por ejemplo, Allan R. Brewer-Carías, "La justicia sometida al poder [La ausencia de independencia y autonomía de los jueces en Venezuela por la interminable emergencia del Poder Judicial (1999-2006)]" en *Cuestiones Internacionales. Anuario Jurídico Villanueva 2007,* Centro Universitario Villanueva, Marcial Pons, Madrid 2007, pp. 25-57; y "Sobre la ausencia de independencia y autonomía judicial en Venezuela, a los doce años de vigencia de la constitución de 1999 (O sobre la interminable transitoriedad que en fraude continuado a la voluntad popular y a las normas de la Constitución, ha impedido la vigencia de la garantía de la estabilidad de los jueces y el funcionamiento efectivo de una "jurisdicción disciplinaria judicial"), en *Independencia Judicial,* Colección Estado de Derecho, Tomo I, Academia de Ciencias Políticas y Sociales, Acceso a la Justicia org., Fundación de Estudios de Derecho Administrativo (Funeda), Universidad Metropolitana (Unimet), Caracas 2012, pp. 9-103.

778 Véase Allan R. Brewer-Carías, Véase Allan R. Brewer-Carías, *El golpe a la democracia dado por la Sala Constitucional*, Colección Estudios Políticos N° 8, Editorial Jurídica venezolana, Caracas 2014.

779 Véase Allan R. Brewer-Carías, "Sobre la Ley Orgánica del Sistema Económico Comunal o de cómo se implanta en Venezuela un sistema económico comunista sin reformar la Constitución," en *Revista de Derecho Público*, N° 124, (octubre-diciembre 2010), Editorial Jurídica Venezolana, Caracas 2010, pp. 102-109.

ro, de la ausencia de leyes justas y la multiplicación de leyes inconsultas; [780] segundo, de una extrema inflación de la inseguridad jurídica, con reformas de las leyes que se realizan mediante su simple re-publicación en la *Gaceta Oficial*, sin que sean producto de la voluntad popular; [781] tercero, del sometimiento político del Poder Judicial al Poder Ejecutivo y la Asamblea Nacional, habiendo desaparecido todo vestigio de autonomía e independencia del mismo; cuarto, del hecho de que el Estado se ha escapado de la justicia interna, al no existir materialmente control contencioso administrativo, ni posibilidad de condena al Estrado por responsabilidad, y además, de haberse escapado también de la justicia internacional, al denunciar la Convención Americana de Derechos Humanos[782] tornándose en un Estado irresponsable; quinto, de haberse puesto la Justicia al servicio del autoritarismo, al punto de que áreas de actividad social carecen de justicia, como es la justicia de paz; y sexto, de haberse desarrollado un sistema de injusticia como consecuencia de la impunidad.

Y por último, en *quinto lugar*, el Estado totalitario también ha hecho desaparecer todo vestigio del Estado descentralizado que bajo una concepción centralista de la llamada "federación descentralizada" reguló la Constitución, lo que se ha consolidado primero, con el desbalance introducido a favor de los órganos del nivel nacional de gobierno en la distribución territorial de competencias; segundo, con un Municipio que no se llegó a configurar efectivamente como la unidad primaria de la organización nacional, pero que ahora tiende a desaparecer con la política de desmunicipalización resultante de la estructuración del Estado Comunal; tercero, con la creación, en paralelo a las entidades políticas territoriales previstas en la Constitución, pero fuera de sus regulaciones, de mencionado Estado Comunal o del Poder Popular, estructurando Comunas[783] para acabar con los Estados y Municipios, los cuales han sido vaciados de competencia a favor de las mismas; y por último, cuarto, con el ahogamiento y neutralización de las mismas entidades políticas territoriales en paralelo, por parte de los órganos del Poder Ejecutivo Nacional.

Todo ello incluso se ha hecho mediante leyes orgánicas que han pretendido regular supuestamente mecanismos de ejercicio de directo de la soberanía, como son las Asambleas de ciudadanos y Comunas, sin sufragio ni representación, controladas

---

780 Véase Allan R. Brewer-Carías, El fin de la llamada "democracia participativa y protagónica" dispuesto por la Sala Constitucional en fraude a la Constitución, al justificar la emisión de legislación inconsulta en violación al derecho a la participación política, *Revista de Derecho Público,* N° 137 (Primer Trimestre 2014, Editorial Jurídica Venezolana, Caracas 2014, pp. 157-164.

781 Véase Allan R. Brewer-Carías, "Autoritarismo e inseguridad jurídica en Venezuela. O sobre la irregular forma utilizada para "reformar" la Constitución y las leyes," en Rafael Valim, José Roberto Pimenta Oliveira, e Augusto Neves Dal Pozzo (Coordenadores), *Tratado sobre o princípio da segurança jurídica no Direito Administrativo*, Editora Fórum, Sao Paulo, 2013.

782 Véase Allan R. Brewer-Carías, "La reciente tendencia hacia la aceptación del arbitraje en la contratación estatal en el derecho venezolano," en Jaime Rodríguez Arana, Miguel Ángel Sendín, Jorge E. Danós Ordóñez, Jorge Luis Cáceres Arce, Verónica Rojas Montes, Neil Amador Huáman Paredes (Coordinadores), *Contratación Pública. Doctrina Nacional e Internacional,* Volumen II, XII Foro Iberoamericano de Derecho Administrativo, Adrus Editores, Arequipa 2013, pp. 803-830.

783 Véase Allan R. Brewer-Carías, Claudia Nikken, Luis A. Herrera Orellana, Jesús María Alvarado Andrade, José Ignacio Hernández y Adriana Vigilanza, *Leyes Orgánicas sobre el Poder Popular y el Estado Comunal (Los Consejos Comunales, las Comunas, la Sociedad Socialista y el Sistema Económico Comunal),* Editorial Jurídica Venezolana, Caracas 2011.

por el partido oficial de gobierno y dependientes directamente del Poder Ejecutivo Nacional; que lejos de ser instrumentos de participación política, por la ausencia de descentralización, lo que han hecho es configurar un sistema de centralización y control férreo de las comunidades por parte el Poder Central. Se trata más bien de un "edificio" de organizaciones para evitar que el pueblo efectivamente participe y ejerza la soberanía, y para imponerle, mediante férreo control central, políticas por las cuales nunca ha votado ni tendrá la ocasión de votar, basado en una concepción única, que es el socialismo, de manera que quien no sea socialista está automáticamente discriminado, desplazado e impedido de "participar."

No es posible, por tanto, en el marco de esas Leyes Orgánicas del Poder Popular poder conciliar el pluralismo que garantiza la Constitución y el principio de la no discriminación por razón de "opinión política," con las disposiciones de dichas leyes que persiguen todo lo contrario, es decir, el establecimiento de un Estado Comunal, cuyas instancias sólo pueden actuar en función del socialismo y de las cuales todo ciudadano que tenga otra opinión, queda automáticamente excluido.

En esta forma, al fraude a la Constitución,[784] y además, en fraude a la voluntad popular, que votó en contra de esas reformas que se quisieron introducir en la Constitución en 2007, se le ha impuesto a los venezolanos mediante leyes orgánicas, y por tanto, inconstitucionales, un modelo de Estado totalitario, comunista y centralizado por el cual nadie ha votado, con lo que se ha cambiado radical e inconstitucionalmente el texto de la Constitución de 1999, que no ha sido reformado conforme a sus previsiones, en abierta contradicción y desprecio, se insiste, al rechazo popular mayoritario que se expresó en diciembre de 2007 a la reforma constitucional que entonces se intentó realizar incluso violando la propia Constitución.[785]

Es a ese marco de Estado totalitario y de desconstitucionalización del Estado, bien alejado al modelo de Estado democrático y social de derecho y de justicia, descentralizado, del cual habla la Constitución, al cual hoy responde la Administración Pública que es su instrumento, y que nos la muestran ya como una institución que dejó de estar al servicio del ciudadano, que abandonó su rol de servir de punto de equilibrio entre los poderes y prerrogativas del Estado y las garantías de derechos de los particulares, pasando, en un marco de su desquiciamiento, a servir ahora, sin seguridad jurídica alguna, exclusivamente al Estado, a sus poderes y prerrogativas, en la medida en que los gobernantes decidan, sin control judicial de naturaleza alguna; siendo su misión el servir de medio de imposición de la voluntad del Estado y de los funcionarios, a los ciudadanos.

Es decir, la Administración se ha convertido en una estructura burocrática discriminadora, sin garantía alguna de imparcialidad, con la cual los ciudadanos ahora sólo pueden entrar en relación en dos formas: por una parte, los que son privilegiados del poder, como consecuencia de la pertenencia política al régimen o a su partido único, con todas las prebendas y parcialidades de parte de los funcionarios; y por

784 Véase Allan R. Brewer-Carías, *Reforma constitucional y fraude a la Constitución (1999-2009)*, Academia de Ciencias Políticas y Sociales, Caracas 2009; *Dismantling Democracy. The Chávez Authoritarian Experiment*, Cambridge University Press, New York 2010.

785 Véase Allan R. Brewer-Carías, *La reforma constitucional de 2007 (Comentarios al proyecto inconstitucionalmente sancionado por la Asamblea Nacional el 2 de noviembre de 2007)*, Colección Textos Legislativos, N° 43, Editorial Jurídica Venezolana, Caracas 2007.

otra parte, los que como marginados del poder acuden a la Administración por necesidad ciudadana, a rogar las más elementales actuaciones públicas, como es por ejemplo solicitar autorizaciones, licencias, permisos o habilitaciones, las cuales no siempre son atendidas y más bien tratadas como si lo que se estuviera requiriendo fueran favores y no derechos o el cumplimiento de obligaciones públicas, con el consecuente "pago" por los servicios recibidos, y no precisamente a través de timbres fiscales que es lo propio de las tasas legalmente establecidas. En ambas situaciones, lamentablemente, el equilibrio entre poderes del Estado y derechos ciudadanos de los administrados ha desaparecido, sin que existan elementos de control para restablecerlo, de manera que se privilegia y se margina, sin posibilidad alguna de control.

La consecuencia de todo este esquema de ausencia de Estado Social y de Estado de economía mixta, y el establecimiento en su lugar del Estado comunista, burocratizado, populista y clientelar, ha sido que en nombre del "socialismo," Venezuela hoy tiene el record de ser el país que ocupa el primer lugar en el índice de miseria del mundo,[786] y la sociedad con el más alto riesgo de América Latina.[787] Esa es la hazaña o el milagro de la política económica del gobierno durante los pasados quince años, que tanto va a costar superar en el futuro,[788] lo que se suma el indicado primer lugar en criminalidad, falta de transparencia e inflación.

Todo lo cual, sin duda, ha sido uno de los objetivos del gobierno durante los últimos quince años de manera que como lo ha expresó Pedro Palma, la explicación de lo incomprensible, es decir, del "milagro económico" de destrucción a mansalva de la economía y de la creación de miseria, está en que para el gobierno lo importante es mantener la condición de pobreza:

> "pues ella crea dependencia del Estado y abona el terreno para el clientelismo político, asegurándose el apoyo incondicional de una amplia masa poblacional a través de la manipulación informativa y de la explotación descarada de su ignorancia y buena fe. Eso, a su vez, facilita el logro e uno de los objetivos buscados, cual es la eliminación de la vieja oligarquía del anterior sistema, para sustituirlo por otra, pero revolucionaria."[789]

---

786 Venezuela tiene el "ignominioso" primer lugar en el Índice de miseria del mundo. Véase el Informe de Steve H. Hanke, "Measury Misery arround the World," publicado en mayo 2104, en *Global Asia*, en http://www.cato.org/publications/commentary/measuring-misery-around-world Véase igualmente *Índice Mundial de Miseria*, 2014, en http://www.razon.com.mx/spip.php?article215150; y en http://vallartaopina.net/2014/05/23/en-indice-mundial-de-miseria-venezuela-ocupa-primer-lugar/.

787 Véase en http://www.elmundo.com.ve/noticias/actualidad/noticias/infografia-riesgo-pais-de-venezuela-cerro-el-201.aspx.

788 Pedro Carmona Estanga ha resumido la hazaña económica del régimen explicando que: "Por desgracia para el país, a lo largo de estos 16 años se han dilapidado unos US$ 1,5 billones que no volverán, de los cuales no quedan sino la destrucción del aparato productivo, el deterioro de la calidad de vida, de la infraestructura, de la institucionalidad, y distorsiones macroeconómicas y actitudinales en la población de una profundidad tal, que costará sudor y sangre superar a las generaciones venideras. Esa es la hazaña histórica lograda y cacareada por el régimen." Véase Pedro Carmona Estanga, "La destrucción de Venezuela: hazaña histórica," 19 de octubre de 2014, en http://pcarmonae.blogspot.com/2014/10/la-destruccion-de-venezuela-hazana.html.

789 Véase Pedro Palma, "Las Revoluciones fatídicas", en *El Nacional*, Caracas, 8 de septiembre de 2014, en http://www.el-nacional.com/pedro_palma/Revoluciones-fatidicas_0_478752208.html.

Por eso se ha hablado, con razón, de que la política de Estado en Venezuela es la de una "una fábrica de pobres,"[790] o como lo ha resumido Leandro Area, al referirse a la noción del "Estado Misional":

> "El consumo, por su parte, en un país que no produce nada, viene determinado por la oferta restringida de quien monopoliza, petroliza, en todos los sentidos, los productos de la cesta de las mercancías de consumo social entre los que destacan el trabajo, la salud, la educación, la vivienda, etc. Populismo, demagogia, asistencialismo, plebeyismo, "peronismo", cultura de la sumisión, degradación de la civilidad, desesperanza aprehendida, envilecimiento, etc., son expresiones, realidades, cercanas a la idea del Estado misional." [791]

Este Estado Misional, Comunista, Burocrático, Populista, Comunal y del Poder Popular y Clientelar, acaparador de toda la actividad económica, en definitiva, es el que ha sustituido al Estado Social y de Economía Mixta que está en la Constitución, conduciendo a su negación total, pues se ha convertido como observa Isaac Villamizar, es un "Estado inepto, secuestrado por la élite de la burguesía corrupta gubernamental, que niega todos los derechos sociales y económicos constitucionales, y que manipula la ignorancia y pobreza de las clases sociales menos favorecidas," argumentando al contrario, que:

> "Si Venezuela fuera un Estado Social, no habría neonatos fallecidos por condiciones infecciosas en hospitales públicos. Si Venezuela fuera un Estado Social, toda persona tendría un empleo asegurado o se ejercería plenamente la libertad de empresa y de comercio. Si Venezuela fuera un Estado Social no exhibiríamos deshonrosamente las tasas de homicidios más altas del mundo. Si Venezuela fuera un Estado Social no estaría desaparecida la cabilla y el cemento y las cementeras intervenidas estarían produciendo al máximo de su capacidad instalada. Si Venezuela fuera un Estado Social todos los establecimientos de víveres y artículos de primera necesidad estarían abarrotados en sus anaqueles. Si Venezuela fuera un Estado Social las escuelas no tendrían los techos llenos de filtraciones, estarían dotadas de materiales suficientes para la enseñanza-aprendizaje y los maestros y profesores serían el mejor personal pagado del país. Si Venezuela fuera un Estado Social no habría discriminación por razones políticas e ideológicas para tener acceso a cualquier servicio, beneficios y auxilios públicos y bienes de primera necesidad. Si Venezuela fuera un Estado Social el problema de la basura permanente en las grandes ciudades ya estaría resuelto con los métodos más modernos, actualizados y pertinentes a la protección ambiental." [792]

---

790 En tal sentido, Brian Fincheltub, ha destacado que "Las misiones se convirtieron en fábrica de personas dependientes, sin ninguna estabilidad, que confiaban su subsistencia exclusivamente al Estado. Nunca hubo interés de sacar a la gente de la pobreza porque como reconoció el propio ministro Héctor Rodríguez, se "volverían escuálidos". Es decir, se volverían independientes y eso es peligrosísimo para un sistema cuya principal estrategia es el control." Véase Brian Fincheltub, "Fabrica de pobres," en *El Nacional*, Caracas, 5 de junio de 2014, en http://www.el-nacional.com/opinion/Fabrica-pobres_0_42-1757946.html.

791 Véase Leandro Area, "El 'Estado Misional' en Venezuela," en *Analítica.com*, 14 de febrero de 2014, en http://analitica.com/opinion/opinion-nacional/el-estado-misional-en-venezuela/.

792 Véase Isaac Villamizar, "Cuál Estado Social?," en *La Nación*, San Cristóbal, 7 de octubre de 2014, en http://www.lanacion.com.ve/columnas/opinion/cual-estado-social/.

En ese panorama se entiende entonces, la magnitud y significado del condicionamiento político que ese Estado Totalitario ha ocasionado en la Administración Pública, la cual básicamente ha abandonado el parámetro de su misión establecido en el artículo 141 de la Constitución, que al contrario, requeriría que la misma estuviese al servicio de los ciudadanos, fundamentada "en los principios de honestidad, participación, celeridad, eficacia, eficiencia, transparencia, rendición de cuentas y responsabilidad en el ejercicio de la función pública, con sometimiento pleno a la ley y al derecho," nada de lo cual se cumple.

II. EL IMPACTO DEL ESTADO TOTALITARIO SOBRE LA ADMINISTRACIÓN PÚBLICA: LA INFLACIÓN DE LA ORGANIZACIÓN ADMINISTRATIVA Y LA CREACIÓN DE LAS "MISIONES" NO SOMETIDAS A LA LEY ORGÁNICA DE LA ADMINISTRACIÓN PÚBLICA

Ese Estado Totalitario que hoy tenemos, y que como se dijo, es la negación del Estado democrático y social de derecho y de justicia, descentralizado del que nos habla la Constitución, si en alguna organización ha tenido un impacto directo ha sido en la Administración Pública, la cual para responder a políticas populistas, primero, se ha convertido en una Administración burocrática y burocratizada, producto de la desaparición, persecución y estigmatización de la iniciativa privada, y con ello, de toda posibilidad de efectiva generación de riqueza y de empleo en el país, el cual sólo la iniciativa privada puede asegurar; con la lamentable generación de altas tasas de desempleo o de empleo informal; segundo, ha sufrido una inflación inusitada, tanto en los órganos de la Administración Ministerial como en las entidades descentralizadas; y tercero, ha sido objeto de la creación de una Administración paralela, con la creación de las "Misiones," lo que globalmente ha provocado una colosal indisciplina presupuestaria.

1. *La burocratización de la Administración Pública*

Al perseguirse al sector privado y destruirse el aparato productivo, buena parte de la política social del gobierno, como solución al desempleo, lamentablemente ha conducido a la total burocratización de la Administración Pública, lo que ha provocado el aumento del empleo público a niveles nunca antes vistos, por supuesto bien lejos de la meritocracia que prescribe la Constitución, conforme a la cual el ingreso a la función pública debería ser sólo mediante concursos públicos (art. 146). La consecuencia de esta política ha sido que la Administración Pública en Venezuela, después de quince años de estatizaciones, hoy tiene casi el mismo número de empleados públicos civiles que los que, por ejemplo, existen en toda la Administración Federal de los Estados Unidos.[793] Ello significa que durante los últimos 10 años el número de empleados públicos aumentó en un 156%, pero con una disminución

---

793 En ésta última, por ejemplo, en 2012 existían aproximadamente 2.700.000 de empleados públicos civiles que sirven a 316 millones de personas, y Venezuela, que tiene una población de 30 millones de personas, en 2012 contaba con cerca de 2.470.000 (comparado con los 90.000 que había en 1998). Véase la información de la Office of Personal Management, en http://www.opm.gov/policy-data-oversight/data-analysis-documentation/federal-employment-reports/historical-tables/total-government-employment-since-1962/. Véase Víctor Salmerón, "A ritmo de 310 por día crecen los empleados públicos," en *El Nacional*, Caracas 2 de diciembre de 2012, en http://www.eluniversal.com/economia/121202/a-ritmo-de-310-por-dia-crecen-los-empleados-publicos.

lamentablemente, quizás en proporción mayor, respecto de la eficiencia de la Administración en la prestación de los servicios sociales.[794]

En ese esquema de burocracia estatal, por otra parte, quedó simplemente en el papel la norma constitucional que prescribe que "los funcionarios públicos están al servicio del Estado y no de parcialidad política alguna," y de que su "nombramiento o remoción no pueden estar determinados por la afiliación u orientación política" (art. 145), pues en la práctica gubernamental actual sucede todo lo contrario, de manera que para ingresar y permanecer en la función pública, el interesado tiene que haber demostrado lealtad al gobierno y a la doctrina oficial, obligándoseles a estar al servicio del partido de gobierno, de manera que quien no se adapte a ese principio, es simplemente removido de su cargo, sin contemplación. Esta "nueva" función pública es la antítesis de lo que antes se conocía como el estatuto de la función pública, que tenía una Ley que la regulaba, la cual incluso establece concursos para ingresar a la carrera administrativa, y causales de destitución, todo lo cual, en realidad, cayó en desuso.

2. *La inflación organizativa en la Administración Pública Central*

La implementación de las políticas populistas por parte del Estado Totalitario ha tenido también un fuerte y directo impacto en la organización de la Administración Pública, que lejos de obedecer a criterios racionales de reforma administrativa, lo que ha provocado es una desusada inflación organizacional que ha originado un desquiciamiento de la organización administrativa en su conjunto.

Ello se ha evidenciado, ante todo, en la organización ministerial, que constituye el grueso de la Administración Pública Central, originado particularmente por el ejercicio incontrolado y sin plan de naturaleza alguna, de la atribución que la Ley Orgánica de la Administración Pública,[795] siguiendo lo prescrito en la Constitución, desde 2001 asignó al Presidente de la República en Consejo de Ministros, para fijar, mediante decreto, "el número, denominación, competencia y organización de los ministerios y otros órganos de la Administración Pública Nacional, así como sus entes adscritos, con base en parámetros de adaptabilidad de las estructuras administrativas a las políticas públicas que desarrolla el Poder Ejecutivo Nacional y en los principios de organización y funcionamiento establecidos en la presente ley" (art. 61).

Fue precisamente, conforme a dicha atribución constitucional, que en los últimos quince años se fueron dictado innumerables decretos ejecutivos cambiando, sin orden ni concierto, sobre la organización ministerial a medida que surgían nuevas y circunstanciales exigencias administrativas, creando ministerios, eliminándolos, fusionándolos, dividiéndolos y recreándolos, a medida que además se quería dar algún cargo ministerial a determinadas personas. Así, luego de sancionare la reforma de la Ley Orgánica de la Administración Pública de 2008, mediante el Decreto N°

---

794 Véase Jairo Márquez Lugo, "Venezuela tiene más empleados que Estados Unidos," en http://entresocios.net/ciudadanos/venezuela-tiene-mas-empleados-publicos-que-estados-unidos. Véanse también los datos en: "1999 versus 2013: Gestión del Desgobierno en números," en https://twitter.com/sushidavid/sta-tus/451006280061046784.

795 La Ley Orgánica der la Administración Pública fue dictada inicialmente en 2001, reformada en 2008 y vuelta a reformar en 2014. Véase el Decreto Ley 1424 de 17 de noviembre de 2014, *Gaceta Oficial* N° 6147 Extra de 17 de noviembre de 2014.

6.670 de 22 de abril de 2009[796] se reguló la organización y funcionamiento de la Administración Pública Central, estableciéndose veintiséis (26) Ministerios, enumerándose sus competencias, denominándoselos – siguiendo la pauta ya establecida en el Decreto similar de marzo de 2007[797] como "Ministerios del Poder Popular," pero sin base constitucional alguna, sin duda en la búsqueda de implementar una de las rechazadas reformas constitucionales de 2007, que fue la creación del Estado del Poder Popular. Luego de la reforma de la Ley Orgánica de la Administración Pública de 2009, y con la creación sucesiva y en forma aislada de nuevos Ministerios, para 2014 ya la Administración Ministerial había adquirido una dimensión monstruosa, formada en su cúspide por treinta y seis (36) Ministerios del Despacho Ejecutivo (de los 16 que eran en 1999), pero adicionalmente con ciento siete (107) Viceministros designados.[798]

En septiembre de 2014, el Presidente de la República procedió de nuevo a suprimir y fusionar varios ministerios,[799] incluso alguno de la importancia como el Ministerio del Ambiente y de los Recursos Naturales Renovables, y además, creó y designó seis (6) Vicepresidentes sectoriales,[800] además de la Vicepresidencia Ejecutiva. Es esa forma, el Gabinete ejecutivo quedó integrado con los siguientes veintisiete (27) Ministerios: Ministerio del Poder Popular del Despacho de la Presidencia y Seguimiento de la gestión de Gobierno; Ministerio del Poder Popular para Relaciones Interiores, Justicia y Paz; Ministerio del Poder Popular para Relaciones Exteriores; Ministerio del Poder Popular para la Economía, Finanzas y Banca Pública; Ministerio del Poder Popular para la Planificación; Ministerio del Poder Popular para la Defensa; Ministerio del Poder Popular para Comercio; Ministerio del Poder Popular para las Industrias; Ministerio del Poder Popular para el Turismo; Ministerio del Poder Popular para la Agricultura y Tierras; Ministerio del Poder Popular para la Educación Universitaria, Ciencia y Tecnología; Ministerio del Poder Popular para la Educación; Ministerio del Poder Popular para la Salud; Ministerio del Poder Popular para el proceso social del Trabajo; Ministerio del Poder Popular para Transporte Terrestre y Obras Públicas; Ministerio del Poder Popular para Trasporte Acuático y Aéreo; Ministerio del Poder Popular para Petróleo y Minería; Ministerio del Poder Popular para la Vivienda, el Hábitat y el Ecosocialismo; Ministerio del Poder Popular para la Comunicación y la Información; Ministerio del Poder Popular para las Comunas y Movimientos Sociales; Ministerio del Poder Popular para la Alimentación; Ministerio del Poder Popular para la Cultura; Ministerio del Poder Popular para la Juventud y el Deporte; Ministerio del Poder Popular para los Pueblos Indíge-

---

796 *Gaceta Oficial* N° 39.163 de 22-04-2009.

797 Decreto 5.246 de 20-03-2007 en *Gaceta Oficial* N° 38.654 de 28-03-2007.

798 Véanse el reportaje "Venezuela rompió récord mundial con la mayor cantidad de ministerios," en *Notitarde.com*, 3 de julio de 2014, en http://www.notitar-de.com/Pais/Venezuela-rompio-record-mundial-con-la-mayor-cantidad-de-ministerios-2189733/2014/07/03/336113. Véase además, los datos en "1999 versus 2013: Gestión del Desgobierno en números", en https://twitter.com/sushida-vid/status/451006280061046784. Véase también la información en Nelson Bocaranda, "Runrunes del jueves 21 de agosto de 2014," en http://www.lapatilla.com/si-te/2014/08/21/runrunes-del-jueves-21-de-agosto-de-2014/.

799 Véase Decretos N° 1226, 1227 y 1228 de 2 de septiembre de 2014, en *Gaceta Oficial* N° 40.489 de 3 de septiembre de 2014.

800 Véanse el Decreto N° 1213 de 2 de septiembre de 2014, en *Gaceta Oficial* N° 40489 de 3 de septiembre de 2014.

nas; Ministerio del Poder Popular para la Energía Eléctrica; Ministerio del Poder Popular para la Mujer y la Igualdad de Género; y Ministerio del Poder Popular para el servicio Penitenciario.[801]

El 17 de noviembre de 2014, mediante Decreto Ley N° 1424, se reformó una vez más la Ley Orgánica de la Administración Pública,[802] consistiendo dicha reforma, básicamente en los siguientes aspectos:

En *primer lugar*, si bien se conservó la orientación de regular a la "Administración Pública" como una sola organización que comprende la de la República (nacional), la de los estados y la municipal (art. 1), en forma centralizada, sometida toda a los lineamientos de la planificación centralizada, bajo la dirección del Presidente de la República (art. 46) y la coordinación del Vicepresidente ejecutivo (art. 49,3), en cuanto al ámbito de aplicación de la misma se estableció que es respecto de la "Administración Pública Nacional, *así como* de las de los estados, distritos metropolitanos, el Distrito capital, el territorio federal Miranda y las de los municipios"(art. 2).

En *segundo lugar*, en el texto de la Ley se incorporó formalmente la denominación de Ministerios "del Poder Popular" (arts. 49, 50, 52, 60, 64, 68, 79, 85, 94, 123) que hasta entonces sólo se había establecido de hecho en la práctica gubernamental para denominar los despachos ministeriales, sin base legal alguna.

En *tercer lugar*, se eliminó la inclusión entre los Órganos Superiores del Nivel Central de la Administración Pública Nacional (art. 44), de la Comisión Central de Planificación, la cual sin embargo se continuó regulando como un órgano del Nivel Central de la Administración Pública Nacional (arts. 60).

En *cuarto lugar*, se creó como órgano superior de dirección del Nivel Central de la Administración Pública Nacional, a las "Vicepresidencias Sectoriales," eliminándose las anteriores "juntas sectoriales" (arts. 44, 49-51), establecidas para la supervisión y control de los ministerios que se agrupen en los sectores. Ésta en realidad puede considerarse como la única reforma realmente sustantiva introducida en 2014, regulándose dichas Vicepresidencias Sectoriales como órganos encargados de la supervisión y control funcional, administrativo y presupuestario de los ministerios del poder popular que determine el Presidente de la república, quien además debe fijar el número, denominación, organización, funcionamiento y competencias de dichas Vicepresidencias (art. 49).

En *quinto lugar*, se incorporó en la regulación de la Ley a una figura nueva denominada "jefe de gobierno" (art. 34, 41) que está relacionada con la figura de las "autoridades regionales" como integrantes de "los órganos superiores de dirección del Nivel Central de la Administración Pública nacional" (art. 44, 71).

En *sexto lugar*, la reincorporación en el texto de la ley de la noción de "autonomía", para calificar a los "institutos públicos" denominándose ahora "institutos públicos y autónomos" (arts. 98-102, 107).

En *séptimo lugar*, se estableció el régimen de la desconcentración administrativa mediante la creación de órganos y servicios desconcentrados, no sólo en el seno de los ministerios, sino de la Vicepresidencia ejecutiva, de las vicepresidencias sectoriales, y de las oficinas nacionales (arts. 92 ss.).

---

801 *Idem*.

802 *Gaceta Oficial* Extra N° 6147 de 17-11-2014.

Y en *octavo lugar*, la previsión de posibilidad de la adscripción de los "entes" no sólo a "órganos" de la Administración, sino también a otros "entes" (arts. 118, 119, 120).

Ahora bien, en cuanto a la organización y funcionamiento de los Ministerios, de acuerdo con la nueva reforma de la Ley Orgánica de noviembre de 2014, mediante el Decreto N° 1.612 de 18 de febrero de 2015[803] sobre organización y funcionamiento de la Administración Pública Central, se establecieron los siguientes veintisiete (27) Ministerios y se enumeraron sus competencias, denominándoselos, siguiendo la pauta ya establecida en los Decretos similares de 2007 y 2009,[804] como "Ministerios del Poder Popular" pero ahora con base legal: 1. Ministerio del Poder Popular del Despacho de la Presidencia y Seguimiento de la gestión de Gobierno; 2. Ministerio del Poder Popular para Relaciones Interiores, Justicia y Paz; 3. Ministerio del Poder Popular para Relaciones Exteriores; 4. Ministerio del Poder Popular para Economía y Finanzas; 5. Ministerio del Poder Popular para la Defensa; 6. Ministerio del Poder Popular para el Comercio; 7. Ministerio del Poder Popular para las Industrias; 8. Ministerio del Poder Popular para el Turismo; 9. Ministerio del Poder Popular para la Agricultura y Tierras; 10. Ministerio del Poder Popular para la Educación; 11. Ministerio del Poder Popular para la Salud; 12. Ministerio del Poder Popular para el Proceso Social del Trabajo; 13. Ministerio del Poder Popular para Eco-socialismo, Hábitat y Viviendas; 14. Ministerio del Poder Popular de Petróleo y Minería; 15. Ministerio del Poder Popular de Planificación; 16. Ministerio del Poder Popular para Educación Universitaria, Ciencia y Tecnología; 17. Ministerio del Poder Popular para la Comunicación y la Información; 18. Ministerio del Poder Popular para las Comunas y los Movimientos Sociales; 19. Ministerio del Poder Popular para la Alimentación; 20. Ministerio del Poder Popular para la Cultura; 21. Ministerio del Poder Popular para la Juventud y el Deporte; 22. Ministerio del Poder Popular para los Pueblos Indígenas; 23. Ministerio del Poder Popular para la Mujer y la Igualdad de Género 24. Ministerio del Poder Popular para el Servicio Penitenciario; 25. Ministerio del Poder Popular para el Transporte Acuático y Aéreo; 26. Ministerio del Poder Popular para el Transporte Terrestre y Obras Públicas; 27. Ministerio del Poder Popular para la Energía Eléctrica. [805].

En todo caso, de acuerdo con el artículo 17 del decreto de Organización y Funcionamiento de la Administración Pública, conforme a la Ley Orgánica, la estructura organizativa básica de cada Ministerio, está integrada por el Despacho del Ministro y los Despachos de los Viceministros; y además por los siguientes órganos: En el *nivel de apoyo*, por las Direcciones Generales, y las siguientes unidades con rango de Dirección general: Oficinas Estratégicas de Seguimiento y Evaluación de Políticas Públicas; Consultorías Jurídicas; Oficinas de Auditoría Interna; Oficinas de Atención Ciudadana; Oficinas de Gestión Comunicacional; Oficinas de Planificación y Presupuesto; Oficinas de gestión Humana; Oficinas de Gestión Administrati-

---

803 *Gaceta Oficial* N° 1.612 de 18-02-2015.

804 Decreto N° 1.612 6.670 de 22 de abril de 2009 en *Gaceta Oficial* N° 39.163 de 22-04-2009; y Decreto 5.246 de 20-03-2007 en *Gaceta Oficial* N° 38.654 de 28-03-2007.

805 Sobre la evolución del número y competencias de los Ministerios antes de la reforma constitucional de 1999, véase Allan R. Brewer-Carías, *Principios del Régimen Jurídico de la Organización Administrativa... cit.*, pp. 127 y ss. Sobre la misma materia con posterioridad a 1999 véase Jesús María Alvarado Andrade, "Consideraciones sobre la evolución de la Administración Ministerial", en este libro.

va; y Oficinas de Tecnología de la Información y la Comunicación. En el *nivel sustantivo*, cada Ministerio está integrado por los Despachos de los Viceministros, Direcciones Generales, Direcciones, y las Divisiones dependientes jerárquicamente de las mismas. Y en el *nivel desconcentrado territorialmente,* por las unidades que ejerzan representación del Ministerio a nivel regional, estadal, municipal o comunal.

Cada Ministerio debe estar regulado internamente por un Reglamento Orgánico dictado por el Presidente en Consejo de Ministros, en el cual se deben determinar la estructura y las funciones de los Viceministros y de las demás dependencias que integran cada Ministerio. [806] En los mencionados Reglamentos Orgánicos, de acuerdo con el artículo 65 del Decreto de Organización y Funcionamiento de 2015, dictados con la participación de los Vicepresidentes Sectoriales, se deberá establecer la adscripción de los entes descentralizados a los diversos Ministerios.

3. *La inflación organizativa en la Administración Pública descentralizada funcionalmente*

Pero el desquiciamiento de la Administración Pública no sólo ha afectado a la Administración Central, sino también a la Administración descentralizada la cual ha sufrido también un proceso de inflación organizativa inusitada, derivada de la intervención total del Estado en la economía, y de la estatización de todo tipo de empresas otrora privadas, dando origen a la creación de cientos y cientos de empresas pública, incluso de Empresas del Estado, sin control ni coordinación alguna, todo lo cual ha complicado en demasía el aparato burocrático del Estado. Por todo eso, con toda razón, *The Economist* estimaba en septiembre de 2014, que Venezuela era "probablemente la economía peor gerenciada del mundo," donde "el precio de la sobrevivencia de la revolución parece ser la muerte lenta del país;"[807] gerencia de la economía que durante más de una década estuvo a cargo de un ingeniero mecánico, y que en 2014, se ha entregado a un militar general del ejército,[808] teniendo ambos, en común, la formación que deriva de haber sido sólo burócratas durante los tres últimos lustros. Ello ha provocado que en el país se haya producido lo que se ha calificado como "un milagro económico a la inversa, de los que se registran tan pocos en el devenir de los pueblos," y es el de haber convertido "en país miserable el más rico de América."[809]

806 Véase los Decretos N° 1.614 a 1.629, mediante los cuales se dictan los Reglamentos Orgánicos de los Ministerios del Poder Popular para Industrias; para Energía Eléctrica; de Economía y Finanzas; para el Proceso Social del Trabajo; para las Comunas y los Movimientos Sociales; de Planificación; de Petróleo y Minería; para la Agricultura y Tierras; para el Servicio Penitenciario; para la Defensa; para Relaciones Interiores, Justicia y Paz; del Despacho de la Presidencia y Seguimiento de la Gestión de Gobierno; para los Pueblos Indígenas; para Educación Universitaria, Ciencia y Tecnología; para la Mujer y la Igualdad de Género; y para la Cultura.- (Véase *Gaceta Oficial* N° 6.176 Extra. De 20 de febrero de 2015.

807 Véase "Venezuela's Economy. Of oil and coconut water. Probably the world's managed economy," en *The Economist*, N° 8905, September 20th. 2014, pp. 31-32.

808 *Idem*.

809 Véase Fernando Londoño en el diario *El Tiempo* de Bogotá, reproducido por el Jefe de Redacción (Elides Rojas) del diario *El Universal* de Caracas el 24 de mayo de 2014. "Fernando Londoño en *El Tiempo*: Venezuela en llamas. Santos calla," en *El Universal,* Caracas 24 de mayo de 2014, en http://www.eluniversal.com/blogs/sobre-la-marcha/140524/fernando-londono-en-el-tiempo-venezuela-en-llamas-santos-calla.

Ahora, en cuanto a la regulación de dichas empresas del Estado debe observarse que el artículo 100 de la Ley Orgánica de 2001 las definía como "las sociedades mercantiles en las cuales la República, los estados, los distritos metropolitanos y los municipios, o alguno de los entes descentralizados funcionalmente regulados en la Ley Orgánica, solos o conjuntamente, tuvieran una participación mayor al 50% del capital social."[810] En la reforma de la Ley Orgánica de 2008, lo que se ha ratificado en la reforma de la Ley Orgánica de 2014, esta definición se eliminó del artículo 103, e ignorando la "forma de derecho privado" conceptualmente esencial de las empresas del Estado conforme a los principios de la descentralización establecidos en el artículo 29 de la misma Ley, se las definió eliminándose toda referencia a su carácter "de sociedades mercantiles," calificándolas en forma totalmente contradictoria, como "*personas jurídicas de derecho público* constituidas de acuerdo a las normas de derecho privado," en los entes públicos tengan una participación mayor al cincuenta por ciento del capital social. Frente a tamaña contradicción, si bien se podría concluir que se podría tratar de un error de la Ley, sin embargo, por la forma del cambio, no pasa de ser obra de la ignorancia en materia de organización administrativa. Solo eso explica que se califique en forma contradictoria a las empresas del Estado, como entes "con forma de derecho privado" (art. 29) y, a la vez, como "personas de derecho público" (art. 103);

Ello, por lo demás, explica la aversión que los redactores de la reforma de la Ley Orgánica de 2008 tuvieron con respecto a la noción y palabra "autonomía," lo que se reflejó por ejemplo, en la transformación de los "servicios autónomos sin personalidad jurídica" en "servicios desconcentrados" (art. 93), y en la creación de los "institutos públicos" en lugar de los "institutos autónomos," como entes descentralizados funcionalmente, aun cuando sin poder eliminar los últimos por tratarse de una institución que tiene rango constitucional (art. 96). En la reforma de la Ley Orgánica de 2014, sin embargo, se estructuró el régimen de los "institutos públicos" y de los "institutos autónomos" bajo una sola denominación de "institutos públicos o autónomos" (arts. 98 ss.).

4. *La creación de una Administración Pública paralela: las "Misiones".*

Además de la hiperinflación que se ha presentado en la Administración ministerial y en la Administración descentralizada, la política social populista del Estado basada en la configuración de todo tipo de subsidios, como si los recursos del petróleo fuesen ilimitados e invariables, ha conducido a la definición de programas de políticas públicas denominados "Misiones," que después de varios años de implementación encontraron cabida expresa en la reforma de la Ley Orgánica de la Administración Pública de 2008, pero paradójicamente para quedar excluidas de sus regulaciones;[811] es decir, como una Administración paralela a la Administración Central; todo lo cual se ha ratificado en la reforma de la Ley Orgánica de la Admi-

810 Véase Allan R. Brewer-Carías, *Régimen de las Empresas Públicas en Venezuela,* Caracas 1981.

811 Véase Allan R. Brewer-Carías, "Una nueva tendencia en la organización administrativa venezolana: las "misiones" y las instancias y organizaciones del "poder popular" establecidas en paralelo a la administración pública," en *Retos de la Organización Administrativa Contemporánea, X Foro Iberoamericano de Derecho Administrativo* (26-27 de septiembre de 2011), Corte Suprema de Justicia, Universidad de El Salvador, Universidad Doctor José Matías Delgado, San Salvador, El Salvador, 2011.

nistración Pública dictada mediante Decreto Ley 1.424 de 17 de noviembre de 2014.[812]

La consecuencia ha sido, entonces, que además de la existencia de entes y de los órganos en la organización de la Administración Pública, ahora se han insertado en la misma a las "Misiones" –que en realidad no son nada distinto, en su forma jurídica de los tradicionales entes y órganos administrativos, pero con la diferencia de que se los denomina "Misiones,"– pero con la absurda característica, como se dijo, de que las mismas quedan fuera de la regulación de dicha Ley Orgánica de la Administración Pública, como una especie de Administración Paralela.[813].

La consecuencia de este signo del Estado populista en relación con la Administración Pública es ostensible, pues implica que el derecho administrativo, cuyo objeto es regular a la Administración Pública, integrado en la Ley Orgánica de la Administración Pública, simplemente no la regula totalmente pues no se aplica a estas "Misiones" que, por tanto, pueden actuar al margen del derecho de la organización administrativa, a pesar de que son las que manejan fuera de la disciplina fiscal y presupuestaria, ingentes recursos del Estado, con el consecuente desquiciamiento de la Administración Pública y del derecho administrativo.

Pero por otra parte del tema jurídico, desde el punto de vista social, si bien la tarea de las "Misiones" de "administrar" el sistema extendido de subsidios directos a las personas de menos recursos contribuyó efímeramente y con una carga electoral conocida, a aumentar el ingreso de una parte importante de la población, éste sin embargo, con el fomento del consumismo exagerado que eliminó espacio para el ahorro, y con la inflación galopante que para mayo de 2014 ya alcanzaba el 60%,[814] dicho incremento se ha disipado, dejando como secuela el deterioro de los valores fundamentales de toda sociedad, como consecuencia de recibir beneficios sin enfrentar sacrificios o esfuerzos, como por ejemplo, el valor del trabajo productivo como fuente de ingreso, que materialmente se ha eliminado, sustituido por el que encuentra, que es preferible recibir sin trabajar.

Este Estado Populista ha sido lo Leandro Area ha calificado acertadamente como un "Estado Misional," por estar montado sobre dichas Misiones "como actores colectivos no formales de política pública, que manejan un oscuro e inmenso mar de recursos," resultando ser un "espécimen no incluido aún en las tipologías de la Ciencia Política," entendiendo por tal:

> "aquel Estado que haciendo uso de sus recursos materiales y simbólicos le impone, por fuerza u operación de compra-venta o combinación de ambas a la sociedad, un esquema de disminución, de minusvalía consentida, en sus capacidades y potencialidades de crecimiento a cambio de sumisión. [...] Se encarama sobre ella en su ayer, hoy y mañana, amaestrándola con la dieta diaria cuyo menú depende del gusto del gobernante. Confisca, privatiza, invade, expropia, conculca, controla, asfixia, acoquina hasta decir basta, poniendo en evidencia lo

812 Decreto Ley 1424 de 17 de noviembre de 2014, *Gaceta Oficial* Nº 6147 Extra de 17 de noviembre de 2014.

813 Véase José Ignacio Hernández, "La administración paralela como instrumento del Poder Público," en *Revista de Derecho Público*, Nº 112, Editorial Jurídica Venezolana, Caracas 2007, 175 ss.

814 Véase César Miguel Rondón, "Cada vez menos país," en *Confirmado*, 16-8-2014, en http://confirmado.com.ve/opinan/cada-vez-menos-pais/

frágil del concepto de propiedad privada creando así miedo, emigración, desinversión, fuga de capitales. Y aunque usted no lo crea esas son metas o simples desplantes o locura u obscura necesidad de auto bloqueo como forma de amurallarse para obtener inmunidad e impunidad para sus tropelías, frente a la mirada de una época que no los reconoce sino como entes del pasado, objeto de museo o de laboratorio, insectos atrapados en el ámbar del tiempo; fracaso, derrota."[815]

A lo anterior agrega el mismo Leandro Area, que dicho Estado Misional en definitiva es un tipo de Estado Socialista, que nada tiene que ver con el Estado Social del cual habla la Constitución, concebido en paralelo al Estado Constitucional, "con la intención de acabarlo o mejor, de extinguirlo." Para ello, indica Area:

> "El gobierno crea misiones a su antojo que son estructuras burocráticas y funcionales "sui generis" y permanentes, con un control jurisdiccional inexistente y que actúa con base a los intereses de dominio. Además si el gobernante se encuentra por encima del bien y del mal, como es el caso venezolano, nadie es capaz de controlar sus veleidades y apetitos. En ese sentido el Estado es un apéndice del gobernante que es el repartidor interesado de los bienes de toda la sociedad y que invierte a su gusto, entre otras bagatelas, en compra de conciencias y voluntades de acólitos y novicios aspirantes. Por su naturaleza, todo Estado misional es un Estado depredador sin comillas. Vive de la pobreza, la estimula, la paga, organiza, la convierte en ejercito informal y también paralelo. El gobierno y su partido los tiene censados, chequeados, uniformados de banderas, consignas y miedos. Localizados, inscritos, con carnet, lo que quiere decir que fotografiados, listos para la dádiva, la culpa, castigos y perdones."[816]

Por todo ello, por tanto, las misiones, sujetas como lo observa Heinz Sonntag, a un "patrón de organización destinado a darles dadivas a los sectores pobres y garantizar así su adhesión a la Revolución Bolivariana,"[817] además de haber provocado más miseria y control de conciencia sobre una población de menos recursos totalmente dependiente de la burocracia estatal y sus dádivas, en las cuales creyó encontrar la solución definitiva para su existencia, también provocó el deterioro de otra parte de la población, particularmente la clase media, que junto con todos los demás componentes de la misma ha visto desaparecer su calidad de vida, y sufren en conjunto los embates de la inflación y de la escases.[818] Y todo ello, con un deterioro

---

815 Véase Leandro Area, "El 'Estado Misional' en Venezuela," en *Analítica.com*, 14 de febrero de 2014, en http://analitica.com/opinion/opinion-nacional/el-estado-misional-en-venezuela/.

816 *Idem.*

817 Véase Heinz Sonntag, "¿Cuántas Revoluciones más?" en El *Nacional*, Caracas 7 de octubre de 2014, en http://www.el-nacional.com/heinz_sonntag/Cuantas-Revolu-ciones_0_496150483.html.

818 Como el mismo Area lo ha descrito en lenguaje común y gráfico, pero tremendamente trágico: "Vivimos pues "boqueando" y de paso corrompiéndonos por las condiciones impuestas por y desde el poder que nos obligan a vivir como "lateros", "balseros", "abasteros" mejor dicho, que al estar "pelando" por lo que buscamos y no encontramos, tenemos que andar en gerundio, ladrando, mamando, haciendo cola, bajándonos de la mula, haciéndonos los bolsas o locos, llevándonos de caleta algo, caribeando o de chupa medias, pagando peaje, tracaleando, empujándonos los unos contra los otros, en suma, degradándonos, envileciéndonos, para satisfacer nuestras necesidades básicas de consumo. Es asfixia gradual y calculada, material y moral. Desde el papel toilette hasta la honestidad. ¡Pero tenemos Patria! Falta el orgullo, la dignidad, el respeto, el amor a uno mismo." Véase en "El 'Estado Misional' en Venezuela," en

ostensible y trágico de los servicios públicos más elementales como los servicios de salud y atención médica.

Dichas 'Misiones," como se dijo, encontraron cabida en el propio texto de la reforma de la Ley Orgánica de la Administración Pública de 2008, establecidas, además de los "órganos" y "entes," como una "nueva" figura organizativa de la Administración Pública (arts. 15 y 132), pero con la peculiaridad contradictoria mencionada de que se las excluye, en general, de la aplicación de las normas de la propia Ley Orgánica que las creó, la cual básicamente, como se ha ratificado en la reforma de 2014, continúa destinada a regular sólo a los "órganos y entes" de la Administración. En esta forma, por primera vez se reguló legislativamente una forma de organización administrativa, que no tiene "sin forma" organizativa precisa, y que desde 2003 se había venido utilizando para atender programas concretos de la Administración Pública.

Sobre ellas, en todo caso, lo único que se establece en la Ley Orgánica es la atribución al Presidente de la República en Consejo de Ministros, de la potestad de crear dichas "misiones" cuando circunstancias especiales lo ameriten, "destinadas a atender a la satisfacción de las necesidades fundamentales y urgentes de la población, las cuales estarán bajo la rectoría de las políticas aprobadas conforme a la planificación centralizada," debiendo, en el decreto de creación, determinar el órgano o ente de adscripción o dependencia, formas de financiamiento, funciones y conformación del nivel directivo encargado de dirigir la ejecución de las actividades encomendadas (art. 132).

Debe recordarse, por otra parte, que las mencionadas "misiones," como integrando la Administración Pública, fue uno de los aspectos que se pretendió constitucionalizar en el proyecto de Reforma Constitucional de 2007 que fue rechazado por el pueblo en el referendo de diciembre de 2007,[819] en la cual se propuso una nueva redacción del artículo 141 constitucional, que se buscaba que pasara de regular un régimen universal aplicable a toda "la Administración Pública," a establecer varias "administraciones públicas", las cuales, incluso, contra toda técnica legislativa, se las buscaba "clasificar" en el texto mismo de la Constitución en las siguientes dos "categorías": "las *administraciones públicas burocráticas o tradicionales*, que son las que atienden a las estructuras previstas y reguladas en esta Constitución"; y "las *misiones*, constituidas por organizaciones de variada naturaleza, creadas para atender a la satisfacción de las más sentidas y urgentes necesidades de la población, cuya prestación exige de la aplicación de sistemas excepcionales, e incluso, experimentales, los cuales serán establecidos por el Poder Ejecutivo mediante reglamentos organizativos y funcionales".

Es decir, con el rechazado proyecto de reforma constitucional de 2007, en lugar de corregirse el descalabro administrativo que se había producido a partir de 2003 por el desorden organizativo y la indisciplina presupuestaria derivada de fondos asignados a programas específicos del gobierno a través de las "misiones", concebi-

---

Analítica.com, 14 de febrero de 2014, en http://analitica.com/opi-nion/opinion-nacional/el-estado-misional-en-venezuela/.

819 Véase Allan R. Brewer-Carías, *La Reforma Constitucional de 2007 (Comentarios al proyecto inconstitucionalmente sancionado por la Asamblea Nacional el 2 de noviembre de 2007)*, Editorial Jurídica Venezolana, Caracas 2007.

das en general fuera del marco de la organización general del Estado, lo que se buscaba era constitucionalizar dicho desorden administrativo, calificándose en el propio texto constitucional a las estructuras administrativas del Estado Constitucional como "burocráticas o tradicionales", renunciando a que las mismas fueran reformadas para convertirlas en instrumentos para que, precisamente, pudieran atender a la satisfacción de las más sentidas y urgentes necesidades de la población.

Posteriormente, con la reforma de la Ley Orgánica de 2008, ratificado en la Ley Orgánica de 2014, como se dijo, se regularizó legislativamente a las "misiones,"[820] pero precisamente para no regularlas, pues la Ley, como hemos dicho, se destina íntegramente a regular exclusivamente a los "órganos y entes," dejando fuera de sus regulaciones a las "misiones," estando sin embargo, todas, en común, solo sujetas a "los lineamientos dictados conforme a la planificación centralizada" (art. 15).

Sobre esta "novedad legislativa" de estas misiones, como se indicó en la Exposición de Motivos del Decreto Ley de la Ley Orgánica de 2008, las mismas "nacieron como organismo de ejecución de políticas públicas, obteniendo niveles óptimos de cumplimiento de los programas y proyectos asignados, y se conciben dentro del proyecto, como aquellas destinadas a atender a la satisfacción de las necesidades fundamentales y urgentes de la población, que pueden ser creadas por el Presidente de la República en Consejo de Ministros, cuando circunstancias especiales lo ameriten."

La consecuencia de ello es que se estableció en la Ley la misma distinción que se quiso establecer en la Constitución en 2007, entre una Administración Pública "tradicional" conformada por órganos y entes del Estado Constitucional que es la regulada precisamente en la Ley Orgánica, y otra Administración Pública paralela, supuestamente "no tradicional," conformada por las misiones, destinada "a atender a la satisfacción de las necesidades fundamentales y urgentes de la población", como si la primera no tuviera esa función, pero con la diferencia de que la primera está sometida estrictamente a todas las prescripciones de la Ley Orgánica, y la segunda no está sometida a todas dichas previsiones. Es decir, se creó una nueva organización en la Ley para excluirla de su régimen, el cual como se puede apreciar del conjunto de su normativa, en su casi totalidad sólo rige para los "órganos y entes."[821],

En todo caso, con anterioridad a la entrada en vigencia de la Ley Orgánica de 2008, y con la denominación de "misiones" lo que se fue creando fue una serie de organizaciones administrativas como Administraciones paralelas,[822] con el objeto de atender programas puntuales, utilizándose para ello, muy desordenadamente, las más variadas "formas" organizativas autorizadas en la Ley Orgánica, en algunos casos de órganos, como son las Comisiones Presidenciales o Interministeriales, o de entes,

---

820 Véase Cosimina G. Pellegrino Pacera, "La reedición de la propuesta constitucional de 2007 en el Decreto N° 6.217 con rango, valor y fuerza de Ley Orgánica de la Administración Pública," en *Revista de Derecho Público* N° 115 *(Estudios sobre los decretos leyes),* Editorial Jurídica Venezolana, Caracas 2008, pp. 163 ss.

821 En igual sentido, las "misiones" también quedan excluidas de la aplicación de la Ley Orgánica de Simplificación de Trámites Administrativos, pues la misma solo se aplica a "los órganos y entes" de la misma (art. 2). *Gaceta Oficial* N° 5.891 *Extraordinaria* de 22-7-2008.

822 Véase Manuel Rachadell, "La centralización del poder en el Estado federal descentralizado," en *Revista de Derecho Público* N° 115 *(Estudios sobre los decretos leyes),* Editorial Jurídica Venezolana, Caracas 2008, pp. 115-116, 125.

como las fundaciones del Estado. A tal efecto, por ejemplo, utilizándose la figura de las *Comisiones Presidenciales o Interministeriales*, se establecieron las siguientes "misiones": -Misión Ribas,[823] Misión Alimentación (Mercal),[824] Misión Guaicaipuro,[825] Misión Árbol,[826] Misión Robinson,[827] Misión Villanueva,[828] y Misión Madres Del Barrio "Josefa Joaquina Sánchez."[829] Por su parte, utilizándose la figura de las *fundaciones del Estado*, se establecieron las siguientes "misiones": *Misión Barrio Adentro,*[830] *Misión Che Guevara,* que sustituyó a la "Misión Vuelvan Caras," "dentro del objetivo supremo de alcanzar la Misión Cristo: Pobreza y Miseria Cero,"[831] *Misión Identidad,*[832] *Misión Milagro,*[833] *Misión Sucre,*[834] *Misión Negra Hipólita,*[835] y *Misión Piar.*[836]

Como se puede apreciar, hasta la promulgación de la Ley Orgánica de 2008, las "misiones" se crearon adoptando la forma de "órganos" como las Comisiones Presidenciales o Interministeriales, o la forma de "entes" descentralizados, conforme a la forma de derecho privado de las Fundaciones del Estado, mostrando en todo caso, una falta total de coherencia, particularmente en cuanto al manejo presupuestario, ya que las mismas han manejado ingentes recursos públicos. En los casos de las Misiones configuradas como Comisiones Presidenciales o Interministeriales, las previsiones presupuestarias establecidas en los decretos de creación en general se refieren solo a los gastos administrativos que ocasione el funcionamiento de las mismas, agregándose muchas veces, que los gastos de la ejecución de las misiones están a cargo del presupuesto de respectivo Ministerio, conforme a la competencia en la materia específica.

En los casos de las Fundaciones del Estado, como entes descentralizados, en los decretos de creación en general se han dispuesto los aportes públicos al patrimonio de las mismas, que deben asignarse en Ley de Presupuesto; o mediante el aportes de bienes muebles e inmuebles propiedad de la República.

En todo caso, sea que se trate de Fundaciones o de Comisiones, en la mayoría de los casos, la actividad desplegada forma parte de las competencias asignadas a los Ministerios, pero desarrolladas sin relación efectiva con los mismos.

---

823 *Gaceta Oficial* N° 37.798 del 16 de octubre de 2003.

824 *Gaceta Oficial* N° 38.603 del 12 de enero de 2007.

825 *Gaceta Oficial* N° 38.758 del 30 de agosto de 2007.

826 *Gaceta Oficial* N° 38.445 del 26 de mayo de 2006.

827 *Gaceta Oficial* N° 37.711 del 13 de junio de 2003.

828 *Gaceta Oficial* N° 38.647 del 19 de marzo de 2007.

829 *Gaceta Oficial* N° 38.549 del 25 de octubre de 2006.

830 *Gaceta Oficial* N° 38.423 del 25 de abril de 2006.

831 *Gaceta Oficial* N° 38.819 del 27 de noviembre de 2007.

832 *Gaceta Oficial* N° 38.188 del 17 de mayo de 2005.

833 *Gaceta Oficial* N° 38.632 del 26 de febrero de 2007.

834 *Gaceta Oficial* N° 38.188 del 17 de mayo de 2005.

835 *Gaceta Oficial* N° 38.776 del 25 de septiembre de 2007.

836 *Gaceta Oficial* N° 38.282 del 28 de septiembre de 2005.

5. *La regulación legislativa de las "Misiones".*

Después de seis años de su insuficiente regulación en la Ley Orgánica de la Administración Pública de 2008, que no se corrigió en la reforma de 2014, el 13 de noviembre de 2014 se dictó el Decreto Ley de la Ley Orgánica de Misiones, Grandes Misiones y Micro misiones,[837] con el objeto regular los "mecanismos a través de los cuales el Estado Venezolano, conjunta y articuladamente con el Poder Popular bajo sus diversas formas de expresión y organización, promueven el desarrollo social integral; así como la protección social de los ciudadanos" mediante el establecimiento de las mencionadas misiones "orientadas a asegurar el ejercicio universal de los derechos sociales consagrados en la Constitución" (Art. 1).

Entre los fines de la Ley se destaca el de establecer los criterios para la creación, desarrollo, supresión o fusión de las Misiones, el "Sistema Nacional de Misiones, Grandes Misiones y Micro-misiones como la estructura orgánica del Estado y del Poder Popular," y "garantizar las condiciones para el financiamiento de las Misiones, Grandes Misiones y Micro-misiones (art. 6).

Las disposiciones de la Ley se declararon como "de orden público" siendo sus normas aplicables "en todo el territorio de la República a la Administración Pública Nacional, Estadal y Municipal, a las organizaciones del Poder Popular, así como a todas las personas naturales o jurídicas de derecho público o privado que tengan responsabilidades, obligaciones, derechos y deberes vinculados al ejercicio de los derechos sociales de las personas y del pueblo. (art. 5); y además, la ley declaró como "de interés general" y con el "carácter de servicio público" todas las actividades vinculadas a la prestación de bienes y servicios a la población objeto de las Misiones (art. 7).

A. *La Misión como política pública:*

Siguiendo la orientación que se adoptó en la Ley Orgánica de la Administración Pública, la ley Orgánica de Misiones las reguló, exclusivamente, una "política pública destinada a materializar de forma masiva, acelerada y progresiva las condiciones para el efectivo ejercicio y disfrute universal de uno o más derechos sociales de personas o grupos de personas, que conjuga la agilización de los procesos estatales con la participación directa del pueblo en su gestión, en favor de la erradicación de la pobreza y la conquista popular de los derechos sociales consagrados en la Constitución," (art. 4.1) que por tanto, se ejecuta por los órganos y entes que se determine en el acto de su creación (art. 36).

A tal efecto, el artículo 8 de la Ley enumera entre los derechos sociales a ser desarrollados y atendidos por las Misiones, además de los consagrados en la ley y en los tratados y acuerdos suscritos y ratificados por la República, los derechos a la alimentación, a la protección de la familia, a la identidad, a la vivienda y al hábitat, a la salud, a la seguridad social, al trabajo, a la educación, a la cultura, al deporte y la recreación, a los servicios básicos, a la seguridad personal, y de los pueblos y comunidades indígenas.

Además de los cometidos por los que fueren creadas, las Misiones, conforme al artículo 13 de la ley, deben atender al desarrollo de proyectos socio-productivos que

837 Véase en *Gaceta Oficial* N° 6.154 Extra. de 19 de noviembre de 2014.

contribuyan al fortalecimiento de la soberanía del país, a la satisfacción de las necesidades de la población y "a la construcción de la Venezuela potencia."

A los efectos de la ejecución de la Ley, como actor en la política pública denominada Misión, la Ley identifica al "Misionero" que son tanto "los ciudadanos que desde su accionar diario contribuyen al desarrollo de los planes y acciones en favor del cumplimiento de los objetivos de cada misión desde el ámbito institucional, así como a los grupos y personas sujetos de atención específicos de las Misiones, Grandes Misiones y Micro-misiones, quienes se organizan en los territorios para empoderarse de sus derechos y contribuir a la transformación de la sociedad a través del poder popular"(Art. 4.4). Los artículos 9 y 10 de la Ley enumeran los derechos y deberes de dichos misioneros.

B. *Prestaciones de bienes y servicios a cargo de las Misiones*

Conforme se indica en el artículo 11 de la Ley, corresponde a las Misiones las siguientes prestaciones de bienes y servicios: 1. Programas de atención a grupos y personas en situación de vulnerabilidad. 2. Atención en los diversos niveles del Sistema Público Nacional de Salud. 3. Establecimientos de servicios sociales, entre los que se incluyen centros educativos, de salud, deportivos, de alimentación, culturales, recreativos y de protección especial. 4. Transferencias dinerarias condicionadas. 5. Pensiones no contributivas. 6. Subsidios. 7. Ayudas técnicas para personas con discapacidad. 8. Suministro de medicamentos. 9. Desarrollo de equipamiento urbano. 10. Jornadas de atención de los servicios sociales. 11. Desarrollo de actividades educativas, culturales, deportivas y recreativas. 12. Suministro de bienes esenciales para el disfrute de los derechos a la educación, la salud, el deporte, la cultura, entre otros. 13. Suministro de servicios básicos, entre los que se incluye el agua, la electricidad, el gas, la telefonía, el internet, aseo urbano, vialidad, transporte público y saneamiento ambiental. 14. Financiamiento de proyectos socio-productivos. 15. Financiamiento y subsidio de la vivienda.

En ese marco de prestaciones, uno de los objetivos del Sistema Nacional de Misiones es "erradicar la pobreza" (art. 15.2); para cuyo efecto se dispone que a los efectos del desarrollo de sus actividades prestacionales en estas áreas de actividad, los órganos y entes que participen en la ejecución de las Misiones se deben regir para la definición, identificación y medición de la pobreza, por los lineamientos y criterios que establezca el Consejo Nacional de Política Social y el Instituto Nacional de Estadística, sin menoscabo del uso de otros datos que se estimen convenientes.

C. *La Administración de las Misiones o el aparataje burocrático de las Misiones*

Aparte de las previsiones generales de la Ley, lo que la misma ha hecho es organizar un aparataje burocrático, que podría denominarse la "Administración de la Misiones" que dirigido por un "Alto Mando del Sistema" integrado por el Presidente de la República, Vicepresidentes y Ministros, se integra en un Sistema Nacional de Misiones compuesto por órganos de Dirección del mismo en los niveles político-territoriales; una Coordinación General del Sistema; un Consejo Nacional de Política Social; un Servicio Nacional de Información Social; el Fondo Nacional de Misiones (art. 43), las organizaciones de las diversas Misiones, Grandes Misiones y Micro-misiones, y un Consejo Nacional de Misioneros (art. 16).

Además, en los niveles estadales, el Sistema debe contar con "Coordinaciones Estadales" (art. 24) como sus instancias de dirección a nivel estadal; y con "Coordinaciones Municipales, como instancias de dirección del Sistema a nivel municipal (art. 26), las cuales deben crear instancias de articulación comunal denominadas Mesas de Misiones de la Comuna, (art. 28), y donde un haya Comuna, se denominarán "comités de trabajo del Consejo Comunal" (art. 29).

En el Sistema, además, se establecen las "Bases de Misiones" "como espacios para la prestación de servicios de las Misiones y de otros servicios públicos, destinados a la atención y protección integral de las comunidades y familias" (art. 32), desde donde las Misiones desarrollarán los siguientes ámbitos de atención: 1. Promoción y fortalecimiento de las organizaciones del Poder Popular. 2- Atención Primaria en Salud, incluyendo visitas domiciliarias y seguimiento nutricional. 3. Desarrollo de los programas de abastecimiento y comercialización de alimentos. 4. Promoción de la inserción y de la permanencia escolar de todos los niños, niñas y adolescentes. 5. prestación de servicios de identificación, registro civil y trámites de servicios públicos. 6. Promoción de actividades y emprendimientos productivos. Y 7. Desarrollo de programación cultural, deportiva y recreativa (art 35).

D. *Principios para la creación de Misiones*

La Ley Orgánica, por otra parte ha establecido una serie de principios para la creación de las Misiones por parte del Presidente de la República en Consejo de Ministros, "bajo la rectoría de las políticas aprobadas conforme a la planificación centralizada," para lo cual debe "estar precedida por un estudio diagnóstico y un análisis prospectivo de la situación y problema que se busca atender o resolver elaborado por el Consejo Nacional de Política Social."

Tratándose de una política pública, las Misiones deben atribuirse en el Decreto de su creación, a un determinado órgano o ente de la Administración 'Pública, en los términos dela ley Orgánica de la Administración Pública, al cual se atribuye la responsabilidad de la ejecución de la misma, las formas de financiamiento, funciones y la conformación del nivel directivo encargado de dirigir la ejecución de las actividades encomendadas (art. 36). En caso de supresión de las Misiones, el Decreto respectivo, en caso que se hayan creado órganos o entes para la ejecución de las mismas debe disponer el cumplimiento de las formalidades legales para su supresión y liquidación (art. 37).

El Presidente igualmente puede resolver la fusión de las mismas estableciendo las reglas básicas para su funcionamiento (art. 38), y podrá, igualmente modificar el objeto de las mismas estableciendo las nuevas reglas para su funcionamiento (art. 39).

E. *La organización popular en el marco de las Misiones*

La Ley Orgánica, por otra parte, ha regulado los principios de organización popular en el marco de las Misiones, estableciendo las siguientes instancias de participación y organización comunitaria: 1. El Consejo de Planificación Comunal. 2. El Consejo de Contraloría Comunal. 3. El Consejo Nacional de Misioneros y Misioneras. 4. El Comité de trabajo de la Comuna y del Consejo Comunal. Y 5. El Área de trabajo (art. 45).

Entre estos órganos, se destaca el Consejo Nacional de Misioneros, creado como una instancia de encuentro, evaluación y de formulación de propuestas de los voceros de las Misiones, en el cual además deben participar las autoridades de los órganos y entes responsables de la ejecución de las Misiones (art. 46); y tendrá como objetivo generar un espacio nacional para el debate, la evaluación y el fortalecimiento de las Misiones (art. 47). Dicho Consejo está conformado por el Presidente de la República, los voceros nacionales de cada una de las Misiones, que hayan sido electos por las organizaciones de base que congregan a los Misioneros, por los Jefes de las Misiones, y por los Ministros o Viceministros de los órganos que tienen rectoría sobre las Misiones (art. 48).

F. *El Fondo Nacional de Misiones y el financiamiento de las Misiones*

El artículo 43 de la ley Orgánica "creó" el Fondo Nacional de Misiones "para la gestión, asignación y administración de recursos destinados a las mismas" pero sin establecer si se trata de un órgano o de un ente, dejando al Presidente de la República la determinación eventual mediante Reglamento de "la naturaleza jurídica del ente u órgano que administrara los recursos asignados a este fondo y su patrimonio," lo cual excluye la posibilidad de que se trate de un ente de derecho público (instituto autónomo o público), que solo podría ser creado por Ley conforme a la Constitución y a la Ley Orgánica de la Administración Pública.

Dicho Fondo, en todo caso, conforme al artículo 44 de la ley Orgánica de Misiones, tiene a su cargo administrar, centralizar y sistematizar la gestión y asignación de los recursos destinados a los subsidios, transferencias dinerarias condicionadas y financiamientos de proyectos socio-productivos de las Misiones.

En cuanto al financiamiento de las Misiones la Ley Orgánica declaró los recursos destinados para su desarrollo como "prioritarios y de interés público," estableciendo que los mismos "no podrán sufrir disminuciones en sus montos presupuestarios, excepto en los casos y términos que establezca la Ley de Presupuesto" (art. 50). Igualmente La Ley estableció el principio de progresividad de la inversión social, lo que implica que las asignaciones presupuestarias destinadas a la misma "no podrán ser inferiores, en términos reales, al del ejercicio económico financiero anterior, por lo cual tendrá carácter progresivo y sustentable, con base en la disponibilidad de recursos a partir de los ingresos previstos en la Ley de Presupuesto y en los fondos de inversión administrados por el Poder Ejecutivo" (art. 50).

La distribución de los recursos previstos para las Misiones debe ser recomendada por el Consejo Nacional de Política Social al Alto Mando del Sistema Nacional de Misiones antes de su incorporación en la Ley de Presupuesto (art. 52); estableciendo la Ley, además, los siguientes criterios para la distribución de los recursos: Primero, la inversión social per cápita no debe ser menor en términos reales al asignado el año inmediato anterior; y segundo, la misma se debe destinar de forma prioritaria a las personas y comunidades en situación de pobreza y pobreza extrema; se debe basar en indicadores y lineamientos generales de eficacia y de cantidad y calidad en la prestación de los servicios sociales, establecidos por el Consejo Nacional de Política Social; y debe estar orientada a la promoción de un desarrolle regional equilibrado.

III. LA FORMA FEDERAL DEL ESTADO, Y LA CENTRALIZACIÓN PROGRESIVA DE LA ADMINISTRACIÓN PÚBLICA

El otro condicionante político esencial de la Administración Pública, además de la concepción del Estado, es la forma del Estado, según se trate de un Estado unitario centralizado o de un Estado descentralizado, y entre éstos, de un Estado federal. Ello originará una Administración Pública centralizada o descentralizada territorialmente, en este último caso, abierta a la participación política.

1. *El Estado Constitucional en Venezuela, como Federación centralizada, la centralización de la Administración Pública*

En cuanto a la forma del Estado venezolano, si nos atenemos a la definición de la Constitución de 1999, en la misma, además de declarar que se establece un Estado democrático y social de derecho y de justicia, el cual, como se ha indicado, no existe en la realidad, también prevé que la República se organiza como "un Estado federal descentralizado" que "se rige por los principios de integridad territorial, cooperación, solidaridad, concurrencia y corresponsabilidad" (art. 4).

Esa debería ser la forma del Estado Constitucional en Venezuela, la de un Estado Federal descentralizado, derivado de un sistema de distribución vertical del Poder Público en tres niveles territoriales, entre el Poder Nacional, el Poder de los Estados y el Poder Municipal (art. 136), cada uno debiendo tener siempre un gobierno de carácter "electivo, descentralizado, alternativo, responsable, pluralista y de mandatos revocables," tal como lo exige el artículo 6 de la Constitución; y cada nivel territorial con su respectiva Administración Pública.

La realidad de las propias disposiciones constitucionales, sin embargo, lo que muestra es un Estado con un régimen "centralista" a pesar del calificativo de "descentralizado," siendo esa contradicción el signo más característico de la Constitución al regular el régimen de las entidades territoriales,[838] pues en paralelo, a regular la autonomía política, normativa y administrativa de los Estados y Municipios, el texto la niega al remitir a la Ley para su regulación, con lo que la garantía constitucional de la misma desapareció; a lo que se agrega un marcado desbalance en la distribución de competencias.

En efecto, la autonomía de los entes territoriales, es decir, de los Estados y de los Municipios, ante todo, como sucede en toda federación o Estado descentralizado, exigía la previsión de su garantía constitucional, en el sentido de que los límites a la misma sólo podían estar en la propia Constitución, y no podía ser remitida su regulación por ley nacional posterior. La Constitución de 1999, sin embargo, al regular el funcionamiento y la organización de los Consejos Legislativos Estadales remitió su regulación a la ley nacional (art. 162), que se dictó en 2001, como Ley Orgánica de

---

838 Ello lo advertimos apenas se sancionó la Constitución en Allan R. Brewer-Carías, *Federalismo y municipalismo en la Constitución de 1999 (Alcance de una reforma insuficiente y regresiva)*, Cuadernos de la Cátedra Allan R. Brewer-Carías de Derecho Público, N° 7, Universidad Católica del Táchira, Editorial Jurídica Venezolana, Caracas-San Cristóbal 2001; y "El Estado federal descentralizado y la centralización de la federación en Venezuela. Situación y perspectiva de una contradicción constitucional" en *Federalismo y regionalismo,* Coordinadores Diego Valadés y José María Serna de la Garza, Universidad Nacional Autónoma de México, Tribunal Superior de Justicia del Estado de Puebla, Instituto de Investigaciones Jurídicas, Serie Doctrina Jurídica N° 229, México 2005, pp. 717-750.

los Consejos Legislativos de los Estados,[839] lo cual, además de contradictorio con la atribución a los mismos de dictarse su propia Constitución para organizar sus poderes públicos (art. 164.1), se configuró como una intromisión inaceptable del Poder Nacional en el régimen de los Estados.

En cuanto a los Municipios, la autonomía municipal tradicionalmente garantizada en la propia Constitución, también se interfirió en la Constitución, al señalarse que los Municipios gozan de la misma, no sólo "dentro de los límites" establecidos en la Constitución, sino de los establecidos en la ley nacional (art. 168), con lo cual el principio descentralizador básico, que es la autonomía, quedó minimizado.

La centralización, por otra parte ha sido el signo característico regularse constitucionalmente a la Administración Pública, mediante la incorporación de una sección específica dedicada a la misma en el Título IV del Poder Público, cuyas normas se aplican a todos los "órganos" y "entes" que conforman las Administraciones Públicas en los tres niveles territoriales, es decir, en la República (administración pública nacional), los Estados (administración pública estadal), y los Municipios (administración pública municipal). Conforme a esas normas, dicho universo de la Administración Pública encontró regulación global en la Ley Orgánica de la Administración Pública de 2001, la cual, siendo una ley nacional, sus disposiciones fueron básicamente "aplicables a la Administración Pública Nacional" (art. 2), pero disponiéndose, en relación con los órganos de los otros Poderes públicos estadales y municipales, que los principios y normas de la Ley Orgánica que se refirieran "en general a la Administración Pública, o expresamente a los Estados, Distritos Metropolitanos y Municipios," serían de "obligatoria observancia por éstos, quienes desarrollarán los mismos dentro del ámbito de sus respectivas competencias". Con ello, se respetaba la autonomía administrativa de los Estados y Municipios, y de sus propias Administraciones Públicas, que debía ejercerse dentro de un marco legal común. En cuanto a las demás regulaciones de la Ley Orgánica, regía el mismo principio de su posible aplicación supletoria a las Administraciones Públicas de los Estados y Municipios (art. 2).

En esta definición del ámbito de aplicación de la Ley Orgánica de la Administración Pública, sin embargo, con la reforma de la Ley Orgánica de 2008, se produjo una centralización administrativa al regularse entonces legalmente una sola "Administración Pública," "nacionalizándose" totalmente el régimen de la misma, al disponer que sus normas se aplican a la Administración Pública que abarca los tres niveles de distribución vertical del poder, es decir, "incluidos los estados, distritos metropolitanos y municipios, quienes deberán desarrollar su contenido dentro del ámbito de sus respectivas competencias" (art. 2). En la reforma de 2014, se ratificó el régimen único a pesar de hacer referencia a la "Administración Pública Nacional": al establecerse que sus normas "serán aplicables a la Administración Pública Nacional, así como a las de los estados, distritos metropolitanos, el Distrito capital, el Territorio Insular Miranda y las de los municipios, quienes deberán desarrollar su contenido dentro del ámbito de sus respectivas competencias" (art. 2).

Además, la Ley Orgánica centraliza totalmente la Administración Pública, al someterla (incluyendo la de los Estados y Municipios) a los lineamientos dictados por la Comisión Nacional de Planificación o conforme con la planificación centralizada (arts.

839 *Gaceta Oficial* N° 37.282 del 13 de septiembre de 2001.

15, 18, 23, 32, 57, 78, 88, 93, 101, 120, 122, 132), a la dirección del Presidente de la República (art. 46) y a la coordinación del Vicepresidente de la República (art. 48,3). Es decir, la Ley Orgánica de 2008 reformada en 2014 no es que establece un régimen normativo común para todas las Administraciones Públicas, sino que regula una sola Administración Pública, totalmente centralizada, sin que los Gobernadores y Alcaldes tengan autonomía alguna en sus Administraciones Públicas, ya que las mismas están bajo la dirección del Presidente de la República, la coordinación del Vicepresidente ejecutivo y sometidas a los lineamientos de la planificación centralizada a cargo de un Ministerio del Poder Popular y una Comisión Central de Planificación que es un órgano de coordinación y control nacional.

Por otra parte, en cuanto al carácter supletorio de la Ley, sólo se refiere a las Administraciones de los demás órganos del Poder Público nacional, al disponer que "las disposiciones de la presente Ley se aplicarán supletoriamente a los demás órganos y entes del Poder Público" (art. 2).

2. *El desbalance hacia el nivel nacional en la distribución territorial del Poder*

La progresiva centralización de la Administración Pública también ha sido consecuencia del sistema de distribución de competencias del Poder Público entre los entes político territoriales que se adoptó en la Constitución, que ha atentado contra la descentralización política, lo que ha conducido a que casi todas las competencias públicas quedaron en el Poder Nacional. Los Estados, en la Constitución, materialmente carecen de materias sobre las cuales actuar como competencia exclusiva de los mismos, a pesar de que el artículo 164 hable, precisamente, de "competencias exclusivas."[840] Las pocas indicadas en dicha norma, en realidad, son en su mayoría materias de competencia parcial de los Estados, en algunos casos concurrentes con el Poder Nacional o con el Poder Municipal, y en cuanto a las competencias que se habían descentralizado y convertido en "exclusiva" de los Estados, como la de la administración y manejo de los aeropuertos y puertos nacionales ubicados en cada Estado, como se dijo, fue centralizada o nacionalizada por la Sala Constitucional del Tribunal Supremo de Justicia en 2008, mutándose a tal efecto la Constitución.[841]

En materia de competencias concurrentes, que los Estados hubieran podido haber asumido mediante ley estadal, las mismas, en la Constitución, quedaron sujetas a lo dispuesto en unas leyes nacionales denominadas "de base," con lo que pueden quedar condicionadas (art. 165), quedando en todo caso sujetas a lo dispuesto en la ley nacional. Y si bien en la Constitución se estableció la garantía de participación previa de los Estados en el proceso de elaboración de leyes nacionales que los puedan afectar (art. 206), que podía permitir a los Estados expresar su opinión sobre leyes que los afecten, ello nunca se ha garantizado en la práctica legislativa.

---

840 Véase Allan R. Brewer-Carías, "La distribución territorial de competencias en la Federación venezolana" en *Revista de Estudios de Administración Local. Homenaje a Sebastián Martín Retortillo,* N° 291, enero-abril 2003, Instituto Nacional de Administración Pública, Madrid 2003, pp. 163-200.

841 Véase sentencia de la Sala Constitucional, N° 565 de 15 de abril de 2008 (*caso Procuradora General de la República, recurso de interpretación del artículo 164.10 de la Constitución de 1999*) en http://www.tsj.gov.ve/deci-siones/scon/Abril/565-150408-07-1108.htm. Véase los comentarios sobre esta sentencia, en Allan R. Brewer-Carías, "La Sala Constitucional como poder constituyente: la modificación de la forma federal del estado y del sistema constitucional de división territorial del poder público, en *Revista de Derecho Público,* N° 114, (abril-junio 2008), Editorial Jurídica Venezolana, Caracas 2008, pp. 247-262.

Y así las leyes nacionales dictadas en relación con materias de competencias concurrentes, en todo caso, lo que han producido es más bien una acentuada centralización, casi total, de las mismas, como ha ocurrido en materia de policía, respecto de la cual, los Estados y Municipios han sido vaciados casi completamente.[842]

Por otra parte, en cuanto a la distribución de competencias entre los entes territoriales, el proceso de descentralización exigía, además, la asignación efectiva de competencias tributarias a los Estados, sobre todo en materia de impuestos al consumo, como sucede en casi todas las Federaciones. Los avances que se discutieron incluso en la Asamblea Constituyente en esta materia, sin embargo, se abandonaron, quitándosele a los Estados todas las competencias tributarias que se le habían asignado, con lo que incluso se retrocedió aún más respecto del esquema que existía en la Constitución de 1961.

Por tanto, en realidad, la Constitución de 1999 terminó de vaciar totalmente a los Estados de competencias tributarias, estableciéndose incluso en la Constitución una competencia residual, no a favor de los Estados como ocurre en las federaciones, sino en forma contraria al principio federal, a favor del Poder Nacional, en materia de impuestos, tasas y rentas no atribuidas a los Estados y Municipios por la Constitución o por la ley (art. 156,12). En consecuencia, a los Estados sólo les quedaron las competencias en materia de papel sellado, timbres y estampillas como se había establecido en la Ley Orgánica de Descentralización, Delimitación y Transferencia de Competencias del Poder Público de 1989,[843] y nada más, pues incluso las materias que se les había transferido como las relativas a la atención de la salud, han sido progresivamente centralizadas.[844]

La consecuencia de todo ese proceso de centralización es que los Estados y sus Administraciones Públicas han seguido siendo totalmente dependientes de los aportes provenientes del Presupuesto Nacional (Situado Constitucional), habiéndose atribuido la coordinación de la inversión de sus ingresos a un Consejo Federal de Gobierno (art. 185), que conforme a la Ley que lo reguló, lo que ha hecho es reforzar el control de los mismos por parte de los órganos nacionales. En efecto, en dicha la Ley Orgánica que regula el Consejo Federal de Gobierno de 2010,[845] además de preverse su organización y funcionamiento, se establecen "los lineamientos de la planificación y coordinación de las políticas y acciones necesarias para el adecuado desarrollo regional," e igualmente, "el régimen para la transferencia de las compe-

---

842 Lo que comenzó a realizarse con la Ley de Coordinación de Seguridad Ciudadana, en *Gaceta Oficial* N° 37.318 del 6 de noviembre de 2001. Véase además, la Ley Orgánica del Servicio de Policía y del Cuerpo de Policía Nacional, y la Ley Orgánica de la Función Policial en *Gaceta Oficial* N° 5940 de 7 de diciembre de 2009.

843 Véase Allan R. Brewer-Carías, "Bases legislativas para la descentralización política de la federación centralizada (1990: El inicio de una reforma", en Allan R. Brewer-Carías (Coordinador y editor), Carlos Ayala Corao, Jorge Sánchez Meleán, Gustavo Linares y Humberto Romero Muci, *Leyes para la Descentralización Política de la Federación,* Colección Textos Legislativos, N° 11, Editorial Jurídica Venezolana, Caracas 1990, pp. 7-53; y "La descentralización política en Venezuela: 1990. El inicio de una reforma" en Dieter Nohlen (editor), *Descentralización Política y Consolidación Democrática Europa-América del Sur*, Madrid-Caracas 1991, pp. 131-160.

844 Véase por ejemplo el Decreto N° 6.543, "mediante el cual se decreta la transferencia al Ministerio del Poder Popular para la Salud, de los Establecimientos y las Unidades Móviles de Atención Médica adscrito a la Gobernación del estado Bolivariano de Miranda," en *Gaceta Oficial* N° 39.072 de 3-12-2008.

845 Véase en *Gaceta Oficial* N° 5.963 Extra. de 22-2-2010.

tencias entre los entes territoriales, y a las organizaciones detentadoras de la soberanía originaria del Estado" (art. 1). En este último caso, además, haciendo referencia, sin duda, a los órganos del llamado Poder Popular o Estado Comunal, lo que significa que además del centralismo por asunción de poderes de intervención por parte del Poder Central, se ha previsto otro mecanismo de centralización pero por "vaciamiento" de competencias hacia las entidades del llamado Poder Popular que están controlados precisamente por el Poder Nacional.

Conforme a dicha Ley Orgánica, en efecto, dicho Consejo Federal es el órgano encargado de la planificación y coordinación de las políticas y acciones para el desarrollo del proceso de descentralización y transferencia de competencias del Poder Nacional a los Estados y Municipios, teniendo los lineamientos que dicte en materia de transferencia de competencias, carácter "vinculantes para las entidades territoriales" (art. 2). La Ley Orgánica estableció, además, que dicha transferencia de competencias "es la vía para lograr el fortalecimiento de las organizaciones de base del Poder Popular y el desarrollo armónico de los Distritos Motores de Desarrollo y regiones del país," (art. 7), órganos todos que por lo demás, como se ha dicho, son dependientes del Ejecutivo Nacional.

3. *El ahogamiento y neutralización de las entidades territoriales por parte de la Administración Pública Nacional*

Pero el proceso de centralización de la Administración Pública no sólo se ha producido los el desbalance en el régimen de distribución de competencias entre los entes territoriales, a favor del ámbito nacional, sino por la acción de los propios órganos del Poder Nacional, que han venido, a la vez, ahogando directamente a las entidades territoriales.

Ello ha ocurrido, por ejemplo, mediante el establecimiento de una estructura organizativa de la Administración Pública nacional, dependiente del Vicepresidente Ejecutivo de la República, en forma paralela y superpuesta a la Administración de los Estados, denominada como "Órganos Desconcentrados de las Regiones Estratégicas de Desarrollo Integral (REDI),"[846] a cargo de funcionarios denominados "Autoridades Regionales," las cuales además, tienen "Dependencias" en cada Estado de la República, que están a cargo de Delegaciones Estadales, todos del libre nombramiento del Vicepresidente de la República.

Estos Delegados, que ejercen sus funciones "dentro del territorio del Estado que le ha sido asignado" (art. 19), se los ha concebido como los canales de comunicación de los Gobernadores de Estado con el Poder Nacional y viceversa, del Poder Nacional con los Estados, teniendo además como misión "realizar las acciones tendentes a impulsar la integración y operación de las comunidades organizadas, instancias del poder popular, organizaciones del poder popular, los consejos de economía y contraloría comunal bajo su demarcación, en términos de la normatividad aplicable, cumpliendo con los criterios establecidos por la Autoridad Regional de las Regiones Estratégicas de Desarrollo Integral (REDI)"(art. 20). En definitiva, estas Autoridades nacionales Regionales y los Delegados Estadales, son los órganos administrati-

846 Véase Resolución N° 031 de la Vicepresidencia de la República, mediante la cual se establece la Estructura y Normas de Funcionamiento de los órganos Desconcentrados de las Regiones Estratégicas de Desarrollo Integral (REDI), en *Gaceta Oficial* N° 40.193 de 20-6-2013.

vos del Poder Nacional montados en paralelo a las autoridades estadales, con el objeto de asegurar el vaciamiento de sus competencias y la neutralización del poder de los Gobernadores de Estado, particularmente si no son miembros del partido oficial; todo ello dentro de un proceso de planificación centralizada que se ha regulado en la Ley de la Regionalización Integral para el Desarrollo Socio productivo de la Patria de 2014,[847] que establece zonas económicas especiales de desarrollo, buscándose "regularizar" las estructuras administrativas nacionales de intervención y sometimiento de las entidades político territoriales.

En todo caso, un ejemplo del proceso de ahogamiento y neutralización de las entidades territoriales de la República, particularmente de las existentes en la Región Capital, ocurrió en 2008, con la creación de autoridades en el Distrito Capital totalmente dependientes del Poder Ejecutivo, violándose la Constitución. En efecto, en la Constitución de 1999 se había buscado cambiar radicalmente la concepción del viejo Distrito Federal creado desde 1863 como entidad dependiente del Poder Nacional, estableciéndose el Distrito Capital como una entidad política más de la República (art. 16), con sus propios órganos legislativo y ejecutivo de gobierno democrático, es decir, integrado por funcionarios electos popularmente, que debía ser regulado por el Poder Nacional (art. 156,10). Debe mencionarse que ese esquema de autonomía territorial también se pretendió reformar en la rechazada Reforma Constitucional de 2007, en la cual se buscaba eliminar el Distrito Capital y recrear la desaparecida figura del Distrito Federal como entidad totalmente dependiente del Poder Nacional, en particular del Presidente de la República, sin gobierno propio.

Después del rechazo popular a dicha reforma constitucional, sin embargo, esta reforma se ha implementado en fraude a la Constitución, y por supuesto a la voluntad popular, mediante la Ley Especial Sobre la Organización y Régimen del Distrito Capital,[848] en la cual se lo ha regulado como una dependencia del Poder Nacional, con el mismo ámbito territorial del extinto Distrito Federal; y con un supuesto "régimen especial de gobierno," conforme al cual, la función legislativa en el Distrito está a cargo de la Asamblea Nacional, y el órgano ejecutivo es ejercido por un Jefe de Gobierno (art. 3), que de acuerdo con el artículo 7 de la Ley Especial, es "de libre nombramiento y remoción" por parte del Presidente de la República; es decir, un "régimen especial de gobierno" dependiente del Poder Central.

Con ello, en el mismo territorio del Municipio Libertador y de parte del territorio del Distrito metropolitano a cargo de un Alcalde y un Consejo Metropolitanos de Caracas, se le ha superpuesto una estructura nacional, como entidad dependiente funcionalmente del Ejecutivo nacional, sin gobierno democrático ni autonomía político territorial, ignorando además la existencia del régimen municipal metropolitano a dos niveles previsto en la Constitución, duplicando las funciones del mismo, dispuesto para ahogarlo y controlarlo.

Como consecuencia de todo lo anteriormente expuesto, puede decirse entonces que la Federación que se plasmó en la Constitución de 1999 no sólo siguió siendo, más acentuadamente, la misma Federación centralizada desarrollada en las décadas anteriores, sino que los pocos elementos que podían contribuir a su descentralización política, fueron desmontados progresivamente en los últimos tres lustros.

---

847 Véase en *Gaceta Oficial* Nº 6.151 de 18 de noviembre de 2014.

848 Véase en *Gaceta Oficial* Nº 39.156 de 13 de abril de 2009.

En esta perspectiva, el Estado venezolano que nunca ha sido ni ha tenido realmente las características de un " Federal descentralizado," expresión que sólo fue una etiqueta contradictoria e ilusa inserta en una Constitución centralista, progresivamente se ha centralizado aún más, ubicándose todo el poder público en el Estado nacional, que ahora está configurado como un Estado Totalitario y centralizado. Esa centralización ha sido el resultado de un progresivo desbalance hacia el nivel nacional en la distribución territorial del Poder, en el cual se ha vaciado a los Estados de toda competencia sustantiva, y a los Municipios se les ha quitado su carácter de unidad primaria en la organización nacional, montándose en paralelo y en contra de la Constitución, una organización del llamado Poder Popular Estado Comunal, integrada por Comunas y Consejos Comunales, que han venido neutralizando y ahogando a los Municipios, como instrumentos realmente del Poder nacional. Con ese esquema estatal, sin duda, el derecho público y administrativo que se ha desarrollado es un derecho propio de un Estado centralizado.

IV. LA CREACIÓN DEL ESTADO COMUNAL O DEL PODER POPULAR, EN PARALELO AL ESTADO CONSTITUCIONAL Y EL AHOGAMIENTO PROGRESIVO DE LA ADMINISTRACIÓN MUNICIPAL

1. *La creación del Estado Comunal en paralelo al Estado Constitucional*

Conforme a las previsiones de la Constitución, así ese haya concebido al Estado, realmente, como una "federación centralizada" montada en un sistema desbalanceado de distribución de competencias entre los tres niveles territoriales (nacional, estadal y municipal), el régimen constitucional impide crear por ley instancias políticas que vacíen de competencias a los órganos del Estado (la República, los Estados, los Municipios y demás entidades locales) y menos aún establecerlos con funciones políticas sin que se asegure su carácter electivo mediante la elección de representantes del pueblo a través de sufragio universal, directo y secreto; sin que se asegure su autonomía política propia del carácter "descentralizado" del Estado; y sin que se garantice su carácter pluralista, en el sentido de que no pueden estar vinculados a una sola ideología determinada como es el Socialismo.

El modelo de Estado Constitucional, sin embargo, como se ha dicho, se intentó cambiar mediante la mencionada Reforma Constitucional sancionada por la Asamblea Nacional en noviembre de 2007, con el objeto de establecer un Estado Socialista, Centralizado, Militarista y Policial[849] denominado "Estado del Poder Popular" o "Estado Comunal,"[850] la cual sin embargo, una vez sometida a consulta popular, fue rechazada por el pueblo el 7 de diciembre de 2007.[851]

---

849 Véase Allan R. Brewer-Carías, *Hacia la Consolidación de un Estado Socialista, Centralizado, Policial y Militarista. Comentarios sobre el sentido y alcance de las propuestas de reforma constitucional 2007,* Colección Textos Legislativos, N° 42, Editorial Jurídica Venezolana, Caracas 2007.

850 Véase Allan R. Brewer-Carías, *La reforma constitucional de 2007 (Comentarios al Proyecto inconstitucionalmente sancionado por la Asamblea Nacional el 2 de noviembre de 2007)*, Colección Textos Legislativos, N° 43, Editorial Jurídica Venezolana, Caracas 2007.

851 Véase Allan R. Brewer-Carías, "La proyectada reforma constitucional de 2007, rechazada por el poder constituyente originario", en *Anuario de Derecho Público 2007,* Año 1, Instituto de Estudios de Derecho Público de la Universidad Monteávila, Caracas 2008, pp. 17-65.

Sin embargo, en burla a la dicha voluntad popular, y en fraude a la Constitución, desde antes de que se efectuara dicho referendo, la Asamblea Nacional en abierta violación a la Constitución, comenzó a desmantelar el Estado Constitucional para sustituirlo por un Estado Socialista mediante la estructuración *paralela* de un Estado del Poder Popular o Estado Comunal, lo que comenzó a hacer a través de la sanción de la Ley de los Consejos Comunales de 2006,[852] reformada posteriormente y elevada al rango de ley orgánica en 2009.[853] Posteriormente, puede decirse que el empeño por implantar en Venezuela un Estado Socialista fue rechazado de nuevo con ocasión de las elecciones legislativas efectuadas el 26 de septiembre de 2010, las cuales fueron planteadas por el Presidente de la República de entonces y por la mayoría oficialista de la propia Asamblea Nacional, quienes hicieron una masiva campaña a favor de sus candidatos, como un "plebiscito" respecto al propio Presidente, su actuación y sus políticas socialistas ya previamente rechazadas por el pueblo en 2007; "plebiscito" que el Presidente de la República y su partido perdieron abrumadoramente pues la mayoría del país votó en contra de las mismas.

Sin embargo, al haber perdido el Presidente y su partido, a raíz de dichas elecciones parlamentarias, el control absoluto que ejercían sobre la Asamblea Nacional, lo que a partir de entonces les debía impedir imponer sin límites cualquier ley, en diciembre de 2010, unos días antes de que la nueva Asamblea Nacional se constituyera y los nuevos diputados electos pudieran tomar posesión de sus cargos en enero de 2011, atropelladamente y de nuevo en fraude a la voluntad popular y a la Constitución, la ya deslegitimada Asamblea Nacional procedió a sancionar un conjunto de Leyes Orgánicas del Poder Popular, de las Comunas, del Sistema Económico Comunal, de Planificación Pública y Comunal y de Contraloría Social,[854] mediante las cuales se buscó terminar de definir, al margen de la Constitución, el marco normativo de un nuevo Estado, *paralelo al Estado Constitucional*, que no es otra cosa que un Estado Comunista, es decir, Socialista, Centralizado, Militarista y Policial, denominado "Estado Comunal," que ha originado otra "nueva" Administración Pública paralela a la Administración Pública que regula en la Ley Orgánica de la Administración Pública.[855]

Además de dichas Leyes Orgánicas, en el mismo marco de estructuración del "Estado Comunal" montado sobre el "Poder Popular" se reformó de la Ley Orgánica del Poder Público Municipal, y las Leyes de los Consejos Estadales de Planificación y Coordinación de Políticas Públicas, y de los Consejos Locales de Planificación Pública.[856] En diciembre de 2010, además, se trató de aprobar la Ley Orgánica del Sistema de Transferencia de Competencias y Atribuciones de los Estados y Municipios a las Organizaciones del Poder Popular, la cual sin embargo no llegó a ser san-

---

852 Véase en *Gaceta Oficial* N° 5.806 Extra. de 10-04-2006.

853 Véase en *Gaceta Oficial* N° 39.335 de 28-12-2009.

854 Véase en *Gaceta Oficial* N° 6.011 Extra. de 21-12-2010.

855 Véase sobre estas leyes Allan R. Brewer-Carías, Claudia Nikken, Luis A. Herrera Orellana, Jesús María Alvarado Andrade, José Ignacio Hernández y Adriana Vigilanza, *Leyes Orgánicas sobre el Poder Popular y el Estado Comunal (Los Consejos Comunales, las Comunas, la Sociedad Socialista y el Sistema Económico Comunal),* Editorial Jurídica Venezolana, Caracas 2011.

856 Véase en *Gaceta Oficial* N° 6.015 Extra. de 30-12-2010.

cionada,[857] aun cuando en 2012 se materializó con la la Ley Orgánica para la Gestión Comunitaria de Competencias, Servicios y Otras Atribuciones (Decreto Ley N° 9.043),[858] habiendo sido reformada en 2014, por la Ley Orgánica para la Transferencia al Poder Popular de la Gestión y Administración Comunitaria de Servicios.[859]

El Estado Comunal, mediante la progresiva desconstitucionalización progresiva del Estado Constitucional, al margen y en contra de las instituciones previstas en la Constitución, ha venido configurando "nuevos" órganos y entes como si fueran las "unidades primarias en la organización nacional" para supuestamente garantizar la participación de los ciudadanos en la acción pública, pero suplantando a los Estados y Municipios como entes descentralizados del Estado federal. Esta estructuración del Estado Comunal, además, se ha hecho negándole recursos financieros a los propios del Estado Constitucional (Estados y Municipios), montando un sistema de entidades denominadas del Poder Popular, creadas al margen de la Constitución y en paralelo a los órganos del Poder Público. Estas son básicamente los antes mencionadas Comunas y Consejos Comunales, creadas como instrumentos para la recepción de subsidios directos y reparto de recursos presupuestarios públicos, pero con un grado extremo de exclusión, lo que deriva de su propia existencia que sólo se puede materializar con el registro de las mismas ante el "Ministerio del Poder Popular para las Comunas y Movimientos Sociales" que además depende del "Vicepresidente del Consejo de Ministros para Desarrollo del Socialismo Territorial," por supuesto, siempre que estén controlados y manejados por el partido de gobierno, sean socialistas y comprometidas con la política socialista del Estado; condición indispensable para poder ser aceptados como instrumentos de supuesta "participación protagónica," y de recepción de subsidios dinerarios directos, que por lo demás se están sometidos a control fiscal alguno.

En efecto, la práctica legislativa y gubernamental desarrollada después del rechazo popular a la reforma constitucional de 2007 que pretendía consolidar un Estado totalmente centralizado, y además, crear en paralelo al Estado Constitucional, a una estructura denominada como "Estado del Poder Popular" o "Estado Comunal," ha originado que el mismo haya sido efectivamente crearlo al margen de la Constitución con el propósito de desmantelar el Estado Constitucional federal, centralizando hacia el nivel nacional competencias estadales, y transfiriendo competencias estadales y municipales hacia los Consejos Comunales, que a su vez como se ha dicho, dependen del Ejecutivo Nacional.[860]

857 El proyecto de esta Ley fue aprobado en Primera Discusión en la Asamblea Nacional el 21 de diciembre de 2010. Para el 31 de diciembre de 2010 quedó en discusión en la Asamblea Nacional.

858 Véase en *Gaceta Oficial* N° 6.097 Extra. de 15 de junio de 2012.

859 Véase en *Gaceta Oficial* N° 40.540 de 13 de noviembre de 2014.

860 Véase en general sobre este proceso de desconstitucionalización del Estado, Allan R. Brewer-Carías, "La desconstitucionalización del Estado de derecho en Venezuela: del Estado Democrático y Social de derecho al Estado Comunal Socialista, sin reformar la Constitución," *en Libro Homenaje al profesor Alfredo Morles Hernández, Diversas Disciplinas Jurídicas,* (Coordinación y Compilación Astrid Uzcátegui Angulo y Julio Rodríguez Berrizbeitia), Universidad Católica Andrés Bello, Universidad de Los Andes, Universidad Monteávila, Universidad Central de Venezuela, Academia de Ciencias Políticas y Sociales, Vol. V, Caracas 2012, pp. 51-82; en Carlos Tablante y Mariela Morales Antoniazzi (Coord.), *Descentralización, autonomía e inclusión social. El desafío actual de la democracia*, Anuario 2010-2012, Observatorio Internacional para la democracia y descentralización, En Cambio, Caracas 2011, pp. 37-84; y en *Estado Constitucional,* Año 1, N° 2, Editorial Adrus, Lima, junio 2011, pp. 217-236.

En ese esquema, el proceso de desconstitucionalización, centralismo y desmunicipalización en Venezuela, en los últimos años se ha llevado a cabo, en *primer lugar*, mediante el establecimiento como obligación legal para los órganos, entes e instancias del Poder Público, es decir del Estado Constitucional, de promover, apoyar y acompañar las iniciativas populares para la constitución, desarrollo y consolidación de las diversas formas organizativas y de autogobierno del pueblo, es decir, del llamado Estado Comunal (art. 23).[861]

En *segundo lugar*, la desconstitucionalización del Estado se ha impuesto mediante la sujeción de todos los órganos del Estado Constitucional que ejercen el Poder Público, a los mandatos de las organizaciones del Poder Popular, al instituirse un nuevo principio de gobierno, consistente en "gobernar obedeciendo" (artículo 24).[862] Como las organizaciones del Poder Popular no tienen autonomía política pues sus "voceros" no son electos democráticamente mediante sufragio universal, directo y secreto, sino designados por asambleas de ciudadanos controladas e intervenidas por el partido oficial y el Ejecutivo Nacional que controla y guía todo el proceso organizativo del Estado Comunal, en el ámbito exclusivo de la ideología socialista, sin que tenga cabida vocero alguno que no sea socialista; en definitiva, esto de "gobernar obedeciendo" es una limitación a la autonomía política de los órganos del Estado Constitucional electos, como la Asamblea Nacional, los Gobernadores y Consejos Legislativos de los Estados y los Alcaldes y Concejos Municipales, a quienes se le impone en definitiva la obligación de obedecer lo que disponga el Ejecutivo Nacional y el partido oficial enmarcado en el ámbito exclusivo del socialismo como doctrina política, con la máscara del Poder Popular. La voluntad popular expresada en la elección de representantes del Estado Constitucional, por tanto, en este esquema del Estado Comunal no tiene valor alguno, y al pueblo se le confisca su soberanía trasladándola de hecho a unas asambleas que no lo representan.

En *tercer lugar*, la desconstitucionalización del Estado Constitucional se ha reforzado con el establecimiento de la obligación para los órganos y entes del Poder Público en sus relaciones con el Poder Popular, de dar "preferencia a las comunidades organizadas, a las comunas y a los sistemas de agregación y articulación que surjan entre ellas, en atención a los requerimientos que las mismas formulen para la satisfacción de sus necesidades y el ejercicio de sus derechos, en los términos y lapsos que establece la ley" (art. 29). Igualmente se ha previsto que los órganos, entes e instancias del Poder Público, es decir, del Estado Constitucional, en sus diferentes niveles político-territoriales, deben adoptar "medidas para que las organizaciones socio-productivas de propiedad social comunal, gocen de prioridad y preferencia en los procesos de contrataciones públicas para la adquisición de bienes, prestación de servicios y ejecución de obras" (art. 30).[863]

---

861 Una norma similar está en el artículo 62 de la Ley Orgánica de las Comunas, a los efectos de "la constitución, desarrollo y consolidación de las comunas como forma de autogobierno."

862 El artículo 24 de la Ley Orgánica del Poder Popular, en efecto, dispone sobre las "Actuaciones de los órganos y entes del Poder Público" que "Todos los órganos, entes e instancias del Poder Público guiarán sus actuaciones por el principio de gobernar obedeciendo, en relación con los mandatos de los ciudadanos, ciudadanas y de las organizaciones del Poder Popular, de acuerdo a lo establecido en la Constitución de la República y las leyes."

863 En particular, conforme al artículo 61 de la Ley Orgánica de las Comunas, se dispone que "todos los órganos y entes del Poder Público comprometidos con el financiamiento de proyectos de las comunas y

En *cuarto lugar*, la desconstitucionalización del Estado también ha derivado de la previsión de la obligación para la República, los Estados y Municipios, de acuerdo con la ley que rige el proceso de transferencia y descentralización de competencias y atribuciones, de trasferir "a las comunidades organizadas, a las comunas y a los sistemas de agregación que de éstas surjan; funciones de gestión, administración, control de servicios y ejecución de obras atribuidos a aquéllos por la Constitución de la República, para mejorar la eficiencia y los resultados en beneficio del colectivo" (art. 27).[864] Con ello, se dispuso legalmente el vaciamiento de competencias de los Estados y Municipios, de manera que queden como estructuras vacías, con gobiernos representativos electos por el pueblo pero que no tienen materias sobre las cuales gobernar.

2. *Las Comunas versus la Administración municipal*

La estructuración paralela del Estado Comunal o del Poder Popular, con la creación de las Comunas, ha tenido un impacto fundamental en la Administración Municipal, con la creación, al margen de la Constitución, de las Comunas, que han sido concebidas en la Ley Orgánica del Poder Popular, precisamente para suplantar al Municipio constitucional, como la "célula fundamental" de dicho Estado Comunal.[865]

Para ese efecto, a la Comuna se la definió en el artículo 15.2 de esta Ley Orgánica del Poder Popular, como el "espacio socialista que como entidad local es definida por la integración de comunidades vecinas con una memoria histórica compartida, rasgos culturales, usos y costumbres que se reconocen en el territorio que ocupan y en las actividades productivas que le sirven de sustento y sobre el cual ejercen los principios de soberanía y participación protagónica como expresión del Poder Popular, en concordancia con un régimen de producción social y el modelo de desarrollo endógeno y sustentable contemplado en el Plan de Desarrollo, Económico y Social de la Nación." Esta misma definición de la Comuna como "espacio socialista," está también en el artículo 5 de la Ley Orgánica de las Comunas; noción que implica que la misma está vedada a todo aquél que no sea socialista o que no crea en el socialismo, o que no comulgue con el socialismo como doctrina política. La concepción legal de la Comuna, por tanto, es contraria al pluralismo democrático que garantiza la Constitución (art. 6), siendo abiertamente discriminatoria y contraria a la igualdad que también garantiza el artículo 21 de la Constitución.

---

sus sistemas de agregación, priorizarán aquéllos que impulsen la atención a las comunidades de menor desarrollo relativo, a fin de garantizar el desarrollo territorial equilibrado.

864 Esta misma norma se repite en la Ley Orgánica de las Comunas (art. 64). El 31 de diciembre de 2010, aún estaba pendiente en la Asamblea Nacional la segunda discusión del proyecto de Ley Orgánica del Sistema de Transferencia de Competencias y atribuciones de los Estados y Municipios a las organizaciones del Poder Popular.

865 Véase en *Gaceta Oficial* N° 6.011 Extra. de 21-12-2010. Véase sobre esta Ley el libro de Allan R. Brewer-Carías, Claudia Nikken, Luis A. Herrera Orellana, Jesús María Alvarado Andrade, José Ignacio Hernández y Adriana Vigilanza, *Leyes Orgánicas sobre el Poder Popular y el Estado Comunal (Los Consejos Comunales, las Comunas, la Sociedad Socialista y el Sistema Económico Comunal)*, Colección Textos Legislativos N° 50, Editorial Jurídica Venezolana, Caracas, 2011. Véase además, Allan R. Brewer-Carías, "La Ley Orgánica del Poder Popular y la desconstitucionalización del Estado de derecho en Venezuela," en *Revista de Derecho Público*, N° 124, (octubre-diciembre 2010), Editorial Jurídica Venezolana, Caracas 2010, pp. 81-101.

Pero para consolidar la institución, aún en forma contraria al pluralismo, en la Ley Orgánica del Poder Popular se define a la Comuna como una "entidad local," y la misma calificación se encuentra en el artículo 1 de la Ley Orgánica de las Comunas, que la define "como entidad local donde los ciudadanos y ciudadanas en el ejercicio del Poder Popular, ejercen el pleno derecho de la soberanía y desarrollan la participación protagónica mediante formas de autogobierno para la edificación del estado comunal, en el marco del Estado democrático y social de derecho y de justicia" (art. 1). También en la reforma de la Ley Orgánica del Poder Público Municipal de diciembre de 2010, se incluyó a las comunas en el listado de las "entidades locales territoriales" (art. 19) disponiéndose que las mismas, al estar reguladas por una legislación diferente como es la relativa al Poder Popular, y al poder constituirse "entre varios municipios," quedan exceptuadas de las disposiciones de la Ley Orgánica del Poder Público Municipal.

Ahora bien, en cuanto a calificar a las Comunas como "entidades locales," el Legislador olvidó que conforme a la Constitución (arts. 169, 173), esta expresión de "entidad local" sólo se puede aplicar a las "entidades políticas" del Estado en las cuales necesariamente tiene que haber gobiernos integrados por representantes electos mediante sufragio universal, directo y secreto (arts. 63, 169), ceñidos a los principios establecidos en el artículo 6 de la Constitución, es decir, que ser "siempre democrático, participativo, electivo, descentralizado, alternativo, responsable, pluralista y de mandatos revocables."

Conforme a la Constitución, por tanto, no puede haber "entidades locales" con gobiernos que no sean democráticos representativos en los términos mencionados, y menos "gobernadas" por "voceros" designados por otros órganos públicos. Y esto es precisamente lo que ocurre con los llamados "gobiernos de las comunas," que conforme a esta legislación sobre el Poder Popular y sus organizaciones, no se garantiza su origen democrático mediante elección por sufragio universal, directo y secreto, siendo en consecuencia inconstitucional su concepción. Por ello, con razón, Silva Michelena se ha referido al Estado Comunal como un "Estado de siervos," indicando que:

> "El establecimiento de las comunas es la demolición de la República porque la República está asentada sobre el municipio que es su célula primaria. Las gobernaciones, consejos municipales, asambleas legislativas, alcaldes son la base de una República democrática. En esta estructura el voto es universal, directo y secreto. En las leyes aprobadas para las comunas se deja ese tema abierto sin mayor precisión, solo se menciona que habrá una elección popular, pero es a mano alzada, consulté con constitucionalistas y personas que han estado en consejos comunales en varios estados del país y es así. Después no hay más elecciones, la votación es de segundo o tercer grado.
>
> Este es un sistema que sirve para que el chavismo continúe en el poder, la idea es que los voceros elegidos a mano alzada sean representantes del partido."[866]

---

866 Véase en Víctor Salmerón, "La comuna es una sociedad de súbditos," Entrevista a Héctor Silva Michelena, en *Prodavinci*, 25 de septiembre de 2014, en http://prodavinci.com/2014/09/25/actualidad/la-comuna-es-una-sociedad-de-subditos-entrevista-a-hector-silva-michelena-por-victor-salmeron/1nm. Véase además, Héctor Silva Michelena, *Estado de Siervos. Desnudando al Estado Comunal*, bid & co., Caracas 2014.

3. *El Estado Comunal y el ahogamiento de la Administración Pública municipal*

En este esquema de establecimiento del Estado del Poder Popular y el Estado Comunal, a los efectos de ahogar y estrangular progresivamente el Estado Constitucional, por tanto, la primera de las instituciones territoriales afectadas ha sido el Municipio, el cual, siendo la unidad política primaria dentro la organización de la República, ha quedado desvinculado totalmente del proceso de desarrollo comunal y de la llamada participación popular. A tal efecto, además de la sanción de las Leyes Orgánicas del Poder Popular, en fraude a la Constitución y a la voluntad popular que había rechazado la reforma constitucional de 2007, en el mismo mes de diciembre de 2010, se introdujeron diversas reformas la Ley Orgánica del Poder Público Municipal (LOPP),[867] en la cual, entre otros aspectos, se reguló lo siguiente:

En primer lugar, la previsión, como objetivo de la Ley, además de la regulación de los Municipios y su gobierno, del denominado proceso de "descentralización y la transferencia de competencias a las comunidades organizadas, y a las comunas en su condición especial de entidad local, como a otras organizaciones del Poder Popular" (Art. 1). Se entiende que se trata de un proceso de transferencia de "competencias," pero la misma no puede calificarse como "descentralización," pues ésta, conceptualmente en el derecho administrativo y en el marco territorial y político, exige que las entidades receptoras de las competencias a ser transferidas, sean entidades locales concebidas como entidades políticas con gobiernos electos democráticamente. Es decir, no puede haber conceptualmente descentralización política cuando la transferencia de competencias se conduce a órganos dependientes del Poder Central; y las Comunas, a pesar de que se las denomine como "entidades locales especiales," no son gobernadas por órganos cuyos integrantes sean electos por votación universal directa y secreta. Las mismas, por tanto, no tienen autonomía política ni pueden formar parte del esquema de descentralización territorial del Estado, sino que son conducidas por "voceros" designados a mano alzada por asambleas controladas por el partido oficial, sujetas al gobierno nacional.

En segundo lugar, el artículo 2 de la Ley Orgánica del Poder Municipal, a pesar de que repite el principio constitucional de que el Municipio "constituye la unidad política primaria de la organización nacional de la República," ya no habla de que "gozan de autonomía" como lo garantiza el artículo 168 de la Constitución, sino de que "ejerce sus competencias de manera autónoma." Ello, sin embargo, es contradicho con lo que la propia Ley establece al disponer de que "el municipio se regirá por el Sistema Nacional de Planificación establecido en la ley que regula la materia," (art. 110) que en Venezuela, muy anacrónicamente es una planificación centralizada y obligatoria regulada en la Ley que creó la Comisión Central de Planificación,[868] y desarrollada en la ley Orgánica de Planificación Pública y Popular.[869]

---

867 Véase en *Gaceta Oficial* N° 6.015 Extraordinario del 28 de diciembre de 2010.

868 Véase Allan R. Brewer-Carías, "Comentarios sobre la inconstitucional creación de la Comisión Central de Planificación, centralizada y obligatoria", en *Revista de Derecho Público*, N° 110, (abril-junio 2007), Editorial Jurídica Venezolana, Caracas 2007, pp. 79-89.

869 Véase en *Gaceta Oficial* N° 6.011 Extraordinario del 21 de diciembre de 2010. Dicha Ley ha sido reformada de nuevo en noviembre de 2014. Véase en *Gaceta Oficial* N° 6.148 Extra de 18 de noviembre de 2014. Al concluir la redacción de este texto, dicha Gaceta no había circulado.

A tal efecto, en la Ley Orgánica del Poder Público Municipal, además, se eliminó la iniciativa ejecutiva de la planificación local que se asignaba al Alcalde, quien debía presentar al Consejo Local de Planificación las líneas maestras de su plan de gobierno, y se establece, en cambio, que el Consejo Local de Planificación Pública es "el órgano encargado de diseñar el Plan Municipal de Desarrollo y los demás planes municipales, en concordancia con los lineamientos que establezca el Plan de Desarrollo Económico y Social de la Nación y los demás planes nacionales y estadales, garantizando la participación protagónica del pueblo en su formulación, ejecución, seguimiento, evaluación y control, en articulación con el Sistema Nacional de Planificación" (art. 111).

Ese Consejo, además, en la Ley Orgánica, quedó encargado de "diseñar el Plan de Desarrollo Comunal, en concordancia con los planes de desarrollo comunitario propuestos por los Consejos Comunales y los demás planes de interés colectivo, articulados con el Sistema Nacional de Planificación, de conformidad con lo establecido en la legislaciones que regula a las Comunas y los Consejos Comunales;" contando para ello con el apoyo de los órganos y entes de la Administración Pública. A tales efectos, agrega la norma, "es deber de las instancias que conforman la organización del municipio, atender los requerimientos de los diversos consejos de planificación existentes en cada una de las comunas para el logro de sus objetivos y metas" (art. 112).

En tercer lugar, en la reforma de la Ley Orgánica del Poder Púbico Municipal se encasilló y limitó el rol del Municipio como promotor de la participación del pueblo sólo "a través de las comunidades organizadas," que son las que se regulan en las Leyes Orgánicas del Poder Popular como dependientes del Poder Ejecutivo nacional y orientadas exclusivamente a desarrollar el socialismo, en contra de la previsión del artículo 62 de la Constitución que garantiza el carácter libre de la participación, y en contra del pluralismo que también establece la Constitución. La desvinculación de las comunidades organizadas respecto del Municipio, se aseguró además, en la propia Ley, al excluirse su registro ante los órganos competentes "del Municipio" como decía la Ley Orgánica anterior que se reformó, previéndose ahora su registro sólo ante "los órganos competentes" (art. 33.3) que en las Leyes Orgánica del Poder Popular es uno de los Ministerios del Ejecutivo Nacional, el Ministerio del Poder Popular para las Comunas y Movimientos Sociales.

Es decir, con la reforma de la Ley Orgánica del Poder Municipal se produjo la total desmunicipalización de las entidades locales, y su total control por el Poder central. Se recuerda, además, que de acuerdo con la Ley Orgánica del Poder Popular (art. 32), los Consejos Comunales y las Comunas adquieren personalidad jurídica mediante el registro ante el Ministerio del Poder Popular de las Comunas y Movimientos Sociales, con lo que, en definitiva, se deja en manos del Ejecutivo Nacional la decisión de registrar o no un Consejo Comunal, una Comuna o una Ciudad comunal, y ello debe hacerse, por supuesto, aplicando la letra de la Ley, lo que significa que si está dominada por "voceros" que no sean socialistas, no cabe su registro ni, por tanto, su reconocimiento como persona jurídica, así sea producto genuino de una iniciativa popular.

En cuarto lugar, como parte de ese proceso de desmunicipalización de la vida local, a las Comunas, se las buscó incorporar en el régimen del Poder Público Municipal como "entidad local territorial" (art. 19) aun cuando de "carácter especial," pues conforme al artículo 19, "se rige por su ley de creación," y pueden constituirse "dentro del territorio del Municipio o entre los límites político administrativo de dos o más municipios, sin que ello afecte la integridad territorial de los municipios donde se constituya." Pero a pesar de ser tales "entidades locales" de carácter especial, sin embargo, se las excluyó completamente del régimen de la Ley Orgánica del Poder Municipal quedando "reguladas por la legislación que norma su constitución, conformación, organización y funcionamiento" (art. 5). Ello se reafirmó en el artículo 33 de la Ley, al disponer que "los requisitos para la creación de la comuna, en el marco de su régimen especial como entidad local," son los establecidos en la propia Ley Orgánica de las Comunas.

Es precisamente hacia las Comunas, además de hacia las Comunidades, Consejos Comunales, empresas de propiedad social y otras entidades de base del Poder Popular, hacia las cuales se prevé que se deben vaciar a los Municipios de sus competencias, lo cual se concretó en 2012 al dictarse la Ley Orgánica para la Gestión Comunitaria de Competencias, Servicios y Otras Atribuciones, [870] reformada en 2014, pasando a denominarse Ley Orgánica para la Transferencia al Poder Popular de la Gestión y Administración Comunitaria de Servicios, bienes y otras atribuciones,[871] precisamente con el objeto de implementar la "transferencia de la gestión y administración de servicios, actividades, bienes y recursos del Poder Público a las Comunidades, Comunas, Consejos Comunales, Empresas de propiedad Social Directas o Indirectas y otras organizaciones de base del Poder Popular legítimamente registradas. Ni más ni menos que la destrucción de los Municipios, siendo lo más grave la "motivación" legal que se dio en la ley Orgánica de 2012 para dicha transferencia, que era la peregrina idea de que los Municipios, que son los que están gobernados por representantes electos mediante sufragio universal, directo y secreto, supuestamente –así lo decía la letra de la Ley-, supuestamente "usurparon lo que es del pueblo soberano;" es decir, los órganos representativos locales "usurparon lo que es del pueblo," y por tanto, supuestamente con el establecimiento del Estado Comunal, se "restituyen al Pueblo Soberano, a través de las comunidades organizadas y las organizaciones de base del poder popular, aquellos servicios, actividades, bienes y recursos que pueden ser asumidas, gestionadas y administradas por el pueblo organizado" (art. 5.3, Ley Orgánica de 2012). Esta redacción absurda fue sin embargo modificada en la reforma de 2014, eliminándose la noción de "usurpación" como motivación de la transferencia y limitándose la idea de "restitución al pueblo soberano" sólo al supuesto de que una entidad territorial por cuenta propia, decida hacer la transferencia pero conforme al Plan Regional de Desarrollo y autorización del Consejo Federal de Gobierno (art. 5.3).

En todo caso, se destaca que la transferencia de la gestión y administración de servicios, actividades, bienes y recursos del Poder Público a las Comunidades, Comunas, Consejos Comunales, Empresas de propiedad Social Directas o Indirectas y otras organizaciones de base del Poder Popular, debe hacerse conforme a los lineamientos que a tal efecto dicte el Consejo Federal de Gobierno (art. 20), que es un órgano controlado por el Poder Central, siendo los mecanismos de transferencia "de obligatorio cumplimiento a todas las instituciones del poder público para reivindicar

---

870 Véase en *Gaceta Oficial* N° 6.097 Extra. de 15 de junio de 2012.

871 Véase en *Gaceta Oficial* N° 40.540 de 13 de noviembre de 2014.

al pueblo, su poder para decidir y gestionar su futuro y formas de organización" (art. 3). La transferencia a dichas organizaciones, además debe hacerse a las mismas siempre que sean "legítimamente registradas" (art. 2), por supuesto, por el gobierno central, a través del Ministerio del Poder Popular para las Comunas y los movimientos sociales, lo que sólo es posible si son socialistas. Y lo más insólito es que las áreas prioritarias para dicha transferencia son las de "atención primaria de salud, mantenimiento de centros educativos, producción de materiales y construcción de vivienda, políticas comunitarias de deporte y mantenimiento de instalaciones deportivas, actividades culturales y mantenimiento de instalaciones culturales, administración de programas sociales, protección del ambiente y recolección de desechos sólidos, administración y mantenimiento de áreas industriales, mantenimiento y conservación de áreas urbanas, prevención y protección comunal, construcción de obras comunitarias y administración y prestación de servicios públicos, financieros, producción, distribución de alimentos y de bienes de primera necesidad, entre otras" (art. 27),[872] es decir, materialmente de todo lo imaginable como acción de gobierno local. Con ello, como se dijo, es claro que lo que se busca vaciar totalmente de competencias a los entes políticos territoriales, específicamente a los Municipios[873] y ahogarlos financieramente, para lo cual, como lo afirmó la Sala Constitucional en la sentencia que analizó el carácter orgánico de la Ley, la misma "incide de forma evidente en la estructura orgánica o institucional de un Poder Público como es el Poder Ejecutivo, y a su vez los distintos entes político-territoriales quienes *están sujetos* a los planes de transferencia planteados en sus normas."[874]

Por supuesto, este proceso de transferencia no es, en absoluto, un proceso de "descentralización," por más que así se lo califique expresamente en el artículo 20 de la Ley Orgánica, y en el artículo 5.3 de la misma se invoque el artículo 184 de la Constitución, pues para descentralizar es necesario que los entes recipiendarios de

872 Véase sobre la Ley Orgánica de 2012, los comentarios de: José Luis Villegas Moreno, "Hacia la instauración del Estado Comunal en Venezuela: Comentario al Decreto Ley Orgánica de la Gestión Comunitaria de Competencia, Servicios y otras Atribuciones, en el contexto del Primer Plan Socialista-Proyecto Nacional Simón Bolívar 2007-2013"; de Juan Cristóbal Carmona Borjas, "Decreto con rango, valor y fuerza de Ley Orgánica para la Gestión Comunitaria de Competencias, Servicios y otras atribuciones;" de Cecilia Sosa G., "El carácter orgánico de un Decreto con fuerza de Ley (no habilitado) para la gestión comunitaria que arrasa lentamente con los Poderes estadales y municipales de la Constitución;" de José Ignacio Hernández, "Reflexiones sobre el nuevo régimen para la Gestión Comunitaria de Competencias, Servicios y otras Atribuciones;" de Alfredo Romero Mendoza, "Comentarios sobre el Decreto con rango, valor y fuerza de Ley Orgánica para la Gestión Comunitaria de Competencias, Servicios y otras Atribuciones;," y de Enrique J. Sánchez Falcón, "El Decreto con Rango, Valor y Fuerza de Ley Orgánica para la Gestión Comunitaria de Competencias, Servicios y otras Atribuciones o la negación del federalismo cooperativo y descentralizado," en *Revista de Derecho Público*, N° 130, Editorial Jurídica Venezolana, Caracas 2012, pp. 127 ss.

873 Como observó Cecilia Sosa Gómez, para entender esta normativa hay que "aceptar la desaparición de las instancias representativas, estadales y municipales, y su existencia se justicia en la medida que año a año transfiera sus competencias hasta que desaparezcan de hecho, aunque sigan sus nombres (Poderes Públicos Estadal y Municipal) apareciendo en la Constitución. El control de estas empresas, las tiene el Poder Público Nacional, específicamente el Poder Ejecutivo, en la cabeza de un Ministerio." Véase Cecilia Sosa G., "El carácter orgánico de un Decreto con fuerza de Ley (no habilitado) para la gestión comunitaria que arrasa lentamente con los Poderes estadales y municipales de la Constitución," en *Revista de Derecho Público*, N° 130, Editorial Jurídica Venezolana, Caracas 2012, p. 152.

874 Véase sentencia N° 821 de la Sala Constitucional (Exp. N° AA50–T–2012–0702) de 18 de junio de 2012, en http://www.tsj.gov.ve/decisiones/scon/junio/821-18612-2012-12-0704.HTML.

las competencias sean entidades políticas locales, con gobiernos democráticos a cargo de personas electas mediante sufragio universal directo y secreto. En este caso, todas las llamadas "organizaciones de base del Poder Popular" en definitiva son entidades dependientes y controladas por el Poder Ejecutivo nacional, por lo que la transferencia de competencias a las mismas en realidad es un procedo una "centralización administrativa." Como lo destacó José Ignacio Hernández, "la descentralización no se concibe aquí como la transferencia de competencias a favor de Estados y Municipios para democratizar el Poder acercándolo al ciudadano," pues "la transferencia de competencias del Poder Nacional, Estadal y Municipal –así como por parte de los Distritos– a favor de las instancias del Poder Popular, [...] desnaturaliza el concepto constitucional de descentralización, pues el Poder Popular, como quedó regulado en las Leyes del Poder Popular, es en realidad el conjunto de instancias reguladas y controladas por el Poder Ejecutivo Nacional cuyo objetivo único, exclusivo y excluyente es el socialismo, que pasa a ser así a ser doctrina de Estado."[875]

En quinto lugar, también debe observarse, como antes se indicó, que se eliminó el carácter de entidad local que en la Constitución tienen las parroquias, y por tanto, se eliminó su carácter democrático representativo. Es más, en la Disposición Transitoria segunda de la Ley Orgánica se dispuso que unos días después de la promulgación de la Ley, los miembros principales y suplentes, así como los secretarios de las actuales juntas parroquiales, cesaran en sus funciones. En esta forma, eliminadas las Juntas parroquiales, las cuales en el artículo 35 de la Ley Orgánica pasaron a denominarse "juntas parroquiales comunales," las mismas se regularon sólo como entidades con "facultades consultivas, de evaluación y articulación entre el poder popular y los órganos del Poder Público Municipal," con las funciones enumeradas en el artículo 37 de la Ley Orgánica, de la cual se eliminó todo vestigio de gobierno local representativo.

En esta forma, cada una de dichas juntas parroquiales comunales debe ser "coordinada por una junta parroquial comunal integrada por cinco miembros y sus respectivos suplentes cuando corresponda a un área urbana y tres miembros y sus respectivos suplentes cuando sea no urbana, elegidos o elegidas para un período de dos años," pero no por el pueblo mediante sufragio universal, directo y secreto, sino "por los voceros de los consejos comunales de la parroquia respectiva," quienes "en dicha elección deberán ser fiel expresión del mandato de sus respectivas asambleas de ciudadanos." La norma prevé que dicha designación, debe ser "validada por la asamblea de ciudadanos," quedando eliminado, en esta forma, toda suerte de sufragio universal, directo y secreto y con ello, la democracia representativa.

Al desmunicipalizarse las juntas parroquiales comunales, y eliminarse su carácter de entidad política local de orden democrático representativo, el artículo 36 previó que sus miembros, que deben ser avalados por la asamblea de ciudadanos, incluso pueden ser menores de edad, aun cuando mayores de quince años, e incluso extranjeros.

---

875 Véase José Ignacio Hernández, "Reflexiones sobre el nuevo régimen para la Gestión Comunitaria de Competencias, Servicios y otras Atribuciones," en *Revista de Derecho Público*, N° 130, Editorial Jurídica Venezolana, Caracas 2012, pp. 157

4. *Las organizaciones y expresiones organizativas de la Administración Pública del Poder Popular*

Además de las instancias del Poder Popular, en la LOPP se establecen previsiones tendientes a regular dos formas organizativas específicas del Poder Popular: las organizaciones y las expresiones organizativas del Poder Popular, que originarán, por supuesto, sendas nuevas Administraciones Públicas, las cuales tienen conforme al artículo 11.1 de la LOPP, como fin esencial," Consolidar la democracia participativa y protagónica, en función de la insurgencia del Poder Popular como hecho histórico para la construcción de la sociedad socialista, democrática, de derecho y de justicia." En esta forma, con el agregado de "socialista" que esta previsión impone a la sociedad, se rompe el principio del pluralismo que garantiza la propia Constitución, abriendo la vía para la discriminación política de todo aquél ciudadano que no sea socialista, a quien se le niega el derecho político a participar.

Ahora bien, en cuanto a las organizaciones del Poder Popular, conforme al artículo 9 de la Ley Orgánica del Poder Popular, las mismas "son las diversas formas del pueblo organizado, constituidas desde la localidad o de sus referentes cotidianos por iniciativa popular, que integran a ciudadanos y ciudadanas con objetivos e intereses comunes, en función de superar dificultades y promover el bienestar colectivo, para que las personas involucradas asuman sus derechos, deberes y desarrollen niveles superiores de conciencia política. Las organizaciones del Poder Popular actuarán democráticamente y procurarán el consenso popular entre sus integrantes." Estas organizaciones del Poder Popular se constituyen por iniciativa de los ciudadanos y ciudadanas, de acuerdo con su naturaleza, por intereses comunes, necesidades, potencialidades y cualquier otro referente común, según lo establecido en la ley que rija el área de su actividad (art. 12).

Estas organizaciones del Poder Popular, al igual que las instancias del Poder Popular, conforme al artículo 32 de la Ley Orgánica del Poder Popular, adquieren su personalidad jurídica mediante el registro ante el Ministerio del Poder Popular con competencia en materia de participación ciudadana, atendiendo a los procedimientos que se establezcan en el Reglamento de la presente Ley. Queda entonces en manos del Ejecutivo Nacional, por tanto, el reconocimiento formal de estas organizaciones, de mantera que todas aquellas que no sean socialistas por ser contrarias a los fines prescritos en la Ley (art.1), serían rechazadas. En las registradas, por lo demás, no tendrían cabida los ciudadanos que no compartan la ideología socialista.

En cuanto a las "expresiones organizativas del Poder Popular," conforme se dispone en el artículo 10 de la Ley Orgánica del Poder Popular, las mismas son "integraciones de ciudadanos y ciudadanas con objetivos e intereses comunes, constituidas desde la localidad, de sus referentes cotidianos de ubicación o espacios sociales de desenvolvimiento, que de manera transitoria y en base a los principios de solidaridad y cooperación, procuran el interés colectivo."

Estas expresiones del Poder Popular se constituyen, por iniciativa popular y como respuesta a las necesidades y potencialidades de las comunidades, de conformidad con la Constitución de la República y la ley (art. 13).

Conforme a la Disposición final Tercera, el ejercicio de la participación del pueblo y el estímulo a la iniciativa y organización del Poder Popular establecidos en la

Ley, se deben aplicar en los pueblos y comunidades indígenas, de acuerdo a sus usos, costumbres y tradiciones.

5. *Las diversas organizaciones socioproductivas de la "Administración Pública" del sistema económico comunal*

En particular, en el marco del Estado Comunal paralelo, como consecuencia de la estructuración de un "sistema económico comunal," la Ley Orgánica del Sistema Económico Comunal,[876] buscando sustituir el sistema económico de economía mixta consagrado en la Constitución de 1999, por un sistema económico comunista, basado en la propiedad social de los medios de producción, la eliminación de la división social del trabajo y la reinversión social del excedente, ha regulado las "organizaciones socioproductivas" como los "actores" fundamentales que se han diseñado para dar soporte al sistema económico comunal, pues es a través de ellas que se desarrolla el "modelo productivo socialista" que propugna. Dichas organizaciones socioproductivas, que se configuran como una "nueva" Administración Pública económica, se definen como las:

> "unidades de producción constituidas por las instancias del Poder Popular, el Poder Público o por acuerdo entre ambos, con objetivos e intereses comunes, orientadas a la satisfacción de necesidades colectivas, mediante una economía basada en la producción, transformación, distribución, intercambio y consumo de bienes y servicios, así como de saberes y conocimientos, en las cuales el trabajo tiene significado propio, auténtico; sin ningún tipo de discriminación" (art. 9).[877]

Esta afirmación legal, que proviene de los mismos viejos manuales comunistas basados en las apreciaciones de Marx y Engels en las sociedades anteriores a las europeas de mitades del siglo XIX sobre el trabajo asalariado, su explotación y carácter esclavista y discriminatorio, particularmente en relación con las mujeres,[878] lo cual no tiene ninguna relación con la actualidad en ningún país occidental, parecería que parte de supuesto de que en Venezuela, el trabajo hasta ahora no habría tenido "significado propio" y no habría sido "auténtico," y además, se habría realizado basado en la "discriminación," lo que no tiene base ni sentido algunos. El trabajo es la tarea desarrollada por el hombre generalmente sobre una materia prima con ayuda de instrumentos con la finalidad de producir bienes y servicios; y es, por tanto, el medio para la producción de la riqueza. Ese es el sentido propio y auténtico del trabajo, en cualquier parte del mundo, y su división es de la esencia de la productividad en una sociedad, pues una sola persona no podría nunca cubrir todas las fases de la producción o comercialización de bienes o de la prestación de servicios. De

---

876 Véase en *Gaceta Oficial* N° 6.011 Extra. de 21 de diciembre de 2010.

877 La Ley de 2008 las definía como las: "unidades comunitarias con autonomía e independencia en su gestión, orientadas a la satisfacción de necesidades de sus miembros y de la comunidad en general, mediante una economía basada en la producción, transformación, distribución e intercambio de saberes, bienes y servicios, en las cuales el trabajo tiene significado propio y auténtico; y en las que no existe discriminación social ni de ningún tipo de labor, ni tampoco privilegios asociados a la posición jerárquica" (art. 8). Dicha autonomía e independencia desapareció totalmente de la nueva LOSEC.

878 Al referirse al trabajo en la misma obra la Ideología Alemana, Marx y Engels hablaron de la "explotación del hombre por el hombre": y se refirieron a la "distribución desigual, tanto cuantitativa como cualitativamente, del trabajo y de sus productos." *Idem.*

manera que no se entiende qué es lo que se quiere decir que, con la nueva Ley, el trabajo supuestamente ahora adquirirá un significado "propio y auténtico." Por otra parte, en la definición se sugiere que supuestamente hasta ahora, el trabajo se habría realizado en el país sobre la base de la explotación y la discriminación, lo que está desmentido por la avanzada legislación laboral que ha habido desde la década de los cuarenta.

Ahora bien, ese trabajo con sentido "propio y auténtico," y "sin discriminación," al que se refiere la Ley Orgánica del Sistema Económico Comunal, es el que supuestamente ahora sería garantizado a través de las "organizaciones socioproductivas" que se regulan en la ley, mediante las cuales, en forma exclusiva, se desarrollará la economía del país, y que conforme al artículo 10 de la Ley Orgánica del Sistema Económico Comunal, son sólo cuatro: primero, las empresas del Estado Comunal; segundo, las empresas públicas del Estado Constitucional; tercero, las unidades productivas familiares; y cuarto, los grupos de trueque, variándose sustantivamente las formas que se regulaban en el régimen de la derogada Ley de 2008.[879]

O sea, que del trabajo en empresas privadas en las cuales los trabajadoras tienen herramientas para lograr mejores condiciones que ha sido una de las bases del sistema económico del país, se quiere pasar al trabajo exclusivamente en empresas de carácter público, creadas por las instancias del Estado Comunal y por los órganos y entes del Estado Constitucional, sometidas todas a una planificación centralizada, en las cuales no puede haber movimientos sindicales u organizaciones de trabajadores libres que puedan presionar para el logro de mejores condiciones laborales, y donde el "empresario" en definitiva resultará ser un burócrata de un régimen autoritario que usa el "excedente" para su propio confort, explotando a los asalariados alienados.

En *primer lugar*, están las "empresas de propiedad social directa comunal," o empresas del Estado Comunal, concebidas como la "unidad socioproductiva constituida por las instancias de Poder Popular en sus respectivos ámbitos geográficos, destinada al beneficio de los productores y productoras que la integran, de la colectividad a las que corresponden y al desarrollo social integral del país, a través de la reinversión social de sus excedentes" (art. 10.1).

Se trata siempre de empresas de propiedad social directa comunal creadas por las diversas instancias del Poder Popular, cuya gestión y administración es por tanto siempre ejercida la instancia que la constituya, de manera que siempre tienen un

879 Debe señalarse que la Ley derogada de 2008 establecía además, como unidades socioproductivas, las siguientes unidades de trabajo colectivo para la producción y distribución social y para la autogestión: Primero, la Empresa de Producción Social, que era la "unidad de trabajo colectivo destinada a la producción de bienes o servicios para satisfacer necesidades sociales y materiales a través de la reinversión social de sus excedentes, con igualdad sustantiva entre sus integrantes." (art. 9.3), entendiéndose como "trabajo colectivo" la "actividad organizada y desarrollada por los miembros de las distintas formas organizativas, basada en relaciones de producción no alienada, propia y auténtica, con una planificación participativa y protagónica (art. 5.2). Segundo, la Empresa de Distribución Social, que era la "unidad de trabajo colectivo destinada a la distribución de bienes o servicios para satisfacer necesidades sociales y materiales a través de la reinversión social de sus excedentes, con igualdad sustantiva entre sus integrantes." (art. 9.4). Y tercero, la Empresa de Autogestión, que era la "unidad de trabajo colectivo que participan directamente en la gestión de la empresa, con sus propios recursos, dirigidas a satisfacer las necesidades básicas de sus miembros y de la comunidad." (art. 9.5).

ámbito geográfico local limitado, confinadas a una comuna o alguna agregación de comunas.

Estas empresas del Estado Comunal, es decir, aquellas "de propiedad social directa comunal," como se establece en el artículo 12, deben ser constituidas "mediante documento constitutivo estatutario, acompañado del respectivo proyecto socioproductivo, haciendo este último las veces de capital social de la empresa," el cual debe ser "elaborado con base en las necesidades y potencialidades de las comunidades de la instancia del Poder Popular a la que corresponda, y de acuerdo al plan de desarrollo del correspondiente sistema de agregación comunal." En los documentos de las empresas de propiedad social comunal deben siempre indicarse tal carácter, bien sea con la mención expresa de "Empresa de Propiedad Social" o abreviación mediante las siglas "EPS" (art. 17).

En *segundo lugar* están las "empresa de propiedad social indirecta comunal," o empresas públicas del Estado Constitucional, concebidas como la "unidad socioproductiva constituida por el Poder Público en el ámbito territorial de una instancia del Poder Popular, destinadas al beneficio de sus productores y productoras, de la colectividad del ámbito geográfico respectivo y del desarrollo social integral del país, a través de la reinversión social de sus excedentes" (art. 10.2). En estos casos se trata siempre de empresas de propiedad social indirecta comunal, constituidas por los órganos del Poder Público (República, Estados y Municipios), es decir, empresas públicas nacionales, estadales y municipales pero siempre creadas en un ámbito geográfico y territorial limitado reducido al de alguna instancia del Poder Popular, y cuya gestión y administración corresponde siempre, como principio, al ente u órgano del Poder Público que las constituya; sin que ello obste para que, progresivamente, la gestión y administración de estas empresas sea transferida a las instancias del Poder Popular, en cuyo caso, se constituirían en empresas de propiedad social comunal directa, es decir, en empresas del Estado Comunal.

En cuanto a estas empresas públicas constituidas por órganos o entes de la Administración Pública, es decir, del Poder Público, que son las "de propiedad social indirecta comunal," dispone el artículo 13, que las mismas son constituidas mediante "documento constitutivo estatutario, de acuerdo a las normativas que rijan al órgano o ente público encargado de su constitución." Se entiende que se refiere al acto ejecutivo por medio del cual se decide en la Administración Central o descentralizada, la creación de una empresa, en los términos de la Ley Orgánica de la Administración Pública.

En *tercer lugar*, están las "unidades productivas familiares," es decir, empresas de carácter netamente familiar, concebidas como "una organización cuyos integrantes pertenecen a un núcleo familiar que desarrolla proyectos socioproductivos dirigidos a satisfacer sus necesidades y las de la comunidad; y donde sus integrantes, bajo el principio de justicia social, tienen igualdad de derechos y deberes" (art. 10.3).

Conforme al artículo 14 de la Ley, el grupo familiar que puede confirmar estas empresas familiares, debe estar "integrado por personas relacionadas hasta el cuarto grado de consanguinidad y segundo de afinidad," y debe estar sustentada "en los saberes y el conocimiento propios del grupo familiar, destinado al beneficio de sus integrantes y a satisfacer necesidades de la comunidad donde el grupo familiar tenga su domicilio." Por tanto, un grupo de amigos y relacionados con intereses comunes, no podría establecer una unidad socioproductiva de esta naturaleza, destinada beneficiar a sus integrantes y a satisfacer necesidades de la comunidad.

En cuanto a estas "unidades productivas familiares," el artículo 14 establece que cada una de las mismas se constituye "por un grupo familiar integrado por personas relacionadas hasta el cuarto grado de consanguinidad y segundo de afinidad, mediante documento constitutivo estatutario y un proyecto socioproductivo sustentado en los saberes y el conocimiento propios del grupo familiar, destinado al beneficio de sus integrantes y a satisfacer necesidades de la comunidad donde el grupo familiar tenga su domicilio."

Por último, en *cuarto lugar*, la Ley Orgánica del Sistema Económico Comunal regula como organización socioproductiva a los "grupos de intercambio solidario," como organizaciones de "trueque" concebidas como el conjunto de "prosumidores" organizados voluntariamente, "con la finalidad de participar en alguna de las modalidades de los sistemas alternativos de intercambio solidario." A los efectos de estos Grupos, estos llamados "prosumidores" se definen en la Ley Orgánica como las "personas que producen, distribuyen y consumen bienes, servicios, saberes y conocimientos, mediante la participación voluntaria en los sistemas alternativos de intercambio solidario, para satisfacer sus necesidades y las de otras personas de su comunidad" (art. 16.6). Es imposible leer estas modalidades de "trueque" como uno de los pilares fundamentales del sistema de producción socialista que propugna esta Ley, sin que venga a la memoria, precisamente, el esquema utópico descrito por Marx y Engels respecto de una sociedad primitiva en la cual como decían, se pudiera, el mismo día, ser cazador, pescador, pastor y crítico, de manera que durante el transcurso del día incluso se pudiera intercambiar liebres o gallinas por unos peces!! Es posible que ello pudiera aplicarse respecto de grupos o humanos o comunidades aislados que pueda haber en territorios inaccesibles, como forma de vida cotidiana, pero no es más que un disparate pensar que se pueda aplicar en las grandes urbes contemporáneas y en las intercomunicadas áreas rurales del país, salvo que se las reduzca todas, a la miseria.

Estos grupos de intercambio solidario, conforme al artículo 15 de la Ley Orgánica del Sistema Económico Comunal, se constituyen mediante acta de asamblea de prosumidores "en la cual toda persona natural o jurídica puede pertenecer a un determinado grupo de intercambio solidario para ofrecer y recibir saberes, conocimientos, bienes y servicios," siempre y cuando cumpla con lo establecido en la Ley y su Reglamento. En este último caso, el acuerdo solidario, conforme se indica en el artículo 44 de la ley, se debe llevar a cabo a través de una asamblea constitutiva de prosumidores en la que se debe proponer la denominación del grupo, de "la moneda comunal" que se va a utilizar, así como "la especificación y organización del sistema alternativo de intercambio solidario," el cual se debe regir por lo dispuesto en la Ley y su Reglamento.

Todas estas organizaciones socioproductivas que contempla la Ley Orgánica del Sistema Económico Comunal, conforme se dispone en el artículo 16 de la misma, no adquieren personalidad jurídica mediante la inscripción de su documento constitutivo en el registro mercantil, sino mediante el registro del mismo "ante el órgano coordinador" que no es otro que el Ministerio de las Comunas (art. 8.1), donde debe establecerse una dependencia funcional de verificación, inscripción y registro con el fin de mantener el seguimiento y control de las organizaciones socioproductivas y de los espacios de intercambio solidario del país (art. 19). Nada se indica en la Ley, sin embargo, sobre la publicidad de este registro, es decir, sobre el acceso del público al mismo, ni sobre la potestad del funcionario innominado a cargo de la inscripción de dar fe pública o autenticidad a los documentos registrados. Parecería que se trata de desmantelar el sistema registral general, sin reformar la ley respectiva.

El Ministerio de las Comunas, sólo puede abstenerse de registrar una organización socioproductiva, además de cuando no se acompañen los documentos exigidos en la Ley o si éstos presentan alguna deficiencia u omisión no subsanada, "cuando el proyecto socio productivo de la organización tenga por objeto finalidades distintas a las previstas en la Ley." (Art. 18) Por tanto, ninguna organización socioproductiva que no sea socialista o que no responda al modelo productivo socialista podría ser registrada.

APRECIACIÓN GENERAL

De todo lo anteriormente expuesto, se confirma que uno de los condicionantes de mayor importancia que tiene la Administración Pública en cualquier país, lo constituyen los condicionantes políticos, sin cuya consideración no es posible determinar las características, modalidades de organización, principios de funcionamiento y los objetivos de la misma; siendo dichos condicionamientos, en primer lugar, la concepción del Estado del cual la Administración es el instrumento para gerenciar el interés general y satisfacer las necesidades colectivas; y en segundo lugar, la forma del Estado que es la que contribuye a conformar a la Administración Pública en todo el territorio del Estado.

Si bien es cierto que para identificar uno y otro condicionante político de la Administración Pública hay que acudir a las previsiones constitucionales que rigen al Estado, es evidente que ello no es suficiente, y en muchas veces es más bien engañoso, pues en la práctica política los Estados responden a otros principios distintos a los plasmados en las Constituciones.

Es el caso de Venezuela, donde a pesar de que la Constitución define al Estado como un Estado democrático y social de derecho y de justicia, en mismo, en la práctica política de los últimos lustros, se ha configurado como un Estado totalitario, que impide que la Administración Pública, pueda ser una Administración democrática y social, que asegure el equilibrio entre los poderes públicos y las derechos de los administrados, sometida al derecho, y controlada por un poder judicial independiente. Más bien se ha configurado como una Administración burocrática que dejó de estar al servicio del ciudadano, y que sirve a la burocracia estatal misma, y cuyas acciones hacia los ciudadanos sólo son consecuencia de políticas populistas, que persiguen las iniciativas privadas, signadas por una ideología oficial que es la antítesis al pluralismo, donde se discrimina políticamente.

Esa Administración Pública burocratizada, consecuencia de las políticas del Estado totalitario, ha sufrido un proceso de inflación organizativa, tanto en la Administración Central por la multiplicación sin plan ni control de los Ministerios, de los cargos de viceministros y de Vicepresidencias sectoriales; como en la Administración descentralizada funcionalmente con la creación de cientos y cientos de empresa públicas y otras entidades estatales, sin concierto alguno. Además, esa Administración Pública tradicional, ha visto crecer una nueva Administración paralela, configurada por las Misiones, reguladas en la Ley Orgánica de la Administración Pública pero para que no se rijan por sus normas, las cuales sólo en 2014 parecen encontrar un cuerpo normativo que las rige.

Por otra parte, a pesar también de que la Constitución defina al Estado como un Estado federal descentralizado, en la práctica política de los últimos lustros, se ha configurado como un Estado centralizado, con un desbalance evidente de competencias a favor del Poder nacional, y un debilitamiento competencial progresivo de los niveles estadales y municipales, lo que impide que la Administración Pública, pueda ser una Administración descentralizada con los tres niveles territoriales (nacional, estadal y municipal) de los que habla el texto constitucional. Más bien se ha configurado como una Administración centralizada, que deriva, en primer lugar del régimen mismo unitario regulado en la Ley Orgánica de la Administración Pública, aplicable a todos las entidades territoriales, que incluso se las sujetan a las instrucciones de los órganos de los niveles superiores de la Administración nacional; en segundo lugar, del proceso de centralización de competencias en desmedro de las de los Estados hacia el nivel nacional; y en tercer lugar, por la estructuración a nivel de la Administración nacional, de órganos nacionales incluso llamados "jefes de gobierno" con competencia regional y estadal, en paralelo y superpuestas a las Administraciones de los Estados o de la Administración municipal metropolitana de Caracas.

Y por último, a pesar de que la Constitución regula un Estado que podemos denominar Estado Constitucional, al cual debería responder la propia Administración Pública, a partir de 2010, mediante un proceso de desconstitucionalización del Estado Constitucional, mediante legislación ordinaria se ha creado un nuevo Estado paralelo, denominado Estado Comunal o del Poder Popular, totalmente al margen de la Constitución, con el objeto de vaciar progresivamente de competencias a los órganos del Estado Constitucional, mediante su transferencia obligatoria a las Comunidades, Consejos Comunales y Comunas, que son órganos dirigidos por "voceros" que no son electos popularmente mediante sufragio, y cuya existencia depende exclusivamente de lo que decida un Ministerio del Ejecutivo nacional, que es el que las registra para que incluso puedan tener personalidad jurídica.

La misión última del Estado Comunal, en un proceso conducido y controlado por el poder central, mediante el partido de gobierno que actúa como facilitador, es asegurar el vaciamiento progresivo de las competencias municipales y su total transferencia a entes que controla el poder central, con la consecuente desmunicipalización del país, y la centralización total del Estado y consecuentemente de su administración pública.

En ese proceso de estructuración del Estado Comunal, por último, una nueva Administración pública está en proceso de configurarse, integrada por organizaciones socioproductivas, básicamente, empresas públicas, en el universo del sistema económico comunal que se ha previsto legalmente, conforme a la más clásica ortodoxia comunista que se regula en la Ley Orgánica de dicho sistema, montado sobre los tres pilares utópicos de la propiedad social de los medios de producción, la eliminación de la división social del trabajo, y la reinversión social del excedente.

New York, junio 2015

SECCIÓN SEGUNDA:

EL ESTADO TOTALITARIO Y LA ADMINISTRACIÓN PÚBLICA AL SERVICIO DE LA BUROCRACIA

I

La idea del derecho administrativo como derecho "*al servicio de la ciudadanía*" que es el tema central de este Congreso Internacional de Derecho Administrativo, puede decirse que responde a los principios del derecho administrativo del Estado democrático de derecho que ha dominado la conformación de nuestra disciplina en las últimas décadas, y que incluso, ha encontrado consagración constitucional en muchos de nuestros países.

Fue el caso, por ejemplo, de la Constitución de Venezuela de 1999, cuyo texto formal, sin duda, está imbuido del postulado esencial de nuestra disciplina que deriva del necesario equilibrio que debe existir en las relaciones jurídicas que se establecen entre Administración y administrados, entre los poderes y prerrogativas de Administración y los derechos y garantías de los ciudadanos. Por ello, por ejemplo, el importante texto de la norma de la Constitución que regula a la Administración Pública, en la cual se expresa que la misma:

> "*está al servicio de los ciudadanos*, y se fundamenta en los principios de honestidad, participación, celeridad, eficacia, eficiencia, transparencia, rendición de cuenta y responsabilidad en el ejercicio de la función pública, con sometimiento pleno a la ley y al derecho" (art. 141).

A todos esos efectos, por tanto, el texto fundamental además garantiza igualmente a los ciudadanos el derecho al debido proceso, no sólo en las actuaciones judiciales sino en los procedimientos administrativos (art. 49), constitucionalizando además la jurisdicción contencioso administrativa, regulando no sólo el control de legalidad de las actuaciones administrativas, sino la posibilidad de anular actos administrativos incluso afectados del vicio de "desviación de poder" (art. 295). La Constitución, además, garantiza derecho a ser informados oportuna y verazmente por la Administración Pública sobre el estado de las actuaciones en que estén directamente interesados, y a conocer las resoluciones definitivas que se adopten sobre el particular. Igualmente la Constitución garantiza a los ciudadanos el derecho de acceso a los archivos y registros administrativos, sin perjuicio de los "límites aceptables dentro de una sociedad democrática" (Art. 143).

Para todo ello, la Constitución impone a los funcionarios públicos la obligación de que deben "estar al servicio del Estado y no de parcialidad alguna", para lo cual garantiza que "su nombramiento o remoción no podrán estar determinados por la afiliación u orientación política" (Art. 145).

Mejor y más claras previsiones constitucionales sobre qué es lo que debería ser la Administración Pública y el derecho administrativo, y las bases de la relación entre la misma y los ciudadanos, es ciertamente difícil de conseguir en el derecho comparado.

II

Pero por supuesto, la sola consagración de esos principios y de los derechos y deberes que imponen en los textos constitucionales, no es suficiente para que el equilibrio entre el poder del Estado y los derechos ciudadanos sea efectivo, y la Administración realmente esté al servicio de los ciudadanos.

Es en realidad la práctica política del gobierno la que en realidad pone de manifiesto si la Administración de un Estado conformado constitucionalmente como un Estado de derecho, realmente se conduce como tal en su funcionamiento y actuación, y si el derecho administrativo aplicado al mismo obedece o no efectivamente a parámetros democráticos.

Y de nuevo, basta estudiar el caso venezolano para constatar que el "Estado democrático y social de derecho y de justicia" y descentralizado tal como lo definen los artículos 2 y 4 de la Constitución, en la práctica política del gobierno autoritario que se apoderó de la República desde 1999,[880] no es tal, es decir, no es un Estado democrático, no es un Estado social, no es un Estado de derecho, no es un Estado de Justicia y no es un Estado descentralizado; y más bien es un Estado Totalitario que no está realmente sometido al derecho, cuyas normas se ignoran y desprecian, o se mutan o amoldan a discreción por los gobernantes; todos los poderes están concentrados en el Ejecutivo, que han aniquilado a la democracia, han pervertido la participación y han concentrado todos los medios de comunicación; no está sometido a control judicial alguno, por la sumisión del Poder Judicial al Poder Ejecutivo; de todo lo cual se puede caracterizar más bien como un "Estado de la injusticia," todo lo cual afecta tremendamente al derecho administrativo. En el mismo, además, el Juez Constitucional controlado ha sido el instrumento más letal para afianzar el autoritarismo.[881]

Y es que si algo es definitivo en esta perspectiva, es que el derecho administrativo no es, ni puede ser independiente de la actuación del gobierno, sea que del mismo resulte en un modelo político de Estado autoritario o de Estado democrático. Y para identificar dicho modelo por supuesto no podemos acudir a etiquetas o a definiciones constitucionales, sino a la práctica política del gobierno.

Un Estado autoritario será el resultado de la actuación de un gobierno autoritario, y en el mismo, lejos de haber un equilibrio entre los poderes de la Administración y los derechos de los particulares, lo que existe es más bien un marcado desequilibrio a favor del régimen de la Administración, con pocas posibilidades de garantía de los derechos de los particulares frente a su actividad.

En cambio, el equilibrio antes mencionado sólo tiene posibilidad de pleno desarrollo en Estados con gobiernos democráticos, donde la supremacía constitucional esté asegurada, la separación y distribución del Poder sea el principio medular de la organización del Estrado, donde el ejercicio del Poder Público pueda ser efectivamente controlado judicialmente y por los otros medios dispuestos en la Constitución, y donde los derechos de los ciudadanos sean garantizados por un Poder Judicial independiente y autónomo. Nada de ello se encuentra en los Estados con un

---

880 Véase Allan R. Brewer-Carías, *Authoritarian Government vs. The Rule of Law, Lectures and Essays (1999-2014) on the Venezuelan Authoritarian Regime Established in Contempt of the Constitution*, Fundación de Derecho Público, Editorial Jurídica Venezolana, Caracas 2014.

881 Véase Allan R. Brewer-Carías, "El juez constitucional al servicio del autoritarismo y la ilegítima mutación de la Constitución: el caso de la Sala Constitucional del Tribunal Supremo de Justicia de Venezuela (1999-2009)", en *Revista de Administración Pública*, N° 180, Madrid 2009, pp. 383-418.

régimen de gobierno autoritario, así sus gobernantes hayan podido haber sido electos, y se arropen con el lenguaje a veces florido de los textos constitucionales.

III

De todo lo anterior resulta evidente, por tanto, que cuando se habla de Administración al servicio de los ciudadanos en el marco de Estado democrático de derecho, y por tanto, del derecho administrativo como derecho de la democracia, ésta tiene que existir real y efectivamente y no sólo en el papel de las Constituciones y de las leyes, sino en la práctica de la acción del gobierno que origine un sistema político en el cual además de todos los derechos y garantías constitucionales generalmente conocidos (políticos, individuales, sociales, económicos, culturales, ambientales), se garantice efectivamente el derecho ciudadano a la Constitución y a su supremacía constitucional, es decir el derecho ciudadano a la propia democracia,[882] y el derecho de poder ejercer el control sobre las actividades gubernamentales, que hasta cierto punto son tan políticos como los clásicos derechos al sufragio, al desempeño de cargos públicos, a asociarse en partidos políticos y, más recientemente, el derecho a la participación política.

Estos derechos que son nuevos sólo en su enunciado, derivan de la comprensión cabal de lo que significa un régimen democrático, que sólo es aquél donde concurren una serie de *elementos esenciales* que por lo demás se enumeran en la *Carta Democrática Interamericana* de 2001, y que son los derechos: 1) al respeto a los derechos humanos y las libertades fundamentales; 2) al acceso al poder y su ejercicio con sujeción al Estado de derecho; 3) a la celebración de elecciones periódicas, libres, justas y basadas en el sufragio universal y secreto, como expresión de la soberanía del pueblo; 4) al régimen plural de partidos y organizaciones políticas y 5) a la separación e independencia de los poderes públicos (art. 3).

No hay ni puede haber democracia ni una Administración al servicio del ciudadano, si éste no tiene garantizado su derecho político a la efectividad de esos elementos esenciales, que es lo que permite en definitiva distinguir un Estado democrático de derecho de un Estado de régimen autoritario. En este, a pesar de todas sus etiquetas constitucionales, esos derechos o elementos esenciales no pueden ser garantizados, por la ausencia de controles al ejercicio del poder, aun cuando pueda tratarse de Estados en los cuales los gobiernos puedan haber tenido su origen en algún ejercicio electoral.

Entre todos esos derechos políticos a la democracia, está por supuesto, el derecho a la separación de poderes, que implica el derecho a ejercer el control del poder. Ello además, es lo que permite que se puedan materializar otros derechos políticos del ciudadano en una sociedad democrática, identificados en la misma Carta Democrática Interamericana como *componentes fundamentales* de la democracia, como son los derechos a: 1) la transparencia de las actividades gubernamentales; 2) la probidad y la responsabilidad de los gobiernos en la gestión pública; 3) el respeto de los derechos sociales; 4) el respeto de la libertad de expresión y de prensa; 5) la subordinación constitucional de todas las instituciones del Estado a la autoridad civil legal-

---

882 Véase Allan R. Brewer–Carías, "Prólogo: Sobre el derecho a la democracia y el control del poder", al libro de Asdrúbal Aguiar, *El derecho a la democracia. La democracia en el derecho y la jurisprudencia interamericanos. La libertad de expresión, piedra angular de la democracia*, Editorial Jurídica Venezolana, Caracas 2008, pp. 19 ss.

mente constituida y 6) el respeto al Estado de derecho de todas las entidades y sectores de la sociedad (art. 4).

Entre esos derechos se destaca el derecho a la separación de poderes, materializado en el derecho al control del poder, que es el fundamento del propio derecho administrativo en una sociedad democrática, pues es precisamente el elemento fundamental para garantizar el necesario equilibro mencionado entre los poderes y prerrogativas de la Administración del Estado y los derechos ciudadanos, y que en consecuencia, la Administración esté efectivamente al servicio de los ciudadanos y no de la propia burocracia estatal.

Para ello, por supuesto, la condición esencial es que los poderes sean efectivamente autónomos e independientes, para lo cual, de nuevo, no bastan las declaraciones constitucionales y ni siquiera la sola existencia de elecciones, siendo demasiadas las experiencias en el mundo contemporáneo de toda suerte de tiranos que usaron el voto popular para acceder al poder, y que luego, mediante su ejercicio incontrolado, desmantelar la democracia y desarrollar gobiernos autoritarios, contrarios al pueblo, que acabaron con la propia democracia y con todos sus elementos,[883] comenzando por el irrespeto a los derechos humanos. Situación que por lo demás ha sido la de Venezuela, donde se ha arraigado un gobierno autoritario partiendo de elementos que se insertaron en la misma Constitución de 1999.[884]

En ella, en efecto, a pesar de establecerse una peta división del poder público en Legislativo, Ejecutivo, Judicial, Ciudadano y Electoral, se dispuso el germen de la concentración del poder en manos de la Asamblea Nacional y, consecuencialmente, del Poder Ejecutivo que la controla políticamente, con lo cual, progresivamente, los otros Poderes Públicos, y particularmente el Poder Judicial[885], el Poder Ciudadano y el Poder Electoral[886] han quedado sometidos a la voluntad del Ejecutivo. Por ello en

---

883 Véase Allan R. Brewer-Carías, *Dismantling Democracy. The Chávez Authoritarian Experiment*, Cambridge University Press, New York 2010.

884 Véase los comentarios críticos a la semilla autoritaria en la Constitución de 1999, en Allan R. Brewer–Carías, *Debate Constituyente (Aportes a la Asamblea Nacional Constituyente), Tomo III (18 octubre–30 noviembre 1999),* Fundación de Derecho Público–Editorial Jurídica Venezolana, Caracas, 1999, pp. 311–340; "Reflexiones críticas sobre la Constitución de Venezuela de 1999," en el libro de Diego Valadés, Miguel Carbonell (Coordinadores), *Constitucionalismo Iberoamericano del Siglo XXI*, Cámara de Diputados. LVII Legislatura, Universidad Nacional Autónoma de México, México 2000, pp. 171–193; en *Revista de Derecho Público*, N° 81, Editorial Jurídica Venezolana, Caracas, enero–marzo 2000, pp. 7–21; en *Revista Facultad de Derecho, Derechos y Valores*, Volumen III N° 5, Universidad Militar Nueva Granada, Santafé de Bogotá, D.C., Colombia, Julio 2000, pp. 9–26; y en el libro *La Constitución de 1999*, Biblioteca de la Academia de Ciencias Políticas y Sociales, Serie Eventos 14, Caracas, 2000, pp. 63–88.

885 Véase Allan R. Brewer–Carías, "La progresiva y sistemática demolición de la autonomía en independencia del Poder Judicial en Venezuela (1999–2004)", en *XXX Jornadas J.M Domínguez Escovar, Estado de derecho, Administración de justicia y derechos humanos,* Instituto de Estudios Jurídicos del Estado Lara, Barquisimeto, 2005, pp. 33–174; y "La justicia sometida al poder [La ausencia de independencia y autonomía de los jueces en Venezuela por la interminable emergencia del Poder Judicial (1999–2006)]" en *Cuestiones Internacionales. Anuario Jurídico Villanueva 2007*, Centro Universitario Villanueva, Marcial Pons, Madrid, 2007, pp. 25–57.

886 Véase Allan R. Brewer–Carías, "El secuestro del Poder Electoral y la confiscación del derecho a la participación política mediante el referendo revocatorio presidencial: Venezuela 2000–2004,", en *Boletín Mexicano de Derecho Comparado*, Instituto de Investigaciones Jurídicas, Universidad Nacional Autónoma de México, N° 112. México, enero–abril 2005 pp. 11–73; *La Sala Constitucional versus el Estado Democrático de Derecho. El secuestro del poder electoral y de la Sala Electoral del Tribunal Supremo y*

noviembre de 1999, aún antes de que la Constitución se sometiera a referendo aprobatorio, advertí que si la Constitución se aprobaba, ello iba a implicar la implantación en Venezuela, de:

> "un esquema institucional concebido para el autoritarismo derivado de la combinación del centralismo del Estado, el presidencialismo exacerbado, la democracia de partidos, la concentración de poder en la Asamblea y el militarismo, que constituye el elemento central diseñado para la organización del poder del Estado."[887].

IV

Ha sido todo este sistema de ausencia de autonomía y de independencia de los poderes del Estado respecto del Ejecutivo Nacional, lo que ha eliminado toda posibilidad real de asegurar un equilibrio entre el poder de la Administración del Estado y los derechos ciudadanos, siendo difícil por tanto poder identificar a la Administración Pública como entidad que esté al servicio de estos, los cuales lamentablemente ahora sólo pueden entrar en relación con la misma en dos formas:

Por una parte, los que son privilegiados del poder, como consecuencia de la pertenencia política al régimen o a su partido único, con todas las prebendas y parcialidades de parte de los funcionarios.

Y por otra parte, los que como marginados del poder acuden a la Administración por necesidad ciudadana, a rogar las más elementales actuaciones públicas, como es por ejemplo solicitar autorizaciones, licencias, permisos o habilitaciones, las cuales no siempre son atendidas y más bien tratadas como si lo que se estuviera requiriendo fueran favores y no derechos o el cumplimiento de obligaciones públicas.

En ambas situaciones, lamentablemente, el equilibrio entre poderes del Estado y derechos ciudadanos de los administrados ha desaparecido, sin que existan elementos de control para restablecerlo: se privilegia y se margina, como producto de una discriminación política antes nunca vista, sin posibilidad alguna de control.

En ese marco, el derecho administrativo formalmente concebido para la democracia, en la práctica pasó a ser un instrumento más del autoritarismo, habiendo incluso la jurisdicción contencioso administrativo cesado de ser el instrumento para asegurar el control jurisdiccional de la Administración y de sus actuaciones administrativas. Ello, en particular, se evidenció abiertamente desde 2003 con la lamentable destitución *in limine* de los magistrados de la Corte Primera de lo Contencioso Administrativa con ocasión de un proceso contencioso administrativo de nulidad y amparo iniciado el 17 de julio de 2003 a solicitud de la Federación Médica Venezolana en contra los actos del Alcalde Metropolitano de Caracas, del Ministro de Salud y del Colegio de Médicos del Distrito Metropolitano de Caracas, por la contratación indiscriminada de médicos extranjeros no licenciados para ejercer la medicina en el país; todo en violación de la Ley de Ejercicio de la Medicina, para atender el desa-

---

la confiscación del derecho a la participación política, Los Libros de El Nacional, Colección Ares, Caracas, 2004, 172 pp.

887 Documento de 30 de noviembre de 1999. *V.* en Allan R. Brewer–Carías, *Debate Constituyente (Aportes a la Asamblea Nacional Constituyente)*, Tomo III, Fundación de Derecho Público, Editorial Jurídica Venezolana, Caracas, 1999, p. 339.

rrollo de un importante programa asistencial de salud en los barrios de Caracas.[888] El haber dictado el 21 de agosto de 2003 una medida cautelar en el caso, ordenando la suspensión temporal del programa de contratación[889] desató la ira del régimen de manera que después de anunciarse que no se acataría por el gobierno,[890] la policía política allanó la sede de la Corte Primera, y luego de destituidos sus cinco magistrados, su sede fue intervenida,[891] permaneciendo cerrada sin jueces por más de diez meses,[892] tiempo durante el cual simplemente no hubo justicia contencioso administrativa en el país. La consecuencia elemental fue que los nuevos magistrados nombrados, con todo ello, comenzaron a "entender" entonces cómo debían comportarse en el futuro frente al poder; todo lo que condujo a que la Jurisdicción contencioso administrativa en Venezuela, de raigambre y jerarquía constitucional, simplemente hoy por hoy no existe en la práctica.[893]

El caso llegó incluso ante la Corte Interamericana de Derechos Humanos, la cual en 2008 condenó al Estado,[894] siendo la respuesta del mismo, la sentencia de la Sala Constitucional del Tribunal Supremo, N° 1.939 de 12 de diciembre de 2008,[895] la cual citando como precedente una sentencia del Tribunal Superior Militar del Perú de 2002, declaró la sentencia del tribunal internacional como "inejecutable" en Venezuela, solicitando al Ejecutivo que denunciara la Convención Americana de Derechos Humanos que supuestamente había usurpado los poderes del Tribunal Supremo, lo que el Ejecutivo cumplió cabalmente en 2012.

Este caso emblemático, por supuesto, contrasta con las previsiones de la Constitución de 1999, en la cual se encuentra una de las declaraciones de derechos más completas de América Latina, y sobre su protección por medio de la acción de amparo, así como previsiones expresas sobre la Jurisdicción Constitucional y la Jurisdicción Contencioso Administrativa difícilmente contenidas con tanto detalle en

---

888 Véase Claudia Nikken, "El caso "Barrio Adentro": La Corte Primera de lo Contencioso Administrativo ante la Sala Constitucional del Tribunal Supremo de Justicia o el avocamiento como medio de amparo de derechos e intereses colectivos y difusos," en *Revista de Derecho Público*, N° 93–96, Editorial Jurídica Venezolana, Caracas, 2003, pp. 5 ss.

889 Véase la decisión de 21 de agosto de 2003 en *Revista de Derecho Público*, N° 93–96, Editorial Jurídica Venezolana, Caracas, 2003, pp. 445 ss.

890 El Presidente de la República dijo: "*Váyanse con su decisión no sé para donde, la cumplirán ustedes en su casa si quieren…*", en el programa de TV *Aló Presidente*, N° 161, 24 de Agosto de 2003.

891 Véase la información en *El Nacional*, Caracas, Noviembre 5, 2003, p. A2. En la misma página el Presidente destituido de la Corte Primera dijo: "*La justicia venezolana vive un momento tenebroso, pues el tribunal que constituye un último resquicio de esperanza ha sido clausurado*".

892 Véase en *El Nacional*, Caracas, Octubre 24, 2003, p. A–2; y *El Nacional*, Caracas, Julio 16, 2004, p. A–6.

893 Véase Antonio Canova, Véase Antonio Canova González, *La realidad del contencioso administrativo venezolano (Un llamado de atención frente a las desoladoras estadísticas de la Sala Político Administrativa en 2007 y primer semestre de 2008)*, Funeda, Caracas 2008.

894 Véase sentencia de la Corte Interamericana de 5 de agosto de 2008, Caso *Apitz Barbera y otros ("Corte Primera de lo Contencioso Administrativo") vs. Venezuela,* Excepción Preliminar, Fondo, Reparaciones y Costas, Serie C N° 182, en www.corteidh.or.cr.

895 Véase sentencia de la Sala Constitucional, sentencia N° 1.939 de 18 de diciembre de 2008 (Caso *Abogados Gustavo Álvarez Arias y otros*), en http://www.tsj.gov.ve/deci-siones/scon/Diciembre/1939-181208-2008-08-1572.html

otros textos constitucionales.[896] Ello, por otra parte, lo que muestra es que para que exista control de la actuación del Estado no bastan declaraciones formales en la Constitución, sino que es indispensable que el Poder Judicial sea autónomo e independiente, y esté fuera del alcance del Poder Ejecutivo. Al contrario, cuando el Poder Judicial está controlado por el Poder Ejecutivo, como lo muestra el caso citado, las declaraciones constitucionales de derechos se convierten en letra muerta, y el derecho administrativo no puede servir para garantizar ningún equilibrio entre poderes del Estado y derechos ciudadanos, convirtiéndose solo en un instrumento más del autoritarismo.

De todo lo anterior resulta, por tanto, que para que exista democracia como régimen político en un Estado constitucional y democrático de derecho, para que exista una Administración al servicio de los ciudadanos, y para que exista un derecho administrativo que garantice el equilibrio entre el poder del Estado y los derechos ciudadanos, no son suficientes las declaraciones contenidas en los textos constitucionales que por ejemplo, como es el caso en Venezuela, hablen y regulen el derecho al sufragio y la participación política; la división o separación horizontal del Poder Público, y su distribución vertical o territorial del poder público, de manera que los diversos poderes del Estado puedan limitarse mutuamente; así como tampoco bastan las declaraciones que se refieran a la posibilidad de los ciudadanos de controlar el poder del Estado, mediante elecciones libres y justas que garanticen la alternabilidad republicana; mediante un sistema de partidos que permita el libre juego del pluralismo democrático; mediante la libre manifestación y expresión del pensamiento y de la información que movilice la opinión pública; o mediante el ejercicio de recursos judiciales ante jueces independientes que permitan asegurar la vigencia de los derechos humanos y el sometimiento del Estado al derecho.

Tampoco bastan las declaraciones constitucionales sobre la "democracia participativa y protagónica" o la descentralización del Estado; así como tampoco la declaración extensa de derechos humanos. Tampoco es suficiente que se haya producido un completo proceso de constitucionalización del derecho administrativo, insertando en la Constitución todos sus principios más esenciales.

Además de todas esas declaraciones, es necesaria que haya un gobierno democrático y que la práctica política democrática asegure efectivamente la posibilidad de controlar el poder, como única forma de garantizar la vigencia del Estado de derecho, y el ejercicio real de los derechos humanos; y que el derecho administrativo pueda consolidarse como un régimen jurídico de la Administración que disponga el equilibrio entre los poderes del Estado y los derechos de los administrados.

V

Lamentablemente, en Venezuela, después de las cuatro décadas de práctica democrática que vivió el país entre 1959 y 1999, durante estos últimos tres lustros, a partir de 1999 hasta la fecha, en fraude continuo a la Constitución efectuado por el Legislador y por el Tribunal Supremo de Justicia, guiados por el Poder Ejecutivo, a

---

896 Véase Allan R. Brewer-Carías, "Sobre la justicia constitucional y la justicia contencioso administrativo. A 35 años del inicio de la configuración de los procesos y procedimientos constitucionales y contencioso administrativos (1976-2011)," en **El contencioso administrativo y los procesos constitucionales** (Directores Allan R. Brewer Carías y Víctor Rafael Hernández Mendible), Colección Estudios Jurídicos N° 92, Editorial Jurídica Venezolana, Caracas, 2011, pp. 19-74.

pesar de las excelentes normas constitucionales que están insertas en el Texto fundamental derivadas del proceso de constitucionalización del derecho administrativo, se ha venido estructurando un Estado Totalitario en contra de las mismas, que ha aniquilado toda posibilidad real de control del ejercicio del poder y, en definitiva, el derecho mismo de los ciudadanos a la democracia.[897]

Y con ello, toda posibilidad de que el derecho administrativo sea ese derecho que asegure el equilibrio entre los poderes del Estado y los derechos ciudadanos que el Estado democrático de derecho exige, con una Administración al servicio de los ciudadanos, convirtiéndose más bien en un derecho administrativo al servicio exclusivo de la Administración, de su burocracia y de los funcionarios que la componen, donde no hay campo para reclamo o control, sino sólo para el acatamiento sin discusión.

En ese marco, por tanto, de nada vale el proceso de constitucionalización del derecho administrativo, que en la práctica es letra muerta, todo lo cual nos evidencia precisamente la importancia del modelo político en la conformación de nuestra disciplina.

El derecho administrativo, no debemos olvidarlo, es, ante todo, un derecho estatal[898] o un derecho del Estado, lo que implica que el mismo inevitablemente está vinculado al modelo político en el cual opera el propio Estado conforme a la práctica política de su gobierno, siendo ello, históricamente, uno de los más importantes elementos condicionantes de nuestra disciplina.[899]

Por tanto, el derecho administrativo que la mayoría de nosotros hemos conocido, estudiado y enseñado en el último medio siglo, cuando en el mundo occidental los países han gozado de cierta estabilidad democrática, puede decirse que en general ha sido el derecho administrativo del Estado de derecho, que como modelo político tuvo su origen a comienzos del siglo XIX como consecuencia de los aportes de la Revolución Norteamericana (1776) y de la Revolución francesa (1789) al constitucionalismo moderno;[900] el cual fundamentalmente resulto luego del hecho político fundamental del pase efectivo de la soberanía, desde el Monarca al pueblo, dando origen al desarrollo del principio de la representatividad democrática. En ese marco, el Estado se organizó conforme al principio de la separación de poderes, que permitió el control recíproco entre los diversos órganos del Estado, entre ellos, por parte el

---

897 Véase Allan R. Brewer-Carías, *Estado Totalitario y desprecio a la Ley. La desconstitucionalización, desjuridificación, desjudicialización y des democratización de Venezuela*, Editorial Jurídica Venezolana, Caracas 2014.

898 Véase André Demichel, *Le droit administratif. Essai de réflexion théorique*, París, 1978, p. 14.

899 Sobre el tema, bajo el ángulo de la Administración, nos ocupamos hace años en Allan R. Brewer-Carías, "Les conditionnements politiques de l'administration publique dans les pays d'Amérique Latine", en *Revue Internationale des Sciences Administratives*, Vol. XLV, Nº 3, Institut International des Sciences Administratives, Bruselas 1979, pp. 213-233; y "Los condicionamientos políticos de la Administración Pública en los países latinoamericanos" en *Revista de la Escuela Empresarial Andina*, Convenio Andrés Bello, Nº 8, Año 5, Lima 1980, pp. 239-258.

900 Véase Allan R. Brewer-Carías, *Reflexiones sobre la revolución norteamericana (1776), la revolución francesa (1789) y la revolución hispanoamericana (1810-1830) y sus aportes al constitucionalismo moderno*, 2ª Edición Ampliada, Serie Derecho Administrativo Nº 2, Universidad Externado de Colombia, Editorial Jurídica Venezolana, Bogotá 2008.

poder judicial, montado además en la necesaria garantía de los derechos ciudadanos frente al propio Estado, los que comenzaron a ser declarados constitucionalmente.

Fue en ese marco político cuando el derecho administrativo comenzó a ser un orden jurídico que además de regular a los órganos del Estado y su actividad, también comenzó a regular las relaciones jurídicas que en cierto plano igualitario se comenzaron a establecer entre el Estado y los ciudadanos, y que ya no sólo estaban basadas en la antigua ecuación entre prerrogativa del Estado y la sujeción de las personas a la autoridad, sino entre poder del Estado y derecho de los ciudadanos; todo lo cual terminó incrustándose en el propio texto de las Constituciones.

La consecuencia de todo ello fue que progresivamente, como ocurrió en el caso venezolano, el derecho administrativo y sus principios terminaron encontrando su fuente jurídica primaria y más importante en la propia Constitución, en la cual ahora se encuentran regulaciones sobre la organización, funcionamiento y actividad de la Administración Pública como complejo orgánico integrada en los órganos del Poder Ejecutivo; sobre el ejercicio de la función administrativa, realizada aún por otros órganos del Estado distintos a la Administración; sobre las relaciones jurídicas que se establecen cotidianamente entre las personas jurídicas estatales cuyos órganos son los que expresan la voluntad de la Administración, y los administrados; sobre los fines públicos y colectivos que estas persiguen, situados por encima de los intereses particulares; sobre los poderes y prerrogativas de los cuales disponen para hacer prevalecer los intereses generales y colectivos frente a los intereses individuales, y además, de los límites impuestos por normas garantizadoras de los derechos y garantías de los administrados, incluso frente a la propia Administración.

En el mundo contemporáneo, en consecuencia, ese derecho administrativo que se ha incrustado en la Constitución,[901] es sin duda, como se dijo, el propio de un derecho del Estado de derecho, y su desarrollo y efectividad debería estar condicionado por los valores democráticos que están a la base del mismo.

Lo anterior implica, sin embargo, que a diferencia de otras ramas del derecho, por su vinculación con el Estado y el régimen político, el derecho administrativo no puede considerase como una rama políticamente neutra, y menos aún como un orden jurídico que haya adquirido esa relativa rigidez o estabilidad como el que podría encontrarse en otras ramas.

El derecho administrativo, aun conservando principios esenciales, inevitablemente tiene siempre un grado el dinamismo que lo hace estar en constante evolución, como consecuencia directa, precisamente, de la propia evolución del Estado, siempre necesitando adaptarse a los cambios que se operan en el ámbito social y político de cada sociedad, por lo que siempre terminan reflejando los condicionamientos

---

901 Sobre el proceso de constitucionalización del derecho administrativo en Colombia y en Venezuela, véase Allan R. Brewer-Carías, "El proceso de constitucionalización del Derecho Administrativo en Colombia" en Juan Carlos Cassagne (Director), *Derecho Administrativo. Obra Colectiva en Homenaje al Prof. Miguel S. Marienhoff*, Buenos Aires 1998, pp. 157-172, y en *Revista de Derecho Público*, N° 55-56, Editorial Jurídica Venezolana, Caracas, julio-diciembre 1993, pp. 47-59; y "Algunos aspectos de proceso de constitucionalización del derecho administrativo en la Constitución de 1999" en *Los requisitos y vicios de los actos administrativos. V Jornadas Internacionales de Derecho Administrativo Allan Randolph Brewer-Carías, Caracas 1996,* Fundación Estudios de Derecho Administrativo (FUNEDA), Caracas 2000, pp. 23-37.

políticos y sociales vigentes en un momento dado.[902] De allí aquella gráfica expresión de Prosper Weil en el sentido de que el derecho administrativo sufre, permanentemente, de una "crisis de crecimiento,"[903] que en definitiva, nunca concluye, pues las transformaciones económicas y sociales del mundo no cesan, y con ellas las del Estado y del rol que cumple.

VI

Pero si nos atenemos solamente a la conformación del andamiaje constitucional del Estado en el mundo contemporáneo occidental, como Estado de derecho, hay una constante subyacente en el condicionamiento del derecho administrativo, que son los principios democráticos que ahora le son esenciales a mismo,[904] como por ejemplo quedó plasmado en una aislada sentencia de la Sala Político Administrativa del Tribunal Supremo de Justicia de Venezuela de 2000, lamentablemente olvidada muy rápidamente, en la cual se afirmó que:

> "el derecho administrativo es ante y por sobre todo un derecho democrático y de la democracia, y su manifestación está íntimamente vinculada a la voluntad general (soberanía) de la cual emana."[905]

Ello debería ser así, y es cierto, como antes indicamos, si nos quedamos solo en la denominación y definición formal del Estado que se inserta en las Constituciones, como por ejemplo sucede precisamente en la de Venezuela antes citada, en cuyo artículo 2 se indica que:

> "Venezuela se constituye en un Estado democrático y social de Derecho y de Justicia, que propugna como valores superiores de su ordenamiento jurídico y de su actuación, la vida, la libertad, la justicia, la igualdad, la solidaridad, la democracia, la responsabilidad social y, en general, la preeminencia de los derechos humanos, la ética y el pluralismo político."

Si nos atenemos a esa definición, repito, mejores enunciados formales del Estado democrático en el texto de una Constitución es ciertamente imposible encontrar como marco general del ordenamiento jurídico que debería ser aplicable al Estado, y

---

902 Véase Martín Bassols, "Sobre los principios originarios del derecho administrativo y su evolución", en *Libro homenaje al profesor Juan Galván Escutia,* Valencia, 1980, p. 57. Véase igualmente, Alejandro Nieto "La vocación del derecho administrativo de nuestro tiempo", *Revista de Administración Pública,* N° 76, Madrid, Centro de Estudios Constitucionales 1975; también en *34 artículos seleccionados de la Revista de Administración Pública con ocasión de su centenario,* Madrid, 1983, pp. 880 y 881.

903 Véase Prosper Weil, *El derecho administrativo,* Madrid, 1966, p. 31.

904 Véase Allan R. Brewer–Carías, "El Derecho a la democracia entre las nuevas tendencias del derecho administrativo como punto de equilibrio entre los poderes de la Administración y los derechos del Administrado," en *Revista Mexicana "Statum Rei Romanae" de Derecho Administrativo.* Homenaje al profesor Jorge Fernández Ruiz, Asociación Mexicana de Derecho Administrativo, Facultad de Derecho y Criminología de la Universidad Autónoma de Nuevo León, México, 2008, pp. 85–122; y "Prólogo: Sobre el derecho a la democracia y el control del poder", al libro de Asdrúbal Aguiar, *El derecho a la democracia. La democracia en el derecho y la jurisprudencia interamericanos. La libertad de expresión, piedra angular de la democracia,* Editorial Jurídica Venezolana, Caracas, 2008, pp. 19 ss.

905 Véase la sentencia N° 1028 del 9 de mayo de 2000 en *Revista de Derecho Público,* N° 82, Editorial Jurídica Venezolana, Caracas, 2000, p. 214. Véase también, sentencia de la misma Sala de 5 de octubre de 2006, N° 2189 (Caso: *Seguros Altamira, C.A. vs. Ministro de Finanzas*), en *Revista de Derecho Público,* N° 108, Editorial Jurídica Venezolana, Caracas, 2006, p. 100.

que debería moldear el derecho administrativo. Sin embargo, ante esas definiciones, lo que corresponde es determinar si realmente, en los respectivos países, la práctica política del gobierno responde a esos principios, o si son simples enunciados floridos, y nada más, de un Estado nada democrático, como es el caso de Venezuela.

Ello no significa, sin embargo, que en los países que carecen de régimen democrático no haya derecho administrativo. No olvidemos la experiencia española de los últimos veinte años del franquismo, durante los cuales precisamente se desarrolló el derecho administrativo que tanta influencia tuvo en nuestros países latinoamericanos, particularmente por la labor de los profesores que se aglutinaron en torno a la *Revista de Administración Pública*, con Eduardo García de Enterría a la cabeza. Ni olvidemos la propia experiencia de nuestros propios países, en las tantas épocas de autoritarismo que creíamos ya desaparecidas.

No había democracia, pero sin duda, sí había derecho administrativo porque a pesar del autoritarismo, el régimen permitía la existencia de cierto equilibrio entre los poderes del Estado y los derechos ciudadanos; y a pesar de que no podía haber control sobre el comportamiento político del gobierno, algo de control contencioso administrativo si se permitía. Y para no irnos muy lejos, la raíz del derecho administrativo contemporáneo en Venezuela puede situarse precisamente en la rica jurisprudencia de la antigua Corte Federal que funcionó hasta 1961, contenida en múltiples sentencias que emanaron de dicho alto tribunal igualmente en la década de los cincuenta del siglo pasado, dictadas en plena dictadura militar que duró hasta 1958.[906] Tampoco había democracia, pero sin duda, en el marco de un régimen autoritario ya se estaban sentando las bases del derecho administrativo contemporáneo en Venezuela como lo hemos conocido en las últimas décadas del siglo XX, por la existencia al menos de principio, del antes mencionado equilibrio, por la existencia al menos del mencionado equilibrio.

Pero por supuesto, en aquél entonces no se trataba de un derecho administrativo de un Estado democrático de derecho, sino de un Estado autoritario con alguna sujeción al derecho. Es decir, en otros términos más generales, porque ejemplos como los indicados los podemos encontrar en la historia de nuestra disciplina de todos nuestros países, puede decirse que el sometimiento del Estado al derecho, que fue lo que originó el derecho administrativo desde comienzos del siglo XIX, no siempre tuvo el estrecho vínculo con la democracia, como régimen político, como hoy lo consideramos.

En realidad, el elemento esencial que caracteriza al derecho administrativo de un Estado democrático de derecho se encuentra cuando el derecho administrativo deja de ser un derecho exclusivamente del Estado, llamado a regular sólo su organización, su funcionamiento, sus poderes y sus prerrogativas, y pasa a ser realmente un derecho administrativo encargado de garantizar el punto de equilibrio antes mencionado que en una sociedad democrática tiene que existir entre los poderes del Estado y los derechos de los administrados. En el marco de un régimen autoritario, ese equilibrio por esencia no existe, o es muy débil o maleable, y por ello es que en dicho

---

906 Véase Allan R. Brewer-Carías, *Las instituciones fundamentales del derecho administrativo y la jurisprudencia venezolanas*, Caracas 1964; y *Jurisprudencia de la Corte Suprema 1930-1974 y estudios de derecho administrativo*, Ediciones del Instituto de Derecho Público, Facultad de Derecho, Universidad Central de Venezuela, ocho volúmenes, Caracas 1975-1979.

régimen el derecho administrativo no es un derecho democrático, aun cuando pretenda someter el Estado al derecho.

Como también lo señaló la Sala Político Administrativa del Tribunal Supremo de Justicia de Venezuela en la misma lamentablemente olvidada sentencia Nº 1028 de 9 de mayo de 2000,

> "El derecho administrativo se presenta dentro de un estado social de derecho como el punto de equilibrio entre el poder (entendido éste como el conjunto de atribuciones y potestades que tienen las instituciones y autoridades públicas, dentro del marco de la legalidad), y la libertad (entendida ésta como los derechos y garantías que tiene el ciudadano para convivir en paz, justicia y democracia)."[907]

Ello es precisamente lo que caracteriza al derecho administrativo en un orden democrático, que no es otra cosa que ser el instrumento para asegurar la sumisión del Estado al derecho pero con a la misión de garantizar el respeto a los derechos ciudadanos, en medio de una persistente lucha histórica por controlar el poder y contra las "inmunidades del poder,"[908] que es lo que ha caracterizado el devenir de nuestra disciplina. Ese equilibrio entre el poder y el ciudadano, siempre latente, pero débil al inicio, efectivamente se comenzó consolidar bien entrado el Siglo XX, luego de la segunda guerra mundial, cuando el derecho administrativo comenzó a ser un derecho regulador no sólo del Estado, sino de los derechos ciudadanos en un marco democrático.

Con ello se consolidó la concepción del derecho administrativo de las sociedades democráticas como el instrumento por excelencia para, por una parte garantizar la eficiencia de la acción administrativa y la prevalencia de los intereses generales y colectivos, y por la otra, para asegurar la protección del administrado frente a la Administración; con lo cual se superó aquella caracterización del derecho administrativo que advertía hace años Fernando Garrido Fallo, cuando nos indicaba que se nos presentaba como "un hipócrita personaje de doble faz," que encerraba una "oposición aparentemente irreductible" entre el conjunto de prerrogativas que posee y que "sitúan a la Administración en un plano de desigualdad y favor en sus relaciones con los particulares"; y el conjunto de derechos y garantías de estos, que lo llevaban a regular lo que llamó "la más acabada instrumentación técnica del Estado liberal."[909]

Ese juego dialéctico entre esos dos puntos extremos contrapuestos: por una parte, los poderes y las prerrogativas administrativas de la Administración, y por la otra, los derechos y las garantías de los administrados, es lo que permitió expresar a Marcel Waline, también hace unos buenos años, que por una parte se evite el inmovilismo y la impotencia de la Administración, y por la otra, se evite la tiranía.[910] La existencia o no del mencionado equilibrio, o la existencia de un acentuado desbalance o

907 Véase en *Revista de Derecho Público*, Nº 82, Editorial Jurídica Venezolana, Caracas 2000, p. 214.

908 Véase Eduardo García de Enterría, *La lucha contra las inmunidades de poder en el derecho administrativo,* Madrid 1983.

909 Véase Fernando Garrido Falla, "Sobre el derecho administrativo", en *Revista de Administración Pública,* Nº 7, Instituto de Estudios Políticos, Madrid, 1952, p. 223

910 Véase Marcel Waline, *Droit administratif,* París, 1963, p. 4.

desequilibro entre los dos extremos, es lo que resulta del modelo político en el cual se mueve y aplica el derecho administrativo. De allí, más democrático será el derecho administrativo solo si el equilibrio es acentuado; y menos democrático será si su regulación se limita sólo a satisfacer los requerimientos del Estado, ignorando o despreciando el otro extremo, es decir, el de las garantías y derechos ciudadanos.

El reto del derecho administrativo, por tanto, está en lograr y asegurar el equilibrio mencionado para lo cual es necesario que el Estado esté configurado no sólo como un Estado de derecho sino como un Estado democrático, lo cual sólo es posible si el mismo asegura efectivamente el control del ejercicio del poder. Sin dicho control, el derecho administrativo no pasa de ser un derecho del Poder Ejecutivo o de la Administración Pública, montado sobre un desequilibrio o desbalance, en el cual las prerrogativas y poderes de la Administración pudieran predominar en el contenido de su regulación.

VII

Pero para que el equilibrio se logre y sea efectivo, es evidente que no bastan las declaraciones formales en las Constituciones, ni que el derecho administrativo se haya llegado a constitucionalizar efectivamente, como ocurrió en Venezuela, y hemos destacado anteriormente respecto de la Constitución de 1999, cuyo texto formal está incluso imbuido del mencionado postulado del equilibrio en la relación Administración-administrados, dando cabida a un conjunto de previsiones para asegurarlo, regulando la actuación de la Administración y protegiendo en paralelo los derechos e intereses de las personas, pero sin el sacrificio o menosprecio de los intereses particulares, a pesar de la prevalencia de los intereses generales o colectivos.

Todo ello, sin embargo, como indiqué al inicio, ha quedado sólo como florido lenguaje que no se aplica, por el desarrollo progresivo, por el germen que tenía la Constitución, de un Estado autoritario, que más pronto que tarde derivó en el Estado totalitario y populista de la actualidad;[911] con el cual lo que se ha hecho es desmantelar la democracia,[912] violándose y moldeándose el orden jurídico tal como los gobernantes han querido, sin control alguno entre los poderes públicos ya que todos responden al unísono a un solo mando, empobreciendo y haciendo miserable a un

911 Sobre ello véase Raymond Aron, *Democracia y totalitarismo,* Seix Barral, Madrid 1968; José Linz, *Totalitarian and Authoritarian Regimes*, Rienner, 2000. La Conferencia Episcopal de Venezuela ha advertido la situación al expresar, sobre lo grave de la situación el panorama político actual, sobre "la pretensión de imponer un modelo político totalitario y un sistema educativo fuertemente ideologizado y centralizado" así como "la criminalización de las protestas y la politización del poder judicial, que se manifiesta, entre otras cosas, en la existencia de presos políticos y en la situación de tantos jóvenes privados de libertad por haber participado en manifestaciones" Véase reportaje de Sergio Mora: "Los obispos de Venezuela: Pretenden imponer un modelo totalitario,", en Zenit. El mundo visto desde *Roma*, Roma, 12 julio 2014, en http://www.zenit.org/es/articles/los-obispos-de-venezuela-pretenden-imponer-un-modelo-totalitario.

912 Véase Allan R. Brewer-Carías, *Dismantling Democracy. The Chávez Authoritarian Experiment*, New York, 2010; y "La demolición del Estado de derecho y la destrucción de la democracia en Venezuela (1999-2009)," en José Reynoso Núñez y Herminio Sánchez de la Barquera y Arroyo (Coordinadores), *La democracia en su contexto. Estudios en homenaje a Dieter Nohlen en su septuagésimo aniversario,* Instituto de Investigaciones Jurídicas, Universidad Nacional Autónoma de México, México 2009, pp. 477-517.

país otrora próspero,[913] y donde simplemente se ha eliminado la justicia. Y todo ello, mediante un proceso de desinstitucionalización, desjuridificación, desjudicialización, y desdemocratización, y además, de desconstitucionalización y de desadministración, originando un Estado Totalitario,[914] caracterizado por una concentración total del poder; donde no hay control ni balance entre los poderes del Estado; donde existe un partido político estatal y militar único, fusionado al propio Estado, que actúa como instrumento facilitador, con una ideología única que se califica como "socialismo," concebida como la actividad política "legítima" u "oficial," contraria al pluralismo; que rechaza la democracia representativa y el parlamentarismo; y en el cual, además, se niegan los derechos individuales y la libertad como valor máximo de la democracia, siendo sustituidos por derechos colectivos respecto de los cuales el Estado supuestamente sería el único presuntamente depositario, desconociéndose con ello, además, la solidaridad social y la primacía de la dignidad de la persona humana; un Estado que si bien desde 1975 controlaba con exclusividad la producción del petróleo, ahora ha asumido el monopolio total de todos los medios de producción, de manera que la economía es ahora totalmente controlada por el Estado y se ha convertido en parte del mismo, dando origen a un extraordinario sistema de Capitalismo de Estado, que ha oprimido a las iniciativas privadas, entre otros medios, además de con limitaciones de toda índole, mediante confiscaciones y requisiciones al margen de la Constitución. Un Estado; además, que ha asumido el control total de los medios de persuasión y coacción, incluso mediante la intervención de las policías locales, y la creación de milicias desordenadas que ahora atentan contra el propio Estado; que, además, ha asumido el monopolio de los medios de comunicación, con cuya actividad se ha producido la politización de toda actividad particular, originándose una confusión entre sociedad civil y Estado, de manera que las faltas cometidas por los individuos en el marco de su actividad individual se conforman simultáneamente como faltas ideológicas, procurándose la eliminación de cualquier tipo de opinión disidente a la oficial, sirviéndose para ello de la policía y de los militares.

Por todo ello, lamentablemente, es que se puede afirmar que el Estado que hoy tenemos en Venezuela no solo es un Estado democrático y social de derecho y de justicia, descentralizado, sino que es un Estado Totalitario, desvinculado a la democracia y que ha configurado una Administración Pública que pasó de servir al ciudadano a servir al propio Estado, y colocada, por tanto, al margen su misión de garantizar el equilibrio entre los poderes del Estado y los derechos de las personas, aten-

---

913 Ello ha provocado que en el país se haya producido lo que se ha calificado como "un milagro económico a la inversa, de los que se registran tan pocos en el devenir de los pueblos," y es el de haber convertido "en país miserable el más rico de América." Véase Fernando Londoño en el diario *El Tiempo* de Bogotá, reproducido por el Jefe de Redacción (Elides Rojas) del diario *El Universal* de Caracas el 24 de mayo de 2014. "Fernando Londoño en *El Tiempo*: Venezuela en llamas. Santos calla," en *El Universal,* Caracas 24 de mayo de 2014, en http://www.eluniversal.com/blogs/sobre-la-mar-cha/140524/fernando-londono-en-el-tiempo-venezuela-en-llamas-santos-calla.

914 Véase Allan R. Brewer-Carías, *Estado Totalitario y desprecio a la Ley* (*La desconstitucionalización, desjuridificación, de desjudicialización, y de desdemocratización, de Venezuela)*, Editorial Jurídica Venezolana, Caracas 2014. Véase asimismo Jesús María Alvarado Andrade, "Sobre Constitución y Administración Pública ¿Es realmente el Derecho Administrativo en Venezuela un Derecho Constitucional Concretizado?" en HERNÁNDEZ G, José Ignacio (Coord.), *100 Años de Enseñanza del Derecho Administrativo en Venezuela 1909-2009,* Centro de Estudios de Derecho Público de la Universidad Monteávila-Fundación de Estudios de Derecho Administrativo (FUNEDA), Caracas, 2011, pp. 165-263.

diendo ahora sólo a velar por la imposición a la población inerme, de políticas autoritarias, incluso violando la Constitución y las leyes.

Ese Estado Totalitario de la actualidad, en efecto:

En *primer lugar*, ha hecho desaparecer todo vestigio del Estado de derecho que prevé la Constitución, lo que ha resultado, primero, de la violación sistemática de la Constitución que ha perdido su carácter de ley suprema y su rigidez; segundo, del sistemático proceso de maleabilidad, mutabilidad y desrigidización constitucional conducido, entre otros, por el Tribunal Supremo,[915] todo lo cual ha producido una completa desjuridificación del propio Estado; y tercero, de la creación, incluso fuera de la Constitución, de un Estado paralelo al Estado Constitucional, denominado Estado Comunal o Estado del Poder Popular, [916] lo que ha provocado la completa desconstitucionalización del mismo.

En *segundo lugar*, el Estado totalitario ha hecho desaparecer, igualmente, todo vestigio del Estado democrático que regula la Constitución, lo que ha resultado primero, de la distorsión de la representatividad política en la legislación electoral, de manera que con minoría de votos se obtenga mayoría de representantes; [917] segundo, de las fallas en la implementación de la democracia participativa, que ha resultado ser un esquema de movilización popular basada en repartos controlados por el Poder central; [918] tercero, de la ausencia de separación de poderes en la organización del Estado, en particular, de la ausencia de autonomía e independencia del Poder Judicial; [919] cuarto, de la distorsión de la Administración Pública que dejó de estar al

---

915 Véase por ejemplo, lo expuesto en Allan R. Brewer-Carías, *Crónica sobre la "in" justicia constitucional. La Sala Constitucional y el autoritarismo en Venezuela*, Colección Instituto de Derecho Público, Universidad Central de Venezuela, N° 2, Caracas 2007; *Práctica y distorsión de la justicia constitucional en Venezuela (2008-2012)*, Colección Justicia N° 3, Acceso a la Justicia, Academia de Ciencias Políticas y Sociales, Universidad Metropolitana, Editorial Jurídica Venezolana, Caracas, 2012.

916 Véase lo expuesto en Allan R. Brewer-Carías, "La desconstitucionalización del Estado de derecho en Venezuela: del Estado Democrático y Social de derecho al Estado Comunal Socialista, sin reformar la Constitución," *en Libro Homenaje al profesor Alfredo Morles Hernández, Diversas Disciplinas Jurídicas*, (Coordinación y Compilación Astrid Uzcátegui Angulo y Julio Rodríguez Berrizbeitia), Universidad Católica Andrés Bello, Universidad de Los Andes, Universidad Monteávila, Universidad Central de Venezuela, Academia de Ciencias Políticas y Sociales, Vol. V, Caracas 2012, pp. 51-82; en Carlos Tablante y Mariela Morales Antoniazzi (Coord.), *Descentralización, autonomía e inclusión social. El desafío actual de la democracia*, Anuario 2010-2012, Observatorio Internacional para la democracia y descentralización, En Cambio, Caracas, 2011, pp. 37-84; y en *Estado Constitucional*, Año 1, N° 2, Editorial Adrus, Lima, junio 2011, pp. 217-236.

917 Véase Allan R. Brewer-Carías, *El golpe a la democracia dado por la Sala Constitucional*, Colección Estudios Políticos N° 8, Editorial Jurídica venezolana, Caracas, 2014.

918 Véase Allan R. Brewer-Carías, "La necesaria revalorización de la democracia representativa ante los peligros del discurso autoritario sobre una supuesta "democracia participativa" sin representación," en *Derecho Electoral de Latinoamérica. Memoria del II Congreso Iberoamericano de Derecho*, Bogotá, 31 agosto-1 septiembre 2011, Consejo Superior de la Judicatura, ISBN 978-958-8331-93-5, Bogotá, 2013, pp. 425-449.

919 Véase por ejemplo, Allan R. Brewer-Carías, "La justicia sometida al poder [La ausencia de independencia y autonomía de los jueces en Venezuela por la interminable emergencia del Poder Judicial (1999-2006)]" en *Cuestiones Internacionales. Anuario Jurídico Villanueva 2007*, Centro Universitario Villanueva, Marcial Pons, Madrid 2007, pp. 25-57; y "Sobre la ausencia de independencia y autonomía judicial en Venezuela, a los doce años de vigencia de la constitución de 1999 (O sobre la interminable transitoriedad que en fraude continuado a la voluntad popular y a las normas de la Constitución, ha impedido la vigencia de la garantía de la estabilidad de los jueces y el funcionamiento efectivo de una "jurisdicción disciplinaria judicial"), en *Independencia Judicial*, Colección Estado de Derecho, Tomo I, Academia de

servicio del ciudadano; quinto, de la militarización avasallante de la sociedad y del Estado; sexto, de la eliminación de la libertad de expresión y comunicación; y séptimo, de la eliminación y violación del principio democrático, al hacer imposible la iniciativa popular de revocación de mandatos, pero permitiendo la revocación de mandaos populares por parte del Tribunal Supremo, en contra de la Constitución.[920]

En *tercer lugar*, el Estado totalitario también ha hecho desaparecer todo vestigio del Estado Social y de Economía Mixta que regula la Constitución, primero, mediante la eliminación de la libertad económica, el ahogamiento de la iniciativa privada y la eliminación de la garantía del derecho de propiedad; segundo, por la política que ha castigado toda generación de riqueza, resultando la configuración de un Estado montado sobre una política de subsidios y repartos directos; tercero, mediante la formulación de un esquema de economía comunista donde el Estado ha acaparado la totalidad de la actividad económica, basado en sistema de Capitalismo de Estado;[921] cuarto, mediante la total burocratización del Estado, que se ha convertido en el principal empleador, a costa de haber hecho desaparecer el servicio civil basado en la meritocracia; y quinto, mediante el desarrollo de un Estado Populista, con la forma ahora de Estado Comunal y del Poder Popular, que lo conforme, en todo caso, como un Estado Clientelar.

En *cuarto lugar*, el Estado totalitario adicionalmente ha hecho desaparecer todo vestigio del Estado de Justicia que regula la Constitución, lo que ha resultado primero, de la ausencia de leyes justas y la multiplicación de leyes inconsultas; [922] segundo, de una extrema inflación de la inseguridad jurídica, con reformas de las leyes que se realizan mediante su simple re-publicación en la *Gaceta Oficial*, sin que sean producto de la voluntad popular; [923] tercero, del sometimiento político del Poder Judicial al Poder Ejecutivo y la Asamblea Nacional, habiendo desaparecido todo vestigio de autonomía e independencia del mismo; cuarto, del hecho de que el Estado se ha escapado de la justicia interna, al no existir materialmente control contencioso administrativo, ni posibilidad de condena al Estrado por responsabilidad, y además, de haberse escapado también de la justicia internacional, al denunciar la Convención Americana de Derechos Humanos[924] tornándose en un Estado irrespon-

---

Ciencias Políticas y Sociales, Acceso a la Justicia org., Fundación de Estudios de Derecho Administrativo (Funeda), Universidad Metropolitana (Unimet), Caracas, 2012, pp. 9-103.

920 Véase Allan R. Brewer-Carías, *El golpe a la democracia dado por la Sala Constitucional*, Colección Estudios Políticos N° 8, Editorial Jurídica venezolana, Caracas, 2014.

921 Véase Allan R. Brewer-Carías, "Sobre la Ley Orgánica del Sistema Económico Comunal o de cómo se implanta en Venezuela un sistema económico comunista sin reformar la Constitución," en *Revista de Derecho Público*, N° 124, (octubre-diciembre 2010), Editorial Jurídica Venezolana, Caracas, 2010, pp. 102-109.

922 Véase Allan R. Brewer-Carías, El fin de la llamada "democracia participativa y protagónica" dispuesto por la Sala Constitucional en fraude a la Constitución, al justificar la emisión de legislación inconsulta en violación al derecho a la participación política, *Revista de Derecho Público,* N° 137 (Primer Trimestre 2014, Editorial Jurídica Venezolana, Caracas, 2014, pp. 157-164.

923 Véase Allan R. Brewer-Carías, "Autoritarismo e inseguridad jurídica en Venezuela. O sobre la irregular forma utilizada para "reformar" la Constitución y las leyes," en Rafael Valim, José Roberto Pimenta Oliveira, e Augusto Neves Dal Pozzo (Coordenadores), *Tratado sobre o princípio da segurança jurídica no Direito Administrativo*, Editora Fórum, Sao Paulo, 2013.

924 Véase Allan R. Brewer-Carías, "La reciente tendencia hacia la aceptación del arbitraje en la contratación estatal en el derecho venezolano," en Jaime Rodríguez Arana, Miguel Ángel Sendín, Jorge E. Danós Ordóñez, Jorge Luis Cáceres Arce, Verónica Rojas Montes, Neil Amador Huáman Paredes (Coordinado-

sable; quinto, de haberse puesto la Justicia al servicio del autoritarismo, al punto de que áreas de actividad social carecen de justicia, como es la justicia de paz; y sexto, de haberse desarrollado un sistema de injusticia como consecuencia de la impunidad.

Y por último, en *quinto lugar*, el Estado totalitario también ha hecho desaparecer todo vestigio del Estado descentralizado que bajo una concepción centralista de la llamada "federación descentralizada" reguló la Constitución, lo que se ha consolidado primero, con el desbalance introducido a favor de los órganos del nivel nacional de gobierno en la distribución territorial de competencias; segundo, con un Municipio que no se llegó a configurar efectivamente como la unidad primaria de la organización nacional, pero que ahora tiende a desaparecer con la política de desmunicipalización resultante de la estructuración del Estado Comunal; tercer, con la creación, en paralelo a las entidades políticas territoriales previstas en la Constitución, pero fuera de sus regulaciones, de mencionado Estado Comunal o del Poder Popular, estructurando Comunas[925] para acabar con los Estados y Municipios, los cuales han sido vaciados de competencia a favor de las mismas; y por último, cuarto, con el ahogamiento y neutralización de las mismas entidades políticas territoriales en paralelo, por parte de los órganos del Poder Ejecutivo Nacional.

Todo ello incluso se ha hecho mediante leyes orgánicas que han pretendido regular supuestamente mecanismos de ejercicio de directo de la soberanía, como son las Asambleas de ciudadanos y Comunas, sin sufragio ni representación, controladas por el partido oficial de gobierno y dependientes directamente del Poder Ejecutivo Nacional; que lejos de ser instrumentos de participación política, por la ausencia de descentralización, lo que han hecho es configurar un sistema de centralización y control férreo de las comunidades por parte el Poder Central. Se trata más bien de un "edificio" de organizaciones para evitar que el pueblo efectivamente participe y ejerza la soberanía, y para imponerle, mediante férreo control central, políticas por las cuales nunca ha votado ni tendrá la ocasión de votar, basado en una concepción única, que es el socialismo, de manera que quien no sea socialista está automáticamente discriminado, desplazado e impedido de "participar."

No es posible, por tanto, en el marco de esas Leyes Orgánicas del Poder Popular poder conciliar el pluralismo que garantiza la Constitución y el principio de la no discriminación por razón de "opinión política," con las disposiciones de dichas leyes que persiguen todo lo contrario, es decir, el establecimiento de un Estado Comunal, cuyas instancias sólo pueden actuar en función del socialismo y de las cuales todo ciudadano que tenga otra opinión, queda automáticamente excluido.

En esta forma, al fraude a la Constitución,[926] y además, en fraude a la voluntad popular, que votó en contra de esas reformas que se quisieron introducir en la Cons-

---

res), *Contratación Pública. Doctrina Nacional e Internacional,* Volumen II, XII Foro Iberoamericano de Derecho Administrativo, Adrus Editores, Arequipa, 2013, pp. 803-830.

925 Véase Allan R. Brewer-Carías, Claudia Nikken, Luis A. Herrera Orellana, Jesús María Alvarado Andrade, José Ignacio Hernández y Adriana Vigilanza, *Leyes Orgánicas sobre el Poder Popular y el Estado Comunal (Los Consejos Comunales, las Comunas, la Sociedad Socialista y el Sistema Económico Comunal),* Editorial Jurídica Venezolana, Caracas, 2011.

926 Véase Allan R. Brewer-Carías, *Reforma constitucional y fraude a la Constitución (1999-2009)*, Academia de Ciencias Políticas y Sociales, Caracas 2009; *Dismantling Democracy. The Chávez Authoritarian Experiment*, Cambridge University Press, New York, 2010.

titución en 2007, se le ha impuesto a los venezolanos mediante leyes orgánicas, y por tanto, inconstitucionales, un modelo de Estado totalitario, comunista y centralizado por el cual nadie ha votado, con lo que se ha cambiado radical e inconstitucionalmente el texto de la Constitución de 1999, que no ha sido reformado conforme a sus previsiones, en abierta contradicción y desprecio, se insiste, al rechazo popular mayoritario que se expresó en diciembre de 2007 a la reforma constitucional que entonces se intentó realizar incluso violando la propia Constitución.[927]

VIII

Es a ese marco de Estado totalitario y de desconstitucionalización del Estado, bien alejado al modelo de Estado democrático y social de derecho y de justicia, descentralizado, del cual habla la Constitución, al cual hoy responde la Administración Pública que es su instrumento, y que nos la muestran ya como una institución que dejó de estar al servicio del ciudadano, que abandonó su rol de servir de punto de equilibrio entre los poderes y prerrogativas del Estado y las garantías de derechos de los particulares, pasando, en un marco de su desquiciamiento, a servir ahora, sin seguridad jurídica alguna, exclusivamente al Estado, a sus poderes y prerrogativas, en la medida en que los gobernantes decidan, sin control judicial de naturaleza alguna; siendo su misión el servir de medio de imposición de la voluntad del Estado y de los funcionarios, a los ciudadanos.

Es decir, la Administración se ha convertido en una estructura burocrática discriminadora, sin garantía alguna de imparcialidad, con la cual los ciudadanos ahora sólo pueden entrar en relación en dos formas: por una parte, los que son privilegiados del poder, como consecuencia de la pertenencia política al régimen o a su partido único, con todas las prebendas y parcialidades de parte de los funcionarios; y por otra parte, los que como marginados del poder acuden a la Administración por necesidad ciudadana, a rogar las más elementales actuaciones públicas, como es por ejemplo solicitar autorizaciones, licencias, permisos o habilitaciones, las cuales no siempre son atendidas y más bien tratadas como si lo que se estuviera requiriendo fueran favores y no derechos o el cumplimiento de obligaciones públicas, con el consecuente "pago" por los servicios recibidos, y no precisamente a través de timbres fiscales que es lo propio de las tasas legalmente establecidas. En ambas situaciones, lamentablemente, el equilibrio entre poderes del Estado y derechos ciudadanos de los administrados ha desaparecido, sin que existan elementos de control para restablecerlo, de manera que se privilegia y se margina, sin posibilidad alguna de control.

La consecuencia de todo este esquema de ausencia de Estado Social y de Estado de economía mixta, y el establecimiento en su lugar del Estado comunista, burocratizado, populista y clientelar, ha sido que en nombre del "socialismo," Venezuela hoy tiene el record de ser el país que ocupa el primer lugar en el índice de miseria del mundo,[928] y la sociedad con el más alto riesgo de América Latina.[929] Esa es la

927 Véase Allan R. Brewer-Carías, *La reforma constitucional de 2007 (Comentarios al proyecto inconstitucionalmente sancionado por la Asamblea Nacional el 2 de noviembre de 2007)*, Colección Textos Legislativos, N° 43, Editorial Jurídica Venezolana, Caracas, 2007.

928 Venezuela tiene el "ignominioso" primer lugar en el Índice de miseria del mundo. Véase el Informe de Steve H. Hanke, "Measury Misery arround the World," publicado en mayo 2104, en *Global Asia*, en http://www.cato.org/publica-tions/commen-tary/measuring-misery-around-world Véase igualmente *Índi-*

hazaña o el milagro de la política económica del gobierno durante los pasados quince años, que tanto va a costar superar en el futuro,[930] lo que se suma el indicado primer lugar en criminalidad, falta de transparencia e inflación.

Todo lo cual, sin duda, ha sido uno de los objetivos del gobierno durante los últimos quince años de manera que como lo ha expresó Pedro Palma, la explicación de lo incomprensible, es decir, del "milagro económico" de destrucción a mansalva de la economía y de la creación de miseria, está en que para el gobierno lo importante es mantener la condición de pobreza:

> "pues ella crea dependencia del Estado y abona el terreno para el clientelismo político, asegurándose el apoyo incondicional de una amplia masa poblacional a través de la manipulación informativa y de la explotación descarada de su ignorancia y buena fe. Eso, a su vez, facilita el logro e uno de los objetivos buscados, cual es la eliminación de la vieja oligarquía del anterior sistema, para sustituirlo por otra, pero revolucionaria."[931]

Por eso se ha hablado, con razón, de que la política de Estado en Venezuela es la de una "una fábrica de pobres,"[932] o como lo ha resumido Leandro Area, al referirse a la noción del "Estado Misional":

> "El consumo, por su parte, en un país que no produce nada, viene determinado por la oferta restringida de quien monopoliza, petroliza, en todos los sentidos, los productos de la cesta de las mercancías de consumo social entre los que destacan el trabajo, la salud, la educación, la vivienda, etc. Populismo, demagogia, asistencialismo, plebeyismo, "peronismo", cultura de la sumisión, degradación de la civilidad, desesperanza aprehendida, envilecimiento, etc., son expresiones, realidades, cercanas a la idea del Estado misional."[933]

---

ce Mundial de Miseria, 2014, en http://www.razon.com.mx/spip.php?article215150; y en http://vallarta-opina.net/2014/05/23/en-indice-mundial-de-miseria-venezuela-ocupa-primer-lugar/.

929 Véase en http://www.elmundo.com.ve/noticias/actualidad/noticias/infografia-riesgo-pais-de-venezuela-cerro-el-201.aspx.

930 Pedro Carmona Estanga ha resumido la hazaña económica del régimen explicando que: "Por desgracia para el país, a lo largo de estos 16 años se han dilapidado unos US$ 1,5 billones que no volverán, de los cuales no quedan sino la destrucción del aparato productivo, el deterioro de la calidad de vida, de la infraestructura, de la institucionalidad, y distorsiones macroeconómicas y actitudinales en la población de una profundidad tal, que costará sudor y sangre superar a las generaciones venideras. Esa es la hazaña histórica lograda y cacareada por el régimen." Véase Pedro Carmona Estanga, "La destrucción de Venezuela: hazaña histórica," 19 de octubre de 2014, en http://pcarmonae.blogspot.com/2014/10/la-destruccion-de-venezuela-hazana.html.

931 Véase Pedro Palma, "Las Revoluciones fatídicas,", en *El Nacional*, Caracas, 8 de septiembre de 2014, en http://www.el-nacional.com/pedro_palma/Revoluciones-fatidicas_0_478752208.html.

932 En tal sentido, Brian Fincheltub, ha destacado que "Las misiones se convirtieron en fábrica de personas dependientes, sin ninguna estabilidad, que confiaban su subsistencia exclusivamente al Estado. Nunca hubo interés de sacar a la gente de la pobreza porque como reconoció el propio ministro Héctor Rodríguez, se "volverían escuálidos". Es decir, se volverían independientes y eso es peligrosísimo para un sistema cuya principal estrategia es el control." Véase Brian Fincheltub, "Fabrica de pobres," en *El Nacional*, Caracas, 5 de junio de 2014, en http://www.el-nacional.com/opi-nion/Fabrica-pobres_0_4217-57946.html.

933 Véase Leandro Area, "El 'Estado Misional' en Venezuela," en *Analítica.com*, 14 de febrero de 2014, en http://analitica.com/opinion/opinion-nacional/el-estado-misional-en-venezuela/.

Este Estado Misional, Comunista, Burocrático, Populista, Comunal y del Poder Popular y Clientelar, acaparador de toda la actividad económica, en definitiva, es el que ha sustituido al Estado Social y de Economía Mixta que está en la Constitución, conduciendo a su negación total, pues se ha convertido como observa Isaac Villamizar, es un "Estado inepto, secuestrado por la élite de la burguesía corrupta gubernamental, que niega todos los derechos sociales y económicos constitucionales, y que manipula la ignorancia y pobreza de las clases sociales menos favorecidas," argumentando al contrario, que:

> "Si Venezuela fuera un Estado Social, no habría neonatos fallecidos por condiciones infecciosas en hospitales públicos. Si Venezuela fuera un Estado Social, toda persona tendría un empleo asegurado o se ejercería plenamente la libertad de empresa y de comercio. Si Venezuela fuera un Estado Social no exhibiríamos deshonrosamente las tasas de homicidios más altas del mundo. Si Venezuela fuera un Estado Social no estaría desaparecida la cabilla y el cemento y las cementeras intervenidas estarían produciendo al máximo de su capacidad instalada. Si Venezuela fuera un Estado Social todos los establecimientos de víveres y artículos de primera necesidad estarían abarrotados en sus anaqueles. Si Venezuela fuera un Estado Social las escuelas no tendrían los techos llenos de filtraciones, estarían dotadas de materiales suficientes para la enseñanza-aprendizaje y los maestros y profesores serían el mejor personal pagado del país. Si Venezuela fuera un Estado Social no habría discriminación por razones políticas e ideológicas para tener acceso a cualquier servicio, beneficios y auxilios públicos y bienes de primera necesidad. Si Venezuela fuera un Estado Social el problema de la basura permanente en las grandes ciudades ya estaría resuelto con los métodos más modernos, actualizados y pertinentes a la protección ambiental."[934]

En ese panorama se entiende entonces, la magnitud y significado del condicionamiento político que ese Estado Totalitario ha ocasionado en la Administración Pública, la cual básicamente ha abandonado el parámetro de su misión establecido en el artículo 141 de la Constitución, que al contrario, requeriría que la misma estuviese al servicio de los ciudadanos, fundamentada "en los principios de honestidad, participación, celeridad, eficacia, eficiencia, transparencia, rendición de cuentas y responsabilidad en el ejercicio de la función pública, con sometimiento pleno a la ley y al derecho," nada de lo cual se cumple.

Al contrario, la misma, para responder a políticas populistas del Estado Totalitario, primero, se ha convertido en una Administración burocrática y burocratizada, producto de la desaparición, persecución y estigmatización de la iniciativa privada, y con ello, de toda posibilidad de efectiva generación de riqueza y de empleo en el país, el cual sólo la iniciativa privada puede asegurar; con la lamentable generación de altas tasas de desempleo o de empleo informal; segundo, ha sufrido una inflación inusitada, tanto en los órganos de la Administración Ministerial como en las entidades descentralizadas; y tercero, ha sido objeto de la creación de una Administración paralela, con la creación de las "Misiones," lo que globalmente ha provocado una colosal indisciplina presupuestaria.

---

934 Véase Isaac Villamizar, "Cuál Estado Social?," en *La Nación*, San Cristóbal, 7 de octubre de 2014, en http://www.lanacion.com.ve/columnas/opinion/cual-estado-social/.

En particular, al perseguirse al sector privado y destruirse el aparato productivo, buena parte de la política social del gobierno, como solución al desempleo, lamentablemente ha conducido a la total burocratización de la Administración Pública, lo que ha provocado el aumento del empleo público a niveles nunca antes vistos, por supuesto bien lejos de la meritocracia que prescribe la Constitución, conforme a la cual el ingreso a la función pública debería ser sólo mediante concursos públicos (art. 146). La consecuencia de esta política ha sido que la Administración Pública en Venezuela, después de quince años de estatizaciones, hoy tiene casi el mismo número de empleados públicos civiles que los que, por ejemplo, existen en toda la Administración Federal de los Estados Unidos.[935] Ello significa que durante los últimos 10 años el número de empleados públicos aumentó en un 156%, pero con una disminución lamentablemente, quizás en proporción mayor, respecto de la eficiencia de la Administración en la prestación de los servicios sociales.[936]

IX

Esquema de burocracia estatal, por supuesto, el impacto que ha tenido un impacto determinante sobre el derecho administrativo, en articular sobre el funcionariado y la organización administrativa.

Por ejemplo, en cuanto al funcionariado, quedó simplemente en el papel la norma constitucional antes referida que prescribe que "los funcionarios públicos están al servicio del Estado y no de parcialidad política alguna," y que su "nombramiento o remoción no pueden estar determinados por la afiliación u orientación política" (art. 145), pues en la práctica gubernamental actual sucede todo lo contrario, de manera que para ingresar y permanecer en la función pública, el interesado tiene que haber demostrado lealtad al gobierno y a la doctrina oficial, obligándoseles a estar al servicio del partido de gobierno, de manera que quien no se adapte a ese principio, es simplemente removido de su cargo, sin contemplación. Esta "nueva" función pública es la antítesis de lo que antes se conocía como el estatuto de la función pública, que tenía una Ley (Ley del Estatuto de la Función Pública) que la regulaba, la cual incluso establece concursos para ingresar a la carrera administrativa, y causales de destitución, todo lo cual, en realidad, cayó en desuso.

Por otra parte, la implementación de las políticas populistas por parte del Estado Totalitario ha tenido también un fuerte y directo impacto en la organización de la Administración Pública, que lejos de obedecer a criterios racionales de reforma administrativa, lo que ha provocado es una desusada inflación organizacional que ha originado un desquiciamiento de la organización administrativa en su conjunto. El

---

935 En ésta última, por ejemplo, en 2012 existían aproximadamente 2.700.000 de empleados públicos civiles que sirven a 316 millones de personas, y Venezuela, que tiene una población de 30 millones de personas, en 2012 contaba con cerca de 2.470.000 (comparado con los 90.000 que había en 1998). Véase la información de la Office of Personal Management, en http://www.opm.gov/policy-data-oversight/data-analysis-documentation/federal-employment-reports/historical-tables/total-government-employment-since-1962/. Véase Víctor Salmerón, "A ritmo de 310 por día crecen los empleados públicos," en *El Nacional*, Caracas 2 de diciembre de 2012, en http://www.eluniversal.com/economia/121202/a-ritmo-de-310-por-dia-crecen-los-empleados-publicos.

936 Véase Jairo Márquez Lugo, "Venezuela tiene más empleados que Estados Unidos," en http://entresocios.net/ciudadanos/venezuela-tiene-mas-empleados-publicos-que-estados-unidos. Véanse también los datos en: "1999 versus 2013: Gestión del Desgobierno en números," en https://twitter.com/sushi-david/sta-tus/451006280061046784.

número de Ministerios se ha multiplicado por tres (de 16 Ministerios en 1998 se pasó a 36 Ministerios en 2014), los Viceministros se multiplicaron por diez (de 16 en 1998 se pasó a 107 en 2014) y Vicepresidentes se multiplicaron por seis.[937] La Administración descentralizada se multiplicó ilimitadamente con la creación de toda suerte de empresas púbicas e institutos autónomos producto de las nacionalizaciones, expropiaciones y confiscaciones de empresas, lamentablemente en manos de una burocracia ineficiente, con gerentes casi todos militares o exmilitares, pasando el país a tener una de las peores gerencias públicas.[938]

Además de la hiperinflación que se ha presentado en la Administración ministerial y en la Administración descentralizada, la política social populista del Estado basada en la configuración de todo tipo de subsidios, como si los recursos del petróleo fuesen ilimitados e invariables, ha conducido a la definición de programas de políticas públicas denominados "Misiones," que después de varios años de implementación encontraron cabida expresa en la reforma de la Ley Orgánica de la Administración Pública de 2008, pero paradójicamente para quedar excluidas de sus regulaciones;[939] es decir, como una Administración paralela a la Administración Central; todo lo cual se ha ratificado en la reforma de la Ley Orgánica de la Administración Pública dictada mediante Decreto Ley 1.424 de 17 de noviembre de 2014.[940]

La consecuencia ha sido, entonces, que además de la existencia de entes y de los órganos en la organización de la Administración Pública, ahora se han insertado en la misma a las "Misiones" –que en realidad no son nada distinto, en su forma jurídica de los tradicionales entes y órganos administrativos, pero con la diferencia de que se los denomina "Misiones,"– pero con la absurda característica, como se dijo, de que las mismas quedan fuera de la regulación de dicha Ley Orgánica de la Administración Pública, como una especie de Administración Paralela.[941].

Este Estado Populista ha sido lo Leandro Area ha calificado acertadamente como un "Estado Misional," por estar montado sobre dichas Misiones "como actores colectivos no formales de política pública, que manejan un oscuro e inmenso mar de

937 Véanse el reportaje "Venezuela rompió récord mundial con la mayor cantidad de ministerios," en *Notitarde.com*, 3 de julio de 2014, en http://www.notitar-de.com/Pais/Venezuela-rompio-record-mundial-con-la-mayor-cantidad-de-ministerios-2189733/2014/07/03/336113. Véase además, los datos en "1999 versus 2013: Gestión del Desgobierno en números," en https://twitter.com/sushidavid/status/451006280061046784. Véase también la información en Nelson Bocaranda, "Runrunes del jueves 21 de agosto de 2014," en http://www.lapatilla.com/si-te/2014/08/21/runrunes-del-jueves-21-de-agosto-de-2014/.

938 Véase "Venezuela's Economy. Of oil and coconut water. Probably the world's managed economy," en *The Economist*, N° 8905, September 20th. 2014, pp. 31-32.

939 Véase Allan R. Brewer-Carías, "Una nueva tendencia en la organización administrativa venezolana: las "misiones" y las instancias y organizaciones del "poder popular" establecidas en paralelo a la administración pública," en *Retos de la Organización Administrativa Contemporánea, X Foro Iberoamericano de Derecho Administrativo* (26-27 de septiembre de 2011), Corte Suprema de Justicia, Universidad de El Salvador, Universidad Doctor José Matías Delgado, San Salvador, El Salvador, 2011.

940 Decreto Ley 1424 de 17 de noviembre de 2014, *Gaceta Oficial* N° 6147 Extra de 17 de noviembre de 2014.

941 Véase José Ignacio Hernández, "La administración paralela como instrumento del Poder Público," en *Revista de Derecho Público*, N° 112, Editorial Jurídica Venezolana, Caracas, 2007, 175 ss.

recursos," resultando ser un "espécimen no incluido aún en las tipologías de la Ciencia Política," entendiendo por tal:

> "aquel Estado que haciendo uso de sus recursos materiales y simbólicos le impone, por fuerza u operación de compra-venta o combinación de ambas a la sociedad, un esquema de disminución, de minusvalía consentida, en sus capacidades y potencialidades de crecimiento a cambio de sumisión. [...] Se encarama sobre ella en su ayer, hoy y mañana, amaestrándola con la dieta diaria cuyo menú depende del gusto del gobernante. Confisca, privatiza, invade, expropia, conculca, controla, asfixia, acoquina hasta decir basta, poniendo en evidencia lo frágil del concepto de propiedad privada creando así miedo, emigración, desinversión, fuga de capitales. Y aunque usted no lo crea esas son metas o simples desplantes o locura u obscura necesidad de auto bloqueo como forma de amurallarse para obtener inmunidad e impunidad para sus tropelías, frente a la mirada de una época que no los reconoce sino como entes del pasado, objeto de museo o de laboratorio, insectos atrapados en el ámbar del tiempo; fracaso, derrota."[942]

A lo anterior agrega el mismo Leandro Area, que dicho Estado Misional en definitiva es un tipo de Estado Socialista, que nada tiene que ver con el Estado Social del cual habla la Constitución, concebido en paralelo al Estado Constitucional, "con la intención de acabarlo o mejor, de extinguirlo." Para ello, indica Area:

> "El gobierno crea misiones a su antojo que son estructuras burocráticas y funcionales "sui generis" y permanentes, con un control jurisdiccional inexistente y que actúa con base a los intereses de dominio. Además si el gobernante se encuentra por encima del bien y del mal, como es el caso venezolano, nadie es capaz de controlar sus veleidades y apetitos. En ese sentido el Estado es un apéndice del gobernante que es el repartidor interesado de los bienes de toda la sociedad y que invierte a su gusto, entre otras bagatelas, en compra de conciencias y voluntades de acólitos y novicios aspirantes. Por su naturaleza, todo Estado misional es un Estado depredador sin comillas. Vive de la pobreza, la estimula, la paga, organiza, la convierte en ejercito informal y también paralelo. El gobierno y su partido los tiene censados, chequeados, uniformados de banderas, consignas y miedos. Localizados, inscritos, con carnet, lo que quiere decir que fotografiados, listos para la dádiva, la culpa, castigos y perdones." [943]

Por todo ello, por tanto, las misiones, sujetas como lo observa Heinz Sonntag, a un "patrón de organización destinado a darles dadivas a los sectores pobres y garantizar así su adhesión a la Revolución Bolivariana," [944] además de haber provocado más miseria y control de conciencia sobre una población de menos recursos totalmente dependiente de la burocracia estatal y sus dádivas, en las cuales creyó encontrar la solución definitiva para su existencia, también provocó el deterioro de otra parte de la población, particularmente la clase media, que junto con todos los demás componentes de la misma ha visto desaparecer su calidad de vida, y sufren en con-

---

942 Véase Leandro Area, "El 'Estado Misional' en Venezuela," en *Analítica.com*, 14 de febrero de 2014, en http://analitica.com/opinion/opinion-nacional/el-estado-misional-en-venezuela/.

943 *Idem.*

944 Véase Heinz Sonntag "¿Cuántas Revoluciones más?" en El *Nacional*, Caracas 7 de octubre de 2014, en http://www.el-nacional.com/heinz_sonntag/Cuantas-Revol-uciones_0_496150483.html.

junto los embates de la inflación y de la escases. [945] Y todo ello, con un deterioro ostensible y trágico de los servicios públicos más elementales como los servicios de salud y atención médica.

X

Debe mencionarse, por último, que dichas Misiones, como parte integrante de la Administración Pública, formaron parte de uno de los aspectos que se pretendió constitucionalizar en Venezuela con el proyecto de Reforma Constitucional de 2007 que fue rechazado por el pueblo en el referendo de diciembre de 2007,[946] en la cual se propuso una nueva redacción del artículo 141 constitucional, que es el que hemos destacado desde el inicio de estos comentarios.

La reforma propuesta consistió en que a pesar de que se conservó parte de la enumeración de los principios que deben guiar la acción de Administración, ("honestidad, participación, celeridad, eficacia, eficiencia, transparencia, rendición de cuentas y responsabilidad en el ejercicio de la función pública, con sometimiento pleno a la ley"), en cambio, precisamente se propuso eliminar el que quizás es el principio más importante que estableció la Constitución de 1999 en relación con la Administración Pública, y que es que como una universalidad de entes y órganos, todos debe estar siempre *al servicio de los ciudadanos*. Con la reforma de 2007, se pretendía sustituir dicho principio, buscando prever al contrario, que la Administración lo que *estaba era sólo al servicio del Estado*. Por ello, el artículo 141 se proponía que comenzara indicando solo que

> "Las administraciones públicas son las estructuras organizativas *destinadas a servir de instrumento a los poderes públicos* para el ejercicio de sus funciones, y para la prestación de los servicios".

Con la nueva redacción que se proponía para el artículo 141, por otra parte, se ha buscaba fragmentar a la Administración Pública, en el propio texto constitucional, pasándose de un régimen universal de la misma, a buscar regular varias "administraciones públicas", las cuales, incluso, contra toda técnica legislativa, se las "clasificó" en el proyecto de articulado en las siguientes dos "categorías": primero,

> "*las administraciones públicas burocráticas o tradicionales*, que son las que atienden a las estructuras previstas y reguladas en esta Constitución";

---

945 Como el mismo Area lo ha descrito en lenguaje común y gráfico, pero tremendamente trágico: "Vivimos pues "boqueando" y de paso corrompiéndonos por las condiciones impuestas por y desde el poder que nos obligan a vivir como "lateros", "balseros", "abasteros" mejor dicho, que al estar "pelando" por lo que buscamos y no encontramos, tenemos que andar en gerundio, ladrando, mamando, haciendo cola, bajándonos de la mula, haciéndonos los bolsas o locos, llevándonos de caleta algo, caribeando o de chupa medias, pagando peaje, tracaleando, empujándonos los unos contra los otros, en suma, degradándonos, envileciéndonos, para satisfacer nuestras necesidades básicas de consumo. Es asfixia gradual y calculada, material y moral. Desde el papel toilette hasta la honestidad. ¡Pero tenemos Patria! Falta el orgullo, la dignidad, el respeto, el amor a uno mismo." Véase en "El 'Estado Misional' en Venezuela," en *Analítica.com*, 14 de febrero de 2014, en http://analitica.com/opinion/opi-nion-nacional/el-estado-misional-en-venezuela/.

946 Véase Allan R. Brewer-Carías, *La Reforma Constitucional de 2007 (Comentarios al proyecto inconstitucionalmente sancionado por la Asamblea Nacional el 2 de noviembre de 2007),* Editorial Jurídica Venezolana, Caracas, 2007.

y segundo,

> "*las misiones*, constituidas por organizaciones de variada naturaleza, creadas para atender a la satisfacción de las más sentidas y urgentes necesidades de la población, cuya prestación exige de la aplicación de sistemas excepcionales, e incluso, experimentales, los cuales serán establecidos por el Poder Ejecutivo mediante reglamentos organizativos y funcionales."

Es decir, con el proyecto de reforma constitucional de 2007, afortunadamente rechazado por el pueblo, en lugar de corregirse el descalabro administrativo que se había venido produciendo en los últimos años por la indisciplina presupuestaria derivada de fondos asignados a programas específicos del gobierno denominados "misiones," concebidos fuera de la organización general de la Administración ministerial o Central, lo que se buscaba era constitucionalizar el desorden administrativo, calificándose a las estructuras administrativas del Estado como "burocráticas o tradicionales", renunciando a que las mismas fueran reformadas para convertirlas en instrumentos para que, precisamente, pudieran atender a la satisfacción de las más sentidas y urgentes necesidades de la población.

Como se dijo, la reforma constitucional de 2007 fue afortunadamente rechazada, pero sin embargo, en fraude a la voluntad popular y a la propia Constitución, la misma ha sido implementada por el Estado Totalitario, inconstitucionalmente mediante leyes, en todos sus aspectos, incluyendo lo que se buscaba con la mencionada reforma del artículo 141 [947] pues se ha logrado el objetivo buscado, que es eliminar en la práctica la concepción de que la Administración Pública está al servicio del ciudadano, y desarrollar en su lugar una Administración Pública al servicio de la burocracia, es decir de las propias estructuras del Estado, estableciéndose para ello además, una administración paralela[948] a la "tradicional",[949] conformada por las "misiones," reguladas ahora en una Ley específica, la Ley Orgánica de Misiones, Grandes Misiones y Micro-misiones.[950]

New York, mayo de 2015.

---

947 Véase Cosimina G. Pellegrino Pacera, "La reedición de la propuesta constitucional de 2007 en el Decreto N° 6.217 con rango, valor y fuerza de Ley Orgánica de la Administración Pública," en *Revista de Derecho Público* N° 115 *(Estudios sobre los decretos leyes),* Editorial Jurídica Venezolana, Caracas, 2008, pp. 163 ss.

948 Véase José Ignacio Hernández, "La administración paralela como instrumento del Poder Público," en *Revista de Derecho Público*, N° 112, Editorial Jurídica Venezolana, Caracas, 2007, 175 ss.

949 *Gaceta Oficial* Extra N° 6147 de 17-11-2014.

950 Que es la regulada en la Ley Orgánica de la Administración Pública. Véase en *Gaceta Oficial* N° 6.154 Extra. de 19 de noviembre de 2014. Véase sobre esta Ley Allan R. Brewer-Carías, Rafael Chavero G., José M. Alvarado Andrade, *Ley Orgánica de la Administración Pública*, Editorial Jurídica Venezolana, Caracas, 2015.

SECCIÓN TERCERA:

DESPRECIO A LA CONSTITUCIÓN CON LA CREACIÓN DEL ESTADO COMUNAL

I. LA SUPREMACÍA Y RIGIDEZ CONSTITUCIONAL EN LA ORGANIZACIÓN DEL ESTADO Y EL DERECHO CIUDADANO A DICHA SUPREMACÍA

Las Constituciones se sancionan por el pueblo como normas supremas y rígidas que solo el pueblo puede modificar, para determinar la organización del Estado y declarar los derechos fundamentales. Por ello, el principio ya elemental de que la supremacía constitucional y de la rigidez de la Constitución que ubica sus normas fuera del alcance del legislador ordinario.

Ello incluso se expresa en el propio texto de las Constituciones como es el caso de la de Venezuela de 1999, que declara que la misma "es la norma suprema y el fundamento del ordenamiento jurídico" (art. 7) asignando a todos los jueces "la obligación de asegurar la integridad de esta Constitución," y de aplicar sus previsiones con preferencia a cualquier otra norma (art. 334),[951] y en particular al Tribunal Supremo de Justicia la de garantizar "la supremacía y efectividad de las normas y principios constitucionales" (art. 335). La misma Constitución, además, la garantía de su rigidez para asegurar que siendo producto de la voluntad popular, su reforma o modificación esté fuera del alcance del legislador ordinario, estableciendo, en cambio, mecanismos y procedimientos específicos para las reformas y enmiendas constitucionales, y para la reforma total mediante una Asamblea Constituyente, que sólo pueden realizarse con participación popular (arts. 340-349).

Estas declaraciones dan origen, ante todo, al que quizás es el principal derecho ciudadano que es el derecho a la Constitución misma y a su supremacía,[952] lo que implica el derecho a que el texto fundamental no pierda vigencia, ni sea violado; el derecho a que no pueda sea reformado o modificado mediante los procedimientos previstos en la Constitución; y el derecho a poder controlar la constitucionalidad de todos los actos estatales que atenten contra dichos derechos.

El principio de la supremacía constitucional fue el gran y principal aporte de la revolución norteamericana al constitucionalismo moderno,[953] y su desarrollo progresivo ha sido el fundamento de los sistemas de justicia constitucional en el mundo contemporáneo, incluyendo los destinados a la protección, amparo o tutela de los derechos y libertades consagrados en las Constituciones. Recordemos que sobre el

---

951 Me correspondió proponer en la Asamblea Nacional Constituyente de 1999 la consagración en forma expresa de dichos principios constitucionales en los artículos 7 y 334. Véase Allan R. Brewer-Carías, *Debate Constituyente, (Aportes a la Asamblea Nacional Constituyente),* Tomo II, (9 septiembre-17 octubre 1999), Fundación de Derecho Público-Editorial Jurídica Venezolana, Caracas, 1999, p. 24.

952 Al tema me he referido en diversos trabajos, y entre ellos, en el libro Allan R. Brewer-Carías, *Mecanismos nacionales de protección de los derechos humanos (Garantías judiciales de los derechos humanos en el derecho constitucional comparado latinoamericano),* Instituto Interamericano de Derechos Humanos, San José, 2005, pp. 74 ss.

953 Véase Allan R. Brewer-Carías, *Reflexiones sobre la Revolución Americana (1776), la Revolución Francesa (1789) y la revolución Hispanoamericana (1810-1830) y sus aportes al constitucionalismo moderno,* Colección Derecho Administrativo N° 2, Universidad Externado de Colombia, Bogotá 2008.

mismo, Alexander Hamilton en *El Federalista*, al referirse al papel de los jueces como intérpretes de la ley, señaló en 1788:

> "Una Constitución es, de hecho, y así debe ser vista por los jueces, como ley fundamental, por tanto, corresponde a ellos establecer su significado así como el de cualquier acto proveniente del cuerpo legislativo Si se produce una situación irreconocible entre los dos, por supuesto, aquel que tiene una superior validez es el que debe prevalecer; en otras palabras, la Constitución debe prevalecer sobre las leyes, *así como la intención del pueblo debe prevalecer sobre la intención de sus agentes*".[954]

De esta afirmación, además del poder de los jueces para poder controlar la constitucionalidad de las leyes, se destaca la afirmación esencial de que si la Constitución es producto de la voluntad popular, los gobernantes no pueden reformar la Constitución sino en la forma como el pueblo lo dispone en el propio texto, pues lo contrario significaría como lo destacó Hamilton en el mismo trabajo que: "los representantes del pueblo son superiores al pueblo mismo". De allí este derecho a la Constitución y a su supremacía, como derecho al respecto de la propia, el cual por lo demás, en Venezuela tiene sus antecedentes en el propio texto de la Constitución de Federal de los Estados de Venezuela de 21 de diciembre de 1811,[955] que fue la primera constitución moderna en el mundo hispano y americano, al expresar en su artículo 227, no sólo su carácter de "Ley Suprema del Estado en toda la extensión de la Confederación," sino la obligación de todas de todos, autoridades y ciudadanos de obedecerlas sus previsiones "religiosamente sin excusa ni pretexto alguno;" declarando a la vez que "las leyes que se expiden contra el tenor de ella no tendrán ningún valor sino cuando hubieren llenado las condiciones requeridas para una justa y legítima revisión y sanción".

Estos mecanismos de revisión constitucional, como formas específicas de manifestación del poder constituyente derivado, se han regulado en Venezuela siempre con participación popular, mediante la adopción de enmiendas y reformas que siempre requieren de su aprobación popular por la vía de referendo, o a través de la convocatoria de una Asamblea Nacional Constituyente por iniciativa popular (arts. 340 a 341).

Cualquier reforma o modificación de la Constitución mediante otros mecanismos, sería completamente ilegítimo, dando en su caso derecho al pueblo a rebelarse, como lo expresa el propio texto de la Constitución de 1999, al declarar que "el pueblo venezolano, fiel a su tradición republicana, a su lucha por la independencia, la paz y la libertad, desconocerá cualquier régimen, legislación o autoridad que contraríe los valores, principios y garantías democráticas o menoscabe los derechos humanos" (art. 350). Esta norma es el fundamento constitucional contemporáneo del derecho a la desobediencia civil,[956] cuyo antecedente remoto sin embargo, se puede

954 *The Federalist* (ed. por B.F. Wrigth), Cambridge, Mass. 1961, pp. 491-493.

955 La que fue la primera Constitución nacional sancionada en Hispano América. Véase Allan R. Brewer-Carías, *Las Constituciones de Venezuela,* Academia de Ciencias Políticas y Sociales, Caracas 2008, Tomo I.

956 Sobre la desobediencia civil y el artículo 350 de la Constitución de Venezuela, véase: María L. Álvarez Chamosa y Paola A. A. Yrady, "La desobediencia civil como mecanismo de participación ciudadana", en *Revista de Derecho Constitucional,* N° 7 (Enero-Junio). Editorial Sherwood, Caracas, 2003, pp. 7-21;

ubicar en el artículo 35 de la Constitución Francesa de 1793, que era el último de los artículos de la Declaración de los Derechos del Hombre y del Ciudadano que la precedía, en el cual se estableció que "Cuando el gobierno viole los derechos del pueblo, la insurrección es, para el pueblo y para cada porción del pueblo, el más sagrado de los derechos y el más indispensable de los deberes".

Pero por supuesto, ese derecho a la rebelión en el Estado constitucional, tiene un sustituto y es el derecho a la justicia constitucional. Es decir, como lo recordó Sylvia Snowiss en su análisis histórico sobre los orígenes de la justicia constitucional de Norteamérica, los sistemas de control de constitucionalidad efectivamente surgieron como un sustituto a la revolución[957], en el sentido de que si los ciudadanos tienen derecho a la supremacía constitucional como pueblo soberano, cualquier violación de la Constitución podría dar lugar a la revocatoria del mandato a los representantes o a su sustitución por otros, en aplicación del derecho a la resistencia o revuelta que defendía John Locke[958]. Antes del surgimiento del Estado de derecho, en caso de opresión de los derechos o de abuso o usurpación del poder, la revolución era la vía de solución a los conflictos entre el pueblo y los gobernantes. Como sustituto de la misma, sin embargo, precisamente surgió el poder atribuido a los jueces para dirimir los conflictos constitucionales entre los poderes constituidos o entre éstos y el pueblo. Esa es, precisamente, la tarea del juez constitucional, quedando configurada la justicia constitucional como la principal garantía al derecho ciudadano a la supremacía constitucional, de manera que si ésta no funciona o es inoperante para proteger la voluntad popular, surge entonces de nuevo el derecho a la rebelión del pueblo.

En todo caso, todas estas no son más que manifestaciones del derecho que los ciudadanos tienen a la Constitución y a su supremacía, que es necesario continuar reafirmando y consolidando, sobre todo ante regímenes que en fraude a la Constitución y a la propia democracia, han venido usando sus propias normas para violarlas y demoler las bases de la democracia, tal como ha venido ocurriendo en Venezuela en estos comienzos del Siglo XXI.

En efecto, en la Constitución de 1999, el principio de la rigidez de la Constitución se reflejó en la previsión de procedimientos específicos para la revisión de la Constitución, proscribiendo que puedan realizarse modificaciones a la Constitución por la Asamblea Nacional mediante el solo procedimiento de formación de las leyes,

---

Andrés A. Mezgravis, "¿Qué es la desobediencia civil?", en *Revista de Derecho Constitucional,* Nº 7 (enero-junio), Editorial Sherwood,Caracas, 2003, pp. 189-191; Marie Picard de Orsini, "Consideraciones acerca de la desobediencia civil como instrumento de la democracia", en *El Derecho Público a comienzos del siglo XXI. Estudios homenaje al Profesor Allan R. Brewer-Carías,* Tomo I, Instituto de Derecho Público, UCV, Civitas Ediciones, Madrid, 2003, pp. 535-551; y Eloisa Avellaneda y Luis Salamanca, "El artículo 350 de la Constitución: derecho de rebelión, derecho resistencia o derecho a la desobediencia civil", en *El Derecho Público a comienzos del siglo XXI. Estudios homenaje al Profesor Allan R. Brewer-Carías,* Tomo I, Instituto de Derecho Público, UCV, Civitas Ediciones, Madrid, 2003, pp. 553-583.

957 Véase Silvia Snowiss, *Judicial Review and the Law of the Constitution,* Yale University Press 1990, p. 113.

958 Véase John Locke, *Two Treatises of Government* (ed. Peter Laslett), Cambridge UK, 1967, pp. 211 y 221 ss.

y exigiéndose siempre para cualquier revisión constitucional, la participación del pueblo como poder constituyente originario.[959]

Esos procedimientos son: las Enmiendas Constitucionales, las Reformas Constitucionales y la Asamblea Nacional Constituyente, según la importancia de las modificaciones a la Constitución, de manera que para la aprobación de las "enmiendas" se estableció la sola participación del pueblo como poder constituyente originario manifestado mediante referendo aprobatorio; para la aprobación de la "reforma constitucional" se estableció la participación de uno de los poderes constituidos, -la Asamblea Nacional- y, además, del pueblo como poder constituyente originario manifestado mediante referendo; y para la revisión constitucional mediante una "Asamblea Nacional Constituyente", se estableció la participación del pueblo como poder constituyente originario, para primero, decidir mediante referendo su convocatoria, y segundo, para la elección de los miembros de la Asamblea Constituyente.[960].

De lo anterior resulta que no puede utilizarse uno de los procedimientos de revisión constitucional para fines distintos a los regulados en la propia Constitución, pues de lo contrario, se incurriría en un fraude constitucional[961], tal como ocurrió precisamente con la reforma constitucional sancionada en fraude a la Constitución[962] por la Asamblea Nacional el 2 de noviembre de 2007, y que a pesar de que fue rechazada por voto popular en el referendo del 2 de diciembre de 2007; posteriormente y en fraude a la voluntad popular, fue implementada mediante leyes sin que el Juez Constitucional se hubiese pronunciado.

959 Véase sobre este tema Allan R. Brewer-Carías, "Reforma Constitucional y Control de Constitucionalidad," en *Reforma de la Constitución y control de constitucionalidad. Congreso Internacional*, Pontificia Universidad Javeriana, Bogotá Colombia, Bogotá, 2005, pp. 108-159; y en *Libro Homenaje al Padre José Del Rey Fajardo S.J.*, Fundación de Derecho Público, Universidad Valle del Momboy, Editorial Jurídica Venezolana, Caracas Valera, 2005, Tomo II, pp. 977-1011. Igualmente, Allan R. Brewer-Carías, "Modelos de revisión constitucional en América Latina," en *Boletín de la Academia de Ciencias Políticas y Sociales*, enero-diciembre 2003, N° 141, Año LXVV, Caracas 2004, pp. 115-154.

960 Sobre el significado de estos procedimientos, véase sentencia N° 1140 de la Sala Constitucional de 05-19-2000, en *Revista de Derecho Público*, N° 84, Editorial Jurídica Venezolana, Caracas, 2000.

961 La Sala Constitucional del Tribunal Supremo de Justicia en la sentencia N° 74 de 25-01-2006 señaló que un *fraude a la Constitución* ocurre cuando se destruyen las teorías democráticas "mediante el procedimiento de cambio en las instituciones existentes aparentando respetar las formas y procedimientos constitucionales", o cuando se utiliza "del procedimiento de reforma constitucional para proceder a la creación de un nuevo régimen político, de un nuevo ordenamiento constitucional, sin alterar el sistema de legalidad establecido, como ocurrió con el *uso fraudulento de los poderes* conferidos por la ley marcial en la Alemania de la Constitución de *Weimar*, forzando al Parlamento a conceder a los líderes fascistas, en términos de dudosa legitimidad, la plenitud del poder constituyente, otorgando un poder legislativo ilimitado"; y que un *falseamiento de la Constitución* ocurre cuando se otorga "a las normas constitucionales una interpretación y un sentido distinto del que realmente tienen, que es en realidad una modificación no formal de la Constitución misma", concluyendo con la afirmación de que "*Una reforma constitucional sin ningún tipo de límites, constituiría un fraude constitucional*". Véase en *Revista de Derecho Público*, N° 105, Editorial Jurídica Venezolana, Caracas 2006, pp. 76 ss.

962 Véase Allan R. Brewer-Carías, *Reforma constitucional y fraude a la Constitución (1999-2009)*, Academia de Ciencias Políticas y Sociales, Caracas 2009.

II. EL DESPRECIO A LA RIGIDEZ CONSTITUCIONAL EN LA PRÁCTICA CONSTITUCIONAL VENEZOLANA: LA "REFORMA CONSTITUCIONAL" DE 2007 QUE FUE RECHAZADA POR EL PUEBLO

Sin embargo, a pesar de estas previsiones constitucionales tan precisas, la práctica política y constitucional venezolana en los últimos tres lustros lo que mostró fue un desprecio abierto al principio de la rigidez constitucional y por tanto, a la supremacía constitucional, habiéndose modificado o intentado modificar la Constitución por medios y procedimientos distintos, es decir, en fraude a la Constitución.[963] Esto ocurrió, destacadamente en 2007 cuanto se intentó aprobar una "reforma constitucional" que requería la convocatoria de una Asamblea nacional Constituyente, procedimiento inconstitucional que el juez constitucional se negó a controlar; y más descaradamente aún, a partir de 2008, luego del rechazo popular de la reforma mencionada, mediante su implementación a través de leyes y decretos leyes.

En efecto, la reforma constitucional propuesta tocaba los aspectos esenciales de la organización del Estado Constitucional, que conforme a la Constitución de 1999, se encuentra estructurado como un Estado Democrático y Social de Derecho y de Justicia con la forma de un Estado federal descentralizado,[964] sobre la base de tres bases político-constitucionales:

En primer lugar, un sistema de control de poder, al establecer el principio fundamental de la separación de poderes, entre cinco y no sólo tres poderes del Estado, pues además de los clásicos Legislativo, Ejecutivo y Judicial, se han incluido el Poder Electoral y el Poder Ciudadano, regularizándose la autonomía de viejos órganos constitucionales; y un sistema de distribución vertical del Poder Público en tres niveles territoriales, entre el Poder Nacional, el Poder de los Estados y el Poder Municipal (art. 136), cada uno con autonomía política y debiendo tener siempre un gobierno de carácter "electivo, descentralizado, alternativo, responsable, pluralista y de mandatos revocables."

En segundo lugar un sistema político democrático, de democracia representativa mediante la elección de los representantes por sufragio directo, universal y secreto, es decir, de democracia indirecta, que siempre posibilita la participación política, enriquecida con elementos de democracia directa, al preverse todos los tipos imaginables de referendos (aprobatorios, abrogatorios y revocatorios), las consultas populares y las asambleas de ciudadanos.

En tercer lugar, un sistema económico conforme a un modelo de económico de economía mixta, basado en el principio de la libertad como opuesto al de economía dirigida, similar al que existe en todos los países contemporáneos desarrollados de

---

963 Véase Allan R. Brewer-Carías, *Reforma constitucional y fraude a la constitución (1999-2009)*, Academia de Ciencias Políticas y Sociales, Caracas 2009; y "Reforma Constitucional y fraude a la Constitución: el caso de Venezuela 1999-2009," en Pedro Rubén Torres Estrada y Michael Núñez Torres (Coordinadores), *La reforma constitucional. Sus implicaciones jurídicas y políticas en el contexto comparado*, Cátedra Estado de Derecho, Editorial Porrúa, México 2010, pp. 421-533. Véanse además todos los estudios sobre los Decretos Leyes de 2008 y la implementación fraudulenta de la reforma constitucional rechazada en 2007, publicados en la *Revista de Derecho Público*, N° 115 (Estudios sobre los decretos leyes), Editorial Jurídica Venezolana, Caracas 2008.

964 Véase el estudio de la Constitución en cuanto a la regulación de este modelo de Estado Constitucional en Allan R. Brewer-Carías, *La Constitución de 1999. Derecho Constitucional venezolano*, 2 tomos, Caracas 2004.

Occidente,[965] con la participación del Estado como promotor del desarrollo económico, regulador de la actividad económica, y planificador con la participación de la sociedad civil. En definitiva, es un sistema de economía social de mercado que se basa en la libertad económica, pero que debe desenvolverse conforme a principios de justicia social.

Ese sistema estatal de Estado Federal Descentralizado Democrático Social de Derecho y de Justicia, y su sistema de economía mixta, como se dijo, fue precisamente el que se trató de cambiar radicalmente, mediante una propuesta formulada por el Presidente de la República en 2007, para sustituirlo por un sistema de Estado Socialista, centralizado, Militarista y Policial[966] montado sobre los siguientes tres sistemas políticos constitucionales antagónicos a los del Estado Constitucional:

Primero, un sistema de concentración del Poder del Estrado en el Poder Ejecutivo, con el apoyo militar; y además, por la completa centralización del poder por el desmantelamiento de la federación y la minimización del régimen municipal.

En segundo lugar, un sistema democrático exclusivamente de democracia directa, excluyente de la representatividad y el sufragio.

Y en tercer lugar, un sistema de economía socialista de planificación centralizada donde desaparecía de la Constitución la garantía de la libertad económica y se reformaba el artículo relativo al derecho de propiedad, de manera de eliminar su garantía. Estos cambios, al decir de voto salvado emitido por uno de los Magistrados que más contribuyeron en los años recientes desde el Tribunal Supremo, al afianzamiento del régimen autoritario, constituía, ni más ni menos, que una "transformación de la estructura del Estado, particularmente "al limitar la propiedad privada

---

965 Véase sobre la Constitución Económica, lo que hemos expuesto en Allan R. Brewer-Carías, *La Constitución de 1999. Derecho Constitucional Venezolano*, Tomo II, Editorial Jurídica venezolana, Caracas 2004 pp. 53 ss.; y en "Reflexiones sobre la Constitución Económica" en *Estudios sobre la Constitución Española. Homenaje al Profesor Eduardo García de Enterría,* Madrid, 1991, pp. 3.839 a 3.853. Véase, además, Henrique Meier, "La Constitución económica", en *Revista de Derecho Corporativo*, Vol. 1, Nº 1. Caracas, 2001, pp. 9-74; Dagmar Albornoz, "Constitución económica, régimen tributario y tutela judicial efectiva", en *Revista de Derecho Constitucional*, Nº 5 (julio-diciembre), Editorial Sherwood, Caracas, 2001, pp. 7-20; Ana C. Nuñez Machado, "Los principios económicos de la Constitución de 1999", en *Revista de Derecho Constitucional,* Nº 6 (enero-diciembre), Editorial Sherwood, Caracas, 2002, pp. 129-140; Claudia Briceño Aranguren y Ana C. Núñez Machado, "Aspectos económicos de la nueva Constitución", en *Comentarios a la Constitución de la República Bolivariana de Venezuela*, Vadell Hermanos, Editores, Caracas, 2000, pp. 177 y ss.

966 Véase Allan R. Brewer-Carías, *Hacia la Consolidación de un Estado Socialista, Centralizado, Policial y Militarista. Comentarios sobre el sentido y alcance de las propuestas de reforma constitucional 2007,* Colección Textos Legislativos, Nº 42, Editorial Jurídica Venezolana, Caracas 2007; Allan R. Brewer-Carías, *La reforma constitucional de 2007 (Comentarios al Proyecto inconstitucionalmente sancionado por la Asamblea Nacional el 2 de noviembre de 2007)*, Colección Textos Legislativos, Nº 43, Editorial Jurídica Venezolana, Caracas 2007; "Estudio sobre la propuesta presidencial de reforma constitucional para la creación de un Estado Socialista, Centralizado y Militarista en Venezuela (análisis del anteproyecto presidencial, agosto 2007," en *Anuario da Facultade de Dereito da Universidade da Coruña, Revista jurídica interdisciplinaria internacional,* Con. 12, La Coruña 2008, pp. 87-125; "Hacia la creación de un Estado Socialista, Centralizado y Militarista en Venezuela. Análisis de la propuesta presidencial de reforma constitucional," en *Estudios Jurídicos,* Volumen XIII, Enero 2004-Diciembre 2007, Asociación Hipólito Herrera Billini, Santo Domingo, República Dominica 2008, pp. 17-66; "Estudio sobre la propuesta presidencial de reforma constitucional para la creación de un Estado Socialista, Centralizado y Militarista en Venezuela (Agosto 2007)", *Revista de Derecho Público*", Nº 111, (julio-septiembre 2007), Editorial Jurídica Venezolana, Caracas, 2007, pp. 7-42.

solo sobre bienes de uso, es decir aquellos que una persona utiliza (sin especificarse en cual forma); o de consumo, que no es otra cosa que los fungibles,"[967] la cual sin duda, requería de una revisión constitucional mediante una Asamblea Constituyente.

1. *La reforma constitucional de 2007 sancionada por la Asamblea Nacional pero rechazada por el pueblo*

Como se ha dicho, a pesar de la previsión expresa de los procedimientos para la reforma constitucional antes indicados, el Presidente Hugo Chávez, en enero de 2007, al tomar posesión de su segundo mandato presidencial (2007-2013), anunció al país que propondría una serie de reformas a la Constitución de 1999. Para ello, asignó a un Consejo Presidencial para la Reforma de la Constitución,[968] presidido por la Presidenta de la Asamblea Nacional e integrado por todos los altos funcionarios del Estado (Presidenta del Tribunal Supremo de Justicia, Defensor del Pueblo, Procuradora General de la República, y Fiscal General de la República, entre otros), comprometiendo así de antemano a todos los Poderes Públicos, la elaboración del proyecto, indicándole en forma expresa que se debía realizar "de conformidad con los lineamientos del Jefe de Estado en estricta confidencialidad" (art. 2).[969] Es decir, el Consejo no tenía libertad alguna de pensamiento, y su trabajo debía desarrollarse en estricta confidencialidad, lo que de por sí es contrario a los principios que deben guiar cualquier reforma constitucional en un país democrático.

Las reformas se refirieron, a muchos aspectos esenciales del régimen de organización del Estado y de los derechos fundamentales (por ello se requería de la convocatoria una Asamblea Constituyente), y entre ellas, las que apuntaban a desmontar definitivamente las bases constitucionales del Estado democrático, entre ellas, la forma Federal del Estado, que en Venezuela tiene más de doscientos años de tradición, que ha estado basada en un esquema de descentralización política que distribuye el poder público, que aun cuando en forma precaria, [970] distribuye el Poder Público entre tres niveles políticos territoriales: el nacional (la República), el de los Estados y el municipal. Va a ser básicamente en relación con este aspecto de la reforma constitucional rechazada e inconstitucionalmente implementada, al cual limitaremos los comentarios de este trabajo, siguiendo la pauta de los organizadores para el *Libro Homenaje* a nuestro amigo Santiago Muñoz Machado, en el cual con gusto partici-

---

967 Véase Voto salvado a la sentencia Nº 2042 de la Sala Constitucional de 2 de noviembre de 2007 en la cual se declaró inadmisible un amparo constitucional ejercido contra el Presidente de la República y la Asamblea Nacional, con motivo de la inconstitucional "reforma constitucional" de 2007, en *Revista de Derecho Público*, Nº 112 (Estudios sobre la reforma constitucional), Editorial Jurídica Venezolana, Caracas, 2007, pp. 642 ss.

968 Véase Decreto Nº 5138 de 17-01-2007, *Gaceta Oficial*, Nº 38.607, de 18-01-2007.

969 Ello también lo declaró públicamente, además, la Presidenta de la Asamblea Nacional al instalarse el Consejo. Véase en *El Universal*, 20-02-2007.

970 Ello lo advertimos apenas se sancionó la Constitución en Allan R. Brewer-Carías, *Federalismo y municipalismo en la Constitución de 1999 (Alcance de una reforma insuficiente y regresiva)*, Cuadernos de la Cátedra Allan R. Brewer-Carías de Derecho Público, N° 7, Universidad Católica del Táchira, Editorial Jurídica Venezolana, Caracas-San Cristóbal 2001; y "El Estado federal descentralizado y la centralización de la federación en Venezuela. Situación y perspectiva de una contradicción constitucional" en *Federalismo y regionalismo,* Coordinadores Diego Valadés y José María Serna de la Garza, Universidad Nacional Autónoma de México, Tribunal Superior de Justicia del Estado de Puebla, Instituto de Investigaciones Jurídicas, Serie Doctrina Jurídica N° 229, México, 2005, pp. 717-750.

pamos, tratando un tema respecto de Venezuela, que sería paralelo lo que en España sería el régimen del Estado autonómico y sus reformas.

En efecto, las pautas para la reforma constitucional en Venezuela de 2007 fue dada en diversos discursos y alocuciones del Presidente de la República, comenzando por su "Discurso de Presentación del Anteproyecto de reforma a la Constitución ante la Asamblea Nacional" en agosto de 2007,[971] en el cual señaló con toda claridad que el objetivo central de la reforma que estaba proponiendo era "la construcción de la Venezuela bolivariana y socialista"[972]; para sembrar "el socialismo en lo político y económico"[973], lo que –dijo- no se había hecho en la Constitución de 1999. Cuando ésta se sancionó – agregó el Jefe de Estado - "no proyectábamos el socialismo como camino," añadiendo que "así como el candidato Hugo Chávez repitió un millón de veces en 1998, "Vamos a Constituyente," el candidato Presidente Hugo Chávez dijo: "Vamos al Socialismo", y presumió entonces que "todo el que votó por el candidato Chávez, votó por ir al socialismo."[974]

Por ello, el Anteproyecto de Constitución que presentó ante la Asamblea Nacional, era para "la construcción del Socialismo Bolivariano, el Socialismo venezolano, nuestro Socialismo, nuestro modelo socialista"[975], cuyo "núcleo básico e indivisible" era "la comunidad", "donde los ciudadanos y las ciudadanas comunes, tendrán el poder de construir su propia geografía y su propia historia"[976]. Y todo ello bajo la premisa de que "sólo en el socialismo será posible la verdadera democracia"[977], pero por supuesto, una "democracia" sin representación que, como lo propuso el Presidente y fue sancionado por la Asamblea Nacional en la rechazada reforma del artículo 136 de la Constitución, decía que "*no nace del sufragio ni de elección alguna*, sino que nace de la condición de los grupos humanos organizados como base de la población". Es decir, se buscaba establecer una "democracia" que no era democra-

---

971 Véase *Discurso de Orden pronunciado por el ciudadano Comandante Hugo Chávez Frías, Presidente Constitucional de la República Bolivariana de Venezuela en la conmemoración del Ducentésimo Segundo Aniversario del Juramento del Libertador Simón Bolívar en el Monte Sacro y el Tercer Aniversario del Referendo Aprobatorio de su mandato constitucional*, Sesión especial del día Miércoles 15 de agosto de 2007, Asamblea Nacional, División de Servicio y Atención legislativa, Sección de Edición, Caracas, 2007.

972 *Idem*, p. 4.

973 *Idem*, p. 33.

974 *Idem*, p. 4. Es decir, se pretende imponer al 56% de los votantes que no votaron por la reelección presidencial, la voluntad expresada por sólo el 46% de los votantes inscritos en el Registro Electoral que votaron por la reelección del Presidente. Según las cifras oficiales del CNE, en las elecciones de 2006, de un universo de 15.784.777 votantes inscritos en el Registro Electoral, sólo 7.309.080 votaron por el Presidente.

975 Véase *Discurso*... p. 34.

976 *Idem*, p. 32.

977 *Idem*, p. 35. Estos conceptos se recogen igualmente en la *Exposición de Motivos* para la Reforma Constitucional, Agosto 2007, donde se expresa la necesidad de "ruptura del modelo capitalista burgués" (p. 1), de desmontar la superestructura que le da soporte a la producción capitalista"(p. 2); de "dejar atrás la democracia representativa para consolidad la democracia participativa y protagónica"(p. 2); de "crear un enfoque socialista nuevo" (p. 2) y "construir la vía venezolana al socialismo"(p. 3); de producir "el reordenamiento socialista de la geopolítica de la Nación" (p. 8); de la "construcción de un modelo de sociedad colectivista" y "el Estado sometido al poder popular"(p. 11); de "extender la revolución para que Venezuela sea una República socialista, bolivariana", y para "construir la vía venezolana al socialismo; construir el socialismo venezolano como único camino a la redención de nuestro pueblo"(p. 19).

cia, pues en el mundo moderno no hay ni ha habido democracia sin elección de representantes.

La reforma, por tanto, apuntaba a la conformación de un Estado del Poder Popular o del Poder Comunal, o Estado Comunal, estructurado sobre la base de unos Consejos Comunales que ya se habían creado por ley y al margen de la Constitución en 2006,[978] como unidades u organizaciones sociales no electas mediante sufragio universal, directo y secreto y sin autonomía territorial, supuestamente dispuestos para canalizar la participación ciudadana, pero conforme a un sistema de conducción centralizado desde la cúspide del Poder Ejecutivo Nacional.

Dicho Estado Comunal se proponía además que funcionase como un Estado bajo una doctrina "bolivariana" que se identificaba como el "Socialismo del Siglo XXI," como doctrina oficial, sustituyendo al sistema plural de libertad de pensamiento y acción que siempre había existido en el país y, en particular, sustituyendo la libertad económica y el Estado de economía mixta, por un sistema de economía estatista y colectivista, de capitalismo de Estado, sometido a una planificación centralizada, minimizando el rol del individuo y eliminando todo vestigio de libertad económica y de propiedad privada.[979] Para ello, en la reforma propuesta sólo se reconocía y garantizaban las siguientes "diferentes formas de propiedad": "La propiedad pública" que era "aquella que pertenece a los entes del Estado;" la propiedad social que era aquella "que pertenece al pueblo en su conjunto y las futuras generaciones;" "la propiedad colectiva" que era "la perteneciente a grupos sociales o personas, para su aprovechamiento, uso o goce en común;" "la propiedad mixta" que era "la conformada entre el sector público, el sector social, el sector colectivo y el sector privado, en distintas combinaciones;" y "la propiedad privada" que era "aquella que pertenece a personas naturales o jurídicas y que se reconoce sobre bienes de uso, consumo y medios de producción legítimamente adquiridos."

Se trataba de una transformación de aspectos esenciales y fundamentales del Estado, como nunca antes había acaecido en la historia constitucional de Venezuela, para establecer un Estado socialista, centralizado, policial y militarista, lo que solo podía hacerse mediante el procedimiento de convocatoria de una Asamblea Constituyente, y nunca por el de la "reforma constitucional" que sin embargo fue el utilizado en fraude a la Constitución, engañando al pueblo.[980] La reforma, en efecto, buscaba:

---

978 Ley de Consejos Comunales, *Gaceta Oficial*, N° 5806 *Extra.*, 10-04-2006. Véase Allan R. Brewer-Carías, "El inicio de la desmunicipalización en Venezuela: La organización del Poder Popular para eliminar la descentralización, la democracia representativa y la participación a nivel local", en *AIDA, Opera Prima de Derecho Administrativo. Revista de la Asociación Internacional de Derecho Administrativo*, Universidad Nacional Autónoma de México, Facultad de Estudios Superiores de Acatlán, Coordinación de Postgrado, Instituto Internacional de Derecho Administrativo "Agustín Gordillo", Asociación Internacional de Derecho Administrativo, México, 2007, pp. 49 a 67.

979 Véase el *Proyecto de Exposición de Motivos para la Reforma Constitucional, Presidencia de la República, Proyecto Reforma Constitucional. Propuesta del Presidente Hugo Chávez Agosto 2007.* El texto completo fue publicado como *Proyecto de Reforma Constitucional. Versión atribuida al Consejo Presidencial para la reforma de la Constitución de la República Bolivariana de Venezuela*, Caracas, Atenea, 1 de julio de 2007.

980 Sobre el concepto de fraude a la Constitución véase la sentencia de la Sala Constitucional del Tribunal Supremo de Justicia, N° 74 de 25-01-2006, en *Revista de Derecho Público* N° 105, Editorial Jurídica Venezolana, Caracas, 2006, pp. 76 y ss.

Primero, transformar el Estado en un *Estado Socialista*, con una doctrina política oficial de carácter socialista, que se denomina además como "doctrina bolivariana", con lo cual se eliminaba toda posibilidad de pensamiento distinto al oficial y, por tanto, toda disidencia, pues la doctrina política oficial se incorporaba en la Constitución, como política y doctrina del Estado y la Sociedad, constituyendo un deber constitucional de todos los ciudadanos cumplir y hacerla cumplir. Con ello, se sentaban las bases para la criminalización de la disidencia.

Segundo, transformar el Estado en un *Estado Centralizado*, de poder concentrado bajo la ilusión del Poder Popular, lo que implicaba la eliminación definitiva de la forma federal del Estado, imposibilitando la participación política y degradando la democracia representativa; todo ello, mediante la supuesta organización de la población para la participación en los Consejos del Poder Popular, como los Comunales, que son instituciones sin autonomía política alguna, cuyos miembros se declaraba que no eran electos, y que son controlados desde la Jefatura del gobierno y para cuyo funcionamiento, el instrumento preciso era el partido único que el Estado ha tratado de crear durante 2007.

Tercero, transformar el Estado en un *Estado de economía estatista, socialista y centralizada*, propia de un capitalismo de Estado, con lo que se eliminaba la libertad económica y la iniciativa privada, y desaparecía la propiedad privada, que con la reforma hubieran dejado de ser derechos constitucionales, dándosele al Estado la propiedad de los medios de producción, la planificación centralizada y la posibilidad de confiscar bienes de las personas materialmente sin límites, configurándolo como un Estado del cual todo dependía, y a cuya burocracia quedaba sujeta la totalidad de la población. Ello chocaba, sin embargo, con las ideas de libertad y solidaridad social que se proclamaban en la propia Constitución, sentando las bases para que el Estado sustituyera a la propia sociedad y a las iniciativas particulares, minimizándoselas.

Cuarto, transformar el Estado en un *Estado Policial* (represivo), con la tarea fundamental de someter a toda la población a la doctrina oficial socialista y "bolivariana", y velar que la misma se cumpliera en todos los órdenes, lo que se aseguraba mediante la regulación, con acentuado carácter regresivo y represivo del ejercicio de los derechos civiles en situaciones de excepción, previéndose amplios márgenes de restricción y suspensión.

Quinto, transformar el Estado en un *Estado Militarista*, dado el rol que se le daba a la "Fuerza Armada Bolivariana" en su configuración y funcionamiento, toda sometida al Jefe de Estado, y con la creación del nuevo componente de la Milicia Popular Bolivariana.[981]

Dada lo fundamental de esas reformas, la propuesta en 2007 fue de carácter fraudulento, como lo advirtieron reiteradamente diversas instituciones representativas del país,[982] e incluso algún Magistrado del Tribunal Supremo de Justicia lo ob-

981 Véase sobre estas reformas, Allan R. Brewer-Carías, *La reforma constitucional de 2007 (Comentarios al proyecto inconstitucionalmente sancionado por la Asamblea Nacional el 2 de noviembre de 2007)*, Editorial Jurídica Venezolana, Caracas 2007.

982 En tal sentido se pronunciaron, por ejemplo, las Academias de Medicina, Ciencias Políticas y Sociales, y de Ingeniería y el Hábitat (23-10-2007, *El Universal*); la Conferencia Episcopal Venezolana (19-10-2007, *El Nacional*), el Instituto de Previsión Social del Abogado, los Colegios de Abogados de Distrito Capital, de los Estados Miranda, Aragua, Cojedes, Falcón, Lara, Guárico, Carabobo y la Confederación

servó,[983] la cual encajaba precisamente en los términos usados por el propio Tribunal Supremo al referirse al "uso fraudulento de los poderes conferidos por la ley marcial en la Alemania de la Constitución de Weimar, forzando al Parlamento a conceder a los líderes fascistas, en términos de dudosa legitimidad, la plenitud del poder constituyente, otorgando un poder legislativo ilimitado."[984]

De nada valió, sin embargo, que el procedimiento constitucional utilizado se hubiese impugnado mediante toda suerte de acciones judiciales (de amparo y de inconstitucionalidad) ante el Tribunal Supremo, pues la Sala Constitucional del mismo, muy consciente y deliberadamente se negó y se abstuvo de controlar la constitucionalidad del procedimiento utilizado, razón por la cual la reforma sancionada

---

de Profesionales Universitarios de Venezuela (02-11-2007). Incluso, es significativo que el día 5 de noviembre de 2007, el general Raúl Baduel, quien fuera Ministro de la Defensa del Presidente Chávez hasta julio de 2007, se hubiera pronunciado públicamente sobre el tema advirtiendo sobre el proceder de los Poderes Ejecutivo y Legislativo "que innecesariamente y de forma atropellada, mediante procedimientos fraudulentos, quieren imponer una propuesta que requiere una consulta más amplia a través de una Asamblea Nacional Constituyente"; que con ello, ambos Poderes "le están quitando poder al pueblo alterando los valores, los principios y la estructura del Estado sin estar facultados para ello, ya que el Poder Constituyente reside en el pueblo y es el único capaz de llevar a cabo un cambio de esa magnitud", que "esta propuesta de reforma sólo le está quitando poder al pueblo por dos vías, primero, porque usurpa de manera fraudulenta el Poder Constituyente del pueblo y segundo, porque las autoridades de la nueva geometría del poder que se crearía no serían elegidas por el pueblo"; y que "de culminar este proceso con la aprobación del mismo por las vías propuestas y la Asamblea Nacional, se estaría consumando en la práctica un golpe de Estado, violando de manera descarada el texto constitucional y sus mecanismos e introduciendo cambios de manera fraudulenta", *El Universal,* Caracas, 6-11-07.

983 El Magistrado Jesús Eduardo Cabrera se refirió al tema en términos precisos en su Voto salvado a la sentencia N° 2042 de la Sala Constitucional de 2 de noviembre de 2007, antes citada, así: 1.- En sentencia de 24 de enero de 2002, con ponencia de quien suscribe esta Sala expreso: "Las directrices del Estado Social de Derecho, inciden sobre las libertades económicas y sobre el derecho de propiedad...". Igualmente el fallo citado acotó: "No es que el Estado Social de Derecho propende a un Estado Socialista, o no respete la libertad de empresa o el derecho de propiedad..."; sin embargo puede "restringir la propiedad con fines de utilidad pública o interés general, o limitar legalmente la libertad económica por razones de desarrollo humano, seguridad, sanidad, protección del ambiente u otros de interés social (artículo 112 Constitucional)". Apuntó igualmente el fallo citado que el Estado Social persigue mantener un equilibrio entre clases, o entre el Estado y los ciudadanos. Ahora bien, los artículos 70, 113, 158, 168, 184, 300, 318 y 321 del Anteproyecto para la primera reforma constitucional propuesta por el Presidente de la República, plantea la construcción del socialismo, de la democracia socialista. En criterio de quien disiente, un sistema de organización social o económico basado en la propiedad y administración colectiva o estatal de los medios de producción, como lo es básicamente el socialista, en sus distintas concepciones, cual es el propuesto en el Proyecto de Reforma, chocaría con lo que quien suscribe, y la propia Sala, era considerado Estado Social, y ello -en criterio del disidente- puede afectar toda la estructura y los principios fundamentales del Texto Constitucional, hasta el punto que un nuevo ordenamiento jurídico tendría que ser creado para desarrollar la construcción del socialismo. No es que Venezuela no puede convertirse en un Estado Socialista. Si ello lo decide el pueblo, es posible; pero a juicio del voto salvante, tal logro sería distinto al que la Sala ha sostenido en el fallo de 24 de enero de 2002 (Caso: Créditos Indexados) y ello conduciría no a una reforma de la Constitución sino a una nueva Constitución, la cual debería ser votada por el Poder Constituyente Originario. Al menos, en nuestro criterio esto es la consecuencia del fallo N° 85 de 24 de enero de 2002." Véase sentencia del Tribunal Supremo de Justicia en Sala Constitucional N° 2042 del 2 de Noviembre de 2007, *Caso Néstor Luis Romero Méndez* en http://www.tsj.gov.ve/decisiones/scon/No-viembre/2042-021107-07-1374.htm.

984 Véase la sentencia de la Sala Constitucional del Tribunal Supremo de Justicia N° 74 de 25-01-2006, en *Revista de Derecho Público,* N° 105, Editorial Jurídica Venezolana, Caracas, 2006, pp. 76 y ss.

por la Asamblea Nacional fue sometida a referendo el 2 de diciembre de 2007, habiendo sin embargo sido rechazada por el pueblo.[985].

2. *La renuncia por parte del Juez Constitucional a controlar el fraude a la Constitución perpetrado con la reforma constitucional de 2007*

Como se ha dicho, lo más insólito de todo el fraudulento procedimiento seguido para sancionar la rechazada "reforma constitucional" para desmantelar al Estado Constitucional y federal, fue sin duda la renuncia de la Jurisdicción Constitucional a ejercer el control de la constitucionalidad del mismo, y en particular, del acto ejecutivo del Presidente de la República de presentación del anteproyecto de reforma ante la Asamblea Nacional el 15 de agosto de 2007; del acto legislativo de ésta sancionando el proyecto el día 2 de noviembre de 2007, y del acto político de convocatoria a referendo del Consejo Nacional Electoral el mismo día, cuando por las trasformaciones fundamentales que contenía, lo que exigía era la convocatoria de una Asamblea Nacional Constituyente.

Dichos actos estatales, como se dijo, se impugnaron de inconstitucionalidad, y en todos los casos, las sentencias dictadas por la Sala Constitucional del Tribunal Supremo entre octubre y noviembre de 2007, desconocieron el derecho ciudadano a la supremacía constitucional y a la tutela judicial efectiva, declarando las acciones como inadmisibles e "improponibles." Se consideró, en algunos casos, que los recurrentes carecían de legitimación, a pesar de tratarse en unos casos de acciones de amparo en protección de derechos colectivos o difusos, contrariando doctrina de la propia Sala, como la sentada en sentencia que había suspendido las elecciones generales en mayo de 2000, en beneficio "tanto para las personas naturales y organizaciones que han solicitado la protección de amparo constitucional como para todos los electores en su conjunto;"[986] y en otros casos, se consideró que los actos impugnados eran actos de "trámite" de un proceso complejo desarrollado en etapas sucesivas, es decir, que no producían efectos jurídicos externos, ni gravamen a los derechos de los ciudadanos, concluyendo que solamente podían ser impugnados una vez concluido el procedimiento una vez efectuado el referendo aprobatorio, y por supuesto, si la reforma resultaba aprobada.[987]

---

985 Tomando en cuenta los resultados anunciados por el Consejo Nacional Electoral en día 2 de diciembre en la noche, de un universo de más de 16.109.664 de electores inscritos, sólo acudieron a votar 9.002.439 votantes, lo que significó un 44.11% de abstención; y de los electores que votaron, votaron por rechazar la reforma (voto NO) por el Bloque de artículos marcado A, 4.504.354 de votantes, con 50.70% y por el Bloque de artículos marcado B, 4.522.332 de votantes, con 51.05%. Es decir, sólo votaron por aprobar la reforma (voto SÍ), por el bloque A 4 379 392 votantes, con 49.29%; y por el bloque B 4.335.136 votantes con 48.94%. Ello equivale a que sólo el 28% del universo de los electores inscritos en el Registro Electoral votaron por aprobar la reforma constitucional. En dicho referendo, por tanto, en realidad, no fue que "triunfó" el voto NO por poco margen, como aludió el Presidente de la República, Hugo Chávez, sino que lo que ocurrió fue que su propuesta de reforma fue rechazada por el 72% de los electores inscritos, quienes, o votaron por el NO (50.7%), o simplemente no acudieron a votar para pronunciarse por la reforma.

986 Véase sentencia de la Sala Constitucional N° 483 de 29-05-2000, Caso: *"Queremos Elegir" y otros*, en *Revista de Derecho Público*, N° 82, Caracas, 2000, Editorial Jurídica Venezolana, pp. 489-491.

987 La primera sentencia en la materia del Tribunal Supremo de Justicia en Sala Constitucional fue la N° 1974 de 23-10-2007, *Caso José Ignacio Guedez Yépez* en http://www.tsj.gov.ve/decisiones/scon/Octubre/1974-231007-07-1055.htm. Véase además, entre otras: sentencia del Tribunal Supremo de Justicia en Sala Constitucional N° 2042 del 2 de Noviembre de 2007, *Caso Néstor Luis Romero Méndez* en

Estas sentencias, en todo caso, desde el inicio ya habían sido anunciadas por la propia Presidenta del Tribunal Supremo, quien además, era miembro del Consejo Presidencial para la Reforma Constitucional, y quien dos días después de que el Presidente de la República presentara su Anteproyecto de reforma ante la Asamblea, ya se había adelantado a cualquier posible y previsible impugnación por inconstitucionalidad de la iniciativa presidencial y del trámite parlamentario, emitiendo opinión anticipada impunemente, prejuzgando cualquier asunto. Dijo en efecto, que dejaba "en claro que la Sala Constitucional no tramitará ninguna acción relacionada con las modificaciones al texto fundamental, hasta tanto éstas no hayan sido aprobadas por los ciudadanos en el referendo," agregando que "cualquier acción debe ser presentada después del referendo cuando la reforma ya sea norma, porque no podemos interpretar una tentativa de norma. Después de que el proyecto sea una norma podríamos entrar a interpretarla y a conocer las acciones de nulidad".[988]

Y eso fue, precisamente, lo que decidió la Sala Constitucional en su sentencia N° 2189 de Noviembre de 2007 (Caso *Confederación de Profesionales Universitarios de Venezuela (CONFEPUV)* y otros), (Ponente: Arcadio Delgado Rosales), en la cual participó la Magistrado Presidenta, pues no se inhibió como hubiera correspondido en un Estado de derecho al haber adelantado públicamente opinión sobre lo decidido comprometiendo su imparcialidad[989], declarando como "*improponible*" la acción de inconstitucionalidad contra el acto de la Asamblea Nacional que había sancionado la reforma constitucional;[990] "inventando" así incluso una nueva categoría de decisiones de la Jurisdicción Constitucional, distinta a la inadmisibilidad, o a declarar sin lugar la acción, con lo que en definitiva se negó el derecho mismo de acceso a la justicia y a obtener tutela judicial.

---

http://www.tsj.gov.ve/decisiones/scon/Noviembre/2042-021107-07-1374.htm ; sentencia del Tribunal Supremo de Justicia en Sala Constitucional N° 2108 del 7 de Noviembre de 2007, *Caso Jorge Paz Nava y otros* en http://www.tsj.gov.ve/decisio-nes/scon/Noviembre/2108-071107-07-1484.htm; sentencia del Tribunal Supremo de Justicia en Sala Constitucional N° 2147 del 13 de Noviembre de 2007, *Caso Rafael Ángel Briceño*, en http://www.tsj.gov.ve/decisio-nes/scon/Noviembre/2147-131107-07-1476.htm; sentencia del Tribunal Supremo de Justicia en Sala Constitucional N° 2191 del 22 de Noviembre de 2007, *Caso Yvett Lugo Urbaéz* en http://www.tsj.gov.ve/de-cisiones/scon/Noviembre/2191-221107-07-1605.htm (Criterio reiterado también en las sentencias 2108/2007; 2147/2007 y 2189/2007 de esta misma Sala); sentencia del Tribunal Supremo de Justicia en Sala Constitucional N° 2193 del 22 de Noviembre de 2007, *Caso Luis Hueck Henríquez* en http://www.tsj.gov.ve/decisiones/scon/No-viembre/2193-221107-07-1641.htm; sentencia del Tribunal Supremo de Justicia en Sala Constitucional, N° 2198 del 23 de Noviembre de 2007, *Caso Moisés Troconis Villareal* en http://www.tsj.gov.ve/decisiones/scon/Noviembre/2198-231107-07-1645.htm; Sentencia del Tribunal Supremo de Justicia en Sala Constitucional N° 2211 de 29-11-2007, *Caso Claudia Nikken y Flavia Pesci Feltri*, en http://www.tsj.gov.ve/decisiones/scon/Noviembre/2211-291107-07-1617.htm

988 Reseña del periodista Juan Francisco Alonso, en *El Universal*, Caracas 18-08-07.

989 Conforme al artículo 8 del Código de Ética del Juez, "La imparcialidad constituye supuesto indispensable para la correcta administración de justicia, y por ello el magistrado...juez... que se hallare incurso en alguna causal de inhibición o recusación o viere comprometida su imparcialidad por alguna circunstancia previa o sobreviniente al proceso del cual deba conocer, debe separarse inmediatamente del mismo sin esperar a que se le recuse."

990 Véase la sentencia del Tribunal Supremo de Justicia en Sala Constitucional N° 2189 de 22 de Noviembre de 2007, Caso *Confederación de Profesionales Universitarios de Venezuela (CONFEPUV) y otros*, en http://www.tsj.gov.ve/decisiones/scon/No-viembre/2189-221107-07-1596.htm.

Sin embargo, y a pesar de todas estas inconstitucionalidades y abstención del Juez Constitucional, como se dijo, fue el pueblo el que rechazó la inconstitucional reforma constitucional planteada en 2007.

III. LAS RECHAZADAS REFORMAS CONSTITUCIONALES PROPUESTAS SOBRE LA ORGANIZACIÓN DEL ESTADO (FEDERAL) Y SU INCONSTITUCIONAL IMPLEMENTACIÓN POSTERIOR EN FRAUDE A LA VOLUNTAD POPULAR

Sin embargo el rechazo popular a la reforma expresado en el referendo de diciembre de 2007 de nada valió, pues las mismas, todas, fueron implementadas violándose la Constitución y en fraude a la voluntad popular.

En efecto, como se ha dicho, la dicha reforma constitucional de 2007, tocaba las bases fundamentales de la organización del Estado en Venezuela, en particular, en relación con la ampliación constitucional de la llamada "doctrina bolivariana"; con la sustitución del Estado democrático y social de derecho por el Estado Socialista, desmantelando el sistema económico de economía mixta; y con la eliminación de la descentralización como política de Estado supuestamente en aras de la participación política, la cual por otra parte se limitaba. Y todas ellas, a pesar del rechazo popular fueron inconstitucionalmente implementadas.

1. *El rechazo popular al establecimiento de una "doctrina bolivariana" como doctrina del Estado socialista que se proponía establecer, abandonando la representatividad democrática*

En efecto, entre las innovaciones que había introducido la Constitución de 1999, había estado el cambio de la denominación de la República de Venezuela por el de "República Bolivariana de Venezuela" (art. 1), lo cual por supuesto nada tenía que ver con Simón Bolívar y su pensamiento, habiendo obedecido en su momento a una motivación estrictamente político partidaria, partisana o partidista[991], vinculada al partido "bolivariano" que Chávez estaba construyendo, y que como denominación no se podía utilizar para identificar un partido político.[992]

En 2007, en todo caso, el Presidente de la República pasó a otro estadio, y lo que quiso fue entonces identificar la doctrina bolivariana, no con el pensamiento del Libertador, sino con el modelo socialista de sociedad y Estado, buscando que el "bolivarianismo" pasara a ser su ideología política. Por ello propuso denominar, por ejemplo, a todos los componentes de la Fuerza Armada como "bolivariana" (art. 156,8; 236,6; 328 y 329), a la cual se le asignaba el cumplimiento de su misión de defensa que debía realizar "mediante el estudio, planificación y ejecución de la doctrina militar bolivariana."

---

991 Véase lo que expusimos en Allan R. Brewer-Carías, *La Constitución de 1999*, Editorial Arte, Caracas 1999, pp. 44 ss.

992 De acuerdo con la Ley de Partidos Políticos, *Gaceta Oficial* N° 27.725, de 30-04-1965, los partidos políticos no pueden usar los nombres de los próceres ni los símbolos de la patria. La organización política que el Presidente había formado antes de la campaña presidencial de 1998, se llamó el Movimiento Bolivariano 2000, nombre que no podía ser usado. Por ello, el partido político que fundó se denominó Movimiento V República.

La reforma fue rechazada, pero sin embargo, a partir de 2008, mediante decreto ley contentivo de la Ley Orgánica de la Fuerza Armada Bolivariana,[993] el gobierno comenzó a implementarla sistemáticamente, adoptándose oficialmente la denominación de las Fuerzas Armadas como "Bolivarianas", incluso con la creación de un componente adicional, la "Milicia Bolivariana", y la creación adicional de la Policía Nacional Bolivariana.

También, posteriormente, en 2010, mediante la sanción de la Ley Orgánica del Poder Popular,[994] se estableció que "la organización y participación del pueblo en el ejercicio de su soberanía se inspira en la doctrina del Libertador Simón Bolívar, y se rige por los principios y valores socialistas" (art. 5).[995] Ello por supuesto, era históricamente insostenible pues no hay forma alguna de poder vincular "la doctrina del Libertador Simón Bolívar" con los principios y valores socialistas. En la obra de Bolívar y en relación con su concepción del Estado nada puede encontrarse al respecto,[996] no siendo la norma sino una pretensión más de continuar manipulando el "culto" a Bolívar para justificar los autoritarismos, como tantas veces ha ocurrido antes en nuestra historia.[997] Por lo demás, no hay que olvidar que si algo hubiese habido de socialismo en las ideas de Bolívar, Karl Marx, quien una década después de haber publicado su obra fundamental sobre el comunismo, en conjunto con En-

---

993 Véase Decreto Ley N° 6.239, de ley Orgánica de la Fuerza Armada Bolivariana, en *Gaceta Oficial* N° 5.933, Extra., de 21 de Octubre de 2009. Véase en general, Alfredo Arismendi A., "Fuerza Armada Nacional: Antecedentes, evolución y régimen actual," in *Revista de Derecho Público*, N° 115 (Estudios sobre los Decretos Leyes), Editorial Jurídica Venezolana, Caracas 2008, pp. 187-206; Jesús María Alvarado Andrade, "La nueva Fuerza Armada Bolivariana (Comentarios a raíz del Decreto N° 6.239, con rango, valor y fuerza de Ley Orgánica de la Fuerza Armada Nacional Bolivariana)," *id.*, pp. 207-214

994 Véase en *Gaceta Oficial* N° 6.011 Extra. de 21-12-2010. Véase en general sobre estas leyes, Allan R. Brewer-Carías, Claudia Nikken, Luis A. Herrera Orellana, Jesús María Alvarado Andrade, José Ignacio Hernández y Adriana Vigilanza, ***Leyes Orgánicas sobre el Poder Popular y el Estado Comunal (Los consejos comunales, las comunas, la sociedad socialista y el sistema económico comunal)*** Colección Textos Legislativos N° 50, Editorial Jurídica Venezolana, Caracas 2011.

995 La misma expresión se utilizó en la Ley Orgánica de las Comunas respecto de la constitución, conformación, organización y funcionamiento de las mismas (art. 2); en la Ley Orgánica de los Consejos Comunales respecto de los mismos (art. 1), y en la Ley Orgánica de Contraloría Social (art. 6).

996 Véase Allan R. Brewer-Carías, "Ideas centrales sobre la organización el Estado en la Obra del Libertador y sus Proyecciones Contemporáneas" en *Boletín de la Academia de Ciencias Políticas y Sociales*, N° 95-96, enero-junio 1984, pp. 137-151.

997 Así fue el caso de Antonio Guzmán Blanco en el siglo XIX, y de Cipriano Castro, Juan Vicente Gómez, Eleazar López Contreras y Marcos Pérez Jiménez en el siglo XX. John Lynch ha señalado sobre esto que: "El tradicional culto a Bolívar ha sido usado como ideología de conveniencia por dictadores militares, culminando con los regímenes de Juan Vicente Gómez y Eleazar López Contreras; quienes al menos respetaron, más o menos, los pensamientos básicos del Libertador, aun cuando tergiversaron su significado." Concluye Lynch señalando que en el caso de Venezuela, en la actualidad, el proclamar al Libertador como fundamento de las políticas del régimen autoritario, constituye una distorsión de sus ideas. Véase John Lynch, *Simón Bolívar: A Life*, Yale University Press, New Haven 2007, p. 304. .Véase también, Germán Carrera Damas, *El culto a Bolívar, esbozo para un estudio de la historia de las ideas en Venezuela*, Universidad Central de Venezuela, Caracas 1969; Luis Castro Leiva, *De la patria boba a la teología bolivariana*, Monteávila, Caracas 1987; Elías Pino Iturrieta, *El divino Bolívar. Ensayo sobre una religión republicana*, Alfail, Caracas 2008; Ana Teresa Torres, *La herencia de la tribu. Del mito de la independencia a la Revolución bolivariana*, Editorial Alfa, Caracas 2009. Sobre la historiografía en relación con estos libros véase Tomás Straka, *La épica del desencanto*, Editorial Alfa, Caracas 2009.

gels, que fue *La ideología alemana,*[998] escribió la entrada sobre Simón Bolívar en la *Nueva Enciclopedia Americana* editada en Nueva York,[999] lo habría advertido. Lejos de ello, dicho trabajo de Marx más bien, ha sido uno de los escritos más críticos sobre Bolívar que se conocen en la bibliografía bolivariana.

Por otra parte, vinculado a la doctrina bolivariana, con la propuesta de reforma constitucional se buscó sustituir al Estado democrático y social de derecho y de justicia previsto en el texto de 1999, por un Estado Socialista o del Poder Popular, a cuyo efecto en el artículo 16 de la Constitución de buscó crear las comunas y comunidades como "el núcleo territorial básico e indivisible del Estado Socialista Venezolano"; en el artículo 70, al definirse los medios de participación se pretendió indicar que era solo "para la construcción del socialismo", haciéndose mención a las diversas asociaciones "constituidas para desarrollar los valores de la mutua cooperación y la solidaridad socialista"; en el artículo 112 se propuso establecer sobre el modelo económico del Estado, que era para crear "las mejores condiciones para la construcción colectiva y cooperativa de una economía socialista"; en el artículo 113 se buscó regular la constitución de "empresas mixtas o unidades de producción socialistas"; en el artículo 158, se buscó eliminar toda mención a la descentralización como política nacional, y al contrario definir como política nacional, "la participación protagónica del pueblo, restituyéndole el poder y creando las mejores condiciones para la construcción de una democracia socialista"; en el artículo 168 relativo al Municipio, se buscó precisar la necesidad de incorporar "la participación ciudadana a través de los Consejos del Poder Popular y de los medios de producción socialista"; en el artículo 184 se buscó orientar el vaciamiento de competencias de los Estados y Municipios para permitir "la construcción de la economía socialista"; en el artículo 299, relativo al régimen socioeconómico de la República, se pretendió establecer que el mismo se debía fundamentar "en los principios socialistas"; en el artículo 300 relativo a la creación de empresas públicas, se pretendió precisar que ello era sólo "para la promoción y realización de los fines de la economía socialista"; en el artículo 318, sobre el sistema monetario nacional en el cual se pretendió indicar que el mismo era solo para el "logro de los fines esenciales del Estado Socialista", todo de acuerdo con el Plan de Desarrollo Integral de la Nación cuyo objetivo, se pretendía regular que era "para alcanzar los objetivos superiores del Estado Socialista"; y en el artículo 321 sobre el régimen de las reservas internacionales, respecto de las cuales los fondos de las mismas se pretendió que fueran solo para "el desarrollo integral, endógeno, humanista y socialista de la Nación.

Todas estas reformas, que fueron todas rechazadas por el pueblo, fueron sin embargo sistemáticamente implementadas, evidentemente, en forma inconstitucional y en fraude a la voluntad popular, una vez que el gobierno adoptó un definitivo signo marxista, tal como resultó de la declaración del propio Presidente de la República a

998 Véase en Karl Marx and Frederich Engels, "The German Ideology," en *Collective Works*, Vol. 5, International Publishers, New York 1976, p. 47. Véanse además los textos pertinentes en http://www.educa.madrid.org/cms_tools/files/0a24636f-764c-4e03-9c1d-6722e2ee60d7/Texto%20Marx%20y%20Engels.pdf.

999 Véase el trabajo de Karl Marx en **The New American Cyclopaedia**, Vol. III, 1858, sobre "Bolivar y Ponte, Simón," en http://www.marxists.org/archive/marx/works/-1858/01/bolivar.htm.

comienzos de 2010, de asumir el marxismo,[1000] todo lo cual fue incorporado también ese mismo año 2010, en la Declaración de Principios del partido oficial. [1001] Y esa implementación se hizo mediante la sanción de una multitud de leyes y sobre todo, de decretos leyes dictados por el gobierno, en todas las áreas a las que se referían las propuestas, decretándose una transformación radical del Estado, estableciendo un Estado Socialista por el cual nadie había votado, y más bien había sido rechazado. Todo se hizo estableciendo un Estado paralelo al Estado Constitucional, denominado Estado Comunal o del Poder Popular, que ha afectado sensiblemente la organización territorial del Estado. Ello afectó por ejemplo a los Municipios (Ley Orgánica del Poder Público Municipal 2010), a los mecanismos llamados de participación popular (Ley Orgánica del Poder Popular, Ley Orgánica de los Consejos Comunales, Ley Orgánica de las Comunas 2010), y al régimen de la economía (Ley Orgánica del Sistema Económico Comunal 2010).[1002] En este último aspecto, incluso el proceso se había iniciado con el Decreto Ley N° 6.130 de 2008, contentivo de la Ley para el Fomento y Desarrollo de la Economía Popular,[1003] dando pie a la ejecución de una política masiva de estatización de empresas, de ocupación de otras, de expropiación y confiscación de toda clase de bienes.[1004]

En particular, y por lo que respecta a la implementación fraudulenta de la rechazada reforma constitucional en materia económica, mediante la Ley Orgánica del Sistema Económico Comunal de 2010,[1005] se lo concibió como la "herramienta fun-

---

1000 En su Mensaje anual ante la Asamblea Nacional, el 15 de enero de 2010, el Presidente Chávez declaró, que ""asumía el marxismo" aunque confesó que nunca había leído los trabajos de Marx. Véase María Lilibeth Da Corte, "Por primera vez asumo el marxismo," en *El Universal*, Caracas Jan. 16, 2010, http://www.eluniver-sal.com/2010/01/16/pol_art_por-primera-vez-asu_1726209.shtml.

1001 Véase la "Declaración de Principios, I Congreso Extraordinario del Partido Socialista Unido de Venezuela," Apr. 23, 2010, at http://psuv.org.ve/files/tcdocumen-tos/Declaracion-de-principios-PSUV.pdf.

1002 Véase sobre el conjunto de Leyes: Allan R. Brewer-Carías, Claudia Nikken, Luis A. Herrera Orellana, Jesús María Alvarado Andrade, José Ignacio Hernández y Adriana Vigilanza, *Leyes Orgánicas sobre el Poder Popular (Los Consejos Comunales, las Comunas, la Sociedad Socialista y el Sistema Económico Comunal)*, Editorial Jurídica Venezolana, Caracas, 2011. Véase Lolymar Hernández Camargo, "Límites del poder ejecutivo en el ejercicio de la habilitación legislativa: Imposibilidad de establecer el contenido de la reforma constitucional rechazada vía habilitación legislativa," en *Revista de Derecho Público* 115 *(Estudios sobre los Decretos Leyes)*, Editorial Jurídica Venezolana, Caracas 2008, pp. 51 ff.; Jorge Kiriakidis, "Breves reflexiones en torno a los 26 Decretos-Ley de julio-agosto de 2008, y la consulta popular refrendaría de diciembre de 2007," *id.*, pp. 57 ff.; José Vicente Haro García, "Los recientes intentos de reforma constitucional o de cómo se está tratando de establecer una dictadura socialista con apariencia de legalidad (A propósito del proyecto de reforma constitucional de 2007 y los 26 decretos leyes del 31 de julio de 2008 que tratan de imponerla)," *id.*, pp. 63 ss.; Ana Cristina Nuñez Machado, "Los 26 nuevos Decretos-Leyes y los principios que regulan la intervención del Estado en la actividad económica de los particulares," *id.*, pp. 215-20; Aurilivi Linares Martínez, "Notas sobre el uso del poder de legislar por decreto por parte del Presidente venezolano," *id.*, pp. 79-89; Carlos Luis Carrillo Artiles, "La paradójica situación de los Decretos Leyes Orgánicos frente a la Ingeniería Constitucional de 1999," *id.*, pp. 93-100; Freddy J. Orlando S., "El "paquetazo," un conjunto de leyes que conculcan derechos y amparan injusticias," *id.*, pp. 101-104.

1003 Véase en *Gaceta Oficial* N° 5.890 Extra. de 31 de julio de 2008.

1004 Véase en general, Antonio Canova González, Luis Alfonso Herrera Orellana, and Karina Anzola Spadaro, *¿Expropiaciones o vías de hecho? (La degradación continuada del derecho fundamental de propiedad en la Venezuela actual*," Funeda, Universidad Católica Andrés Bello, Caracas 2009.

1005 Véase Allan R. Brewer-Carías, "La reforma de la Constitución económica para implantar un sistema económico comunista (o de cómo se reforma la Constitución pisoteando el principio de la rigidez constitucional), en Jesús María Casal y María Gabriela Cuevas (Coordinadores), *Homenaje al Dr.*

damental para construcción de la nueva sociedad" pero solo con base en "los principios y valores socialistas," también supuestamente inspirado en la doctrina de Simón Bolívar (art. 5), en la cual como se buscaba en la reforma rechazada, la propiedad privada quedó reducida a la mínima expresión, sustituyéndosela en la Ley por la "propiedad social" como dominio del Estado, lo que significa que en la práctica, no se trata de ningún derecho que sea "de la sociedad," sino del aparato Estatal, cuyo desarrollo, regido por un sistema de planificación centralizada, elimina toda posibilidad de libertad económica e iniciativa privada, y convierte a las "organizaciones socio-productivas" en meros apéndices del aparato estatal.

Ese sistema de "*propiedad social comunal*," además, debe ser desarrollado exclusivamente a través de "organizaciones socio-productivas bajo formas de propiedad comunal," conforme a un "modelo productivo socialista, que se define en ley como el:

> "modelo de producción basado en la propiedad social, orientado hacia la eliminación de la *división social del trabajo* propio del modelo capitalista. El modelo de producción socialista está dirigido a la satisfacción de necesidades crecientes de la población, a través de nuevas formas de generación y apropiación así como de la *reinversión social del excedente*" (art. 6.12).

Basta destacar de esta definición legal, sus tres componentes fundamentales para entender de qué se trata, y que son: la propiedad social, la eliminación de la división social del trabajo y la reinversión social del excedente; que los redactores de la norma, sin duda, se copiaron de algún Manual vetusto de revoluciones comunistas fracasadas, parafraseando en el texto de una Ley lo que Carlos Marx y Federico Engels escribieron hace más de 150 años, en 1845 y 1846, al definir la sociedad comunista.[1006]

En todas las leyes reguladoras de esas materias, y en tantas otras más relacionadas, se ha venido calificando a absolutamente todas las políticas del Estado solo para la construcción del socialismo, y para el establecimiento de un Estado socialista, denominación que además se fue incorporando sistemáticamente en todo tipo de servicios, dependencias, institutos autónomos o empresas del Estado, de manera que en la actualidad es difícil encontrar alguna institución o entidad que no tenga la denominación de "socialista."

Pero además, en el contexto de la construcción del Estado socialista bajo la "doctrina bolivariana," la reforma constitucional buscaba formalmente sustituir la representatividad democrática, que es la base democrática del Estado, conforme al artículo 5° de la Constitución de 1999, mediante elección popular, de primer grado y de segundo grado; lo que se complementó con la posibilidad de en ciertos casos (referendos por ejemplo), de ejercicio directo. Ello implica que conforme a la Constitución no existe ni puede existir democracia que no sea representativa, siendo de la

---

José Guillermo Andueza. Desafíos de la República en la Venezuela de hoy. Memoria del XI Congreso Venezolano de Derecho Constitucional, Universidad Católica Andrés Bello, Caracas 2013, Tomo I, pp. 247-296.

1006 Véase en Karl Marx and Frederich Engels, "The German Ideology," en *Collective Works*, Vol. 5, International Publishers, New York 1976, p. 47. Véanse además los textos pertinentes en http://www.educa.madrid.org/cms_tools/files/0a24636f-764c-4e03-9c1d-6722e2ee60d7/Texto%20Marx%20y%20Engels.pdf.

esencia del régimen político democrático la idea de que el pueblo, titular de la soberanía, no la ejerce directamente, sino a través de representantes, con especial arraigo a nivel local, conforme a un modelo de descentralización política que permita el autogobierno local.

Todo este sistema democrático era el que se buscaba desmantelar con el rechazado proyecto de reforma constitucional, destinado a la construcción de un esquema de concentración del Poder, de centralismo y de socialismo, montado sobre una sociedad colectivista y con base a una supuesta "participación protagónica,"[1007] eliminando de la Constitución toda referencia a la descentralización política, y por tanto, a la efectiva posibilidad de participación. Además, eliminando la democracia representativa para sustituirla por una supuesta "democracia participativa," a través de unos consejos comunales controlados desde la cúspide del poder ejecutivo nacional. que incluso ya se habían creado mediante Ley en 2006[1008], anticipándose a la reforma que luego resultó fallida, pero en los cuales ya se había regulado como lo proponía la reforma rechazada, que sus miembros no son electos mediante sufragio sino designados por Asambleas de ciudadanos controladas por el propio Poder Ejecutivo Nacional.

Todo ello, sin embargo, fue lo que con la rechazada reforma constitucional, se pretendía consolidar en la propia Constitución, al proponerse una "nueva geometría del poder" en la cual se sustituía a los Municipios, por las comunidades, como el "núcleo territorial básico e indivisible del Estado Socialista Venezolano", que debían agrupar a las comunas (socialistas)[1009] como "células sociales del territorio", las cuales se debían agrupar en ciudades que eran las que se pretendía concebir como "la unidad política primaria de la organización territorial nacional". En la rechazada reforma constitucional, como se dijo, se buscó establecer en forma expresa que los integrantes de los diversos Consejos del Poder Popular no nacían "del sufragio ni de elección alguna, sino que nace de la condición de los grupos humanos organizados como base de la población."

Con ello, en definitiva, en nombre de una "democracia participativa y protagónica", lo que se buscaba era poner fin en Venezuela a la democracia representativa a nivel local, y con ello, de todo vestigio de autonomía política territorial que es la

---

1007 En la *Exposición de Motivos del Proyecto de Reforma Constitucional* presentado por el Presidente de la República en agosto 2007, se lee que el Poder Popular "es la más alta expresión del pueblo para la toma de decisiones en todos sus ámbitos (político, económico, social, ambiental, organizativo, internacional y otros) para el ejercicio pleno de su soberanía. Es el poder constituyente en movimiento y acción permanente en la construcción de un modelo de sociedad colectivista de equidad y de justicia. Es el poder del pueblo organizado, en las más diversas y disímiles formas de participación, al cual está sometido el poder constituido. No se trata del poder del Estado, es el Estado sometido al poder popular. Es el pueblo organizado y organizando las instancias de poder que decide las pautas del orden y metabolismo social y no el pueblo sometido a los partido políticos, a los grupos de intereses económicos o a una particularidad determinada", *cit.*, p 11.

1008 Véase los comentarios sobre ello en Allan R. Brewer-Carías et al, *Ley Orgánica del Poder Público Municipal*, Editorial Jurídica Venezolana, Caracas 2007, pp. 75 y ss.

1009 En la *Exposición de Motivos* del Proyecto de Reforma Constitucional presentado por el Presidente de la República en agosto 2007, a las comunas se las califica como "comunas socialistas", y se la define como "Es un conglomerado social de varias comunidades que poseen una memoria histórica compartida, usos, costumbres y rasgos culturales que los identifican, con intereses comunes, agrupadas entre sí con fines político-administrativos, que persiguen un modelo de sociedad colectiva de equidad y de justicia", *cit.*, p. 12

esencia de la descentralización, además de reducirse le posibilidad misma de participación –la cual se proponía que dejara de ser libre como lo indica el artículo 62 de la Constitución– solo con el único y exclusivo propósito de "la construcción del socialismo", de manera que quien no quisiera construir socialismo alguno, quedaba excluido del derecho a la participación política, que sólo estaba destinado a desarrollar los valores de "la solidaridad socialista. Además, en sustitución del concepto amplio de participación ciudadana que establece el artículo 168 de la Constitución y que deben desarrollar los Municipios, con la rechazada reforma constitucional se pretendía establecer la obligación de los Municipios de "incorporar, dentro del ámbito de sus competencias, la participación ciudadana a través de los Consejos del Poder Popular y de los medios de producción socialista", eliminándose toda posibilidad de otras formas de participación, la cual dejaba de ser libre.

Todas estas reformas constitucionales rechazadas de 2007, sin embargo, también fueron igualmente implementadas mediante la reforma de la Ley Orgánica del Poder Municipal de 2010 y de la sanción de las Leyes Orgánicas del Poder Popular de ese mismo año, que han establecido un Estado paralelo al Estado Constitucional, denominado Estado Comunal o del Poder Popular como se explica más adelante, desconstitucionalizando el Estado.

2. *El rechazo popular a la eliminación de la Federación y a la descentralización política como forma de Estado, y a la creación de un Estado Comunal o del Poder Popular*

Como antes se dijo, la federación ha sido una constante en la historia constitucional venezolana, al punto de que la Constitución de 1999 no sólo precisó que "la República Bolivariana de Venezuela es un *Estado federal descentralizado* en los términos consagrados por esta Constitución" (art. 4); sino que definió a la descentralización como política de Estado (arts. 16, 84, 166, 184, 185, 269, 272, 285, 300) para "profundizar la democracia, acercando el poder a la población y creando las mejores condiciones, tanto para el ejercicio de la democracia como para la prestación eficaz y eficiente de los cometidos estatales" (art. 158).

Todo ello, sin embargo, se buscó elimina con la rechazada reforma constitucional de 2007, en la cual siguiendo la orientación de la práctica política centralista de los últimos años, definitivamente pretendía centralizar completamente el Estado, eliminándose todo vestigio de descentralización como organización y política pública, de autonomía territorial y de democracia representativa a nivel local, es decir, de la unidad política primaria en el territorio, lo que tocaba otro aspecto fundamental y medular del Estado venezolano, que es la forma federal. Con la rechazada reforma constitucional, en efecto, se buscaba eliminar todo posibilidad de autonomías, creando instancias territoriales solo sometidas al poder central, mediante las cuales un Poder Popular supuestamente iba a desarrollar "formas de agregación comunitaria política territorial" que constituían formas de "autogobierno," pero sin democracia representativa alguna, sino sólo como supuesta "expresión de democracia directa" (art. 16). Con ello se buscaba, como lo dijo el Presidente de la República en 2007, "el desarrollo de lo que nosotros entendemos por descentralización, porque el concepto cuartorepublicano de descentralización es muy distinto al concepto que nosotros debemos manejar. Por eso, incluimos aquí la participación protagónica, la transferencia del poder y crear las mejores condiciones para la construcción de la democracia socialista,"[1010] pero a entidades sin autonomía política controladas por el poder central.

Otro objetivo de la reforma constitucional rechazada fue la inversión de la distribución de competencias públicas prevista en la Constitución entre los tres niveles territoriales de gobierno (nacional, estadal y municipal), de manera de centralizar materialmente todas las competencias del Poder Público en el nivel nacional (arts. 156, 164), vaciándose de competencias a los Estados y obligándose a los Municipios a transferir sus competencias a unos Consejos Comunales integrados por "voceros" no electos y sin representatividad democrática, con lo que en definitiva se buscaba que aquellos quedasen como entelequias vacías.

Entre las reformas propuestas estaba además la que buscaba que se asignara al Poder Nacional competencia para "la ordenación y gestión del territorio y el régimen territorial del Distrito Federal, los Estados, los Municipios, las Dependencias Federales y demás entidades regionales" (artículo 156,10,); y para "la creación, supresión, ordenación y gestión de provincias federales, regiones estratégicas de defensa, territorios federales, municipios federales, ciudades federales y comunales, distritos funcionales, regiones marítimas y distritos insulares" (Artículo 156,11,), con lo cual los Estados y Municipios hubieran dejado de ser "entidades políticas" perdiendo efectiva autonomía, y pasaran a depender totalmente del Poder Nacional, como órganos sin autonomía alguna, es decir, como administraciones periféricas del Poder Central sometidas a la ordenación y gestión que establezca el Poder Nacional. Por ello también se buscaba reformar el artículo 164,2 de la Constitución, para establecer que los Estados tuvieran competencia para ejercer "la coordinación de sus municipios y demás entidades locales", lo que también hubiera implicado la eliminación de la autonomía municipal.

La centralización de todas las competencias del Poder Público en el nivel nacional llegaba a tal extremo en la rechazada reforma constitucional que con la misma se pretendía eliminar formalmente la tradicional competencia residual de los Estados (art. 164,11) –que existe en todas las federaciones del mundo-, respecto de toda otra competencia no asignada expresamente a los otros niveles de gobierno (nacional y municipal), y en cambio, establecer dicha competencia residual a favor del Poder nacional (art. 156,36), dejando a los Estados, sólo y exclusivamente, competencia en "todo lo que le atribuya esta Constitución o ley nacional" (art. 164,10).

Para desmantelar la Federación, en particular en cuanto a los Estados y Municipios, la reforma constitucional buscó elimina la garantía constitucional de la autonomía municipal y el principio de la descentralización político como condición esencial de la división territorial (art 16), para lo cual en el artículo 168, en relación con los Municipios, se buscó eliminarles el carácter de unidad política primaria que tienen en la Constitución, y en su lugar establecer a la ciudad, a las comunas, y a las comunidades, como "el núcleo territorial básico e indivisible del Estado Socialista Venezolano." A partir de este esquema inicial, en el artículo 16 del proyecto de la rechazada de reforma constitucional, se buscó cambiar radicalmente la división política del territorio nacional en "entidades políticas" (Estados, Distrito Capital, dependencias federales, territorios federales y Municipios y otras entidades locales), eliminándose la exigencia de que todo el territorio nacional se debe organizar en muni-

---

1010 Véase *Discurso….*, citado *supra*, nota 16.

cipios; autorizándose al Presidente de la República, para decretar "regiones" y toda suerte de ámbitos territoriales, en un esquema totalmente centralizado, así como para designar y remover "las autoridades respectivas" de dichas entidades que de haberse aprobado la reforma constitucional hubieran quedado sujetas completamente al Poder Central.

Todas estas reformas rechazadas, sin embargo, también fueron implementadas a partir de 2008 mediante las reformas sucesivas a la Ley Orgánica de la Administración Publica, como se indica más adelante.

En cuanto al régimen político de la ciudad capital, Caracas, la Constitución de 1999 aseguró definitivamente un régimen de gobierno local descentralizado y democrático, en dos niveles de gobierno, en los cuales se debe garantizar la autonomía municipal y la participación política de las diversas entidades que componen la ciudad, para lo cual se eliminó la antigua figura territorial del "Distrito Federal" que se había creado en 1864, y que hasta 1999 careció de autogobierno. Con la rechazada reforma constitucional de 2007, sin embargo, se pretendió volver al mismo esquema del siglo XIX, estableciendo para Caracas, un esquema de gobierno con autoridades totalmente sujetas y controladas por el Poder Nacional, y en particular, por el Presidente de la República.

Esa reforma, también rechazada por el pueblo, sin embargo, igualmente fueron implementadas en forma inconstitucional, mediante la Ley de Creación del Distrito Capital, eliminándosele el carácter de entidad local autónoma que regula la Constitución,[1011] reviviéndose precisamente al viejo Distrito Federal, aun cuando con otro nombre, con autoridades de "gobierno" totalmente dependientes del Poder Ejecutivo.

Adicionalmente, de acuerdo con la reforma constitucional, en el mismo sentido de las propuestas antes comentadas, se buscó eliminar del artículo 168 constitucional la previsión de que el Municipio es la "unidad política primaria de la organización nacional," lo que se pretendía atribuir a otros entes controlados por el poder central sin autonomía política, como las comunas; y como además, se buscó eliminar del artículo 173 la consagración de las "parroquias" como entidades locales.

Estas reformas, también en fraude a la voluntad popular, fueron todas implementadas con la reforma de la Ley Orgánica del Poder Público Municipal de 2010, en la cual se precisamente identificó a las comunas como dicha unidad política primaria en la organización nacional, y se eliminó el carácter representativo de las parroquias, eliminándose su elección popular, como se comenta también más adelante.

Todo el esquema anterior de desmantelamiento del Estado federal y de la organización territorial del Estado Constitucional basada en la descentralización política, culminaba en la propuesta de reforma constitucional, con el establecimiento en la fórmula constitucional de distribución vertical del Poder Público entre el Poder Municipal, el Poder Estadal y el Poder Nacional (art. 136), de un nuevo poder denominado "Poder Popular." A éste se lo pretendía regular como el medio para que supuestamente "el pueblo," como el depositario de la soberanía, la ejerciera "directamente," pero con la advertencia expresa como se ha dicho, de que dicho Poder Popular "no nace del sufragio ni de elección alguna, sino que nace de la condición de

---

1011 Véase en *Gaceta Oficial* N° 39.156, de 13 de abril de 2009. Véase en general, Allan R. Brewer-Carías et al., *Leyes sobre el Distrito Capital y el Área Metropolitana de Caracas*, Editorial Jurídica Venezolana, Caracas 2009.

los grupos humanos organizados como base de la población", sino mediante la constitución de comunidades, comunas y el autogobierno de las ciudades, a través de toda suerte de consejos comunales y de otra índole.

Se pretendía, con ello, agregar al Poder Popular como un Poder Público más en la organización territorial, buscando establecer un Estado paralelo al Estado Constitucional, y ello, también, a pesar del rechazo popular a la reforma, fue implementado inconstitucionalmente y en fraude a la voluntad popular, al crearse formalmente el "Estado del Poder Popular" o "Estado Comunal," mediante la reforma de la Ley de los Consejos Comunales en 2009,[1012] y la sanción en 2010 del conjunto de Leyes Orgánicas del Poder Popular, de las Comunas, del Sistema Económico Comunal, de Planificación Pública y Comunal y de Contraloría Social,[1013] y de Ley de la Comisión de Planificación Centralizada.[1014] Además, en el mismo marco de estructuración del Estado Comunal montado sobre el Poder Popular se reforzó su implementación adicional con la mencionada reforma de la Ley Orgánica del Poder Público Municipal de 2010, y de las Leyes de los Consejos Estadales de Planificación y Coordinación de Políticas Públicas, y de los Consejos Locales de Planificación Pública;[1015] con todo lo cual se produjo la desconstitucionalización del Estado

IV. LA DESCONSTITUCIONALIZACIÓN DEL ESTADO CONSTITUCIONAL EN MATERIA DE ORGANIZACIÓN TERRITORIAL

En efecto, el resultado de todo el anterior inconstitucional proceso de implementación de una reforma constitucional que había sido rechazada por el pueblo, en fraude a su voluntad, ha sido en definitiva que en Venezuela se ha producido una desconstitucionalización del Estado Constitucional, específicamente al haberse estructurado en paralelo al mismo, un "Estado del Poder Popular" o "Estado Comunal," mediante leyes ordinarias como son las Leyes Orgánicas: del Poder Popular, de los Consejos Comunales, de las Comunas, del Sistema Económico Comunal, de Planificación Pública y Comunal y de Contraloría Social,[1016] mediante las cuales incluso se ha originado una "nueva" Administración Pública paralela a la Adminis-

---

1012 Véase en *Gaceta Oficial* N° 39.335 de 28-12-2009. Véase la sentencia N° 1.676 de 03-12-2009 de la Sala Constitucional del Tribunal Supremo de Justicia sobre la constitucionalidad del carácter orgánico de esta Ley Orgánica de los Consejos Comunales, en http://www.tsj.gov.ve/decisiones/scon/diciembre/1676-31209-2009-09-1369.html. Véase sobre esta Ley: Allan R. Brewer-Carías, *Ley Orgánica de los Consejos Comunales,* Editorial Jurídica Venezolana, Caracas 2010

1013 Véase en *Gaceta Oficial* N° 6.011 Extra. de 21-12-2010. Véase en general sobre estas leyes, Allan R. Brewer-Carías, Claudia Nikken, Luis A. Herrera Orellana, Jesús María Alvarado Andrade, José Ignacio Hernández y Adriana Vigilanza, *Leyes Orgánicas sobre el Poder Popular y el Estado Comunal (Los consejos comunales, las comunas, la sociedad socialista y el sistema económico comunal*) Colección Textos Legislativos N° 50, Editorial Jurídica Venezolana, Caracas 2011; Allan R. Brewer-Carías, "La Ley Orgánica del Poder Popular y la desconstitucionalización del Estado de derecho en Venezuela," en *Revista de Derecho Público*, N° 124, Editorial Jurídica Venezolana, Caracas 2010, pp. 81-101.

1014 Véase en *Gaceta Oficial* N° 5.841, Extra. de 22 de junio de 2007. Véase Allan R. Brewer-Carías, "Comentarios sobre la inconstitucional creación de la Comisión Central de Planificación, centralizada y obligatoria", *Revista de Derecho Público*", N° 110, (abril-junio 2007), Editorial Jurídica Venezolana, Caracas 2007, pp. 79-89.

1015 Véase en *Gaceta Oficial* N° 6.015 Extra. de 30-12-2010.

1016 Véase en *Gaceta Oficial* N° 6.011 Extra. de 21-12-2010.

tración Pública que regula en la Ley Orgánica de la Administración Pública.[1017] Además de dichas Leyes Orgánicas, en el mismo marco de estructuración del "Estado Comunal" montado sobre el "Poder Popular" en contra de lo previsto en la Constitución, se reformó de la Ley Orgánica del Poder Público Municipal, y las Leyes de los Consejos Estadales de Planificación y Coordinación de Políticas Públicas, y de los Consejos Locales de Planificación Pública;[1018] y además, en 2012 se dictó la Ley Orgánica para la Gestión Comunitaria de Competencias, Servicios y Otras Atribuciones (Decreto Ley N° 9.043),[1019] transformada en 2014, en la Ley Orgánica para la Transferencia al Poder Popular de la Gestión y Administración Comunitaria de Servicios.[1020]

Con todas estas leyes, mediante la progresiva desconstitucionalización del Estado Constitucional, se ha venido configurando el Estado Comunal, estableciéndose "nuevos" órganos y entes como si fueran las "unidades primarias en la organización nacional" para supuestamente garantizar la participación de los ciudadanos en la acción pública, pero suplantando a los Estados y Municipios como entes descentralizados del Estado federal.

Esta estructuración del Estado Comunal, además, se ha hecho negándole recursos financieros a los propios del Estado Constitucional (Estados y Municipios), montando un sistema de entidades denominadas del Poder Popular, que son básicamente las Comunas y los Consejos Comunales, creados como instrumentos para la recepción de subsidios directos y reparto de recursos presupuestarios públicos, pero con un grado extremo de exclusión, lo que deriva de su propia existencia que sólo se puede materializar con el registro de las mismas ante el "Ministerio del Poder Popular para las Comunas y Movimientos Sociales" que además depende del "Vicepresidente del Consejo de Ministros para Desarrollo del Socialismo Territorial," por supuesto, siempre que estén controlados y manejados por el partido de gobierno, sean socialistas y comprometidas con la política socialista del Estado; condición indispensable para poder ser aceptados como instrumentos de supuesta "participación protagónica," y de recepción de subsidios dinerarios directos, que por lo demás se están sometidos a control fiscal alguno.[1021]

1017 Véase sobre estas leyes Allan R. Brewer-Carías, Claudia Nikken, Luis A. Herrera Orellana, Jesús María Alvarado Andrade, José Ignacio Hernández y Adriana Vigilanza, *Leyes Orgánicas sobre el Poder Popular y el Estado Comunal (Los Consejos Comunales, las Comunas, la Sociedad Socialista y el Sistema Económico Comunal)*, Editorial Jurídica Venezolana, Caracas 2011.

1018 Véase en *Gaceta Oficial* N° 6.015 Extra. de 30-12-2010.

1019 Véase en *Gaceta Oficial* N° 6.097 Extra. de 15 de junio de 2012.

1020 Véase en *Gaceta Oficial* N° 40.540 de 13 de noviembre de 2014.

1021 Véase en general sobre este proceso de desconstitucionalización del Estado, Allan R. Brewer-Carías, "La desconstitucionalización del Estado de derecho en Venezuela: del Estado Democrático y Social de derecho al Estado Comunal Socialista, sin reformar la Constitución," *en Libro Homenaje al profesor Alfredo Morles Hernández, Diversas Disciplinas Jurídicas,* (Coordinación y Compilación Astrid Uzcátegui Angulo y Julio Rodríguez Berrizbeitia), Universidad Católica Andrés Bello, Universidad de Los Andes, Universidad Monteávila, Universidad Central de Venezuela, Academia de Ciencias Políticas y Sociales, Vol. V, Caracas 2012, pp. 51-82; en Carlos Tablante y Mariela Morales Antoniazzi (Coord.), *Descentralización, autonomía e inclusión social. El desafío actual de la democracia*, Anuario 2010-2012, Observatorio Internacional para la democracia y descentralización, En Cambio, Caracas 2011, pp. 37-84; y en *Estado Constitucional,* Año 1, N° 2, Editorial Adrus, Lima, junio 2011, pp. 217-236.

En ese esquema, este proceso de desconstitucionalización, de centralismo y de desmunicipalización se ha llevado a cabo, en *primer lugar*, mediante el establecimiento como obligación legal para los órganos, entes e instancias del Poder Público, es decir del Estado Constitucional, de promover, apoyar y acompañar las iniciativas populares para la constitución, desarrollo y consolidación de las diversas formas organizativas y de autogobierno del pueblo, es decir, del llamado Estado Comunal (art. 23).[1022]

En *segundo lugar*, la desconstitucionalización del Estado se ha impuesto mediante la sujeción de todos los órganos del Estado Constitucional que ejercen el Poder Público, a los mandatos de las organizaciones del Poder Popular, al instituirse un nuevo principio de gobierno, consistente en "gobernar obedeciendo" (artículo 24).[1023] Como las organizaciones del Poder Popular no tienen autonomía política pues sus "voceros" no son electos democráticamente mediante sufragio universal, directo y secreto, sino designados por asambleas de ciudadanos controladas e intervenidas por el partido oficial y el Ejecutivo Nacional que controla y guía todo el proceso organizativo del Estado Comunal, en el ámbito exclusivo de la ideología socialista, sin que tenga cabida vocero alguno que no sea socialista; en definitiva, esto de "gobernar obedeciendo" es una limitación a la autonomía política de los órganos del Estado Constitucional electos, como la Asamblea Nacional, los Gobernadores y Consejos Legislativos de los Estados y los Alcaldes y Concejos Municipales, a quienes se le impone en definitiva la obligación de obedecer lo que disponga el Ejecutivo Nacional y el partido oficial enmarcado en el ámbito exclusivo del socialismo como doctrina política, con la máscara del Poder Popular. La voluntad popular expresada en la elección de representantes del Estado Constitucional, por tanto, en este esquema del Estado Comunal no tiene valor alguno, y al pueblo se le confisca su soberanía trasladándola de hecho a unas asambleas que no lo representan.

En *tercer lugar*, la desconstitucionalización del Estado Constitucional se ha reforzado con el establecimiento de la obligación para los órganos y entes del Poder Público en sus relaciones con el Poder Popular, de dar "preferencia a las comunidades organizadas, a las comunas y a los sistemas de agregación y articulación que surjan entre ellas, en atención a los requerimientos que las mismas formulen para la satisfacción de sus necesidades y el ejercicio de sus derechos, en los términos y lapsos que establece la ley" (art. 29). Igualmente se ha previsto que los órganos, entes e instancias del Poder Público, es decir, del Estado Constitucional, en sus diferentes niveles político-territoriales, deben adoptar "medidas para que las organizaciones socio-productivas de propiedad social comunal, gocen de prioridad y preferencia en los procesos de contrataciones públicas para la adquisición de bienes, prestación de servicios y ejecución de obras" (art. 30).[1024]

1022 Una norma similar está en el artículo 62 de la Ley Orgánica de las Comunas, a los efectos de "la constitución, desarrollo y consolidación de las comunas como forma de autogobierno."

1023 El artículo 24 de la Ley Orgánica del Poder Popular, en efecto, dispone sobre las "Actuaciones de los órganos y entes del Poder Público" que "Todos los órganos, entes e instancias del Poder Público guiarán sus actuaciones por el principio de gobernar obedeciendo, en relación con los mandatos de los ciudadanos, ciudadanas y de las organizaciones del Poder Popular, de acuerdo a lo establecido en la Constitución de la República y las leyes."

1024 En particular, conforme al artículo 61 de la Ley Orgánica de las Comunas, se dispone que "todos los órganos y entes del Poder Público comprometidos con el financiamiento de proyectos de las comunas

En *cuarto lugar*, la desconstitucionalización del Estado también ha derivado de la previsión de la obligación para la República, los Estados y Municipios, de acuerdo con la ley que rige el proceso de transferencia y descentralización de competencias y atribuciones, de trasferir "a las comunidades organizadas, a las comunas y a los sistemas de agregación que de éstas surjan; funciones de gestión, administración, control de servicios y ejecución de obras atribuidos a aquéllos por la Constitución de la República, para mejorar la eficiencia y los resultados en beneficio del colectivo" (art. 27).[1025] Con ello, se dispuso legalmente el vaciamiento de competencias de los Estados y Municipios, de manera que queden como estructuras vacías, con gobiernos representativos electos por el pueblo pero que no tienen materias sobre las cuales gobernar.

La estructuración paralela de ese Estado Comunal o del Poder Popular, en particular ha tenido un impacto fundamental en la Administración Municipal, con la creación de las Comunas al margen de la Constitución, que han sido concebidas en la Ley Orgánica del Poder Popular, precisamente para suplantar al Municipio constitucional, como la "célula fundamental" de dicho Estado Comunal,[1026] como se había propuesto en la reforma constitucional fallida de 2007. Para ese efecto, a la Comuna se la definió en la Ley Orgánica del Poder Popular, como una "entidad local," olvidándose el Legislador que conforme a la Constitución (arts. 169, 173), esta expresión de "entidad local" sólo se puede aplicar a las "entidades políticas" del Estado en las cuales necesariamente tiene que haber gobiernos integrados por representantes electos mediante sufragio universal, directo y secreto (arts. 63, 169), ceñidos a los principios establecidos en el artículo 6 de la Constitución, es decir, que ser "siempre democrático, participativo, electivo, descentralizado, alternativo, responsable, pluralista y de mandatos revocables."

Conforme a la Constitución, por tanto, no puede haber "entidades locales" con gobiernos que no sean democráticos representativos en los términos mencionados, y menos "gobernadas" por "voceros" designados a mano alzada sin elección universal y directa, siendo en consecuencia inconstitucional su concepción.

Pero por supuesto, ello no ha importado en el establecimiento del Estado del Poder Popular y el Estado Comunal, y con el propósito de ahogar y estrangular progresivamente el Estado Constitucional, la primera de las instituciones territoriales afectadas ha sido el Municipio, el cual, siendo la unidad política primaria dentro la organización de la República, ha quedado desvinculado totalmente del proceso de desa-

---

y sus sistemas de agregación, priorizarán aquéllos que impulsen la atención a las comunidades de menor desarrollo relativo, a fin de garantizar el desarrollo territorial equilibrado.

1025 Esta misma norma se repite en la Ley Orgánica de las Comunas (art. 64). El 31 de diciembre de 2010, aún estaba pendiente en la Asamblea Nacional la segunda discusión del proyecto de Ley Orgánica del Sistema de Transferencia de Competencias y atribuciones de los Estados y Municipios a las organizaciones del Poder Popular.

1026 Véase en *Gaceta Oficial* Nº 6.011 Extra. de 21-12-2010. Véase sobre esta Ley el libro de Allan R. Brewer-Carías, Claudia Nikken, Luis A. Herrera Orellana, Jesús María Alvarado Andrade, José Ignacio Hernández y Adriana Vigilanza, *Leyes Orgánicas sobre el Poder Popular y el Estado Comunal (Los Consejos Comunales, las Comunas, la Sociedad Socialista y el Sistema Económico Comunal)*, Colección Textos Legislativos Nº 50, Editorial Jurídica Venezolana, Caracas 2011. Véase además, Allan R. Brewer-Carías, "La Ley Orgánica del Poder Popular y la desconstitucionalización del Estado de derecho en Venezuela," en *Revista de Derecho Público*, Nº 124, (octubre-diciembre 2010), Editorial Jurídica Venezolana, Caracas 2010, pp. 81-101.

rrollo comunal y de la llamada participación popular. Para tal fin, además, siempre buscando implementar la reforma constitucional rechazada, en diciembre de 2010 se introdujeron diversas reformas la Ley Orgánica del Poder Público Municipal (LOPP),[1027] en la cual, entre otros aspectos, se reguló lo siguiente:

En primer lugar, se estableció como objetivo de la Ley, además de la regulación de los Municipios y su gobierno, del denominado proceso de "descentralización y la transferencia de competencias a las comunidades organizadas, y a las comunas en su condición especial de entidad local, como a otras organizaciones del Poder Popular" (Art. 1). Se entiende que se trata de un proceso de transferencia de "competencias," pero la misma por supuesto no podría calificarse como "descentralización," pues ésta, conceptualmente, y en el marco territorial y político, exige que las entidades receptoras de las competencias a ser transferidas, sean entidades locales concebidas como entidades políticas con gobiernos electos democráticamente. Es decir, no puede haber conceptualmente descentralización política cuando la transferencia de competencias se conduce a órganos dependientes del Poder Central; y las Comunas, a pesar de que se las denomine como "entidades locales especiales," no son gobernadas por órganos cuyos integrantes sean electos por votación universal directa y secreta. Las mismas, por tanto, no tienen autonomía política ni pueden formar parte del esquema de descentralización territorial del Estado, sino que son conducidas por "voceros" designados a mano alzada por asambleas controladas por el partido oficial, sujetas al gobierno nacional.

En segundo lugar, el artículo 2 de la Ley Orgánica del Poder Municipal, a pesar de que repite el principio constitucional de que el Municipio "constituye la unidad política primaria de la organización nacional de la República," ya no habla de que "gozan de autonomía" como lo garantiza el artículo 168 de la Constitución, sino de que "ejerce sus competencias de manera autónoma." Ello, sin embargo, es contradicho con lo que la propia Ley establece al disponer de que "el municipio se regirá por el Sistema Nacional de Planificación establecido en la ley que regula la materia," (art. 110) que en Venezuela, muy anacrónicamente es una planificación centralizada y obligatoria regulada en la Ley que creó la Comisión Central de Planificación,[1028] y desarrollada en la Ley Orgánica de Planificación Pública y Popular.[1029]

En tercer lugar, en la reforma de la Ley Orgánica del Poder Púbico Municipal se encasilló y limitó el rol del Municipio como promotor de la participación del pueblo sólo a poder realizarlo "a través de las comunidades organizadas," que son las que se regulan en las Leyes Orgánicas del Poder Popular como dependientes del Poder Ejecutivo nacional y orientadas exclusivamente a desarrollar el socialismo, en contra de la previsión del artículo 62 de la Constitución que garantiza el carácter libre de la participación, y en contra del pluralismo que también establece la Constitución. La desvinculación de las comunidades organizadas respecto del Municipio, se aseguró, además, en la propia Ley, al excluirse su registro ante los órganos competentes "del

1027 Véase en *Gaceta Oficial* N° 6.015 Extraordinario del 28 de diciembre de 2010.

1028 Véase Allan R. Brewer-Carías, "Comentarios sobre la inconstitucional creación de la Comisión Central de Planificación, centralizada y obligatoria", en *Revista de Derecho Público*, N° 110, (abril-junio 2007), Editorial Jurídica Venezolana, Caracas 2007, pp. 79-89.

1029 Véase en *Gaceta Oficial* N° 6.011 Extraordinario del 21 de diciembre de 2010. Dicha Ley ha sido reformada de nuevo en noviembre de 2014. Véase en *Gaceta Oficial* N° 6.148 Extra de 18 de noviembre de 2014. Al concluir la redacción de este texto, dicha Gaceta no había circulado.

Municipio" como decía la Ley Orgánica anterior que se reformó, previéndose ahora su registro sólo ante "los órganos competentes" (art. 33.3) que en las Leyes Orgánica del Poder Popular es uno de los Ministerios del Ejecutivo Nacional, el Ministerio del Poder Popular para las Comunas y Movimientos Sociales.

Es decir, con la reforma de la Ley Orgánica del Poder Municipal se produjo la total desmunicipalización de las entidades locales, y su total control por el Poder central. Se recuerda, además, que de acuerdo con la Ley Orgánica del Poder Popular (art. 32), los Consejos Comunales y las Comunas adquieren personalidad jurídica mediante el registro ante el Ministerio del Poder Popular de las Comunas y Movimientos Sociales, con lo que, en definitiva, se deja en manos del Ejecutivo Nacional la decisión de registrar o no un Consejo Comunal, una Comuna o una Ciudad comunal, y ello debe hacerse, por supuesto, aplicando la letra de la Ley, lo que significa que si está dominada por "voceros" que no sean socialistas, no cabe su registro ni, por tanto, su reconocimiento como persona jurídica, así sea producto genuino de una iniciativa popular.

En cuarto lugar, como parte de ese proceso de desmunicipalización de la vida local, a las Comunas, se las buscó incorporar en el régimen del Poder Público Municipal como "entidad local territorial" (art. 19) aun cuando de "carácter especial," pues conforme al artículo 19, "se rige por su ley de creación," y pueden constituirse "dentro del territorio del Municipio o entre los límites político administrativo de dos o más municipios, sin que ello afecte la integridad territorial de los municipios donde se constituya." Pero a pesar de ser tales "entidades locales" de carácter especial, sin embargo, se las excluyó completamente del régimen de la Ley Orgánica del Poder Municipal quedando "reguladas por la legislación que norma su constitución, conformación, organización y funcionamiento" (art. 5). Ello se reafirmó en el artículo 33 de la Ley, al disponer que "los requisitos para la creación de la comuna, en el marco de su régimen especial como entidad local," son los establecidos en la propia Ley Orgánica de las Comunas.

Es precisamente hacia las Comunas, además de hacia las Comunidades, Consejos Comunales, empresas de propiedad social y otras entidades de base del Poder Popular, hacia las cuales se prevé que se deben vaciar a los Municipios de sus competencias, todo lo cual se concretó en 2012 al dictarse la Ley Orgánica para la Gestión Comunitaria de Competencias, Servicios y Otras Atribuciones, [1030] reformada en 2014, pasando a denominarse Ley Orgánica para la Transferencia al Poder Popular de la Gestión y Administración Comunitaria de Servicios, bienes y otras atribuciones,[1031] precisamente con el objeto de implementar la "transferencia de la gestión y administración de servicios, actividades, bienes y recursos del Poder Público a las Comunidades, Comunas, Consejos Comunales, Empresas de propiedad Social Directas o Indirectas y otras organizaciones de base del Poder Popular legítimamente registradas.

Con la misma, ni más ni menos que se busca es la destrucción de los Municipios, siendo lo más grave de la normativa la "motivación" legal que se dio en la Ley Orgánica de 2012 para justificar dicha transferencia, que era la peregrina idea de que los Municipios, que son los que están gobernados por representantes electos median-

1030 Véase en *Gaceta Oficial* N° 6.097 Extra. de 15 de junio de 2012.

1031 Véase en *Gaceta Oficial* N° 40.540 de 13 de noviembre de 2014.

te sufragio universal, directo y secreto, supuestamente –así lo decía la letra de la Ley–, supuestamente "usurparon lo que es del pueblo soberano;" es decir, los órganos representativos locales "usurparon lo que es del pueblo," y por tanto, supuestamente con el establecimiento del Estado Comunal, se "restituyen al Pueblo Soberano, a través de las comunidades organizadas y las organizaciones de base del poder popular, aquellos servicios, actividades, bienes y recursos que pueden ser asumidas, gestionadas y administradas por el pueblo organizado" (art. 5.3, Ley Orgánica de 2012). Esta redacción absurda fue sin embargo modificada en la reforma de 2014, eliminándose la noción de "usurpación" como motivación de la transferencia y limitándose la idea de "restitución al pueblo soberano" sólo al supuesto de que una entidad territorial por cuenta propia, decida hacer la transferencia pero conforme al Plan Regional de Desarrollo y autorización del Consejo Federal de Gobierno (art. 5.3).

En todo caso, se destaca que la transferencia de la gestión y administración de servicios, actividades, bienes y recursos del Poder Público a las Comunidades, Comunas, Consejos Comunales, Empresas de propiedad Social Directas o Indirectas y otras organizaciones de base del Poder Popular, debe hacerse conforme a los lineamientos que a tal efecto dicte el Consejo Federal de Gobierno (art. 20), que es un órgano controlado por el Poder Central, siendo los mecanismos de transferencia "de obligatorio cumplimiento a todas las instituciones del poder público para reivindicar al pueblo, su poder para decidir y gestionar su futuro y formas de organización" (art. 3). La transferencia a dichas organizaciones, además debe hacerse a las mismas siempre que sean "legítimamente registradas" (art. 2), por supuesto, por el gobierno central, a través del Ministerio del Poder Popular para las Comunas y los movimientos sociales, lo que sólo es posible si son socialistas. Y lo más insólito es que las áreas prioritarias para dicha transferencia son las de "atención primaria de salud, mantenimiento de centros educativos, producción de materiales y construcción de vivienda, políticas comunitarias de deporte y mantenimiento de instalaciones deportivas, actividades culturales y mantenimiento de instalaciones culturales, administración de programas sociales, protección del ambiente y recolección de desechos sólidos, administración y mantenimiento de áreas industriales, mantenimiento y conservación de áreas urbanas, prevención y protección comunal, construcción de obras comunitarias y administración y prestación de servicios públicos, financieros, producción, distribución de alimentos y de bienes de primera necesidad, entre otras" (art. 27),[1032] es decir, materialmente de todo lo imaginable como acción de gobierno

1032 Véase sobre la Ley Orgánica de 2012, los comentarios de: José Luis Villegas Moreno, "Hacia la instauración del Estado Comunal en Venezuela: Comentario al Decreto Ley Orgánica de la Gestión Comunitaria de Competencia, Servicios y otras Atribuciones, en el contexto del Primer Plan Socialista-Proyecto Nacional Simón Bolívar 2007-2013"; de Juan Cristóbal Carmona Borjas, "Decreto con rango, valor y fuerza de Ley Orgánica para la Gestión Comunitaria de Competencias, Servicios y otras atribuciones;" de Cecilia Sosa G., "El carácter orgánico de un Decreto con fuerza de Ley (no habilitado) para la gestión comunitaria que arrasa lentamente con los Poderes estadales y municipales de la Constitución;" de José Ignacio Hernández, "Reflexiones sobre el nuevo régimen para la Gestión Comunitaria de Competencias, Servicios y otras Atribuciones;" de Alfredo Romero Mendoza, "Comentarios sobre el Decreto con rango, valor y fuerza de Ley Orgánica para la Gestión Comunitaria de Competencias, Servicios y otras Atribuciones;," y de Enrique J. Sánchez Falcón, "El Decreto con Rango, Valor y Fuerza de Ley Orgánica para la Gestión Comunitaria de Competencias, Servicios y otras Atribuciones o la negación del federalismo cooperativo y descentralizado," en *Revista de Derecho Público*, Nº 130, Editorial Jurídica Venezolana, Caracas 2012, pp. 127 ss.

local. Con ello, como se dijo, es claro que lo que se busca es vaciar totalmente de competencias a los entes políticos territoriales, específicamente a los Municipios[1033] y ahogarlos financieramente, para lo cual, como lo afirmó la Sala Constitucional en la sentencia que analizó el carácter orgánico de la Ley, la misma "incide de forma evidente en la estructura orgánica o institucional de un Poder Público como es el Poder Ejecutivo, y a su vez los distintos entes político-territoriales quienes *están sujetos* a los planes de transferencia planteados en sus normas."[1034]

Por supuesto, este proceso de transferencia no es, en absoluto, un proceso de "descentralización," pues todas las llamadas "organizaciones de base del Poder Popular" en definitiva son entidades dependientes y controladas por el Poder Ejecutivo nacional, por lo que la transferencia de competencias a las mismas en realidad es un procedo una "centralización administrativa."

En quinto lugar, también debe observarse, como antes se indicó, que se eliminó el carácter de entidad local que en la Constitución tienen las parroquias, y por tanto, se eliminó su carácter democrático representativo. Es más, en la Disposición Transitoria segunda de la Ley Orgánica se dispuso que unos días después de la promulgación de la Ley, los miembros principales y suplentes, así como los secretarios de las actuales juntas parroquiales, cesaron en sus funciones. En esta forma, eliminadas las Juntas parroquiales, las cuales en el artículo 35 de la Ley Orgánica pasaron a denominarse "juntas parroquiales comunales," las mismas se regularon sólo como entidades con "facultades consultivas, de evaluación y articulación entre el poder popular y los órganos del Poder Público Municipal," con las funciones enumeradas en el artículo 37 de la Ley Orgánica, de la cual se eliminó todo vestigio de gobierno local representativo.

A todo lo anterior, en el proceso de desmantelamiento del Estado Constitucional como Estado federal, se debe agregar que además de haberse implementado progresivamente, a la par del vaciamiento de competencias de los Municipios hacia entidades n democrático-representativas, la centralización de competencias dc loe Estados por el Poder Nacional, se ha regulado un marco de acción de los órganos nacionales para ahogar directamente a las entidades territoriales.

Ello ha ocurrido, por ejemplo, implementándose también aspectos de la reforma constitucional rechazada de 2007, mediante el establecimiento de una estructura organizativa de la Administración Pública nacional, dependiente del Vicepresidente Ejecutivo de la República, en forma paralela y superpuesta a la Administración de los Estados, denominada como "Órganos Desconcentrados de las Regiones Estraté-

---

1033 Como observó Cecilia Sosa Gómez, para entender esta normativa hay que "aceptar la desaparición de las instancias representativas, estadales y municipales, y su existencia se justicia en la medida que año a año transfiera sus competencias hasta que desaparezcan de hecho, aunque sigan sus nombres (Poderes Públicos Estadal y Municipal) apareciendo en la Constitución. El control de estas empresas, las tiene el Poder Público Nacional, específicamente el Poder Ejecutivo, en la cabeza de un Ministerio." Véase Cecilia Sosa G., "El carácter orgánico de un Decreto con fuerza de Ley (no habilitado) para la gestión comunitaria que arrasa lentamente con los Poderes estadales y municipales de la Constitución," en *Revista de Derecho Público*, N° 130, Editorial Jurídica Venezolana, Caracas 2012, p. 152.

1034 Véase sentencia N° 821 de la Sala Constitucional (Exp. N° AA50–T–2012–0702) de 18 de junio de 2012, en http://www.tsj.gov.ve/decisiones/scon/junio/821-18612-2012-12-0704.HTML.

gicas de Desarrollo Integral (REDI),"[1035] a cargo de funcionarios denominados "Autoridades Regionales," o "Jefes de Gobierno" según la denominación de la Ley Orgánica de la Administración Pública Nacional de 2014 (art. 34.41), como integrantes de "los órganos superiores de dirección del Nivel Central de la Administración Pública nacional" (art. 44, 71); los cuales además, tienen "Dependencias" en cada Estado de la República, que están a cargo de Delegaciones Estadales, todos del libre nombramiento del Vicepresidente de la República.

Estos Delegados, que ejercen sus funciones "dentro del territorio del Estado que le ha sido asignado" (art. 19), se los ha concebido como los canales de comunicación de los Gobernadores de Estado con el Poder Nacional y viceversa, del Poder Nacional con los Estados, teniendo además como misión "realizar las acciones tendentes a impulsar la integración y operación de las comunidades organizadas, instancias del poder popular, organizaciones del poder popular, los consejos de economía y contraloría comunal bajo su demarcación, en términos de la normatividad aplicable, cumpliendo con los criterios establecidos por la Autoridad Regional de las Regiones Estratégicas de Desarrollo Integral (REDI)"(art. 20). En definitiva, estas Autoridades nacionales Regionales y los Delegados Estadales, son los órganos administrativos del Poder Nacional montados en paralelo a las autoridades estadales, con el objeto de asegurar el vaciamiento de sus competencias y la neutralización del poder de los Gobernadores de Estado, particularmente si no son miembros del partido oficial; todo ello dentro de un proceso de planificación centralizada que se ha regulado en la Ley de la Regionalización Integral para el Desarrollo Socio productivo de la Patria de 2014,[1036] que establece zonas económicas especiales de desarrollo, buscándose "regularizar" las estructuras administrativas nacionales de intervención y sometimiento de las entidades político territoriales.

En todo caso, un ejemplo del proceso de ahogamiento y neutralización de las entidades territoriales de la República, particularmente de las existentes en la Región Capital, como se ha indicado, ocurrió en 2008, con la creación de autoridades en el Distrito Capital totalmente dependientes del Poder Ejecutivo, violándose la Constitución. En la Constitución de 1999 se había buscado cambiar radicalmente la concepción del viejo Distrito Federal creado desde 1863 como entidad dependiente del Poder Nacional, estableciéndose el Distrito Capital como una entidad política más de la República (art. 16), con sus propios órganos legislativo y ejecutivo de gobierno democrático, es decir, integrado por funcionarios electos popularmente, que debía ser regulado por el Poder Nacional (art. 156,10). Como se dijo, ese esquema de autonomía territorial también se pretendió reformar en la rechazada Reforma Constitucional de 2007, en la cual se buscaba eliminar el Distrito Capital y recrear la desaparecida figura del Distrito Federal como entidad totalmente dependiente del Poder Nacional, en particular del Presidente de la República, sin gobierno propio.

Pero después del rechazo popular a dicha reforma constitucional, sin embargo, esta reforma también se ha implementado en fraude a la Constitución, y por supuesto a la voluntad popular, mediante la sanción de la Ley Especial Sobre la Organiza-

---

1035 Véase Resolución N° 031 de la Vicepresidencia de la República, mediante la cual se establece la Estructura y Normas de Funcionamiento de los órganos Desconcentrados de las Regiones Estratégicas de Desarrollo Integral (REDI), en *Gaceta Oficial* N° 40.193 de 20-6-2013.

1036 Véase en *Gaceta Oficial* N° 6.151 de 18 de noviembre de 2014.

ción y Régimen del Distrito Capital,[1037] en la cual se lo ha regulado como una dependencia del Poder Nacional, con el mismo ámbito territorial del extinto Distrito Federal; y con un supuesto "régimen especial de gobierno," conforme al cual, la función legislativa en el Distrito está a cargo de la Asamblea Nacional, y el órgano ejecutivo es ejercido por un Jefe de Gobierno (art. 3), que de acuerdo con el artículo 7 de la Ley Especial, es "de libre nombramiento y remoción" por parte del Presidente de la República; es decir, un "régimen especial de gobierno" dependiente del Poder Central.

Con ello, en el mismo territorio del Municipio Libertador y de parte del territorio del Distrito Metropolitano de Caracas a cargo de un Alcalde y un Consejo Metropolitanos, se le ha superpuesto una estructura nacional, como entidad dependiente funcionalmente del Ejecutivo nacional, sin gobierno democrático ni autonomía político territorial, ignorando además la existencia del régimen municipal metropolitano a dos niveles previsto en la Constitución, duplicando las funciones del mismo, dispuesto para ahogarlo y controlarlo.

Como consecuencia de todo lo anteriormente expuesto, puede decirse entonces que la Federación que se plasmó en la Constitución de 1999 no sólo siguió siendo, más acentuadamente, la misma Federación centralizada desarrollada en las décadas anteriores, sino que los pocos elementos que podían contribuir a su descentralización política, fueron desmontados progresivamente en los últimos tres lustros.

En esta perspectiva, el Estado venezolano que nunca ha sido ni ha tenido realmente las características de uno "Federal descentralizado," expresión que sólo fue una etiqueta contradictoria e ilusa inserta en una Constitución centralista, progresivamente se ha centralizado aún más, ubicándose todo el poder público en el Estado nacional, que ahora está configurado como un Estado Totalitario y centralizado.[1038] Esa centralización ha sido el resultado de un progresivo desbalance hacia el nivel nacional en la distribución territorial del Poder, en el cual se ha vaciado a los Estados de toda competencia sustantiva, y a los Municipios se les ha quitado su carácter de unidad primaria en la organización nacional, montándose en paralelo y en contra de la Constitución, la organización del llamado Poder Popular o del Estado Comunal, integrada por Comunas y Consejos Comunales, que han venido neutralizando y ahogando a los Municipios, como instrumentos realmente del Poder nacional.

En esta forma, al fraude a la Constitución, que ha sido la técnica constantemente aplicada por el gobierno autoritario en Venezuela desde 1999 para imponer sus decisiones a los venezolanos al margen de la Constitución,[1039] se sumó posteriormente el fraude a la voluntad popular, al imponerle a los venezolanos mediante leyes orgánicas, un modelo de Estado por el cual nadie ha votado y que cambia radical e inconstitucionalmente el texto de la Constitución de 1999, que no ha sido reformado conforme a sus previsiones, en abierta contradicción al rechazo popular mayoritario que

---

1037 Véase en *Gaceta Oficial* Nº 39.156 de 13 de abril de 2009.

1038 Véase Allan R. Brewer-Carías, *Estado Totalitario y desprecia a la Ley (La des-constitucionalización, desjudicialización, desjuridificación, y desdemocratización del Estado en Venezuela)*, Editorial Jurídica Venezolana, Caracas 2014.

1039 Véase Allan R. Brewer-Carías, *Reforma constitucional y fraude a la Constitución (1999-2009)*, Academia de Ciencias Políticas y Sociales, Caracas 2009; *Dismantling Democracy. The Chávez Authoritarian Experiment*, Cambridge University Press, New York 2010.

se expresó en diciembre de 2007 respecto de la reforma constitucional que se intentó realizar incluso violando la propia Constitución, e incluso, al rechazo popular mayoritario del pueblo que se expresó respecto de la política del Presidente de la República y de su Asamblea Nacional con ocasión de las elecciones parlamentarias del 26 de septiembre de 2010, que perdió.

New York, mayo de 2015.

SECCIÓN CUARTA: LA DESTRUCCIÓN DE LA INSTITUCIÓN MUNICIPAL COMO POLÍTICA PÚBLICA

Para que exista un Estado democrático no bastan las declaraciones constitucionales, y ni siquiera, la sola existencia de elecciones. Ya el mundo contemporáneo ha conocido demasiadas experiencias de toda suerte de tiranos que usaron el voto popular para acceder al poder, y que luego, mediante su ejercicio incontrolado, desmantelaron y están desmantelando la propia democracia y han desarrollado gobiernos autoritarios, contrarios al pueblo, que acabaron con aquella y con todos sus elementos,[1040] comenzando por el irrespeto a los derechos humanos. Esta es la lamentable situación que se ha dado en Venezuela, donde se ha arraigado un gobierno autoritario y un Estado Totalitario, partiendo de elementos que se insertaron en la misma Constitución de 1999,[1041] lo que permite afirmar que hoy, lamentablemente, no tenemos un Estado democrático.

Más bien, lo que tenemos es un Estado donde no existe una efectiva democracia representativa; donde no existe democracia participativa, no pasando la "democracia participativa y protagónica" que tanto se pregona, de ser un esquema, si acaso, de movilización popular pero controlada por el gobierno central; donde no hay separación de poderes; donde no sólo los militares no están sometidos a la autoridad civil, sino que los mismos controlan el poder y a la Administración; donde no hay libertad de expresión, habiendo quedado en su mínima expresión, entre otros factores, por el acaparamiento de los medios de comunicación por parte del Estado; y donde se ha venido destruyendo la institución municipal, precisamente, bajo la excusa de promover una supuesta "participación protagónica" del pueblo.

Es a ello a lo que precisamente quisiera referirme en estas Jornadas, a esa destrucción de la institución municipal, la cual por lo demás es un objetivo de la políti-

---

1040 Véase en relación con el caso de Venezuela: Allan R. Brewer-Carías, *Dismantling Democracy. The Chávez Authoritarian Experiment*, Cambridge University Press, New York 2010.

1041 Véase los comentarios críticos a la semilla autoritaria en la Constitución de 1999, en Allan R. Brewer–Carías, *Debate Constituyente (Aportes a la Asamblea Nacional Constituyente), Tomo III (18 octubre–30 noviembre 1999),* Fundación de Derecho Público–Editorial Jurídica Venezolana, Caracas, 1999, pp. 311–340; "Reflexiones críticas sobre la Constitución de Venezuela de 1999," en el libro de Diego Valadés, Miguel Carbonell (Coordinadores), *Constitucionalismo Iberoamericano del Siglo XXI*, Cámara de Diputados. LVII Legislatura, Universidad Nacional Autónoma de México, México 2000, pp. 171–193; en *Revista de Derecho Público*, N° 81, Editorial Jurídica Venezolana, Caracas, enero–marzo 2000, pp. 7–21; en *Revista Facultad de Derecho, Derechos y Valores*, Volumen III N° 5, Universidad Militar Nueva Granada, Santafé de Bogotá, D.C., Colombia, Julio 2000, pp. 9–26; y en el libro *La Constitución de 1999*, Biblioteca de la Academia de Ciencias Políticas y Sociales, Serie Eventos 14, Caracas, 2000, pp. 63–88.

ca pública definida por el gobierno autoritario, la cual incluso ha quedado expresada en forma explícita en el texto mismo de una de las tantas leyes dictadas, la Ley Orgánica para la Gestión Comunitaria de Competencias, Servicios y Otras Atribuciones dictada en 2012 (Decreto Ley N° 9.043),[1042] con el objeto de implementar la "transferencia de la gestión y administración de servicios, actividades, bienes y recursos del Poder Público Nacional y de las entidades político territoriales, al pueblo organizado," al adoptar como "motivación" legal para dicha transferencia, la peregrina idea de que los Municipios, que son los que están gobernados por representantes electos mediante sufragio universal, directo y secreto, supuestamente – así lo dice la letra de la Ley-, "usurparon lo que es del pueblo soberano;" es decir, los órganos representativos locales "usurparon lo que es del pueblo," !! y por tanto, supuestamente con el establecimiento del Estado Comunal, se "restituyen al Pueblo Soberano, a través de las comunidades organizadas y las organizaciones de base del poder popular, aquellos servicios, actividades, bienes y recursos que pueden ser asumidas, gestionadas y administradas por el pueblo organizado" (art. 5.3).

Con esa sola formulación legal, lo que resulta evidente es que el objetivo es la destrucción de la democracia y con ella del Municipio, por lo cual la misma participación, que tanto se pregona, en la realidad, como en cualquiera de las más típicas democracias formales, se ha reducido a la sola participación mediante voto en las elecciones; y ello, *primero*, porque los mecanismos de democracia directa, como las asambleas de ciudadanos han sido secuestrados por el Poder Ejecutivo nacional y el partido de gobierno, habiendo sido convertidas en instrumentos de políticas populistas como parte de la estructura del denominado Estado Comunal o del Poder Popular, creado en 2010 mediante leyes orgánicas, al margen de la Constitución y en paralelo al Estado Constitucional;[1043] *segundo*, porque los mecanismos de democracia semidirecta, como los referendos, se han hecho de imposible ejercicio por las condiciones y requisitos legales impuestos para que puedan convocarse por iniciativa popular como lo exige la Constitución;[1044] y *tercero*, porque los mecanismos de participación ciudadana directamente previstos en la Constitución han sido arrebatados al pueblo, *en primer lugar*, al distorsionarse en la legislación la integración de los Comités de Postulaciones Judiciales, Electorales y del Poder Ciudadano, donde debía haber representantes de los diversos sectores de la sociedad, pero que quedaron bajo el control político de la mayoría oficialista de la Asamblea Nacional sin que el ciudadano y sus organizaciones pueda participar;[1045] y en *segundo lugar*, al haber-

1042 Véase en *Gaceta Oficial* N° 6.097 Extra. de 15 de junio de 2012.

1043 Véase las Leyes Orgánicas del Poder Popular en *Gaceta Oficial* N° 6011 de 21 de diciembre de 2010. Véanse los comentarios en Allan R. Brewer-Carías et al., *Leyes Orgánicas del Poder Popular (Los Consejos Comunales, las Comunas, la Sociedad socialista y el Sistema Económico Comunal)*, Editorial Jurídica Venezolana, Caracas 2011.

1044 Véase Allan R. Brewer-Carías, *La Sala Constitucional versus el Estado democrático de derecho. El secuestro del Poder Electoral y de la Sala Electoral del Tribunal Supremo y la confiscación del derecho a la participación política*, Los Libros de El Nacional, Colección Ares, Caracas 2004; "El secuestro del Poder Electoral y la confiscación del derecho a la participación política mediante el referendo revocatorio presidencial: Venezuela 2000-2004," en *Boletín Mexicano de Derecho Comparado*, Instituto de Investigaciones Jurídicas, Universidad Nacional Autónoma de México, N° 112. México, enero-abril 2005 pp. 11-73.

1045 Véase Allan R. Brewer-Carías, "La participación ciudadana en la designación de los titulares de los órganos no electos de los Poderes Públicos en Venezuela y sus vicisitudes políticas", en *Revista Iberoamericana de Derecho Público y Administrativo*, Año 5, N° 5-2005, San José, Costa Rica 2005, pp.

se además vaciado, por la Sala Constitucional, la norma constitucional que prevé la consulta popular necesaria e indispensable antes de la sanción de las leyes, al haber dispuesto, en fraude a la Constitución, que ello no se aplica a la legislación delegada, dictada mediante decretos leyes, que en definitiva en los últimos quince años se ha convertido en la forma normal de legislación en el país.[1046]

Pero la ausencia de participación política también ha quedado evidenciada contradictoriamente, en la forma cómo se ha estructurado el antes mencionado Estado del Poder Popular o Estado Comunal, sobre la base de Consejos Comunales comandados por unos denominados "voceros" que no son electos, sino impuestos en asambleas de ciudadanos por el partido de gobierno que las controla, y sin cuyo manejo ni siquiera pueden obtener reconocimiento por el Ministerio de la Participación.[1047]

En realidad, la "democracia participativa" que se ha vendido supuestamente consolidando a través de la creación de estas organizaciones del llamado "Poder Popular," no es más que una falacia de participación,[1048] pues se trata de instituciones propias del populismo de Estado, que maneja el Poder Central, para repartir recursos fuera de los canales regulares del Estado y particularmente fuera de los gobiernos locales, vaciando en paralelo a los Municipios de competencias.

Se trata de instituciones que dependen totalmente, incluso en su propia existencia, de una decisión del mencionado Ministerio del Ejecutivo Nacional. En esos Consejos, en realidad, el único que "participa" es el partido de gobierno y los derivados de su clientelismo, y si alguna participación se le da a la población local en el proceso de inversión de los recursos repartidos, por supuesto es sólo parcial, solo para los sectores que se identifican con el socialismo como doctrina oficial. De resto, lo que hay es exclusión y marginamiento.

Ese proceso de creación de un Estado Comunal o del Poder Popular, por otra parte, contradice la esencia del Estado democrático, que es la descentralización política, así sea en la forma precaria cómo se estableció en el marco de la Federación Centralizada que reguló la Constitución de 1999, que presupone la existencia de entes político territoriales autónomos en la organización del Estado, particularmente de los Municipios.

76-95; y "Sobre el nombramiento irregular por la Asamblea Nacional de los titulares de los órganos del poder ciudadano en 2007", en *Revista de Derecho Público*, N° 113, Editorial Jurídica Venezolana, Caracas 2008, pp. 85-88.

1046 Véase Allan R. Brewer-Carías, "Apreciación general sobre los vicios de inconstitucionalidad que afectan los Decretos Leyes Habilitados" en *Ley Habilitante del 13-11-2000 y sus Decretos Leyes*, Academia de Ciencias Políticas y Sociales, Serie Eventos N° 17, Caracas 2002, pp. 63-103; y "El derecho ciudadano a la participación popular y la inconstitucionalidad generalizada de los decretos leyes 2010-2012, por su carácter inconsulto," en *Revista de Derecho Público,* N° 130, (abril-junio 2012), Editorial Jurídica Venezolana, Caracas 2012, pp. 85-88.

1047 Véase Allan R. Brewer-Carías, *Ley Orgánica de Consejos Comunales,* Colección Textos Legislativos, N° 46, Editorial Jurídica Venezolana, Caracas 2010.

1048 Véase Allan R. Brewer-Carías, "La necesaria revalorización de la democracia representativa ante los peligros del discurso autoritario sobre una supuesta "democracia participativa" sin representación," en *Derecho Electoral de Latinoamérica. Memoria del II Congreso Iberoamericano de Derecho*, Bogotá, 31 agosto-1 septiembre 2011, Consejo Superior de la Judicatura, ISBN 978-958-8331-93-5, Bogotá 2013, pp. 425-449. Véase además, el texto de la Ponencia: "La democracia representativa y la falacia de la llamada "democracia participativa," *Congreso Iberoamericano de Derecho Electoral*, Universidad de Nuevo León, Monterrey, 27 de noviembre 2010.

Por ello, al contrario, con el establecimiento del Estado del Poder Popular y el Estado Comunal, y ahogar y estrangular progresivamente el Estado Constitucional, la primera de las instituciones territoriales afectadas, por supuesto, ha sido el Municipio, el cual, a pesar de ser en la Constitución la unidad política primaria dentro la organización de la República, ha quedado totalmente desvinculado del proceso de desarrollo comunal y de la llamada participación popular. Todo ello se ha consolidado mediante diversas reformas legales que se produjeron en 2010, primero con la inconstitucional sanción de las Leyes Orgánicas del Poder Popular, en fraude a la Constitución y a la voluntad popular que había rechazado la reforma constitucional de 2007 y con la reforma la Ley Orgánica del Poder Público Municipal (LOPP)[1049] reformas en las cuales, entre otros aspectos, se reguló lo siguiente:

En primer lugar, la previsión, como objetivo de la Ley Orgánica del Poder Público Municipal, además de la regulación de los Municipios y su gobierno, del denominado proceso de "descentralización y la transferencia de competencias a las comunidades organizadas, y a las comunas en su condición especial de entidad local, como a otras organizaciones del Poder Popular" (Art. 1) lo que en realidad no es "descentralización" alguna, pues para que un proceso de transferencia de "competencias" pueda conceptualmente calificarse como "descentralización," se exige que las entidades receptoras de las competencias a ser transferidas, sean entidades locales con gobiernos electos democráticamente. Es decir, no puede haber conceptualmente descentralización política cuando la transferencia de competencias se conduce a órganos dependientes del Poder Central; y las Comunas, las cuales a pesar de que se las denomine como "entidades locales especiales," no son gobernadas por órganos cuyos integrantes sean electos por votación universal directa y secreta. Estas, por tanto, no tienen autonomía política ni pueden formar parte del esquema de descentralización territorial del Estado, sino que son conducidas por "voceros" designados a mano alzada por asambleas controladas por el partido oficial, sujetas al gobierno nacional.

En segundo lugar, el artículo 2 de la Ley Orgánica del Poder Municipal, a pesar de que repite el principio constitucional de que el Municipio "constituye la unidad política primaria de la organización nacional de la República," las mismas ya no "gozan de autonomía," al disponer que "el municipio se rige por el Sistema Nacional de Planificación establecido en la ley que regula la materia," (art. 110) que en Venezuela, muy anacrónicamente es una planificación centralizada y obligatoria regulada en la Ley que creó la Comisión Central de Planificación,[1050] y desarrollada en la ley Orgánica de Planificación Pública y Popular. [1051]

En tercer lugar, en la reforma de la Ley Orgánica del Poder Púbico Municipal se encasilló y limitó el rol del Municipio como promotor de la participación del pueblo sólo "a través de las comunidades organizadas," que son las que se regulan en las Leyes Orgánicas del Poder Popular como dependientes del Poder Ejecutivo Nacional y orientadas exclusivamente a desarrollar el socialismo, en contra de la Constitu-

---

1049 Véase en *Gaceta Oficial* Nº 6.015 Extraordinario del 28 de diciembre de 2010.

1050 Véase Allan R. Brewer-Carías, "Comentarios sobre la inconstitucional creación de la Comisión Central de Planificación, centralizada y obligatoria", en *Revista de Derecho Público*, Nº 110, (abril-junio 2007), Editorial Jurídica Venezolana, Caracas 2007, pp. 79-89.

1051 Véase en *Gaceta Oficial* Nº 6.011 Extraordinario del 21 de diciembre de 2010.

ción (art. 62) que garantiza el carácter libre de la participación, y en contra del pluralismo que también establece la Constitución. La desvinculación de las comunidades organizadas respecto del Municipio, se aseguró además, en la propia Ley, al excluirse su registro de las mismas ante los Municipios como decía la Ley Orgánica anterior que se reformó, previéndose ahora su registro sólo ante "los órganos competentes" (art. 33.3) que en las Leyes Orgánica del Poder Popular es uno de los Ministerios del Ejecutivo Nacional, el Ministerio del Poder Popular para las Comunas y Movimientos Sociales.

Es decir, con la reforma de la Ley Orgánica del Poder Municipal se produjo la total desmunicipalización de las entidades locales, y su total control por el Poder central, ya que los Consejos Comunales y las Comunas adquieren personalidad jurídica mediante el registro ante el Ministerio del Poder Popular de las Comunas y Movimientos Sociales, con lo que, en definitiva, se deja en manos del Ejecutivo Nacional la decisión de registrar o no un Consejo Comunal, y ello debe hacerse, por supuesto, aplicando la letra de la Ley, lo que significa que si está conducida por "voceros" que no sean socialistas, no cabe su registro ni, por tanto, su reconocimiento como persona jurídica, así sea producto genuino de una iniciativa popular.

En cuarto lugar, como parte de ese proceso de desmunicipalización de la vida local, a las Comunas, se las buscó incorporar en el régimen del Poder Público Municipal como "entidad local territorial" (art. 19) aun cuando de "carácter especial," pero a la vez se las excluyó completamente del régimen de la Ley Orgánica del Poder Municipal quedando "reguladas por la legislación que norma su constitución, conformación, organización y funcionamiento" (art. 5), que es la Ley Orgánica de las Comunas.

Es precisamente hacia las Comunas, hacia las cuales se prevé que se deben vaciar a los Municipios de sus competencias, lo cual se concretó a partir de 2012 en la antes mencionada Ley Orgánica para la Gestión Comunitaria de Competencias, Servicios y Otras Atribuciones (Decreto Ley N° 9.043),[1052] para implementar la transferencia de las competencias municipales "al pueblo organizado." Dicha trasferencia, ejecutar la supuesta "restitución" de las mencionadas competencias al pueblo organizado, debe hacerse conforme a los lineamientos que a tal efecto dicte el Consejo Federal de Gobierno (art. 20), que es un órgano controlado por el Poder Central, a través de un solo tipo de órgano que son los denominados "Empresas Comunales de Propiedad Social de servicios y socioproductivas, o las organizaciones de base del Poder Popular y demás formas de organización de las comunidades," siempre que las mismas sean "legítimamente reconocidas," por supuesto, por el gobierno central, lo que sólo es posible si son socialistas.

Y lo más insólito es que las áreas prioritarias para dicha transferencia son las de salud, educación, vivienda, deporte, cultura, programas sociales, protección del ambiente, recolección de desechos sólidos, áreas industriales, mantenimiento y conservación de áreas urbanas, prevención y protección comunal, construcción de obras comunitarias, servicios públicos, además de prestación de servicios financieros y producción y distribución de alimentos y de bienes de primera necesidad, entre

1052 Véase en *Gaceta Oficial* N° 6.097 Extra. de 15 de junio de 2012.

otras" (art. 27),[1053] es decir, materialmente de todo lo imaginable como acción de gobierno local.

Con ello, como se dijo, es claro que lo que se busca vaciar totalmente de competencias a los entes políticos territoriales, específicamente a los Municipios[1054] y ahogarlos financieramente.[1055]

Y *en quinto lugar*, también debe observarse, que con la reforma de la ley Orgánica del Poder Público Municipal de 2010, se eliminó a las parroquias como entidades locales, a pesar de que incluso están previstas así en la Constitución, al eliminarse totalmente su carácter democrático representativo, habiéndose cesado a todas las Juntas Parroquiales que habían sido electas, por supuesto en contra del principio democrático. Dichas Juntas ahora pasaron a denominarse "juntas parroquiales comunales," con solo "facultades consultivas, de evaluación y articulación entre el poder popular y los órganos del Poder Público Municipal," eliminándose todo vestigio de gobierno local representativo.

Todo esto que vengo de resumir, no hace otra cosa sino confirmar que en Venezuela, durante los últimos tres lustros, lo que se ha desarrollado en relación con el Estado ha sido un proceso sistemático y permanente de demolición de las instituciones públicas y privadas que antes existían, particularmente las desarrolladas en el marco del Estado Constitucional, mediante su desconstitucionalización, desmunicipalización y desdemocratización, que han configurado progresivamente al Estado

---

1053 Véase sobre esta Ley los comentarios de: José Luis Villegas Moreno, "Hacia la instauración del Estado Comunal en Venezuela: Comentario al Decreto Ley Orgánica de la Gestión Comunitaria de Competencia, Servicios y otras Atribuciones, en el contexto del Primer Plan Socialista-Proyecto Nacional Simón Bolívar 2007-2013"; de Juan Cristóbal Carmona Borjas, "Decreto con rango, valor y fuerza de Ley Orgánica para la Gestión Comunitaria de Competencias, Servicios y otras atribuciones;" de Cecilia Sosa G., "El carácter orgánico de un Decreto con fuerza de Ley (no habilitado) para la gestión comunitaria que arrasa lentamente con los Poderes estadales y municipales de la Constitución;" de José Ignacio Hernández, "Reflexiones sobre el nuevo régimen para la Gestión Comunitaria de Competencias, Servicios y otras Atribuciones;" de Alfredo Romero Mendoza, "Comentarios sobre el Decreto con rango, valor y fuerza de Ley Orgánica para la Gestión Comunitaria de Competencias, Servicios y otras Atribuciones;," y de Enrique J. Sánchez Falcón, "El Decreto con Rango, Valor y Fuerza de Ley Orgánica para la Gestión Comunitaria de Competencias, Servicios y otras Atribuciones o la negación del federalismo cooperativo y descentralizado," en *Revista de Derecho Público*, N° 130, Editorial Jurídica Venezolana, Caracas, 2012, pp. 127 ss.

1054 Como observó Cecilia Sosa Gómez, para entender esta normativa hay que "aceptar la desaparición de las instancias representativas, estadales y municipales, y su existencia se justicia en la medida que año a año transfiera sus competencias hasta que desaparezcan de hecho, aunque sigan sus nombres (Poderes Públicos Estadal y Municipal) apareciendo en la Constitución. El control de estas empresas, las tiene el Poder Público Nacional, específicamente el Poder Ejecutivo, en la cabeza de un Ministerio." Véase Cecilia Sosa G., "El carácter orgánico de un Decreto con fuerza de Ley (no habilitado) para la gestión comunitaria que arrasa lentamente con los Poderes estadales y municipales de la Constitución," en *Revista de Derecho Público*, N° 130, Editorial Jurídica Venezolana, Caracas, 2012, p. 152.

1055 Para ello, como lo afirmó la Sala Constitucional en la sentencia que analizó el carácter orgánico de la Ley, la misma "incide de forma evidente en la estructura orgánica o institucional de un Poder Público como es el Poder Ejecutivo, y a su vez los distintos entes político-territoriales quienes *están sujetos* a los planes de transferencia planteados en sus normas." Véase sentencia N° 821 de la Sala Constitucional (Exp. N° AA50–T–2012–0702) de 18 de junio de 2012, en http://www.tsj.gov.ve/decisiones/scon/junio/821-18612-2012-12-0704.HTML.

como un Estado totalitario,[1056] que terminó sustituyendo al Estado democrático, social, de derecho, descentralizado y de justicia del que habla la Constitución, pero sin que la misma se haya reformado conforme a los procedimientos de revisión constitucional.

En particular, en lo que nos interesa para estas Jornadas del CIEPROL, ese Estado totalitario ha hecho desaparecer todo vestigio del Estado descentralizado aún bajo una concepción centralista de la "federación descentralizada" regulada la Constitución, habiéndose consolidado un desbalance hacia el nivel nacional en la distribución territorial del poder; lo que se ha agravado con la mencionada creación, en paralelo al Municipio y a las entidades políticas territoriales previstas en la Constitución, de otras no previstas en la misma que son las del Estado Comunal, para precisamente acabar con los Municipios, los cuales han sido vaciados de competencia a favor de las mismas. Ese Estado paralelo, del Poder Popular o Comunal, además, proclama la negación de la representatividad democrática, con organizaciones integradas por los antes mencionados "voceros" "nombrados" a mano alzada en "asambleas de ciudadanos" controladas por el partido de gobierno, y por un Ministerio del Ejecutivo Nacional, el "Ministerio del Poder Popular para las Comunas y Movimientos Sociales" que es el instrumento para la centralización y control férreo de las comunidades por el Poder Central. Por ello, la aversión al sufragio universal, directo y secreto que se aprecia en las leyes dictadas para su implementación.

De todo esto lo que resulta es que la supuesta democracia participativa no es más que una falacia, pues en definitiva en el "edificio" del Estado Comunal se le niega al pueblo el derecho de elegir libremente mediante sufragio universal, directo y secreto a quienes van a representarlo en todos esos ámbitos. Se trata más bien de un "edificio" de organizaciones para evitar que el pueblo realmente ejerza la soberanía e imponerle mediante férreo control central, políticas por las cuales nunca tendrá la ocasión de votar; respondiendo todas a una concepción única, que es el Socialismo, de manera que quien no sea socialista está automáticamente discriminado e impedido de participar.[1057]

Y como he dicho, todo ello establecido en fraude a la voluntad popular, al imponerle a los venezolanos mediante leyes orgánicas, un modelo de Estado totalitario y centralizado por el cual nadie ha votado, con lo que se ha cambiado radical e inconstitucionalmente el texto de la Constitución de 1999, que no ha sido reformado conforme a sus previsiones, en abierta contradicción y desprecio al rechazo popular mayoritario que se expresó en diciembre de 2007 a la reforma constitucional que entonces se intentó realizar incluso violando la propia Constitución.

1056 Véase Allan R. Brewer-Carías, *Estado Totalitario y desprecio a la Ley. La des-constitucionalización, desjuridificación, desjudicialización y desdemocratización del Estado en Venezuela*, Editorial Jurídica Venezolana, Caracas, 2015.

1057 Véase el reportaje: "El Estado Comunal excluye a la mitad de la población," donde se cita lo expuesto por Maria Pilar García-Guadilla, en *Aporrea*: "El modelo reproduce un modelo de inclusión excluyente porque ignora a quienes difieren de la ideología socialista, es decir, la mitad de la población, si se revisan los últimos resultados electorales.[…] El financiamiento de los proyectos productivos pasa por el aparato político-ideológico (el PSUV), correa transmisora de las prebendas, Y en las Asambleas solo serán reconocidos como interlocutores del Estado las comunas socialistas." Véase en *El Nacional*, Caracas 7 de septiembre de 2014, en http://www.el-nacional.com/politica/comunal-excluye-mitad-poblacion_0_477552461.html

Esa es la realidad del proceso político de implementación de un Estado Totalitario en Venezuela, que con un ropaje de Estado Comunal y de supuesta participación protagónica, encierra un Estado totalmente centralizado y cuya primera víctima institucional ha sido precisamente el Municipio, por el que tanto hemos estudiado y seguiremos estudiando, con la ayuda de instituciones como el CIEPROL.

Nueva York, 13 de Marzo de 2015.

SECCIÓN QUINTA:

*EL CUESTIONAMIENTO DEL PODER JUDICIAL VENEZOLANO HASTA POR UN TRIBUNAL EXTRANJERO: EL CASO DE LA CORTE SUPREMA DE COSTA RICA**

La Sala IV (Sala Constitucional) de la Corte Suprema de Justicia de Costa Rica, viene de dictar con fecha 31 de julio de 2015 una sentencia dictada en un proceso de *hábeas corpus* (Exp: 15-008391-0007-CO; Res. N° 2015-011568)[1058] o amparo a la libertad personal, en la cual al ordenar la libertad plena de un ciudadano croata/venezolano que estaba detenido en ese país desde diciembre de 2014, acusado en Venezuela de haber estafado a uno de los fondos públicos (el llamado "Fondo Chino"), lo hizo realizando un grave enjuiciamiento de la catastrófica situación del Poder Judicial venezolano, considerado por la mayoría de sus magistrados, simplemente como *carente de autonomía e independencia*, considerando que por ello, nadie podría esperar poder ser juzgado, incluso por delitos comunes, gozando de garantía judicial alguna y menos si hay alguna motivación política de por medio.

Se trata del enjuiciamiento más importante y certero efectuado por los magistrados de un tribunal extranjero sobre la lamentable situación del Poder Judicial venezolano que esperamos no origine, de parte del mismo, a través del Tribunal Supremo –responsable de la catástrofe judicial– alguna bizarra exhortación al Ejecutivo Nacional por ejemplo de ruptura de relaciones diplomáticas, en la misma tónica que lo hizo dicho Tribunal Supremo, cuando exhortó al Ejecutivo Nacional a que denunciara la Convención Americana de Derechos Humanos, luego de que la Corte Interamericana de Derechos Humanos dictara varias sentencias condenatorias contra el Estado y que dicho Tribunal las declarara "inejecutables" en Venezuela,[1059] lo que con-

---

* Texto del Comentario Jurisprudencial sobre "El cuestionamiento del Poder Judicial venezolano por un tribunal extranjero. De cómo la Sala IV (Sala Constitucional) de la Corte Suprema de Justicia de Costa Rica liberó a un presunto estafador cuya extradición había sido solicitada por el Estado de Venezuela, por errores inexcusables en la petición de extradición formulada, y además, por constatar que la ausencia de autonomía e independencia del Poder Judicial en Venezuela no le garantiza a nadie posibilidad alguna de debido proceso," redactado para ser publicado en la *Revista de Derecho Público,* N° 143 (Tercer Trimestre 20150, Editorial Jurídica Venezolana, Caracas 2015.

1058 Véase el texto de la sentencia en http://jurisprudencia.poder-judicial.go.cr/SCIJ_PJ /busqueda/jurisprudencia/jur_Documento.aspx?param1=Fi-cha_Sentencia&nValor-1=1&nValor2=644651&strTipM=T&strDirSel=directo&_r=1Véase la noticia de prensa sobre dicha sentencia en http://www.nacion.com/su-cesos/poder-judicial/Sala-IV-extradicion-cuestiona-Venezuela_0_1504049615.html.

1059 Véase las sentencias de la Sala Constitucional del Tribunal Supremo de Justicia N° 1.939 de 12 de diciembre de 2008 que declaró inejecutable la sentencia de la Corte Interamericana en el caso *Apitz Barbera y otros vs. Venezuela* (2008), en http://www.tsj.gov.ve/decisiones/scon/Diciembre/1939-

dujo al poco tiempo con la lamentable denuncia efectiva de dicha Convención en 2013.[1060]

La decisión de la Sala Constitucional de la Corte Suprema de Justicia de Costa Rica, en todo caso, por su importancia, amerita ser comentada.

I

El cuestionamiento del Poder Judicial en Venezuela, por la ausencia de autonomía e independencia, dado el control político que el Estado autoritario ejerce sobre el mismo, además de haberse formulado en el país en todas las formas posibles[1061] como es bien sabido, antes de que Venezuela denunciara la Convención Americana de Derechos Humanos en 2013, lo hizo en varias ocasiones la Comisión Interamericana de Derechos Humanos, y en algunas, la Corte Interamericana de Derechos Humanos.

En al menos tres sentencias decididas contra Venezuela, en particular, en los casos *Apitz Barbera y otros vs. Venezuela* (2008),[1062] *María Cristina Reverón Trujillo vs. Venezuela* (2009),[1063] y *Mercedes Chocrón Chocrón vs. Venezuela* (2011),[1064] en

---

181208-2008-08-1572.htmlla; y la sentencia N° 1547 de fecha 17 de octubre de 2011, que también declaró inejecutable la sentencia de la Corte Interamericana de Derechos Humanos, de 1° de septiembre de 2011 dictada en el caso *Leopoldo López vs. Estado de Venezuela,* en http://www.tsj.gov.ve/decisiones/scon/Octubre/1547-171011-2011-11-1130.html. Véase Allan R. Brewer-Carías, "El ilegítimo "control de constitucionalidad" de las sentencias de la Corte Interamericana de Derechos Humanos por parte la Sala Constitucional del Tribunal Supremo de Justicia de Venezuela: el caso de la sentencia *Leopoldo López vs. Venezuela, 2011*," en *Constitución y democracia: ayer y hoy. Libro homenaje a Antonio Torres del Moral*. Editorial Universitas, Vol. I, Madrid, 2013, pp. 1095-1124.

1060 Véase la comunicación N° 125 de 6 de septiembre de 2012 dirigida por el entonces Canciller de Venezuela, Nicolás Maduro, dirigida al Secretario General de la OEA, en http://www.minci.gob.ve/wp-content/uploads/2013/09/Carta-Retiro-CIDH-Firma-da-y-sello.pdf.

1061 Sobre el tema entre mis trabajos, véase, entre otros: Allan R. Brewer-Carías, "La progresiva y sistemática demolición institucional de la autonomía e independencia del Poder Judicial en Venezuela 1999-2004", en *XXX Jornadas J.M Domínguez Escovar, Estado de derecho, Administración de justicia y derechos humanos*, Instituto de Estudios Jurídicos del Estado Lara, Barquisimeto, 2005, pp. 33-174; "La justicia sometida al poder [La ausencia de independencia y autonomía de los jueces en Venezuela por la interminable emergencia del Poder Judicial (1999-2006)]" en *Cuestiones Internacionales. Anuario Jurídico Villanueva 2007,* Centro Universitario Villanueva, Marcial Pons, Madrid 2007, pp. 25-57, y en *Derecho y democracia. Cuadernos Universitarios*, Órgano de Divulgación Académica, Vicerrectorado Académico, Universidad Metropolitana, Año II, N° 11, Caracas, septiembre 2007, pp. 122-138. Publicado en *Crónica sobre la "In" Justicia Constitucional. La Sala Constitucional y el autoritarismo en Venezuela*, Colección Instituto de Derecho Público. Universidad Central de Venezuela, N° 2, Editorial Jurídica Venezolana, Caracas 2007, pp. 163-193; "Sobre la ausencia de independencia y autonomía judicial en Venezuela, a los doce años de vigencia de la constitución de 1999 (O sobre la interminable transitoriedad que en fraude continuado a la voluntad popular y a las normas de la Constitución, ha impedido la vigencia de la garantía de la estabilidad de los jueces y el funcionamiento efectivo de una "jurisdicción disciplinaria judicial"), en *Independencia Judicial*, Colección Estado de Derecho, Tomo I, Academia de Ciencias Políticas y Sociales, Acceso a la Justicia org., Fundación de Estudios de Derecho Administrativo (Funeda), Universidad Metropolitana (Unimet), Caracas 2012, pp. 9-103; "The Government of Judges and Democracy. The Tragic Situation of the Venezuelan Judiciary," en *Venezuela. Some Current Legal Issues 2014, Venezuelan National Reports to the 19th International Congress of Comparative Law, International Academy of Comparative Law, Vienna, 20-26 July 2014*, Academia de Ciencias Políticas y Sociales, Caracas 2014, pp. 13-42.

1062 Véase sentencia en http://www.corteidh.or.cr/docs/casos/articulos/se-riec_182_esp.pdf.

1063 Véase sentencia en http://www.corteidh.or.cr/docs/casos/articulos/se-riec_197_esp.pdf.

1064 Véase la sentencia en http://corteidh.or.cr/docs/casos/articulos/se-riec_227_esp.pdf.

efecto, la Corte Interamericana de Derechos Humanos conoció y constató en alguna forma sobre la catastrófica situación del Poder Judicial en Venezuela.

Pero no siempre fue así, al punto de que en otro caso, como el caso *Allan R. Brewer-Carías vs. Venezuela* (2004),[1065] la misma Corte, debido a las abiertas presiones políticas ejercidas por el gobierno de Venezuela contra la misma, incluso hasta en el texto mismo de la denuncia de la Convención Americana de Derechos Humanos de septiembre de 2013,[1066] no se atrevió a juzgar a dicho Poder Judicial, y al contrario, lo avaló, pero sin motivación alguna.

Ello lo hizo, al decidir en el caso que el Poder Judicial venezolano supuestamente podía llegar a corregir las violaciones masivas contra los derechos y garantías judiciales de la víctima, que fueron denunciadas, cometidas en un paródico proceso penal que estaba viciado de raíz, cuyo objeto, además, era una clara persecución política contra el denunciante; negándosele así a la víctima su derecho de acceso a la justicia y su derecho a la protección internacional.

En el caso *Allan Brewer Carías vs. Venezuela*, en efecto, mediante la sentencia Nº 277 de 26 de mayo de 2014, la Corte Interamericana ordenó el archivo del expediente, sin decidir nada sobre los méritos del caso, pues supuestamente la víctima no había agotado los recursos internos, negándose a juzgar las denuncias formuladas sobre la situación del Poder Judicial, carente de autonomía e independencia, e ignorando de paso que efectivamente la víctima sí había agotado el único recurso interno disponible (que era el amparo penal); le negó su derecho de acceso a la justicia internacional, protegiendo en cambio la arbitrariedad cometida por el Estado autoritario.[1067]

1065 Véase sentencia en http://www.corteidh.or.cr/docs/casos/articulos/se-riec_278_esp.pdf. Véase sobre esta sentencia Allan R. Brewer-Carías, *El caso Allan R. Brewer-Carías vs. Venezuela ante la Corte Interamericana de Derechos Humanos. Estudio del caso y análisis crítico de la errada sentencia de la Corte Interamericana de Derechos Humanos Nº 277 de 26 de mayo de 2014*, Colección Opiniones y Alegatos Jurídicos, Nº 14, Editorial Jurídica Venezolana, Caracas 2014.

1066 En el texto de la comunicación Nº 125 de día 6 de septiembre de 2012, suscrita por el Ministro de Relaciones Exteriores de Venezuela, Sr. Nicolás Maduro, quien luego asumió ilegítimamente la presidencia de la República, dirigida al Secretario General de la OEA, luego de denunciar una supuesta campaña de desprestigio contra al país desarrollada por parte de la Comisión Interamericana de Derechos Humanos y de la Corte Interamericana de Derechos Humanos contra Venezuela, citando entre otros casos decididos, el caso *Leopoldo López*,, en forma por demás insólita, citó casos que la Corte no había aun decidido como fue precisamente caso *Allan R. Brewer-Carías vs. Venezuela*, sin duda para presionar indebidamente a los jueces de la propia Corte Interamericana, manifestando formalmente al Secretario General de la OEA la "decisión soberana de la República Bolivariana de Venezuela de denunciar la Convención. Americana sobre Derechos Humanos, cesando en esta forma respecto de Venezuela los efectos internacionales de la misma, y la competencia respecto del país tanto de la Comisión Interamericana de Derechos Humanos como de la Corte Interamericana de Derechos Humanos." Véase en http://www.minci.gob.ve/wp-content/uploads/ 2013/09/Carta-Retiro-CIDH-Firmada-y-sello.pdf. Sobre la inconstitucionalidad de dicha decisión véase, entre otros, Carlos Ayala Corao, "Inconstitucionalidad de la denuncia de la Convención Americana sobre Derechos Humanos por Venezuela" en *Revista de Derecho Público*, Nº 131, Editorial Jurídica Venezolana, Caracas 2012.

1067 Véase sentencia en http://www.corteidh.or.cr/docs/casos/articulos/se-riec_278_esp.pdf. Sobre esta sentencia véase Allan R. Brewer-Carías, *El caso Allan R. Brewer-Carías vs. Venezuela ante la Corte Interamericana de Derechos Humanos*. Estudio del caso y análisis crítico de la errada sentencia de la Corte Interamericana de Derechos Humanos Nº 277 de 26 de mayo de 2014, Colección Opiniones y Alegatos Jurídicos, Nº 14, Editorial Jurídica Venezolana, Caracas 2014).

Conforme a esa sentencia, para la Corte Interamericana, en ese caso, la única forma para que la víctima pudiera pretender obtener justicia internacional era que, a pesar de ser un perseguido político, se entregara a sus perseguidores, para que una vez privado de libertad y sin garantías judiciales algunas, tratase de seguir, desde la cárcel, un proceso judicial que estaba viciado desde el inicio; de manera que si después de varios años lograba que el mismo avanzara, y las violaciones a sus derechos se agravaran, entonces, si aún contaba con vida, o desde la ultratumba, podía regresar ante la Corte Interamericana a denunciar los mismos vicios que con su sentencia la Corte se negó a conocer.

En palabras de los Jueces **Manuel E. Ventura Robles** y **Eduardo Ferrer Mac-Gregor Poisot** expresadas en su importante *Voto Conjunto Negativo* a la sentencia de la Corte Interamericana, estando "de por medio el derecho a la libertad personal:

> *"Pretender que el señor Brewer Carías regrese a su país para perder su libertad y, en esas condiciones, defenderse personalmente en juicio, constituye un argumento incongruente y restrictivo del derecho de acceso a la justicia, al no haberse analizado en el caso precisamente los aspectos de fondo invocados por la hoy presunta víctima relacionados con diversas violaciones a los artículos 8 y 25 de la Convención Americana, que de manera consustancial condicionan los alcances interpretativos del artículo 7.5 del Pacto de San José respecto al derecho a la libertad personal "* (Párrafo 116).

Esta decisión de la Corte Interamericana, con razón, a juicio de los Magistrados Jinesta Lobo, Castillo Víquez, Rueda Leal, Hernández López y Salazar Alvarado de la Sala Constitucional de la Corte Suprema de Justicia de Costa Rica, expresado en la sentencia Nº 2015-11568 del 31 de julio de 2015 que comentamos en estas páginas, "*pesa como una sombra en la trayectoria y jurisprudencia de la Corte Interamericana.*" [1068]

II

Y efectivamente es una sombra que no se podrá borrar jamás, por el daño irreversible causado al derecho, como precisamente se lo ha recordado a la Corte Interamericana y al propio Estado de Venezuela, la Sala Constitucional de la Corte Suprema de Justicia Costa Rica, en la sentencia citada de *habeas corpus* Nº 2015-11568 de 31 de julio de 2015, al ordenar la liberación del detenido por presunta estafa al llamado Fondo Chino de Venezuela, por fallas cometidas por el propio Estado venezolano en la petición de extradición, al no haber aportado pruebas, que era lo más elemental procesalmente hablando y dice muy mal del Ministerio Público venezolano que debió haber contribuido a preparar el "expediente" de la solicitud de extradición; y además, por considerar, la mayoría de sus magistrados, que el Poder Judicial en Venezuela simplemente *carece de autonomía e independencia.*

El Poder Judicial de Venezuela en efecto había sido objeto de críticas y enjuiciamiento por parte de organismos internacionales, e incluso ha sido objeto de deba-

1068 Véase el texto de la sentencia en http://jurisprudencia.poder-judicial.go.cr/SCIJ_PJ/ busqueda/jurisprudencia/jur_Documento.aspx?param1=Fi-cha_Sentencia&nValor1= 1&nValor2=644651&strTipM=T&strDirSel=directo&_r=1. Véase la noticia de prensa sobre dicha sentencia en http://www.nacion.com/su-cesos/poder-judicial/Sala-IV-extradicion-cuestiona-Venezuela_0_1504049615.html

te en tribunales de instancia en muchos países, pero quizás esta es la primera vez que magistrados de una Corte Suprema de Justicia (Sala Constitucional) de un país latinoamericano hayan cuestionado abiertamente en una de sus sentencia, la lamentable situación del Poder Judicial del país.

En efecto, entre los enjuiciamientos más recientes respecto del Poder Judicial y del Ministerio Público en Venezuela, que citan los magistrados de la Sala Constitucional de la Corte Suprema de Justicia de Costa Rica para fundamentar sus apreciaciones, está el *Informe de la Comisión Internacional de Juristas*, titulado *Fortalecimiento del Estado de Derecho en Venezuela* (Ginebra en marzo de 2014), en cuya Presentación al mismo, el Secretario General de la Comisión, Wilder Tayler, explicó que:

> "Este informe da cuenta de la falta de independencia de la justicia en Venezuela, comenzando con el Ministerio Público cuya función constitucional además de proteger los derechos es dirigir la investigación penal y ejercer la acción penal. El incumplimiento con la propia normativa interna ha configurado un Ministerio Público sin garantías de independencia e imparcialidad de los demás poderes públicos y de los actores políticos, con el agravante de que los fiscales en casi su totalidad son de libre nombramiento y remoción, y por tanto vulnerables a presiones externas y sujetos órdenes superiores.
>
> En el mismo sentido, el Poder Judicial ha sido integrado desde el Tribunal Supremo de Justicia (TSJ) con criterios predominantemente políticos en su designación. La mayoría de los jueces son "provisionales" y vulnerables a presiones políticas externas, ya que son de libre nombramiento y de remoción discrecional por una Comisión Judicial del propio TSJ, la cual, a su vez, tiene una marcada tendencia partidista. [...]".

Luego de referirse a que "el informe da cuenta además de las restricciones del Estado a la profesión legal," el Sr. Tayler concluyó su Presentación del Informe afirmando tajantemente que:

> "Un sistema de justicia que carece de independencia, como lo es el venezolano, es comprobadamente ineficiente para cumplir con sus funciones propias. En este sentido en Venezuela, un país con una de las más altas tasas de homicidio en Latinoamérica y en el de familiares sin justicia, esta cifra es cercana al 98% en los casos de violaciones a los derechos humanos. Al mismo tiempo, el poder judicial, precisamente por estar sujeto a presiones externas, no cumple su función de proteger a las personas frente a los abusos del poder sino que por el contrario, en no pocos casos es utilizado como mecanismo de persecución contra opositores y disidentes o simples críticos del proceso político, incluidos dirigentes de partidos, defensores de derechos humanos, dirigentes campesinos y sindicales, y estudiantes."[1069]

III

Sobre el caso de la solicitud de extradición del ciudadano croata/venezolano acusado de estafa en Venezuela, a la cual se refiere la sentencia de la Sala Constitucio-

---

1069 Véase en http://icj.wpengine.netdna-cdn.com/wp-content/uploads/2014/06/VENE-ZUELA-Informe-A4-elec.pdf

nal de la Corte Suprema de Costa Rica, en febrero de 2015 ya la prensa en Venezuela había dado cuenta de que:

> "la Sala Penal del Tribunal Supremo de Justicia declaró que *es procedente la extradición* de Costa Rica a Venezuela de Dan Dojc, presuntamente implicado en la estafa al Fondo Conjunto Chino Venezolano por el orden de 84 millones 916 mil 150 dólares, según se lee en la sentencia difundida en la página web del máximo tribunal del país."

Se informaba además, que el mencionado ciudadano, nacido en Yugoslavia pero con nacionalidad venezolana había sido "detenido en Costa Rica el 19 de diciembre de 2014".[1070]

Conforme a la solicitud de Venezuela, en el curso del procedimiento de extradición que se siguió ante la jurisdicción penal de Costa Rica, el Tribunal Penal de Pavas mediante sentencia 18 de marzo del 2015 había ordenado la extradición. La decisión fue apelada y el detenido, además solicitó se le concediera el estatus de refugiado ante la Dirección de Migración y Extranjería. El Tribunal de Apelación de Goicoechea, en un voto dividido, rechazó la apelación, confirmando la extradición, y a la vez la Dirección de Migración le negó el refugio.

Sin embargo, la esposa del detenido interpuso un recurso de **habeas corpus** a su favor, el cual fue declarado con lugar por la Sala Constitucional de la Corte Suprema de Costa Rica, otorgando el amparo a favor del detenido mediante la mencionada sentencia N° 2015-11568 del 31 de julio de 2015. De la decisión dio cuenta la prensa en San José, informándose lo siguiente:

> "La Sala Constitucional anuló la extradición de un venezolano, buscado en su país por estafa, porque no encontró pruebas de que cometiera los delitos que le atribuyen.
>
> Adicionalmente, los magistrados rechazaron por unanimidad el envío del extranjero al cuestionar el sistema de justicia de Venezuela pues "carece de garantías mínimas de un sistema de justicia objetivo e imparcial", dice el voto N° 2015-11568.
>
> Por esas dos razones, se ordenó la liberación inmediata del venezolano, quien estaba detenido en la cárcel de San Sebastián desde el 19 de diciembre del 2014 a raíz de una solicitud de extradición por supuesta estafa, obtención fraudulenta de divisas, lavado de dinero y asociación ilícita. Este medio se reservará la identidad del foráneo por seguridad." [...]
>
> Vicios políticos. El magistrado Fernando Cruz aseguró que el Estado venezolano presenta graves debilidades jurídico-políticas para asegurar un enjuiciamiento que respete el debido proceso.
>
> "Enviar a un ciudadano a un país que ha denunciado la Convención Americana de Derechos Humanos, la cual tutela derechos fundamentales, no brinda la confianza suficiente para admitir que el ciudadano que se entrega a otra juris-

---

1070 Véase Eligio Rojas: "Detenido en Costa Rica un estafador del Fondo Chino. Dan Dojc estafó al Fondo Conjunto Chino Venezolano por el orden de 84 millones 916 mil 150 dólares," en *Últimas Noticias*, 20 de febrero de 2015, en http://www.ulti-masnoticias.com.ve/noticias/actualidad/sucesos/detenido-en-costa-rica-un-estafador-del-fondo-chin.aspx#ixzz3iq3DSzIN.

dicción será tratado conforme a las garantías básicas que merece cualquier ciudadano, no importa su nacionalidad", argumentó el alto juez.

Asimismo, indicó que el 75% de los jueces en Venezuela están nombrados en forma provisional y dependen de una autoridad política, por lo que podrían juzgar conforme a la voluntad de sus superiores.

Los magistrados Ernesto Jinesta, Fernando Castillo, Paul Rueda, Luis Fernando Salazar y Nancy Hernández explicaron, en una nota aparte, que para tutelar la libertad personal es necesario un sistema de justicia independiente que garantice objetividad e imparcialidad de los jueces."[1071]

IV

Y en efecto, la sentencia de la Sala Constitucional de la Corte Suprema de Costa Rica Nº 2015-11568, después de analizar cuidadosamente el caso y sus antecedentes, en definitiva, al considerar que el tribunal penal de Costa Rica que había concedido la extradición lo había hecho sin analizar debidamente las pruebas aportadas por Venezuela para fundamentar la solicitud de extradición, al considerarlas insuficientes, en definitiva lo que decidió fue que Venezuela, como Estado solicitante, había fundamentado insuficientemente la solicitud, ordenando por ello la liberación del detenido.

La Sala Constitucional en efecto, afirmó que "el Estado requirente (Venezuela) *omitió aportar la prueba de cargo que respalda la investigación judicial, que se sigue en Venezuela contra el amparado*, donde se le atribuyen los delitos de estafa y otros" habiendo concluido para ordenar la libertad del detenido que:

> *"al darse en este asunto una evidente y palmaria inexistencia de prueba en el proceso de extradición que se sigue contra el amparado y no puede siquiera afirmarse que existen indicios comprobados sobre la posible ejecución de los distintos hechos delictivos que se le atribuyen,"*

por lo cual al haber:

> "el amparado ha permanecido privado de libertad desde el 19 de diciembre de 2014 en el Centro de Atención Institucional de San Sebastián, estima esta Sala que se ha restringido ilegítimamente su libertad."

A ello se agregaron las apreciaciones de varios magistrados sobre la situación del Poder Judicial en Venezuela, para concluir el magistrado Fernando Cruz Castro en sus argumentos adicionales afirmando enfáticamente que:

> "En estas condiciones, el proceso de extradición posee vicios esenciales de orden jurídico político. El amparado no enfrenta condiciones satisfactorias que aseguren que el Estado venezolano posee las condiciones para asegurar que ciudadano sometido a este proceso de extradición, enfrenta una acción represiva que responda a garantías básicas como la independencia de jueces y fiscales, que tenga la tutela debida del Derecho Internacional de los Derechos Humanos, al haber denunciado la Convención Americana de Derechos Humanos. *No hay*

1071 Véase David Delgado G, "Sala IV anula extradición y cuestiona justicia en Venezuela," en *La Nación*, San José, 15 de agosto de 2015, en http://www.na-cion.com/sucesos/poder-judicial/Sala-IV-extradicion-cuestiona-Venezuela_0_1504049615.html.

debido proceso si juzgan jueces nombrados sin estabilidad, si acusan fiscales provisionales, sin garantías que aseguren su independencia en tutela de los derechos fundamentales y la vigencia de un juicio justo. La división de poderes que es la condición política básica que sustenta el propio enjuiciamiento penal, no existe bajo los supuestos que he reseñado. No hay condiciones elementales que aseguren el equilibrio, la ponderación y los controles que requiere la actividad represiva del estado, razón por la que agrego estos argumentos para considerar que la privación de libertad bajo el mandato y voluntad del estado requirente, no es legítima en este caso, sino que contiene elementos que me demuestran que no hay condiciones institucionales que aseguren la defensa efectiva y los derechos fundamentales del amparado."

Con los mismos fundamentos, los magistrados **Ernesto Jinesta Lobo, Fernando Castillo Víquez, Paúl Rueda Leal, Nancy Hernández López** y **Luis Fernando Salazar Alvarado** en su "Nota separada" a la sentencia Nº 2015-11568, hicieron referencia a las competencias de la Jurisdicción Constitucional de Costa Rica, destacando la competencia fundamental de la misma en materia de protección de la libertad personal, sobre lo cual afirmaron con razón que:

> "Nuestra ley de la jurisdicción constitucional es una de las más amplias en esta materia y se sale de los parámetros clásicos del habeas corpus para incluir en su tutela, no sólo la libertad personal en sí y sus condiciones, sino también la obligación de velar por las garantías del debido proceso relacionadas con la libertad personal. La razón es sencilla: nuestro legislador, parte de la base de que ambas son interdependientes; no puede existir defensa efectiva de la libertad personal, sin las condiciones objetivas para su ejercicio."

Bajo esta premisa los magistrados, con razón, igualmente concluyeron que de la ley y jurisprudencia constitucional, resulta totalmente "inadmisible una tutela de la libertad personal de espaldas a la necesidad de unas condiciones preexistentes del sistema de justicia, y del proceso en sí, cuando está en juego un aspecto central de la dignidad humana como lo es la libertad de una persona," lo que ha reiterado la Sala de Costa Rica en sentencias diversas como la Nº 1739-92 en la cual desarrolló aspectos generales y particulares del debido proceso enmarcando dentro de ellas, el *derecho general a la justicia.*

De ello concluyeron los magistrados costarricenses afirmando que:

> "entre las condiciones esenciales para la tutela de la libertad personal, está, *la necesidad de que exista un sistema de justicia independiente que garantice la objetividad e imparcialidad de los jueces, condición sin la cual sería nugatoria la defensa de la libertad frente al ejercicio del poder punitivo del estado.*
>
> Por esa razón, el juez llamado a intervenir en un proceso de extradición, no puede limitarse a la función meramente mecánica de comprobar los requisitos que establece la ley (o la Convención de Extradición en aquellos casos que exista relación bilateral con el país requirente). El juez tiene la obligación de ser cuidadoso de que la documentación aportada realmente cumpla con el objetivo de comprobar que se trata de una acusación formal, objetiva y legítima, que reúne los requisitos constitucionales y legales, así como que la persona requerida tendrá las garantías de defensa básicas de toda democracia una vez extraditado."

De lo anterior, los mismos magistrados Jinesta Lobo, Castillo Víquez, Rueda Leal, Hernández López y Salazar Alvarado, en la Nota separada a la sentencia Nº 2015-11568, al referirse a la petición de extradición afirmaron categóricamente que en el caso había quedado acreditado, y en particular del voto del juez Porras Villalta (Voto salvado a la sentencia del Tribunal Superior penal rechazando la apelación), que "en el proceso de extradición, *no se aportó prueba ni indicio comprobado de que la persona requerida ha cometido delito en el país requerido,*" agregando la apreciación general de que:

> "La omisión en sí misma es grave y suficiente para rechazar el pedido de extradición, pero lo es aún más cuando el país requirente ha sido cuestionado reiteradamente por carecer las garantías mínimas de un sistema de justicia objetivo e imparcial, tal y como ocurre en este caso concreto en que, organizaciones no gubernamentales y académicos de renombre, han confirmado una situación que es pública y notoria para cualquier estudioso del derecho en Iberoamérica."

V

Por ello, lo más importante de la sentencia, desde el punto de vista institucional, fue la opinión adicional que los magistrados de la Sala Constitucional de Costa Rica, expresaron en relación con la situación del Poder Judicial en Venezuela, que no garantiza un debido proceso.

En primer lugar se refirieron a los efectos catastróficos de la denuncia de la Convención Americana sobre Derechos Humanos por parte de Venezuela, sobre lo cual tal sentido, el Magistrado Fernando Cruz Castro, en sus razones adicionales a la sentencia consideró, en general, que:

> "el Estado venezolano presenta serias debilidades jurídico-políticas para asegurarle al amparado un enjuiciamiento que cumpla con las garantías básicas de un debido proceso, conforme a las normas constitucionales y el derecho internacional de los derechos humanos."

Esas "serias debilidades estructurales," las fundó el magistrado Cruz Castro de entrada, en el "hecho que Venezuela haya denunciado la Convención Americana de Derechos Humanos," considerando que ello "constituye una *amenaza grave al respeto efectivo de los derechos fundamentales*," agregando respecto de dicha absurda decisión del Estado venezolano de denunciar la Convención Americana, que:

> "Un país que adopta una política que reduce los instrumentos que tutelan derechos fundamentales, tanto en su dimensión individual como social, *no brinda las garantías y la confianza que requiere un proceso de extradición. Enviar a un ciudadano a un país que ha denunciado una Convención que tutela de derechos fundamentales, no brinda la confianza suficiente para admitir que el ciudadano que se entrega a otra jurisdicción, será tratado conforme a las garantías básicas que merece cualquier ciudadano, no importa su nacionalidad.* Estimo que esta denuncia del Pacto de San José abre una serie de interrogantes que no me brindan una razonable convicción en el sentido que este ciudadano sometido a este proceso de extradición, se le dará el reconocimiento efectivo de todas sus garantías judiciales en un sentido amplio."

Concluyó el magistrado **Cruz Castro** su apreciación sobre la denuncia por Venezuela de la Convención Americana de Derechos Humanos indicando que como "el poder penal requiere la vigencia efectiva del derecho internacional de los derechos humanos [ello] ... no se aprecia en este caso" destacando cómo el *Informe del Consejo Económico y Social de naciones Unidas* (E/c.12/Ven./CO3) del 19 de junio de 2015 señala "su preocupación por dicha denuncia, porque puede afectar la vigencia efectiva de los derechos fundamentales."

VI

En segundo lugar, el mismo magistrado **Fernando Cruz Castro**, en las razones adicionales que escribió a la sentencia, destacó lo que consideró como el segundo punto de gran relevancia, que es "el tema de la independencia de la judicatura," haciendo referencia a que:

> "diversos informes señalan una debilidad notable de la independencia de la judicatura, situación que nuevamente no asegura el respeto de los derechos fundamentales de una persona sometida a un procedimiento de extradición, en las condiciones del caso que se examina."

Sobre este aspecto, el magistrado destacó, en refuerzo de sus apreciaciones, lo afirmado en el *Informe* antes mencionado del Consejo Económico y Social de las Naciones Unidas (E/c.12/Ven./CO3) del 19 de junio de 2015 destacando la preocupación del Comité de Derechos Humanos:

> "por la información sobre la falta de aplicación del procedimiento legalmente establecido para la designación y destitución de jueces, así como por el gran número de jueces que se encuentran asignados a cargos de forma provisional, quienes no gozan de estabilidad en sus funciones, lo cual puede afectar significativamente su independencia."

Sobre ello, el magistrado Cruz Castro en las mismas consideraciones adicionales a la sentencia estimó que:

> *"jueces provisionales, no aseguran, de ninguna forma, la independencia de la judicatura, lo que incide directamente en la vigencia de las garantías del debido proceso para el amparado cuando se remita a Venezuela.* Esta independencia de los jueces es una garantía fundamental para asegurar la vigencia de un estado constitucional y los derechos fundamentales de la persona sometida a enjuiciamiento. *Si no hay independencia de los jueces, las garantías básicas de los ciudadanos, se debilitan y el poder represivo se convierte en un instrumento descontrolado."*

Sobre "esta debilidad estructural en el sistema de garantías," el magistrado Cruz Castro también se refirió a las informaciones suministradas por la OMCT que cita como "una coalición de organizaciones no gubernamentales venezolanas, instituciones académicas y sociedad civil organizada,"[1072] en su *Informe* de junio de 2015, donde se refiere que según la información contenida en la página oficial del Tribunal Supremo de Justicia:

1072 Las siglas OMCT identifican a la Organización Mundial contra la Tortura.

> "durante el año 2014 la Comisión Judicial del Tribunal Supremo de Justicia ha continuado decidiendo la designación *de jueces en los distintos Tribunales del país, que se encuentran casi en su totalidad en situación de provisionalidad o que son elegidos de forma temporal, itinerante y/o accidental para conocer de una causa específica*. En particular, en los meses de enero a agosto de ese mismo año se designaron, nombraron alrededor de mil ciento once jueces, de los cuales sólo veintidós son titulares."

El magistrado Cruz Castro complementó su apreciación sobre la debilidad del sistema judicial venezolano citando las "cifras suministradas por representantes del Estado venezolano ante la Comisión Interamericana de Derechos Humanos, en fecha 17 de marzo del 2015," conforme a las cuales:

> "el sesenta y seis por ciento de la totalidad de los jueces del Poder Judicial son de carácter provisorio. Los jueces provisionales no tienen ninguna estabilidad laboral, siguiendo la línea jurisprudencial de la Sala Político Administrativa como de la Sala Constitucional del Tribunal Supremo de Justicia, acorde con el Decreto de reorganización del Poder Judicial, que sostiene que los jueces provisorios son de libre nombramiento y remoción...." (ver página 3 y 4 del informe)."

Lo anterior efectivamente es así, y continúa siendo así, es decir, que los jueces provisorios, que son la gran mayoría en el país, son removidos discrecionalmente por la mencionada Comisión del Tribunal Supremo de Justicia, de manera que la pretendida creación de la Jurisdicción Disciplinaria en 2011, no fue más que un engaño y otra mentira más del régimen.[1073]

Se recordará, en efecto, que a finales de 2010 se sancionó la Ley del Código de Ética del Juez Venezolano y la Jueza Venezolana,[1074] regulándose la Jurisdicción Disciplinaria Judicial y estableciéndose los tribunales correspondientes para "garantizar" la estabilidad de los jueces. La ilusión que ello creó al pensarse que se había dado algún paso de regulación aplicable a los jueces transitorios o temporales (art. 2), que son la gran mayoría de los que componen el Poder Judicial, fue disipada al poco tiempo, por la decisión adoptada de oficio por la Sala Constitucional del Tribunal Supremo de Justicia, mediante sentencia N° 516 de 7 de mayo de 2013, [1075] dictada en el juicio de nulidad por inconstitucionalidad intentado contra la Ley, al suspender mediante una medida cautelar, los efectos de las normas de dicho Código que extendían su aplicación a dichos jueces temporales y provisorios, por no tratarse de jueces "que hayan ingresado a la carrera judicial," siendo por tanto "esencialmente de libre nombramiento y remoción" correspondiéndole "a la Comisión Judicial la competencia para sancionarlos y excluirlos de la función jurisdiccional," quedando así completamente excluidos del ámbito de la Jurisdicción Disciplinaria, y a la merced de la Comisión Judicial mencionada del Tribunal Supremo.

1073 Véase en general Allan R. Brewer-Carías, *La mentira como política de Estado. Crónica de una crisis política permanente. Venezuela 1999-2015* (Prólogo de Manuel Rachadell), Colección Estudios Políticos, N° 10, Editorial Jurídica Venezolana, Caracas 2015.

1074 *Gaceta Oficial* N° 39.493 de 23-08-2010.

1075 Véase en http://www.tsj.gov.ve/decisiones/scon/Mayo/516-7513-2013-09-1038.html.

En definitiva consideró la Sala Constitucional que "la garantía de la inamovilidad [es] ínsita a la carrera judicial; y se obtiene la condición de juez de carrera si se gana el concurso de oposición público," por lo que basta con no hacer concursos y nombrar jueces provisorios o temporales como ha ocurrido en los últimos dieciséis años para que simplemente no haya garantía alguna de estabilidad de los jueces.

Esa sentencia "cautelar" de la Sala Constitucional, además, acaba de ser "ratificada" por la Sala Constitucional del Tribunal Supremo de Justicia mediante sentencia Nº 1082 de 11 de agosto de 2015, al declarar sin lugar la solicitud de que fuera revocada que habían formulado ante la misma los Presidentes de la Corte Disciplinaria Judicial y del Tribunal Disciplinario Judicial que integran la Jurisdicción Disciplinaria, simplemente porque los razonamientos que estos formularon en pro de la garantía de la independencia judicial "no convencieron" a la Sala Constitucional.[1076]

Por ello, con razón, en sus razonamientos adicionales a la sentencia de la Sala Constitucional de la Corte Suprema de Costa Rica, además de destacar la falta de independencia de los jueces provisorios y temporales en Venezuela, que son la mayoría, el magistrado Cruz Castro también se refirió a la ausencia de independencia y autonomía del Ministerio Público, que en Venezuela, por lo demás, se organiza como parte de una rama distinta del Poder Público adicional, que es el Poder Ciudadano, el cual efectivamente también carece de autonomía e independencia y ha sido utilizado como un instrumento de persecución política.

Sobre esa lamentable situación, grave en un procedimiento penal acusatorio, el magistrado Cruz Castro destacó en sus argumentos adicionales, parte del *Informe de la Comisión Interamericana de derechos Humanos de 2014* (páginas 519 y siguientes), señalando "que la provisionalidad también ocurre con los fiscales del Ministerio Público, es decir, que jueces y fiscales en el proceso penal, no gozan de la estabilidad y la independencia que se requiere como garantía elemental que sustenta el debido proceso en un estado de Derecho.," agregando el magistrado que:

> "Jueces provisionales, fiscales provisionales, sometidos a la dirección y nombramiento de una autoridad política, pueden convertirse en "delegados del poder" pero no para juzguen conforme a los hechos, sino para que lo hagan según "voluntades políticas" que convierten el aparato judicial y la fiscalía, en una estructura que tiende un buen manto para ocultar la arbitrariedad y el abuso de poder."

VII

En la misma sentencia Nº 2015-11568 de la Sala Constitucional de la Corte Suprema de Justicia de Costa Rica, como se dijo, se integró además una "Nota separada" de los Magistrados Ernesto Jinesta Lobo, Fernando Castillo Víquez, Paúl Rueda Leal, Nancy Hernández López y Luis Fernando Salazar Alvarado, en la cual en relación con la gravísima situación del Poder Judicial en Venezuela, que no garantiza debido proceso alguno, citaron en apoyo de su argumentación, el *Informe* antes referido de la *Comisión Internacional de Juristas* de 2014, "que reconoce que tanto el Ministerio Público como la judicatura en Venezuela, carecen de independencia e imparcialidad," haciendo referencia además de a lo que hemos trascrito anteriormen-

---

1076 Véase la sentencia en http://historico.tsj.gob.ve/decisiones/scon/agosto/180685-1082-11815-2015-09-1038.HTML.

te en este comentario sobre la inestabilidad de los jueces provisionales y temporales, al hecho de que:

> "Incluso los propios jueces "titulares" están sujetos a ser suspendidos de sus cargos sin que pese contra ellos acusación ni procedimiento legal alguno. El caso de la jueza María Lourdes Afiuni es emblemático y representativo de esta situación irregular que describimos, pues a pesar de tratarse de una jueza "titular" y de que ejecutó una recomendación del Grupo de Trabajo sobre Detenciones Arbitrarias de la ONU de someter a proceso en libertad a una persona, por ese hecho fue inmediatamente detenida en la sede misma de su tribunal por la policía de seguridad, privada de su libertad, y sometida a un absurdo y arbitrario proceso penal bajo el requerimiento expreso del entonces Presidente de la República, Hugo Chávez Frías en cadena nacional de radio y televisión. Durante su encarcelamiento con presos comunes fue víctima de tratos crueles e inhumanos. Este caso ocasionó el llamado "efecto Afiuni" con consecuencias inhibitorias y de incluso autocensura, en el resto de la judicatura venezolana devastadoras para la independencia de la justicia."

De lo anterior concluyeron los magistrados haciendo referencia al antes mencionado *Informe*, que "*Un sistema de justicia que carece de independencia, como lo es el venezolano, es comprobadamente ineficiente para cumplir con sus funciones propias*," por lo que "*el poder judicial, precisamente por estar sujeto a presiones externas, no cumple su función de proteger a las personas frente a los abusos del poder* sino que por el contrario, en no pocos casos es utilizado como mecanismo de persecución contra opositores y disidentes o simples críticos del proceso político, incluidos dirigentes de partidos, defensores de derechos humanos, dirigentes campesinos y sindicales, y estudiantes."

Los magistrados hicieron referencia también, en apoyo a su criterio, lo expresado por "el jurista y profesor Alberto Arteaga, uno de los penalistas venezolanos más destacados en el sistema de justicia venezolano," que ha expresado:

> "...nuestro Poder Judicial se ha convertido en un simple apéndice del Poder Ejecutivo, llegando al extremo de que el Presidente, abiertamente, ha declarado que un procesado, como Leopoldo López, debe ser castigado como responsable de los delitos cometidos, sin que se haya dado pronunciamiento por tan descarada intromisión en el proceso a su cargo, en el cual debe decidir conforme a su conciencia y al derecho. Ahora, ni siquiera se cubre la formalidad de declarar que un asunto corresponde al Poder Judicial y que sus decisiones serán respetadas. Simplemente se dictamina y se comienza a ejecutar una pena, como si no existiera la presunción de inocencia, el derecho a ser juzgado en liberad, el trato digno a un encarcelado y el respeto al dolor de su esposa, hijos, padres, amigos y de cualquier ciudadano que crea en la institucionalidad democrática. Sin duda, hay un país sumido en la más profunda crisis cuando la justicia no se hace sentir y se la pretende colocar al servicio de intereses políticos" (Alberto Arteaga, Justicia, ¿Materia pendiente?" en *El Universal*, Caracas, 30 de julio 2014, en www.eluniversal.com/opinión/140730/justicia-materia-pendiente).

Y agregaron los magistrados en su Nota separada a la sentencia de la Sala Constitucional, "*como referencia del deterioro del sistema de justicia venezolano*":

"la prueba y escrito de *amicus curiae*[1077] presentados por el prestigioso constitucionalista Dr. Allan Brewer Carías en su *caso vs Venezuela*, ante la Corte Interamericana de Derechos Humanos N° 277 de 26 de mayo de 2014, *caso que pesa como una sombra en la trayectoria y jurisprudencia de la Corte Interamericana y en el cual se desnuda la realidad que vive el sistema judicial venezolano en la actualidad"*.[1078]

Y para completar los elementos para fundamentar su apreciación sobre la dramática situación del Poder Judicial en Venezuela, los magistrados Ernesto Jinesta Lobo, Fernando Castillo Víquez, Paúl Rueda Leal, Nancy Hernández López y Luis Fernando Salazar Alvarado, en su Nota separada a la sentencia N° 2015-11568 expresaron que "a ello hay que sumar las manifestaciones hechas por *las mismas autoridades venezolanas que han reconocido públicamente la intromisión directa del Poder Ejecutivo en su sistema judicial*," indicando que "así lo reconoció el ex Magistrado y ex Vicepresidente de la Corte Suprema de Justicia de Venezuela, Eladio Aponte Aponte, quien formó parte de la jerarquía judicial durante 15 años, en unas declaraciones dadas ante la prensa y que fueron aportadas como prueba en el proceso del caso *Brewer Carías vs. Venezuela*," copiando las siguientes preguntas y respuestas de esa trágica y repugnante entrevista:

> "Ante la pregunta de la *periodista* "¿Qué hizo usted para lograr ese ascenso luego en el TSJ? Cuál fue ese caso emblemático que usted considera que hizo que usted llegara hasta la Presidencia del TSJ? **Magistrado**: Yo creo que mi actuación fue muy pulcra y muy adaptada a los parámetros exigidos. A parte del currículum que tengo.
>
> *Periodista*: ¿Cuando usted habla de pulcra, significa leal al presidente? **Magistrado**: Si leal al gobierno.
>
> *Periodista*: ¿Más no leal a lo que establece la Constitución? **Magistrado**: Tienes razón, es cierto.
>
> Más adelante en la entrevista se refiera al caso conocido como caso "Usón" que se originó por el enjuiciamiento de un general del ejército por el delito de

---

1077 Los Magistrados citaron, entre ellos, los *amicus curiae* presentados por la *Inter American Bar Association*, el *Internacional Bar Association's Human Rights Institute*, *Association of the Bar of the City of New York*, *The Netherlands Institute of Human Rights*, las Comisiones de Derechos Humanos de la Federación de Colegios de Abogados de Venezuela con el apoyo de decenas de profesores, el Grupo de Profesores de Derecho Público de Venezuela, la Asociación Internacional de Derecho Administrativo, Asociación Mexicana de Derecho Administrativo, Asociación e Instituto Iberoamericano de Derecho Administrativo Jesús González Pérez. Véanse el texto de todos los documentos y *amicus curiae* presentados en el juicio ante la Corte Interamericana en Allan R. Brewer-Carías (Coordinador y editor), *Persecución política y violaciones al debido proceso. Caso CIDH Allan R. Brewer-Carías vs. Venezuela ante la Comisión Interamericana de Derechos Humanos y ante la Corte Interamericana de Derechos Humanos*. TOMO I: Denuncia, Alegatos y Solicitudes presentados por los abogados Pedro Nikken, Claudio Grossman, Juan Méndez, Helio Bicudo, Douglas Cassel y Héctor Faúndez. Con las decisiones de la Comisión y de la Corte Interamericana de Derechos Humanos como Apéndices, Editorial Jurídica Venezolana, Caracas 2015; TOMO II: Dictámenes, Estudios Jurídicos y Amicus Curiae, Editorial Jurídica Venezolana, Caracas 2015.

1078 Los magistrados citaron el texto del libro: Allan R. Brewer-Carías, *El caso Allan R. Brewer-Carías vs. Venezuela ante la Corte Interamericana de Derechos Humanos*. Estudio del caso y análisis crítico de la errada sentencia de la Corte Interamericana de Derechos Humanos N° 277 de 26 de mayo de 2014, Colección Opiniones y Alegatos Jurídicos, N° 14, Editorial Jurídica Venezolana, Caracas, 2014.

haber explicado en forma pública el efecto que tiene apuntar un lanzallamas hacia una celda de detenidos militares, quienes por ese hecho fueron achicharrados. Ante la pregunta de la *periodista*, ¿fue manipulado el caso? **Magistrado**: Si fue manipulado ese caso.

Periodista: ¿Usted recibió alguna orden Presidencial, o alguna orden del Ejecutivo para actuar diferente a lo que la Fiscalía Militar hubiese actuado? **Magistrado**: Si

Periodista: ¿Qué le dijeron? **Magistrado**: Bueno que... que había que acusarlo o imputarlo.

Periodista: ¿Por qué lo hizo?... ¿Por que usted lo hizo? **Magistrado**: recibía órdenes.

Periodista: ¿Qué pasa si usted no ejecutaba ordenes? **Magistrado**. Quedaba afuera. **Magistrado**: Sí, hay gente que la orden es no soltarlos, principalmente los comisarios.

Periodista: ¿Quién da la orden y cuál es la orden y de qué? **Magistrado**: La orden viene de la Presidencia para abajo; no nos caigamos en dudas, en Venezuela no se da puntada si no lo aprueba el presidente. **Magistrado**:...la justicia no vale... la justicia es una plastilina, digo plastilina porque se puede moldear a favor o en contra..."[1079]

VIII

La sentencia de la Sala Constitucional de la Corte Suprema de Justicia de Costa Rica Nº 2015-11568, es una manifestación más de la preocupación que existe en nuestros países por el desmantelamiento de la democracia en Venezuela, y en ello, por la demolición de lo que había de autonomía en independencia del Poder Judicial; todo en contra de lo establecido en la Constitución.

En esta en efecto, con uno de los lenguajes más floridos que se pueden encontrar en Constitución alguna en el Continente, no sólo se reitera el valor de la justicia, sino que se declara que "el Poder Judicial es independiente" (art. 254), disponiendo principios tendientes a "garantizar la imparcialidad y la independencia en el ejercicio de sus funciones" (art. 256) de los magistrados, jueces y demás funcionarios integrantes del sistema de justicia (Art. 256). Esa independencia y autonomía de los jueces, significa, en definitiva, como lo ha definido la Ley del Código de Ética del Juez Venezolano de 2010, que en "su actuación sólo deben estar sujetos a la Constitución de la República y al ordenamiento jurídico," y que "sus decisiones, en la interpretación y aplicación de la ley y el derecho, sólo podrán ser revisadas por los órganos jurisdiccionales que tengan competencia, por vía de los recursos procesales, dentro de los límites del asunto sometido a su conocimiento y decisión," de manera incluso que los órganos con competencia disciplinaria sobre los jueces sólo "podrán

---

1079 La entrevista fue dada a la periodista Verioska Velasco para una emisora de televisión de Miami, USA (SoiTV), se transcribió y fue publicada en *El Universal*, Caracas 18-4-2012, disponible en: http://www.eluniversal.com/nacional-y-poli-tica/120418/historias-secretas-de-un-juez-en-venezuela. El video se puede ver en http://www.youtube.com/watch?v=uYIbEEGZZ6s.

examinar su idoneidad y excelencia, sin que ello constituya una intervención indebida en la actividad jurisdiccional" (art. 4).[1080]

Específicamente, para garantizar la independencia y autonomía del Poder Judicial, aparte de atribuirle el gobierno y administración del Poder Judicial al Tribunal Supremo de Justicia (Art. 267), la Constitución además asegura que el ingreso a la carrera judicial solo puede realizarse mediante un proceso de selección pública, con participación ciudadana, estableciendo además el principio de su estabilidad judicial, al consagrar la inamovilidad de los jueces salvo cuando sea como consecuencia de sanciones disciplinarias que sólo pueden ser impuestas por jueces disciplinarios integrados en una Jurisdicción Disciplinaria Judicial (Arts. 255, 267).

Por tanto, en Venezuela, conforme a la Constitución, jueces sólo pueden ser quienes ingresen a la carrera judicial mediante concursos públicos que aseguren la idoneidad y excelencia de los participantes, quienes deben ser seleccionados por los jurados de los circuitos judiciales en la forma y condiciones que establezca la ley. A tal efecto, la Constitución exige que se garantice "la participación ciudadana en el procedimiento de selección y designación de los jueces."[1081] La finalidad de los concursos públicos, como lo ha dicho incluso el Tribunal Supremo en sentencia N° 2221 de 28 de noviembre de 2000, estriba "en la necesidad de que el Poder Judicial venezolano esté conformado, en su totalidad (jueces titulares y suplentes) por funcionarios de carrera, y de garantizar la idoneidad de quienes tienen la encomiable labor de administrar justicia;"[1082] a cuyo efecto, precisamente conforme al mismo artículo 255, se les garantiza su estabilidad de manera que sólo pueden ser removidos o suspendidos de sus cargos mediante los procedimientos expresamente previstos en la ley, a ser desarrollados por una Jurisdicción Disciplinaria Judicial, a cargo de jueces disciplinarios (art. 267).

Lamentablemente, sin embargo, quince años después de aprobada la Constitución, ninguno de estos principios ha sido implementado en su totalidad. Nunca, en efecto, se han realizado los concursos públicos prescritos en la Constitución, habiéndose conformado durante todo ese tiempo el Poder Judicial casi exclusivamente con jueces temporales y provisorios, sin estabilidad alguna. A algunos de ellos se les ha "regularizado" un status de carrera judicial pero sin concurso público alguno, con lo cual aparentemente podría considerarse que gozan de cierta estabilidad. La realidad es que como lo advirtió desde 2003 la Comisión Interamericana de

---

1080 Véase la Ley del Código de Ética del Juez Venezolano y Jueza Venezolana en *Gaceta Oficial* N° 39.494 de 24-8-2010. El Código derogó expresamente el Reglamento que regía el funcionamiento de la Comisión de Funcionamiento y reorganización del Poder Judicial. Los jueces del Tribunal Disciplinario Judicial y de la Corte Disciplinaria Judicial fueron nombrados por Actos Legislativos publicados en *Gaceta Oficial* N° 39.693 de 10-06-2011. Véase el "Acta de Constitución del Tribunal Disciplinario Judicial," de 28-06-2011, en *Gaceta Oficial* N° 39.704 de 29-06-2011. Véase los comentarios en Allan R. Brewer-Carías, "La Ley del Código de Ética del Juez Venezolano de 2010 y la interminable transitoriedad del régimen disciplinario judicial," en *Revista de Derecho Público*, N° 128 (octubre-diciembre 2011), Editorial Jurídica Venezolana, Caracas, 2011, pp. 83-93.

1081 Sobre las Normas de Evaluación y Concursos de Oposición para el Ingreso y Permanencia en el Poder Judicial dictadas por la Comisión de Funcionamiento y Reestructuración del Sistema Judicial, convertida en Dirección Ejecutiva de la Magistratura (*Gaceta Oficial* N° 36.910, de 14-03-2000), véase la sentencia de la Sala Constitucional del Tribunal Supremo N° 1326 de 02-11-2000, en *Revista de Derecho Público,* N° 84, Editorial Jurídica Venezolana, Caracas, 2000, pp. 111 y ss.

1082 Véase en *Revista de Derecho Público*, N° 84, Editorial Jurídica Venezolana, Caracas, 2000, pp. 116 y ss.

Derechos Humanos[1083] en su *Informe Anual de 2008* calificó esta situación como propia de un "problema endémico" que exponía a los jueces a su destitución discrecional, a cuyo efecto llamó la atención sobre el "permanente estado de emergencia al cual están sometidos los jueces."[1084]

Pero si se lee el texto de la Constitución, lo que resulta es que al contrario, los jueces sólo podrían ser removidos a través de procedimientos disciplinarios conducidos por jueces disciplinarios que debía formar una Jurisdicción Disciplinaria Judicial. Sin embargo, de nuevo, esta última sólo se creó en 2010, habiendo asumido la función disciplinaria la antes mencionada Comisión ad hoc,[1085] la cual, además de remover a los jueces en forma discrecional sin garantía alguna del debido proceso,[1086] como lo destacó la misma Comisión Interamericana en su *Informe de 2009*, lo peor es que ella misma, no goza de independencia, pues sus integrantes son de la libre remoción discrecional de la Sala Constitucional.[1087]

Esa Comisión de Reorganización, por tanto, literalmente "depuró" la judicatura de jueces que no estaban en línea con el régimen autoritario, como lo reconoció la propia Sala Constitucional,[1088] removiendo discrecionalmente jueces que pudieran haber dictado decisiones que no complacían al Ejecutivo. Esto llevó a la Comisión Interamericanas de Derechos Humanos a decir, en el mismo *Informe Anual* de 2009, que "en Venezuela los jueces y fiscales no gozan de la garantía de permanencia en

---

1083 Un juez provisorio es un juez designado mediante un concurso público. Un juez temporal es un juez designado para cumplir una tarea específica o por un periodo específico de tiempo. En 2003, la Comisión Interamericana de Derechos Humanos indicó que había sido: "informada que sólo 250 jueces han sido designados por concurso de oposición de conformidad a la normativa constitucional. De un total de 1772 cargos de jueces en Venezuela, el Tribunal Supremo de Justicia reporta que solo 183 son titulares, 1331 son provisorios y 258 son temporales." *Reporte sobre la Situación de Derechos Humanos en Venezuela*; OAS/Ser.L/V/II.118. doc.4rev.2; 29-12-2003, parágrafo 174, en http://www.cidh.oas.org/countryrep/Venezuela2003eng/toc.htm. La Comisión también agregó que "un aspecto vinculado a la autonomía e independencia del Poder Judicial es el relativo al carácter provisorio de los jueces en el sistema judicial de Venezuela. Actualmente, la información proporcionada por las distintas fuentes indica que más del 80% de los jueces venezolanos son 'provisionales.'" *Id.*, par. 161.

1084 Véase *Annual Report 2008* (OEA/Ser.L/V/II.134. Doc. 5 rev. 1. 25-02-2009), parágrafo 39.

1085 La Sala Político-Administrativa del Tribunal Supremo de Justicia ha resuelto que la remoción de jueces temporales es una facultad discrecional de la Comisión de Funcionamiento y Reestructuración del Sistema Judicial, la cual adopta sus decisiones sin seguir procedimiento administrativo alguno. Véase Decisión N° 00463-2007 del 20 de marzo de 2007; Decisión N° 00673-2008 del 24 de abril de 2008 (citada en la Decisión N° 1.939 del 18 de diciembre de 2008, p. 42). La Sala Constitucional ha establecido la misma posición en la Decisión N° 2414 del 20 de diciembre de 2007 y Decisión N° 280 del 23 de febrero de 2007; y viene de ratificarlo en la sentencia N° 1082 de 11 de agosto de 2015, Véase en http://historico.tsj.gob.ve/decisio-nes/scon/agosto/180685-1082-11815-2015-091038.HTML.

1086 Véase sentencia N° 1.939 del 18 de diciembre de 2008 de la Sala Constitucional del Tribunal Supremo de Justicia, (Caso: *Gustavo Álvarez Arias et al.*) en http://www.tsj.gov.ve/decisiones/scon/Diciembre/1939-181208-2008-08-1572.htmlla.

1087 Véase *Annual Report 2009*, Par. 481, en http://www.cidh.org/annualrep/2009eng/-Chap.IV.f.eng.htm.

1088 Sentencia N° 1.939 de 18 de diciembre de 2008 (Caso: *Abogados Gustavo Álvarez Arias y otros*), que declaró la inejecutabilidad de la sentencia de la Corte Interamericana de Derechos Humanos de 5 de agosto de 2008 (Caso: *Apitz Barbera y otros ["Corte Primera de lo Contencioso Administrativo"] vs. Venezuela*, (Serie C, N° 182), en http://www.tsj.gov.ve/decisiones/scon/Diciembre/1939-181208-2008-08-1572.htmlla.

su cargo necesaria para asegurar su independencia en relación con los cambios de políticas gubernamentales."[1089]

Como se dijo, una "Jurisdicción Disciplinaria Judicial" solo vino a conformarse en 2011, para asumir solo parcialmente la función disciplinaria que durante doce largos años ejerció una Comisión ad hoc que al margen de la Constitución funcionó desde 1999 con el aval del Tribunal Supremo, la cual, además de remover a los jueces en forma discrecional sin garantía alguna del debido proceso,[1090] como lo destacó la misma Comisión Interamericana en su *Informe de 2009*, la misma no gozaba de independencia, pues sus integrantes designados por la Sala Constitucional, eran de su libre remoción.[1091]

En 2011, sin embargo, con la conformación de la "Jurisdicción Disciplinaria Judicial" que creó la Ley del Código de Ética del Juez, integrada por una Corte Disciplinaria Judicial y un Tribunal Disciplinario Judicial, nada ha cambiado, pues conforme a una nueva Disposición Transitoria que se incorporó en la Ley del Código (Tercera), dicha Jurisdicción tampoco goza efectivamente de autonomía e independencia algunas, siendo más bien un apéndice de la mayoría que controla políticamente la Asamblea Nacional. En realidad, lo que ha ocurrido con esta nueva legislación y en virtud de la interminable transitoriedad, no ha sido otra cosa que lograr, primero, cambiarle el nombre a la antigua Comisión de Funcionamiento y Reorganización del Poder Judicial, y segundo, hacerla depender ya no del Tribunal Supremo, sino a la Asamblea Nacional, es decir, someterla a mayor control político.

Como consecuencia de todo ello, el lenguaje florido de la Constitución y de las leyes lamentablemente no han pasado de ser eso, lenguaje y sólo florido y exuberante, dada la poca aplicación y efectividad que en la práctica han tenido las previsiones constitucionales durante todo el tiempo de vigencia de la Constitución de 1999. La realidad de esa práctica política, es que la justicia ha estado y sigue en una permanente y anormal situación de transitoriedad o de emergencia, la cual continúa en 2011, a pesar de la conformación de la "Jurisdicción Disciplinaria Judicial," sobre todo al haber la Sala Constitucional suspendido la aplicación de las normas que pretendían darle cierta garantía a los jueces provisionales.

De esa permanente e interminable transitoriedad, lo que ha resultado es un proceso también permanente y sistemático de progresiva demolición de lo que existía de autonomía e independencia del Poder Judicial, que ha sido llevado a cabo, deliberadamente, por diversos órganos del Estado, incluido el propio Tribunal Supremo de Justicia[1092], con lo cual los valores de la Constitución en materia de justicia, no han pasado de ser sólo, simples enunciados.

1089 Véase *Informe Anual de 2009*, parágrafo 480, en http://www.cidh.oas.org/annual-rep/2009eng/-Chap.IV.f.eng.htm.

1090 Véase Tribunal Supremo de Justicia, Decisión N° 1.939 del 18 de diciembre de 2008 (Caso: *Gustavo Álvarez Arias et al.*), en *Revista de Derecho Público*, N° 116, Editorial Jurídica Venezolana, Caracas, 2008, pp. 89-106. También en http://www.tsj.gov.ve/decisiones/scon/Diciem-bre/1939-181208-2008-08-1572.html.

1091 Véase *Annual Report 2009*, Par. 481, en http://www.cidh.org/annualrep/2009eng/-Chap.IV.f.eng.htm.

1092 Véase Allan R. Brewer-Carías, *Estado totalitario y desprecio a la Ley. La des-constitucionalización, desjuridificación, desjudicialización y desdemocratización de Venezuela,* Fundación de Derecho Público, Editorial Jurídica Venezolana, segunda edición, (Con prólogo de José Ignacio Hernández), Caracas 2015.

Y por eso, precisamente, Tribunales como la Corte Suprema de Justicia de Costa Rica, que saben leer las Constituciones y apreciar las realidades políticas, a pesar de todas las declaraciones de la Constitución, ha hecho el grave enjuiciamiento sobre la ausencia de autonomía e independencia del Poder Judicial venezolano, que todos los demócratas le agradecemos[1093].

New York, agosto de 2015.

SECCIÓN SEXTA:

EL CUESTIONAMIENTO POR LAS CORTES SUPREMAS DE COSTA RICA, BRASIL Y CHILE SOBRE LA FALTA DE GARANTÍAS JUDICIALES EN VENEZUELA

De cómo, ante la ceguera de los gobiernos de la región y la abstención de la Corte Interamericana de Derechos Humanos, han sido las Cortes Supremas de estos países las que con base en la jurisdicción universal de protección de los derechos humanos, han comenzado a juzgar la falta de autonomía e independencia del Poder Judicial en Venezuela, dictando medidas de protección a favor de ciudadanos venezolanos contra el Estado venezolano

Durante el año 2015, ante la pasividad de los gobiernos de la región de confrontar políticamente el totalitarismo que se ha desarrollado en Venezuela en negación de la democracia y de los derechos humanos, y ante el temor de la Corte Interamericana de Derechos Humanos de condenar directa y abiertamente la ausencia de autonomía e independencia del Poder Judicial en el país, se ha producido un hecho excepcional e inédito en la historia de la democracia en el Continente, poniéndose en funcionamiento la jurisdicción universal de protección de los derechos fundamentales, al haber sido tres tribunales supremos extranjeros, los de Costa Rica, de Brasil y de Chile, los que sin temor ni ambigüedades han condenado la situación de ausencia total de garantías del debido proceso en Venezuela, protegido y amparado en consecuencia, desde sus respectivas jurisdicciones y países a ciudadanos venezolanos en contra del Estado Venezolano.

1093 La decisión de la Corte Suprema de Justicia de Costa Rica, no ha sido la única que ha cuestionado la autonomía e independencia del Poder Judicial en Venezuela. El 11 de noviembre de 2015 se conoció que la Sala Primera del Supremo Tribunal Federal (STF) de Brasil también concedió el beneficio de libertad condicional a un empresario venezolano que estaba preso por petición de la justicia de Venezuela para ser extraditado, "por temer que no tenga derecho a un juicio imparcial en su país en caso de una probable extradición." La Corte informó en Comunicado sobre lo expresado por el magistrado Edson Fachin, instructor del proceso, en relación a que "la cooperación penal internacional cede, y *siempre debe ceder, a la necesidad de protección de los derechos más básicos de la persona humana, entre los cuales el derecho a ser juzgado, en el Estado solicitante (de la extradición), por un juez exento e imparcial, y bajo el escudo del debido proceso legal.*" El magistrado relator del proceso, además, "destacó que considera grave la decisión de Venezuela de renunciar a la Convención Americana de Derechos Humanos en 2012, lo que, en su opinión, indica un retroceso en el trato de asuntos básicos de los derechos de los ciudadanos." Véase la reseña: "Brasil otorga libertad a venezolano por dudar de imparcialidad de la justicia en Venezuela," en *lapatilla.com*, 11 de noviembre de 2015, en http://www.lapatilla.com/site/2015/11/11/brasil-otorga-libertad-a-venezolano-por-dudar-de-imparcialidad-de-la-justicia-en-venezuela/

I

La primera decisión que se dictó fue por la Sala Constitucional (Sala IV) de la Corte Suprema de Costa Rica, de fecha 31 de julio de 2015 al decidir un proceso de *hábeas corpus* (Exp: 15-008391-0007-CO; Res. Nº 2015-011568)[1094] o amparo a la libertad personal, en la cual ordenó la libertad plena de un ciudadano venezolano detenido pendiente una solicitud de extradición, realizando un grave enjuiciamiento de la catastrófica situación del Poder Judicial venezolano, considerado por la mayoría de sus magistrados, simplemente como *carente de garantías mínimas de un sistema de justicia objetivo e imparcial*," es decir, de autonomía e independencia, estimando que por ello nadie podría esperar poder ser juzgado gozando de garantía judicial alguna, incluso por delitos comunes como era el caso estafa).

Al poner en libertad al detenido y negar su extradición, los magistrados de la Corte Suprema de Costa Rica apreciaron que:

> "El amparado no enfrenta condiciones satisfactorias que aseguren que el Estado venezolano posee las condiciones para asegurar que ciudadano sometido a este proceso de extradición, enfrenta una acción represiva que responda a garantías básicas como la independencia de jueces y fiscales, que tenga la tutela debida del Derecho Internacional de los Derechos Humanos, al haber denunciado la Convención Americana de Derechos Humanos. *No hay debido proceso si juzgan jueces nombrados sin estabilidad, si acusan fiscales provisionales, sin garantías que aseguren su independencia en tutela de los derechos fundamentales y la vigencia de un juicio justo. La división de poderes que es la condición política básica que sustenta el propio enjuiciamiento penal, no existe bajo los supuestos que he reseñado*. No hay condiciones elementales que aseguren el equilibrio, la ponderación y los controles que requiere la actividad represiva del estado, razón por la que agrego estos argumentos para considerar que la privación de libertad bajo el mandato y voluntad del estado requirente, no es legítima en este caso, sino que contiene elementos que me demuestran que no hay condiciones institucionales que aseguren la defensa efectiva y los derechos fundamentales del amparado."

Es decir, los magistrados de la Corte Suprema de Costa Rica, al estimar que "entre las condiciones esenciales para la tutela de la libertad personal, está, *la necesidad de que exista un sistema de justicia independiente que garantice la objetividad e imparcialidad de los jueces, condición sin la cual sería nugatoria la defensa de la libertad frente al ejercicio del poder punitivo del Estado,"* y constatar la situación del Poder Judicial venezolano, consideraron que no podían enviar al detenido a Venezuela pues allí ni iba a tener las garantías de defensa básicas de toda democracia una vez extraditado."

Los Magistrados de la Corte Suprema de Costa Rica, además, destacaron para proteger la libertad del detenido, que al haber Venezuela denunciado la Convención

---

1094 Véase el texto de la sentencia en http://jurisprudencia.poder-judicial.go.cr/SCIJ_PJ/busqueda/jurisprudencia/jur_Documento.aspx?param1=Ficha_Sentencia&nValor1=1&nValor2=64-4651&strTipM=T&strDirSel=directo&_r=1. Véase la noticia de prensa sobre dicha sentencia en http://www.nacion.com/sucesos/poder-judicial/Sala-IV-extradicion-cuestiona-Venezuela_0_1504-049615.html

Americana sobre Derechos Humanos, ello originaba que el Estado venezolano presentaba entonces "serias debilidades jurídico-políticas para asegurarle al amparado un enjuiciamiento que cumpla con las garantías básicas de un debido proceso, conforme a las normas constitucionales y el derecho internacional de los derechos humanos;" considerando que dicha denuncia "constituye una *amenaza grave al respeto efectivo de los derechos fundamentales.*" De allí concluyeron los Magistrados: "*Enviar a un ciudadano a un país que ha denunciado una Convención que tutela de derechos fundamentales, no brinda la confianza suficiente para admitir que el ciudadano que se entrega a otra jurisdicción, será tratado conforme a las garantías básicas que merece cualquier ciudadano, no importa su nacionalidad.*"

Concluyeron los magistrados de Costa Rica además, apreciando que en la catastrófica situación del Poder Judicial en Venezuela, con el sesenta y seis por ciento de la totalidad de los jueces de carácter provisorio

> "*jueces provisionales, no aseguran, de ninguna forma, la independencia de la judicatura, lo que incide directamente en la vigencia de las garantías del debido proceso para el amparado cuando se remita a Venezuela.* Esta independencia de los jueces es una garantía fundamental para asegurar la vigencia de un estado constitucional y los derechos fundamentales de la persona sometida a enjuiciamiento. *Si no hay independencia de los jueces, las garantías básicas de los ciudadanos, se debilitan y el poder represivo se convierte en un instrumento descontrolado.*"

En definitiva para negar la extradición solicitada y proteger al detenido, poniéndolo en libertad, los magistrados de la Sala Constitucional de Costa Rica expresaron que "*Un sistema de justicia que carece de independencia, como lo es el venezolano, es comprobadamente ineficiente para cumplir con sus funciones propias,*" por lo que "*el poder judicial, precisamente por estar sujeto a presiones externas, no cumple su función de proteger a las personas frente a los abusos del poder* sino que por el contrario, en no pocos casos es utilizado como mecanismo de persecución contra opositores y disidentes o simples críticos del proceso político, incluidos dirigentes de partidos, defensores de derechos humanos, dirigentes campesinos y sindicales, y estudiantes."

II

A la sentencia de la Corte Suprema de Justicia de Costa Rica, le siguió la sentencia de noviembre de 2015 del Supremo Tribunal Federal (STF) de Brasil,[1095] dictada igualmente en un proceso de extradición de un venezolano que había sido iniciado por Venezuela, en la cual se le concedió al detenido el beneficio de libertad condicional, "por temer que no tenga derecho a un juicio imparcial en su país en caso de una probable extradición."

El Supremo Tribunal del Brasil, en el caso, con una línea argumental similar a la que se desarrolló en la sentencia de la Corte Suprema de Costa Rica, informó en

---

1095 Véase la reseña de la sentencia en: "Brasil otorga libertad a venezolano por dudar de imparcialidad de la justicia en Venezuela," en *lapatilla.com*, 11 de noviembre de 2015, en http://www.lapatilla.com/site/2015/11/11/brasil-otorga-libertad-a-venezolano-por-dudar-de-imparcialidad-de-la-justicia-en-venezuela/

Comunicado sobre lo que había expresado el magistrado instructor del proceso, en relación a que:

> "la cooperación penal internacional cede, *y siempre debe ceder, a la necesidad de protección de los derechos más básicos de la persona humana, entre los cuales el derecho a ser juzgado, en el Estado solicitante (de la extradición), por un juez exento e imparcial, y bajo el escudo del debido proceso legal."*

Destacando además, el mismo magistrado relator del proceso, "que considera grave la decisión de Venezuela de renunciar a la Convención Americana de Derechos Humanos en 2012, lo que, en su opinión, indica un retroceso en el trato de asuntos básicos de los derechos de los ciudadanos."

Es decir, por la falta de garantías judiciales en Venezuela que puedan asegurar a un enjuiciado un juicio justo e imparcial, agrava por la denuncia que hizo Venezuela hizo de la Convención Americana de Derechos Humanos, el Tribunal Supremo de Brasil protegió al venezolano detenido, negando la extradición a Venezuela y ordenando su libertad condicional.

III

La última manifestación del desarrollo de la jurisdicción universal en materia de protección de derechos humanos, ha sido la sentencia dictada por la Corte Suprema de Chile el 18 de noviembre de 2015, [1096] mediante la cual dicha Corte declaró con lugar un "recurso de protección," que es equivalente a la acción de amparo de Venezuela o a la acción de tutela de Colombia, que había sido presentado en ese país a favor de los venezolanos Leopoldo López y Daniel Ceballos, detenidos en los penales de Ramo Verde y Guárico, en Caracas, poniendo así en funcionamiento la "jurisdicción internacional de derechos humanos," argumentando para ello que::

> "resulta visible que operan en este caso todos los requisitos exigibles para que actúe la jurisdicción universal protectora de los derechos humanos antes mencionada, desde que *los tribunales de la República Bolivariana de Venezuela no aparecen actuando con suficiencia en la protección de los derechos de sus ciudadanos ya individualizados*; *y hasta se podría sostener con al menos cierta connivencia con los propósitos políticos del gobierno local*. Del mismo modo, la jurisdicción y competencia que esta Corte se atribuye, proviene de una fuente reconocida del derecho internacional, como son los tratados ya anotados y el ius cogens sustrato de toda la normativa mundial; y, en tercer término, que la legislación de Chile se encuentra en completa armonía con el señalado derecho internacional." [1097]

1096 Véase la reseña de la sentencia en: ""Corte Suprema acoge recurso de protección de venezolanos Leopoldo López y Daniel Ceballos detenidos en penales de Caracas," en http://www.pjud.cl/web/guest/noticias-del-poder-judicial/-/asset_publisher/kV6Vdm3zNEWt/content/corte-suprema-acoge-recurso-de-proteccion-de-venezolanos-leopoldo-lopez-y-daniel-ceballos-detenidos-en-penales-de-caracas/

1097 El Defensor del Pueblo de Venezuela calificó la declaración de la Corte Suprema de Chile como "insólita y grosera" aseverando que la sentencia contra Leopoldo López "no se encuentra en el margen de la Ley de un país soberano como Venezuela." Véase: "Saab: Decisión de la Corte chilena sobre López y Ceballos es insólita y grosera," en *NOBITOTAL*, 20 de noviembre de 2015, en http://notitotal.com/2015/11/20/saab-decision-de-la-corte-chilena-sobre-lopez-y-ceballos-es-insolita-y-grosera/. Por su parte, el Tribunal Supremo de Venezuela, mediante Comunicado, rechazó "la ofen-

Para decidir, la Corte Suprema Chilena acudió al derecho comparado, haciendo referencia incluso al caso decidido en Inglaterra en contra de Augusto Pinochet, indicando que:

> "en el recurso y luego en estrados, se han citado varios casos de jurisdicción universal, entre ellos el llamado "Caso Pinochet", en que España requirió de Inglaterra la detención de un ciudadano chileno, ex presidente del país, invocando precisamente dicha jurisdicción. Aunque el primer país ha venido revirtiendo su normativa local para atenuar su reconocimiento a dicha jurisdicción, lo cierto es que la legislación vigente a esa época sostenía la universalidad irrestricta de la misma, aceptación que sin mengua sostiene todavía el segundo país y la mayor parte del mundo occidental. La cámara de los Lores inglesa (actual tribunal supremo) ha llegado a sostener que la Convención que prohíbe la tortura posibilita la aplicación de la jurisdicción universal en todos los Estados partes; y que su contenido, trasciende incluso la inmunidad tradicional de los ex jefes de Estado. En igual sentido pueden citarse el caso argentino de "Adolfo Scilingo" (2005), el guatemalteco conocido como el Caso "Genocidio en Guatemala" (1999) y el tibetano "Genocidio en el Tíbet" (2005).

De todo ello, la Corte aceptó el principio de que:

> "La jurisdicción universal, que permite el juzgamiento criminal y en varios casos el civil, especialmente en materia de derecho de familia y derecho comercial, y *aunque no existan precedentes objetivos en materia de protección por vía cautelar de los derechos esenciales de la persona humana, con mayor razón deberá admitirse que es posible la dictación de medidas precautorias que tiendan a hacer efectivos tales derechos y los procedimientos judiciales que los apliquen*."

Con base en esta aproximación universal en materia de protección de derechos humanos, la Corte Suprema de Chile consideró que "la jurisdicción universal tiene reconocimiento en el Derecho Chileno" queda manifestada en el orden procesal interno de Chile en "el recurso de protección de los derechos esenciales reconocidos en nuestra Constitución que le otorgue eficacia y concreción," razón por la cual, en el caso, que se había originado con motivo de un recurso de protección del derecho a la vida que se había intentado a favor de Leopoldo López y de Ceballos, teniendo en cuenta en particular que el artículo 19 de la Constitución de Chile "asegura *a todas las personas" (sin distinguir su nacionalidad o ubicación geográfica*, en su número 1°, "El derecho a la vida y a la integridad física y psíquica de la persona."

La Corte Suprema, además, invocó el artículo 20 de la Constitución chilena que consagra la posibilidad para todo aquél *–tampoco distingue su nacionalidad o ubi-*

---

sa a la institucionalidad, a la democracia y a la soberanía de nuestro país, al situar infundadas afirmaciones, al margen de la verdad y del Derecho Internacional," indicando que la sentencia de la Corte Suprema de Chile "carece de validez y es absolutamente inejecutable en el orden internacional e interno por violentar principios y normas universales del Derecho Internacional." Para fundamentar su rechazo, la Presidenta del Tribunal Supremo de Venezuela "Recordó que los tribunales en el país actúan cabalmente y preservando los derechos humanos, por lo que Venezuela se constituye en un verdadero Estado garantista de la esfera de los derechos ciudadanos." Agregó que el Poder Judicial honra su misión de preservar la soberanía por lo que nunca. Véase el texto enhttp://www.tsj.gob.ve/-/poder-judicial-venezolano-condena-decision-injerencista-de-la-corte-suprema-de-chile.

cación geográfica- "que por causa de actos u omisiones arbitrarios o ilegales sufra privación, perturbación o amenaza en el legítimo ejercicio de los derechos y garantías establecidos en el artículo 19, Números 1...", de recurrir de protección, por sí mismo o "por cualquiera a su nombre", a la Corte de Apelaciones respectiva...".

De ello dedujo la Corte, que "como la Constitución no definió lo que debe entenderse por "corte respectiva," dado que en el caso existía "una garantía constitucional que cautelar, como es el derecho a la vida de los ciudadanos venezolanos Leopoldo López y Daniel Ceballos, habiéndose establecido suficientemente y en el marco de lo exigible en esta clase de procedimientos el acto de amenaza denunciado; y considerándose razonable estimarlo como arbitrario por las razones antes anotadas," consideró forzoso declarara con lugar el recurso de protección intentado, disponiendo:

> "como medida de cautela de la garantía constitucional del derecho a la vida los citados ciudadanos, la medida de requerir, a través del Gobierno de Chile, a la Comisión de Derechos Humanos de la OEA, representada por su Presidente o un delegatario suyo debidamente autorizado, para que se constituya en el Estado de Venezuela, ciudad de Caracas, cárcel militar Ramo Verde y cárcel común de Guárico o donde se encuentren privados de libertad a la fecha de la Visita y constate el estado de salud y de privación de libertad de ambos protegidos, recoja sus impresiones y evacúe un informe a la Asamblea General de la Organización de Estados Americanos respecto del cumplimiento de los tratados internacionales sobre la materia, a fin de que este organismo adopte todas las medidas aconsejables a la adecuada protección de sus derechos esenciales, respecto a lo cual se informará a esta Corte Suprema chilena."

En realidad, como resulta de la lectura del fallo, la protección concedida se limitó a exigir del gobierno de Chile que requiriera a la a la Comisión Interamericana de Derechos Humanos de la OEA, para que ésta viaje en Visita a Caracas, Venezuela, y se constituya en las cárceles donde López y Ceballos se encuentran privados de libertad de manera que "constate el estado de salud y de privación de libertad de ambos protegidos, recoja sus impresiones y evacúe un informe a la Asamblea General de la Organización de Estados Americanos respecto del cumplimiento de los tratados internacionales sobre la materia," para que con base en ello, la OEA adopte todas las medidas aconsejables a la adecuada protección de sus derechos esenciales, y se informe a la Corte Suprema chilena.

En consecuencia, la orden judicial en realidad está dirigida al gobierno del Estado de Chile, que es el que tiene que requerir a la Comisión Interamericana de Derechos Humanos que proceda en la forma que se indica en la sentencia.

El gobierno de Chile está obligado a acatar la decisión de su tribunal supremo, y deberá realizar sus mejores oficios internacionales por que se produzca la Visita de la Comisión Interamericana a Venezuela. Pero bien se sabe en el Continente, que Venezuela viene rechazando sistemáticamente las Visitas de la Comisión, a cual acusa de parcial,[1098] por lo que en este caso parecería que ocurrirá lo mismo. Está en

---

1098 En octubre de 2015 el Gobierno de Venezuela volvió a rechazar toda Visita de la Comisión Interamericana de Derechos Humanos. Véase por ejemplo: "Venezuela vuelve a rechazar una visita de la CIDH. El gobierno de Maduro calificó a la Comisión Interamericana de Derechos Humanos (CIDH) de arcial," en *La Tercera*, 19 de octubre de 2015, en http://www.latercera.com/noticia/mundo/2015/10/678-652044-9-venezuela-vuelve-a-rechazar-una-visita-de-la-cidh.shtmlu manos del Estado de Chile, por tanto, seguir con sus gestiones internacionales para acatar la sentencia de su tribunal supremo, para lo cual deberá solicitar a la Asamblea General de la OEA se pronuncie sobre el irrespeto de los principios democráticos en Venezuela, para lo cual solo tiene que invocar la Carta Democrática Interamericana.

New York, 19 de noviembre de 2015

SECCIÓN SÉPTIMA:

EL SECRETO Y LA MENTIRA COMO POLÍTICA DE ESTADO Y EL FIN DE LA OBLIGACIÓN DE TRANSPARENCIA

Publicado en *Revista de Derecho Público,* Nº 143-144 (Tercer y Cuarto Trimestre 2015, Editorial Jurídica Venezolana, Caracas, 2015.

I

El Tribunal Supremo de Justicia, esta vez a través de su Sala Político Administrativa, pero siguiendo la orientación ya definida por la Sala Constitucional desde 2010, de consolidar a la Administración Pública como una "barraca de hierro," donde todo es secreto, en sustitución de la "Casa de Cristal" donde todo debería ser transparente,[1099] de un plumazo le ha negado a los ciudadanos tres derechos constitucionales: el derecho a la transparencia gubernamental, el derecho de acceso a la justicia y el derecho de acceso a la información administrativa

Esto ha ocurrido mediante la sentencia Nº 935 de 4 de agosto de 2015 dictada en el caso *Asociación Civil Transparencia Venezuela* contra el Presidente del Banco Central de Venezuela,[1100] negándole a dicha Organización No Gubernamental el derecho que toda la población tiene a estar informada por el Banco Central de Venezuela, públicamente, sobre los indicadores económicos del país que legalmente dicha institución está obligada a producir y publicar.

II

En un Estado democrático de derecho como el que formalmente se declara en la Constitución, como parte esencial del derecho a la democracia,[1101] los gobernantes

---

1099 Mediante sentencia Nº 745 de 15 de julio de 2010 (véase http://www.tsj.gov.ve/decisiones/scon/Julio/745-15710-2010-09-1003.html), la Sala Constitucional del Tribunal Supremo, declaró sin lugar la acción de habeas data intentada por la *Asociación Civil Espacio Público*, negándole su derecho de acceso a la información administrativa sobre las remuneraciones pagadas a los funcionarios de la Contraloría General de la República, alegando que frente a ello privaba el derecho a la privacidad o "intimidad económica" de los mismos. Sobre esta sentencia véanse los comentarios en Allan R. Brewer-Carías, "De la Casa de Cristal a la Barraca de Hierro: el Juez Constitucional vs. El derecho de acceso a la información administrativa," en *Revista de Derecho Público*, Nº 123, (julio-septiembre 2010), Editorial Jurídica Venezolana, Caracas, 2010, pp. 197-206.

1100 Véase la sentencia del caso en http://historico.tsj.gob.ve/decisiones/spa/agosto/180-378-00935-5815-2015-2015-0732.HTML.

1101 Véase Allan R. Brewer-Carías, "Algo sobre las nuevas tendencias del derecho constitucional: el reconocimiento del derecho a la constitución y del derecho a la democracia," en Sergio J. Cuarezma Terán y Rafael Luciano Pichardo (Directores), *Nuevas tendencias del derecho constitucional y el derecho procesal constitucional*, Instituto de Estudios e Investigación Jurídica (INEJ), Managua 2011, están obligados a desarrollar las actividades gubernamentales con total transparencia, a los efectos de que los ciudadanos puedan ejercer el derecho más esencial de la democracia, que es el de controlar el ejercicio del poder.

Tal como lo expresó hace años el Juez Louis Brandeis de la Corte Suprema de los Estados Unidos, "la luz del sol es el mejor desinfectante, "[1102] es decir, la publicidad respecto de las actividades gubernamentales es la mejor garantía al derecho político a la transparencia, de manera de poder asegurarle a los ciudadanos el derecho de tener información sobre la acción gubernamental para poder controlar la eficiencia y la eficacia en la Administración Pública, para lo cual, precisamente, la Constitución establece tanto el derecho de acceso a la información administrativa, como el derecho de los ciudadanos de acceso a la justicia para ejercer dicho control .

La democracia, en efecto, como régimen político, solo puede existir cuando se asegura a los ciudadanos la posibilidad de ejercer el control efectivo sobre el ejercicio del poder por parte de sus representantes, que son los gobernantes. De eso se trata la democracia: del ejercicio del poder en nombre de los ciudadanos y de la posibilidad real para estos de poder controlar dicho ejercicio, lo que no sólo impone la necesidad de que realmente funcione un sistema de separación de poderes, de manera que los mismos puedan controlarse entre sí, sino de prever y asegurar que los ciudadanos tengan derecho, por una parte, de acceso a la información administrativa y por la otra, de acceso a las instancias judiciales para poder ejercer, reclamar y defender sus derechos, y en particular, poder exigir el control judicial sobre la gestión gubernamental.

He allí la relación entre transparencia gubernamental, acceso a la información y acceso a la justicia, siendo los últimos dos elementos, la condición esencial para lograr el control del primero, es decir, de la transparencia.

III

En materia de gestión económica del Estado, y en particular de gestión fiscal, por ejemplo, la Constitución establece entre los principios que la rigen, el *principio de la "transparencia*" (art. 311); el cual en general, en relación con todos los órganos de la Administración Pública, se repite en el artículo 141 del texto fundamental, al disponer que la misma, estando "al servicio de los ciudadanos,"[1103] se fundamenta,

---

pp. 73-94; y *VNIVERSITAS, Revista de Ciencias Jurídicas (Homenaje a Luis Carlos Galán Sarmiento)*, Pontificia Universidad Javeriana, facultad de Ciencias Jurídicas, N° 119, Bogotá 2009, pp. 93-111; "El derecho a la democracia entre las nuevas tendencias del Derecho Administrativo como punto de equilibrio entre los Poderes de la Administración y los derecho del administrado," en Víctor Hernández Mendible (Coordinador), *Desafíos del Derecho Administrativo Contemporáneo (Conmemoración Internacional del Centenario de la Cátedra de Derecho Administrativo en Venezuela*, Tomo II, Ediciones Paredes, Caracas, 2009, pp. 1417-1439.

1102 Véase Louis Brandeis, "What publicity can do?" en *Harper's Weekly December 20, 1913.*

1103 Este concepto de la Administración Pública al servicio del ciudadano, que caracteriza a la Administración del Estado social y democrático de derecho, es contrario al de la Administración del Estado Burocrático, dedicada al Monarca o a la burocracia. Como lo expresó Max Weber, el Estado Burocrático era una organización que trataba "de incrementar la superioridad del conocimiento profesional de las autoridades públicas, precisamente a través del secretismo y de la confidencialidad de sus intenciones;" y por eso, los gobiernos burocráticos, siempre fueron "gobiernos que excluyen la publicidad." Véase Max Weber, *Economía y Sociedad*, Vol. II, Fondo de Cultura Económica, México 1969, p. 744.

entre otros, en los "*principios de transparencia, rendición de cuentas y responsabilidad en el ejercicio de la función pública, con sometimiento pleno a la ley y al derecho*" (artículo 141).

Dicho principio de la transparencia lo reitera la Ley Orgánica de la Administración Pública, al enumerar los principios con base en los cuales se debe desarrollar la actividad administrativa, indicando que son:"los principios de economía, celeridad, simplicidad, *rendición de cuentas*, eficacia, eficiencia, proporcionalidad, oportunidad, objetividad, imparcialidad, participación, honestidad, accesibilidad, uniformidad, modernidad, *transparencia, buena fe, paralelismo de la forma y responsabilidad en el ejercicio de la misma, con sometimiento pleno a la ley y al derecho, y con supresión de las formalidades no esenciales*" (art. 10).

A ello se agrega, específicamente en relación con el Banco Central de Venezuela, la declaración del artículo 319 de la Constitución que establece que dicha institución, "se regirá por el *principio de responsabilidad pública,*" a cuyo efecto además de rendir cuenta de sus actuaciones, metas y resultados de sus políticas ante la Asamblea Nacional, también debe rendir "*informes periódicos sobre el comportamiento de las variables macroeconómicas del país* y sobre los demás asuntos que se le soliciten e incluirá los análisis que permitan su evaluación."

Para ello, el artículo 31 de la misma Ley del banco Central de Venezuela dispone específicamente que su gestión "se guiará por el *principio de la transparencia,*" lo que significa que:

> "sin menoscabo de sus responsabilidades institucionales, deberá mantener *informado, de manera oportuna y confiable al Ejecutivo Nacional y demás instancias del Estado, a los agentes económicos públicos y privados, nacionales y extranjeros y a la población acerca de la ejecución de sus políticas, las decisiones y acuerdos de su Directorio, los informes, publicaciones, investigaciones y estadísticas que permitan disponer de la mejor información sobre la evolución de la economía venezolana*, sin menoscabo de las normas de confidencialidad que procedan, conforme a la Constitución."

A tal efecto, además, el artículo 7.13 de la ley que lo rige dispone que para el adecuado cumplimiento de su objetivo, el Banco Central de Venezuela tendrá a su cargo, entre otras, la función de "Acopiar, producir y publicar las principales estadísticas económicas, monetarias, financieras, cambiarias, de precios y balanza de pagos."

De todo lo anterior, por el principio de la transparencia, como se establece expresamente en la Constitución, en la Ley Orgánica de la Administración Pública, y específicamente, en la Ley del Banco Central de Venezuela, esta institución tiene la obligación de informar al tanto a los órganos del Estado como a los ciudadanos en general, sobre los indicadores económicos, financieros, monetarios, cambiarios, de precios y de la balanza de pagos del país, para lo cual tiene la obligación de recopilar, producir y publicar dicha información.

Se trata, por tanto, de una obligación legal que el Banco tiene que cumplir, sin que sea necesario que haya requerimiento alguno específico de parte interesada, para que pueda haber control sobre sus actuaciones y la determinación, como lo indica el mismo artículo 319 de la Constitución, sobre si ha habido "incumplimiento sin causa justificada del objetivo y de las metas" de la institución, para la aplicación al directorio del mismo de las sanciones establecidas en la ley.

IV

El cumplimiento de dicha obligación legal de poner a disposición de la población de las informaciones o indicadores económicos del país, por supuesto, puede exigirse específicamente por cualquier ciudadano mediante el ejercicio del *derecho de petición* administrativa garantizado en el artículo 51 de la Constitución, o mediante el ejercicio del de derecho garantizado en el artículo 26 de la Constitución, conforme al cual

> "Toda persona tiene *derecho de acceso a los órganos de administración de justicia* para hacer valer sus derechos e intereses, incluso los colectivos o difusos; a la tutela efectiva de los mismos y a obtener con prontitud la decisión correspondiente."

En particular, en cuanto a este último derecho para exigir judicialmente ante los tribunales de la Jurisdicción Contencioso Administrativa el cumplimiento por los funcionarios públicos de alguna obligación legal, particularmente para asegurar el principio de la transparencia,[1104] como la que se impone al Banco Central de Venezuela de informar sobre los asuntos económicos del país, el artículo 9.2 de la Ley Orgánica de dicha Jurisdicción de 2010 le atribuye competencia a los tribunales de la misma para conocer de dos tipos de demandas: por una parte, contra "la *abstención* de las autoridades a producir un acto al cual estén obligados por la ley;" y por la otra contra "la *negativa* de las autoridades a producir un acto al cual estén obligados por la ley."

En ambos casos, conforme al artículo 23 de la misma Ley Orgánica, corresponde a la Sala Político-Administrativa del Tribunal Supremo de Justicia conocer de dichas demandas cuando se trate de "la abstención o la negativa" de los *altos funcionarios del Estado*, y en particular de las "máximas autoridades de los demás órganos de rango constitucional," como es el caso del Banco Central, y para corregir dicha abstención o negativa imponiéndole a los funcionarios la obligación de cumplir con su obligación legal.

Se observa, en todo caso, que mediante esta regulación legal, la Ley Orgánica da cabida al menos a tres demandas o acciones contencioso administrativas: *primero*, la acción contencioso administrativa contra la abstención de un funcionario de cumplir una obligación que le está impuesta legalmente, como obligación genérica que tiene su fuente en la ley; segundo, la acción contencioso administrativa contra la absten-

---

1104 Véase en general sobre el ejercicio de este derecho, Víctor Hernández Mendible, "El derecho constitucional de acceso a la información pública y los medios de protección judicial," en Gonzalo Pérez Salazar, Luis Petit Guerra y Víctor R. Hernández-Mendible (Coords.), **La Justicia Constitucional y la Justicia Administrativa como garantes de los Derechos Humanos, Homenaje a Gonzalo Pérez Luciani y en el marco del vigésimo aniversario de FUNEDA**, Centro de Estudios de Derecho Procesal Constitucional, Centro de Estudios de Derecho Público, Centro de Estudios de Regulación Económica de la Universidad Monteávila y Fundación de Estudios de Derecho Administrativo. Caracas. 2013. pp. 121-144; y Gina González Betancourt, "La inactividad de la Administración Pública en cuanto al derecho de acceso a la información pública y el principio de transparencia administrativa," en Víctor Hernández Mendible (Director), *La actividad e inactividad administrativa y la jurisdicción contencioso administrativa*, Editorial Jurídica Venezolana, Caracas, 2012, pp. 379 ss.

ción de un funcionario de cumplir una obligación que le está impuesta legalmente, pero que deriva en forma específica del ejercicio del derecho de petición ante la ausencia de obtener oportuna respuesta de un derecho de petición; y *tercero*, la acción contencioso administrativa contra la negativa expresa o formal de un funcionario de cumplir una obligación legal. Estas tres acciones dan origen a diferentes obligaciones probatoria para el accionante.

En el primer caso, de "abstención" de cumplir una obligación legal genérica por parte de un funcionario, el accionante lo que tiene que probar es simplemente que ha habido inacción del funcionario; en el segundo caso, del incumplimiento de la obligación específica del funcionario de dar oportuna respuesta a una petición ejercida por el accionante, éste lo que tiene que probar es que a pesar del requerimiento o gestión realizada ante la Administración para que se produzca la decisión debida, la misma no se ha dictado; y en el tercer caso, de la "negativa" del funcionario de cumplir una obligación legal, la misma que se concreta en un acto expreso, también deriva usualmente del ejercicio de un derecho de petición por un ciudadano ante un órgano de la Administración, que ésta se niega a resolver oportunamente. En los dos últimos casos, el accionante ante la justicia contencioso administrativa debe probar que formuló la petición, que puso en mora a la Administración para que respondiera o resolviera, y no ha obtenido oportuna respuesta o resolución concreta de lo solicitado.

Por tanto, la demanda o acción contencioso administrativa por abstención no sólo existe, como sucede en los dos últimos casos, cuando se da una relación jurídica específica entre la Administración y el ciudadano, que genera la obligación de la primera por ejemplo de responder oportunamente una petición concreta; sino que también se da, como sucede en el primer caso, en los casos de obligaciones genéricas de la Administración de actuar por imposición de una disposición legal.

Sobre esto ha sido clara la Sala Constitucional del Tribunal Supremo de Justicia al establecer el criterio de que "el recurso por abstención o carencia es un medio contencioso administrativo que puede - y debe – dar cabida a *la pretensión de condena al cumplimiento de toda obligación administrativa incumplida, sin que se distinga si ésta es específica o genérica,*"[1105] dando origen como lo ha expresado Gina González Betancourt, a una jurisprudencia que ha establecido:

> "una ampliación del control sobre las manifestaciones de inactividad administrativa, mediante el recurso de abstención o carencia, lo cual puede juzgarse como una reforma positiva si lo vemos a la luz de ampliación del objeto de la pretensión, y abandono de interpretaciones restrictivas de acceso (entre obligaciones genéricas y específicas)."[1106]

1105 Véase sentencia Nº 547 de 6 de abril de 2004 (Caso: *Ana Beatriz Madrid Agelvis*), en http://historico.tsj.gob.ve/decisiones/scon/abril/547-060404-03-1085.HTM.

1106 Véase "La inactividad de la Administración Pública en cuanto al derecho de acceso a la información pública y el principio de transparencia administrativa," en Víctor Hernández Mendible (Director), *La actividad e inactividad administrativa y la jurisdicción contencioso administrativa*, Editorial Jurídica Venezolana, Caracas 2012, p. 389.

V

En el caso decidido por la Sala Político Administrativa mediante la sentencia N° 935 de 4 de agosto de 2015 que comentamos, se trató indudablemente del primer caso antes mencionado, es decir, de una demanda contencioso administrativa por abstención contra el Presidente del Banco Central de Venezuela de cumplir una obligación legal genéricamente establecida en la Constitución y la Ley del Banco Central de Venezuela.

En efecto, en julio de 2015, y conforme a las nomas antes mencionadas, los representantes de la Asociación Civil Transparencia Venezuela, alegando el "...incumplimiento de la obligación de rendición de cuentas establecida en el artículo 319 de la Constitución de la República Bolivariana de Venezuela, y a la opacidad generada por el incumplimiento de la obligación en la publicación de las principales estadísticas económicas del país dispuestas en los artículos 7 numerales 13 y 31 del Decreto con Rango, Valor y Fuerza de Ley de Reforma Parcial de la Ley del Banco Central de Venezuela," ejerciendo su derecho de acceso a la justicia interpusieron ante la Sala Político Administrativa del Tribunal Supremo demanda por abstención contra el Presidente del Banco Central de Venezuela, "al no ejercer una competencia legalmente atribuida por la Ley del Banco Central de Venezuela" alegando violación del derecho de "acceso de la información, lo cual compromete y transgrede principios fundamentales de un Estado Democrático y Social de Derecho y de Justicia preceptuado en nuestra Carta Magna." A tal efecto, la Asociación Civil accionante indicó que dicha "omisión puede constatarse mediante revisión de la página web del Banco Central de Venezuela, en la cual no se encuentra publicada ningún índice macroeconómico de lo que va del año 2015 (Enero-julio),"siendo la misma "ampliamente violatorio de obligaciones específicas, que se encuentran establecidas en los artículos 7 numeral 13 y 31 de la Ley del Banco Central de Venezuela, y a su vez violatorio de los principios constitucionales de participación, transparencia y justicia por los cuales debe guiarse todo ente u organismo de la administración pública."

En resumen expusieron los demandantes que "...la acción del Presidente del Banco Central de Venezuela al no cumplir con la obligación de hacer de conocimiento público, configura una abstención de su parte, toda vez que ha dejado de realizar una medida indispensable que le corresponde, para garantizar el cumplimiento de la ley, así como el derecho constitucional de toda ´persona a tener disponible y recibir en todo momento información oportuna, veraz, imparcial y sin censura de ningún tipo," solicitando del Tribunal Supremo que ordenara "al Presidente del Banco Central de Venezuela a que haga de acceso público mediante la publicación en la página web de ese Banco Central de las principales estadísticas económicas del país correspondientes a los meses de enero a julio del 2015, según lo dispuesto en los artículos 7 numeral 13 y 31 de la Ley del Banco Central." En definitiva que cumpliera con la obligación que le imponía la Ley.

VI

Siguiendo criterios jurisprudenciales establecidos precedentemente, en particular en la sentencia N° 1.177 del 24 de noviembre de 2010,[1107] la Sala procedió a tramitar

1107 Véase Caso *Asociación Civil Centros Comunitarios de Aprendizaje (CECODAP), Fundación Luz y Vida, Asociación Civil Manos por la Niñez y Adolescencia y otras interponen recurso por abstención* la demanda incoada siguiendo el "procedimiento breve" aplicable a "las demandas relacionadas con reclamos por *la omisión, demora o deficiente* prestación de los servicios públicos, vías de hecho y abstenciones, cuando no tengan pretensiones de contenido patrimonial o indemnizatorio;" pero al hacerlo, *ilegítimamente procedió a cambiar el objeto de la demanda intentada,* transformando la demanda por "abstención" que fue la intentada para exigir el incumplimiento de una obligación legal genérica por parte del Banco Central, en una supuesta demanda por abstención de dar oportuna respuesta a una supuesta petición administrativa que nunca fue ejercida, por no ser necesaria legalmente, demanda que nunca fue intentada.

Es decir, para negarle a la accionante su derecho de acceso a la justicia para controlar la actuación del Presidente del Banco Central de Venezuela y exigir el cumplimiento de la obligación legal genérica que tiene impuesta, la Sala Político Administrativa procedió a desconocer el objeto de la demanda (que era la "abstención" de cumplimiento de una obligación legal), y considerándola impropiamente como una demanda por abstención o negativa a responder una petición para el cumplimiento de una obligación legal, procedió a declararla inadmisible porque supuestamente, la accionante no había acompañado a su demanda copia de alguna gestión poniendo en mora al Banco por no haber respondido a alguna supuesta petición.

En efecto, el artículo 66 de la ley Orgánica de la Jurisdicción Contencioso Administrativa establece que "en los casos de reclamo por la prestación de servicios públicos o por abstención", el accionante "deberá acompañar los documentos que acrediten los trámites efectuados," lo que tiene que entenderse, cuanto sea aplicable en virtud del principio *pro actione*. La acreditación de los "tramites efectuados" es fundamental si se trata de una demanda por reclamo por la prestación de servicios, e incluso por la abstención o negativa de la Administración de dar respuesta a una petición; pero no se aplica cuando se trata de una demanda por abstención de cumplir una obligación legal en beneficio de toda la población y no de una persona específica, en cuyo caso lo que el accionante tiene que acreditar es sólo el incumplimiento de la misma por el funcionario.

En este último caso, solo si el accionante no prueba con su demanda el hecho del incumplimiento, es que el tribunal podría declarar la inadmisibilidad de la demanda conforme a los artículos 35.4 y 66 de la Ley Orgánica de la Jurisdicción Contencioso Administrativa al requerir que a las demandas deben acompañarse *"los documentos indispensables para verificar su admisibilidad."*

Si se trata de una demanda por reclamo por la prestación de servicios públicos, deben aportarse los "documentos que acrediten los trámites efectuados" para el reclamo por la prestación deficiente; si se trata de una demanda por negativa o abstención de la Administración de responder una petición específica, por ejemplo, un recurso jerárquico ejercido ante la Administración, el accionante debe acreditar haber puesto en mora a la Administración,[1108] para la obtención de la oportuna res-

o carencia contra la Presidencia de la República, en http://historico.tsj.gob.ve/decisiones/spa/noviembre/01177-241110-2010-2010-0497.HTML.

1108 Sobre esto, en una Administración al servicio del ciudadano, debería bastar un solo reclamo para que la Administración quede en mora. La Sala Político Administrativa del Tribunal Supremo de Justicia, sin embargo, en sentencia Nº 1504 de 16 de septiembre de 2011 (Caso: *Carlos Olivares Cruces*), consideró que dos solicitudes del interesado dirigidas a la Administración Pública solicitando respuesta,

puesta debida; pero si se trata de una demanda por abstención en cuanto al cumplimiento de una obligación legal general o genérica, impuesta por ley al funcionario, como es el caso por ejemplo de las obligaciones de publicidad de los indicadores económicos que se exige al Banco Central, lo que el accionante tiene que acreditar es simplemente el hecho de la abstención de cumplimiento de la obligación legal, sin que para demandar, tenga que previamente haber acudido específica e individualmente ante el mismo a pedir que el funcionario cumpla su obligación general.

VII

Esta distinción surge incluso de la propia sentencia de la Sala Político Administrativa que comentamos, al pretender fundamentar la misma en diversas sentencias anteriores en las cuales la Sala procedió a "constatar que el demandante haya acompañado los documentos indispensables para verificar su admisibilidad, que en las demandas de reclamo por la prestación de servicios públicos y en las demandas por abstención, se refiere a aquéllos que acrediten los trámites realizados ante la autoridad señalada como responsable de la omisión;" sentencias todas referidas a supuestos de hecho distintos al de la acción propuesta, pues se refirieron a casos de abstención de decidir peticiones concretas formuladas ante la Administración.

Dichas sentencias citadas incorrectamente como "precedentes," en efecto, fueron las siguientes: la sentencia N° 640 del 18 de mayo de 2011 dictada en un caso en el cual lo que se denunció fue a falta de respuesta de un recurso jerárquico, declarándose inadmisible la demanda porque no se presentó "prueba que acredite las gestiones que haya realizado ante la Administración para obtener respuesta";[1109] la sentencia N° 1.748 del 8 de diciembre de 2011 dictada en un caso donde se demandó la falta de trasferencia de recursos ordinarios fiscales por parte del Ejecutivo Nacional al Estado Carabobo, declarándose inadmisible la demanda porque no constaba "que previo a la interposición de la acción, se hubieran agotado las gestiones ante el Ministro del Poder Popular para Relaciones Interiores y Justicia, a fin de solventar la omisión que le ha sido imputada;[1110] la sentencia N° 384 del 25 de abril de 2012 (que no se ha podido consultar por aparecer "error" en la página del Tribunal Supremo; y la sentencia N° 444 del 23 de abril 2015 que resolvió una denuncia por carencia de decisión de un recurso jerárquico, declarándose inadmisible porque si bien se acompañó "copia del recurso jerárquico presentado ante el entonces Ministro del Poder Popular de Economía, Finanzas y Banca Pública," el accionante "no acompañó a su libelo ninguna prueba que acredite las gestiones que haya realizado ante la Administración para obtener respuesta"[1111]

En todos los casos citados como supuestos precedentes, los accionantes habían requerido específicamente a la Administración, mediante una petición concreta, la realización de una actividad que la Administración debía realizar y que la misma no ejecutó, por lo que ante la ausencia de la oportuna respuesta, la Sala consideró que para acceder a la justicia, debían haber acreditado el haber puesto en mora a la Ad-

---

no eran suficientes para entender cumplido en el requisito de admisibilidad de esta acción. Véase en: http://historico.tsj.gob.ve/decisiones/spa/noviembre/01504-161111-2011-2011-1078.HTML.

1109 Véase en http://historico.tsj.gob.ve/decisiones/spa/mayo/00640-18511-2011-2010-1203.HTML.

1110 Véase en http://historico.tsj.gob.ve/decisiones/spa/diciembre/01748-81211-2011-2011-0025.HTML.

1111 Véase en http://historico.tsj.gob.ve/decisiones/spa/abril/176603-00444-23415-2015-2015-0123.HTML.

ministración mediante una gestión o trámite específico reclamando la oportuna respuesta debida.

Todos esos casos son distintos al de la demanda intentada por la Asociación Civil Transparencia de Venezuela, que lo que exigía era que el funcionario demandado, en el caso, el Presidente del Banco Central de Venezuela, cumpliera con su obligación legal general de informar públicamente, al pueblo, sobre los indicadores económicos del país, conforme a la obligación constitucional y legal que tenía, para lo cual, la demandante, lo único que tenía que hacer en materia probatoria, era probar objetivamente el incumplimiento de dicha obligación, lo cual por lo demás era público y notorio, alegando para ello que dicha:

> *"omisión puede constatarse mediante revisión de la página web del Banco Central de Venezuela, en la cual no se encuentra publicada ningún índice macroeconómico de lo que va del año 2015 (Enero-julio),"*

Por tanto, para intentar su demanda, la Asociación Civil Transparencia Venezuela no tenía que acompañar a su libelo, como erradamente lo afirmó la Sala en su sentencia:

> "prueba que acredite las gestiones que haya realizado para solicitar y obtener del Presidente del Banco Central de Venezuela el cumplimiento de la obligación de rendición de cuentas establecida en el artículo 319 de la Constitución de la República Bolivariana de Venezuela y la publicación de las principales estadísticas económicas del país dispuestas en los artículos 7 numerales 13 y 31 del Decreto con Rango, Valor y Fuerza de Ley de Reforma Parcial de la Ley del Banco Central de Venezuela, sustento de la demanda de autos".

Nada tenía la Asociación Civil demandante que gestionar ante el Presidente del Banco Central. Este había incumplido objetivamente la obligación legal que tenía impuesta, y ello constaba en la propia página web de la institución. Al exigir esa prueba de alguna "gestión" o trámite, la Sala, contrariando el principio *pro actione*, y violando el derecho ciudadano de acceder a la justicia y obtener tutela judicial efectiva, distorsionó la acción contencioso administrativa intentada contra la carencia administrativa por omisión en el cumplimiento de obligaciones legales genéricas, y deliberadamente lo confundió con un recurso contra la negativa o abstención de la Administración de decidir peticiones específicas formuladas ante ella, por ejemplo, mediante recursos administrativos no respondidos, lo que no era el caso debatido.

Como lo ha interpretado la Sala Constitucional del Tribunal Supremo de Justicia, al referirse al principio *pro actione*, conforme al mismo:

> "las condiciones de acceso a la justicia deben entenderse en el sentido de tamices que depuran el proceso, de allí, que la función ejercida por las formas y requisitos procesales esté en línea de hacer avanzar la pretensión por caminos racionales, y *no de imposibilitar injustificadamente el ejercicio de la acción.* Ello ha hecho afirmar a esta Sala que: *"las causales de inadmisibilidad deben estar legalmente establecidas (asimismo) ...deben ser proporcionales a la finalidad perseguida por las normas procesales, esto es, ser cauce racional para el acceso a la tutela judicial (González Pérez, ob. Cit. Pág. 62), en el sentido de ordenar el proceso, por lo que no les es dable vulnerar el contenido esencial del derecho a la tutela judicial."*(Sentencia nº 758/2000)."

Por otra parte, *el propio derecho a la tutela judicial efectiva garantiza la posibilidad de ejercicio eficiente de los medios de defensa, así como una interpretación de los mecanismos procesales relativos a la admisibilidad que favorezca el acceso de los ciudadanos a los órganos de justicia"*[1112]

Es decir, dentro del alcance del principio *pro actione,* las condiciones y requisitos de acceso a la justicia no deben imposibilitar o frustrar injustificadamente el ejercicio de la acción a través de la cual se deduce la pretensión, lo que implica que "todo ciudadano tiene derecho a [...] que los requisitos procesales se interpreten en el sentido más favorable a la admisión de las pretensiones procesales."[1113]

La sentencia que se comenta, al contrario, violó abiertamente el principio *pro actione* que deriva del principio de la progresividad en materia de derechos humanos (art. 19 Constitución), que le imponía a la Sala en caso de duda decidir a favor de la admisibilidad de la acción, para garantizarle a la accionante su derecho de acceder a la justicia y a obtener la tutela efectiva de sus derechos (art. 26); y con ello, además, violó abiertamente dicho derecho de acceder a la justicia, y además, el derecho ciudadano a la transparencia de la Administrativa al negarle a la demandante la posibilidad de controlar las omisiones del banco central de Venezuela en el cumplimiento de su obligación legal de recopilar e informar públicamente sobre los indicadores económicos del país.

Así, la Sala Político Administrativa del Tribunal Supremo de Justicia, en definitiva, decretó el secreto en materia económica, como política de Estado, liberando de hecho al Banco Central de Venezuela de su obligación legal de informar al país sobre los indicadores económicos, arrebatándole a los ciudadanos su derecho a la trasparencia gubernamental, su derecho de acceso a la justicia y su derecho a la información administrativa.

New York, 10 de agosto de 2015.

SECCIÓN OCTAVA:

LA MASACRE DE LA CONSTITUCIÓN CON LOS DECRETOS DE ESTADO DE EXCEPCIÓN EN LOS MUNICIPIOS FRONTERIZOS CON COLOMBIA

Texto del Comentario sobre "La masacre de la Constitución y la aniquilación de las garantías de los derechos fundamentales. Sobre la anómala, inefectiva e irregular decisión del Ejecutivo Nacional de decretar un Estado de Excepción en la frontera con Colombia en agosto y septiembre de 2015, y la abstención del Juez Constitucional de controlar sus vicios de inconstitucionalidad, redactado para ser publicado en la *Revista de Derecho Público,* Nº 143 (Tercer Trimestre 2015, Editorial Jurídica Venezolana, Caracas 2015.

1112 Véase sentencia de la Sala Constitucional Nº 1.064 de 19 de septiembre de 2000 (Caso *Cervecería Regional*), en http://historico.tsj.gob.ve/decisiones/scon/sep-tiembre/1064-190900-00-2131.HTM.

1113 Véase en *Revista de Derecho Público* Nº 101, Editorial Jurídica Venezolana, Caracas 2005, pp. 88 ss.

I. EL PRIMER "EXPERIMENTO" DE DECRETAR UN ESTADO DE EXCEPCIÓN Y LOS PROBLEMAS DEL "CONTRABANDO DE EXTRACCIÓN"

Mediante Decreto N° 1.950 de 21 de agosto de 2015,[1114] quien ejerce la Presidencia de la República, Nicolás Maduro Moros, invocando lo establecido en los artículos 226, 236.7, 337, 338 y 339 de la Constitución y los artículos 2, 3, 4, 5, 6, 8, 10, 15 y 23 de la Ley Orgánica sobre Estados de Excepción de 2001,[1115] decretó el "*Estado de Excepción en los municipios Bolívar, Pedro María Ureña, Junín, Capacho Nuevo, Capacho Viejo y Rafael Urdaneta del Estado Táchira*," con el único propósito, una vez desbrozado el texto del lenguaje inútilmente florido y redundante del Decreto, de que el Estado pueda "*atender eficazmente la situación coyuntural, sistemática y sobrevenida, del contrabando de extracción de gran magnitud, organizado a diversas escalas,*" supuestamente para "*impedir la extensión o prolongación de sus efectos y garantizar a toda la población el pleno goce y ejercicio de los derechos afectados por estas acciones.*" Ese es, en esencia, el objeto, propósito o finalidad del Decreto, el cual fue aprobado por la Asamblea Nacional "en todas sus partes" el 25 de agosto de 2105,[1116] habiendo sido enviado ese mismo día a la Sala Constitucional del Tribunal Supremo de Justicia para que la misma conforme se

---

1114 Véase en *Gaceta Oficial* N° 6.194 del 21 de agosto de 2015. En realidad, como lo informó la prensa, el estado de excepción se decretó en esa fecha 21 de agosto de 2015, pero la *Gaceta Oficial*, circuló el 24 de agosto de 2015. Debe indicarse que el artículo 22 de la Ley Orgánica sobre los Estados de Excepción de 2001 (*Gaceta Oficial* Nº 37.261 de 15-08-2001), establece que el decreto entra "en vigencia una vez dictado por el Presidente de la República, en Consejo de Ministros", agregando la norma que "deberá ser publicado en la *Gaceta Oficial* de la República Bolivariana de Venezuela y difundido en el más breve plazo por todos los medios de comunicación social, si fuere posible." Esta previsión legal, sin duda, es inconstitucional, pues no puede establecerse que un Decreto que tiene "rango y fuerza de Ley" pueda entrar en vigencia antes de su publicación. Conforme al artículo 215 de la Constitución, la ley sólo queda promulgada al publicarse con el correspondiente "Cúmplase" en la *Gaceta Oficial*, disponiendo el Código Civil, en su artículo 1, que "la Ley es obligatoria *desde su publicación* en la Gaceta Oficial" o desde la fecha posterior que ella misma indique (art. 1). El decreto de estado de excepción, por tanto, sólo puede entrar en vigencia desde su publicación en la *Gaceta Oficial*, no pudiendo entenderse este requisito de publicación y vigencia, como una mera formalidad adicional de divulgación como parece derivarse del texto del artículo 22 de la Ley Orgánica. Por supuesto, la forma de burlar estas consideraciones es publicar una *Gaceta Oficial* antedatada, para hacer aparecer que el decreto fue publicado el mismo día de su emisión, como ocurrió con el Decreto Nº 1.950. Debe decirse, además, que mediante decreto Nº 2.054 de 19 de octubre de 2015, se prorrogó la duración del Decreto Nº 1950 de 21 de agosto de 2015 por 60 días más. Véase en *Gaceta Oficial* Nº 40.769 de 19 de octubre de 2015.

1115 Véase en *Gaceta Oficial* N° 37.261 de 15-08-2001. Sobre dicha ley véanse los comentarios en Allan R. Brewer-Carías, "El régimen constitucional de los estados de excepción" en Víctor Bazan (Coordinador), *Derecho Público Contemporáneo*. Libro en Reconocimiento al Dr. German Bidart Campos, Ediar, Buenos Aires, 2003, pp. 1137-1149. Véase en general sobre los estados de excepción en la Constitución de 1961: Jesús M. Casal H., "Los estados de excepción en la Constitución de 1999", en *Revista de Derecho Constitucional*, Nº 1 (septiembre-diciembre), Editorial Sherwood, Caracas, 1999, pp. 45-54; Salvador Leal W., "Los estados de excepción en la Constitución", en *Revista del Tribunal Supremo de Justicia*, Nº 8, Caracas, 2003, pp. 335-359; María de los Ángeles Delfino, "El desarrollo de los Estados de Excepción en las Constituciones de América Latina", en *Constitución y Constitucionalismo Hoy*. Editorial Ex Libris, Caracas, 2000, pp. 507-532.

1116 Véase en *Gaceta Oficial* Nº 40.732 de 25-08-2015.

establece en el artículo 339 de la Constitución se pronunciase sobre su constitucionalidad.[1117]

Con igual texto, se dictó el Decreto N° 1.969 supuestamente "dado en Caracas" el 29 de agosto de 2015, declarando con idéntico contenido al Decreto N° 1.950, el excepción para la zona de los *Municipios Lobatera, Panamericano, García de Hevia y Ayacucho del Estado Táchira*; [1118] aprobado también por la Asamblea Nacional mediante Acuerdo,[1119] así declarado conforme a la Constitución por la Sala Constitucional del Tribunal Supremo de Justicia N° 1.174 de 8 de agosto de 2015. [1120] Días después, también con idéntico contenido se decretó el Estado de excepción, mediante Decreto N° 1.989 de 7 de septiembre de 2015, en los *Municipios Indígena Bolivariano Guajira, Mara y Almirante Padilla del Estado Zulia*,[1121] aprobado también por la Asamblea Nacional mediante Acuerdo.[1122] Posteriormente, con igual contenido se dictaron los Decretos Nos. 2.013, 2.014, 2.015 y 2.016 de 15 de septiembre de 2015, mediante los cuales se declaró el Estado de Excepción en los *Municipios Machiques de Perijá, Rosario de Perijá, Jesús Enrique Losada, la Cañada de Urdaneta, Catatumbo, Jesús María Semprún y Colón del Estado Zulia*; y en los *Municipios Páez,*

1117 Lo que efectivamente hizo mediante sentencia N° 1173 de 28 de agosto de 2015, en http://historico.tsj.gob.ve/decisiones/scon/agosto/181175-1173-28815-2015-2015-0979.HTML.

1118 Debe mencionarse que mediante Decreto N° 1.969 supuestamente "dictado" el 29 de agosto de 2015, el cual a pesar de tener *número posterior* a los decretos Nos. 1.960 a 1.967 que son de 31 de agosto de 2015 (todos firmados por el Vicepresidente Ejecutivo Arreaza por falta temporal del Presidente Maduro por estar de viaje en Vietnam y China) tiene *fecha anterior* a los mismos, para quizás convenientemente hacerlo "coincidir" con el día de su viaje, el Sr. Maduro, actuando como Presidente de la República "en Consejo de Ministros" (quizás reunido en el aeropuerto antes de salir), habría decretado otro estado de excepción, con idéntico contenido al Decreto N° 1.950, pero para la zona de los *Municipios Lobatera, Panamericano, García de Hevia y Ayacucho del Estado Táchira*. Dicho Decreto, sobre el cual nadie había sabido hasta su sorpresiva y curiosa publicación en *Gaceta Oficial* N° 40.735 de 31 de agosto de 2015 (junto con todos los otros mencionados Decretos). El Decreto fue aprobado por la Asamblea Nacional mediante acuerdo publicado en *Gaceta Oficial* N° 40.737 de 2 de septiembre de 2015. Dicho Decreto, de paso quizás también habría buscado "regularizar" una insólita Resolución Ministerial conjunta Nos. 138 (Interior, Justicia y Paz) y 011185 (Defensa), del día anterior 28 de agosto de 2015, que había ordenado "al Comando Estratégico Operacional de la Fuerza Armada Nacional Bolivariana (CEOFANB), que girase instrucciones pertinentes a los Comandantes de las Regiones de Defensa Integral, *para restringir el desplazamiento fronterizo de personas, tanto por vía terrestre, aérea y marítima, así como el paso de vehículos*, en los municipios Lobatera, García de Hevia, Ayacucho y Panamericano, cuando en esa zona no se había decretado "restricción" alguna de garantías. Dicha Resolución, por tanto, sin asidero legal alguno, pura y simplemente había "suspendido" el derecho de libre circulación en dichos Municipios (*Gaceta Oficial* N° 40734 de 28-8-2015) (*Artículo 2. Se prohíbe* en los Municipios Lobatera, García de Hevia, Ayacucho y Panamericano del Estado Táchira, *la circulación de personas, vehículos de transporte de carga, transporte de mercancías de cualquier rubro y de pasajeros*, a partir de la entrada en vigencia de esta resolución"). Aun cuando la Resolución fue "corregida" para referir la "suspensión" solo al "desplazamiento fronterizo" (*Gaceta Oficial* N° 40.735 de 31-08-2015), siguió haciendo mención al trasporte "marítimo," aun cuando en las estribaciones de Los Andes donde están dichos Municipios fronterizos, que se sepa, no hay mar.

1119 Véase en *Gaceta Oficial* N° 40.742 de 09-09-2015.

1120 Véase en *Gaceta Oficial* N° 40.742 de 09-09-2015. Véase en http://histo-rico.tsj.gob.ve/decisiones/scon/septiembre/181180-1174-8915-2015-15-0990.HTML.

1121 Véase en *Gaceta Oficial* N° 40.740 de 07-09-2015.

1122 Véase en *Gaceta Oficial* N° 40.742 de 09-09-2015.

Rómulo Gallegos y Pedro Camejo del Estado Apure;[1123] y el Decreto N° 2071 de 23 de octubre de 2015, mediante el cual se estableció el estado de excepción en el *Municipio Atures del Estado Amazona* (zona N° 8).[1124]

Para lograr el propósito mencionado en los decretos, todos relativos a estado de excepción en la frontera con Colombia, por supuesto, y hay que afirmarlo de entrada, no era ni es necesario decretar estado de excepción alguno; y decretarlo en la forma cómo se ha hecho, resulta una vía inútil e inefectiva para alcanzarlo, y menos aun cuando con el decreto de estado de excepción lo que se está es masacrando los derechos fundamentales de los habitantes de la zona, regularizando la absoluta impunidad de los responsables directos, dentro de las propias estructuras del propio Estado, de "la violencia delictiva" y de los "delitos conexos" que acompañan al contrabando de extracción.[1125] Porque como lo ha dicho Claudio Fermín, en definitiva, en la frontera, "no es posible el contrabando sin la participación de militares venezolanos."[1126]

Desde que se aprobó la Constitución en 1999, esta es la primera vez que se decreta un estado de excepción en Venezuela, y de entrada parece que quienes lo redactaron no se leyeron ni la Constitución ni la Ley Orgánica que los regula.[1127]

En efecto, un estado de excepción sólo puede decretarse, por lo que implica respecto de la vigencia de la Constitución conforme lo establece el artículo 337 de la

---

1123 Véase en *Gaceta Oficial* N° 40.746 de 15-09-2015. El Decreto N° 2015 se re-publicó en *Gaceta Oficial* N° 40.747 de 16-09-2015. En la *Gaceta Oficial* N° 40.748 de 17 de septiembre de 2015 se publicaron los Acuerdos de la Asamblea Nacional aprobando dichos Decretos; y en las *Gacetas Oficiales* N° 40.751 de 22 de septiembre de 2015 y N° 40.752 de 23 de septiembre de 2015, se publicaron las sentencias de la Sala Constitucional declarando su "constitucionalidad."

1124 Véase en *Gaceta Oficial* N° 40.773 de 23-10-2015.

1125 Véase las referencias al tema, en la pregunta formulada por la periodista Hanna Tretrier de la *Agencia AP* al Presidente de la República Nicolás Maduro, en rueda de prensa, sobre "si existen mafias de contrabando en la frontera" y si "la corrupción dentro de las Fuerzas Armadas forma parte del problema;" así como la respuesta del funcionario indicando que "también lamentablemente logran influir en los organismos policiales y militares," informando sobre las "ordenes de vigilancia estricta y cercana" dadas sobre "todos los cuerpos policiales y militares." Véase el video de la pregunta y respuesta en la reseña: "Le preguntan a Maduro sobre la corrupción de los militares en la frontera... así respondió," en *La Patilla*, 24 de agosto de 2015, en http://www.lapatilla.com/site/2015/08/24/le-preguntan-a-maduro-sobre-la-corrupcion-de-los-militares-en-la-frontera-asi-respondio/. Véase además, la información difundida por Antonio María Delgado, en "Choque de bandas militares ocasionó cierre de frontera en Venezuela," en *El Nuevo Herald*, 24 de agosto de 2015, en http://www.elnuevoherald.com/noticias/mundo/america-latina/venezuela-es/article32272311.html; y la reseña del mismo Antonio María Delgado, "Congresista colombiano: cerraron frontera por guerra de carteles venezolanos," donde expresa: "El congresista colombiano Santiago Valencia denunció ante el pleno de la Cámara de Representantes que la decisión del gobernante venezolano Nicolás Maduro de cerrar la frontera obedece a las pretensiones del régimen de Caracas de ocultar un enfrentamiento entre carteles de la droga operados por militares del país petrolero," en *El Nuevo Herald*, 26 de agosto de 2015, en http://www.elnuevoherald.com/noti-cias/mundo/america-latina/venezuela-es/article32481624.html.

1126 Véase Claudio Fermín, "Cobarde y vil autoridad," en *Últimas Noticias*, 27 de agosto de 2015, en http://www.ultimasnoticias.com.ve/opinion/firmas/claudio-fermin/cobarde-y-vil-autoridad.aspx#ixzz3k3ArrnPM.

1127 Véase en general sobre estos decretos de 2015: Carlos García Soto, "Notas sobre el Decreto de Estado de Excepción dictado para municipios del Estado Táchira" y "Notas sobre el ámbito y requisitos del Estado de Excepción," en Revista Electrónica de Derecho Administrativo Venezolano, 2015, en http://redav.com.ve/notas-sobre-el-decreto-de-estado-de-excepcion-de-agosto-2015/.

misma, cuando existan "circunstancias de orden social, económico, político, natural o ecológico, *que afecten gravemente la seguridad de la Nación, de las instituciones y de los ciudadanos,"* y además, indubitablemente, para hacer frente a los hechos que configuran dichas circunstancias *"resultan insuficientes las facultades de las cuales se disponen"* en los órganos del Estado. Por eso, conforme al artículo 6 de la misma Ley Orgánica, el decreto que declare los estados de excepción debe ser dictado "en caso de *estricta necesidad para solventar la situación de anormalidad*, ampliando las facultades del Ejecutivo Nacional."

Por eso es que el artículo 15 de la Ley Orgánica, asigna al Presidente de la República, en Consejo de Ministros, en estos casos de estados de excepción, a "dictar todas las medidas que estime convenientes en aquellas circunstancias que afecten gravemente la seguridad de la Nación, de sus ciudadanos y ciudadanas o de sus instituciones," y además, a "dictar medidas de orden social, económico, político o ecológico *cuando resulten insuficientes las facultades de las cuales disponen ordinariamente los órganos del Poder Público para hacer frente a tales hechos*." En casos de estado de emergencia económica, conforme al artículo 11 de la Ley Orgánica, en el mismo se pueden disponer "las medidas oportunas, destinadas a resolver satisfactoriamente la anormalidad o crisis e impedir la extensión de sus efectos."

Ahora bien, la situación "coyuntural, sistemática y sobrevenida" originada en la frontera con Colombia en el Estado Táchira y posteriormente en el Estado Zulia por el denominado contrabando de extracción, no puede considerarse como tales "circunstancias de orden social, económico, político, natural o ecológico, *que afecten gravemente la seguridad de la Nación, de las instituciones y de los ciudadanos,"* y menos puede considerarse, salvo cuando se es total y esencialmente irresponsable como gobernante, que las instituciones del Estado venezolano carecen en la actualidad de facultades constitucionales y legales para hacer frente a esos hechos.

El llamado "contrabando de extracción," es decir, la actividad ilegal que consiste en sacar del territorio venezolano a través de las fronteras, productos nacionales o importados (que han ingresado al país bajo control del Estado a precios irrisorios) sin pagar impuestos ni aranceles aduanales, no es otra cosa que la consecuencia directa de una errada y absurda política económica de cuya realización el responsable es el propio Estado, que es el principal ideólogo de la "guerra económica" que ha decretado contra el pueblo, y que en lugar de detener la ilícita actividad, lo que hace es estimularla, degradando y corrompiendo a las personas. Basta un solo ejemplo para entender el fenómeno, y cómo con decretar un estado de excepción, nada se solucionará, sino que más bien se agravará:

> "mientras Venezuela es el país con la gasolina más barata del mundo, pues Colombia es el 3 país con la gasolina más cara del mundo es decir, mientras usted paga 1 tanque de 80 litros en 7bs en Venezuela en Colombia ese mismo tanque cuesta el equivalente a 2100 bs fuertes, lo cual convierte en vulnerable y tentativo dicho contrabando que [ha] podido penetrar y constituirse como una mafia cuasi perfecta que ha tocado, funcionarios de media gerencia y de alto nivel de igual forma funcionarios policiales y de la guardia nacional."[1128]

1128 Véase Hugbel Roa, "Contrabando de extracción: Un poco de historia," en *Aporrea*, 4 de febrero de 2014, en http://www.aporrea.org/actualidad/a181340.html Sobre ello, el mismo autor indica que "estamos hablando de pérdidas de más de 1500 millones de dólares al año por concepto de alimentos y de

Como el mismo autor de la cita anterior lo indica, la frontera entre Venezuela y Colombia "es una de las más extensas y activas del hemisferio" con una extensión "de 2.219Km., que abarca los estados: Zulia, Táchira, Apure y Amazonas, y los departamentos colombianos: Vichada, Arauca, Norte de Santander y Guajira," por lo que si no se cambia la política económica que produce el contrabando de extracción en la frontera del Táchira, y además, con ocasión de decretar el estado de excepción, se cierra allí la frontera, lo que ello provocará es el traslado del fenómeno a otras partes de la frontera. Como el mismo autor de la cita lo expresa:

> "con el establecimiento de controles, los modos delictivos mutan, cambian a formas mucho más perfiladas. Esto es comprobable cuando se cierra una frontera entre países vecinos como Venezuela y Colombia, la actividad contrabandista se dispara."[1129]

Eso es precisa y lamentablemente, lo que va a lograr el gobierno con el decreto de estado de excepción, y con ello, mayor daño a la población empobrecida por las mismas políticas económicas, que encuentra en el enriquecimiento circunstancial, súbito e improductivo del contrabando, un medio de subsistencia, y mayor impunidad a los agentes de los propios órganos del Estado responsables del contrabando a gran escala que no van a controlarse a sí mismos.

Respecto al fenómeno del contrabando de extracción, por tanto, lo primero que debió haber hecho el gobierno, antes de decretar un estado de excepción, es reconocer que el mismo tiene su origen en las políticas económicas del Estado, definidas y desarrolladas por el gobierno, que han sido de destrucción de la economía nacional, de aniquilación de la industria, y de la inversión e iniciativas privadas, haciendo depender la totalidad de la economía de bienes que tienen que importarse bajo el control de un Estado burocrático, incompetente y corrupto, y además, pobre, por la dependencia total de la economía del comportamiento de la producción petrolera y de los precios del petróleo.

Para atender la referida situación coyuntural, sistemática y sobrevenida, del contrabando de extracción, lo único que tiene que hacer el Ejecutivo Nacional, es cambiar de raíz la política económica que la origina.[1130]

1400 millones de dólares por concepto de combustible cifras que tal vez se queden cortas por la magnitud del problema pero que generan una perdida inmensa a la población." Sobre ello, como lo expresó F. David Arráez Y. "la gasolina venezolana siempre fue atractiva y lo seguirá siendo para el contrabando mientras su precio continúe subsidiado, y ello es una decisión política soberana," en "El contrabando de extracción: una conspiración perfecta," en *Misión Verdad,* 8 de diciembre de 2014, en http://misionverdad.com/la-guerra-en-venezuela/el-contrabando-de-extraccion-una-conspiracion-perfecta.

1129 *Idem.*

1130 Como lo argumentó Pedro Pablo Fernández: "Son los desequilibrios creados por el modelo económico los que estimulan el contrabando de extracción. Los productores del sur del lago pueden vender sus quesos 10 veces más caros en Colombia que en Venezuela y así pasa con todos los productos. Ni hablar de la gasolina regalada. El salario mínimo en Venezuela es Bs. 7.400 y en Colombia es 273 dólares, que en Cúcuta se pueden cambiar por Bs 200.000. Todo aquí está artificialmente barato, incluida la remuneración por el trabajo, eso generan un estímulo enorme al contrabando y lo que es peor, a la conformación de mafias que pone en riesgo la estabilidad misma del Estado. / La solución está en una profunda rectificación del modelo y en un programa económico que ofrezca la confianza necesaria para producir una reactivación del aparato productivo que genere empleos bien remunerados," en

Ni la declaratoria del "Estado de excepción" mediante los Decretos N° 1.950, 1.969, 1.989, 2.013, 2.014, 2.015 y 2.016, ni la implementación de la restricción de los derechos humanos que el Presidente de la República se solaza en enunciar en sus textos, van a impedir en forma alguna la extensión o prolongación de los efectos del contrabando de extracción, que es lo que se quiere lograr con los Decretos; y al contrario, con su aplicación, lo que se va a lograr es impedir a toda la población el pleno goce y ejercicio de sus derechos, y no solo de los derechos afectados por las referidas acciones que giran en torno al contrabando de extracción, y además, extender los efectos de esa ilícita actividad a otras partes de la frontera.

Es decir, el contrabando de extracción, que es producto directo de una errada política económica, solo se superará cuando la misma se cambie. Por ello, con los Decretos y su ejecución militar y policial, no se va a restablecer la disciplina presupuestaria y superar el déficit fiscal; no se va a detener el financiamiento monetario del déficit del sector público y la transferencia de las reservas internacionales a fondos públicos extrapresupuestarios; no se va a superar ni la escasez de divisas, ni la escasez de bolívares; no se va a eliminar el régimen de control de cambios ni se va a revaluar la moneda; no se va a eliminar el grave desabastecimiento de productos básicos; no se va a reducir la tasa de inflación que es la más alta del mundo; no se va a generar empleo; no se va a reducir la deuda pública; no se va a aumentar el ingreso fiscal del Estado, no se va a aumentar ni la explotación petrolera ni el precio de exportación del poco petróleo que sale del país; no se va a producir la reorganización y saneamiento financiero del holding petrolero nacional; en fin, con el decreto no se van a crear las condiciones económicas y sociales para mejorar la producción, distribución y comercio de bienes y servicios.

El artículo 11 de la Ley Orgánica sobre los Estados de Excepción, sin embargo, en particular en relación con los que declaren la emergencia económica, exige que el decreto respectivo debe disponer "las medidas oportunas, destinadas a resolver satisfactoriamente la anormalidad o crisis e impedir la extensión de sus efectos," es decir, el "contrabando de extracción." Nada de esto, por supuesto, contienen los Decretos, por lo que los mismos en realidad no tienen por objeto resolver los problemas que supuestamente los provocaron y que enumeran prolijamente en sus "Considerandos."

A continuación analizaremos lo dispuesto en los mencionados decretos, todos de idéntico contenido, limitándonos por tanto en estas notas a hacer referencia concreta al texto de primero de los decretos N° 1.950 de 21 de agosto de 2015.

"Otra vez la Frontera", en *Ifedec. Centro de Políticas Públicas*, 26 de agosto de 2015, en http://www.ifedec.com/articulos/otra-vez-la-frontera/

II. EL MARCO CONSTITUCIONAL Y LEGAL PARA DECRETAR UN ESTADO DE EXCEPCIÓN, COMO ACTO PARA "PROTEGER LA CONSTITUCIÓN," QUE ES DE LA EXCLUSIVA RESPONSABILIDAD DEL PRESIDENTE DE LA REPÚBLICA, QUE SIN EMBARGO HA TRATADO DE ELUDIR, DELEGANDO INCONSTITUCIONALMENTE LA EJECUCIÓN DEL DECRETO EN UN GOBERNADOR DE ESTADO.

La Ley Orgánica sobre Estados de Excepción de 2001, no sólo regula los diferentes tipos de estados de excepción que pueden decretarse, y las condiciones para hacerlo, sino que además, regula "el ejercicio de los derechos que sean restringidos con la finalidad de restablecer la normalidad en el menor tiempo posible" (art. 1). Por ello, lo primero que prescribe la Ley Orgánica es que los estados de excepción "solamente pueden declararse *ante situaciones objetivas de suma gravedad que hagan insuficientes los medios ordinarios que dispone el Estado para afrontarlos*" (art. 2) y en caso de "*estricta necesidad para solventar la situación de anormalidad*" (art. 6).

Por otra parte, la misma Ley Orgánica exige que "toda medida de excepción debe ser proporcional a la situación que se quiere afrontar en lo que respecta a gravedad, naturaleza y ámbito de aplicación" (art. 4), debiendo además "tener una duración limitada a las exigencias de la situación que se quiere afrontar, sin que tal medida pierda su carácter excepcional o de no permanencia" (art. 5).

Se trata, por tanto, como lo indica la Constitución, de circunstancias excepcionales que sobrepasan las posibilidades de su atención mediante los mecanismos institucionales previstos para situaciones normales, pero que solo pueden dar lugar a la adopción de medidas que estén enmarcadas dentro de principios de logicidad, racionalidad, razonabilidad y proporcionalidad, lo que se configura como un límite al ejercicio de las mismas.

La esencia de su regulación en la Constitución, por otra parte, es que por las circunstancias que lo justifican, un decreto de estado de excepción solo se puede dictar para "proteger la Constitución" y los derechos fundamentales que consagra, como lo expresa el Título VIII "De la protección de la Constitución" en el cual está la normativa que permite dictarlos, y por supuesto, no para violarla, ni para violar los derechos fundamentales. El estado de excepción que se decrete, por tanto, no puede aniquilar el Estado de derecho,[1131] ni puede convertirse en una "carta blanca" para la violación de los derechos humanos.[1132]

1131 Véase María Amparo Grau, "¿Estado de Excepción sin Estado de derecho?, en *El Nacional*, Caracas 26 de agosto de 2015, en http://www.el-nacional.com/maria_amparo_grau/excepcion-Derecho_0_689931257.html.

1132 Como por ejemplo se ha denunciado en el caso de la aplicación del Decreto Nº 1.950 en relación con la persecución y deportación de ciudadanos colombianos, por el Procurador General de Colombia Alejandro Ordóñez Maldonado, quien ha denunciado ***"Una campaña de estigmatización en contra de personas y persecución en contra de personas que viven en la zona de frontera en razón a su nacionalidad colombiana."*** Véase la reseña "'Gobierno venezolano adoptó una política de ataque sistemático contra la población colombiana': Procurador. El Ministerio Público manifestó que la posición del Presidente de Venezuela, Nicolás Maduro constituiría un crimen de lesa humanidad que es competencia de la Corte Penal Internacional," en *El Espectador*, 27 de agosto de 2015, en http://www.elespectador.com/noticias/judicial/gobierno-venezolano-adopto-una-politica-de-ataque-siste-articulo-581327. Véase igualmente las declaraciones del Procurador: "Procurador Alejandro Ordóñez reitera que cierre de frontera colombo-venezolana es una política "sistemática" contra los colombianos," 25

En todo caso, tratándose de una medida extrema de "protección de la Constitución" los responsables de las decisiones tomadas como consecuencia de los estados de excepción, son única y exclusivamente los funcionarios del Poder Ejecutivo Nacional, a cuyos órganos compete la materia. Por ello, conforme se establece expresamente en el artículo 232 de la Constitución, "la declaración de los estados de excepción *no modifica el principio de la responsabilidad del Presidente de la República,* ni la del Vicepresidente Ejecutivo, ni la de los Ministros de conformidad con la Constitución y la ley."

Es una tremenda irresponsabilidad del Presidente de la República, por tanto, y una forma inconstitucional de evadir su responsabilidad, el que el Presidente de la República haya procedido a "delegar" en un órgano de otro Poder Público distinto al Poder Nacional, como es el Poder Estadal, la ejecución de un decreto de Estado de excepción, y eso es lo que ha hecho precisamente el Sr. Maduro, como Presidente, con el refrendo del Vicepresidente ejecutivo y de todos sus Ministros, en el Decreto N° 1.950 de 21 de agosto de 2015, al disponer en el artículo 13 que:

> "Artículo 13. Delego la ejecución del presente Decreto en el Gobernador del estado Táchira, José Gregorio Vielma Mora, quien será además el coordinador responsable y garante de la ejecución de las medidas que se adoptan en el mismo, con el apoyo de los Ministros del Poder Popular para Relaciones Interiores, Justicia y Paz, para la Defensa y de Economía y Finanzas."

Y repetir, además, en el artículo 17 que:

> "Artículo 17. "El Gobernador del estado Táchira, José Gregorio Vielma Mora, queda encargado de la ejecución de este Decreto."

Los actos de ejecución directa de la Constitución atribuidos al Presidente de la República, o actos de gobierno, como los que implica dictar y ejecutar un decreto de excepción,[1133] son de su exclusiva responsabilidad y no son delegables, por lo que lo dispuesto en el artículo 16 de la Ley Orgánica de 2001 al disponer que decretado el estado de excepción, "el Presidente de la República *puede delegar su ejecución, total o parcialmente, en los gobernadores*, alcaldes, comandantes de guarnición o cualquier otra autoridad debidamente constituida, que el Ejecutivo Nacional designe," es una disposición inconstitucional. A ello se suma otra inconstitucionalidad que afecta la norma, por violación de los principios más elementales de la forma federal del Estado, conforme a los cuales los Gobernadores no son funcionarios dependientes ni subalternos del Presidente de la República, que son en los únicos que el mismo puede delegar atribuciones. Además, la norma del artículo 16 de la Ley Orgánica, puede considerarse que fue tácitamente derogada por el artículo 34 de la Ley Orgánica de Administración Pública, que es de fecha posterior (última refor-

---

de agosto de 2015, en http://www.ntn24.com/video/procurador-alejandro-ordonez-en-la-frontera-con-venezuela-66007.

1133 La Sala Constitucional en sentencia N° 2139 de agosto de 2003, consideró expresamente que el acto de declaratoria de estados de excepción es un "acto de ejecución directa de la Constitución" que solo puede ser dictado por el Presidente de la República, siendo en cambio los actos de los gobernadores exclusivamente de "rango sublegal." Véase http://historico.tsj.gob.ve/decisiones/scon/agosto/2139-070803-02-1667.HTM.

ma de 2014), que limita la delegación de manera que sólo puede ser dirigida exclusivamente hacia funcionarios inferiores y dependientes del delegante.[1134]

En esta forma, todo el tren ejecutivo del Poder Nacional de la República, y la Sala Constitucional al ejercer su control de constitucionalidad se olvidaron que conforme a la Constitución de 1999, Venezuela se declara como un "Estado Federal Descentralizado" (art. 4 de la Constitución), y que en el mismo los Estados deberían gozar de autonomía como entidades políticas (art. 159 de la Constitución). Si bien, de hecho, el Estado autoritario ha desmantelado la Federación y acabado con la descentralización política,[1135] al menos formal y constitucionalmente los funcionarios de los Estados, electos popularmente, como lo son los Gobernadores, no son órganos subalternos ni dependientes del Ejecutivo Nacional, ni pueden estar sujetos a sus órdenes o instrucciones, en quienes por tanto no puede el Jefe de Estado y del Ejecutivo nacional delegarle atribuciones, y menos las que le son otorgadas para su ejercicio exclusivo directamente en la Constitución, pues los Gobernadores ni son órganos inferiores al Presidente ni son dependientes del mismo.

En esta materia, hay que recordárselo al Presidente de la República, al Vicepresidente ejecutivo y a los Ministros y a sus asesores, y a la Sala Constitucional, la gran reforma que significó la Constitución de 1999 fue precisamente eliminar definitivamente el carácter que tenían los Gobernadores de ser "agentes del Ejecutivo nacional" en su jurisdicción, tal como lo establecía la Constitución de 1961.

Pero ello se le olvidó a quien ejerce la jefatura del Ejecutivo Nacional, quien además, ignoró lo que establece la Ley Orgánica de la Administración Pública que él mismo dictó en 2014,[1136] en el sentido de que la competencia otorgada constitucionalmente al Presidente de la República es "irrenunciable, indelegable, improrrogable y no puede ser relajada por convención alguna, salvo los casos expresamente previstos en las leyes y demás actos normativos," (art. 26). De manera que cuando dicha Ley Orgánica reguló la posibilidad para los altos funcionarios ejecutivos, y entre ellos del mismo Presidente de la República, de poder "delegar" sus atribuciones, ello sólo es posible respecto de "atribuciones *que les estén otorgadas por ley"* (no por la Consti-

---

1134 La Sala Constitucional del Tribunal Supremo de Justicia, sin embargo, en la sentencia Nº 1173 de 28 de agosto de 2015, al pronunciarse sobre la constitucionalidad del decreto Nº 1950, omitió ejercer control alguno sobre la constitucionalidad de estas normas, limitándose a repetir lo que dice la Ley Orgánica, así: "Asimismo, el artículo 13 del Decreto contiene la disposición de una delegación al Gobernador del estado Táchira para la ejecución de éste, *"quien será además el coordinador responsable y garante de la ejecución de las medidas que se adoptan en el mismo"*, siendo que ello encuentra plena correspondencia con el precepto legal estipulado por el artículo 16 de la Ley Orgánica sobre Estados de Excepción, orientado al aprovechamiento del despliegue operativo de las autoridades regionales y locales, según corresponda, a los fines del eficiente afrontamiento de las circunstancias presentadas, sin perjuicio de otras autoridades que puedan participar en la ejecución del Decreto, con arreglo a la ley." Véase en http://historico.tsj.gob.ve/decisiones/scon/agosto/181175-1173-28815-2015-2015-0979.HTML.

1135 Véase Allan R. Brewer-Carías, "El 'Estado Federal descentralizado' y la centralización de la Federación en Venezuela. Situación y perspectiva de una contradicción constitucional", en *Constitución, democracia y control del poder*, Centro Iberoamericano de Estudios Provinciales y Locales (CIEPROL), Consejo de Publicaciones/Universidad de Los Andes/Editorial Jurídica Venezolana. Mérida 2004, pp. 111-144; y *Estado totalitario y desprecia a la Ley. La desconstitucionalización, desjuridificación, desjudicialización y desdemocratización de Venezuela*, Fundación de Derecho Público, Editorial Jurídica Venezolana, 2014.

1136 Véase en *Gaceta Oficial* N° 6.47 Extraordinario de 17-11-2014.

tución como es la materia de estados de excepción), y la delegación sólo es posible hacerla hacia "los órganos o funcionarios *inmediatamente inferiores bajo su dependencia*," (art. 34). Estos funcionarios inmediatamente inferiores del órgano dependiente "al cual se haya delegado una atribución serán responsables por su ejecución" (art. 37).

No se percató el Presidente de la República, ni el Vicepresidente ejecutivo ni sus Ministros, ni sus asesores, que los Gobernadores de Estado no son funcionarios inmediatamente inferiores del Presidente ni son órganos dependientes del Ejecutivo nacional.

En consecuencia, la "delegación" establecida en el Decreto al Gobernador del Estado Táchira, para la ejecución del Decreto de Estado de excepción, sobre la cual la Sala Constitucional se abstuvo de pronunciarse en cuanto a su constitucionalidad en la sentencia Nº 1173 de 28 de agosto de 2015,[1137] que se comenta más adelante, es simplemente inconstitucional e ilegal, y todos los actos que dicte en ejecución del mismo, tienen que considerarse como producto de una autoridad usurpada, y por tanto son ineficaces y nulos de pleno derecho conforme al artículo 138 de la Constitución.

III. LA INCONSTITUCIONALIDAD DEL DECRETO DE ESTADO DE EXCEPCIÓN AL NO CALIFICARSE EL TIPO QUE SE DECRETA, CON LA CONSECUENTE IMPRECISIÓN RESPECTO DE LOS DERECHOS FUNDAMENTALES QUE PUEDEN SER RESTRINGIBLES

El artículo 338 de la Constitución distingue cuatro tipos específicos de estados de excepción que son: el estado de alarma, el estado de emergencia económica, el estado de conmoción interior y el estado de conmoción exterior; lo que por supuesto tiene consecuencias directas respecto de lo que implican, en particular, en materia de restricción de derechos fundamentales.

El primero es el *estado de alarma* que puede decretarse en todo o parte del territorio nacional cuando se produzcan *catástrofes, calamidades públicas u otros acontecimientos similares que pongan seriamente en peligro la seguridad de la Nación o de sus ciudadanos*. La Ley Orgánica incluye también, como motivo, el *peligro a la seguridad de las instituciones de la Nación.* Su duración no puede ser mayor a treinta días, prorrogables (art. 8, Ley Orgánica).

El segundo es el *estado de emergencia económica* que puede decretarse en todo o parte del territorio nacional cuando se susciten *circunstancias económicas extraordinarias que afecten gravemente la vida económica de la Nación.* Su duración no puede ser mayor a sesenta días, prorrogables (art. 10, Ley Orgánica).

El tercero es el *estado de conmoción interior* en caso de *conflicto interno, que ponga seriamente en peligro la seguridad de la Nación, de sus ciudadanos o de sus instituciones,* estando dentro de las causas para declararlo, todas aquellas circunstancias excepcionales que impliquen grandes perturbaciones del orden público interno y que signifiquen un notorio o inminente peligro para la estabilidad institucional, la convivencia ciudadana, la seguridad pública, el mantenimiento del orden libre y de-

---

1137 Véase en http://historico.tsj.gob.ve/decisiones/scon/agosto/181175-1173-28815-2015-2015-0979.HTML.

mocrático, o cuando el funcionamiento de los Poderes Públicos esté interrumpido. Su duración no puede ser mayor a noventa días, prorrogables (art. 13, Ley Orgánica).

Y el cuarto, es el *estado de conmoción exterior* que puede decretarse en caso *de conflicto externo, que ponga seriamente en peligro la seguridad de la Nación, de sus ciudadanos o de sus instituciones,* estando entre sus causas, todas aquellas situaciones que impliquen una amenaza a la Nación, la integridad del territorio o la soberanía. Su duración no puede ser mayor a noventa días, prorrogables (art. 10, Ley Orgánica).

El Decreto N° 1.950 en forma imprecisa decretó "el Estado de Excepción en los municipios Bolívar, Pedro María Ureña, Junín, Capacho Nuevo, Capacho Viejo y Rafael Urdaneta del estado Táchira, dadas las circunstancias extraordinarias que afectan el orden socioeconómico y la paz social, de conformidad con el artículo 10 de la Ley Orgánica sobre Estados de Excepción," sin calificar expresamente el tipo de estado de excepción decretado, el cual sin embargo se deduce de la cita que se hace del artículo 10 de la ley Orgánica, que es el que se refiere al *estado de emergencia económica.*

La identificación del tipo de estado de excepción que se decreta es fundamental para evaluar la constitucionalidad del decreto, pues la restricción de derechos y garantías que pueden dictarse con el mismo tiene que tener relación con las circunstancias que originan el estado de excepción.[1138]

En efecto, como lo indica el artículo 339 de la Constitución, el decreto que declare el estado de excepción, cuando en el mismo se restringa alguna garantía constitucional, debe regular su ejercicio, y el mismo debe cumplir "con las exigencias, principios y garantías establecidos en el Pacto Internacional de Derechos Civiles y Políticos y en la Convención Americana sobre Derechos Humanos," instrumentos que por virtud de la propia Constitución forman parte del ordenamiento constitucional, a pesar de la inconstitucional denuncia de la Convención Americana efectuada por el Sr. Maduro en 2013 cuando ejercía el cargo de Ministro de relaciones Exteriores.[1139]

1138 Como lo observó Isaac Villamizar en relación con el Decreto 1.950: "El objeto del decreto pareciera ser el Estado de Excepción de *Emergencia Económica*, porque en la base legal y en el artículo 1 se alude al artículo 10 de la Ley Orgánica sobre Estados de Excepción, el cual regula única y exclusivamente la Emergencia Económica. Sin embargo, tanto en los considerandos que motivan el decreto, como en su parte resolutoria o dispositiva, se mencionan aspectos como el paramilitarismo, narcotráfico, situaciones de violencia delictiva y otras prácticas de tipo delincuencial, *que nada tienen que ver con el supuesto fáctico que exige la Constitución y la Ley sobre Estados de Excepción en la Emergencia Económica, cuando se suscitan circunstancias económicas extraordinarias que afecten gravemente la vida económica de la nación*. Esto configura lo que en la doctrina del Derecho Constitucional y Derecho Administrativo se denomina vicio de imprecisión del objeto del acto." Véase Isaac Villamizar, "Vicios jurídicos de la excepción," en *La Nación*, 1 de septiembre de 2015, en http://www.lanacionweb.com/columnas/opinion/vicios-juridicos-de-la-excepcion/.

1139 Véase la comunicación N° 125 de 6 de septiembre de 2012 dirigida por el entonces Canciller de Venezuela, Nicolás Maduro, dirigida al Secretario General de la OEA, en http://www.minci.gob.ve/wp-content/uploads/2013/09/Carta-Retiro-CIDH-Firmada-y-sello.pdf. Sobre la inconstitucionalidad de esa decisión véase Carlos Ayala Corao, "Inconstitucionalidad de la denuncia de la Convención Americana sobre Derechos Humanos por Venezuela," en *Revista de Derecho Público*, N° 131, Caracas, julio-septiembre 2012; en *Revista Europea de Derechos Fundamentales*, Instituto de Derecho Público, Valencia, España, N° 20/2° semestre 2012; en *Estudios Constitucionales*, Centro de Estudios Constitucionales de Chile, Universidad de Talca, año 10, N° 2, Chile, 2012; y en la *Revista*

En consecuencia, conforme al artículo 4 del Pacto Internacional de Derechos Civiles y Políticos, el estado de excepción solo puede llevar a "adoptar disposiciones" que, en la medida estrictamente limitada a las exigencias de la situación, suspendan las obligaciones contraídas (por los Estados) en virtud del Pacto. Las medidas, además, no pueden "ser incompatibles con las demás obligaciones que les impone el derecho internacional y no entrañen discriminación alguna fundada únicamente en motivos de raza, color, sexo, idioma, religión u origen social," y en igual sentido se dispone en el artículo 27 de la Convención Americana sobre Derechos Humanos, que es constitucionalmente aplicable.[1140]

Por otra parte, el Pacto exige que todo Estado "que haga uso del derecho de suspensión" debe informar inmediatamente a todos los demás Estados Partes en el Pacto, por conducto del Secretario General de las Naciones Unidas, "de las disposiciones cuya aplicación haya suspendido y de los motivos que hayan suscitado la suspensión". Igualmente, deben comunicar la fecha "en que haya dado por terminada tal suspensión" (art. 4,3). La Convención Americana establece una disposición similar de información a los Estados Partes en la Convención, por conducto del Secretario General de la Organización de Estados Americanos (art. 27,3).

En todo caso, conforme al artículo 337 de la Constitución, y esto es quizás lo más importante de las consecuencias de decretar un estado de excepción, en cualquiera de sus formas, es que el Presidente de la República en Consejo de Ministros también puede "restringir temporalmente las garantías consagradas en la Constitución," con excepción de las garantías "referidas a los derechos a la vida, prohibición de incomunicación o tortura, el derecho al debido proceso, el derecho a la información y los demás derechos humanos intangibles."

Se destaca de esta norma, de entrada, que conforme a la Constitución, no hay posibilidad de "suspender" dichas garantías como lo autorizaba la Constitución de 1961 (art. 241), ni tampoco de restringirse los derechos constitucionales, sino sólo sus "garantías."[1141] Para ello, el artículo 6 precisa que se trata de "la restricción temporal de las garantías constitucionales permitidas."

Iberoamericana de Derecho Procesal Constitucional, Instituto Iberoamericano de Derecho Procesal Constitucional y Editorial Porrúa, Nº 18, Julio-Diciembre, 2012.

1140 Lamentablemente, y en contra de lo establecido en la Constitución (art. 19, 21) y en la Ley de Extranjería y Migración ("Artículo 13. Los extranjeros y extranjeras que se encuentren en el territorio de la República, tendrán los mismos derechos que los nacionales, sin más limitaciones que las establecidas en la Constitución de la República Bolivariana de Venezuela y las leyes"), el gobierno, en ejecución del decreto de estado de excepción, ha expresado a través de uno de sus voceros que solo garantiza los derechos humanos a quienes tengan residencia legal en el país, por lo que los extranjeros indocumentados, para el gobierno, simplemente parece que carecen de derechos en Venezuela. Véase las declaraciones de la dirigente Jacqueline Farías: "Se garantizarán los derechos humanos solo a quienes estén legales en Venezuela," en *El Nacional*, 29 de agosto de 2015, en http://www.el-nacional.com/politica/garantizaran-derechos-humanos-legales-Venezuela_0_691731056.html Al contrario, como lo expresó la Comisión de Justicia y Paz de la Conferencia Episcopal Venezolana, en un Comunicado titulado, "*Los derechos humanos son los mismos para todos,*" "el Estado tiene la obligación de garantizar los derechos humanos de todos sus ciudadanos incluyendo los extranjeros bajo su jurisdicción." Comunicado de 28 de agosto de 2015.

1141 Véase Allan R. Brewer-Carías, "Consideraciones sobre la suspensión o restricción de las garantías constitucionales", en *Revista de Derecho Público,* Nº 37, Editorial Jurídica Venezolana, Caracas, 1989, pp. 5-25. La Ley Orgánica de 2001, sin embargo, inconstitucionalmente se refirió en el artículo 6 a "la restricción de una garantía o de un derecho constitucional."

Por otra parte, en relación con la enumeración de las garantías constitucionales de derechos fundamentales que *no pueden ser objeto de restricción*, en forma alguna, conforme al antes mencionado artículo 337 de la Constitución, estas son las garantías al "derecho a la vida" (artículo 43); al derecho a la integridad física, psíquica y moral, en cuanto a la "prohibición de incomunicación o tortura" (art. 46.1); al "derecho al debido proceso" (art. 49); al derecho a la información (art. 58) y a "los demás derechos humanos intangibles. A esa enumeración de garantías de derechos no restringibles se deben agregar los enumerados en ese mismo sentido en el Pacto Internacional de Derechos Civiles y Políticos (art. 4), y en la Convención Americana de Derechos Humanos (art. 27), que son: la garantía de la igualdad y no discriminación; la garantía de no ser condenado a prisión por obligaciones contractuales; la garantía de la irretroactividad de la ley; el derecho a la personalidad; la libertad religiosa; la garantía de no ser sometido a esclavitud o servidumbre; la garantía de la integridad personal; el principio de legalidad; la protección de la familia; los derechos del niño; la garantía de la no privación arbitraria de la nacionalidad y el ejercicio de los derechos políticos al sufragio y el acceso a las funciones públicas.

Por todo ello, el artículo 7 de la Ley Orgánica indica que:

> "*Artículo 7:* No podrán ser restringidas, de conformidad con lo establecido en los artículos 339 de la Constitución de la República Bolivariana de Venezuela, 4.2 del Pacto Internacional de Derechos Civiles y Políticos y 27.2 de la Convención Americana sobre Derechos Humanos, las garantías de los derechos a: 1. La vida; 2. El reconocimiento a la personalidad jurídica; 3. La protección de la familia; 4. La igualdad ante la ley; 5. La nacionalidad; 6. La libertad personal y la prohibición de práctica de desaparición forzada de personas; 7. La integridad personal física, psíquica y moral; 8. No ser sometido a esclavitud o servidumbre; 9. La libertad de pensamiento, conciencia y religión; 10. La legalidad y la irretroactividad de las leyes, especialmente de las leyes penales; 11. El debido proceso; 12. El amparo constitucional; 13. La participación, el sufragio y el acceso a la función pública; 14. La información."
>
> Lamentablemente, en esta enumeración, la Ley Orgánica omitió la "prohibición de incomunicación o tortura" que establece el artículo 337 de la Constitución; la garantía a no ser condenado a prisión por obligaciones contractuales; y los derechos del niño que enumeran las Convenciones Internacionales mencionadas, que tienen rango constitucional (art. 23).
>
> En todo caso, de las anteriores regulaciones relativas a la restricción de garantías constitucionales como consecuencia de un decreto de estado de excepción, debe destacarse lo siguiente:

En *primer lugar*, debe insistirse en el hecho de que se eliminó de la Constitución la posibilidad de que se pudiesen "suspender" las garantías constitucionales, como lo autorizaba el artículo 241, en concordancia con el artículo 190.6 de la Constitución de 1961, y que en su momento dio origen a tantos abusos institucionales,[1142]

1142 Véase Allan R. Brewer-Carías, "Consideraciones sobre la suspensión o restricción de las garantías constitucionales," en *Revista de Derecho Público,* N° 37, Editorial Jurídica Venezolana, Caracas, 1989, pp. 5-25; y Allan R. Brewer-Carías, *Derecho y acción de amparo*, Tomo V, *Instituciones Políticas y Constitucionales*, Universidad Católica del Táchira-Editorial Jurídica Venezolana, Caracas 1997, pp. 11-44.

quedando ahora la potestad derivada del decreto de estados de excepción, a la sola posibilidad de "restringir" (art. 236.7) las garantías constitucionales.

Por ejemplo, el libre tránsito como derecho constitucional no puede ser suspendido, ni siquiera circunstancialmente. Ese derecho está regulado en el artículo 50 de la Constitución que establece:

> "Artículo 50. Toda persona puede transitar libremente y por cualquier medio por el territorio nacional, cambiar de domicilio y residencia, ausentarse de la República y volver, trasladar sus bienes y pertenencias en el país, traer sus bienes al país o sacarlos, sin más limitaciones que las establecidas por la ley. [...] Los venezolanos y venezolanas pueden ingresar al país sin necesidad de autorización alguna.
>
> Ningún acto del Poder Público podrá establecer la pena de extrañamiento del territorio nacional contra venezolanos."

La garantía de este derecho puede restringirse en un estado de excepción, por ejemplo, estableciendo controles o autorizaciones, pero lo que no puede hacerse es simplemente suspender el derecho, y eso y no otra cosa es lo que ocurre cuando se "cierra la frontera" como ha ocurrido en el Estado Táchira desde que se impuso el estado de excepción el 21 de agosto de 2015.[1143] Cerrar la frontera impide el libre tránsito, es decir, "suspende" el ejercicio de un derecho, de manera que quien por ejemplo trabaja, enseña o vive del otro lado de la frontera simplemente no puede ejercer su derecho de transitar.[1144] El derecho al libre tránsito, en ese caso, ha sido suspendido, y ello es contrario a la Constitución y a la Ley Orgánica.

En *segundo lugar*, la Constitución exige expresamente que el Decreto que declare el estado de excepción y restrinja garantías constitucionales, obligatoriamente debe "regular el ejercicio del derecho cuya garantía se restringe" (art. 339). Es decir, no es posible que el decreto "restrinja" una garantía constitucional pura y simplemente, sino que es indispensable que en el mismo decreto se regule en concreto el ejercicio del derecho. Por ejemplo, si se restringe la libertad de tránsito, en el mismo decreto de restricción, que tiene entonces que tener contenido normativo, debe especificarse en qué consiste la restricción, estableciendo por ejemplo, la prohibición de circular a determinadas horas (toque de queda), o en determinados vehículos.[1145].

1143 Véase por ejemplo la reseña de Carolina Rincón Ramírez, "Cierre de frontera con Venezuela toma visos de crisis humanitaria," en *El tiempo*, 24 de agosto de 2015, en http://www.eltiempo.com/colombia/otras-ciudades/cierre-de-la-frontera-colombo-venezolana-cierre-de-frontera-con-venezuela-toma-visos-de-crisis-humanitaria/16277355

1144 Sobre ello, Isaac Villamizar ha indicado con razón que: "Cerrar totalmente la frontera, impidiendo que venezolanos entren a San Antonio desde Colombia, o viceversa, perjudicar a discapacitados, ancianos o población en situación de vulnerabilidad, desmembrar familias que quedan separadas entre ambos países, afectar el derecho de los niños a estar con su familia de origen, impedir totalmente el tránsito por los puentes internacionales, no es otra cosa que suspender totalmente el ejercicio de los derechos humanos y constitucionales, lo cual está expresamente prohibido en los artículos 337 y 339 de la CRBV." Véase Isaac Villamizar, "Vicios jurídicos de la excepción," en *La Nación*, 1 de septiembre de 2015, en http://www.lanacionweb.com/co-lumnas/opinion/vicios-juridicos-de-la-excepcion/

1145 Véase las críticas a la suspensión no regulada de las garantías constitucionales con motivo de los sucesos de febrero de 1989, en Allan R. Brewer-Carías, "Consideraciones sobre la suspensión o restricción de las garantías constitucionales," en *Revista de Derecho Público,* N° 37, Editorial Jurídica

Lamentablemente, sin embargo, en la Ley Orgánica no se desarrolló esta exigencia constitucional, quizás la más importante en materia de restricción de garantías constitucionales. Sólo regulándose normativamente su ejercicio, en el decreto que restrinja las garantías constitucionales, es que podría tener sentido la previsión del artículo 21 de la Ley Orgánica que dispone que:

> *Artículo 21*: El decreto que declare el estado de excepción suspende temporalmente, en las leyes vigentes, los artículos incompatibles con las medidas dictadas en dicho decreto.

Para que esta "suspensión" temporal de normas legales pueda ser posible, por supuesto, es necesario e indispensable que el decreto establezca la normativa sustitutiva correspondiente.

Por otra parte, en cuanto a la restricción de la garantía de los derechos constitucionales con motivo de la declaración de estado de excepción, conforme al artículo 24 de la Ley Orgánica, el Ejecutivo Nacional tiene la facultad de "requisar" los bienes muebles e inmuebles de propiedad particular que deban ser utilizados para restablecer la normalidad.[1146] En estos supuestos, para que se ejecutase cualquier requisición, es indispensable la orden previa del Presidente de la República o de la autoridad competente designada, dada por escrito, en la cual se debe determinar la clase, cantidad de la prestación, debiendo expedirse una constancia inmediata de la misma.

IV. LOS DERECHOS CONSTITUCIONALES CUYAS GARANTÍAS FUERON RESTRINGIDAS CON EL DECRETO DE ESTADO DE EXCEPCIÓN Nº 1.950 DE AGOSTO DE 2015, EL RÉGIMEN NORMATIVO REGULADO, Y SUS INCONSTITUCIONALIDADES

Como se ha dicho, el principio básico de la regulación constitucional de los derechos y libertades públicas en Venezuela, es decir, la verdadera "garantía" de esos derechos y libertades radica en la reserva establecida a favor del legislador para limitar o restringir dichos derechos. Sólo por ley pueden establecerse limitaciones a los derechos y libertades consagrados en la Constitución. Pero como hemos dicho, la propia Constitución admite la posibilidad de que algunas garantías constitucionales puedan ser restringidas en casos de estados de excepción, por decisión del Presidente de la República en Consejo de Ministros, lo que significa que durante el tiempo de vigencia de estas restricciones, las garantías de los derechos y libertades podrían ser reguladas por vía ejecutiva.

Por ello, la consecuencia fundamental del decreto de estado de excepción que establezca la restricción de garantías constitucionales, es la posibilidad que tiene el Poder Ejecutivo de regular el ejercicio del derecho, asumiendo competencias que normalmente corresponderían al Legislador. Si la esencia de la garantía constitucional es la reserva legal para su limitación y reglamentación; restringida la garantía constitucional, ello implica la reducción del monopolio del legislador para regular o limitar los derechos, y la consecuente ampliación de los poderes del Ejecutivo Na-

---

Venezolana, Caracas, 1989, pp. 19 ss.; y en Allan R. Brewer-Carías, "Prólogo" al libro de Daniel Zovatto G., *Los Estados de excepción y los derechos humanos en América latina, cit.*, pp. 24 ss.

1146. Sobre la requisición véase Allan R. Brewer-Carías, "Adquisición de propiedad privada por parte del Estado en el Derecho Venezolano" en Allan R. Brewer-Carías, *Jurisprudencia de la Corte Suprema 1930-1974* y *Estudios de Derecho Administrativo,* Tomo VI, Caracas, 1979, pp. 24 y 33.

cional para regular y limitar, por vía de Decreto, dichas garantías constitucionales.[1147]

En el caso del Decreto N° 1.950 de 21 de agosto de 2015, que declaró el "Estado de Excepción en los Municipios Bolívar, Pedro María Ureña, Junín, Capacho Nuevo, Capacho Viejo y Rafael Urdaneta del Estado Táchira," su artículo 2 dispuso que "quedan restringidas" en el territorio de los mismos "las garantías de los derechos establecidos en los artículos 47, 48, 50, 53, 68 y 112 de la Constitución, en los cuales se declaran los derechos a la inviolabilidad del hogar doméstico (art. 47), a la inviolabilidad de las comunicaciones (art. 48), al libre tránsito (art. 50), al derecho de reunión (art. 53), el derecho a manifestar, pacíficamente y sin armas (art. 68), y el derecho la libertad económica, es decir, a el derecho de las personas pueden dedicarse libremente a la actividad económica de su preferencia (art. 112).

El régimen normativo como consecuencia de la restricción a la garantía de la reserva legal, que es la básica en relación con el ejercicio de estos derechos, se estableció en el decreto ley en la siguiente forma:

1. *Régimen normativo derivado de la restricción a la garantía del derecho a la inviolabilidad del hogar doméstico y la violación masiva de los derechos humanos de los extranjeros (colombianos)*

El artículo 47 de la Constitución que establece el derecho a la inviolabilidad del hogar doméstico, dispone lo siguiente:

> "*Artículo 47*. El hogar doméstico y todo recinto privado de persona son inviolables. No podrán ser allanados *sino mediante orden judicial*, para impedir la perpetración de un delito o para cumplir, de acuerdo con la ley, las decisiones que dicten los tribunales, respetando siempre la dignidad del ser humano.
>
> Las visitas sanitarias que se practiquen, de conformidad con la ley, sólo podrán hacerse previo aviso de los funcionarios o funcionarias que las ordenen o hayan de practicarlas."

En relación con esta previsión constitucional sobre la garantía del derecho a la inviolabilidad del hogar doméstico que solo puede ser allanado mediante orden judicial, el artículo 2.1 del Decreto, al restringir la garantía, estableció la restricción de que "los organismos públicos competentes" "sin necesidad de orden judicial previa," pueden realizar "la inspección y revisión" y "ejecutar registros" en "el lugar de habitación, estadía o reunión de personas naturales, domicilio de personas jurídicas, establecimientos comerciales, o recintos privados abiertos o no al público," pero sometido ello a las siguientes condiciones acumulativas:

a) Que en los mismos, "*siempre que,*" *dice la norma,* "*se lleven a cabo actividades económicas, financieras o comerciales de cualquier índole, formales o informales,*"

b) Que ello se haga para "determinar o investigar la perpetración de delitos o de graves ilícitos administrativos, contra las personas, su vida, integridad, libertad o patrimonio, así como delitos o ilicitudes relacionados con la afección de la paz, el

---

1147. *Cfr.*, Allan R. Brewer-Carías, *Las garantías constitucionales de los derechos del hombre*, Caracas, 1976, pp. 33, 40 y 41.

orden público y Seguridad de la Nación, la fe pública, el orden socioeconómico, la identidad y orden migratorio, y delitos conexos,"

c) Que en la actuación o procedimiento se respeten "de forma absoluta la dignidad e integridad física, psíquica y moral de las personas" y el "debido proceso." A este último efecto, la norma ordena aplicar el último aparte del artículo 196 del Código Orgánico Procesal Penal, "debiendo el funcionario detallar en el acta correspondiente las diligencias realizadas y los hallazgos a fin de cumplir con la cadena de custodia."

Ahora bien, con motivo de la práctica, por los militares encargados de "ejecutar" las medidas restrictivas antes indicadas de realizar sin necesidad de orden judicial previa la inspección, revisión y registros en las casas de habitación, estadía o reunión de personas naturales, lo que se ha producido ha sido una inconstitucional e ilegal persecución masiva contra los extranjeros colombianos residentes en la zona fronteriza, con desprecio total a la legislación vigente, como si el estado de excepción hubiese barrido con las leyes, en una forma como nunca se había visto en toda la historia de ambos países.

Por ello, el Presidente de la Conferencia Episcopal Venezolana expresó, Monseñor Diego Padrón, alertó sobre "la deportación de colombianos tras el cierre de la frontera binacional en Táchira ordenada por el gobierno de Caracas" que "estaría generando faltas a los derechos humanos de los colombianos," [1148] a lo que se sumó la denuncia del presidente de la Comisión de Justicia y Paz de dicha Conferencia Episcopal, Monseñor Roberto Lückert, sobre "atropellos a los derechos humanos de los deportados durante la ejecución de la medida ordenada por el presidente Nicolás Maduro", agregando:.

> "Les rompen las casas, les roban, los sacan como unos animales a la frontera. Tenemos que reclamar porque eso no puede continuar", dijo.
>
> Calificó de una barbaridad la situación e indicó que "la presencia de los hermanos colombianos en Venezuela no es de ahora, ambos pueblos conviven desde hace muchos años trasladándose a ambos lados de la frontera; ahora deportan a los colombianos porque no sirven a los intereses del gobierno, pero cuando necesitaban en la campaña electoral traían a los colombianos a votar."[1149]

1148. Véase la reseña "Presidente de Conferencia Episcopal expresa preocupación por violación de DDHH a colombianos," en *Correo del Caroní*, 27 de agosto de 2015, en http://www.correodelcaroni.com/index.php/nacional-2/item/36299-presidente-de-conferencia-episcopal-expresa-preocupacion-por-violacion-de-ddhh-a-colombianos.

1149. Véase la reseña de Sofía Nederr, "Conferencia Episcopal denuncia atropellos a los deportados. El arzobispo de Coro, Monseñor Roberto Lücker, consideró una barbaridad el trato que se le ha dado a los ciudadanos colombianos, *El Nacional*, Caracas, 28 de agosto de 2015, en http://www.el-nacional.com/politica/Con-ferencia-Episcopal-denuncia-atropellos-deportados_0_691131120.html. Véase también, lo expresado por la Conferencia Episcopal de Colombia en la reseña: "Conferencia Episcopal de Colombia lamenta "tratos inhumanos" a deportados en la frontera," donde se expresa que "Compartimos el dolor y sufrimiento de las familias que han sido divididas, despojadas de sus bienes, heridas en su dignidad, muchas de las cuales han sido objeto de tratos inhumanos", reza el texto. La Conferencia lamenta que las familias estén siendo separadas y recuerda que la forma como están dividiendo a las familias va contra todo derecho," en NTN24, 26 de agosto de 2015 en

En el mismo sentido, el Comisionado Felipe González, Relator sobre los Derechos de los Migrantes de la Comisión Interamericana de Derechos Humanos, ha manifestado:

> "Para la Comisión es sumamente preocupante la situación que están enfrentando las personas colombianas que viven o vivían en el estado de Táchira tras la declaratoria del estado de excepción y el cierre de la frontera por parte del Estado venezolano. La información de la que disponemos indica que estas deportaciones se estarían realizando de forma arbitraria, sin que se respetasen garantías de debido proceso migratorio, el principio de la unidad familiar, el interés superior del niño, el derecho a la integridad personal, ni el derecho a la propiedad de estas personas. La forma en la que se están llevando a cabo estas deportaciones indica que a estas personas se les están violando múltiples derechos humanos y que están siendo expulsadas de forma colectiva, algo que es completamente contrario al derecho internacional. Desde la Comisión también nos preocupa que entre las personas deportadas se encuentran refugiados y otras personas que requieren protección internacional, sobre las cuales el Estado venezolano tiene un deber de respetar el principio de no devolución."[1150]

Y sin duda, además de los graves atentados contra los derechos humanos de los deportados o expulsados, obligados a abandonar el país de inmediato, sin procedimiento alguno, sin garantía de debido proceso, vejados, con previas marcas hechas en las viviendas que ocupaban para ser destruidas,[1151] como en cualquier bárbara persecución que la historia siempre ha querido olvidar,[1152] todo se ha hecho, al margen del derecho, y en violación abierta no sólo a los principios del derecho internacional[1153] sino a la propia a la Ley de Extranjeros y Migración[1154] de 2004, que al contrario de los hechos ocurridos, tiene una especial orientación garantista.

---

http://www.ntn24.com/noticia/conferencia-episcopal-de-colombia-lamenta-tratos-inhumanos-que-guardias-venezolanos-dieron-a-66196.

1150. Véase en Comisión Interamericana de Derechos Humanos, Comunicado de Prensa: "CIDH expresa preocupación sobre deportaciones arbitrarias de colombianos desde Venezuela," 28 de agosto de 2015, en http://www.oas.org/es/cidh/prensa/comu-nicados/2015/100.asp.

1151 Véase el reportaje de Daniel Pardo, ""D", la marca que condena al derrumbe las casas de los colombianos deportados de Venezuela," en *BBC Mundo*, 26 de agosto de 2015, en http://www.bbc.com/mundo/noticias/2015/08/150825_venezuela_con-flcto_frontera_dp.

1152 Por ello, el Presidente de Colombia Juan Manuel Santos, dijo en tal sentido sobre lo ocurrido en la frontera, que "Registrando casas, removiendo a sus habitantes a la fuerza, separando familias, no permitiéndoles llevar consigo sus pertenencias, y marcando las casas para ser luego demolidas, son acciones totalmente inaceptables que recuerdan amargos episodios de la humanidad que no deben repetirse". Véase en William Neuman, "Feeing an Uncertain Future in Venezuela. Carrying What They Can, Colombians Leave Amid Crackdown on Immigrants," en *The New York Times*, New York, August 28, 2015, pp. A4 y A6. Véase además: Kejal Vyas y Sara Shaffer Muñoz, "Venezuela Crackdown Sows Chaos along the Border. Expulsion of Colombians residents, blamed the government for economic woes, trigger fear and panic," en *The Wall Street Journal*, New York, August 29, 2015, p. A6.

1153 Por ello, Comisión Interamericana de Derechos Humanos le ha recordado al Estado venezolano que de conformidad con sus obligaciones internacionales en materia de derechos humanos, "debe adoptar todas las medidas que sean necesarias para garantizar que no se apliquen perfiles raciales en el marco de redadas migratorias. El Estado tiene un deber general de respetar todos los derechos de las personas migrantes, incluyendo su derecho vivir libres de discriminación y de toda forma de violencia, a su integridad personal, unidad familiar y propiedad. La CIDH reitera que, de conformidad a las normas y

Sabemos que para el régimen totalitario, el derecho y el orden jurídico no importan y se desprecia, pero no por ello debemos dejar de indicar lo que esta Ley regula, para calibrar la magnitud de la violación de los derechos humanos de los extranjeros afectados; y a la vez, la mentira que acompaña todas las decisiones del gobierno.[1155] En efecto, dicha Ley comienza en su artículo 15 por garantizar a los extranjeros el derecho a la tutela judicial efectiva en todos los actos que a éstos conciernan o se encuentren involucrados respecto a su condición de extranjeros, agregando que en los procedimientos administrativos que se establezcan en materia de extranjería, se deben respetar, en todo caso, las garantías previstas en la Constitución y las leyes, sobre el procedimiento administrativo, especialmente en lo relativo a la publicidad de los actos, contradicción, audiencia del interesado y motivación de las resoluciones y su recurribilidad.

En particular, en materia de deportación de extranjeros, la Ley define las causas de la medida, entre las cuales están por ejemplo, la referida a "que ingresen y permanezcan en el territorio de la República sin el visado correspondiente" (art. 38.1); a "los que se dediquen a la producción, distribución o posesión de sustancias estupefacientes y psicotrópicas o demás actividades conexas" (art. 39.2); o a los "comprometan la seguridad y defensa de la Nación, altere el orden público o esté incurso en delitos contra los Derechos Humanos, Derecho Internacional Humanitario o las

---

estándares internacionales, a los migrantes sujetos a procedimientos que puedan conllevar a su deportación, se les deben respetar garantías mínimas tales como: i) el derecho a ser escuchado por la autoridad competente en el marco del procedimiento tendiente a su deportación y a tener una oportunidad adecuada para ejercer su derecho de defensa; ii) a contar con interpretación y traducción; iii) a contar con representación legal iv) a la protección consular desde el momento de su detención; v) a recibir una notificación de la decisión que ordena su deportación; vi) a acceder a un recurso efectivo para impugnar la decisión de deportación; vii) a impugnar la decisión de deportación; y viii) el derecho a que los recursos interpuestos tengan efectos suspensivos sobre la decisión de deportación.// La Comisión recuerda que el Estado venezolano tiene la obligación de analizar, fundamentar y decidir de forma individual cada una de deportaciones que lleven a cabo. En este orden de ideas, reitera que las expulsiones colectivas son manifiestamente contrarias al derecho internacional. Asimismo, ante la posibilidad de que padres o familiares de personas a quienes les corresponde la nacionalidad venezolana sean deportados, la CIDH considera que los procedimientos que puedan llevar a la deportación de estas personas deben tomar en consideración el principio del interés superior de los hijos e hijas de los migrantes y el derecho de la persona sujeta a un procedimiento tendiente a su deportación a que se proteja su derecho a la vida familiar y el principio de unidad familiar, según las normas y estándares de derechos humanos." Véase en "Comunicado de Prensa" de la Comisión Interamericana de Derechos Humanos, "CIDH expresa preocupación sobre deportaciones arbitrarias de colombianos desde Venezuela," de 28 de agosto de 2015, en http://www.oas.org/es/cidh/prensa/comunicados/2015/100.asp. Véase la reseña de Sergio Gómez Maser, "CIDH pide detener deportaciones de colombianos de inmediato," 28 de agosto de 2015, en *El Tiempo,* Bogotá 30 agosto de 2015, en http://www.eltiempo.com/mundo/ee-uu-y-canada/crisis-frontera-con-venezuela-cidh-pide-detener-deportaciones/16303615. Véase igualmente "CIDH pide a Venezuela detener "deportaciones arbitrarias" de colombianos," en *El Carabobeño*, Valencia, 30 de agosto de 2015, en http://www.el-carabobeno.com/porta-da/articulo/111617/cidh-pide-a-venezuela-detener-deportaciones-arbitrarias-de-colombianos.

1154 Véase en *Gaceta Oficial* N° 37.944 de 24-05-2004. Sobre esta Ley véase Allan R. Brewer-Carías, *Régimen legal de la nacionalidad, ciudadanía y extranjería. Ley de Nacionalidad y Ciudadanía, Ley de Extranjería y Migración, Ley Orgánica sobre Refugiados y Asilados*, Colección Texto Legislativos N° 31, 1ª edición, Editorial Jurídica Venezolana, Caracas 2005.

1155. Véase Allan R. Brewer-Carías, *La mentira como política de Estado. Crónica de una crisis política permanente. Venezuela 1999-2015* (Prólogo de Manuel Rachadell), Colección Estudios Políticos, N° 10, Editorial Jurídica Venezolana, Caracas 2015.

disposiciones contenidas en los instrumentos internacionales, en los cuales sea parte la República" (Art. 39.4).[1156]

Lo importante a destacar es que para la imposición de la medida de deportación o expulsión de un extranjero, por la causa que sea, como lo dispone el artículo 41 de la Ley, el órgano competente del Ministerio del Interior y Justicia tiene necesariamente que ordenar el *inicio del correspondiente procedimiento administrativo* mediante *auto expreso*, que obligatoriamente se debe notificar al extranjero interesado dentro de las 48 horas siguientes al inicio de dicho procedimiento. Las autoridades tienen prohibición de deportación inmediata, y solo pueden, si lo consideran necesario, imponer medidas cautelares de garantía ,[1157] mientras el procedimiento sigue su curso.

La *notificación de inicio* del procedimiento deben contener la indicación expresa los hechos que motivaron el inicio del mismo, así como el derecho que tiene el extranjero interesado para *acceder al expediente administrativo* y de *disponer del tiempo que considere necesario para examinarlo*, para lo cual puede estar asistido de abogado de su confianza (art. 42). Esta notificación se debe practicar de conformidad con lo previsto en la Ley Orgánica de Procedimientos Administrativos.

En el mismo auto de apertura del inicio del procedimiento administrativo antes indicado, se le debe informar al extranjero que debe comparecer ante la autoridad competente en materia de extranjería y migración, al tercer día hábil siguiente a su notificación, a los fines de que se realice una *audiencia oral en la cual pueda exponer los alegatos* para ejercer su derecho a la defensa, para lo cual podrá disponer de

---

1156 Conforme al artículo 38 de la Ley, estarán sujetos a la medida de deportación del territorio de la República, los extranjeros que estén incursos en alguna de las siguientes causales: 1. Los que ingresen y permanezcan en el territorio de la República sin el visado correspondiente. 2. Los que hayan ingresado al territorio de la República para desempeñar actividades sometidas a la autorización laboral y no cumplan con dicho requisito. 3. Los que no cumplan con la obligación de renovar el visado dentro del lapso que establece el Reglamento de esta Ley. 4. Los trabajadores extranjeros y las trabajadoras extranjeras cuando ejecuten trabajos distintos a aquellos para los cuales fueron contratados y en una jurisdicción diferente a la autorizada. 5. Haber sido multado por la autoridad competente en materia de extranjería y migración, dos (2) o más veces y ser renuente a la cancelación de la misma. Además, conforme al artículo 39 de la Ley, los extranjeros deben ser expulsados del territorio de la República en los siguientes casos: 1. Los que hayan obtenido o renovado el visado que autoriza su ingreso o permanencia en el territorio de la República, con fraude a la ley. 2. Los que se dediquen a la producción, distribución o posesión de sustancias estupefacientes y psicotrópicas o demás actividades conexas. 3. Los que encontrándose legalmente en el territorio de la República, propicien el ingreso legal o ilegal de otro extranjero o extranjera con falsas promesas de contrato de trabajo, promesas de visas o autorización de trabajo. 4. El que comprometa la seguridad y defensa de la Nación, altere el orden público o esté incurso en delitos contra los Derechos Humanos, Derecho Internacional Humanitario o las disposiciones contenidas en los instrumentos internacionales, en los cuales sea parte la República.

1157. En dicho auto, a fin de garantizar la ejecución de las medidas de deportación o expulsión, la autoridad competente, podría imponer al extranjero que se encuentre sujeto al procedimiento de deportación o expulsión, las *medidas cautelares* siguientes: "1. Presentación periódica ante la autoridad competente en materia de extranjería y migración. 2. Prohibición de salir de la localidad en la cual resida sin la correspondiente autorización. 3. Prestación de una caución monetaria adecuada, para lo cual deberá tomarse en cuenta la condición económica del extranjero o extranjera. 4. Residenciarse mientras dure el procedimiento administrativo en una determinada localidad. 5. Cualquier otra que estime pertinente a los fines de garantizar el cumplimiento de la decisión de la autoridad competente, siempre que dicha medida no implique una privación o restricción del derecho a la libertad personal." La imposición de estas medidas cautelares no puede exceder de 30 días, contados a partir de la fecha en que se dicte.

todos los medios de prueba que considere pertinentes (art. 43).[1158] Luego de haberse realizado la audiencia oral antes indicada, el órgano competente del Ministerio del Interior y Justicia debe *decidir dentro de las 72 horas siguientes a la celebración de dicha audiencia oral*; en forma *escrita y mediante acto administrativo debidamente motivado*, que deberá contener los requisitos consagrados en las disposiciones de la Ley Orgánica de Procedimientos Administrativos (art. 44). El artículo 50 de la ley insiste en establecer que la expulsión de extranjeros se debe hacer mediante *acto motivado*, dictado por el Ministerio del Interior y Justicia, en la cual se fijará el término para el cumplimiento de la misma.

La decisión de deportación o expulsión debe ser *notificada al extranjero* interesado dentro de las 24 horas siguientes a dicha decisión, la cual debe contener *el texto íntegro del acto administrativo con indicación de los recursos que procedan* y de los lapsos para ejercerlos, así como de los órganos o tribunales ante los cuales deberán interponerse.

En las decisiones que acuerden la deportación o expulsión de extranjeros *se debe fijar el término para el cumplimiento de tales decisiones*, el cual comenzará a transcurrir una vez que se hayan agotado todos los recursos administrativos y judiciales previstos en la ley y dicha medida de deportación o expulsión hubiere quedado definitivamente firme.

Conforme lo dispone el artículo 45 de la Ley, dentro de los cinco días hábiles siguientes a la decisión el extranjero interesado puede interponer *recurso jerárquico* ante el Ministro del Interior y Justicia; quien debe decidir mediante acto administrativo motivado, dentro de los 2 días hábiles siguientes a su interposición. El Ministerio del Interior y Justicia mediante Resolución motivada, revocará la visa o documento de ingreso o permanencia en el territorio de la República a los extranjeros y extranjeras incursos en las causales de deportación y expulsión previstas en los artículos 38 y 39 de la Ley.

De acuerdo con el artículo 50 de la Ley de Extranjeros y Migración Extranjería *solo en caso de incumplimiento del término fijado en el acto administrativo de expulsión (para abandonar el territorio de la República, se puede proceder a la conducción del extranjero hasta el terminal de salida* habilitado al efecto, donde la autoridad competente deba hacer efectiva la expulsión (art. 50).

En todo caso, la misma Ley garantiza a los extranjeros sometidos a las medidas de deportación o expulsión que posean bienes adquiridos legítimamente, el derecho de traslado y colocación de los mismos *durante un lapso de un año*, contado a partir de que la medida haya quedado definitivamente firme, para lo cual deben tener las facilidades necesarias. Dicho traslado lo pueden realizar por sí mismos o a través de representante o apoderado, debidamente autorizado mediante documento autenticado (art. 48).[1159]

1158. El extranjero interesado puede estar asistido de abogado de su confianza en la audiencia oral; y si no habla el idioma castellano o no puede comunicarse de manera verbal se le debe proporcionar un intérprete. Si el extranjero interesado solicitare en dicha audiencia que se le reconozca la condición de refugiado, se debe tramitar el asunto conforme al procedimiento establecido en la Ley Orgánica de Refugiados y Asilados.

1159. Además, conforme se indica en el artículo 49 de la Ley, los trabajadores extranjeros sujetos a las medidas de deportación o expulsión tienen derecho a percibir los salarios, prestaciones sociales y to-

Leer estas disposiciones de una Ley que está vigente en Venezuela, y contrastarlas con la conducta desplegada por las autoridades civiles y militares en la frontera que controlan, con ocasión de la declaratoria del estado de excepción y el inconstitucional cierre de la frontera, lo que evidencia es la masiva y descarada violación de la ley, la cual como se dijo, desde el Estado totalitario se desprecia; pero a la vez el Presidente de la República afirma cínicamente ante el cierre indefinido de la frontera que "que hasta que no haya un "*mínimo de respeto a la ley*" no ve la posibilidad de abrirla."[1160]

2. *La ausencia de régimen normativo respecto de la restricción a la garantía de la inviolabilidad de las comunicaciones*

El artículo 48 de la Constitución que establece el derecho a la inviolabilidad de las comunicaciones, dispone lo siguiente:

> *"Artículo 48.* Se garantiza el secreto e inviolabilidad de las comunicaciones privadas en todas sus formas. No podrán ser interferidas sino por orden de un tribunal competente, con el cumplimiento de las disposiciones legales y preservándose el secreto de lo privado que no guarde relación con el correspondiente proceso."

En esta materia, sin embargo, nada reguló el decreto sobre las modalidades y el alcance de la garantía del derecho por lo que el ejercicio del mismo no ha sido afectado ni restringido en forma alguna.

3. *Régimen normativo derivado de la restricción a la garantía del derecho al libre tránsito y su inconstitucionalidad e ilegalidad*

El artículo 50 de la Constitución que establece el derecho al libre tránsito, dispone lo siguiente:

> *"Artículo 50.* Toda persona puede transitar libremente y por cualquier medio por el territorio nacional, cambiar de domicilio y residencia, ausentarse de la República y volver, trasladar sus bienes y pertenencias en el país, traer sus bienes al país o sacarlos, sin más limitaciones que las establecidas por la ley. En caso de concesión de vías, la ley establecerá los supuestos en los que debe garantizarse el uso de una vía alterna. Los venezolanos y venezolanas pueden ingresar al país sin necesidad de autorización alguna.
>
> Ningún acto del Poder Público podrá establecer la pena de extrañamiento del territorio nacional contra venezolanos o venezolanas."

Sobre esta previsión constitucional relativa a la garantía del derecho al libre tránsito de que solo puede ser limitado mediante ley, el decreto estableció dos tipos de restricciones:

---

dos los beneficios establecidos en la ley que regula las relaciones de trabajo, contrataciones colectivas y demás leyes sociales aplicables con ocasión de la relación laboral.

1160 Véase el reportaje de Daniel Pardo, ""D", la marca que condena al derrumbe las casas de los colombianos deportados de Venezuela," en *BBC Mundo*, 26 de agosto de 2015, en http://www.bbc.com/mundo/noticias/2015/08/150825_vene-zuela_con-flcto_frontera_dp

Primero, el artículo 2.2 del Decreto, al restringir dicha garantía, estableció que "las autoridades competentes podrán practicar requisas personales, de equipajes y vehículos," pero sometido ello a las siguientes condiciones acumulativas:

a) Que se trata solo de una "restricción del tránsito de mercancías y bienes en los municipios Bolívar, Pedro María Ureña, Junín, Capacho Nuevo, Capacho Viejo y Rafael Urdaneta del estado Táchira,"

b) Que las requisas son "exclusivamente a los fines de determinar la comisión de los delitos" indicados en el artículo 2.1, es decir, los "delitos o de graves ilícitos administrativos, contra las personas, su vida, integridad, libertad o patrimonio, así como delitos o ilicitudes relacionados con la afección de la paz, el orden público y Seguridad de la Nación, la fe pública, el orden socioeconómico, la identidad y orden migratorio, y delitos conexos."

c) Que en los casos de "practicar requisas personales, de equipajes y vehículos," la deberán realizar las autoridades competentes "dentro del más estricto respeto a la integridad física, psíquica y moral de las personas mediante el cumplimiento de los protocolos que garantizan de forma efectiva y eficaz dicho respeto."

Segundo, el artículo 2.3 del Decreto, al restringir dicha garantía de la reserva legal respecto del derecho al libre tránsito, estableció que:

> "3. Los Ministerios del Poder Popular con competencia en las materias de Relaciones Interiores, Justicia y Paz, y Defensa, mediante Resolución Conjunta, podrán establecer restricciones al tránsito de bienes y personas en los municipios afectados por la declaratoria efectuada en el artículo 1° de este Decreto, así como el cumplimiento de determinados requisitos o la obligación de informar el cambio de domicilio o residencia, la salida de la República o el ingreso a ésta, el traslado de bienes y pertenencias en el país, su salida o entrada, sin más limitaciones que las establecidas por la ley."

Esta previsión es completamente contraria a la Constitución. Como hemos dicho, conforme al artículo 339 de la Constitución, y esa fue la gran reforma en relación con lo que se establecía en la Constitución de 1961, en el decreto que declare el estado de excepción, necesariamente "se regulará el ejercicio del derecho cuya garantía se restringe." La Constitución excepcionalmente autoriza al Presidente de la República a restringir las garantías de ciertos derechos al declarar el estado de excepción, pero no lo autoriza a "delegar" o "autorizar" a su vez, a los Ministros a establecer restricciones a los derechos.

La restricción de garantías constitucionales y el decreto de estado de excepción, es uno de los típicos "actos de gobierno"[1161] o actos ejecutivos dictados en "ejecución directa de la Constitución," que esta asigna en exclusividad al Presidente de la República en Consejo de Ministros (art. 236.7),[1162] y cuya emisión por tanto no es delegable.

1161 Así lo califica expresamente la sentencia N° 1173 de 28 de agosto de 2015, que declara la "constitucionalidad" del decreto N° 1950 de 21 de agosto de 2-15 de estado de excepción. Véase en http://historico.tsj.gob.ve/decisiones/scon/agosto/181175-1173-28815-2015-2015-0979.HTML.

1162 Art. 236. Son atribuciones y obligaciones del Presidente de la República (en Consejo de Ministros): 7. Declarar los estados de excepción y decretar la restricción de garantías en los casos previstos en esta Constitución." Véase sobre los actos de ejecución directa de la Constitución y su significado: Allan R.

Es por tanto absolutamente inconstitucional que el Presidente pretenda "delegar," "transferir," "asignar," "trasladar" el ejercicio de competencias constitucionales de ejecución directa de la Constitución en los Ministros, que sólo él puede ejercer en Consejo de Ministros, y que además implican el ejercicio de poderes normativos.

En consecuencia, cualquier acto administrativo que dicte un Ministro conforme a la inconstitucional previsión, estableciendo "restricciones al tránsito de bienes y personas en los municipios afectados" por la declaratoria de estado de excepción, es a su vez inconstitucional; al igual que cualquier acto administrativo mediante los cuales un Ministro establezca o imponga "el cumplimiento de determinados requisitos o la obligación de informar el cambio de domicilio o residencia, la salida de la República o el ingreso a ésta, el traslado de bienes y pertenencias en el país, su salida o entrada," los cuales también serían absolutamente inconstitucionales.

Por lo demás, si el artículo 2.3 del Decreto N° 1.950 se entendiera como estableciendo una "delegación," olvidó el Presidente de la República que él mismo en la Ley Orgánica de la Administración Pública que dictó mediante Decreto Ley en 2014, estableció expresamente en su artículo 35.1 que "la delegación intersubjetiva o inter-orgánica no procederá [...] cuando se trate de la adopción de disposiciones de ca*rácter normativo.*" La delegación, entonces en ese caso, además de inconstitucional, sería completamente ilegal.

4. *Régimen normativo derivado de la restricción a la garantía del derecho de reunión y su inconstitucionalidad e ilegalidad*

El artículo 53 de la Constitución que establece el derecho de reunión, dispone lo siguiente:

> "*Artículo 53.* Toda persona tiene el derecho de reunirse, pública o privadamente, sin permiso previo, con fines lícitos y sin armas. Las reuniones en lugares públicos se regirán por la ley."

En relación con esta previsión constitucional sobre la garantía del derecho de reunión de que las reuniones en lugares públicos "se regirán por la ley," el artículo 2.4 del Decreto, al restringir la garantía, estableció la restricción de que:

> "No se permitirán reuniones públicas que no hubieren sido previamente autorizadas por el funcionario en quien se delega la ejecución del presente Decreto."

Es decir, la restricción a la garantía del derecho fue el establecimiento en el decreto ley de la necesidad de una autorización previa por parte del "funcionario en quien se delega la ejecución" del decreto, que es el Gobernador del Estado Táchira. Como dicha delegación es contraria a la Constitución, como antes se ha argumentado, pues el Presidente sólo puede delegar atribuciones en funcionarios subalternos titulares de órganos que le son dependientes, y no en funcionarios electos, titulares de órganos de otro Poder Público (Poder Estadal) que no son sus inferiores ni subalternos, cualquier acto dictado por el mencionado Gobernador en ejecución del decreto es igualmente inconstitucional e ilegal.

Brewer-Carías, "El control de constitucionalidad de los actos del Poder Ejecutivo dictados en ejecución directa e inmediata de la Constitución y el principio de la formación del derecho por grados en Venezuela," en *Revista Jurídica UDABOL*, Universidad de Aquino Bolivia, Año 1, N° 1, La Paz 2012, pp. 83-129.

Pero además, dicha previsión del artículo 2.4 del Decreto 1950 también es inconstitucional, al restringir la garantía del derecho de reunión en lugares públicos, porque ello no tiene relación directa con el motivo y objeto del decreto que fue el declarar un estado de excepción económica. No se establece en el decreto motivación alguna que permita establecer la vinculación entre el derecho de reunión en lugares públicos, y la situación del contrabando de extracción que se busca perseguir. Y ni siquiera el Decreto hizo referencia por ejemplo, a los mercados populares que se puedan realizar en lugares públicos, y el vínculo entre ellos y el contrabando de extracción.

5. *Régimen normativo derivado de la restricción a la garantía del derecho de manifestación y su inconstitucionalidad e ilegalidad*

El artículo 68 de la Constitución que establece el derecho de manifestación, dispone lo siguiente:

> "*Artículo 68*. Los ciudadanos y ciudadanas tienen derecho a manifestar, pacíficamente y sin armas, sin otros requisitos que los que establezca la ley.
>
> Se prohíbe el uso de armas de fuego y sustancias tóxicas en el control de manifestaciones pacíficas. La ley regulará la actuación de los cuerpos policiales y de seguridad en el control del orden público."

Sobre esta previsión constitucional relativa a la garantía del derecho de manifestación pacíficamente y sin armas de que solo la ley puede establecer requisitos para su ejercicio, el artículo 2.5 del Decreto estableció la restricción de que en la zona comprendida por el Decreto "sólo podrá ejercerse previa autorización del funcionario en quien se delega la ejecución del presente Decreto, emitida a solicitud de los manifestantes," la cual "deberá presentarse con una anticipación de quince (15) días a la fecha fijada para su convocatoria."

Respecto de esta restricción de un derecho político como es el derecho de manifestación, el mismo no tiene relación directa con el motivo y objeto del decreto, que fue el declarar un estado de excepción económica. Tampoco en este caso se establece en el decreto motivación alguna que permita establecer la vinculación entre el derecho de manifestación, como derecho político, y la situación del contrabando de extracción que se busca perseguir. La norma, por tanto, sin duda, está viciada de desviación de poder, pues con el decreto de estado de excepción económica se busca restringir el ejercicio de derechos políticos.

Además, como ante se dijo, igualmente en este caso el Decreto atribuye el otorgamiento de la autorización previa para poder manifestar al "funcionario en quien se delega la ejecución" del Decreto, que es el Gobernador del Estado Táchira. Como dicha delegación es contraria a la Constitución, como antes se ha argumentado, pues conforme a la ley Orgánica de la Administración Pública el Presidente sólo puede delegar atribuciones en funcionarios subalternos titulares de órganos que le son dependientes, y no en funcionarios electos, titulares de órganos de otro Poder Público (Poder Estadal) que no son sus inferiores ni subalternos, cualquier acto dictado por el mencionado Gobernador en ejecución del decreto es igualmente inconstitucional e ilegal.

6. *Régimen normativo derivado de la restricción a la garantía a ejercer actividades económicas (libertad económica) y su inconstitucionalidad e ilegalidad*

El artículo 112 de la Constitución que establece el derecho a la libertad económica, dispone lo siguiente:

> *"Artículo 112.* Todas las personas pueden dedicarse libremente a la actividad económica de su preferencia, sin más limitaciones que las previstas en esta Constitución y las que establezcan las leyes, por razones de desarrollo humano, seguridad, sanidad, protección del ambiente u otras de interés social. El Estado promoverá la iniciativa privada, garantizando la creación y justa distribución de la riqueza, así como la producción de bienes y servicios que satisfagan las necesidades de la población, la libertad de trabajo, empresa, comercio, industria, sin perjuicio de su facultad para dictar medidas para planificar, racionalizar y regular la economía e impulsar el desarrollo integral del país."

En relación con esta previsión constitucional sobre la garantía del derecho a la libertad económica, que remite a la ley para establecer limitaciones a la misma, el artículo 2.6 del Decreto, al restringir la garantía, estableció la restricción de que:

> "6. El Ministerio del Poder Popular para el Comercio, conjuntamente con los Ministerios con competencia en las materias de Alimentación, Agricultura y Tierras, y Salud, podrán establecer normas especiales para la disposición, traslado, comercialización, distribución, almacenamiento o producción de bienes esenciales o de primera necesidad, o regulaciones para su racionamiento; así como restringir o prohibir temporalmente el ejercicio de determinadas actividades comerciales."

Como antes se ha argumentado, esta previsión también es completamente contraria a la Constitución, ya que el artículo 339 de la misma, contrariamente a lo que establecía la Constitución de 1961, exige que en el decreto que declare el estado de excepción, necesariamente "se regulará el ejercicio del derecho cuya garantía se restringe," no autorizando al Presidente para en forma alguna "delegar" o "autorizar" a su vez, a los Ministros para establecer restricciones a los derechos. Como acto de ejecución directa de la Constitución, la restricción de garantías constitucionales y el decreto de estado de excepción, es una competencia exclusiva al Presidente de la República en Consejo de Ministros (art. 236.7), y cuya emisión no es delegable. Es por tanto absolutamente inconstitucional que el Presidente pretenda "delegar," "transferir," "asignar," "trasladar" en sus Ministros el ejercicio de competencias constitucionales de ejecución directa de la Constitución, que sólo él puede ejercer en Consejo de Ministros, y menos cuando se trata de poderes normativos..

En consecuencia, cualquier acto administrativo que dicte un Ministro conforme a la inconstitucional previsión, estableciendo normas especiales para la disposición, traslado, comercialización, distribución, almacenamiento o producción de bienes esenciales o de primera necesidad, o regulaciones para su racionamiento; así como restringir o prohibir temporalmente el ejercicio de determinadas actividades comerciales, sería a su vez inconstitucional.

Por lo demás, si el artículo 2.6 del Decreto N° 1950 también se entendiera como estableciendo una "delegación," olvidó el Presidente de la República que él mismo en la Ley Orgánica de la Administración Pública que dictó mediante Decreto Ley en

2014, estableció expresamente en su artículo 35.1 que "la delegación intersubjetiva o inter-orgánicano procederá [...] cuando se trate de la adopción de disposiciones de *carácter normativo*." La delegación, entonces en ese caso, además de inconstitucional, sería completamente ilegal.

Por último, en cualquier caso, si el funcionario inconstitucionalmente "delegado" ejerce las atribuciones delegadas, debe realizarlo mediante actos jurídicos formales que puedan ser controlados. El estado de excepción en materia económica no es ni puede entenderse como una "suspensión" del ordenamiento jurídico, [1163] ni como el decreto de establecimiento de un "reino de la arbitrariedad," ni como uno operación de índole militar. Sin embargo, esto último es lo que parece se persigue con el Decreto, al militarizarse totalmente su ejecución por el funcionario "delegado," al designarse en el artículo 11, "al Comandante de la Zona Operativa de Defensa Integral (ZODI) del Táchira, responsable de las acciones de índole estratégico militar que con ocasión de este Decreto deban ejecutarse, bajo la coordinación del funcionario en quien se delega la ejecución del presente Decreto." [1164]

7. *Régimen inconstitucional normativo que modifica las competencias constitucionales del Banco Central de Venezuela*

Conforme al artículo 318 de la Constitución, el Banco Central de Venezuela, para el adecuado cumplimiento de su objetivo, que "es lograr la estabilidad de precios y preservar el valor interno y externo de la unidad monetaria," tiene "entre sus funciones las de formular y ejecutar la política monetaria, participar en el diseño y eje-

---

1163. Véase María Amparo Grau, "¿Estado de Excepción sin Estado de derecho?, en *El Nacional*, Caracas 26 de agosto de 2015, en http://www.el-nacional.com/ma-ria_amparo_grau/excepcion-Derecho_0_689931257.html

1164. Y no otra cosa parece, por ejemplo, haber ocurrido el día 25 de agosto de 2015, cuando en una "asamblea" para tratar de la implementación del estado de excepción en el Estado Táchira, el gobernador "delegado," con la participación del Presidente de la Asamblea Nacional, dio órdenes y adoptó decisiones vía twitter, así: "#AHORA "Mañana a las 12 del mediodía local que no esté abierto se aplicarán medidas" expresa gobernador @VielmaEsTachira desde la frontera. 18:58 - 25 ago 2015." De ello se da cuenta en la prensa así: "El gobernador del estado Táchira, José Gregorio Vielma Mora, le insistió a los comerciantes de la zona fronteriza a reabrir los comercios, de lo contrario las fuerzas de seguridad romperán las cadenas y candados. Durante la asamblea para aprobar el decreto de Estado de excepción realizada en Los Andes venezolanos, el gobernador dio la orden de abrir los negocios este miércoles. "*Mi general (Jefe de la Región Estratégica de Defensa Integral Los Andes, Efraín Velasco Lugo) llame a todos los comerciantes de la frontera, a partir de mañana comercio que no esté abierto vamos a aperturar (sic) la santamaría, vamos a romper las cadenas y los candados que oprimen al pueblo*." Véase la información de prensa en las reseñas: "Gobernador chavista amenaza con abrir comercios fronterizos a la fuerza," en *Diario Las Américas*, 26 de agosto de 2015, en http://www.diariolasame-ricas.com/4848_venezuela/3299937 _gobernador-chavista-amenaza-abrir-comercios-fronterizos-fuerza.html; "Vielma Mora: Abriremos los locales de la frontera que no estén trabajando," en *El Mundo*, 26 de agosto de 2015, en http://www.el-mundo.com.ve/noticias/economia/poli-tica/vielma-mora-abriremos-los-locales-de-la-frontera-.aspx#ixzz3jvGqfTI9. O sea, el Gobernador "delegado" consideró la apertura de los comercios como una "acción de índole estratégico militar," y tomó decisiones en la forma de órdenes militares verbales, sin apego alguno a las formalidades de la actuación de la Administración Pública, y por tanto, sin seguridad jurídica alguna. Para el Estado totalitario, en fin, el derecho no tiene ningún valor. Véase Allan R. Brewer-Carías, *Estado totalitario y desprecia a la Ley. La desconstitucionalización, desjuridificación, desjudicialización y desdemocratización de Venezuela*, Fundación de Derecho Público, Editorial Jurídica Venezolana, 2014.

cutar la política cambiaria, regular la moneda, el crédito y las tasas de interés, administrar las reservas internacionales, y todas aquellas que establezca la ley."

Un decreto de Estado de excepción, si bien puede permitir restringir las garantías constitucionales de ciertos derechos, no puede en forma alguna modificar las competencias de órganos constitucionales, como lo es el Banco Central de Venezuela. Sin embargo, el artículo 4 del Decreto N° 1.950 dispone que:

> "*Artículo 4°.* El Ministerio del Poder Popular de Economía y Finanzas podrá establecer límites máximos de ingreso o egreso de moneda venezolana de curso legal en efectivo. De igual manera, dicho Ministerio podrá establecer restricciones a determinadas operaciones y transacciones comerciales o financieras, así como restringir dichas operaciones al uso de medios electrónicos debidamente autorizados en el país."

La Constitución es muy precisa estableciendo en su artículo 339 que "La declaración del estado de excepción no interrumpe el funcionamiento de los órganos del Poder Público," por lo que toda decisión que adopte el Ministerio de Economía y Finanzas que afecte las competencias del Banco Central de Venezuela es inconstitucional.

Además, también en este caso, si se entendiera que lo que se regula es una "restricción" al derecho al libre ejercicio de la actividad económica, igualmente en este caso, conforme al artículo 339, solo el Presidente de la República puede dictar el acto de ejecución directa de la Constitución regulando el ejercicio del derecho cuya garantía se restringe, no autorizando al Presidente para en forma alguna "delegar" o "autorizar" a su vez, a los Ministros para establecer restricciones a los derechos. Es por tanto absolutamente inconstitucional que el Presidente pretenda "delegar," "transferir," "asignar," "trasladar" en sus Ministros el ejercicio de competencias constitucionales de ejecución directa de la Constitución, que sólo él puede ejercer en Consejo de Ministros, y menos cuando se trata de poderes normativos.

En consecuencia, cualquier acto administrativo que dicte el Ministro de Economía y Finanzas conforme a la inconstitucional previsión, estableciendo límites máximos de ingreso o egreso de moneda venezolana de curso legal en efectivo, y restricciones a determinadas operaciones y transacciones comerciales o financieras, y a restringir dichas operaciones al uso de medios electrónicos, sería inconstitucional.

Por lo demás, si el artículo 4 del Decreto N° 1.950 también se entendiera como estableciendo una "delegación," olvidó el Presidente de la República que él mismo, en la Ley Orgánica de la Administración Pública que dictó mediante Decreto Ley en 2014, estableció expresamente en su artículo 35.1 que "la delegación intersubjetiva o inter-orgánica *no procederá* [...] cuando se trate de la adopción de disposiciones de ca*rácter normativo*." La delegación, entonces en ese caso, además de inconstitucional, sería completamente ilegal.

V. OTRAS REGULACIONES INCONSTITUCIONALES DEL DECRETO LEY: LAS ÓRDENES DADAS AL DEFENSOR DEL PUEBLO COMO SI FUERA SUBALTERNO DEL PODER EJECUTIVO

El decreto N° 1.950, además de establecer regulaciones sobre asuntos ya regulados en las leyes, como la suspensión temporal del porte de armas (art. 5), o normas de coordinación entre los diversos órganos del Estado (por ejemplo, artículos 6, 10,

11), contiene otras disposiciones inconstitucionales, como es la orden viciada de usurpación de funciones, emanada del Presidente de la República dirigidas al Defensor del Pueblo que es un órgano del Poder Ciudadano, que es un Poder Público distinto, separado del Poder Ejecutivo, autónomo e independiente (art. 273), que no puede recibir órdenes de otro Poder y menos del Presidente de la República. Y ello, y no otra cosa, es lo que se expresa en el artículo 7 del decreto al disponer:

> "*Artículo 7°*. La Defensoría del Pueblo *comisionará* a los defensores delegados de los municipios Bolívar, Pedro María Ureña, Junín, Capacho Nuevo, Capacho Viejo y Rafael Urdaneta del estado Táchira, así como defensores especiales y nacionales, para atender la situación excepcional objeto de regulación en este Decreto, con el fin de que velen por el respeto de los derechos humanos de la población y ejerzan las acciones necesarias para su efectiva protección. A tal efecto, podrá reforzar su actuación comisionando defensores delegados de otros estados."

VI. EL ESTADO DE EXCEPCIÓN Y LA CREACIÓN DE UNA AUTORIDAD ÚNICA DE ÁREA A CARGO DE UN MILITAR PARA REFORZAR LA MILITARIZACIÓN DE LA FRONTERA

El 26 de agosto de 2015, se publicó el Decreto N° 1.956 de la misma fecha, mediante el cual se nombró a un militar activo como "Autoridad Única de la Zona Uno, área determinada por los límites político-territoriales de los Municipios Bolívar, Junín, Capacho Nuevo, Capacho Viejo y Rafael Urdaneta del Estado Táchira,[1165] que no tiene carácter orgánico (art. 1) y es dependiente directamente del Presidente de la República (art. 5), materializando un proyecto que antes se había anunciado,[1166] con el único objeto, sin duda demasiado laxo para definir una competencia

1165 Véase en *Gaceta Oficial* N° 40.732 de 26 de agosto de 2015, contentiva del Decreto N° 1.956 de la misma fecha, mediante el cual se nombra "al ciudadano Carlos Alberto Martínez Stapulionis, como Autoridad Única de la Zona Uno, área determinada por los límites político-territoriales de los municipios que en él se indican, del estado Táchira. (Municipio Bolívar, Junín, Capacho Nuevo, Capacho Viejo y Rafael Urdaneta)." Mediante Decreto N° 1.970 de 1° de septiembre de 2015, el Presidente Maduro designó al "ciudadano Luis Rodolfo Arrieta Suárez, como Autoridad Única de la Zona 2, área determinada por los límites político-territoriales de los Municipios Lobatera, Panamericano, García de Hevia y Ayacucho del estado Táchira." Véase en *Gaceta Oficial* N° 40736 de 1° de septiembre de 2015. El decreto está "dado en Caracas" pero en esa fecha 1° de septiembre de 2015, Maduro estaba en China. Véase la información del 2 de septiembre de 2015: "Maduro intensifica su acercamiento a China en plena crisis fronteriza," donde incluso se anuncia que al día siguiente, el 3 de septiembre, asistirá "al desfile militar conmemorativo del 70 aniversario del fin de la Segunda Guerra Mundial que se celebrará en Pekín." Véase en *Noticiero Digital*, 2 de septiembre de 2015, en http://www.noticierodigital.com/2015/09/maduro-intensifica-su-acercamiento-a-china-en-plena-crisis-fronteriza/.

1166 Por las informaciones de prensa publicadas el día 24 de agosto de 2015, se deduce que para el día anterior, el Decreto de estado de excepción aún estaba en "borrador," habiéndose propuesto además crear una "autoridad única de área" en la zona de seguridad de los municipios fronterizos del Estado Táchira. Véase por ejemplo la información: "Designada autoridad única para los municipios incorporados en el estado de excepción," en *Noticias Venezuela*, 24 de agosto de 2015. En esa reseña se lee lo siguiente expresado por el Presidente de la República: "He decidido designar un jefe único de esta zona número uno, *allí en la primera versión del decreto de estado de excepción*, creo la zona de seguridad fronteriza con cinco municipios, estamos agregando un sexto municipio, el municipio Rafael Urdaneta se está agregando al estado de excepción a partir de hoy (...) *Se trata del general Carlos Alberto Martinez, general de la República, quien desde este mismo momento asume la conducción de la zona uno*, y así iremos, fortaleciendo la capacidad de organización, el liderazgo de las nuevas estrucpública, de "*establecer un nuevo orden en el sector de la frontera,* en el cual concurren diversos municipios, fortaleciendo la capacidad de organización y el liderazgo de las nuevas estructuras para una nueva frontera" (art. 1).

Una Autoridad Única de Área en la zona, con esta competencia, en paralelo al decreto de un estado de emergencia, a cargo de un militar activo, no parece tener otro fin que no sea reforzar la militarización de la frontera, para lo cual se atribuye a dicho militar general la competencia general de coordinar todas las autoridades públicas del Ejecutivo Nacional con competencia en los Municipios (art. 2), así como la coordinación inter institucional con los diversos entes político territoriales, disponiendo que todos los entes públicos nacionales deben ejercer sus competencias conforme a los lineamientos y directrices de la Autoridad Única de Área (art. 3). El Decreto, además, ordena a todos los órganos y entes descentralizados o desconcentrados nacionales ejercer sus respectivas competencias bajo la coordinación y aprobación previa de la Autoridad Única de Área.[1167]

VII. EL MARCO LEGAL PARA EL CONTROL JUDICIAL DE LOS DECRETOS DE ESTADOS DE EXCEPCIÓN Y SUS ACTOS DE EJECUCIÓN

Para corregir todas los actos estatales adoptados con motivo del decreto de un estado de excepción, el artículo 336.6 de la Constitución asigna a la Sala Constitucional del Tribunal Supremo de Justicia, la atribución de "revisar en todo caso, aun de oficio, la constitucionalidad de los decretos que declaren estados de excepción dictados por el Presidente o Presidenta de la República"; lo que ratifica el artículo 339 al exigir que el Ejecutivo Nacional lo remita a "la Sala Constitucional del Tribunal Supremo de Justicia, para que se pronuncie sobre su constitucionalidad."

Conforme al artículo 32 de la Ley Orgánica, la Sala Constitucional del Tribunal Supremo de Justicia debe decidir la revisión del decreto de estado de excepción en el lapso de diez días continuos contados a partir de la comunicación del Presidente de la República o del Presidente de la Asamblea Nacional, o del vencimiento del lapso de 8 días continuos previsto en el artículo anterior.

Si la Sala Constitucional no se pronuncia en el lapso mencionado, conforme al artículo 32 de la Ley Orgánica, los Magistrados que la componen "incurren en res-

---

turas para la nueva frontera." Maduro agradeció la labor del mandatario regional José Gregorio Vielma Mora durante las primeras horas de la aplicación del decreto en la región: "Yo le había solicitado al gobernador que asumiera en las primeras horas la conducción de la zona número uno, lo ha hecho muy bien, ahora yo estoy designando un Jefe Único, una Autoridad Única de estos seis municipios a la luz del estado de excepción, *para que lidere y sea el jefe de todas las acciones integrales para establecer un nuevo orden en la frontera, una nueva frontera.*" Véase en http://noticiasvenezuela.info/2015/08/designada-autoridad-unica-para-los-municipios-incorporados-en-el-estado-de-excepcion/.

1167. En todas las otras zonas fronterizas donde se decretaron estados de excepción, se designaron autoridades únicas de área. Véase por ejemplo, los siguientes decretos: Decreto N° 2.017, Autoridad Única de la Zona Cuatro, municipios Machíques de Perijá, Rosario de Perijá, Jesús Enrique Lossada y la Cañada de Urdaneta del estado Zulia; Decreto N° 2.018, Autoridad Única de la Zona Cinco, municipios Catatumbo, Jesús María Semprúm y Colón del estado Zulia; Decreto N° 2.019, Autoridad Única de la Zona Seis, municipio Páez del estado Apure y Decreto N° 2.020, Autoridad Única de la Zona Siete, municipios Rómulo Gallegos y Pedro Camejo del estado Apure. En *Gaceta Oficial* N° 40.747 de 16 de septiembre de 2015.

ponsabilidad disciplinaria, pudiendo ser removido de sus cargos de conformidad con lo establecido en el artículo 265 de la Constitución". Este es el primer supuesto de "falta grave" para la remoción de los Magistrados del Tribunal Supremo que se regula en la legislación, por parte de la Asamblea Nacional.

En el curso del procedimiento establecido, para cuyo desarrollo todos los días y horas se consideran hábiles (art. 39 Ley Orgánica), los interesados, durante los 5 primeros días del lapso para decidir que tiene la Sala Constitucional, pueden consignar los alegatos y elementos de convicción que sirvan para demostrar la constitucionalidad o la inconstitucionalidad del decreto que declare el estado de excepción, acuerden su prórroga o aumente el número de garantías restringidas.

No precisa el artículo, sin embargo, quienes pueden ser considerados "interesados", por lo que debe entenderse que al tratarse de un juicio de inconstitucionalidad relativo a un decreto "con rango y valor de ley," debería dársele el mismo tratamiento que el establecido para la acción popular, es decir, que para ser interesado basta alegar un simple interés en la constitucionalidad.

En todo caso, la Sala Constitucional del Tribunal Supremo de Justicia, dentro de los dos días siguientes debe admitir los alegatos y elementos de prueba que resulten pertinentes y desechar aquellos que no lo sean. Contra esta decisión, dispone la Ley Orgánica, "no se admitirá recurso alguno", lo cual es absolutamente superfluo, pues no existe recurso posible alguno en el ordenamiento jurídico constitucional, contra las decisiones de la Sala Constitucional.

La Sala Constitucional del Tribunal Supremo de Justicia debe decidir dentro de los tres días continuos siguientes a aquel en que se haya pronunciado sobre la admisibilidad de los alegatos y las pruebas presentadas por los interesados (art. 36).

En su decisión, conforme al artículo 37 de la Ley Orgánica:

> "*Artículo 37*: La Sala Constitucional del Tribunal Supremo de Justicia declarará la nulidad total o parcial del decreto que declara el estado de excepción, acuerda su prórroga o aumenta el número de garantías restringidas, cuando no se cumpla con los principios de la Constitución de la República Bolivariana de Venezuela, tratados internacionales sobre derechos humanos y la presente Ley."

En relación con los efectos de la decisión de la Sala Constitucional en el tiempo, la Ley Orgánica expresamente prescribe los efectos *ex tunc*, disponiendo que:

> "*Artículo 38*: La decisión de nulidad que recaiga sobre el decreto tendrá efectos retroactivos, debiendo la Sala Constitucional del Tribunal Supremo de Justicia restablecer inmediatamente la situación jurídica general infringida, mediante la anulación de todos los actos dictados en ejecución del decreto que declare el estado de excepción, su prórroga o aumento del número de garantías constitucionales restringidas, sin perjuicio del derecho de los particulares de solicitar el restablecimiento de su situación jurídica individual y de ejercer todas las acciones a que haya lugar. Esta decisión deberá ser publicada íntegramente en la *Gaceta Oficial* de la República Bolivariana de Venezuela."

Una Sala Constitucional actuando como juez constitucional en un Estado de derecho, sin duda, tendría en estas normas el poder suficiente para ejercer efectivamente el control de constitucionalidad del decreto de estado de excepción N° 1.950 del

21 de agosto de 2015, con el cual el Presidente de la República en Consejo de Ministros lo que ha hecho es masacrar la Constitución.

Por otra parte, de acuerdo con el artículo 27 de la Constitución, el ejercicio del derecho de amparo "no puede ser afectado en modo alguno por la declaratoria de estado de excepción o de la restricción de garantías constitucionales", derogándose en forma tácita el ordinal del artículo de la Ley Orgánica de Amparo sobre Derechos y Garantías Constitucionales de 1988 que restringía el ejercicio de la acción de amparo en las situaciones de restricción de Garantías Constitucionales.[1168] Por ello, incluso, la propia Ley Orgánica enumera, entre las garantías no restringibles "el amparo constitucional" (art. 7.12).

En consecuencia, el artículo 40 de la Ley Orgánica dispone que:

> "*Artículo 40*: Todos los jueces o juezas de la República, en el ámbito de su competencia de amparo constitucional, están facultados para controlar la justificación y proporcionalidad de las medidas adoptadas con base al estado de excepción."

Esta norma, sin embargo, puede considerarse como inconvenientemente restrictiva, pues parecería que los jueces de amparo no podrían ejercer su potestad plena de protección frente a las violaciones de derechos y garantías constitucionales en estas situaciones de los estados de excepción, sino sólo en los aspectos señalados de justificación y proporcionalidad de las medidas que se adopten con motivo de los mismos.

En todo caso, jueces de amparo efectivamente independientes y autónomos, también tendrían en estas normas los poderes necesarios para controlar las inconstitucionalidades del Decreto N° 1.950 de 21 de agosto de 2015, a los cuales nos hemos referido.

Sin embargo, lamentablemente, Venezuela carece de un poder judicial autónomo e independiente que pueda permitir controlar las violaciones a los derechos humanos que se puedan cometer durante un Estado de excepción,[1169] por lo que los jueces de instancia con competencia en materia de amparo, por el carácter de transitorios o

---

1168. Véase Allan R. Brewer-Carías, "El amparo a los derechos y la suspensión o restricción de garantías constitucionales", en *El Nacional*, Caracas, 14-4-89, p. A-4.

1169 Por ello, con razón, Julio Dávila Cárdenas, citando a Daniel Zovatto, señaló que "cuando se utilizan los estados de excepción para violar los derechos humanos, se transgrede su verdadero objetivo, que es la defensa de la democracia y del Estado de Derecho. Para garantizarlo se requiere de un poder judicial independiente e imparcial que pueda controlar al ejecutivo. Al decir de alguna Corte extranjera ese no parece ser el caso de Venezuela;" en "Los estados de excepción," Caracas, 26 de agosto de 2015. Sobre la situación del Poder Judicial véase: Allan R. Brewer-Carías, "La progresiva y sistemática demolición institucional de la autonomía e independencia del Poder Judicial en Venezuela 1999-2004", en *XXX Jornadas J.M Domínguez Escovar, Estado de derecho, Administración de justicia y derechos humanos*, Instituto de Estudios Jurídicos del Estado Lara, Barquisimeto, 2005, pp. 33-174; "La justicia sometida al poder [La ausencia de independencia y autonomía de los jueces en Venezuela por la interminable emergencia del Poder Judicial (1999-2006)]," en *Derecho y democracia. Cuadernos Universitarios*, Órgano de Divulgación Académica, Vicerrectorado Académico, Universidad Metropolitana, Año II, N° 11, Caracas, septiembre 2007, pp. 122-138; y "The Government of Judges and Democracy. The Tragic Situation of the Venezuelan Judiciary," en *Venezuela. Some Current Legal Issues 2014, Venezuelan National Reports to the 19th International Congress of Comparative Law, International Academy of Comparative Law, Vienna, 20-26 July 2014*, Academia de Ciencias Políticas y Sociales, Caracas 2014, pp. 13-42.

provisionales que tienen en general, y por tanto, carentes de autonomía e independencia,[1170] de presentarse acciones de amparo contra medidas adoptadas conforme al Decreto, lamentablemente con casi absoluta seguridad, decidirán declarando inadmisibles, "improponibles" o improcedentes.[1171]

En cuanto a la actuación de la Sala Constitucional, lamentablemente, como soporte fundamental que ha sido del régimen autoritario en el país,[1172] también en este caso dejó de ejercer realmente un "control de constitucionalidad" respecto del Decreto de estado de excepción, dictando en cambio la sentencia N° 1.173 de 28 de agosto de 2015, en la cual, como lo anunció la "Nota de prensa" de la propia Sala, lo que hizo fue reconocer "la valiente acción emprendida por el Ejecutivo Nacional," declarando "confirmada la constitucionalidad del Decreto de Estado de Excepción, objeto del Acuerdo Aprobatorio que hiciera la Asamblea Nacional el día 25 de agosto de los corrientes." En esa forma, al decir de la "Nota de prensa" del Supremo Tribunal, con la "acción emprendida por el Ejecutivo Nacional, respaldada por la Asamblea Nacional y ahora por el Poder Judicial," queda "materializada la exigencia constitucional de la intervención de estos tres Poderes Públicos en la declaratoria de estados de excepción."[1173] Intervención que se ha traducido, no en el ejercicio de algún control, sino en el sumiso respaldo de una decisión.

1170 Véase Allan R. Brewer-Carías, "La progresiva y sistemática demolición institucional de la autonomía e independencia del Poder Judicial en Venezuela 1999-2004", en *XXX Jornadas J.M Domínguez Escovar, Estado de derecho, Administración de justicia y derechos humanos*, Instituto de Estudios Jurídicos del Estado Lara, Barquisimeto, 2005, pp. 33-174; "La justicia sometida al poder [La ausencia de independencia y autonomía de los jueces en Venezuela por la interminable emergencia del Poder Judicial (1999-2006)]," en *Derecho y democracia. Cuadernos Universitarios*, Órgano de Divulgación Académica, Vicerrectorado Académico, Universidad Metropolitana, Año II, N° 11, Caracas, septiembre 2007, pp. 122-138; y "The Government of Judges and Democracy. The Tragic Situation of the Venezuelan Judiciary," en *Venezuela. Some Current Legal Issues 2014, Venezuelan National Reports to the 19th International Congress of Comparative Law, International Academy of Comparative Law, Vienna, 20-26 July 2014*, Academia de Ciencias Políticas y Sociales, Caracas 2014, pp. 13-42.

1171 Véase Allan R. Brewer-Carías, "El proceso constitucional de amparo en Venezuela: su universalidad y su inefectividad en el régimen autoritario," en *Horizontes Contemporáneos del Derecho Procesal Constitucional. Liber Amicorum Néstor Pedro Sagüés,* Centro de Estudios Constitucionales del Tribunal Constitucional, Lima 2011, Tomo II, pp. 219-261.

1172 Véase Allan R. Brewer-Carías, *Crónica sobre la "In" Justicia Constitucional. La Sala Constitucional y el autoritarismo en Venezuela*, Colección Instituto de Derecho Público. Universidad Central de Venezuela, N° 2, Editorial Jurídica Venezolana, Caracas 2007; "El juez constitucional al servicio del autoritarismo y la ilegítima mutación de la Constitución: el caso de la Sala Constitucional del Tribunal Supremo de Justicia de Venezuela (1999-2009)", en *Revista de Administración Pública*, N° 180, Madrid 2009, pp. 383-418, y en en *IUSTEL, Revista General de Derecho Administrativo*, N° 21, junio 2009, Madrid.

1173 Véase en http://www.tsj.gob.ve/-/tsj-confirma-constitucionalidad-del-decreto-que-declara-estado-de-excepcion.

VIII. EL RESPALDO POLÍTICO AL DECRETO DE ESTADO DE EXCEPCIÓN POR PARTE DEL JUEZ CONSTITUCIONAL AL DECIDIR SOBRE LA "CONFIRMACIÓN" DE LA CONSTITUCIONALIDAD DEL MISMO

La Sala Constitucional del Tribunal Supremo de Justicia, en efecto, mediante sentencia N° 1.173 de 28 de agosto de 2015[1174] no sólo "dictaminó" la "absoluta, plena e integral constitucionalidad" del Decreto N° 1190 del 21 de agosto de 2015 de declaratoria de estado de excepción, sino que más allá de control de constitucionalidad alguno, expresó

> "el respaldo orgánico de este cuerpo sentenciador de máximo nivel de la Jurisdicción Constitucional hacia las medidas contenidas en el Decreto objeto de examen de constitucionalidad dictado por el ciudadano Presidente de la República, en Consejo de Ministros, en reconocimiento por su pertinencia, proporcionalidad y adecuación, el cual viene a apuntalar con sólido basamento jurídico y con elevada significación popular, la salvaguarda del pueblo y su desarrollo armónico ante factores inéditos y extraordinarios adversos en nuestro país; reconocimiento que se hace extensivo a la aprobación otorgada por la Asamblea Nacional, de conformidad con la Constitución de la República Bolivariana de Venezuela."

Declaración, que por supuesto no es ni pertinente ni constitucional. Una cosa es "revisar la constitucionalidad" (art. 336.6 de la Constitución) o "pronunciarse sobre la constitucionalidad" (art. 339 de la Constitución) del decreto de estado de excepción, que es lo que conforme a la Constitución compete a la Sala Constitucional del Tribunal Supremo de Justicia, y otra es "considerar y aprobar el decreto" (art. 339 de la Constitución) lo que compete en exclusividad al órgano político de representación popular que es la Asamblea Nacional.

En todo caso, y limitándonos al supuesto "control de constitucionalidad" ejercido en relación con el decreto de estado de excepción, la Sala Constitucional se limitó a hacer un control meramente "formal," analizando su texto para verificar que efectivamente el Presidente de la República lo había dictado invocando su "base constitucional y legal," dictándolo "en cumplimiento de todos los parámetros que prevé la Constitución" en relación con la "competencia" para emitirlo, la indicación de su "objeto," considerando que las razones invocadas en el mismo "justifican la constitucionalidad del Decreto," concluyendo con la estimación de que:

> "el Decreto en cuestión cumple con los principios y normas contenidos en la Constitución de la República Bolivariana de Venezuela, en tratados internacionales sobre derechos humanos válidamente suscritos y ratificados por la República, y en la Ley Orgánica sobre Estados de Excepción."[1175]

La sentencia de la Sala Constitucional, simplemente formalista, no tiene ni un solo argumento o razonamiento sobre las cuestiones de constitucionalidad que afectan al Decreto, las cuales incluso fueron denunciadas formalmente por los únicos interesados que concurrieron al procedimiento, los ciudadanos Javier Villamizar y Hora-

---

1174 Véase en http://historico.tsj.gob.ve/decisiones/scon/agosto/181175-1173-28815-2015-2015-0979.HTML.

1175 Véase en http://historico.tsj.gob.ve/decisiones/scon/agosto/181175-1173-28815-2015-2015-0979.HTML.

cio González, en su condición de Presidente y miembro, respectivamente, del *Centro de Estudiantes de la Escuela de Derecho de la Universidad Central de Venezuela*, quienes mediante escrito de 26 de agosto de 2015, que ampliaron en escrito de 27 de agosto de 2015, denunciaron importantes vicios de inconstitucionalidad del decreto de estado de excepción. La Sala, para eludir tener que analizar los argumentos esgrimidos y realizar un efectivo control de constitucionalidad del decreto en lugar del ejercicio que hizo de aprobación del mismo, lo que resolvió fue, con un arrogante desprecio de la participación ciudadana y sin exponer con base en qué argumento, que el escrito presentado inicialmente por los interesados participantes "no aporta elementos de convicción que sirvan de fundamento a los exiguos alegatos formulados en el mismo [...] razón por la que forzosamente debe inadmitirse el aludido escrito, siendo en consecuencia inoficioso pronunciamiento alguno sobre la pretendida ampliación."[1176]

En la sentencia de la Sala Constitucional N° 1.174 de 8 de agosto de 2015,[1177] en la cual declaró conforme a la Constitución el Decreto N° 1.969 relativo al estado de excepción en los *Municipios Lobatera, Panamericano, García de Hevia y Ayacucho del Estado Táchira*; la Sala también desechó el escrito de impugnación del decreto, introducido por Leomagno Flores como tercero interviniente solicitando la declaratoria de nulidad del decreto, con el argumento de que el mismo estaba dirigido a "cuestionar la constitucionalidad de las medidas establecidas en el aludido decreto, sobre la base de razonamientos jurídicos que fueron objeto de control por esta Sala en la sentencia N° 1173 del 28 de agosto de 2015, en la que se realizaron amplios análisis sobre la constitucionalidad y adecuación de la normativa establecida en el Decreto N° 1.950, cuyas circunstancias fácticas derivan de las mismas en las que se fundamenta el decreto objeto de control." En esta sentencia, sin embargo, además de declarar "la absoluta, plena e integral constitucionalidad del Decreto," la Sala fue más allá y procedió, sin competencia alguna para ello, a *ordenar* "que el referido decreto debe ser acatado y ejecutado por todo el Poder Público y la colectividad, conforme a sus previsiones y al resto del orden constitucional y jurídico en general, para alcanzar cabalmente sus cometidos."

New York, 25 agosto / 15 de septiembre de 2015.

SECCIÓN NOVENA:

LA CONSTITUCIONALIZACIÓN DEL CONTROL JUDICIAL DE LA ADMINISTRACIÓN: FORMALIZACIÓN Y FRUSTRACIÓN

Texto de la Ponencia sobre "La constitucionalización de la jurisdicción Contencioso Administrativa en Venezuela: Formalidad y frustración," preparada para la presentación en la *XIV reunión del Foro Iberoamericano de Derecho Administrativo*, Facultad de Derecho, Universidad de Puerto Rico, San Juan de Puerto Rico, 26-30 de octubre de 2015.

1176 *Idem*.

1177 Véase en *Gaceta Oficial* N° 40.742 de 09-09-2015. Véase en http://historico.tsj.gob.ve/decisiones/scon/septiembre/181180-1174-8915-2015-15-0990.HTML.

El establecimiento de un sistema de control jurisdiccional de las actuaciones de los órganos del Poder Público es, sin duda, uno de los signos más destacados de la consolidación del Estado de derecho, pues implica la necesaria sumisión de todas las actuaciones de los órganos del Estado al ordenamiento jurídico preestablecido, compuesto no sólo por la Constitución y las leyes, sino por el conjunto de reglamentos y normas dictados por las autoridades competentes. Ello es además, la garantía del principio de la legalidad, que en relación con los órganos de la Administración Pública les impone la obligación de actuar con arreglo a lo establecido en la Constitución, ley y las otras normas jurídicas que regulan su actividad[1178].

La fórmula del Estado de derecho implica, por tanto, la necesidad de prever las garantías de control judicial a los efectos de poder asegurar la sumisión de los órganos del Estado al derecho, y eso fue lo que fue estructurando en Venezuela desde el siglo XIX, con el desarrollo, además de la Jurisdicción Constitucional atribuida al Tribunal Supremo de Justicia en su Sala Constitucional para controlar la constitucionalidad de las leyes y demás actos dictados en ejecución de la Constitución, de la Jurisdicción Contencioso Administrativa atribuida también al Tribunal Supremo de Justicia en sus Salas Político Administrativa y Electoral y a otros tribunales establecidos en la ley, para controlar la conformidad con el derecho de las actuaciones de la Administración.

La distinción entre ambas Jurisdicciones se estableció, desde el inicio, no por la materia motivo de control (inconstitucionalidad o ilegalidad), sino por los actos objeto de control,[1179] de manera que la Jurisdicción Constitucional tiene por objeto conocer de las acciones de nulidad por inconstitucionalidad que se intenten *contra las leyes y demás actos de rango legal o ejecución directa e inmediata de la Constitución;* y en cambio, la Jurisdicción Contencioso Administrativa tiene por objeto, entre otros, conocer de las *acciones de nulidad por inconstitucionalidad o ilegalidad contra los reglamentos y demás actos administrativos* y, por tanto, de rango *sub legal.*[1180] La distinción entre dichas Jurisdicciones, en consecuencia, no se estableció nunca por el motivo de control.[1181]

1178. Véase Antonio Moles Caubet, *El principio de legalidad y sus implicaciones,* Universidad Central de Venezuela, Facultad de Derecho, Publicaciones del Instituto de Derecho Público, Caracas, 1974.

1179. Véase Allan R. Brewer–Carías, *Justicia Constitucional,* Tomo VI, *Instituciones Políticas y Constitucionales,* Editorial Jurídica Venezolana, Caracas, 1996; *Justicia contencioso administrativa,* Tomo VII, *Instituciones Políticas y Constitucionales*, Editorial Jurídica Venezolana, Caracas, 1997; y *La Justicia Constitucional. Procesos y procedimientos constitucionales*, Porrúa, México, 2007.

1180 En tal sentido se resolvió en la sentencia de la Sala Constitucional Nº 6 de 27 de enero de 2000 (Véase en *Revista de Derecho Público*, Nº 81, (enero–marzo), Editorial Jurídica Venezolana, Caracas, 2000, p. 213.) lo que se ratificó expresamente por la misma la Sala, en sentencia Nº 194 de 04 de abril de 2000, al decidir un recurso de nulidad por razones de inconstitucionalidad ejercido conjuntamente con una pretensión de amparo constitucional contra un dispositivo del Reglamento de Personal y Régimen Disciplinario del Personal del Instituto Autónomo Policía Municipal del Municipio Chacao y contra los actos administrativos dictados en ejecución del Reglamento impugnado, señalando lo siguiente: ""La Constitución vigente distingue claramente la jurisdicción constitucional de la contencioso administrativa, delimitando el alcance de ambas competencias en *atención al objeto de impugnación*, es decir, *al rango de los actos objeto de control y no a los motivos por los cuales se impugnan."* Véase en *Revista de Derecho Público*, Nº 82, Editorial Jurídica Venezolana, Caracas, 2000.

1181 En tal sentido, la Sala Constitucional, en la sentencia Nº 194 de 4 de abril de 2000 ratificó lo que había decidido en sentencia de 27 de enero de 2000 (Caso *Milagros Gómez y otros*), así: "El criterio acogido por el Constituyente para definir las competencias de la Sala Constitucional, atiende *al rango*

En esta orientación, en la Constitución vigente de 1999, en cuanto a la *Jurisdicción Constitucional*, el artículo 334 dispuso que "corresponde exclusivamente a la Sala Constitucional del Tribunal Supremo de Justicia como jurisdicción constitucional, declarar la nulidad de las leyes y demás actos de los órganos que ejercen el Poder Público *dictados en ejecución directa e inmediata de la Constitución o que tenga rango de Ley"*. A tal efecto, el artículo 336 de la Constitución enumeró en forma particularizada las competencias de la Sala; el artículo 214 le otorga la competencia para realizar el control previo o preventivo de la constitucionalidad de las leyes antes de su promulgación; y el artículo 203 le asigna la competencia para determinar la constitucionalidad del carácter orgánico otorgado por la Asamblea Nacional a las leyes así calificadas, de forma previa a su promulgación.

La constitucionalización de la Jurisdicción Constitucional, sobre todo cuando se establece un control de constitucionalidad concentrado es de la esencia de la misma, pues es evidente que si no está regulada en el propio texto de la misma, no podría disponerse la anulación erga omnes de las leyes inconstitucionales.. Lo mismo, sin embargo no puede decirse de la Jurisdicción Contencioso Administrativa, que no necesariamente tiene que tener fuente constitucional, pudiendo estar regulada en las leyes, aun cuando en Venezuela la misma haya sido también constitucionalizada.

I. LA CONSTITUCIONALIZACIÓN DE LA JURISDICCIÓN CONTENCIOSO ADMINISTRATIVA

En efecto, en cuanto a la *Jurisdicción Contencioso Administrativa*, la norma fundamental que constitucionaliza esta Jurisdicción en Venezuela está contenida en el artículo 259 de la Constitución de 1999[1182], la cual dispone:

> "La Jurisdicción Contencioso Administrativa corresponde al Tribunal Supremo de Justicia y a los demás tribunales que determina la ley. Los órganos de la Jurisdicción Contencioso Administrativa son competentes para anular los actos administrativos generales o individuales contrarios a derecho, incluso por desviación de poder; condenar al pago de sumas de dinero y a la reparación de daños y perjuicios originados en responsabilidad de la Administración; conocer de reclamos por la prestación de servicios públicos y disponer lo necesario para el restablecimiento de las situaciones jurídicas subjetivas lesionadas por la actividad administrativa."

---

de las actuaciones objeto de control, esto es, que dichas actuaciones tienen una relación directa con la Constitución que es el cuerpo normativo de más alta jerarquía dentro del ordenamiento jurídico en un Estado de derecho contemporáneo. Así las cosas, *la normativa constitucional aludida imposibilita una eventual interpretación que tienda a identificar las competencias de la Sala Constitucional con los vicios de inconstitucionalidad que se imputen a otros actos o con las actuaciones de determinados funcionarios u órganos del Poder Público."* De lo anterior, la Sala concluyó precisando su propia competencia así: "la Sala Constitucional, en el ejercicio de la jurisdicción constitucional, conoce de los recursos de nulidad interpuestos contra los actos realizados en ejecución directa de la Constitución o que tengan forma de ley. De allí que, en el caso de autos, al tratarse el reglamento impugnado de un acto de rango sublegal, esta Sala Constitucional carece de competencia para controlar su conformidad a Derecho, ya que tal competencia corresponde a la Jurisdicción Contencioso Administrativa. Así se decide". Véase en *Revista de Derecho Público*, N° 82, Editorial Jurídica Venezolana, Caracas 2000.

1182 Véase en general Allan R. Brewer–Carías, *La Constitución de 1999. Derecho Constitucional Venezolano*, 2 Tomos, Editorial Jurídica Venezolana, Caracas, 2004.

Sobre este artículo, la Sala Constitucional del Tribunal Supremo de Justicia, en su sentencia de 23 de abril de 2010 dictada al declarar la constitucionalidad del carácter "orgánico" de la Ley, dijo que con la misma, que tiene sustancialmente el mismo texto del artículo 206 de la Constitución de 1961:

> "se terminó de desmontar la concepción puramente objetiva o revisora de la jurisdicción contencioso-administrativa, para acoger una visión de corte utilitarista y subjetiva, que no se limita a la fiscalización abstracta y objetiva de la legalidad de los actos administrativos formales, sino que se extiende a todos los aspectos de la actuación administrativa, como una manifestación del sometimiento a la juridicidad de la actuación del Estado y de la salvaguarda de las situaciones jurídicas de los particulares frente a dicha actuación."[1183]

La configuración constitucional de dicha jurisdicción, por último, se completó en la misma Constitución de 1999, al regularse en el artículo 297, a la Jurisdicción Contencioso Electoral atribuyéndose su ejercicio a la Sala Electoral del Tribunal Supremo de Justicia y los demás tribunales que determine la ley; especializándose así, el control de legalidad y constitucionalidad respecto de los actos administrativos dictados por los órganos del Poder Electoral.

Toda esa constitucionalización del contencioso administrativo, sin embargo, no fue producto del Constituyente de 1999, pues la misma norma, con casi idéntico contenido, de estableció en el artículo 206 de la anterior Constitución de 1961; teniendo en todo caso el origen del proceso de darle base constitucional al control judicial de constitucionalidad y de la legalidad respecto de los actos de la Administración, para declarar su nulidad, en las normas de la Constitución de 1925. En las otras materias de la Jurisdicción, como son las demandas contra los entes públicos, particularmente el ámbito contractual, el origen de la constitucionalización está en las normas la Constitución de 1830. En todas estas disposiciones se reguló a la jurisdicción contencioso administrativa como un fuero judicial especial para la República; siendo en esa evolución la Constitución de 1947 la primera en emplear la expresión "procedimiento contencioso-administrativo" (Art. 220,10 y 220,12).

El desarrollo efectivo de la Jurisdicción, sin embargo, en realidad solo ocurrió a partir de la década de los sesenta cuando se estableció el régimen democrático en el país, que existió hasta 1999, cuando al comenzar a desarrollarse el régimen autoritario que aún existe, la existencia de la misma de un gran logro del Estado de derecho pasó a ser una gran frustración, pues si bien el ciudadano dispone de un arsenal de acciones y recursos para proteger sus derechos y exigir judicialmente que la Administración se someta a la ley, los mismos son totalmente inefectivos por la ausencia de autonomía e independencia de los jueces que conforman la Jurisdicción.

Pero independientemente por ahora de los trágicos efectos de esa frustración –a la cual nos referimos al final– de todo el proceso de constitucionalización de la jurisdicción contencioso administrativa resulta claro que la misma siempre se configuró como una jurisdicción especial integrada al Poder Judicial, de manera que, como también ocurrió en la gran mayoría de los países latinoamericanos, el derecho administrativo no se construyó en Venezuela sobre la base de una supuesta distinción entre una "jurisdicción judicial" y una "jurisdicción administrativa," sino sobre

---

1183 Véase en http://www.tsj.gov.ve/decisiones/scon/Abril/290-23410-2010-10-0008.html.

la base de una competencia especializada de determinados tribunales para conocer de litigios en los cuales interviene la Administración, pero siempre integrados en el Poder Judicial.[1184].

Como lo expresó acertadamente la antigua Corte Suprema de Justicia en sentencia de 15 de octubre de 1970 al comentar el texto del artículo 206 de la Constitución de 1961, se buscó, con el mismo:

> "resolver, de una vez, en nuestro país, mediante un precepto constitucional, la polémica que ha dividido a tratadistas y legisladores, tanto en Europa como en América, acerca de la conveniencia de que sean órganos independientes del Poder Judicial los que conozcan de las cuestiones que se susciten entre los particulares y la Administración con motivo de la actividad propia de ésta, en sus diversos niveles. Como se indica en la Exposición de Motivos de la Constitución, ésta "consagra el sistema justicialista de la Jurisdicción Contencioso Administrativa", apartándose del sistema francés y reafirmando la tendencia tradicionalmente predominante en la legislación nacional, de atribuir el control jurisdiccional de la legalidad de los actos de la Administración a los órganos del Poder Judicial." [1185]

II. LOS PRINCIPIOS CONDICIONANTES DE LA JURISDICCIÓN CONTENCIOSO ADMINISTRATIVA

Fue precisamente con base en el artículo 206 de la anterior Constitución de 1961, que la jurisprudencia de la antigua Corte Suprema de Justicia elaboró en Venezuela las bases del contencioso administrativo[1186], las cuales desarrolladas por la doctrina nacional[1187], condujeron a la sanción de la derogada Ley Orgánica de la Corte Suprema de Justicia de 1976.[1188] Fue en las Disposiciones Transitorias de esta última

---

1184. Véase Martín Pérez Guevara, "Prólogo", en Allan R. Brewer-Carías, *Juris-prudencia de la Corte Suprema 1930–74 y Estudios de Derecho Administrativo,* Tomo II. *Ordenamiento Orgánico y Tributario del Estado,* Instituto de Derecho Público, Facultad de Derecho, Universidad Central de Venezuela, Caracas, 1976, pp. 1–10.

1185. Véase sentencia de la antigua Corte Suprema de Justicia, Sala Político Administrativa de 15–12–70 en *Gaceta Forense,* N° 70, 1970, pp. 179–185 y en *Gaceta Oficial,* N° 29.434 de 6–2–71.

1186. En cuanto a la jurisprudencia, véase en Allan R. Brewer–Carías, *Jurisprudencia de la Corte Suprema 1930–74 y Estudios de Derecho Administrativo,* Tomo V, *La Jurisdicción Contencioso Administrativa,* Vol. 1 y 2, Instituto de Derecho Público, Facultad de Derecho, Universidad Central de Venezuela, Caracas, 1978; Allan R. Brewer–Carías y Luís Ortiz Álvarez, *Las grandes decisiones de la jurisprudencia Contencioso administrativa,* Editorial Jurídica Venezolana, Caracas, 1996; y: Luís Ortiz–Álvarez, *Jurisprudencia de medidas cautelares en el contencioso administrativo (1980–1994),* Editorial Jurídica Venezolana, Caracas, 1995.

1187. Véase entre otros estudios colectivos: *El Control Jurisdiccional de los Poderes Públicos en Venezuela,* Instituto de Derecho Público, Facultad de Ciencias Jurídicas y Políticas, Universidad Central de Venezuela, Caracas, 1979; *Tendencias de la jurisprudencia venezolana en materia contencioso administrativa, 8ª Jornadas "J.M. Domínguez Escovar" (Enero 1983),* Facultad de Ciencias Jurídicas y Políticas, U.C.V., Corte Suprema de Justicia; Instituto de Estudios Jurídicos del Estado Lara, Tip. Pregón, Caracas, 1983; *Contencioso Administrativo, I Jornadas de Derecho Administrativo Allan Randolph Brewer–Carías,* Funeda, Caracas, 1995; *XVIII Jornadas "J.M. Domínguez Escovar, Avances jurisprudenciales del contencioso– administrativo en Venezuela,* 2 Tomos, Instituto de Estudios Jurídicos del Estado Lara, Diario de Tribunales Editores, S.R.L. Barquisimeto, 1993.

1188. Ley Orgánica de la Corte Suprema de Justicia del 30 de julio de 1976 (LOCSJ) en *Gaceta Oficial* N° 1.893, Extraordinaria del 30–07–76. Véase sobre dicha Ley: Allan R. Brewer–Carías y Josefina Cal-

Ley, donde se reguló por primera vez con cierto detalle el procedimiento contencioso administrativo ante la Corte Suprema; y además, se establecieron normas sobre la organización de la Jurisdicción, con la indicación de los diversos tribunales que la integraban, que además de la Sala Político Administrativa de la Corte Suprema, fueron particularmente la Corte Primera de lo Contencioso Administrativo y Tribunales Superiores Contencioso Administrativos. Estas normas, sin embargo, incomprensiblemente se eliminaron de la reforma de la Ley Orgánica del Tribunal Supremo de Justicia de mayo de 2004[1189], a pesar de regular en sus artículos 18 a 21 algunos principios del procedimiento contencioso administrativo. Posteriormente se sancionó la Ley Orgánica de la Jurisdicción Contencioso Administrativa en 2010 (LOJCA 2010),[1190] que es el cuerpo normativo que actualmente regula la Jurisdicción, los procedimientos y su organización.

La Constitución de 1999, para ello, si bien atribuyó al legislador amplia potestad para la determinación de los tribunales que integran la jurisdicción contencioso administrativa, asignó directamente a la Sala Político Administrativa del Tribunal Supremo de Justicia competencia para:

> "4. Dirimir las controversias administrativas que se susciten entre la República, algún Estado, Municipio u otro ente público, cuando la otra parte sea alguna de esas mismas entidades, a menos que se trate de controversias entre Municipios de un mismo Estado, caso en el cual la ley podrá atribuir su conocimiento a otro tribunal.
>
> 5. Declarar la nulidad total o parcial de los reglamentos y demás actos administrativos generales o individuales del Ejecutivo Nacional, cuando sea procedente.
>
> 6. Conocer de los recursos de interpretación sobre el contenido y alcance de los textos legales, en los términos contemplados en la ley."

En esta forma, al reservarse al Tribunal Supremo, en general, la declaratoria de nulidad de los actos administrativos del Ejecutivo Nacional, cuando sea procedente (artículo 266, numerales 5, 6 y 7), se dejó implícitamente previsto que podía corresponder a los demás Tribunales de la jurisdicción contencioso-administrativa la competencia para declarar la nulidad de los actos de las autoridades administrativas de los Estados y Municipios. Además, en cuanto a las demás autoridades nacionales que no conforman estrictamente el "Ejecutivo Nacional", el control contencioso-administrativo de sus actos, con base constitucional, se ha atribuido a otros tribunales distintos del Tribunal Supremo de Justicia, tanto por razones de inconstitucionalidad como de ilegalidad, como parcialmente se hizo desde 1976 al crearse la Corte

---

caño de Temeltas, *Ley Orgánica de la Corte Suprema de Justicia*, Editorial Jurídica Venezolana, Caracas 1994.

1189. Véase Ley Orgánica del Tribunal Supremo de Justicia (LOTSJ), *Gaceta Oficial*, N° 37942 de 20–05–2004. Véase sobre esta Ley: Allan R. Brewer-Carías, *Ley Orgánica del Tribunal Supremo de Justicia. Procesos y procedimientos constitucionales y contencioso administrativo*, Editorial Jurídica Venezolana, Caracas 2006.

1190 La Ley Orgánica fue sancionada por la Asamblea Nacional el 15 de diciembre de 2009, y publicada en *Gaceta Oficial* N° 39.447 de 16 de junio de 2010. Véase los comentarios a la Ley Orgánica en Allan R. Brewer-Carías y Víctor Hernández Mendible, *Ley Orgánica de la Jurisdicción Contencioso Administrativa*, Editorial Jurídica Venezolana, Caracas 2010.

Primera de lo Contencioso-Administrativo y atribuirle competencia en dicha materia, al igual que a ciertos Tribunales Superiores con competencia en lo civil.

Ahora es la LOJCA 2010 la que regula ampliamente toda la gama de tribunales contenciosos administrativos, incluyendo, además de la Sala Político Administrativa del Tribunal Supremo de Justicia, a los Juzgados Nacionales, los Juzgados Estadales y los Juzgados de Municipio de la jurisdicción Contencioso Administrativo (art. 11).

En todo caso, la importancia del texto del artículo 259 de la Constitución, y su efecto inmediato que fue la consolidación de la constitucionalización de la jurisdicción, implicó una serie de condicionantes en relación con su desarrollo legislativo,[1191] que fueron los que informaron en general las disposiciones de la LOJCA 2010, y que son: primero, el principio de la especialidad de la Jurisdicción; segundo, el principio de la universalidad del control como manifestación del sometimiento del Estado al derecho (principio de legalidad); y tercero, el principio de la multiplicidad de los medios de control como manifestación del derecho ciudadano a la tutela judicial efectiva.

1. *El principio de la especialidad de la Jurisdicción: actos administrativos, Administración, servicios públicos, actividad administrativa*

En primer principio que caracteriza a la jurisdicción contencioso administrativa es el principio de la especialidad, que implica que la misma se puede definir como el conjunto de órganos judiciales encargados de controlar la legalidad y la legitimidad de la actividad administrativa, en particular, de los actos administrativos, hechos y relaciones jurídico-administrativas. Como hemos dicho, no se trata de una "jurisdicción ordinaria" sino de una jurisdicción especial que es parte del Poder Judicial del Estado y cuyo ejercicio está encomendado a unos órganos judiciales determinados y especializados, en este caso, por razón de las personas jurídicas y de los actos sometidos a control.

En este sentido, es obvio que el sistema venezolano se aparta del sistema francés que nació de la interpretación del principio de la separación de poderes realizada a la luz de una peculiar tradición y evolución de desconfianza en los jueces, que tuvo su origen en los días de la Revolución francesa. De esta peculiaridad histórica derivó la prohibición para los jueces de poder controlar la Administración y sus actos. Ello condujo al propio desarrollo del derecho administrativo en Francia que tanto influenció en todos los países latinos; influencia que, sin embargo, no comprendió el sistema jurisdiccional administrativo separado del judicial que se desarrolló en Francia, el cual era difícilmente transportable en bloque a otro sistema jurídico[1192]. Los mismos autores franceses han comprendido esta peculiaridad y han afirmado por supuesto, que la "jurisdicción administrativa" separada de la "jurisdicción judicial," no es condición necesaria para la existencia misma del derecho administrativo[1193].

1191. Véase Allan R. Brewer-Carías, *Nuevas Tendencias en el Contencioso Administrativo en Venezuela*, Editorial Jurídica Venezolana, Caracas, 1993.

1192 La situación de Colombia, en este sentido, es excepcional en el derecho comparado Véase, Miguel González Rodríguez, *Derecho procesal Administrativo*, Bogotá, 1986.

1193. Véase Jean Rivero, *Droit Administratif*, Precis Dalloz, París, 1962, p.118.

De acuerdo con el artículo 11 de la LOJCA 2010, los órganos del Poder Judicial que integran esta jurisdicción especial en lo contencioso administrativo, son los siguientes:

1. La Sala Político-Administrativa del Tribunal Supremo de Justicia;
2. Los Juzgados Nacionales de la Jurisdicción Contencioso Administrativa;
3. Los Juzgados Superiores Estadales de la Jurisdicción Contencioso Administrativa; y
4. Los Juzgados de Municipio de la Jurisdicción Contencioso Administrativa.

Estos tribunales deben decidir directamente los asuntos que se les sometan para lo cual tienen competencia y no pueden constituirse con asociados para dictar sentencia (art. 5). Todos deben orientar su actuación por los principios de justicia gratuita, accesibilidad, imparcialidad, idoneidad, transparencia, autonomía, independencia, responsabilidad, brevedad, oralidad, publicidad, gratuidad, celeridad e inmediación (art. 2).

Sin embargo, además de los enumerados en la LOJCA, debe decirse que también forman parte de la jurisdicción contencioso administrativa, los tribunales que forman la "jurisdicción especial tributaria" con un régimen especial previsto en el Código Orgánico Tributario (art. 11).

Otros componentes especiales de la jurisdicción contenciosa administrativa, aun cuando no reguladas en la LOJCA 2010, son los que forman la antes mencionada Jurisdicción Contencioso Electoral que consagra la Constitución y que se atribuye a la Sala Electoral del Tribunal Supremo de Justicia (art. 297), con competencia conforme a la LOTSJ 2010, para conocer entre otros, de "las demandas contencioso electorales que se interpongan contra actos, actuaciones y omisiones de los órganos del Poder Electoral, tantos los que estén directamente vinculados con los procesos comiciales, como aquellos que estén relacionados con su organización, administración y funcionamiento"(art. 27,1).

Se distingue, además, la jurisdicción especial contencioso administrativa en materia agraria y ambiental, prevista en la Ley de Tierras y Desarrollo Agrario,[1194] atribuida a los Tribunales Superiores Regionales Agrarios y a la Sala Especial Agraria de la Sala de Casación Social del Tribunal Supremo de Justicia.[1195]

Ahora bien, en cuanto a los asuntos sometidos al conocimiento de estos órganos de la Jurisdicción, los mismos están condicionados por una parte, por las personas jurídicas sometidas a dicha jurisdicción especial, en el sentido de que una de las partes de la relación jurídico-procesal debe ser en principio, una persona de derecho público o una persona jurídico estatal (la Administración), o una entidad privada u organización de carácter popular actuando en función administrativa o ejerciendo prerrogativas del Poder Público, o que, por ejemplo, preste un servicio público mediante concesión (art. 7, LOJCA 2010).

1194 *Gaceta Oficial* N° 37.323 del 13 de noviembre de 2001. La Ley fue reformada en 2010.

1195 Véase sentencia de la Sala Político Administrativa N° 836 del 15 de julio de 2004 (Caso: *Daniel Laguado Estupiñán)*.

Por otra parte, respecto a las relaciones jurídicas, hechos y actos jurídicos, que la jurisdicción especial está llamada a juzgar, en principio, se trata de los actos, hechos y relaciones jurídico-administrativos, es decir, actos, hechos y relaciones jurídicas originados por la actividad administrativa (art. 8, LOJCA 2010), y por tanto de carácter sublegal. Es por ello que respecto del ámbito sustantivo de la Jurisdicción, los elementos para la su definición se derivan de lo establecido en el artículo 9 de la LOJCA 2010, al enumerase la competencia de la Jurisdicción para conocer de:

"1. Las impugnaciones que se interpongan contra los *actos administrativos* de efectos generales o particulares contrarios a derecho, incluso por desviación de poder.
2. De la *abstención o la negativa* de las *autoridades* a producir un acto al cual estén obligados por la ley.
3. Las reclamaciones contra las *vías de hecho* atribuidas a los *órganos del Poder Público.*
4. Las *pretensiones de condena* al pago de sumas de dinero y la reparación de daños y perjuicios originados por *responsabilidad* contractual o extracontractual de los *órganos que ejercen el Poder Público.*
5. Los reclamos por la *prestación de los servicios públicos* y el restablecimiento de las situaciones jurídicas subjetivas lesionadas por los *prestadores* de los mismos.
6. La resolución de los recursos de *interpretación* de leyes *de contenido administrativo.*
7. La resolución de las *controversias administrativas* que se susciten entre la *República, algún estado, municipio u otro ente público*, cuando la otra parte sea alguna de esas mismas entidades.
8. Las *demandas* que se ejerzan contra *la República, los estados, los municipios, los institutos autónomos, entes públicos, empresas o cualquier otra forma de asociación, en las cuales la República, los estados, los municipios o cualquiera de las personas jurídicas* antes mencionadas tengan participación decisiva.
9. Las *demandas* que ejerzan la *República, los estados, los municipios, los institutos autónomos, entes públicos, empresas o cualquier otra forma de asociación, en la cual la República, los estados, los municipios o cualquiera de las personas jurídicas* antes mencionadas tengan participación decisiva, si es *de contenido administrativo.*
10. Las *actuaciones, abstenciones, negativas o las vías de hecho* de los consejos comunales y de otras personas o grupos que en virtud de la participación ciudadana ejerzan *funciones administrativas.*
11. Las demás *actuaciones de la Administración Pública* no previstas en los numerales anteriores."

Por tanto, en general, se trata de una competencia especializada dentro de un único Poder Judicial que corresponde a ciertos tribunales, a los cuales están sometidas ciertas personas de derecho público o de derecho privado de carácter estatal, o personas o entidades que ejercen la función administrativa o prestan servicios públicos, y que juzga determinados actos o relaciones jurídicas de derecho administrativo.

Por ello puede decirse en cuanto a la especialidad de la jurisdicción contencioso administrativa, que la misma, en cuanto a la materia, se construye partiendo del contenido del artículo 259 de la Constitución, en el cual se hace referencia a los "*actos administrativos*", a la "*administración,*" a los "*servicios públicos*", a la "*responsabilidad*" administrativa y a la "*actividad administrativa,*" de lo que resulta que el ámbito y el dominio de la jurisdicción contencioso-administrativa en materia de control de legalidad y constitucionalidad es el conocimiento de los litigios en que la "administración" (o entidades no estatales actuando en función administrativa) sea parte, originados ya sea por "actos administrativos", la "responsabilidad" de la administración, por la prestación de "servicios públicos" o por la "actividad administrativa." Ello conlleva la competencia en materia de anulación y además en materia de resolución de todas las otras pretensiones que se pueden formular en demandas contra los entes públicos en las cuales no necesariamente se plantee la nulidad de actos administrativos, como serían las pretensiones de condena al pago de sumas de dinero y la reparación de daños y perjuicios originados por responsabilidad contractual y extracontractual de los órganos que ejerzan el Poder Público; así como las demandas por la actuación material constitutiva de vías de hecho de la Administración (arts. 9,3; 23,4; 24,4;25,5 LOCJCA 2010).

A lo anterior debe añadirse como una innovación de la Constitución de 1999, la competencia de la jurisdicción contencioso administrativa en materia de reclamos por la *prestación de los servicios públicos*; a lo que se agrega, la competencia en materia de *interpretación* de las leyes de contenido administrativo (art. 9,5, LOJCA 2010); para conocer de las demandas contra la abstención o la negativa de los entes públicos a dictar un acto al cual estén obligados por la ley (arts. 9, 2 y 10, LOJCA 2010); y en particular, la competencia que se atribuye a la Sala Político Administrativa en el artículo 266.4 de la Constitución, para dirimir las controversias administrativas que se susciten entre la República, algún Estado, Municipio u otro ente público, cuando la otra parte sea alguna de esas mismas entidades, a menos que se trate de controversias entre Municipios de un mismo Estado, caso en el cual la ley puede atribuir su conocimiento a otro tribunal, lo que da origen al *contencioso de la solución de controversias administrativas*, (art, 9,6; 23,7, LOJCA 2010).

2. *El principio de la universalidad del control: no hay actos excluidos de control*

El segundo de los principios que gobiernan a la Jurisdicción, es el de la *universalidad del control* que la Constitución regula en el artículo 259 respecto de las actividades y actos administrativos, como manifestación del principio de legalidad. Ello se ha recogido en la LOJCA al establecer que todos, absolutamente todos los actos administrativos pueden ser sometidos a control judicial ante los órganos de la jurisdicción contencioso administrativa por contrariedad al derecho, es decir, sea cual sea el motivo de la misma: inconstitucionalidad o ilegalidad en sentido estricto. La Constitución no admite excepciones ni la Ley Orgánica las prevé, y como en su momento lo explicó la Exposición de Motivos de la Constitución de 1961, la fórmula "contrarios a derecho es una enunciación general que evita una enumeración que puede ser peligrosa al dejar fuera de control algunos actos administrativos".

Por tanto, de acuerdo con la intención de la Constitución, toda actuación administrativa y, en particular, los actos administrativos emanados de cualquier ente u órgano de la Administración Pública o de cualquier otra persona o entidad actuando en función administrativa, por cualquier motivo de contrariedad al derecho, puedan ser controlados por los Tribunales que conforman la jurisdicción contencioso-administrativa. Ello implica que cualquier exclusión de control respecto de actos administrativos específicos sería inconstitucional, sea que dicha exclusión se haga por vía de ley o por las propias decisiones de los Tribunales, en particular, del propio Tribunal Supremo de Justicia.

Este principio implica, primero, que toda actividad administrativa o toda forma de acto administrativo queda sometido a control judicial contencioso administrativo, lo que se recoge expresamente en el artículo 8 de la LOJCA 2010 al indicar bajo el acápite de "universalidad del control," que es objeto de control de la Jurisdicción Contencioso Administrativa, "la actividad administrativa" desplegada por todos los órganos y entes sujetos a control, "lo cual incluye actos de efectos generales y particulares, actuaciones bilaterales, vías de hecho, silencio administrativo, prestación de servicios públicos, omisión de cumplimiento de obligaciones y, en general, cualquier situación que pueda afectar los derechos o intereses públicos o privados."

Segundo, el principio implica que esa actividad administrativa o acto administrativo que está sometido a control puede emanar de cualquier ente y órgano de la Administración Pública, no sólo la que actúa en ejercicio del Poder Ejecutivo sino en ejercicio de cualquiera de los otros Poderes Públicos, o de cualquier entidad incluso no estatal que actúe en función administrativa. Por ello en el artículo 7 de la Ley Orgánica se enumeran, aun cuando en forma imperfecta, como "entes y órganos controlados" o "sujetos al control de la Jurisdicción Contencioso Administrativa," a los siguientes: 1) Los órganos que componen la Administración Pública; 2). Los órganos que ejercen el Poder Público, en sus diferentes manifestaciones, en cualquier ámbito territorial o institucional; 3). Los institutos autónomos, corporaciones, fundaciones, sociedades, empresas, asociaciones y otras formas orgánicas o asociativas de derecho público o privado donde el Estado tenga participación decisiva; 4). Los consejos comunales y otras entidades o manifestaciones populares de planificación, control, ejecución de políticas y servicios públicos, cuando actúen en función administrativa; 5). Las entidades prestadoras de servicios públicos en su actividad prestacional; y 6) Cualquier sujeto distinto a los mencionados anteriormente, que dicte actos de autoridad o actúe en función administrativa.

Tercero, la universalidad del control no sólo radica en que todos los actos administrativos cualquiera sea el órgano, ente o entidad que los dicte están sometidos a control judicial, sino que lo son por cualquier motivo de contrariedad al derecho, es decir, por razones de inconstitucionalidad como ilegalidad propiamente dicha.[1196]

1196 En tal sentido, la Sala Constitucional, en la sentencia N° 194 de 4 de abril de 2000 ratificó lo que había decidido en sentencia de 27 de enero de 2000 (Caso *Milagros Gómez y otros*), así: "El criterio acogido por el Constituyente para definir las competencias de la Sala Constitucional, atiende *al rango de las actuaciones objeto de control,* esto es, que dichas actuaciones tienen una relación directa con la Constitución que es el cuerpo normativo de más alta jerarquía dentro del ordenamiento jurídico en un Estado de derecho contemporáneo. Así las cosas, *la normativa constitucional aludida imposibilita una eventual interpretación que tienda a identificar las competencias de la Sala Constitucional con los vicios de inconstitucionalidad que se imputen a otros actos o con las actuaciones de determinados fun-*

3. *El principio de la tutela judicial efectiva*

El tercer principio que caracteriza a la Jurisdicción radica en que es un instrumento para la tutela judicial efectiva frente a la Administración que la Constitución regula cono derecho fundamental (artículo 26), lo que implica que a los efectos de asegurar el sometimiento a la legalidad de la Administración Pública y el principio de la universalidad del control de la actividad administrativa, todas las personas tienen derecho de acceso a los órganos de la Jurisdicción contencioso administrativa como parte que son de la administración de justicia, para hacer valer sus derechos e intereses frente a la Administración Pública, sus órganos o entes, y ante las entidades que ejerzan la función administrativa, incluso los colectivos o difusos; y además, a obtener con prontitud la decisión correspondiente, mediante un procedimiento que garantice el debido proceso.

Como consecuencia de ello, la LOJCA 2010 ha establecido un elenco de *recursos y acciones* que se han puesto a disposición de los particulares y de toda persona interesada, que les permiten acceder a la justicia administrativa, lo que implica que además del recurso de nulidad contra los actos administrativos de efectos generales o de efectos particulares, o contra los actos administrativos generales o individuales, con o sin pretensión patrimonial o de amparo constitucional, está el recurso por abstención o negativa de los funcionarios públicos a actuar conforme a las obligaciones legales que tienen; el recurso de interpretación; el conjunto de demandas contra los entes públicos de orden patrimonial o no patrimonial, incluyendo las que tengan por motivo vías de hecho; las acciones para resolver los conflictos entre autoridades administrativas del Estado; y las acciones destinadas a reclamos respecto de la omisión, demora o prestación deficiente de los servicios públicos.

En esta forma puede decirse que en relación con los particulares y los ciudadanos, la regulación de la jurisdicción contencioso-administrativa en la LOJCA 2010, facilitando el control judicial de la actividad administrativa y en particular de los actos administrativos, viene a ser una manifestación específica del *derecho fundamental del ciudadano a la tutela judicial efectiva de sus derechos e intereses frente a la Administración*, en el sentido de lo establecido en el artículo 26 de la propia Constitución. La consecuencia de ello es que entonces, la jurisdicción contencioso administrativa se configura constitucional y legalmente como un instrumento procesal para la protección de los administrados frente a la Administración, y no como un mecanismo de protección de la Administración frente a los particulares; y ello a pesar de que en la LOJCA 2010 se atribuya a los órganos de la Jurisdicción competencia para conocer de las demandas que pueda intentar la Administración contra particulares,[1197] o de las demandas entre personas de derecho público (artículo 9,8), lo que convierte a la Jurisdicción en cierta forma, como el fuero de la Administración. Sin embargo, en el primer aspecto, del control de la Administración a instancia de los administrados, tratándose de una manifestación de un derecho fundamental a

---

cionarios u órganos del Poder Público." Véase en *Revista de Derecho Público*, N° 82, Editorial Jurídica Venezolana, Caracas, 2000.

1197 En este mismo sentido se establece en la Ley Orgánica del Tribunal Supremo de Justicia de 2010, al regularse la competencia de la Sala Político Administrativa del Tribunal Supremo de Justicia (art. 26,2). Sobre dicha Ley Orgánica, véase Allan R. Brewer-Carías y Víctor Hernández Mendible, *Ley Orgánica del Tribunal Supremo de Justicia 2010.*, Editorial Jurídica Venezolana, Caracas 2010.

dicho control, en la relación que siempre debe existir entre privilegios estatales, por una parte, y derechos y libertades ciudadanas, por la otra, este último elemento es el que debe prevalecer.

Este derecho a la tutela judicial efectiva y la garantía del principio de legalidad implican, por otra parte, la asignación al juez contencioso-administrativo de *amplísimos* poderes de tutela, no sólo de la legalidad objetiva que debe siempre ser respetada por la Administración, sino de las diversas situaciones jurídicas subjetivas que pueden tener los particulares en relación a la Administración. De allí que el contencioso-administrativo, conforme al artículo 259 de la Constitución, no sea solamente un proceso a los actos administrativos, sino que también está concebido como un sistema de justicia para la tutela de los derechos subjetivos y de los intereses de los administrados, incluyendo los derechos e intereses colectivos y difusos, donde por supuesto, se incluye también los derechos y libertades constitucionales.

Por tanto, el contencioso-administrativo no sólo se concibe como un proceso de protección a la legalidad objetiva, sino de tutela de los derechos e intereses de los recurrentes frente a la Administración. Por ello, el juez contencioso-administrativo, de acuerdo a los propios términos del artículo 259 de la Constitución, tiene competencia para anular los actos administrativos contrarios a derecho, y además, para condenar a la Administración al pago de sumas de dinero y a la reparación de daños y perjuicios originados en responsabilidad de la misma, y adicionalmente, para disponer lo necesario para el restablecimiento de las situaciones jurídicas subjetivas lesionadas por la autoridad administrativa, incluyendo en la expresión "situaciones jurídicas subjetivas" no sólo el clásico derecho subjetivo, sino los derechos constitucionales y los propios intereses legítimos, personales y directos de los ciudadanos. A lo anterior se agregan los reclamos derivados de la prestación de servicios públicos.

De lo anterior resulta entonces que a partir de la constitucionalización de la jurisdicción contencioso-administrativa en el texto constitucional de 1961 y luego en el de 1999, el contencioso-administrativo como instrumento procesal de protección de los particulares frente a la autoridad pública, se fue ampliado conforme a su desarrollo jurisprudencial antes de la sanción de la LOJCA 2010, distinguiéndose siete tipos de acciones contencioso administrativas,[1198] que se indican más adelante sobre la nulidad de los actos administrativos o de contenido patrimonial, y además, en relación con la prestación de servicios públicos; las vías de hecho administrativas; las conductas omisivas de la Administración; la interpretación de leyes administrativas, y la solución de las controversias administrativas.

La LOJCA 2010, estableció en la materia, aun cuando en forma insuficiente, unas normas procesales comunes a todas las demandas, dividiendo arbitrariamente los procedimientos en tres tipos: *primero*, el procedimiento en las demandas de contenido patrimonial; *segundo*, un procedimiento denominado breve, para las acciones de contenido no patrimonial y en especial las destinadas a reclamos por la omisión, demora o deficiente prestación de los servicios públicos, contra las vías de hecho, y contra la abstención de la Administración; y *tercero*, un procedimiento común para las demandas de nulidad de actos administrativos, para la interpretación de leyes y

---

1198. Véase Allan R. Brewer-Carías, ""Los diversos tipos de acciones y recursos contencioso-administrativos en Venezuela", en *Revista de Derecho Público*, N° 25, Editorial Jurídica Venezolana, Caracas, enero-marzo 1986, págs. 6 y ss.

para la solución de controversias administrativas. Decimos que es una división arbitraria, pues en realidad, por ejemplo, tal y como se había venido construyendo por la jurisprudencia, las demandas contra la carencia o abstención administrativas debían quizás seguir el mismo procedimiento establecido para las demandas de nulidad contra los actos administrativos; y las demandas contra vías de hecho, debía quizás seguir el mismo procedimiento establecido para las demandas de contenido patrimonial.

En todo caso, las acciones, recursos y pretensiones procesales varían en cada uno de esos tipos de contencioso y, por supuesto, también varían algunas reglas de procedimiento aplicables a los diversos procesos, que analizaremos más adelante.

III. LOS PROCESOS CONTENCIOSO ADMINISTRATIVOS CONFORME A LA LEY ORGÁNICA DE LA JURISDICCIÓN CONTENCIOSO ADMINISTRATIVA DE 2010

El sistema de los procesos contencioso administrativos que se regulan en la Ley Orgánica de 2010[1199] resulta, sin duda, del conjunto de atribuciones asignadas a los diversos órganos de la Jurisdicción Contencioso Administrativa, que como antes se dijo, son la Sala Político Administrativa del Tribunal Supremo de Justicia en su cúspide, y en orden descendente, los Juzgados Nacionales de la Jurisdicción Contencioso Administrativa, los Juzgados Superiores Estadales de la Jurisdicción Contencioso Administrativos y los Juzgados Municipales de la Jurisdicción Contencioso Administrativos.

Esas competencias, establecidas en los artículos 23, 24, 25 y 26 de la Ley, en nuestro criterio, dan origen a siete procesos contencioso administrativos, que son: (i) el proceso contencioso administrativo de anulación de actos administrativos;[1200] (ii) el proceso contencioso administrativo contra las carencias administrativas; (iii) el proceso contencioso administrativo de las demandas patrimoniales[1201]; (iv) el proceso contencioso administrativo de las demandas contra las vías de hecho[1202]; (v) el proceso contencioso administrativo en materia de prestación servicios públicos[1203]; (vi) el proceso contencioso administrativo para la resolución de las controversias administrativas; y (vii) el proceso contencioso administrativo de interpretación de las leyes.[1204]

1199 Véase el texto en el libro: Allan R. Brewer-Carías "Introducción General al Régimen de la Jurisdicción Contencioso Administrativa," en Allan R. Brewer-Carías y Víctor Hernández Mendible, *Ley Orgánica de la Jurisdicción Contencioso Administrativa,* Editorial Jurídica Venezolana, Caracas 2010, pp. 9-151.

1200 Véase en general la obra colectiva, *Comentarios a la Ley Orgánica de la Jurisdicción Contencioso Administrativa,* Vol. I y II, FUNEDA, Caracas, 2010 y 2011, respectivamente.

1201 Véase Miguel Ángel Torrealba Sánchez, "Las demandas de contenido patrimonial en la Ley Orgánica de la Jurisdicción Contencioso Administrativa," en *Comentarios a la Ley Orgánica de la Jurisdicción Contencioso Administrativa,* Vol. II, FUNEDA, Caracas, 2011, pp. 299-340.

1202 Véase Miguel Ángel Torrealba Sánchez, *La vía de hecho en Venezuela*, FUNEDA, Caracas, 2011.

1203 Véase Jorge Kiriakidis, "Notas en torno al Procedimiento Breve en la Ley Orgánica de la Jurisdicción Contencioso Administrativa," *Comentarios a la Ley Orgánica de la Jurisdicción Contencioso Administrativa,* Vol. II, FUNEDA, Caracas, 2011, pp. 167-193.

1204 Véase Allan R. Brewer-Carías, "Introducción General al Régimen de la Jurisdicción Contencioso Administrativa," en Allan R. Brewer-Carías y Víctor Hernández Mendible, *Ley Orgánica de la Jurisdicción Contencioso Administrativa,* Editorial Jurídica Venezolana, Caracas 2010, pp. 9-151.Véase

Debe señalarse además, que en el artículo 24.6 de la Ley Orgánica se atribuyó competencia a los Juzgados Nacionales de la Jurisdicción Contencioso Administrativa para conocer de "los juicios de expropiación intentados por la República, en primera instancia," con la apelación para ante la Sala Político Administrativa del Tribunal Supremo, y cuyo procedimiento se regula en la Ley de Expropiación por causa de utilidad pública o social de 2002.[1205]

1. *El proceso contencioso administrativo de anulación de los actos administrativos*

En primer lugar está el proceso contencioso administrativo de anulación de actos administrativos, a cuyo efecto el artículo 23 asigna a la Sala Político Administrativa, competencia para conocer de:

5. Las demandas de nulidad contra los actos administrativos de efectos generales o particulares dictados por el Presidente o Presidenta de la República, el Vicepresidente Ejecutivo o Vicepresidenta Ejecutiva de la República, los Ministros o Ministras, así como por las máximas autoridades de los demás organismos de rango constitucional, si su competencia no está atribuida a otro tribunal.
6. Las demandas de nulidad que se ejerzan contra un acto administrativo de efectos particulares y al mismo tiempo el acto normativo sub-legal que le sirve de fundamento, siempre que el conocimiento de este último corresponda a la Sala Político-Administrativa.

El artículo 24 de la Ley, por su parte, asigna competencia a los Juzgados Nacionales de la Jurisdicción Contencioso Administrativa para conocer de:

5. Las demandas de nulidad de los actos administrativos de efectos generales o particulares dictados por autoridades distintas a las mencionadas en el numeral 5 del artículo 23 de esta Ley y en el numeral 3 del artículo 25 de esta Ley, cuyo conocimiento no esté atribuido a otro tribunal en razón de la materia.

El artículo 25 de la Ley Orgánica, además, asigna a los Juzgados Superiores Estadales de la Jurisdicción Contencioso Administrativa competencia para conocer de:

3. Las demandas de nulidad contra los actos administrativos de efectos generales o particulares, dictados por las autoridades estadales o municipales de su jurisdicción, con excepción de las acciones de nulidad ejercidas contra las decisiones administrativas dictadas por la Administración del trabajo en materia de inamovilidad, con ocasión de una relación laboral regulada por la Ley Orgánica del Trabajo.

---

además, Allan R. Brewer-Carías, "Los diversos tipos de acciones y recursos contencioso-administrativos en Venezuela", en *Revista de Derecho Público,* N° 25, Editorial Jurídica Venezolana, Caracas, 1986, pp. 6 ss.

1205 Véase en *Gaceta Oficial* N° 37.475 de 01-07-02. Véanse los comentarios sobre esta ley en Allan R. Brewer-Carías, Gustavo Linares Benzo, Dolores Aguerrevere Valero y Caterina Balasso Tejera, *Ley de Expropiación por Causa de Utilidad Pública o Interés Social,* Editorial Jurídica Venezolana, Caracas 2002.

6. Las demandas de nulidad contra los actos administrativos de efectos particulares concernientes a la función pública, conforme a lo dispuesto en la ley.

Sobre estas competencias en materia de contencioso de anulación, debe observarse que conforme al artículo 8 de la Ley Orgánica de 2010, además de los actos administrativos de efectos generales y particulares, también pueden ser objeto de control judicial las "actuaciones bilaterales," lo que apunta, sin duda, a los contratos públicos. Esto se había establecido en la derogada Ley Orgánica de 2004, que expresamente preveía la posibilidad de la impugnación por ilegalidad o inconstitucionalidad de los contratos o acuerdos celebrados por la Administración cuando afectasen los intereses particulares o generales, legítimos, directos, colectivos o difusos de los ciudadanos, atribuyéndose la legitimidad a personas extrañas a la relación contractual (Art. 21, párrafo 2º). La Ley Orgánica de 2010, sin embargo, en esta materia, tampoco reguló procedimiento contencioso específico alguno.

2. *El proceso contencioso administrativo contra las carencias administrativas*

En segundo lugar está el proceso contencioso administrativo contra la carencia administrativa, que regula la Ley Orgánica en su artículo 23, al asignar a la Sala Político Administrativa, competencia para conocer de:

3. La abstención o la negativa del Presidente o Presidenta de la República, del Vicepresidente Ejecutivo o Vicepresidenta Ejecutiva de la República, de los Ministros o Ministras, así como de las máximas autoridades de los demás órganos de rango constitucional, a cumplir los actos a que estén obligados por las leyes.

Por su parte el artículo 24 de la Ley Orgánica le asigna a los Juzgados Nacionales de la Jurisdicción Contencioso Administrativa, competencia para conocer de:

3. La abstención o la negativa de las autoridades distintas a las mencionadas en el numeral 3 del artículo 23 de esta Ley y en el numeral 4 del artículo 25 de esta Ley.

Y conforme al artículo 25 de la Ley Orgánica, los Juzgados Superiores Estadales de la Jurisdicción Contencioso Administrativa son competentes para conocer de:

4. La abstención o la negativa de las autoridades estadales o municipales a cumplir los actos a que estén obligadas por las leyes.

3. *Los procesos contencioso administrativos de las controversias administrativas*

En tercer lugar, está el proceso contencioso administrativo previsto en la Ley es el proceso contencioso administrativo de resolución de controversias administrativas, a cuyo efecto, el artículo 23 asigna a la Sala Político Administrativa, competencia para conocer de:

7. Las controversias administrativas entre la República, los estados, los municipios u otro ente público, cuando la otra parte sea una de esas mismas entidades, a menos que se trate de controversias entre municipios de un mismo estado.

8. Las controversias administrativas entre autoridades de un mismo órgano o ente, o entre distintos órganos o entes que ejerzan el Poder Público, que se susciten por el ejercicio de una competencia atribuida por la ley.

Y conforme al artículo 25 de la Ley Orgánica, los Juzgados Superiores Estadales de la Jurisdicción Contencioso Administrativa son competentes para conocer de:

9. Las controversias administrativas entre municipios de un mismo estado por el ejercicio de una competencia directa e inmediata en ejecución de la ley.

4. *El proceso contencioso administrativo de las demandas patrimoniales*

En cuarto lugar, está el proceso contencioso administrativo de las demandas patrimoniales contra los entes públicos o que estos puedan intentar, a cuyo efecto, el artículo 23 de la ley le atribuye a la Sala Político Administrativa del Tribunal Supremo, competencia para conocer de:

1. Las demandas que se ejerzan contra la República, los estados, los municipios, o algún instituto autónomo, ente público, empresa, o cualquier otra forma de asociación, en la cual la República, los estados, los municipios u otros de los entes mencionados tengan participación decisiva, si su cuantía excede de setenta mil unidades tributarias (70.000 U.T.), cuando su conocimiento no esté atribuido a otro tribunal en razón de su especialidad.
2. Las demandas que ejerzan la República, los estados, los municipios, o algún instituto autónomo, ente público, empresa, o cualquier otra forma de asociación, en la cual la República, los estados, los municipios o cualquiera de los entes mencionados tengan participación decisiva, si su cuantía excede de setenta mil unidades tributarias (70.000 U.T.), cuando su conocimiento no esté atribuido a otro tribunal en razón de su especialidad.
10. Las demandas que se interpongan con motivo de la adquisición, goce, ejercicio o pérdida de la nacionalidad o de los derechos que de ella derivan.
11. Las demandas que se ejerzan con ocasión del uso del espectro radioeléctrico.
12. Las demandas que le atribuyan la Constitución de la República o las leyes especiales, o que le correspondan conforme a éstas, en su condición de máxima instancia de la Jurisdicción Contencioso Administrativa.
13. Las demás demandas derivadas de la actividad administrativa desplegada por las altas autoridades de los órganos que ejercen el Poder Público, no atribuidas a otro tribunal.
23. Conocer y decidir las pretensiones, acciones o recursos interpuestos, en el caso de retiro, permanencia, estabilidad o conceptos derivados de empleo público del personal con grado de oficiales de la Fuerza Armada Nacional Bolivariana.

Por su parte el artículo 24 de la Ley Orgánica asigna a los Juzgados Nacionales de la Jurisdicción Contencioso Administrativa, competencia para conocer de:

1. Las demandas que se ejerzan contra la República, los estados, los municipios, o algún instituto autónomo, ente público, empresa o cualquier otra forma de asociación, en la cual la República, los estados, los municipios u otros de los entes mencionados tengan participación decisiva, si su cuantía

excede de treinta mil unidades tributarias (30.000 U.T.) y no supera setenta mil unidades tributarias (70.000 U.T.), cuando su conocimiento no esté atribuido expresamente a otro tribunal, en razón de su especialidad.

2. Las demandas que ejerzan la República, los estados, los municipios, o algún instituto autónomo, ente público, empresa o cualquier otra forma de asociación, en la cual la República, los estados, los municipios u otros de los entes mencionados tengan participación decisiva, si su cuantía excede de las treinta mil unidades tributarias (30.000 U.T.) y no supera setenta mil unidades tributarias (70.000 U.T.), cuando su conocimiento no esté atribuido a otro tribunal en razón de su especialidad.

8. Las demandas derivadas de la actividad administrativa contraria al ordenamiento jurídico desplegada por las autoridades de los órganos que ejercen el Poder Público, cuyo control no haya sido atribuido a la Sala Político-Administrativa o a los Juzgados Superiores Estadales de la Jurisdicción Contencioso Administrativa.

Conforme al artículo 25 de la Ley Orgánica, a los Juzgados Superiores Estadales de la Jurisdicción Contencioso Administrativa se les asigna competencia para conocer de:

1. Las demandas que se ejerzan contra la República, los estados, los municipios, o algún instituto autónomo, ente público, empresa o cualquier otra forma de asociación, en la cual la República, los estados, los municipios u otros de los entes mencionados tengan participación decisiva, si su cuantía no excede de treinta mil unidades tributarias (30.000 U.T.), cuando su conocimiento no esté atribuido a otro tribunal en razón de su especialidad.

2. Las demandas que ejerzan la República, los estados, los municipios, o algún instituto autónomo, ente público, empresa o cualquier otra forma de asociación, en la cual la República, los estados, los municipios u otros de los entes mencionados tengan participación decisiva, si su cuantía no excede de treinta mil unidades tributarias (30.000 U.T.), cuando su conocimiento no esté atribuido a otro tribunal en razón de su especialidad.

8. Las demandas derivadas de la actividad administrativa contraria al ordenamiento jurídico de los órganos del Poder Público estadal, municipal o local.

Una de las innovaciones de la Ley Orgánica de 2010 en la conformación del proceso contencioso administrativo de las demandas de contenido patrimonial, fue haber eliminado la referencia a demandas que pudieran derivarse de "contratos administrativos," que en el pasado había condicionado la distribución de competencias judiciales en la materia. La Ley 2010, ha regulado en cambio, la competencia en materia de demandas de contenido patrimonial, independientemente de que sean derivadas de responsabilidad contractual o extracontractual, y la misma ha sido sólo distribuida entre los diversos Juzgados según la cuantía. Por tanto, conflictos derivados de la ejecución de contratos del Estado, contratos públicos o contratos administrativos corresponden según la cuantía a los diversos tribunales de la jurisdicción.

Con ello puede decirse que quedó superada la necesidad que antes había de determinar cuándo un contrato público era o no era "contrato administrativo" para determinar la competencia de la jurisdicción contencioso administrativa, tal y como había sido establecida en la Ley Orgánica de la Corte Suprema de 1976 (art. 42.14) y repetida en la Ley Orgánica del Tribunal Supremo de 2004 (art. 5, párrafo 1°, 25). Debe mencionarse, sin embargo, que a pesar de aquellas normas, estimamos que la distinción entre contratos administrativos y contratos públicos que supuestamente no lo eran, no tenía sustantividad firme, ya que no había ni puede haber "contratos de derecho privado" de la Administración que pudiesen estar regidos exclusivamente por el derecho privado, que excluyeran el conocimiento de los mismos por la jurisdicción contencioso-administrativa.[1206] En realidad, todos los contratos que celebra la Administración están sometidos en una forma u otra al derecho público y a todos se les aplica también el derecho privado, teniendo, según su objeto, un régimen preponderante de derecho público o de derecho privado;[1207] por lo que la distinción no tenía ni tiene fundamento alguno, y menos cuando en Venezuela nunca ha habido dualidad de jurisdicciones (judicial y administrativa) que en Francia ha sido el verdadero sustento de la distinción.[1208] Así como no puede haber acto unilateral dictado por los funcionarios públicos que no sea un acto administrativo, tampoco existen contratos celebrados por la Administración que no estén sometidos en alguna forma al derecho público.

En definitiva, como lo propusimos en 2004,[1209] la referencia a "contratos administrativos" ha sido eliminada de la Ley Orgánica de 2010, atribuyéndose a los órganos de la misma todas las cuestiones concernientes a los contratos de la Administración, cualquiera que sea su naturaleza, según la cuantía.

5. *El proceso contencioso administrativo de las demandas contra las vías de hecho administrativas*

En quinto lugar, está el proceso contencioso administrativo de las demandas contra las vías de hecho administrativas, a cuyo efecto, el artículo 23.4 asigna a la Sala Político Administrativa del Tribunal Supremo, competencia para conocer de "las reclamaciones contra las vías de hecho atribuidas a las altas autoridades antes enumeradas."

1206 Véase Allan R. Brewer-Carías, "La evolución del concepto de contrato administrativo," en *El Derecho Administrativo en América Latina, Curso Internacional,* Colegio Mayor de Nuestra Señora del Rosario, Bogotá, 1978, pp. 143-167; *Jurisprudencia Argentina*, N° 5.076, Buenos Aires, 13-12-1978, pp. 1-12; *Libro Homenaje al Profesor Antonio Moles Caubet*, Tomo I, Facultad de Ciencias Jurídicas y Políticas, Universidad Central de Venezuela, Caracas, 1981, pp. 41-69; y *Estudios de Derecho Administrativo,* Bogotá, 1986, pp. 61-90. Además, publicado como "Evoluçao do conceito do contrato administrativo," in *Revista de Direito Publico* N° 51-52, Sao Paulo, julio-diciembre 1979, pp. 5-19.

1207 Véase Allan R. Brewer-Carías, *Contratos Administrativos*, Editorial Jurídica Venezolana, Caracas, 1992, pp. 46 ss.; y "La interaplicación del derecho público y del derecho privado a la Administración Pública y el proceso de huida y recuperación del derecho administrativo," en *Las Formas de la Actividad Administrativa. II Jornadas Internacionales de Derecho Administrativo Allan Randolph Brewer-Carías*, Fundación de Estudios de Derecho Administrativo, Caracas, 1996, pp. 59 ss.

1208 Véase Jesús Caballero Ortiz, "¿Deben subsistir los contratos administrativos en una futura legislación?," en *El Derecho Público a comienzos del siglo XXI. Estudios homenaje al Profesor Allan R. Brewer-Carías,* Tomo II, Instituto de Derecho Público, UCV, Editorial Civitas Ediciones, Madrid, 2003, pp. 1773 ss.

1209 Véase Allan R. Brewer-Carías, *Ley Orgánica del Tribunal Supremo de Justicia*, Editorial Jurídica Venezolana, Caracas, 2004, p. 219.

Por su parte el artículo 24.4 de la Ley Orgánica asigna a los Juzgados Nacionales de la Jurisdicción Contencioso Administrativa, competencia para conocer de "Las reclamaciones contra las vías de hecho atribuidas a las autoridades a las que se refiere el numeral anterior."

Y conforme al artículo 25.5 de la Ley Orgánica, a los Juzgados Superiores Estadales de la Jurisdicción Contencioso Administrativa se les asigna competencia para conocer de "las reclamaciones contra las vías de hecho atribuidas a autoridades estadales o municipales de su jurisdicción."

6. *El proceso contencioso administrativo de las demandas relativas a los servicios públicos*

En sexto lugar, está el proceso contencioso administrativo de las demandas relativas a los servicios públicos regulado en el artículo 259 de la Constitución, de manera que en realidad, la única innovación en materia de competencias de la Jurisdicción contencioso administrativa en relación con lo que estaba regulado en la Constitución de 1961 (Art. 206), fue el agregado de dicho artículo, sobre la competencia de los órganos de la Jurisdicción para conocer de los "reclamos por la prestación de servicios públicos." Ello ha sido precisado en la LOJCA 2010, al atribuir a los órganos de la Jurisdicción competencia en materia de reclamos por la prestación de los servicios públicos y el restablecimiento de las situaciones jurídicas subjetivas lesionadas por los prestadores de los mismos (art. 9,5), asignando el conocimiento de la materia exclusivamente a los Juzgados de Municipio de la Jurisdicción Contencioso Administrativa, como competencia única, para conocer de "las demandas que interpongan los usuarios o usuarias o las organizaciones públicas o privadas que los representen, por la prestación de servicios públicos" (art. 26,1).[1210]

7. *El proceso contencioso administrativo de interpretación de las leyes*

El séptimo proceso contencioso administrativo es el de interpretación de las leyes, a cuyo efecto el artículo 23.21 asigna a la Sala Político Administrativa, con exclusividad, competencia para conocer de "los recursos de interpretación de leyes de contenido administrativo."

Se precisó, en esta forma, frente a la competencia general de todas las Salas para interpretar las leyes, que lo que corresponde a la Sala Político Administrativa en exclusividad es sólo la interpretación de las leyes de "contenido administrativo."

V. PRINCIPIOS GENERALES DEL PROCEDIMIENTO CONTENCIOSO ADMINISTRATIVO EN LAS DEMANDAS DE NULIDAD CONTRA LOS ACTOS ADMINISTRATIVOS

La Ley Orgánica de 2010, en relación a todos antes mencionados procesos, estableció un conjunto de normas procesales comunes a todas las demandas, y además, otras específicas, dividiendo arbitrariamente los procedimientos que deben seguirse en los procesos, sólo en tres tipos:

1210 Se dispuso sin embargo en la Disposición Transitoria Sexta de la Ley Orgánica, que hasta tanto entrasen en funcionamiento estos Juzgados de Municipio de la Jurisdicción Contencioso Administrativa, los Juzgados de Municipio existentes son los que deben conocer de esta competencia.

Primero, el procedimiento aplicable al proceso contencioso administrativo de las demandas de contenido patrimonial;

Segundo, un procedimiento denominado "breve," aplicable (i) al proceso contencioso administrativos de las demandas de contenido no patrimonial o indemnizatorio y en especial, las ejercidas con ocasión de la omisión, demora o deficiente prestación a los servicios públicos; (ii) al proceso contencioso administrativos de las demandas contra las vías de hecho; y (iii) al proceso contencioso administrativos de las demandas contra la abstención o carencia de la Administración; y

Tercero, un procedimiento común aplicable (i) el proceso contencioso administrativos anulación de los actos administrativos; (ii) al proceso contencioso administrativos para la interpretación de leyes; y (iii) al proceso contencioso administrativos para la solución de controversias administrativas.

Esta división de los procedimientos contencioso administrativos, como hemos dicho, fue hecha en forma arbitraria, sin explicación alguna de la agrupación de procesos, mezclando así en un procedimiento, procesos que nada tienen en común. No se entiende, por ejemplo, porqué a los procesos contencioso administrativos contra la carencia o abstención administrativas no se aplicó, por ejemplo, el mismo procedimiento establecido para los procesos contencioso administrativos de anulación de actos administrativos; o porqué a los procesos contencioso administrativos de demandas contra vías de hecho, no se aplicó el mismo procedimiento establecido para los procesos contencioso administrativos de las demandas de contenido patrimonial.

No es la intención en esta Ponencia referirnos a todas las normas procesales contencioso administrativa respecto de todas las demandas y procesos, limitándonos en esta oportunidad, por su interés general a referirnos a las normas de procedimiento para el proceso contencioso administrativo de anulación de los actos administrativos.

1. *Principios generales del proceso*

La Ley Orgánica estableció cuatro principios generales que rigen en todos los procesos contencioso administrativos, y por tanto, se aplican también el proceso de anulación de los actos administrativos, que son:

En primer lugar, el principio general de la *publicidad* que se consagra en el artículo 3 de la LOJCA 2010 al disponerse que "los actos del proceso serán públicos, salvo que la ley disponga lo contrario o el tribunal así lo decida por razones de seguridad, orden público o protección de la intimidad de las partes."

En segundo lugar, el principio general de la oficialidad, al disponerse en el artículo 4 de la LOJCA que el Juez es el órgano rector del proceso, lo que implica que está obligado a impulsarlo de oficio o a petición de parte, hasta su conclusión. Sin embargo, en cuanto a la posibilidad del juez de tener iniciativa procesal de oficio la misma está siempre establecida expresamente en la ley (art. 30), y se refiere a actuaciones en un proceso en curso. Por ejemplo, el juez tiene la posibilidad de hacer evacuar de oficio las pruebas que considere pertinentes (art. 39). a convocar de oficio para su participación en la audiencia preliminar a las personas, entes, consejos comunales, colectivos o cualquier otra manifestación popular de planificación, control y ejecución de políticas y servicios públicos, cuyo ámbito de actuación se encuentre vinculado con el objeto de la controversia, para que opinen sobre el asunto debatido (art. 58).

En tercer lugar, el principio de la oralidad de los procesos que se establece en la Ley, siguiendo una de las innovaciones más importantes en el ámbito judicial establecidas en la Constitución de 1999, lo cual proporciona celeridad, y permite la cercanía entre partes y jueces. Esa oralidad se materializa en las diversas Audiencias previstas en los procedimientos, como la Audiencia preliminar, la Audiencia conclusiva, la Audiencia de juicio.

Y el cuarto lugar, el principio general de la participación popular en el proceso, de manera que de acuerdo con el artículo 10 de la LOJCA 2010, los entes, consejos comunales, colectivos y otras manifestaciones populares de planificación, control, ejecución de políticas y servicios públicos, pueden emitir su opinión en los juicios cuya materia debatida esté vinculada a su ámbito de actuación, aunque no sean partes.

2. *Las partes en los procesos contencioso administrativos y la legitimación procesal*

La iniciativa procesal ante la jurisdicción contencioso administrativa se regula en el artículo 30 de la LOJCA 2010, al disponerse como principio que "los órganos de la Jurisdicción Contencioso Administrativa conocerán a instancia de parte," por lo que en cuanto a la presentación de las demandas de nulidad de actos administrativos, como en todos los casos de pretensiones procesales ante la Jurisdicción, por supuesto rige el principio dispositivo, no existiendo caso alguno en el cual el juez contencioso administrativo esté autorizado para iniciar un proceso de oficio, es decir, presentando alguna demanda.

La capacidad procesal para poder actuar ante la Jurisdicción contencioso administrativa, según se establece en el artículo 27 de la LOJCA 2010, corresponde a las partes, que pueden ser personas naturales o jurídicas, públicas o privadas, irregulares o de hecho, asociaciones, consorcios, comités, consejos comunales y locales, agrupaciones, colectivos y cualquiera otra entidad; las cuales en todo caso, en los juicios contencioso administrativo de anulación, de acuerdo con el artículo 28 de la LOJCA 2010, sólo pueden actuar en asistidos o representados por un abogado.

La noción de parte, por tanto, en los juicios contencioso administrativo, incluyendo los de nulidad de actos administrativos, es fundamental, pues la parte demandante es la que debe identificarse en la demanda como parte actora (arts. 33,2; 34); la parte demandada es la que debe citarse como parte demandada (art. 37); son las partes las que pueden formular observaciones a los autos del juez para mejor proveer (art. 39); son las partes las que pueden solicitar al juez dictar providencias (art 40); es la actuación de las partes la que puede evitar la perención (art. 41); es en relación con las partes que surgen las causales de recusación e inhibición de los jueces (art. 41 ss.); son las partes las que participan en la audiencia preliminar, pueden solicitar providencias de correcciones procedimentales, y pueden promover pruebas, convenir en hechos y oponerse a pruebas (arts. 57, 60 y 62); son las partes las que pueden solicitar al juez que se convoque a grupos organizados de la sociedad cuyo ámbito de actuación se encuentre vinculado con el objeto de la controversia, para que participen en la audiencia opinando sobre el asunto debatido (art. 58); son las partes las que pueden participar en la audiencia conclusiva (art. 63); son las partes las que deben ser notificadas de la sentencia (art. 64); son las partes las que en los juicios de nulidad pueden solicitar al juez que se notifique a determinadas personas (art. 68,3); son las partes las que pueden solicitar al juez dictar medidas (art. 69), las que son oídas en la audiencia oral (art. 70); son las partes las que como tales pueden atender al cartel de emplazamiento (art. 80), las que pueden participar en la audiencia de juicio (arts. 82 y 83), promover pruebas, convenir en hechos y oponerse a pruebas (art. 84); son las partes las que pueden solicitar que se dicten medidas cautelares (art 104); son las partes las que pueden participar en la ejecución de sentencias (art. 109, 110); son las partes las que pueden apelar de las sentencias (arts. 92, 94) y contestar la apelación (art. 94); y, en fin, son las partes las que pueden intentar el recurso especial de juridicidad (art. 95) y contestarlo (art. 99).

A. *Legitimación activa*

En cuanto a la legitimación activa para iniciar juicios contencioso administrativos, las personas y entidades antes indicados, conforme al artículo 29 de la LOJCA 2010, deben tener "un interés jurídico actual" es decir, que exista al momento de realizarse la actuación procesal, que tiene que referirse a la relación o situación jurídica concreta de la persona, lo que dependerá de la pretensión procesal que se formule ante la Jurisdicción

En el caso de los juicios de nulidad contra los actos administrativos, respecto de la legitimación activa, nada más se estableció en la Ley Orgánica, por lo que el interés actual exigido está condicionado por los efectos producidos por los actos impugnados. Tratándose de actos administrativos de efectos generales, la legitimación para impugnarlos y para hacerse parte en los juicios corresponde a cualquier ciudadano que por ejemplo alegue un simple interés en la anulación o en el mantenimiento del acto impugnado.

La acción en estos casos es una acción popular contencioso administrativa, tal como se derivaba del artículo 21.9 de la derogada Ley Orgánica del Tribunal Supremo de 2004, cuando disponía que "toda persona natural o jurídica, que sea *afectada en sus derechos o intereses* por un *acto administrativo de efectos generales* emanado de alguno de los órganos del Poder Público Nacional, Estadal o Municipal, puede demandar la nulidad del mismo ante el Tribunal Supremo de Justicia, por razones de inconstitucionalidad o de ilegalidad." Se trata de la misma acción popular que se ha establecido en materia de control de constitucionalidad de las leyes y que tiene sus antecedentes desde mitad del Siglo XIX.

Esta acción popular fue definida por la jurisprudencia, como la que "corresponde a todos y cada uno de los individuos que componen un conglomerado, para impugnar la validez de un acto del Poder Público que, por tener un carácter normativo y general, obra *erga omnes,* y, por tanto, su vigencia afecta e interesa a todos por igual."[1211] En estos casos de impugnación de actos normativos, dijo la antigua Corte Suprema, éstos "pueden ser impugnados por la vía de la acción popular, ejercida libremente por cualquier ciudadano que se encuentre en el pleno goce de sus derechos, esto es, que tenga capacidad procesal" invocando simplemente "el derecho que

---

1211 Véase la sentencia de la antigua Corte Federal de 14-03-60 en *Gaceta Forense* Nº 27, 1960, págs. 127-132 y la sentencia de la Corte Suprema de Justicia en Sala Político-Administrativa de 18-02-71 en *Gaceta Oficial* Nº 1.472 Extra. de 11-06-71. Véase en Allan R. Brewer-Carías, *Jurisprudencia de la Corte Suprema 1940-1975 y Estudios de Derecho Administrativo,* Tomo V, Vol. I, Caracas, 1978, pp. 209-304.

tiene todo ciudadano a que la administración respete la legalidad."[1212] En este caso, agregó la antigua Corte, "la acción que se da... a cualquiera del pueblo (de allí su denominación) está dirigida a la defensa de un interés público que es a la vez simple interés del accionante quien por esta sola razón no requiere estar investido de un interés jurídico diferencial o legítimo"[1213].

En el régimen anterior del contencioso administrativo de nulidad de los actos administrativos de efectos particulares, debe recordarse que tradicionalmente la legitimación activa se atribuía a quienes fueran titulares de un "interés personal, legítimo y directo"[1214] en la impugnación del acto administrativo; exigencia que fue eliminada la LOJCA 2010, por lo que en estos casos debe recurrirse a los principios generales para adecuadamente establecer la legitimación.

En efecto, como se había desarrollado jurisprudencialmente, la necesidad de que el recurrente en los juicios de nulidad tuviese un interés personal, legítimo y directo en la impugnación, implicaba que tratándose de actos individuales o de efectos particulares, en principio, en el proceso sólo podían "actuar los sujetos a quienes directamente afecta el acto administrativo,"[1215] es decir, "los que tuvieran un interés legítimo en su anulación."[1216] Esta noción de interés personal, legítimo y directo, fue precisada con acuciosidad por la Corte Primera de lo Contencioso- Administrativa en su sentencia del 13 de octubre de 1988 (caso: *Cememosa*), al clarificar que por *interés legítimo* "debe entenderse como la existencia de una tutela legal sobre la pretensión del actor;" que el *interés sea personal* "alude a la de que el actor haga valer en su nombre o en el de un sujeto o comunidad a los cuales representa, su pretensión;" y que el *interés sea directo*, se refiere a "que el efecto del acto recaiga sobre el actor" y que "el acto esté destinado al actor." En fin la exigencia apunta a que "el impugnante sea el afectado, el que recibe los efectos inmediatos de la decisión sobre su esfera de intereses."[1217]

Esta exigencia, sin embargo, debe recordarse que comenzó a variar en 2000, mediante sentencia de la Sala Político Administrativa del Tribunal Supremo, en efecto, Nº 873 de 13 de abril de 2000 (Caso: *Banco FIVENEZ vs. Junta de Emergencia Financiera*), en la cual consideró que con las previsiones de la Constitución de 1999, había "quedado tácitamente derogado el criterio legitimador exigido en la Ley Orgánica de la Corte Suprema de Justicia, pues dicho criterio resulta incompatible con los principios que establece la nueva Constitución (Disposición Derogatoria

---

1212 Véase la sentencia de la Corte Suprema de Justicia en Sala Político-Administrativa de 06-02-64 en *Gaceta Oficial* Nº 27.373 de 21-02-64. Véase en Allan R. Brewer-Carías, *Jurisprudencia..., cit.*, Tomo V, Vol. I, pág. 296.

1213. Véase la sentencia de la Corte Suprema de Justicia en Sala Político- Administrativa de 18-02-71 en *Gaceta Oficial* Nº 1.472 Extra, de 11-06-71, y la sentencia de la Corte Suprema de Justicia en Sala Político-Administrativa de 21-11-74, en *G.O.* Nº 30.594 de 10-01-75. Véase en Allan R. Brewer-Carías, *Jurisprudencia..., cit.,* Tomo V, Vol. I, págs. 304 y 314.

1214 Véase Allan R. Brewer-Carías, "Aspectos de la legitimación activa en los recursos contencioso-administrativos contra los actos administrativos de efectos particulares", en *Revista de Derecho Público,* Nº 16, Editorial Jurídica Venezolana, Caracas, 1983, pp. 227-233.

1215 Véase en *Gaceta Forense,* Nº 27, pp. 127-132. Véase además en Allan R. Brewer-Carías, *Jurisprudencia de la Corte Suprema ... cit.*, Tomo V, Vol. I, *cit.*, p. 293.

1216 Véase *Gaceta Oficial* Nº 14.72 Extra, de 11-06-71.

1217 Véase *Revista de Derecho Público,* Nº 82, Editorial Jurídica Venezolana, Caracas, 2000, pp. 445 ss.

única de la Constitución de 1999), al menos en lo que respecta a la exigencia de que el interés legitimador sea personal y directo." La Sala concluyó entonces indicando que "el interés para recurrir que exige la nueva Constitución, obviamente, sigue siendo "legítimo", ya que el ordenamiento jurídico no puede proteger intereses ilegítimos." Sin embargo, por lo que respecta al interés directo, la Sala lo consideró sin aplicación por lo que el recurrente en estos procesos de nulidad, "cuando el particular pueda obtener de la impugnación del acto administrativo una ventaja o evitar un perjuicio, aunque no exista una relación inmediata entre la situación derivada o creada por el acto administrativo" debe admitirse la impugnación al ser "titular de un 'interés indirecto', lo cual lo legitima para ejercer el recurso contencioso administrativo."

Consideró la Sala, en consecuencia, que es suficiente para impugnar tanto actos de efectos particulares como actos de efectos generales, "que se tenga un interés conforme con el ordenamiento jurídico, aunque dicho interés no sea personal y directo." tratándose siempre, por supuesto de un interés legítimo y actual. Además, señaló la Sala que en lo que respecta a la exigencia de que el interés sea "personal," que "la nueva Constitución permite el acceso a la justicia para la defensa de los intereses "difusos" y "colectivos," concluyendo entonces que "el concepto de interés previsto en la nueva Constitución abarca los intereses estrictamente personales así como los intereses comunes de cuya satisfacción depende la de todos y cada uno de los que componen la sociedad." Terminó la Sala Político Administrativa aclarando que, en todo caso, "no puede confundirse la legitimación por simple interés legítimo que exige la nueva Constitución con la denominada acción popular" en cuyo caso "al particular deberá admitírsele la interposición del recurso con independencia de que pueda ostentar un derecho o interés lesionado."[1218]

Pero a pesar de este criterio jurisprudencial de 2000, la Ley Orgánica de 2004 repitió en su texto la norma de la derogada Ley Orgánica de 1976 (norma que había sido considerada tácitamente derogada por la Constitución por la Sala Político Administrativa del Tribunal Supremo), exigiéndose el "interés personal, legítimo y directo" como condición de legitimidad para interponer el recurso contencioso de anulación contra los actos administrativos de efectos particulares (Art. 21.9); razón por la cual continuó siendo, hasta 2010, la condición básica de la legitimación para intentar demandas de nulidad de actos administrativos de efectos particulares o para hacerse parte en los juicios. A partir de 2010, sin embargo, como se dijo, ni la Ley Orgánica de la Jurisdicción Contencioso Administrativa, ni la Ley Orgánica del Tribunal Supremo de Justicia de 2010 establecen condición alguna de interés del recurrente para intentar acciones contencioso administrativas contra actos de efectos particulares, por lo que sobre la base esencial de tratarse siempre de un interés legítimo y actual, será la jurisprudencia la que irá delineando la legitimación.

En todo caso, distinta es la situación de la posibilidad de participación en los juicios como demandantes o como partes, de los entes, consejos comunales, colectivos y otras manifestaciones populares de planificación, control, ejecución de políticas y servicios públicos, en cuyo caso el acto administrativo impugnado debe tener vinculación con su ámbito de actuación. Esas entidades pueden incluso emitir su opinión

---

1218 Véase en *Revista de Derecho Público,* Nº 82, Editorial Jurídica Venezolana, Caracas, 2002, pp. 582-583.

en los juicios cuya materia debatida esté vinculada a su ámbito de actuación, aunque no sean partes (art. 10).

Se trata de lo que se ha regulado en la Constitución para la tutela judicial de los intereses colectivos o difusos (art. 26), resultado del reconocimiento para la participación en los juicios de nulidad de los actos administrativos, además del interés personal, legítimo y directo del recurrente, de otras situaciones jurídicas subjetivas que corresponden a una comunidad concreta o a la colectividad en general. Con ello, se ha reconocido legitimación para actuar a las entidades representativas de intereses colectivos legalmente establecidas y reconocidas (intereses colectivos), y a quienes en determinadas circunstancias invoquen la protección de los intereses supraindividuales que conciernen a toda la colectividad (intereses difusos), lo que se había recogido en el artículo 18.2 de la derogada Ley Orgánica del Tribunal Supremo de 2004.

B. *Las reglas de la legitimación activa en caso de pretensiones de anulación y de condena*

Otro aspecto que debe mencionarse en relación con las demandas de nulidad de los actos administrativos, tal como se regula en los artículos 76 a 96 de la LOJCA 2010, es que en las normas de procedimiento que en ellos se establece solo se reguló el caso de las demandas de nulidad de los actos administrativos, sin hacerse referencia alguna a los casos en los cuales la demanda de nulidad de los actos administrativos se acompañen con otras pretensiones en adición a la sola anulación de los mismos, como son las pretensiones procesales de condena o amparo, o las de contenido patrimonial conforme se establece en el artículo 259 de la Constitución y se establecía en el artículo 21.18 de la derogada Ley Orgánica del Tribunal Supremo de 2004.

En estos últimos casos, sin embargo, no se regularon normas de procedimiento específicas en la LOJCA 2010, por lo que además de aplicarse el procedimiento previsto para las demandas de nulidad, con las previsiones sobre notificaciones y emplazamientos, en nuestro criterio debe efectuarse la citación del ente demandado, por ejemplo, en encabeza del Procurador General, como representante de la República.

A tal efecto, el artículo 21.18 de la derogada Ley Orgánica del Tribunal Supremo de 2004 establecía lo siguiente:

> "En su fallo definitivo el Tribunal Supremo de Justicia declarará, si procede o no, la nulidad de los actos o de los artículos impugnados, y determinará, en su caso, los efectos de la decisión en el tiempo; igualmente podrá, de acuerdo con los términos de la solicitud, condenar el pago de sumas de dinero y a la reparación de daños y perjuicios originados en responsabilidad de la administración, así como disponer lo necesario para el restablecimiento de las situaciones jurídicas subjetivas lesionadas por la actividad administrativa."

El sentido de esta norma, aún derogada, tiene una importancia destacada en la configuración que debe darse al procedimiento contencioso-administrativo en Venezuela, con las siguientes implicaciones:

En *primer lugar*, que las pretensiones de anulación de los actos administrativos pueden acompañarse de pretensiones de condena. Por tanto, cuando éstas dependan de lesiones a situaciones jurídicas subjetivas producidas por actos administrativos, en la misma demanda de anulación de éstos pueden acumularse las pretensiones de condena, con lo cual si bien se sigue el procedimiento de los juicios de nulidad deben incorporarse elementos generales como la citación de la Administración y el agotamiento del procedimiento administrativo previo a las acciones de contenido patrimonial contra la República conforme a las previsiones de la Ley Orgánica de la Procuraduría General de la República y a lo previsto en la última parte del artículo 7.10 de la Ley Orgánica de la Administración Pública.

En *segundo lugar*, que las pretensiones de condena que pueden acompañar al recurso de anulación, de acuerdo al artículo 259 de la Constitución, pueden tener su origen básicamente en la responsabilidad de la Administración derivada del acto administrativo ilegal, buscándose la condena a la Administración al pago de sumas de dinero, a la reparación de daños y perjuicios o al restablecimiento de la situación jurídica subjetiva lesionada por la actividad administrativa. Esta variedad de pretensiones tiene efectos fundamentales en cuanto a la legitimación activa y al contenido de la decisión del juez contencioso-administrativo.

En efecto, en cuanto a la legitimación activa, el derogado artículo 21.18 de la Ley Orgánica mencionada ratificó el fin del antiguo monopolio que antes de 1976, había tenido el derecho subjetivo en relación con las situaciones jurídicas subjetivas, particularmente en cuanto a su resarcibilidad o indemnizabilidad. En esta forma, la tradicional idea de que el interés personal, legítimo y directo era sólo una situación jurídica *procesal* para impugnar actos administrativos, y de que la pretensión de condena sólo correspondía a los titulares de derechos subjetivos puede decirse que quedó superada, de lo que resulta que dentro de las situaciones jurídicas subjetivas sustantivas, además del tradicional derecho subjetivo también cabe ubicar los intereses legítimos, y éstos, al igual que aquéllos, pueden dar lugar a pretensiones de condena y a su resarcimiento.

Por tanto, la legitimación activa en el contencioso de anulación y condena no sólo corresponde al titular de un derecho subjetivo lesionado por el acto administrativo impugnado, sino también al titular de un interés personal, legítimo y actual, lo cual, por supuesto, variaría según el tipo de pretensión de condena. Por ejemplo, si se trata de una pretensión de condena derivada de responsabilidad administrativa originada por el acto administrativo impugnado, pueden distinguirse dos supuestos: si se trata de un acto administrativo que lesiona el derecho subjetivo al cocontratante de la Administración en relación con un contrato celebrado con la Administración, la legitimación activa para impugnar el acto ilegal, y pretender el pago de sumas de dinero o la reparación de daños y perjuicios, corresponde al titular del derecho subjetivo contractual lesionado (cocontratante). En el mismo orden de ideas, por ejemplo, si se trata de un acto administrativo que lesiona el derecho subjetivo del funcionario público de carrera a la estabilidad, la legitimación activa para impugnar un acto ilegal de destitución y para pretender el pago de sumas de dinero, la reparación de daños y perjuicios por la destitución ilegal o el restablecimiento al cargo público de carrera, corresponde al titular del derecho subjetivo lesionado (funcionario público destituido).

Pero la responsabilidad de la Administración no sólo puede surgir de la lesión de derechos subjetivos (contractuales o estatutarios), sino también puede surgir de la lesión a intereses legítimos y personales, cuyos titulares no sólo tienen la legitimación para impugnar los actos administrativos ilegales que los lesionen, sino también para pretender la condena a la Administración a la reparación de daños y perjuicios originados por el acto ilegal, y al restablecimiento del interés legítimo lesionado por la autoridad administrativa. Por ejemplo, el propietario de una parcela de terreno en una zona urbana residencial, frente a un acto administrativo ilegal que cambie la zonificación de la parcela colindante, no sólo tiene la legitimación para impugnar el acto ilegal y solicitar su nulidad, sino para que se le resarzan los daños y perjuicios ocasionados por el mismo (por ejemplo, daños ambientales, eliminación del derecho a una vista o panorama, etc.) y, para que se le restablezca la situación jurídica lesionada (demolición de la construcción realizada al amparo del acto ilegal y anulado y restablecimiento de la zonificación original).

C. *Legitimación pasiva*

En cuanto a la legitimación pasiva en los casos de demandas de nulidad de los actos administrativos, la situación de demandado corresponde conforme a la LOJCA 2010 a la Administración Pública interesada, en cabeza del representante del órgano o ente que haya dictado el acto, quien debe ser notificado (art. 78,1), al cual, por lo demás, se le debe requerir el expediente administrativo (art. 79). Además, la condición de demandados también corresponde a los interesados que sea necesario que sean emplazados mediante cartel (art. 80).

Debe mencionarse que el artículo 137 de la derogada Ley Orgánica de la Corte Suprema de 1976 establecía en forma expresa, que en los juicios contencioso administrativos contra los actos administrativos de efectos particulares, podían hacerse parte todas las personas que reunieran las mismas condiciones exigidas para el accionante o recurrente, es decir, todos los titulares de un interés personal, legítimo y directo en defender el acto impugnado (Art. 137). Esta norma, sin embargo, aun cuando no se recogió en la LOJCA 2010; no impide que se pueda considerarse que el mismo principio se aplica, en el sentido de que para hacerse parte en los juicios atendiendo al emplazamiento, la persona debe ostentar un interés actual y legítimo, y en su caso personal en la anulación del acto, o en su mantenimiento; o pueda acudir alegando la representación de intereses colectivos o difusos.

3. *El trámite procesal de las demandas y la acumulación de acciones*

Las demandas ejercidas ante la *Jurisdicción Contencioso Administrativa*, incluyendo las de nulidad, conforme se dispone en el artículo 31 de la LOJCA 2010 se deben tramitar conforme a lo previsto en la propia Ley; y supletoriamente, se deben aplicar las normas de procedimiento de la Ley Orgánica del Tribunal Supremo de Justicia y del Código de Procedimiento Civil. Sin embargo, cuando el ordenamiento jurídico no contemple un procedimiento especial, el Juez puede aplicar el que considere más conveniente para la realización de la justicia.

En cuanto a la acumulación de acciones, la LOJCA 2010 nada dispone, salvo respecto de la inadmisibilidad en caso de acumulación de pretensiones que se excluyan mutuamente o cuyos procedimientos sean incompatibles (Art. 35,2). Sin embargo, el artículo 31.3 de la Ley Orgánica del Tribunal Supremo de Justicia de 2010 en cuanto a las diversas Salas del mismo, incluida la Sala Político Administrativa dispone que la competencia para "conocer de los juicios en que se ventilen varias acciones conexas, siempre que al tribunal esté atribuido el conocimiento de alguna de ellas". Las razones de esta acumulación de acciones son, en general, las mismas que rigen en el procedimiento ordinario. La competencia de la sala es, en este caso, una competencia por conexión o por continencia de la causa, y se admite por el interés que existe de evitar el riesgo de que se dicten sentencias contrarias o contradictorias en asuntos que tengan entre sí una conexión.

4. *Requisitos de las demandas y de su presentación*

En todos los procesos contencioso administrativos, conforme se indica en el artículo 33 de la LOJCA 2010, el escrito de la demanda debe expresar: 1. La identificación del tribunal ante el cual se interpone; 2. El nombre, apellido y domicilio de las partes, carácter con que actúan, su domicilio procesal y correo electrónico, si lo tuviere; y si alguna de las partes fuese persona jurídica debe indicarse la denominación o razón social y los datos relativos a su creación o registro; 4. La relación de los hechos y los fundamentos de derecho con sus respectivas conclusiones; 5. El fundamento del reclamo y su estimación si lo que se pretende es la indemnización de daños y perjuicios; 6. Los instrumentos de los cuales se derive el derecho reclamado, los que deberán producirse con el escrito de la demanda; y 7. La identificación del apoderado y la consignación del poder.

En casos justificados puede presentarse la demanda en forma oral ante el tribunal, el cual debe ordenar su trascripción. La negativa del juez a aceptar la presentación oral debe estar motivada por escrito.

La demanda debe presentarse ante el tribunal competente; sin embargo, de acuerdo con el artículo 34 de la LOJCA 2010, cuando en el domicilio del demandante no exista un tribunal de la jurisdicción contencioso administrativa competente para conocer de la demanda, el demandante puede presentarla ante un tribunal de municipio, el cual debe remitir inmediatamente el expediente, foliado y sellado, al tribunal señalado por la parte actora. La caducidad de la acción se debe determinar por la fecha de presentación inicial de la demanda. Para ello, el tribunal receptor antes de efectuar la indicada remisión, lo debe hacer constar al pie del escrito y en el libro de presentación.

5. *La admisión de la demanda y la verificación de las causales de inadmisibilidad*

Presentada la demanda, la primera operación que el juez debe realizar es verificar que la misma cumple los requisitos de admisibilidad de la misma, que en el artículo 35 de la LOJCA 2010 se formulan en sentido negativo, como causales de inadmisibilidad. Si el tribunal constata que el escrito de la demanda cumple con esos requisitos, de acuerdo con el artículo 36 de la LOJCA 2010, debe entonces proceder a decidir la admisión de la demanda, dentro de los 3 días de despacho siguientes a su recibo.

Estas causales de inadmisibilidad de las demandas contencioso administrativas, conforme al artículo 35 de la LOJCA 2010, que son los supuestos en los cuales las demandas se deben declarar inadmisibles, son los siguientes:

En primer lugar, la caducidad de la acción (art. 35,1), la cual se aplica a las acciones de nulidad de los actos administrativos, en particular cuando se impugnan actos administrativos de efectos particulares, en cuyo caso, conforme se establece en el artículo 32 de la LOJCA 2010, las mismas caducan conforme a las siguientes reglas:

Primero, en los casos de acciones de nulidad contra actos administrativos de efectos particulares, las mismas deben interponerse en el término de 180 días continuos, contados a partir de su notificación al interesado, o cuando la Administración no haya decidido el correspondiente recurso administrativo en el lapso de 90 días hábiles, contados a partir de la fecha de su interposición. La regla tradicional en materia contencioso administrativa de anulación es que a pesar de la caducidad de la acción, la ilegalidad del acto administrativo de efectos particulares puede oponerse siempre por vía de excepción, salvo disposiciones especiales, lo que se ha conservado en la Ley Orgánica (art. 32,1). Cuando el acto administrativo impugnado sea de efectos temporales, el lapso dentro del cual debe interponerse la acción de nulidad es de 30 días continuos.

Como se dijo, la condición de admisibilidad de las acciones de nulidad basada en la caducidad, sólo se aplica en la impugnación de actos administrativos de efectos particulares;[1219] lo que implica que las acciones de nulidad contra los actos administrativos de efectos generales dictados por el Poder Público pueden intentarse en cualquier tiempo.

En segundo lugar, la acción debe declararse inadmisible en los casos de acumulación de pretensiones que se excluyan mutuamente o cuyos procedimientos sean incompatibles (art. 35,2). Esta causal deriva del régimen general establecido en el artículo 78 del Código de Procedimiento Civil, que dispone que "no podrán acumularse en el mismo libelo pretensiones que se excluyan mutuamente, o que sean contrarias entre sí ni las que por razón de la materia no correspondan al conocimiento del mismo Tribunal; ni aquellas cuyos procedimientos sean incompatibles entre sí. Sin embargo, podrán acumularse en un mismo libelo dos o más pretensiones incompatibles para que sean resueltas una como subsidiaria de la otra siempre que sus respectivos procedimientos no sean incompatibles entre sí".

En tercer lugar, y específicamente en relación con las demandas con contenido patrimonial, que también pueden formularse con las acciones de nulidad, es causal de inadmisibilidad cuando se produzca el incumplimiento del procedimiento administrativo previo a las demandas contra la República, los estados, o contra los órganos o entes del Poder Público a los cuales la ley les atribuye tal prerrogativa (art. 35,3). En esos casos, la Ley Orgánica de la Procuraduría General de la República, que es la que regula el procedimiento administrativo previo a las demandas patrimoniales, dispone que "los funcionarios judiciales deben declarar inadmisibles las acciones o tercerías que se intente contra la República, sin que se acredite el cumplimiento de las formalidades del procedimiento administrativo previo" (art. 60).

En cuarto lugar, las demandas deben declararse inadmisibles cuando con el escrito de las mismas no se consignarse los instrumentos de los cuales se derive el derecho reclamado (art. 33,6), y que sean indispensables para verificar su admisibilidad (art. 35,4).

En quinto lugar, las demandas deben declararse inadmisibles cuando exista cosa juzgada (art. 35,5).

1219 Véase Allan R. Brewer-Carías, *El control de la constitucionalidad de los actos estatales*. Caracas, 1977, págs. 7-10; y "El recurso contencioso-administrativo, contra los actos de efectos particulares" en *El control jurisdiccional de los Poderes Públicos en Venezuela*, Instituto de Derecho Público, Universidad Central de Venezuela, Caracas 1979, págs. 173-174.

En sexto lugar, las demandas también deben declararse inadmisibles cuando el escrito de las mismas contenga conceptos irrespetuosos (art. 35,6).

Y por último, en séptimo lugar, las demandas contencioso administrativas también deben declararse inadmisibles cuando sean contrarias al orden público, a las buenas costumbres o a alguna disposición expresa de la ley (art. 35,7).

6. *Tramitación procesal*

A. *El auto de admisión y las notificaciones*

En cuanto al procedimiento para la tramitación de las demandas sobre nulidad de actos administrativos, el artículo 76 de la LOJCA 2010 establece el *iter* procesal necesario en la siguiente forma: se inicia con la admisibilidad de la demanda (artículo 77, LOJCA 2010) que el tribunal debe decidir dentro de los 3 días de despacho siguientes a la recepción de la misma, notificándose conforme al 78 de la LOJCA 2010, a las siguientes personas y entes: 1. En los casos de recursos de nulidad, se debe notificar al representante del órgano que haya dictado el acto; en los casos de recursos de interpretación, se debe notificar al órgano del cual emanó el instrumento legislativo; y en los de controversias administrativas, la notificación debe hacerse al órgano o ente contra quien se proponga la demanda. 2. Al Procurador General de la República y al Fiscal General de la República, y 3. A cualquier otra persona, órgano o ente que deba ser llamado a la causa por exigencia legal o a criterio del tribunal.

Estas notificaciones se deben realizar mediante oficio que debe ser entregado por el Alguacil en la oficina receptora de correspondencia de órgano o ente de que se trate. El Alguacil debe dejar constancia, inmediatamente, de haber notificado y de los datos de identificación de la persona que recibió el oficio.

Además, en el auto de admisión, conforme se dispone en el artículo 80 de la LOJCA 2010, se debe ordenar la notificación de los interesados, mediante un cartel que debe ser publicado en un diario que ha de indicar el tribunal, para que comparezcan a hacerse parte e informarse de la oportunidad de la audiencia de juicio. El cartel debe ser librado el día siguiente a aquél en que conste en autos la última de las notificaciones ordenadas. En los casos de demandas de nulidad de actos administrativos de efectos particulares no será obligatorio el cartel de emplazamiento, a menos que razonadamente lo justifique el tribunal.

El demandante debe retirar el cartel de emplazamiento dentro de los 3 días de despacho siguientes a su emisión, lo debe publicar, y luego consignar la publicación, dentro de los 8 días de despacho siguientes a su retiro. El incumplimiento de estas cargas, da lugar a que el tribunal declare el desistimiento del recurso y ordene el archivo del expediente, salvo que dentro del lapso indicado algún interesado se diera por notificado y consignara su publicación (art 81).

Por otra parte, el tema del procedimiento en los casos de acumulación de otras pretensiones con las demandas de nulidad, también requiere de consideración especial. Como se dijo, los artículos 76 a 96 de la Ley Orgánica de 2010 solo regulan las demandas en las cuales se solicite la nulidad de un acto administrativo, sin precisarse que las mismas pueden estar acompañadas de otras pretensiones, ignorándose así que en muchos casos, la demanda de nulidad de los actos administrativos no se agota con la sola pretensión de anulación de los mismos, sino que puede estar acompañada de otras pretensiones procesales de contenido patrimonial tal como lo establece en el artículo 259 de la Constitución. La Ley Orgánica, sin embargo, nada estableció como procedimiento específico en esta materia, por lo que además de aplicarse el *iter* antes señalado del procedimiento previsto para las demandas de nulidad, con las notificaciones y emplazamientos, en nuestro criterio en esos casos debe además efectuarse la citación del ente demandado, por ejemplo, en cabeza del Procurador General, como representante de la República.

B. *La Audiencia de juicio*

En estos procedimientos de nulidad, el tribunal conforme a lo establecido en el artículo 82 de la LOJCA 2010, debe convocar a la realización de la Audiencia de juicio, a la cual deben concurrir las partes y los interesados. En los tribunales colegiados, en esta misma oportunidad, se debe designar ponente. Si el demandante no asistiera a la audiencia se debe entender desistido el procedimiento. Al comenzar la audiencia de juicio, el tribunal debe señalar a las partes y demás interesados, el tiempo disponible para sus exposiciones orales, las cuales además pueden consignar por escrito. En esta misma oportunidad las partes podrán promover sus medios de pruebas.

7. *Poderes del juez en los juicios contencioso administrativos*

Una de las innovaciones importantes de la Ley Orgánica de 2010 es que ha investido al juez contencioso administrativo "de las más amplias potestades cautelares," a cuyo efecto lo autoriza para "dictar, aún de oficio, las medidas preventivas que resulten adecuadas a la situación fáctica concreta, imponiendo ordenes de hacer o no hacer a los particulares, así como a los órganos y entes de la Administración Pública, según el caso concreto, en protección y continuidad sobre la prestación de los servicios públicos y en su correcta actividad administrativa" (art. 4).

A tal efecto, la Ley establece un procedimiento común para el caso de tramitación de medidas cautelares en los procesos contencioso administrativos, el cual se debe aplicar en general, incluso en los casos de solicitudes de amparo cautelar que se formulen junto con las acciones de nulidad de actos administrativos (art. 103).

Las medidas cautelares, en general, conforme al artículo 104 de la LOJCA 2010, deben solicitarse por las partes en cualquier estado y grado del procedimiento, pudiendo ser acordadas por el tribunal como las estime pertinentes "para resguardar la apariencia del buen derecho invocado y garantizar las resultas del juicio, ponderando los intereses públicos generales y colectivos concretizados y ciertas gravedades en juego, siempre que dichas medidas no prejuzguen sobre la decisión definitiva."

A tal efecto, el tribunal, como se dijo, cuenta con los más amplios poderes cautelares para proteger no sólo a los demandantes, sino como lo dice el artículo 104, a "la Administración Pública, a los ciudadanos, a los intereses públicos y para garantizar la tutela judicial efectiva y el restablecimiento de las situaciones jurídicas infringidas mientras dure el proceso." En las causas de contenido patrimonial, la Ley Orgánica prescribe que el tribunal puede sin embargo, exigir garantías suficientes al solicitante.

Una vez recibida la solicitud de medida cautelar, el tribunal debe abrir un cuaderno separado para el pronunciamiento que deberá formularse dentro de los 5 días de despacho siguientes (art. 105). En el caso de tribunales colegiados el juzgado de sustanciación debe remitir inmediatamente el cuaderno separado, y recibido este, se debe designar ponente, de ser el caso, y decidirse sobre la medida dentro de los 5 días de despacho siguientes. Al trámite de las medidas cautelares se le debe dar prioridad (art. 105). El trámite de la oposición que formulen las partes a las medidas cautelares se rige por lo dispuesto en el Código de Procedimiento Civil (art. 106)

Pero además de los poderes del juez en materia de medidas cautelares, otro de los aspectos importantes de la evolución de los procesos contencioso administrativos de anulación, es el de los poderes generales del juez en la decisión que ponga fin al juicio, teniendo competencia amplia en materia de anulación y de condena, con la posibilidad de llegar a sustituir la actuación de la Administración.

En efecto, en el esquema tradicional del contencioso-administrativo de anulación, el juez se limitaba a anular el acto recurrido correspondiendo a la Administración la ejecución de la decisión judicial. El juez no podía ni ordenar actuaciones a la Administración ni sustituirse a la Administración y adoptar decisiones en su lugar. Sin embargo, este criterio tradicional ha sido superado por el derecho positivo, y no sólo la pretensión de anulación puede estar acompañada de pretensiones de condena al pago de sumas de dinero o la reparación de daños y perjuicios, sino que más importante aún, la pretensión de anulación puede estar acompañada de pretensiones de condena a la Administración al restablecimiento de la situación jurídica subjetiva (derecho subjetivo o interés legítimo) lesionada, lo que implica el poder del juez de formular órdenes o mandatos de hacer o de no hacer (prohibiciones) a la Administración.

No se olvide que el artículo 259 de la Constitución habla de los poderes del juez contencioso-administrativo para "disponer lo necesario para el restablecimiento de las situaciones jurídicas subjetivas lesionadas por la actividad administrativa,", con lo cual se le está confiriendo una especie de jurisdicción de equidad similar a las decisiones de *injunction* o *mandamus* del derecho angloamericano.[1220] Por tanto, al "disponer lo necesario para el restablecimiento de la situación jurídica lesionada," no sólo puede el juez contencioso administrativo ordenar a la Administración adoptar determinadas decisiones, sino prohibirle actuar en una forma determinada. Y más aún, cuando sea posible con la sola decisión judicial, puede restablecer directamente la situación jurídica lesionada (y no sólo ordenarle a la Administración que la restablezca).

VI. APRECIACIÓN FINAL: LA GRAN FRUSTRACIÓN QUE DERIVA DE UN CONTROL INEFECTIVO

El sistema contencioso administrativo en Venezuela, tal como se puede apreciar de lo antes expuesto, es sin duda uno de los más completos que muestra el derecho comparado, desarrollado por la legislación y la jurisprudencia partiendo de la normativa establecida en la propia Constitución, y que se fue consolidado durante el régimen democrático que vivió el país hasta 1999, durante el cual la independencia y autonomía del poder judicial, a pesar de sus fallas, era la regla.

Y es que para que un sistema de control de la actuación administrativa sea efectivo, no bastan con las declaraciones constitucionales ni con desarrollos legislativos y jurisprudenciales, sino que es esencial que los tribunales que componen la Jurisdicción Contencioso Administrativa gocen de autonomía e independencia, particu-

1220 Véase H. W. R. Wade, *Administrative Law, Oxford,* 1982, págs. 515, 629.

larmente por el hecho de que sus decisiones siempre implican enfrentar el poder, especialmente el Poder Ejecutivo.

Si esa autonomía no está garantizada ni la independencia está blindada, el mejor sistema de justicia contencioso administrativa no será sino letra muerta; y lamentablemente, esta es la situación del sistema contencioso administrativo en Venezuela, tal como ha venido ocurriendo en los últimos años durante el gobierno autoritario que se ha desarrollado en el país desde 1999, que se ha convertido ya en un Estado Totalitario, [1221] basado entre otras, una política continua de sometimiento del poder judicial al control político,[1222] con la anuencia del propio Tribunal Supremo.[1223] Ello ha afectado a la Jurisdicción Contencioso Administrativa, la cual en los últimos lustros ha dejado de ser un efectivo sistema de control de las actuaciones administrativas.

Ello, al menos, es lo que nos muestra la experiencia en los últimos años del funcionamiento de la Jurisdicción Contencioso Administrativa,[1224] particularmente desde que el Poder Ejecutivo, a partir de 2000 controló el nombramiento de los Magistrados del Tribunal Supremo de Justicia, lo que se consolidó a partir de 2004,[1225] y se

---

1221 Véase Allan R. Brewer-Carías, *Estado Totalitario y desprecio a la Ley. La des-constitucionalización, desjudicialización, desjuridificación y desdemocratización de Venezuela*, Editorial Jurídica Venezolana, Caracas, 2015.

1222 Véase Rafael J. Chavero Gazdik, *La Justicia Revolucionaria. Una década de reestructuración (o involución) Judicial en Venezuela*, Editorial Aequitas, Caracas 2011; Laura Louza Scognamiglio, *La revolución judicial en Venezuela*, FUNEDA, Caracas 2011; Allan R. Brewer-Carías, "La progresiva y sistemática demolición institucional de la autonomía e independencia del Poder Judicial en Venezuela 1999-2004", en *XXX Jornadas J.M Domínguez Escovar, Estado de derecho, Administración de justicia y derechos humanos*, Instituto de Estudios Jurídicos del Estado Lara, Barquisimeto, 2005, pp. 33-174.

1223 Véase Allan R. Brewer-Carías, "La justicia sometida al poder. La ausencia de independencia y autonomía de los jueces en Venezuela por la interminable emergencia del Poder Judicial (1999-2006)" en *Cuestiones Internacionales. Anuario Jurídico Villanueva 2007,* Centro Universitario Villanueva, Marcial Pons, Madrid 2007, pp. 25-57; en *Derecho y democracia. Cuadernos Universitarios*, Órgano de Divulgación Académica, Vicerrectorado Académico, Universidad Metropolitana, Año II, Nº 11, Caracas, septiembre 2007, pp. 122-138; y "La progresiva y sistemática demolición institucional de la autonomía e independencia del Poder Judicial en Venezuela 1999-2004", en *XXX Jornadas J.M Domínguez Escovar, Estado de derecho, Administración de justicia y derechos humanos*, Instituto de Estudios Jurídicos del Estado Lara, Barquisimeto, 2005, pp. 33-174.

1224 Véase Antonio Canova González, *La realidad del contencioso administrativo venezolano (Un llamado de atención frente a las desoladoras estadísticas de la Sala Político Administrativa en 2007 y primer semestre de 2008)*, Funeda, Caracas, 2009.

1225 Tal como lo reconoció públicamente el Presidente de la Comisión parlamentaria que escogió los Magistrados, al punto de afirmar públicamente que "En el grupo de postulados no hay nadie que vaya actuar contra nosotros." Dicho diputado en efecto, declaró a la prensa: "Si bien los diputados tenemos la potestad de esta escogencia, el Presidente de la República fue consultado y su opinión fue tomada muy en cuenta." Añadió: "Vamos a estar claros, nosotros no nos vamos a meter autogoles. En la lista había gente de la oposición que cumplen con todos los requisitos. La oposición hubiera podido usarlos para llegar a un acuerdo en las últimas sesiones, pero no quisieron. Así que nosotros no lo vamos a hacer por ellos. En el grupo de postulados no hay nadie que vaya actuar contra nosotros." Véase *El Nacional*, Caracas, 13 de diciembre de 2004. La Comisión Interamericana de Derechos Humanos sugirió en su Informe a la Asamblea General de la OEA para 2004 que las "normas de la Ley Orgánica del Tribunal Supremo de Justicia habrían facilitado que el Poder Ejecutivo manipulara el proceso de elección de magistrados llevado a cabo durante 2004." Véase Comisión Interamericana de Derechos Humanos, *Informe sobre Venezuela 2004*, párrafo 180.

agravó en 2010,[1226] mediante un nombramiento de Magistrados casi todos sometidos al Poder Ejecutivo; y desde que el Poder Ejecutivo, en 2003, utilizando al propio Tribunal Supremo, intervino a la Corte Primera de lo Contencioso Administrativo, secuestrando su competencia, destituyendo a sus Magistrados, con o que no sólo quedó clausurada por más de diez meses, sino afectada de muerte durante la más de una década que ha transcurrido.

En efecto, uno de los trágicos ejemplos de la lamentable situación se sujeción del Poder Judicial al poder político fue el caso que ocurrió con motivo un proceso contencioso administrativo de nulidad y amparo iniciado por la Federación Médica Venezolana el 17 de julio de 2003 por ante la Corte Primera de lo Contencioso Administrativo, contra los actos administrativos del Alcalde Metropolitano de Caracas, del Ministro de Salud y del Colegio de Médicos del Distrito Metropolitano de Caracas mediante los cuales se había decidido contratar médicos de nacionalidad cubana para el desarrollo de un importante programa asistencial de salud en los barrios de Caracas, pero sin que se cumpliera con los requisitos para el ejercicio de la medicina establecidos en la Ley de Ejercicio de la Medicina.

La Federación Médica Venezolana consideró dicho programa como discriminatorio y violatorio de los derechos de los médicos venezolanos a ejercer su profesión, al permitir a médicos extranjeros ejercer la profesión médica sin cumplir con las condiciones establecidas en la Ley para el ejercicio de la profesión médica, y en consecuencia, intentó la acción de nulidad y amparo, en representación de los derechos colectivos de los médicos venezolanos al trabajo y a la igualdad, solicitando su protección.[1227]

1226 Con motivo de la ilegítima "reforma" de la Ley Orgánica del Tribunal Supremo de 2010, mediante una irregular "reimpresión por error material" (Véase Víctor Rafael Hernández Mendible, "Sobre la nueva reimpresión por "supuestos errores" materiales de la Ley Orgánica del Tribunal Supremo, octubre de 2010," y Antonio Silva Aranguren, "Tras el rastro del engaño en la web de la Asamblea Nacional," en *Revista de Derecho Público*, Nº 124, Editorial Jurídica Venezolana, Caracas 2101, pp. 110-111 y pp. 112-114, respectivamente), el nombramiento de los nuevos Magistrados del Tribunal Supremo significó el control total de casi todas sus Salas por el poder político, al punto de que Hildegard Rondón de Sansó señaló que "El mayor de los riesgos que plantea para el Estado la desacertada actuación de la Asamblea Nacional en la reciente designación de los Magistrados del Tribunal Supremo de Justicia, no está solo en la carencia, en la mayoría de los designados de los requisitos constitucionales, sino el haber llevado a la cúspide del Poder Judicial la decisiva influencia de un sector del Poder Legislativo, ya que para diferentes Salas, fueron elegidos cinco parlamentarios." Destacó además la profesora Sansó que "todo un sector fundamental del poder del Estado, va a estar en manos de un pequeño grupo de sujetos que no son juristas, sino políticos de profesión, y a quienes corresponderá, entre otras funciones el control de los actos normativos;" agregando que "Lo más grave es que los resignantes, ni un solo momento se percataron de que estaban nombrando a los jueces máximos del sistema jurídico venezolano que, como tales, tenían que ser los más aptos, y de reconocido prestigio como lo exige la Constitución." Concluyó reconociendo entre "los graves errores" que incidieron sobre la elección, el hecho de "la configuración del Comité de Postulaciones Judiciales, al cual la Constitución creó como un organismo neutro, representante de los "diferentes sectores de la sociedad" (Art. 271), pero la Ley Orgánica del Tribunal Supremo de Justicia, lo convirtió en forma inconstitucional, en un apéndice del Poder Legislativo. La consecuencia de este grave error era inevitable: los electores eligieron a sus propios colegas, considerando que hacerlo era lo más natural de este mundo y, ejemplo de ello fueron los bochornosos aplausos con que se festejara cada nombramiento." Véase en Hildegard Rondón de Sansó, "*Obiter Dicta*. En torno a una elección," en *La Voce d'Italia*, Caracas 14-12-2010.

1227 Véase Claudia Nikken, "El caso "Barrio Adentro": La Corte Primera de lo Contencioso Administrativo ante la Sala Constitucional del Tribunal Supremo de Justicia o el avocamiento como medio de am-

Un mes después de intentada la demanda, el 21 de agosto de 2003, la Corte Primera de lo Contencioso Administrativa dictó una medida cautelar de amparo considerando que había suficientes elementos en el caso que hacían presumir la violación del derecho a la igualdad ante la ley de los médicos venezolanos, ordenando la suspensión temporal del programa de contratación de médicos cubanos, y ordenando al Colegio de Médicos del Distrito Metropolitano sustituir los médicos cubanos ya contratados sin licencia por médicos venezolanos o médicos extranjeros con licencia para ejercer la profesión en Venezuela.[1228]

La respuesta gubernamental a esta decisión judicial preliminar adoptada como una simple medida cautelar, pero que tocaba un programa social muy sensible para el gobierno, fue el anuncio público del Ministro de Salud, del Alcalde Metropolitano y del propio Presidente de la República de que la medida no iba a ser acatada ni ejecutada en forma alguna.[1229] Ante esto anuncios de varias dependencias gubernamentales, la Sala Constitucional del Tribunal Supremo de Justicia, controlada por el Ejecutivo, adoptó la decisión de avocarse al caso decidido por la Corte Primera de lo Contencioso Administrativo, y usurpando las competencias de la misma, declaró la nulidad del amparo cautelar decidido. De seguidas, un grupo de agentes de la policía política (DISIP) allanó la sede de la Corte Primera, después de detener a un escribiente o alguacil de la misma por motivos fútiles; el Presidente de la República, entre otras expresiones usadas, se refirió al Presidente de la Corte Primera como "un bandido;"[1230] y unas semanas después, la Comisión Especial Judicial del Tribunal Supremo de Justicia, sin fundamento legal alguno, destituyó a los cinco magistrados de la Corte Primera, la cual fue intervenida.[1231] A pesar de la protesta de los Colegios de Abogados del país e incluso de la Comisión Internacional de Juristas;[1232] el hecho es que la Corte Primera de lo Contencioso Administrativo permaneció cerrada, sin jueces, por más de diez meses,[1233] tiempo durante el cual simplemente no hubo justicia contencioso administrativa en el país.

Y toda esta catástrofe institucional ocurrió por haber "osado" unos jueces, dictar una simple medida cautelar de amparo constitucional en contra de autoridades nacionales y municipales en relación con la contratación ilegal de médicos extranjeros por parte de órganos del Estado, para un programa de atención médica en los barrios de Caracas.[1234]

---

paro de derechos e intereses colectivos y difusos," in *Revista de Derecho Público*, Nº 93-96, Editorial Jurídica Venezolana, Caracas, 2003, pp. 5 ss.

1228 Véase la decisión de 21 de agosto de 2003 en *Idem.*, pp. 445 ss.

1229 El Presidente de la república dijo: "*Váyanse con su decisión no sé para donde, la cumplirán ustedes en su casa si quieren*...", en el programa de TV *Aló Presidente*, Nº 161, 24 de Agosto de 2003.

1230 Discurso público, 20 septiembre de 2003.

1231 Véase la información en *El Nacional*, Caracas, 5 de noviembre de 2003, p. A2. En la misma página el Presidente destituido de la Corte Primera dijo: "La justicia venezolana vive un momento tenebroso, pues el tribunal que constituye un último resquicio de esperanza ha sido clausurado".

1232 Véase en *El Nacional*, Caracas, 21 de octubre de 2003, p. A-5; y en *El Nacional*, Caracas, 18 de noviembre de 2004, p. A-6.

1233 Véase en *El Nacional*, Caracas, 24 de octubre de 2003, p. A-2; y en *El Nacional*, Caracas, 16 de julio de 2004, p. A-6.

1234 Véase sobre este caso la referencia en Allan R. Brewer-Carías, "La justicia sometida al poder y la interminable emergencia del poder judicial (1999-2006)", en *Derecho y democracia. Cuadernos Uni-*

Como la respuesta gubernamental a dicho un amparo cautelar fue ejecutada a través de órganos judiciales controlados políticamente,[1235] es fácil imaginar lo que significó para los jueces que luego fueron nombrados para reemplazar a los destituidos, quienes sin duda comenzaron "entender" cómo es que debían y podían comportarse en el futuro, frente al poder.

Esa misma Comisión Judicial del Tribunal Supremo junto con la Comisión de Reorganización del Poder Judicial nombrada por la Asamblea Nacional Constituyente desde 1999, ambas sin base ni constitucional ni legal, en todo caso, fueron las que durante más de diez años destituyeron masivamente a los jueces en Venezuela, sin debido proceso ni garantías de cualquier índole, sustituyéndolos por jueces provisionales o temporales, sin estabilidad, y dependientes del poder, algunos de los cuales, sin embargo se pretendió hasta darles status permanente en 2006.[1236]

Todo ello es lo que ha conducido a que en la actualidad, los tribunales que conforman la jurisdicción contencioso administrativa se niegan a aplicar el derecho administrativo, a controlar a la Administración Pública y a proteger a los ciudadanos frente a la misma. Y la situación, por supuesto se ha extendido a otras jurisdicciones como por ejemplo ocurrió en otro caso, también con efectos devastadores respecto de la jurisdicción penal, que condujo no sólo a la destitución de una juez, sino a su

---

versitarios, Órgano de Divulgación Académica, Vicerrectorado Académico, Universidad Metropolitana, Año II, N° 11, Caracas, septiembre 2007, pp. 122-138; "La justicia sometida al poder (La ausencia de independencia y autonomía de los jueces en Venezuela por la interminable emergencia del Poder Judicial (1999-2006)) en *Cuestiones Internacionales. Anuario Jurídico Villanueva 2007*, Centro Universitario Villanueva, Marcial Pons, Madrid 2007, pp. 25-57. Los Magistrados de la Corte Primera destituidos en violación de sus derechos y garantías, demandaron al Estado por violación de sus garantías judiciales previstas en la Convención Interamericana de Derechos Humanos, y la Corte Interamericana de Derechos Humanos condenó al Estado por dichas violaciones en sentencia de fecha 5 de agosto de 2008, (Caso *Apitz Barbera y otros ("Corte Primera de lo Contencioso Administrativo") vs. Venezuela*). Véase en http://www.corteidh.or.cr/ Excepción Preliminar, Fondo, Reparaciones y Costas, Serie C N° 182. Frente a ello, sin embargo, la Sala Constitucional del Tribunal Supremo de Justicia en sentencia N° 1.939 de 18 de diciembre de 2008 (Caso *Gustavo Álvarez Arias y otros*), declaró inejecutable dicha decisión de la Corte Interamericana. Véase en http://www.tsj.gov.ve/decisiones/scon/Diciembre/1939-181208-2008-08-1572.html.

1235 Véase Allan R. Brewer-Carías, "La progresiva y sistemática demolición institucional de la autonomía e independencia del Poder Judicial en Venezuela 1999–2004," en *XXX Jornadas J.M Domínguez Escovar, Estado de derecho, Administración de justicia y derechos humanos,* Instituto de Estudios Jurídicos del Estado Lara, Barquisimeto, 2005, pp. 33–174; "La justicia sometida al poder (La ausencia de independencia y autonomía de los jueces en Venezuela por la interminable emergencia del Poder Judicial (1999-2006))," en *Cuestiones Internacionales. Anuario Jurídico Villanueva 2007*, Centro Universitario Villanueva, Marcial Pons, Madrid, 2007, pp. 25–57.

1236 En esta materia, la Constitución de 1999 establece en general el régimen de ingreso a la carrera judicial y de ascenso en ella, exclusivamente mediante concursos públicos que aseguren excelencia, garantizándole a los ciudadanos el derecho a participar en el procedimiento de selección y nombramiento de los jueces. En consecuencia, los jueces no pueden ser removidos de sus cargos sino a través de procesos disciplinarios, desarrollados ante jueces disciplinarios que deben conformar la jurisdicción disciplinaria de los mismos (Artículo 255). Lamentablemente, esto también ha sido letra muerta, pues los concursos públicos para seleccionar jueces no se han realizado en el país dese 2002, y casi todos los jueces han sido nombrados temporalmente sin participación ciudadana, y la jurisdicción disciplinaria en 2009 aún no existe. Además, la suspensión y destitución de los jueces corresponde a sendas Comisiones ubicadas en el Tribunal Supremo, sin fundamento constitucional, mediante las cuales se ha intervenido y "depurado" al poder judicial. Véase por ejemplo, Comisión Interamericana de Derechos Humanos, *Informe sobre la Situación de los Derechos Humanos en Venezuela*, OEA/Ser.L/V/II.118, d.C. 4 rev. 2, 29 de December de 2003, Paragraph 11, p. 3.

encarcelamiento, por habérsele "ocurrido" cumplir con su deber y dictar una sentencia siguiendo recomendaciones de un Panel de expertos de Naciones Unidas en materia de Detenciones Arbitrarias, y ordenar el enjuiciamiento en libertad de un procesado a lo que además, tenía derecho. Ello no sólo le costó su cargo, sino que le costó su propia libertad, en una detención que el mismo Panel de expertos de Naciones Unidas calificó de arbitraria indicando que:

> "Las represalias por ejercer funciones constitucionalmente garantizadas y la creación de un clima de temor en el poder judicial y en los abogados no sirve a otro propósito que el de socavar el estado de derecho y obstruir la justicia."[1237]

En todas las jurisdicciones, pero en particular, en el ámbito de la Jurisdicción Contencioso Administrativa, esa situación de sumisión e inhibición forzada, ha socavado los principios más elementales del Estado de derecho, que materialmente ha desaparecido en el país, a pesar de todas las declaraciones constitucionales;[1238] y ello los profesores de derecho administrativo tenemos que seguirlo denunciando en todos los foros, como lo hizo el profesor Antonio Canova González, a quien es obligatorio citar, al repetir que se ha negado y se sigue negando:

> "a ver morir en mi país el Derecho Administrativo, a sabiendas de que es el instrumento para garantizar la libertad de los ciudadanos, sin revelar de forma contundente lo que ocurre y señalar con firmeza a los culpables."[1239]

Y estos son, sin duda, aquellos que desde 1999 asaltaron el Poder y el Estado, apropiándoselo en beneficio personal y de otros países, y en todo caso, en perjuicio de los ciudadanos, y quienes en nombre de una supuesta "democracia participativa," que no es otra cosa sino una excusa para evitar que el pueblo participe efectivamente e para imponer un régimen socialista por el cual nadie ha votado, y más bien el pueblo ha rechazado; han venido aniquilando la democracia representativa con todos sus elementos y componentes esenciales, entre ellos la posibilidad misma de controlar judicialmente a los órganos de los Poderes Públicos.[1240]

Sin duda, una Ley como la Ley Orgánica de la Jurisdicción Contencioso Administrativa de 2010, en cualquier parte del mundo podría ser una pieza fundamental llamada a garantizar la constitucionalidad y legalidad de las acciones del Estado, y la libertad y los derechos ciudadanos. Esa Ley, a pesar de sus deficiencias, en un régimen democrático, hubiera podido ser un instrumento fenomenal para garantizar el sometimiento de Administración a la Constitución y las leyes.

1237 Véase "Expertos de la ONU critican a Chávez por detención de la juez Afiuni," donde se indica que en el Comunicado, el grupo de expertos "expresaron hoy su profunda preocupación por el reciente arresto de una juez en Venezuela, y lo calificaron de "golpe del presidente venezolanos, Hugo Chávez, a la independencia de los magistrados y abogados en el país." Véase en *Actualidad Unión Radio*, 16-12-2009, en http://www.unionradio.net/Actualidad/?NewsId=35473.

1238 Véase Allan R. Brewer-Carías, *Authoritarian Government vs. The Rule of Law*, Editorial Jurídica Venezolana, Caracas, 2013.

1239 Véase Antonio Canova González, *La realidad del contencioso administrativo venezolano (Un llamado de atención frente a las desoladoras estadísticas de la Sala Político Administrativa en 2007 y primer semestre de 2008)*, *cit.*, p. 14.

1240 Véase Allan R. Brewer-Carías, *Dismantling Democracy. The Chávez Authoritarian Experiment*, Cambridge University Press, New York, 2010.

Lamentablemente, sin embargo, por la sumisión del Poder Judicial en su conjunto a los designios del Poder Ejecutivo, en Venezuela dicha ley en estos tiempos no pasa de ser un conjunto de papeles sin importancia. ¿De qué sirve una ley de la jurisdicción contencioso administrativa si los jueces que la integran se inhiben sistemáticamente a controlar a la Administración tal como lo demuestran las estadísticas en la materia? Con ello, lo que han hecho es legitimar el ejercicio autoritario del Poder, llegando los Magistrados del Tribunal Supremo a considerar incluso que el principio mismo de la separación de poderes, no es un mecanismo de protección a los derechos ciudadanos, sino un instrumento que más bien "debilita al Estado"[1241]

Esto es lo único que además explica, que por ejemplo, después de que los jueces de la Corte Primera de lo Contencioso Administrativo destituidos en 2003, acudieran a la justicia internacional y obtuvieran protección de la Corte Interamericana de Derechos Humanos mediante sentencia de 5 de agosto de 2008[1242] que condenó al Estado por violación de sus garantías judiciales ordenando incluso pagarles compensación, reincorporarlos a cargos similares en el Poder Judicial, y publicar parte de la sentencia en la prensa venezolana; sin embargo, haya sido la propia la Sala Constitucional del Tribunal Supremo, en sentencia N° 1.939 de 12 de diciembre de 2008,[1243] citando como precedente una sentencia del Tribunal Superior Militar del Perú de 2002, la que declaró dicha sentencia de la Corte Interamericana como "inejecutable" en Venezuela,[1244] solicitando al Ejecutivo que denunciara la Convención Americana de Derechos Humanos que supuestamente había usurpado los poderes del Tribunal Supremo, lo que finalmente hizo el Poder Ejecutivo en 2012.

Todo esto, por supuesto, contrasta con las previsiones de la Constitución de 1999, en la cual se encuentra una de las declaraciones de derechos más completas de América Latina, con previsiones expresas sobre la Jurisdicción Contencioso Administrativa difícilmente incluidas en otros textos constitucionales; lo que demuestra que para que exista control judicial de la actuación del Estado, lo que es indispensable es que el Poder Judicial sea autónomo e independiente, y esté fuera del alcance del Poder Ejecutivo. Al contrario, cuando el Poder Judicial está controlado por el Poder Ejecutivo, como lo muestra la situación venezolana, las declaraciones constitucionales de derechos y sobre las posibilidades de exigirlos ante la justicia y de controlar la actuación de la Administración se convierten en letra muerta, y las regu-

---

1241 Véase Juan Francisco Alonso, "La división de poderes debilita al estado. La presidenta del TSJ [Luisa Estela Morales] afirma que la Constitución hay que reformarla," *El Universal*, Caracas, 15-12-2009, http://www.eluniversal.com/2009/12/05/pol_ art_morales:-la-divisio_1683109.shtml

1242 Véase Caso *Apitz Barbera y otros ("Corte Primera de lo Contencioso Administrativo") vs. Venezuela,* Excepción Preliminar, Fondo, Reparaciones y Costas, Serie C N° 182, in www.corteidh.or.cr.

1243 Véase caso *Gustavo Álvarez Arias y otros* (Expediente: 08-1572), en http://www.tsj.gov.ve/decisiones/scon/Diciembre/1939-181208-2008-08-1572.html.

1244 Véase Carlos Ayala Corao, *La "inejecución" de las sentencias internacionales en la jurisprudencia constitucional de Venezuela (1999-2009),* Fundación Manuel García Pelayo. Caracas 2009; Allan R. Brewer-Carías, "La interrelación entre los Tribunales Constitucionales de América Latina y la Corte Interamericana de Derechos Humanos, y la cuestión de la inejecutabilidad de sus decisiones en Venezuela," en Armin von Bogdandy, Flavia Piovesan y Mariela Morales Antoniazzi (Coodinadores), *Direitos Humanos, Democracia e Integraçao Jurídica na América do Sul*, Lumen Juris Editora, Rio de Janeiro 2010, pp. 661-70; y en *Anuario Iberoamericano de Justicia Constitucional,* Centro de Estudios Políticos y Constitucionales, N° 13, Madrid, 2009, pp. 99-136.

laciones de la Jurisdicción Contencioso Administrativa como normas totalmente inoperantes y vacías.

New York, mayo de 2015.

SECCIÓN DÉCIMA:

LA CONDENA CONTRA EL DIRIGENTE POLÍTICO LEOPOLDO LÓPEZ O DE CÓMO LOS JUECES DEL HORROR ESTÁN OBLIGANDO AL PUEBLO A LA REBELIÓN POPULAR

Este texto corresponde al Comentario Jurisprudencial redactado sobre la sentencia dictada el 10 de septiembre de 2015 por la Juez provisoria del Juzgado Vigésimo Octavo de Primera Instancia en Función de Juicio del Circuito Judicial del Área Metropolitana de Caracas en la causa penal contra Leopoldo López, 10 de octubre de 2015, publicado en el libro *La ruina de la democraica. Algunas consecuencias. Venezuela 2015*, (Prólogo de Asdrúbal Aguiar), Colección Estudios Políticos, Nº 12, Editorial Jurídica Venezolana, Caracas 2015, pp. 553- 596.

I

Leopoldo López, ex alcalde y destacado dirigente de la oposición venezolana ha sido condenado a prisión por una Juez penal, parte sin duda de los "jueces del horror" que conforman el Poder Judicial venezolano, completamente sometido y dependiente del poder político ejercido por el Poder Ejecutivo, por el "delito" de haber expresado su opinión política, públicamente, en contra del gobierno de Venezuela, todo en ejercicio de su libertad de expresión de pensamiento que le garantiza la Constitución. Para ello, la Juez provisoria a cargo del Juzgado Vigésimo Octavo de Primera Instancia en Función de Juicio del Circuito Judicial del Área Metropolitana de Caracas), mediante sentencia de 10 de septiembre de 2015, cuyo texto solo se conoció un mes después, el 9 de octubre de 2015, imaginó que López había sido instigador público y determinador para que otros ciudadanos supuestamente cometieran el delito de incendio y daños a bienes públicos, y además, ideó que se había asociado para delinquir, aplicando la Ley contra la Delincuencia Organizada y el Terrorismo, pero sin indicar cuál asociación ni quiénes eran sus integrantes, ni cuál era el motivo delictivo de la misma.

Esta barbaridad jurídica no es sino una muestra más de la suspensión, de hecho, de la vigencia de la Constitución, la cual sin embargo se invoca por cuanto funcionario tenga copia de ella, pero no para aplicarla, sino para violarla, como resultado de un proceso que se inició incluso antes de que la misma se hubiera puesto en vigencia en diciembre de 1999, cuando se aprobó de espaldas al pueblo, un conjunto de disposiciones transitorias inconstitucionales.[1245] Con ellas se inició, desde entonces, una desenfrenada carrera por consolidar el apoderamiento del Estado por parte de quienes lo habían asaltado mediante la Asamblea Nacional Constituyente de 1999,

---

1245 Véanse los comentarios sobre el Decreto de Transición Constitucional de 20 de diciembre de 1999 en Allan R. Brewer-Carías, *Golpe de Estado y proceso constituyente en Venezuela*, Universidad Nacional Autónoma de México, México 2002.

desmantelando la separación de poderes, y demoliendo, desde dentro, las instituciones democráticas, utilizando para ello los propios mecanismos de la democracia.[1246]

El resultado logrado de todo ello es el que está a la vista, y la sentencia contra Leopoldo López es una muestra más del hecho de haber colocado a todos los poderes del Estado al servicio del autoritarismo,[1247] comenzando por el Tribunal Supremo de Justicia, y todo el Poder Judicial, y particularmente, por una parte, los jueces penales convertidos en agentes de la persecución política, y por la otra, la Sala Constitucional que se convirtió en el más diabólico instrumento del Estado Totalitario, porque además, siendo el "guardián de la Constitución" no tiene quien la controle.[1248]

El resultado ha sido que luego de quince años, casi todo el Poder Judicial ha quedado conformado por jueces temporales o provisorios, y por tanto, dependientes del Poder político;[1249] y los otros poderes de control, todos han quedado sometidos y neutralizados por el Poder Ejecutivo, de manera que tenemos una Contraloría que no controla, una Defensoría del Pueblo que no protege ni defiende, un Ministerio Público que lo que hace es perseguir a los opositores, dejando impunes los cientos de asesinatos callejeros; y un Poder Electoral que parece ser el agente político de los candidatos del Estado.

Pero eso sí, todos hacen la propaganda de que actúan "legalmente," pues como lo manifestó la Defensora del Pueblo en marzo de 2014 al referirse a la inconstitucional detención y encarcelamiento del Alcalde de la oposición Vicencio Scarano Spisso ordenada por el Tribunal Supremo sin debido proceso, usurpando la jurisdicción

---

1246 Véase Allan R. Brewer-Carías, *Dismantling Democracy. The Chávez Authoritarian Experiment*, Cambridge University Press, New York 2010; "La demolición del Estado de derecho y la destrucción de la democracia en Venezuela," en *Revista Trimestral de Direito Público (RTDP),* N° 54, Instituto Paulista de Direito Administrativo (IDAP), Malheiros Editores, Sao Paulo, 2011, pp. 5-34.

1247 Véase Allan R. Brewer-Carías, *Authoritarian Government v. The Rule of Law. Lectures and Essays (1999-2014) on the Venezuelan Authoritarian Regime Established in Contempt of the Constitution*, Fundación de Derecho Público, Editorial Jurídica Venezolana, Caracas 2014.

1248 Véase Allan R. Brewer-Carías, "El juez constitucional al servicio del autoritarismo y la ilegítima mutación de la Constitución: el caso de la Sala Constitucional del Tribunal Supremo de Justicia de Venezuela (1999-2009)", en *Revista de Administración Pública*, N° 180, Madrid 2009, pp. 383-418; *Reforma Constitucional y Fraude a la Constitución (1999-2009),* Academia de Ciencias Políticas y Sociales, Caracas 2009.

1249 Véase Allan R. Brewer-Carías, "Sobre la ausencia de independencia y autonomía judicial en Venezuela, a los doce años de vigencia de la constitución de 1999 (O sobre la interminable transitoriedad que en fraude continuado a la voluntad popular y a las normas de la Constitución, ha impedido la vigencia de la garantía de la estabilidad de los jueces y el funcionamiento efectivo de una "jurisdicción disciplinaria judicial"), en *Independencia Judicial*, Colección Estado de Derecho, Tomo I, Academia de Ciencias Políticas y Sociales, Acceso a la Justicia org., Fundación de Estudios de Derecho Administrativo (Funeda), Universidad Metropolitana (Unimet), Caracas 2012, pp. 9-103; y The Government of Judges and Democracy. The Tragic Situation of the Venezuelan Judiciary," en Sophie Turenne (Editor.), *Fair Reflection of Society in Judicial Systems - A Comparative Study*, Ius Comparatum. Global Studies in Comparative Law, Vol. 7, Springer 2015, pp. 205-231; publicado también en el libro: *Venezuela. Some Current Legal Issues 2014, Venezuelan National Reports to the 19th International Congress of Comparative Law, International Academy of Comparative Law, Vienna, 20-26 July 2014*, Academia de Ciencias Políticas y Sociales, Caracas 2014, pp. 13-42.

penal, por el supuesto delito de desacato a un mandamiento de amparo, revocándole de paso su mandato electivo,[1250] para justificarla, que:

> "Es imposible que con la presencia de todos los poderes públicos se cometa una ilegalidad."[1251]

Es decir, que supuestamente, si el Estado totalitario –que es el que controla la totalidad de los poderes y de la vida de los ciudadanos– viola los derechos humanos, si ello lo hace *con la participación de todos los poderes públicos* incluyendo el Poder Judicial controlado, así sea todo contrario a la Constitución, entonces ello es "legal"; lo que hace recordar la terrible conclusión a la cual llegó un destacado lector de la traducción que hizo Carlos Armando Figueredo del libro de Ingo Müller, *Los Juristas del Horror*, sobre la conducta de los jueces durante el nazismo,[1252] de que "los atropellos, las prisiones, las torturas y aún el exterminio en masa se hicieron de manera legal y apegado a la norma," pues estaban apoyados por todos los poderes públicos que comandaba un autócrata.

II

En Venezuela, precisamente, ese control absoluto que el régimen autoritario ejerce sobre el Poder Judicial, es lo único que explica que entre los innumerables abusos cometidos contra dirigentes de oposición, se haya encarcelado y condenado a más de 13 años prisión a Leopoldo López, por el sólo hecho de haber sido uno de los líderes del movimiento de calle que se convocó en todo el país en febrero de 2014, generando manifestaciones pacíficas de protesta y de rechazo al régimen.

Por ello, y por expresar su opinión política en esas manifestaciones, el Ministerio Público controlado por el Poder Ejecutivo lo acusó de todos los delitos inimaginables como homicidio, terrorismo, incendio y daños, y además, de los delitos de instigación pública y asociación para delinquir,[1253] de manera que a su solicitud, y sin prueba alguna, inmediatamente, en el mismo mes de febrero de 2014 a López se le

---

1250 Véase sentencia Nº 138 de la Sala Constitucional del Tribunal Supremo de Justicia de 17 de marzo de 2014, en http://www.tsj.gov.ve/decisiones/scon/marzo/162025-138-17314-2014-14-0205.HTML Véase los comentarios en Allan R. Brewer-Carías, "La ilegítima e inconstitucional revocación del mandato popular de Alcaldes por la Sala Constitucional del Tribunal Supremo, usurpando competencias de la Jurisdicción penal, mediante un procedimiento "sumario de condena y encarcelamiento. (El caso de los Alcaldes Vicencio Scarno Spisso y Daniel Ceballo)," en *Revista de Derecho Público,* Nº 138 (Segundo Trimestre 2014, Editorial Jurídica Venezolana, Caracas 2014, pp. 176-213.

1251 Véase lo declarado por Gabriela Ramírez, Defensora del Pueblo, en Juan Francisco Alonso, "Con caso Scarano TSJ echó a la basura 12 años de jurisprudencia. Juristas alertan que Sala Constitucional no puede condenar a nadie", en *El Universal* viernes 21 de marzo de 2014, en http://www.eluniversal.com/nacional-y-politica/140321/con-caso-scarano-tsj-echo-a-la-basura-12-anos-de-jurisprudencia

1252 Véase Ingo Müller, *Hitler's justice: The Courts of the Third Reich*, Cambridge University Press, 1991. Traducción al castellano por Carlos Armando Figueredo: Ingo Müller, *Los Juristas del Horror*, Caracas 2006.

1253 Véase "Fiscalía presentó acusación contra Leopoldo López," *El Nacional*, Caracas 14 de abril de 2014, en http://www.el-nacional.com/politica/Fiscalia-General-acusacion-Leopoldo-Lopez_0_38-5161540.html.

dictó auto de detención.[1254] Para ello, nada importó que varios de los delitos invocados efectivamente se hubieran cometidos por militares, agentes de la policía política o grupos de exterminio paramilitares, como quedó evidenciado en cientos de videos que circularon por las redes sociales, los cuales, en lugar de haber sido aceptados como pruebas, la Fiscal General de la República lo que hizo fue calificar a dichas redes como "perversas," precisamente porque por el control férreo que el Estado ejerce sobre los medios de comunicación y por la censura, esas redes fueron el único medio de información que hubo sobre los actos cometidos.[1255]

Luego de desecharse la imputación penal por cargos tan absurdos como los de homicidio y terrorismo,[1256] y una vez formalizada la acusación, más de un año después de la parodia que se siguió con la denominación de "juicio" que se había iniciado en junio de 2014,[1257] desarrollada precisamente en un Poder Judicial sometido, una Juez cuyo nombre ni merece ser mencionado en esta crónica (la juez provisoria a cargo del Juzgado Vigésimo Octavo de Primera Instancia en Función de Juicio del Circuito Judicial del Área metropolitana de Caracas), mediante sentencia dictada el 10 de septiembre de 2015, condenó a Leopoldo López a 13 años, 9 meses y 12 horas de prisión, siguiendo lo exigido en la acusación, por haber sido supuestamente el *determinador de los delitos de incendio y daños, y el autor de los delitos de instigación pública y de asociación para delinquir.*[1258] Como lo apreció con razón *Amnistía Internacional*, la sentencia se dictó "sin ninguna evidencia creíble en su contra" lo que "muestra la absoluta falta de independencia e imparcialidad judicial en Venezuela," agregando que:

> "Los cargos contra Leopoldo López nunca fueron adecuadamente sustanciados y la sentencia de prisión en su contra tiene una clara motivación política. Su único 'crimen' es ser líder de un partido opositor en Venezuela."
>
> Nunca debió haber sido arrestado arbitrariamente o enjuiciado en primer lugar. Es un prisionero de consciencia y debe ser liberado inmediata e incondicionalmente.
>
> Con esta decisión, Venezuela está eligiendo ignorar principios básicos de derechos humanos y dando una luz verde a más abusos."[1259]

1254 Véase "Un tribunal ordena la detención de Leopoldo López," en *El Tiempo.com.ve*, Puerto la Cruz, 13, de febrero de 2014, en http://eltiempo.com.ve/vene-zuela/poli-tica/un-tribunal-ordena-la-detencion-de-leopoldo-lopez/126105.

1255 Véase Luisa Ortega Díaz: Las redes sociales se han convertido en un mecanismo perverso", Noticiero Digital.com, 23 de marzo de 2014, en http://www.noti-cierodigital.com/2014/03/luisa-ortega-diaz-las-redes-sociales-se-han-convertido-en-un-mecanismo-perverso/

1256 Véase "desechan cargos por terrorismo y homicidio a Leopoldo López," en *El Universal*, 20 de febrero de 2014, en http://www.eluniversal.com/nacional-y-poli-tica/140220/desechan-cargos-de-terrorismo-y-homicidio-a-leopoldo-lopez

1257 Véase "Ministerio Público logró pase a juicio de Leopoldo López por hechos de violencia del 12 de febrero," en Correo del *Orinoco*, 5 de junio de 2014, en http://www.correodelorinoco.gob.ve/nacionales/ministerio-publico-logro-pase-a-juicio-leopoldo-lopez-por-hechos-violencia-ocurridos-12-febrero/

1258 Véase el texto del escrito la acusación en http://cdn.eluniversal.com/2014/ 06/02/ACUSACION_LEOPOLDO.pdf

1259 Véase las declaraciones de Erika Guevara-Rosas, Directora para las Américas de Amnistía Internacional, en "Venezuela: Sentencia contra líder de la oposición muestra absoluta falta de independencia ju-

III

La acusación contra Leopoldo López, en efecto, como resulta del texto mismo de la acusación fiscal, se basó en el hecho de que él se habría expresado a través de tres medios distintos de comunicación, haciendo:

> "llamados a la violencia, desconocimiento de las autoridades legítimas y la desobediencia de las leyes, que desencadenó en el ataque desmedido por un grupo de personas que actuaron de forma individual, pero determinados por los discursos del mencionado ciudadano, contra la sede del Ministerio Público, de siete carros, de los cuales seis eran patrullas pertenecientes al Cuerpo de Investigaciones Científicas, Penales y Criminalísticas, de igual forma, atacaron y destruyeron la plaza de Parque Carabobo, actos éstos vandálicos ejecutados con objetos contundentes e incendiarios."

Todos dichos actos, a juicio de la acusación:

> "fueron ejecutados como consecuencia de la persuasión e inducción realizada por el ciudadano Leopoldo Eduardo López Mendoza, quien ejerció una fuerte influencia no solo en su manera de pensar, sino en las potenciales acciones de sus destinatarios, quienes actuaron y cumplieron cabalmente el mensaje de ir por las cabezas de los Poderes Públicos y desconocer las autoridades legítimas."

Concluyendo el Ministerio Público, que era:

> "evidente que todo el aparataje empleado por el ciudadano Leopoldo Eduardo López Mendoza, no fue realizado por sí mismo, necesariamente contó con una estructura delictiva, que le permitía operar, especialistas en discurso, en twitter, en telefonía, financiamiento, entre otras cosas, en fin todo para poder desarrollar su plan criminal, que no era otro que persuadir e inducir a un grupo de personas que comparten su discurso para desconocer las autoridades legítimas y las leyes y propiciar la salida del Presidente de la República Bolivariana de Venezuela."[1260]

La acusación estuvo montada para perseguir un "delito de opinión,"[1261] dedicando buena parte del texto a citar un informe pericial de una experta en lingüística (Rosa Amelia Asuaje León),[1262] la cual al analizar el "discurso" de Leopoldo López,

---

dicial," Amnistía Internacional, 10 de septiembre de 2015, en https://www.amnesty.org/es/press-releases/2015/09/venezuela-sentence-against-opposition-leader-shows-utter-lack-of-judicial-independence/

1260 Véase el texto del escrito la acusación en http://cdn.eluniversal.com/2014/ 06/02/ACUSACION_LEOPOLDO.pdf

1261 Por ello, con razón, Ramón Escobar León expresó que "Resulta un atentado a la libertad de expresión el hecho de que por medio del análisis de un discurso se pueda privar a alguien de su libertad. Se trata de la represión del discurso oral y escrito de los hablantes," en Ramón Escobar León, "Lingüística y derecho: el caso de Leopoldo López," en *El Nacional,* Caracas 11 de noviembre de 2015, en http://www.el-nacional.com/ramon_escovar_leon/Linguistica-derecho-caso-Leopoldo-Lopez_0_535746451.html.

1262 Debe destacarse que esta experta en lingüística, es columnista en el portal web Aporrea.org. Véase http://www.aporrea.org/autores/rosa.asuaje/

pudo afirmar –solo en forma de hipótesis– que "por los hallazgos que arrojan los textos analizados, los discursos del ciudadano Leopoldo López (los días previos al 12 de febrero del presente año) *pudieron preparar* a sus seguidores para que activaran lo que él llamó #LaSalida del día 12 de febrero y los días subsiguientes;" considerando además la experta, que:

> "el orador (Leopoldo López) al cultivar la ira en su discurso, argumentando en contra del actual gobierno nacional, *pudo haber transferido* este sentimiento a su público (seguidores), mediante la activación de un mecanismo discursivo que él denominó #La Salida, bajo una argumentación que denunciaba al presente gobierno (dirigido por el presidente Nicolás Maduro) de haber cometido una serie de faltas, excesos y omisiones que *pudieron haber exacerbado* a quienes siguen a Leopoldo López para materializar esa salida por una posible vía violenta, toda vez que el orador (Leopoldo López) se dirigió a sus destinatarios sin detallar que la salida iba a ser pacífica, por ejemplo, y que la misma estaría amparada en el marco de la Constitución..."[1263]

Luego, la perito, pasó a referirse al artículo 350 de la Constitución – que por cierto nada tiene que ver con la experticia en lingüística - indicando que el mismo "se activaría, siempre y cuando, se den las condiciones en él previstas: si el régimen de gobierno, cualquiera que fuese, llegase a contrariar los valores, principios y garantías democráticos o menoscabe los derechos humanos," agregando que:

> "El discurso del ciudadano Leopoldo López emitido el 23 de enero del presente año argumenta que el actual gobierno nacional, encabezado por el presidente Nicolás Maduro es antidemocrático, entre otros calificativos, y que no hay respeto por los derechos fundamentales de los venezolanos como la vida, salud, seguridad, alimentación o al trabajo; sin embargo, no basta con que el locutor los enuncie para que estos sean verdaderos.
>
> Es consecuencia, es importante reiterar que plantear una salida de cualquier gobierno democrático, fuera del marco de la Constitución, y cuyo escenario serán las calles, no conlleva a pensar, en ningún momento y bajo ningún sentido lógico, que esa lucha tendrá como propósito la no violencia. Un acto de subversión del orden establecido, del *statu quo*, siempre acarreará el peligro de ser violento."

1263 La propia experta, semanas después indicó expresamente que solo había formulado hipótesis, señalando que: "Debe recordar la ciudadanía que siguió el caso que yo jamás utilicé verbos en modo indicativo y siempre empleé el modo potencial para expresar que el ciudadano *podría, estaría en condiciones de...*," indicando además que "sería sumamente irresponsable de mi parte que yo dijese allí que López señaló expresamente que había que incendiar la Fiscalía o que había que usar métodos de violencia física, pues ello no constaba ni en la muestra ni en el corpus del material que se me fue dado por la Fiscalía para analizar." En Rosa Amelia Asuaje: "La responsabilidad y el exfiscal Nieves," Véase Rosa Amelia Asuaje: "La responsabilidad y el exfiscal Nieves," en *Panorama.com.ve*, 29 de octubre de 2015, en http://www.panorama.com.ve/opinion/Rosa-Amelia-Asuaje-La-responsabilidad-y-el-exfiscal-Nieves-20151029-0042.html. Por ello, con razón, Ramón Escobar León consideró que "El basamento de la sentencia de López es en realidad un análisis hipotético de las consecuencias del discurso político de un venezolano.," en Ramón Escobar León, "Lingüística y derecho: el caso de Leopoldo López," en *El Nacional*, Caracas 11 de noviembre de 2015, en http://www.el-nacional.com/ramon_esco-var_leon/Linguistica-derecho-caso-Leopoldo-Lopez_0_535746451.html.

O sea, siempre en el terreno de las hipótesis, la perito en lingüística entró a considerar cuestiones jurídicas como las que giran en torno a la interpretación del artículo 350 de la Constitución, llegando a la conclusión de que toda persona que invoque el derecho ciudadano a la desobediencia civil y a la resistencia frente a gobiernos que se consideran ilegítimos que garantiza la Constitución en dicha norma, necesariamente tendrá un propósito violento.

Ese análisis, precisamente fue el fundamento para la acusación formulada contra Leopoldo López por el "delito de opinión," aun cuando este se haya encubierto por el Ministerio Público, al concluir la acusación indicando que:

> "la conducta desplegada por el imputado *Leopoldo Eduardo López Mendoza*, se subsume en los delitos de *determinador en el delito de incendio*, previsto y sancionado en el artículo 343 en relación con el artículo 83 ambos del código penal; *determinador en el delito de daños*, previsto y sancionado en los artículos 473, numeral 3° y 474 en relación con el artículo 83 todos del código penal; *autor en el delito de intimidación publica*, previsto y sancionado en el artículo 285, del Código Penal y *asociación*, previstos y sancionado en el artículo 37 de la Ley Orgánica Contra la Delincuencia Organizada y Financiamiento al terrorismo, en *concurso real de delitos*, conforme a lo dispuesto en el artículo 88 del Código Penal; todo lo cual se soporta en los diversos elementos de convicción obtenidos en una imparcial, objetiva, expedita y científica investigación, y con fundamento en los siguientes argumentos."

O sea, no es que el acusado haya sido autor del delito de incendio o daño, sino que de lo que se le acusó fue de haber sido el "determinador" o "inductor" del mismo, en el sentido de haber causado "la resolución criminal en otra persona" de cometer dichos delitos considerando la acusación, para ello, que su actuación y su discurso político fue la "condición *sine qua non* de la resolución delictiva del autor, de modo que no es posible inducir a quien ya estaba convencido o decidido a cometer el hecho típicamente perseguible." Es decir, como lo dijo el Fiscal:

> "La persona que induce a otra en la comisión de un crimen, no lo realiza ella, ni colabora en su ejecución, se transmite una idea criminosa, llevando el provocador en su inteligencia la misma finalidad que inculca en la del provocado, en ello coparticipan de un mismo hecho criminal."

Por ello, el Fiscal acusador precisó que supuestamente:

> "Era clara la estrategia fijada por el ciudadano Leopoldo Eduardo López Mendoza y su grupo estructurado, de utilizar los medios de comunicación social convencionales y alternativos para darle fuerza a sus discursos de contenido violento, pues su único propósito era desaparecer la tranquilidad pública, al llamar a un grupo de personas en correspondencia con su alocución para desconocer las autoridades legítimas y las leyes."

Y la conclusión del Fiscal fue entonces que:

> "La participación del ciudadano Leopoldo López, no consistió en desplegar de manera directa los delitos de Incendio y Daños, pero existen elementos, como la *experticia de análisis de los discursos del imputado Leopoldo López*, suficientes para estimar que sí determino e indujo a los manifestantes a realizar *un*

> *ataque en contra de la sede del Ministerio Público, y en contra de bienes del Estado Venezolano*, lo cual realizó de manera pública, desde días anteriores, e inclusive el mismo 12 de febrero de 2014, en un discurso donde incitaba a desconocer a la autoridad legítimamente constituida e ir por las cabezas de los Poderes Públicos, siendo sin duda una influencia psicológica significativa para un grupo de personas que actuaron *determinados por los discursos del ciudadano Leopoldo López*, y en consecuencia *ejecutaron la instrucción impartida*, resultando en principio atacada el Ministerio Público, posteriormente fueron embestidas otras instituciones del Estado, también determinados por la convocatoria a la desobediencia y al ataque formulado por el imputado, *tal como se evidencia en la experticia de análisis de discurso*, la cual arroja entre otros particulares "…que el ciudadano Leopoldo López posee un *ethos* discursivo que domina e incide sobre el *ethos* de sus destinatarios; en consecuencia, todo aquello que el destinador o locutor le diga a sus destinatarios, ejercería una fuerte influencia, no sólo en su manera de pensar, sino en las potenciales acciones que los destinatarios pueden realizar, actuando en consecuencia, de allí que lo que él diga o pueda transmitir a su audiencia sea transferido efectivamente, tanto, que sus destinatarios se sienten animados a seguir, en acciones, lo que este les indica que deberían hacer, aunque no les explique claramente…"
>
> En ocasión a tal llamado, con la plena y total convicción que su convocatoria en tales términos sería acatada por el colectivo, principalmente por los estudiantes, *intencionalmente* el imputado Leopoldo López, *los llamó a ir por las cabezas de los poderes públicos y las instituciones, por lo cual un grupo de personas, algunos de ellos ya acusados por el Ministerio Público, fueron a acatar el llamado de Leopoldo López, y arremetieron en contra de la sede de la Institución, con la intención de ocasionar daños, incendiaron* dicha sede tal como lo refleja la Inspección Técnica practicada por los funcionarios adscritos a la Unidad Criminalística para vulneración de Derechos Fundamentales del Ministerio Público, la cual arroja como resultado que tanto en el área de Biblioteca central del Ministerio Público, como en la puerta de acceso, hubo combustión, que fue neutralizada posteriormente por funcionarios adscritos a la Dirección de Seguridad de la Institución, lo cual evidencia la perpetración del delito de incendio" (Destacados nuestros).[1264]

O sea, que de un discurso político opositor en el cual se reclamó la ilegitimidad del gobierno y la necesidad de su cambio, pero en el cual nunca se mencionó, ni se dijo ni directa ni indirectamente que había que ir a incendiar o dañar determinados bienes o edificaciones, y menos los de propiedad pública, el Fiscal dedujo solo por un malabarismo "lingüístico" que Leopoldo López, intencionalmente, supuestamente le habría impartido una instrucción a los manifestantes de ir a incendiar y dañar

1264 Véase el texto del escrito la acusación en http://cdn.eluniversal.com/2014/06/02/ ACUSACION_LEOPOLDO.pdf. Véase en todo caso, lo comentado al final de este capítulo, en relación a cómo el Fiscal acusador, Franklin Nieves, unas semanas después confesó que todas las pruebas en las cuales se basó la acusación eran falsas, y que el juicio en si mismo, fue una farsa. Entre otras en la entrevista al Fiscal Franklin Nieves, que le hizo el periodista Fernando del Rincón en el programa *Conclusiones* en *CNN Español*, el 27 de octubre de 2015, en "Exfiscal: Leopoldo es inocente, lo pusieron preso porque temen a su liderazgo," en http://cnnespa-nol.cnn.com/2015/10/27/exfiscal-leopoldo-es-inocente-lo-pusieron-preso-porque-temen-a-su-liderazgo/.

bienes públicos induciéndolos en particular a que debían ir a incendiar y causar daños a la sede del Ministerio Público. Tan simple y aberrante como eso.

Por ello, de esa acusación, como lo destacó José Ignacio Hernández, en realidad, lo que se evidencia fue:

> "que el juicio a Leopoldo López se inició en función a las opiniones por él expresadas. Es decir, López no está siendo enjuiciado por incendiar o destruir edificios. Esos hechos violentos, sin duda alguna, justifican todo rechazo y el inicio de las investigaciones correspondientes. Pero de eso no trata el proceso contra López. El proceso penal versa, básicamente, sobre un juicio a las opiniones políticas de López."[1265]

De ello, la conclusión del mismo José Ignacio Hernández fue, con razón, que hasta donde entendía:

> "no se ha considerado que Leopoldo López llamó directa y enfáticamente a quemar o destruir edificios ni a desobedecer las Leyes. Por el contrario, lo que se considera es que su discurso político, al llamar a protestas para la salida del Gobierno, habría degenerado en hechos de violencia e incitaciones para violar Leyes. Es decir, el juicio penal se basa en la interpretación del discurso político, más que en el discurso en sí.
>
> La relación de causalidad es por ello mediata, no inmediata. Tan es así que para acreditar los delitos por los cuales fue acusado se requirieron más de doscientas páginas y hasta un informe experto. Un delito de opinión, por parte de un político, para ser consistente con la libertad de expresión, no debería pasar por un análisis tan detallado. Solo puede haber delito de opinión en un político si su discurso, de manera clara, directa, expresa y sin margen de duda alguna, constituye un delito. Caso concreto, deberá favorecerse a la libertad de expresión." [1266]

Nada de eso ocurrió en este caso: López no llamó ni incitó a nadie, ni directa ni indirectamente, y mucho menos intencionalmente para que fuera a incendiar o dañar bienes de naturaleza alguna, por lo que nunca pudo haber sido "determinador" de esos delitos; ni se asoció con nadie con intención criminal, con el propósito de que se cometieran esos delitos. Y en todo caso, del largo relato de la sentencia nada de ello se probó en juicio.

IV

Pero ello no lo tomó en cuenta ni el Ministerio Público ni la Juez. En el caso de Leopoldo López, el objetivo del gobierno era apresarlo para sacarlo de la escena política. Ya antes lo había intentado hacer al decretar el Contralor General de la República, sin duda por encargo del gobierno, su inhabilitación política, lo que está

1265 Véase José Ignacio Hernández, "Todo lo que debe saber para entender por qué se enjuicia a Leopoldo López," en *Prodavinci*, 16 de junio de 2014, en http://proda-vinci.com/blogs/todo-lo-que-debe-saber-para-entender-por-que-se-enjuicia-a-leopoldo-lopez-por-jose-i-hernandez/

1266 Véase José Ignacio Hernández, "Todo lo que debe saber para entender por qué se enjuicia a Leopoldo López," en *Prodavinci*, 16 de junio de 2014, en http://prodavinci.com/blogs/todo-lo-que-debe-saber-para-entender-por-que-se-enjuicia-a-leopoldo-lopez-por-jose-i-hernandez/

prohibido no sólo en la Constitución,[1267] sino en la Convención Americana de Derechos Humanos, razón por la cual la Corte declaró responsable al Estado de su violación.[1268]

Ahora había que apresarlo por lo que decía, por su discurso opositor y por su liderazgo, y no otra cosa se deduce de la acusación fiscal en su contra, en la cual absurdamente se argumenta que en febrero de 2014 Leopoldo López, como líder político de oposición, no es que tenía un partido político y unos seguidores, sino "todo un aparataje" que según la Fiscalía, constituía una "estructura delictiva," que además contaba con "especialistas en discurso, en twitter, en telefonía, financiamiento, entre otras cosas," es decir todo lo que usualmente tiene y hace un partido y los grupos políticos en un país democrático, llegando a afirmar que todo ello, no era para participar legítimamente en el juego democrático, sino "para poder desarrollar su plan criminal," que solo era "persuadir e inducir a un grupo de personas que comparten su discurso para desconocer las autoridades legítimas y las leyes y propiciar la salida del Presidente de la República Bolivariana de Venezuela."

O sea, que con esa acusación todo el que haga oposición en Venezuela, es decir, que acuse al gobierno de ilegítimo, y que propugne su salida del poder, corre el riesgo de que se lo acuse de cualquier delito, pues cualquier partido político bajo esa óptica fiscal es una "estructura delictiva" o "banda de criminales."

La consecuencia de ese enfoque autoritario, como era previsible y lo habían anunciado funcionarios gubernamentales, fue que el día 10 de septiembre de 2015, la Juez de la causa dictase contra Leopoldo López la sentencia condenatoria en el caso, por considerar que en el juicio, supuestamente había quedado "acreditada su responsabilidad penal por la comisión de los delitos *de determinador en el delito de incendio* previsto y sancionado en el artículo 343, primer aparte en relación con el artículo 83, ambos del Código Penal; *de determinador en el delito de daños* previsto y sancionado en los artículos 473.3 y 474 del Código Penal, en relación con el artí-

---

1267 Allan R. Brewer-Carías, "La incompetencia de la Administración Contralora para dictar actos administrativos de inhabilitación política restrictiva del derecho a ser electo y ocupar cargos públicos (La protección del derecho a ser electo por la Corte Interamericana de Derechos Humanos en 2012, y su violación por la Sala Constitucional del Tribunal Supremo al declarar la sentencia de la Corte Interamericana como "inejecutable"), en Alejandro Canónico Sarabia (Coord.), *El Control y la responsabilidad en la Administración Pública, IV Congreso Internacional de Derecho Administrativo, Margarita 2012*, Centro de Adiestramiento Jurídico, Editorial Jurídica Venezolana, Caracas 2012, pp. 293-371; y "El derecho político de los ciudadanos a ser electos para cargos de representación popular y el alcance de su exclusión judicial en un régimen democrático (O de cómo la Contraloría General de la República de Venezuela incurre en inconstitucionalidad e inconvencionalidad al imponer sanciones administrativas de inhabilitación política a los ciudadanos), en *Revista Elementos de Juicio*, Año V, Tomo 17, Bogotá 2011, pp. 65-104.

1268 La sentencia de la Corte Interamericana en el caso Leopoldo López vs. Venezuela se dictó el 1° de septiembre de 2011, pero fue declarada "inejecutable" en Venezuela por sentencia de la Sala Constitucional N° 1547 de fecha 17 de octubre de 2011 (Caso *Estado Venezolano vs. Corte Interamericana de Derechos Humanos,* en http://www.tsj.gov.ve/decisiones/scon/Octubre/1547-171011-2011-11-1130.html). Véase sobre ello Allan R. Brewer-Carías, "El ilegítimo "control de constitucionalidad" de las sentencias de la Corte Interamericana de Derechos Humanos por parte la Sala Constitucional del Tribunal Supremo de Justicia de Venezuela: el caso de la sentencia *Leopoldo López vs. Venezuela, 2011*," en *Constitución y democracia: ayer y hoy. Libro homenaje a Antonio Torres del Moral*. Editorial Universitas, Vol. I, Madrid, 2013, pp. 1.095-1124. Véase también el Comunicado de 37 juristas a favor de Leopoldo López, en *El Universal*, 28 de septiembre de 2011, http://www.eluniversal.com/nacional-y-politica/110928/comu-nicado-de-37-juristas-a-favor-de-leopoldo-lopez.

culo 83 del mismo Código; de *autor en el delito de instigación pública* previsto y sancionado en el artículo 285 el Código Penal y *asociación para delinquir* previsto y sancionado en el artículo 37 de la Ley Orgánica contra la Delincuencia Organizada y Financiamiento al terrorismo" (pág. 2).[1269]

La aberrante sentencia solo se publicó el 1° de octubre de 2015, los abogados de la defensa solo pudieron tener copia de la misma varios días después,[1270] y la misma solo pudo conocerse públicamente casi un mes después de dictada, el 9 de octubre de 2015. Sobre la sentencia, el abogado coordinador de la defensa de Leopoldo López, aún antes de tener copia de la misma y del estudio que hizo de su lectura en el Tribunal, globalmente consideró que estaba:

> "cargada de vicios y que sus argumentos son débiles. Es débil especialmente desde el punto de vista probatorio: nunca se acreditó el determinador en daños, hay ausencia de evidencia en cuanto al delito de o de asociación para delinquir. Se basa en los testimonios de los expertos que analizaron el discurso y el Twitter de López, Rosa Amelia Asuaje y Mariano Alí, pero toma extractos con pinza que no reflejan la realidad de lo que dijeron y se contradicen con el testimonio de otros testigos que aclararon que Leopoldo López nunca llamó a la violencia."[1271]

Por ello es que, como lo reseñó la prensa, el mismo Leopoldo López, durante su exposición ante la juez cuando dictó la sentencia le haya dicho que:

> "Usted tiene más miedo de dictar esta sentencia que yo de escucharla," afirmando que "el proceso en su contra buscaba criminalizar la palabra, por cuanto se le estaba acusando de incitar a los hechos de violencia registrados el año pasado por impulsar 'La Salida,' la cual consideró que "era constitucional y enumeró los mecanismos constitucionales que, según él, la permiten; y la justificó asegurando que los poderes públicos en Venezuela violan la Carta Magna."[1272]

Sobre esta condena, José Ignacio Hernández, en síntesis y con toda razón, observó que la misma no es otra cosa sino "un grave caso de violación de Derechos Humanos que afecta sensiblemente al sistema democrático," considerando que Leo-

---

1269 Ello, con algunas variantes fue lo que la prensa pudo informar al dictarse la sentencia. Véase "Tribunal sentenció a Leopoldo López 13 años de prisión por responsabilidad en violencia de 2014," en *Venezolana de Televisión*, 10 de septiembre de 2015, en http://www.vtv.gob.ve/articulos/2015/09/10/tribunal-sentencio-a-leopoldo-lopez-a-mas-de-13-anos-y-9-meses-8551.html

1270 Véase la reseña de Edgar López, "Sentencia contra López y los estudiantes es una narración de hechos sin pruebas," en *El Nacional*, 3 de octubre de 2015, en http://www.el-nacional.com/politica/Sentencia-Lopez-estudiantes-narracion-pruebas_0_712729003.html

1271 Véase la reseña de Álex Vásquez, "Con declaraciones de los propios testigos rebatirán la condena de López," *El Nacional*, 5 de octubre de 2015, en http://www.el-nacional.com/politica/declaraciones-propios-testigos-rebatiran-Lopez_0_713928718.html

1272 Véase las reseñas: "Jueza condena a Leopoldo López a casi 14 años de cárcel por hechos del 12F," en *El Universal*, 10 de septiembre de 2015, en http://www.eluniversal.com/nacional-y-politica/150910/jueza-condena-a-leopoldo-lopez-a-casi-14-anos-de-carcel-por-hechos-del; "Condenaron a Leopoldo López a 13 años y 9 meses de cárcel por los hechos de violencia del 12-F," en *El Nacional*, 11 de septiembre de 2015, en http://www.el-nacional.com/politica/Condenaron-Leopoldo-Lopez-hechos-violencia_0_700129993.html poldo López "es un "prisionero de conciencia," es decir, "una persona que ha sido *juzgada y condenada por sus opiniones políticas*." En el caso, señaló Hernández, López fue "condenado *por lo que el Estado interpretó que dijo y no por ningún hecho cierto y concreto*;" en "un proceso de contenido político en el cual, desde un comienzo, se sabía el final."[1273]

Como lo observó Luis Ugalde S.J.:

> "Sin probar delito alguno, Leopoldo López fue condenado a 14 años de cárcel. Muchos sabíamos que Venezuela estaba bajo una dictadura mal disfrazada, pero ahora el mundo se va enterando de que este Régimen es el gran empobrecedor de los pobres, con una inflación que supera el 200% en dos años y un desabastecimiento que constituye una calamidad nacional, y que en Venezuela no hay estado de derecho.
>
> ¿Cuál es el delito de Leopoldo López, Antonio Ledezma, de los cuatro estudiantes condenados, de los presos políticos y de los inhabilitados y perseguidos? Ni violencia, ni muerte; si de eso se tratara el Gobierno y sus jueces estarían atareados con los 25.000 asesinatos por año. *Su "delito" consiste en ser opositores con liderazgo. El Régimen, a su conveniencia, decide quiénes han de ser difamados, sometidos a escarnio, encarcelados, exiliados o inhabilitados.* Así fue en la Alemania nazi, en la Unión Soviética, en China, o en Cuba: *todo disidente, todo líder que exprese su desacuerdo, es un "delincuente."* Tomada la decisión, lo que sigue es simple tramoya y decoración del escenario para justificar la condena y la ejecución pública. A Leopoldo López no le han probado ningún delito para condenarlo a 14 años, pero es lo que estaba en la voluntad del poder dictatorial."[1274]

V

Y así fue; en un paródico proceso, a Leopoldo López se lo condenó a prisión, no porque haya cometido delito alguno, sino porque el Estado consideró que su discurso político había que criminalizarlo, es decir, había que criminalizar el ejercicio de su libertad de expresión del pensamiento que le garantiza la Constitución, y por ello, se lo condenó por haber expresado sus ideas políticas; y todo, con el falaz argumento de que supuestamente, por sus palabras, habría sido "determinador" de que otras personas, que ni siquiera conocía, en el curso de una manifestación pública, hubieran supuestamente incendiado y dañado unos bienes de propiedad pública, aun cuando en su discurso nunca se refirió a tales acciones; y porque además, supuestamente, era parte de una "asociación para cometer hechos punibles" y habría instigado a desobedecer las leyes, pero sin siquiera identificarse dicha "asociación criminal para delinquir" ni a los supuestos "asociados" conspiradores.

Como lo recordó la Comisión Interamericana de Derechos Humanos al manifestar su preocupación por la omisión del Poder Judicial venezolano en publicar duran-

---

1273 Véase José Ignacio Hernández, "Sobre el juicio y la condena a Leopoldo López," en *Prodavinci*, 11 de septiembre de 2015, en http://prodavinci.com/blogs/sobre-el-juicio-y-condena-a-leopoldo-lopez-por-jose-ignacio-hernandez/

1274 Véase Luis Ugalde, "Leopoldo, dictadura, elecciones," en *El Nacional*, Caracas, 24 de septiembre de 2015, en http://www.el-nacional.com/sj-_luis_ugalde/Leopoldo-dictadura-elecciones_0_7073-29426.html te casi un mes el texto de la sentencia contra López, el mismo fue un proceso para declarar a Leopoldo López "*culpable por los delitos vinculados al ejercicio de la libertad de expresión y sus derechos políticos*" condenándoselo por los delitos de "instigación pública, daños a la propiedad, incendio intencional, asociación para delinquir," considerando que:

> "el abuso de tipos penales vagos y ambiguos, que permiten la atribución de responsabilidades a quienes participan o convocan a una manifestación, genera un efecto amedrentador en el ejercicio del derecho a la protesta, que resulta incompatible con los principios democráticos."

Agregó además la Comisión Interamericana en su Comunicado de Prensa del 25 de septiembre de 2015, al mostrar su preocupación por la falta de publicación de la sentencia de condena, que:

> "el derecho a la protesta incluye el derecho a elegir la causa y objetivo de la misma; y el llamado no violento a un cambio de la política estatal o del propio gobierno forma parte de los discursos especialmente protegidos," de manera que "la responsabilidad por actos de violencia cometidos durante una protesta debe ser atribuida en forma individual."[1275]

VI

Esos delitos que se atribuyeron, respecto de los cuales la Juez de la causa contra Leopoldo López encontró que éste supuestamente habría sido "determinador" en su comisión por otros, fueron, en efecto, los delitos de "incendio" y de "daño," además de considerarlo como "autor" de los delitos de "instigación pública" y de "asociación para delinquir."

Según el texto de la sentencia, el primero de los delitos mencionados, del que se atribuye a Leopoldo López haber sido *determinador*, es el *delito de incendio* que es uno de los delitos "contra la conservación de los intereses públicos y privados," referido al incendio de construcciones, que está previsto y sancionado el artículo 343 del Código Penal, en el cual se dispone que:

> "**Artículo 343.** El que haya incendiado algún edificio u otras construcciones, productos del suelo aun no recogidos o amontonados, o depósitos de materias combustibles, será penado con presidio de tres a seis años.
>
> Si el incendio se hubiere causado en edificios destinados a la habitación o en edificios públicos, o destinados a uso público, a una empresa de utilidad pública o plantas industriales, al ejercicio de un culto, a almacenes o depósitos de efectos industriales o agrícolas, de mercaderías, de materias primas inflamables o

---

1275 Comisión Interamericana de Derechos Humanos, "Comunicado de Prensa," 25 de septiembre de 2015, en http://www.oas.org/es/cidh/prensa/comunicados/2015/107.asp Véase la notica en la reseña "CIDH pide a Venezuela publicar sentencia contra Leopoldo López," donde se menciona que "el secretario general de la OEA, Luis Almagro, pidió recientemente que la comunidad internacional tenga acceso a la sentencia condenatoria de López, quien ha recibido muestras de apoyo y solidaridad de Gobiernos, expresidentes, organizaciones no gubernamentales y artistas." Véase en *Noticias Caracol*, 25 de septiembre de 2015, en http://www.noticiascaracol.com/mun-do/cidh-pide-venezuela-publicar-sentencia-contra-leopoldo-lopez.

explosivas o de materias de minas, vías férreas, fosos, arsenales o astilleros, el presidio será por tiempo de cuatro a ocho años.

En la misma pena incurrirá quien por otros medios causare daños graves a edificios u otras instalaciones industriales o comerciales.

El que haya dañado los medios empleados para la transmisión de energía eléctrica, o de gas o quien haya ocasionado la interrupción de su suministro, será penado con prisión de dos a seis años."

El segundo de los delitos respecto del cual la sentencia le atribuye a Leopoldo López haber sido *determinador*, es el *delito de daños*, que es uno de los delitos "contra la propiedad," previsto y sancionado en los artículos 473.3 y 474 del Código Penal, en los que se dispone:

"**Artículo 473.** El que de cualquier manera haya destruido, aniquilado, dañado o deteriorado las cosas, muebles o inmuebles, que pertenezcan a otro, será castigado, a instancia de parte agraviada, con prisión de uno a tres meses.

La prisión será de cuarenta y cinco días a dieciocho meses, si el hecho se hubiere cometido con alguna de las circunstancias siguientes [...]:

3. En los edificios públicos o en los destinados a algún uso público, a utilidad pública o al ejercicio de un culto; o en edificios u obra de la especie indicada en el artículo 349, o en los monumentos públicos, los cementerios o sus dependencias.."

"**Artículo 474.** Cuando el hecho previsto en el artículo precedente se hubiere cometido con ocasión de violencias o resistencia a la autoridad, o en reunión de diez o más personas, todos los que hayan concurrido al delito serán castigados así:

En el caso de la parte primera, con prisión hasta de cuatro meses; y en los casos previsto en el aparte único, con prisión de un mes a dos años, procediéndose siempre de oficio."

Estos delitos se relacionaron en la sentencia con lo previsto en el artículo 83 del mismo Código que regula la concurrencia de varias personas en un mismo hecho punible, y establece:

"**Artículo 83.** Cuando varias personas concurren a la ejecución de un hecho punible, cada uno de los perpetradores y de los cooperadores inmediatos queda sujeto a la pena correspondiente al hecho perpetrado. En la misma pena incurre el que ha determinado a otro a cometer el hecho."

El tercero de los delitos atribuidos a Leopoldo López, en este caso como *autor*, es el *delito de instigación pública*, que es uno de los delitos "contra el orden público," que regula la instigación para delinquir, y está previsto en el artículo 285 del Código penal, así:

"**Artículo 285.** Quien instigare a la desobediencia de las leyes o al odio entre sus habitantes o hiciere apología de hechos que la ley prevé como delitos, de modo que ponga en peligro la tranquilidad pública, será castigado con prisión de tres años a seis años."

Y el cuarto de los delitos también atribuido a Leopoldo López, como *autor,* es el de *asociación para delinquir* previsto en el artículo 37 de la Ley Orgánica contra delincuencia organizada y financiamiento al terrorismo (*Gaceta Oficial* N° 39.912 del 30 de abril de 2012), en los cuales se dispone entre los "delitos contra el orden público," el siguiente:

> "**Artículo 37**. Quien forme parte de un grupo de delincuencia organizada, será penado o penada por el solo hecho de la asociación con prisión de seis a diez años."

En cuanto a la definición de qué ha de entenderse por "delincuencia organizada," el artículo 4.9 de la Ley la define la como:

> "**Artículo 4.9**. Delincuencia organizada: la acción u omisión de tres o más personas asociadas por cierto tiempo con la intención de cometer los delitos establecidos en esta Ley y obtener, directa o indirectamente, un beneficio económico o de cualquier índole para sí o para terceros. Igualmente, se considera delincuencia organizada la actividad realizada por una sola persona actuando como órgano de una persona jurídica o asociativa, con la intención de cometer los delitos previstos en esta Ley."

Ante todos estos delitos, para que se condene a una persona, lo primero que tendría que tener claramente demostrado el juez es que el condenado haya actuado *con dolo,* es decir, que haya "tenido la intención de realizar el hecho" que constituye el delito (art. 61, Código Penal). En el caso, la Juez debió haber probado que Leopoldo López actuó con intención delictiva, es decir, que conminó personalmente a varias personas determinadas para que incendiaran edificios y causaran daños a bienes, y para ello incitó con intención dolosa y se asoció con otros en forma permanente por cierto tiempo mediante algún plan criminal a ser desarrollado por una organización criminal, integrada por sujetos todos resueltos a delinquir, es decir con tal intención dolosa; y además, con la intención de obtener un beneficio para sí.

Nada de eso por supuesto ocurrió ni pudo ser probado por la Juez. Como lo advirtió Jesús Ollarves, esa supuesta "intención de cometer los delitos" atribuidos a Leopoldo López, para poder condenarlo, tendría que estar probada "sobre la base de verdaderas pruebas y no de simples indicios fiscales y menos de conjeturas surgidas a última hora."[1276] Y en particular, la Juez debería haber probado que:

> "la convocatoria y realización de una marcha constituye asociación para delinquir, y la conjunción de las actividades y voluntades de los seguidores de Leopoldo López corresponden a un plan criminal permanente."[1277]

VII

Nada de ello, por supuesto, como se dijo, podía ser probado en el juicio, pues Leopoldo López con ocasión de las manifestaciones estudiantiles del 12 de febrero

---

1276 Véase Jesús Ollarves, "La jueza Barreiros está en aprietos," en *Provea,* 17 de septiembre de 2015, en http://www.derechos.org.ve/2015/09/17/jesus-ollarves-la-jueza-barreiros-esta-en-aprietos/. Igualmente en *ACN Agencia Carabobeña de Noticias,* en http://agenciacn.com/opinion/articulo-de-jesus-ollarves-la-jueza-barrei-ros-esta-en-aprietos/

1277 *Idem.*

de 2014, ni incendió nada ni causó dañó a nada, ni estaba presente cuando algo se incendió o si hizo daño a algo, ni indujo dolosamente a nadie para que fuera a incendiar o dañar bienes, y menos, las instalaciones del Ministerio Público, ni instigó a la desobediencia de las leyes, ni se asoció con nadie en una empresa delictiva, ni por cierto tiempo ni por largo tiempo, para delinquir, o con la intención de cometer delitos, ni formó parte de organización criminal alguna para ejecutar algún plan criminal para incendiar o dañar propiedades.

Al contrario, sin embargo, la Juez de la causa, en su sentencia, después de supuestamente analizar las "pruebas" sobre los hechos ocurridos en fecha 12 de Febrero de 2014, concluyó en que habría "quedado demostrado":

> que un grupo nutrido de manifestantes, [...] acataron el llamado efectuado por el Ciudadano Leopoldo López y otros dirigentes políticos del partido Voluntad Popular, para lo cual el ciudadano Leopoldo López, *expresándose a través de los distintos medios de comunicación* hizo llamados a la calle los cuales produjeron una serie de hechos violentos, desconocimiento de las autoridades legítimas y la desobediencia de las leyes, que desencadenó en el ataque desmedido por un grupo de personas que *actuaron determinados por los discursos del mencionado ciudadano*, contra la sede del Ministerio Público, así como el incendio de siete carros, de los cuales seis eran patrullas pertenecientes al Cuerpo de Investigaciones Científicas, Penales y Criminalísticas, de igual forma, atacaron, destruyeron, dañaron la plaza de Parque Carabobo, actos éstos vandálicos ejecutados con objetos contundentes e incendiarios" (pp. 257-258) (Destacados nuestros).

Asimismo, después de analizar las declaraciones de testigos, todos funcionarios públicos, la Juez consideró que habría quedado "acreditado que un grupo de personas se reunieron en las inmediaciones de la sede del Ministerio Público, y *luego del discurso dado por el ciudadano Leopoldo López, una vez retirado del lugar*, procedieron a realizar una serie de actos violentos, ocasionando serios daños a dicha sede, a siete unidades del Cuerpo de Investigaciones Científicas y Criminalísticas, y a la Plaza Parque Carabobo," considerando que los manifestantes "se encontraban instigando" (pp. 258-259) (Destacados nuestros).

Igualmente después de analizadas declaraciones de un grupo de testigos, la Juez concluyó sobre la veracidad de los hechos que ocurrieron el 12 de febrero de 2014, que:

> "luego de su discurso y *una vez retirado del lugar el ciudadano Leopoldo López,* se presentó una situación irregular en la cual hubo serios daños a la sede del Ministerio Público, a CINCO unidades del cuerpo de investigaciones científicas, penales y criminalísticas, las cuales quedaron sin valor comercial y daños a la Plaza Parque Carabobo," (p. 261) (Destacados nuestros).

VIII

Aparte de las pruebas anteriores, la Juez valoró la declaración de dos expertos que analizaron los discursos de Leopoldo López.

En primer lugar valoró la declaración del experto Mariano Alfonso Alí, quien analizó el discurso de Leopoldo López formulado en su cuenta twiter@LeopoldoLópez durante tres meses, entre el 1° de enero y el 18 de marzo de 2014, refiriéndose a los "parámetros que un líder debe tomar en cuenta al momento de emitir sus mensajes y transmitir sus discursos," concluyendo que:

> "Leopoldo López utilizó el twitter como un poder fáctico [...] lanzando mensajes en contra del actual gobierno, desconociendo su legitimidad," expresando "por ejemplo "el que se cansa pierde" el cual fue retwiteado, [...] la salida "sosVenezuela"' "el Estado delincuente el cual también fue ampliamente difundido."

En particular, el experto observó que:

> "En cuanto al día 12 de febrero, hubo una descalificación a los representantes de los poderes del Estado, algunos adjetivos relevantes que manifestó: un Estado delincuente, asesino, narcotraficante, entre otros, considerando el experto que esos mensajes tenían un propósito que es llegarle al receptor, construyendo el modelo básico de comunicación que es emisor, medio (por donde se transmite el mensaje), mensaje y el receptor, para construir una idea en torno a una visión de país para que le llegue a sus seguidores que, para ese momento era más de 2 millones 700 mil" (p. 262).

Otras características del discurso de Leopoldo López, que destacó el experto, fue que:

> "habla por todos los venezolanos y venezolanas, no solamente habla en primera persona, habla por toda la oposición y habla por todos los demás venezolanos que, no son parte de la oposición [...] afirmando que el país está dividido en dos, y que los venezolanos supuestamente están secuestrados por un Estado delincuente y por un Presidente que manda sus grupos armados a asesinar venezolanos, y un pequeño grupo, y digo pequeño porque él lo califica como una cúpula que, ha secuestrado los poderes del Estado, tales emisiones de mensajes causa en el ánimo de sus seguidores una conducta agresiva, poniendo en peligro la tranquilidad pública, produciéndose en la edificación grandes y evidentes signos de violencia" (pp. 262-263).

De lo anterior, en todo caso, hay que observar que sobre lo que sí tiene razón el experto en cuya opinión se basó la Juez para dictar su fallo, es su atinada apreciación de que para la oposición, efectivamente en Venezuela lo que existe es un Estado delincuente, controlado por un pequeño grupo que tiene secuestrado todos los poderes del Estado. Ello nadie lo puede negar, de manera que mal podría ser un delito decir la verdad, la cual además todo el mundo sabe.[1278]

Pero en segundo lugar, la Juez, en su sentencia, también valoró la declaración de la otra experta ya mencionada, Rosa Amelia Azuaje León,[1279] quien también realizó un "estudio de lingüística" del contenido de *cuatro discursos* de Leopoldo López, considerando que "a través de sus discursos envió mensajes descalificativos que desencadenaron las acciones violentas y eminentes daños a la sede Fiscal y cuerpo de investigaciones," pasando luego la experta a dar consejos y reglas de conducta

---

1278 Véase, por ejemplo, Carlos Tablante y Marcos Tarre, *Estado delincuente. Cómo actúa la delincuencia organizada en Venezuela* (Prólogo de Baltazar Garzón), La Hoja del Norte, Caracas 2013.

1279 Como se dijo, Rosa Amelia Azuaje León, experta en lingüística, es columnista en el portal web Aporrea.org. Véase en http://www.aporrea.org/autores/rosa.asuaje/.

sobre qué y en qué forma es como un líder político debe expresarse, indicando entre otras cosas que:

> "lo correcto en su posición de líder es la de llamar a la calma, la tranquilidad, la paz, y a la utilización de los mecanismos adecuados establecidos en la Ley, para plantear su descontento con el actual gobierno" (p. 263).

La experta en efecto reconoció, según relata la sentencia, que López se dirigió a "un pueblo a quien él conoce muy bien [...] conformado en su mayoría por jóvenes que tienen inquietudes, que se sienten indignados, que tienen legítimas razones para sentirse indignados." A ese pueblo, según la experta, López se dirigió planteando "topos" de "cambio de sistema, de cambio de gobierno," comenzando "con una exhortación muy poderosa que es la de expresar que este sistema no sirve." La experta, sin embargo, a pesar de hacer esas afirmaciones, alegó no ofrecer criterios políticos, sino solo:

> "hacer un trabajo descriptivo de lo que el ciudadano Leopoldo López ha hecho y el me dirá si tengo o no tengo razón, porque finalmente fue él quien habló no yo, ese topos de cambio de sistema y cambio de gobierno" (p. 263).

Por supuesto, la defensa de López bien alegó que la experta no tenía razón, pero por supuesto ello no tuvo importancia para la Juez, a pesar de la salvedad hecha por la experta.

En todo caso, esos cambios de sistema, según la experta, en los discursos de Leopoldo López, supuestamente se darían a través de lo que él denominó "la salida," que la experta consideró como un "programa negativo" que propugnaba "cambiar el actual sistema que hay por otro sistema que sea más democrático [...], donde la justicia sea para todos y no para un grupo." (p. 263).

Otro de los "topos" que analizó la experta en los discursos políticos de López, fue el haber éste hecho una referencia histórica al nombre de Rómulo Betancourt, lo que por lo visto conduce al absurdo de pensar que en la mente de la experta ello es un delito. La experta, sin embargo, luego de reconocer que era muy difícil encontrar que la figura de Betancourt pudiera tener impacto en "un destinatario joven," afirmó que en el haber López parangonando dos "momentos históricos de la historia de Venezuela," el "23 de Enero de 1958 con el 23 de Enero de 2014," no era un inocente hecho, pues consideró que "no hay discurso inocente y no quiero decir que lo estoy criminalizando, pero todo discurso se construye mediante unos fines determinados y eso es una práctica social." De manera que después de expresar "que me corrija la defensa si me estoy equivocando," y aclarar que ella (la experta) no se iba "a meter con la verdad, las verdades son demasiado esquivas para yo tocarlas," consideró que la referencia a Betancourt había sido para recurrir a su "*auctoritas*" (p. 264).

De allí la experta pasó a analizar otro de los "topos" de los discursos de López, que fue la "distinción muy clara entre pueblo y gobierno" que ella dedujo de los discursos, en el sentido de que "el pueblo es bueno, el gobierno no, el pueblo es humillado, el pueblo está siendo objeto de violaciones a sus derechos humanos en cambio el gobierno no," agregando incluso la experta una disquisición sobre otro "topo" que fue que "además, el pueblo considera legítimo desconocer a un gobierno ilegitimo;" agregando la experta que:

> "si se deslegitima el gobierno y se dice claramente que esto es un gobierno ilegítimo, pues salir a la calle a conquistar la democracia por medios constitucionales, en el día de hoy, constitucionalmente es muy complicado, o sea discursivamente es una tarea titánica" (p. 265).

La Juez, en su sentencia, continuó acotando a la experta considerando que estaba acreditado que Leopoldo López, en una rueda de prensa que dio el 23 de enero de 2014, "intensificó su discurso e inició una campaña pública y agresiva" contra el Presidente de la República Nicolás Maduro y las instituciones del Estado, expresando "que el actual Gobierno tiene vínculos con el narcotráfico," además "de ser corrupto, opresor, antidemocrático, y que era necesario salir a conquistar la democracia, y que para ello el cambio o la salida solo iba ser posible con el pueblo en la calle" (pp. 265-266). Para ello, la experta consideró que López tenía preparado un discurso, recordando el derrocamiento de Pérez Jiménez, sobre la base de la expresión "Tenemos que salir a conquistar la democracia," lo que a su juicio significaba que:

> "su fin no era otro que sembrar la idea en sus seguidores, que solo la calle podía generar un cambio, invitándolos a ser protagonistas, con el fin de desconocer la legitimidad del Ejecutivo Nacional, así como de las cabezas de los Poderes Públicos, (palabras éstas que recalcó en la entrevista rendida ante el canal de noticias CNN en español, el día 11 de febrero del año 2014) (p. 266).

De todo ello la experta dedujo que la estrategia fijada por Leopoldo López y su "grupo estructurado," era clara:

> "utilizar los medios de comunicación social convencionales y alternativos para darle fuerza a sus discursos de contenido violento, pues su único propósito era desaparecer la tranquilidad pública, al llamar a un grupo de personas en correspondencia con su alocución, para desconocer las autoridades legítimas y las leyes" (p. 266).

La experta luego entró en argumentos jurídicos al analizar el planeamiento de López de que la gente se mantuviera en la calle "hasta tanto el Presidente de la República 'se fuera,'" considerando la experta que ello "no era posible constitucionalmente," toda vez que el Presidente había sido electo para el período 2014 hasta 2019.[1280]

De seguidas, la experta pasó a referirse a otro discurso "de forma violenta" de López, pronunciado el 12 de febrero de 2015, en el cual estableció "como consigna '#LaSalida- #LaCalle,'" deduciendo de ello la experta que su fin:

1280 Por ello, con razón, Ramón Escobar León consideró que la experta, en su Informe, "se desdobla en jurista y de inmediato entra en el terreno de la interpretación constitucional. En este sentido interpreta los artículos 6, 71, 72, 73 y 74 de la Constitución para concluir que la "salida" propuesta por López implica la revocatoria del "mandato por elección popular". Se trata entonces de un informe que pretende ser lingüístico y jurídico y que termina sin ser ni una cosa ni la otra, pues es realizado por quien no es jurista y porque las supuestas pruebas lingüísticas son analizadas sin considerar el contexto," en Ramón Escobar León, "Lingüística y derecho: el caso de Leopoldo López," en *El Nacional*, Caracas 11 de noviembre de 2015, en http://www.el-nacional.com/ramon_escovar_leon/Linguistica-derecho-caso-Leopoldo-Lopez_0_535746451.html.

"era realizar un cambio total y profundo de quienes conducen el Poder Público Nacional, con el fin que fueran sustituidos de sus cargos," reforzando "nuevamente su pretensión de desconocer a las autoridades legítimas" (p. 266).

Refirió además, la experta, que al llegar López a la sede del Ministerio Púbico para requerir la libertad de los estudiantes detenidos en el Estado Táchira, al no haber sido atendidos los manifestantes por la Fiscal General:

> "gritaban consignas en contra de la institución y de su máxima autoridad; sin mencionar el discurso agresivo, todo ello siempre bajo la mirada de su líder y vocero Leopoldo López, *quien luego decidió retirarse del lugar*" (p. 267) (Destacado nuestro).

IX

La sentencia continuó afirmando, y aquí no se sabe si en la misma se seguía o no parafraseando a la experta,[1281] que otros ciudadanos "tomaron una actitud violenta, con ira descontrolada y comenzaron a arremeter contra la sede del Ministerio Público, lanzando directamente a dicho inmueble piedras, objetos contundentes, bombas molotov, causando graves daños en la fachada del edificio" [...], instigando estos otros ciudadanos, así como el resto de los manifestantes, a la desobediencia de las leyes, poniendo en peligro la tranquilidad pública, produciéndose en la edificación grandes y evidentes signos de violencia [...] lanzaron bombas molotov al interior del edificio [...] causando combustión" (p. 267). Igualmente la sentencia detalló las experticias realizadas sobre los textos de todos los grafitis, pintas y anotaciones formulados por los manifestantes contra el gobierno (p 268), de lo cual dedujo la Juez que no quedaba duda "que las personas que acudieron a la sede de la Fiscalía General de la República eran seguidores del Ciudadano Leopoldo López," por los "panfletos alusivos al Partido Voluntad Popular, así como mensajes alusivos" a La Salida [...] al exigir la renuncia del Presidente de la República, así como transcripciones de palabras dichas por el Ciudadano Leopoldo López" (p. 268).

De todo lo anterior, la Juez en su sentencia consideró que

> "claramente se determina que el ciudadano **Leopoldo López,** *no utilizó los medios apropiados establecidos en la Constitución*, para que sus demandas fueran atendidas, *sino que utilizó el arte de la palabra*, para hacer creer en sus seguidores que existía una supuesta salida constitucional, cuando no estaban dadas las condiciones que pretendía, como era, la renuncia del Presidente de la República, el referéndum revocatoria que sólo podría estar previsto para el año 2016, su propósito *a pesar de sus llamados a la paz y la tranquilidad*, como

1281 Semanas después, la propia experta en lingüística reconoció que "El hecho de que la jueza Barreiros haya puesto en su sentencia, (página 263) que yo inculpaba al ciudadano López por la quema de la sede fiscal y de los cuerpos de seguridad, es una interrogante que aún me hago, pues quien haya tenido acceso a la lectura de la sentencia y de mis declaraciones (plagada, por cierto, de numerosos errores de transcripción), jamás leerá que en mi registro de habla yo me refiriera al Ministerio Público como "sede fiscal" ni al CICPC como "cuerpo de seguridad"; además porque, y esto es lo más importante, no tenía yo pruebas para afirmar ello. Quiero pensar en la buena pro de la ciudadana jueza quien, quiso parafrasearme junto al añadido de sus propios juicios." Véase Rosa Amelia Asuaje: "La responsabilidad y el exfiscal Nieves," en *Panorama.com.ve*, 29 de octubre de 2015, en http://www.panorama.com.ve/opi-nion/Rosa-Amelia-Asuaje-La-responsabilidad-y-el-exfiscal-Nieves-20151029-0042.html líder político era conseguir la salida del actual gobierno a través de los *llamados a la calle, la desobediencia de la ley, y el desconocimiento de los Poderes Públicos del Estados, todos legítimamente constituidos"* (p. 269).

O sea, según la Juez, Leopoldo López no habría utilizado los medios "apropiados" para su discurso político, y sin decirle cuáles eran los apropiados, lo condenó en definitiva por un delito de omisión, es decir, por no haber hecho lo que la Juez consideró que era apropiado, pero sin decir qué era. Por ello, la conclusión de la sentencia fue entonces que a pesar de que la Constitución garantiza el derecho a la libre expresión del pensamiento (art. 57) y el derecho a manifestar pacíficamente (art. 68), Leopoldo López sin embargo, "envió un *mensaje no adecuado a sus seguidores*, quienes en su mayoría eran jóvenes, llamándolos a la calle a una supuesta *salida constitucional y democrática, cuando debió haberlo hecho a través de la vía constitucional, activando estos mecanismo*," (p 270). Es decir, de nuevo, la condena fue por no haber actuado en forma "adecuada" según el criterio de la Juez, decidiendo entonces que:

> *"quedó acreditado que el ciudadano Leopoldo Eduardo López Mendoza, es responsable penalmente en los delitos de determinador en el delito de incendio, previsto y sancionado en el artículo 343 primer aparte en relación con el artículo 83 ambos del Código Penal; determinador en el delito de daños, previsto y sancionado en los artículos 473, numeral 3 y 474 en relación con el artículo 83 todos del Código Penal; Autor en el delito de instigación pública, previsto y sancionado en el artículo 285, del Código Penal y Asociación para delinquir, previstos y sancionado en el artículo 37 de la Ley Orgánica Contra la Delincuencia Organizada y Financiamiento al Terrorismo"* (p. 270) (Destacados en el original).

X

Luego de esta afirmación tajante, expresada como consecuencia de haber "valorado" las pruebas, la Juez pasó a exponer los "fundamentos de hecho y de derecho" de su sentencia (Capítulo IV), analizando las diversas normas del Código Penal en las cuales fundamentó la condena.

Sobre el artículo 285 del Código Penal que se refiere a la *instigación pública a delinquir*, la Juez fue precisa en reconocer que el tipo delictivo implica:

> "conllevar a otro a que intencionalmente" haga una cosa; "no es meramente proponer que se cometa, sino promover en cierta forma coactiva a ello, valiéndose de la excitación de las personas o de los instintos de la persona a quien se instiga [...] El instigador quiere el hecho, pero lo quiere producido por otro, quiere cansar ese hecho a través de la psiquiatría del otro, determinando en éste la resolución de ejecutarlo" (p. 273).

Es decir, en el caso de Leopoldo López, la Juez para poder condenarlo por este delito instigación pública a delinquir tuvo que haber considerado probado que él quería dolosamente que específicamente los ciudadanos Damián Daniel Martin Garcia, Angel de Jesus Gonzalez y Holdack Hernandez Christian Rene, en concreto, incendiaran el edificio del Ministerio Público y causaran daños a bienes públicos ubicados en ese lugar, induciéndolos a ello. Es decir, tenía que haber probado, en frase de la propia sentencia, que el supuesto instigador [Leopoldo López] quería el hecho [incendio y daños a bienes públicos], pero lo quería producido por otros [Damián Martin, Angel Gonzalez y Holdack Hernandez], quería causar ese hecho a través de la psiquiatría de los otros, determinando en estos la resolución de ejecutarlo.

Eso, por supuesto no está probado en forma alguna en el expediente, habiéndose en cambio limitado la Juez a hacer la afirmación genérica falsa y distante del tipo delictivo, de que lo que "quedó demostrado" fue que esos ciudadanos:

> "actuando determinados por el ciudadano Leopoldo Lopez, instigaron a la desobediencia de las leyes, con el fin de que se generara violencia y de esta forma crear el caos y perturbar la tranquilidad y la paz de la ciudadanía, como efectivamente sucedió el día 12 de febrero de 2014, ya que ambos imputados se encontraban en el lugar de las hechos, conjuntamente con los demás manifestantes que causaban destrozos" (p. 273)

En esa afirmación no hay referencia alguna a la supuesta inducción por parte de López de específicamente incendiar o dañar determinados bienes por parte de esas determinadas personas; por lo que no es sino una aberración jurídica "deducir" que Leopoldo López "fue *determinador* en el delito de *instigación pública*" (p. 274), basándose la Juez, para llegar a esa insólita conclusión solo en lo que consideró "discursos de contenido violento" de López, cuyo supuesto "único propósito era desaparecer la tranquilidad pública," liderando una marcha hacia la Fiscalía "con el fin de entregar un supuesto documento solicitando la liberación de unos estudiantes," propugnando "un cambio total y profundo de quienes conducen el Poder Público Nacional, con el fin que fueran sustituidos de sus cargos," lo que a juicio de la Juez, "refuerza nuevamente su pretensión de desconocer a las autoridades legítimas." También refirió la Juez el hecho de que los manifestantes:

> "gritaban consignas en contra de la institución y de su máxima autoridad; sin mencionar el discurso agresivo, todo ello siempre bajo la mirada de su líder y vocero Leopoldo López, quien luego decidió retirarse del lugar" (pp. 274-275).

Recordó la Juez en la sentencia, además, que efectivamente los "hechos violentos" comenzaron a ocurrir luego de la retirada de López del lugar de los mismos, pero sin indicar de acuerdo a su propia definición de la instigación a delinquir, ¿cómo pudo Leopoldo López entonces "conllevar" a los otros condenados "a que intencionalmente" incendiaran o dañaran algo?; es decir, ¿cómo pudo Leopoldo López, "promover en cierta forma coactiva" incendiar o dañar determinados bienes del Ministerio Público?; en fin, cómo fue que Leopoldo López, como instigador pudo haber querido "el hecho, pero queriéndolo producido por otro?;" ¿cómo es que pudo querer "causar ese hecho [incendio y daño] a determinados bienes del Ministerio Publico a través de la psiquiatría de otros, determinando en estos la resolución de ejecutarlo"? (p. 273).

XI

Luego pasó la Juez a analizar el *delito de daños* previsto en el artículo 473 del Código Penal, por el cual se condenó a otras personas, indicando que sugiere la destrucción o deterioro de las cosas muebles o inmuebles realizada por los otros condenados, que en el caso concreto ocasionaron "una serie de daños importantes a la sede del Ministerio Público y a la Plaza Parque Carabobo," afirmando, pura y simple, que los mismos fueron "determinados por el ciudadano Leopoldo López," (p. 277); pero sin decir cómo, en qué forma, ni cuándo.

Lo mismo ocurre en la sentencia respecto del de delito de *incendio*, previsto y sancionado en el artículo 343 del Código Penal, por el cual también se condenó a otras personas, indicando la Juez, que para aplicar la norma se debe tratar "causar un fuego grande para hacer arder aquello que no estaba destinado a ello, causando un peligro público," (p. 277), afirmando también pura y simple que el mismo fue "determinado por el ciudadano Leopoldo López" (p. 277); pero sin decir cómo, en qué forma, ni cuándo pudo Leopoldo López determinar que fueran esos ciudadanos específicos los que debían cometer esos delitos.

XII

La sentencia también hizo mención al *delito de asociación para delinquir* previsto y sancionado en el artículo 37 de la Ley Orgánica contra la Delincuencia Organizada y Financiamiento al Terrorismo (2012), indicando que se trata de "un tipo penal autónomo que sanciona la simple asociación" de manera que la norma "castiga la mera intención criminal," lo que Alberto Arteaga considera con razón como un "disparate" pues ni los pensamientos ni las simples intenciones pueden delinquir.[1282] La Juez, sin embargo así lo consideró, agregando que la norma persigue "el dolo directo (intención de realizar el tipo objetivo y voluntad de hacerlo)," castigando "sin requerir ni siquiera el comienzo de la ejecución del delito fin, ni por supuesto, un daño al bien jurídico que se pretendía ofender, todo lo que significa *como conspiración* que es, una anticipación notable al límite de la punición que normalmente plantea el comienzo de la ejecución." (pp. 277-278).

De allí la Juez argumentó que el requisito subjetivo para poder aplicar el tipo delictivo está "constituido por el *objetivo criminal consistente en la finalidad de la comisión de uno o más delitos*," todo lo cual:

> "exige un dolo *ab initio*, por *cuanto los agentes deben haberse asociado para delinquir*, de forma y modo que no hay delito en los casos en que se constituye una sociedad cualquiera, con un fin lícito, diferente del objetivo concretamente criminal que exige la figura, lo que no hace mudar el carácter de la sociedad, de lícita a ilícita" (p. 278) (Destacados nuestros).

Es decir, de acuerdo con la Juez, este tipo delictivo exige que exista y esté constituida "una empresa criminal," consumándose el delito que "por el solo hecho de formar parte de la asociación, independientemente de los delitos que ese grupo pudiese llegar a cometer."

Por ello, para aplicar este delito a Leopoldo López, en el caso decidido, en palabras de la propia Juez, debía haber estado probado en el expediente que él estaba asociado en una "empresa criminal," que desde el inicio era dolosa pues las personas de la aso-

---

1282 Sobre esto, Alberto Arteaga ha considerado que en la sentencia se "comete el exabrupto de asegurar que se trata un delito de peligro que castiga la mera intención criminal. Los pensamientos no delinquen, las simples intenciones no delinquen. Sostener lo contrario, como lo hace la jueza Barreiros en la página 277 del fallo, es un disparate." Véase en la reseña de Edgar López, "Sentencia contra López amenaza a todos los líderes de oposición," en *El Nacional*, Caracas 9 de octubre de 2015, en http://www.el-nacional.com/politica/Sentencia-Lopez-amenaza-lideres-oposicion_0_716328542.html#.VhhBGIUCRAU.twitter.

ciación debían haberse asociado para delinquir; asociación que debía haberse "constituido con un objetivo criminal," es decir, con un objetivo delictivo especifico, la cual con sus asociados debía tener una "intención dolosa desde el inicio" que es la de cometer un crimen determinado (p. 278).

Sin embargo nada de eso existía ni por supuesto pudo considerarse como probado en la aberrante sentencia, limitándose la Juez a señalar que en el caso Leopoldo López, el supuestamente había contado "con un grupo estructurado de otros dirigentes políticos, entre ellos, la ciudadana Maria Corina Machado y Gaby Arellano," quienes supuestamente "se encontraban al frente del edificio sede del Ministerio Público, al momento en que el ciudadano Leopoldo López, ofreció su discurso y posteriormente se retira" (p. 278).

O sea, de acuerdo con esta supuesta Juez, por el hecho de que otras personas estaban en el mismo lugar donde Leopoldo López dio un discurso, junto con una multitud de manifestantes, ya habría una "asociación para delinquir," llegando a la bizarra conclusión de involucrar en esa conspiración o asociación para delinquir, de paso, y sin fundamento alguno, a otras dos personas, destacadas dirigentes políticas, como son Maria Corina Machado y Gaby Arellano, que no eran parte del proceso penal ni estaban siendo juzgadas, y que estaban en frente de la sede del Ministerio Público junto con miles de manifestantes, todos los cuales por lo visto también podrían considerarse parte de la supuesta y falsa "empresa criminal."

Es decir, ello lo que significa es el descarrío de la Juez, con su sentencia, de tratar de decir que había *tres personas* en la "empresa criminal" que su mente imaginó, que es lo que exige el tipo delictivo del artículo 37 y 4.9 de la Ley Orgánica contra la Delincuencia Organizada y Financiamiento al Terrorismo, para lo cual insensatamente incluyó en la asociación para delinquir a Maria Corina Machado y Gaby Arellano, así como a la multitud de personas que estaban en la manifestación, todos los cuales supuestamente también formarían parte de la "asociación criminal" por la cual la Juez condenó a López.

Esta aberración jurídica se complementa con la afirmación de la Juez, hecha de la nada, de que supuestamente habría quedado demostrado que Leopoldo López, "forma parte de una asociación delictiva," simplemente porque supuestamente su fin era "iniciar una campaña pública y agresiva" contra el Presidente de la República y las instituciones del Estado, "haciendo del conocimiento a la audiencia, acompañantes y en general a las personas afines con su discurso, que el actual Gobierno tiene vínculos con el narcotráfico," señalando además, que el gobierno era "corrupto, opresor, antidemocrático, y que era necesario salir a conquistar la democracia," lo que solo "iba ser posible con el pueblo en la calle [...] sin tomar en cuenta que su llamado no es el llamado del ciudadano común, sino de una persona que mueve masas" (p. 279).

Y así, sin indicar cómo ni cuándo se habría supuestamente formado o conformado la supuesta empresa o asociación criminal de más de tres personas, incluso con fines de lucro, ni con quienes, ni cuál era el delito que habían acordado intencionalmente y en común cometer, ni cuándo lo iban a cometer, ni en qué forma se evidenciaba la intención dolosa de cometer delito; la Juez terminó su sentencia condenando a todos los acusados, y en particular a Leopoldo López, por supuestamente haber sido *determinador en el delito de incendio*, (4 a 8 años de prisión); *determinador en el delito de daños*, (un mes a dos años de prisión); *autor en el delito de instigación pública*, (3 a 6 años de prisión) y *asociación para delinquir* (6 a 10 años de prisión) "*quedando en definitiva la pena a imponer en trece (13) años, nueve (9) meses, siete (7) días y doce (12) horas de prisión.*"

XIII

Cuando se lee esta sentencia, lo que salta con evidencia es su carácter vicarial respecto del Ministerio Público y del aparato de persecución y represión del Estado Totalitario, procediendo la Juez que la dictó a seguir a ciegas lo que sin duda había sido "ordenado" por los fiscales del Ministerio Público, sin siquiera tomarse la molestia de tratar de argumentar la contradicción en la cual incurrió al aplicar los diversos tipos delictivos para condenar a Leopoldo López, con lo que ella misma describió en la sentencia para que pudieran ser aplicados.

Sobre el delito de instigación pública, la Juez dijo que solo se podía aplicar a quien llevara intencionalmente a otro cometer un determinado delito, que el autor quería que fuera cometido por otro, determinando en éste la resolución de ejecutarlo (p. 273); pero en el expediente nada aparece indicando que Leopoldo López dolosamente quiso que los ciudadanos Damián Daniel Martín Garcia, Angel de Jesus Gonzalez y Holdack Hernandez Christian Rene, en concreto, incendiaran algo y dañaran algo, y que los hubiera inducido a ello. Leopoldo López ni siquiera estaba en el lugar de los hechos cuando se produjo un incendio y se dañaron bienes, y posiblemente ni conocía personalmente a quienes los pudieron haber producido, de manera que era imposible que estuviese probado que intencionalmente los determinara, a ellos específicamente, para que incendiaran o dañaran determinados bienes. Es simplemente imposible, por tanto, que la Juez, irresponsablemente, haya llegado a la convicción de que Leopoldo López haya sido "determinador" de los delitos de daños e incendio supuestamente cometidos por los otros ciudadanos condenados, sin establecer cómo, en qué forma, ni cuándo pudo Leopoldo López determinar que fueran ellos, precisamente esos ciudadanos específicos, los que debían cometer esos delitos específicos.

Igualmente es una aberración inexcusable, generadora de responsabilidad individual de la Juez, que la misma en su sentencia haya condenado a Leopoldo López, nada menos que por el delito de asociación para delinquir previsto y sancionado en una Ley como la Ley Orgánica contra la Delincuencia Organizada y Financiamiento al Terrorismo, solamente por haber expresado su opinión política, como líder político de oposición, en contra del gobierno, precisamente a través de discursos ante una multitud de personas. La misma Juez indicó en la sentencia que para aplicar este tipo delictivo, debía probar que López formaba parte de una asociación o empresa criminal, constituida por más de tres personas, con intención dolosa desde su inicio, de cometer un delito específico.

Pero en el expediente nada aparece en tal sentido, por lo que en la sentencia lo único que irresponsablemente indicó la Juez que tuviese relación con alguna "asociación," fue el hecho de que López, cuando dio su discurso el día 12 de febrero de 2015 frente del edificio sede del Ministerio Público, había contado "con un grupo estructurado de otros dirigentes políticos, entre ellos, la ciudadana María Corina Machado y Gaby Arellano," y una multitud de personas. Por ello, Jesús Ollarves indicó sobre la sentencia, que con la misma no sólo se abre el "riesgo de ir a la cárcel por expresar públicamente una opinión crítica a las autoridades de los órganos del poder público," sino que:

> "En esta oportunidad, un juez se atreve a algo más grave: a sentenciar que cualquier organización política opositora, en sí misma, es una asociación para delinquir. Al señalar, sin prueba alguna, que la ex diputada María Corina Machado y la dirigente de Voluntad Popular Gaby Arellano forman parte de un grupo de delincuencia organizada, los partidos políticos y cualquier expresión de la sociedad civil quedan criminalizados."[1283]

No hay forma alguna de valorar esta sentencia, que no sea afirmando que se trata de un insulto al derecho y a la inteligencia, y un claro ejemplo de cómo el régimen totalitario desprecia la Ley. Por ello, con razón, José Miguel Vivancos de *Human Rights Watch* expresó que decisiones como esta:

> "se toman en el Palacio de Gobierno y no en el Poder Judicial. No tengo mayor esperanza en que instancias superiores del Poder Judicial puedan revertir una sentencia que constituye una arbitrariedad, a Leopoldo López se le ha condenado sin pruebas. Hemos tenido acceso a su expediente judicial y no existe evidencia alguna que justifique incluso una orden de detención."[1284]

Por ello, lo único digno de ser leído en esta sentencia es, en realidad, el reconocimiento y la apología que en ella hizo la Juez sobre el bien logrado liderazgo político de Leopoldo López en el país, como líder de oposición, que es en definitiva lo que explica su emisión, como orden que le fue dada a la Juez para tratar de acallarlo.

El "delito" por el cual fue condenado López, en definitiva, como resulta evidente del análisis del texto de la sentencia, no fue otro que el "delito de opinión," lo que implicó que se lo condenó por su discurso, de manera que lo que se persiguió fue el "delito" de haber manifestado públicamente su opinión política, como líder opositor exitoso,[1285] contra el gobierno totalitario que padecemos los venezolanos, y haber denunciado todos los vicios que afectan al régimen, promoviendo la necesidad de que dicho gobierno sea removido del ejercicio del poder.

1283 Agregó Ollarves: "La sentencia no precisa cómo López, Machado y Arellano estaban articulados a efectos de ejecutar actos delictivos ni demuestra el carácter permanente de la organización desde su creación hasta el momento de los hechos punibles, en este caso los actos vandálicos ocurridos durante el desenlace de la marcha opositora del 12 de febrero de 2014." Véase en la reseña de Edgar López, "Sentencia contra López amenaza a todos los líderes de oposición," en *El Nacional*, Caracas 9 de octubre de 2015, en http://www.el-nacional.com/politica/Sentencia-Lopez-amenaza-lideres-oposicion_0_716328542.html#.VhhBGIUCRAU.twitter

1284 Véase en la reseña "HRW: Los jueces en Venezuela son soldados de la causa chavista," en *El Nacional*, Caracas 9 de octubre de 2015, en http://www.el-nacio-nal.com/politica/HRW-jueces-Venezuela-soldados-chavista_0_716928318.html.

1285 Por ello, con razón, Alberto Arteaga ha expresado sobre la sentencia, que "López fue condenado solamente por el hecho de ser un líder político de oposición;" y Luis Ollarves ha indicado que la sentencia crea "una interpretación muy amplia e ilegítima sobre la naturaleza del mensaje de los dirigentes políticos contra el gobierno," teniendo entonces "por objeto criminalizar e intimidar a la disidencia y viola la libertad de expresión." Véase la reseña de Edgar López, "Sentencia contra López amenaza a todos los líderes de oposición," en *El Nacional*, Caracas 9 de octubre de 2015, en http://www.el-nacional.com/politica/Sentencia-Lopez-amenaza-lideres-oposicion_0_716328542.html#.VhhBGIUCRAU.twitter.

La sentencia, en definitiva, habiendo sido dictada sin pruebas o basada en pruebas falsas, solo pone en evidencia que la misma se dictó porque la Juez había recibido la orden de dictarla condenando a López y a los otros acusados, en la misma forma cómo los Fiscales también tenían la orden de acusarlos, aún sin pruebas o con pruebas falsas, desarrollándose así una gran farsa judicial que se montó contra ellos.

Como lo reconoció el propio Fiscal acusador en el caso, Franklin Nieves, quince días después de conocida la sentencia y después de huir del país, por supuesto, muy tardíamente pues el daño ya estaba causado, al referirse a la "*presión*" ejercida sobre él por "*el Ejecutivo Nacional y sus superiores jerárquicos para que continuara defendiendo las pruebas falsas con que se había condenado al ciudadano Leopoldo López.*" [1286] Dicho Fiscal acusador, además, se refirió a la presión que recibió para continuar con dicha *farsa de "juicio violándosele los derechos injustamente a estas personas,*"[1287] y en general, además, en otras entrevistas de 27 y 28 de octubre de 2015 explicó cómo el sistema judicial en Venezuela –y no sólo en el caso López–, está totalmente controlado, y sometido al capricho que en forma de órdenes recibe tanto del Presidente de la República como del Presidente de la Asamblea Nacional.[1288]

1286 Véase sobre estas declaraciones, el comentario de José Ignacio Hernández, "La declaración del fiscal Franklin Nieves y el caso de Leopoldo López," en *Prodavinci*, Caracas 24 de octubre de 2015, en http://prodavinci.com/blogs/la-declaracion-del-fiscal-franklin-nieves-y-el-caso-de-leopoldo-lopez-por-jose-ignacio-hernandez-2/

1287 Véase el video de las declaraciones del Fiscal Francklin Nieves en https://www.youtube.com/watch?v=gfbJ8CUOiuo y en https://www.youtube.com/watch?v=GQeC7DCV7_s. Véase sobre ellas, además, las siguientes reseñas en los medios de comunicación: "Fiscal del caso López huyó de Venezuela: Querían que siguiera defendiendo pruebas falsas," donde se informa que: "El fiscal venezolano Franklin Nieves, aseguró en una grabación en vídeo que salió del país debido a las presiones del Gobierno de Venezuela. Presiones del gobierno responderían a la defensa de las pruebas falsas con que se había condenado al político opositor Leopoldo López," en *cooperativa.cl*, 24 octubre de 2015, en http://www.cooperativa.cl/noticias/mundo/venezuela/politica/fiscal-del-caso-lopez-huyo-de-venezuela-querian-que-siguiera-defendiendo-pruebas-falsas/2015-10-24/100801.html; Sobre ello, Juan Carlos Gutiérrez, abogado defensor de López, con razón expresó que "El fiscal evidencia una vez más la ilegalidad de su condena, es el resultado de un fraude procesal" y que "El juicio contra López se encuentra viciado de nulidad absoluta. La condena debe ser revocada e inmediatamente liberado." Véase en: "Juicio a López fue una farsa, dice fiscal que lo acusó" "Franklin Nieves, Fiscal 41 de Venezuela y uno de los dos que presentó la acusación contra el opositor venezolano Leopoldo López, huyó del país y en un video dice que la condena de prisión contra López fue dictada con pruebas falsas," en *La Prensa 35*, 24 de octubre de 2015, en http://impresa.prensa.com/panorama/Juicio-Lopez-farsa-fiscal-acuso_0_4330816885.html.

1288 Véase la entrevista al Fiscal Franklin Nieves, que le hizo el periodista Fernando del Rincón en el programa *Conclusiones* en *CNN Español*, el 27 de octubre de 2015, en "Exfiscal: Leopoldo es inocente, lo pusieron preso porque temen a su liderazgo," en http://cnnespanol.cnn.com/2015/10/27/exfiscal-leopoldo-es-inocente-lo-pusieron-preso-porque-temen-a-su-liderazgo/; la que le hizo la periodista Tamoa Calzadilla: "Entrevista exclusiva con ex fiscal Franklin Nieves: "El sistema de justicia padece el terror del caso Afiuni" (Parte I)," en http://runrun.es/rr-es-plus/232503/entrevista-exclusiva-con-ex-fiscal-franklin-nieves-el-sistema-de-justicia-padece-el-terror-del-caso-afiuni-parte-i.html; y la entrevista hecha en NTN24", "La conciencia me pesa como una cadena perpetua": exfiscal Franklin Nieves a NTN24 sobre caso Leopoldo López," en http://ntn24.com/noticia/en-vivo-siga-el-cara-a-cara-franklin-nieves-el-exfiscal-que-acuso-con-pruebas-falsas-a-leopoldo-74794

Con esto, quizás ahora el Presidente de la Corte Interamericana de Derechos Humanos y los otros jueces que decidieron archivar el expediente del caso *Allan R. Brewer-Carías vs. Venezuela* avalando el funcionamiento del Poder Judicial venezolano, negándose a juzgar sobre la situación real de la ausencia total de autonomía e independencia de los jueces y fiscales en el país, denegándole al denunciante la justicia internacional requerida, se convenzan del error en el cual incurrieron y del daño que causaron.

Las declaraciones del fiscal venezolano Franklin Nieves, como hecho público y notorio comunicacional de carácter sobrevenido, deberían ser suficientes para que ejerciendo el control de convencionalidad de su propia sentencia, dichos jueces procedieran a revisarla para garantizar en el caso el derecho al debido proceso.[1289]

New York, 10 / 29 de octubre de 2015.

SECCIÓN DÉCIMA PRIMERA:

LA CRIMINALIZACIÓN DEL DERECHO A MANIFESTAR Y EL DESPRECIO A LA LIBERTAD DE LOS ESTUDIANTES. O DE CÓMO LOS JUECES DEL HORROR, EN EL JUICIO CONTRA LEOPOLDO LÓPEZ, CONDENARON ARBITRARIAMENTE AL ESTUDIANTE ÁNGEL GONZÁLEZ SUÁREZ POR HABER MANIFESTADO

Este texto es el del Comentario Jurisprudencial redactado sobre la sentencia dictada el 10 de septiembre de 2015 por la Juez provisoria del Juzgado Vigésimo Octavo de Primera Instancia en Función de Juicio del Circuito Judicial del Área Metropolitana de Caracas en la causa penal contra Leopoldo López y otros estudiantes, 13 de octubre de 2015, publicado en el libro *La ruina de la democraica. Algunas consecuencias. Venezuela 2015*, (Prólogo de Asdrúbal Aguiar), Colección Estudios Políticos, Nº 12, Editorial Jurídica Venezolana, Caracas 2015, pp. 597-612.

1289 La sentencia fue dictada por los Jueces **Humberto Sierra Porto** (Colombia), Presidente; **Diego García Sayán** (Perú); **Roberto de Figueiredo Caldas** (Brasil); y **Alberto Pérez Pérez** (Uruguay); y contó con un importante Voto Conjunto Disidente de los jueces **Eduardo Ferrer Mac-Gregor** (México), y **Manuel Ventura Robles** (Costa Rica). Véase el texto de la sentencia en http://www.corteidh.or.cr/docs/ca-sos/articulos/seriec_278_esp.pdf; y en: Allan R. Brewer-Carías, El caso Allan R. Brewer-Carías vs. Venezuela ante la Corte Interamericana de Derechos Humanos. Estudio del caso y análisis crítico de la errada sentencia de la Corte Interamericana de Derechos Humanos Nº 277 de 26 de mayo de 2014, Colección Opiniones y Alegatos Jurídicos, Nº 14, Editorial Jurídica Venezolana, Caracas 2014. Véase sobre las pruebas, opiniones jurídicas y *amicus curiae* argumentando sobre la catastrófica situación del Poder Judicial venezolano, ignoradas por los jueces en: Allan R. Brewer-Carías (Coordinador y editor), *Persecución política y violaciones al debido proceso. Caso CIDH Allan R. Brewer-Carías vs. Venezuela ante la Comisión Interamericana de Derechos Humanos y ante la Corte Interamericana de Derechos Humanos*. TOMO I: Denuncia, Alegatos y Solicitudes presentados por los abogados Pedro Nikken, Claudio Grossman, Juan Méndez, Helio Bicudo, Douglas Cassel y Héctor Faúndez. Con las decisiones de la Comisión y de la Corte Interamericana de Derechos Humanos como Apéndices, Editorial Jurídica Venezolana, Caracas 2015; TOMO II: Dictámenes, Estudios Jurídicos y Amicus Curiae, Editorial Jurídica Venezolana, Caracas 2015.

"Ella en todo momento ***sentía presión*** *porque sabe que nosotros somos inocentes, ella lo sabe [...]. Juan Carlos Gutiérrez, abogado de López, le pidió que tomara una decisión justa y transparente, y le pidió* ***que no se dejara guiar por una orden. Pero ella sabe que era su libertad o la nuestra****."*

Ángel de Jesús González Suárez, *condenado*

"a mis amigos jueces y fiscales [...] yo los invito a decir la verdad, a perder el miedo y a que levanten sus voces y manifiesten su descontento ***por la presión que ejercen nuestros superiores amenazándonos con destituirnos, con mandarnos a la cárcel****, y esa serie de argumentos que siempre nos ponen* ***para amenazarnos y que podamos realizar el capricho*** *de todas esas personas"*

Franklin Nieves, *Fiscal acusador*

I

La juez provisoria a cargo del Juzgado Vigésimo Octavo de Primera Instancia en Función de Juicio del Circuito Judicial del Área metropolitana de Caracas, mediante la sentencia dictada el 10 de septiembre de 2015 en la cual condenó sin prueba alguna a Leopoldo López, también condenó a los estudiantes, Demián Daniel Martín García, Christian René Holdak Hernández y Ángel de Jesús González Sánchez por diversos delitos, supuestamente cometidos con ocasión de las manifestaciones estudiantiles de protesta contra el gobierno que se sucedieron el día 12 de febrero de 2014.

En cuanto a Leopoldo López, la sentencia de esta juez del horror lo condenó inconstitucionalmente por un inexistente "delito de opinión," es decir, *por haber ejercido su libertad de expresión del pensamiento* en las protestas de febrero de 2014, lo que por supuesto no es punible; y en cuanto a la decisión contra a los estudiantes Demián Daniel Martín García, Christian René Holdak Hernández y Ángel González Sánchez, la juez los condenó, en realidad y fundamentalmente, por el solo hecho *de haber protestado y ejercer su derecho a la manifestación pública*, junto con muchas otros estudiantes y personas, el día de la juventud, 12 de febrero de 2014, en oposición al gobierno, lo cual tampoco es punible.

Como para el régimen totalitario cualquier forma de ejercer los derechos garantizados en la Constitución es una "acción delictiva" que hay que castigar, tal y como sucedió en ese juicio, hubo que montar entonces una parodia judicial para atribuirle a Leopoldo López los supuestos delitos de haber sido el *determinador de los delitos de incendio y daños* cometidos por otros *y de autor de los delitos de instigación pública y de asociación para delinquir,* condenándolo en definitiva por haber expresado su pensamiento;[1290] para atribuirle a los jóvenes estudiantes Ángel González Suárez y Demián Martín García, el supuesto delito de *instigación pública* previsto

1290 Véase los comentarios respecto de la condena a Leopoldo López en Allan R. Brewer-Carías, "La condena contra Leopoldo López por el "delito de opinión." O de cómo los jueces del horror están obligando al pueblo a la rebelión popular." 10 de octubre de 2015, en http://www.allanbrewer-carias.com/Content/449725d9-f1cb-474b-8ab2-41efb849fea3/Content/Brewer.%20I,%202,%20119.%20CONDENA%20DE%20LEOPOLDO%20L%C3%93PEZ.%2010%20Oct.%202016.pdf.

en el artículo 285 del Código Penal, para igualmente condenarlos en definitiva por haber ejercido su derecho a manifestar; y para atribuirle al estudiante Holdak Hernández, el haber supuestamente cometido los delitos de *incendio, daños, instigación pública y agavillamiento*.

En este último caso, la Juez provisoria del horror, en efecto, consideró que Damián Martin y Ángel González, actuando determinados por el ciudadano Leopoldo López, porque el día 12 de febrero de 2014,

> "se encontraban en el lugar de las hechos, conjuntamente con los demás manifestantes que causaban destrozos, instigando estos dos ciudadanos, así como el resto de los manifestantes, a la desobediencia de las leyes, poniendo en peligro la tranquilidad pública" [...] (p. 273).

O sea, el ejercicio del derecho a manifestar que garantizaba el artículo 68 de la Constitución, por arte de esta sentencia se convirtió en una acción delictiva; con la consecuencia de que protestar, como lo han hecho y hacen los estudiantes en manifestaciones públicas en el mundo entero, – que si se tornan violentas es generalmente por la represión de los cuerpos policiales o para-policiales-criminales protegidos por el gobierno–, se convirtió en un crimen que cometen, como dice la sentencia, "todos los manifestantes." Todos, en criterio de la juez, por manifestar, incurren en el delito de instigación pública a la desobediencia de las leyes.

II

En particular respecto de la inicua condena pronunciada por la juez provisoria contra el joven estudiante de administración industrial, Ángel de Jesús González Sánchez, de 19 años de edad, quien para inicios de 2014 ni siquiera se había inscrito en el Consejo Nacional Electoral, por el delito de "instigación pública" previsto en el artículo 285 del Código Penal, como él mismo, en su propia defensa lo expuso ante el tribunal, fue en definitiva por haber acudido al llamado en general que hicieron los estudiantes para protestar contra el gobierno en una de las tantas manifestaciones ocurridas en Caracas el 12 de febrero de 2014, con motivo del día de la juventud.

Esto fue lo que él mismo declaró, en defensa propia, sobre los hechos y su presencia en la manifestación:

> "El día 12/02/2014 la marcha convocada por los estudiantes por causa propia, no como viene a destacar la Fiscalía, que me convocó un político; una marcha del día de la juventud, no puede venir a decir la Fiscalía que aquí se me vino a manipular e instigar.[1291]

1291 En una entrevista posterior, que le hizo la periodista Maria Alesia Sosa Calcaño, el joven estudiante precisó: "—**¿Qué te llevó a marchar el 12F?** —La situación que atravesaba y atraviesa Venezuela: escasez, inflación, colas, violencia. Eso me crea indignación. No puedo quedarme de brazos cruzados viendo cómo el país se desangra. Pudiéramos ser una potencia, pero por la mala administración de un gobierno no podemos serlo. Es un gobierno que le ha quitado el futuro a los jóvenes, que los reprime, los persigue. Me da un sentimiento muy grande, por lo menos en mi pueblo, Naiguatá, ver esas colas bajo el sol, ver que nadie consigue nada o que todo es demasiado caro. Son cosas que me obligan a hacer algo, si uno no lo hace, ¿quién lo va a hacer? No podemos seguir esperando. [...] quise ir más allá, quise poner un granito de arena para levantar al país, por eso fui a marchar ese día."—**¿Cómo fue el 12F desde que te despertaste?** —Me levanté con ganas y entusiasmo. Con unos amigos de Nai-

Luego de estar concentrado [en] plaza, vino y ocurrió la muerte de Basil Da Costa,[1292] lo que generó la violencia y los daños [a] la Fiscalía. Fueron el asesinato de Bassil y la indignación [lo que originaron] los daños causados. Esos hechos no fueron por mi causa como viene a decirlo aquí la Fiscalía. Aquí vinieron más de 50 funcionarios y ninguno dijo [quién] hizo aquello, ninguno [...] todos dijeron: yo no aprehendí a nadie. ¿Y esto que es (foto")?: cómo me detienen en la Plaza Carabobo funcionarios del Cuerpo de Investigaciones Científicas Penales y Criminalísticas, unos armados apuntándome. ¿Por qué motivo? ¿Si ninguno me nombró y ninguno dijo que yo estaba quemando patrullas? Me prendieron así por así, porque les dio la gana.[1293]

Como lo mencionado por mi abogado: yo no he votado ni estoy inscrito en el Consejo Nacional Electoral. ¿Por qué la vinculación con lo de la instigación?

---

guatá fui a la universidad y de allí a Plaza Venezuela a concentrarme con los demás estudiantes. De ahí fuimos a Parque Carabobo a llevar el documento en apoyo a los estudiantes que estaban detenidos en Táchira; nos concentramos en el Ministerio Público. Pedíamos que nos atendiera la fiscal Luisa Ortega, pero no bajó. Allí empezaron los disturbios. Muchas bombas, corredera, estaban todos los cuerpos de seguridad del Estado: la GNB, PNB, el Sebin, CICPC, y los Tupamaros, colectivos armados. Todos arremetiendo contra los estudiantes, con sus escudos y sus cascos." Véase en Maria Alesia Sosa Calcaño, "Conozca a Ángel González, el otro joven condenado en la causa de Leopoldo López," en *El Periódico Venezolano*, 10 de octubre de 2015, en http://elperiodicovenezolano.com/conozca-a-angel-gonzalez-el-otro-joven-condenado-en-la-causa-de-leopoldo-lopez/

1292 En la misma entrevista antes mencionada el joven González precisó: "**—¿Qué te impactó de ese día?** —Yo vi cuando mataron a Bassil (Dacosta), un hermano venezolano, un héroe, a quien tristemente lo mató el Sebin, no lo mató Leopoldo López, como dice el Gobierno. Lo mató un cuerpo de seguridad del Estado, por protestar. Estaban disparando con armas de fuego, con perdigones, bombas lacrimógenas, y aparte tenían cascos y escudos para protegerse, ¿de qué? Si los manifestantes no tenían nada. Sólo estábamos protestando." Véase en Maria Alesia Sosa Calcaño, "Conozca a Ángel González, el otro joven condenado en la causa de Leopoldo López," en *El Periódico Venezolano*, 10 de octubre de 2015, en http://elperiodicovenezo-lano.com/conozca-a-angel-gonzalez-el-otro-joven-condenado-en-la-causa-de-leopoldo-lopez/

1293 En la misma entrevista el joven González precisó: "**—¿Tuviste miedo?** —Algo me llamó a quedarme ahí. Había muchos estudiantes, y no quería dejar solos a los que se quedaron. Con mi celular empecé a grabar todo lo que estaba pasando. Por eso es que a mi me detienen, porque estaba documentando lo que ahí pasaba, cuando estaban quemando las patrullas. Al verme grabando, me agarraron cuatro personas vestidas de civiles. **—¿Te dijeron por qué te habían detenido?** —En ningún momento me resistí al arresto porque el que no la debe no la teme. Yo no hice nada. No me dijeron por qué me estaban llevando preso, ahí se llevaron al que les dio la gana. Primero me llevaron a la sede del CICPC de Parque Carabobo. Ahí nos tuvieron arrodillados seis horas contra la pared, como si fuéramos unos delincuentes. Nos golpeaban, nos daban cachetadas, nos pisaban los pies. Un periodista portugués estaba entre los esposados, y no entendía lo que le decían porque no hablaba español. El funcionario le pedía su cédula, y él no entendía. Lo golpearon por no comprender." [...] **—¿Te preguntas por qué te tocó a ti pasar por esto?** —No me da rabia. Me tocó porque yo estaba ahí en la plaza, fue algo al azar, si me hubiera ido ese día no me hubiera tocado, pero yo decidí quedarme. Iban a agarrar a cualquiera que estuviera allí. El día que nos detuvieron había un chamo que tenía piedras en el bolso, y era militante del Psuv, a él lo liberaron aunque fue al único que le encontraron objetos contundentes en su morral, y a nosotros simplemente por estar en contra del gobierno, nos dejaron detenidos. Véase en Maria Alesia Sosa Calcaño, "Conozca a Ángel González, el otro joven condenado en la causa de Leopoldo López," en *El Periódico Venezolano*, 10 de octubre de 2015, en http://elperiodicovenezolano.com/conozca-a-angel-gonzalez-el-otro-joven-condenado-en-la-causa-de-leopoldo-lopez/

Una persona que no está inscrita en ningún lado, ¿a quién puede instigar? ¿A qué personas que estaban alrededor de la plaza del Ministerio Público?[1294]

Aquí no hay prueba que se me impute algo. Dice el Fiscal que yo tenía una piedra. Una sola foto tiene el Fiscal de la supuesta piedra. Eso es falso, y así me lo permite [decir] la Constitución."[1295]

Y así es. Según la propia relación que hizo la juez del horror de las actas del expediente, no hay prueba alguna de culpabilidad contra el estudiante González Sánchez. Pero sin embargo, la inicua sentencia de la juez provisoria, desde la primera página, arbitrariamente declaró que supuestamente estaba "acreditada la responsabilidad de Ángel de Jesús González Sánchez por el delito de instigación pública previsto en el artículo 285 del Código Penal" (p. 1), pero sin basarse en prueba alguna.

III

En efecto de la enunciación de los hechos que hizo la juez provisoria del horror, en relación con el joven González Suárez, lo único que quedó probado conforme a la relación que hizo la sentencia, fue que efectivamente el joven González Suárez, como miles de otros estudiantes, estuvo en la manifestación que se desarrolló en la fecha indicada en los alrededores de la sede del Ministerio Público (p. 3); lo que no requería prueba y además nadie lo había negado.

Eso, por supuesto no es delito, y nada autoriza a que los Fiscales acusadores hayan "deducido" que la sola presencia de los estudiantes en la manifestación hubiera sido porque específicamente habrían atendido el llamado que supuestamente les hizo Leopoldo López (p. 63), lo que en todo caso, incluso de haber sido así, tampoco sería delito alguno.

Además, los Fiscales alegaron en el caso contra el joven González, sin prueba alguna, que supuestamente llevaba "piedras" en su bolso o mochila, y que en algún momento habría "tirado piedras;" alegato que presentaron en forma por lo demás tan deleznable e insustancial, al punto de que la propia juez ni siquiera los mencionó ni tuvo en cuenta para dictar su sentencia.

1294 En la misma entrevista el joven González precisó: "—**¿Conocías a Leopoldo López antes de este proceso?** —No, lo había visto por televisión. Lo conocí en el tribunal, porque unieron nuestras causas. Igual que a los muchachos (Coello, Holdack, Martín). No militaba en ningún partido, ni siquiera estaba inscrito en el Consejo Nacional Electoral. —**¿Por qué nunca habías votado?** —No sé, estaba esperando alguna elección más importante. Ahora me la paso convenciendo a la gente para que vaya a votar el 6 de diciembre en las parlamentarias. Si no votas le das más chance al gobierno de hacer fraude, si uno sale a votar las posibilidades de hacer trampa son mínimas." Véase en Maria Alesia Sosa Calcaño, "Conozca a Ángel González, el otro joven condenado en la causa de Leopoldo López," en *El Periódico Venezolano*, 10 de octubre de 2015, en http://elperiodicovenezo-lano.com/conozca-a-angel-gonzalez-el-otro-joven-condenado-en-la-causa-de-leopoldo-lopez/.

1295 En la misma entrevista el joven González precisó: "**¿—Hay una foto tuya que presentó el fiscal del ministerio público, Franklin Nieves, donde apareces con algo en la mano y él dijo que era una bomba.** —En la foto aparezco con un trapo bañado en vinagre, que utilicé para protegerme de las bombas lacrimógenas. A partir de una foto inventaron lo que les dio la gana, pero la historia es otra, lo viví yo, no consignaron los videos." Véase en Maria Alesia Sosa Calcaño, "Conozca a Ángel González, el otro joven condenado en la causa de Leopoldo López," en *El Periódico Venezolano*, 10 de octubre de 2015, en http://elperiodicovenezo-lano.com/conozca-a-angel-gonzalez-el-otro-joven-condenado-en-la-causa-de-leopoldo-lopez/

En definitiva, la acusación sólo quedó reducida, después de un intento infructuoso de agregar el delito de agavillamiento, por el delito de instigación pública, paro sin aportar nada en el proceso que pudiera probar que el joven hubiera incurrido en el mismo.

Como lo preguntó en la audiencia su abogado Rigoberto Quintero Asuaje: "¿de qué manera instigaba este muchacho a la gente? ¿Será que tenía un altavoz, un auto parlante, o dinero o armas para instigar la gente?, porque los videos echaron por tierra todas las falsedades que se dijeron aquí" (p. 84), indicándole a la Juez provisoria lo siguiente:

> "aquí no hubo instigación de parte de Ángel de Jesús González Sánchez, un muchacho que lo que hace es estudiar. Todos son estudiantes. ¿Le va a negar su tribunal a que no marche, a que no busque una mejoría? [...] Me niego creer que haya tanta farsa en este juicio y tantos inventos y demostraron que había mentira. Sus ojos vieron con mucha claridad, si Ángel de Jesus estaba tirando una piedra [en la foto donde estaba] ahí aparece como un muñeco de trapo, parado allí, [...], si estaba solo parado allí, [...] usted pidió una averiguación [...] no la han hecho, porque allí está la verdad de las cosas porque es muy placentero pedir una condena, pero más vale medio metro de justicia que cien kilómetros de derecho" (p. 85).

Por su parte el abogado Joel García Hernández, también en representación del estudiante González Sánchez, le argumentó a la juez provisoria:

> "el Ministerio Público manifiesta que Ángel de Jesús González lanzaba piedras contra el Ministerio Público, yo reto al Ministerio Público en su réplica a que muestren en la fotografía donde Ángel de Jesús González lanza y arroja piedras [...] Nadie ha negado aquí que ángel de Jesús González estaba en esa marcha, [...] él asistió a la marcha como asistió millones de venezolanos, yo estuve en esa marcha, y a mí no me convocó Leopoldo López, me convocó la situación país, yo estaba en esa marcha, si estaba, esas fotografías son de él, pero de allí a que esté arrojando piedras, objetos contundentes contra el Ministerio Público es totalmente falso" (p. 86).

Y luego de supuestamente analizar todas las experticias sobre los hechos, en las cuales nunca se mencionó al joven González, y en particular a la acusación contra él por el delito de instigación, el abogado García concluyó indicando que:

> "el delito de instigación pública tiene varios supuestos, uno de ellos es la desobediencia a las leyes, argumentar el odio entre sus habitantes, y el otro es la apología del delito El Ministerio público de forma genérica establece que él está siendo acusado, pero no sabemos bajo qué supuestos, si es de instigación por desobedecer a las leyes o porque fomenta al odio o porque hace una apología" (p. 88).

Sin embargo, a pesar de la ausencia de pruebas, en la supuesta determinación "precisa y circunstanciada de los hechos" que hizo el tribunal, analizando las declaraciones de funcionarios públicos casi todos policías, ninguno de los cuales siquiera nombró a González (pp. 137-258), según la juez, habría quedado "acreditada la culpabilidad" del estudiante Ángel González por el delito instigación a delinquir (pp. 136, 137), diciendo que dichos testimonios daban "certeza de que los manifestantes entre ellos Demián Martin y Ángel González se encontraban instigando" (pp. 258-259); afirmando además la sentencia, de la nada, sin prueba alguna, que estos dos "se desplazaron por todas las inmediaciones de Parque Carabobo conjuntamente con los demás manifestantes que causaban destrozos, instigando estos dos ciudadanos" (p. 267).

IV

De lo antes comentado resulta entonces que el delito atribuido al estudiante Ángel González Sánchez fue el *delito de instigación pública*, que es uno de los delitos "contra el orden público" está previsto es en el artículo 285 del Código penal, así:

> "**Artículo 285.** Quien instigare a la desobediencia de las leyes o al odio entre sus habitantes o hiciere apología de hechos que la ley prevé como delitos, de modo que ponga en peligro la tranquilidad pública, será castigado con prisión de tres años a seis años."

Para poder aplicar este tipo delictivo, en palabras de la propia juez del horror, se requiere probar que el acusado haya "conllevado a otro a que intencionalmente" cometa una acción delictiva, aclarando que "no es meramente proponer que se la cometa, sino promover en cierta forma coactiva a ello, valiéndose de la excitación de las personas o de los instintos de la persona a quien se instiga." De acuerdo con las palabras de la juez provisoria, el instigador "quiere el hecho," es decir, quiere que deliberadamente el hecho delictivo en concreto se produzca, es decir, se cometa por otros; en otras palabras, "lo quiere producido por otro, quiere causar ese hecho a través de la psiquiatría del otro, determinando en éste la resolución de ejecutarlo" (p. 273).

Por tanto, para poder haber condenado a Ángel González, estudiante de 19 años, residente en Naiguatá, de este delito, la juez del horror tuvo que haber considerado probado que González, dolosamente, quería que específicamente alguien, a quien nunca nombraron los Fiscales acusadores, ni la juez provisoria en ninguna parte de su sentencia, hubiera cometido algún delito, cuya naturaleza tampoco se identifica en ninguna parte de la sentencia.

Por tanto, cabría preguntarse: ¿a quién instigó Ángel González, y a realizar qué tipo de acción fue que instigó? Eso, en la sentencia, quedó como un misterio, pues simplemente al estudiante González se lo condenó sin decir porqué, y sin que haya habido prueba alguna de delito. En definitiva, se lo condenó por haber osado asistir a una manifestación popular.

V

Por tanto, como la juez provisoria seguramente tenía la orden política de condenar a varios en el proceso, condenó al joven González Sánchez de un delito que no cometió,[1296] pues en ninguna línea ni párrafo alguno de la sentencia se indicó a

1296 En la misma entrevista antes reseñada el joven González precisó: **—¿Qué sentiste cuando la jueza Barreiros leyó la sentencia?** —La jueza no leyó una sentencia, ella leyó la acusación: que Demián y yo habíamos incendiado, que nos movíamos por los alrededores de Parque Carabobo con unos radios walkie-talkies, que lanzamos ataques a la Fiscalía sincronizados, que Leopoldo nos instigó, todo eso dijeron. **—¿Qué esperabas el día de la audiencia final?** —No, ya yo sabía que nos iban a condenar. Yo estaba convencido. Yo entendí que esto era un juicio político. Simplemente porque todo el juicio quién deliberadamente y con cuál intención criminal el joven González habría instigado para delinquir, ni cuál fue el delito que otros habrían cometido supuestamente instigados por González.

Por supuesto, tampoco existe línea ni párrafo alguno en la sentencia que diga cómo, en qué forma, con qué frases, y a quien, el joven Ángel González habría instigado "a la desobediencia de las leyes," o si lo que hizo fue instigar "al odio entre los habitantes" del país, o si habría hecho alguna "apología de hechos que la ley prevé como delitos," de manera de poner "en peligro la tranquilidad pública." Nada de ello siquiera se comentó o argumentó en la sentencia, siendo por ello una sentencia nula, carente de motivación; habiendo incurrido la juez provisoria en una insólita irresponsabilidad por la que en algún momento habrá de pagar.

VI

En la sentencia dictada, en todo caso, además de haberse condenado a Leopoldo López, sin pruebas, por el delito de instigación para delinquir supuestamente a través de Damián Daniel Martín García y Ángel González, a éstos a la vez, igualmente sin prueba alguna también se los condenó porque supuestamente:

> "actuando determinados por el ciudadano Leopoldo Lopez, instigaron a la desobediencia de las leyes, con el fin de que se generara violencia y de esta forma crear el caos y perturbar la tranquilidad y la paz de la ciudadanía, como efectivamente sucedió el día 12 de febrero de 2014, ya que ambos imputados se encontraban en el lugar de las hechos, conjuntamente con los demás manifestantes que causaban destrozos" (p. 273).

En esta afirmación, por supuesto, no hay referencia alguna a la supuesta inducción por parte de López a los dos jóvenes estudiantes para específicamente por ejemplo, incendiar o dañar determinados bienes por parte de esas determinadas personas, desobedecer las leyes, generar violencia, crear el caos y perturbar la tranquilidad y la paz de la ciudadanía.

Por ello, no es sino una aberración jurídica el pretender "deducir" que Leopoldo López "fue determinador en el delito de instigación pública" (p. 274), basándose la Juez, para llegar a esa insólita conclusión, solo en lo que ella o la experto en lingüística, en la que se basó, apreciaron de los discursos de Leopoldo López como teniendo "contenido violento," y que habría pronunciado supuestamente con el "único

fue injusto, se violó el estado de derecho. Tenían que condenarnos porque a ellos no les conviene tenerlo a él (Leopoldo López) fuera. Ellos saben que si él está fuera, esto se acaba. Yo no tenía esperanzas. Ya yo lo sabía. Y Marco (Coello) también lo sabía. Marco no es un prófugo de la justicia, simplemente fue a buscar en otro país las garantías que su país no le dio.[...] —**¿Qué opinas del sistema de justicia venezolano?** —Aquí no hay estado de derecho. Si tu caso es político, lo pierdes. Aquí si no estás a favor del Gobierno, o vas preso, o te sacan del país, o te persiguen, o te matan. Sí hay jueces honestos y que cumplen su trabajo, en casos de robo asesinato, o cosas así sí puede haber justicia. Pero cuando se trata de un caso político, no hay esperanza. —**¿Qué piensas de la jueza Susana Barreiros?** —Ella en todo momento sentía presión porque sabe que nosotros somos inocentes, ella lo sabe. Hubo un momento en que se le aguaron los ojos cuando Juan Carlos Gutiérrez, abogado de López, le pidió que tomara una decisión justa y transparente, y le pidió que no se dejara guiar por una orden. **Pero ella sabe que era su libertad o la nuestra**." Véase en Maria Alesia Sosa Calcaño, "Conozca a Ángel González, el otro joven condenado en la causa de Leopoldo López," en *El Periódico Venezolano*, 10 de octubre de 2015, en http://elperiodicovenezolano.com/conozca-a-angel-gonzalez-el-otro-joven-condenado-en-la-causa-de-leopoldo-lopez/

propósito de desaparecer la tranquilidad pública," liderando una marcha hacia la Fiscalía "con el fin de entregar un supuesto documento solicitando la liberación de unos estudiantes," propugnando "un cambio total y profundo de quienes conducen el Poder Público Nacional, con el fin que fueran sustituidos de sus cargos," lo que a juicio de la Juez, "refuerza nuevamente su pretensión de desconocer a las autoridades legítimas." También refirió la Juez el hecho de que los manifestantes:

> "gritaban consignas en contra de la institución y de su máxima autoridad; sin mencionar el discurso agresivo, todo ello siempre bajo la mirada de su líder y vocero Leopoldo López, quien luego decidió retirarse del lugar" (pp. 274-275).

Y como de acuerdo con la sentencia, Ángel González Sánchez, se encontraba "en el lugar de los hechos" y fue detenido, entonces se le imputó a él, a la vez, el delito de instigación para delinquir.

O sea a López se lo condenó mediante el análisis mal intencionado de su discurso político por haber instigado a Ángel González a cometer el delito de instigar, y a Ángel Gonzáles a su vez, se le condenó también por haber instigado a delinquir, pero en este caso, sin decir la sentencia en qué forma, cómo, diciendo qué, ni a qué delito a su vez instigó a cometer, ni a quien habría instigado.

VII

Sin embargo, la juez provisoria simplemente consideró sin motivación alguna que en el juicio habría quedado "acreditado," que Ángel de Jesús González, "era responsable penalmente por el delito de instigación pública, previsto y sancionado en el artículo 285 del Código Penal," por el que había sido acusado por el Ministerio Público (pp. 270, 272).

Para llegar a esta conclusión, la juez provisoria del horror, en el capítulo sobre fundamentos de hecho y de derecho de la sentencia, sin motivación alguna, solo concluyó diciendo que:

> "En el presente juicio quedó demostrado que los imputados Damian Daniel Martin Garcia y Ángel de Jesús González, actuando determinados por el ciudadano Leopoldo Lopez, instigaron a la desobediencia de las leyes, con el fin de que se generara violencia y de esta forma crear el caos y perturbar la tranquilidad y la paz de la ciudadanía, como efectivamente sucedió el día 12 de febrero de 2014, ya que ambos imputados se encontraban en el lugar de las hechos, conjuntamente con los demás manifestantes que causaban destrozos, instigando estos dos ciudadanos, así como el resto de los manifestantes, a la desobediencia de las leyes, poniendo en peligro la tranquilidad pública, produciéndose en la edificación grandes y evidentes signos de violencia [...] (p. 273)

O sea, además, que de acuerdo con la sentencia de la juez provisoria del horror, *todos los manifestantes*, es decir, "*el resto de los manifestantes*," habrían también incurrido en el delito de incitación pública. ¿Se dio cuenta la juez de lo que estaba escribiendo? ¿Sabía qué significa escribir que estaban "instigando estos dos ciudadanos, así como el resto de los manifestantes, a la desobediencia de las leyes."?

Lo más asombroso de esta absurda decisión, en todo caso, es que de nuevo, sin prueba alguna, y solo basada en que esas personas estaban en el lugar de los hechos

–como estuvieron miles de manifestantes–, la juez del horror afirmó que había llegado "a la firme convicción" de que "los ciudadanos Demián Daniel Martín García y Ángel de Jesús González, eran responsables penalmente por el delito de instigación pública previsto y sancionado en el artículo 285 del Código Penal" (p. 279), condenando así ignominiosamente al estudiante Ángel de Jesús González Sánchez, de 19 años de edad, imponiéndole una pena de cuatro (4) años y seis (6) meses de prisión (p. 282); solo por haber estado en una manifestación estudiantil !!

Esa es la típica decisión judicial adoptada en un Estado totalitario en el cual el hombre, el ser humano, su libertad y sus derechos no importan, lo que además se agrava por el hecho de que la Juez, en su sentencia, lo que hizo fue darle un aviso a todos los estudiantes del país para que supieran que a su juicio, manifestar contra el gobierno en definitiva es un delito. Esa era la "orden superior" que tenía que no era otra que criminalizar el derecho a manifestar, sabiendo que si la desobedecía podía ser destituida e incluso perder su propia libertad.

Como lo recordó el propio estudiante condenado al referirse a dicha Juez Susana Barreiros en la entrevista que le hicieron luego de dictada la sentencia, cuando le preguntaron qué pensaba sobre la Juez, dijo:

> "Ella en todo momento *sentía presión porque sabe que nosotros somos inocentes*, ella lo sabe. Hubo un momento en que se le aguaron los ojos cuando Juan Carlos Gutiérrez, abogado de López, le pidió que tomara una decisión justa y transparente, y le pidió que *no se dejara guiar por una orden*. Pero *ella sabe que era su libertad o la nuestra.*"[1297]

Y así fue efectivamente, habiendo sido el propio Fiscal acusador el que le dio la razón al estudiante condenado, cuando quince días después, aun habiendo sido el artífice de la falsa acusación causante del daño, una vez fuera del país –de donde huyó- invitó públicamente a los jueces y fiscales a "decir la verdad," a "perder el miedo," y a que levantasen sus voces para manifestar:

> "su descontento *por la presión que ejercen nuestros superiores amenazándonos con destituirnos, con mandarnos a la cárcel*, y esa serie de argumentos absurdos que siempre nos ponen, para amenazarnos y que podamos *realizar el capricho* de todas esas personas."[1298]

En esta forma, en Venezuela, como es sabido desde hace lustros, el propio Fiscal acusador de este caso político, confirmó que los jueces y fiscales no tienen autonomía ni independencia alguna, por lo que sus decisiones están sujetas y son el resultado

---

1297 Véase en Maria Alesia Sosa Calcaño, "Conozca a Ángel González, el otro joven condenado en la causa de Leopoldo López," en *El Periódico Venezolano*, 10 de octubre de 2015, en http://elperiodicovenezolano.com/conozca-a-angel-gonzalez-el-otro-joven-condenado-en-la-causa-de-leopoldo-lopez/

1298 Óigase las declaraciones en video en https://www.youtube.com/watch?v=gfbJ8CUOiuo y en https://www.youtube.com/watch?v=GQeC7DCV7_s . Véase la reseña de las declaraciones en: "Juicio a López fue una farsa, dice fiscal que lo acusó" "Franklin Nieves, Fiscal 41 de Venezuela y uno de los dos que presentó la acusación contra el opositor venezolano Leopoldo López, huyó del país y en un video dice que la condena de prisión contra López fue dictada con pruebas falsas," en *La Presna 35*, 24 de octubre de 2015, en http://impresa.prensa.com/panorama/Juicio-Lopez-farsa-fiscal-acuso_0_4330816885.html.

de presiones políticas para satisfacer los intereses o caprichos de Poder Ejecutivo o de los jerarcas dentro de la propia Fiscalía General de la República.

New York, 13 / 24 de octubre de 2015.

SECCIÓN DÉCIMA SEGUNDA:

EL ESTADO IRRESPONSABLE

Este texto recoge la Nota redactada para la Presentación en el *XIII Foro Iberoamericano de Derecho Administrativo*, sobre "Responsabilidad patrimonial del Estado," organizado por el *Foro Iberoamericano de Derecho Administrativo*, Universidad Panamericana, Ciudad de México, 13 de octubre de 2014.

I. LAS PREVISIONES CONSTITUCIONALES SOBRE EL PRINCIPIO DE LEGALIDAD Y LA RESPONSABILIDAD DEL ESTADO

El sometimiento del Estado al derecho, y en particular, de la Administración a la Constitución y a la ley, se configura uno de los principios más esenciales del derecho administrativo, que es el principio de la legalidad, al punto de que si el mismo no está asegurado, simplemente no existe Estado de derecho, ni hay derecho administrativo del Estado de derecho.

Entre las múltiples consecuencias de ese principio de legalidad y del sometimiento del Estado al derecho, está en primer lugar, la consagración del principio de la separación de poderes, y por tanto, de la garantía del control judicial de la actuación de la Administración, de manera que los particulares, en sus relaciones con la Administración, puedan acudir ante una justicia autónoma e independiente para el reclamo de sus derechos y en resguardo de la legalidad; con lo que quedó superado el principio contrario, el del absolutismo del Estado (*L'État c'est moi*), que quedó en la historia anterior al surgimiento del derecho administrativo,

En segundo lugar, como consecuencia del sometimiento del Estado al derecho, también está la garantía de la responsabilidad del Estado, que lo obliga a reparar los daños y perjuicios que puedan causar sus actuaciones en la espera jurídica de los particulares cuando impliquen lesión o pérdida de algún derecho, que no están obligados legalmente a soportar, con lo que también quedó superado el principio contrario, el de la irresponsabilidad del Estado propio del Estado absoluto (*L'État ne peut mal faire*; *The King can do no Wrong*), el cual también quedó en la historia anterior al surgimiento del derecho administrativo

Esos dos principios están establecidos expresamente en la Constitución venezolana de 1999, en la cual se incluyeron, en relación con el principio de legalidad y el sometimiento del Estado y la Administración a la justicia, y sobre la responsabilidad del Estado tanto en el ámbito nacional como internacional, las siguientes previsiones:

> ***Artículo 2.*** Venezuela se constituye en un Estado democrático y social de Derecho y de Justicia, que propugna como valores superiores de su ordenamiento jurídico y de su actuación, la vida, la libertad, la justicia, la igualdad, la solidaridad, la democracia, la responsabilidad social y, en general, la preeminencia de los derechos humanos, la ética y el pluralismo político

Artículo 7. La Constitución es la norma suprema y el fundamento del ordenamiento jurídico. Todas las personas y los órganos que ejercen el Poder Público están sujetos a esta Constitución.

Artículo 25. Todo acto dictado en ejercicio del Poder Público que viole o menoscabe los derechos garantizados por esta Constitución y la ley es nulo; y los funcionarios públicos y funcionarias públicas que lo ordenen o ejecuten incurren en responsabilidad penal, civil y administrativa, según los casos, sin que les sirvan de excusa órdenes superiores.

Artículo 29. El Estado estará obligado a investigar y sancionar legalmente los delitos contra los derechos humanos cometidos por sus autoridades.

Las acciones para sancionar los delitos de lesa humanidad, violaciones graves de los derechos humanos y los crímenes de guerra son imprescriptibles. Las violaciones de los derechos humanos y los delitos de lesa humanidad serán investigados y juzgados por los tribunales ordinarios. Dichos delitos quedan excluidos de los beneficios que puedan conllevar su impunidad, incluidos el indulto y la amnistía.

Artículo 30. El Estado tendrá la obligación de indemnizar integralmente a las víctimas de violaciones de los derechos humanos que le sean imputables, o a su derechohabientes, incluido el pago de daños y perjuicios.

El Estado adoptará las medidas legislativas y de otra naturaleza para hacer efectivas las indemnizaciones establecidas en este artículo.

El Estado protegerá a las víctimas de delitos comunes y procurará que los culpables reparen los daños causados.

Artículo 31. Toda persona tiene derecho, en los términos establecidos por los tratados, pactos y convenciones sobre derechos humanos ratificados por la República, a dirigir peticiones o quejas ante los órganos internacionales creados para tales fines, con el objeto de solicitar el amparo a sus derechos humanos.

El Estado adoptará, conforme a procedimientos establecidos en esta Constitución y en la ley, las medidas que sean necesarias para dar cumplimiento a las decisiones emanadas de los órganos internacionales previstos en este artículo.

Artículo 131. Toda persona tiene el deber de cumplir y acatar esta Constitución, las leyes y los demás actos que en ejercicio de sus funciones dicten los órganos del Poder Público.

Artículo 137. Esta Constitución y la ley definen las atribuciones de los órganos que ejercen el Poder Público, a las cuales deben sujetarse las actividades que realicen.

Artículo 138. Toda autoridad usurpada es ineficaz y sus actos son nulos.

Artículo 139. El ejercicio del Poder Público acarrea responsabilidad individual por abuso o desviación de poder o por violación de esta Constitución o de la ley.

Artículo 140. El Estado responderá patrimonialmente por los daños que sufran los o las particulares en cualquiera de sus bienes y derechos, siempre que la lesión sea imputable al funcionamiento de la Administración Pública.

Artículo 141. La Administración Pública está al servicio de los ciudadanos y ciudadanas y se fundamenta en los principios de honestidad, participación, celeridad, eficacia, eficiencia, transparencia, rendición de cuentas y responsabilidad en el ejercicio de la función pública, con sometimiento pleno a la ley y al derecho.

Artículo 255. *[...]* Los jueces o juezas son personalmente responsables, en los términos que determine la ley, por error, retardo u omisiones injustificados, por la inobservancia sustancial de las normas procesales, por denegación, parcialidad y por los delitos de cohecho y prevaricación en que incurran en el desempeño de sus funciones.

Artículo 259. La jurisdicción contencioso administrativa corresponde al Tribunal Supremo de Justicia y a los demás tribunales que determine la ley. Los órganos de la jurisdicción contencioso administrativa son competentes para anular los actos administrativos generales o individuales contrarios a derecho, incluso por desviación de poder; condenar al pago de sumas de dinero y a la reparación de daños y perjuicios originados en responsabilidad de la Administración; conocer de reclamos por la prestación de servicios públicos y disponer lo necesario para el restablecimiento de las situaciones jurídicas subjetivas lesionadas por la actividad administrativa.

Estas normas, sin embargo, en el marco del Estado totalitario que se ha desarrollado en el país desde 1999, en la práctica no tienen efectiva aplicación, por lo que el principio de legalidad no encuentra garantía alguna, y el Estado es esencialmente irresponsable. Y ello, no sólo por el sometimiento del Poder Judicial al poder político, sino por la política que ha desarrollado el "Estado de Justicia" de escaparse precisamente de la justicia.

II. EL SOMETIMIENTO DEL PODER JUDICIAL AL PODER POLÍTICO

Si bien la Constitución proclama que Venezuela se constituye en un "Estado de justicia," en la práctica política hay una ausencia de tal, que deriva de la inexistencia de autonomía e independencia del Poder Judicial por su sometimiento, en su conjunto al Poder Ejecutivo y al Poder Legislativo.[1299] A este último, específicamente, mediante el control político que ha venido ejerciendo la Asamblea en forma progresiva, desde 2000 hasta 2010, sobre el Tribunal Supremo, mediante el nombramiento como Magistrados a personas totalmente comprometidas con el partido oficial, que han expresado además públicamente que su misión, antes que impartir justicia, es contribuir a la ejecución de la política socialista del gobierno.[1300] Además, la Asam-

---

1299 Véase sobre ello lo que ya advertíamos en 2004 en Allan R. Brewer–Carías, "La progresiva y sistemática demolición de la autonomía en independencia del Poder Judicial en Venezuela (1999–2004)", en *XXX Jornadas J.M Domínguez Escovar, Estado de derecho, Administración de justicia y derechos humanos,* Instituto de Estudios Jurídicos del Estado Lara, Barquisimeto, 2005, pp. 33–174; y más recientemente en "La demolición de las instituciones judiciales y la destrucción de la democracia: La experiencia venezolana," en *Instituciones Judiciales y Democracia. Reflexiones con ocasión del Bicentenario de la Independencia y del Centenario del Acto Legislativo 3 de 1910,* Consejo de Estado, Sala de Consulta y Servicio Civil, Bogotá 2012, pp. 230-254.

1300 Véase el Discurso de Orden de la Magistrada Deyanira Nieves Bastidas, Apertura del Año Judicial 2014, en http://www.tsj.gov.ve/informacion/miscelaneas/Dis-cursodeOrdenApertura2014DeyaniraNieves.pdf.

blea Nacional se ha atribuido inconstitucionalmente la potestad de nombrar a los jueces de la corte y tribunal de la Jurisdicción Disciplinaria del Poder Judicial, que es la que ejecuta la remoción de los jueces del país, para lo cual, por supuesto, siguen la pauta dictada por el partido de gobierno en la Asamblea, de la cual dependen.[1301]

Por otra parte, en Venezuela, los jueces los designa el propio Tribunal Supremo de Justicia, sin que se cumpla la Constitución en cuanto a la exigencia de concurso público con participación ciudadana. El nombramiento ha sido libre, con el resultado de que la gran mayoría de los jueces son provisionales y temporales, y por tanto, totalmente dependientes y controlados políticamente.

Por tanto, el principio de la independencia y autonomía del Poder Judicial que declara el artículo 254 de la Constitución de 1999, se ha convertido en letra muerta, pues la base fundamental para asegurarlas está en las normas relativas al ingreso de los jueces a la carrera judicial y a su permanencia y estabilidad en los cargos, que no se cumplen, y nunca se han cumplido en los tres lustros de vigencia del texto fundamental. El que lea las normas constitucionales, sin embargo, se maravillará de encontrar que el artículo 255 de la Constitución, en cuanto a la carrera judicial, prevé que el ingreso a la misma y el ascenso de los jueces solo se podría hacerse mediante concursos públicos de oposición que aseguren la idoneidad y excelencia de los participantes, debiendo además la ley garantizar la participación ciudadana en el procedimiento de selección y designación de los jueces. Sin embargo, nunca, durante la vigencia de la Constitución, se han desarrollado esos concursos, en esa forma.

Pero además, en cuanto a la estabilidad de los jueces, dice la Constitución que los mismos sólo pueden ser removidos o suspendidos de sus cargos mediante juicios disciplinarios llevados a cabo por jueces disciplinarios (art. 255); pero tampoco en ese case ello jamás se ha implementado, y a partir de 1999, [1302] más bien se regularizó, en una ilegítima transitoriedad constitucional, la existencia de una Comisión de Funcionamiento del Poder Judicial creada ad hoc para "depurar" el poder judicial. [1303] Esa Comisión, durante más de 10 años destituyó materialmente a casi todos los jueces del país, discrecionalmente y sin garantía alguna del debido proceso,[1304] los

1301 Véase Allan R. Brewer–Carías, "Sobre la ausencia de carrera judicial en Venezuela: jueces provisorios y temporales y la irregular Jurisdicción Disciplinaria Judicial," en prensa en *Revista de Derecho Funcionarial,* Caracas 2014.

1302 Véase nuestro voto salvado a la intervención del Poder Judicial por la Asamblea Nacional Constituyente en Allan R. Brewer–Carías, *Debate Constituyente, (Aportes a la Asamblea Nacional Constituyente)*, Tomo I, (8 agosto–8 septiembre), Caracas 1999; y las críticas formuladas a ese proceso en Allan R. Brewer–Carías, *Golpe de Estado y proceso constituyente en Venezuela,* Universidad Nacional Autónoma de México, México, 2002.

1303 Véase Allan R. Brewer–Carías, "La justicia sometida al poder y la interminable emergencia del poder judicial (1999–2006)", en *Derecho y democracia. Cuadernos Universitarios*, Órgano de Divulgación Académica, Vicerrectorado Académico, Universidad Metropolitana, Año II, Nº 11, Caracas, septiembre 2007, pp. 122–138.

1304 La Comisión Interamericana de Derechos Humanos también lo registró en el Capítulo IV del *Informe* que rindió ante la Asamblea General de la OEA en 2006, que los "casos de destituciones, sustituciones y otro tipo de medidas que, en razón de la provisionalidad y los procesos de reforma, han generado dificultades para una plena vigencia de la independencia judicial en Venezuela" (párrafo 291); destacando aquellas "destituciones y sustituciones que son señaladas como represalias por la toma de decuales fueron reemplazados por jueces provisorios o temporales,[1305] por supuesto dependientes del poder y sin garantía alguna de estabilidad. Ello, por lo demás, ha continuado hasta el presente, demoliéndose sistemáticamente la autonomía judicial, sin que haya variado nada la creación en 2011 de unos tribunales de la llamada "Jurisdicción Disciplinaria Judicial" que quedó sujeta a la Asamblea Nacional, quien designa a los "jueces disciplinarios."[1306]

Con todo ello, el derecho a la tutela judicial efectiva y al control judicial del poder del Estado ha quedado marginado, siendo imposible garantizar efectivamente equilibrio alguno entre el Estado y su Administración y los derechos de los ciudadanos–administrados; lo que se agrava con la configuración del Tribunal Supremo de Justicia de Venezuela como un poder altamente politizado[1307], y lamentablemente sujeto a la voluntad del Presidente de la República, lo que en la práctica ha significado la eliminación de toda la autonomía del Poder Judicial.

Por ello, los jueces en Venezuela, en general, no son capaces ni pueden realmente impartir justicia justa, particularmente, si con ello afectan en alguna forma alguna política gubernamental o a algún funcionario público, lo que ocurre precisamente cuando se solicita la nulidad de alguna actuación o se exige responsabilidad del Estado, sabiendo, como lo saben, que una decisión de ese tipo significa destitución inmediata, como tantas veces ha ocurrido en los últimos años. En algunos casos, incluso con encarcelamiento de los jueces que osaron dictar una sentencia que no complació al gobierno.

Allí está como muestra, el caso de la Juez Afiuni, destituida por haber seguido la recomendación del Grupo de Expertos de la ONU sobre detenciones arbitrarias, y cambiarle la detención a un procesado por un régimen libertad con presentación ante el Tribunal, que no le gustó al Presidente de la República. Por orden personal pública de éste último, la juez fue encarcelada de inmediato, con trato brutal, incluso sin desarrollo del proceso penal por algunos años, lo que llevó al mismo Grupo de Ex-

---

cisiones contrarias al Gobierno" (párrafo 295 ss.); concluyendo que para 2005, según cifras oficiales, "el 18,30% de las juezas y jueces son titulares y 81,70% están en condiciones de provisionalidad" (párrafo 202).

1305 En el *Informe Especial* de la Comisión sobre Venezuela correspondiente al año 2003, la misma también expresó, que "un aspecto vinculado a la autonomía e independencia del Poder Judicial es el relativo al carácter provisorio de los jueces en el sistema judicial de Venezuela. Actualmente, la información proporcionada por las distintas fuentes indica que más del 80% de los jueces venezolanos son "provisionales". *Informe sobre la Situación de los Derechos Humanos en Venezuela 2003*, *cit.* párr. 161.

1306 Véase Allan R. Brewer-Carías, "Sobre la ausencia de independencia y autonomía judicial en Venezuela, a los doce años de vigencia de la constitución de 1999 (O sobre la interminable transitoriedad que en fraude continuado a la voluntad popular y a las normas de la Constitución, ha impedido la vigencia de la garantía de la estabilidad de los jueces y el funcionamiento efectivo de una "jurisdicción disciplinaria judicial"), en *Independencia Judicial*, Colección Estado de Derecho, Tomo I, Academia de Ciencias Políticas y Sociales, Acceso a la Justicia org., Fundación de Estudios de Derecho Administrativo (Funeda), Universidad Metropolitana (Unimet), Caracas 2012, pp. 9-103.

1307 Véase lo expresado por el magistrado Francisco Carrasqueño, en la apertura del año judicial en enero de 2008, al explicar que: "no es cierto que el ejercicio del poder político se limite al Legislativo, sino que tiene su continuación en los tribunales, en la misma medida que el Ejecutivo", dejando claro que la "aplicación del Derecho no es neutra y menos aun la actividad de los magistrados, porque según se dice en la doctrina, deben ser reflejo de la política, sin vulnerar la independencia de la actividad judicial". *V.* en *El Universal*, Caracas, 29–01–2008.

pertos de la ONU a considerar estos hechos como "un golpe del Presidente Hugo Chávez contra la independencia de los jueces y abogados" solicitando la "inmediata liberación de la juez," concluyendo que "las represalias ejercidas sobre jueces y abogados por el ejercicio de sus funciones garantizadas constitucionalmente creando un clima de temor, solo sirve para minar el Estado de derecho y obstruir la justicia."[1308].

Con un Poder Judicial sometido políticamente, es evidente que no puede existir un Estado de Justicia, y menos aún si el mismo es utilizado como instrumento para la persecución política de la disidencia. En este sentido, los tribunales están llenos de causas abiertas por razones políticas para la persecución, con el objeto de apresar disidentes sin que exista voluntad efectiva de someterlos a juicio, porque ni motivos ni pruebas habría para ello. Ese fue, por ejemplo, el resultado de las detenciones de estudiantes realizadas con ocasión de la manifestaciones estudiantiles de febrero de 2014, quienes en su mayoría luego fueron liberados, pero sin gozar de libertad plena, después de sufrir brutal escarmiento. Otro ejemplo ha sido la detención del dirigente político de oposición Leopoldo López, a quien se ha sometido a juicio penal por los más graves delitos políticos, sin prueba alguna, sólo para encerrarlo en prisión con un juicio cuya audiencia preliminar ni siquiera se ha realizado y quizás, seguramente; no se realizará jamás. Por ello, el Grupo de Trabajo de la ONU sobre Detenciones arbitrarias, también en este caso, exigió el 23 de septiembre de 2014, la libertad de Leopoldo López y otorgarle "una reparación integral, incluida la compensación de carácter indemnizatorio y moral," lo cual por supuesto fue rechazado por el gobierno.[1309]

III. EL ESTADO IRRESPONSABLE, ESCAPADO DE LA JUSTICIA CONTENCIOSO ADMINISTRATIVA

Como resulta de lo anterior, el sometimiento del Poder Judicial al poder político, ha sido el factor fundamental para que el propio Estado, sus organizaciones y sus funcionarios se hayan escapado de la justicia, es decir, que de hecho no están ni pueden ser sometidos a la justicia, con el resultado de que lo que tenemos en Venezuela a pesar de las declaraciones constitucionales, es un Estado totalmente incontrolado e irresponsable, al cual no se lo puede someter a juicio en el orden interno, pues los tribunales, al contrario, lo garantizar que no respondan ante los mismos de sus acciones inconstitucionales o ilegales, o que causan daños a las personas.

Basta analizar las sentencias del Tribunal Supremo de Justicia en los últimos tres lustros, para constar que en materia de control de constitucionalidad de las leyes y otros actos estatales, a pesar de que el país cuenta con un sistema mixto de control de la constitucionalidad, y en particular con el instrumento de la acción popular, las

1308 Véase en at http://www.unog.ch/unog/website/news_me-dia.nsf/%28httpNewsByYear_en%-29/93687E8429BD53A1C125768E00529DB6?OpenDocument&cntxt=B35C3&cookielang=fr. El 14-10-2010, el mismo Grupo de Trabajo de la ONU solicitó formalmente al Gobierno venezolano que la Juez fuse "sometida a un juicio apegado al debido proceso y bajo el derecho de la libertad provisional". Véase en *El Universal*, 14-10-2010, en http://www.eluniver-sal.com/2010/10/14/pol_ava_instancia-de-la-onu_14A4608051.shtml

1309 Véase la información en el reportaje "ONU pide liberar a Leopoldo López; el gobierno lo rechaza," en CNN, 11 de octubre de 2014, en http://cnnes-panol.cnn.com/2014/10/11/onu-pide-liberar-a-leopoldo-lopez-el-gobierno-de-venezuela-lo-rechaza/.

acciones intentadas por los particulares contra las leyes jamás son decididas, y por tanto, difícilmente se encuentra alguna sentencia anulatoria, salvo que haya sido intentada por los abogados del propio Estado, en interés del mismo. Además, en cuanto a la acción de amparo, también establecida en la Constitución, ya dejó de ser un medio efectivo de protección de los derechos ciudadanos, de manera que las decisiones dictadas contra funcionarios públicos sólo "protegen" cuando el poder político da su acuerdo, o cuando con ello se busca un determinado fin político como la sanción a funcionarios por desacato, lo que incluso ha llevado a la revocación del mandato popular de funcionarios, sin base constitucional alguna.[1310]

Pero en particular, por lo que se refiere a la justicia contencioso administrativa establecida para controlar la legalidad de la actuación de la Administración y condenar a la misma por responsabilidad, el control político que se ejerce sobre la Jurisdicción Contencioso Administrativa ha conducido a que en los últimos lustros la misma haya dejado de ser un efectivo sistema para el control judicial de las actuaciones administrativas. Es evidente que si la autonomía de los jueces no está garantizada ni la independencia está blindada, el mejor sistema de justicia contencioso administrativa como el regulado en el artículo 259 de la Constitución es letra muerta; y lamentablemente, esto es lo que también ha ocurrido en Venezuela en los últimos años durante el gobierno autoritario.

Este proceso de deterioro comenzó a evidenciarse abiertamente desde 2003 con motivo de la destitución *in limine* de los magistrados de la Corte Primera de lo Contencioso Administrativa con ocasión de haber dictado una medida cautelar en un proceso contencioso administrativo de nulidad y amparo iniciado el 17 de julio de 2003 a solicitud de la Federación Médica Venezolana contra los actos del Alcalde Metropolitano de Caracas, del Ministro de Salud y del Colegio de Médicos del Distrito Metropolitano de Caracas, por la contratación indiscriminada de médicos extranjeros no licenciados para ejercer la medicina en el país para atender el desarrollo de un importante programa asistencial de salud en los barrios de Caracas, violándose además Ley de Ejercicio de la Medicina; al estimar la Corte que había una presunción grave de violación del derecho al trabajo y a la igualdad de los médicos venezolanos.

La Federación Médica Venezolana en efecto, había considerado que la actuación pública cuestionada era discriminatoria y violatoria de los derechos de los médicos venezolanos (derecho al trabajo, entre otros) a ejercer su profesión médica, al permitir a médicos extranjeros ejercerla sin cumplir con las condiciones establecidas en la Ley. Por ello la Federación intentó la acción de nulidad y amparo, en representación de los derechos colectivos de los médicos venezolanos, solicitando su protección.[1311] Un mes después, el 21 de agosto de 2003, la Corte Primera dictó una medida cautelar de amparo considerando que había suficientes elementos en el caso que hacían presumir la violación del derecho a la igualdad ante la ley de los médicos venezola-

---

1310 Véase lo expuesto sobre la inconstitucional revocación del mandato popular de alcaldes por supuesto desacato a órdenes de amparo en Allan R. Brewer-Carías, *Golpe a la democracia dado por la Sala Constitucional*, Editorial Jurídica Venezolana, Caracas 2014.

1311 Véase Claudia Nikken, "El caso "Barrio Adentro": La Corte Primera de lo Contencioso Administrativo ante la Sala Constitucional del Tribunal Supremo de Justicia o el avocamiento como medio de amparo de derechos e intereses colectivos y difusos," en *Revista de Derecho Público*, N° 93–96, Editorial Jurídica Venezolana, Caracas, 2003, pp. 5 ss.

nos, ordenando la suspensión temporal del programa de contratación de médicos cubanos, y ordenando al Colegio de Médicos del Distrito Metropolitano sustituir los médicos cubanos ya contratados sin licencia por médicos venezolanos o médicos extranjeros con licencia para ejercer la profesión en Venezuela.[1312]

La respuesta gubernamental a esta decisión preliminar de carácter cautelar, que tocaba un programa social muy sensible para el gobierno, fue el anuncio público del Ministro de Salud, del Alcalde metropolitano y del propio Presidente de la República en el sentido de que la medida cautelar dictada no iba a ser acatada en forma alguna por el Estado;[1313] anuncios que fueron seguidos de varias decisiones gubernamentales:

La Sala Constitucional del Tribunal Supremo de Justicia, controlada por el Ejecutivo, adoptó la decisión de avocarse al caso decidido por la Corte Primera de lo Contencioso Administrativo, y usurpando competencias en la materia, declaró la nulidad del amparo cautelar decidido por esta. A ello siguió que un grupo de agentes de la policía política allanó la sede de la Corte Primera, después de detener a un escribiente o alguacil de la misma por motivos fútiles; y luego que el Presidente de la República, entre otras expresiones usadas, se refiriera al Presidente de la Corte Primera como "un bandido."[1314] Unas semanas después, la Comisión Especial Judicial del Tribunal Supremo de Justicia, sin fundamento legal alguno, destituyó a los cinco magistrados de la Corte Primera, la cual fue intervenida.[1315] A pesar de la protesta de los Colegios de Abogados del país e incluso de la Comisión Internacional de Juristas;[1316] el hecho es que la Corte Primera permaneció cerrada sin jueces por más de diez meses,[1317] tiempo durante el cual simplemente no hubo justicia contencioso administrativa en el país.

Esa fue la respuesta gubernamental a un amparo cautelar dictado por el juez contencioso administrativo competente respecto de un programa gubernamental sensible; respuesta que fue dada y ejecutada a través de órganos judiciales controlados políticamente. Ello, por supuesto, lamentablemente significó no sólo que los jueces que fueron luego nombrados para reemplazar a los destituidos comenzaron a "entender" cómo debían comportarse en el futuro frente al poder; sino que condujo a la abstención progresiva de todo control contencioso administrativa de las acciones gubernamentales. De ello resulta que la Jurisdicción contencioso administrativa en Venezuela, de raigambre y jerarquía constitucional, simplemente hoy no existe en la práctica.

1312 Véase la decisión de 21 de agosto de 2003 en *Revista de Derecho Público*, N° 93–96, Editorial Jurídica Venezolana, Caracas, 2003, pp. 445 ss.

1313 El Presidente de la República dijo: "*Váyanse con su decisión no sé para donde, la cumplirán ustedes en su casa si quieren*...", en el programa de TV *Aló Presidente*, N° 161, 24 de Agosto de 2003.

1314 Discurso público, 20 septiembre de 2003.

1315 Véase la información en *El Nacional*, Caracas, Noviembre 5, 2003, p. A2. En la misma página el Presidente destituido de la Corte Primera dijo: "*La justicia venezolana vive un momento tenebroso, pues el tribunal que constituye un último resquicio de esperanza ha sido clausurado*".

1316 Véase en *El Nacional*, Caracas, Octubre 12, 2003, p. A–5; y *El Nacional*, Caracas, Noviembre 18,2004, p. A–6.

1317 Véase en *El Nacional*, Caracas, Octubre 24, 2003, p. A–2; y *El Nacional*, Caracas, Julio 16, 2004, p. A–6.

Y para que quedara clara la situación catastrófica de estas actuaciones sobre el Poder Judicial, la demanda que intentaron los jueces contencioso administrativo destituidos ante el Sistema Interamericano de protección de los Derechos Humanos por violación a sus garantías constitucionales judiciales, a pesar de que fue decidida por la Corte Interamericana de Derechos Humanos, en 2008, condenando al Estado,[1318] de nada sirvió sino para que la Sala Constitucional del Tribunal Supremo, en sentencia N° 1.939 de 12 de diciembre de 2008,[1319] citando como precedente una sentencia del Tribunal Superior Militar del Perú de 2002, declarara que la sentencia del tribunal internacional era "inejecutable" en Venezuela. La Sala además, solicitó al Ejecutivo que denunciara la Convención Americana de Derechos Humanos porque la Corte Interamericana supuestamente había usurpado los poderes del Tribunal Supremo, lo que el Ejecutivo cumplió cabalmente en 2011.

La consecuencia de todo ello es que la Jurisdicción contencioso administrativa, cayó en desuso, de manera que no más del uno por ciento de la totalidad de las sentencias dictadas por dichos tribunales son anulatorias de actos administrativos o de responsabilidad administrativa,[1320] habiendo quedado reducida a resolver cuestiones laborales de la función pública o tributarias.

Siendo el Estado venezolano uno que no está sometido al derecho, por no poder ser controlado ni respecto del cual los ciudadanos pueden exigir responsabilidad, sin duda, no puede haber Estado de Justicia, lo que ha conducido a consolidar la existencia de un Estado irresponsable, un derecho público que está sólo al servicio exclusivo del Estado, y un derecho administrativo como un orden desequilibrado, donde sólo encuentra protección el propio Estado sin que los particulares sean objeto de protección y menos de garantía.

IV EL ESTADO IRRESPONSABLE, ESCAPADO DE LA JUSTICIA INTERNACIONAL EN MATERIA DE DERECHOS HUMANOS

Pero la irresponsabilidad del Estado y la decisión de escaparse de la justicia y negarse a someterse a la misma no sólo ocurre en el ámbito nacional, sino que también ha rebasado las fronteras, por lo que además de haberse desligado y desentendido de poder ser juzgado por los tribunales nacionales, también ello ha ocurrido respecto de la justicia internacional. Ello sucedió, primero, al denunciar el Estado en 2006, el Tratado de la Comunidad Andina de Naciones, retirándose Venezuela de dicha Comunidad, y escapándose así de la jurisdicción del Tribunal Andino de Justicia,[1321] y segundo, al denunciar el Estado en 2012 la Convención Americana sobre

---

1318 Véase sentencia de la Corte Interamericana de 5 de agosto de 2008, Caso *Apitz Barbera y otros ("Corte Primera de lo Contencioso Administrativo") vs. Venezuela,* Excepción Preliminar, Fondo, Reparaciones y Costas, Serie C N° 182, en www.corteidh.or.cr.

1319 Véase sentencia de la Sala Constitucional, sentencia N° 1.939 de 18 de diciembre de 2008 (Caso *Abogados Gustavo Álvarez Arias y otros –Procuraduría General de la República– vs. Corte Interamericana de Derechos Humanos*), en http://www.tsj.gov.ve/decisiones/scon/Diciembre/1939-181208-2008-08-1572.html.

1320 Véase Antonio Canova González, *La realidad del contencioso administrativo venezolano (Un llamado de atención frente a las desoladoras estadísticas de la Sala Político Administrativa en 2007 y primer semestre de 2008)*, Funeda, Caracas 2008.

1321 Comunicación oficial del Ministro de Relaciones Exteriores de 22-4-2006 enviada a la CAN. Véase el texto en http://www10.iadb.org/intal/cartamensual/car-tas/Articulo.aaspx?Id=2e424fd3-30ec-46e9-8c92-fcce18b3e128. Véase así mismo la información en http://www10.iadb.org/intal/carta-

Derechos Humanos, para escaparse de la jurisdicción de la Corte Interamericana de Derechos Humanos.[1322]

Este huida, incluso se comenzó a materializar incluso antes de tal lamentable denuncia de la Convención Americana sobre Derechos Humanos, cuando a partir de 2008, como se dijo, el Estado venezolano desconoció a la justicia internacional, rebelándose contra las decisiones de la Corte Interamericana de Derechos Humanos, incurriendo en desacato mediante el expediente de declararlas como "inejecutables" en Venezuela, particularmente aquellas condenatorias contra el Estado venezolano pronunciadas por responsabilidad del Estado derivada de la violación de derechos humanos.

Ello ocurrió, primero, con la sentencia mencionada de la Corte Interamericana dictada en el citado caso de los Magistrados de la Corte Primera de lo Contencioso Administrativa destituidos por haber dictado una medida cautelar de amparo contra la actividad lesiva de órganos públicos, [1323] mediante la cual se condenó al Estado por violación de los derechos a las garantías judiciales lesionadas, exigiéndosele responsabilidad patrimonial. Dicha sentencia internacional, sin embargo, fue declarada como "inejecutable" en Venezuela por la Sala Constitucional del Tribunal Supremo de Justicia mediante sentencia de N° 1.939 de 18 de diciembre de 2008 (Caso *Abogados Gustavo Álvarez Arias y otros*)[1324] dictada precisamente a petición del Procurador General de la República (que es el abogado del Estado), quien había intentado un inconstitucional "recurso de control de constitucionalidad" de dicha sentencia.

Ocurrió, además, con la sentencia de la Corte Interamericana dictada en el caso del ex Alcalde Leopoldo López, quien fue objeto de una medida de inhabilitación política impuesta inconstitucionalmente por un órgano administrativo como la Contraloría General de la República, [1325] la cual también a petición del Procurador General de la República (que es el abogado del Estado) fue declarada como "inejecuta-

---

mensual/car-tas/Articulo.aspx?Id=2e424fd3-30ec-46e9-8c92-fcce18b3e128. Véase los comentarios en "El largo camino para la consolidación de las bases constitucionales de la Integración Regional Andina y su abandono por el régimen autoritario de Venezuela", en André Saddy (Coord.), *Direito Público Econômico Supranacional,* Rio de Janeiro: Lumen Juris Editora, 2009, pp. 319-351.

1322 Comunicación del Ministro de Relaciones Exteriores al Secretario General de la OEA de 6-9-2012. Véase la Nota de Prensa de la OEA lamentando la decisión en http://www.oas.org/es/cidh/prensa/comunicados/2012/117.asp.

1323 Véase la sentencia de la Corte Interamericana de Derechos Humanos de 5 de agosto de 2008, caso *Apitz Barbera y otros ("Corte Primera de lo Contencioso Administrativo") vs. Venezuela,* Excepción Preliminar, Fondo, Reparaciones y Costas, Serie C N° 182.

1324 Véase la sentencia N° 1.939 de la Sala Constitucional del Tribunal Supremo de Venezuela de 18 de diciembre de 2008, Caso *Abogados Gustavo Álvarez Arias y otros,* en http://www.tsj.gov.ve/decisiones/scon/Diciembre/1939-181208-2008-08-1572.html.Véase los comentarios sobre estas sentencias en Allan R. Brewer-Carías, "La interrelación entre los Tribunales Constitucionales de América Latina y la Corte Interamericana de Derechos Humanos, y la cuestión de la inejecutabilidad de sus decisiones en Venezuela," en Armin von Bogdandy, Flavia Piovesan y Mariela Morales Antoniazzi (Coodinadores), *Direitos Humanos, Democracia e Integraçao Jurídica na América do Sul,* Lumen Juris Editora, Rio de Janeiro 2010, pp. 661-70; y en *Anuario Iberoamericano de Justicia Constitucional,* Centro de Estudios Políticos y Constitucionales, N° 13, Madrid 2009, pp. 99-136.

1325 Véase la sentencia de la Corte Interamericana de Derechos Humanos la Corte Interamericana de 1° de septiembre de 2011, caso *Leopoldo López vs. Estado de Venezuela),* en http://www.tsj.gov.ve/decisiones/scon/Octubre/1547-171011-2011-11-1130.html.

ble" en el país por la Sala Constitucional del Tribunal Supremo de Justicia mediante sentencia. N° 1547 de 17 de octubre de 2011 (Caso *Estado Venezolano vs. Corte Interamericana de Derechos Humanos*),[1326] para lo cual el Tribunal Supremo también admitió la inexistente "acción de control de constitucionalidad" de las sentencias del órgano jurisdiccional internacional.[1327]

En esta forma, en materia de violaciones a los derechos humanos, el Estado venezolano se tornó en un Estado irresponsable en el ámbito internacional, al haberse escapado de la justicia internacional.

V. EL ESTADO IRRESPONSABLE, ESCAPADO DE LA JUSTICIA ARBITRAL INTERNACIONAL

Pero la decisión del Estado de escaparse a toda costa de la justicia nacional e internacional, y tornarse en un Estado irresponsable, no sólo se ha referido a la jurisdicción de los tribunales nacionales e internacionales, sino incluso a los tribunales arbitrales internacionales, lo que se ha materializado con la denuncia por el Estado del Convenio sobre Arreglo de Diferencias Relativas a Inversiones entre Estados y Nacionales de Otros Estados, con base en el cual funciona el Centro Internacional de Arreglo de Diferencias Relativas a Inversiones (CIADI), que regula los medios de arbitraje internacional para la protección de inversiones.[1328] Dicho Convenio adoptado en 1964, luego de aprobada por el Congreso en 1994,[1329] entró en vigencia en Venezuela en 1995. Conforme se indicó en el *Informe* de los Directores Ejecutivos del Banco Mundial proponiendo el texto de la Convención en 1965, en relación con las diversas formas del consentimiento escrito por parte de los Estados miembros de la Convención para someterse a la jurisdicción del CIADI, además de la cláusula expresa que se pueda establecer en un contrato público o del Estado, como por

---

1326 Véase la sentencia N° 1547 de 17 de octubre de 2011 (Caso *Estado Venezolano vs. Corte Interamericana de Derechos Humanos*), en http://www.tsj.gov.ve/decisio-nes/scon/Octubre/1547-171011-2011-11-1130.html. Véase nuestros comentarios en Allan R. Brewer-carías, "El ilegítimo "control de constitucionalidad" de las sentencias de la Corte Interamericana de Derechos Humanos por parte la Sala Constitucional del Tribunal Supremo de Justicia de Venezuela: el caso de la sentencia *Leopoldo López vs. Venezuela, 2011*," en *Constitución y democracia: ayer y hoy. Libro homenaje a Antonio Torres del Moral.* Editorial Universitas, Vol. I, Madrid, 2013, pp. 1.095-1124.

1327 A las sentencias indicadas se suma la sentencia de la Sala Constitucional N° 1.175 de 10 de septiembre de 2015 (Véase en http://historico.tsj.gob.ve/decisio-nes/scon/septiembre/181181-1175-10915-2015-15-0992.HTML), mediante la cual se declaró como "inejecutable" la sentencia de la Corte Interamericana de Derechos Humanos, de 22 de junio de 2015, dictada en el caso *Granier y otros (Radio Caracas Televisión), vs. Venezuela* (Véase en http://www.corteidh.or.cr/cf/Jurispru-dencia2/busqueda_casos_contenciosos.cfm?lang=es) que condenó a Estado venezolano, entre otros, por restringir indirectamente el derecho a la libertad de expresión de accionistas, directivos y periodistas del canal *Radio Caracas Televisión* ("RCTV"), en violación de los artículos 13.1 y 13.3 en relación con el artículo 1.1 de la Convención Americana; también al conocer de una acción de control de constitucionalidad de la sentencia ejercida por abogados de la Procuraduría General de la República, por considerar que dicha sentencia de la Corte Interamericana había sido dictada "en franca violación a la Convención Americana sobre Derechos Humanos, a otros instrumentos internacionales sobre la materia y en total desconocimiento a la Constitución de la República Bolivariana de Venezuela".

1328 Comunicación oficial del Estado enviada al CIADI el 24-1-2012. Véase la información del CIADI en https://icsid.worldbank.org/ICSID/Front Servlet?requestType=CasesRH&actionVal=OpenPage&PageType=AnnouncementsFrame&FromPage=Announcements&pageName=Announcement100.

1329 Véase Ley Aprobatoria del Convenio sobre Arreglo de Diferencias Relativas a Inversiones entre Estados y Nacionales de otros Estados, en *Gaceta Oficial* N° 4.832 Extra. de 29-12-1994.

ejemplo en los contratos de obra pública, o en un tratado o acuerdo bilateral para la protección de inversiones (BIT), precisó que "el Estado contratante en su legislación de promoción de inversiones puede ofrecer someter controversias resultantes de cierta clase de inversiones a la jurisdicción del Centro, en cuyo caso el inversionista puede dar su consentimiento mediante la aceptación por escrito de la oferta del Estado," lo que en nuestro criterio ocurrió con la ley de Promoción y protección de Inversiones de 1999.[1330]

Conforme a las normas del mencionado Convenio del CIADI, varios casos importantes fueron decididos por Tribunales Arbitrales en contra de Venezuela, particularmente con ocasión de la estatización indiscriminada de inversiones sin el pago de la compensación debida, razón por lo cual en enero de 2012 el Gobierno decidió denunciar el Convenio CIADI, lo que comenzó a surtir efectos en julio de 2012, habiéndose así escapado Venezuela de los mecanismos de justicia arbitral internacional. Insólitamente, sin embargo, en el Comunicado oficial del gobierno de Venezuela justificando la decisión del país de salirse del Convenio CIADI[1331] se mencionó que su ratificación en 1993 había sido efectuada por un "gobierno débil" sin legitimidad popular bajo la presión de sectores económicos tradicionales que supuestamente habían participado en el desmantelamiento de la soberanía nacional de Venezuela, refiriéndose con ello al Gobierno del Presidente Ramón J. Velásquez (1993-1994), del cual quien expone formó parte como Ministro para la Descentralización.

Por ello, al contrario de lo indicado, y con conocimiento de causa, afirmo, que dicho gobierno transitorio del Presidente Velásquez de 1993 designado transitoriamente a los efectos de completar el período constitucional del Presidente Carlos Andrés Pérez, quien había sido sometido juicio con autorización del Congreso, tuvo que adoptar importantes decisiones en muchos campos,[1332] como por ejemplo en material de promoción y protección de inversiones, con la firma del Convenio CIADI, con lo cual estuve de acuerdo en el Gabinete Ejecutivo, la cual obedeció a la política general prevaleciente de atraer inversiones internacionales al país, abriéndose la vía para la justicia arbitral internacional. Y todo ello, en medio de la esencial misión que tuvo dicho gobierno de transición de asegurar la continuidad del régimen democrático en el país, y particularmente, la realización exitosa de las elecciones presidenciales que se realizaron en diciembre de 1993. Dicho gobierno asumió la continuidad de la conducción del Estado en medio de la grave crisis política y económica que afectó al Estado de partidos de la época, teniendo para ello toda la legitimidad necesaria derivada de la Constitución.

1330 Véase Allan R. Brewer-Carías, "La reciente tendencia hacia la aceptación del arbitraje en la contratación estatal en el derecho venezolano," en Jaime Rodríguez Arana, Miguel Ángel Sendín, Jorge E. Danós Oróñez, Jorge Luis Cáceres Arce, Verónica Rojas Montes, Neil Amador Huáman Paredes (Coordinadores), *Contratación Pública. Doctrina Nacional e Internacional*, Volumen II, XII Foro Iberoamericano de Derecho Administrativo, Adrus Editores, Arequipa 2013, pp. 803-830.

1331 Véase el texto del "Comunicado Oficial" en http://www.noticierodigi-tal.com/2012/01/ramirez-ratifica-salida-de-venezuela-del-ciadi/.

1332 Véase el libro colectivo: *Ramón J. Velásquez. Estudios sobre una trayectoria al servicio de Venezuela*, Universidad Metropolitana, Universidad de Los Andes-Táchira, Caracas 2003.

Con la denuncia del Convenio CIADI, el Estado venezolano, en realidad, lo que ha hecho, conforme a su política definida en los últimos lustros, lo que ha hecho es escaparse también, de la justicia arbitral internacional, ratificando así su carácter de Estado irresponsable a nivel internacional.

México 13 de octubre de 2014.

TERCERA PARTE

DICTADURA JUDICIAL Y PERVERSIÓN DEL ESTADO DE DERECHO. LA SALA CONSTITUCIONAL Y LA DESTRUCCIÓN DE LA DEMOCRACIA EN VENEZUELA

Esta Tercera parte del Tomo XVI de la Colección Tratado de Derecho Constitucional, recoge el texto del libro sobre *Dictadura Judicial y perversión del Estado de derecho. La Sala Constitucional y la destrucción de la democracia en Venezuela,* publicado en la Colección Estudios Políticos N° 13, Editorial Jurídica Venezolana International, primera edición 474 páginas; segunda edición 488 páginas, Caracas 2016; tercera edición 564 páginas, Caracas 2017.

A MANERA DE PREFACIO: EL JUEZ CONSTITUCIONAL Y LA DESTRUCCIÓN DEL ESTADO DE DERECHO

Dicho Libro estuvo precedido del siguiente PREFACIO DEL AUTOR:

I

Durante los últimos lustros en Venezuela se produjo la *perversión total del Estado de derecho*, lo que se manifestó con consternación extrema durante todo el año de 2016, como consecuencia de la labor de la Sala Constitucional del Tribunal Supremo de Justicia, actuando como Juez Constitucional sometido al control político por parte del Poder Ejecutivo, convertido en el agente más artero al servicio del autoritarismo.[1333]

Con ello se trastocó todo el sistema de justicia constitucional que tantos años costó concebir y desarrollar en el pasado, pasando entonces a funcionar más bien como un sistema de "in" justicia inconstitucional,[1334] que distorsionó la propia Ju-

1333 Véase sobre ello Allan R. Brewer-Carías, "El juez constitucional al servicio del autoritarismo y la ilegítima mutación de la Constitución: el caso de la Sala Constitucional del Tribunal Supremo de Justicia de Venezuela (1999-2009)", en *Revista de Administración Pública*, N° 180, Madrid 2009, pp. 383-418; y en *IUSTEL, Revista General de Derecho Administrativo*, N° 21, junio 2009, Madrid.

1334 Véase Allan R. Brewer-Carías, *Crónica sobre la "In" Justicia Constitucional. La Sala Constitucional y el autoritarismo en Venezuela*, Colección Instituto de Derecho Público. Universidad Central de Venezuela, N° 2, Editorial Jurídica Venezolana, Caracas 2007.

risdicción Constitucional[1335] al haber quedado convertida en el principal instrumento para destruir la democracia.[1336]

Ello dio origen a un perverso sistema de *dictadura judicial*, que funciona en el marco de la fachada de un "Estado de derecho," el cual ha sido totalmente vaciado de contenido democrático, lo que incluso ha llevado a un antiguo miembro de la Asamblea Constituyente, sin fundamento alguno e ignorando lo que establece la Constitución, a afirmar irresponsablemente que el sistema de gobierno en Venezuela "no es parlamentario, [ni] … es presidencialista, es semi-presidencialista, porque en nuestro régimen *todo el poder está en la Sala Constitucional*."[1337] Con eso, este sujeto lo que hizo fue una pobre apología de la "peligrosa doctrina" que Thomas Jefferson identificó hace cerca de doscientos años, en el sentido de que "considerar a los jueces como los últimos árbitros de todas las cuestiones constitucionales," a lo que conduce es a "colocarnos bajo el despotismo de una oligarquía."[1338]

Aparte de que la afirmación, como se dijo, demuestra una ignorancia supina de lo que establece la Constitución, lo cierto es que, en todo caso, contra sus previsiones y dando un *golpe de Estado*, la Sala Constitucional en los últimos lustros se arrogó efectivamente todo el poder, estando a la vez siempre controlada por el Poder Ejecutivo. Todo ello se acrecentó después del triunfo de la oposición en las elecciones parlamentarias de diciembre de 2015, precisamente con la misión de impedir que la representación popular encarnada en la Asamblea Nacional pudiera ejercer sus funciones constitucionales, y terminar de destruir lo que quedaba de democracia.

II

Al estudio de esa persistente y sistemática acción inconstitucional de la Sala Constitucional expresada en sus sentencias dictadas durante 2016[1339] es que se dedica este libro, la cual motivó la adopción por la Asamblea Nacional el 10 de mayo de 2016, de un histórico Acuerdo,[1340] en el cual se denunció la ruptura del orden consti-

---

1335 Véase Allan R. Brewer-Carías, *Práctica y distorsión de la justicia constitucional en Venezuela (2008-2012)*, Colección Justicia N° 3, Acceso a la Justicia, Academia de Ciencias Políticas y Sociales, Universidad Metropolitana, Editorial Jurídica Venezolana, Caracas 2012; La patología de la Justicia Constitucional, Editorial Jurídica Venezolana, tercera edición, Caracas, 2015.

1336 Véase Allan R. Brewer-Carías, *El golpe a la democracia dado por la Sala Constitucional (De cómo la Sala Constitucional del Tribunal Supremo de Justicia de Venezuela impuso un gobierno sin legitimidad democrática, revocó mandatos populares de diputada y alcaldes, impidió el derecho a ser electo, restringió el derecho a manifestar, y eliminó el derecho a la participación política, todo en contra de la Constitución)*, Colección Estudios Políticos N° 8, Editorial Jurídica Venezolana, segunda edición, (Con prólogo de Francisco Fernández Segado), Caracas, 2015.

1337 Véase Isaías Rodríguez, "Sala Constitucional tiene poder absoluto sobre la AN," en *Últimas Noticias*, Caracas 4 de agosto de 2016, en http://www.ultimasnoticias.com.ve/noticias/politica/isaias-rodriguez-afirma-la-sala-constitucional-poder-absoluto-la-an/

1338 Véase Thomas Jefferson, "Letter to William Jarvis," Sept. 28, 1820, en Dr. Robert A. J. Gagnon, "Thomas Jefferson on Judicial Tyranny," en http://www.robgagnon.net/JeffersonOnJudicialTyranny.htm.

1339 Los comentarios a las sentencias del Tribunal Supremo de Justicia se incluyen en este libro. Posteriormente, en su mayoría se incluirán, como es usual, en la sección de "Comentarios Jurisprudenciales," de *la Revista de Derecho Público*, N° 145-146, primer semestre de 2016, Editorial Jurídica Venezolana, Caracas 2016.

1340 Véase "Acuerdo exhortando al cumplimiento de la Constitución, y sobre la responsabilidad del Poder Ejecutivo Nacional, del Tribunal Supremo de Justicia y del Consejo Nacional Electoral para la presertucional y democrático en el país, precisamente por obra de la acción del Juez Constitucional y del Poder Ejecutivo, que han desconocido la soberanía popular. Dicho Acuerdo de la Asamblea Nacional fue además específicamente analizado por los 22 expresidentes latinoamericanos que integran la *Iniciativa Democrática de España y las Américas (IDEA)*, en una Declaración de fecha 13 de mayo de 2016, en la cual destacaron lo siguiente:

En primer lugar, "que el Presidente de la República gobierna por decreto, haciendo valer un estado de emergencia que no ha autorizado el Poder Legislativo como lo manda la Constitución, y el Tribunal Supremo de Justicia, además de declarar inconstitucionales todas las leyes dictadas por la Asamblea desde su instalación el pasado 5 de enero, pretende imponerle reglas para deliberar y sujeta la labor legislativa a la previa iniciativa del gobierno."

En segundo lugar, que "se le exige al Presidente de Venezuela, que respete sin restricciones el mandato de cambio democrático y constitucional que decidió la mayoría del pueblo de Venezuela el 6 de diciembre de 2015 y lo exhorta a que no utilice a los demás poderes del Estado para impedir u obstaculizar las acciones que adelanta constitucionalmente la Asamblea Nacional para resolver la grave crisis que aqueja al país."

En tercer lugar, que "rechaza el activismo político partidista del Tribunal Supremo de Justicia, que pretende desconocer la autoridad del Poder Legislativo mediante limitaciones y condiciones al ejercicio de sus funciones, entre otras las amenazas de acciones penales contra los diputados que han acudido ante las organizaciones internacionales a denunciar las violaciones al Estado de derecho, a quienes el gobierno ha tildado de "traidores a la patria."

En cuarto lugar, que se exige al Consejo Nacional Electoral, "que asuma su obligación constitucional de generar condiciones favorables para el ejercicio del derecho fundamental a la participación política de los venezolanos, a través de los mecanismos constitucionales del referendo, consulta popular y revocatoria de mandato, pero por sobre todo, que actúe como un órgano imparcial de modo que, en 2016, el pueblo de Venezuela pueda expresar libremente su voluntad de cambio democrático a través de un referéndum revocatorio presidencial."

En quinto lugar, se hace "un llamado a las instituciones internacionales para que se pronuncien al respecto y adopten las medidas tendientes a exigir al gobierno y los poderes públicos a su servicio, garantizar la vigencia efectiva de los derechos fundamentales en Venezuela, recordándoles que la separación de poderes constituye un principio fundamental de funcionamiento del Estado y que las reglas del buen gobierno democrático les imponen la obligación de respetar las decisiones que la Asamblea Nacional adopte en el ámbito de sus competencias."

Y en sexto lugar, "denuncia el desconocimiento por el Ejecutivo Nacional y por el Tribunal Supremo de Justicia, de la autoridad de la Asamblea Nacional, cuerpo

---

vación de la paz y ante el cambio democrático en Venezuela," 10 de mayo de 2016, disponible en http://www.asambleanacional.gob.ve/uploads/documentos/doc_d75ab-47932d0de48f142a739ce13b8c43a236c9b.pdf representativo del pueblo venezolano, cuya legitimidad deriva de la expresión mayoritaria del electorado y de la soberanía popular."[1341]

Unas semanas después, sin embargo, la Sala Constitucional al conocer de una disparatada acción de amparo constitucional intentada por el Procurador General de la República (es decir, por la República misma !!) contra la Asamblea Nacional, mediante sentencia N° 478 de 14 de mayo de 2016,[1342] decidió mediante una medida cautelar pronunciada de oficio, suspender "los efectos jurídicos" de dicho Acuerdo, tal como se comenta en este libro, lo que conceptualmente es un disparate y una violación flagrante de la libertad de expresión del pensamiento de los diputados que garantiza la Constitución (art. 57).

III

En todo caso, fue con base en lo acordado públicamente por la Asamblea Nacional, que IDEA y los ex presidentes iberoamericanos hicieron constar "que Venezuela atraviesa la peor crisis económica, social y de gobernabilidad de su historia republicana," todo lo cual llevó al Secretario General de la Organización de Estados Americanos, Luis Almagro, el 30 de mayo de 2016 a dirigirse al Presidente del Consejo Permanente de la Organización solicitando la convocatoria del mismo conforme al procedimiento previsto en el artículo 20 de la Carta Democrática Interamericana,[1343] al considerar que en Venezuela se ha producido una alteración del orden constitucional que ha afectado gravemente su orden democrático.[1344]

En sus propias palabras, "*en la situación actual que vive Venezuela, no se puede más que concluir que estamos ante alteraciones graves al orden democrático* tal como se ha definido en numerosos instrumentos regionales y subregionales,"[1345] de manera que después de constatar, entre múltiples hechos, que por ejemplo "*no existe en Venezuela una clara separación e independencia de los poderes públicos, donde se registra uno de los casos más claros de cooptación del Poder Judicial por el Poder Ejecutivo*,"[1346] presentó su amplio *Informe* con una serie de ideas con el objeto:

1341 Véase IDEA, "Declaración sobre la ruptura del orden constitucional y democrático en Venezuela," 13 de mayo de 2016, disponible en http://www.fundacionfaes.org/es/preview/noticias/45578.

1342 Véase en http://historico.tsj.gob.ve/decisiones/scon/junio/188339-478-146-16-2016-16-0524.HTML.

1343 Véase la comunicación del Secretario General de la OEA de 30 de mayo de 2016 con el *Informe sobre la situación en Venezuela en relación con el cumplimiento de la Carta Democrática Interamericana*, en oas.org/documents/spa/press/OSG-243.es.pdf. Véase éste y todos los documentos citados en esta obra de Luis Almagro sobre Venezuela en el libro: *La Crisis de la democracia en Venezuela, la OEA y la Carta Democrática Interamericana. Documentos de Luis Almagro*, Iniciativa Democrática de España y las Américas (IDEA), Editorial Jurídica Venezolana International, 2016.

1344 Ello, por supuesto no es nada nuevo, como lo observamos ya en 2002: Allan R. Brewer-Carías, *La crisis de la democracia venezolana. La Carta Democrática Interamericana y los sucesos de abril de 2002*, Los Libros de El Nacional, Colección Ares, Caracas 2002. Véase además un resumen de las violaciones a la Carta Democrática hasta 2012 en Allan R. Brewer-Carías y Asdrúbal Aguiar, en, *Historia Inconstitucional de Venezuela. 1999-2012*, Editorial Jurídica Venezolana, Caracas 2012, pp. 511-534.

1345 Véase la comunicación del Secretario General de la OEA de 30 de mayo de 2016 con el *Informe sobre la situación en Venezuela en relación con el cumplimiento de la Carta Democrática Interamericana*, p. 125. Disponible en oas.org/documents/spa/press/OSG-243.es.pdf.

1346 *Idem*. p. 73. Disponible en oas.org/documents/spa/press/OSG-243.es.pdf.

"de devolver a la normalidad algunas situaciones que, analizadas del modo más objetivo, *no resultan compatibles* con lo previsto en la Carta de la OEA, en la Convención Americana de Derechos del Hombre y Convenciones Interamericanas de Derechos Humanos así como en la Carta Democrática Interamericana.

El funcionamiento democrático normal debe ser subsanado de modo urgente y en forma consistente con los elementos esenciales y los componentes fundamentales de la democracia representativa expresada en los artículos 3 y 4 de la Carta Democrática Interamericana. Sin la solución de estos principales asuntos no hay solución institucional posible para Venezuela." (pp. 125-126).[1347]

Por ello, en particular, el Secretario General de la Organización de Estados Americanos, en su *Informe*, se refirió a lo que es precisamente el objeto principal de estudio en este libro, al expresar, específicamente que:

"La continuidad de las violaciones de la Constitución, especialmente en lo que se refiere a equilibrio de poderes, funcionamiento e integración del Poder Judicial, violaciones de derechos humanos, procedimiento para el referéndum revocatorio y su falta de capacidad de respuesta respecto a la grave crisis humanitaria que vive el país lo cual afecta el pleno goce de los derechos sociales de la población, todo ello implica que la responsabilidad de la comunidad hemisférica es asumir el compromiso de seguir adelante con el procedimiento del artículo 20 de una manera progresiva y gradual que no descarte ninguna hipótesis de resolución, ni las más constructivas ni las más severas."[1348]

Y con base en ello, fue que el Secretario General luego de analizar la situación institucional y constitucional del país, expresó:

"5. Exhortamos al Poder Ejecutivo de la República Bolivariana de Venezuela a eliminar toda forma de incumplimiento de los preceptos constitucionales y políticos respecto al equilibrio de poderes del Estado. En ese sentido se solicita se detenga inmediatamente el ejercicio de bloqueo permanente del Poder Ejecutivo respecto de las leyes aprobadas por la Asamblea Nacional. Así como asegurar la vigencia de las leyes que han sido aprobadas hasta ahora.

6. Solicitamos una nueva integración del Tribunal Supremo de Justicia [...] dado que la actual integración está completamente viciada tanto en el procedimiento de designación como por la parcialidad política de prácticamente todos sus integrantes."[1349]

La situación de la democracia en Venezuela, ciertamente es precaria, tal como lo hemos denunciado y analizado desde hace años,[1350] la cual fue progresivamente desmantelada y demolida desde 1999, precisamente utilizando los instrumentos de la

---

1347 *Idem*, pp. 125-126. Disponible en oas.org/documents/spa/press/OSG-243.es.pdf.

1348 *Idem*, p. 128. Disponible en oas.org/documents/spa/press/OSG-243.es.pdf.

1349 *Idem*, p. 127. Disponible en oas.org/documents/spa/press/OSG-243.es.pdf.

1350 Véase Allan R. Brewer-Carías, *La ruina de la democracia. Algunas consecuencias. Venezuela 2015*, (Prólogo de Asdrúbal Aguiar), Colección Estudios Políticos, N° 12, Editorial Jurídica Venezolana, Caracas 2015.

democracia,[1351] con el objeto final de establecer de un régimen autoritario de gobierno en el marco de un Estado totalitario en desprecio de la Constitución y de la ley.[1352]

Con tal propósito, el instrumento más artero utilizado desde el poder para la perversión del Estado de derecho y la destrucción de la democracia ha sido precisa y contradictoriamente, un Juez Constitucional, es decir, la Sala Constitucional del Tribunal Supremo de Justicia sometida al Poder Ejecutivo,[1353] que ha sido el arma más atroz para imponer un sistema de "in" justicia inconstitucional para lograr lo contrario de para lo cual fue establecida, es decir, para asegurar la violación impune de la Constitución en lugar de garantizar su vigencia,[1354] destruyendo y golpeando los principios y valores de la democracia,[1355] dando origen a una "dictadura judicial."

Por ello no puede extrañar que el 23 de junio de 2016, el Secretario General de la Organización Luis Almagro hubiera expresado ante el Consejo Permanente de la Organización de Estados Americanos, al resumir su *Informe* del 30 de mayo de 2016, en relación con la situación de la "alteración del orden constitucional que trastoca el orden democrático" de Venezuela, opiniones y criterios como estos:

> "Lo que hemos atestiguado en Venezuela es la pérdida del propósito moral y ético de la política. El Gobierno se ha olvidado defender el bien mayor, el bien colectivo [...].
>
> El pueblo venezolano se enfrenta a un Gobierno que ya no le rinde cuentas. Un Gobierno que ya no protege los derechos de los ciudadanos. Un Gobierno que ya no es democrático [...]
>
> En Venezuela hemos sido testigos de un esfuerzo constante por parte de los poderes ejecutivo y judicial para impedir e incluso invalidar el funcionamiento normal de la Asamblea Nacional. El Ejecutivo repetidamente ha empleado intervenciones inconstitucionales en contra de la legislatura, con la connivencia

---

1351 Véase Allan R. Brewer-Carías, *Dismantling Democracy. The Chávez Authoritarian Experiment*, Cambridge University Press, New York 2010.

1352 Véase Allan R. Brewer-Carías, *Estado totalitario y desprecio a la ley. La desconstitucionalización, desjuridificación, desjudicialización y desdemo-cratización de Venezuela*, Fundación de Derecho Público, Editorial Jurídica Venezolana, segunda edición, (Con prólogo de José Ignacio Hernández), Caracas 2015; *Authoritarian Government v. The Rule Of Law. Lectures and Essays (1999-2014) on the Venezuelan Authoritarian Regime Established in Contempt of the Constitution*, Fundación de Derecho Público, Editorial *Jurídica Venezolana,* Caracas 2014.

1353 Véase Allan R. Brewer-Carías, *La patología de la justicia constitucional*, Tercera edición ampliada, Fundación de Derecho Público, Editorial Jurídica Venezolana, 2014.

1354 Véase Allan R. Brewer-Carías, *Crónica sobre la "in" justicia constitucional. La Sala Constitucional y el autoritarismo en Venezuela*, Colección Instituto de Derecho Público, Universidad Central de Venezuela, N° 2, Caracas 2007; *Práctica y distorsión de la justicia constitucional en Venezuela (2008-2012)*, Colección Justicia N° 3, Acceso a la Justicia, Academia de Ciencias Políticas y Sociales, Universidad Metropolitana, Editorial Jurídica Venezolana, Caracas 2012.

1355 Véase Allan R. Brewer-Carías, *El Golpe a la democracia dado por la Sala Constitucional (De cómo la Sala Constitucional del Tribunal Supremo de Justicia de Venezuela impuso un gobierno sin legitimidad democrática, revocó mandatos populares de diputada y alcaldes, impidió el derecho a ser electo, restringió el derecho a manifestar, y eliminó el derecho a la participación política, todo en contra de la Constitución)*, Colección Estudios Políticos N° 8, Editorial Jurídica Venezolana, Caracas 2014.

de la Sala Constitucional del Tribunal Supremo de Justicia. Las evidencias son claras [...Estos ejemplos demuestran claramente la falta de independencia del poder judicial. El sistema tripartito de la democracia ha fracasado y el poder judicial ha sido cooptado por el ejecutivo [...][1356]

Todavía más expresiva y trágica fue lo que expresó el Secretario General Almagro en la carta abierta que envió a Leopoldo López el día 22 de agosto de 2016, luego de la sentencia que confirmó su detención como preso político, refiriéndose al "horror político" que vive el país, le dijo que en su criterio, dicha:

> "sentencia que reafirma tu injusta condena marca un hito, *el lamentable final de la democracia en Venezuela*. Párrafo a párrafo es, asimismo, la *terminación del Estado de Derecho*. En esa sentencia queda claramente establecido que en Venezuela hoy no rige ninguna libertad fundamental y ningún derecho civil o político y que estos han expresamente quedado sin efecto en la conducción de los asuntos de gobierno."

En la misma carta abierta, Luis Almagro al constatar que en Venezuela "se ha traspasado un umbral, que significa que es *el fin mismo de la democracia*," expresó que:

> "Ningún foro regional o subregional puede desconocer la realidad de que *hoy en Venezuela no hay democracia ni Estado de Derecho*. El MERCOSUR, constituye hoy el mejor ejemplo a seguir y la aplicación de las cláusulas internacionales que condenan actos de ruptura del orden constitucional y del sistema democrático se hace cada vez más necesaria."[1357]

Finalmente, refiriéndose al procedimiento iniciado por la oposición, conforme a la Constitución, para la realización de un referendo revocatorio del mandato del Presidente de la República, indicó:

> "Seguir un procedimiento previsto en la Constitución no es un golpe de Estado; Por el contrario, negar, postergar u obstruir este proceso por cualquier vía es un abuso de poder y un trastorno patente del orden democrático [...]
>
> La celebración del referendo revocatorio en 2016 es la única manera constitucional de resolver la crisis política en Venezuela [...]"[1358]

Lo importante de estas apreciaciones, que resumen la trágica realidad política y constitucional del país que tanto y tantos hemos denunciado en los últimos años, es

1356 Véase el texto de la exposición del Secretario General Luis Almagro ante el Consejo Permanente de la OEA, 23 de junio de 2016, en: http://www.el-nacional.com/politica/PresentacindelSecretarioGeneraldelaOEAante_NACFIL20160623_0001.pdf. Véase igualmente el texto en los Apéndices a este libro.

1357 Véase el texto de la carta abierta del Secretario General Luis Almagro a Leopoldo López, de 22 de agosto de 2016, en *Lapatilla.com*, 23 de agosto de 2016, en http://www.lapatilla.com/site/2016/08/22/almagro-a-leopoldo-lopez-tu-injusta-sentencia-marca-un-hito-el-lamentable-final-de-la-democracia-carta/.

1358 Véase el texto de la exposición del Secretario General Luis Almagro ante el Consejo Permanente de la OEA, 23 de junio de 2016, en: http://www.elnacional.com/politica/PresentacindelSecretarioGeneraldelaOEAante_NACFIL20160623_0001.pdf. Véase igualmente el texto en los Apéndices a este libro.

que fueron expresadas oficialmente por el Secretario General de la OEA ante los representantes permanentes de los Estados americanos miembros de la Organización,[1359] a pesar y en contra de la oposición que formuló el gobierno de Venezuela a través de su entonces Embajador, quien aparentemente sin haberse leído el artículo 20 de la Carta Democrática Interamericana, no sólo le negó legitimación al Secretario General para presentar su *Informe* ante el Consejo Permanente, sino que llegó a afirmar que la invocación de la Carta ante dicho órgano solo podía hacerse por parte del propio Estado involucrado, y que ni el Secretario General ni el Consejo Permanente podían evaluar y considerar que en el país había ocurrido, como en efecto ha sucedido, una alteración del orden constitucional que trastoca el orden democrático por obra del propio gobierno que representa.[1360]

Esa pretensión fue rechazada por el propio Consejo Permanente con el voto de 20 Estados Miembros, entrando a considerar el *Informe* que describe la grave situación de la democracia Venezuela, donde se evidencia, sin duda, la situación de *golpe de Estado permanente y continuo* que se ha venido dando en Venezuela por el Poder Ejecutivo, en colusión con el Tribunal Supremo, contra la Constitución y contra la Asamblea Nacional como la legítima representación popular electa en diciembre de 2016.

Un golpe de Estado ocurre, en efecto, no solo cuando unos militares deponen a un gobierno electo sino como bien lo destacó el profesor Diego Valadés, cuando se produce "el desconocimiento de la Constitución por parte de un órgano constitucionalmente electo,"[1361] como en el caso de Venezuela donde han sido quien ejerce la Presidencia de la República en colusión con el Tribunal Supremo, quienes han sido los golpistas pues desconociendo la Constitución, han sido quienes han alterado el orden constitucional y trastocado el orden democrático del país, y destruyendo el Estado de derecho.

IV

En efecto, un Estado de derecho existe cuando la organización política de una sociedad está regida por una Constitución como ley suprema; que ha sido adoptada por el pueblo como pacto político en ejercicio de su soberanía a través de sus representantes electos; quienes tienen que gobernar sometidos a los límites y controles

---

1359 Como hoy mismo lo expresó José Miguel Vivancos de Human Rights Watch: "Tras la histórica sesión del Consejo Permanente de hoy, donde una mayoría de países rechazó el intento de Venezuela para cerrar la discusión internacional sobre la situación en el país, el Presidente Maduro quedó bajo la mira de la OEA. El secretario general sobresalió con una valiente y honesta intervención sobre la gravísima crisis que aqueja a Venezuela, legitimando a la OEA como foro para fiscalizar el cumplimiento de Venezuela con sus obligaciones jurídicas internacionales en materia de derechos humanos y democracia. Maduro deberá ahora corregir sus prácticas y mostrar resultados concretos en el marco del proceso de la Carta Democrática." Véase en @HRW_Venezuela; y en "Human Rights Watch celebró votación en la OEA sobre Venezuela," en *Diario de la Américas*, 24 de junio de 2016, en http://www.diariolasamericas.com/4848_venezuela/3896835_human-rights-watch-celebro-votacion-en-oea-sobre-venezuela.html

1360 Véase la carta de 20 de junio de 2016 del entonces Embajador de Venezuela Bernardo Álvarez al Consejo Permanente de la OEA en https://www.scribd.com/doc/316-293813/Carta-del-Gobierno-de-Venezuela-a-la-OEA

1361 Véase Diego Valadés, *Constitución y democracia,* UNAM, México 2000, p. 35; y "La Constitución y el Poder" en Diego Valadés y Miguel Carbonell (Coordinadores), *Constitucionalismo Iberoamericano del siglo XXI*, Cámara de Diputados, UNAM, México 2000, p. 145.

constitucionales derivados del sistema de separación de poderes previsto en la Constitución; conforme al cual se define el sistema de gobierno y la relación entre los diversos poderes públicos autónomos e independientes; en un marco en el cual todos deben actuar con sujeción al derecho, prevalezca la primacía de la dignidad humana y la garantía de los derechos del hombre, y los ciudadanos siempre tengan la posibilidad de controlar judicialmente el ejercicio del poder, mediante un Juez Constitucional autónomo e independiente.[1362]

Por tanto, la Justicia Constitucional, es decir, la existencia de un sistema de control judicial de la constitucionalidad de los actos de los órganos del Estado es, sin duda, la garantía última del Estado de derecho, el cual como es bien sabido tiene su origen en los principios que conformaron el constitucionalismo moderno derivados de las Revoluciones Norteamericana (1776), Francesa (1789) e Hispanoamérica (1810),[1363] el cual está formalmente regulado en muchas Constituciones contemporáneas como es el caso de la Constitución de Venezuela de 1999.

Las declaraciones formales en las Constituciones no bastan para que quede un Estado configurado como Estado de derecho, siendo lo primero que tiene que existir para caracterizarlo, el hecho de que tiene que estar efectivamente regido por una Constitución, que como ley suprema contenga normas de aplicación directa e inmediata tanto para las autoridades como para los ciudadanos.

Como en su momento lo señaló Mauro Cappelletti: la Constitución tiene que ser concebida "no como una simple pauta de carácter político, moral o filosófico, sino como una ley verdadera, positiva y obligante, con un carácter supremo y más permanente que la legislación positiva ordinaria;"[1364] o como más recientemente lo puntualizó Eduardo García de Enterría al iniciarse el proceso democrático en España en las últimas décadas del siglo pasado, las Constituciones son normas jurídicas efectivas, que prevalecen en el proceso político, en la vida social y económica del país, y que sustentan la validez a todo el orden jurídico.[1365]

Es decir, se debe tratar, siempre, de una ley suprema, real y efectiva, que contenga normas directamente aplicables tanto a los órganos del Estado como a los individuos, no limitándose a regular la sola organización del Estado o algunos principios generales sobre su funcionamiento, sino a proclamar y garantizar los derechos fun-

---

1362 Véase Allan R. Brewer-Carías, *Principios del Estado de derecho. Aproximación histórica*, Cuadernos de la Cátedra Mezerhane sobre democracia, Estado de derecho y derechos humanos, Miami Dade College, Programa Goberna Las Américas, Editorial Jurídica Venezolana International, Miami-Caracas, 2016.

1363 Véase Allan R. Brewer-Carías, *Reflexiones sobre la Revolución americana (1776) y la Revolución francesa (1789) y sus aportes al constitucionalismo moderno*, (Cuadernos de la Cátedra Allan R. Brewer-Carías, de Derecho Administrativo, Universidad Católica Andrés Bello, N° 1, Editorial Jurídica Venezolana, Caracas 1992. Una segunda edición ampliada fue publicada con el título: *Reflexiones sobre la Revolución Americana (1776), la Revolución Francesa (1789) y la Revolución Hispanoamericana (1810-1830) y sus aportes al constitucionalismo moderno*, Serie de Derecho Administrativo N° 2, Universidad Externado de Colombia, Bogotá 2008.

1364 Véase Mauro Cappelletti, *Judicial Review of Legislation and its Legitimacy. Recent Developments. General Report. International Association of Legal Sciences.* Uppsala, 1984 (mimeo), p. 20; también publicado como "Rapport général" en L. Favoreu y J.A. Jolowicz (ed*), Le contrôle juridictionnel des lois Légitimité, effectivité et développements récents*, París 1986, pp. 285–300.

1365 Véase Eduardo García de Enterría, *La Constitución como norma y el Tribunal Constitucional*, Madrid, 1981, pp. 33, 39, 66, 71, 177 y 187.

damentales de los individuos. Por ello, la preeminencia de la Constitución significa no sólo la estricta observancia de las normas y procedimientos establecidos para la organización del Estado, sino también el respeto de los derechos fundamentales de los ciudadanos, declarados o implícitos en la misma.

Por tanto, a la Constitución tiene que está sujeto y la debe aplicar, el Congreso o Asamblea Legislativa cuando sanciona una ley; el Presidente de la República cuando dicta un acto de gobierno; el propio Presidente y todos los funcionarios públicos cuando dictan actos administrativos; y el Tribunal Supremo y todos los jueces al decidir las causas en sus sentencias, en estos dos últimos casos aplicando también todas las leyes y reglamentos que rigen su actuación.

Pero además de ser un Estado sometido a una Constitución, el Estado de derecho es necesariamente un Estado democrático, en el sentido de que los gobernantes tienen que tener su fuente de legitimidad en la elección popular basada en el sufragio universal y secreto; Estado en cuyo funcionamiento deben concurrir necesaria y acumulativamente los elementos esenciales definidos por ejemplo, en la *Carta Democrática Interamericana* de 2001,[1366] que son: 1) el respeto a los derechos humanos y las libertades fundamentales; 2) el acceso al poder y su ejercicio con sujeción al Estado de derecho; 3) el régimen plural de partidos y organizaciones políticas y 5) la separación e independencia de los poderes públicos (art. 3), en especial del poder judicial; y además, deben concurrir una serie de componentes fundamentales, que son: 1) la transparencia de las actividades gubernamentales; 2) la probidad y la responsabilidad de los gobiernos en la gestión pública; 3) el respeto de los derechos sociales; 4) el respeto de la libertad de expresión y de prensa; 5) la subordinación constitucional de todas las instituciones del Estado incluyendo los militares a la autoridad civil legalmente constituida y 6) el respeto al Estado de derecho de todas las entidades y sectores de la sociedad (art. 4).

No hay duda, por tanto, que en el mundo contemporáneo el Estado democrático de derecho es mucho más que la sola elección de representantes, en el sentido de que los mismos además tienen que ejercer sus funciones conforme al principio de la separación de poderes para asegurar la limitación y control del poder, de cuya existencia puede decirse que dependen todos los otros elementos y componentes señalados, pues en definitiva, solo controlando el poder es que puede haber elecciones libres y justas, así como efectiva representatividad democrática; solo controlando el poder es que puede haber pluralismo político; solo controlando el poder es que puede haber efectiva participación democrática en la gestión de los asuntos públicos; solo controlando el poder es que puede haber transparencia administrativa en el ejercicio del gobierno, así como posibilidad de rendición de cuentas por parte de los gobernantes; solo controlando el poder es que puede haber un efectivo acceso a la justicia de manera que ésta pueda funcionar con efectiva autonomía e independencia; solo controlando el poder es que puede haber real y efectiva garantía de respeto a los derechos humanos; y, en fin, solo controlando el poder es que se puede asegu-

1366 La Carta fue adoptada en Lima por la Organización de los Estados Americanos, coincidencialmente, el mismo día en que ocurrieron los ataques terroristas en Nueva York y Washington. Véase en http://www.oas.org/char-ter/docs_es/resolucion1_es.htm. Véase mis primeros comentarios sobre la misma en Allan R. Brewer-Carías, *La Crisis de la democracia venezolana. La Carta Democrática Interamericana y los sucesos de abril de 2002*, Los Libros de El Nacional, Colección Ares, Caracas 2002.

rar un gobierno sometido a la Constitución y las leyes, es decir, ajustado al principio de legalidad.[1367]

V

Como en su momento lo razonó el Juez John Marshall en el conocido caso *Marbury vs Madison* resuelto por la Corte Suprema de los Estados Unidos en 1803, y que originó el sistema de justicia constitucional en el constitucionalismo moderno:

> "¿Con qué propósito se limitan los poderes y dichas limitaciones se establecen por escrito, si esos límites, en cualquier momento, pueden ser traspasados por aquellos a quienes debían supuestamente limitar? La diferencia entre un gobierno con poderes limitados y uno con poderes ilimitados deja de existir, cuando las limitaciones no obligan a las personas sobre las cuales se imponen y cuando los actos prohibidos y los permitidos son de igual obligatoriedad."[1368]

Y la forma de hacer que las limitaciones obliguen a los órganos del Estado es, precisamente, mediante el aseguramiento de diversas formas de control del ejercicio del Poder Público, o de garantías del mismo, pues, en definitiva, nada se lograría con limitar en la Constitución a los poderes del Estado, establecer el principio de su supremacía y de la legalidad y declarar formalmente los derechos y libertades fundamentales, si no existiesen los medios para garantizar el respeto de dichas limitaciones, el sometimiento de los órganos del Estado a la legalidad y el goce efectivo por parte de los ciudadanos de los derechos y libertades.

Por ello es que en el Estado de derecho, cuando se considera que la Constitución es la ley suprema de un país, o norma de normas, ello implica que en caso de que haya un conflicto entre una ley y la Constitución, ésta debe prevalecer, considerándose como un deber de todo juez el poder decidir cuál debe ser la norma aplicable en el caso concreto que debe resolver.

1367 Véase sobre la democracia y el control del poder, en Allan R. Brewer-Carías, "Los problemas del control del poder y el autoritarismo en Venezuela", en Peter Häberle y Diego García Belaúnde (Coordinadores), *El control del poder. Homenaje a Diego Valadés,* Instituto de Investigaciones Jurídicas, Universidad Nacional Autónoma de México, Tomo I, México 2011, pp. 159-188. Autónoma de México, tomo I, México, 2011, pp. 159-188; "Sobre los elementos de la democracia como régimen político: representación y control del poder", en *Revista Jurídica Digital IUREced,* Edición 01, Trimestre 1, 2010-2011, en http://www.mega-upload.com/?d=ZN9Y2W1R; "Democracia: sus elementos y componentes esenciales y el control del poder", en *Grandes temas para un observatorio electoral ciudadano,* tomo I, *Democracia: retos y fundamentos, (compiladora Nuria González Martín),* Instituto Electoral del Distrito Federal, México 2007, pp. 171-220; "Los problemas de la gobernabilidad democrática en Venezuela: el autoritarismo constitucional y la concentración y centralización del poder", en Diego Valadés (coord.), *Gobernabilidad y constitucionalismo en América Latina,* Universidad Nacional Autónoma de México, México, 2005, pp. 73-96.

1368 *Marbury vs. Madison,* 5. U.S. (1 Cranch) 137; 2 L, Ed. 60 (1803). Véase el texto en R. A. Rossum and G. A. Tarr, *American Constitutional Law, Cases and Interpretation,* Nueva York 1983, p. 70. Véase sobre los antecedentes británicos, en Allan R. Brewer-Carías, "Control de la constitucionalidad. La justicia constitucional" en *El Derecho Público de finales de Siglo. Una perspectiva iberoamericana,* Fundación BBV, Editorial Civitas. Madrid, 1996, pp. 517-570; y *Judicial Review. Comparative Constitucional Law Essays, Lectures and Courses (1985-2011),* Fundación de Derecho Público, Editorial Jurídica Venezolana, Caracas, 2014.

Como lo señaló el Juez William Paterson en una de las más antiguas decisiones de la Corte Suprema de los Estados Unidos de América sobre la materia, en el caso *Vanhorne's Lessee v. Dorrance* (1795) referido a leyes estadales:

> "... si un acto legislativo se opone a un principio constitucional, el primero debe dejarse de lado y rechazarse por repugnante. Sostengo que es una posición clara y sonora que, en tales casos, es un deber de todo tribunal el adherirse a la Constitución y declarar tal acto nulo y sin valor."[1369].

O como fue definitivamente establecido por el Juez Marshall en el antes mencionado caso *Marbury v. Madison* (1803), decidido por la misma Corte Suprema y referido a leyes federales:

> "Aquellos que aplican las normas a casos particulares, deben necesariamente exponer e interpretar aquella regla, de manera que si una Ley se encuentra en oposición a la Constitución, la Corte debe determinar cuál de las reglas en conflicto debe regir el caso: Ésta es la real esencia del deber judicial. Si en consecuencia, los tribunales deben ver la Constitución, y la Constitución es superior a cualquier acto ordinario de la Legislatura, es la Constitución, y no tal acto ordinario, la que debe regir el caso al cual ambas se aplican."[1370]

Desde entonces, la supremacía constitucional y el poder de todo juez de controlar la constitucionalidad de las leyes han sido conceptos que han estado esencialmente vinculados en el constitucionalismo moderno,[1371] habiendo tenido a la vez su fundamento en la llamada "cláusula de supremacía" del artículo VI, Sección 2 la Constitución de los Estados Unidos de 1787, respecto de las leyes de los Estados, en la cual se dispuso que:

> "Esta Constitución, y las leyes de los Estados Unidos que se expidan con arreglo a ella, y todos los Tratados celebrados o que se celebren bajo la autoridad de los Estados Unidos, serán la suprema Ley del país y los jueces de cada Estado estarán obligados a observarlos, a pesar de cualquier cosa en contrario, que se encuentre en la Constitución o las leyes de cualquier Estado."

La norma, incluso, tuvo su repercusión inmediata en la primera Constitución dictada en el mundo hispanoamericano, que fue la Constitución Federal de los Estados de Venezuela de 1811, en cuyo artículo 227 se estableció, en una forma más amplia, que:

> "La presente Constitución, las leyes que en consecuencia se expidan para ejecutarla y todos los Tratados que se concluyan bajo la autoridad del Gobierno de la Unión serán la Ley Suprema del Estado en toda la extensión de la Confederación, y las autoridades y habitantes de las Provincias estarán obligados a obedecerlas y observarlas religiosamente sin excusa ni pretexto alguno; *pero*

1369 *Vanhorne's Lessec v. Dorrance*, 2 Dallas 304 (1795). Véase el texto S.I. Kutler (ed), *The Supreme Court and the Constitution, Readings in American Constitutional History*, N.Y. 1984, p. 8.

1370. *Marbury v Madison*, 1 Cranch 137 (1803). Véase el texto en S.I. Kutler (ed), *op. cit.*, p. 29.

1371 Véase en particular A. Hamilton, *The Federalist* (ed. B. F. Wright), Cambridge Mass. 1961, *letter* N° 78, pp. 491–493. Véanse además, los comentarios de Alexis de Tocqueville, *Democracy in America* (ed. J. P. Mayer and M. Lerner), London, 1968, vol. I, p. 120.

las leyes que se expidieren contra el tenor de ella no tendrán ningún valor, sino cuando hubieren llenado las condiciones requeridas para una justa y legítima revisión y sanción."

Se destaca de esta norma que no sólo se recogió el principio del artículo VI, 2 de la Constitución Americana 1787, sino la doctrina jurisprudencial que ya se había establecido en la sentencia de 1803, en el sentido de que no sólo existía el principio de la supremacía constitucional, sino su consecuencia, es decir, la garantía objetiva de la nulidad absoluta de las leyes contrarias a la Constitución, al agregar que las mismas "no tendrán ningún valor." Es decir, como lo afirmó el Juez Marshall en la sentencia antes citada:

> "No cabe la menor duda de que todos los que tienen una Constitución escrita y estable la consideran como la ley fundamental y suprema de la nación, y por consiguiente, para estos gobiernos, un acto legislativo contrario a la Constitución es nulo."[1372]

Ello incluso se estableció todavía más expresamente en la misma Constitución venezolana de 1811 en relación con los derechos fundamentales, al prever el último de los artículos del Capítulo relativo a los derechos del hombre, que para precaver toda transgresión a los derechos declarados, se los consideró "exentos y fuera del alcance del Poder general ordinario del gobierno" agregando que "toda ley contraria a ella que se expida por la legislatura federal, o por las provincias *será absolutamente nula y de ningún valor"* (art. 199).

VI

En consecuencia, el Estado de Derecho, con todas sus características, sólo existe en la medida en la cual la garantía del mismo esté asegurada mediante diversos mecanismos de control y particularmente por parte del Poder Judicial, considerado por lo demás, como el "menos peligroso"[1373] de los Poderes del Estado.[1374] Por ello, en el Estado de Derecho, los tribunales deben tener esencialmente la posibilidad de garantizar la efectividad de las limitaciones impuestas a los órganos del mismo, asegurando su sometimiento a la norma constitucional y al principio de legalidad, así como el goce de los derechos y libertades fundamentales de los individuos, entre otros, mediante el conocimiento y decisión de los recursos judiciales que los ciudadanos pueden ejercer.

De acuerdo con todo lo anteriormente indicado, la principal limitación impuesta en el esquema de funcionamiento del Estado de derecho es, por tanto, la necesidad de que sus órganos siempre actúen con sujeción estricta al derecho que en cada caso les es aplicable, cuyo ámbito, sin embargo, no es el mismo para todos los órganos del Estado.

1372 Marbury vs Madison, 5.U.S. (1 Cranch), 137, 2 L, Ed. 60, 1803.

1373 Véase A. Bickel, *The Least Dangerous Branch. The Supreme Court at the Bar of Politics,* Indianapolis, 1962.

1374 Véase en general, H. Kelsen, "La garantie juridictionnelle de la Constitution (La justice constitutionnelle)", *Revue du Droit Public et de la Science Politique en France et à l'étranger*, T. XLV, París 1928, pp. 197-257.

Es decir, el ámbito del derecho aplicable a los órganos del Estado, y en particular a los actos estatales que los mismos dicten, varían según la relación directa o indirecta que tengan respecto de la Constitución en un sistema jurídico caracterizado por la producción escalonada de normas jurídicas, todo lo cual condiciona las modalidades de control judicial sobre los mismos.[1375]

Por ello, para determinar cuáles son las garantías judiciales en el Estado de derecho para asegurar su sometimiento al derecho, siempre resulta necesario precisar cuál es la jerarquía que ocupa cada órgano del Estado en el proceso de formación del ordenamiento jurídico por grados, partiendo siempre de la constatación de que la Constitución está ubicada en la cúspide del mismo. Ello permite apreciar que, por ejemplo, el derecho que rige el proceso de formación y sanción de las leyes por el órgano legislativo (Parlamento o Congreso), o la emisión de decretos leyes o de actos de gobierno por el Jefe del Poder Ejecutivo, que se dictan siempre en ejecución directa e inmediata de atribuciones insertas en las Constituciones, es el derecho que básicamente está establecido en la propia Constitución que se ejecuta. En cambio, el ámbito del derecho que por ejemplo rige en la emisión de una sentencia por un tribunal o de un acto administrativo por cualquier funcionario público de la Administración, es distinto, pues en este caso ambos se dictan en ejecución y aplicación directa e inmediata de la legislación y de todo el ordenamiento jurídico restante que les sea aplicable, básicamente establecido (además de en la Constitución) en leyes y reglamentos.

En otras palabras, si bien la Constitución como ley suprema siempre está en el vértice del ordenamiento jurídico, por lo que en definitiva rige para todos los actos estatales, en todos los sistemas jurídicos dotados de Constituciones escritas y rígidas se puede distinguir siempre un sistema jerarquizado de normas y actos jurídicos, que origina diversos actos jurídicos con niveles distintos en el proceso de creación de normas jurídicas. Así, por ejemplo, existen actos que se dictan en ejecución directa e inmediatamente la Constitución y que por tanto sólo están sujetos a esta norma suprema, y hay otros que en cambio ejecutan directa e inmediatamente a las leyes y los actos de ejecución directa de la Constitución, siendo de segundo grado en la jerarquía de las fuentes, de manera que solo ejecutan la Constitución de manera indirecta. Entre los primeros se encuentran, básicamente, las leyes formales, los otros actos del Parlamento, incluyendo los *interna corporis*, y los actos de gobierno dictados de conformidad con los poderes constitucionales que le han sido conferidos al Jefe de Gobierno. Entre los segundos se encuentran los actos administrativos y los actos judiciales.

De ello resulta entonces que si bien todos órganos del Estado y a los actos que dicten están sometidos al derecho establecido en la Constitución, el ámbito del derecho que les es aplicable varía por el grado que tengan en la ejecución del orden jurídico, por lo que, en los segundos, al ser dictados en ejecución directa de la legislación e indirecta de la Constitución el ámbito del derecho que les es aplicable es más amplio, pues además de la Constitución, incluye a todas las otras fuentes del derecho.

Por ello, precisamente, para asegurar el sometimiento al derecho, la garantía judicial del Estado de derecho ha dado origen básicamente a tres sistemas clásicos de

---

1375 Véase en general, Allan R. Brewer-Carías, *Los principios fundamentales del derecho público*, Investigaciones Jurídicas, San José Costa Rica 2012, pp. 53 ss.

control judicial de la conformidad de los actos estatales con el derecho que son: primero, el *sistema de justicia constitucional* o de control de constitucionalidad de las leyes destinado a controlar la conformidad con la Constitución de las leyes y demás actos estatales dictados de ejecución directa e inmediata de la misma, y que por ello, solo están sometidos a la Constitución;[1376] segundo, el *sistema de justicia administrativa* o de control judicial contencioso administrativo que tiene por objeto asegurar el sometimiento al derecho de los actos administrativos dictados por la Administración Pública y por los demás órganos y entes del Estado en ejercicio de la función administrativa, que además de estar sometidos a la Constitución, esencialmente están sometidos a la legalidad general, por lo que siempre son de rango sublegal; y tercero, *el sistema de control judicial de las decisiones de los propios tribunales de justicia*, destinado a controlar la conformidad con el derecho de las sentencias, a través de los procesos judiciales de apelación, revisión y de casación respecto de las sentencias y demás actos judiciales.

Además, en cuarto lugar, se podría distinguir en muchos países un cuarto sistema garantista de control judicial de la las actuaciones del Estado y en muchos casos de los particulares, establecido específicamente para la *protección o amparo de los derechos fundamentales* de las personas, a través de los procesos judiciales de amparo, tutela o protección constitucional de los mismos.

El primero de dichos sistemas, sea que se implemente a través de la aplicación del método difuso o concentrado de control, y en éste último caso, sea que se asigne a la Corte Suprema de un país o a un Tribunal Constitucional, en todo caso es considerado como la garantía fundamental de la Constitución y del Estado de derecho, correspondiéndoles ser los "intérpretes supremos de la Constitución" (art. 1, Ley Orgánica que creó el Tribunal Constitucional en España)[1377] o los "guardianes de la Constitución."[1378] Por ello, Eduardo García de Enterría, al hablar del Tribunal Constitucional español, lo calificó con razón como el "comisario del poder constituyente, encargado de defender la Constitución y de velar por que todos los órganos constitucionales conserven su estricta calidad de poderes constituidos;"[1379] y el antiguo presidente de ese mismo Tribunal español, Manuel García Pelayo vio en él "un órgano constitucional instituido y directamente estructurado por la Constitución" y que:

> "Como regulador de la constitucionalidad de la acción estatal, está destinado a dar plena existencia al Estado de derecho y a asegurar la vigencia de la distri-

---

1376 Por eso Jean Rivero estimó que el último paso en la construcción del Estado de derecho, es que el Legislador mismo esté sometido a una norma superior, la Constitución, en "Rapport de Synthèse", en L. Favoreu (ed.), *Cours constitutionnelles européennes et droits fundamentaux,* París, 1982, p. 519. Así mismo P. Lucas Murillo de la Cueva, calificó a la justicia constitucional como "la culminación de la construcción del Estado de derecho", en "El Examen de la Constitucionalidad de las Leyes y la Soberanía Parlamen-taria", en *Revista de Estudios Políticos,* N° 7, Madrid, 1979, p. 200.

1377 Art. 1. Ley Orgánica del Tribunal constitucional. Oct. 1979, *Boletín Oficial del Estado,* N° 239.

1378 Véase G. Leibholz, *Problemas fundamentales de la Democracia,* Madrid, 1971 p. 15.

1379 Véase E. García de Enterría, *La Constitución como norma y el Tribunal constitucional,* Madrid, 1985, p. 198.

bución de poderes establecida por la Constitución, ambos componentes inexcusables, en nuestro tiempo, del verdadero "Estado constitucional."[1380].

VII

Es inconcebible por tanto, en ese esquema, que un Juez Constitucional pueda llegar a ser el instrumento para lo contrario de aquello para lo cual fue concebido, y que llegue a configurarse, arrogándose todo el poder del Estado, como el instrumento para garantizar la violación impune de la Constitución por los otros órganos del Estado, para asegurar la destrucción del Estado de derecho o el desmantelamiento de la democracia, o incluso para convertirse en el instrumento para implementar y sostener un régimen autoritario.

Como lo observó atinadamente en Secretario General de la Organización de Estados Americanos, Luis Almagro, al dirigirse al Presidente del Consejo Permanente de la Organización el 30 de mayo de 2016 solicitando la convocatoria del mismo conforme al procedimiento previsto en el artículo 20 de la Carta Democrática Interamericana,[1381] en su *Informe* sobre Venezuela:

> "Hoy en día, a cada ley aprobada por el Parlamento, el Gobierno opone su mayoría en la Sala Constitucional, la cual se ha convertido en la instancia que puede desactivar los efectos de cualquier instrumento jurídico emanado del Congreso contrario a sus intereses."[1382]

Precisamente sobre ello, el lector encontrará en este libro una buena parte del "expediente" que soporta todo lo que expresó el Secretario General de la OEA en su *Informe*, por lo que se refiere a la alteración del orden constitucional que trastocó el

---

1380 Véase M. García Pelayo, "El Status del Tribunal constitucional", en *Revista Española de Derecho Constitucional,* N° 1, Madrid, 1981, p. 15.

1381 "*Artículo 20*: En caso de que en un Estado Miembro se produzca una alteración del orden constitucional que afecte gravemente su orden democrático, cualquier Estado Miembro o el Secretario General podrá solicitar la convocatoria inmediata del Consejo Permanente para realizar una apreciación colectiva de la situación y adoptar las decisiones que estime conveniente. / El Consejo Permanente, según la situación, podrá disponer la realización de las gestiones diplomáticas necesarias, incluidos los buenos oficios, para promover la normalización de la institucionalidad democrática. / Si las gestiones diplomáticas resultaren infructuosas o si la urgencia del caso lo aconsejare, el Consejo Permanente convocará de inmediato un período extraordinario de sesiones de la Asamblea General para que ésta adopte las decisiones que estime apropiadas, incluyendo gestiones diplomáticas, conforme a la Carta de la Organización, el derecho internacional y las disposiciones de la presente Carta Democrática./ Durante el proceso se realizarán las gestiones diplomáticas necesarias, incluidos los buenos oficios, para promover la normalización de la institucionalidad democrática." Véase sobre ello Pedro Nikken, "Análisis de las definiciones conceptuales básicas para la aplicación de los mecanismos de defensa colectiva de la democracia previstos en la Carta Democrática Interamericana," en el libro: Pedro Nikken y Carlos Ayala, *Defensa Colectiva de la Democracia: definiciones y mecanismos.* Comisión Andina de Juristas/The Carter Center. Lima 2006. Sin duda, el Secretario General tenía toda la legitimación necesaria para plantear la solicitud ante el Consejo Permanente, así como para apreciar la situación de "alteración del orden constitucional que afecta gravemente el orden democrático del país," no teniendo fundamento alguno la solicitud que con fecha 20 de junio de 2016 el Embajador de Venezuela ante la OEA, Sr. Bernardo Álvarez Herrera, formuló al Consejo Permanente de la Organización solicitando "desconvocar" la sesión que se había fijado para el 23 de junio de 2016. Véase el texto de la carta en: https://www.scribd.com/doc/3162-93813/Carta-del-Gobierno-de-Venezuela-a-la-OEA.

1382 Véase la comunicación del Secretario General de la OEA de 30 de mayo de 2016 con el Informe sobre la situación en Venezuela en relación con el cumplimiento de la Carta Democrática Interamericana, p. 125. Disponible en oas.org/documents/spa/press/OSG-243.es.pdf.

orden democrático en el país y sus causantes y responsables, y que con mentiras, como ha sido la política del régimen no se podrá borrar.[1383]

VIII

La primera edición de este libro salió con fecha 23 de junio de 2016 para las librerías globales; el mismo día en el cual el Secretario General de la Organización Luis Almagro presentó su Informe sobre Venezuela ante el Consejo Permanente de la Organización de Estados Americanos, al resumir su *Informe* del 30 de mayo de 2016. Desde esa fecha la Sala Constitucional del Tribunal Supremo no cesó de dictar sentencias coartando las funciones de la Asamblea Nacional, tarea a la cual se sumó la Sala Electoral, lo que motivó que apareciera una segunda edición actualizada en noviembre de 2016.

La emisión de sentencias aniquilando todos los poderes de la Asamblea Nacional, sin embargo continuó, incorporándose en esta tercera edición de la obra, que sale publicada ya cuando la posibilidad de realizar el referendo revocatorio fue totalmente eliminada por obra del Juez Constitucional, y cuando todas las funciones de la Asamblea han sido neutralizadas.

La segunda edición de este libro, como se dijo en su momento, salió publicada, también para las librerías globales, después de realizarse la denominada "Toma de Caracas," la cual puede considerarse como la concentración política o manifestación de fuerza popular de oposición pacífica al gobierno más multitudinaria que en una sola ciudad haya ocurrido en todo el Continente. La misma se efectuó el 1° de septiembre de 2016,[1384] con el objetivo de exigir el cumplimiento de los lapsos para la efectiva realización del referendo revocatorio del mandato de Nicolás Maduro[1385]

1383 Véase Allan R. Brewer-Carías, *La mentira como política de Estado. Crónica de una crisis política permanente. Venezuela 1999-2015,* Editorial Jurídica Venezolana, (Con prólogo de Manuel Rachadell), Caracas 2015. Así, por ejemplo, después de más de seis meses de sistemático ataque desarrollado entre enero y agosto de 2016 por el Poder Ejecutivo y el Poder Judicial contra la Asamblea Nacional, al punto de ahogarla y eliminarle sus competencias, el Vicepresidente Ejecutivo, Aristóbulo Istúriz, llegó a afirmar sin ningún rubor y con mucho cinismo que: "En Venezuela no hay una confrontación de poderes, sino un Poder [refiriéndose a la Asamblea Nacional] que está alzado frente al resto. Nosotros hacemos un llamado patriótico a funcionar dentro de la Constitución, con la colaboración de poderes que se armonicen y respeten unos a otros, respetemos la autonomía de cada uno y podamos, juntos, en un juego democrático, trabajar en función de los intereses de la patria y unir esfuerzos todos." Véase en (@VTVcanal8 /) "Istúriz: En Venezuela hay un Poder que está alzado," Caracas, agosto 11 / Mariela Vázquez

1384 Véase Nicholas Casey y Patricia Torres, "Thousands of Venezuelans March for President's Ouster," en *The New York Times*, New York, 2 de septiembre d 1016, p. A 4.; "Multitudinaria marcha en Venezuela a favor del referendo," en *El Nuevo Herald*, Miami, 1° de septiembre de 2016, disponible en http://www.elnuevoherald.com/noticias/mundo/article99222082.html; "Más de medio millón de venezolanos protestaron contra Nicolás Maduro en la "Toma de Caracas," en *La Nación*, Buenos Aires, 1° de septiembre de 2016, en http://www.lanacion.com.ar/1933646-toma-de-caracas-oposicion-marcha-nicolas-maduro

1385 La movilización popular convocada por la oposición fue calificada por el Presidente de la República como nuevo "plan golpista" contra su gobierno. Véase "Maduro denuncia planes de derrocamiento contra gobiernos de izquierda en América Latina," en spanish.peopledaily.com, 28 de agosto de 2016 en http://spanish.peopledaily.com.cn/n3/2016/0828/c31617-9106554.html; y por el Vicepresidente Ejecutivo, igualmente, conforme al mismo *script* como "un plan desestabilizador, golpista para buscar tumbar a Maduro." Véase "Aristóbulo Istúriz denunció que la oposición intenta derrocar al presidente Nicolás Maduro," Noticiero Venevisión, 28 de agosto de 2016 en http://www.noticierovenevision.net/politica/2016/agosto/28/167263=aristobulo-isturiz-denuncio-que-la-oposicion-intentacon el objeto de sacarlo a él y a su régimen del poder;[1386] así como para exigir del Consejo Nacional Electoral la realización de las votaciones para elegir gobernadores y miembros de los Consejos Legislativos de los Estados que corresponde realizar en 2016.

En la víspera de dicha convocatoria, el Gobierno formuló toda suerte de amenazas represivas imaginables contra la oposición, apresando a líderes políticos sin motivo, o con motivos falsos, y trasladando presos políticos arbitrariamente de sus lugares de detención, al punto de que ante la negativa del Estado de aceptar una misión de observación y acompañamiento que le formuló la Secretaria General de la Organización de Estados Americanos al gobierno, el Dr. Luis Almagro tuvo que advertirle al Gobierno en comunicación del 30 de agosto de 2016 que hacía "responsable al Gobierno de Venezuela de asegurar al pueblo su derecho a manifestarse pacíficamente, su derecho de asociación y su derecho de libre expresión sin sufrir ningún tipo de violencia e intimidación," manifestándole:

> "su preocupación por lo ocurrido estos días previos al llamado de la oposición democrática venezolana del 1° de septiembre, donde se han recibido denuncias que demuestran el recrudecimiento de la represión y de las violaciones de Derechos Humanos. Se pretende criminalizar la protesta, se amenaza con inhabilitar a partidos políticos, y se criminaliza la actuación de diputados de la Asamblea Nacional y activistas de la sociedad civil, acciones que dejan serias dudas de que al gobierno venezolano le interese un diálogo serio y constructivo para salir de la crisis en la que se ha sumergido a Venezuela.[1387]

IX

En las semanas anteriores a estos acontecimientos, y después de la aparición de la primera edición de este libro, la conducta del Tribunal Supremo para desmantelar la democracia y el Estado de derecho, imponiendo la "dictadura judicial" no se había detenido, y basta para constatarlo la sentencia de la Sala Electoral del Tribunal Supremo N° 108 de 1° de agosto de 2016, [1388] mediante la cual se preparó el camino para la adopción de un acto más irresponsable y definitivo en la confrontación de

---

derrocar-al-presidente-nicolas-maduro-. No sin antes haber deportado a la candidata a la presidencia de Ecuador, diputada Cynthia Viteri, y su comitiva que estaban de visita en el país, acusándola de realizar "actividades proselitistas y desestabilizadoras" Véease el "Comunicado" del Gobierno venezolano en "Gobierno venezolano ordenó deportación de Viteri por actividades desestabilizadoras (Comunicado),"en *La patilla.com*, Caracas 27 de agosto de 2016, en http://www.lapatilla.com/site/2016/08/27/gobierno-venezolano-ordeno-deportacion-de-viteri-por-actividades-desestabilizadoras-comunicado/.

1386 Como lo expresó Enrique Aristiguieta Gramcko: "el objetivo no debe limitarse a exigir una fecha para el referendo revocatorio, sino a lograr un cambio de gobierno." Véase "Aristeguieta Gramcko: La Toma de Caracas debe ser un nuevo 23 de enero," en *Lapatilla.com*, 21 de agosto en https://www.lapatilla.com/si-te/2016/08/21/aristeguieta-gramcko-la-toma-de-caracas-debe-ser-un-nuevo-23-de-enero/.

1387 Véase en: *Mensaje de la Secretaría General de la OEA en ocasión de las manifestaciones del 1 de septiembre*, Luis Almagro, 30 de agosto de 2016, en http://www.oas.org/es/centro_noticias/comunicado_prensa.asp?sCodigo=C-090/16.

1388 Véase en http://www.tsj.gov.ve/decisiones/scon/marzo/162025-138-17314-2014-14-0205.HTML.

poderes del Estado,[1389] consistente en la "disolución" de hecho de la Asamblea Nacional, al declarar no sólo que la nueva juramentación de los diputados electos por el Estado Amazonas efectuada ante la Asamblea el 28 de julio de 2016, "carece de validez, existencia y no produce efecto jurídico alguno" por haber sido la proclamación de los mismos "suspendida" judicialmente desde el 30 de diciembre de 2015; sino que a partir de dicho día 1° de agosto de 2016, también decidió la Sala que "carecen de validez, existencia y no producen efecto jurídico alguno" todos "aquellos actos o actuaciones *que en el futuro* dictare la Asamblea Nacional" con la participación de los diputados juramentados. Se trató, así, de una nulidad declarada sobre actos inexistentes y desconocidos, por ser futuros e inciertos, lo que fue un soberano, arbitrario y peligroso disparate. Ello, además, fue ratificado por la Sala Constitucional en sentencia N° 808 de 2 de septiembre de 2016, que declaró la nulidad de la Ley que Reserva al Estado las Actividades de Exploración y Explotación de Oro sancionada unas semanas antes,[1390] todo lo cual fue sucesivamente ratificado en múltiples sentencias dictadas posteriormente (por ejemplo, sentencias N° 810 de septiembre de 2016, N° 952 de 21 de noviembre de 2016, Nos. 1012, 1013 y 1014 de 25 de noviembre de 2016 y N° 1086 de 13 de diciembre de 2016) hasta enero de 2017, en la sentencia N° 3 de 11 de enero de 2017,[1391] se le cercenó definitivamente al pueblo su derecho más elemental en un Estado de derecho, que es el de ejercer la soberanía mediante sus representantes.

En todo caso, si los diputados fueron juramentados fue para que participaran en las labores legislativas, lo que significó bajo el criterio de la Sala, que todo lo que ha decidido y decida la Asamblea Nacional a partir del 1° de agosto de 2016 carece de validez, existencia y no produce efecto jurídico alguno. Y como la decisión se adoptó en el marco de un amparo cautelar –aun cuando sin identificarse el supuesto derecho fundamental lesionado ni citarse a los supuestos agraviantes–, entonces, con la misma también se abrió la puerta para que la Sala Constitucional procediera sucesivamente a avocarse al conocimiento de los asuntos por simple "notoriedad judicial," y preparara el camino para poder proceder a aplicar la inconstitucional doctrina que sentó en 2014, en el caso de los Alcaldes de los Municipios San Diego del Estado Carabobo y San Cristóbal del Estado Táchira,[1392] pudiendo terminar entonces decretando la "cesación" de las funciones de los diputados que incurrieran en desacato, y con ello proceder a "disolver" de hecho la Asamblea, como se ha venido anunciando en forma desvariada.[1393]

1389 Véase sobre este proceso lo expuesto por Ernesto Estévez León, "El enfrentamiento de poderes," en *La Caja de Pandora*, 5 de agosto de 2016, en https://cajadepandora49.wordpress.com/2016/08/05/el-enfrentamiento-de-poderes/

1390 Véase en http://historico.tsj.gob.ve/decisiones/scon/septiembre/190395-808-2916-2016-16-0831.HTML

1391 Véase en http://historico.tsj.gob.ve/decisiones/scon/enero/194892-03-11117-2017-17-0002.HTML

1392 Véase sobre esas sentencias los comentarios en Allan R. Brewer-Carías, *El golpe a la democracia dado por la Sala Constitucional (De cómo la Sala Constitucional del Tribunal Supremo de Justicia de Venezuela impuso un gobierno sin legitimidad democrática, revocó mandatos populares de diputada y alcaldes, impidió el derecho a ser electo, restringió el derecho a manifestar, y eliminó el derecho a la participación política, todo en contra de la Constitución)*, Colección Estudios Políticos N° 8, Editorial Jurídica venezolana, segunda edición, Caracas 2015, pp. 115 ss.

1393 La única posibilidad constitucional que existe en la Constitución para que el Presidente de la República pueda disolver la Asamblea Nacional es cuando en un mismo período constitucional se remueva al Vicepresidente Ejecutivo tres veces como consecuencia de la aprobación por la Asamblea de tres mo-

La decisión de la Sala Constitucional también abrió la puerta para que otros órganos depredadores del poder público pudieran también contribuir a cerrar la Asamblea Nacional, como fue lo anunciado del Poder Ejecutivo, de proceder a ahogarla presupuestariamente para, de hecho, tratar de impedir que funcione,[1394] lo que efectivamente comenzó a ocurrir al terminar las sesiones ordinarias de la Asamblea el 15 de agosto de 2016.[1395]

En fin, de lo que se trata en la "dictadura judicial" que tenemos, es de desplazar a los representantes de la voluntad popular del marco institucional del Estado, como la culminación del proceso de demolición de la democracia, lo que incluso fue formalmente "anunciado" por el Presidente de la República, sin duda en respuesta a la multitudinaria manifestación popular de rechazo a su Gobierno del 1° de septiembre de 2016, al declarar que:

> "Le he pedido a un grupo de juristas, al Procurador General, que en el marco del Decreto de Emergencia Económica y Estado de Excepción, me preparen un decreto constitucional para consultarle a la Sala Constitucional para levantar la inmunidad a todos los cargos públicos, empezando por la inmunidad parlamentaria en Venezuela, si fuese necesario."[1396]

Como bien lo observó José Ignacio Hernández:

> "Esta amenaza podría ser preludio de un nuevo episodio del conflicto contra la Asamblea Nacional, que incorporaría un elemento sumamente peligroso para el orden democrático y constitucional: desconocer la inmunidad parlamentaria con base en argumentos jurídicos bastante primitivos, permitiendo no sólo el enjuiciamiento sino, además, la privación de libertad de diputados, como consecuencia de una acción de retaliación política."[1397]

Ello por supuesto sería absolutamente inconstitucional pues conforme al artículo 200 de la Constitución la inmunidad parlamentaria, como privilegio de los diputados, solo puede ser allanada en los casos de comisión de delitos por el Tribunal Supremo de Justicia, "única autoridad que podrá ordenar, previa autorización de la

---

ciones de censura (art. 240). Por tanto, para que ese supuesto se pueda llegar a producir, es porque la voluntad de la Asamblea de que la disuelvan.

1394 Véase Yelesza Zavala, "Maduro: Si la AN está fuera de ley yo no puedo depositarle recursos," en *NoticieroDigital.com*, 2 de agosto de 2016, en http://www.noticierodigital.com/forum/viewtopic.php?t=38621.

1395 Véase las declaraciones del Presidente de la Asamblea: "Ramos Allup: Gobierno suspendió salario a diputados opositores," en *El Tiempo*, Puerto La Cruz, 24 de agosto de 2016, disponible en *El Tiempo.com.ve,* en http://eltiempo.com.ve/venezuela/gobierno/ramos-allup-gobierno-suspendio-salario-a-diputados-opositores/227363.

1396 Véase "Maduro pide evaluar levantamiento de inmunidad a parlamentarios en Venezuela," en *El Espectador*, Bogotá, 1 de septiembre de 2016, disponible en http://www.elespectador.com/noticias/elmundo/maduro-pide-evaluar-levantamiento-de-inmunidad-parlamen-artículo-652327. El primer Vicepresidente de la Asamblea Nacional Enrique Márquez consideró con razón que "Es un golpe de Estado que Maduro pretenda levantar la inmunidad a los parlamentarios," Caracas 1° de septiembre de 2016. Véase en http://unidadvenezuela.org/2016/09/42810/

1397 Véase José Ignacio Hernández, " ¿Qué puede pasar con la inmunidad parlamentaria, tras el anuncio de Maduro?", en *Prodavinci*, 1° de septiembre de 2016, en http://prodavinci.com/blogs/que-puede-pasar-con-la-inmunidad-parlamentaria-tras-el-anuncio-de-maduro-por-jose-i-hernandez/

Asamblea Nacional, su detención y continuar su enjuiciamiento," luego de realizado el antejuicio de méritos correspondiente (art. 266.3). Como lo observó María Alejandra Correa Martín:

> "La Constitución no confiere al Presidente de la República atribución alguna para instar al Tribunal Supremo de Justicia para allanar la inmunidad parlamentaria, ni para dictar decretos que la condicionen o excluyan. Ni siquiera en el marco de un Estado de Excepción, porque durante la vigencia de éstos no se afecta el funcionamiento de los demás Poderes Públicos (artículo 339, último aparte de la Constitución)." [1398]

X

Lo cierto, en todo caso, es que la intención del Gobierno y de la Sala Constitucional, como ha sido anunciado, es acabar definitivamente con la Asamblea Nacional y la representación popular, buscando la expresada inconstitucional y tortuosa vía para quizás, alegando el desacato de los diputados a cumplir con las inconstitucionales sentencias del Tribunal Supremo de Justicia que le han cercenado las facultades constitucionales a la Asamblea, proceder a "allanarle" la inmunidad parlamentaria a los diputados con la sola intervención de dicho Tribunal Supremo, al considerar que la "autorización" que la Constitución exige que deba dar la propia Asamblea Nacional para ello, no es posible que pueda ser emitida, ya que sus Salas decidieron en sus sentencias recientes, como la N° 108 de 1° de agosto de 2016 de la Sala Electoral, la N° 808 de 2 de septiembre de 2016 y todas las posteriores de 2016 de la Sala Constitucional, antes indicadas, que todos los actos de la Asamblea "carecen de validez, existencia y no producen efecto jurídico alguno." O sea, tan simple y burdo como esto: como la Asamblea Nacional no puede decidir nada válidamente, porque así lo decidió el Tribunal Supremo, entonces no puede autorizar el allanamiento de la inmunidad parlamentaria de los diputados como lo exige la Constitución, pudiendo entonces ello ser decidido con la sola participación del Tribunal Supremo.

Y mientras todo esto se estaba preparando tras bastidores, la persecución política continuó, y muestra de ello fue el inconstitucional secuestro y detención del periodista Braulio Jatar,[1399] por supuestamente haber difundido legalmente un video con imágenes verídicas de una manifestación callejera en la cual vecinos del barrio Villa Rosa en las afueras de Porlamar, en la Isla de Margarita, participaban legítimamente, y entre ellos, muchas señoras mayores amas de casa que blandían cacerolas como única "arma" para expresar su descontento, y que tuvieron que enfrentar a un irresponsable Presidente quién en una insólita bravuconada pretendió mezclarse con los manifestantes queriendo él solo callar el ensordecedor ruido de las cacerolas de las

---

1398 Véase María Alejandra Correa Martin, "Inmunidad parlamentaria incomoda al Ejecutivo Nacional," 1° de septiembre de 2016, disponible en http://www.allanbrewercarias.com/Content/449725d9-f1cb-474b-8ab2-41efb849fec2/Content/MAC..%20Inmunidad%20parlamentaria.pdf

1399 Véase el reportaje: publicado en el diario *El Nacional*, se dónde se informó que: "Un Mundo sin mordaza rechazó la detención del director del portal Reporte Confidencial, Braulio Jatar, por publicar videos de habitantes de Nueva Esparta caceroleando en contra del presidente Nicolás Maduro, durante una visita a la comunidad de Villa de Rosa. Véase *El Nacional*, Caracas 3 de septiembre de 2016, disponible en http://www.el-nacional.com/liber-tad_de_expresion/Mundo-Mordaza-detencion-Braulio-Jatar_0_914908609.html.

amas de casa,[1400] lo que por supuesto no sólo no logró, sino que no logrará de ahora en adelante.

Luego de que circuló la segunda edición de esta obra, además de haberse ensayado la realización de un "diálogo" ilusorio, promovido por el Vaticano para resolver la crisis política del país, que no condujo a nada, en paralelo el Tribunal Supremo siguió emitiendo nuevas decisiones a través de sus Salas, que contrariaron toda posibilidad de diálogo. Entre ellas, se destaca la adoptada por la Sala Constitucional para terminar de clausurar de hecho a la Asamblea Nacional, como fue la sentencia de la Sala Constitucional del Tribunal Supremo N° 814 de 11 de octubre de 2016,[1401] dictada con motivo de "ampliar" supuestamente lo resuelto en una sentencia anterior, mediante la cual la propia Sala asumió directamente las competencias de la Asamblea Nacional esta vez en materia presupuestaria, en una evidente usurpación de autoridad, llegando a aprobar un decreto-ley de la Ley de Presupuesto para 2017.

La Sala Electoral del Tribunal Supremo además, dictó la sentencia N° 417 del 17 de octubre de 2016,[1402] mediante la cual secuestró de nuevo el derecho ciudadano a la revocatoria de mandatos presidenciales para la realización del referendo revocatorio previsto para 2016, "interpretando" en forma inconstitucional que el respaldo de firmas que se necesitaba para convocar dicho referendo era del 20% de los electores inscritos en el Registro Electoral en cada una de las circunscripciones de cada uno de los Estados de la República y del Distrito Capital, y no en la circunscripción nacional. La consecuencia fue que la oposición democrática se preparó para una nueva recolección de firmas, conforme a lo dispuesto por el Consejo Nacional Electoral, para los días 26 al 28 de octubre de 2016, lo cual fue frustrado por la acción conjunta de cinco gobernadores de Estado y jueces penales de los Estados "dejado sin efecto la recolección de firmas del 1% del padrón electoral," que se había realizado cuatro meses antes por la Mesa de la Unidad Democrática (MUD) para promover el referendo."[1403] Ello condujo al Consejo Nacional Electoral, el mismo día 20 de octubre, a paralizar "hasta nueva orden judicial, del proceso de recolección de 20% de las manifestaciones de voluntad, que estaba previsto para el 26, 27 y 28 de octubre de 2016," posponiendo "el proceso de recolección hasta nueva instrucción judicial,"[1404] con lo que se acabó la posibilidad de que el pueblo venezolano pudiera ejercer su derecho constitucional al referendo revocatorio presidencial, que debió haber ocurrido en 2016. Una nueva manifestación de la dictadura judicial lo impidió.

El balance de las actuaciones y decisiones adoptadas por la Sala Constitucional del Tribunal Supremo de Justicia durante todo el año 2016, fue en definitiva, que absolutamente todas las leyes y actos parlamentarios sancionados y adoptados por la Asamblea Nacional fueron declarados nulos, concluyendo el proceso a principios de 2017, al disponer la misma Sala Constitucional, la cesación definitiva, de hecho, de

---

1400 Véase Nicholas Casey, "Venezuelan Show Anger By Chasing President," en *The New York Times*, New York, 4 de septiembre de 2016, p. 8.

1401 Véase en http://historico.tsj.gob.ve/decisiones/scon/octubre/190792-814-111016-2016-2016-897.HTML

1402 Véase en http://historico.tsj.gob.ve/decisiones/selec/octubre/190852-147-171016-2016-2016-000074.HTML

1403 Véase la información en CNN. Español, 20 de octubre de 2016, en http://cnnespanol.cnn.com/2016/10/20/anulan-firmas-de-la-primera-fase-del-revocatorio-en-varios-estados-de-venezuela/#0

1404 Véase en: http://www.cne.gov.ve/web/sala_prensa/noticia_detallada.php?id=3483.

la Asamblea Nacional al disponer mediante sentencia N° 2 de 11 de enero de 2017,[1405] que declaró nulo tanto el acto de instalación de la Asamblea para su segundo período anual del 5 de enero de 2017, como el Acuerdo de 9 de enero de 2017 que declaró la falta absoluta del Presidente de la República, que:

> "Cualquier actuación de la Asamblea Nacional y de cualquier órgano o individuo en contra de lo aquí decidido será nula y carente de toda validez y eficacia jurídica, sin menoscabo de la responsabilidad a que hubiere lugar."

En esta forma, mediante un sablazo final de la Justicia, que se ratificó en la sentencia de la misma Sala N° 3 de 11 de enero de 2017,[1406] se le cercenó definitivamente al pueblo su derecho más elemental en un Estado de derecho, que es el de ejercer la soberanía mediante sus representantes.

El necesario comentario a todas estas últimas sentencias se incluyen en esta tercera edición de la obra, que también se edita para las librerías globales, en la cual también se incluyeron los tres estudios elaborados con ocasión de la primera edición "A manera de presentación," por los distinguidos juristas Asdrúbal Aguiar, José Ignacio Hernández y Jesús María Alvarado Andrade, a quienes de nuevo quiero agradecer el honor que me han hecho en escribir esos ensayos.

New York, 22 de enero de 2017

TRES ESTUDIOS A MODO DE PRESENTACIÓN

(A la primera edición):

Asdrúbal Aguiar, José Ignacio Hernández y Jesús María Alvarado Andrade

El libro, además, contó con los siguientes tres trabajos, A MODO DE PRESENTACIÓN, elaborados por los profesores Asdrúbal Aguiar, José Ignacio Hernández y Jesús María Alvarado Andrade.

LA RUPTURA DE LA DEMOCRACIA

Por: Asdrúbal Aguiar

Profesor de la Universidad Católica Andrés Bello
Director de la Iniciativa Democrática de España y las Américas (IDEA)

Miembro de la Real Academia Hispanoamericana de Ciencias, Artes y Letras de España

Este nuevo libro, Dictadura Judicial y perversión del Estado de Derecho, escrito por nuestro buen amigo, colega e importante epígono del Derecho público hispanoamericano, Allan R. Brewer Carías, hace parte del conjunto de sus disciplinadas publicaciones sobre un período de oscurantismo institucional, constitucional y polí-

1405 Véase en http://historico.tsj.gob.ve/decisiones/scon/enero/194891-02-11117-2017-17-0001.HTML

1406 http://historico.tsj.gob.ve/decisiones/scon/enero/194892-03-11117-2017-17-0002.HTML

tico, que se inicia en Venezuela a partir de 1999, sumándose aquél y éstas a su ya apreciada obra de Historia Constitucional, publicada en dos volúmenes.

Uno y otras se refieren a ese tiempo durante el que se da y experimenta, también en Hispanoamérica y con amagos en la propia España, una suerte de maridaje de experiencias políticas decimonónicas y de "ideas muertas": caudillismo, marxismo, militarismo, populismo, recreado y escondido tras el andamiaje digital y de redes que facilita la globalización y le permite rebautizarse con el nombre de Socialismo del siglo XXI. Como tal, luego hace de la tríada Estado de Derecho, derechos humanos, democracia – he aquí lo distintivo y ominoso – un instrumento o forma, acaso prescindible, pero sí mudable o amoldable, ajustable a conveniencia según sean los cometidos arbitrarios de ese régimen resurrecto y engañoso.

A fuer de los hechos jurídicos constitucionales que describe y analiza por sus palmarias inconstitucionalidades – marcándole un punto final a la democracia venezolana - y que ocurren en sede de la Sala Constitucional del Tribunal Supremo de Justicia luego del 6 de diciembre del pasado año, cuando la tozudez democrática del pueblo venezolano desafía con las armas del voto a la vesania oficial de las armas, el texto que introducen estas páginas señala un verdadero hito. Establece un parteaguas histórico. Aún más, fija como enseñanza lo central y más delicado a resolver una vez como la normalidad regrese a Venezuela y que preocupara desde antiguo al poeta Juvenal: Quis custodiet ipsos custodes?

Lo cierto es que, luego de las elecciones parlamentarias ocurridas en la fecha citada, conocida la voluntad soberana democratizadora de las mayorías venezolanas, se desata una crisis terminal de constitucionalidad. Queda al desnudo y se hace evidente el fingimiento constitucional, hasta entonces sostenido y que ya dura tres lustros y algo más en el país bajo los gobiernos de Hugo Chávez Frías y Nicolás Maduro Moros.

La Asamblea Nacional fenecida, bajo control del Teniente Diosdado Cabello, el mismo día en que cesan sus sesiones ordinarias, el 15 de diciembre, crea una suerte de parlamento paralelo, constitucionalmente inexistente, el Parlamento Comunal. Al mismo le hace entrega, simbólicamente, de un área de sesiones dentro de su sede, la del Capitolio Federal.

Seguidamente, durante las dos semanas que la separan de la instalación de la nueva Asamblea electa por mayoría opositora, ilegítimamente y contando con el respaldo que sin reservas le otorga la Sala Constitucional del Tribunal Supremo, ya desapoderada convoca a sesiones extraordinarias y adopta decisiones orientadas a montar un andamiaje *ad hoc*, con abierto fraude a la Constitución, para impedir el cabal funcionamiento del parlamento sucedáneo. Así, "fidelizando" políticamente a los jueces constitucionales y para hacerlos sirvientes de tal desiderátum, el 23 de diciembre designa, obviando los pasos reglamentarios y requisitos constitucionales, 13 magistrados y 21 suplentes en ese Supremo Tribunal, reintegrándolo hasta con ex diputados oficialistas quienes votan por su propia elección como administradores de Justicia.

La diarquía cívico militar gobernante – ¿acaso un triunvirato, una tetrarquía, o una pentarquía?, se pregunta Henry Ramos Allup, presidente de la Asamblea Nacional electa - hace cesar sin pudor, haciéndole decir a la Constitución por voz de jueces serviles lo que no dice, el conjunto de los elementos esenciales de la democracia y los componentes fundamentales de su ejercicio. El cesarismo democrático imperante hasta la muerte del causante, Chávez Frías, se vuelve, sucesivamente, despotismo iletrado y disolvente, con sus dañinas consecuencias sobre la república y la ética política. Los días que siguen al 6D muestran en su crudeza el impúdico deslave destructivo de la juridicidad nacional que ocurre, sin paralelos.

No se reducen las enseñanzas del presente libro, por ende, al conocimiento o crónica de otra crisis constitucional o a la explicación de un choque entre poderes del Estado, que en hipótesis amerite ser resuelta imparcial y constitucionalmente por los jueces constitucionales si acaso fueren imparciales y no militantes en el incordio que hoy hace presa de todos los venezolanos.

Al reseñar el conjunto o la suma de las sentencias que dicta esa espuria Sala, escribanía del gobierno organizada por el propio gobierno, el autor le da soporte factual, constitucional y narrativo, a dos documentos políticos fundamentales que refiere en su texto y son de fecha reciente.

Uno es el acuerdo de 10 de mayo pasado que adopta el poder parlamentario en estreno para denunciar "la ruptura del orden constitucional y democrático en Venezuela", obra de una colusión de poderes controlados por el régimen imperante. Otro es el Informe sobre Venezuela que elabora el Secretario General de la OEA, Luis Almagro, y que consigna el 30 de mayo ante el Presidente del Consejo Permanente, para movilizar la aplicación del artículo 20 de la Carta Democrática Interamericana y exigir de dicho órgano su apreciación colectiva y autónoma acerca de las alteraciones graves del orden constitucional y democrático allí constatadas.

La ficción de juridicidad, en efecto, llega a su final en esta república históricamente admirada por sus luchas por la libertad, pero concluye de un modo vergonzoso. Y ese es el asunto a considerar. Se sucede de la peor manera, para frustración de todos y no solo de los que han puesto, de buena fe, sus esperanzas en el proyecto posmoderno de redención popular revolucionaria denominado Socialismo del siglo XXI y que, al cabo, termina como un vulgar contrabando de engaños.

Las primeras sentencias del recompuesto y obsecuente Tribunal Supremo, cabalmente partidista, avanzan sin piedad ni recato en la realización del cometido que le imponen tanto el Presidente de la República como el cesado militar que funge como cabeza del parlamento rechazado abrumadoramente por el pueblo.

Previamente, la Sala Electoral le da acelerado curso y en días judicialmente inhábiles, el 28 y 29 de diciembre, antes de la instalación de la Asamblea opositora electa, que tiene lugar el 5 de enero de 2016, a varias acciones propuestas por el oficialismo y orientadas a desconocer un grupo de diputados electos y ya proclamados por el Consejo Nacional Electoral. Rebanar la mayoría calificada opositora se le hace agonal al régimen. Y en sentencia clandestina que dicta dicha Sala el 30 de diciembre y que apenas se conoce el día anterior a la juramentación de los neo diputados, el 4 de enero, la misma ordena suspender la proclamación de los representantes del Estado Amazonas, en número de 4, 3 opositores, 1 oficialista, obviando sus condiciones de parlamentarios proclamados e investidos constitucionalmente de inmunidad.

Fue pírrico lo así ejecutado, como lo refiere el profesor Brewer Carías, pues la mayoría calificada de la Asamblea instalada y de oposición hace relación con el número efectivo de los miembros incorporados; pero uno de los Estados de la República, arbitrariamente se queda sin representación por obra de ese "golpe judicial" electoral.

Lo insólito, a todas estas, es que dicha Sala Electoral, de cara a su sentencia írrita, visto que mal puede suspender los efectos de una proclamación de diputados ya realizada a menos que valga el contra sentido, y visto que la nueva directiva de la Asamblea Nacional decide incorporarlos a su seno, no se le ocurre otra cosa que decretar, el 11 de enero, la nulidad de los actos dictados por el cuerpo legislativo hasta tanto acate la desincorporación de los mencionados representantes amazonienses.

El Presidente de la República, obligado a acudir ante la Asamblea el 15 de enero para presentar su Mensaje Anual conforme a la Constitución, se aprovecha del conflicto y trata de no cumplir con su mandato; lo usa como amenaza contra el parlamento. Al cabo, la solución adquiere un contenido político al margen del ordenamiento constitucional, ya vapuleado por los hechos.

La Asamblea decide, motu proprio, desincorporar a los diputados de Amazonas juramentados, y la Sala Constitucional, a pedido del gobierno, sentencia que, habiendo cesado la omisión inconstitucional de la directiva parlamentaria, el Presidente no tiene impedimentos para dirigirse y presentar su cuenta ante los diputados representantes del pueblo.

Nada que agregar a lo indicado, salvo subrayar lo que más tarde desborda, a saber, las sentencias de la Sala Constitucional, de 11 de febrero y 17 de marzo, en las que autoriza al Presidente de la República para gobernar mediante decreto y al amparo de una suspensión de garantías constitucionales que le ha sido rechazada por la Asamblea Nacional, tanto en su dictado como en su posterior renovación. Otro golpe judicial, por consiguiente, anula la competencia constitucional privativa del parlamento y destinada al ejercicio de su control político sobre los decretos de emergencia constitucional, autorizándolos o no, e incluso, haciendo cesar o no, en caso de negativa, la necesidad del posterior control jurídico que corresponde a la Sala mencionada.

La dictadura, en pocas palabras, llega, se instala y purifica de manos de los jueces constitucionales; lo que a la sazón y sucesivamente se agrava, al determinar in extensu la Sala mencionada, en su última sentencia mencionada, que el control parlamentario que pretenda ejercer la Asamblea sobre los funcionarios del Poder Ejecutivo, ha de ser previamente convenido y autorizado por el Vicepresidente de la República.

Llega a su final, así, el principio de separación e independencia de los poderes y la misma existencia del Poder Legislativo en Venezuela, como lo refiere apropiadamente el autor; lo que se consuma con la asunción por los jueces constitucionales, mediante sentencia de 21 de abril, de la atribución también privativa de la Asamblea de dictar su propio reglamento interior y de debates. En el caso lo reforma mediante sentencia y ordena su acatamiento por los diputados, fijándole como obligaciones.

Desde entonces hasta ahora, la Sala Constitucional, reforzando in extremis el presidencialismo y sometiéndose a los dictados del mismo, declara inconstitucionales todas las leyes sancionadas por la susodicha Asamblea Nacional. Todavía más, el Presidente y Jefe del Ejecutivo, mediante Decreto Ley y apoyado en la emergencia constitucional que decreta y valida la Sala Constitucional, el 2 de mayo restringe los efectos ejecutivos de las censuras que dicte la Asamblea en ejercicio de su control político, contra los ministros del gobierno, haciéndolos inamovibles en contravención de lo dispuesto por el propio texto constitucional; se abroga a sí mismo la potestad de legislar al amparo de la emergencia económica que decreta; proscribe toda intervención de la Asamblea en cuanto al manejo de las finanzas públicas; elimina la competencia constitucional de ésta para aprobar los contratos de interés nacional; suspende las sanciones políticas que reciban los funcionarios del Poder Ejecutivo por sus desempeños durante la emergencia; proscribe los financiamientos extranjeros a personas naturales o jurídicas que los utilicen para fines políticos; en fin, criminaliza a la oposición al señalarla de propósitos desestabilizadores por impulsar la revocación de su mandato.

El 14 de junio, por último, la Sala Constitucional le impone al poder legislativo una nueva restricción, suspendiendo los acuerdos que este dictara el de 10 de mayo de 2016 supra indicado y en el que "denuncia la ruptura del orden democrático y constitucional en Venezuela" e insta a los organismos internacionales a pronunciarse al respecto, y el de 31 de mayo, saludando los pedidos de diálogo que hacen distintos organismos internacionales para resolver sobre la crisis democrática y constitucional venezolana y respaldando la actuación de Luis Almagro, Secretario General de la OEA. Todo ello tiene lugar a pedido del Poder Ejecutivo y para que se le ordene a la directiva de la Asamblea Nacional no inmiscuirse en las relaciones internacionales de la República.

En suma, como lo advierte el propio Secretario de la OEA en su Informe sobre Venezuela, es evidente que "se ha disparado el activismo del Tribunal Supremo desde febrero a marzo de 2016, comparado con el 2015, al pasar de dos casos a 252. Entre el 5 de enero y el 24 de mayo se registraron nueve apelaciones. Todas las decisiones se han dispuesto a favor del poder ejecutivo".

La democracia y el Estado de Derecho, en síntesis, fenecen por obra de golpes judiciales respaldados por la Fuerza Armada y su Comandante en Jefe, Maduro Moros.

El fallecimiento del último gendarme, Chávez Frías, y el final de la riqueza petrolera que hace posible sostener el mito de El Dorado, al paso y al término deja filas de hambrientos desdentados y violencia civil armada en toda la geografía; y los humores putrefactos de la corrupción, con sus efectos disolventes de la ciudadanía, se hacen insoportables y son el contexto que explica lo inverosímil, a saber, el desprecio de la ley por quienes están llamados a cuidar de su vigencia y efectividad.

Es manifiesta la colusión de algunos actores oficiales y militares con la criminalidad global y el narcotráfico, creándose, de suyo, un clima abiertamente incompatible con el sostenimiento y la vigencia del Estado de Derecho. No se trata, esta vez, de atentados repetidos y sistemáticos a la constitucionalidad que escruta cotidianamente la mano experta del profesor Brewer y que, en lo personal, asimismo describo en mis libros Historia inconstitucional de Venezuela (2012) y El golpe de enero en Venezuela (2013); se trata de algo más grave, es decir, de lo que queda por vía de consecuencias y en su dilemática ejemplaridad.

Agotada la fuente de la legitimidad de origen de un poder que se ejerce fingidamente en nombre de la democracia y del Estado de Derecho, vaciándoselos progresivamente de formas y contenido, sostenerlo como finalidad se hace ahora obsesión de sobrevivencia en sus detentadores. De allí que, en la hora, el lenguaje político degradado y oportunista, no pocas veces procaz, en lo adelante toma el puesto de la sagrada ritualidad constitucional. La argumentación de utilidad política factual y prostituida sustituye al razonamiento lógico y normativo en las decisiones que adopta la Justicia constitucional. El presente libro es un testimonio elocuente.

Así las cosas, lo real es que quedan como producto del entuerto, de un lado, quienes justificándolo todo a nombre de una manida revolución y a costa de prosternar el constitucionalismo democrático y de aniquilar el principio de la alternabilidad, osan calificar de golpistas a los que defienden la ortodoxia democrática y protestan el amoral comportamiento de la Sala Constitucional. ¡Y es que hacen de sus fines utopías utópicas, si cabe morigerar el análisis, cuyo logro no depende más de los medios ni de su legitimidad!

Entre tanto, del otro lado y del lado de las víctimas de la crisis humanitaria e institucional que padece Venezuela se encuentran los hijos de la modernidad, en sus distintas vertientes ideológicas; defienden en común y con diversidad de tácticas, la moral democrática, pues creen que es la puerta para la solución integral de los males que aquejan al país: medios legítimos para fines legítimos. !He aquí otro de los motivos que le dan significación a la memoria jurídica que nos entrega el profesor Brewer!

No huelga reseñemos, en estas páginas liminares, que 36 ex Jefes de Estado y de Gobierno, desde Iniciativa Democrática de España y las Américas (IDEA), en declaraciones recurrentes han expresado su mortificación al respecto y llaman a la sindéresis; no tanto al presidente Maduro sino a sus pares de las Américas, por mirar de lado o no reaccionar adecuadamente, mientras el clima de atrocidades y la violencia oficial se engullen a una de las patrias de mayor prestigio durante la última mitad del siglo XX.

Varias veces nos hemos referido, en nuestras columnas semanales para la prensa nacional y extranjera, al ominoso final del llamado Socialismo del siglo XXI y cuyo rostro no es nada distinto –salvo su empaque globalizador– del que antes se oculta en la Unión Soviética previa al Glasnost, a saber y como antes lo hemos dicho, la demencial corrupción de su nomenklatura, la colusión con la criminalidad, sobre todo su exponencial capacidad para multiplicar la pobreza.

Para algunos miopes de conveniencia, sin embargo, la cuestión se reduce a un hecho pendular. Apenas terminaría un ciclo generacional –de casi 20 años– de dominio de las izquierdas y se abre otro con sesgo de derechas, si cabe la terminología de estirpe revolucionaria francesa y demodé. De allí que, ante el desmoronamiento de esos regímenes controlados por la izquierda más "ultrosa" o militarizada – en abierto desafío de la Justicia, como acontece en Brasil – y la creencia de una vuelta al ruedo del "capitalismo salvaje", del denostado "neoliberalismo" cuyos dolorosos programas de ajuste rigen a finales del siglo XX, algunos socialistas "democráticos" prenden las alarmas y mantienen celosa vigilia, y hasta matizan sus críticas a los primeros.

Lo cierto es que no existe en la región, así lo creemos o intuimos, un antagonismo verdadero entre el Socialismo del siglo XXI y las denostadas "derechas imperiales" que tanto causan ojeriza a no pocos líderes en España e hispano-américa. Se da, como lo creemos, otra línea divisoria de muy añeja data, en renacimiento y es lo que se dilucida con la crisis constitucional venezolana descrita por el profesor Brewer.

Carl Schmitt – escribano del nazismo hasta que éste lo purga, en 1936 – cultiva el nomos europeo, que es anterior a 1945 y al Holocausto: la centralidad de la soberanía, la delimitación e intangibilidad de los espacios de gobierno, el gobernante constituyente, en definitiva, la legitimidad de tener enemigos con quienes se confronta o amigos que fraguan alrededor de dichos intereses y su preservación; de allí la relevancia del melifluo lenguaje diplomático clásico que en la hora y a propósito de Venezuela reivindica el ex presidente español José Luis Rodríguez Zapatero, propiciador, junto a sus pares Leonel Fernández, Martín Torrijos y Ernesto Samper, Secretario de la UNASUR, de un diálogo sin término y sin destino, que preserve al gobernante Maduro y a los suyos por encima de todo.

El caso es que otro paradigma, hijo de la Segunda Gran Guerra, predica la moralidad en la política y la primacía de la dignidad de la persona humana – que objeta Schmitt porque mata, según él, el sentido de la política – y que fija la diferencia, no ya entre amigos vs. enemigos sino entre el delincuente y la ley. La neutralidad social pierde su sentido y las obligaciones de respeto a los derechos humanos – entre éstos el derecho a la democracia – adquieren validez universal. El lenguaje ambiguo cede en las relaciones entre gobernantes y de éstos con sus sociedades y adquiere obligatoriedad la transparencia: al pan, pan, al vino, vino. Al ladrón, ladrón, pues éste no es un justo adversario.

Así se entiende, no de otra manera, que el ethos de la UNASUR – de los Samper y los Maduro con sus cabezas de playa – o la entente USA-Cuba o Colombia-FARC, bajo patrocinio del Vaticano, encuentre una racionalidad histórica; pero está llena, cuesta decirlo, de vergüenza suma. El ethos de quienes, como el Secretario Almagro, hacen valer, incluso a contra corriente, la efectividad de la Carta Democrática Interamericana en el marco de la OEA, a fin de cauterizar las alteraciones graves del orden constitucional tratadas por el profesor Brewer y denunciadas por la Asamblea Nacional venezolana, en defecto del anterior ethos predica salvaguardar, a toda costa, los valores éticos de la política y de la democracia, sin dejarle espacios al relativismo tan en boga y de factura global, que tacha Benedicto XVI.

Sea lo que fuere y al ser inexcusable en todo demócrata apelar al diálogo como medio, cabe precisar que todo diálogo democrático debe ser legítimo; es decir, ha de servir a la verdad, usar un lenguaje compartido, y fundarse sobre el respeto de mínimos democráticos, para que no derive en diálogo de sordos y tampoco sirva de táctica disuasiva favorecedora de los enemigos de la democracia.

La política, como señalan los entendidos, es manejo de realidades y solución eficaz de sus planteamientos, lo que no discutimos y antes bien comprendemos inspirados en el magisterio de Francisco: "Pasar del nominalismo formal que estanca los conceptos a la objetividad armoniosa de toda palabra, camino de creatividad", es su pedido como Cardenal. Pero la política de reciedumbre democrática, a la par de administrar circunstancias y procurar resultados orientados al Bien Común, que nos lleve a la trascendencia que funda, se apuntala sobre valores éticos irrenunciables: "Desde el desarraigo retomar las raíces constitutivas", ajusta Jorge Mario Bergoglio, en su opúsculo La nación por construir (2005).

El maquiavelismo se mira en el ombligo, es presa de la cultura del presente, es circunstancial y utilitario, en tanto que la ética democrática es como el dios de las puertas, Jano, que mira a la vez hacia el comienzo y hacia los finales. Aprende de su pasado y conserva sus raíces, para que al manejar lo cotidiano deje un campo fértil para las generaciones futuras. De allí que, a la legitimidad de los medios, en la democracia, le venga aparejada la legitimidad de los fines y viceversa, como cabe reiterarlo.

La referencia viene al caso a propósito de lo dicho, de la ruptura que del orden democrático y constitucional y de la crisis humanitaria y de salud declara la Asamblea Nacional, con mayoría calificada de las fuerzas democráticas opositoras al régimen y cuyos efectos, creyendo ocultar la realidad, suspende y desconoce la Sala Constitucional. Y vale aún, pues de no jerarquizarse la política en Venezuela y en las Américas a propósito del caso de Venezuela, el quehacer político de trinchera, bajo el ruido de los disparos o el silencio cómplice de los observadores, puede mudar en traición a la propia democracia y a las víctimas de su desconocimiento.

En una votación 20-12 a favor de la aprobación del orden del día, el Consejo Permanente de la OEA, en sesión que realiza en la misma fecha en la que avanzamos hacia la finalización de este prólogo y bajo la protesta del gobierno de Maduro, en aplicación del artículo 20 invocado por el Secretario Almagro y mencionado al inicio, decide recibir el informe de éste sobre las alteraciones graves del orden democrático ocurridas en Venezuela y someterlo a una apreciación colectiva.

Más allá de la victoria diplomática que ello significa y en justicia celebran las fuerzas de oposición venezolanas, mostrando que un giro geopolítico favorable a la democratización se opera en las Américas y en España, no cabe duda que dicha votación – al margen de las motivaciones clientelares – indica la presencia, en el mismo seno de la OEA, de esas cosmovisiones explicadas con anterioridad y que antagonizan acerca del hecho democrático; y son irreconciliables, salvo que medie un sincretismo de laboratorio: una es cesarista, otra es libertaria o humana a secas.

La cuestión es que parte de los actores "democráticos" – incluidos algunos líderes opositores venezolanos – aún creen que la democracia es cosa de los gobiernos y de los partidos. Por ello la queja del gobierno de Venezuela que tanto sensibiliza a 12 de sus pares. Mas, la democracia que predica la Carta - he ahí la ruptura epistemológica – es derecho de los pueblos, derecho humano a la democracia que los gobiernos deben respetar. Así reza el artículo 1, y es la tesis que acompañan otros 20 gobiernos de la región.

Una última consideración.

Truenos y centellas ha anunciado el presidente Maduro si la Organización de Estados Americanos decide, en sede de su Consejo Permanente, aplicar las consecuencias sancionatorias prevista por la Carta Democrática para facilitar, en caso de rebeldía, el restablecimiento de la normalidad democrática alterada en Venezuela. Y sus áulicos, por ende, no hacen más que desfigurar realidades, interpretar a su antojo las normas de este instrumento que, en su fase de redacción, intenta frenar Hugo Chávez Frías, pero que, llegado el momento de la adopción, en 2001, cuenta con el ucase meritorio de su Canciller, Luis Alfonso Dávila.

No es del caso recordar que la citada Carta es el producto de una larga evolución histórica en las tesis democráticas latinoamericanas, siendo su penúltimo hito la Declaración de Santiago de 1959, que enuncia los componentes de toda democracia a fin de que sea considerada como tal y sin adjetivos. Pero es aquella, a la vez, una suerte de línea divisoria. Hasta su adopción la democracia encuentra como su opuesto las dictaduras militares, los golpes de Estado clásicos.

En lo adelante, observándose la experiencia del gobierno de Alberto Fujimori, en Perú, se advierte otro signo de distinto tenor al apenas finalizar el siglo XX. Como lo recordara hace poco el ex presidente Alejandro Toledo, es mal hábito de ahora usar la puerta de los votos para la elección de gobernantes que, en su ejercicio, trastocan los elementos esenciales de la democracia - derechos humanos, estado de Derecho, separación de poderes, pluralismo, libertad de prensa, voto libre - para luego prosternar el principio de la alternabilidad y asegurarse mandatos perpetuos. Chávez, en efecto, es hijo legítimo de Fujimori y Maduro su causahabiente.

La abogada que funge como órgano de las relaciones exteriores venezolanas, en la actual circunstancia y ante el Informe que sobre el régimen de Maduro elabora y presenta ante el Consejo Permanente el Secretario de la OEA, opta, desesperada, por el fraude jurídico a conveniencia. Afirma que Almagro abusa, al no pedir autorización previa de su gobierno para invocarla y que, a todo evento, no media en la hipótesis la presencia de un golpe de Estado en Venezuela.

El artículo 20, cabe insistir en ello, se refiere, antes bien, a las alteraciones graves del orden constitucional y democrático, a saber, las que ocurren cuando son desconocidos por gobiernos originariamente democráticos los elementos esenciales de la misma democracia. De allí la novedad normativa de la llamada Constitución de las Américas para el siglo XXI. Y en el supuesto citado, justamente, ésta le ordena al Secretario General informar de aquello al Consejo Permanente y a éste decidir sobre las medidas de intensidad creciente que permitan el restablecimiento de lo alterado, en cualquier país de la OEA, sin su permiso. Las providencias en cuestión no son otras que las gestiones diplomáticas, los buenos oficios, las negociaciones, las mediaciones, etc. Se trata de algo nada diferente a lo que, nominal y coloquialmente, pero como burladero, propone el gobierno ladino de Maduro, con apoyo del Secretario de la UNASUR, Samper.

La cuestión de fondo es que si su gobierno continúa relajando los elementos esenciales de la democracia – destruyéndola de raíz – en la fase de acompañamiento institucional por parte de la OEA y se comporta de mala fe, u obstaculiza la normalización democrática pretendida, al término puede ser sancionado. Es la última instancia.

De allí que pueda decirse que sólo un diálogo soportado por la OEA tiene destino. En tanto que el diálogo organizado unilateralmente por Maduro y su canciller, con ex presidentes a su medida y como facilitadores, carece de propósito democratizador. Si fracasa –que ya ha fracasado sin siquiera comenzar– nada pasa y todo pasa. Se gasta el tiempo; ese que buscan manejar a su favor Maduro y sus adláteres para impedir que el pueblo decida en las urnas, en 2016, y ejerza su derecho al referendo revocatorio de la dictadura que le humilla y hasta le quita el pan.

Los ex presidentes miembros de IDEA y ya reseñados, en misiva del pasado 17 de junio le han expresado al Secretario Almagro su respaldo por el coraje de honrar sus obligaciones y dar prueba de compromiso con la ética de la democracia.

Almagro, por lo visto, no es lacayo del Socialismo del siglo XXI. De allí la rabieta que provoca en el Palacio de Miraflores y en la Casa Amarilla de Caracas, pues se han topado con un honesto "esclavo del Derecho".

Saludo, así, la cuidadosa y devota labor del profesor Allan R. Brewer Carías, quien a diario evita con sus escritos que la historia política y constitucional de Venezuela se vea reescrita y deformada a conveniencia, a manos de la felonía.

Caracas, 23 de junio de 2016.

EL ASEDIO A LA ASAMBLEA NACIONAL

José Ignacio Hernández G.
Profesor de Derecho Administrativo en la Universidad Central de Venezuela y la Universidad Católica Andrés Bello
Director del Centro de Estudios de Derecho Público de la Universidad Monteávila

"Donde reina el poder arbitrario son sinónimos el derecho y la fuerza,"
Juan Germán Roscio,
El triunfo de la libertad sobre el despotismo, 1817.

I. EL GOLPE DE ESTADO PERMANENTE A LA ASAMBLEA NACIONAL

En las elecciones parlamentarias del 6 de diciembre de 2015, la organización política de oposición Mesa de la Unidad Democrática (MUD) obtuvo 112 diputados, es decir, las dos terceras partes de la Asamblea Nacional, compuesta por 167 diputados. Tras quince años bajo el dominio del partido político de Gobierno, la Asamblea Nacional pasaba a estar controlada por la oposición.

Muy pronto quedó en evidencia la intención política de desconocer los efectos prácticos de esas elecciones. La Asamblea Nacional electa en 2010, en las últimas semanas de su período, adoptó diversas decisiones orientadas a reducir la capacidad de acción de la nueva Asamblea. Por su parte, el Tribunal Supremo de Justicia, primero a través de su Sala Electoral y luego, a través de su Sala Constitucional, dictó varias sentencias que restringieron, progresivamente, las funciones constitucionales de los diputados electos el 6 de diciembre. También el Presidente de la República dictó diversas Decretos con el propósito de suspender el ejercicio de competencias constitucionales de la Asamblea.

Todo ello configura el asedio a la Asamblea Nacional, es decir, el cerco institucional que, mediante diversas decisiones y de manera progresiva, ha desnaturalizado las funciones constitucionales de la Asamblea como órgano de representación nacional. Por ello, en su conjunto, esas decisiones pueden ser calificadas como un golpe de Estado permanente, es decir, el conjunto de actuaciones que los Poderes Públicos llevan a cabo para desnaturalizar a la Asamblea Nacional electa democráticamente, en una violación continua y sistemática de la Constitución[1407].

1407 El concepto de *golpe de Estado permanente*, como es sabido, fue acuñado por Mitterrand. Véase sobre ello a Mejía, José Armando, "La ruptura del hilo constitucional", en *Revista de Derecho Público* N° 112, Caracas, 2007, pp. 47 y ss.

Este concepto exige atender a la esencia de las instituciones constitucionales, y no solo a su aspecto meramente formal. Así, las consecuencias jurídicas y políticas de la elección del 6 de diciembre de 2015 implicaban el deber de los Poderes Públicos de permitir, formalmente, la instalación y actuación de la nueva Asamblea Nacional. Pero además, esas consecuencias exigían, por parte de los otros Poderes Públicos, respetar el efectivo ejercicio de las funciones constitucionales de la Asamblea Nacional, en su condición de órgano de representación nacional.

La realidad, como apuntamos, fue otra. La saliente Asamblea Nacional, el Tribunal Supremo de Justicia y el Presidente de la República han dictado un conjunto de decisiones que han vaciado de contenido efectivo las funciones constitucionales de la Asamblea Nacional.

De todas estas decisiones, destacan las sentencias dictadas por la Sala Constitucional del Tribunal Supremo de Justicia que, en claro exceso de poder, han desnaturalizado el contenido efectivo las competencias de la Asamblea Nacional, impidiendo el ejercicio de la representación nacional.

Este proceso de sistemático desconocimiento de la Asamblea Nacional ha sido magníficamente estudiado por el profesor Allan R. Brewer-Carías en este libro La Dictadura Judicial y la perversión del Estado de Derecho, cuyo contenido presentamos en estas breves reflexiones. Nadie mejor que el profesor Brewer-Carías para efectuar ese estudio. En efecto, desde el plano teórico y práctico, el profesor Allan R. Brewer-Carías ha venido estudiando el proceso que, en los últimos lustros, ha degenerado a la justicia constitucional y, con ello, a la propia Constitución[1408].

Dentro de este proceso degenerativo debemos ubicar lo que aquí hemos calificado de asedio a la Asamblea Nacional. Tal y como resume el propio autor en el libro que comentamos:

> "En particular, es precisamente ese rol que ha reasumido la Sala Constitucional del Tribunal Supremo de Justicia en Venezuela después del triunfo de la oposición en las elecciones parlamentarias de diciembre de 2015, controlada como está por el Poder Ejecutivo, con la misión de impedir que la representación popular encarnada en la Asamblea Nacional ejerza sus funciones constitucionales, y terminar de destruir lo que queda de democracia…".

No se trata, quiere advertirse, del comentario crítico que pueda hacerse a sentencias de la justicia constitucional que asumen un control excesivo del Poder Legislativo. Ciertamente, uno de los problemas más agudos de la justicia constitucional, en modelos como el venezolano que asumen el control concentrado de la Constitución,

---

1408 Sería imposible citar todos los estudios que, desde 1999, el profesor Brewer-Carías ha dedicado a la teoría y práctica de la justicia constitucional venezolana. Baste con referir, por ello, a algunos de estos estudios, de especial interés para la mejor comprensión del libro que analizados en este ensayo: *El sistema de justicia constitucional en la Constitución de 1999*, Editorial Jurídica Venezolana, Caracas 2000, pp. 7 y ss.*; Golpe de estado y proceso constituyente en Venezuela,* Universidad Nacional Autónoma de México, México, 2002, pp. 181 y ss.; *Crónica sobre la "In" Justicia Constitucional. La Sala Constitucional y el autoritarismo en Venezuela*, Editorial Jurídica Venezolana, Caracas, 2007, pp. 11 y ss.; *El golpe a la democracia dado por la sala constitucional,* Editorial Jurídica venezolana, Caracas 2014; pp. 13 y ss.; *Práctica y distorsión de la justicia constitucional en Venezuela (2008-2012),* Editorial Jurídica Venezolana, Caracas 2012, pp. 13 ss. ; y *La patología de la justicia constitucional,* tercera edición ampliada, Editorial Jurídica Venezolana, Caracas, 2014, pp. 13 y ss. Más adelante citaremos otros trabajos del profesor Brewer-Carías.

es el conflicto que existe entre el control de la Constitución y la fundamentación democrática y plural del Poder Legislativo. Admitir el control judicial de todas las actuaciones y omisiones del Poder Legislativo implica un claro riesgo, pues podría el juez constitucional sustituirse en valoraciones políticas privativas del Poder Legislativo[1409].

No es ése, se insiste, el enfoque que el profesor Brewer-Carías ha asumido en su trabajo. En realidad, su análisis apunta a mucho más que un conjunto de comentarios críticos a sentencias de la justicia constitucional. Lo que demuestra el profesor Brewer-Carías en el libro que presentamos es un caso de desviación de poder de la justicia constitucional, que lejos de defender la Constitución, se ha dedicado a desnaturalizar a la Asamblea Nacional electa el pasado 6 de diciembre de 2015. Una desviación que, como vimos, puede ser catalogada como un golpe de Estado permanente en contra de la Asamblea[1410].

II. EL LARGO CAMINO AL GOLPE DE ESTADO PERMANENTE CONTRA LA ASAMBLEA NACIONAL

El conjunto de sentencias de la Sala Constitucional adoptadas a partir del 6 de diciembre de 2015, y que han configurado un golpe de Estado permanente y en evolución, son consecuencia de un largo camino que se inició con el propio proceso constituyente que, en 1999, culminó con la Constitución vigente. Así, la Asamblea Nacional Constituyente de 1999 –electa en violación a la entonces vigente Constitución de 1961- se excedió del mandato que los electores le habían dado, a fin de configurar un ilegítimo régimen transitorio que desembocó en la eliminación, de hecho, del principio de separación de poderes[1411].

En este contexto, la Sala Constitucional del Tribunal Supremo de Justicia, creada en la Constitución de 1999, ha jugado un rol determinante. Desde su primera sentencia, la Sala Constitucional trastocó el sistema de justicia constitucional, usurpando la condición de "máximo y último intérprete de la Constitución" y configurándose, de facto, como un Tribunal superior al propio Tribunal Supremo de Justicia[1412].

1409 Sobre este conflicto, entre otros, *vid.* Ferreres Comella, Víctor, *Justicia constitucional y democracia*, Madrid, Centro de Estudios Políticos y Constitucionales, 2007, pp. 197 y ss. Para el caso venezolano véase a Casal, Jesús María, "Algunos cometidos de la jurisdicción constitucional en democracia", en *La jurisdicción constitucional, Democracia y Estado de Derecho*, Caracas, Universidad Católica Andrés Bello, 2005, pp. 105 y ss.

1410 La Asamblea Nacional, como órgano de representación nacional, cuenta con un contenido institucional básico previsto en la Constitución con el propósito de proteger efectivamente el ejercicio de tal representación. Es por ello que consideramos aplicable la figura de la *garantía institucional*, es decir, que la autonomía y perfiles básicos de la Asamblea, al estar estable-cidos en la Constitución, no pueden ser desconocidos o desnaturalizados por ningún órgano del Poder Público, ni siquiera, por la Sala Constitucional. Por el contrario, en el conjunto de decisiones estudiadas por el profesor Brewer-Carías en su obra que comentamos, la Sala Constitucional desnaturalizó la Asamblea Nacional, al desconocer el conjunto básico de atributos que, conforme a la Constitución, debe tener el Poder Legislativo.

1411 Brewer-Carías, Allan, *Golpe de estado y proceso constituyente en Venezuela,* cit. Sobre la patología de la separación de poderes en el Derecho Público venezolano, *vid.*, Tarre, Gustavo, *Solo el poder detiene al poder,* Editorial Jurídica Venezolana, Caracas, 2014, pp. 221 y ss. De especial interés resulta también la referencia a Rachadell, Manuel, *Evolución del Estado venezolano,* Editorial Jurídica-Venezolana-FUNEDA, Caracas, 2015, pp. 295 y ss.

1412 Véase a Brewer-Carías, Allan, *Crónica sobre la "In" Justicia Constitucional. La Sala Constitucional y el autoritarismo en Venezuela, cit.*, Véase nuestro reciente artículo sobre este tema en Hernández G.,

Fue así cómo la Sala Constitucional, excediéndose de las amplias atribuciones que le asignó el Texto de 1999[1413], creó nuevos y amplios mecanismos de "control judicial" de la Constitución, como es el caso, por ejemplo, del "recurso de interpretación abstracto de la Constitución"[1414]. Asimismo, la Sala Constitucional, excediendo el sentido del control concentrado de la Constitución, actuó como legislador positivo, no solo para sustituirse en la labor legislativa de la Asamblea Nacional, sino también, para sustituirse en sus funciones de control[1415].

Sin embargo, mientras la Asamblea Nacional estuvo controlada por el partido de Gobierno, la Sala Constitucional mantuvo cierta deferencia en cuanto al control judicial de las Leyes de la Asamblea e incluso, en cuanto al alcance de las interpretaciones autónomas de la Constitución. Por ejemplo, en no pocas ocasiones la Sala Constitucional reconoció –sin mucha precisión- la deferencia a favor de la Asamblea. Así, la Sala Constitucional ha reconocido, en sentencia N° 1718/2000, lo siguiente:

> "en razón de lo dicho, es necesario insistir en que el principio de división en ramas del Poder Público que detenta el Estado no sólo es un principio dogmático (de técnica fundamental) del Estado democrático consagrado por el Texto Constitucional (artículo 2), que afirma una identidad absoluta entre la separación en ramas del Poder Público (que en definitiva es expresión de la soberanía del pueblo venezolano) y la garantía de la libertad frente a la arbitrariedad, sino que también es un postulado del Estado de Derecho consagrado en la Carta Magna, en la medida en que, a su través, se garantizan el imperio de la ley, el equilibrio de las actuaciones de los órganos y entes que integran las diferentes ramas en que se divide el Poder Público (tanto a nivel nacional como a nivel político-territorial) y la legalidad de la actividad de la Administración, lo cual significa que, particularmente, en relación con el Órgano Legislativo Nacional, *el control jurisdiccional de la constitucionalidad de los actos dictados con o sin forma de ley, en ejecución directa e inmediata de la Norma Suprema por esta Sala Constitucional, así como de la conformidad con aquella de la actuación*

José Ignacio, "Constitución y control judicial del poder en Venezuela. Breves reflexiones sobre el olvido de Locke", en *Revista de Derecho Público* N° 142, Caracas, 2015, pp. 65 y ss.

1413 En nuestra opinión, los excesos en los que ha incurrido la Sala Constitucional fueron facilitados, en parte, por un indebido marco institucional, que no delineó con claridad las atribuciones de esa Sala ni estableció reglas claras para la designación de sus Magistrados. Sin embargo, en modo alguno cabe concluir que la actuación de la Sala ha sido consecuencia de la aplicación de la Constitución. Todo lo contrario: la Sala, en su actuación, ha desconocido la Constitución. Sobre los perfiles de la justicia constitucional en la Constitución de 1999, entre otros, vid. Brewer-Carías, Allan, *El sistema de justicia constitucional en la Constitución de 1999*, *cit.*, y Casal, Jesús María, *Constitución y justicia constitucional,* Caracas, Universidad Católica Andrés Bello, 2004, pp. 17 y ss.

1414 La Sala Constitucional creó un "recurso de interpretación abstracto de la Constitución", en virtud del cual puede conocer y decidir solicitudes autónomas de interpretación de la Constitución e incluso de Leyes en función a su relación con la Constitución. Este mecanismo ha sido empleado para ratificar, convalidar o asentar, por vía de "interpretaciones abstractas", decisiones políticas. *Cfr.:* Allan R. Brewer-Carías, *Crónica sobre la "In" Justicia Constitucional. La Sala Constitucional y el autoritarismo en Venezuela*, *cit.*, pp. 52 y ss.

1415 Brewer-Carías, Allan, *Constitutional Courts as Positive Legislators. A comparative Law Study,* Cambridge, 2011, pp. 5 y ss. Sobre la Sala Constitucional como legislador positivo, *vid.* Urosa Maggi, Daniela, *La Sala Constitucional del Tribunal Supremo de Justicia como legislador positivo*, Academia de Ciencias Políticas y Sociales, Caracas, 2011, pp. 100 y ss.

parlamentaria mediante la sujeción a las normas que la Asamblea Nacional se da a sí misma, únicamente podría justificarse para proteger objetivamente los principios (como son el democrático, el de responsabilidad social, de preeminencia de los derechos humanos, del pluralismo político, etc.) y normas contenidas en el Texto Constitucional (según su artículo 335) o para brindar tutela a los derechos y garantías individuales inherentes a la persona humana, según la propia Constitución o los Tratados Internacionales de Protección de los Derechos Humanos, tal y como ha sido reconocido pacíficamente en otros ordenamientos jurídicos por los órganos constitucionales encargados de garantizar la preeminencia de la Norma Suprema, entendida como norma jurídica, en el Estado constitucional de Derecho" (destacado nuestro).

De hecho, al analizar el alcance del llamado "recurso de interpretación" la Sala llegó a advertir que la interpretación de la Constitución no puede entorpecer el funcionamiento del Parlamento. En sentencia N° 165/2003, afirmó, así, lo siguiente:

> *"(...) No puede olvidarse que el hecho de que esta Sala pueda anular sus* actos no implica bajo ningún concepto una superioridad: Poder Ejecutivo, Legislativo, Judicial, Ciudadano y Electoral comparten jerarquía. Todos son igualmente constitucionales y entre todos ejercen Poder Público, si bien ha sido a esta Sala del Máximo Tribunal a la que ha correspondido la última palabra, toda vez que incluso en el más paritario de los sistemas algún órgano ha de tenerla, siendo que lo contrario –la separación absoluta de cada órgano- tendría efectos tan indeseables como el de la reunión del poder.
>
> *Por ello esta Sala ha rechazado todo recurso por el que se pretende, con carácter previo, obtener una decisión –así sea merodeclarativa– que esté dirigida al resto de los órganos que ejercen el Poder Público*. La separación de los órganos no es absoluta; por el contrario, se exige la colaboración entre ellos e incluso se admite el control de unos sobre otros. Ahora bien, ese control sólo puede fundarse en expresa atribución constitucional, pues de otra manera constituiría invasión.
>
> *Una sentencia interpretativa sobre el ejercicio del poder parlamentario sería una especie de control preventivo que no está autorizado por el Texto Fundamental*. Es sabido que de por sí el recurso de interpretación no está recogido en la Constitución, pero que se desprende de su contenido, pero nunca para vincular, de antemano, a los órganos de rango constitucional (destacado nuestro).

Estos criterios deben ser tomados en cuenta dentro del contexto político del momento. En áreas ajenas a la zona de interés político del Gobierno, la Sala Constitucional –como regla– mantuvo la deferencia hacia la Asamblea Nacional, bajo el control del partido de Gobierno. Pero cuando el interés político lo ameritaba, la Sala Constitucional no dudó en apartarse de su propia doctrina para sustituirse en la Asamblea Nacional. El mejor ejemplo fue la designación de rectores del Consejo Nacional Electoral –en dos oportunidades– invocando la tesis de la "demanda por omisión legislativa", todo lo cual implica negar cualquier deferencia hacia el Legislador[1416].

1416 En dos oportunidades la Sala Constitucional ha designado a los Rectores del Consejo Nacional Electoral -cuya designación es competencia privativa de la Asamblea- considerando que el Poder Legislativo

Otro ejemplo relevante fue el rol de la Sala Constitucional en la crisis política generada en 2013 con la muerte del Presidente de la República. Fue la Sala Constitucional, así, la que permitió obviar las formalidades constitucionales asociadas al inicio del período presidencial el 10 de enero de 2013. La Sala, igualmente, permitió al entonces Vicepresidente de la República encargarse de la Presidencia pese a que el Presidente electo no había tomado posesión del cargo. Cuando se convocó la elección presidencial para el 14 de abril de 2013, la Sala permitió que el Presidente encargado se postulara al cargo de Presidente sin separarse del cargo. Finalmente, cuando se formularon varias impugnaciones contra la elección del 14 de abril ante la Sala Electoral, fue la Sala Constitucional la que se avocó al conocimiento de todos los recursos contencioso-electorales, para declararlos inadmisibles[1417].

Este proceso de deformación de la justicia constitucional, minuciosamente estudiado por el profesor Brewer-Carías[1418], constituye el antecedente inmediato que permite comprender el conjunto de decisiones que, a partir del 6 de diciembre de 2015, configuraron el golpe de Estado permanente contra la Asamblea Nacional.

III. EL FRAUDE CONSTITUCIONAL CONTRA LA ASAMBLEA NACIONAL ELECTA EL 6 DE DICIEMBRE

Poco después de la elección del 6 de diciembre de 2015, la saliente Asamblea Nacional adoptó un conjunto de decisiones que solo pueden comprenderse en función al propósito de coartar la acción de la Asamblea Nacional electa el 6 de di-

---

ha omitido llevar a cabo esa designación (sentencias N° 2341/2003, de 25 de agosto, y N° 1865/2014, de 26 de diciembre). Sobre la figura de la demanda por omisión legislativa, puede verse a Casal, Jesús María "La protección de la Constitución frente a las omisiones legislativas", en *Revista de Derecho Constitucional* N° 4, Caracas, 2001, pp. 141 y ss., y Urosa Maggi, Daniela, "Control judicial de las omisiones legislativas a la luz de la jurisprudencia constitucional", en *Revista de Derecho Público* N° 101, Caracas, 2005, pp. 7 y ss.

1417 Este episodio ha sido analizado por nosotros en tres artículos publicados en la *Revista de Derecho Público*, que partieron de trabajos previos publicados en Prodavinci: "El abuso y el poder en Venezuela. Primera parte: de cómo se violó el régimen constitucional de las faltas y ausencias presidenciales, entre el 9 de diciembre de 2012 y el 11 de marzo de 2013", en *Revista de Derecho Público* N° 133, Caracas, 2013, pp. 45 y ss.; "El abuso y el poder en Venezuela. Segunda parte: de cómo se consumaron hechos de corrupción electoral en la elección del 14 de abril de 2013", en *Revista de Derecho Público* N° 134, Caracas, 2013, pp. 51 y 61 y "El abuso y el poder en Venezuela. Tercera y última parte: de cómo la Sala Constitucional, arbitrariamente, inadmitió los recursos contencioso-electorales relacionados con la elección del 14 de abril de 2013", en *Revista de Derecho Público* N° 135, Caracas, 2013, pp. 35 y ss. Véase también, sobre ello, la recopilación de trabajos (incluyendo estudios del profesor Brewer-Carías), contenidos en la obra preparada por Asdrúbal Aguilar, *Historia InConstitucional de Venezuela 1999-2012*, Editorial Jurídica Venezolana, Caracas, 2012.

1418 De sus últimas obras, véase *La patología de la justicia constitucional*, cit. Asimismo. vid. *Práctica y distorsión de la justicia constitucional en Venezuela (2008-2012)*. Colección Justicia N° 3, Acceso a la Justicia, Academia de Ciencias Políticas y Sociales, Universidad Metropolitana, Editorial Jurídica Venezolana. Caracas, 2012, así como *Concentración y centralización del poder y régimen autoritario*, *Colección Tratado de Derecho Constitucional,* Tomo IX, Fundación de Derecho Público, Editorial Jurídica Venezolana, Caracas, 2015. Asimismo, del autor, vid. *El golpe a la democracia dado por la Sala Constitucional (De cómo la Sala Constitucional del Tribunal Supremo de Justicia de Venezuela impuso un gobierno sin legitimidad democrática, revocó mandatos populares de diputada y alcaldes, impidió el derecho a ser electo, restringió el derecho a manifestar, y eliminó el derecho a la participación política, todo en contra de la Constitución)*, Editorial Jurídica Venezolana, Caracas, 2014, especialmente pp. 21 y ss.

ciembre, y que debía iniciar sus funciones el 5 de enero de 2016[1419]. Para lograr ese cometido fue necesario contar con el "aval" de la Sala Constitucional, que desnaturalizando el régimen de sesiones de la Asamblea, habilitó a la saliente Asamblea Nacional para continuar sesionando más allá del 15 de diciembre de 2015, a fin de debatir sobre asuntos que en modo alguno cabía catalogar de extraordinarios. Ello fue resultado de un "recurso interpretación" propuesto ante la Sala por el Presidente de la saliente Asamblea Nacional. Este episodio es analizado en el libro que comentamos, en el cual el profesor Brewer-Carías concluye lo siguiente:

> "Para ello, para buscar "legitimar" las arbitrariedades que se proponía, fue que el Presidente de la Asamblea que fenecía acudió ante la Sala Constitucional el mismo día en el cual finalizó el período ordinario de sesiones de la Asamblea, y con ello, los períodos ordinarios de la misma para todo su período constitucional, para pedir una "interpretación constitucional" precisamente del artículo 220 de la Constitución antes mencionado, que nada tiene de ambiguo u oscuro, para pretender seguir gobernando, a pesar de su situación terminal. Fue así cómo la saliente Asamblea Nacional, obviando el procedimiento constitucional y legal, procedió a designar a trece Magistrados de la Sala Constitucional que, de otro modo, debieron ser designados por la nueva Asamblea. Igualmente, la Asamblea modificó el régimen jurídico de la defensoría pública, eliminando las facultades de control que hasta entonces se habían reconocido a la Asamblea"

Haciendo uso de esa "interpretación", la saliente Asamblea Nacional, obviando el procedimiento constitucional y legal, procedió a designar a trece Magistrados del Tribunal Supremo de Justicia que, de otro modo, debieron haber sido designados por la nueva Asamblea[1420]. Igualmente, la Asamblea modificó el régimen jurídico de la defensoría pública, eliminando las facultades de control que hasta entonces se habían reconocido a la Asamblea[1421].

El Presidente de la República también participó en ese fraude constitucional. En ejercicio de la Ley Habilitante que expiró el 31 de diciembre de 2015, fueron dictados diversos Decretos-Leyes que redujeron las facultades de control de la Asamblea,

---

1419 Dentro de estas acciones para desconocer el resultado del 6 de diciembre, el Gobierno llegó incluso a plantear la conformación del "Parlamento Comunal Nacional", figura inexistente en el –inconstitucional- régimen del Poder Popular. Nunca llegó a materializarse esa propuesta. Como afirma el profesor Brewer-Carías en el libro que se comenta "*ello, en todo caso, hay que tomarlo como lo que fueron, pura y simplemente: signos terminales de un régimen político que el pueblo rechazó*".

1420 Todo lo cual constituyó un fraude a la Constitución, como explica el profesor Brewer-Carías en el libro objeto de los presentes comentarios. Puede incluso afirmarse que tal designación efectuada por la Asamblea Nacional es inexistente, en tanto no fue consecuencia del procedimiento aplicable de acuerdo con la Constitución y la Ley Orgánica del Tribunal Supremo de Justicia, sino que fue resultado de un procedimiento creado por la Asamblea Nacional para poder designar a esos Magistrados antes de la instalación de la nueva Asamblea.

1421 Al aprobar la reforma de la Ley Orgánica de la Defensa Pública (*Gaceta Oficial* N° 6.207 extraordinario de 28 de diciembre de 2015). Por ello, como bien concluye el profesor Brewer-Carías en su reciente libro que comentamos, "*las sesiones extraordinarias de la Asamblea Nacional, convocadas desde el 22 de diciembre de 2015, y que se extendieron hasta el 4 de enero de 2016, además, fueron ilegítimamente utilizadas con abuso y desviación de poder por la feneciente Asamblea Nacional, para legislar desenfrenadamente, emitiendo sobre todo leyes y reformas de leyes para bloquear o menoscabar los poderes de la nueva Asamblea Nacional*".

por ejemplo, sobre el Banco Central de Venezuela, así como en materia presupuestaria[1422]. En palabras del profesor Brewer-Carías, en la obra que comentamos, la Ley Habilitante, con evidente desviación de poder:

> "se utilizó en los últimos días de diciembre de 2015 por el Presidente de la República, para dictar toda suerte de decretos leyes, cuyo contenido fue contrarió abiertamente el motivo y propósito de la Ley Habilitante, lo que las hizo totalmente inconstitucionales, pues por más amplio que pudo haber sido el enunciado de las normas de la Ley, todos los decretos leyes habilitados debían siempre respetar el propósito y rezón de la habilitación legislativa que se plasmó en la Exposición de Motivos de la Ley"

Lo que cabía esperar, con todos estos antecedentes, era que la Sala Constitucional ejerciera sus atribuciones con el solo propósito de reducir el ejercicio de las competencias de la nueva Asamblea, tal y como sucedió[1423].

IV. EL ILEGÍTIMO INTENTO DE DESCONOCER LA MAYORÍA CALIFICADA DE LA OPOSICIÓN

El esperado conflicto constitucional comenzó, en todo caso, antes de la instalación de la nueva Asamblea Nacional. Así, en las últimas semanas de diciembre fueron presentados varios recursos contencioso-electorales contra la elección del 6 de diciembre. La existencia del breve lapso de caducidad previsto a tales efectos en la Ley Orgánica de Procesos Electorales fue burlado por la Sala Electoral, al decidir suspender sus días de despacho de manera intermitente, con lo cual, el lapso para impugnar esas elecciones se extendió más allá de lo normal.

Fue así cómo, el 30 de diciembre de 2015, la Sala Electoral admitió uno de esos recursos contencioso-electorales, acordando como medida cautelar la suspensión de efectos del acto de totalización, adjudicación y proclamación de los diputados del estado Amazonas[1424]. Basta la lectura del recurso contencioso-electoral para comprobar el error en el que incurrió el recurrente, quien solicitó la suspensión de la proclamación de esos diputados que, a su decir, sería efectuada el 5 de enero de 2016. En realidad, ya esos diputados habían sido proclamados, siendo que el 5 de enero debían tomar posesión del cargo para el cual fueron electos.

Es por ello que la sentencia de la Sala Electoral era inejecutable: mal puede suspenderse los efectos de un acto que, como la proclamación, ya se había consumado. Por ello, la Sala Electoral, al adoptar esa decisión, ignoró el precedente que la Sala

---

1422 Los comentarios a esos Decretos-Leyes pueden revisarse en el número especial de la *Revista de Derecho Público* N° 144, Caracas, 2015.

1423 Así lo advertimos en noviembre de 2015 en Prodavinci, al explicar cómo la Sala Constitucional podía llegar a suprimir, en la práctica, a la Asamblea Nacional: http://prodavinci.com/blogs/puede-la-sala-constitucional-del-tsj-anular-a-la-asamblea-nacional-por-jose-ignacio-hernandez-g/ [Consulta 14.06.16].

1424 Sentencia N° 260/2015 de 30 de diciembre de la Sala Electoral. Su dispositivo fue el siguiente: "*ORDENA de forma provisional e inmediata la suspensión de efectos de los actos de totalización, adjudicación y proclamación emanados de los órganos subordinados del Consejo Nacional Electoral respecto de los candidatos electos por voto uninominal, voto lista y representación indígena en el proceso electoral realizado el 6 de diciembre de 2015 en el estado Amazonas para elección de diputados y diputadas a la Asamblea Nacional*".

Constitucional había establecido, al señalar que no es posible suspender a un funcionario electo popularmente[1425].

Cabe advertir que esta sentencia de la Sala Electoral tenía un claro significado político: dentro de los diputados cuya "suspensión" fue acordada, se encontraban tres diputados de la MUD, lo que implicaba que de los 112 diputados electos de esa organización, solo podrían asumir el ejercicio del cargo 109.

Luego de su instalación, sin embargo, los tres diputados cuya "suspensión" había acordado la Sala Electoral fueron juramentados. No cabe hablar, allí, de incumplimiento a la sentencia de la Sala Electoral pues, como se dijo, tal sentencia era inejecutable. Sin embargo, con rapidez, la propia Sala Electoral calificó tal incumplimiento y declaró la nulidad de cualquier decisión que pudiera adoptar la Asamblea, lo que carece de sentido, pues la Sala Electoral no puede declarar la nulidad de los actos de la Asamblea. Asimismo, diputados del bloque oficialista presentaron, ante la Sala Constitucional, una demanda por omisión legislativa en contra de la Asamblea, alegando –confusamente- que tal Asamblea estaba constituida indebidamente[1426].

En todo caso, esta maniobra judicial no podía afectar la mayoría calificada de la oposición en la Asamblea, pues de aceptarse la eficacia de la "suspensión" ordenada por la Sala Electoral, ello debía conducir a una composición "temporal" de la Asamblea Nacional de 163 diputados, ante la "suspensión" de cuatro diputados. Con lo cual, los diputados de la oposición (109), en esta composición temporal de la Asamblea, equivalían a las dos terceras partes de 163. Como concluye el profesor Brewer-Carías en el libro que comentamos:

> "Así, si se analiza la integración de la Asamblea Nacional luego de la sentencia de la Sala Electoral del 30 de diciembre de 2015, lo cierto es que con la misma se mutiló "provisionalmente" la representación popular en la misma, al "suspenderse" la proclamación de cuatro diputados; pero con la misma en realidad no se afectó en forma alguna la mayoría calificada que tenía la MUD en la Asamblea. Es decir, lo que perseguían los impugnadores con las demandas, y lo que quizás persiguió la sentencia de la Sala Electoral, de afectar la mayoría calificada que ganó la oposición democrática en la Asamblea no lo lograron. Por ello hablamos de "golpe judicial pírrico."

1425 La Sala Constitucional, en sentencia N° 95/2000 de 4 de agosto, señaló que "*la proclamación de un candidato en un determinado cargo, así no sea de carácter público sino de los existentes en los órganos enumerados en el artículo 293, ordinal 6 de la Constitución de la República Bolivariana de Venezuela, no puede ser suspendida o controlada a través de una acción de amparo constitucional otorgada a favor de quien lo pretende*". A ello debemos agregar la siguiente observación del profesor Brewer-Carías, en el libro que comentamos: "*el error de la sentencia de la Sala Electoral, además, se agravó, porque la misma desconoció que conforme a la Constitución solo la propia Asamblea Nacional tiene la potestad privativa de calificar a sus integrantes (art. 187.20), y que los diputados desde su proclamación gozan de inmunidad parlamentaria (art. 200), pudiendo solo perder su investidura mediante revocación popular de su mandato (arts. 72, 198)*".

1426 La Sala Electoral declaró el "desacato" de la Asamblea en sentencia N° 1/2016, de 11 de enero. Por su parte, la Sala Constitucional -luego de la desincorporación de los Diputados de Amazonas- declaró que había cesado la omisión legislativa que había motivado la demanda presentada por el Poder Ejecutivo Nacional en contra de la Asamblea (sentencia N° 3/2016, de 14 de enero). La declaratoria de "cese" de esa omisión implica reconocer que hubo, en efecto, omisión por parte de la Asamblea.

Poco después los tres diputados de la coalición de oposición optaron por solicitar su desincorporación, lo que impidió nuevas sentencias de la Sala Electoral y de la Sala Constitucional. Cabe observar que estos diputados, de considerarlo conveniente, podrán incorporarse a la Asamblea Nacional como diputados electos, proclamados y juramentados, actos que en modo alguno podrían ser enervados por la Sala Electoral del Tribunal Supremo de Justicia, pues la sentencia que acordó la "suspensión" de los actos de totalización, adjudicación y proclamación es inejecutable.

V. LAS SENTENCIAS DE LA SALA CONSTITUCIONAL QUE DESNATURALIZARON LAS FUNCIONES DE LA ASAMBLEA NACIONAL

Luego de este episodio, la Sala Constitucional del Tribunal Supremo de Justicia dictó un conjunto de decisiones que han reducido notablemente las funciones constitucionales de la Asamblea, al punto de desnaturalizarlas. Así, como se ha señalado, la Asamblea Nacional cumple básicamente tres funciones: (i) la función deliberativa, para la discusión y debate de asuntos políticos de interés nacional; (ii) la función legislativa y (iii) la función de control sobre los otros órganos del Poder Público[1427]. Esas tres funciones conforman la autonomía de la Asamblea Nacional como órgano de representación nacional, autonomía que es una institución constitucionalmente garantizada. En su condición de garantía institucional, esa autonomía no puede ser desnaturalizada por ningún Poder Público, ni siquiera, por la Sala Constitucional[1428].

Sin embargo, la Sala Constitucional desnaturalizó esa autonomía, la cual fue vaciada de todo contenido útil, al punto de que en virtud de sus sentencias, la Sala Constitucional ha enervado la validez y eficacia de las funciones propias de la Asamblea Nacional.

Estas decisiones, cuidadosamente estudiadas por el profesor Allan R. Brewer-Carías en el libro que presentamos, configuran el golpe de Estado permanente contra la Asamblea, golpe que está todavía en pleno desarrollo, pues es más que razonable esperar nuevas sentencias de la Asamblea Nacional orientadas a agravar la crisis constitucional.

De esa manera, en cuanto a las funciones deliberativas, la Sala Constitucional, en sentencia N° 269/2016, procedió a modificar el Reglamento Interior y de Debates de la Asamblea, usurpando la función privativa de la Asamblea Nacional de dictar su propio reglamento interno[1429]. Así, desconociendo sus propios precedentes, la Sala Constitucional suspendió distintos artículos del Reglamento de 2010 (más de cinco años después de que su nulidad fuese invocada por entonces diputados de la oposi-

---

1427 Sobre las funciones de la Asamblea Nacional, véase, entre otros, a Aveledo, Ramón Guillermo, *Curso de Derecho Parlamentario*, Caracas, Universidad Católica Andrés Bello, 2013, pp. 71 y ss. Del profesor Brewer-Carías, vid. *La Constitución de 1999. Derecho Constitucional Venezolano,* Tomo I, Editorial Jurídica Venezolana, Caracas, 2009, 439 y ss.

1428 Puede verse sobre ello a Matheus, Juan Miguel, *La Asamblea Nacional: cuatro perfiles para su reconstrucción constitucional,* Centro de Estudios de Derecho Público de la Universidad Monteávila-Editorial Jurídica Venezolana-Instituto de Estudios Parlamentarios Fermín Toro, Caracas, 2013, pp. 45 y ss.

1429 Sentencia N° 269/2016, de 21 de abril. La sentencia fue consecuencia de la admisión del recurso de nulidad que los entonces diputados de oposición interpusieron contra el Reglamento Interior y de Debates aprobado en 2010. Que la Sala Constitucional haya más de tardado cinco años en admitir ese recurso, y que solo lo haya admitido luego del cambio de composición política de la Asamblea, es índice revelador de una desviación de poder.

ción). En realidad, sin embargo, más que suspender normas, la Sala Constitucional creó nuevas normas, cambiando así el régimen de las sesiones de la Asamblea y el procedimiento de formación de Leyes, para lo cual incluso llegó a crear un control inexistente en la Constitución, cual es la necesidad de conciliar, con el Poder Ejecutivo, la viabilidad económica de los Proyectos de Ley.

Con lo cual, no solo la Sala Constitucional se sustituyó en la Asamblea al dictar sus normas internas de procedimiento, sino que además, pretendió subordinar la Asamblea al control político del Presidente. Con razón, el profesor Brewer-Carías concluye en el libro que comentamos que esta sentencia es inconstitucional pues la Sala impuso normas de funcionamiento interno a la Asamblea, cuando de conformidad con el numeral 19 del artículo 187 de la Constitución, solo la Asamblea puede regular su funcionamiento interno.

Esta ilegítima sustitución de la Sala Constitucional contradijo su propia doctrina, en la cual se había afirmado que "la Asamblea Nacional tiene plena autonomía e independencia normativa y organizativa frente a los órganos de las demás ramas del Poder Público Nacional para establecer la forma de su estructura interna" (sentencia N° 1718/2003 de 20 de agosto). Muy por el contrario, la Sala desnaturalizó esa autonomía al pretender imponer a la Asamblea normas de funcionamiento interno.

Cuando la Asamblea Nacional, invocando la usurpación de funciones de la Sala Constitucional, optó por sujetar su actividad al Reglamento Interior y de Debates de 2010 (y no, por ello, a las normas ilegítimamente dictadas en la citada sentencia N° 269/2016), la Sala Constitucional decidió no solo ratificar las medidas cautelares dictadas, sino que además, emplazó a la Asamblea Nacional a acreditar el cumplimiento de tales medidas, bajo el riesgo de declarar el incumplimiento de esa decisión, procediendo conforme a lo dispuesto en el artículo 122 de la Ley Orgánica del Tribunal Supremo de Justicia[1430].

En cuanto a la función legislativa, la Sala Constitucional –en ejercicio del control previo de constitucionalidad- ha declarado contrarias al Texto de 1999 cinco de las seis Leyes sancionadas a la fecha por la Asamblea. Y respecto de la única Ley que, según la Sala, sí se ajusta a la Constitución, se anuló la disposición que ordenaba su entrada de vigencia inmediata. Por ello, en la práctica, la Sala Constitucional ha impedido la aplicación de todas las Leyes que, a la fecha, ha dictado la Asamblea Nacional[1431].

1430 Sentencia N° 473/2016, de 14 de junio.

1431 La relación de sentencias y Leyes es la siguiente: *(i)* sentencia N° 259/2016 de 31 de marzo, que declaró inconstitucional la *Ley de Reforma Parcial del Decreto N° 2.179 con Rango, Valor y Fuerza de Ley de Reforma Parcial de la Ley del Banco Central de Venezuela*; *(ii)* 264/2016 de 11 de abril, que declaró la inconstitucionalidad de la *Ley de Amnistía y Reconciliación Nacional*; *(iii)* 341/2016 de 5 de mayo, por medio de la cual se declaró la inconstitucionalidad de la *Ley de Reforma Parcial de la Ley Orgánica del Tribunal Supremo de Justicia; (iv)* 343/2016 de 6 de mayo, que declaró la inconstitucionalidad de la *Ley de Otorgamiento de Títulos de Propiedad a Beneficiarios de la Gran Misión Vivienda Venezuela y otros Programas Habitacionales del Sector Público* y *(v)* 60/2016, de 9 de junio, en la cual la *Ley especial para atender la crisis nacional de salud* fue declarada inconstitucional. La única Ley considerada conforme al Texto de 1999 es la *Ley de bono para alimentos y medicinas a pensionados y jubilados,* la cual, sin embargo, fue declarada "inaplicable" (sentencia N° 327/2016 de 28 de abril).

Esto implica no solo un súbito cambio en las estadísticas de la Sala Constitucional, hasta entonces favorables a la Asamblea[1432]. Además, con esas sentencias la Sala Constitucional olvidó sus precedentes sobre la deferencia al Poder Legislativo.

Estos excesos de la Sala Constitucional son particularmente evidentes en dos casos. El primero es la nulidad de la Ley de reforma del Decreto con rango, valor y fuerza de la Ley del Banco Central de Venezuela de 2015, que era en realidad la reproducción del Decreto-Ley dictado en 2014. Ignorando ello, la Sala declaró la nulidad de esa Ley al considerar que mediante ella se pretendía subordinar el Banco Central de Venezuela a la Asamblea, cuando lo que se hizo, en realidad, fue reproducir el contenido del Decreto-Ley de 2014.

El segundo caso es la nulidad de la Ley de Amnistía, pues la Sala Constitucional cuestionó la oportunidad de la amnistía, pese a que la amnistía es una competencia exclusiva de la Asamblea que no admite control judicial en cuanto a su oportunidad y mérito. Sobre este último caso, comenta el profesor Brewer-Carías en la obra que analizamos, lo siguiente:

> "Es decir, con esta sentencia, el Juez Constitucional puso fin a la posibilidad del ejercicio de uno de los privilegios más exclusivos y tradicionales de cualquier órgano legislativo, que en Venezuela ejerció legítima y constitucionalmente la Asamblea Nacional, y que hizo, además, en ejecución de la oferta política que llevó a la oposición política al gobierno, a controlar a la Asamblea Nacional al obtener la contundente mayoría parlamentaria que resultó de la votación efectuada el 6 de diciembre de 2015"

Estas decisiones, además, han desvirtuado el concepto de "iniciativa legislativa" del artículo 204, a fin de considerar que la Asamblea Nacional no puede ejercer su función legislativa respecto de Leyes cuya iniciativa, conforme a esa norma, corresponde a otro órgano del Poder Público[1433].

Incluso, también la Sala Constitucional, separándose de sus precedentes, ejerció el control previo sobre el proyecto de enmienda constitucional aprobado por la Asamblea para –entre otros propósitos- reducir el período presidencial. Según la Sala, la reducción del período presidencial no podía ser aplicada de manera inmediata al período en curso[1434].

Por último, la función de control ha sido también desnaturalizada, al considerar la Sala Constitucional -en el marco de un recurso de interpretación- que el control

---

1432 Véase esas estadísticas en Canova, Antonio y otros, *El TSJ al servicio de la revolución*, Editorial Galipán, Caracas, 2014, pp. 115 y ss.

1433 Esta fue una de las causas que llevó a la Sala Constitucional a cuestionar la *Ley de Reforma Parcial de la Ley Orgánica del Tribunal Supremo de Justicia,* en sentencia N° 341/2016 de 5 de mayo. Igualmente, frente al Proyecto de Ley Orgánica de Referendo aprobado por la Asamblea Nacional en primera discusión, el Consejo Nacional Electoral opinó que era necesaria la iniciativa de ese órgano para que la Asamblea pudiera legislar en la materia.

1434 Sentencia N° 274/2016 de 21 días de abril. En la práctica, la Sala ejerció el control previo sobre el proyecto de enmienda constitucional aprobado por la Asamblea Nacional en primera discusión, pese a que, con anterioridad, había negado todo control previo sobre la enmienda, con ocasión a la enmienda aprobada en 2009 para la reelección de los cargos de elección popular (entre otras, sentencia N° 958/2009 de 14 de julio). El proyecto de enmienda puede consultarse aquí: http://www.asambleanacional.gob.ve/uploads/boto-nes/bot_fa1a7d73d8c9146e2c22c58f0e37661f6d19d40e.pdf [Consulta 16.06.16].

sobre el Decreto que declara el estado de excepción no tiene relevancia jurídica[1435]. Asimismo, la Sala Constitucional -al decidir otro recurso de interpretación- redujo el alcance de las funciones de control e investigación del Poder Legislativo, considerando que tales funciones solo podían ejercerse frente a ciertos funcionarios del Poder Ejecutivo Nacional. Además, la Sala restó toda eficacia práctica a la competencia de la Asamblea para acordar la interpelación de tales funcionarios[1436]. Esta decisión (N° 9/2016) es, sin duda, una de sentencias más graves dictadas por la Sala en este conflicto, pues cercenó previamente las facultades de investigación y control de la Asamblea Nacional. Como señala el profesor Brewer-Carías:

> "En efecto, la Sala Constitucional del Tribunal Supremo, mediante sentencia N° 9 del 1° de marzo de 2016 dictada con ocasión de un "Recurso de interpretación" abstracta de los artículos 136, 222, 223 y 265 la Constitución intentado por un grupo de ciudadanos, en violación de las más elementales y universales principios que rigen la administración de justicia, procedió a cercenar y restringir las potestades de control político de la Asamblea Nacional, sobre el Gobierno y la Administración Pública, materialmente liberando a los Ministros de su obligación de comparecer ante la Asamblea cuando se les requiera para investigaciones, preguntas e interpelaciones; y adicionalmente como se verá más adelante, negándole a la Asamblea su potestad de auto control sobre sus propios actos parlamentarios"

Como extensión de este criterio, la Sala Constitucional, al admitir la acción autónoma de amparo constitucional interpuesta por el Poder Ejecutivo Nacional en contra de la Asamblea -acción que fue "convertida" por la Sala, sin embargo, en una demanda de conflicto constitucional- ordenó a la Asamblea Nacional "abstenerse de

---

1435 El Decreto N° 2.184, *mediante el cual se declara el Estado de Emergencia Económica en todo el Territorio Nacional, de conformidad con la Constitución de la República Bolivariana de Venezuela y su ordenamiento jurídico, por un lapso de sesenta (60) días, en los términos que en él se indican* (*Gaceta Oficial* N° 6.214 extraordinario de 14 de enero de 2016) fue sometido al control posterior de la Sala Constitucional y de la Asamblea Nacional. La Sala, en sentencia N° 184/2016 de 20 de enero, avaló la constitucionalidad del Decreto. La Asamblea Nacional, sin embargo, el 22 de enero, improbó el Decreto. A pesar que de acuerdo con la Constitución y la Ley Orgánica sobre los Estados de Excepción, tal improbación implicaba la extinción inmediata del Decreto, la Sala Constitucional, al resolver el recurso de interpretación interpuesto, concluyó que el control de la Asamblea sobre el Decreto que declara el estado de excepción es político, no jurídico (sentencia N° 184/2016, de 11 días de febrero). Ha sido con base en ese criterio que se han ignorado los efectos jurídicos de las decisiones de la Asamblea Nacional de *(i)* improbar la prórroga del Decreto N° 2.184 (prorrogado mediante Decreto N° 2.270, publicado en la *Gaceta Oficial* N° 6219 extraordinario de 11 de marzo de 2016, cuya constitucionalidad fue avada por sentencia de la Sala Constitucional N° 184/2016, de 17 de marzo), y de *(ii)* improbar el Decreto N° 2.323, publicado en la Gaceta Oficial N° 6.227 de 13 de mayo de 2016, que declaro el estado de excepción y de emergencia económica. En este caso, el Decreto fue improbado mediante Acuerdo de la Asamblea de 17 de mayo de 2016 (http://www.asambleanacional.gob.ve/uploads/actos_legislativos/doc_b26c86ccf5e1c7ab16f698b3ef75493f7a871839.pdf, Consulta 16.06.16), y su constitucionalidad fue avalada posteriormente por la Sala, en sentencia N° 411/2016 de 19 de mayo. Tal sentencia no solo ignoró los efectos jurídicos del control ejercido por la Asamblea dos días antes, sino que además cuestionó la improbación, al considerar que la Asamblea debió pronunciarse, como máximo, el domingo 15 de mayo, a pesar de que la Gaceta Oficial en la cual fue publicado el Decreto N° 2.323, fue divulgada el 16. En la obra que comentamos, el profesor Brewer-Carías realiza un minucioso análisis de todas estas decisiones.

1436 Sentencia N° 9/2016, de 1 de marzo.

pretender dirigir las relaciones exteriores de la República", negando toda competencia de la Asamblea en materia de política internacional[1437].

La violación sistemática de las funciones de control de la Asamblea Nacional ha llegado al punto de obviar su competencia para acordar voto de censura de Ministros y aprobar, con las tres quintas partes de los diputados, su destitución[1438]. El Presidente de la República, en todo caso, ha intentado derogar la Constitución a fin de suspender el ejercicio de esas competencias de control de la Asamblea en el marco del estado de excepción. En concreto, ha pretendido suspender la competencia de la Asamblea de aprobar votos de censura; la competencia para autorizar previamente contratos de interés público y la competencia de la Asamblea para autorizar operaciones de crédito público[1439].

De allí que es pertinente la conclusión final que sobre este aspecto formula el profesor Brewer-Carías, comentando el último de los Decretos dictados en este sentido por el Presidente de la República:

> "A partir de este Decreto, ya nada le quedó por hacer a la Asamblea Nacional en Venezuela, salvo rebelarse constitucionalmente contra la usurpación de la voluntad popular que han ejecutado tanto el Poder Ejecutivo como el Poder Judicial a través de la Sala Constitucional del Tribunal Supremo"

Otro aspecto relacionado con las funciones de investigación y control de la Asamblea en los cuales la Sala Constitucional ha participado, tiene que ver con la ilegítima designación de magistrados efectuada por la anterior Asamblea, en diciembre de 2015. La Asamblea Nacional aprobó la creación de una Comisión para investigar tales designaciones y posteriormente, otra Comisión para adoptar las medidas conducentes a restablecer la autonomía del Poder Judicial. Empero, la Sala Constitucional ha considerado –anticipándose a cualquier decisión que pueda adoptarse- que la Asamblea no puede controlar o investigar tales designaciones y, mucho menos, podría declarar su nulidad, desconociendo con ello anteriores decisiones en las que había avalado tal competencia[1440].

1437 Sentencia N° 478/2016, de 14 de junio.

1438 El 28 de abril de 2016 la Asamblea Nacional, invocando el numeral 10 del artículo 187 de la Constitución, aprobó la moción de censura presentada en contra del Ministro Marcos Torres, y además, acordó su destitución.

1439 Mediante Decreto N° 2.309, publicado en la *Gaceta Oficial* N° 6.225 de 2 de mayo de 2016, se acordó restringir y limitar el ejercicio de la competencia de la Asamblea Nacional establecida en el numeral 10 del artículo 187 de la Constitución. Tal Decreto fue dictado en ejecución del citado Decreto N° 2.184. Posteriormente, el Decreto N° 2.323 pretendió habilitar al Presidente de la República para limitar otras funciones de control de la Asamblea.

1440 En sentencias N° 09/2016 de 1 de marzo y 225/2016, de 29 de marzo, la Sala Constitucional ha concluido que "*la Asamblea Nacional no está legitimada para revisar, anular, revocar o de cualquier forma dejar sin efecto el proceso interinstitucional de designación de los magistrados y magistradas del Tribunal Supremo de Justicia, principales y suplentes, en el que también participan el Poder Ciudadano y el Poder Judicial (este último a través del comité de postulaciones judiciales que debe designar –art. 270 Constitucional), pues además de no estar previsto en la Constitución y atentar contra el equilibrio entre Poderes, ello sería tanto como remover a los magistrados y magistradas sin tener la mayoría calificada de las dos terceras partes de sus integrantes, sin audiencia concedida al interesado o interesada, y en casos de supuestas faltas –graves no calificadas por el Poder Ciudadano, al margen de la ley y de la Constitución (ver art. 265 Constitucional)*". Sin embargo, en sentencia N° 2230/2002, la Sala Constitucional había afirmado que "*la Asamblea Nacional puede investigar, lo*

Es importante recordar que dentro de las Leyes declaradas inconstitucionales, encontramos la Ley de reforma de la Ley Orgánica del Tribunal Supremo de Justicia, la cual pretendió aumentar el número de magistrados de la Sala. De allí que al impedir esta reforma y la revisión de las designaciones realizadas en diciembre de 2015, la Sala Constitucional pretende bloquear las vías constitucionales para restablecer el sistemático desconocimiento de la Asamblea a través de la justicia constitucional.

VI. EL DESCONOCIMIENTO DE LA ASAMBLEA NACIONAL Y LA ALTERACIÓN DEL ORDEN DEMOCRÁTICO Y CONSTITUCIONAL

El número de decisiones dictadas en contra de la Asamblea Nacional, desde el 30 de diciembre de 2015 a la presente fecha, como puede verse, es sin duda elevado. Gracias al profesor Allan R. Brewer-Carías, esas decisiones no se han perdido en el laberinto de las muchas sentencias dictadas por la Sala Constitucional, pues su estudio sistemático ha quedado minuciosamente registrado.

Es importante insistir que estas sentencias no se cuestionan en un intento por crear una suerte de inmunidad a favor de la Asamblea Nacional. No se discute, así, que las Leyes –como todo acto del Poder Público- deben quedar sometidas al control judicial. Como tampoco debe perderse de vista que tal control, de no estar sometido a límites muy precisos, podrá degenerar en la indebida sustitución del Juez constitucional en decisiones propias de la deliberación política del Poder Legislativo.

En realidad, tras las críticas del profesor Brewer-Carías en esta obra La dictadura judicial y la perversión del Estado de Derecho, subyace otro tipo de consideración: la Sala Constitucional se ha excedido en el ejercicio del control judicial que le corresponde efectuar con base en el artículo 336 de la Constitución, con el propósito de reducir sistemáticamente las funciones deliberativas, legislativas y de control de la Asamblea Nacional.

Tal exceso de poder es, en cierta forma, la culminación de un largo proceso iniciado en el año 2000, y en el cual la Sala Constitucional amplió considerablemente el catálogo de sus competencias y se auto-atribuyó la condición de máximo y último intérprete de la Constitución. Partiendo de ese carácter, la Sala Constitucional ha optado no solo por controlar los Leyes de la Asamblea Nacional -para impedir su aplicación- sino que además, en el marco de "interpretaciones abstractas", ha establecido diversas limitaciones previas a la actuación de la Asamblea, al punto que las funciones de ese órgano han quedado desnaturalizadas, en lo que puede catalogarse como un golpe de Estado permanente.

Ahora bien, todas esas sentencias comentadas por el profesor Brewer-Carías en esta obra, giran en torno a un conjunto de principios que han sido afirmados por la Sala Constitucional, y que suponen una grave alteración al orden democrático y constitucional. En resumen, podemos ubicar cuatro granes principios:

El primer principio defendido por la Sala Constitucional consiste en la exacerbación del régimen presidencialista, al hacer pivotar todo el sistema político en torno a las competencias del Presidente de la República, muy especialmente, en el contexto del estado de excepción. Ello desconoce que el centro del sistema democrático ve-

---

concerniente a la elección, y si fuere el caso, en caso de faltas graves calificadas por el Poder Ciudadano, la remoción de Magistrados".

nezolano, con fundamento en el artículo 5 de la Constitución, debe ser la Asamblea Nacional, en su condición de órgano de representación nacional.

En segundo lugar, la Sala Constitucional ha invertido la relación constitucional del Gobierno y de la Asamblea Nacional. A tenor del artículo 141 constitucional, el Gobierno debe subordinarse a las Leyes dictadas por la Asamblea Nacional, como natural manifestación del principio de representación. Para la Sala, por el contrario, es la Asamblea la que se subordina al Poder Ejecutivo Nacional, en materias tales y como régimen de comparecencia e interpelación; proceso de formación de Leyes y adopción de decisiones en el orden socioeconómico.

En tercer lugar, la Sala Constitucional ha trastocado la fundamentación democrática del Estado venezolano y con ello, el propio concepto de soberanía. Así, la Sala niega toda legitimidad democrática a la Asamblea Nacional, pretendiendo fortalecer con ello los privilegios y prerrogativas del Poder Ejecutivo Nacional. Esto desconoce, se insiste, que el único órgano que ejerce la representación nacional del pueblo venezolano es la Asamblea Nacional.

Por último, y en cuarto lugar, de manera expresa la Sala Constitucional ha negado que la Asamblea Nacional electa el 6 de diciembre de 2015 sea un órgano de representación nacional, pues según la Sala, se trataría de un órgano dominado por una "mayoría" que pretende imponer un orden contrario a la Constitución. Así, al declarar la nulidad de la Ley de Amnistía y Reconciliación Nacional, la Sala Constitucional, en sentencia N° 264/2016 de 11 de abril, señaló lo siguiente:

> "Ello es así, porque la idea de la partición política no tiene carácter fundamental en lo que se refiere a la constitucionalidad de la amnistía, en el sentido que se superponga y domine los principios, derechos y garantías consagrados en la Constitución, ya que someter la validez de las amnistías exclusivamente al grado de legitimidad de las mismas, es abrir un espacio a la arbitrariedad y al desconocimiento de los elementos estructurales del Estado y de la concepción de la Constitución como garantía de los derechos fundamentales, abriendo un espacio para el desarrollo de posiciones de poder e influencia política tanto de las minorías activas como centros de poder para legitimar sus actividades al margen del ordenamiento jurídico, como de las mayorías que circunstancialmente puedan adherirse a tales posiciones en desconocimiento del Estado democrático y social de Derecho y de Justicia"

La misma Sala Constitucional que en el pasado había exacerbado el rol de la mayoría parlamentaria, ahora reduce el resultado del 6 de diciembre a una "mayoría circunstancial", negándole toda legitimidad al considerar que tal mayoría pretende violentar el orden constitucional que la propia Sala ha definido en sentencias que, de facto, han modificado a la propia Constitución[1441].

Este desconocimiento a la Asamblea Nacional es reiterado por el Presidente de la República en su Decreto N° 2.323, que justificó el estado de excepción y emergencia económica en las supuestas agresiones de la "oposición política venezolana"

1441 Véase, sobre la exaltación a las mayorías por parte de la Sala Constitucional, a Nohlen, Dieter y Nohlen, Nicolas, "El sistema electoral alemán y el Tribunal Constitucional Federal (La igualdad electoral en debate-con una mirada a Venezuela)", en *Revista de Derecho Público* N° 109, Caracas, 2007, pp. 7 y ss.

realizadas a través de la Asamblea Nacional. Como explica el profesor Brewer-Carías:

> "En todo caso, lo grave de todo el contenido del decreto de estado de excepción y emergencia económica, es que a juicio del Presidente de la República, pura y simplemente en Venezuela no puede haber oposición a las políticas del Gobierno, acusándose a la oposición de todos los males del país, incluso de estar combinada con supuestos "grupos criminales armados y paramilitarismo extranjero." Esta fase de criminalización de la oposición, por ser oposición, es lo que se refleja en la denuncia que el Presidente hizo en los "Considerandos" del decreto, al expresar que fue a partir de 5 de enero de 2016, cuando se instaló la nueva Asamblea Nacional electa en diciembre de 2015, que la misma pasó a estar controlada por: "representantes políticos de la oposición a la Revolución Bolivariana, quienes desde su oferta electoral y hasta sus más recientes actuaciones con apariencia de formalidad, han pretendido el desconocimiento de todos los Poderes Públicos y promocionando particularmente la interrupción del período presidencial establecido en la Constitución por cualquier mecanismo a su alcance, fuera del orden constitucional, llegando incluso a las amenazas e injurias contra las máximas autoridades de todos los Poderes Públicos."

Esas expresiones, se insiste, no solo afectan a los diputados de la Asamblea Nacional individualmente considerados. En realidad, tales expresiones desconocen el resultado electoral de 6 de diciembre de 2015 y la representación nacional del pueblo venezolano que ejerce por mandato la Asamblea. Lo paradójico, además, es que el Poder Ejecutivo que niega la legitimidad de la Asamblea Nacional tiene una muy cuestionada legitimidad de origen, en contraposición a la clara y contundente legitimidad de origen de la Asamblea[1442].

Es por ello que la Asamblea Nacional, en Acuerdo de 10 de mayo de 2016, declaró la "ruptura del orden constitucional y democrático en Venezuela, materializado en la violación a las disposiciones constitucionales por parte del Poder Ejecutivo Nacional, del Tribunal Supremo de Justicia y del Consejo Nacional Electoral"[1443]. Y es por ello, también, que el Secretario General de la Organización de Estados Americanos, en comunicación de 30 de mayo de 2016, solicitó al Consejo Permanente convocar una sesión especial para debatir las violaciones a la Carta Democrática Interamericana, causadas no solo por las decisiones que hemos comentado, sino además, por la grave crisis económica y social por la que atraviesa el país.

Frente a estas decisiones ha reaccionado la Sala Constitucional, en la sentencia comentada N° 478/2016, de 14 de junio, en la cual (i) negó a la Asamblea Nacional toda competencia en materia de política internacional, con el probable propósito de impedir la participación de la Asamblea Nacional en los debates que se llevarán a

---

1442 No nos referimos solo a las obscuras condiciones bajo las cuales fue electo el Presidente de la República, sino a la legitimidad de esa elección. La elección presidencial de 2013 se resolvió por una diferencia inferior a 1,5 puntos, mientras que la elección parlamentaria del 2015 se resolvió por una diferencia cercana a 32 puntos.

1443 El texto del Acuerdo, y sus comentarios, puede consultarse al final del libro del profesor Brewer-Carías. El Acuerdo, asimismo, puede ser visto en la página de la Asamblea: http://www.asambleanacional.gob.ve/uploads/ac-tos_legislativos/doc_4a8238c36cbfecbadcff3b7c3c435c192459d5f3.pdf [consulta 16.06.16].

cabo en el seno de la Organización de Estados Americanos, y (ii) suspendió los efectos del citado Acuerdo de 10 de mayo, así como del Acuerdo del 31 de mayo, que exaltaba la participación de organismos internacionales en la crisis venezolana[1444].

Por ello, como concluye el profesor Brewer-Carías, estamos ante el desconocimiento, de facto, de la Asamblea Nacional, la cual ha sido prácticamente disuelta por un conjunto de sentencias de la Sala Constitucional que, en claro exceso y abuso de poder, han desnaturalizado el rol que le corresponde cumplir a la Asamblea según el Texto de 1999. Según concluye el profesor Brewer-Carías en la obra comentada:

> "Como sucede en esos supuestos, a pesar de que se trate de una sentencia dictada una Sala del Tribunal Supremo, mediante ella no se puede cambiar ilegítimamente el texto de la Constitución, ni se pueden derogar sus normas, de manera que si ello ocurre, como ha sucedido con muchas de estas sentencias, como lo indica la misma norma constitucional, "todo ciudadano investido o no de autoridad, tendrá el deber de colaborar en el restablecimiento de su efectiva vigencia;" deber que tienen, ante todo y en primer lugar, los diputados electos por el pueblo que representan la soberanía popular que integran la Asamblea Nacional, y que en nombre del pueblo que los eligió deben rechazar las mutaciones y cambios ilegítimos a la Constitución, y hacer lo que está en sus manos conforme a sus propias atribuciones para restablecer su efectiva vigencia".

Frente a la conclusión del profesor Brewer-Carías, la Sala Constitucional -como se acredita en su comentada sentencia N° 473/2016- pretende imponer coactivamente la obediencia a sus decisiones. Sin embargo, la esencia del sistema republicano venezolano, presente en la Constitución de 1999, cuestiona toda obediencia ciega a los actos del Poder Público, pues esa obediencia ciega abriría las puertas al despotismo. Como resumió Juan Germán Roscio en el Capítulo XXX de su obra El triunfo de la libertad sobre el despotismo, de 1817.

> "una obediencia ciega, una obediencia obscura, bien presto abriría el camino a la tiranía y destruiría la libertad".

Este libro del profesor Allan R. Brewer-Carías que comentamos, analiza con detalle y rigor las decisiones que han materializado el desconocimiento de la Constitución y de la soberanía popular, y señala los pasos para salir, en palabras de Roscio, del camino de la tiranía.

Caracas, Junio 16, 2016

1444 El texto de ese Acuerdo puede ser consultado en: http://www.asambleana-cional.gob.ve/uploads/actos_legislativos/doc_7110e441941d844160a8a-60fe2bb02fcbcddf9bb.pdf [Consulta 16.06.16]. La Sala, con esta decisión, demuestra un claro exceso de poder, pues los Acuerdos de la Asamblea cuyos efectos fueron suspendidos, no generan en realidad consecuencias jurídicas, al ser demostraciones políticas de quien ejerce la representación del pueblo venezolano.

SOBRE LA DESTRUCCIÓN DEL "ESTADO DE DERECHO" (RULE OF LAW) Y LA DEMOCRACIA

Jesús María Alvarado Andrade
Profesor de la Universidad Francisco Marroquín
y de la Universidad Central de Venezuela

En las últimas dos décadas, destacados juristas en Venezuela han publicado densos estudios en relación al deplorable funcionamiento del Tribunal Supremo de Justicia, con un arsenal de críticas dogmáticas, teóricas y argumentativas[1445], revelando el escaso compromiso de los jueces con el «Estado de Derecho» (rule of law) y la democracia. Dentro de este esfuerzo, el profesor Allan R. Brewer-Carías ha descollado, en tanto se ha propuesto un programa de investigación dirigido a evidenciar cómo la Sala Constitucional del Tribunal Supremo de Justicia de Venezuela –en lo sucesivo SC/TSJ– desde sus inicios, ha contribuido a la mutación ilegítima del texto de 1999[1446], en procura de hacerlo compatible con el desiderátum inconstitucional de un «Estado socialista» promovido desde el poder político.

La afirmación anterior puede resultar escandalosa para cualquier estudioso del Derecho comparado y de la «judicial review» occidental, dado el gran acuerdo en relación a la importancia que tiene y debería tener el control judicial de la constitucionalidad para la pervivencia del «Estado de Derecho» (rule of law) y la democracia luego de las guerras europeas y las experiencias dictatoriales en la región latinoamericana. Sin embargo, ha sido precisamente ese acuerdo general occidental el que se ha roto en Venezuela, al punto que puede aseverarse que la ruptura con el Derecho constitucional liberal y democrático ha sido el rasgo característico del proceso político-venezolano (1999 al 2016).

Durante este proceso socio-político cuyas repercusiones han sido parcialmente conocidas en el mundo, la SC/TSJ instituida en el documento de 1999 (arts. 7, 335 y 336) ha venido asumiendo competencias que no tiene y papel preponderante, al punto de arrogarse hercúleos poderes con el fin de favorecer los objetivos políticos del proyecto socialista con vocación totalitaria en curso. En efecto, con la maestría que le caracteriza, el profesor Brewer-Carías, experto conocedor e investigador del Derecho constitucional mundial, analiza en detalle el rol que ha cumplido la SC/TSJ

1445 ABACHE CARVAJAL, Serviliano, *Sobre falacias, justicia constitucional y Derecho Tributario: del gobierno de las leyes al gobierno de los hombres: más allá de «la pesadilla y el noble sueño»*, Librería Álvaro Nora, Caracas, 2015.

1446 Constitución de la República Bolivariana de Venezuela, *Gaceta Oficial* N° 36.860 de fecha 30 de diciembre de 1999, reimpresa –con una exposición de motivos inconstitucional- en *Gaceta Oficial* N° 5.453 de fecha 24 de marzo de 2000, enmendada en los artículos 160, 162, 174, 192 y 230, *Gaceta Oficial* N° 5.908 Extraordinario de fecha 19 de febrero de 2009. Véase BREWER-CARÍAS, Allan R., «Comentarios sobre la ilegítima «Exposición de Motivos» de la Constitución de 1999 relativa al sistema de justicia constitucional» en *Revista de Derecho Constitucional,* N° 2, Editorial Sherwood, Caracas, 2000, pp. 47-59; y, «El juez constitucional al servicio del autoritarismo y la ilegítima mutación de la Constitución: el caso de la Sala Constitucional del Tribunal Supremo de Justicia de Venezuela (1999-2009)», en *Revista de Administración Pública,* N° 180, Centro de Estudios Políticos y Constitucionales, Madrid, 2009, pp. 383-318.

como cortesana de la «dictadura socialista», luego de que abjurara con facilidad su deber de independencia e imparcialidad[1447].

Diseccionando las diversas sentencias proferidas en los primeros seis meses del 2016, la reciente obra de Brewer-Carías acota su ámbito de estudio al período que va del 6 de diciembre de 2015 a la actualidad, fecha inicial en el que se produjo una de las votaciones más importantes en Venezuela en favor de la democracia y del «Estado de Derecho» (rule of law), con un casi 75% de participación ciudadana, resultado de las ansias por vivir en libertad del pueblo de Venezuela. En dicho análisis, al modo de cirujano, el autor disecciona las sentencias revelando todas las aviesas estrategias del Gobierno y del poder judicial como su secuaz, para maniatar a la Asamblea Nacional integrada por sectores democráticos, con el objetivo de mantener la hegemonía política, social, cultural y económica de las fuerzas «revolucionarias».

El libro no es una «crónica» periodística o un recordatorio de lo que ya aconteció en estos meses sin trascendencia para el futuro. Se trata al contrario, de un estudio jurídico al modo de crítica jurisprudencial extensa, que toma debida cuenta del «frío laboratorio de los acontecimientos pretéritos»[1448] como destacaría el insigne TOCQUEVILLE. De hecho, puede decirse que ésta obra forma parte de una zaga de obras precedentes[1449] que explican exhaustivamente el rol que ha jugado el poder judicial en el afianzamiento de la «tiranía tropical», luego del «golpe de Estado» que se pro-

1447 VV.AA, *Independencia Judicial*, Colección Estado de Derecho, Tomo I, Academia de Ciencias Políticas y Sociales, Acceso a la Justicia org., Fundación de Estudios de Derecho Administrativo (Funeda), Universidad Metropolitana (Unimet), Caracas 2012.

1448 CARRIÓN MORILLO, David, *Tocqueville: la libertad política en el Estado social*, Delta Ediciones, Madrid, 2010, p. 25.

1449 A título enunciativo: BREWER-CARÍAS, Allan R., *Crónica sobre la «in» Justicia Constitucional. La Sala Constitucional y el autoritarismo en Venezuela*, Colección Instituto de Derecho Público. Universidad Central de Venezuela, N° 2, Editorial Jurídica Venezolana, Caracas 2007; *Dismantling Democracy. The Chávez Authoritarian Experiment*, Cambridge University Press, New York, 2010; *Práctica y distorsión de la justicia constitucional en Venezuela (2008-2012)*, Colección Justicia N° 3, Acceso a la Justicia, Academia de Ciencias Políticas y Sociales, Universidad Metropolitana, Editorial Jurídica Venezolana, Caracas, 2012; *Authoritarian Government v. The Rule of Law. Lectures and Essays (1999-2014) on the Venezuelan Authoritarian Regime Established in Contempt of the Constitution*, Fundación de Derecho Público, Editorial Jurídica Venezolana, Caracas, 2014; *El Golpe a la democracia dado por la Sala Constitucional (De cómo la Sala Constitucional del Tribunal Supremo de Justicia de Venezuela impuso un gobierno sin legitimidad democrática, revocó mandatos populares de diputada y alcaldes, impidió el derecho a ser electo, restringió el derecho a manifestar, y eliminó el derecho a la participación política, todo en contra de la Constitución)*, Colección Estudios Políticos N° 8, Editorial Jurídica venezolana, Caracas, 2014; *Estado totalitario y desprecio a la ley. La desconstitucionalización, desjuridificación, desjudicialización y desdemocratización de Venezuela*, Fundación de Derecho Público, Editorial Jurídica Venezolana, Caracas, 2014; *La patología de la Justicia Constitucional*, 3° edición, Editorial Jurídica Venezolana, Caracas, 2015; *La ruina de la democracia. Algunas consecuencias. Venezuela 2015*, Colección Estudios Políticos, N° 12, Editorial Jurídica Venezolana, Caracas, 2015; *La mentira como política de Estado. Crónica de una crisis política permanente*. Venezuela 1999-2015, Editorial Jurídica Venezolana, Caracas, 2015; *Concentración y Centralización del Poder y Régimen Autoritario*, Colección Tratado de Derecho Constitucional, Tomo IX, Fundación de Derecho Público-Editorial Jurídica Venezolana, Caracas, 2015 y *Golpe de Estado Constituyente, Estado Constitucional y Democracia*, Colección Tratado de Derecho Constitucional, Tomo VIII, Fundación de Derecho Público-Editorial Jurídica Venezolana, Caracas, 2015.

dujo con el fraude llamado «proceso constituyente» de 1999[1450] en el que se derogó por medios inconstitucionales la Constitución válida y vigente para esa fecha (1961) con la cual murió toda «Constitución»[1451].

Mediante un estudio exhaustivo de cada una de las sentencias proferidas por la SC/TSJ, el autor critica las diversas y discutibles interpretaciones efectuadas, haciendo notar las falencias, falacias, manipulaciones, mentiras e intereses en juego, así como los efectos que las mismas tienen en el proceso de demolición institucional cada vez mas agravado en el país. No es un trabajo sobre las causas que explican la «tragedia» que padece Venezuela, sino los efectos que padece la sociedad entera producto de los sucesivos «golpes de Estado» producidos por el régimen para reescribir el Derecho que históricamente se había dado la sociedad venezolana, tierra en la cual se aprobó la primera Constitución (1811) en lengua castellana, y que hoy en día atraviesa una crisis singular que parece no despertar el más mínimo interés por parte de los estudiosos y amantes de la libertad[1452].

La obra de Brewer-Carías no es coyuntural como puede sugerir una lectura apresurada. Es un tomo de la «historia constitucional» de Venezuela en caliente, pero a la vez, un vaticinio que deberían tomarse en serio aquellas sociedades en América española que creen estar exoneradas o alejadas de este experimento socio-político. De hecho, en donde exista fragilidad institucional endémica e ingenua fe en una tabla de salvación como la «judicial review» sin reparar en el estado del sistema político-constitucional en conjunto, existe la posibilidad de que la «judicial review» se convierta en el instrumento más artero y eficaz para instaurar un nuevo régimen[1453] violando la Constitución, o en la perpetuación de cualquier proyecto autoritario.

La inexistencia de un tejido institucional además de ausencia de fuertes convicciones morales en la sociedad en favor de la libertad, favorece indudablemente un esquema de debilitamiento de las instituciones político-constitucionales liberales, las cuales declinarán paulatinamente en favor de cantos de sirenas autoritarios. En esta obra de Brewer-Carías, se completa su estudio de las Constituciones de Venezuela con un intenso examen jurisprudencial de la SC/TSJ en su fase de instrumento de destrucción de todos los valores occidentales en favor de la adopción inconstitucional de regímenes socialistas pasados. El análisis se centra en el derecho en acción, es

---

1450 NIKKEN, Claudia, «Sobre la invalidez de una constitución» *El derecho público a comienzos del siglo XXI: estudios en homenaje al profesor Allan R. Brewer Carías*, (Coord. ARISMENDI A., Alfredo & CABALLERO ORTIZ, Jesús) Vol. 1, Editorial Civitas, Madrid, 2003, pp. 205-218; HERNÁNDEZ CAMARGO, Lolymar, «El poder constituyente como principio legitimador de la constitución» en *El derecho público a comienzos del siglo XXI: estudios en homenaje al profesor Allan R. Brewer Carías*, (Coord. ARISMENDI A., Alfredo & CABALLERO ORTIZ, Jesús) Vol. 1, Editorial Civitas, Madrid, 2003, pp. 113-132; y, HERNÁNDEZ CAMARGO, Lolymar, *El Proceso Constituyente Venezolano de 1999*, Academia de Ciencias Políticas y Sociales, Caracas, 2008.

1451 PACE, Alessandro, «Muerte de una Constitución (Comentario a la Sentencia de la Corte Suprema de Venezuela, num. 17, del 19 de enero de 1999)» en *Revista Española de Derecho Constitucional*, N° 57, Centro de Estudios Políticos y Constitucionales, Madrid, 1999, pp. 271-283

1452 La salvedad reciente está en el histórico documento de ALMAGRO, Luis, «Comunicación del Secretario General de la OEA de 30 de mayo de 2016 con el Informe sobre la situación en Venezuela en relación con el cumplimiento de la Carta Democrática Interamericana», Organización de Estados Americanos (OEA), Washington, D.C, 2016.

1453 BREWER-CARÍAS, Allan R., *Historia Constitucional de Venezuela*, Colección Tratado de Derecho Constitucional, Tomo I, Fundación Editorial Jurídica Venezolana Internacional, Caracas, 2014.

decir, en el derecho que va surgiendo de las interpretaciones de los aplicadores del Derecho, en este caso, el surgido en las sentencias que ha venido dictando el foro político en qué se ha convertido el recinto de la Esquina de «Dos Pilitas» en Caracas.

Es cierto que el autor es un insigne defensor de la «judicial review»[1454], pero cabe destacar que no ha sido nunca un jurista ingenuo encerrado en una burbuja específica del Derecho público. El «dominio sin parangón del Derecho constitucional latinoamericano»[1455] que posee sin menoscabo del dominio disciplinas no jurídicas, le vacunaron desde temprana edad con cualquier ingenuidad en el tratamiento del Derecho público[1456]. Es precisamente por ello, que en el estudio teórico y práctico del Derecho, vio desde el primer momento en Venezuela las consecuencias desastrosas que tendría el funesto «proceso constituyente» y el rol que tendría esa «judicial review» que se inauguraba prometedora en lo formal con la carta de 1999, que en criterio de quien escribe no puede catalogarse de Constitución[1457].

Con meridiana claridad, el autor avizoraba que la «judicial review» en Venezuela, rápidamente estaba distanciándose del cometido que ésta tiene en cualquier sociedad civilizada, es decir, el de hacer valer la Constitución entendida como norma jurídica obligatoria para gobernantes como gobernados, en procura de una simple labor de legitimación de los actos del poder político. La cuestión antes advertida no era baladí, por cuanto el autor sabía que el Derecho constitucional y público en general en Venezuela ha navegado por senderos de un estéril formalismo y un desdén pavoroso por los asuntos políticos, pese haber contado con la presencia por muchas décadas del insigne constitucionalista Manuel GARCÍA PELAYO. La conclusión de esto ha generado, en que el gremio jurídico, ha observado el fenómeno «constitucional» en curso con simple asombro, estupor y poca comprensión.

Frente a ello, la obra de Brewer-Carías ha sido una vacuna, dado que en su preocupación teórica como práctica, ha dado importancia a las sentencias emanadas de la SC/TSJ, advirtiendo como se ha reescrito el ordenamiento jurídico positivo en éstas décadas de edificación del Estado socialista (1999-2016). La cuestión es de vieja data en el país, y sus influencias provienen como no podría ser de otro modo, de ideas jurídicas a las cuales no se les prestó mucha atención, como fue la teoría de procurar una «producción jurídica originaria» que retara «la construcción dogmática del derecho público y la filosofía política tradicionales»[1458].

1454 ALVARADO ANDRADE, Jesús María, «Prólogo» al libro *Derecho Procesal Constitucional. Instrumentos para la Justicia Constitucional*, 3° Ed. ampliada, Colección Centro de Estudios de Derecho Procesal Constitucional, Universidad Monteávila, N° 2, Caracas, 2014, pp. 13-58.

1455 FERNÁNDEZ SEGADO, Francisco, «Allan R. Brewer-Carías: Derecho Procesal Constitucional. Instrumentos para la justicia constitucional» en *Anuario Iberoamericano de Justicia Constitucional*, N° 19, Centro de Estudios Políticos y Constitucionales, Madrid, 2015, p. 638.

1456 ALVARADO ANDRADE, Jesús María, «Sobre el Derecho Público iberoamericano a propósito del «Tratado de Derecho Administrativo» de Allan R. Brewer-Carías», en *Revista de Administración Pública*, N° 193, Centro de Estudios Políticos y Constitucionales, Madrid, 2014, pp. 423-464.

1457 ALVARADO ANDRADE, Jesús María, «Aproximación a la tensión Constitución y libertad en Venezuela» en *Revista de Derecho Público*, N° 123, Editorial Jurídica Venezolana, Caracas, 2010, pp. 17-43

1458 DELGADO OCANDO, José Manuel, *Discurso de Orden Apertura de las Actividades Judiciales del Año 2001*, Tribunal Supremo de Justicia, Caracas, 2001. De igual forma, y con mucho provecho para entender su proceder en la Sala Constitucional, es imperioso leer su trabajo «Revolución y Derecho» en *Estudios sobre la Constitución. Libro Homenaje a Rafael Caldera*, Tomo IV, Facultad de Ciencias Jurídicas y Políticas, Universidad Central de Venezuela, Caracas, 1979, 2595-2600.

A tal efecto, el libro reciente de Brewer-Carías resulta revelador, por cuanto muestra cómo la SC/TSJ ha «interpretado» el Derecho con el objetivo más que obvio de que el proyecto político socialista en curso, ajeno a lo previsto en la carta de 1999 no sea obstaculizado. De hecho, la labor de la SC/TSJ en este contexto ha sido el de pasar el Derecho existente –pasado y presente- por el tamiz ideológico de los requerimientos de una «revolución legal». De ahí el énfasis en la llamada «revolución pacífica» que no es otra cosa que hacer la «revolución» por métodos «estatalmente legales»[1459], aun cuando de manera burda como muestra el autor.

La promesa de una SC/TSJ, así como el desarrollo de principios, garantías e institutos procesales dirigidos a favorecer la supremacía constitucional, era un anhelo de muchos juristas en Venezuela, pero también una deuda histórica que se tenía, dado que había antecedentes históricos de esa preocupación[1460]. Si bien Venezuela contaba históricamente con la previsión de la consecuencia inmediata de la vulneración de la Constitución, a saber, la nulidad de toda ley que contradijera la lex superior en la Constitución de 1811 (art. 227), la «acción popular» (1858) y el control difuso de la constitucionalidad (1893), tales mecanismos se ampliaron en 1999 en lo formal, aun cuando en la realidad, tal sistema fuera regentado por personas bastante peculiares para ejercer tan prístina función, a veces incluso, usurpando la soberanía popular[1461], en procura de hacer posible los designios políticos de quien detente la silla presidencial.

La integración del TSJ por personas de dudosa moralidad, provenientes del partido de gobierno, ha tenido como misión el afianzar el control de la justicia, lo cual ha permitido que la labor jurisdiccional, devenga siempre en provecho del régimen, al amparo de la inexistencia de responsabilidad de los jueces, los cuales incluso, han inventado una pretendida labor legislativa usurpando la voluntad popular cuando el Derecho existente no sea favorable a los intereses políticos en juego. Como refiere Brewer-Carías, con tal proceder se hace nugatorio pensar en la posibilidad remota de independencia e imparcialidad judicial, y mucho que menos de «judicial review» como un mecanismo de garantía a la supremacía constitucional.

La obra de Brewer-Carías desmantela un mito que aún pervive, como es el hecho, de que en Venezuela existen tribunales independientes inmunes a influencias extrañas al Derecho provenientes desde fuera del proceso jurisdiccional, en este caso frente al Estado y al partido de gobierno. De la misma manera, refuta por entero, la perniciosa y falsa idea según la cual existen tribunales imparciales, puesto que a todas luces, como se puede evidenciar en su obra, los jueces favorecen estadísticamente siempre a una de las partes en los conflictos sometidos a su conocimiento, todo lo contrario a lo que puede esperarse de un auténtico Tribunal[1462].

1459 SCHMITT, Carl, «La revolución legal mundial» en *Revista de Estudios Políticos*, N° 10, Centro de Estudios Políticos y Constitucionales, Madrid, 1979, pp. 5-24.

1460 FERNÁNDEZ SEGADO, Francisco, «El Control de Constitucionalidad en Latinoamérica: del control político a la aparición de los primeros Tribunales Constitucionales» en *Derecho PUCP: Revista de la Facultad de Derecho*, N° 52, Pontificia Universidad Católica del Perú, Lima, 1999, pp. 409-465

1461 DE VEGA, Pedro, *La Reforma Constitucional y la Problemática del Poder Constituyente*, Madrid, Tecnos, 1988, p. 114.

1462 Para corroborar tal aserto, por todos: ARIAS CASTILLO, Tomás. A., «Los actos de apertura de año judicial en Venezuela (1999-2012): De la relativa solemnidad a la política descarnada» en *Crisis de la función judicial*, Colección Estado de Derecho. Serie Primera, Tomo IX, Academia de Ciencias Polí-

Por ello, es que las mutaciones ilegítimas y fraudulentas de la carta de 1999, el incumplimiento de las sentencias de la Corte Interamericana de Derechos Humanos,[1463] el desconocimiento de los derechos humanos[1464], y de los principios más elementales del Derecho constitucional occidental perpetuados por la SC/TSJ, son síntomas de lo que el autor ha llamado con razón «patología de la justicia constitucional». Esta extraña enfermedad jurídica tiene su causa entre otros factores en la ausencia de independencia e imparcialidad judicial y en la equívoca idea según la cual, no importa que haya convicciones morales subyacentes en la sociedad en favor del Estado de Derecho, sino que con «judicial review», la Constitución estará salvada.

Superar constituciones «semánticas» o «nominales»[1465] con un control judicial de la constitucionalidad reforzado, indudablemente no deja de ser una paradoja, pues pareciera construirse la casa por el tejado. La institución de un Tribunal, Corte o Sala Constitucional, como suprema instancia normativista en un sistema constitucional basado en una jerarquía de normas y «valores» con cartas de derechos amplísimos, corre el riesgo siempre en devenir en una instancia que se erija en «supremo legislador»[1466], lo que en Venezuela ha sido bautizado como «jurisdicción normativa»[1467]. Con un poder así, no solo es posible violar la Constitución impunemente, sino que también es posible encontrar sentencias calificadas con razón por el autor como «barbaridades jurídicas», «aberraciones jurídicas», «manipulaciones jurídicas», cuando no de cinismo abierto etc.

Solo una concepción bastante provinciana y no cosmopolita del mundo puede no interesarse por éste tema que plantea Brewer-Carías. En el ámbito de América española, este fenómeno debería ser de gran interés toda vez que cualquier país puede estar sometido a algo similar. De hecho, todo indica que desde una perspectiva histórica, pareciera que Venezuela experimenta un peculiar proceso socio-político de decadencia de su «sistema populista de conciliación de élites»[1468], pero también del

---

ticas y Sociales; Acceso a la Justicia; Fundación Estudios de Derecho Administrativo; Universidad Metropolitana, Caracas, 2012, p. 99-167.

1463 AYALA CORAO, Carlos, *La «inejecución» de las sentencias internacionales en la jurisprudencia constitucional de Venezuela (1999-2009)*, Fundación Manuel García-Pelayo, Caracas, 2009.

1464 Véase Sala Constitucional/Tribunal Supremo de Justicia N° 1309, *Caso: Hermann Escarrá*, N° Expediente: 01-1362, Magistrado Ponente: José Manuel DELGADO OCANDO, en el que se sostenía que «los estándares para dirimir el conflicto entre los principios y las normas deben ser compatibles con el proyecto político de la Constitución (Estado Democrático y Social de Derecho y de Justicia) y no deben afectar la vigencia de dicho proyecto con elecciones interpretativas ideológicas que privilegien los derechos individuales a ultranza o que acojan la primacía del orden jurídico internacional sobre el derecho nacional en detrimento de la soberanía del Estado [...] no puede ponerse un sistema de principios supuestamente absoluto y suprahistórico por encima de la Constitución [...] son inaceptables las teorías que pretenden limitar so pretexto de valideces universales, la soberanía y la autodeterminación nacional».

1465 LOEWENSTEIN, Karl, «Constituciones y Derecho constitucional en Oriente y Occidente» en *Revista de Estudios Políticos*, N° 164, Centro de Estudios Políticas y Constitucionales, Madrid, 1969, pp. 5-56.

1466 SCHMITT, Carl, «La revolución legal mundial» en *Revista de Estudios Políticos*, N° 10, Centro de Estudios Políticos y Constitucionales, Madrid, 1979, pp. 5-24.

1467 Véase SC/TSJ, sentencia N° 85, N° Expediente: 01-1274, Caso: *ASODEVIPRILARA*, de fecha 24 de enero de 2002, Magistrado Ponente: Jesús E. CABRERA ROMERO.

1468 REY, Juan Carlos, «La democracia venezolana y la crisis del sistema populista de conciliación» en *Revista de Estudios Políticos*, N° 74, Centro de Estudios Políticos y Constitucionales, Madrid, 1991, pp. 533-578.

resultado, de haber creído exorcizado demonios pasados que nunca ejercieron el poder, retrotrayéndonos casi a una discusión política que en países europeos se vio a inicios del siglo pasado.

Si en el siglo XIX una élite de venezolanos[1469] con sapiencia y acción procuró la independencia en América española, y en el siglo XX, un selecto grupo de personas tuvieron la convicción de instaurar un país democrático, cuyo país tenía el record histórico de menor tradición democrática, promoviendo la democracia en la región, no cabe duda de que hoy en día la sociedad venezolana puede estar gestando de sus entrañas un proceso socio-político que se esté adelantando a muchos procesos traumáticos en la región, pero incluso exija una solidaridad en momentos aciagos.

La decadencia que padece Venezuela en todos sus ámbitos, no debería ser ajena ni a los venezolanos ni a los amantes de la libertad. Sin libros como los de Brewer-Carías sería difícil de comprender la situación político-jurídica que padece la pequeña Venecia, pese a que se habla tanto a veces demagógicamente de la era digital, aun cuando paradójicamente sigue habiendo una desinformación colosal sobre lo que pasa allende nuestras fronteras, mucho peor que en tiempos remotos.

La situación de decadencia del «Estado de Derecho» (rule of law) y la democracia, así como la pretendida sustitución por el socialismo de manera inconstitucional, no es una exageración, sino el regreso de un «espectro» que nunca gobernó y que congelado en el tiempo regresó con una táctica novedosa, a saber, la de usar el sistema político-democrático para destruirlo desde dentro. La gravedad de la situación no solo tiene como responsable a quienes han detentado el poder ejecutivo, sino que se extiende al poder judicial el cual ha devenido en un gran actor.

De hecho Brewer-Carías menciona en este libro con acierto, que su trabajo puede servir para un expediente necesario en el presente y en el futuro para la comprensión de la situación, pero también para el momento en que sea necesario exigir las responsabilidades correspondientes a quienes acabaron con el «Estado de Derecho» (rule of law) y la democracia en el país. Si se toma en cuenta que las revoluciones contemporáneas no se hacen en abierta violación al Derecho, sino que se maquillan y se fortalecen con leyes ex post facto, o sentencias que legitimen los actos revolucionarios, entonces el libro del autor es una pieza capital para comprender un hecho concreto de ese proceder.

Como bien refería SCHMITT, «Quien trabaja legalmente, no es ni trastornador, ni agresor, ni saboteador».[1470] La idea de una «espectro» socialista que se manifiesta en un mundo post-caída Muro de Berlín, que quiere perpetrarse por medio de una revolución legal, ha sido una de las cuestiones centrales en el proceso socio-político venezolano. En efecto, desde el mismo instante en que fuerzas democráticas en el país conquistaron la mayoría de dos tercios en la Asamblea Nacional, luego de una contundente victoria electoral el 6 de diciembre de 2015, la SC/TSJ se encargó raídamente de minar las competencias de la Asamblea Nacional, tanto en el ámbito legislativo como de control político.

1469 PI SUNYER, Carlos, *Patriotas americanos en Londres: Miranda, Bello y otras figuras*, Monte Avila Editores, Caracas, 1978.

1470 SCHMITT, Carl, «La revolución legal mundial» en *Revista de Estudios Políticos*, n° 10, Centro de Estudios Políticos y Constitucionales, Madrid, 1979, p. 13

Este proceso bastante peculiar, se da paradójicamente en un tiempo en el que la región batalla por tratar de encauzar sus sistemas político-constitucionales al amparo del ideal político del «Estado de Derecho» (rule of law) y la democracia. De hecho, basta recordar que durante el octavo período extraordinario de sesiones en fecha 11 de septiembre de 2001 en Lima-Perú, se aprobó la llamada Carta Democrática Interamericana, precisamente el día en que una serie de atentados terroristas en los Estados Unidos causaron la muerte de miles de seres humanos, inaugurando una etapa de guerra no convencional en la civilización occidental nunca conocida, que ha afectado de paso el disfrute de la libertad individual y los derechos humanos.

Estos funestos ataques desviaron la atención de lo que también estaba ocurriendo en América. Basta recordar, que luego de décadas de luchas contra dictaduras –de derecha y de izquierda–, los Jefes de Estado y de Gobierno de las Américas habían adoptado en la Tercera Cumbre de las Américas, en fecha 20 al 22 de abril de 2001 en la ciudad de Quebec, una cláusula democrática que luego cristalizó en la Carta Democrática Interamericana. En dicha declaración se afirmaba que «Hemos adoptado un Plan de Acción para fortalecer la democracia representativa, promover una eficiente gestión de gobierno y proteger los derechos humanos y las libertades fundamentales»

Esta Declaración de Quebec, fue rápidamente criticada por el Gobierno de Venezuela, al punto de que la delegación reservó su posición en lo que respecta a los párrafos 1 y 6 debido a que la de8mocracia debía ser entendida según el régimen de Venezuela, en su sentido más amplio y no únicamente en su carácter representativo. La idea era reducir el método democrático a la participación de los ciudadanos en la toma de decisiones minando la democracia liberal representativa. Tales reservas mostraban tempranamente las convicciones del régimen de Venezuela, de hostilidad creciente para con el sistema liberal democrático, cuyas consecuencias padece el país en la actualidad.

Luego de diecisiete años de «revolución», luce menester adentrarse en obras como la de Brewer-Carías, en el que se analiza el comportamiento de los jueces en la destrucción del «Estado de Derecho» (rule of law) y la democracia. Si bien guarda diferencias con el proceso nazi, el proceso de socialismo posmoderno guarda similitudes con aquel, en lo atinente al rol que los jueces tienen[1471], lo que evidencia además, el estado de la cultura jurídica imperante y los valores a los cuales se adhiere a la judicatura.

En efecto, para apreciar como la SC/TSJ en tanto instrumento servil del poder, decide declarar inconstitucional todos los actos y legislaciones proferidas por la Asamblea Nacional afianzando la «tiranía tropical»[1472] se requiere del examen por-

1471 MULLER, Ingo, *Juristas del Horror. La «justicia» de Hitler: el pasado que Alemania no puede dejar atrás*, Álvaro Nora Librería Jurídica; Caracas, 2009.

1472 Como bien ha destacado LILLA, «Tarde o temprano, el lenguaje del antitotalitarismo tendrá que abandonarse y estudiarse de nuevo el problema clásico de la tiranía. Esto no quiere decir que los conceptos antiguos de tiranía puedan extrapolarse en general en el pensamiento de hoy, aunque asombra cuántos malos regímenes de hoy exhiben patologías que los pensadores políticos de la Antigüedad y de los inicios de la Europa moderna conocían muy bien: el asesinato político, la tortura, la demagogia, los estados de excepción maquinados, el cohecho, el nepotismo y todo lo demás», LILLA, Mark, «La nueva era de la tiranía» en *Letras libres*, Año N° 4, N° 47, Letras Libres Internacional, Madrid, 2002, p. 103. La afirmación del autor se comprende mas cuando afirma que « paradoja del discurso político de Occidente desde la Segunda Guerra Mundial: mientras más nos sensibilizamos ante los horrores de menorizado de sentencias como se hace en el libro comentado. Ello además, requiere ser conocido internacionalmente, para que se tome conciencia de cómo se materializa una «dictadura judicial» por quien tenía la obligación de hacer valer la Constitución, elevándose la desobediencia como único recurso posible cuando las vías constitucionales se encuentran cercenadas, pues como apuntó un célebre jurista:

> [...] si en su función interpretativa de la Constitución el pueblo, como titular del poder constituyente, entendiese que el Tribunal había llegado a una conclusión inaceptable (o porque se tratase de una consecuencia implícita en la Constitución de que el constituyente no hubiese tenido consciencia clara y que al serle explicitada no admite, o bien –hipótesis no rechazable como real- porque entendiese que la decisión del Tribunal excede del marco constitucional), podrá poner en movimiento el poder de revisión constitucional y definir la nueva norma en el sentido que el constitucionalismo decida, según su libertad incondicionada.[1473]

Guatemala, 23 de junio de 2016

SECCIÓN PRIMERA:

LA REBELIÓN POPULAR DEMOCRÁTICA CONTRA EL AUTORITARISMO CON LA ELECCIÓN PARLAMENTARIA DEL 6 DE DICIEMBRE DE 2015

I. EL MANDATO DADO A LA NUEVA ASAMBLEA NACIONAL EN DICIEMBRE DE 2016 PARA RESTABLECER LA DEMOCRACIA

En Venezuela, el 6 de diciembre de 2015 se produjo una rebelión popular que se manifestó democráticamente mediante el sufragio para la elección de los diputados a la Asamblea Nacional.

Fue una rebelión contra un régimen político autoritario que conformaron quienes asaltaron el poder a partir de 1999, manipulando las instituciones de la democracia para demolerla como régimen político, sustituyendo el Estado de derecho por un Estado Totalitario, en contra de lo establecido en la Constitución.[1474]

Esa rebelión popular expresó directamente la firme decisión y voluntad del pueblo de terminar con ese régimen totalitario, y sustituirlo por un régimen democrático, desalojando del poder a quienes lo conducen. Por eso, por voluntad popular, dicho régimen autoritario, a pesar del control que ha tenido sobre las instituciones, y del apoyo ha tenido de los militares, la verdad es que puede considerarse que entró en su etapa terminal. Sus dirigentes tienen ya sus días finales contados, y a pesar de sus aspavientos, para ellos, simplemente, la función terminó; bajo el telón, y sus actores deben ya desalojar el escenario. Ya es tiempo de que comiencen a tomar conciencia de su final, para que al ser barridos de las posiciones que han usurpado,

---

las tiranías totalitarias, menos sensibles somos con respecto a la tiranía en sus formas más moderadas» (p. 102).

1473 GARCÍA DE ENTERRÍA, Eduardo, *La Constitución como Norma y el Tribunal Constitucional*, Editorial Civitas Madrid, 2001, p. 201.

1474 Véase Allan R. Brewer-Carías, *La ruina de la democracia.* Editorial Jurídica Venezolana, Caracas 2015.

salgan con cierto orden, democráticamente, respetando el clamor de paz expresado mayoritariamente por el pueblo, y así evitar que la comedia que representaron se pueda convertir en una tragedia.

Para ello tienen que entender, y no olvidar, que mediante ese voto popular del 6 de diciembre, el pueblo efectivamente y en forma masiva manifestó su decisión de rebelarse contra la usurpación y concentración del poder; contra la centralización; contra la ausencia de medios para controlar el ejercicio del poder; contra la burla a la Constitución y a las leyes; y en particular, contra la sumisión del Poder Judicial a la política, particularmente del Juez Constitucional que pasó a ser el principal agente del autoritarismo; contra la estatización de la economía; contra el supuesto socialismo del siglo XXI que arruinó al país y a sus habitantes; contra la dictadura comunicacional; contra el capitalismo ineficiente de Estado; contra la impunidad; contra la masacre cotidiana de ciudadanos inermes; contra la ausencia de protección y seguridad ciudadana; contra la burocracia ineficiente y corrupta; en fin, contra quienes han conducido los órganos del Estado totalitario que durante tres lustros los venezolanos hemos padecido. Esa rebelión popular expresada entonces mediante el voto, tuvo como único objetivo cambiar ese régimen, y desalojar del poder a sus representantes. Eso es lo que no hay que olvidar.[1475]

El 6 de diciembre de 2015, en efecto, se produjo una de las votaciones más participativas de los últimos lustros de cerca de 75% (es decir, solo 25% de abstención), siendo esa manifestación el primer gran paso que el pueblo dio para buscar la reconstrucción de la democracia en el país, después de que la misma sufrió quince años de destrucción sistemática,[1476] ejecutada por un gobierno que definió a la mentira como política de Estado,[1477] que trastocó el régimen del Estado democrático y social de derecho y de justicia del cual habla la Constitución, erigiendo en su lugar y en fraude a la Constitución y a la voluntad popular, un Estado Totalitario por el cual

1475 Como lo resumió Claudio Fermín: "La voluntad mayoritaria quedó claramente expresada. Nada pudo la regaladera, las amenazas ni la multimillonaria campaña propagandística. Diarias cadenas presidenciales y minicadenas llamadas Noticiero de la Patria tampoco convencieron a los venezolanos de que somos una potencia en la que reímos de felicidad. / Queremos que se acabe la impunidad con que malandros, traficantes y sicarios diezman el país. Ya son 27.000 asesinatos al año. Las bandas se multiplican. Los pranes se jactan de su poder. Las policías y los tribunales corrompidos. / El Gobierno nada ha hecho contra esa peste y las masacres se multiplican en todas partes. La nueva Asamblea tiene que aprobar soluciones para enfrentar y vencer la inseguridad. / Largas colas para comprar alimentos han mantenido secuestradas a millones de amas de casa desde hace dos años. Y todo porque expropiaron fincas y empresas, persiguieron y matraquearon comerciantes. Arrinconaron a la gente de trabajo y hoy no se produce casi nada. Todo se compra afuera. Para ñapa, desaparecieron los dólares y no hay con qué importar. / Hay colas porque no hay producción. La nueva Asamblea Nacional está obligada a aprobar condiciones para que se creen empresas, para que renazca la producción, para que haya abastecimiento y mejore la calidad de vida. / Ahora resulta que el Gobierno -que no ha sido capaz de garantizar seguridad ni abastecimiento- se dedica a sabotear la instalación de la Asamblea y a desconocer la voluntad popular. Ni lavan ni prestan la batea." Claudio Fermín, "Ni lavan ni prestan la batea," en *Últimas Noticias*, 31 de diciembre de 2015, en http://lin-kis.com/com.ve/HOi7e; y en http://www.ultimasnoticias.com.ve/opinion/fir-mas/claudio-fermin--1-/ni-lavan-ni-prestan-la-batea.aspx#ixzz3vtuNDd17.

1476 Véase Allan R. Brewer-Carías, *Dismantling Democracy. The Chávez Authoritarian Experiment*, Cambridge University Press, New York, 2010.

1477 Véase Allan R. Brewer-Carías, *La mentira como política de Estado. Crónica de una crisis política permanente. Venezuela 1999-2015*, Editorial Jurídica Venezolana, (Con prólogo de Manuel Rachadell), Caracas 2015.

nadie nunca votó,[1478] y más bien, el pueblo rechazó masivamente en el referendo desaprobatorio de la reforma constitucional de 2007.[1479]

Por tanto, esa elección popular de los diputados de diciembre de 2015 hay que verla como el mandato que se dio a los diputados electos para iniciar el proceso de reconstrucción de los dos principios básicos de la democracia, que están íntimamente imbricados, y que fueron progresivamente demolidos. Estos son, por una parte, la legitimidad democrática de la elección de los gobernantes, y por la otra, el funcionamiento del Estado conforme al principio de la separación de poderes; ambos desmantelados y trastocados en los últimos años[1480] por el régimen que ahora está extinguiéndose.

Lo importante de ese mandato popular otorgado a los diputados electos y que conformaron la nueva Asamblea Nacional, fue que los mismos, además de tener que ejercer sus actividades ordinarias como representantes populares, tenías por sobre todo la obligación ineludible de asumir el proceso de cambio del régimen totalitario que se instaló en el país en violación de la Constitución, revalorizando la Constitución y restableciendo la democracia. [1481]

La primera tarea que tenía la mayoría calificada de los partidos y grupos de oposición agrupados en la Mesa de la Unidad Democrática (MUD) luego de la elección de diciembre de 2015 era, por tanto, proceder a comenzar a la reconstrucción de la democracia, de manera que una vez asegurada la legitimidad democrática otorgada

---

1478 Véase Allan R. Brewer-Carías, *Estado totalitario y desprecio a la ley. La desconstitucionalización, desjuridificación, desjudicialización y desdemo-cratización de Venezuela*, Fundación de Derecho Público, Editorial Jurídica Venezolana, segunda edición (Con prólogo de José Ignacio Hernández), Caracas 2015.

1479 Véase Allan R. Brewer-Carías, "La proyectada reforma constitucional de 2007, rechazada por el poder constituyente originario", en *Anuario de Derecho Público 2007,* Año 1, Instituto de Estudios de Derecho Público de la Universidad Monteávila, Caracas 2008, pp. 17-65; y "La desconstitucionalización del Estado de derecho en Venezuela: del Estado Democrático y Social de derecho al Estado Comunal Socialista, sin reformar la Constitución," en *Libro Homenaje al profesor Alfredo Morles Hernández, Diversas Disciplinas Jurídicas,* (Coordinación y Compilación Astrid Uzcátegui Angulo y Julio Rodríguez Berrizbeitia), Universidad Católica Andrés Bello, Universidad de Los Andes, Universidad Monteávila, Universidad Central de Venezuela, Academia de Ciencias Políticas y Sociales, Vol. V, Caracas 2012, pp. 51-82, reproducido en Carlos Tablante y Mariela Morales Antonorzzi (Coord.), *Descentralización, autonomía e inclusión social. El desafío actual de la democracia*, Anuario 2010-2012, Observatorio Internacional para la democracia y descentralización, En Cambio, Caracas 2011, pp. 37-84.

1480 Véase Allan R. Brewer-Carías, *La ruina de la democracia,* Editorial Jurídica Venezolana, (Con prólogo de Asdrúbal Aguiar), Caracas 2015.

1481 Como lo ha expresado Monseñor Padrón, Presidente de la Conferencia Episcopal Venezolana: "El 6 de diciembre la gente envió un mensaje de cambio, también de paz. El acto mismo de la votación fue un mensaje de que la mayoría del país quiere un cambio pacífico y que ese cambio se genere a través de un método democrático. El pueblo está cansado de una diatriba y un enfrentamiento", señaló. / Monseñor Padrón lamentó que el gobierno aplique maniobras que pretenden desconocer la voz del pueblo que se expresó el 6-D. "Si el gobierno desoye al pueblo, deshonra su voluntad", aclaró. / Recordó que a pesar de las amenazas del oficialismo de salir a las calles el día de la elección, se impuso la actitud pacífica del pueblo, llena de serenidad, tranquilidad y cercanía. / "A pesar de nuevos llamados a la calle, pedimos que el 5 de enero sea un día de paz para Venezuela. Esas amenazas no tienen ningún fundamento y no serán atendidas: la línea del pueblo es contraria a la violencia, que rechazamos. Pedimos al pueblo asumir una actitud de paz", indicó." Reseña en El Nacional, 31 de diciembre de 2015, en http://www.el-nacional.com/politica/gobierno-desoye-pueblo-deshonra-voluntad_0_7661-23537.html.

popularmente al órgano político por excelencia en un Estado de derecho que es el Parlamento, poder asumir el mandato popular para buscar asegurar la misma legitimidad democrática de los otros poderes del Estado.

Ese proceso de reconstrucción de la democracia, en todo caso, no es ni ha sido tarea fácil, como quedó demostrado en el proceso político del primer semestre de 2016, habiendo tenido la nueva Asamblea Nacional que enfrentar, como lo indicó Luis Almagro, Secretario general de la Organización de Estados Americanos, todas las "estratagemas de dudosa juridicidad" que han desplegado, y continúan desplegando quienes se resisten a entender la voluntad popular. Ello lo dijo el 31 de diciembre de 2015, precisamente ante argucias institucionales desplegadas por quienes se resistieron a creer que fueron rechazados por el pueblo, en el sentido de que en Venezuela:

> "nadie distorsione la voz del pueblo y su expresión más genuina, que son los resultados electorales, con estratagemas de dudosa juridicidad, ni reclamando decisiones viciadas de parcialidad a organismos reconstituidos para la ocasión. Que no se apela a la prepotencia tampoco, sino que haya diálogo y paz, y que el derecho a denunciar irregularidades no se sostenga en la parcialidad de órganos con nuevos integrantes de reconocida filiación política."[1482]

Y efectivamente, lo que los venezolanos comenzaron a percibir después de la elección o rebelión popular del 6 de diciembre, como conducta del gobierno y de su instrumento servil, el Tribunal Supremo de Justicia, fueron toda suerte de estratagemas que la nueva Asamblea Nacional ha tenido que enfrentar, desarrolladas por el gobierno para resistir el cambio. Esas manifestaciones, evidenciadas en diversos hechos, actuaciones y decisiones adoptadas en particular por el Juez Constitucional, en todo caso, forman parte del "expediente" necesario para en su momento exigir las responsabilidades correspondientes a quienes acabaron con la democracia y el Estado de derecho en el país.

Todos estos signos comenzaron a manifestarse en la propia Asamblea Nacional anterior, que el 15 de diciembre de 2015 estaba terminando sus sesiones ordinarias y que además terminaba su período constitucional el 4 de enero de 2016. A pesar de ello, algunos de sus integrantes mostraron pretensiones de querer seguir gobernando durante el propio mes de diciembre de 2015 y más allá, en sesiones extraordinarias, para mediante actos nada "extraordinarios," sino más bien ordinarios que antes no habían podido o querido adoptar, tratar de minar las actuaciones de la nueva Asamblea Nacional que se debía instalar a partir de enero de 2016.

En ese contexto se destacó la bizarra iniciativa del Presidente saliente de la vieja Asamblea Nacional, al querer implantar en la misma sede histórica de la representación popular (el Palacio Federal Legislativo) en Caracas, un parapeto institucional llamado "Parlamento Comunal" nacional, por supuesto no regulado constitucionalmente y ni siquiera legalmente, pretendiendo incluso que usurpara espacios políticos que solo correspondían a la nueva Asamblea Nacional.

Pero donde se comenzaron a evidenciar los más importantes signos de agonía, fue en las actuaciones del Tribunal Supremo de Justicia, totalmente controlado por

---

1482` Véase el mensaje de Fin de Año del secretario general de la OEA, de 31 de diciembre de 2015, en https://sieteclicks.com/2015/12/31/oea-lanza-un-torpedo-de-fin-de-ano-a-maduro-y-diosdado/

el Poder Ejecutivo. Fue efectivamente, la Sala Constitucional del Tribunal Supremo la que se encargó de darle el recibimiento a los nuevos diputados, al haber procedido en diciembre de 2015, a darle a la Asamblea Nacional saliente, sin fundamento constitucional alguno, una especie de "cheque en blanco" para que procediera a actuar fuera de su período ordinario, en supuestas sesiones llamadas extraordinarias, y así comenzar a minar la actuación de la futura Asamblea Nacional para cuando se instalara. Y fue posteriormente la misma Sala Constitucional, la que luego, a partir de enero 2016, procedió a cercenar progresiva y sucesivamente los poderes de legislar, y de control y actuación política de la Asamblea Nacional.

Por otra parte; fue el mismo Tribunal Supremo, a través de su Sala Electoral, el instrumento para darle otra bienvenida a los nuevos diputados, al prestarse para usurpar la voluntad popular, "suspendiendo" las proclamaciones de los diputados que habían sido electos en uno de los Estados de la República (Amazonas), y así buscar minar - aun cuando inútilmente - la mayoría calificada que el pueblo le dio a la oposición democrática en la nueva Asamblea Nacional.

A todo ello se agregó la propia nueva composición del Tribunal Supremo, en particular de su Sala Constitucional, decidida por la vieja Asamblea Nacional en dichas sesiones extraordinarias de 2015, conformándolo con magistrados con evidente y manifiesta militancia política, violando todas las normas constitucionales aplicables y usurpando la voluntad popular.

A esos signos terminales de la vieja Asamblea Nacional y del Tribunal Supremo, se unieron además, la actitud de quien desde 2013 ejercía ilegítimamente la Presidencia de la República, quien quizás consciente de su ilegítima juramentación por el tema de su doble nacionalidad no permitida constitucionalmente, no quiso darse cuenta de que había perdido las elecciones, y además, todo el pretendido apoyo popular que antaño pudo haber tenido su predecesor mediante la política de la mentira, que a éste sin embargo no le funcionó. Así, el Sr. Maduro quiso incluso seguir gobernando y legislando sin tener poder alguno para ello, apelando, primero, a una Ley habilitante que solo tuvo un objeto vinculado con la seguridad exterior con motivo de las sanciones impuestas por un Estado extranjero a personas que resultaron ser funcionarios del gobierno, por diversos delitos; y después, a sucesivos decretos de emergencia económica que ni siquiera fueron tales, y que nada resolvieron de la crisis económica del país que es culpa y obra de las propias políticas gubernamentales.

Este libro, como dijimos, es el análisis constitucional de los últimas maniobras de perversión del Estado de derecho y de la democracia, realizadas diabólicamente por el órgano que debía garantizar su vigencia, es decir, la Sala Constitucional del Tribunal Supremo, y además, las actuaciones del gobierno que se resiste a reconocer su fin, aspecto que la nueva Asamblea Nacional ha tenido que enfrentar desde enero de 2016. Para dicho análisis hemos identificado de manera precisa todas las actuaciones inconstitucionales y violatorias del principio democrático por parte del gobierno autoritario, y en particular, por parte de dicho Juez Constitucional, todo lo cual consolida la posición de Venezuela, lamentablemente, al margen de los principios y postulados de la Carta Democrática Interamericana.

Ahora bien, antes de dar cuenta de esas manifestaciones de resistencia inconstitucional al cambio, estimamos necesario puntualizar cuál era el sentido del mandato popular democrático otorgado a los diputados de la nueva Asamblea Nacional, en cuanto a la necesidad de reconstrucción y restablecimiento de la democracia en el país, que en nuestro criterio debió haber sido el objetivo central de la acción de la misma.

II. EL CONTROL POLÍTICO DE LA ASAMBLEA NACIONAL POR LA OPOSICIÓN DEMOCRÁTICA Y EL NECESARIO RESTABLECIMIENTO DE LA DEMOCRACIA

El pueblo venezolano, al darle la mayoría abrumadora a la oposición en la elección parlamentaria del 6 de diciembre de 2015, puede considerarse que votó masivamente por la democracia, es decir, porque se reconstruyera el andamiaje democrático del país y se la restableciera como régimen político en el marco del Estado de derecho. Ello implicaba el restablecimiento de la legitimidad democrática de la elección de los titulares de los poderes públicos; el restablecimiento de la separación de poderes como exigencia para restablecer la democracia; el restablecimiento de la descentralización política del Estado y el sometimiento de las instancias del llamado Estado Comunal o del Poder Popular al ámbito de gobierno democrático de los Estados y Municipios; y el restablecimiento de la democracia mediante la reasunción por la Asamblea Nacional de sus funciones esenciales: legislar y controlar.

1. *El restablecimiento de la legitimidad democrática de la elección de los titulares de los poderes legislativo y ejecutivo*

La legitimidad democrática de los gobernantes como primer elemento de la democracia consiste, en primer lugar, en la *elección directa* por el pueblo de los mismos, lo que está previsto en la Constitución solo respecto de los titulares de dos de los cinco Poderes Públicos que distingue la misma,[1483] de los Poderes Legislativo (diputados a la Asamblea Nacional), y Ejecutivo (Presidente de la República), en ambos casos mediante elecciones "periódicas, libres, justas y basadas en el sufragio universal y secreto," como expresión de la soberanía del pueblo.

El primer signo de renovación y de reconstrucción de la legitimidad democrática frente al Estado totalitario fue precisamente la elección el 6 de diciembre de 2015 de los diputados a la Asamblea Nacional, la que puede considerarse como la manifestación más contundente de ejercicio de la soberanía a través de quienes representan el pueblo. Este le otorgó a una mayoría de la oposición, su representación, y los diputados electos tenían el deber de responder a esa elección y al mandato popular que ella significó.

Una tarea pendiente del pueblo, sin embargo, es el restablecimiento de la legitimidad democrática en la elección del órgano del Poder Ejecutivo, es decir, del Presidente de la República, cuya elección en abril de 2013, luego de argucias legales desplegadas por la Sala Constitucional ignorando la Constitución[1484] con motivo del

---

1483 Artículo 136. "El Poder Público se distribuye entre el Poder Municipal, el Poder Estadal y el Poder Nacional. El Poder Público Nacional se divide en Legislativo, Ejecutivo, Judicial, Ciudadano y Electoral."

1484 Véase Allan R. Brewer-Carías, "Crónica sobre las vicisitudes constituciona-les con ocasión de la instalación de la Asamblea Nacional el 5 de enero de 2013, y, las perspectivas subsiguientes," en Asdrúbal Aguiar (Compilador), *El Golpe de Enero en Venezuela (Documentos y testimonios para la historia),* Editorial Jurídica Venezolana, Caracas 2013, pp. 85-90.

fallecimiento del anterior Presidente de la República,[1485] quedó signado por toda suerte de ilegitimidades,[1486] a lo que se suma la imprecisión de su doble nacionalidad lo que le impediría ejercer el cargo.

El cambio democrático en la Asamblea Nacional, y la voluntad popular de restablecer la legitimidad democrática de la elección presidencial, abrió por supuesto toda una gama de alternativas constitucionales y democráticas que se han despejado progresivamente, desde la renuncia del propio Presidente de la República, por el fracaso monumental del régimen en atender las más elementales necesidades de la población; la revocación de su mandato por decisión del pueblo mediante referendo revocatorio cuya convocatoria se ha iniciado en mayo de 2016 una vez cumplida la mitad de su mandato, con todas las trabas y obstáculos imaginables; o su remoción del poder junto con todos los otros titulares de los Poderes Judicial, Electoral y Ciudadano mediante la convocatoria de una Asamblea Nacional Constituyente; todas las cuales conducirían a la realización de una nueva elección presidencial para restablecer la legitimidad democrática de la misma.

En el ínterin, por supuesto, ha quedado pendiente la resolución de la legitimidad democrática de la elección presidencial de Nicolás Maduro efectuada en abril de 2013, en lo concerniente al cumplimiento de las condiciones elementales establecidas en la Constitución para la misma relativas a la nacionalidad del electo. La Constitución exige que solo pueda ser electo Presidente de la República quien sea venezolano por nacimiento y no tenga otra nacionalidad (art. 41). Tener doble nacionalidad es un derecho de los ciudadanos conforme a la Constitución, pero no para poder ser electo Presidente de la República, por lo que quien tenga doble nacionalidad y aspire ser Presidente debe renunciar a la segunda nacionalidad. El tema se planteó desde los días de la elección presidencial de 2013, pero las instancias competentes del Estado totalitario se negaron a siquiera revisar el asunto.

El tema también se planteó formalmente ante la Asamblea Nacional mediante peticiones ciudadanas para que determinase el cumplimiento de la Constitución en el

---

1485 Véase Allan R. Brewer-Carías, "Crónica sobre el significado constitucional del fin del período constitucional (2007–2013) y del inicio del nuevo período constitucional (2013–2019) el 10 de enero de 2013, la necesaria toma de posesión del presidente electo mediante su juramento ante la Asamblea, y los efectos de su no comparecencia," en Asdrúbal Aguiar (Compilador), *El Golpe de Enero en Venezuela (Documentos y testimonios para la historia),* Editorial Jurídica Venezolana, Caracas 2013, pp. 97-106; "Crónica sobre la anunciada sentencia de la Sala Constitucional del Tribunal Supremo de 9 de enero de 2013 mediante la cual se conculcó el derecho ciudadano a la democracia y se legitimó la usurpación de la autoridad en golpe a la Constitución," en Asdrúbal Aguiar (Compilador), *El Golpe de Enero en Venezuela (Documentos y testimonios para la historia),* Editorial Jurídica Venezolana, Caracas 2013, pp. 133-148; "Crónica sobre la consolidación, de hecho, de un gobierno de sucesión con motivo del anuncio del fallecimiento del Presidente Chávez el 5 de marzo de 2013," en Asdrúbal Aguiar (Compilador), *El Golpe de Enero en Venezuela (Documentos y testimonios para la historia),* Editorial Jurídica Venezolana, Caracas 2013, pp. 199-218.

1486 Véase Allan R. Brewer-Carías, "Crónica sobre las vicisitudes de la impugnación de la elección presidencial de 14 de abril de 2013 ante la Sala Electoral, el avocamiento de las causas por la Sala Constitucional, y la ilegítima declaratoria de la "legitimidad" de la elección de Nicolás Maduro mediante una "Nota de prensa" del Tribunal Supremo," en Asdrúbal Aguiar (Compilador), *El Golpe de Enero en Venezuela (Documentos y testimonios para la historia),* Editorial Jurídica Venezolana, Caracas 2013, pp. 297-314.

caso de la elección presidencial de 2013;[1487] de lo que podría plantearse la necesidad de proceder a una nueva elección para legitimar la representatividad democrática en lo que concierne al Jefe del Poder Ejecutivo.[1488]

2. *El restablecimiento de la legitimidad democrática de la elección de los titulares de los poderes judicial, electoral y ciudadano*

Pero aparte de los supuestos de elección popular directa respecto de los titulares de los Poderes Ejecutivo (Presidente de la República) y Legislativo (diputados a la Asamblea Nacional), la legitimidad democrática como condición indispensable para restablecer el régimen democrático en el país, también tenía que asegurarse, como lo exige la Constitución, respecto de la *elección popular indirecta* de los titulares de los otros poderes públicos como son los del Poder Judicial (Magistrados del Tribunal Supremo), los del Poder Ciudadano (Fiscal General de la República, Contralor General de la República, Defensor del Pueblo) y los del Poder Electoral (rectores del Consejo Nacional Electoral).

Estos funcionarios, conforme a la Constitución, no son simplemente nombrados o designados por la Asamblea Nacional, sino que los mismos también son electos por el pueblo aun cuando en forma indirecta. Es decir, la legitimidad democrática de los mismos, conforme a la Constitución, está asegurada mediante su elección popular en segundo grado, que debe realizar la Asamblea Nacional, actuando como Cuerpo elector que es (no actuando como cuerpo legislativo), con las garantías de participación política que establece la Constitución.

Por tanto, para completar la legitimidad democrática de los gobernantes como lo exige la Constitución y lo exigió el pueblo el 6 de diciembre de 2015, luego de la elección popular de los diputados a la Asamblea Nacional, ya instada la Asamblea

---

1487 Véase la petición dirigida al Presidente de la Asamblea Nacional, firmada por Enrique Aristiguieta Gramcko y otros en "Venezolanos piden a Ramos Allup investigar nacionalidad de Maduro," en *Diario Las Américas*, 1 de febrero de 2016, en http://www.diariolasamericas.com/4848_venezuela/3597370_carta-publica-venezolanos-piden-investigar-nacionalidad-maduro.htmle. El planteamiento también lo formuló ante la Asamblea Nacional, la ex magistrada Blanca Rosa de Mármol. Véase en: "Blanca Mármol de León: Doble nacionalidad de Maduro crearía un conflicto de poderes," en Noticierodigital.com, 1 de marzo de 2016, en http://www.noti-cierodigi-tal.com/2016/03/blanca-marmol-de-leon-doble-nacionalidad-de-maduro-crearia-un-conflicto-de-poderes/

1488 La Sala Constitucional del Tribunal Supremo en un juicio de amparo en el cual trató el tema del derecho a la doble nacionalidad de una menor, mediante sentencia Nº 300 de 27 de abril de 2016, al anular una decisión judicial que ignoró la nacionalidad venezolana de la menor, a los efectos de la emisión de su documento de identidad, dando preferencia a otras nacionalidades que tenía, resolvió carácter vinculante que "ante el supuesto de que una persona ostente múltiples nacionalidades y una de ellas sea la venezolana, será ésta la que tenga prevalencia en todo lo concerniente al régimen jurídico aplicable a la misma." Véase en http://historico.tsj.gob.ve/decisio-nes/scon/abril/187471-300-27416-2016-15-0235.HTML. Esta decisión, se consideró como un pronunciamiento aplicable al caso de la doble nacionalidad del Presidente de la República, que obviaría la necesidad de que debió haber renunciado a la segunda nacionalidad para haber sido postulado y electo como Presidente. Véase lo expuesto por José Vicente Haro, en el reportaje "TSJ faculta a personas con varias nacionalidades a ejercer cargos públicos en Venezuela," en *El Nacional*, Caracas 26 de mayo de 2016, en http://www.el-nacional.com/politica/Sentencia-TSJ-nacionalidades-prevalecera-venezolana_0_854914580.html. Con razón, sin embargo, como lo observó José Ignacio Hernández, dicha decisión nada resolvió en tal sentido. Véase José Ignacio Hernández, "¿Qué fue lo que dijo la Sala Constitucional sobre la nacionalidad de Maduro?," en *Prodavinci*, Caracas 26 de mayo de 2016, en http://prodavinci.com/blogs/que-fue-lo-que-dijo-la-sala-constitucional-sobre-la-nacionalidad-de-maduro-por-jose-i-hernandez-2/.

Nacional desde el 5 de enero de 2016, estos tenían la obligación de ejecutar ese mandato popular que recibieron, procediendo como Cuerpo elector, con el voto de la mayoría calificada de los 2/3 de sus miembros a elegir en segundo grado a los otros mencionados titulares de los Poderes Públicos, quienes en diciembre de 2014 y en diciembre de 2015 no fueron electos conforme a la Constitución.

Para ello, la Asamblea Nacional, como cuerpo elector, debió proceder a revocar todos los írritos actos de "nombramiento" o "designación" de los titulares de los Poderes Públicos que se efectuaron en diciembre de 2014 por una Asamblea Nacional que actuó en esos casos, no como Cuerpo elector con la mayoría calificada requerida constitucionalmente, sino como cuerpo legislativo con el voto de la simple mayoría requerida para sancionar leyes.[1489] Igualmente, esa revocación y la subsiguiente legítima elección popular de segundo grado de titulares del Poder Público también tenía que producirse, respecto de las inconstitucionales designaciones efectuadas por la Asamblea Nacional que fenecía antes de concluir su mandato el 5 de enero de 2015, en particular, la designación inconstitucional efectuada sin cumplirse con las exigencias constitucionales y legales requeridas respecto de magistrados del Tribunal Supremo.[1490] Sin embargo, como se verá más adelante, la Sala Constitucional del Tribunal Supremo impidió a la Asamblea Nacional durante los primeros meses de 2016, no sólo ejercer su función de legislar y controlar, sino de revisar sus propios actos írritos.

El aseguramiento de la elección popular de todos los titulares de los Poderes Públicos en los términos establecidos en la Constitución, que el mandato popular que recibieron los diputados electos el 6 de diciembre los obligaba a asegurar, era lo único que podía garantizar la efectiva vigencia de todos los otros elementos esenciales de la democracia, que además de la elección, como es bien sabido, conforme a la *Carta Democrática Interamericana*, son el respeto a los derechos humanos y las libertades fundamentales; al acceso al poder y su ejercicio con sujeción al Estado de derecho; la existencia de un régimen plural de partidos y organizaciones políticas, y la separación e independencia de los poderes públicos (art. 3).

3. *El restablecimiento de la separación de poderes como exigencia para restablecer la democracia*

Y este último es, precisamente, el segundo pilar de la democracia que la nueva Asamblea Nacional electa el 6 de diciembre estaba obligada a reconstruir luego de la elección en segundo grado a los titulares de los otros poderes públicos, para asegurar su independencia y autonomía, ya que solo la efectiva vigencia de un sistema de separación e independencia de los poderes públicos que permita el control de los mismos, es lo que puede asegurar la existencia de los componentes esenciales de la

1489 Véase lo expuesto en Allan R. Brewer-Carías, "El golpe de Estado dado en diciembre de 2014, con la inconstitucional designación de las altas autoridades del Poder Público," en *Revista de Derecho Público,* Nº 140 (Cuarto Trimestre 2014, Editorial Jurídica Venezolana, Caracas 2014, pp. 495-518.

1490 Véase lo expuesto en Allan R. Brewer-Carías, "El irresponsable intento de "golpe judicial" electoral, y la necesaria revocación inmediata de la inconstitucional "designación" de los Magistrados de la Sala Electoral efectuada por la Asamblea moribunda," 4 de enero de 2016, en: http://www.allanbrewercarias.com/Content/449725d9-f1cb-474b-8ab2-41efb849fea3/Content/LA%20IRRESPONSABILIDAD%20EN%20EL%20GOLPE%20JUDICIAL%20ELECTORAL%20Y%20LA%20REVOCACIÓN%20DE%20LOS%20JUECES%2004-01-2016.pdf democracia a los que alude la misma *Carta Democrática Interamericana*, que son la posibilidad real de exigir la transparencia y probidad de las actividades gubernamentales, y la responsabilidad de los gobernantes en la gestión pública; el efectivo respeto de los derechos sociales, y la libertad de expresión y de prensa; la subordinación de todas las autoridades del Estado, incluyendo la militar, a las instituciones civiles del Estado; y el respeto al Estado de derecho.

Y por supuesto, para esto, ante todo debía comenzar a estructurarse un Poder judicial autónomo e independiente, aplicando la Constitución que en esta materia ha sido, desde el inicio, sistemáticamente violada. Sin Poder Judicial independiente y autónomo, simplemente no puede existir separación de poderes ni control del ejercicio del poder y, por supuesto, régimen democrático.

4. *El restablecimiento de la descentralización política del Estado y el sometimiento de las instancias del llamado Estado Comunal o del Poder Popular al ámbito de gobierno democrático de los Estados y Municipios*

Esa separación de poderes que debe garantizarse y que debía comenzar con la elección popular indirecta de los titulares de los diversos Poderes Públicos, la Asamblea Nacional tenía además que asegurarla en sentido vertical, con la efectiva distribución del Poder Público en el territorio, entre los Estados y Municipios, para hacer realidad la estructura del Estado descentralizado del que habla la Constitución.

Para ello, la otra tarea inmediata y prioritaria que tenía por delante la nueva Asamblea Nacional, era la reforma de las Leyes Orgánicas del Poder Popular, de las Comunas, de los Consejos Comunales, de la Economía Comunal, de la Contraloría Social, para ubicar dicha organización dentro del Estado Constitucional y por debajo de los Estados y Municipios, y no en la forma paralela fuera de los mismos como se organizó al llamado Poder Popular en 2010; configurando esas instancias comunales como instancias democráticas, conducidas por personas electas mediante sufragio, y no simplemente designadas por el partido de gobierno en asambleas controladas desde el Poder Ejecutivo, como fueron configuradas en las mencionadas inconstitucionales leyes orgánicas del poder popular. En definitiva, se trata de establecer la legitimidad democrática de los instrumentos comunales para que puedan ser efectivamente mecanismos que aseguren la participación ciudadana en un marco de la descentralización política del Estado constitucional.

5. *El restablecimiento de la democracia mediante la reasunción por la Asamblea Nacional de sus funciones esenciales: legislar y controlar*

La Asamblea Nacional tenía que tomar conciencia de su poder en la estructura general del Estado, y asumirlo. Se trata del órgano político de representación popular, con funciones electorales, de control y legislativas, siendo entonces uno de los órganos del Estado de mayor relevancia, si no el más relevante.

Antes nos referimos a la función de Cuerpo elector de segundo grado que tiene la Asamblea Nacional para elegir al Fiscal General, al Contralor General, al Defensor del Pueblo, a los rectores del Consejo Nacional Electoral, y a los magistrados del Tribunal Supremo, en estos casos con el voto de las 2/3 partes de sus miembros; función que en los últimos años hasta diciembre de 2015 se ejerció en violación a la Constitución, y que la nueva Asamblea estaba obligada a asumir, conforme a la Constitución. Sin embargo, como se verá más adelante, la Sala Constitucional del

Tribunal Supremo le ha impedido a la Asamblea Nacional durante los primeros meses de 2016, ejercer su función de revisar sus propios actos y actuar como Cuerpo elector.

La Asamblea Nacional, además, tiene la función de control político sobre el Gobierno y la Administración Pública, la cual también la anterior Asamblea había renunciado a ejercer, no habiendo nunca controlado en los últimos 15 años a los otros órganos del Estado. En tal sentido, por ejemplo, además de los controles sobre la Administración y en materia de gasto público, a los que había renunciado totalmente, la nueva Asamblea Nacional debía comenzar a ejercer el control político por ejemplo sobre la actuación internacional de la República, y proceder a revisar todos los acuerdos, convenios y tratados internacionales suscritos durante estos últimos quince años, con los cuales se ha afectado gravemente la soberanía nacional. Como se verá más adelante, con ocasión del estado de excepción dictado a comienzos de 2016, el Presidente de la República le cercenó las potestades de control político y administrativo a la Asamblea Nacional.

Además, entre las funciones legislativas de la Asamblea Nacional, está la de sancionar las leyes, que también en los últimos quince años la anterior Asamblea Nacional había renunciado a ejercer, al haber delegado en el Ejecutivo la legislación básica del país. Esta función legislativa en todo caso es plena, por lo que la nueva Asamblea Nacional podía derogar y reformar todas las leyes, sin más límites que seguir el procedimiento constitucional de formación de las leyes.

La revisión de la legislación dictada a la carrera durante los últimos días de diciembre de 2015, tanto mediante leyes sancionadas por la Asamblea que fenecía como por los decretos leyes emitidos por el Ejecutivo, cercenándole incluso atribuciones a la Asamblea Nacional, era una tarea inmediata que tenía que asumir la nueva Asamblea Nacional, y proceder a reformar o derogar esas leyes. Las leyes se derogan o se reforman por otras leyes, dice la Constitución, y ello no tiene límite alguno. El trámite es el procedimiento ordinario de formación de las leyes, que no es nada complejo, y menos cuando se controlan los 2/3 de la Asamblea. Sin embargo, como se verá más adelante, la Sala Constitucional del Tribunal Supremo le ha impedido a la Asamblea Nacional durante los primeros meses de 2016, ejercer su función de legislar, declarando inconstitucionales todas las leyes sancionadas y exigiendo el previo visto bueno del Vicepresidente Ejecutivo para poder poner en vigencia leyes.

La Asamblea Nacional, además, tiene a su cargo ejercer las competencias que le son privativas y exclusivas, como por ejemplo dictar decretos de amnistía, que como acto parlamentario que incluso puede tener la forma de ley (aun cuando no es imperativo constitucionalmente), es un acto de carácter político, que no puede ser vetado por el Presidente de la República.

A tal efecto, la Asamblea Nacional sancionó efectivamente a comienzos de 2016 una Ley de amnistía, la cual al remitirla al Presidente para su promulgación, éste no la vetó ni le solicitó a la Asamblea que la modificara, sino que lo que hizo fue someterla al conocimiento de la Sala Constitucional para que de acuerdo con el artículo 241 de la Constitución revisara su constitucionalidad. La Sala Constitucional, como se verá más adelante, declaró la inconstitucionalidad de la ley negándole a la Asamblea Nacional la potestad misma de decretar amnistías, violando la Constitución.

Respecto de una Ley de amnistía, en realidad, el Presidente solo la podría objetarla por razones de inconstitucionalidad, únicamente basado en el argumento de que los delitos que se despenalizaran son delitos de lesa humanidad, violaciones graves a los derechos humanos y crímenes de guerra, en cuyo caso el asunto debía ser remitido para ser resuelto por la Sala Constitucional del Tribunal Supremo de Justicia. Ese no fue el caso, y a pesar de que ninguno de esos delitos se despenalizaban, la Sala Constitucional declaró la inconstitucionalidad de la Ley de amnistía aprobada.

A los efectos de implementar toda esa inmensa tarea que tenía la Asamblea Nacional que se instaló en Venezuela en enero de 2016, la misma, por supuesto, ha debido enfrentar a las estructuras de un Estado totalitario que controla al resto de los Poderes Públicos, y por tanto, se ha enfrentado con innumerables obstáculos y reacciones de quienes se han negado a entender que perdieron el respaldo popular, si es que alguna vez lo tuvieron efectivamente, y que se han manifestado y de manifestarán en las más variadas formas.

Esa ha sido la situación de lo ocurrido en Venezuela durante el primer semestre de 2016, de enfrentamiento entre una estructura de Estado totalitario y una nueva representación popular de oposición, en el cual el Juez Constitucional ha sido el diabólico instrumento del primero para destruir lo que quedaba de democracia en el país. En tal sentido, como se ha indicado, en Venezuela ha venido ocurriendo un proceso de perversión del Estado de derecho, ejecutado básicamente por el Juez Constitucional, configurándose una dictadura judicial como nunca se había visto en el derecho constitucional comparado.

SECCIÓN SEGUNDA:

LAS PRIMERAS HOSTILIDADES POLÍTICO-CONSTITUCIONALES CONTRA LA NUEVA ASAMBLEA NACIONAL ELECTA EN DICIEMBRE DE 2015

I. LA PRETENDIDA CREACIÓN DE UN PARAPETO OBSTRUCCIONISTA Y ANTIDEMOCRÁTICO LLAMADO "PARLAMENTO COMUNAL"

Lo primero que hay que recordar en el proceso antidemocrático de reacción de las estructuras del Estado totalitario contra la voluntad popular expresada en diciembre de 2015 como rechazo contra el régimen autoritario, fue la obsesión insana del Presidente de la entonces feneciente Asamblea Nacional, de tratar de resistirse a dejar el ejercicio del poder omnímodo que había ejercido durante años, y que con la finalización de las sesiones ordinarias de la Asamblea Nacional en diciembre de 2015, cesaría.

Y así, el 15 de diciembre de 2015, el mismo día en el cual cesaban las sesiones ordinarias de la Asamblea, al entonces presidente de la misma, sin renunciar a querer seguir presidiendo una Asamblea activa mediante la convocatoria a sesiones extraordinarias de la misma, no se le ocurrió otra cosa que no fuera la de "crear" un parapeto institucional que denominó "Parlamento Comunal," para entregarle ilegalmente a un supuesto grupo de voceros de Consejos Comunales, en ocupación ilegal y en manifiesto peculado de uso, el antiguo hemiciclo del Senado en el Palacio Federal Legislativo, y así seguir pretendiendo campear por interpósita organización, en sus predios.

Ello lo decidió el mismo día cuando concluyeron las sesiones ordinarias de la Asamblea,[1491] por supuesto, sin base legal alguna, y sin que existiera norma alguna que regulara la composición y funcionamiento de ese llamado "Parlamento Comunal," ya que los Parlamentos Comunales que estaban reglados en la Ley Orgánica de las Comunas de 2010,[1492] solo supuestamente debían existir a nivel de cada Comuna, no existiendo norma alguna que regulase algún Parlamento Comunal "nacional" como el que inventó el antiguo presidente de la entonces feneciente Asamblea Nacional.

En efecto, la figura del "Parlamento Comunal" solo está regulada en la inconstitucional Ley Orgánica de las Comunas de 21 de diciembre de 2010, como "la máxima instancia del autogobierno en la Comuna" (art. 21), con funciones "normativas para la regulación de la vida social y comunitaria, coadyuvar con el orden público, la convivencia, la primacía del interés colectivo sobre el interés particular y la defensa de los derechos humanos;" y para dictar "actos de gobierno sobre los aspectos de planificación, coordinación y ejecución de planes y proyectos en el ámbito de la Comuna." Se trata, por tanto, de un órgano que se pretendía fuera a la vez, "legislador" y de gobierno comunal.

Sobre la pretendida función normativa atribuida a los Parlamentos Comunales, en cada Comuna, en su momento expresamos que:

> "ello es inconstitucional pues de acuerdo con la Constitución y las leyes de la República, normas que pretendan regular esos ámbitos que inciden en los derechos humanos sólo pueden ser producto de órganos representativos y no pueden ser dictados por cuerpos que no son representativos en el sentido de que no estén integrados por representantes electos mediante sufragio universal, directo y secreto. Por ello, la Constitución sólo atribuye la potestad legislativa a la Asamblea Nacional (art. 187.1), a los Consejos Legislativos de los Estados (art. 162.1) y a los Concejos Municipales de los Municipios (art. 175), de manera que toda otra "legislación" que se adopte por cuerpos no democráticamente representativos como serían estos Parlamentos Comunales regulados en la Ley Orgánica de las Comunas, no sería otra cosa que fruto de una usurpación de autoridad, y por tanto nulos de nulidad absoluta en los términos indicados en el artículo 138 de la Constitución."[1493]

En todo caso, en el ámbito de cada Comuna, el artículo 22 de la Ley definió las atribuciones de los Parlamentos Comunales "en el ejercicio del autogobierno," y entre ellas, las de aprobar el Plan de Desarrollo Comunal; sancionar las Cartas comunales, previo debate y aprobación por las asambleas de ciudadanos de las comunidades integrantes de la Comuna; y debatir y aprobar los proyectos de solicitudes

---

1491 Véase: "Venezuela: chavismo instala Parlamento Comunal después de perder mayoría en la Asamblea Nacional," en *BBCMundo*, 15 de diciembre de 2015, en http://www.bbc.com/mundo/noticias/2015/12/151215_venezuela_parlamento_comunal_dp.

1492 Véase en *Gaceta Oficial* N° 6.011 Extra. de 21 de diciembre de 2010. Véase sobre dicha Ley los comentarios en Allan R. Brewer-Carías, *Ley Orgánica de Consejos Comunales*, Editorial Jurídica Venezolana. Caracas 2010.

1493 Véase en Allan R. Brewer-Carías *et al.*, *Leyes Orgánicas del Poder Popular y el Estado Comunal (Los consejos comunales, las comunas, la sociedad socialista y el sistema económico comunal)*, Editorial Jurídica Venezolana, Caracas 2011, pp. 130 ss.

formuladas a los entes político-territoriales del Poder Público, de transferencias de competencias y servicios a la Comuna. De acuerdo con la Ley Orgánica, las decisiones del Parlamento Comunal "que posean carácter vinculante para los habitantes" de la Comuna, así como todos aquellos actos que requieran para su validez la publicación en dicho instrumento, deben publicarse en la *Gaceta Comunal* (art. 4.11).

En todo caso, en esa organización del Poder Popular, el Parlamento Comunal de cada Comuna no está conformado, en absoluto, por representantes que pudieran ser electos mediante sufragio directo, universal y secreto por todos los ciudadanos con derecho a voto de una Comuna, como sería el caso de tratarse de un cuerpo democráticamente representativo, sino que están integrados, conforme se indica en el artículo 23 de la Ley, por una serie de personas denominadas "voceros" designadas por otros órganos del Poder Popular, así: un vocero y su respectivo suplente electo por cada Consejo comunal de la Comuna; tres voceros y sus respectivos suplentes electos por las organizaciones socio-productivas, y un vocero y su respectivo suplente en representación del Banco de la Comuna.

Como se ve de estas normas, nada en esa regulación legal, aun siendo inconstitucional, podía ni puede ser el fundamento para el establecimiento en la sede de la Asamblea Nacional del mencionado Parlamento Comunal nacional, que el saliente presidente de la Asamblea Nacional pretendió insertar en el esquema parlamentario en diciembre de 2015, en definitiva, quizás, con el único propósito de seguir actuando, comandando dicho parapeto institucional, en paralelo a la nueva Asamblea Nacional, y así buscar bloquear desde el inicio de sus funciones su desarrollo.[1494] Dicho órgano, en todo caso, fue la pieza que faltó estructurar en el inconstitucional esquema de las Leyes Orgánicas del Poder Popular de 2010, que seguramente no se llegó a implementar por no haber sido entonces necesario por haber tenido el gobierno, hasta diciembre de 2015, el control total de la Asamblea Nacional.[1495]

El entonces Presidente de la Asamblea Nacional, sin embargo, no se atrevió a proponer a la Asamblea que fenecía algún proyecto de Ley que regularizara el Parlamento Comunal nacional, lo que no impidió que quien ejerce la presidencia de la República, en ejecución de una ley habilitante que no lo autorizaba para ello, decre-

---

1494 Como lo observó el Editorial de El País: El Parlamento Comunal es "Un organismo del que el chavismo no se acordó mientras tuvo mayoría en la Asamblea pero que ahora pretende convertir en la verdadera cámara legislativa del país, algo posible desde el punto de vista retórico del *número dos* del régimen, Diosdado Cabello, pero no desde el legal." Véase "*Las trampas de Maduro.* El presidente venezolano tiene que aceptar la voluntad de cambio expresada en las urnas,", *El País*, 28 de diciembre de 2015, en http://elpais.com/elpais/2015/12/28/opinion/1451328465_078648.html Véase igualmente en: http://www.lapatilla.com/site/2015/12/29/editorial-el-pais-espana-las-trampas-de-maduro/

1495 La figura, en todo caso, es inconstitucional, como lo observó Luis Raffalli: "Lo que establece la ley de las comunas es algo que se puede aplicar en casos muy puntuales de lugares específicos. En el aspecto jurídico, imponer un organismo por encima de la AN es inconstitucional [...] el nombramiento de un Parlamento Comunal Nacional, que aun no ha sido instalado, violaría el artículo 187 de la Constitución que establece las funciones de la Asamblea Nacional. También dijo que a pesar de no estar establecido en las normas legislativas, el gobierno nacional estaría buscando la manera de establecer este "parlamento" con el mismo método que el Plan de Patria, que no está establecido como una ley." Véase en Álvaro Pulido, "Parlamento Comunal Nacional no puede atribuir competencias por encima de la AN," Juan Manuel Rafalli aseguró que "en ninguna ley" esclarece que en materia legislativa puede haber un organismo por encima de Asamblea Nacional", *El Nacional*, 16 de diciembre de 2015, en http://www.elnacional.com/poli-tica/Imposicion-Parlamento-Comunal-Nacional-instituciones_0_757724325.html.

tara el 30 de diciembre de 2015 un inconstitucional Decreto Ley N° 2161, contentivo de una Ley de los Consejos Presidenciales de Gobierno del Poder Popular.[1496]

Ello, en todo caso, hay que tomarlo como lo que fueron, pura y simplemente: signos terminales de un régimen político que el pueblo rechazó.

II. LA INVERSIÓN DE ROLES DE LA SALA CONSTITUCIONAL DEL TRIBUNAL SUPREMO: DE ÓRGANO DE CONTROL A ASESOR LEGAL DEL GOBIERNO QUE LA CONTROLA

Entre esos signos terminales de los órganos del régimen, hay que comenzar mencionando los que han sido los más dramáticos, por provenir del órgano que supuestamente estaba llamado a impartir justicia, es decir, del Tribunal Supremo de Justicia, y que como se verá en las páginas sucesivas, ha sido el artífice de la demolición de lo que debía ser un proceso de reconstrucción de la democracia.

Y la verdad es que dicho órgano, lamentablemente, desde hace años ya había dejado de cumplir con lo que era su función vital esencial, que es la de garantizar la supremacía e integridad de la Constitución.[1497] Ésta, la Constitución, en el ámbito de los órganos del Estado, en los últimos años lamentablemente no ha tenido quien le asegure su vigencia, y más bien ha encontrado en la Sala Constitucional el órgano encargado de asegurar su violación impune, habiendo quedado solo en manos del pueblo que la sancionó en su momento, buscar velar por su integridad.

El Tribunal Supremo, como Juez Constitucional y Juez contencioso administrativo, en Venezuela en los últimos años dejó de cumplir su tarea primordial que es la de controlar la constitucionalidad de las leyes y la legalidad de los actos administrativos, y ello no ya por descuido o exceso de trabajo, sino por decisión unánime de sus magistrados, sometidos y controlados por el Poder Ejecutivo, de abstenerse, sumisos, de decidir las demandas o acciones populares de inconstitucionalidad o acciones contencioso administrativas de anulación que durante los últimos años los ciudadanos intentaron contra leyes y decretos leyes contrarios a la Constitución, y actos administrativos contrarios al ordenamiento jurídico.[1498] Ello ocurrió, por ejemplo, con las leyes que sistemáticamente desquiciaron y desconstitucionalizaron al propio Estado constitucional, como fueron las llamadas Leyes Orgánicas del Poder Popular, "creadoras" del Estado Comunal, como parapeto establecido en paralelo al mismo, pero para ahogarlo,[1499] y cuya última manifestación sin siquiera base legal, fue el antes mencionado llamado "Parlamento Comunal," que no fue más que un

---

1496 Véase en *Gaceta Oficial* N° 40.818 de 30 de diciembre de 2015.

1497 Véase Jesús María Alvarado Andrade, "Reflexiones sobre la Justicia Constitucional como Función Republicana. ¿Es la Justicia Constitucional un instrumento para la Democracia?," en *Libro Homenaje a Josefina Calcaño de Temeltas,* Fundación de Estudios de Derecho Administrativo (FUNEDA), Caracas 2009, pp. 363-396.

1498 Véase entre otros: Antonio Canova González, *La realidad del contencioso administrativo venezolano (Un llamado de atención frente a las desoladoras estadísticas de la Sala Político Administrativa en 2007 y primer semestre de 2008)*, Funeda, Caracas 2008; Rafael J. Chavero Gazdik, *La Justicia Revolucionaria. Una década de reestructuración (o involución) Judicial en Venezuela*, Editorial Aequitas. Caracas 2011.

1499 Véase Allan R. Brewer-Carías, "La Ley Orgánica del Poder Popular y la desconstitucionalización del Estado de derecho en Venezuela," en *Revista de Derecho Público*, N° 124, (octubre-diciembre 2010), Editorial Jurídica Venezolana, Caracas 2010, pp. 81-101.

mal y deforme fantasma de los Soviets Supremos de la Unión Soviética que se quiso mostrar para atemorizar. Dichas leyes fueron impugnadas apenas fueron publicadas, en 2011, pero las demandas aún esperan por que el Juez Constitucional se digne a admitirlas.

La Sala Constitucional también dejó de cumplir con su otra tarea primordial que es la de asegurar que los órganos del Estado cumplan con sus obligaciones constitucionales, al haberse negado a impartir justicia y a decidir las acciones por omisión o carencia intentadas por los ciudadanos contra las abstenciones de los órganos del Estado; o al haber simplemente decidido las acciones intentadas, pero para, al contrario de lo demandado, avalar violaciones de la Constitución por la omisión, e incluso la violación de derechos fundamentales de los ciudadanos, liberando a los órganos estatales de alguna obligación legal. Patética fue, por ejemplo, la liberación judicial por orden de la Sala Constitucional, de la obligación legal del Banco Central de Venezuela, nada menos que de publicar los indicadores económicos del país.[1500]

A esos signos terminales, que ya definitivamente eran signos patológicos de la Justicia Constitucional, se unieron nuevas y graves manifestaciones producto de la distorsión o inversión del rol que le corresponde cumplir en el Estado al Tribunal Supremo de Justicia, como garante de la constitucionalidad; que de órgano de control de la actuación de los demás poderes del Estado, particularmente del Ejecutivo, pasó a asumir el deleznable rol de un mal y deshonesto "abogado" de los mismos, "asesorándolos" directamente para encubrir sus arbitrariedades, dispuesto siempre y en forma servil a avalar las actuaciones inconstitucionales de los mismos, pretendiendo cubrirlas con un barniz de legalidad que no resiste el menor análisis. De allí que la justicia constitucional se haya convertido en Venezuela en un sinfín de "in" justicias inconstitucionales, [1501] habiéndose tornado en una especie de justicia "a la carta," trastocada y distorsionada,[1502] demoledora de la democracia,[1503] al punto de que su estudio en Venezuela no es más que el estudio de la patología de la justicia constitucional. [1504]

1500 Véase Allan R. Brewer-Carías, "El secreto y la mentira como política de Estado y el fin de la obligación de transparencia. De cómo el Tribunal Supremo de Justicia liberó inconstitucionalmente al Banco Central de Venezuela de cumplir su obligación legal de informar al país sobre los indicadores económicos, arrebatándole a los ciudadanos sus derechos a la trasparencia gubernamental, de acceso a la justicia y de acceso a la información administrativa," en *Revista de Derecho Público,* N° 143, Editorial Jurídica Venezolana, Caracas 2015.

1501 Véase Allan R. Brewer-Carías, *Crónica sobre la "in" justicia constitu-cional. La Sala Constitucional y el autoritarismo en Venezuela,* Colección Instituto de Derecho Público, Universidad Central de Venezuela, N° 2, Caracas 2007.

1502 Véase Allan R. Brewer-Carías, *Práctica y distorsión de la justicia constitucional en Venezuela (2008-2012),* Colección Justicia N° 3, Acceso a la Justicia, Academia de Ciencias Políticas y Sociales, Universidad Metropolitana, Editorial Jurídica Venezolana, Caracas 2012.

1503 Véase Allan R. Brewer-Carías, *El golpe a la democracia dado por la Sala Constitucional (De cómo la Sala Constitucional del Tribunal Supremo de Justicia de Venezuela impuso un gobierno sin legitimidad democrática, revocó mandatos populares de diputada y alcaldes, impidió el derecho a ser electo, restringió el derecho a manifestar, y eliminó el derecho a la participación política, todo en contra de la Constitución),* Colección Estudios Políticos N° 8, Editorial Jurídica venezolana, Caracas 2014.

1504 Véase Allan R. Brewer-Carías, *La patología de la justicia constitucional,* Tercera edición ampliada, Fundación de Derecho Público, Editorial Jurídica Venezolana, Caracas 2014.

Para todo ello, entre las iniciativas de la Sala Constitucional para ponerse al servicio del autoritarismo, [1505] estuvo la de "inventar" una acción de interpretación constitucional[1506] que ha puesto fundamentalmente a disposición de los órganos del propio Estado, en particular, del abogado del Estado que es el Procurador General de la República, para que este pueda acudir ante la Sala Constitucional y solicitarle "interpretaciones" abstractas de la Constitución, aún ante normas que son claras y nada de ambigüedad tienen, solo para que el Juez constitucional avale de antemano la actuación arbitraria e inconstitucional que se proyectaba realizar. Y no en pocas ocasiones, la Sala misma fue la que se sirvió del recurso de interpretación usando la firma servil de algún abogado desocupado, para encubrir mediante el "ejercicio" de un "recurso," lo que en realidad fueron actuaciones de oficio.

Ello ha dado lugar a la mencionada especie de "in" justicia constitucional que se ha manifestado en múltiples casos, los cuales incluso llegaron a dar origen, en unos aupuwatoa, a mutaciones ilegítimas y fraudulentas de la Constitución adoptadas por la Sala Constitucional para satisfacer los caprichos del Ejecutivo,[1507] y en otros casos, convirtiéndose en un mecanismo diabólico del Estado para incluso zafarse inconstitucionalmente de cumplir sentencias condenatorias que se han dictado contra el mismo por la Corte Interamericana de Derechos Humanos, por violaciones a los derechos humanos.[1508]

Para ello, el Procurador General de la República más de una vez acudió ante su "asesor legal" servil, que ha sido la Sala Constitucional, para que ésta declarara expresamente lo que el Estado quería que le dijeran, que era que esas sentencias internacionales fueran consideradas "inejecutables" en el país, como en efecto lo decidió en cuestión de días,[1509] exhortando al Ejecutivo a denunciar la Convención

---

1505 Véase Allan R. Brewer-Carías, "El juez constitucional al servicio del autoritarismo y la ilegítima mutación de la Constitución: el caso de la Sala Constitucional del Tribunal Supremo de Justicia de Venezuela (1999-2009)", en *Revista de Administración Pública*, N° 180, Madrid 2009, pp. 383-418.

1506 Véase Allan R. Brewer-Carías, "*Quis Custodiet Ipsos Custodes*: De la interpretación constitucional a la inconstitucionalidad de la interpretación", en *Revista de Derecho Público*, N° 105, Editorial Jurídica Venezolana, Caracas 2006, pp. 7-27. Publicado en *Crónica sobre la "In" Justicia Constitucional. La Sala Constitucional y el autoritarismo en Venezuela*, Colección Instituto de Derecho Público. Universidad Central de Venezuela, N° 2, Editorial Jurídica Venezolana, Caracas 2007, pp. 47-79.

1507 Véase en general Allan R. Brewer-Carías, *Crónica sobre la "In" Justicia Constitucional. La Sala Constitucional y el autoritarismo en Venezuela*, Colección Instituto de Derecho Público, Universidad Central de Venezuela, N° 2, Caracas 2007; *Práctica y Distorsión de la Justicia Constitucional en Venezuela (2008-2012)*, Colección Justicia N° 3, Acceso a la Justicia, Academia de Ciencias Políticas y Sociales, Universidad Metropolitana, Editorial Jurídica Venezolana, Caracas 2012; *La Patología de la Justicia Constitucional*, Tercera edición ampliada, Fundación de Derecho Público, Editorial Jurídica Venezolana, 2014.

1508 Véase Carlos Ayala Corao, *La "inejecución" de las sentencias internacionales en la jurisprudencia constitucional de Venezuela (1999-2009)*, Fundación Manuel García-Pelayo, Caracas 2009.

1509 Véase en general Allan R. Brewer-Carías, "El carácter vinculante de las sentencias de la Corte Interamericana de Derechos Humanos y su desprecio por los tribunales nacionales: los casos del Perú, Venezuela y de República Dominicana," en *Revista Iberoamericana de Derecho Procesal Constitucional*, N° 22, Julio diciembre 2014, Instituto Iberoamericano de Derecho Procesal Constitucional, Editorial Porrúa, México, 2014, pp. 77-119; "La incompetencia de la Administración Contralora para dictar actos administrativos de inhabilitación política restrictiva del derecho a ser electo y ocupar cargos públicos (La protección del derecho a ser electo por la Corte Interamericana de Derechos Humanos en 2011, y su violación por la Sala Constitucional del Tribunal Supremo al declarar la sentencia de la Corte Interamericana como "inejecutable"),Estudio elaborado para la obra colectiva coordinada

Americana de Derechos Humanos, lo que luego ejecutó en una especie de colusión espuria en septiembre de 2012.

La última de estas actuaciones de la Sala Constitucional como "asesor legal" del Estado durante 2015, y no como contralor judicial del mismo, fue la solicitud de interpretación constitucional del artículo 220 de la Constitución que regula las sesiones extraordinarias de la Asamblea que el Presidente de la Asamblea Nacional le formuló por escrito el día 15 de diciembre de 2015, que fue el último día de las sesiones ordinarias de la Legislatura que se había iniciado el 5 de enero de 2011, y que fue resuelta por la Sala solo una semana después, mediante sentencia Nº 1.758 de 22 de diciembre de 2015.[1510]

Con ello, el presidente de la Asamblea buscó que la Sala Constitucional, actuando como "consultor jurídico" de los órganos del Estado, le dijera al Presidente de la Asamblea lo que quería oír, que era que la Asamblea Nacional que estaba terminando su período constitucional, que ya había terminado sus sesiones ordinarias y que solo debía concluir su mandato constitucional el 5 de enero de 2015 por la elección de los nuevos diputados ocurrida el día 6 de diciembre de 2015; durante el interregno de dos semanas que quedaba entre dicha elección y el inicio del nuevo período constitucional del Poder Legislativo, mientras los nuevos diputados tomasen posesión de sus cargos, dicha Asamblea feneciente podía hacer lo que le viniera en ganas. Y eso fue lo que la Sala Constitucional resolvió, por supuesto, satisfaciendo lo requerido e incluso dando más de lo pedido.

III. EL ABUSO DE PODER DE LA ASAMBLEA NACIONAL QUE CONCLUÍA, CON OCASIÓN DE LAS SESIONES EXTRAORDINARIAS AVALADAS EX ANTE POR LA SALA CONSTITUCIONAL EN DICIEMBRE DE 2015

1. *El aval del Juez Constitucional para el abuso del ejercicio del Poder Legislativo una vez concluida la legislatura ordinaria*

En efecto, a la petición de "interpretación" formulada por el presidente de la Asamblea Nacional que finalizó sus sesiones ordinarias el 15 de diciembre de 2015, la Sala Constitucional del Tribunal Supremo, mediante sentencia Nº 1.758 de 22 de diciembre de 2015[1511] resolvió lo que el saliente Presidente de la misma había pedido, en la solicitud que le había formulado el 15 de diciembre de 2015, y que era que a pesar de que las sesiones ordinarias de la Asamblea Nacional habían finalizado el mismo día de su solicitud, ello supuestamente nada impedía para que la Comisión Delegada pudiera convocar a la Asamblea Nacional que fenecía a sesiones extraordinarias, para que siguiera reuniéndose y funcionando en lo que restaba del su período constitucional. Ello, a pesar de que ya estaban electos los diputados de la nueva Asamblea Nacional, y así la Asamblea que fenecía y que el solicitante presidía, pudiera hacer lo que le viniera en ganas, ni siquiera hasta que terminara su mandato,

---

por Jaime Rodríguez Arana, *El Derecho Administrativo en Perspectiva. Libro Homenaje a José Luis Meilán Gil*, La Coruña 2011.

1510 Véase en http://historico.tsj.gob.ve/decisiones/scon/diciembre/184220-1758-221215-2015-2015-1415.HTML.

1511 Véase en http://historico.tsj.gob.ve/decisiones/scon/diciembre/184220-1758-221215-2015-2015-1415.HTML.

sino "hasta que la nueva Asamblea se instalara," lo que efectivamente ocurrió hasta el 4 de enero de 2015.

Ello, por supuesto, como lo entiende hasta un lego, no fue nada constitucional y más bien fue contrario a todos los principios del Estado democrático de derecho, pues es contrario al régimen de democracia representativa, que rige tanto para los sistemas parlamentarios[1512] como para los presidenciales respecto de la actuación de los órganos representativos del pueblo, en el sentido de que un parlamento ya en su fase de disolución no debe comprometer con sus decisiones al nuevo Parlamento en fase de constitución.

En Venezuela, dentro del sistema presidencial de gobierno que nos rige, los períodos constitucionales de los Poderes Públicos, cuando tienen su origen en elecciones directas como es el caso del Poder Ejecutivo y del Poder Legislativo, tienen fecha fija de comienzo y de terminación, de manera que el Presidente de la República en funciones, cesa en su cargo al terminar su período constitucional, oportunidad en la cual el nuevo Presidente que sea electo inicia su mandato. Así, en Venezuela siendo el período presidencial de seis años (art. 230), el mismo se inicia el día "diez de enero del primer año de su período constitucional, mediante juramento ante la Asamblea Nacional" (art. 231). Durante el tiempo que transcurre desde la elección del nuevo Presidente, generalmente en diciembre del año precedente, hasta la toma de posesión del cargo el 10 de enero, el Presidente saliente ciertamente continúa en su cargo, pero la más elemental norma democrática representativa impone que cualquier decisión que pueda comprometer al nuevo gobierno debe ser consultada con el Presidente electo. Ello sería el caso, por ejemplo, de la declaratoria de estados de excepción o de la declaratoria de la restricción de garantías constitucionales (art. 236.7). En una sociedad democrática, sería inconcebible que el Presidente saliente, pudiera adoptar esas decisiones ignorando al Presidente electo.

Los mismos principios se aplican en relación con el Poder legislativo. De acuerdo con la Constitución, los diputados a la Asamblea Nacional tienen un período constitucional de cinco años (art 192), que se inicia el día 5 de enero del año inmediatamente siguiente al de la elección, que es el día en el cual comienza el primer período anual de las sesiones ordinarias de la Asamblea Nacional, que dura hasta el quince de agosto. Como lo indica la Constitución, esas sesiones las inician los diputados sin convocatoria previa, el "cinco de enero de cada año o el día posterior más inmediato posible" (art. 219).

En cuanto al segundo período anual de sesiones de la Asamblea Nacional, el mismo comienza el quince de septiembre o el día posterior más inmediato posible y termina el quince de diciembre de cada año (art. 219), por lo que el último año de

1512 En los sistemas parlamentarios, en principio, el mandato del viejo parlamento, cuando ha sido disuelto y convocadas nuevas elecciones generales, termina, y los asuntos en trámite decaen. Sin embargo, para asegurar la continuidad de la institución, en algunos países como Francia, Bélgica y Portugal, el extinto Parlamento podría volver a reunirse antes de la instalación del siguiente solo si se presentan casos extraordinarios; en Italia, se considera que se produce la prórroga del Parlamento disuelto hasta la formación del nuevo que resulte electo; y en España, lo que pervive en una cada Cámara es una comisión extraordinaria o Diputación permanente, encargada de asumir ciertas competencias en el período que se extiende desde la disolución hasta la reunión del nuevo Parlamento (artículo 78 de la Constitución). En todo caso, sin embargo, la regla general es que en ese período, en general establecida como norma no escrita o convención constitucional, es que el viejo Parlamento nunca puede comprometer la actuación del nuevo Parlamento.

período constitucional de la Asamblea, sus sesiones ordinarias terminan el 15 de diciembre. Para ese momento ya los nuevos diputados en todo caso han sido electos, por lo que en principio la Asamblea que termina a partir del 15 de diciembre no tiene más sesiones ordinarias.

Por supuesto, la Asamblea, durante los recesos, siempre puede ser convocada para sesiones extraordinarias, entre otros órganos, por su Comisión Delegada, "para tratar las materias expresadas en la convocatoria y las que les fueren conexas," *necesariamente "cuando así lo exija la importancia de algún asunto"* (art. 196.1), pudiendo además "considerar las que fueren declaradas *de urgencia* por la mayoría de sus integrantes" (art. 220). Son por supuesto situaciones extraordinarias para tener que tratarse en sesiones extraordinarias, razón por la cual, lo lógico es que tengan que tener una justificación extraordinaria. De lo contrario, no se trataría de sesiones "extraordinarias."

Pues bien, en virtud de que el partido de gobierno y el gobierno mismo perdieron abrumadoramente la elección parlamentaria del 6 de diciembre de 2015, y con ello perdieron la mayoría que tuvieron durante cinco años en la Asamblea Nacional, el Presidente de la misma, quién actuó impunemente y sin control alguno durante todo ese período, en diciembre de 2015 pretendió que la Asamblea que fenecía hiciera, en pocos días, lo que no hizo en años, todo para tratar de evitar o anular la actuación que correspondía a la nueva representatividad democrática.

Para ello, para buscar "legitimar" las arbitrariedades que se proponía, fue que el Presidente de la Asamblea que fenecía acudió ante la Sala Constitucional el mismo día en el cual finalizó el período ordinario de sesiones de la Asamblea, y con ello, los períodos ordinarios de la misma para todo su período constitucional, para pedir una "interpretación constitucional" precisamente del artículo 220 de la Constitución antes mencionado, que nada tiene de ambiguo u oscuro, para pretender seguir gobernando, a pesar de su situación terminal.

La motivación de la solicitud formulada por dicho Presidente de la Asamblea saliente ante la Sala Constitucional, fue una supuesta e inocente "duda razonable" que le surgió al mismo, precisamente en relación con el "alcance de las materias que pudieran ser tratadas para el supuesto de convocatoria a sesiones extraordinarias," así como:

> "sobre la oportunidad máxima en que la Asamblea Nacional podría realizar este tipo de sesiones, tomando en cuenta, como ya aquí se ha comentado, que esta es la última etapa de funciones correspondiente al actual periodo legislativo constitucional que fuera iniciado el pasado 05 de enero de 2011."

En consecuencia, el Presidente de la Asamblea solicitó de la Sala Constitucional que determinara: *primero*, si la Asamblea estaba facultada "para convocar sesiones extraordinarias que tengan por objeto ejercer cualquiera de las atribuciones establecidas en su artículo 187 y demás normas constitucionales y legales contenidas en el ordenamiento jurídico venezolano," o "si las atribuciones constitucionales y legales del Parlamento nacional con ocasión de convocatorias a sesiones extraordinarias se verían de algún modo mermadas por encontrarse en la etapa final del periodo constitucional para el cual fue electo;" y *segundo*, si dichas sesiones extraordinarias "dada la particularidad del presente caso, se mantiene hasta tanto se verifique la primera sesión ordinaria anual de la Asamblea Nacional, que deberá ser instalada para su próximo periodo Constitucional."

El Presidente de la Asamblea Nacional saliente, por supuesto, sabía qué era lo que iba a decidir la Sala Constitucional, al punto de haberse anunciado ya desde el 20 de diciembre que la Comisión Delegada iba a convocar a sesiones extraordinarias a la Asamblea Nacional para seguir actuando.[1513]

En todo caso, a pesar de haber ya decidido el saliente Presidente de la Asamblea Nacional convocar a las sesiones extraordinarias, en virtud de la "duda razonable" que el mismo le planteó a la Sala Constitucional, la misma procedió a "decidir sin más trámites el presente asunto," es decir, sin oír a todos los otros diputados que pudieran haber tenido interés en la petición, violando el derecho al debido proceso, resolviendo pura y simplemente -repitiendo lo que dice el artículo interpretado, que por ello no requería de interpretación- que la Comisión Delegada de la Asamblea Nacional, conforme a los artículos 195 y 196 de la Constitución, tenía competencia para convocar la Asamblea Nacional a sesiones extraordinarias "cuando así lo exija la importancia de algún asunto" (artículo 196.1), para "tratar las materias expresadas en la convocatoria y las que les fueren conexas;" así como también "considerar las materias que fueren declaradas de urgencia por la mayoría de sus integrantes" (artículo 220); concluyendo que por cuanto:

> "los diputados y diputadas de la actual Asamblea Nacional se encuentran dentro del período constitucional para el cual fueron electos, no existe restricción para convocar a sesiones extraordinarias -de acuerdo al artículo 220 constitucional- y ejercer las atribuciones que le confiere la Constitución."

Concluyó la Sala, además, para decidir ignorando la exigencia del artículo 196.1 de la Constitución al disponer que en todo caso la convocatoria solo procedía "*cuando así lo exija la importancia de algún asunto,*" afirmando falsamente, no solo que la Constitución "no limita las atribuciones de la Asamblea Nacional ni las materias a tratar por ella, ni al tipo sesión ni a la oportunidad en la que se efectúen," sino que como la Asamblea tenía competencia en "todo lo demás que le señalen esta Constitución y la ley" (art. 185.6), entonces "todas esas atribuciones de la Asamblea Nacional podrán ser tratadas tanto en sesiones ordinarias como en sesiones extraordinarias de la Asamblea Nacional."

La Sala Constitucional, además, consideró que:

> "el período constitucional de la Asamblea Nacional es de cinco (5) años, e inicia el 5 de enero posterior a la elección o el día posterior más inmediato posible, y ejerce plenamente sus atribuciones y competencias hasta el 4 de enero posterior a los comicios que elija a la siguiente Asamblea, o hasta que, en fin, se instale la nueva Asamblea, tomando en consideración que el artículo 219

1513 Véase por ejemplo, "Venezuela: Parlamento chavista convoca sesiones extraordinarias para nombrar magistrados. La mayoría parlamentaria afín al Gobierno del presidente Nicolás Maduro, que cesará funciones el 4 de enero para que al día siguiente asuma una mayoría opositora, convocó a cuatro sesiones extraordinarias el martes y miércoles próximo para nombrar a jueces del Tribunal Supremo de Justicia (TSJ), por *EFE / TF*, 20/12/2015, en http://www.miamidiario.com/politica/asamblea-nacional/venezuela/oposi-cion/magistrados/diosdado-cabello/tsj/351421.

Constitucional alude al cinco de enero de cada año o el día posterior más inmediato posible."

Y ese fue todo el "razonamiento" "interpretativo" de la sentencia, concluyendo la decisión "frente a las *dudas interpretativas* expresadas por el Presidente de la Asamblea Nacional," en síntesis, con las siguientes decisiones:

1.- "Que la Asamblea Nacional no se encuentra impedida constitucionalmente para convocar sesiones extraordinarias una vez finalizado el segundo periodo de sesiones ordinarias del último año de su respectivo ciclo constitucional;" y

2.- "Que el alcance de las materias que pudieran ser tratadas para el supuesto de convocatoria a sesiones extraordinarias de la Asamblea Nacional, está determinado por todas las expresadas en la convocatoria y las que fueren declaradas de urgencia por la mayoría de sus integrantes, así como también las que les fueren conexas, dentro del ámbito de todas las atribuciones que el orden constitucional y jurídico en general le asigna a la Asamblea Nacional, señaladas en el artículo 187 de la Constitución de la República Bolivariana de Venezuela."

Y todo ello, además, la Sala resolvió que se podía hacer "con independencia que esta fuera la "última etapa de funciones correspondiente al actual periodo legislativo constitucional que fuera iniciado el pasado 5 de enero de 2011," con el agregado de que:

> "la Asamblea Nacional actual está en pleno ejercicio de sus potestades y debe continuar ejerciendo las atribuciones que le son propias *hasta el día inmediatamente anterior al que se instale la nueva Asamblea Nacional*, dado que el periodo para el cual fueron electos sus integrantes se mantiene vigente."

2. *La inconstitucional designación de los Magistrados del Tribunal Supremo por la Asamblea Nacional que concluía en sesiones extraordinarias*

En esta forma, con el "aval" jurídico dado *ex ante* por la Sala Constitucional mediante la sentencia N° 1.758 de 22 de diciembre de 2015, la Comisión Delegada de la Asamblea debió haber resuelto convocar a sesiones extraordinarias quizás el mismo día de la sentencia, el 22 de diciembre de 2015, para que la Asamblea que finalizaba procediera de inmediato a tomar toda suerte de decisiones. Dicho Acuerdo de convocatoria, sin embargo, no apareció publicado en la *Gaceta Oficial*, razón por la cual los ciudadanos simplemente desconocieron cuál habría sido el alcance de los actos que la misma se había llamado a sí misma a adoptar.

Este fue el primer vicio que afectó la actuación "extraordinaria" de la Asamblea Nacional.

Luego de la sentencia de la Sala Constitucional, y de haber comenzado la Asamblea que finalizaba sus sesiones extraordinarias, la primera *Gaceta Oficial* que circuló, fue la N° 40.815 de fecha 23 de diciembre de 2015, en la cual se dio cuenta de que en ese mismo día, la Asamblea había adoptado un Acuerdo procediendo en "sesión extraordinaria" a "designar" a 13 magistrados principales y 19 magistrados suplentes de las diversas Salas del Tribunal Supremo de Justicia.[1514]

Como acertadamente se indicó en el Editorial del diario *El País*, del 29 de diciembre de 2015:

> "El que uno de los últimos actos de una Asamblea que ya no goza del mandato popular, sea fidelizar políticamente al máximo órgano judicial, no responde precisamente al buen uso democrático de aceptar la derrota electoral. Que el régimen además haya presionado a jueces del Supremo para conseguir sus jubilaciones anticipadas -o también para que aquellos juristas cuyo mandato vencía en el futuro inmediato renunciaran- es una ilegalidad y una muestra de que Maduro sigue sin querer entender que los venezolanos han encargado a la oposición que elabore las leyes y que su deber es respetar este encargo."[1515]

Esta decisión de la Asamblea que terminaba, sin duda, fue inconstitucional, primero y ante todo, porque la Asamblea Nacional no tiene ni tenía competencia alguna para "designar" magistrados del Tribunal Supremo, y menos actuando como cuerpo legislador, es decir, con el voto de la mayoría de los diputados presentes en la sesión respectiva. Lo que asigna la Constitución a la Asamblea Nacional es la competencia para "elegir" a dichos Magistrados ("serán electos" dice el artículo 264) del Tribunal Supremo, lo cual sólo puede hacer actuando como Cuerpo elector indirecto, de segundo grado, que solo puede cumplir su misión mediante el voto de la mayoría de las 2/3 partes de sus miembros, y asegurando mediante un Comité de Postulaciones integrado con representantes de diversos sectores de la sociedad (art. 270), la participación ciudadana.

Este vicio esencial de inconstitucionalidad que hizo que el acto de "designación" de los magistrados fuera nulo, con vicio de nulidad absoluta, por haber usurpado la Asamblea Nacional actuando como cuerpo legislador la autoridad y voluntad popular que solo podía representar como Cuerpo electoral, debía ser corregido obligatoriamente por la nueva Asamblea Nacional que se instaló el 5 de enero de 2016, la cual podía, pura y simplemente, revocar dicho acto parlamentario inconstitucional, y proceder a "elegir" como Cuerpo Elector de segundo grado, a los nuevos Magistrados del Tribunal Supremo conforme a la Constitución. Ello, sin embargo, le fue negado por la Sala Constitucional a comienzos de 2016; y aún cuando fue posteriormente decidido mediante Acuerdo de julio de 2016, ello fue anulado por la misma Sala Constitucional, como se verá más adelante.[1516]

1514 Véase el "Acuerdo mediante el cual se designa a los Magistrados y Magistradas Principales y Suplentes del Tribunal Supremo de Justicia, en *Gaceta Oficial* N° 40.816 de 23 de diciembre de 2015; y el "Acuerdo mediante el cual se corrige por error material el Acuerdo de fecha 23 de diciembre de 2015, donde se designa a los Magistrados y Magistradas Principales y Suplentes del Tribunal Supremo de Justicia," en *Gaceta Oficial* N° 40.818 de 29 de diciembre de 2015.

1515 Véase en http://www.lapatilla.com/site/2015/12/29/editorial-el-pais-espana-las-trampas-de-maduro/

1516 Véase lo que hemos expuesto en Allan R. Brewer-Carías, "La participación ciudadana en la designación de los titulares de los órganos no electos de los Poderes Públicos en Venezuela y sus vicisitudes políticas", en *Revista Iberoamericana de Derecho Público y Administrativo*, Año 5, N° 5-2005, San José, Costa Rica 2005, pp. 76-95.

En todo caso, en el mismo vicio, por supuesto, había ya incurrido la Asamblea Nacional en la "designación" de otros magistrados del Tribunal Supremo que se había efectuado, también inconstitucionalmente, en diciembre de 2014.[1517]

Pero la "designación" de los magistrados del Tribunal Supremo efectuada el 23 de diciembre de 2015, adicionalmente estuvo viciada de inconstitucionalidad, por constituir un fraude a la Constitución, como lo destacaron José Ignacio Hernández,[1518] la Academia de Ciencias Políticas y Sociales, y el Grupo de Profesores de Derecho Público de Venezuela,[1519] en síntesis, por los siguientes motivos:

En primer lugar, por la inconstitucional conformación del llamado Comité de Postulaciones Judiciales, el cual a pesar de que conforme al artículo 270 de la Constitución debe ser un órgano asesor del Poder Judicial integrado exclusivamente por representantes de los diferentes sectores de la sociedad, se configuró como un órgano dependiente y asesor de la Asamblea, integrado además, por diputados quienes por esencia son representantes de la sociedad política, y con manifiestas inclinaciones político partidistas a favor del partido de gobierno, el cual, además, no aseguró el derecho ciudadano a participar en el proceso de selección de magistrados, en violación del 164 de la Constitución.

En segundo lugar, porque para el momento en el cual la Asamblea dio inicio al proceso de selección de magistrados, en octubre de 2015, no existían vacantes en el Tribunal Supremo para ser llenadas, anunciándose, en fraude a la ley, que sin embargo supuestamente se producirían jubilaciones de magistrados pero sin precisión alguna sobre quién tenía derecho a ello.[1520] Se buscó forzar así la salida de algunos magistrados para que la Asamblea que finalizaba pudiera hacer nuevas designaciones, anticipándose a la debacle electoral que se sabía que para el gobierno se produ-

---

1517 Véase lo que hemos expuesto en Allan R. Brewer-Carías, "El golpe de Estado dado en diciembre de 2014, con la inconstitucional designación de las altas autoridades del Poder Público," en *Revista de Derecho Público,* N° 140 (Cuarto Trimestre 2014, Editorial Jurídica Venezolana, Caracas 2014, pp. 495-518.

1518 Véase José Ignacio Hernández, "5 violaciones cometidas durante la designación de los magistrados del TSJ," en *Prodavinci*, 23 de diciembre de 2015, en http://prodavinci.com/blogs/5-violaciones-cometidas-durante-la-designacion-de-los-magistrados-del-tsj-por-jose-i-hernandez/.

1519 Véase en http://cidep.com.ve/files/documentos/ComunicadoGPDPmagis-trados.pdf; y en http://www.el-nacional.com/politica/Profesores-Derecho-Publico-nombramiento-TSJ_0_766123520.html.

1520 Por ello, los Colegios de Abogados de Amazonas, Anzoátegui, Apure, Aragua, Barinas, Carabobo, Cojedes, Delta Amacuro, Distrito Capital, Falcón, Guárico, Lara, Mérida, Miranda, Monagas, Nueva Esparta, Portuguesa, Sucre, Táchira y Zulia, n Pronunciamiento de diciembre de 2015 expresaron el criterio de que: "en violación del ordenamiento constitucional de la República, la mayoría oficialista desde el mes de octubre pasado, en previsión de la derrota en las elecciones parlamentarias del 6 de diciembre, inició el proceso de nombramiento de nuevos magistrados cuyos períodos no se habían vencido. A estos efectos, el régimen exigió a un importante grupo de esos funcionarios que solicitaran anticipadamente su jubilación, para hacer nuevos nombramientos y garantizar de esta manera doce años más con magistrados sometidos al actual partido de gobierno. Esta conducta desconoce la voluntad popular que se expresó el 6 de diciembre pasado, que exige un cambio en la manera totalitaria de conducir los asuntos públicos por parte de un régimen no interesado en respetar la dignidad de la persona humana, ni el carácter apartidista que deben tener los órganos del Estado y, en particular, del Poder Judicial. La maniobra a que nos referimos, además de ser una burla a la soberanía del pueblo, demuestra el propósito bastardo que persigue el régimen, evidenciado en la violación de normas constitucionales, de la Ley Orgánica del Tribunal Supremo de Justicia y del Reglamento Interno del Comité de Postulaciones Judiciales de la Asamblea Nacional."

ciría el 6 de diciembre de 2015, y que luego iba a impedir al partido de gobierno colocar sus fichas en el Tribunal Supremo.

En tercer lugar, porque a pesar de que la Ley Orgánica del Tribunal Supremo de Justicia dispone que el lapso de postulación ante el Comité "*no será mayor de treinta días continuos*" (art. 70), como se estableció en una "reforma legal" que se efectuó mediante la ilegítima "reimpresión" de la Ley en *Gaceta Oficial* en diciembre de 2010, el Comité, en violación a la misma, otorgó sucesivas prórrogas que excedieron dicho "lapso máximo" y se extendieron hasta el 8 de diciembre, es decir, hasta después de conocerse los resultados de la elección de los diputados a la nueva Asamblea Nacional, que fue cuando se publicó la lista de los postulados; todo lo cual vició el procedimiento, y con ello, la decisión del Comité. Durante esos días, por ello, la Facultad de Ciencias Jurídicas y Políticas de la Universidad Central de Venezuela, el 19 de diciembre de 2015, expresó en Comunicado que:

> "Toda esta prisa por designar los magistrados del TSJ por una Asamblea Nacional cuyo mandato legislativo está a pocos días de vencer, en violación flagrante y grotesca de las regulaciones constitucionales y legales sobre la materia, constituye prueba fehaciente que se pretende desconocer el sagrado principio democrático según el cual la soberanía reside en el pueblo. Es claro que los venezolanos expresaron el 6D su más categórico rechazo a la gestión parlamentaria que está por fenecer. El Estado de Derecho significa límites jurídicos al Poder; por eso, toda autoridad usurpada es ineficaz y sus actos son nulos. En Democracia los objetivos no se alcanzan como sea, sino respetando la voluntad popular expresada mediante los cauces legalmente establecidos.[1521]

Con ello, la Asamblea que estaba terminando, en virtud de que sus sesiones ordinarias concluyeron el 15 de diciembre de 2015, y ya no podía en ellas nombrar a los magistrados a su gusto, comenzó a preparar el camino para proceder a designarlos en sesiones extraordinarias, a pesar de que ello no podía calificarse de nada extraordinario, y menos para una Asamblea que estaba culminando su período. Todo lo cual evidenció, como lo destacó el *Grupo de Profesores de Derecho Público*, que la verdadera intención de la saliente Asamblea "era asumir ella, directa, desesperada y abusivamente, decisiones que debieron ser consideradas por la Asamblea que se instalará el 5 de enero de 2016."

En cuarto lugar, por violación del procedimiento establecido para la preselección de los candidatos a magistrados por el Comité de Postulaciones, y ello ocurrió, primero, porque la publicación de los preseleccionados efectuada por la Asamblea el 8 de diciembre de 2015 no hizo mención alguna respecto de cuáles eran las vacantes de magistrados que iban a ser cubiertas, ni sobre cuál era el origen de las postulaciones; segundo porque, debiendo haberse vencido el lapso de impugnaciones de 15 días que se inició con dicha publicación, el día 23 de diciembre, ya la Asamblea, el mismo día 22, constituida en sesión extraordinaria, inició las deliberaciones violando dicho lapso de impugnaciones; tercero, porque el Comité nunca se pronunció sobre las impugnaciones formuladas el día 19 de diciembre, ni por tanto, se le dio el lapso de tres días que los impugnados tenían para responderlas después de vencido

---

1521 Véase "Designación precipitada de Magistrados del TSJ en contra de la soberanía popular," Caracas 19 de diciembre de 2015, en http://www.ucv.ve/fileadmin/user_upload/facultad_ciencias_juridicas/ederecho/Designaci%C3%B3n__Magistrados_TSJ_2015-.pdf.

el lapso de impugnación. Todo ello implicó la prescindencia total y absoluta del procedimiento prescrito, lo cual vicia el acto de selección de nulidad absoluta.

En quinto lugar, por violación del procedimiento establecido para la selección definitiva de postulados, primero, porque el baremo que el Comité de Postulaciones Judiciales debía aprobar para efectuar una primera preselección, no fue adoptado; segundo, porque dicha primera lista debía conformarse "en orden alfabético" por "cada una de las Salas que conforman el Tribunal Supremo de Justicia," lo que no se hizo; y porque la misma debía haber sido remitida al Comité de Evaluación de Postulaciones del Poder Ciudadano, el cual, dentro de los diez días continuos siguientes a la recepción de la documentación debía haber remitido al Comité una segunda preselección que debía presentarse ante la Asamblea Nacional para la selección definitiva, lo que tampoco se hizo. Todo ello, igualmente implicó la prescindencia total y absoluta del procedimiento prescrito, lo cual vicia el acto de selección de nulidad absoluta, pues sin siquiera esperar al vencimiento del lapso de impugnación, como se dijo, la Asamblea comenzó el 22 de diciembre a deliberar sobre la designación de magistrados.

En sexto lugar, por violación del procedimiento de formación del acuerdo parlamentario para la designación de los magistrados, que en los términos (aún inconstitucionales) de la Ley Orgánica del Tribunal Supremo de Justicia, si no se logra elegirlos con el voto de las 2/3 partes de los diputados, debe convocarse una nueva sesión luego de tres días hábiles. En violación de la Ley, la Asamblea, el día 22 de diciembre, que fue el mismo día de la sentencia de la Sala Constitucional, procedió a convocar dos sesiones extraordinarias por día (cuando conforme al Reglamento debe haber al menos 24 horas entre una y otra) para ser celebradas cada una en dos días: una el mismo día 22 de diciembre (a las 4:00 pm y 8:00 pm) y el 23 de diciembre (a las 9:00 am y 1:00 pm).

La "designación" de magistrados en esa forma, en consecuencia, constituyó un acto nulo, viciado de nulidad absoluta, al haber sido emitido por la Asamblea en violación de la Constitución, de la Ley Orgánica del Tribunal Supremo de Justicia, y además, dictado en fraude a la Constitución y a la voluntad popular, que por tanto, debió ser revocado por la nueva Asamblea Nacional que se instaló el 5 de enero de 2015. La Sala Constitucional, sin embargo, como se verá más adelante, se anticipó a cercenarle inconstitucionalmente a la Asamblea su propio poder de auto-tutela para poder revocar sus actos viciados de nulidad absoluta.

3. *La legislación apresurada de fin de período con el objetivo fundamental de cercenar las atribuciones a la nueva Asamblea Nacional*

Las sesiones extraordinarias de la Asamblea Nacional, convocadas desde el 22 de diciembre de 2015, y que se extendieron hasta el 4 de enero de 2016, además, fueron ilegítimamente utilizadas con abuso y desviación de poder por la feneciente Asamblea Nacional, para legislar desenfrenadamente, emitiendo sobre todo leyes y reformas de leyes para bloquear o menoscabar los poderes de la nueva Asamblea Nacional; y otro tanto se hizo desde el Poder Ejecutivo, mediante decretos leyes delegados.

A. *La legislación de última hora sancionada por una Asamblea que fenecía.*

Esa legislación sancionada comprendió las siguientes leyes según aparecieron publicadas en la *Gaceta Oficial*, sin que nadie se hubiese enterado de cuándo, cómo, y en cuales días, en medio de las fiestas navideñas, fueron elaboradas y menos discutidas, sancionadas y promulgadas; y sin que en forma alguna se hubiese dado cumplimiento al artículo 211 de la Constitución que impone a la Asamblea, durante el procedimiento de discusión y aprobación de los proyectos de leyes, el consultar "a los ciudadanos y a la sociedad organizada para oír su opinión sobre los mismos."

Así, en la *Gaceta Oficial* N° 40.817 de 28 de diciembre de 2015, se informó sobre las siguientes once (11) leyes que aparecerían publicadas en la *Gaceta Oficial* Extraordinaria N° 6207 de esa fecha: Código Orgánico Penitenciario; Ley de Telesalud; Ley Orgánica de Recreación; Código de Ética del Juez Venezolano y Jueza Venezolana; Ley de Creación de la Comisión Nacional de Derecho Internacional Humanitario; Ley de Protección al Nombre y Emblema de la Cruz Roja; Ley de Calidad de las Aguas y del Aire; Ley Orgánica del Servicio de Bombero y de los Cuerpos de Bomberos y Bomberas y Administración de Emergencias de Carácter Civil; Ley de Comunicación del Poder Popular; Ley de Semillas; Ley de Reforma Parcial de la Ley Orgánica de la Defensa Pública; Ley de Disciplina Militar.

Igualmente se informó sobre la sanción de quince (15) leyes aprobatorias de Protocolos, Memorándum de Entendimiento, Convenios y Acuerdos internacionales que aparecerían publicadas en la *Gaceta Oficial* Extraordinaria N° 6208 de la misma fecha del 28 de diciembre de 2015.

Posteriormente, en *Gaceta Oficial* N° 40.819 de 30 de diciembre de 2015, se anunció la sanción y promulgación de otras ocho (8) leyes, igualmente aprobatorias de Acuerdos, Protocolos, Memorándum de Entendimiento y Convenciones internacionales.

B. *La legislación delegada (decretos leyes) apresurada para complementar el cercenamiento de atribuciones a la nueva Asamblea Nacional*

Durante los últimos días de diciembre de 2015, igualmente, quien ejerce la Presidencia de la República, de manera desesperada, como si nunca antes hubiera legislado por decreto en virtud de sucesivas delegaciones legislativas de la entonces servil y feneciente Asamblea Nacional, o consciente de que la posibilidad de "gobernar" sin control podía tener sus días contados después de años de desgobierno, emitió una serie de decretos leyes inconstitucionales sin habilitación legislativa alguna.

Los decretos leyes, en efecto, fueron dictados en supuesta ejecución de la llamada "Ley Habilitante antiimperialista para la Paz," es decir, de la "Ley que autoriza al Presidente de la República para dictar decretos con rango, valor y fuerza de ley en las materias que se delegan para la garantía reforzada de los derechos de soberanía y protección del pueblo venezolano y el orden constitucional de la República,"[1522] cuya motivación no autorizaba al Presidente para legislar en diciembre como lo hizo.

En efecto, dicha Ley Orgánica fue sancionada en marzo de 2015 en un marco específico de carácter político internacional, como consecuencia de la adopción por el

1522 Véase en *Gaceta Oficial* N° 6178 Extra de 15-3-2015.

Presidente de los Estados Unidos de América, Barak Obama, de una Orden Ejecutiva estableciendo una serie de sanciones, no contra Venezuela, sino contra un grupo de funcionarios públicos venezolanos.[1523] Como protesta ante esa decisión, quien ejerce la Presidencia de la República presentó ante la Asamblea Nacional el proyecto de dicha Ley, instándola a dictar una Ley Orgánica que lo habilitara a dictar leyes para la defensa de la soberanía nacional y la protección del pueblo venezolano, que fue la que se sancionó.

Dicha Ley estuvo precedida de una Exposición de Motivos que repitiendo y transcribiendo los principios relativos a la República y al Estado insertos en el articulado de la Constitución de 1999, se refirió a lo que consideró como "un hecho sin precedentes en la historia republicana contemporánea de Venezuela," como había sido la amenaza de "la tranquilidad de la República mediante una legislación foránea injerencista, completamente contraria a nuestro marco constitucional y ajena al derecho Internacional Público que rige las relaciones entre los Estados," proferida por:

> "la insólita declaratoria decretada por la presidencia de los Estados Unidos de América que pretende excusar su actuación imperialista, injerencista y lesiva, en la insólita e inconsistente especie según la cual Venezuela constituiría una amenaza inusual y extraordinaria a la seguridad nacional y política exterior de los Estados Unidos."

Dicha "amenaza," a juicio de la Asamblea Nacional, teniendo en cuenta las obligaciones del Presidente de la República, fue lo que justificó la necesidad de sancionar la mencionada Ley habilitante "con el propósito de asegurar el cumplimiento más eficaz del orden constitucional ante tales circunstancias extraordinarias," considerando que frente a los logros democráticos y civilizatorios de los países y sus soberanías:

> "irrumpen fuerzas maniqueas a la zaga de formas opacas del orden financiero mundial o de carácter belicista transfronteras, que actúan mediante factores externos o internos, con el pretendido fin de debilitar las soberanías nacionales mediante atentados contra procesos constitucionales populares de auténtico talante democrático de libertad e independencia."

Luego, al referirse de nuevo a los principios constitucionales sobre el orden internacional para la preservación de la paz, considerando que el respeto mutuo entre los países "es un escudo para la paz y ante el abuso es deber constitucional hacerlo real," en la Exposición de Motivos de la Ley Orgánica se argumentó sobre "la falsa excusa, increíble de suyo, de que Venezuela pudiere llegar a ser amenaza a la seguridad de cualquier país y mucho menos de uno como Estados Unidos de América," considerando que ello no resistía "el más mínimo análisis" advirtiendo "cómo cualquier atentado imperialista contra cualquier país de la región, en este caso contra Venezuela, constituye un grave atentado contra la paz en la región y atenta contra el mantenimiento de la paz mundial."

1523 Véase sobre ello los comentarios de J. Gerson Revanales M., "Comentarios sobre la Orden Ejecutiva 13.692 del Presidente de los Estados Unidos de América de fecha 8 de marzo de 2015, sobre sanciones a funcionarios venezolanos (un expediente en defensa de la democracia)," en *Revista de Derecho Público*, Nº 141, Editorial Jurídica Venezolana, Caracas 2015, pp. 137 ss.

Por lo anterior, se consideró necesario conforme a lo dispuesto en la Constitución activar "medidas precautelares y asegurativas de carácter legislativo" consistente en una "*normativa extraordinaria necesaria como consecuencia de la necesidad de aportar una garantía reforzada ante las circunstancias extraordinarias planteadas por esta amenaza explícita dirigida contra el país y sus consecuencias humanas y sociales.*" De allí la solicitud ejecutiva de que se sancionase una ley habilitante para en definitiva, supuestamente aplicar la Constitución particularmente en materia de relaciones internacionales, para lo cual de nuevo se repitieron y copiaron los principios fundamentales que establece, y además, y quizás aquí la esencia de la delegación delegada:

> "normar las directrices dirigidas al fortalecimiento del sistema de responsabilidades civiles, administrativas y penales a que hubiere lugar en resguardo de los principios, valores y reglas constitucionales enunciados."

Con ello, como se repitió en la Exposición de Motivos, lo que se buscó fue establecer, mediante la Ley habilitante dictada como "urgencia nacional" y "de conformidad con el orden constitucional," fue una delegación legislativa en el Ejecutivo Nacional autorizándolo a establecer:

> "normativas dirigidas al establecimiento administrativo y/o judicial conformes con el orden constitucional de las responsabilidades civiles, administrativas y penales de todos los que hayan incurrido o incurran en ilícitos que hayan afectado o afecten el patrimonio de la República, el orden constitucional y de los derechos humanos y soberanos del pueblo venezolano, así como su seguridad alimentaria, energética, ambiental, humana, y del ejercicio de sus derechos y deberes vinculados, así como al establecimiento de directrices en tales materias."

Con tales motivos, la "Ley Habilitante Antiimperialista para la Paz," en definitiva, autorizó al Presidente de la República en su artículo 1, para "dictar o reformar leyes en el ámbito de la libertad, la igualdad, justicia y paz internacional, la independencia, la soberanía, la inmunidad, la integridad territorial y la autodeterminación nacional," es decir, la Asamblea Nacional delegó en el Presidente de la República la potestad legislativa para dictar o reformar leyes en materialmente todos, absolutamente todos los ámbitos regulados en la Constitución, siempre por supuesto sujeto a la motivación de la Ley, es decir, la "*garantía reforzada ante las circunstancias extraordinarias planteadas por esta amenaza explícita dirigida contra el país y sus consecuencias humanas y sociales,*" desde el día 15 de marzo hasta el 31 de diciembre de 2015, enumerándose además, las siguientes materias que de nuevo, si bien se refieren materialmente a todo lo que se regula en la Constitución, están circunscritas a las circunstancias que motivaron la Ley conforme se expresa en la Exposición de Motivos:

> 1. Reforzar la garantía del ejercicio de los principios constitucionales de soberanía y autodeterminación de los pueblos; protección contra la injerencia de otros estados en asuntos internos de la República, acciones belicistas, o cualquier actividad externa o interna, que pretenda violentar la paz, la tranquilidad pública y el funcionamiento de las instituciones democráticas, por un mundo más seguro.

2. Protección del Pueblo y de todo el Estado frente a actuaciones de otros países o entes económicos o financieros transnacionales, o de factores internos, dirigidas a perturbar o distorsionar la producción, el comercio el sistema socioeconómico o financiero, así como los derechos y garantías asociados.

3. Eficacia del principio democrático de participación protagónica y el valor de la solidaridad colectiva en la defensa y prevención del orden constitucional, contra tales amenazas, acciones y sus posibles consecuencias, en garantía de los derechos de todos los habitantes de la República.

4. Fortalecer las alianzas estratégicas de la República Bolivariana de Venezuela con los países hermanos de la América Latina y el Caribe, estableciendo coaliciones que consoliden la soberanía regional, en resguardo a la dignidad de todos los pueblos del continente americano.

5. Normar las directrices dirigidas al fortalecimiento del sistema de responsabilidades civiles, administrativas y penales a que hubiere lugar en resguardo de los principios, valores y reglas constitucionales enunciados en esta Ley.

De todas estas materias, llama la atención la amplia delegación legislativa para establecer supuestos de responsabilidad civiles, incluso distintos a los previstos en el Código Civil; y de faltas administrativas que originen responsabilidades administrativas, distintas incluso a las previstas en la Ley sobre el Estatuto de la Función Pública; y tipos penales, es decir delitos, originadores de responsabilidades penales, con las sanciones correspondientes en cada caso. Esta fue la verdadera esencia de la Ley, que la convertía en un instrumento peligroso en manos de un gobierno autoritario, pues era una carta blanca para sancionar a los ciudadanos, precisamente vulnerando todos los principios, valores y reglas constitucionales que se repiten una y otra vez en el texto de la Ley y de su Exposición de Motivos.

Tres meses después de sancionada la Ley habilitante, el Presidente de la República dictó el primero de los Decretos Leyes habilitados, el Decreto Ley N° 1860 contentivo de la "Ley para la soberanía territorial y la paz" de 6 de julio de 2015, la cual aun cuando fue publicada en *Gaceta Oficial* de 13 de julio de 2015, en su propio texto se dispuso que había entrado en vigencia a partir del 6 de julio del año 2015,[1524] es decir, con carácter retroactivo, lo que la hizo inconstitucional *in limene*.

A pesar de lo peligroso de la Ley Habilitante, sin embargo, este primer decreto ley no pasó de ser un texto legal absolutamente inútil, pues para regular lo que contiene, que fue la creación de una Comisión o Consejo Permanente para la coordinación de políticas públicas, no era necesario dictar una "ley," y bastaba recordarse que los artículos 72 y 73 de la Ley Orgánica de la Administración Pública atribuyen esa competencia al Presidente de la República para ser ejercida mediante decreto.

La Ley habilitante de marzo de 2015, sin embargo, no volvió a utilizarse, y en evidente desviación de poder, se utilizó en los últimos días de diciembre de 2015 por el Presidente de la República, para dictar toda suerte de decretos leyes, cuyo contenido fue contrario abiertamente al motivo y propósito de la Ley Habilitante, lo que las hizo totalmente inconstitucionales, pues por más amplio que pudo haber sido el enunciado de las normas de la Ley, todos los decretos leyes habilitados debían

1524 Véase *Gaceta Oficial* N° 40.701 del 13 de julio de 2015.

siempre respetar el propósito y razón de la habilitación legislativa que se plasmó en la Exposición de Motivos de la Ley.

Dichas leyes habilitadas, dictadas mediante decretos leyes, a la carrera, en los últimos días de diciembre fueron, en efecto, las siguientes:

Según se informó en la *Gaceta Oficial* N° 40817 de 28 diciembre de 2015, se anunció la publicación en la *Gaceta Oficial* Extraordinaria N° 6.207 de la misma fecha, de la Ley de Inamovilidad Laboral (Decreto Ley N° 2.158).

Posteriormente, luego de anuncios públicos efectuados el 29 de diciembre de 2015,[1525] en *Gaceta Oficial* N° 40.818 de ese mismo día 29 diciembre de 2015, se anunció que en la *Gaceta Oficial* N° 6.209 Extraordinaria, se publicarían los siguientes Decretos ley: Ley de los Consejos Presidenciales de Gobierno del Poder Popular. (Decreto ley N° 2.161); [1526] Ley para la Preservación del Cuartel de la Montaña y su Memoria Histórica (Decreto ley N° 2.164); y Ley Orgánica de Seguridad Social de la Fuerza Armada Nacional Bolivariana, Ley Negro Primero (Decreto ley N° 2.166).

Luego, en la *Gaceta Oficial* N° 40.819 del 30 de diciembre de 2015, se anunció que en *Gaceta Oficial* Extraordinaria N° 6210 de la misma fecha se publicarían los siguientes Decretos Leyes: Ley de Reforma Parcial del Decreto con Rango Valor y Fuerza de Ley de Impuesto Sobre la Renta (Decreto ley N° 2.163); Ley Orgánica que Reserva al Estado las Actividades de Exploración y Explotación del Oro y demás Minerales Estratégicos (Decreto ley N° 2.165); Ley del Régimen Cambiario y sus Ilícitos (Decreto ley N° 2.167); Ley de Impuesto a las Grandes Transacciones Financieras (Decreto ley N° 2.169); Ley Orgánica de Fronteras (Decreto ley N° 2.170); Ley Orgánica para el Desarrollo de las Actividades Petroquímicas (Decreto N° 2.171); Ley Orgánica de la Procuraduría General de la República (Decreto ley N° 2.173); Ley Orgánica de la Administración Financiera del Sector Público (Decreto ley N° 2.174); Ley del Estatuto de la Función Policial (Decreto ley N° 2.175); y Ley de Mercado de Valores (Decreto ley N° 2.176).

En la misma *Gaceta Oficial* N° 40.819 del 30 de diciembre de 2015, se anunció que en *Gaceta Oficial* Extraordinaria N° 6211 de la misma fecha se publicarían los siguientes Decretos Leyes: Ley del Servicio Nacional Integrado de Administración Aduanera y Tributaria (SENIAT).- (Decreto ley N° 2.177); Ley de la Actividad

---

1525 Véase la noticia en "Estos fueron los Decretos Leyes promulgados por Maduro este 29 D." *Maduro indicó que la nueva Asamblea Nacional iba a atentar contra los beneficios de los trabajadores, por lo que blindó los beneficios destinados al pueblo venezolano.* En http://www.ultimasnoticias.com.ve/noticias/actualidad/politica/estos-fueron-los-decretos-leyes-promulgados-por-ma.aspx#ixzz3vp0503mu.

Leer más en: http://www.ultimasnoticias.com.ve/noticias/actualidad/politica/estos-fueron-los-decretos-leyes-promulgados-por-ma.aspx#ixzz3vpLohKrI.

1526 Llamó la atención que en la información sobre la emisión de este decreto ley quien ejerce la presidencia hubiese dicho: "Ley de Consejos Presidenciales Populares: "Esta instancia es más que un Consejo de Ministros. En este Decreto ley está Contemplado el Consejo Popular de Estado que empodera al pueblo y cuya definición jurídica pidió a la Primera Combatiente Cilia Flores, quien es abogada, y al abogado constitucionalista Hermann Escarrá." Véase en *Idem*. Esto significó que al anunciarse el Decreto en la propia Gaceta, el contenido del mismo aún no estaba definido.

Aseguradora (Decreto ley N° 2.178); y Ley Orgánica de Reforma de la Ley del Banco Central de Venezuela (Decreto ley N° 2.179)[1527].

Como se dijo, en buena parte, toda esta apresurada legislación tuvo por objeto eliminar competencias que en las leyes se habían atribuido a la Asamblea Nacional, lo que por ejemplo, resultó claro en la última de las leyes mencionadas, la del Banco Central de Venezuela, tal como lo reseñó, incluso la prensa extranjera,[1528] y se comenta más adelante.

Sin embargo, ninguna de esas leyes dictadas por decreto ley guardó relación alguna con el propósito y razón de la Ley Habilitante de marzo de 2015 ("Ley Habilitante Antiimperialista para la Paz"), dictada como reacción a la sanción que un órgano de un Estado extranjero impuso a un grupo de funcionarios venezolanos. Ello, sólo, las vició de inconstitucionalidad; vicio que sin embargo fue imposible de poder ser denunciado ni controlado, por la sumisión total de la Sala Constitucional al gobierno.

1527 Gustavo Linares Benzo expresó: "La reforma, publicada hace dos días, prescinde de la obligatoriedad de la Asamblea Nacional de nombrar a los dos directores del BCV que por ley tenía entre sus deberes y deja esta facultad en manos del presidente de la República. También estipula que la información de los índices macroeconómicos del país podrá ser secreta o confidencial si así lo consideraran las autoridades del BCV. También abre la facultad de que el instituto emisor sea utilizado como financista del gobierno sin control de ningún órgano contralor. Linares Benzo afirmó que la reforma contradice lo establecido en la Constitución, pues la carta magna expresa en la disposición transitoria 4° en el tercer párrafo del numeral 8 lo siguiente: "La ley establecerá que al Poder Ejecutivo corresponderá, la designación del presidente o presidenta del Banco Central de Venezuela y, al menos, de la mitad de sus directores o directoras; y establecerá los términos de participación del Poder Legislativo nacional en la designación y ratificación de estas autoridades". "Reforma de la Ley del BCV es inconstitucional", en *Capriles.TV Noticias*, 6 de enero de 2016, en http://caprilesnoti-cias.com/index.php/noticias/economia/item/10460?platform=hootsuite

1528 En *El País*, por ejemplo, se informó que "Solo un día antes de que tomara posesión la nueva Asamblea Nacional, en la que la oposición venezolana goza de mayoría abrumadora, el presidente, Nicolás Maduro, apuró los poderes que le había facilitado el anterior Parlamento chavista para reformar la Ley del Banco Central. Según la medida adoptada por el mandatario, la institución perderá la poca independencia con la que contaba y pasará a depender directamente del Gobierno y no de la Cámara, como hasta ahora. [...] La reforma adoptada *in extremis* por el Gobierno chavista también ha arrebatado a la nueva Asamblea Nacional la facultad de elegir al presidente o al directorio de la institución. Ahora, será el presidente del país quien designe, para un periodo de siete años, al responsable del Banco Central." Véase en "Maduro arrebata poderes al Parlamento sobre el Banco Central," *El País*, 5 de enero de 2016, en http://internacional.elpais.com/internacio-nal/2016/01/05/actualidad/1451989098_660950.html#?ref=rss&format=simple&link=link Igualmente en "Maduro elimina facultades del Parlamento a la hora de nombrar directores del Banco Central," *ABC Internacional*, 5 de enero de 2016, en http://www.abc.es/internacional/abci-maduro-elimina-facultades-parlamento-hora-nombrar-directores-banco-central-201601052000_noticia.html.

SECCIÓN TERCERA:

EL DESCONOCIMIENTO JUDICIAL DE LA ELECCIÓN POPULAR DE DIPUTADOS

I. "GOLPE JUDICIAL" PÍRRICO DADO CONTRA LA MAYORÍA CALIFICADA DE LA OPOSICIÓN EN LA NUEVA ASAMBLEA NACIONAL

1. *El intento de golpe judicial electoral*

Con la decisión de la Sala Constitucional N° 1.758 de 22 de diciembre de 2015, antes comentada, de interpretar el alcance de la "extensión" de las actuaciones de la Asamblea Nacional en sesiones extraordinarias, la misma, en realidad, se adelantó a los acontecimientos que habían sido anunciados por diversos personeros del gobierno en el sentido de que se buscaría obstaculizar la instalación de la nueva Asamblea nacional el 5 de enero de 2016.

Para ello, en la antes mencionada sentencia de la Sala Constitucional N° 1.758 de 22 de diciembre de 2015[1529] se procedió a "decretar" de antemano la posibilidad inconstitucional de una especie de "extensión" del período constitucional de la feneciente Asamblea Nacional - que era fijo y que terminaba el 4 de enero de 2016 - sugiriendo que podía hasta ser más allá de esa fecha, hasta "el día inmediatamente anterior al que se instale la nueva Asamblea Nacional."

Ello incluso dejó abierto un margen de maniobra para tratar de impedir que la nueva Asamblea Nacional se llegase a instalar, por la petición que formularon miembros del partido de gobierno el día 28 de diciembre de 2015, ante la Sala Electoral del Tribunal Supremo de Justicia, impugnando las elecciones parlamentarios en siete circuitos electorales en los cuales los candidatos a diputados de la oposición habían ganado por estrecho margen (Circunscripción 01 del estado Amazonas, la Circunscripción 02 en el estado Yaracuy, para la representación indígena de la región Sur y para la Circunscripción 02, 03 y 04 del estado Aragua),[1530] y el día 29 de diciembre de 2015, al impugnarse la totalidad de la elección de diputados en el Estado Amazonas.[1531]

Para materializar las aviesas intenciones del gobierno, la Sala Electoral del Tribunal Supremo integrada en su totalidad por magistrados miembros del partido oficial (alguno, incluso recién nombrado, luego de ser candidato perdedor de dicho partido en las elecciones del 6 de diciembre)[1532] que había entrado en vacaciones judiciales luego de las elecciones parlamentarias, resolvió como por arte de magia suspender "sus vacaciones para recibir los recursos del Partido Socialista Unido de Venezuela," y proceder a dar despacho "los días 28, 29 y 30 de diciembre;" todo

---

1529 Véase en http://historico.tsj.gob.ve/decisiones/scon/diciembre/184220-1758-221215-2015-2015-1415.HTML.

1530 Véase en http://www.notiminuto.com/noticia/psuv-introdujo-nuevos-recur-sos-ante-el-tsj-por-resultado-del-6d/#

1531 Véase en http://www.lapatilla.com/site/2015/12/30/nueva-impugnacion-se-suma-a-recursos-del-psuv-contra-resultados-del-6d/260 (Caso *Estado Amazonas*).

1532 En la Sala Electoral se designó como magistrado al ex diputado por el Partido Socialista Unido de Venezuela, Christian Zerpa. Véase en http://versionfinal.com.ve/politica-dinero/calixto-ortega-y-christian-zerpa-entre-magistrados-principales-del-tsj/.

ello a los efectos de admitir las acciones interpuestas y proceder a decidir sobre los amparos cautelares y medida de suspensión de efectos formulados contra los actos de votación de las elecciones de diputados en los circuitos impugnados

Como consecuencia de las impugnaciones mencionadas, la Sala Electoral según se anunció en la página web del Tribunal Supremo de Justicia, el 30 de diciembre de 2015 en horas de la tarde, procedió a dictar las sentencias Nº 254 (Caso: *Pedro Luis Cabello Hermoso, Elecciones diputados en la Circunscripción Electoral Nº 1 Estado Amazonas*), Nº 255 (Caso: *Néstor Francisco León Heredia, Elecciones Diputados en la Circunscripción Electoral Nº 2, Estado Yaracuy*), Nº 256 (Caso. *Esteban Argélio Pérez Ramos, Elecciones Diputados, por la representación indígena a la Asamblea Nacional Región Sur*); Nº 257 (Caso: *Sumiré Sakura del Carmen Ferrara Molina y Pedro Luis Blanco Gutiérrez, Elecciones de Diputados Circunscripción Electoral Nº 2, Estado Aragua*); Nº 258 (Caso: *Rosa Del Valle León Bravo, Elecciones de Diputados, Circunscripción Electoral Nº 3, Estado Aragua*); Nº 259 (Caso: *Elvis Eduardo Hídrobo Amoroso e Hipólito Antonio Abreu Páez, Elecciones de Diputados, Circunscripción Electoral Nº 4, Estado Aragua*); y Nº 260 (Caso: *Nícia Marina Maldonado, contra el acto de votación de las elecciones parlamentarias del estado Amazonas*) mediante las cuales admitió los recursos interpuestos.

En los siete primeros casos, siempre según los anuncios, la Sala Electoral declaró improcedente la solicitud de medida cautelar de suspensión de efectos; pero en cambio, en el último de los recursos, el relativo a las elecciones en el Estado Amazonas, en relación con la solicitud de amparo cautelar, la Sala Electoral mediante la mencionada sentencia Nº 260 de 30 de diciembre de 2015 (Caso: *Nicia Marina Maldonado Maldonado vs. Elecciones Estado Amazonas*)[1533] la declaró procedente (declarando a la vez inoficioso el pronunciamiento respecto de la solicitud de suspensión de efectos), ordenando en consecuencia, "de forma provisional e inmediata la suspensión de efectos de los actos de totalización, adjudicación y proclamación" dictados por los órganos electorales respecto de todos los diputados electos en el Estado[1534] que fueron cuatro, tres por la oposición democrática y uno por el oficialismo.

Las sentencias fueron totalmente clandestinas, no sólo porque su texto no se conoció sino hacia mediodía del día 4 de enero de 2016, sino porque ni siquiera las demandas se pudieron conocer por los interesados representantes de la Mesa de la Unidad Democrática.[1535] Ésos, en efecto, acudieron incluso ante la Sala Electoral

1533 Véase en http://historico.tsj.gob.ve/decisiones/selec/diciembre/184227-260-301215-2015-2015-000146.HTML.

1534 Véase en http://historico.tsj.gob.ve/decisiones/selec/diciembre/184227-260-301215-2015-2015-000146.HTML. Véase sobre esta sentencia Nº 260 los comentarios en Allan R. Brewer-Carías, "El "golpe judicial" pírrico, o de cómo la oposición seguirá controlando la mayoría calificada de la Asamblea Nacional, 31 de diciembre de 2015, véase en http://www.allanbrewercarias.com/Content/449725d9-f1cb-474b-8ab2-41efb849fea3/Content/Brewer.%20EL%20%E2%80%9CGOLPE%20JUDICIAL%E2%80%9D%20P%C3%8DRRICO.%2031-12-2015, pdf.

1535 La sentencia salió sin que los representantes de la Mesa de la Unidad Democrática siquiera hubiesen sido recibidos por los magistrados de la Sala Electoral, los cuales incluso fueron recusados antes de dictar sentencia; recusación que fue ignorada en la misma. Véase en "MUD recusó a magistrados de la Sala Electoral en el caso de impugnaciones," en Beatriz Arias Contreras, *El Nuevo País. Zeta*, 30 de diciembre de 2015, en http://enpaiszeta.com/11669-2/. Con razón podía hasta dudarse no sólo sobre si las sentencias en realidad existían, sino sobre si efectivamente los magistrados volvieron de sus vacaciones.

pero no fueron atendidos por los Magistrados,[1536] lo que permitía dudar del hecho mismo de que los mismos hubiesen retornado de sus vacaciones para impartir la "justicia vacacional" que se anunció.

En todo caso, como consecuencia de estas impugnaciones, el Secretario General de la Mesa de la Unidad Democrática se dirigió al Secretario General de la Organización de Estados Americanos, mediante comunicación del mismo día 30 de diciembre de 2015, denunciando la maniobra, y advirtiéndole que el camino pacífico que se había seguido con el triunfo electoral, a pesar de todas las ventajas del oficialismo, estaba en peligro, colocándose "al país entero al filo del desastre" ante lo que calificó como un "golpe de Estado judicial," agregando que:

> "Desafiando la voluntad del pueblo expresada en las urnas, y utilizando un poder judicial colonizado por el partido de gobierno, el oficialismo hoy pretende desconocer los resultados electorales que ellos mismos reiteradamente llamaron a respetar. Incumpliendo lapsos, violentando instancias, poniendo a decidir a magistrados que son al mismo tiempo juez y parte, el oficialismo pretende impugnar un grupo de diputados, alterando así la composición que el Soberano decidió que tuviera el nuevo Parlamento."[1537]

En todo caso, la reacción inicial ante el anunció que aparecía en la página web del Tribunal Supremo sobre que se había suspendido la proclamación de los diputados ya proclamados en el Estado Amazonas, fue su total improcedencia e inejecutabilidad porque los efectos ya cumplidos de unos actos no pueden "suspenderse," porque en definitiva, como con razón se dijo, en realidad ya no habría "efectos que suspender."[1538] Sin embargo, lo cierto fue que judicialmente la decisión lo que pretendió crear fue un vacío en la representación democrática, así fuera "provisional," respecto de cuatro diputados, similar al que se produciría cuando se decreta la nulidad de la elección. Por ello, la Mesa de la Unidad Democrática, frente a este atropello, se pronunció expresando lo siguiente:

> "*Un TSJ vacacional no puede* mutilar *la representación nacional elegida por el pueblo soberano*. Una Sala Electoral con la mayoría de sus miembros titulares de viaje [ausentes], incorporando a otros de reciente y aún más dudosa

---

1536 El diputado Ismael García indicó que tras horas de espera ningún magistrado del Tribunal Supremo de Justicia atendió a los representantes de la MUD que se acercaron para pedir copia de los recursos suspensión de efectos contra el acto de votación de las elecciones parlamentarias en circuitos de Aragua, Amazonas, Yaracuy y la representación indígena de la región sur. "Nos retiramos del TSJ sin ser atendidos por ningún magistrado de la Sala electoral y sin conocer el expediente. ¿Cuál Justicia?", manifestó el parlamentario a través de su cuenta en Twitter. Yalezsa Zavala / Véase en "Magistrados de la Sala Electoral del TSJ no atendieron a representantes de la MUD. En Noticiero Digital.com, 30 dic 2015, en http://www.noticierodigital.com/2015/12/magistrados-de-la-sala-electoral-del-tsj-no-atendieron-a-representantes-de-la-mud/.

1537 Véase en https://www.yahoo.com/news/venezuela-opposition-warns-judicial-coup-maduro-185351-061.html.

1538 Por ello José Ignacio Hernández agregó que: "la Sala Electoral no puede, en virtud de una medida cautelar, modificar los efectos jurídicos de esa proclamación y "suspender" el mandato popular de representación ya perfeccionado, pues los efectos de la proclamación ya se cumplieron." Véase "Luego de los 4 diputados suspendidos por el TSJ: ¿Qué va a pasar?," en *Prodavinci*, 30 de diciembre de 2015, en http://proda-vinci.com/blogs/luego-de-los-4-diputados-suspendidos-por-el-tsj-que-va-a-pasar-por-jose-ignacio-hernandez/

legitimidad en su designación, no está en capacidad de vulnerar, modificar o cercenar al Poder Legislativo escogido mediante el voto popular. La insólita decisión del TSJ que deja sin representación parlamentaria a todo el Estado Amazonas es una declaración de rebeldía de la burocracia derrotada frente a la legítima decisión del pueblo. Es esa burocracia derrotada la que se ha colocado al margen de la Ley, de la Constitución y del mismo sentido común. Aquí no estamos en presencia de un enfrentamiento entre el Poder Judicial y el Poder Legislativo. Aquí lo que está en abierto conflicto es el Poder del Pueblo que con sus votos decidió que quiere cambio, y el declinante poder de una burocracia que antes no tenía pueblo y ahora tampoco tiene legitimidad.

La Mesa de la Unidad Democrática ratifica al pueblo venezolano que no permitiremos que su voluntad y su voto sea irrespetado. Todos los diputados de la Unidad Democrática han sido electos por el Soberano, mientras que alguno de los magistrados que perpetró esta agresión a la voluntad del pueblo se eligió a sí mismo. Esto da una idea de la inmensa crisis de ilegitimidad que atraviesa el régimen. Reiteramos que con la fuerza de la Constitución, con la fuerza de la Ley y la fuerza del pueblo, los 112 diputados de la Unidad Democrática tomarán posesión el próximo 5 de Enero."[1539]

En todo caso, lo importante frente a la decisión de la Sala Electoral, considerando que no era más que otro signo de la crisis terminal del régimen que había que enfrentar en todos los terrenos democráticos, porque no se podía cercenar la voluntad popular expresada por el pueblo en las elecciones, y dejar a un Estado de la República sin representación en la Asamblea; era determinar cuáles eran efectivamente los efectos jurídicos de la decidida "*suspensión de efectos de los actos de totalización, adjudicación y proclamación* en el Estado Amazonas," que no eran definitivamente los que buscó la "burocracia derrotada," para usar la expresión de la MUD.

Lo decidido por la Sala Electoral, en realidad, en cuanto a sus efectos jurídicos, en la práctica equivalía a una especie de "revocación provisional" del mandato popular de los diputados, que dejaba "provisionalmente" sin representación en la Asamblea a todo el Estado Amazonas. Independientemente de que ello era inadmisible pues era contrario el principio democrático, se trataba de una medida que producía un efecto similar -aun cuando "provisional"- al de la anulación de la elección que pudiera decidir la Sala Electoral. En esos casos de anulación, mientras se produce una nueva elección y se restablece la totalidad del número de representantes previstos legalmente, el cuerpo representativo de que se trate tiene que funcionar con los que lo integran efectivamente como consecuencia de la elección; siendo en relación con esa integración como tenían en este caso que calcularse las mayorías requeridas para su funcionamiento.

Y así, si se analiza la integración de la Asamblea Nacional luego de la sentencia de la Sala Electoral del 30 de diciembre de 2015, lo cierto es que con la misma se mutiló "provisionalmente" la representación popular en la misma, al "suspenderse"

1539 Véase en http://www.lapatilla.com/site/2015/12/30/mud-rechaza-sentencia-del-tsj-la-burocracia-derrotada-se-declara-en-rebeldia-ante-decision-del-pueblo-comunicado/. Igualmente véase el Comunicado en "MUD: Los 112 diputados tomarán posesión el 5 de enero," en *El Nacional*, 31 de diciembre de 2105, en http://www.el-nacional.com/politica/MUD-diputados-tomaran-posesion-enero_0_76672-3344.html.

la proclamación de cuatro diputados; pero con la misma, en realidad no se afectó en forma alguna la mayoría calificada que tenían los partidos agrupados en la MUD en la Asamblea. Es decir, lo que perseguían los impugnadores con las demandas, y lo que quizás persiguió la sentencia de la Sala Electoral, de afectar la mayoría calificada que ganó la oposición democrática en la Asamblea no lo lograron. Por ello hablamos de "golpe judicial pírrico."

En efecto, según el resultado de las elecciones del 6 de diciembre, de los 167 diputados electos, la MUD sacó 112 y el gobierno 55 diputados. Esa integración fue la que fue afectada por la sentencia, de manera que como consecuencia de la misma, si era acatada después de la instalación de la Asamblea Nacional el 5 de enero de 2016, el número total de diputados como consecuencia de la "suspensión provisional" de la representación del Estado Amazonas decretada judicialmente sería de 163 diputados y no de 167, que fueron los originalmente electos. Y sobre esa cifra que es la totalidad de los diputados electos, excluyendo los electos en el Estado Amazonas, cuya proclamación fue suspendida, es que entonces debía calcularse la mayoría calificada, resultando entonces que la oposición democrática, con 109 diputados en relación a los 54 del gobierno, continuaba controlando la mayoría calificada de la Asamblea que el pueblo le dio.

2. *La consecuencia del irresponsable intento de "golpe judicial" electoral, y la necesaria revocación inmediata de la inconstitucional "designación" de los magistrados de la Sala Electoral efectuada por la Asamblea moribunda*

Lo que ocurrió con el intento fallido de "golpe judicial" electoral que pretendió afectar la instalación de la Asamblea Nacional el 5 de enero de 2016, con el "anuncio" publicado el miércoles 30 de diciembre de 2015 en la página web del Tribunal Supremo de Justicia, sobre la supuesta sentencia emitida por la Sala Electoral N° 260 (Caso: *Nicia Marina Maldonado vs. el acto de votación de las elecciones parlamentarias del Estado Amazonas*), como antes expresamos, no fue más que un signo más, evidente, de que la primera tarea que tenía por delante la nueva Asamblea Nacional, era el restablecimiento de la institucionalidad democrática del país[1540] mediante la necesaria "elección" popular de los titulares de los Poderes Públicos, por la propia Asamblea actuando como Cuerpo Elector de segundo grado con el voto de la mayoría calificada que exige la Constitución.

Y ello lo debió haber comenzado a realizar la Asamblea, en forma ineludible y urgente, con la previa revocación de la inconstitucional "designación" efectuada por

1540 Véase Allan R. Brewer-Carías, "El primer paso para la reconstrucción de la democracia: El restablecimiento de la legitimidad democrática de todos los poderes públicos. Sobre porqué la nueva Asamblea Nacional debe proceder a revocar los írritos actos de nombramiento de los titulares del Poder Ciudadano (Fiscal General, Contralor General, Defensor del Pueblo), del Poder Judicial (magistrados del Tribunal Supremo y del Poder Electoral (rectores del Consejo Nacional Electoral), y proceder, elegir como Cuerpo Electoral de segundo grado" New York, 10 de diciembre 2015, en http://www.allanbrewercarias.com/Content/449725d9-f1cb-474b-8ab2-41efb849fea3/Content/Brewer.%20PRIMER%20PASO%20%20RECONSTRUCCI%C3%93N%20DE%20LA%20DEMOCRACIA.%20ELECCI%C3%93N%20DE%20LOS%20TITULARES%20DE%20LOS%20PODERES%20P%C3%9ABLICOS.%20dic%202015.pdf.

la anterior Asamblea ya feneciente de dichos Magistrados del Tribunal Supremo de Justicia, tanto en diciembre de 2014 y diciembre de 2015.[1541]

Ese intento de golpe judicial anunciado en forma por demás irresponsable por la Sala Electoral el 30 de diciembre de 2015, por supuesto no fue más que una muestra adicional de la permanente e inconstitucional intervención y "depuración" del Poder Judicial venezolano conducida a mansalva desde el gobierno durante los quince años precedentes, comenzando por el Tribunal Supremo, que es lo que ha originado la irregular situación de politización del mismo.

No debe extrañar, por tanto, que por ello, los magistrados de la Sala Electoral del Tribunal Supremo, todos, o eran militantes abiertos del partido oficialista de gobierno o en todo caso, estaban sometidos totalmente al control político del mismo, en una forma como nunca antes se había visto, habiendo perdido totalmente todo vestigio de independencia, autonomía e imparcialidad.[1542] Por eso, con razón, el *Grupo de Profesores de Derecho Público*, al considerar que con la sentencia de la Sala Electoral, se configuró "plenamente el intento de *Golpe Judicial* contra la voluntad popular expresada el pasado 6 de diciembre" expresó:

> "su más categórico rechazo a dicho fallo por constituir el mismo una evidente, grosera e inmoral manipulación de la justicia, que evidencia que, en la actualidad, el Poder Judicial en Venezuela es un simple operador político dispuesto a cumplir los designios de la facción a la que le sirve."[1543]

Ello es lo que la nueva Asamblea Nacional, por sobre todo, no podía tolerar. En la situación en la que estaba y está integrado el Tribunal Supremo y sus Salas, no es posible para nadie esperar justicia, siendo más bien lo que se puede esperar, la emisión servil de ordenes políticas con forma de sentencias, como precisamente sucedió con el irresponsable "anuncio" del miércoles 30 de diciembre de 2015 mediante la cual se pretendió afectar arteramente los resultados de la elección parlamentaria del 6 de diciembre de 2015. Y ello, nada menos, que mediante la material "eliminación," es decir, "borrando" así fuera "provisionalmente" a todos los diputados electos y proclamados en el Estado Amazonas, buscando con ello, en alguna forma,

---

1541 Véase Allan R. Brewer-Carías, "El golpe de Estado dado en diciembre de 2014 en Venezuela con la inconstitucional designación de las altas autoridades del Poder Público," en *El Cronista del Estado Social y Democrático de Derecho,* N° 52, Madrid 2015, pp. 18-33.

1542 Véase Allan R. Brewer-Carías, "Sobre la ausencia de independencia y autonomía judicial en Venezuela, a los doce años de vigencia de la constitución de 1999 (O sobre la interminable transitoriedad que en fraude continuado a la voluntad popular y a las normas de la Constitución, ha impedido la vigencia de la garantía de la estabilidad de los jueces y el funcionamiento efectivo de una "jurisdicción disciplinaria judicial"), en *Independencia Judicial*, Colección Estado de Derecho, Tomo I, Academia de Ciencias Políticas y Sociales, Acceso a la Justicia org., Fundación de Estudios de Derecho Administrativo (Funeda), Universidad Metropolitana (Unimet), Caracas 2012, pp. 9-103.

1543 Agregaron los Profesores que las circunstancias en que fue dictada la sentencia N° 260, "muestran que no hubo transparencia, ni imparcialidad ni independencia, ni igualdad de trato, ni debido proceso, ni respeto al derecho a la defensa en la actuación de la Sala Electoral, violando así entre otros, el artículo 26 de la Constitución que prevé el acceso a la justicia, el artículo 49 constitucional que establece el debido proceso, el artículo 21 de la Constitución que prevé el derecho a la igualdad de trato ante la ley y el artículo 256 que prohíbe que los magistrados y jueces lleven a cabo activismo político." Véase "Comunicado del Grupo de Profesores de Derecho Público de las Universidades venezolanas ante la sentencia de la Sala Electoral que pretendió desconocer la voluntad del pueblo del Estado Amazonas," 5 de enero de 2016.

pretender afectar las circunstancias mismas de la instalación de la nueva Asamblea Nacional que estaba prevista para el 5 de enero de 2016, lo que no se logró.

En todo caso, lo más grave de la irresponsabilidad judicial de los insensatos jueces a los que se atribuyó el desaguisado, fue que en este caso, la supuesta sentencia "dictada," como indicamos, permaneció totalmente clandestina durante cinco días, pues después de anunciada en horas de la tarde del 30 de diciembre de 2015, solo fue el lunes 4 de enero de 2016 en horas del mediodía, es decir, en el día de la víspera de la instalación de la nueva Asamblea Nacional que se quería afectar; cuando el país, es decir, todos los venezolanos, y en especial los ciudadanos del Estado Amazonas, se enteraron sobre cuál había sido el texto mismo de la demanda intentada que habría originado la "sentencia" clandestina, y pudieron entonces saber qué era lo que se había denunciado y demandado, que ameritaba tan grave decisión, adoptada en el texto de la insensata sentencia, que así fue cómo se conoció.

Es decir, como antes comentamos, al inicio del día 4 de enero de 2015, en Venezuela nadie sabía a ciencia cierta si los magistrados que supuestamente habrían "firmado" la decisión, habían regresado efectivamente ese día de las vacaciones de las cuales disfrutaban,[1544] y si efectivamente acudieron físicamente a la sede del Tribunal Supremo a conocer de un expediente de una demanda intentada el día anterior, a discutir el caso y a elaborar la decisión, a pesar de que habían sido recusados;[1545] o si solo fueron unos "fantasmas" los que actuaron. En todo caso, es obvio que la sentencia anunciada no existía, pues de lo contrario hubiese sido publicada, y si algo de ello existía, quizás los que la anunciaron pasaron todo el fin de semana, incluidos los días feriados de fin y comienzo de Año, para maquillarla.

En todo caso, era para corregir esa "justicia" que la nueva Asamblea tenía el mandato popular necesario para actuar; pues no era posible admitir que unos irresponsables magistrados, o "alguien" actuando en nombre de ellos, el 30 de diciembre de 2015, en un asunto tan grave como cuestionar una elección popular de representantes del pueblo, se hubiera limitado a poner un anuncio en la página web del Tribunal Supremo indicando que Nicia Marina Maldonado habría intentado un "*recurso contencioso electoral conjuntamente con amparo cautelar y medida de suspensión de efectos contra el acto de votación de las elecciones parlamentarias del pasado 06 de diciembre de 2015 del estado Amazonas,*" pero sin indicar de qué recur-

---

1544 Como lo reseño la prensa el mismo 30 de diciembre de 2015: "El diputado Ismael García indicó que tras horas de espera ningún magistrado del Tribunal Supremo de Justicia atendió a los representantes de la MUD que se acercaron para pedir copia de los recursos suspensión de efectos contra el acto de votación de las elecciones parlamentarias en circuitos de Aragua, Amazonas, Yaracuy y la representación indígena de la región sur. / "Nos retiramos del TSJ sin ser atendidos por ningún magistrado de la Sala electoral y sin conocer el expediente. ¿Cuál Justicia?", manifestó el parlamentario a través de su cuenta en Twitter." Véase en Yalezsa Zavala, "Magistrados de la Sala Electoral del TSJ no atendieron a representantes de la MUD. En *Noticiero Digital.com*, 30 dic 2015, en http://www.noticierodigital.com/2015/12/magistrados-de-la-sala-electoral-del-tsj-no-atendieron-a-representantes-de-la-mud/.

1545 El anuncio sobre la sentencia salió, en efecto, sin que los representantes de la Mesa de la Unidad Democrática que acudieron antes ante la Sala Electoral hubiesen sido siquiera recibidos por los magistrados de la misma, los cuales incluso fueron recusados antes de que supuestamente dictaran la sentencia; recusación que fue ilegalmente ignorada. Véase en "MUD recusó a magistrados de la Sala Electoral en el caso de impugnaciones," en Beatriz Arias Contreras, *El Nuevo País. Zeta*, 30 de diciembre de 2015, en http://enpaiszeta.com/11669-2/

so se trataba, y sin que nadie pudiera haber conocido el texto de la demanda, que permaneció siendo clandestina.

Nada se supo, por tanto, si de lo que se trataba era de una acción de nulidad de las elecciones en todo el Estado, de nulidad de votaciones puntuales en alguna mesa electoral, o de otras irregularidades electorales; siendo lo más cuestionable de todo, el hecho de que a renglón seguido del anuncio ambiguo sobre la demanda, en la misma página web del Tribunal se hubiese anunciado, pura y simplemente, que se había dictado la sentencia N° 260, mediante la cual, la supuesta y clandestina Sala Electoral había ordenado:

> "de forma provisional e inmediata la suspensión de efectos de los actos de totalización, adjudicación y proclamación emanados de los órganos subordinados del Consejo Nacional Electoral respecto de los candidatos electos por voto uninominal, voto lista y representación indígena en el proceso electoral realizado el 6 de diciembre de 2015 en el estado Amazonas para elección de diputados y diputadas a la Asamblea Nacional."

O sea, los venezolanos, y en particular los votantes en el Estado Amazonas, de ese texto críptico del anuncio en la página web del Tribunal Supremo que originó la información sobre la "suspensión" de los efectos de los actos electorales para la elección de diputados en el Estado Amazona,[1546] aún sin que nadie conociera el texto de la sentencia, si es que existía, tuvieron que deducir que la Sala Electoral lo que había hecho en la práctica, para lo cual carecía de competencia, era "suspender la proclamación" de los cuatro (4) diputados electos en el Estado Amazonas, que ya habían sido proclamados y gozaban incluso de inmunidad parlamentaria (art. 200).

En realidad, lo que la decisión significó, así fuera "provisionalmente, fue que el pueblo del Estado Amazonas había quedado sin representación popular, lo que de por sí era contrario al principio democrático, pues el pueblo del Estado había efectivamente votado y elegido dichos diputados, los cuales además, como se dijo, habían sido proclamados por las autoridades electorales.

Por ello, con razón, luego del anuncio en la página web del Tribunal Supremo de la decisión, personas incluso afectas al régimen denunciaron la actuación de la "Sala Electoral en vacaciones integrada por unos magistrados recién nombrados en forma ilegal" como el gran "escándalo judicial de 2015," impulsada por "el ala más corrupta del alto gobierno" con una decisión "pre-elaborada."[1547] Todo ello, como también se denunció, fue el resultado de haber tomado "por asalto descaradamente el Tribunal Supremo de Justicia con argumentos leguleyos, con militantes del Partido Socialista Unido de Venezuela [...], y con estas fichas descaradamente ilegítimas, decidir de inmediato impugnaciones a los resultados del 6 de diciembre."[1548]

Fue por todo ello, además, que la Mesa de la Unidad Democrática calificó a las impugnaciones formuladas que originaron la supuesta sentencia anunciada, como un

---

1546 Véase por ejemplo la reseña de William Neuman y Patricia Torres, "Venezuelan Court Blocks 4 Lawmakers," en *The New York Times*, 31 de diciembre de 2015, p. A9.

1547 Véase Edgar Perdomo Arzola "TSJ: ¿Hamponato judicial electoral?, *Aporrea*, 31 de diciembre de 2015, en http://www.aporrea.org/actua-lidad/a220231.html.

1548 Véase José Alfredo Guerrero Sosa, "¡Nubarrones de guerra! ¡General en jefe Vladimir Padrino tiene la palabra!, en *Aporrea*, 1 de enero de 2016, en http://www.aporrea.org/actualidad/a220315.html.

"golpe judicial" contra la democracia venezolana, considerando que con ello lo que se buscaba era poner en peligro la mayoría calificada que había logrado la oposición democrática en la Asamblea Nacional, como consecuencia de la elección de 6 de diciembre de 2015, indicando que:

> "Desafiando la voluntad del pueblo expresada en las urnas, y utilizando un poder judicial colonizado por el partido de gobierno, el oficialismo hoy pretende desconocer los resultados electorales que ellos mismos reiteradamente llamaron a respetar. Incumpliendo lapsos, violentando instancias, poniendo a decidir a magistrados que son al mismo tiempo juez y parte, el oficialismo pretende impugnar un grupo de diputados, alterando así la composición que El Soberano decidió que tuviera el nuevo Parlamento."[1549]

En sentido similar se pronunció el *Grupo de Profesores de Derecho Público*, al constatar que lo que tenemos en Venezuela es:

> "tenemos una Sala Electoral con jueces nombrados violando la Constitución, y que hasta hace poco eran activistas del partido de gobierno, una Sala que viola sus propios criterios sobre vacaciones judiciales, una Sala que no permite el acceso a los expedientes, una Sala que no decide sobre las recusaciones que se le interponen, que anuncia sus decisiones con días de anticipación pero no las publica, sino sólo un día antes de la juramentación de los diputados. Todo esto resulta en una evidente muestra de todos y cada uno de los problemas de los que adolece el poder judicial venezolano.
>
> Lo expuesto, por su crudeza, dada la grosera manera en que se están tomando las decisiones judiciales, pone en evidencia, por una parte, que el poder judicial debe ser conformado de acuerdo con las pautas constitucionales, y mientras esto no suceda, la justicia en nuestro país, no pasará de una ilusión."[1550]

Hemos ya señalado, en todo caso, que el "golpe judicial" electoral que se pretendió dar tan burdamente, en esencia, no fue más que un golpe pírrico,[1551] pues a pesar de que con el mismo lo que se quería era arrebatarle a la oposición democrática, para el momento de la instalación de la Asamblea Nacional el 5 de enero de 2016, la mayoría calificada que logró en las elecciones de 112 diputados de un total de 167, frente a 55 del gobierno; si la sentencia llegaba a ser acatada, la oposición quedaba con 109 diputados de un total de 163, frente a 54 del gobierno, lo que implicaba que la oposición democrática seguiría teniendo la misma mayoría calificada de la Asamblea.[1552]

1549 Véase "La MUD denuncia "golpe judicial" ante la ONU, OEA, Unasur y la Unión Europea," en *Noticiero Digital.com*, 312 de diciembre de 2015, en http://www.noticierodigital.com/2015/12/la-mud-denuncia-golpe-judicial-ante-la-oea-unasur-y-la-union-europea/.

1550 Véase "Comunicado del Grupo de Profesores de Derecho Público de las Universidades Venezolanas ante la sentencia de la Sala Electoral que pretendió desconocer la voluntad del pueblo del Estado Amazonas," 5 de enero de 2016.

1551 Del diccionario: "Se aplica a la victoria o al triunfo que ocasiona un grave daño al vencedor y casi equivale a una derrota."

1552 Véase Allan R. Brewer-Carías, *El "golpe judicial" pírrico, o de cómo la oposición seguirá controlando la mayoría calificada de la Asamblea Nacional,"* New York, 31 de diciembre de 2015, en http://www.allanbre-wercarias.com/Content/449725d9-f1cb-474b-8ab2-41efb849fea3/Content/Brewer.%20EL%20%E2%80%9CGOLPE%20JUDICIAL%E2%80%9D%20P

La maniobra política, por ello, en realidad no afectó en forma alguna el acto de instalación de la Asamblea, pero lo que si puso en evidencia fue lo que expresamos desde el inicio en el sentido de que la primera decisión política que debía adoptar la nueva Asamblea Nacional en representación del mandato de cambio democrático que le confirió el pueblo el 6 de diciembre, era le revocación de las inconstitucionales designaciones de magistrados y su subsecuente elección por la Asamblea nueva, en segundo grado, mediante el voto de la mayoría calificada de los diputados que la componen.

Ello debió hacerlo la Asamblea, además, por la tremenda irresponsabilidad en la cual incurrieron los magistrados de la Sala Electoral al supuestamente haber tomado una decisión tan grave y trascendental como "suspender" algo ya ejecutado y por tanto que era "insuspendible," como es una proclamación de una elección ya consumada,[1553] y hacerlo mediante una sentencia clandestina, que solo reflejó ignorancia en derecho, que puso en evidencia que nunca debieron haber sido designados para tan alto cargo.

De todo lo anterior quedó claro que por ningún respecto la Asamblea Nacional debía posponer dicha decisión tendiente a comenzar a restablecer el principio de separación de poderes en el país, abriendo la posibilidad de controlar el ejercicio del poder, sin lo cual simplemente no hay democracia. De lo contrario corría el riesgo de que el "hamponato judicial,"[1554] bloquease sus actuaciones y detuviera la necesaria reconstrucción del régimen democrático, que fue lo que el pueblo le impuso como mandato en la elección del 6 de diciembre, y fue lo que ocurrió en los primeros meses de 2016.

La decisión que debió haber tomado la Asamblea Nacional al instalarse no iba a originar confrontación de poderes alguna, pues la confrontación ya se había iniciado con las decisiones de la Asamblea Nacional feneciente nombrando en forma inconstitucional a los magistrados, pretendiendo arrebatarle sus poderes a la nueva Asamblea; y con el irresponsable anuncio de estos, sobre la supuesta sentencia con la cual se quería afectar la instalación de la nueva Asamblea. La nueva Asamblea no debió ignorar esto; y al contrario tenía la obligación de ejercer sus poderes constitucionales y cumplir el mandato popular que resultó de su elección, ante un Tribunal Supremo inconstitucionalmente designado, que pretendía desconocer la voluntad popular. Y

%C3%8DRRICO.%2031-12-2015,.pdf. Véase además, "Lectura Obligada! Golpe Judicial: ¿Perdió la MUD la mayoría calificada?, por José Ignacio Hernández" 2 de enero de 2016, en https://d3k4qfi1qkst3y.cloudfront.net/lectura-obligada-golpe-judicial-perdio-la-mud-la-mayoria-calificada-por-jose-ignacio-hernandez/.

1553 Por ello, José Ignacio Hernández con razón insistió en señalar que "esa sentencia de suspensión es inejecutable." La "suspensión de efectos" es una medida cautelar que pretende impedir el cumplimiento de las consecuencias derivadas de un acto, pero si esas consecuencias son inmediatas, no es posible ya suspender sus efectos. Una vez proclamados los diputados no existe tal cosa como una "desproclamación." Sería tan absurdo como, por ejemplo, pretender suspender un acto de graduación ya realizado." Véase en "¿Qué puede pasar el #5E, día de la instalación de la Asamblea Nacional?, en *Prodavinci*, 2 de enero de 2016, en http://prodavinci.com/blogs/que-puede-pasar-el-5e-dia-de-la-instalacion-de-la-asamblea-nacional-por-jose-ignacio-hernan-dez/?utm_source=feedburner&utm_medium=email&utm_campaign=Feed:+Prodavinci+(Prodavinci).

1554 Véase Edgar Perdomo Arzola | "TSJ: ¿Hamponato judicial electoral?, *Aporrea*, 31 de diciembre de 2015, en http://www.aporrea.org/actua-lidad/a220231.html.

efectivamente comenzó a hacerlo designando una Comisión para estudiar la revocación de las inconstitucionales designaciones de magistrados, la cual como se verá más adelante, fue anulada por la Sala Constitucional; al igual que ocurrió con el Acuerdo de la Asamblea de revocar las designaciones adoptado en julio de 2016, el cual también fue anulado por la Sala Constitucional, como se comenta igualmente más adelante.

3. *La inconstitucional, delictiva e inejecutable sentencia de la Sala Electoral "suspendiendo" la elección de los diputados del Estado Amazonas*

En todo caso, como se dijo, el texto de la esperada y clandestina sentencia N° 260 del 30 de diciembre de 2015 de la Sala Electoral del Tribunal Supremo, publicada a mediodía del 4 de enero de 2016,[1555] dictada con ocasión de la demanda intentada por Nicia Marina Maldonado Maldonado el día 29 de diciembre de 2015 contra el acto de votación de las elecciones de diputados efectuadas en el Estado Amazonas el día 6 de diciembre de 2015; confirmó la tremenda irresponsabilidad e ignorancia de quienes la redactaron, lo que abonaba aún más la tesis de que la nueva Asamblea Nacional no podía dejar de revocar las inconstitucionales designaciones de los magistrados que integran dicha Sala.[1556]

Por el texto de la sentencia, en efecto, cinco días después de haber sido "dictada," los venezolanos pudieron constatar no solo la magnitud de la ilegalidad cometida por los irresponsables "jueces" que integran la Sala Electoral al dictar la sentencia, sino a través de la misma, conocer, primero, el texto de la demanda que la motivó, intentada por una "candidata a Diputada de la Asamblea Nacional por el estado Amazonas, postulada por el Partido Socialista Unido de Venezuela (PSUV) y otras organizaciones," quien por supuesto no había salido electa; y segundo, el objeto de la misma intentada contra "el acto de votación" de dichas elecciones parlamentarias, siendo la solicitud formulada que:

> "se anule la elección de los cargos a diputados a la Asamblea Nacional por el Estado Amazonas, que implica: i) el acto de votación; ii) el acto final de escrutinio; iii) el acto de totalización; y iv) el acto de proclamación de los ganadores de los curules correspondientes."

Es decir, la sentencia se dictó con ocasión de una demanda de nulidad de las elecciones parlamentarias efectuadas en el Estado Amazonas el 6 de diciembre pasado, la cual, de declararse con lugar, conforme al artículos 170 de la misma Ley

---

1555 Véase en http://www.tsj.gob.ve/en/decisiones#3. Véase además, Allan R. Brewer-Carías, "La inconstitucional y delictiva sentencia de la Sala Electoral pretendiendo "suspender" las elecciones de diputados el Estado Amazonas es inejecutable," 4 de enero de 2016, en http://www.allanbrewercarias.com/Content/449725d9-f1cb-474b-8ab2-41efb849fea3/Content/LA%20INCONSTITUCIONAL,%20DELICTIVA%20E%20INEJECUTABLE%20SENTENCIA%20DE%20LA%20SALA%20ELECTORAL%20%204-1-2016.pdf.

1556 Véase Allan R. Brewer-Carías, "El irresponsable intento de "golpe judicial" electoral, y la necesaria revocación inmediata de la inconstitucional "designación" de los magistrados de la Sala Electoral efectuada por la asamblea moribunda," 4 de enero de 2016, en: http://www.allanbrewercarias.com/Content/449725d9-f1cb-474b-8ab2-41efb849fea3/Content/LA%20IRRESPONSABILIDAD%20EN%20EL%20GOLPE%20JUDICIAL%20ELECTORAL%20Y%20LA%20REVOCACI%C3%93N%20DE%20LOS%20JUECES%2004-01-2016.pdf

Orgánica sobre los Procesos Electorales, implicaría que el Consejo Nacional Electoral tendría que convocar "un nuevo proceso electoral" en el Estado. Pero como ello seguramente no interesaba al Partido de gobierno, la demanda, en realidad hay que deducir que fue intentada, no para que se anulase la elección, sino para obtener una medida cautelar vacacional, que suspendiese *sine die* la proclamación de los diputados.

Precisamente por la consecuencia que tendría legalmente una declaratoria de la nulidad, el artículo 215 de la Ley Orgánica sobre Procesos Electorales es tan preciso en establecer las causas de nulidad de una elección, que solo pueden ser:

"1. Cuando se realice sin previa convocatoria del Consejo Nacional Electoral.

2. Cuando hubiere mediado fraude, cohecho, soborno o violencia, en la formación del Registro Electoral, en las votaciones o en los escrutinios y dichos vicios afecten el resultado de la elección de que se trate.

3. Cuando el Consejo Nacional Electoral o el órgano judicial electoral correspondiente determine que en la elección realizada no se ha preservado o se hace imposible determinar la voluntad general de los electores y las electoras."

Según lo reseñó la sentencia, parecería que la demanda se basó en el segundo ordinal del artículo 215, aun cuando curiosamente dicho artículo ni siquiera se citó a lo largo de la sentencia, al informarse que la demanda se intentó:

> "*contra el acto de votación de las elecciones Parlamentarias celebradas el pasado 6 de diciembre de 2015, por estar viciado de NULIDAD ABSOLUTA, al ser producto de la manipulación de la votación libre y secreta de los electores del Estado Amazonas y que en su conjunto constituyen un fraude estructural y masivo que afecta al sistema electoral venezolano (...)"* (sic) (resaltado del original)."

Es decir, en este caso, se trataría de un alegato basado en lo que quizás sea el más grave de los vicios que puedan achacarse a una elección, que es el "fraude" electoral "estructural y masivo," lo que sin duda para que cualquier demanda pudiera prosperar, requeriría no sólo de la precisión sobre en qué consistió la conducta del engaño o aprovechamiento del error de alguien por parte del autor del fraude para obtener un provecho en beneficio propio o de un tercero, capaz de haber afectado "el resultado de la elección," sino por sobre todo, requeriría de una prueba sólida y fehaciente de dicho fraude.

El recurso de nulidad, tal como se reseñó en la sentencia, estuvo basado únicamente en el supuesto hecho de que una alta funcionaria de la Gobernación del Estado Amazonas (Secretaria de la Gobernación), habría pagado "diversas cantidades de dinero a los electores para votar por candidatos opositores," quien además, habría condicionado "la entrega de beneficios económicos a cambio de un voto favorable para los candidatos opositores," agregándose que dicha funcionaria habría dirigido "acciones destinadas a manipular el voto asistido de los ciudadanos adultos mayores o aquellos que por alguna condición física o cualquier otro impedimento le dificultaba ejercer su derecho al sufragio (...)." En síntesis, se afirmó en el recurso, según la sentencia, que:

"la secretaria de la Gobernación del mencionado Estado, Victoria Franchi Caballero" ofrecía entre Dos Mil Bolívares (Bs. 2.000,00) y Cinco Mil Bolívares (Bs. 5.000,00), a los habitantes de Amazonas para que votaran por la mesa de la Unidad Democrática (MUD) o ayudaran a desviar el voto de las personas que por razones físicas u otro impedimento realizaran su votación de forma asistida."

De ello, concluyó la demandante, según la reseña de la demanda que se hizo en la sentencia, que "los ciudadanos y ciudadanas que ejercieron su derecho al sufragio durante este proceso electoral en el Estado Amazonas, no lo hicieron de manera libre y voluntaria, sino bajo la presión y coaccionados por acciones de la tolda opositora que la Ley especial denomina como 'fraude, cohecho, soborno o violencia' lo cual afectó los resultados del proceso electoral parlamentario."

La única prueba que la recurrente presentó del supuesto "fraude estructural y masivo" ante la Sala Electoral, según lo reseñó la sentencia, fue el texto de una grabación en la cual se podría escuchar una conversación que habría sostenido la mencionada Secretaria de la Gobernación del Estado Amazonas, "con otra persona anónima," en la cual se habrían hecho las afirmaciones antes destacadas; grabación que "en fecha 16 de diciembre de 2015, fue difundida por los medios de comunicación social."

Una demanda o recurso con ese sólo fundamento genérico, basado en una supuesta conversación privada sostenida por un funcionario público con una "persona anónima," que constaría de una grabación ilegal, por supuesto no resiste el menor análisis ni consideración, y lo que debió haber hecho la Sala Electoral al recibirla, lejos de admitirla, era declarar el recurso como inadmisible, pues como resulta de la reseña que se hace en la sentencia, no solo la recurrente no acompaño prueba alguna de la certeza de la supuesta conversación, ni de que la misma realmente hubiera tenido lugar, sino que tampoco acompañó prueba alguna de que, por ejemplo, algún votante hubiera efectivamente recibido algún dinero para votar el 6 de diciembre de 2015 a favor de algún candidato, de manera que el "fraude estructural y masivo" se hubiese producido en el Estado.

De lo anterior resulta, por tanto, como lo reseñó la Sala Electoral, que en el expediente no hay prueba alguna de que en las elecciones parlamentarias del Estado Amazonas hubiese ocurrido algún fraude estructural y masivo, y lo único que se alegó fue que en una conversación privada entre dos personas, se habló de pagos a electores para que fueran a votar, pero sin identificarse ni siquiera uno en todo el Estado. Ello, se insiste, bastaba para declarar inadmisible la demanda; pero no, la Sala Electoral prefirió dictar "justicia [cautelar] a la carta"[1557] como se le habría ordenado.

Por ello, como lo dijo el Secretario General de la Organización de Estados Americanos en carta que le dirigió a quien ejerce la Presidencia de la República en Venezuela en fecha 12 de enero de 2016, la Sala Electoral atendió "aparentemente, tan solo a la urgencia de la necesidad política que la medida cautelar pretende satisfacer," destacando al referirse a esta sentencia de la Sala Electoral, entre otros aspec-

---

1557 Véase Laura Louza, La "justicia a la carta" de la sala Electoral. *Sobre la suspensión de los diputados del estado Amazonas, 5 de enero de 2016,* en http://www.accesoalajusticia.org/noticias/detalle.php?notid=13501#.VowQnfnhBdg.

tos, que era absolutamente improcedente "la aplicación de una medida cautelar invalidando un acto electoral y los efectos jurídicos de la proclamación del Consejo Nacional Electoral," agregando que:

> "Los derechos a salvaguardar son los de los electores, que en este caso son dejados de lado por una grabación anónima, aun cuando ya se había producido su proclamación y reconocimiento por parte del CNE. Considerar que una grabación anónima tenga más fuerza que las conclusiones del llamado antes del 6 de diciembre "el sistema electoral más perfecto del mundo" es intolerable e insostenible jurídicamente.
>
> Pero además la debida investigación de si esa grabación constituye también evidencia de espionaje electoral a la oposición, elemento hoy esencial para también poder juzgar sobre la verdad material del caso y saber con certeza respecto a las acusaciones realizadas, algo que obviamente debe ser el centro de los esfuerzos de todos: conocer la verdad.
>
> Esa verdad requiere algo más que un procedimiento como el realizado, la medida cautelar tomada es resultado de un proceso probatorio extraordinariamente frágil, sin sustanciación.
>
> Así en un par de días se dejaron sin efecto los resultados de proclamación del CNE."[1558]

Por ello, lo más grave de la insensatez cometida por la Sala Electoral, al admitir la demanda, fue que tanto a la recurrente como a la propia Sala Electoral se les olvidó -o ignoraban de su existencia- que el artículo 49.1 de la Constitución declara "nulas las pruebas obtenidas mediante violación del debido proceso," lo que significa que ningún proceso en Venezuela puede fundarse sobre pruebas ilícitas, que son aquellas obtenidas en violación de los derechos fundamentales.

En Venezuela, la Constitución protege el derecho de las personas a la "confidencialidad" (art. 6), y garantiza en el artículo 48 "el secreto e inviolabilidad de las comunicaciones privadas en todas sus formas" prohibiendo que puedan ser "interferidas sino por orden de un tribunal competente, con el cumplimiento de las disposiciones legales y preservándose el secreto de lo privado que no guarde relación con el correspondiente proceso."[1559]

Ello, además, está regulado con detalle en la Ley sobre protección a la privacidad de las comunicaciones,[1560] que la sentencia también ignoró, que fue dictada en 1991, precisamente con el objeto de "proteger la privacidad, confidencialidad, inviolabilidad y secreto de las comunicaciones que se produzcan entre dos o más personas," en la cual se tipifica como delito castigado con prisión de tres a cinco años, a quien "arbitraria, clandestina o fraudulentamente grabe o se imponga de una comunicación entre otras personas" (art 2). La Ley, además, dispone que en dicha pena también incurre, "quien revele, en todo o en parte, mediante cualquier medio de información,

---

1558 Véase en http://www.oas.org/documents/spa/press/CARTA.A.PRESIDENTE.MADURO.12.01.16.pdf.

1559 Véase en el mismo sentido, lo indicado por José Ignacio Hernández, "¿Qué dijo la Sala Electoral para "suspender" a los diputados de Amazonas?," en *Prodavinci*, 4 de enero de 2016, en http://prodavinci.com/blogs/que-dijo-la-sala-electoral-para-suspender-a-los-diputados-de-amazonas-por-jose-i-hernandez/.

1560 Véase en *Gaceta Oficial* N° 34.863 de 16 de diciembre de 1991.

el contenido de las comunicaciones" (art. 2), e incluso, castiga con prisión de seis a treinta meses, a quien "perturbe la tranquilidad de otra persona mediante el uso de información obtenida por procedimientos condenados por esta Ley y creare estados de angustia, incertidumbre, temor o terror" (art. 5).

En consecuencia, el sólo hecho de que una persona hubiera acudido ante la Sala Electoral con una demanda basada en una grabación ilegal de una conversación privada entre dos personas, para alegar un "fraude electoral estructural y masivo," bastaba no solo para declarar la inadmisibilidad de la demanda, sino para requerir el enjuiciamiento de la recurrente ante el Ministerio Público, por pretender fundamentar una demanda en un hecho delictivo. Al no hacerlo y admitir la demanda y aceptar como único medio de prueba de la misma una grabación ilegal, los señores jueces de la Sala Electoral, a su vez, incurrieron en delito al ser cómplices del delito cometido.

La sentencia N° 260, por tanto, está viciada de inconstitucionalidad e ilegalidad, siendo el contenido de la misma en sí mismo un acto delictivo, que ameritaba que quienes la firmaron fueran enjuiciados, aun cuando en dicha sentencia no se hubiera resuelto el fondo de asunto planteado, que fue la declaratoria de nulidad de las elecciones en el Estado Amazonas, sino solo una medida cautelar, pues ésta estaba basada en una prueba ilegal.

En efecto, la sentencia, como acto delictivo, se limitó a considerar y decidir, sin que los jueces recibieran por supuesto los antecedentes administrativos y el informe sobre los aspectos de hecho y de derecho relacionados con el recurso que la Sala Electoral solicitó al Consejo Nacional Electoral, sobre la específica solicitud formulada por la recurrente, de que la Sala dictase una medida cautelar consistente en el:

> "amparo temporal de los derechos constitucionales previstos en los artículos 62 y 63 de la Constitución de la República Bolivariana de Venezuela, violentados por las toldas opositoras, como medio definitivo para establecer la situación jurídica, ya que se está vulnerando de manera flagrante, grosera, directa e inmediata los derechos constitucionales de los electores y electoras del Estado Amazonas, siendo que de esta forma se mantengan en la misma situación fáctica que tenían antes de la violación, hasta tanto sea decidido el presente recurso."

Por supuesto, para poder considerar la medida cautelar solicitada, la Sala Electoral, como lo expresó en su sentencia, ineludiblemente no solo tuvo que apreciar en el caso "la presunción del derecho reclamado (*fumus boni iuris*)," y que la medida fuera "necesaria a fin de evitar perjuicios irreparables o de difícil reparación por la sentencia definitiva (*periculum in mora*)," sino "los elementos probatorios que acrediten la existencia de presunción los requisitos anteriores," es decir, la Sala tuvo que haber valorado la viciada prueba aportada, es decir, la grabación ilegal de una supuesta conversación privada entre dos personas.

Pero lejos de considerar esa circunstancia de ilegalidad, al contrario, la Sala Electoral la valoró totalmente, e incluso, como el único fundamento de lo alegado por la recurrente de considerar, irresponsablemente, que:

> "(…) los diputados electos en el circuito electoral del Estado Amazonas carecen de legitimidad, siendo que además no representan la voluntad del pueblo del Estado Amazonas, por lo tanto al asumir los cargos el próximo 05 de enero de 2016 los candidatos elegidos por dicho Estado en la Asamblea Nacional,

podría existir el riesgo que los mismos tomen decisiones sin tener la representatividad del pueblo amazonense."

Esa valoración de la prueba ilegal para acordar la medida preventiva, por otro lado, la hizo la Sala solo atendiendo al argumento de la recurrente de que como la grabación ilegal de la conversación privada había sido divulgada en los medios -lo que en sí mismo era un delito- entonces se trataba de un supuesto "*hecho notorio comunicacional*" respecto del cual según la sentencia, "*la parte que lo alega está exenta de cumplir con la carga de su demostración.*"

Tan simple y burdo como lo que queda dicho, que no es otra cosa que decir que si se obtiene una grabación ilegal de una conversación, sin siquiera saberse si la misma es cierta, y no es un montaje, sin embargo si se la divulga en los medios de comunicación -cometiéndose un delito-, ello entonces convierte el delito y el contenido de lo supuestamente dicho en un "hecho notorio comunicacional," que tiene que tomarse por cierto, sin que nada tenga que probarse. Mayor aberración jurídica es ciertamente imposible de concebir.

Y eso fue lo que resolvió la irresponsable Sala Electoral, apelando a una cuestionable decisión de la Sala Constitucional (sentencia N° 98 del 15 de marzo del 2000),[1561] que lejos de avalar lo decidido por la Sala Electoral, impedía adoptar la decisión, pues dicha sentencia en lo que insistió fue que lo que podía dar origen a un "hecho notorio comunicacional" era un "hecho" suceso o acaecimiento publicitado, y no un "testimonio" de una conversación sobre hechos que es lo que contenía la grabación ilegal.

Por ejemplo, de acuerdo con la sentencia de la Sala Constitucional citada, un "hecho público comunicacional" serían los ataques terroristas del 13 de noviembre de 2015 ocurridos en Paris, que no requerirían de prueba, pues como lo dice la sentencia de la Sala Electoral constan de "grabaciones o videos, por ejemplo, de las emisiones radiofónicas o de las audiovisuales, que demuestren la *difusión del hecho*, su uniformidad en los distintos medios y su consolidación; es decir, lo que constituye la noticia." Esos "hechos" son distintos a los "testimonios" que pudieron darse sobre esos hechos, contentivos en declaraciones publicitadas, que nunca podrían ser el tal "hecho notorio comunicacional."

En los mismos términos, como lo resolvió la propia Sala Electoral en la sentencia N° 145 del 27 de octubre de 2010, ratificada en la N° 58 del 9 de julio de 2013, que se cita en la misma sentencia que comentamos, lo publicitado "*debe tratarse de hechos y no de opiniones o testimonios, de eventos reseñados por los medios como noticia* (...) (destacado del original)."

Sin embargo, en el caso decidido por la Sala Electoral, en la grabación de una conversación privada que supuestamente sería la prueba de un fraude, en realidad no hay ningún "hecho" publicitado -salvo la grabación ilegal en sí misma- que se configure como hecho notorio comunicacional, sino que lo que hay solo sería un "testi-

---

1561 Véase Allan R. Brewer-Carías, "Sobre el llamado 'hecho comunicacional' como fundamento de una acusación penal", en *Temas de Derecho Penal Económico, Homenaje a Alberto Arteaga Sánchez* (Compiladora Carmen Luisa Borges Vegas), Fondo Editorial AVDT, Obras colectivas OC N° 2, Caracas 2007, pp. 787-816; y "Consideraciones sobre el "hecho comunicacional" como especie del "Hecho Notorio" en la doctrina de la Sala Constitucional del Tribunal Supremo" en *Revista de Derecho Público*, N° 101, enero-marzo 2005, Editorial Jurídica Venezolana, Caracas 2005, pp. 225-232.

monio" de alguna persona sobre hechos. Por ello, si la sentencia hubiese sido dictada para enjuiciar a los responsables del delito de divulgación de conversaciones privadas, el "hecho" de la grabación en cuestión difundida en los medios habría sido prueba suficiente del delito; pero en este caso, no se estaba juzgando el "hecho" de que se divulgó una grabación ilegal, sino un supuesto hecho que era un "fraude" que supuestamente solo constaba de "testimonios" expresados en una conversación.

La propia Sala Electoral confesó en su sentencia que solo apreció:

> "la uniformidad en diversos medios impresos y digitales de comunicación social del día 16 de diciembre de 2015, de *un hecho noticioso consistente en la difusión de grabación del audio de una conversación* entre la ciudadana Victoria Franchi Caballero, Secretaria de la Gobernación del estado Amazonas, y persona no identificada (anónima) en la cual se refiere la práctica de compra de votos y pago de prebendas a electores para votar por la denominada Mesa de la Unidad Democrática (MUD) o ayudar a desviar la voluntad de las personas que requerían asistencia para el acto de votación."

Es decir, el hecho noticioso para la Sala Electoral fue solo la difusión de la grabación ilegal, no el contenido de la misma, que no era más que un testimonio, y que por supuesto nunca podría ser un "hecho notorio comunicacional." Es decir, si la grabación constituía una prueba de algo, solo era de la comisión de un delito, pero no de alguna violación electoral.

Por ello, aplicar la tesis del "hecho notorio comunicacional" para eximir a la recurrente de la carga de probar un hecho tan grave como es un "fraude estructural y masivo" en una elección popular, no sólo violó la garantía del debido proceso,[1562] sino que fue una aberración jurídica imperdonable, y lo menos que ameritaría es retrotraer a estos magistrados a que comenzaran a estudiar derecho, que por lo visto nunca hicieron. Y no bastaba para justificar el error de derecho cometido, argumentar que alguien hubiese solicitado el inicio de alguna investigación por el contenido de la grabación, o de que la persona que habría supuestamente dado un testimonio hubiese sido aprehendida. Ello solo demostró el hecho de que se produjo un delito que fue la divulgación de una grabación ilegal, que la Sala Electoral estaba en la obligación de procurar que se sancionara.

La fundamentación de la declaración de procedencia de la medida de amparo cautelar que se había solicitado, por tanto, basada solo en la divulgación de una grabación ilegal, fue contraria a la Constitución, a la ley y a la propia jurisprudencia de la Sala, al igual que fue contrario a derecho lo decidido en la sentencia al ordenar, como se anunció en la página web de la Sala en 30 de diciembre de 2015:

1562 Como lo observó el Secretario General de la OEA Luis Almagro, en su comunicación de 30 de mayo de 2016 con el Informe sobre la situación en Venezuela en relación con el cumplimiento de la Carta Democrática Interamericana, al referirse a dicha sentencia: "basar en esto la suspensión de los efectos de los actos de totalización, adjudicación y proclamación emanados del Consejo Nacional Electoral, sin escuchar previamente a dicho Consejo, violó de manera flagrante las garantías del debido proceso," p. 50. En igual sentido, indicó: "basar en esto la suspensión de los efectos de los actos de totalización, adjudicación y proclamación emanados del Consejo Nacional Electoral, sin escuchar previamente a dicho Consejo, y los descargos de los diputados electos en cuestión, viola las garantías del debido proceso." p. 53. Véase en oas.org/documents/spa/press/OSG-243.es.pdf.

> "de forma provisional e inmediata la suspensión de efectos de los actos de totalización, adjudicación y proclamación emanados de los órganos subordinados del Consejo Nacional Electoral respecto de los candidatos electos por voto uninominal, voto lista y representación indígena en el proceso electoral realizado el 6 de diciembre de 2015 en el estado Amazonas para elección de diputados y diputadas a la Asamblea Nacional, hasta que se dicte sentencia definitiva en la presente causa."

Es asombroso constatar, cómo una Sala del Tribunal Supremo, al suspender los efectos ya cumplidos y por tanto "no suspendibles" de unos actos como los impugnados, y así privar de representación popular a todo un Estado del país en la Asamblea Nacional no hizo el más mínimo esfuerzo por valorar y ponderar en forma alguna los intereses en juego, que eran, por una parte el interés particular de la recurrente, quien no había sido electa, y por el otro, el interés colectivo de toda la población del Estado Amazonas en tener representación en la Asamblea Nacional, lo que de por sí vició la decisión en su motivación que estaba ausente.

Además, en todo caso, la "suspensión" de efectos en este caso, como se dijo, era imposible, pues como bien se ha dicho,[1563] la suspensión de efectos de determinados actos solo se puede pronunciar cuando los dichos efectos no se han producido o están cumpliéndose. Por ejemplo, en una demanda contencioso administrativa de nulidad contra un permiso de construcción, se puede dictar la suspensión de efectos del acto recurrido siempre que la edificación permisada no hubiese comenzado, o si estuviese en curso la edificación, paralizando en consecuencia la obra. Pero si la obra se terminó y la edificación está completa, no habría nada que suspender. La suspensión de efectos en esos casos es simplemente imposible.

Ello mismo ocurrió en este caso: la elección de los diputados del Estado Amazonas ya se había efectuado hacía un mes, en diciembre de 2015, y todos los actos "de totalización, adjudicación y proclamación" de esa elección se habían efectuado totalmente, habiendo comenzando los proclamados a gozar de la inmunidad que le garantizaba las Constitución (art. 200).[1564] No era jurídicamente posible entonces en

---

1563 Véase José Ignacio Hernández, "¿Qué puede pasar el #5E, día de la instalación de la Asamblea Nacional?, en *Prodavinci*, 2 de enero de 2016, en http://prodavinci.com/blogs/que-puede-pasar-el-5e-dia-de-la-instalacion-de-la-asamblea-nacional-por-jose-ignacio-hernan-dez/?utm_source=feedburner&utm_medium=email&utm_campaign=Feed:+Prodavinci+(Prodavinci).

1564 Como lo resumió con precisión el profesor Alberto Arteaga: "Un tribunal, por más supremo que sea, no puede desconocer la voluntad del pueblo que ha elegido a sus representantes y le ha otorgado, con la proclamación, la investidura parlamentaria, con la coraza de protección de la inmunidad, que lo sustrae, precisamente, de cualquier acción temeraria o aventurada de desconocimiento de su condición y que pueda intentarse desde el Gobierno o por cualquier otro francotirador, destinada a provocar una decisión que, por vía provisional o cautelar, pretende dejar sin efecto la expresión de la voluntad soberana. / Una vez proclamado un diputado, goza de inmunidad, prerrogativa funcional y no personal que no permite que sea coartado en el ejercicio de sus funciones y, por tanto, no puede ser impedida la formalidad de la juramentación y posterior asunción de todas sus obligaciones y derechos. / A tal punto es trascendente esta inmunidad, que lo coloca a salvo de decisiones del máximo tribunal que, inclusive, en el caso en que el Tribunal Supremo de Justicia declare, en un antejuicio, por la presunta comisión de un delito, que hay mérito para el enjuiciamiento penal de un diputado, no se puede proceder ni llevar a cabo el juicio si la Asamblea no lo autoriza o allana la inmunidad, decisión de naturaleza política en salvaguarda de la representación popular que podría resultar afectada. / Corresponde a la Asamblea y no al Tribunal Supremo de Justicia la calificación de sus miembros y, eventualmente, su ese caso "suspender" los efectos de un acto que ya se cumplieron. La sentencia, por tanto, era simplemente inejecutable. [1565]

Es decir, en resumen, la sentencia de la Sala Electoral del Tribunal Supremo de Justicia N° 260, tan esperada durante los días de fin y comienzo de año 2015-2016, no fue más que un bodrio inconstitucional, de contenido delictivo, e inejecutable que no podía ser acatada; un signo más de la fase terminal de un régimen que no respeta la soberanía popular.

4. *El rechazo de la oposición a la medida cautelar de suspensión de efectos de la proclamación de los diputados electos y proclamados en el Estado Amazonas*

Contra la decisión cautelar contendida en la sentencia N° 260 del 30 de diciembre de 2015, el 13 de enero de 2016, tres de los cuatro diputados afectados por la misma, y además, un grupo de ciudadanos electores del Estado, formularon oposición solicitando su revocatoria. Igualmente lo hicieron, el 18 de enero de 2016, los miembros de la Junta Directiva de la Asamblea Nacional en tal carácter y en representación de la Asamblea Nacional, solicitando "la intervención en este proceso de la Junta Directiva de la Asamblea Nacional y de la misma Asamblea Nacional, por nosotros representada."

Dichas oposiciones fueron resueltas por la Sala Electoral mediante sentencia No. 126 del 11 de agosto de 2016,[1566] declarándola sin lugar, para lo cual lo primero que hizo la Sala fue negarle a la Junta Directiva de la Asamblea Nacional la posibilidad misma de poder alegar y argumentar en el proceso de amparo, a pesar de sentar el principio de que:

> "en el procedimiento contencioso electoral pueden intervenir como terceros adhesivos quienes detenten un interés jurídico (legítimo o simple) y pretendan coadyuvar a vencer en el proceso a alguna de las partes, sin sustituirse -en principio, en la condición de ésta. No obstante, la situación jurídica del tercero respecto al caso concreto puede conllevar a calificarlo como "tercero verdadera parte".

A pesar de ello, la Sala Electoral, luego de admitir en el proceso "como tercero verdadera parte" a los diputados opositores afectados, y como "terceros adhesivos" a los ciudadanos electores que suscribieron la oposición, le negó en efecto a los diputados miembros de la Junta Directiva de la Asamblea Nacional, y a la propia Asamblea representada por los mismos, la posibilidad de participación en el proceso.

Para justificar su condición de terceros intervinientes en el proceso, los diputados miembros de la Junta Directiva de la Asamblea y a la Asamblea misma, habían invocado el artículo 27 .1 del Reglamento Interior y Debates que atribuye al Presiden-

---

separación, pero no puede admitirse que por una maniobra leguleyesca o componenda procesal, mediante una decisión evidentemente sin fundamento, se pretenda afectar el funcionamiento del poder más importante en un Estado de Derecho." En Alberto Arteaga, "¿Diputados "desproclamados?", *El Nacional*, 5 de enero de 2016, en http://www.el-nacional.com/opinion/Diputados-desproclamados_0_769123191.html#.VouyuE4cqOI.gmail.

1565 En igual sentido, véase José Ignacio Hernández, "¿Qué dijo la Sala Electoral para "suspender" a los diputados de Amazonas?," en *Prodavinci*, 4 de enero de 2016, en http://prodavinci.com/blogs/que-dijo-la-sala-electoral-para-suspender-a-los-diputados-de-amazonas-por-jose-i-hernandez/.

1566 Véase en http://historico.tsj.gob.ve/decisiones/selec/agosto/190168-126-11816-2016-2016-X-000003.HTML te de la Asamblea Nacional el ejercicio de la representación de la misma. La Sala no consideró dicha representación suficiente, argumentando que "se encuentra vinculada con la dirección de la actividad parlamentaria que comprende la organización y ejecución de las sesiones o debates para tratar los asuntos objeto de conocimiento, discusión y aprobación del Pleno de la Asamblea Nacional," y no para la intervención en el proceso contencioso electoral.

La Sala estimó que tal representación debía "resultar del acuerdo previo de los diputados miembros de la Asamblea Nacional, a los fines de hacer valer en juicio el interés legítimo sobre la validez del proceso electoral impugnado," concluyendo que "la representación en juicio de la República, por órgano de la Asamblea Nacional, no puede subsumirse en el artículo 27.1 del Reglamento Interior y de Debates," razón por la cual no admitió la oposición formulada el 18 de enero de 2016 los miembros de la Junta Directiva de la Asamblea Nacional.

La Asamblea Nacional, en efecto, es un órgano del Poder Público, y los miembros de su Directiva son sus titulares, y tratándose de una medida cautelar de amparo, y por tanto, un procedimiento regido por los principios de la Ley Orgánica de Amparo sobre Derechos y Garantías Constitucionales, no hay duda que dicho órgano y los miembros de su Junta Directiva por supuesto que pueden tener el carácter de terceros interesados en un proceso en el cual se cuestionaba precisamente el carácter de miembro de la Asamblea de unos diputados. La decisión de la Sala Electoral, por tanto, violó el derecho de dicho órgano y de sus representantes, e participar y alegar en un proceso en el cual indudablemente tenía interés, vulnerándose así el derecho al debido proceso de los intervinientes.

Ahora bien, entre los alegatos formulados en la oposición a la medida cautelar, los oponentes argumentaron que lo decidido implicaba suspender la "inmunidad parlamentaria" que los intervinientes alegaron tenían desde que fueron proclamados por el Órgano Electoral, argumentando que la misma "solo podría ser objeto de suspensión por decisión de la propia Asamblea Nacional" no pudiendo ser "suspendida" por una decisión judicial.

Frente a ello, sin embargo, la Sala argumentó que lo que se había impugnado era "el proceso electoral de las elecciones parlamentarias celebradas el 6 de diciembre de 2015, en el circuito electoral del Estado Amazonas para el período constitucional 2016-2021," considerando entonces que todos los actos "que integran las fases del proceso electoral subsiguientes al acto de votación" eran susceptibles de control por la jurisdicción contencioso electoral ejercida por la Sala, y por tanto, también todos ellos podían ser "objeto de suspensión cautelar."

Sobre el cuestionamiento formulado sobre la improcedente "suspensión" de la inmunidad parlamentaria, la Sala se limitó a considerar que ello no constituía el objeto de la decisión cautelar que ordenó la inejecución temporal del acto de proclamación, argumentando simplemente que no era competencia de la "Sala Electoral determinar el alcance o interpretación del artículo 200 de la Constitución," y determinar "en consecuencia, si los oponentes gozan o no del mencionado privilegio." La Sala, sin embargo, al desestimar el alegato sin mayor argumentación, se pronunció sobre el tema solo citando la sentencia N° 612 de la Sala Constitucional del 15 de julio de 2016, en la cual supuestamente el Tribunal Supremo se había pronunciado "sobre los límites de la inmunidad parlamentaria" solo citando un párrafo de la sentencia N° 7 del 5 de abril de 2011 de la Sala Plena del Tribunal Supremo de Justicia, en la cual a su vez, se citó otro párrafo de la sentencia Nº 59 de 26 de octubre de 2010 (publicada el 9 de noviembre de 2010) de la misma Sala Plena en la cual se indicó que:

> "hay prerrogativa en tanto se ejerza la función" y "cuando no se desempeña el cargo no se goza de la prerrogativa procesal", porque lo que priva es una concepción de la inmunidad como garantía del buen funcionamiento de la Asamblea Nacional."

De las sentencia citadas, en efecto se puede "deducir" el argumento formulado en su momento por la Sala Plena respecto de los diputados electos en diciembre de 2010, en el sentido de que el día en el cual los mismos comenzaron "a gozar de la prerrogativa de la inmunidad parlamentaria es el día 5 de enero de 2011, o el más inmediato posible" (artículo 219, Constitución), a lo que agregó lo expresado en otra sentencia también citada por la Sala Electoral, Nº 58 de la misma Sala Plena de 9 de noviembre de 2010, referida a la inmunidad que protege a los parlamentarios "en el ejercicio de su función parlamentaria" y con ocasión del "ejercicio de sus funciones." Solo con estas referencias a referencias de sentencias citadas, la Sala Plena, sin motivación alguna en el texto, simplemente desestimó el alegato de oposición formulado sobre el tema de la violación de la inmunidad de los diputados una vez proclamados.

Otro alegato de oposición que se formuló fue el de "la inejecutabilidad e improcedencia" de la medida cautelar decretada, considerando los intervinientes, con razón, que la misma carecía "de eficacia y ejecución, en virtud que los efectos de los actos de totalización, adjudicación y proclamación [...] *ya habían sido ejecutados y agotados* en su totalidad," considerando además que el acto de proclamación había sido "de cumplimiento instantáneo." Sobre ello, la Sala Electoral, lejos de considerar que el acto de proclamación es un acto de cumplimiento instantáneo que produce efectos de inmediato, los cuales se agotan con su emisión, citando unas sentencias anteriores Nº 3 del 29 de enero de 2007 y Nº 24 del 16 de febrero de 2012, indicó al contrario que:

> "la ejecución del acto de proclamación de los candidatos electos (hoy oponentes) no se consumó de forma automática o inmediata, sino que estaba condicionada al cumplimiento de actos posteriores a su emisión, tales como la juramentación y la posesión efectiva del cargo, los cuales no se habían producido en la oportunidad de dictarse la sentencia Nº 260 de fecha 30 de diciembre de 2015 que ordenó la suspensión de efectos de los actos de totalización, adjudicación y proclamación."

Por ello, ratificó que la decisión cautelar que había dictado "ordenó suspender los efectos de los actos de totalización, adjudicación y proclamación dictados en el proceso electoral realizado el 6 de diciembre de 2015" con lo cual se había originado "la inejecución temporal de las consecuencias jurídicas y materiales que de ellos se derivan," notificándose a la Asamblea Nacional "a los fines de abstenerse de realizar actos que impliquen la eficacia o ejecución de los mencionados actos."

Por último, sobre el argumento formulados por los oponentes de que el único alegato que sustentó la demanda principal de nulidad de las votaciones de Diputados en el Estado Amazonas con la cual se formuló la petición de amparo cautelar, había sido un fraude electoral basado en la mencionada "grabación ilegal," que no podía constituir prueba lícita alguna a los fines de evidenciar la apariencia o indicio grave de violación de derechos constitucionales ni configurar presunción alguna de buen derecho para otorgar la medida cautelar. Frente a ello, sin embargo, la Sala solo se limitó a señalar que la exigencia procesal del *fumus boni iuris* "no implica pronunciamiento adelantado sobre el fondo del asunto objeto del recurso principal, pues luego de la sustanciación del proceso el juez decidirá conforme a los hechos alegados por las partes y con vista a las pruebas del expediente."

La Sala solo dijo, que la solicitud cautelar se había fundamentado en "la presunción de buen derecho" que supuestamente derivaba de la violación de la "libertad del elector en la expresión de sus preferencias políticas y la veracidad o fidelidad del escrutinio, ello a cambio de beneficios económicos por un voto a favor de los candidatos de oposición;" todo lo cual, a juicio de la Sala solo fue apreciado "preliminarmente con base en la constatación de un hecho noticioso señalado por la recurrente y conocido de forma notoria por esta Sala, en virtud de su difusión pública y uniforme en medios de comunicación."

Y nada más, de manera que fue con base en ello solo, que la Sala había ordenado "suspender la ejecución provisional de los actos de totalización, adjudicación y proclamación de los candidatos electos a los fines de la protección cautelar de los derechos fundamentales de naturaleza política de los electores del Estado Amazonas;" declarando al final, sin lugar la oposición a la dicha medida cautelar.

II. LA SALA ELECTORAL VS. LA VOLUNTAD POPULAR: LA PROHIBICIÓN DEL FUNCIONAMIENTO Y ACTUACIÓN DEL PARLAMENTO POR ORDEN JUDICIAL DE LA SALA ELECTORAL DEL TRIBUNAL SUPREMO DE JUSTICIA

La decisión de la Sala Electoral del Tribunal Supremo de Justicia, contenida en la sentencia N° 260 de 30 de la diciembre de 2015 (Caso: *Nicia Marina Maldonado Maldonado vs. Elecciones Estado Amazonas*),[1567] suspendiendo la proclamación efectuada por el Consejo Nacional Electoral de la elección de los diputados electos 6 de diciembre de 2015 en el Estado Amazonas, fue un evidente desconocimiento de la voluntad popular expresada en dicho Estado Amazonas, privándolo de representación en la Asamblea. Lo resuelto, además, fue un evidente error judicial, inexcusable, pues a pesar de que se pretenda lo contrario, jurídicamente no es posible suspender los efectos de actos ya cumplidos, razón por la cual la decisión podía considerarse como inejecutable,[1568] pues no podía ser cumplida, y no era susceptible de ser acatada por nadie.

El error de la sentencia de la Sala Electoral, además, se agravó, porque la misma desconoció que conforme a la Constitución solo la propia Asamblea Nacional tiene la potestad privativa de calificar a sus integrantes (art. 187.20), y que los diputados desde su proclamación gozan de inmunidad parlamentaria (art. 200), pudiendo solo perder su investidura mediante revocación popular de su mandato (arts. 72, 198).

1567 Véase en http://historico.tsj.gob.ve/decisiones/selec/diciembre/184227-260-301215-2015-2015-000146.HTML.

1568 En igual sentido, véase José Ignacio Hernández, "¿Qué dijo la Sala Electoral para "suspender" a los diputados de Amazonas?," en *Prodavinci*, 4 de enero de 2016, en http://prodavinci.com/blogs/que-dijo-la-sala-electoral-para-suspender-a-los-diputados-de-amazonas-por-jose-i-hernandez/

La sentencia, dictada por una de las Salas del Tribunal Supremo, en todo caso, abrió las puertas para el inicio de un conflicto institucional que afectó el funcionamiento de la nueva Asamblea Nacional. Esta, en efecto, se instaló el día 5 de enero de 2016, con la juramentación de 163 de los 167 diputados electos, sin que participaran en dicha instalación los diputados electos por el Estado Amazonas. Por ello, ante una denuncia de desacato de la sentencia 260 de 30 de diciembre de 2015, la Sala Electoral del Tribunal Supremo en sentencia N° 1 de 11 de enero de 2016,[1569] expresó que dicho acto de instalación de la Asamblea se había verificado "en acatamiento de la sentencia número 260 del 30 de diciembre de 2015 dictada por esta Sala Electoral."

Ahora bien, una vez instalada la Asamblea Nacional como representación de la soberanía popular, su directiva, integrada por los diputados Henry Ramos Allup, Enrique Márquez y José Simón Calzadilla, procedieron al día siguiente, 6 de enero de 2016, a juramentar como Diputados a los ciudadanos Nirma Guarulla, Julio Haron Ygarza y Romel Guzamana quienes habían sido electos en el Estado Amazonas, en virtud de que los mismos habían sido debidamente proclamados por las autoridades electorales, hecho que se consideró no constituía desacato a lo resuelto por el Tribunal Supremo. Como lo expresó el diputado Henry Ramos Allup, Presidente de la Asamblea Nacional, según se reseñó sobre ello en la sentencia N° 1 de 11 de enero de 2016:

> "No se puede considerar en desacato a quienes califican a sus propios miembros. Para ejercer nuestros derechos constitucionales no pasamos por el tamiz de ningún otro poder. Los dos únicos órganos elegidos por sufragio son el presidente y la Asamblea Nacional."[1570]

Por su parte, el diputado Enrique Márquez, Primer Vicepresidente de la Asamblea Nacional, igualmente declaró:

> "No la podemos acatar, estaríamos entrando en desacato de la voluntad popular y la Constitución, algo que no vamos a hacer. Una vez proclamados nadie puede detener su juramentación." [1571]

Sin embargo, esa no fue la apreciación de la candidata a diputado que no había resultado electa el 6 de diciembre de 2016 y quién había impugnado la elección de los diputados en el Estado Amazonas ante la Sala Electoral de Tribunal Supremo y quien acudió además para peticionar -a lo que se unieron unos diputados a la Asamblea Nacional miembros del partido de gobierno que actuaron como coadyuvantes interesados-, que la sentencia N° 260 de 30 de diciembre de 2016 fuera "acatada," solicitándole a la Sala que se pronunciase "en forma inmediata sobre la inconstitucionalidad de la juramentación írrita efectuada en el hemiciclo legislativo el día 6 de enero de 2016."

1569 Véase en http://historico.tsj.gob.ve/decisiones/selec/enero/184253-1-11116-2016-X-2016-000001.HTML.

1570 Según nota de prensa publicada en el portal web del diario *El Nacional*, 7 de enero de 2016, en http://www.el-nacional.com/politica/Ramos-Allup-Asamblea-Nacional-tamiz_0_770923076.html.

1571 Según nota en *Globovisión*, 8 de enero de 2016, en http://globovi-sion.com/article/marquez-decision-del-tsj-sobre-diputados-de-amazonas-es-inacatable.

Por su parte los terceros interesados fueron más allá en sus peticiones, alegando ante la Sala Electoral, que la Junta Directiva de la Asamblea Nacional al no haber "acatado la antes referida decisión de la Sala Electoral," había violado:

> "los principios de jurisdicción, división de los Poderes Públicos y supremacía constitucional, previstos en los artículos 253, 136, 138, 139 y 7 de la Constitución de la República Bolivariana de Venezuela, la cual, por tratarse de un evidente abuso y desviación de poder, expresado a través de una pretendida usurpación de poder, determina la nulidad absoluta de tal actuación antijurídica y, por ende, su ineficacia plena, así como la nulidad de las actuaciones subsiguientes en las que intervengan los juramentados al margen del derecho."

Adicionalmente, los terceros intervinientes alegaron que los actos de la Asamblea Nacional, luego de la incorporación "de los diputados cuya proclamación fue suspendida, resultan nulos e ineficaces, y desde luego afectan el funcionamiento adecuado, normal y pacífico de la Asamblea Nacional, de la cual formamos parte," concluyendo con la petición que formularon ante la Sala Electoral, que se pronunciase "sobre la inconstitucionalidad e ilegitimidad" de la juramentación de los diputados por el Estado Amazonas ante la Junta Directiva de la Asamblea Nacional, considerando "que la misma carece de todo efecto jurídico y nula e ineficaz, y por ello debe ser considerada inexistente."

De todo ello, concluyeron los peticionantes, todos diputados miembros del partido de gobierno, solicitando, entre otras cosas, que:

"2. Declare la nulidad, por razones de inconstitucionalidad e ilegalidad de la juramentación de los ciudadanos Nirma Guarulla, Julio Ygarza y Romel Guzamana, efectuada el día 6 de enero de 2016, por la junta directiva de la Asamblea Nacional.

3. Ordene a la junta directiva de la Asamblea Nacional que se abstenga de considerar válida la participación como integrantes del Órgano Legislativo Nacional, de los prenombrados ciudadanos, cuyo acto de proclamación fue suspendido por virtud de la sentencia n° 260 de fecha 30 de diciembre de 2015 de la Sala Electoral del Tribunal Supremo de Justicia, dado que los mismo no ostenta la cualidad de diputados proclamados (...)

4. Declare la nulidad de cualquier decisión tomada por la Asamblea Nacional.

5. Ordene a los órganos administrativos de la Asamblea Nacional se abstenga de incorporar a la nómina de pago a los ciudadanos incluidos en el amparo, so pena de incurrir en el desacato correspondiente. Tanto en el ámbito legislativo como de control político que se apruebe en el parlamento nacional mientras dichos ciudadanos no sean desincorporados.

6. Los ciudadanos Nirma Guarulla, Julio Ygarza y Romel Guzamana no cumplen con los extremos legales para ostentar a la condición de parlamentarios por lo tanto no gozan de la ***'Inmunidad Parlamentaria'*** en ese sentido su presentación ante el parlamento para juramentarse constituye flagrantemente el desacato a la sentencia n° 260 de fecha 30 de diciembre de la Sala Electoral del Tribunal Supremo de Justicia (...).

7. Que se ordene al Ejecutivo Nacional, la prohibición de publicar en *Gaceta Oficial* cualquier acto tanto legislativo como de control político que apru-

be la Asamblea nacional mientras estos ciudadanos estén incorporados como diputados (sic) (destacado del original)."

En criterio de la Sala Electoral, las solicitudes tenían por objeto que la misma conociera de un desacato de su sentencia N° 260 el 30 de diciembre de 2015, considerando, para decidir, todos los hechos denunciados como "hechos notorios comunicacionales" los cuales en criterio de la Sala no requerían de actividad probatoria alguna, y que evidenciaban a juicio de la Sala, que había habido un:

> "incumplimiento del mandato constitucional cautelar ordenado en la sentencia número 260 del 30 de diciembre de 2015, referido a la juramentación de los ciudadanos Nirma Guarulla, Julio Haron Ygarza y Romel Guzamana en los cargos de diputados a la Asamblea Nacional por el estado Amazonas los dos primeros, y por la Región Sur el último de los nombrados."

Esta sola "motivación" de la sentencia, por supuesto, la hacía nula de nulidad absoluta, pues en la sentencia N° 260 de 30 de diciembre de 2016, en ninguna página, párrafo o frase hay pronunciamiento alguno en relación con la "juramentación" de los mencionados diputados. Nada se dice en la sentencia sobre ello, no hay mandato constitucional alguno que haya ordenado nada referido a la juramentación de los mencionados diputados. Es más, en la sentencia ni siquiera se usa en ninguna línea, párrafo o página las palabras *"juramentación"* o *"juramento."*

La sentencia, por ello, por motivación falsa, estaba viciada de nulidad absoluta.

Con base en esa falsa motivación, sin embargo, la Sala en la sentencia N° 1 pasó a argumentar que la Asamblea Nacional debía "acatar las disposiciones y decisiones que el resto de los poderes del Estado dicten o sancionen en función de sus propias atribuciones constitucionales y legales," pues en caso contrario, "surgiría el riesgo de la '*anomia*' constitucional y la inestabilidad para el Estado y su gobierno;" y considerando que existían "suficientes elementos de convicción para decidir la solicitud de desacato como si se tratara de un asunto de mero derecho," constató que "la Junta Directiva de la Asamblea Nacional integrada por los Diputados Henry Ramos Allup, Enrique Márquez y José Simón Calzadilla, *al proceder con la juramentación* como Diputados de los ciudadanos Nirma Guarulla, Julio Haron Ygarza y Romel Guzamana, *incurrió en desacato* de la sentencia número 260, del 30 de diciembre de 2015;" y que igualmente "los ciudadanos Nirma Guarulla, Julio Haron Ygarza y Romel Guzamana, con su *participación en el acto de juramentación*, igualmente incurrieron en desacato de la mencionada sentencia" concluyendo con la ratificación de lo que había decidido en la sentencia N° 260 de 30 de diciembre de 2015, "a los fines de su inmediato cumplimiento."

De todo lo anterior, la Sala Electoral concluyó su razonamiento expresando que:

> "*con la referida juramentación* como diputados del órgano legislativo nacional, los ciudadanos Nirma Guarulla, Julio Haron Ygarza y Romel Guzamana incurren en el supuesto establecido en el artículo 138 de la Constitución de la República Bolivariana de Venezuela, al usurpar el ejercicio del referido cargo legislativo en desacato de la sentencia número 260 citada, norma constitucional que preceptúa que toda autoridad usurpada es ineficaz y sus actos son nulos, se encuentran viciados de nulidad absoluta y por tanto resultan inexistentes aque-

llas decisiones dictadas por la Asamblea Nacional a partir de la incorporación de los mencionados ciudadanos. Así se decide."

O sea de un solo plumazo la Sala Electoral echó por el suelo todos los principios más elementales sobre el concepto de *usurpación de autoridad* como vicio de los actos estatales establecidos en Venezuela desde tiempos del inicio de la República, y que preceptúan, como lo recordó la Sala Político Administrativa del mismo Tribunal Supremo, unos meses atrás, en sentencia N° 494 de 6 de mayo de 2015 (Caso: *Wiliem Asskoul Saab vs. Comisión Judicial del Tribunal Supremo de Justicia*) que "la usurpación de autoridad ocurre cuando un acto es dictado por quien carece en absoluto de investidura pública."[1572]

De acuerdo con ello, y esto es elemental, usurpación de autoridad en este caso solo hubiera podido ocurrir si la Junta Directiva de la Asamblea hubiese juramentado como diputado a una persona que no hubiese sido electa o que no hubiese siquiera participado en el proceso electoral, es decir, sin investidura alguna. Ese hubiese sido el único caso de alguien juramentado que careciese en absoluto de investidura; pero ese vicio nunca podría darse respecto de diputados efectivamente electos, y proclamados por las autoridades electorales competentes, y que constitucionalmente desde ese momento gozaban de inmunidad.

Partiendo entonces del falso supuesto de que en la sentencia N° 260 de 30 de diciembre de 2015 se hubiese resuelto algo sobre la "juramentación" de los diputados electos por el Estado Amazonas, y del nuevo error en que incurrió la Sala al pretender calificar su juramentación como un acto viciado de "usurpación de autoridad," la Sala concluyó declarando que "los ciudadanos Nirma Guarulla, Julio Haron Ygarza y Romel Guzamana efectivamente *incurrieron en desacato* de la medida cautelar de amparo decretada por esta Sala, y subvirtieron la autoridad y el correcto funcionamiento de la Administración de Justicia," ordenando entonces "a la Junta Directiva de la Asamblea Nacional, *la desincorporación inmediata*" de los mismos, ordenando incluso la forma de proceder por la Asamblea para ello, indicando que "deberá verificarse y dejar constancia de ello en Sesión Ordinaria de dicho órgano legislativo nacional." Y finalmente, la Sala Electoral, nada menos que declaró:

> "*nulos absolutamente* los actos de la Asamblea Nacional que se hayan *dictado o se dictaren*, mientras se mantenga la incorporación de los ciudadanos sujetos de la decisión N° 260 del 30 de diciembre de 2015 y del presente fallo."

En definitiva, como lo observó el Secretario General de la Organización de Estados Americanos Luis Almagro, en carta enviada el 12 de enero de 2016 a quien ejerce la Presidencia de la República, Nicolás Maduro:

> "Los resultados de las elecciones legislativas en el Estado de Amazonas fueron cuestionados a través de un recurso contencioso electoral presentado por el PSUV ante la Sala Electoral del TSJ que ordenó la suspensión de los efectos de los actos de totalización, adjudicación y proclamación emanados de los órganos subordinados del CNE.

1572 Véase en *Revista de Derecho Público*, N° 142, Editorial Jurídica Venezolana, Caracas 2015, pp. 162 ss.

Esta determinación contradice la voluntad de la ciudadanía manifestada en la elección del pasado 6 de diciembre y anula la proclamación ya realizada por el CNE.

La Asamblea Nacional, un día después de instalada, decidió juramentar a los tres diputados del Estado de Amazonas.

A raíz de este acto, ayer 11 de enero el TSJ declaró en desacato a la junta directiva de la Asamblea Nacional y ordenó la inmediata separación de los tres diputados.

Extralimitándose en sus funciones, declaró que los actos de esta Asamblea Nacional serán nulos mientras estén en funciones los tres diputados de Amazonas." [1573]

Mayor conflicto entre los poderes públicos en Venezuela era difícil de imaginar, pues con la sentencia N° 1 de 11 de enero de 2016 de la Sala Electoral del Tribunal Supremo, con falsa motivación y errada en derecho, sin embargo simplemente se buscó paralizar al órgano legislativo.

No hay otra forma de entender esta sentencia, por supuesto, que no sea entendiendo que en Venezuela no existía un sistema de gobierno basado en el principio de la separación de poderes, que ante todo exige que el órgano judicial sea realmente independiente y autónomo.

En contraste con estos hechos, al mismo tiempo de emisión de la sentencia N° 1 del 11 de enero de 2016, el día 13 de enero de 2016, aparecía publicado en la edición del *The Wall Street Journal*, una nota reseñando el discurso anual del Presidente Barack Obama sobre *The State of the Union* que había pronunciado el día anterior, en la cual se destacaba el hecho de que en el podio en el Congreso estaba el Presidente Obama, de pie, y el senador Paul Ryan, sentado, todo lo cual - decía el reportaje - estaba "diseñado para mostrar que las ramas del gobierno de los Estados Unidos funcionan juntas incluso cuando las mismas están controladas por diferentes partidos políticos."[1574]

Y ello es así, como sucede en todos los sistemas democráticos montados sobre el principio de la separación de poderes, donde el gobierno funciona aun cuando las ramas legislativa y ejecutiva estén controladas por partidos diferentes, pero con un elemento adicional que no se mencionó en la reseña periodística - porque en los Estados Unidos ello está sobreentendido -, que es que fundamentalmente existe otra rama del poder público, que es el poder judicial, que necesariamente es autónomo e independiente, y está fuera del control de los partidos políticos.

Si el poder judicial no fuera la balanza entre los dos primeros, y estuviera controlado por alguna de las dos ramas, ningún gobierno podría funcionar adecuadamente como una democracia. Es decir, como el mismo día se destacó en el Editorial del edición del *The New York Times*, titulado "*Poland Deviates From Democracy,*" lo contrario era lo que estaba ocurriendo en Polonia, donde el primer ministro se había "movido rápidamente en su agenda conservadora, incluyendo llenar la alta corte de

1573 Véase en http://www.oas.org/documents/spa/press/CARTA.A.PRESI-DENTE.MADURO.12.01.16.pdf

1574 Véase Siobhan Hughes, "Obama, Ryan Size Each Other Up," al expresar que la ubicación estaba "designated to show that the branches of the U.S. government function together even when they are controlled by different political parties," en *The Wall Street Journal*, January, January 13, 2016, p. A4.

jueces maleables e imponiendo mayor control del gobierno sobre los medios de comunicación gubernamentales."[1575]

Es decir, en cualquier país, el funcionamiento de un sistema democrático, depende de la existencia de autonomía e independencia de la Corte Suprema. Los Poderes Legislativo y Ejecutivo pueden estar controlados por los parridos políticos, y ello es lo que normalmente ocurre en una democracia; pero el poder judicial no puede estar controlado por los partidos, y menos por alguno de los que controlan a los dos otros poderes, porque de lo contrario, simplemente no existiría un sistema democrático. Y esa era precisamente la situación que existía en Venezuela después de la elección parlamentaria del 6 de diciembre de 2016 que le había dado la mayoría parlamentaria a los partidos de oposición, con las decisiones adoptadas por la Asamblea Nacional saliente, llenando las Salas del Tribunal Supremo con miembros del partido que controla el Poder Ejecutivo. Pasando en esa forma a que el Tribunal Supremo estuviese totalmente controlado por el Poder Ejecutivo y por el partido de gobierno.

Una Corte o Tribunal Supremo en el mundo contemporáneo, como ya lo advirtió Alexis de Tocqueville desde el inicio del constitucionalismo moderno hace casi dos siglos, refiriéndose precisamente a la Corte Suprema de los Estados Unidos, no sólo es depositaria de "un inmenso poder político"[1576] sino que es "el más importante poder político de los Estados Unidos," [1577] al punto de considerar que "no había cuestión política en los Estados Unidos que tarde o temprano no se convirtiera en una cuestión judicial."[1578] Por ello, para de Tocqueville, en los poderes de la Corte Suprema "continuamente descansa la paz, la prosperidad y la propia existencia de la Unión," agregando que sin los jueces autónomos e independientes de la Corte Suprema:

> "la Constitución sería letra muerta; es ante ellos que apela el Ejecutivo cuando resiste las invasiones del órgano legislativo; el legislador para defenderse contra los actos del Ejecutivo; la Unión para hacer que los Estados le obedezcan; los Estados para rechazar las exageradas pretensiones de la Unión; el interés público contra el interés privado; el espíritu de conservación contra la inestabilidad democrática."[1579]

En consecuencia, todo el mecanismo de balance y contrapesos del sistema de separación de poderes, que por lo demás tuvo su primera aplicación constitucional práctica en los Estados Unidos, puede decirse que descansa en la Corte Suprema y en el poder de los jueces para poder ejercer el control de constitucionalidad de la legislación; lo que por supuesto se puede decir, de todas las Cortes Supremas y Tribunales Constitucionales.

1575 Véase el Editorial "Poland Deviates From Democracy," donde se indica que el primer ministro de Polonia "has moved rapidly on its conservative agenda, including packing the highest court with maleable judges and imposing greater government control over the state owned media," en The New York Times, 13 January 2016, p. A20.

1576 Véase Alexis De Tocqueville, *Democracy in America* (Ed. by J.P. Mayer and M. Lerner), The Fontana Library, London, 1968, p. 122, 124.

1577 *Ibid.*, p. 120.

1578 *Ibid.*, p. 184.

1579 *Ibid.*, p. 185.

Por esos poderes, por tanto, para que funcione un sistema de separación de poderes, y consecuentemente un régimen democrático, incluso cuando los poderes legislativo y ejecutivo estén controlados por partidos diferentes, la elección de los jueces que deben integrar esos altos tribunales es vital para el funcionamiento del sistema democrático, pues por esencia se trata de órganos que en sí mismos no están sujetos a control alguno, de manera que cualquier distorsión o abuso por parte de los mismos queda exento de revisión; como ha sido precisamente el caso de la sentencia N° 1 de 11 de enero de 2016 dictada por la Sala Constitucional del Tribunal supremo venezolano.

De allí que George Jellinek dijo con razón que la única garantía respecto de los tribunales supremos o cortes constitucionales como guardianes de la Constitución, en definitiva descansa en la "conciencia moral,"[1580] y Alexis de Tocqueville, más precisamente, en su observación sobre el sistema constitucional norteamericano dijo, que:

> "los jueces federales no sólo deben ser buenos ciudadanos y hombres con la información e integridad indispensable en todo magistrado, sino que deben ser hombres de Estado, sabios para distinguir los signos de los tiempos, que no tengan miedo para sobrepasar con coraje los obstáculos que puedan, y que sepan separase de la corriente cuando amenace con doblegarlos.
>
> El Presidente, quien ejerce poderes limitados, puede errar sin causar graves daños al Estado. El Congreso puede decidir en forma inapropiada sin destruir la unión, porque el cuerpo electoral en el cual el Congreso se origina, puede obligarlo a retractarse en sus decisiones cambiando sus miembros. Pero si la Corte Suprema en algún momento está integrada por hombres imprudentes o malos, la Unión puede ser sumida en la anarquía o la guerra civil."[1581]

En el mismo sentido, Alexander Hamilton, en la discusión sobre el texto de la Constitución norteamericana antes de su sanción, luego de advertir sobre "la autoridad de la propuesta Corte Suprema de los Estados Unidos," y particularmente de sus:

> "poderes para interpretar las leyes conforme al espíritu de la Constitución, lo que habilita a la Corte a moldearlas en cualquier forma que pueda considerar apropiada, especialmente porque sus decisiones no serán en forma alguna sometidas a revisión o corrección por parte del órgano legislativo,"

concluyó afirmando que:

> "Las legislaturas de varios Estados, pueden en cualquier momento rectificar mediante ley las objetables decisiones de sus respectivas cortes. Pero los errores

---

1580 Véase George Jellinek, *Ein Verfassungsgerichtshof fur Österreich*, Alfred HOLDER, Vienna 1885, citado por Francisco Fernández Segado, "Algunas reflexiones generales en torno a los efectos de las sentencias de incons-titucionalidad y a la relatividad de ciertas fórmulas estereotipadas vinculadas a ellas," en *Anuario Iberoamericano de Justicia Constitucional*, Centro de Estudios Políticos y Constitucionales, N° 12, 2008, Madrid 2008, p. 196.

1581 Véase Alexis de Tocqueville, *Democracy in America*, ch. 8, "The Federal Constitution," traduc. Henry Reeve, revisada y corregida, 1899, http://xroads.virgi-nia.edu/HYPER/ DETOC/1_ch08.htm Véase también, Jorge Carpizo, *El Tribunal Constitucional y sus límites*, Grijley, Lima 2009, pp. 46–48.

y usurpaciones de la Corte Suprema de los Estados Unidos serán incontrolables e irremediables."[1582]

Esto es lo que hay que tener en mente cuando a las Cortes Supremas se las llega a integrar con personas inmorales, imprudentes o malas, o con miembros de partidos políticos, que pasan a estar controladas por alguno de los que controla a alguno de los otros poderes del Estado, pasando a convertirse incluso, a veces, en legisladores o peor aún, en constituyentes, sin estar sujetos a responsabilidad alguna, trastocándose, en la penumbra de los límites entre interpretación y jurisdicción normativa, "de guardianes de la Constitución en soberanos,"[1583] usurpando la propia voluntad popular.

En definitiva, como lo expresó el Secretario General de la Organización de Estados Americanos en carta del 12 de enero de 2016, dirigida a quien ejerce la presidencia de la República

> "Los jueces y el poder judicial deben ser libres y actuar sin influencias o control de los poderes ejecutivo y-o legislativo.
>
> Cuando se eligen integrantes de la judicatura que arrastran en sus espaldas militancia política, incluso participación política en cargos electivos, se vulnera la esencia del funcionamiento de separación de poderes y nos lleva a presuponer que las decisiones que se toman tienen no solamente un contenido jurídico sino político."[1584]

Agregó el Secretario General de la OEA, que todo ello , y especialmente, "la utilización del poder público para silenciar y acosar a la oposición, la violación de los frenos y contrapesos propios de la separación e independencia de los poderes, el nombramiento oportunista de miembros del poder judicial, la injerencia en distintos poderes del Estado," constituye lo que la doctrina conoce como *erosión de la democracia*, que contraviene no solo los pilares fundamentales de la Organización de Estados Americanos, sino los "principios establecidos claramente en su tratado fundacional y en la Carta Democrática Interamericana."[1585]

Y no otra cosa fue lo que ocurrió con la integración de la Sala Electoral del Tribunal Supremo por la Asamblea Nacional saliente y feneciente en diciembre de 2015, con magistrados todos integrantes del partido de gobierno. Como lo observó el Secretario General de la Organización de Estados Americanos, Luis Almagro en la carta enviada a Nicolás Maduro el 12 de enero de 2016:

> "Lamentablemente su Gobierno decidió integrar las instituciones en función de la política partidaria, para el CNE, para el TSJ y para cada organismo de control. Esto nos hace presuponer que las decisiones que se tomen tienen no so-

---

1582 Véase Alexander Hamilton, N° 81 de *The Federalist*, "The Judiciary Continued, and the Distribution of the Judiciary Authority"; Clinton Rossiter (Ed.), *The Federalist Papers*, Penguin Books, New York 2003, pp. 480.

1583 Véase Francisco Fernández Segado, "Algunas reflexiones generales en torno a los efectos de las sentencias de inconstitucionalidad y a la relatividad de ciertas fórmulas estereotipadas vinculadas a ellas," *Anuario Iberoamericano de Justicia Constitucional*, Centro de Estudios Políticos y Constitucionales, N° 12, 2008, Madrid 2008, p. 161.

1584 Véase en http://www.oas.org/documents/spa/press/CARTA.A.PRESIDEN-TE.MADURO.12.01.16.pdf.

1585 *Idem.*

> lamente un contenido jurídico sino además otro de carácter político. La trayectoria política de los funcionarios es incompatible con la imparcialidad y objetividad para juzgar que requiere el ejercicio de la justicia. El Estado de Derecho pierde credibilidad con un sistema judicial percibido como parcial.
>
> Cuando un poder, se confiere a si mismo condiciones para controlar, incidir, decidir, anular o manipular las competencias o facultades del Estado, la situación más allá de ser preocupante, pone en riesgo el equilibro de los poderes del Estado."[1586]

En consecuencia, al controlar la oposición la nueva Asamblea Nacional, no había sino que esperar para constatar cómo los magistrados sumisos y maleables al servicio del Ejecutivo y del partido de gobierno, nombrados en sesiones extraordinarias en diciembre de 2015, comenzarían a decidir conforme a las peticiones del partido de gobierno, como ocurrió con la sentencia N° 1 de la Sala Electoral, mediante la cual con motivación falsa y errada, el Tribunal Supremo irrumpió contra la voluntad popular, desconociéndola; privó a un Estado de la Republica de representación en la Asamblea Nacional; la paralizó totalmente al declarar nulos todos sus actos pasados y futuros que pudieran haber sido o fueran dictados con los diputados cuestionados; obligando a la Asamblea a "desincorporar" a los diputados que habían sido juramentados, dejando sin efecto la juramentación por un supuesto desacato de la sentencia N° 260 de 30 de diciembre de 2016, cuando en la misma no aparece siquiera la palabra "juramentación," ni orden alguna respecto a alguna "juramentación," razón por la cual ninguna "juramentación" podía considerarse que podría desacatar la sentencia. En fin, como lo observó acertadamente el Secretario General de la Organización de Estados Americanos, "La Sala Electoral en su aplicación jurídica hizo retroceder dramáticamente el derecho al siglo XIX."[1587]

En esta forma, a pesar de que la Sala Electoral, como parte que es del Tribunal Supremo, en el orden interno no tiene quien la controle, al menos se evidenció que si hay un instrumento en el ámbito internacional americano que establece las bases para controlar sus actuaciones, que es la Carta Democrática Interamericana de 2001, como lo expresó quien tiene a su cargo velar porque la misma se respete, que es el Secretario General de la Organización de Estados Americanos.

Y efectivamente, éste, en la referida extraordinaria carta de fecha 12 de enero de 2016 dirigida al Presidente de la República, Nicolás Maduro, le expresó todo lo que solo un Secretario General de dicha Organización Internacional le podía decir cumpliendo con la obligación que le impone dicha Carta Democrática Interamericana, particularmente cuando "se producen situaciones que pueden afectar el normal desarrollo del proceso político institucional democrático," y en particular, con la obligación de "velar por el buen cumplimiento" de lo dispuesto en los artículos 2 a 7 de dicha Carta.

A tal efecto, el Sr. Almagro le indicó al Jefe de Estado venezolano entre muchas consideraciones, las siguientes:

> "Todo aquello que signifique impedir a un solo diputado a asumir su banca es un *golpe directo a la voluntad del pueblo*. Es un concepto esencial de demo-

---

1586 Véase en http://www.oas.org/documents/spa/press/CARTA.A.PRESIDEN-TE.MADURO.12.01.16.pdf

1587 *Idem*

cracia que el único soberano legítimo es el pueblo y, por lo tanto, interpretar y-o distorsionar lo que este ha expresado en las urnas, afecta directamente la voluntad popular [...]

La democracia, entre otras cosas, es un ejercicio de traspaso de poder de determinados dirigentes políticos a otros, por lo cual aceptar y respetar los resultados de elecciones libres, transparentes y justas es fundamental.

La acción de alterar la representación política luego de un pronunciamiento tan claro del cuerpo electoral se constituye en un atentado, cuando las garantías de justicia parecen esfumarse. [...]

La Sala se apartó del objeto último del Derecho electoral: preservar la voluntad de los electores. Esa voluntad pretende así ser vulnerada cuando la Sala Electoral intenta desconocer los efectos jurídicos ya consumados de la proclamación."[1588]

La sentencia de la Sala Electoral del Tribunal Supremo, en todo caso, por la parálisis inconstitucional que en la práctica provocó en el país al materialmente impedir que la Asamblea Nacional pudiera funcionar, condujo a que la misma, como órgano político, con el objeto de desbloquear la parálisis institucional impuesta, terminara aceptando la decisión de los diputados electos por el Estado Amazonas que se habían juramentado de dejar sin efecto la juramentación que habían hecho. Ello ocurrió el 13 de enero de 2016 al realizarse una sesión ordinaria de la Asamblea, en la cual se dejó sin efecto la juramentación de los tres diputados del Estado Amazonas.

El Gobierno había forzado dicha decisión, por la amenaza que había sido expresada en el sentido de que el Presidente de la República no acudiría ante la Asamblea a presentar su Mensaje anual que se había fijado conforme a la Constitución para el 15 de enero de 2106, para lo cual, como ha solido hacer en el pasado, acudió ante la Sala Constitucional para que como "consultor jurídico" o "abogado" sumiso y servil, le dijera lo que quería oír, y así terminar de paralizar al Poder Legislativo.

III. LA SALA CONSTITUCIONAL AL SERVICIO DEL EJECUTIVO CONTRA LA ASAMBLEA NACIONAL: EL CASO DE LA DECISIÓN DE UN BIZARRO RECURSO DE INCONSTITUCIONALIDAD CONTRA UNA SUPUESTA Y FUTURA OMISIÓN LEGISLATIVA

En efecto, entre el elenco de decisiones de la Sala Constitucional en su "nuevo" rol de asesor del Poder Ejecutivo, se destaca la sentencia N° 3 del 14 de enero de 2016,[1589] emitida con ocasión de las secuelas que resultaron de la anteriormente analizada decisión de la Sala Electoral del mismo Tribunal Supremo de Justicia, dictada mediante sentencia N° 260 (Caso: *Nicia Marina Maldonado, contra el acto de votación de las elecciones parlamentarias del estado Amazonas*) de 30 de diciembre de 2015, a través de la cual la Sala Electoral, al admitir el recurso, ordenó "de forma provisional e inmediata la suspensión de efectos de los actos de totalización, adjudicación y proclamación" de los órganos electorales respecto de todos los

---

1588 Véase en http://www.oas.org/documents/spa/press/CARTA.A.PRESIDEN-TE.MADURO.12.01.16.pdf

1589 Véase en http://historico.tsj.gob.ve/decisiones/scon/enero/184316-03-14116-2016-16-0003.HTML

cuatro diputados que habían sido electos en el Estado Amazonas;[1590] en las elecciones del 6 de diciembre de 2015.

Como se ha dicho, dicha proclamación no podía ser "suspendida" ni siquiera provisionalmente, pues ya había ocurrido, y sus efectos se habían agotado. Sólo se pueden suspender, incluso provisionalmente, los efectos de los actos cuando aún no ha ocurrido, para que no ocurran; o los efectos que están en curso de ocurrir, para evitar que ocurran; pero no se pueden suspender los que ya ocurrieron. Así, se puede suspender el embarazo de una mujer antes de que ocurra o durante la gestación, pero una vez nacido el niño, ni el embarazo ni el nacimiento pueden ser "suspendidos."

Por tanto, la sentencia N° 260 de 30 de la diciembre de 2015 simplemente, por errada - errada de un error judicial inexcusable - era inejecutable,[1591] o sea, no podía ser cumplida, y por tanto no era susceptible de ser acatada por nadie.[1592] En realidad, la misma equivalía a una sentencia de nulidad de la elección lo que solo podía ser dictada en la sentencia final del juicio y nunca como "medida cautelar," y en todo caso respetando la garantía del debido proceso y en particular el derecho a ser oído de los diputados involucrados.[1593]

Como señalamos, sin embargo, en virtud de que a pesar de dicha decisión N° 260 de 30 de diciembre de 2015, la Junta Directiva de la nueva Asamblea después de instalarse procedió a juramentar a los diputados mencionados que ya habían sido proclamados por las autoridades electorales, y gozaban de inmunidad, con ocasión de una denuncia de "desacato" de dicha sentencia formulada por miembros del partido de gobierno, la Sala Electoral del Tribunal Supremo dictó la antes mencionada nueva sentencia N° 1 de 11 de enero de 2016, [1594] en la cual, en definitiva, resolvió que la Junta Directiva de la Asamblea había incurrido en desacato de su anterior sentencia (N° 260, del 30 de diciembre de 2015), e igualmente los diputados "suspendidos" con su *participación en el acto de juramentación*, igualmente habían incurrido en desacato de la mencionada sentencia. La Sala Electoral, además, como

---

1590 Véase en http://www.tsj.gob.ve/en/decisiones#3. Sobre ello, véase José Ignacio Hernández quien afirmó que "la Sala Electoral no puede, en virtud de una medida cautelar, modificar los efectos jurídicos de esa proclamación y "suspender" el mandato popular de representación ya perfeccionado, pues los efectos de la proclamación ya se cumplieron." Véase en "Luego de los 4 diputados suspendidos por el TSJ: ¿Qué va a pasar?," en Prodavinci, 30 de diciembre de 2015, en http://prodavinci.com/blogs/luego-de-los-4-diputa-dos-suspendidos-por-el-tsj-que-va-a-pasar-por-jose-ignacio-hernandez/

1591 En igual sentido, véase José Ignacio Hernández, "¿Qué dijo la Sala Electoral para "suspender" a los diputados de Amazonas?," en *Prodavinci*, 4 de enero de 2016, en http://prodavinci.com/blogs/que-dijo-la-sala-electoral-para-suspender-a-los-diputados-de-amazonas-por-jose-i-hernandez/

1592 Véase Allan R. Brewer-Carías, "La inconstitucional, delictiva e inejecu-tables sentencia de la Sala Electoral pretendiendo "suspender" las elecciones de diputados el Estado Amazonas,' 4 de enero de 2016, en http://www.allan-brewercarias.com/Content/449725d9-f1cb-474b-8ab2-41efb849fea3/Content/LA%20INCONSTITUCIONAL,%20DELICTIVA%20E%20INEJECUTABLE%20SENTENCIA%20DE%20LA%20SALA%20ELECTORAL%20%204-1-2016.pdf

1593 Como lo observó el Secretario General de la OEA Luis Almagro, en su comunicación de 30 de mayo de 2016 con el Informe sobre la situación en Venezuela en relación con el cumplimiento de la Carta Democrática Interamericana: "en derecho no se puede anular ningún acto mediante una medida cautelar, y tampoco actos a futuro. Estos se puede hacer luego de un juicio en el que se respete el debido proceso y en el que las partes presenten sus pruebas," p. 53. Véase en oas.org/documents/spa/press/OSG-243.es.pdf.

1594 Véase en http://historico.tsj.gob.ve/decisiones/selec/enero/184253-1-11116-2016-X-2016-000001.HTML se ha dicho, decidió que la juramentación de dichos diputados estaba viciada de nulidad absoluta por "usurpación de autoridad," ordenando "*la desincorporación inmediata*" de los mencionados diputados, y declarando "*nulos absolutamente* los actos de la Asamblea Nacional" que se hubiesen dictado o se dictaren *en el futuro*, mientras dichos diputados estuviesen incorporados.

Ahora bien, en esa situación de conflicto de poderes, y en vista de que días después (15 de enero) el Presidente estaba obligado a acudir ante la Asamblea Nacional a presentar su Mensaje Anual, con el propósito de justificar su no comparecencia ante la misma, el día 12 de enero de 2016, es decir, al día siguiente de haberse dictado la sentencia N° 1 de la Sala Electoral mediante la cual la misma había paralizado hacia futuro el funcionamiento de la Asamblea Nacional; la Procuraduría General de la República en representación y por órdenes del Ejecutivo Nacional, acudió ante la Sala Constitucional del Tribunal Supremo, interponiendo un extraño "*recurso de inconstitucionalidad por omisión legislativa* [...] como consecuencia de la nulidad absoluta de las actuaciones de la Asamblea Nacional declarada por la Sala Electoral de ese Tribunal Supremo de Justicia en sentencia N° 1 de fecha 11 de enero de 2016," alegando que el Ejecutivo Nacional supuestamente se encontraba "imposibilitado" para cumplir con el mandato constitucional de presentar su Mensaje Anual.

Se trató entonces, de un recurso de inconstitucionalidad por omisión, *pero no de una omisión que ya había ocurrido*, sino de una que supuestamente podía eventualmente ocurrir en el futuro, es decir, de una futura posible omisión, que era la supuesta imposibilidad de la Asamblea para recibir, en el futuro, el mensaje anual del Presidente, alegando que:

> "la Asamblea Nacional no está en condiciones de dictar actos válidos, hasta tanto no desincorpore a los ciudadanos Julio Haron Ygarza, Nirma Guarulla y Romel Guzamana, pues se encuentra en desacato de un mandamiento de amparo cautelar, lo que la imposibilita para sesionar, convocar y recibir al Primer Mandatario del Ejecutivo Nacional para que haga presencia a los fines del cumplimiento de lo previsto en el artículo 237 constitucional (...)."

El Procurador, como asesor jurídico del Poder Ejecutivo, que en definitiva es quien asesora, defiende y representa judicial y extrajudicialmente los bienes, derechos e intereses de la República, le consultó así a la Sala Constitucional, a la vez como si fuera otro "asesor jurídico" del Ejecutivo, "su parecer" sobre si el Presidente de la República cumplía con la obligación constitucional de comparecer ante el órgano legislativo nacional, con ello "estaría validando actos que han sido declarados como absolutamente nulos por el Poder Judicial (...);" indicándole entonces a la Sala Constitucional que sin embargo, el Presidente sí estaba dispuesto a "presentar el referido mensaje ante el Poder Judicial, Electoral y Ciudadano y ante el Pueblo Soberano, representado por los Consejos Presidenciales del Gobierno Popular y el Parlamento Comunal (...);" lo que por supuesto era evidentemente contrario a la Constitución, pues en ningún caso la Sala Constitucional podía atender siquiera al planteamiento, por ser abiertamente inconstitucional.

Sin embargo, la Sala Constitucional procedió a estudiar la "consulta," dictando para evacuarla la sentencia N° 3 del 14 de enero de 2016,[1595] precisando que "el

1595 Véase en http://historico.tsj.gob.ve/decisiones/scon/enero/184316-03-14116-2016-16-0003.HTML.

objeto de la solicitud" no era precisamente declarar la inconstitucionalidad de una omisión ya ocurrida, sino de una que podía ocurrir en el futuro, en el sentido de:

> "la declaratoria de la omisión inconstitucional de la Asamblea Nacional para recibir el mensaje anual del Presidente de la República Bolivariana de Venezuela (Poder Ejecutivo) previsto en el artículo 237 de la Constitución de la República Bolivariana de Venezuela, ya que el órgano parlamentario (Junta Directiva), de acuerdo a la sentencia N° 1 dictada por la Sala Electoral el 11 de enero de 2016, incurrió en desacato a la medida cautelar acordada por ese mismo órgano jurisdiccional en sentencia N° 260 dictada el 30 de diciembre de 2015; y, por lo tanto, está inhabilitada para ejercer sus atribuciones constitucionales de control político de gestión."

En otras palabras, que como la Asamblea Nacional, al haber juramentado tres diputados electos en el Estado Amazonas habría incurrido en desacato de lo ordenado en la sentencia N° 1 de la Sala Electoral del 11 de enero de 2016, mediante la cual, ésta, materialmente había prohibido al Parlamento poder funcionar, y como ello implicaba entonces, hacia el futuro, que el Presidente supuestamente no podía presentar ante la Asamblea su Mensaje, entonces se le pedía a la Sala Constitucional que decidiese sobre ese futura posible omisión de la Asamblea de sesionar para recibir el mensaje Anual del Presidente, solicitándole entonces que fuera la Sala Constitucional la que "supliera la aludida omisión" futura.

Aparte de que el recurso de inconstitucionalidad por omisión regulado en la Constitución (art. 336.7) solo se refiere a omisiones ya ocurridas del poder legislativo "cuando haya dejado de dictar" una medida, sin embargo, con base en lo alegado sobre omisiones futuras, la Sala Constitucional procedió a decidir, como suele hacer en casos similares, violando "discrecionalmente" los principios del debido proceso al no oír los intereses contrapuestos, particularmente de la Asamblea Nacional y sus diputados, considerando el asunto como de mero derecho, "sin necesidad de abrir procedimiento alguno," por estimar que la causa "no requería la comprobación de asuntos fácticos."

Sin embargo, después de afirmar -y decidir, porque así lo dio por sentado- que la situación planteaba en la solicitud "incapacitaba al Poder Legislativo para ejercer sus atribuciones constitucionales de control político de gestión," la Sala en definitiva no se pronunció sobre lo solicitado, es decir, la posible y "futura omisión legislativa," al constatar como "hecho notorio comunicacional" que el día en que estaba dictando la sentencia, es decir, el mismo día 13 de enero de 2016:

> "la Junta Directiva de la Asamblea Nacional *acató la orden impartida por la Sala Electoral del Tribunal Supremo de Justicia* a través de las sentencias N° 260/2015 y 1/2016, procediendo en consecuencia, a realizar una sesión ordinaria en la cual dejó sin efecto la sesión celebrada el día 6 de enero de 2016, desincorporando a los ciudadanos Nirma Guarulla, Julio Haron Ygarza y Romel Guzamana como candidatos electos por voto uninominal, voto lista y representación indígena en el proceso electoral realizado el 6 de diciembre de 2015 en el estado Amazonas para elección de diputados y diputadas a la Asamblea Nacional. Igualmente, de manera expresa se decidió *dejar sin efecto la juramentación de los mismos, así como también "las decisiones tomadas desde la instalación del Parlamento."*

En consecuencia, dijo la Sala Constitucional, que como "la omisión inconstitucional de la Asamblea Nacional cesó al haber cumplido con la orden impartida por Sala Electoral del Tribunal Supremo de Justicia," a pesar de que en realidad, como se trataba de una solicitud respecto de una omisión "futura," que no había ocurrido y que por tanto no podía haber cesado, sino que lo que podía haber ocurrido era que no se produciría; la Sala Constitucional estimó "que no existe actualmente impedimento alguno para que el Presidente de la República Bolivariana de Venezuela (Poder Ejecutivo) proceda a dar cuenta ante el Poder Legislativo de los aspectos políticos, económicos, sociales y administrativos de su gestión durante el año 2015, tal como lo ordena el artículo 237 del Texto Fundamental," concluyendo con la decisión que:

> "*Cesó* la omisión inconstitucional por parte de la Asamblea Nacional, para que el Presidente de la República dé cuenta de los aspectos políticos, económicos, sociales y administrativos de su gestión durante el año 2015."

Decisión que, como se dijo, era totalmente incongruente porque no se puede afirmar ni en lógica ni en derecho que algo que aún no había ocurrido haya cesado. Tan simple como eso, una omisión futura, no puede decirse que haya cesado, y la Constitución no permite recursos por omisión que puedan intentarse contra la Asamblea, por supuestas omisiones en las que pueda incurrir en el futuro.

En todo caso, como consecuencia de haber cesado la supuesta futura omisión inconstitucional en la que supuestamente podía incurrir a futuro la Asamblea Nacional, al haberse dejado sin efecto las juramentaciones de los diputados por el Estado Amazonas, el Presidente de la República efectivamente acudió ante la Asamblea Nacional a presentar su Memoria anual.

Otro asunto fue que en lugar de presentar dicha Memoria, en realidad lo que hizo fue presentar ante la Asamblea Nacional el texto de un "decreto de Estado de Emergencia Económica," para enfrentar una supuesta "guerra económica" contra el país, que solo su gobierno y su antecesor habían declarado contra el pueblo de Venezuela, hasta sumirlo en la miseria.

IV. LA NUEVA JURAMENTACIÓN DE LOS DIPUTADOS POR EL ESTADO AMAZONAS EN JULIO DE 2016 Y LA NUEVA PARALIZACIÓN JUDICIAL DEL PARLAMENTO POR LA SALA ELECTORAL

A pesar de la medida cautelar ordenada mediante la sentencia N° 260 de fecha 30 de diciembre de 2015 de la Sala Electoral del Tribunal Supremo de Justicia, el 28 de julio de 2016 la Junta Directiva de la Asamblea Nacional acordó la incorporación y juramentar a los diputados electos y proclamados por el Estado Amazonas, Julio Ygarza, Nirma Guarulla y Romel Guzamana, cuya "juramentación" se había suspendido mediante medida cautelar dictada en dicha sentencia.

En esa misma fecha, una de las recurrentes en el juicio solicitó de la Sala Electoral que proveyera:

> "lo conducente conforme a derecho para que frente a esta actitud contumaz, sea acatado las citadas decisiones judiciales y se inicie el procedimiento correspondiente, así como también se pronuncie en forma inmediata en relación a la inconstitucionalidad de la juramentación írrita efectuada el día de hoy".

Muy diligentemente, los magistrados acordaron "asumir el asunto como Ponencia Conjunta," recibiendo escrito de otros ciudadanos el 19 de julio de 2016, solicitando que se declarase "el desacato de la Asamblea Nacional [...] en la persona de cada uno de los diputados que aprobaron la incorporación como diputados, de los ciudadanos Julio Ygarza, Nirma Guarulla y Romer Guzamana," de lo dispuesto en la antes mencionada sentencia N° 260 de fecha 30 de diciembre de 2015, y además, de lo dispuesto en la sentencia N° 1 de fecha 11 de enero de 2016 de la misma Sala en la cual se había ya declarado el desacato de la anterior sentencia, y la desincorporación de la Asamblea de los referidos candidatos, pidiendo además que la Sala se pronunciase sobre la inconstitucionalidad de la juramentación efectuada, para lo cual arguyeron que:

> "Es incuestionable, además, la flagrancia y contumacia con la que han actuado la mayoría de los diputados de la Asamblea Nacional, al desafiar la autoridad del máximo tribunal de la República; colocándose de esta manera, totalmente al margen del orden constitucional vigente, en procura de un estado de anarquía" (sic).

Con base en lo alegado, pasó la Sala a conocer las solicitudes de desacato formuladas, en las cuales se argumentó que dichos diputados habrían incurrido "en el supuesto establecido en el artículo 138 de la Constitución de la República Bolivariana de Venezuela, al usurpar el ejercicio del referido cargo legislativo en desacato de la sentencia número 260 citada," dictando en consecuencia la sentencia N° 108 de 1° de agosto de 2016[1596].

Para decidir, la Sala resumió el contenido de las decisiones adoptadas en las sentencias N° 260 de 30 de diciembre de 2015 y N° 1 de 11 de enero de 2016, considerando que con la convocatoria y juramentación por la Junta Directiva de la Asamblea Nacional de los mencionados diputados a los fines de su incorporación en la misma, se habría producido un "incumplimiento del mandato constitucional cautelar ordenado en la sentencia N° 260 del 30 de diciembre de 2015, por lo cual la Sala, reproduciendo lo declarado en la sentencia N° 1 de 11 de enero de 2016, consideró que la Asamblea, no podría "incurrir en usurpación de autoridad o funciones o desviación de poder" desacatando fallos judiciales" ni podría "violar o menoscabar los derechos garantizados por el sistema constitucional," decidiendo en consecuencia que se encontraban

> "viciados de nulidad absoluta y por tanto resultan inexistentes aquellas decisiones dictadas por la Asamblea Nacional a partir de la incorporación de los mencionados ciudadanos." Así se decide."

La Sala Electoral también observó que mediante sentencia N° 9 del 1° de marzo de 2016, la Sala Constitucional había considerado que:

> "La usurpación de autoridad, consistente en la invasión del Poder Público por parte de personas que no gocen de la investidura pública, se considera ineficaz y los actos dictados se consideran nulos."

1596 Véase en http://www.tsj.gov.ve/decisiones/scon/marzo/162025-138-17314-2014-14-0205.HTML.

Como consecuencia de todo lo anterior, la Sala Electoral concluyó determinando que en este caso, había ocurrido un "desacato en el cumplimiento de las decisiones dictadas por la Sala Electoral N° 260 del 30 de diciembre de 2015 y N° 1 del 11 de enero de 2016," declarando en consecuencia, que

> "en virtud de la violación flagrante del orden público constitucional, es imperativo para esta Sala reiterar la nulidad absoluta por su objeto del acto realizado en sesión del 28 de julio de 2016, por el cual la Junta Directiva de la Asamblea Nacional procedió a la juramentación de los ciudadanos Julio Ygarza, Nirma Guarulla y Romel Guzamana en el cargo de Diputados del órgano legislativo nacional, por lo que dicho acto carece de validez, existencia y no produce efecto jurídico alguno, así como aquellos actos o actuaciones que dictare la Asamblea Nacional con la juramentación de los prenombrados ciudadanos (*vid.* sentencia de la Sala Electoral número 1 del 11 de enero de 2016 y sentencia de la Sala Constitucional número 614 del 19 de julio de 2016). Así se declara."

Lo curioso de la decisión fue que al final, la Sala declaró como si fuera un alegato formulado por una de las partes en juicio, que "en caso de mantenerse el desacato de las referidas decisiones, *se reservan todas aquellas acciones o procedimientos judiciales a que haya lugar,*" pero sin indicar en favor de quién se reservan tales supuestas acciones o recursos.

Finalmente la sentencia ordenó finalmente notificar de la decisión no sólo a los diputados juramentados, sino "a la Asamblea Nacional y a la ciudadana Fiscal General de la República;" y remitir copia "a la Presidencia de la República Bolivariana de Venezuela, Consejo Nacional Electoral, Contraloría General de la República, Procuraduría General de la República y Defensoría del Pueblo." ¿Para qué? Nada se dijo.

Fue extraño sin embargo que la Sala Electoral no hubiera dispuesto dirigir también formalmente copia a la Sala Constitucional para quizás aligerarle la tarea de lo que seguramente podía hacer (quizás por "notoriedad judicial"), y era avocarse al conocimiento del asunto para resolver sobre el desacato a una medida de amparo cautelar, tema sin duda del mayor interés, y aplicar entonces la doctrina del caso de los Alcaldes Vicencio Scarano Spisso y Daniel Ceballo, iniciada con la sentencia N° 138 de 17 de marzo de 2014,[1597] y completada con la sentencia N° 263 de 11 de abril de 2014,[1598] en la cual la Sala, usurpando las competencias de la Jurisdicción Penal, se arrogó la potestad sancionatoria penal en materia de desacato a decisiones de amparo, violando todas las garantías más elementales del debido proceso, ordenando su detención y "cesando" definitivamente a los Alcaldes "en el ejercicio de sus funciones," que no fue otra cosa que una inconstitucional revocatoria judicial de un mandato popular.

1597 Véase en http://www.tsj.gov.ve/decisiones/scon/marzo/162025-138-17314-2014-14-0205.HTML.

1598 Véase en http://www.tsj.gov.ve/decisiones/scon/abril/162992-263-10414-2014-14-0194.HTML. Véase sobre estas sentencias: Allan R. Brewer-Carías, "La ilegítima e inconstitucional revocación del mandato popular de Alcaldes por la Sala Constitucional del Tribunal Supremo, usurpando competencias de la Jurisdicción penal, mediante un procedimiento "sumario de condena y encarcelamiento. (El caso de los Alcaldes Vicencio Scarno Spisso y Daniel Ceballo)," en *Revista de Derecho Público,* N° 138 (Segundo Trimestre 2014, Editorial Jurídica Venezolana, Caracas 2014, pp. 176-213.

V. LA RATIFICACIÓN POR LA SALA CONSTITUCIONAL DE LA PARALIZACIÓN DE LA ASAMBLEA NACIONAL, Y LA AMENAZA PARA EL ENJUICIAMIENTO POR DESACATO DE LOS DIPUTADOS

A los pocos días, sin embargo, resultó evidente que no era necesario que la Sala Electoral le remitiera a la Sala Constitucional copia de la sentencia N° 108 de 1° de agosto de 2016, ni que esta se avocara al conocimiento del asunto, pues tuvo ocasión de decidir sobre ello en su sentencia N° 808 de 2 de septiembre de 2016[1599], al ejercer el "control previo de constitucionalidad" solicitado por el Presidente de la República, respecto de la "Ley de Reforma Parcial del Decreto N° 2165 con Rango y Fuerza de Ley Orgánica que Reserva al Estado las Actividades de Exploración y Explotación de Oro así como las Conexas y Auxiliares a Éstas," que la Asamblea Nacional había sancionado el 9 de agosto de 2016.

La solicitud del Presidente no tuvo por objeto revisar la constitucionalidad de las normas de esta Ley de reforma, sino solo expresar a la Sala que tenía "serias dudas acerca de la validez y eficacia del acto de sanción de la Ley," en virtud, precisamente, de que la Sala Electoral del Tribunal Supremo mediante sentencia N° 108 de 1 de agosto de 2016 había declarado: *primero*, el desacato de las anteriores mencionadas sentencias de la Sala Electoral N° 260 de 30 de diciembre de 2015 y N° 1 del 11 de enero de 2016; y *segundo*, "la invalidez, inexistencia e ineficacia jurídica" de las decisiones de la Asamblea Nacional que se dictasen con posterioridad a la juramentación de los mencionados diputados por el Estado Amazonas; todo lo cual, a juicio del Presidente hacía que el acto de sanción de la ley se estuviese "viciado de nulidad absoluta y por lo tanto es inválido, inexistente e ineficaz, por mandato expreso del fallo antes citado".

Después de transcribir parte de las sentencia N° 260 de 30 de diciembre de 2015, N° 1 del 11 de enero de 2016 y N° 108 del 1° de agosto de 2016, todas dictadas por la Sala Electoral y comentadas en este libro, la Sala Constitucional apreció que "de manera enfática, categórica y expresa," dicha Sala Electoral había ratificado su decisión de que con "la juramentación de los ciudadanos Julio Ygarza, Nirma Guarulla y Romel Guzamana en el cargo de Diputados de la Asamblea Nacional," los mismos habían usurpado el ejercicio del referido cargo legislativo "en desacato" a sus sentencias, resultando por tanto "inexistentes aquellas decisiones dictadas por la Asamblea Nacional a partir de la incorporación de los mencionados ciudadanos".

De esas sentencias de la Sala Electoral, y en particular de la N° 108 de 1° de agosto de 2016, la Sala Constitucional concluyó entonces que las mismas:

> "no dejan las más mínima duda en torno a que todos los actos de cualquier índole, que sean dictados por la Asamblea Nacional, mientras se mantenga la incorporación de los ciudadanos Nirma Guarulla, Julio Haron Ygarza y Romel Guzamana, fungiendo como Diputados de dicho órgano legislativo, resultan absolutamente nulos por la usurpación de autoridad de dichos ciudadanos [...]."

Y que, en consecuencia, tampoco quedaba duda de que por lo decidido por la Sala Electoral:

1599 Véase en http://historico.tsj.gob.ve/decisiones/scon/septiembre/190395-808-2916-2016-16-0831.HTML.

"los actos que emanen de la Asamblea Nacional, cualquiera sea su tipo, que sean adoptados en contravención a lo dispuesto por las referidas sentencias emanadas de la Sala Electoral del Tribunal Supremo de Justicia, resultan absolutamente nulos y carentes de cualquier tipo de validez jurídica. Así se declara.

Para declarar esto, la Sala se refirió al principio constitucional de la tutela judicial efectiva, haciendo múltiples citas y copias de sentencias precedentes, para concluir señalando que no solo "comprende el derecho de acceso de los ciudadanos a los órganos jurisdiccionales" sino que "es extensivo a la ejecutoriedad de la sentencia" que resulte de los procesos judiciales; de manera que:

"todo acto que pretenda impedir o menoscabar la materialización de ese derecho a la ejecutoriedad y ejecución de una decisión judicial, se convierte abiertamente en una franca violación del prenombrado derecho a la tutela judicial efectiva."

Aplicando dichos principios al caso concreto de la evaluación de la constitucionalidad de la reforma de la Ley sobre las actividades relativas al Oro, la Sala Constitucional concluyó afirmando que la actuación desplegada por la Asamblea Nacional al juramentar a los mencionados diputados del Estado Amazonas "en contravención a la disposición expresa contenida en un fallo judicial," y "continuar desconociendo lo dispuesto en una sentencia emanada de este Máximo Tribunal en Sala Electoral, en el que claramente se determina la nulidad de cualquier acto emanado de dicho órgano parlamentario, en *contumacia y rebeldía* a lo dispuesto por dicha decisión, [...] se traduce en la *nulidad absoluta* de dichos actos así emanados, por la *contravención expresa a un mandato judicial*, [...] resultando, por ende, dichos *actos absolutamente nulos y sin ningún tipo de validez y eficacia jurídica*. Así se declara."

Como consecuencia de lo anterior, la Sala Constitucional consideró que la mencionada Ley sobre las actividades del Oro sancionada por la Asamblea Nacional el 9 de agosto de 2016, "en franco desacato de decisiones judiciales emanadas de la Sala Electoral del este Máximo Tribunal," era "*manifiestamente inconstitucional y por ende, absolutamente nula y carente de vigencia y eficacia jurídica*" concluyendo en general la sentencia, hacia futuro, con la decisión de que:

"resultan manifiestamente inconstitucionales y, por ende, absolutamente nulos y carentes de toda vigencia y eficacia jurídica, los actos emanados de la Asamblea Nacional, incluyendo las leyes que sean sancionadas, mientras se mantenga el desacato a la Sala Electoral del Tribunal Supremo de Justicia.

Finalmente, la Sala Constitucional se refirió a la "conducta desplegada por la mayoría parlamentaria de la Asamblea Nacional, en contravención al ordenamiento constitucional y en contumacia a las decisiones emanadas por los órganos jurisdiccionales del país," como lo destacó en sus anteriores decisiones N° 614 de 19 de julio de 2016, N° 460 de 9 de junio de 2016, y N° 797 del 19 de agosto de 2016 -transcribiendo en la sentencia extensas partes de las mismas-, considerando, para terminar, además, con lo expresado en la sentencia N° 259 del 31 de marzo de 2016, en el sentido de que las decisiones adoptadas por la Asamblea Nacional que pudieran "interferir con las acciones del Ejecutivo Nacional durante la vigencia de un Estado de Emergencia Económica válidamente declarado, pueden hacer nugatorias intencionalmente las funciones del Ejecutivo Nacional *,evidenciándose una desviación de poder*."

Y todo para terminar advirtiendo, o amenazando, a los diputados a la Asamblea Nacional que con sus decisiones – incluyendo la sanción de leyes – adoptadas:

> "en contravención al ordenamiento constitucional y en contumacia a las decisiones emanadas por los órganos jurisdiccionales del país, generará las correspondientes responsabilidades y sanciones constitucionales, penales, civiles, administrativas, disciplinarias, éticas, políticas y sociales en general necesarias para salvaguardar la eficacia del Texto Fundamental [...]."

Ello no tuvo otro propósito que no fuera comenzar a "preparar' la ejecución definitiva de la amenaza proferida de perseguir a los diputados por desacato, para lo cual la Sala Constitucional ordenó entonces pasar copia de su decisión al Consejo Moral Republicano, a pesar que dicho órgano solo tiene competencia para formular advertencias "a las autoridades, funcionarios de la Administración Pública" (art. 275), y en ningún caso a los legisladores; para sin duda tratar de involucrar a dicho órgano en su conspiración, como si fuera una especie de "tribunal de Inquisición," indicándole que la remisión era:

> "para en razón de los posibles ilícitos que pudieran haberse cometido y estar cometiéndose con ocasión de los hechos señalados en esta sentencia informe perentoriamente a esta Sala de las resultas de las actuaciones respectivas."

Igualmente la Sala Constitucional decidió remitir copia de su sentencia a la Contraloría General de la República y a la Procuraduría General de la República, "por los posibles ilícitos contra el patrimonio público y el correcto funcionamiento de la administración pública, que pudieran haberse cometido con ocasión de hechos señalados en esta sentencia," a pesar de que se trataba de hechos todos referidos al Poder Legislativo y no a la administración pública; pero igualmente indicándoles que la remisión era para que informasen "perentoriamente a esta Sala de las resultas de las actuaciones respectivas.

La Sala también ordenó remitir copia de la sentencia al Ministerio Público "en razón de los posibles *ilícitos penales que pudieran haberse cometido y estar cometiéndose* con ocasión de los hechos señalados en esta sentencia e informe perentoriamente a esta Sala de las resultas de las actuaciones respectivas. Así se decide."

Quedó así despejado el camino por la propia Sala Constitucional, para proceder judicialmente contra los diputados, sin tener que avocarse al conocimiento de causa alguna, sino en conocimiento de esta causa iniciada con ocasión de un control previo de constitucionalidad de una Ley a solicitud del Presidente de la República, y proceder a dar el "golpe de Estado judicial" que ha venido preparando desde enero de 2016.

SECCIÓN CUARTA:

EL DESCONOCIMIENTO JUDICIAL Y EJECUTIVO DE LOS PODERES DE CONTROL POLÍTICO DE LA ASAMBLEA NACIONAL

I. EL CONTROL POLÍTICO POR LA ASAMBLEA NACIONAL DE LOS DECRETOS DE ESTADO DE EXCEPCIÓN Y SU DESCONOCIMIENTO JUDICIAL

1. *El incongruente y tardío reconocimiento ejecutivo de la emergencia económica*

El día 15 de enero de 2016, al presentar su Mensaje anual ante la Asamblea Nacional, quien ejerce la Presidencia de la República, Nicolás Maduro, consignó, junto con el mismo, el texto del Decreto N° 2.184 de fecha 14 de enero de 2016,[1600] mediante el cual había declarado el estado de emergencia económica en todo el territorio nacional durante un lapso de 60 días, motivado, según se lee en los Considerandos, no en las consecuencias desastrosas de las políticas económicas erradas que ha venido desarrollando el Estado, destruyendo tanto la producción y economía nacional como la calidad de vida de la población, sino en supuestos factores externos al gobierno e incluso al país, entre los cuales estaban:

(i) que sectores nacionales e internacionales habrían iniciado acciones tendientes a "desestabilizar la economía del país;"

(ii) que en el "marco de la guerra económica" iniciada contra el país, se ha dificultado el acceso a bienes y servicios esenciales;

(iii) que "ante la ofensiva económica y la disminución del ingreso petrolero," se requiere adoptar medidas urgentes para garantizar la sostenibilidad de la economía, Y

(iv) que dichas medidas son de "gran magnitud e impacto en la economía nacional."

La crisis económica del país, que definitivamente no se debe a factores externos al Estado, pues es producto de su error e ineficiencia, por supuesto, no se resolvía con decretos, y menos con decretos como el dictado el 14 de enero de 2016, sino con un cambio en la política económica del gobierno que al menos (i) restableciera la producción nacional, en un marco de libertad económica, restituyendo empresas y factores de producción confiscados y expropiados a sus dueños, (ii) desmantelase el enorme aparato burocrático estatal que ha gerenciado la economía nacional, con los más altos índices de ineficiencia de la historia del sector público; y (iii) desregulase la economía, permitiendo al sector privado desarrollar las iniciativas necesarias en materia de producción y empleo, con acceso a divisas en un marco real de valor de la moneda.

Pero no. En lugar de atacar el problema económico, el decreto de emergencia económica de enero de 2016, no fue más que el reconocimiento del fracaso del gobierno en materia económica, pero sin proponer solución alguna para resolver la crisis, y más bien con propuestas para agravarla, pero que en ningún caso requerían de un decreto de emergencia para ser dictado conforme a los artículos 337 y siguien-

1600 Véase en *Gaceta Oficial* N° 6.214 Extra. de 14 de enero de 2016.

tes de la Constitución, pues todo lo que en el decreto se enunció con vaguedad lo podía realizar el Gobierno con el arsenal de leyes, decretos leyes y regulaciones diversas que se habían dictado en los últimos tres lustros. Ninguna nueva regulación era necesaria para enfrentar la crisis económica, la cual solo podría ser atacada por el propio gobierno desarrollando una política económica distinta a la que la originó.

El decreto de emergencia económica, en efecto, fue dictado por el Presidente de la República en uso de la atribución que le confería el artículo 236.7 de la Constitución para, en Consejo de Ministros "declarar los estados de excepción y decretar la restricción de garantías en los casos previstos en esta Constitución." Dichos estados de excepción se regulan en los artículos 337 y siguientes de la misma Constitución, donde se precisa que se pueden dictar cuando se trata de emergencia económica, en casos de *"circunstancias económicas extraordinarias que afecten gravemente la vida económica de la Nación," (art. 337), en el marco general de circunstancias "que afecten gravemente la seguridad de la Nación*, de las instituciones y de los ciudadanos, *a cuyo respecto resultan insuficientes las facultades de las cuales se disponen para hacer frente a tales hechos"* (art. 337).

En tal caso de emergencia económica, como en todos los otros, la Constitución autoriza al Presidente de la República para restringir temporalmente las garantías económicas consagradas en esta Constitución (art. 337), en cuyo caso está obligado en el texto mismo del decreto a "regular el ejercicio del derecho cuya garantía se restringe" (art. 339).

Ahora bien, del contenido del Decreto N° 2.184 de fecha 14 de enero de 2016, lo que se evidencia es que el mismo, en realidad, no fue un decreto de "emergencia económica" en los términos antes mencionados, porque todo lo que en el mismo se anunció y enunció pudo haberse ejecutado por el gobierno, el cual disponía de todas las leyes, decretos leyes y regulaciones imaginables, con facultades suficientes para hacer frente a los hechos que supuestamente habrían originado la crisis económica en el país. Es decir, si algo no podía afirmarse seriamente era que en el Estado centralista, socialista, totalitario y militarista que se desarrolló en los últimos lustros, supuestamente resultaban "insuficientes las facultades de las cuales se disponen para hacer frente a tales hechos." Esta fue la primera gran mentira del decreto de estado de emergencia económica, como fue la también mentira contenida en los diversos decretos de emergencia económica dictados en los Estados fronterizos durante 2015,[1601] que no condujeron a nada ni resolvieron la crisis económica, sino impusieron un cierre de la frontera para los ciudadanos de a pie, violándoseles impunemente sus derechos y garantías constitucionales, tanto a los colombianos como a los venezolanos.

Fue en el marco de esa gran mentira que encajó, por ejemplo, el enunciado del artículo 1 del Decreto N° 2184 de enero de 2016, al afirmar que el estado de emergencia económica decretado, era para:

1601 Véase Allan R. Brewer-Carías, "La masacre de la Constitución y la aniquilación de las garantías de los derechos fundamentales. Sobre la anómala, inefectiva e irregular decisión del Ejecutivo Nacional de decretar un Estado de Excepción en la frontera con Colombia en agosto de 2015, y la abstención del Juez Constitucional de controlar sus vicios de inconstitucionalidad," 29 de agosto de 2015, en *www.allanbrewer-carias.com*

(i) "que el Ejecutivo disponga de la atribución para adoptar las medidas oportunas que permitan atender eficazmente la situación excepcional, extraordinaria y coyuntural por la cual atraviesa la economía venezolana," de manera que: "permita asegurar a la población el disfrute pleno de sus derechos y el libre acceso a bienes y servicios fundamentales e igualmente, mitigar los efectos de la inflación inducida, de la especulación, del valor ficticio de la divisa, el sabotaje a los sistemas de distribución de bienes y servicios," y

(ii) "también contrarrestar las consecuencias de la guerra de los precios petroleros, que ha logrado germinar al calor de la volátil situación geopolítica internacional actual, generando una grave crisis económica."

Por supuesto, en cuanto a las segundas medidas, no era necesario ser economista ni especialista en comercio internacional para apreciar que con un decreto de estado de emergencia, ni con las decisiones que conforme al mismo podían adoptarse en el marco del Estado venezolano, se podía contrarrestar en forma alguna la baja de los "precios petroleros," cuya fijación depende exclusivamente del mercado internacional, que no controla nadie en particular, sino solo el mercado.

Y en cuanto a las primeras medidas, todas, absolutamente todas se podían enfrentar con un cambio de política económica, con todos los instrumentos de los cuales disponía el Estado para efectuar dicho cambio, de manera de por ejemplo aumentar la producción nacional, bajar la dependencia de importaciones, y sincerar el valor de la moneda, sin lo cual no podría haber decreto alguno capaz de asegurarle a la población su derecho de acceso a bienes y servicios fundamentales; ni poder mitigar los efectos de la "inflación inducida; de la especulación, del valor ficticio de la divisa, el sabotaje a los sistemas de distribución de bienes y servicios," todo lo cual había sido inducido por el propio gobierno y se debía a la errada política económica del Estado que se adoptó en el país.

Para reorientar la política económica, por supuesto, nadie podría argumentar que "resultan insuficientes las facultades de las cuales se disponen [en el seno del gobierno] para hacer frente a tales hechos" (art. 337). Y todo ello, se confirmó con los enunciados contenidos en el artículo 2 del Decreto, donde solo se "anunciaron" las medidas que se supuestamente se iban a tomar –es decir, no se tomó ninguna–, lo que confirmó que constitucionalmente no era un decreto de estado de emergencia económica, sino un anuncio de medidas que bien podía haber formulado el Presidente ante la Asamblea Nacional, en su mensaje anual, que era donde correspondía.

Pero no. Se optó por decretar un estado de emergencia o de excepción, solo anunciándose "medidas" a ser adoptadas en el futuro, pero sin indicarse nada sobre el cambio de rumbo de la política económica que había originado las "circunstancias excepcionales," sino más bien, reafirmando la misma línea errada de intervencionismo estatal.

Ello se constata simplemente con analizar cuáles fueron las "medidas que considere convenientes" adoptar el Ejecutivo, y que se anunciaron en el artículo 2° del Decreto "como consecuencia de la declaratoria del estado de emergencia económica," que debían estar todas "orientadas a proteger y garantizar los derechos y el buen vivir de las familias, de los niños, niñas y adolescentes y de los adultos mayores":

1. En primer lugar "disponer los recursos provenientes de las economías presupuestarias del ejercicio económico financiero 2015," con determinadas finalidades, para lo cual bastaba hacer uso de las atribuciones previstas en Ley Orgánica de Administración Financiera del Sector Público.

2. En segundo lugar, asignar recursos extraordinarios a proyectos previstos o no en la Ley de Presupuesto a los órganos y entes de la Administración Pública, para determinados sectores de actividad y Misiones, para lo cual bastaba hacer uso de las atribuciones previstas en Ley Orgánica de Administración Financiera del Sector Público.

3. Diseñar e implementar medidas especiales, de aplicación inmediata, para la reducción de la evasión y la elusión fiscal, para lo cual bastaba aplicar las atribuciones de fiscalización y control establecidas en el Código Orgánico Tributario y en las normas que regulan el SENIAT.

4. Dispensar de las modalidades y requisitos propios del régimen de contrataciones públicas para agilizarlas, para lo cual bastaba aplicar las normas de excepción que son abundantísimas, previstas en la Ley de Contrataciones Públicas.

5. Dispensar de los trámites, procedimientos y requisitos para la importación y nacionalización de mercancías, cumpliendo con los requerimientos fitosanitarios pertinentes, para lo cual bastaba aplicar la Ley Orgánica de Aduanas y la Ley de Simplificación de Trámites Administrativos.

6. Implementar medidas especiales para agilizar el tránsito de mercancías por puertos y aeropuertos de todo el país, para lo cual también bastaba aplicar la Ley Orgánica de Aduanas y la Ley de Simplificación de Trámites Administrativos.

7. Dispensar de los trámites cambiarios establecidos por CENCOEX y por el Banco Central de Venezuela, a órganos y entes del sector público o privado, para garantizar la importación, para lo cual bastaba aplicar la Ley de Ilícitos Cambiarios y reformular los Convenios Cambiarios entre el Banco Central de Venezuela y el Ejecutivo Nacional.

8.a. Requerir a empresas del sector público incrementar sus niveles de producción, para lo cual bastaba aplicar la Ley Orgánica de la Administración Pública, dando las instrucciones pertinentes a través de los diversos órganos de adscripción;

8.b. Requerir de las empresas del sector privado incrementar sus niveles de producción, para lo cual no valía decreto ni "orden" ejecutiva alguna, sino estímulo y fomento como política de Estado.

9.a Adoptar las medidas necesarias para asegurar el acceso oportuno de la población a bienes de primera necesidad, para lo cual bastaba estimular la producción nacional por el sector privado y permitirle el acceso a las divisas para importar, en un marco de sinceración del valor de la moneda, que solo un cambio de política económica podía provocar, sin necesidad de decreto alguno de emergencia.

9.b. Poder requerir "de las personas naturales y jurídicas propietarias o poseedoras, los medios de transporte, canales de distribución, centros de acopio, beneficiadoras, mataderos y demás establecimientos, bienes muebles y mercancías que resulten necesarios para garantizar el abastecimiento oportuno de alimentos a las venezolanas y los venezolanos, así como de otros bienes de primera necesidad," para lo cual no era necesario decreto alguno de emergencia, pudiendo aplicarse las muy inconvenientes medidas ya establecidas en todas las leyes limitativas de la libertad económica dictadas en los últimos años, entre las cuales estaba la Ley de Precios Justos. En todo caso, si se trataba de un requerimiento forzoao, en el decreto se tenía que haber regulado – no sólo anunciado – la limitación o restricción concreta de la libertad económica o del derecho de propiedad, lo que no ocurrió.

10. Adoptar las medidas necesarias para estimular la inversión extranjera "en beneficio del desarrollo del aparato productivo nacional, así como las exportaciones de rubros no tradicionales, como mecanismo para la generación de nuevas fuentes de empleo, divisas e ingresos," para lo cual bastaba aplicar por ejemplo, la Ley de Inversión Extranjera dictada en sustitución de la Ley de Promoción y Protección de la Inversión, así como la Ley de Promoción de la Inversión mediante Concesiones.

11. Desarrollar, fortalecer y proteger el Sistema de Misiones y Grandes Misiones Socialistas, para lo cual bastaba aplicar la Ley Orgánica de Misiones y Grandes Misiones.

Es decir, para dictar e implementar las medidas anunciadas, el Ejecutivo no carecía de las facultades necesarias para atender su implementación. Le bastaba aplicar las leyes dictadas, casi todas incluso reformadas recientemente, lo que evidenciaba que el decreto de emergencia económica, no fue tal, sino un simple anuncio de medidas que pudo el Ejecutivo dictar aplicando las leyes.

De resto, el Decreto, en el *artículo 3* simplemente "anunció" que con base en los mismos artículos 337 y siguientes de la Constitución podía dictar en el futuro otras medidas de excepción, para lo cual no era necesario anuncio alguno, pues son facultades constitucionales, pero que por supuesto requerían del mismo control político y jurídico establecido para los decretos de estados de excepción; en el *artículo 4* repitió lo que ya estaba en las leyes que regulan a la Administración Pública en materia de la necesaria coordinación entre órganos y entes públicos para implementar decisiones; en el *artículo 5*, se repitió lo que la Constitución establece sobre la obligación de los órganos de los Poderes Públicos de colaborar en el cumplimiento del decreto, con el incomprensible agregado de la "Fuerza Armada Nacional Bolivariana," como si fuese algo distinto que existiese fuera del Poder Público; y en el *artículo 6*, se convocó a la participación activa del pueblo en la "la consecución de los más altos objetivos de consolidación de la patria productiva y económicamente independiente," enumerándose órganos regulados legalmente como formando parte del llamado "Poder Popular," pero con el agregado, esta vez de uno que no existía como el denominado "Parlamento Comunal."

Y nada más, salvo repetir en el *artículo 7* lo que dice la Constitución sobre la remisión del decreto "a la Asamblea Nacional, a los fines de su consideración y aprobación, dentro de los ocho (8) días siguientes a su publicación" lo que ocurrió el 14 de enero de 2016, a los efectos del control político del decreto; y en el artículo 8 lo que también dice la Constitución sobre la remisión del decreto a "la Sala Constitucional del Tribunal Supremo de Justicia, a los fines de que se pronuncie sobre su constitucionalidad, dentro de los ocho (8) días siguientes a su publicación en la Gaceta Oficial."

2. *Algunos principios sobre el control político de los decretos de estados de excepción*

El artículo 339 de la Constitución, en efecto, dispone que el decreto que declare el estado de excepción:

> "será presentado, *dentro de los ocho días siguientes de haberse dictado*, a la Asamblea Nacional o a la Comisión Delegada, para su consideración y aprobación, y a la Sala Constitucional del Tribunal Supremo de Justicia, para que se pronuncie sobre su constitucionalidad."

Se establece así, un doble régimen general de control parlamentario y judicial sobre los decretos de excepción, el cual se desarrolla en la Ley Orgánica de los Estados de Excepción, [1602] estableciendo normas particulares en relación con el control por parte de la Asamblea Nacional, por parte de la Sala Constitucional del Tribunal Supremo y por parte de los jueces de amparo.[1603] Además, respecto del control político, la norma prevé que el Decreto puede ser "revocado por [...] la Asamblea Nacional o por su Comisión Delegada," antes del término señalado para su duración, "al cesar las causas que lo motivaron."

En cuanto al control inicial de orden político debe notarse que la Constitución exige que el decreto se remita a la Asamblea, "*dentro de los ocho días siguientes de haberse dictado,*" fecha que no necesariamente es el da la publicación, que podría ocurrir posteriormente. Sin embargo, las leyes y actos normativos del Estado solo entran en vigencia a la fecha de su publicación, no de su emisión, lo que se aplica como regla también a los Decretos de estados de excepción a los cuales la Ley Orgánica les otorga el rango de decreto ley.

Los ocho días para la remisión del decreto a la Asamblea Nacional por el Presidente de la República, conforme lo precisó el artículo 31 de la Ley Orgánica de los Estados de Excepción, se cuentan como "*días continuos siguientes a aquel en que haya sido dictado,*" teniendo la remisión a la Asamblea por objeto "su consideración y aprobación," lo que corresponde hacer a la Asamblea incluso si el Presidente de la República no diere cumplimiento al mandato establecido durante el lapso mencionado, en cuyo caso, conforme a la Ley Orgánica, la Asamblea Nacional debe pronunciarse de oficio (art. 26).

La Constitución le atribuyó en esta forma al órgano parlamentario la potestad de control político sobre los decretos de estado de excepción, asignándole el poder de aprobarlos, y por supuesto de improbarlos. Cuando la Constitución dispone que el decreto se remita a la Asamblea "para su consideración y aprobación," es por supuesto para su consideración, y como derivado de ello, para su aprobación o improbación. De lo contrario no sería control alguno, sino una simple rúbrica.

En todo caso, la decisión de la Asamblea de aprobar o improbar el Decreto, conforme a la Ley Orgánica, debe adoptarse por la mayoría absoluta de los diputados

---

1602 *G.O.* Nº 37.261 del 15 de agosto de 2001.

1603 Véase sobre ello lo que hemos expuesto en Allan R. Brewer-Carías, *La Constitución de 1999: Estado Democrático y Social de Derecho*, Colección Tratado de Derecho Constitucional, Tomo VII, Fundación de Derecho Público, Editorial Jurídica Venezolana, Caracas 2014; y en "El régimen constitucional de los estados de excepción" en Víctor Bazan (Coordinador), *Derecho Público Contemporáneo. Libro en Reconocimiento al Dr. German Bidart Campos,* Ediar, Buenos Aires, 2003, pp. 1137-1149.

presentes en sesión especial que se debe realizar sin previa convocatoria, dentro de las 48 horas de haberse hecho público el decreto (art. 27), es decir, de su publicación en *Gaceta Oficial*. Sin embargo, en forma evidentemente incongruente con este término legal perentorio que no se ajusta al constitucional de ocho días, la Ley Orgánica dispone que si por caso fortuito o causa de fuerza mayor la Asamblea Nacional no se pronunciare dentro de los ocho días "continuos siguientes" a la recepción del decreto, éste se debe entender aprobado. Se establece así, la figura del silencio parlamentario positivo con efectos aprobatorios tácitos, pero dando por sentado que la Asamblea debe pronunciarse aprobando o no el decreto en el término de ocho días, pasado el cual la Ley presume su tácita aprobación.

Por tanto, está fuera de toda duda que el decreto de estado de excepción puede ser rechazado por la Asamblea, negándole su aprobación; de eso se trata el control político; en cuyo caso el decreto cesa de tener vigencia ni puede producir efectos jurídicos. No tiene fundamento alguno, por tanto, lo afirmado sin argumentación por la Sala Constitucional en sentencia N° 7 dictada el 11 de febrero de 2016 con ocasión de resolver un recurso de interpretación de las normas relativas a los estados de excepción,[1604] que se comenta más adelante, en el sentido de que el "control político de la Asamblea Nacional sobre los decretos que declaran estados de excepción no afecta la legitimidad, validez, vigencia y eficacia jurídica de los mismos." Si no lo afecta, de nada valdría entonces establecer el control político, el cual no se limita a la sola posibilidad que tiene la Asamblea de revocar la prórroga del decreto de estado de excepción, antes del término establecido, al cesar las causas que lo motivaron.

Este control político sobre los decretos de los estados de excepción, por supuesto, es completamente distinto al control jurídico constitucional automático y obligatorio que sobre los mismos ejerce la Sala Constitucional del Tribunal Supremo de Justicia, a la cual la Constitución le asignó competencia expresa para "revisar en todo caso, aún de oficio, la constitucionalidad de los decretos que declaren estados de excepción dictados por el Presidente de la República" (artículo 336,6), a cuyo efecto, como lo dice su artículo 339 y el artículo 31 de la Ley Orgánica, el Presidente de la República también debe remitir el decreto *dentro de los ocho días continuos siguientes de haberse dictado*, a "la Sala Constitucional del Tribunal Supremo de Justicia para que se pronuncie sobre su constitucionalidad." En el mismo término, el Presidente de la Asamblea Nacional debe enviar a la Sala Constitucional, el Acuerdo mediante el cual se apruebe o rechace el estado de excepción.

En todo caso, si el Presidente de la República o el Presidente de la Asamblea Nacional, según el caso, no dieren cumplimiento al mandato establecido en la norma en el lapso previsto, la Sala Constitucional del Tribunal Supremo de Justicia se debe pronunciar de oficio (art. 31). El efecto jurídico de la decisión de la Sala Constitucional que declare la constitucionalidad del decreto, es que con posterioridad no podría intentarse una acción de inconstitucionalidad contra el mismo.

Se trata, por tanto de dos controles con dos efectos jurídicos distintos que deben efectuarse dentro del mismo lapso de ocho días, sin que haya orden alguno en el cual se pueden adoptar las decisiones, pudiendo ser cualquiera de ellas antes que la otra. Sin embargo, si la Asamblea Nacional o la Comisión, dentro del término mencionado, decidiere antes que la Sala Constitucional desaprobando el decreto de estado de

---

1604 Véase en http://historico.tsj.gob.ve/decisiones/scon/febrero/184885-07-11216-2016-16-0117.HTML

excepción, la Sala Constitucional del Tribunal Supremo de Justicia debe omitir todo pronunciamiento, declarando extinguida la instancia (art. 33, Ley Orgánica);[1605] de lo que resulta que el control político tiene primacía sobre el control jurídico.

El objeto del control jurídico por parte de la Sala Constitucional, como lo expresamos hace años, es "para revisar la constitucionalidad de los decretos de excepción, es decir, que en su emisión se hubieran cumplido los requisitos establecidos en la Constitución (constitucionalidad formal) y en la Ley Orgánica; y segundo, que el decreto no viole la normativa constitucional ni la establecida en la Ley Orgánica,"[1606] como por ejemplo, que si en el decreto se restringe una garantía constitucional se dé cumplimiento a la exigencia de que el decreto debe "regular el ejercicio del derecho cuya garantía se restringe" (art. 339); es decir, que tiene que tener en sí mismo contenido normativo en relación con las restricciones al ejercicio del derecho constitucional respectivo.[1607] Ello, por ejemplo, no existió en el decreto Nº 2.184 de 14 de enero de 2016.

3. *El control político ejercido por la Asamblea Nacional en relación con el decreto de emergencia económica de enero de 2016*

El Decreto Nº 2184 de 14 de enero de 2016 antes comentado, en efecto, mediante el cual se decretó la emergencia económica en el país, fue presentado personalmente por el Presidente de la República a la Asamblea con ocasión de su comparecencia para presentar su Mensaje anual, dentro del término fijado en la Constitución, es decir, el día 15 de enero de 2016, que fue el día siguiente de su emisión. La decisión de control político que debía adoptar la Asamblea Nacional en el sentido de aprobar o improbar el decreto, e independientemente del control jurídico que correspondía ser ejercido por la Sala Constitucional, tenía que producirse entonces necesariamente dentro de los ocho días continuos siguientes a la emisión del decreto (que fue el 14 de enero), es decir, entre el 15 de enero y el 22 de enero de 2016 de manera que si en ese lapso no se producía la decisión expresa de la Asamblea, entonces conforme a la Ley debía considerarse que había sido aprobado tácitamente.

1605 Hemos considerado que esta norma legal es inconstitucional pues establece una limitación al ejercicio de sus poderes de revisión por la Sala, no autorizada en la Constitución, que puede efectuarse de oficio independientemente de que la Asamblea Nacional haya negado su aprobación. Véase, Allan R. Brewer-Carías, *Derecho Constitucional Venezolano. Constitución de 1999*, Editorial Jurídica Venezolana, Caracas 2016, Tomo I, pp. Igualmente en el trabajo: "El régimen constitucional de los estados de excepción" en Víctor Bazán (Coordinador), *Derecho Público Contemporáneo. Libro en Reconocimiento al Dr German Bidart Campos,* Ediar, Buenos Aires, 2003, pp. 1137-1149. La Sala Constitucional en su sentencia cita esta opinión mía, recogida en el trabajo: "Las Potestades Normativas del Presidente de la República: los Actos Ejecutivos de Orden Normativo" en *Tendencias Actuales del Derecho Constitucional, Homenaje a: Jesús María Casal Montbrun* (Coordinadores: Jesús María Casal - Alfredo Arismendi A. - Carlos Luis Carrillo), Tomo I, Caracas 2007, pp. 527-528. La Sala citó éste último trabajo, concordando con mi opinión de que la Sala al "revisar la constitucionalidad de los decretos que declaren estados de excepción dictados por el Presidente de la República, se trata de un control de la constitucionalidad automático y obligatorio que la Sala Constitucional debe ejercer incluso de oficio, lo cual puede hacer desde que se dicte y se publique en la Gaceta Oficial, y no sólo al final del lapso indicado ni sólo si no se le remite oficialmente al decreto." La sentencia, con base en ello, de paso declaró por control difuso la inaplicabilidad de dicha norma y ordenó abrir juicio de nulidad contra la misma.

1606 *Idem.*

1607 *Idem.*

Y efectivamente, en sesión de la Asamblea Nacional del día 22 de enero de 2016 se discutió y aprobó un Acuerdo "con base en el Informe presentado por la Comisión Especial designada para examinar el Decreto N° 2184, del 14 de enero de 2016," en el cual, como lo afirmó la Sala Constitucional en la misma sentencia N° 7 de 11 de febrero de 2016, antes citada, el órgano de representación popular "desaprobó políticamente dicho Decreto." Dicho Acuerdo se tituló como:

> "Acuerdo mediante el cual se *desaprueba* el Decreto N° 2184, del 14 de enero de 2016, publicado en la *Gaceta Oficial* N° 6.214 Extraordinario del 14 de enero de 2016, en el que se declaró el Estado de Emergencia Económica en todo el Territorio Nacional."

Conforme al artículo 30 de la Ley Orgánica, dicho Acuerdo parlamentario "entró en vigencia inmediatamente," es decir, el mismo día 22 de enero de 2016, previendo dicha norma que debía ser publicado en la *Gaceta Oficial* y "difundido en el más breve plazo, por todos los medios de comunicación social, al día siguiente en que haya sido dictado, si fuere posible" (art. 30).

Ello significó, en derecho, que el Decreto N° 2184 de 14 de enero de 2016 mediante el cual el Presidente de la República había dictado un estado de excepción que como vimos de su contenido, en realidad no era tal, en todo caso había cesado de producir efectos jurídicos, a pesar incluso de que hubiese sido controlado jurídicamente por la Sala Constitucional y lo hubiese declarado conforme a la Constitución, lo que efectivamente la Sala Constitucional realizó mediante sentencia N° 4 del 20 de enero de 2016, en la cual al decir de la propia Sala "declaró el carácter constitucional del referido Decreto Presidencial, y, por ende, garantizando la legitimidad, validez, vigencia y eficacia jurídica del mismo, dentro del marco constitucional."

La Sala, en efecto en dicha sentencia resolvió:

> "la constitucionalidad del Decreto sub examine, el cual fue dictado en cumplimiento de todos los parámetros que prevé la Constitución de la República Bolivariana de Venezuela y la Ley Orgánica sobre Estados de Excepción y demás normativas aplicables."

Sin embargo, la Sala no se quedó en el ejercicio de su control jurídico sino que en forma evidentemente inconstitucional, pasó a ejercer sobre el mimo un "control político" usurpando las funciones de la Asamblea Nacional, al declarar en el mismo párrafo que reconocía:

> "su pertinencia, proporcionalidad y adecuación, el cual viene a apuntalar con sólido basamento jurídico y con elevada significación popular, la salvaguarda del pueblo y su desarrollo armónico ante factores inéditos y extraordinarios adversos en nuestro país, de conformidad con la Constitución de la República Bolivariana de Venezuela; sin perjuicio del control posterior que pueda efectuar esta Sala de conformidad con sus atribuciones constitucionales."

4. *El desconocimiento por la Sala Constitucional de la potestad de control político por parte de la Asamblea de los decretos de estado de excepción*

Con posterioridad a la desaprobación del Decreto presidencial de emergencia económica por parte de la Asamblea Nacional, en fecha 3 de febrero de 2016, un grupo de ciudadanos que se identificaron como miembros de Consejos Comunales y de Comunas, acudieron ante la Sala Constitucional, para intentar un "recurso de interpretación de naturaleza constitucional," sobre el artículo 339 de la Constitución, y los artículos 27 y 33 de la Ley Orgánica sobre los Estados de Excepción, a cuyo efecto plantearon, entre otras, "*las siguientes dudas*" que en síntesis se refieren al ejercicio sobre las potestades de control político por parte de la Asamblea Nacional:

(i) que las normas mencionadas nada establecieron sobre "las consecuencias para el Decreto que declara el estado de excepción" de la desaprobación por parte de la Asamblea Nacional;

(ii) que una vez que el Decreto ha sido "declarado conforme a la Constitución" por la Sala Constitucional, "¿entonces en qué consiste la no aprobación de la Asamblea Nacional?"

(iii) que si la decisión del Presidente en una situación de emergencia, el decreto que se dicte puede quedar sujeta a "la potestad evaluativa ya discrecional de la Asamblea Nacional, aun cuando se ha declarado su constitucionalidad?;"

(iv) que si al establecerse la potestad de la Asamblea de revocar el decreto de estado de excepción, no debe considerarse que "es ese el control revocatorio?";

(v) que otorgada facultad de revocar el decreto a la Asamblea, no quiere decir esto que ese "es el control parlamentario político" no pudiendo la aprobación "tener ningún efecto modificatorio o suspensivo, sino más bien *prima facie* mantener intangible el Decreto, pese a su apreciación política?" y

(vi) que si el Presidente de la República, no es "el único Juez de Mérito de su acto de gobierno o Decreto?".

Todas esas "dudas" se plantearon para solicitar a la Sala finalmente que se pronunciase "sobre la vigencia del decreto 2.184 publicado en la *Gaceta Oficial* N° 6.214 Extraordinario de fecha 14 de enero de 2016."

Es decir, ni más ni menos, lo que se solicitó fue mediante un recurso de interpretación constitucional, cuya decisión fue adoptada en violación flagrante a la garantía del debido proceso y al derecho a la defensa, que la Sala se pronunciase sobre la vigencia del Acuerdo de la Asamblea Nacional, que ya había desaprobado el decreto de estado de excepción.

Y ello lo hizo la Sala mediante la indicada sentencia N° 7 del 11 de febrero de 2016,[1608] en la cual básicamente lo que argumentó fue sobre el control judicial que ella debe hacer sobre los decretos de estados de excepción, que no era el tema planteado ni sobre el cual se le pedía decisión; de manera que luego de copiar citas de autores a diestra y siniestra, considerando que lo planteado era de mero derecho, procedió a decidir sin trámite alguno, reconociendo primeramente que si bien en la Constitución no se indica expresamente que la Asamblea Nacional al ejercer el control político sobre los decretos de estados de excepción, puede improbarlos,

---

1608 Véase en http://historico.tsj.gob.ve/decisiones/scon/febrero/184885-07-11216-2016-16-0117.HTML.

> "por lógica jurídica, la referencia expresa a la aprobación, en la Constitución de 1999, apareja la posibilidad contraria, es decir, la de la desaprobación, tal como lo ha reconocido esta Sala."

Y de allí pasó la Sala a deducir una consecuencia también lógica, y que es que "la aprobación o desaprobación del decreto de estado de excepción, por parte de la Asamblea Nacional, lo afecta desde la perspectiva del control político y, por ende, lo condiciona políticamente, pero no desde la perspectiva jurídico-constitucional," lo que sin duda corresponde a la Sala Constitucional, sin que aquél control político invalide este, aun cuando si se produce con anterioridad, éste ya no procede.

Pero a pesar de estas premisas lógicas, de seguida la Sala Constitucional pasó a concluir, contradiciéndolas, usurpando la función del Poder Legislativo y contradiciendo la Constitución, que a ella le correspondía en exclusiva decidir sobre "legitimidad, validez y vigencia jurídico-constitucional," lo cual a su juicio "no le corresponde efectuar al Poder Legislativo Nacional," limitando el control político de este solo a poder "revocar" los decretos de excepción al cesar las causas que lo motivaron. Para ello, más adelante, en su sentencia, después de citar a Locke y a Montesquieu, la Sala agregó en su razonamiento limitativo sobre el control político que corresponde a la Asamblea, que

> "el Texto Constitucional vigente sólo se refiriere al sometimiento del decreto que declara estado de excepción a la Asamblea Nacional para su consideración y aprobación, y sólo alude, en el contexto de la prórroga de ese estado, a la posibilidad de revocatoria *"por el Ejecutivo Nacional o por la Asamblea Nacional o por su Comisión Delegada, antes del término señalado, al cesar las causas que lo motivaron."*

Argumentando de paso y adicionalmente que, incluso, dicha revocación podría ser sometida a control de constitucionalidad ante la Sala Constitucional, reafirmando que a ella corresponde "el control supremo de los actos del Poder Público" para concluir, en definitiva que el control político por parte de la Asamblea Nacional es "un control relativo," que supuestamente está sometido al control constitucional. En cambio el control que ejerce la Sala Constitucional,

> "además de ser un control jurídico y rígido, es absoluto y vinculante, al incidir en la vigencia, validez, legitimidad y efectividad de los actos jurídicos, incluyendo los decretos mediante los cuales se establecen estados de excepción."

Y después de estos "razonamientos" con los cuales supuestamente la Sala habría dado respuesta "a las inquietudes interpretativas presentadas," sin más, terminó afirmando que:

> "el control político de la Asamblea Nacional sobre los decretos que declaran estados de excepción no afecta la legitimidad, validez, vigencia y eficacia jurídica de los mismos; y el Texto Fundamental prevé de forma expresa que la Asamblea Nacional puede revocar la prórroga del decreto de estado de excepción, antes del término señalado, al cesar las causas que lo motivaron."

O sea, la Sala simplemente desconoció la Constitución y el sentido del control político que tiene la Asamblea Nacional para poder aprobar o improbar el decreto de excepción, reduciendo dicho control político de la Asamblea pura simplemente, a solo poder revocar posteriormente el decreto de estado de excepción, pero incluso precisando que en dicho caso, podía ser objeto de control de la constitucionalidad por parte de la misma Sala; y de allí, a pesar de la ausencia de motivación jurídica, concluyó la Sala que el Decreto N° 2.184 de 14 de enero de 2016, que declaró el estado de emergencia económica en todo el territorio nacional:

> "entró en vigencia desde que fue dictado y su legitimidad, validez, vigencia y eficacia jurídico-constitucional *se mantiene irrevocablemente incólume*, conforme a lo previsto en el Texto Fundamental."

Para terminar, la Sala Constitucional se refirió a los lapsos para decidir sobre el control político por parte de la Asamblea Nacional, y a pesar de que la decisión de improbar el decreto de emergencia económica lo adoptó la Asamblea mediante Acuerdo el día 22 de enero de 2016, es decir, dentro del lapso constitucional de 8 días continuos a partir del 14 de enero, incurrió en la insensatez de decir que como el artículo 27 hace referencia a una sesión especial que debe realizarse sin previa convocatoria dentro de las cuarenta y ocho horas de "haberse hecho público el decreto," y la Asamblea no decidió sino dentro del lapso constitucional de ocho días, entonces, además, la misma:

> "vulneró la legalidad procesal, la seguridad jurídica y el debido proceso consagrado en el artículo 49 Constitucional, pilares fundamentales del Estado Constitucional de Derecho (*vid.* arts. 2, 7, 137, 334, 335 y 336 del Texto Fundamental), viciando de nulidad por inconstitucionalidad el proceso que culminó con el *constitucionalmente írrito* Acuerdo dictado por la máxima representación del Poder Legislativo Nacional, el 22 de enero de 2016."

Con ello, dijo la Sala, contra toda lógica, que la Asamblea Nacional habría omitido "una forma jurídica esencial contemplada en la ley," y desconociendo que efectivamente había decidido dentro del lapso constitucional, afirmó sin base alguna que se habría producido el "silencio positivo" lo cual era falso, pues solo está previsto cuando no se toma la decisión en el lapso de ocho días, concluyendo entonces con la afirmación de que "la Asamblea Nacional no cumplió oportunamente y, en fin, dentro de los límites constitucionales y legales, con el control político del referido decreto."

Agregó además la Sala que como la misma había realizado el control jurídico dentro del mismo lapso de ocho días continuos siguientes a aquel en que se dictó el Decreto:

> "no existe objetivamente, además, controversia constitucional entre órganos del Poder Público que resolver con relación a esa situación fáctica, a pesar de la *írrita decisión* negativa de la Asamblea Nacional pronunciada el día 22 de enero de 2016, *que debe entenderse como inexistente y sin ningún efecto jurídico-constitucional.*"

Y todo ello, porque a juicio de la Sala:

> "el Poder Ejecutivo ejerció su competencia de dictar el decreto de emergencia económica, el Poder Legislativo no cumplió con su obligación de considerarlo en sesión especial dentro de las 48 horas después de haberse hecho público el decreto y la Sala Constitucional ejerció su atribución de declarar la consti-

tucionalidad del mismo de manera oportuna, mediante sentencia n.° 4 del 20 de enero de 2016."

Así, la Sala Constitucional, con ocasión de decidir un recurso de interpretación constitucional, terminó declarando "irrito," es decir, sin validez ni fuerza obligatoria, o en palabras de la propia Sala "*inexistente y sin ningún efecto jurídico-constitucional*" el Acuerdo de la Asamblea Nacional improbando el Decreto de Emergencia Económica, y todo ello, en un proceso en el cual no podía "anular" un acto de la Asamblea Nacional, sin seguir el procedimiento de los juicios de nulidad, por lo que, usando las propias palabras de la Sala Constitucional en la sentencia: "vulneró la legalidad procesal, la seguridad jurídica y el debido proceso consagrado en el artículo 49 Constitucional, pilares fundamentales del Estado Constitucional de Derecho (*vid.* arts. 2, 7, 137, 334, 335 y 336 del Texto Fundamental)," viciando de nulidad por inconstitucionalidad el proceso que culminó con la "*constitucionalmente írrita*" sentencia de fecha 11 de enero de 2016.

Pero como la Sala Constitucional no tiene quien la controle, pudo cometer esta y las otras inconstitucionalidades que analizamos en este libro, impunemente.

Debe destacarse, finalmente, que la Sala Constitucional en ejercicio del control difuso de constitucionalidad, también resolvió en su sentencia, desaplicar el artículo 33 de la Ley Orgánica de Estados de Excepción que establece:

> *Artículo 33.* La Sala Constitucional del Tribunal Supremo de Justicia omitirá todo pronunciamiento, si la Asamblea Nacional o la Comisión Delegada desaprobare el decreto de estado de excepción o denegare su prórroga, declarando extinguida la instancia.

Para ello, la Sala se basó en una opinión del profesor Ramón José Duque Corredor y en otra opinión de quien esto escribe, que cita, en la cual consideré que esta norma podía considerarse inconstitucional:

> "pues establece una limitación al ejercicio de sus poderes de revisión por la Sala, no autorizada en la Constitución. La revisión, aún de oficio, del decreto de estado de excepción puede realizarse por la Sala Constitucional, independientemente de que la Asamblea Nacional haya negado su aprobación, máxime si el decreto, conforme a la Ley Orgánica al entrar en vigencia 'en forma inmediata' incluso antes de su publicación, ha surtido efectos."[1609]

Con base en ello, para decidir que "lo ajustado al orden constitucional es desaplicar por control difuso de la Constitución" dicha norma del artículo 33 de la Ley Orgánica, la Sala Constitucional indicó que:

> "Tal como concluye el referido autor, y con lo cual concuerda esta máxima instancia constitucional, revisar la constitucionalidad de los decretos que declaren estados de excepción dictados por el Presidente de la República, se trata de un control de la constitucionalidad automático y obligatorio que la Sala Constitucional debe ejercer incluso de oficio, lo cual puede hacer desde que se dicte y

---

1609 Véase Allan R. Brewer-Carias, "Las Potestades Normativas del Presidente de la República: Los Actos Ejecutivos de Orden Normativo" en *Tendencias Actuales del Derecho Constitucional*. tomo I, Universidad católica Andrés Bello, Caracas, 2007, pp. 527-528.

se publique en la *Gaceta Oficial*, y no sólo al final del lapso indicado ni sólo si no se le remite oficialmente al decreto. Por lo que afirma que el artículo 33 de la Ley Orgánica sobre Estados de Excepción, el cual señala que la Sala Constitucional del Tribunal Supremo de Justicia omitirá todo pronunciamiento si la Asamblea Nacional o la Comisión Delegada desaprobare el decreto de estado de excepción o denegare su prórroga, declarando extinguida la instancia, es, en efecto, inconstitucional, pues establece una limitación al ejercicio de sus poderes de revisión por la Sala, no autorizada en la Constitución y que quebranta la propia supremacía y protección última del Texto Fundamental."

Podía la Sala, sin duda, ejercer dicho control difuso de constitucionalidad sobre la primacía que la Ley otorgó al control político sobre el control jurídico, pero lo que no podía era restringir, violando la Constitución, el control político que correspondía a la Asamblea Nacional, y menos supuestamente basándose en una opinión de quien suscribe.

5. *La declaración de constitucionalidad de la prórroga del Decreto de Emergencia Económica, y su obligatoriedad para el Poder Público (incluyendo la Asamblea Nacional) decretada por la Sala Constitucional*

El mencionado Decreto estado de emergencia económica en todo el territorio nacional N° 2.184 de 14 enero de 2016, fue prorrogado por 60 días más, mediante el Decreto N° 2.270 del 11 de marzo de 2016,[1610] y conforme a las mismas normas constitucionales antes mencionadas, fue sometido a la Sala Constitucional del Tribunal Supremo de Justicia para decidir sobre su constitucionalidad.

La Sala Constitucional mediante sentencia N° 184 de 17 de marzo de 2016,[1611] procedió a declarar la constitucionalidad del decreto de prórroga, agregando que ello "motiva el respaldo orgánico de este cuerpo sentenciador de máximo nivel de la Jurisdicción Constitucional, hacia las medidas contenidas en el Decreto objeto de examen de constitucionalidad;" terminando con la declaración general de que dicho Decreto "deberá ser acatado y ejecutado por todo el Poder Público," lo que incluía por supuesto a la Asamblea Nacional, desconociendo así su competencia constitucional para efectuar el control político del decreto y poder improbarlo; y reafirmando para que no quedase duda, que "en su condición de máxima y última intérprete de la Constitución [...] sus decisiones sobre dichas normas y principios son estrictamente vinculantes en función de asegurar la protección y efectiva vigencia de la Carta Fundamental."

Con la sentencia, en definitiva, la Sala Constitucional vació totalmente a la Asamblea Nacional de su potestad de ejercer el control político sobre los estados de excepción, violando abierta y arteramente la Constitución.

1610 Véase *Gaceta Oficial* N° 6219 Extra de 11 de marzo de 2016.

1611 Véase en http://historico.tsj.gob.ve/decisiones/scon/marzo/186437-184-17316-2016-16-0038.html.

II. LOS ATAQUES DE LA SALA CONSTITUCIONAL CONTRA LA ASAMBLEA NACIONAL CERCENÁNDOLE SUS PODERES DE CONTROL POLÍTICO SOBRE EL GOBIERNO Y DE LA ADMINISTRACIÓN PÚBLICA

1. *El intento fallido de la Asamblea de ejercer el control político sobre el gobierno y administración para estudiar el decreto de emergencia económica*

Durante los días siguientes al de la comparecencia del Presidente de la República ante la Asamblea Nacional para presentar su Mensaje anual (15 de enero de 2016), y con ocasión de la consignación ante la misma del Decreto de Estado de Emergencia Económica, la Asamblea Nacional, como le corresponde constitucionalmente, requirió la comparecencia de los Ministros del área económica ante sus Comisiones, precisamente a los efectos de considerar el decreto de estado de emergencia económica que se había dictado a los efectos de su aprobación o improbación.

La respuesta del gobierno fue ignorar los requerimientos de la Asamblea, por lo cual, el 21 de enero de 2016, que era el día anterior al vencimiento del lapso para que la Asamblea emitiese su Acuerdo aprobando o improbando el mencionado decreto, el Presidente de la Asamblea resumió la situación de desacato del Poder Ejecutivo, expresando según reseñaron los medios que:

> "Es muy grave que se nieguen los ministros y el gobierno a esta comparecencia pública, que es constitucional y legal. Esto es muy grave, es un desacato. Debe ser que las informaciones que tienen que dar al país son muy graves y malas, pero no pueden negar la realidad de Venezuela", afirmó.
>
> Ramos Allup indicó que el vicepresidente de la República, Aristóbulo Istúriz, fue quien le informó que los ministros no asistirían. El gobierno solicitaba que la comparecencia fuera a puerta cerrada. "Querían que se hiciera sin la presencia de los medios y nos negamos rotundamente a semejante petición. La AN es un espacio abierto para la presencia de todos los medios, nacionales e internacionales", dijo.
>
> El presidente de la AN aclaró que no se trataba de un "reality show," como lo dijo Héctor Rodríguez: "Se trata de responder a preguntas escritas, de una manera muy seria y formal. Lamentamos muchísimo que se haya privado al país en directo, por parte de los propios ministros, de cuál es la realidad del país."
>
> La Asamblea Nacional tiene hasta mañana a las 12:00 de la noche para aprobar o no el Decreto de Emergencia Económica, presentado por el presidente Nicolás Maduro.
>
> Ante la falta de tiempo para convocar a una nueva comparecencia, Ramos Allup informó que la comisión tomará una decisión con la información que disponga.
>
> "Nos reuniremos con la comisión, lo discutiremos en plenaria y tomaremos una decisión," dijo." [1612]

1612 Véase en https://www.facebook.com/permalink.php?id=374440365912-712&story_fbid=999122600111149.

El tema del evidente desacato de los Ministros ante los requerimientos de la Asamblea, sin embargo, fue decidido por la Sala Constitucional del Tribunal Supremo de Justicia, pero insólitamente, no garantizando lo que expresa la Constitución, sino en contra de ella, limitando y reglamentando inconstitucionalmente las potestades de control político de la Asamblea Nacional sobre el gobierno y la Administración Pública.

En efecto, la Sala Constitucional del Tribunal Supremo, mediante sentencia Nº 9 del 1° de marzo de 2016 dictada con ocasión de un "*Recurso de interpretación" abstracta de los artículos 136, 222, 223 y 265 la Constitución* intentado por un grupo de ciudadanos,[1613] en violación de las más elementales y universales principios que rigen la administración de justicia, procedió a cercenar y restringir las potestades de control político de la Asamblea Nacional, sobre el Gobierno y la Administración Pública, materialmente liberando a los Ministros de su obligación de comparecer ante la Asamblea cuando se les requiera para investigaciones, preguntas e interpelaciones; y adicionalmente como se verá más adelante, negándole a la Asamblea su potestad de auto control sobre sus propios actos parlamentarios.

Y ello lo hizo, en primer lugar, utilizando de nuevo una forma procesal viciada para ejercer el control de constitucionalidad de los actos estatales como es el llamado "recurso de interpretación" abstracta de la Constitución, con el que ha terminado declarando nulos unos actos actuales y "futuros" de la Asamblea Nacional.

En segundo lugar, la decisión la dictó la Sala Constitucional, en contra de la Asamblea Nacional, sin siquiera haber oído previamente a la misma a través de sus representantes, violando el derecho al debido proceso y a la defensa, que son de carácter absoluto, en términos de la propia Sala.

En tercer lugar, al conocer del recurso y dictar sentencia, la Sala Constitucional actuó en el caso en violación del más elemental principio de justicia natural, actuando como juez y parte, pues precisamente a lo que se refirió el recurso era a la potestad de la Asamblea de revocar el inconstitucional nombramiento de algunos de los Magistrados que precisamente debían firmar la sentencia.

En cuarto lugar, al dictar normas sobre el funcionamiento de la Asamblea y el ejercicio de sus poderes de control sobre el Gobierno y la Administración Pública, lo que sólo puede hacer la propia Asamblea Nacional, usurpando así la función normativa de la Asamblea que solo puede materializarse en el reglamento interior y de debates, y de paso, declarar como inconstitucionales algunas previsiones del Reglamento Interior y de Debates de la Asamblea y de la Ley sobre el Régimen para la Comparecencia de Funcionarios Públicos ante la Asamblea Nacional o sus Comisiones, todo con el objeto de encasillar y restringir las potestades de control político de la Asamblea sobre el Gobierno y la Administración Pública; y de cercenarle a la

1613 Véase en http://historico.tsj.gob.ve/decisiones/scon/marzo/185627-09-1316-2016-16-0153.HTML Véase los comentarios en Allan R. Brewer-Carías, "El ataque de la Sala Constitucional contra la Asamblea Nacional y su necesaria e ineludible reacción. De cómo la Sala Constitucional del Tribunal Supremo pretendió privar a la Asamblea Nacional de sus poderes constitucionales para controlar sus propios actos, y reducir inconstitucionalmente sus potestades de control político sobre el gobierno y la administración pública; y la reacción de la Asamblea Nacional contra a la sentencia Nº 9 de 1-3-2016," en http://www.allanbrewercarias.com/Con-tent/449725d9-f1cb-474b-8ab2-41efb849fea3/Content/Brewer.%20El%20ataque%20Sala%20Constitucional%20v.%20Asamblea%20Nacional.%20SentNo.%209%201-3-2016).pdf.

Asamblea la potestad de controlar y revisar sus propios actos cuando estén viciados de nulidad absoluta, y revocarlos en consecuencia.

2. *El viciado uso del llamado recurso de interpretación constitucional para ejercer el control de constitucionalidad, violando además, la garantía del debido proceso*

Desde que la Sala Constitucional inventó al margen de la Constitución el llamado "recurso de interpretación" abstracta de la Constitución mediante la sentencia N° 1077 del 22 de septiembre de 2000 (caso: *Servio Tulio León*), el cual puede ser intentado por cualquier persona, incluso el Estado mismo a través de la Procuraduría General de la República, para buscar un pronunciamiento abstracto, es decir, sin referencia a caso concreto alguno y sin debate ni confrontación de opiniones de los que puedan estar interesados en la "interpretación," hemos criticado la institución, como un diabólico instrumento mediante el cual la Sala Constitucional bajo la excusa de la interpretación,[1614] administra justicia "a la carta," según lo que les apetezca a los propios Magistrados de la Sala o lo que le provoque al propio Gobierno, usando para ello a veces peticiones prefabricadas formuladas por cualquier persona "amiga" siempre dispuesta a presentar un escrito ya elaborado para "litigar" sin litigar, o del propio representante del Estado.

Y eso es lo que ha ocurrido en este caso en el cual tres abogados, presumiblemente hermanos por llevar los mismos apellidos, actuando según la Sala "en su condición de integrantes del sistema de justicia, como ciudadanos interesados en el adecuado funcionamiento de los poderes públicos," sólo argumentando que tenían "dudas" de lo que pudieran decir los artículos 136, 222, 223 y 265 de la Constitución. El recurso de interpretación lo intentaron el 17 de febrero, y ya el 23 de febrero la Sala había designado Ponente, desarrollándose entonces un "proceso constitucional clandestino" como "de mero derecho," del cual solo estuvieron enterados los recurrentes y el Ponente, y nadie más. El "proceso" tuvo por objeto nada más y nada menos que cercenarle a la Asamblea Nacional, es decir, a los representantes de un pueblo que se rebeló políticamente el 6 de diciembre de 2015 dándole a la oposición la mayoría calificada de la Asamblea, sus poderes parlamentarios de control sobre el Gobierno y la Administración Pública, y además, sobre sus propios actos.

Aun cuando en la "demanda," los demandantes también solicitaron interpretación sobre el alcance de las potestades de control político de la Asamblea Nacional en relación con los otros Poderes Públicos. A pesar de que el control político de la Administración Pública que la Asamblea tiene constitucionalmente asignado comprende no sólo la que se encuentra en el ámbito del Poder Ejecutivo sino también en

1614 Véase Allan R. Brewer-Carías, "*Quis Custodiet Ipsos Custodes*: De la interpretación constitucional a la inconstitucionalidad de la interpretación," en *Revista de Derecho Público*, N° 105, Editorial Jurídica Venezolana, Caracas 2006, pp. 7-27. Véase además sobre ello, e trabajo "La ilegítima mutación de la Constitución por el juez constitucional: la inconstitucional ampliación y modificación de su propia competencia en materia de control de constitucionalidad," en *Libro Homenaje a Josefina Calcaño de Temeltas,* Fundación de Estudios de Derecho Administrativo (FUNEDA), Caracas 2009, pp. 319-362; Luis Alfonso Herrera Orellana, "El "recurso" de interpretación de la Constitución. Reflexiones críticas desde la argumentación jurídica y la teoría del discurso" en *Revista de derecho público*, N°. 113, Editorial Jurídica Venezolana, Caracas, 2008, pp. 7-30.

el de los otros Poderes del Estado,[1615] en estas notas limitaremos nuestros comentarios, al aspecto medular del debate que nunca se dio, que es el relativo al control parlamentario de la Asamblea en relación con el Gobierno y la Administración Pública que conforman el Poder Ejecutivo Nacional, y sus propios actos.

Entre las normas cuya "interpretación" se solicitó fueron las que regulan las potestades de control político de la Asamblea Nacional, que los solicitantes identificaron en los siguientes artículos constitucionales:

> ***Artículo 222.*** *La Asamblea Nacional podrá ejercer su función de control mediante los siguientes mecanismos: las interpelaciones, las investigaciones, las preguntas, las autorizaciones y las aprobaciones parlamentarias previstas en esta Constitución y en la ley, y mediante cualquier otro mecanismo que establezcan las leyes y su reglamento. En ejercicio del control parlamentario, podrán declarar la responsabilidad política de los funcionarios públicos o funcionarias públicas y solicitar al Poder Ciudadano que intente las acciones a que haya lugar para hacer efectiva tal responsabilidad.*
>
> ***Artículo 223****. La Asamblea o sus Comisiones podrán realizar las investigaciones que juzguen convenientes en las materias de su competencia, de conformidad con el reglamento.*
>
> *Todos los funcionarios públicos o funcionarias públicas están obligados u obligadas, bajo las sanciones que establezcan las leyes, a comparecer ante dichas Comisiones y a suministrarles las informaciones y documentos que requieran para el cumplimiento de sus funciones.*
>
> *Esta obligación comprende también a los y las particulares; a quienes se les respetarán los derechos y garantías que esta Constitución reconoce.*

Las normas, por supuesto, nada tienen de ambiguo u oscuro, que pudiera ameritar "interpretación" alguna. Sin embargo, los "demandantes," respecto de la comparecencia de los Ministros ante la Asamblea Nacional para interpelaciones, investigaciones y preguntas conforme al artículo 222 y 223, argumentaron que como los mismos deben presentar anualmente una "memoria razonada y suficiente sobre la gestión del despacho en el año inmediatamente anterior" (art. 244), la citación a comparecer ante la Asamblea les planteaba una supuesta "*duda razonable*" respecto a si, con ello:

> "la Asamblea Nacional se estaría adelantando en solicitar la comparecencia de estos funcionarios, cuando la misma Constitución, en su artículo 244, establece el lapso para que dichas autoridades rindan la memoria razonada y suficiente sobre la gestión de su despacho del año inmediatamente anterior.
>
> El otro aspecto relevante reposa en la incertidumbre que surge con relación a si, puede la Asamblea Nacional, con fundamento en las funciones de control y vigilancia establecidas en la Carta Fundamental, exigir la comparecencia de tales funcionarios para discutir el futuro económico del país y diseñar las políti-

---

1615 Véase sobre el ámbito de la Administración Pública en la Constitución y en la Ley Orgánica de Administración Pública, lo expuesto en Allan R. Brewer-Carías, Introducción General al régimen jurídico de la Administración Pública" en Allan R. Brewer Carías et al, *Ley Orgánica de la Administración Pública*, 4ª edición, Editorial Jurídica Venezolana, Caracas 2009, pp. 14-17.

cas públicas y líneas de acción administrativa a ser desarrolladas por el Poder Ejecutivo, funciones estas últimas que el Texto Constitucional, en sus artículos 226, 238, 239 y 242, le otorga, de manera exclusiva y excluyente, al Poder Ejecutivo cuando le asigna competencia para dirigir la acción de gobierno."

Agregaron los demandantes en relación con los artículos 222 y 223 de la Constitución que además:

> "surgen grandes incertidumbres respecto a si, puede la Asamblea, dentro de su función de control y vigilancia, convocar a los altos funcionarios a fin de "diagnosticar y diseñar políticas públicas"[...] cuando pareciera que el mecanismo constitucional que ejerce la Asamblea va dirigido a interpelar e investigar a los funcionarios públicos para la determinación de sus responsabilidades políticas por actuaciones concretas en su gestión administrativa."

Y todo ello considerando, supuestamente, que "las investigaciones desarrolladas por el Poder Legislativo, deben propender a la revisión de actuaciones materiales desarrolladas por el Ejecutivo y la determinación de responsabilidades, políticas, administrativas, patrimoniales," y supuestamente nada más.

Los "demandantes" exigieron de la Sala en esta materia una "decisión urgente" a los efectos de establecer y determinar "de manera clara y precisa, el contenido y alcance de la función de control y vigilancia ejercida por el Poder Legislativo sobre el Poder Ejecutivo Nacional."

A pesar de que la "demanda" de interpretación constitucional claramente incidía sobre los poderes constitucionales de la Asamblea Nacional, la cual, además, es la representación popular en la organización del Estado, como se dijo, la Sala Constitucional se dio el lujo de dictar sentencia violando abiertamente la garantía del debido proceso y el derecho a la defensa de la Asamblea, garantizado en el artículo 49 de la Constitución, contrariando su propia doctrina, que la considera como una "garantía suprema dentro de un Estado de Derecho;"[1616] que exige que "cualquiera sea la vía escogida para la defensa de los derechos o intereses legítimos, las leyes procesales deben garantizar la existencia de un procedimiento que asegure el derecho de defensa de la parte y la posibilidad de una tutela judicial efectiva,"[1617] al punto de que ni siquiera puede ser desconocido por el legislador. [1618]

Ello hace dicha sentencia nula, por inconstitucional. No es posible concebir que en un "proceso constitucional" se "juzgue" sobre las potestades de control político que corresponden constitucionalmente a la Asamblea Nacional, y se anulen actos dictados por la misma, incluso actos "futuros," sin que siquiera se haya citado a sus representantes a argumentar ante la Sala, y a defender sus decisiones.

1616 Véase sentencia N° 123 de la Sala Constitucional (Caso: *Sergio J. Meléndez*) de 17 de marzo de 2000, en *Revista de Derecho Público*, N° 81, (enero-marzo), Editorial Jurídica Venezolana, Caracas 2000, p. 143.

1617 Véase sentencia N° 97 de 15 de marzo de 2000 (Caso: *Agropecuaria Los Tres Rebeldes*), en *Revista de Derecho Público*, N° 81, (enero-marzo), Editorial Jurídica Venezolana, Caracas 2000, p. 148.

1618 Véase sentencia N° 321 de 22 de febrero de 2002 (Caso: *Papeles Nacionales Flamingo, C.A. vs. Dirección de Hacienda del Municipio Guacara del Estado Carabobo*) en *Revista de Derecho Público*, N° 89-92, (enero-diciembre) Editorial Jurídica Venezolana, Caracas 2002.

Así como la propia Sala dijo en su sentencia que el Poder Legislativo Nacional "está sometido a la Constitución," también la Sala Constitucional a pesar de ser la máxime intérprete de la Constitución, está sometido a ella y no puede violarla impunemente, y si bien no hay mecanismo para controlarla, ello no excluye que el pueblo no tenga el derecho de desconocer sus decisiones como ilegítimas, conforme al artículo 350 de la propia Constitución.

3. *La potestad parlamentaria para controlar políticamente al gobierno y a la Administración Pública y su regulación restrictiva por la Sala Constitucional*

La sentencia de la Sala Constitucional N° 184 de 17 de marzo de 2016, en primer lugar, incidió directamente en el control político que conforme a los artículos 222 y 223 de la Constitución, le corresponde ejercer a la *Asamblea Nacional sobre el Gobierno y la Administración Pública Nacional y*, por tanto, sobre los funcionarios públicos de los mismos. El Gobierno conforme a la Constitución, abarca a los niveles superiores del Poder Ejecutivo; y la Administración Pública, conforme a la propia Constitución, abarca a todos los órganos del Estado que ejerzan la función administrativa y desarrollen funciones administrativas, cualquiera que sea la rama del Poder Público en la cual se encuentran. Por ello fue absolutamente errada la afirmación de la Sala Constitucional, en el sentido de que la Administración Pública solo está reducida al Poder Ejecutivo Nacional, cuando la Administración Pública del Poder Ciudadano, del Poder Electoral y del Poder Judicial (Dirección Ejecutiva de la Magistratura) son parte de la Administración Pública.[1619]

Aparte de este grave error, en relación con el control parlamentario sobre los órganos del Poder Ejecutivo, la Sala destacó que una expresión principal de dicho control político-parlamentario en lo que se refiere al Jefe del Ejecutivo Nacional (artículo 226), es cuando se le exige en el artículo 237 presentar cada año personalmente a la Asamblea Nacional un mensaje en el que debe dar cuenta de los aspectos políticos, económicos, sociales y administrativos de su gestión durante el año inmediatamente anterior; ámbito al cual, según la Sala Constitucional, "se ajusta ese control en lo que respecta al Jefe del Estado y del Ejecutivo Nacional." Agregó la Sala Constitucional, que respecto del Vicepresidente Ejecutivo (artículo 238) "ese control se expresa en la moción de censura al mismo, dentro del marco Constitucional" (artículo 240); y respecto de los Ministros, el control parlamentario encuentra expresión esencial en el artículo 244, cuando dispone que los mismos "presentarán ante la Asamblea Nacional, dentro de los primeros sesenta días de cada año, una memoria razonada y suficiente sobre la gestión del despacho en el año inmediatamente anterior, de conformidad con la ley;" disponiendo además, el artículo 246 que los Ministros pueden ser objeto de una moción de censura por parte de la Asamblea.

En esto, lo que hizo la Sala Constitucional fue simplemente glosar los artículos pertinentes de la Constitución, lo que en cambio no hizo al analizar los artículos 222 y 223 respecto del control político parlamentario en relación con los demás funcionarios del Poder Ejecutivo Nacional, "distintos al Presidente de la República, Vicepresidente Ejecutivo, y Ministros," cuya interpretación fue la que se le había reque-

---

1619 Véase sobre el ámbito de la Administración Pública en la Constitución y en la Ley Orgánica de Administración Pública, lo expuesto en Allan R. Brewer-Carías, Introducción General al régimen jurídico de la Administración Pública" en Allan R. Brewer Carías et al, *Ley Orgánica de la Administración Pública*, 4ª edición, Editorial Jurídica Venezolana, Caracas 2009, pp. 14-17.

rido. Procedió, así, sin ninguna fundamentación constitucional, a "legislar" en materia de control político parlamentario, supuestamente "para dar legitimidad y validez" a las actuaciones de la Asamblea, usurpando por supuesto su propia potestad normativa para ello, imponiéndole a la misma, como si fuera "legislador" por encima de la Asamblea, las siguientes normas o reglas de actuación, todas inconstitucionales por estar viciadas de usurpación de funciones normativas que solo corresponden a la Asamblea ejercer al dictar su reglamento interior y de debates:

Primera regla, *que el control político que ejerza la Asamblea, lo debe ejercer:*

> *"conforme a las demás reglas, valores y principios que subyacen al mismo, especialmente, el axioma de colaboración entre poderes, así como los de utilidad, necesidad y proporcionalidad, para que logre su cometido constitucional."*

Segunda regla, *que el control no debe afectar "el adecuado funcionamiento del Ejecutivo Nacional," y, en consecuencia, debe evitarse "que el mismo termine vulnerando los derechos fundamentales."*

Tercera regla: *que para realizar el control parlamentario,*

> *"debe observarse la debida coordinación de la Asamblea Nacional con el Vicepresidente Ejecutivo o Vicepresidenta Ejecutiva, tal como lo impone el artículo 239.5 Constitucional, para encausar la pretensión de ejercicio del referido control (canalización de comunicaciones, elaboración de cronograma de comparecencias, etc.), respecto de cualquier funcionario del Gobierno y la Administración Pública Nacional."*

Cuarta regla, *que dicha coordinación es a los efectos de que:*

> *"la Vicepresidencia Ejecutiva de la República centralice y coordine todo lo relacionado con las comunicaciones que emita la Asamblea Nacional con el objeto de desplegar la atribución contenida en el artículo 187.3 Constitucional, desarrolladas en los artículos 222 al 224 eiusdem."*

Quinta regla, *que la Asamblea Nacional al ejercer sus funciones de control, debe sopesar que:*

> *"la insistencia de peticiones dirigidas hacia el Poder Ejecutivo Nacional e, inclusive, hacia el resto de poderes públicos, pudiera obstaculizar gravemente el funcionamiento del Estado, en detrimento de la garantía cabal de los derechos de las ciudadanas y ciudadanos, así como también de los derechos irrenunciables de la Nación."*

Sexta regla, *que a tal efecto:*

> *"las convocatorias que efectúe el Poder Legislativo Nacional, en ejercicio de las labores de control parlamentario previstas en los artículos 222 y 223, con el objeto de ceñirse a la juridicidad y evitar entorpecer el normal funcionamiento de los Poderes Públicos, deben estar sustentadas en todo caso en el orden constitucional y jurídico en general."*

Séptima regla, *que a tales efectos, las referidas convocatorias "deben estar dirigidas justamente a los funcionarios y demás personas sometidas a ese control," indicando:*

(i) "La calificación y base jurídica que la sustenta;"

(ii) "el motivo y alcance preciso y racional de la misma;"

(iii) "orientarse por los principios de utilidad, necesidad, razonabilidad, proporcionalidad y colaboración entre poderes públicos;" y

(iv) "sin pretender subrogarse en el diseño e implementación de las políticas públicas inherentes al ámbito competencial del Poder Ejecutivo Nacional."

Octava regla: *que en el control político parlamentario sobre los funcionarios, debe realizarse:*

> *"permitiendo a los funcionarios que comparecen, solicitar y contestar, de ser posible, por escrito, las inquietudes que formule la Asamblea Nacional o sus comisiones."*

Novena regla*, que en esos casos, inclusive, debe garantizarse a los funcionarios:*

> *"si así lo solicitaren, ser oídos en la plenaria de la Asamblea Nacional, en la oportunidad que ella disponga, para que el control en cuestión sea expresión de las mayorías y minorías a lo interno de ese órgano del Poder Público, las cuales han de representar a todas y todos los ciudadanos, y no únicamente a un solo sector."*

Décima regla*: que conforme al artículo 224 de la Constitución:*

> *"el ejercicio de la facultad de investigación de la Asamblea Nacional no afecta [y, por ende, no ha de afectar] las atribuciones de los demás poderes públicos, pues obviamente la Constitución no avala el abuso ni la desviación de poder, sino que, por el contrario, plantea un uso racional y equilibrado del Poder Público, compatible con la autonomía de cada órgano del mismo, con la debida comprensión de la cardinal reserva de informaciones que pudieran afectar la estabilidad y la seguridad de la República, y, en fin, compatible con los fines del Estado."*

Décima primera regla*: que respecto de la Fuerza Armada Nacional Bolivariana, el único control político parlamentario posible respecto de la misma es "a través de su Comandante en Jefe y del control parlamentario mediante el control político que se ejerce sobre su Comandante en Jefe y autoridad jerárquica suprema" que es el Presidente de la República, solamente cuando presenta su mensaje anual ante la Asamblea para dar cuenta de los aspectos políticos, económicos, sociales y administrativos de su gestión durante el año inmediatamente anterior, a lo cual, dispuso la Sala, que "se limita el control previsto en el artículo 187.3 Constitucional -desarrollados en los artículos 222 y 223, en lo que respecta a dicha Fuerza."*

Por último, además, respecto de "las especificidades y a la forma en que deben desarrollarse las comparecencias ante la Asamblea Nacional, por parte del Ejecutivo Nacional y a la relación coordinada que debe existir entre ambas ramas del Poder Público," la Sala ordenó al Presidente de la República (al expresar que "tiene y debe") proceder a reglamentar la Ley sobre el Régimen para la Comparecencia de

Funcionarios Públicos o los Particulares ante la Asamblea Nacional o sus Comisiones:

> *"con la finalidad de armonizar el normal desarrollo de las actuaciones enmarcadas en ese instrumento legal y demás ámbitos inherentes al mismo, siempre respetando su espíritu, propósito y razón."*

Es decir, que incluso, el propio Poder Ejecutivo está obligado por la Sala Constitucional a limitar aún más las funciones de la Asamblea, al reglamentar dicha Ley.

Todo esto, por supuesto fue y es absolutamente inconstitucional, pues la Sala Constitucional no solo no es legislador, sino que no puede restringir ni regular las funciones de la Asamblea Nacional, que ejerce la representación popular; ni puede excluir de control político parlamentario sobre la Fuerza Armada Nacional, que es parte de la Administración Pública Nacional, y menos cuando a la misma se han asignado áreas de importancia de la actividad administrativa como han sido, por ejemplo, recientemente, los servicios de la industria petrolera y gas, con la creación de la Compañía Anónima Militar de Industrias Mineras, Petrolíferas y de Gas (CAMIMPEG), cuyas actividades ni siquiera tienen que ver con la administración de los asuntos militares.

La secuela de todo ello, sin embargo, fue para la Sala Constitucional considerar y declarar, de oficio, mediante control difuso de constitucionalidad, la inconstitucionalidad de diversas normas del Reglamento Interior y de Debates de la Asamblea Nacional, y de la Ley sobre el Régimen para la Comparecencia de Funcionarios Públicos y los particulares ante la Asamblea Nacional, procediendo a abrir también de oficio, sendos procesos de nulidad por inconstitucionalidad de dichas normas.

III. EL FIN DEL CONTROL POLÍTICO QUE DEBE EJERCER LA ASAMBLEA NACIONAL: LA INCONSTITUCIONAL "RESTRICCIÓN" IMPUESTA POR EL PRESIDENTE DE LA REPÚBLICA, RESPECTO DE SU POTESTAD DE APROBAR VOTOS DE CENSURA CONTRA LOS MINISTROS

No contento con la aniquilación de la Asamblea Nacional por obra del Juez Constitucional, el Presidente de la República, una vez más, también irrumpió contra la Constitución, y dio otro golpe de Estado contra la Asamblea Nacional, al dictar el Decreto N° 2.309 de 2 de mayo de 2016, [1620] mediante el cual pretendió "restriñir y suspender" la potestad constitucional de la misma de aprobar votos de censura contra los Ministros, cuando lo juzgue políticamente oportuno y conveniente, a su exclusivo juicio.

Dicho acto presidencial es absolutamente nulo e ineficaz, en los términos del artículo 138 de la Constitución, por estar viciado de usurpación de autoridad. Con este acto, después de que el Tribunal Supremo como antes hemos analizado, le negó a la Asamblea Nacional el poder ejercer autónomamente el control político en rela-

---

1620 Véase en *Gaceta Oficial* Extra. N° 6225 de 2 de mayo de 2016. Véase los comentarios a dicho decreto en Allan R. Brewer-Carías, "La inconstitucional "restricción" impuesta por el Presidente de la República a la Asamblea Nacional para aprobar votos de censura contra los ministros." 8 de mayo de 2016, en http://www.allanbrewercarias.com/Content/449725d9-f1cb-474b-8ab2-41efb849fea3/Content/BREWER.%20INCONSTITUCIONAL%20RESTRICCI%C3%93N%20CENSURA%20ASAM BLEA%20A%20MINISTROS%208.5.2016.pdf.

ción con las actuaciones del Gobierno y de la Administración Pública, en este caso fue el Poder Ejecutivo Nacional el que directamente arremetió contra la Asamblea en forma totalmente inconstitucional.

En efecto, entre las competencias constitucionales de la Asamblea Nacional, que permiten considerar el sistema de gobierno en Venezuela, contrariamente a lo afirmado por la Sala Constitucional, como un sistema presidencial "con sujeción parlamentaria,"[1621] está la atribución establecida en el artículo 187.10 de la Constitución que le asigna el poder de:

> "10. Dar voto de censura al Vicepresidente Ejecutivo o Vicepresidenta Ejecutiva y a los Ministros o Ministras. La moción de censura sólo podrá ser discutida dos días después de presentada a la Asamblea, la cual podrá decidir, por las tres quintas partes de los diputados o diputadas, que el voto de censura implica la destitución del Vicepresidente Ejecutivo o Vicepresidenta Ejecutiva o del Ministro o Ministra."

La consecuencia de la aprobación de un voto de censura a los altos funcionarios del Poder Ejecutivo, como manifestación del control político que a la Asamblea corresponde ejercer sobre los mismos, está establecida en la misma Constitución según que la censura se apruebe en relación con el Vicepresidente Ejecutivo o con los Ministros, en la siguiente:

> ***Artículo 240***. La aprobación de una moción de censura al Vicepresidente Ejecutivo o Vicepresidenta Ejecutiva, por una votación no menor de las tres quintas partes de los integrantes de la Asamblea Nacional, implica su remoción. El funcionario removido o funcionaria removida no podrá optar al cargo de Vicepresidente Ejecutivo o Vicepresidenta Ejecutiva, o de Ministro o Ministra por el resto del período presidencial.

> ***Artículo 246***. La aprobación de una moción de censura a un Ministro o Ministra por una votación no menor de las tres quintas partes de los o las integrantes presentes de la Asamblea Nacional, implica su remoción. El funcionario removido o funcionaria removida no podrá optar al cargo de Ministro o Ministra, ni de Vicepresidente Ejecutivo o Vicepresidenta Ejecutiva por el resto del período presidencial.

Y más nada dispone la Constitución. Estas son las normas que regulan esta competencia que es esencialmente de carácter político para ser ejercida por un órgano que es esencialmente político, y que pone en funcionamiento el ejercicio de un control político por parte de la mayoría que controla políticamente a la Asamblea Nacional en relación con la ejecución de las políticas públicas por parte del Poder Ejecutivo.

1621 Contrariamente a lo que recientemente comienza a afirmar la Sala Constitucional, en el sentido de que Venezuela tendría un sistema "*fundamentalmente presidencialista de gobierno*" o un "*sistema cardinalmente presidencial de gobierno.*" Véase la sentencia Nº 269 de 21 de abril de 2016, en http://historico.tsj.gob.ve/decisio-nes/scon/abril/187363-269-21416-2016-11-0373.HTML Véase sobre el sistema de gobierno en Venezuela, Allan R. Brewer-Carías, "El sistema presidencial de gobierno en la Constitución de Venezuela de 1999," en el libro: *Estudios sobre el Estado constitucional (2005-2006)*, Cuadernos de la Cátedra Fundacional Allan R. Brewer Carías de Derecho Público, Universidad Católica del Táchira, Nº 9, Editorial Jurídica Venezolana, Caracas, 2007, pp. 475-624.

En uso de estas atribuciones, la Asamblea Nacional, luego de los debates correspondientes, aprobó un Acuerdo[1622] mediante el cual dio un Voto de Censura al Ministro para la Alimentación, Marco Torres, por su incomparecencia ante la Asamblea para ser interpelado y oído, lo "que fue considerado por el órgano legislativo como una renuencia del Gobierno a explicar la situación de escasez de alimentos en el país." Como lo explicó el Presidente de la Asamblea Nacional: "hubiese sido preferido escuchar al ministro Marco Torres, quien había sido citado por la Cámara para que viniera a la sesión de este jueves, pero tampoco se presentó." Luego de explicar que la invitación al funcionario le fue enviada también al vicepresidente de la República, Aristóbulo Istúriz, dijo: "Hemos cumplido estrictamente con el dispositivo constitucional; hubiésemos querido escuchar la exposición del ministro Marco Torres sobre la crisis alimentaria."[1623]

La reacción del Gobierno fue inmediata en contra de la Asamblea Nacional. El mismo día 28 de abril, el Presidente de la República expresó desconociendo la Constitución, que "al ministro de Alimentación no lo remueve nadie,"[1624] rechazando el Voto de Censura contra el mismo,[1625] expresando entre otras cosas que:

> "Esa decisión es írrita y nula, y como írrita y nula no existe, así de sencillo. Le digo al señor Ramos Allup, al ministro no lo remueve nadie. Acate la sentencia del TSJ," agregando además que:
>
> "La Asamblea Nacional debe acatar en todas sus partes, la sentencia del TSJ y sencillamente ellos han declarado abiertamente que no la van a acatar, y estamos en el marco de una emergencia económica, esos artículos de la Constitución, vamos a revisar para sacar un decreto en el marco del decreto vigente, constitucional, que emití desde el mes de enero, para dejar sin efecto constitucionalmente mientras dure la emergencia económica, cualquier sabotaje que haga la Asamblea Nacional contra cualquier ministro, institución u órgano del poder popular, vamos a sacar un decreto especial de emergencia, mañana mismo."[1626]

Estas primeras apreciaciones sobre la supuesta incompatibilidad del ejercicio del control político por parte de la Asamblea Nacional, el supuesto "desacato" por la misma de la sentencia de la Sala Constitucional que había restringido" la forma de citar a los Ministros para interpelarlos,[1627] fueron complementadas por el propio Presidente de la República al día siguiente 29 de abril, en particular en cuanto a su determinación de proceder a "revisar" [¿reformar? ¿reformular? ¿modificar?] los artículos de la Constitución y mediante decreto ejecutivo dejar "sin efecto las potes-

---

1622 Véase "Asamblea aprueba voto de censura al ministro de Alimentación Marco Torres," en *El Universal,* 28 de abril de 2016, en http://www.eluni-versal.com/noticias/politica/asamblea-aprueba-voto-censura-ministro-alimentacion-marco-torres_307078 Véase igualmente en: http://m.panorama.com.ve/politicayeconomia/AN-debate-voto-de-censura-a-ministro-de-Alimentacion-Rodolfo-Marco-Torres-20160428-0027.html.

1623 *Idem.*

1624 Véase en http://www.eluniversal.com/noticias/politica/maduro-rechaza-voto-censura-ministro-alimentacion-marco-torres_307192.

1625 Véase en http://notiexpresscolor.com/maduro-ministro-no-lo-remueve-nadie/.

1626 *Idem.*

1627 *Idem.*

tades constitucionales de la Asamblea Nacional.[1628] Anunció, en efecto el Presidente de la República, que:

> "promulgará un decreto para "dejar sin efecto" cualquier "sabotaje" que realice el Parlamento contra "cualquier ministro u órgano del poder popular" en referencia a la moción de censura aprobada contra el ministro de Alimentación.
>
> "Esos artículos de la Constitución vamos a revisarlos para sacar un decreto para dejar sin efecto constitucionalmente, mientras dure la emergencia económica, cualquier sabotaje que haga la Asamblea contra cualquier ministro, institución u órgano del poder popular," dijo Maduro en un acto desde la Refinería de Puerto La Cruz, estado Anzoátegui.
>
> "Mañana mismo vamos a sacarlo porque no nos podemos calar un sabotaje."[1629]

Y efectivamente en la prensa del 4 de mayo se reseñó en los medios de comunicación que el Presidente de la República había dictado un decreto que "resta poderes a la Asamblea Nacional de Venezuela," [1630] es decir, para:

> "restringir y diferir las mociones de censura que se hagan desde el Parlamento de mayoría opositora contra sus ministros que tienen como consecuencia la remoción del cargo de los funcionarios, según la Constitución."
>
> En el decreto hecho público se indica que esta decisión del Gobierno tendrá validez "hasta tanto cesen los efectos del Decreto de Emergencia Económica dictado por el presidente" con el objetivo de "garantizar la continuidad en la ejecución de las medidas económicas de emergencia."[1631]

La decisión del Poder Ejecutivo se conoció el 5 de mayo de 2016, cuando apareció en *Gaceta Oficial Extraordinaria* N° 6225 del 2 de mayo de 2016, el Decreto N° 2309 de 2 de mayo de 2016, [1632] en el cual el ejercicio de esta potestad constitucional de control político atribuida al órgano que ejerce la representación popular de poder declarar Voto de censura a los Ministros, simple e insólitamente fue "*restringida y suspendida*" por el Jefe del Poder Ejecutivo, que es el órgano controlado, es decir, por el Presidente de la República cuyos subalternos (Vicepresidente Ejecutivo y Ministros son los controlados y controlables por la Asamblea) violando descaradamente la Constitución y el principio de la separación de poderes que impone la autonomía e independencia de los Poderes Públicos que garantiza su artículo 136,[1633] por supuesto, sin que el Presidente de la República tuviera competencia constitucional ni legal alguna para ello.

1628 Véase: "Maduro promulgará decreto para "dejar sin efecto" decisiones del Parlamento," en Diario Las Américas, 29 de abril de 2016, en http://www.diariolasamericas.com/4848_venezuela/3782331_maduro-promulgara-decreto-dejar-efecto-decisiones-del-parlamento.html.

1629 *Idem.*

1630 Véase "Decreto de Maduro resta poderes a la Asamblea Nacional de Venezuela," 4 de mayo de 2016, en http://noticias.terra.com/decreto-de-maduro-resta-poderes-a-la-asamblea-nacional-de-venezuela,b9ab08070bf18b140ca4e473ca4bbbaekpx40avv.html.

1631 *Idem.*

1632 Véase en *Gaceta Oficial* Extraordinaria N° 6225 de 2 de mayo de 2016.

1633 *Artículo 136.* El Poder Público se distribuye entre el Poder Municipal, el Poder Estadal y el Poder Nacional. El Poder Público Nacional se divide en Legislativo, Ejecutivo, Judicial, Ciudadano y Elec-

1. *Un decreto ineficaz y nulo por estar viciado de incompetencia manifiesta por usurpación de autoridad y usurpación de funciones*

El decreto Nº 2309 de 2 de mayo de 2016, en efecto, debe señalarse que de entrada fue dictado en violación de los artículos 137 y 236.24 de la Constitución. El primero dispone que la "Constitución y la ley definen las atribuciones de los órganos que ejercen el Poder Público, *a las cuales deben sujetarse las actividades que realicen,"*; y el segundo dispone que el Presidente de la República solo puede ejercer las competencias "*que le señalen esta Constitución y la ley."*

Basta leer la Constitución para constatar que ninguna norma constitucional autoriza al Presidente de la República para en forma alguna "restringir" las potestades constitucionales de la Asamblea Nacional y menos "suspenderlas." Por ello, como se dijo, el decreto, de entrada, es totalmente ineficaz y nulo por estar viciado de usurpación de autoridad conforme a lo establecido en el artículo 138 de la Constitución. Como lo ha observado José Ignacio Hernández al argumentar sobre las razones por las cuales el Presidente de la República no podía dictar el Decreto mencionado:

> "La primera razón es muy obvia: el Presidente no puede, ni siquiera en un estado de excepción, restringir y diferir la aplicación de la Constitución. Así lo dispone el Artículo 7 de esa Constitución: los Poderes Públicos se someten a la Constitución, pero no lo contrario, que es lo que pretende el Decreto.
>
> La segunda razón es que el Presidente de la República no puede prohibirle a la Asamblea Nacional el ejercicio de una competencia propia del Poder Legislativo. Para eso existe el principio de separación de poderes, que es una garantía básica de la libertad para prevenir el abuso de poder y el despotismo.
>
> Por último, el Poder Ejecutivo no puede impedir que la Asamblea Nacional lo controle, incluso, acordando votos de censura. El sujeto controlado no puede limitar la conducta del sujeto que controla."[1634]

El vicio de incompetencia manifiesta del Decreto, además, se evidenció de su propio texto, en particular de la supuesta "base legal" que se buscó para "fundamen-

---

toral. / Cada una de las ramas del Poder Público tiene sus funciones propias, pero los órganos a los que incumbe su ejercicio colaborarán entre sí en la realización de los fines del Estado.

1634 Véase José Ignacio Hernández, "¿Ahora la AN no podrá dictar votos de censura?, en *Prodavinci*, 4 de mayo de 2016, en http://prodavinci.com/blogs/ahora-la-an-no-podra-dictar-votos-de-censura-por-jose-ignacio-hernandez-g/ En el mismo sentido la Organización Acceso a la Justicia explicó que "el decreto presidencial persigue prohibir el ejercicio legítimo de las competencias de la Asamblea Nacional previstas en la Carta Fundamental del país, con la excusa de la vigencia del estado de emergencia económica. / Es importante señalar que un estado de excepción no significa que el Presidente de la República pueda suspender las normas del texto constitucional y socavar los cimientos del Estado de derecho y democrático, y más aún cuando dicha emergencia económica (declarada en todo el territorio nacional) y su prórroga fueron dictadas sin cumplir con las exigencias para su procedencia, como ya fue advertido por Acceso a la justicia. / Por otro lado, interesa dejar claro que la declaratoria del estado de excepción no es aval para cometer arbitrariedades y actuar por encima de los preceptos de la Constitución, en este caso, interfiriendo de manera caprichosa en las competencias del Poder Legislativo, especialmente para impedir que dicte votos de censura contra los funcionarios que están sujetos a su control parlamentario, y de esta manera crear una inmunidad política al Vicepresidente Ejecutivo y a los ministros." Véase "El Presidente prohíbe que la AN dicte votos de censura: "Algo huele mal en Dinamarca," en *Acceso a la Justicia, Observatorio Venezolano de la Justicia*, 10 de mayo de 2016, en http://www.accesoalajus-ticia.org/wp/infojus-ticia/noticias/el-presidente-prohibe-que-la-an-dicte-votos-de-censura-algo-huele-mal-en-dinamar.

tarlo," es decir, las normas que se citaron en su propio texto y en cuyo supuesto ejercicio se dictó, que fueron por lo que respecta a normas constitucionales, los numerales 3,[1635] 7,[1636] 16[1637] y 20[1638] del artículo 236 de la Constitución que enumera las atribuciones del Presidente. Todo ello fue por supuesto descaradamente falso, pues ninguna de esas normas (basta leer su texto) asignan competencia alguna al Presidente de la República como Jefe del Poder Ejecutivo, para restringir o suspender las atribuciones constitucionales de la Asamblea Nacional.

La otra norma legal en la cual supuestamente se basó el Presidente para dictar el Decreto restringiendo y suspendiendo las atribuciones constitucionales de la Asamblea es el artículo 15 de la Ley Orgánica sobre los Estados de Excepción, en la cual se dispone que:

> "*Artículo 15.* El Presidente de la República, en Consejo de Ministros, tendrá las siguientes facultades: a) Dictar todas las medidas que estime convenientes en aquellas circunstancias que afecten gravemente la seguridad de la Nación, de sus ciudadanos y ciudadanas o de sus instituciones, de conformidad con los artículos 337, 338 y 339 de la Constitución de la República Bolivariana de Venezuela. b) Dictar medidas de orden social, económico, político o ecológico cuando resulten insuficientes las facultades de las cuales disponen ordinariamente los órganos del Poder Público para hacer frente a tales hechos."

Dichas competencias solo pueden ejercerse dentro del marco de las atribuciones constitucionales, y deben estar expresadas en el decreto de estado de excepción mismo, sin que esta norma legal pueda considerarse como una carta en blanco para violar la Constitución.

2. *Un decreto nulo por invadir y afectar el ejercicio por la Asamblea Nacional de sus facultades constitucionales*

De acuerdo con el artículo 339 de la Constitución, la declaración del estado de excepción por parte del Presidente de la República "no interrumpe el funcionamiento de los órganos del Poder Público," de manera que más clara no pudo haber sido la intención del Constituyente al regularla, lo que implica que en ningún caso esa declaratoria podría interrumpir el cumplimiento de la función esencial de la Asamblea Nacional para legislar y controlar la acción política del gobierno y la actividad de la Administración Pública conforme se indica en el artículo 187 de la misma Constitución.

Por tanto, por más que el Presidente de la República hubiera dictado el Decreto N° 2.184 de fecha 14 de enero de 2016, mediante el cual declaró el Estado de Emergencia Económica en todo el Territorio Nacional, el cual fue prorrogado mediante

---

1635 *Artículo 236.3:* "Nombrar y remover al Vicepresidente Ejecutivo o Vicepresidenta Ejecutiva, nombrar y remover los Ministros o Ministras."

1636 *Artículo 236.7*: "Declarar los estados de excepción y decretar la restricción de garantías en los casos previstos en esta Constitución."

1637 *Artículo 236.16:* "Nombrar y remover a aquellos funcionarios o aquellas funcionarias cuya designación le atribuyen esta Constitución y la ley."

1638 *Artículo 236.20:* "Fijar el número, organización y competencia de los ministerios y otros organismos de la Administración Pública Nacional, así como también la organización y funcionamiento del Consejo de Ministros, dentro de los principios y lineamientos señalados por la correspondiente ley orgánica."

Decreto N° 2.270 de fecha 11 de marzo de 2016, ello en ninguna forma pudo interrumpir el funcionamiento de la Asamblea Nacional.

En consecuencia, un decreto ejecutivo como el dictado con el Nº 2039 de 2 de mayo de 2016, aparte de sus vicios de incompetencia manifiesta que lo afectan, es esencialmente inconstitucional al pretender, como lo dijo su propio texto, *restringir y diferir* el ejercicio de sus funciones por parte de la Asamblea Nacional.

En efecto, el artículo 1 del decreto dispuso:

> *Artículo 1º. Se restringe y difiere de acuerdo al artículo N° 236 numeral 7, de la Constitución de la República Bolivariana de Venezuela, las mociones de censura que pudiera acordar la Asamblea Nacional* contra los Ministros y Ministras del Poder Popular, o contra el Vicepresidente Ejecutivo, en las cuales solicitaren su remoción, hasta tanto cesen los efectos del Decreto de Emergencia Económica dictado por el Presidente de la República en Consejo de Ministros; ello a fin de garantizar la continuidad en la ejecución de las medidas económicas de emergencia encomendadas al Gabinete Ejecutivo y de las cuales depende la estabilización de la economía nacional y la satisfacción oportuna y continua de las necesidades de los venezolanos y venezolanas en el orden económico."

O sea, de entrada, atropellando lo establecido en el citado artículo 339 de la Constitución conforme al cual el decreto de estado de excepción "no interrumpe el funcionamiento de los órganos del Poder Público," el Decreto precisamente buscó todo lo contrario para lo cual se basó precisamente en el artículo 267.7 constitucional que es el que solo atribuye al Presidente el poder de decretar dichos Estados de excepción.

Es decir, no puede un decreto de estado de excepción, interrumpir el funcionamiento de la Asamblea al "restringir y diferir" el ejercicio de su competencia para poder aprobar las mociones de censura que estime políticamente oportunas y convenientes contra los Ministros y el Vicepresidente Ejecutivo y solicitar incluso "su remoción." Sin embargo, al contrario, el Presidente procedió a dictar esa "restricción y suspensión" a la Asamblea, "hasta tanto cesen los efectos del Decreto de Emergencia Económica," a los efectos de supuestamente "garantizar la continuidad en la ejecución de las medidas económicas de emergencia," las que por lo visto sólo podían ejecutarse por personas individualizadas y no por funcionarios que ejercer un cargo.

Esta barbaridad jurídica fue dictada con base en un conjunto de motivaciones que se consignaron en los "considerandos" del Decreto, que -dejando aparte muchos lugares comunes floridos- lo que sirvieron fue para evidenciar el atropello cometido.

Lo primero que llama la atención es que el Presidente consideró que su propio Decreto de Estado de Emergencia Económica, supuestamente le daba "Poderes Especiales para defender y preservar la paz, la estabilidad y el derecho al desarrollo independiente de Nuestra Patria," cuando ello no era cierto pues ese objetivo lo tenían que perseguir todos los órganos del Estado, de manera que lo que le permitió el mencionado Decreto es solo lo que en él se estableció y no era una carta blanca para atropellar a los demás Poderes Públicos.

Sin embargo, refiriéndonos ahora a las "motivaciones" sustantivas del decreto de aniquilación de la función política de la Asamblea Nacional de controlar el Gobierno y la Administración Pública, el segundo Considerando fue explícito, al considerar - dejando de lado el sin sentido de que el Presidente calificara a la mayoría de la oposición en la Asamblea resultante de la abrumadora elección del 6 de diciembre de 2015, como "una mayoría burguesa circunstancial," que actuaba en "acatamiento de órdenes de gobiernos extranjeros" por el hecho de que la Asamblea hubiera comenzado a ejercer sus funciones sin sujeción al Ejecutivo como ocurrió hasta diciembre de 2015; entonces considerase que ello era actuar en forma "opuesta al orden constitucional [...], apartándose con su acción de la naturaleza legisladora de dicho órgano legislativo, dedicándose al plano de la confrontación política." Es decir, para el Presidente de la República, todo acto legislativo motivado por el ejercicio de una oposición al gobierno, era "inconstitucional," catalogándose a la oposición en definitiva como un "enemigo interno" que había que enfrentar con normas "no convencionales."

Luego pasó el Presidente en el Decreto a considerar lo que podría ser la motivación central del mismo, que no fue otra que si el Presidente tenía la competencia para nombrar sus Ministros, entonces nadie podría removerlos, ni siquiera cuando ello estuviese así previsto en la Constitución; reclamando para sí "la garantía de autonomía en cuanto a la designación" de su equipo de gobierno, que nadie le había negado, pero desconociendo el ejercicio autónomo de las potestades de los otros órganos del Poder Público.

Con base en ello, consideró en forma absurda que el ejercicio por parte de la Asamblea Nacional de su potestad de aprobar una moción de censura a un Ministro, y removerlo a consecuencia de ello, atentaría "contra la continuidad de la ejecución de políticas públicas, acarreando una mora en las actividades de la Administración Pública." Consideró, además el Presidente que la Administración Pública no puede "ser sometida a constantes perturbaciones y amenazas por parte de cualquier instancia del Poder Público," ignorando por supuesto el texto mismo de la Constitución, estimado los actos de la Asamblea como de "aparente institucionalidad," pero acusándola de pretender "subrogarse en funciones de otros Poderes, intentando ejercer la gestión de asuntos públicos que corresponden al Ejecutivo Nacional," pero sin decir, por supuesto, cuáles.

Luego el Presidente, en los Considerandos del Decreto, pasó a acusar a la Asamblea de supuestamente ejercer competencias no previstas en la Constitución, -sin decir por supuesto cuáles- indicando como si él mismo fuera "el pueblo" que:

> "cada una de las actuaciones que ha realizado desde su instalación y hasta la fecha, están claramente dirigidas a tomar el control absoluto, autoritario y despótico del poder que sólo el Pueblo detenta, apuntando para ello a la destrucción del Estado Venezolano."

Acusación ésta gravísima entre órganos del Estado; gravísima; formulada en general e irresponsablemente, sin mencionar hecho alguno que pudiera justificar tal aserto. En realidad, lo único que mencionó el Presidente sobre esto fue que la Asamblea Nacional, en uso de sus atribuciones constitucionales de control político, había aprobado una Moción de Censura contra el ciudadano Rodolfo Clemente Marco Torres, en su carácter de Ministro del Poder Popular para la Alimentación destacando que ello fue "con una indudable motivación política" u "obedeciendo a conveniencias políticas"" - como si ello fuera un fraude, cuando una mención de censura no puede tener otra motivación que no sea política - que es la única que puede tener; alegando que la Asamblea Nacional quería imponer un "modelo económico rechazado por el pueblo hace más de 17 años," cuando ello no es cierto y basta leer la Constitución de 1999. En realidad, lo que en materia de modelos económicos el pueblo sí rechazó en 2007, fue el modelo presentado en la reforma constitucional propuesta por Chávez para la implementación de un Estado socialista, que sin embargo, en fraude a la voluntad popular, es el que ha sido aplicado y desarrollado por el Gobierno.[1639]

En todo caso, el Presidente no era quién para juzgar si la aprobación de un voto de censura era o no justificada, como resultó de su afirmación en los Considerandos del decreto de que existía "fundado convencimiento en torno a la aplicación justificada de la moción de censura a los miembros del Gabinete Ejecutivo por parte de la Asamblea Nacional." El Presidente no tenía por qué presumir que todo voto de censura es una "vía de ejercicio político tendente a socavar la acción de Gobierno, hacer daño a la economía de la República y desestabilizar la sociedad venezolana, poniendo en riesgo la paz nacional," o que con ello se pretendiera realizar un "sabotaje inescrupuloso" para afectar "la organicidad del Poder Ejecutivo."

Con su decreto usurpador, en realidad, fue el Presidente de la República, no la Asamblea Nacional, el que buscó agravar "un conflicto de poderes, una confrontación para la inestabilidad de las instituciones republicanas, que en nada favorece a la situación que en los actuales momentos vive Venezuela," como lo expresó en el último de los considerandos de su decreto.

3. *La restricción por parte del Poder Ejecutivo de las competencias constitucionales de la Asamblea Nacional*

Con base en las motivaciones anteriores, el Presidente de la República procedió entonces a restringir en el marco del decreto sobre emergencia económica, sin tener competencia constitucional ni legal alguna para ello, las competencias constitucionales de la Asamblea Nacional en la siguiente forma:

En primer lugar, refiriéndose a su competencia para decretar estados de excepción (artículo 236.7, Constitución), decretó no sólo la *restricción* sino el *diferimiento* ("se restringe y difiere") "de las mociones de censura que pudiera acordar la Asamblea Nacional" contra los Ministros y el Vicepresidente Ejecutivo, "en las cuales solicitaren su remoción [...] hasta tanto cesen los efectos del Decreto de Emergencia Económica dictado por el Presidente de la República en Consejo de Ministros," todo con el objeto de "garantizar la continuidad en la ejecución de las medidas económicas de emergencia encomendadas al Gabinete Ejecutivo."

Ignoró el Presidente que el funcionamiento de la Administración Pública y la continuidad de la ejecución de las políticas públicas no depende de alguna persona en particular, como la que en un momento determinado pueda ejercer el cargo de Ministro, sino de la organización de la propia Administración Pública que tiene que

1639 Véase Allan R. Brewer-Carías, *La Reforma Constitucional de 2007 (Comentarios al Proyecto Inconstitucionalmente sancionado por la Asamblea Nacional el 2 de noviembre de 2007)*, Colección textos legislativos N° 43, Editorial Jurídica Venezolana. Caracas, 2007, 224 pp.; y "La reforma constitucional en Venezuela de 2007 y su rechazo por el poder constituyente originario," en José Ma. Serna de la Garza (Coordinador), *Procesos Constituyentes contemporáneos en América latina. Tendencias y perspectivas*, Universidad Nacional Autónoma de México, México 2009, pp. 407-449.

funcionar, sea quien fuere el Ministro de turno. Por tanto, la moción de censura y remoción de un Ministro no puede por principio alterar la continuidad de la Administración, no teniendo por tanto justificación alguna el inconstitucional decreto.

En segundo lugar, el Presidente instruyó a la Procuraduría General de la República para que, en el marco de sus competencias, "realice los análisis jurídico constitucionales pertinentes y, de lucir procedente, interponga el correspondiente Recurso por Controversia Constitucional entre órganos del Poder Público ante la Sala Constitucional del Tribunal Supremo de Justicia, de conformidad con el artículo 336, numeral 9, de la Constitución de la República Bolivariana de Venezuela, a fin de procurar el mantenimiento de los equilibrios de los poderes y la gobernabilidad."

Si ese recurso llegara a interponerse, y si en Venezuela existiese una Sala Constitucional autónoma e independiente, sin duda que lo que resultaría sería declararlo improcedente, por impertinente, porque no puede haber "controversia constitucional" alguna entre la Asamblea Nacional y el Ejecutivo Nacional, como consecuencia de que la primera dé un voto de censura a algún Ministro en ejercicio del control político que le corresponde realizar conforme a la Constitución.

En todo caso, es difícil encontrar un ejemplo de acto estatal dictado con tanto abuso de poder, tanta arbitrariedad y tanto desconocimiento constitucional como este de la restricción por el Poder Ejecutivo de las competencias constitucionales de la Asamblea Nacional, que si hubiese un Juez Constitucional autónomo e independiente, no dudaría en anularlo *in limine*.

IV. LAS SENTENCIAS DE LA SALA CONSTITUCIONAL ANULANDO POR INCONSTITUCIONALIDAD TODAS LAS SUCESIVAS ACTUACIONES DE LA ASAMBLEA NACIONAL EN MATERIA DE CONTROL POLÍTICO DE LA ADMINISTRACIÓN PÚBLICA

1. *El intento fallido de la Asamblea de ejercer el control político sobre el tema de la nacionalidad del Presidente de la República*

Conforme al artículo 41 de la Constitución, "sólo los venezolanos por nacimiento y sin otra nacionalidad," pueden ejercer el cargo de Presidente de la República, lo que repite el artículo 227, al exigir que "para ser elegido Presidente de la República se requiere ser venezolano o venezolana por nacimiento, no poseer otra nacionalidad."

El primero de estos requisitos, está precisamente regulado en el artículo 31 de la misma Constitución, al precisar que los venezolanos por nacimiento son, primero, las personas "nacidas en el territorio de la República;" segundo, las personas "nacidas en territorio extranjero," cuyos padres (ambos) sean venezolanos por nacimiento; tercero, las personas "nacida en territorio extranjero," si uno de sus progenitores (padre o madre) es venezolano por nacimiento y "siempre que establezca su residencia en el territorio de la República o declare su voluntad de acogerse a la nacionalidad venezolana;" y las personas "nacidas en territorio extranjero," si uno de los progenitores (padre o madre) es venezolano por naturalización, "siempre que antes de cumplir dieciocho años de edad establezca su residencia en el territorio de la República y antes de cumplir veinticinco años de edad declare su voluntad de acogerse a la nacionalidad venezolana."

Lo segundo deriva del hecho de que como la Constitución admite expresamente que los venezolanos por nacimiento pueden tener otras nacionalidades (art. 34), por ser hijos padres extranjeros, que muchas veces se adquiere sin que la persona la haya solicitado, sin embargo, para poder ejercer el cargo de Presidente de la República, si la persona tiene otra nacionalidad debe formalmente renunciar a la misma.[1640]

La obtención de la nacionalidad por nacimiento es siempre una cuestión de hecho, vinculada al lugar donde se nace y a los padres que han procreado a la persona, que deben probarse. Sin prueba no hay posibilidad de determinar la nacionalidad de las personas.

Por ello, para determinar la nacionalidad por nacimiento de una persona conforme a la Constitución, es indispensable probar el lugar de nacimiento, sea de la persona interesada, o de sus padres, y ello, solo puede hacerse como principio general conforme a las normas del derecho civil que establecen el régimen de las personas, es decir, las relativas al Registro Civil, y en particular mediante la presentación del certificado, registro, acta o "partida de nacimiento," donde queda asentado en forma auténtica los hechos que acreditan la nacionalidad, y que son, el lugar donde se nace y la identidad y nacionalidad de los padres.

En cambio, cuando se trate de determinar que un venezolano por nacimiento que tenga otra nacionalidad, que ha podido haber adquirido aun cuando no la haya solicitado, por la nacionalidad de los padres, y que en un momento dado ya no la tiene, es ese caso ya no se trata de probar hechos como el lugar donde se nace o la nacionalidad de los padres, sino de lo que se trata es de probar que la persona ha manifestado formalmente que ha renunciado a la otra nacionalidad; porque como se dijo, en general la otra nacionalidad no se adquiere por opción o adquisición voluntaria formulada por la persona interesada, sino por circunstancias de hecho como el ser hijo de padres extranjeros cuya nacionalidad se le trasmitió al hijo automáticamente.

En esta materia de la nacionalidad, por tanto, estamos en el complejo mundo jurídico de las pruebas, aun cuando ciertamente en este ámbito ese mundo sea el más simple y elemental, pues para probar la nacionalidad que ya se tiene, lo único que debe presentar la persona es la partida o acta de nacimiento. Y para quien tiene doble nacionalidad, probar que ya no tiene una de ellas, lo único que tiene que hacer la persona interesada en presentar formalmente el documento de renuncia a la segunda nacionalidad.

Ese, sin embargo, no pareció ser el mundo de la prueba al que nos ha tenido habituados la Sala Constitucional del Tribunal Supremo de Justicia, la cual ante una "acción innominada de control de la constitucionalidad de las normas previstas en

---

1640 Debo recordar que en los debates en la Asamblea Nacional Constituyente de 1999, al discutirse la Ponencia que presenté como Presidente de la Comisión que redactó todo el Capítulo sobre Nacionalidad y Ciudadanía, sobre esta norma el entonces constituyente Nicolás Maduro, considerando que "establece la exclusividad sobre algunos cargos de interés estratégico, de interés vital de la nación," propuso cambiarlo "para ampliar la exclusividad sobre los derechos que tenemos los venezolanos," indicando "para que sea más claro y exclusivo" que el cargo de Presidente solo podían ejercerlo los "venezolanos por nacimiento que no han adquirido la doble nacionalidad -que aprobamos ayer- ni han renunciado a esta, porque pueden haber renunciado y luego, de acuerdo a los mecanismos establecidos, lograr que se les reponga su nacionalidad." Eso fue en la sesión del 22 de octubre de 1999. Del texto de su intervención puede deducirse que Maduro no tenía dudas de que él mismo era venezolano; pero no de si tenía o no ora nacionalidad.

los artículos 41 y 227 del Texto Fundamental," que el Sr. Nicolás Maduro, como Presidente de la República le presentó el 19 de octubre de 2016, -acción que por supuesto no existe en Venezuela-, motivado por el hecho de que algunos ciudadanos habían señalado que él habría incumplido "el requisito constitucional referido a ser venezolano por nacimiento, sin otra nacionalidad;" la Sala Constitucional mediante sentencia N° 907 de 28 de octubre de 2016,[1641] en lugar de proceder a devolverle al solicitante su escrito, por impertinente, e indicarle que lo que debía hacer públicamente era mostrar su partida de nacimiento o en su caso, la renuncia formal a otra nacionalidad si la tuvo en algún momento, procedió a entrar a desarrollar un juicio sin proceso ni partes, transformando la acción "innominada" intentada en un "recurso de interpretación," y así proceder a inventar otra forma de probar la situación de no tener otra nacionalidad solo basándose en el hecho de que las autoridades colombianas le habían informado al solicitante que no tenían información de que fuera colombiano. Ello, sin embargo, no era prueba de que no tuviese otra nacionalidad.

La Sala para decidir, según se dijo en la sentencia, le solicitó al Consejo Nacional Electoral y recibió del mismo, el 21 de octubre de 2016, "copia certificada del acta de nacimiento del ciudadano Nicolás Maduro Moros," y a la vez recibió el 26 de octubre de 2016, del Servicio Administrativo de Identificación, Migración y Extranjería "una tarjeta alfabética con los datos y huellas dactilares del ciudadano venezolano Nicolás Maduro Moros, identificado con la cédula de identidad N° V-5.892.464."

Y eso fue todo lo que hizo la Sala para iniciar entonces un juicio de interpretación de la Constitución. ¿De qué? La verdad es que no se sabe, pues nada había que interpretar sino solo decirle al solicitante que mostrara a quien quisiera su partida de nacimiento, y si acaso tenía por razón de sus padres otra nacionalizada, que antes de ocupar todos los cargos públicos que requerían no tener otra nacionalidad, mostrarle en qué forma había renunciado a la misma.

Pero nada de eso ocurrió. La demanda intentada por Nicolás Maduro, que como se dijo, tuvo como único objeto formular ante la Sala Constitucional quejas porque un grupo de ciudadanos, incluidos diputados a la Asamblea Nacional, habían objetado su "condición de venezolano por nacimiento [...], así como el hecho de no tener ni haber solicitado otra nacionalidad distinta de la venezolana," para lo cual el argumento para reforzar su queja fue que había ejercido sin que nadie lo molestara, todos los cargos públicos imaginables (Diputado al Congreso de la República de Venezuela; Diputado a la Asamblea Nacional; Constituyente de la Asamblea Nacional Constituyente de 1999; Presidente de la Asamblea Nacional; Canciller de la República; Vicepresidente Ejecutivo de la República; y Presidente de la República), respecto de todos los cuales se "exigía ser venezolano por nacimiento y no poseer otra nacionalidad." En todos esos casos, –dijo– había desempeñado esos cargos, sin que nadie:

> "se hubiere objetado mi incontrovertible nacionalidad venezolana, sin que se hubiere inventado la coexistencia de otra nacionalidad, y, en fin, sin que se hubiere dudado la actuación de los órganos del Estado que intervinieron en verificación."

1641 Véase en http://historico.tsj.gob.ve/decisiones/scon/octubre/191597-907-281016-2016-16-1017.HTML

La argumentación del solicitante, en todo caso, se centró en preguntarle a la Sala Constitucional respecto al alcance de la norma del artículo 41 de la Constitución sobre la condición de no tener otra nacionalidad, para el caso de que la persona no la hubiera solicitado de cualquier Estado, preguntándole a la Sala si:

> ¿puede afirmarse que se tiene o posee otra nacionalidad, a la luz de tales normas, aun cuando no se haya aceptado tener esa otra u otras nacionalidades, ni mucho menos habiendo actuado como nacional de algún otro país?

La pregunta era impertinente porque ello simplemente depende de la nacionalidad de los padres y nada tiene que ver para que la nacionalidad se trasmita por los padres, el que se acepte o se solicite la otra nacionalidad.

Olvidó el Sr. Maduro para formular esta pregunta, lo antes dicho sobre los hechos que dan origen a la nacionalidad y su prueba. Cuando se establece un régimen de la nacionalidad como el que está previsto en la Constitución venezolana, basta que alguien nazca en territorio nacional o que nazca fuera del territorio nacional como hijo de padre y madre venezolanos, para que dicha persona se la considere venezolana por nacimiento, sin que tenga que solicitarle al Estado tener esa nacionalidad. Así pasa en muchos otros países, siendo ello lo que motivó que el solicitante pretendiera de la Sala que le aclarara "el contenido y alcance" las normas constitucionales.

Para decidir, la Sala Constitucional tuvo que hacer malabarismos jurídicos y poder cambiar una supuesta "acción innominada de control de constitucionalidad" de normas constitucionales, lo cual de por sí es un disparate porque las normas constitucionales no pueden ser inconstitucionales; por una "acción de interpretación constitucional," resolviendo "*in limine litis*," sin procedimiento alguno y proceder a emitir "un pronunciamiento que involucre el control de la constitucionalidad respecto de las violaciones a los artículos 41 y 227" de la Constitución por parte de un grupo de ciudadanos, que habrían objetado la "nacionalidad venezolana por nacimiento, sin otra nacionalidad," del Sr. Maduro, el solicitante. O sea que si alguien dije que el Sr. Maduro no reunía los requisitos constitucionales de ser venezolano por nacimiento y no tener otra nacionalidad, según el solicitante ello sería una violación de la Constitución. Más disparate.

Y así, a base de disparates, la Sala Constitucional admitió la demanda, declarándose entonces competente para "conocer la "*acción innominada de control de la constitucionalidad*" intentada, considerando que la cuestión planteada era "de mero derecho que atañe al orden constitucional," que no requería sustanciación, a pesar de que la cuestión de determinar la nacionalidad, como se dijo, es esencialmente una cuestión de hechos y de prueba; y de que como se reseñó en la propia sentencia, como motivación del Sr. maduro de presentar la "demanda", se trataba de que unos ciudadanos y diputados habían planteado sus dudas, y al menos por ello debieron ser citados para participar con argumentos en un contradictorio. Pero nada de eso ocurrió, y la Sala sin oír a nadie pasó a "decidir el fondo" del asunto.

Para ello, la Sala comenzó por hacer constar que en el expediente existía una copia del "acta de nacimiento del ciudadano Nicolás Maduro Moros, remitida por el Consejo Nacional Electoral (CNE), signada al dorso con el número 2823," y también una copia "de la tarjeta alfabética" que le había remitido el Servicio Administrativo de Identificación, Migración y Extranjería (SAIME), identificando a Nicolás

Maduro Moros, como titular de la "cédula de identidad N° V-5.892.464, y nacido en ciudad de Caracas, "parroquia la Candelaria el 23 de noviembre de 1962;" documentos que la Sala consideró como "fidedignos, legítimos y veraces," considerando que de ellos "se evidencia de manera indubitada e incontrovertible" que el Sr. Maduro "nació, en efecto, en la ciudad de Caracas-Venezuela, el 23 de noviembre de 1962, con lo cual se demuestra que el referido ciudadano tiene de manera irrefutable la nacionalidad venezolana por nacimiento," y agregó que del expediente que tenía, pero sin indicar cómo sacó esa conclusión ni porqué, "el mismo no posee otra nacionalidad."

El acta de nacimiento mencionada y el registro de identidad, indicado, por supuesto que no tienen mención alguna que diga que la persona no tiene otra nacionalidad. Ello no puede aparecer en esos documentos, tratándose por tanto, de una afirmación sin prueba ni fundamento.

La Sala luego pasó a considerar que como el Sr. Maduro había ejercido diversos cargos públicos que exigían ser venezolano por nacimiento y no poseer otra nacionalidad –independientemente de que reuniera o no los requisitos constitucionales para desempeñarlos–, ello por lo visto bastaba para considerar que conforme a los principios de "presunción de buena fe, confianza legítima, seguridad jurídica y protección de la Nación," y porque las "condiciones de elegibilidad fueron verificadas por el Poder Electoral y, en fin, estuvieron bajo el control del Estado en general," entonces ello exigía que había que presumir que reunía los requisitos. Para el supuesto de que efectivamente no los hubiera reunido, el hecho de ocupar repetidamente cargos públicos sin reunirlos, lo que hubiera evidenciado más bien hubiera sido una conducta fraudulenta, que más bien habría atentado contra la buena fe, la confianza legítima y la seguridad jurídica, y ello no se habría subsanado por el solo transcurso del tiempo, o porque nadie lo hubiera advertido.

La Sala además, pasó a considerar que en el ordenamiento venezolano "no es legítimo obligar a una persona a tener otra u otras nacionalidades, pues ello sería violatorio, inclusive, a la propia dignidad humana." Por supuesto que nadie puede ser obligado a tener otra nacionalidad, y si por razón del lugar donde se nace o de la nacionalidad de los padres llega a adquirirla, lo que tiene que hacer la persona es simplemente renunciar a la nacionalidad que no se quiere usar. Y nada más.

La Sala, luego pasó a reducir el "derecho a la nacionalidad," al "derecho a la nacionalidad del Estado en cuyo territorio nació" la persona, recurriendo entonces a lo dispuesto en el artículo 11 de la Ley de Nacionalidad y Ciudadanía de 2004, para determinar que son documentos probatorios de la nacionalidad venezolana, no sólo "la partida de nacimiento," sino la cédula de identidad, la Carta de Naturaleza, el pasaporte, y cualquier otro documento que, a juicio del órgano competente en materia de nacionalidad y ciudadanía, demuestre la nacionalidad venezolana. Y nadie lo duda que es así, pero nada de ello puede ser prueba de que no se tiene otra nacionalidad, de manera que si se la adquiere por los hechos indicados, la única forma de probar que no se la tiene es mostrando que se renunció a ella.

Al contrario, según la Sala, a pesar de lo que digan las Constituciones sobre nacionalidad, la nacionalidad solo se adquiere cuando se solicita u opta por ella, lo que no es más que una muestra más de ignorancia. Es decir, para la Sala Constitucional, si la persona nacida en territorio venezolano es además por la nacionalidad de sus padres, nacional de otro país, en contra de todas las normas sobre la materia, incluso las de las Constituciones de los otros países, dicha nacionalidad solo se materializaría si la persona solicita o adquiere la otra nacionalidad.

Luego de dejar sentados estos principios, pasó la Sala a referirse a la "matriz de opinión que ha intentado posicionar un sector de actores políticos, según la cual el Presidente Constitucional de la República, ciudadano Nicolás Maduro Moros, ostenta además nacionalidad colombiana y, en fin, doble nacionalidad," copiando al efecto declaraciones de periódicos de muchas personas, y haciendo referencia a las comunicaciones de directivos de la Asamblea Nacional dirigidas a altos funcionarios de Colombia, solicitándoles información sobre la nacionalidad del Sr. Maduro.

La Sala Constitucional también hizo referencia a la comunicación del Presidente de la Asamblea Nacional al mismo Nicolás Maduro de 12 de abril de 2016, en la cual le indicó que por comunicaciones que se le habían enviado en las que se sostenía que "habría nacido en territorio venezolano y que su filiación ascendente lo vincularía con la República de Colombia, al menos por la rama materna," le requerían al Sr. Maduro que enviase a la Asamblea copia de "su partida de nacimiento y la documentación donde se compruebe que no posee doble nacionalidad," precisando que

> "El mismo Maduro había "en numerosas oportunidades ha expresado públicamente ser venezolano por nacimiento, poseer la correspondiente acta de nacimiento que lo acredita como tal y no poseer otra nacionalidad, pero, extrañamente, no exhibe el instrumento público y de acceso al público que dice poseer ni tampoco demuestra no poseer doble nacionalidad, dando así pábulo a los comentarios extendidos sobre ambos casos que podrían fácilmente ser rebatidos con la exhibición de los documentos públicos mencionados."[1642]

La Sala Constitucional simplemente consideró, sin prueba alguna, que dicha comunicación de la Asamblea Nacional al Presidente de la República, además de "infundada y temeraria," buscaba un "efecto de carácter político," de "generar en la opinión pública dudas infundadas" sobre la situación del Presidente, pasando la Sala con ese mismo criterio a transcribir en su sentencia las comunicaciones remitidas a las demás autoridades de Colombia requiriendo la misma información, y a hacer referencia a la comunicación recibida del Director del Servicio Nacional de Inscripción de la Dirección Nacional de Registro Civil de Colombia informando que en el Sistema de Información de Registro Civil de ese país, nada se había encontrado "sobre el registro civil de nacimiento de Maduro Moros Nicolás;" y además, a la comunicación de la Viceministra de Relaciones Exteriores de Colombia en la cual se informó que "no se encontró información relacionada, ni registro civil de nacimiento, ni cédula de ciudadanía que permita inferir que el presidente Nicolás Maduro Moros sea un nacional colombiano."

Y así, luego de analizar el régimen de la nacionalidad y ciudadanía en las Constituciones de Colombia de 1886 y 1991, conforme al cual son colombianos por nacimiento, además de los nacidos en Colombia, los nacidos en el extranjero de padre y madre colombianos y que luego se domicilien en Colombia; y recordar que la propia Sala Constitucional en sentencia N° 300 del 27 de abril de 2016, había distinguido

---

1642 Véase en: http://www.asambleanacional.gob.ve/uploads/documentos/doce81c681002e08bf1f07102-b50bf896a7af9a372b.pdf.

"la situación de una persona nacional con opción a otras u otras nacionalidades, que no la haya solicitado o adquirido," de aquél que tenga "otra u otras nacionalidades;" pero sin sacar conclusión alguna de ello, la Sala Constitucional asombrosa y simplemente concluyó su sentencia afirmando pura y simplemente con "carácter vinculante y efectos *erga omnes*" que:

> "Nicolás Maduro Moros, es, en efecto, ciudadano venezolano por nacimiento que no posee otra nacionalidad, tal como ha sido ampliamente acreditado a través de documentos oficiales e incontrovertibles expedidos por las máximas autoridades del registro civil venezolano."

Para hacer esta afirmación de que el Sr. Maduro es "ciudadano venezolano por nacimiento," la Sala Constitucional se apoyó en la prueba de la partida de nacimiento que le suministró el Consejo Nacional Electoral, pero cuidándose de no hacer referencia alguna a lo largo de su sentencia sobre quienes fueron sus padres y sobre la nacionalidad de los mismos, es decir, si eran venezolanos o colombianos Esta circunstancia, por supuesto, para el caso de que efectivamente hubiera nacido en Venezuela, nada influía respecto de la primera determinación de la nacionalidad venezolana por nacimiento, pues se apoyaría en lo que observó la Sala de la partida de nacimiento suministrada por el Consejo Nacional Electoral, según la cual el Sr. Maduro habría nacido en Caracas, y así sería venezolano por nacimiento no teniendo importancia para ello, la determinación de la nacionalidad de los padres.

Pero para la segunda determinación de que Nicolás Maduro "no posee otra nacionalidad," la Sala no podía afirmarlo simplemente, sin que hubiera habido actividad probatoria alguna, excepto solo si los padres de Nicolás Maduro hubiesen sido ambos venezolanos al momento de su nacimiento, porque si había nacido en el territorio venezolano y ambos padres eran venezolanos no había posibilidad de que por el nacimiento adquiriera otra nacionalidad.

Pero la Sala no se preocupó ni le interesó preguntarse sobre la nacionalidad de los padres del Sr. Maduro, ni de indagar si eran venezolanos o colombianos, para determinar si habría adquirido otra nacionalidad a través de ellos, y procedió a afirmar pura y simplemente sin haber argumentado nada al respecto, que el Sr. Maduro no posee otra nacionalidad, solo basado que había nacido en Caracas, lo que no era suficiente. Además, para esa afirmación sin fundamento, la Sala solo se refirió a que el Sr. Maduro había recibido de las autoridades de Colombia información de que no había registro civil de nacimiento, ni cédula de ciudadanía que permitiera considerar que Nicolás Maduro fuera un "nacional colombiano." Eso, por supuesto, no era prueba de que no poseyera otra nacionalidad.

En realidad, para afirmar eso, la Sala debió haber analizado la nacionalidad de los padres del Sr. Maduro y determinar si eran o no venezolanos, de forma tal que si eran colombianos como se ha informado, la Sala debió determinar entonces mediante prueba que el Sr. Maduro con su familia no había fijado en tiempo alguno domicilio en Colombia, y por tanto, que no había adquirido la nacionalidad colombiana por nacimiento, la cual en esos casos, no se adquiere porque se quiera o no optar a ella o por solicitud, sino por el hecho de ser hijo de sus padres; y en caso de haberla adquirido, que había renunciado a la misma. Y todo ello, mediante los medios de prueba ordinarios.

Pero nada de ello ocurrió, y la Sala Constitucional, sin proceso ni prueba alguna, es decir, sin saber a ciencia cierta lo que estaba decidiendo, "decretó" que Nicolás Maduro no tenía otra nacionalidad distinta a la venezolana.

Por supuesto, con esta decisión, la pregunta más elemental que se puede formular es sobre ¿cuál fue en definitiva la "interpretación constitucional" adoptada en la sentencia respecto de los artículos 41 y 227 de la Constitución? Pues simplemente ninguna.

El hacer referencia a esas normas constitucionales no fue sino una simple excusa de la Sala Constitucional para proceder decir lo que se quería y que era decir, sin fundamento ni prueba alguna, que el Sr. Maduro no solo era venezolano por nacimiento sino que tenía otra nacionalidad, y ello a pesar de hacer referencia insistente en la sentencia al régimen de la nacionalidad colombiana, pero omitiendo toda referencia a la nacionalidad de sus padres.

2. *El intento fallido de la Asamblea Nacional de ejercer el control político sobre la Administración Pública investigando la actuación de PDVSA*

Conforme a su competencias constitucionales, la Asamblea Nacional inició a través de la Comisión Permanente de Contraloría en fecha 17 de febrero de 2016, una investigación con ocasión de supuestas irregularidades ocurridas en la empresa Petróleos de Venezuela Sociedad Anónima (PDVSA), durante el período comprendido entre los años 2004-2014.

Contra dichas actuaciones el antiguo Presidente de dicha empresa intentó con fecha 28 de septiembre de 2016, ante la Sala Constitucional del Tribunal Supremo de Justicia, una demanda de nulidad por razones de inconstitucionalidad, de los actos realizados en el marco de la investigación parlamentaria, solicitando además que se ordene a la Asamblea Nacional "abstenerse de reeditar actuaciones" en su contra; solicitando como medida cautelar innominada "...la suspensión inmediata de los efectos de los actos impugnados."

Después de declarar su competencia para conocer de la acción de nulidad, en virtud de que se trataba de actos dictados en ejecución directa e inmediata de la Constitución, la Sala Constitucional mediante sentencia N° 893 de 25 de octubre de 2016,[1643] admitió la demanda, y sin más, procedió a pronunciarse sobre la solicitud cautelar requerida, estimando que existían:

> "elementos que sirven de convicción acerca de las lesiones graves o de difícil reparación que se estarían ocasionando a la empresa Petróleos de Venezuela Sociedad Anónima (PDVSA) e, incluso, contra la República directamente, además de la posible vulneración en los derechos del accionante de autos, ciudadano Rafael Darío Ramírez Carreño; lo que podría desencadenar una reacción adversa en los procedimientos arbitrales que cursan en la actualidad, en los inversionistas, en todos aquellos países a los cuales puede acudir la República para el intercambio de crédito y, en fin, en los diversos actos relacionados con esta materia que interesan a la Nación, a diversos Estados y a la Región, tomando en cuenta la trascendencia de PDVSA en el orden económico, social y constitucional."

1643 Véase en http://historico.tsj.gob.ve/decisiones/scon/octubre/191316-893-251016-2016-16-0940.HTML

La Sala igualmente estimó que se encontraba satisfecha la presunción de buen derecho, ya que, supuestamente la gestión de PDVSA, se encontraba monitoreada permanentemente por todos los órganos de control del Estado," declarando, sin más, procedente la medida cautelar solicitada, por lo que, en consecuencia, decidió que se:

> "suspenden los efectos de la investigación abierta e impulsada desde principios del presente año por la Comisión Permanente de Contraloría de la Asamblea Nacional con relación a supuestas irregularidades ocurridas en la empresa Petróleos de Venezuela, S.A. durante el período comprendido entre los años 2004-2014, expediente signado bajo el N° 1648, incluyendo las actuaciones que al respecto desplegó en la misma los días 17 de febrero y 5 y 21 de abril de 2016; así como también de todos los actos derivados de esa o de cualquier otra investigación relacionada con los pretendidos hechos que haya iniciado durante el presente año o que pretenda comenzar la Asamblea Nacional hasta que culmine el proceso adelantado en razón de la presente demanda; sin menoscabo de la nulidad por inconstitucionalidad de los respectivos actos de la Asamblea Nacional, en razón del desacato que mantiene a la Sala Electoral del Tribunal Supremo de Justicia, declarada por esta Sala en sentencia n.° 808/2016, reiterada en la sentencia n.° 810 del mismo año. Así se decide."

Y así, pura y simplemente se cercenó a la Asamblea Nacional de su potestad de controlar la actuación de órganos de la Administración Pública, como son las empresas del Estado, incluso de la más importante entre todas ellas, como es PDVSA.

SECCIÓN QUINTA:

EL DESCONOCIMIENTO JUDICIAL DE LA POTESTAD DE LA ASAMBLEA NACIONAL PARA REVISAR Y REVOCAR SUS PROPIOS ACTOS CUANDO SEAN INCONSTITUCIONALES: EL CASO DE LA REVOCACIÓN DE LOS ACTOS DE DESIGNACIÓN DE LOS MAGISTRADOS DEL TRIBUNAL SUPREMO

En el caso antes comentado de la decisión del "*Recurso de interpretación*" abstracta de los artículos 136, 222, 223 y 265 la Constitución relativos a la aprobación o improbación de los decretos de estado de excepción por parte de la Asamblea Nacional, que fue emitida por la Sala Constitucional mediante la sentencia N° 9 de la Sala Constitucional del 1° de marzo de 2016,[1644] los recurrentes le indicaron a la Sala, entre sus "dudas" o "incertidumbres" sobre los poderes de la Asamblea de controlar sus propios actos, en particular los de la "designación" de los magistrados

---

1644 Véase en http://historico.tsj.gob.ve/decisiones/scon/marzo/185627-09-1316-2016-16-0153.HTML Véase los comentarios en Allan R. Brewer-Carías, en "El ataque de la Sala Constitucional contra la Asamblea Nacional y su necesaria e ineludible reacción. De cómo la Sala Constitucional del Tribunal Supremo pretendió privar a la Asamblea Nacional de sus poderes constitucionales para controlar sus propios actos, y reducir inconstitucionalmente sus potestades de control político sobre el gobierno y la administración pública; y la reacción de la Asamblea Nacional contra a la sentencia N° 9 de 1-3-2016," en http://www.allanbrewercarias.com/Con-tent/449725d9-f1cb-474b-8ab2-41efb849fea3/Content/Brewer.%20El%20ataque%20Sala%20Constitucional%20v.%20Asamblea%20Nacional.%20SentNo.%209%201-3-2016).pdf del Tribunal Supremo de Justicia en las sesiones extraordinarias de la anterior Asamblea, efectuadas el 23 de diciembre de 2015 violándose la Constitución, que:

> "la creación de una Comisión Especial encargada de revisar el nombramiento de Magistrados, Principales y Suplentes del Tribunal Supremo de Justicia y la posibilidad de "investigaciones" plantean también incertidumbre respecto a si estas convocatorias aplican igualmente al Poder Judicial en el marco o fuera de la Comisión Especial que podría burlar el contenido del artículo 265 de la Constitución y el procedimiento investigativo que de él se deriva concatenado con la audiencia previa a que se hace referencia en la misma.
>
> Insistimos, la creación de la citada Comisión Especial y la posibilidad cierta de órdenes de comparecencia contra los funcionarios del Poder Judicial, tal como se viene haciendo contra el Ejecutivo Nacional fuera del marco del artículo 265 Constitucional estaría conspirando contra el normal funcionamiento de la administración de justicia y el normal desarrollo de tan esencial función garantista de la paz social [...].

Con base en ello, además de la viciada interpretación restrictiva de los poderes de control político de la Asamblea nacional en relación con el Gobierno y la Administración Pública, la Sala en la misma sentencia Nº 9 de la Sala Constitucional del 1° de marzo de 2016, desconociendo la garantía del debido proceso, al decidir sobre la interpretación de la potestad de la Asamblea de revisar el acto de "nombramiento" de los Magistrados del Tribunal de diciembre de 2015, incurrió además en violación del más elemental principio de la administración de justicia, que es la imparcialidad, que exige que el juez, en un Estado de derecho, no puede ser, a la vez, juez y parte.

Y eso es lo que ocurrió en ese caso en el cual lo que estuvo en el centro del "debate a la sombra" que debió haberse verificado entre los propios Magistrados de Sala Constitucional que debieron haber realizado entre sí, fue decidir, ellos mismos, como "jueces" en su propia causa, sin la participación de la Asamblea Nacional, sobre si la misma podía o no revisar el "nombramiento" de algunos de ellos mismos efectuados inconstitucionalmente por la anterior Asamblea al terminar su periodo constitucional en diciembre de 2015. Es decir, decidieron ellos mismos como jueces, en una causa en la cual ellos mismos tenían interés y en definitiva eran parte.[1645]

Las Sala Constitucional, en efecto, en la sentencia Nº 9 del 1° de marzo de 2016 destacó con razón, que en las normas de los artículos 222, 223 y 224 de la Constitución donde se regula la potestad de control parlamentario de carácter político sobre

---

1645 En la página web del Tribunal Supremo de Justicia, al final de la sentencia aparecen los nombres de los magistrados de la Sala: *Gladys M. Gutiérrez Alvarado, Arcadio de Jesús Delgado Rosales, Carmen Zuleta de Merchán, Juan José Mendoza Jover, Calixto Ortega Ríos, Luis Fernando Damiani Bustillos, Lourdes Benicia Suárez Anderson*, entre los cuales los tres últimos fueron electos en diciembre de 2015; elección que fue objeto del *Informe de la Comisión Especial* cuyo funcionamiento motivó la sentencia. En la publicación oficial de la sentencia, sin embargo, se agregó, al final, una nota en la cual se indica que "No firman la presente sentencia los magistrados Doctores Calixto Ortega Ríos, Luis Fernando Damiani Bustillos y Lourdes Benicia Suárez Anderson, quienes no asistieron por motivos justificados." Sin embargo, nada se indicó sobre que esos magistrados se hubieran inhibido como correspondía por el conflicto de intereses, ni sobre si se se hubiesen convocado a suplentes, por lo que hay que presumir que participaron en los debates y simplemente no firmaron por "motivos justificados." Véase el texto en http://historico.tsj.gob.ve/deci-siones/scon/marzo/185627-09-1316-2016-16-0153.HTML.

el Gobierno y la Administración Pública, no se menciona control alguno sobre el Poder Judicial, pero procedió a agregar algo que es completamente falso, y es que habría un:

> "control previo e interorgánico para elegir Magistrados y Magistradas (verificación por parte de la Asamblea Nacional, junto a otros órganos del Poder Público, concretamente, junto al Poder Judicial y al Poder Ciudadano, durante el proceso respectivo, referido el cumplimiento o no de los requisitos de elegibilidad), así como también a la remoción interinstitucional de los mismos, en el marco de lo previsto en el artículo 265 Constitucional, único supuesto de control posterior, por parte de esa Asamblea, sobre aquellos funcionarios que ostentan el periodo constitucional más amplio de todos: doce -12- años (art. 264 Constitucional)."

La potestad de la Asamblea Nacional para elegir, como Cuerpo Elector de segundo grado, a los Magistrados del Tribunal Supremo de Justicia conforme a lo dispuesto en el artículo 264 de la Constitución, no es ningún "control previo o interorgánico" respecto del "Poder Judicial," como erradamente lo calificó la Sala. Ello no tiene fundamento ni sentido alguno.

La Asamblea Nacional, al hacer tal elección popular indirecta, no "controla" al Poder Judicial; simplemente elige a los magistrados del Tribunal Supremo en representación del pueblo,[1646] en forma indirecta. La Asamblea Nacional, al realizar la elección popular indirecta de los Magistrados, por tanto, no realiza como erradamente lo califica la Sala Constitucional, ninguna "investigación parlamentaria referidas al Poder Judicial," y las "investigaciones" que realice sobre las personas postuladas o nominadas a los cargos, no son investigaciones "previas" algunas respecto del Poder Judicial.

Igualmente, la remoción de los Magistrados del Tribunal Supremo por la Asamblea Nacional conforme al artículo 265 de la Constitución, no es en sí misma un supuesto "control posterior" de la Asamblea sobre el Poder Judicial, y poco importa el período del mandato de los mismos. Se trata, en realidad, pura y simplemente, de una potestad que la Constitución asigna a quien la misma Constitución confiere la potestad política de elegir, en segundo grado y en representación del pueblo, a los magistrados, de también poder removerlos en caso de falta grava en el ejercicio de sus funciones.

Una vez electo un Magistrado del Tribunal Supremo de Justicia por la Asamblea Nacional, sin duda, el mismo tiene derecho a ejercer su cargo y a permanecer en el mismo por el período para el cual fue electo, tal y como quien esto escribe lo expresó hace unos años en un trabajo que citó la sentencia, sin estar:

> "sujeta a la decisión de los otros poderes del Estado, salvo por los que respecta a las competencias del Tribunal Supremo de enjuiciar a los altos funcionarios del Estado. Es decir, salvo estos supuestos de enjuiciamiento, los funcionarios públicos designados como titulares de órganos del Poder Público, solo deberían cesar en sus funciones cuando se les revoque su mandato mediante re-

---

1646 Véase Allan R. Brewer-Carías, "El golpe de Estado dado en diciembre de 2014, con la inconstitucional designación de las altas autoridades del Poder Público," en *Revista de Derecho Público,* N° 140 (Cuarto Trimestre 2014, Editorial Jurídica Venezolana, Caracas 2014, pp. 495-518.

ferendo; por lo que los titulares de los Poderes Públicos no electos, deberían tener derecho a permanecer en sus cargos durante todo el periodo de tiempo de su mandato."[1647]

Sin embargo, ello no impide que si un funcionario cualquiera, que haya sido electo para un cargo electivo, en primer o segundo grado, se elige violándose normas constitucionales, dicha elección no pueda ser revocada.[1648] Tal sería el caso, por ejemplo, de la elección que pudiera llegar a efectuarse de una persona como Presidente de la República en violación del artículo 227 que exige como condición ineludible que tiene que ser "venezolano por nacimiento y no poseer otra nacionalidad." En ese caso, si se llegase a elegir como Presidente de la República a una persona que no sea venezolana por nacimiento, o que siéndola tuviese otra nacionalidad para cuando fue electo, esa persona no podría en ningún caso pretender tener derecho "adquirido" a permanecer ejerciendo un cargo que constitucionalmente no puede ejercer.

Igualmente sucedería con los casos de elección popular indirecta: si una persona es electa por la Asamblea Nacional como Magistrado del Tribunal Supremo de Justicia, no reuniendo el electo las condiciones ineludibles que prevé el artículo 263 de la Constitución, ni efectuándose dicha elección como lo pauta el artículo 264 de la misma Constitución, en esos casos esa elección debe ser revocada. Tal sería el caso, por ejemplo, de la elección de un Magistrado del Tribunal Supremo que no sea "venezolano por nacimiento" o que siéndolo, tuviese otra nacionalidad para cuando fue electo, o que haya sido electo incumpliéndose las condiciones constitucionales para la elección. En esos casos, la persona electa no podría tampoco, en ningún caso, pretender tener derecho "adquirido" a permanecer ejerciendo un cargo que constitucionalmente no puede ejercer.

En esos casos, el órgano del Estado que efectuó la proclamación o la elección no sólo tiene la potestad, sino la obligación de revocar el acto de proclamación o elección, no pudiendo alegar el electo en forma inconstitucional algún "derecho adquirido" a permanecer en un cargo que constitucionalmente no puede ejercer.

Sin embargo, la Sala Constitucional en la sentencia N° 9 de 1 de marzo de 2016, consideró en forma inconstitucional y en contra de los más elementales principios del derecho público, que la Asamblea Nacional no tiene poder alguno para controlar sobre sus propios actos y que no puede revocarlos cuando ellos sean inconstitucionales.

1647 Véase en el Prólogo: "Sobre la Asamblea Nacional y la deformación de la institución parlamentaria," al libro de Juan Miguel Matheus, *La Asamblea Nacional: cuatro perfiles para su reconstrucción constitucional,* Editorial Jurídica Venezolana, Caracas 2013; en http://www.allanbrewercarias.com/Content/449725d9-f1cb-474b-8ab2-41efb849fea9/Content/II.5.59%20PROLOGO%20LIBRO%20JUAN%20M.MATHEUS.pdf).

1648 El Contralor General de la República, quien es uno de los funcionarios "designados" por la antigua Asamblea Nacional sin respetarse las normas constitucionales que regulan la elección popular indirecta de los titulares de los Poderes Judicial, Ciudadano y Electoral, y quien parece que no existiera por la abstención manifiesta que ha demostrado en el ejercicio de sus funciones de control, recientemente apareció argumentando, pero por supuesto, sin fundamento legal alguno, que "no es competencia de la AN" destituir o anular el acto mediante el cual se designe a un magistrado al TSJ." y que "la designación de magistrados en diciembre de 2015 está "total y absolutamente apegada al principio de legalidad y de supremacía constitucional del artículo 7 de la Carta Magna". En La patilla.com, 7 de marzo de 2016, en http://www.lapatilla.com/site/2016/03/07/contralor-general-dice-que-an-si-tiene-competencia-para-remover-magistrados-del-tsj-video/.

En efecto, la Sala Constitucional, al conocer del recurso de interpretación que se le presentó sobre los poderes de la Asamblea Nacional, entró a analizar el hecho de la designación por parte de la misma, a los dos días de haberse instalado, el 7 de enero de 2016, de una *Comisión Especial designada para evaluar el nombramiento de Magistrados,* "en particular de los 13 titulares y 21 suplentes que fueron designados por la Asamblea Nacional el 23 de diciembre de 2015," como lo dice uno de los documentos de la Asamblea, sobre "la forma como se realizó el proceso de postulaciones, preselección y designación final de los magistrados, calificado como inconstitucional e ilegal, por no haberse cumplido con todos los requisitos de este acto legislativo, establecidos en la Constitución y la Ley del Tribunal Supremo de Justicia," en el cual además se da cuenta de diversas opiniones entre ellas, del sector académico, planteando ante dicha Comisión que "el proceso de designación de los magistrados debe ser revocado por los graves vicios encontrados en el mismo."

Para hacer su análisis, la Sala Constitucional, aparte de incurrir en el error de reducir las investigaciones parlamentarias que puede realizar la Asamblea, exclusivamente a los casos destinados a determinar la responsabilidad de funcionarios públicos, al analizar el proceso de elección de los Magistrados del Tribunal Supremo de Justicia, que calificó solo como un proceso de "selección," ignorando la naturaleza de la intervención del órgano parlamentario en el caso, como Cuerpo Elector de segundo grado que lo que hace es una elección popular indirecta; indicó erradamente que en la materia, esa elección es:

> "el último y definitivo acto -parlamentario- en esta materia, luego del examen de las postulaciones por parte del Comité de Postulaciones Judiciales, el control del Poder Popular y la primera preselección que lleva a cabo el Poder Ciudadano (artículo 264 Constitucional)."

Aparte de que el Poder Popular no es una figura constitucional, ni su intervención está prevista en el proceso de elección de los Magistrados, la consecuencia que sacó la Sala de su afirmación fue que la remoción de cualquier Magistrado solo podría hacerse:

> "por la Asamblea Nacional mediante una mayoría calificada de las dos terceras partes de sus integrantes, previa audiencia concedida al interesado o interesada, en casos de faltas graves ya calificadas por el Poder Ciudadano, en los términos que la ley establezca" (artículo 265 Constitucional)."

Pasó entonces la Sala Constitucional en su sentencia, a analizar el proceso de remoción de Magistrados regulado en la Ley Orgánica del Tribunal Supremo de Justicia, considerando, con razón, que la decisión pertinente que puede adoptarse en la materia por la Asamblea Nacional, "ni antes ni ahora" puede calificarse como "un acto administrativo," siendo más bien, "un acto parlamentario sin forma de ley," dictado "en ejecución directa e inmediata de la Constitución."

Pero ello, solo para entrar en una deliberada confusión, al querer calificar el objeto de la *Comisión Especial designada para evaluar el nombramiento de Magistrados,* como si su propósito hubiese sido proceder a "remover" los Magistrados conforme a lo previsto en el artículo 265 de la Constitución, cuando ello no era cierto. Por eso la errada conclusión a la que arribó la Sala, de entrada, afirmando erróneamente que la Comisión Especial, por consiguiente, supuestamente tenía un:

> "objetivo claramente inconstitucional y/o ilegal, al pretender revisar designaciones de altos funcionarios de otro Poder, al margen del control que le asigna la Constitución a la Asamblea Nacional y del régimen previsto para su remoción o destitución, ella y cualquier decisión o recomendación que aquélla o cualquier comisión realice es absolutamente nula y, en consecuencia, inexistente, así como cualquier decisión en la materia por parte de la Asamblea Nacional, todo ello con base en los artículos 7, 137, 138 y 139 de la Carta Magna."

La Sala Constitucional, con estas afirmaciones quiso reducir la actuación de la Asamblea Nacional con posterioridad a la elección de los Magistrados al Tribunal Supremo, a la sola posibilidad de remoción de los mismos conforme a las previsiones constitucionales, ignorando sin embargo que la Asamblea Nacional como Cuerpo Elector, también tiene la potestad de revocar los actos parlamentarios de elección si se comprueba que al haberse adoptado se violaron las normas constitucionales establecidas para tal elección.

Por ello, dijo la Sala en su sentencia, que con la elección de los Magistrados por la Asamblea, supuestamente "culmina su rol en el equilibrio entre Poderes Públicos para viabilizar la función del Estado agregando en una forma distorsionante, sobre la posibilidad de todo órgano del Estado de controlar sus propias decisiones y revocarlas cuando están viciadas de nulidad absoluta por inconstitucionales," agregando que:

> "Crear una atribución distinta, como sería la revisión *ad infinitum* y nueva "decisión" sobre "decisiones" asumidas en los procesos anteriores de selección y designación de magistrados y magistradas, incluida la creación de una comisión o cualquier otro artificio para tal efecto, sería evidentemente inconstitucional, por atentar contra la autonomía del Poder Judicial y la supremacía constitucional, constituyendo un fraude hacia el orden fundamental que, siguiendo las más elementales pautas morales, no subordina la composición del Máximo Tribunal de la República al cambio en la correlación de las fuerzas político-partidistas a lo interno del Legislativo Nacional."

Desconoció así la Sala Constitucional, en un solo párrafo, la potestad de los órganos del Estado de controlar sus propios actos; que cuando la Asamblea revisa el acto de nombramiento de un Magistrado lo que está es controlando las propias actuaciones de la Asamblea Nacional, y no del Poder Judicial; y que es perfectamente legítimo que un cuerpo de representantes del pueblo, como resultado de una elección, pueda tener una correlación de fuerzas políticas distinta y decida actuar en consecuencia revisando los actos de la anterior legislatura, si los mismos fueron dictados en violación de la Constitución. Ello ni es un fraude a la Constitución ni viola ninguna pauta moral, y nada tiene que ver la duración de los diversos períodos de los órganos del Estado; y el que haya una Comisión parlamentaria que investigue las inconstitucionalidades realizadas durante el proceso de la elección de Magistrados, en forma alguna puede calificarse como "desviación jurídica y ética" ni como "desviación de poder" alguna.

La conclusión de todas estas erradas y desviadas afirmaciones de la Sala, fue proceder, sin más, a declarar, mediante la sentencia N° 9 de 1 de marzo de 2016:

> "la nulidad absoluta e irrevocable de los actos mediante los cuales la Asamblea Nacional pretende impulsar la revisión de procesos constitucionalmente

precluidos de selección de magistrados y magistradas y, por ende, de las actuaciones mediante las cuales creó la comisión especial designada para evaluar tales nombramientos, así como de todas las actuaciones derivadas de ellas, las cuales son, jurídica y constitucionalmente, inexistentes."

Agregando que "no es inadvertido para esta Sala que una de las probables consecuencias de crear la referida 'Comisión Especial de la Asamblea Nacional para revisar el nombramiento de los Magistrados Principales y Suplentes designados en diciembre de 2015', sería la de pretender dejar sin efecto la designación de los Magistrados para los cuales fue creada la mencionada Comisión, en ejercicio de un manifiesto fraude constitucional a la luz del contenido del artículo 265 del Texto Fundamental," pero sin decir, la Sala, que entre los Magistrados cuya irregular designación estaba estudiando la Comisión de la Asamblea, estaban unos que eran los que estaban dictando la sentencia. Fueron jueces y parte en el proceso, sin que nadie en la Asamblea Nacional pudiese expresar siquiera una opinión adversa a lo que pretendían los demandantes, en evidente colusión con los magistrados sentenciadores, violando la garantía constitucional al debido proceso.

Desconoció, así, la Sala Constitucional, la competencia que tiene la Asamblea Nacional para revocar sus propias decisiones, como incluso se establece en el artículo 90 de su Reglamento Interior y de Debates, al disponer que "Las decisiones revocatorias de un acto de la Asamblea Nacional, en todo o en parte, requerirán del voto de la mayoría absoluta de los presentes," lo que de acuerdo con la norma, no sólo procede en caso de vicios de nulidad absoluta, como es la violación de formalidades esenciales, pudiendo procederse también a la revocación en casos de "error o por carencia de alguna formalidad no esencial" con el voto de la mayoría de los presentes.

La Sala Constitucional, en su razonamiento, sin embargo, mezcló deliberada y erradamente esta potestad de revocación de los actos de la Asamblea, con la revocación de los actos administrativos conforme al artículo 82 de la Ley Orgánica de Procedimientos Administrativos, ignorando que esa norma no se aplica cuando se trata de revocación de actos parlamentarios sin forma de ley, dictados en ejecución directa e inmediata de la Constitución, como es el caso de elección popular de segundo grado de Magistrados del Tribunal Supremo; y menos se puede argumentar en un Estado de derecho, que si la elección de un Magistrado por la Asamblea Nacional se hubiese realizado violando la Constitución, dicho Magistrado así inconstitucionalmente electo, tendría un inexistente "derecho adquirido" a permanecer inconstitucionalmente en un cargo para el cual no podía ser electo.

En fin, desconociendo la Constitución, confundiendo la posibilidad de legítima revocación por la Asamblea de su propio acto de elección de un Magistrado del Tribunal Supremo dictado en contra de la Constitución, con la "remoción" de Magistrados, la Sala Constitucional concluyó afirmando que:

> "la Asamblea Nacional no está legitimada para revisar, anular, revocar o de cualquier forma dejar sin efecto el proceso interinstitucional de designación de los magistrados y magistradas del Tribunal Supremo de Justicia, principales y suplentes, en el que también participan el Poder Ciudadano y el Poder Judicial (este último a través del comité de postulaciones judiciales que debe designar - art. 270 Constitucional -), pues además de no estar previsto en la Constitución y atentar contra el equilibrio entre Poderes, ello sería tanto como remover a los

magistrados y magistradas sin tener la mayoría calificada de las dos terceras partes de sus integrantes, sin audiencia concedida al interesado o interesada, y en casos de -supuestas- faltas -graves- no calificadas por el Poder Ciudadano, al margen de la ley y de la Constitución (ver art. 265 Constitucional)."

Así, la Sala Constitucional simplemente, le cercenó a la Asamblea Nacional su potestad de revisar la constitucionalidad de sus propios actos y de revocarlos cuando determine que están viciados por violación a la Constitución.

Ello lo ratificó posteriormente la propia Sala Constitucional con otra sentencia, la N° 225 de 29 de marzo de 2016[1649] dictada con motivo de un recurso de nulidad parcial intentado por un abogado, el 13 de enero de 2016, contra el Acuerdo de la Asamblea de 23 de diciembre de 2015, de designación de diversos Magistrados del Tribunal Supremo, alegando cuestiones relativas a falta de condición moral y la honorabilidad, así como de competencia para el ejercicio de dichas funciones en violación de la normativa constitucional que rige tales designaciones.

La Sala Constitucional, con motivo de declarar inadmisible el recurso intentado, por supuesta falta de fundamentación y de paso sancionar con multa al recurrente por haber "irrespetado" a los Magistrados del Tribunal Supremo, ratificó lo que ya había resuelto en la sentencia N° 9 de 1 de marzo de 2016 en el sentido de cercenarle a la Asamblea Nacional su potestad de auto tutela sobre sus propios actos, cuando estén viciados de nulidad, en particular, revocar las designaciones de los Magistrados del Tribunal Supremo hechos en violación de la Constitución.

La Sala, en efecto, en esa sentencia N° 255 de marzo de 2016, desvirtuó la función de la Asamblea Nacional como Cuerpo elector de segundo grado en la elección de los Magistrados del Tribunal Supremo, considerando que la misma solo participaba "en los procesos complejos e interinstitucionales de designación y remoción de magistrados y magistradas de este Máximo Tribunal, conforme lo pautan los artículos 264 y 265 Constitucional," y que "en lo que a ello respecta, allí culmina su rol en el equilibrio entre Poderes Públicos para viabilizar la función del Estado." Todo ello, para concluir indicando de nuevo, sin fundamentación constitucional alguna, lo expresado en la anterior sentencia N° 9 de 1 de marzo de 2016, sobre que "la Asamblea Nacional no está legitimada para revisar, anular, revocar o de cualquier forma dejar sin efecto el proceso interinstitucional de designación de los magistrados" del Tribunal Supremo de Justicia.

Ahora bien, a pesar de lo expresado en la antes comentada sentencia N° 9 de 1 de marzo de 2016, y de su ratificación mediante sentencia N° 225 de 29 de marzo de 2016, también comentada, la Asamblea Nacional ejerciendo autónomamente sus competencias constitucionales como titular de la representación popular, procedió a designar una nueva Comisión Especial para resolver el mismo tema de la inconstitucional designación de los Magistrados del Tribunal Supremo el día 23 de diciembre de 2015 por la anterior Asamblea, procediendo el 19 de julio de 2016 a aprobar el Informe de la nueva Comisión, habiendo con ello declarado dejar sin efectos aquellos actos de nombramientos.

Dicho acto parlamentario fue impugnado por un grupo de diputados del gobierno, y la Sala Constitucional del Tribunal Supremo de Justicia, ignorando el mandato

---

1649 Véase en http://historico.tsj.gob.ve/decisiones/scon/marzo/186523-225-29316-2016-16-0042.HTML.

constitucional de que "el proceso constituye un instrumento fundamental para la realización de la justicia" (art. 257), procedió a dictar una sentencia de nulidad del acto parlamentario impugnado *sin proceso*, es decir, sin siquiera molestarse en citar y oír a la autoridad autora del acto impugnado para conocer sus alegatos, violando así la garantía constitucional del debido proceso que exige garantizar el derecho a la defensa en todo estado y grado del proceso (art. 49.1). Algo realmente nunca visto en la historia de la justicia, y en particular, de la Justicia Constitucional en el mundo.

Eso, en efecto, fue lo que ocurrió con la sentencia de dicha Sala Nº 614 el 19 de julio de 2016,[1650] mediante la cual la misma "asumió la causa" resultado de la mencionada solicitud de nulidad, y sin llegar siquiera a "admitir" la demanda, *in limine* anuló el acto parlamentario impugnado que había dictado la Asamblea Nacional solo cinco días antes, como se dijo, el 14 de julio de 2016, mediante el cual se aprobó el Informe que había presentado la "Comisión Especial para el Rescate de la Institucionalidad del Tribunal Supremo de Justicia," recomendando dejar sin efectos el proceso de selección para el nombramiento de los magistrados del Tribunal Supremo y el acto de su juramentación desarrollados el 23 de diciembre de 2015.

Como el objeto de la solicitud de nulidad era un acto de la Asamblea Nacional, cuya "abolición" había sido decretada por la Sala Constitucional en sus múltiples sentencias dictadas después de la elección parlamentaria del 6 de diciembre de 2015 y durante el primer semestre de 2016, como resulta de los estudios insertos en este libro, ese "trámite" procesal obligatorio de tener que "admitir" la demanda para poder entrar a conocer de la causa, y tener que citar a los representantes de la entidad demandada para que puedan alegar sus argumentos en defensa del acto impugnado, por lo visto, para la Sala Constitucional en Venezuela no fue más que una "nimiedad" sin importancia.

Por ello, como lo dice la sentencia, la Sala sin más y sin trámite alguno "asumió" la causa y pasó a decidir, sin que los Magistrados cuyo nombramiento había sido dejados sin efecto por el Parlamento siquiera se hubiesen molestado en inhibirse de conocer del asunto. Simplemente no firmaron la decisión porque no asistieron a la audiencia supuestamente "por motivos justificados."[1651]

En cuanto a la información sobre la sentencia *express,* en la página web del Tribunal Supremo, en la información de decisiones del 19 de julio de 2016,[1652] apareció la referencia a la sentencia, donde a pesar de que el número de la misma (614) y su contenido se identifican correctamente, como una decisión que "declara nulo el acto parlamentario" impugnado, sin embargo no sucedió lo mismo con la información

---

1650 Véase en http://historico.tsj.gob.ve/decisiones/scon/julio/189122-614-19716-2016-16-0153.HTML . Véase el comentario sobre la sentencia de José Ignacio Hernández, "El TSJ anuló decisión de la AN sobre los magistrados: ¿cuáles son las implicaciones?," en *Prodavinci*, 2 de julio de 2016, en http://prodavinci.com/blogs/el-tsj-anulo-decision-de-la-an-sobre-los-magistrados-cuales-son-las-implicaciones-por-jose-i-hernandez/r

1651 En la sentencia aparecen al final los nombres de todos los integrantes de la Sala,: Gladys M. Gutiérrez Alvarado (Ponente), Arcadio de Jesús Delgado Rosales, Carmen Zuleta de Merchán, Juan José Mendoza Jover, Calixto Ortega Ríos, Luis Fernando Damiani Bustillos, y Lourdes Benicia Suárez Anderson, con la inclusión al final de una nota que dice: " No firman la presente sentencia los magistrados *Doctores* Calixto Ortega Ríos, Luis Fernando Damiani Bustillos y Lourdes Benicia Suárez Anderson, quienes no asistieron por motivos justificados."

1652 Véase en http://www.tsj.gob.ve/decisiones#1 (Última consulta el 24 de julio de 2016).

sobre el "procedimiento" en el cual se dictó, pues se hizo referencia, no a una "demanda de nulidad" sino a un "procedimiento de interpretación" que nunca existió, y las "partes" que se identificaron fueron otras distintas a los diputados Héctor Rodríguez, Pedro Carreño, Gilberto Pinto, Francisco Torrealba y Ricardo Molina que fueron los impugnantes, identificándose las partes como "Gabriela Flores Ynserny, Daniel Augusto Flores Ynserny, Andrea Carolina Flores Ynserny."

En esta forma, con esta sentencia N° 614 de 19 de julio de 2016,[1653] y la errada información oficial sobre la misma, dictada sin juicio o proceso alguno en una forma expedita como nunca antes se había visto en los anales de la "justicia constitucional" en Venezuela, en solo cuatro días, el Juez Constitucional declaró nulo el acto parlamentario dictado el 14 de julio de 2016 por la Asamblea Nacional, que fue impugnado el 15 de enero de 2016, mediante el cual, como se dijo, se aprobó el Informe presentado por la "Comisión Especial para el Rescate de la Institucionalidad del Tribunal Supremo de Justicia."

Al aprobar dicho Informe de la Comisión Especial, la Asamblea decidió declarar "dejar sin efectos" los actos de procedimiento de lo que consideró un "írrito proceso" de selección y designación de los magistrados realizados en diciembre de 2015, así como del acto de designación y juramentación de los mismos, decidiendo en consecuencia proceder a la elección de los mismos conforme a la Constitución.[1654]

Como se indicó, una Comisión parlamentaria había sido anulada por la Sala en su sentencia N° 9 de 1° de marzo de 2016,[1655] y ello fue lo que motivó al grupo de diputados representantes del Gobierno a solicitar la nulidad de la decisión adoptada por la nueva Comisión designada con el mismo propósito de la anterior, alegando que la misma constituía un desacato a dicha sentencia, y violaba la Constitución. Este fue el único alegato que tuvo ante sí la Sala Constitucional para decidir, por lo visto considerando "innecesario" oír los alegatos de la Asamblea Nacional en violación a la garantía del debido proceso (art. 49.1), que con esta decisión formalmente dejo de ser una garantía constitucional, o quedó reducida a ser una mera formalidad según lo decida circunstancialmente la Sala.

La sentencia sin proceso, en todo caso, se dictó por la Sala Constitucional actuando como juez en su propia causa, después de transcribir la sentencia precedente antes mencionada No. 9 de 1 de marzo de 2016, en la cual había decidido que la Asamblea Nacional no podía revisar sus actos parlamentarios sin forma de ley como

---

1653 Véase en http://historico.tsj.gob.ve/decisiones/scon/julio/189122-614-19716-2016-16-0153.HTML

1654 Véase por ejemplo lo expuesto en "10 magistrados nombrados en diciembre no cumplen requisitos," en *Acceso a la Justicia. El observatorio venezolano de la justicia,* Caracas 22 de julio de 2016, en http://www.accesoalajus-ticia.org/wp/infojusticia/noticias/10-magistrados-nombrados-en-diciembre-no-cumplen-requisitos/.

1655 Véase los comentarios a esta sentencia en Allan R. Brewer-Carías, "El ataque de la Sala Constitucional contra la Asamblea Nacional y su necesaria e ineludible reacción. De cómo la Sala Constitucional del Tribunal Supremo pretendió privar a la Asamblea Nacional de sus poderes constitucionales para controlar sus propios actos, y reducir inconstitucionalmente sus potestades de control político sobre el gobierno y la administración pública; y la reacción de la Asamblea Nacional contra a la sentencia N° 9 de 1-3-2016, disponible en http://www.allanbrewercarias.com/Content/449725d9-f1cb-474b-8ab2-41efb849fea3/Content/Brewer.%20El%20ataque%20Sala%20Constitucional%20v.%20Asamblea%20Nacional.%20SentNo.%209%201-3-2016).pdf.

era el caso del acto de la elección de los magistrados del Tribunal Supremo de Justicia, declarando que incluso que:

> "la creación de una comisión o cualquier otro artificio para tal efecto, sería evidentemente inconstitucional, por atentar contra la autonomía del Poder Judicial y la supremacía constitucional, constituyendo un fraude hacia el orden fundamental que, siguiendo las más elementales pautas morales, no subordina la composición del Máximo Tribunal de la República al cambio en la correlación de las fuerzas político-partidistas a lo interno del Legislativo Nacional."

En dicha sentencia N° 9 la Sala incluso decidió, como se ha señalada, que la Asamblea Nacional no estaba "legitimada para revisar, anular, revocar o de cualquier forma dejar sin efecto el proceso interinstitucional de designación de los magistrados" del Tribunal Supremo de Justicia. La Sala incluso, en la misma sentencia en una forma totalmente desusada, llegó a declarar "la *nulidad de los actos futuros que se sustentasen en esa Comisión y en los actos y fines que la fundamentan*, así como en los documentos emanados de la misma." Es decir, una sentencia que declaró la nulidad sobre actos que no existían y que pudieran llegar a dictarse con posterioridad.

Acatando sin embargo dicha decisión, en virtud de que lo que la misma había "anulado" era una específica Comisión y sus actos futuros, la Asamblea procedió a designar otra Comisión distinta que fue la que produjo el Informe que fue aprobado el 14 de julio de 2016, en el cual se constató, entre otros aspectos, que en el procedimiento de designación de Magistrados del Tribunal Supremo ocurrido en diciembre de 2015, durante unas sesiones extraordinarias, la Asamblea de entonces (i) había incumplido las normas constitucionales para la conformación y funcionamiento del Comité de Postulaciones Judiciales" (arts. 264 y 270); y (ii) había violado las disposiciones de la Ley Orgánica del Tribunal Supremo de Justicia (arts. 70, 71, 73 y 74) y del Reglamento Interno del Comité de Postulaciones Judiciales (arts. 19, 20, 21, 22, 23, 24, 25, 26, 27, 28, 29, 30 y 31), regulatorios del procedimiento para convocar, recibir, evaluar, seleccionar y postular candidatos elegibles para los cargos de Magistrados del Tribunal Supremo de Justicia.

Además, la Asamblea consideró que el Poder Ciudadano también había incumplido sus obligaciones constitucionales de verificación del cumplimiento por parte del Comité de Postulaciones Judiciales de las disposiciones antes mencionadas, en lo que respecta al proceso de convocatoria y selección inicial de postulados previos a la elaboración de la lista definitiva de los candidatos, habiendo examinado el listado de postulados sin que se hubiese efectuado un proceso de selección con base en dichas normas. Y por último, la Asamblea estimó que la Junta Directiva saliente de la Asamblea Nacional también había incumplido "las normas inherentes al proceso de juramentación de los candidatos," que habían sido "seleccionados en un "proceso completamente inconstitucional e ilegal."

Teniendo a su vista como "motivación" única y exclusiva la solicitud de nulidad que se había presentado, el texto del acto impugnado y la sentencia previa N° 9 de 1 de marzo de 2016, la Sala sin siquiera iniciar el proceso procedió a dictar sentencia basándose sólo en que en la mencionada sentencia N° 9 ya había declarado que "la Asamblea Nacional no está legitimada para revisar, anular, revocar o de cualquier forma dejar sin efecto el proceso interinstitucional de designación de los magistrados" del Tribunal Supremo de Justicia, agregando que:

> "además de no estar previsto en la Constitución y atentar contra el equilibrio entre Poderes, ello sería tanto como remover a los magistrados y magistradas sin tener la mayoría calificada de las dos terceras partes de sus integrantes, sin audiencia concedida al interesado o interesada, y en casos de -supuestas- faltas –graves- no calificadas por el Poder Ciudadano, al margen de la ley y de la Constitución (ver art. 265 Constitucional)", por lo que afirmó que "constituye un imperativo de esta Sala declarar, como en efecto lo hace a través de esta sentencia, la nulidad absoluta e irrevocable de los actos mediante los cuales la Asamblea Nacional pretende impulsar la revisión de procesos constitucionalmente precluídos de selección de magistrados y magistradas y, por ende, de las actuaciones mediante las cuales creó la comisión especial designada para evaluar tales nombramientos, así como de todas las actuaciones derivadas de ellas, las cuales son, jurídica y constitucionalmente, inexistentes."

Reconoció, sin embargo, la Sala, porque supuestamente era "público, notorio y comunicacional," que la Asamblea Nacional con posterioridad había creado una nueva Comisión denominada "*Comisión Especial para el Rescate de la Institucionalidad del Tribunal Supremo de Justicia,*" a la cual, a juicio de la Sala, le asignó básicamente el mismo objeto atribuido a la anulada "*Comisión Especial para el estudio y análisis del proceso de selección de magistrados principales y suplentes del Tribunal Supremo de Justicia,*" la cual emitió su Informe, también a juicio de la Sala, con "argumentos y recomendaciones similares al primero pero definiendo algunas acciones diferentes, pues en este caso sugirieron no revocar los actos aprobados por la mayoría de diputados y diputadas de la Asamblea Nacional que culminó funciones el pasado 4 de enero de 2016, sino que recomendó "dejar sin efecto" dichas actuaciones."

La Sala, en su sentencia, no dio importancia alguna a esta circunstancia, e insistió en que una vez designados los magistrados, incluso en las sesiones extraordinarias de diciembre de 2015 que la propia Sala avaló en su sentencia N° 1.758 del 22 de diciembre de 2015,[1656] los Magistrados designados entre los cuales estaban miembros de la propia Sala que decidía, sólo podían ser "removidos" por las causales establecidas en la Constitución y la Ley, cuando la Asamblea a nadie había "removido," declarando:

> "que es nula de toda nulidad la "C*omisión especial para el rescate de la institucionalidad del Tribunal Supremo de Justicia*", así como el acto de su creación, acciones desplegadas por la misma e informes y demás instrumentos por ella producidos, los cuales carecen de validez, existencia y eficacia jurídica.

1656 Véanse los comentarios en Allan R. Brewer-Carías, " El irresponsable intento de "golpe judicial" electoral, y la necesaria revocación inmediata de la inconstitucional "designación" de los Magistrados de la Sala Electoral efectuada por la Asamblea Moribunda," 4 de enero de 2016, disponible en: http://www.allanbrewercarias.com/Content/449725d9-f1cb-474b-8ab2-41efb849fea3/Content/LA%20IRRESPONSABILIDAD%20EN%20EL%20GOLPE%20JUDICIAL%20ELECTORAL%20Y%20LA%20REVOCACI%C3%93N%20DE%20LOS%20JUECES%2004-01-2016.pdf

Asimismo, debe señalarse que es nulo el acto parlamentario por medio del cual la mayoría de los diputados y diputadas de la Asamblea Nacional aprobaron el informe presentado por la "*Comisión Especial para el rescate de la institucionalidad del Tribunal Supremo de Justicia*", en la sesión ordinaria de fecha 14 de julio de 2016.

También debe declarar esta Sala que cualquier comisión u otro artificio o acción que tenga el objeto de anular la designación de magistrados y magistradas, subvirtiendo el procedimiento constitucional para la remoción de magistrados y magistradas del Tribunal Supremo de Justicia y, en fin, contraviniendo el ordenamiento jurídico, sería írrito y nulo de toda nulidad, por ende, carente de validez, existencia y eficacia jurídica, y quienes participen en ellos están sujetos a la responsabilidad penal, civil y administrativa que corresponda."

La Asamblea Nacional en su decisión, por supuesto, no había "removido" a magistrado alguno, lo que solo puede ocurrir en la forma y conforme a las causales establecidas en la Constitución y en la Ley Orgánica, sino lo que hizo fue dejar sin efecto unos nombramientos írritos por haber sido hechos en violación a la Constitución y a la Ley Orgánica del Tribunal Supremo, no siendo ello "artificio" alguno para subvertir el procedimiento de remoción. La "remoción" de Magistrados es una cosa, y el ejercicio por la Asamblea de su poder de auto-tutela de sus actos írritos es una potestad constitucional de la Asamblea, que no le puede ser coartada como lo hizo la Sala Constitucional en estas sentencias N° 9 de 1 de marzo de 2016 y N° 614 de 19 de julio de 2016.

Pero aparte de estas declaratorias, adicionalmente, en la sentencia N° 614 de 19 de julio de 2016, la Sala Constitucional declaró la nulidad del acto parlamentario de aprobación del Informe de la Comisión Especial del día 14 de julio de 2016, por contener otros vicios de nulidad por inconstitucionalidad, porque la Asamblea, que es la única que puede regular su régimen interior y de debates, sin embargo, a juicio de la Sala, habría inobservado a través de su Junta Directiva "de manera flagrante" lo señalado por la Sala en la sentencia N° 269 del 21 de abril de 2016,[1657] en la cual la Sala se había convertido inconstitucionalmente en órgano regulador del régimen interior y de debates de la Asamblea, pasando a establecerlo a su arbitrio.

La Sala, en efecto, consideró que la Junta Directiva, la Secretaría y los diputados de la Asamblea Nacional, al aprobar el Informe de la Comisión Especial "desacataron la sentencia N° 269 del 21 de abril de 2016, emanada de esta Sala, y quebrantaron el orden constitucional;" sentencia en la cual, al decir de la propia Sala por supuesto inconstitucionalmente, "amplió además el procedimiento jurídico para las convocatorias de las sesiones ordinarias de la Asamblea Nacional, extendiendo el lapso de convocatoria establecido en el Reglamento Interior y de Debates de la Asamblea Nacional," para lo cual, por supuesto la Sala no tenía competencia alguna.

1657 Véase los comentarios a esta sentencia en Allan R. Brewer-Carías, "El fin del Poder Legislativo. La regulación por el Juez Constitucional del régimen interior y de debates de la Asamblea Nacional, y la sujeción de la función legislativa de la Asamblea a la aprobación previa por parte del Poder Ejecutivo," 3 de mayo de 2016, disponible en http://www.allanbrewerca-rias.com/Content/449725d9-f1cb-474b-8ab2-41efb849fea3/Content/Brewer.%20EL%20FIN%20DEL%20PODER%20LEGISLATIVO.%20SC.%20mayo%202016.pdf

Consideró así, la Sala, que como en el curso del procedimiento parlamentario se habían emitido "dos agendas del orden del día" para la sesión del 14 de julio de 2016, incorporándose en la segunda "de forma extemporánea" la presentación del Informe de la Comisión Especial," lo que a juicio de la Sala, "demuestra de forma incontrovertible la flagrante violación" por parte de la Junta Directiva y de la Secretaría de la sentencia de la Sala Nº 269, con ello consideró que los diputados que aprobaron el Informe, habían cometido "semejante afrenta al orden constitucional y a la sentencia de esta Sala Nº 269."

De ello, concluyó la Sala, que era su deber:

> "*anular* la convocatoria y la sesión ordinaria de la Asamblea Nacional del 14 de julio de 2016, junto a los actos producidos en ella, y *ordenar* a la Junta Directiva, al resto de diputados incursos en las irregularidades señaladas en esta sentencia y, en fin, a esa institución en general, que respete cabalmente el orden dispuesto en la Constitución de la República Bolivariana de Venezuela, cuya vigencia y eficacia, ante estos actos que constituyen en definitiva evidentes desviaciones de poder y fraudes constitucionales, será protegida de manera irrestricta por este Máximo Tribunal de la República, en tutela del Pueblo venezolano y de los intereses de la Nación. Así se decide."

No contenta con lo anterior, la Sala Constitucional continuó indicando, amenazando a los diputados con poner la justicia penal al servicio del Gobierno para perseguirlos, a pesar de que gozan del privilegio de la inmunidad parlamentaria,[1658] que:

> "en razón de la *posible comisión de delitos* contra los Poderes Nacionales y contra la Administración de Justicia, entre otros bienes jurídicos tutelados y otras formas de responsabilidad jurídica, se ordena remitir copia certificada de esta sentencia al Ministerio Público, a los fines jurídicos consiguientes. Así se decide."

Y concluyó así la sentencia, con una decisión en la cual luego de expresar que la Sala "*es competente* para conocer y decidir la presente solicitud de nulidad del acto parlamentario sin forma de ley emanado de la Asamblea Nacional," que fue impugnado por un grupo de diputados, sin siquiera "admitir" la solicitud y antes de iniciar juico alguno, declaró:

> "que es nula de toda nulidad" la "*Comisión Especial para el rescate de la institucionalidad del Tribunal Supremo de Justicia*", así como el acto de su creación, acciones desplegadas por la misma e informes y demás instrumentos por ella producidos, los cuales carecen de validez, existencia y eficacia jurídica."

Como consecuencia de ello, la sentencia repitió, hasta la saciedad, como si ello contribuiría a que la misma pudiera tener credibilidad, que lo decidido por el Parlamento era "nulo," de "nulidad absoluta," y que todos los actos que originaron el acto impugnado eran "írritos y nulos de toda nulidad y carentes de validez, existen-

1658 Véase los comentarios de José Ignacio Hernández, en "El TSJ anuló decisión de la AN sobre los magistrados: ¿cuáles son las implicaciones?," en *Prodavinci*, 2 de julio de 2016, en http://prodavinci.com/blogs/el-tsj-anulo-decision-de-la-an-sobre-los-magistrados-cuales-son-las-implicaciones-por-jose-i-hernandez/

cia y eficacia jurídica;" para al final declarar que el acto parlamentario del 23 de diciembre de 2015, en el cual fueron designados y juramentados 34 magistrados del Tribunal Supremo de Justicia:

> "conserva su total validez y, en consecuencia, permanecerán en sus cargos en el tribunal supremo de justicia para el periodo constitucional correspondiente."

O sea, la Sala Constitucional del Tribunal Supremo, actuando como juez en su propia causa, resolvió que los magistrados que la integraban, aun cuando no firmaron la sentencia solo por supuestas "razones justificadas," permanecerían en sus cargos siendo inamovibles por algo más de dos lustros hacia el futuro; ordenando a los diputados de la Asamblea Nacional, "ante estos actos que constituyen evidentes desviaciones de poder y fraudes constitucionales," a "acatar" lo decidido.

Así es como se imparte justicia en Venezuela, de forma extraordinariamente expedita, con una sentencia dictada en solo cuatro días después de presentada una solicitud, por un Juez juzgando en su propia causa, sin seguir proceso judicial alguno, y violando descaradamente la garantía del debido proceso. Pero como la Sala no tiene quien la controle, no pasa nada. *Quis custodiet ipsos custodes*?[1659]

SECCIÓN SEXTA:

EL DESCONOCIMIENTO JUDICIAL DEL PODER DE LA ASAMBLEA NACIONAL PARA LEGISLAR

Desde que se instaló la Asamblea Nacional en Venezuela el 5 de enero de 2016, la misma no ha podido cumplir su función de legislador. Todas, absolutamente todas las leyes que ha sancionado han sido declaradas inconstitucionales por la Sala Constitucional del Tribunal Supremo al ejercer el control previo de constitucionalidad que regula el artículo 214 de la Constitución a solicitud del Presidente de la República, antes de promulgarlas. Como lo observó el Secretario General de la Organización de Estados Americanos, Luis Almagro en el *Informe* que con fecha 30 de mayo dirigió al Consejo Permanente de la Organización conforme al artículo 20 de la Carta Democrática Interamericana, "a pesar de que la oposición en Venezuela cuenta con una amplia mayoría en la Asamblea Nacional, las leyes que ésta aprueban encuentran trabas bajo el fundamento de que son 'inconstitucionales.'"[1660]

Ello sucedió con las siguientes leyes: Ley de reforma parcial de la Ley del Banco Central de Venezuela, Ley de Amnistía y Reconciliación Nacional, Ley de Bono para Alimentación y Medicinas a Pensionados y Jubilados, Ley de Otorgamiento de Títulos de Propiedad a Beneficiarios de la Gran Misión Vivienda Venezuela y otros

---

1659 La frase es del poeta romano Juvenal (Siglo I y II), en sus *Sátiras* (Sátira VI 346–348), traducida como ¿Quién vigilará a los vigilantes?, ¿Quién guardará a los guardianes?, ¿Quién vigilará a los propios vigilantes? Véase la referencia en https://es.wikipedia.org/wiki/Quis_custodiet_ipsos_custodes%3F#Origen . Véase sobre el tema en relación con la Sala Constitucional, Allan R. Brewer-Carías, "*Quis Custodiet Ipsos Custodes*: De la interpretación constitucional a la inconstitucionalidad de la interpretación," en *Revista de Derecho Público*, No 105, Editorial Jurídica Venezolana, Caracas 2006, pp. 7-27.

1660 Véase la comunicación del Secretario General de la OEA de 30 de mayo de 2016 con el *Informe sobre la situación en Venezuela en relación con el cumplimiento de la Carta Democrática Interamericana*, p. 54. Disponible en oas.org/documents/spa/press/OSG-243.es.pdf.

Programas Habitacionales del Sector Público, y Ley Especial para Atender la Crisis Nacional de Salud; que fueron consideradas todas como sancionadas sin seguirse la "reglamentación" hecha judicialmente del régimen interior y de debates de la propia Asamblea nacional "impuesto por la Sala a la Asamblea.

I. LA SENTENCIA DE MUERTE DEL PODER LEGISLATIVO EN VENEZUELA Y EL CONTROL POLÍTICO DE LA LEGISLACIÓN POR PARTE DEL JUEZ CONSTITUCIONAL: EL CASO DE LA REFORMA DE LA LEY DEN BANCO CENTRAL DE VENEZUELA

La Sala Constitucional del Tribunal Supremo de Justicia, mediante sentencia N° 259 de 31 de marzo de 2016,[1661] declaró inconstitucional la Ley de Reforma Parcial de la Ley del Banco Central de Venezuela sancionada por la Asamblea Nacional el 3 de marzo de 2016, con la cual definitivamente procedió a dictar la sentencia de muerte de la Asamblea Nacional, como Poder Legislativo.

Después de esta sentencia y de las que siguieron puede decirse que nunca más bajo el régimen actual, la Asamblea podrá ejercer libremente, como representante del pueblo, su función política de legislar, pues habrá siempre un órgano que se considera supra constitucional que es el que se ha arrogado la potestad de juzgar la política que aplique el órgano político del Estado por excelencia, que es el parlamento.

El tema es de primera importancia institucional en Venezuela, pues puso en una encrucijada al órgano legislativo, que siendo el único con legitimidad democrática renovada en diciembre de 2015, ha estado en situación de perderla si no impone la voluntad popular que representa, conforme a la Constitución, sobre los demás órganos del Estado.

La Ley del Banco Central de Venezuela, en efecto, dictada inicialmente en 2001, luego de varias reformas, la última de 2010, fue objeto de una precipitada reforma el 30 de diciembre de 2015 (como ocurrió con otras muchas leyes), efectuada mediante decreto ley por el Ejecutivo Nacional, luego de que por el voto popular del 6 de diciembre de 2015 cambió la orientación política de la Asamblea Nacional, la cual pasó a estar controlada por la oposición.

Con tal motivo, en las otras instancias del Estado Totalitario que quedaban controladas por el gobierno, como antes destacamos, se desplegó un inusitada labor legislativa, habiéndose dictado entre el 28 y el 29 de diciembre de 2015, varias decenas de leyes por la Asamblea Nacional y otro tanto de decretos leyes por el Presidente de la República, con base en una delegación legislativa que había sido aprobada mediante Ley habilitante para la defensa de la soberanía nacional en 6 de julio de 2015, [1662] y cuyo término de vigencia era el 31 de diciembre. En ese desenfrenado proceso legislativo, la gran mayoría de dichas leyes en realidad fueron reformas de leyes que ya estaban en vigencia; y tuvieron por objeto, en vista del cambio político

---

1661 Véase en http://historico.tsj.gob.ve/decisiones/scon/marzo/186656-259-31316-2016-2016-0279.HTML Véanse los comentarios en Allan R. Brewer-Carías, "La sentencia de muerte de la Asamblea Nacional. El caso de la nulidad de la Ley de reforma del BCV. Marzo 2016," en http://www.allanbrewercarias.com/Content/449725d9-f1cb-474b-8ab2-41efb849fea3/Content/Brewer.%20La%20sentencia%20de%20muerte%20AN.%20Sentencia%20SC%20Ley%20BCV.pdf.

1662 Véase en *Gaceta Oficial* N° 40.701 del 13 de julio de 2015.

operado en la composición de la Asamblea Nacional, en varios casos el cercenarle las atribuciones que ésta última tenía asignadas mediante leyes. Es decir, como la Asamblea Nacional a partir de enero de 2016 comenzaba a estar controlada por la oposición, el Poder Ejecutivo estimó que había que quitarle todas las competencias que pudieran significar algún control por parte de la misma en relación con el gobierno.

Y así fue que entre las leyes reformadas el 30 de diciembre de 2015, en ese caso mediante decreto ley (N° 2.179) [1663] dictado por el Presidente de la República, estuvo la mencionada Ley del Banco Central de Venezuela, que había sido inicialmente sancionada en 2001 y cuya última reforma se había producido en 2010, [1664] que era la que había venido rigiendo dicha institución durante los cinco años precedentes, en particular, en lo que se refiere a las relaciones entre el banco Central y los Poderes Ejecutivo y Legislativo, en un todo conforme a lo que se dispuso en la Constitución de 1999.

1. *El régimen de la participación de la Asamblea Nacional en el funcionamiento del Banco Central de Venezuela conforme a la Constitución a la legislación sancionada desde 2001*

En efecto, en la Constitución de 1999 se incluyó en la Disposición Transitoria Cuarta, un numeral 8, en el cual se asignó a la Asamblea Nacional la competencia, relativa a la sanción de "*La ley a la cual se ajustará el Banco Central de Venezuela*" estableciéndose que:

> "Dicha ley fijará, entre otros aspectos, el alcance de las funciones y forma de organización del instituto; el funcionamiento, período, *forma de elección, remoción, régimen de incompatibilidades y requisitos para la designación de su Presidente o Presidenta y Directores o Directoras*; las reglas contables para la constitución de sus reservas y el destino de sus utilidades; la auditoría externa anual de las cuentas y balances, a cargo de firmas especializadas, seleccionadas por el Ejecutivo Nacional; y el control posterior por parte de la Contraloría General de la República en lo que se refiere a la legalidad, sinceridad, oportunidad, eficacia y eficiencia de la gestión administrativa del Banco Central de Venezuela.
>
> La ley establecerá que el Presidente o Presidenta y demás integrantes del Directorio del Banco Central de Venezuela representarán exclusivamente el interés de la Nación, *a cuyo efecto fijará un procedimiento público de evaluación de los méritos y credenciales de las personas postuladas a dichos cargos.*
>
> La ley establecerá que al Poder Ejecutivo corresponderá *la designación del Presidente o Presidenta del Banco Central de Venezuela y, al menos, de la mitad de sus Directores o Directoras; y establecerá los términos de participación del Poder Legislativo Nacional en la designación y ratificación de estas autoridades."*

En esta norma constitucional, en consecuencia, el Constituyente dejó exclusivamente en manos del Legislador el establecimiento del régimen legal del Banco Cen-

1663 Véase en *Gaceta Oficial* N° 6.211 Extra. de 30 de diciembre de 2015.

1664 Véase en *Gaceta Oficial* N° 39.419 de 7 de mayo de 2010.

tral de Venezuela, en lo que se refiere a sus relaciones con el Poder Ejecutivo y el Poder Legislativo, particularmente para la designación de sus altos funcionarios, así:

1. Establecer *la forma de elección, de remoción, el régimen de incompatibilidades y los requisitos para la designación* de su Presidente y Directores del Banco Central de Venezuela.

2. Establecer el *procedimiento público de evaluación de los méritos y credenciales de las personas postuladas* a los cargos de Presidente y Directores del Banco Central de Venezuela.

3. Establecer que al *Poder Ejecutivo le corresponderá designar al Presidente* del Banco Central de Venezuela.

4. Establecer que al *Poder Ejecutivo le corresponderá designar al menos, la mitad de sus Directores* del Banco Central de Venezuela.

5. Establecer *los términos de participación del Poder Legislativo Nacional en la designación y ratificación* de estas autoridades

Estas previsiones constitucionales fueron concebidas para asegurar, mediante la regulación de la participación de la Asamblea Nacional en relación con la designación de los altos funcionaros del Banco, la autonomía e independencia del Banco Central de manera de garantizar, como lo dispone el artículo 320, que el mismo "no estará subordinado a directivas del Poder Ejecutivo y no podrá convalidar o financiar políticas fiscales deficitarias;" y ello, asegurando el equilibrio necesario entre el Poder Legislativo y el Poder Ejecutivo.

Con base en estas previsiones, la Asamblea Nacional legisló sobre la materia desde 2001, con reformas posteriores de 2005 y 2009, siendo la última antes de 2015, la de mayo de 2010, que es la que estaba vigente para diciembre de 2015, asegurando siempre el régimen de la "participación" de la Asamblea Nacional en la designación y remoción del Presidente y miembros del Directorio del Banco Central, con las siguientes regulaciones:

1. En el artículo 9 se dispuso la participación de la Asamblea Nacional en la designación del Presidente del Banco Central por el Presidente de la República, al disponerse que dicho nombramiento debía ser "*ratificado por el voto de la mayoría de los miembros de la Asamblea Nacional.*" Se agregó además que *si la Asamblea Nacional rechazase* "sucesivamente a dos candidatos propuestos por el Presidente de la República," éste entonces debía designar al Presidente del Banco, designación *que la Asamblea Nacional debía ratificar.*"

2. En el artículo 14 se estableció que en los casos de nueva designación del Presidente del Banco Central por falta absoluta, el Presidente de la República debía someter "*a la consideración de la Asamblea Nacional la nueva designación en los términos previstos en esta Ley.*"

3. En el artículo 15 se dispuso que el Presidente de la República debía someter "*a la consideración de la Asamblea Nacional* la respectiva designación para el cargo de Presidente del Banco, *para lo cual se procederá* con arreglo a lo dispuesto en el artículo 9."

4. En el artículo 16 se ratificó la disposición que establecía desde 2001 que correspondía al Presidente de la República designar a cuatro de los seis directores del Directorio del Banco y que correspondía "*a la Asamblea Nacional la designación de*

dos Directores, mediante el voto de la mayoría de sus miembros." La norma agregaba que para el caso de *los Directores designados por la Asamblea Nacional,* el procedimiento debía contemplar "un registro de por lo menos el triple de los cargos vacantes que deban cubrirse."

5. En el artículo 17 se estableció que la *Asamblea Nacional* debía conformar "un comité de evaluación de méritos y credenciales, encargado de verificar y evaluar las credenciales y los requisitos de idoneidad de los candidatos al directorio." Dicho Comité *debía* "estar integrado por dos representantes electos por la *Asamblea Nacional,* dos representantes designados por el *Ejecutivo Nacional,* y un representante *escogido por la Academia Nacional de Ciencias Económicas."*

6. En el artículo 26 se dispuso que en el caso de que se formule una solicitud de remoción de los miembros del Directorio del Banco, la misma debía ser enviada al Directorio, el cual, debía remitir "las actuaciones *a la Asamblea Nacional* para su correspondiente decisión, agregando que *"La remoción debía adoptarse con el voto de las dos terceras partes de los integrantes presentes de la Asamblea Nacional."*

7. En el artículo 27 se dispuso que en los casos de "incumplimiento sin causa justificada del objetivo y las metas del Banco" ello daría "lugar a la remoción del Directorio, mediante *decisión adoptada por la Asamblea Nacional* con el voto de las dos terceras partes de sus integrantes, presentes."

2. *La precipitada reforma de la Ley del Banco Central mediante decreto ley de 30 de diciembre de 2015 para restarle competencias a la Asamblea Nacional, y su restablecimiento mediante reforma sancionada por la nueva Asamblea nacional en marzo de 2016*

Lo anteriormente indicado era el régimen que existía para diciembre de 2015, el cual luego de verificada la elección parlamentaria del 6 de diciembre de 2015 pasando la oposición al gobierno a controlar la mayoría de la Asamblea Nacional, fue reformado por el Presidente de la República mediante Decreto Ley N° 2.179 de 30 de diciembre de 2015,[1665] para lo cual no tenía competencia alguna conforme a la Ley habilitante de marzo de 2015, antes comentada; reforma mediante la cual, pura y simplemente procedió a eliminar todo el régimen de la participación de la Asamblea Nacional en la designación de los altos funcionarios del Banco Central, conforme a la legislación vigente desde 2001, regulando en sustitución lo siguiente:

1. En el artículo 9, se eliminó toda participación de la Asamblea Nacional en el proceso de designación del Presidente del Banco Central por el Presidente de la República, que consistía en su potestad de ratificar la designación, y se dispuso pura y simplemente que el Presidente de la República designa al Presidente del Banco Central de Venezuela, sin que la Asamblea Nacional tenga participación alguna en la designación.

2. En el artículo 14 se eliminó toda participación de la Asamblea en los casos de nueva designación del Presidente del Banco Central en los casos de falta absoluta, quedando el procedimiento totalmente en manos del Presidente de la República.

1665 Véase en *Gaceta Oficial* N° 6.211 Extraordinario del 30 de diciembre de 2015.

3. En el artículo 15 se eliminó la disposición que exigía al Presidente de la República someter a la consideración de la Asamblea Nacional la designación para el cargo de Presidente del Banco.

4. En el artículo 16 se eliminó la atribución de la Asamblea Nacional de designar dos de los seis Directores del Banco Central de Venezuela, atribuyéndose al Presidente de la República la potestad exclusiva de designar todos los Directores del Directorio del Banco.

5. En el artículo 17 se eliminó la previsión de que un representante del comité de evaluaciones de méritos y credenciales para la designación de los Directores del Banco fuera un representante escogido por la Academia Nacional de Ciencias Económicas, quedando en consecuencia integrado con mayoría designada por el Poder Ejecutivo.

6. En el artículo 26 se eliminó la participación de la Asamblea Nacional para decidir sobre la remoción de los miembros del Directorio del Banco, quedando el procedimiento exclusivamente en manos del Presidente de la República.

7. En el artículo 27 se eliminó la competencia asignada a la Asamblea Nacional, para decidir sobre la remoción del Directorio del Banco Central en los casos de incumplimiento sin causa justificada del objetivo y las metas del Banco, asignándose ello exclusivamente al Presidente de la República.

La reforma, por supuesto, tuvo una clara motivación política, derivada del control que con las elecciones del 6 de diciembre asumió la oposición respecto de la Asamblea Nacional, y un claro objetivo político, que fue quitarle, por ello, a la Asamblea Nacional toda participación en el proceso de designación y remoción de los miembros del Directorio del Banco Central de Venezuela. Y así fue.

En consecuencia, en virtud de que conforme al artículo 218 de la Constitución, las leyes se derogan por otras leyes, la Asamblea Nacional, una vez instalada el 5 de enero de 2015, procedió a discutir la Ley de reforma de la Ley del Banco Central de Venezuela, sancionada el 3 de marzo de 2016, *con el único y exclusivo propósito político, por supuesto, de restablecer sus atribuciones que le habían sido cercenadas por el Ejecutivo Nacional en diciembre de 2015, y que estaban en la legislación anterior a 2015*, conforme lo autoriza la Constitución.

La Asamblea Nacional, como órgano de representación popular, es el órgano político por excelencia dentro de la organización del Estado, teniendo, por tanto, la reforma de la Ley del Banco Central que sancionó, sin duda, una clara e inevitable motivación política, que fue la de restablecer las competencias constitucionales asignadas a la Asamblea en relación con el Banco Central de Venezuela las cuales habían sido desarrolladas mediante Ley desde 2001, y que le habían sido cercenadas por el Ejecutivo Nacional mediante el decreto ley de 30 de diciembre de 2015.

Dicha decisión ejecutiva, sin duda, también fue dictada con manifiesta motivación política, aun cuando en ese caso desconociendo la Constitución, al perder el gobierno las elecciones parlamentarias de diciembre de 2015. Y así, al pasar la Asamblea Nacional a estar conformada políticamente por mayoría de diputados de la oposición, buscar impedir que la misma pudiera participar en el proceso de designaciones de las autoridades del Banco Central para, en cambio, asegurar la actuación exclusiva del Ejecutivo en esos procesos, sin control político, y con ello, la subordinación del Banco al Ejecutivo Nacional que es lo que precisamente buscó evitar la Constitución, al asegurar la participación de la Asamblea en esos procesos.

3. *La solicitud de "control de constitucionalidad" de la ley por haber sido dictada con motivación política o sea, por "desviación de poder"*

La Ley de reforma de la Ley del Banco Central de Venezuela de 3 de marzo de 2016, fue enviada al Poder Ejecutivo para su ejecútese y promulgación, con base en lo establecido en el artículo 214 de la Constitución, que regula el control preventivo de la constitucionalidad de las leyes antes de su promulgación, que permite al Presidente de la República remitir la Ley sancionada a la Sala Constitucional del Tribunal Supremo para solicitarle un pronunciamiento si considera que la misma o algunos de sus artículos son inconstitucionales.

Y así fue que el Presidente de la República el día 17 de marzo de 2016 remitió a la Sala Constitucional el asunto, y la Sala Constitucional mediante sentencia Nº 259 de 31 de marzo de 2016, [1666] declaró inconstitucional la mencionada Ley de Reforma Parcial que sancionó la Asamblea Nacional en fecha 3 de marzo de 2016, declarando además, que "se preserva la vigencia del Decreto Ley de Reforma de la Ley del Banco Central de Venezuela," dictado por el propio Presidente el 30 de diciembre de 2015, que le había cercenado sus funciones a la Asamblea Nacional en relación con el Banco Central.

Tal como se reseña en la propia sentencia, la solicitud del Presidente de la República, básicamente lo que denunció fue que "el móvil político no puede ser *per se* un motivo para dictar una ley," y que "imponer desde el Poder Legislativo un dominio no contenido en el mandato de sus electores es, a todas luces, un fraude a la Constitución," agregando que "no cabe duda que la motivación de la reforma propuesta por la bancada opositora de la Asamblea Nacional es netamente política," motivada por "el cambio de orientación política de la Asamblea Nacional," buscando "dar control a la Asamblea Nacional en la designación de los miembros del Directorio del Banco Central de Venezuela." (BCV).

En fin, argumentó el solicitante que "no cabe duda [de] que los motivos del proyecto presentado son políticos y tienen que ver con la toma de poder de la Asamblea Nacional sobre todos los espacios de la vida económica."

El Presidente además argumentó, justificando la reforma que había hecho en diciembre de 2015 mediante decreto ley, que con ella supuestamente buscó mantener "la proporción exigida en la Constitución respecto de la participación de la Asamblea Nacional en la designación de las autoridades del Banco Central de Venezuela, corriendo (sic) el criterio establecido con anterioridad según el cual se cedió a la Asamblea Nacional la atribución para la designación de dos (02) miembros del Directorio," lo que estimó "excedía, a todas luces, la exigencia constitucional de dar participación al Poder Legislativo Nacional en la designación y ratificación de dicho Directorio." Para ello argumentó el Presidente ante la Sala, que la Constitución no confería a la Asamblea Nacional poder para "designar a una parte del Directorio, sino sólo que debe 'participar' en ello," y con ello, supuestamente contribuir "a la disminución de su autonomía [del Banco Central], al pretender la Asamblea Nacional incorporar nuevamente un esquema que demostró ser inoperante."

1666 Véase en http://historico.tsj.gob.ve/decisiones/scon/marzo/186656-259-31316-2016-2016-0279.HTML.

El Presidente, sin embargo, no indicó nada sobre inconstitucionalidad de la ley o de alguno de sus preceptos, sino en general lo que solicitó de la Sala Constitucional, a la cual calificó como "Tribunal Constitucional," fue que "evaluara los síntomas del distanciamiento de la actividad parlamentaria respecto a (sic) los preceptos finalistas de la Constitución, para evitar el peligro [de] que el Parlamento abuse del espacio que ella misma ha reservado o habilitado al Legislador como órgano central del proceso político," buscando que ejerciera un control de "desviación de poder" respecto de la actividad legislativa del parlamento, "que implica para su configuración que el acto haya sido dictado con un fin distinto al previsto por el Constituyente," en este caso, supuestamente:

> "desviando hacia el cumplimiento de ofertas electorales efectuadas en la campaña de la bancada opositora en diciembre de 2015, según las cuales la 'nueva' Asamblea Nacional vendría a 'gobernar'. Preocupa en gran manera al suscrito el afán del cuerpo legislativo nacional por crear ante la opinión pública la sensación de asumir por completo el ejercicio del Poder Público Nacional, pretendiendo generar la idea de un Poder Legislativo superior y condicionante fatal del ejercicio de las competencias del resto de los Poderes."

Para analizar la constitucionalidad de la Ley de reforma de la Ley Orgánica del Banco Central de Venezuela de 3 de marzo de 2016, la Sala en síntesis se refirió a las denuncias formuladas por el Presidente, que fueron, *primero*, la de que el Órgano Legislativo Nacional había actuado "con desviación de poder," supuestamente porque "la finalidad de la reforma es la de asegurar el control del Banco Central de Venezuela por parte del grupo parlamentario de la Asamblea Nacional que actualmente ostenta la mayoría de los diputados que la integran;" *segundo*, que "conferirle a la Asamblea Nacional atribución para designar las autoridades del Banco Central de Venezuela, excede la exigencia establecida" en la Constitución que solo habla de "participar" en la designación; *tercero*, que la reforma "menoscaba la autonomía del Banco Central de Venezuela, al pretender limitar sus funciones e impedir el logro de los objetivos de la política macroeconómica diseñada por el Gobierno Nacional;" y *cuarto,* que la reforma "quebranta el principio de separación de poderes."

4. *El control distorsionado de constitucionalidad de la Ley*

Luego de analizar la historia de las regulaciones sobre el Banco Central de Venezuela, y las normas que aseguran su autonomía en la Constitución y su no subordinación al Poder Ejecutivo Nacional, la Sala Constitucional planteó una premisa falsa e inconstitucional para su análisis y es que supuestamente por:

> "la autonomía que le consagra la Constitución, el Banco Central de *Venezuela está obligado a dirigir sus políticas en función del Plan Nacional de Desarrollo y coadyuvar con el Ejecutivo Nacional como organismo técnico en el diseño y ejecución de las políticas macroeconómicas, financieras y fiscales"* (destacado en el original).

Y ello es falso, pues en la Constitución no hay norma alguna que prevea que hay un Plan Nacional que sea obligatorio para el Banco Central de Venezuela, ni que el mismo sea un "organismo técnico" que tiene que "coadyuvar al Ejecutivo Nacional" en el "diseño y ejecución de las políticas macroeconómicas, financieras y fiscales."

A la Sala Constitucional en realidad como que se le olvidó leer la norma de la Constitución que le asigna al Banco Central el ejercicio exclusivo y obligatorio de "las competencias monetarias del Poder Nacional," siendo su "objetivo fundamental lograr la estabilidad de precios y preservar el valor interno y externo de la unidad monetaria;" (art. 318); siendo el Banco Central el que debe ejercer "sus funciones en coordinación con la política económica general, para alcanzar los objetivos superiores del Estado y la Nación," (art. 318), teniendo entre sus funciones "las de formular y ejecutar la política monetaria, participar en el diseño y ejecutar la política cambiaria, regular la moneda, el crédito y las tasas de interés, administrar las reservas internacionales," (art. 318), debiendo en todo caso "rendir cuenta de las actuaciones, metas y resultados de sus políticas ante la Asamblea Nacional" (art. 319).

Para ello, como se decidió en la sentencia N° 1.115 de 16 de noviembre de 2010 de la misma Sala Constitucional que se cita en la sentencia, "la opción del constituyente de dar rango constitucional a la autonomía del Banco Central, es el resultado necesario de las funciones atribuidas a los bancos centrales y de la experiencia histórica a nivel mundial al respecto, donde la eficiencia en el logro de los objetivos es inversamente proporcional a la posibilidad del Poder Ejecutivo de imponer sus políticas económicas de forma unilateral." Ello, por supuesto, no impide como lo indicó la Sala en la sentencia, que "entre el Poder Ejecutivo y el Banco Central de Venezuela, se desarrolle un funcionamiento armónico, de coordinación y colaboración sin que exista conflictos de intereses."

Nada más indicó la sentencia sobre el Banco, y después de analizar el régimen legal de los bancos centrales en muchos países, a lo que arribó fue a la conclusión de que "a nivel mundial corresponde fundamentalmente al Poder Ejecutivo el nombramiento de las autoridades de los Bancos Centrales y, que en mayor o menor medida, el Poder Legislativo participa de esa designación fundamentalmente controlando que los extremos, condiciones o requisitos legales establecidos en la legislación se cumplan a través de un acuerdo o ratificación de dichos nombramientos;" pero que "los integrantes de los directorios de los Bancos Centrales sean designados por los Ejecutivos Nacionales."

Luego del análisis de "derecho comparado" la Sala Constitucional pasó a considerar el proceso de elección popular indirecta de las altas autoridades de los Poderes Judicial, Electoral y Ciudadano, considerando que en esos casos, "la participación de la Asamblea Nacional no tiene carácter absoluto e incluso puede ser sustituida por la voluntad del popular;" de lo que concluyó la Sala, sin saberse cómo y porqué, y en contra del texto expreso de la Constitución, que "es incoherente con el Texto Constitucional que la Asamblea Nacional pueda nombrar miembros del directorio del Banco Central de Venezuela sin el concurso de otro Poder Público."

No captó la Sala Constitucional que el proceso de elección popular en segundo grado de los titulares de los Poderes Judicial, Electoral y Ciudadano, por la Asamblea Nacional como Cuerpo elector, fue dispuesto para garantizar la legitimidad democrática de dicha elección popular, y que nada tiene que ver con la designación de miembros del directorio del Banco Central; no teniendo fundamento constitucional alguno solo considerar "aceptable la participación de la Asamblea Nacional en el proceso de nombramientos [de los directores del Banco] (por ejemplo, a través de la integración del Comité de Evaluación de Credenciales de los Postulados)."

De todo lo anterior, la Sala concluyó pura y simplemente, desconociendo lo que establece la Constitución y lo que estuvo regulado durante quince años, que "la Asamblea Nacional ostenta la función contralora política del Banco Central de Venezuela," pero ahora considerando que con "la posibilidad de nombramiento de los miembros del directorio implicaría una intromisión en la administración activa del Banco y un conflicto de interés que no garantiza tales principios."

Por ello, al analizar el contenido de la reforma, la Sala apreció que la modificación de la ley:

> "se centró en el otorgamiento a la Asamblea Nacional de competencias para ratificar la designación del Presidente o Presidenta del Ente Emisor realizada por el Presidente de la República (Artículos 9, 14 y 15), así como conferirle facultad para la designación de dos Directores (Artículo 16). Incluir dentro de la funciones del Presidente del Banco Central comparecer ante la Asamblea Nacional para rendir cuentas de su gestión (Artículo 10). Otorgarle al Parlamento Nacional competencia para conformar el Comité de Evaluación de Méritos y Credenciales que verificará la idoneidad de los aspirantes a integrar el Directorio del Banco Central (Artículo 17). Atribuirle a la Asamblea Nacional competencia para remover a cualquiera de los miembros del Directorio del Instituto Emisor, con el voto favorable de las dos terceras partes de sus integrantes presentes (Artículos 26 y 27). Permitirle a la Asamblea Nacional o a sus Comisiones el acceso a información y documentos calificados como secretos o confidenciales por el Banco Central, así como, solicitar la comparecencia del Presidente del Banco (Artículos 42 y 92)."

Partiendo del principio de que si bien "el legislador goza de una amplia libertad de configuración normativa para desarrollar los preceptos constitucionales a través de las diversas leyes según los procedimientos y parámetros exigidos," la Sala sin embargo precisó que si "la Asamblea Nacional decide legislar sobre determinada materia, debe hacerlo de conformidad con los mandatos que la Constitución impone, ya que el Poder Legislativo, como el resto de los poderes públicos, se encuentra sujeto al Texto Fundamental;" y con base en ello pasó a determinar si la Ley de Reforma de la Ley del Banco Central de Venezuela, sancionada por la Asamblea Nacional en sesión ordinaria del 3 de marzo de 2016, resultaba "acorde con la normativa constitucional," entendiendo que la Constitución "con respecto a la designación del Presidente y los directores del Banco Central de Venezuela, [...] señala de manera clara que su designación corresponderá al Poder Ejecutivo (del Presidente o Presidenta y la mitad, al menos, de sus directores o Directoras) y que la Asamblea Nacional podrá participar en su designación y ratificación."

Y para ello recurrió la Sala a distinguir el término "designación," que consideró se refiere a "instituir a las personas que ejercerán los cargos mencionados," del término "participar" que entendió que se refiere a quien solo "colabora, coopera, ayuda, contribuye o interviene," deformando lo que indica el Diccionario de la Lengua Española de la Real Academia Española, que cita, donde participar es: *"Tomar uno parte en una cosa"* Y "ser parte de," es eso, al contrario, "ser parte de," y no "colaborar con," o "ayudar a" o "contribuir con" o "intervenir en," *que es otra cosa.* Y por eso, la errada interpretación constitucional que realizó la Sala, en el sentido de que:

"La participación de la Asamblea Nacional en la designación y ratificación del Presidente y demás integrantes del Directorio del Banco Central de Venezuela no puede ser entendida como el ejercicio de una competencia compartida con el Poder Ejecutivo, ni que dicha participación implique una subrogación en el ejercicio de dichas competencias."

De ello, concluyó la Sala sin mayor argumentación, que los artículos 9, 14 y 15 de la Ley que establecen que el Órgano Legislativo Nacional debe ratificar la designación del Presidente del Banco Central realizada por el Jefe del Ejecutivo Nacional, así como designar a dos de sus directores, "contravienen lo establecido en el cardinal octavo de la Disposición Transitoria Cuarta del Texto Fundamental."

5. *El control de la función legislativa por "desviación de poder" o el fin de la función de legislar con motivación política*

Pero no se quedó allí la Sala, en pura cuestión de constitucionalidad, aún cuando con base y enfoque errado, sino que pasó a considerar el planteamiento del Presidente de la República, de que al sancionar la reforma:

> "la Asamblea Nacional actuó con desviación de poder, por cuanto la finalidad de la reforma es asegurar el control del Banco Central de Venezuela por parte del grupo parlamentario de la Asamblea Nacional que actualmente ostenta la mayoría de los diputados que la integran, más allá de las competencias que le confiere el Texto Constitucional, con el propósito de atentar en contra de las acciones de protección al Pueblo que el Ejecutivo Nacional adelanta en defensa del ataque económico que se perpetra en contra del País."

Para analizar este alegato, la Sala Constitucional, con todo el cinismo imaginable, procedió a hacer un "análisis comparativo" entre la reforma efectuada por el decreto ley del Presidente del República el 31 de diciembre de 2015 y la reforma efectuada por la Asamblea Nacional el 3 de marzo de 2016, pero sin decir, que con la reforma de 2016 lo que la Asamblea Nacional hizo fue simplemente volver al articulado de la Ley que estuvo vigente entre 2001 y 2015 (incluido en la última reforma anterior de 2010), y que el Poder Ejecutivo arbitrariamente cambió solamente para restarle poder a la Asamblea Nacional.

Esa regulación fue la que estableció la participación de la Asamblea Nacional en el proceso de designación del Presidente del Banco Central de Venezuela, a través de la figura de la ratificación, así como la posibilidad para la Asamblea Nacional de designar dos miembros del Directorio del Banco, de removerlos, y conformar el comité que evaluará los méritos y credenciales de los candidatos al Directorio; todo lo cual siempre estuvo vigente y nunca se consideró "contraria a lo previsto" en la Constitución.

Esas competencias fueron las que eliminó el Presidente de la República en su reforma mediante decreto ley de diciembre de 2015 al perder su gobierno el control de la Asamblea, y las que a su vez la nueva Asamblea restableció en la Ley sometida a la Sala Constitucional. Esas regulaciones fueron las que precisamente ahora, la Sala Constitucional consideró "contrarían a lo previsto" en la Constitución.

Adicionalmente la Sala destacó que la Asamblea había agregado un "nuevo numeral para establecer como función del Presidente del Banco, comparecer para rendir cuentas de su gestión ante la Asamblea Nacional cuando así sea requerido," disposición que recoge lo que dice el artículo 319 de la Constitución (el Banco "rendirá cuenta de las actuaciones, metas y resultados de sus políticas ante la Asamblea Nacional"), pero que la Sala, como si sus sentencias prevalecieran sobre la Constitución, es este caso dijo "que contraviene el criterio establecido por esta Sala Constitucional en sentencia N° 9 del 1 de marzo de 2016, mediante la cual se desaplicó por control difuso de la constitucionalidad, determinados artículos de la Ley Sobre el Régimen de Comparecencia de Funcionarios y Funcionarias Públicos o los y las particulares, ante la Asamblea Nacional y sus Comisiones, así como del Reglamento Interior y de Debates de la Asamblea Nacional, relacionados con la asistencia de los funcionarios ajenos al Ejecutivo Nacional."

Y luego de constatar cuáles fueron las reformas, que no fueron otras que adoptar los mismos principios y normas que estuvieron vigentes hasta 2015, la Sala simplemente concluyó juzgando al legislador por "desviación de poder," (la ley "está incursa en el vicio de desviación de poder") afirmando que:

> "del contenido de las normas reformadas, resulta evidente que el propósito de la Ley de Reforma Parcial del Decreto N° 2.179 con Rango, Valor y Fuerza de Ley de Reforma Parcial de la Ley del Banco Central de Venezuela, es la de asegurar, por parte de la mayoría parlamentaria de la Asamblea Nacional, el control político del Instituto Emisor, lo cual riñe con los fines constitucionalmente previstos en los artículos 318 y 319 del Texto Fundamental."

Y para rematar el cinismo, y pretender justificar aún más el juicio por "desviación de poder" del Legislador, la Sala agregó que "los actos legislativos que pueden interferir con las acciones del Ejecutivo Nacional durante la vigencia de un Estado de Emergencia Económica válidamente declarado, pueden hacer nugatorias intencionalmente las funciones del Ejecutivo Nacional, evidenciándose una desviación de poder, en los términos que se justifican en el presente fallo."

La Sala, concluyó su sentencia, declarando que "por razones de seguridad jurídica," le confería "pleno valor a las decisiones tomadas por el Directorio del Banco Central de Venezuela, *con anterioridad a la entrada en vigencia del Decreto N° 2.179 con Rango, Valor y Fuerza de Ley de Reforma Parcial de la Ley del Banco Central de Venezuela publicada en la Gaceta Oficial de la República Bolivariana de Venezuela N° 6.211 Extraordinario del 30 de diciembre de 2015*, el cual preserva su vigencia;" declaración incomprensible, pues nadie había impugnado algún acto jurídico del Directorio del Banco Central, y mucho menos dictado antes del 30 de diciembre de 2015; y el caso se refería solo a la constitucionalidad de una reforma de la Ley de marzo de 2016, que nunca entro en vigencia pues fue sometida a la revisión de la Sala antes de su promulgación.

Por supuesto, la Sala Constitucional, para dictar esta sentencia, ni siquiera se paseó por la idea de determinar en qué consistía el vicio de desviación de poder en el derecho venezolano, que solo afecta un acto cuando al dictarlo el órgano que lo dictó busca un fin distinto al establecido en la Constitución y la ley. El clásico ejemplo del policía, que teniendo el poder de arrestar personas por breves horas en casos de determinadas faltas al orden público, lo utiliza para privar de libertad a un enemigo, sin que medie falta alguna. En estos casos, lo más importante y complejo es la determinación de la intención de desviar el poder establecido en la ley, lo que exige una labor importante de prueba.

En este caso, nada de eso ocurrió, ni podía haber ocurrido. La función básica de la Asamblea Nacional es legislar sobre las materias de la competencia nacional, que es fundamentalmente una función política, de política de Estado, que ejerce dictando normas de carácter general; y esa función política solo puede tener una motivación política y perseguir fines políticos, que son los que la representación popular, conforme a la orientación de la mayoría de diputados, establezca.

Un Tribunal Constitucional, por tanto, nunca puede juzgar a un órgano legislativo por haber sancionado una legislación con motivación política, y porque al hacerlo persiga fines políticos, pues eso es lo que hace y tiene que hacer una Asamblea Nacional, representando a la voluntad popular. Si un Tribunal Constitucional, como la Sala Constitucional en este caso, ejerce control constitucional sobre la función política de un órgano legislativo, lo que está haciendo, además de apartarse de la Constitución porque no tiene competencia para ello, es sustituirse a la representación del pueblo, y decidir usurpando su voluntad, cuál debe ser la política de Estado a seguir.

Y esto es lo que ocurrió con la sentencia de la Sala Constitucional del Tribunal Supremo de Justicia, Nº 259 de 31 de marzo de 2016,[1667] que declaró inconstitucional la Ley de Reforma Parcial de la Ley del Banco Central de Venezuela, mediante la cual, ya definitivamente, lo que se dictó fue la sentencia de muerte de la Asamblea Nacional, como Poder Legislativo. Nunca más, mientras la sala Constitucional esté en manos de los magistrados que la manejan, y dependa del Poder Ejecutivo, la Asamblea podrá ejercer su función política de legislar, pues habrá siempre un órgano que se considera supra constitucional que es el que ahora dice qué y cómo es que se puede legislar.

Dicha sentencia, a pesar de todo lo engañoso de su argumento que no resiste análisis constitucional alguno ya que la Constitución faculta expresamente a la Asamblea Nacional para establecer su régimen de participación en la designación y remoción del Presidente y de los Directores del Banco Central de Venezuela, como antes se ha indicado y resulta de su propio texto, lo que ha hecho en definitiva es juzgar a la Asamblea, porque precisamente ejerció el Poder de legislar, tomando sus integrantes diputados electos una decisión política que fue la de restablecer la potestad de la Asamblea de participar en ese proceso, tal y como estaba regulada desde 2001 y que se le cercenó arbitrariamente en la reforma de la ley efectuada por Decreto ley (ejecutivo) el 30 de diciembre de 2016.

Es decir, lo que la Sala juzgó fue la función política de legislar, y consideró que al dictar una ley, la Asamblea Nacional incurrió en "desviación de poder," porque persiguió un fin político, con lo cual ya nunca más podrá libremente legislar, aplicando una política pública.

II. LA EJECUCIÓN DE LA SENTENCIA DE MUERTE DICTADA CONTRA LA ASAMBLEA: LA INCONSTITUCIONALIDAD DE LA LEY DE AMNISTÍA DECLARADA POR LA SALA CONSTITUCIONAL.

Después de la anterior decisión, la Sala Constitucional del Tribunal Supremo de Justicia, mediante sentencia Nº 264 de 11 de abril de 2016,[1668] declaró la inconstitu-

1667 Véase en http://historico.tsj.gob.ve/decisiones/scon/marzo/186656-259-31316-2016-2016-0279.HTML.

1668 Véase en http://historico.tsj.gob.ve/decisiones/scon/abril/187018-264-11416-2016-16-0343.HTML. Véase los comentarios en Allan R/ Brewer-Carías, "La anulación de la Ley de Amnistía por la Sala

cionalidad de la totalidad de otra Ley, la Ley de Amnistía y Reconciliación Nacional que había sancionado la Asamblea Nacional el día 29 de marzo de 2016; en este caso también conociendo del asunto a solicitud del Presidente de la República formulada como control previo de constitucionalidad, conforme al artículo 214 de la Constitución. En este caso, la Sala, simplemente cercenó todos los poderes de la Asamblea, invadiendo "ilegítimamente, la atribución privativa de la Asamblea Nacional para decretar amnistías." [1669]

Esta sentencia equivale, ni más ni menos, que a la "ejecución" del cuerpo legislativo, en cumplimiento de la sentencia de muerte que anteriormente le fue dictada por la misma Sala Constitucional. [1670]

Es decir, con esta sentencia, el Juez Constitucional puso fin a la posibilidad del ejercicio de uno de los privilegios más exclusivos y tradicionales de cualquier órgano legislativo, que en Venezuela ejerció legítima y constitucionalmente la Asamblea Nacional, y que hizo, además, en ejecución de la oferta política que llevó a la oposición política al gobierno, a controlar a la Asamblea Nacional al obtener la contundente mayoría parlamentaria que resultó de la votación efectuada el 6 de diciembre de 2015. Esa elección fue, sin duda, como lo hemos expresado reiteradamente, una manifestación de rebelión popular contra el autoritarismo,[1671] la cual la *Mesa de la Unidad Democrática* interpretó el 10 de diciembre de 2015, publicando una *Oferta Legislativa para el Cambio*, como compromiso de base de todos los diputados electos, en el cual se incluyó lo imperioso que era "procurar la liberación de los presos políticos con la finalidad de crear condiciones de paz y entendimiento nacional," para lo cual se propuso dictar una "Ley de Amnistía General"[1672] cuyo objeto era:

Constitucional. O la ejecución de la sentencia de muerte dictada contra la Asamblea Nacional," 26 abril 2016. en http://www.allanbrewercarias.com/Content/449725d9-f1cb-474b-8ab2-41efb849-fea3/Content/BREWER.%20Anulaci%C3%B3n%20Ley%20de%20Amnist%C3%ADa%20%202016.pdf.

1669 Véase en José Ignacio Hernández, "Sala constitucional del TSJ: el nuevo Superpoder vs. la Ley de amnistía," 12 abril de 2016, en http://parares-catarelporvenir.blogspot.com/2016/04/blog-de-jose-ignacio-hernandezi-sala.html.

1670 Véase Allan R. Brewer-Carías, "La sentencia de muerte Poder Legislativo en Venezuela. El cinismo de la Sala Constitucional y la inconstitucional pretensión de controlar la actividad política de la Asamblea Nacional al reformar la Ley del Banco Central de Venezuela. 5 de abril 2016," en http://www.allanbrewercarias.com/Content/449725d9-f1cb-474b-8ab2-41efb849fea3/Content/Brewer.%20La%20sentencia%20de%20muerte%20AN.%20Sentencia%20SC%20Ley%20BCV.pdf.

1671 Véase Allan R. Brewer-Carías, "El primer paso para la reconstrucción de la democracia: el restablecimiento de la legitimidad democrática de todos los Poderes Públicos. Sobre porqué la nueva Asamblea Nacional debe proceder a revocar los írritos actos de nombramiento de los titulares del Poder Ciudadano (Fiscal General, Contralor General, Defensor del Pueblo), del Poder Judicial (magistrados del Tribunal Supremo y del Poder Electoral (rectores del Consejo Nacional Electoral), y proceder a elegir como Cuerpo Electoral de segundo grado, a los titulares de dichos órganos de acuerdo con la Constitución," New York, 10 de diciembre 2015, en http://www.allanbre-wercarias.com/Content/449725d9-f1cb-474b-8ab2-41efb849fea3/Content/Brewer.%20PRIMER%20PASO%20%20RECONSTRUCCI%C3%93N%20DE%20LA%20DEMOCRACIA.%20ELECCI%C3%93N%20DE%20LOS%20TITULARES%20DE%20LOS%20PODERES%20P%C3%9ABLICOS.%20dic%202015.pdf.

1672 Véase Allan R. Brewer-carías, "Sobre el decreto de amnistía anunciado por la Mesa de la Unidad Democrática para ser dictado por la nueva Asamblea Nacional," 12 de Diciembre 2015, En http://www.allanbrewerca-rias.Com/Content/449725d9-F1cb-474b-8ab2-

"conferir Amnistía general y plena a favor de todos aquellos ciudadanos bajo investigación criminal, administrativa, disciplinaria o policial, y a procedimientos administrativos o penales con ocasión de protestas políticas y posiciones disidentes. Esta Amnistía supondría también la finalización de las inhabilitaciones políticas y los procedimientos relativos al allanamiento de la inmunidad parlamentaria."[1673]

1. *Sobre el decreto de amnistía como privilegio legislativo*

Efectivamente, en la Constitución se atribuye a la Asamblea Nacional la potestad de decretar amnistías (art. 187.5); al igual que se asigna al Presidente la prerrogativa de conceder indultos (art. 236.19).

En ambos casos, se trata de competencias del Poder Legislativo y del Poder Ejecutivo, que se ejercen en ejecución directa de las respectivas normas constitucionales, sin que su ejercicio se pueda condicionar en forma alguna más allá de lo dispuesto en la Constitución. Por tanto, tratándose en ambos casos de prerrogativas exclusivas o atribución privativa de esos órganos del Estado, su ejercicio no puede verse interferido por ningún otro órgano del Estado, y las únicas limitaciones constitucionales que se establecen respecto del ejercicio de ambas prerrogativas y beneficios, es que ni la amnistía ni el indulto se pueden decretar ni conceder respecto de delitos de lesa humanidad, violaciones graves de los derechos humanos y los crímenes de guerra (art. 29), que es, por lo demás, lo único que podría ser sometido a control de constitucionalidad ante la Sala Constitucional del Tribunal Supremo de Justicia, cuando sea procedente.

Ningún otro aspecto de los actos que decreten amnistía o indulto puede ser controlado por el Juez Constitucional, excepto si con los mismos se dictan por otra autoridad o se viola alguna garantía constitucional como la de la igualdad y no discriminación.

Este privilegio de la Asamblea Nacional de decretar amnistías, de carácter eminentemente político, implica en materia penal decretar la despenalización de determinados hechos, es decir, la remisión, el olvido o la abolición de los delitos derivados de los mismos, y de sus penas. Es decir mediante el decreto de amnistía ni se crean ni se derogan tipos delictivos, en el sentido el que con dicho decreto no se modifican ni se reforman leyes, ni se cambian los tipos delictivos que están en el Código Penal o en otras leyes. Una vez decretada la amnistía, los mismos siguen incólumes y vigentes. Por ello, la amnistía en sí misma, no es una materia que sea reservada a la "ley"; es, sí, una materia reservada al Parlamento como órgano de representación popular.

Por ello la amnistía solo despenaliza determinados hechos en beneficio de las personas que pudieron haberlos cometido, sin que ello implique derogación o reforma de leyes. Por eso no puede ni siquiera decirse que la amnistía excluya a determinados hechos como delictivos. Los hechos amnistiados siguen siendo delictivos y lo único que excluye la amnistía es la pena, es decir, despenaliza los hechos. Por eso se

---

41efb849fea3/Content/A.%20Brewer.%20SOBRE%20EL%20DECRETO%20DE%20LA%20AMNIST%C3%8DA%20PRPUESTO%20PARA%20SER%20DICTADO%20POR%20LA%20NUEVA%20ASAMBLEA%20NACIONAL%20dic%20%202015.Pdf.

1673 Véase en http://unidadvenezuela.org/2015/10/oferta-legislativa-para-el-cambio/.

trata de un perdón general y nada más, mediante el cual el Estado renuncia a la persecución penal y al castigo por determinados hechos, quedando borrado el respectivo delito con todas sus huellas.

La amnistía, en consecuencia, se refiere a hechos considerados como punibles y no a personas individualizadas, de manera que si el hecho queda despenalizado y por tanto borrado o extinguido como hecho punible, la amnistía opera para todas las personas que pudieran haber sido investigados, imputados, acusados o condenados por los mismos. Por ello, por su naturaleza, un decreto de amnistía no puede hacer excepción de personas. Como lo dispone el artículo 104 del Código Penal: "La amnistía extingue la acción penal y hace cesar la ejecución de la condena y todas las consecuencias penales de la misma".

Por tanto, decretada una amnistía, todos los órganos del Estado (Poder Judicial, Poder Ejecutivo, Poder Ciudadano, Poder Electoral) están obligados a acatar la decisión legislativa y a dictar los actos que fueren necesarios para asegurar la ejecución del decreto de amnistía, de manera que el derecho o beneficio que otorga pueda ejercerse por las personas que se beneficien de la misma. Ellas no pueden quedar sujetas a juicio o apreciación de ninguna otra autoridad, y mucho menos de parte del Poder Ejecutivo, cuando en particular haya sido el artífice, por ejemplo, de una persecución política; o del Ministerio Público, cuando haya sido el brazo ejecutor de la misma como acusador en los procesos que se busca extinguir.

Fue un disparate constitucional, por tanto, que quien ejercía la Presidencia de la República, ante la iniciativa anunciada por la Mesa de la Unidad Democrática, y después de la abrumadora derrota que sufrió el gobierno y su partido en las elecciones del 6 de diciembre de 2015, hubiera declarado el 9 de diciembre de 2015 que: "No aceptaré ninguna ley de amnistía. Me podrán enviar mil leyes pero los asesinos de este pueblo tienen que pagar." [1674]

Y más disparate constitucional e institucional fue la manifestación pública del Ministro de la Defensa en contra de la sanción de la Ley de Amnistía, llegando a afirmar que la misma "atenta contra la paz de la República, la democracia, la institucionalidad y contra la disciplina de la Fuerza Armada Nacional Bolivariana (FAN)," agregando que con la Ley "se legaliza la violación de los Derechos Humanos, favorece a los actores de delitos comunes, porque evidentemente hace una confesión de los delitos cometidos, es la relatoría de una confesión de partes, es una ley que busca el auto perdón." [1675]

Como bien lo advirtió María Amparo Grau: al comentar este acto de "rebelión militar" contra la Asamblea Nacional:

1674 Véase "Maduro anuncia que vetará la Ley de Amnistía que prepara la oposición," *El Mundo*, 9 de diciembre de 2015, en http://www.bbc.com/mundo/noticias/2015/12/151208_venezuela_maduro_ley_amnistia_az Véase la critica a este anuncio presidencial formulada por Alberto Arteaga, en la entrevista "Arteaga: Maduro está irrespetando al Poder Legislativo al adelantarse a Ley de Amnistía, en *El Cooperante*, 11 diciembre 2015, en http://elcooperante.com/nicolas-maduro-esta-irrespetando-al-poder-legislativo-al-adelantarse-a-ley-de-amnistia/

1675 Véase la reseña de lo declarado por el Ministro en: "Padrino López: Ley de Amnistía atenta contra el Estado de derecho," en *El Universal*, Caracas 6 de abril de 2016, en http://www.eluniversal.com/noticias/politica/padrino-lopez-ley-amnistia-atenta-contra-estado-derecho_248405.

"No le corresponde a ningún Ministro del Ejecutivo, y mucho menos a un miembro de la Fuerza Armada Nacional, pronunciarse sobre la legitimidad y conveniencia de las leyes, pues carece de toda competencia para ello y subvierte el orden constitucional cuando las cuestiona. Su obligación es cumplirlas, nunca desconocerlas y menos aún, fuera de todo cauce legal, atacarlas.

Es de reconocer que tal ataque en este caso conlleva otro gravísimo aspecto, no sólo el de la rebelión de un funcionario ante la ley, sino la de un militar [...].

Ante este plan de rebelión militar respecto de una la Ley, signado por el desconocimiento de lo que significa el Estado de Derecho, la separación de los poderes, las competencias y funciones del Estado y la independencia del juez; cualquier pronunciamiento de la Sala Constitucional podría considerarse, cuando menos, suspicaz."[1676]

2. *Sobre la forma del decreto legislativo de amnistía y la ilegítima mutación de la Constitución por la Sala Constitucional*

La reacción del Presidente de la República contra el proyecto de amnistía, en todo caso, fue un disparate legal al desconocer la prerrogativa parlamentaria; la cual por lo demás, al ejercerse por la Asamblea conforme a la Constitución, no necesariamente debe revestir la forma de una "ley," para cuya sanción se siga el procedimiento de formación de las leyes establecido en la Constitución (arts. 202 ss.), que tenga que remitirse para su ejecútese al Presidente de la República, y éste pueda objetarlo. Siendo la decisión de decretar amnistías un privilegio de la Asamblea Nacional, a ésta le corresponde, única y exclusivamente, determinar en cada caso, cuándo, cómo, con cuál extensión y en qué forma va a decretarla.

Por ello, lo primero que hay que tener en cuenta es lo antes dicho de que no necesariamente el decreto legislativo de amnistía debe tener la forma de una "ley." [1677] La Constitución al enumerar las atribuciones de la Asamblea Nacional lo que indica es que la misma tiene competencia para "decretar amnistías," (art. 187.5), sin exigir, como lo hace en otras normas, que el acto parlamentario tenga que ser necesariamente emitido con forma de "ley," como por ejemplo ocurre, en el mismo artículo 187, en materia de tratados o convenios internacionales que solo deben ser aprobados por ley (art. 187.18).

Esto significa que es potestad exclusiva de la Asamblea Nacional escoger la forma que ha de revestir el acto parlamentario contentivo del decreto de amnistía, que puede ser mediante ley o mediante un acto parlamentario sin forma de ley, que bien puede tener la denominación constitucional de "decreto" legislativo de amnistía. Por supuesto, si la Asamblea en el mismo decreto de amnistía, procede por ejemplo, a

---

1676 Véase María Amparo Grau, "La rebelión militar contra la fuerza de la ley," en *El Nacional*, Caracas 13 de abril de 2016.

1677 Ello ha sido así, además, en el constitucionalismo histórico. Salvo la Constitución de 1961 que es la única que exigió que la amnistía se decretase mediante una "ley especial" (art. 139), ninguna otra Constitución estableció esa limitante, habiendo sido siempre una prerrogativa política del Congreso sin indicación en las Constituciones de la necesidad de tener forma de ley. Además, en algunas Constituciones de corte autoritario, incluso se reguló dicha facultad de decretar amnistías como una prerrogativa del propio Poder Ejecutivo (Constituciones de 1904, 1909, 1914, 1953). Véase Román José Duque Corredor, "Fuente de derecho de la amnistía," *Nota para el Foro Penal Venezolano*, 13 de diciembre de 2015.

reformar alguna ley, o a derogar alguna disposición legal, tendría que darle la forma de ley pues las leyes solo se derogan por otras leyes (art. 218, Constitución).

Y en tal caso, si la Asamblea optase por emitir el decreto de amnistía mediante la forma de ley, la misma, por ser una decisión esencialmente privativa de orden político de la Asamblea, no podría considerarse como una ley ordinaria pues, por ejemplo, la misma no podría ser objeto de abrogación popular mediante referendo abrogatorio (art. 74, Constitución).

La Asamblea, por tanto, podía optar por emitir un decreto de amnistía mediante un acto parlamentario sin forma de ley, como lo autoriza la Constitución, en cuyo caso no estaba obligada a enviarle el texto al Poder Ejecutivo en forma alguna, y menos para su "ejecútese" o promulgación, que solo procede respecto de las leyes (art. 213). En ese caso, si la Asamblea Nacional optaba por emitir el decreto de amnistía como un acto parlamentario sin forma de ley, hubiera sido la propia Asamblea la que debía ordenar la publicación de su propio acto como sucede con todos los acuerdos que dicta, y la misma no podía ser objetada en forma alguna por los otros poderes del Estado, incluido el Presidente de la República.[1678] En ese caso, el Presidente de la República no tenía competencia ni atribución constitucional alguna para aceptar o negar la decisión política privativa que podía adoptar la Asamblea Nacional como representante del pueblo en materia de amnistía.

Pero por supuesto, como se dijo, la Asamblea Nacional también podía decretar la amnistía actuando para ello como cuerpo legislador y utilizando la forma de "ley" (arts. 202, 212), como en efecto ocurrió con la sanción de la Ley de Amnistía y Reconciliación Nacional por la Asamblea Nacional el día 29 de marzo de 2016, la cual a pesar de que ello implicaba que la "ley" tenía que ser remitida para su promulgación al Poder Ejecutivo, la misma, consideramos que "como Ley de carácter político, no podría ser vetada por el Presidente de la República."[1679]

Y para el caso de que el Presidente decidiera cuestionar la ley de amnistía por motivos de constitucionalidad con base en la previsión del artículo 214 de la Constitución, tratándose como lo es de una decisión de carácter político, el mismo solo podía ejercer su facultad de objetar la ley por razones de inconstitucionalidad ante la Sala Constitucional del Tribunal Supremo, únicamente basado en consideraciones respecto de los únicos límites impuestos en la Constitución al decreto de amnistía, que es que con la misma no se puede despenalizar los hechos punibles correspondientes a delitos de lesa humanidad, a violaciones graves a los derechos humanos y a crímenes de guerra; únicos aspectos que la Sala podía controlar.

1678 Por ello, en ese caso, el Poder Ejecutivo no tenía base constitucional alguna para lanzar la bravucona amenaza de que "no aceptará ninguna ley de amnistía," como la que expresó el Sr. Maduro en diciembre de 2015. Véase "Maduro anuncia que vetará la Ley de Amnistía que prepara la oposición," *El Mundo*, 9 de diciembre de 2015, en http://www.bbc.com/mundo/noti-cias/2015/12/151208_venezuela_maduro_ley_amnistia_az.

1679 Véase Allan R. Brewer-Carías, "Sobre el decreto de amnistía anunciado por la Mesa de la Unidad Democrática para ser dictado por la nueva Asamblea Nacional," 12 de diciembre 2015, en http://www.allanbrewerca-rias.com/Content/449725d9-f1cb-474b-8ab2-41efb849fea3/Content/a.%20Brewer.%20SOBRE%20EL%20DECRETO%20DE%20LA%20AMNIST%C3%8DA%20PRPUESTO%20PARA%20SER%20DICTADO%20POR%20LA%20NUEVA%20ASAMBLEA%20NACIONAL%20dic%20%202015.pdf.

Sin embargo, en el caso de la Ley de Amnistía y Reconciliación Nacional que fue sancionado la Asamblea Nacional el día 29 de marzo de 2016, por una parte, la Sala Constitucional de una vez resolvió sobre la forma jurídica del decreto de amnistía, mutando la Constitución, imponiendo inconstitucionalmente la forma única de "ley" para el decreto de amnistía, limitando la potestad de la Asamblea para ejercer su prerrogativa constitucional sin limitación ni constreñimiento por parte de los otros Poderes Públicos. Sin mayor argumentación, en efecto, contrariamente a lo antes comentado, la Sala Constitucional advirtió en su sentencia,- aun cuando de paso -, que "las amnistías en Venezuela [...] son leyes que deben seguir el proceso de formación legislativa," agregando en otra parte que:

> "al ser medidas de carácter general que se conceden por parte de la Asamblea Nacional, las amnistías *deben estar consagradas en leyes* que deben seguir [...] el proceso de formación legislativa."

Con ello, en definitiva, la Sala sentenció que donde la Constitución dice como competencia de la Asamblea Nacional "decretar amnistías" (art 187.5), a partir de la sentencia de la Sala Constitucional, ahora dice "decretar amnistías *mediante ley"* o "decretar *leyes de amnistía*," lo que no es más que una mutación ilegítima de la Constitución.

Pero por otra parte, la Sala Constitucional, lejos de controlar los únicos aspectos que podían ser constitucionalmente controlables respecto del ejercicio de la potestad de decretar una amnistía por la Asamblea Nacional, que se refieren a las limitaciones a la prerrogativa parlamentaria en el sentido de que no puede nunca referirse a delitos de lesa humanidad, a violaciones graves a los derechos humanos y a crímenes de guerra; la Sala Constitucional pasó a controlar aspectos no controlables, cercenando definitivamente la potestad de la Asamblea de actuar, con motivación política, como órgano político que es por excelencia, y así declarar la totalidad del articulado de la Ley como inconstitucional.

3. *El desconocimiento de la potestad legislativa de decretar amnistía y la extralimitación del Juez Constitucional*

En efecto, la Sala Constitucional comenzó su sentencia precisando su propia competencia para controlar el ejercicio por la Asamblea Nacional de su potestad de decretar amnistía, incurriendo de entrada en una inconstitucionalidad al considerar que dicho control podía extenderse más allá de los antes mencionados límites constitucionales.

Para ello, la Sala Constitucional si bien admitió que "la naturaleza de la amnistía como 'derecho de gracia,' en sus manifestaciones más generales está signada por motivaciones netamente políticas" que se refieren a la "*oportunidad y conveniencia* [...] de la legislación," (N° 1002 del 26 de mayo de 2004, caso: *Federación Médica Venezolana*)," lo que precisamente conforma el ámbito de la actuación parlamentaria excluido de control de constitucionalidad; la Sala, sin embargo, redujo ese ámbito al considerar que si bien el órgano legislativo puede "escoger las razones que mejor puedan justificar su elección; no obstante, tal desenvolvimiento debe producirse igualmente en el marco de las razones que concreta y racionalmente permita la norma que le sirva de fundamento jurídico (*v. gr.* la Constitución)," erigiéndose la Sala en el juez para evaluar tales razones, sin tener competencia para ello. Como lo expresó Laura Louza, la decisión de la Sala Constitucional:

> "viola la Constitución, por desconocer que la amnistía es una decisión política de exclusiva competencia del Poder Legislativo destinada a contribuir a la paz, y que solo puede estar sujeta al control de ese tribunal por razones jurídicas. En consecuencia la Sala Constitucional solo es competente para determinar si el texto de la propuesta legal cumple con las reglas de la Constitución o no, sin que ese control pueda extenderse a la oportunidad o conveniencia del proyecto."[1680]

Al contrario, según la Sala, "el legislador en el ejercicio de sus funciones debe actuar bajo el principio de racionalidad o de no arbitrariedad," debiendo toda medida que adopte:

> "responder o ser idónea a los fines y límites que el ordenamiento jurídico establece, lo cual, en el caso del otorgamiento de amnistías, encuentra -como se señaló supra- entre otras restricciones no sólo el cumplimiento del propio proceso de formación legislativa, sino además responde a distintas limitaciones de orden material vinculadas, por ejemplo, con el respeto a los derechos humanos (artículo 29 de la Constitución), el resguardo de la conformidad con el ordenamiento jurídico como expresión de la necesaria juridicidad de la actuación de Estado (*vid.* Sentencia número 570 del 2 de junio de 2014), el apego a las normas que desarrollan las distintas facultades legislativas y la debida correspondencia con la consecución de unos fines determinados, como son "la construcción de una sociedad justa y amante de la paz, la promoción de la prosperidad y bienestar del pueblo y la garantía del cumplimiento de los principios, derechos y deberes consagrados en esta Constitución" (artículo 3 constitucional)."

Esos principios ciertamente están en la Constitución, y por supuesto deben seguirse por todos los órganos del Estado, incluso la propia Sala Constitucional; pero en materia de amnistía, como lo reconoció la Sala, el Constituyente solo los desarrolló en los términos de las prohibiciones contenidas en los artículos 29 y 74 de la Constitución que prevén la imposibilidad de acordar amnistía respecto de hechos punibles vinculados a delitos de lesa humanidad, violaciones graves de los derechos humanos y crímenes de guerra, y de la previsión constitucional que impide someter una ley de amnistía a referendo abrogatorio, precisamente por su carácter de privilegio de la Asamblea.

Sin embargo, después de reconocer dichos únicos límites constitucionales que se aplican a la amnistía, en forma por demás incomprensible, la Sala agregó que:

> "la legislación nacional ha omitido el desarrollo de la institución de la amnistía -a diferencia de lo que ocurre en derecho comparado respecto de las instituciones de gracia-, en cuanto al establecimiento de los parámetros que deben servir de base para su acuerdo y que la excluyan del marco de la completa discrecionalidad y arbitrariedad, por ejemplo, relacionados con la naturaleza de la amnistía, los tipos penales que pueden ser objeto de la misma (*v. gr.* delitos políticos), la expresión de quienes pueden ser destinatarios de la ley y quienes quedan excluidos de la posibilidad de beneficiarse de la amnistía (*v. gr.* bien

---

1680 Véase Laura Louza, "El TSJ le quita al país la paz de la Ley de Amnistía. Un Estado de Derecho sin paz ni justicia no es un Estado de Derecho," 16 abril 2016, en http://el-informe.com/16/04/2016/opinion/el-tsj-le-quita-al-pais-la-paz-de-la-ley-de-amnistia/.

por rebeldía y la no estadía a derecho, o la reincidencia en la comisión de los mismos delitos, o por pertenecer al órgano concedente, etc.), la participación en el proceso de amnistía de los órganos del Sistema de Justicia que se consideren pertinentes, la determinación de los límites temporales que le aplican a los casos a ser incluidos, el procedimiento relativo a la solicitud que debe plantear quien se considere beneficiado ante el respectivo órgano jurisdiccional penal, y los recursos que se podrán interponer contra la decisión dictada por el tribunal de la causa, entre otros aspectos de orden sustantivo y adjetivo cuyo cumplimiento deba ser requerido -aunado al procedimiento de formación de las leyes- y que sirva de base o marco de medición de la actuación del Poder Legislativo, en cuanto a su apego al ordenamiento constitucional y legal."

Al afirmar todo esto, sin duda, la Sala Constitucional se olvidó de que todo ello es competencia, precisamente, de la propia Asamblea Nacional, y únicamente de ella, que es la que dicta la legislación nacional, siendo la propia Asamblea Nacional la llamada a determinar todos esos aspectos, de ser aplicables, en cada decreto específico de amnistía. La Sala Constitucional, al argumentar así, pareció pensar que esa "legislación nacional reguladora de la amnistía" tendría que haber sido dictada por "otro órgano" distinto de la Asamblea Nacional, para que ésta, al ejercer la potestad, se sometiera a tales regulaciones, lo cual es un absurdo; llegando incluso a afirmar que:

> "no se ha dictado tal norma que desarrolle y regule la amnistía a través de una ley, que delimite la facultad de decretar amnistías que le otorga el numeral 5 del artículo 187 de la Constitución de la República Bolivariana de Venezuela, y permita en el marco constitucional su debido ejercicio."

En tal sentido cabría preguntarle: ¿Y quién dicta la ley, si no es la misma Asamblea Nacional? Es decir, la Sala Constitucional, con lo afirmado, lo que pretendió fue el absurdo de que la Asamblea Nacional, para decretar amnistías, debió haber dictado previamente una legislación para auto-regularse y reglamentarse a sí misma cómo y cuándo decretar una amnistía, que en cambio tiene el privilegio de dictar con las solas limitaciones constitucionales. La afirmación de la Sala, por tanto, es totalmente incongruente, pues se le olvidó que es la propia Asamblea Nacional, con base en lo dispuesto en la Constitución, la llamada a regular esas materias – de ello ser aplicable - al dictar cada decreto de amnistía. Por tanto, no tiene sentido alguno la afirmación que parece hacer la Sala de que supuestamente, antes de decretar una amnistía, la Asamblea Nacional tendría que dictar una ley auto-limitativa - ¿"orgánica" quizás? - regulando en general su propia potestad para decretar la amnistía, lo que no tiene sentido constitucional alguno.

Esta insinuación solo puede explicarse como manifestación de un ejercicio que realizó la Sala Constitucional en su sentencia, para decir, que en virtud de que al no haberse dictado la ley auto-reguladora, entonces existiría un supuesto "vacío" legislativo por no haber la propia Asamblea regulado la forma de ejercer su propia prerrogativa de decretar amnistías; entonces la propia a Sala supuestamente era el órgano llamado a llenar el "vacío" normativo mediante el ejercicio de un proceso de "integración del derecho." Ello no fue más que una manipulación jurídica, con intenciones aviesas, pues en el caso de la amnistía, no existía ni existe vacío normativo alguno, ni habría que realizar ningún ejercicio de integrar el derecho como lo hizo la

Sala para limitar las potestades de la Asamblea Nacional, más allá de lo prescrito en la Constitución.

Ni más ni menos, lo que la Sala Constitucional buscó fue establecer una "legislación" que el Constituyente no ordenó, y que la Asamblea Nacional no tiene porqué dictar, para desde el Poder Judicial limitar el poder de la Asamblea Nacional. Tan absurdo como eso.

Para materializar el absurdo, la Sala comenzó con varios lugares comunes plagados de citas de autores extranjeros, como señalar que la potestad de la Asamblea para decretar amnistías, "no significa, sin más, la atribución de una facultad ilimitada al legislador," debiendo al contrario, la amnistía, "estar sujeta a ciertas limitaciones propias del orden jurídico constitucional" pues de lo contrario se podría traducir "en la práctica de una especie de potestad arbitraria por parte del referido órgano legislativo," o "de ejercicio arbitrario del poder."

En fin, que la "facultad de otorgar amnistía no puede ser el resultado de la arbitrariedad en el ejercicio del poder." Ello es así, como también lo es la potestad de control de constitucionalidad atribuida a la Sala Constitucional que tampoco es ilimitada, y que tampoco puede ser arbitrario.

La Sala Constitucional, sin embargo, concluyó señalando que:

> "si bien la Asamblea Nacional tiene atribuida la competencia de decretar amnistías, y sin perjuicio de que no se han definido a nivel constitucional o legal mayores límites expresos al alcance de esta institución, esto no significa que el parlamento pueda vulnerar los principios que inspiran la Constitución contenidos en los artículos 2 y 3, y que se constituyen en mandatos obligatorios, efectivizados a través del ejercicio de los derechos fundamentales, y del cumplimiento de las funciones de las autoridades estatales.
>
> De allí que, esa facultad legislativa de la Asamblea Nacional no es ilimitada, ya que la soberanía del poder constituido que ejerce, no puede vulnerar los principios y valores en que se funda la obra del poder constituyente.
>
> Al respecto, la Sala reconoce que cada órgano que ejerce el Poder Público debe tener un fin superior que cumplir establecido por la Constitución, por lo cual, la Asamblea Nacional debe sancionar las leyes respetando tanto los derechos, garantías y competencias fundamentales allí reconocidos, con razonabilidad y justicia, lo cual constituye una función más allá de un trámite formal, sino fundamentalmente sustantivo, que se manifiesta a través de un proceso de realización y ejecución normativa con exclusión de abuso de derecho, reconocido incluso como principio general del derecho, y "*la desviación de poder*" (*vid.* Sentencia número 259 del 31 de marzo de 2016).

Todo ello, de nuevo es aplicable a todos los órganos del Estado, incluyendo a la propia Sala Constitucional; pero la misma, considerándose fuera de esos límites, solo pensó en la Asamblea Nacional como un órgano donde por lo visto reina la posibilidad de la arbitrariedad, considerando entonces que tratándose la amnistía de una decisión política, que tiene "la capacidad de modificar un proceso penal o una pena establecida mediante sentencia firme," ello supuestamente:

> "abre un amplio campo a la arbitrariedad y a la desigualdad en la aplicación de las leyes, motivo por el cual el ordenamiento jurídico debe establecer límites

y cautelas para que la institución de la amnistía no resulte incoherente con los principios que informan un Estado democrático y social de derecho y de justicia. Lo contrario resultaría incompatible con los postulados constitucionales."

Sin embargo, ignoró la Sala Constitucional que en el caso específico de la amnistía, fue la Constitución la que estableció expresamente esos límites, los cuales sin embargo fueron considerados insuficientes por la Sala, pasando entonces en forma inconstitucional a imponerlos, usurpando el Poder Constituyente, en una sentencia que obedeció a un proceso que denominó como de "operación de integración del Derecho," con lo cual -dijo- al "no conseguir una norma en la cual subsumir la controversia planteada," [¿ Cuál controversia? No lo dijo] procedió entonces la Sala a la tarea de "elaborar la norma para dar una solución pacífica al conflicto" [¿Cuál conflicto? No lo dijo].

Es decir, supuestamente "ante la ausencia de una regulación expresa" que la Constitución no exigió, y que supuestamente la Asamblea debió haber dictado para auto-regularse, la Sala Constitucional se consideró compelida a "recurrir al propio ordenamiento constitucional y los valores que lo inspiran en busca de la solución correcta para el conflicto que le corresponde resolver" [¿Cuál conflicto? Tampoco lo dijo], estableciéndole inconstitucionalmente todo tipo de límites a la Asamblea Nacional para ejercer del privilegio que tiene de decretar amnistías, con lo cual dejó de ser tal privilegio, lo que se confirmó con la declaratoria de inconstitucionalidad de la totalidad de la Ley.

4. *Sobre las limitaciones a la potestad de la Asamblea Nacional para decretar amnistías impuestas ilegítimamente por el Juez Constitucional*

Con base en lo anterior, la Sala Constitucional pasó entonces, impunemente -pues no tiene a nadie que la controle-, a establecer las limitaciones a la Asamblea Nacional en el ejercicio de su potestad de decretar amnistías, por vía de "integración del derecho," en virtud de que la propia Asamblea no se había auto-limitado con una especie de ley reguladora de su propia potestad de decretar amnistías. Para ello, la Sala comenzó por indicar que la Constitución, al conferir al Poder Legislativo tal potestad, "no faculta a la mayoría parlamentaria a violentar el espíritu constitucional de rechazo a la injusticia, que supone consagrar la impunidad para los violadores de derechos fundamentales." Consideró además, la Sala que "las amnistías al ser medidas absolutamente excepcionales [...] deben, por tal motivo, ser excepcionales en su concesión," debiendo concederse teniendo presente dos valores fundamentales:

> "por un lado, la justicia, la sanción a la impunidad, la preeminencia de los derechos humanos, la ética, la dignidad de la persona, y la condena de hechos punibles, y, por otro, la coexistencia de instituciones de gracia como las amnistías (en resguardo de valores como la convivencia social), que llevan a la necesidad de una ponderación que considere ambos valores, evitando que uno de ellos colapse respecto del otro."

Para ir construyendo las limitaciones que se propuso, la Sala insistió en considerar que:

> "el fundamento de las leyes de amnistía se basa, por una parte, en la pacificación y reconciliación nacional como una condición necesaria para garantizar la continuidad del sistema democrático, mientras que, por otro lado, se cimienta

en la justicia (artículos 1, 2 y 3 constitucionales) que conlleva a admitir una confrontación de valores que debe ser analizado mediante un test de ponderación en el cual se analice no solo el respeto de los derechos humanos ante la certera comisión de hechos punibles y su calificación como políticos o no, sino en igual medida respecto de la consagración constitucional de un Estado democrático y social de Derecho y de Justicia, previsto en el artículo 2 del Texto Constitucional."

Frente al "conflicto entre los referidos valores y principios constitucionales," la Sala pasó en su sentencia a analizar el principio de la "preeminencia de los derechos humanos como valor preponderante," haciendo referencia de nuevo a la norma del artículo 29 de la Constitución que establece límites a los beneficios procesales que puedan conllevar a la impunidad de delitos de lesa humanidad, violaciones graves cometidas contra los derechos humanos, y crímenes de guerra, considerando que "los derechos fundamentales, que constituyen la concretización de la opción garantista de la Constitución, se convierten en el parámetro de validez sustancial o límite de todos los actos del poder estatal." De allí, la Sala pasó a considerar que "la amnistía ha de cumplir con los principios de proporcionalidad y razonabilidad a los que debe someterse todo acto del poder público que incida en la vigencia de los derechos fundamentales," considerando que:

> "una ley de amnistía no podría consagrar el perdón de hechos encuadrados en delitos que expresen un manifiesto desprecio por la vida, la integridad y la dignidad de las personas, ya que ello supondría desconocer la vigencia de tales derechos, utilizando la amnistía para sustraer de la acción de la justicia a determinadas personas, y afectando el derecho de acceso a la justicia de los perjudicados por los actos amnistiados."

Ello -que no era el caso de la Ley de Amnistía bajo análisis- , conforme a la Sala, significaría "un vaciamiento de los contenidos esenciales del Texto Constitucional, al legislarse en contra o fuera del marco de los valores, principios y garantías institucionales que contienen los derechos fundamentales," volviendo a afirmar que "la atribución que tiene la Asamblea Nacional de decretar amnistías, no significa que el parlamento pueda acordarla respecto a crímenes de lesa humanidad, crímenes de guerra y violaciones graves a los derechos humanos," que es lo que dice la Constitución.

Pero más allá de los límites constitucionales, que era donde la Sala Constitucional quería llegar, la misma planteó que:

> "al otorgar la Constitución a los derechos humanos fundamentales una supremacía frente a la ley, se exige una autolimitación y no injerencia o intervención de los poderes públicos en la esfera individual, que es vulnerada por la amnistía cuando ordena al sistema de justicia a que no investigue, ni procese y libere a quienes han sido condenados por cometer delitos graves contra la vida, la integridad física, la libertad y el derecho a la justicia.
>
> Por ello, afirmar que la intervención legislativa deba realizarse en el marco de la Constitución es sostener que la restricción de la defensa de la persona humana debe ser excepcional, como excepcionales son las leyes de amnistía. [...]

> Por ende, la amnistía -de considerarse procedente en determinadas condiciones- debe suponer una expresión del respeto a la Constitución y a los valores, principios y derechos fundamentales por ella garantizados, en una relación de equilibrio balanceado que considere la fundamentalidad de la dignidad de la persona humana."

Luego la Sala se refirió al derecho a la vida considerando que las "leyes de amnistía, son la expresión de una acción omisiva del Estado que puede eventualmente llevar a desproteger el derecho a la vida;" y al principio según el cual "el análisis de la amnistía conlleva también a asumir una postura ética determinada en relación con los victimarios y perjudicados (víctimas) de los hechos punibles objeto de la misma, en la que sin lugar a dudas la opción moral por la reivindicación de las víctimas es la que se pone de parte del más débil en búsqueda del equilibrio social que se pretende reestablecer," considerando que existe en la materia una "prohibición de desconocer a las víctimas directamente vinculadas con la determinación de los autores."

Con base en todo lo anterior, formulando afirmaciones acompañadas de infinidad de citas, manipulando a veces la opinión de destacados autores, pasó la Sala a precisar su rol como "Máximo Árbitro de la República" en la "protección y garantía suprema de la Constitución, incluso frente a vulneraciones de la misma que incluso pudieran provenir del propio Poder Legislativo Nacional," lo que le permitía, - afirmó la Sala - "analizar la institución de amnistía y de su limitación a la arbitrariedad del legislador," considerando para ello el "principio de justicia," "el principio de proporcionalidad," y el principio de la "preeminencia de los derechos humanos." A esos principios, añadió la Sala el principio de que las amnistías pueden instituirse "como un medio jurídico para un proceso de reconciliación, normalización y equilibrada convivencia, erigiéndose en un 'pacto de paz', que sea capaz de establecer un nuevo orden que pretende impedir que se rediten los hechos que se pretenden excluir del *ius puniendi* y someterlos al olvido," lo que sin embargo no habilita "a una contribución de la impunidad ni a la legitimación de atropellos contra el Estado de Derecho." En fin, que "los derechos fundamentales como límites a la actuación del Poder Público, se constituyen también en límites a la potestad legislativa de otorgar amnistías."

Luego pasó la Sala a analizar la democracia "vinculada a la garantía de los derechos fundamentales" consagrados en la Constitución, afirmando no sólo que "no hay democracia sin limitación y no hay limitación sin control que lo haga efectivo," sino también afirmando que "no es posible afirmar o concluir que cualquier decisión de la mayoría en ejercicio de la democracia directa o indirecta al ser legítimas, sea necesariamente conformes a derecho."

Consideró además la Sala que "el concepto de soberanía" que reside en el pueblo, "prohíbe que sea usurpada por una persona o grupo de ellas, sean mayoritarias o no en alguna de las instituciones que como la Asamblea Nacional [...] ya que la soberanía no pertenece a ningún hombre o sector de la sociedad distinto al pueblo entero." Se refirió luego la Sala a la "pretendida legitimación de la Asamblea Nacional para actuar en representación del 'pueblo,'" destacando que "existen prohibiciones materiales en cuanto al contenido de los actos decisorios, que se reflejan en la imposibilidad de legitimar por las mayorías, decisiones contrarias a los derechos fundamentales."

Todo ello lo afirmó la Sala, no para reafirmar la democracia o la soberanía, sino para romperla y usurparla y desconocer el sentido de la acción política cuando la mayoría de la representación popular en la Asamblea Nacional está controlada por la oposición al Gobierno, que es lo que para la Sala Constitucional motivó su decisión de cercenar la propia potestad de la Asamblea. Por ello, como lo ha expresado Carlos Reverón Boulton, para la Sala, "en lo sucesivo, jamás podrá dictarse una Ley de Amnistía, pues precisamente a través de esas leyes se perdona el delito, el cual siempre supondrá un agravio contra una víctima concreta que se ha visto perjudicada por quién ha sido perdonado por la amnistía." [1681]

5. *La inconstitucional declaración de inconstitucionalidad de la Ley de Amnistía y Reconciliación Nacional*

Con base en todos los conceptos que hemos resumido anteriormente, la larga sentencia de la Sala pasó luego a ejercer el control de la constitucionalidad de la Ley de amnistía y Reconciliación Nacional sancionada por la Asamblea Nacional el 29 de marzo de 2016, declarando de plano su inconstitucionalidad total, después de haber hecho un ejercicio de declarar inconstitucionales determinadas normas de la Ley.

A. *La supuesta inexistencia de los presupuestos para acordar la amnistía en el caso de la Ley de Amnistía y Reconciliación Nacional*

La Sala comenzó declarando la inconstitucionalidad de la globalidad de la Ley por considerar que había en el caso, "inexistencia de los presupuestos para acordar amnistías." Para formular semejante afirmación, la Sala consideró una serie de principios y lugares comunes, tales como que "la impunidad es injusticia, pues no da al criminal el castigo que le corresponde; y el Estado no cumple con su misión fundamental de mantener el orden y de defender los derechos de los ciudadanos;" y que "no es posible sostener que se pueda atribuir una potestad arbitraria e irracional a ningún órgano que ejerza el Poder Público," afirmando que:

> "la amnistía no puede constituir una institución que niegue o desconozca, fuera de todo parámetro de razonabilidad los elementos cardinales que caracterizan y definen el ordenamiento jurídico venezolano, como un sistema de normas que limitan el ejercicio del poder y que tienen como presupuesto antropológico el respeto de los derechos fundamentales consagrados en el Texto Fundamental."

Consideró la Sala, en forma hipotética, que "la amnistía, en sentido general y abstracto, podría constituir un verdadero contrasentido al sistema de garantías que resguarda derechos fundamentales y la obligatoriedad del sometimiento al ordenamiento jurídico," pudiendo "desempeñar funciones contradictorias en la sociedad en la que se aplica," pues "puede representar un hito que arruine la esfera pública, debilite la institucionalidad democrática y destruya el Estado de Derecho y de Justicia consagrado en la Constitución."

1681 Véase Carlos Reverón Boulton, "Lo peor de la inconstitucionalidad de la ley de Amnistía," 24 abril 2016, en *Guayoyo en letras*, en http://guayoyoenle-tras.net/2016/04/24/lo-peor-la-inconstitucionalidad-la-ley-amnistia/.

Y como por arte de magia, después de realizar esas afirmaciones generales, la Sala limitó exclusivamente la posibilidad de decretar la amnistía, sin ninguna fundamentación, a situaciones en las cuales se manifiesta como "justicia transicional," referidas "a verdaderos momentos de ruptura y la necesidad de instaurar una comunidad política;" y entonces, considerando que como esas circunstancias "no se aprecian como presupuesto y contexto de la situación de autos," ello, de entrada, a juicio de la Sala, supuestamente:

> "invalida de conformidad con la Constitución la Ley bajo examen, tal como se evidencia del objeto de la misma (artículo 1) y el resto de sus normas. Así se decide."

Es decir, la Sala comenzó declarando la inconstitucionalidad de la Ley de Amnistía, por considerar que supuestamente no estaban dadas las condiciones para decretarla, cuando ello corresponde ser evaluado y considerado única y exclusivamente al órgano político de representación popular, en lo que la Sala no puede inmiscuirse. Como lo explicó José Ignacio Hernández, "con este razonamiento, en realidad, la Sala Constitucional está controlando la oportunidad y conveniencia de la amnistía, lo que según la doctrina anterior de la propia Sala, no puede ser control."[1682]

No contenta con esto, la Sala pasó luego a reforzar su declaratoria de inconstitucionalidad de la Ley, refiriéndose a diversas normas de la misma.

B. *La inconstitucionalidad con respecto a la calificación de los delitos políticos.*

En esta forma la Sala pasó a considerar la inconstitucionalidad de la Ley de Amnistía y Reconciliación Nacional, partiendo del supuesto también sin sentido, de que la misma no era otra cosa sino:

> "la consolidación de leyes de auto-amnistía o de impunidad, en el marco de la comisión de delitos comunes, bajo el manto de una pretendida protección manipulativa de salvaguarda de los derechos humanos."

Para justificar la afirmación, y después de argumentar sobre la diferencia entre delitos políticos y delitos comunes, y constatar que algunos países limitaban la amnistía a solo delitos políticos, reservando el indulto para los delitos comunes, consideró que de una supuesta revisión exhaustiva del texto de la Ley, se podía advertir la "pretensión de otorgar amnistía a favor de todas aquellas personas 'investigadas, imputadas, acusadas o condenadas como autores o partícipes' de delitos claramente comunes y no políticos" (citando los artículos 6, 9, 11, 12, 14, 16, 16, 17, 19 de la Ley), considerando que con ello "en nada conducen o colaboran a una reconciliación nacional sino a una impunidad escandalosa en detrimento de la moral pública, subvirtiendo el orden moral y jurídico del país, en los términos antes expuestos." La expresión de la Sala, de que la Asamblea Nacional lo que buscaba era lograr una "impunidad escandalosa," es incomprensible, pues ello no se deduce en forma alguna de la Ley sancionada.

1682 Véase en José Ignacio Hernández, "Sala constitucional del TSJ: el nuevo Superpoder vs. la Ley de amnistía," 12 abril de 2016, en http://pararesca-tarelpor-venir.blogspot.com/2016/04/blog-de-jose-ignacio-hernandezi-sala.html.

Con ello, en todo caso, la Sala sustituyó a la propia Asamblea, procediendo a juzgar si la amnistía contribuía o no a la reconciliación nacional, lo que solo la Asamblea podía hacer, concluyendo sin que la Constitución haya establecido ningún límite al respecto, también como por arte de magia, que:

> "habiéndose incluido en la Ley en cuestión, delitos comunes ajenos a esta figura constitucional, esta Sala no puede impartir su conformidad constitucional; y así se declara."

Y ello, a pesar de la referencia expresa contenida en la Ley de Amnistía, de que se trataba de delitos derivados de "hechos realizados en ejercicio de libertades ciudadanas y con fines políticos," entendiéndose que "se persigue una finalidad política o un móvil político cuando las protestas, manifestaciones, o reuniones en lugares públicos o privados; las ideas o informaciones divulgadas; o los acuerdos o pronunciamientos hayan estado dirigidos a reclamar contra alguna medida o norma adoptada por el gobierno nacional u otras autoridades" (Artículo 8).

De esto, la Sala, también como por arte de magia, concluyó que se trataba de "un solapamiento de la justicia," en orden a la consecución de una supuesta "reconciliación nacional o paz pública" cuyas bases "no se sustentan en un desacuerdo social subyacente," constituyendo ello, a juicio de la Sala:

> "una invitación que sentaría un terrible precedente, que instiga a la rebelión del particular contra la voluntad de la ley, la cual exige una reparación que vuelva a ratificar la autoridad del Estado mediante la imposición de una pena como resultado del trámite de un debido proceso."

Y para que no quedara duda de la posición de la Sala de querer juzgar políticamente la decisión del órgano político, procedió a insistir en que el "ejercicio de las libertades ciudadanas y con fines políticos" a que hace referencia la Ley no es ilimitado, y, por tanto, "no cualquier protesta, manifestación, reclamo o llamado contra el orden institucional es admisible, toda vez que si bien el artículo 68 constitucional prevé el derecho a manifestar, establece como límite a esta posibilidad su necesaria realización de forma pacífica," además, de las limitaciones que la propia Sala impuso al punto de su eliminación en sentencia N° 276 del 24 de abril de 2014, (caso: *"Gerardo Sánchez Chacón"*).[1683] De todo ello, concluyó la Sala, advirtiendo que

> "el articulado de la Ley de Amnistía y Reconciliación Nacional (cfr. Artículos 2, 5, 8, 11 y 16), desconoce tal mandato y supone una generalización (que no excluye la violencia y el uso de las armas) en cuanto a las manifestaciones de protestas como 'ejercicio de libertades ciudadanas y con fines políticos,' que no es admisible bajo el prisma constitucional porque implicaría desconocer que Venezuela es un Estado democrático y social de Derecho y de Justicia. Así se declara."

1683 Véase los comentarios en Allan R. Brewer-Carías, "Un atentado contra la democracia: el secuestro del derecho político a manifestar mediante una ilegítima "reforma" legal efectuada por la Sala Constitucional del Tribunal Supremo," en *Revista de Derecho Público,* N° 138 (Segundo Trimestre 2014, Editorial Jurídica Venezolana, Caracas 2014, pp. 157-169.

C. *De la inconstitucionalidad por violación de los principios de legalidad y tipicidad.*

Luego pasó la Sala Constitucional a declarar que la Ley de amnistía, aun cuando con ella no se creaba delito alguno sino se despenalizaban unos hechos, supuestamente violaba el artículo 49.6 de la Constitución que establece la garantía de que ninguna persona puede ser sancionada por actos u omisiones que no estuvieren previamente previstos como delitos, faltas o infracciones en leyes preexistentes, y que consagra el principio de tipicidad y legalidad penal (*nullum poena nullum crime sine legge*). Ello implica, como lo precisó la Sala Constitucional, "la prohibición al legislador de establecer lo que la doctrina ha calificado como las normas penales en blanco, por cuanto toda conducta que constituya delito, así como las sanciones correspondientes, deben estar claramente previstas en la ley."

No tienen sentido alguno, por tanto, aplicar siquiera el principio respecto de una Ley de amnistía que no crea delito ni establece penas, sino muy por el contrario, despenaliza hechos mediante el beneficio de la amnistía, otorgada de acuerdo con la valoración política que la Asamblea Nacional pueda hacer en un momento político dado.

Sin embargo, de nuevo, la Sala Constitucional, buscando a como diera lugar imponer límites al Legislador, inventó la peregrina tesis de que los mismos principios de legalidad y tipicidad para establecer delitos también debía aplicarse "para el establecimiento de normas que prevean una excepción a la penalización de ciertos supuestos de hecho," exigiendo que dicha despenalización "debe estar especificada y determinada de manera concreta," considerando entonces que ello no se cumplía en la Ley de Amnistía y Reconciliación Nacional.

La Sala consideró, en efecto, que en la Ley controlada, había "numerosas normas penales en blanco, que violan el principio de tipicidad de los delitos y de las penas y, por tanto, de las normas de gracia que puedan comprenderlos en virtud de la ausencia de concreción y falta de determinación expresa de que adolecen los textos referidos," cuando ello no era posible, pues la Ley de amnistía no creaba delitos.

Sin embargo, entre esas normas supuestamente con penas "en blanco," la Sala destacó la del artículo 2 de la Ley que se refería a hechos que se habían "producido en circunstancias que menoscaban la confiabilidad en la administración imparcial de la justicia o permiten concluir que aquellas obedecen a una persecución política." Sobre ello, la Sala estimó que en ese contexto:

> "no es posible determinar a qué circunstancias concretas se refiere el legislador, menoscabando la administración imparcial de la justicia, ya que el mismo no se vincula con la persecución política, la cual constituye una opción disyuntiva en la estructura de la norma, quedando entonces bajo este supuesto cualquier comisión de delito como, por ejemplo, los vinculados a corrupción, narcotráfico, estafas inmobiliarias, delitos bancarios, entre otros, que la propia norma deja abiertos contrariando por tanto, las consideraciones antes expuestas respecto de la constitucionalidad de la amnistía. Así se declara."

A igual errada conclusión llegó la Sala respecto del artículo 16 de la Ley que se refería a "hechos considerados punibles, u otras infracciones, cometidos o supuestamente cometidos por abogados, activistas o defensores de derechos humanos," deduciendo - todo en hipótesis - que ello podría beneficiar a:

> "los autores, determinadores, cooperadores inmediatos y cómplices de delitos vinculados a corrupción, narcotráfico, estafas inmobiliarias, delitos bancarios, señalados anteriormente, lo cual sería un medio para la impunidad y el desconocimiento absoluto del sistema jurídico penal y constitucional vigente."

Sin embargo, aún basada en hipótesis, la Sala de plano concluyó declarando "la inconstitucionalidad de los artículos 2, 16 y 17 de la Ley de Amnistía y Reconciliación Nacional, que contrarían y vulneran las garantías contenidas en el artículo 49 de la Constitución de la República Bolivariana de Venezuela; y así se declara," a pesar de que las mismas no creaban delitos por lo que nunca podrían haber sido "normas penales en blanco."

La afirmación de la Sala, en todo caso, fue esencialmente equivocada, porque la Ley de Amnistía no tenía por objeto establecer delitos y penas, a cuyo efecto es que se establece la garantía del principio de tipicidad y legalidad, sino que tenía por objeto despenalizar hechos, es decir, dar una gracia en favor de personas, operación en la cual no tiene cabida aplicar la garantía mencionada.

D. *La inconstitucionalidad por la violación de los principios de justicia y responsabilidad.*

La Sala Constitucional pasó luego en su sentencia a decidir que la Ley de Amnistía y Reconciliación Nacional supuestamente también violaba principios como justicia y responsabilidad, para lo cual se refirió, no a un principio de la Constitución venezolana, sino de otras Constituciones, que –dijo– "suelen *prever de manera expresa* la prohibición de aplicación de tal prerrogativa a los supuestos de responsabilidad penal cometidos por algún miembro del órgano concedente, excluyéndolos de los sujetos susceptibles de beneficiarse por tal medida (*v. gr.* artículo 3 de la Constitución Española)."

Sin embargo, a pesar de reconocer que tal limitación, para poder ser aplicada requiere de texto expreso en la Constitución, la Sala Constitucional pasó a considerar que en la Ley de Amnistía y Reconciliación Nacional la Asamblea se debió prever lo mismo, considerando sin embargo, que la Ley de Amnistía:

> "no sólo omite la exclusión expresa de sus propios miembros actuales como posibles beneficiarios de la ley en cualquiera de sus disposiciones, sino que, además, en su artículo 14 establece que "se concede amnistía por los presuntos hechos punibles que hubieran sido denunciados después de que el supuesto responsable del delito o falta hubiera sido electo como Diputado o Diputada a la Asamblea Nacional el 26 de septiembre de 2010, (…) si ello condujo al allanamiento de la inmunidad y a la separación forzosa de la Asamblea Nacional e inhabilitación política del Diputado o Diputada, o a que éstos renunciaran a la investidura parlamentaria para impedir dicho allanamiento de inmunidad y así evitar los efectos jurídicos derivados de la misma..."

De ello la Sala consideró que se trataba de "una tipificación tan amplia que pudiera abarcar a Diputados o Diputadas reelectos o reelectas en las elecciones del 6 de diciembre de 2015, y que actualmente se encuentren en funciones," como si ello incuso fuera un "delito."

Aparte de que no se trata de "tipificación" alguna, pues con la amnistía no se están creando delitos o tipos delictivos, sino despenalizándose hechos, la Sala consideró que se trataba de un supuesto de "auto-amnistía," considerando - siempre hipotéticamente – que con ello se exponía a la amnistía "a ceder con relativa facilidad, a que su ejercicio esté gobernado por la indebida arbitrariedad y parcialidad que vulneran el principio constitucional de justicia, de ética y moral."

Por otro lado, consideró la Sala, de nuevo sin atender a las limitaciones establecidas en la Constitución que son las únicas aplicables a la decisión que pueda adoptar la Asamblea Nacional en la materia, que "un elemento adicional de exclusión que suele ser común respecto de las instituciones de gracia," aun cuando sin decir donde ello se ha establecido y citando solo un libro que se refiere al indulto, "es que el posible beneficiario de la amnistía se encuentre prófugo, evadido o fuera de la disposición del sistema de justicia," lo que sin embargo correspondía exclusivamente a la Asamblea Nacional determinar, de acuerdo con la valoración política que hizo al conceder la amnistías.

La Sala, sin embargo, no lo consideró así, e impuso otra limitación a la potestad de la Asamblea de decretar amnistía, exigiendo que una vez despenalizados los hechos, sin embargo, ese beneficio no abarcaba a algunas personas. Con ello, la Sala Constitucional misma incurrió en inconstitucionalidad, al discriminar a determinadas personas por la situación procesal en la que pudieran encontrarse, violando el principio de la igualdad.

Así, sin tener potestad alguna para ello, la Sala consideró que los artículos 20 y 22 de la Ley de Amnistía y Reconciliación Nacional eran inconstitucionales, al abarcar con la amnistía que se decretaba para despenalizar hechos, y no para beneficiar a determinadas personas, a todos aquellos que pudieran estar incursos en los hechos punibles despenalizados, independientemente de que estuviesen o no "a derecho en los procesos penales correspondientes," (art. 20) decretando la "extinción de la acción penal, o, de ser el caso, la extinción de la pena," independientemente de si el "imputado o acusado no está a derecho, o si el condenado se ha sustraído del cumplimiento de la pena" (art. 22), autorizando en este caso, que la solicitud de aplicación de la Ley se pueda presentar por su representante judicial, su cónyuge u otras personas allegadas.

Todo ello, sin razón alguna, fue considerado inconstitucional por la Sala Constitucional, cuando en realidad, inconstitucional fue la discriminación que la misma impuso, basándose para ello en el deber constitucional que tiene toda persona de cumplir y acatar la Constitución (art. 131), de lo cual dedujo, pura y simplemente, que "quienes no se encuentran a derecho, tienen sobre sí el deber de presentarse al proceso, y acatar una orden judicial," que ha sido "producto de un trámite en el cual dicho ciudadano tuvo oportunidad de defenderse y alegar razones contrarias a las sostenidas por la parte acusadora (vid. Decisión de la Sala Constitucional número 1.806/2008)."

Es decir, la Sala, reiterando lo que expuso en sentencias Nos. 1.511/2008; 840/2010; 578/2012 y 1.312/2014, sentó el criterio absoluto e inconstitucional, por discriminatorio, de que una vez despenalizados unos hechos, una persona beneficiada por la amnistía que se hubiera negado a entregarse a sus perseguidores, por ejemplo, permaneciendo fuera del país, quedaría excluido del beneficio de la amnistía. Para ello la Sala indicó que para que cualquier imputado, acusado o procesado pueda presentar cualquier solicitud en justicia "es imprescindible la estadía a derecho," considerando que:

> "resulta contradictorio que un procesado que no se encuentre a derecho pretenda llevar a cabo solicitudes o invocar derechos (…) cuando ni siquiera ha cumplido con su obligación procesal de acatar el mandamiento judicial devenido de una orden de aprehensión."

Confundió así la Sala Constitucional los requisitos procesales en los trámites ordinarios del proceso penal, que para determinados actos, como la realización de la audiencia preliminar, que por su carácter personalísimo, por ejemplo, el Código Orgánico Procesal Penal requieren la presencia personal del procesado; con el beneficio de la amnistía que deriva de la despenalización de los hechos, lo que de por sí, y en esencia, no puede conducir a "excluir" del beneficio a determinadas personas por consideraciones adjetivas o procesales, pues ello sería inconstitucional. Sin embargo, la Sala, al contrario, lo que le impuso a la Asamblea Nacional fue una limitación que no tiene base constitucional, y más bien viola la Constitución por discriminatoria, en el sentido de que si va a decretar una amnistía, por ejemplo, por delitos políticos, despenalizando determinados hechos punibles, esa amnistía no puede beneficiar sino a las personas que estén bajo rejas, en prisión, excluyendo a quienes están exiliadas precisamente para evitar ser encarceladas por delitos que por ejemplo estimen que no cometieron.

Para justificar la inconstitucional discriminación y exigir la pérdida de la libertad para que alguien se pueda beneficiar de la amnistía, la Sala concluyó con el absurdo de que como las órdenes judiciales como la detención de una persona deben ser cumplidas – dando primacía así a la pérdida de la libertad frente a la libertad misma –, entonces si se otorga una amnistía que beneficie a una persona que logró evadir la detención, o que estaba fuera del país cuando se ordenó la detención, entonces ello sería una forma de evadir la orden de detención "a través de mecanismos jurídicamente admitidos." Con ello, a juicio de la Sala, incluso se produciría "un fraude al principio de acatamiento a las órdenes de la autoridad, haciendo que opere una norma jurídica con la finalidad de evitar la aplicación de otra."[1684]

De este nuevo absurdo, dedujo entonces la Sala Constitucional que la Asamblea Nacional, al incluir las normas citadas en la Ley de Amnistía y Reconciliación Nacional, había incurrido en "un fraude del orden constitucional" declarando la inconstitucionalidad de las normas, pero incurriendo en discriminación y violación del principio de igualdad y de la libertad ante un beneficio de orden constitucional como es la amnistía.

La Sala finalmente también consideró, sin base constitucional alguna, que la amnistía no podía beneficiar a los reincidentes, por lo que al no estar estos excluidos "de un posible beneficiario de la amnistía" en la ley sancionada, la Asamblea, a juicio de la Sala, ignoró - todo hipotéticamente – "la alta probabilidad de que recaiga en las conductas que llevaron a procesarla penalmente en diversas oportunidades por la comisión de hechos punibles." La Sala, dijo entonces, también sin fundamento alguno, que como algunas instituciones de gracia, como la conmutación, estaban

---

1684 A tal efecto, citando a Messineo, destacado autor de derecho mercantil, la sala consideró que "el fraude a la ley se caracteriza por la circunstancia de que se respeta la letra de la ley, mientras que, de hecho, se trata de eludir su aplicación y de contravenir su finalidad con medios indirectos."La cita en la sentencia es: MESSINEO, F. *Manual de Derecho Civil y Comercial*. Trad: Santiago Sentís Melendo. Buenos Aires: EJEA, 1979, Tomo II, p. 480.

excluidas respecto del reincidente en el Código Penal (art. 56), entonces la Asamblea Nacional también debió excluir a los reincidentes de la amnistía, cuando para ello no existe limitación constitucional alguna.

De todo lo expuesto, concluyó entonces la Sala, pura y simplemente, declarando en cuanto a las disposiciones citadas relativas "a la no exclusión de los miembros del órgano otorgante, del prófugo, evadido o no a disposición del sistema de justicia y del reincidente como posibles beneficiarios de la ley," que la misma no podía "declarar su constitucionalidad, de conformidad con los artículos 2 y 3 de la Constitución de la República Bolivariana de Venezuela; y así se decide," de lo que se deduce que lo que hizo fue declarar su inconstitucionalidad, pero expresada en forma oblicua, y basada a su vez en una inconstitucionalidad en la cual incurrió, al establecer con ello una violación de la garantías de la igualdad y de la libertad personal, y de no discriminación que establece el artículo 19 de la Constitución.

6. *La inconstitucionalidad de la amnistía respecto de las infracciones administrativas*

La Sala Constitucional, adicionalmente consideró inconstitucional que la Ley de Amnistía y Reconciliación Nacional regulara entre los supuestos comprendidos en la misma, a "situaciones o circunstancias relacionadas a infracciones administrativas enmarcadas en la defensa del patrimonio público y la lucha contra la corrupción," haciendo referencia a los artículos 15 y 19 de la Ley, que contemplaban la despenalización de hechos punibles, en los casos de: (i) "supuestos enriquecimientos ilícitos que hayan tenido como único sustento el procedimiento de verificación patrimonial efectuado por la Contraloría General de la República" (art. 15.b); (ii) de actos en los cuales "no haya habido recepción, apoderamiento o sustracción de bienes o fondos públicos en beneficio particular" (art. 19.a); y (iii) de "omisiones, inexactitudes o incumplimientos vinculados a la obligación de presentar, la declaración jurada de patrimonio" siempre que la declaración "haya sido presentada aunque luego del vencimiento del plazo legal."

De estas previsiones, la Sala Constitucional pura y simplemente dedujo que la Asamblea Nacional había hecho "un aprovechamiento arbitrario de la amnistía que la extiende a situaciones que rebasan la naturaleza excepcional de tal institución y que implican, además, un desconocimiento flagrante a la legalidad y constitucionalidad de las sanciones impuestas por la Contraloría General de la República," cuando la Constitución no regula ni excluye ningún ámbito de despenalización salvo los límites mencionados de delitos de lesa humanidad, delitos graves contra los derechos humanos, y crímenes de guerra.

Sin embargo, la Sala concluyó que al incluir la despenalización respecto de infracciones administrativas en la Ley, ello puso de manifiesto que la Asamblea se había desviado "ampliamente" del propósito especial y excepcional de la amnistía, concluyendo igualmente en este caso, que "no puede impartir la conformidad de la ley con la Constitución," lo que se entiende igualmente que es una declaración oblicua de inconstitucionalidad.

7. *La inconstitucionalidad de la amnistía por violación al principio de soberanía*

La Sala Constitucional también declaró la inconstitucionalidad del artículo 18 de la Ley de Amnistía y Reconciliación Nacional, nada menos que por violación al principio de la soberanía, por el hecho de que en la norma se previó que el juez competente para verificar las circunstancias relativas a la efectividad de la amnistía, debía tener en cuenta que el condenado hubiese sido "excluido de la lista o base de datos de personas requeridas" por la INTERPOL "al considerarse que la persecución penal se refiere a delitos políticos;" y además, que los Órganos de protección Internacional de los derechos humanos (Comisión o la Corte Interamericana de Derechos Humanos, Comité de Derechos Humanos previsto en el Pacto Internacional de Derechos Civiles y Políticos, o los Comités, Comisiones, Relatorías o Grupos de Trabajo del Sistema de Naciones Unidas), hubieran "declarado la violación de algún derecho del imputado, procesado o condenado durante el desarrollo del proceso penal correspondiente o que el presunto responsable se haya visto forzado a salir del territorio de la República Bolivariana de Venezuela y haya obtenido asilo o refugio."

El artículo 27 de la Ley, además, restableciendo la vigencia de los derechos humanos en la Constitución, estableció que:

> "los tribunales y demás órganos del poder público darán estricto cumplimiento a las sentencias, medidas u otras decisiones que hayan dictado los organismos internacionales encargados de la protección de los derechos humanos, relativas a las acciones u omisiones del Estado venezolano que se hayan traducido en la vulneración de tales derechos, de conformidad con lo dispuesto en los respectivos tratados, pactos o convenciones ratificados por el Estado venezolano y a las demás obligaciones internacionales de la República."

Ahora bien, disponer que el Estado venezolano debe tener alguna confianza en lo resuelto por organismos internacionales como elementos a tener en consideración por el juez, fue suficiente para que la Sala Constitucional considerase como violada la soberanía nacional, considerando las normas mencionadas como inconstitucionales, ratificando para ello todas las sentencias que desde 2003 había venido dictando, desconociendo la "prevalencia de las normas que conforman los Tratados, Pactos y Convenios Internacionales sobre Derechos Humanos, en el orden interno," y ratificando su inconstitucional e inconvencional tesis del "carácter no vinculante de las opiniones, declaraciones, dictámenes e informes de los organismos internacionales; así como la inejecutabilidad de los fallos emanados de la Corte Interamericana de Derechos Humanos." En particular, la Sala hizo referencia a su sentencia N° 1.942 del 15 de julio de 2003 (caso: *"Rafael Chavero Gazdik"*), ratificada recientemente en decisión número 1.175 del 10 de septiembre de 2015 (caso: *"Reinaldo Enrique Muñoz Pedroza y otros"*), donde desmontó lo previsto en el artículo 23 de la Constitución, mutando ilegítimamente su contenido.

La Sala Constitucional también "recordó," no sin disimular cierto absurdo orgullo, que a petición y exhortación suya, Venezuela denunció el 10 de septiembre de 2012 la Convención Americana sobre Derechos Humanos, por lo que en consecuencia, a partir del 10 de septiembre de 2013:

> "el Estado venezolano está desligado de las obligaciones contenidas en esta Convención en lo que concierne a todo hecho que, pudiendo constituir una violación de esas obligaciones, haya sido cumplido por él anteriormente a la fecha en la cual la denuncia produce efecto (*cfr.* Sentencia de esta Sala número 1.175 del 10 de septiembre de 2015)."

En consecuencia de ello, la Sala Constitucional declaró que los artículos 2, 18 y 27 de la Ley "vulneran los múltiples fallos dictados por esta Sala, en los cuales se ha declarado la *inejecutabilidad* de las sentencias emanadas de la Corte Interamericana de Derechos Humanos," citando las siguientes sentencias:

1. Sentencia Nº 1.939 del 18 de diciembre de 2008, "que declaró *inejecutable* el fallo de la Corte Interamericana de Derechos Humanos, de fecha 5 de agosto de 2008, en el que se ordenó la reincorporación en el cargo de los ex-magistrados de la Corte Primera de lo Contencioso Administrativo Ana María Ruggeri Cova, Perkins Rocha Contreras y Juan Carlos Apitz B., se condenó a la República Bolivariana de Venezuela al pago de cantidades de dinero y a las publicaciones referidas al sistema disciplinario de los jueces."[1685]

2. Sentencia de la Sala Constitucional Nº 1.547 del 17 de octubre de 2011, en la cual "se declaró *inejecutable* el fallo de la Corte Interamericana de Derechos Humanos, de fecha 1 de septiembre de 2011, en el que se condenó al Estado Venezolano, a través de los órganos competentes, y particularmente del Consejo Nacional Electoral (CNE)," a asegurar "que las sanciones de inhabilitación no constituyan impedimento para la postulación del señor López Mendoza en el evento de que desee inscribirse como candidato en procesos electorales;" anuló las Resoluciones del 24 de agosto de 2005 y 26 de septiembre de 2005, dictadas por el Contralor General de la República, por las que inhabilitaron al referido ciudadano al ejercicio de funciones públicas por el período de 3 y 6 años, respectivamente; y se condenó a la República Bolivariana de Venezuela al pago de costas y a las adecuación del artículo 105 de la Ley Orgánica de la Contraloría General de la República y el Sistema Nacional de Control Fiscal."[1686]

3. Y sentencia de esta Sala Constitucional número 1.175 del 10 de septiembre de 2015, en la que se declaró "que es inejecutable el fallo dictado por la Corte Interamericana de Derechos Humanos, de fecha 22 de junio de 2015, en el caso *Granier y otros (Radio Caracas Televisión) vs. Venezuela*, por constituir una grave afrenta a la Constitución de la República Bolivariana de Venezuela y al propio sistema de protección internacional de los derechos humanos; en consecuencia."[1687]

1685 Véase los comentarios sobre esa sentencia en Allan R. Brewer-Carías, "La interrelación entre los Tribunales Constitucionales de América Latina y la Corte Interamericana de Derechos Humanos, y la cuestión de la inejecutabilidad de sus decisiones en Venezuela," en *Anuario Iberoamericano de Justicia Constitucional*, Centro de Estudios Políticos y Constitucionales, Nº 13, Madrid 2009, pp. 99-136.

1686 Véase los comentarios sobre esa sentencia en Allan R. Brewer-Carías, "La incompetencia de la Administración Contralora para dictar actos administrativos de inhabilitación política restrictiva del derecho a ser electo y ocupar cargos públicos (La protección del derecho a ser electo por la Corte Interamericana de Derechos Humanos en 2012, y su violación por la Sala Constitucional del Tribunal Supremo al declarar la sentencia de la Corte Interamericana como "inejecutable"), en Alejandro Canónico Sarabia (Coord.), *El Control y la responsabilidad en la Administración Pública, IV Congreso Internacional de Derecho Administrativo, Margarita 2012*, Centro de Adiestramiento Jurídico, Editorial Jurídica Venezolana, Caracas 2012, pp. 293-371.

1687 Véase los comentarios sobre esa sentencia en Allan R. Brewer-Carías, "La condena al Estado en el caso Granier y otros (RCTV) vs. Venezuela, por violación a la libertad de expresión y de diversas garantías judiciales. Y de cómo el Estado, ejerciendo una bizarra "acción de control de convencionalidad" ante su propio Tribunal Supremo, ha declarado inejecutable la sentencia en su contra," 14 de septiembre 2015, en http://www.allanbrewercarias.com/Content/449725d9-f1cb-474b-8ab2-41efb849fea3/Content/Brewer.%20La%20condena%20al%20Estado%20en%20el%20caso%20CIDH%20Granier%20(RCTV)%20vs.%20Venezuela.%2014%20sep.%202015.pdf.

Luego de citar estos lamentables fallos, la Sala pasó entonces a repasar sus anteriores decisiones relativas a declarar que "la soberanía, independencia, autonomía y autodeterminación nacional, constituyen derechos irrenunciables del Estado Venezolano y, por tanto, son inherentes a las funciones que constitucional y legalmente tiene atribuido su Poder Judicial (artículo 2 constitucional), ratificando lo resuelto en la sentencia N° 100 del 20 de febrero de 2015, caso: (*"Reinaldo Enrique Muñoz Pedroza"*), dictada para dar una "opinión jurídica" sobre la Ley del 2014 del Senado de los Estados Unidos para la defensa de los derechos humanos y la sociedad civil de Venezuela, [1688] declarando que con base en ello, "el Estado venezolano ha objetado enérgicamente el uso desmedido, arbitrario y antiético de la figura de los delitos políticos para invocar el derecho de asilo; así como su concesión bajo el amparo de dicha figura a individuos sujetos a procesos judiciales, con el único fin de evadir la justicia venezolana," citando en apoyo el "Acuerdo de la Asamblea Nacional en Rechazo al Asilo concedido por el Gobierno de la República del Perú al ciudadano Manuel Rosales."[1689]

La Sala rechazó, en todo caso, que pudiera darse valor alguno al hecho de que algún imputado, procesado o condenado, hubiese sido excluido de la base de datos o listas de personas requeridas por la INTERPOL por persecución por delitos políticos, y que se pretenda conceder amnistía "con el solo fundamento de que algún funcionario o exfuncionario del sistema de administración de justicia haya reconocido la manipulación fraudulenta del expediente, la investigación o el proceso penal," [1690] desconociendo que se pueda valorar que en la actividad jurisdiccional desplegada en procesos jurisdiccionales por razones políticas, puedan existir "circunstancias que menoscaban la confiabilidad en la administración imparcial de la justicia o permiten concluir que aquellas obedecen a una persecución política," pues ello, según la Sala, implicaría violar las garantías del debido proceso contenidas en el artículo 49, numerales 1, 2 y 5, de la Constitución.

De todo ello, la Sala Constitucional concluyó con su apreciación de que la inclusión de los artículos 2, 18 y 27 en la Ley, "resulta inaceptable" considerando que:

> "la intención del legislador no es la de sentar las bases para la reconciliación nacional y la paz social, sino que ha pretendido explícitamente amparar la impunidad mediante la concesión de amnistía de los hechos considerados delitos, faltas o infracciones señalados en la misma, sobre la base de que el Poder Judi-

---

1688 Véase los comentarios sobre esa sentencia en Allan R. Brewer-Carías, "La inconstitucional confusión e inversión de roles en el Estado totalitario: el juez constitucional actuando como "consultor jurídico" dependiente del Poder Ejecutivo en la emisión de un "dictamen" sobre la "Ley del 2014 del senado de los Estados Unidos para la defensa de los derechos humanos y la sociedad civil de Venezuela," en *Revista de Derecho Público,* N° 141, (Primer semestre 2015, Editorial Jurídica Venezolana, Caracas 2015, pp. 191-202.

1689 *Gaceta Oficial* N° 39.178 del 14 de mayo de 2009.

1690 Como fue el caso por ejemplo del Fiscal en el caso de la condena de Leopoldo López. Véase los comentarios en Allan R. Brewer-Carías, "Lo que faltaba: la confesión del fiscal Franklin Nieves, acusador en el caso de Leopoldo López y otros estudiantes, condenados por los inexistentes "delitos" de "opinión" y de "manifestar," reconociendo la ausencia de independencia y de autonomía de los jueces y fiscales en Venezuela,". 25 de octubre 2015, en http://www.allanbrewercarias.com/Content/449725d9-f1cb-474b-8ab2-41efb849fea3/Content/LO%20QUE%20FALTABA.%20Confesi%C3%B3n%20Fiscal%20del%20caso%20Leopoldo%20L%C3%B3pez.%20Pruebas%20falsas,%20oct%202015.pdf.

> cial de la República Bolivariana de Venezuela reconozca, tanto a nivel de la comunidad nacional como internacional, que en su actividad jurisdiccional que le es propia, no es autónomo, independiente e imparcial, sin que ello implique que el Estado venezolano no reconozca sus obligaciones internacionales en el marco del Derecho Internacional de los Derechos Humanos."

De todo ello, también, pura y simplemente, la Sala consideró "demostrado" que los artículos 2, 18 y 27 de la Ley de Amnistía y Reconciliación Nacional violan los artículos 2, 7, 23, 49.5, 253, 254, 256, 257, 334, 335 y 336 de la Constitución, "infringen flagrantemente los criterios jurisprudenciales con carácter vinculante y el ordenamiento jurídico" antes mencionados:

> "y vulneran las sentencias dictadas por esta Sala en las cuales se ha declarado la inejecutabilidad de los fallos emanados de la Corte Interamericana de Derechos Humanos, esta Sala declara su inconstitucionalidad. Así se decide."

8. *La inconstitucionalidad de la amnistía por violación del derecho a la protección del honor, vida privada, intimidad, propia imagen, confidencialidad y reputación.*

La Sala Constitucional, además, consideró que la Ley de Amnistía también era inconstitucional por violar el derecho a la protección del honor, vida privada, intimidad, propia imagen, confidencialidad y reputación, en los términos en los cuales la propia Sala en sentencias anteriores ha "delimitado el contenido del derecho a la libertad de expresión y a la información en cuanto a su forma de manifestación y los medios empleados," los cuales se encuentran restringidos por otros derechos que "pueden requerir una protección incluso mayor a los referidos derechos, como lo puede ser el derecho al honor, imbricado con la defensa de la dignidad humana," citando para reforzar su aserto lo resuelto en sentencia N° 571 del 27 de abril del 2001 (caso: "*Francisco Segundo Cabrera Bastardo*"), y N° 1.942 del 15 de julio de 2003 (caso: "*Rafael Chavero Gazdik*").

Del contenido de esos fallos, dedujo la Sala que resultaba "claro que la persona afectada por la emisión de una opinión tiene el derecho de accionar judicialmente contra el sujeto que emitió el pensamiento y contra el medio (radio, prensa, televisión ó página de internet) a través del cual se produjo la divulgación del mismo, sin que la responsabilidad de una de las partes sea excluyente de la otra," excluyendo sin fundamento alguno de la gracia de la amnistía, los "hechos ofensivos que atenten contra el honor, vida privada, intimidad, propia imagen, confidencialidad y reputación de una persona," considerando que es esos casos, "los tribunales penales ostentan una competencia genérica y funcional para conocer de la violación de este derecho constitucional que se alega violado."

La consecuencia de ello fue, pura y simplemente que lo previsto en el artículo 9 de la Ley de Amnistía y Reconciliación Nacional, al conceder amnistía en casos de hecho punibles que tengan relación con delitos de opinión, a juicio de la Sala vulnera el artículo 60 del Texto Fundamental "así como lo dispuesto en el artículo 19 del Pacto Internacional de Derechos Civiles y Políticos y el artículo 29.2 de la Declaración Universal de Derechos Humanos:"

> "al pretender anular el derecho de acción que tienen los afectados de solicitar ante los tribunales de justicia el restablecimiento de la situación jurídica in-

fringida, cuando han sido dañados en su honor y reputación, así como de obtener la decisión correspondiente en los causas que se encuentren en curso; pretendiendo anular con ello unos de los rasgos fundamentales del estado de derecho, como lo es la justicia. Así se decide."

Igual consideración se extiende a los delitos de generación de zozobra, pues, como ya se expresó, si bien existe el derecho a la libertad de expresión, este no es absoluto, no pudiendo pretenderse amparar el uso delictual y malsano de dicho derecho en perjuicio de la paz social. Por lo que, definitivamente, lo que corresponde es el respeto a las decisiones que hayan sido tomadas por los tribunales en tales causas (evidentemente con el derecho a recurrir de las mismas con base en lo estipulado en la ley) o el correspondiente proceso judicial (si fuera el caso) en aquellas que no han iniciado, para que a través de un debido proceso se obtenga una decisión ajustada a derecho."

O sea, la Sala Constitucional, impunemente, agregó a la lista de limitaciones constitucionales para decretar amnistía que se refiere única y exclusivamente a los delitos de lesa humanidad, violaciones graves de los derechos humanos y los crímenes de guerra (art. 29), los delitos de opinión, mutando ilegítimamente la Constitución; delitos que por lo demás han sido declarados inconvencionales en el mundo latinoamericanos; declarando entonces inconstitucional la previsión del artículo 9 de la Ley de Amnistía y Reconciliación Nacional.

Con una decisión como esta, no sólo se eliminó la potestad de la Asamblea Nacional de decretar amnistías, sino que la Sala Constitucional de nuevo usurpó el poder constituyente y modificó la Constitución a su antojo.

9. *La inconstitucionalidad de la totalidad del articulado la Ley de Amnistía por sus "efectos en la sociedad y el ordenamiento jurídico," como acto final de "ejecución" de la Asamblea Nacional en cumplimiento de la sentencia de muerte que se le había decretado*

Por último, la Sala concluyó su sentencia formulando una declaración genérica de inconstitucionalidad de la Ley de Amnistía y Reconciliación Nacional por los efectos que según la Sala produce "en la sociedad y en el ordenamiento jurídico," considerando que con dicha Ley "se revela una actividad arbitraria del legislador, el cual no actúa en representación del interés general de la sociedad," pretendiendo:

> "imponer una verdadera hegemonía de los intereses sectoriales ajenos a los principios constitucionales (justicia, paz y responsabilidad entre otros), presentando sus intereses particulares como valores generales, mediante un pretendido consenso social sustentado, no en un proceso de disensos y consensos propio del sistema democrático, sino aprovechándose de la legitimidad derivada de la representación indirecta que se ejerce en el marco de las competencias del Órgano Legislativo."

O sea, como la Asamblea Nacional a partir de diciembre de 2015 responde a una nueva mayoría democrática opuesta al Gobierno que controla a la Sala Constitucional, entonces por ello, la Sala considera que la misma, por tener un legítimo criterio político de oposición al gobierno, lo que supuestamente busca es "imponer y reproducir una realidad social en el marco de un proceso de establecimiento de una posición hegemónica" acusando a la Asamblea Nacional de:

> "la imposición de antivalores como la impunidad y la desobediencia a la ley, a través de un marco jurídico institucional, en el cual no se garanticen eficazmente los principios de dignidad, igualdad, libertad, entre otros, que informan el Texto Fundamental."

Con base en ello, la Sala Constitucional, frente a una Ley de Amnistía que solo compete ser evaluada y dictada políticamente por la Asamblea Nacional, consideró que era "claro que bajo el principio de obediencia a la autoridad," la Asamblea lo que pretendía era "imponer una ley arbitraria que promueve la impunidad de los delitos fuera del marco constitucional," y que además resultaba claro que la ley tenía:

> "por fin, no el ejercicio de una potestad conforme al marco constitucional, sino como una normativa que atenta y desconoce su articulado, pero que, además, genera consecuencias contrarias al propio fin de toda ley de amnistía, que es lograr la paz social en el marco de un estado de derecho, lo que implica el sometimiento de los individuos y la sociedad a los canales democráticos para la solución de sus desacuerdos (Sentencia de esta Sala número 24/03)."

Imposible encontrar en una sentencia un rechazo tan determinante contra el órgano que ostenta la representación popular, donde una abrumadora mayoría le dio el control a la oposición democrática, usando para ello, cínicamente, argumentos supuestamente "democráticos."

Por ello, sobre la motivación de una amnistía decretada por la Asamblea para reconciliar a la sociedad, la Sala negó de plano que "un proceso de diálogo político deba darse desde el olvido de los crímenes [...], como si ningún delito se hubiera cometido," acusando a la Ley de Amnistía de desconocer a "las víctimas" considerando que "por ser las más directamente afectadas, son las que mayor interés tendrían en el juzgamiento de los delitos que hoy se presentan amnistiados," y en fin considerando que leyes como la de amnistía, contribuyen a crear una situación de anómica:

> "en la cual si bien existen las leyes y las costumbres, su respeto no está garantizado. Estas son poco observadas para la sociedad en su conjunto. La conducta anómica degenera en un caos social, por lo que constituye una real e importante amenaza para la sociedad."

Por ello, terminó la Sala afirmando que no podía "permitir otorgar la constitucionalidad de una Ley que propenda a la anomia de la sociedad venezolana, en franco desconocimiento de sus valores y los principios y garantías que informan el Texto Fundamental."

Con esta sentencia, en realidad, la Sala Constitucional se olvidó de lo que ella misma afirmó en la sentencia Nº 794/2011 (caso: *Ricardo Fernández Barruecos y otros*), que citó al final de la misma, y que sin duda se le aplica a ella misma, en el sentido de que ella "no puede, en ejercicio de las competencias que le son atribuidas," como es el control de constitucionalidad de las leyes, "afirmar un grado tal de discrecionalidad que le permita aseverar que tiene la opción de actuar en contra de la Constitución, los derechos y las garantías que en ella se consagran y que reflejan un conjunto de principios y valores," como lo hizo en este caso, concluyendo con la absurda declaración de que:

"*la totalidad del articulado* de la analizada Ley de Amnistía y Reconciliación Nacional desconoce que Venezuela es un Estado Democrático y Social de Derecho y de Justicia y se aparta de los fines constitucionalmente establecidos en los artículos 1, 2 y 3 de la Constitución de la República Bolivariana de Venezuela, motivo por el cual esta Sala Constitucional no puede impartir su conformidad con la Constitución; y así se declara."

O sea, la Ley de Amnistía y Reconciliación Nacional, en su totalidad, fue declarada inconstitucional por la Sala Constitucional del Tribunal Supremo, eliminando de la Constitución, materialmente, no solo toda posibilidad de que la Asamblea Nacional pueda en algún momento decretar una amnistía si el Tribunal Supremo está controlado por el gobierno, sino la simple posibilidad de que la Asamblea ejerza la representación popular y decida sobre asuntos políticos.

Es decir, el órgano político por excelente en la organización del Estado no puede tomar decisiones políticas, políticamente orientadas, si las mismas no están en la línea de acción del Poder Ejecutivo que controla a la Sala Constitucional. En consecuencia, la sentencia dictada declarando la inconstitucionalidad de la totalidad del articulado de la Ley de Amnistía y Reconciliación Nacional, equivale definitivamente a la ejecución de la Asamblea Nacional, en cumplimiento de la sentencia de muerte que la propia Sala ya había dictado.

Bajo otro ángulo, después de la oposición contra la Ley anunciada públicamente por el Ministro de la Defensa antes de dictarse la sentencia, como lo expresó Maria Amparo Grau:

> "perdió el Estado de Derecho y el poder civil. El militar, ganó su inconstitucional batalla. Los presos políticos siguen en sus celdas y los derechos humanos de estos seres y sus familias caen víctimas de esta desigual lucha."[1691]

III. LA ANIQUILACIÓN DEFINITIVA DE LA POTESTAD DE LEGISLAR POR LA ASAMBLEA NACIONAL: EL CASO DE LA DECLARATORIA DE INCONSTITUCIONALIDAD DE LA LEY DE REFORMA DE LA LEY ORGÁNICA DEL TRIBUNAL SUPREMO DE JUSTICIA

Los dos casos antes comentados de declaración de inconstitucionalidad de la Ley del Banco Central y de la Ley de Amnistía, pusieron en evidencia la política de Estado fijada desde que se produjo la elección de los diputados a la Asamblea Nacional del 6 de diciembre de 2015 de no permitirle a la Asamblea Nacional ejercer su función de legislar. Ello en todo caso se confirmó cuando la Sala Constitucional, de nuevo, arremetió contra la Asamblea mediante sentencia Nº 341 de 5 de mayo de 2016,[1692] en la cual, usurpando el Poder Constituyente, por una parte mutó ilegíti-

---

1691 Véase María Amparo Grau, "La rebelión militar contra la fuerza de la ley," en *El Nacional*, Caracas 13 de abril de 2016.

1692 Véase en http://historico.tsj.gob.ve/decisiones/scon/mayo/187589-341-5516-2016-16-0396.HTML Véase el comentario en Allan R. Brewer-Carías, "La aniquilación definitiva de la potestad de legislar de la Asamblea Nacional: el caso de la declaratoria de inconstitucionalidad de la Ley de Reforma de la Ley Orgánica del Tribunal Supremo de Justicia," 16 de mayo de 2016, en http://www.allanbrewer-carias.com/Content/449725d9-f1cb-474b-8ab2-41efb849fea3/Content/Brewer.%20Aniquilaci%C3%B3n%20%20Asamblea%20Nacional.%20Inconstituc.%20Ley%20TSJ%2015-5-2016.pdf.

mamente el texto y sentido del artículo 214 de la Constitución en materia de iniciativa legislativa, quitándole paradójicamente a la propia Asamblea Nacional, que es precisamente el órgano que ejerce el Poder Legislativo, la iniciativa en ciertas materias de leyes; y por la otra, contrariando su propia jurisprudencia,[1693] impuso, en contra de su propia interpretación del texto constitucional, la necesidad de una mayoría calificada para poder reformar leyes orgánicas así calificadas en la Constitución.

La Sala Constitucional además, sin competencia constitucional para ello, juzgó como no "razonable" la reforma de la Ley Orgánica del Tribunal Supremo de Justicia de 7 de abril de 2016, cercenándole a la Asamblea su potestad de legislar políticamente; y declaró "inconstitucional" una norma procedimental introducida en la reforma que buscaba garantizar el debido proceso en los casos de control previo de constitucionalidad a solicitud del Presidente de la República conforme al artículo 214 de la Constitución.

La sentencia, en contra de todos los principios que rigen en materia de control de constitucionalidad, terminó declarando "inconstitucionales," "inexistentes" y "sin ninguna aplicabilidad" todas las normas de la Ley de reforma mencionada. Con ello, la Asamblea Nacional, definitivamente quedó sin materia sobre la cual poder legislar por obra del Juez Constitucional.

Simplemente, con esta sentencia, el mundo de la justicia quedó al revés, o como lo diría Umberto Eco en boca de Adso de Melk, "marcha patas arriba," como cuando:

"los ciegos guían a otros ciegos y los despeñan en los abismos, los pájaros se arrojan antes de haber echado a volar, los asnos tocan la lira, los bueyes bailan, los perros huyen de las liebres y los ciervos cazan leones."[1694]

Es decir, en Venezuela tenemos un Juez Constitucional que en lugar de ser el guardián de la Constitución, y que como tal la garantiza, es el que la viola abierta e impunemente, ejerciendo lo que podría calificarse como una "injusticia" inconstitucional, que está fuera de todo control.

1. *La Sala Constitucional cercenando en forma inconstitucional la iniciativa legislativa del propio órgano legislativo.*

Así, ante una norma como es la del artículo 204.4 de la Constitución, que otorga la iniciativa en materia legislativa a las Comisiones de la Asamblea Nacional y a tres diputados al menos de la misma, y que reduce la iniciativa legislativa del Tribunal Supremo de Justicia a solo poder presentar proyectos de ley relativos a "la organización y procedimiento judiciales," excluyendo cualquier otra materia, la Sala Constitucional "interpretado" la Constitución, llegó al absurdo contrario, afirmando que la Asamblea, es decir, sus comisiones y diputados no tiene iniciativa legislativa en materia de leyes relativas a la organización y procedimiento judiciales, materia en la cual es el Tribunal Supremo el que tiene dicha iniciativa en forma exclusiva y excluyente.

1693 Véase sentencia N° 34 de 26 de enero de 2004 en http://histo-rico.tsj.gob.ve/decisiones/scon/enero/34-260104-03-2109%20.HTM

1694 Umberto Eco, ***El nombre de la rosa,*** Ed. Lumen, Barcelona 1987, pp. 22 y 98.

La sentencia fue dictada con motivo de la remisión que le hizo el Presidente de la República conforme a lo previsto en el artículo 214 de la Constitución sobre control previo de la constitucionalidad de las leyes sancionadas y aún no promulgadas, y en la misma la Sala Constitucional procedió a declarar la inconstitucionalidad de la "Ley de Reforma Parcial de la Ley Orgánica del Tribunal Supremo de Justicia," que la Asamblea Nacional había sancionado el 7 de abril de 2016.

Para dictar esta sentencia, con el contenido mencionado, ya la Sala había preparado el camino al agregar una frase en su sentencia Nº 9 del 1 de marzo de 2016, al referirse a la Ley Orgánica del Tribunal Supremo de Justicia, indicando entre paréntesis: *"(cuya iniciativa legislativa corresponde al Poder Judicial de forma exclusiva y excluyente, de conformidad con el artículo 204 numeral 3 de la Constitución).*[1695]

Con base en esa frase, en la remisión que hizo el Presidente de la República de la reforma de la Ley ante la Sala, planteó entonces ante la misma que tenía "serias dudas":

> "acerca de la competencia de los integrantes de la Asamblea Nacional para presentar proyectos de Ley al Parlamento y con ello dar inicio al procedimiento de elaboración de las leyes previsto en nuestra Constitución; toda vez que, a nuestro entender, tal competencia es exclusiva y excluyente del Tribunal Supremo de Justicia, de conformidad con lo dispuesto en el artículo 204 constitucional."

Es decir, ni más ni menos que la negación de la iniciativa legislativa del propio órgano constitucional al cual corresponde legislar. Recuérdese que conforme al artículo 187.1 de la Constitución, es una atribución de la Asamblea Nacional "legislar en las materias de la competencia nacional y sobre el funcionamiento de las distintas ramas del Poder Público," a cuyo efecto, el artículo 204 del mismo texto dispone que "la iniciativa de las leyes corresponde" en la forma más amplia posible:

"1. Al Poder Ejecutivo Nacional.
2. A la Comisión Delegada y a las Comisiones Permanentes.
3. A los y las integrantes de la Asamblea Nacional, en número no menor de tres.
4. Al Tribunal Supremo de Justicia, cuando se trate de leyes relativas a la organización y procedimientos judiciales.
5. Al Poder Ciudadano, cuando se trate de leyes relativas a los órganos que lo integran.
6. Al Poder Electoral, cuando se trate de leyes relativas a la materia electoral.

1695 Véase en http://historico.tsj.gob.ve/decisiones/scon/marzo/185627-09-1316-2016-16-0153.HTML. Véase el comentario en Allan R. Brewer-Carías, "El ataque de la Sala Constitucional contra la Asamblea Nacional y su necesaria e ineludible reacción. De cómo la Sala Constitucional del Tribunal Supremo pretendió privar a la Asamblea Nacional de sus poderes constitucionales para controlar sus propios actos, y reducir inconstitucionalmente sus potestades de control político sobre el gobierno y la administración pública; y la reacción de la Asamblea Nacional contra a la sentencia Nº 9 de 1-3-2016," en http://www.allanbrewer-carias.com/Content/449725d9-f1cb-474b-8ab2-41efb849fea3/Content/Brewer.%20El%20ataque%20Sala%20Constitucional%20v.%20Asamblea%20Nacional.%20SentNo.%209%201-3-2016).pdf.

7. A los electores y electoras en un número no menor del cero coma uno por ciento de los inscritos e inscritas en el Registro Civil y Electoral.
8. Al Consejo Legislativo, cuando se trate de leyes relativas a los Estados."

Por supuesto, es elemental que con esta enumeración de iniciativas, además de la iniciativa popular de las leyes (ord. 7), por sobre todo, es el propio órgano legislativo a través de la Comisión Delegada, de las Comisiones Permanentes o de al menos tres diputados, el que tiene la iniciativa fundamental y más general para la presentación de proyectos de ley, cualquiera sea la materia de la ley.

En cuanto a la iniciativa otorgada a los otros órganos del Poder Público Nacional, salvo respecto del Poder Ejecutivo que puede tener la iniciativa de leyes en cualquier materia legal, en relación con los otros órganos del Poder Público la Constitución limita su poder de iniciativa de las leyes, única y exclusivamente respecto de aquellas que les conciernen. Es decir, el Tribunal Supremo de Justicia, puede tener iniciativa legislativa única y exclusivamente "cuando se trate de leyes relativas a la organización y procedimientos judiciales" (ord. 4); el Poder Ciudadano, puede tener iniciativa legislativa única y exclusivamente "cuando se trate de leyes relativas a los órganos que lo integran" (ord. 5); y el Poder Electoral, puede tener iniciativa legislativa única y exclusivamente "cuando se trate de leyes relativas a la materia electoral" (ord. 6).

Por tanto, dichos órganos del Poder Público nacional no tienen iniciativa alguna para presentar ante la Asamblea Nacional proyectos de ley sobre otras materias distintas a las mencionadas. Y lo mismo se aplica a la iniciativa otorgada a los Consejos Legislativos de los Estados, que única y exclusivamente pueden presentar ante la Asamblea Nacional proyectos "cuando se trate de leyes relativas a los Estados" (ord. 8).

Ese y no otro es el sentido de lo dispuesto en el artículo 204 de la Constitución, establecido para solo limitar la iniciativa legislativa de los órganos de los Poderes Judicial, Ciudadano y Electoral reduciéndola solo a las materias que les conciernen, pero en cambio sin limitar en forma alguna las materias de los proyectos de ley que pueden presentarse por iniciativa popular, por el Poder Ejecutivo y, por supuesto, por los propios órganos del órgano legislativo y sus diputados.

En este mismo sentido, como bien lo observó María Amparo Grau, en materia de iniciativa legislativa:

> "De forma amplia se le reconoce a la Asamblea y sus miembros, al Poder Ejecutivo nacional y a la acción popular, y de forma limitada a los otros órganos del Estado mencionados en la norma, Tribunal Supremo de Justicia, Poder Ciudadano, Poder Electoral y al consejo legislativo estadal, los cuales la tendrán solo en los supuestos previstos en el artículo 204 citado.
>
> En ningún caso puede entenderse que la iniciativa excepcional de estos órganos excluye la general de a quienes se les confiere de forma no limitada. No es que el Tribunal Supremo de Justicia sea el único que tenga iniciativa en las leyes judiciales, o el Poder Electoral en las electorales ni los consejos legislativos en las que atañen a los estados, porque eso no es lo que dice la Constitución, tanto más cuanto que es competencia de la Asamblea "legislar en las ma-

terias de la competencia nacional y sobre el funcionamiento de las distintas ramas del poder nacional" (artículo 187, numeral 1)."[1696]

A pesar de la claridad de la norma, sin embargo, el Presidente argumentó ante la Sala Constitucional en su escrito, y esa era su "seria duda," que supuestamente la norma del artículo 204 establecía lo contrario, para buscar limitar la función legislativa de la Asamblea, argumentando que más bien lo que la norma establecía era:

> "una verdadera reserva constitucional a los poderes allí señalados, para que presenten ante el Asamblea Nacional el proyecto de Ley, cuando éste se trate de leyes relativas a la organización y procedimientos judiciales, a los órganos que lo integran, y a la materia de su competencia según sea el Poder que lo presente."

O sea que de una norma limitativa de la iniciativa legislativa que pueden tener los órganos de los Poderes Judicial, Ciudadano y Electoral, el Presidente "interpretó" que de lo que se trataba era de todo lo contrario, es decir, de una norma limitativa de la iniciativa legislativa del órgano legislativo, en el sentido de que sólo el Tribunal Supremo de Justicia tendría la iniciativa de las leyes relativas a la organización y procedimiento judiciales; de que sólo el Poder Ciudadano tendría la iniciativa de las leyes relativas a los órganos que lo integran; y de que solo el Poder Electoral tendría la iniciativa de las leyes relativas a la materia electoral.

Todo ello, con carácter excluyente en el sentido de que el órgano que legisla, es decir, absurdamente, la Asamblea Nacional, no podría tener la iniciativa para legislar sobre esas materias, y solo podría discutir y debatir los proyectos que le presenten los Poderes Públicos, con lo que, a juicio del Presidente se garantizaría:

> "el ejercicio de la potestad legislativa de la Asamblea Nacional, en un equilibrio perfecto que impide que el Poder Legislativo se apropie del resto de los Poderes Públicos, imponiendo desde allí posiciones políticas para favorecer a determinadas corrientes de la vida nacional."

Y ello fue lo que insensatamente acogió la Sala Constitucional en su sentencia, contra toda lógica y contra lo que la Constitución establece, considerando nada menos que inconstitucional la Ley de reforma, porque la Asamblea Nacional, que es el órgano que ejerce el Poder legislativo, se le ocurrió la idea de ejercer su iniciativa legislativa para reformar la Ley Orgánica del Tribunal Supremo de Justicia. El Presidente, y así lo acogió la Sala, consideró que con ello, no se había seguido "el procedimiento constitucionalmente establecido para la formación de las leyes," lo cual a su juicio viciaba "de nulidad absoluta todo el proceso y por ende el resultado del mismo."

La reforma sancionada, que la Asamblea Nacional justificó en la Exposición de motivos con base en el cúmulo de competencias en materia de Justicia Constitucional que tiene la Sala Constitucional conforme a la Constitución y la ley, básicamente tuvo por objeto aumentar el número de magistrados de la misma de cinco a quince magistrados (art. 8). A esa reforma se agregaron otras dos reformas sobre el procedimiento en los casos de causas que no requieren sustanciación (art. 147), y sobre el procedimiento en los casos de las solicitudes de control previo de constitucionalidad

---

1696 Véase María Amparo Grau, "Fraude constitucional: mermar la iniciativa legislativa," en *El Nacional*, Caracas, 6 de abril de 2016.

formuladas por el Presidente de la República conforme al artículo 214 de la Constitución (norma nueva en la reforma - artículo 146), incorporándose una Disposición Final sobre la elección de los nuevos magistrados de la Sala Constitucional por el aumento propuesto.

Para decidir, la Sala Constitucional, de entrada acogió lo expresado por el Presidente, mutando la Constitución, inventándose una "atribución exclusiva y excluyente del Tribunal Supremo de Justicia para la iniciativa legislativa en materia de organización y procedimientos judiciales."

Es decir, que de una norma restrictiva como es el artículo 204 de la Constitución que luego de regular en sentido amplio la iniciativa legislativa para las Comisiones de la Asamblea y para al menos tres diputados, dispuso que la iniciativa de las leyes corresponde *"4. Al Tribunal Supremo de Justicia, cuando se trate de leyes relativas a la organización y procedimientos judiciales"* (subrayado de la Sala); dedujo la Sala Constitucional que lo que la norma en realidad regulaba era una competencia exclusiva y excluyente del Tribunal Supremo que simplemente le quitaba toda iniciativa legislativa en la materia a la propia Asamblea Nacional a través de su Comisión Delegada o de las Comisiones especiales o de al menos tres diputados, lo cual siempre tuvo en Venezuela, desde que se constituyó el Estado en 1811. Y nada cambiaba el régimen constitucional por el hecho de que la iniciativa en la elaboración del proyecto de Ley del Tribunal de 2004 y de la reforma de 2010, en su momento hubiese partido del Tribunal Supremo de Justicia, como lo reseñó la sentencia.

La Sala Constitucional, además, advirtió que conforme al artículo 211 de la Constitución es "requisito imprescindible oír la opinión del Tribunal en el proceso de formación de la ley" cuando se refiera *a la organización y procedimientos judiciales;* y que en este caso, sin embargo, a juicio de la Sala la Asamblea procedió a sancionar la reforma "de forma desconsiderada, se pretendió cumplir con la previsión contenida en el artículo 211 constitucional de manera irregular, irrespetuosa y con evidente fraude a la Constitución," consultando al Tribunal "para que respondiera un cuestionario exiguo e irrelevante," lo que la Sala consideró que tal proceder no se compadecía "ni con la letra ni con el espíritu del artículo 211 constitucional." Todo ello lo consideró la Sala como una "conducta irrespetuosa y fraudulenta a la Constitución," concluyendo que "desde un punto de vista constitucional resulta totalmente írrita. Así se decide."

2. *La Sala Constitucional imponiendo a la Asamblea Nacional una mayoría calificada para la reforma de las leyes orgánicas contrariando su propia jurisprudencia interpretativa*

La Sala Constitucional, en la misma sentencia N° 341 de 5 de mayo de 2016, por otra parte, pasó luego a decidir sin que siquiera ello se hubiese planteado en la solicitud formulada por el Presidente al remitir la Ley de reforma de la Ley Orgánica para su consideración, sobre un tema que ya había resuelto anteriormente – cuando el cuadro político en la Asamblea Nacional era otro, es decir, cuando el oficialismo contaba con mayoría – interpretando el artículo 203 de la Constitución, sobre la mayoría requerida para reformar leyes orgánicas así calificadas en la Constitución. Dicha norma, en efecto, sobre la reforma de las leyes orgánicas dispone que:

> "*Artículo 203.* [...] Todo proyecto de ley orgánica, *salvo aquél que esta Constitución califique como tal*, será previamente admitido por la Asamblea

Nacional por el voto de las dos terceras partes de los o las integrantes presentes antes de iniciarse la discusión del respectivo proyecto de ley. Esta votación calificada se aplicará también para la modificación de las leyes orgánicas."

Pues bien contra la lógica del texto constitucional, como lo advertimos en su momento,[1697] la Sala Constitucional –porque se insiste en ese momento le interesaba políticamente justificar que la reforma de la Ley Orgánica del Tribunal Supremo se podía hacer con mayoría absoluta, es decir, la mitad más uno de los diputados presentes,– mediante sentencia N° 34 de 26 de enero de 2004 dictada precisamente para "interpretar el artículo 203 de la Constitución," resolvió lo siguiente:

> "esta Sala Constitucional reitera que, conforme al artículo 203 de la Constitución vigente, no es necesario el voto favorable de las dos terceras partes de los integrantes de la Asamblea Nacional para dar inicio a la discusión de los proyectos de leyes orgánicas investidas de tal carácter por calificación constitucional que pretendan modificar leyes orgánicas vigentes, entre los que se encuentra el proyecto de Ley Orgánica del Tribunal Supremo de Justicia, y, advertido el silencio en la norma contenida en el referido artículo 203, respecto de la mayoría parlamentaria requerida para la sanción de cualquier ley orgánica, esté o no investida con tal carácter por la Constitución de 1999, declara que, de acuerdo con lo establecido en los artículos 209 de la Norma Fundamental y 120 del Reglamento Interior y de Debates de la Asamblea Nacional, cuya última reforma fue publicada en Gaceta Oficial Extraordinario, N° 5.667, del 10.10.03, será necesaria la mayoría absoluta de los integrantes de la Asamblea Nacional presentes en la respectiva sesión para la sanción de las leyes orgánicas contempladas en el artículo 203 de la Constitución de la República Bolivariana de Venezuela, cualquiera sea su categoría. Así se decide."[1698]

Sin embargo, doce años después, como la situación política era distinta a la de 2004, la Sala Constitucional varió radicalmente su interpretación del artículo 203 de la Constitución, por una totalmente opuesta a la antes establecida, decidiendo en cambio que para *modificar o reformar una ley orgánica así calificada en la Constitución* (como orgánica), ahora se requiere que la misma si sea objeto de votación calificada de las dos terceras partes de los diputados presentes antes de iniciarse la discusión del respectivo proyecto de reforma, no bastando la mayoría absoluta que antes dispuso. Sobre la discrepancia de sus propias y cambiantes interpretaciones constitucionales, hechas a la medida de los vaivenes políticos, la Sala solo dijo que lo que había resuelto en 2004, estaba "acorde con la realidad constitucional que se planteaba para ese momento y en relación al aludido texto legal."

En realidad, la "realidad constitucional" no había cambiado, y lo que sí había cambiado era la "realidad política." Por eso, la interpretación constitucional que adoptó era válida en 2004, cuando los diputados oficialistas no lograban obtener una mayoría calificada para aprobar la reforma de la Ley Orgánica del Tribunal Supre-

---

1697 Véase Allan R. Brewer-Carías, *La Constitución de 1999. Derecho Constitucional Venezolana*, Editorial Jurídica Venezolana, Caracas 2004, Tomo I, pág. 451.

1698 Véase sentencia N° 34 de 26-01-04 (Caso: *Interpretación artículo 203 de la Constitución*). Véase en http://historico.tsj.gob.ve/decisiones/scon/enero/34-260104-03-2109%20.HTM.

mo; pero no era válida cuando los diputados oficialistas eran minoría en la Asamblea, llegando la Sala a decidir en 2016, al contrario de lo resuelto en 2004, que:

> "En conclusión, esta Sala reitera que tal como lo exige el Constituyente, se requiere la mayoría calificada de las dos terceras partes de los integrantes presentes de la Asamblea Nacional, antes de la discusión del respectivo proyecto de ley, cuando se trate el mismo de una modificación de una ley orgánica, sea cual fuere su tipo o modalidad, según lo contemplado en el artículo 203 constitucional. Así se decide."

3. *La Sala Constitucional juzgando sobre la "razonabilidad" de la reforma de leyes, cercenándole a la Asamblea su potestad de legislar políticamente*

La sentencia de la Sala Constitucional, por último, y también sin que el Presidente de la República hubiese argumentado nada sobre ello, entró a juzgar sobre la "razonabilidad" de la reforma legal sancionada en el sentido de incrementar el número de magistrados de la Sala Constitucional, considerando que dicha reforma no tenía "justificación lógica." Con ello, de nuevo, la Sala le negó a la Asamblea Nacional como órgano legislativo, determinar políticamente, de acuerdo con la mayoría política que la compone, el sentido de la legislación que sancione; y ello, a pesar de que como la Sala lo reconoció en la sentencia, la Constitución en el artículo 262 dejó la determinación del número de magistrados que integran las Salas del Tribunal Supremo de Justicia, enteramente en manos del legislador. Y así fue cómo en las reformas de la Ley Orgánica de 2004 y 2010, se fijó en siete magistrados los integrantes de la Sala Constitucional y cinco magistrados para cada una de las otras Salas.

Mediante la reforma de abril de 2016, la Asamblea Nacional, dada la importancia de la Sala Constitucional en materia de Justicia Constitucional, decidió incrementar el número de magistrados de la misma a quince magistrados, y ello fue lo que la propia Sala Constitucional pasó a juzgar, con meros criterios de "racionalidad y de razonabilidad," quitándoselos al Legislador. Reconoció la Sala en efecto que "la integración de las Salas corresponde al legislador," pero se reservó para sí analizar "la racionalidad o razonabilidad de una prescripción normativa, de acuerdo a la lógica, espíritu o tendencia del ordenamiento jurídico," y considerando que "el legislador debe ser razonable," procedió a juzgar si había actuado "ajustado a la razón, moderado y racional, sin exageración ni abuso."

Bajo este nuevo criterio de juzgar la actuación de Poder Legislativo, esencialmente político, la Sala consideró que la reforma implicaba "aumentar de una manera desmesurada los magistrados" estimando el incremento de siete a quince magistrados "injustificado," supuestamente violando con ello, pero sin decir cómo ni por qué:

> "los principios de autonomía e independencia del Poder Judicial (artículos 136, 137, 253 y 267), de supremacía constitucional (artículo 7), de protección judicial del texto fundamental (artículo 335) y el principio democrático (artículo 2 y 6), todos expresamente contenidos en la Constitución vigente."

De nada valió toda la justificación expuesta por la Asamblea Nacional en la propia Exposición de Motivos de la reforma de la ley, en el hecho cierto de la expansión de las funciones de la Sala Constitucional en materia de justicia constitucional, de protección de los derechos humanos e incluso de control de convencionalidad;

concluyendo en cambio con su propia apreciación que "con el número de magistrados que hoy la integran, tiene [...] claramente la suficiencia y capacidad de sus miembros para ejercer las atribuciones y competencias que constitucional, legal y jurisprudencialmente le han sido asignadas."

Y más nada; citando en la sentencia cuanta estadística se le ocurrió, la Sala Constitucional le negó a la Asamblea Nacional su potestad de legislar en materia de organización de Poder Judicial, y poder aumentar el número de magistrados del Tribunal Supremo, que consideró "impertinente" e "injustificada;" agregando además, que:

> "la justificación asomada en la Exposición de Motivos no está debidamente soportada ni económica ni racionalmente, no existiendo una estimación de la incidencia o impacto presupuestario debidamente sustentado, de conformidad con lo dispuesto en el artículo 103 del Reglamento Interior y de Debates de la Asamblea Nacional."

Artículo éste último del Reglamento, que por lo demás, no lo sancionó la Asamblea sino la propia Sala Constitucional en otra inconstitucional sentencia N° 269 de 21 de abril de 2016, que se analiza más adelante.

De todo ello, concluyó la Sala Constitucional, pura y simplemente que "ninguna Sala debe ser '*hipertrofiada*' sin fundamento lógico y sin tomar en cuenta las condiciones humanas y materiales para su efectiva implementación. Así se declara."

4. *La Sala Constitucional declarando "inconstitucional" una norma procedimental en materia de control previo de constitucionalidad que buscaba garantizar el debido proceso*

Con motivo de las decisiones adoptadas por la Sala Constitucional en materia de control previo de constitucionalidad, a solicitud del Presidente de la República, considerándose el asunto siempre como de mero derecho y sin posibilidad alguna de que las personas o funcionarios interesados puedan formular alegatos, en la reforma de la Ley Orgánica del Tribunal Supremo de Justicia, la Asamblea Nacional decidió excluir de las causas que no requieren sustanciación (artículo 145), precisamente los procedimientos de control previo de constitucionalidad, buscando garantizar el debido proceso.

Dicha modificación la consideró la Sala en su sentencia como abiertamente inconstitucional, pues agregó "un procedimiento no previsto por el Constituyente de 1999 (ni tampoco por el de 1961 -artículo 173 constitucional, último aparte-), en un asunto de mero derecho." El argumento, por supuesto, fue completamente errado, primero, porque es el Legislador el que precisamente regula los procedimientos judiciales que, por supuesto, no están ni pueden estar establecidos en la Constitución (de lo contrario la Asamblea ni siquiera podría sancionar el Código de Procedimiento Civil, o las normas procesales contenidas en la Ley Orgánica de la Jurisdicción Contencioso Administrativa); y segundo, que nada autoriza a considerar *per se*, que el procedimiento del control previo de constitucionalidad sea siempre de "mero derecho" y que deba desarrollarse siempre sin que las partes interesadas, como puede ser por ejemplo la propia Asamblea, puedan formular alegatos en defensa de la ley sancionada.

La Sala Constitucional en cambio, sin argumentación alguna, consideró que la creación del trámite procedimental para "*sustanciar*" la solicitud de declaración de inconstitucionalidad presentada por el Presidente de la República (artículo 214 constitucional), no perseguía "subsanar una insuficiencia del Texto Fundamental ni de la vigente Ley Orgánica en caso de controversia entre el Poder Ejecutivo y la Asamblea Nacional; sino introducir un trámite inconstitucional dentro de una modalidad de control previo que, por su naturaleza, es de mero derecho." Dicho trámite, que introducía elementos de garantía del debido proceso, concluyó la Sala Constitucional, también sin argumentación alguna:

> "no es solo "*contra natura,*" sino que persigue subliminalmente dificultar el pronunciamiento oportuno de la Sala para que transcurra el lapso perentorio que el Constituyente dispone, introduciendo el análisis de admisibilidad, una audiencia constitucional y hasta la posibilidad de "*presentar pruebas, según el tema de controversia.*"

O sea que para la Sala Constitucional el garantizar el debido proceso en los procedimientos constitucionales, es simplemente "contra natura." Muy poco, por tanto, se puede esperar de este órgano que de garante de la supremacía e integridad de la Constitución, pasó a ser el instrumento para garantizar su violación impune.

5. *La Sala Constitucional declarando "inconstitucional" el ejercicio de la función de legislar por la Asamblea Nacional por "desviación de poder"*

Por último, la Sala Constitucional, como si no fuera poco lo que ya había hecho y logrado con su sentencia, castrando a la Asamblea Nacional de su potestad de legislar, terminó en la misma considerando que en la Ley de reforma de la Ley Orgánica del Tribunal Supremo que había sancionado la Asamblea, debía "advertirse con claridad un vicio, igualmente inconstitucional [que es] la desviación de poder."

Sobre dicho vicio, que se menciona en los artículos 139 y 259 de la Constitución y que en principio se aplica respecto de la actividad de la Administración Pública conforme a lo previsto en el artículo 12 de la Ley Orgánica de Procedimientos Administrativos, la Sala Constitucional lo generalizó, considerando que se manifiesta "cuando el funcionario u órgano que tiene competencia para tomar una decisión en una situación de hecho concreta, efectivamente decide, pero no para cumplir los fines previstos en la norma, sino para otros distintos." Para alegarse este vicio, por tanto, quien lo hace debe probar que efectivamente el funcionario hizo uso del poder que tiene, pero para lograr un fin distinto al establecido en la norma atributiva de competencia.

Y de allí, sin prueba alguna -que es la fase complicada y difícil del vicio de desviación de poder- la Sala Constitucional simplemente concluyó en que al aprobar la reforma de la Ley Orgánica incrementando el número de Magistrados de la Sala Constitucional, la Asamblea no persiguió

> "*optimizar*" el funcionamiento de la Sala en el ejercicio de sus múltiples atribuciones [...] sino copar de nuevos integrantes esta instancia judicial para entorpecer la labor de la máxima instancia de protección de la Constitución, con fines claramente políticos."

Y lo más cínico del argumento de la Sala Constitucional fue, en esta materia, el reconocimiento de que los requerimientos para la elección de los magistrados del Tribunal Supremo conforme a la Constitución, se establecieron "con el 'propósito de apartarlos de los eventuales cambios en la correlación de fuerzas políticas-partidistas en el seno de la Asamblea Nacional," buscando "no someter la integración del máximo Tribunal del Estado, a los vaivenes y cambios de los poderes intrínsecamente políticos." Es decir, como precisamente había sucedido en el caso de las designaciones de los magistrados efectuadas en diciembre de 2014 y diciembre de 2015, entre los cuales estaban los magistrados que estaban sentenciando. Es decir, como lo observó la organización *Acceso a la Justicia*:

> "En esta decisión, la Sala Constitucional se muestra muy preocupada por defender su independencia cuando es conocido que los magistrados en buena medida son activistas políticos o tienen importantes lazos con el gobierno de turno." [1699]

O como lo constató el Secretario General de la Organización de Estados Americanos en su comunicación del 30 de mayo de 2016 sobre la activación de la Carta Democrática Interamericana respecto a Venezuela, la actual integración del Tribunal Supremo "está completamente viciada tanto en el procedimiento de designación como por la parcialidad política de prácticamente todos sus integrantes." [1700]

En fin, para la Sala Constitucional, la desviación de poder que le atribuyó a la Asamblea Nacional derivaban de "las intenciones subyacentes al proyecto" de Ley de Reforma, sumándose así esta decisión a lo ya resuelto en otras de la Sala, en las cuales declaró el mismo vicio con el objeto de cercenarle a la Asamblea su potestad de legislar, como órgano político. Ese fue el caso de las sentencias Nº 259 del 31 de marzo de 2016 (caso: *constitucionalidad de Ley de Reforma Parcial del Decreto Nº 2.179 con Rango, Valor y Fuerza de la Ley de Reforma Parcial de la Ley del Banco Central de Venezuela)*, y Nº 264 del 11 de abril de 2016 (caso: *Ley de Amnistía y Reconciliación Nacional)*, que la Sala no dejó de recordar expresamente; a la cual se suman la sentencia Nº 343 de 6 de mayo de 2015 (caso: *Ley de Otorgamiento de Títulos de Propiedad a Beneficiarios de los Programas Habitacionales del sector público*), y la sentencia Nº 460 de 16 de junio de 2016 (caso: *Ley Especial para Atender la Crisis Nacional de Salud*), que se analizan más adelante.

La conclusión fue también en este caso, la declaratoria por la Sala Constitucional de la inconstitucionalidad de la Ley de Reforma Parcial de la Ley Orgánica del Tribunal Supremo de Justicia, sancionada por la Asamblea Nacional en su sesión ordinaria del 7 de abril de 2016, declarando entonces que "se preserva la vigencia de la Ley Orgánica del Tribunal Supremo de Justicia publicada en la *Gaceta Oficial* de la República Bolivariana de Venezuela N° 39.522 del 1 de octubre de 2010."

1699 Véase "La Sala Constitucional usurpa otra vez las atribuciones de la Asamblea Nacional," *Acceso a la Justicia, Observatorio Venezolano de la Justicia*, 12 de mayo de 2016, en http://www.accesoalajusticia.org/wp/info-justicia/noticias/la-sala-constitucional-usurpa-otra-vez-las-atribuciones-de-la-asamblea-nacional/.

1700 Véase la comunicación del Secretario General de la OEA de 30 de mayo de 2016 con el Informe sobre la situación en Venezuela en relación con el cumplimiento de la Carta Democrática Interamericana, p. 127. Disponible en oas.org/documents/spa/press/OSG-243.es.pdf. En dicho Informe se afirma con precisión, que al menos cinco de los trece magistrados designados en 2015 "serían activistas político partidistas y ocuparon cargos dentro del gobierno nacional," *Idem*. p. 83.

Con esta sentencia, como lo observó María Amparo Grau, al:

> "restar judicialmente las competencias constitucionales del Parlamento con una consideración totalmente contraria al derecho es "un fraude hacia el orden fundamental" y un golpe judicial al Estado constitucional de Derecho." [1701]

Entonces, si con las anteriores sentencias dictadas en contra del Parlamento en los primeros meses de 2016, citadas por la misma Corte, se había sentenciado de muerte de la Asamblea Nacional, y se la había ejecutado, e incinerado sus despojos, lo que ahora ha ocurrido con esta sentencia, equivale a la dispersión de sus cenizas.

Ya nada más podrá hacer la Asamblea Nacional, como órgano constitucional respecto de sus funciones propias, por decisión precisamente de la Sala Constitucional, que debía haber sido, al contrario, el órgano que debía garantizarle el ejercicio de sus funciones.

IV. LA DECLARATORIA DE INCONSTITUCIONALIDAD DE LA LEY DE OTORGAMIENTO DE TÍTULOS DE PROPIEDAD A BENEFICIARIOS DE LOS PROGRAMAS HABITACIONALES DEL SECTOR PÚBLICO: DERECHO A LA VIVIENDA vs. DERECHO DE PROPIEDAD

El Presidente de la República también solicitó de la Sala Constitucional, conforme al 214 de la Constitución, el control previo de la constitucionalidad de la "Ley de Otorgamiento de Títulos de Propiedad a Beneficiarios de la Gran Misión Vivienda Venezuela y otros Programas Habitacionales del Sector Público," que había sido sancionada por la Asamblea Nacional el 13 de abril de 2016; y mediante la cual se legisló a los efectos de "regular el otorgamiento de la titularidad del derecho de propiedad plena a los beneficiarios de unidades de vivienda construidas" por el Estado (art. 1), estableciéndose la obligación de cumplir con ello a todos "órganos o entes públicos competentes encargado de la ejecución del proyecto habitacional de que se trate"(art. 2); y regulándose el derecho de los beneficiarios a cuyo favor se otorgue el correspondiente documento protocolizado "de poder *disponer libremente del bien conforme lo establecido en el artículo 545 del Código Civil.*

La Sala Constitucional, unas semanas después, declaró la inconstitucionalidad de la Ley mediante sentencia N° 343 de 6 mayo 2016. [1702]

El fundamento para solicitar la declaratoria de inconstitucionalidad de la Ley expresado por el Presidente de la República, estuvo en considerar que la Asamblea Nacional había inobservado:

> "el procedimiento de formación de la Ley, en particular, por no haberse cumplido con lo establecido en el Reglamento Interior y de Debates de la Asamblea Nacional, de conformidad con lo señalado por esta Sala en la sentencia n° 269 del 21 de abril de 2016, en la que se señaló la obligatoriedad del estudio de impacto económico para determinar la viabilidad de la legislación a ser aprobada, así como el proceso de consulta pública correspondiente,"

1701 Véase María Amparo Grau, "Fraude constitucional: mermar la iniciativa legislativa," en *El Nacional*, Caracas, 6 de abril de 2016.

1702 Véase en http://historico.tsj.gob.ve/decisiones/scon/mayo/187591-343-6516-2016-16-0397.HTML.

A ello agregó el Presidente para solicitar la declaración de inconstitucionalidad de la ley, en "los perjuicios que considera que esta Ley tendría en la población por dársele propiedad al negocio inmobiliario sobre el derecho a la vivienda de las familias," considerando que la Ley:

> "atenta contra ese derecho, al menos contra su sustancia de derecho humano, dando preminencia (como fuera tiempo atrás) a una disfrazada esencia económica, más bien parecida al derecho de propiedad privada."

La Sala en su sentencia, constató que a la Ley sancionada no se acompañó "ninguna ponderación en cuanto a cómo afectaría la Ley al sistema público de construcción de viviendas," y otros impactos económicos de la misma, a fin de poder determinar la viabilidad económica de la Ley. Por ello, con base en lo ya decidido por la Sala Constitucional en la referida sentencia N° 269 del 21 de abril de 2016, la Sala constató que en este caso:

> "no existe constancia de que se haya cumplido con las exigencias establecidas en los artículos 208, 311, 312, 313 y 314 de la Constitución y en el Reglamento Interior y de Debates de la Asamblea Nacional. Así se declara."

Pasó luego la Sala a considerar si el contenido de la Ley se ajustaba a los principios establecidos en la Constitución, haciendo una "ponderación y análisis de los derechos constitucionales regulados por esta ley, cuales son el derecho a la vivienda, establecido en el artículo 82 del Texto Fundamental y el derecho a la propiedad, consagrado en el artículo 115 *eiusdem*," en particular, "a la luz de los cambios significativos que en materia social trajo la aprobación de la Constitución de 1999, que obligaron a una transformación en la cultura jurídica venezolana," considerando la gestación de "un nuevo régimen constitucional" en el cual todos los derechos previstos en la Constitución son fundamentales.

Con base en ello, pasó la Sala a argumentar sobre el rol pasivo que tenía la actuación del Estado en el "Estado de derecho liberal" que "fue circunscrito a la mínima participación [...] a objeto de no comprometer la libertad e igualdad formal de sus ciudadanos," haciendo el contraste con el "desarrollo del Estado social de derecho, incorporándose, a partir de 1947 en las Constituciones venezolanas la cláusula de Estado social de derecho, propugnando la participación del Estado en condición de protagonista para equilibrar las diferencias sociales, proyectándose en el círculo de los derechos humanos en pos de su eficacia;" concepto recogido en la Constitución de 1999 (art. 2); respecto del cual la Sala en anterior sentencia que cita, N° 85, del 24 de enero de 2002 (caso: ASODEVIPRILARA) puntualizó que tiene por objeto reforzar "la protección jurídico-constitucional de personas o grupos que se encuentren ante otras fuerzas sociales o económicas en una posición jurídico-económica o social de debilidad, y va a aminorar la protección de los fuertes. El Estado está obligado a proteger a los débiles, a tutelar sus intereses amparados por la Constitución."

Bajo estas premisas, la Sala pasó a analizar la inclusión en la Constitución del derecho a una vivienda, al establecer en su artículo 82, que:

> *"Artículo 82. "Toda persona tiene derecho a una vivienda adecuada, segura, cómoda, higiénica, con servicios básicos esenciales que incluyan un hábitat que humanice las relaciones familiares, vecinales y comunitarias. La satisfac-*

ción progresiva de este derecho es obligación compartida entre los ciudadanos y el Estado en todos sus ámbitos.

El Estado dará prioridad a las familias y garantizará los medios para que éstas, y especialmente las de escasos recursos, puedan acceder a las políticas sociales y al crédito para la construcción, adquisición o ampliación de viviendas."

La Sala consideró que dicho derecho, más formulado como política pública que como derecho exigible en los términos que se redactó la norma,[1703] "se encuentra entre los llamados derechos prestacionales de interés social, cuya satisfacción progresiva debe ser garantizada por el Estado," el cual debe por ello, instrumentar "medidas que contribuyan al diseño y formulación de políticas sociales en aras de lograr el efectivo ejercicio de dicho derecho constitucional." Consideró incluso la Sala que la implementación de dicha política pública "por el Estado a través del Ejecutivo lo obligan, en aras de superar el asistencialismo, a reconocer que las personas beneficiarias de la misma resultan titulares de derechos."

La Sala, sin embargo, constató que "desde 1961 en Venezuela el derecho constitucional a la vivienda está ligado a la protección de las familias, por lo que su satisfacción por parte del Estado debe dirigirse primordialmente a tal fin, concepción esta que fue desarrollada con mayor profundidad en el artículo 82 de la Constitución de la República Bolivariana de Venezuela." Bajo este ángulo, la Sala entonces pasó a examinar:

1703 La Sala Constitucional, en su sentencia, recordó mi intervención en la Asamblea Constituyente, pero erradamente se refiere a "la concepción como derecho programático sostenida por el constituyente Allan Brewer-Carías." Yo no sostuve que se trataba de un "derecho programático." Lo que dije fue que dicha norma estaba mal redactada, pues tal como quedó "no respondía al principio de la alteridad. El derecho consagrado implica una obligación del Estado a proveer vivienda, y lo que debió preverse es el derecho de las personas de acceder a la vivienda y el deber del Estado a proveer los medios para garantizar ese acceso." Por ello en la sesión del 30 de octubre de 1999, primera discusión del proyecto, expuse lo siguiente: "La forma de redacción del artículo debe ser objeto de meditación por la Asamblea. Cada vez que se regula un derecho constitucional, tiene que tenerse en cuenta el llamado "principio de la alteridad", un derecho constitucional implica una obligación de alguien. Cuando consagramos pura y simplemente: "Toda persona tiene derecho a una vivienda digna, segura, cómoda de dimensiones apropiadas higiénicas, con acceso al disfrute de servicios básicos esenciales", que es una fórmula ideal, estamos estableciendo que el Estado está obligado a suministrar vivienda en estas condiciones a todos, a toda persona, inclusive al transeúnte que aparezca por este país." Frente a ello, expresé que "aquí lo que se tiene que garantizar es el derecho al acceso a los medios para poder obtener vivienda, y la obligación del Estado a garantizar la disposición de esos medios, a los efectos de vivienda, pero tal como está redactado el artículo, es una norma que establece una obligación pura y simplemente imposible de cumplir en cualquier parte del mundo." Por todo ello, al final de la sesión del día 30 de octubre de 1999, consigné mi Voto Salvado sobre la redacción de esta norma, con el siguiente texto: "Salvo mi voto, porque a pesar de la buena intención y del ideal que expresa, la forma como quedó redactada esta norma la hace completamente incumplible. En la consagración de cualquier derecho, y más los de orden constitucional, debe tenerse en cuenta el principio de alteridad, en el sentido de que si se prevé un titular de derechos (un sujeto de derecho o todos) necesariamente tiene que haber un obligado (uno a todos); no puede haber derecho sin obligación. [...] En realidad, la norma debió prever el derecho a acceder a la vivienda, lo que obliga al Estado a proveer los medios (urbanísticos, rurales, materiales, financieros) para garantizar tal acceso en condiciones de igualdad o dando prioridad a determinadas familias.". Véase en Allan R. Brewer-Carías, *Debate Constituyente*, Tomo III, Fundación de Derecho Público, Editorial Jurídica Venezolana, Caracas 1999.

> "el carácter prestacional del derecho social a la vivienda, frente al derecho de propiedad que atañe a las libertades puramente individuales con todos sus efectos, que implican el uso, goce, disfrute y disposición de un bien por parte del titular del mismo con exclusión del resto de la sociedad, debiendo el Estado abstenerse de perturbar dicho derecho y, además, garantizar que no sea menoscabado por terceros, pero no implica que el Estado deba proveer de bienes a los ciudadanos y ciudadanas, por lo que se trata de un derecho de libertad individual pero no de carácter prestacional.

Entonces la Sala pasó a referirse al derecho de propiedad consagrado en el artículo 115 de la Constitución sujeto las restricciones y obligaciones que establezca la ley con fines de utilidad pública o de interés general, "lo que implica que no tiene un carácter absoluto, sino que, como todos los derechos constitucionales, se encuentra limitado por su interacción con otros del mismo rango, siempre y cuando no se altere su núcleo esencial," de manera que –afirmó la Sala – "puede verse afectado en aras del interés social, sin que esto signifique vulneración a los principios y garantías previstas en la Constitución."

En cuanto al derecho a la vivienda, considerando la Sala que busca "la satisfacción de una necesidad básica de todas las familias de tener un lugar donde habitar," constató que "el mercado inmobiliario, al concebirla como una mercancía y su producción como un negocio solo permite su acceso a quienes tienen la capacidad económica para adquirirla y no como el derecho humano," considerando que:

> "la obligación que tiene el Estado de implementar políticas públicas eficaces de protección que permitan que todas las familias, independientemente de su capacidad económica, puedan acceder a una vivienda digna, mientras que el derecho de propiedad resguarda la libertad de los ciudadanos de disponer de bienes materiales sin que se les perturbe en el ejercicio de dicha libertad.

En definitiva, de ello, la Sala Constitucional arguyó que

> "la regulación que se haga de las unidades habitacionales dentro del marco de las políticas públicas para satisfacer el derecho a una vivienda digna no excluye el derecho a la propiedad, pero debe protegerse el acceso y mantenimiento del ejercicio del derecho social con adecuación a cada situación familiar, para que una vez cumplidas cada una de las fases de las obligaciones adquiridas, por una parte por el Estado y por la otra por los beneficiarios, esta propiedad se transfiera del Estado a la familia adjudicataria, evitando que ésta, en virtud de su vulnerabilidad económica, se vea presionada a ceder su derecho de propiedad para satisfacer otras necesidades materiales en menoscabo del derecho a la vivienda que el bien inmueble adjudicado por el Estado está llamado a cumplir en razón de su función social.

Después de esto, la Sala concluyó negando de plano la posibilidad de transferir la propiedad a los beneficiados con las viviendas del Estado indicando que "en el caso de las unidades habitacionales que el Estado ha destinado a garantizar el derecho a la vivienda de las familias la misma se circunscribe a cumplir con dicho fin, por lo que *debe excluirse la posibilidad de que los destinatarios de estos planes sociales puedan verse privados de su derecho a la vivienda por razones económicas que impli-*

quen la transmisión de la tenencia del inmueble a través de los mecanismos especulativos del mercado."

La Sala además, consideró que ese derecho a la vivienda consecuencia de las políticas públicas,

> "debe tener limitaciones que impidan que la disposición de la misma desnaturalice su función social, impidiendo que se trate como cualquier objeto del comercio que pueda negociarse libremente en el mercado sin una protección reforzada del derecho que está llamada a satisfacer; de lo contrario, el derecho constitucional a una vivienda digna podría ceder ante el ejercicio del derecho a la propiedad si no cuenta con una protección reforzada para la familia a la que se le adjudicó el inmueble, razón por la cual estos dos derechos en principio compatibles resultarían contrapuestos."

Es decir, conforme a la doctrina de la sentencia, "el otorgamiento de títulos de propiedad sobre las unidades de vivienda adjudicadas dentro del marco de las políticas sociales del Estado, solo puede darse mediante un sistema que rigurosamente garantice que las familias no puedan verse privadas del ejercicio del derecho a la vivienda por la disposición del derecho a la propiedad con fines distintos al que está ligado el bien inmueble, es decir su función social que garantizar una vivienda digna de interés social, razón por la cual esta finalidad se constituye en un límite intrínseco del derecho de propiedad sobre tales inmuebles."

Por todo lo anterior, consideró la Sala Constitucional que:

> "una legislación que anteponga la libre disponibilidad del bien sobre la función social que tiene una unidad habitacional adjudicada por el Estado para garantizar el derecho de las familias de acceder a una vivienda digna, resulta contraria a los principios rectores del Estado venezolano constituido como Estado Democrático y Social de Derecho y de Justicia y por tanto deviene inconstitucional y como tal nula. Así se declara"

Por tanto, al pasar a analizar el articulado de la Ley, particularmente el artículo 23 que disponía que los beneficiarios en cuyo favor se otorgase el correspondiente documento protocolizado de propiedad podían en consecuencia disponer libremente del bien conforme lo establecido en el artículo 545 del Código Civil, la Sala consideró que ello se hacía "con la intención de desvincular la propiedad de las unidades habitacionales de las restricciones que tiene por su función social al servicio del interés general, de garantizar el acceso a otro derecho fundamental, como lo es el acceso a la vivienda de las familias con menos recursos económicos."

Al regularse en la Ley la posibilidad de traspaso de la propiedad, agregó la Sala, sin que se "imponga algún requisito adicional para el traspaso de un bien público del dominio privado a un particular, ni algún tipo de garantía que permita preservar la función social del mismo para que no ingrese al mercado inmobiliario bajo modalidad de venta o alquiler por parte del adjudicatario o al mercado secundario de hipotecas por parte de alguna entidad financiera en favor de la cual se haya constituido alguna garantía real," ello implicaría una "desviación de la función social para la cual fue concebida la unidad de vivienda adjudicada por el Estado" y "un enriquecimiento sin causa de quien comercie con dicho bien."

De todo ello, indicó la Sala que la normativa de la Ley en cuestión "resulta inconstitucional" porque:

> "la transferencia de la propiedad de las unidades habitacionales adjudicadas por el Estado para satisfacer el derecho de las familias a una vivienda digna, de modo tal que estas puedan disponer de dichos inmuebles sin ninguna limitación que resguarde la función social de dicha propiedad, resulta contraria al interés general materializado a través de las políticas del Estado para satisfacer el derecho social de una vivienda digna para todas aquellas personas más débiles y vulnerables."

En ese mismo orden de ideas, la Sala también consideró a la Ley inconstitucional, por contrariar supuestamente el principio de la progresividad en materia de derechos humanos establecido en el artículo 19 de la Constitución al considerar que la misma planteaba "la "progresividad" del "derecho de propiedad" y la omitía en cuanto a la satisfacción del "derecho a la vivienda" y "la protección a la familia," respecto del cual estimó, sin razón, que la Ley era regresiva, al abandonar el "carácter social del derecho fundamental a la vivienda en favor del mercado lucrativo con base en *la libre disposición del inmueble* bajo el supuesto de constituirse en el *mecanismo de apalancamiento para la inclusión financiera y de emprendimiento."*

A todo lo anterior se agrega, respecto de las previsiones de la Ley que establecían la condonación de las deudas que pudieran tener los beneficiarios de la adjudicación de viviendas con el Estado, que ello, en definitiva, el Poder Legislativo no lo podía hacer, siendo ello supuestamente una atribución exclusiva del Poder Ejecutivo, concluyendo insólitamente la Sala en que "la Asamblea Nacional incurrió en usurpación de funciones del Director de la Hacienda Pública Nacional -Presidente de la República- al condonar las deudas contraídas por los beneficiarios de esta política pública en menoscabo de los principios rectores de la seguridad social y de los deberes ciudadanos de solidaridad y contribución con las cargas públicas."

De todo lo anterior concluyó la Sala Constitucional indicando que siendo la finalidad de la Ley de Otorgamiento de Títulos de Propiedad a Beneficiarios de la Gran Misión Vivienda Venezuela y Otros Programas Habitacionales del Sector Público "otorgar gratuitamente la propiedad de las unidades habitacionales adjudicadas por el Estado a los beneficiarios de las políticas públicas realizadas para satisfacer el derecho de las familias a una vivienda digna, para que en el ejercicio de la propiedad plena de las unidades habitacionales puedan los adjudicatarios de las mismas disponer de ellas con el explícito fin de apalancar el patrimonio familiar y el emprendimiento, es decir, convertir el bien inmueble destinado a garantizar un derecho social en una mercancía susceptible de ingresar al mercado para ser transada," ello "implica que el gran esfuerzo que ha hecho la sociedad a través de las políticas estatales como la Gran Misión Vivienda Venezuela, en la cual todos los contribuyentes han aportado para que las familias con mayores necesidades materiales accedan al derecho constitucional a una vivienda digna se vea desvirtuado, por cuanto se estarían privatizando los bienes inmuebles destinados a tal fin sin ninguna contraprestación, en beneficio del mercado inmobiliario y el sector financiero que lo sustenta, ya que por las propias necesidades económicas de las personas con menores ingresos y por no prever esta ley ningún mecanismo que las proteja, podrían ceder o hipotecar las propiedades que se les adjudica sin ninguna limitación, engrosando así la apetencia del mercado inmobiliario y del mercado secundario de deuda."

Ello, a juicio de la Sala, "contraviene los fines del Estado Democrático y Social de Derecho y de Justicia al no garantizar que el ejercicio progresivo del derecho de las familias a una vivienda digna no ceda ante el derecho de propiedad, al propender que las unidades habitacionales ingresen al mercado especulativo, para favorecer a quienes ejercen el dominio del mismo en detrimento de quienes ameritan de una protección reforzada por parte del Estado," de lo que concluyó señalando que la Ley era inconstitucional por ser solo:

> "un subterfugio para colocar los inmuebles destinados por el Estado a la satisfacción de un derecho social como la vivienda en beneficio del mercado financiero y resulta contraria a los postulados constitucionales previstos en los artículos 2, 3, 75, 82, 86, 133 y 135 del Texto Fundamental, por lo que esta Sala debe declarar su inconstitucionalidad. Así se decide."

Como lo resumió *Acceso a la Justicia*, "sin ninguna razón jurídica" o "sin dar ningún argumento jurídico" la sentencia declaró "la inconstitucionalidad de una ley que otorga los títulos de propiedad a los beneficiarios" de las políticas de vivienda del gobierno, "restringiendo el derecho a la propiedad," reforzando "la sustitución de la propiedad privada por la social" y, en fin "convirtiendo al Estado en propietario en nombre del pueblo."[1704]

De nuevo con esta sentencia, la Sala Constitucional le negó a la Asamblea Nacional la potestad de legislar conforme a la definición política que formule la mayoría parlamentaria, en el marco de lo establecido en la Constitución, en la cual ninguna de las limitaciones enumeradas por la Sala Constitucional al derecho de propiedad están establecidas, como tampoco está establecida una regulación del derecho a la vivienda que excluya el derecho de propiedad cuando las viviendas sean el resultado de la ejecución de políticas públicas. No corresponde al Juez Constitucional ser el juez de la política pública: ello solo compete al órgano político representante del pueblo, electo por el mismo.

SECCIÓN SÉPTIMA:

EL FIN DEL PODER LEGISLATIVO: LA REGULACIÓN POR EL JUEZ CONSTITUCIONAL DEL RÉGIMEN INTERIOR Y DE DEBATES DE LA ASAMBLEA NACIONAL, Y LA SUJECIÓN DE LA FUNCIÓN LEGISLATIVA DE LA ASAMBLEA A LA APROBACIÓN PREVIA POR PARTE DEL PODER EJECUTIVO

A las decisiones anteriormente comentadas de la Sala Constitucional, mediante las cuales decretó la sentencia de muerte del Poder legislativo, y ejecutó dicha sentencia, declarando inconstitucional materialmente todas las leyes sancionadas por la

---

1704 Véase "Estado propietario en nombre del pueblo y pueblo sin propiedad. *Análisis de la sentencia de la Sala Constitucional de la ley sobre la GMVV," en Acceso a la Justicia, 16 de mayo de 2016, en http://www.accesoalajus-ticia.org/wp/infojusticia/noticias/estado-propietario-en-nombre-del-pueblo-y-pueblo-sin-propiedad/.*

misma, la Sala Constitucional del Tribunal Supremo, mediante otra sentencia N° 269 de 21 de abril de 2016, [1705] en definitiva puso fin al Poder Legislativo en el país.

En esta sentencia, contentiva de medidas cautelares dictadas de oficio con ocasión de un juicio de nulidad que se había iniciado cinco años antes contra el Reglamento Interior y de Debates de la Asamblea Nacional, la Sala Constitucional, en efecto, le dio el golpe final a ésta, eliminando completamente su autonomía, y sujetando el ejercicio de su función legislativa a la obtención del visto bueno de parte del Ejecutivo Nacional. Con la decisión, la Sala, usurpando funciones de la Asamblea, le "reguló" su propio funcionamiento y materialmente puso fin a su función esencial que es la de legislar, reafirmando lo que en su criterio consideró como característico del régimen constitucional en Venezuela, que supuestamente era "*fundamentalmente presidencialista de gobierno*" o el "*sistema cardinalmente presidencial de gobierno.*" (Sentencia N° 327 de 28 de abril de 2016).

El juicio de nulidad que motivó las inconstitucionales medidas cautelares dictadas contra la Asamblea Nacional se había iniciado en 2011, cuando un grupo de diputados de la Asamblea Nacional en representación entonces de la minoría opositora al Gobierno en la Asamblea, demandaron la nulidad de diversas disposiciones de la Reforma Parcial del Reglamento Interior y de Debates de la misma,[1706] denunciando la violación de diversos principios constitucionales como el principio democrático, el del pluralismo político, el del Estado de Derecho y el de progresividad, entre otros, y otras disposiciones constitucionales específicas, al considerar que el Reglamento había procedido a:

> "reducir las posibilidades de intervención de los Diputados en los debates; ampliar las potestades de la Presidencia de la Asamblea Nacional, en detrimento de la plenaria o de instancias de trabajo coordinado entre diversas fuerzas políticas; en dificultar el ejercicio de algunos mecanismos de control y, por último, en eliminar ciertas garantías de funcionamiento regular o continuo de la Asamblea Nacional y de sus Comisiones Permanentes durante las sesiones ordinarias."

En particular, los impugnantes solicitaron la declaratoria de inconstitucionalidad de los artículos 1; 25, penúltimo aparte; 27, numerales 3 y 6; 45, en su encabezamiento; 48, primer aparte; 56, último aparte; 57; 64, numeral 4; 73, último aparte; 76, único aparte; 105, último aparte; y 126 del Reglamento Interior y de Debates de la Asamblea Nacional, por violación de los artículos 49.1, 187, 208 y 219 de la Constitución.

La Sala Constitucional se demoró cinco años para solo "admitir" la demanda de nulidad -calculadamente después de que los impugnantes, entonces miembros de la minoría parlamentaria opositora al Gobierno, pasaron a ser en general parte de la mayoría parlamentaria opositora al Gobierno- , y solo lo hizo para pronunciarse

---

1705 Véase en http://historico.tsj.gob.ve/decisiones/scon/abril/187363-269-21416-2016-11-0373.HTML. Véase, los comentarios en Allan R. Brewer-Carías, "El fin del Poder Legislativo: La regulación por el Juez Constitucional del régimen interior y de debates de la Asamblea Nacional, y la sujeción de la función legislativa de la Asamblea a la aprobación previa por parte del Poder Ejecutivo, 3 de mayo de 2016, en http://www.allanbrewercarias.com/Content/449725d9-f1cb-474b-8ab2-41efb849fea3/Content/Brewer.%20EL%20FIN%20DEL%20PODER%20LEGISLATIVO.%20SC.%20mayo%202016.pdf.

1706 Véase *Gaceta Oficial* N° 6.014 Extraordinario del 23 de diciembre de 2010.

sobre las medidas cautelares solicitadas, pero con el único y preciso objetivo de usurpar la competencia privativa de la Asamblea Nacional de dictar su Reglamento Interior y de Debates que como *interna corporis* y acto de ejecución directa de la Constitución, solo la Asamblea puede dictar; y proceder a establecer normas de obligatorio cumplimiento que acabaron con la autonomía del Parlamento en materia de legislación. Como lo indicó el Grupo de Profesores de Derecho Público de Venezuela:

> "las medidas dictadas *tienen contenido normativo*, de lo cual resulta que en definitiva, ha sido la Sala Constitucional la que reguló el funcionamiento interno de la Asamblea, usurpando el ejercicio de la atribución privativa de ésta de normar tal funcionamiento y regular el desarrollo del debate parlamentario."[1707]

La Sala Constitucional, en efecto, "aprovechando" la solicitud de suspensión de "la aplicación de diversas normas impugnadas," [1708] en lugar de suspender los efectos de las mismas, lo que en castellano no es otra cosa que eso: suspender los efectos o la aplicación de las mismas, en el mismo sentido de lo indicado por la Sala en una sentencia anterior (N° 1.181/2001, del 29 de junio, caso: *Ronald Blanco La Cruz,* citada, que indica que "la medida de inaplicación requerida *supone una interrupción temporal de la eficacia del contenido normativo de la disposición impugnada"*); lo que la Sala hizo en realidad fue dictar una sentencia de contenido "normativo," la N° 269 de 21 de abril de 2016, [1709] estableciendo una serie de regulaciones de carácter general, que dispuso incluso *de oficio*, sobre el régimen interior y de debates que solo la Asamblea podía constitucionalmente sancionar; con ocasión de "acordar la medida cautelar de suspensión de los artículos 25; 57; 64, numerales 5, 6 y 8; 73; y 105, último aparte del Reglamento de Interior y Debates de la Asamblea Nacional."

I RÉGIMEN DE LA CONSULTA PÚBLICA DE LOS PROYECTOS DE LEY: LA IMPOSICIÓN DE LA FÓRMULA DEL "PARLAMENTARISMO DE CALLE"

La primera medida cautelar dispuesta se refiere a la imposición a la Asamblea Nacional de obligatoriamente aplicar una modalidad de supuesta participación popular denominada de "parlamentarismo de calle," a cuyo efecto la Sala recurrió a lo dispuesto en el artículo 211 la Constitución que regula como método de participación ciudadana en el proceso de formación de las leyes, la figura de la consulta popular de los proyectos de ley, en la siguiente forma:

> "*Artículo 211*. La Asamblea Nacional o las Comisiones Permanentes, durante el procedimiento de discusión y aprobación de los proyectos de leyes, consultarán a los otros órganos del Estado, a los ciudadanos y ciudadanas y a la sociedad organizada para oír su opinión sobre los mismos. Tendrán derecho de

---

1707 Véase Comunicado: Grupo de Profesores de Derecho Público: "La Nulidad e Ineficacia de la Sentencia N° 269/2016 de la Sala Constitucional," mayo 2016.

1708 Los impugnantes habían solicitado solo "*la suspensión de la aplicación* de los artículos 1; 25, penúltimo aparte; 27, numerales 3 y 6; 45, en su encabezamiento; 48, primer aparte; 56, último aparte; 57; 64, numeral 4; 73, último aparte; 76, único aparte; 105, último aparte; y 126 del Reglamento Interior y de Debates de la Asamblea Nacional."

1709 Véase en http://historico.tsj.gob.ve/decisiones/scon/abril/187363-269-21416-2016-11-0373.HTML.

> palabra en la discusión de las leyes los Ministros o Ministras en representación del Poder Ejecutivo; el magistrado o magistrada del Tribunal Supremo de Justicia a quien éste designe, en representación del Poder Judicial; el o la representante del Poder Ciudadano designado o designada por el Consejo Moral Republicano; los o las integrantes del Poder Electoral; los Estados a través de un o una representante designado o designada por el Consejo Legislativo y los o las representantes de la sociedad organizada, en los términos que establezca el reglamento de la Asamblea Nacional."

Conforme a esta norma, por tanto, corresponde única y exclusivamente a la Asamblea establecer en su Reglamento Interior y de Debates, la forma y manera cómo la misma debe consultar a los ciudadanos y a la sociedad organizada para oír su opinión sobre los proyectos de ley, y cómo sus representantes tendrán derecho de palabra en la discusión de las leyes.

Para regular estos aspectos, en el Reglamento Interior y de Debates se estableció lo siguiente:

> "*Artículo 45*. Las comisiones permanentes, de conformidad con los cronogramas aprobados por mayoría de sus miembros, realizarán las consultas públicas a las leyes y materias de sus competencias, a través del parlamentarismo social de calle, asambleas en las comunidades, foros, talleres y demás mecanismos de participación; en coordinación con los consejos comunales y otras formas de organización del Poder Popular. Se reunirán por convocatoria de su Presidente o Presidenta, o en su ausencia por el Vicepresidente o Vicepresidenta, por lo menos dos veces al mes, en las sedes de las comisiones permanentes.
>
> Las reuniones de las comisiones y subcomisiones serán públicas, salvo cuando por mayoría absoluta de sus miembros presentes se resuelva el carácter secreto de las mismas.
>
> Los ciudadanos y ciudadanas, a título personal, o como voceros o voceras de organizaciones comunitarias podrán participar en las comisiones y subcomisiones en calidad de invitados o invitadas, observadores u observadoras, previa aprobación de la mayoría de los diputados y diputadas de la Comisión."

Esta norma fue impugnada por los diputados que solicitaron su declaratoria de nulidad particularmente por la limitación que en la misma se imponía, no ajustada a lo prescrito en el mencionado artículo 211 de la Constitución, reduciendo la acción del Parlamento al llamado "parlamentarismo de calle," razón por la cual solicitaron la suspensión de efectos de la misma.

La Sala Constitucional, al contrario, estimó que de la revisión de entrada de la norma no procedía que se acordase la suspensión del mismo, pero no se quedó allí, sino que estimó que debía "*aprovechar esta Sala la oportunidad*," para al contrario señalar que la norma estaba "plenamente vigente," de manera que "los actos del órgano legislativo nacional deben cumplir" con su contenido, estimando que la misma respondía a lo dispuesto en materia de participación ciudadana en los artículos 5, 70 y 211 de la Constitución. Para ello, la Sala solo recurrió a lo que ya había resuelto en sentencia Nº 1328 de 16 de diciembre de 2010, sobre la participación como derecho político, disponiendo entonces que la Asamblea debía:

> "dar efectivo cumplimiento a los procedimientos que garantizan el Poder Popular como expresión del mismo, esto es, aquellos en los que se incluye el parlamentarismo social de calle, que no es otra cosa que el ejercicio de la participación protagónica del pueblo en los asuntos públicos, y en especial, en la labor legislativa, lo que conforme a lo dispuesto en el artículo 70 del Texto Fundamental, se materializa en el conjunto de normas que en desarrollo de ésta, se encuentran dirigidas a la integración del pueblo a los órganos del Poder Público, para hacer efectiva que la soberanía reside en el pueblo conforme lo establece el artículo 5 *eiusdem*."

Pero no se quedó allí la Sala Constitucional, sino que procedió a regular normativamente el tema respecto de la elaboración de los informes de las comisiones respectivas previstos en el artículo 105 del Reglamento impugnado, disponiendo entonces:

> "con precisión que la consulta pública allí prevista no es una mera formalidad sino un requisito *sine qua non* para que tenga lugar la segunda discusión del proyecto de ley, por lo que para proceder a la misma deben ser consignados los resultados de las consultas públicas al pueblo soberano que se realicen a nivel nacional, como lo preceptúa el artículo 211 constitucional, respecto del contenido del proyecto de ley, toda vez que la participación protagónica del pueblo es lo que permite la consolidación del Poder Popular, y el ejercicio del control sobre la actuación de los parlamentarios electos en representación del pueblo, conforme lo disponen los artículos 66 y 197 del Texto Fundamental."

De manera que no sólo la Sala consideró que la reducción de la consulta popular de las leyes al llamado "parlamentarismo de calle" era lo ajustado a la Constitución (en otra parte de la sentencia se refirió la Sala a "la democracia participativa directa a través del parlamentarismo social de calle"), cercenando a la Asamblea de toda otra posibilidad de regular la forma de cumplir con el artículo 211 de la Constitución, imponiendo que todo proyecto de ley, para pasar a la segunda discusión, el informe respectivo de la comisión debe contener los resultados de las consultas al pueblo a nivel nacional; sino que la Sala Constitucional subordinó inconstitucionalmente el funcionamiento de un órgano representativo de la voluntad popular integrado por diputados electos mediante sufragio por el pueblo, a lo que indiquen los órganos del llamado "Poder Popular" que no tiene fundamento constitucional, y cuyos integrantes (voceros) no son electos por el pueblo.[1710]

En relación con el mismo tema del "parlamentarismo de calle" como imposición hecha a la Asamblea, la Sala Constitucional también se pronunció al analizar la solicitud de suspensión de efectos del artículo 105 del Reglamento interior y de Debates, que establece un plazo máximo para que las Comisiones presenten los informes a la Asamblea, dejando a ésta la posibilidad de establecer un plazo menor, y previendo incluso la posibilidad de un plazo mayor "por necesidad de extender la consulta pública." Los impugnantes alegaron, sin embargo, que nada se indicaba en la norma respecto de "a quién corresponde adoptar la decisión de prolongar el tiempo disponible," pidiendo la suspensión de efectos de la norma.

1710 Véase sobre el tema Allan R. Brewer-Carías *et al.*, *Leyes Orgánicas del Poder Popular*, Editorial Jurídica Venezolana, Caracas 2011.

La Sala, sin suspender dichos efectos, "vista la imprecisión" denunciada, a los efectos de que "se garantice el parlamentarismo social de calle como expresión del Poder Popular," procedió de oficio a establecer una norma de carácter general, regulando lo que solo puede establecerse en el *interna corporis* por la propia Asamblea, fijando:

> "que el lapso para las consultas públicas será como mínimo de veinte días, los cuales conforme a la complejidad y relevancia de la materia que trate el proyecto de ley presentado, puede ser *prorrogado* por un lapso similar, siempre que existan solicitudes de las organizaciones que conforman el Poder Popular para el ejercicio de la participación ciudadana. Así se decide.

De nuevo, la Sala Constitucional subordinó inconstitucionalmente el funcionamiento de un órgano representativo de la voluntad popular integrado por diputados electos mediante sufragio por el pueblo, a lo que indiquen los órganos del llamado Poder Popular cuyos integrantes (voceros) no son electos por el pueblo.

II. LA RATIFICACIÓN DE LA OBLIGACIÓN DE LA CONSULTA POPULAR Y A LOS ÓRGANOS DEL ESTADO EN EL PROCEDIMIENTO DE FORMACIÓN DE LAS LEYES

Resuelto lo anterior, sin que los recurrentes en el recurso hubiesen siquiera mencionado los artículos 101 y 102 del Reglamento Interior y de Debates, la Sala Constitucional procedió a:

> "ratificar la plena vigencia y eficacia de los artículos 101 y 102 del Reglamento Interior y de Debates, el primero que señala con claridad la obligación de la Asamblea Nacional, en el procedimiento de formación, discusión y aprobación de los proyectos de ley, de consultar a los otros órganos del Estado, a los ciudadanos y ciudadanas y a las comunidades organizadas para oír su opinión sobre los mismos; y el segundo, que establece la obligación de consultar a los Estados, a través de los Consejos Legislativos estadales, "*...cuando se legisle en materias relativas a los mismos, sin perjuicio de otras consultas que se acuerde realizar conjunta o separadamente, en los ámbitos regional, estadal o local sobre las mismas materias, a criterio de los grupos parlamentarios regionales y estadales, de los representantes de la Asamblea Nacional ante los consejos de planificación y coordinación de políticas públicas, o de la Comisión de la Asamblea Nacional encargada del estudio,*" los cuales responden a la obligación expresamente referida en el artículo 211 del Texto Fundamental, de que en la etapa de discusión y aprobación de los proyectos de ley, se abran los procesos de consulta a los otros órganos del Estado, a los ciudadanos y a las organizaciones populares como *expresión del Poder Popular.*"

III. LA IMPOSICIÓN A LA ASAMBLEA NACIONAL DE LA OBLIGATORIA OBTENCIÓN DEL VISTO BUENO PREVIO DEL PODER EJECUTIVO PARA PODER DISCUTIR Y APROBAR PROYECTOS DE LEY

La Sala Constitucional, igualmente sin que se hubiese siquiera mencionado por los recurrentes el artículo 103 del Reglamento Interior y de Debates, en el cual se establecen los requisitos para la presentación y discusión de proyectos de ley, en la sentencia procedió a *reformar de oficio* dicha norma, que establece:

"Artículo 103. Todo proyecto de ley debe ser presentado ante la Secretaría y estará acompañado de una exposición de motivos que contendrá, al menos:

1. La identificación de quienes lo propongan.
2. Los objetivos que se espera alcanzar.
3. El impacto e incidencia presupuestaria y económica, o en todo caso, el informe de la Dirección de Asesoría Económica y Financiera de la Asamblea Nacional.

En caso que un proyecto no cumpla con los requisitos señalados, de acuerdo al criterio de la Junta Directiva, se devolverá a quien o quienes lo hubieran presentado a los efectos de su revisión, suspendiéndose mientras tanto el procedimiento correspondiente.

El proyecto que cumpla con los requisitos señalados se le dará Cuenta para ser incorporado al sistema automatizado.

En cada Sesión se dará Cuenta a la plenaria de los proyectos de ley recibidos por Secretaría. Para ser sometido a discusión, todo proyecto debe estar acompañado de la exposición de motivos y ser puesto a disposición de los diputados o diputadas por parte de la Secretaría."

Respecto a este artículo, la Sala recordó el contenido del artículo 207 de la Constitución que establece "una previsión sobre las reglas a seguir que todo proyecto de ley debe cumplir para que se convierta en ley," al disponer que "para convertirse en ley" todo proyecto debe recibir "dos discusiones, en días diferentes, siguiendo las reglas establecidas en esta Constitución y en los reglamentos respectivos," de manera que aprobado el proyecto, el Presidente de la Asamblea Nacional debe declarar sancionada la ley.

Frente a esta exigencia constitucional de que los proyectos deben "recibir dos discusiones en días diferentes," la Sala "encontró" que el Reglamento Interior y de Debates de la Asamblea Nacional "hace una exigencia muy estricta a la pretensión de ley cuya iniciativa está por presentarse para su primera discusión ante la cámara parlamentaria," considerando que:

"No basta entonces la simple iniciativa, sino que debe tener una exposición de motivos y el acompañamiento del estudio del impacto e incidencia presupuestaria y económica, o en todo caso, el informe de la Oficina de Asesoría Económica y Financiera de la Asamblea Nacional, tal y como lo ordena el propio Reglamento Interior y de Debates de dicho órgano, inclusive con la sanción de devolución a sus proponentes de ley y suspensión del procedimiento de formación si no se cumplen con estos pasos previos."

La Sala entonces al formularse la pregunta de: "¿En razón a qué, toda iniciativa de ley debe llevar consigo una información técnica sobre el impacto e incidencia que en la economía y finanzas del Estado ha de tener dicha pretensión normativa?," la contestó de seguidas afirmando: "A que toda ley comporta para su ejecución y cumplimiento una erogación del Presupuesto Nacional." Y de ello dedujo que:

"el aval económico que debe soportar todo proyecto de ley debe contar con la disponibilidad presupuestaria del Tesoro Nacional, de conformidad con el artículo 314 de la Constitución."

Todo ello no tendría mayor importancia si se tratase de reforzar el texto del Reglamento exigiendo el estudio económico del proyecto de ley, a través de la Oficina especializada en estudios económicos de la propia Asamblea Nacional. Sin embargo, esa no fue la intención de la Sala Constitucional al referirse incluso a las normas constitucionales que se refieren al "cuidado que deben tener las altas autoridades nacionales en el manejo de los recursos en este ámbito (artículos 287, 289 y 291)," y menos al referirse (i) a las atribuciones y obligaciones del Presidente de la República de "Administrar la Hacienda Pública Nacional;" de "decretar créditos adicionales al Presupuesto, previa autorización de la Asamblea Nacional o de la Comisión delegada" (arts. 236,11 y 236 13); y de cumplir con "las exigencias del Régimen Presupuestario" (art 311 ss.); (ii) a las previsiones constitucionales relativas a los límites del endeudamiento público (art. 312), y a la necesidad de que la economía se rija por un "un presupuesto de ley nacional presentado por el Ejecutivo Nacional anualmente y aprobado por la Asamblea Nacional" (art 313), de manera de asegurar que no se haga ningún tipo de gasto que no haya sido previsto en la Ley de Presupuesto, y que para decretar un crédito adicional al mismo debe contarse con recursos en la Tesorería Nacional para atender la respectiva erogación (art. 314); y (iii) a que existe una obligación constitucional de la Asamblea Nacional "de tomar en cuenta las limitaciones financieras del país cuando le corresponda acordar y ejecutar su propio presupuesto de gastos" (artículo 187.22).

La intención de la Sala Constitucional, al citar toda esta normativa, en realidad fue eliminar la autonomía de la Asamblea Nacional y construir de las citadas normas constitucionales, en combinación con otras (arts. 208 y 211) referidas a las consultas populares y a los diversos órganos del Estado de los proyectos de ley, una "normativa" que no existe en la Constitución, imponiendo una "*obligatoria concertación que debe existir entre la Asamblea Nacional y los otros Órganos del Estado durante la discusión y aprobación de las leyes,*" deduciendo de ello que "la viabilidad exigida en todo Proyecto de Ley tiene que ver no sólo con el impacto e incidencia económica y presupuestaria que tendría para el Estado venezolano *sino con la concertación obligatoria que entre ambos Poderes, Legislativo y Ejecutivo debe existir.*"

Y así, al referirse a la importancia del gasto público para dar cumplimiento a los objetivos de la política económica del Estado, la Sala Constitucional consideró, y así lo decidió, que para que se pudiera cumplir con el requisito establecido en el artículo 103,3 del Reglamento Interior y de Debates, sobre la necesidad para la discusión de los proyectos de ley del "impacto e incidencia presupuestaria y económica, o en todo caso, el informe de la Dirección de Asesoría Económica y Financiera de la Asamblea Nacional," resulta:

> "indiscutible que sin la aprobación del órgano público competente en materia de planificación, presupuesto y tesorería nacional, no puede estimarse cumplida la exigencia a que se refiere el numeral 3 del artículo 103 del citado Reglamento."

O sea, que la Asamblea Nacional nada puede hacer por sí sola, no tiene autonomía alguna en el ejercicio de sus competencias, y cualquier proyecto de ley que pretenda discutir tiene que ser previamente aprobado por el Poder Ejecutivo. Ni más ni menos eso es lo que resolvió el Juez Constitucional, lo que es el fin *de facto* de la Asamblea como rama del Poder Público autónoma e independiente.

La Sala Constitucional, para resolver esto, de oficio, y "en aras de garantizar el principio constitucional de equilibrio fiscal" basándose en la "situación de excepcionalidad económica a nivel nacional," que declaró en su propia sentencia N° 4 de fecha 20 de enero de 2016 mediante la cual decidió la constitucionalidad del Decreto N° 2.184 de 14 de enero de 2016 sobre declaración del Estado de Emergencia Económica (prorrogado por Decreto N° 2.270 del 11 de marzo de 2016), y considerándolo "necesario, para no generar expectativas irresponsables contrarias a la ética, a la transparencia y a la democracia" procedió a dictar la siguiente norma como parte del *interna corporis* del Parlamento, sin duda, usurpando sus poderes privativos:

> "que el informe sobre el impacto e incidencia presupuestaria y económica, o en todo caso, el informe de la Dirección de Asesoría Económica y Financiera de la Asamblea Nacional que debe acompañar a todo proyecto de ley, a que se refiere el numeral 3 del artículo 103 del Reglamento Interior y de Debates de la Asamblea Nacional, son requisitos esenciales y obligatorios sin los cuales no se puede discutir un proyecto de ley, y que los mismos, en previsión de los artículos 208, 311, 312, 313 y 314 de la Constitución, *deben consultarse con carácter obligatorio por la Asamblea Nacional -a través de su Directiva- al Ejecutivo Nacional- por vía del Vicepresidente Ejecutivo- a los fines de determinar su viabilidad económica, aun los sancionados para la fecha de publicación del presente fallo*, en aras de preservar los principios de eficiencia, solvencia, transparencia, responsabilidad y equilibrio fiscal del régimen fiscal de la República, tomando en consideración las limitaciones financieras del país, el nivel prudente del tamaño de la economía y la condición de excepcionalidad económica decretada por el Ejecutivo Nacional."

Para completar este inconstitucional régimen normativo impuesto a la Asamblea por la Sala Constitucional "en ejercicio de su potestad cautelar de oficio," estableció otra "medida cautelar positiva," esta vez dirigida al Presidente de la República, imponiéndole que para que pueda promulgar una Ley conforme al artículo 215 de la Constitución:

> "deberá, a través de las autoridades que la Constitución prevé (Ministros del ramo y Vicepresidente conforme a lo establecido en el artículo 239, numeral 5 constitucional) realizar la efectiva verificación del cumplimiento de *la viabilidad* a que se refiere el artículo 208 de la Constitución, sin lo cual no podrá dictarse el "Cúmplase" que establece el artículo 215 *eiusdem.*"

Al final de la sentencia, la Sala reiteró que:

> "por cuanto, la aplicación del instrumento normativo legal genera un impacto en el gasto público del Estado, de allí que sea imperioso que exista por parte del órgano del Poder Público competente para el diseño, manejo, y ejecución del Plan y del Presupuesto del Estado, el estudio especial sobre el impacto e incidencia económica y presupuestario que la ley propuesta tendrá, pues los gastos que realiza el Estado deben estar balanceados con los ingresos fiscales. Así se decide."

O sea que todo proyecto de ley que se quiera discutir en la Asamblea Nacional para llegar a ser aprobado, *tiene que tener el visto bueno previo del Poder Ejecutivo* a través del Vicepresidente Ejecutivo de la República, sin lo cual si llegase a ser sancionada una ley sin cumplirse con las imposiciones dispuestas por la Sala Constitucional, ella misma dispuso, por encima de lo que prevé la Constitución, que la ley no puede ser aplicada, ni puede surtir efectos jurídicos *erga omnes*.

Como lo resumió la misma sentencia, al declarar la Sala que lo establecido en su fallo tiene:

> "carácter obligatorio, por cuanto todos los actos que emanen del órgano legislativo nacional están llamados al cumplimiento de la normativa vigente, en especial, la referida a la participación del pueblo en los asuntos públicos de la Nación, así como la intervención del órgano público competente en materia de planificación y presupuesto sobre el impacto económico de la ley a proponerse, lo cual como ya se apuntó reviste cabal importancia para el Estado, toda vez que cuando se propone una ley, independientemente de su contenido, la misma debe ser factible de ser ejecutada en la realidad, pues de lo contrario no tendría sentido dictar una ley cuya ejecución es de imposible cumplimiento."

IV. LOS EFECTOS DE LA IMPOSICIÓN DE LAS NUEVAS "NORMAS" LIMITANTES A LA FUNCIÓN LEGISLATIVA DE LA ASAMBLEA NACIONAL, SU APLICACIÓN RETROACTIVA

La Sala Constitucional, no contenta con imponer normas para el funcionamiento interno de la Asamblea Nacional, sin duda inconstitucionales, pues la Asamblea es la única que puede dictar su reglamento interior y de debates, dispuso las consecuencias del incumplimiento, indicando primero, que:

> "El incumplimiento de este requisito constitucional que responde al respeto de los principios de equilibrio fiscal y legitimación del gasto por parte de los órganos del Poder Público, *pudiese comportar un vicio en el proceso de formación de la ley.*"

Y segundo, disponiendo en contra de la Constitución (art. 24), la aplicación retroactiva de la normativa impuesta en la sentencia, respecto de todos los proyectos de ley que la Asamblea Nacional ya había sancionado con anterioridad. La Sala al decidir esto no se percató que el mismo día en que estaba dictando la sentencia comentada N° 269 de 21 de abril de 2016, también estaba siendo firmada la sentencia N° 274 de 21 de abril de 2016, en la cual estableció que lo que el artículo 24 de la Constitución disponía era el principio de "*irretroactividad absoluta*" en el sentido de que "*ninguna disposición jurídica, sea de la jerarquía que fuese, puede tener efectos retroactivos*,"[1711] lo que incluye por supuesto las "normas" dictadas por la Sala, así sean esencialmente inconstitucionales.

Para decidir aplicando retroactivamente sus propias "normas," como órgano que definitivamente se colocó por encima de la Constitución, la Sala, recurriendo de

1711 Se trató de la sentencia dictada con ocasión de resolver un recurso de interpretación del artículo 340 de la Constitución para declarar que "tratar de utilizar la figura de la enmienda constitucional con el fin de acortar de manera inmediata el ejercicio de un cargo de elección popular, como el de Presidente de la República, constituye a todas luces un fraude a la Constitución," y una violación al principio de la irretroactividad absoluta. Véase en http://historico.tsj.gob.ve/decisiones/scon/abril/187368-274-21416-2016-16-0271.HTML.

nuevo al subterfugio del "hecho público, notorio y comunicacional"[1712] para eludir la actividad probatoria, constató que la Asamblea Nacional había "sancionado un conjunto de leyes sobre las cuales, ya en algunas de ellas esta Sala se ha pronunciado sobre su constitucionalidad y otras cuya petición de duda constitucional ha sido planteada por el Presidente de la República en aplicación del artículo 214 constitucional," resolviendo entonces respecto de los mismos aun cuando habían sido "sancionados para la fecha de publicación del presente fallo," que:

> "*deben consultarse con carácter obligatorio* por la Asamblea Nacional -a través de su Directiva- *al Ejecutivo Nacional-* por vía del Vicepresidente Ejecutivo- a los fines de determinar su viabilidad económica."

En todo caso, en cumplimiento de la *orden de aplicación retroactiva* de la nueva "normativa" contenida en la sentencia, en evidente violación del artículo 24 de la Constitución, la Sala Constitucional decidió que la misma se debía aplicar a una ley que había sido sancionada casi un mes antes, el 30 de marzo de 2016.

V. LA SUSPENSIÓN DE LA POSIBILIDAD DE ENTRADA EN VIGENCIA DE LA LEY DE BONO PARA ALIMENTACIÓN Y MEDICINAS A PENSIONADOS Y JUBILADOS POR APLICACIÓN RETROACTIVA DE UNA "NORMATIVA JUDICIAL" INCONSTITUCIONAL

En efecto, al conocer de una solicitud de control previo de constitucionalidad por remisión que le hizo el Presidente de la República conforme al artículo 214 de la Constitución, respecto de la Ley de Bono para Alimentación y Medicinas a Pensionados y Jubilados, que había sido sancionada por la Asamblea Nacional 30 de marzo de 2016, la Sala Constitucional, mediante la sentencia N° 327 de 28 de abril de 2016,[1713] declaró que la Ley era constitucional, pero:

> "su entrada en vigencia está supeditada al cumplimiento, por parte de la Asamblea Nacional, del extremo necesario relativo a la viabilidad económica que permita garantizar el cumplimiento de la finalidad social que involucra tal ley."

El Presidente de la República, entre los aspectos que solicitó de la Sala Constitucional que considerara, se refirió a uno ajeno totalmente al tema de la constitucionalidad de la Ley, que fue que se tomara

> *"en consideración la incorporación presupuestaria del gasto que se pretende, así como las disponibilidades financieras necesarias para su ejecución, para lo cual se debería coordinar con el Poder Ejecutivo que represento a través de los organismos competentes a fin de establecer la oportunidad temporal adecuada para la entrada en vigencia de la Ley en cuestión. En virtud de los argumentos precedentemente expuestos es que se tienen serias dudas acerca de la conformidad a derecho de la Ley de Bono para Alimentos y Medicinas a Pensionados y Jubilados."* (Subrayados del original).

1712 La sentencia citó lo siguiente: "véanse, entre otras, páginas web http://www.ultimasnoticias.com.ve/noticias/actualidad/politica/claves-estas-son-las-10-leyes-en-la-mira-de-la-n.aspx, http://radiomundial.com.ve/article/conozca-las-10-leyes-que-la-bancada-opositora-en-la-asamblea-nacional-pretende-modificar)."

1713 Véase en http://historico.tsj.gob.ve/decisiones/scon/abril/187498-327-28416-2016-16-0363.HTML.

Para considerar esos aspectos, y luego de analizar el régimen del Estado Social en la Constitución y la incidencia de la ley en materia de derechos y políticas sociales, la Sala asumió el rol de supremo decisor y supervisor de las políticas públicas, estimando "de manera positiva las iniciativas del Poder Público que profundicen la garantía de los derechos sociales," pero considerando que "esas iniciativas deben ser viables y eficaces," y:

> "no deben ser instrumentos para generar falsas expectativas, para agudizar la situación económica, para perjudicar a sectores sociales, para profundizar crisis con el mero fin de incrementar poder político a costa de los más débiles, para propiciar conflictos a lo interno de la comunidad y mucho menos para promover la desestabilización institucional y política del país, en perjuicio del desarrollo, del orden y de la paz social."

Con base en ello, y luego de afirmar que "al Presidente de la República, especialmente *en un sistema fundamentalmente presidencialista de gobierno*, como el que ha regido la historia constitucional patria, es a quien le corresponde dirigir la Administración Pública Nacional," estimó que para que la Ley sancionada pudiera "ser viable, aplicable y eficaz," era necesaria "la consulta y concertación con quien dirige la acción de gobierno y administra la Hacienda Pública Nacional," para verificar "el impacto y viabilidad económica del mismo," concluyendo en definitiva, que la sanción de la ley, por más plausible en teoría que pudiera ser, se hizo:

> "desconociendo las competencia insoslayables del rector de la Hacienda Pública Nacional y, en fin, negando una atribución elemental de un Poder Público cardinal, en cuya responsabilidad recae la dirección de la acción de gobierno, sin la determinación de la fuente de financiamiento, sin soporte presupuestario para su ejecución inmediata dentro del presupuesto del año fiscal 2016, y sin existir recursos previstos en el Tesoro Nacional para tales fines, no sólo viola los principios de legalidad presupuestaria, transparencia, responsabilidad y equilibrio fiscal, además de los postulados de autonomía de poderes y supremacía constitucional."

De ello, concluyó la Sala, citando la sentencia Nº 269 de 21 de marzo de 2016, antes comentada, observando que "la Constitución y el Reglamento Interior y de Debate de la Asamblea Nacional, junto [a la] Ley Orgánica de la Administración Financiera del Sector Público, tal como lo ha reconocido esta Sala, determinan el procedimiento que debe seguirse al momento de la aprobación de una Ley, dentro de las cuales está la determinación de la fuente de financiamiento, la viabilidad económica-presupuestaria y *la obligación del Parlamento de acordar con el Poder Ejecutivo antes de sancionar cualquier texto legal* por el impacto económico que en sí mismo tiene en el presupuesto fiscal."

La Sala además, en este caso, entró a conocer directamente el texto del "Informe del Impacto Económico y Presupuestario que efectivamente en el Parlamento se había efectuado al Proyecto de Ley de Bono para Alimentos y Medicinas a Pensionados y Jubilados," observando fallas en su contenido en el sentido de que "debió señalarse en el mismo la fuente de financiamiento, y la estimación de las personas que serían beneficiarias del bono de alimentos y medicinas," y "no previó la asignación de los recursos correspondientes ni garantizó la existencia de los mismos en la hacienda pública nacional." O sea, el Juez Constitucional, convertido en el órgano supremo del Estado, tomando en cuenta otros estudios económicos sobre el tema, concluyó refiriéndose a:

> "la necesidad de un análisis técnico-económico sustentado en fuentes de conocimiento sólidas, así como la necesaria previsión y concertación presupuestaría con el administrador de la Hacienda Pública Nacional -artículo 236.11 constitucional (Presidente de la República: Jefe del Estado y Jefe del Gobierno -artículo 226 *eiusdem*) que precisamente ha venido liderando *en este sistema cardinalmente presidencial de gobierno*, junto con el resto de Poderes Públicos, el desarrollo de los derechos fundamentales, con especial énfasis en los derechos sociales, para determinar que ese texto legal sancionado realmente pueda ser aplicado [...]."

La conclusión de la Sala Constitucional fue, en todo caso, que la vigencia de la Ley "está inexorablemente supeditada a la viabilidad económica sustentada que permita garantizar realmente el cumplimiento de la finalidad social que involucra la ley, de conformidad con el criterio de Derecho asentado por esta Sala en sentencia N° 269 del 21 de abril de 2016." Y por tanto, a pesar de que por dilación del Presidente de la República en promulgar la Ley de acuerdo con su obligación constitucional (art. 215), el Presidente de la Asamblea Nacional anunció el 22 de abril de 2016 "haber promulgado la Ley," la Sala, de paso, en su sentencia declaró "*inexistente* dicha actuación, toda vez que el Presidente de la República recibió de la Asamblea Nacional la presente ley (sancionada el 30 de marzo de 2016) el día 5 de abril de 2016, y la remitió a esta Sala el 14 de ese mismo mes y año, es decir, dentro de los diez días que tiene para promulgarla."

En definitiva, la Sala consideró que en el caso de esta Ley no se había cumplido "con las previsiones de los artículos 208, 311, 312, 313 y 314 constitucionales, en lo concerniente a la debida concertación entre el Poder Legislativo y el Poder Ejecutivo para obtener los recursos necesarios a los fines de que la ley pueda ser ejecutada y determinar si dicha ejecución puede hacerse de manera inmediata o progresiva," instando, en la sentencia, a "la Asamblea Nacional a que *proceda, de conformidad con lo dispuesto en la sentencia n° 269/2016, a la concertación con el Ejecutivo Nacional* a los efectos de estudiar las vías para el financiamiento del beneficio social acordado en el proyecto de ley sancionado."

Con base en ello, entonces la sentencia resolvió declarar la inconstitucionalidad de la Disposición Final Única de la ley que estableció la entrada en vigencia de la Ley, a partir de su publicación en la *Gaceta Oficial,* indicando en consecuencia, sin potestad alguna para ello, que:

> "su entrada en vigencia, está supeditada a la previsión y existencia de recursos en el Tesoro Nacional, así como también al debido análisis fáctico y económico, junto a la armonización de la propuesta legislativa, con los indicadores y variables que arrojan los sistemas integrados de la administración financiera del sector público, lo que se vincula de forma directa, inmediata e indisoluble con la competencia del Presidente de la República referida a la administración de la Hacienda Pública Nacional, contemplada en el artículo 236.11 de la Constitución de la República Bolivariana de Venezuela; circunstancia que hace evidente y necesaria la debida concertación con el Poder Ejecutivo Nacional [...]."

VI. LA PRECISIÓN, EN RESUMEN, DE UN NUEVO "PROCEDIMIENTO DE FORMACIÓN DE LAS LEYES" FIJADO POR LA SALA CONSTITUCIONAL AL MARGEN DE LO PREVISTO EN LA CONSTITUCIÓN

Para finalizar su sentencia, la Sala Constitucional hizo un "resumen del recorrido adjetivo que debe llevar una propuesta de ley para convertirse en ley con fuerza constitucional," indicando en usurpación de los poderes de la Asamblea de regular su régimen interior y de debates, los siguientes pasos:

(i) "Todo proyecto de ley implica dos discusiones en días diferentes ante el Cuerpo Legislativo."

(ii) "La iniciativa de ley, antes de su presentación en primera discusión debe cumplir con las estrictas exigencias del Reglamento Interior y Debates de la Asamblea Nacional, el cual obliga a incluir no sólo su Exposición de Motivos (para evaluar su objetivo y alcance), sino su viabilidad a través de la presentación del estudio de impacto e incidencia presupuestaria y económica o en su defecto el informe de la Oficina de Asesoría Económica de la Asamblea Nacional."

(iii) "Cumplida ésta exigencia, la iniciativa de ley o proyecto pasa a su primera discusión en Cámara, en la cual se analiza su pertinencia (objetivo, alcance y viabilidad) en el debate parlamentario, y de aprobarse, pasaría a la Comisión Permanente respectiva para iniciar el procedimiento en segunda discusión, el cual incluye, no sólo el debate de artículo por artículo del proyecto de ley propuesto, sino que el mismo debe ser discutido conjuntamente con el Poder Popular y otros Órganos del Estado, todo esto a los fines de obtener un informe para segunda discusión en Cámara concertado con el pueblo soberano (Elemento Formativo de Estado) y otros Órganos del Estado para precisar la real y efectiva pertinencia de la ley."

(iv) "Ya en Cámara para su segunda discusión, el proyecto de ley se somete a la misma para la discusión artículo por artículo. Si dicho proyecto de ley, en la segunda discusión ante la Cámara no sufre modificaciones, nos da a entender que el mismo tiene la aprobación popular, tiene un fin útil para la sociedad y que es posible su cumplimiento y ejecución real en beneficio del pueblo con soporte en las Finanzas Públicas o Presupuesto Nacional."

(v) "Es sólo en ésta circunstancia cuando de manera responsable, el Cuerpo Legislativo puede Decretar la Sanción de la Ley y remitirla (ya con valor de ley) al Ejecutivo Nacional para su respectiva Promulgación y "Cúmplase" (fuerza de ley)."

De este resumen del procedimiento de formación de las leyes, construido por la Sala Constitucional, al margen de la Constitución, mutando y reescribiendo ilegítimamente lo que la misma dispone, la misma concluyó en su sentencia, que si el procedimiento prescrito:

> "no se perfecciona así, tendríamos entonces una *ley viciada de nulidad* por carecer de los elementos de pertinencia necesarios para su existencia, independientemente, de haber cumplido con un procedimiento formal de discusión."

En particular, la Sala Constitucional destacó la exigencia respecto de "las respectivas consultas del poder popular y otros Órganos del Estado" concluyendo de ello que:

> "No dar cumplimiento a estos pasos de concertación implicaría, de sancionarse y promulgarse la Ley, un serio compromiso, frente al pueblo venezolano, de los dos Poderes Nacionales relacionados directamente con la misma, a saber el Legislativo, quien sancionaría una ley sin haber cumplido con la exigencia de la viabilidad y consultas obligatorias en su proceso de formación al haberle dado valor de ley con su sanción; y al Poder Ejecutivo al promulgarla y darle el "cúmplase" para alcanzar la fuerza de ley."

Con esta sentencia, en todo caso, la Sala Constitucional de nuevo se colocó por encima de la Constitución, primero, estableciendo con evidente usurpación de funciones una normativa para el funcionamiento de la Asamblea Nacional que solo ésta puede dictar al aprobar su Reglamento Interior y de Debates; estableciendo obligaciones al Poder Ejecutivo que sólo la Asamblea Nacional puede sancionar mediante ley; y todo con el objetivo final de eliminar totalmente la función legislativa de la Asamblea Nacional, al someter inconstitucionalmente la sanción de las leyes a la obtención del visto bueno previo por parte del Ejecutivo Nacional.

Con esta sentencia se confirmó el fin de la Asamblea Nacional, que además de no poder ejercer sus funciones de control político en relación con el Poder Ejecutivo y la Administración Pública, a partir de la misma simplemente no puede legislar más, salvo que el Poder Ejecutivo se lo autorice. La Asamblea Nacional, así, quedó subordinada al Poder Ejecutivo, es decir, incinerada por obra del Juez Constitucional.

Lo único que le quedó, ante esta arremetida del Tribunal Supremo, era la ineludible obligación de desconocer la sentencia pues al estar viciada de usurpación de funciones, como lo expresó el Grupo de Profesores de Derecho Público de Venezuela, "no puede ser vinculante para la Asamblea ni mucho menos puede limitar su funcionamiento interno;" agregando respecto de la propia Sala Constitucional que "pretende desconocer *de facto* a esa Asamblea," que conforme a los artículos 333 y 350 de la Constitución, está "habilitada para restablecer la efectiva vigencia de la Constitución, no solo respecto a la sentencia N° 269/2016, sino respecto del resto de decisiones de la Sala Constitucional que solo pueden justificarse en el intento de ésta de desconocer, de hecho, la existencia de la Asamblea Nacional electa el pasado 6 de diciembre."[1714]

La Asamblea, aparte de haber manifestado su rechazo a la sentencia a través de su Junta Directiva, lo que hizo a partir del 28 de abril de 2016, a partir de esa sentencia debió haber reformado de inmediato su Reglamento Interior y de Debates, para regular con toda la potestad que tiene el procedimiento de formación de las leyes, y eliminar toda la "normativa" dictada inconstitucionalmente por el Juez Constitucional.

1714 Véase Comunicado: Grupo de Profesores de Derecho Público: "La Nulidad e Ineficacia de la Sentencia N° 269/2016 de la Sala Constitucional," mayo 2016.

VII. EL RECHAZO AL DESISTIMIENTO DE LA ACCIÓN DE NULIDAD INTENTADA CONTRA EL REGLAMENTO INTERIOR Y DE DEBATES, Y LA RATIFICACIÓN DE LAS INCONSTITUCIONALES MEDIDAS LIMITATIVAS DE LOS PODERES DE LA ASAMBLEA NACIONAL

En todo caso, para poner término a la anómala situación procesal, los diputados impugnantes de la normas del Reglamento Interior y de Debates de la Asamblea, que cinco años antes habían iniciado el juicio de nulidad en el cual la Sala Constitucional del Tribunal Supremo, dictó la inconstitucional sentencia Nº 269 de 21 de abril de 2016 antes mencionada, cinco días después de su publicación, el 26 de abril de 2016 desistieron formalmente de la acción de nulidad que habían intentado. Adicionalmente, el 27 de mayo de 2016, el apoderado judicial de la Asamblea Nacional presentó por su parte un escrito de oposición a las medidas cautelares decretadas en la dicha sentencia, por estimarlas inconstitucionales.

En cuanto al desistimiento de la acción de nulidad, que es un derecho procesal de todo recurrente, denunciando particularmente, la clara desviación que existió entre la aspiración de tutela jurisdiccional que había sido reclamada por los recurrentes, y el contenido cautelar del fallo de la Sala Constitucional, particularmente porque en la acción aquellos jamás solicitaron "la intervención de un órgano ajeno a la actividad legislativa, como lo es la Vicepresidencia Ejecutiva de la República, en el proceso de formación de leyes" en particular para determinar el impacto económico de las mismas, lo que consideraron, con razón, violatorio de la Constitución.

La Sala Constitucional, en relación con estas peticiones, dictó la sentencia Nº 473 de 14 de junio de 2016 mediante la cual negó la homologación del desistimiento planteado y ratificó las medidas cautelares acordadas por la Sala,[1715] para lo cual sin embargo, comenzó por admitir que conforme a la Ley Orgánica del Tribunal Supremo (art. 98), y a las normas del Código de Procedimiento Civil (artículos 263 y 264), los demandantes tienen el derecho de "desistir de la demanda" en cualquier estado y grado de la causa, "siempre que no se encuentre involucrado el orden público o las buenas costumbres." Por esto último, en este caso, la Sala decidió que a pesar del desistimiento debía proceder a conocer de la demanda "como máxima garante del derecho positivo y custodia de los derechos fundamentales," pues siendo la acción incoada "de carácter objetivo pues responde a la determinación de la constitucionalidad o no de una norma dictada por un órgano del Poder Público, que regula sus funciones constitucionales," ello "evidencia el interés general en su resolución, más allá de los intereses particulares de la parte recurrente."

En consecuencia, citado una anterior decisión Nº 181 del 16 de febrero de 2006 que consideró que "la nulidad por inconstitucionalidad es de orden público, y en el proceso la Sala Constitucional puede suplir de oficio las deficiencias o falta de técnica del recurrente," y estimando que en el caso se trataba de un "control abstracto de las normas", resolvió que "al instarse al máximo órgano judicial de la jurisdicción constitucional, no puede homologarse el desistimiento de la acción que se formule, por no tratarse de un asunto que verse sobre derechos disponibles, sino sobre

---

1715 Véase en http://historico.tsj.gob.ve/decisiones/scon/junio/188317-473-14616-2016-11-0373.HTML.

una causa que interesa a la colectividad en general."[1716] Destacando además impropiamente el principio de que en materia de recursos de nulidad por inconstitucionalidad de leyes, conforme al artículo 32 de la Ley Orgánica del Tribunal Supremo de Justicia, "no priva el principio dispositivo" solo a los efectos de que la Sala pueda "suplir, de oficio, las deficiencias o técnicas del demandante por tratarse de un asunto de orden público," procedió a negar "la homologación del desistimiento planteado," no sin antes calificar la actuación de los impugnantes como "contradictoria, incongruente, y maliciosa," acordando continuar con la sustanciación de la causa,.

Como consecuencia, la Sala pasó entonces a decidir sobre la oposición a las medidas cautelares que había acordado en la sentencia N° 269 de 21 de abril de 2016, en la cual, entre otras cosas, le impuso a la Asamblea obtener la autorización previa del Poder Ejecutivo para poder legislar, para lo cual comenzó por rechazar el poder que el Presidente de la Asamblea, quien tiene la representación de la Asamblea, le había otorgado un abogado para actuar en el juicio. La Sala consideró que la representación de la Asamblea que el Reglamento Interior y de Debates (art. 27.1) otorga a su Presidente, solo se refiere a "los asuntos propios de la función del Poder Legislativo, tales como reuniones, consultas públicas, coordinación con otros órganos del Poder Público, entre otras situaciones que requieran la representación del órgano legislativo, mas no así al otorgamiento de poder de representación judicial;" y que en cambio, la representación de la Asamblea Nacional para actuar en juicio supuesta y absurdamente solo correspondería a la Procuraduría General de la República, que además, es un órgano que forma parte del Poder Ejecutivo, dependiente de las instrucciones del Presidente del República. La Sala, en efecto, del texto del artículo 247 de la Constitución[1717] dedujo incorrectamente que "la representación judicial de los órganos de Poder Público la ejerce legal y constitucionalmente el Procurador General de la República y cualquier órgano que pretende ejercerla deberá contar con previa y expresa sustitución del Procurador o Procuradora General de la República, lo cual no ocurrió en el presente caso."

Tan absurdo como esto: que en un conflicto entre los Poderes Ejecutivo y Legislativo, el Poder Legislativo para defenderse tienen que hacerlo a través del abogado (Procurador General) que depende y está sujeto a las instrucciones del Poder Ejecutivo, todo lo cual fue denunciado por la Asamblea como contrario al orden constitucional y democrático.[1718]

1716 La Sala, citó en apoyo de su apreciación diversos autores, y entre otros a quien escribe, refiriéndose a mi estudio sobre "El Juez Constitucional vs. La Supremacía Constitucional," que consultó en: http://www.allanbrewer-carias.com/Content/449725d9-f1cb-474b-8ab2-41efb849fea8/Content/567.pdf), en el cual la Sala destacó mi apreciación sobre "el principio de supremacía constitucional y el rol de los jueces constitucionales, que se concreta, conforme al principio de la separación de poderes, en un derecho fundamental a la tutela judicial efectiva de la supremacía constitucional, es decir, a la justicia constitucional."

1717 Artículo 247:*"La Procuraduría General de la República asesora, defiende y representa judicial y extrajudicialmente los intereses patrimoniales de la República, y será consultada para la aprobación de los contratos de interés público nacional*""

1718 Mediante Comunicado la Asamblea Nacional rechazó la decisión No. 473 de la Sala Constitucional, como violatoria a la autonomía constitucional y al derecho a la defensa de la misma, considerando que la sentencia privaba a la Asamblea de la facultad de defender en juicio las leyes y demás actos parlamentarios por medio de apoderados escogidos por la misma, como siempre ha ocurrido en el país; quedando la representación conforme a la sentencia, en apoderados nombrados por el Procurador General que es un órgano del Poder Ejecutivo. En fin, la Asamblea denunció que la sentencia violaba el

En todo caso, aparte de dejar a la Asamblea sin posibilidad de representarse a sí misma mediante apoderados designados por quien ejerce su representación, que es el Presidente, la Sala ratificó las medidas cautelares limitativas de la Asamblea que había dictado considerando que los hechos que las motivaron no habían cambiado, conminando al Presidente de la Asamblea, "a cumplir a cabalidad con lo decidido en la sentencia Nº 269 del 21 de abril de 2016," advirtiéndole sobre las multas previstas en el artículo 122 de la Ley Orgánica del Tribunal Supremo para los casos de desacato a las decisiones del Tribunal, "sin perjuicio de las sanciones penales, civiles, administrativas o disciplinarias a que hubiere lugar;" y conminándolo a la Asamblea que remitiera a la Sala "la documentación donde se evidencie el cumplimiento de las medidas cautelares decretadas en el fallo Nº 269 del 21 de abril de 2016, en el proceso de formación de las leyes, en un todo acorde con la Constitución," y en particular ordenando al Presidente que en un lapso de 5 días informase "en forma específica, y consignase recaudos que lo apoyen" sobre dicho cumplimiento; en particular sobre la consulta de:

> "carácter obligatorio por la Asamblea Nacional -a través de su Directiva- al Ejecutivo Nacional por vía del Vicepresidente Ejecutivo- a los fines de determinar su viabilidad económica, aun los sancionados para la fecha de publicación del presente fallo, en aras de preservar los principios de eficiencia, solvencia, transparencia, responsabilidad y equilibrio del régimen fiscal de la República, tomando en consideración las limitaciones financieras del país, el nivel prudente del tamaño de la economía y la condición de excepcionalidad económica decretada por el Ejecutivo Nacional."

Con esta decisión, la Sala Constitucional dejó así abierta la posibilidad de reaccionar contra los diputados de la Asamblea por desacato, y por ello, enjuiciarlos.

VIII. EL RECHAZO POR PARTE DE LA ASAMBLEA NACIONAL DE LA INCONSTITUCIONAL REGULACIÓN DE SU PROCEDIMIENTO INTERIOR Y DE DEBATES POR LA SALA CONSTITUCIONAL, LA INCONSTITUCIONAL SUSPENSIÓN DE SESIONES Y ACTOS PARLAMENTARIOS POR PARTE DE LA SALA CONSTITUCIONAL Y EL INICIO DEL PROCEDIMIENTO PARA ENJUICIAR A LOS DIPUTADOS POR "DESACATO"

En efecto, los miembros de la Junta Directiva de la Asamblea Nacional, apenas se publicó la sentencia Nº 269 de 21 de abril de 2016 mediante la cual la Sala Constitucional "reformó" inconstitucionalmente el Reglamento Interior y de Debates de la Asamblea, como correspondía, rechazaron el contenido de la sentencia, expresando que la misma no se acataría,[1719] de manera que efectivamente, la Asamblea Na-

orden constitucional y democrático. Véase el Comunicado de 5 de julio de 2016 en http://www.asambleanacional.gob.ve/uploads/documentos/doc_1cce92be2c893e0f0f266ac32f05e89d7ad28579.pdf

1719 Así lo expresó el Presidente de la Asamblea como lo indicó la prensa el 28 de abril de 2016: "El presidente de la Asamblea Nacional, Henry Ramos Allup, aseguró este jueves 28 de abril que no acatarán la sentencia de la Sala Constitucional del Tribunal Supremo de Justicia (TSJ) sobre el Reglamento de Interior y de Debate del Parlamento luego de una petición hecha en 2011 por representantes de la oposición cuando el oficialismo era mayoría en el Parlamento. / Parte de lo establecido en la sentencia indica que las sesiones y el orden del día deberán ser dadas a conocer 48 horas antes como mínimo. La decisión ha sido cuestionada por el actual parlamento por considerarla a destiempo y de cional realizó sus sesiones sin acatar una inconstitucional regulación de su régimen interior y de debates, que sólo la Asamblea puede regular:

Ello motivó que un grupo de diputados oficialistas acudieran ante la Sala Constitucional el 9 de mayo de 2016 demandando "la nulidad por inconstitucionalidad conjuntamente con solicitud de amparo cautelar contra las sesiones de la Asamblea Nacional celebradas los días 26 y 28 de abril de 2016," a lo cual se sumó otra solicitud de 19 de mayo de 2016, de otro diputado, formulada como "alcance" a la demanda anterior, en relación con "las sesiones de los días: 03, 05, 10, 12 y 17 de Mayo de este año 2016," por haberse realizado sin seguirse la inconstitucional "reforma" del Reglamento Interior y de Debates aprobadas por la Sala Constitucional.

La solicitud de medida de amparo cautelar que se formuló junto con la demanda de nulidad, sin que siquiera los recurrentes hubieran indicado cuál derecho fundamental habría sido violado, cual podría haber sido su titular, ni quien supuestamente lo habría vulnerado, fue sin más decidida por la Sala Constitucional mediante sentencia Nº 797 de 19 de agosto de 2016,[1720] sin indicar en protección de cuál derecho constitucional se dictó ni contra cual supuesto agraviante, la cual se decidió lo que sigue:

> "*Suspende los efectos de las sesiones* celebradas los días 26 y 28 de abril, y 03, 05, 10, 12 y 17 de mayo de 2016, *junto a los actos producidos en ellas*; así como también, *ordena de manera cautelar* a la Asamblea Nacional, a través de su Presidente, en atención a lo dispuesto en el artículo 26, 49, y 257 constitucional, *que remita la documentación -en el lapso de cinco días continuos siguientes a su notificación- donde evidencie el cumplimiento de las medidas cautelares decretadas en el fallo Nº 269 del 21 de abril de 2016*, en lo relativo a la convocatoria de las sesiones celebradas los días 26 y 28 de abril, y 03, 05, 10, 12 y 17 de mayo de 2016 y el orden del día fijado para cada una de ellas, *con la advertencia de que dicho mandamiento debe ser acatado de conformidad con lo dispuesto en el artículo 31 de la Ley Orgánica del Tribunal Supremo de Justicia.*"

carácter política. / El Reglamento de interior y de debate fue modificado por la decisión inconstitucional de la Sala Constitucional por inconstitucional reavivando un recurso que tenía cinco años en la nevera constitucional y nunca modificaron ese reglamento para no afectar el ejercicio de la Asamblea Nacional que ustedes controlaban, pero en síntesis y en definitiva esta Asamblea Nacional va a aplicar estrictamente la Constitución, no vamos a acatar ninguna decisión de la Sala Constitucional que sea contraria a la Constitución o que viole la norma elemental' (...)." Véase en http://www.unbombazo.com/2016/04/28/cinicos-del-tsj-ramos-allup-no-acataremos-recurso-5-anos/. Véase igualmente la reseña: "Rechazan nueva sentencia del TSJ que suspende artículos del Reglamento de la Asamblea," en https://www.lapatilla.com/site/2016/04/23/rechazan-nueva-sentencia-del-tsj-que-suspende-articulos-del-reglamento-de-la-asamblea/

1720 Véase en http://historico.tsj.gob.ve/decisiones/scon/agosto/190390-797-19816-2016-16-0449.HTML Véase los comentarios en Allan R. Brewer-Carías, "La Sala Constitucional ha dado inicio al procedimiento para la inconstitucional revocación del mandato de los diputados a la Asamblea Nacional y para proceder a su encarcelamiento aplicándoles la doctrina de los casos de los alcaldes Ceballos y Scanaro de 2014," disponible en http://www.allanbrewercarias.com/Content/449725d9-f1cb-474b-8ab2-41efb849fea3/Content/Brewer.%20INICIO%20DEL%20PROCEDIMIENTO%20PARA%20LA%20INCONSTITUCIONAL%20REVOCACI%C3%93N%20DE%20DIPUTADOS%20Y%20SU%20ENCARCELAMIENTO%20POR%20LA%20SALA%20CONSTTIUCIONAL.pdf.

Recuérdese que el artículo 31 de dicha Ley Orgánica de Amparo establece el delito de desacato de las sentencias de amparo al disponer que "quien incumpliere el mandamiento de amparo constitucional dictado por el Juez, será castigado con prisión de seis (6) a quince (15) meses."

Ahora bien, para adoptar esta decisión de tanta trascendencia como fue el inicio del procedimiento para proceder a sancionar a la mayoría de los diputados de la Asamblea Nacional por desacato, y consecuencialmente aplicando la doctrina que ya sentó en 2014 contra los Alcaldes de los Municipio os San Diego y san Cristóbal de los Estados Carabobo y Táchira, respectivamente, quizás proceder a revocar inconstitucionalmente el mandato de los diputados y decretar su encarcelamiento, la Sala explicó que los impugnantes habían alegado que en dichas sesiones de la Asamblea se habrían "aprobado inconstitucionalmente" diversos requerimientos de comparecencia de Ministros, votos de censura a Ministros, discusiones de proyectos de Ley y otros Acuerdos parlamentarios, habiendo sido convocadas las sesiones "24 horas antes y no 48 horas antes, tal como lo señaló esta Sala Constitucional en sentencia N° 269 del 21 de abril de 2016, al interpretar el artículo 57 del Reglamento de Interior y de Debates de la Asamblea Nacional;" y además, "con cambios efectuados en la agenda" después de la convocatoria, todo ello en supuesto "franco desacato" a dicha sentencia N° 269, a cuyo efecto citaron lo expresado en su momento por el Presidente de la Asamblea.[1721]

Los impugnantes, en particular, denunciaron ante la Sala desacato a la sentencia N° 269

> "en la convocatoria realizada al Ministro [Ministro del Poder Popular para la Alimentación] cuya moción de censura se aprobó de manera irregular y debía ser declarado nulo por cuanto incumplió la referida sentencia N° 269, ya que el Ministro es un General activo de la Fuerza Armada Nacional Bolivariana, cuya convocatoria debió ser por conducto del Comandante en Jefe de la Fuerza Armada Nacional Bolivariana, Presidente de la República Bolivariana de Venezuela."

Todo lo anterior se explicó por los demandantes, para solicitar a la Sala Constitucional que "evaluara iniciar el procedimiento que por desacato se estableció en las sentencias de los ex alcaldes Enzo Escarano y Daniel Ceballos," que resultaron despojados de su mandato popular por la Sala, habiendo sido detenidos y condenados a prisión, argumentando que:

> "la Junta Directiva de la Asamblea Nacional y su mayoría relativa estarían atentando contra lo preceptuado en el artículo 31 de la Ley Orgánica de Amparo sobre Derechos y Garantías Constitucionales que señala: *"Quien incumpliere el mandamiento de amparo constitucional dictado por el Juez, será castigado con prisión de seis (6) a quince (15) meses."*

Para decidir la solicitud de amparo cautelar, la Sala Constitucional comenzó por "recordar" que en la sentencia N° 269 de 21 de abril de 2016, ella misma, de oficio, primero, había extendido "el lapso de convocatoria establecido en el Reglamento

---

1721 Véase en http://www.panorama.com.ve/politicayeconomia/Ramos-Allup-sobre-sentencia-del-TSJ-No-acataremos-un-recurso-de-hace-5-anos-que-sacaron-de-la-nevera--20160428-0038.html

Interior y de Debates de la Asamblea Nacional, de 24 horas a 48 horas," y segundo, que al ser "incluido en el sistema automatizado el orden del día a ser debatido en la sesión de la Asamblea, éste debe mantenerse y no admitirá modificaciones de última hora."

Con base en ello, para dictar la sentencia y evaluar el supuesto desacato denunciado, la Sala estimó como "prueba" suficiente para dictarla, la supuesta existencia de un "hecho notorio comunicacional" que tanto ha usado para dictar sentencia sin pruebas, afirmando sin embargo en este caso, falsamente, que supuestamente era:

> "público, notorio y comunicacional, según se evidencia de la página web de la Asamblea Nacional, que la Junta Directiva de la Asamblea Nacional ha tildado las medidas cautelares decretadas por esta Sala en la sentencia N° 269 del 21 de abril de 2016, como "absolutamente nulas", en comunicado del 5 de julio de 2016, que aparece en el siguiente enlace web (http://www.asambleanacional.gob.ve/uploads/documentos/doc_1cce92be2c893e0f0f266ac32f05e89d7ad28579.pdf)," donde se lee, lo siguiente:
>
> "La sentencia señalada de la Sala Constitucional infringe gravemente el orden constitucional y democrático y cercena el derecho a la defensa en juicio de la Asamblea Nacional, y lo hace en una decisión en la cual también amenaza con sancionar al Presidente de la Asamblea Nacional ante el supuesto incumplimiento de unas medidas cautelares absolutamente nulas, entre otras razones por haber sido ratificadas sin permitir a la Asamblea Nacional el ejercicio del derecho a la defensa frente a ellas por medio de una representación judicial propia (…)."

Lo anterior era completamente falso porque en el mencionado y citado "Comunicado" de la Junta Directiva simplemente no hizo referencia y ni siquiera citó la sentencia N° 269 de 21 de abril de 2016, pues el mismo se emitió solo en relación con otra sentencia, la N° 473 de 14 de junio de 2016.

Sin embargo, la Sala Constitucional basándose en esa "prueba" falsa y en otras declaraciones de prensa que citó, con base en las denuncias formuladas sobre supuesto "quebrantamiento del orden constitucional que debe privar en las instituciones democráticas" de la República, pasó a ejercer su potestad cautelar

> "atendiendo a la presunta violación de lo dispuesto en la sentencia de esta Sala Constitucional N° 269, antes mencionada, por parte de la Junta Directiva y de la Secretaría de la Asamblea Nacional, así como también por parte de los diputados que conforman la mayoría parlamentaria, quienes respaldaron a través de sus votos las decisiones tomadas en las sesiones celebradas los días 26 y 28 de abril, y 03, 05, 10, 12 y 17 de mayo de 2016, acuerda amparo cautelar solicitado por los actores, y, en consecuencia, se suspenden los efectos de las sesiones celebradas los días 26 y 28 de abril, y 03, 05, 10, 12 y 17 de mayo de 2016, junto a los actos producidos en ellas; así como también, ordena de manera cautelar a la Asamblea Nacional, a través de su Presidente, en atención a lo dispuesto en el artículo 26, 49, y 257 constitucional, que remita la documentación donde evidencie el cumplimiento de las medidas cautelares decretadas en el fallo n° 269 del 21 de abril de 2016, en lo relativo a la convocatoria de la sesiones antes señaladas y el orden del día fijado para cada una de ellas, con la advertencia de que dicho mandamiento debe ser acatado de conformidad con lo dispues-

to en el artículo 31 de la Ley Orgánica del Tribunal Supremo de Justicia. Así se decide."

En esta forma quedó formalmente abierta la puerta por la propia Sala Constitucional, para efectivamente comenzar a "aplicar" la doctrina sentada en los casos de los Alcaldes Enzo Scarano y Daniel Ceballos de los Municipios San Diego del Estado Carabobo y San Cristóbal del Estado Táchira, quienes por "desacato" a una medida cautelar de amparo de la Sala, ella misma, mediante sentencias N° 245 el día 9 de abril de 2014,[1722] y N° 263 el 11 de abril de 2014,[1723] los despojó de sus cargos electivos, revocándoseles inconstitucionalmente su mandato popular que solo el pueblo puede hacer mediante un referendo revocatorio, habiendo la propia Sala dispuesto el encarcelamiento de los mismos usurpando la competencias de la Jurisdicción Penal.[1724]

SECCIÓN OCTAVA

NUEVO GOLPE CONTRA LA REPRESENTACIÓN POPULAR: LA USURPACIÓN DEFINITIVA DE LA FUNCIÓN DE LEGISLAR POR EL EJECUTIVO NACIONAL Y LA SUSPENSIÓN DE LOS REMANENTES PODERES DE CONTROL DE LA ASAMBLEA CON MOTIVO DE LA DECLARATORIA DEL ESTADO DE EXCEPCIÓN Y EMERGENCIA ECONÓMICA

Mediante Decreto N° 2.323 de 13 de mayo de 2016,[1725] el Presidente de la República, al decretar de nuevo un estado de excepción y de emergencia económica, le terminó de dar un golpe definitivo a la Constitución, al usurpar totalmente la potestad de legislar, despojando a la Asamblea Nacional de su función esencial –que ya le había impedido ejercer la Sala Constitucional– , al suspenderle a la misma los poderes de control que aún no le había cercenado la Sala Constitucional en materia de autorizaciones legislativas de créditos adicionales al presupuesto y para la celebración de contratos de interés nacional.[1726]

1722 Véase en http://www.tsj.gov.ve/decisiones/scon/abril/162860-245-9414-2014-14-0205.HTML Véase también en *Gaceta Oficial* N° 40.391 de 10 de abril de 2014.

1723 Véase en http://www.tsj.gov.ve/decisiones/scon/abril/162992-263-10414-2014-14-0194.HTML .

1724 Véase los comentarios a esas sentencias en Allan R. Brewer-Carías, *El golpe a la democracia dado por la Sala Constitucional. De cómo la Sala Constitucional del Tribunal Supremo de Justicia de Venezuela impuso un gobierno sin legitimidad democrática, revocó mandatos populares de diputada y alcaldes, impidió el derecho a ser electo, restringió el derecho a manifestar, y eliminó el derecho a la participación política, todo en contra de la Constitución,* Editorial Jurídica Venezolana, Caracas 2014, pp. 115-170

1725 Véase en *Gaceta Oficial* N° 6.227 Extraordinario del 13 de mayo de 2016, la cual sin embargo sólo circuló tres días después, el lunes 16 de mayo de 2018. Véanse los cometarios sobre este decreto en Allan R. Brewer-Carías, "Nuevo golpe contra la representación popular: la usurpación definitiva de la función de legislar por el Ejecutivo Nacional y la suspensión de los remanentes poderes de control de la Asamblea con motivo de la declaratoria del estado de excepción y emergencia económica," 19 de mayo de 2016, en http://www.allanbrewercarias.com/Content/449725d9-f1cb-474b-8ab2-41efb849-fea3/Content/Brewer.%20Golpe%20final%20a%20la%20democracia.%20%20Edo%20excepci%C3%B3n%20%2019%20mayo%202016.pdf.

1726 Por ello, con razón, *Foro por la Vida* advierte que constituye "una ruptura del orden constitucional." Véase "Foro por la Vida: Decreto de Estado de excepción rompe el orden constitucional," 18 de mayo

A partir de este Decreto, ya nada le quedó por hacer a la Asamblea Nacional en Venezuela, salvo rebelarse constitucionalmente contra la usurpación de la voluntad popular que han ejecutado tanto el Poder Ejecutivo como el Poder Judicial a través de la Sala Constitucional del Tribunal Supremo.

Para dictar este inconstitucional Decreto, el Presidente de la República invocó su carácter de Jefe del Estado y Jefe del Ejecutivo (art. 226 de la Constitución), ejerciendo la atribución establecida en el artículo 236.7 de la Constitución, e invocó igualmente lo previsto en los artículos 337, 338 y 339 de la misma; normas que en forma alguna lo autorizan a autorizarse a sí mismo la función de legislar ni a coartar el funcionamiento de la Asamblea Nacional.

Al haberlo hecho en la forma absolutamente imprecisa como se dictó el Decreto, sin haber restringido ninguna garantía constitucional específica, podría resultar el absurdo de que el Presidente lo que pretendió fue *restringir todas las garantías constitucionales*, con grave riesgo a los derechos humanos en el país, lo no sólo sería inconstitucional, sino por supuesto, totalmente inadmisible en un Estado de derecho.[1727]

I. BASES DEL RÉGIMEN CONSTITUCIONAL DE LOS ESTADOS DE EXCEPCIÓN

Las normas que citó el Presidente como base constitucional del decreto, en efecto, regulan la atribución del mismo, en Consejo de Ministros, para decretar estados de excepción, considerándose como tales:

> "las circunstancias de orden social, económico, político, natural o ecológico, que afecten gravemente la seguridad de la Nación, de las instituciones y de los ciudadanos y ciudadanas, a cuyo respecto resultan insuficientes las facultades de las cuales se disponen para hacer frente a tales hechos" (art. 337).

Tal declaratoria puede consistir en un "decreto del estado de emergencia económica cuando se susciten circunstancias económicas extraordinarias que afecten gravemente la vida económica de la Nación," (art, 338), lo cual por supuesto, en ningún caso "interrumpe el funcionamiento de los órganos del Poder Público," es decir, de los Poderes Legislativo, Judicial, Ciudadano y Electoral (art. 339).

---

de 2016, en http://runrun.es/nacional/262345/foro-por-la-vida-decreto-de-estado-de-excepcion-rompe-el-orden-constitucional.html.

1727 Por eso, con razón, el Comité de Familiares de las Víctimas de los Sucesos de Febrero-Marzo de 1989 (COFAVIC), expresó que: "El decreto de estado de excepción no establece de manera específica las garantías restringidas, lo cual deriva en una suspensión general e inconstitucional de todos los derechos humanos y las garantías previstas en nuestra Constitución, abriendo la posibilidad de una suspensión del Estado de Derecho no previsto en la Carta Magna y que coloca en graves riesgos a los derechos humanos y las libertades públicas, lo cual es absolutamente contrario al artículo 337 del texto constitucional." Véase: COFAVIC. "Comunicado Público: Los Estados de Excepción no pueden ser usados para coartar libertades públicas, perseguir o discriminar," Caracas 17 de mayo de 2016, en http://www.cofavic.org/co-municado-publico-los-estados-de-excepcion-no-pueden-ser-usados-para-coartar-libertades-publicas-perseguir-o-discriminar/6 .En sentido coincidente, Foro por la Vida sostiene que: El decreto por su ambigüedad y amplitud permite interpretaciones discrecionales y arbitrarias, lo que relativiza las obligaciones del Estado y posibilita la criminalización del ejercicio inderogable de estos derechos por parte de todas las personas." Véase "Foro por la Vida: Decreto de Estado de excepción rompe el orden constitucional," 18 de mayo de 2016, en http://runrun.es/nacional/262345/foro-por-la-vida-decreto-de-estado-de-excepcion-rompe-el-orden-constitucional.html.

La declaratoria de estado de estado de excepción y de emergencia económica puede implicar la restricción temporal de "las garantías consagradas en esta Constitución, salvo las referidas a los derechos a la vida, prohibición de incomunicación o tortura, el derecho al debido proceso, el derecho a la información y los demás derechos humanos intangibles," (art. 337); lo que en todo caso debe ser una decisión expresa y precisa, y en cuyo caso, *en el mismo* "decreto que declare el estado de excepción" dice la Constitución, "se regulará el ejercicio del derecho cuya garantía se restringe" (art. 339). El decreto, además, debe cumplir obligatoriamente por imposición de la Constitución "con las exigencias, principios y garantías establecidos en el Pacto Internacional de Derechos Civiles y Políticos y en la Convención Americana sobre Derechos Humanos" conforme al artículo 339 de la Constitución, el cual constitucionalizó dichos instrumentos internacionales, que por ello en particular la Convención Americana sigue vigente a pesar de la denuncia de la misma en 2012.

II. LA INCONSTITUCIONALIDAD DEL DECRETO DE EXCEPCIÓN Y DE EMERGENCIA ECONÓMICA POR PRETENDER EL EJECUTIVO NACIONAL DELEGARSE A SÍ MISMO LA POTESTAD DE LEGISLAR, USURPANDO LAS FUNCIONES DE LA ASAMBLEA NACIONAL

El anterior es fundamentalmente el régimen constitucional que rige la declaratoria de los estados de excepción, el cual fue abiertamente violado por el Presidente de la República, al dictar el Decreto Nº 2323 de 13 de mayo de 2016.

En efecto, con base en esas normas constitucionales, lo que el Presidente podía hacer al decretar el estado de excepción y emergencia económica, era proceder a dictar en el mismo decreto aquellas medidas para lo cual "resultan insuficientes las facultades de las cuales se disponen para hacer frente a tales hechos," o conforme al artículo 6 de la misma Ley Orgánica sobre los Estados de Excepción, [1728] "en caso de *estricta necesidad para solventar la situación de anormalidad*, ampliando las facultades del Ejecutivo Nacional;" pero no está ni estaba autorizado en forma alguna como Jefe del Ejecutivo Nacional para "anunciar" que el propio Ejecutivo Nacional - como si quien dictaba el decreto fuera otro órgano del Estado distinto al Ejecutivo que lo iba a ejecutar- adoptaría "medidas" en el futuro, en particular:

> "las medidas oportunas excepcionales y extraordinarias, para asegurar a la población el disfrute pleno de sus derechos, preservar el orden interno, el acceso oportuno a bienes y servicios fundamentales, e igualmente disminuir los efectos de las circunstancias de orden natural que han afectado la generación eléctrica, el acceso a los alimentos y otros productos esenciales para la vida" (art. 1).

1728 Véase en *Gaceta Oficial* Nº 37.261 de 15-08-2001. Sobre dicha ley véanse los comentarios en Allan R. Brewer-Carías, "El régimen constitucional de los estados de excepción" en Víctor Bazán (Coordinador), *Derecho Público Contemporáneo*. Libro en Reconocimiento al Dr. German Bidart Campos, Ediar, Buenos Aires, 2003, pp. 1137-1149. Véase en general sobre los estados de excepción en la Constitución de 1961: Jesús M. Casal H., "Los estados de excepción en la Constitución de 1999", en *Revista de Derecho Constitucional,* Nº 1 (septiembre-diciembre), Editorial Sherwood, Caracas, 1999, pp. 45-54; Salvador Leal W., "Los estados de excepción en la Constitución", en *Revista del Tribunal Supremo de Justicia*, Nº 8, Caracas, 2003, pp. 335-359; María de los Ángeles Delfino, "El desarrollo de los Estados de Excepción en las Constituciones de América Latina", en *Constitución y Constitucionalismo Hoy*. Editorial Ex Libris, Caracas, 2000, pp. 507-532.

El sentido de esta previsión, por lo demás, se repitió en el artículo 3 del Decreto, con el siguiente texto:

> "*Artículo 3*. El Presidente de la República podrá dictar otras medidas de orden social, ambiental, económico, político y jurídico que estime convenientes a las circunstancias, de conformidad con los artículos 337, 338 y 339 de la Constitución de la República Bolivariana de Venezuela, con la finalidad de resolver la situación extraordinaria y excepcional que constituye el objeto de este Decreto e impedir la extensión de sus efectos." [1729]

Estas fórmulas, de entrada, fueron una burla a las potestades de control que tiene la Asamblea Nacional y la Sala Constitucional de los decretos de estado de excepción, órganos a los cuales debía remitirse dentro del lapso de ocho días para que la primera lo considerase y se pronunciase sobre su aprobación o no, y a la segunda para que se pronunciase sobre su constitucionalidad. Esos controles se burlaron, al ser el decreto una simple cascara, con solo enunciados, sin contenido, de manera que así fuera aprobado y evaluada su constitucionalidad, el control constitucional no se realizaría luego cuando se comenzasen a dictar "las medidas" *de verdad* que se anunciaban, las cuales serían las que supuestamente tendrían el contenido de la emergencia, escapando fraudulentamente a todo control, particularmente al control de la representación popular. Ello era inconstitucional, pues eliminó dicho control político del Parlamento y el control jurídico de la Sala Constitucional sobre las medidas de emergencia, que eran precisamente las que deben someterse a control.

Lo anterior evidencia que el decreto de estado de excepción que se reguló en la Constitución, no es un acto para que el Ejecutivo se pueda autorizar a sí mismo para dictar medidas diversas. El decreto de emergencia debe ser el que contenga las medidas a dictar; no puede ser un simple anuncio de medidas imprecisas y futuras. Su texto tiene que contener las medidas que se consideren necesarias; es decir, el decreto de estado de excepción "es" el acto que debe contener las medidas que se estime son necesarias para afrontar las circunstancias excepcionales, que no pueden atenderse con la facultades de las cuales se disponen para hacer frente a tales hechos, que se consideren insuficientes - lo que además, hay que argumentar - , y por ello es que conforme a las mismas normas constitucionales citadas, el decreto de estado de excepción debe someterse al control político por parte de la Asamblea Nacional (aprobación), y al control jurídico por parte del Tribunal Supremo de Justicia

No es admisible, por tanto, un decreto de estado de excepción como el dictado por el Presidente de la República que no contiene ninguna medida específica, y que pretendió sólo anunciar que habría medidas en el futuro, y que las mismas, por tanto, por ello escaparían a todo el control político y jurídico que exige la Constitución.

1729 Sobre esto, sin embargo, COFAVIC con razón advierte que en dicho "artículo 3 del decreto, el Ejecutivo se concede amplísimas facultades que exceden su ámbito de competencia, lo cual configura intromisiones en las atribuciones independientes del Poder Judicial y del Poder Legislativo. Nuestra Constitución establece de manera expresa en su artículo 339, que la declaración del estado excepción no interrumpe el funcionamiento de los órganos del Poder Público lo que significa que el Ejecutivo no podrá sustituir funciones de otros Poderes Públicos." Véase: COFAVIC. "Comunicado Público: Los Estados de Excepción no pueden ser usados para coartar libertades públicas, perseguir o discriminar," Caracas 17 de mayo de 2016, en http://www.cofa-vic.org/comunicado-publico-los-estados-de-excepcion-no-pueden-ser-usados-para-coartar-libertades-publicas-perseguir-o-discriminar/6.

Y mucho menos el decreto de estado de excepción, puede ser concebido, como sucedió en este caso del Decreto 2.323, como una especie de "ley habilitante" que el Ejecutivo Nacional se dio a sí mismo; es decir, no puede ser un instrumento para que el Ejecutivo Nacional, que no ejerce el Poder legislativo, usurpando las funciones exclusivas de la Asamblea Nacional, pretenda "delegar" en el propio Poder Ejecutivo un conjunto de materias para regularlas mediante decretos leyes.

Y eso, y no otra cosa, es lo que se observa del contenido del Decreto de estado de excepción y emergencia económica No 2.323, que no fue otra cosa que una inconstitucional "autorización" que el Ejecutivo Nacional se dio a sí mismo para adoptar medidas "oportunas excepcionales y extraordinarias" pero sin especificar cuáles eran, ni por qué eran necesarias ni en qué forma resultaban insuficientes las facultades de las cuales se disponían al momento de ser dictado para hacer frente a tales hechos.

III. LA INCONSTITUCIONALIDAD DEL DECRETO DE ESTADO DE EXCEPCIÓN Y EMERGENCIA ECONÓMICA AL ANUNCIAR MEDIDAS IMPRECISAS, SIN INDICAR LA INSUFICIENCIA DE LAS FACULTADES REGULADAS PARA HACER FRENTE A LOS HECHOS, Y SIN QUE SE HUBIERAN RESTRINGIDO GARANTÍAS CONSTITUCIONALES

El régimen de un estado de excepción y emergencia económica, es un asunto serio constitucionalmente hablando, pudiendo justificarse su decreto, solo, única y exclusivamente porque para atender "las circunstancias de orden social, económico, político, natural o ecológico, que afecten gravemente la seguridad de la Nación, de las instituciones y de los ciudadanos y ciudadanas [...] *resultan insuficientes las facultades de las cuales se disponen para hacer frente a tales hechos"* (art. 337).

Este es el elemento clave y fundamental para justificar un estado de excepción, lo cual no solo debe fundamentarse en el decreto que lo dicte, sino que debe explicarse y motivarse en el mismo para demostrar su necesidad.

Además, si esas medidas que se pretende adoptar porque las facultades legales de los entes públicos no resultan suficientes para hacer frente a los hechos, para poder dictarlas, si exceden de lo que está previsto y regulado en las leyes, resulta ineludible e indispensable entonces, para poder dictarlas, hacer uso de la potestad de restringir las garantías constitucionales de los derechos, como lo indica el artículo 337 de la Constitución, particularmente la garantía de la reserva legal para regular las limitaciones y restricciones de los derechos. Sin embargo, en el Decreto Nº 2.323, no se restringió garantía constitucional alguna, por lo que las "medidas" que anunció solo podrían realizarse en el marco de la legislación vigente.

Es decir, mediante la peculiar excepción y emergencia prevista en el Decreto Nº 2.323, el Presidente de la República sin restringir garantía constitucional alguna, se asignó a sí mismo la potestad de dictar "las medidas que considere convenientes," aun cuando sin especificarse ninguna, particularmente relacionadas con los siguientes aspectos y sectores que se enumeran en el texto, pretendiendo con ello solamente dictar actos administrativos en ejecución de las leyes vigentes, no pudiendo dictar como sin duda fue la intención, previsiones que modifiquen las que están previstas en leyes.

Descartada la posibilidad constitucional de que el Presidente pueda entonces en este caso dictar actos con valor y rango de "ley," por la ausencia de decisión sobre la restricción de garantías constitucionales, en realidad con el decreto lo único que podría hacer eras ejecutar las competencias previstas y *regulados en la multitud de leyes dictadas durante la última década en las diversas materias*, que ya facultaban al Ejecutivo Nacional para poder adoptar las medidas necesarias, y que lo que tenía que hacer el Presidente era ejecutarlas, lo que confirmaba la innecesaridad del decreto. Esas medidas fueron:

1. Para que el sector público asegure el apoyo del sector productivo privado "en la producción, comercialización y sana distribución de insumos y bienes que permitan satisfacer las necesidades de la población" (art. 2.1).
2. Para que el sector público asegure el apoyo del sector productivo privado en el "combate de conductas económicas distorsivas como el "bachaqueo," el acaparamiento, la usura, el boicot, la alteración fraudulenta de precios, el contrabando de extracción y otros ilícitos económicos" (art. 2.1).
3. "El diseño e implementación de mecanismos excepcionales para el suministro de insumos, maquinaria, semillas, créditos y todo lo relacionado para el desarrollo agrícola y ganadero nacional" (art. 2.2).
4. "La garantía [...] de la correcta distribución y comercialización de alimentos y productos de primera necesidad", "incluso mediante la intervención de la Fuerza Armada Nacional Bolivariana y los órganos de seguridad ciudadana, con la participación de los Comités Locales de Abastecimiento y Distribución (CLAP)" (2.3).
5. "El establecimiento de rubros prioritarios para las compras del Estado, o categorías de éstos, y la asignación directa de divisas para su adquisición, en aras de satisfacer las necesidades más urgentes de la población y la reactivación del aparato productivo nacional" (2.6).
6. "El establecimiento de políticas de evaluación, seguimiento y control de la producción, distribución y comercialización de productos de primera necesidad" (Art. 2.8)."Atribuir funciones de vigilancia y organización a los Comités Locales de Abastecimiento y Distribución (CLAP), a los Consejos Comunales y demás organizaciones de base del Poder Popular, conjuntamente con la Fuerza Armada Nacional Bolivariana, Policía Nacional Bolivariana, Cuerpos de Policía Estadal y Municipal, para mantener el orden público y garantizar la seguridad y soberanía en el país" (art. 2.9).[1730]

1730 Sobre esto, sin embargo, COFAVIC con razón advirtió que "Contraviniendo de manera contundente el artículo 332 de nuestra Constitución, el decreto, en su artículo 2, numeral 9, otorga amplísimas facultades a la Fuerza Armada Nacional (FFAA) y grupos civiles para el control del orden público, la garantía de seguridad y la soberanía en el país."Véase: COFAVIC. "Comunicado Público: Los Estados de Excepción no pueden ser usados para coartar libertades públicas, perseguir o discriminar," Caracas 17 de mayo de 2016, en http://www.cofavic.org/comunicado-publico-los-estados-de-excepcion-no-pueden-ser-usados-para-coartar-libertades-publicas-perseguir-o-discriminar/6. De acuerdo con Foro por la Vida, se trata en este caso, de la "Promoción de mecanismos ilegales para el control del orden público, mediante la atribución de funciones de vigilancia y control para garantizar "la seguridad y soberanía del país" a grupos de filiación político-partidista (Comités Locales de Abastecimiento y

7. "La autorización a los Ministros o Ministras competentes para dictar medidas que garanticen la venta de productos regulados según cronogramas de oportunidad que respondan a las particulares características de la zona o región, prevaleciendo el interés en el acceso a los bienes con el debido control y supervisión, y con el fin de lograr que los artículos de primera necesidad lleguen a toda la población, mediante una justa distribución de productos que desestimule el acaparamiento y reventa de éstos" (art. 2.10).
8. "La planificación, coordinación y ejecución de la procura nacional o internacional urgente de bienes o suministros esenciales para garantizar la salud, la alimentación y el sostenimiento de servicios básicos en todo el territorio nacional, en el marco de acuerdos comerciales o de cooperación que favorezcan a la República, mediante la aplicación excepcional de mecanismos de contratación expeditos que garanticen además la racionalidad y transparencia de tales contrataciones" (art. 2.11).
9. "La implementación de las medidas necesarias para contrarrestar los efectos de los fenómenos climáticos, tales como el ajuste de la jornada laboral, tanto en el sector público como en el privado, y la realización de estudios y contratación de asesoría internacional para la recuperación de los ecosistemas involucrados en la generación hidroeléctrica del país, la vigilancia especial de las cuencas hidrográficas por parte de la fuerza pública" (art. 2.12).
10. "Requerir de organismos nacionales e internacionales, así como del sector privado nacional, apoyo y asesoría técnica para la recuperación del parque de generación del Sistema Eléctrico Nacional" (art. 2.13).
11. "Adoptar las medidas necesarias y urgentes para el restablecimiento y mantenimiento de las fuentes de energía eléctrica del Estado" (art. 2.14).
12. "Dictar medidas de protección de zonas boscosas para evitar la deforestación, la tala y la quema que contribuyen a la disminución de las precipitaciones, alteran los ciclos hidrológicos e impactan de forma negativa amenazando los ciclos agroproductivos y cosechas, mermando los niveles de producción y afectando el acceso del pueblo venezolano a bienes y servicios, cuya vigilancia estará a cargo de la Fuerza Armada Nacional Bolivariana" (art. 2.15).
13. "Dictar medidas y ejecutar planes especiales de seguridad pública que garanticen el sostenimiento del orden público ante acciones desestabilizadoras que pretendan irrumpir en la vida interna del país o en las relaciones internacionales de éste y que permitan avances contundentes en la

---

Distribución-CLAP). De acuerdo al decreto, estos grupos con el apoyo de las Fuerzas Armadas, servirían para enfrentar presuntas "acciones desestabilizadoras"./ Las labores de control de orden público corresponden estrictamente a los organismos de seguridad que deben ser de carácter civil. La intervención de militares, milicias y grupos civiles en el ejercicio de estas funciones, actuando bajo doctrina o adhesión político-partidista contra posibles "enemigos internos", genera condiciones para la violación sistemática y discriminatoria de derechos humanos." Véase "Foro por la Vida: Decreto de Estado de excepción rompe el orden constitucional," 18 de mayo de 2016, en http://runrun.es/nacional/262345/foro-por-la-vida-decreto-de-estado-de-excepcion-rompe-el-orden-constitucional.html.

restitución de la paz de la ciudadanía, la seguridad personal y el control de la fuerza pública sobre la conducta delictiva" (art. 2.16).[1731]

14. "La adopción de medidas especiales en el orden de la política exterior de la República que garanticen el absoluto ejercicio de la soberanía nacional e impidan la injerencia extranjera en los asuntos internos del Estado venezolano" (art. 2.17).
15. "El Ministerio del Poder Popular con competencia en materia de banca y finanzas podrá efectuar las coordinaciones necesarias con el Banco Central de Venezuela a los fines de establecer límites máximos de ingreso o egreso de moneda venezolana de curso legal en efectivo, así como restricciones a determinadas operaciones y transacciones comerciales o financieras, restringir dichas operaciones al uso de medios electrónicos debidamente autorizados en el país" (art. 4).
16. "Se podrá suspender de manera temporal el porte de armas en el territorio nacional, como parte de las medidas para garantizar la seguridad ciudadana y el resguardo de la integridad física de los ciudadanos y ciudadanas, preservando la paz y el orden público. Tal medida no será aplicable al porte de armas orgánicas dentro del ejercicio de sus funciones a los cuerpos de seguridad del Estado y la Fuerza Armada Nacional Bolivariana" (art. 5).
17. "A fin de fortalecer el mantenimiento y preservación de la paz social y el orden público, las autoridades competentes deberán coordinar y ejecutar las medidas que se adopten para garantizar la soberanía y defensa nacional, con estricta sujeción a la garantía de los derechos humanos" (art. 8).

Todas estas "medidas," que eran más bien definición de políticas públicas, si acaso pretendía el Presidente de la República con el decreto de excepción querer adoptarlas modificando la legislación vigente, ellas serían absolutamente inconstitucionales por violación del principio de la reserva legal prevista en la Constitución para regular el ejercicio de los derechos constitucionales (arts. 19 y siguientes), pues tal garantía no se restringió con el decreto.

Por ello, como no se restringió dicha garantía, las medidas anunciadas, como se dijo, estando reguladas en la multitud de leyes que se habían sancionado y reformado sucesivamente en los últimos lustros para regular todos los sectores de la economía, con previsiones incluso excesivas e inconstitucionales restrictivas de la libertad económica y de la propiedad privada, podían implementarse en ejecución de las mismas, las cuales por lo demás, habían permitido en el pasado a los órganos del Ejecutivo Nacional intervenir en todas las fases del proceso productivo nacional.

1731 Sobre esto, sin embargo, COFAVIC con razón advierte que "El Decreto, en el artículo 2, numeral 16, por su ambigüedad e indeterminación, deja abierta la posibilidad de que el derecho a manifestar y la libertad de expresión sean considerados como acciones desestabilizadoras que pretendan irrumpir en la vida interna del país. Asimismo, no hace mención al uso proporcional de la fuerza pública en el restablecimiento del orden interno, refiere planes especiales en el delicado ámbito de la seguridad ciudadana, sin especificar el objetivo y alcance de los mismos." Véase: COFAVIC. "Comunicado Público: Los Estados de Excepción no pueden ser usados para coartar libertades públicas, perseguir o discriminar," Caracas 17 de mayo de 2016, en http://www.cofavic.org/comunicado-publico-los-estados-de-excepcion-no-pueden-ser-usados-para-coartar-libertades-publicas-perseguir-o-discriminar/6.

Lo único que tenía que hacer el Presidente de la República, era ejecutar las políticas públicas que considerase necesarias, y proceder a cumplir y ejecutar la legislación vigente para implementarlas. No era necesario, sino más bien redundante, un decreto de excepción y de emergencia económica, sin contenido, como el Decreto 2.323, dictado al margen de la Constitución y en fraude a la misma al pretender permitir que escapasen del control político y judicial los "actos" que eventualmente se dicten en su ejecución.

Por lo demás, en la misma línea de previsiones redundantes del decreto estaba la contenida en su artículo 7, indica que:

> "*Artículo 7.* Corresponde al Poder Judicial y al Ministerio Público realizar las actividades propias de su competencia a fin de garantizar la aplicación estricta de la Constitución y la ley para reforzar la lucha contra el delito e incrementar la celeridad procesal, así como las atribuciones que le correspondan en la ejecución del presente decreto."

El Poder Judicial y el Ministerio Público deben sin duda, cumplir sus funciones de acuerdo con la legislación que los rige, para lo cual el Presidente de la República nada tiene que decir ni agregar.

Por ello, el verdadero motivo del decreto de excepción, en realidad, fue otro distinto incluso a la implementación de dichas políticas públicas que podían realizarse ejecutando la legislación, y fue provocar, en contra de lo prescrito en la Constitución (art. 339), la interrupción indebida del funcionamiento de la Asamblea Nacional, eliminando sus competencias constitucionales.

IV. LA INCONSTITUCIONAL ELIMINACIÓN DE LA INTERVENCIÓN DE LA ASAMBLEA NACIONAL EN EL MANEJO DE LAS FINANZAS PÚBLICAS

En efecto, conforme a la Constitución, "la administración económica y financiera del Estado se regirá por un presupuesto aprobado anualmente por ley" (art. 313), de manera que "no se hará ningún tipo de gasto que no haya sido previsto en la Ley de Presupuesto" (art. 314).

La Constitución agrega, sin embargo que:

> "Sólo podrán decretarse créditos adicionales al presupuesto para gastos necesarios no previstos o cuyas partidas resulten insuficientes, siempre que el Tesoro Nacional cuente con recursos para atender la respectiva erogación; a este efecto, se requerirá previamente el voto favorable del Consejo de Ministros y *la autorización de la Asamblea Nacional* o, en su defecto, de la Comisión Delegada" (art. 314).

A tal efecto, el artículo 236.13 de la Constitución dispone que el Presidente de la República solo puede "decretar créditos adicionales al Presupuesto, *previa autorización de la Asamblea Nacional* o de la Comisión Delegada," correspondiendo a la Asamblea Nacional no sólo "discutir y aprobar el presupuesto nacional y todo proyecto de ley concerniente al régimen tributario y al crédito público" (art. 187.6), sino "*autorizar los créditos adicionales* al presupuesto" (art. 187.7); y a la Comisión Delegada de la Asamblea, la atribución de "*autorizar* al Ejecutivo Nacional para decretar créditos adicionales" (art. 196.3).

Más claras, ciertamente, no pueden ser las disposiciones constitucionales en materia del manejo del gasto público y sobre la necesaria intervención mediante autorización previa por parte de la Asamblea Nacional, como manifestación concreta del régimen de control político que le corresponde a la representación popular en el manejo de las finanzas públicas.

Sin embargo, ignorando lo que disponen todas estas normas constitucionales en cuanto a la necesaria e imprescindible intervención autorizatoria de la Asamblea Nacional para decretar créditos adicionales al presupuesto, en el Decreto Nº 2.323 de estado de excepción y emergencia económica, el Presidente de la República, violando la Constitución, se autorizó a sí mismo a seguir violándola, al prever en el decreto la siguiente "medida" que él mismo puede dictar:

> "4. La autorización por parte del Presidente de la República, en Consejo de Ministros, de erogaciones con cargo al Tesoro Nacional y otras fuentes de financiamiento que no estén previstas en la Ley de Presupuesto, para optimizar la atención de la situación excepcional. En cuyo caso, los órganos y entes receptores de recursos ajustarán los correspondientes presupuestos de ingresos" (art. 2.4).

Es decir, de un plumazo, pura y simplemente, lo que hizo el Presidente de la República fue eliminar la aplicación de cuatro normas constitucionales, los artículos 187.7, 196.3, 236.13 y 314, anulado los poderes de control de la Asamblea Nacional en materia de gastos públicos, lo que evidentemente violó directa y abiertamente la Constitución.

V. LA INCONSTITUCIONAL ELIMINACIÓN DE LA INTERVENCIÓN AUTORIZATORIA DE LA ASAMBLEA NACIONAL EN LA SUSCRIPCIÓN DE CONTRATOS DE INTERÉS NACIONAL

La Constitución atribuye al Presidente de la República, además, competencia para "celebrar los contratos de interés nacional conforme a esta Constitución y a la ley" (art. 236.14); indicándose sin embargo en el artículo 187.9, que es competencia de la Asamblea Nacional:

> "Autorizar al Ejecutivo Nacional para celebrar contratos de interés nacional, en los casos establecidos en la ley. Autorizar los contratos de interés público municipal, estadal o nacional con Estados o entidades oficiales extranjeros o con sociedades no domiciliadas en Venezuela."

Todo ello se ratifica y complementa en el artículo 150 de la Constitución, en el cual se dispone que:

> "*Artículo 150.* La celebración de los contratos de interés público nacional requerirá la aprobación de la Asamblea Nacional en los casos que determine la ley.
>
> No podrá celebrarse contrato alguno de interés público municipal, estadal o nacional con Estados o entidades oficiales extranjeras o con sociedades no domiciliadas en Venezuela, ni traspasarse a ellos sin la aprobación de la Asamblea Nacional."

Sin embargo, en contra lo previsto en todas estas normas constitucionales, mediante el Decreto 2.323 de estado de excepción y emergencia económica, el Presidente eliminó el ejercicio del control político y administrativo por parte de la Asamblea Nacional para autorizar la celebración de contratos de interés público nacional, al atribuirse el Presidente de la República, a sí mismo, la "competencia para":

> "5. La aprobación y suscripción por parte del Ejecutivo Nacional de contratos de interés público para obtención de recursos financieros, asesorías técnicas o aprovechamiento de recursos estratégicos para el desarrollo económico del país, sin sometimiento a autorizaciones o aprobaciones de otros Poderes Públicos."

Es decir, de otro plumazo, pura y simplemente, lo que hizo el Presidente de la República fue eliminar la aplicación de otras tres normas constitucionales, los artículos 150, 187.9 y 263.14, anulado los poderes de control de la Asamblea Nacional en materia de celebración de contratos de interés nacional, lo que evidentemente también violó directa y abiertamente la Constitución.

VI. LA INCONSTITUCIONAL DECLARACIÓN DE UNA ESPECIE DE "IMPUNIDAD ANTICIPADA" PARA LOS FUNCIONARIOS DEL PODER EJECUTIVO FRENTE AL EJERCICIO DEL CONTROL POLÍTICO POR PARTE DE LA ASAMBLEA NACIONAL

En el Decreto N° 2.323 de estado de excepción, se incluyó además, entre las "medidas" que el Presidente se autorizó a sí mismo para dictar, una bizarra previsión con el contenido siguiente:

> "7. Decidir la suspensión temporal y excepcional de la ejecución de sanciones de carácter político contra las máximas autoridades del Poder Público y otros altos funcionarios, cuando dichas sanciones puedan obstaculizar la continuidad de la implementación de medidas económicas para la urgente reactivación de la economía nacional, el abastecimiento de bienes y servicios esenciales para el pueblo venezolano, o vulnerar la seguridad de la nación" (art. 2.7).

Con esta previsión, el Presidente de la República desconoció abiertamente la atribución constitucional de la Asamblea Nacional prevista en el artículo 187.10 de la Constitución, de "dar voto de censura al Vicepresidente Ejecutivo y a los Ministros" pudiendo decidir la Asamblea con voto calificado de las tres quintas partes de los diputados, la destitución del Vicepresidente Ejecutivo o del Ministro. Esta atribución de la Asamblea se ratifica y complementa en los artículos 240 y 246 de la Constitución.

Contrariamente a lo dispuesto en esas normas, con la previsión del artículo 2.7 del Decreto N° 2.323, el Presidente decidió poner en sus propias y solas manos, "suspender" el ejercicio de la potestad constitucional de la Asamblea Nacional para poder aprobar votos de censura al Vicepresidente Ejecutivo y los ministros, desconociendo la Constitución, como ya había sido desconocida por el propio Poder Ejecutivo mediante Decreto N° 2.309 de 2 de mayo de 2016.[1732]

1732 Véase en *Gaceta Oficial* Extra. N° 6225 de 2 de mayo de 2016.

Es decir, también en este caso, de otro plumazo adicional, pura y simplemente, lo que hizo el Presidente de la República fue eliminar la aplicación de otras tres normas constitucionales, los artículos 150, 240 y 246, anulado los poderes de control político de la Asamblea Nacional en materia de aprobación de votos de censura contra Vicepresidente Ejecutivo y los Ministros, y la posibilidad de que se ordenase legislativamente la remoción de dichos funcionarios, lo que evidentemente también violó directa y abiertamente la Constitución.

VII. LA INCONSTITUCIONAL VIOLACIÓN DE DERECHOS GARANTIZADOS EN LA CONSTITUCIÓN SIN QUE SE HAYA RESTRINGIDO GARANTÍA ALGUNA DE DERECHOS CONSTITUCIONALES

Como hemos señalado, la Constitución establece que la declaratoria de estados de excepción y de emergencia económica puede implicar la restricción temporal de "las garantías consagradas en esta Constitución, salvo las referidas a los derechos a la vida, prohibición de incomunicación o tortura, el derecho al debido proceso, el derecho a la información y los demás derechos humanos intangibles," (art. 337); lo que en todo caso debe ser una decisión expresa y precisa, y en cuyo caso, *en el mismo* "decreto que declare el estado de excepción" dice la Constitución, "se regulará el ejercicio del derecho cuya garantía se restringe" (art. 339).

En el Decreto N° 2.323 de 13 de mayo de 2016 no se restringió garantía constitucional alguna, por lo que en el mismo no podría establecerse medida alguna que significara restricción de la libertad personal o de la libertad económica, de que las personas pudieran libremente contratar con las entidades u organismos extranjeros que elijan libremente para la ejecución de proyectos en el país. Nada en la legislación impide ni restringe ese derecho, y el mismo no está constitucionalmente restringido.

Sin embargo, en violación a la Constitución, en particular al ejercicio del derecho al libre desenvolvimiento de la personalidad (art. 20), la libertad de asociación (art. 50), el derecho a la participación política (art. 62), el derecho de asociarse con fines políticos (art. 67) y a la libertad económica (art. 112), sin que las garantías de dichos derechos se hubieran restringido, y por tanto violando la obligación del Estado de garantizarlos (art. 19), en el Decreto N° 2.323, el Presidente de la República se autorizó a sí mismo para:

> "18. Instruir al Ministerio de Relaciones Exteriores la auditoría e inspección de convenios firmados por personas naturales o jurídicas nacionales con entidades u organismos extranjeros para la ejecución de proyectos en el país, y ordenar la suspensión de los financiamientos relacionados a dichos convenios cuando se presuma su utilización con fines políticos o de desestabilización de la República" (art. 2.18).[1733]

1733 Sobre esto, sin embargo, COFAVIC con razón advierte que "el artículo, 2 en los numerales 17 y 18 del decreto, constituyen una clara limitación y amenaza al derecho de asociación, al debido proceso y al accionar legítimo, independiente y libre de las organizaciones no gubernamentales y del sector académico." Véase: COFAVIC. "Comunicado Público: Los Estados de Excepción no pueden ser usados para coartar libertades públicas, perseguir o discriminar," Caracas 17 de mayo de 2016, en http://www.cofavic.org/comunicado-publico-los-estados-de-excepcion-no-pueden-ser-usados-para-coartar-libertades-publicas-perseguir-o-discriminar/6 Sobre esto mismo, Foro por la Vida ha advertido

Con ello, también de otro plumazo acumulado, pura y simplemente, lo que hizo el Presidente de la República fue violar las garantías establecidas en seis normas constitucionales, los artículos 19, 20, 50, 62, 67 y 112, violando la reserva legal que implica que las restricciones al ejercicio de tales derechos solo puede establecerse mediante ley. El Decreto 2.323, como se dijo, no restringió garantía constitucional alguna de derechos constitucionales, por lo que no puede el Presidente de la República someter la libertad de las personas de contratar con quienes quieran, en la forma que quieran y para los fines que quieran, a la "auditoría e inspección de los convenios" que hubiesen firmado por parte de autoridad alguna, ni podía el Presidente "ordenar la suspensión de los financiamientos relacionados a dichos convenios" en ningún caso.

Si alguna autoridad presume que algunas fuentes de financiamiento de cualquier naturaleza se puedan utilizar "con fines políticos o de desestabilización de la República," en realidad, lo que debe ocurrir es denunciar el asunto ante el Ministerio Público para que inicie las averiguaciones para determinar la comisión de algún hecho punible de orden político.

VIII. LA INCONSTITUCIONAL MOTIVACIÓN DEL DECRETO DE ESTADO DE EXCEPCIÓN: LA CRIMINALIZACIÓN DE LA OPOSICIÓN Y EL INTENTO DE ACABAR CON LO QUE QUEDABA DE DEMOCRACIA MEDIANTE "DECRETO"

Aparte de las inconstitucionalidades del contenido del Decreto de estado de excepción y de emergencia económica, N° 2.323 de 13 de mayo de 2016, lo que más llama la atención es la motivación del mismo, que se basó en acusaciones genéricas, sin identificar grupo alguno, a que las causas del colapso económico del país, que es única y exclusivamente consecuencia de las erradas políticas económicas del gobierno queriendo imponer un modelo socialista y comunista, destruyendo el aparato productivo del país; se debía a una supuesta alianza de "algunos sectores políticos nacionales, aliados con intereses particulares extranjeros," que habrían sido los que habrían atacado la economía venezolana, todo "con la finalidad de promover un descontento popular contra el Gobierno Nacional; creando un clima de incertidumbre en la población, con la intención de desestabilizar las Instituciones del Estado."

Se agregó, además, que había sido "la oposición política venezolana" la que había aplicado "esquemas perversos de distorsión de la economía venezolana tales como el acaparamiento, el boicot, la usura, el desabastecimiento y la inflación inducida," cuando ello no ha sido otra cosa que consecuencia de las políticas económicas implementadas por el Gobierno que han alentado esas distorsiones, de las cuales no se puede acusar irresponsablemente a la "oposición política venezolana." Así como

que se trata de una "Prohibición de la cooperación internacional para labores calificadas como de "fines políticos" o "desestabilización de la República", impidiendo el trabajo de las organizaciones de la sociedad civil autónomas e independientes. La medida puede ser aplicada, según el artículo 2, numeral 18, por la sola presunción del gobierno de que se realizan con la finalidad de desestabilizar el país. Ello afecta directamente el derecho a la asociación limitando las posibilidades de respuesta de la sociedad ante los graves problemas de inseguridad, alimentación y salud pública que enfrenta el país en este momento." Véase "Foro por la Vida: Decreto de Estado de excepción rompe el orden constitucional," 18 de mayo de 2016, en http://runrun.es/nacio-nal/262345/foro-por-la-vida-decreto-de-estado-de-excepcion-rompe-el-orden-constitucional.html.

tampoco se puede acusar, a "sectores privados de la economía y de políticos opuestos a la gestión de Gobierno" de "actitud hostil y desestabilizadora" y mucho menos de ser agentes económicos que:

> "auspiciados por intereses extranjeros, obstaculizan el acceso oportuno de los venezolanos a bienes y servicios indispensables para la vida digna de la familia venezolana, generando de manera deliberada malestar en la población a través de fenómenos distorsivos como el "bachaqueo", las colas inducidas y un clima de desasosiego e incitación a la violencia entre hermanos."

De todo ello, el único culpable es el propio Gobierno del Presidente de la República, consecuencia de sus políticas destructivas de la economía nacional, basada en un ingreso petrolero que se malgastó, despilfarró y saqueó, y al final resultó inexistente para pretender financiar la importación de todo lo que se dejó de producir en el país por obra del desmantelamiento y destrucción del aparato productivo del Estado, y aniquilación de la iniciativa privada.

En todo caso, lo grave de todo el contenido del decreto de estado de excepción y emergencia económica, es que a juicio del Presidente de la República, pura y simplemente en Venezuela no puede haber oposición a las políticas del Gobierno, acusándose a la oposición de todos los males del país, incluso de estar combinada con supuestos "grupos criminales armados y paramilitarismo extranjero." Esta fase de criminalización de la oposición, por ser oposición, es lo que se refleja en la denuncia que el Presidente hizo en los "Considerandos" del decreto, al expresar que fue a partir de 5 de enero de 2016, cuando se instaló la nueva Asamblea Nacional electa en diciembre de 2015, que la misma pasó a estar controlada por:

> "representantes políticos de la oposición a la Revolución Bolivariana, quienes desde su oferta electoral y hasta sus más recientes actuaciones con apariencia de formalidad, han pretendido el desconocimiento de todos los Poderes Públicos y promocionando particularmente la interrupción del período presidencial establecido en la Constitución por cualquier mecanismo a su alcance, fuera del orden constitucional, llegando incluso a las amenazas e injurias contra las máximas autoridades de todos los Poderes Públicos."

O sea, en Venezuela, con esta manifestación, a juicio del Presidente no puede haber oposición política al gobierno, y la que existe, hay que perseguirla, pues se la concibe como "enemiga," violándose con ello la Constitución, los principios democráticos, los tratados sobre derechos humanos y la Carta Democrática Interamericana.

El decreto, por ello, es en definitiva, un decreto mediante el cual el Jefe del Estado y del Ejecutivo Nacional decretó el fin de la democracia, la cual sin embargo, lamentablemente para él, no se termina mediante decretos.

IX. LA ELIMINACIÓN DEFINITIVA DE LA POTESTAD DE LEGISLAR DE LA ASAMBLEA DURANTE LOS ESTADOS DE EXCEPCIÓN: EL CASO DE LA DECLARATORIA DE INCONSTITUCIONALIDAD DE LA LEY ESPECIAL PARA ATENDER LA CRISIS NACIONAL DE SALUD

La decisión de la Sala Constitucional del Tribunal Supremo de eliminar definitivamente la potestad de legislar de la Asamblea Nacional durante la vigencia de los

Estados de excepción, se concretó en relación con la Ley Especial para Atender la Crisis Nacional de Salud que la Asamblea Nacional sancionó el 3 de mayo de 2016, motivada por la *"crisis humanitaria"* que el Parlamento consideró existía en el país, y por la negativa del Poder Ejecutivo de autorizar la recepción de ayuda humanitaria del exterior.

En relación con dicha Ley, quien ejercía la Presidencia de la República, sometió la misma conforme al artículo 214 de la Constitución a la consideración de la Sala Constitucional, solicitándole un pronunciamiento sobre su constitucionalidad, dado las "dudas razonables" que sobre ello tenía, en virtud de que: *primero*, que una vez decretado el estado de excepción por emergencia económica, de acuerdo con el Presidente solicitante "debería quedar temporalmente suspendida la potestad legislativa relativa a los derechos y garantías de contenido económico que se han visto afectados por la declaratoria de estado de excepción;" *segundo*, que la Asamblea Nacional había evidenciado con esta legislación "la falta de visión política sobre la situación nacional" al dictar "una ley que pretende 'solucionar la crisis nacional de salud' y hablan sobre 'cooperación y ayuda internacional'" pero que "bloquea todas las iniciativas del Ejecutivo Nacional" en la materia; considerando que "la conducta e insensatez de los diputados de oposición y la directiva de la Asamblea Nacional en su forma de legislar, genera una *presunción de inconstitucionalidad* de la ley," que era lo más "parecido a la desviación de poder;" y *tercero* que para su sanción no se había seguido el criterio impuesto por dicha Sala mediante sentencia Nº 269 de fecha 21 de abril de 2016, de que el Parlamento debía obtener previamente a la sanción, el visto bueno del Vicepresidente Ejecutivo sobre la viabilidad económica de la legislación aprobada.

La Sala Constitucional, sobre ello, ejerciendo el control preventivo de constitucionalidad de las leyes, dictó sentencia Nº 460 de 16 de junio de 2016,[1734] declarando la Ley inconstitucional, al considerar que la finalidad de la misma era:

> "imponer al Gobierno Nacional a recibir de parte de la Organización Mundial de la Salud (OMS), por concepto de ayuda humanitaria, cierta cantidad de medicamentos calificados por el propio organismo especializado de la Naciones Unidas como "esenciales", con el propósito de atender la "crisis humanitaria" declarada por la propia Asamblea Nacional mediante acuerdo legislativo del 26 de enero de 2016."

Para decidir, la Sala Constitucional se basó en lo que resolvió en su sentencia Nº 411 del 19 de mayo de 2016, que declaró la constitucionalidad del Decreto Nº 2.323 de 13 de mayo de 2016 que decretó el Estado de Excepción y de la Emergencia Económica, considerando inconstitucionalmente que como el mismo tenía rango de ley, el Presidente de la República se había investido a si mismo de todos los poderes, "suspendiendo" para ello "temporalmente, en las leyes vigentes, los artículos incompatibles con las medidas dictadas en dicho Decreto"; y considerando además, que una vez decretado un estado de excepción, ello impedía "la concurrencia de competencias con cualquier otro órgano del Poder Público;" es decir, significaba en definitiva respecto de la Asamblea Nacional, la eliminación de su potestad de legislar.

1734 Véase en http://historico.tsj.gob.ve/decisiones/scon/junio/188165-460-9616-2016-16-0500.HTML

De allí concluyó la Sala Constitucional, contrariamente a lo dispuesto en el artículo 339 de la Constitución según el cual "la declaración del estado de excepción no interrumpe el funcionamiento de los órganos del Poder Público," indicando que una vez decretado un estado de excepción, la Asamblea Nacional supuestamente solo "mantiene su competencia para legislar sobre materias *distintas* a las incluidas en el ámbito de circunstancias" contenidas en el decreto de Estado de Excepción y Emergencia Económica. Sobre la norma del artículo 339 de la Constitución, la Sala pura y simplemente le mutó y cambió su contenido al decidir que la misma "no implicaba" que la Asamblea pudiera:

> "dictar normas o actos para atender la situación de emergencia, ya que la habilitación conferida al Ejecutivo Nacional en virtud del estado de excepción, no admite concurrencia y excluye temporalmente la capacidad normativa de otros órganos en el mismo ámbito material del régimen extraordinario, pues ello pudiera generar contradicciones para la garantía de los derechos fundamentales y el orden constitucional."

De todo ello concluyó la Sala que decretado el estado de excepción, ello supuestamente implicaba, contrario a lo dispuesto en la Constitución, que las medidas que se dictasen para resolver la situación que lo originó "forman parte del ámbito material del régimen del estado de excepción [que] se encuentran *reservadas* al Presidente de la República en Consejo de Ministros." Siendo ello supuestamente así, entonces, consideró la Sala que los poderes públicos debían actuar sobre la base de "entendimiento, diálogo, tolerancia y respeto," concluyendo entonces en su sentencia que la Ley Especial para Atender la Crisis Nacional de Salud, que había sido sancionada por la Asamblea Nacional, atentaba "contra las competencias conferidas al Presidente de la República por el artículo 15 de la Ley Orgánica Sobre Estados de Excepción. Así se decide."

Ello, por supuesto era completamente falso, pues dicha norma de la Ley no establece otra cosa que la consecuencia constitucional de la potestad de decretar los estados de excepción, que no es otra que *en el mismo decreto* se adopten las medidas excepcionales requeridas. Pero deducir de ello que una vez decretado un Estado de excepción, el Presidente independientemente de las medidas contenidas en el mismo pueda de allí en adelante adoptar todas las que se le ocurra, quedando eliminada la potestad de la Asamblea Nacional de poder legislar, es absolutamente contrario a lo dispuesto al final del artículo 339 de la Constitución que precisamente dispone lo contrario, que "la declaración del estado de excepción *no interrumpe el funcionamiento de los órganos del Poder Público.*"

Adicionalmente, para declarar la inconstitucionalidad de la Ley sobre la crisis del sistema de salud, la Sala consideró que como la Asamblea Nacional había obviado solicitar el "visto bueno" previo del Vicepresidente Ejecutivo para sancionar las leyes, como inconstitucionalmente se lo había impuesto la propia Sala en sentencia N° 269 de 21 de abril de 2016, antes comentada, la Asamblea entonces habría incurrido "en vicios procedimentales que acarrean su declaratoria de inconstitucionalidad. Así se declara."

Pero no quedó allí el pronunciamiento de la Sala, esencialmente inconstitucional, sino que la misma en su sentencia pasó a pronunciarse sobre el contenido mismo de la Ley especial, en particular sobre las normas que le imponían al Poder Ejecutivo la obligación de presentar informes a la propia Asamblea en relación con la ejecución de la Ley (art. 5; 14), lo que la Sala consideró inconstitucional y "totalmente irracional y desproporcionada" con base en su propia "doctrina vinculante de interpretación constitucional," establecida en relación a las normas constitucionales relativas a los estados de excepción en la sentencia N° 9 del 1° de marzo de 2016, también comentada anteriormente; y en la inconstitucional declaratoria de inconstitucionalidad de las normas de los artículos 3, 11, 12 y 21 al 26 de la Ley sobre el Régimen para la Comparecencia de Funcionarios y Funcionarias Públicos o los y las Particulares ante la Asamblea Nacional o sus Comisiones, anulando toda posibilidad de ejercicio por parte de la Asamblea de sus poderes de control político y administrativo sobre el gobierno y la Administración Pública; también comentada anteriormente.

La Sala Constitucional, en definitiva, concluyó indicando, por supuesto inconstitucionalmente, que ninguna Ley puede establecer mecanismos de control parlamentario sobre la gestión del Poder Ejecutivo Nacional en términos distintos o adicionales a los previstos por los artículos 237 y 244 de la Constitución," es decir, a la "presentación de la memoria y cuenta anual."

La Sala, adicionalmente, consideró que la previsión de la Ley sobre la crisis del sector salud de permitir a la Asamblea Nacional el poder "servir de intermediario en la solicitud de Cooperación Internacional para atender la crisis nacional de salud," significaba conferir "a la Asamblea Nacional competencias para formular, dirigir y ejecutar las relaciones exteriores de la República," lo que a juicio de la Sala supuesta y adicionalmente violaba la disposición de los artículos 226 y 236.4 de la Constitución que asignan al Presidente de la República, como materia que le está reservada, el "dirigir las relaciones exteriores de la República;" considerando finalmente que al dictar la Ley examinada que declaró como inconstitucional, la Asamblea Nacional había "usurpado" las "competencias atribuidas al Presidente de la República en materia de dirección de la acción de gobierno en el ámbito de los estados de excepción, así como en materia de relaciones internacionales.

Es decir, en definitiva, con esta sentencia del Juez Constitucional, basta para interrumpir el ejercicio y funcionamiento de la Asamblea Nacional y eliminar su potestad de legislar, que el Presidente de la República decrete un estado de excepción, lo que obviamente es una interpretación contraria al texto de la Constitución que precisamente indica, al contrario, como se ha dicho, que "la declaración del estado de excepción no interrumpe el funcionamiento de los órganos del Poder Público."

X. LAS SUCESIVAS SENTENCIAS DE LA SALA CONSTITUCIONAL DECLARANDO INCONSTITUCIONALES TODAS LAS LEYES QUE SANCIONANDO LA ASAMBLEA NACIONAL DURANTE 2016

Con posterioridad, y con base en los mismos criterios esgrimidos en relación con las leyes sancionadas anteriormente por la Asamblea Nacional, la Sala Constitucional del Tribunal Supremo durante el resto del año 2016, declaró como inconstitucionales todas las otras leyes sancionadas, lo que ocurrió mediante las siguientes sentencias:

1. Sentencia N° 938 de 4 de noviembre de 2016[1735] sobre inconstitucionalidad de la Ley Orgánica de telecomunicaciones;

2. Sentencia N° 939 de 4 de noviembre de 2016[1736] sobre inconstitucionalidad de la Ley de reforma de la Ley Orgánica de la Contraloría General de la República y del Sistema Nacional de Control Fiscal;

3. Sentencia N° 1012 de 25 de noviembre de 2016[1737] sobre inconstitucionalidad de la Ley para la Protección de la Remuneración y Defensa del Salario del Docente al Servicio de las Instituciones Educativas Oficiales Dependientes del Ejecutivo Nacional, Estadal y Municipal;

4. Sentencia N° 1013 de 25 de noviembre de 2016[1738] sobre inconstitucionalidad de la Ley de Educación Intercultural Bilingüe Indígena;

5. Sentencia N° 1014 de 25 de noviembre de 2016[1739] sobre inconstitucionalidad de la Ley de Reforma Parcial de la Ley Orgánica de Servicio de Policía y del Cuerpo de Policía Nacional Bolivariana.

SECCIÓN NOVENA

EL DESCONOCIMIENTO JUDICIAL DEL PODER DE LA ASAMBLEA NACIONAL PARA EXPRESAR OPINIONES POLÍTICAS SOBRE LOS ASUNTOS DE INTERÉS NACIONAL

El desmantelamiento progresivo de la Asamblea Nacional como órgano de representación popular por parte de la Sala Constitucional del Tribunal Supremo de Justicia, ha sido de tal naturaleza en Venezuela, que además de haberla despojado de sus competencias constitucionales para legislar, para controlar políticamente al Gobierno y la Administración Pública, y para revisar sus propios actos, también se la ha despejado de su competencia para expresar su voluntad política mediante Acuerdos, sobre asuntos de interés nacional.

I. LA DISPARATADA "ACCIÓN DE AMPARO" CONSTITUCIONAL INTENTADA POR EL PROCURADOR GENERAL DE LA REPÚBLICA CONTRA LA ASAMBLEA NACIONAL, SU DIRECTIVA Y SUS DIPUTADOS, SIN INDICACIÓN DE PERSONA AGRAVIADA NI DE LOS DERECHOS FUNDAMENTALES VIOLADOS

En efecto, el 3 de junio de 2016, un grupo de abogados de la Procuraduría General de la República, intentaron ante la Sala Constitucional una acción de amparo constitucional, contra:

> "las actuaciones, vías de hecho y amenazas de daño inminente emanadas del Presidente, de la Junta Directiva y de la mayoría de diputados que circunstan-

---

1735 Véase en http://historico.tsj.gob.ve/decisiones/scon/noviembre/191896-938-41116-2016-2016-1027.HTML

1736 Véase en http://historico.tsj.gob.ve/decisiones/scon/noviembre/191897-939-41116-2016-2016-1026.HTML

1737 Véase en http://historico.tsj.gob.ve/decisiones/scon/noviembre/193154-1012-251116-2016-16-1113.HTML

1738 Véase en http://historico.tsj.gob.ve/decisiones/scon/noviembre/193155-1013-251116-2016-16-1114.HTML

1739 Véase en http://historico.tsj.gob.ve/decisiones/scon/noviembre/193156-1014-251116-2016-16-1112.HTML cialmente conforman la Asamblea Nacional (…) con la finalidad de consumar un golpe de Estado con pretendidos y negados visos de legitimidad, asumiendo graves daños colaterales a la población, que han venido siendo contrarrestados por el Ejecutivo Nacional."

Es decir, ni más ni menos, una disparatada acción de amparo intentada por la República como supuesta parte "agraviada" contra unos diputados como supuesta parte "agraviante," pero sin que siquiera se identificase el derecho fundamental que se buscaba proteger. En ese marco absurdo, la esencia de la motivación expresada por la Procuraduría General de la República en el libelo de la acción, se fundamentó en el hecho de que:

> "a partir de su instalación el día 05 de enero de 2016, la actual mayoría de la Asamblea Nacional, circunstancial y opositora al Gobierno Nacional, encabezada por su presidente y demás miembros de la junta directiva, han venido desplegando una serie de actuaciones legislativas y no legislativas (como acuerdos parlamentarios sin forma de ley), incluso vías de hecho, que han tenido como objetivo destruir la credibilidad del gobierno nacional y entorpecer de forma evidentemente ilegítima e ilícita su gestión, con grave perjuicio y amenaza de daños al pueblo venezolano, especialmente a los sectores más vulnerables del Pueblo Venezolano. Esta actuación, cubierta de cierta "formalidad" ha sido apoyada por un incesante ataque mediático nacional e internacional y el apoyo parcializado de ciertas organizaciones internacionales que vienen criticando abiertamente el modelo político y económico de participación y protección preferente del pueblo venezolano"

Para reforzar su argumento, la Procuraduría General de la República destacó entre los hechos "agraviantes" de la Asamblea Nacional el haber procedido "en sus casi 150 primeros días de gestión," a "dictar leyes," a "convocar a los ministros del gabinete ejecutivo" para interpelaciones, a "adelantar juicios y sanciones políticas contra altos funcionarios del Gobierno Nacional," a "dictar acuerdos" sobre la crisis del país, a "insistir en la salida del Presidente de la República por cualquier medio, como única posibilidad de superación de la crisis económica y oportunidad de desarrollo nacional," a "invocar la renuncia forzada, el revocatorio del mandato, el pronunciamiento de fuerzas militares, la injerencia de estados y organismos internacionales, la revuelta popular, la inhabilitación política y, en general, otras fórmulas de dudosa juridicidad que apuntan a la ruptura del orden constitucional por vías de hecho," a "descalificar las actuaciones del resto de los poderes públicos," y a "desconocer las actuaciones del resto de los poderes a través del desacato directo o el cuestionamiento ofensivo de sus decisiones."

A lo anterior, para reforzar su argumento, la Procuraduría alegó ante la Sala que por su parte, el Poder Ejecutivo, "haciendo uso legítimo de sus competencias constitucional y legalmente otorgadas," había formulado las siguientes solicitudes en relación con esas "actuaciones de injerencia" en las funciones propias del Poder Ejecutivo:

1. Solicitud de Declaratoria de constitucionalidad del Decreto de Emergencia Económica dictado por el Ejecutivo Nacional y desaprobado por la Asamblea Nacional.
2. Solicitud de constitucionalidad de la prórroga del Decreto anterior.

3. Solicitud de inconstitucionalidad de la Ley de Reforma Parcial de la Ley del Banco Central de Venezuela.
4. Solicitud de inconstitucionalidad de la Ley de Amnistía y Reconciliación Nacional.
5. Solicitud de inconstitucionalidad de la Ley de Bono para Alimentación y Medicinas a Pensionados y Jubilados.
6. Solicitud de inconstitucionalidad de la Ley de Reforma Parcial de la Ley Orgánica del Tribunal Supremo de Justicia.
7. Solicitud de inconstitucionalidad de la Ley Especial para Atender la Crisis Nacional de Salud.
8. Solicitud de inconstitucionalidad de la Ley de Otorgamiento de Títulos de Propiedad a Beneficiarios de la Gran Misión Vivienda Venezuela, y
9. Solicitud de Declaratoria de constitucionalidad del Decreto de Estados de Excepción y de Emergencia Económica".

Todo ello como reacción a la "inédita mayoría de la Asamblea Nacional, temporal y opositora al gobierno y al orden constitucional," que a juicio de la Procuraduría "no ha cesado ni cesará en ningún momento de intervenir en las competencias propias del Poder Ejecutivo" todo lo cual a juicio del Procurador:

> "constituyen claros supuestos de inconstitucionalidad por usurpación de funciones, desviación de poder, vulneración de derechos fundamentales y violación al orden constitucional que pudieran generar graves daños a la estabilidad de la República, de la Región y del mundo en general a corto, mediano y largo plazo".

Con base en ello, el Procurador simplemente solicitó a la Sala Constitucional que admitiera y declarase "procedente la presente acción de amparo constitucional," y, en consecuencia, procediera a dictar:

> "aquellos actos que considere necesarios para restablecer la situación jurídica infringida y exhorte al Poder Legislativo Nacional para que cese en la usurpación de funciones del resto de los Poderes Públicos, cese en su intento de desestabilizar al Gobierno Nacional y en sus acciones contra la paz y la constitucionalidad de la República."

Ciertamente es difícil encontrar en un libelo de demanda de amparo, tanto disparate junto como el que se evidencia de lo antes expuesto, razón por la cual la Sala Constitucional al "admitir" la acción, mediante sentencia N° 478 de 14 de mayo de 2016[1740] procedió a enmendar los errores del Procurador General de la República, observando con razón que la demanda no se sustentaba "de forma directa en la violación de derechos constitucionales, sino en la presunta vulneración de competencias

---

1740 Véase en http://historico.tsj.gob.ve/decisiones/scon/junio/188339-478-14616-2016-16-0524.HTML Véase los comentarios en Allan R. Brewer-Carías, "El desconocimiento por la sala constitucional del poder de la asamblea hasta para expresar opiniones políticas," 21 de junio de 2016, en http://www.allanbrewercarias.com/Content/449725d9-f1cb-474b-8ab2-41efb849fea3/Content/Brewer.%20El%20desconocimiento%20por%20SC%20poder%20AN%20expresar%20opiniones%20pol%C3%ADticas.%20junio%202016.pdf y atribuciones constitucionales inherentes al Poder Ejecutivo Nacional ("usurpación de funciones")," procediendo entonces a "identificar" la acción como "una demanda de controversia constitucional" de las reguladas en el artículo 336.9 de la Constitución,[1741] a la cual la recondujo la Sala.

II. LA MEDIDA CAUTELAR DE OFICIO SUSPENDIENDO LAS MANIFESTACIONES POLÍTICAS DE LA ASAMBLEA Y PROHIBIENDO SU EXPRESIÓN A FUTURO

En todo caso, a pesar de que en el deficiente y errado libelo de la "acción de amparo" intentado el Procurador recurrente no solicitó de la Sala Constitucional que dictase medida cautelar alguna, la misma conforme al artículo 130 de la Ley Orgánica del Tribunal Supremo de Justicia, que le confiere poderes de oficio en la materia, procedió a fijarse en dos Acuerdos adoptados por la Asamblea Nacional "como vocera del pueblo soberano": *primero* el "Acuerdo exhortando al cumplimiento de la Constitución, y sobre la responsabilidad del Poder Ejecutivo Nacional, del Tribunal Supremo de Justicia y del Consejo Nacional Electoral para la preservación de la paz y ante el cambio democrático en Venezuela" de 10 de mayo de 2016,[1742] ya mencionado; y *segundo*, el "Acuerdo que respalda el interés de la comunidad internacional acerca de G-7, OEA, UNASUR, MERCOSUR y Vaticano en la crisis venezolana" de 31 de mayo de 2016.[1743]

Del contenido de dichos Acuerdos, la Sala Constitucional "sin pretender adelantar opinión sobre la decisión definitiva en el presente recurso de controversia constitucional," observó sin embargo:

> "que en los actos parlamentarios expuestos en los acuerdos precedentes, a simple vista se denota una acción desde la Asamblea Nacional, dirigida a actuar ante instancias internacionales en ejercicio de atribuciones que no le serían propias en el marco del orden constitucional vigente."

Todo ello lo "dedujo" la Sala del solo hecho de que en el Acuerdo de 10 de mayo de 2016, la Asamblea "instara" a diversos organismos internacionales respectivos a pronunciarse y adoptar "las medidas que corresponda, tendientes a exigir a los Poderes Públicos garantizar la vigencia efectiva de los derechos fundamentales en Venezuela;" y que en el acuerdo del 31 de mayo de 2016, la Asamblea Nacional "respaldara" la "decisión del Secretario General de la OEA, Luis Almagro, de solicitar una reunión extraordinaria del Consejo Permanente para examinar la situación y evitar que se agrave la crisis humanitaria" en el país. Igualmente, la Sala Constitucional destacó una comunicación de la Junta Directiva de la Asamblea Nacional de 16 de mayo de 2016 dirigida al Secretario General de la OEA, en la cual se refirió a la "vulneración a la democracia y al Estado de Derecho en Venezuela" alegando "un deterioro progresivo de la institucionalidad" y "la alteración del orden constitucional

---

1741 *Artículo 336.* Son atribuciones de la Sala Constitucional del Tribunal Supremo de Justicia: [...] 9. Dirimir las controversias constitucionales que se susciten entre cualesquiera de los órganos del Poder Público".

1742 Véase en http://www.asambleanacional.gob.ve/uploads/actos_legislativos/-doc_4a8238c36cbfecbad-cff3b7c3c435c192459d5f3.pdf. Véase el texto de este Acuerdo en el Apéndice de este libro.

1743 Véase en http://www.asambleanacional.gob.ve/uploads/documentos/doc_-ee2994352ec045270e59-b3859af4d375966a767b.pdf que afecta gravemente el orden democrático;" argumentando que ello "conducirá seguramente a un desmantelamiento de la institucionalidad democrática," urgiendo la actuación del Secretario General de la OEA "de acuerdo a lo dispuesto en el artículo 20 de la Carta Democrática interamericana."

Del texto de los Acuerdos, así como de diversas notas de prensa emanadas de la Asamblea Nacional, la Sala dedujo que la Asamblea Nacional habría solicitado "la intervención de organismos e instancias internacionales en asuntos internos de la República," actuaciones que consideró reñidas con lo dispuesto en el artículo 236.4 de la Constitución que le atribuye competencia al Presidente de la República, para "dirigir las relaciones exteriores;" de todo lo cual, tratando la acción intentada como una "acción de controversia constitucional," la Sala consideró que habrían "indicios de los cuales pudiera desprenderse que el órgano legislativo ha asumido atribuciones que constitucionalmente son propias del Poder Ejecutivo." O sea, de una simple manifestación de opinión política sobre la actuación de organismos internacionales, la Sala ya "dedujo" que había "indicios" de que la Asamblea Nacional estaba "dirigiendo" las relaciones exteriores del país.

Y entonces, pura y simplemente, de un plumazo, la Sala procedió no sólo a privar a la Asamblea Nacional como órgano de representación popular, de su poder de manifestar su opinión política sobre los asuntos que considere conveniente del acontecer nacional, suspendiendo "los efectos de los actos parlamentarios de fechas 10 y 31 de mayo de 2016," contentivos de los Acuerdos mencionados; sino a prohibir "a la Asamblea Nacional, a su Presidente, a su Junta Directiva y a sus miembros en general," de "pretender dirigir las relaciones exteriores de la República y, en general, desplegar actuaciones que no estén abarcadas por las competencias que les corresponden conforme al ordenamiento jurídico vigente, y que, por el contrario, constituyen competencias exclusivas y excluyentes de otras ramas del Poder Público; so pena de incurrir en las responsabilidades constitucionales a que haya lugar."

Esto último, sin duda, no había otra forma de interpretarlo sino como una amenaza de enjuiciamiento, por ejemplo, contra el Presidente de la Asamblea Nacional si concurría ante el Consejo Permanente de la OEA aceptando la invitación formulada por el Secretario General de la misma para exponer la situación institucional de Venezuela.

Y lo primero, lo de "suspender" los efectos de una declaración política, no fue más que una necedad de imposible ejecución, o al menos una galimatías, pues es bien difícil comprender cómo se puede "suspender" una expresión de opinión o "de pensamiento" formulada por un órgano político como la Asamblea Nacional mediante Acuerdo. Una vez que se expresa la opinión, expresada quedó, y no puede nadie "suspender" dicha expresión. La única forma de "suspenderla" podría ser revocando el Acuerdo, y nadie puede obligar a la Asamblea la cual opinó, a que se retracte. Solo en una dictadura ello podría lograrse a la fuerza y persecución; y eso fue precisamente lo que pretendió en este caso, con amenazas, el órgano que orquesta la conducción de la dictadura judicial en el país, incurriendo con su sentencia además en una violación de la libertad de expresión que garantiza la Constitución (art. 57).

SECCIÓN DÉCIMA

LA CREMACIÓN DE LA ASAMBLEA NACIONAL Y LA USURPACIÓN DE SUS FUNCIONES PRESUPUESTARIAS POR PARTE DEL JUEZ CONSTITUCIONAL

La Sala Constitucional del Tribunal Supremo, mediante sentencia N° 814 de 11 de octubre de 2016,[1744] dictada con motivo de supuestamente "ampliar" lo resuelto en una sentencia anterior, le ha puesto fin definitivo a lo que podía haber quedado de la Asamblea Nacional en Venezuela, luego de todo el proceso de consolidación de la dictadura judicial mediante sentencias dictadas durante los meses anteriores de 2016, que le fueron cercenando todas sus funciones, habiendo ahora simplemente asumido, directamente, las competencias de la Asamblea, esta vez en materia presupuestaria, en una evidente usurpación de autoridad, que hace a la supuesta Ley de Presupuesto para 2017 simplemente nulo e ineficaz conforme al artículo 135 de la Constitución.

I. LA "AMPLIACIÓN" DE SENTENCIAS COMO NUEVA FORMA INCONSTITUCIONAL DE LA SALA CONSTITUCIONAL PARA DICTAR SENTENCIAS, SIN PROCESO Y EN VIOLACIÓN DEL DEBIDO PROCESO

En efecto, la Sala Constitucional del Tribunal Supremo, mediante sentencia No. 808 del 2 de septiembre de 2016,[1745] dictada con motivo de la incorporación y juramentación de los diputados electos por el Estado Amazonas el 6 de diciembre de 2015, que habían sido debidamente proclamados por las autoridades del Consejo Nacional Electoral, pero cuya proclamación fue "suspendida" por la Sala Electoral mediante sentencia cautelar N° 260 de 30 de diciembre de 2015;[1746] declaró a los diputados de la Asamblea Nacional en desacato, decidiendo, en general, hacia futuro, que "*mientras se mantenga el desacato a la Sala Electoral* del Tribunal Supremo de Justicia," todos "los actos emanados de la Asamblea Nacional, incluyendo las leyes que sean sancionadas" son y "resultan *manifiestamente inconstitucionales y, por ende, absolutamente nulos y carentes de toda vigencia y eficacia jurídica.*"

Unas semanas después, mediante sentencia N° 810 de 21 de septiembre de 2016,[1747] la misma Sala Constitucional, al revisar la constitucionalidad del decreto N° 2.452 de 13 de septiembre de 2016[1748], por el cual el Presidente de la República *declaró* el estado de excepción por emergencia económica, y luego de declarase sobre la "constitucionalidad" de dicho Decreto por supuestamente haber sido dictado "en cumplimiento de los parámetros que prevé el Texto Constitucional, la Ley Orgánica sobre Estados de Excepción y demás instrumentos jurídicos aplicables, preservando los Derechos Humanos y en protección del Texto Fundamental, el Estado, sus Instituciones y el Pueblo;" procedió de paso, sin que ello fuera el *thema decidendum,* a "reiterar" lo que había declarado en la antes mencionada sentencia N° 808 del 02

1744 Véase en http://historico.tsj.gob.ve/decisiones/scon/octubre/190792-814-111016-2016-2016-897.HTML

1745 Véase en http://historico.tsj.gob.ve/decisiones/scon/septiembre/190395-808-2916-2016-16-0831.HTML

1746 Véase en http://historico.tsj.gob.ve/decisiones/selec/diciembre/184227-260-301215-2015-2015-000146.HTML

1747 Véase en http://historico.tsj.gob.ve/decisiones/scon/septiembre/190408-810-21916-2016-16-0897.HTML

1748 Véase en *Gaceta Oficial* N°. 6.256 Extra. de 13 de septiembre de 2016.

de septiembre de 2016, en el sentido de que la Asamblea Nacional en Venezuela no podía adoptar ninguna decisión válida, mientras "se mantenga el desacato" respecto de la indicada sentencia de la Sala Electoral del Tribunal Supremo de Justicia.

Es decir, la Sala Constitucional, paralizó totalmente la voluntad popular que representa la Asamblea Nacional, declarando de antemano y hacia futuro que todas las decisiones que pudiera adoptar, fueran leyes o acuerdos de cualquier naturaleza, incluso los actos parlamentarios sin forma de ley, como podrían ser sus *interna corporis*, serían "*manifiestamente inconstitucionales y, por ende, absolutamente nulos y carentes de toda vigencia y eficacia jurídica.*"

En el contexto de esa situación creada exclusivamente por la Sala Constitucional, el Presidente de la República que estaba obligado a someter a la Asamblea Nacional el proyecto de Ley de Presupuesto para el año 2017 para su discusión y sanción antes de 15 de octubre de 2016 (arts. 187.5; y 313 Constitución), pues sin ello no podría hacerse gasto alguno (art. 314), se negó a hacer dicha presentación a la Asamblea Nacional. A raíz de ello, el Presidente, primero, amenazó públicamente que haría aprobar la Ley de Presupuesto, al margen de la Constitución, por alguna fantasmagórica asamblea popular,[1749] y segundo, ante lo descabellado del planteamiento, decidió acudir ante la Sala Constitucional, como si fuese su órgano de asesoría jurídica, para que le resolviera la situación constitucional que la propia Sala había creado; de lo que resultó que fuera la misma Sala Constitucional la que decidió usurpar las funciones de la Asamblea Nacional, auto atribuyéndose la función de aprobar el Presupuesto así ello hubiese sido solo "para esa oportunidad.".

Como lo observó Laura Louza de *Acceso a la Justicia*:

> "cuando la Sala Constitucional se nombra a sí misma como la autoridad "competente" para ejercer el control del proceso presupuestario, en sustitución de la AN, viola de manera clara los artículos 136 y 137 de la Constitución que consagran, por una parte, el principio de separación de poderes según el cual cada rama del poder público tienes sus propias funciones; y por la otra, que solo la Constitución y la ley definen las atribuciones del poder público y a estas normas debe sujetarse su ejercicio."[1750]

Bajo esas inconstitucionales premisas, fue que mediante escrito de 3 de octubre de 2016, el Presidente de la República le solicitó a la Sala "de conformidad con el artículo 252 del Código de Procedimiento Civil," en concordancia con el artículo 98 de la Ley Orgánica del Tribunal Supremo de Justicia," que procediera a decidir sobre la "*ampliación* de la decisión N° 810, dictada por esta Sala el 29 de septiembre de 2016," la cual, como se ha dicho, había declarado la constitucionalidad del Decreto N° 2.452 de Estado de Excepción y Emergencia Económica, y había ratificado la declaración de nulidad de todos los actos del órgano legislativo, mientras se mantuviera el desacato a la Sala Electoral del Tribunal Supremo de Justicia.

1749 Véase lo declarado por el Vice Presidente Ejecutivo, Aristóbulo Istúriz, desde el 5 de octubre de 2016: "Istúriz dijo que el Presupuesto de 2017 será aprobado en Asamblea Popular', en *El Norte. El periódico completo*, 5 de octubre de 2016, en http://www.elnorte.com.ve/isturiz-dijo-que-presupuesto-2017-sera-aprobado-en-asamblea-popular/

1750 Véase, Laura Louza, "El TSJ usurpa a la AN el control del presupuesto," en *Acceso a la Justicia. El observatorio venezolano de la justicia*, Caracas 18 de octubre de 2016, en http://www.accesoalajusticia.org/wp/infojusticia/noticias/el-tsj-usurpa-a-la-an-el-control-del-presupuesto/

Una "ampliación" de sentencia es realmente un asunto excepcionalísimo, que sólo es posible aplicar en precisos casos, como excepción al principio que establece el Código de Procedimiento Civil (art. 252), de que "después de pronunciada la sentencia definitiva o la interlocutoria sujeta a apelación, *no podrá revocarla ni reformarla el Tribunal que la haya pronunciado*."

Ese principio, que es uno de los pilares del sistema judicial, sin embargo tiene una excepción y es que el Tribunal puede, a solicitud de parte, como lo dice el mismo artículo:

> "*aclarar los puntos dudosos, salvar las omisiones y rectificar los errores de copia, de referencias o de cálculos numéricos*, que aparecieren de manifiesto en la misma sentencia, o *dictar ampliaciones*, dentro de tres días, después de dictada la sentencia, con tal de que dichas aclaraciones y ampliaciones las solicite alguna de las partes en el día de la publicación o en el siguiente."

Independientemente de los lapsos procesales establecidos, que por lo perentorio pueden considerarse como no razonables,[1751] lo importante de la norma es que regula dos supuestos distintos que permiten al juez intervenir en su propia sentencia, una vez dictada, que son la aclaratoria y la ampliación.

Sobre ésta última, la ampliación, concepto que no se desarrolla en la norma, la doctrina jurisprudencial tradicional en Venezuela la ha considerado siempre como un "complemento conceptual de la sentencia requerido por omisiones de puntos, incluso esenciales, en la disertación y fundamento del fallo o en el dispositivo, siempre que la ampliación no acarree la modificación del fallo."[1752]

Por tanto, la ampliación no significa que se puedan realizar modificaciones de lo establecido en el fallo, sino que son "adiciones o agregados que dejan incólumes los dispositivos ya consignados," pues "su causa motiva obedece a un *lapsus* o falta en el orden intelectivo, en el deber de cargo del magistrado, y su causa final es la de inteligenciar un razonamiento o completar una exigencia legal."[1753] En otras pala-

---

1751 La Sala de Casación Social del Tribunal Supremo de Justicia, en sentencia No. 48 del 15 de marzo de 2000, recurriendo a la idea del plazo razonable, consideró necesario "aplicar con preferencia la vigencia de las normas constitucionales sobre el debido proceso relativas al razonamiento de los lapsos con relación a la norma del artículo 252 Código de Procedimiento Civil y, en ejecución de lo dispuesto en el artículo 334 de la Constitución, dispone en forma conducente, con efectos *ex nunc*, que el lapso para oír la solicitud de aclaratoria formulada es igual al lapso de apelación del artículo 298 CPC." Véase en http://historico.tsj.gob.ve/decisiones/scs/marzo/48-150300-99638.HTM Véase igualmente, sentencia N° 124 de la Sala Político Administrativa del 13 de febrero de 2001, (Caso: *Olimpia Tours and Travel, C.A.*), en http://historico.tsj.gob.ve/decisiones/spa/febrero/00124-130201-11529.htm. Dicha decisión se cita, también en la sentencia N° 209 de la Sala de Casación Social del 25 de febrero de 2016, (Caso: *Municipio Chacao del Estado Bolivariano de Miranda*), en http://historico.tsj.gob.ve/decisiones/spa/febrero/185475-00209-25216-2016-2013-1575.HTML

1752 Véase Ricardo Henríquez La Roche, *Comentarios al Código de Procedimiento Civil*, Tomo II, Centro de Estudios Jurídicos de Venezuela. Caracas 2009, pág. 267. Así lo expone R. Henríquez La Roche, quien trae a colación la sentencia de la Corte Suprema de Justicia en Sala de Casación Civil, de 6 de agosto de 1992, en Oscar Pierre Tapia, *Jurisprudencia de la Corte Suprema de Justicia*, N° 8-9, Editorial Pierre Tapia, Caracas 1992, pp. 385-386).

1753 Véase sentencia del Juzgado Superior Segundo del Trabajo de la Circunscripción Judicial del Estado Bolívar, Extensión Territorial Puerto Ordaz, de 22 de noviembre de 2010... http://bolivar.tsj.gob.ve/DECISIONES/2010/NOVIEMBRE/1928-22-FP11-R-2010-000342-.HTML . Como también lo ha expresado R. Marcano Rodríguez, que *"La ampliación no supone, como la aclaración, que el fallo sea oscuro, ambiguo o dudoso, sino más bien insuficiente o incompletamente de-*

bras, la "ampliación tiene por objeto complementar la decisión sobre la cual versa el recurso, *añadiendo los aspectos omitidos en ella en razón de un error involuntario del tribunal,"* y en ningún caso "significa que *pueda versar sobre asuntos no planteados en la demanda*, o disminuir o modificar los puntos que han sido objeto de pronunciamiento en la decisión."[1754]

La Sala Constitucional, sin embargo, desvirtuando el significado de la norma, al referirse a la misma afirmó que:

> "la aclaratoria tiene por objeto lograr que sea expresada en mejor forma la sentencia, de manera que permita el conocimiento cabal de su contenido, evitando las dudas o los malos entendidos que la lectura de su texto pueda generar, a los fines de la apropiada comprensión integral de la decisión, mientras que la *ampliación persigue resolver un pedimento cuyo análisis se deriva del acto decisorio.*"

Esta afirmación es contraria a lo que es y ha sido siempre la institución de la ampliación de sentencias en Venezuela, la cual no *puede versar sobre asuntos que no fueron planteados inicialmente en la demanda que originó la sentencia,* y pueda pretenderse que se aplica, como erradamente lo indicó la Sala, a asuntos cuyo "*análisis se deriva*" de la sentencia, es decir, a asuntos que no fueron planteados al juez para decidir y que por tanto, nunca pudieron ser incluidos en la sentencia cuya aclaratoria se pide. Es decir, la ampliación solo puede referirse a aspectos que fueron originalmente pedidos en la demanda y que no fueron considerados en la sentencia cuya aclaratoria se pide.

Con esta sentencia de la Sala Constitucional, por tanto, la misma ha inventado una nueva forma inconstitucional de decidir, desvirtuando la institución de la ampliación de sentencias establecida en el Código de Procedimiento Civil, emitiendo decisiones sobre asuntos no planteados anteriormente en el juicio, proceso o procedimiento que originó la sentencia cuya "ampliación" se pide, pero sin proceso judi-

---

terminativo de las soluciones dadas al problema jurídico planteado con la acción y la excepción (...), la ampliación no es remedio de los vicios congénitos del fallo, sino que, por el contrario, presupone la existencia de una decisión válida, que ha resuelto todos y cada uno de los puntos del litigio de acuerdo con el pro y el contra, pero que, en su dispositivo hay una insuficiencia de generalización, de determinación, de extensión en el modo de fijar el fin y el alcance de algunos o algunos de los puntos debatidos." Véase en *Apuntaciones Analíticas sobre las Materias Fundamentales y Generales del Código de Procedimiento Civil Venezolano*, Editorial Bolívar, Caracas, 1942, Tomo III, pág. 75-76. Véase igualmente sentencia de la Sala Político Administrativa del Tribunal Supremo de Justicia, N° 2676 del 14 de noviembre de 2001, caso: VENEVISIÓN en http://historico.tsj.gob.ve/decisiones/spa/noviembre/02676-141101-0816.HTM

1754 Véase Ricardo Henríquez La Roche, *Comentarios al Código de Procedimiento Civil*, Tomo II, Centro de Estudios Jurídicos de Venezuela. Caracas, 2009, pág. 267. Véase igualmente sentencia de la Sala Político Administrativa del Tribunal Supremo de Justicia, N° 2676 del 14 de noviembre de 2001, (Caso: VENEVISIÓN) en http://historico.tsj.gob.ve/decisiones/spa/noviembre/02811-271101-14950.HTM. En el mismo sentido se pronunció la misma Sala Político Administrativa en sentencia No. 570 del 2 de junio de 2004 en la cual sostuvo, respecto de la ampliación, que "dicha figura está prevista con miras a subsanar omisiones de la sentencia pronunciada, corrigiendo la falta de congruencia del fallo con la pretensión o con la defensa en algún punto específico, es decir, es necesario para su procedencia que la sentencia sea insuficiente en cuanto a la resolución del asunto a que se contraen las actuaciones. Véase en http://historico.tsj.gob.ve/decisiones/spa/junio/00570-020604-2003-0971.HTM.

cial, es decir, sin garantizar el debido proceso ni el derecho a la defensa, contrariando la garantía judicial prevista en el artículo 49 de la Constitución.

II. EL PROCEDIMIENTO CONSTITUCIONAL EN EL CUAL SE DICTÓ LA SENTENCIA CUYA "AMPLIACIÓN" SE SOLICITÓ Y LA AUSENCIA DE REFERENCIA SOBRE LA APROBACIÓN DE LA LEY DE PRESUPUESTO

La sentencia cuya "ampliación" se solicitó, en efecto, fue la sentencia N° 810 del 21 de septiembre de 2016 dictada por la Sala Constitucional, en la cual después de seguirse el procedimiento constitucional respectivo conforme a la competencia que le asigna el artículo 336.6 de la Constitución, , simplemente declaró la constitucionalidad del Decreto N° 2.452 de 13 de septiembre de 2016 de declaratoria de estado de excepción, de cuyo contenido nada resultaba necesario ampliar, porque nada se había omitido. La Sala, en efecto, en la sentencia decidió sobre lo único que podía decidir, que era sobre la constitucionalidad o no del Decreto.

Sin embargo, la Sala Constitucional, bajo la excusa de dictar una "aclaratoria" de dicha sentencia, mediante la mencionada N° 814 de 11 de octubre de 2016,[1755] pasó a emitir una nueva sentencia en la cual, sin que ello tuviese relación alguna con la materia decidida en sentencia supuestamente "aclarada," decidió, contrariando la Constitución, sobre asuntos que no fueron considerados en la sentencia, como son las competencias constitucionales para la aprobación de la Ley de Presupuesto y sobre la propia noción de ley en la Constitución. A tal efecto dispuso, por lo que respecta a la Ley de Presupuesto correspondiente a 2017, que:

> "el Presidente la República deberá presentar el presupuesto nacional *ante esta máxima instancia de la jurisdicción constitucional*, dentro de los cinco (5) días siguientes a la notificación de la presente decisión, bajo la forma de *decreto que tendrá rango y fuerza de ley*, la cual ejercerá el control de ese acto del Poder Ejecutivo Nacional, *conforme a lo previsto en el Texto Fundamental*, todo ello en garantía de los principios constitucionales que rigen la materia presupuestaria.
>
> 4.- Que ese *decreto* de presupuesto nacional, *con rango y fuerza de ley*, tendrá vigencia para el ejercicio fiscal 2017, estará sujeto a las normas y principios que rigen la materia y al control constitucional de esta Sala, conforme a lo dispuesto en los numerales 3 y 4 del artículo 336 de la Constitución de la República Bolivariana de Venezuela, como parte del sistema de garantías previstos en el Texto Fundamental, sin perjuicio de las atribuciones inherentes al Poder Ciudadano en esta materia.
>
> 6.- Que en el presente caso *no procede la reconducción presupuestaria* y que, por ende, la *Asamblea Nacional no podrá alterar en ningún momento las partidas presupuestarias* ni pretender obstruir ni incidir en la integridad de las disposiciones establecidas en el correspondiente decreto de presupuesto nacional."

Esta sentencia, por supuesto, viola abiertamente lo establecido en los artículos 187.6, 311 y 313 de la Constitución que le atribuyen a la Asamblea Nacional la competencia exclusiva para "discutir y aprobar el presupuesto nacional;" lo estable-

---

1755 Véase en http://historico.tsj.gob.ve/decisiones/scon/octubre/190792-814-111016-2016-2016-897.HTML.

cido en el artículo 202 de la Constitución sobre la noción de "ley" en Venezuela como acto emanado de la Asamblea Nacional actuando como cuerpo legislador; lo previsto en el mismo artículo 202 de la Constitución, sobre la competencia exclusiva de la Asamblea Nacional para sancionar leyes; y lo previsto en los artículos 203; 236.8 de la Constitución, que establecen la competencia excepcional del Ejecutivo Nacional de poder dictar actos ejecutivos con fuerza y valor de ley, es decir, los "decretos leyes" que pueda dictar por delegación el Presidente en Consejo de Ministros, en ejecución de una ley orgánica de habilitación legislativa; todo lo cual significó la violación del principio democrático conforme al cual sólo los representantes electos del pueblo son los que pueden aprobar el presupuesto nacional.

Los vicios de la sentencia los resumió la Academia Nacional de Economía, en un acertado "Pronunciamiento" publicado el 13 de octubre de 2016,[1756] en el cual luego de referirse a la Ley de Presupuesto Nacional como "un elemento central de la política pública para el desarrollo de cualquier país," que "constituye el principal instrumento para el manejo de la política fiscal de la Nación," por lo cual "en una sociedad democrática, el Gobierno Central no puede decidir arbitrariamente el nivel y composición de los ingresos y gastos públicos," y más bien, debe ser presentado por el Ejecutivo para su aprobación por "el órgano constitucional que representa a los venezolanos, vale decir: la Asamblea Nacional," consideró a la sentencia como un "atentado contra el Orden Constitucional en un área tan relevante para el buen funcionamiento de la economía y de la institucionalidad democrática," que "impide el cumplimiento de un precepto constitucional fundamental que define nuestro carácter como sociedad democrática." La Academia dijo, en resumen, que:

> "El Poder Legislativo encarna la pluralidad necesaria para asegurar que las prioridades recogidas en la estructura del presupuesto respondan a las necesidades del país, conforme a la diversidad de enfoques y perspectivas, ahí expresadas. Además, el Poder Legislativo realiza su función contralora al Gobierno y del cumplimiento de sus compromisos. A esta función contralora se suma el derecho de la ciudadanía a la realización de contraloría social, a quien en última instancia se debe responder por el uso de los fondos públicos.
>
> Debemos insistir, los ingresos previstos en la Ley de Presupuesto Nacional no son sino los tributos impuestos a las personas naturales y jurídicas por sus actividades económicas. En ejercicio de su soberanía, consagrada en el artículo 5 de la Carta Magna, es la misma sociedad la que debe decidir, a través de sus órganos de representación, cómo financiar la provisión de los bienes y servicios que el Gobierno Central debe proveerle con el objeto de garantizar y mejorar el nivel del bienestar social."[1757]

Evidentemente que estos temas no fueron considerados por la Sala Constitucional en la sentencia N° 810 del 21 de septiembre de 2016 cuya "ampliación" se solicitó violando el Código de Procedimiento Civil, para poder haberse pretendido obtener alguna "ampliación" de esta última originando la sentencia N° 814 de 11 de octubre de 2016, razón por la cual la misma, al no "ampliar" nada de lo resuelto en aquella, no es más que una sentencia nueva, dictada en forma inconstitucional por el

---

1756 Véase en http://www.ance.org.ve/

1757 *Idem.*

Juez Constitucional, sin proceso alguno, es decir, sin respetar instrumento alguno para la realización de la justicia como lo exige la Constitución (art. 257); dictada, además, de oficio, sin que nadie se lo pidiera a la sala, violando el principio dispositivo que rige en materia de justicia constitucional; y todo en violación absoluta de la garantía del debido proceso y el derecho a la defensa (artículo 49 de la misma Constitución), al no haberse asegurado la participación en juicio de los representantes de la propia Asamblea Nacional, cuyas funciones constitucionales cercenó.

III. LA INCONSTITUCIONAL "AMPLIACIÓN" DE UNA SENTENCIA PARA INTERPRETAR LA CONSTITUCIÓN MEDIANTE UN NUEVO PROCEDIMIENTO Y UNA NUEVA "SENTENCIA"

La Sala Constitucional, para cometer esta aberración jurídica, comenzó "entresacando" de entre los "Considerandos" del Decreto N° 2.452 de 13 de septiembre de 2016, declarativo del estado de emergencia, que la misma había declarado "constitucional" en la sentencia N° 810 de 11 de octubre de 2016, el "Considerando" que hacía referencia a la declaratoria de la Sala "sobre la invalidez, inexistencia e ineficacia jurídica de todos los actos y actuaciones dictados por la Asamblea Nacional, por encontrarse este órgano legislativo en desacato y en flagrante violación del orden público constitucional;" para luego pasar a constatar, de noticias de prensa, lo que calificó como un hecho "notoriamente comunicacional," que fue el pronunciamiento realizado por la Asamblea Nacional el 20 de septiembre de 2016, rechazando el mencionado Decreto N° 2452 de 13 de septiembre de 2016 sobre estado de excepción;[1758] pronunciamiento que la Sala, de entrada, sentenció declarándolo como "absolutamente nulo, de conformidad con la sentencia 808/2016, ya mencionada." A esa decisión, le siguió el "Acuerdo sobre el rescate de la democracia y la Constitución" de la Asamblea Nacional de 13 de octubre de 2016, en el cual resolvió

> "Desconocer, de conformidad con lo dispuesto en los artículos 7 y 333 de la Constitución, la autoridad y vigencia de los actos del Poder Ejecutivo y de las sentencias del Tribunal Supremo de Justicia, que contraríen los valores, principios y garantías democráticos y lesionen los derechos fundamentales." [1759]

1758 Véase en http://www.asambleanacional.gob.ve/noticia/show/id/16338

1759 En dicho Acuerdo, la Asamblea Nacional expresó además, con toda claridad: "Que no hay democracia sin la vigencia efectiva de un texto constitucional que ordene de acuerdo a la justicia, el ejercicio de los poderes públicos, así como las relaciones del poder público con los ciudadanos;" que no hay democracia sin respeto de los derechos humanos, que el ejercicio de los derechos humanos es irrenunciable y que los órganos del Poder Público están obligados a velar por su efectiva vigencia;" y que "Que no hay democracia sin voto y que el ejercicio del voto es el cauce democrático para exigir a las autoridades del Poder Público el cumplimiento de sus funciones en beneficio de los ciudadanos, así como el medio para garantizar la paz y que los cambios políticos anhelados por la ciudadanía se alcancen pacífica y cívicamente." Véase el texto en http://www.asambleanacional.gob.ve/uploads/documentos/doc_e1f2b1e2f50dc2e598d87dbf11d989a2f560e4d5.pdf. Dicho Acuerdo, a juicio de Antonio Sánchez García, "constituye una auténtica declaración de guerra a la dictadura. La primera – y última – tras diecisiete años de humillaciones, de abusos, de atropellos, de fraudes y crímenes e iniquidades sin nombre. [...]. Estamos ante un documento de alta valoración histórica que establece una tajante línea divisoria en la historia política de la República: un antes y un después del 13 de octubre de 2016. Un decreto que apela a la verdad y a las tradiciones democráticas de Venezuela, reivindica los derechos que le asisten a quienes detentan de iure y de facto el Poder soberano de la Nación y que expresa la voluntad indeclinable de la inmensa mayoría ciudadana de la Nación por restituir el Estado de Derecho y la integridad de la Patria, ultrajada por quienes no han trepidado en traicionar su soberanía,

La Sala, así, violando la Constitución sin proceso constitucional de nulidad alguno, de oficio declaró la nulidad de un acto parlamentario sin forma de Ley, lo que solo puede ocurrir conforme al proceso de anulación regulado en la Ley Orgánica del Tribunal Supremo de Justicia, conforme a lo dispuesto en el artículo 336 de la Constitución. Es decir, con esta decisión, la Sala Constitucional incurrió en una inconstitucionalidad adicional al violar los principios más elementales de la justicia constitucional, mediante dicha declaración de oficio, sin que nadie se lo hubiese solicitado, y violando el derecho a la defensa y el debido proceso, un acto parlamentario sin forma de ley dictado por la Asamblea Nacional como fue el mencionado Acuerdo de la Asamblea Nacional.

Luego de glosar el contenido del articulado del Decreto de estado de excepción, y transcribir párrafos de múltiples sentencias anteriores de la Sala en las cuales ya había declarado la "constitucionalidad" de varios decretos de excepción anteriores, pasó la Sala a constatar que la solicitud de "ampliación" formulada por el Presidente se circunscribía a "las condiciones de presentación y aprobación del Presupuesto de la República," ante la Asamblea Nacional, pues en virtud de la declaración judicial de que sus actos se consideraban "nulos y carentes de toda vigencia y eficacia jurídica," entonces el Poder Ejecutivo no podría presentar el Presupuesto ante la Asamblea "debido a la situación irregular en que se encuentra ese órgano legislativo."

De todo ello, el Presidente de la República en realidad no pidió "aclaratoria" alguna sobre supuestas omisiones de puntos en la disertación y fundamento de la sentencia anterior, o de algún *lapsus* o falta en la misma, de manera que la Sala pudiese completar la decisión añadiendo los aspectos omitidos en ella en razón de algún error involuntario de la misma, sino como se indica en la propia sentencia, lo que solicitó en realidad fue que la Sala Constitucional "*interpretara*":

> "sobre la factibilidad de que fundamentado en el Decreto de Estado de Excepción y Emergencia Económica N° 2.4.52, publicado en la *Gaceta Oficial* Extraordinaria n° 6.256 de fecha 13 de septiembre de 2016, se pueda decretar el Presupuesto de la República y normativa excepcional para la asignación de recursos presupuestarios, los límites máximos de autorizaciones para gastar, la distribución de los egresos y las operaciones de financiamiento, que regirán para el ejercicio económico financiero 2017."

No hubo por tanto en la solicitud del Presidente, requerimiento alguno de "ampliación" de la sentencia N° 816 de 29 de septiembre de 2016, habiéndose reducido la solicitud misma a la formulación de una de interpretación constitucional nueva que nada tenía relación con la sentencia de declaratoria de constitucionalidad de un Decreto de estado de excepción.

---

entregarle la disposición sobre nuestros recursos a una tiranía extranjera y usurpar la presidencia de nuestro gobierno a uno de sus agentes. [...] . Es un acto de alta política que honra a nuestra Asamblea, un "no va más". Irreductible y sin retorno. Llegamos a la encrucijada definitoria de nuestro destino: dictadura o democracia. La soberanía reclama libertad, justicia y democracia. Es la hora de su reconquista." Véase: Antonio Sánchez García, "La hora final, Declaración de guerra de la Asamblea Nacional a la dictadura," 17 de octubre de 2016, en http://www.twitlonger.com/show/n_1sp74lo y en http://noticiasvenezuela.org/2016/10/18/la-hora-final-declaracion-de-guerra-de-la-asamblea-nacional-a-la-dictadura/.

Sin embargo, la Sala consideró que el Presidente solicitante, quien supuestamente conocía "a cabalidad el contenido y alcance de la decisión," no pretendía "aclaratoria" alguna, sino que supuestamente se "ampliase" el análisis desarrollado por la Sala, en cuanto a la declaratoria de la nulidad de todos los actos de la Asamblea, lo que implicaba "la imposibilidad jurídica de someter el presupuesto 2017 a la aprobación del órgano legislativo nacional," lo cual obviamente no encajaba dentro de la posibilidad de "ampliación," pues ello no se había discutido ni mencionado, ni se planteó en el procedimiento que originó la sentencia.

IV. UN NUEVO "INVENTO" INCONSTITUCIONAL DE LA "JUSTICIA CONSTITUCIONAL" IMPARTIDA POR LA SALA CONSTITUCIONAL: EL SUPUESTO CONTROL "INNOMINADO" DE LA CONSTITUCIONALIDAD

Olvidándose entonces de que lo que se le había solicitado era una supuesta "ampliación" de la sentencia N° 810 de 11 de octubre de 2016, la Sala Constitucional pasó a decidir una especie de solicitud de interpretación, considerando que la "interpretación y aplicación es una de las funciones principales de la jurisdicción constitucional," para lo cual comentó los diversos artículos constitucionales que regulan tanto la Jurisdicción Constitucional en Venezuela, como aquellos relacionados con el tema de la aprobación del Presupuesto en el marco de la Hacienda Pública, y los artículos de la Ley Orgánica sobre los Estados de Excepción, y en particular los que regulan la competencia del Presidente de la República para dictar medidas, entre ellas, las *"de orden social, económico, político o ecológico cuando resulten insuficientes las facultades de las cuales disponen ordinariamente los órganos del Poder Público para hacer frente a tales hechos".*

De estas normas queda claro que corresponde al Presidente de la República, como Jefe de Estado y del Ejecutivo Nacional, la elaboración del presupuesto nacional (además de las otras atribuciones constitucionales, inclusive, en materia de régimen de excepción), y que a su vez, corresponde en exclusividad a la Asamblea Nacional" discutir y aprobar el presupuesto nacional y todo proyecto de ley concerniente al régimen tributario y al crédito público" (art. 187.6).

Y entonces, sin embargo, teniendo como base en esas claras atribuciones constitucionales, y sin considerar la voluntad manifiesta de la Asamblea Nacional de querer funcionar y ejercer sus atribuciones constitucionales, que la propia Sala le fue cercenando durante todo el año 2016, lo que constató la Sala Constitucional fue que la solicitud de "ampliación" aun cuando improcedente, lo que evidenciaba era, en cambio, "la voluntad manifiesta del Presidente de la República de cumplir las fases constitucionales para la aprobación del presupuesto nacional" para 2017. La Sala, además, consideró que presentar el proyecto de Ley "ante un órgano que actualmente está al margen de la Constitución en razón del desacato en el que se encuentra frente a decisiones de este alto tribunal" acarrearía "consecuencias Jurídicas" pues la propia Sala ya había declarado que todas las actuaciones de la asamblea Nacional carecían de validez y eficacia por inconstitucionales." (*lo declaró en sentencia n.° 808 del 2 de septiembre de 2016 y lo reiteró en el fallo objeto de la "ampliación"*); circunstancias estas que según la Sala le exigieron proceder a ejercer un denominado e inexistente "*control innominado de la constitucionalidad*" para determinar "la solución de esa situación, en tutela del sistema constitucional."

Por supuesto, esto es absolutamente inconstitucional. No existe ni puede existir un "control *innominado* de constitucionalidad," pues la Jurisdicción Constitucional en Venezuela, como todos los órganos constitucionales, solo puede ejercer las competencias establecidas expresamente en la Constitución (art. 336). La Sala Constitucional, ante todo, está sujeta a la Constitución, y no puede "inventarse" competencias que la Constitución no establece, usurpando el poder constituyente.[1760]

Y eso fue lo que hizo la Sala Constitucional, después de que había sido la propia Sala Constitucional la que había sucesivamente ahogado a la Asamblea Nacional, violando el deber que tenía de honrar los postulados de separación de poderes, de equilibrio entre los Poderes Públicos, de garantía de los derechos fundamentales y del orden constitucional, afectando gravemente el funcionamiento del Estado.

Sin embargo, insólitamente y con todo cinismo, la Sala Constitucional, para usurpar las funciones de la Asamblea Nacional, lo que argumentó fue, como si nadie supiera lo que ha estado ocurriendo en el país por obra de la dictadura judicial[1761] que ha impuesto, que:

> "frente a la imperiosa necesidad de cumplir una fase del proceso de formación jurídica del presupuesto nacional, ante el deber de honrar los postulados de separación y equilibrio entre los poderes que conforman el Poder Público y con el propósito de mantener el funcionamiento del Estado, la garantía de los derechos fundamentales y el orden constitucional, esta Sala, en ejercicio de sus atribuciones constitucionales, *declara que en esta oportunidad el Presidente la República deberá presentar el presupuesto nacional ante esta máxima instancia de la jurisdicción constitucional, bajo la forma de decreto, la cual ejercerá el control de ese acto del Poder Ejecutivo Nacional*, conforme a lo previsto en el Texto Fundamental, todo ello en garantía de los principios constitucionales que rigen la materia presupuestaria."

Es decir, la Sala Constitucional, en lugar de buscar la "solución constitucional" al problema que ella misma había originado, en la propia Constitución, reconociendo la representación popular de la Asamblea Nacional y las competencias que tiene, decidiendo que "en esta oportunidad," en lugar de que el proyecto de Ley de Presupuesto se presentara por el Presidente ante la Asamblea Nacional, la cual incluso podía haberlo aprobado sin la participación en la votación de los diputados por el Estado Amazonas, simplemente, en lugar de ello, violando abiertamente la Constitu-

---

1760 Véase lo expuesto en Allan R. Brewer-Carías, *Constitutional Courts as Positive Legislators*, Cambridge University Press, Cambridge 2011, pp. 179-182. Por ello, con razón, José Ignacio Hernández expresó que en este caso, la Sala Constitucional se "inventó" una competencia que no tiene, agregando que: "no hay en la Constitución ninguna norma que atribuya a la Sala Constitucional la competencia para aprobar el presupuesto. Todo lo contrario: la Constitución es clara cuando señala que el presupuesto se aprueba mediante Ley, y sólo la Asamblea Nacional puede dictar leyes." Véase en "¿Qué significa que la Sala Constitucional y no la Asamblea Nacional apruebe el presupuesto 2017?," en *Prodavinci*, Caracas, 12 de octubre de 2016, en http://prodavinci.com/blogs/que-significa-que-la-sala-constitucional-y-no-la-asamblea-nacional-apruebe-el-presupuesto-2017/.

1761 Véase Allan R. Brewer-Carías, *Dictadura Judicial y perversión del Estado de derecho*, Editorial Jurídica venezolana, Caracas 2016; "La Corrupción del Estado de Derecho y la "Dictadura Judicial", de Allan R. Brewer-Carías, pág. 4-9, disponible en: http://www.allanbrewercarias.com/Content/449725d9-f1cb-474b-8ab2
41efb849fea2/Content/I,%201,%201127.%20Brewer.%20La%20corrupci%C3%B3n%20del%20Esta
do%20de%20derecho%20y%20la%20dictadura%20judicial%20.%20Guanajuato%202016.pdf.

ción, lo que resolvió fue: *primero*, liberar inconstitucionalmente al Presidente de la República de su obligación de presentar el proyecto de Ley de Presupuesto ante la Asamblea Nacional; *segundo*, auto-atribuirse como Juez Constitucional, usurpando la potestad de la Asamblea Nacional, la competencia para discutir y aprobar el presupuesto nacional, ignorando así que sus competencias solo pueden ser las establecidas en la Constitución; *tercero*, cambiar la naturaleza constitucional del acto de aprobación del presupuesto que es única y exclusivamente mediante ley de la Asamblea Nacional, autorizando, al margen de la Constitución, que el Presupuesto para 2017 se adoptase mediante un decreto, que son los actos del Presidente de la República; y *cuanto*, también violando la Constitución, otorgar a dicho decreto, la jerarquía de decreto con "rango y fuerza de Ley", es decir, de un decreto ley, cuando estos solo son los dictados mediante el ejercicio de competencias legislativas delegadas mediante Ley Habilitante (art. 2013), o los decretos de Estados de excepción que nunca pueden ser dictados usurpando competencias constitucionales de otros órganos del Poder Público.

El "fundamento" para asignarle al decreto sui generis e inconstitucional del Presidente contentivo de la Ley de Presupuesto el rango y valor de ley que esgrimió la Sala Constitucional, fue el artículo 2.2 del Decreto N° 2.452, de 13 de septiembre de 2016, declarativo del estado de Excepción que estableció entre las "medidas" que podía adoptar el Presidente, la siguiente:

> "Decretar normativa excepcional para la asignación de recursos presupuestarios, los límites máximos de autorizaciones para gastar, la distribución de los egresos y las operaciones de financiamiento, sin compensaciones entre sí, que regirán para el ejercicio económico financiero 2017, si por situaciones de hecho o impedimentos jurídicos resultare imposible tramitar el Presupuesto 2017 oportunamente, con el objeto de evitar daños irreparables al Patrimonio Público, a los venezolanos y venezolanas, así como garantizar el adecuado funcionamiento de los órganos y entes públicos."

La norma invocada, por supuesto, era en sí misma inconstitucional, pues con ella se dejó abierta la posibilidad de que el Ejecutivo Nacional, se atribuyera a sí mismo la función de aprobación del presupuesto, ignorando que un estado de excepción no puede significar, de acuerdo con el artículo 339 de la Constitución, la interrupción del "funcionamiento de los órganos del Poder Público."

La Sala continuó considerando que los "decretos" que el Presidente de la república dicte sucesivamente en "ejecución' de su propio decreto de excepción, son "actos normativos de ejecución directa e inmediata de la Constitución, "lo que es falso, pues esa categoría solo la tiene el decreto de estado de excepción que es el sujeto a control político y judicial[1762] y no los sucesivos decretos que se dicten con otras medidas que no se someten a dichos controles.

Es decir, los decretos que tienen rango y valor de ley, conforme al artículo 22 de la ley Orgánica de los Estados de excepción, son los decretos que declaren tales estados de excepción, y en forma alguna los decretos "en ejecución" del mismo

---

1762 Véase Sentencia N° 07 de la Sala Constitucional del 11 de febrero de 2016, (Caso: *Hernán Toro, Norcy Álvarez y otros*), en http://historico.tsj.gob.ve/decisiones/scon/febrero/184885-07-11216-2016-16-0117.HTML.

como lo ha dispuesto la Sala Constitucional contrariando lo que la Constitución y la ley Orgánica de Estados de excepción establece. Es falso, por tanto como lo afirmó la Sala que el usurpador "decreto de ley de presupuesto" que autorizó a fuese dictado, "por su contenido, naturaleza y alcance, y, además, por ser un acto en ejercicio de la potestad contenida en el referido artículo 2.4 del Decreto N° 2.452 de Estado de Excepción y Emergencia Económica, de fecha 13 de septiembre de 2016, cuya constitucionalidad declaró la Sala en la sentencia objeto de "ampliación," tendría igualmente "rango y fuerza de ley."

Luego de estas afirmaciones, la Sala pasó a referirse a los normas constitucionales de los artículos 311, 312, 314 y 315, que regulan el proceso presupuestario a través de la ley de Presupuesto, indicando que las mismas también "regirán tal decreto con rango y fuerza de ley de presupuesto nacional," destacando en especial el artículo 313 de la Constitucional, que establece que:

> "*Artículo 313.* La administración económica y financiera del Estado se regirá por un presupuesto aprobado anualmente por ley. El Ejecutivo Nacional presentará a la Asamblea Nacional, en la oportunidad que señale la ley orgánica, el proyecto de Ley de Presupuesto. Si el Poder Ejecutivo, por cualquier causa, no hubiese presentado a la Asamblea Nacional el proyecto de ley de presupuesto dentro del plazo establecido legalmente, o el mismo fuere rechazado por ésta, seguirá vigente el presupuesto del ejercicio fiscal en curso.
>
> La Asamblea Nacional podrá alterar las partidas presupuestarias, pero no autorizará medidas que conduzcan a la disminución de los ingresos públicos ni gastos que excedan el monto de las estimaciones de ingresos del proyecto de Ley de Presupuesto.
>
> Con la presentación del marco plurianual del presupuesto, la ley especial de endeudamiento y el presupuesto anual, el Ejecutivo Nacional hará explícitos los objetivos de largo plazo para la política fiscal, y explicar cómo dichos objetivos serán logrados, de acuerdo con los principios de responsabilidad y equilibrio fiscal".

Sin embargo, frente a esa norma constitucional, la Sala Constitucional, simplemente procedió a "suspender" sus efectos, respecto de lo que venía de decidir inconstitucionalmente, constatando que era "evidente" después de la inconstitucionalidad que venía de cometer, que lo decidido no se subsumía

> "en ninguno de los supuestos señalados en esa norma, pues no se trata de que el Ejecutivo Nacional no hubiese presentado a la Asamblea Nacional el proyecto de Ley de Presupuesto dentro del lapso establecido legalmente, ni tampoco que el mismo fuere rechazado por ésta; casos en los que "seguirá vigente el presupuesto del ejercicio fiscal en curso" (reconducción presupuestaria) y "la Asamblea Nacional podrá alterar las partidas presupuestarias, pero no autorizará medidas que conduzcan a la disminución de los ingresos públicos ni gastos que excedan el monto de las estimaciones de ingresos del proyecto de Ley de Presupuesto."

En consecuencia, de la inconstitucionalidad cometida por la Sala Constitucional, la misma Sala concluyó que como en la Constitución no se previó el supuesto de que la propia Sala Constitucional paralizara a la Asamblea nacional y declarase nulos sus actos futuros, entonces ello, supuestamente:

> "no acarrea en este caso la consecuencia de la reconducción presupuestaria ni, lógicamente, la posibilidad de que la Asamblea Nacional pueda alterar las partidas presupuestarias en momento alguno, no sólo por la comprensible ausencia de regulación de una actuación tan particular, sino porque la responsabilidad de la no presentación del proyecto de ley de presupuesto no es atribuible al Ejecutivo Nacional, como ya se evidenció, sino a la antijurídica actuación de la mayoría de diputados que actualmente conforman la Asamblea Nacional, los cuales han resuelto volver a desconocer el orden constitucional, como lo hicieron el 6 de enero del presente año, cuando incurrieron en el primer desacato, que cesó pocos días después por el reconocimiento y la decisión voluntaria de los mismos."

Allí se olvidó la Sala mencionar, sin embargo, que en realidad, la verdadera razón para impedir que el Presidente presentase el proyecto de Ley de Presupuesto ante la Asamblea, no había sido el supuesto desacato de ésta de decisiones judiciales, sino las sentencias de la propia Sala declarando nulas y sin ningún valor todas las actuaciones pasadas y futuras de la Sala Constitucional.

La sala, sin embargo, ignorando esa realidad, procedió, sin más, a suspender los efectos de la propia Constitución, afirmando que lo expuesto en la misma no podía aplicarse para el ejercicio fiscal 2017 y como lo dice la Constitución, siguiera:

> "vigente el presupuesto del ejercicio fiscal en curso, sino que estará vigente el decreto de presupuesto nacional del Presidente de la República; el cual, como se indicó, deberá ser presentado a esta Sala Constitucional, dadas las circunstancias excepcionales ya descritas."

Esta suspensión de la Constitución condujo finalmente a la Sala a disponer que el "decreto de presupuesto nacional" estaría por tanto sujeto "a las normas y principios que rigen la materia y *al control constitucional de esta Sala*, conforme a lo dispuesto en los numerales 3 y 4 del artículo 336 de la Constitución"; y que conforme a ello,

> "la Asamblea Nacional no podrá alterar en ningún momento las partidas presupuestarias ni pretender obstruir ni incidir en la integridad de las disposiciones establecidas en el correspondiente decreto de presupuesto nacional, como medida de protección de la integridad constitucional, del funcionamiento del Estado y de los derechos fundamentales."

De todo este desaguisado constitucional, la Sala insistió en reafirmar la "suspensión" de los efectos de la Constitución en la materia, al decidir que:

> "actualmente el Presidente de la República está constitucionalmente relevado de presentar el presupuesto nacional ante la Asamblea Nacional, así como de cualquier otro pretendido control político que ejerza ese órgano legislativo, mientras dure el desacato que voluntariamente mantiene la mayoría de diputados que actualmente integran el mismo respecto del orden constitucional y, concretamente, de varias decisiones dictadas por este máximo tribunal de la República, que lo ubica al margen del orden constitucional y que pudiera gene-

rar responsabilidad tanto para los diputados en desacato como para quienes cohonesten o participen en ese desacato."

Situación que además, como también lo decidió la Sala, duraría, "mientras dure la vigencia del decreto con rango y fuerza de ley de presupuesto nacional," es decir, durante todo el año 2017, incluso "aun cuando la Asamblea Nacional regresare al cauce constitucional," en cuyo caso sus decisiones la Sala consideró hacia futuro, que

> "carecerán de validez y existencia jurídica alguna, por ser extemporáneas, toda vez que, como ha podido apreciarse, existen normas jurídicas que establecen lapsos preclusivos respecto de esta materia regida por un instrumento jurídico temporal, pues está destinado a regir durante un año."

Y así la Sala Constitucional declaró "resuelta la presente solicitud de ampliación de la sentencia N° 810 del 21 de septiembre de 2016", procediendo a disponer que el "Presidente la República deberá presentar el presupuesto nacional ante esta máxima instancia de la jurisdicción constitucional, bajo la forma de decreto, dentro de los cinco (5) días siguientes a la notificación de la presente decisión," lo cual el Presidente hizo efectivamente el día 14 de octubre de 2016 tal y como fue bien publicitado. [1763]

V. EL NUEVO ASALTO A LA CONSTITUCIÓN PERPETRADO POR LA SALA CONSTITUCIONAL Y EL CHANTAJE INICIADO POR EL PODER EJECUTIVO NACIONAL EN RELACIÓN CON LAS ENTIDADES POLÍTICAS DESCENTRALIZADAS (ESTADOS Y MUNICIPIOS).

Con esta decisión los venezolanos fuimos testigos de un nuevo "asalto a la Constitución,"[1764] o un "golpe de Estado" que se ha dado "no sólo contra la institucionalidad legislativa, sino que además disuelve el Estado en su concepción democrática, porque inhabilita las funciones de un poder público electo por mayoría popular," [1765] con lo que materialmente se ha incinerado a la Asamblea Nacional.

Tal como lo advirtieron los Colegios de Abogados del país:

> "se centralizó en el Ejecutivo la elaboración y ejecución del presupuesto nacional sin posibilidad de control parlamentario; cuando tales competencias son exclusivas y excluyentes de la Asamblea Nacional, violentando con ello el Principio de Legalidad Presupuestaria que obliga al Presidente, de manera ineludible, a no realizar gasto que no haya sido previsto en Ley. La ejecución de

---

1763 Véase notas de prensa del viernes 14 de octubre de 2016, en http://globovision.com/article/maduro-arriba-al-panteon-nacional y http://www.ultimasnoticias.com.ve/noticias/economia/presidente-maduro-firma-decreto-presupuesto-nacional-2017/. El írrito decreto N° 2484 de la Ley de Presupuesto para Ejercicio Económico Financiero 2017 y el Endeudamiento de la nación, se publicó en Gaceta Oficial N° 6.265 Extra de 18 de octubre de 2016.

1764 Véase Carlos Canache Mata, "Asalto a la Constitución," 20 de octubre de 2016, en http://www.pedromogna.com/carlos-canache-mata-el-asalto-a-la-constitucion/

1765 Véase Javier Antonio Vivas Santana, "¡Llegamos al llegadero! Aporrea: El "autogolpe"" de Maduro, *Aporrea.com*, 14 de octubre de 2016. El autor agregó que "es evidente que una decisión de este tipo, aunque traten de "adornarla" con aprobaciones de fantasía, genera sendas limitaciones al ejercicio democrático, por no decir que lo anula, porque el golpe no es sólo contra la Asamblea Nacional, sino es contra la pluralidad y el origen del voto. El golpe es contra la expresión popular como garante de los derechos políticos, que son la genésis de los actos políticos y administrativos del poder público.", un espurio presupuesto aprobado por la Sala Constitucional en estos términos, constituye una apropiación criminal de los fondos públicos." [1766]

De acuerdo con el artículo 312 de la Constitución "el Estado no puede reconocer obligaciones que las contraídas por órganos legítimos del Poder Nacional, de acuerdo con la ley," debiendo una "ley especial de endeudamiento anual ser presentada a la Asamblea Nacional conjuntamente con la Ley de Presupuesto," de manera que "las operaciones de crédito público requieren, para su validez, una ley especial que las autorice." En consecuencia, sin la participación de la Asamblea Nacional, con una decisión como la dictada por la Sala Constitucional y con un viciado decreto de presupuesto y de endeudamiento público como el aprobado por la Sala Constitucional en sustitución de la Ley que debió sancionar la Asamblea, ninguna operación de crédito público se podrá hacer en el futuro, todos los pagos que realice el Ejecutivo son inconstitucionales e ilegítimos, y los funcionarios que los realicen están sujetos a las sanciones establecidas en la Ley Anti-Corrupción, no pudiendo reconocerse en ningún caso, las obligaciones contraídas por el Ejecutivo Nacional, que a estos efectos del presupuesto, no puede considerarse sino como un órganos ilegítimo.

El Ejecutivo Nacional, sin embargo, buscando en alguna forma tratar de "legitimar" la inconstitucionalidad cometida, lo que por supuesto era imposible, lo quiso hacer mediante un abierto y público chantaje político, pues no otra cosa fue lo que anunció públicamente quien ejerce la Presidencia de la República, al informar públicamente en declaraciones de prensa –por supuesto sin que mediara ningún acto ejecutivo formal que no podría dictar legalmente– que los órganos del Poder Nacional no aportaría los recursos financieros que conforme a la Constitución tienen derecho los Estados y Municipios, si los Gobernadores y Alcaldes de las respectivas entidades políticas no firmaren un "acuerdo de aceptación de la sentencia del Tribunal Supremo de Justicia (TSJ) que avala que el Presupuesto 2017 no sea presentado ante la Asamblea Nacional (AN)" adoptaría "medidas excepcionales contra dichos gobernadores y alcaldes." [1767]

Con razón, los Alcaldes agrupados en la Asociación Nacional de Alcaldes expresaron con razón, después de dejar establecidas cuáles eran sus competencias constitucionales, y las del Poder nacional, que "la exigencia de nuestras firmas como señal de conformidad con la forma de aprobación del Presupuesto Nacional 2017, excede completamente nuestras funciones constitucionales y legales", no teniendo ninguno de ellos competencia alguna "para con su firma validar o no el procedimiento utilizado," correspondiéndoles en cambio liderizar el proceso de formulación de los presupuestos en cada uno de los municipios "mediante los proyectos de ordenanzas municipales contentivos de los presupuestos municipales que contemplan los ingresos derivados del situado constitucional conforme nos ha notificado la ONAPRE que fue incluido en el Presupuesto Nacional 2017." Concluyeron los Alcaldes, con toda razón, en resumen, que:

1766 Véase "Gremio de abogados se declara en rebeldía ante decisiones inconstitucionales del TSJ, 15 de octubre de 2016, en http://www.lapatilla.com/site/2016/10/15/gremio-de-abogados-se-declara-en-rebeldia-ante-decisiones-inconstitucionales-del-tsj-documento/

1767 Véase **"Maduro amenazó a gobernadores y alcaldes que no avalen el Presupuesto 2017,"** en *El Nacional,* Caracas 18 de octubre de 2016, en http://www.el-nacional.com/politica/Maduro-gobernadores-alcaldes-sentencia-TSJ_0_941906041.html

> "nunca antes se nos ha exigido que suscribamos o avalemos la Ley que contiene el Presupuesto Nacional. Hacerlo extralimita nuestras atribuciones y competencias porque pertenecemos a un poder público distinto al que tiene las competencias constitucionales para formular y aprobar el Presupuesto Nacional. Por estas razones no firmaremos el aval solicitado al Presupuesto Nacional 2017."[1768]

Pero para el régimen, en realidad, poco importa lo que diga la Constitución, la cual solo la invocan sus representantes cuando la están violando, o cuando de antemano buscan avalar sus actuaciones inconstitucionales, o cuando lo que requieren es cambiarla, mutarla o moldearla para adaptar su texto para satisfacer sus intereses políticos, usando para ello al Juez Constitucional, siempre dispuesto a complacer u a obedecer.

Londres, 21 de octubre de 2016

SECCIÓN DÉCIMA PRIMERA:

NUEVO SECUESTRO DEL DERECHO DEL PUEBLO A LA REALIZACIÓN DEL REFERENDO REVOCATORIO PRESIDENCIAL PERPETRADO POR LA SALA ELECTORAL, ALGUNOS TRIBUNALES PENALES Y EL PODER ELECTORAL

En octubre de 2016, se secuestró definitivamente en Venezuela el derecho ciudadano a la realización del referendo revocatorio presidencial que garantizan los artículos 6, 70 y 72 de la Constitución, por parte del Poder Judicial, mediante una combinación de dos grupos de decisiones: *por una parte*, la decisión adoptada por la Sala Electoral del Tribunal Supremo de Justicia el 17 de octubre de 2016 de exigir, contrariando la Constitución, que el veinte por ciento de las firmas de respaldo para la convocatoria del referendo revocatorio del Presidente de la República, que había previsto el Consejo Nacional Electoral que se realizara los días 26 al 28 de octubre de 2016 se debía cubrir en todos y cada uno de los estados y el Distrito Capital, individualmente, y no solo a nivel global en la circunscripción nacional; y segundo, la decisión cautelar adoptada por varios tribunales nacionales, al unísono, en diversas circunscripciones de la República, de suspender temporalmente, lo que en términos reales es *sine die*, la realización misma de dicho proceso de recolección de firmas prevista para los días 26 al 28 de octubre de 2016, las cuales fueron inmediatamente "acatadas" por el Poder Electoral.

Con estas decisiones se manifiesta la voluntad del régimen de que en Venezuela no se realizará referendo revocatorio alguno.

1768 Véase "Asociación de Alcaldes de Venezuela no firmará presupuesto 2017," en *800 Noticias*, 21 de octubre de 2016, en http://800noticias.com/asociacion-de-alcaldes-de-venezuela-no-firmara-presupuesto-2017. Sin embargo, algunos Alcaldes de oposición del Estado Zulia, según se informó en la prensa, se comprometen a "acatar la orden de la Presidencia de la República" y firmaron lo requerido aun cuando expresando que "la firma del mencionado documento no convalida por nuestra parte o avala la legalidad de los procedimientos y decisiones que llevaron a la aprobación del presupuesto nacional." Véase en "Seis alcaldes opositores venezolanos firmaron presupuesto aprobado por Maduro," en Agencia EFE, *El Nuevo Herald,* 21 de octubre de 2016, en http://www.elnuevoherald.com/noticias/mundo/america-latina/venezuela-es/article109737622.html.

I. LA ACTUACIÓN DE LA SALA ELECTORAL DEL TRIBUNAL SUPREMO DE JUSTICIA

Después de todos los obstáculos que durante todos los primeros meses de 2016 puso a la realización del referendo revocatorio el Consejo Nacional Electoral, la primera intervención del Poder Judicial en contra de la realización del referendo revocatorio que debió realizarse en 2016 se produjo mediante la sentencia N° 147 de 17 de octubre de 2016 de la Sala Electoral del Tribunal Supremo de Justicia, dictada al decidir un recurso de "interpretación" de los artículos 15 y 29 de las "Normas para Regular el Procedimiento de Promoción y Solicitud de Referendos Revocatorios de Mandatos de Cargo de Elección Popular," de 18 de diciembre de 2007[1769] (en lo adelante *Normas de 2007*) ejerciendo la competencia que tiene conforme al 31.5, de la Ley Orgánica del Tribunal Supremo de Justicia. En dicha sentencia se decidió, sin que la Sala efectivamente "interpretara" lo que se le pidió, y contrariando lo establecido tanto en el artículo 72 de la Constitución como en las normas supuestamente "interpretadas," que

> "la convocatoria del referendo revocatorio requiere reunir el veinte por ciento (20%) de manifestaciones de voluntad del cuerpo electoral en todos y cada uno de los estados y del Distrito Capital de la República. La falta de recolección de ese porcentaje en cualquiera de los estados o del Distrito Capital, haría nugatoria la válida convocatoria del referendo revocatorio presidencial"

Es decir, con esta sentencia, la Sala Electoral, sin argumento ni razonamiento alguno, mutando la Constitución, simplemente dijo que el artículo 72 de la misma no dice lo que dice; pues lo que dice está muy alejado de lo resuelto en la sentencia. La norma en efecto, dispone claramente en cambio, que la iniciativa popular para el referendo revocatorio de mandato el Presidente de la República, quien es electo en la circunscripción nacional, debe estar respaldada por "*un número no menor del veinte por ciento de los electores o electoras inscritos en la correspondiente circunscripción,*" es decir, en la circunscripción nacional, lo que implica que es ese porcentaje de todo el Registro o padrón electoral globalmente considerado y no de los electores o electoras inscritos "*en todos y cada uno de los estados y del Distrito Capital de la República.*"

Tan absurda es la sentencia que lo que faltaría por preguntarle a su Ponente, es ¿Por qué impuso que esta inconstitucional limitación se materializara a nivel de estados y del Distrito capital, y no exigió, para promover la participación política, que se materializara en lo que la Constitución considera como la unidad política primaria de la organización nacional, que es el Municipio (art. 168), disponiendo así que la recolección de firmas se hubiese hecho en el porcentaje del veinte por ciento de los electores o electoras inscritos, no en los estados, sino *en todos y cada uno de los Municipios de la República*?

Como fundamento de esta absurda sentencia, la Sala dijo lo que es obvio, que:

> "La etapa de recolección de las manifestaciones de voluntad no puede ni debe confundirse con el referéndum en estricto sentido, en el cual sí participa la totalidad del padrón electoral, universalidad que abarca a todos los electores

1769 Véase en *Gaceta Electoral* N° 405 de fecha 18 de diciembre de 2007.

> tanto a los que apoyan la revocatoria del mandato como a aquéllos que aspiran a ratificar en el cargo al funcionario electivo sometido a la consulta popular. La recolección de las manifestaciones de voluntad no constituye en ningún caso, por consiguiente, ni una consulta, ni un referendo, ni un plebiscito."

Ello es cierto, pero no para ignorar que el referendo de revocación de mandato de un funcionario electo en la circunscripción nacional, como lo es el Presidente de la República, lo que exige es precisamente asegurar la participación de la totalidad del electorado, en dicha circunscripción nacional.

Precisamente por ello, la Sala Electoral fue la que no debió confundir la etapa de recolección de las manifestaciones de voluntad para la revocación según cargos electivos: nacionales, estadales y municipales, respecto de los cuales la Constitución y las Normas del Consejo Nacional Electoral lo que exige es recolectar el veinte por ciento de las firmas de electores en la respectiva circunscripción nacional, estadal o municipal, según que se trate de un electo nacionalmente, en un estado o en un municipio; y simplemente eliminar la existencia de la circunscripción nacional para la elección y revocación del Presidente de la República.

Un Presidente de la República se elige cuando el candidato haya "obtenido la mayoría de votos válidos" en la circunscripción nacional de toda la República (art. 228), por lo que para revocarle el mandato, la solicitud debe estar respaldada igualmente por un veinte por ciento de electores en toda la República, independientemente de que el porcentaje se refleje en cada estado, en cada municipio o en cada centro electoral de recolección de firmas, no habiendo base alguna en la Constitución para exigir que en cada una de las circunscripciones electorales de cada Estado y del Distrito Capital tenga que estar respaldada por el 20 % de los electores inscritos en cada una de esas circunscripciones.

Ello, simplemente se aparta de lo que exige la Constitución, y lo más grave es que se ha hecho en una sentencia que es nula por simplemente carecer de "motivación," en la cual lo que se expresa es solo la opinión de los jueces sobre lo que quisieran que dijera la Constitución, pero que no lo dice.

II. EL GOBIERNO DE MANDATOS REVOCABLES

El artículo 6 de la Constitución venezolana de 1999 establece que el gobierno de la República y de las entidades políticas que la componen, es decir, básicamente de la República, los estados y los municipios, "es y será siempre democrático, participativo, electivo, descentralizado, alternativo, responsable, pluralista y *de mandatos revocables*".

La revocación de los mandatos de elección popular, por tanto, de acuerdo con la Constitución, debería ser de la esencia del sistema de gobierno de Venezuela, para lo cual se lo consagra, además, como un derecho político de los ciudadanos. Para ello, el artículo 62 de la Constitución establece el derecho de éstos de participar libremente en los asuntos públicos, directamente o por medio de sus representantes elegidos; enumerándose en el artículo 70 de la Constitución los siguientes "medios de participación y protagonismo del pueblo en ejercicio de su soberanía, en lo político: la elección de cargos públicos, el referendo, la consulta popular, *la revocación del mandato*, las iniciativas legislativa, constitucional y constituyente, el cabildo abierto y la asamblea de ciudadanos cuyas decisiones serán de carácter vinculante, entre otros".

Adicionalmente, el artículo 198 de la Constitución regula los efectos de la *revocación del mandato de los diputados* a la Asamblea Nacional, disponiendo que aquellos cuyo mandato fuese revocado no pueden optar a cargos de elección popular en el siguiente período; y el artículo 233 enumera como causa de falta absoluta del Presidente de la República "*la revocación popular de su mandato*".

La revocación del mandato de los representantes electos, por tanto, es un mecanismo de "participación política del soberano en los asuntos que le conciernen", lo que exige al juez interpretar el ordenamiento jurídico, adaptando sus normas "a los valores, principios y reglas que pauta el nuevo Texto Fundamental, que resulta ser la guía orientadora en toda labor hermenéutica progresiva y ajustada a los nuevos valores de nuestro ordenamiento,"[1770] y no contrariándolos como lo ha hecho la Sala Electoral en la sentencia N° 147 de 17 de octubre de 2016.

Pero no ha sido esta la primera vez que se ha contrariado la Constitución, secuestrándose el derecho a la revocación de mandatos por obra de una conspiración entre el Consejo Nacional Electoral y el Tribunal Supremo de Justicia.

III. LAS CONDICIONES CONSTITUCIONALES PARA EL REFERENDO REVOCATORIO DE MANDATOS DE ELECCIÓN POPULAR Y EL PRIMER SECUESTRO DEL DERECHO CIUDADANO A LA PARTICIPACIÓN POLÍTICA MEDIANTE REFERENDO REVOCATORIO EN 2004

En efecto, recordemos que conforme a los artículos 6 y 70 de la Constitución uno de los medios de participación ciudadana en lo político, es "la revocación del mandato," sobre lo cual el artículo 72 dispone que:

> "transcurrida la mitad del período para el cual fue elegido el funcionario o funcionaria, *un número no menor del veinte por ciento de los electores o electoras inscritos en la correspondiente circunscripción* podrá solicitar la convocatoria de un referendo para revocar su mandato".

Dicha norma fue objeto de interpretación por parte de la Sala Constitucional, mediante sentencia N° 1139 de 5 junio de 2002 (Caso: *Sergio Omar Calderón y William Dávila*),[1771] en la cual, sobre los requisitos mínimos de orden formal que se requieren para ejercer el derecho, en resumen estableció, sobre el referendo revocatorio, que:

a) Está sujeto a un límite de naturaleza temporal como es, sin duda, que el derecho al referendo revocatorio sólo puede ejercerse una vez que haya transcurrido la mitad del período del funcionario cuya revocación se persigue;

b) Entre los requisitos formales de la solicitud, como formas esenciales que se deben cumplir inexorablemente, como "imprescindibles", está la exigencia de que la petición o solicitud de revocación exprese con precisión "el nombre y apellido del funcionario cuestionado y el cargo para el cual fue elegido popularmente, con indicación de la fecha de toma de posesión efectiva del mismo";

1770 Véase la sentencia de la Sala Electoral del Tribunal Supremo de Justicia, N° 170 de 22 de diciembre de 2000 (Caso: *Club Social Layalina)*, en *Revista de Derecho Público,* N° 84 (octubre-diciembre), Editorial Jurídica Venezolana, Caracas, 2000, pp. 49 y ss.

1771 Véase en *Revista de Derecho Público*, N° 89-92, Editorial Jurídica Venezolana, Caracas 2002, pp. 164 ss.

c) Teniendo el referendo revocatorio como único origen la *iniciativa popular*; el derecho al referendo revocatorio tiene como titulares a los ciudadanos integrantes del cuerpo electoral, por lo que la solicitud debe ir acompañada, "de los nombres y apellidos, números de cédula de identidad y las firmas respectivas", para que sean verificadas por el Consejo Nacional Electoral, el cual debe constatar, a través de la Comisión de Registro Civil y Electoral, "la debida inscripción de los electores y electoral que figuran como solicitantes de la revocación del mandato en el registro Electoral de la correspondiente circunscripción, pues, es éste el único organismo autorizado para verificar tales datos";

d) La solicitud debe formularse ante el Consejo Nacional Electoral;

e) La actividad del Consejo Nacional Electoral se ciñe a verificar las reglas del artículo 72 de la Constitución, con lo cual tiene prohibido cualquier "margen de discrecionalidad que autorice al Consejo Nacional Electoral a emitir pronunciamiento alguno sobre el mérito o conveniencia de la solicitud"; y

d) El Consejo Nacional Electoral no puede "establecer –en las normativas de carácter sub legal que dicte– nuevas condiciones para la procedencia de la revocación del mandato, no contempladas en el marco constitucional vigente."

La Constitución es clara, y la Sala Constitucional, lo que hizo fue precisar la claridad.

Sin embargo, en ausencia de una normativa legal que desarrollara dicha norma del artículo 72 de la Constitución, el Consejo Nacional Electoral en septiembre de 2003, con motivo de rechazar una solicitud de referendo revocatorio del mandato del Presidente de la República (*el "Firmazo*") que se formuló contra el Presidente Hugo Chávez, comenzó a dictar normas para secuestrar el derecho ciudadano a la realización de referendos revocatorios,[1772] de manera que antes que facilitar su ejercicio, comenzó a establecer trabas y requisitos que afectaron su ejercicio y lo limitaron más allá de lo permitido en la Constitución. Así impuso, por ejemplo, las limitaciones que afectaron la formulación de la petición por los electores, pues sin fundamento constitucional alguno, se estableció que las firmas en respaldo de la petición de los referendos sólo podía estamparse en un formulario preestablecido en papel especial diseñado por el Consejo Nacional Electoral, y que las dichas firmas sólo se podían estampar en unos lugares precisos y en un plazo de sólo unos días preestablecidos, eliminándo además, el derecho de los ciudadanos que estuviesen fuera del país de poder respaldar con su firma la petición.

Posteriormente, en forma sobrevenida, con motivo de la presentación de la solicitud de revocatoria de mandato del Presidente de la República ("*El Reafirmazo*"), el Consejo Nacional Electoral estableció en una nueva Resolución[1773], requisitos formales adicionales, como el que la inscripción de los datos de los solicitantes debían ser escritos de puño y letra de cada uno de ellos, lo que llevó al cuestionamiento de un número considerable de peticiones ("*Los Reparos*").[1774]

1772 Ello lo hizo mediante Resolución N° 030912-461 de fecha 12 de septiembre de 2003, y luego Resolución N° 030925-465, se dictaron las "Normas para Regular los Procesos de Referendos Revocatorios de Mandatos de Cargos de Elección Popular" (*G.O.* N° 37.784 del 26 de septiembre de 2003).

1773 Resolución N° 040302-131 del Consejo Nacional Electoral de 2 de marzo de 2004.

1774 Del total de 3.467.050 firmas o peticiones presentadas, fueron objetadas 876.017 firmas aproximadamente. La antes indicada Resolución, que estableció en forma sobrevenida los señalados requisitos,

Todas estas previsiones, por aproximaciones sucesivas, se siguieron afinando en forma limitativa al derecho, hasta que fueron todas refundidas en las *Normas de 2007*.

Siendo el derecho a revocar, un derecho constitucional que todos los ciudadanos tienen a la participación política, el mismo no puede restringirse ni siquiera por ley, por lo que menos aún podría restringirse mediante actos que no son leyes, como son las Resoluciones del Consejo Nacional Electoral, violando el principio de la reserva legal. Ello, además, había sido reafirmado por la Sala Constitucional del Tribunal Supremo de Justicia en sentencia Nº 321 de 22 de febrero de 2002, en la cual señaló que las limitaciones a los derechos constitucionales "derivan por sí mismas del texto constitucional, y si el legislador amplía el espectro de tales limitaciones, las mismas devienen en ilegítimas."[1775]

En 2004, a pesar de todos los obstáculos establecidos, el referendo revocatorio del mandato del Presidente Hugo Chávez se realizó finamente, habiendo sido éste revocado en su mandato en los términos establecidos en la Constitución. Frente a ello, sin embargo, se produjo el primer secuestro del derecho ciudadano a la revocación de mandatos por obra de la Sala Constitucional del Tribunal Supremo de Justicia y del Consejo Nacional Electoral,[1776] que finalmente transformaron el referendo revocatorio en un referendo "ratificatorio" o en un simple plebiscito no previsto en la Constitución.

En efecto, el mismo artículo 72 de la Constitución es diáfanamente claro al disponer que:

---

fue impugnada ante la Sala Electoral del Tribunal Supremo, la cual la anuló; pero la Sala Constitucional del mismo Tribunal Supremo, a su vez, al conocer de un recurso de revisión y de una posterior solicitud de avocamiento al conocimiento de la causa, la admitió y anuló la sentencia de la Sala Electoral. Se produjo, así, el secuestro de la Sala Electoral y la confiscación del derecho a la participación política de los ciudadanos. Véase Allan R. Brewer-Carías, *La Sala Electoral vs. El Estado democrático de derecho (El secuestro del Poder Electoral y de la Sala Electoral del Tribunal Supremo y la confiscación del derecho a la participación política)*, Ediciones El Nacional, Caracas, 2004.

1775 Véase en http://historico.tsj.gob.ve/decisiones/scon/febrero/321-220202-01-0559%20.HTM.

1776 Véase sobre dicho proceso Allan R. Brewer-Carías, *la Sala Constitucional vs. El Estado de Derecho*, Libros El Nacional, Caracas, 2004. Véase igualmente sobre el tema mis trabajos: "El secuestro del Poder Electoral y de la Sala Electoral del Tribunal Supremo y la confiscación del derecho a la participación política mediante el referendo revocatorio presidencial: Venezuela: 2000-2004," en *Revista Costarricense de Derecho Constitucional*, Tomo V, Instituto Costarricense de Derecho Constitucional, Editorial Investigaciones Jurídicas S.A. San José, 2004. pp. 167-312; "El secuestro del Poder Electoral y la confiscación del derecho a la participación política mediante el referendo revocatorio presidencial: Venezuela 2000-2004," en *Boletín Mexicano de Derecho Comparado*, Instituto de Investigaciones Jurídicas, Universidad Nacional Autónoma de México, Nº 112. México, enero-abril 2005. pp. 11-73; "El secuestro del poder electoral y la confiscación del derecho a la participación política mediante el referendo revocatorio presidencial: Venezuela 2000-2004". en *Stvdi Vrbinati, Rivista tgrimestrale di Scienze Giuridiche*, Politiche ed Economiche, Año LXXI – 2003/04 Nuova Serie A – N. 55,3, Università degli studi di Urbino. Urbino, Italia, 2004. pp. 379-436, en *Revista Jurídica del Perú*, Año LIV Nº 55. Lima, marzo-abril 2004, pp. 353-396; en el libro: Juan Pérez Royo, Joaquín Pablo Urías Martínez, Manuel Carrasco Durán, Editores), *Derecho Constitucional para el Siglo XXI. Actas del Congreso Iberoameriacno de Derecho Constitucional*, Tomo I, Thomson-Aranzadi. Madrid, 2006, pp. 1081-1128; "El secuestro de la Sala Electoral por la Sala Constitucional del Tribunal Supremo de Justicia" en *La Guerra de las Salas del TSJ frente al Referéndum Revocatorio*, Editorial Aequitas. Caracas, 2004. pp. 13-58.

> "*Cuando igual o mayor número de electores o electoras que eligieron al funcionario o funcionaria hubieren votado a favor de la revocación*, siempre que haya concurrido al referendo un número de electores o electoras igual o superior al veinticinco por ciento de los electores o electoras inscritos, *se considerará revocado su mandato* y se procederá de inmediato a cubrir la falta absoluta conforme a lo dispuesto en esta Constitución y en la ley."

Tal como lo señaló la Sala Constitucional en la misma sentencia antes señalada, N° 1139 de 5 de junio de 2002 (Caso: *Sergio Omar Calderón y William Dávila*), "la votación favorable a la revocación debe ser igual o mayor que la que el funcionario obtuvo cuando fue electo, sin que puedan someterse tales condiciones numéricas a procesos de ajuste o de proporción alguno," produciéndose con ello la revocación del mandato de elección popular. Y nada más.

Sin embargo, de manera evidentemente inconstitucional, en las *Normas para regular los procesos de Referendos Revocatorias de mandatos de Elección Popular* dictadas por el Consejo Nacional Electoral de 25 de septiembre de 2003,[1777] si bien se estableció que se considera revocado el mandato "si el número de votos a favor de la revocatoria es igual o superior al número de los electores que eligieron al funcionario", se agregó la frase: "*y no resulte inferior al número de electores que votaron en contra de la revocatoria*" (Art. 60); agregado éste mediante el cual se restringió el derecho ciudadano a la revocatoria de mandatos populares, al establecerse un elemento que no está en la Constitución relativo a los efectos del voto por la "no revocación."

Con ello se sentó la base para trastocar la naturaleza "revocatoria" del referendo que regula el artículo 72 de la Constitución, para convertirlo en un referendo "ratificatorio" de mandatos de elección popular.

Lo inaudito de este fraude constitucional, fue que dicho criterio luego lo avaló la Sala Constitucional del Tribunal Supremo, también en una frase contenida en la sentencia N° 2750 de 21 de octubre de 2003 (Caso: *Carlos E. Herrera Mendoza, Interpretación del artículo 72 de la Constitución*), en la cual señaló que:

> "Se trata de una especie de relegitimación del funcionario y en ese proceso democrático de mayorías, incluso, si en el referendo obtuviese más votos la opción de su permanencia, *debería seguir en él*, aunque voten en su contra el número suficiente de personas para revocarle el mandato."[1778]

Con esa base se secuestró el derecho ciudadano al referendo revocatorio, y se cambió la Constitución, cometiéndose un fraude a la voluntad popular, porque a pesar de que una vez realizado el referendo revocatorio del Presidente Hugo Chávez en 2004, su mandato quedó revocado en su mandato, sin embargo, fue "ratificado" en el cargo.

En efecto, el Presidente Chávez había sido electo en agosto de 2000 con 3.757.774 votos, y en el referendo revocatorio de 2004, 3.989.008 se inclinaron por la opción "Sí" para revocar el mandato del Presidente Chávez, por lo que conforme al artículo 72 de la Constitución su mandato quedó revocado. Todo ello lo publicó el

---

1777 Resolución N° 030925-465 de 25-09-2003.

1778 En *Revista de Derecho Público*, N° 93-96, Editorial Jurídica Venezolana, Caracas 2003 (en prensa).

Consejo Nacional Electoral en la Resolución N° 040826-1118 de 26 de agosto de 2004[1779] indicando sin embargo que los votos por la opción NO habían sido de 5.800.629 votos, deduciendo de ello, en contra de la Constitución, que en lugar de haber quedado Chávez revocado, habría sido "ratificado" para que "culminara su período constitucional en el año 2006," como si se tratase de un plebiscito.

Con esta Resolución, se consolidó el fraude constitucional que había ido configurándose, al trastocarse una "revocación de mandato" en una supuesta "ratificación de mandato" de un funcionario que había quedado constitucionalmente revocado.[1780]

Después de este primer secuestro del derecho ciudadano a la revocación popular de mandatos, las limitaciones inconstitucionales establecidas por el Consejo Nacional Electoral se multiplicaron sucesivamente, en la misma línea de secuestrar el derecho a la participación política mediante el ejercicio del derecho ciudadano a la revocación de mandatos,[1781] estableciéndose, en forma evidentemente inconstitucional, unas condiciones previas para que pudiera realizarse un referendo revocatorio, consistentes en la necesidad ineludible -no exigida en la Constitución- de tener que establecerse una "agrupaciones de electores" para promover el referendo revocatorio, con la exigencia de que para ello se necesita un respaldo de firmas de ciudadanos "mayor o igual al uno por ciento (1%) de la población inscrita en el Registro Electoral del municipio, del estado o nacional" (art. 6), para cuya recolección se establecieron todas las trabas imaginables de carácter formal, de manera que sea una de esas agrupaciones la que pueda promover la recolección de las firmas de al menos *"veinte por ciento de los electores o electoras inscritos en la correspondiente circunscripción"* como lo exige el artículo 72 de la Constitución *para solicitar* la convocatoria de un referendo para revocar su mandato.

Dicho "veinte por ciento de los electores" necesarios para solicitar la convocatoria del referendo revocatorio, como lo dice la Constitución, son los *"inscritos en la correspondiente circunscripción"*, por supuesto, según que se trate de la revocación de mandatos de funcionarios electos en la circunscripción nacional, estadal y municipal, de manera que evidentemente, si se trata del Presidente de la República, electo en la circunscripción nacional, el 20% de las firmas es en el nivel nacional; si se trata de la revocación de los diputados, del gobernador de un Estado de los diputados a los Consejos Legislativos de los Estados, el 20% de las firmas debe ser de los

---

1779 Véase en *Gaceta Electoral* N° 210 de 30-08-2004.

1780 Véase Allan R. Brewer-Carías, "La Sala Constitucional vs. el derecho ciudadano a la revocatoria de mandatos populares: de cómo un referendo revocatorio fue inconstitucionalmente convertido en un "referendo ratificatorio," en el libro *Crónica sobre la "in" justicia constitucional. La Sala Constitucional y el autoritarismo en Venezuela*, Colección Instituto de Derecho Público, Universidad Central de Venezuela, N° 2, Caracas, 2007, pp. 349-378.

1781 Véase las "Normas para Regular el Procedimiento de Promoción y solicitud de Referendos Revocatorios de Mandatos de Cargos de Elección Popular," mediante Resolución N° 070207-036, publicada en la Gacela Electoral N° 356 del 12 de febrero de 2007,1a cual fue objeto de modificación mediante la Resolución N° 07041f3-347, del 13 de abril de 2007, publicada en la Gaceta Electoral N° 373 del 07 de mayo de ese mismo año; y dictó las "Normas para la Constitución y Registro de las Agrupaciones de Ciudadanas o Ciudadanos que participarán en los Procesos de Referendos Revocatorios de Mandatos de Cargos de Elección Popular contenidas en la Resolución N°070207-047; publicada en la *Gaceta Electoral* N° 358 del 14 de febrero de 2007." Todas esas normas, fueron derogadas y sustituidas por las "Normas para Regular el Procedimiento de Promoción y Solicitud de Referendos Revocatorios de Mandatos de Cargos de Elección Popular" dictadas mediante Resolución N° 070906-2770 de 06 de septiembre de 2007, publicada en *Gaceta Electoral* N° 405 de la misma fecha.

electores de la circunscripción del Estado respectivos; y si se trata de la elección de los Alcaldes o miembros de los Concejos Municipales, el 20% de las firmas debe ser de los electores de la circunscripción del Municipio de que se trate. No es necesario ser "jurista" o versado en leyes para entender lo que el constituyente estableció.

IV. EL NUEVO SECUESTRO DEL DERECHO A LA REVOCATORIA DEL MANDATO PRESIDENCIAL POR LA SALA ELECTORAL EN OCTUBRE DE 2016

Sin embargo, así no lo entendieron los órganos del Estado que debieron ser los garantes del cumplimiento de la Constitución en 2016.

En efecto, a pesar de todas las trabas inconstitucionales dispuestas por el Consejo Nacional Electoral para la efectiva realización de un referendo revocatorio de mandatos populares, la oposición democrática en Venezuela, durante el año 2016, representada por la mesa de la Unidad Democrática (MUD), promovió la realización del referendo revocatorio de quién ejerce la presidencia de la República, Nicolás Maduro, habiendo recogido un número de firmas (409.313) con creces mayor del uno por ciento de las firmas necesarias (194.708) para cumplir con el primer paso reglamentario, es decir, el de constituir la agrupación de ciudadanos para promover el revocatorio.[1782]

Sin embargo, un vez cumplido con el primer requisito inconstitucional, la oposición democrática se encontró con que en el Consejo Nacional Electoral, también inconstitucionalmente, anunció que se aplicaría para la solicitud de referendo revocatorio, en contra de lo establecido en la Constitución, que las firmas que se requerían para obtener el respaldo para convocar el referendo, del "veinte por ciento de los electores o *electoras inscritos en la correspondiente circunscripción"* que es lo que dice la Constitución, no era tal, sino que debía ser el veinte por ciento de los electores o *electoras inscritos en cada una de las circunscripciones de los Estados.*

Es decir, que en lugar de recolectar el respaldo del 20% de electores inscritos en el registro Electoral a nivel nacional, debían recolectarse 20% de respaldo de electores, en cada una de las circunscripciones de cada uno de los Estados de la República y del Distrito Capital, lo cual fue luego "ratificado" por la sentencia de la Sala Electoral del Tribunal Supremo de Justicia N° 417 del 17 de octubre de 2016,[1783] que comentamos, dictada con motivo de un "recurso de interpretación" intentado una semana antes, el 11 de octubre de 2016, por el Coordinador Nacional de un partido político, respecto de lo dispuesto en los artículos 15 y 29 de la mencionada Resolución N° 070906-2770, de 6 de septiembre de 2007, del Consejo Nacional Electoral, contentiva de las "Normas para Regular el Procedimiento de Promoción y Solicitud de Referendos Revocatorios de Mandatos de Cargo de Elección Popular."[1784]

Las normas cuya interpretación se solicitó, en la materia repiten exactamente lo que prevé el artículo 72 de la Constitución, sobre que la iniciativa popular para soli-

---

1782 Véase las reseñas de prensa sobre el proceso de recolección de firmas en: http://internacional.elpais.com/internacional/2016/06/25/america/1466820033284575.html; http://www.larazon.net/2016/08/01/cne-aprueba-el-1-de-firmas-para-el-revocatorio/ y http://www.laverdad.com/politica/102117-cne-aprueba-informe-sobre-el-1-de-firmas-para-revocatorio.html.

1783 Véase en http://historico.tsj.gob.ve/decisiones/selec/octubre/190852-147-171016-2016-2016-000074.HTML

1784 Véase en *Gaceta Electoral* N° 405 de fecha 18 de diciembre de 2007 citar un referendo revocatorio de mandato corresponde a “un número no menor del veinte por ciento (20%) de los electores y electoras inscritos en el Registro Electoral para el momento de la solicitud en la circunscripción correspondiente” (art. 15), de manera que la verificación de las manifestaciones de voluntad que se efectúe, después de presentada la solicitud, debe ser en un número “es igual o mayor al veinte por ciento (20%) de los electores inscritos en el Registro Electoral de la circunscripción de que se trate”(art. 29).

Lo único distinto a lo que establece la Constitución que se incorporó a estas normas fue la precisión de que el referido veinte por ciento se refiere a los electores inscritos en la “circunscripción correspondiente” o “la circunscripción de que se trate” refiriéndose, obviamente, a la circunscripción nacional para la revocación del Presidente de la República, a las circunscripciones estadales respectivas, para la revocación de los diputados a la Asamblea Nacional, los gobernadores y diputados a los Consejos Legislativos de los Estados, y a las circunscripciones municipales respectivas, para la revocación de los alcaldes y miembros de los Concejos Municipales. Nada dudoso, por tanto, existe en esas normas que ameritase ser “interpretado.”

El recurrente, en realidad, lo único que alegó fue que según un cuadro extraído del portal web del Consejo Nacional Electoral, de 21 de septiembre de 2016, donde se habría aprobado un “cronograma para recolección del 20% de solicitudes para activar referendo revocatorio,” se apreciaba que el Poder Electoral había establecido los sistemas para la recolección de manifestaciones de voluntad “sobre la base del *veinte por ciento (20%) del Registro Electoral de cada circunscripción de los Estados.”* De ello, adujo el recurrente, se generaba una supuesta “duda razonable con respecto a este requisito de procedencia,” toda vez que no existía a su juicio “una disposición clara y precisa que determine la fórmula de cuantificación de las manifestaciones de voluntad necesarias para la activar la convocatoria del referendo revocatorio del texto de los artículos 15 y 29 de las Normas señaladas,” lo que por supuesto no era cierto. En tal sentido afirmó erradamente que

> “de las normas citadas no se desprende con claridad si la procedencia de la convocatoria requeriría reunir el veinte por ciento (20%) de las manifestaciones de voluntad en todos y cada uno de los estados y en el Distrito Capital de la República.”

Como se dijo, la Constitución es clara, y claras son las disposiciones citadas de las Normas del Consejo Nacional Electoral; pero sin embargo, a pesar de ello, el recurrente insistió en solicitar un pronunciamiento de la Sala, no sobre la claridad de las normas, sino sobre lo que el Consejo Nacional Electoral estaba en proceso de establecer en relación con la recolección de manifestaciones de voluntad “del veinte por ciento (20%) del padrón electoral *según cada entidad federa*l,” argumentando que “no se ha hecho público el criterio de cuantificación de ese Poder Electoral en cuanto a si se requiere reunir el veinte por ciento (20%) de las manifestaciones *en cada entidad federal.”*

La Sala, para decidir, partió de lo establecido en el artículo 72 de la Constitución, así como de la interpretación de dicho artículo establecida por la Sala Constitucional mediante sentencia N° 1139 de 5 de junio de 2002 (Caso: *Sergio Omar Calderón y William Dávila*), antes comentada, que fue desarrollado conforme a la doctrina establecida en la sentencia de la misma Sala Constitucional N° 566 de 12 de abril de

2004, por el Consejo Nacional Electoral mediante las Normas antes citadas en "ejecución directa e inmediata de la Constitución, en la medida en que no se ha dictado aún legislación alguna para regular las distintas modalidades referendarias." Y hecho esto, pasó entonces a identificar la supuesta duda sobre la interpretación de las normas de los artículos 15 y 29 de las citadas Normas, sobre las cuales:

> "La duda que plantea el recurrente existiría porque, a su decir, a pesar de que el Consejo Nacional Electoral dispuso la organización de los centros y puntos de recolección de las manifestaciones de voluntad según el veinte por ciento (20%) del cuerpo electoral de cada uno de los estados y del Distrito Capital, expresan los solicitantes, "no se ha hecho público el criterio de ese Poder Electoral en cuanto a si se requiere reunir el veinte por ciento (20%) de las manifestaciones en cada entidad federal."

Se advierte de nuevo, que no se trataba de duda alguna sobre lo que las normas disponen, sino sobre lo que el Consejo Nacional Electoral estaba interpretando erradamente de las mismas al haber establecido el 21 de septiembre de 2016, el mencionado "cronograma conforme al cual se llevará a efecto el evento de la recolección de manifestaciones de voluntad así como el cuadro de acuerdo con el cual se llevará a cabo la referida recolección."[1785].

De la lectura del cronograma, la Sala Electoral apreció que el Consejo Nacional Electoral había asumido "como criterio de cuantificación de las indicadas manifestaciones de voluntad el que la recolección de las mismas fuera la expresión del veinte por ciento (20%) del cuerpo electoral de cada entidad federal y del Distrito Capital," deduciendo de ello, que dicho cuerpo, "en ejercicio de sus atribuciones constitucionales," había "adoptado un criterio interpretativo sobre la normativa sancionada por esa instancia electoral," es decir, las "Normas para Regular la Promoción y Solicitud de Referendos Revocatorios de Mandatos de Cargos de Elección Popular," y que ello a juicio de la Sala Electoral, sin más, es decir, sin realizar el más mínimo esfuerzo interpretativo, y sin siquiera referirse a lo que dispone la Constitución, consideró que

> "el esquema aprobado por el Consejo Nacional Electoral ostenta la naturaleza de una *interpretación auténtica*, es decir, la atribución específica de sentido a la propia normativa sancionada por el Consejo Nacional Electoral."

Y para justificar el desaguisado, la Sala Electoral, lo único que argumentó es que el criterio del Consejo Nacional Electoral, supuestamente se correspondía "con el particular modelo venezolano de Estado Federal Descentralizado," montado sobre la idea de que "los estados son entidades federales autónomas e *iguales en lo político* conforme al artículo 159 de la Constitución," lo cual evidentemente nada tiene que ver con lo establecido por el Consejo Nacional Electoral.

En su "argumentación" comentando la interpretación "auténtica" del Consejo Nacional Electoral, la Sala Electoral continuó "precisando" que " la recolección de las manifestaciones de voluntad para solicitar el referendo revocatorio "no puede ni debe confundirse con el proceso referendario en estricto sentido," cosa que nadie

---

1785 La sentencia cita la siguiente Fuente: http://www.cne.gov.ve/web, 'CNE aprobó cronograma para recolección del 20% de solicitudes para activar referendo revocatorio'…".

había hecho, ni siquiera el recurrente, agregando también la precisión de que "la recolección de las manifestaciones de voluntad no constituye en ningún caso, por consiguiente, ni una consulta, ni un referendo, ni un plebiscito. Así se declara," cuando tampoco nadie había alegado ni argumentado sobre tales "hipotéticas" confusiones.

Y entonces, expuesto la anterior, la Sala Electoral concluyó su sentencia "circunscribiéndose a la duda planteada por el recurrente," afirmando que los mencionados artículos 15 y 29 de las Normas para Regular la Promoción y Solicitud de Referendos Revocatorios de Mandatos de Cargos de Elección Popular:

> "deben interpretarse en el sentido de que una válida convocatoria del referendo revocatorio requiere reunir el veinte por ciento (20%) de manifestaciones de voluntad del cuerpo electoral en todos y cada uno de los estados y del Distrito Capital de la República."
>
> De este modo, no ha lugar a dudas, que la cuantificación que efectúe el Consejo Nacional Electoral, una vez realizado el evento de recolección de voluntades, se limitará a verificar y certificar por cada entidad federal, individualmente considerada, que se cumplió debidamente con la participación del porcentaje del veinte por ciento (20%) exigido constitucionalmente para cada circunscripción; no habiendo lugar a sumatorias ni compensaciones entre entidades federales, dado el principio de igualdad política de los estados. Por consiguiente, *la falta de recolección de ese porcentaje en cualquiera de los estados o del Distrito Capital, haría nugatoria la válida convocatoria del referendo revocatorio presidencial.* Así se declara."

Y fue todo. Una sentencia de "interpretación" de unas disposiciones de las mencionadas Normas de 2007 del Consejo Nacional Electoral que no hacen otra cosa que no sea repetir lo que dice la Constitución; pero que nada interpreta, sino que copia lo que el Consejo Nacional Electoral "interpretó," así ello hubiese estado errado y contrariase la Constitución, no formulando siquiera un solo argumento que pudiese incluso ser el "justificativo" la errada interpretación, la cual simplemente dio por "auténtica."[1786]. Y nada más.

En esta forma, de nuevo, de un plumazo se cambió la Constitución, secuestrándose una vez más el derecho ciudadano a la participación política mediante el referendo revocatorio del mandato presidencial que debía realizarse en 2016.

V. EL ARREBATO DEFINITIVO DEL DERECHO CIUDADANO AL REFERENDO REVOCATORIO DE 2016 POR PARTE DE LOS TRIBUNALES PENALES EN DECISIONES "ACATADAS" DE INMEDIATO POR EL PODER ELECTORAL

Pero aún con los obstáculos anteriores, la Mesa de la Unidad Democrática asumió el compromiso de movilizar al pueblo en lo necesario para la realización del

1786 La supuesta "autenticidad," por supuesto, no proviene de que eso sea lo que deriva de las normas constitucionales, sino de la ratificación, por parte de la Sala Electoral, de lo resuelto por los órganos políticos del régimen.

proceso de recolección de firmas, aún en la forma irregular que había dispuesto el Consejo Nacional Electoral, para los días 26 al 28 de octubre de 2016.[1787]

Vana ilusión. Como si todo fuera parte de un guion preestablecido para la actuación de marionetas en el marco de la dictadura judicial, configurado hacia finales del día 20 de octubre de 2016, al unísono, cinco gobernadores, de los Estados Aragua, Carabobo Monagas, Apure y Bolívar anunciaron en sus cuentas de twitter, que sendos tribunales penales en dichos Estados, en causas penales por supuestos fraudes en materia de la recolección de firmas para la constitución de la agrupación de electores para conducir la iniciativa del referendo revocatorio, –materia que por lo demás, es de la exclusiva competencia de la Jurisdicción Electoral– habrían "dejado sin efecto la recolección de firmas del 1% del padrón electoral, realizada hace cuatro meses por la opositora Mesa de la Unidad Democrática (MUD) para promover el referendo."[1788]

La respuesta del Consejo Nacional Electoral, en la noche del mismo día 20 de octubre, fue inmediata, habiéndose incorporado en la página web del organismo la siguiente información:

> "El Poder Electoral informa al país que ha sido notificado, por tribunales de la República, de medidas precautelativas que ordenan posponer cualquier acto que pudiera haberse generado como consecuencia de la recolección de 1% de manifestaciones de voluntad que se requirieron para validar la mediación de la organización con fines políticos MUD.
>
> Las medidas decididas este jueves 20 de octubre por los tribunales penales de primera instancia en funciones de control de Valencia; el tercero de control de San Fernando de Apure; el de primera instancia en función de tercero de control de Aragua y el de primera instancia en funciones de control de Bolívar fueron decididas tras la admisión de querellas penales por los delitos de falsa atestación ante funcionario público, aprovechamiento de acto falso y suministros de datos falsos al Poder Electoral.
>
> Estas decisiones tienen como consecuencia la paralización, hasta nueva orden judicial, del proceso de recolección de 20% de las manifestaciones de voluntad, que estaba previsto para el 26, 27 y 28 de octubre próximos, y en el que el Consejo Nacional Electoral estaba trabajando luego de terminada la primera etapa de una solicitud hecha por el partido MUD en abril pasado.

1787 Véase en "La Recolección del 20% de firmas para el revocatorio será del 24 al 30 de octubre," 29 de agosto de 2016, en http://efectococuyo.com/politica/recoleccion-del-20-de-firmas-para-el-revocatorio-sera-del-24-al-30-de-octubre; y http://www.2001.com.ve/en-la-agenda/142584/todo-lo-que-debes-saber-sobre-la-recoleccion-del-20--el-26--27-y-28-de-octubre.html

1788 Véase lo declarado por los gobernadores de los Estados Aragua y Carabobo en "Anulan en dos estados venezolanos recolección de firmas para referendo. Fueron Aragua y Carabobo. Según gobernadores, tribunales penales dejaron 'sin efecto' por 'fraude'," en El Tiempo, 20 de octubre de 2016, en ehttp://www.eltiempo.com/mundo/latinoamerica/anulan-en-dos-estados-recoleccion-de-firmas-para-referendo-en-venezuela/16730946; "Proceso del revocatorio, suspendido tras anulación de firmas de primera fase," en CNN. Español, 20 de octubre de 2016, en http://cnnespanol.cnn.com/2016/10/20/anulan-firmas-de-la-primera-fase-del-revocatorio-en-varios-estados-de-venezuela/#0

En apego al marco constitucional, el CNE acata las medidas ordenadas por los tribunales y ha girado instrucciones de posponer el proceso de recolección hasta nueva instrucción judicial.

El Poder Electoral reitera su llamado al diálogo nacional como fórmula democrática por excelencia para preservar la paz y la estabilidad de la República y se pone a disposición de los actores políticos e instituciones nacionales para coadyuvar en la búsqueda de las mejores condiciones que hagan fructífero este encuentro."[1789]

Y con esto, se acabó la posibilidad de que el pueblo venezolano pudiera ejercer su derecho constitucional al referendo revocatorio presidencial, que debió haber ocurrido en 2016. Una nueva manifestación de la dictadura judicial lo impidió.

Londres 21 de octubre de 2016

SECCIÓN DÉCIMA SEGUNDA

SOBRE EL ÚLTIMO SABLAZO DADO POR LA "JUSTICIA" CONSTITUCIONAL CONTRA LA ASAMBLEA NACIONAL COMO ÓRGANO DE REPRESENTACIÓN POPULAR

Después de que la Sala Constitucional del Tribunal Supremo de Justicia, durante todo el año 2016, declaró como inconstitucionales y anuló absolutamente todas las leyes y actos parlamentarios sancionados y adoptados por la Asamblea Nacional, tanto en materia de legislación como de control político sobre el gobierno y la Administración Pública, a comienzos de 2017, la misma Sala Constitucional ha dispuesto la cesación definitiva, de hecho, de la Asamblea Nacional en el cumplimiento de sus funciones constitucionales como órgano que integra a los representes del pueblo, declarando, mediante sentencia N° 2 de 11 de enero de 2017,[1790] en la cual anuló el acto de instalación de la Asamblea para su segundo período anual, que:

> "Cualquier actuación de la Asamblea Nacional y de cualquier órgano o individuo en contra de lo aquí decidido será nula y carente de toda validez y eficacia jurídica, sin menoscabo de la responsabilidad a que hubiere lugar."

En esta forma, mediante un sablazo final dado por la "Justicia," que se ratificó en la sentencia N° 3 de 11 de enero de 2017, [1791] se le cercenó definitivamente al pueblo su derecho más elementaL en un Estado de derecho, que es el de ejercer la soberanía mediante sus representantes.

Esas decisiones de la Sala Constitucional tuvieron su antecedente en las decisiones de la Asamblea Nacional adoptadas desde octubre de 2016, en las cuales se consideró que en el país, precisamente por las decisiones adoptadas por la Sala Constitucional, se había dado origen a una situación de ruptura del orden constitucional.

1789 Véase: "Poder Electoral acata medidas cautelares ordenadas por tribunales de la República. Proceso de recolección de 20% de manifestaciones de voluntad queda pospuesto hasta nueva instrucción judicial," 20 de octubre de 2016, en http://www.cne.gov.ve/web/sala_prensa/noticia_detallada.php?id=3483

1790 Véase en http://historico.tsj.gob.ve/decisiones/scon/enero/194891-02-11117-2017-17-0001.HTML

1791 http://historico.tsj.gob.ve/decisiones/scon/enero/194892-03-11117-2017-17-0002.HTML

I. EL ACUERDO DE LA ASAMBLEA NACIONAL DE 23 DE OCTUBRE DE 2016 DECLARANDO QUE EN EL PAÍS EXISTÍA UNA SITUACIÓN DE RUPTURA DEL ORDEN CONSTITUCIONAL

El día 23 de octubre de 2016, después de las innumerables sentencias dictadas por la Sala Constitucional del Tribunal Supremo, en combinación con el Poder Ejecutivo, cercenándole a la Asamblea Nacional todas sus facultades para legislar, para deliberar, para controlar y para ejecutar sus funciones como cuerpo elector de segundo grado de los titulares de los Poderes Públicos, todo en violación de la Constitución, la Asamblea Nacional, adoptó un "*Acuerdo para la restitución del orden constitucional en Venezuela*," declarando:

> "la ruptura del orden constitucional y la existencia de un golpe de estado continuado cometido por el régimen de Nicolás Maduro en contra de la Constitución de la República Bolivariana de Venezuela y el pueblo de Venezuela."[1792]

Dicho Acuerdo lo adoptó la Asamblea basándose en el artículo 333 de la Constitución que consagra el derecho y el deber de todos los ciudadanos "de restablecer la efectiva vigencia de la Constitución," teniendo como motivación directa el hecho de que se había producido el cercenamiento del derecho ciudadano a la participación política mediante el ejercicio del derecho a revocar mediante referendo el mandato del Presidente de la República, a consecuencia de la decisión adoptada por el Consejo Nacional Electoral del 20 de octubre de 2016, "sin fundamentos sólidos e inconstitucionalmente" para "arrebatarle el derecho a revocar al pueblo venezolano, comprometiendo la paz y la estabilidad de la nación." El Acuerdo, además, tuvo como motivaciones específicas, el hecho de:

1. Que tres de los integrantes de dicho Consejo, habían sido nombrados por el Tribunal Supremo provisionalmente en diciembre de 2014; y que el desempeño que habían tenido la mayoría de los miembros de dicho cuerpo "conspira contra la democracia y revela una evidente parcialidad política."
2. Que en diciembre de 2015 la anterior Asamblea había designado "de manera irregular y fraudulenta a los Magistrados del Tribunal Supremo de Justicia, violando la Constitución y el derecho de participación ciudadana," quienes en su desempeño habían "terminado de desmantelar el Estado de derecho, subordinándose a las órdenes del Poder Ejecutivo."
3. Que aparte de estar en curso una investigación sobre la probable doble nacionalidad del Presidente de la República, la cual debía concluir a la brevedad; el mismo había "participado activamente en la ruptura del orden constitucional antes señalada," existiendo por tanto, fundadas razones para sostener que el mismo había "abandonado las funciones constitucionales de la Presidencia de la República."

En virtud de la alteración del orden constitucional, la Asamblea en el ámbito internacional decidió en dicho Acuerdo,

---

1792 http://www.asambleanacional.gob.ve/uploads/documentos/doc_942a0ad957b62f70d7429dca1375d09-969c89d5f.pdf "solicitar a la comunidad internacional la activación de todos los mecanismos que sean necesarios para garantizar los derechos del pueblo de Venezuela, en especial su derecho a la democracia," en particular de los previstos en la Carta Democrática Interamericana.[1793]

Y en el ámbito nacional, resolvió proceder de manera inmediata y de acuerdo con los mecanismos constitucionales"

Primero, a la designación de los rectores del Consejo Nacional Electoral en sustitución de los que "fueron nombrados provisionalmente en diciembre de 2014," para "garantizar el respeto del derecho de los venezolanos a elegir, y la independencia de poderes y el respeto al estado derecho."

Segundo, a la "designación de los Magistrados del Tribunal Supremo de Justicia, para garantizar el respeto del derecho de los venezolanos a elegir, así como la independencia de poderes y el respeto al estado derecho;"

Tercero, a "iniciar el proceso para determinar la situación constitucional de la Presidencia de la República y convocar a una sesión especial de la Asamblea Nacional para el próximo martes 25 de octubre, para evaluar y decidir sobre la materia."

Cuarto, "exigir a la Fuerza Armada Nacional no obedecer ni ejecutar ningún acto o decisión que sean contrario a los principios constitucionales o menoscaben derechos fundamentales del pueblo de Venezuela, emanados del Poder Ejecutivo, Judicial, Ciudadano y Electoral."

Quinto, "convocar al pueblo de Venezuela, en virtud de los preceptos constitucionales, en especial lo establecido en el art. 333 de nuestra Constitución, a la defensa activa, constante y valiente de nuestra Carta Magna, de la democracia y el Estado de Derecho, hasta lograr la restitución del Orden Constitucional."

II. EL ACUERDO DE LA ASAMBLEA NACIONAL DE 25 DE OCTUBRE DE 2016, DECIDIENDO INICIAR EL PROCEDIMIENTO DE DECLARATORIA DE RESPONSABILIDAD POLÍTICA DEL PRESIDENTE DE LA REPÚBLICA

De acuerdo con la convocatoria formulada en el Acuerdo de 23 de octubre, en su sesión del 25 de octubre de 2017, la Asamblea Nacional considerando que se había producido en el país una "ruptura constitucional impulsada por el Presidente de la República," adoptó el *"Acuerdo para iniciar el Procedimiento de Declaratoria de Responsabilidad Política del Presidente de la República ante la Grave Ruptura del*

1793 Debe recordarse que en el mismo sentido, ya el 23 de junio de 2016 el Secretario General de la Organización de Estados Americanos había procedido a solicitar la convocatoria inmediata del Consejo Permanente de la OEA para realizar una apreciación colectiva de la situación y adoptar las decisiones que estime conveniente, presentándoles el *Informe sobre la situación en Venezuela en relación con el cumplimiento de la Carta Democrática Interamericana* de 30 de mayo de 2016. Véase el texto en: oas.org/documents/spa/press/OSG-243.es.pdf. Igualmente en el libro: *La crisis de la democracia en Venezuela, La OEA y la Carta Democrática Interamericana. Documentos de Luis Almagro (2015-2016)*, IDEA, Editorial Jurídica Venezolana, Caracas 2016.

Orden Constitucional y Democrático y la Devastación de las Bases Económicas y Sociales de la Nación,"[1794] resolviendo citar al Presidente de la República:

"para que comparezca al Hemiciclo de Sesiones el día 1 de noviembre de 2016, a las 3:00 pm., a fin de que exponga sobre su posible responsabilidad por las graves violaciones a la Constitución, los Derechos Humanos y la Democracia ya señaladas, y por haber consolidado un modelo político-económico y social que por su estatismo, rentismo, burocratismo y corrupción ha ocasionado la devastación de la economía del país y, en particular, una enorme inflación y el estrangulamiento de la producción nacional, así como el desabastecimiento en el rubro de los alimentos y medicamentos e insumos médicos."

Entre las motivaciones de dicho Acuerdo, además de explicar la base constitucional para adoptarlo,[1795] estuvieron las siguientes razones:

Primero, que "el Presidente de la República, Nicolás Maduro Moros, ha gobernado, desde el 14 de enero de 2016, merced a un estado de excepción declarado y prorrogado al margen de la Constitución, sin la aprobación de la Asamblea Nacional, el cual ha ido cercenando progresivamente atribuciones parlamentarias inderogables y ha vulnerado derechos fundamentales;"

Segundo, que "dicho estado de excepción se ha prolongado mucho más allá de lo permitido por la Constitución (art. 338) y no ha podido estar sometido a controles parlamentarios efectivos, a causa de sentencias arbitrarias del Tribunal Supremo de Justicia que han menoscabado las facultades de la Asamblea Nacional en la materia, ni a los controles internacionales previstos en tratados de Derechos Humanos ratificados por Venezuela, tal como lo ha denunciado el Alto Comisionado de las Naciones Unidas para los Derechos Humanos;"

Tercero, que "el Presidente de la República ha respaldado el desconocimiento por los Ministros y otros funcionarios públicos de las solicitudes de comparecencia emanadas de esta Asamblea Nacional o sus comisiones, y ha ignorado abiertamente la competencia parlamentaria de remover ministros mediante la aprobación de un voto de censura por la mayoría calificada de los Diputados de la Asamblea Nacional constitucionalmente establecida;"

1794 Veáse en http://www.asambleanacional.gob.ve/uploads/documentos/doc_d3f219591da2f3670-fbe83c1c23dc3aeb9257587.pdf.

1795 En el Acuerdo se hizo mencionó, primero, a que la Constitución le "confiere a la Asamblea Nacional funciones de control sobre el Gobierno y la Administración Pública Nacional (art. 187, numeral 3), las cuales son manifestación de la institucionalidad democrática que debe en todo momento ser preservada, de acuerdo con los artículos 2 y 333 de la Constitución y los artículos 3 y 4 de la Carta Democrática Interamericana, adoptada con el voto favorable del Estado venezolano;" segundo, a "que dicho control puede conducir, entre otras consecuencias, a la aprobación de un voto de censura contra el Vicepresidente Ejecutivo o contra los ministros, a la autorización, cuando corresponda, del enjuiciamiento del Presidente de la República o a la declaración de su responsabilidad política (arts. 187, numeral 10, 240, 222, 246, y 266, numeral 2, de la Constitución);" tercero, a "que la declaración de responsabilidad política del Presidente de la República puede dar lugar a que se solicite al Poder Ciudadano el ejercicio de las acciones respectivas, sin perjuicio de que se requiera al Ministerio Público el inicio de las investigaciones referidas a los delitos que puedan haberse cometido;" cuarto a "que el Presidente de la República, a tenor de la Constitución, "Está obligado a procurar la garantía de los derechos y libertades de los venezolanos, así como la independencia, integridad, soberanía del territorio y defensa de la República", y que "La declaración de los estados de excepción no modifica el principio de su responsabilidad…" (art. 232)."

Cuarto, que "el Presidente de la República se ha facultado a sí mismo para aprobar contratos de interés público con Estados o entidades oficiales extranjeras o con sociedades no domiciliadas en Venezuela, quebrantando flagrantemente el artículo 150 de la Constitución;"

Quinto, que "el estado de excepción ilícitamente en vigor ha conducido a una exacerbada concentración de poderes y a un gobierno por decreto que lesiona severamente la Democracia y favorece la corrupción;"

Sexto, que "en el marco del estado de excepción de facto que nos rige, el Presidente de la República ha omitido la presentación del proyecto de Ley de Presupuesto ante la Asamblea Nacional y ha acudido a la Sala Constitucional, que está a su servicio, para obtener la facultad de dictar mediante decreto las normas correspondientes en materia presupuestaria y de crédito público;"

Séptimo, que "no ha cesado e incluso se ha acrecentado la persecución política, de la cual el Presidente de la República es corresponsable;"

Octavo, que "el Presidente de la República ha consumado la supresión de la separación de poderes, lo cual ha permitido que, mediante una confabulación Ejecutivo Judicial constitutiva de un golpe de Estado, se haya suspendido la recolección de las manifestaciones de voluntad necesarias para la iniciativa constitucional del referendo revocatorio presidencial;"

Noveno, que "el Presidente de la República, valiéndose de los poderes ilimitados que ha conquistado a costa de la Constitución, ha acudido sistemáticamente a la Sala Constitucional del Tribunal Supremo de Justicia para impedir, con criterios políticos, la entrada en vigencia de leyes sancionadas por la Asamblea Nacional que hubieran contribuido a solucionar los problemas del país, gracias a la generación de transparencia en el manejo de las finanzas públicas, la facilitación de la cooperación internacional para la superación de la crisis humanitaria, la ampliación de los derechos sociales de los venezolanos y venezolanas y otras medidas benéficas para la población y la institucionalidad;"

Décimo, que "en medio de estas graves violaciones a los principios democráticos y a los derechos humanos, propugnadas por el Presidente de la República, se ha agudizado la crisis económica y humanitaria que aqueja al país en todos los órdenes;"

Décimo primero, que "en materia cambiaria la depreciación de la moneda, desde enero 2016 al 19 de julio de 2016, es de un 212.8%, es decir, que la tasa de cambio para el mes de enero se ubicaba en Bs. 199.5 por dólar, y para el mes de julio se ubicó en Bs. 642.2 por dólar, según el SIMADI (DICOM), siendo mayor esta devaluación en el dólar paralelo;"

Décimo segundo, que "el índice de inflación durante el Gobierno del Presidente Nicolás Maduro Moros, según cifras del Banco Central de Venezuela, entre los años 2013 y el 2015, en el rubro de los alimentos, se incrementó en un 1.259 %, y en materia de salud, en 253%, para una inflación acumulada de 585%, y que en el año 2016 se proyecta una inflación superior al 700 %;" y

Décimo tercero, que "en materia social, la canasta alimentaria familiar para el mes de enero de este año se ubicaba en Bs. 106.752,72, y para el mes de septiembre se encontraba en Bs. 405.452,00, observándose un incremento anualizado de al menos 680%, lo cual se traduce en que se necesitan más de 18 salarios mínimos para cubrir la canasta por cada familia venezolana."

Con base en las motivaciones del acuerdo, la Asamblea nacional procedió a encomendar a la Comisión Especial de Alto Nivel Parlamentario que había sido designada el 23 de octubre de 2016, para "evaluar la posibilidad de que esta Asamblea Nacional declare el abandono del cargo por el Presidente de la República, así como su posible responsabilidad penal.

La Asamblea nacional, finalmente en el Acuerdo ratificó

> "su compromiso con la restitución del orden constitucional, de acuerdo con lo establecido en el artículo 333 de la Constitución, pues la inobservancia de esta se produce no solo por medio de un hecho de fuerza contra la institucionalidad en sentido clásico, sino también cuando el Presidente de la República hace uso de su autoridad civil y militar para socavar la Constitución."

III. LA SENTENCIA Nº 984 DE LA SALA CONSTITUCIONAL DEL TRIBUNAL SUPREMO DE JUSTICIA DE 15 DE NOVIEMBRE DE 2016, PROHIBIENDO A LA ASAMBLEA NACIONAL EJERCER SUS FUNCIONES DE CONTROL POLÍTICO CONFORME A LO DECIDIDO EN EL ACUERDO DE 25 DE OCTUBRE DE 2016

Luego de la adopción del Acuerdo mencionado, el 9 de noviembre de 2016, el Procurador General de la República acudió ante la Sala Constitucional del Tribunal Supremo de Justicia, para interponer una "acción de amparo constitucional [...], contra las actuaciones de hecho y amenazas proferidas por el parlamento en contra de los Poderes Públicos, la democracia y el sistema republicano, amenazas contra la estabilidad y paz de la República, así como las actuaciones y amenazas contenidas en el Acto Parlamentario de fecha 25 de octubre de 2016," y en particular, pero sin indicar quién era el supuesto agraviado, ni cuáles eran los derechos o garantías constitucionales que se denunciaban como supuestamente violados, contra:

> el "*Acuerdo para Iniciar el Procedimiento de Declaratoria de Responsabilidad Política del Presidente de la República* ante *la Grave Ruptura del Orden Constitucional y Democrático y la Devastación de las Bases Económicas y Sociales de la Nación* y en contra de las amenazas graves proferidas desde el Órgano Legislativo que tienen una clara intención de provocar hechos de violencia que pondrían en peligro la integridad del Patrimonio de la República e incluso de sus habitantes; siendo urgente y necesaria, ante la situación planteada, con el fin de dar correcta dimensión y sentido a nuestra Carta Magna, obtener un mandato de amparo constitucional por parte de ese Máximo Tribunal".

Más adelante en su escrito, el Procurador General de la República, pareció cambiar la naturaleza de su acción, pasando de una acción de amparo a una acción de nulidad, al indicar que solicitaba que la "Sala Constitucional revise la validez del acuerdo objeto de la presente acción de nulidad y emita un pronunciamiento expreso que permita la efectiva concretización de la administración de justicia," denunciando un conjunto de supuestos "vicios de inconstitucionalidad," del acto cuestionado, entre ellos, *primero*, el de "falso supuesto de derecho" al considerar que supuestamente el Presidente de la República no podía ser sujeto de control político parlamentario (art. 222 de la Constitución), pues el mismo supuestamente

> "no es funcionario público de carrera, ni de libre nombramiento y remoción, ni es funcionario de alto nivel. El Presidente de la República ejerce un cargo de elección popular y le corresponde dirigir la Administración Pública en su condición de Jefe de Estado y Jefe de Gobierno."

El Procurador acusó ante la Sala Constitucional, al Parlamento, con ello, de supuestamente tratar de propugnar la creación de

> "una matriz" de opinión sobre "inicio de un supuesto "juicio político" al Presidente de la República, tesis que, mediáticamente, sería fácil de inocular en los ciudadanos habida cuenta de los recientes acontecimientos en la vecina República del Brasil, cuya constitución sí establece la posibilidad de abrir a la máxima autoridad del Ejecutivo Nacional un impeachment o juicio político."

Concluyendo el Procurador con la afirmación de que

> "la Asamblea Nacional, temerariamente, incurre en un falso supuesto de derecho, cuando intenta aplicar una figura de juicio político al Presidente de la República que no existe en la Constitución ni en el resto del ordenamiento jurídico venezolano, pretendiendo utilizar como fundamento normas referidas a otras instituciones jurídicas sólo aplicables a distintos funcionarios, en distintas circunstancias, como hemos demostrado en este punto".

El *segundo* vicio del Acuerdo parlamentario denunciado por el Procurador fue el de "usurpación de funciones" por incompetencia manifiesta de la Asamblea para adoptar el Acuerdo impugnado.

El *tercer* vicio denunciado, como "el más grave y evidente" fue el de "desviación de poder" en el cual habría incurrido la Asamblea al adoptar el Acuerdo impugnado, evidenciado según el Procurador en "la actuación de la Asamblea Nacional a partir del 5 de enero de 2016" la cual

> "Incluso antes del indicado inicio del primer período de sesiones ordinarias de la Asamblea Nacional, ya en noviembre y diciembre de 2015, y a manera de oferta electoral, los diputados de los partidos políticos opuestos al partido de Gobierno prometieron a sus electores la "salida" del actual Presidente de la República, Nicolás Maduro Moros, de su cargo constitucionalmente otorgado por el pueblo venezolano. Varias fueron las fórmulas ofrecidas, desde la "renuncia forzada", hasta el referéndum revocatorio, pasando por la inhabilitación en razón del incumplimiento del requisito de nacionalidad venezolana exclusiva o por abandono del cargo por incumplimiento de sus funciones."

Luego se refirió el Procurador, a las múltiples decisiones adoptadas por la Sala Constitucional durante todo el año en contra de la Asamblea Nacional, muchas "incluso con fines didácticos, a fin de evitar el quebrantamiento de normas y principios constitucionales," y todas, según el Procurador:

> "emitidas por el órgano habilitado constitucionalmente de manera exclusiva y excluyente para ello, por lo que las actuaciones contrapuestas a ellas son, definitivamente, antijurídicas y carentes de validez alguna para el campo del De-

recho, así como su interpretación, fuera del ámbito del órgano constitucionalmente habilitado para ello, resultan en meras opiniones o disidencias mediáticas."

Por último el Procurador General se refirió a:

> "Las recurrentes oposiciones del Legislativo Nacional a las actuaciones del resto del Poder Público, y en especial a las del Ejecutivo Nacional, y el reciente Acuerdo, de fecha 25 de octubre de 2016, evidencian un grave exceso en el ejercicio de las funciones de control que la Constitución Nacional ha otorgado a la Asamblea, órgano que no ha atinado en comprender el funcionamiento del control de poder dibujado en la Constitución como un mecanismo de pesos y contrapesos que alcanza la "circularidad" entre los cinco Poderes, impidiendo a cada uno de ellos que, por sí solo, pueda suprimir o anular a otro, u otros.
>
> La máxima expresión de este desatino ha sido la oferta de juicio político y destitución del Presidente de la República (...) en un sólo acto desprovisto de los más elementales visos de juridicidad, racionalidad o lógica."

Siguió luego en su escrito el Procurador refiriéndose a las actuaciones de la Asamblea Nacional, antes y después del Acuerdo que impugnaba, como elementos que a su juicio evidenciaban una desviación de poder de parte del Parlamento, realizadas, señalando que:

> "Casi en términos de negociación secuestrador-rehén, a partir del Acuerdo impugnado, rápidamente la Asamblea Nacional organizó sus vocerías, en coordinación con líderes políticos que no ostentan cargos públicos, e incluso gobernadores y alcaldes opuestos al partido de Gobierno, y elaboró un pliego de "exigencias", entre las cuales se encuentran: 1) Retomar el Referéndum Revocatorio o pactar un adelanto de las elecciones presidenciales; 2) Celebración en el corto plazo de las elecciones en los Estados cuyos Diputados están siendo investigados por el Poder Judicial; 3) Cambio de los Rectores del CNE que tienen el período vencido y 4) la inmediata liberación de los presos políticos."
>
> En cuanto al Acuerdo del 23 de octubre de 2016, el Procurador lo consideró como "uno de sus más irracionales, antijurídicos y desproporcionados actos" de la Asamblea, y como "el mejor ejemplo de las intenciones veladas tras un actuar presuntamente formal y legal," al declarar "la ruptura del orden constitucional y la existencia de un golpe de estado cometido por el régimen de Nicolás Maduro."

Todo ello, a juicio del Procurador se configuró el vicio de desviación de poder, solicitándole a la Sala que:

> "dicte aquellas medidas que considere necesarias para proteger, tanto a la ciudadanía en general como al sistema democrático de la República Bolivariana de Venezuela, de las amenazas inminentes proferidas desde la Asamblea Nacional".

Agregando finalmente que la acción intentada que volvió entonces a calificar como de "amparo constitucional," "se fundamenta principalmente en el hecho de que los actos emanados de la Asamblea Nacional mientras ésta se encuentre en desacato de las decisiones del Poder Judicial, son absolutamente nulos y así lo ha señalado expresamente esa Sala Constitucional en sentencia Nº 808 del 2 de septiembre de 2016," solicitando que las "medidas de amparo constitucional" tuvieran como objeto:

1. "Evitar que la Asamblea Nacional reincida en actuaciones como la impugnada, así como en otras actuaciones con apariencia de actos con efectos jurídicos dirigidos a obtener por la vía de los hechos el control de los Poderes Públicos o la imposición de conductas con fines particulares de miembros de la Directiva y demás diputados de dicho órgano legislativo nacional, afectos a la situación de confrontación con todos los Poderes Públicos.
2. Evitar que voceros de la Asamblea Nacional y otros actores o voceros políticos, emitan opiniones y convoquen a actividades que pretendan atentar contra la paz de la República, generar violencia y pérdidas humanas y materiales para la Nación. Entre ellas, movilizaciones hacia zonas declaradas de seguridad conforme a la Ley, y en las cuales funcionan los Poderes Públicos.
3. Evitar que voceros de la Asamblea Nacional y otros actores o voceros políticos, convoquen a movilizaciones o actos de masas dirigidos a realizar llamados al desconocimiento o agresión de los Poderes Públicos o sus actuaciones.
4. Prohibir a los medios de comunicación social la retransmisión o transmisión en diferido de las informaciones relacionadas con los hechos contemplados en los puntos anteriores.
5. Ordenar al Ejecutivo Nacional tomar las previsiones necesarias para el resguardo de la integridad física de los ciudadanos que laboran en las distintas oficinas del sector público a cuyas sedes recurrentemente incitan a movilizarse voceros políticos, así como de las instalaciones y bienes que se encuentran en dichas sedes."

La Sala Constitucional, ante la acción interpuesta, luego de analizar las previsiones constitucionales y el desarrollo jurisprudencial sobre la acción de amparo y, en consecuencia, el tema de la ausencia de legitimación activa procesal alguna del Procurador para intentar dicha acción, procedió a dictar la sentencia Nº 984 de 15 de noviembre de 2016,[1796] para lo cual tuvo con toda imprecisión que cambiar la naturaleza de la misma, por una acción de nulidad, argumentando que:

> "en atención a los postulados *pro actione* y tutela del orden público constitucional, se observa que la presente acción se compagina, ante todo, con una pretensión de nulidad de actos emanados de la Asamblea Nacional, conjuntamente con una solicitud de tutela constitucional dirigida a evitar que ese órgano legislativo reincida en actuaciones contrarias al orden constitucional."

Sin embargo, agregó la Sala que:

> "Ciertamente, en principio, los legitimados activos para ejercer la acción de amparo son las personas físicas naturales y las personas jurídicas o morales par-

1796 Véase en http://historico.tsj.gob.ve/decisiones/scon/noviembre/192486-948-151116-2016-16-1085.HTML

ticulares no estatales. Pero el Estado y sus personas jurídicas, a través de los órganos que las representan, pueden ejercer la acción con base en sus potestades y atribuciones cuando estén en grave riesgo derechos y principios de eminente orden público constitucional, que puedan afectar a la colectividad que están obligados a defender y proteger."[1797]

Terminando, de todo ello, declarando su competencia para conocer, no de la acción de amparo intentada, ni de la acción de nulidad deducida, sino de "la presente *demanda de protección constitucional*, en los términos planteados," admitiéndola pura y simplemente, calificándola luego como "demanda de tutela constitucional," en la cual señaló que: "están involucrados valores constitucionales fundamentales, derechos y garantías constitucionales, bienes e intereses, incluso patrimoniales, de la República, la estabilidad de la Nación y, por ende, el orden público constitucional."

La Sala para conocer de la acción, después de reconocer, conforme a las normas que rigen la actuación de la Procuraduría General de la República, su competencia para "demandar la nulidad de cualquier acto de los órganos y entes del Poder Público Nacional, Estadal y Municipal, por razones de inconstitucionalidad o de ilegalidad, e, inclusive, puede intentar acciones de amparo constitucional contra personas naturales o jurídicas que quebranten los bienes, derechos e intereses de la República," pasó a referirse a su anterior sentencia N° 808, el 02 de septiembre de 2016, mediante la cual, la Asamblea Nacional declaró, "entre otros pronunciamientos, que: "...resultan manifiestamente inconstitucionales y, por ende, absolutamente nulos y carentes de toda vigencia y eficacia jurídica, los actos emanados de la Asamblea Nacional, incluyendo las leyes que sean sancionadas, mientras se mantenga el desacato a la Sala Electoral del Tribunal Supremo de Justicia." Ello, en virtud del desacato por parte de la Asamblea Nacional, .derivado:

> "de la nueva juramentación e incorporación de los ciudadanos Nirma Guarulla, Julio Haron Ygarza y Romel Guzamana como Diputados de dicha Asamblea Nacional (28.07.2016); en una clara y manifiesta rebeldía al mandato judicial contenido en el acto de juzgamiento n.° 260, del 30 de diciembre de 2015, que dictó la Sala Electoral de este Supremo Tribunal; desobediencia ésta que fue declarada por esa Sala, en una primera oportunidad, el 11 de enero de 2016 (s SE n.° 1), siendo admitida y corregida, el 13 de ese mismo mes y año, por ese órgano encargado de la función legislativa mediante la desincorporación de los referidos ciudadanos (ver sentencia n. 3 del 14 de enero de 2016).

La Sala mencionó también en su sentencia, la nueva sentencia de la Sala Electoral que había declarado "un nuevo desacato a sus fallos precedentes sobre esta materia, en sentencia N° 108 del 01 de agosto de 2016," concluyendo en que a pesar de

---

1797 Para ello, la Sala Constitucional citó su sentencia N° 1395 del 21 de noviembre de 2000, precisando que: *"Por tanto, el objeto del amparo es la tutela judicial reforzada de los derechos y garantías constitucionales, lo cual comprende los derechos enunciados por la Constitución, algunos de los cuales se encuentran fuera de su Título III (vid., por ejemplo, los artículos 143, 260 y 317 de la Constitución), así como los consagrados en tratados internacionales sobre derechos humanos ratificados por la República, y cualquier otro que sea inherente a la persona humana. Lo dicho no implica restringir la noción de derechos o garantías constitucionales a los derechos de las personas naturales, pues también las personas jurídicas son titulares de derechos fundamentales. Incluso las personas jurídicas de Derecho Público pueden ostentar algunos de esos derechos."*

su sentencia N° 808 de 2 de septiembre de 2016, la Asamblea Nacional "en una acción sin precedentes en la historia republicana," había emitido:

> "varios acuerdos, en una manifestación de continua rebeldía ante dicho acto de juzgamiento y en desdeño del ejercicio de las funciones propias de cada uno de los órganos que ejercen el Poder Público y del principio de colaboración entre ellos para el logro o realización de los fines de la República, manteniendo la incorporación de los ciudadanos Nirma Guarulla, Julio Haron Ygarza y Romel Guzamana como integrantes de dicho cuerpo, sin que se hubiere resuelto el fondo de la controversia o se hubiere revocado la medida impuesta para asegurar la resultas del proceso."

En particular, refiriéndose al Acuerdo impugnado, la Sala constató que "fue dictado en evidente desacato a los actos de juzgamiento dictados tanto por esta Sala Constitucional como por la Sala Electoral de este Supremo Tribunal, por ende, en flagrante violación a la garantía del derecho constitucional a la tutela judicial eficaz, derivada de la falta de acatamiento de órdenes contenidas en varias decisiones judiciales," pasando a revisarlo, analizarlo y decidir sobre el mismo y sobre los otros actos dictados en ejecución del mismo, como actos "parlamentarios" sin forma de ley, declarando que "fue dictado en franco desacato de decisiones judiciales emanadas de este Máximo Tribunal de la República," reiterando la declaración que hizo en la sentencia N° 808, del 02 de septiembre de 2016, de que:

> "los actos que están ocurriendo en la Asamblea Nacional, mientras se mantenga como hasta ahora en desacato de las decisiones de este Alto Tribunal y en especial de esta Sala Constitucional, máxima garante de la Constitución como norma suprema, son absolutamente nulos y carentes de efectos jurídicos, como antes se ha declarado."

Como el Procurador denunció en su acción, la amenaza por parte de las actuaciones de la Asamblea Nacional contra *"el mantenimiento del orden público, la seguridad personal de los ciudadanos (en especial de los funcionarios públicos) y de la preservación de las edificaciones e instalaciones públicas…"*, pasó a considerar el alegato de acuerdo con lo previsto en el artículo 2 de la Ley Orgánica de Amparo sobre Derechos y Garantías Constitucionales (que la amenaza sea inminente), considerando que por hecho notorio comunicacional se podía considerar que "la amenaza denunciada es real e inminente,"[1798] particularmente en cuanto a lo que habían anunciado algunos diputados sobre *"despojar al actual Gobierno Constitucional del Poder…"*, razón por la cual procedió "como garante de los principios, derechos y garantías constitucionales, así como en ejercicio de la atribución de protección a la Constitución," a dictar un *mandamiento de amparo cautelar* para garantizar la paz del pueblo y la estabilidad democrática de las instituciones, frente a los presuntos hechos y amenazas denunciados por el accionante," en los siguientes términos:

> "4.1.- Ordena a las diputadas y diputados de la asamblea nacional abstenerse de continuar con el pretendido juicio político y, en definitiva, de dictar cual-

---

[1798] A tal efecto, la Sala hizo referencia a sus sentencias respecto del hecho notorio comunicacional, y los efectos jurídicos que el mismo genera, N° 98 del 15 de marzo de 2000, caso: "*Oscar Silva Hernández*", ratificada en el fallo N° 280 del 28 de febrero de 2008, caso: "*Laritza Marcano Gómez.*"

quier tipo de acto, sea en forma de acuerdo o de cualquier otro tipo, que se encuentre al margen de sus atribuciones constitucionales y que, en fin, contraríe el Texto Fundamental, de conformidad con la jurisprudencia de esta Sala Constitucional.

4.2.- Prohíbe convocar y realizar actos que alteren el orden público; instigaciones contra autoridades y Poderes Públicos, así como otras actuaciones al margen de los derechos constitucionales y del orden jurídico."

La anterior decisión, se adoptó, entonces, por la Sala Constitucional, [1799] al conocer de una "acción de protección constitucional," que como tal no existe en el ordenamiento jurídico, siendo ello solo una denominación genérica que podría aplicarse a muchas acciones (amparo, nulidad por inconstitucionalidad, omisión inconstitucional, contencioso administrativo de anulación por inconstitucionalidad), en un proceso contra la Asamblea Nacional, llevado a cabo en violación al debido proceso, por no haberse citado a los representantes de la institución y sin que se hubiese garantizado su derecho a la defensa. En dicho proceso, la sala, por otra parte, dictó medidas de amparo cautelar, pero sin que se indicase cuál era el derecho o garantía constitucional que se hubiese denunciado como violado, quién era la persona agraviada y cómo habría quedado acreditada la "legitimación" activa del Procurador General de la república para intentar la acción.

IV. EL ACUERDO DE LA ASAMBLEA NACIONAL DEL MISMO DÍA 15 DE NOVIEMBRE DE 2016, EN DEFENSA DE LOS PRINCIPIOS DEMOCRÁTICOS Y REPUBLICANOS, ADOPTADO CON MOTIVO DE LA SENTENCIA Nº 948 DE LA SALA CONSTITUCIONAL DE LA MISMA FECHA

El mismo día 15 de noviembre de 2016, la Asamblea Nacional adoptó un "*Acuerdo en defensa de los principios democráticos y republicanos, con motivo de la sentencia n° 948 de la Sala Constitucional del Tribunal Supremo de Justicia*,"[1800] en el cual para refutar las órdenes adoptadas en la sentencia, rechazó dicha sentencia "por ser contraria a los derechos y garantías establecidos en la Constitución Nacional," con base, entre otros, en los siguientes motivos:

Primero, que la actuación de esta Asamblea Nacional al dictar el Acuerdo cuestionado "se ajusta plenamente a lo dispuesto en el artículo 222 de la Constitución," en cuanto a que en ejercicio del control parlamentario, la misma puede declarar la responsabilidad política de los funcionarios públicos, incluida la del Presidente de la República por sus actos y por el cumplimiento de las obligaciones inherentes a su cargo (art. 223), siendo totalmente infundado el alegato del Procurador General de la República de que el Presidente de la República no es un funcionario público. Al contrario, indicó la Asamblea, el Presidente de la República es incuestionablemente un funcionario público, encargado de dirigir la acción de Gobierno, conforme a lo establecido en los artículos 225 y 226 de

1799 Véase sobre la sentencia, la Nota de prensa de la Sala Constitucional de 15 de diciembre de 2016, en http://www.lapatilla.com/site/2016/12/15/tsj-declara-nulo-e-ineficaz-juicio-politico-de-la-an-contra-maduro/

1800 Véase en http://www.asambleanacional.gob.ve/uploads/documentos/doc_2927f376d002f85132bf39-b7d129fb36416d886c.pdf la Constitución, que como todo funcionario público es responsable y que esta Asamblea Nacional sí tiene atribuida expresamente la función de control sobre el Gobierno (artículo 187, numeral 3 de la Constitución), en ejercicio de la cual puede declarar la responsabilidad política del mismo.

Segundo, que la Sala Constitucional, en su sentencia, "insiste en desconocer la legitimidad de la Asamblea Nacional y de los representantes del electorado del estado Amazonas, invocando la sentencia cautelar dictada por la Sala Electoral el 30 de diciembre de 2015, sin siquiera mencionar el retardo procesal, la violación al debido proceso, denegación de justicia y violación del derecho a la participación política del electorado del estado Amazonas, en que ha incurrido esa Sala Electoral, al omitir la tramitación y decisión definitiva oportuna, en el juicio seguido con motivo de la impugnación de las elecciones parlamentarias en el estado Amazonas."

Tercero, que la Sala Constitucional con la nueva decisión adoptada "pretende una vez más hacer nugatorio el ejercicio de las funciones del Poder Legislativo Nacional e impedir un mecanismo de control expresamente atribuido a la Asamblea Nacional, desconociendo lo dispuesto en la Constitución, por cuya supremacía, vigencia y aplicación efectiva debe velar," contraviniendo "las previsiones constitucionales sobre las atribuciones de la Asamblea Nacional," atentando "contra el derecho de los ciudadanos a la participación política, al ser los diputados sus representantes, elegidos democráticamente y a través de quienes ejercen su soberanía," y apartándose de "su función de garante de las normas y principios constitucionales," lo que ha hecho es "tergiversar la Constitución y adecuar su interpretación a las pretensiones del Ejecutivo Nacional;"

Cuarto, que "el Presidente de la República Nicolás Maduro Moros en declaraciones públicas se refirió ayer cínicamente a la sentencia de la Sala Constitucional, calificándola de expresión de un sano sistema constitucional, cuando lo cierto es que la misma es una clara evidencia del activismo político de sus magistrados, circunstancia que compromete la autoridad de la sentencia, por falta de objetividad e independencia del órgano jurisdiccional, condición intrínseca de la función judicial;"

Quinto, que por la ilegitimidad de la designación de los magistrados, la "sentencia, como todas las sentencias dictadas por el Tribunal Supremo de Justicia con posterioridad a la decisión adoptada por la Asamblea Nacional el 14 de julio de 2016," (mediante la cual se produjo la "declaratoria de nulidad de los nombramientos de tres de los magistrados que actualmente la componen"), están incursas en la causal de invalidación prevista en el numeral 6 del artículo 328 del Código de Procedimiento Civil," por haber sido dictadas por "Juez que no haya tenido nombramiento de tal, o por juez que haya sabido estar depuesto o suspenso por decreto legal;"

Sexto, que "la Sala Constitucional del Tribunal Supremo de Justicia, en absoluta contravención a su razón de ser y a los principios más elementales del Estado de derecho y de la democracia, ha declinado su función de garante de la constitucionalidad y de los derechos fundamentales para servir a los intereses del Poder Ejecutivo;"

Séptimo, que con la sentencia que motivó el Acuerdo, "se pretende prohibir el ejercicio del derecho fundamental a la manifestación, expresamente consagrado en el artículo 68 de la Constitución y que sistemáticamente el Tribunal Supremo de Justicia a través de la Sala Constitucional y de la Sala Político Administrativa en sentencia N° 840 de fecha 27 de julio de 2016, han pretendido criminalizar e impedir, en lugar de garantizarlo y velar por su efectiva vigencia, como corresponde a las instancias jurisdiccionales;"

Octavo, que el artículo 333 de la Constitución, "coloca por encima del Ejecutivo Nacional y de los magistrados del Tribunal Supremo de Justicia a los ciudadanos, investidos o no de autoridad, imponiéndoles el deber constitucional de colaborar en el restablecimiento de la efectiva vigencia de la Constitución, cuando la misma dejare de observarse por cualquier medio que fuere."

Con base en estos motivos, la Asamblea Nacional, resolvió entonces ratificar su compromiso, "como representante de los electores que eligieron a los diputados que actualmente la integran, en la defensa de los principios republicanos y democráticos establecidos en la Constitución," manteniéndose "firme en el ejercicio de sus atribuciones, en beneficio de los intereses del pueblo" (artículos 187, 199, 201, 222 y 223 Constitución), rechazando "la criminalización de la protesta y a la negación del derecho a la manifestación pacífica y a la participación política de los ciudadanos, por parte del Poder Ejecutivo y del Poder Judicial."

La Asamblea, además, acordó "condenar el activismo político y la "falta de independencia de los magistrados" de la Sala Constitucional del Tribunal Supremo de Justicia y la injerencia del Presidente de la República Nicolás Maduro Moros en el ejercicio de la función jurisdiccional y exhortarlos a garantizar la paz y la estabilidad democrática en el país, adoptando decisiones que se ajusten al verdadero sentido de las normas y principios constitucionales."

V. EL ACUERDO DE LA ASAMBLEA NACIONAL DEL 15 DE DICIEMBRE DE 2016, SOBRE LA VIOLACIÓN DE LOS DERECHOS POLÍTICOS Y CRISIS DEL SISTEMA ELECTORAL

Con fecha 15 de diciembre de 2016, y como consecuencia de la sentencia de la Sala Constitucional del Tribunal Supremo N° 1086 del 13 de diciembre de 2016, mediante la cual designó inconstitucionalmente a los Rectores del Consejo Nacional Electoral, la Asamblea Nacional adoptó un *Acuerdo sobre la violación de los derechos políticos y crisis del sistema electoral,*[1801] considerando que con ello, había violado abiertamente la Constitución, negándole a los ciudadanos su derecho a participar en los asuntos públicos, en particular en el Comité de Postulaciones Electorales para designación de dichos rectores principal.

En particular, la Asamblea Nacional consideró que a los fines de la designación de las rectoras del Consejo Nacional Electoral, a quienes efectivamente corresponde sustituir, la propia Asamblea había procedido oportunamente a convocar y constituir el Comité de Postulaciones Electorales, y a tal efecto, había recibido la lista de los ciudadanos seleccionados como elegibles por ese Comité de Postulaciones Electorales, habiendo cumplido los trámites para decidir las nuevas designaciones, a partir de la lista de postulados por las Universidades Nacionales, sin que pudiera argumentarse omisión de ningún tipo," concluyendo en consecuencia que:

1801 Véase en http://www.asambleanacional.gob.ve/uploads/documentos/doc_5006dd9fd88327ee986c-9907cef8bf805d7eab41.pdf "la Sala Constitucional, al proceder arbitrariamente y sin fundamento jurídico a reelegir a las rectoras principales del Consejo Nacional Electoral, que tienen el período vencido, viola la Constitución, pretende desconocer la autoridad de este cuerpo parlamentario y atenta contra los principios y valores constitucionales de la democracia participativa y protagónica."

Como consecuencia, en el Acuerdo mencionado, la Asamblea Nacional al reivindicar "la potestad exclusiva y excluyente de la Asamblea Nacional para designar rectores del Consejo Nacional Electoral, de conformidad con el artículo 296 de la Constitución," rechazó:

"por usurpación de funciones y de conformidad con el artículo 333 de la Constitución, la írrita sentencia 1086 de la Sala Constitucional del Tribunal Supremo de Justicia, de fecha 13 de diciembre, en virtud de la cual se designan, de manera inconstitucional, los rectores del Consejo Nacional Electoral correspondientes a los que deberían ser postulados por la Universidades Nacionales y por el Poder Ciudadano, y en este sentido desconocer dicha decisión por contrariar los principios constitucionales y violar los derechos fundamentales consagrados en la Constitución."

Como consecuencia, la Asamblea decidió proceder a concluir el procedimiento para la designación de los mencionados funcionarios para el período 2016-2023 a partir de lo establecido en el Informe Final que le había presentado en fecha 5 de diciembre de 2016 el Comité de Postulaciones Electorales.

VI. EL ACUERDO DE LA ASAMBLEA NACIONAL DEL DÍA 9 DE ENERO DE 2017, QUE DECLARÓ LA FALTA ABSOLUTA DEL PRESIDENTE DE LA REPÚBLICA POR ABANDONO DE LAS FUNCIONES CONSTITUCIONALES

El día 5 de enero de 2017 se instaló la Asamblea Nacional, conforme lo dispone la Constitución, para iniciar sus sesiones ordinarias, eligiendo su nueva Junta Directiva.

Con posterioridad se desincorporaron de la Asamblea, los dos diputados electos en el Estado Amazonas, cuya elección había sido cuestionada; y la Asamblea, como consecuencia de lo que había resuelto mediante el Acuerdo de 13 de diciembre de 2016, en el cual se declaró "la responsabilidad política del Presidente de la República, y se reservó la posibilidad de evaluar si la ruptura del orden constitucional y democrático cometida por Nicolás Maduro Moros es de tal magnitud que implica un abandono de sus funciones constitucionales;" a pesar de que el Tribunal Supremo de Justicia, mediante "Nota de prensa," instara "a la Asamblea Nacional a no realizar acciones al margen de sus funciones, previo al inicio de la sesión de ese órgano en la que se pretende declarar el supuesto "abandono del cargo" del presidente Nicolás Maduro,"[1802] el 9 de enero de 2017 adoptó un "*Acuerdo sobre el abandono de las funciones constitucionales de la Presidencia de la República en que ha incurrido el*

1802 https://mundo.sputniknews.com/americalatina/201701101066110322-Tribunal-Supremo-Asamblea-Nacional/

ciudadano Nicolás Maduro Moros,"[1803] fundamentado entre otros en los siguientes motivos:

Primero, que la Constitución "confiere a la Asamblea Nacional funciones de control sobre el Gobierno y la Administración Pública Nacional (art. 187, Numeral 3), las cuales son manifestación de la institucionalidad democrática que debe en todo momento ser preservada, de acuerdo con los artículos 2 y 333 de la Constitución y los artículos 3 y 4 de la Carta Democrática Interamericana, adoptada con el voto favorable del Estado venezolano;"

Segundo, que el Presidente de la República, está constitucionalmente obligado a procurar la garantía de los derechos y libertades de los venezolanos, así como la independencia, la integridad, soberanía del territorio y defensa de la República," sin que la declaración de los estados de excepción pueda modificar el principio de su responsabilidad (art. 232);

Tercero, que en contraste, la actuación del Presidente de la República "ha supuesto una violación generalizada de los derechos humanos, incluyendo una grave vulneración de los derechos políticos, acompañada del desmantelamiento de la institucionalidad democrática necesaria para garantizar tales derechos, así como de un atentado continuo contra la integridad de la República y de su territorio;" todo lo cual quedó evidenciado ante la Asamblea en su sesión del 27 de octubre de 2016, en la cual se constató "la devastación del orden social y económico de la República y de las violaciones a derechos humanos cometidas en el contexto de la represión policial y de la discriminación por razones políticas, a lo cual se suman los recientes informes emanados de organizaciones especializadas que demuestran el enorme aumento en las cifras de criminalidad y violencia que se ha producido en el país en los últimos años, en medio de la más extendida impunidad;"

Cuarto, que "Nicolás Maduro Moros ha gobernado, desde el 14 de enero de 2016, merced a un estado de excepción declarado y prorrogado al margen de la Constitución, sin la aprobación de la Asamblea Nacional, el cual ha ido cercenando progresivamente atribuciones parlamentarias inderogables y ha vulnerado derechos fundamentales," el cual "no ha quedado sometido a controles parlamentarios efectivos, a causa de sentencias arbitrarias del Tribunal Supremo de Justicia que han menoscabado las facultades de la Asamblea Nacional en la materia, ni a los controles internacionales previstos en tratados de derechos humanos ratificados por Venezuela, en virtud de la omisión de notificación en que incurrió el Presidente de la República, tal como lo ha denunciado el Alto Comisionado de las Naciones Unidas para los Derechos Humanos;"

Quinto, que "Nicolás Maduro Moros ha ordenado el desconocimiento por los Ministros y otros funcionarios públicos de las solicitudes de comparecencia emanadas de la Asamblea Nacional o sus comisiones, y ha ignorado abiertamente la competencia parlamentaria de remover Ministros mediante la aprobación de un voto de censura por la mayoría calificada de los Diputados de la Asamblea Nacional, en los términos constitucionalmente establecidos;"

1803 Véase en http://www.asambleanacional.gob.ve/uploads/documentos/doc_9bdb6ba6ef2d206b06358-a39c79a340013d9db87.pdf

Sexto, que "Nicolás Maduro Moros se ha facultado a sí mismo para aprobar contratos de interés público con Estados o entidades oficiales extranjeras o con sociedades no domiciliadas en Venezuela, quebrantando flagrantemente el artículo 150 de la Constitución;"

Séptimo, que "el estado de excepción ilícitamente en vigor ha conducido a una exacerbada concentración de poderes y a un gobierno por decreto que lesiona severamente la Democracia y favorece la corrupción;" habiendo en el mismo, Nicolás Maduro Moros, omitido "la presentación ante la Asamblea Nacional del Proyecto de Ley de Presupuesto para el ejercicio Económico Financiero 2017," habiendo acudido "a la Sala Constitucional del Tribunal Supremo de Justicia, que está a su servicio, para que lo autorizara, en contra de la Constitución y de las garantías democráticas, a dictar mediante decreto las normas correspondientes en materia presupuestaria y de crédito público;"

Octavo, que "no ha cesado e incluso se ha acrecentado la persecución política, de la cual Nicolás Maduro Moros es corresponsable;" habiendo "propugnado y consumado la supresión de la separación de poderes que padecemos, mediante su respaldo a la ocupación partidista del Tribunal Supremo de Justicia y del Consejo Nacional Electoral," todo lo cual "explica la confabulación ejecutivo-judicial, constitutiva de un Golpe de Estado, que condujo a la suspensión de la recolección de las manifestaciones de voluntad necesarias para la iniciativa constitucional del referendo revocatorio presidencial;"

Noveno, que "Nicolás Maduro Moros ha pretendido justificar el diferimiento de procesos comiciales constitucionalmente obligatorios e impostergables, como la elección de Gobernadores que debía celebrarse en el 2016, invocando argumentos inaceptables en una Democracia y que de facto colocan en vilo cualquier otro proceso electoral que deba realizarse en el país;"

Décimo, que "Nicolás Maduro Moros, valiéndose de los poderes ilimitados que ha secuestrado a costa de la Constitución, ha acudido sistemáticamente a la Sala Constitucional del Tribunal Supremo de Justicia para impedir, con criterios políticos, la entrada en vigencia de leyes sancionadas por la Asamblea Nacional que hubieran contribuido a solucionar los problemas del país, al generar transparencia en el manejo de las finanzas públicas, facilitar la cooperación internacional para la superación de las crisis humanitaria, ampliar los derechos sociales de los venezolanos y adoptar otras medidas beneficiosas para la población y la institucionalidad;"

Décimo primero, que "en medio de estas graves violaciones a los principios democráticos y a los derechos humanos, promovidas por Nicolás Maduro Moros, se ha agudizado la crisis económica y humanitaria que aqueja al país en todos los órdenes;"

Décimo segundo, que "la situación económica y financiera de la República se encuentra severamente comprometida por una gestión fiscal irresponsable que ha llevado el déficit fiscal hasta niveles que no se pueden financiar por vías ordinarias, teniendo el gobierno que recurrir al peligroso mecanismo de la impresión de dinero por parte del Banco Central de Venezuela, de lo cual se ha derivado una pronunciada depreciación del bolívar y elevadas tasas de inflación que castigan el ingreso de quienes devengan un salario, pensión o jubilación y en general de aquellos que viven de su trabajo, todo lo cual ha estado aunado al definitivo socavamiento de la autonomía del Banco Central de Venezuela que ha llevado a cabo Nicolás Maduro Moros;"

Décimo Tercero, que "Nicolás Maduro Moros incumplió lo establecido en el artículo 311 de la Constitución, según el cual la gestión fiscal debe regirse por los principios de eficiencia, solvencia, transparencia, responsabilidad y equilibrio fiscal, ya que la información publicada indica que durante los años 2014, 2015 y 2016 en lugar de equilibrio fiscal ha habido una situación de déficit crónico en las cuentas fiscales de la Nación que ha generado la desvalorización de la moneda, el alza de los precios de los bienes y servicios y un creciente endeudamiento, tanto en moneda nacional como en moneda extranjera;"

Décimo Cuarto, que "la Unidad del Tesoro es un principio constitucional que contribuye a darle estabilidad a la gestión económica de la Nación, y que su incumplimiento sistemático por el administrador de la Hacienda Pública Nacional ha llevado a la proliferación de un conjunto de fondos parafiscales que realizan gastos sin ningún tipo de control, lo cual ha contribuido a agravar el déficit fiscal, al crear un gran desorden y corrupción en la Administración Pública Nacional;"

Décimo Quinto, que "a causa del incumplimiento de sus funciones constitucionales como administrador de la Hacienda Pública Nacional, Nicolás Maduro Moros ha provocado una crisis económica sin precedentes en Venezuela, traducida en una inflación galopante que en 2016 excedió el 500%, una depresión de la economía reflejada en una caída del producto interno bruto superior al 12,0% y un grave desabastecimiento de alimentos y medicinas, conjuntamente con un aumento de la pobreza hasta cifras no conocidas en el país, todo lo cual implica que, al cierre del 2016 y en comparación con el 2012, el tamaño de la economía venezolana es 20,0% menor, el poder adquisitivo del salario es 40,0% inferior y los niveles de pobreza se duplicaron;"

Décimo Sexto, que "Nicolás Maduro Moros, de manera errática, anunció el 11 de diciembre de 2016 la sustitución en un plazo de setenta y dos horas de todos los billetes de Bs. 100 y la implantación de un nuevo cono monetario, lo cual provocó una situación de caos en el país, consistente en disturbios y saqueos de establecimientos comerciales y un saldo lamentable de pérdida de vidas humanas, de heridos y de detenidos, que le obligó a posponer dicho reemplazo de los billetes de Bs. 100, primero hasta el 2 de enero de 2017 y luego, confirmando la absoluta improvisación e irresponsabilidad del gobierno, hasta el 20 de enero de 2017;"

Décimo Séptimo, que "Nicolás Maduro Moros ha sido negligente respecto a la reclamación territorial de Venezuela sobre el territorio Esequibo, la cual hasta años recientes formaba parte de una política del Estado venezolano atenida a lo previsto en el Acuerdo de Ginebra de 1966, para la búsqueda de una solución 6 pacífica y práctica de la controversia, mientras que el gobierno nacional ha actuado con improvisación o pasividad, inacción e indolencia en la defensa de los intereses de la Nación tanto en el territorio Esequibo como en la Fachada Atlántica del Delta del Orinoco;"

Décimo Octavo, que "Nicolás Maduro Moros se comprometió a cumplir con su obligación constitucional de resguardar la seguridad ciudadana de los venezolanos y hoy Venezuela se ha convertido en el país más violento del mundo con un índice de 92 homicidios por cada 100.000 habitantes;"

Décimo Noveno, que "Venezuela según la Constitución es un estado de derecho y de justicia donde deben respetarse los derechos humanos de manera preeminente y hoy en Venezuela existen 126 presos políticos así como un sin número de perseguidos y exiliados políticos;" y

Duodécimo, que "en Venezuela se viola permanentemente la libertad de expresión al manipular el otorgamiento de papel periódico a la prensa libre;"

Con base en todos esos motivos, la Asamblea Nacional acordó entonces:

En *primer* lugar, "Declarar que Nicolás Maduro Moros, invocando el cargo de Presidente de la República, ha incurrido en acciones y omisiones que *sitúan su desempeño completamente al margen del diseño y funciones constitucionales de la Presidencia de la República*, en virtud de la grave ruptura del orden constitucional y democrático, la violación de derechos humanos, la devastación de las bases económicas y sociales de la Nación y los atentados a la integridad de la República que ha llevado a cabo."

En *segundo* lugar, "Declarar, en consecuencia, y de conformidad con los artículos 232 y 233 de la Constitución, que Nicolás Maduro Moros *ha abandonado su cargo*, abandonando el principio de la supremacía constitucional establecido en el artículo 7 del texto fundamental, el principio del Estado Democrático de Derecho y de Justicia establecido en el artículo 2 de la Constitución, así como las funciones constitucionales inherentes al cargo de Presidente de la República, especialmente la referida a la obligación de cumplir y hacer cumplir el ordenamiento constitucional y las leyes, establecida en el numeral 1 del artículo 236 de la Constitución."

En *tercer* lugar, "Manifestar que la única forma de resolver los graves problemas que aquejan al país y de contener el desmantelamiento de las instituciones republicanas es devolver el poder al pueblo de Venezuela y, por lo tanto, *convocar a la celebración de elecciones libres y plurales*."

En *cuarto* lugar, "Ratificar su compromiso con la restitución del orden constitucional, de acuerdo con lo establecido en el artículo 333 de la Constitución pues la inobservancia de esta se produce no solo por medio de un hecho de fuerza contra la inconstitucionalidad en el sentido clásico, sino también cuando desde la Presidencia de la República se hace uso de la autoridad civil y militar para socavar la Constitución."

En *quinto* lugar "Reiterar su decisión de acudir a las instancias internacionales competentes para denunciar las violaciones a derechos humanos y a los elementos esenciales de la Democracia que sufren los venezolanos y las venezolanas, en cuya comisión Nicolás Maduro Moros ha tenido un papel protagónico."

Con base en estas decisiones, en consecuencia, la Asamblea Nacional conforme al artículo 233 de la Constitución, decidió la *falta absoluta* del Presidente de la República.[1804]

En efecto, la Constitución regula expresamente tres formas generales de terminación del mandato del Presidente de la República que son: en *primer lugar,* el vencimiento del período constitucional presidencial; en *segundo lugar,* cuando se produzca la *falta absoluta* del Presidente de la República en los casos de sometimiento a enjuiciamiento penal, *abandono del cargo*, revocación popular del mandato, destitución, incapacidad física o mental, renuncia o muerte; y en *tercer lugar,* la cesación del mandato decidida por una Asamblea Nacional Constituyente.

Precisamente entre los casos en los cuales se produce la falta absoluta del Presidente de la República destaca la del "*abandono del cargo declarado por la Asamblea Nacional*" (art. 233), siendo éste el único supuesto de falta absoluta en el cual la decisión para decretarla corresponde única y exclusivamente a la Asamblea Nacional, en su carácter de órgano constitucional que ostenta la representación popular.

La Constitución, en esta materia de abandono del cargo, no precisó los diversos casos en los cuales la Asamblea Nacional puede declarar el abandono del cargo del presidente, y solo previó un supuesto, que se produce cuando el Presidente de la República se separa temporalmente de su cargo por un lapso de más de 90 días (arts. 234), al término del cual la Asamblea Nacional tiene el poder de decidir prorrogarlo por 90 días más, o decidir por mayoría de sus integrantes si debe considerarse que hay falta absoluta (art. 234). En este caso se da un supuesto de abandono del cargo por transformación de falta temporal en falta absoluta declarado por la Asamblea Nacional (art. 233), que si bien es el único caso de abandono del cargo desarrollado expresamente en la Constitución,[1805] no agota los supuestos en los cuales el abandono del cargo podría producirse.

Es decir, el abandono del cargo por parte del Presidente de la República, como supuesto de falta absoluta del Presidente de la Republica, no se agota en el supuesto

---

1804 ***Artículo 233.*** Serán faltas absolutas del Presidente o Presidenta de la República: su muerte, su renuncia, o su destitución decretada por sentencia del Tribunal Supremo de Justicia; su incapacidad física o mental permanente certificada por una junta médica designada por el Tribunal Supremo de Justicia y con aprobación de la Asamblea Nacional; el abandono del cargo, declarado como tal* por la Asamblea Nacional, así como la revocación popular de su mandato. // Cuando se produzca la falta absoluta del Presidente electo o Presidenta electa antes de tomar posesión, se procederá a una nueva elección universal, directa y secreta dentro de los treinta días consecutivos siguientes. Mientras se elige y toma posesión el nuevo Presidente o la nueva Presidenta, se encargará de la Presidencia de la República el Presidente o Presidenta de la Asamblea Nacional. // Si la falta absoluta del Presidente o la Presidenta de la República se produce durante los primeros cuatro años del período constitucional, se procederá a una nueva elección universal, directa y secreta dentro de los treinta días consecutivos siguientes. Mientras se elige y toma posesión el nuevo Presidente o la nueva Presidenta, se encargará de la Presidencia de la República el Vicepresidente Ejecutivo o la Vicepresidenta Ejecutiva. // En los casos anteriores, el nuevo Presidente o Presidenta completará el período constitucional correspondiente. // Si la falta absoluta se produce durante los últimos dos años del período constitucional, el Vicepresidente Ejecutivo o la Vicepresidenta Ejecutiva asumirá la Presidencia de la República hasta completar dicho período

1805 Véase sobre ello Allan R. Brewer-Carías, *La Constitución de 1999. Derecho Constitucional Venezolano,* Editorial Jurídica Venezolana, Caracas 2005, Tomo I. Véase igualmente: "Formas constitucionales de terminación del mandato del Presidente de la República," encartado en *Revista Primicia,* N° 199. Caracas, 23 de octubre 2001.

meramente fáctico de transformación de una falta temporal en falta absoluta, sino que lo podría declarar la Asamblea Nacional, conforme a sus competencias constitucionales, en otros casos en los cuales se considere que como consecuencia de la declaración de la responsabilidad política del Presidente de la República se estime que el mismo ha incurrido en dejación de sus funciones (art. 222), es decir, en incumplimiento de sus obligaciones constitucionales.

El Presidente de la República, en efecto, está obligado constitucionalmente a "cumplir y hacer cumplir la Constitución y la ley" (art. 236.1), y a "procurar la garantía de los derechos y libertades de los venezolanos, así como la independencia, integridad, soberanía del territorio y defensa de la República;" por lo que el incumplimiento de esos deberes básicos en caso de que así se decida al declararse su responsabilidad política implica la dejación absoluta de sus funciones, con la precisión de que dichas obligaciones y responsabilidad política del Presidente "no se modifica" en forma alguna por la "declaración de los estados de excepción" (art. 232).

En consecuencia, en todo caso de declaración por parte de la Asamblea Nacional de la responsabilidad política del Presidente, la misma puede declarar que con ello se ha producido el abandonado de su cargo, por dejación de sus funciones y deberes, lo que en tal caso significa declarar la falta absoluta del Presidente de la República.

Y ello fue precisamente lo que ocurrió con el Acuerdo de la Asamblea Nacional de fecha 9 de enero de 2016, lo que constitucionalmente, debido a que la falta absoluta se produjo "durante los primeros cuatro años del período constitucional," implicaba que debía procederse "a una nueva elección universal, directa y secreta dentro de los treinta días consecutivos siguientes," y "mientras se elegía y tomaba posesión el nuevo Presidente," debía encargarse de la Presidencia de la República el Vicepresidente Ejecutivo (art. 233).

VII. LA SENTENCIA DE LA SALA CONSTITUCIONAL Nº 2 DE 11 DE ENERO DE 2017, DECLARANDO LA NULIDAD DE LA INSTALACIÓN DE LA ASAMBLEA NACIONAL DEL DÍA 5 DE ENERO DE 2017, Y EL ACUERDO DE LA MISMA DEL 9 DE ENERO DE 2016, QUE DECLARÓ LA FALTA ABSOLUTA DEL PRESIDENTE DE LA REPÚBLICA POR ABANDONO DE LAS FUNCIONES CONSTITUCIONALES

Al día siguiente de la adopción del Acuerdo antes mencionado, el 10 de enero de 2017, según se anunció oficialmente por la Agencia Venezolana de Noticias,[1806] un diputado de la Asamblea Nacional, introdujo ante la Sala Constitucional "un recurso contra la directiva de la Asamblea Nacional y los diputados que apoyaron la solicitud de declarar el abandono del cargo del presidente Nicolás Maduro, considerando que la decisión adoptada era "ilegal e inconstitucional," recurso que fue decidido por la Sala Constitucional, al día siguiente mediante sentencia N° 2 de 11 de enero de 2017.[1807]

En la sentencia, sin embargo, se precisó que en realidad el recurso se había intentado por el diputado el día 6 de enero de 2017, como una "demanda de nulidad por inconstitucionalidad contra "el acto parlamentario aprobado por la Asamblea Nacio-

---

1806 Véase Noticiero Venevisión 11 de enero de 2017.

1807 Véase en http://historico.tsj.gob.ve/decisiones/scon/enero/194891-02-11117-2017-17-0001.HTML

nal en fecha 05 de enero de 2017, mediante el cual se eligió y juramentó la Junta Directiva y los cargos de Secretario y Subsecretario de dicho órgano del Poder Público Nacional" dándose cuenta además, de una certificación consignada el 10 de enero de 2016 por los representantes de la Asamblea Nacional, sobre la desincorporación el día 9 de enero de 2016 de dos diputados por el Estado Amazonas, cuya elección había sido cuestionada desde diciembre de 2015.

Conforme a la sentencia, el recurso intentado fue un recurso de nulidad, y en el mismo se informó a la Sala que era un "hecho público, notorio y comunicacional" que la Asamblea Nacional hasta el día 04 de enero de 2017 había continuado "en contumacia y evidente desacato" de las decisiones dictadas por la Sala Electoral y la Sala Constitucional, atinentes a desincorporar a los dos diputados por el Estado Amazonas que habían sido juramentados el día 28 de julio de 2016; haciendo caso omiso a la sentencia N° 808 de la Sala Constitucional de 2 de septiembre de 2016, mediante la cual decidió que "*resultan manifiestamente inconstitucionales y, por ende, absolutamente nulos y carentes de toda vigencia y eficacia jurídica, los actos emanados de la Asamblea Nacional, incluyendo las leyes que sean sancionadas, mientras se mantenga el desacato a la Sala Electoral del Tribunal Supremo de Justicia*".

El diputado recurrente en su recurso, también mencionó que la mayoría de la Asamblea insistía en "activar un mecanismo manifiestamente inconstitucional y subversivo del orden político y social de la Nación, mediante el cual se pretende entablar un juicio político al Presidente de la República, Nicolás Maduro Moros, en franca violación de la sentencia número 948, del 15 de noviembre de 2016, dictada por esta Sala Constitucional mediante la cual, expresamente señaló:

> "**...ABSTENERSE de continuar con el pretendido juicio político** y, en definitiva, de dictar cualquier tipo de acto, sea en forma de acuerdo o de cualquier otro tipo, que se encuentre al margen de sus atribuciones constitucionales y que, en fin, contraríe el Texto Fundamental, de conformidad con la jurisprudencia de esta Sala Constitucional.. " (Negrillas del fallo)."

El recurrente denunció que obviando dichas decisiones, el día 5 de enero decidieron convocar a una plenaria para elegir la nueva directiva de la Asamblea, que quedó conformada así: Presidente, el diputado Julio Andrés Borges; Primer Vicepresidente, diputado Freddy Guevara Cortez; segunda Vice-presidenta, diputada Dennis Fernández; Secretario, José Ignacio Guédez y Sub-secretario, José Luis Cartaya; y que dicha elección al haberse hecho sin que se hubiesen sido desincorporados previamente los tres diputados del Estado Amazonas (Julio Ygarza, Nirma Guarulla y Romel Guzamana), carecía de toda validez pues había continuado el desacato de la sentencia N° 260, dictada por la Sala Electoral el 30 de diciembre de 2015 (caso: *"Nicia Maldonado")*.

El solicitante entonces denunció como consecuencia, que la nueva Junta Directiva "está incurriendo en el vicio de usurpación de funciones en franca violación de lo previsto en el artículo 138 de la Constitución de la República Bolivariana de Venezuela, por lo que resulta a su decir, írrita, carente de toda legitimidad, validez y legalidad," razón por la cual acudió ante la Sala Constitucional solicitando que se declarase "la nulidad por razones de inconstitucionalidad e ilegalidad del acto parlamentario mediante el cual se produjo la elección y juramentación de la nueva Junta Directiva de la Asamblea Nacional."

La Sala Constitucional se declaró competente para conocer de la demanda de nulidad del acto Parlamentario dictado por la Asamblea Nacional el 5 de enero de 2017, "así como las decisiones que se tomaron en el referido acto," pasando a declarar el asunto como de mero derecho, considerando innecesaria "evacuación de prueba alguna, al estar centrado en la obtención de un pronunciamiento interpretativo de varios artículos previstos en la Constitución de la República Bolivariana de Venezuela, así como de otra normativa del ordenamiento jurídico vigente, y por la otra, en atención a la gravedad y urgencia de los señalamientos que subyacen en la solicitud de nulidad presentada, los cuales se vinculan a la actual situación existente en la República Bolivariana de Venezuela, con incidencia directa en todo el Pueblo venezolano," entrando a "decidir sin más trámites," en violación por supuesto a la garantía del debido proceso, al desarrollarse un proceso de nulidad sin siquiera notificarse y oírse a la institución autora del acto impugnado.

La Sala precisó que el objeto de la demanda fue establecer si el nombramiento de la nueva Junta Directiva de la Asamblea Nacional en la sesión del 5 de enero de 2017, que de entrada calificó de "írrita" había sido "producto de una actividad parlamentaria que viene en franco desacato de decisiones de éste Máximo Tribunal," y por tanto, determinar "si la misma resulta nula por contravención y/o inobservancia de la doctrina constitucional," para lo cual consideró como hechos ciertos, *primero*, que tanto "la Asamblea Nacional como la Junta Directiva con lapso vencido de la misma, se mantienen en franco desacato de las decisiones de este Máximo Tribunal, que en su Sala Constitucional dictó con los números 269 del 21 de abril de 2016, 808 del 2 de septiembre de 2016, 810 del 21 de septiembre de 2016, 952 del 21 de noviembre de 2016, 1012, 1013 y 1014 del 25 de noviembre de 2016, y recientemente la 01 del 09 de enero de 2017; y de su Sala Electoral las decisiones números 260 del 30 de diciembre de 2015, 1 del 11 de enero de 2016 y 108 del 1 de agosto de 2016;" y *segundo*, que lo anterior impedía "por ser contrario a derecho, elegir de su seno la nueva Junta Directiva correspondiente al período de sesiones del año 2017."

Como consecuencia de ello, la Sala Constitucional, entonces, constató "que la Asamblea Nacional y su Junta Directiva de lapso vencido, no cumplieron con el deber de subsanar su situación de desacato a las decisiones de este Máximo Tribunal de la República," y poder "perfeccionar la preparación de las condiciones constitucionales objetivas" para "la instalación del segundo período anual de las sesiones ordinarias, y la elección de una nueva Junta Directiva," procediendo en consecuencia a:

> "declarar no solo la nulidad absoluta de los pretendidos actos parlamentarios originados en las írritas sesiones de los días 05 de enero de 2017 y 09 de enero de 2017 y todas las que se generen posteriormente, por contrariar las órdenes de acatamiento a las decisiones ya referidas, sino **DECLARAR** la inconstitucionalidad por omisión del Poder Legislativo Nacional por no haber dictado las medidas indispensables para garantizar el cumplimiento de la Constitución y órdenes emitidas por este Máximo Tribunal. Así se decide."

Es decir, con la sentencia no solo se decidió la nulidad del acto impugnado que había sido la sesión de instalación y la elección de la Junta directiva de la Asamblea Nacional del día 5 de enero de 2017, sino en evidente vicio de extra y ultra petita, adicionalmente, las decisiones adoptadas en la sesión del 9 de enero de 2017, que ni siquiera fueron nombradas por el recurrente, pues la demanda que originó el "juicio" fue intentada el 6 de enero de 2017, ni en el curso de "juicio" por ninguno de los que intervinieron en el mismo.

De paso, la Sala Constitucional omitió considerar lo informado en escrito consignado por los representantes de la Asamblea Nacional en el expediente, recordando que como lo había resuelto en la sentencia N° 473 del 14 de junio de 2016 ("Caso: *Juan Carlos Caldera, Eduardo Gómez Sigala y otros*"), "la representación de la Asamblea Nacional le corresponde de forma exclusiva al Procurador General de la República y cualquier órgano que pretende ejercerla deberá contar con previa y expresa sustitución del Procurador o Procuradora General de la República, lo cual no ocurrió en el presente caso." Pero sin embargo, dicho escrito sí fue considerado válido para deducir del mismo:

> "una certeza del desacato, contumacia y actitud temeraria, que de manera reiterada, continua, incivil y abierta ha mantenido la Asamblea Nacional, respecto del no acatamiento de todas las decisiones dictadas por este Máximo Tribunal de la República."

La Sala Constitucional, ante lo que consideró una "evidente situación de desacato en la que ha incurrido el Poder Legislativo Nacional y su Junta Directiva de lapso vencido," con "la consecuente nulidad de las actuaciones por ella ejercidas durante el año 2016 y lo que va del año 2017, incluyendo la írrita instalación del segundo período anual de sesiones, la designación de una Junta Directiva, Secretaría así como de la Sub-secretaría y las sesiones ordinarias por ella convocadas," desconociendo la elección de la nueva Junta Directiva de la Asamblea, ordenó a los "Diputados que conformaron la Junta Directiva del lapso vencido [que había terminado el 5 de enero de 2017] acatar los fallos emitidos por este Máximo Tribunal," lo que debían hacer "antes de proceder a la Instalación del período de sesiones correspondiente al año 2017," a los efectos de que "la nueva Junta Directiva así como la Asamblea Nacional" pudieran sustentar "la legitimidad de sus actos" y poder continuar en un "segundo período anual de sesiones en situaciones normales y así restablecer el orden constitucional flagrantemente lesionado."

De todo ello, la Sala Constitucional terminó su sentencia *anulando el acto*:

> "el parlamentario celebrado el 05 de enero de 2017, así como el acto celebrado el 09 de enero de 2017, por la Asamblea Nacional con ocasión del nombramiento de la nueva Junta Directiva de la Asamblea Nacional y todos los actos parlamentarios subsecuentes que se generen por contrariar las órdenes de acatamiento a las decisiones dictadas por este Máximo Tribunal y hasta tanto no cese la *omisión legislativa* en la que ha incurrido la Asamblea Nacional y la Junta Directiva de lapso vencido, no puede instalarse formalmente el segundo período anual de sesiones del Parlamento Nacional del año 2017, ni designar o elegir de su seno Junta Directiva alguna. Así se decide."

En consecuencia, resolvió la Sala declarar "*la omisión del poder legislativo nacional,*" ordenando que:

> "los Diputados que conforman la Junta Directiva del lapso vencido, deberán asumir sus funciones directivas y secretariales, para que de forma única y ex-

clusiva den cumplimiento a las decisiones de este Máximo Tribunal, en aras de otorgarle las condiciones coherentes, objetivas y constitucionales, necesarias para el nombramiento de la nueva Junta Directiva de la Asamblea Nacional e inicio del segundo período anual de sesiones del año 2017 y así restablecer el orden constitucional."

Finalmente, por si algo faltaba, la Sala Constitucional *dejó sin efectos* "el nombramiento írrito de la Junta Directiva de la Asamblea nacional efectuada en sesión del 5 de enero de 2017, y *prohibió*:

> "la Asamblea Nacional realizar cualquier acto que implique la instalación del Segundo Período de Sesiones correspondiente al año 2017, así como la elección de una nueva Junta Directiva y de Secretaría, hasta tanto acate las decisiones emanadas de este Máximo Tribunal y perfeccione las condiciones coherentes, objetivas y constitucionales necesarias para el nombramiento de la nueva Junta Directiva de la misma e inicio del período de sesiones del año 2017.

Precisando, para terminar para que no hubiera dudas sobre la eliminación definitiva del órgano de representación popular en Venezuela, por el sablazo final dado por la Justicia sin banda en los ojos, que:

> "Cualquier actuación de la Asamblea Nacional y de cualquier órgano o individuo en contra de lo aquí decidido será nula y carente de toda validez y eficacia jurídica, sin menoscabo de la responsabilidad a que hubiere lugar."

VIII. LA SENTENCIA DE LA SALA CONSTITUCIONAL Nº 3 DE 11 DE ENERO DE 2017, DECLARANDO LA OMISIÓN DE LA ASAMBLEA NACIONAL, DISPONIENDO QUE EL MENSAJE ANUAL DEL PRESIDENTE DE LA REPÚBLICA NO PODÍA PRESENTARSE ANTE LA ASAMBLEA NACIONAL

El mismo día 6 de enero de 2017, al día siguiente de la instalación de la Asamblea Nacional para su segundo período de sesiones, el Presidente de la República, asistido del Consultor Jurídico del "Ministerio del Poder Popular del Despacho de la Presidencia y Seguimiento de la Gestión de Gobierno," presentó ante la Sala Constitucional, una "demanda de interpretación del artículo 237 del Texto Fundamental, en relación al desacato que mantiene la Asamblea Nacional frente al Poder Judicial y al orden constitucional."

Según se informa en la sentencia, la Sala Constitucional se reconstituyó el día 11 de enero y ese mismo día dictó la sentencia Nº 3 de 11 de enero de 2017,[1808] mediante la cual declaró "la omisión inconstitucional del Poder Legislativo Nacional," en dar cumplimiento a sus múltiples sentencias de desacato, disponiendo que:

> 4.1.- Que en esta oportunidad el Presidente Constitucional y en pleno ejercicio de sus funciones, ciudadano Nicolás Maduro Moros, debe rendir su mensaje anual al que refiere el artículo 237 Constitucional, en el que dará cuenta de los aspectos políticos, económicos, sociales y administrativos de su gestión durante el año inmediatamente anterior, ante el Tribunal Supremo de Justicia, en trans-

---

1808 http://historico.tsj.gob.ve/decisiones/scon/enero/194892-03-11117-2017-17-0002.HTML

misión conjunta de radio y televisión, para llegar a la mayor cantidad de venezolanas y venezolanos.

El Presidente recurrente, en efecto, basó su demanda de interpretación sobre la presentación de su memoria anual ante la Asamblea Nacional conforme a lo establecido en el artículo 237 de la Constitución, en el hecho de que la Sala Constitucional había declarado inconstitucionales y nulos todos los actos emanados de la Asamblea Nacional, "incluyendo las leyes que sean sancionadas, mientras se mantenga el desacato a la Sala Electoral del Tribunal Supremo de Justicia", así como también en desacato a decisiones emanadas de esa Sala (*vid.* sentencias nros. 808 y 810, de fechas 2 de septiembre de 2016 y 21 de septiembre de 2016, y recientemente en las nros. 952 del 21 de noviembre de 2016, nros. 1012, 1013 y 1014 del 25 de noviembre de 2016 y nro. 1086 del 13 de diciembre de 2016, en las que ha ratificado el desacato por parte de la Asamblea Nacional a las decisiones nros. 260 del 30 de diciembre de 2015, 1 del 11 de enero de 2016 y 108 del 1 de agosto de 2016, emanadas de la Sala Electoral del Tribunal Supremo de Justicia."

Y considerando en consecuencia que constituía "un hecho público, notorio y comunicacional" que la Asamblea Nacional aún se encontraba en desacato, lo que resultaba de los actos adoptados en su sesión de instalación del 5 de enero de 2017, con lo cual se había "auto-incapacitado para ejercer las actuaciones constitucionales que le corresponden e impedir que los órganos respectivos puedan acudir a ella, como en situaciones de normalidad constitucional lo prescribe el Texto Fundamental," el Presidente planteó su:

> "duda hermenéutica respecto a si, ante tales circunstancias y a pesar de tal situación de desacato, debo presentar el mensaje ante la Asamblea Nacional que alude el artículo 237 Constitucional, o si, por el contrario, dada la omisión inconstitucional por parte del órgano Legislativo Nacional frente al Poder Judicial y a la Constitución, debo abstenerme de hacerlo ante la misma, sino, en esencia, presentar mi mensaje anual ante el Pueblo Venezolano, transmitido por los medios de comunicacional social, para informarlos debidamente de los logros alcanzados por el Gobierno Nacional durante el año 2016."

Admitida la demanda de interpretación constitucional, y considerado el asunto como de mero derecho, la Sala hizo referencia a lo decidido por la Sala Electoral mediante sentencias N° 260 del 30 de diciembre de 2015, N° 1 del 11 de enero de 2016, y N° 108 del 1° de agosto de 2016, en las cuales de "manera enfática, categórica y expresa," consideró que "con la juramentación como diputados del órgano legislativo nacional, los ciudadanos Nirma Guarulla, Julio Haron Ygarza y Romel Guzamana, habían incurrido

> "en el supuesto establecido en el artículo 138 de la Constitución de la República Bolivariana de Venezuela, al usurpar el ejercicio del referido cargo legislativo en desacato de la sentencia número 260 citada, norma constitucional que preceptúa que toda autoridad usurpada es ineficaz y sus actos son nulos, se encuentran viciados de nulidad absoluta y por tanto resultan inexistentes aquellas decisiones dictadas por la Asamblea Nacional a partir de la incorporación de los mencionados ciudadanos".

La Sala Constitucional, además recordó:

> "entre otras tantas, las sentencias de esta Sala nros. 808 y 810, de fechas 2 y 21 de septiembre de 2016, respectivamente; 952 del 21 de noviembre de 2016, así como también las decisiones 1012, 1013, 1014 del 25 de noviembre de 2016 y 1 del 6 de enero de 2017, en las que se ha ratificado el desacato por parte de la Asamblea Nacional a las decisiones nros. 260 del 30 de diciembre de 2015, 01 del 11 de enero de 2016 y 108 del 01 de agosto de 2016, emanadas de la Sala Electoral del Tribunal Supremo de Justicia, estableciendo entre otros pronunciamientos "que resultan manifiestamente inconstitucionales y, por ende, absolutamente nulos y carentes de toda vigencia y eficacia jurídica, los actos emanados de la Asamblea Nacional, incluyendo las leyes que sean sancionadas, mientras se mantenga el desacato a la Sala Electoral del Tribunal Supremo de Justicia".

Igualmente la Sala Constitucional hizo referencia a sus sentencias declaratorias de inconstitucionalidad de decisiones de la Asamblea, por la misma razón de desacato de la Asamblea nacional, N° 614 del 19 de julio de 2016, N° 478 del 14 de junio de 2016, N° 460 del 9 de junio de 2016, N° 797 del 19 de agosto de 2016, N° 259 del 31 de marzo de 2016, N° 9 del 1° de marzo de 2016, de cuyo contenido que transcribió parcialmente en la sentencia dedujo que lo que ha hecho:

> "un sector que dirige la Asamblea Nacional, desde la teoría jurídica de las nulidades, es generar la nulidad absoluta y carencia de cualquier tipo de validez y eficacia jurídica de las actuaciones que ha venido realizando. Así se declara."

La Sala Constitucional, pasó luego a referirse al derecho a la tutela judicial efectiva y al rol de la Justicia, haciendo referencia a sus decisiones N° 708 del 10 de mayo de 2001, N° 576 del 27 de abril de 2001, N° 290 de fecha 23 de abril de 2010, concluyendo que la actuación de la Asamblea Nacional de desacato a las decisiones tanto de la Sala Electoral como de la Sala Constitucional "determina la nulidad de cualquier acto emanado de dicho órgano parlamentario, en contumacia y rebeldía" a lo dispuesto por las mismas, "es decir, sin haber desincorporado formalmente a los ciudadanos Nirma Guarulla, Julio Haron Ygarza y Romel Guzamana como Diputados de dicha Asamblea Nacional, se traduce en la nulidad absoluta de dichos actos así emanados, junto a los derivados de los mismos (ver sentencia N° 2/2017) [...] resultando, por ende, dichos actos absolutamente nulos y sin ningún tipo de validez y eficacia jurídica. Así se declara."

Esa situación, a juicio de la Sala Constitucional, "*incapacita al Poder Legislativo para ejercer sus atribuciones constitucionales de control político de gestión*", tal como lo declaró la Sala en sentencias N° 3 de 14 de enero 2016, y N° 9 del 1 de marzo de 2016, por lo que al constituir

> "un hecho público, notorio y comunicacional que el 5 de enero de 2017, la Asamblea Nacional inició su Segundo periodo de sesiones en un acto iniciado e impulsado por la Junta Directiva saliente, que la dirigió durante el año 2016, y se realizó en el seno de ese órgano legislativo en desacato frente al Poder Judicial (vid supra), la elección y juramentación de su Junta Directiva para el periodo en curso, circunstancia que, por ende, implica un vicio de nulidad absoluta que afecta la validez constitucional de ese y de los actos subsiguientes, así co-

mo también la legitimidad y eficacia jurídica de la juramentación y demás actos de la referida junta directiva –incluyendo la presidencia de la Asamblea Nacional– (sin mencionar las probables vulneraciones al Reglamento Interior y de Debates de la propia Asamblea Nacional)."

Debe precisarse que la Sala Constitucional, al dictar su sentencia, constató el hecho de que los dos diputados por el Estado Amazonas cuya desincorporación había sido ordenada judicialmente, efectivamente se desincorporaron luego de la sesión de instalación de la Asamblea, lo que a juicio de la Sala solo significó que la "Asamblea Nacional reconoció nuevamente su situación de desacato y de grave violación al orden constitucional," y además que como ello ocurrió en "una sesión deliberadamente inválida por estar dirigida por una junta directiva electa y juramentada en desacato," con ello, a juicio de la Sala "nuevamente reconocen de forma voluntaria la nulidad de todas sus actuaciones desplegadas en desacato." En consecuencia, en virtud de que "la situación de desacato por parte de la Asamblea Nacional se ha mantenido y se mantiene de forma ininterrumpida," la sala resolvió que ello:

> "determina la actual omisión parlamentaria inconstitucional, entre otros, respecto de los actos de designación y juramentación de la actual Junta Directiva, así como de los actos subsiguientes desplegados por la misma, incluyendo las convocatorias a las sesiones posteriores y a las actuaciones desplegadas en las mismas y a los actos parlamentarios generados en ellas, además de la sesión del 9 de enero de 2016, en la que, además, al declarar el pretendido abandono del cargo por parte del Presidente Constitucional y en funciones de la República Bolivariana de Venezuela, Nicolás Maduro Moros, también desacataron deliberadamente la sentencia de esta Sala nro. 948 del 15 de noviembre de 2016."

De todo lo anterior, concluyó la Sala considerando que era "evidente la duda legítima" planteada por el Presidente de la República respecto a en funciones de la República Bolivariana de Venezuela, Nicolás Maduro Moros, respecto a la presentación de su Memoria anual conforme al artículo 237 de la Constitución, particularmente por el hecho de que respecto del control político que corresponde ejercer a la Asamblea Nacional sobre el gobierno y la Administración,

> "la Asamblea Nacional ha venido generando, en los últimos meses, situaciones de desacato y vulneraciones al orden constitucional que han determinado su propia incapacidad para poderlo ejercer y, en fin, su deliberada abstención de desplegar válidamente el resto de atribuciones constitucionales, al punto de determinar omisiones como las que se evidencian en el presente caso, entre las que se encuentra presenciar el mensaje presidencial anual previsto en la norma *sub examine*, a pesar del mandato popular al parlamento y de su juramento para cumplir y hacer cumplir la Constitución (lo que implica canalizar sus pretensiones políticas dentro del orden más elemental que previamente se ha dado el Pueblo: La Constitución).

En virtud de la anterior, conforme a la atribución que tiene la Sala Constitucional de "declarar la inconstitucionalidad de las omisiones del poder legislativo" (art. 336.7), "ante la necesidad de restablecer la situación de anormalidad constitucional generada por la mayoría de diputados que integran la Asamblea Nacional en la actualidad," la Sala en su sentencia dispuso, como se dijo:

1.- Que en esta oportunidad el Presidente Constitucional y en pleno ejercicio de sus funciones, ciudadano Nicolás Maduro Moros, debe rendir su mensaje anual al que refiere el artículo 237 Constitucional, en el que dará cuenta de los aspectos políticos, económicos, sociales y administrativos de su gestión durante el año inmediatamente anterior, ante el Tribunal Supremo de Justicia, en transmisión conjunta de radio y televisión, para llegar a la mayor cantidad de venezolanas y venezolanos.

La Sala aclaró sin embargo, en esta sentencia, que lo decidido "no significa que se esté anulando, haciendo nugatorio o impidiendo el ejercicio de las competencias y atribuciones inherentes a la Asamblea Nacional, sino precisamente garantizando que las mismas sean desplegadas dentro del marco del ordenamiento constitucional, cuya garantía corresponde a este Máximo Tribunal, conforme a lo previsto en los artículos 266 y 336 Constitucionales;" agregando sin embargo que:

> "mientras la Asamblea Nacional continúe en desacato a las decisiones emanadas de este Alto Tribunal, todos sus actos resultan manifiestamente inconstitucionales y, por ende, absolutamente nulos y carentes de toda vigencia y eficacia jurídica, incluyendo las leyes que sean sancionadas (ver sentencia de esta Sala n° 2/2017); sin menoscabo de la responsabilidad individual de los miembros respectivos de la Asamblea Nacional y de la naturaleza propia de la figura de la inmunidad parlamentaria prevista en el artículo 200 del Texto Fundamental y ampliamente sustentada en las fuentes del derecho (ver, entre otras, la sentencia de esta Sala n.° 612 del 15 de julio de 2016). Así se ratifica."

En definitiva, que a juicio de la Sala Constitucional, la Asamblea Nacional no ha cesado de existir –obviamente pues está prevista en la Constitución y sus diputados fueron electos por el pueblo – pero que por decisión de la misma todas sus actuaciones son nulas e ineficaces. [1809] Es decir, como si no existiese.

Madrid, 14 de enero de 2017

1809 Como lo observó José Ignacio Hernández, "Si alguien podía tener alguna duda, estas nuevas sentencias evidencian que la Asamblea Nacional no puede ejercer sus funciones jurídicamente ni tiene poder para hacer cumplir las decisiones que adopte. [...].Para decirlo en lenguaje claro: los antecedentes de la Sala Constitucional demuestran que, más allá de lo que haga la Asamblea Nacional, sus funciones serán desconocidas y sus actos anulados y suspendidos. Seguir insistiendo en ejercicio jurídico de esas funciones solo producirá el mismo resultado. Una y otra vez." En José Ignacio Hernández, "TSJ reitera desacato de la AN y anula la declaración de abandono del cargo presidencial," en *Prodavinci*, 12 de enero de 2017, en http://prodavinci.com/blogs/tsj-reitera-desacato-de-la-an-y-anula-la-declaracion-de-abandono-del-cargo-presidencial-por-jose-ignacio-hernandez/

CUARTA PARTE:
ALGUNAS REFLEXIONES FINALES 2016

SECCIÓN PRIMERA:

LA SUPREMACÍA DE LA CONSTITUCIÓN Y EL PODER DE LA ASAMBLEA NACIONAL DE HACERLA PREVALECER, APELANDO A LA VOLUNTAD POPULAR

La Constitución, como lo expresa su propio artículo 7, es "la norma suprema y el fundamento del ordenamiento jurídico," por lo que "los órganos que ejercen el Poder Público están sujetos" a ella, entre los cuales por supuesto también está la Sala Constitucional del Tribunal Supremo; todo lo cual se ratifica el artículo 137 de la misma Constitución al indicar que la Constitución define las atribuciones de dicha Sala, como órgano del Poder Público, "a las cuales deben sujetarse las actividades que realice."

La Constitución, por tanto, no es una norma que rige para todos los órganos del Poder Público excepto para la Sala Constitucional del Tribunal Supremo, ni la misma tiene el texto y contenido que a dicha Sala le apetezca establecer.

La Sala, como Juez Constitucional, por sobre todo está sometida a la Constitución, y si bien no hay órgano alguno que pueda controlar las inconstitucionalidades que cometa, ello no implica que los otros órganos del Poder Público, conforme a su naturaleza y atribuciones, no tengan la potestad de imponer sus propias decisiones sobre la Sala Constitucional del Tribunal Supremo, y de rechazar formalmente las que esta dicte, y estimen son inconstitucionales.

La primera y más importante de las garantía objetiva de la Constitución contenida en la norma que encabeza el título de "la protección de la Constitución," es la establecida en el artículo 333 que proclama que la Constitución nunca pierde su vigencia si dejare de ser observada por acto de fuerza (física o institucional), o fuese derogada (en todo o en parte) por cualquier otro medio distinto al previsto en ella; es decir, si fuese modificada por otros procedimientos distintos a los establecidos en su propio texto (que son solo la Enmienda, la Reforma y la Asamblea Nacional Constituyente), como es el caso de las "mutaciones constitucionales" realizadas ilegítimamente por el Juez Constitucional,[1810] como ha sido precisamente el caso de la mayoría de las sentencias antes comentadas.

Como sucede en esos supuestos, a pesar de que se trate de una sentencia dictada por una Sala del Tribunal Supremo, mediante ella no se puede cambiar ilegítimamente el texto de la Constitución, ni se pueden derogar sus normas, de manera que si ello ocurre, como ha sucedido con muchas de estas sentencias, como lo indica la misma norma constitucional, "todo ciudadano investido o no de autoridad, tendrá el deber de colaborar en el restablecimiento de su efectiva vigencia;" deber que tienen, ante todo y en primer lugar, los diputados electos por el pueblo que representan la soberanía popular que integran la Asamblea Nacional, y que en nombre del pueblo que los eligió deben rechazar las mutaciones y cambios ilegítimos a la Constitución, y hacer lo que está en sus manos conforme a sus propias atribuciones para restablecer su efectiva vigencia.

La Asamblea Nacional, por tanto, tiene el deber de enfrentar no sólo al Poder Ejecutivo sino a la Sala Constitucional del Tribunal Supremo, y no está obligada a acatar ninguna de sus decisiones que sean violatorias de la Constitución,[1811] como la que despojó al Estado Amazonas de su representación en la Asamblea Nacional, ordenando la desincorporación de los mismos, razón por la cual, la Asamblea debe enfrentarse a la Sala y proceder a incorporar los diputados proclamados. Igual debe proceder con la que despojó a la Asamblea de sus poderes de auto-tutela para revisar y revocar las designaciones de magistrados del Tribunal Supremo que se hicieron en violación de la Constitución en diciembre de 2015, razón por la cual, la Asamblea debe enfrentarse a la Sala Constitucional y proceder a revocar dichas designaciones y proceder elegir como Cuerpo elector de segundo grado a dichos magistrados conforme a la Constitución. También debe proceder igualmente con la sentencia que restringió hasta la extinción los poderes de control político parlamentario sobre el Gobierno y la Administración Pública, haciéndolo depender de la sola voluntad del propio Gobierno a través del Vicepresidente Ejecutivo. Y por último, también debe ocurrir con la sentencia que excluyó completamente del ámbito del control político parlamentario a componentes importantes de la Administración Pública, como es la administración militar que además controla áreas de actividad administrativa del Estado que no tienen relación con los asuntos militares, razón por la cual, la Asamblea debe enfrentarse a la Sala Constitucional y proceder a ejercer el dicho control e incluso adoptar votos de censura contra los Ministros cuando ello proceda.

En la estructura de la Constitución no hay otro órgano del Estado que le asegure a la Asamblea Nacional poder ejecutar e imponer sus propias decisiones adoptadas de acuerdo con la Constitución y en representación de la voluntad popular, que no

---

1810 Véase Allan R. Brewer-Carías, "¿Reforma constitucional o mutación constitucional?: La experiencia venezolana." en *Revista de Derecho Público,* N° 137 (Primer Trimestre 2014, Editorial Jurídica Venezolana, Caracas 2014, pp. 19-65; "El juez constitucional al servicio del autoritarismo y la ilegítima mutación de la Constitución: el caso de la Sala Constitucional del Tribunal Supremo de Justicia de Venezuela (1999-2009)," en *Revista de Administración Pública,* N° 180, Madrid 2009, pp. 383-418. Véase además lo expuesto en el libro, Allan R. Brewer-Carías, *La patología de la justicia constitucional,* tercera edición ampliada, Editorial Jurídica Venezolana, Caracas 2015.

1811 Sobre ello véase el trabajo de José Amando Mejía, "El deber de la Asamblea Nacional de desconocer a la Sala Constitucional," en *Primer Poder AC,* 19 de abril de 2016, en http://archivoprimepoder-ac.blogspot.com/2016/04/el-deber-de-la-asamblea-nacional-de.html

sea sino la propia Asamblea Nacional, a cuyo efecto, está obligada a declarar formalmente, como ya lo ha hecho, que las sentencias inconstitucionales de la Sala Constitucional y las decisiones inconstitucionales del Poder Ejecutivo, no tienen ni pueden tener efectos jurídicos alguno.[1812] Así ocurrió, por ejemplo con la sentencia de la Sala Constitucional que modificó ilegítimamente la Constitución, limitando los poderes de control de la Asamblea Nacional, razón por la cual, con razón, la misma la rechazó. [1813]

1812 Es ineludible citar, como precedente, el Acuerdo de la Asamblea Nacional de 22 de marzo de 2007 (*Gaceta Oficial* Nº 38.635 de 23 de marzo de 2007 mediante el cual se dejó *sin ningún efecto jurídico* una inconstitucional sentencia de la Sala Constitucional Nº 301 de 27 de febrero de 2007 (Caso: *Adriana Vigilanza y Carlos A. Vecchio*), El Acuerdo estuvo precedido de los siguientes Considerandos: "Que, tal como lo establece el artículo 187 de la Constitución de la República Bolivariana de Venezuela, "Corresponde a la Asamblea Nacional legislar en las materias de la competencia nacional y sobre el funcionamiento de las distintas ramas del Poder Nacional", salvo la excepción establecida en el artículo 203 ejusdem; // Que corresponde a la Asamblea Nacional ejercer funciones de control sobre el Gobierno y la Administración Pública Nacional en los términos consagrados en la Constitución y en las leyes; // Que "Todo acto dictado en el ejercicio del Poder Público que viole o menoscabe los derechos garantizados por esta Constitución y la Ley es nulo…", tal como lo establece el artículo 25 de nuestra Carta Magna; // Que "Toda autoridad usurpada es ineficaz y sus actos son nulos", de conformidad con el artículo 138 de nuestro texto constitucional; // Que del contenido de dicha sentencia se observa un análisis y decisión que, excediéndose en sus funciones invadiendo competencias privativas de la Asamblea Nacional "interpreta constitucionalmente el sentido y alcance de la proposición contenida en el artículo 31 de la Ley de Impuesto sobre la Renta…" modificando sustancialmente el contenido del mismo, sus alcances y consecuencias jurídicas, aun cuando la nulidad del referido artículo no fue denunciada y declarándolo así expresamente en el numeral 2 de la decisión." Basado en esos Considerando, la Asamblea acordó: *Primero*: Considerar nulo el numeral 2, del dispositivo de la sentencia de la Sala Constitucional del Tribunal Supremo de Justicia número 01-2862, de fecha 27 de febrero de 2007 y publicada en la Gaceta Oficial de la República Bolivariana de Venezuela número 38.635 de fecha jueves 01 de marzo de 2007, así como la motivación con que se sustentó y, en consecuencia, sin ningún efecto jurídico. // *Segundo*: Exhortar al pueblo venezolano y en especial a los contribuyentes, así como al Servicio Nacional Integrado de Administración Aduanera y Tributaria (Seniat), a no aplicar el numeral 2 de la parte dispositiva del referido fallo, por considerarlo acto violatorio de la Constitución de la República Bolivariana de Venezuela." Véase sobre dicha sentencia Nº 301 de 27 de febrero de 2007, mis comentarios en Allan R. Brewer-Carías, "El juez constitucional en Venezuela como legislador positivo de oficio en materia tributaria", en *Revista de Derecho Público*, Nº 109 (enero –marzo 2007), Editorial Jurídica Venezolana, Caracas 2007, pp. 193-212; y en *Homenaje a Tomás Enrique Carrillo Batalla,* (Coordinador Asdrúbal Grillet Correa), Tomo I, Universidad Central de Venezuela, Caracas 2009, pp. 163-189. Dicho estudio fue recogido en mi libro: *Crónica sobre la "In" Justicia Constitucional. La Sala Constitucional y el autoritarismo en Venezuela*, Colección Instituto de Derecho Público. Universidad Central de Venezuela, Nº 2, Editorial Jurídica Venezolana, Caracas 2007, pp. 565-592.

1813 Según se informó en los medios, el día 3 de marzo de 2016, la Asamblea Nacional a través de un Acuerdo, "rechazó, la sentencia de la Sala Constitucional que pone límites a sus competencias," destacando que "el diputado por la MUD Omar Barboza empezó la discusión desde la tribuna de oradores, donde dijo que los parlamentarios de la oposición llegaron al Palacio Legislativo para no defraudar la confianza de los venezolanos y para defender plenamente sus atribuciones constitucionales. / Barboza aseguró que la Sala Constitucional del TSJ fue más allá de lo que fue solicitado y enmendó la Constitución para tratar de limitar y crear un vacío en las facultades de la AN. / Indicó que la Sala desconoció el artículo 90 del Reglamento de Interior y Debate para que no se revisaran las designaciones del TSJ. / Barboza leyó un precedente y las palabras al respecto de la diputada Iris Varela sobre la usurpación de funciones por parte del TSJ y que la AN es la instancia competente para legislar sobre el funcionamiento de los poderes públicos. / El representante de la MUD señaló que el objetivo de esta sentencia es negar el derecho a un poder legislativo que haga uso de sus atribuciones y el "macabro" propósito de garantizar la impunidad a la corrupción. / Barboza calificó la sentencia como un intento de golpe a la soberanía popular y entregó un proyecto de acuerdo para "defender los valores de-

Por supuesto, tal rechazo no solo fue por razones formales,[1814] sino por el contenido inconstitucional de la sentencia. Para ello la Asamblea tenía todo el poder político necesario que deriva de ser el órgano por excelencia que representa la voluntad popular; y que además tiene el carácter de Cuerpo Electoral de segundo grado a los efectos de la elección de los titulares de los órganos de los Poderes Ciudadano, Electoral y Judicial, entre los cuales están precisamente dichos Magistrados de la Sala Constitucional.

El Acuerdo de la Asamblea Nacional de rechazo por ejemplo de la sentencia N° 9 de la Sala Constitucional del Tribunal Supremo de Justicia de 1 de marzo de 2016 "que pretendió limitar las atribuciones constitucionales de la Asamblea Nacional,"[1815] comenzó indicando que "el control político que ejerce la Asamblea Nacional es esencial en un sistema democrático, y su negación o menoscabo implica socavar la democracia y el Estado de Derecho," agregando:

(i) Que "dicha sentencia confunde la facultad de control político sobre el Gobierno y la Administración Pública Nacional con la potestad de investigación de la Asamblea Nacional y sus Comisiones," que son "atribuciones vinculadas pero diferenciadas en la Constitución de la República Bolivariana de Venezuela."[1816]

(ii) Que la Asamblea Nacional "está facultada para activar sus poderes de investigación o información respecto de cualquier funcionario público, aun

---

mocráticos y humanos" de la AN y el ejercicio pleno de sus atribuciones." Véase la información en *Nueva prensa de Oriente*, 3 de marzo de 2016, en http://nuevaprensa.web.ve/an-rechazo-sentencia-de-la-sala-constitucional/.

1814 El Presidente de la Asamblea Nacional, Henry Ramos Allup, además, al rechazar la sentencia N° 9 de 1 de marzo de 2016, destacó el hecho de que "El TSJ invalidó su propia sentencia por falta de firmas de los magistrados", precisó Ramos Allup en el debate de la plenaria legislativa./ El presidente de la Asamblea Nacional (AN) destacó que el fallo fue firmado por cuatro magistrados de la Sala Constitucional, en vez de al menos cinco de los siete jueces que integran la sala./ "Por lo tanto, esta sentencia no existe", agregó Ramos Allup, quien advirtió que "el país no aceptará" que ahora, viendo el error, el TSJ publique una corrección del fallo con las firmas requeridas para su validez." Véase en Grupo Fórmula, 3 de marzo de 2016, en http://www.radioformula.com.mx/no-tas.asp?Idn=575332&idFC=2016. Véase también: Henry Ramos: "La sentencia número 9 del TSJ no existe," en http://www.eluniversal.com/nacional-y-politica/. En realidad, lo importante es que el hecho de que aparezcan en la página web del Tribunal Supremo, los nombres de todos los siete magistrados (*Gladys M. Gutiérrez Alvarado, Arcadio de Jesús Delgado Rosales, Carmen Zuleta de Merchán, Juan José Mendoza Jover, Calixto Ortega Ríos, Luis Fernando Damiani Bustillos, Lourdes Benicia Suárez Anderson*) al final de la sentencia, sin indicación alguna de si algunos de ellos se inhibió o no, y solo una indicación de que los tres últimos no acudieron a firmar, hace presumir que participaron en el debate y consideración de la sentencia, lo que era inadmisible. Véase en http://historico.tsj.gob.ve/decisiones/scon/mar-zo/185627-09-1316-2016-16-0153.HTML

1815 Véase en "Asamblea Nacional aprobó acuerdo de rechazo contra sentencia del TSJ, en *Infome 21.com.* 1° de marzo de 2016, en http://informe21.com/politica/asamblea-nacional-aprobo-acuerdo-de-rechazo-contra-sentencia-del-tsj

1816 Precisó la Asamblea en el Acuerdo que (ii) que el artículo 187.3 de la Constitución "consagra el control político que recae sobre el Gobierno y la Administración Pública Nacional, pero al mismo tiempo reconoce, en su artículo 223, la facultad parlamentaria de investigación, que es un instrumento al servicio de las distintas competencias que la Constitución atribuye a la Asamblea Nacional, incluyendo las referidas a ámbitos específicos, como el del control financiero y presupuestario o la designación o remoción de altos funcionarios de órganos constitucionales, la recepción de los respectivos informes anuales o la solicitud de informes adicionales.

distintos a los que pertenecen al Gobierno o la Administración Pública Nacional, tal como lo dispone el artículo 223 de la Constitución y el Reglamento Interior y de Debates de la Asamblea Nacional, por remisión expresa de la norma constitucional."

(iii) Que la sentencia N° 9 de la Sala Constitucional "invocando erróneamente el numeral 5 del artículo 239 de la Constitución, la vulnera cuando establece que las comparecencias de funcionarios del Gobierno o la Administración Pública Nacional deberán coordinarse con el Vicepresidente Ejecutivo, ya que la coordinación es una relación que se establece entre órganos con paridad institucional y ha de basarse en los acuerdos que libremente puedan alcanzarse, no en una imposición mediante sentencia que menoscaba el ejercicio de las atribuciones de la Asamblea Nacional, al supeditarlas a la voluntad del órgano objeto de control."

(iv) Que "la sentencia mencionada incurre en extralimitación cuando excluye a la Fuerza Armada Nacional de las funciones de control político de la Asamblea Nacional. La Fuerza Armada Nacional no es una rama separada del Poder Público Nacional sino que, como organización ministerial, está sujeta a los mismos controles parlamentarios de todo el Gobierno y la Administración Pública Nacional. Sostener, como lo hace la sentencia, que este control se circunscribe a la presentación del Informe Anual del Presidente de la República que pudiera no hacer referencia a dicho tema, implica favorecer espacios de opacidad contrarios a las exigencias del control democrático."

(v) Que "la sentencia deja entrever, aunque no lo recoge en el dispositivo del fallo ni en su interpretación vinculante, que los Ministros no podrían ser interpelados cuando la Asamblea Nacional lo estime conveniente. Este es un exabrupto y una negación del sentido histórico en Venezuela y en el mundo de la figura de la interpelación, la cual recae principalmente sobre los Ministros. Cuando el artículo 222 de la Constitución se refiere a la interpelación obviamente está comprendiendo a los Ministros."

(vi) Que "la Sala Constitucional reconoce una amplia discreción a los funcionarios ejecutivos para plantear que las preguntas formuladas en una comparecencia sean respondidas por escrito o que la comparecencia se produzca ante la plenaria y no ante una Comisión, lo cual es francamente inconstitucional. La posibilidad de responder preguntas por escrito no puede quedar a discreción del funcionario, por un lado, y no puede vulnerarse, por otro lado, la autonomía de la Asamblea Nacional de decidir si una comparecencia será ante las Comisiones o ante la plenaria, como tampoco puede desconocerse la facultad que el artículo 223 confiere a las Comisiones de ordenar comparecencias. Es igualmente excesivo el margen que deja la sentencia para omitir la entrega de información con base a la reserva de informaciones que pudieran afectar la estabilidad y la seguridad de la República."

(vii) Que "la sentencia en varios pasajes pone de manifiesto una visión ejecutivista sobre el funcionamiento de los poderes en el Estado venezolano y sobre las relaciones entre los órganos constitucionales, llevando esta visión al extremo de poner en entredicho los equilibrios democráticos. La sentencia denota además una concepción según la cual los controles sobre el ejercicio del poder gubernamental son dañinos y deben reducirse al mínimo. Esto también es evidentemente inconstitucional."

(viii) Que "la sentencia intenta limitar la facultad de control de la Asamblea Nacional con el argumento adicional de que en un estado de excepción no debe abusarse del mecanismo de las comparecencias. Tal abuso no ha existido, sino el incumplimiento injustificado de los funcionarios citados. Pero, en todo caso, un estado de excepción, ratificado por la Sala Constitucional al margen de la Asamblea Nacional, no puede ser invocado para comprimir la facultad de control político de la Asamblea Nacional. La Constitución es categórica al señalar que "La declaración del estado de excepción no interrumpe el funcionamiento de los órganos del Poder Público" (art. 339);

(ix) Que "la Sala Constitucional afirma en su sentencia que la Asamblea Nacional no podía crear una Comisión especial de estudio sobre el procedimiento de designación de los Magistrados del Tribunal Supremo de Justicia que se llevó a cabo en diciembre de 2015, lo cual desconoce que la Asamblea Nacional no podía ni puede ser indiferente ante las graves denuncias presentadas en relación con dicho procedimiento. Al contrario, estaba obligada a investigar tales hechos para luego emitir las declaraciones o adoptar las medidas que estime necesarias en el marco de la Constitución."

(x) Que "la mayoría oficialista de la Asamblea Nacional no tuvo reparo alguno en el año 2002 cuando creó una "Comisión Especial que Investiga la Crisis del Poder Judicial sobre las presuntas Irregularidades cometidas por Magistrados del Tribunal Supremo de Justicia" y pretendió declarar la nulidad de la designación de uno de los Magistrados del Tribunal Supremo de Justicia (Franklin Arrieche), ni tampoco lo tuvo cuando finalmente lo hizo en el año 2004. Asimismo, la holgada mayoría que ostentaba el oficialismo en la Asamblea Nacional durante el período 2005-2010 se consideró ampliamente facultada para "Rechazar de la manera más categórica" una sentencia de la Sala Constitucional del Tribunal Supremo de Justicia, así como para "exhortar al pueblo venezolano y en especial a los contribuyentes…a continuar el proceso de declaración y recaudación del impuesto sobre la renta tal como lo establece nuestra legislación". Designó incluso una Comisión "a los efectos de investigar y determinar las responsabilidades a que hubiere lugar."

(xi) Que "la sentencia N° 9, del 1 de marzo del 2016, de la Sala Constitucional, al intentar cercenar las atribuciones constitucionales del parlamento a causa del cambio que democráticamente se ha producido en la mayoría parlamentaria, representa un golpe a la soberanía popular."

(xii) Que "esta sentencia forma parte de una secuencia de decisiones del Tribunal Supremo de Justicia destinada a cercenar la integridad y funcionamiento de la Asamblea Nacional, así como a desconocer las consecuencias institucionales del resultado de las elecciones celebradas el 6 de diciembre de 2016."

(xiii) Que "la Sala Constitucional pretende asegurar la inmovilidad en el seno del Tribunal Supremo de Justicia, para consolidar situaciones incluso contrarias a Derecho, mediante la invocación de una exclusividad en la iniciativa legislativa para aprobar o modificar la Ley Orgánica del Tribunal Supremo de Justicia que no está prevista en la Constitución y que no se corresponde con la iniciativa parlamentaria que condujo a la aprobación de esa Ley en el 2004."

Con fundamento en los anteriores considerando en el Acuerdo, la Asamblea Nacional decidió:

"*Primero*: Rechazar categóricamente la supuesta sentencia N° 9, del 1 de marzo de 2016, de la Sala Constitucional del Tribunal Supremo de Justicia, por ser inexistente al violar el Artículo 40 de la Ley Orgánica del Tribunal Supremo de Justicia.

Segundo: Ratificar sus atribuciones constitucionales de control e investigación, así como su facultad para la iniciativa legislativa en todas las materias previstas en el artículo 187, numeral 1, de la Constitución;

Tercero: Solicitar que se activen los mecanismos internacionales de garantía de la democracia y de la institucionalidad parlamentaria, ante el intento de socavamiento de las atribuciones constitucionales de la Asamblea Nacional;

Cuarto: Denunciar ante la Organización de Estados Americanos la situación descrita y solicitar que se considere la aplicación del artículo 20 de la Carta Democrática Interamericana, al haberse cometido una alteración del orden constitucional que afecta gravemente a la democracia, por lo cual se insta al Secretario General de la Organización de los Estados Americanos a hacer uso de las atribuciones que le otorga la mencionada disposición.

Quinto: Requerir la actuación de la Unión Interparlamentaria mundial, ante el pretendido menoscabo de facultades fundamentales de los parlamentos en una democracia.

Sexto: Solidarizarse con los funcionarios del Tribunal Supremo de Justicia que están en desacuerdo con las sentencias contrarias al Estado de Derecho emanadas de ese Tribunal y que trabajan con buena fe en el apoyo a las funciones jurisdiccionales.

Séptimo: Exhortar al pueblo venezolano a que se mantenga alerta y activo de manera democrática y pacífica, para exigir el respeto a la soberanía popular expresada el pasado 6 de diciembre de 2015."Como consecuencia de ese rechazo y desconocimiento formal por inconstitucional de la sentencia dictada, lo que adicionalmente tenía que hacer la Asamblea, y de inmediato, era proceder a aprobar el Informe de la *"Comisión Especial de la Asamblea Nacional para revisar el nombramiento de los Magistrados Principales y Suplentes designados en diciembre de 2015,"* revocando los nombramientos de Magistrados realizados en forma inconstitucional, que aparecen incluso en el sitio web oficial al final del texto de la sentencia rechazada; y proceder de inmediato a hacer la elección respectiva conforme a la Constitución."

Ante una sentencia como la dictada por la Sala Constitucional, que privó a la Asamblea de sus funciones constitucionales, al igual que en relación con todas las otras sentencias inconstitucionales que han lesionado la democracia y el Estado de derecho, lo cierto en todo caso, es que ningún otro órgano del Estado va a acudir en su auxilio para garantizarle el ejercicio de las mismas, ni el conflicto tiene posibilidades de resolverse solo con "diálogo" pues para cumplir con la Constitución el Poder Ejecutivo no necesita sentarse a dialogar. Sólo tiene que decidir acatarla. Como acertadamente lo destacó el Secretario General de la Organización de Estados Americanos, Luis Almagro, en su Informe presentado al Consejo Permanente de la Organización el 30 de mayo de 2016 sobre la situación de la democracia en Venezuela:

> "Al presente, Venezuela necesita el más pleno respeto y absoluto compromiso del Poder Ejecutivo de cumplir con la Constitución y con sus compromisos internacionales en materia de democracia.
>
> Esto constituye un imperativo unilateral para el Poder Ejecutivo, que no necesita de una mesa de diálogo para hacerlo, solamente necesita asumir el respeto al Estado de Derecho y el imperio de la ley. Los elementos están allí y son muy claros pero no creemos que el Gobierno lo desconozca pues los mismos han sido expresados en claridad y en forma pública en reiteradas ocasiones. Solamente falta el compromiso al respecto."[1817]

Si el Poder Ejecutivo y su apéndice, la Sala Constitucional, se resisten en cumplir con la Constitución, en acatar sus principios, en desconocer la voluntad popular expresada mediante sufragio en diciembre de 2016, como lo han hecho, y además pretenden impedir las nuevas manifestaciones de voluntad popular de acuerdo con la Constitución, como a través del referendo revocatorio cuyo trámite se ha iniciado, y al cual se le han puesto todo tipo de trabas,[1818] pues no tendrá más camino la Asamblea Nacional que asumir con más fuerzas su propio poder constitucional como representante del pueblo para imponer sus decisiones, y rechazar las que considere inconstitucionales; y acudir al poder del pueblo que representa, pues la Asamblea conforme al artículo 5 de la Constitución "emana de la soberanía popular y a ella está sometida," para poder apelar al propio pueblo en defensa de su propia soberanía y del órgano que la representa.

En tal sentido, la Asamblea Nacional, debe decidir, no solo exhortar al pueblo para que esté vigilante y exigir respeto del resultado electoral del 6 de diciembre de 2015, sino decidir efectivamente apelar al pueblo, recordando con toda legitimidad el texto del artículo 350 de la Constitución como instrumento de defensa de la Constitución, y por ejemplo requerirlo para que "fiel a su tradición republicana, a su lucha por la independencia, la paz y la libertad," para que se pronunciase frente al intento de silenciar a sus representantes recién electos en la rebelión popular expresada mediante el sufragio el 6 de diciembre de 2016; y para que también se rebele

---

1817 Véase la comunicación del Secretario General de la OEA de 30 de mayo de 2016 con el Informe sobre la situación en Venezuela en relación con el cumplimiento de la Carta Democrática Interamericana, p. 129. Disponible en oas.org/documents/spa/press/OSG-243.es.pdf.

1818 Véase acceso a la Justicia: "El CNE juega con la democracia al estar cambiando las reglas constantemente," 18 de mayo de 2016, en https://revocalo.com/index.php/2016/05/18/acceso-la-justicia-cne-juega-la-democracia-al-cambiar-las-reglas-constantemente/; "El CNE insiste en debilitar la democracia", 21 de junio de 2016, en https://www.lapa-tilla.com/site/2016/06/21/cne-insiste-en-debilitar-la-democracia-de-venezuela/

-sí, se rebele- conforme lo autoriza la Constitución, y nuevamente desconozca mediante votación popular al actual régimen político totalitario que usa la Sala Constitucional del Tribunal Supremo y a los otros poderes constituidos para contrariar los valores, principios y garantías democráticos, y menoscabar los derechos humanos.

Sin duda, una forma de convocar al pueblo para que se rebele de nuevo mediante el sufragio, es requiriéndole decididamente para participar en el proceso de realización del referendo revocatorio contra el Presidente de la República que ya se ha iniciado, enfrentando todas las restricciones dilatorias que el Consejo Nacional Electoral está y seguirá implementando. Como bien lo observó el Secretario General de la Organización de Estados Americanos, Luis Almagro, en su comunicación al Consejo Permanente de la Organización, el 30 de mayo de 2016:

> "*Las soluciones pacíficas a la hora de la verdad las da el pueblo en las urnas*. El hecho de llamar a un revocatorio conforme a la Constitución no es ser golpista; ser golpista es anular esa posibilidad constitucional de que el pueblo se exprese. O diferirla. O ponerle obstáculos. O proponer fórmulas insanas políticamente como la del diputado Diosdado Cabello: que se haga el revocatorio en marzo de 2017, Maduro lo pierde. Se nombra Presidente al Vicepresidente y a Maduro vicepresidente, el nuevo Presidente renuncia y queda Maduro de Presidente.
>
> Esa declaración constituye un absurdo mecanismo de violencia que se puede perpetrar sobre la voluntad popular."[1819]

Esa declaración, por lo demás, lo que demuestra es que en el gobierno no hay disposición alguna para dialogar con la oposición democrática, de ningún tipo, lo que adicionalmente está demostrado, precisamente, por la actuación constante y sistemática del Tribunal Supremo de Justicia de anular la representación popular que encarna la Asamblea Nacional, y de impedir que la oposición política al gobierno que es la mayoría del país, se manifieste institucionalmente.

Para que pueda haber diálogo, el régimen tiene que comenzar por reconocer que lo que sus huestes representan es a una minoría y que con quien tiene que dialogar es con la oposición democrática que representa la mayoría del país. Por ello, en la situación actual, después del triunfo electoral del 6 de diciembre de 2016, y después de la multitudinaria manifestación de rechazo al Gobierno de Maduro ocurrida con ocasión de la llamada "Toma de Caracas" el 1 de septiembre de 2016, la única forma en que pueda haber diálogo es que el pueblo se manifieste de nuevo, conforme a lo dispuesto en la Constitución, mediante el referendo revocatorio del mandato del Presidente de la República, de manera que la solución pacífica a la crisis política del país en definitiva las dé el pueblo mediante las urnas, como lo expresó el Secretario General de la Organización de Estados Americanos.

Para tal fin, fue importante lo expresado por la *Mesa de la Unidad Democrática*, MUD, luego de la extraordinaria y multitudinaria manifestación popular del 1 de septiembre de 2016, de rechazo al Gobierno, anunciando la Agenda de acciones futuras:

1819 Véase la comunicación del Secretario General de la OEA de 30 de mayo de 2016 con el Informe sobre la situación en Venezuela en relación con el cumplimiento de la Carta Democrática Interamericana, p. 88. Disponible en oas.org/documents/spa/press/OSG-243.es.pdf.

"En una Venezuela en la que sólo abunda la violencia y la muerte, es nuestro deber rescatar la convivencia y la esperanza. Y esa es tarea de todo un pueblo. Por eso exigimos nuestro derecho a expresarnos, y que sea la voz del pueblo la que señale el camino para vencer la crisis y transformarla en oportunidad. Para que la Nación pueda decir su palabra es preciso convocar una consulta electoral adelantada, y tal consulta tiene nombre y apellido en nuestra Constitución: Su nombre es *referendo* y su apellido es *revocatorio*. Eso es lo que estamos exigiendo.

Al régimen le decimos: Cada vez que - para aferrarse al poder - se opone a que el pueblo sea consultado, está reconociendo y agravando su ausencia de respaldo popular, *su falta de legitimidad*; Cada vez que reprime al pueblo y pone presos a dirigentes democráticos sólo demuestra que no tienen ni ideas ni votos con que enfrentarnos; Cada vez que amenaza a humildes ciudadanos con botarlos de su trabajo o con no venderles una bolsa de comida por pensar distinto, solo revela que no conoce a un pueblo que no puede ser reducido ni por hambre ni por miedo.

A la Fuerza Armada Nacional le reiteramos: Luchamos por una Venezuela en que la FAN, apegada a su misión constitucional y a su condición de institución sin militancia partidista, sea respetada y querida por *todo* el país, y no sólo por una facción o grupo.

A la comunidad internacional le expresamos: La Venezuela que quiere cambio es inmensamente mayoritaria, y tiene con qué liderar una transición pacífica a la democracia y un proceso de reconstrucción nacional solidario e inclusivo. Que eso se logre *en paz y por la paz* depende en buena medida de que recibamos hoy la solidaridad que la Venezuela democrática y civilista siempre supo dar a otras naciones, cuando atravesaron horas oscuras como las que hoy la patria de Bolívar quiere superar.

Hoy es el inicio de la etapa definitiva de esta lucha, y todos los venezolanos movilizados juramos ejercer nuestro derecho constitucional a la protesta pacífica hasta lograr el cambio constitucional, electoral, pacífico y democrático." [1820]

Pero el régimen autoritario, sin embargo, lamentablemente se resiste en permitir que el pueblo se manifieste mediante las urnas y le dé la solución pacífica a la crisis institucional del país, que solo el pueblo puede dar.

1820 Véase "Este es el manifiesto de la MUD y las próximas acciones," en *Sumarium.com*, 1 de septiembre de 2016, disponible en http://sumarium.com/este-es-el-manifiesto-de-la-mud-y-las-proximas-acciones/

SECCIÓN SEGUNDA:

LA TRAICIÓN A LA CONSTITUCIÓN: EL DESMONTAJE DEL ESTADO DE DERECHO POR EL JUEZ CONSTITUCIONAL EN VENEZUELA

Texto de la conferencia dictada en el acto de presentación del libro: *La doctrina constitucional y administrativa del Estado social y democrático de derecho, Liber Amicorum Allan Brewer-Carías* (Coordinadores: eduardo Jorge Prats y Olivo Rodríguez Huertas), Instituto Dominicano de Derecho Constitucional, Asociación Dominicana de Derecho Administrativo, Santo Domingo 2016, en la *I Jornada Jurídica Post Grado PUCMM, Pontificia Universidad Católica Madre y Maestra,* Santo Domingo, 13 de junio de 2016.

Durante tres lustros, a la vista de todo el mundo democrático, en Venezuela se ha venido produciendo un verdadero proceso de colapso en sus instituciones democráticas, como consecuencia de la traición a la Constitución; perfidia, que fue cometida por el grupo militarista que asaltó el poder en 1999, y que utilizando los instrumentos de la democracia ha venido destruyéndola y desmontando progresivamente el Estado de derecho.

Esa situación, nosotros, como hombres del mundo del derecho, no podemos ni debemos soslayarla; no lo hicimos antes y hoy no podemos hacerlo, y, al contrario, estamos obligados a enfrentarla, particularmente cuando tenemos la oportunidad de reunirnos en *Jornadas Jurídicas Internacionales* como esta, ante la cual tengo esta tarde el honor de poder hablar, organizadas por la unidad de postgrado de la Pontificia Universidad Católica Madre y Maestra, a quienes debemos agradecer su organización. Hoy aparece en la prensa la información de que en la Reunión de la Asamblea General de la Organización de los Estados Americanos que se inicia hoy en esta ciudad de Santo Domingo no se tratará el tema de la situación de la democracia en Venezuela. En su defecto, nosotros si lo vamos a tratar.

Para ello, quiero comenzar ratificando una precisión temporal y es que la catastrófica situación política, económica y social que atraviesa Venezuela, que solo en los últimos meses es que ha despertado la atención mundial por la crisis humanitaria que se ha producido, y por el descarado desmontaje de la Asamblea Nacional y con ello de la voluntad popular, que se ha ejecutado por parte de la Sala Constitucional del Tribunal Supremo sujeta a control, por parte del Poder Ejecutivo, no se ha producido de la noche a la mañana. Todo ha sido el producto de un largo proceso de desconocimiento y traición a la Constitución que comenzó a producirse en el mismo momento en el cual se la aprobó en 1999. Como consecuencia de ello, todo su contenido resultó una gran mentira, habiéndose violado su texto por los gobernantes, tantas veces como cuantas ustedes los han visto en los medios de comunicación blandiéndola en actos públicos, pero no para aplicarla, sino para tratar de disimular la traición a la misma.

Una Constitución, conforme a los principios del constitucionalismo moderno, para ser tal, tiene ante todo que ser un pacto de una sociedad formulada por el pueblo como una ley fundamental que tiene que ser acatada por todos, por los ciudadanos y los gobernantes.[1821] Por ello, los mismos textos constitucionales hablan de sí mismos como "norma suprema";[1822] declaración de la cual, al menos derivan cuatro derechos fundamentales de los ciudadanos: *primero,* el derecho a la Constitución y a su supremacía,[1823] es decir, el derecho que todos tenemos a que la misma se imponga sobre gobernantes y gobernados, que no pierda vigencia, y ni sea violada; *segundo*, el derecho de los ciudadanos a que lo prometido en la Constitución sea cumplido y ejecutado por los gobernantes electos, en particular, en lo que concierne a la separación de poderes y a la distribución del poder; *tercero*, el derecho a la rigidez de la Constitución, de manera que la misma solo sea modificada o reformada mediante los procedimientos previstos en su propio texto; y *cuarto*, el derecho que todos los ciudadanos tienen de poder controlar la constitucionalidad de todos los actos del Estado que sean contrarios a las promesas constitucionales.[1824]

En Venezuela, conforme a esos principios, en 1999 y como consecuencia de un proceso constituyente que llevó a cabo una Asamblea Nacional Constituyente mal conformada y peor estructurada,[1825] –quizás el origen remoto de todo el colapso posterior–, se sancionó una Constitución con la promesa de conformar un "Estado Democrático y Social de derecho y de Justicia, con forma Federal y descentralizada,[1826] sobre la base de tres pilares político-constitucionales, ninguno de los cuales se ha estructurado realmente, pues todos han sido traicionados: *primero*, un sistema de control del poder mediante su separación horizontal y su distribución vertical; *segundo*, un sistema político de gobierno democrático, de democracia representativa y participativa, que debería asegurar la legitimidad democrática de la elección de los

---

1821 Véase Allan R. Brewer-Carías, *Reflexiones sobre la Revolución Americana (1776), la Revolución Francesa (1789) y la Revolución Hispanoamericana (1810-1830) y sus aportes al constitucionalismo moderno*, Colección Derecho Administrativo N° 2, Universidad Externado de Colombia, Bogotá 2008.

1822 Como se expresa en el artículo 7 de la Constitución de Venezuela de 1999. Me correspondió proponer en la Asamblea Nacional Constituyente de 1999 la consagración expresa del principio de supremacía en los artículos 7 y 334. Véase Allan R. Brewer-Carías, *Debate Constituyente, (Aportes a la Asamblea Nacional Constituyente),* Tomo II, (9 septiembre-17 octubre 1999), Fundación de Derecho Público-Editorial Jurídica Venezolana, Caracas, 1999, p. 24.

1823 Al tema me he referido en diversos trabajos, y entre ellos, en el libro Allan R. Brewer-Carías, *Mecanismos nacionales de protección de los derechos humanos (Garantías judiciales de los derechos humanos en el derecho constitucional comparado latinoamericano),* Instituto Interamericano de Derechos Humanos, San José, 2005, pp. 74 ss.; y "Sobre las nuevas tendencias del derecho constitucional: del reconocimiento del derecho a la Constitución y del derecho a la democracia", en *VNIVERSITAS, Revista de Ciencias Jurídicas (Homenaje a Luis Carlos Galán Sarmiento)*, Pontificia Universidad Javeriana, facultad de Ciencias Jurídicas, N° 119, Bogotá 2009, pp. 93-111

1824 Como lo visualizó Alexander Hamilton en *El Federalista* (1788) en los inicios del constitucionalismo moderno: "Una Constitución es, de hecho, y así debe ser vista por los jueces, como ley fundamental, por tanto, corresponde a ellos establecer su significado así como el de cualquier acto proveniente del cuerpo legislativo Si se produce una situación irreconocible entre los dos, por supuesto, aquel que tiene una superior validez es el que debe prevalecer; en otras palabras, la Constitución debe prevalecer sobre las leyes, *así como la intención del pueblo debe prevalecer sobre la intención de sus agentes,*" en *The Federalist* (ed. por B.F. Wrigth), Cambridge, Mass. 1961, pp. 491-493.

1825 Véase Allan R. Brewer-Carías, *Golpe de Estado y proceso constituyente en Venezuela*, Universidad nacional Autónoma de México, México 2002.

1826 Véase el estudio de la Constitución en cuanto a la regulación de este modelo de Estado Constitucional en Allan R. Brewer-Carías, *La Constitución de 1999. Derecho Constitucional venezolano*, 2 tomos, Caracas 2004.

titulares de los órganos del Poder Público; y *tercero*, un sistema económico de economía mixta conforme a principios de justicia social, basado en el principio de la libertad como opuesto al de economía dirigida,[1827] con la participación de la iniciativa privada y del propio Estado como promotor del desarrollo económico y regulador de la actividad económica.

Yo mismo contribuí a la redacción de aquella Constitución como miembro independiente que fui de la Asamblea, –formando junto con otros tres constituyentes la exigua minoría opositora de cuatro constituyentes en una Asamblea de 161 miembros, totalmente dominada por los seguidores del entonces Presidente Hugo Chávez–; y sé que transcurridos ya más de tres lustros desde que se sancionó, nada de lo que se prometió en su texto se ha cumplido, ninguno de los derechos básicos respecto de la Constitución se ha respetado, pudiendo considerársela hoy en día como la muestra más vívida en el constitucionalismo contemporáneo, de una Constitución que ha sido violada y vulnerada desde antes incluso de que fuera publicada.

La Constitución en efecto, se aprobó mediante referendo el 20 de diciembre de 1999, pero no pasó una semana cuando ya comenzó a ser violada, antes incluso de su publicación, al decretarse por la propia Asamblea Constituyente que ya había concluido sus funciones, un supuesto "Régimen Transitorio" no aprobado por el pueblo que en muchos aspectos duró varios lustros, violando de entrada lo que se había prometido, para que no se pudiera cumplir, en lo que entonces califiqué como un golpe de Estado.[1828]

Ese fue el origen de un régimen constitucional que en definitiva fue establecido para no ser cumplido, que como antes dije, fue una gran mentira desde su inicio, en particular por lo que se refiere al establecimiento de un régimen político democrático representativo y participativo, que no ocurrió; al establecimiento de un Estado democrático de derecho y de justicia, lo cual no sucedió; a la consolidación de un Estado federal descentralizado, que al contrario fue una forma estatal que se abandonó; y al establecimiento de un Estado social, que no pasó de ser una vana ilusión propagandista, habiendo solo adquirido la deformada faz de un Estado populista, para en definitiva empobrecer y hacer dependiente de una burocracia gigante e inefi-

---

1827 Véase sobre la Constitución Económica, lo que hemos expuesto en Allan R. Brewer-Carías, *La Constitución de 1999. Derecho Constitucional Venezolano*, Tomo II, Editorial Jurídica venezolana, Caracas 2004 pp. 53 ss.; y en "Reflexiones sobre la Constitución Económica" en *Estudios sobre la Constitución Española. Homenaje al Profesor Eduardo García de Enterría,* Madrid, 1991, pp. 3.839 a 3.853. Véase, además, Henrique Meier, "La Constitución económica", en *Revista de Derecho Corporativo,* Vol. 1, N° 1. Caracas, 2001, pp. 9-74; Dagmar Albornoz, "Constitución económica, régimen tributario y tutela judicial efectiva", en *Revista de Derecho Constitucional*, N° 5 (julio-diciembre), Editorial Sherwood, Caracas, 2001, pp. 7-20; Ana C. Núñez Machado, "Los principios económicos de la Constitución de 1999", en *Revista de Derecho Constitucional,* N° 6 (enero-diciembre), Editorial Sherwood, Caracas, 2002, pp. 129-140; Claudia Briceño Aranguren y Ana C. Núñez Machado, "Aspectos económicos de la nueva Constitución", en *Comentarios a la Constitución de la República Bolivariana de Venezuela,* Vadell Hermanos, Editores, Caracas, 2000, pp. 177 y ss.

1828 Véase Allan R. Brewer-Carías, *Golpe de Estado y proceso constituyente en Venezuela,* Universidad nacional Autónoma de México, México 2002. A ello se sumaron diversas "modificaciones" o "reformas" al texto introducidas con ocasión de "correcciones de estilo" para su publicación lo que ocurrió el 30 de diciembre de 1999. Véase Allan R. Brewer-Carías, "Comentarios sobre la ilegítima "Exposición de Motivos" de la Constitución de 1999 relativa al sistema de justicia constitucional", en la *Revista de Derecho Constitucional*, N° 2, Enero-Junio 2000, Caracas 2000, pp. 47-59.

ciente a las personas de menos recursos, que hoy ya son casi todos los habitantes del país, que sufren las mismas carestías.

Estando hoy entre juristas, me referiré particularmente a la falta de implementación y más bien, a la traición a la Constitución respecto de los tres primeros aspectos mencionados.

I. LA TRAICIÓN CONSTITUCIONAL EN CUANTO AL ESTABLECIMIENTO DE UN RÉGIMEN POLÍTICO DEMOCRÁTICO, ALTERNATIVO Y PARTICIPATIVO: UNA GRAN MENTIRA

Lo primero que se incumplió desde el inicio de la vigencia de la Constitución venezolana de 1999, fue la idea fundamental misma que la informa, de la configuración del Estado como un Estado democrático, con un gobierno que además de representativo y alternativo, debía a ser participativo (art. 6).

A tal efecto, en Venezuela se estableció un sistema de división del Poder Público que se configuró en la Constitución no solo entre los tres Poderes públicos tradicionales (Ejecutivo, Legislativo y Judicial), sino entre cinco poderes, agregándose a los anteriores, el Poder Electoral, con la autoridad electoral, y un Poder Ciudadano, con los órganos constitucionales de control; con la característica fundamental de que los titulares de todos ellos deben ser electos en forma popular sea en forma directa o indirecta conforme a los principios de la democracia representativa.

En tal sentido, si bien la elección directa de los órganos del Poder Ejecutivo y del Poder Legislativo por sufragio universal directo y secreto, se ha realizado en el país durante los últimos años, aún con altibajos, por el progresivo control del Poder Electoral por el Poder Ejecutivo; en cambio, en materia de elección popular indirecta de los titulares de los Poderes Judicial, Ciudadano y Electoral, que debía realizarse por la Asamblea Nacional como Cuerpo elector de segundo grado, esa "elección" se ha realizado en violación sistemática de la Constitución, sin la mayoría calificada exigida para el voto de los diputados, y sin asegurarse la participación ciudadana en la postulación de los nominados;[1829] es decir, en violación de los principios de la democracia representativa y de la democracia participativa.

El texto constitucional en este campo se violó desde el inicio, y con ello, se sembró el virus que afectó la separación de poderes, al incluirse en el antes mencionado "régimen transitorio" para-constitucional de 1999, un procedimiento conforme al cual se comenzó a designar a esos altos funcionarios apartándose de lo exigido en la Constitución, cuyas normas en la materia siguieron violándose sucesivamente mediante leyes dictadas en 2000,[1830] en 2001 y 2004, respecto del Poder Ciudadano

---

1829 Véase los comentarios sobre la inconstitucional práctica legislativa reguladora de los Comités de Postulaciones integradas, cada uno, con una mayoría de diputados, convirtiéndolas en simples "comisiones parlamentarias ampliadas, en Allan R. Brewer-Carías, "La participación ciudadana en la designación de los titulares de los órganos no electos de los Poderes públicos en Venezuela y sus vicisitudes políticas, en la *Revista Iberoamericana de Derecho Público y Administrativo,* Año 5, Nº 5-205, San José, Costa Rica, 2005, pp. 76-95.

1830 Ley Especial para la designación de los Titulares de los Poderes Públicos. *Gaceta Oficial* Nº 37.077 de 14 de noviembre de 2000. La impugnación por inconstitucional de dicha Ley en 2000, hay que recordarlo, le costó el cargo a la primera Defensora del Pueblo que había electo la Asamblea Constituyente en 1999.

y Electoral[1831] y a partir de 2004, e incluso en 2015, respecto del Tribunal Supremo de Justicia.[1832]

Esta deformación legislativa inconstitucional que el Tribunal Supremo se negó a controlar, incluso condujo a la también inconstitucional designación desde 2004, de los titulares del Consejo Nacional Electoral, no por la Asamblea Nacional como lo prometió la Constitución, sino por el propio Tribunal Supremo una vez bajo control del Poder Ejecutivo, lo que ocurrió de nuevo más recientemente en diciembre de 2014.[1833] A ello se suman las más recientes designaciones realizadas en diciembre de 2015[1834] con respecto de los Magistrados del Tribunal Supremo por parte de la anterior Asamblea Nacional pero sin la mayoría calificada exigida, que es la garantía de su representatividad, y sin asegurarse la participación de los diversos sectores de la sociedad como lo exige la Constitución.[1835]

Por ello, además de traicionarse la promesa de asegurar la representatividad democrática en el país, se violó también la exigencia constitucional de asegurar la participación ciudadana, lo que se ha ratificado con la violación de la obligación impuesta a los órganos del Estado de someter a consulta popular, los proyectos de ley (art. 211).

La Asamblea Nacional, en efecto, hasta 2015 no hizo consulta popular efectiva alguna sobre los proyectos de ley dictados en los últimos lustros,[1836] y en todo caso, la posibilidad de participación popular se disipó totalmente en virtud de que en ese período la Asamblea simplemente dejó de legislar y delegó en el Poder Ejecutivo la legislación básica del país, al punto de que más del 90% de las leyes vigentes en Venezuela en un régimen que se ha proclamado como democrático, han sido dicta-

---

1831 Ley Orgánica del Poder Ciudadano, *Gaceta Oficial* N° 37.310 de 25 de octubre de 2001; y Ley Orgánica del Poder Electoral, *Gaceta Oficial* N° 37.573 de 19 de noviembre de 2002.

1832 Ley Orgánica del Tribunal Supremo de Justicia, *Gaceta Oficial* N° 37.942 del 19 de mayo de 2004.

1833 Véase Allan R. Brewer-Carías, "El golpe de Estado dado en diciembre de 2014 en Venezuela con la inconstitucional designación de las altas autoridades del Poder Público," en *El Cronista del Estado Social y Democrático de Derecho*, N° 52, Madrid 2015, pp. 18-33; José Ignacio Hernández, "La designación del Poder Ciudadano: fraude a la Constitución en 6 actos;" en *Prodavinci,* 22 de diciembre, 2014, en http://prodavinci.com/blogs/la-designacion-del-poder-ciudadano-fraude-a-la-constitucion-en-6-actos-por-jose-i-hernandez/;

1834 Véase Allan R. Brewer-Carías, "El golpe de Estado dado en diciembre de 2014, con la inconstitucional designación de las altas autoridades del Poder Público," en *Revista de Derecho Público,* N° 140 (Cuarto Trimestre 2014, Editorial Jurídica Venezolana, Caracas 2014, pp. 495-518.

1835 Como se dijo, los mecanismos de participación ciudadana directamente previstos en la Constitución le fueron arrebatados al pueblo, al distorsionarse en la legislación la integración de los Comités de Postulaciones Judiciales, Electorales y del Poder Ciudadano, que quedaron bajo el control político de la mayoría oficialista de la Asamblea Nacional sin que el ciudadano y sus organizaciones pueda participar Véase Allan R. Brewer-Carías, "La participación ciudadana en la designación de los titulares de los órganos no electos de los Poderes Públicos en Venezuela y sus vicisitudes políticas", en *Revista Iberoamericana de Derecho Público y Administrativo*, Año 5, N° 5-2005, San José, Costa Rica 2005, pp. 76-95.

1836 Véase por ejemplo, "Apreciación general sobre los vicios de inconstitucionalidad que afectan los Decretos Leyes Habilitados" en *Ley Habilitante del 13-11-2000 y sus Decretos Leyes*, Academia de Ciencias Políticas y Sociales, Serie Eventos N° 17, Caracas 2002, pp. 63-103; y "El derecho ciudadano a la participación popular y la inconstitucionalidad generalizada de los decretos leyes 2010-2012, por su carácter inconsulto," en *Revista de Derecho Público,* N° 130, (abril-junio 2012), Editorial Jurídica Venezolana, Caracas 2012, pp. 85-88.

das mediante decretos leyes que, por supuesto, nunca fueron consultados al pueblo. Y lo peor de ello, es que fue la Sala Constitucional del Tribunal Supremo, es decir, de nuevo un Juez Constitucional completamente bajo control del Poder Ejecutivo, el que en 2014 cohonestó, en fraude a la Constitución,[1837] el incumplimiento de la promesa constitucional de participación popular, estableciendo que solo existía cuando la Asamblea legislara, pero no cuando el Ejecutivo lo hiciera.[1838]

Tal ha sido el descaro de violación de la Constitución en esta materia, que en solo dos días de diciembre de 2015, entre el 28 y 29, y en plenas fiestas navideñas y de fin de año, la Asamblea que terminaba su período, al unísono con el Presidente de la República, con el objeto de privar de poderes a la nueva Asamblea que tomaba posesión el 5 de enero de 2016, dictaron más de 60 leyes –en sólo dos días– cuyo contenido y propósito solo fue conocido cuando salieron publicadas en la *Gaceta Oficial.*[1839]

En esta forma, las dos promesas constitucionales principales de democracia participativa que fueron directamente establecidas en la Constitución, la participación ciudadana para el proceso de nominación de los altos funcionarios de los Poderes Públicos, y la consulta popular de las leyes, fueron olvidadas y la Constitución violada, desde el propio inicio de su vigencia.

Y a ello se suma la resistencia del régimen a aceptar que el pueblo active los mecanismos de democracia directa que se previeron en la Constitución, en especial, la figura del referendo revocatorio del mandato presidencial, que si bien es poco común en el constitucionalismo comparado, fue insertado en la Constitución como respuesta a la extensión de hasta seis años del período del Presidente de la Repúbli-

---

1837 La Sala Constitucional del Tribunal Supremo de Justicia en la sentencia N° 74 de 25-01-2006 señaló que un *fraude a la Constitución* ocurre cuando se destruyen las teorías democráticas "mediante el procedimiento de cambio en las instituciones existentes aparentando respetar las formas y procedimientos constitucionales", o cuando se utiliza "del procedimiento de reforma constitucional para proceder a la creación de un nuevo régimen político, de un nuevo ordenamiento constitucional, sin alterar el sistema de legalidad establecido, como ocurrió con el *uso fraudulento de los poderes* conferidos por la ley marcial en la Alemania de la Constitución de *Weimar*, forzando al Parlamento a conceder a los líderes fascistas, en términos de dudosa legitimidad, la plenitud del poder constituyente, otorgando un poder legislativo ilimitado"; y que un *falseamiento de la Constitución* ocurre cuando se otorga "a las normas constitucionales una interpretación y un sentido distinto del que realmente tienen, que es en realidad una modificación no formal de la Constitución misma", concluyendo con la afirmación de que "*Una reforma constitucional sin ningún tipo de límites, constituiría un fraude constitucional*". Véase en *Revista de Derecho Público*, Editorial Jurídica Venezolana, N° 105, Caracas 2006, pp. 76 ss. Véase Néstor Pedro Sagües, *La interpretación judicial de la Constitución*, Buenos Aires 2006, pp. 56-59, 80-81, 165 ss.

1838 Véase sentencia N° 203 de 25 de marzo de 2014. Caso *Síndica Procuradora Municipal del Municipio Chacao del Estado Miranda, impugnación del Decreto Ley de Ley Orgánica de la Administración Pública de 2008,* en http://www.tsj.gov.ve/decisiones/scon/marzo/162349-203-25314-2014-09-0456.HTML. La Ley impugnada fue publicada en *Gaceta Oficial* N° 5.890 Extra. de 31 de julio de 2008. Véase Allan. Brewer-Carías, "El fin de la llamada "democracia participativa y protagónica" dispuesto por la Sala Constitucional en fraude a la Constitución, al justificar la emisión de legislación inconsulta en violación al derecho a la participación política," en *Revista de Derecho Público,* N° 137 (Primer Trimestre 2014, Editorial Jurídica Venezolana, Caracas 2014, pp. 157-164.

1839 Además finalmente, basta solo constatar que durante las sesiones extraordinarias celebradas entre el 23 y el 30 de diciembre de 2015, en plena fiestas navideñas, la Asamblea "discutió" y sancionó 20 leyes, sin que se hubiese hecho consulta popular alguna. Véase por ejemplo *Gaceta Oficial* N° 40.819 de diciembre de 2015.

ca, pudiendo convocarse por iniciativa popular una vez cumplido a la mitad del mismo. Pero todo ello no ha sido más que otra mentira.

El referendo revocatorio ya se experimentó en 2004, con su convocatoria para revocar el mandato del Presidente Chávez, que el Poder Electoral entrabó hasta la saciedad mediante el cuestionamiento de las más de tres millones y medio de firmas que en dos oportunidades lo peticionaron, [1840] de manera que para cuando se pudo realizar finalmente, a pesar de que el mandato del Presidente fue revocado constitucionalmente (votaron más electores por revocarlo que los que votaron por elegirlo), el Consejo Nacional Electoral, ya controlado por el Poder Ejecutivo, en combinación de nuevo con un Juez Constitucional dócil, convirtieron el referendo revocatorio en un inexistente referendo "ratificatorio;" pasando luego, el gobierno, a desarrollar el proceso de discriminación política más masivo que se ha producido en toda la historia de América Latina, al publicar la lista ("lista Tascón") de los peticionarios (no de los votantes, solo de los que ejercieron el derecho constitucional de petición) –más de tres millones– quienes quedaron excluidos de toda posibilidad de entrar en contacto con la Administración del Estado, hasta incluso para poder sacar el documento de identidad.

Igual situación está ocurriendo en estos momentos: luego de que hace unas escasas semanas se presentó una petición popular para iniciar ahora el proceso de convocatoria del referendo revocatorio de quien ejerce la Presidencia Nicolás Maduro, respaldada por más de dos millones de firmas. Ya, por órdenes de quién se resiste a aceptar que carece de respaldo popular, el Consejo Nacional Electoral ha iniciado el proceso de entrabamiento de la manifestación legitima de la voluntad popular, y para comprender la magnitud del mismo en un país donde se repite la mentira de que tiene un régimen político "participativo y protagónico," basta recordar lo que viene de expresar sobre esto el Secretario General de la Organización de Estados Americanos, Luis Almagro, en su comunicación al Consejo Permanente de la Organización, el 30 de mayo de 2016, sobre la situación de Venezuela a la luz de la Carta Democrática Interamericana:

> "**Las soluciones pacíficas a la hora de la verdad las da el pueblo en las urnas**. El hecho de llamar a un revocatorio conforme a la Constitución no es ser golpista; ser golpista es anular esa posibilidad constitucional de que el pueblo se exprese. O diferirla. O ponerle obstáculos. O proponer fórmulas insanas políticamente como la formulada por el diputado Diosdado Cabello: que se haga el revocatorio en marzo de 2017, Maduro lo pierde. Se nombra Presidente al Vicepresidente y a Maduro vicepresidente, el nuevo Presidente renuncia y queda Maduro de Presidente.

1840 Véase Allan R. Brewer-Carías, *La Sala Constitucional versus el Estado democrático de derecho. El secuestro del Poder Electoral y de la Sala Electoral del Tribunal Supremo y la confiscación del derecho a la participación política*, Los Libros de El Nacional, Colección Ares, Caracas 2004; "El secuestro del Poder Electoral y la confiscación del derecho a la participación política mediante el referendo revocatorio presidencial: Venezuela 2000-2004", en *Boletín Mexicano de Derecho Comparado*, Instituto de Investigaciones Jurídicas, Universidad Nacional Autónoma de México, N° 112. México, enero-abril 2005 pp. 11-73.

> Esa declaración constituye un absurdo mecanismo de violencia que se puede perpetrar sobre la voluntad popular."[1841]

A lo que hay que agregar que constituiría un burdo fraude a la Constitución.

Por último, otra promesa constitucional incumplida respecto del gobierno democrático, aparte de las violaciones a los principios de representatividad y participación antes referidas, ha sido el abandono al principio pétreo y más que bicentenario de la alternabilidad republicana, establecido para impedir la reelección sucesiva e ilimitada de los gobernantes. Para apartarse de lo prometido en la Constitución, Hugo Chávez propuso una reforma constitucional en 2007 para establecer la posibilidad de reelección indefinida, lo cual sin embargo fue rechazado por el pueblo mediante referendo en diciembre de ese año. En fraude a la voluntad popular, dos años después, Chávez logró la aprobación de una Enmienda Constitucional, y desde entonces Venezuela está inmersa en la misma corriente continuista en la cual andan Ecuador y Bolivia, precisamente en contradicción con lo que sostuvo quien supuestamente (aun cuando erradamente, pues es otra mentira) sería el mentor del régimen autoritario "bolivariano," Simón Bolívar. Sobre esto, en 1819, en realidad Bolívar sostuvo que:

> "las repetidas elecciones son esenciales en los sistemas populares, porque nada es tan peligroso como dejar permanecer largo tiempo en un mismo ciudadano el poder. El pueblo se acostumbra a obedecerle y él se acostumbra a mandarlo."[1842]

Y lo más grave en este cambio de un principio que se expresó como promesa pétrea en la Constitución de 1999, al decir que el gobierno "es y será siempre alternativo," (art. 6), fue que de nuevo correspondió al Juez Constitucional sometido, proceder muy diligentemente a "mutar" ilegítimamente la Constitución,[1843] confundiendo deliberada y maliciosamente "gobierno alternativo" con "gobierno electivo,"[1844] con lo cual se abrió el camino para la Enmienda Constitucional antes mencionada.

1841 Véase la comunicación del Secretario General de la OEA de 30 de mayo de 2016 con el Informe sobre la situación en Venezuela en relación con el cumplimiento de la Carta Democrática Interamericana, p. 88. Disponible en oas.org/documents/spa/press/OSG-243.es.pdf.

1842 Véase en Simón Bolívar, *Escritos Fundamentales*, Caracas, 1982.

1843 Una mutación constitucional ocurre cuando se modifica el contenido de una norma constitucional de tal forma que aun cuando la misma conserva su contenido, recibe una significación diferente. Véase Salvador O. Nava Gomar, "Interpretación, mutación y reforma de la Constitución. Tres extractos" en Eduardo Ferrer Mac-Gregor (coordinador), Interpretación Constitucional, Tomo II, Ed. Porrúa, Universidad Nacional Autónoma de México, México 2005, pp. 804 ss. Véase en general sobre el tema, Konrad Hesse, "Límites a la mutación constitucional", en *Escritos de derecho constitucional*, Centro de Estudios Constitucionales, Madrid 1992.

1844 Véase sentencia de Nº 53 de 3 de febrero de 2009. Véase los comentarios en Allan R. Brewer-Carías, "El Juez Constitucional vs. La alternabilidad republicana (La reelección continua e indefinida), en *Revista de Derecho Público*, Nº 117, (enero-marzo 2009), Caracas 2009, pp. 205-211.

O sea, lo prometido en la Constitución no fue más que otra mentira, ha sido a base de mentiras que el régimen se apoderó de todas las instituciones del Estado,[1845] y destruyó el principio de la separación de poderes.

II. LA TRAICIÓN CONSTITUCIONAL EN CUANTO AL ESTABLECIMIENTO DE UN ESTADO DEMOCRÁTICO DE DERECHO Y DE JUSTICIA: LA DESTRUCCIÓN DE LA SEPARACIÓN DE PODERES

Y en efecto, el segundo de los principios constitucionales fundamentales traicionados que conforman la Constitución de 1999 ha sido el de la configuración del Estado democrático de derecho y de justicia como lo define la Constitución, que debía estar montado sobre la base de un sistema de separación de poderes y de control recíproco entre los mismos, todo lo cual no fue más que una máscara para el establecimiento, en su lugar, de un Estado Totalitario, de concentración y centralización total del poder, donde por supuesto ninguno de los elementos esenciales y de los componentes fundamentales de la democracia que se definen en la Carta Democrática Interamericana se ha asegurado.[1846]

Para que exista un Estado democrático, por sobre todo, y hay que recordarlo una y otra vez, el mismo tiene que estar montado sobre el principio de siempre de la separación e independencia de los poderes público, que asegure que el ejercicio del poder esté sometido a control, particularmente a cargo de una Justicia autónoma e independiente. Solo así se puede llegar a hablar de un "Estado de justicia" como el que prometió la Constitución; y de un sistema de equilibro entre los poderes y prerrogativas de la Administración del Estado y los derechos de los ciudadanos, que está a la base del derecho administrativo mismo.[1847]

Es decir, sin separación de poderes y sin un sistema de control del poder, simplemente no pueden realizarse verdaderas elecciones libres, justas y confiables; no puede haber pluralismo político, ni acceso al poder conforme a la Constitución; no puede haber efectiva participación en la gestión de los asuntos públicos, ni transparencia administrativa en el ejercicio del gobierno, ni rendición de cuentas por parte de los gobernantes; en fin, no puede haber sumisión efectiva del gobierno a la Constitución y las leyes, así como subordinación de los militares al gobierno civil; no puede haber efectivo acceso a la justicia; y real y efectiva garantía de respeto a los derechos humanos, incluyendo la libertad de expresión y los derechos sociales.[1848]

1845 Véase Allan R. Brewer-Carías, *La mentira como política de Estado, Crónica de una crisis política permanente. Venezuela 1999-2015*, Editorial Jurídica Venezolana International, Caracas 2015.

1846 Véase Allan R. Brewer-Carías, *Estado totalitario y desprecio a la ley. La desconstitucionalización, desjuridificación, desjudicialización y desdemocratización de Venezuela,* Fundación de Derecho Público, Editorial Jurídica Venezolana, 2014.

1847 Véase sobre el tema Gustavo Tarre Briceño, *Solo el poder detiene al poder, La teoría de la separación de los poderes y su aplicación en Venezuela*, Colección Estudios Jurídicos N° 102, Editorial Jurídica Venezolana, Caracas 2014; y Jesús María Alvarado Andrade, "División del Poder y Principio de Subsidiariedad. El Ideal Político del Estado de Derecho como base para la Libertad y prosperidad material" en Luis Alfonso herrera Orellana (Coord.), *Enfoques Actuales sobre Derecho y Libertad en Venezuela*, Academia de Ciencias Políticas y Sociales, Caracas, 2013, pp. 131-185.

1848 Véase Allan R. Brewer-Carías, "Prólogo" al libro de Gustavo Tarre Briceño, *Solo el poder detiene al poder, La teoría de la separación de los poderes y su aplicación en Venezuela*, Colección Estudios Jurídicos N° 102, Editorial Jurídica Venezolana, Caracas 2014, pp. 13-49.

Nada de ello se ha podido lograr en Venezuela, a pesar de todas las promesas de la Constitución, al haberse concentrado en las manos del Poder Ejecutivo el control sobre los otros Poderes Públicos, particularmente sobre el Tribunal Supremo de Justicia y su Sala Constitucional, y del órgano electoral, al punto de que a pesar de que en diciembre de 2015 se eligió una nueva Asamblea Nacional mayoritariamente controlada en forma incluso calificada por la oposición al gobierno autoritario, la misma ha sido progresivamente privada en los últimos cinco meses de sus competencias más elementales precisa e insólitamente por el Juez Constitucional.

El Tribunal Supremo en efecto, ha despojado a la Asamblea de sus potestades de legislación, imponiendo hasta una inconstitucional autorización previa por parte del Ejecutivo para poder poner en vigencia las leyes;[1849] le ha anulado sus potestades de control político y administrativo, imponiendo el visto bueno previo del mismo Vicepresidente Ejecutivo para poder interpelar a los Ministro, con preguntas solo formuladas por escrito,[1850] incluso barriendo las potestades de la Asamblea para aprobar votos de censura a los Ministros o para improbar los estados de excepción que se decreten.[1851] Es decir, el Poder Legislativo representado por la Asamblea Nacional ha sido totalmente neutralizado, al punto de que todas, absolutamente todas las leyes que ha sancionado desde enero de 2016 hasta ahora, han sido declaradas inconstitucionales,[1852] y lo más insólito, porque han estado motivadas políticamente. ¿Y qué otra motivación podrían tener la leyes que emanan de un Parlamento si no es la política? Pues bien ello ha sido considerado por el Juez Constitucional como una "des-

---

1849 Véase los comentarios en Allan R. Brewer-Carías, "El fin del Poder Legislativo: La regulación por el Juez Constitucional del régimen interior y de debates de la Asamblea Nacional, y la sujeción de la función legislativa de la Asamblea a la aprobación previa por parte del Poder Ejecutivo, 3 de mayo de 2016, disponible en http://www.allanbrewercarias.com/Content/449725d9-f1cb-474b-8ab2-41efb849-fea3/Content/Brewer.%20EL%20FIN%20DEL%20PODER%20LEGISLATIVO.%20SC.%20mayo%202016.pdf

1850 Véase los comentarios en Allan R. Brewer-Carías, "la inconstitucional "restricción" impuesta por el Presidente de la República a la Asamblea Nacional para aprobar votos de censura contra los ministros." 8 de mayo de 2016, disponible en http://www.allanbrewercarias.com/Content/449725d9-f1cb-474b-8ab2-41efb849fea3/Content/BREWER.%20INCONSTITUCIONAL%20RESTRICCI%C3%93-N%20CENSURA%20ASAMBLEA%20A%20MINISTROS%208.5.2016.pdf.

1851 Véase los comentarios en Allan R. Brewer-Carías, "El ataque de la Sala Constitucional contra la Asamblea Nacional y su necesaria e ineludible reacción. De cómo la Sala Constitucional del Tribunal Supremo pretendió privar a la Asamblea Nacional de sus poderes constitucionales para controlar sus propios actos, y reducir inconstitucionalmente sus potestades de control político sobre el gobierno y la administración pública; y la reacción de la Asamblea Nacional contra a la sentencia Nº 9 de 1-3-2016, disponible en http://www.allanbrewercarias.com/Content/449725d9-f1cb-474b-8ab2-41efb849fea3/Content/Brewer.%20El%20ataque%20Sala%20Constitucional%20v.%20Asamblea%20Nacional.%20SentNo.%209%201-3-2016).pdf; y "Nuevo golpe contra la representación popular: la usurpación definitiva de la función de legislar por el Ejecutivo Nacional y la suspensión de los remanentes poderes de control de la Asamblea con motivo de la declaratoria del estado de excepción y emergencia económica," 19 de mayo de 2016 >>http://www.allanbrewercarias.com/Content/449725d9-f1cb-474b-8ab2-41efb849fea3/Content/Brewer.%20Golpe%20final%20a%20la%20democracia.%20%20Edo%20excepci%C3%B3n%20%2019%20mayo%202016.pdf.

1852 Véase los comentarios en Allan R. Brewer-Carías, "La aniquilación definitiva de la potestad de legislar de la Asamblea Nacional: el caso de la declaratoria de inconstitucionalidad de la Ley de reforma de la Ley Orgánica del Tribunal Supremo de Justicia," 16 de mayo de 2016, disponible en http://www.allanbrewercarias.com/Content/449725d9-f1cb-474b-8ab2-41efb849fea3/Content/Brewer.%20Aniquilaci%C3%B3n%20%20Asamblea%20Nacional.%20Inconstituc.%20Ley%20TSJ%2015-5-2016.pdf.

viación de poder," por ser diferente a la política gubernamental, llegando hasta declarar inconstitucional una ley de amnistía.[1853]

Es decir, de los cinco poderes públicos que debían estar separados, si bien el único con autonomía frente al Poder Ejecutivo desde hace cinco meses es la Asamblea Nacional, por el golpe de Estado que el Poder Ejecutivo le ha dado en colusión con el Poder Judicial, hoy está materialmente paralizado; y en cambio, los otros Poderes Públicos, cuyos titulares fueron designados por la antigua Asamblea Nacional que terminó en enero de 2016 sin cumplir con la Constitución, quedaron todos como dependientes del Ejecutivo habiendo abandonado sus poderes de control.

Así durante 17 años, por ejemplo, la Contraloría General de la República en Venezuela dejó de ejercer control fiscal alguno de la Administración Pública, razón por la cual, entre otros factores el país está ubicado en el primer lugar del índice de corrupción en el mundo, según las cifras difundidas por Transparencia Internacional.[1854] El Defensor del Pueblo, desde cuando la primera persona designada para ocupar el cargo en 2000 fue removida del mismo por haber intentado un recurso judicial contra la Ley que violaba el derecho colectivo a la participación ciudadana para la nominación de los altos titulares de los Poderes Públicos,[1855] dicho órgano abandonó toda idea de defensa de derechos humanos, convirtiéndose en el órgano oficial para avalar la violación de los mismos por parte de las autoridades del Estado.[1856] El Ministerio Público que ejerce la Fiscalía General de la República, en lugar de haber sido la parte de buena fe necesaria del proceso penal, ha asumido el rol de ser el principal instrumento para asegurar la impunidad en el país, y la persecución

---

1853 Véase el estudio de la totalidad de las sentencias dictadas hasta comienzos de junio de 2016 en Allan R. Brewer-Carías, *El Juez Constitucional y la perversión del Estado de derecho. La "dictadura judicial" y la destrucción de la democracia en Venezuela*, Editorial Jurídica Venezolana International, 5 de junio 2016.

1854 Véase el Informe de la ONG alemana, Transparencia Internacional de 2013, en el reportaje: "Aseguran que Venezuela es el país más corrupto de Latinoamérica,", en El Universal, Caracas 3 de diciembre de 2013, en http://www.eluniversal.com/nacional-y-politica/131203/aseguran-que-venezuela-es-el-pais-mas-corrupto-de-latinoamerica. Igualmente véase el reportaje en BBC Mundo, "Transparencia Internacional: Venezuela y Haití, los que se ven más corruptos de A. Latina," 3 de diciembre de 2013, en http://www.bbc.co.uk/mundo/ultimas_noticias/2013/12/131203_ultnot_transparencia_corrupcion_lp.shtml. Véase al respecto, Román José Duque Corredor, "Corrupción y democracia en América Latina. Casos emblemáticos de corrupción en Venezuela," en *Revista Electrónica de Derecho Administrativo*, Universidad Monteávila, 2014.

1855 Véase los comentarios en Allan R. Brewer-Carías, "La participación ciudadana en la designación de los titulares de los órganos no electos de los Poderes Públicos en Venezuela y sus vicisitudes políticas", en *Revista Iberoamericana de Derecho Público y Administrativo*, Año 5, N° 5-2005, San José, Costa Rica 2005, pp. 76-95.

1856 Por ejemplo, ante la crisis de la salud denunciada por la Academia Nacional de Medicina en agosto de 2014, reclamando la declaratoria de emergencia del sector, la respuesta de la Defensora del Pueblo fue simplemente que en Venezuela no había tal crisis. Véase el reportaje: "Defensora del Pueblo Gabriela Ramírez afirma que en Venezuela no existe ninguna crisis en el sector salud," en *Noticias Venezuela*, 20 agosto de 2014, en http://noticiasvene-zuela.info/2014/08/defensora-del-pueblo-gabriela-ramirez-afirma-que-en-venezuela-no-existe-ninguna-crisis-en-el-sector-salud/ ; y el reportaje: "Gabriela Ramírez, Defensora del Pueblo: Es desproporcionada petición de emergencia humanitaria en el sector salud," en El Universal, Caracas 20 de agosto de 2014, en http://m.eluniversal.com/nacional-y-politica/140820/es-desproporcionada-peticion-de-emergencia-humanitaria-en-el-sector-sa. Por ello, con razón, el Editorial del diario *El Nacional* del 22 de agosto de 2014, se tituló: "A quien defiende la defensora?" Véase en http://www.el-nacional.com/opinion/editorial/defiende-defensora_19_46874-3123.html.

política.[1857] Además está el Poder Electoral, a cargo del Consejo Nacional Electoral, que ha terminado de ser una especie de agente electoral del gobierno, integrado por militantes del partido oficial, o como lo denunció el Secretario General de la OEA en la comunicación antes mencionada por "activistas político partidistas [que] ocuparon cargos dentro del gobierno nacional,"[1858] todo en violación abierta de la Constitución, habiendo dejado de ser el árbitro independiente en las elecciones. En todo caso, desde 2004 quedó totalmente secuestrado por el Poder Ejecutivo, al ser sus jerarcas nombrados por el Tribunal Supremo de Justicia y ni siquiera por la Asamblea Nacional como correspondía.[1859]

En ese marco de traición a la Constitución en establecer un Estado democrático sometido a control, en todo caso, lo más grave en Venezuela ha sido el efecto devastador que ha tenido para las instituciones, el control político que se ejerce sobre el Poder Judicial. En cualquier Estado de derecho, si un Poder Judicial está controlado por el Ejecutivo o el Legislativo, por más separados que incluso éstos puedan estar, no existe el principio de la separación de poderes, y en consecuencia, no se puede hablar de Estado de derecho.

Y esa ha sido la situación en Venezuela desde 1999, donde por obra de la misma Asamblea Nacional Constituyente se comenzó a establecer una composición del Tribunal Supremo de Justicia para asegurar su control por parte del Ejecutivo; y como al mismo Tribunal se le atribuyó el gobierno y administración de la Justicia (que antes estaba en manos de un Consejo de la Judicatura que se eliminó), el resultado es que a través del mismo se ha politizado toda la Judicatura.

Las promesas constitucionales sobre la independencia y autonomía del Poder Judicial, todas han sido violadas: Durante quince años, no se han respetado las condiciones para la elección de los Magistrados del Tribunal Supremo, ni la mayoría calificada de votos en la Asamblea requerida para ello, ni la participación ciudadana requerida en la nominación de candidatos. Jamás se han celebrado los concursos públicos de oposición para la elección de los jueces como lo prevé la Constitución para que ingresen a la carrera judicial, que materialmente no existe.[1860] Además,

---

1857 Como se destacó en el Informe de la Comisión Internacional de Juristas sobre *Fortalecimiento del Estado de Derecho en Venezuela*, publicado en Ginebra en marzo de 2014, el "Ministerio Público sin garantías de independencia e imparcialidad de los demás poderes públicos y de los actores políticos," quedando los fiscales "vulnerables a presiones externas y sujetos órdenes superiores." Véase en http://icj.wpengine.netdna-cdn.com/wp-content/uploads/2014/06/VENEZUELA-Informe-A4-elec.pdf

1858 Véase la comunicación del Secretario General de la OEA de 30 de mayo de 2016 con el Informe sobre la situación en Venezuela en relación con el cumplimiento de la Carta Democrática Interamericana, p. 88. Disponible en oas.org/documents/spa/press/OSG-243.es.pdf.

1859 Véase Allan R. Brewer–Carías, "El secuestro del Poder Electoral y la confiscación del derecho a la participación política mediante el referendo revocatorio presidencial: Venezuela 2000–2004,", en *Boletín Mexicano de Derecho Comparado*, Instituto de Investigaciones Jurídicas, Universidad Nacional Autónoma de México, Nº 112. México, enero–abril 2005 pp. 11–73; *La Sala Constitucional versus el Estado Democrático de Derecho. El secuestro del poder electoral y de la Sala Electoral del Tribunal Supremo y la confiscación del derecho a la participación política*, Los Libros de El Nacional, Colección Ares, Caracas, 2004, 172 pp.

1860 Como lo destacó la misma Comisión Internacional de Juristas, en un *Informe* de marzo de 2014, que resume todo lo que en el país se ha venido denunciando en la materia, al dar "cuenta de la falta de independencia de la justicia en Venezuela," se destaca que "el Poder Judicial ha sido integrado desde el Tribunal Supremo de Justicia (TSJ) con criterios predominantemente políticos en su designación. La mayoría de los jueces son "provisionales" y vulnerables a presiones políticas externas, ya que son de como desde 1999 la Asamblea Nacional Constituyente intervino el Poder Judicial,[1861] ratificada luego con el régimen transitorio emitido después de la aprobación popular de la Constitución, que aún no concluye, los jueces han sido destituidos a mansalva y masivamente, sin garantías al debido proceso, con la consecuencia de que la Judicatura se llenó de jueces temporales y provisionales,[1862] sin garantía de estabilidad; quedando la destitución de los mismos al arbitrio de una Comisión *ad hoc* del Tribunal Supremo de Justicia, todo ello con el aval del mismo. Y en cuanto a la Jurisdicción Disciplinaria Judicial prevista en la Constitución, la misma no fue sino otra mentira, al punto de que la que se creó en 2011 se conformó como dependiente de la Asamblea Nacional, es decir, sujeta al control político.[1863]

La verdad es que es ciertamente imposible conseguir en Constitución alguna en el mundo contemporáneo un conjunto de promesas constitucionales como las insertas en la Constitución venezolana de 1999 para asegurar la independencia judicial. Lamentablemente, sin embargo, fueron todas declaraciones formuladas para no ser cumplidas, dando como resultado la trágica dependencia del Poder Judicial que quedó sometido en su conjunto a los designios y control político por parte del Poder Ejecutivo,[1864] funcionando al servicio del gobierno del Estado y de su política autoritaria.

Como lo observó la Comisión Internacional de Juristas de Ginebra en 2014:

> "Un sistema de justicia que carece de independencia, como lo es el venezolano, es comprobadamente ineficiente para cumplir con sus funciones propias.

---

libre nombramiento y de remoción discrecional por una Comisión Judicial del propio Tribunal Supremo, la cual, a su vez, tiene una marcada tendencia partidista." Véase en http://icj.wpengine.netdna-cdn.com/wp-content/uploads/2014/06/VENEZUELA-Informe-A4-elec.pdf

1861 Véase nuestro voto salvado a la intervención del Poder Judicial por la Asamblea Nacional Constituyente en Allan R. Brewer–Carías, *Debate Constituyente, (Aportes a la Asamblea Nacional Constituyente)*, Tomo I, (8 agosto–8 septiembre), Caracas 1999; y las críticas formuladas a ese proceso en Allan R. Brewer–Carías, *Golpe de Estado y proceso constituyente en Venezuela,* Universidad Nacional Autónoma de México, México, 2002

1862 En el *Informe Especial* de la Comisión sobre Venezuela correspondiente al año 2003, la misma también expresó, que "un aspecto vinculado a la autonomía e independencia del Poder Judicial es el relativo al carácter provisorio de los jueces en el sistema judicial de Venezuela. Actualmente, la información proporcionada por las distintas fuentes indica que más del 80% de los jueces venezolanos son "provisionales". *Informe sobre la Situación de los Derechos Humanos en Venezuela 2003*, *cit.* párr. 161.

1863 Solo fue, luego de que el gobierno perdió la mayoría en la Asamblea Nacional, que la saliente Asamblea en unas ilegítimas sesiones extraordinarias celebradas en diciembre de 2015, reformó la Ley del Código de Ética del Juez, pero para quitarle a la nueva Asamblea la competencia para nombrar dichos jueces (que por supuesto nunca debó tener), y pasarlos al Tribunal Supremo. Véase en *Gaceta Oficial* Nº 6204 Extra de 30 de diciembre de 2015.

1864 Véase Allan R. Brewer–Carías, "La progresiva y sistemática demolición de la autonomía en independencia del Poder Judicial en Venezuela (1999–2004)", en *XXX Jornadas J.M Domínguez Escovar, Estado de derecho, Administración de justicia y derechos humanos,* Instituto de Estudios Jurídicos del Estado Lara, Barquisimeto, 2005, pp. 33–174; y "La justicia sometida al poder [La ausencia de independencia y autonomía de los jueces en Venezuela por la interminable emergencia del Poder Judicial (1999–2006)]" en *Cuestiones Internacionales. Anuario Jurídico Villanueva 2007,* Centro Universitario Villanueva, Marcial Pons, Madrid, 2007, pp. 25–57; "La demolición de las instituciones judiciales y la destrucción de la democracia: La experiencia venezolana," en *Instituciones Judiciales y Democracia. Reflexiones con ocasión del Bicentenario de la Independencia y del Centenario del Acto Legislativo 3 de 1910,* Consejo de Estado, Sala de Consulta y Servicio Civil, Bogotá 2012, pp. 230-254.

En este sentido en Venezuela, [...] el poder judicial, precisamente por estar sujeto a presiones externas, no cumple su función de proteger a las personas frente a los abusos del poder sino que por el contrario, en no pocos casos es utilizado como mecanismo de persecución contra opositores y disidentes o simples críticos del proceso político, incluidos dirigentes de partidos, defensores de derechos humanos, dirigentes campesinos y sindicales, y estudiantes."[1865]

Por ello, como también lo observó el Secretario General de la OEA, Luis Almagro hace unos días, el 30 de mayo de 2016, "en la situación actual que vive Venezuela, no se puede más que concluir que estamos ante alteraciones graves al orden democrático tal como se ha definido en numerosos instrumentos regionales y subregionales,"[1866] particularmente después de constatar, entre múltiples hechos, que "no existe en Venezuela una clara separación e independencia de los poderes públicos, donde se registra uno de los casos más claros de cooptación del Poder Judicial por el Poder Ejecutivo."[1867]

Con todo esto, la promesa constitucional de la separación de poderes y sobre todo de la autonomía e independencia del Poder Judicial, quedó incumplida, siendo por tanto las previsiones constitucionales una gran mentira, habiendo el Poder Judicial abandonado su función fundamental de servir de instrumento de control y de balance respecto de las actividades de los otros órganos del Estado para asegurar su sometimiento a la Constitución y a la ley; y a la vez, habiendo materialmente desaparecido el derecho ciudadano a la tutela judicial efectiva y a controlar el poder.

Lo que se ha producido en definitiva, ha sido una desjusticiabilidad del Estado, siendo inconcebible que el Poder Judicial en Venezuela hoy pueda llegar a decidir y enjuiciar la conducta de la Administración y frente a ella, garantizar los derechos ciudadanos.

III. LA TRAICIÓN RESPECTO DEL ESTABLECIMIENTO DE UN ESTADO FEDERAL DESCENTRALIZADO, Y LA CONSOLIDACIÓN DE UN ESTADO TOTALITARIO CENTRALIZADO USANDO LA MASCARA DE LA "PARTICIPACIÓN"

La tercera gran traición a las promesas de la Constitución venezolana de 1999, también totalmente incumplida, fue la del reforzamiento de un "Estado federal descentralizado," que debía responder a la tradición histórica que se remonta a la Constitución Federal de los Estados de Venezuela de 1811, y que debía haber asegurado la prometida política descentralización política, también definida constitucionalmente para "profundizar la democracia, acercando el poder a la población y creando las mejores condiciones, tanto para el ejercicio de la democracia como para la prestación eficaz y eficiente de los cometidos estatales" (art. 158). Para lograr esta promesa constitucional lo que debió haberse hecho era el reforzamiento de las instancias

---

1865 Véase en http://icj.wpengine.netdna-cdn.com/wp-content/uploads/2014/06/VENEZUELA-Informe-A4-elec.pdf.

1866 Véase la comunicación del Secretario General de la OEA de 30 de mayo de 2016 con el Informe sobre la situación en Venezuela en relación con el cumplimiento de la Carta Democrática Interamericana, p. 125. Disponible en oas.org/documents/spa/press/OSG-243.es.pdf.

1867 *Idem*. p. 73. Disponible en oas.org/documents/spa/press/OSG-243.es.pdf.

regionales y locales de gobierno, federalizándose y municipalizándose todos los rincones del país,[1868] pero en realidad se hizo todo lo contrario.

De nuevo, mentira y vanas ilusiones, o promesa deliberadamente incumplida, al haberse desarrollado en su lugar, en los últimos tres lustros, una política para lograr todo lo contrario, es decir, para centralizar completamente el Estado, eliminando todo vestigio de descentralización política, de autonomía territorial y de democracia representativa a nivel local, particularmente en el municipio que al contrario a la promesa constitucional que lo declara como la unidad política primaria en la organización nacional, (art. 168) se ha vaciado de contenido.[1869] La realidad es que lo que se ha producido en Venezuela ha sido un lamentable proceso de desmunicipalización,[1870] y con ello, de ausencia efectiva de posibilidad de participación política, pues ésta en la práctica solo puede materializarse en sistemas políticos descentralizados.[1871]

Para lograr desmontar lo que quedaba de Estado federal, minimizar el Municipio y eliminar la participación política, el Estado totalitario utilizó en forma falaz y engañosa la creación de instancias comunales, prometiendo una "participación política protagónica," pero que resultó para lo contrario, para establecer estructuras más centralistas, controladas por el Poder Ejecutivo y el partido de gobierno, en lo que denominó el Estado del Poder Popular o Estado Comunal. En el mismo se estructuraron unos Consejos Comunales carentes de pluralismo político y sin dirigentes electos mediante sufragio, sino más bien impuestos y controlados directamente por el Poder Central,[1872] configurándose en una falacia engañosa de participación.[1873]

1868 Véase Allan R. Brewer-Carías, "La descentralización política en la Constitución de 1999: Federalismo y Municipalismo (una reforma insuficiente y regresiva" en *Boletín de la Academia de Ciencias Políticas y Sociales*, N° 138, Año LXVIII, Enero-Diciembre 2001, Caracas 2002, pp. 313-359.

1869 Ello incluso se dispuso así en la reforma de la Ley Orgánica del Poder Público Municipal de 2010, para privar al Municipio de su carácter constitucional de "unidad política primaria de la organización nacional," sustituyéndoselo por comunas; eliminándose de paso en carácter representativo de las "parroquias" que como entidades locales están en la Constitución (art. 178) Véase en *Gaceta Oficial* N° 6.015 Extraordinario del 28 de diciembre de 2010.

1870 Véase Allan R. Brewer-Carías, "El inicio de la desmunicipalización en Venezuela: La organización del Poder Popular para eliminar la descentralización, la democracia representativa y la participación a nivel local", en *AIDA, Opera Prima de Derecho Administrativo. Revista de la Asociación Internacional de Derecho Administrativo*, Universidad Nacional Autónoma de México, Facultad de Estudios Superiores de Acatlán, Coordinación de Postgrado, Instituto Internacional de Derecho Administrativo "Agustín Gordillo", Asociación Internacional de Derecho Administrativo, México, 2007, pp. 49 a 67.

1871 Véase por ejemplo, Allan R. Brewer-Carías, "Democracia participativa, descentralización política y régimen municipal", en Miguel Alejandro López Olvera y Luis Gerardo Rodríguez Lozano (Coordinadores), *Tendencias actuales del derecho público en Iberoamérica*, Editorial Porrúa, México 2006, pp. 1-23; Allan R. Brewer-Carías, "La descentralización del poder en el Estado democrático contemporáneo", en Antonio María Hernández (Director)José Manuel Belisle y Paulina Chiacchiera Castro (Coordinadores), *La descentralización del poder en el Estado Contemporáneo*, Asociación Argentina de derecho constitucional, Instituto Italiano de Cultura de Córdoba, Instituto de derecho constitucional y derecho público provincial y municipal Joaquín V. González, Facultad de Derecho y Ciencias Sociales Universidad nacional de Córdoba, Córdoba Argentina, 2005, pp. 75-89.

1872 Véase Allan R. Brewer-Carías, *Ley Orgánica de Consejos Comunales,* Colección Textos Legislativos, N° 46, Editorial Jurídica Venezolana, Caracas 2010.

1873 Véase sobre esto Allan R. Brewer-Carías, "La necesaria revalorización de la democracia representativa ante los peligros del discurso autoritario sobre una supuesta "democracia participativa" sin representación," en *Derecho Electoral de Latinoamérica. Memoria del II Congreso Iberoamericano de De-*

Ese esquema centralista se pretendió formalizar en 2007 con la rechazada reforma constitucional que propuso el Presidente Chávez ese año,[1874] tratando de sustituir el Estado Constitucional por el llamado Estado del Poder Popular socialista,[1875] pero ello fue rechazado por el pueblo. Sin embargo, violando la promesa constitucional de la rigidez, en fraude a la voluntad popular y a la propia Constitución, procedió a implementar las reformas constitucionales rechazadas mediante leyes, y con ellas un Estado Totalitario. Para ello, en 2010, la Asamblea sancionó un conjunto de leyes orgánicas[1876] estableciendo el mencionado Estado Comunal, pero en paralelo al Estado Constitucional, desconstitucionalizándolo,[1877] violando expresamente la promesa constitucional de la democracia representativa al disponer sin ambages que estas instancias comunales "no nacen del sufragio ni de elección alguna," es decir, no responden a la promesa constitucional. Y en violación a la Constitución se llegó en dichas leyes a imponerle la obligación a los titulares electos de los órganos del Estado Constitucional de tener que "gobernar obedeciendo"[1878] precisamente a los órganos del supuesto Estado del Poder Popular, que no son electos popularmente.

---

recho, Bogotá, 31 agosto-1 septiembre 2011, Consejo Superior de la Judicatura, ISBN 978-958-8331-93-5, Bogotá 2013, pp. 457-482. Véase además, el texto de la Ponencia: "La democracia representativa y la falacia de la llamada "democracia participativa," *Congreso Iberoamericano de Derecho Electoral*, Universidad de Nuevo León, Monterrey, 27 de noviembre 2010.

1874 Véase Allan R. Brewer-Carías, *La reforma constitucional de 2007 (Comentarios al proyecto inconstitucionalmente sancionado por la Asamblea Nacional el 2 de noviembre de 2007)*, Colección Textos Legislativos, N° 43, Editorial Jurídica Venezolana, Caracas 2007; y *Hacia la consolidación de un Estado socialista, centralizado, policial y militarista. Comentarios sobre el sentido y alcance de las propuestas de reforma constitucional 2007,* Colección Textos Legislativos, N° 42, Editorial Jurídica Venezolana, Caracas 2007.

1875 Véase *Discurso del Presidente Chávez de Presentación del Anteproyecto de Constitución ante la Asamblea Nacional*, Caracas 2007.

1876 Véase Leyes Orgánicas del Poder Popular, de las Comunas, de los Consejos Comunales, del Sistema Económico Comunal, de Planificación Pública y Comunal y de Contraloría Social, en *Gaceta Oficial* N° 6.011 Extra. de 21-12-2010. Véase en general sobre estas leyes, Allan R. Brewer-Carías, Claudia Nikken, Luis A. Herrera Orellana, Jesús María Alvarado Andrade, José Ignacio Hernández y Adriana Vigilanza, *Leyes Orgánicas sobre el Poder Popular y el Estado Comunal (Los consejos comunales, las comunas, la sociedad socialista y el sistema económico comunal)* Colección Textos Legislativos N° 50, Editorial Jurídica Venezolana, Caracas 2011; Allan R. Brewer-Carías, "La Ley Orgánica del Poder Popular y la desconstitucionalización del Estado de derecho en Venezuela," en *Revista de Derecho Público*, N° 124, Editorial Jurídica Venezolana, Caracas 2010, pp. 81-101.

1877 Véase en general sobre este proceso de desconstitucionalización del Estado, Allan R. Brewer-Carías, "La desconstitucionalización del Estado de derecho en Venezuela: del Estado Democrático y Social de derecho al Estado Comunal Socialista, sin reformar la Constitución," *en Libro Homenaje al profesor Alfredo Morles Hernández, Diversas Disciplinas Jurídicas,* (Coordinación y Compilación Astrid Uzcátegui Angulo y Julio Rodríguez Berrizbeitia), Universidad Católica Andrés Bello, Universidad de Los Andes, Universidad Monteávila, Universidad Central de Venezuela, Academia de Ciencias Políticas y Sociales, Vol. V, Caracas 2012, pp. 51-82; en Carlos Tablante y Mariela Morales Antonorzzi (Coord.), *Descentralización, autonomía e inclusión social. El desafío actual de la democracia*, Anuario 2010-2012, Observatorio Internacional para la democracia y descentralización, En Cambio, Caracas 2011, pp. 37-84; y en *Estado Constitucional,* Año 1, N° 2, Editorial Adrus, Lima, junio 2011, pp. 217-236.

1878 El artículo 24 de la Ley Orgánica del Poder Popular, en efecto, sobre dispone sobre las "Actuaciones de los órganos y entes del Poder Público" que "Todos los órganos, entes e instancias del Poder Público guiarán sus actuaciones por el principio de gobernar obedeciendo, en relación con los mandatos de los ciudadanos, ciudadanas y de las organizaciones del Poder Popular, de acuerdo a lo establecido en la Constitución de la República y las leyes." Ello, por supuesto, se configura como una limitación in-

Además, la formal desmunicipalización del país se decretó en otra Ley Orgánica llamada para la Transferencia al Poder Popular de la Gestión y Administración Comunitaria de Servicios de 2012, produciéndose así la desmunicipalización del país,[1879] a través del vaciamiento de competencias de los Estados y Municipios, para transferirlas a los Consejos Comunales, que como antes dije quedaron integrados por "voceros" no electos y sin representatividad democrática, dependientes del Poder central.[1880]

A todo lo anterior, en la carrera de incumplir promesas constitucionales, en 2009 se despojó de la autonomía política requerida al Distrito Capital, dictándose una Ley para crear un "gobierno" de la ciudad capital (Caracas), no electo democráticamente, dependiente del Poder Ejecutivo, en paralelo al gobierno democrático del Alcalde del Área Metropolitana de Caracas, con el objeto de minimizarlo y ahogarlo.[1881]

A todo lo anterior se agrega el proceso de desmantelamiento de la autonomía de los Estados de la Federación, al haberse regulado durante los últimos lustros, diversas estructuras en la Administración Central nacional denominadas Regiones, dependientes del Vicepresidente Ejecutivo de la República, pero creadas en forma

constitucional a la autonomía política de los órganos del Estado Constitucional, particularmente de los electos, como la Asamblea Nacional, los Gobernadores y Consejos Legislativos de los Estados y los Alcaldes y Concejos Municipales, confiscándose la soberanía popular trasladándola de sus representantes electros a unas asambleas que no lo representan.

1879 Para vaciar a los Municipios de toda competencia se dictó en 2012 una Ley Orgánica para la Gestión Comunitaria de Competencias, Servicios y Otras Atribuciones (Decreto Ley N° 9.043, Véase en *Gaceta Oficial* N° 6.097 Extra. de 15 de junio de 2012), transformada en 2014, en la Ley Orgánica para la Transferencia al Poder Popular de la Gestión y Administración Comunitaria de Servicios (Véase en *Gaceta Oficial* N° 40.540 de 13 de noviembre de 2014.

1880 Como observó Cecilia Sosa Gómez, para entender esta normativa hay que "aceptar la desaparición de las instancias representativas, estadales y municipales, y su existencia se justicia en la medida que año a año transfiera sus competencias hasta que desaparezcan de hecho, aunque sigan sus nombres (Poderes Públicos Estadal y Municipal) apareciendo en la Constitución. El control de estas empresas, las tiene el Poder Público Nacional, específicamente el Poder Ejecutivo, en la cabeza de un Ministerio." Véase Cecilia Sosa G., "El carácter orgánico de un Decreto con fuerza de Ley (no habilitado) para la gestión comunitaria que arrasa lentamente con los Poderes estadales y municipales de la Constitución," en *Revista de Derecho Público*, N° 130, Editorial Jurídica Venezolana, Caracas 2012, p. 152. Véase sobre la Ley Orgánica de 2012, los comentarios de: José Luis Villegas Moreno, "Hacia la instauración del Estado Comunal en Venezuela: Comentario al Decreto Ley Orgánica de la Gestión Comunitaria de Competencia, Servicios y otras Atribuciones, en el contexto del Primer Plan Socialista-Proyecto Nacional Simón Bolívar 2007-2013"; de Juan Cristóbal Carmona Borjas, "Decreto con rango, valor y fuerza de Ley Orgánica para la Gestión Comunitaria de Competencias, Servicios y otras atribuciones;" de Cecilia Sosa G., "El carácter orgánico de un Decreto con fuerza de Ley (no habilitado) para la gestión comunitaria que arrasa lentamente con los Poderes estadales y municipales de la Constitución;" de José Ignacio Hernández, "Reflexiones sobre el nuevo régimen para la Gestión Comunitaria de Competencias, Servicios y otras Atribuciones;" de Alfredo Romero Mendoza, "Comentarios sobre el Decreto con rango, valor y fuerza de Ley Orgánica para la Gestión Comunitaria de Competencias, Servicios y otras Atribuciones;," y de Enrique J. Sánchez Falcón, "El Decreto con Rango, Valor y Fuerza de Ley Orgánica para la Gestión Comunitaria de Competencias, Servicios y otras Atribuciones o la negación del federalismo cooperativo y descentralizado," en *Revista de Derecho Público*, N° 130, Editorial Jurídica Venezolana, Caracas 2012, pp. 127 ss.

1881 Véase en *Gaceta Oficial* N° 39.156, de 13 de abril de 2009. Véase en general, Allan R. Brewer-Carías et al., *Leyes sobre el Distrito Capital y el Área Metropolitana de Caracas*, Editorial Jurídica Venezolana, Caracas 2009. El Alcalde Antonio Ledezma, incluso fue detenido por motivos políticos fútiles, situación en la que ha estado ya por varios años.

paralela y superpuesta a la Administración de los Estados, para terminar de ahogarlas.[1882]

En esta forma, al fraude a la Constitución, que ha sido la técnica constantemente aplicada por el gobierno autoritario en Venezuela desde 1999 para imponer sus decisiones a los venezolanos al margen de la Constitución,[1883] olvidándose de las promesas constitucionales; se ha sumado posteriormente el fraude a la voluntad popular, al imponerle a los venezolanos mediante leyes orgánicas un modelo de Estado por el cual nadie nunca ha votado y que más bien el pueblo rechazó, que cambia radical e inconstitucionalmente el texto de la Constitución de 1999, y que el Juez Constitucional se niega a controlar.

Como dije al inicio, la Constitución de 1999 prometió establecer un Estado Social montado en un esquema de Constitución económica de economía mixta,[1884] en el cual la iniciativa privada debía tener un rol tan importante como la del propio Estado. En los términos de la promesa constitucional (art. 299), ese Estado debía velar por la satisfacción de las necesidades colectivas de la población, de manera de asegurar la justicia social,[1885] mediante una justa distribución de la riqueza[1886] y la

---

1882 Son los denominados "Órganos Desconcentrados de las Regiones Estratégicas de Desarrollo Integral (REDI),"a cargo de funcionarios denominados "Autoridades Regionales," o "Jefes de Gobierno" según la denominación de la Ley Orgánica de la Administración Pública Nacional de 2014 (art. 34.41), como integrantes de "los órganos superiores de dirección del Nivel Central de la Administración Pública nacional" (art. 44, 71); con "Dependencias" en cada Estado de la República, que están a cargo de Delegaciones Estadales, todos del libre nombramiento del Vicepresidente de la República. Véase Resolución N° 031 de la Vicepresidencia de la República, mediante la cual se establece la Estructura y Normas de Funcionamiento de los órganos Desconcentrados de las Regiones Estratégicas de Desarrollo Integral (REDI), en *Gaceta Oficial* N° 40.193 de 20-6-2013.

1883 Véase Allan R. Brewer-Carías, *Reforma constitucional y fraude a la Constitución (1999-2009)*, Academia de Ciencias Políticas y Sociales, Caracas 2009; *Dismantling Democracy. The Chávez Authoritarian Experiment*, Cambridge University Press, New York 2010.

1884 Véase Allan R. Brewer-Carías, "Reflexiones sobre la Constitución económica" en *Estudios sobre la Constitución Española. Homenaje al Profesor Eduardo García de Enterría*, Editorial Civitas, Madrid, 1991, Tomo V, pp. 3.839-3.853; y lo expuesto en relación con la Constitución de 1999 en Alan R. Brewer-Carías, "Sobre el régimen constitucional del sistema económico," en *Debate Constituyente (Aportes a la Asamblea Nacional Constituyente), Tomo III (18 octubre-30 noviembre 1999)*, Fundación de Derecho Público-Editorial Jurídica Venezolana, Caracas 1999, pp. 15-52.

1885 En términos de la jurisprudencia de la Sala Constitucional del Tribunal Supremo de Justicia expresada en 2004, "el Estado Social de Derecho es el Estado de la *procura existencial*, su meta es satisfacer las necesidades básicas de los individuos distribuyendo bienes y servicios que permitan el logro de un *standard* de vida elevado, colocando en permanente realización y perfeccionamiento el desenvolvimiento económico y social de sus ciudadanos." Véase sentencia N° 1002 de 26 de mayo de 2004 (caso: *Federación Médica Venezolana vs. Ministra de Salud y Desarrollo Social y el Presidente del Instituto Venezolano de los Seguros Sociales*), en *Revista de Derecho Público*, N° 97-98, Editorial Jurídica Venezolana, Caracas 2004, pp. 143 ss.

1886 La Sala Constitucional del Tribunal Supremo en sentencia N° 85 del 24 de enero de 2002 (Caso *Asociación Civil Deudores Hipotecarios de Vivienda Principal (Asodeviprilara),* precisó en cuanto a "la protección que brinda el Estado Social de Derecho," no sólo que la misma está vinculada al "interés social" que se declara como "un valor que persigue equilibrar en sus relaciones a personas o grupos que son, en alguna forma, reconocidos por la propia ley como débiles jurídicos, o que se encuentran en una situación de inferioridad con otros grupos o personas, que por la naturaleza de sus relaciones, están en una posición dominante con relación a ellas;" sino que dicha protección "varía desde la defensa de intereses económicos de las clases o grupos que la ley considera se encuentran en una situación de desequilibrio que los perjudica, hasta la defensa de valores espirituales de esas personas o grupos, tales como la educación (que es deber social fundamental conforme al artículo 102 constituelevación del nivel de vida de la población, por supuesto en un marco democrático[1887] como en su momento lo interpretó la Sala Constitucional, "en forma opuesta al autoritarismo,"[1888] pues está montado sobre el reconocimiento constitucional de los derechos económicos de los individuos.[1889]

---

cional), o la salud (derecho social fundamental según el artículo 83 constitucional), o la protección del trabajo, la seguridad social y el derecho a la vivienda (artículos 82, 86 y 87 constitucionales), por lo que el interés social gravita sobre actividades tanto del Estado como de los particulares, porque con él se trata de evitar un desequilibrio que atente contra el orden público, la dignidad humana y la justicia social.". Véase en http://www.tsj.gov.ve/decisiones/scon/enero/85-240102-01-1274%20.htm.

1887 Véase la sentencia N° 1158 de 18 de agosto de 2014 (Caso: amparo en protección de intereses difusos, Rómulo Plata, contra el Ministro del Poder Popular para el Comercio y Superintendente Nacional para la Defensa de los Derechos Socio Económicos), en http://www.tsj.gov.ve/decisiones/scon/agosto/168705-1158- 18814-2014-14-0599.HTML. Véase en general, sobre el tema del Estado Social y el sistema de economía mixta: José Ignacio Hernández G. "Estado Social y Libertad de Empresa en Venezuela: Consecuencias Prácticas de un Debate Teórico" en *Seminario de Profesores de Derecho Público*, Caracas, 2010, en http://www.uma.edu.ve/admini/ckfinder/userfiles/files/Li-bertad_economica_seminario.pdf; y "Estado social y ordenación constitucional del sistema económico venezolano," Biblioteca Jurídica Virtual del Instituto de Investigaciones Jurídicas de la UNAM, en http://www.juridi-cas.unam.mx/publica/librev/rev/dconstla/cont/2006.1/pr/pr14.pdf; José Valentín González P, "Las Tendencias Totalitarias del Estado Social y Democrático de Derecho y el carácter iliberal del Derecho Administrativo", CEDICE-Libertad, 2012. http://cedice.org.ve/wp-content/uploads/2012/12/Tendencias-Totalitarias-del-Edo-Social-y-Democr%C3%A1tico-de-Derecho-Administrativo.pdf; y José Valentín González P, "Nuevo Enfoque sobre la Constitución Económica de 1999," en el libro *Enfoques sobre Derecho y Libertad*, Academia de Ciencias Políticas y Sociales, Serie Eventos, Caracas 2013.

1888 La Sala Constitucional del Tribunal Supremo en sentencia N° 117 de 6 de febrero de 2001, reiterando expresamente un fallo anterior de la antigua Corte Suprema de 15 de diciembre de 1998, expresó: "Los valores aludidos se desarrollan mediante el concepto de libertad de empresa, que encierra, tanto la noción de un derecho subjetivo "a dedicarse libremente a la actividad económica de su preferencia", como un principio de ordenación económica dentro del cual se manifiesta la voluntad de la empresa de decidir sobre sus objetivos. En este contexto, los Poderes Públicos, cumplen un rol de intervención, la cual puede ser directa (a través de empresas) o indirecta (como ente regulador del mercado) [...] A la luz de todos los principios de ordenación económica contenidos en la Constitución de la República Bolivariana de Venezuela, se patentiza el carácter mixto de la economía venezolana, esto es, un sistema socioeconómico intermedio entre la economía de libre mercado (en el que el Estado funge como simple programador de la economía, dependiendo ésta de la oferta y la demanda de bienes y servicios) y la economía interventora (en la que el Estado interviene activamente como el "empresario mayor")."Véase en *Revista de Derecho Público,* N° 85-88, Editorial Jurídica Venezolana, Caracas, 2001. Véase José Ignacio Hernández, "Constitución económica y privatización (Comentarios a la sentencia de la Sala Constitucional del 6 de febrero de 2001)", en *Revista de Derecho Constitucional,* N° 5, julio-diciembre-2001, Editorial Sherwood, Caracas, 2002, pp. 327 a 342.

1889 En ese sistema de economía mixta, la Constitución, en efecto, regula los derechos económicos, en particular, siguiendo la tradición del constitucionalismo venezolano, la libertad económica como el derecho de todos de dedicarse libremente a la actividad económica de su preferencia, sin más limitaciones que las previstas en la Constitución y las que establezcan las leyes, por razones de desarrollo humano, seguridad, sanidad, protección del ambiente u otras de interés social (art. 112), y el derecho de propiedad; y la garantía de la expropiación (art. 115) y prohibición de la confiscación (art. 116). La Constitución, además, regula el derecho de todas las personas a disponer de bienes y servicios de calidad, así como a una información adecuada y no engañosa sobre el contenido y características de los productos y servicios que consumen, a la libertad de elección y a un trato equitativo y digno. (art. 117). Por la otra, en el texto constitucional se regulan las diferentes facetas de la intervención del Estado en la economía, como Estado promotor, es decir, que no sustituye a la iniciativa privada, sino que fomenta y ordena la economía para asegurar su desarrollo, en materia de promoción del desarrollo económico (art. 299); de promoción de la iniciativa privada (art. 112); de promoción de la agricultura para la seguridad alimentaria (art. 305); de promoción de la industria (art. 302); de promoción del de-

Esa promesa constitucional de la estructuración de un Estado social en Venezuela, a pesar de toda la propaganda oficial desarrollada por el gobierno, también ha sido sin duda palmariamente incumplida durante los últimos tres lustros, habiéndose estructurado, al contrario, un Estado totalitario montado sobre un sistema de economía socialista que no está en la Constitución, con el cual, violándosela, se ha excluido y perseguido la iniciativa privada y la libertad económica; incluso implementándoselo después del rechazo popular a la reforma constitucional de 2007 que buscaba establecerlo.[1890] De nuevo aquí, violándose la promesa de la rigidez constitucional, en abierta violación a la Constitución, en 2010 se dictó la Ley Orgánica del Sistema Económico Comunal,[1891] que al contrario de lo definido en la Constitución, se lo definió exclusivamente conforme a "principios y valores socialistas," incluso comunistas,[1892] buscando la eliminación de la propiedad privada[1893] en nombre de un

sarrollo rural integrado (art. 306); de promoción de la pequeña y mediana industria (art. 308); de promoción de la artesanía popular (art. 309); y de promoción del turismo (art. 310).Además, se establecen normas sobre el Estado Regulador, por ejemplo en materia de prohibición de los monopolios (art. 113), y de restricción del abuso de las posiciones de dominio en la economía con la finalidad de proteger al público consumidor y los productores y asegurar condiciones efectivas de competencia en la economía. Además, en materia de concesiones estatales (art. 113); protección a los consumidores o usuarios (art. 117); política comercial (art. 301); y persecución de los ilícitos económicos (art. 114).Igualmente la Constitución prevé normas sobre la intervención del Estado en la economía, como Estado empresario, (art. 300); con especial previsión del régimen de la nacionalización petrolera y el régimen de la reserva de actividades económicas al Estado (art. 302 y 303).

1890 Véase los comentarios a la reforma constitucional de 2007 aprobada por la Asamblea Nacional en Allan R. Brewer-Carías, *La reforma constitucional de 2007 (Comentarios al proyecto inconstitucionalmente sancionado por la Asamblea Nacional el 2 de noviembre de 2007)*, Colección Textos Legislativos, N° 43, Editorial Jurídica Venezolana, Caracas 2007.

1891 Véase en *Gaceta Oficial* N° 6.011 Extraordinario del 21 de diciembre de 2010. Véase mis comentarios sobre esta Ley Orgánica, en Allan R. Brewer-Carías, "Sobre la Ley Orgánica del Sistema Económico Comunal o de cómo se implanta en Venezuela un sistema económico comunista sin reformar la Constitución," en *Revista de Derecho Público*, N° 124, (octubre-diciembre 2010), Editorial Jurídica Venezolana, Caracas 2010, pp. 102-109; y Allan R. Brewer-Carías, "La reforma de la Constitución económica para implantar un sistema económico comunista (o de cómo se reforma la Constitución pisoteando el principio de la rigidez constitucional), en Jesús María Casal y María Gabriela Cuevas (Coordinadores), *Homenaje al Dr. José Guillermo Andueza. Desafíos de la República en la Venezuela de hoy. Memoria del XI Congreso Venezolano de Derecho Constitucional*, Universidad Católica Andrés Bello, Caracas 2013, Tomo I, pp. 247-296. Véase además el libro Allan R. Brewer-Carías et al., *Leyes Orgánicas sobre el Poder Popular y el Estado Comunal (Los Consejos Comunales, Las Comunas, La Sociedad Socialista y el Sistema Económico Comunal),* Colección Textos Legislativos N° 50, Editorial Jurídica Venezolana, Caracas 2011. Véase igualmente, Allan R. Brewer-Carías, "La reforma de la Constitución económica para implantar un sistema económico comunista (o de cómo se reforma la Constitución pisoteando el principio de la rigidez constitucional), en Jesús María Casal y María Gabriela Cuevas (Coordinadores), *Homenaje al Dr. José Guillermo Andueza. Desafíos de la República en la Venezuela de hoy. Memoria del XI Congreso Venezolano de Derecho Constitucional*, Universidad Católica Andrés Bello, Caracas 2013, Tomo I, pp. 247-296.

1892 Ello, incluso deriva del texto expreso de la Ley Orgánica del Sistema Económico Comunal de 2010, a la que antes hemos mencionado, que define el "modelo productivo socialista" que se ha dispuesto para el país, como el "modelo de producción basado en la *propiedad social* [de los medios de producción], orientado hacia la *eliminación de la división social del trabajo* propio del modelo capitalista," y "dirigido a la satisfacción de necesidades crecientes de la población, a través de nuevas formas de generación y apropiación así como de la *reinversión social del excedente*" (art. 6.12). Basta destacar de esta definición legal, sus tres componentes fundamentales para entender de qué se trata, y que son: *la propiedad social, la eliminación de la división social del trabajo y la reinversión social del excedente*; que los redactores de la norma, sin duda, se copiaron de algún Manual vetusto de revoluciones comunistas fracasadas, parafraseando en el texto de una Ley, lo que Carlos Marx y Federico Engels escrifracasado e impreciso "socialismo del siglo XXI,"[1894] que no es nada distinto a todos los populismos fracasados de la historia.

---

bieron hace más de 150 años, en 1845 y 1846, en su conocido libro *La Ideología Alemana* al definir la sociedad comunista. Por ejemplo, Marx y Engels, después de afirmar que la propiedad es "el derecho de suponer de la fuerza de trabajo de otros" y declarar que la "división del trabajo y la propiedad privada" eran "términos idénticos: uno de ellos, referido a la esclavitud, lo mismo que el otro, referido al producto de ésta," escribieron que: "la división del trabajo nos brinda ya el primer ejemplo de cómo, mientras los hombres viven en una sociedad natural, mientras se da, por tanto, una separación entre el interés particular y el interés común, mientras las actividades, por consiguientes no aparecen divididas voluntariamente, sino por modo natural [que se daba según Marx y Engels "en atención a las dotes físicas, por ejemplo, la fuerza corporal, a las necesidades, las coincidencias fortuitas, etc.] los actos propios del hombres se erigen ante él en un poder hostil y ajeno, que lo sojuzga, en vez de ser él quien los domine. En efecto, a partir del momento en que comienza a dividirse el trabajo, cada cual se mueve en un determinado circulo exclusivo de actividad, que le es impuesto y del cual no puede salirse; el hombre es cazador, pescador, pastor o crítico, y no tiene más remedio que seguirlo siendo, si no quiere verse privado de los medios de vida; al paso que en la sociedad comunista, donde cada individuo no tiene acotado un círculo exclusivo de actividades, sino que puede desarrollar sus aptitudes en la rama que mejor le parezca, la sociedad se encarga de regular la producción general, con lo que hace cabalmente posible que yo pueda por la mañana cazar, por la tarde pescar y por la noche apacentar ganado, y después de comer, si me place, dedicarme a criticar, sin necesidad de ser exclusivamente cazador, pescador, pastor o crítico, según los casos." Véase en Karl Marx and Fredric Engels, "The German Ideology," en *Collective Works*, Vol. 5, International Publishers, New York 1976, p. 47. Véanse además los textos pertinentes en http://www.educa.madrid.org/cmstools/fi-les/0a24636f-764c-4e03-9c1d-6722e2ee60d7/Texto%20Marx%20y%20Engels.pdf. Véase sobre el tema Jesús María Alvarado Andrade, "La 'Constitución económica' y el sistema económico comunal (Reflexiones Críticas a propósito de la Ley Orgánica del Sistema Económico Comunal)," en Allan R. Brewer-Carías (Coordinador), Claudia Nikken, Luis A. Herrera Orellana, Jesús María Alvarado Andrade, José Ignacio Hernández y Adriana Vigilanza, *Leyes Orgánicas sobre el Poder Popular y el Estado Comunal (Los Consejos Comunales, las Comunas, la Sociedad Socialista y el Sistema Económico Comunal)*, Editorial Jurídica Venezolana, Caracas 2011, pp. 377-456.

1893 Véase por ejemplo lo expresado en el Voto Salvado del Magistrado Jesús Eduardo Cabrera a la sentencia Nº 2042 de la Sala Constitucional del Tribunal Supremo de 2 de noviembre de 2007, en el cual expresó sobre el proyecto de reforma constitucional de 2007 sobre el régimen de la propiedad, que: "El artículo 113 del Proyecto, plantea un concepto de propiedad, que se adapta a la propiedad socialista, y que es válido, incluso dentro del Estado Social; pero al limitar la propiedad privada solo sobre bienes de uso, es decir aquellos que una persona utiliza (sin especificarse en cual forma); o de consumo, que no es otra cosa que los fungibles, surge un cambio en la estructura de este derecho que dada su importancia, conduce a una transformación de la estructura del Estado. Los alcances del Derecho de propiedad dentro del Estado Social, ya fueron reconocidos en fallo de esta Sala de 20 de noviembre de 2002, con ponencia del Magistrado Antonio García García."

1894 Pompeyo Márquez, conocido dirigente de la izquierda venezolana ha expresado lo siguiente al contestar a una pregunta de un periodista sobre si "¿Existe "el socialismo bolivariano", tal como se define el Partido Socialista Unido de Venezuela (Psuv) en su declaración doctrinaria?" Dijo: "-No existe. Esto no tiene nada que ver con el socialismo. Después del XX Congreso del Partido Comunista de la Unión Soviética, donde Nikita Jrouschov denunció los crímenes de Stalin, se produjo un gran debate a escala internacional sobre las características del socialismo, y las definiciones, que se han esgrimido: Felipe González, Norberto Bobbio, para mencionar a un español y a un italiano son contestatarias a lo que se está haciendo aquí. // -Esto es una dictadura militar, que desconoce la Constitución, y la que reza en su artículo 6: "Venezuela es y será siempre una República democrática". Además, en el artículo 4 habla de un estado de derecho social. Habla del pluralismo y de una serie de valores, que han sido desconocidos por completo durante este régimen chavomadurista, que no es otra cosa que una dictadura. // -Esto se ve plasmado en la tendencia totalitaria, todos los poderes en manos del Ejecutivo. No hay independencia de poderes. No hay justicia. Aquí no hay donde acudir, porque no hay justicia. Cada vez más se acentúa la hegemonía comunicacional." Véase en *La Razón*, 31 julio, 2014, en http://www.larazon.net/2014/07/31/pompeyo-marquez-no-podemos-esperar-hasta-el-2019/

El resultado ha sido el establecimiento de un régimen de terror económico que puso a las empresas a la merced de la burocracia estatal y lamentablemente, en manos de la corrupción que tal poder genera; siendo ella la negación más paladina de las promesas y los principios más elementales que se configuraron en la Constitución para garantizar la libertad económica y el derecho de propiedad, y por tanto, el modelo de Estado Social de economía mixta. Al contrario lo que ha vivido el país, ha sido un proceso inconstitucional de ocupaciones y confiscaciones masivas de empresas, fincas y medios de producción, sin garantía de justa indemnización, y que luego han sido abandonadas o desmanteladas, acabando con el aparato productivo del país.[1895]

Simplemente, en Venezuela se pensó que la bonanza petrolera de la última década sería para siempre, y que no era necesario para un país petrolero tener que producir nada, porque todo se podía importar, y todo se podía repartir. Todo ello originó en el marco interno, una economía social basada en el subsidio directo a las personas, recibiendo beneficios sin enfrentar sacrificios o esfuerzos, con lo que además se destruyó el valor del trabajo productivo como fuente de ingreso, que materialmente se ha eliminado, sustituido por el antivalor de que es preferible recibir sin trabajar. Ello trastocó lo que debió ser un Estado social en un Estado Populista, con una organización destinada a dar dadivas a los sectores pobres y garantizar así su adhesión a las políticas autoritarias,[1896] provocado más miseria y control de conciencia sobre una población de menos recursos, totalmente dependiente de la burocracia estatal y sus dádivas, en las que muchos creyeron encontrar la solución definitiva para su

1895 El que fue Ministro de Economía del país, Alí Rodríguez Araque, y artífice de la política económica en los últimos lustros ha explicado la situación así: "Hay que hacer ciertas definiciones estratégicas que no están claras. ¿Qué es lo que va a desarrollar el Estado?, porque la revolución venezolana no es la soviética, donde los trabajadores armados en medio de una enorme crisis asaltan el poder, destruyen el viejo Estado y construyen uno nuevo. Ni es la revolución cubana, donde un proceso armado asalta el poder y construye uno nuevo. Aquí se llegó al Gobierno a través del proceso electoral. La estructura del Estado es básicamente la misma. Yo viví la experiencia de la pesadez de la democracia. Una revolución difícilmente puede avanzar exitosamente con un Estado de esas características. Eso va a implicar un proceso tan largo como el desarrollo de las comunas. Un nuevo Estado tiene que basarse en el poder del pueblo. Mientras, durante un muy largo periodo, se van a combinar las acciones del Estado con las del sector privado. Tiene que haber una definición en ese orden, los roles que va a cumplir ese sector privado, estableciendo las regulaciones para evitar la formación de monopolios. Está demostrado que el Estado no puede asumir todas las actividades económicas. ¿Qué vamos a hacer con la siderúrgica? Yo no estoy proponiendo que se privatice, pero ¿vamos a continuar pasando más actividades al Estado cuando su eficacia es muy limitada?. ¿Qué vamos a hacer con un conjunto de actividades en las cuales se ha venido metiendo el Estado y que están francamente mal y no lo podemos ocultar? Esto no es problema del proceso revolucionario, su raíz es histórica". Véase "Ali Rodríguez Araque: El Estado no puede asumirlo todo.", en *Reporte Confidencial*, 10 de agosto de 2014, en http://www.reporteconfi-dencial.info/noticia/3223366/ali-rodriguez-araque-el-estado-no-puede-asumirlo-todo/ Véase igualmente lo expuesto por quien fue el ideólogo del régimen, y a quien se debe la denominación de "socialismo del siglo XXI", que ha expresado: que "El modelo del socialismo impulsado por Chávez fracasó:, siendo "El gran error del gobierno de Maduro es seguir con la idea de Chávez, insostenible, de que el gobierno puede sustituir a la empresa privada. El gobierno usará su monopolio de importaciones y exportaciones para repartir las atribuciones en las empresas," en *El Nacional*, Caracas 19 de abril de 2014, en http://www.el-nacional.com/politica/Heinz-Dieterich-Venezuela-surgimiento-republica_0_394160741.html.

1896 Véase Heinz Sonntag "¿Cuántas Revoluciones más?" en El *Nacional*, Caracas 7 de octubre de 2014, en http://www.el-nacional.com/heinz_sonntag/Cuantas-Revoluciones_0_496150483.html

existencia,[1897] pero a costa del deterioro ostensible y trágico de los servicios públicos más elementales como los servicios de salud y atención médica.

En fin, como lo destacó el Editorial del diario *El Tiempo* de Bogotá hace unas semanas el 22 de mayo, en definitiva:

> "Pensar que en Venezuela la gente iba a pasar hambre era una idea inconcebible hasta hace unos años. Pero es así. Al otro lado de la frontera se gesta una crisis humanitaria de inmensas proporciones, sin precedentes en el hemisferio americano y que solo tiene trazas de empeorar. Aparte de la falta de alimentos para abastecer adecuadamente a una población de 30 millones, son notorias las carencias de medicamentos y otros productos que componen la canasta básica. Una enfermedad sería casi equivale a una sentencia de muerte, dada la inoperancia del sistema de salud, que está sumido en el desabastecimiento."[1898]

APRECIACIÓN FINAL:

EL DESMONTAJE DE LA ASAMBLEA NACIONAL POR EL JUEZ CONSTITUCIONAL

De todo ello, en consecuencia, no queda otra conclusión institucional a la cual se pueda llegar, que no sea que diecisiete años después de haberse convocado la Asamblea Nacional Constituyente de 1999 supuestamente para refundar la República, la misma no fue sino un soberano fracaso; Asamblea en la cual como dije, fui parte activa pero para oponerme al designio autoritario que la conducía.

La crisis política que en ese momento existía, particularmente por el deterioro que mostraba el sistema de partidos tradicionales, sin duda condujo a que el país se encandilase con el primer aprendiz de mago que apareció por el lugar, como una especie degradada de un Melquíades de los *Cien Años de Soledad* de Gabriel García Márquez, prometiendo con malabarismos que todo iba a cambiar, cuando todos querían que todo cambiase, y que para ello debía acabarse con la vieja política.

1897 Como el mismo Area lo ha descrito en lenguaje común y gráfico, pero tremendamente trágico: "Vivimos pues "boqueando" y de paso corrompiéndonos por las condiciones impuestas por y desde el poder que nos obligan a vivir como "lateros", "balseros", "abasteros" mejor dicho, que al estar "pelando" por lo que buscamos y no encontramos, tenemos que andar en gerundio, ladrando, mamando, haciendo cola, bajándonos de la mula, haciéndonos los bolsas o locos, llevándonos de caleta algo, caribeando o de chupa medias, pagando peaje, tracaleando, empujándonos los unos contra los otros, en suma, degradándonos, envileciéndonos, para satisfacer nuestras necesidades básicas de consumo. Es asfixia gradual y calculada, material y moral. Desde el papel toilette hasta la honestidad. ¡Pero tenemos Patria! Falta el orgullo, la dignidad, el respeto, el amor a uno mismo." Véase en "El 'Estado Misional' en Venezuela," en *Analítica.com*, 14 de febrero de 2014, en http://analitica.com/opinion/opinion-nacional/el-estado-misional-en-venezuela/

1898 Véase en "Una tragedia que no da espera,", dice: "La que en épocas pasadas fuera la nación con el segundo nivel de desarrollo más alto de América Latina es hoy un lugar donde reina la desesperanza. Resulta increíble constatar cómo en un territorio que cuenta con las mayores reservas de petróleo del mundo no solo hay que hacer filas para adquirir bienes esenciales, sino que en muchos casos la espera es infructuosa porque los artículos nunca llegan a los anaqueles", en Editorial de *El Tiempo*, Bogotá, del 22 de mayo de 2016, http://www.eltiempo.com/opinion/editorial/una-tragedia-que-no-da-espera-editorial-el-tiempo/16599526 .

Sin embargo, como suele ocurrir con los deslumbramientos, no pasó lo que se quería que ocurriera, la Asamblea Nacional Constituyente que comenzó removiendo las viejas estructuras, al final como lo denuncié al concluir sus sesiones en 2000, terminó legando junto con la intervención antidemocrática de los poderes constituidos, el texto exuberantemente florido de una Constitución que no se iba a aplicar, que era de mentira, como en efecto ocurrió, pero que prometía estructurar un Estado democrático y social de derecho y de justicia que era lo que los venezolanos esperaban; dejando además sembradas, aquí y allá, en ciertos artículos, semillas autoritarias.

El resultado de aquél proceso político tan importante en el cual el país fijó todas sus esperanzas de cambio, visto ahora retrospectivamente, fue que seducido por cantos de sirena, el país cayó inmisericordemente en manos de una secta antidemocrática que asaltó el poder a mansalva, a la vista de todos, cumpliendo sí con la promesa de acabar con la vieja política de los partidos tradicionales, pero no para edificar una nueva democracia sino para acabar con la misma, en fraude a la Constitución, utilizando sus propios instrumentos, y con ello demoler y machacar institucionalmente el país.[1899]

En ese contexto, lamentablemente, la Constitución se convirtió en un conjunto normativo maleable por absolutamente todos los poderes públicos, cuyas normas, abandonada su rigidez, han tenido en la práctica la vigencia y el alcance que dichos órganos han dispuesto, mediante leyes ordinarias y decretos leyes que el Tribunal Supremo se niega a juzgar y controlar, e incluso, para mayor tragedia, con la participación activa del mismo mediante sentencias de la Jurisdicción Constitucional, todas hechas a la medida, dictadas "a la carta" mediante interpretaciones abstractas de la Constitución conforme se ha ido solicitando el Poder Ejecutivo, y con la "garantía" de que dichas actuaciones inconstitucionales no serán controladas, no sólo porque el guardián de la Constitución no tiene nadie que lo controle,[1900] sino precisamente por la sujeción política de la Jurisdicción Constitucional al control del Ejecutivo.

Contra todas esas prácticas autoritarias, y contra un Juez Constitucional que dejó de ser el instrumento de control de la inconstitucionalidad, renunciando a ser el sustituto la rebelión del pueblo para proteger su Constitución, fue que entre otras razones, el pueblo venezolano de nuevo efectivamente se rebeló el 6 de diciembre de 2015, aun cuando por los momentos solo votando en las elecciones parlamentarias en forma mayoritaria en contra del gobierno autoritario y sus prácticas.

La nueva Asamblea Nacional que resultó electa, en la cual se fijaron todas las esperanzas para completar la implementación de la manifestación de la voluntad popular, y que más temprano que tarde tendrá que renovar los poderes constituidos, y devolverle al Tribunal Supremo la autonomía e independencia, sin embargo ahora enfrenta la conspiración montada por el Poder Ejecutivo y el propio Tribunal Supremo por minimizarla, incluso mediante la instauración de un estado de excepción

1899 Véase. Allan R. Brewer-Carías, *La ruina de la democracia. Algunas consecuencias. Venezuela 2015*, Editorial Jurídica Venezolana, Caracas 2015.

1900 Véase Allan R. Brewer-Carías, "*Quis Custodiet Ipsos Custodes*: De la interpretación constitucional a la inconstitucionalidad de la interpretación", en *Revista de Derecho Público*, N° 105, Editorial Jurídica Venezolana, Caracas 2006, pp. 7-27. Publicado en *Crónica sobre la "In" Justicia Constitucional. La Sala Constitucional y el autoritarismo en Venezuela*, Colección Instituto de Derecho Público. Universidad Central de Venezuela, N° 2, Editorial Jurídica Venezolana, Caracas 2007, pp. 47-79.

–esto está ocurriendo ahora–, mediante el cual ambos poderes han barrido a la Asamblea Nacional.

Este desmontaje de la Asamblea Nacional por el Juez Constitucional en Venezuela, se puede apreciar de los sucesivos golpes a la Constitución que se han dado en los pasados seis meses, después de la elección parlamentaria de 2016 a los que antes me referí, mediante los cuales se ha eliminado inconstitucionalmente la posibilidad por parte de la Asamblea de poder ejercer el control político sobre el gobierno y la Administración que le corresponde; de legislar sin el "permiso" previo del Poder Ejecutivo; y de incluso controlar sus propios actos.

Pero como con la voluntad popular en definitiva no podrán acabar, no renuncio a la esperanza de que pronto podamos ser testigos de otras manifestaciones que harán florecer la democracia en Venezuela, y que permitirán a la representación de la voluntad popular rescatar su rol constitucional. En esos logros es que todos los demócratas tenemos que estar comprometidos, para lo cual, sin duda, necesitamos el apoyo de tantos, personas e instituciones en el mundo democrático, como en estos últimos tiempos afortunadamente han comenzado a manifestarse.

Santo Domingo, 13 de junio de 2016

SECCIÓN TERCERA:

HUMAN RIGHTS IN LATIN AMERICA: ARE WE SERIOUS IN PROTECING THEM?

Presentation at the Conference on: *Human Rights in the Americas: Are we Serious?,* James Madison Program in American Ideals and Institutions, Princeton University, Princeton, May 6, 2016

I

It is impossible to protect human rights in political systems where the Supreme Court of a country is politically controlled by any one of the other two branches of government, whether the Legislative or the Executive, and where the independence and autonomy of the Judiciary is not assured. Therefore it is not serious to talk about human rights in countries lacking independence of the Judiciary.

And this is precisely the situation in Venezuela, where after a continuous progressive and systematic process of dismantling democracy,[1901] no separation of powers principle exists in the Totalitarian State that during the past fifteen years has been assembled, and no independence and autonomy of the Judiciary exists.[1902] The

---

1901 See Allan R. Brewer-Carías, *Dismantling Democracy. The Chávez Authoritarian Experiment*, Cambridge University Press, New York 2010; "La demolición del Estado de derecho y la destrucción de la democracia en Venezuela," in *Revista Trimestral de Direito Público (RTDP)*, Nº 54, Instituto Paulista de Direito Administrativo (IDAP), Malheiros Editores, Sao Paulo, 2011, pp. 5-34

1902 See in *general*, Allan R. Brewer-Carías, "La progresiva y sistemática demolición de la autonomía e independencia del Poder Judicial en Venezuela (1999-2004),"en *XXX Jornadas J.M Dominguez Escovar, Estado de Derecho, Administración de Justicia y Derechos Humanos*, Barquisimeto, Instituto de Estudios Jurídicos del Estado Lara, Barquisimeto 2005, pp. 33-174; Allan R. Brewer-Carías, 2007. El constitucionalismo y la emergencia en Venezuela: entre la emergencia formal y la emergencia consequence is that the current Venezuelan State is not functioning at all as a Rule of Law State, in spite of the very florid constitutional definition of the State, as a Social, decentralized and democratic rule of law State of justice (art. 2).

This situation is well known by all the political analysts in the country, but generally ignored abroad by the public and even by some political leaders. Deliberately or not, conveniently or not, many still consider that democracy is only defined through the prism of electoral processes, without bearing in mind that democracy is much more than elections; and even regarding elections, their focus on democracy but without considering the problems of legitimacy regarding the effective representation and participation of some electoral exercises, thus, being the matter of lack of democracy in Venezuela, generally disregarded.

Notwithstanding we must recognize that some very important exceptions can be identified.

First, I must refer to the case of the Inter-American Commission on Human Rights, which in many of its Annual Reports, since 2003, has made references on the situation of the Judiciary in Venezuela. For instance, as far as 2003, after legal reforms were introduced in 2000 to the Law regulating the Supreme Tribunal on matters of the appointment of the Justices of the High Tribunal,[1903] the Commission warned about the lack of "the necessary safeguards in order to prevent other branches of government from undermining the Supreme Tribunal's independence and to keep narrow or temporary majorities from determining its composition."[1904] The Commission clearly understood the significance of such reforms that have allowed since then, the total control of the Supreme Tribunal by other branches of government.

---

anormal del Poder Judicial, Allan R. Brewer-Carías, 2007. *Estudios Sobre el Estado Constitucional (2005-2006)*, Caracas: Editorial Jurídica Venezolana, pp. 245-269; and Allan R. Brewer-Carías 2007. La justicia sometida al poder. La ausencia de independencia y autonomía de los jueces en Venezuela por la interminable emergencia del Poder Judicial (1999-2006), *Cuestiones Internacionales. Anuario Jurídico Villanueva 2007,* Centro Universitario Villanueva, Madrid: Marcial Pons, pp. 25-57; Allan R. Brewer-Carías, "Sobre la ausencia de independencia y autonomía judicial en Venezuela, a los doce años de vigencia de la constitución de 1999 (O sobre la interminable transitoriedad que en fraude continuado a la voluntad popular y a las normas de la Constitución, ha impedido la vigencia de la garantía de la estabilidad de los jueces y el funcionamiento efectivo de una "jurisdicción disciplinaria judicial"), in *Independencia Judicial*, Colección Estado de Derecho, Tomo I, Academia de Ciencias Políticas y Sociales, Acceso a la Justicia org., Fundación de Estudios de Derecho Administrativo (Funeda), Universidad Metropolitana (Unimet), Caracas 2012, pp. 9-103; and The Government of Judges and Democracy. The Tragic Situation of the Venezuelan Judiciary," in Sophie Turenne (Editor.), *Fair Reflection of Society in Judicial Systems. A Comparative Study*, Ius Comparatum. Global Studies in Comparative Law, Vol 7, Springer 2015, pp. 205-231; also published in the book: *Venezuela. Some Current Legal Issues 2014, Venezuelan National Reports to the 19th International Congress of Comparative Law, International Academy of Comparative Law, Vienna, 20-26 July 2014*, Academia de Ciencias Políticas y Sociales, Caracas 2014, pp. 13-42.

1903 For this reason, in its 2003 *Report on Venezuela,* the Inter-American Commission on Human Rights, observed that the appointment of Judges of the Supreme Court of Justice did not apply to the Constitution, so that "the constitutional reforms introduced in the form of the election of these authorities established as guaranties of independence and impartiality were not used in this case. See Inter-American Commission of Human Rights, 2003 *Report on Venezuela*; paragraph 186.

1904 See IACHR, *2004 Annual Report* (Follow-Up Report on Compliance by the State of Venezuela with the Recommendations made by the IACHR in its Report on the Situation of Human Rights in Venezuela [2003]), para. 174. Available at http://www.cidh.oas.org/annualrep/2004eng/chap.5b.htm

The Commission also warned since the same year 2003, about the lack of stability of judges in general,[1905] highlighting the dismissal of almost all the judges of the country without any due process guaranties, being substituted by provisional or temporal judges. The Commission considered that provisional judges are susceptible to political manipulation, as it has been demonstrated in the case of Venezuela, altering the right of the people to access to justice. In this regard, the Commission reported about the numerous cases of dismissals and substitutions of judges decided in retaliation for decisions taken contrary to the government or to the will of some public officials.[1906]

In its *2008 Annual Report*, the Commission again verified the provisional character of the members of the Judiciary qualifying it as an "endemic problem" of the country, particularly because the appointment of judges was made without applying the constitutional provisions on the matter that provide for the incorporation of judges in the judicial carrier only through public competitions tests, thus exposing judges to discretionary dismissal, highlighting then what the Commission called the "permanent state of urgency" in which the appointments of judges were made. [1907]

That is why the same Inter-American Commission on Human Rights, also in 2009, after describing "how a large numbers of judges have been removed, or their appointments voided, without any due process of law guaranties on the applicable administrative proceedings," noted "with concern that in some cases, judges were removed almost immediately after adopting judicial decisions in cases with a major political impact." The Commission concluded affirming that "the lack of judicial independence and autonomy vis-à-vis political power is, in the Commission's opinion, one of the weakest points in Venezuelan democracy."[1908]

Second, I must also refer to some important decisions adopted by international institutions for the protection of human rights. For instance, the Human Rights Committee of the United Nations, in a recent case related to Venezuela in which a judge was arrested because applying a recommendation of a UN Committee on arbitrary detentions, expressed the need for the States to adopt "specific measures in order to guarantee the independence of the Judicial Power, and to protect judges from any sort of political influence, establishing clear procedures and objective criteria for their appointment, remuneration, mandate, promotion, suspension and dismissal," adding that "any situation in which the functions and attributions of the

---

1905 The Inter-American Commission on Human Rights said: "The Commission has been informed that only 250 judges have been appointed by opposition concurrence according to the constitutional text. From a total of 1772 positions of judges in Venezuela, the Supreme Court of Justice reports that only 183 are holders, 1331 are provisional and 258 are temporary", *Informe sobre la Situación de los Derechos Humanos en Venezuela*; OAS/Ser.L/V/II.118. d.C. 4rev. 2; December 29, 2003; paragraph 11. The same Commission also said that "an aspect linked to the autonomy and independence of the Judicial Power is that of the provisional character of the judges in the judicial system of Venezuela. Today, the information provided by the different sources indicates that more than 80% of Venezuelan judges are "provisional". Idem, Paragraph 161.

1906 See *Informe sobre la Situación de Derechos Humanos en Venezuela*; OAS/Ser.L/V/II.118. doc.4rev.2; December 29, 2003, Paragraphs 161, 174, available at http://www.cidh.oas.org/coun-tryrep/Venezuela2003eng/toc.htm.

1907 See *Annual Report 2008* (OEA/Ser.L/V/II.134. Doc. 5 rev. 1. 25 febrero 2009), paragraph 39.

1908 See in ICHR, *Annual Report 2009*, paragraph 483, available at http://www.cidh.oas.org/-annualrep/2009eng/Chap.IV.f.eng.htm .

Judicial Power and of the Executive Power are not clearly distinguishable or in which the latter could control or direct the former is incompatible with the concept of an independent tribunal."[1909]

On the other hand, the Inter American Court on Human Rights has also condemned the Venezuelan State in three occasions because the lack of guaranties of the stability of the Judiciary,[1910] declaring that a court integrated by provisional judges that can be discretionally removed, is non consistent with the independence of the Judiciary. In this regard, the Court in a case decided in 2009, after affirming that "the stability of provisional judges is closely linked to the guaranty against external pressures," affirmed that in Venezuela "since august 1999 until now, provisional judges have not stability in their post, are appointed in a discretionary way and can be removed without any sort of pre-established procedure" recognizing at that time that 80% of judges of the Republic were appointed in a provisional way; concluding then that they were exposed to "external pressure," affecting in a very high way their judicial independence.[1911].

Third, I also want to mention, the important public comments and warnings expressed during 2015 by a very important group of former Latin American Presidents, gathered through the *Iniciativa Democratica España América.* In its First Declaration issued in Panama about the political situation of the country, thirty three former Latin American Presidents expressed that:

> "Democracy and its effective exercise, base of the solidarity among States, consists on the respect and guaranty of human rights, the exercise of power according to the rule of law, the separation and independence of powers, political pluralism, free and just elections, freedom of expression and press, probity and government transparency, among other standards, as it is stated in the declaration of Santiago de Chile of the Organization of American States of 1959, later extended and developed by the Inter American Democratic Charter of 2001.
>
> Notwithstanding, the government of Venezuela as denounced the American Convention of Human Rights, and support a policy of not recognizing or accepting the decisions and expression of the international and Inter American organs of protection of human rights, gravely affecting the right of international protection of rights declared in the Constitution of said State in benefit of all persons.
>
> In particular, the absence of Independence of the Judiciary is manifest, as well as it is the judicial persecution of all those that manifest and politically express dissidence regarding the government; the reiterative presence of torture

1909 CDH (4 de diciembre de 2012) *Eligio Cedeño vs. Venezuela,* Comunicación N° 1940/2010, párr. 7.3. See the *Observación general N° 32 (2007) del Comité sobre el derecho a un juicio imparcial y a la igualdad ante los tribunales y cortes de justicia* .

1910 CorteIDH, *Caso Apitz Barbera y otros* ("Corte Primera de lo Contencioso Administrativo") Vs. Venezuela, Excepciones Preliminares, Fondo, Reparaciones y Costas, Serie C Nro. 182, párr. 253; CorteIDH, *Caso Maria Cristina Reverón Vs. Venezuela*, Excepciones Preliminares, Fondo, Reparaciones y Costas, Serie C Nro. 197, párr. 190; CorteIDH, *Caso Mercedes Chocrón Chocrón Vs. Venezuela*, Excepciones Preliminares, Fondo, Reparaciones y Costas, Serie C Nro. 227.

1911 Corte Interamericana de Derechos Humanos, *Caso Reverón Trujillo vs. Venezuela*, Sentencia de 30 de Junio de 2009, (Excepción Preliminar, Fondo, Reparaciones y Costas).

acts by public officials of the State; the existence of armed para-State groups that support the same government, in a situation of total impunity, reason by which it is requested the immediate liberation of the political prisoners, among them, the democratic leaders Leopoldo López and the mayors Antonio Ledezma and Daniel Ceballos."[1912]

Fourth, I also must remember the direct public expressions, made through Open Letter by the Secretary General of the Organization of American States, Dr. Luis Almagro, directed to Nicolás Maduro, President of the Republic dated 12 of January 2016, in which he said that:

> "Unfortunately your Government decided to integrate public institution according to a partisan policy, as the National Electoral Council, the Supreme Tribunal of Justice and all organs of control. This means that the decisions adopted by such organs, not only have no legal content but in addition other of political content. The political carrier of the public officials is incompatible with the impartiality and objectivity needed to exercise justice. The rule of law State lost credibility with a judicial system perceived as partial.
>
> When a branch of government, confer to itself conditions in order to control, to affect, to decide, to annul or to manipulate the attributions and other branches of government, the situation is more that being worrisome, puting at risk the equilibrium of the powers of the State." [1913]

Fifth, I must also remember the few but very important expressions made during the past years by various Legislative bodies in Latin America, expressing worry about the situation of democracy in Venezuelan, as has been the case of the Senates in Colombia, Paraguay, Brasil, Uruguay and México. Nonetheless, we have to recognized that in some cases, the Legislators of those countries have reacted more motivated by the public opinion or the visits made by the wives and other family members of the political prisoners, that because any official State reaction facing the serious general political situation of Venezuela.

And *sixth,* I must also mention the astonishing and very important reaction during 2015, undoubtedly without precedent in Latin America, not of one, but of three important Latin American Supreme Courts, regarding the situation of the Judiciary in Venezuela, denouncing in a direct, clear and unambiguous way the absence of judicial guaranties in the country, in particular on matters of the protection of human rights. It was the case, not only of the Supreme Court of Chile, but also, even before, in similar sense, the cases of decisions issued by the Supreme Court of Costa Rica and the Supreme Federal Court of Brazil.[1914]

1912 See IDEA, "Declaración de Panama," 9 de bril de 2015, available in http://static1.squarespace.com/static/5526d0eee4b040480263ea62/t/5591aa83e4b046b88ece6976/1435609731706/ESPECIAL+CUMBRE+AMERICAFINALWEB.pdf.

1913 Available at http://www.oas.org/documents/spa/press/CARTA.A.PRESIDENTE.MADURO.12.01.16.pdf.

1914 See Allan R. Brewer-Carías, "Las Cortes Supremas de *Costa Rica, Brasil y Chile* condenan la falta de garantías judiciales en venezuela. De cómo, ante la ceguera de los gobiernos de la región y la abstención de la Corte Interamericana de Derechos Humanos, han sido las Cortes Supremas de estos países las que con base en la jurisdicción universal de protección de los derechos humanos, hay comenzado a juzgar la falta de autonomía e independencia del Poder Judicial en Venezuela, dictando medidas de protección a favor de ciudadanos venezolanos contra el Estado venezolano," Noviembre 2015, availa-

II

In all these cases, the Supreme Courts' decisions have also dealt with the matter of the lack of judicial guaranties and minimal conditions for the protection of human rights in Venezuela, due to the lack of independence of the Judiciary.

The first case was a decision of the very important Constitutional Chamber of the Supreme Court of Justice of Costa Rica, issued on July 31, 2015,[1915] granting an *habeas corpus* in order to protect a Venezuelan citizen that was imprisoned in Costa Rica, pending an extradition request from the Venezuelan Government, because considering that the prisoner could not have a fair trial in his country.

In order to grant the constitutional protection rejecting to extradition petition, the Costa Rican Supreme Court directly questioned the absence of independence of the Judiciary in Venezuela, considering that it lacked all "the minimal guaranties required by a system of objective and impartial justice," adding that nobody could expect in Venezuela to be subject to a trial with minimal judicial guarantees according to international law standards, even in a case like the one decided, related to a common crime, like fraud.

Additionally, the Court considered that the lack of the "basic guaranty of independence of judges and prosecutors," was due to the fact that Venezuela denounced in 2012 the American Convention of Human Rights, considering that decision as "a grave threat regarding the effective respect of fundamental tights." For the Costa Rican Court that mean that the Venezuelan State had "serious judicial and political weakness in order to assure the accused person a process with the basic due process guaranties according to the Constitution and to the international law on human rights."

The Supreme Court, eventually concluded affirming that:

> "No due process of law can exist, if judges are appointed without stability; if the accusation is made by provisional prosecutors without guaranties that could assure their independence when protecting fundamental rights, and a fair trial. Separation of powers, which is the political condition that supports a criminal trial, does not exists in those conditions."

---

ble at http://www.allanbrewercarias.com/Content/449725d9-f1cb-474b-8ab2-41efb849fea3/Content/Brewer.%20CORTES%20SUPREMAS%20DE%20COSTA%20RICA,%20BRASIL%20Y%20CHILE%20%20Poder%20judicial%202015.pdf

1915 Véase el texto de la sentencia en http://jurisprudencia.poder-judicial.go.cr/SCIJ_PJ/busqueda/jurisprudencia/jurDocumento.aspx?param1=Ficha_Sentencia&nValor1=1&nValor2=644651&strTipM=T&strDirSel=directo&_r=1. Véase la noticia de prensa sobre dicha sentencia en http://www.nacion.com/sucesos/poder-judicial/Sala-IV-extradicion-cuestiona-Venezuela_0_1504049615.html See on this decision: Allan R. Brewer-Carías, "El cuestionamiento del Poder Judicial venezolano por un tribunal extranjero. De cómo la Sala IV (Sala Constitucional) de la Corte Suprema de Justicia de Costa Rica liberó a un presunto estafador cuya extradición había sido solicitada por el Estado de Venezuela, por errores inexcusables en la petición de extradición formulada, y además, por constatar que la ausencia de autonomía e independencia del Poder Judicial en Venezuela no le garantiza a nadie posibilidad alguna de debido process." Available at http://www.allanbrewercarias.com/Content/449725d9-f1cb-474b-8ab2-41efb849fea3/Content/Brewer.%20SOBRE%20EL%20CUESTIONAMIENTO%20DEL%20PODER%20JUDICIAL%20VENEZOLANO%20POR%20LA%20CORTE%20SUPREMA%20DE%20COSTA%20RICA.%20agosto%202015.pdf

Consequently, and regarding the request of extradition, in the case, the Supreme Court of Costa Rica decided that in Venezuela the extradition procedure "contains elements that demonstrate that there are no institutional conditions to assure the effective defense of the fundamental rights of the accused;" adding that within the essential conditions for the protection of freedom,

> "a system of independent justice must exists guaranteeing the objectivity and impartiality of judges, without which it is impossible to guarantee freedom in face of the punitive power of the State."

The consequence of all this reasoning was for the Court to reject the Venezuelan State petition for extradition, freeing the accused.

But in particular, regarding the fact that Venezuela has denounced the American Convention, the Costa Rican Court added that:

> "To send a citizen to a country that has denounced the Convention that protect fundamental rights, do not give enough confidence in order to admit that the person that is sent to another jurisdiction, would be treated according to the basic guarantees that any citizen must have, regardless of its nationality."

Finally, in the decision, the judges of the Supreme Court of Costa Rica expressed their opinion that no confidence can exists regarding "a system of justice lacking of independence like the Venezuelan, that has been proven to be inefficient in order to accomplish its functions," particularly, when in:

> "many cases it has been used as a mechanism for the persecution of political opponents or dissidents, or simple critics of the political process, including political leaders, human rights defendants, trade unions leaders and students."

III

Following the decision of the Supreme Court of Costa Rica, the Supreme Federal Tribunal of Brazil, through a decision issued on November 11, 2015,[1916] also in a process of extradition of another Venezuelan citizen at the request of the Venezuelan Government, eventually protected the indicted and also granted his freedom, rejecting the request of the Venezuelan State. The Court justified its decision based on the "fear that the accused could not have in his country the right to an impartial trial in case of a possible extradition." The Tribunal considered that more important was the need to protect the basic rights of individuals, and among them, the right to be have a trial by an independent and impartial judge, according to the due process rules, than the international cooperation on criminal matters.

IV

After this two cases, we then have the very important decision of the Supreme Court of Chile, issued on November 18, of 2015,[1917] in which the "universal juris-

---

1916 Véase la reseña de la sentencia en: "Brasil otorga libertad a venezolano por dudar de imparcialidad de la justicia en Venezuela," en *lapatilla.com*, 11 de noviembre de 2015, en http://www.lapatilla.com/site/2015/11/11/brasil-otorga-libertad-a-venezolano-por-dudar-de-imparcialidad-de-la-justicia-en-venezuela/

1917 Véase la reseña de la sentencia en: "Corte Suprema acoge recurso de protección de venezolanos Leopoldo López y Daniel Ceballos detenidos en penales de Caracas," en http://www.pjud.cl/web/gues/noticias-deldiction for the protection of human rights" was implemented, based on international treaties and on *ius cogens,* concluding by granting constitucional protection in favor of two Venezuelan political leaders imprisoned in Venezuela, Leopoldo López y Daniel Ceballos, because – the Court said - :

> "it seems that the courts in Venezuela are not acting sufficiently in order to protect human rights of its own individualized citizens; and even it can be considered that they are acting at least with some collusion with the political purposes of the government."[1918]

I want to stress that the Court argued that universal jurisdiction is recognized by Chilean Law, mentioning various cases previous cases in comparative law, including the "Pinochet case" in Spain, the "Adolfo Scilingo case" (2005) in Argentina, the "Guatemala Genocide" case (1999), and the "Tibet Genocide" case (2005).

Based on those international precedents, the Court admitted the possibility to issue an injunction for the protection of essential human rights even regarding foreigners not residing in Chile and imprisoned in other country, arguing that the "action for protection" of human rights in Chile, particularly for the protection of life, was established in article 19 of the Constitution in order to protect the rights of "all persons, without distinction or geographical situation." The Court also referred to article 20 of the Chilean Constitution that establishes the possibility for the interested party or for anybody on his behalf, to file an action for protection before a court against any action or omission that harms the rights and guaranties established in the Constitution.

Based on this principles, the Court concluded that because the "respective court" to grant protection was not defined in the Constitution, and due to the fact that in the case the right to life of the Venezuelans citizens Leopoldo López y Daniel Ceballos, could be harmed, it proceeded to grant the constitutional protection, ordering:

> "to require, through the Government of Chile, to the Organization of American States Commission of Human Rights represented by its President or an authorized delegate, to go to Caracas, Venezuela, to the Ramo Verde and Guarico

---

poder-judicial/-/asset_publisher/kV6Vdm3zNEWt/content/corte-suprema-acoge-recurso-de-proteccion-de-venezolanos-leopoldo-lopez-y-daniel-ceballos-detenidos-en-penales-de-caracas/

1918 El Defensor del Pueblo de Venezuela calificó la declaración de la Corte Suprema de Chile como "insólita y grosera" aseverando que la sentencia contra Leopoldo López "no se encuentra en el margen de la Ley de un país soberano como Venezuela." Véase: "Saab: Decisión de la Corte chilena sobre López y Ceballos es insólita y grosera," en *NOBITOTAL*, 20 de noviembre de 2015, en http://notitotal.com/2015/11/20/saab-decision-de-la-corte-chilena-sobre-lopez-y-ceballos-es-insolita-y-grosera/. Por su parte, el Tribunal Supremo de Venezuela, mediante Comunicado, rechazó "la ofensa a la institucionalidad, a la democracia y a la soberanía de nuestro país, al situar infundadas afirmaciones, al margen de la verdad y del Derecho Internacional," indicando que la sentencia de la Corte Suprema de Chile "carece de validez y es absolutamente inejecutable en el orden internacional e interno por violentar principios y normas universales del Derecho Internacional." Para fundamentar su rechazo, la Presidenta del Tribunal Supremo de Venezuela "Recordó que los tribunales en el país actúan cabalmente y preservando los derechos humanos, por lo que Venezuela se constituye en un verdadero Estado garantista de la esfera de los derechos ciudadanos." Agregó que el Poder Judicial honra su misión de preservar la soberanía por lo que nunca. Véase el texto enhttp://www.tsj.gob.ve/-/poder-judicial-venezolano-condena-decision-injerencista-de-la-corte-suprema-de-chile prisons where they are imprisoned and to verify their health situation and the lack of freedom of both protected persons."

The Court also asked the government in its decision to ask for the Commission to prepare a dossier and

> "a Report to be send to the General Assembly of the Organization of American States regarding the compliance of the international treaties on the matter, in order for such organ to adopt the proper measures for the protection of the essential rights, regarding which the Court must be informed."

The order was exclusively directed to the Chilean Government, for it to request from the Inter American Commission of Human Rights to send representatives to Venezuela. The Executive refused to comply with the order, arguing that is was an exclusive power of the Government to conduct international relations, and a petition for its nullity was filed by the Council of Defense of the State. After this rejection, the Court rejected the motion of nullity and modified its decision on December 28, 2015, substituting the order given to the Government by a direct request to the Inter American Commission. Nonetheless, the Commission, on February 8, 2016, rejected the request arguing that the Commission was out of the jurisdiction of national courts.

Besides, it is not useless to remember that during the past decade, Venezuela has systematically rejected any *in loc*o visit by the Inter American Commission; so even if the Commission would have decided according to the request of the Chilean Court, the visit would have been rejected by the Government.

Nonetheless, the importance of the Chilean Supreme Court decision, even though it has not been enforced, is the relevant fact to find from a Supreme Court of a Latin American country a formal reaction in relation to the lack of judicial guarantees in Venezuelan for citizens to be protected on their human rights while facing prison for political motives.

V

In all the three cases, the facts denounced by the Supreme Courts of Justice of Costa Rica, Chile and Brazil, exactly reflect the current situation of the Judiciary in Venezuela, where since 2000, through the progressive control by the Government of the Supreme Tribunal of Justice, which in Venezuela has the constitutional function of governing and administrating the whole Judiciary, the Judiciary has been completely politically controlled.

And this has been possible because the discretionary power that a Commission of the Supreme Tribunal has in order to appoint and dismiss judges,[1919] in a discretio-

---

1919 See Rafael J. Chavero Gazdik, 2011. *La Justicia Revolucionaria. Una década de reestructuración (o involución) Judicial en Venezuela*, Caracas: Editorial Aequitas; Laura Louza Scognamiglio, 2011. *La revolución judicial en Venezuela*, Caracas: FUNEDA; Allan R. Brewer-Carías, 2005. La progresiva y sistemática demolición de la autonomía e independencia del Poder Judicial en Venezuela (1999-2004), *XXX Jornadas J.M. Dominguez Escovar, Estado de derecho, Administración de justicia y derechos humanos*, Barquisimeto: Instituto de Estudios Jurídicos del Estado Lara, pgs. 33-174; and Allan R. Brewer-Carías, 2007. La justicia sometida al poder (La ausencia de independencia y autonomía de los jueces en Venezuela por la interminable emergencia del Poder Judicial (1999-2006), nary way, with the result that all the courts have been packed with temporal and provisional judges, lacking any sort of stability, and being subjected to political instructions.

That means that the judicial career provided for in the Constitution, seeking the appointment of judges only through open and public contest never has been implemented; as well as the Judicial Disciplinary Jurisdiction, also provided in the Constitution (Articles 254 and 267), has never been effectively implemented. Consequently, judges are dismiss in a discretionary way, without due process, being impossible in such conditions to be effective instruments for the protection of human rights, being on the contrary the Judiciary the main tool used by the Government to implement the structuring of a Totalitarian State, and persecute political dissidents.[1920]

VI

In such condition, the Venezuelan political system has ceased to be a democratic one, even if elections have taken place during the past years in the country. As I mentioned at the beginning, democracy is much more than the sole popular or circumstantial election of government officials, as it has been formally declared in the Inter American Democratic Charter adopted by the Organization of American States in 2001.[1921].

That Charter, in effect, among the *essential elements of the representative democracy,* in addition of having periodical, fair and free elections, includes the respect for human rights and fundamental liberties; the access to power and its exercise with subjection to the rule of law; the plural regime of the political parties and organizations; and what is the most important of all, the "separation and independence of public powers" (Article 3); all of which can only be satisfied when in a country, a system of mutual control by the different branches of government has been implemented.

In addition, the same Inter American Democratic Charter refers to what it is called the *fundamental components of the democracy,* referring to the transparency of governmental activities; the responsibility of governments; the respect of social rights and freedom of speech and press; the constitutional subordination of all institutions of the State, including the military, to the legally constituted civil authority; and the respect to the rule of law by all the entities and sectors of society.

These fundamental elements and components of democracy can only be guaranteed in a system where the principle of separation and independence of powers is established and guaranteed, through a check and balance system based on their in-

---

Cuestiones Internacionales. Anuario Jurídico Villanueva 2007, Centro Universitario Villanueva, Madrid: Marcial Pons, pp. 25-57.

1920 See Allan R. Brewer-Carías, "El juez constitucional al servicio del autoritarismo y la ilegítima mutación de la Constitución: el caso de la Sala Constitucional del Tribunal Supremo de Justicia de Venezuela (1999-2009)", in *Revista de Administración Pública*, N° 180, Madrid 2009, pp. 383-418; *Reforma Constitucional y Fraude a la Constitución (1999-2009)*, Academia de Ciencias Políticas y Sociales, Caracas 2009.

1921 See on the Inter-American Democratic Charter, in Allan R. Brewer-Carías, 2002. *La crisis de la democracia venezolana. La Carta Democrática Interamericana y los sucesos de abril de 2002*, Caracas: Ediciones El Nacional, pp. 137 ff.; Asdrúbal Aguiar, 2008. *El Derecho a la Democracia*, Caracas: Editorial Jurídica Venezolana.

dependence and autonomy, being such principle the one that can allow the functioning of a democracy.

That is, only when the separation of powers is exists, all the other essential factors of democracy can exists: namely, fair elections and political pluralism; effective democratic participation; effective transparency in the exercise of government; a government subjected to the Constitution and to the rule of law; the possibility to access to justice; and most important, a true and effective guaranty for the respect of human rights.[1922]

VII

In this situation of lacking of an effective separation between the branches of government, the Supreme Tribunal in Venezuela, controlled by the Government, instead of being the guardian of the Constitution and of the enforcement of the principle of separation of powers, it has been one of the main tools used for political persecution, acting in collusion with the Executive, and in addition, the main instrument in order to neutralized the National Assembly recent elected with a new majority controlled by the opposition.

On matters of political persecution, one important case is the *Radio Caracas Televisión* case in 2007, referred to the violation of freedom of expression and information, by means of the confiscation of the assets and the shutdown of a very important TV station,. In that case, the amazing element is that it was the Supreme Tribunal, not the Government, the State organ that materialized the State intervention in order to terminate the authorization and licenses of the TV station, whose assets were confiscated by the Tribunal, assigning all the equipment to a State-owned enterprise; and all, by means of an illegitimate Supreme Tribunal decision.[1923] The case is the most vivid example of the illegitimate collusion or confabulation between a politically controlled Judiciary and an authoritarian government in order to reduce freedom of expression, and to confiscate private property. This case was submitted before the Inter American Commission on Human Rights and from there before the Inter American Court of Human Rights. This Court ruled in 2015, condemning the State for the violations of human rights of the owners and workers of *Radio Caracas Televisión,* but only to find a response issued by the Supreme Tribunal, very diligently at the request of the Executive, simply declaring that the Inter American Court decision was not enforceable in Venezuela,[1924] violating not

1922 See Allan R. Brewer-Carías, "Democracia: sus elementos y componentes esenciales y el control del poder. Nuria González Martín (Comp.), in *Grandes temas para un observatorio electoral ciudadano, Vol. I, Democracia: retos y fundamentos,* Instituto Electoral del Distrito Federal, México 2007, pp. 171-220.

1923 See the Constitutional Chamber Decision N° 957 (May 25, 2007), in *Revista de Derecho Público* 110, Editorial Jurídica Venezolana, Caracas 2007, 117ff. See the comments in Allan R. Brewer-Carías, 2007. El juez constitucional en Venezuela como instrumento para aniquilar la libertad de expresión plural y para confiscar la propiedad privada: El caso RCTV, *Revista de Derecho Público*", N° 110, (abril-junio 2007), Caracas: Editorial Jurídica Venezolana, pp. 7-32.

1924 See Allan R. Brewer-Carías, "La condena al Estado en el caso *Granier y otros (RCTV) vs. Venezuela,* por violación a la libertad de expresión y de diversas garantías judiciales. Y de cómo el Estado, ejerciendo una bizarra "acción de control de convencionalidad" ante su propio Tribunal Supremo, ha declarado inejecutable la sentencia en su contra." 14 de septiembre de 201," available at http://www.allanbrewercarias.com/Content/449725d9-f1cb-474b-8ab2-

only international obligations of the State but also specific provisions of the Constitution. But as the Supreme Tribunal has nobody to control it, it has assumed the conduction of the policy of the government with absolute impunity.

Other cases of political persecution, also related to freedom of expression that can be mentioned are the cases against Guillermo Zuloaga and Nelson Mezerhane; two very distinguish businessman that were the principal shareholders of *Globovisión*, the other independent TV station that after the takeover of *Radio Caracas Television*, remained with a critic line of opinion regarding the government. They both were harassed by the Public Prosecutor Office and by the Judiciary; accused of different common crimes that they did not commit, based on false witnesses' depositions; they were detained without any serious base, their enterprises were occupied and their property confiscated. They both had to leave the country, without any possibility of obtaining Justice. Their cases have also been submitted before the Inter American Commission of Human Rights, but the decisions are pending.

In this same matters of persecution to the media, mention must be made to the unjustified the suits for defamation that the then President of the National Assembly filled against the Editors and the members of the Board of Directors of two ery important News Papers, *Tal Cual* and *El Nacional*,[1925] only because in some of its editions were reproduced some news that have been previously published in the *ABC* of Spain and in *The Wall Street Journal,* with mentions with some matters related to drug trafficking. The criminal judge in charge of both processes, immediately issued orders affecting the freedom of the accused, prohibiting them to leave the country, and imposing regular personal presentation before the court of the accused. In any case, those that at that time were out of the country could not return.

This confirm that the Judiciary, particularly on criminal matters, has been used as the government instrument to pervert Justice, in many cases distorting the facts in specific cases of political interest, converting innocent people into criminals, and liberating criminals of all suspicion. It was the unfortunate case of the mass killings committed by government agents and supporters as a consequence of the enforcement of the so-called *Plan Avila*, a military order that encouraged the shooting of peoples participating in the biggest mass demonstration in Venezuelan history which on April 11, 2002, was asking for the resignation of the then President of the Republic. The soothing provoked a general military disobedience by the high commanders, in a way witnessed by all the country in TV, which ended with the military removal of the President, although just for a few hours, until the same military reinstated him in office. Nonetheless, in order to change history, the shooting and mass killing were re-written, and those responsible that everybody saw in live in TV,

---

41efb849fea3/Content/Brewer.%20La%20condena%20al%20Estado%20en%20el%20caso%20CIDH%20Granier%20(RCTV)%20vs.%20Venezuela.%2014%20sep.%202015.pdf

1925 See "Admiten demanda de Cabello contra Tal Cual y El Nacional," in Globovisión 13 august 2015, available at http://archivo.globovision.com/mp-admitio-demanda-de-diosdado-cabello-contra-tal-cual-y-el-nacional/. On this same day (May 6, 2016) it was announced that Cabello has also filed a suit against *The Wall Steret Journal.* See: "Cabello demanda en EEUU al Wall Street Journal por vincularlo al narcotráfico," in Analitica.com, May 5, 2016, available at http://www.analitica.com/actualidad/actualidad-nacional/diosdado-cabello-demanda-al-diario-wall-street-journal-por-articulo-sobre-narcotrafico/; and in *La Opinión*, Cúcuta, May 6, 2016, available at: http://www.laopinion.com.co/venezuela/cabello-demanda-en-eeuu-al-wall-street-journal-por-vincularlo-al-narcotrafico-111375#ATHS because being government supporters were gratified as heroes, and the Police Officials trying to assure order in the demonstration, like the Officers Simonovic and Forero, were blamed of crimes that they did not commit, and condemned of murder with the highest term of 30 years of prison.

The former Chief Justice of the Criminal Chamber of the Supreme Tribunal of Justice, Eladio Aponte Aponte, confessed four years ago (2012) in a TV Program (SolTV) in Miami, when answering questions about the existence of "political prisoners" in Venezuela, saying: "Yes, there are people regarding which there is an order not to let them free," referring particularly to "the Police Officers," mentioning Officer Simonovic. The same former Justice, answering a question about "Who gives the order, " simply said: "The order comes from the President's Office downwards," adding that "we must have no doubts, in Venezuela there are no sewing point if it is not approved by the President." He finally said, answering a question about if he "received the orders to not to let free Mr. Simonovis," that: "the position of the Criminal Chamber" was simply "to validate all that arrived already done; that is, in a few words, to accept that these gentlemen could not be freed."[1926]

To hear this answers given by one who until recently was the highest Justice in the Venezuelan Criminal System, produce no other than indignation, because it was him, as Chief Criminal Justice, the one in charge of manipulating justice, in the way he confessed; condemning the Police Officers, just because obeying orders from the Executive.

In other cases, the Constitutional Chamber of the Supreme Tribunal has been the instrument of the government in order to assume direct control of other branches of government, as happened in 2003 with the take-over of the Electoral Power, which since then has been completely controlled by the Executive. Through a decision on matters of judicial review of legislative omissions, the Supreme Tribunal, in a way contrary to the Constitution, decided, usurping the role of the National Assembly as electoral body to elect such high officials, and directly appointed the new members of the National Electoral Council, but of course without complying with the conditions established in the Constitution for such indirect popular election, with a specific supermajority of votes.[1927]

Through this decision, the Constitutional Chamber assured for the Government the complete control of the Electoral Council, kidnapping the citizen's rights to political participation through the 2004 recall referendum, and allowing the official governmental party to manipulate the electoral results of almost all the elections that have taken place in the country. In December of 2014, the same situation was repeated, and again the Constitutional Chamber of the Supreme Tribunal, has appointed again the members of the Electoral Council, usurping the legislative body's constitutional attributions. It is not surprising that the proposed recall referendum that is

---

1926 See the text of the statement on, in *El Universal*, Caracas 18-4-2012, available at: http://www.eluniversal.com/nacional-y-politica/120418/historias-secretas-de-un-juez-en-venezuela

1927 See Decision N° 2073 of August 4, 2003, Case: *Hermánn Escarrá Malaver y oros*), and Decision N° 2341 of August 25, 2003, Case: *Hemann Escarrá y otros*. See in Allan R. Brewer-Carías, "El secuestro del poder electoral y la conficación del derecho a la participación política mediante el referendo revocatorio presidencial: Venezuela 2000-2004," *Stvdi Vrbinati, Rivista tgrimestrale di Scienze Giuridiche, Politiche ed Economiche*, Año LXXI – 2003/04 Nuova Serie A – N. 55,3, Urbino: Università degli Studi di Urbino, 2003/2004, pp. 379-436 currently taken place could be subjected to the same slow operation suffered in 2004, to prevent its effectivity.

The Constitutional Chamber of the Supreme Tribunal has also been the instrument in order to attack the democratic principle in the country, imposing non-elected officials as Head of State, as was the case of Nicolás Maduro in 2013 when the death of President Chavez had not yet being announced[1928] or revoking the popular mandate of elected officials without having jurisdiction to do so. In the first case, as mentioned, the Supreme Tribunal in January 2013 imposed the Vice President Nicolás Maduro to be in charge of the Presidency and to continue in that position although not being an elected official because he was appointed by the former President.[1929] It was the Supreme Tribunal the one that additionally allowed him, contrary to the express text of the Constitution, to be candidate to the same position in the subsequent election, without leaving the post.[1930]

In the second case, the Constitutional Chamber of the Supreme Tribunal revoked the popular mandate of two mayors (one of which was Vicencio Scarano Spisso), usurping the people's right to revoke mandates through referendum (art. 74);[1931] and also revoked the mandate of a member of the National Assembly, Maria Corina Machado, a matter that also can only be decided by the people through a referendum,[1932] just because she spoke before the General Assembly of the Organization of American States, denouncing the lack of democracy in the country.

1928 See the text of the decisions in http://www.tsj.gov.ve/decisiones/scon/Enero/02-9113-2013-12-1358.html and in in http://www.tsj.gov.ve.decisioes/scon/Marzo/141-9313-2013-13-0196.html. See on these decisions: Allan R. Brewer-Carías, "Crónica sobre la anunciada sentencia de la Sala Constitucional del Tribunal Supremo de 9 de enero de 2013 mediante la cual se conculcó el derecho ciudadano a la democracia y se legitimó la usurpación de la autoridad en golpe a la Constitución," en Asdrúbal Aguiar (Compilador), *El Golpe de Enero en Venezuela (Documentos y testimonios para la historia),* Editorial Jurídica Venezolana, Caracas 2013, pp. 133-148

1929 See on the Supreme Tribunal decision: Allan R. Brewer-Carías, "Crónica sobre la consolidación, de hecho, de un gobierno de sucesión con motivo del anuncio del fallecimiento del Presidente Chávez el 5 de marzo de 2013," en Asdrúbal Aguiar (Compilador), *El Golpe de Enero en Venezuela (Documentos y testimonios para la historia),* Editorial Jurídica Venezolana, Caracas 2013, pp. 199-218

1930 See on the Supreme Tribunal decisions, the comments in Allan R. Brewer-Carías, "Crónica sobre las vicisitudes de la impugnación de la elección presidencial de 14 de abril de 2013 ante la sala electoral, el avocamiento de las causas por la Sala Constitucional, y la ilegítima declaratoria de la "legitimidad" de la elección de Nicolás Maduro mediante una "Nota de prensa" del Tribunal Supremo," en Asdrúbal Aguiar (Compilador), *El Golpe de Enero en Venezuela (Documentos y testimonios para la historia),* Editorial Jurídica Venezolana, Caracas 2013, pp. 297-314

1931 See decision Nº 138 of March 17, 2014 in http://www.tsj.gov.ve/decisiones/scon/marzo/162025-138-17314-2014-14-0205.HTML See the comments on this decisión in Allan R. Brewer-Carías, "La ilegítima e inconstitucional revocación del mandato popular de Alcaldes por la Sala Constitucional del Tribunal Supremo, usurpando competencias de la Jurisdicción penal, mediante un procedimiento "sumario de condena y encarcelamiento. (El caso de los Alcaldes Vicencio Scarno Spisso y Daniel Ceballo)," en *Revista de Derecho Público,* Nº 138 (Segundo Trimestre 2014, Editorial Jurídica Venezolana, Caracas 2014, pp. 176-213.

1932 See María Corina Machado case, decision Nº 207 of March 31, 2014, in http://www.tsj.gov.ve/decisiones/scon/marzo/162546-207-31314-2014-14-0286.HTML. Also in *Official Gazette* Nº 40.385 April 2, 2014. See the comments on this decision in Allan R. Brewer-Carías, "La revocación del mandato popular de una diputada a la Asamblea Nacional por la Sala Constitucional del Tribunal Supremo de oficio, sin juicio ni proceso alguno (El caso de la Diputada María Corina Machado)," in *Revista de Derecho Público,* Nº 137 (Primer Trimestre 2014, Editorial Jurídica Venezolana, Caracas 2014, pp. 165- 189; and

Finally, in another decision, the Supreme Tribunal, also in violation of the democratic principle, accepted that the right of a citizen to be elected, which is a constitutional right, could be limited by an administrative body as is the General Audit Office, disqualifying him to run for elected positions. It was the case of Leopoldo López Mendoza, former Mayor of one of the Municipalities in Caracas, regarding which the Supreme Tribunal[1933] refused to declare that such disqualification for the exercise of a political right was contrary to the American Convention of Human Rights, and to the Constitution.

The lack of justice in Venezuela, lead López to filed a petition before the Inter American Court of Human Right, seeking the protection of his political right, which he effectively obtained in 2011, in a decision in which the State was condemned for violations to his rights. Nonetheless, in this case, again, at the express request of the Government, the Supreme Tribunal also decided that the Inter American Court decision was non-enforceable in the country,[1934] requesting the Government to denounce the American Convention of Human Rights which eventually was done.

VIII

Within this panorama, therefore, it is not surprising to find a judicial decision like the one issued by a criminal court in 2015, condemning Leopoldo López Mendoza to 13 years, 9 months and 12 hours in prison, for crimes that he did not commit, being in fact a condemnation for the supposed "felony" of having expressed his political opinion, publicly, against the government of Venezuela, in full exercise of his freedom of expression of his thoughts which nonetheless is guaranteed in the Constitution;[1935] and for having been one of the leaders of the pacific street demons-

---

1933 See decision Nº 1265 of August 5, 2008the text of the decision in http://www.tsj.gov.ve:80/decisiones/scon/Agosto/1265-050808-05-1853.htm See on this decisions the comments in Allan R. Brewer-Carías, "La incompetencia de la Administración Contralora para dictar actos administrativos de inhabilitación política restrictiva del derecho a ser electo y ocupar cargos públicos (La protección del derecho a ser electo por la Corte Interamericana de Derechos Humanos en 2012, y su violación por la Sala Constitucional del Tribunal Supremo al declarar la sentencia de la Corte Interamericana como "inejecutable"), en Alejandro Canónico Sarabia (Coord.), *El Control y la responsabilidad en la Administración Pública, IV Congreso Internacional de Derecho Administrativo, Margarita 2012*, Centro de Adiestramiento Jurídico, Editorial Jurídica Venezolana, Caracas 2012, pp. 293-371

1934 The decision of the Inter-American Court in the *Leopoldo López vs. Venezuela* case was pronounced on 1 September 2011, but was declared "non-executable" in Venezuela by a decision of Constitutional Chamber Nº 1547 dated 17 October 2011 (*Venezuelan State vs. InterAmerican Court of Human Rights*, at http://historico.tsj.gob.ve/decisiones/scon/Octubre/1547-171011-2011-11-1130.html. See on this decision Allan R. Brewer-Carías, "El ilegítimo "control de constitucionalidad" de las sentencias de la Corte Interamericana de Derechos Humanos por parte la Sala Constitucional del Tribunal Supremo de Justicia de Venezuela: el caso de la sentencia *Leopoldo López vs. Venezuela, 2011*," in *Constitución y democracia: ayer y hoy. Libro homenaje a Antonio Torres del Moral*. Editorial Universitas, Vol. I, Madrid, 2013, pp. 1.095-1124. Véase también el Comunicado de 37 juristas a favor de Leopoldo López, en *El Universal*, 28 September 2011, at http://www.eluniversal.com/nacional-y-politica/110928/comunicado-de-37-juristas-a-favor-de-leopoldo-lopez.

1935 As José Ignacio Hernandez said, "The trial against Leopoldo López began as a result of the opinions he had expressed. That is to say, López is not on trial for having destroyed or having set fire to buildings. Those violent acts doubtlessly deserve total rejection and the start of the respective investigations. But the trial against López has nothing to do with that. This criminal trial is basically about judgment being passed upon López's political opinions." See José Ignacio Hernández, "Todo lo que debe saber para entender por qué se enjuicia a Leopoldo López," in *Prodavinci*, 16 June 2014, at http://prodavinci.com/blogs/todo-lo-que-debe-saber-para-entender-por-que-se-enjuicia-a-leopoldotration that were convened throughout the country in February of 2014, generating popular protest and rejection regarding the authoritarian régime; only disrupted by violence provoked by government agents.

To these ends, the court in charge of his case, which without doubt is part of the group of "Judges of Horror" that make up the Venezuelan judiciary, through a decision issued on September 10, 2015,[1936] considered that Leopoldo López was a "public instigator" and was an allegedly determiner of having other citizens commit the felony of arson and damage to public properties, and furthermore, considered that he had become associated with others with the intention of committing crimes, thus applying no other that the Law against Organized Crime and Terrorism, but without demonstrating which was the association, or who were its members, or what was the felonious motive of such supposed association.

This judicial atrocity is one more example of the *de facto* suspension of the validity of the Constitution, which is nevertheless always invoked by any official who might have a copy, not in order to apply the Constitution but to violate it; being another example of the fact that all powers of the State have been placed at the service of authoritarianism,[1937] and, particularly, the criminal judges who have become agents of the political persecution.

The order given by the Government was to persecute López Mendoza, which was comply by the Pubic Ministry controlled by the Executive Power, accusing him of all imaginable crimes, such as homicide, terrorism, arson and damage to properties, and furthermore, of the felonies of public instigation and association to commit crime, [1938] and thus, immediately upon the request of the prosecutor, and without any proof, an arrest warrant was issued against López in that same month of February 2014.[1939]

Eventually, the criminal court issued the decision condemning Leopoldo López, as mentioned, for having been presumably the determiner of the felonies of arson

---

lopez-por-jose-i-hernandez/

1936 See on this decision Allan R. Brewer-Carías, "The Sentencing of Leopoldo López for the "felony" of opinion." Or How the Judges of Horror are Forcing the People into a Citizens' Rebellion," October 2015," available at http://www.allanbrewercarias.com/Content/449725d9-f1cb-474b-8ab2-41efb849fea3/Content/Brewer.%20The%20Sentencing%20of%20Leopoldo%20L%C3%B3pez%20for%20the%20felony%20of%20opinion.%20Oct.%202015.pdf Also in Spanish: ""La condena contra Leopoldo López por el "delito de opinión." O de cómo los jueces del horror están obligando al pueblo a la rebelión popular." 10 de octubre de 2015," available at http://www.allanbrewercarias.com/Content/449725d9-f1cb-474b-8ab2-41efb849fea3/Content/Brewer.%20I,%202,%20119.%20CONDENA%20DE%20LEOPOLDO%20L%C3%93PEZ.%2010%20Oct.%202016.pdf

1937 See Allan R. Brewer-Carías, *Authoritarian Government v. The Rule of Law. Lectures and Essays (1999-2014) on the Venezuelan Authoritarian Regime Established in Contempt of the Constitution*, Fundación de Derecho Público, Editorial Jurídica Venezolana, Caracas 2014.

1938 See the text of the writ of accusation at http://cdn.eluniversal.com/2014/06/02/ACUSACION_LEOPOLDO.pdf. See "Fiscalía presentó acusación contra Leopoldo López," *El Nacional*, Caracas 14 April 2014, at http://www.el-nacional.com/politica/Fiscalia-General-acusacion-Leopoldo-Lopez_0_385161540.html

1939 See "Un tribunal ordena la detención de Leopoldo López," en *El Tiempo.com.ve*, Puerto la Cruz, 13 February 2014, at http://eltiempo.com.ve/venezuela/politica/un-tribunal-ordenala-detencion-de-leopoldo-lopez/126105

and damages, and the author of the felonies of public instigation and association to commit crime.[1940] As Amnesty International rightly considered the matter, the sentence was pronounced "without any credible evidence" against López, "which demonstrates the absolute lack of judicial independence and impartiality in Venezuela."[1941]

In any case, the accusation and the Venezuelan court decision, was directed to persecute and prosecute no other hat the "felony" of opinion, made through the analysis of Lopez's speeches by a linguistic expert witness who only affirmed, in a hypothetical way, that Leopoldo López, "upon cultivating anger in his discourse, arguing against the current national government, *could have transferred* this sentiment to his audience." Thus, based just an hypothetical assumption, Lopez was condemned as having been "determiner" or "inducer" of crimes supposedly committed by others. The prosecutor agreed that the participation of López "did not consist of deploying the felonies of arson and damage to property in a direct manner," but considered that there were supposed elements,

> "such as the expert evidence in the analysis of the speeches of the indicted Leopoldo López, sufficient to deem that he did indeed command and induce demonstrators to conduct an attack against the seat of the Public Ministry, and against the property of the Venezuelan State. "

Drawing from the aforementioned, in consequence, the Judge in her sentence considered that Leopoldo López used "*the art of the word*, - yes this is the main element of the decision – "the art of the word in order to make his followers believe that there was an alleged constitutional departure, when the conditions he sought were not present, such as the resignation of the President of the Republic," but at the same time recognizing that López in his discourse "appealed for peace and tranquility."

IX

In the end, as mentioned, Leopoldo López was condemned to prison, not because he committed any crime, but because the State deemed that his political discourse had to be criminalized, in other words, there was a need to criminalize the exercise of his freedom of expression of his political ideas; and all, under the fallacious argument that, he had allegedly been the "determiner" of having other persons, whom he didn't even know, who, during the course of a public protest, had allegedly damaged and set fire to public property, even when those facts were not proven and he never made reference to such actions in his speech.

1940 See the text of the writ of accusation at http://cdn.eluniversal.com/2014/06/02/ACUSACION_LEOPOLDO.pdf

1941 Amnesty International said: "The charges against Leopoldo López were never adequately substantiated and the prison sentence against him has a clearly political motive. His only 'crime' is being the leader of an opposition party in Venezuela. He never should have been arrested arbitrarily nor tried in the first place. He is a prisoner of conscience and ought to be released immediately and unconditionally. With this decision, Venezuela is choosing to ignore basic human rights principles, and giving a green light to more abuses See statements by Erika Guevara-Rosas, Americas Director at Amnesty International, in: "Venezuela: Sentence against opposition leader shows utter lack of judicial independence," Amnesty International, 10 September 2015, at https://www.amnesty.org/en/latest/news/2015/09/venezuela-sentence-against-opposition-leader-shows-utter-lack-of-judicial-independence/

Furthermore, the Judge added that López was supposedly part of an "association to commit punishable acts" and that he allegedly had instigated to the disobedience of the laws, but without even identifying said "felonious association to commit crime" or the alleged "associated" conspirators.

Of course, all this was a vulgar parody in order to declare Leopoldo López guilty of the crimes linked to the exercise of his freedom of expression and other political rights, conducted by the Executive through the Public Prosecutor Office, using the criminal judicial system as the vindictive tool.

The most unbelievable fact of all this parody has been the tragic confession made by the public prosecutor in charge of the accusation against López, once he defected a few weeks after the publication of the decision, explaining in Miami that he had decided to leave the country in order to avoid to continue "with the farce that was put in scene" against López and a few students, denouncing – although rather late – the "pressure" exercised against him by the "National Executive and by his superiors in order to continue arguing based on the false proofs that were used to condemn López."

He expressed regrets, and explained that he did not want "to continue with the farce of such trial unjustly violating the rights" of the persecuted, encouraging judges and prosecutors to "tell the truth," to "lose the fear" and to "raise their voices, and express discontent for the pressure that our superiors exercised against us, threatening to destroy us, and to send us to jail."[1942] This has also been the situation of Antonio Ledezma, Mayor of Caracas, also imprisoned without trial because expressing political opinions about the need to change the authoritarian government and the need in the future of a transitional government.

In a situation like this, therefore, indeed, it is not serious at all to talk about human rights, and much less about its protection; in the same sense that is not serious the decision adopted by the United Nations in October 2015, to elect Venezuela, a country in which human rights cannot be protected against the Government, as a member of the United Nation Commission of Human Rights. [1943]

Certainly, the question is: What could be expected from Venezuela for the protection of human rights in the world, if in the country the Government and the Judiciary colluded for the violation of such rights without any possibility to obtain protection? A situation that has been aggravated by the denunciation of the American Convention of Humans Rights, made in 2012 by the current President when he was the Minister of Foreign Affairs.

1942 See the confessions of Franklin Nieves, on October 24, 2015 in the video available at https://www.youtube.com/watch?v=gfbJ8CUOiuo y en https://www.youtube.com/watch?v=GQeC7-DCV7_s. On such confession, see Allan R. Brewer-Carías, "Lo que faltaba: la confesión del fiscal Franklin Nieves, acusador en el caso de Leopoldo López y otros estudiantes, condenados por los inexistentes "delitos" de "opinión" y de "manifestar," reconociendo la ausencia de independencia y de autonomía de los jueces y fiscales en Venezuela," 25 octubre de 2015," available at http://www.allan-brewercarias.com/Content/449725d9-f1cb-474b-8ab2-41efb849fea3/Content/LO%20QUE%20FALTABA.%20Confesi%C3%B3n%20Fiscal%20del%20caso%20Leopoldo%20L%C3%B3pez.%20Pruebas%20falsas,%20oct%202015.pdf

1943 "The election was considered as a "diplomatic triumph" by the President of the Republic." See in "Venezuela reelegida miembro del Consejo de DD.HH. de la ONU," in *Telesur*, 28 october 28, 2015 available at: http://www.telesurtv.net/news/Venezuela-reelegida-miembro-de-la-Comision-de-DD.HH.-de-la-ONU--20151028-0039.html

Simply, and unfortunately, nowadays it is not really serious at all to talk about protection of humans rights in Venezuela, or by the Venezuelan Government in international forums; and much less during the past months, when an elected body representing the people, as it is the National Assembly, has been systematically blocked and annulled in his legislative and political control roles, precisely by the Supreme Tribunal, who is now governing the country.

If the representatives of the peoples cannot control the Government or the Public Administration or even pass an amnesty law, precisely for the protections of human rights particularly of those incarcerated without cause, as the one sanctioned last month, which the same Constitutional Chamber considered unconstitutional in its entirely, of course violating the Constitution; is very little what can be done in the country if the authoritarian government continues squashing human rights with absolute impunity.

In that situation, expressions like the one of the Supreme Courts of Chile, Costa Rica and Brasil, as well as of International institutions and events like this one at Princeton University, all are welcomed and appreciated by all Venezuelans defending democracy, the democratic values and human rights.

Many thanks

Princeton, May 6, 2016

SECCIÓN CUARTA

LA CONSTITUCIÓN COMO PROMESA INCUMPLIDA: EL CASO DE VENEZUELA[*]

Esta Sección cuarta es el texto de la conferencia dictada en la Real Academia de Jurisprudencia y Legislación, Madrid, 23 de mayo 2016.

Antes de mi salida de Nueva York, hace un par de días, leí un reportaje recién publicado en el *The Washington Post*, referido a Venezuela, con el sugestivo título de: "Nunca ha habido un país que debió haber sido tan rico pero terminó siendo tan pobre," narrando cosas realmente terribles sobre mi país, que luego de más de quince años de una supuesta "revolución bonita" ha quedado convertido a juicio del periodista en un "Estado fallido," en "un Estado gansteril que no sabe cómo hacer nada salvo vender drogas o robarse dinero a sí mismo," o "en la respuesta de lo que sucedería cuando un cartel de drogas iletrado se apodera de un país."

En el reportaje, citando al Fondo Monetario Internacional y a Transparencia Internacional, además, se resumió la situación del país describiéndolo con la "economía con peor crecimiento en el mundo y con la peor rata de inflación, el segundo país con la peor rata de crímenes y de mortalidad infantil en hospitales públicos y cuya moneda ha perdido desde 2012, el 90% de su valor;" ubicándose al país además, como el noveno más corrupto del mundo, solo superado por Somalia, Corea del Norte, Afganistán, Sudan, Angola, Libia e Iraq. Es lo que se llama, conforme al periodista "un completo colapso económico y social" que sucede en el país que tiene

---

* Texto ampliado de la conferencia dictada en la *Real Academia de Jurisprudencia y Legislación* de Madrid, el 23 de mayo 2016.

"las más grandes reservas petroleras del mundo." Para explicarlo, sin embargo, concluye el reportaje, no hay "misterio alguno, pues a quien hay que culpar es al gobierno," siendo por tanto Venezuela "un desastre hecho por el hombre."[1944]

Eso fue a mi salida de Nueva York, pero sólo para encontrarme ayer a mi llegada a Madrid, con la edición dominical del diario *La Razón*, dedicada a analizar, como lo explica el Editorial del mismo, "la catastrófica situación política, social y económica que atraviesa Venezuela," refiriéndose – cito – al:

> "largo e insidioso proceso que ha llevado a la principal potencia petrolera americana a convertirse en una caricatura fiel de las dictaduras bananeras. Porque, y es importante recalcarlo, Venezuela no ha llegado a donde está de la noche a la mañana. Décadas de demagogia y populismo, de políticas clientelares regadas con las divisas del petróleo, de retórica izquierdista y estatización de la economía, de militarismo y exclusión del discrepante, de aferrarse al voluntarismo frente a la realidad han dejado un país en el que toda desgracia encuentra asiento. Venezuela es hoy un lugar en el que la gente sin mayores recursos pasa literalmente hambre, en el que la violencia y los homicidios alcanzan tasas de un país en guerra civil, cada vez más corrompido por el narcotráfico, con las instituciones del Estado cooptadas por el partido en el poder, las estructuras productivas hundidas y gobernados por un trasunto orwelliano que ve conspiraciones, complots magnicidas y amenazas extranjera donde sólo hay hartazgo de tanta mentira, reclamos de libertad y exigencia de una política económica y monetaria basada en la ciencia del mercado y no en la ideología redentorista. Los venezolanos padecen las consecuencias de la colusión de la ineficacia de sus gobernantes, la corrupción de la nomenclatura del régimen y el colapso de las instituciones." [1945]

Si, el colapso de las instituciones, y es ello lo que nosotros hombres del mundo del derecho, de la jurisprudencia y legislación, estamos obligados a estudiar, particularmente cuando tenemos la oportunidad de reunirnos en Reales y destacadas Corporaciones como esta, ante la cual tengo esta noche el gran honor de poder hablar.

Y en efecto, a la catastrófica situación política, económica y social que atraviesa Venezuela, que ciertamente no se ha producido de la noche a la mañana, se agrega la trágica situación de las instituciones del país que comenzaron a ser demolidas desde el mismo momento en el cual se aprobó la Constitución de 1999, habiendo resultado la misma en no ser más que una promesa incumplida, es decir, en una gran mentira, cuyo librito tanto han blandido los gobernantes, pero no para aplicarla, sino cada vez que la han violado.

1944 Véase Matt. O'Brein, "There has never been a country that should have been so rich but ended up this poor," *The Washington Post*, Washington, May 19, 2016, en https://www.washingtonpost.com/news/wonk/wp/2016/05/19/-there-has-never-been-a-country-that-should-have-been-so-rich-but-ended-up-this-poor/ En la misma orientación, el Editorial de *El Tiempo*, Bogotá, del 22 de mayo de 2016, "Una tragedia que no da espera,", dice: "La que en épocas pasadas fuera la nación con el segundo nivel de desarrollo más alto de América Latina es hoy un lugar donde reina la desesperanza. Resulta increíble constatar cómo en un territorio que cuenta con las mayores reservas de petróleo del mundo no solo hay que hacer filas para adquirir bienes esenciales, sino que en muchos casos la espera es infructuosa porque los artículos nunca llegan a los anaqueles", en http://www.eltiempo.com/opinion/editorial/una-tragedia-que-no-da-espera-editorial-el-tiempo/16599526.

1945 Véase "Editorial," *La Razón*, Madrid, 22 de mayo de 2016, p. 3.

Una Constitución, conforme a los principios del constitucionalismo moderno, para ser tal, ante todo debe ser un pacto de una sociedad formulada por el pueblo como promesa para ser cumplida por los gobernantes.[1946] Por ello las Constituciones hablan de sí mismas como "norma suprema,"[1947] significando con ello que lo que se está consagrando en realidad es el principal derecho del ciudadano en una sociedad democrática que es el derecho a la Constitución y a su supremacía,[1948] es decir, el derecho a que la promesa que contiene no pierda vigencia, ni sea violada; a que no sea modificada o reformada sino mediante los procedimientos previstos en la propia Constitución; y el derecho, además, a poder controlar la constitucionalidad de todos los actos del Estado que sean contrarios a la promesa constitucional.[1949]

En Venezuela, conforme a esos principios, en 1999 y como consecuencia de un proceso constituyente que llevó a cabo una Asamblea Nacional Constituyente mal conformada y peor estructurada,[1950] –quizás el origen remoto de todo el colapso posterior–, se sancionó una Constitución con la promesa de conformar un "Estado democrático y social de derecho y de Justicia, con forma federal y descentralizada,[1951] sobre la base de tres pilares político-constitucionales, ninguno de los cuales se ha estructurado realmente: *primero*, un sistema de control del poder mediante su separación horizontal y su distribución vertical; *segundo*, un sistema político de gobierno democrático, de democracia representativa y participativa, que asegure la legitimidad democrática de la elección de los titulares de los órganos del Poder Público; y *tercero*, un sistema económico de economía mixta conforme a principios de justicia social, basado en el principio de la libertad como opuesto al de economía dirigi-

---

1946 Véase Allan R. Brewer-Carías, *Reflexiones sobre la Revolución Americana (1776), la Revolución Francesa (1789) y la Revolución Hispanoamericana (1810-1830) y sus aportes al constitucionalismo moderno*, Colección Derecho Administrativo N° 2, Universidad Externado de Colombia, Bogotá 2008.

1947 Como se expresa en el artículo 7 de la Constitución de Venezuela de 1999. Me correspondió proponer en la Asamblea Nacional Constituyente de 1999 la consagración expresa del principio de supremacía en los artículos 7 y 334. Véase Allan R. Brewer-Carías, *Debate Constituyente, (Aportes a la Asamblea Nacional Constituyente)*, Tomo II, (9 septiembre-17 octubre 1999), Fundación de Derecho Público-Editorial Jurídica Venezolana, Caracas, 1999, p. 24.

1948 Al tema me he referido en diversos trabajos, y entre ellos, en el libro Allan R. Brewer-Carías, *Mecanismos nacionales de protección de los derechos humanos (Garantías judiciales de los derechos humanos en el derecho constitucional comparado latinoamericano)*, Instituto Interamericano de Derechos Humanos, San José, 2005, pp. 74 ss.; y "Sobre las nuevas tendencias del derecho constitucional: del reconocimiento del derecho a la Constitución y del derecho a la democracia", en *VNIVERSITAS, Revista de Ciencias Jurídicas (Homenaje a Luis Carlos Galán Sarmiento)*, Pontificia Universidad Javeriana, facultad de Ciencias Jurídicas, N° 119, Bogotá 2009, pp. 93-111.

1949 Como lo visualizó Alexander Hamilton en *El Federalista* (1788) en los inicios del constitucionalismo moderno: "Una Constitución es, de hecho, y así debe ser vista por los jueces, como ley fundamental, por tanto, corresponde a ellos establecer su significado así como el de cualquier acto proveniente del cuerpo legislativo Si se produce una situación irreconocible entre los dos, por supuesto, aquel que tiene una superior validez es el que debe prevalecer; en otras palabras, la Constitución debe prevalecer sobre las leyes, *así como la intención del pueblo debe prevalecer sobre la intención de sus agentes,*" en *The Federalist* (ed. por B.F. Wrigth), Cambridge, Mass. 1961, pp. 491-493.

1950 Véase Allan R. Brewer-Carías, *Golpe de Estado y proceso constituyente en Venezuela*, Universidad nacional Autónoma de México, México 2002.

1951 Véase el estudio de la Constitución en cuanto a la regulación de este modelo de Estado Constitucional en Allan R. Brewer-Carías, *La Constitución de 1999. Derecho Constitucional venezolano*, 2 tomos, Caracas 2004.

da,[1952] con la participación de la iniciativa privada y del propio Estado como promotor del desarrollo económico y regulador de la actividad económica.

Yo mismo contribuí a la redacción de aquella Constitución como miembro independiente que fui de la Asamblea, –formando junto con otros tres constituyentes la exigua minoría opositora de cuatro constituyentes en una Asamblea de 161 miembros, totalmente dominada por los seguidores del entonces Presidente Hugo Chávez–; y sé que transcurridos ya más de tres lustros desde que se sancionó, nada de lo que se prometió en su texto se ha cumplido, pudiendo considerársela como la muestra más vívida en el constitucionalismo contemporáneo, de una Constitución que ha sido violada y vulnerada desde antes incluso de que fuera publicada.

La Constitución en efecto, se aprobó mediante referendo el 20 de diciembre de 1999, pero no pasó una semana cuando ya comenzó a ser violada, antes incluso de su publicación, al decretarse por la propia Asamblea que ya había concluido sus funciones, un supuesto "Régimen Transitorio" no aprobado por el pueblo que en muchos aspectos duró varios lustros, violando de entrada lo que se había prometido, para que no se pudiera cumplir, en lo que entonces califiqué como un golpe de Estado.[1953]

Ese fue el origen de un régimen constitucional que en definitiva fue establecido para no ser cumplido, que fue una gran mentira desde su inicio, en particular por lo que se refiere al establecimiento de un régimen político democrático representativo y participativo, que no ocurrió; al establecimiento de un Estado democrático de derecho y de justicia, lo cual no sucedió; a la consolidación de un Estado federal descentralizado, que al contrario fue una forma estatal que se abandonó; y al establecimiento de un Estado social, que no pasó de ser una vana ilusión propagandista, habiendo solo adquirido la deformada faz de un Estado populista, para en definitiva empobrecer y hacer dependiente de una burocracia gigante e ineficiente a las perso-

---

1952 Véase sobre la Constitución Económica, lo que hemos expuesto en Allan R. Brewer-Carías, *La Constitución de 1999. Derecho Constitucional Venezolano*, Tomo II, Editorial Jurídica venezolana, Caracas 2004 pp. 53 ss; y en "Reflexiones sobre la Constitución Económica" en *Estudios sobre la Constitución Española. Homenaje al Profesor Eduardo García de Enterría,* Madrid, 1991, pp. 3.839 a 3.853. Véase, además, Henrique Meier, "La Constitución económica", en *Revista de Derecho Corporativo*, Vol. 1, N° 1. Caracas, 2001, pp. 9-74; Dagmar Albornoz, "Constitución económica, régimen tributario y tutela judicial efectiva", en *Revista de Derecho Constitucional*, N° 5 (julio-diciembre), Editorial Sherwood, Caracas, 2001, pp. 7-20; Ana C. Núñez Machado, "Los principios económicos de la Constitución de 1999", en *Revista de Derecho Constitucional,* N° 6 (enero-diciembre), Editorial Sherwood, Caracas, 2002, pp. 129-140; Claudia Briceño Aranguren y Ana C. Núñez Machado, "Aspectos económicos de la nueva Constitución", en *Comentarios a la Constitución de la República Bolivariana de Venezuela*, Vadell Hermanos, Editores, Caracas, 2000, pp. 177 y ss.; Jesús María Alvarado Andrade, "La 'Constitución económica' y el sistema económico comunal (Reflexiones Críticas a propósito de la Ley Orgánica del Sistema Económico Comunal)," en Allan R. Brewer-Carías (Coordinador), Claudia Nikken, Luis A. Herrera Orellana, Jesús María Alvarado Andrade, José Ignacio Hernández y Adriana Vigilanza, *Leyes Orgánicas sobre el Poder Popular y el Estado Comunal (Los Consejos Comunales, las Comunas, la Sociedad Socialista y el Sistema Económico Comunal)*, Editorial Jurídica Venezolana, Caracas 2011, pp. 377-456

1953 Véase Allan R. Brewer-Carías, *Golpe de Estado y proceso constituyente en Venezuela*, Universidad nacional Autónoma de México, México 2002. A ello se sumaron diversas "modificaciones" o "reformas" al texto introducidas con ocasión de "correcciones de estilo" para su publicación lo que ocurrió el 30 de diciembre de 1999. Véase Allan R. Brewer-Carías, "Comentarios sobre la ilegítima "Exposición de Motivos" de la Constitución de 1999 relativa al sistema de justicia constitucional", en la *Revista de Derecho Constitucional*, N° 2, Enero-Junio 2000, Caracas 2000, pp. 47-59.

nas de menos recursos, que hoy ya son casi todos los habitantes del país, que sufren las mismas carestías.

I. EL INCUMPLIMIENTO DE LA PROMESA CONSTITUCIONAL POR EL ESTABLECIMIENTO DE UN RÉGIMEN POLÍTICO DEMOCRÁTICO, ALTERNATIVO Y PARTICIPATIVO: UNA GRAN MENTIRA

Lo primero que se incumplió desde el inicio de la vigencia de la Constitución de 1999, fue la promesa fundamental de que el Estado se iba a configurar como un Estado democrático, con un gobierno que además de representativo y alternativo, iba a ser participativo (art. 6).

El sistema de división del Poder Público que se configuró en la Constitución, no solo fue entre los tres Poderes tradicionales (Ejecutivo, Legislativo y Judicial), sino entre cinco poderes, agregándose a esos, el Poder Electoral, con la autoridad electoral, y el Poder Ciudadano, con los órganos de control; cuyos titulares todos deben ser electos en forma directa o indirecta conforme a los principios de la democracia representativa.

En tal sentido, si bien por lo que se refiere a la elección directa de los órganos del Poder Ejecutivo y del Poder Legislativo por sufragio universal directo y secreto, la misma se ha realizado en el país durante los últimos años, aún con altibajos; en cambio, en materia de elección popular indirecta de los titulares de los Poderes Judicial, Ciudadano y Electoral, que debía realizarse por la Asamblea Nacional como Cuerpo elector de segundo grado, esa elección se ha hecho violando la Constitución, sin la mayoría calificada exigida para el voto de los diputados y sin asegurarse la participación ciudadana en la postulación de los nominados.[1954]

La promesa constitucional en este campo se violó desde el inicio, y con ello, se sembró el virus que afectó la separación de poderes, al incluirse el antes mencionado " régimen transitorio" para-constitucional de 1999, conforme al cual se comenzó a designar a esos altos funcionarios apartándose de lo exigido en la Constitución, cuyas normas en la materia siguieron violándose sucesivamente mediante leyes dictadas en 2000,[1955] en 2001 y 2004, respecto del Poder Ciudadano y Electoral[1956] y a partir de 2004 respecto del Tribunal Supremo de Justicia.[1957] Esta deformación legislativa que el Tribunal Supremo se negó a controlar, incluso condujo a la inconstitucional designación desde 2004, de los titulares del Consejo Nacional Electoral, no por la Asamblea Nacional como lo prometió la Constitución, sino por el propio Tri-

1954 Véase los comentarios sobre la inconstitucional práctica legislativa reguladora de los Comités de Postulaciones integradas, cada uno, con una mayoría de diputados, convirtiéndolas en simples "comisiones parlamentarias ampliadas, en Allan R. Brewer-Carías, "La participación ciudadana en la designación de los titulares de los órganos no electos de los Poderes públicos en Venezuela y sus vicisitudes políticas, en la *Revista Iberoamericana de Derecho Público y Administrativo,* Año 5, Nº 5-205, San José, Costa Rica, 2005, pp. 76-95.

1955 Ley Especial para la designación de los Titulares de los Poderes Públicos. *Gaceta Oficial* Nº 37.077 de 14 de noviembre de 2000. La impugnación por inconstitucional de dicha Ley en 2000, hay que recordarlo, le costó el cargo a la primera Defensora del Pueblo que había electo la Asamblea Constituyente en 1999.

1956 Ley Orgánica del Poder Ciudadano, *Gaceta Oficial* Nº 37.310 de 25 de octubre de 2001; y Ley Orgánica del Poder Electoral, *Gaceta Oficial* Nº 37.573 de 19 de noviembre de 2002.

1957 Ley Orgánica del Tribunal Supremo de Justicia, *Gaceta Oficial* Nº 37.942 del 19 de mayo de 2004.

bunal Supremo ya controlado por el Poder Ejecutivo. Posteriormente, las inconstitucionales designaciones se repitieron en 2014[1958] y más recientemente en diciembre de 2015,[1959] con la designación por ejemplo, de los Magistrados del Tribunal Supremo por parte de la anterior Asamblea Nacional pero sin la mayoría calificada que es la garantía de su representatividad, y sin asegurarse la participación de los diversos sectores de la sociedad como lo exigía la Constitución.[1960]

Por ello, además de incumplirse la promesa de asegurar la representatividad democrática, se violó también la exigencia constitucional de asegurar la participación ciudadana, lo que se ha ratificado, con la violación de la obligación impuesta a los órganos del Estado de someter a consulta popular, los proyectos de ley (art. 211).

La Asamblea Nacional, en efecto, hasta 2015 no hizo consulta popular efectiva alguna sobre los proyectos de ley dictados en los últimos lustros,[1961] y en todo caso, la posibilidad de participación popular se disipó totalmente en virtud de que en ese período la Asamblea simplemente dejó de legislar y delegó en el Poder Ejecutivo la legislación básica del país, al punto de que más del 90% de las leyes vigentes fueron dictadas mediante decretos leyes que, por supuesto, nunca fueron consultados al pueblo. Y lo peor de ello, es que fue la Sala Constitucional del Tribunal Supremo, es decir, el Juez Constitucional, completamente bajo control del Poder Ejecutivo, el que en 2014 cohonestó, en fraude a la Constitución,[1962] el incumplimiento de la

---

1958 Véase Allan R. Brewer-Carías, "El golpe de Estado dado en diciembre de 2014 en Venezuela con la inconstitucional designación de las altas autoridades del Poder Público," en *El Cronista del Estado Social y Democrático de Derecho*, N° 52, Madrid 2015, pp. 18-33; José Ignacio Hernández, "La designación del Poder Ciudadano: fraude a la Constitución en 6 actos;" en *Prodavinci*, 22 de diciembre, 2014, en http://prodavinci.com/blogs/la-designacion-del-poder-ciudadano-fraude-a-la-constitucion-en-6-actos-por-jose-i-hernandez/

1959 Véase Allan R. Brewer-Carías, "El golpe de Estado dado en diciembre de 2014, con la inconstitucional designación de las altas autoridades del Poder Público," en *Revista de Derecho Público,* N° 140 (Cuarto Trimestre 2014, Editorial Jurídica Venezolana, Caracas 2014, pp. 495-518.

1960 Como se dijo, los mecanismos de participación ciudadana directamente previstos en la Constitución le fueron arrebatados al pueblo, al distorsionarse en la legislación la integración de los Comités de Postulaciones Judiciales, Electorales y del Poder Ciudadano, que quedaron bajo el control político de la mayoría oficialista de la Asamblea Nacional sin que el ciudadano y sus organizaciones pueda participar Véase Allan R. Brewer-Carías, "La participación ciudadana en la designación de los titulares de los órganos no electos de los Poderes Públicos en Venezuela y sus vicisitudes políticas", en *Revista Iberoamericana de Derecho Público y Administrativo*, Año 5, N° 5-2005, San José, Costa Rica 2005, pp. 76-95.

1961 Véase por ejemplo, "Apreciación general sobre los vicios de inconstitucionalidad que afectan los Decretos Leyes Habilitados" en *Ley Habilitante del 13-11-2000 y sus Decretos Leyes*, Academia de Ciencias Políticas y Sociales, Serie Eventos N° 17, Caracas 2002, pp. 63-103; y "El derecho ciudadano a la participación popular y la inconstitucionalidad generalizada de los decretos leyes 2010-2012, por su carácter inconsulto," en *Revista de Derecho Público,* N° 130, (abril-junio 2012), Editorial Jurídica Venezolana, Caracas 2012, pp. 85-88.

1962 La Sala Constitucional del Tribunal Supremo de Justicia en la sentencia N° 74 de 25-01-2006 señaló que un *fraude a la Constitución* ocurre cuando se destruyen las teorías democráticas "mediante el procedimiento de cambio en las instituciones existentes aparentando respetar las formas y procedimientos constitucionales", o cuando se utiliza "del procedimiento de reforma constitucional para proceder a la creación de un nuevo régimen político, de un nuevo ordenamiento constitucional, sin alterar el sistema de legalidad establecido, como ocurrió con el *uso fraudulento de los poderes* conferidos por la ley marcial en la Alemania de la Constitución de *Weimar*, forzando al Parlamento a conceder a los líderes fascistas, en términos de dudosa legitimidad, la plenitud del poder constituyente, otorgando un poder legislativo ilimitado"; y que un *falseamiento de la Constitución* ocurre cuando se otorga "a las normas promesa constitucional de participación popular, estableciendo que la obligación de la consulta popular de las leyes solo existía cuando la Asamblea legislara pero no cuando el Ejecutivo lo hiciera.[1963] Tal es el descaro de violación de la Constitución en esta materia, que en solo dos días de diciembre de 2015, entre el 28 y 29, y en plenas fiestas navideñas, la Asamblea que terminaba su período y el Presidente de la República, con el objeto de privar de poderes a la nueva Asamblea que tomaba posesión el 5 de enero de 2016, dictaron más de 40 leyes – en sólo dos días – que solo fue cuando salieron publicadas que el país se enteró de su contenido y propósito.[1964]

Así, las dos promesas de democracia participativa directamente establecidas en la Constitución, la participación ciudadana para el proceso de nominación de los altos funcionarios de los Poderes Públicos, y la consulta popular de las leyes, fueron olvidadas y la Constitución violada.

Y a ello se suma la resistencia del régimen a aceptar que el pueblo active los mecanismos de democracia directa que se previeron en la Constitución, en especial, la figura del referendo revocatorio del mandato presidencial, que si bien es poco común en el constitucionalismo comparado, fue insertado en la Constitución como respuesta a la extensión de hasta seis años del período del Presidente de la República, pudiendo convocarse por iniciativa popular una vez cumplido a la mitad del mismo. Pero todo ello no ha sido más que otra mentira. El referendo revocatorio ya se experimentó en 2004, con su convocatoria para revocar el mandato del Presidente Chávez, que el Poder Electoral entrabó hasta la saciedad mediante el cuestionamiento de las más de tres millones y medio de firma que en dos oportunidades lo peticionaron, [1965] de manera que para cuando se pudo realizar finalmente, a pesar de que el mandato del Presidente fue revocado constitucionalmente (votaron más electores por revocarlo que los que votaron por elegirlo), el Consejo Nacional Electoral, ya con-

---

constitucionales una interpretación y un sentido distinto del que realmente tienen, que es en realidad una modificación no formal de la Constitución misma", concluyendo con la afirmación de que "*Una reforma constitucional sin ningún tipo de límites, constituiría un fraude constitucional*". Véase en *Revista de Derecho Público,* Editorial Jurídica Venezolana, N° 105, Caracas 2006, pp. 76 ss. Véase Néstor Pedro Sagües, *La interpretación judicial de la Constitución*, Buenos Aires 2006, pp. 56-59, 80-81, 165 ss.

1963 Véase sentencia N° 203 de 25 de marzo de 2014. Caso *Síndica Procuradora Municipal del Municipio Chacao del Estado Miranda, impugnación del Decreto Ley de Ley Orgánica de la Administración Pública de 2008,* en http://www.tsj.gov.ve/decisiones/scon/marzo/162349-203-25314-2014-09-0456.HTML La Ley impugnada fue publicada en *Gaceta Oficial* N° 5.890 Extra. de 31 de julio de 2008. Véase Allan. Brewer-Carías, "El fin de la llamada "democracia participativa y protagónica" dispuesto por la Sala Constitucional en fraude a la Constitución, al justificar la emisión de legislación inconsulta en violación al derecho a la participación política," en *Revista de Derecho Público,* N° 137 (Primer Trimestre 2014, Editorial Jurídica Venezolana, Caracas 2014, pp. 157-164.

1964 Además finalmente, basta solo constatar que durante las sesiones extraordinarias celebradas entre el 23 y el 30 de diciembre de 2015, en plena fiestas navideñas, la Asamblea "discutió" y sancionó 20 leyes, sin que se hubiese hecho consulta popular alguna. Véase por ejemplo *Gaceta Oficial* N° 40.819 de diciembre de 2015.

1965 Véase Allan R. Brewer-Carías, *La Sala Constitucional versus el Estado democrático de derecho. El secuestro del Poder Electoral y de la Sala Electoral del Tribunal Supremo y la confiscación del derecho a la participación política*, Los Libros de El Nacional, Colección Ares, Caracas 2004; "El secuestro del Poder Electoral y la confiscación del derecho a la participación política mediante el referendo revocatorio presidencial: Venezuela 2000-2004", en *Boletín Mexicano de Derecho Comparado,* Instituto de Investigaciones Jurídicas, Universidad Nacional Autónoma de México, N° 112. México, enero-abril 2005 pp. 11-73.

trolado por el Poder Ejecutivo, en combinación con el Juez Constitucional, convirtieron el referendo revocatorio en un inexistente referendo "ratificatorio;" pasando luego, el gobierno a desarrollar el proceso de discriminación política más masivo de la historia, al publicar la lista ("lista Tascón") de los peticionantes –más de tres millones– quienes quedaron excluidos de toda posibilidad de entrar en contacto con la Administración del Estado, hasta incluso para poder sacar el documento de identidad.

Igual situación está ocurriendo en estos momentos: luego de que hace escasas semanas se presentó una petición popular para iniciar ahora el proceso de convocatoria del referendo revocatorio del Presidente Nicolás Maduro, respaldada por más de dos millones de firmas, respecto de lo cual ya el Consejo Nacional Electoral ha iniciado el proceso de entrabamiento, siguiendo las órdenes del Poder Ejecutivo que se resiste a aceptar que carece de respaldo popular.

Por último, otra promesa constitucional incumplida respecto del gobierno democrático aparte de las violaciones a los principios de representatividad y participación antes referidas, ha sido el abandono al principio pétreo y más que bicentenario de la alternabilidad republicana, para impedir la reelección sucesiva e ilimitada de los gobernantes. Para apartarse de lo prometido en la Constitución, Hugo Chávez propuso su reforma en 2007 para establecer la posibilidad de reelección indefinida, lo cual sin embargo, fue rechazado popularmente mediante referendo. En fraude a la voluntad popular, dos años después, Chávez logró la aprobación de una Enmienda Constitucional, y desde entonces Venezuela está inmersa en la misma corriente continuista en la cual andan otros países de América Hispana, precisa y contradictoriamente con lo que sostuvo quien supuestamente (aun cuando erradamente, pues es otra mentira) sería el mentor del régimen autoritario, Simón Bolívar. Sobre esto, en 1819, en realidad Bolívar sostuvo que "las repetidas elecciones son esenciales en los sistemas populares, porque nada es tan peligroso como dejar permanecer largo tiempo en un mismo ciudadano el poder. El pueblo se acostumbra a obedecerle y él se acostumbra a mandarlo."[1966]

Y lo más grave en este cambio de un principio que se expresó como promesa en la Constitución de 1999 al decir que el gobierno "es y será siempre alternativo," (art. 6), fue que de nuevo, correspondió al Juez Constitucional proceder muy diligentemente a "mutar" ilegítimamente la Constitución,[1967] confundiendo deliberada y maliciosamente "gobierno alternativo" con "gobierno electivo,"[1968] con lo cual se abrió el camino para una Enmienda Constitucional antes mencionada.

1966 Véase en Simón Bolívar, *Escritos Fundamentales*, Caracas, 1982.

1967 Una mutación constitucional ocurre cuando se modifica el contenido de una norma constitucional de tal forma que aún cuando la misma conserva su contenido, recibe una significación diferente. Véase Salvador O. Nava Gomar, "Interpretación, mutación y reforma de la Constitución. Tres extractos" en Eduardo Ferrer Mac-Gregor (coordinador), Interpretación Constitucional, Tomo II, Ed. Porrúa, Universidad Nacional Autónoma de México, México 2005, pp. 804 ss. Véase en general sobre el tema, Konrad Hesse, "Límites a la mutación constitucional", en *Escritos de derecho constitucional*, Centro de Estudios Constitucionales, Madrid 1992.

1968 Véase sentencia de N° 53 de 3 de febrero de 2009. Véase los comentarios en Allan R. Brewer-Carías, "El Juez Constitucional vs. La alternabilidad republicana (La reelección continua e indefinida), en *Revista de Derecho Público*, N° 117, (enero-marzo 2009), Caracas 2009, pp. 205-211.

O sea, lo prometido en la Constitución no fue más que otra mentira, habiendo sido a base de mentiras que el régimen se apoderó de todas las instituciones del Estado,[1969] y destruyó el principio de la separación de poderes.

II. EL INCUMPLIMIENTO DE LA PROMESA CONSTITUCIONAL POR EL ESTABLECIMIENTO DE UN ESTADO DEMOCRÁTICO DE DERECHO Y DE JUSTICIA: LA DESTRUCCIÓN DE LA SEPARACIÓN DE PODERES

Y en efecto, la segunda promesa incumplida de la Constitución de 1999 fue la de la configuración de un "Estado democrático y social de derecho y de justicia" como lo define la Constitución, montado sobre la base de un sistema de separación de poderes y de control recíproco entre los mismos, todo lo cual no fue más que una máscara para el establecimiento, en su lugar, de un Estado Totalitario, de concentración y centralización total del poder, donde por supuesto ninguno de los elementos esenciales y de los componentes fundamentales de la democracia se ha asegurado.[1970]

Para que exista un Estado democrático, por sobre todo, y hay que recordarlo una y otra vez, el mismo tiene que estar montado sobre el principio de siempre de la separación e independencia de los poderes públicos, que asegure que el ejercicio del poder esté sometido a control, particularmente a cargo de una Justicia autónoma e independiente. Solo así se puede llegar a hablar de un "Estado de justicia" como el que prometió la Constitución; y de un sistema de equilibro entre los poderes y prerrogativas de la Administración del Estado y los derechos de los ciudadanos, que está a la base del derecho administrativo mismo.[1971]

Es decir, sin separación de poderes y sin un sistema de control del poder, simplemente no pueden realizarse verdaderas elecciones libres, justas y confiables; no puede haber pluralismo político, ni acceso al poder conforme a la Constitución; no puede haber efectiva participación en la gestión de los asuntos públicos, ni transparencia administrativa en el ejercicio del gobierno, ni rendición de cuentas por parte de los gobernantes; en fin, no puede haber sumisión efectiva del gobierno a la Constitución y las leyes, así como subordinación de los militares al gobierno civil; no puede haber efectivo acceso a la justicia; y real y efectiva garantía de respeto a los derechos humanos, incluyendo la libertad de expresión y los derechos sociales.[1972]

1969 Véase Allan R. Brewer-Carías, *La mentira como política de Estado, Crónica de una crisis política permanente. Venezuela 1999-2015*, Editorial Jurídica Venezolana International, Caracas 2015.

1970 Véase Allan R. Brewer-Carías, *Estado totalitario y desprecio a la ley. La desconstitucionalización, desjuridificación, desjudicialización y desdemocratización de Venezuela*, Fundación de Derecho Público, Editorial Jurídica Venezolana, 2014.

1971 Véase sobre el tema Gustavo Tarre Briceño, *Solo el poder detiene al poder, La teoría de la separación de los poderes y su aplicación en Venezuela*, Colección Estudios Jurídicos N° 102, Editorial Jurídica Venezolana, Caracas 2014; y Jesús María Alvarado Andrade, "División del Poder y Principio de Subsidiariedad. El Ideal Político del Estado de Derecho como base para la Libertad y prosperidad material" en Luis Alfonso Herrera Orellana (Coord.), *Enfoques Actuales sobre Derecho y Libertad en Venezuela*, Academia de Ciencias Políticas y Sociales, Caracas, 2013, pp. 131-185.

1972 Véase Allan R. Brewer-Carías, "Prólogo" al libro de Gustavo Tarre Briceño, *Solo el poder detiene al poder, La teoría de la separación de los poderes y su aplicación en Venezuela*, Colección Estudios Jurídicos N° 102, Editorial Jurídica Venezolana, Caracas 2014, pp. 13-49.

Nada de ello se ha podido lograr en Venezuela, a pesar de todas las promesas de la Constitución, al haberse concentrado en las manos del Poder Ejecutivo el control sobre los otros Poderes Públicos, particularmente sobre el Tribunal Supremo de Justicia y del órgano electoral, al punto de que a pesar de que en diciembre de 2015 se eligió una nueva Asamblea Nacional mayoritariamente controlada en forma incluso calificada por la oposición al gobierno autoritario, la misma ha sido progresivamente privada por el Juez Constitucional en los últimos meses de sus competencias. El Tribunal Supremo en efecto, ha despojado a la Asamblea de sus potestades de legislación, imponiendo hasta una inconstitucional autorización previa por parte del Ejecutivo para poder poner en vigencia las leyes; [1973] y de sus potestades de control político y administrativo, imponiendo el visto bueno previo del Vicepresidente ejecutivo para poder interpelar a un Ministro, con preguntas solo formuladas por escrito, [1974] incluso barriendo las potestades de la Asamblea para aprobar votos de censura a los Ministros o para improbar los estados de excepción que se decreten.[1975] Es decir, el Poder Legislativo representado por la Asamblea ha sido totalmente neutralizado, al punto de que todas, absolutamente todas las leyes que ha sancionado desde enero de 2016 han sido declaradas inconstitucionales. [1976]

Es decir, de los cinco poderes públicos que debían estar separados, si bien el único con autonomía frente al Poder Ejecutivo desde enero de 2016 es la Asamblea

---

1973 Véase los comentarios en Allan R. Brewer-Carías, "El fin del Poder Legislativo: La regulación por el Juez Constitucional del régimen interior y de debates de la Asamblea Nacional, y la sujeción de la función legislativa de la Asamblea a la aprobación previa por parte del Poder Ejecutivo, 3 de mayo de 2016, disponible en http://www.allanbrewercarias.com/Con-tent/449725d9-flcb-474b-8ab2-41efb849fea3/Content/Brewer.%20EL%20FIN%20DEL%20PODER%20LEGISLATIVO.%20SC.%20mayo%202016.pdf

1974 Véase los comentarios en Allan R. Brewer-Carías, "la inconstitucional "restricción" impuesta por el Presidente de la República a la Asamblea Nacional para aprobar votos de censura contra los ministros." 8 de mayo de 2016, disponible en http://www.allanbrewercarias.com/Content/449725d9-flcb-474b-8ab2-41efb849fea3/Content/BREWER.%20INCONSTITUCIONAL%20RESTRICCI%C3%93N%20CENSURA%20ASAMBLEA%20A%20MINISTROS%208.5.2016.pdf

1975 Véase los comentarios en Allan R. Brewer-Carías, "El ataque de la Sala Constitucional contra la Asamblea Nacional y su necesaria e ineludible reacción. De cómo la Sala Constitucional del Tribunal Supremo pretendió privar a la Asamblea Nacional de sus poderes constitucionales para controlar sus propios actos, y reducir inconstitucionalmente sus potestades de control político sobre el gobierno y la administración pública; y la reacción de la Asamblea Nacional contra a la sentencia Nº 9 de 1-3-2016, disponible en http://www.allanbrewercarias.com/Content/449725d9-flcb-474b-8ab241efb849-fea3/Content/Brewer.%20El%20ataque%20Sala%20Constitucional%20v.%20Asamblea%20Nacional.%20SentNo.%209%201-3-2016).pdf ; y "Nuevo golpe contra la representación popular: la usurpación definitiva de la función de legislar por el Ejecutivo Nacional y la suspensión de los remanentes poderes de control de la Asamblea con motivo de la declaratoria del estado de excepción y emergencia económica," 19 de mayo de 2016 >>http://www.allanbrewercarias.com/Content/449725d9-flcb-474b-8ab2-41efb849fea3/Content/Brewer.%20Golpe%20final%20a%20la%20democracia.%20%20Edo%20excepci%C3%B3n%20%2019%20mayo%202016.pdf .

1976 Véase los comentarios en Allan R. Brewer-Carías, "La aniquilación definitiva de la potestad de legislar de la Asamblea Nacional: el caso de la declaratoria de inconstitucionalidad de la Ley de reforma de la Ley Orgánica del Tribunal Supremo de Justicia," 16 de mayo de 2016, disponible en http://www.allanbrewercarias.com/Content/449725d9-flcb-474b-8ab2-41efb849fea3/Content/Brewer.%20Aniquilaci%C3%B3n%20%20Asamblea%20Nacional.%20Inconstituc.%20Ley%20TSJ%2015-5-2016.pdf.

Nacional, por el golpe de Estado que el Poder Ejecutivo le ha dado en colusión con el Poder Judicial, hoy está materialmente paralizado; y en cambio, los otros Poderes Públicos, cuyos titulares fueron designados por la antigua Asamblea sin cumplir con la Constitución, quedaron todos como dependientes de Ejecutivo habiendo abandonado sus poderes de control.

Así durante 17 años, por ejemplo, la Contraloría General de la República dejó de ejercer control fiscal alguno de la Administración Pública, razón por la cual, entre otros factores el país está ubicado en el primer lugar del índice de corrupción en el mundo, según las cifras a que antes me referí difundidas por Transparencia Internacional.[1977] El Defensor del Pueblo, desde cuando la primera persona designada para ocupar el cargo en 2000 fue removida del mismo por haber intentado un recurso judicial contra la Ley que violaba el derecho colectivo a la participación política para la nominación de los altos titulares de los Poderes Públicos,[1978] dicho órgano abandonó toda idea de defensa de derechos humanos, convirtiéndose en el órgano oficial para avalar la violación de los mismos por parte de las autoridades del Estado.[1979] El Ministerio Público que ejerce la Fiscalía General de la República, en lugar de haber sido la parte de buena fe necesaria del proceso penal, ha asumido el rol de ser el principal instrumento para asegurar la impunidad en el país, y la persecución política.[1980] Además está el Poder Electoral, a cargo del Consejo Nacional Electoral, que ha terminado de ser una especie de agente electoral del gobierno, integrado por militantes del partido oficial en violación abierta de la Constitución, habiendo deja-

---

1977 Véase el Informe de la ONG alemana, Transparencia Internacional de 2013, en el reportaje: "Aseguran que Venezuela es el país más corrupto de Latinoamérica," en *El Universal*, Caracas 3 de diciembre de 2013, en http://www.eluniversal.com/nacional-y-politica/131203/aseguran-que-venezuela-es-el-pais-mas-corrupto-de-latinoamerica. Igualmente véase el reportaje en BBC Mundo, "Transparencia Internacional: Venezuela y Haití, los que se ven más corruptos de A. Latina," 3 de diciembre de 2013, en http://www.bbc.co.uk/mundo/ultimas_noticias/2013/12/131203_ultnot_transparencia_corrupcion_lp.shtml. Véase al respecto, Román José Duque Corredor, "Corrupción y democracia en América Latina. Casos emblemáticos de corrupción en Venezuela," en *Revista Electrónica de Derecho Administrativo*, Universidad Monteávila, 2014.

1978 Véase los comentarios en Allan R. Brewer-Carías, "La participación ciudadana en la designación de los titulares de los órganos no electos de los Poderes Públicos en Venezuela y sus vicisitudes políticas", en *Revista Iberoamericana de Derecho Público y Administrativo*, Año 5, Nº 5-2005, San José, Costa Rica 2005, pp. 76-95.

1979 Por ejemplo, ante la crisis de la salud denunciada por la Academia Nacional de Medicina en agosto de 2014, reclamando la declaratoria de emergencia del sector, la respuesta de la Defensora del Pueblo fue simplemente que en Venezuela no había tal crisis. Véase el reportaje: "Defensora del Pueblo Gabriela Ramírez afirma que en Venezuela no existe ninguna crisis en el sector salud," en *Noticias Venezuela*, 20 agosto de 2014, en http://noticiasvene-zuela.info/2014/08/defensora-del-pueblo-gabriela-ramirez-afirma-que-en-venezuela-no-existe-ninguna-crisis-en-el-sector-salud/; y el reportaje: "Gabriela Ramírez, Defensora del Pueblo: Es desproporcionada petición de emergencia humanitaria en el sector salud," en El Universal, Caracas 20 de agosto de 2014, en http://m.eluniversal.com/nacional-y-politica/140820/es-desproporcionada-peticion-de-emergencia-humanitaria-en-el-sector-sa. Por ello, con razón, el Editorial del diario *El Nacional* del 22 de agosto de 2014, se tituló: "A quien defiende la defensora?" Véase en http://www.el-nacional.com/opinion/editorial/defiende-defensora_19_468743123.html.

1980 Como se destacó en el Informe de la Comisión Internacional de Juristas sobre *Fortalecimiento del Estado de Derecho en Venezuela*, publicado en Ginebra en marzo de 2014, el "Ministerio Público sin garantías de independencia e imparcialidad de los demás poderes públicos y de los actores políticos," quedando los fiscales "vulnerables a presiones externas y sujetos órdenes superiores." Véase en http://icj.wpengine.netdna-cdn.com/wp-content/uploads/2014/06/VENEZUELA-Informe-A4-elec.pdf do de ser el árbitro independiente en las elecciones. En todo caso, desde 2004 quedó totalmente secuestrado por el Poder Ejecutivo, al ser sus jerarcas nombrados por el Tribunal Supremo de Justicia y ni siquiera por la Asamblea Nacional como correspondía.[1981]

En ese marco de incumplimiento de la promesa de establecer un Estado democrático sometido a control, en todo caso, lo más grave en Venezuela ha sido el efecto devastador que ha tenido para las instituciones, el control político que se ejerce sobre el Poder Judicial. Si un Poder Judicial está controlado por el Ejecutivo o el Legislativo, por más separados que incluso éstos puedan estar, no existe el principio de la separación de poderes, y en consecuencia, no se puede hablar de Estado de derecho.

Y esa es la situación en Venezuela, donde desde 1999, por obra de la misma Asamblea Nacional Constituyente se comenzó a establecer una composición del Tribunal Supremo de Justicia para asegurar su control por parte del Ejecutivo; y como al Tribunal se le atribuyó el gobierno y administración de la Justicia (que antes estaba en manos de un Consejo de la Judicatura que se eliminó), a través del mismo se ha politizado toda la Judicatura. Las promesas constitucionales sobre la independencia y autonomía del Poder Judicial, todas han sido violadas: Durante quince años, no se han respetado las condiciones para la elección de los Magistrados del Tribunal Supremo, ni la mayoría calificada de votos en la Asamblea requerida para ello, ni la participación ciudadana requerida en la nominación de candidatos. Jamás se han celebrado los concursos públicos de oposición para la elección de los jueces como lo prevé la Constitución para que ingresen a la carrera judicial, que materialmente no existe.[1982] Además, como desde 1999 la Asamblea Nacional Constituyente intervino el Poder Judicial, [1983] ratificada luego con el régimen transitorio emitido después de la aprobación popular de la Constitución, que aún no concluye, los jueces han sido destituidos a mansalva y masivamente, sin garantías al debido proceso, con la consecuencia de que la Judicatura se llenó de jueces temporales y provisiona-

---

1981 Véase Allan R. Brewer–Carías, "El secuestro del Poder Electoral y la confiscación del derecho a la participación política mediante el referendo revocatorio presidencial: Venezuela 2000–2004,", en *Boletín Mexicano de Derecho Comparado*, Instituto de Investigaciones Jurídicas, Universidad Nacional Autónoma de México, N° 112. México, enero–abril 2005 pp. 11–73; *La Sala Constitucional versus el Estado Democrático de Derecho. El secuestro del poder electoral y de la Sala Electoral del Tribunal Supremo y la confiscación del derecho a la participación política*, Los Libros de El Nacional, Colección Ares, Caracas, 2004, 172 pp.

1982 Como lo destacó la misma Comisión Internacional de Juristas, en un *Informe* de marzo de 2014, que resume todo lo que en el país se ha venido denunciando en la materia, al dar "cuenta de la falta de independencia de la justicia en Venezuela," se destaca que "el Poder Judicial ha sido integrado desde el Tribunal Supremo de Justicia (TSJ) con criterios predominantemente políticos en su designación. La mayoría de los jueces son "provisionales" y vulnerables a presiones políticas externas, ya que son de libre nombramiento y de remoción discrecional por una Comisión Judicial del propio Tribunal Supremo, la cual, a su vez, tiene una marcada tendencia partidista." Véase en http://icj.wpengine.netdna-cdn.com/wp-content/uploads/2014/06/VENEZUELA-Informe-A4-elec.pdf

1983 Véase nuestro voto salvado a la intervención del Poder Judicial por la Asamblea Nacional Constituyente en Allan R. Brewer–Carías, *Debate Constituyente, (Aportes a la Asamblea Nacional Constituyente)*, Tomo I, (8 agosto–8 septiembre), Caracas 1999; y las críticas formuladas a ese proceso en Allan R. Brewer–Carías, *Golpe de Estado y proceso constituyente en Venezuela*, Universidad Nacional Autónoma de México, México, 2002.

les,[1984] sin garantía de estabilidad; quedando la destitución de los mismos al arbitrio de una Comisión ad hoc del Tribunal Supremo de Justicia, todo ello con el aval del mismo. Y en cuanto a la Jurisdicción Disciplinaria Judicial prevista en la Constitución, la misma no fue sino otra mentira, al punto de que la que se creó en 2011 se conformó como dependiente de la Asamblea Nacional, es decir, sujeta al control político.[1985]

La verdad es que es ciertamente imposible conseguir en Constitución alguna en el mundo contemporáneo un conjunto de promesas constitucionales como las insertas en la Constitución venezolana de 1999 para asegurar la independencia judicial. Lamentablemente, sin embargo, fueron todas declaraciones formuladas para no ser cumplidas, dando como resultado la trágica dependencia del Poder Judicial que quedó sometido en su conjunto a los designios y control político por parte del Poder Ejecutivo,[1986] funcionando al servicio del gobierno del Estado y de su política autoritaria.

Como lo observó la Comisión Internacional de Juristas de Ginebra en 2014:

> "Un sistema de justicia que carece de independencia, como lo es el venezolano, es comprobadamente ineficiente para cumplir con sus funciones propias. En este sentido en Venezuela, [...] el poder judicial, precisamente por estar sujeto a presiones externas, no cumple su función de proteger a las personas frente a los abusos del poder sino que por el contrario, en no pocos casos es utilizado como mecanismo de persecución contra opositores y disidentes o simples críticos del proceso político, incluidos dirigentes de partidos, defensores de derechos humanos, dirigentes campesinos y sindicales, y estudiantes."[1987]

Con todo esto, la promesa constitucional de la separación de poderes y sobre todo de la autonomía e independencia del Poder Judicial, quedó incumplida, siendo

---

1984 En el *Informe Especial* de la Comisión sobre Venezuela correspondiente al año 2003, la misma también expresó, que "un aspecto vinculado a la autonomía e independencia del Poder Judicial es el relativo al carácter provisorio de los jueces en el sistema judicial de Venezuela. Actualmente, la información proporcionada por las distintas fuentes indica que más del 80% de los jueces venezolanos son "provisionales". *Informe sobre la Situación de los Derechos Humanos en Venezuela 2003, cit.* párr. 161.

1985 Solo fue, luego de que el gobierno perdió la mayoría en la Asamblea Nacional, que la saliente Asamblea en unas ilegítimas sesiones extraordinarias celebradas en diciembre de 2015, reformó la Ley del Código de Ética del Juez, pero para quitarle a la nueva Asamblea la competencia para nombrar dichos jueces (que por supuesto nunca debó tener), y pasarlos al Tribunal Supremo. Véase en *Gaceta Oficial* N° 6204 Extra de 30 de diciembre de 2015.

1986 Véase Allan R. Brewer–Carías, "La progresiva y sistemática demolición de la autonomía en independencia del Poder Judicial en Venezuela (1999–2004)", en *XXX Jornadas J.M Domínguez Escovar, Estado de derecho, Administración de justicia y derechos humanos,* Instituto de Estudios Jurídicos del Estado Lara, Barquisimeto, 2005, pp. 33–174; y "La justicia sometida al poder [La ausencia de independencia y autonomía de los jueces en Venezuela por la interminable emergencia del Poder Judicial (1999–2006)]" en *Cuestiones Internacionales. Anuario Jurídico Villanueva 2007,* Centro Universitario Villanueva, Marcial Pons, Madrid, 2007, pp. 25–57; "La demolición de las instituciones judiciales y la destrucción de la democracia: La experiencia venezolana," en *Instituciones Judiciales y Democracia. Reflexiones con ocasión del Bicentenario de la Independencia y del Centenario del Acto Legislativo 3 de 1910,* Consejo de Estado, Sala de Consulta y Servicio Civil, Bogotá 2012, pp. 230-254.

1987 Véase en http://icj.wpengine.netdna-cdn.com/wpcontent/uploads/2014/06/-VENEZUELA-Informe-A4-elec.pdf por tanto las previsiones constitucionales una gran mentira, habiendo el Poder Judicial abandonado su función fundamental de servir de instrumento de control y de balance respecto de las actividades de los otros órganos del Estado para asegurar su sometimiento a la Constitución y a la ley; y a la vez, habiendo materialmente desaparecido el derecho ciudadano a la tutela judicial efectiva y a controlar el poder. Lo que se ha producido ha sido una desjusticiabilidad del Estado, siendo inconcebible que el Poder Judicial en Venezuela hoy pueda llegar a decidir y enjuiciar la conducta de la Administración y frente a ella, garantizar los derechos ciudadanos.

III. EL INCUMPLIMIENTO DE LA PROMESA CONSTITUCIONAL PARA ESTABLECIMIENTO UN ESTADO FEDERAL DESCENTRALIZADO, Y LA CONSOLIDACIÓN DE UN ESTADO TOTALITARIO CENTRALIZADO USANDO LA MASCARA DE LA "PARTICIPACIÓN"

La tercera gran promesa de la Constitución venezolana de 1999, también totalmente incumplida fue la del reforzamiento de un "Estado federal descentralizado," que debía responder a la tradición histórica que se remonta a la Constitución Federal de los Estados de Venezuela de 1811, y que debía haber asegurado la prometida política, también definida constitucionalmente, de la descentralización política para "profundizar la democracia, acercando el poder a la población y creando las mejores condiciones, tanto para el ejercicio de la democracia como para la prestación eficaz y eficiente de los cometidos estatales" (art. 158); para lo cual lo que debió haberse hecho era el reforzamiento de las instancias regionales y locales de gobierno, federalizándose y municipalizándose todos los rincones del país.[1988]

De nuevo, mentira y vanas ilusiones, o promesa deliberadamente incumplida, al haberse desarrollado en su lugar, en los últimos tres lustros, una política para lograr todo lo contrario, es decir, para centralizar completamente el Estado, eliminando todo vestigio de descentralización política, de autonomía territorial y de democracia representativa a nivel local, particularmente en el municipio que al contrario a la promesa constitucional que lo declara como la unidad política primaria en la organización nacional, (art. 168) ha sido vaciado de contenido.[1989] La realidad es que lo que se ha producido en Venezuela ha sido un lamentable proceso de desmunicipali-

1988 Véase Allan R. Brewer-Carías, "La descentralización política en la Constitución de 1999: Federalismo y Municipalismo (una reforma insuficiente y regresiva" en *Boletín de la Academia de Ciencias Políticas y Sociales*, Nº 138, Año LXVIII, Enero-Diciembre 2001, Caracas 2002, pp. 313-359.

1989 Ello incluso se dispuso así en la reforma de la Ley Orgánica del Poder Público Municipal de 2010, para privar al Municipio de su carácter constitucional de "unidad política primaria de la organización nacional," sustituyéndoselo por comunas; eliminándose de paso en carácter representativo de las "parroquias" que como entidades locales están en la Constitución (art. 173) Véase en *Gaceta Oficial* Nº 6.015 Extraordinario del 28 de diciembre de 2010.

zación,[1990] y con ello, de ausencia efectiva de posibilidad de participación, pues ésta solo puede materializarse en sistemas políticos descentralizados.[1991]

Para lograr desmontar lo que quedaba de Estado federal, minimizar el Municipio y eliminar la participación política, el Estado totalitario utilizó en forma falaz y engañosa la creación de instancias comunales, prometiendo una "participación política protagónica," pero que resultó para lo contrario, para establecer estructuras más centralistas, controladas por el Poder Ejecutivo y el partido de gobierno, en lo que denominó el Estado del Poder Popular o Estado Comunal. En el mismo se estructuraron unos Consejos Comunales carentes de pluralismo político y sin dirigentes electos mediante sufragio, sino más bien impuestos y controlados directamente por el Poder Central,[1992] configurándose en una falacia engañosa de participación.[1993]

Ese esquema centralista se pretendió formalizar en 2007 con la rechazada reforma constitucional que el Presidente Chávez propuso ese año,[1994] tratando de sustituir el Estado Constitucional por el llamado Estado del Poder Popular socialista,[1995] pero ello fue rechazado por el pueblo. Sin embargo, violando la promesa constitucional de la rigidez, el Estado Totalitario en fraude a la voluntad popular y a la propia Constitución, procedió a implementar mediante leyes las reformas constitucionales

---

1990 Véase Allan R. Brewer-Carías, "El inicio de la desmunicipalización en Venezuela: La organización del Poder Popular para eliminar la descentralización, la democracia representativa y la participación a nivel local", en *AIDA, Opera Prima de Derecho Administrativo. Revista de la Asociación Internacional de Derecho Administrativo*, Universidad Nacional Autónoma de México, Facultad de Estudios Superiores de Acatlán, Coordinación de Postgrado, Instituto Internacional de Derecho Administrativo "Agustín Gordillo", Asociación Internacional de Derecho Administrativo, México, 2007, pp. 49 a 67.

1991 Véase por ejemplo, Allan R. Brewer-Carías, "Democracia participativa, descentralización política y régimen municipal", en Miguel Alejandro López Olvera y Luis Gerardo Rodríguez Lozano (Coordinadores), *Tendencias actuales del derecho público en Iberoamérica*, Editorial Porrúa, México 2006, pp. 1-23; Allan R. Brewer-Carías, "La descentralización del poder en el Estado democrático contemporáneo", en Antonio María Hernández (Director) José Manuel Belisle y Paulina Chiacchiera Castro (Coordinadores), *La descentralización del poder en el Estado Contemporáneo*, Asociación Argentina de derecho constitucional, Instituto Italiano de Cultura de Córdoba, Instituto de derecho constitucional y derecho público provincial y municipal Joaquín V. González, Facultad de Derecho y Ciencias Sociales Universidad nacional de Córdoba, Córdoba Argentina, 2005, pp. 75-89.

1992 Véase Allan R. Brewer-Carías, *Ley Orgánica de Consejos Comunales*, Colección Textos Legislativos, Nº 46, Editorial Jurídica Venezolana, Caracas 2010.

1993 Véase sobre esto Allan R. Brewer-Carías, "La necesaria revalorización de la democracia representativa ante los peligros del discurso autoritario sobre una supuesta "democracia participativa" sin representación," en *Derecho Electoral de Latinoamérica. Memoria del II Congreso Iberoamericano de Derecho*, Bogotá, 31 agosto-1 septiembre 2011, Consejo Superior de la Judicatura, ISBN 978-958-8331-93-5, Bogotá 2013, pp. 457-482. Véase además, el texto de la Ponencia: "La democracia representativa y la falacia de la llamada "democracia participativa," *Congreso Iberoamericano de Derecho Electoral*, Universidad de Nuevo León, Monterrey, 27 de noviembre 2010.

1994 Véase Allan R. Brewer-Carías, *La reforma constitucional de 2007 (Comentarios al proyecto inconstitucionalmente sancionado por la Asamblea Nacional el 2 de noviembre de 2007)*, Colección Textos Legislativos, Nº 43, Editorial Jurídica Venezolana, Caracas 2007; y *Hacia la consolidación de un Estado socialista, centralizado, policial y militarista. Comentarios sobre el sentido y alcance de las propuestas de reforma constitucional 2007*, Colección Textos Legislativos, Nº 42, Editorial Jurídica Venezolana, Caracas 2007.

1995 Véase *Discurso del Presidente Chávez de Presentación del Anteproyecto de Constitución ante la Asamblea Nacional*, Caracas 2007.

rechazadas. Así, en 2010, la Asamblea sancionó un conjunto de leyes orgánicas,[1996] estableciendo el mencionado Estado Comunal, pero en paralelo al Estado Constitucional, desconstitucionalizándolo,[1997] violando expresamente la promesa constitucional de la democracia representativa al disponer sin ambages que estas instancias comunales "no nacen del sufragio ni de elección alguna," es decir, no responden a la promesa constitucional. Y violándose la Constitución se llegó en dichas leyes, a imponerle la obligación a los titulares electos de los órganos del Estado Constitucional de tener que "gobernar obedeciendo"[1998] precisamente a los órganos del supuesto Estado del Poder Popular, que no son electos popularmente.

Además, la formal desmunicipalización del país se decretó en otra Ley Orgánica para la Transferencia al Poder Popular de la Gestión y Administración Comunitaria de Servicios de 2012, produciéndose así la desmunicipalización del país,[1999] con el objeto de vaciar de competencias a los Estados y Municipios, para transferirlas a los Consejos Comunales, que como antes dije quedaron integrados por "voceros" no electos y sin representatividad democrática, dependientes del Poder central.[2000]

1996 Véase Leyes Orgánicas del Poder Popular, de las Comunas, de los Consejos Comunales, del Sistema Económico Comunal, de Planificación Pública y Comunal y de Contraloría Social, en *Gaceta Oficial* N° 6.011 Extra. de 21-12-2010. Véase en general sobre estas leyes, Allan R. Brewer-Carías, Claudia Nikken, Luis A. Herrera Orellana, Jesús María Alvarado Andrade, José Ignacio Hernández y Adriana Vigilanza, *Leyes Orgánicas sobre el Poder Popular y el Estado Comunal (Los consejos comunales, las comunas, la sociedad socialista y el sistema económico comunal*) Colección Textos Legislativos N° 50, Editorial Jurídica Venezolana, Caracas 2011; Allan R. Brewer-Carías, "La Ley Orgánica del Poder Popular y la desconstitucionalización del Estado de derecho en Venezuela," en *Revista de Derecho Público*, N° 124, Editorial Jurídica Venezolana, Caracas 2010, pp. 81-101.

1997 Véase en general sobre este proceso de desconstitucionalización del Estado, Allan R. Brewer-Carías, "La desconstitucionalización del Estado de derecho en Venezuela: del Estado Democrático y Social de derecho al Estado Comunal Socialista, sin reformar la Constitución," *en Libro Homenaje al profesor Alfredo Morles Hernández, Diversas Disciplinas Jurídicas,* (Coordinación y Compilación Astrid Uzcátegui Angulo y Julio Rodríguez Berrizbeitia), Universidad Católica Andrés Bello, Universidad de Los Andes, Universidad Monteávila, Universidad Central de Venezuela, Academia de Ciencias Políticas y Sociales, Vol. V, Caracas 2012, pp. 51-82; en Carlos Tablante y Mariela Morales Antonorzzi (Coord.), *Descentralización, autonomía e inclusión social. El desafío actual de la democracia*, Anuario 2010-2012, Observatorio Internacional para la democracia y descentralización, En Cambio, Caracas 2011, pp. 37-84; y en *Estado Constitucional,* Año 1, N° 2, Editorial Adrus, Lima, junio 2011, pp. 217-236.

1998 El artículo 24 de la Ley Orgánica del Poder Popular, en efecto, dispone sobre las "Actuaciones de los órganos y entes del Poder Público" que "Todos los órganos, entes e instancias del Poder Público guiarán sus actuaciones por el principio de gobernar obedeciendo, en relación con los mandatos de los ciudadanos, ciudadanas y de las organizaciones del Poder Popular, de acuerdo a lo establecido en la Constitución de la República y las leyes." Ello, por supuesto, se configura como una limitación inconstitucional a la autonomía política de los órganos del Estado Constitucional, particularmente de los electos, como la Asamblea Nacional, los Gobernadores y Consejos Legislativos de los Estados y los Alcaldes y Concejos Municipales, confiscándose la soberanía popular trasladándola de sus representantes electros a unas asambleas que no lo representan.

1999 Para vaciar a los Municipios de toda competencia se dictó en 2012 una Ley Orgánica para la Gestión Comunitaria de Competencias, Servicios y Otras Atribuciones (Decreto Ley N° 9.043, Véase en *Gaceta Oficial* N° 6.097 Extra. de 15 de junio de 2012), transformada en 2014, en la Ley Orgánica para la Transferencia al Poder Popular de la Gestión y Administración Comunitaria de Servicios (Véase en *Gaceta Oficial* N° 40.540 de 13 de noviembre de 2014.

2000 Como observó Cecilia Sosa Gómez, para entender esta normativa hay que "aceptar la desaparición de las instancias representativas, estadales y municipales, y su existencia se justicia en la medida que año a año transfiera sus competencias hasta que desaparezcan de hecho, aunque sigan sus nombres (Pode-

A todo lo anterior, en la carrera de incumplir promesas constitucionales, en 2009 se despojó de la autonomía política requerida al Distrito Capital, dictándose una Ley para crear un "gobierno" de la ciudad capital (Caracas) no electo democráticamente, dependiente del Poder Ejecutivo, en paralelo al gobierno democrático del Alcalde del Área Metropolitana de Caracas, con el objeto de minimizarlo y ahogarlo.[2001]

A lo anterior se agrega el proceso de desmantelamiento de la autonomía de los Estados de la Federación, al haberse regulado durante los últimos lustros, diversas estructuras en la Administración Central nacional denominadas Regiones, dependientes del Vicepresidente Ejecutivo de la República, pero creadas en forma paralela y superpuesta a la Administración de los Estados, para terminar de ahogarlas.[2002]

En esta forma, al fraude a la Constitución, que ha sido la técnica constantemente aplicada por el gobierno autoritario en Venezuela desde 1999 para imponer sus decisiones a los venezolanos al margen de la Constitución,[2003] olvidándose de las promesas constitucionales, se ha sumado posteriormente el fraude a la voluntad popular, al imponerle a los venezolanos mediante leyes orgánicas un modelo de Estado por el cual nadie nunca ha votado y que más bien el pueblo rechazó, que cambia radical e

---

res Públicos Estadal y Municipal) apareciendo en la Constitución. El control de estas empresas, las tiene el Poder Público Nacional, específicamente el Poder Ejecutivo, en la cabeza de un Ministerio." Véase Cecilia Sosa G., "El carácter orgánico de un Decreto con fuerza de Ley (no habilitado) para la gestión comunitaria que arrasa lentamente con los Poderes estadales y municipales de la Constitución," en *Revista de Derecho Público*, N° 130, Editorial Jurídica Venezolana, Caracas 2012, p. 152. Véase sobre la Ley Orgánica de 2012, los comentarios de: José Luis Villegas Moreno, "Hacia la instauración del Estado Comunal en Venezuela: Comentario al Decreto Ley Orgánica de la Gestión Comunitaria de Competencia, Servicios y otras Atribuciones, en el contexto del Primer Plan Socialista-Proyecto Nacional Simón Bolívar 2007-2013"; de Juan Cristóbal Carmona Borjas, "Decreto con rango, valor y fuerza de Ley Orgánica para la Gestión Comunitaria de Competencias, Servicios y otras atribuciones;" de Cecilia Sosa G., "El carácter orgánico de un Decreto con fuerza de Ley (no habilitado) para la gestión comunitaria que arrasa lentamente con los Poderes estadales y municipales de la Constitución;" de José Ignacio Hernández, "Reflexiones sobre el nuevo régimen para la Gestión Comunitaria de Competencias, Servicios y otras Atribuciones;" de Alfredo Romero Mendoza, "Comentarios sobre el Decreto con rango, valor y fuerza de Ley Orgánica para la Gestión Comunitaria de Competencias, Servicios y otras Atribuciones;," y de Enrique J. Sánchez Falcón, "El Decreto con Rango, Valor y Fuerza de Ley Orgánica para la Gestión Comunitaria de Competencias, Servicios y otras Atribuciones o la negación del federalismo cooperativo y descentralizado," en *Revista de Derecho Público*, N° 130, Editorial Jurídica Venezolana, Caracas 2012, pp. 127 ss.

2001 Véase en *Gaceta Oficial* N° 39.156, de 13 de abril de 2009. Véase en general, Allan R. Brewer-Carías et al., *Leyes sobre el Distrito Capital y el Área Metropolitana de Caracas*, Editorial Jurídica Venezolana, Caracas 2009. El Alcalde Antonio Ledezma, incluso fue detenido por motivos políticos fútiles, situación en la que ha estado ya por varios años.

2002 Son los denominados "Órganos Desconcentrados de las Regiones Estratégicas de Desarrollo Integral (REDI),"a cargo de funcionarios denominados "Autoridades Regionales," o "Jefes de Gobierno" según la denominación de la Ley Orgánica de la Administración Pública Nacional de 2014 (art. 34.41), como integrantes de "los órganos superiores de dirección del Nivel Central de la Administración Pública nacional" (art. 44, 71); con "Dependencias" en cada Estado de la República, que están a cargo de Delegaciones Estadales, todos del libre nombramiento del Vicepresidente de la República. Véase Resolución N° 031 de la Vicepresidencia de la República, mediante la cual se establece la Estructura y Normas de Funcionamiento de los órganos Desconcentrados de las Regiones Estratégicas de Desarrollo Integral (REDI), en *Gaceta Oficial* N° 40.193 de 20-6-2013.

2003 Véase Allan R. Brewer-Carías, *Reforma constitucional y fraude a la Constitución (1999-2009)*, Academia de Ciencias Políticas y Sociales, Caracas 2009; *Dismantling Democracy. The Chávez Authoritarian Experiment*, Cambridge University Press, New York 2010.

inconstitucionalmente el texto de la Constitución de 1999, y que el Juez Constitucional se niega a controlar.

IV. EL INCUMPLIMIENTO DE LA PROMESA CONSTITUCIONAL PARA EL ESTABLECIMIENTO DE UN ESTADO SOCIAL DE SISTEMA ECONÓMICO DE ECONOMÍA MIXTA

Pero además de las tres promesas constitucionales básicas incumplidas por el gobierno autoritario, antes mencionadas, hay que agregar una cuarta gran promesa formulada en la Constitución de 1999 que ha sido incumplida en sus año de vigencia, que es el establecimiento de un Estado Social, montado en un esquema de Constitución económica de economía mixta,[2004] en el cual la iniciativa privada debía tener un rol tan importante como la del propio Estado. En los términos de la promesa constitucional (art. 299), ese Estado debía velar por la satisfacción de las necesidades colectivas de la población, de manera de asegurar la justicia social,[2005] mediante una justa distribución de la riqueza[2006] y la elevación del nivel de vida de la población, por supuesto en un marco democrático[2007] "en forma opuesta al autoritaris-

---

2004 Véase Allan R. Brewer-Carías, "Reflexiones sobre la Constitución económica" en *Estudios sobre la Constitución Española. Homenaje al Profesor Eduardo García de Enterría*, Editorial Civitas, Madrid, 1991, Tomo V, pp. 3.839-3.853; y lo expuesto en relación con la Constitución de 1999 en Alan R. Brewer-Carías, "Sobre el régimen constitucional del sistema económico," en *Debate Constituyente (Aportes a la Asamblea Nacional Constituyente), Tomo III (18 octubre-30 noviembre 1999),* Fundación de Derecho Público-Editorial Jurídica Venezolana, Caracas 1999, pp. 15-52.

2005 En términos de la jurisprudencia de la Sala Constitucional del Tribunal Supremo de Justicia expresada en 2004, "el Estado Social de Derecho es el Estado de la *procura existencial*, su meta es satisfacer las necesidades básicas de los individuos distribuyendo bienes y servicios que permitan el logro de un *standard* de vida elevado, colocando en permanente realización y perfeccionamiento el desenvolvimiento económico y social de sus ciudadanos." Véase sentencia Nº 1002 de 26 de mayo de 2004 (caso: Federación Médica Venezolana vs. Ministra de Salud y Desarrollo Social y el Presidente del Instituto Venezolano de los Seguros Sociales), en *Revista de Derecho Público*, Nº 97-98, Editorial Jurídica Venezolana, Caracas 2004, pp. 143 ss.

2006 La Sala Constitucional del Tribunal Supremo en sentencia Nº 85 del 24 de enero de 2002 (Caso *Asociación Civil Deudores Hipotecarios de Vivienda Principal (Asodeviprilara),* precisó en cuanto a "la protección que brinda el Estado Social de Derecho," no sólo que la misma está vinculada al "interés social" que se declara como "un valor que persigue equilibrar en sus relaciones a personas o grupos que son, en alguna forma, reconocidos por la propia ley como débiles jurídicos, o que se encuentran en una situación de inferioridad con otros grupos o personas, que por la naturaleza de sus relaciones, están en una posición dominante con relación a ellas;" sino que dicha protección "varía desde la defensa de intereses económicos de las clases o grupos que la ley considera se encuentran en una situación de desequilibrio que los perjudica, hasta la defensa de valores espirituales de esas personas o grupos, tales como la educación (que es deber social fundamental conforme al artículo 102 constitucional), o la salud (derecho social fundamental según el artículo 83 constitucional), o la protección del trabajo, la seguridad social y el derecho a la vivienda (artículos 82, 86 y 87 constitucionales), por lo que el interés social gravita sobre actividades tanto del Estado como de los particulares, porque con él se trata de evitar un desequilibrio que atente contra el orden público, la dignidad humana y la justicia social.". Véase en http://www.tsj.gov.ve/decisiones/scon/enero/85-240102-01-1274%20.htm.

2007 Véase la sentencia Nº 1158 de 18 de agosto de 2014 (Caso: amparo en protección de intereses difusos, Rómulo Plata, contra el Ministro del Poder Popular para el Comercio y Superintendente Nacional para la Defensa de los Derechos Socio Económicos), en http://www.tsj.gov.ve/decisiones/scon/agosto/168705-1158-18814-2014-14-0599.HTML. Véase en general, sobre el tema del Estado Social y el sistema de economía mixta: José Ignacio Hernández G. "Estado Social y Libertad de Empresa en Venezuela: Consecuencias Prácticas de un Debate Teórico" en *Seminario de Profesores de Derecho Público*, Caracas, 2010, en http://www.uma.edu.ve/admini/ck-finder/userfiles/files/Libertad_economica_seminario.pdf ; y "Estado social y ordenación constitucional del sistema económico venezolamo,"[2008] pues está montado sobre el reconocimiento constitucional de los derechos económicos de los individuos.[2009]

Esa promesa constitucional de la estructuración de un Estado social en Venezuela, a pesar de toda la propaganda oficial desarrollada por el gobierno, también ha sido sin duda palmariamente incumplida durante los últimos tres lustros, habiéndose estructurado, al contrario, un Estado totalitario montado sobre un sistema de economía socialista que no está en la Constitución, con el cual, violándosela, se ha ex-

---

no," Biblioteca Jurídica Virtual del Instituto de Investigaciones Jurídicas de la UNAM, en http://www.juridi-cas.unam.mx/publica/librev/rev/dconstla/cont/2006.1/pr/pr14.pdf; José Valentín González P, "Las Tendencias Totalitarias del Estado Social y Democrático de Derecho y el carácter iliberal del Derecho Administrativo", CEDICE-Libertad, 2012. http://cedice.org.ve/wpcontent/uploads/2012/12/-Tendencias-Totalitarias-del-Edo-Social-y-Democr%C3%A1tico-de-Derecho-Administrativo.pdf; y José Valentín González P, "Nuevo Enfoque sobre la Constitución Económica de 1999," en el libro *Enfoques sobre Derecho y Libertad*, Academia de Ciencias Políticas y Sociales, Serie Eventos, Caracas 2013.

2008 La Sala Constitucional del Tribunal Supremo en sentencia N° 117 de 6 de febrero de 2001, reiterando expresamente un fallo anterior de la antigua Corte Suprema de 15 de diciembre de 1998, expresó: "Los valores aludidos se desarrollan mediante el concepto de libertad de empresa, que encierra, tanto la noción de un derecho subjetivo "a dedicarse libremente a la actividad económica de su preferencia", como un principio de ordenación económica dentro del cual se manifiesta la voluntad de la empresa de decidir sobre sus objetivos. En este contexto, los Poderes Públicos, cumplen un rol de intervención, la cual puede ser directa (a través de empresas) o indirecta (como ente regulador del mercado) [...] A la luz de todos los principios de ordenación económica contenidos en la Constitución de la República Bolivariana de Venezuela, se patentiza el carácter mixto de la economía venezolana, esto es, un sistema socioeconómico intermedio entre la economía de libre mercado (en el que el Estado funge como simple programador de la economía, dependiendo ésta de la oferta y la demanda de bienes y servicios) y la economía interventora (en la que el Estado interviene activamente como el "empresario mayor"). Véase en *Revista de Derecho Público,* N° 85-88, Editorial Jurídica Venezolana, Caracas, 2001. Véase José Ignacio Hernández, "Constitución económica y privatización (Comentarios a la sentencia de la Sala Constitucional del 6 de febrero de 2001)", en *Revista de Derecho Constitucional,* Nº 5, julio-diciembre-2001, Editorial Sherwood, Caracas, 2002, pp. 327 a 342.

2009 En ese sistema de economía mixta, la Constitución, en efecto, regula los derechos económicos, en particular, siguiendo la tradición del constitucionalismo venezolano, la libertad económica como el derecho de todos de dedicarse libremente a la actividad económica de su preferencia, sin más limitaciones que las previstas en la Constitución y las que establezcan las leyes, por razones de desarrollo humano, seguridad, sanidad, protección del ambiente u otras de interés social (art. 112), y el derecho de propiedad; y la garantía de la expropiación (art. 115) y prohibición de la confiscación (art. 116). La Constitución, además, regula el derecho de todas las personas a disponer de bienes y servicios de calidad, así como a una información adecuada y no engañosa sobre el contenido y características de los productos y servicios que consumen, a la libertad de elección y a un trato equitativo y digno. (art. 117). Por la otra, en el texto constitucional se regulan las diferentes facetas de la intervención del Estado en la economía, como Estado promotor, es decir, que no sustituye a la iniciativa privada, sino que fomenta y ordena la economía para asegurar su desarrollo, en materia de promoción del desarrollo económico (art. 299); de promoción de la iniciativa privada (art. 112); de promoción de la agricultura para la seguridad alimentaria (art. 305); de promoción de la industria (art. 302); de promoción del desarrollo rural integrado (art. 306); de promoción de la pequeña y mediana industria (art. 308); de promoción de la artesanía popular (art. 309); y de promoción del turismo (art. 310).Además, se establecen normas sobre el Estado Regulador, por ejemplo en materia de prohibición de los monopolios (art. 113), y de restricción del abuso de las posiciones de dominio en la economía con la finalidad de proteger al público consumidor y los productores y asegurar condiciones efectivas de competencia en la economía. Además, en materia de concesiones estatales (art. 113); protección a los consumidores o usuarios (art. 117); política comercial (art. 301); y persecución de los ilícitos económicos (art. 114).Igualmente la Constitución prevé normas sobre la intervención del Estado en la economía, como Estado empresario, (art. 300); con especial previsión del régimen de la nacionalización petrolera y el régimen de la reserva de actividades económicas al Estado (art. 302 y 303).

cluido y perseguido la iniciativa privada y la libertad económica; incluso implementándoselo después del rechazo popular a la reforma constitucional de 2007 que buscaba establecerlo.[2010] De nuevo aquí, violándose la promesa de la rigidez constitucional, en abierta violación a la Constitución, en 2010 se dictó la Ley Orgánica del Sistema Económico Comunal,[2011] que al contrario de lo definido en la Constitución, se lo definió exclusivamente conforme a "principios y valores socialistas," incluso comunistas,[2012] buscando la eliminación de la propiedad privada[2013] en nombre de un

---

2010 Véase los comentarios a la reforma constitucional de 2007 aprobada por la Asamblea Nacional en Allan R. Brewer-Carías, *La reforma constitucional de 2007 (Comentarios al proyecto inconstitucionalmente sancionado por la Asamblea Nacional el 2 de noviembre de 2007)*, Colección Textos Legislativos, N° 43, Editorial Jurídica Venezolana, Caracas 2007.

2011 Véase en *Gaceta Oficial* N° 6.011 Extraordinario del 21 de diciembre de 2010. Véase mis comentarios sobre esta Ley Orgánica, en Allan R. Brewer-Carías, "Sobre la Ley Orgánica del Sistema Económico Comunal o de cómo se implanta en Venezuela un sistema económico comunista sin reformar la Constitución," en *Revista de Derecho Público*, N° 124, (octubre-diciembre 2010), Editorial Jurídica Venezolana, Caracas 2010, pp. 102-109; y Allan R. Brewer-Carías, "La reforma de la Constitución económica para implantar un sistema económico comunista (o de cómo se reforma la Constitución pisoteando el principio de la rigidez constitucional), en Jesús María Casal y María Gabriela Cuevas (Coordinadores), *Homenaje al Dr. José Guillermo Andueza. Desafíos de la República en la Venezuela de hoy. Memoria del XI Congreso Venezolano de Derecho Constitucional*, Universidad Católica Andrés Bello, Caracas 2013, Tomo I, pp. 247-296. Véase además el libro Allan R. Brewer-Carías et al., *Leyes Orgánicas sobre el Poder Popular y el Estado Comunal (Los Consejos Comunales, Las Comunas, La Sociedad Socialista y el Sistema Económico Comunal)*, Colección Textos Legislativos N° 50, Editorial Jurídica Venezolana, Caracas 2011. Véase igualmente, Allan R. Brewer-Carías, "La reforma de la Constitución económica para implantar un sistema económico comunista (o de cómo se reforma la Constitución pisoteando el principio de la rigidez constitucional), en Jesús María Casal y María Gabriela Cuevas (Coordinadores), *Homenaje al Dr. José Guillermo Andueza. Desafíos de la República en la Venezuela de hoy. Memoria del XI Congreso Venezolano de Derecho Constitucional*, Universidad Católica Andrés Bello, Caracas 2013, Tomo I, pp. 247-296.

2012 Ello, incluso deriva del texto expreso de la Ley Orgánica del Sistema Económico Comunal de 2010, a la que antes hemos mencionado, que define el "modelo productivo socialista" que se ha dispuesto para el país, como el "modelo de producción basado en la *propiedad social* [de los medios de producción], orientado hacia la *eliminación de la división social del trabajo* propio del modelo capitalista," y "dirigido a la satisfacción de necesidades crecientes de la población, a través de nuevas formas de generación y apropiación así como de la *reinversión social del excedente*" (art. 6.12). Basta destacar de esta definición legal, sus tres componentes fundamentales para entender de qué se trata, y que son: *la propiedad social, la eliminación de la división social del trabajo y la reinversión social del excedente*; que los redactores de la norma, sin duda, se copiaron de algún Manual vetusto de revoluciones comunistas fracasadas, parafraseando en el texto de una Ley, lo que Carlos Marx y Federico Engels escribieron hace más de 150 años, en 1845 y 1846, en su conocido libro *La Ideología Alemana* al definir la sociedad comunista. Por ejemplo, Marx y Engels, después de afirmar que la propiedad es "el derecho de suponer de la fuerza de trabajo de otros" y declarar que la "división del trabajo y la propiedad privada" eran "términos idénticos: uno de ellos, referido a la esclavitud, lo mismo que el otro, referido al producto de ésta," escribieron que: "la división del trabajo nos brinda ya el primer ejemplo de cómo, mientras los hombres viven en una sociedad natural, mientras se da, por tanto, una separación entre el interés particular y el interés común, mientras las actividades, por consiguientes no aparecen divididas voluntariamente, sino por modo natural [que se daba según Marx y Engels "en atención a las dotes físicas, por ejemplo, la fuerza corporal, a las necesidades, las coincidencias fortuitas, etc.] los actos propios del hombres se erigen ante él en un poder hostil y ajeno, que lo sojuzga, en vez de ser él quien los domine. En efecto, a partir del momento en que comienza a dividirse el trabajo, cada cual se mueve en un determinado circulo exclusivo de actividad, que le es impuesto y del cual no puede salirse; el hombre es cazador, pescador, pastor o crítico, y no tiene más remedio que seguirlo siendo, si no quiere verse privado de los medios de vida; al paso que en la sociedad comunista, donde cada individuo no tiene acotado un círculo exclusivo de actividades, sino que puede desarrollar sus aptitudes en la rama que mejor le parezca, la sociedad se encarga de regular la producción general, con lo que hace cabalfracasado e impreciso "socialismo del siglo XXI,"[2014] que no es nada distinto a todos los populismos fracasados de la historia.

Esa Ley se complementó con otras, como la Ley Orgánica de Precios Justos,[2015] con la cual inconstitucionalmente se reforzó la destrucción de la iniciativa privada en Venezuela, sin que se haya logrado en forma alguna "alcanzar la mayor suma de felicidad posible" como dice la Ley; habiendo la misma más bien conspirado contra la protección del salario, el ingreso digno de las familias, la propiedad privada y la productividad. Y así, destruido el aparato productivo del país, nada se ha podido hacer para garantizar "el acceso de las personas a los bienes y servicios para la satisfacción de sus necesidades" como reza la Ley.

En definitiva, lo que resultó de toda esta normativa fue un régimen de terror económico que puso a las empresas a la merced de la burocracia estatal y lamentablemente, en manos de la corrupción que tal poder genera; siendo ella la negación más paladina de las promesas y los principios más elementales que se configuraron

---

mente posible que yo pueda por la mañana cazar, por la tarde pescar y por la noche apacentar ganado, y después de comer, si me place, dedicarme a criticar, sin necesidad de ser exclusivamente cazador, pescador, pastor o crítico, según los casos." Véase en Karl Marx and Friedrich Engels, "The German Ideology," en *Collective Works*, Vol. 5, International Publishers, New York 1976, p. 47. Véanse además los textos pertinentes en http://www.educa.madrid.org/cmstools/files/0a24636f-764c-4e03-9c1d-6722e2ee60d7/Texto%20Marx%20y%20Engels.pdf. Véase sobre el tema Jesús María Alvarado Andrade, "La 'Constitución económica' y el sistema económico comunal (Reflexiones Críticas a propósito de la Ley Orgánica del Sistema Económico Comunal)," en Allan R. Brewer-Carías (Coordinador), Claudia Nikken, Luis A. Herrera Orellana, Jesús María Alvarado Andrade, José Ignacio Hernández y Adriana Vigilanza, *Leyes Orgánicas sobre el Poder Popular y el Estado Comunal (Los Consejos Comunales, las Comunas, la Sociedad Socialista y el Sistema Económico Comunal)*, Editorial Jurídica Venezolana, Caracas 2011, pp. 377-456.

2013 Véase por ejemplo lo expresado en el Voto Salvado del Magistrado Jesús Eduardo Cabrera a la sentencia Nº 2042 de la Sala Constitucional del Tribunal Supremo de 2 de noviembre de 2007, en el cual expresó sobre el proyecto de reforma constitucional de 2007 sobre el régimen de la propiedad, que: "El artículo 113 del Proyecto, plantea un concepto de propiedad, que se adapta a la propiedad socialista, y que es válido, incluso dentro del Estado Social; pero al limitar la propiedad privada solo sobre bienes de uso, es decir aquellos que una persona utiliza (sin especificarse en cual forma); o de consumo, que no es otra cosa que los fungibles, surge un cambio en la estructura de este derecho que dada su importancia, conduce a una transformación de la estructura del Estado. Los alcances del Derecho de propiedad dentro del Estado Social, ya fueron reconocidos en fallo de esta Sala de 20 de noviembre de 2002, con ponencia del Magistrado Antonio García García."

2014 Pompeyo Márquez, conocido dirigente de la izquierda venezolana ha expresado lo siguiente al contestar a una pregunta de un periodista sobre si "¿Existe "el socialismo bolivariano", tal como se define el Partido Socialista Unido de Venezuela (Psuv) en su declaración doctrinaria?" Dijo: "-No existe. Esto no tiene nada que ver con el socialismo. Después del XX Congreso del Partido Comunista de la Unión Soviética, donde Nikita Jrouschov denunció los crímenes de Stalin, se produjo un gran debate a escala internacional sobre las características del socialismo, y las definiciones, que se han esgrimido: Felipe González, Norberto Bobbio, para mencionar a un español y a un italiano son contestatarias a lo que se está haciendo aquí. // -Esto es una dictadura militar, que desconoce la Constitución, y la que reza en su artículo 6: "Venezuela es y será siempre una República democrática". Además, en el artículo 4 habla de un estado de derecho social. Habla del pluralismo y de una serie de valores, que han sido desconocidos por completo durante este régimen chavomadurista, que no es otra cosa que una dictadura. // -Esto se ve plasmado en la tendencia totalitaria, todos los poderes en manos del Ejecutivo. No hay independencia de poderes. No hay justicia. Aquí no hay donde acudir, porque no hay justicia. Cada vez más se acentúa la hegemonía comunicacional." Véase en *La Razón*, 31 julio, 2014, en http://www.lara-zon.net/2014/07/31/pompeyo-marquez-no-podemos-esperar-hasta-el-2019/.

2015 Véase *Gaceta Oficial* Nº 5156 extra de 19-11-2014.

en la Constitución para garantizar la libertad económica y el derecho de propiedad, y por tanto, el modelo de Estado Social de economía mixta.

El resultado ha sido, como ya lo constata el mundo entero, la minimización hasta llegar a la casi inexistencia del sector privado, mediante ocupaciones y confiscaciones masivas de empresas, fincas y medios de producción, sin garantía de justa indemnización, y que luego han sido abandonadas o desmanteladas, acabando con el aparato productivo del país.[2016]

De todo ello lo que ha resultado es que lejos de haberse desarrollado un Estado Social, ante el desempleo rampante, lo que se ha producido es un descomunal proceso de burocratización mediante el aumento del empleo público a niveles nunca antes vistos, por supuesto bien lejos de la meritocracia que prescribe también como promesa incumplida la Constitución, conforme a la cual el ingreso a la función pública debería ser sólo mediante concurso público (art. 146), provocando por ejemplo, que después de quince años de estatizaciones y populismo, el número de empleados públicos civiles en Venezuela sea el mismo que por ejemplo existe en toda la Administración Federal de los Estados Unidos.[2017]

Ahora, en cuanto a calidad de vida, lo que resultó en el país fue la implantación de la escasez de todos los productos básicos que afecta a todos por igual, pero que golpea a los que tienen menos recursos, pues sus ingresos resultaron cada vez menores por la galopante inflación que ha padecido el país, que es, como dije al inicio, no

---

2016 El que fue Ministro de Economía del país, Alí Rodríguez Araque, y artífice de la política económica en los últimos lustros ha explicado la situación así: "Hay que hacer ciertas definiciones estratégicas que no están claras. ¿Qué es lo que va a desarrollar el Estado?, porque la revolución venezolana no es la soviética, donde los trabajadores armados en medio de una enorme crisis asaltan el poder, destruyen el viejo Estado y construyen uno nuevo. Ni es la revolución cubana, donde un proceso armado asalta el poder y construye uno nuevo. Aquí se llegó al Gobierno a través del proceso electoral. La estructura del Estado es básicamente la misma. Yo viví la experiencia de la pesadez de la democracia. Una revolución difícilmente puede avanzar exitosamente con un Estado de esas características. Eso va a implicar un proceso tan largo como el desarrollo de las comunas. Un nuevo Estado tiene que basarse en el poder del pueblo. Mientras, durante un muy largo periodo, se van a combinar las acciones del Estado con las del sector privado. Tiene que haber una definición en ese orden, los roles que va a cumplir ese sector privado, estableciendo las regulaciones para evitar la formación de monopolios. Está demostrado que el Estado no puede asumir todas las actividades económicas. ¿Qué vamos a hacer con la siderúrgica? Yo no estoy proponiendo que se privatice, pero ¿vamos a continuar pasando más actividades al Estado cuando su eficacia es muy limitada?. ¿Qué vamos a hacer con un conjunto de actividades en las cuales se ha venido metiendo el Estado y que están francamente mal y no lo podemos ocultar? Esto no es problema del proceso revolucionario, su raíz es histórica". Véase "Ali Rodríguez Araque: El Estado no puede asumirlo todo.", en *Reporte Confidencial*, 10 de agosto de 2014, en http://www.reporteconfiden-cial.info/noticia/3223366/ali-rodriguez-araque-el-estado-no-puede-asumirlo-todo/ Véase igualmente lo expuesto por quien fue el ideólogo del régimen, y a quien se debe la denominación de "socialismo del siglo XXI", que ha expresado: que "El modelo del socialismo impulsado por Chávez fracasó:, siendo "El gran error del gobierno de Maduro es seguir con la idea de Chávez, insostenible, de que el gobierno puede sustituir a la empresa privada. El gobierno usará su monopolio de importaciones y exportaciones para repartir las atribuciones en las empresas," en *El Nacional*, Caracas 19 de abril de 2014, en http://www.el-nacional.com/poli-tica/Heinz-Dieterich-Venezuela-surgimiento-republica_0_394160741.html.

2017 Véase la información de la Office of Personal Management, en http://www.opm.gov/policy-data-oversight/data-analysis-documentation/federal-employment-reports/historical-tables/total-government-employment-since-1962/.

sólo la mayor de toda América Latina, sino ahora la mayor del mundo,[2018] habiéndose llegado a implementar desde hace meses, sistemas de racionamientos para los bienes de consumo, sólo vistos en Cuba,[2019] y en Corea del Norte. [2020]

Con la destrucción del aparato productivo y la material eliminación de las exportaciones, lo poco que se produce no alcanza para el mercado interno, y lo que en buena parte sale del país es mediante contrabando. La consecuencia de la acentuación de la dependencia del país del ingreso petrolero, ha sido entonces que el único que puede obtener divisas es el propio Estado, por las exportaciones de la empresa petrolera estatal, PDVSA, cada vez más mermada, comprometida,[2021] y ahogada en toda suerte de corruptelas. Y para agravar el panorama, para controlar el acceso de los privados a la adquisición de divisas, el Estado ha montado todo tipo de sistemas de control de cambios, constituyéndose en una de las principales fuentes de corrupción administrativa, y de tráfico de influencias, quedando en definitiva la posibilidad real de importación de bienes sólo a cargo del propio Estado, o basada en la decisión de la burocracia.[2022]

2018 Véase la información en http://www.infobae.com/2014/04/24/1559615-en-un-ano-la-inflacion-oficial-venezuela-llego-al-60-ciento

2019 El 23 de agosto de 2014: "El Superintendente de Precios en Venezuela, Andrés Eloy Méndez, informó que todo establecimiento comercial estará controlado por las máquinas captahuellas. El control será extendido más allá de los alimentos y las medicinas. Méndez dijo que antes del 30 de noviembre deberá estar instalado en todo el país el sistema que contempla máquinas captahuellas para registrar el control de las compras que hacen los consumidores. Adelantó cuáles serán algunos de los rubros que serán controlados." Véase el reportaje "Gobierno de Venezuela impone racionamiento de productos," en *Queen's Latino*, 23 de agosto de 2014, en http://www.queensla-tino.com/racionamiento-de-todo-en-venezuela/." Información ratificada por el Presidente de la República. Véase la información: "Captahuellas' para hacer mercado en Venezuela comenzaría en 2015," en El Tiempo, Bogotá, 23 de agosto de 2014, en http://www.eltiempo.com/mun-do/latinoame-rica/captahuellas-para-hacer-mercado-en-venezuela-comenzaria-en-2015/14419076. Sobre esto, la Nota de Opinión del diario *Tal Cual* del 22 de agosto de 2014, con el título "Racionamiento," expresa: "Si se entiende bien lo que nos ha avisado el superintendente de precios justos, por ahí viene rodando el establecimiento de cupos para la adquisición de artículos de primera necesidad, alimentos en particular.[…] Es, pues, un sistema de racionamiento, pero en lugar de una cartilla, como en Cuba, los avances tecnológicos (y los dólares) permiten apelar a mecanismos tan sofisticados como el del sistema biométrico." Véase en *Tal Cual*, 22-8-2014, en http://www.tal-cualdigital.com/Movil/visor.aspx?id=106710. La propuesta ya se había anunciado desde junio de 2013., "Venezuela instaurará en Venezuela la cartilla de razonamiento al mejor estilo cubano," en ABC.es Internacional, 4 de junio de-2013, en http://www.abc.es/internacional/20130603/abci-maduro-cartilla-racionamiento-201306032115.html.

2020 Por ello, en el *The Wall Street Jornal* del 23 de octubre de 2014, se indicaba que "Entre el agravamiento de la escasez, Venezuela recientemente recibió una extraordinaria y dudosa distinción, y es que alcanzó el rango de Corea del Norte y de Cuba en el racionamiento de comida para sus ciudadanos," refiriéndose a la imposición del sistema de "capta-huellas" digitales en ciertos establecimientos, para el control de la venta de productos. Véase el reportaje de Sara Schaffer Muñoz, "Despite Riches, Venezuela Starts Food rations," en *The Wall Street Journal*, New York, 23 de octubre de 2014, p. A15.

2021 Véase los datos en "1999 versus 2013: Gestión del Desgobierno en números," en https://twitter.com/sushidavid/status/451006280061046784

2022 El Ministro de Planificación y Economía durante los últimos años, Jorge Gordani, al renunciar a su cargo en 2014 calificó esas entidades como "focos de corrupción," pero sin que durante su gestión se hubiese hecho nada para extirparlo. Véase el texto de la Carta Pública, "Testimonio y responsabilidad ante la historia," 17-8-2014, en http://www.lapatilla.com/si-te/2014/06/18/giordani-da-la-version-de-su-salida-y-arremete-contra-maduro/. Según esas denuncias, "a través de los mecanismos de cambio de divisas "desaparecieron alrededor de 20.000.000.000 de dólares." Véase César Miguel Rondón,

Simplemente, en Venezuela se pensó que la bonanza petrolera de la última década sería para siempre, y que no era necesario para un país petrolero tener que producir nada, porque todo se podía importar, y todo se podía repartir. Todo ello originó en el marco interno una economía social basada en el subsidio directo a las personas, recibiendo beneficios sin enfrentar sacrificios o esfuerzos, con lo que además se destruyó el valor del trabajo productivo como fuente de ingreso, que materialmente se ha eliminado, sustituido por el antivalor de que es preferible recibir sin trabajar. Ello trastocó lo que debió ser un Estado social en un Estado Populista, con una organización destinada a dar dadivas a los sectores pobres y garantizar así su adhesión a las políticas autoritarias,[2023] provocado más miseria y control de conciencia sobre una población de menos recursos, totalmente dependiente de la burocracia estatal y sus dádivas, en las que muchos creyeron encontrar la solución definitiva para su existencia,[2024] pero a costa del deterioro ostensible y trágico de los servicios públicos más elementales como los servicios de salud y atención médica.

La consecuencia de todo este esquema de ausencia de Estado Social de economía mixta, y el establecimiento en su lugar de un Estado comunista, burocratizado, populista y clientelar, ha sido que en nombre del "socialismo," Venezuela hoy tiene el record de ser el país que ocupa el primer lugar en el índice de miseria del mundo,[2025] y la sociedad con el más alto riesgo de América Latina.[2026] Esa es la hazaña o el milagro de la política económica del gobierno durante los pasados quince años, que tanto va a costar superar en el futuro,[2027] lo que se suma el indicado primer lugar en

---

"Cada vez menos país," en *Confirmado*, 16-8-2014, en http://confirmado.com.ve/opinan/cada-vez-menos-pais/. Por todo ello, con razón en un editorial del diario *Le Monde* de París, titulado "Los venezolanos en el callejón sin salida del chavismo", se afirmaba que con todo eso "*Se ha creado una economía paralela, un mercado de tráfico interno y externo que beneficia a una pequeña nomenklatura sin escrúpulos.*" Véase Editorial de *Le Monde*, 30- marzo 2014, en http://www.eluniversal.com/nacional-y-politica/140330/le-monde-dedico-un-editorial-a-venezuela.

2023 Véase Heinz Sonntag "¿Cuántas Revoluciones más?" en El *Nacional*, Caracas 7 de octubre de 2014, en http://www.el-nacional.com/heinz_sonn-tag/Cuantas-Revoluciones_0_496150483.html

2024 Como el mismo Area lo ha descrito en lenguaje común y gráfico, pero tremendamente trágico: "Vivimos pues "boqueando" y de paso corrompiéndonos por las condiciones impuestas por y desde el poder que nos obligan a vivir como "lateros", "balseros", "abasteros" mejor dicho, que al estar "pelando" por lo que buscamos y no encontramos, tenemos que andar en gerundio, ladrando, mamando, haciendo cola, bajándonos de la mula, haciéndonos los bolsas o locos, llevándonos de caleta algo, caribeando o de chupa medias, pagando peaje, tracaleando, empujándonos los unos contra los otros, en suma, degradándonos, envileciéndonos, para satisfacer nuestras necesidades básicas de consumo. Es asfixia gradual y calculada, material y moral. Desde el papel toilette hasta la honestidad. ¡Pero tenemos Patria! Falta el orgullo, la dignidad, el respeto, el amor a uno mismo." Véase en "El 'Estado Misional' en Venezuela," en *Analítica.com*, 14 de febrero de 2014, en http://analitica.com/opinion/opinion-nacional/el-estado-misional-en-venezuela/

2025 Venezuela tiene el "ignominioso" primer lugar en el Índice de miseria del mundo. Véase el Informe de Steve H. Hanke, "Measury Misery arround the World," publicado en mayo 2104, en *Global Asia*, en http://www.cato.org/publications/commentary/measuring-misery-around-world Véase igualmente *Índice Mundial de Miseria*, 2014, en http://www.razon.com.mx/spip.php?article215150; y en http://vallartaopi-na.net/2014/05/23/en-indice-mundial-de-miseria-venezuela-ocupa-primer-lugar/

2026 Véase en http://www.elmundo.com.ve/noticias/actualidad/noticias/info-grafia-riesgo-pais-de-venezuela-cerro-el-201.aspx

2027 Pedro Carmona Estanga resumió la hazaña económica del régimen explicando que: "Por desgracia para el país, a lo largo de estos 16 años se han dilapidado unos US$ 1,5 billones que no volverán, de los cuales no quedan sino la destrucción del aparato productivo, el deterioro de la calidad de vida, de la infraestructura, de la institucionalidad, y distorsiones macroeconómicas y actitudinales en la poblacriminalidad, falta de transparencia e inflación. Por eso se ha hablado, con razón, de que la política de Estado en Venezuela ha sido la de "una fábrica de pobres,"[2028] conducida además, por un "Estado inepto, secuestrado por la élite de la burocracia corrupta gubernamental, que niega todos los derechos sociales y económicos constitucionales, y que manipula la ignorancia y pobreza de las clases sociales menos favorecidas."[2029]

En fin, como lo destacó el Editorial del diario *El Tiempo* de Bogotá también ayer domingo 22 de mayo, en definitiva:

> "Pensar que en Venezuela la gente iba a pasar hambre era una idea inconcebible hasta hace unos años. Pero es así. Al otro lado de la frontera se gesta una crisis humanitaria de inmensas proporciones, sin precedentes en el hemisferio americano y que solo tiene trazas de empeorar. Aparte de la falta de alimentos para abastecer adecuadamente a una población de 30 millones, son notorias las carencias de medicamentos y otros productos que componen la canasta básica. Una enfermedad sería casi equivale a una sentencia de muerte, dada la inoperancia del sistema de salud, que está sumido en el desabastecimiento." [2030]

---

ción de una profundidad tal, que costará sudor y sangre superar a las generaciones venideras. Esa es la hazaña histórica lograda y cacareada por el régimen." Véase Pedro Carmona Estanga, "La destrucción de Venezuela: hazaña histórica," 19 de octubre de 2014, en http://pcarmonae.blogspot.com/2014/10/la-destruccion-de-venezuela-hazana.html.

2028 En tal sentido, Brian Fincheltub, destacó que "Las misiones se convirtieron en fábrica de personas dependientes, sin ninguna estabilidad, que confiaban su subsistencia exclusivamente al Estado. Nunca hubo interés de sacar a la gente de la pobreza porque como reconoció el propio ministro Héctor Rodríguez, se "volverían escuálidos". Es decir, se volverían independientes y eso es peligrosísimo para un sistema cuya principal estrategia es el control." Véase Brian Fincheltub, "Fabrica de pobres," en *El Nacional*, Caracas, 5 de junio de 2014, en http://www.el-nacional.com/opinion/Fa-brica-pobres_0_421757946.html.

2029 Por ello, con razón se ha dicho que "Si Venezuela fuera un Estado Social, no habría neonatos fallecidos por condiciones infecciosas en hospitales públicos. Si Venezuela fuera un Estado Social, toda persona tendría un empleo asegurado o se ejerce-ría plenamente la libertad de empresa y de comercio. Si Venezuela fuera un Estado Social no exhibiríamos deshonrosamente las tasas de homicidios más altas del mundo. Si Venezuela fuera un Estado Social no estaría desaparecida la cabilla y el cemento y las cementeras intervenidas estarían produciendo al máximo de su capacidad instalada. Si Venezuela fuera un Estado Social todos los establecimientos de víveres y artículos de primera necesidad estarían abarrotados en sus anaqueles. Si Venezuela fuera un Estado Social las escuelas no tendrían los techos llenos de filtraciones, estarían dotadas de materiales suficientes para la enseñanza-aprendizaje y los maestros y profesores serían el mejor personal pagado del país. Si Venezuela fuera un Estado Social no habría discriminación por razones políticas e ideológicas para tener acceso a cualquier servicio, beneficios y auxilios públicos y bienes de primera necesidad. Si Venezuela fuera un Estado Social el problema de la basura permanente en las grandes ciudades ya estaría resuelto con los métodos más modernos, actualizados y pertinentes a la protección ambiental." Véase Isaac Villamizar, "Cuál Estado Social?," en *La Nación*, San Cristóbal, 7 de octubre de 2014, en http://www.lanacion.com.ve/columnas/opinion/cual-estado-social/

2030 Véase en "Una tragedia que no da espera,", dice: "La que en épocas pasadas fuera la nación con el segundo nivel de desarrollo más alto de América Latina es hoy un lugar donde reina la desesperanza. Resulta increíble constatar cómo en un territorio que cuenta con las mayores reservas de petróleo del mundo no solo hay que hacer filas para adquirir bienes esenciales, sino que en muchos casos la espera es infructuosa porque los artículos nunca llegan a los anaqueles", en Editorial de *El Tiempo*, Bogotá, del 22 de mayo de 2016, http://www.eltiempo.com/opinion/editorial/una-tragedia-que-no-da-espera-editorial-el-tiempo/16599526.

***

De todo ello, en consecuencia, no queda otra conclusión institucional a la que podamos llegar, que no sea que diecisiete años después de haberse convocado la Asamblea Nacional Constituyente de 1999 supuestamente para refundar la República, la misma fue un soberano fracaso; Asamblea en la cual como les dije, fui parte activa pero para oponerme al designio autoritario que la conducía.

La crisis política que en ese momento existía, particularmente por el deterioro que mostraba el sistema de partidos tradicionales, sin duda condujo a que el país se encandilase con el primer aprendiz de mago que apareció por el lugar, como una especie degradada de un Melquíades de los *Cien Años de Soledad* de Gabriel García Márquez, prometiendo que todo iba a cambiar, cuando todos querían que todo cambiase, y que para ello debía acabarse con la vieja política.

Sin embargo, como suele ocurrir con los deslumbramientos, no pasó lo que se quería que ocurriera, la Asamblea Nacional Constituyente que comenzó removiendo las viejas estructuras, al final como lo denuncié al concluir sus sesiones en 2000, terminó legando junto con la intervención antidemocrática de los poderes constituidos, nada más que un florido texto de una Constitución que no se iba a aplicar, que era de mentira, como en efecto ocurrió, pero que prometía estructurar un Estado democrático y social de derecho y de justicia que era lo que los venezolanos esperaban; dejando además sembradas, aquí y allá, en ciertos artículos, semillas autoritarias.

El resultado de aquél proceso político tan importante en el cual el país fijó todas sus esperanzas de cambio, visto ahora retrospectivamente, fue que seducido por cantos de sirena, el país cayó inmisericordemente en manos de una secta antidemocrática que asaltó el poder a mansalva, a la vista de todos, cumpliendo sí con la promesa de acabar con la vieja política de los partidos tradicionales, pero no para edificar una nueva democracia sino para acabar con la misma, en fraude a la Constitución, utilizando sus propios instrumentos, y con ello demoler y machacar institucionalmente el país.[2031]

En ese contexto, lamentablemente, la Constitución se convirtió en un conjunto normativo maleable por absolutamente todos los poderes públicos, cuyas normas, abandonada su rigidez, han tenido en la práctica la vigencia y el alcance que dichos órganos han dispuesto, mediante leyes ordinarias y decretos leyes que el Tribunal Supremo se niega a juzgar y controlar, e incluso, para mayor tragedia, con la participación activa del mismo mediante sentencias de la Jurisdicción Constitucional, todas hechas a la medida, dictadas "a la carta" mediante interpretaciones abstractas de la Constitución conforme se lo haya solicitado el Poder Ejecutivo, y con la "garantía" de que dichas actuaciones inconstitucionales no serán controladas no sólo porque el guardián de la Constitución no tiene a nadie que lo controle,[2032] sino precisamente por la sujeción política de la Jurisdicción Constitucional al control del Ejecutivo.

2031 Véase. Allan R. Brewer-Carías, *La ruina de la democracia. Algunas consecuencias. Venezuela 2015*, Editorial Jurídica Venezolana, Caracas 2015.

2032 Véase Allan R. Brewer-Carías, "*Quis Custodiet Ipsos Custodes*: De la interpretación constitucional a la inconstitucionalidad de la interpretación", en *Revista de Derecho Público*, N° 105, Editorial Jurídica Venezolana, Caracas 2006, pp. 7-27. Publicado en *Crónica sobre la "In" Justicia Constitucional. La Sala Constitucional y el autoritarismo en Venezuela*, Colección Instituto de Derecho Público. Universidad Central de Venezuela, N° 2, Editorial Jurídica Venezolana, Caracas 2007, pp. 47-79.

Contra todas esas prácticas autoritarias, y contra un Juez Constitucional que dejó de ser el instrumento de control de la inconstitucionalidad, renunciando a ser el sustituto la rebelión del pueblo para proteger su Constitución, fue que entre otras razones, el pueblo venezolano, de nuevo, efectivamente se rebeló el 6 de diciembre de 2015, aun cuando por los momentos solo votando en las elecciones parlamentarias mayoritariamente en contra del gobierno autoritario y sus prácticas.

La nueva Asamblea Nacional que resultó electa, en la cual se han fijado todas las esperanzas para completar la implementación de la manifestación de la voluntad popular, y que más temprano que tarde tendrá que renovar los poderes constituidos, y devolverle al Tribunal Supremo la autonomía e independencia, sin embargo ahora enfrenta la conspiración montada por el Poder Ejecutivo y el propio Tribunal Supremo por minimizarla, incluso mediante la instauración de un estado de excepción –esto está ocurriendo ahora–, mediante el cual ambos poderes han barrido a la Asamblea Nacional. Pero como con la voluntad popular en definitiva no podrán acabar, no renuncio a la esperanza de que pronto podamos ser testigos de otras manifestaciones que harán florecer la democracia en Venezuela, y que permitirán a la representación de la voluntad popular rescatar su rol constitucional. En esos logros es que todos los demócratas tenemos que estar comprometidos, para lo cual, sin duda, necesitamos el apoyo de tantos, personas e instituciones en el mundo democrático, como en estos últimos tiempos afortunadamente comienzan a manifestarse.

Por ello, gracias de nuevo a esta Real Academia de Jurisprudencia y Legislación por haberme dado la ocasión de compartir con Ustedes estas reflexiones.

Madrid, 23 de mayo de 2016.

SECCIÓN QUINTA:

LA CORRUPCIÓN INSTITUCIONAL EN VENEZUELA: LA PERVERSIÓN DEL ESTADO DE DERECHO POR OBRA DEL JUEZ CONSTITUCIONAL

Esta Sección quinta es el texto de la Ponencia Presentada al *XIII Congreso Iberoamericano de Derecho Constitucional*, (Tema 4: Corrupción y otros vicios institucionales), Instituto Iberoamericano de Derecho Constitucional, México febrero de 2017.

I. SOBRE LA CORRUPCIÓN DE LAS INSTITUCIONES Y LA "DICTADURA JUDICIAL"

De acuerdo con el significado propio de las palabras, el concepto de "corrupción" se refiere a la acción o efecto de corromper, es decir, de depravar o de "echar a perder" algo, lo en el derecho público no sólo se aplica al manejo de las finanzas públicas y a la gestión de la cosa pública como generalmente se usa, sino a las instituciones del Estado.

Estas también se corrompen, de manera que se puede hablar de corrupción institucional, lo que ocurre por ejemplo cuando se depravan las instituciones públicas o los principios constitucionales que se configuran como los sustentos del propio Estado. Ello ocurre, por ejemplo, con el Estado de derecho, el cual puede corromperse cuando desde sus propias estructuras, se demuelen sus pilares o principios fundamentales,[2033] por ejemplo, cuando se desnaturaliza el principio de la legitimidad democrática de los representantes del pueblo, cuando distorsionándose los sistemas electorales; cuando se neutraliza o aniquila el principio de la separación de poderes, sometiéndose el alguno de los poderes del Estado al control del otro; cuando se trastoca el principio de la descentralización política impidiéndose con la centralización del poder, la posibilidad misma de participación política; o cuando se elimina la autonomía del Poder Judicial, y se convierte, por ejemplo, al Juez constitucional, abandonando su rol de preservar la supremacía constitucional, en un instrumento para moldear y malear la Constitución, asegurando la impunidad de sus violaciones. Esa corrupción institucional llega a su extremo, cuando es el Juez Constitucional el principal agente del autoritarismo, como ha ocurrido en Venezuela en los últimos tres lustros, hasta haberse configurado una paradójica "dictadura judicial."

En ese marco, los estudiosos del derecho constitucional de Iberoamérica, si han seguido de cerca el proceso venezolano, hemos podido constatar cómo en esos tres últimos lustros, en el país se produjo la corrupción total de las instituciones del Estado de derecho derivando en una *perversión diabólica del mismo*, tal como se manifestó con consternación extrema durante 2016, como consecuencia de la labor de la Sala Constitucional del Tribunal Supremo de Justicia, actuando como Juez Constitucional sometido al control político por parte del Poder Ejecutivo, convertido en el agente más artero al servicio del autoritarismo.[2034]

Con ello no sólo se trastocó todo el sistema de justicia constitucional que tantos años costó concebir y desarrollar en el pasado, sino que se lo corrompió, pasando en consecuencia a funcionar como un sistema de "in" justicia inconstitucional,[2035] que distorsionó la propia la Jurisdicción Constitucional[2036] al haberla convertido en el principal instrumento para destruir y corromper la democracia.[2037]

Ello fue lo que dio origen al mencionado perverso sistema de *dictadura judicial*, que ha funciona en el marco de la fachada de un Estado de derecho, que fue progresivamente corrompido al habérselo vaciado totalmente de contenido democrático, lo

2033 Véase Allan R. Brewer-Carías, Principios del Estado de derecho. Aproximación histórica, Cuadernos de la Cátedra Mezerhane, Dade College, Miami, Editorial Jurídica Venezolana International, Miami 2016.

2034 Véase sobre ello Allan R. Brewer-Carías, "El juez constitucional al servicio del autoritarismo y la ilegítima mutación de la Constitución: el caso de la Sala Constitucional del Tribunal Supremo de Justicia de Venezuela (1999-2009)", en *Revista de Administración Pública*, N° 180, Madrid 2009, pp. 383-418; y en *IUSTEL, Revista General de Derecho Administrativo*, N° 21, junio 2009, Madrid.

2035 Véase Allan R. Brewer-Carías, *Crónica sobre la "In" Justicia Constitucional. La Sala Constitucional y el autoritarismo en Venezuela*, Colección Instituto de Derecho Público. Universidad Central de Venezuela, N° 2, Editorial Jurídica Venezolana, Caracas 2007.

2036 Véase Allan R. Brewer-Carías, *Práctica y distorsión de la justicia constitucional en Venezuela (2008-2012)*, Colección Justicia N° 3, Acceso a la Justicia, Academia de Ciencias Políticas y Sociales, Universidad Metropolitana, Editorial Jurídica Venezolana, Caracas 2012; La patología de la Justicia Constitucional, Editorial Jurídica Venezolana, tercera edición, Caracas, 2015.

2037 Véase Allan R. Brewer-Carías, *El golpe a la democracia dado por la Sala Constitucional (De cómo la Sala Constitucional del Tribunal Supremo de Justicia de Venezuela impuso un gobierno sin legitimidad democrática, revocó mandatos populares de diputada y alcaldes, impidió el derecho a ser electo, restringió el derecho a manifestar, y eliminó el derecho a la participación política, todo en contra de la Constitución)*, Colección Estudios Políticos N° 8, Editorial Jurídica Venezolana, segunda edición, (Con prólogo de Francisco Fernández Segado), Caracas, 2015.

que incluso llevó a un antiguo miembro de la Asamblea Constituyente de 1999, sin fundamento alguno e ignorando lo que establece la Constitución, a afirmar irresponsablemente que el sistema de gobierno en Venezuela "no es parlamentario, [ni] ... es presidencialista, es semi-presidencialista, porque en nuestro régimen *todo el poder está en la Sala Constitucional*."[2038]

Con eso, ese sujeto que llegó a ser Vicepresidente de la República y Fiscal General de la república, y bajo cuya dirección el Ministerio Público se corrompió institucionalmente al pasar a ser el instrumento por excelencia de persecución política; lo que hizo fue hacer una pobre apología de lo que hace cerca de doscientos años Thomas Jefferson calificó como una "peligrosa doctrina" que era la de que "considerar a los jueces como los últimos árbitros de todas las cuestiones constitucionales," estimando que ello a lo que conduce es a "colocarnos bajo el despotismo de una oligarquía."[2039]

Aparte de que la afirmación, como se dijo, demuestra una ignorancia supina de lo que establece la Constitución venezolana de 1999, lo cierto es que, en todo caso, contra sus previsiones expresas y dando un *golpe de Estado*, la Sala Constitucional en los últimos lustros se arrogó efectivamente todo el poder, estando a la vez siempre controlada por el Poder Ejecutivo. Todo ello se acrecentó después del triunfo de la oposición en las elecciones parlamentarias del 6 de diciembre de 2015, precisamente con la misión de impedir que la representación popular encarnada en la Asamblea Nacional pudiera ejercer sus funciones constitucionales, y terminar de destruir lo que quedaba de democracia.

II. LA REACCIÓN DE LA REPRESENTACIÓN POPULAR FRENTE A LA "DICTADURA JUDICIAL" Y LA RESPUESTA DEL JUEZ CONSTITUCIONAL

La corrupción institucional de la Sala Constitucional y su inconstitucional conducta, particularmente durante 2016, motivó la adopción por parte de la Asamblea Nacional, el 10 de mayo de 2016, de un histórico Acuerdo[2040], en el cual se denunció precisamente la ruptura del orden constitucional y democrático en el país, por la corrupción de sus instituciones, particularmente por obra de la acción del Juez Constitucional y del Poder Ejecutivo, los cuales para ello desconocieron la soberanía popular. Dicho Acuerdo de la Asamblea Nacional fue incluso específicamente analizado por los 22 expresidentes latinoamericanos que integran la *Iniciativa Democrática de España y las Américas (IDEA)*, en una Declaración de fecha 13 de mayo de 2016, en la cual destacaron todos los signos de la corrupción del Estado de derecho en el país:

2038 Véase Isaías Rodríguez, "Sala Constitucional tiene poder absoluto sobre la AN," en *Últimas Noticias*, Caracas 4 de agosto de 2016, en http://www.ultimasnoticias.com.ve/noticias/politica/isaias-rodriguez-afirma-la-sala-constitucional-poder-absoluto-la-an/

2039 Véase Thomas Jefferson, "Letter to William Jarvis," Sept. 28, 1820, en Dr. Robert A. J. Gagnon, "Thomas Jefferson on Judicial Tyranny," en http://www.robgagnon.net/JeffersonOnJudicialTyranny.htm

2040 Véase "Acuerdo exhortando al cumplimiento de la Constitución, y sobre la responsabilidad del Poder Ejecutivo Nacional, del Tribunal Supremo de Justicia y del Consejo Nacional Electoral para la preservación de la paz y ante el cambio democrático en Venezuela," 10 de mayo de 2016, disponible en http://www.asambleanacional.gob.ve/uploads/documentos/doc_d75ab-47932d0de48f142a739ce13b8c43a236c9b.pdf

En primer lugar, que el Presidente de la República gobernaba por decreto, "haciendo valer un estado de emergencia que no ha autorizado el Poder Legislativo como lo manda la Constitución."

En segundo lugar, que el Tribunal Supremo de Justicia, "además de declarar inconstitucionales todas las leyes dictadas por la Asamblea desde su instalación el pasado 5 de enero, pretende imponerle reglas para deliberar y sujeta la labor legislativa a la previa iniciativa del gobierno."

En tercer lugar, por ello, los expresidentes le exigieron "al Presidente de Venezuela, que respete sin restricciones el mandato de cambio democrático y constitucional que decidió la mayoría del pueblo de Venezuela el 6 de diciembre de 2015," exhortándolo "a que no utilice a los demás poderes del Estado para impedir u obstaculizar las acciones que adelanta constitucionalmente la Asamblea Nacional para resolver la grave crisis que aqueja al país."

En cuarto lugar, rechazaron "el activismo político partidista del Tribunal Supremo de Justicia, que pretende desconocer la autoridad del Poder Legislativo mediante limitaciones y condiciones al ejercicio de sus funciones, entre otras las amenazas de acciones penales contra los diputados que han acudido ante las organizaciones internacionales a denunciar las violaciones al Estado de derecho, a quienes el gobierno ha tildado de "traidores a la patria."

En quinto lugar, le exigieron al Consejo Nacional Electoral, "que asuma su obligación constitucional de generar condiciones favorables para el ejercicio del derecho fundamental a la participación política de los venezolanos, a través de los mecanismos constitucionales del referendo, consulta popular y revocatoria de mandato, pero por sobre todo, que actúe como un órgano imparcial de modo que, en 2016, el pueblo de Venezuela pueda expresar libremente su voluntad de cambio democrático a través de un referéndum revocatorio presidencial."

En sexto lugar, hicieron "un llamado a las instituciones internacionales" a que se pronunciasen para "exigir al gobierno y los poderes públicos a su servicio, garantizar la vigencia efectiva de los derechos fundamentales en Venezuela, recordándoles que la separación de poderes constituye un principio fundamental de funcionamiento del Estado y que las reglas del buen gobierno democrático les imponen la obligación de respetar las decisiones que la Asamblea Nacional adopte en el ámbito de sus competencias."

Y en séptimo lugar, denunciaron "el desconocimiento por el Ejecutivo Nacional y por el Tribunal Supremo de Justicia, de la autoridad de la Asamblea Nacional, cuerpo representativo del pueblo venezolano, cuya legitimidad deriva de la expresión mayoritaria del electorado y de la soberanía popular."[2041]

Esa manifestación de los expresidentes iberoamericanos referida a lo que la Asamblea Nacional había acordado, expresando su opinión política frente a la "dictadura judicial" instaurada en el país, lo que recibió como respuesta del propio Juez Constitucional fue una decisión judicial (sentencia N° 478 de 14 de mayo de 2016,[2042]) nada menos que "suspendiendo los efectos jurídicos" de dicho Acuerdo,

---

2041 Véase IDEA, "Declaración sobre la ruptura del orden constitucional y democrático en Venezuela," 13 de mayo de 2016, disponible en http://www.fundacionfaes.org/es/preview/no-ticias/45578.

2042 Véase en http://historico.tsj.gob.ve/decisiones/scon/junio/188339-478-146-16-2016-16-0524.HTML.

lo que conceptualmente es un disparate y una violación flagrante de la libertad de expresión del pensamiento de los diputados que garantiza la Constitución (art. 57), que una vez expresado no pueden ser "suspendidos;" y ello decidiendo una disparatada acción de amparo constitucional intentada por el Procurador General de la República, es decir, por la República misma !!, contra los diputados de la Asamblea Nacional.

III. LA REACCIÓN DEL SECRETARIO GENERAL DE LA OEA FRENTE A LA CORRUPCIÓN INSTITUCIONAL EN VENEZUELA Y LA INVOCACIÓN DE LA CARTA DEMOCRÁTICA INTERAMERICANA

En todo caso, con base en la opinión expresada y hecha pública por Asamblea Nacional, la cual como se dijo no podía "suspenderse" por juez alguno, el Secretario General de la Organización de Estados Americanos, Luis Almagro, el 30 de mayo de 2016 se dirigió al Presidente del Consejo Permanente de la Organización solicitando la convocatoria del mismo conforme al procedimiento previsto en el artículo 20 de la Carta Democrática Interamericana, [2043] pues consideró, con razón que en Venezuela se había producido una alteración del orden constitucional que ha estaba afectando gravemente su orden democrático.[2044] En sus propias palabras, "*en la situación actual que vive Venezuela, no se puede más que concluir que estamos ante alteraciones graves al orden democrático* tal como se ha definido en numerosos instrumentos regionales y subregionales," [2045] de manera que después de constatar, entre múltiples hechos, que por ejemplo "*no existe en Venezuela una clara separación e independencia de los poderes públicos, donde se registra uno de los casos más claros de cooptación del Poder Judicial por el Poder Ejecutivo*," [2046] presentó su amplio *Informe* con una serie de ideas con el objeto:

> "de devolver a la normalidad algunas situaciones que, analizadas del modo más objetivo, no resultan compatibles con lo previsto en la Carta de la OEA, en la Convención Americana de Derechos del Hombre y Convenciones Interamericanas de Derechos Humanos así como en la Carta Democrática Interamericana.
>
> El funcionamiento democrático normal debe ser subsanado de modo urgente y en forma consistente con los elementos esenciales y los componentes fundamentales de la democracia representativa expresada en los artículos 3 y 4 de la

---

2043 Véase la comunicación del Secretario General de la OEA de 30 de mayo de 2016 con el *Informe sobre la situación en Venezuela en relación con el cumplimiento de la Carta Democrática Interamericana*, en oas.org/documents/spa/press/OSG-243.es.pdf.

2044 Ello, por supuesto no es nada nuevo, como lo observamos ya en 2002: Allan R. Brewer-Carías, *La crisis de la democracia venezolana. La Carta Democrática Interamericana y los sucesos de abril de 2002*, Los Libros de El Nacional, Colección Ares, Caracas 2002. Véase además un resumen de las violaciones a la Carta Democrática hasta 2012 en Allan R. Brewer-Carías y Asdrúbal Aguiar, en Asdrúbal Aguiar, *Historia Inconstitucional de Venezuela. 1999-2012*, Editorial Jurídica Venezolana, Caracas 2012, pp. 511-534.

2045 Véase la comunicación del Secretario General de la OEA de 30 de mayo de 2016 con el *Informe sobre la situación en Venezuela en relación con el cumplimiento de la Carta Democrática Interamericana*, p. 125. Disponible en oas.org/documents/spa/press/OSG-243.es.pdf.

2046 *Idem*. p. 73. Disponible en oas.org/documents/spa/press/OSG-243.es.pdf.

Carta Democrática Interamericana. Sin la solución de estos principales asuntos no hay solución institucional posible para Venezuela." (pp. 125-126).[2047]

Por ello, en particular, el Secretario General de la Organización de Estados Americanos, en su *Informe*, se refirió a lo que es precisamente a la medula de lo que significa la corrupción del Estado de derecho, al expresar, específicamente que:

> "La continuidad de las violaciones de la Constitución, especialmente en lo que se refiere a equilibrio de poderes, funcionamiento e integración del Poder Judicial, violaciones de derechos humanos, procedimiento para el referéndum revocatorio y su falta de capacidad de respuesta respecto a la grave crisis humanitaria que vive el país lo cual afecta el pleno goce de los derechos sociales de la población, todo ello implica que la responsabilidad de la comunidad hemisférica es asumir el compromiso de seguir adelante con el procedimiento del artículo 20 de una manera progresiva y gradual que no descarte ninguna hipótesis de resolución, ni las más constructivas ni las más severas."[2048]

Y con base en ello, fue que el Secretario General luego de analizar la situación institucional y constitucional del país, expresó:

> "5. Exhortamos al Poder Ejecutivo de la República Bolivariana de Venezuela a eliminar toda forma de incumplimiento de los preceptos constitucionales y políticos respecto al equilibrio de poderes del Estado. En ese sentido se solicita se detenga inmediatamente el ejercicio de bloqueo permanente del Poder Ejecutivo respecto de las leyes aprobadas por la Asamblea Nacional. Así como asegurar la vigencia de las leyes que han sido aprobadas hasta ahora.
>
> 6. Solicitamos una nueva integración del Tribunal Supremo de Justicia [...] dado que la actual integración está completamente viciada tanto en el procedimiento de designación como por la parcialidad política de prácticamente todos sus integrantes."[2049]

La situación de la democracia en Venezuela, ciertamente para ese momento era absolutamente precaria, tal como lo denunciamos y analizamos desde años atrás,[2050] la cual fue progresivamente desmantelada y demolida desde 1999, precisamente utilizando los instrumentos de la democracia,[2051] con el objeto final de establecer de un régimen autoritario de gobierno en el marco de un Estado totalitario, pero en desprecio de la Constitución y de a la ley.[2052]

2047 *Idem*, pp. 125-126. Disponible en oas.org/documents/spa/press/OSG-243.es.pdf.

2048 *Idem*, p. 128. Disponible en oas.org/documents/spa/press/OSG-243.es.pdf.

2049 *Idem*, p. 127. Disponible en oas.org/documents/spa/press/OSG-243.es.pdf.

2050 Véase Allan R. Brewer-Carías, *La ruina de la democracia. Algunas consecuencias. Venezuela 2015*, (Prólogo de Asdrúbal Aguiar), Colección Estudios Políticos, N° 12, Editorial Jurídica Venezolana, Caracas 2015.

2051 Véase Allan R. Brewer-Carías, *Dismantling Democracy. The Chávez Authoritarian Experiment*, Cambridge University Press, New York 2010.

2052 Véase Allan R. Brewer-Carías, *Estado totalitario y desprecio a la ley. La desconstitucionalización, desjuridificación, desjudicialización y desdemo-cratización de Venezuela*, Fundación de Derecho Público, Editorial Jurídica Venezolana, segunda edición, (Con prólogo de José Ignacio Hernández), Caracas 2015; *Authoritarian Government v. The Rule Of Law. Lectures and Essays (1999-2014) on*

Con tal propósito, el instrumento más artero utilizado desde el Poder, para la perversión del Estado de derecho y la destrucción de la democracia, como se dijo, fue precisa y contradictoriamente, al Juez Constitucional, es decir, la Sala Constitucional del Tribunal Supremo de Justicia sometida al Poder Ejecutivo,[2053] que fue el arma más atroz para imponer el mencionado sistema de "in" justicia inconstitucional para lejos de garantizar la vigencia de la Constitución, más bien para asegurar la violación impune de la misma,[2054] y para destruir y golpear los principios y valores de la democracia.[2055]

Por ello no puede extrañar que el 23 de junio de 2016, el Secretario General de la Organización Luis Almagro hubiera expresado ante el Consejo Permanente de la Organización de Estados Americanos, al resumir su *Informe* del 30 de mayo de 2016, en relación con la situación de la "alteración del orden constitucional que trastoca el orden democrático" de Venezuela, opiniones y criterios como estos:

> "Lo que hemos atestiguado en Venezuela es la pérdida del propósito moral y ético de la política. El Gobierno se ha olvidado defender el bien mayor, el bien colectivo [...].
>
> El pueblo venezolano se enfrenta a un Gobierno que ya no le rinde cuentas. Un Gobierno que ya no protege los derechos de los ciudadanos. Un Gobierno que ya no es democrático [...]
>
> En Venezuela hemos sido testigos de un esfuerzo constante por parte de los poderes ejecutivo y judicial para impedir e incluso invalidar el funcionamiento normal de la Asamblea Nacional. El Ejecutivo repetidamente ha empleado intervenciones inconstitucionales en contra de la legislatura, con la connivencia de la Sala Constitucional del Tribunal Supremo de Justicia. Las evidencias son claras [...]
>
> Estos ejemplos demuestran claramente la falta de independencia del poder judicial. El sistema tripartito de la democracia ha fracasado y el poder judicial ha sido cooptado por el ejecutivo [...][2056]

---

the Venezuelan Authoritarian Regime Established in Contempt of the Constitution, Fundación de Derecho Público, Editorial *Jurídica Venezolana*, Caracas 2014.

2053 Véase Allan R. Brewer-Carías, *La patología de la justicia constitucional*, Tercera edición ampliada, Fundación de Derecho Público, Editorial Jurídica Venezolana, 2014.

2054 Véase Allan R. Brewer-Carías, *Crónica sobre la "in" justicia constitucional. La Sala Constitucional y el autoritarismo en Venezuela*, Colección Instituto de Derecho Público, Universidad Central de Venezuela, Nº 2, Caracas 2007; *Práctica y distorsión de la justicia constitucional en Venezuela (2008-2012)*, Colección Justicia Nº 3, Acceso a la Justicia, Academia de Ciencias Políticas y Sociales, Universidad Metropolitana, Editorial Jurídica Venezolana, Caracas 2012.

2055 Véase Allan R. Brewer-Carías, *El Golpe a la democracia dado por la Sala Constitucional (De cómo la Sala Constitucional del Tribunal Supremo de Justicia de Venezuela impuso un gobierno sin legitimidad democrática, revocó mandatos populares de diputada y alcaldes, impidió el derecho a ser electo, restringió el derecho a manifestar, y eliminó el derecho a la participación política, todo en contra de la Constitución)*, Colección Estudios Políticos Nº 8, Editorial Jurídica Venezolana, Caracas 2014.

2056 Véase el texto de la exposición del Secretario General Luis Almagro ante el Consejo Permanente de la OEA, 23 de junio de 2016, en:http://www.el-nacional.com/politica/PresentacindelSecretarioGeneraldelaOEAante_NACFIL20160623_0001.pdf. Véase igualmente el texto en los Apéndices a este libro.

Todavía más expresiva y trágica fue lo que expresó el Secretario General Almagro en la carta abierta que envió al Sr. Leopoldo López, preso político en Venezuela, el día 22 de agosto de 2016, luego de la sentencia que confirmó su injusta detención, refiriéndose al "horror político" que vive el país, le dijo que en su criterio, dicha:

> "sentencia que reafirma tu injusta condena marca un hito, el lamentable final de la democracia en Venezuela. Párrafo a párrafo es, asimismo, la terminación del Estado de Derecho. En esa sentencia queda claramente establecido que en Venezuela hoy no rige ninguna libertad fundamental y ningún derecho civil o político y que estos han expresamente quedado sin efecto en la conducción de los asuntos de gobierno."

En la misma carta abierta, Luis Almagro al constatar que en Venezuela se había "traspasado un umbral, que significa que es *el fin mismo de la democracia*," expresó que:

> "Ningún foro regional o subregional puede desconocer la realidad de que hoy en Venezuela no hay democracia ni Estado de Derecho. El MERCOSUR, constituye hoy el mejor ejemplo a seguir y la aplicación de las cláusulas internacionales que condenan actos de ruptura del orden constitucional y del sistema democrático se hace cada vez más necesaria."[2057]

Finalmente, refiriéndose al procedimiento que inició en su momento la oposición, conforme a la Constitución, para la realización de un referendo revocatorio del mandato del Presidente de la República, indicó:

> "Seguir un procedimiento previsto en la Constitución no es un golpe de Estado; Por el contrario, negar, postergar u obstruir este proceso por cualquier vía es un abuso de poder y un trastorno patente del orden democrático [...]
>
> La celebración del referendo revocatorio en 2016 es la única manera constitucional de resolver la crisis política en Venezuela [...]"[2058]

Lo importante de estas apreciaciones, que resumen la trágica realidad política y constitucional del país que tanto y tantos denunciamos en el pasado, es que fueron expresadas oficialmente por el Secretario General de la OEA ante los representantes permanentes de los Estados americanos miembros de la Organización,[2059] el cual

---

2057 Véase el texto de la carta abierta del Secretario General Luis Almagro a Leopoldo López, de 22 de agosto de 2016, en *Lapatilla.com*, 23 de agosto de 2016, en http://www.lapatilla.com/site/2016/08/22/almagro-a-leopoldo-lopez-tu-injusta-sentencia-marca-un-hito-el-lamentable-final-de-la-democracia-carta/.

2058 Véase el texto de la exposición del Secretario General Luis Almagro ante el Consejo Permanente de la OEA, 23 de junio de 2016, en:http://www.el-nacional.com/politica/PresentacindelSecretarioGeneraldelaOEAante_NACFIL20160623_0001.pdf. Véase igualmente el texto en los Apéndices a este libro.

2059 Como hoy mismo lo expresó José Miguel Vivancos de Human Rights Watch: "Tras la histórica sesión del Consejo Permanente de hoy, donde una mayoría de países rechazó el intento de Venezuela para cerrar la discusión internacional sobre la situación en el país, el Presidente Maduro quedó bajo la mira de la OEA. El secretario general sobresalió con una valiente y honesta intervención sobre la gravísima crisis que aqueja a Venezuela, legitimando a la OEA como foro para fiscalizar el cumplimiento de Venezuela con sus obligaciones jurídicas internacionales en materia de derechos humanos y democracia. Maduro deberá ahora corregir sus prácticas y mostrar resultados concretos en el marco del proceso de la Carta Democrática."Véase en @HRW_Venezuela; y en "Human Rights Watch celebró votacon el voto de 20 Estados Miembros, entró a considerar el *Informe* que describía la grave situación de la democracia Venezuela, donde se evidenciaba, sin duda, la situación de *golpe de Estado permanente y continuo* que se había venido dando en el país por el Poder Ejecutivo, en colusión con el Tribunal Supremo, contra la Constitución y contra la Asamblea Nacional como la legitima representación popular electa en diciembre de 2016.

Un golpe de Estado ocurre, en efecto, no solo cuando unos militares deponen a un gobierno electo sino como bien lo destacó el profesor Diego Valadés, cuando se produce "el desconocimiento de la Constitución por parte de un órgano constitucionalmente electo,"[2060] como en el caso de Venezuela donde han sido quien ejerce la Presidencia de la República en colusión con el Tribunal Supremo, quienes han sido los golpistas pues desconociendo la Constitución, han sido quienes han alterado el orden constitucional y trastocado el orden democrático del país, y destruyendo el Estado de derecho.

IV. LA CORRUPCIÓN DE LOS PRINCIPIOS DEL ESTADO DE DERECHO EN VENEZUELA

Todo lo anterior, como se dijo, lo que mostró en Venezuela, fue una amplia corrupción de las instituciones del Estado de derecho, plasmado en una Constitución como la de 1999, en la cual se lo estructuró como una organización política de una sociedad regida por la Constitución considerada en su propio texto, como como ley suprema; que había sido adoptada por el pueblo como pacto político en ejercicio de su soberanía a través de sus representantes electos que conformaron la Asamblea Constituyente de ese año. Esa Constitución estableció el principio de que los gobernantes tienen que gobernar sometidos a los límites y controles constitucionales derivados del sistema de separación entre diversos poderes públicos autónomos e independientes; en un marco de garantía de los derechos del hombre, en el cual los ciudadanos debían tener siempre la posibilidad de controlar judicialmente el ejercicio del poder, mediante un Juez Constitucional autónomo e independiente.[2061]

En ese marco, la Justicia Constitucional, es decir, la existencia de un sistema de control judicial de la constitucionalidad de los actos de los órganos del Estado se concibió en la Constitución como la garantía última del Estado de derecho, a cargo del Poder Judicial, considerado por lo demás, como el "menos peligroso"[2062] de los Poderes del Estado. Ese Juez Constitucional se lo concibió como el "intérprete supremo de la Constitución," como lo indica el artículo 1 de la Ley Orgánica que creó

---

ción en la OEA sobre Venezuela," en *Diario de la Américas*, 24 de junio de 2016, en http://www.diariolasamericas.com/4848_venezuela/3896835_human-rights-watch-celebro-votacion-en-oea-sobre-venezuela.html

2060 Véase Diego Valadés, *Constitución y democracia,* UNAM, México 2000, p. 35; y "La Constitución y el Poder" en Diego Valadés y Miguel Carbonell (Coordinadores), *Constitucionalismo Iberoamericano del siglo XXI,* Cámara de Diputados, UNAM, México 2000, p. 145

2061 Véase Allan R. Brewer-Carías, *Principios del Estado de derecho. Aproximación histórica,* Cuadernos de la Cátedra Mezerhane sobre democracia, Estado de derecho y derechos humanos, Miami Dade College, Programa Goberna Las Américas, Editorial Jurídica Venezolana International, Miami-Caracas, 2016.

2062 Véase A. Bickel, *The Least Dangerous Branch. The Supreme Court at the Bar of Politics,* Indianapolis, 1962.

el Tribunal Constitucional en España[2063] o como el "guardián de la Constitución."[2064] Por ello, Eduardo García de Enterría, al hablar del Tribunal Constitucional español, lo calificó con razón como el "comisario del poder constituyente, encargado de defender la Constitución y de velar por que todos los órganos constitucionales conserven su estricta calidad de poderes constituidos;"[2065] y el antiguo presidente de ese mismo Tribunal español, Manuel García Pelayo vio en él "un órgano constitucional instituido y directamente estructurado por la Constitución" y que:

> "Como regulador de la constitucionalidad de la acción estatal, está destinado a dar plena existencia al Estado de derecho y a asegurar la vigencia de la distribución de poderes establecida por la Constitución, ambos componentes inexcusables, en nuestro tiempo, del verdadero "Estado constitucional."[2066].

Es inconcebible por tanto, en ese esquema, que un Juez Constitucional pueda llegar a corromperse de tal manera que pueda pasar a ser el instrumento para lo contrario de aquello para lo cual fue concebido, y que llegue a configurarse, arrogándose todo el poder del Estado, como el instrumento para garantizar la violación impune de la Constitución por los otros órganos del Estado, para asegurar la destrucción del Estado de derecho o el desmantelamiento de la democracia, o incluso para convertirse en el instrumento para implementar y sostener un régimen autoritario, como ocurrió en Venezuela.

Como lo observó atinadamente en Secretario General de la Organización de Estados Americanos, Luis Almagro, al dirigirse al Presidente del Consejo Permanente de la Organización el 30 de mayo de 2016 solicitando la convocatoria del mismo conforme al procedimiento previsto en el artículo 20 de la Carta Democrática Interamericana,[2067] en su *Informe* sobre Venezuela:

2063 Art. 1. Ley Orgánica del Tribunal constitucional. Oct. 1979, *Boletín Oficial del Estado,* Nº 239.

2064 Véase G. Leibholz, *Problemas fundamentales de la Democracia,* Madrid, 1971 p. 15.

2065 Véase E. García de Enterría, *La Constitución como norma y el Tribunal constitucional,* Madrid, 1985, p. 198.

2066 Véase M. García Pelayo, "El Status del Tribunal constitucional", en *Revista Española de Derecho Constitucional,* Nº 1, Madrid, 1981, p. 15.

2067 "*Artículo 20*: En caso de que en un Estado Miembro se produzca una alteración del orden constitucional que afecte gravemente su orden democrático, cualquier Estado Miembro o el Secretario General podrá solicitar la convocatoria inmediata del Consejo Permanente para realizar una apreciación colectiva de la situación y adoptar las decisiones que estime conveniente. / El Consejo Permanente, según la situación, podrá disponer la realización de las gestiones diplomáticas necesarias, incluidos los buenos oficios, para promover la normalización de la institucionalidad democrática. / Si las gestiones diplomáticas resultaren infructuosas o si la urgencia del caso lo aconsejare, el Consejo Permanente convocará de inmediato un período extraordinario de sesiones de la Asamblea General para que ésta adopte las decisiones que estime apropiadas, incluyendo gestiones diplomáticas, conforme a la Carta de la Organización, el derecho internacional y las disposiciones de la presente Carta Democrática./ Durante el proceso se realizarán las gestiones diplomáticas necesarias, incluidos los buenos oficios, para promover la normalización de la institucionalidad democrática." Véase sobre ello Pedro Nikken, "Análisis de las definiciones conceptuales básicas para la aplicación de los mecanismos de defensa colectiva de la democracia previstos en la Carta Democrática Interamericana," en el libro: Pedro Nikken y Carlos Ayala, *Defensa Colectiva de la Democracia: definiciones y mecanismos.* Comisión Andina de Juristas/The Carter Center. Lima 2006. Sin duda, el Secretario General tenía toda la legitimación necesaria para plantear la solicitud ante el Consejo Permanente, así como para apreciar la situación de "alteración del orden constitucional que afecta gravemente el orden democrático del país," no teniendo fundamento alguno la solicitud que con fecha 20 de junio de 2016 el Embajador de Venezue-

"Hoy en día, a cada ley aprobada por el Parlamento, el Gobierno opone su mayoría en la Sala Constitucional, la cual se ha convertido en la instancia que puede desactivar los efectos de cualquier instrumento jurídico emanado del Congreso contrario a sus intereses."[2068]

Unos meses después, la situación se tornó tan grave en materia de alteración del orden constitucional y de trastocamiento del orden democrático en el país, desarrollado siempre sobre la base de mentiras como política del régimen,[2069] que para agosto de 2016 ya se habían captado signos definitivos de desmantelamiento total de la democracia y el Estado de derecho; particularmente como consecuencia de la sentencia Nº 108 de 1 de agosto de 2016 de la Sala Electoral del Tribunal Supremo, mediante la cual se dejó preparado el camino para la adopción de un acto más y definitivo de la "dictadura judicial,"[2070] consistente en la posible "disolución" de hecho de la Asamblea Nacional, al declarar no sólo que la nueva juramentación de los diputados electos por el Estado Amazonas efectuada ante la Asamblea el 28 de julio de 2016, carecía "de validez, existencia y no produce efecto jurídico alguno" por haber sido la proclamación de los mismos "suspendida" judicialmente desde el 30 de agosto de 2015; sino que a partir de dicho día 1° de agosto de 2016, también decidió la Sala que carecían "de validez, existencia y no producen efecto jurídico alguno" todos "aquellos actos o actuaciones *que en el futuro* dictare la Asamblea Nacional" con la participación de los diputados juramentados. Se trató, así, de una nulidad declarada sobre actos inexistentes y desconocidos, por ser futuros e inciertos, lo que fue un soberano, arbitrario y peligroso disparate.

En todo caso, si los diputados fueron juramentados, fue para que participaran en las labores legislativas, lo que significó bajo el criterio de la Sala Electoral, que todo lo que decidiera la Asamblea Nacional a partir del 1° de agosto de 2016 carecería de validez, existencia y no produciría efecto jurídico alguno. Y como la decisión se adoptó en el marco de un amparo cautelar – aun cuando sin identificarse el supuesto

---

la ante la OEA, Sr. Bernardo Álvarez Herrera, formuló al Consejo Permanente de la Organización solicitando "desconvocar" la sesión que se había fijado para el 23 de junio de 2016. Véase el texto de la carta en: https://www.scribd.com/doc/3162-93813/Carta-del-Gobierno-de-Venezuela-a-la-OEA.

2068 Véase la comunicación del Secretario General de la OEA de 30 de mayo de 2016 con el Informe sobre la situación en Venezuela en relación con el cumplimiento de la Carta Democrática Interamericana, p. 125. Disponible en oas.org/documents/spa/press/OSG-243.es.pdf.

2069 Véase Allan R. Brewer-Carías, *La mentira como política de Estado. Crónica de una crisis política permanente. Venezuela 1999-2015,* Editorial Jurídica Venezolana, (Con prólogo de Manuel Rachadell), Caracas 2015. Así, por ejemplo, después de más de seis meses de sistemático ataque desarrollado entre enero y agosto de 2016 por el Poder Ejecutivo y el Poder Judicial contra la Asamblea Nacional, al punto de ahogarla y eliminarle sus competencias, el Vicepresidente Ejecutivo, Aristóbulo Istúriz, llegó a afirmar sin ningún rubor y con mucho cinismo que: "En Venezuela no hay una confrontación de poderes, sino un Poder [refiriéndose a la Asamblea Nacional] que está alzado frente al resto. Nosotros hacemos un llamado patriótico a funcionar dentro de la Constitución, con la colaboración de poderes que se armonicen y respeten unos a otros, respetemos la autonomía de cada uno y podamos, juntos, en un juego democrático, trabajar en función de los intereses de la patria y unir esfuerzos todos." Véase en (@VTVcanal8 /) "Istúriz: En Venezuela hay un Poder que está alzado," Caracas, agosto 11 / Mariela Vázquez

2070 Véase en http://www.tsj.gov.ve/decisiones/scon/marzo/162025-138-17314-2014-14-0205.HTML. Véase sobre este proceso lo expuesto por Ernesto Estévez León, "El enfrentamiento de poderes," en *La Caja de Pandora*, 5 de agosto de 2016, en https://cajadepandora49.wordpress.com/2016/08/05/el-enfrentamiento-de-poderes/

derecho fundamental lesionado ni citar a los supuestos agraviantes - , entonces, con la misma también se abrió la puerta para que la Sala Constitucional, pudiera en el futuro avocarse al conocimiento del asunto por simple "notoriedad judicial," y pudiera proceder a aplicar la inconstitucional doctrina que sentó en 2014 en el caso de los Alcaldes de los Municipios San Diego del Estado Carabobo y San Cristóbal del Estado Táchira,[2071] y proceder a decretar la "cesación" de las funciones de los diputados que incurrieran en desacato, y con ello proceder a "disolver" de hecho la Asamblea, como se fue anunciando en forma disparatada.[2072]

La decisión de la Sala Constitucional también abrió la puerta para que otros órganos depredadores del poder público pudieran también contribuir a cerrar la Asamblea Nacional, como el que fue anunciado del Poder Ejecutivo, de proceder a ahogarla presupuestariamente para, de hecho, tratar de impedir que funcione.[2073] En fin, de lo que se trató en la "dictadura judicial" que padecía Venezuela, producto de la corrupción de sus instituciones, de desplazar a los representantes de la voluntad popular del marco institucional del Estado, como la culminación del proceso de demolición de la democracia.

New York, 29 de agosto de 2016

SECCIÓN SEXTA:

PRESENTACIÓN AL LIBRO: DOCUMENTOS PARA EL DIÁLOGO EN VENEZUELA

Esta Sección sexta es el texto de la la "Nota de Presentación" al libro *Documentos para el Diálogo en Venezuela*, editado por Iniciativa Democrática España y las Américas (IDEA), Editorial Jurídica Venezolana Internatrional, Caracas 2016.

El diálogo, en castellano, puede tener dos acepciones.

Por una parte puede ser una conversación entre dos partes para exponer ideas o intercambiar posturas de forma alternativa.

Por la otra parte, puede ser una discusión entre las mismas partes con la intención de llegar a un acuerdo o encontrar una solución a un problema determinado.

2071 Véase sobre esas sentencias los comentarios en Allan R. Brewer-Carías, *El golpe a la democracia dado por la Sala Constitucional* (*De cómo la Sala Constitucional del Tribunal Supremo de Justicia de Venezuela impuso un gobierno sin legitimidad democrática, revocó mandatos populares de diputada y alcaldes, impidió el derecho a ser electo, restringió el derecho a manifestar, y eliminó el derecho a la participación política, todo en contra de la Constitución)*, Colección Estudios Políticos N° 8, Editorial Jurídica venezolana, segunda edición, Caracas 2015, pp. 115 ss.

2072 La única posibilidad constitucional que existe en la Constitución para que el Presidente de la República pueda disolver la Asamblea Nacional es cuando en un mismo período constitucional se remueva al Vicepresidente Ejecutivo tres veces como consecuencia de la aprobación por la Asamblea de tres mociones de censura (art. 240). Por tanto, para que ese supuesto se pueda llegar a producir, es porque la voluntad de la Asamblea de que la disuelvan.

2073 Véase Yelesza Zavala, "Maduro: Si la AN está fuera de ley yo no puedo depositarle recursos," en *NoticieroDigital.com*, 2 de agosto de 2016, en http://www.noticierodigital.com/forum/viewtopic.php?t=38621

Y la diferencia es notable en ambas acepciones, pues si bien en el primer caso el dialogo es libre, permitiendo que se pueda hablar de cualquier cosa, en cualquier forma; en la segunda acepción, está sometido a reglas mínimas, en el sentido de que para que se dé, las partes tienen que hablar el mismo lenguaje, querer el mismo objetivo, jugar conforme a las mismas reglas y hablar con base en la verdad y no con base en la mentira. En este último caso, por ello, no puede haber diálogo entre el condenado y su verdugo, ni con quien miente, ni bajo amenaza.

En la situación política actual de Venezuela, por tanto, cuando se plantea la posibilidad de un diálogo entre el Gobierno y la oposición, la primera alternativa no sólo sería intolerable pues el país no puede seguir conducido por la mentira como política de Estado, sino que además sería completamente inútil pues las ejecutorias y posiciones de ambas partes son harto conocidas tanto por el Gobierno como por la oposición y, además, por el país entero.

Por ello, al contrario, el diálogo que se requiere en el país en el momento actual y al cual apuntan todos los documentos que conforman este volumen preparado por IDEA y coordinado por Asdrúbal Aguiar, no puede ser otro que una discusión sobre el problema político actual del país con la intención precisa de llegar a un acuerdo para encontrar una solución al mismo.

Para ello, lo primero que ambas partes tendrían que identificar y reconocer para que pueda efectivamente haber diálogo, es que Venezuela realmente está en una gravísima situación política que ha sido puesta en evidencia ante el Consejo Permanente de la Organización de Estados Americanos, por su Secretario General, Luis Almagro en su *Informe* del 30 de mayo de 2016 sobre la situación de la democracia en Venezuela conforme a lo previsto en el artículo 20 de la Carta Democrática Interamericana.[2074]

Esa situación consiste, por una parte, en el hecho de que existe una Constitución que no se cumple, y más bien se viola impunemente por el Gobierno con la complicidad de todos los órganos del Estado; y por la otra, en que se ha producido una grave ruptura del régimen político democrático que debería ser el soporte de la Constitución, entre otros factores, por el desconocimiento por parte del Gobierno de la expresión de la voluntad popular manifestada con las elecciones parlamentarias del 6 de diciembre de 2016, que dieron un mayoritario triunfo a la oposición política del gobierno, al haber obtenido la mayoría de la representación en el Parlamento. Ello ha sido desconocido por el Gobierno, conspirando todos los órganos del Estado contra la Asamblea Nacional para minimizarla y castrarle sus poderes y prorrogativas.

Es decir, que en Venezuela no hay Estado de derecho, no hay gobierno democrático, no hay respeto a la separación de poderes, no se respeta el pluralismo político, no se respetan los derechos humanos, no hay transparencia ni probidad en el manejo de los recursos públicos.

En esa situación, es obvio que un diálogo entre el Gobierno y la oposición tiene que basarse, primero, en que el Gobierno acepte la situación política antes resumida que se busca resolver; segundo, que acepte que su interlocutor no es otro que el mismo pueblo a través de sus representantes electos para la Asamblea Nacional que

---

2074 Véase la comunicación del Secretario General de la OEA de 30 de mayo de 2016 con el Informe sobre la situación en Venezuela en relación con el cumplimiento de la Carta Democrática Interamericana. Disponible en oas.org/documents/spa/press/OSG-243.es.pdf.

conforman la mayoría de la oposición democrática que en ella actúan, por lo cual tiene que aceptar que el pueblo se manifieste de nuevo a través del referendo revocatorio que regula la Constitución; y tercero, que ambas partes tengan la intención política manifiesta de resolver el conflicto político y llegar a un acuerdo entre el Gobierno y la oposición mediante el cual se restablezca la vigencia plena de la Constitución, se respete por todos los órganos del Estado la voluntad popular, se restablezca la vigencia del Estado constitucional de derecho, se asegure la vigencia del principio de la separación de poderes, y en particular se respete la Asamblea Nacional y se garantice la autonomía del Poder Judicial y de los demás poderes de control.

Pero por supuesto, si entendemos bien la causa de la crisis política, nada de lo antes dicho necesita de diálogo para poder solucionarse, pues para cumplir con la Constitución el Gobierno no necesita sentarse a dialogar. Sólo tiene que cumplirla y decidir acatarla. Como acertadamente lo destacó el Secretario General de la Organización de Estados Americanos, Luis Almagro, en su mencionado *Informe* presentado al Consejo Permanente de la Organización el 30 de mayo de 2016 sobre la situación de la democracia en Venezuela:

> "Al presente, Venezuela necesita el más pleno respeto y absoluto compromiso del Poder Ejecutivo de cumplir con la Constitución y con sus compromisos internacionales en materia de democracia.
>
> Esto constituye un imperativo unilateral para el Poder Ejecutivo, que no necesita de una mesa de diálogo para hacerlo, solamente necesita asumir el respeto al Estado de Derecho y el imperio de la ley. Los elementos están allí y son muy claros pero no creemos que el Gobierno los desconozca pues los mismos han sido expresados en claridad y en forma pública en reiteradas ocasiones. Solamente falta el compromiso al respecto."[2075]

De esto lo que resulta es que el dialogo entre el Gobierno y la oposición en Venezuela, en el momento actual, no puede ser del tipo del imaginado por Maurice Joly con toda la sátira posible, en su conocido libro *Dialogue aux enfers entre Machiavel et Montesquieu* (1864),[2076] donde el problema considerado era el de cómo podía injertarse un poder autoritario en una sociedad democrática, y definir un modelo político que se distinguiera de la verdadera democracia y de la dictadura brutal, que no era otra cosa que el de una democracia desvirtuada, llamada cesarismo por los

2075 Véase la comunicación del Secretario General de la OEA de 30 de mayo de 2016 con el Informe sobre la situación en Venezuela en relación con el cumplimiento de la Carta Democrática Inter-americana, p. 129. Disponible en oas.org/documents/spa/press/OSG-243.es.pdf.

2076 Véase Maurice Joly, *Dialogue aux enfers entre Machiavel et Montesquieu,* Bruxelles 1864. El libro, escrito bajo seudónimo y como crítica al golpe de Estado dado por Napoleón III, le valió la cárcel al autor. El tema central del mismo son los criterios que Machiavelo y Montesquieu se intercambia, teniendo a la vista el Infierno, sobre la política moderna y la mejor forma para algunos políticos de adquirir y conservar indefinidamente el poder, que es el tema central de su obra *El Príncipe.* Montesquieu, hacía énfasis en el principio de la separación de poderes, el Estado de derecho, sobre lo cual Maquiavelo repetía sus argumentos para demostrar cómo esas nociones nobles podían ser puestas al servicio de un hombre, en ese caso Napoleón III –a quien nunca mencionó–, manipulando todos los componentes de la sociedad. Véase una traducción del texto: *Diálogo en el Infierno entre Maquiavelo y Montesquieu,* por Matilde Horne, con Prefacio de Jean-François Revel, en: http://www.barcelonaradical.net/historico/archivos/upload/dialogoenelinfierno.pdf

antiguos (lo que seguramente inspiró a Laureano Vallenilla Lanz a comienzos del Siglo XX en su libro *Cesarismo democrático*)[2077] que como lo indicó Jean-Francois Revel en el Prefacio del libro de Joly, "luce el ropaje del sistema político nacido de Montesquieu: un cesarismo de levita, o, lo que es igual, con disfraz de teatro."[2078]

Por todo ello, el diálogo planteado entre el Gobierno y la oposición en Venezuela solo sería para sellar dicho compromiso del Gobierno de cumplir y acatar la Constitución, y en el momento actual, después del triunfo electoral del 6 de diciembre de 2016, permitir e incluso alentar a que el pueblo se manifieste de nuevo, conforme a lo dispuesto en la propia Constitución, mediante el referendo revocatorio del mandato del Presidente de la República, de manera que la solución pacífica a la crisis política del país en definitiva la dé el pueblo mediante las urnas, como lo expresó el Secretario General de la Organización de Estados Americanos en su Informe.

New York, 14 de julio de 2016

SECCIÓN SÉPTIMA

PRÓLOGO AL LIBRO: VENEZUELA, LA OEA Y LA CARTA DEMOCRÁTICA INTERAMERICANA, DOCUMENTOS DE LUIS ALMAGRO 2015-2016

Esta Sección séptima es el texto del Prólogo" escrito para el libro : *La crisis de la democracia en Venezuela, la OEA y la Carta Democrática Interamericana, Documentos de Luis Almagro 2015-2016,* editado por Iniciativa Democrática España y las Américas (IDEA), Editorial Jurídica Venezolana International, Caracas 2016.

El Dr. Luis Almagro, Secretario General de la Organización de Estados Americanos, y como tal, principal garante de la vigencia de la Carta Democrática Interamericana en el Continente, por lo que respecta a Venezuela puede decirse que ha cumplido a cabalidad su misión, lo que anteriores Secretarios Generales se negaron a cumplir, asumiendo efectivamente la evaluación de la situación de la democracia en Venezuela, de manera que conforme al artículo 20 de la dicha Carta, por la grave alteración del orden constitucional que se ha producido en Venezuela, que ha afectado gravemente el orden democrático,[2079] el 23 de junio de 2016 procedió a solicitar la convocatoria inmediata del Consejo Permanente para realizar una apreciación colectiva de la situación y adoptar las decisiones que estime conveniente, presentándoles el *Informe sobre la situación en Venezuela en relación con el cumplimiento de*

2077 Lo que seguramente inspiró a Laureano Vallenilla Lanz, a comienzos del siglo XX, para su trabajo sobre el "Gendarme Necesario" y su libro *Cesarismo Democrático*, 1919. Véase en Laurano Vallenilla Lanz, *Cesarismo Democrático y otros textos*, Biblioteca Ayacucho, Caracas 1991.

2078 Jean-François Revel, "Prefacio," al libro Maurice Joly, *Diálogo en el Infierno entre Maquiavelo y Montesquieu, cit.*

2079 Ello, por supuesto no es nada nuevo, como lo observamos ya en 2002: Allan R. Brewer-Carías, *La crisis de la democracia venezolana. La Carta Democrática Interamericana y los sucesos de abril de 2002*, Los Libros de El Nacional, Colección Ares, Caracas 2002. Véase además un resumen de las violaciones a la Carta Democrática hasta 2012 en Allan R. Brewer-Carías y Asdrúbal Aguiar, en, *Historia Inconstitucional de Venezuela. 1999-2012*, Editorial Jurídica Venezolana, Caracas 2012, pp. 511-534.

la Carta Democrática Interamericana de 30 de mayo de 2016,[2080].cuyo texto íntegro se incluye en este libro.

Se trató de un paso trascendental en la historia de la democracia en el Continente, de cuya ejecutoria dan cuenta además, todos los otros documentos de la autoría del Dr. Almagro que conforman este libro, de los cuales se aprecia, en definitiva, en sus propias palabras, que "*en la situación actual que vive Venezuela, no se puede más que concluir que estamos ante alteraciones graves al orden democrático* tal como se ha definido en numerosos instrumentos regionales y subregionales,"[2081] de manera que después de constatar, entre múltiples hechos, que por ejemplo "*no existe en Venezuela una clara separación e independencia de los poderes públicos, donde se registra uno de los casos más claros de cooptación del Poder Judicial por el Poder Ejecutivo*," [2082] presentó su amplio *Informe* con una serie de ideas con el objeto:

> "de devolver a la normalidad algunas situaciones que, analizadas del modo más objetivo, *no resultan compatibles* con lo previsto en la Carta de la OEA, en la Convención Americana de Derechos del Hombre y Convenciones Interamericanas de Derechos Humanos así como en la Carta Democrática Interamericana.
>
> El funcionamiento democrático normal debe ser subsanado de modo urgente y en forma consistente con los elementos esenciales y los componentes fundamentales de la democracia representativa expresada en los artículos 3 y 4 de la Carta Democrática Interamericana. Sin la solución de estos principales asuntos no hay solución institucional posible para Venezuela."[2083]

Por ello, en particular, el Secretario General de la Organización de Estados Americanos, en su *Informe*, se refirió a:

> "La continuidad de las violaciones de la Constitución, especialmente en lo que se refiere a equilibrio de poderes, funcionamiento e integración del Poder Judicial, violaciones de derechos humanos, procedimiento para el referéndum revocatorio y su falta de capacidad de respuesta respecto a la grave crisis humanitaria que vive el país lo cual afecta el pleno goce de los derechos sociales de la población, todo ello implica que la responsabilidad de la comunidad hemisférica es asumir el compromiso de seguir adelante con el procedimiento del artículo 20 de una manera progresiva y gradual que no descarte ninguna hipótesis de resolución, ni las más constructivas ni las más severas." [2084]

Y con base en ello, fue que el Secretario General luego de analizar la situación institucional y constitucional del país, expresó:

2080 Véase la comunicación del Secretario General de la OEA de 30 de mayo de 2016 con el *Informe sobre la situación en Venezuela en relación con el cumplimiento de la Carta Democrática Interamericana*, en oas.org/documents/spa/press/OSG-243.es.pdf.

2081 Véase la comunicación del Secretario General de la OEA de 30 de mayo de 2016 con el *Informe sobre la situación en Venezuela en relación con el cumplimiento de la Carta Democrática Interamericana*, p. 125. Disponible en oas.org/documents/spa/press/OSG-243.es.pdf.

2082 *Idem*. p. 73. Disponible en oas.org/documents/spa/press/OSG-243.es.pdf.

2083 *Idem*, pp. 125-126. Disponible en oas.org/documents/spa/press/OSG-243.es.pdf.

2084 *Idem*, p. 128. Disponible en oas.org/documents/spa/press/OSG-243.es.pdf.

"5. Exhortamos al Poder Ejecutivo de la República Bolivariana de Venezuela a eliminar toda forma de incumplimiento de los preceptos constitucionales y políticos respecto al equilibrio de poderes del Estado. En ese sentido se solicita se detenga inmediatamente el ejercicio de bloqueo permanente del Poder Ejecutivo respecto de las leyes aprobadas por la Asamblea Nacional. Así como asegurar la vigencia de las leyes que han sido aprobadas hasta ahora.

6. Solicitamos una nueva integración del Tribunal Supremo de Justicia [...] dado que la actual integración está completamente viciada tanto en el procedimiento de designación como por la parcialidad política de prácticamente todos sus integrantes."[2085]

En definitiva, como los expresó el Dr. Almagro el 23 de junio de 2016, ante el Consejo Permanente de la Organización de Estados Americanos, al resumir su *Informe* del 30 de mayo de 2016, en relación con la situación de la "alteración del orden constitucional que trastoca el orden democrático" de Venezuela:

"Lo que hemos atestiguado en Venezuela es la pérdida del propósito moral y ético de la política. El Gobierno se ha olvidado defender el bien mayor, el bien colectivo [...].

El pueblo venezolano se enfrenta a un Gobierno que ya no le rinde cuentas. Un Gobierno que ya no protege los derechos de los ciudadanos. Un Gobierno que ya no es democrático [...]

En Venezuela hemos sido testigos de un esfuerzo constante por parte de los poderes ejecutivo y judicial para impedir e incluso invalidar el funcionamiento normal de la Asamblea Nacional. El Ejecutivo repetidamente ha empleado intervenciones inconstitucionales en contra de la legislatura, con la connivencia de la Sala Constitucional del Tribunal Supremo de Justicia. Las evidencias son claras [...]

Estos ejemplos demuestran claramente la falta de independencia del poder judicial. El sistema tripartito de la democracia ha fracasado y el poder judicial ha sido cooptado por el ejecutivo [...][2086]

Todavía más explícito y trágico fue lo que expresó el Secretario General Almagro en la carta abierta que envió al líder político detenido injustamente en Venezuela, Leopoldo López el día 22 de agosto de 2016, que también se publica en este libro, luego de la sentencia que confirmó su detención como preso político, refiriéndose al "horror político" que vive el país, le dijo que en su criterio, dicha:

"sentencia que reafirma tu injusta condena marca un hito, *el lamentable final de la democracia en Venezuela*. Párrafo a párrafo es, asimismo, la *terminación del Estado de Derecho*. En esa sentencia queda claramente establecido que en Venezuela hoy no rige ninguna libertad fundamental y ningún derecho civil

---

2085 *Idem*, p. 127. Disponible en oas.org/documents/spa/press/OSG-243.es.pdf.

2086 Véase el texto de la exposición del Secretario General Luis Almagro ante el Consejo Permanente de la OEA, 23 de junio de 2016, en:http://www.el-nacional.com/poli-tica/PresentacindelSecretarioGeneraldelaOEAante_NACFIL20160623_0001.pdf. Véase igualmente el texto en los Apéndices a este libro.

o político y que estos han expresamente quedado sin efecto en la conducción de los asuntos de gobierno."

En la misma carta abierta, Luis Almagro al constatar que en Venezuela "se ha traspasado un umbral, que significa que es *el fin mismo de la democracia*," expresó que:

> "Ningún foro regional o subregional puede desconocer la realidad de que *hoy en Venezuela no hay democracia ni Estado de Derecho*. El MERCOSUR, constituye hoy el mejor ejemplo a seguir y la aplicación de las cláusulas internacionales que condenan actos de ruptura del orden constitucional y del sistema democrático se hace cada vez más necesaria."[2087]

Finalmente, refiriéndose al procedimiento iniciado por la oposición, conforme a la Constitución, para la realización de un referendo revocatorio del mandato del Presidente de la República, indicó:

> "Seguir un procedimiento previsto en la Constitución no es un golpe de Estado; Por el contrario, negar, postergar u obstruir este proceso por cualquier vía es un abuso de poder y un trastorno patente del orden democrático [...]
>
> La celebración del referendo revocatorio en 2016 es la única manera constitucional de resolver la crisis política en Venezuela [...]"[2088]

Lo importante de estas apreciaciones, que resumen la trágica realidad política y constitucional del país que tanto y tantos hemos denunciado en los últimos años, es que fueron expresadas oficialmente por el Secretario General de la OEA ante los representantes permanentes de los Estados americanos miembros de la Organización,[2089] a pesar y en contra de la oposición que formuló el gobierno de Venezuela a través de su Embajador, quien aparentemente sin haberse leído el artículo 20 de la Carta Democrática Interamericana, no sólo pretendió negarle legitimación al Secretario General para presentar su *Informe* ante el Consejo Permanente, sino que llegó a afirmar que la invocación de la Carta ante dicho órgano solo podía hacerse por parte del propio Estado involucrado, y que ni el Secretario General ni el Consejo Perma-

---

2087 Véase el texto de la carta abierta del Secretario General Luis Almagro a Leopoldo López, de 22 de agosto de 2016, en *Lapatilla.com*, 23 de agosto de 2016, en http://www.lapatilla.com/site/2016/08/22/almagro-a-leopoldo-lopez-tu-injusta-sentencia-marca-un-hito-el-lamentable-final-de-la-democracia-carta/.

2088 Véase el texto de la exposición del Secretario General Luis Almagro ante el Consejo Permanente de la OEA, 23 de junio de 2016, en:http://www.el-nacional.com/poli-tica/PresentacindelSecretarioGeneraldelaOEAante_NACFIL20160623_0001.pdf. Véase igualmente el texto en los Apéndices a este libro.

2089 Como lo expresó recientemente José Miguel Vivancos de Human Rights Watch: "Tras la histórica sesión del Consejo Permanente de hoy, donde una mayoría de países rechazó el intento de Venezuela para cerrar la discusión internacional sobre la situación en el país, el Presidente Maduro quedó bajo la mira de la OEA. El secretario general sobresalió con una valiente y honesta intervención sobre la gravísima crisis que aqueja a Venezuela, legitimando a la OEA como foro para fiscalizar el cumplimiento de Venezuela con sus obligaciones jurídicas internacio-nales en materia de derechos humanos y democracia. Maduro deberá ahora corregir sus prácticas y mostrar resultados concretos en el marco del proceso de la Carta Democrática." Véase en @HRW_Venezuela; y en "Human Rights Watch celebró votación en la OEA sobre Venezuela," en *Diario de la Américas*, 24 de junio de 2016, en http://www.diariolasamericas.com/4848_venezuela/3896835_human-rights-watch-celebro-votacion-en-oea-sobre-venezuela.html nente podían evaluar y considerar que en el país había ocurrido, como en efecto ha sucedido, una alteración del orden constitucional que trastoca el orden democrático por obra del propio gobierno que representa.[2090]

Esa pretensión por supuesto fue rechazada por el propio Consejo Permanente con el voto de 20 Estados Miembros, entrando a considerar el *Informe* que describió la grave situación de la democracia Venezuela, evidenciándose, sin duda, la situación de *golpe de Estado permanente y continuo* que se ha venido dando en Venezuela por parte del Poder Ejecutivo, en colusión con el Tribunal Supremo, contra la Constitución y contra la Asamblea Nacional como la legítima representación popular electa en diciembre de 2016.

Un golpe de Estado ocurre, en efecto, no solo cuando unos militares deponen a un gobierno electo sino, como bien lo destacó el profesor Diego Valadés, cuando se produce "el desconocimiento de la Constitución por parte de un órgano constitucionalmente electo,"[2091] como en el caso de Venezuela donde ha sido quien ejerce la Presidencia de la República en colusión con el Tribunal Supremo, quienes han sido los golpistas ya que desconociendo la Constitución, han sido quienes han alterado el orden constitucional y trastocado el orden democrático del país, y destruyendo el Estado de derecho.

Los venezolanos, en todo caso, debemos celebrar que al fin, la preocupación continental por el tema de la destrucción de la democracia en el país se haya comenzado a manifestar institucionalmente, con el planteamiento hecho ante el Consejo Permanente de la Organización de Estados Americanos, y que haya sido el Dr. Almagro quien lo haya hecho tan acertadamente; confirmándose así, lo que hemos denunciado y analizado desde hace años,[2092] pues la democracia en Venezuela fue progresivamente desmantelada desde 1999, precisamente utilizando los instrumentos e instituciones de la democracia,[2093] pero con el objeto final de establecer de un régimen autoritario de gobierno en el marco de un Estado totalitario en desprecio de la Constitución y de a la ley.[2094]

No hay que olvidar que Venezuela, después de haber experimentado durante la segunda mitad del siglo pasado el funcionamiento de un gobierno democrático que llegó a colocar al país entre los que conforman América Latina, como el que contaba

---

2090 Véase la carta de 20 de junio de 2016 del Embajador de Venezuela Bernardo Álvarez al Consejo Permanente de la OEA en https://www.scribd.com/doc/316-293813/Carta-del-Gobierno-de-Venezuela-a-la-OEA

2091 Véase Diego Valadés, *Constitución y democracia,* UNAM, México 2000, p. 35; y "La Constitución y el Poder" en Diego Valadés y Miguel Carbonell (Coordinadores), *Constitucionalismo Iberoamericano del siglo XXI,* Cámara de Diputados, UNAM, México 2000, p. 145.

2092 Véase Allan R. Brewer-Carías, *La ruina de la democracia. Algunas consecuencias. Venezuela 2015,* (Prólogo de Asdrúbal Aguiar), Colección Estudios Políticos, N° 12, Editorial Jurídica Venezolana, Caracas 2015.

2093 Véase Allan R. Brewer-Carías, *Dismantling Democracy. The Chávez Authoritarian Experiment,* Cambridge University Press, New York 2010.

2094 Véase Allan R. Brewer-Carías, *Estado totalitario y desprecio a la ley. La descons-titucionalización, desjuridificación, desjudicialización y desdemocratización de Venezuela,* Fundación de Derecho Público, Editorial Jurídica Venezolana, segunda edición, (Con prólogo de José Ignacio Hernández), Caracas 2015; *Authoritarian Government v. The Rule Of Law. Lectures and Essays (1999-2014) on the Venezuelan Authoritarian Regime Established in Contempt of the Constitution,* Fundación de Derecho Público, Editorial *Jurídica Venezolana,* Caracas 2014.

con uno de los sistemas democráticos más estable de la región, [2095] que fue la envidia de tantos otros, y en donde tantos ciudadanos perseguidos en nuestro Continente encontraron refugio, protección y asilo seguro ante las dictaduras que entonces pululaban; a partir del asalto al poder que organizó Hugo Chávez Frías en 1999, comenzó la desenfrenada carrera de desmantelamiento y destrucción de la democracia que tanto había costado edificar, escondiéndose las fuerzas destructoras, desde el poder, detrás de la careta de la Constitución, desarrollando un sistema político contrario a lo establecido en la misma; todo lo cual se logró mediante un proceso soterrado de concentración total del poder, contrario al principio de la separación de poderes que es lo único que permite el control del poder, y de destrucción de la autonomía de los mismos, en particular de Poder Judicial.[2096]

Desde 1999, en efecto, en Venezuela, a pesar del texto florido de la Constitución, se comenzaron a violar todos los principios democráticos que precisamente tres años después se plasmarían en la Carta Democrática Interamericana del 11 de septiembre de 2001, el mismo día de los atentados terroristas en Nueva York. Fui uno de los primeros que en Venezuela escribió sobre la misma al redactar un documento titulado: "*Aide Memoire. La democracia venezolana a la luz de la Carta Democrática Interamericana.* Caracas, febrero 2002," [2097] planteando que la democracia como régimen político además de basarse en la necesaria elección popular de los gobernantes y en el desarrollo de mecanismos de participación directa, tiene que estar montada sobre el funcionamiento de un gobierno democrático que tiene que estar condicionado por el control del ejercicio del poder y por la separación e independencia de los poderes del Estado; el respeto y garantía de los derechos humanos; el pluralismo político; la garantía de los derechos laborales y a la vigencia de la libertad de expresión. Es evidente entonces que por ello, no basta que el origen de un gobierno esté en el sufragio para que se lo deba considerar democrático, sino que tiene que cumplir con otros elementos y componentes esenciales para tener legitimidad democrática, todos los cuales están definidos en la *Carta Democrática Interamericana.*

2095 Véase por ejemplo, Robert J. Alexander, *The Venezuelan Democratic Revolution: A Profile of the Régime of Rómulo Betancourt*, Rutgers University Press, New Brunswick, NJ, 1964; Daniel H. Levine, *Conflict and Political Change in Venezuela*, Princeton University Press, Princeton, NJ, 1973. Para una crítica sobre el excepcionalismo venezolana véase Steve Ellner and Miguel Tinker Salas, (eds)., *Venezuela, Hugo Chávez and the Decline of a "Venezuelan Democracy,* Rowman & Littlefield, New York 2007, pp. 3ff.

2096 Véase Allan R. Brewer-Carías, *La dictadura judicial y la perversión del Estado de derecho*, (Presentaciones de Asdrúbal Aguiar, José Ignacio Hernández y Jesús María Alvarado), Colección Estudios Políticos, N° 13, Editorial Jurídica Venezolana, Caracas 2016.*La ruina de la democracia. Algunas consecuencias. Venezuela 2015,* (Prólogo de Asdrúbal Aguiar), Colección Estudios Políticos, N° 12, Editorial Jurídica Venezolana, Caracas 2015.

2097 Disponible en http://www.allanbrewercarias.com/Content/449725d9-f1cb-474b-8ab2-41efb849fea3/Content/I,%202,%2021.%20La%20democracia%20venezolana%20a%20la%20luz%20de%20la%20Carta%20Democratica%20Interamericana%20_02-02-_SIN%20PIE%20DE%20PAGINA.pdf. Véase además, el libro antes citado: Allan R. Brewer-Carías, *La crisis de la democracia venezolana. La Carta Democrática Interamericana y los sucesos de abril de 2002,* Los Libros de El Nacional, Colección Ares, Caracas 2002; *y* Gustavo Briceño Vivas, *Una carta para la Democracia.* Editorial Jurídica Venezolana, Caracas 2012.

A la luz de los principios definidos en dicho documento y solo varios meses después de adoptada, hacia mitades de 2002, al continuar analizando la situación de la democracia venezolana, aprecié en síntesis, lo siguiente:

> "La democracia representativa, en todo caso, se ha deformado por el control del poder en manos de un solo partido, cuyo jefe es el Presidente de la República quien, además, a la vez, es jefe de su fracción parlamentaria, la cual se mueve conforme a sus designios. Por ello recordemos como en enero de 2002, cuando el partido de gobierno sintió que podía perder el control de la mayoría en la Asamblea Nacional, sus voceros, sin ningún rubor, advirtieron que si ello ocurría eso era el fin de la vía democrática de "el proceso". Quedó así disipada la ilusión de algunos diputados del propio partido de gobierno, de querer votar conforme a su propia conciencia como se lo garantizaba la Constitución, y no conforme a los dictados del Presidente de la República.
>
> Una democracia representativa que sólo se conciba para representar un solo partido, es una caricatura de democracia; y mas aún cuando se ha puesto al Estado y a sus funcionarios al servicio de dicho partido, contra la propia Constitución, produciéndose un escandaloso y continuado delito de peculado de uso que el Contralor General de la República se niega a investigar.
>
> La concentración del poder y la ausencia de control y contrapesos entre los poderes públicos, además, ha sido una puerta abierta para la violación de los derechos humanos, al punto de que nunca antes como ahora, los organismos internacionales de protección de los mismos han recibido tantas denuncias de violación. No olvidemos las violaciones respecto de la libertad sindical; de la libertad de expresión del pensamiento; de la seguridad personal, con los grupos de exterminio; de la privacidad de las comunicaciones; y del derecho de manifestación pública bloqueado por bandas fascistas aupadas por el gobierno. Pero es que también la institución de la cosa juzgada, pieza esencial del debido proceso, ha sido quebrantada por una Sala Constitucional que revisa juicios ya concluidos de acuerdo con los criterios particulares de algunos Magistrados, que por lo visto se han olvidado que han dejado de ser abogados litigantes y que no pueden poner la justicia al servicio de sus antiguos clientes.
>
> La separación de los poderes y su autonomía, piedra angular de todo régimen democrático, materialmente ha desaparecido. Todos los Poderes del Estado dependen del Ejecutivo y actúan a su antojo, y el Estado se ha centralizado aún más. Por ello hemos tenido un Presidente que llegó al colmo de decir públicamente: "El Estado soy yo. La Ley soy yo", lo que no se le había oído decir a algún Jefe de Estado en el mundo moderno desde los tiempos de Luis XIV, hace casi 400 años.
>
> El pluralismo político, por otra parte, casi ha desaparecido por la ingerencia e inconveniente presencia del Estado en la sociedad civil, lo que ha llevado al propio Presidente de la República a tratar de controlar tanto a la Confederación de Trabajadores de Venezuela como a Fedecámaras; a provocar la división de partidos políticos; y a atacar a la Iglesia Católica e, incluso, tratar de dividirla.
>
> Todo ello, incluso, ha comenzado a dar origen a justas manifestaciones de desobediencia civil como la que ocurrió en la elección de la directiva de la Confederación de Trabajadores Venezuela y de los Jueces de Paz en el Municipio

Chacao de Caracas. La sociedad civil ha comenzado a rebelarse contra el esquema intervencionista que regula la Constitución, y ello será cada vez más acentuado. La sociedad civil se niega a estar reglamentada y las asociaciones de profesionales como las de profesores universitarios, deberían incluso desconocer el llamado que acaba de hacerles el Consejo Nacional Electoral para organizar sus elecciones internas.

La Contraloría General de la República, como antes dije, parece que no existiera, y ni siquiera se ha enterado de las confesiones públicas hechas por funcionarios y generales sobre la comisión del delito de peculado de uso y malversación, que dejarían como juegos infantiles los hechos de corrupción contra los cuales se reaccionó en 1998.

En este estado del llamado "proceso", lo que sí está claro es que la democracia venezolana está al margen de la Carta Democrática Interamericana, y que nada de lo que en el país se quería cambiar en 1998, se ha logrado. Mas bien, los males que hacían inevitable los cambios entonces queridos se han agravado, pues tenemos más centralismo y más y peor partidismo, a lo que se agrega más presidencialismo, más estatismo, más paternalismo y más militarismo. La Constitución de 1999, lamentablemente, al consagrar este esquema abrió la vía al autoritarismo y nada positivo aportó al constitucionalismo venezolano."[2098]

Para comienzos de 2002, por tanto, ya en Venezuela el gobierno contaba con un amplio expediente de violaciones a los elementos esenciales y componentes fundamentales de la democracia, el cual continuó creciendo en los últimos tres lustros, tal como lo analizamos en 2012 en el documento elaborado junto con el profesor Asdrúbal Aguiar sobre "Alteraciones graves al orden constitucional y la democracia en Venezuela (Carta Democrática Interamericana" que elaboramos en 2012.[2099] En todo caso, ese expediente el que en ciuerta forma, considero que ha sido rescatado por el Dr. Luis Almagro, denunciando abierta y francamente como Secretario General de la Organización de Estados Americanos, la violación del orden democrático que se ha producido en Venezuela, tal y como resulta de todos sus documentos que conforman este libro.

Entre los elementos medulares de esa ruptura ruptura del orden constitucional y democrático en violación de la Carta Democrática Interamericana, en todo caso, debe en todo caso destacarse el ataque al funcionamiento de la Asamblea Nacional, al punto de casi lograr su aniquilación, utilizándose para ello al Tribunal Supremo de

---

2098 Véase Allan R. Brewer-Carías, *La crisis de la democracia venezolana, la Carta Democrática Interamericana y los sucesos de abril de 2002*, Libros El Nacional 2002, pp. 55 ss., y 120. Texto disponible en http://www.allanbrewercarias.com/Con-tent/449725d9-flcb-474b-8ab2-41efb849fea5/Content/II,%201,%2097.%20LA%20CRISIS%20DE%20LA%20DEMOCRACIA%20VENEZOLANA%20...%20_EL%20NACIONAL.pdf. Sobre el proceso de desobediencia civil y militar que había ocurrido en el país por las violaciones a los principios democráticos contenidos en la Carta Democrática Interamericana y los aspectos jurídicos de la crisis de gobierno que ocurrió en la madrugada del 12-02-02, véanse mis declaraciones a Edgar López, *El Nacional*, 13-04-02, p. D-2. Véase la reseña sobre el trabajo que venía elaborando relativo a la Carta Democrática Interamericana y la democracia en Venezuela, en *El Universal*, 05-05-02, p. 1-2.

2099 Véase en texto en los "Anexos" del libro de Asdrúbal Aguiar, *Historia Inconstitucional de Venezuela 1999-2012*, Colección Estudios Políticos, N° 6, Editorial Jurídica Venezolana, Caracas 2012, 511-534. Véase además, Asdrubal Aguiar; *El problema de Venezuela 1998-2016*, Colección Estudios Políticos, N° 14, Editorial Jurídica Venezolana, Caracas 2016.

Justicia. Éste, en efecto, como es bien conocido, mediante una serie de sentencias dictadas desde enero de 2016, ha pretendido, precisamente en violación del orden constitucional y democrático, suspender el funcionamiento de la Asamblea Nacional, regulándole su funcionamiento interno, impidiéndole el ejercicio de sus funciones al declarar nulas todas sus actuaciones futuras, eliminándole la potestad de legislar y de controlar al Gobierno y a la Administración Pública, impidiéndole revisar sus propios actos, declarando nulas absolutamente todas las leyes que ha sancionado, y eliminando su potestad constitucional de intervenir y controlar el proceso presupuestario.[2100] En este caso sin duda se ha producido un golpe de Estado, es decir, la ruptura de la Constitución y de los principios de la Carta Democrática Interamericana, que en este caso se ha preoducido como lo ha observado el Secretario General de la OEA, por obra del Poder Ejecutivo y del Tribunal Supremo en un sistema de ausencia de separación de poderes.

Frente a esta situación, por tanto, de derrumbamiento de la democracia, además de que el Gobierno cumpla con la Constitución, "no hay otra salida a la crisis política que no sea la de consultar la voluntad del pueblo,"[2101] que es a lo que más le teme el gobierno, por lo cual ha estado haciendo y seguirá haciendo todo lo posible para que dicha consulta no se produzca.

Pero ha sido precisamente el logro de esa conculta a la voluntad del pueblo, la que con el apoyo y soporte de la sociedad democrática internacional y la intermediación de la Organización de Estados Americanos, está entre los propósitos de la gestión del Dr. Almagro quien está convencido, tal como se lo expresó a la Presidenta del Consejo Nacional Electoral en carta que se incluye en este libro, que "solamente el pueblo proscribe y proscribe a través del voto," considerando en otra carta enviada a Leopoldo López, la cual igualmente se incluye en este libro, que:

> "El pueblo de Venezuela es víctima de la intimidación, convertida en el signo político gubernamental más tangible. Es el corolario de una gestión ineficaz de gobierno, que procura mantener el poder negando al pueblo la posibilidad de decidir mediante el voto, recurriendo a la violencia contra quienes manifiestan o tienen otras opiniones y sobre quienes votan las leyes."

Y el voto, por ello, tiene que estar como condición en las mesas de diálogo que enn las últimas semanas, de nuevo, y esta vez con la intermediación del Vaticano se han vuelto a comenzar a reunir en Venezuela.

2100 Véase los comentarios a todas esas sentencias en Allan R. Brewer-Carías, *La dictadura judicial y la perversión del Estado de derecho*, (Presentaciones de Asdrúbal Aguiar, José Ignacio Hernández y Jesús María Alvarado), N° 13, Editorial Jurídica Venezolana, Caracas 2016.

2101 Véase en Allan R. Brewer-Carías, *La crisis de la democracia venezolana, la Carta Democrática Interamericana y los sucesos de abril de 2002*, Libros El Nacional 2002, pp. 55 ss., y 120; disponible en http://www.allanbrewer-carias.com/Con-tent/449725d9-f1cb-474b-8ab2-41efb849fea5/Content/II,%201,%2097.%20LA%20CRISIS%20DE%20LA%20DEMOCRACIA%20VENEZOLANA%20...%20_EL%20NACIONAL.pdf. Sobre el proceso de desobediencia civil y militar que había ocurrido en el país por las violaciones a los principios democráticos contenidos en la Carta Democrática Interamericana y los aspectos jurídicos de la crisis de gobierno que ocurrió en la madrugada del 12-02-02, véanse mis declaraciones a Edgar López, *El Nacional*, 13-04-02, p. D-2. Véase la reseña sobre el trabajo que venía elaborando relativo a la Carta Democrática Interamericana y la democracia en Venezuela, en *El Universal*, 05-05-02, p. 1-2.

En una situación como la actual, como hemos expresado en otro lugar, donde "no hay Estado de derecho, no hay gobierno democrático, no hay respeto a la separación de poderes, no se respeta el pluralismo político, no se respetan los derechos humanos, no hay transparencia ni probidad en el manejo de los recursos públicos," un diálogo "entre el Gobierno y la oposición tiene que basarse, primero, en que el Gobierno acepte la situación política antes resumida que se busca resolver; segundo, que acepte que su interlocutor no es otro que el mismo pueblo a través de sus representantes electos para la Asamblea Nacional que conforman la mayoría de la oposición democrática que en ella actúan, por lo cual tiene que aceptar que el pueblo se manifieste de nuevo a través del referendo revocatorio que regula la Constitución" o, por supuesto, a través de cualquier otra vía electoral que permita al pueblo expresar su voluntad, de manera que la solución pacífica a la crisis política del país en definitiva la dé el pueblo mediante las urnas, como lo expresó el Secretario General de la Organización de Estados Americanos en su Informe.[2102]

En todo caso, así sea para agotar los esfuerzos para el diálogo, la situación de crisis de la democracia en Venezuela está clara, exigiendo su superación, para lo cual, por sobre todo, lo que se impone es el compromiso del Gobierno de cumplir y acatar la Constitución que ha sido violada incesantemente desde el poder, tal como se ha puesto en evidencia en el Informe del Secretario General de la Organización de Estados Americanos, Dr. Luis Almagro.

Por ello, como venezolano, no podemos sino agradecerle el haberse interesado por la situación de Venezuela y la crisis de su democracia como se evidencia de todos los documentos que conforman este volumen, y en particular, por haber dado su acuerdo a la iniciativa de la Editorial Jurídica Venezolana International y de la Iniciativa Democrática España y las Américas, para recopilar y publicar en este libro los diversos documentos de su autoría sobre la crisis democrática y constitucional del país; cuyo propósito no solo es preservarlos para la historia de la democracia en Venezuela y de América Latina, como un todo, y difundirlos para que se tenga conocimiento de ellos; sino a la vez, rendirle homenaje de agradecimiento a este gran latinoamericano, Dr. Luis Almagro, demócrata a carta cabal, por los aportes a la democracia en el Continente.

Vaya aquí además, nuestro agradecimiento a la iniciativa del Dr. Asdrúbal Aguiar para incluir esta publicación en la Colección de Documentos de IDEA e, igualmente, por su muy ilustrativa Presentación a este volumen, que enriquece su contenido.

Allan R. Brewer-Carías
New York, noviembre de 2016

2102 Véase Allan R. Brewer-Carías, "Nota de Presentación" al libro: *Documentos para el Diálogo en Venezuela*, Idea Democrática España y las Américas, Editorial Jurídica Venezolana International, Caracas 2016, pp. 15-20.

ÍNDICE GENERAL

SEGUNDA PARTE:
LA RUINA DE LA DEMOCRACIA

TERCERA PARTE

DICTADURA JUDICIAL Y PERVERSIÓN DEL ESTADO DE DERECHO. LA SALA CONSTITUCIONAL Y LA DESTRUCCIÓN DE LA DEMOCRACIA EN VENEZUELA

CUARTA PARTE
ALGUNAS REFLEXIONES FINALES 2016

www.ingramcontent.com/pod-product-compliance
Lightning Source LLC
LaVergne TN
LVHW080059011026
849160LV00013B/989